LES VIES DES Saints DE BRETAGNE,

ET DES PERSONNES D'UNE EMINENTE PIETÉ
qui ont vêcu dans la même Province ;

AVEC UNE ADDITION
à l'Histoire de Bretagne.

Par Dom Gui-Alexis Lobineau, Prêtre, Religieux
Benedictin, de la Congregation de Saint Maur.

ENRICHIES DE FIGURES EN TAILLE-DOUCE.

A RENNES,
Par la Compagnie des Imprimeurs-Libraires.

MDCCXXV.
AVEC APPROBATION ET PRIVILEGE DU ROY.

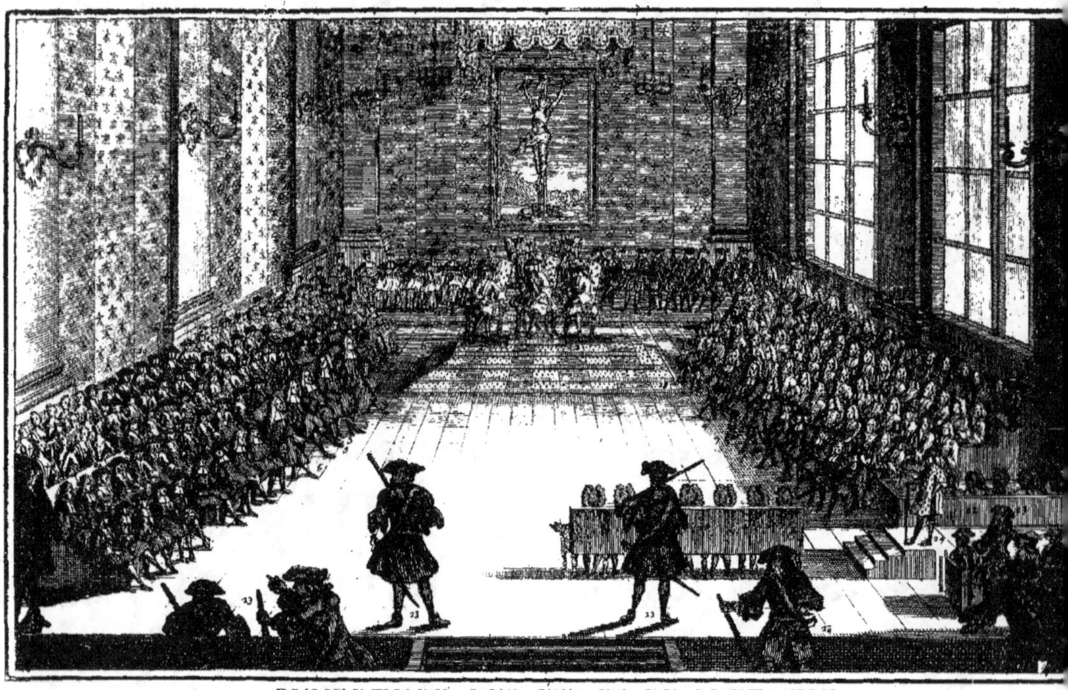

OUVERTURE DES ÉTATS DE BRETAGNE.

1. Fauteuil élevé de quatre marches couvert d'un grand tapis de Velours par Lettres de France et de Bretagne, pour M.r le Gouverneur de la Province, Premier Commissaire.
2. Fauteuils élevez de trois marches pour M.rs les Lieutenants Generaux.
3. Fauteuil pour M.r le Premier President du Parlement.
4. Fauteuil pour le Premier Commissaire du Con.l
5. Trois chaises à dos pour les trois autres [illegible] du Parlement.
6. Chaise [illegible] pour M.r le Procureur General du Parlement.
7. [illegible] pour le Second Commissaire du [illegible]
8. Chaise à dos pour le Procureur General de la Chambre des Comptes.
9. Bancs couverts de drap vert, pour [illegible] autres Commissaires, qui sont le grand Maître [des] Eaux et forests, le Receveur General des Finances, le Receveur General des Domaines et le Controleur General du Domaine.
10. Banc à dos couvert de drap Vert, pour les Generaux des finances.
11. Fauteuil pour le President de l'Eglise qui est toujours l'Evêque Diocesain, ou en son absence le plus ancien des autres Evêques qui reglent leurs rangs suivant le jour qu'ils sont entrez dans l'Assemblée, et non par leur Sacre.
12. Banc pour les huit Evêques, entre le President de l'Eglise.
13. Banc pour les Abbez Reguliers et Commanda[taires] [illegible] réglé comme celui de [illegible]
14. Banc pour les Deputez [illegible] les Chapitres de la Province.
15. Fauteuil pour le President de la Noblesse qui est [illegible] les Barons.
16. Banc des huit anciens Barons [illegible] par la Noblesse.
17. Bancs pour la Noblesse.
18. Place du Doyen de la Noblesse marquée par une pièce de drap vert.
19. President du Tiers dont la place est élevée d'une marche.
20. Banc pour les Deputez des Com[munautés] au[quel] compose l'ordre du Tiers.
21. Tribune pour les Dames.
22. Bureau des Officiers des Estats, [Proc]ureur General Syndic, son Sub[stitut], le Greffier, au devant duquel [les] Commis du Greffe.
23. Le Grand Prevost et ses Offic[iers]
24. Le Heraut en Dalmatique [avec] une Medaille et une chaîne d'or

Huau

A NOSSEIGNEURS
DES ESTATS DE BRETAGNE.

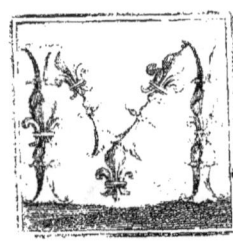

MESSEIGNEURS,

Après avoir donné au Public en 1707. l'Histoire de Bretagne, dont vos liberalitez facilitérent l'impression, je ne me crû pas quitte de mes engagemens, & je passai quelques années à recüeillir de nouveaux Memoires, tant pour la continuation de l'Ouvrage depuis l'an 1532. que pour suppléer à des omissions inévitables dans les travaux de cette nature. Mais avant que de mettre la main à cette seconde partie, j'ai pensé qu'ayant donné dans la premiere une idée de l'Etat Civil & Politique de la Province, je devois, avant que de passer à la seconde, donner aussi connoissance de l'Etat Ecclesiastique & des progrès de la pieté dans la Bretagne. J'ai entrepris de faire voir que si les Bretons se sont si honorablement distinguez, par la longue suite de leurs Princes, par l'éclat & l'antiquité de leur Noblesse, & par leurs vertus militaires; ils ne se sont pas rendus moins recommandables parmi tous les autres Peuples de la France, par la sainteté des mœurs, par les vertus Chrétiennes, & par une pieté digne de l'admiration de tous les siécles. En effet, si nôtre Province a eû un grand nombre de Heros, qui ont paru avec un succès digne d'envie dans les routes de la gloire humaine; elle n'en a pas moins eu de ceux qui ont marché courageusement & avec perseverance dans les routes pénibles du salut & de la vertu, que le Sauveur a ouvertes à ceux qui le suivent pour arriver au seul bonheur qu'on puisse appeller veritable. C'est ce que l'on verra dans cette Histoire des Saints de Bretagne, & de quantité de personnes d'une pieté rare & distinguée, dont le nombre est si grand, que j'ose dire qu'aucune autre Province de la France n'en peut produire un pareil. A qui pouvois-je mieux dédier, qu'à Vous, MESSEIGNEURS, un Ouvrage si glorieux à vôtre Patrie? C'est vôtre bien; ce sont vos Princes, vos Prédecesseurs, vos Compatriotes, vos Parens, vos Amis. Ils ont sanctifié le païs que vous habitez; les deserts que vous visitez, leur ont servi de retraites; ils ont frequenté les mêmes Eglises où les sources du salut vous sont ouvertes; ils ont vêcu sous les mêmes loix que vous suivez. Il y en a de tous les Etats; des Rois, des Princes & des Princesses, des Seigneurs & des Dames de distinction, des Prélats du premier & du second ordre, des Gens du commun, & même de la condition la plus vile, sans parler des Solitaires & des Religieux de toutes les professions. Dieu qui répand sa misericorde sur tous ses œuvres, a voulu sanctifier tous les Etats, pour nous faire voir qu'il n'y en a point où il n'ait des Elûs. Sa grace puissante pénetre par tout ; elle détruit l'orgüeil dans les Grands ; elle induit la délicatesse à subir les austeritez de la penitence ; elle détache le Riche de l'amour des biens temporels ; elle étouffe les murmures du Pauvre ; elle rend le Sçavant humble & l'Ignorant éclairé ; elle inspire le désir de l'obscurité à ceux qui pouvoient le plus briller dans le siécle ; elle tire des tenebres ceux que le mépris d'eux-mêmes y avoit enseveli ; elle inspire aux Puissances du mépris pour l'éclat qui les environne ; elle donne à la foiblesse des forces inconnuës à la nature ; & la bonté divine, riche & liberale envers tous, répand diversement ses bienfaits, afin de donner à tous ceux qui en entendent le recit, des motifs de confiance & de courage. Non-seulement les siécles passez ont vû fleurir la pieté dans la Bretagne ; elle semble y avoir repris de nouvelles forces dans le nôtre & dans celuy qui l'a précedé immediatement. Les deux moyens qui servent le plus à maintenir l'innocence des mœurs, ou à remedier promptememt aux chutes où nous entrainent la foiblesse & la corruption, ont esté inspirez de Dieu à nôtre Province, avant qu'ils fussent en pratique dans les autres ; je veux dire les Missions & les Retraites ; & c'est de chez nous que ces heureuses sources ont porté dans les païs voisins les torrens de grace & de benediction. Vous auriez sans doute, MESSEIGNEURS, trouvé mauvais qu'un bien qui vous est propre eût été consacré à d'autres qu'à vous. Ainsi que ce grand homme, que Dieu destina autrefois pour estre l'exemple, la consolation & le soûtien de ses freres dans la captivité, vous pouvez dire : Nous sommes les enfans des Saints, & comme tels, nous attendons cette vie heureuse que Dieu a promise à ceux qui ne cessent point d'esperer en lui : Il y en a parmi vous, dont l'origine remonte jusqu'aux Saints des siécles les plus reculez, & qui possedent par le droit du sang les mêmes terres & les mêmes fiefs dont ils ont joüi. Mais si vous avez droit de vous dire les enfans des Saints, c'est encore plus sur l'esprit, que sur la chair, que cette parenté doit estre fondée. Il en est comme de la posterité d'Abraham ; c'est sa foi, qui l'a rendu le pere de tous les croyans ;

Tob. 2

& c'est la même foi, qui des enfans de colére, ont fait des enfans d'Abraham. C'est aussi l'imitation des Saints de vôtre Province, qui vous donne le droit de vous appeller leurs enfans & leur posterité spirituelle. Ils vous ont engendrez à Dieu par leurs vertus, leurs prieres, leurs austeritez, leur vie pure & sainte ; leurs exemples sont l'heritage qu'ils vous ont laissé ; il est riche & glorieux, & vous devez en estre jaloux. Nulle autre Province n'a de si grands trésors ; & je les expose à vos yeux avec d'autant plus de confiance, que je suis persuadé qu'en les reconnoissant comme une chose dont la propriété ne peut vous estre disputée, vous les recevrez avec joïe. Permettez-moi donc de vous les offrir, & agréez que je vous donne cette nouvelle marque de mon attention à ce qui peut contribuer à la gloire de la Province, de ma gratitude parfaite pour vos bontez à mon égard, & du profond respect avec lequel j'ai l'honneur d'estre,

MESSEIGNEURS.

Vôtre très-humble & très-obéïssant Serviteur,
FR. GUY ALEXIS LOBINEAU,
Vôtre Historiographe.

PREFACE.

NTRE les moïens dont Dieu se sert pour écrire sa loi dans nos cœurs & nous porter à l'observer, on peut dire que l'exemple des Saints est un des plus propres à faire impression sur nous. Ce que la loi nous propose de plus difficile, nous devient aisé, quand nous le voïons pratiquer avec ardeur & perseverance par des personnes qui ont eu à combattre & à surmonter les mêmes difficultez & les mêmes obstacles que nous rencontrons dans le chemin du salut. Ils ont eu les mêmes ennemis dont nous nous plaignons; ils ont éprouvé les mêmes difficultez qui nous épouvantent, & souvent ils ont eu des combats plus dangereux que nous, parce que Dieu a voulu que leurs victoires fussent nôtre consolation & le motif de nôtre confiance. Les sens ont été pour eux ce qu'ils sont pour nous; des sources de seduction. La funeste concupiscence, que les Eaux du baptême n'ont pas plus éteinte en eux qu'en nous, leur a fait trouver, comme à nous, la chair rebelle à l'esprit, & les a souvent portez à dire avec saint Paul : *homme miserable, qui me délivrera de cette mort ?* Le relâchement naturel à la condition humaine n'a pas moins apporté d'obstacle à leur perseverance, que nous éprouvons qu'il en apporte tous les jours à la nôtre. En un mot, ils nous ont ressemblé dans ce qu'ils ont eu à vaincre ; & rien ne nous peut excuser, si nous ne leur ressemblons pas dans leurs victoires.

Mais l'imitation n'est pas la seule chose à quoi le devoir nous invite à leur égard. Ils sont devenus citoïens de la celeste Jerusalem, amis de Dieu, coheritiers de J. C. & possesseurs de cette gloire immortelle & sans fin, que Dieu a préparée à ceux qui l'ont aimé fidélement, sans bornes & sans partage. En cette qualité ils méritent nos respects, & la sainte Eglise, dès les premiers tems, a autorisé ses enfans à leur rendre un culte religieux, qui a cet avantage au-dessus des respects qu'on rend aux Saints vivants, que la sainteté de ceux qui sont dans la gloire a reçû le sceau de

Rom. 7.

l'immutabilité; au lieu que les Saints qui vivent sur la terre ont encore à travailler & à combattre pour acquerir la couronne qui leur est promise. Si l'on a donc une veneration extrême pour les amis de Dieu encore revêtus de l'infirmité de la chair; si l'on demande avec succès le secours de leurs prieres; si l'on conserve avec soin leurs mouchoirs, leurs ceintures & les autres choses qui leur ont servi; si leur attouchement, si leur ombre seule, operent des merveilles surnaturelles; quelle veneration & quelle confiance ne devons-nous pas avoir pour les amis de Dieu qu'il lui a plû de couronner? Nous imaginerons-nous qu'absorbez dans la gloire ils aient oublié ceux qui la doivent un jour partager avec eux, & qui ont les mêmes droits d'y prétendre? Dans le séjour heureux qu'ils habitent, toutes leurs vertus se sont réünies dans la seule charité; & cette charité parfaite qui fait leur beatitude, ne nous donne pas lieu de douter que les interests de nôtre salut ne leur soient chers.

<small>Act. 19. 12.</small>
<small>Act. 5. 15.</small>
<small>1. Cor. 13.</small>

    L'esprit humain, trop curieux, ne se contente pas des veritez qui lui sont connuës; il veut penetrer jusqu'aux ressorts & aux manieres; & cela ne produit que des disputes sans fin, où l'orgueïl s'exerce, & l'opiniâtreté forme des partis. Sans parler ici des autres matieres, à l'occasion desquelles la curiosité humaine a jetté tant de scandales dans l'Eglise; cette même curiosité a voulu s'ingerer aussi de penetrer de quelle maniere les Saints pouvoient entendre les vœux & les prieres que nous leur adressons, aux mêmes Saints, au même tems, & en tant de lieux differens & éloignez les uns des autres. Mais il faut laisser à Dieu un secret qui n'est connu que de lui. C'en est assez pour nous, que le culte & l'invocation des Saints soient autorisez dans l'Eglise depuis les premiers siécles. Et du reste, quant à la maniere dont nos besoins sont connus aux Saints; c'est une chose sur laquelle il n'y a rien de décidé. Nous pouvons, & nous devons même, demeurer là-dessus dans la même incertitude où saint Augustin a été. Après avoir établi qu'il est certain que nous sommes secourus par les saints Martyrs que nous invoquons, il ajoûte, que nous ignorons comment ce secours nous vient de leur part. *Sont-ils presens en divers lieux*, continuë-t-il, *pour aider ceux qui les invoquent? Ou ignorant le détail des prieres qu'on leur adresse, employent-ils seulement en general leur intercession auprès de Dieu pour ceux qui les reclament dans leurs necessitez? Et c'est comme nous prions pour les morts, quoique nous ignorions où ils sont, & que nous ne leur soions point présentez. Enfin, quand Dieu tout-puissant, qui est par tout, exauçant les prieres des Martyrs, nous donne les soulagemens que nous leur demandons, sur tout aux jours de leurs Fêtes, comme il veut, & où il veut, ainsi qu'il*

<small>Lib. de cura pro mortuis. c. 16.</small>

qu'il connoît qu'il nous est expedient; le fait-il de la premiere maniere, ou de la seconde, ou de toutes les deux ensemble? C'est ce que S. Augustin laisse indécis.

On peut dire que l'invocation des Saints est fondée sur la confiance que nous avons qu'ils s'interessent à ce qui nous regarde, & qu'ils prient pour nous. Cette pensée a eu lieu parmi les plus religieux d'entre les Juifs, avant même la naissance de l'Eglise; & nous en avons une preuve bien marquée dans le second Livre des Machabées. Judas, chef de l'Armée du peuple de Dieu, se Ch. 15. v. 14 voïant attaqué par Nicanor avec des forces superieures, harangua les Israëlites, pour leur inspirer du courage & de la confiance; & pour les animer plus efficacement, il leur fit le recit d'un songe *digne de foi.* Il leur dit qu'il y avoit vû le grand Prêtre Onius, qui lui montrant le Prophete Jeremie, lui avoit dit: *c'est le grand ami des freres, qui prie beaucoup pour le peuple & la ville sainte; c'est le prophete Jeremie.* C'est un songe veritablement; mais dans le recit qu'en fait Judas Machabée, il emploïe un principe, qu'il n'auroit pas avancé dans son discours, si ce même principe n'eût déja été admis dans les esprits de ceux à qui il parloit (c'est à dire la priere des Saints pour nous) ou s'il y avoit eu là quelque chose de contraire à la pureté de la religion, pour laquelle lui & les siens consacroient si genereusement leur vie.

Nous laissons aux Controvertistes le soin de développer la tradition de l'Eglise au sujet du culte & de l'invocation des Saints, & de faire voir que dès le troisiéme siécle après la naissance de J. C. ce n'étoit point une nouveauté dont la foi commune des fidéles, pure & simple, ait paru être alarmée. On n'a qu'à consulter là-dessus les écrits de Tertulien [a], de S. Cyprien [b], de S. Cyrille de Jerusalem [c], de S. Basile, de S. Gregoire de Nazienze [d], de S. Gregoire de Nysse, d'Asterius [e], d'Eusebe de Cesarée [f], de S. Augustin, de S. Jean Chrysostome [g], & de S. Ambroise, pour se convaincre que dans les devoirs que nous rendons aux Saints, nous ne faisons rien de nouveau, & dont l'exemple ne soit autorisé par la pratique des siécles, où la discipline étoit la plus exacte, & la religion plus attentive à se donner de garde de tout ce qui pouvoit alterer sa pieté & sa simplicité.

[a] *L. de Corona mil. c. 3.*
[b] *Ep. 34. & 37.*
[c] *Catech. 5. Mystag.*
[d] *Hom. de Ss. Cypr. & Just.*
[e] *Hom. in Ss. Maryres.*
[f] *L. 13. præp. Evang. c. 7.*
[g] *Hom. 26. in 2. ad Cor.*

Mais il est inutile d'invoquer les Saints, si l'on ne tâche de les imiter. C'est pourquoi l'Eglise ne s'est pas contentée d'écrire leurs noms dans ses Diptyques sacrez, elle a encore pris soin de recuëillir les actes & les memoires qui nous font connoître leur vie, leurs actions & leurs vertus; & nous voïons qu'en France, avant que le rite Romain eût pris le dessus, la lecture des actes des Saints faisoit une partie essentielle de la liturgie Gallicane, afin que le sacrifice du corps de J. C. fût accompagné de la bonne odeur de leur memoire, & du parfum de leur sainteté. Cette pratique a cessé dans nos Eglises; mais la pieté ne s'est point relâchée de l'attention qu'elle a toûjours euë à recüeillir avec empressement tout ce qui pouvoit servir à perpetuer le souvenir de ces amis de Dieu, afin que nous apprissions à le devenir comme eux, en imitant ce que nous honorons.

C'est pour nous conformer à cet esprit de l'Eglise, que nous donnons l'histoire des Saints de la province de Bretagne, honorez d'un culte public. Nous l'avons tirée des actes & des memoires les plus fidéles que nous avons pû trouver. Nous ne sommes pas les premiers qui soïons entrez dans cette carriere; mais au moins avons-nous eu en vûë de nous distinguer de ceux qui nous ont précedez, par le choix des faits, & par le retranchement de toutes les fables & de toutes les puerilitez dont on avoit défiguré l'histoire de nos Saints.

Il y a deux écüeils à éviter dans ce genre d'écrire; la credulité trop facile, & la critique trop rigoureuse. La premiere a peine à se départir des fables que la simple antiquité a trop facilement admises; & la seconde rejette imperieusement tout ce qui paroît contre le cours ordinaire de la nature. Elle fait grace aux miracles rapportez dans les livres Saints, parce qu'elle n'ose les contredire; mais pour tous les autres qui n'ont pas un pareil appui de la revelation & de l'infaillibilité, elle les met tous, ou la plus grande partie, au nombre des faussetez. Il y a de l'excès de l'un & de l'autre côté; il ne faut ni croire tout, ni tout rejetter, de ce qui paroît merveilleux. Qu'un Ecrivain, d'un tems fort posterieur au Saint dont il donne les actes, nous raconte des miracles & des faits surprenans qu'il aura copiez ou imitez d'une autre Legende, & qu'il les avance sans garants & sans preuves; un homme sage ne doit faire aucun compte de sa narration. Mais on ne peut refuser équitablement d'accorder quelque croïance à une personne du tems, qui a écrit ce qu'elle a vû; à un homme qui aura prêté son assistance ou son ministere à une action dont l'évenement aura été miraculeux; à un acte juridique revêtu de toutes les formalitez necessaires; à un témoignage autentique rendu par ceux même en qui les merveilles ont été operées. Nous n'avons pas crû devoir supprimer les miracles appüiez de ces sortes de preuves; car on ne peut les rejetter, sans supposer, à la honte de l'humanité, qu'il n'y a dans le monde aucune certitude morale, & qu'on soit convenu par une conspiration generale, de faire servir, par un abus criminel, à la propagation de l'erreur & du mensonge, tout ce que la nature & les

loix

loix ont inſtitué pour établir ſurement la verité dans les eſprits.

Nous ne groſſirons point cette Préface du détail de la nature & du merite des pieces & des auteurs dont nous nous ſommes ſervis pour la compoſition de cet ouvrage. Les ſources où nous avons puiſé, nous les avons indiquées au commencement de chaque vie, & ſouvent même dans le tiſſu de la narration. Il nous eſt quelquefois arrivé de nous ſervir des propres expreſſions des auteurs que nous avons ſuivis; mais nous ne croïons pas, pour cela, devoir paſſer pour plegiaires. Cette mauvaiſe qualité n'eſt dûë qu'à ceux qui profitent du travail des autres, ſans les citer & ſans leur rendre l'honneur qui leur appartient; en un mot, qui voudroient paſſer pour auteurs, quand ils ne ſont qu'abbreviateurs ou copiſtes.

On a long-tems déliberé s'il ſeroit expedient de donner à la ſuite de cette hiſtoire les actes mêmes des Saints dans leur langue originale. Le public en eût trouvé de nouveaux, qui n'ont point encore paru, & d'autres plus anciens & plus corrects que ceux dont on a déja connoiſſance. Mais quel parti auroit-on pû prendre au ſujet de ces actes? En les donnant entiers, comme les Bollandiſtes & quelques autres ont fait les leur; que de fables! Le public n'en a déja que trop de cette nature, & les libertins abuſent de ces fauſſetez étrangeres au ſujet, pour rendre douteux le ſujet même & le décrier. D'un autre côté, ſi l'on eût uſé de retranchement dans ces actes, on ne l'eût ſouvent pû faire, ſans ôter avec des fables, la connoiſſance de quelques points importans de diſcipline, & de beaucoup d'uſages particuliers dont il n'eſt pas inutile d'être inſtruit; & d'ailleurs, le lecteur auroit peutêtre eu lieu de former des ſoupçons contre la bonne foi ou la vigilance de l'auteur, ou de douter de la ſureté de ſon choix ou de ſon goût. Dans cette incertitude, nous avons crû devoir ne point toucher à ces actes, & les laiſſer dans le cabinet, en attendant quel ſera là-deſſus le ſentiment du public.

Nous ne nous ſommes pas bornez à donner ici la ſeule hiſtoire des Saints & des Saintes de nôtre Province, que l'Egliſe honore d'un culte public. Nous y avons joint celle des perſonnes dont la pieté heroïque & perſeverante a laiſſé leur memoire en veneration dans la Bretagne. S'il ne nous eſt pas encore permis de leur adreſſer publiquement des prieres, du moins avons-nous dans leurs exemples de puiſſans motifs pour nous attacher à nos devoirs; & ces exemples ont d'autant plus de force, qu'ils ſont pour la plûpart, & plus ſurs, & plus près de nôtre tems. Dieu s'eſt ſervi de ces perſonnes, dont nous en avons connu quelques-unes, pour nous faire voir que ſa grace eſt toûjours la même, que ſa main puiſſante s'ouvre encore pour faire les mêmes merveilles que nos peres nous ont racontées, & que nous n'avons aucune excuse qui puisse disculper envers lui nôtre lâcheté. Dans toutes sortes d'âges & de conditions il nous a fait voir que la tyrannie des sens peut être détruite, que les passions peuvent être vaincuës, que la cupidité peut être refrenée, la chair domtée, la foiblesse soûtenuë, l'infirmité fortifiée, & le penchant à la corruption changé en une sainte & heureuse perseverance.

Mais c'est peu de nous convaincre par tant d'exemples, si celui *qui opere en nous & le vouloir & le parfaire*, n'y fait germer cette divine semence; & c'est ce que nous devons lui demander instamment avec l'Eglise, lorsque nous celebrons la memoire des Saints; que nous imitions les actions de ceux que nous honorons, & qu'il se serve du recit de leurs vertus, pour faire revivre en nous le même amour qui les a rendus saints.

<small>Philip. 2. 13.
1. Mai, 4. Mai, 2. & 18. Juin, 8. & 13. Aoust, 23. Septembre, 7. & 14. Octobre, &c.</small>

La plûpart des auteurs qui ont écrit sur la même matiere que nous, se sont attachez à l'ordre des mois & des jours, pour suivre la disposition des offices Divins; mais comme nous nous sommes bornez à une seule province, dont les Saints, quoiqu'en plus grand nombre que dans les autres, n'occupent qu'une partie des jours de l'année; nous avons crû qu'il seroit plus expedient de s'arrêter à l'ordre des tems, & que ce recuëil ainsi disposé, feroit une espece d'histoire ecclesiastique de la province. Du reste, pour la commodité de ceux qui, aux jours qu'on celebre la memoire des Saints, cherchent à nourrir leur pieté du recit de leurs vies, l'histoire est précedée d'une table, où l'on trouvera à chaque mois, & le nom de chaque saint, & le jour de sa feste.

A la fin de l'ouvrage on a ajoûté une liste de plusieurs Saints inconnus, dont on n'a pû trouver que les noms. Et combien y en a-t-il eu dans tous les tems, dont les noms même ne sont pas venus jusqu'à nous? Ils n'ont voulu plaire qu'à Dieu seul, & Dieu seul les connoît; mais l'Eglise ne laisse pas de les honorer & d'invoquer leur secours, sans les connoître, par le culte qu'elle rend le premier jour de Novembre à toute la cour celeste.

AVIS
POUR CEUX QUI ONT L'HISTOIRE DE BRETAGNE.

L'HISTOIRE de Bretagne a suscité des adversaires à l'auteur. Ils ont d'abord écrit contre lui, sans se nommer, & on leur a répondu de même. Ils ont trouvé bon depuis de se démasquer, & d'attaquer, à visage découvert, dans un ouvrage dont ils croïent le succès infaillible. Ce sera peutêtre de quoi le public ne conviendra pas, quand l'auteur qu'ils attaquent, dégagé d'un ouvrage plus important, qui l'occupe depuis quelques années, pourra trouver le tems de repliquer à son tour. S'ils avoient pû-

mettre au jour quelque verité qu'on eût cachée ou déguisée, on auroit volontiers passé condamnation. La verité est l'ame de l'histoire; & il faut avoir renoncé au caractére, non-seulement d'historien, mais encore d'honnête homme, pour refuser de se rendre à une verité connuë. On peut se méprendre, faute d'attention; & se tromper, faute de lumieres; & l'aveu sincére de ces sortes de manquemens, quand on les reconnoît, est un devoir, dont la confusion qui en rejaillit sur nous, ne nous doit point dispenser. C'est dans cette vûë, qu'on a crû être obligé d'avertir en ce lieu ceux qui ont l'histoire de Bretagne, de quelques fautes dont on s'est aperçu, afin qu'ils se donnent la peine de les corriger; & on y joint quelques additions importantes à inserer dans l'un & l'autre des volumes de cette histoire.

Au premier Volume.

A la page 16. on lit: *le Duc Beppolen gendre de Felix.* Si l'on avoit fait assez d'attention au texte de Gregoire de Tours, livre 6. chap. 16. on auroit mis: le Duc Beppolen, qui avoit épousé la niéce de Felix.

A la page 85. *Hamon frere uterin de Guerech, & oncle de ses deux enfans Judicaël & Hoël.* Il faut lire: Hamon frere uterin de Guerech, & oncle des deux enfans de Hoël. I. Judicaël & Hoël.

A la page 162. à l'article CXVIII. il faut ajoûter ce qui suit: Raoul de Décet nous apprend que le Roy Henri bâtit le Château d'Ancenis avec beaucoup de dépense, & qu'il y fit voir jusqu'où pouvoit aller l'industrie du charpentier; enfin qu'il donna la garde de l'Anjou & du Maine, & sur tout du Château d'Ancenis, à Maurice de Craon.

A la page 219 *il mourut quinze jours après à Montpellier.* Il faut mettre: il mourut quinze jours après à Montpensier en Auvergne.

A la page 295. au nombre LI. il faut effacer ces mots: *qui est la premiere où il soit parlé en termes exprès des trois Etats.* Car cette marque n'est pas veritable. L'acte du Château de Nantes cité à la marge, ne parle que du *Parlement*, sans specifier *les trois Etats;* & le tiers Etat n'étoit pas encore appellé à ces assemblées en ce tems-là, comme on le pourra faire voir ailleurs.

A la page 301. nombre CI. à la fin; on a fait injure aux Cordeliers de Dijon, sur de faux memoires, en disant qu'ils ont ruïné le Tombeau de Jeanne de Savoïe Duchesse de Bretagne, pour aggrandir le Chœur de leur Eglise. La verité est que la voute de cette Eglise tomba en 1650. & brisa la figure de la Duchesse. La tombe demeura en son entier, avec l'épitaphe, & sans la changer de place, on l'a seulement abaissée au niveau du reste du pavé. Ainsi, au lieu de ces mots: *qui ont depuis peu ruïné son tombeau, &c.* il faut mettre: où l'on voit encore sa tombe, mise au niveau du pavé, depuis que la figure qui étoit dessus a été brisée par la chûte de la voute de l'Eglise.

A la page 363. au lieu de ces mots: *pendant plus d'un an;* lisez: encore plus de huit ou neuf mois. Le traité d'Evran est du 12. Juillet; & depuis ce tems-la Bertran du Guesclin, dont il est question en cet endroit, ne demeura en ôtage que jusqu'au mois d'Avril suivant.

A la page 373. *Geoffroi Rabin Cordelier.* Lisez Geoffroi Rabin Religieux Dominicain.

A la page 804. nombre XCVII. on s'est trompé, faute d'attention à l'acte même cité à la marge, & rapporté dans les preuves. Ainsi après ces mots: *les lieux qu'il marqua pour la faire*, il faut effacer tout le reste de la période, & coucher ainsi cet article: les lieux qu'il marqua pour la faire, sont aux environs de Brest. Il ordonna aux troupes de l'Evêché de Vannes de se rendre à Lanbezeler; à celles de Quimper, il marqua saint Goüeznou; saint Renan du Tay à celles de Treguer; & Quilbignon à celles de Leon.

A la page 839. *Imbert de Parihenus.* II faut lire: Imbert de Bastarnai.

On lit quelque part, dans le même Volume: *Prêtres Laïques.* Cette épithete est l'effet d'une grande distraction. On a voulu mettre (& il le faut ainsi:) Prêtres Seculiers.

A la page 595. nombre CLIX. *Il y avoit au Mont saint Michel une garnison d'Anglois.* On a fait remarquer à l'auteur qu'il falloit effacer le mot d'Anglois. Mais on prétendoit en même tems que le Sire d'Osebooc n'étoit pas Capitaine du Mont saint Michel en 1433. un article formel du Comte d'Aufroy Guinot de l'an 1433. détruit cette prétension & tout ce qu'on peut apporter pour la soûtenir. Il porte en termes exprès: *au Curé de Valmont Chapelain du Sire d'Osebooc, Capitaine du Mont saint Michel, venu vers le Duc lui présenter des faucons de la part dudit Capitaine....* Il paroît même qu'Osebooc étoit Capitaine du Mont dès l'an 1425. puisqu'on voit par des lettres de Charles VII. de cette année, que ce Prince avoit donné successivement la Capitainerie du Mont à Jean d'Harcourt Comte d'Aumale, à Jean Bâtard d'Orleans, & au sieur d'Aufboc, sans prétendre pour cela préjudicier aux droits des Abbez, Capitaines nez de cette forteresse. Et si Loüis d'Estouteville s'est enfermé dans la place avec plusieurs autres gentils hommes en 1427. pour la défendre contre les Anglois, il ne s'ensuit pas de-là qu'il en fût dès-lors Capitaine, puisqu'Osebooc l'étoit en 1425. & en 1433.

A la page 124. & ailleurs, en parlant de l'Abbaïe de Savigni, on l'a toûjours nommée *Savigné*. C'est Savigni qu'on la nomme dans le païs, quoique dans les titres Latins qui en parlent, elle soit toûjours appellée *Savigneium*, & non pas *Savigniacum*. On prétend que l'auteur de l'histoire de Bretagne a eu tort de ne mettre la fondation de cette Abbaïe qu'en 1112. & que la Charte de Raoul de Fougeres de cette même année n'est qu'une confirmation. Et la preuve qu'on en apporte, est que dans la Charte de fondation de l'Abbaïe de Mortain, qui est de l'an 1105. il y est fait mention de Frere Vital Abbé de Savigni. Mais on n'a qu'à consulter la Charte de Raoul de Fougeres, pour voir que c'est une veritable fondation, & Vital n'y est appellé qu'Ermite. S'il a pris auparavant, ou si on lui a donné la qualité d'Abbé, ç'a été en considération du grand nombre de Solitaires qu'il avoit sous sa conduite, avant que le Seigneur de Fougeres lui eût donné des fonds de terre.

Au second Volume.

A la page 446. & suivantes, on a donné le testament du Duc Jean II. où il y auroit plusieurs corrections à faire. Le détail en seroit trop long ici; mais on le pourra voir dans l'état des legs du même Duc, que l'on donnera dans le supplément de l'histoire de Bretagne, c'est-à-dire dans deux ou trois autres Volumes pareils aux précedens, dont on a ramassé les materiaux, & qui ne seront pas moins interessans que les autres.

A la page 455. à la fin de l'inventaire des biens du même Duc, fait en 1306. on peut ajoûter ce qui suit: il est à remarquer que dans l'original, que l'on n'a pas tout copié, les gros tournois sont évaluez à treize deniers, les esterlins à quatre deniers, les bons esterlins à douze deniers. Les autres monnoïes dénommées sont: mailles blanches fortes, tournois doubles, Parisis, petits tournois, Bretons, Mansais, esterlins mêlez d'Angleterre & de Flandre, Baudequins, esterlins de Flandre, blancs de Valenciennes, Parisis doubles, & gros tournois neufs.

Page 492. à l'acte de députation des Ambassadeurs pour la délivrance de Charles de Blois, à l'article du *Prieur de Lehon*, il faut ajoûter, suivant l'original, le mot de *grand* : le grand Prieur de Lehon. Et au lieu du *Sire de Penhouët*, il faut lire : Sire de Plancoët. A la fin de l'acte, il est bon d'ajoûter ce qui suit : il reste encore les sceaux du Sire de Montfort, la croix givrée; de Quintin, un chef avec un lambel à cinq pendans; de Montafilant, quatre fusées d'ermines, accompagnées en chef de trois bezans de même, & trois autres en pointe; de Tinteniac, trois fasces & une bande brochant sur le tout ; de Coëtquen, cotice de trois pieces; & de Rochefort, qui est le second sceau, vairé. Il y a *Plancoët* bien écrit sur la queuë du sceau du Sire de Plancoët, & non pas Penhoët, comme le copiste l'avoit écrit. Au sceau du Sire du Guesclin il reste un petit morceau de cire, où l'on voit assez clairement une aigle, sans cotice. Le sceau de la Duchesse, en cire rouge, & sur simple queuë coupée dans le vélin immediatement au-dessous de l'écriture, en ligne horizontale. Les sceaux des Evêques & Chapitres sont tous de suite, en cire verte, sur simples queuës, coupées en ligne perpendiculaire. Ceux des Seigneurs sont tout de même, dans le rang de dessous. Et les sceaux des Communautez sont aussi en cire verte sur double queuë passée dans le repli qui est au bas de l'acte. Le sceau de l'Evêque de Vannes représente un Evêque à genoux sous une image de la Vierge, & sur un pilier est un écusson chargé de six billettes vuidées, 3. 2. 1. Sur le sceau de l'Abbé de Begar, qui représente un Abbé, il y a un écusson contre un pilier, où il paroît comme un aigle à deux testes. Le sceau de l'Abbé de saint Jagu représente deux poissons, & des ermines semées entre deux. Le sceau de Beauport, un Abbé dans un Navire. Les autres sceaux d'Eglise représentent des Evêques, des Abbez, ou des Saints. Il ne reste aucun sceau des Communautez.

Page 507. au bas du traité de Jean IV. avec l'Abbaïe de Redon, au lieu de *Jean du Bourg de Caro*, il faut lire : Jean de Bourg-chier, car il y a dans l'acte Latin : *Johanne de Burgo Caro*.

A la fin de l'enquête pour la canonization de Charles de Blois, il seroit bon d'ajoûter ce qui suit : Dans le testament de Jean I. Duc de Lorraine, en date de l'an 1377. & dans le traité historique & critique sur l'origine & la généalogie de la maison de Lorraine, page CXLII. on trouve cet article : *Item je veul & ordonne que les fondations & ordinations des Chapelles de N. D. & de Monsire saint Charles mon oncle le Duc de Bretagne, que j'ai fondées & ordonnées en ladite Englise de saint Georges, ce tegnent fermement & establement à toûjours, mais perpetuellement, par la forme & meniere que je les ai fondées & ordonnées, ensi comme il puet apparoir plus plenement par les lettres sur ce faictes, que je en ai données auxdicts Prevost & Chapitre de ladite Englise de saint Georges.* Au reste cette Chapelle de saint Charles ne subsiste plus dans l'Eglise de saint Georges de Nanci. Elle a été détruite pour aggrandir la cour du Château ; mais on y voïoit autrefois la figure de saint Charles Duc de Bretagne derriere celle de Charles I. Duc de Lorraine, mort en 1431.

Page 1798. dans le glossaire, l'article de *Gourme de Chambre* doit être couché de cette sorte : ce mot vient de *Groom*, terme Anglois, qui signifie *Gentilhomme* ; & au lieu de marquer un bas office, il doit être pris pour celui de Gentilhomme ordinaire de la Chambre ; *Groom of the bed Chamber.*

Page 1809 *NOA. Lieu planté de noïers* : c'est une erreur. Il faut dire : *NOA.* Place verte & sans arbres, dans une forest, & servant d'égoût aux hauteurs voisines. Noë, ou Noué,

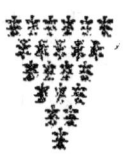

TABLE

EXTRAIT
DES ANCIENS CALENDRIERS
DES EGLISES
DE BRETAGNE,
TANT MANUSCRITS, QU'IMPRIMEZ.

I.

EX KALENDARIO ABBATIÆ SANCTI Mevenni MS. XV. Sæculi.

JANUARIUS.

xv. Kal. Febr. Translatio S. Mevenni, de communi.

iv. Kal. Febr. Gildasii Abbatis, xii. Lectionum.

FEBRUARIUS.

vi. Idus, Jacuti Abbatis, xii. Lectionum, de communi.

MARTIUS.

Kal. Mart. Albini Episcopi.

v. Nonas, Guigaloi Abbatis, xii. Lectionum, de communi.

APRILIS.

vii. Kal. Maii, Prior Sancti Oneti, debet prandium, &c.

MAIUS.

Kal. Maii. Philippi & Jacobi. Eodem die, Brioci & Chorentini Episcoporum.

vi. Non. Guenguentoni Confessoris, xii. Lect.

xiii. Kal. Jun. Yvonis Confessoris, xii. Lectionum.

JUNIUS.

Kal. Jun. Jovini Abbatis.

Prid. Non. Petroci Confessoris atque Abbatis, in cappis quatuor, cum historia propria, ut est, cum octava.

vii. Idus, Guidgalli Episcopi & Confessoris, iii. Lectionum.

xii. Kal. Jul. Genulphi Episcopi, commemoratio vigiliæ B. P. Mevenni. Evocantur decem Priores dependentes hujus Monasterii, & Officiarii Claustrales.

xi. Kal. Jul. Sanctissimi Patris nostri Mevenni, in cappis quatuor, cerei xviii. cum octava, Missa de Beata Maria dicitur hora sexta.

x. Kal. Jul. Albani Martyris.

vii. Kal. Jul. Guithierni Abbatis, viii. Lect. de communi.

v. Kal. Jul. Austoli Confessoris, viii. Lect.

JULIUS.

Kal. Jul. Jejunium Visitationis. Eodem die, Leonorti Episcopi, commemoratio. Item. Theobaldi Confessoris.

iii. Idus, Thuriani Archiepiscopi Dolensis.

v. Kal. August. Samsonis Episcopi, xii. Lect.

AUGUSTUS.

iv. Non. Touiniani Confessoris, viii. Lect.

Prid. Idus, Translatio S. Judicaëlis Regis & Confessoris, xii. Lect. in cappis tribus.

xvii. Kal. Septemb. Arnulphi Episcopi, commemoratio. Armagili Confessoris, commemoratio.

xiii. Kal. Sep. Philiberti Abbatis, commem.

SEPTEMBER.

Prid. Non. Fit de S. Patroco, cum octava.

ix. Kal. Octob. De S. Florentio Confessore, xii. Lect.

viii. Kal. Oct. Malgaudi Confessoris, com.

Prid. Kal. Octob. S. Hieronimi. Ipso die, Lauri Abbatis, transfertur, xii. Lect.

OCTOBER.

Kal. Remigii Episcopi. Item. Eurielæ Virginis, sororis S. Judicaëlis, commemoratio.

iii. Non. Mauritii Abbatis, commemoratio.

vi. Idus, Pauli Episcopi, iii. Lect.

Idibus. Conogani Episcopi, viii. Lect. Item. Areleti Martyris, iv. Lect. De utroque omnia de communi.

xii. Kal. Nov. Sanctarum XI. millium Virginum, iii. Lect. de communi.

ix. Kal. Nov. Maglorii Episcopi, xii. Lect. Ipso die, Martini Abbatis, xii. Lect. transfertur. Quære in Missali Pictaviensi.

NOVEMBER.

iii. Non. Gobriani Episcopi, commemoratio.

viii. Idus, Melanii Episcopi, xii. Lect.

xvii. Kal. Decemb. Maclovii Episcopi, xii. Lect. cum historia propria.

XI. KAL. DECEMBR. Præsentatio B. M. V. EODEM DIE, Columbani Abbatis, XII. Lect. transfertur.

PRID. KAL. DECEMB. Andreæ Apostoli. IPSO DIE, Tugduali Episcopi, commemoratio.

DECEMBER.
IDIBUS, Judoci Confessoris, fratris S. Judicaëlis, VIII. Lect. propriæ.
XVIII. KAL. JAN. Maximi Abbatis, de communi.
XVI. KAL. JAN. Judicaëlis Regis & Confessoris.

II.

EX KALENDARIO VETERI BREVIARII
Briocensis.

JANUARIUS.

III. IDUS, S Alinii Episcopi & Confessoris, III. Lect.
IV. KAL. FEBR. Gildasii Abbatis, III. Lect.

FEBRUARIUS.
VII. IDUS, Anguli Episcopi, III. Lect.
VI. IDUS, Pauli Episcopi, III. Lect.
III. IDUS, Desiderii Episcopi, III. Lect.
IDIBUS, Licinii Episcopi & Confessoris.
XIII. KAL. MART. Polochronii Episcopi & Martyris, III. Lect.
X. KAL. MART. Galli Presbyteri & Confessoris, III. Lect.

MARTIUS.
KALENDIS, Albini Episcopi, III. Lect.
V. NON. Guingalloei Abbatis, III. Lect.
VI. IDUS, Doctovei Abbatis, III. Lect.
XVI KAL. APR. Patricii Episcopi & Confessoris, III. Lect.
XIV. KAL. APR. Colocerii Martyris, III. Lect.
XIII. KAL. APR. Cuthberti Episcopi & Confessoris, III. Lect.
XI. KAL. APR. Affrodii Episcopi & Confessoris, III. Lect.
VII. KAL. APR. Castoli Martyris, III. Lect.

APRILIS.
XVII. KAL. MAII. Canonisatio B. Guillermi, IX. Lect.

MAIUS.
KALENDIS, Brioci Episcopi, IX. Lect. cum octava.
XIV. KAL. JUN. Yvonis Confessoris, IX. Lect.

JUNIUS.

III. NON. Jacuti Abbatis, III. Lect.
III. IDUS, Thuriani Episcopi, III. Lect.
V. KAL. AUGUST. Samsonis Epis. IX. Lect.
IV. KAL. AUGUST. Guillermi Episcopi, Briocensis, novem Lectiones cum octava.

AUGUSTUS.
XVII. KAL. SEP. Armagili Confes. IX. Lect.
XIII. KAL. SEP. Philiberti Abbatis, III. Lect.
III. KAL. SEP. Fiacrii Confessoris, IX. Lect.

SEPTEMBER.
VII. IDUS, Evurtii Epis. & Conf. III. Lect.

OCTOBER.
IV. NON. Dionisii Epis. & Mart. III. Lect.
VII. IDUS, Dionisii Sociorumque ejus Martyrum, IX. Lect.
IDIB. Baioli Confessoris, III. Lect.
XV. KAL. NOVEMB. Receptio Reliquiarum B. Brioci, IX. Lect.
XII. KAL. NOVEMB. XI. millium Virginum, III. Lect.
IX. KAL. NOV. Maglorii Episcopi & Confessoris, III. Lect.
VII. KAL. NOV. Amandi Episcopi, III. Lect.
IV. KAL. NOV. Translatio S. Yvonis, IX. Lect.

NOVEMBER.
III. NON. Gobriani Episcopi Venet. III. Le.
VIII. IDUS, Melanii Episcopi, IX. Lect.
Leonardi Abbatis, III. Lect.
PRID. IDUS, Leonii Confessoris, III. Lect.
XVII. KAL. DEC. Maclovii Episcopi, IX. Lect.

DECEMBER.
PRID. IDUS, Corentini Epis. & Conf. IX. Lect.

III.

EX KALENDARIO VETERIS BREVIARII
Leonensis.

Desunt quatuor primi Menses.

MAIUS.

XVII KAL. JUN. K Aradoci Abbatis, IX. Lect.
XIV. KAL. JUN. Yvonis Confessoris.

JUNIUS.
KAL. Ronani Episcopi & Confessoris.
IV. IDUS, Landerici Episcopi & Confessoris, IX. Lect.
XV. KAL. JUL. Harvei Conf. IX. Lect. Festum.

JULIUS.

KAL. Golvini Episcopi, IX. Lect. Leonorii Episcopi, Festum.
III. NON. Brandani Ab. IX Lect. de communi.
III. IDUS, Turiani Episcop. & Conf. IX. Lect.
XVII. KAL. AUGUST. Tenenani Episcopi & Confessoris, IX. Lect.
V. KAL. AUGUST. Sampsonis Episcopi & Confessoris, IX. Lect.

III. Kal. August. Guillermi Episcopi & Confessoris, IX. Lect.
AUGUSTUS.
XVII. Kal. Sept. Armagili Confessoris, IX. Lect.
Prid. Kal. Sept. Agili Abbatis, memoria.
SEPTEMBER.
III. Non. Godograndi....
VIII. Id. Theogonoci Conf. IX. Lect. de com.
XIII. Kal. Oct. Sizgni Episcopi & Confessoris, IX. Lect. de communi.
IX. Kal. Oct. Paterni Episcopi & Confessoris, memoria.
V. Kal. Oct. Ceranni Episcopi & Confessoris, memoria.
OCTOBER.
VI. Non. Melarii Martyris, IX. Lect.
V. Non. Ternoci Episcopi & Confessoris.
VI. Idus, Pauli Episcopi Leonensis, Festum duplex, cum octava.
Idib. Conognani Episcopi & Confessoris, IX. Lect. de communi.
XV. Kal. Nov. Herblaudi Confess. memoria.

XII. Kal. Nov. XI. millium Virginum, Festum, IX. Lect.
XI. Kal. Nov. Meloni Epis. & Conf. IX. Lect.
IX. Kal. Nov. Maglorii Epis. & Conf. IX. Lect.
VIII. Kal. Nov. Goeznovei Episcopi & Confessoris, IX. Lect.
VII. Kal. Nov. Alorii Epis. & Conf. IX. Lect.
IV. Kal. Nov. Yvonis Confessoris.
NOVEMBER.
III. Non. Guennaeli Abbatis, IX. Lect.
Nonis, Clari Episcopi & Martyris, IX. Lect.
VIII. Idus, Melanii Episcop. & Conf. IX. Lect.
XVII. Kal. Dec. Maclovii Episcopi & Confessoris, IX. Lect.
XIV. Kal. Dec. Maudeti Abbatis, IX. Lect. Budoci Episcopi & Confessoris. Haudae Virginis, memoria.
XIII. Kal. Dec. Hoarzoni Episcopi & Confessoris, IX. Lect. de communi.
XII Kal. Dec. Edmundi Regis Angliae, mem.
DECEMBER.
IV. Non. Tugduali Epis. & Conf. IX. Lect.
Prid. Idus, Corentini Epis. & Conf. IX. Lect.

IV.

EX KALENDARIO VETERIS BREVIARII Nannetensis.

Desunt quatuor primi & quatuor ultimi Menses.

MAIUS.
V. Idus, Gildasii Abbatis, commemoratio.
XIV. Kal. Jun. Yvonis Confessoris, duplex.
IX. Kal. Jun. Donatiani & Rogatiani Martyrum, duplex, Festum, cum octava.
JUNIUS.
VII. Idus, Mereadoci Episcopi Venetensis.
XV. Kal. Jul. Similiani Ep. Nannet. IX. Lect.
XIV. Kal. Jul. Hoarvei Confessoris, duplex.
XI. Kal. Jul. Mevenni Abbatis, III. Lect.
VII. Kal. Jul. Gunhardi Martyris cum Sociis, dup. Salomonis Regis Britanniae, commemor.

JULIUS.
Non. Translatio S. Felicis, IX. Lect.
VI. Idus, Paschardi Episcopi Nannet. IX. Lect.
III. Idus, Thuriani Episcopi, III. Lect.
IV. Kal. Aug. Guillermi Episcopi, III. Lect.
AUGUSTUS.
XVII. Kal. Sept. Armagili Confessoris.
Prid. Kal. Sept. Victoris Confes. III. Lect.
In eodem Breviario extant Lectiones, III. Id. Dec. de S. Corentino; VI. Id. Jan. de S. Felice Episcopo Nannetensi; IV. Kal. Feb. de S. Gildasio; Kal. Mart. de S. Albino; IV. Id. Mart. de S. Paulo Leonensi.

V.

EX VETERI BREVIARIO DOLENSI,
quod imprimi curavit anno 1519. Dominus Mathurinus de Pledren, Episcopus Dolensis.

FEBRUARIUS.
VIII. Idus, Ss. Vedasti & Amandi Episcoporum.
VI. Idus. Salomonis Martyris.
MARTIUS.
Kalend. Albini Episcopi Andegavensis, III. Lect.
XVII. Kal. Apr. Patritii Episcopi.

APRILIS.
XIII. Kal. Maii. Alfegi Martyris & Sacerdotis, memoria.
MAIUS.
VI. Non. Florentii Confessoris.
XIV. Kal. Jun. Yvonis Sacerdotis & Confess. IX. Lect. Fest. solemne, Prosae & Lect. propriae.
XI. Kal. Jun. Mevenni Abbatis, IX. Lect.

JULIUS.

Kal. Golvini Episcopi, memoria.
iii. Idus, Turiani Episcopi Dolensis, ix. Lect.

AUGUSTUS.

xvii. Kal. Sept. Armagili Conf. memoria.
xiii. Kal. Sept. Philiberti Abbatis.
v. Kal. Sept. Samsonis Archiepiscopi Dolensis, ix. Lect.
iv. Kal. Sept. Genevei Episcopi Dolensis, ix. Lect. Omnia de communi. Item. S. Guillelmi Episcopi Briocensis, ix. Lect. transfertur.

SEPTEMBER.

iv. Non. Ordinatio S. Samsonis, ix. Lect. semiduplex.
ix. Kal. Oct. Paterni Episcopi.

OCTOBER.

xii. Kal. Nov. xi. millium Virginum & Martyrum, iii. Lect.
ix. Kal. Nov. Maglorii Episcopi Dolensis, ix. Lect. Officium proprium & solemne.

NOVEMBER.

iii. Non. Gobriani Episcopi.
Prid. Non. Amantii Episcopi.
Prid. Idus, Paterni, memoria.
xvii. Kal. Dec. Machuti Episcopi Macloviensis, ix. Lect.
xiv. Kal. Dec. Maudeti Abbatis, memoria.

DECEMBER.

vi. Idus, Concep. B. M. Budoci, transfertur.
v. Idus, Budoci Confessoris & Archiepiscopi Dolensis, ix. Lect.

VI.

EX PROPRIO VENETENSI,

Authoritate D. Caroli de Rosmadec, Episcopi Venetensis, impresso anno 1660.

DECEMBER.

9. S. Budoci Epis. Venet. dup. de com.
14. S. Guigneri Martyris, duplex.

JANUARIUS.

29. S. Gildæ Abbatis, semiduplex.

MARTIUS.

1. S. Albini Episcopi, semiduplex.

APRILIS.

5. S. Vincentii Ferrerii Confes. duplex.
16. S. Paterni Episcopi & Confessoris, dup.

MAIUS.

2. S. Aviæ Virg. & Mart. semidup. de com.
9. Translatio S. Nicolai, duplex.
19. S. Yvonis, duplex.
21. Translatio S. Paterni, dup. Lect. prop.

JUNIUS.

6. S. Mereadoci Epis. & Conf. semiduplex.
21. S. Mevenni Abbatis.
23. Commemoratio S. Bilii Episcopi Venetensis, Martyris, oratio de communi.
25. S. Salomonis Regis & Mart. Lect. prop.

JULIUS.

6. Commemoratio S. Noïalæ Virginis & Martyris.
18. Commemoratio S. Gonerici Presbiteri & Confessoris.
19. S. Guillelmi Episcopi, fit dupl. in Cathedrali.

AUGUSTUS.

16. Ss. Armagili & Rochi, duplex.
19. S. Guennini Episcopi Venetensis, semiduplex.

SEPTEMBER.

6. Translatio S. Vincentii Ferrerii, duplex. Lectiones propriæ.
21. Commemoratio S. Caduodi Episcopi & Martyris, Lectio propria.

NOVEMBER.

3. S. Guenhaëli Abbatis, duplex.
4. S. Melanii Episcopi, semiduplex.
10. S. Gobriani Episcopi, semiduplex.
24. S. Columbani Abbatis, semiduplex.

VII.

E VETERI BREVIARIO ABBATIÆ SANCTI
Melanii Rhedonensis.

JANUARIUS.

viii. Idus, Nativit. S. Melanii, in duplo.
iv. Kal. Feb. Gildæ Abbatis, xii. Lect.

MARTIUS.

Kal. Albini Episcopi & Conf. xii. Lect.

MAIUS.

Kal. Corentini & Brioci Episcopor. comme.
v. Idus, Maioli Abbatis, iii. Lect.
xvii. Kal. Jun. Moderandi Epis. iii. Lect.
xiv. Kal. Jun. Yvonis Confessoris, in duplo.
ix. Kal. Jun. Donatiani & Rogatiani Martyrum fratrum, iii. Lect.

JUNIUS.

xi. Kal. Jul. Marsi Presbiteri, xii. Lect. Mevenni Abbatis, xii. Lect.

JULIUS.

iii. Non. Jacuti Abbatis, in cappis.
v. Kal. Aug. Samsonis Epis. xii. Lectionum.
iv. Kal. Aug. Guillelmi Episcopi, in cappis.

AUGUSTUS.

xvii. Kal. Sept. Armagili Conf. commemor.

SEPTEMBER.

iv. Non. Justi Episcopi, iii. Lectionum.
x. Kal. Oct. Transitus S. Florentii, in cappis.

OCTOBER.

OCTOBER.

vi. Idus, Pauli Episcopi, iii. Lect.
v. Idus, Commemoratio S. Melanii, in cappis.
xii. Kal. Nov. Undecim millium Virginum, xii. Lect.
ix. Kal. Nov. Maglorii Archiepiscopi, xii. Lect. Martini Abbatis, commemoratio.
iv. Kal. Nov. Translatio S. Yvonis, xii. Lect.

NOVEMBER.

viii. Idus, Transitus S. Melanii, annualis.
Idib. Octava S. Melanii, in cappis. Amandi Episcopi, in duplo.
xviii. Kal. Dec. Hîc fit de S. Amando.
xiii. Kal. Dec. Gobriani Episcopi, xii. Lect.

DECEMBER.

xvi. Kal. Jan. Judicaëlis Regis & Confessoris, iii Lect.
Prid. Kal. Jan. Columbæ Virginis & Martyris, commemoratio.

VIII.

E KALENDARIO SANCTORUM
Diœcesis Rhedonensis anni 1627.

MARTIUS.

1. S. Albini Episcopi, semiduplex.

APRILIS.

30. Eutropii Episcopi & Martyris.

MAIUS.

19. S. Yvonis Presbiteri & Confes. duplex.
24. Ss. Donatiani & Rogatiani Mart. semid.

JUNIUS.

8. Medardi Episcopi & Confessoris.
17. Hervei Confessoris.
21. S. Mevenni Abbatis, semiduplex.

JULIUS.

8. S. Golvenni Episcopi, semiduplex.
16. S. Helerii Martyris, in Ecclesia propria, de communi.
28 S. Samsonis Episcopi, duplex.
29. S. Guillelmi Episcopi.
31. S. Germani Allissiodorensis Epis. semid.

AUGUSTUS.

16. S. Armagili Confessoris, commemoratio.

SEPTEMBER.

13. S. Maurilii Episcopi, semiduplex.
22. S. Florentii Abbatis, commemoratio.

OCTOBER.

16. S. Michaëlis Archang. in monte Tumba.
21. S. Ursulæ & Sociarum, Virg. & Mart. commemoratio.
22. S. Moderanni Epis. Rhedonensis, dup.
24. S. Maglorii Episcopi, duplex.
29. Elevatio S. Yvonis Presbiteri & Conf.

NOVEMBER.

3. Dedicatio Ecclesiarum Diœcesis Rhedonensis, duplex.
6. S. Melanii Episcopi Rhedonensis, duplex.
14. S. Amandi Epis. Rhedonensis, duplex.
15. S. Maclovii Episcopi.

DECEMBER.

1. S. Eligii Episcopi, semiduplex.
12. S. Corentini Episcopi, semiduplex.
15. S. Gaciani Episcopi, semiduplex.

IX.

EX PROPRIO MACLOVIENSI
anni 1627.

JANUARIUS.

13. Fit commemoratio S. Enogati Epis. Macloviensis, & Confes. de com.
22 In Festo S. Vincentii Martyris, duplex primæ classis, cum octava.

FEBRUARIUS.

1. Fit Officium S. Joannis de Craticula Episcopi Macloviensis & Confessoris, duplex majus, omnia de communi, præter orationem & lectiones secundi nocturni.

APRILIS.

30. Fit Officium S. Brioci Episcopi & Confessoris, duplex in choro, omnia de communi, exceptis tribus primis lectionibus, de scriptura.

MAIUS.

19. Fit Fest. S. Yvonis Presb. & Conf. semid. de quo omnia fiunt de com. unius Confes. non Pontificis, præter orat. & lect. secundi noct.

JUNIUS.

6. Fit Festum S. Gurvalli Episcopi Macloviensis & Confessoris, de quo fiunt omnia de communi, præter orationem & lectiones secundi nocturni.
7. Fit Officium S. Claudii Episcopi & Confessoris, duplex secundæ classis, in Ecclesia Cathedrali, de quo omnia fiunt de communi, præter orationem & lectiones secundi nocturni.
21. Fit Festum S. Mevenni Abbatis, semiduplex, de quo omnia de communi, præter orationem & lectiones secundi nocturni.
22. Fit Officium S. Aaronis Abbatis & Confessoris, duplex majus, de quo fiunt omnia de communi, præter lectiones primi nocturni, de scriptura; & secundi, quæ propriæ sunt.

JULIUS.

1. Fit commemoratio S. Leonorii Episcopi & Confessoris, de communi.
11. Fit Festum translationis S. Maclovii Episcopi & Confessoris, duplex secundæ classis, de quo fit Officium sicut infra die decima quinta Novembris, præter orationem & lectiones secundi nocturni.
29. Festum S. Guillelmi Briocensis Episcopi, duplex secundæ classis, omnia de communi, præter proprias lectiones secundi nocturni.

AUGUSTUS.

16. Fit commemoratio S. Rochi Confessoris, in laudibus tantum.

OCTOBER.

Fit Festum S. Sulini Abbatis & Confessoris, oratio 1. cum lect. secundi noct. Item. Propriis.
16. Fit Officium S. Michaëlis Archangeli in monte Tumba, duplex, de quo omnia fiunt ut in die 29. Sept. præter lect. 2. noct. proprias.
30. Fit Officium Dedicat. Ecclesiæ Maclov. dup. 1. classis, omnia de com. & per octavam.

NOVEMBER.

15. Fit Festum S. Maclovii Epis. & Conf. dup. 1. clas. cum oct. antiph. hym. orat. lect. 2. noct. responsoria omnia, cuncta propria

DECEMBER.

18. Fit Fest. expectation. B. M. V. dup. 2. clas.

CATALOGUE
DE
QUELQUES SAINTS
INCONNUS,
DONT NOUS N'AVONS POINT VEU D'ACTES.

SAINT ABRAHAM, est le nom d'une paroisse de l'Evêché de S. Malo, dont le patron ne nous est pas connu.

S. AFFRODIUS Evêque & Confesseur. L'ancien calendrier de l'Eglise de S. Brieuc en marque l'office à trois leçons au 22. de Mars; c'est apparemment de lui que porte le nom la paroisse de Locq-Effret, au diocese de Quimper. 22. Mars.

S. AGILUS Abbé. L'ancien Breviaire de Leon en fait une simple memoire au 31. de Juillet. Il y a eu un Abbé de Resbais du même nom, dont le Pere Ferrarius a marqué la fête au 30. d'Aoust, dans son nouveau catalogue des Saints. 31. Juillet.

S. ALFEGE Prêtre & Martyr. L'ancien Breviaire de l'Eglise de Dol en fait simple memoire au 16. de Mars. 16. Mars.

S. ALLOUESTRE ne nous est connu que par une paroisse du diocese de Vannes qui porte son nom.

S. ANGULUS Evêque. Il en est fait mention dans l'ancien calendrier de l'Eglise de S. Brieuc, au 7. de Février, avec office de trois leçons. Ce sera de lui, si l'on veut, que porte le nom la paroisse de Goulay qui est dans le diocese de S. Malo. 7. Fe'vrier.

S. ARELET Martyr. L'ancien calendrier de l'Abbaye de saint Méen marque au 15. d'Octobre le principal office du jour pour saint Conogan Evêque, à qui l'on donne huit leçons; les quatre autres sont pour saint Arelet Martyr; & toutes les douze sont du commun. Il y a peut-être quelque trace de ce nom dans celui de la forest de Puz-arlez (*de Puteo-arelesii*) au Comté de Nantes, qui fut donnée par Alain Fergent au Prieuré de sainte-Croix de Nantes. Il y a eu une ancienne famille, qui a porté le nom de saint Urelay, dont il est fait mention dans la Gendarmerie de l'an 1461. 15. Octobre.

S. ARMAEL, ou ARMAHEL, selon le Pere Augustin du Paz, fut le septiéme Evêque de Dol, & institua saint Thuriau son successeur.

S. ARMEL Evêque & Confesseur. Le Pere Albert le Grand dit qu'il a été le quatriéme Evêque de S. Malo, & met son décès en 627. Le Pere du Paz, avant Albert, avoit aussi placé parmi les premiers Evêques de S. Malo, saint Armagillus. Le Pere Albert a inventé un autre saint Armel, qu'il met le sixiéme Evêque de S. Malo, décédé, selon lui (car il est précis dans ses dates) l'an 663. ce sera d'eux, si l'on veut, plûtôt que de saint Armel Confesseur, dont nous avons donné la vie, que portent le nom deux paroisses de Bretagne, Ploé-Arzel en Leon, & Ploé-Armel en Cornoüaille; à quoi l'on peut ajoûter Ergué-Arzmael, paroisse du diocese de Quimper. André de Saussay, dans son Martyrologe de France, marque la Fête de saint Armagilus au 16. d'Aoust; en quoi il pourroit bien avoir confondu saint Armel Abbé, & saint Armel Evêque. 16. Aoust.

Ste. AVE'E. Voïez sainte Evé.

BABAN. Le terme de *Lan*, c'est à dire *Eglise*, joint avec un nom propre, est ordinairement équivalant à celui de *Saint*; c'est pourquoi, comme il y a dans le diocese de Quimper une paroisse appellée Lan-baban, c'est à dire *Eglise de Baban*, nous pouvons regarder ce Baban comme un S. à qui l'Eglise de cette paroisse a été dédiée.

S. BAJOLUS Confesseur. L'Eglise de S. Brieuc, selon son ancien calendrier, en faisoit l'office à trois leçons le 15. d'Octobre. Ce ne peut pas être le même que *Bajulus*, dont le Martyrologe Romain fait mention au 20. de Decembre; mais il pourroit bien ne pas être different de saint Valay ou Balay, dont nous avons parlé dans la vie de saint Guignolé; & dont la paroisse de Plou-balai, du diocese de S. Malo porte le nom. 15. Octobre

S. BEDAN. C'est le nom d'une paroisse de l'Evêché de S. Brieuc.

BEZLEUC. Son nom joint à celui de *Lan*, que porte la paroisse de Lan-Bezleuc, dans le diocese de Leon, nous met en droit de croire qu'il y a eu un saint Bezleuc; parce qu'on

SAINTS INCONNUS.

ne joint ordinairement le terme de *Lan*, qui signifie *Eglise*, qu'à un nom de S.

S. BIHAN, nom d'une famille noble du reflort de Fouësnant, dont il est fait mention dans les hommages rendus au Duc de Bretagne, acquereur de cette Seigneurie, en 1583. Il y a une paroisse dans l'Evêché de Treguier, de la dépendance de l'Abbaïe de saint Georges de Rennes, qui s'appelle Plé-Bihan. Mais on ne peut dire précisément si c'est de saint Bihan qu'elle a le nom, ou si c'est de l'adjectif *Bihan*, qui signifie *Petit*. Et en effet, dans le cartulaire de cette Abbaïe, la paroisse de Plé-Bihan est quelquefois appellée *Parva Plebs*.

S. BIHI, nom d'une terre considerable dans l'Evêché de S. Brieuc.

23. JUIN.
S. BILI Evêque de Vannes, en Latin *Bilius*, a aussi été Martyr, à ce qu'on dit. Le Breviaire de Vannes imprimé en 1660. par ordre de Messire Charles de Rosmadec Evêque de ce diocese, marque la fête de saint Bili au 23. de Juin, avec la qualité de Martyr; mais il ne lui donne que la simple commemoraison. Albert le Grand, dans son catalogue des Evêques de Vannes, dit que ce saint Bili est le second de nom, & le quarante-troisiéme Evêque de ce Siége, mort en 895. Il ajoûte que le Martyrologe de la Cathedrale de Vannes, en fait memoire, comme d'un Martyr, au 24. de Juin, & que dans la paroisse de Plandreh, au diocese de Vannes, il y a une Chapelle nommée le Prieuré de saint Bili. Il y a eu en Bretagne une famille noble qui a porté le nom de saint Bili.

14. JUIN.
S. BRANDAN, patron d'une paroisse de l'Evêché de S. Brieuc, est le même, sans doute, dont nous avons eu occasion de parler ailleurs. Ce saint Abbé d'Irlande, dont le Martyrologe Romain fait mention au 16. de Mai, & le P. Ferrarius au 14. de Juin, dans son nouveau catalogue des Saints. Ce même saint est aussi appelé Bran, par abrégé, dans les anciens Registres de la Réformation de la Noblesse du diocese de S. Brieuc.

9. DECEMBRE.
S. BUDOC, ou JUDOC, fut le dix-septiéme Evêque de Vannes, selon le P. Albert le Grand, qui met son décès en 657. Le Propre de Vannes en fait simple commemoraison le 9. de Decembre; & cependant dans le calendrier qui est à la tête de ce Propre, la fête de saint Budoc est marquée double. Le P. du Paz n'a point parlé de ce saint Budoc, parce qu'il ne l'a point trouvé dans l'ancien catalogue des Evêques de Vannes, qu'il a copié à l'Abbaïe de Sainte Croix de Quimperlé.

16. MAI.
S. CARADOCUS, Caradec Abbé. L'ancien Breviaire de Leon en fait l'office à neuf leçons le 16. de Mai, & deux paroisses portent son nom; l'une dans le diocese de Vannes, & l'autre dans celui de Quimper.

S. CARNE'. Ce saint, qui nous est inconnu, ne l'a pas été apparemment à ceux qui ont fait porter son nom à l'une des paroisses de l'Evêché de Dol.

S. CAST, en Latin *Castus*, est le patron d'une paroisse de l'Evêché de S. Brieuc. On dit que ce saint étoit originaire d'Irlande; qu'il fut l'un des disciples de saint Jagu dans la Petite Bretagne, après la mort duquel il alla à Rome, fut fait Evêque d'une ville d'Italie, & souffrit ensuite le Martyre; à quoi l'on ajoûte, qu'au Presbytère de saint Aaron près de Lamballe, il y a un ancien Breviaire, où l'on trouve des leçons propres de saint Cast. Nous n'avons point vû ce Breviaire.

S. CENNEUR. Une paroisse de l'Evêché de S. Malo porte le nom de saint Cenneur. Si nous donnions dans les conjectures hazardées, nous dirions que de Sennoch, qui est le nom d'un saint Abbé de Touraine, honoré le 24. d'Octobre, & dont Surius a donné la vie, on auroit fait Senneuc, & puis Cenneur. Mais il n'appartient pas à tout le monde d'être aussi heureux dans ces sortes de découvertes, que les Ménages, & les Chastelains.

27. SEPTEMBRE.
S. CERAN Evêque & Confesseur. Il n'en est fait que simple memoire dans l'ancien Breviaire de l'Eglise de Leon, au 27. de Septembre. Ce pourroit bien être le même que le P. Ferrarius marque au même jour, dans son nouveau catalogue des Saints, & qui, selon Demochares, qu'il cite, a été le vingt-cinquiéme Evêque de Paris. Il y a une paroisse de l'Evêché de Vannes qui porte son nom, & s'appelle saint Seran, ou saint Serain.

S. CHOMEANUS. Dans l'ancien catalogue manuscrit des Evêques de Vannes, copié à l'Abbaïe de Quimperlé par le P. du Paz, est le dix-septiéme Evêque de cette ville, le P. Albert le Grand le confond avec saint Gobrien, sans en apporter aucune raison.

S. CLEUZEN ne nous est connu que par une paroisse du diocese de Treguier qui porte son nom. C'est apparemment aussi du même S. que porte le nom la paroisse de saint Clezest, dans le même Evêché.

S. COLAPHIN, ou COALFINIT, troisiéme Evêque de S. Malo, selon le P. Albert le Grand, qui place son décès en 619. Mais nous ne sommes garans de rien de tout cela.

19. MARS.
S. COLOCERIUS Martyr. Selon l'ancien calendrier de S. Brieuc, saint Colocer Martyr étoit honoré dans cette Eglise, avec office de trois leçons le 19. de Mars, ce qui empêche de le confondre avec deux Martyrs du nom de *Calocerus*; l'un de Bresse, marqué dans le Martyrologe Romain au 18. d'Avril; & l'autre de Rome, que le même Martyrologe place au 19. de Mai.

21. NOVEMBRE.
S. COLOMBAIN, est le nom d'une paroisse du diocese de Nantes. Ce saint Colombain n'est pas autre, apparemment, que le grand saint Colomban, fondateur de Luxeüil, qui ne devoit pas être inconnu dans le païs de Nantes, où il avoit fait quelque séjour. Nous croïons que c'est le même saint qui est patron de la paroisse de saint Coulomb, au diocese de Dol; & peut-être ne se tromperoit-on pas, en disant la même chose de celle de saint Colomber de Quimperlé, dans le diocese de Quimper.

S. CONECH,

SAINTS INCONNUS.

S. CONECH, est le nom d'une Eglise succursale dans l'Evêché de Quimper; & d'un Saint qui paroît le même que celui dont porte le nom, dans l'Evêché de Léon, la paroisse de S. Egonnec. Il est fait mention dans le Cartulaire de Redon d'un Monastére qui s'appelloit Conoch, comme nous le verrons à l'article de Ste. Leupherine.

S. CONGAR. Son nom nous est connu par la paroisse de S. Congar, au diocese de Leon; & par une autre du même Evêché, appellée Lan-Gangar, qui nous paroît avoir le même patron que la précedente. Le P. Ferrarius, dans son nouveau catalogue des Saints, fait mention au 12. de Mai d'un S. Congal, Abbé de Haly-woode, ou *Bois-sacré* en Ecosse; & au 24. de Novembre d'un autre Saint Abbé d'Ecosse, appellé S. Congan. — 12. MAI.

S. COULIZ. Une des paroisses de l'Evêché de Quimper porte le nom de ce Saint duquel nous n'avons d'ailleurs aucune connoissance. Dans l'Evêché de Leon il y a une paroisse appellée Ploé-Coulin, qui paroît avoir même patron que celle de S. Couliz.

STE. COULOMBE. Il y a dans l'Evêché de Rennes une paroisse qui porte le nom de cette Sainte; c'est d'elle, sans doute, que fait memoire, au 31. de Decembre, l'ancien Breviaire de l'Abbaïe de S. Melaine, qui lui donne les qualitez de Vierge & de Martyre. Le Martyrologe Romain fait mention au même jour d'une Ste. Colombe Vierge & Martyre à Sens, où il y a une Abbaïe de son nom. — 31. DECEMBR

S. CUMFOL. Du tems de S. Convoïon Abbé de Redon, il y avoit à Rennac une Eglise qui portoit le nom de S. Cumfol, dont il est parlé dans le Cartulaire de Redon.

S. DALOUARN, étoit le nom que portoit en 1395. un Capitaine ou Gouverneur de Concarneau.

S. DELOUAN, est le nom d'une famille noble, dont il y en avoit au service de France, dans la Gendarmerie, en 1415. ne seroit-ce point le même nom que celui de S. Denoual, que porte une Paroisse de l'Evêché de S. Brieuc?

S. DEY, ou TEY Confesseur. Nous en avons parlé dans la vie de S. Guignolé, comme d'un de ses disciples. Il y a une paroisse de l'Evêché de Quimper qui porte son nom, & s'appelle Loc-Tey; on la nomme aussi quelquefois Loc-Tea.

S. DOCMAEL. Parmi le grand nombre d'Evêques qu'on suppose avoir tenu le Siége de Lexobie à Cozqueaudet avant que S. Tugdual s'établit à Treguer, le P. Albert le Grand met à la cinquante-huitiéme place S. Docmael; & avec cette assurance qui lui est ordinaire, dit qu'il déceda l'an 499.

S. DOLAY, en Latin, selon le Cartulaire de Redon *S. Delocus*, est le patron d'une paroisse de l'Evêché de Nantes; peutêtre aussi de celle de S. Thelo dans le diocese de S. Brieuc.

S. DONAN. Nous ne pouvons dire qui a été S. Donan, dont une paroisse du diocese de S. Brieuc porte le nom, si ce n'est le Saint Abbé Donan, patron d'Achterlé en Ecosse, dont la fête est marquée au 17. d'Avril, & qui vivoit vers l'an 640. comme nous l'apprend le P. Ferrarius dans son nouveau catalogue des Saints. — 17. AVRIL.

S. DOUGUAL, est le nom d'une famille noble mentionnée aux Osts du Duc de Bretagne, en 1294.

S. DREL, est le nom d'une famille noble de la paroisse de Laustenc, ou Lansteuc, dans l'Evêché de Vannes.

S. DUCOCCA. Il y avoit, dans le IX. Siécle, un petit Monastére de son nom, dans la paroisse de Cleguerec, dans la Lande de Penrec; & ce Monastére fut donné à S. Convoïon, selon le Cartulaire de Redon.

S. EGONNEC, ou EGONNEUC. On ne peut sçavoir qui est ce Saint, dont une paroisse de l'Evêché de Leon porte le nom, & s'appelle Pléiber-S.-Egonneuc, si ce n'est S. Ydiunet disciple de S. Guignolé, dont nous avons parlé ailleurs. Voïez ci-dessus l'article de S. Connec.

S. ELECTRAN fut le quatriéme Evêque de Rennes, selon le P. du Paz, & l'onziéme, selon le P. Albert le Grand, qui décide, à son ordinaire, que ce Saint mourut l'an 403. Il ne faut pas confondre S. Electran, selon ces deux auteurs, avec Electran II. du nom, Evêque de Rennes, dont nous avons parlé dans la vie de S. Convoïon.

S. ELEN. Il y a dans l'Evêché de Dol une paroisse qui porte son nom, autrement appellée S. Helen; & que nous croïons la même qu'on nomme aussi Lan-Helen.

S. ELOUAN ne nous est connu que dans la qualité d'Anacorette, & par le soin que prit le P. Maunoir de rétablir son culte dans une ancienne Chapelle qui portoit le nom de ce Saint.

S. ENDAL. Tout ce que nous pouvons dire de ce Saint, c'est qu'une des paroisses de l'Evêché de Vannes est honorée de son nom.

S. ENNIUS a été le second Evêque de Nantes, selon le P. Augustin du Paz.

S. ENOGAT Evêque de S. Malo & Confesseur. Le propre de l'Eglise de S. Malo imprimé en 1627. ne fait que simple commemoraison de ce Saint au 13. de Janvier. Le P. Albert le Grand le place le cinquiéme parmi les Evêques de S. Malo, & met son décès en 651. Il y a auprès de Dinan une paroisse qui porte le nom de S. Enogat. — 13. JANVIER.

S. EVARDEC est le nom d'une paroisse de l'Evêché de Quimper.

STE. EVE' ou AVE'. Il paroît que les anciennes Réformations de la noblesse, en rapportant le rolle des nobles de la paroisse du diocese de Vannes qui porte ce nom, en font un Saint au lieu d'une Sainte, & le genre de ce nom est difficile à discerner, quand on le pro- — 2. MAI.

nonce, à cause de l'élifion qui fe fait de la dernière lettre de *Ste.*, avec la première d'*Avé*. Mais le propre de Vannes met la chofe hors de doute, & attribuë le nom que porte cette paroiffe, à une Sainte Vierge & Martyre, en Latin *Avia*, dont la fête eft marquée au 2. de Mai ; & quelques-uns croient que c'eft la même que Ste. Avoïe, que l'on fait compagne de Ste. Urfule.

9. Aoust.
S. GENEVEUS Evêque de Dol. L'ancien Breviaire de l'Eglife de Dol en fait la fête le 29. d'Aouft, avec un office de neuf leçons ; mais cette Eglife a connu fi obfcurément fon propre Evêque, qu'elle n'a eu aucunes leçons propres à faire reciter dans l'office de ce jour. Albert le Grand dans fon catalogue des Evêques de Dol, place *S. Geneveus* le cinquième, & fixe fon décès à l'an 639. Il met un autre Saint du même nom pour huitiéme Evêque du même Siége, & dit qu'il mourut en 717.

S. GEOFFROI fut le feptième Evêque de Nantes, felon le P. Auguftin du Paz.

S. GEOFFROI fut le feptième Evêque de S. Malo, s'il en faut croire le P. Albert le Grand, qui lui donne deux ans de Siége, & met fon décès en 641. Le P. du Paz marque auffi S. Geoffroi feptième Evêque de S. Malo, & le fait fucceffeur de S. Maillon.

S. GIRON. Auprès d'Ancenis, au diocèfe de Nantes, il y a une paroiffe du nom de S. Giron, dont on ne fçait fi le nom Latin eft *Geruntius*, *Gerundus*, *Gereo* ou *Geron*, tous noms qu'on trouve emploïez, tant dans le Martyrologe Romain, que dans le nouveau catalogue des Saints de Ferrarius ; mais qui n'indiquent aucun Saint qui ait vêcu en Bretagne. Les Seigneurs de Château-giron, auprès de Rennes, fe font plûs à porter ce nom, & à le faire porter à leur Château.

S. GLEN. Une paroiffe du diocèfe de S. Brieuc, fituée au pied de la montagne du Mené, porte le nom de S. Glen.

S. GOUEN, autrement S. GOUENO, eft le nom d'une paroiffe du diocèfe de S. Brieuc. Il y a de l'apparence que c'eft S. Goueznou, en Latin *Goueznoveus*, dont nous avons donné la vie.

S. GOURLA. Si l'affixe de *Lan*, qui fignifie en François *une Eglife*, doit attribuer la qualité de Saint au nom qui fuit cette affixe ; le nom de la paroiffe de Lan-Gourla, dans l'Evêché de S. Malo, nous conduiroit à la connoiffance, quoique très-obfcure, d'un S. Gourla, dont perfonne n'a encore parlé. Au refte, fans compter beaucoup d'autres exemples que nous citons ailleurs, celui de la paroiffe de S. Elen, auffi nommée Lan-Elen, comme nous l'avons vû à fon article, nous fait voir que le terme de *Lan* eft une induction pour celui de *Saint*.

S. GOUSTAN eft le patron dont on a fait porter le nom à l'une des paroiffes du diocèfe de Vannes dans la prefqu'ifle de Rhuys ; & ce n'eft pas tant comme un Saint inconnu que nous le plaçons ici, que pour donner une preuve du culte rendu à S. Gulftan, dont nous avons parlé dans la vie de S. Felix Abbé, & de S. Gildas de Rhuys.

S. GRAVE' nous eft connu par la feule paroiffe de fon nom, qui eft dans le diocèfe de Vannes, auprès de Rochefort.

10. Mai.
S. GUEGUENTON Confeffeur. Il n'eft fait mention de ce Saint qu'au feul Calendrier de l'Abbaïe de S. Méen, qui marque fa fête au 10. de Mai, avec office de douze leçons toutes du commun des Confeffeurs.

S. GUENNAEL II. du nom, tient la dix-huitiéme place dans le catalogue fabuleux des Evêques de Leoxbie, prédéceffeur de S. Tugdual, donné par le P. Albert le Grand.

9. Aoust.
S. GUENNIN Evêque de Vannes. Le Breviaire de Vannes imprimé en 1660. marque fa fête au 19. d'Aouft, avec office femi-double. Albert le Grand dans fon catalogue des Evêques de Vannes, dit que S. Guennin fut le douzième Evêque de cette ville, & mourut en 622.

S. GUINOU, ou GUINON, eft le nom d'une paroiffe du diocèfe de Dol ; & ce Saint qui nous eft inconnu, eft apparemment le même dont le nom a été donné à la paroiffe de Plou-Guenneud dans le même diocèfe.

S. HEHAN, ou EHEN, eft le nom d'une famille noble de l'Evêché de Rennes ; & ne paroît pas different de celui de S. Thehan qu'a porté une autre famille noble de la paroiffe de Bois-gervili dans l'Evêché de S. Malo.

16. Juillet.
S. HELLIER Martyr. Le propre de l'Eglife de Rennes, imprimé en 1627. en marque la fête au 16. de Juillet ; mais elle ne fe celebroit que dans l'Eglife paroiffiale de S. Hellier aux Fauxbourgs de Rennes. Monfieur de Miffirien, dans les additions aux vies des Saints du P. Albert le Grand, s'eft donné la peine de traduire les actes Latins de S. Hellier, que le Recteur de S. Hellier difoit avoir copiez de l'office propre du même Saint à l'Eglife de S. Hellier, paroiffe du diocèfe du Maine. Comme ce Saint n'eft point né en Bretagne, & n'y a point vécu, ni n'y eft mort ; nous n'avons pas jugé à propos de donner fa vie, qui d'ailleurs eft toute fabuleufe, ou peu s'en faut.

S. HERMOEL eft un Saint Anacorette qui ne nous eft connu que par une Chapelle dédiée en fon honneur, dont il eft parlé dans la vie du P. Maunoir.

S. HINGUETHEN fut le quinzième Evêque de Vannes, felon le P. du Paz ; & le dix-huitième, felon le P. Albert le Grand, qui en fixe le décès à l'an 659.

S. HOUARDON, ou *HORDEONIUS*, fut le huitiéme Evêque de Leon, felon le P. Albert le Grand, qui met fon décès en 650.

S. JEAN L'ABBE', ou *ALBIUS*, fut, felon le P. Albert le Grand, douzième Evêque de Rennes, & décéda en 450. ce qui n'eft pas fûr. Le P. du Paz donne à ce Saint le furnom de *le Blanc*, pour avoir confondu *Abbas* avec *Albus*.

SAINTS INCONNUS.

S. IGNOROC septiéme Evêque de Vannes, selon le P. du Paz, & treziéme, selon le P. Albert le Grand, qui en met le décès l'an 627. C'est apparemment de ce Saint dont on a donné le nom à la paroisse de S. Hingoret dans l'Evêché de Quimper.

S. JOAIRE. C'étoit le nom que portoit l'un des cent gentilshommes de la Reine Anne de Bretagne, en 1488. Ce pourroit bien être le même nom, que celui de S. Jort, que portoit une famille noble de Treguer, mentionnée aux sermens de fidélité de 1437. André du Saussai, dans son Martyrologe, au 26. de Juillet, fait mention d'un S. Jorius Evêque, honoré à Bethune en Artois. *26. Juillet.*

S. JUD, en Latin *JUDUEUS*, a été le second Abbé de Landevenec, s'il en faut croire Albert le Grand. Il y a plus d'apparence que ce ne fut que le quatriéme Abbé de cette maison, & que son vrai nom est *Judulus*, comme l'a remarqué Dom Noël Mars dans son catalogue manuscrit des Abbez de Landevenec, où il fait voir, par la vie même de S. Guenael, donnée par le P. Albert le Grand, que le second Abbé de Landevenec a été S. Guenael.

S. JUMAEL, selon le P. Albert le Grand, fut le septiéme Evêque de Dol, & mourut en 678. Le P. Augustin du Paz le met le sixiéme.

S. JUST Evêque. L'ancien Breviaire de l'Abbaïe de S. Melaine en marque la fête au 2. de Septembre, avec office de trois leçons. Le P. Albert le Grand, dans son catalogue des Evêques de Rennes, le compte le huitiéme, lui donne la qualité de Martyr, & met son décès l'an 180. Le P. du Paz l'appelle Justin. Il y a une Chapelle auprès de l'Abbaïe de S. Melaine, qui porte le nom de S. Just; & une paroisse de l'Evêché de Vannes qui s'appelle aussi S. Just. *2. Septembre*

S. JUSTOK vingtiéme Evêque de Vannes, selon le P. du Paz; & le vingt-septiéme, selon le P. Albert le Grand, mourut, à ce que dit celui-ci, l'an 756. Mais de cela, ni de bien d'autres choses, il ne faut point lui en demander la preuve.

S. LANDRI Evêque & Confesseur, *Landericus*. L'ancien Calendrier de l'Eglise de Leon met sa fête, avec office à neuf leçons, le 9. de Juin ; ce qui nous empêche de le confondre avec S. Landri Evêque de Metz, dont le P. Ferrarius marque la fête au 17. d'Avril, dans l'Index de son nouveau catalogue des Saints. *9. Juin.*

S. LANNEUC. Il y a une paroisse de l'Evêché de Dol qui porte son nom. Peut-être n'est-il pas different de celui de S. Leveneuc, qu'a porté une famille noble dont il est fait mention l'an 1426. dans les titres de Blein.

S. LEONIUS Confesseur. L'ancien Calendrier de l'Eglise de S. Brieuc en marque l'office à trois leçons le 12. de Novembre. *12. Novembre*

Ste. LEUPHERINE nous est connuë par le Cartulaire de Redon, qui nous apprend, qu'un homme appellé Tethwiu, avoit donné à sa femme Argantan, à titre de propre ou d'heritage, la terre de Ran-Lowinid qu'il avoit acquise, & qui étoit libre de toutes charges, excepté de six deniers qu'il falloit païer au Monastere de Conoch, à la fête de Ste. Leupherine ; que depuis, Courant Monoch, fils de cette Argantan, donna cette terre aux Moines de Redon ; & que cela fut confirmé par Sulmin, Abbé de Ste. Leupherine ; d'où l'on peut inferer que cette Sainte étoit patrone du Monastere de Conoch.

S. LIPHARD. Il y a une paroisse de l'Evêché de Nantes qui porte son nom. Le Martyrologe Romain fait mention au 3. de Juin d'un S. Liphard Prêtre & Confesseur, dont la vie a été donnée par Surius, & dont Trithéme a parlé au troisiéme livre des hommes illustres de son Ordre. Ce Saint a vêcu dans le païs d'Orleans, du tems de Clovis. *3. Juin.*

S. LIZ est le nom d'un Senechal de Nantes, qui vivoit en 1254. comme il paroit par les titres de l'Abbaïe de Meleray. Un homme du même nom fonda une Chapelle à Nantes en 1374. comme il se voit aux titres de Blein. Le nom de S. Luz, que portoit en 1420. un Ecuyer mentionné aux titres de Penthiévre, ne s'éloigne pas beaucoup de celui de S. Liz.

S. LOURAN. Une paroisse du diocese de Treguer s'appelle Lan-Louran ; & cela nous donne lieu de croire qu'elle a pour patron un S. Louran, comme la plûpart des autres Eglises, dont le nom commence par le terme de *Lan*, ont pour patrons les Saints qu'on joint à ce terme ; par exemple, Lan-Renan, Lan-Ildut, Lan-Tiviziau, Lan-mur-Meler, Lan-Helen, &c.

S. LOURMEL. Il y a une Eglise paroissiale de l'Evêché de S. Brieuc, dédiée à l'honneur de S. Lourmel. Mais qui étoit ce Saint ? C'est ce que nous ignorons.

S. LUMINE'. Auprès de Clisson, au diocese de Nantes, il y a une paroisse qui porte le nom de ce Saint.

S. MADEN est patron d'une paroisse de l'Evêché de S. Malo qui porte son nom. Peut-être ne faut-il pas chercher d'autre patron que lui, pour l'Eglise paroissiale de Plu-Maudan, qui est du même diocese.

S. MALGAULD Confesseur. L'ancien Calendrier de l'Abbaïe de S. Méen, marque la fête de ce Saint au 24. de Septembre, & n'en fait que simple commemoraison. C'est apparemment de lui que porte le nom la paroisse de S. Maulgand, qui est du diocese de S. Malo ; & peutêtre aussi celle de Ploé-Maugat, dans le même diocese. *24. Septembr.*

S. MARCAN. Dans le diocese de Dol il y a une paroisse qui porte le nom de ce Saint. *21. Juin.*

S. MARS Prêtre, *Marsus*. L'ancien Breviaire de l'Abbaïe de S. Melaine marque sa fête au 21. de Juin, avec office de douze leçons. Il faut le distinguer du suivant.

S. MARS Evêque de Nantes & Confesseur. Il est parlé dans la vie de S. Melaine *11. Octobre* de l'Evêque S. Mars, & nous y renvoïons le lecteur. Bertran d'Argentré prétend que c'est de Nantes qu'il a été Evêque; & pour le prouver, aussi-bien que la noblesse de son extraction, & qu'il avoit exercé des emplois de judicature avant que d'être Evêque, il cite quatre vers de Venance Fortunat. Mais ces quatre vers regardent uniquement Evemer prédécesseur immediat de S. Felix; & cet historien a manqué d'attention, quand il nous a donné pour l'éloge de S. Mars, ce qui n'a été dit qu'à l'honneur d'Evemer. Dans les anciens catalogues des Evêques de Nantes, on trouve un *Martius* au quatriéme lieu, qui vivoit au IV. siécle, & on n'y trouve point de *Marsus*. Le P. le Cointe, illustre & sçavant Annaliste, nous produit, sur l'an 530. un autre Evêque de Nantes, du nom de *Marsus*, contre l'autorité des anciens catalogues, qui sont cependant fort entiers. Il ajoûte, sur l'autorité de Bollandus, que ce *S. Marsus* mourut l'11. d'Octobre, & que ce laborieux compilateur avoit promis d'en donner la vie entre les autres Saints du mois d'Octobre. Nous n'avons point trouvé cela dans Bollandus au 6. de Janvier, où il parle de S. Melaine. Peut-être est-ce nôtre faute. Il y a deux paroisses dans l'Evêché de Nantes qui portent le nom de S. Mars, S. Mars l'Olivier, & S. Mars des Coutais. Il y en a d'autres en Anjou, dans le Maine & ailleurs, du nom de S. Mars. Le peuple confond quelquefois, dans la prononciation, S. Mars & S. Medard. C'est ainsi qu'on dit quelquefois S. Mars sur Isle, en parlant d'une paroisse du diocese de Rennes; mais ceux qui parlent & écrivent correctement, disent & écrivent, S. Medard sur Isle.

S. MAYEC, ou MAYEUC. Il y a dans le diocese de Quimper une Eglise paroissiale à laquelle on a donné le nom de S. Mayec.

S. MELDEOC a été le vingtiéme Evêque de Vannes, selon le P. Albert le Grand, & est mort l'an 672. s'il en faut croire cet auteur, plus précis, que sûr, dans ses dates. Dans l'ancien catalogue manuscrit des Evêques de Vannes, copié à l'Abbaïe de Quimperlé par le P. du Paz, S. Meldeoc est le quatorziéme, & successeur immediat de S. Meriadec, dont nous avons donné la vie.

S. MELEUC. Dans l'Evêché de Dol il y a une paroisse qui s'appelle S. Meleuc des Bois. Dans celui de Treguer il y a celle de Lan-Meleuc, ou Lan-Melec, qui est peutêtre la même qui se nomme aussi Lan-Mesech; & dans l'Evêché de S. Malo il y a la paroisse de Plo-Meleuc.

22. Octobre. S. MELON Evêque & Confesseur. L'ancien Calendrier de l'Eglise de Leon marque sa fête au 22. d'Octobre, avec office de neuf leçons. Nous n'osons dire positivement que ce soit le même que S. Malon, sous le nom duquel il y a une Eglise paroissiale dans l'Evêché de S. Malo.

15. Septembre. S. MERIN. Le nom de Lan-Merin, qui est une paroisse de l'Evêché de Treguer, nous met en droit de supposer qu'il y a eu un S. Merin; par la raison qu'on ne joint ordinairement le terme de *Lan*, qu'à des noms de Saints, comme Lan-Maudez, Lan-Renan, Lan-Loup, Lan-Ildut, Lan-Meleuc, &c. Le P. Ferrarius, dans son nouveau catalogue des Saints, fait mention de deux Ss. Merin; l'un Moine de S. Basile, & honoré en Ecosse le 6. de Février; l'autre Abbé de Paflet; aussi en Ecosse, honoré le 15. de Septembre.

S. MERVON, ou MERVEN. Une des Paroisses de l'Evêché de Dol porte le nom de ce Saint C'est le même apparemment que S. Mervé, dont une paroisse de l'Evêché de Rennes a le nom. Les étimologistes trouveront peutêtre qu'il faut encore attribuer au même Saint la paroisse de Ploé-Maorn, qui est dans le diocese de Leon.

20 Aoust. S. MESME, dont le nom Latin doit être *Maximus*, est patron d'une paroisse de l'Evêché de Nantes, qui porte son nom. Ne seroit-ce point S. Mesme de Chinon, Confesseur, dont le Martyrologe Romain fait mention au 20. d'Aoust?

S. MODERAN, ou MEDERAN, selon le P. du Paz, fut le premier Evêque de Rennes, du tems de S. Julien du Mans, & de S. Martial de Limoges, c'est-à-dire, (conclut cet auteur) du tems des Apôtres. Le P. Albert le Grand a trouvé, ou inventé, dix autres Evêques avant S. Moderan, qu'il appelle premier du nom, pour le distinguer de celui dont nous avons donné la vie. Cet écrivain, qui ne hésite sur quoi ce soit, commence l'Episcopat de S. Moderan I. à l'an 358. & met son décés l'an 385. après lui avoir fait couronner l'année précédente, à Rennes, Conan Meriadec Roi de la Bretagne Armorique, à qui Sulpitius Gallus, commandant Romain, en avoit rendu la Capitale. André du Saussay, dans son Martyrologe, met la fête de ce S. Moderan, au 22. d'Octobre. Il le confond avec l'autre Moderan.

S. MOLFF. Dans l'Evêché de Nantes il y a une paroisse qui porte le nom de S. Molff. Il y en a aussi une du même nom dans l'Evêché de Vannes, à moins que les registres des anciennes Réformations de la noblesse n'aïent mis la même paroisse dans les deux Evêchez. Ils appellent quelquefois celle du diocese de Vannes, S. Nolff.

S. MOROUCH. Dans l'Evêché de Quimper il y a une paroisse appellée Lan-Morouch. Le terme *Lan* marque une *Eglise*, & en le joignant avec Morouch, on nous donne lieu de penser qu'il y a eu un S. Morouch.

S. MOVAN, nom d'une famille noble, dont il est fait mention dans les titres du Château de Nantes, en 1260. & 1371.

S. NAUDAN. Ce nom paroit le nom d'un Saint qui est le patron d'une paroisse de l'Evêché de Vannes, appellée Lan-Naudau, ou Lan-Vaudan; par la même raison que Lan-Renan, Lan-Maïlmon, Lan-Maudez, Lan-Ildut, &c. marquent des Eglises dédiées à S. Renan, à S. Maïlmon, à S. Maudez, à S. Ildut, &c.

SAINTS INCONNUS.

S. NIEL, nom d'une famille noble de Lamballe, mentionnée aux fermens de fidélité de l'an 1437.

S. NINUE'E, *Ninueus*, nom d'une famille noble, honorée de la qualité de Chevalier, & mentionnée au Cartulaire de l'Abbaïe de S. Sulpice, en 1254.

S. NOAN, nom d'une famille noble de Lamballe, mentionnée aux fermens de fidélité de l'an 1437.

STE. NOYALE Vierge & Martyre. Le Breviaire de Vannes imprimé en 1660. par ordre de l'Evêque du lieu, Messire Charles de Rosmadec, marque une simple commemoraison de cette Sainte au 6. de Juillet. Il y a une foire fameuse en Bretagne, qui porte le nom de cette même Sainte, & s'appelle la foire de la Noïale. Il y a quelques paroisses dans la province du nom de Noïal. Peutêtre quelqu'un découvrira-t-il avec le tems, que Ste. Noïale en a été, ou en doit être la patrone. — 6, JUILLET.

S. ODILARD, décédé le 14. de Decembre, fut le vingt-huitième Evêque de Nantes, selon le P. Augustin du Paz, qui lui donne S. Gohard pour troisième successeur. — 14. DECEMB.

S. ONET. Il y a un Prieuré dépendant de l'Abbaïe de S. Méen, qui porte le nom de S. Onet. Dans le Calendrier manuscrit de cette Abbaïe, il est marqué au 25. d'Avril, jour de S. Marc, que le Prieur de S. Onet, dans l'Eglise duquel la procession de l'Abbaïe se rend, doit donner à diner aux Religieux, & deux brocs de vin au retour, à la croix du bourg de S. Onet. Il n'y a point d'autres traces du culte de ce Saint que son nom donné à une Eglise de distinction. Le P. Ferrarius dans son nouveau catalogue des Saints, parle d'un S. *Ainothus* Martyr, honoré dans la Grande Bretagne le 27. de Février. La langue Angloise, comme on le sçait, confond la prononciation de l'*a* & de l'*o*; & d'ailleurs, comme la syllabe *al* se change ordinairement en *au*, il n'a pas été difficile de faire *Annet* ou *Onet*, d'Alnoth. On dit que ce Saint a souffert le martyre l'an 670. — 27. FE'VR.

STE. OPPORTUNE. Il y a une paroisse de l'Evêché de Nantes, dans le païs de Rais, qui porte son nom. Le P. Ferrarius dans son nouveau catalogue des Saints, fait mention d'une Ste. Opportune Vierge & Abbesse de Montreüil (*Monasteriolensis*) honorée le 22. d'Avril. Il dit qu'elle étoit sœur de S. Godegrand Evêque de Séez. — 22. AVRIL.

S. OURHAN. Il y a dans le diocèse de Vannes une paroisse qui porte le nom de ce Saint & c'est tout ce que nous en pouvons dire, à moins de le confondre avec S. Oran Evêque d'Hibernie, dont le P. Ferrarius fait mention au 27. de Septembre, dans son nouveau catalogue des Saints. Il suppose que S. Oran est le même que S. Odran, disciple de S. Patrice, dont a parlé Joscelin au chapitre 73. de son histoire de S. Patrice. Mais la fête de ce S. Odran est marquée au 27. d'Octobre, dans un manuscrit cité par Ferrarius. On se persuadera aisément que S. Uran, dont une paroisse de l'Evêché de S. Brieuc porte le nom, n'est pas different de S. Ourhan, ou de S. Oran. Il y a aussi dans l'Evêché de Quimper, du nom de S. Ourhan, autrement S. Tourhan; si ce n'est que les anciennes Réformations de la noblesse aïent emploié la même paroisse en deux dioceses. — 27. SEPTEMB.

STE. PAZANNE est patrone d'une paroisse de l'Evêché de Nantes, qui porte son nom.

S. PE'EL est le nom d'une famille noble de la paroisse de S. Urial, dans l'Evêché de S. Malo. Il y a aussi une paroisse dans le Bailliage de Hedé & de Tintenniac, qui porte le nom de S. Péel; c'est Gui-Péel. Le mot de *Gui*, ou *Guic*, est fait par corruption, de celui de *Vicus*.

S. PIAT, nom d'une famille noble, mentionnée aux titres de Marmontier, en 1249. Ce pourroit bien être un abregé de celui de Piaton, Martyr de Tournai, dont le Martyrologe Romain fait mention au premier d'Octobre.

S. POSTAN. Tout ce que nous pouvons dire de ce Saint avec certitude, c'est qu'il y a une paroisse de son nom dans l'Evêché de S. Brieuc.

S. RIO, apparemment en Latin *RIOCUS*, & le même que nous avons placé entre les disciples de S. Guignolé, est patron d'une paroisse de l'Evêché de S. Brieuc, qui s'appelle S. Rio, ou S. Rieu. Il y a aussi dans le diocèse de Quimper une paroisse appellée Lan-Riec.

S. RIOTISME fut le troisième Evêque de Rennes, selon le P. du Paz, du tems de Conan Meriadec, en 383. selon le P. Albert le Grand, il ne fut que le dixième Evêque de Rennes; fut presenté par le Roi Conan Meriadec au Chapitre, qui l'élut en 386. Le P. Albert continuë de nous apprendre, que S. Riotisme présida aux Etats assemblez par Conan Meriadec; qu'il fut établi par ce Roi, chef de toute la justice de son Roïaume; & que ce Saint Evêque mourut l'an 392. après avoir enterré le Roi Conan Meriadec, & couronné son fils le Roi Grallon. Mais on peut, sans crainte de se tromper, ne rien croire de tout cela.

S. RIVARAI. Le nom de la paroisse de Lan-Rivarai, au diocèse de Leon, nous induit à reconnoitre un S. Rivarai, par la raison que nous avons souvent touchée dans ce catalogue.

S. SALINIUS Evêque & Confesseur. Il est fait mention de ce Saint Evêque, dans l'ancien Calendrier de l'Eglise de S. Brieuc, avec office de trois leçons, l'11. de Janvier. Ce jour, 11. de Janvier, & la qualité d'Evêque, nous empêchent de confondre S. Salinius avec S. Suliau, ou Sulianus, dont nous avons parlé ailleurs, & qui n'a été qu'Abbé. Mais ne seroit-ce point le même que S. Solain, patron d'une Eglise paroissiale de l'Evêché de Dol? & ne seroit-ce point de lui, que porteroit le nom, la paroisse de Plé-Soulin dans le diocèse de Leon? — 11. JANVIER.

SAINTS INCONNUS.

AVRIL.   S. SEGAL, est le nom d'une paroisse de l'Evêché de Quimper, & celui d'un Saint absolument inconnu; à moins qu'on ne le confonde avec S. Ceadwal Roy d'Angleterre, honoré le 20. d'Avril, selon le P. Ferrarius, dans son nouveau catalogue des Saints. On sçait que l'*ea* des Anglois se prononce comme nôtre *e* simple, & que le double w se change facilement en *g*.

S. SEGUELIN, est le nom que porte une paroisse du diocèse de S. Malo.

S. SENNOUR, est le patron d'une paroisse de l'Evêché de S. Malo. Voïez ci-dessus S. Cennour.

S. SEOAL. Il y a dans l'Evêché de Quimper une paroisse qui porte le nom de ce Saint, dont nous n'avons d'ailleurs aucune connoissance.

JANVIER.   S. SERVAN est patron de deux paroisses qui portent son nom, l'une auprès de S. Malo, & l'autre dans l'Evêché de Vannes. C'est apparemment l'Apôtre des Isles Occades, honoré autrefois dans la principale de ces Isles, d'un culte public, le 1. jour de Janvier, comme nous l'apprend le P. Ferrarius dans son nouveau catalogue des Saints. Et il n'est pas surprenant que le nom & le culte de S. Servan aïent passé dans la Bretagne Armorique.

OCTOBRE.   S. TERNOC, Evêque & Confesseur. Le même Breviaire ancien de l'Eglise de Leon, qui marque au 16. de Juillet la fête de S. Tenenan, ou Tinidor Evêque, avec office de neuf leçons, marque au 11. d'Octobre une simple memoire de S. Ternoc Evêque & Confesseur. C'est ce qui nous empêche de les confondre ensemble, quoique le nom de Lan-Terneau, ou Landerneau, ville qu'on assure qui a S. Tenenan pour patron, approche plus de Ternoc, que de Tinidor, ou Tenenan. Les Lecteurs en porteront tel jugement qu'il leur plaira.

SEPTEMBRE.   S. THEOGONOCUS Confesseur. L'ancien Breviaire de Leon en marque la fête, avec office de neuf leçons, le 6. de Septembre. On pourroit croire que c'est son nom, que porte la paroisse de S. Ygneuc, ou S. Tigneuc, dans le diocèse de S. Brieuc.

S. TOUCHANT. Nous ne connoissons le nom de ce Saint, que par la paroisse de S. Touchant, qui est au diocèse de Quimper.

AOUST.   S. TOUINIEN Confesseur. L'ancien Calendrier manuscrit de l'Abbaïe de S. Méen marque la fête de ce Saint au 2. d'Aoust, & lui donne huit leçons du commun des Confesseurs. La raison pourquoi on ne lui donne pas les douze, c'est que les quatre autres sont pour S. Estienne Pape & Martyr. Il n'est pas hors d'apparence, que c'étoit de ce même S. Toüinien, que portoit le nom un petit Monastere appellé S. Thoüi, qui, selon que le rapporte le Cartulaire de Redon, avoit été donné au Chanoine Winwethen, lequel, embrassant l'institut Monastique à Redon, y unit ce Benefice, qui est le même, sans doute, que le Cartulaire de Redon appelle ailleurs *Sti. Toinanni Monasterium*; où le Comte de Mathuedoi donna au Monastere de Redon la moitié de la paroisse de Guiebri, ou Guipri, du tems de Bili Evêque de Vannes, dans le X. siécle. Les Litanies Angloises du VII. siécle font mention d'un S. Toninannus. Nous l'aurions confondu avec S. Tenenan, sans que la fête de S. Tenenan se celebre le 16. de Juillet, & celle de S. Toüinien le 2. d'Aoust.

S. TOUREDEC. Une des paroisses de l'Evêché de Quimper porte le nom de ce Saint qui est des plus inconnus.

S. TUGEAN. Dans la paroisse de Primelen, au diocèse de Quimper, il y a une Chapelle dédiée à S. Tugean, solitaire de Bretagne, dont il a été parlé dans la vie du P. Maunoir.

S. UGNAC. C'est le nom d'une des paroisses de l'Evêché de Dol, & d'un Saint qui nous est absolument inconnu; peutêtre faut-il le confondre avec saint Ygneuc, dont nous avons parlé à l'article de S. Theogonocus; aussi-bien qu'avec celui qui est patron de la paroisse de Ploé-Ignau, dans le diocèse de Treguer.

S. YDEUC. Il y a dans l'Evêché de Dol une paroisse qui porte le nom de ce Saint.

S. YGEAU, ou YGEAN, est le nom d'une Eglise succursale dans le diocèse de Quimper.

S. YONNET. Il y a une paroisse de l'Evêché de Quimper, appellée Locq-Yonnet; & comme cet affixe de *Locq*, en Latin *Locus*, non plus que celui de *Lan*, ne se met qu'avec le nom des Saints patrons des lieux ainsi désignez, comme Loc-Christ, Loc-Maria, Loc-Pezdrec, &c. nous avons lieu de regarder Yonnet, ou S. Yonnet, comme un Saint du païs, quoiqu'il ne nous soit point connu d'ailleurs, si ce n'est S. Idiunet disciple de S. Guignolé.

S. YVI, ou YVIS. Le nom de Locq-Yvis que porte une paroisse de l'Evêché de Treguer, nous porte à supposer qu'il y a eu quelque Saint de ce nom. Car il en est du terme de *Loc*, en Latin *Locus*, comme de celui de *Lan*, ainsi que nous venons de l'observer; on ne le met guére que devant un nom de Saint, par exemple, Loc-Christ, Loc-Maria, Loc-Amand, Loc-Pezdrec, Loc-Renan, Lo-Malo.

ADDITION
DE QUELQUES AUTRES
SAINTS DOUTEUX.

LE terme de Plé, Ploé ou Plou, en Latin *Plebs*, c'est à dire *Paroisse*, est souvent mis au-devant du nom du Saint en l'honneur de qui l'Eglise de la Paroisse est dédiée. Mais comme ce terme se met aussi quelquefois devant des noms qui ne sont point des noms de Saint, comme en Plé-lan, Plé-mur, Plé-chastel, Plou-gastel; nous n'avons pas crû pouvoir tirer de ce terme de Plé, &c. une induction aussi certaine, que de ceux de Lan & de Loc. Cependant, pour ne pas laisser quelques Saints tout à fait inconnus, faute d'avoir indiqué les traces de leurs noms, nous ramasserons dans cette addition les noms de quelques-unes de ces paroisses qui commencent par le terme de *Plé*, *Ploé* ou *Plou*. De ce nombre sont, outre ceux que nous avons déja rapportez ailleurs, & qui nous indiquent des Saints connus :

Dans l'Evêché de Treguer,

Ploé-zoch,	Poul-douran,	Ploé-guennan,	Ploé-dunez,
Ploé-lech,	Ploé-gonmeur,	Ploé-magoer,	Ploé-loch,
Ploé-zennet,	Ploé-grescant,	Ploé-rin,	Ploé-fur,
Ploé-guiel,	Ploé-nerin,	Ploé-zunec,	Ploé-gat.
Ploé-heudel,	Ploé-den,	Ploé-moguer,	
Ploé-sidi,	Plou-arnet,	Ploé-gormeni,	
Ploé-jahan,	Ploé-bezre,	Ploé-sal,	

Dans l'Evêché de Leon,

Ploé-menan,	Ploé-mahorn,	Ploé-diri,	Ploé-kerneau,
Ploé-zevedé,	Ploé-dider,	Ploé-benneuc,	Ploé-menan,
Ploé-comelen,	Plo-rec,	Ploé-moguer,	Ploé-car,
Ploé-dalmezen,	Ploé-dern:	Ploé-neventer,	Ploé-scat.
Ploé-cornest,	Ploé-zevedé,	Ploé-daniel,	

Dans l'Evêché de Vannes,

Ploé-guemelin,	plo-gomelen,	Plo-redut,	Ploé-sauff,
Plu-mergat,	Plo-éaule,	Plo-mel,	Ploé-mellet.
Ploé-hervel,	Ploé-ver,	Ploé-kernevel,	
Ploé-zu,	Ploé-neret,	Plo-escop,	
Plo-audren,	Ploé-ren,	Plou-hinec,	

Dans l'Evêché de Quimper,

Ploé-iben,	Ploé-neorn,	Ploé-gonnec,	Ploé-griffan,
Ploé-mahorn,	Ploé-goff,	Ploé-dergat,	Ploé-cornan,
Ploé-banazleuc,	Ploé-gunan,	Ploé-zennec,	Plo-elquer,
Ploé-drezic,	Ploé-vin,	Ploé-squellec,	Ploé-novezel.

Dans l'Evêché de S. Brieuc,

Plé-van,	Pleu-hedel,	Plé-dran,	Plé-sta,
Plu-rien,	Plou-zeuc,	Plo-hedel	Plé-hurel,
Plou-rhan,	Ploé-gonas,	Plo-aha,	Plé-dilia,
Ploé-guien,	Plé-ouc,	Ploé-delia,	Plé-duno, ou Plu-
Ploé-rivo,	Plé-xala,	Ploé-dua,	duno.

Dans l'Evêché de S. Malo,

Pleu-maugat,	Pleu-boullé,	Plou-alasne,	Pleu-rtuit,
Plou-ret,			

Dans l'Evêché de Dol,

Plu-dihen,	Plé-éder,	Plé-rguer.

APPROBATION.

J'AI lû par ordre de Monseigneur le Garde des Sceaux, un Livre qui a pour titre: *Histoire des Saints de la Province de Bretagne, que l'Eglise honore d'un culte public, & des Personnes d'une éminente pieté dans la même Province, dont les vertus heroïques y ont attiré à leur memoire la veneration des peuples;* par D. GUI ALEXIS LOBINEAU, Prêtre, Religieux Benedictin de la Congregation de S. Maur; & j'ai crû que l'impression en pourroit être très-utile au public. Fait à Paris le 10. Mai 1710. P. ANQUETIL.

PRIVILEGE DU ROY.

LOUIS par la grace de Dieu, Roi de France & de Navarre: A nos amez & feaux Conseillers, les Gens tenant nos Cours de Parlement, Maîtres des Requêtes ordinaires de nôtre Hôtel, Grand Conseil, Prévôt de Paris, Baillifs, Senéchaux, leurs Lieutenans civils, & autres nos Justiciers qu'il appartiendra; SALUT. Nôtre bien amé le Pere LOBINEAU, Religieux Benedictin de la Congregation de S. Maur, nous aïant fait remontrer qu'il souhaiteroit faire imprimer un ouvrage de sa composition, qui a pour titre, *Histoire des Saints de Bretagne, & des Personnes d'une éminente pieté dans la Province,* par ledit Pere LOBINEAU, de la Congregation de S. Maur, lequel desireroit en faire part au public, s'il nous plaisoit lui accorder nos Lettres de Privilege sur ce necessaires. A CES CAUSES, voulant favorablement traiter ledit Exposant; nous lui avons permis, & permettons par ces Présentes de faire imprimer ledit Livre en tels volumes, forme, marge, caracteres, conjointement ou séparément, & autant de fois que bon lui semblera, & de le vendre, faire vendre & debiter par tout nôtre Roïaume pendant le tems de dix années consecutives, à compter du jour de la date desdites Présentes; Faisons défenses à toutes sortes de personnes de quelque qualité & condition qu'elles soient, d'en introduire d'impression étrangere dans aucun lieu de nôtre obéïssance; comme aussi à tous Libraires, Imprimeurs & autres, d'imprimer, faire imprimer, vendre, faire vendre, debiter ni contrefaire ledit Livre en tout ni en partie, ni d'en faire aucuns extraits, sous quelque pretexte que ce soit d'augmentation, correction, changement de titre ou autrement, sans la permission expresse & par écrit dudit Exposant, ou de ceux qui auront droit de lui, à peine de confiscation des exemplaires contrefaits, de quinze cens livres d'amende contre chacun des contrevenans, dont un tiers à Nous, un tiers à l'Hôtel-Dieu de Paris, l'autre tiers audit Exposant, & de tous dépens, dommages & interests; à la charge que ces Présentes seront enregistrées tout au long sur le Registre de la Communauté des Libraires & Imprimeurs de Paris, & ce dans trois mois de la date d'icelles; Que l'impression de ce Livre sera faite dans nôtre Roïaume, & non ailleurs, en bon papier, & beaux caracteres, conformément aux Reglemens de la Librairie; & qu'avant de l'exposer en vente, le manuscrit ou imprimé qui aura servi de copie à l'impression dudit Livre, sera mis dans le même état où l'approbation y aura été donnée, és mains de nôtre très-cher & feal Chevalier Chancelier de France, le sieur Daguesseau; & qu'il en sera ensuite remis deux exemplaires dans nôtre Bibliotheque publique, un dans celle de nôtre Château du Louvre, & un dans celle de nôtredit très-cher & feal Chevalier Chancelier de France, le sieur Daguesseau; le tout à peine de nullité des Présentes; du contenu desquelles vous mandons & enjoignons de faire joüir l'Exposant ou ses aïant cause, pleinement & paisiblement, sans souffrir qu'il leur soit fait aucun trouble ou empêchement; Voulons que la copie desdites Présentes, qui sera imprimée tout au long au commencement ou à la fin dudit Livre, soit tenuë pour dûëment signifiée, & qu'aux copies collationnées par l'un de nos amez & feaux Conseillers & Secretaires, foi soit ajoûtée comme à l'original; Commandons au premier nôtre Huissier ou Sergent, de faire, pour l'execution d'icelles, tous actes requis & necessaires, sans demander autre permission, & nonobstant clameur de Haro, Charte-Normande & Lettres à ce contraires: Car tel est nôtre plaisir. DONNE' à Paris le vingt-deuxiéme jour du mois de Septembre, l'an de grace mil sept cens vingt-un: Et de nôtre Regne le septiéme. Par le Roi en son Conseil.

Signé, CARPOT, *& scellé.*

J'ai cedé le présent Privilege au Sieur GARNIER, Libraire à Rennes, suivant les conventions faites entre nous. A Paris le sixiéme Octobre mil sept cens vingt-un.

Signé, FR. GUI ALEXIS LOBINEAU.

Registré le present Privilege, ensemble la cession ci-dessus, sur le Registre IV. de la Communauté des Libraires & Imprimeurs de Paris, page 786. n°. 854. conformément aux Reglemens & notamment à l'Arrest du Conseil du 13. Aoust 1703. A Paris le 6. Octobre 1721.

Signé, DELAULNE, *Syndic.*

Et ledit Sieur GARNIER a associé audit Privilege les Sieurs DEVAUX, JOSEPH & JULIEN VATAR, suivant le traité passé entr'eux.

Registré sur le Registre de la Communauté des Imprimeurs & Libraires de la Ville de Rennes. A Rennes ce 2. Octobre 1724. Signé, LE BARBIER, *Syndic.*

CATALOGUE CHRONOLOGIQUE DES SAINTS,

ET DES PERSONNES DE PIETE'
DONT NOUS DONNONS ICI LA VIE;

ET des Saints ou autres personnes, dont nous parlons par occasion, dans la vie des autres.

Les noms des Saints & autres Personnes, qui sont marquez d'une * se trouveront à la marge de ce Livre.

III. SIECLE.

SAINT Donatien & S. Rogatien, freres, Martyrs,	Page 1.
Eclaircissement sur le tems du martyre de S. Donatien & S. Rogatien,	3.
S. Clair, premier Evêque de Nantes, Confesseur,	6.

IV. SIECLE.

S. Similin, Similien ou Sambin, Evêque & Confesseur.	7.

V. SIECLE.

Ste. Ursule & ses Compagnes, Vierges & Martyres,	ibid.
Ste. Avée, aussi Vierge & Martyre; & S. Juvat, Martyr;	ibid.
S. Patern, premier Evêque de Vannes, Confesseur,	10.
S. Brieuc, premier Evêque du diocese qui porte son nom, & Confesseur,	11.
* S. Sieu, Confesseur,	17.
S. Patrice, Evêque & Confesseur, Apôtre d'Irlande,	19.
S. Guiguer Martyr, autrement S. Fingar,	23.
S. Hiltut, Abbé,	24.
S. Colledoc, Evêque & Confesseur,	25.
S. Kerrien, ou S. Ké, Solitaire,	26.

V. & VI. SIECLES.

S. Dubrice, Evêque & Confesseur,	26.

VI. SIECLE.

S. Theliau, Evêque & Confesseur,	28.
S. Perreux, Abbé,	29.
S. Cado, Evêque & Martyr,	30.
S. Amand, Evêque de Rennes & Confesseur,	31.
S. Melaine, Evêque de Rennes & Confesseur,	32.
S. Vouga, ou S. Vio, Evêque & Confesseur,	39.
Ste. Osmane, Vierge,	40.
S. Ronan, ou Renan, Evêque & Confesseur,	41.
S. Guignolé, ou Guingualoé, Abbé,	43.
* S. Budoc,	44.
* S. Fragan,	47.
* Ste. Guen, ou Blanche,	ibid.
* S. Jacut,	ibid.
* S. Guethenoc,	ibid.
* S. Guenhael,	ibid.
* S. Riok,	ibid.
* S. Idunet,	ibid.
* S. Valay,	ibid.
* S. Martin,	ibid.
* S. Dei,	ibid.
* S. Ratian,	ibid.
* S. Wincon,	ibid.
* S. Gozien,	ibid.
* S. Winvoud,	ibid.
* S. Harnul,	ibid.
* S. Petran,	ibid.
* S. Berthual,	ibid.

* S. Morbret,	page 47.
* S. Conogan,	ibid.
S. Jacut, ou Jagu, Abbé,	48.
S. Bieuzy, Martyr,	ibid.
S. Gunthiern, Confesseur,	49.
S. Riock, Confesseur,	50.
S. Corentin, premier Evêque de Quimper, Confesseur,	ibid.
S. Conogan, ou Guenegan, Evêque & Confesseur,	53.
S. Aubin, Evêque d'Angers & Confesseur,	54.
S. Tugdual, ou Tugal, Evêque de Treguer, Confesseur,	56.
Ste. Pompée, ou Pompeïe veuve ; & la B. H. Seuve, Vierge,	61.
S. Meliau, & S. Melair, ou Meloir, Martyrs,	ibid.
Ste. Ninnoc, Vierge,	63.
S. Paul Aurelien, premier Evêque de Leon & Confesseur,	64.
* S. Joevin, ou Joavan,	69.
S. Joevin, ou Joavan, Evêque & Confesseur,	71.
S. Gildas, Abbé,	72.
S. Tremeur, ou Trever, Martyr ; & Ste. Triffine sa mere,	78.
S. Armel, Abbé,	ibid.
S. Guenael, Abbé,	80.
S. Ruelin, Evêque & Confesseur,	82.
S. Gueuvrock, ou Kireck, Confesseur,	83.
S. Briac, Abbé,	ibid.
S. Goneri, Confesseur,	ibid.
S. Mandé, ou Maudez, Confesseur,	84.
S. Tudy, Confesseur,	85.
S. Borlimael, Confesseur,	ibid.
S. Allor, Evêque & Confesseur,	ibid.
S. Hernin, Confesseur,	ibid.
S. Mieu, Confesseur,	ibid.
S. Efflam, Confesseur ; & Ste. Honore, Vierge, épouse de S. Efflam,	86.
* S. Gestin,	88.
S. Sané, S. Sezni,	ibid.
S. Million, ou Emilion, Solitaire,	89.
S. Oudocée, ou Oudothée, Evêque & Confesseur,	ibid.
* S. Tysri, Martyr,	ibid.
S. Leonor, ou Lunaire, Evêque & Confesseur,	91.
Juval, ou Judual, surnommé le Blanc, Prince de la Domnonée,	92.
S. Samson, Evêque de Dol & Confesseur,	95.
S. Suliau, ou Sulia, Abbé,	110.
S. Hervé, Abbé,	111.
* S. Urfoed,	112.
* S. Maian,	ibid.
* S. Grednou, ou Goueznou,	ibid.
* Ste. Christine,	ibid.
* S. Conagan,	ibid.
* S. Mornrod,	ibid.
S. Goueznou, Evêque & Confesseur,	113.
* S. Corbasius,	ibid.
* S. Mayan,	ibid.
S. Magloire, Evêque & Confesseur,	114.
* S. Budoc,	115.
S. Tenenan, ou Tinidor, Evêque & Confesseur,	118.
S. Tangui, Abbé ; & Ste. Haude, Vierge,	119.
S. Aaron, Abbé,	120.
S. Félix, Evêque & Confesseur ; & par occasion Evemer son prédecesseur,	121.
S. Friard, Confesseur ; & S. Secondel, Confesseur,	126.

VII. SIECLE.

S. Budoc, Evêque & Confesseur,	127.
S. Similien, Abbé,	128.
S. Ethbin, Confesseur ; & le B. H. Guignolé le jeune, Confesseur,	ibid.
S. Martin de Vertou, Abbé,	119.
S. Malo, Evêque & Confesseur,	126.
* S. Brouladre,	130.
S. Gurval, ou Gurdwal, Evêque & Confesseur,	135.
S. Victor de Cambon, Confesseur,	137.
S. Méen, ou Conard-Méen, Abbé,	138.
* S. Austole,	142.
S. Austole, Confesseur,	ibid.

S. Maelmon, Evêque & Confesseur,	page 142.
S. Judicael, Confesseur,	143.
*)S. Elocau,	146.
* S. Leri,	ibid.
* S. Jolle,	150.
S. Judoc, ou Josse, Confesseur,	152.
Ste. Eurielle, Vierge,	157.
S. Leri, Abbé,	ibid.
Dissertation sur S. Amand, Evêque de Maestrich, originaire du Comté Nantois,	160.
S. Elan de Lavaur; & S. Alain de Quimper,	ibid.

VIII. SIECLE.

S. Winnoc, Abbé,	165.
S. Pasquier, ou Pascharius, Evêque & Confesseur,	168.
S. Hermeland, ou Herblon, Abbé,	ibid.
S. Moderan, ou Mauron, Evêque & Confesseur,	174.
S. Benoist de Macerac, Abbé,	175.
S. Vital, Vial ou Viau, Confesseur,	ibid.
S. Thuriau, ou Thivisiau, Evêque & Confesseur,	177.

IX. SIECLE.

S. Guihard, ou Gonhard, Evêque & Martyr,	179.
S. Convoïon, Abbé,	181.
* Riowen,	185.
* Condeluc,	ibid.
* Fridwethen,	186.
* Conhoiarn,	ibid.
* Tethwiu,	187.
S. Salomon, Martyr	193.

X. SIECLE.

S. Goulven, Evêque & Confesseur,	204.

XI. SIECLE.

S. Felix, Abbé,	206.
* S. Gulstan,	ibid. & 209.
* S. Eboarn,	208.
* S. Guingurien,	ibid.
S. Gildain, Confesseur,	210.
S. Gurloës, Abbé,	212.
* S. Jean, Abbé,	213.
* S. Vital, Abbé,	ibid.
* S. Vingomar, ou Jungomar, Abbé,	ibid.

XII. SIECLE.

Le B. H. Robert d'Arbrissel,	ibid.
* S. Bernard de Tyron,	214.
* Vital de Mortain,	ibid.
* Raoul de la Fustaïe,	215.
* Robert de Loc-Renan, Evêque,	ibid.
* Giraud de Sales,	ibid.
* Alleaume,	ibid.
* Aubert,	ibid.
* Hervé, Renaud, André,	ibid.
* Engelger,	ibid.
* Salomon,	ibid.
S. Gobrien, Evêque & Confesseur,	218.
Ermengarde, Duchesse de Bretagne,	ibid.
Le B. H. Guy, fondateur de l'Abbaïe de Vigogne,	225.
Le B. H. Jean, Evêque de S. Malo, surnommé de la Grille,	227.
S. Hamon, Confesseur,	233.
S. Maurice, Abbé,	235.

XIII. SIECLE.

S. Guillaume Pinchon, Evêque & Confesseur,	ibid.

XIII. & XIV. SIECLES.

S. Meriadec, Evêque & Confesseur,	242.
*S. Hineweren, ou Guenguenton,	244.
S. Yves, Confesseur,	245.

XIV SIECLE.

Le B. H. Jean Discalceat, Prêtre, Recteur, & puis Religieux de S. François,	258.
Charles de Châtillon, dit de Blois, Duc de Bretagne,	262.
Fondation de N. D. de Bonnes-Nouvelles à Rennes,	289.

XV. SIECLE.

Fondation de N. D. du Folgoet,	293.

CATALOGUE CHRONOLOGIQUE DES SAINTS, &c.

S. Vincent Ferrier, Confesseur, page 295.
S. Jean du Doigt, 313.
Françoise d'Amboise, Duchesse de Bretagne, & puis Religieuse Carmelite, 314.

XVI. SIECLE.

R. P. en Dieu Frere Yves Mahyeuc, Religieux Dominicain, Evêque de Rennes, 341.

XVII. SIECLE.

Le bon Pere Noël Mars, Religieux Benedictin, Prieur clauſtral du Monaſtere de Lehon ; & premier Vicaire General de la Société reformée de Bretagne, 346.
Fondation du Convent de Ste. Anne près d'Auray, 356.
Le Venerable Pere Pierre Quintin, Religieux de l'Ordre de S. Dominique, 365.
Le Venerable Frere Jean de S. Samſon, aveugle dès le berceau, Religieux Carme de la Reforme de Rennes, 373.
Le Venerable Pere Philippe Thibaud, Pere & principal auteur de la Reforme des Carmes de l'Obſervance de Rennes, 379.
Sœur Jeanne l'Evangeliſte, & Sœur Marguerite de Ste. Agathe, Religieuſes Carmelites, Sœurs du P. Huby, 401
Monſieur Michel le Nobletz, Prêtre, Miſſionnaire, ibid.
* Françoiſe Troadec, 419.
* Dom Pierre Bocer, 420.
Explication d'un des Tableaux de Monſieur le Nobletz, où ſous la figure de la mer, & de quelques Vaiſſeaux, il repréſentoit la vie de l'homme, 444.
Adieu de Mr. le Nobletz au monde inſenſé & deteſtable, 447.
Le Reverend Pere Pierre Bernard, Jeſuite, Miſſionnaire, 449.
Mademoiſelle Françoiſe de Quiſidic, convertie par Mr. le Nobletz, 451.
Mademoiſelle Marguerite le Nobletz, ſœur de Mr. le Nobletz, 453.
Mademoiſelle Anne le Nobletz, ſœur de la précedente, 457.
Claude le Bellec, veuve, conduite par Mr. le Nobletz, & emploïée aux œuvres de charité, & à l'inſtruction des pauvres, 458.
Domnat Rolland, autre veuve, conduite par Mr. le Nobletz, 461.
Pierre le Gouvello, dit Mr. de Queriolet, Conſeiller au Parlement de Bretagne, enſuite Prêtre, 462.
Mathurine Berthelot, du Tiers-Ordre des Carmes, 473.
Loüiſe Huby, Dame de Kerloüet, ſœur du P. Huby, 474.
Armelle Nicolas, fille de la campagne, ſervante en condition, communément appellée la Bonne-Armelle, Ibid.
Perronne Huby, Dame de Kermagaro, du Tiers-Ordre des Carmes, 489.
Monſieur de l'Iſle, Prêtre, 490.
Dame Jeanne Pinczon, autrement Madame de Forſans du Houx, veuve, décedée après avoir fait les vœux de Religion à la Viſitation du Colombier de Rennes, & pris le nom de Sœur Jeanne Marie Pinczon, 491.
Meſſire Balthazar Grangier, Abbé de S. Barthelemy de Noyon, & Evêque de Treguer, 505.
Le Reverend Pere Julien Maunoir, Jeſuite, Miſſionnaire, 507.
* Marie Amice Picard, 523.
* Catherine Daniellou, 524.
* Dom Briand, 526.
* Monſieur de Tremaria, 530.
* Monſieur de Pontcalec, 537.
* Monſieur l'Abbé de Pliverne, 538.
* Monſieur de Keriſac, 541.
Meſſire Loüis Eudo de Kerlivio, Prêtre, Recteur de Plumergat, & puis de S. Patern, Grand Vicaire des Evêques de Vannes, & fondateur de la maiſon de Retraite pour les hommes à Vannes, 550.
Mademoiſelle Catherine de Francheville, fondatrice de la maiſon de Retraite pour les femmes, à Vannes 563.
* Le P. Fulgence de Ste. Barbe, Carme, 568.
* Mademoiſelle de Kerderff, Ibid.
Meſſire Sebaſtien Joſeph du Cambout, de Pont-château, Abbé de S. Gildas des Bois, de Villeneuve, & de Geneſton, ſolitaire ſous les noms de Maître Mercier, & de Monſieur de Fleury, 570.
Epitaphe du corps de Monſieur de Pont-château, qui étoit à Port-Royal, 576.
Epitaphe du cœur de Monſieur de Pont-château, 577.
Le R. P. Huby Jeſuite, premier Directeur de la Retraite à Vannes, 578.

FIN.

HISTOIRE DES SAINTS DE BRETAGNE.

24. MAY.

SAINT DONATIEN ET SAINT ROGATIEN, Freres Martyrs.

III. SIECLE.

Tiré des Actes de leur Martyre publiez par le P. Ruynart.

NOUS ne pouvons commencer cette Histoire des Saints de la province de Bretagne, sous de plus heureux auspices, qu'en proposant à la pieté des Fidéles le martyre des deux Freres DONATIEN & ROGATIEN, qui sont les premiers dans le païs qui aïent répandu leur sang pour la foy Chrétienne sous les Empereurs Romains qui ont persecuté l'Eglise. Ce n'est pas ici le lieu d'entrer dans la discussion du tems de leur martyre ; nous traiterons de cette matiere à part, & nous ferons voir que ces deux saints Martyrs ont souffert la mort pour Jesus-Christ dès le commencement de l'Empire de Diocletien, comme l'a supposé le P. Ruynart qui a publié les Actes de leur martyre ; & non point l'an 303. comme l'a prétendu le Cardinal Baronius. Nous nous contenterons de faire ici l'histoire du martyre & du culte de ces deux Saints.

Dans le tems que Diocletien & Maximien gouvernoient l'Empire, & abandonnoient les Chrétiens à la cruauté de ceux à qui ils avoient donné charge de les persecuter, ces deux Empereurs envoïerent au Préfet des Gaules une Ordonnance, par laquelle il lui étoit commandé de réduire tout le monde au culte des Dieux de l'Empire, sur tout de Jupiter & d'Apollon ; de promettre des recompenses à ceux qui pratiqueroient religieusement les ceremonies Païennes, & qui offriroient des sacrifices aux Dieux ; & d'emploïer les tourmens & le dernier supplice contre ceux qui persisteroient à confesser le Nom de Christ, afin que la punition des plus opiniâtres retint les autres dans le devoir.

Il y avoit à Nantes un jeune homme, appellé Donatien, d'une naissance illustre, mais plus recommandable encore par sa foy, qui moderoit par la maturité de son esprit la vivacité de la jeunesse ; & qui, penetré de la crainte de Dieu, se conduisoit en vieillard, dans un âge où la raison n'est pas toûjours la maîtresse. Dieu lui avoit fait la grace de reconnoître la vanité des idoles, & d'embrasser la foy Catholique. Il avoit reçû le baptême, & fortifié par les saints mysteres, il publioit hautement le triomphe de J. Christ, & répandoit dans les cœurs des Gentils la semence Divine qui avoit si heureusement fructifié en lui.

Rogatien son frere aîné, encore idolâtre, fut gagné à la foy Chrétienne par Donatien, dans un tems où c'étoit exposer sa vie au peril le plus évident, que de faire profession d'une religion proscrite par les ordres des Souverains. Mais cette consideration ne put détourner Rogatien de ceder aux attraits vainqueurs de la verité. Il se dévoüa à la mort, en même tems qu'au

A

SAINT DONATIEN.

24. MAY.

service de Jesus-Christ, & pour avoir la force de soûtenir le combat dangereux où il voyoit bien qu'il s'exposoit, il demandoit avec ardeur le sacrement de la regeneration, mais *la fuite & l'absence du Prêtre*, que les nouvelles de la persecution avoient chassé du païs, furent cause que Rogatien ne put être baptisé que dans son sang.

Sacerdotis absentia fugitiva. Act. SS. Don. & Rog.

Sur ces entrefaites, un Commissaire des Empereurs se rendit à Nantes muni de leur Ordonnance, & fut reçû favorablement par la multitude idolâtre. Un des habitans lui parla de cette sorte: « Juge équitable « & moderé ! Vous venez fort - à - propos, « pour réduire au culte des Dieux, ceux « qui s'en sont écartez pour s'attacher à un « homme que les Juifs ont fait mourir en « Croix. Le premier d'entr'eux, sur qui « vous devez exercer vôtre severité, c'est « Donatien, qui non-seulement s'est retiré « du culte qu'il doit aux Dieux ; mais qui, « par ses vains discours, a encore seduit son « frere : en sorte que l'un & l'autre méprisent avec obstination les Dieux immortels que les Empereurs invincibles adorent, & veulent qui soient adorez de « tout l'Univers. La propre confession des « deux freres vous convaincra, quand il « vous plaira de les interroger, qu'on ne « les accuse point à faux.

Les Actes l'appellent Préses.

« Le Commissaire irrité, fit amener Donatien devant lui, & commença ainsi son enquête. « J'apprens, Donatien, que « non seulement vous réfusez, par une « desobéïssance criminelle, d'adorer Jupiter « & Apollon, de qui nous tenons la vie ; « mais encore que vous les deshonorez par « des discours injurieux, & que par une prétention extravagante, vous publiez qu'on « ne peut être sauvé, qu'en croyant à la « mort d'un homme qui a été puni du supplice de la Croix ; au culte duquel vous « essaïez d'engager tout le monde. Donatien répondit : vous ne dites rien que de « vrai : j'avouë que je voudrois que tout « le monde le servît ; car il n'y a que luy « qui mérite nos adorations. Le Commissaire dit : moderez-vous là-dessus, & « cessez de prêcher inutilement cette vaine doctrine, sinon je vous ferai bien-tôt « trouver la fin de vôtre vie. Donatien répondit : si la mort a quelque chose de « terrible, ce n'est pas pour moi, c'est pour « vous que l'erreur & la fausse prévention « engagent dans les tenebres, & empêchent d'ouvrir les yeux à la lumiere de « justice. « Le Commissaire commanda que le Saint fût enchaîné, & jetté dans une prison, afin que la violence des tourmens ébranlât le Martyr, & lui fît perdre la foi : ou du moins que son supplice détournât, ceux qui en seroient les spectateurs, de croire en Jesus-Christ.

Rogatien fut amené au Commissaire en présence du peuple, & le Commissaire voulant le gagner par la douceur, lui dit : J'ai été informé, Rogatien, que vous « voulez vous retirer inconsidérement du culte des Dieux qui ont daigné vous donner « la vie, & orner vôtre esprit de sagesse « & de belles connoissances : j'ai honte pour « vous de voir que tant de choses que vous « sçavez, ne vous empêchent pas de vouloir enfin perdre l'esprit. Prenez garde, « que voulant ne confesser qu'un seul Dieu, « vous n'encouriez, à vôtre grand regret, « la colere de plusieurs autres. Mais comme « vous n'êtes encore point souïllé de je ne « sçai quel baptême, si l'obstination n'a « point encore endurci vôtre volonté, recevez les biens & es honneurs que vous « offrent la clemence des Empereurs & la « bonté des Dieux. Rogatien répondit : je « ne m'étonne pas si vous mettez la clemence des Empereurs avant la bonté des « Dieux : tout est perverti dans vôtre esprit, quoiqu'au reste vous ayez quelque « raison de donner le premier rang à des « êtres vivans qui valent encore mieux que « des Dieux de fonte. Mais, & vos Dieux, « & vous, vous êtes également insensibles, « eux, parce qu'ils sont de métail, ou de « pierre, & vous, parce que vous meritez « de ressembler à ce que vous adorez. Le Juge commanda que Rogatien fût jetté dans le même cachot où l'on avoit mis celui dont il avoit reçû cette doctrine extravagante ; afin que le lendemain l'épée du bourreau vengeât, & les Dieux & les Empereurs, des mépris & des insultes de l'un & de l'autre.

Rogatien n'avoit de peine que sur une chose, d'avoir été prévenu par la persecution, avant que d'avoir reçû le baptême ; mais la foy qu'il avoit en Dieu lui fit esperer que le baiser de son frere lui tiendroit lieu de ce bain sacré. Donatien informé de la peine de son frere, fit cette priere à Dieu « Seigneur Jesus-Christ auprès de « qui les désirs ont le même mérite que les « œuvres, quand l'impuissance absoluë empêche les effets d'une volonté qui vous est « toute dévouée ; accordez à vôtre serviteur Rogatien, que sa foy pure lui tienne « lieu de baptême, & son sang d'onction sacrée, s'il arrive demain, par l'obstination « du Juge, que l'épée termine le cours de « nôtre vie. « Ils passèrent l'un & l'autre la

SAINT ROGATIEN.

nuit à se fortifier par l'espérance de la couronne immortelle qui devoit être le prix de leur confession.

Le lendemain le Juge monta sur le tribunal, & ayant fait venir les deux freres, il leur dit: « la severité dont je dois des
« exemples au public, m'empêche désormais d'user avec vous de termes de douceur; puisque vous méprisez le culte des
« Dieux immortels par ignorance, où, ce qui est encore pis, vous travaillez à le détruire, parce que vous vous croïez
« mieux instruits que nous. Les Martyrs lui répondirent: que vôtre science, qui est
« de pire condition que l'ignorance la plus affreuse, soit semblable à vos Dieux que
« vous adorez dans des métaux qui n'ont aucun sentiment. Nous sommes prêts à
« souffrir pour Jesus Christ tout ce que la rage du bourreau sera capable d'inventer;
« nous n'estimons pas que ce soit perdre la vie que de la donner pour celui de qui
« nous l'avons reçûë, & qui nous en rendra une autre infiniment plus heureuse. »
Le Juge transporté de ressentiment, ordonna que les deux freres fussent tourmentez, & disloquez sur le chevalet, & qu'ensuite on leur coupât la tête. Les Ministres de sa fureur, cherchant à lui plaire par un excès de cruauté, après avoir tourmenté les Martyrs, leur enfoncerent une lance dans la gorge, ce qui n'avoit point été ordonné, & puis leurs couperent la tête. Ce fut ainsi que Donatien, après avoir gagné son frere à Jesus-Christ eut la consolation de le voir répondre dignement à la grace de sa vocation; que Rogatien baptisé dans son sang, ne se montra pas inferieur à son frere, & que tous les deux remporterent une illustre victoire, qui les incorpora dans la troupe bien-heureuse qui ne se sépare jamais de l'Agneau immortel, auteur & consommateur de leur beatitude.

Les corps des Saints Martyrs furent ensevelis auprès du lieu où ils avoient souffert la mort, & depuis posez dans un sepulchre que les Chrétiens leur édifierent, au pied duquel plusieurs anciens Evêques de Nantes ont voulu être enterrez. Dès la fin du 5e. siécle on bâtit une belle Eglise sur le tombeau des Saints Martyrs, qui fut d'abord possedée par les Moines de Bourg-Dieu en Berry, qui la cederent ensuite, ou la rendirent aux Chanoines de Nantes; & c'est maintenant une Eglise Paroissiale. On attribuë au Duc Jean IV. la Fondation d'une autre Eglise de St. Donatien & de St. Rogatien au fauxbourg de St. Clement près de la ville de Nantes, & l'établissement de six Chanoines pour y faire le Service; mais on se trompe: * cette Fondation est du Duc Jean III. qui mourut en 1341. comme on le peut voir dans la nouvelle Histoire de Bretagne. François I. l'un de ses successeurs, au lieu de six Chanoines, ou Chapelains, établit ce même lieu une communauté de Chartreux l'an 1445. Les corps des deux Saints furent levez de terre l'an 1145. par Albert Evêque d'Ostie qui en fit la Translation à l'Eglise Cathedrale de Nantes, en présence de Hugues Archevêque de Roüen & de plusieurs autres Prélats, & ces Reliques précieuses sont encore conservées dans cette Eglise dans deux chasses de bois doré, excepté une partie du crâne de Saint Donatien enchassée dans un chef d'argent, & un os de l'une de ses jambes que l'on a mis dans un Reliquaire aussi d'argent façonné en forme de jambe. La Fête de ces deux Saints se celebre le 24. de May dans le Diocese de Nantes, avec Octave.

24. MAY.

* Hist. de Bret. to. 1 p. 311. & to 2. p. 363 Ibid. to. 2. p. 1079.

Ep. Hugonis Rotom ad Albertum d'Achery Spicileg. t. 2. p. 690.

Eclaircissement sur le tems du Martyre de St. Donatien & de St. Rogatien.

LE Cardinal Baronius, sans autre fondement que celui de la notion generale de la furieuse persecution que Diocletien & Maximien firent aux Chrétiens au commencement du IV. siécle, a placé le Martyre de ces deux Saints Donatien & Rogatien dans l'année 303. de J. Christ, & le Pere Ruynart croit qu'ils ont souffert dès le commencement de l'Empire de Diocletien, sans nous en donner non plus aucune raison; car le passage de Saint Ambroise qu'il allegue, pour appuyer ce sentiment, ne fait rien du tout au sujet, & est même plus contre lui, que pour lui.

C'est cependant la veritable opinion. En voici la preuve, qui reglera à peu près le tems de la mort de ces deux Saints. Tout le monde convient que Diocletien ne fut fait Empereur qu'au mois de Septembre de l'an 284. que l'année suivante fut emploïée à faire la guerre à Carin; après la mort duquel, arrivée dans la Moësie, où, dit-on, un Officier de Diocletien le poignarda, & Diocletien demeura seul maître de l'Empire; qu'il créa Cesar Marc-Aurele-Valere-Maximien-Hercule, & qu'il l'envoïa dans les Gaules sur la fin de la même année; & qu'au premier jour de Janvier de l'an 286. il l'associa à l'Empire; que la faction des Bagaudes s'estant élevée dans les Gaules sous la conduite de Salonin-Amand & de Pompone-Elien, obligea Maximien à marcher contr'eux aussi-tôt qu'il eut été

A ij

nommé Cefar; qu'il les défit entierement durant le cours de cette même année 286. que dès ce tems-là les deux Empereurs, voulant se rendre les Dieux propices, excitérent une cruelle persecution contre les Chrétiens, ennemis déclarez de leur culte; que cette persecution, en laquelle il fut défendu d'acheter, ni de vendre quoique ce fût, qu'on n'eût auparavant offert de l'encens aux idoles, emporta une très-grande quantité de Martyrs, premierement à Rome, où saint Sebastien mourut glorieusement, & ensuite dans toutes les provinces de l'Empire; que Maximien, venu dans les Gaules, s'y déclara plus particulierement le persecuteur des Fidéles, avant & après la victoire, dans sa route & dans le séjour qu'il fit en ce païs-là, tandis que Diocletien exerçoit ailleurs sa fureur, parce que chacun d'eux s'étoit chargé de faire executer les Edits qu'ils avoient donnez en commun, dans les provinces où ils se trouveroient. Ce sont tous faits constans, que personne ne revoque en doute. Il est encore très-assuré que Maximien ne retourna pas si-tôt à Rome, puisqu'après la ruïne entiere du parti des Bagaudes, il défit encore les Bourguignons & les Allemans qui s'étoient répandus dans les provinces de deça le Rhin; qu'il passa ce fleuve, & porta le fer & le feu dans le païs des ennemis, dont il ravagea plusieurs contrée; qu'il rétablit Genobaude Roy des Francs, que cette nation n'avoit destitué que parce qu'il aimoit la paix, & que Maximien promît sa protection à Atech, ou Arech, autre Roy de la même nation, qui étoit venu la lui demander, & lui faire des soûmissions. C'est de quoi Claude Mamertin loüe Maximien dans le panegyrique qu'il prononça devant lui.

On dit donc, qu'il y a toute apparence que Maurice & ses compagnons de la Legion Thebéenne, martyrisez dans les Alpes, furent les premieres victimes de la cruauté de Maximien lorsqu'il vint dans les Gaules, & qu'une infinité d'autres furent immolez après qu'il eut défait les Bagaudes, & pendant qu'il fit la guerre aux Bourguignons & aux Allemans. Car son séjour en ces provinces fut très-funeste, ou plutôt très-favorable aux Eglises qu'il enrichit d'un grand nombre de Martyrs, entre lesquels on peut compter Gereon & 318. de ses compagnons, qui souffrirent à Cologne; Cassius, Florent, Victor & quelques autres au même lieu; Just, à Louvres en Parisis, Fuscien & Victoric, à Amiens; Piat ou Piaton, à Tournai; Lucien, à Beauvais; Quentin, à Peronne: Crespin & Crespinien, à Soissons: & generalement tout ce qu'il y a de Martyrs marquez d'une maniere indéterminée, sous l'Empire de Diocletien & de Maximien dans les Martyrologes des Gaules.

Durant cette persecution, qui coûta beaucoup de sang à l'Eglise, & qui n'a pu commencer qu'en 287. & 288. Rictiovare si fameux par sa cruauté, étoit Président ou Préfet de la Gaule Belgique, & l'on peut croire qu'il l'étoit aussi dans la Celtique; puisque dans les Actes de nos deux Saints on parle d'un *Président* : car ce fut indubitablement dans ce tems-là qu'ils furent couronnez, & il faut assurement placer l'Epoque de leur martyre entre le commencement de 288. & la fin de 290. comme il est même vrai-semblable que les ministres de la cruauté des Empereurs ne descendirent dans l'Armorique, la plus écartée des provinces, qu'après avoir executé leur commission dans les autres: il est à propos de rejetter le tems du martyre de ces deux Saints vers la fin de la persecution, qui ne dura dans les Gaules, tout au plus, que jusqu'au commencement de l'an 291.

La raison qui prouve que la persecution finit dans toutes les Gaules cette année-là; c'est qu'après que Constance Chlore, pere du Grand Constantin, & Valere, Maximien, Armentaire eurent été créez Cesars le premier de Mars de la même année, & que l'Empire eût été divisé entre ces deux Empereurs & les deux Cesars nouvellement créez, tout ce qui est deça les Alpes fut du département de Constance, qui gouverna les Gaules avec tant de douceur, & fut si favorable aux Fidéles, selon nos auteurs, que les Païens ne purent jamais obtenir de lui la mort d'aucun Chrétien, quoique les trois autres Princes, semblables à trois bêtes feroces, remplissent toutes les Eglises de sang & de carnage, dans les parties du monde qui dépendoient d'eux, Diocletien dans l'Egypte & l'Orient, Maximien dans l'Afrique, & Armentaire dans l'Italie. Le seul mal que fit Constance, pour ne paroître pas mépriser entierement les Ordonnances des Empereurs, fut de permettre qu'on renversât quelques-uns des lieux où les Chrétiens tenoient leurs assemblées, lieux qui pouvoient se rebâtir à peu de frais; mais il ne voulut jamais souffrir qu'on fît mourir les hommes, qui sont les vrais Temples de Dieu; de sorte que le feu de la persecution étoit allumé par tout le reste de la terre, pendant que *les Gaules seules étoient paisibles*, à l'ombre de ce bon Prince. C'est ce que Lactance en dit: *Vexabatur universa terra, præter Gallias.*

Lact. p. cut. c. & 16. ed. Baluzii

Eusebe confirme la même chose, mais en des termes encore plus expressifs aux chapitres 13. 15. 16. & 17. de la vie de Constantin. « Pendant, dit-il, que les trois autres Princes souilloient les provinces de leur département du sang des Chrétiens, à qui ils avoient déclaré une espece de guerre civile, quoique ceux-ci ne se défendissent que par leur patience ; le seul Constance maintint en paix tout le tems de sa vie, les provinces de son partage. Il permit même à tous d'adorer le vrai Dieu à la maniere des Chrétiens, & ne remplissoit presque de personne, que d'eux, les charges de sa maison. » Ce fameux Historien est même allé jusques-là, que de mettre pour titre à l'un des chapitres que l'on vient de citer : *Du grand amour que Constance portoit à Jesus-Christ*, & l'auteur y assûre que Constance avoit consacré toute sa famille au vrai Dieu, & que son Palais avoit plûtôt l'air d'une Eglise Chrétienne, que d'une Cour d'Empereur. Eusebe repete en divers endroits, que tous les sujets Chrétiens de Constance vêcurent toûjours dans la paix & dans la tranquillité, pendant tout le tems de son regne.

Comment s'imaginer, après cela, que Constance, qui gouverna souverainement les Gaules durant tout le reste de l'Empire de Diocletien, sans que celui-ci se mêlât en aucune maniere de ce département, dont même il étoit fort éloigné, ait excité une persecution contre les Chrétiens, aussi violente que celle qui est dépeinte dans les actes du martyre de nos deux Saints ? Ou si Constance a eu quelque part à une semblable persecution ; comment Eusebe & Lactance ont-ils parlé, comme ils ont fait, de sa douceur & de son amour pour J. C. & pour les Chrétiens, pendant tout le cours de son gouvernement ?

Si l'on ajoûte à cela, que lorsque les Donatistes, persuadez que toute l'Eglise étoit souillée, parce que par tout, à ce qu'ils s'imaginoient, presque tous les Chrétiens étoient coupables d'avoir livré les Ecritures Saintes aux Idolâtres, ou d'avoir communiqué avec ceux qui les avoient livrées ; ce qui leur faisoit rejetter la promotion de Cecilien au siége Episcopal de Carthage, comme irreguliere & illegitime : si l'on considere qu'ils demandérent en cette occasion à l'Empereur Constantin, qu'il leur donnât pour Juges des Evêques des Gaules, qui seuls s'étoient conservez purs & exemts de ce crime, parce que l'Empereur Constance son pere n'y avoit jamais persecuté, ni souffert qu'on y persecutât personne : l'on aura dans ce fait une démonstration historique,

que saint Donatien & saint Rogatien n'ont point été martyrisez depuis l'an 291. qu'on peut nommer la paix des Eglises des Gaules, & par consequent qu'ils ne l'ont pu être que dans le tems que Maximien, victorieux des Bagaudes & des Allemans, séjourna dans ce païs, & y fit beaucoup de Martyrs, c'est-à-dire depuis l'an 288. jusqu'à la fin de l'an 290. qu'il quitta les Gaules pour retourner à Rome.

Il se presente ici une autre question, qui est de sçavoir s'il y avoit un Evêque à Nantes & un siége Episcopal, au tems du martyre des Saints Freres. On n'a rien qui puisse servir à éclaircir cette matiere, que les actes même de leur martyre : & à l'égard de ce titre, qui est le seul qu'on ait, tout dépend de la signification qu'il faut donner au terme de *Prêtre* dont s'est servi l'auteur. Le terme latin de *Sacerdos* qui est dans l'original, & qui à present est équivoque en cette langue, l'étoit beaucoup moins, ou ne l'étoit point du tout aux premiers siécles de l'Eglise : car il signifioit presque toûjours un *Evêque*, & ne signifioit que très-rarement un simple *Prêtre*. Mais qui sçait si l'auteur de ces actes a parlé dans toute l'exactitude du langage des premiers siécles ? Et n'a-t-on pas sujet de croire le contraire, si l'on considere que toutes les circonstances du recit portent à croire que ce mot *Sacerdos*, signifie un simple *Prêtre* en cette occasion : & par consequent qu'il n'y avoit encore qu'un simple Prêtre dans la ville de Nantes, envoïé vrai-semblablement par saint Gatien Evêque de Tours, prêcher l'Evangile dans une des plus considerables villes dépendantes de son siége ? *Rogatien*, disent ces actes, *ne put recevoir le baptême ni le saint crême, à cause de l'absence du Prêtre que la persecution avoit fait fuir*. Est-il donc croïable qu'un Evêque fût venu & demeurât seul à Nantes, sans aucun Prêtre, sans Diacre, sans Clergé : de sorte qu'en son absence il n'y eût aucun autre ministre qui pût baptiser un catechumene qui desiroit de tout son cœur cette grace, & qui étoit sur le point de souffrir le martyre ? Il est vrai que les Evêques sont les principaux ministres de ce sacrement, & qu'ordinairement personne qu'eux ne baptisoit dans les ceremonies solennelles, lorsque les Eglises furent formées. Mais Donatien, ancien Chrétien, * pouvoit-il ignorer, que les Prêtres sont, après les Evêques, & dépendamment d'eux, les ministres du baptême, & après ceux-ci les Diacres ? ¶ Et ne sçavoit-il pas aussi, que lorsqu'il y a du peril, on pouvoit baptiser en tout tems, sans attendre les jours de solennité, dont la grace ne dépend point ?

Optat. Mileu. L. 1. de Schism. Donat.

* *Dandi baptismi jus habet summus sacerdos, de hinc Presbiteri & Diaconi.* Tertul. l. de Bapt. c. 17.

¶ *Omnis hora, omne tempus, habile baptismo.* Id. ibid. *Si de solemnitate interest, de gratia nihil refert.* Id. ibid.

24.
MAY.

D'où vient donc qu'en l'absence de ce Prêtre timide Rogatien ne pût être baptisé, sinon de ce qu'il n'y avoit à Nantes aucun autre ministre de l'Eglise que ce seul Prêtre ? ce qui ne seroit pas arrivé, ce semble, si ce Prêtre absent avoit été un Evêque qui eût déja établi son siége, & eu des Prêtres qui eussent pu suppléer en son absence à ses fonctions ; comme nous voïons que saint Cyprien obligé de prendre la fuite, avoit pourtant des Prêtres à Carthage qui y executoient ses ordres. Il ne paroit pas, à la verité, que Donatien sçût qu'un laïque peut aussi baptiser dans le besoin, puisqu'il ne se mit point en devoir de baptiser son frere, quelque pressante que fût la necessité. Mais il y a bien de la difference entre un Prêtre ou un Diacre, & un laïque, & si l'on n'a pas de peine à comprendre qu'un laïque ait pu ignorer en ce tems-là qu'il lui fût permis de baptiser dans le besoin ; on ne peut pas s'imaginer qu'il ait pu ne point sçavoir que les Prêtres & les Diacres ont droit, & sont obligez de baptiser en l'absence de l'Evêque. On ne veut pas dire pour cela, qu'on ait jamais cru dans l'Eglise, qu'un laïque ne pouvoit pas conferer le baptême, comme Calvin l'infere d'un passage de saint Augustin mal entendu ; l'on prétend seulement qu'on ne regarde pas ordinairement les laïques comme ministres des Sacremens, au lieu que l'on considere toûjours les Prêtres & les Diacres, comme les ministres de l'Eglise par état, pour administrer les Sacremens.

En tout cas, il est indubitable par ces actes, que s'il y avoit dès-lors un Evêque à Nantes, comme le terme latin *sacerdos* semble l'insinuer ; il y avoit très-peu de tems que Nantes avoit ce bonheur, puisqu'il n'y avoit presque point encore de fidéles, & point du tout de Clergé. Mais peut-être paroitra-t-il plus probable à quelques-uns, que saint Clair n'y fut envoyé de Rome, & n'y vint établir son siége, que lorsqu'on sçut que Constance permettoit qu'on prêchât librement la foi de Jesus-Christ, & qu'avant cela quelques Prêtres seulement des Dioceses voisins s'étoient mis en devoir de le faire.

Alioquin & laïcis jus est baptisandi. Tertul. Ibid.

L. 3. contra parmen. c. 13.

SAINT CLAIR,

Premier Evêque de Nantes, Confesseur.

III. SIECLE.

1.
OCTOB.

L'Histoire ne nous fournit rien d'assuré au sujet de saint Clair, que sa qualité de premier Evêque de Nantes, son culte & quelques translations de ses reliques. Quant au reste, les uns prétendent qu'il a été envoyé par saint Lin successeur de saint Pierre, prêcher la foi dans l'Armorique, & qu'il établit la religion Chrétienne à Nantes, dans le même tems que Drennalus disciple de Joseph d'Arimathie fondoit l'Evêché de Lexobie à Coz-queaudet, depuis transferée à Treguier ; & les autres prétendent avec plus de raison, que saint Clair n'est venu à Nantes, que dans le même tems que saint Gatien fut envoyé à Tours, où même un peu après, si saint Clair a reçû sa mission de l'Evêque de Tours. Or ce ne fut point par les Apôtres, ni par leurs premiers successeurs que saint Gatien fut envoyé prêcher la foi en France ; & le témoignage de Gregoire de Tours l'un de ses successeurs, homme assez éclairé pour ne pas ignorer les antiquitez de son Eglise, nous apprend que cette mission est fort posterieure aux tems Apostoliques. Les seuls actes de saint Clair que nous avons pu voir, qui sont dans le legendaire manuscrit de l'Eglise de Treguier, ne favorisent point les visions de nos auteurs Bretons, & disent simplement que ce saint Apôtre de l'Armorique fut envoyé par le Pontife Romain, qui lui donna un des cloux dont saint Pierre avoit été attaché à la Croix, celui qui avoit percé sa main droite. Il y a bien de l'apparence, que St. Clair après avoir établi la religion Chrétienne à Nantes, & dans le Comté, passa plus loin & fit les fonctions d'Apôtre dans le territoire des Citez voisines. On dit qu'il mourut à Reguiny au Diocése de Vannes le 1. d'Octobre, & que son corps fut transferé de là à Nantes quelques siécles après sa mort. Mais quand les Normans commencérent à ravager la Bretagne, le corps de S. Clair fut porté à Angers l'an 878. & déposé dans l'Eglise de l'Abbaye de saint Aubin, où on le conserve encore, & où l'an 1070. on en fit une nouvelle translation au grand Autel le 25. d'Octobre. L'Eglise de Nantes possede le crane de S. Clair, & l'on en montre quelques autres reliques dans l'Eglise paroissiale de Reguiny dediée au saint Evêque. On en celebre la fête le 1. d'Octobre, tant à Angers qu'à Nantes, & ailleurs ; & les Religieux de saint Aubin ajoûtent à cette fête celle de la translation le 25. d'Octobre. Les Litanies qui se trouvent à la fin des Pseaumes penitentiaux dans un ancien Breviaire de l'Eglise de saint Brieuc, mettent saint Clair au nombre des Martyrs ; & l'ancien Breviaire de Leon, qui marque l'office du saint à neuf leçons le 4. Novembre, lui donne aussi la qualité de Martyr. C'est apparemment dans le même sens, que l'on donne la qualité de Martyr à plusieurs Papes, qui sont cependant morts en paix, quoique dans le tems des persecutions. Ils ont été Martyrs par les dispositions de leur cœur, quoiqu'ils n'ayent pas effectivement répandu leur sang pour rendre témoignage de leur foi aux dépens de leur vie. La qualité de Martyr est aussi donnée à saint Clair dans les statuts de l'Eglise de Tulles de l'an 1320. & il y est dit en même tems, que le corps de ce saint Martyr y repose. L'acte d'une donation faite à cette Eglise, alors Monastere, l'an 900. porte que les saints Confesseurs Laud & Clair y étoient enterrez, & en 1486 on y établit le 13. de Novembre une Confrairie en l'honneur & sous le nom de saint Clair. Il n'est dit en aucun de ces actes, que saint Clair eût été Evêque de Nantes ; & au lieu que la fête de saint Clair Evêque de Nantes se celebre en Bretagne & à Angers le premier d'Octobre, les anciens livres de l'Eglise de Tulles mettent le jour natal de leur saint Clair le premier de Juin, & celui de sa translation le 28. de May ; cependant Monsieur Baluze dans l'Histoire de Tulles sa patrie, prétend que le saint Clair qu'on y revere, est le premier Evêque de Nantes, & qu'il faut que son corps ait été transporté d'Angers à Tulles.

SAINT SIMILIN, SIMILIEN, ou Sambin Evêque & Confesseur.

IV. SIECLE.

C'Est avec raison que les Continuateurs de Bollandus condamnent la temerité avec laquelle André du Saussay, dans son Martyrologe de France, & le P. Albert le Grand dans ses vies des Saints de Bretagne, ont donné des conjectures pour des veritez constantes, & assuré positivement de saint Similien, ce qu'ils n'auroient dû proposer, tout au plus, que comme des vraisemblances. Ils n'avoient pour guides que Gregoire de Tours, & le Breviaire de l'Eglise de Nantes, & ils devoient se contenir dans les bornes que leur prescrivoient ces originaux. Pour nous, nous ne donnerons ici que ce que nous avons puisé dans ces sources.

Saint Similien Evêque de Nantes, après avoir gouverné son Eglise avec toute la vigilance & la fidélité d'un excellent Pasteur, fut enterré par les Chrétiens dans le lieu où fut depuis bâtie une Eglise qui porte son nom. Elle subsistoit déja du tems de Clovis ; & cela nous fait juger que saint Similien peut avoir vécu dans le IV. siécle. Les Barbares assiegérent Nantes, du tems de Clovis premier Roy Chrétien des François.

Le siége avoit déja duré deux mois, lorsque, selon Gregoire de Tours, les peuples virent vers la mi-nuit des hommes habillez de blanc, sortir de la basilique des Martyrs Donatien & Rogatien avec des cierges allumez, & une pareille troupe sortir de la basilique du grand Confesseur *l'Evêque Similin*. Ces deux troupes parurent se joindre, se saluer, prier ensemble, & puis se retirer chacune au lieu d'où elle étoit d'abord partie. Il se pourroit bien faire qu'il n'y avoit point de vision dans tout cela, & que c'étoient effectivement deux processions qui joignoient leurs prieres ensemble pour attirer le secours du Ciel. Quoiqu'il en soit, les Barbares prirent l'épouvante, & s'enfuirent avec tant de précipitation, que le lendemain matin il n'en demeura pas un seul au siége. La même vision produisit un autre effet sur celui qui commandoit cette armée, qui s'appelloit Chilon, & qui n'étoit pas encore regeneré par l'eau & le St. Esprit. Il fut touché interieurement, se convertit & fut baptisé.

L'Eglise de St. Similien fut depuis ruïnée par les Normans, qui ont pris & saccagé la ville de Nantes plusieurs fois, & il y avoit dans cette Eglise un puits où ils jettérent le chef du saint Evêque. Depuis, l'Evêque Waltier donna cette Eglise aux Chanoines de Nantes en propre, à condition qu'ils la repareroient ; & c'est à leurs soins, apparemment, qu'on est redevable de l'Eglise de St. Sambin telle qu'elle est aujourd'hui. La Fête de ce saint Evêque tombe au 16. Juin : mais l'Eglise de Nantes l'a renvoïée au 17. à cause que le 16. est occupé de la Fête double des saints Martyrs Cyr & Julitte.

SAINTE URSULE ET SES Compagnes Vierges & Martyres.

Sainte Avée aussi Vierge & Martyre, & Saint Juvat Martyr.

V. SIECLE.

IL y a des fictions si heureusement imaginées, que ceux même qui ne les donnent que pour d'agréables fictions, osent bien défier d'en pouvoir démonstrer la fausseté. Il n'en est pas de même d'un grand nombre de Legendes de Saints & de Saintes. Ceux qui les ont composées, gens sans pudeur, aussi-bien que sans esprit & sans litterature, semblent avoir voulu, à l'abri de quelques noms respectables d'ailleurs, insulter au bon sens & à la patience des lecteurs. Mais de toutes les legendes fabuleuses, il en est peu d'aussi ridicules & d'aussi peu soûtenables, que celle de sainte Ursule & de ses onze mille compagnes. On y a outré le ridicule, l'erreur & l'impertinence, il y a plus de 7. à 800. ans; & Geoffroy de Monmouth ne trouvant pas encore les anciennes legendes assez fabuleuses à son gré, a cousu à l'histoire de sainte Ursule de nouvelles faussetez de son goût, aussi mal inventées que les premieres. On verra dans la suite quel motif nous a porté à compter sainte Ursule & ses compagnes, au nombre des Saints dont l'histoire fait la matiere de cet ouvrage.

On nous dit donc, que dans l'Isle de Bretagne il y avoit un Roy appellé, selon les uns Nothus, ou Nochus, ou Maurus, ou selon les autres Deonotus, ou enfin selon quelques autres Dionotus-Maurus; qui eut une fille nommée Ursule, excellente en beauté, aussi-bien qu'en sagesse, dont la reputation voloit par tout. Le Roy d'Angleterre, dit-on, Prince très-puissant, & qui avoit subjugué plusieurs nations, informé du rare merite de cette vierge, estima que son fils unique seroit heureux, s'il pouvoit être uni par le mariage avec une personne aussi parfaite. Il envoïa des Ambassadeurs au pere de la fille, pour la lui demander; & ils eurent ordre d'emploïer les menaces si les douceurs & les promesses étoient inutiles. Le Roy Breton se trouva dans une grande peine d'esprit, pour plusieurs considerations, dont les principales étoient, la religion Païenne de l'Anglois, qui adoroit les idoles, sa puissance formidable, & sa cruauté. Mais Ursule divinement inspirée, insinua à son pere de consentir au mariage proposé, à condition que les deux Rois lui donneroient dix vierges des plus belles, & mille autres vierges, tant à elle, qu'à chacune de ses dix compagnes, après quoi on leur donneroit des Galeres, & trois ans de terme, tant pour *dédier* leur virginité, que pour donner le tems au Prince de s'instruire de la religion Chrétienne, & de se faire baptiser. Son dessein étoit de rebuter le jeune Prince: mais il accepta la condition très-volontiers, & s'étant fait incontinent baptiser, il pressa lui-même l'execution de ce qu'Ursule avoit demandé. Le pere d'Ursule, qui l'aimoit infiniment, voulut qu'elle fût accompagnée & servie d'un bon nombre de gens de guerre. Les vierges se rassemblent donc de tout côtez, & tout le monde accourt à ce grand spectacle. Le dessein d'Ursule étoit d'aller à Rome, & la déclaration qu'elle en fit attira plusieurs Evêques à sa suite, du nombre desquels fut un prétendu Pantulus Evêque de Basle, qui mena les vierges jusqu'au tombeau des Saints Apôtres, & au retour fut martyrisé avec elles. De leur compagnie fut aussi sainte Gerasine Reine de Sicile, qui avoit changé son cruel mari, de loup en agneau. Elle étoit sœur de l'Evêque Martyrisius, & de Daria mere de sainte Ursule. Gerasine avoit fait avertir secretement son beau-frere, pere de sainte Ursule, du dessein qu'elle avoit d'être du voïage, & partit en effet avec ses quatre filles, Babila, Julienne, Victorie, & Aurée, & un fils fort jeune appellé Adrien, que l'amour de ses sœurs engagea a devenir pelerin. Un autre fils de Gerasine fut chargé du soin du Royaume pendant son absence. Quand elle fut arrivée en Angleterre, ses conseils furent d'un grand secours à Ursule, pour le choix des vierges, & pour hâter l'armement. En attendant le jour du départ, les gens de guerre donnoient aux spectateurs, qui étoient accourus en grand nombre de toutes parts, le plaisir des exercices militaires, & Ursule faisoit catechiser & baptiser les vierges qui n'étoient pas encore Chrétiennes. Enfin on s'embarqua, on mit à la voile, & le même jour on aborda à un port des Gaules appellé Cyelle: d'où toute la flotte fit voile à Cologne. Là un Ange du Seigneur apparut à Ursule, & lui prédit qu'elle & toutes ses compagnes, reviendroient toutes en cette ville, & y recevroient la couronne du martyre. Ensuite, averties par l'Ange, elles prirent le chemin de Rome. Leur flotte les porta jusqu'à Bâle, où ayant laissé leurs vaisseaux, elles allèrent à Rome à pied. Leur arrivée fit un singulier plaisir au Pape Cirice ou Cyriaque, qui étoit de l'Isle de Bretagne, & qui avoit plusieurs parentes dans la compagnie. Il les reçut avec tout son Clergé, & leur fit des honneurs infinis. La nuit suivante il lui fut revelé qu'il souffriroit le martyre avec elles. Il en garda le secret dans son cœur, & baptisa celles de ces vierges qui n'avoient pas encore reçû le baptême. Mais enfin, prenant une occasion favorable, après avoir gouverné l'Eglise, le 19e. Pape depuis St. Pierre, pendant un an & onze semaines, il déclara son dessein dans une assemblée generale, & abdiqua sa dignité devant tous. Il n'y avoit personne qui ne s'y opposât, & sur tout les Cardinaux essaïoient d'empêcher qu'il n'executât sa resolution. Ils estimoient qu'il y avoit de l'extravagance à quitter la gloire du Pontificat, pour courir après de petites femmes folles. On eut beau faire, on ne put persuader le bon Pape, qui fit mettre à sa place un saint homme appellé Methos. Mais parce que Cirice avoit quitté le siége Apostolique malgré le Clergé, son

nom

nom fut raïé du catalogue des Papes ; & toute la troupe des vierges perdit dès ce moment la faveur de la Cour Romaine. La milice Romaine étoit gouvernée par deux scelerats, Maxime & Affricain, qui voïant cette grande multitude de vierges qui attiroient beaucoup de monde après elles, hommes & femmes, craignirent que la religion Chrétienne ne prît de trop grands accroissemens par leur moïen. Après s'être donc fait informer de leur route, ils envoïérent prier Jules leur cousin, Prince de la nation des Huns, de conduire son armée contre ses filles, quand elles seroient à Cologne, & de les faire mourir. Le bienheureux Cyriaque sortit de Rome avec cette noble multitude de vierge, suivi de Vincent Prêtre Cardinal, & d'un certain Jacque originaire de l'Isle de Bretagne, qui étant allé à Antioche, y avoit été Patriarche pendant sept ans. Il étoit venu voir le Pape son compatriote, & s'en retournoit à son Patriarcat ; mais, averti de l'arrivée des vierges, il voit rebroussé chemin, & se rendit compagnon de leur voïage, pour l'être de leur martyre. Maurice Evêque d'une ville, que les actes fabuleux nomment Levitane, oncle de Babile & de Julienne ; Follatius, ou Solicius Evêque de Lucques ; & Sulpice Evêque de Ravenne, s'attachérent aussi aux vierges. Le pere d'Etherée époux futur de sainte Ursule, étoit mort la premiere année de la conversion de son fils, & lui avoit laissé le Royaume. Quand les vierges partirent de Rome, Etherée fut averti divinement de faire baptiser sa mere, & d'aller à Cologne à la rencontre de son épouse, pour y être martyrisé avec elle. Il fit donner le baptême à la Reine sa mere, & partit avec elle, avec sa petite sœur Florentine, aussi Chrétienne, & l'Evêque Clement. Arcaldus, ou Marsulus, Evêque de quelque ville en Grece, fit aussi le voïage dans la compagnie d'Ursule, avec sa niéce Constance fille de Dorothée Roy de Constantinople, laquelle avoit été fiancée avec un jeune homme fils d'un Roy inconnu, mais demeurée veuve avant les nôces ; elle avoit voüé sa virginité à Dieu. L'oncle & la niéce, avertis par une vision, étoient venus à Rome, pour se joindre à la Compagnie, & aller cueillir avec elle la palme du martyre. Les vierges, accompagnées de ces Evêques, se rendirent devant Cologne, qu'elles trouvérent assiegée par les Huns. Les Barbares les attaquérent, & tuérent toute cette multitude. Ils épargnérent Ursule, & la trouvant si belle, ils la présentérent à leur Prince, qui tâcha de la consoler de la mort de toutes ses compagnes,

en lui promettant de l'épouser. Elle refusa ce triste honneur, & le Barbare, choqué de son refus, lui tira une fléche, dont il lui ôta la vie. Une seule des vierges, appellée Cordule, avoit pris la fuite de fraïeur, & s'étoit cachée dans un navire, où elle passa la nuit. Elle eut honte de sa lâcheté, & le lendemain elle s'offrit volontairement à la mort, qu'on ne refusa pas de lui donner. Comme, à cause de sa fuite, on ne faisoit pas sa fête avec celle des onze mille autres, elle apparut depuis à une Recluse, & lui commanda que sa fête fût celebrée le lendemain de celle des autres. La passion de ces saintes vierges est datée par la plus ancienne legende, de l'an de J. C. 238. Elle raconte de plus, qu'un certain Abbé aïant obtenu de l'Abbesse de Cologne le corps d'une des vierges, qu'il avoit promis de mettre sous l'autel de son Eglise dans une caisse d'argent, ne le mit que dans une caisse de bois. Une nuit, comme il chantoit Matines avec sa communauté, cette sainte vierge parut descendre de l'Autel, y faire la reverence, & s'en aller à travers le chœur des Religieux. On alla voir à sa châsse, que l'on trouva vuide, au grand étonnement de l'Abbé & de tous les moines. Il retourna prier l'Abbesse de lui donner un autre corps de ces saintes vierges, mais il ne put rien obtenir, quoiqu'il promit de faire une châsse très-précieuse. Un bon Religieux, fort devot à ces saintes filles, étant tombé dangereusement malade, vit une vierge d'une grande beauté qui se présentoit à lui, & qui lui demandoit si elle étoit connuë de lui. Il avoüa son ignorance là-dessus ; & la vierge qui lui apparoissoit lui dit qu'elle étoit une des onze mille envers lesquelles il avoit tant de devotion ; elle ajoûta, que si, à leur honneur, il vouloit dire onze mille fois le *Pater* ; il les auroit à son secours à l'heure de la mort. Le pauvre malade se hâta de reciter cette longue tâche, & ne l'eut pas plûtôt finie, qu'il appella son Abbé, pour avoir l'extrême-onction. Comme on en finissoit la ceremonie, il s'écria : *Retirez vous, faites place aux vierges saintes*. L'Abbé voulut sçavoir ce que c'étoit. Le malade lui dit que c'étoit sainte Ursule & ses compagnes. La communauté leur ceda la place avec respect, & quand elle fut rentrée, elle trouva que le malade avoit passé tranquillement au séjour des bienheureux.

Voilà le premier canevas du martyre de sainte Ursule, sur lequel on a beaucoup brodé depuis, Geoffroy de Monmouth, entr'autres, a saisi pour son Conan Meriadec & ses troupes, sainte Ursule & ses compagnes ; mais au lieu d'onze mille, il lui en donne soixante-onze mille, onze mille fille de condition noble, destinées pour les officiers & les soldats de distinction de l'armée imaginaire du fabuleux Conan Meriadec ; & soixante mille roturieres, destinées à épouser les simples soldats, les goujars, & les vivandiers de cette armée triomphante.

Le seul recit de cette fable en fait la refutation. Mais l'Eglise s'est-elle donc trompée, en rendant un culte religieux, depuis un tems immémorial, à des personnes qui n'ont point existé ? Non sans doute ; mais le culte qu'elle rend à sainte Ursule & à ses compagnes, n'autorise en aucune maniere les narrations chimeriques & les extravagances des écrivains qui ont voulu abuser de la credulité du public, pour donner cours à leurs visions pleines de folie. Ingomar, auteur sensé du IXe. siécle, nous apprend dans la genealogie de saint Judicaël, qu'il fait remonter jusqu'à Riwal qui amena les Bretons dans l'Armorique, que Riwal avoit un frere appellé Dionot. C'est le même, apparemment, que les legendes, fabuleuses dans le reste, & veritables en cet article, font pere de sainte Ursule. Il paroît donc (& c'est aussi le sentiment de Harpsfeld auteur Anglois) que dans la desolation generale de la Bretagne insulaire, causée par l'invasion des Saxons, plusieurs Bretons étant passez dans l'Armorique, & y ayant trouvé un établissement meilleur & plus paisible qu'ils ne l'avoient esperé, manderent à leurs femmes & à leurs filles de les venir trouver ; & qu'alors Ursule & ses compagnes s'embarquerent pour aller joindre leurs parens ; mais que, surprises d'une tempête, elles furent jettées à l'embouchure du Rhin, où elles rencontrerent une troupe de barbares qui les firent captives, les emmenerent jusqu'auprès de Cologne, & trouvant que toutes plus jalouses de la conservation de leur pudicité & de leur foy, que de la conservation de leur vie, resistoient genereusement à leurs recherches brutales, ils les massacrerent impitoïablement dans un transport de fureur, que quelque débauche d'idolâtrie, & le mépris de leur passion avoit allumée.

Ce systême n'a rien qui puisse obliger la raison à le rebuter. Et si ceux qui le suivent ont de la peine à faire trouver à point nommé une armée de Huns sur les bords du Rhin, quelques années après qu'Attila fut chassé des Gaules ; du moins peuvent-ils donner une bonne raison de l'assemblée & de l'embarquement de ce grand nombre de Martyres. Le nom même de l'Empereur Maxime, sous l'Empire duquel la plûpart ont placé cette avanture, s'y rencontre heureusement, pourvû que l'on dise que ces Martyres furent égorgées du tems de Petrone-Maxime successeur de Valentinien ; ce qui s'accorde assez bien avec la chronologie ; & l'on ne peut nier, qu'au défaut des Huns, il couroit de toutes parts en ce tems-là des troupes de barbares aussi cruels & aussi impudiques que les Huns. Mais en suivant ce systême, qui paroît si probable, on sera obligé de convenir, que toutes les compagnes de sainte Ursule n'étoient pas des vierges. Elles n'en sont pas moins dignes de nos respects, & du culte que l'Eglise leur rend depuis si long-tems. On ne sçait pas précisément pourquoi la maison de Sorbonne a choisi sainte Ursule pour patrone de son Eglise. La fête de cette Sainte y est celebrée tous les ans avec beaucoup de solennité, & l'on y prononce deux panegyriques en son honneur, l'un en latin, & l'autre en françois.

La fête de sainte Ursule & des onze mille vierges est marquée à trois leçons, dans la plûpart des anciens calendriers de Bretagne au 21. d'Octobre. L'Eglise de Vannes, dans son propre imprimé en 1660. fait office semi-double, le 2. de May de sainte Avie, ou Avoie, Vierge & Martyre, ou autrement dite sainte Avée, dont une Eglise du diocese porte le nom ; & l'on croit que cette Sainte a été l'une des compagnes de sainte Ursule.

Dans la paroisse de St. Juvat, auprès de Dinan, au diocese de St. Malo, se fait, le 21. Octobre, la fête de saint Juvat, sous le rite de Martyr non Pontife, & l'on renvoïe la fête de sainte Ursule au premier jour suivant qui se trouve libre. On n'y a de ce Saint, ni leçons, ni oraisons propres ; ce qui fait voir que l'on ignore les particularitez de sa vie & du tems auquel il a vêcu. L'Eglise qui porte son nom est ancienne, & dans des actes de l'an 1182. elle est appellée *Ecclesia sancti Juvati*. On invoque aussi ce Saint dans les Litanies qui sont à l'usage de la paroisse, sous le nom de *Sainte Juvate*. On assure, mais ce n'est qu'une tradition populaire, qu'il étoit Prêtre, & qu'il souffrit le martyre avec sainte Ursule, dont on veut qu'il ait été directeur.

SAINT PATERN,
Premier Evêque de Vannes, Confesseur.

V. SIECLE.

Environ l'an 465. il se tint un Concile de six Evêques à Vannes, où Paternus signa après Perpetuus Evêque de Tours, ou selon quelques manuscrits, le troisiéme, c'est-à-dire après Nunnechius Evêque de Nantes. On croit que cette assemblée se fit pour l'ordination de saint Patern, comme le porte le titre de ce Concile, dans le recueil des Conciles du P. Labbe, & avec fondement, puisque la lettre qui est à la tête de ce même Concile fait foi, que ce qui avoit rassemblé ces Prelats, étoit le dessein d'ordonner un Evêque : *causâ ordinandi Episcopi*. L'ancienne édition porte : *causâ ordinandi Episcopatus* : le dessein de regler l'Evêché ; ce qui confirme l'ancienne & constante tradition de l'Eglise de Vannes, que S. Patern a été le premier Evêque de cette ville. C'est tout ce que nous avons d'assuré touchant le saint Prelat ; car le jour même de sa mort, marqué au 16. d'Avril, a été emprunté d'un autre saint Patern Evêque d'Avranches, qui a vécu long-tems après celui-ci, & qui déceda en effet le 16. d'Avril. Quant aux actes, les Eglises de Quimper & de Vannes avoient autrefois adopté ceux d'un Patern fabuleux, que les Bretons de l'Isle, auteurs de ces actes, faisoient vivre près de cent ans après le nôtre, & lui attribuoient mille choses qui ne se peuvent lire serieusement, & qui n'ont d'autre fondement, qu'une imagination feconde en rêveries. On a eu honte dans la suite d'avoir adopté ces fables, & on les a rejettées des nouveaux Breviaires, ou toutes, ou la plus grande partie. On fait quelques difficultez sur la signature de saint Patern au Concile de Vannes, & l'on prétend contester qu'il y ait été ordonné Evêque, à cause que son nom précede dans les signatures ceux de quelques autres Evêques plus anciens que lui. On peut répondre à cela, ou qu'on lui ceda l'honneur de signer des premiers, parce qu'il étoit dans son Evêché ; ou qu'en ce tems-là on n'étoit pas pointilleux sur le cérémonial ; ou que les copistes peuvent avoir transposé les signatures ; ou, enfin que Patern pouvoit effectivement être plus ancien que ceux devant qu'il a signé, & avoir été ordonné Evêque dans l'Isle de Bretagne ; auquel cas il faudroit préferer l'ancienne leçon : *Episcopatus*, à celle d'*Episcopi*, & dire que les Evêques assemblez à Vannes s'y étoient réünis, non pas pour ordonner l'Evêque, mais pour regler l'Evêché, le former, & en marquer les bornes ; *causâ ordinandi Episcopatus*.

L'Egise de Vannes, outre le jour du decez au 16. d'Avril, celebre le 21. Juin la translation de saint Patern. Quand l'Evêque Salvator, & quelques autres, prirent la fuite, à la fin du neuviéme siécle, pour dérober à la fureur des Normans plusieurs corps de nos Saints, le corps de saint Patern, ou la plus grande partie, fut du nombre des Reliques qui furent enlevées de Bretagne & portées en France. On dit que le corps de saint Patern fut déposé à Marmoutier auprès de Tours ; mais on se trompe, ou bien il faut dire qu'il fut depuis transporté de Marmoutier à l'Abbaye d'Issoudun en Berri, qui possedoit autrefois les Reliques de saint Patern Evêque de Vannes, qui ont été ôtées de l'Eglise de l'Abbaïe, pour être mises dans un Prieuré qui en dépend, comme nous l'apprenons du voïage litteraire de Dom Edmond Martenne, page 22. On a bâti, à l'honneur de saint Patern, une grande Eglise paroissiale dans l'un des fauxbourgs de Vannes. Le nom du S. Evêque se trouve dans les Litanies Angloises du VII. siécle. Il y a aussi dans l'Evêché de St. Malo une Eglise paroissiale qui semble porter son nom ; elle se nomme saint Pern ; & c'est aussi le nom qu'a pris une famille noble de la province de Bretagne.

SAINT BRIEUC,
Premier Evêque du Diocese qui porte son nom, & Confesseur.

V. SIECLE.

ON n'a pû trouver qu'une partie de la legende originale de S. Brieuc, que Bollandus souhaitoit de voir, pour découvrir si le Breviaire moderne de S. Brieuc n'a rien supprimé qui pût servir à en éclaircir l'histoire, ou s'il n'y a rien ajoûté qui la corrompe. Ce fragment, qui comprend presque toute la legende, est dans un Lectionnaire manuscrit de l'Abbaïe de S. Serge d'Angers ; l'écriture en paroît, au moins, de six cens ans ; & c'est delà que l'ancien Breviaire du diocese de S. Brieuc a pris mot pour mot ses leçons. Nous avons encore vû, dans les memoires manuscrits du P. Augustin du Paz, quelques autres morceaux de legende, qu'on peut considerer comme le supplément de ce qui a été omis dans l'ancien Breviaire, pour y reduire la legende entiere à douze leçons ; mais on n'en a pu recouvrer le texte original. On y voit l'histoire de l'arrivée du Saint dans l'Armorique, dont le Lectionnaire de saint Serge ne dit pas un mot. Enfin nous avons vû, de plus, un petit abregé manuscrit de la vie du même Saint, qui est dans une collection de pieces anciennes, conservée aux archives de l'Eglise de Nantes. Si Bollandus avoit vû ces titres, & s'il avoit mieux fçû l'histoire particuliere de la province de Bretagne, il n'auroit pas dit, qu'on peut supposer avec raison deux differens systêmes de la vie de saint Brieuc ; le premier, en le faisant disciple de saint Germain d'Auxerre ; le second, en le faisant éleve de saint Germain de Paris. Car il semble que le second est insoûtenable, & qu'il n'y a que le premier qu'on puisse reduire à la veritable histoire ; & c'est ce que l'on va tâcher de faire.

Brieuc, Briomagle, ou Vriomacle ; en latin *Briocus*, *Brioccius* & *Briomaelus*, étoit fils d'un Seigneur de grande distinction, nommé *Cerpus*. Sa mere s'appelloit *Eldrude*. Bollandus a cru que ce nom d'Eldrude étoit indubitablement Saxon ; & il prétend qu'on en peut tirer une forte conjecture, que le Saint ne vint au monde, qu'assez long-tems après l'arrivée des Saxons, puisque sa mere étoit Saxonne. Cela favoriseroit beaucoup le sentiment de ceux qui le placent au tems de saint Germain de Paris vers l'an 550. Mais comme le nom d'Eldrud est aussi Breton, composé de la préposition reduplicative *Ell*, & de *drud* qui signifie *illustre*, ou *bien-aimé*, on n'y voit rien qui ne soit de la langue Bretonne. On a beaucoup plus de peine à decider quel étoit le païs de saint Brieuc ; car on ne connoît point cette *Coriticiana regio*, dont il est dit par tout qu'il étoit natif. Les uns veulent que ce soit le païs des Ceretes, à l'occident de la Cambrie, vers l'Irlande, qui se nomme en latin *Ceretica*, ou *Cyreticana regio*, & en Anglois *Cardigan-shire* ; & leur fondement est, outre le rapport des noms, que le Saint étoit parent des Princes Bretons, sortis, pour la plû-part, de la Cambrie. D'autres voudroient le faire originaire du païs des anciens Coretans, ou Coritaves situez sur le fleuve de Trente, qui habitoient le païs où sont à present les Comtez de Stafford & de Dambye ; & ils se fondent sur ce que S. Germain d'Auxerre n'a jamais été connu des Ceretes, mais seulement de ces Coritans. Quelques-uns ont prétendu que c'étoit le païs de Cork en Irlande, qui étoit marqué par cette contrée des Cotiticiens, & que saint Brieuc y avoit peutêtre eu pour maître quelqu'un des Saints du nom de Gormain qui y ont été celebres, dont on a fait mal-à-propos un saint Germain. Enfin il s'en est trouvé qui ont voulu faire naître St. Brieuc dans la Cornoüaille insulaire ; & c'est le parti qu'ont suivi le P. Albert, & Bertran d'Argentré. Nous ne prétendons pas prononcer définitivement sur ce different, si ce n'est pour exclure l'Irlande, dont on n'a nulle raison de faire la patrie de saint Brieuc. Au reste, comme on trouve en Ptolemée un *Corinium* assez près & en deça de la Saverne, proche de la source de la Tamise, au lieu où est à present le Comté de Gloceftre ; & comme il n'y a pas grande difference entre *Coriniana* & *Coriticiana regio*, nous trouvons d'autant plus probable que c'étoit le païs de saint Brieuc, que cette position est assez voisine de la Cambrie, d'où il paroît qu'étoient les Princes dont il étoit parent ; & qu'elle n'est pas si éloignée des lieux où saint Germain d'Auxerre prêcha, que Brieuc n'ait pu l'y aller voir. Quoiqu'il en soit, il doit demeurer pour constant qu'il étoit Breton.

Ses parens n'étoient pas moins riches, qu'ils étoient nobles ; mais Bollandus ne peut croire qu'ils fussent encore Païens : car tous les Bretons, dit-il, étoient depuis long-tems convertis à la foy. Cette difficulté paroît bien plus grande encore dans l'opinion de ceux qui font naître saint Brieuc au tems de saint Germain Evêque de Paris, près de six vingt, ou de cent quarante ans depuis que saint Germain d'Auxerre eut prêché dans l'Isle la Grace de J. C. Car si tout étoit Chrétien dès le tems de S. Germain d'Auxerre en 430. Comment pourra-t-on croire qu'il y eût des contrées toutes idolâtres au tems de saint Germain Evêque de Paris vers 570. ou 575 ? Cependant on ne peut assurer plus positivement, ni plus clairement, que fait la legende de saint Brieuc, que ses parens & ses compatriotes étoient encore dans les tenebres du paganisme, lorsqu'il nacquit ; & il n'y a que l'abregé de sa vie, dont on a parlé, qui n'en dit rien, soit que l'auteur de cet abregé n'ait pas trouvé cela dans son original, soit (ce qui est plus vraisemblable) qu'il l'ait retranché.

On peut entendre en deux manieres cette idolâtrie des parens de S. Brieuc & de son païs. La premiere en disant, conformément au texte, qu'il y avoit effectivement encore alors dans la Cambrie, & dans le canton de Gloceftre, des païs écartez, où la lumiere de l'Evangile n'avoit pas penetré ; ce qui ne paroîtra pas beaucoup étrange à ceux qui feront reflexion à la situation de ces deux contrées, aux érections des sièges de Landaff, de saint Daviez, de Kaerleon, & de saint Asaph de Bangor en Cambrie, & de Wigorn pour Gloceftre, érections posterieures à la naissance & à l'éducation de saint Brieuc disciple de saint Germain d'Auxerre ; & enfin qu'il est dit dans la vie de saint Samson, qu'il y avoit encore de son tems plusieurs Païens au deça de la Saverne dans le Sommerset & le Devon-shire,

SAINT BRIEUC.

au nord defquels font le païs de Gloceftre & celui de Cambrie. La feconde maniere dont on peut expliquer cette idolâtrie des parens de faint Brieuc, eft de dire, qu'à la verité toute la Bretagne infulaire étoit Chrétienne ; mais qu'on y gardoit encore plufieurs coûtumes qui fe fentoient de l'idolâtrie, & fur tout la fête diffoluë du premier jour de Janvier, qu'on a bien eu de la peine à fupprimer dans tout le Chriftianifme, & qu'on celebroit encore dans l'Italie au tems de faint Germain d'Auxerre, par des débauches & des mafcarades, témoin le fermon de faint Pietre Chryfologue contre ce déreglement ; ce qui auroit donné lieu au Legendaire d'appeller *idolâtres* les parens de faint Brieuc, en ne diftinguant point entre, celebrer des fêtes de Païens, & être Païen de profeffion. La premiere maniere d'entendre le texte de la legende femble cependant la plus vraïe. Et certainement, s'il y avoit encore des idolâtres en Italie au tems de faint Benoît ; quelle difficulté de reconnoître qu'il y en avoit encore en le païs de Gloceftre & dans la Cambrie dans ce tems-cy ?

Ce qu'on trouve dans la même legende, d'un Ange qui apparut à Eldrude encore infidèle, lui commanda de brifer toutes fes idoles, l'exhorta à fe dévoüer uniquement au vrai Dieu, & faire trois baguettes ou verges, deux d'argent pour fon époux & pour elle, & une d'or pour le fils qu'elle auroit ; & plufieurs autres femblables contes ; tout cela n'eft que pure vifion de Legendaire, peu conforme à l'efprit de la foi Chrétienne, & qui renferme même des contradictions. Auffi le Breviaire nouveau de faint Brieuc l'a-t-il fagement retranché de fon hiftoire, & l'on n'en trouve rien dans l'abregé de la collection manufcrite de l'Eglife de Nantes. Laiffant donc à part toutes ces magnifiques chimeres, nous nous contenterons de dire qu'il paroît que faint Brieuc nacquit vers l'an 410. comme le verifiera la fuite de fon hiftoire. Il fut élevé dans la maifon paternelle avec beaucoup de foin, jufqu'à l'âge de vingt ans, & il y apprit tout ce que des gens puiffans & qualifiez pouvoient faire enfeigner en ce païs-là à un jeune homme de fon rang.

Saint Germain d'Auxerre & faint Loup de Troïes pafferent dans l'ifle de Bretagne l'an 429. ou 430. & leur reputation fut bientôt répanduë dans toute l'ifle. Brieuc vint, comme une infinité d'autres, voir des Prelats fi fameux. Car, comme dit le Prêtre Conftance, on y accouroit de toutes parts, & les hommes, les femmes, les enfans, tous y venoient par troupes, fur tout lorf-qu'on eut appris qu'ils devoient difputer publiquement contre les Pelagiens, dans la ville de faint Albans ou de Verulam.

Ce fut alors que faint Brieuc, âgé de vingt ans, ou environ, fut offert par fes parens, ou plûtôt fe préfenta lui-même, à faint Germain, qui remarquant en ce jeune homme un riche fond de bon naturel, une douceur admirable, une modeftie & une honnêteté charmante, un efprit aifé & docile, une heureufe éducation, & plufieurs autres bonnes qualitez, le reçut avec joïe, & prédit dès-lors aux Clercs qui l'accompagnoient, qu'il efperoit beaucoup de lui. L'auteur de la legende dit, qu'un petit oifeau de la forme d'une colombe parut en cette occafion fur la tête de S. Brieuc ; mais c'eft une pieufe invention du Legendaire, dont l'expreffion même eft extravagante. Car que peut fignifier : *un petit oifeau de la forme d'une colombe* ? La colombe n'eft point un petit oifeau.

Saint Germain revenant de la Bretagne infulaire en France, vers la fin de l'an 430. ou au commencement de 431. amena fon nouveau difciple avec lui, auffi bien que le fameux Hiltut ; ce qui fut un avantage reciproque à tous les deux, qui eurent encore, l'un & l'autre, le bonheur de trouver faint Patrice à Auxerre, où ils vêcurent quelque tems enfemble.

Il eft vrai que la legende manufcrite de faint Serge, auffi bien que le vieux & le nouveau Breviaire du diocefe de S. Brieuc, difent très-pofitivement, que ce fut l'autre faint Germain qui fut fon maître, & que les parens de Brieuc le lui envoïerent à Paris à l'âge de dix ans. Cette confideration feroit affurément plus forte que tous les raifonnemens contraires, & obligeroit néceffairement de renvoïer faint Brieuc à fix ou fept vingt ans plû-tard qu'on ne le met ici, fi cette legende ne fe détruifoit pas elle-même, premierement en fuppofant que Germain maître de faint Brieuc fut Evêque plus de 25. ans ; ce qui ne peut convenir à Germain de Paris, qui ne l'a été que 20. ou 21. c'eft à fçavoir depuis 555. jufqu'en 575. & en second lieu, en difant que faint Patrice & faint Hiltut étoient avec Brieuc fous la difcipline de Germain. Car Patrice & Hiltut n'ont pu être difciples de faint Germain de Paris, beaucoup pofterieur au tems où ils ont vêcu ; & ont été difciples, tous deux, de faint Germain d'Auxerre ; d'où il s'enfuit que c'eft de faint Germain d'Auxerre que l'auteur de la legende a voulu parler, quoiqu'il ait mis, par un faux préjugé, faint Germain Evêque de Paris ; & peutêtre mê-

Avicula quadam in fpecie columba.

me a-t-on ajouté au texte original cette détermination particuliere du siege de Paris. Aussi l'abregé de la collection manuscrite dont nous avons parlé, dit-il simplement & indeterminément, que saint Brieuc fut instruit par saint Germain, sans specifier lequel, & qu'il eut le bonheur de trouver dans la même école saint Patrice & saint Hiltut ; ce qui ne peut être vrai que de saint Germain d'Auxerre.

Brieuc, sous cet excellent maître, & avec des condisciples si parfaits, s'avança beaucoup, en peu de tems dans la science de l'écriture sainte & dans les voïes de la vertu. Entr'autres excellentes qualitez, il avoit un cœur tendre & misericordieux pour les pauvres, qu'il ne pouvoit renvoïer sans leur faire l'aumône, & leur donner souvent jusqu'à ses propres habits & ce qu'il trouvoit sous sa main. On rapporte, à ce propos, l'histoire d'un vase que le Saint donna à quelques mandians qui s'adressérent à lui, comme il alloit puiser de l'eau; & l'on ajoûte, qu'à la place de ce vase il en fut substitué miraculeusement un autre beaucoup plus riche & mieux travaillé ; ce qui fit connoître plus particuliérement à saint Germain combien son disciple étoit favorisé de Dieu.

Ce miracle, & quelques autres, firent prendre à ce saint Prelat la resolution d'élever Brieuc à la dignité du sacerdoce. Un jour donc, que saint Germain devoit ordonner deux Prêtres, il demanda à Brieuc, s'il étoit en disposition de recevoir les ordres sacrez avec eux. Brieuc, persuadé qu'obéïr à saint Germain, étoit obéïr à Dieu même, & qu'il ne pouvoit manquer, en s'abandonnant à la conduite d'un maître si parfait, lui répondit avec une simplicité d'enfant, qu'il pouvoit faire de lui tout ce qu'il voudroit. Germain reconnut que cette réponse venoit d'une humilité aussi parfaite que celle qui auroit refusé l'honneur de la Prêtrise, & ordonna Brieuc avec les deux autres.

L'auteur de la legende n'avoit garde d'omettre en cette occasion quelque apparition mysterieuse. Il dit en effet, qu'une colomne de feu parut sur la tête de Brieuc, lorsque le saint Prelat lui imposa les mains, & que ce feu qui s'élevoit jusqu'au lambris de l'Eglise, continua durant toute la cérémonie. La ferveur redoublée qui parut dans toute la conduite du nouveau Prêtre, fut un signe bien plus certain des graces du St. Esprit, qu'il reçut dans une si grande plenitude, que Dieu lui donna quelque tems après mission pour aller communiquer à sa famille & à son païs les lumieres & les ardeurs dont il avoit été penetré.

Ce fut dans un songe, que l'Ange du Seigneur lui commanda, de sa part, de retourner au plûtôt en son païs, pour retirer son pere, sa mere, ses parens, ses compatriotes, des erreurs de la gentilité ; ce qu'on peut entendre, comme nous l'avons dit, ou d'un paganisme entier, ou seulement de plusieurs pratiques superstitieuses qu'on méloit encore, dans sa famille & dans son païs, avec un Christianisme fort grossier. Brieuc alla trouver saint Germain, & lui raconta avec beaucoup d'ingenuité le songe qu'il avoit eu la nuit, comme il avoit coûtume de lui découvrir fidélement tout ce qui lui arrivoit, pour se gouverner en tout par ses avis. Germain reconnut aussi-tôt que c'étoit une veritable revelation, & embrassant le saint avec beaucoup de tendresse : allez, lui dit-il, mon fils, allez où Dieu vous invite, & répondez par vôtre zele & vôtre fidélité à l'honneur de vôtre vocation. Il lui fit aussi-tôt fournir tout ce qui étoit necessaire pour son voïage, lui donna un compagnon, & sa benediction à tous les deux.

Sans nous arrêter à plusieurs miracles qu'on dit que Brieuc fit pendant son voïage, nous nous contenterons de dire qu'il arriva heureusement en son païs un premier jour de Janvier, & trouva que son pere & sa mere, selon leur coûtume, donnoient un repas à tous leurs amis, qu'ils regaloient ordinairement pendant trois jours. C'étoit une fête toute païenne, dans laquelle, s'il faut en croire la legende, après des sacrifices impies faits à Janus, on le prioit, comme chef de la famille de tous les Dieux, d'être propice à la famille des hommes qui l'invoquoient. Ensuite les hommes déguisez en fausses divinitez, en vieilles, en bêtes, & de plusieurs autres manieres differentes, couroient les champs, crioient, chantoient, dansoient, & passoient une grande partie du jour & de la nuit à manger & à boire avec de grands excès ; ce que les Canons condamnoient encore en France au second Concile de Tours l'an 566. & en celui d'Auxerre vers l'an 586. & dont on trouve encore long-tems depuis, des vestiges en plusieurs lieux.

La belle humeur des conviez redoubla, lorsqu'on eut reconnu Brieuc. Son pere & sa mere, sur tout, étoient comme hors d'eux-mêmes, par les transports de leur joïe. Mais ils furent tous bien surpris, lorsque le Saint, invité à prendre part à la fête, & s'asseoir à table avec eux, leur répondit avec beaucoup de force, mais en même tems avec douceur & modestie, « qu'il ne

SAINT BRIEUC.

« pouvoit participer à cette fête des demons, « sans renoncer au vrai Dieu qu'il adoroit ; « & que le baptême Chrétien qu'il avoit « reçû ne lui permettoit pas de se soüiller « de leurs superstitions impies. » Prenant de là sujet de leur prêcher la pureté de la religion Chrétienne & la sainteté de son culte, en comparant l'une & l'autre à la brutalité & à la vanité de leur idolâtrie, dont les ridicules cérémonies les transformoient en bêtes ; peu s'en falloit qu'il ne leur persuadât de quitter tout, pour se faire Chrétiens. Mais l'esprit de débauche & de dissolution dont ils étoient animez, empêcha Brieuc de triompher de la tirannie de la coûtume par la seule force de son discours. Il ne falloit pas moins que des miracles, pour lui donner cette victoire, & l'on prétend que Dieu lui donna l'occasion & la grace d'en faire dans cette rencontre.

On assure qu'il guérit d'une maniere surnaturelle un jeune homme de condition, qui folâtrant avec les plus emportez de la troupe, étoit tombé si rudement, qu'il étoit resté demi-mort sur la place, & avoit eu une cuisse cassée & la main droite démise. La vûë de ce prodige ravit les assistans, & les obligea de protester qu'ils ne vouloient plus adorer d'autre Dieu, que celui que Brieuc leur prêchoit, & qu'ils renonçoient pour jamais au culte de leurs fausses divinitez, dont aucune n'avoit jamais eu la puissance de rien faire de pareil. Saint Brieuc profita de cette favorable disposition des principaux de son païs, que plusieurs autres miracles confirmérent dans leur résolution. Il les catechisa soigneusement, en public & en particulier, & quand il les eut suffisamment instruits & préparez, il leur donna le baptême, & fit élever plusieurs Eglises en differens cantons. Ne pouvant suffire à toutes, il fit venir des Prêtres pour les servir ; & s'il a jamais été ordonné Evêque, ce que sa legende ne dit point, ce fut sans doute en cette occasion. Car on le représente faisant tout office de Pasteur & d'Evêque dans cette nouvelle Eglise dont il étoit l'Apôtre. Il eut sur tout une application particuliere à l'instruction de son pere & de sa mere, qui par un saint retour, devinrent l'un & l'autre les enfans spirituels de leur fils. Ce fut principalement d'eux qu'il reçût le secours nécessaire pour bâtir une Eglise dans un lieu désert nommé Grande-Lande, où il assembla en fort peu de tems un grand nombre de disciples, qu'il forma sur la regle qu'il avoit apprise de son maître saint Grmain, & que celui-ci lui avoit fait pratiquer.

On raconte divers miracles que fit saint Brieuc, lorsqu'on travailloit au bâtiment de son Eglise, comme d'avoir rétabli le pouce d'un charpentier qui se l'étoit coupé tout net ; d'avoir dissipé plusieurs spectres & plusieurs visions horribles, par lesquelles le demon tâchoit d'épouvanter & de détourner ses ouvriers ; d'avoir multiplié les provisions du monastere dans une grande famine, ensorte qu'elles suffirent à ses Religieux & à une infinité de personnes qu'il nourrit liberalement jusqu'à la nouvelle moisson ; & plusieurs autres merveilles semblables, qui lui acquirent une grande reputation, & le rendirent le refuge commun de tous les affligez.

Il y avoit fort long-tems qu'il demeuroit en ce monastere, & se sanctifioit tous les jours par les pratiques de la vie Religieuse la plus parfaite, & par toutes les œuvres de charité & de zele que son état lui permettoit ; lorsqu'une nuit de la Pentecôte, s'étant legerement endormi dans le chœur, où il avoit passé toute la nuit en prieres, & chanté avec sa communauté les Matines du jour, il vit, dit-on, un Ange, qui lui commanda d'aller incessamment dans l'Armorique, où Dieu l'envoïoit pour le salut d'un grand nombre de personnes. Il se mit incontinent en devoir d'obéïr, & s'embarquant avec cent soixante de ses disciples, il vint descendre à un port, que l'abregé de sa vie nomme *Achm*, que l'on estime être un de ceux du païs d'Achk dans l'Evêché de Leon, d'où il s'avança par terre jusqu'à la riviere de Jaudy dans le païs de Treguier, où l'on dit qu'il convertit à la foy Chrétienne le Comte du païs nommé Conan, & qu'il bâtit, par son secours, & par celui des fideles de ce canton, un monastere sur ses terres, en la vallée de Trecor, qu'il gouverna, jusqu'à ce que les Coriticiens qu'il avoit quittez dans l'isle, affligez d'une cruelle peste, dont ils furent frappez quelque tems après qu'il fut sorti de leur païs, vinrent le supplier de retourner dans leur isle pour les délivrer de ce fleau. On adjoûte qu'il retourna effectivement avec eux, & qu'ayant par sa présence & par ses prieres, purifié l'air, dissipé les influences malignes qui le corrompoient ; rétabli la santé & la sûreté par tout ; il revint en son monastere de Trecor, où il demeura encore quelque tems ; mais que s'etant apperçû que sa présence y étoit à charge à quelques Religieux imparfaits que l'éclat de ses vertus éblouïssoit, il laissa pour Abbé de cette maison son neveu Tugdual, & vint par mer, avec quatre-vingt moines qui le voulurent suivre ; rangeant toûjours la côte, de l'occident à l'orient, au port que forme l'embouchure de la riviere de Govat ; où étant descendu, il fut reconnu & favorablement accueilli par le Comte Rigual, & s'établit dans la vallée, qui à cause de lui, s'est depuis nommée *saint Brieuc des Vaux*. C'est ce que disent l'abregé de la legende, & les memoires manuscrits du P. du Paz.

On ne doute nullement que saint Brieuc ne soit retourné dans l'isle, après qu'il eut demeuré quelque tems dans le premier monastere qu'il avoit bâti deça la mer ; & l'on peut croire qu'il délivra les Coriticiens ses compatriotes de la contagion qui les désoloit. Mais il n'est point vrai que son premier monastere dans l'Armorique fût celui de Treguer, ni qu'il en ait laissé la conduite à son neveu saint Tugdual. Car ces faits ne peuvent en aucune maniere s'accorder, ni pour le fond de l'histoire, ni pour la cronologie, avec ce que disent les legendes de saint Tugdual, qui sont incomparablement plus croïables, sur cet article, que toute autre.

Jam regnante Derocho. Actes de St. Tugdual.

Saint Tugdual ne vint dans l'Armorique, qu'après la mort de Rigual, ou Rivallon, à qui son fils Deroch avoit succedé, il y avoit déja quelque tems, ensorte que sainte Pompaïe mere de saint Tugdual & sœur de Rivallon, n'eut point la consolation de voir son frere. Il est donc à croire que ces circonstances particulieres, qu'on a judicieusement supprimées dans le nouveau Breviaire de saint Brieuc, ne sont aucunement vraïes, & que ce ne sont que des additions inserées mal-à-propos dans la vie de ce Saint, par un esprit d'émulation de quelque Briocien, qui, jaloux de la gloire de son païs, aura crû lui rendre un grand service, en faisant ceux de Treguer redevables à saint Brieuc de la fondation de leur Eglise ; sans prendre garde, qu'en ce faisant, il ôtoit à la sienne l'honneur de l'antiquité au dessus de celle de Treguer, qui lui est incontestablement acquis, puisque celle de saint Brieuc est bâtie dès le tems de Rivallon, & que celle de Treguer ne l'a été que du tems du Comte Deroch son successeur & son fils.

Il faut donc dire que saint Brieuc quitta sa maison de Grande-Lande dans l'isle, à l'âge d'environ soixante-dix ans, & vint dans l'Armorique vers l'an 480. ou plûtôt, si l'on veut ; qu'il y bâtit un monastere, par l'assistance des Bretons venus & établis de nouveau dans ce païs-là. On accordera volontiers encore, qu'un Comte nommé Conan lui en donna le fonds, & lui fit de grands biens, pourvû qu'on ne dise point que ce Seigneur Breton ait été converti à la foy Chrétienne par saint Brieuc. Car on ne nous persuadera jamais qu'aucun Comte idolâtre soit venu de l'isle s'établir deça la mer. Du reste on ignore absolument où étoit cette premiere maison de saint Brieuc, & l'on n'en peut rien dire qu'au hazard, sinon qu'elle étoit sur la côte septentrionale de la Bretagne Armoricaine. Pour le Comte Rigual dont il est parlé dans la legende, qui demeuroit dans un château voisin du port de Leguez : à l'embouchure de la riviere, qui selon la collection de Nantes, portoit le nom de *Sang*, c'est-à-dire de *Gouat*, qui est la même chose en Breton ; c'est indubitablement le fameux Riwal, ou Riwallon Prince de la Domnonée, & ce ne peut être aucun autre que lui. Le double W de Riwallon se prononce souvent comme le G de sorte que c'est même chose, que *Rivaldus* & *Rigualdus*, ou *Regalis*. Et en effet l'abregé manuscrit de la collection de l'Eglise de Nantes nomme ce Prince indifferemment *Rivuallonus* & *Rigaldus*. Ce Prince ayant reconnu saint Brieuc pour son parent, lui donna la maison & la terre du Champ du Rouvre, *Aulam campi Roboris*, avec toutes ses dépendances. Saint Brieuc se choisit un emplacement dans un lieu appellé *la vallée double*, pour lors fort ombragé de bois, & y bâtit un monastere & une Eglise qui fut ensuite dédiée à saint Etienne.

Saint Brieuc vécut dans cette nouvelle maison d'une maniere admirable, & donna ses soins à l'instruction de tous les peuples voisins, jusques vers l'an 500. qu'il étoit âgé de plus de quatre-vingt-dix ans, sans que cette grande vieillesse diminuât rien de son zele & de ses austeritez ; au contraire, plus il vieillissoit, plus les jeûnes & les autres exercices de penitence sembloient redoubler en lui sa ferveur. On assure qu'il fit plusieurs miracles en ce païs-là, entre lesquels la guerison d'un pauvre paralytique, qu'on étoit obligé de transporter sur un brancart ; & que le pur hazard, ou pour mieux dire, la providence, conduisit en sa maison, fit beaucoup d'éclat dans toute la contrée. Deux personnes portoient le paralytique chez eux ; mais égarez dans les bois, à l'entrée de la nuit, ils arriverent à la porte du monastere, & y demanderent l'hospitalité. Brieuc, pour faire cesser l'inquiétude de leurs familles, les renvoïa dans leurs maisons, après leur avoir enseigné le chemin ; il ne retint que le pauvre malade, pour la guerison duquel il passa toute la nuit en prieres ; & le lendemain les deux hommes étant venus le chercher, ils eurent la consolation de le trouver parfaitement guéri

SAINT BRIEUC.

I. MAY.

guéri. Cette merveille accredita d'autant plus saint Brieuc, qu'il fit un bien qu'on ne pensoit pas même à lui demander, & le mit en si grande considération, qu'on accouroit à lui de toutes parts, & qu'en toutes choses, principalement en celles du salut, on ne prenoit confiance qu'en lui.

Rivallon fut lui-même du nombre de ceux-là ; ce Prince, après avoir cédé à saint Brieuc sa maison du Champ du Rouvre, s'étoit retiré, selon la collection de l'Eglise de Nantes, à la maison d'Helion, ou Hilion, qui avoit auparavant porté le nom de *Vieille-étable*, ou Coz-crau. Etant dans un âge fort avancé, & se sentant très-mal, il protesta qu'il ne vouloit recevoir le saint Viatique que des mains de Brieuc, & dit à ceux qui le pressoient de se munir des derniers Sacremens, qu'il se promettoit de la misericorde de J. C. qu'il ne mourroit pas, qu'il n'eût reçû l'absolution & la communion par le ministere du Saint, qu'il envoïa prier de le venir voir. Brieuc se mit en charette pour l'aller trouver, parce que son extrême vieillesse ne lui permettoit plus de voïager d'une autre maniere. Il étoit entouré d'une troupe de ses Religieux, qui le suivoient, & qui chantoient avec lui des pseaumes & des hymnes à la loüange de Dieu, tout le long du chemin. On ajoûte que Dieu fit entendre au Saint une musique celeste qui répondoit à la sienne ; en signe de quoi saint Brieuc s'arrêta pour faire planter une Croix qui conservât la memoire de cette faveur. Arrivé chez Rivallon, il l'aida, par ses prieres, par ses exhortations, & par ses bons conseils, à faire une bonne fin ; en reconnoissance de quoi ce Prince lui donna son château, le domaine cultivé par ses colons, & la Seigneurie de toute la paroisse.

Le bon vieillard ne lui survécut pas de beaucoup. Averti du tems de sa mort, il se recommanda plus particuliérement aux prieres de ses Religieux ; & aussi-tôt qu'une fievre legere qui le saisit, lui eut fait connoître que sa fin approchoit, il reçût le saint Viatique, exhorta ses enfans, leur donna sa derniere benediction, & mourut tranquillement vers l'an 502. âgé de plus de quatre-vingt-dix ans.

Sa legende ajoûte, qu'au moment de sa mort, toute la chambre où il expira fut remplie d'une odeur délicieuse, & qu'il fut enterré dans l'Eglise de son monastere, où une infinité de miracles rendirent témoignage de sa gloire & de la continuation de sa charité. Elle ajoûte, qu'au moment même de son bienheureux trépas, il apparut à deux de ses disciples qui étoient restez au monastere de Grande Lande ; l'un desquels, nommé Marcan, vit son ame, en forme de colombe, portée au Ciel par des Anges, dont les aîles toutes de feu marquoient sa grande charité. L'autre, nommé Siviau, ou Sieu, le vit en songe, tout brillant de lumiere, monter par une échelle qui atteignoit jusqu'au Ciel, environné d'une troupe d'Anges. Celui-ci s'embarqua dès qu'il fut jour, pour venir au monastere des Vaux, s'informer de ce qui étoit arrivé. Il pensa être suffoqué pendant le sommeil, la premiere nuit de son voïage ; mais il fut délivré par l'invocation de saint Brieuc dont il implora le secours. Arrivé au monastere, il apprit des Religieux la mort de leur pere commun ; & il leur apprit reciproquement la vision qu'il avoit eüe, & le peril dont il avoit été délivré ; ce qui les combla tous de joïe, & les porta à rendre graces à Dieu des témoignages qu'il leur donnoit de la gloire de leur maitre. C'est apparemment de ce même solitaire, que l'Eglise paroissiale de Lan-Sieu, auprès de saint Jagu, porte le nom.

Le silence étonnant de la legende, & de l'abregé de la legende de saint Brieuc, qui ne disent pas un mot de son Episcopat, & qui ne racontent rien d'où nous puissions inferer qu'il ait été Evêque ; joint à ce qu'il n'a eu aucun successeur jusqu'au tems de Nominoé, qui érigea le monastere de saint Brieuc en Evêché ; tout cela ensemble pourroit nous induire à croire que saint Brieuc n'auroit point été Evêque, si le marbre trouvé l'an 1210. dans sa chasse, ne lui donnoit formellement cette qualité ; ce qui est confirmé par l'opinion commune, & par une legende que cite Pierre le Baud. Il y a lieu de croire qu'il fut fait Evêque dans son païs, par les Prélats à qui il demandoit des ministres pour les nouvelles Eglises qu'il y fonda, lorsqu'il convertit ses compatriotes ; mais qu'il ne fut ordonné qu'Evêque regionnaire, sans titre particulier, & sans siége.

Les Reliques de saint Brieuc demeurérent dans l'Eglise de saint Etienne qu'il avoit bâtie, jusqu'au tems que les Normans commencérent d'infester les côtes de Bretagne. Elles furent mises dans un sac de cuir de cerf, & transportées à l'Abbaïe de saint Serge d'Angers, par Erispoé Duc de Bretagne, comme il a été dit dans l'histoire generale de la province. Depuis, c'est-à-dire l'an 1210. Pierre Evêque de S. Brieuc ayant, à son entrée, appris de son clergé, que les Reliques du patron de l'Evêché reposoient dans l'Eglise de saint Serge, resolut de travailler efficacement à obtenir une partie de ces précieuses & venerables dé-

I. MAY.

Saint Sieu Confesseur.

Ceci est tiré du vieux Breviaire de de S. Brieuc.

poüilles. Il se rendit à Angers, & ayant rassemblé dans l'Eglise de S. Serge l'Evêque de la ville, l'Abbé du lieu avec ses moines, & tout ce qu'il y avoit de personnes de distinction dans le païs, il fit valoir heureusement, dans le discours qu'il leur fit sur l'Ecriture Sainte, le talent de la parole qu'il possedoit, & emploïa, à la satisfaction de l'assemblée, une éloquence insinuante, nourrie du suc des belles lettres. Dieu étoit avec lui, & fit tant d'impression sur les cœurs des Religieux, que si l'Evêque leur avoit demandé une partie considerable de leur monastere, ils auroient eu peine à la lui refuser. Mais ce n'étoient pas des biens temporels qui faisoient l'objet des vœux de l'Evêque de saint Brieuc; il déclara qu'il ne demandoit qu'une partie du corps du bienheureux patron de son Eglise; que c'étoit l'unique sujet de son voïage, & que si le venerable Abbé vouloit bien ne pas rejetter sa priere, l'Eglise de saint Brieuc se sentiroit redevable à celle de saint Serge, & lui offriroit, avec sa reconnoissance, tout le secours qu'on peut attendre d'une alliance inséparable. A cette condition l'Abbé de saint Serge demeura d'accord de satisfaire l'Evêque Breton; mais, pour éviter d'être traversez dans le partage, par quelque esprit difficile & chagrin, l'on choisit le tems que les Religieux se retiroient pour reposer, après l'office de la nuit. Quand ils furent retirez, l'Abbé prenant de nouvelles assurances de ce que l'Evêque lui avoit promis, les lui fit confirmer en présence de quelques témoins choisis qui avoient déja assisté à ses premiers engagemens. L'Abbé fit ouvrir, par un orfévre, la chasse de saint Brieuc. On y trouva les os du saint Prélat enfermez dans un sac de cuir de cerf, avec une plaque de marbre, où étoient gravez ces mots : *Cy gist le corps du très-heureux Confesseur Brieuc Evêque de Bretagne, lequel fut apporté par Tispodius Roy des Bretons à cette Basilique, qui etoit alors sa Chapelle.* A la lecture de cette inscription, tous les assistans, peu instruits de l'histoire, furent surpris d'entendre nommer un Roi qui leur étoit inconnu, dont le Royaume cependant, ajoutent les memoires anciens d'où nous tirons ceci, s'étendoit jusqu'au Vendômois. On ne dira rien de la bonne odeur qui frappa les assistans, à l'ouverture du sac de cuir où étoient les saintes Reliques; c'est une circonstance qu'aucun Legendaire n'a jamais oublié. L'Abbé fit présent à l'Evêque Breton de deux côtes, d'un bras, & d'une partie de la tête, ou du cou, de saint Brieuc; ce que l'Evêque ramassa dans un vase précieux, comme un trésor incomparable, & le donna à garder au Trésorier de l'Eglise d'Angers son ami particulier, jusqu'à son départ. Quand il sortit de la ville avec ce précieux dépôt, l'Evêque d'Angers l'accompagna jusques hors de la ville, avec tout son clergé, qui celebroit par des hymnes & des cantiques melodieux la gloire du saint Evêque des Bretons. Il n'est pas étonnant que l'Evêque Pierre, joïeux d'emporter de si riches dépoüilles, fût occupé la nuit, pendant son sommeil, de ce qui l'occupoit si agréablement le jour; il s'imagina voir saint Brieuc, qui lui disoit : « hâte-toi, mon fils, & fais en sorte « que cette partie de mon corps que tu emportes, soit reçuë dans mon Eglise avec « l'honneur qui lui est dû. « L'Evêque envoïa incontinent en Bretagne avertir tout le clergé & le peuple de son Diocese, de son retour, & marqua le 18. d'Octobre, jour de saint Luc, pour la reception des Reliques de leur saint Patron. L'on ne manqua point, au jour marqué, de venir à sa rencontre avec toute la pompe & la solennité qui se peut imaginer. Alain I. Comte de Penthiévre, de Goello, Guingamp, Avaugour, &c. fils de Henri Comte de Penthiévre & de Mathide de Vendôme, assista à la cérémonie, se prosterna jusqu'à terre pour adorer les Reliques, les reçût entre ses bras, & voulut les porter lui-même jusques dans l'Eglise Cathedrale. On dit qu'au moment qu'elles y entrérent, on les entendit se remuer, comme si elles eussent été animées, & qu'elles eussent fait effort pour sortir du vase où elles étoient. On regarda ce prodige, comme une marque de la joïe que vouloit bien témoigner saint Brieuc, de voir une partie de son corps rentrer dans un lieu qui lui avoit été cher autrefois, où il avoit reçû tant de graces du Ciel, & où la présence de Dieu s'étoit fait sentir par tant d'effets merveilleux accordez à la foi des peuples & aux prieres de leur patron.

Cinquante-quatre ans avant cette translation particuliere, il s'en étoit fait une de toutes les Reliques en présence de Henri II. Roy d'Angleterre, l'an 1166. un Dimanche dernier jour de Juillet. Ce fut alors apparemment, que les Reliques de saint Brieuc furent posées dans la chasse où les trouva depuis Pierre Evêque de saint Brieuc, & qui ne put être ouverte qu'avec le secours d'un orfévre. La cérémonie qui se fit en 1166. fut très-celebre. Elle fut faite par Guillaume Evêque d'Angers, assisté de Guillaume Abbé de saint Serge, Guillaume Abbé de saint Aubin, Hugues Abbé de saint Nicolas, & Guillaume Abbé de saint

Parumper de cervice.

1. MAY.

Maur sur Loire. Guillaume Abbé de Toussaints d'Angers se trouva aussi à la cérémonie, avec Conan Comte de Bretagne, & Henri Roy d'Angleterre ; comme le témoigne cette Charte tirée de l'Abbaïe saint Serge. *Henricus Rex Anglorum & Dux Normannorum & Aquitaniæ, & Comes Andegaviæ, omnibus sanctæ Dei Ecclesiæ filiis, salutem. Noverit universitas vestra, quod anno ab incarnatione Domini MCLXVI. & regni nostri x. pridie Kalendas Augusti, luna xxx. die Dominica, me præsente, translatum corpus sanctissimi Briocci confessoris Episcopi, in Ecclesia B. Sergii quæ est Andegaviæ, & honorifice repositum in eadem Ecclesia, officium præbente Guillelmo Andegavensi Episcopo, assistentibus Guillelmo ejusdem Ecclesiæ Abbate, Guillelmo B. Albini Abbate, Hugone S. Nicolai Abbate, Guillelmo B. Mauri Abbate, cum multo cleri populique tripudio. Guillelmus Omnium Sanctorum Abbas huic translationi interfuit, & Conanus Comes Britanniæ.*

La fête de saint Brieuc se celebre le premier jour de May ; & le 18. d'Octobre on fait celle de la reception de ses Reliques. Outre l'Eglise Cathedrale qui porte son nom, il y en a deux paroissiales dans l'Evêché de saint Malo qui le reconnoissent pour patron, celle de saint Brieuc près de Montmuran, & celle de saint Brieuc de Mauron.

SAINT PATRICE,

Evêque & Confesseur, Apôtre d'Irlande.

V. SIECLE.

17. MARS.

LA Bretagne Armoricaine seroit en droit de revendiquer tous les Saints qui sont nez dans l'Isle de Bretagne, avant que les Bretons chassez de cette Isle par les Anglois soient venus s'établir dans l'Armorique ; mais nous userons de nôtre droit avec une moderation qui ne nous exposera point au reproche d'avoir oublié le titre de de nôtre ouvrage, & d'avoir cherché à nous parer des dépoüilles d'autrui. Nous nous contenterons, parmi les Saints de la nation Bretonne qui ont vêcu dans l'Isle qui porte son nom, de parler de ceux qui ont été les maîtres d'un grand nombre de saints de la province de Bretagne, ou dont le culte qui est établi depuis que les Bretons y sont établis eux-mêmes ; & nous commencerons par saint Patrice Apôtre d'Irlande, disciple de saint Martin, & instituteur de

17. MARS.

la vie Monastique, qui a sanctifié tant de saints Religieux dans la Province, avant que la regle de saint Benoît y fût connuë.

Saint Patrice est né Breton, selon tous les auteurs qui ont écrit sa vie, quoique la province où il a reçu le jour soit depuis tombée sous la domination des Ecossois. Il fut élevé dans son enfance, dans tous les sentimens de pieté & de vertu que des parens très-religieux pouvoient inspirer à une ame bien née. Le livre qui porte le nom de sa confession, & qui ne semble pas tout-à-fait digne de lui, fait dire à ce grand saint, que jusqu'à l'âge de 16. ans il avoit tellement ignoré le vrai Dieu, qu'il ne sçavoit pas même qu'il y en eût un, & qu'il avoit vécu jusqu'alors dans l'aveuglement de l'infidélité. Mais cela même fait croire que ce livre n'est pas de saint Patrice. Car comment comprendre qu'étant né de parens Chrétiens, il ait ignoré si long-tems le vrai Dieu ; ou qu'il se soit servi d'une expression aussi forte que celle-là, pour signifier seulement qu'il n'avoit pas encore pour Dieu des sentimens dignes de sa majesté ? Il y a beaucoup d'apparence à ce que sentent les historiens, que Dieu, qui l'avoit prédestiné pour en faire l'apôtre des Scots dans l'Hibernie, l'avoit tellement prévenu de sa grace dès son enfance, qu'il fit dès-lors quelques miracles, & qu'il étoit dès-lors un modèle de sagesse & de vertu.

La providence permit que la nation même à qui il devoit procurer la liberté de l'Evangile, le privât de la sienne, afin de lui donner lieu de rendre le bien pour le mal, & de le faire travailler à procurer aux ennemis de sa nation & de ses parens, le plus grand bien spirituel qu'ils pouvoient recevoir par le ministere d'un homme qu'ils auroient reduit à la plus grande de toutes les miseres humaines, qui est la captivité. Ce fut dans une des irruptions ordinaires des Scots Hibernois dans l'isle de Bretagne, que Patrice fut pris avec une de ses sœurs, & plusieurs autres personnes de son païs, & vendu à l'un des plus considerables de ces barbares, nommé Miluc, ou Milcon, qui l'emploïa à garder les pourceaux, lui qui devoit être le pasteur de ce peuple barbare & brutal ; & il apprit parfaitement la langue de la nation, qui lui devoit être si utile un jour, pour enseigner à ce peuple les veritez de l'Evangile. Les peines & les fatigues qu'il souffrit en cette indigne occupation, l'endurcissoient & le formoient aux travaux apostoliques ausquels Dieu le préparoit sans qu'il s'en apperçût. Fidèle à la grace qui le disposoit, quoiqu'il n'en connût pas encore les desseins, il sanctifioit son em-

Jossellin, vie S. Patricii c. 1.

ploi & sa solitude par une application continuelle à l'oraison, qu'il faisoit regulierement cent fois par jour, & presque aussi souvent la nuit, toûjours avec beaucoup de ferveur; par des jeûnes volontaires, qu'il ajoûtoit à toutes les miseres de son état; & par une obéïssance fidéle à tous les commandemens de son maître, quelques rudes qu'ils fussent; à quoi il joignoit une douceur qui porta ceux de la maison à lui donner le surnom de *Kothraigi*, ou *Cothirge*, qui signifioit en leur langue: *un serviteur doux & paisible.*

Après six ans d'esclavage & de service, il eut, dit-on, la vision d'un Ange qui prenoit un soin particulier de lui, & qui lui apparoissoit souvent sous la figure d'un jeune homme brillant de lumiere, & sous le nom de Victor, qui lui commanda de prendre la fuite, & l'avertit qu'il trouveroit une navire prêt à faire voile. Le saint jeune homme, obéïssant au commandement de l'Ange, se mit en chemin, dénué de tout; & trouvant effectivement un bâtiment prêt à partir, au lieu que lui avoit marqué l'Ange, il pria qu'on lui fit la faveur de le passer à l'isle de Bretagne, & s'embarqua quand on le lui eut permis. Outre les matelots, il y avoit sur le bord plusieurs passagers, tous idolâtres, qui après trois jours de navigation, prirent terre avec lui à une côte que les courses ordinaires des Scots & des Pictes avoient renduë déserte & inhabitée. Ils s'y égarérent, & y seroient tous peris de lassitude & de faim, si Patrice, qui n'avoit point laissé passer d'occasion de leur parler des veritez de la foy, ne leur avoit miraculeusement fourni des vivres, qu'il n'avoit demandez au Seigneur, que pour tâcher de convertir ces malheureux compagnons de son voïage. Mais les voïant obstinez, malgré cette faveur surnaturelle, il se sépara d'eux, sans avoir goûté aux alimens qu'il leur avoit obtenus, parce qu'ils les avoient d'abord offerts à leurs idoles. Après quelques jours de marche, il se rendit enfin chez ses parens, qui eurent une joïe extrême de le revoir.

Probus.

Il est certain qu'il fut encore, au moins une fois depuis, pris & emmené captif; mais on ignore s'il le fut plus d'une fois, comme l'a cru un des écrivains de son histoire. Il y a pourtant beaucoup d'apparence qu'il ne fut que deux fois esclave; car l'histoire d'une troisiéme captivité paroît avoir été forgée sur celle de la premiere, à quelques circonstances près, qu'on a peut-être prises de l'histoire de la seconde, & qui ne s'accordent même gueres avec l'état general des affaires de ce tems-là. Supposant donc avec l'auteur de sa confession, quel qu'il soit, qu'il n'est tombé dans l'esclavage que deux differentes fois, il faut dire, qu'à la derniere il ne fut que soixante jours en captivité, comme l'Ange du Seigneur le lui avoit prédit la nuit même du jour qu'il avoit été pris. Mais néanmoins on a sujet de croire, de la maniere dont on fait parler ce Saint dans sa confession, qu'il ne retourna en son païs, que quatre ans après qu'il eut recouvré sa liberté.

Il est très-vrai-semblable que Probus, qui seul de tous les historiens de saint Patrice s'est imaginé une troisiéme captivité, ne l'a fait, que pour avoir trouvé dans quelque livre l'histoire des deux premieres confuse & mêlée dans un seul recit; & comme il est vrai que Patrice fut vendu à Milcon, qu'il le servit long-tems, que l'Ange lui dit de s'enfuir, & qu'il trouva une barque pour passer en son païs (ce qui est tiré de l'histoire de son premier esclavage, & rapporté comme une partie du troisiéme) il est veritable aussi, selon toutes les apparences, que dans la seconde captivité les Pictes qui l'avoient pris, le vendirent peu de tems après à des Gaulois, qui le menerent à Bourdeaux, & l'ayant conduit plus avant dans le païs, le mirent enfin en liberté au bout de deux mois; après quoi il alla trouver S. Martin son grand oncle; ce que le même Probus rapporte à un troisiéme enlevement qui ne fut jamais.

Saint Martin trouvant de très-heureuses dispositions dans Patrice, jugea que c'étoit un vaisseau d'élection pour de grandes choses, lui donna la tonsure & l'habit Religieux dans sa sainte retraite de Marmontier, l'instruisit, & l'éleva très-soigneusement dans la vertu, pendant l'espace de quatre ans. Ce séjour de saint Patrice auprès de saint Martin est assuré par tous les historiens. L'espace de quatre ans est marqué de même très-formellement; & son retour dans l'isle de Bretagne, par le conseil du même saint Martin, n'est pas assuré moins expressément par les mêmes auteurs, qui supposent tous que saint Martin vivoit encore, lorsque Patrice quitta Marmontier. Il doit donc passer pour certain, que Patrice a eu le bonheur d'être l'éleve du grand saint Martin, & Religieux de Marmontier, quoiqu'en dise Bollandus, qui explique le mot de *S. Martin* que Patrice vint trouver, par *le monastere de S. Martin de Marmontier*, & veut persuader que lorsque les historiens ont dit que Patrice fut fait Moine & Clerc par ce grand Saint, cela veut dire, que l'Abbé successeur de saint Martin dans

Probus, Joscelin. offic. S Patricii Edit. Paris. Luxt. Hugo Kilkennius antiq. vita tripartita. Auctor vita Hibern. &c.

SAINT PATRICE.

**17.
MARS.**

le gouvernement du monastere, fit instruire Patrice, & lui donna l'habit monastique.

Patrice pouvoit être âgé de trente ans, lorsque par le conseil de saint Martin il retourna dans son païs. Ses parens, qui vivoient encore, le reçûrent avec toute la tendresse & toute l'amitié que meritoit un si bon fils. Ils voulurent le retenir auprès d'eux, & le prierent de ne les plus abandonner, pour le peu de tems qui leur restoit à vivre. Mais Patrice ne prenant conseil ni de la chair ni du sang, & connoissant par plusieurs visions & revelations, que Dieu l'appelloit dans l'Hibernie à la conversion des Scots; voulut, pour se rendre capable d'une vocation si sublime, abandonner ses parens & son païs.

Les guerres alors plus allumées que jamais entre les Bretons & les Scots, lui avoient ôté le moïen d'aller dans l'Hibernie, quand il en avoit eu la pensée; & comme il ne se sentoit pas assez encore instruit, pour remplir dignement tous les devoirs d'un si divin emploi, il prit la resolution d'aller à Rome, & de visiter les monasteres d'Italie & des isles de la Meditaranée, pour apprendre la science Ecclesiastique, & s'avancer par les instructions & les exemples des saints solitaires, dans la pratique des plus excellentes vertus. Il sortit donc de son païs, & passa dans les Gaules, & ayant visité son monastere de Marmontier & le tombeau de son incomparable maître saint Martin, il prit la route de Rome, qu'il regardoit comme le centre de la pieté & de la doctrine de la foi. Patrice y étudia, avec une application extrême, la science des mysteres de la Religion & de la discipline de l'Eglise, & il y fit un progrès admirable. Comme il n'étudioit que pour devenir meilleur & plus propre à l'execution de ce que Dieu vouloit faire par lui, il crut qu'il profiteroit beaucoup, s'il visitoit les retraites des saints solitaires d'Italie & des isles de la côte. Animé du même esprit, qui, selon saint Jerôme, porta Fabiole à visiter toutes les isles & toutes les solitudes voisines de la mer, peuplées de saints Moines; il les parcourut toutes, pour ramasser de tous côtez, comme une abeille soigneuse, la rosée celeste dont il devoit former le miel qui coula depuis de ses lévres, & la cire qui servit d'aliment dans l'Hibernie à la lumiere Evangelique qu'il y alluma par ses prédications.

Durant le cours de ses voïages, qui durerent sept à huit ans, saint Germain succeda dans le siége d'Auxerre à saint Amateur, l'an 407. & il s'acquit bientôt une si grande reputation de sainteté, par sa vocation merveilleuse, le changement subit & admirable de sa vie, ses aumônes, ses austeritez incroïables, ses miracles frequens, son zele apostolique, & ses autres vertus, qu'il n'y eut point d'endroits dans l'Eglise d'Occident où son nom ne devint celebre, & où l'on ne parlât de lui, comme d'un prélat admirable, qui égaloit presque le merite de l'incomparable Martin. Patrice, averti, dit-on, par son Ange d'aller trouver cet excellent maître, qui de son côté étoit averti du Ciel de recevoir favorablement ce saint disciple; vint au païs d'Auxerre vers l'an 410. se mit sous la conduite de ce saint Evêque, & continua par son secours à se fortifier dans la science de l'Ecriture Sainte, & dans la pratique de la solide vertu, pendant dix-huit ans entiers qu'il demeura avec lui.

*Joferlinus.
Erricus Altisfiodorensis.*

Il n'y a nulle preuve que Patrice ait accompagné saint Germain dans son voïage de l'isle de Bretagne de l'an 429. & il est bien plus probable qu'il fut, pendant ce tems-là, voir les saints solitaires de l'isle de Lerins, ou de quelqu'autres monasteres près de la ville d'Arles; & même qu'il y étoit allé quelque tems avant que les Evêques de France & le Pape saint Celestin eussent envoïé Germain au secours des Eglises Bretonnes contre les Pelagiens.

Patrice croïant, après cela, qu'il étoit tems de remplir les devoirs de sa vocation, & d'aller en Hibernie; & pressé par des visions qui lui representoient des Scots qui le prioient instamment de se hâter de les secourir; prit conseil de saint Germain, qui étoit revenu depuis peu de l'isle de Bretagne. Germain approuva le dessein de Patrice, & pour lui aider à le mettre en execution, il lui donna un saint Prêtre nommé Segedius pour l'accompagner à Rome, & des lettres de recommandation au Pape Celestin, de qui il devoit recevoir sa mission. Il étoit presenté de trop bonne part, & les témoignages qu'on rendoit de son zele, de sa capacité, de sa prudence, & de ses autres vertus, étoient trop autentiques, pour qu'il ne fût pas bien reçû du Pape. Cependant on dit que Celestin refusa d'abord de l'envoïer dans l'Hibernie, parce qu'il n'y avoit pas long-tems que Palladius y étoit allé par ses ordres, & qu'il craignoit peutêtre qu'un nouveau Missionnaire ne causât quelque fâcheuse division dans cette Eglise naissante, qui scandalisât les fidéles encore foibles, & retardât le progrès de la foi. Mais le Pape ayant appris que Palladius, rebuté de la ferocité barbare & de l'incredulité opiniàtre des Scots, & du peu de fruit qu'il faisoit parmi eux, avoit quitté leur païs, & étoit mort dans l'isle de Bretagne où il s'étoit re-

17.
MARS.

tiré, reconnut enfin que Patrice avoit la mission de Dieu, & ne differa plus à lui accorder celle qu'il lui demandoit. Il l'ordonna donc Evêque, ou comme disent quelques-uns, qui supposent que Patrice avoit déja reçû le caractere Episcopal d'un certain Amathée qu'on ne connoît point, il l'établit Archevêque de toute l'Hibernie, lui changea son nom en celui de Patrice, & l'envoïa dans l'isle, chargé de vœux & de benedictions.

Saint Patrice étoit alors âgé de soixante ans : car quelques differens que soient les auteurs à regler le tems de ses captivitez & de ses pelerinages, ils conviennent presque tous en ces deux points, qu'il avoit soixante ans lorsqu'il alla dans l'Hibernie, & qu'il y alla en 432. & passa par son païs. Nous ne rapporterons point en détail tout ce qu'il fit en Hibernie. Il nous doit suffire de marquer en general, qu'après avoir surmonté les obstacles que les hommes & les demons mirent à son dessein, vaincu l'indocilité opiniâtre & l'humeur brutale des Scots, par sa patience, sa douceur, & ses prédications ; adouci leur ferocité par ses bienfaits, confondu leurs magiciens & leurs Bardes par ses miracles & par sa doctrine, porté dans toutes les provinces, dans toutes les villes, & presque dans tous les villages, les lumieres de l'Evangile, fondé plus de trois cens Eglises, consacré un grand nombre d'Evêques, ordonné plus de trois mille Prêtres, dont il y en a un grand nombre qui sont reconnus Saints, bâti plusieurs monasteres d'hommes & de filles, & formé de saintes communautez, enseigné avec une patience incroïable les lettres, à commencer par l'alphabet, à ces peuples sauvages, qui jusqu'alors les avoient ignorées ; converti toute la nation, avec un si heureux succez, qu'on peut dire qu'il l'a sanctifia presque toute ; passé soixante ans entiers, ou dans les emplois laborieux de son apostolat, ou dans les exercices religieux de la penitence & de la vie contemplative des solitaires ; tenu plusieurs Conciles ; fait un ou deux voïages à Rome pour obtenir la confirmation de tout ce qu'il avoit reglé ; étendu son zele & ses soins jusqu'aux Eglises Bretonnes, qu'il purgea des heresies Arrienne & Pelagienne qui y avoient poussé quelques malheureux rejettons ; il rendit enfin son ame à Dieu dans un de ses monasteres nommé Sabal, l'an 492. le 120e. de son âge, selon la plus commune opinion, ou selon d'autres en 460. âgé d'environ 90. ans ; & fut inhumé dans l'Eglise de Doun.

Voilà l'abregé de l'admirable vie d'un des plus grands saints qu'ait jamais produit la Bretagne, qui s'est justement acquis la qualité glorieuse d'apôtre des Scots & de l'Hibernie, quoiqu'il n'y ait pas prêché la foi le premier ; & qui merite, sur tous les hommes apostoliques qui ont été depuis les grands Apôtres, le titre éminent de maître & de pere des Saints. Car il est vrai que l'Hibernie devint, par ses travaux & par son institution, la province du monde chrétien la plus feconde en saints, & une pepiniere abondante d'excellens prélats, & de Religieux très-parfaits, qui après avoir sanctifié tous les déserts & toutes les solitudes de l'isle, repandirent ensuite dans toute l'Europe chrétienne la bonne odeur de leur pieté, & donnerent l'origine à plusieurs des plus fameux monasteres de la chrétienneté, en Allemagne, en Italie, en France, en Suisse, &c.

Toute la famille de saint Patrice participa très-abondamment à cette plenitude de grace qui se répandit par tout par son ministere ; puisqu'il n'y a presque point de ses parens qui ne soit reconnu pour Saint. Son frere Sannan ou Sennan, & ses sœurs, Lupite qui avoit été captive avec lui, Agride ou Tigridie, Liamaine, Darerque, & Cineneume, sont du nombre, & la grande quantité de neveux & de niéces que leur chaste fecondité produisit, peupla les Eglises où les monasteres d'Hibernie d'autant de saints Evêques, Prêtres, Religieux & Religieuses, qu'il y avoit de têtes : car Dieu les donna tous à Patrice. Ils l'avoient tous suivi du païs de leur naissance, dans l'Hibernie, les uns pour travailler simplement à leur propre sanctification sous sa conduite, les autres pour l'aider dans sa sainte entreprise, & le soulager d'une partie de ses peines. Patrice leur servit à tous de pere spirituel, &, comme ils furent tous fideles imitateurs des vertus & du zele de leur oncle, il éleva ses neveux, pour la plûpart, à la dignité Episcopale, dont ils étoient très-dignes ; car il n'avoit égard, dans ces promotions, qu'au seul merite des personnes, & ne pouvoit guéres avoir d'autres vûes, dans un tems & dans un païs où la qualité d'Evêque, dénuée de tout interest temporel, n'apportoit point d'autre avantage à ceux qui en étoient honorez, que l'occasion de souffrir de la part des idolâtres, & l'obligation de travailler plus que tous les autres dans la vigne du Seigneur.

Les historiens de la vie de saint Patrice rapportent, que Soeachnall, un de ces saints Evêques ses neveux, aïant déclaré qu'il avoit dessein de composer quelque piece de poësie à la gloire de son oncle ; Patrice, dont la modestie ne pouvoit souffrir qu'on lui donnât la moindre loüange : ni le zele, qu'on s'employât à d'autres choses, qu'au service du Seigneur ; lui défendit de penser à cet ouvrage, & le menaça qu'il mourroit le premier de tous les Evêques d'Hibernie, s'il travailloit à cette piece. Il est bien difficile de retenir les esprits qu'un enthousiasme poëtique a mis en mouvement. Saint Soeachnall ne fut point arrêté par la crainte de la mort ; il fit un poëme, dont les differentes reprises commençoient par la suite des lettres de l'alphabet ; ce qui n'étoit pas mal imaginé dans un païs où l'on ne faisoit que commencer à connoître les lettres. Mais la mort de Soeachnall, arrivée selon la menace prophetique de l'oncle, justifia encore mieux la grande sainteté de Patrice, que les vers du neveu ne la pouvoient relever.

Outre les Saints dont on vient de parler, neveux du côté des sœurs, Patrice en eut encore une autre, fils de son frere Sennan, qui fut nommé Patrice, comme lui & fut son successeur. Celui-ci imita si fidélement les vertus de son oncle, qu'on a souvent confondu les actions des deux dans l'histoire ; & depuis sa mort, il éclata par tant de miracles dans l'Eglise de Glastembury, où repose son corps, à ce qu'on dit, qu'on a cru qu'il n'y avoit que le Grand Patrice capable d'operer tant de merveilles, & que c'étoit lui qui y étoit inhumé. On appelloit neanmoins le plus jeune, pour le distinguer de l'ancien, Sen-Patrice ; par où l'on marquoit apparemment qu'il étoit fils de Sennan.

Les Eglises de Saint Brieuc & de Dol ont toûjours celebré la fête de saint Patrice le 17. de Mars, avec office de trois leçons.

SAINT GUIGNER
Martyr, autrement St. Fingar.
V. SIECLE.

LES Bretons ont droit de s'approprier saint Fingar, autrement nommé saint Guigner, Martyr, quoiqu'il fût Scot de naissance, fils d'un des principaux Rois d'Hibernie, nommé Clyton. L'histoire de sa vie & de son martyre se trouve dans les œuvres de saint Anselme ; mais ce grand Archevêque ne peut être auteur de tous les contes ridicules qui s'y trouvent, & de beaucoup de faits qui ne peuvent s'ajuster avec la veritable histoire. Tel est par exemple, ce que l'on y dit, qu'il y avoit en Cornoüaille un Tyran nommé Theodoric, ennemi furieux de la Religion chrétienne, qui tua saint Fingar & tous ceux de sa compagnie, en haine de leur foi. Car il est certain que la Cornoüaille insulaire où ils furent tuez, étoit toute chrétienne long-tems avant eux, & que la Cornoüaille Armoricaine n'a eu de Seigneur du nom de Theodoric, que plus de six-vingt ans depuis ce martyre ; outre que l'auteur avoit dit que saint Guigner avoit été très-favorablement reçû dans la petite Bretagne, & que le Duc, Seigneur ou Juge du païs (car il lui donne toutes ces qualitez) lui avoit donné des terres pour ses compagnons & pour lui, qu'ils avoient cultivées, & où ils avoient demeuré paisiblement pendant quelques années, quoiqu'il les reconnut Chrétiens ; ce qui suppose que ce Seigneur étoit lui-même Chrétien ; ce qui ne s'accorde nullement avec la qualité de tyran ennemi du Christianisme, que l'on donne à Theodoric.

Non-obstant ces endroits faux & ces contradictions, on estime qu'il n'y a pas lieu de douter que le fond de ces actes ne soit vrai. Ainsi l'on croit que Fingar, autrement Guigner, dont on a tort de faire deux personnes differentes, contre la foi des actes, qui donnent ces deux noms à la même personne, étoit fils de quelqu'un des Rois d'Hibernie à qui saint Patrice alla prêcher la foi ; que l'honneur que le jeune Prince fit à ce saint missionnaire, méprisé de tous les autres Rois & Seigneurs de l'isle, dans une assemblée generale, porta son pere à le chasser de ses Etats, comme ennemi de sa personne & de ses Dieux ; que Guigner se refugia, avec une troupe d'amis Chrétiens comme lui, dans l'Armorique, qui ne s'appelloit pas encore *Petite-Bretagne*, quoique l'auteur des actes l'ait nommée Bretagne, selon l'usage de son tems ; que le Juge, Duc, ou Seigneur du païs, soit qu'il fût Romain, soit qu'il fût Armoricain, lui fit un favorable accüeil, & lui donna des terres pour ses compagnons & pour lui ; qu'il y vécut dans les exercices de la vie Religieuse pendant quelques années, en imitant, autant qu'il lui étoit possible, la forme de vie de S. Patrice son maître ; qu'il retourna ensuite dans son païs, où il refusa la couronne que la mort venoit d'enlever à son pere, & que ses sujets, convertis pendant son absence par saint Patrice, lui présentoient avec un empressement qui marquoit bien que ceux qui suivent la vraïe foi ne manquent jamais de fidélité à leurs Souverains legitimes ; que l'amour de la retraite & de la vie contemplative porta Guigner à quitter une seconde fois son païs, en compagnie de plus de 700. personnes, dont il y en avoit sept d'Evêques, & de sa sœur Piale, aussi humble

14.
Decemb.

& aussi détachée du monde que son frere; qu'étant arrivez dans la Cornoüaille insulaire, ils y furent tuez par un Seigneur nommé Theodoric, ou plûtôt Thewdric, comme s'appelloit un Seigneur du Glamorgan qui vivoit peu de tems après ce tems-là; mais que ce carnage fut uniquement l'effet de la haine que les Bretons avoient pour les Scots, sans que la Religion y ait eu aucune part : enfin que les Bretons honorèrent ces Saints comme martyrs, à cause des miracles qui se faisoient par leur intercession, & de la coûtume où l'on étoit de nommer *Martyrs* tous ceux qui étoient tuez injustement, quand ils mouroient en odeur de sainteté.

Au reste ce n'est nullement pour détourner de l'Armorique, la honte d'avoir égorgé ces saints Martyrs, que nous disons ici, qu'ils furent massacrez dans la Cornoüaille insulaire, & non dans l'Armoricaine; car le bonheur d'avoir été arrosée de leur sang & de posseder leurs cendres, dédommageroit assez l'Armorique de ce reproche; mais on ne voit pas comment on pourroit expliquer autrement l'histoire de leur mort, puisque l'auteur de cette histoire distingue très-bien l'Armorique d'avec le païs de Cornoüaille, & entend par Cornoüaille, celle de l'isle de Bretagne; comme il paroit par un autre endroit, où il dit que Patrice avoit demeuré dans la Cornoüaille avant que d'aller en Hibernie, ce qui ne peut s'entendre que de la Cornoüaille insulaire. Outre cela, comment accorder, en un même païs, le bon & charitable accueil que le Roi, Duc, Juge ou Seigneur de l'Armorique fit à ces Saints, avec la brutalité du Roi qui les tua? Ajoûtez, qu'on n'a dans l'Armorique aucun vestige du lieu de leur martyre, ni de leurs tombeaux, sur lesquels néanmoins l'auteur de leurs actes dit qu'on bâtit une Eglise très-frequentée des pelerins. Il faut aussi considerer qu'on ne connoît dans l'Armorique, ni port de Heul, ni ville de Conectonne, que l'auteur place dans la Cornoüaille dont il parle. Enfin nous avons les noms de presque tous les Saints dont les Reliques furent transportées hors de la province de Bretagne, lors des ravages des Normans. Il n'est fait aucune mention de saint Guigner, ni de ses compagnons, dans cette rencontre. Seroit-il possible, s'ils eussent été martyrisez & enterrez dans la petite Bretagne, que leurs corps eussent été plus negligez que ceux des autres Saints?

On fait pourtant mémoire de saint Guigner au Diocese de Leon, dans la paroisse de Ploudiri, où il est patron de la Tréve ou Eglise succursale de Loc-Equiner, ainsi

14
Dece

appellée de son nom. Une Chapelle de l'Eglise Cathedrale de Vannes l'a aussi pour patron; & le diocese en fait office double le 14. Decembre, avec les leçons du second nocturne propres. On ne sçait où l'auteur de ces leçons a pris que ce Roi de l'Armorique qui reçut Guigner avec tant d'affection, se nommoit Querec. L'auteur des actes le qualifie seulement Duc, Juge & Seigneur de Bretagne, & ne le nomme point dans le martyre de S. Guigner, de sainte Piale, & de leurs compagnons, arriva vers le milieu du V. siécle, & non l'an 499. comme Mr. l'Abbé Châtelain l'a crû; car on ne croit pas devoir le placer plû-tard, que 12. ou 15. ans tout au plus après l'arrivée de saint Patrice en Hibernie, qui fut vers l'an 432. Asserius met la conversion de saint Guigner à la foi, en 433. Ce saint pourroit bien être le patron de la paroisse de Plou-vigné dans l'Evêché de Vannes, & peutêtre fut-ce-là qu'il se retira la premiere fois.

SAINT HILTUT, Abbé.

V. SIECLE.

SAINT Hiltut, dont on a fait porter le nom au port d'Aber-Ildut, & à la paroisse de Lan-Ildut, dans l'Evêché de Leon dans la Bretagne Armorique, aussi bien qu'à quelques autres lieux de la Bretagne insulaire dans le Glamorgan, étoit Breton, fils d'un Seigneur de la premiere qualité nommé Bican, & d'une Dame appellée Riemguilid fille d'un des Rois de la Cambrie, ou comme d'autres disent, mais sans apparence, de la petite Bretagne. Si ce que l'auteur, très-ancien, de la vie de saint Samson, dit, est vrai, « qu'Hiltut fut fait Prêtre dans sa jeunesse par saint Germain d'Auxerre : « il faut qu'Hiltut ait eu pour le moins 25. ans en 434. & par consequent, qu'il soit né vers l'an 409. ou 410. ou si l'on veut quatre ou cinq ans plûtôt, supposé qu'il faille mettre l'ordination d'Hiltut au tems du premier voïage de saint Germain. Mais cette ordination de S. Hiltut par saint Germain n'est pas certaine, & l'on trouve même qu'Hiltut porta les armes en sa jeunesse, & fut long-tems principal ministre d'un Roi de Glamorgan. Nous trouvons cependant qu'il a été disciple de saint Germain; mais il est difficile de fixer le tems qu'il a demeuré auprès de ce grand Prelat.

Il emploïa les premieres années de sa vie à l'étude des lettres humaines & des arts

7.
Nove

Joan. muth. vius Eccl. B. 252.

SAINT HILTUT.

7. NOVEMB.

arts liberaux, & y profita si bien, qu'après qu'il y eut ajoûté la science de l'Ecriture Sainte & de la Theologie, il se trouva très-capable d'enseigner aux autres, non-seulement les humanitez, la poësie, & la Rethorique, mais même la philosophie & les mathematiques, & d'expliquer ce que la Religion & les livres sacrez ont de plus sublime & de plus divin.

Il est dit dans la vie de saint Samson, que deux freres, neveux d'Hiltut, qui esperoient posseder par droit de succession le monastere de leur oncle, donnérent du poison à Samson, parce qu'ils apprehendoient qu'Hiltut ne le nommât son successeur à leur préjudice, dans le gouvernement du monastere. Cela donne lieu de croire que cette maison Religieuse fut bâtie par saint Hiltut sur son propre fond, & qu'il la dota de tout son heritage. S. Dubrice Evêque de Landaff l'aida beaucoup à consommer l'execution de ce grand dessein, pour lequel il obtint le consentement de Merchiau surnommé le fou, ou l'insensé, Roi ou Seigneur du païs. Ce fut en un lieu aussi nommé Merchiau, que ce monastere fut bâti ; & l'auteur de la vie de saint Samson, qui dit y avoir été, rend témoignage que c'étoit une maison magnifique.

Hiltut y acquit bien-tôt une si grande reputation, par la sainteté de ses mœurs, & par le talent particulier qu'il avoit pour l'instruction & l'éducation de la jeunesse, que la plûpart des Seigneurs Bretons lui confioient celle de leurs enfans, & qu'on l'estimoit le plus saint & le plus sçavant Ecclesiastique de toute la Bretagne. Quiconque fera reflexion aux grands hommes qui sont sortis de son école, reconnoîtra bien-tôt, par la beauté des fruits, la bonté de l'arbre ; & qu'il falloit qu'Hiltut fût un excellent maître, puisqu'il a formé d'aussi parfaits disciples, que l'ont été Samson, Paul, Gildas, Magloire, David, & plusieurs autres Sts qui ont fleuri dans l'une & dans l'autre Bretagne. L'un des dons du Ciel qui parut en Hiltut avec le plus d'éclat, fut celui de prophetie ; & il en donna, dit-on, des marques singulieres, au moment même de sa mort, en prédisant à deux Abbez qui l'assistoient, qu'ils le suivroient bien-tôt, l'un, appellé Atrocile, le même jour ; & l'autre, nommé Isan, quarante jours après ; ce qui arriva.

Il y a des auteurs qui disent qu'Hiltut vint sur la fin de sa vie, à Dol, & qu'y aïant vécu quelque tems avec ses disciples, & fait plusieurs miracles, il y mourut fort vieux le 6. jour de Novembre, & y fut inhumé, on ne sçait en quelle année. Ce

Mouentes, ne propter illum hæreditatis privarentur mûdana. Acta S. Samsonis.

passage deça la mer, ce séjour ; & cette sepulture à Dol, n'ont aucune apparence de verité ; sans compter que tout cela ne s'accorde pas aisément avec l'histoire de la prophetie d'Hiltut agonisant, assisté de deux Abbez qui n'étoient point de la province de l'Armorique. Ajoûtez à cela, outre l'éloignement des tems, qu'il n'y a dans le païs aucun vestige, ni aucune memoire de ce prétendu séjour à Dol, dont quelque historien auroit assurément parlé, si c'étoit un fait veritable. Les Anglois prétendent au contraire, qu'aïant emploïé les nombreuses années de sa vie au charitable, mais penible emploi de l'instruction de la jeunesse, il se retira, mourut, & fut enterré au fameux sanctuaire de Glastembury. L'on voit tant d'affectation dans ces auteurs, de faire de cette celebre Abbaïe le tombeau commun de tous les Saints, dont on ne connoît point de sepulture particuliere, qu'on a peine à croire ce qu'ils disent sans preuves, & qu'on juge plus probable qu'Hiltut mourut & fut inhumé à Lantwit, ou à Lan-Elthie. L'ancien Breviaire de Leon fait la fête de saint Hiltut le 7. de Novembre, avec office à neuf leçons.

Guillelmus Malmesbur.

SAINT COLLEDOC
Evêque & Confesseur.
V. SIECLE.

5. NOVEMB.

NOUS ne sommes point assez persuadez que ce Maurice Vicaire de la paroisse de Cleder, qui au rapport du P. Albert le Grand, a composé en Latin la vie de saint Colledoc, qu'il confond avec saint Ké, ait eu d'autres memoires que le Roman de Lancelot du Lac, avec une imagination hardie & feconde ; pour oser nous en fier à lui, & rapporter sur sa parole toutes les fables grossieres dont il lui a plu de faire un tissu, qui n'a pas la moindre ombre de vrai-semblance. Nous entrevoïons seulement, à travers tant de faussetez, que saint Colledoc a pu naître dans la Cambrie, y avoir été élevé à l'Episcopat, avoir renoncé à sa dignité pour se retirer dans le lieu de Ros-ené, être passé en Bretagne à la fin du V. siécle, comme tant d'autres Saints de l'isle ; y avoir demeuré quelques années à Cleder, y avoir enterré son condisciple l'Ermite S. Kerian, y être mort lui-même un premier Samedi d'Octobre, & y avoir été mis en terre dans le cimetiere, d'où il aura depuis été levé pour être placé dans un lieu plus honorable. Nous passerons aussi à l'auteur, que les Reliques de ce saint ont pu être transferées, toutes, ou en partie à son premier monastere de Ros-ené, nous lui accorderons même, que le pere du saint s'appelloit Ludun, & la mere Tagu, & qu'ils étoient tous deux nobles & riches. Mais tout le reste de sa narration ne merite pas l'attention du public. On nous assure qu'il y a plusieurs Eglises & Chapelles, dans l'une & dans l'autre Bretagne, dediées à saint Colledoc, & que son sepulcre se voit encore dans une petite Chapelle qui porte son nom, qui est dans un coin du Cimetiere de Cleder.

SAINT KERRIEN,
ou Saint Ké, Solitaire.

V. SIECLE.

IL ne nous reste que les noms d'un grand nombre de Saints qui ont vécu dans cette province ; soit que leurs compagnons & leurs disciples, aussi occupez de Dieu qu'eux, n'aient pas voulu se détourner de leur contemplation ordinaire, pour transmettre à la posterité, par leurs écrits, la memoire de ces saints personnages ; soit que le tems ait consumé les monumens précieux qu'ils avoient pu nous en laisser. C'est toûjours un grand bien, que l'oubli n'ait pas enveloppé les noms de ces saints hommes, aussi-bien que leurs actions. De deux fins que l'on se propose dans le culte des Saints, qui sont, d'emploïer leur intercession auprès de Dieu, & de nous exciter à la vertu par la consideration de leurs exemples ; leur nom conservé, nous assure la premiere ; & à l'égard de l'autre, que le tems nous a enviée, nous pouvons nous en consoler, en disant avec le prince des Apôtres : *Firmiorem habemus propheticum sermonem. Nous avons les paroles des Prophetes*, & *de Jesus Christ même, encore plus sures que les exemples des hommes, & beaucoup plus dignes de nôtre attention.* Nous avons les mêmes Ecritures & les mêmes loix qui les ont sanctifiez ; au défaut de leurs exemples, profitons de leur credit auprès de Dieu, pour obtenir de répondre à ses graces avec autant de fidelité qu'eux.

2. Pet. 2.

Saint Kerrien est un de ceux dont la Bretagne ne connoit presque que le nom ; car tout ce que l'on sçait de lui, c'est qu'il fut compagnon de saint Colledoc, qu'il mourut à Cleder dans l'Evêché de Leon, & que saint Colledoc l'y enterra. Il y a de l'apparence, que les noms de saint Ké, ou Kenan, que le P. Albert le Grand donne pour synonymes de saint Colledoc, ne sont que le même nom, abregé ou corrompu, de saint Kerrien. A deux lieües de Kemperlé il y a une paroisse appellée Kerrien, où la memoire de saint Kerrien est honorée de tout tems d'un culte religieux ; mais au défaut de ses actes, Etienne Pegasse, Recteur de cette paroisse, a adopté les actes d'un saint *Caraunus* ou Cheronce martyr de Chartres. Le 12. de Mai de l'an 1687. il présenta à feu Messire François de Coëtlogon Evêque de Quimper, un petit livre imprimé à Chartres en 1679. contenant l'office de saint Cheronce Martyr, à l'usage de l'Eglise Roïale des Chanoines Reguliers qui porte le nom de ce saint Martyr ; dans lequel on marque trois fêtes de saint Cheronce, la premiere au 28. de Mai avec rite double de premiere classe, & octave ; la seconde au 16. de Juin, sous le nom d'Invention, avec rite de double de seconde classe ; & la troisieme le 18. d'Octobre, sous le nom de Translation, & rite de fête double de premiere classe, avec octave. Ainsi, avec l'agrément de l'Evêque diocesain, l'on a substitué un Martyr étranger à un solitaire du païs, sans autre raison qu'une ressemblance telle quelle, qu'on a cru entrevoir dans les noms de *Kerianus* & de *Caraunus*. Saint Ké est patron de la paroisse de Cleder ; & comme nous l'avons dit, il y a bien de l'apparence que c'est plûtôt saint Kerrien, que saint Colledoc. Il y a une Eglise succursale ou Tréve de Botoha, dans l'Evêché de Treguer, qui porte le nom de saint Kerrien, & une paroisse du diocese de saint Brieuc qui porte le nom de saint Ké, qu'on a peut-être confonduë dans les Reformations de la noblesse, avec une autre paroisse de l'Evêché de Treguer aussi appellée saint Qué.

SAINT DUBRICE
Evêque & Confesseur.

V. & VI. SIECLES.

SAINT Dubrice auroit été plus ancien que saint Hiltut, s'il étoit vrai que saint Germain & saint Loup l'eussent ordonné Evêque ou Archevêque de Landaff & Metropolitain de toute la Bretagne occidentale dès leur premier voïage en Bretagne, à la priere d'Aurele-Ambroise Roi, c'est-à-dire l'an 430. comme quelques Anglois l'ont dit. Mais il y a si peu de fonds à faire fur ce recit, qu'on n'y doit avoir aucun égard.

Le pere de Dubrice se nommoit Pepiau, & regnoit dans le païs de Galles, & sa mere étoit Evedile. On ne sçait point l'année qu'il nâcquit ; mais comme il a vêcu un nombre d'années dans le VI. siécle, on peut croire qu'il ne vint au monde, que dans le tems que saint Germain & saint Loup allérent dans l'isle. Dès sa jeunesse il s'appliqua tellement à l'étude, & sur tout à celle de l'Ecriture Sainte, qu'il devint fameux par sa grande érudition, dans toute la Bretagne, & qu'il lui vint des Ecoliers de toutes parts, entre lesquels on en vit, qui ailleurs auroient été de grands maîtres. Saint Samson & saint Theliau, avancez dans l'école d'Hiltut, furent de ceux-là, & l'on dit qu'il eut pendant plusieurs années plus de mille autres jeunes Ecclesiastiques, à qui il faisoit leçon tous les jours, dans le monastere qu'il avoit fait bâtir en un lieu nommé Hentlan, sur le bord du fleuve Urye, ou Guy, où il étoit pour tous un modéle accompli de la justice chrétienne, de la vie Religieuse, & de la charité parfaite. Il transporta depuis son Academie en un lieu plus commode pour ce grand nombre de disciples, & alla demeurer dans une isle de la même riviere, proche du lieu de sa naissance, cette isle s'appelloit Miserbdill, & il y enseigna, pendant plusieurs années la philosophie & l'Ecriture Sainte, dans la seule vûë d'être utile au prochain & de rendre service à l'Eglise.

Une vie si exemplaire, & un travail si assidu, lui attirérent la veneration & l'amitié de tous les peuples de la Cambrie meridionale, autrement dite Southwale, & nommée par les anciens Bretons De-heubarth. Ils souhaitérent donc d'avoir pour Evêque, celui que tant de Clercs se choisissoient pour maître, & l'aïant élu d'un commun consentement du Roi, des grands, du peuple & du clergé, ils le firent ordonner premier Evêque de Landaff sur le Tave, ou Taff, dans le Glamorgan, ou selon quelques auteurs, de Kaer-leon sur Vock, au païs de Monmouth ; & il fut encore institué Metropolitain de toute la Cambrie.

Si l'on en croit l'auteur de la vie de saint David Evêque de Meinw, autrement saint Daviis, car la ville a pris le nom du saint ; la dignité de Metropolitain étoit, en ce païs-là, comme autrefois dans une partie de l'Affrique, plûtôt personnelle, que réelle, s'il est permis d'user ici de ce terme dans ce sens-là, c'est-à-dire qu'elle n'étoit attachée à aucun siege particulier, & que le seul merite personnel de quelqu'un des Evêques de la province, faisoit que les autres le nommoient & le reconnoissoient pour leur superieur & pour leur chef. Il est vrai que l'histoire de l'élection de saint David, à l'occasion duquel cet auteur rapporte ceci, sent beaucoup la fable ; mais il est presque impossible, sans cette supposition, d'accorder la diversité des sentimens des auteurs, qui reconnoissent pour Metropolitain de Southwale, les uns le siege de Landaff, les autres celui de Kaer-leon, & d'autres celui de S. Daviis, où la même histoire déja citée dit que l'Archevêché fut enfin fixé, en consideration de ce saint ; ce qui n'arriva toutesfois que long-tems depuis son decez.

Il est donc fort vrai-semblable, qu'après que le merite de saint Dubrice l'eut fait choisir pour Metropolitain des Evêques de Cambrie, comme il l'avoit fait élire Evêque de Landaff ; cette ville fut Metropolitaine de Cambrie, pendant tout le tems qu'il gouverna cette Eglise ; qu'aïant ensuite passé de Landaff à Kaer-leon, pour le plus grand bien des peuples, vers l'an 512. il transporta le titre Archiepiscopal, attaché à sa personne, plûtôt qu'à son siege, à l'Eglise de Kaer-leon ; & qu'enfin David Evêque de Meinw devint son successeur dans la dignité d'Archevêque, sans l'être dans son siege, & que la qualité de Metropolitain lui fut conferée par le commun consentement de toute l'Eglise Bretonne, parce qu'on l'estimoit le plus digne de l'être ; après quoi le même honneur revint encore à l'Eglise de Landaff dans la personne de saint Theliau, qui après avoir été Evêque de ce siege plusieurs années, fut fait Archevêque, à son tour de l'Armorique, après le decez de David.

Quoiqu'il en soit, Dubrice est toûjours également appellé Metropolitain de Cambrie, soit qu'il tint le siege de Landaff, soit qu'il tint celui de Kaer-leon ; ce qui fait voir en quelle consideration il étoit, & quel respect on avoit pour lui, puisque l'obéissance qu'on lui rendoit, se rendoit plus à sa personne, qu'à son siege ; ce qui confirme ce qu'à dit l'auteur de la vie de saint David, que le titre d'Archevêque de Cambrie n'étoit encore attaché à aucune Eglise.

Dubrice s'acquitta toûjours, avec un zele, une vigilance, & une application admirable, des devoirs d'Evêque & de Metropolitain, n'oubliant & n'omettant néanmoins jamais la pratique des exercices Religieux, dont il croïoit que dépendoit sa sanctification particuliere. Il se retiroit, pour cela, tous les ans, dans quelque monastere de sa province, pour y vacquer, pendant le Carême, plus particuliérement, que dans le

D ij

14.
NOVEMB.

reste de l'année, à la priere & à la penitence. C'étoit pour l'ordinaire dans celui de saint Hiltut, & quelquefois dans celui de l'Abbé Piro, caché dans une isle ; & dans l'un & dans l'autre il connut le merite extraordinaire de saint Samson, qu'il ordonna successivement Diacre, Prêtre, & Evêque. Il voïoit, dit-on, à toutes les fois, le Saint Esprit, en forme de colombe, descendre sur le ordonné ; ce qui ne paroissoit qu'à saint Hiltut & à son Diacre, mais qui fut apperçû de tous les assistans, au jour de la promotion de ce digne sujet à l'Episcopat.

On dit que saint Dubrice couronna dans son Eglise de Kaer-leon, le grand & fameux Artur l'an 516. mais qui peut se fier à l'Histoire de cet Artur, heros ordinaire des Romans Anglois ? On dit aussi, mais avec beaucoup plus de vrai-semblance, que Dubrice abdiqua, à cause de son extrême vieillesse, l'an 519. dans un synode tenu au lieu de Brevy, ou de Bruy sur Tuy, au païs de Cardigan, contre l'heresie Pelagienne qui poussoit de nouveaux rejettons, & que S. David son disciple fut son successeur dans la dignité d'Archevêque, & saint Theliau au siege de Landaff ; après quoi ce saint homme ne pensant plus qu'au Ciel, & ne s'occupant que de Dieu, vécut encore quatre ou cinq ans, & mourut enfin dans la paix du Seigneur, vers l'an 524. âgé de près de quatre-vingt dix ans.

Les Martyrologes Anglois, & le nouveau Catalogue des Saints dressé par le P. Philippe Ferrarius pour servir de supplément au martyrologe Romain de Baronius, mettent la fête de saint Dubrice le 14. Novembre. Mais on ne peut bien s'assurer si c'est de l'Evêque de Landaff dont il est question, d'autant que c'est à Cantorbery que sa fête est marquée. Il y a eu un autre saint Dubrice Evêque de Chester, dont le même auteur, Philippe Ferrarius, met la fête au 6. de Mai.

SAINT THELIAU
Evêque & Confesseur.
VI. SIECLE.

25.
NOVEMB.

LES Legendaires font saint Theliau fils d'un Seigneur de la premiere qualité nommé Ensic, ou Ecnic, du païs des Demetes ou de Cardigan, proche parent des Rois ; mais il n'y a pas d'apparence qu'il fût neveu de saint David, fils d'une de ses sœurs, comme l'a dit Usserius, sans citer de garant. Le Registre de Landaff cité par le même auteur, page 291. de ses antiquitez de l'Eglise de Bretagne, nomme Guen-haf, la mere de saint Theliau, & la fait fille de Linonvi. On ne peut dire si Theliau fut le premier nom de ce saint, ou si ce n'est point un surnom qu'on lui donna, mais un peu changé ; car ses historiens disent, que ses vertus, sa science extraordinaire, & son admirable talent pour la prédication, le firent nommer du mot Grec *Helios*, qui signifie *le Soleil*, que les Bretons prononcérent Eliud. Mais on peut croire aussi que ce nom d'Eliud lui a été donné par allusion à celui de Theliau. Le rapport entre les noms d'*Eliud*, de *Theliau*, & de *Helios*, a donné lieu à Usserius de conjecturer que S. Theliau pourroit bien être le même que S. Samson : car en Arabe & en Hebreu *Samson* signifie aussi *le Soleil* (*Semés*) & il s'est, dit-il, pu faire que les moines Bretons, à qui les œuvres de S. Jerôme avoient appris la signification des mots Hebreux, aïent voulu donner à leur Helios ou Eliud le nom de Samson. Cela est tiré de loin ; & d'ailleurs les actes de ces deux Saints sont si differens, & on en parle, dans ces actes, si formellement, comme de deux personnes entierement distinctes, qu'on peut assurer que cette conformité de significations de noms, a été l'effet du pur hazard, & non une affectation étudiée.

Theliau fut élevé avec beaucoup de soin sous saint Dubrice, & il eut pour compagnon ce même Samson avec qui Usserius le veut confondre. Il eut ensuite pour maître saint Paulin disciple de saint Germain d'Auxerre. On dit qu'averti par un Ange, il accompagna saint David son condisciple dans l'école de Paulin, & saint Patern, à Jerusalem, & qu'il y fut ordonné Evêque, comme eux, par le Patriarche. Quelque irreguliere que soit une pareille promotion, elle est expressément marquée dans les trois differentes histoires de ces trois Saints, & celle de saint Theliau rapporte en particulier de lui quelques circonstances qui font voir son extrême humilité. Il faut dire necessairement que ces trois Saints avoient été faits Prêtres, avant qu'ils entreprisent le voïage.

Theliau revenu dans son païs, honoré du caractère Episcopal, fut fait Evêque de Landaff par son maître S. Dubrice, qui se déchargea sur lui du soin de cette Eglise. Il la gouverna d'une maniere si apostolique, que les peuples ne s'appercurent point qu'ils eussent changé de pasteur. Le même esprit qui avoit conduit saint Dubrice, agissoit en

Theliau. L'oraison, la prédication, la penitence, & la charité, étoient comme les seules occupations de sa vie, sans qu'il relâchât jamais de sa ferveur & de son zele.

De son tems la Cambrie fut cruellement agitée d'une peste, qu'on nomma *la peste jaune*, ou la jaunisse empestée, en Breton *y gall velen*, parce que tous ceux qui en étoient frappez, mouroient teints de cette couleur. Une nuée fort basse, & qui sembloit presque traîner sur terre, comme un broüillard épais & puant, l'engendra dans le païs. Les hommes & les bestiaux en étoient également saisis, & tous ceux qu'elle attaquoit, en mouroient infailliblement. Theliau, dans cette occasion, s'acquitta fidellement de tous les devoirs d'un bon pasteur. Mais quoiqu'il ne ménageât ni sa vie, ni ses biens, qu'il distribuoit liberalement à tous les necessiteux qui étoient attaquez de ce mal, la contagion le respecta toûjours, & l'on auroit dit que le mauvais air le fuïoit. Un jour qu'il s'offroit au Seigneur comme une victime pour son peuple, un Ange lui commanda de quitter le païs, avec ceux de son troupeau qui le voudroient suivre, & de les avertir qu'il n'y auroit que la fuite qui pût leur faire éviter la mort. Il obeït aussitôt, avec une partie de ceux que la contagion avoit épargnez. Ils se refugiérent tous ensemble dans l'Armorique, d'où quelques-uns entrérent plus avant dans le païs.

Theliau vint d'abord voir son beaufrere Budic Comte de Cornoüaille, & sa sœur la Comtesse Anaumed, & séjourna quelques mois chez eux ; mais préferant la compagnie des Saints à celle des Grands, il fut trouver à Dol son ami saint Samson, & demeura sept ans & sept mois avec lui. On dit qu'il porta ce saint à planter le bois qui occupoit autrefois toute la vallée de Dol, & qui avoit trois lieuës de long, & fut, à cause de lui, nommé le bois saint Theliau.

Aprés que la peste eut cessé dans la Cambrie, saint Theliau y retourna, & y ramena son peuple. Il y fut, peu de tems aprés, honoré de la dignité de Metropolitain, à la place de saint David, à qui la peste avoit empêché de donner plûtôt un successeur. On ne dit point combien de tems le Saint vécut aprés son retour. On marque seulement qu'il eut un très-grand soin de faire revenir son peuple dispersé de toutes parts, & que consommé en sainteté & en merite, il mourut, aprés avoir aussi dignement rempli l'office de Metropolitain, que celui d'Evêque.

On conte qu'aprés sa mort, qui arriva dans son monastere de Lan-deilo-Vawi prés de Kaer-marden, trois Eglises disputérent à qui auroit l'honneur de posseder son corps; celle de Landaff, dont il étoit Evêque ; celle de Lan-deilo-Vawi, où il étoit décedé, & où il avoit long-tems fait sa résidence ordinaire ; & celle de Pennalun dans le Comté de Pembrock, où ses ancêtres étoient enterrez ; & l'on ajoute, qu'au matin il parut trois corps tout-semblables, du même Saint, & que le Clergé de chacune de ses Eglises en prit un ; de sorte qu'il fut enterré dans ces trois lieux. On voit par cet exemple, combien on a été ingenieux à se tromper. Il est à croire, que pendant la nuit, quelque veillard avisé, le même qui vint dire aux peuples qu'il y avoit trois corps, avoit fait faire trois cercueïls de même poids & de même figure, qu'on fit défense d'ouvrir ; ce qui étoit le moïen de terminer le procez au gré de tous les interessez ; & avoit mis trois differentes parties de ce saint corps en chacun de ces trois cercueïls, ce qui a donné lieu à la fable des trois corps, ou du même corps multiplié. Les miracles néanmoins se firent principalement au tombeau de Landaff.

On trouve le nom de ce saint écrit de bien des manieres differentes : *Teliaus*, *Teliavus*, *Thelianus*, *Teleanus*, *Thelius*, *Chelianus*, *Theillanus*, *Teyllianus*, *Teilau*, *Teilaw*, *Teylo*, & *Deilo* ; le dernier desquels subsiste dans le nom de Lan-deilo-Vawi, ce qui signifie *Eglise du grand saint Deilo*. Le P. Philippe Ferrarius, dans le nouveau catalogue des saints qu'il a dressé pour servir de supplément au Martyrologe Romain de Baronius, marque : à Landaff en Angleterre, la fête de saint Telean Evêque, le 25. de Novembre. Mais à la qualité d'Evêque il ajoute celle de Martyr ; ce qui donne lieu de douter, si c'est de nôtre S. Theliau dont il est question.

SAINT PERREUX
Abbé.

VI. SIECLE.

SAINT Perreux étoit fils d'un des petits Rois de la Cambrie. Il étoit d'un si heureux naturel, & d'une humeur si douce & si complaisante, qu'il avoit le bonheur de plaire à tout le monde. Sa modestie, son humilité, sa pieté, sa liberalité lui gagnoient tous les cœurs ; & quand son pere mourut, l'affection que lui portoient ses sujets, plus que son droit de succession, l'eût placé sur le trône, s'il n'avoit été ferme dans la résolution qu'il avoit prise de

4. Juin
&
4. Sept.

renoncer à toutes les dignitez & à toutes les pompes du monde, pour être simplement serviteur de J. Christ. Il ne voulut donc, de tout l'heritage de ses peres, que ce qui lui étoit necessaire pour bâtir & pour doter un monastere, où il se renferma avec soixante personnes choisies. Ils y prirent tous ensemble l'habit monastique, & Perreux s'y étant fait un grand fonds de Religion, passa de-là dans l'Hibernie, pour y étudier l'Ecriture Sainte ; à quoi il emploïa vingt ans. Il vint ensuite se cacher dans la Cornoüaille insulaire, près de l'embouchure de la Saverne, où il bâtit une nouvelle maison, qui fut bientôt peuplée d'un grand nombre de disciples, entre lesquels Credan, Medan, & Dachan, se rendirent très-illustres par leur science & par la sainteté de leur vie. L'endroit où il s'établit se nommoit alors Loderic & Laffenac ; mais il porta depuis le nom du saint, & fut nommé Petrock-Stow, aujourd'hui Padstow, où le siege Episcopal de la Cornoüaille insulaire a été pendant quelque tems, selon plusieurs historiens Anglois.

Après que saint Perreux y eut fait un séjour de trente ans, il eut la devotion de visiter le tombeau des Apôtres, & les Saints lieux, ce qui étoit une pratique de pieté fort commune aux Religieux de ce tems-là. Il alla donc à Rome, & de Rome à Jerusalem, d'où il fut, à ce qu'on dit, jusqu'aux Indes, où il demeura sept ans entiers dans une isle déserte, dans les rigueurs de la plus austere penitence, & dans les consolations spirituelles de la plus sublime contemplation. Il revint ensuite, par le commandement d'un Ange, dans son monastere de Loderic, où il eut beaucoup à souffrir de la dureté intraitable d'un Roi de la Bretagne occidentale, nommé Tendur.

C'étoient les derniers coups necessaires à la perfection de ce vaisseau de gloire. S. Perreux mourut fort âgé, & fut enterré dans son monastere de Padstow, qui se nomma dans la suite du tems : *S. Perreux de Bomine*, & fut habité par des Chanoines Reguliers. L'un d'entr'eux nommé Martin, aïant furtivement enlevé son corps, se retira avec ce précieux dépôt dans l'Armorique, au monastere de saint Méen de Gaël. Roger Prieur de Bomine en porta ses plaintes à Henri II. Roi d'Angleterre, l'an 1177. & ce Prince, à ce que dit Roger de Houeden, commanda aussitôt à l'Abbé & aux Religieux de saint Méen, de restituer ces saintes Reliques ; & à Rolland de Dinan, qualifié en cette occasion, Grand-Justicier de la Bretagne Armorique, de faire executer ses ordres, sans aucun délai,

sous quelque pretexte que ce fût. L'Abbé & les moines, intimidez, rendirent à Roger, Prieur de Bomine, ce précieux trésor, après avoir juré sur les saints Evangiles, que c'étoit le même corps qu'on leur avoit apporté. Le culte de saint Perreux s'est conservé depuis dans l'Abbaïe de saint Méen, & l'on y en faisoit deux fêtes avec octave, l'une le 4. de Juin, qui paroît avoir été la plus solennelle, & l'autre le 4. de Septembre.

4.
&
4. S

Une histoire de sa vie qui ajoûte plusieurs fables à ce qu'on vient d'en dire, & que nous avons euë de l'Abbaïe de S. Méen, assure que saint Perreux a vécu solitaire plusieurs années dans la Cornoüaille de l'Armorique. Outre le respect particulier que l'on a pour lui dans l'Abbaïe de saint Méen, il y a dans le diocese de Vannes, en la paroisse de saint Vincent sur Oult, une tréve ou succursale, du nom de saint Perreux, connuë par le passage qui est sur la même riviere, à demie-lieuë de Redon. Mr. l'Abbé Châtelain dit qu'on nomme ce saint, S. Perreuse, dans le Nivernois, où il est honoré. S'il avoit eu connoissance de la paroisse de Lo-Pezdrec, qui est du Diocese de Quimper, il auroit aussi dit que dans la Cornoüaille Bretonne on appelle saint Perreux, saint Pezdrec.

SAINT CADO
Evêque & Martyr.

GUNDLE'E Roi de Glamorgan, & Gladuse son épouse, furent le pere & la mere de saint Cado, & n'eurent point d'autre enfant que lui. Gundlée laissa le Royaume à son fils, quitta la couronne & le sceptre, se retira dans une solitude, où il vécut dans une grande abstinence, & mourut en opinion de sainteté. Son fils, plus sensible à l'exemple du mépris du monde que son pere lui avoit donné, qu'aux richesses & aux grandeurs qu'il lui avoit laissées, remit le gouvernement du païs à ses oncles, freres de son pere, & emploïa tout son domaine particulier à faire des dons aux Eglises & des aumônes aux necessiteux. On dit qu'il nourrissoit tous les jours cent clercs, cent pauvres laïques, & cent veuves, sans y comprendre les hôtes, les pauvres survenans, & les Religieux de sa nombreuse communauté de Lan-carvan dans le Glamorgan. Il y établit une école de Theologie, où saint Gildas enseigna pendant quelque tems. Se laissant enfin aller à l'amour de la vie retirée & contemplative,

2
Sept

& ne pouvant souffrir les honneurs qu'on lui rendoit dans son monastere & dans le païs, il alla se cacher dans des isles inhabitées, & la tradition du diocese de Vannes porte qu'il vint en une petite isle sur la côte de Mor-bihan, qui est entre Vannes & Auray, où il bâtit une Eglise & un pont qui subsiste encore. Le lieu est un Prieuré dépendant de l'Abbaïe de saint Gildas de Rhuys; & l'on pourroit croire, qu'uni d'une sainte amitié à ce Gildas, avec qui on dit qu'il avoit passé quelque tems en des isles Bretonnes nommées Honec & Ecni (qui pourroient bien être celles de Hoüat & Hédic, voisines & dépendantes de l'Abbaïe de saint Gildas de Rhuys) il vint vivre plus proche de lui, pour profiter quelquefois de ses saintes conversations.

Il n'y finit pas néanmoins ses jours, si ce que rapporte la neuviéme leçon de l'office du jour de saint Mathieu, dans le Propre de Vannes, est vrai; c'est à sçavoir, que saint Cado averti du ciel, quitta sa solitude de l'Armorique, & qu'étant allé en Italie, il fut fait Evêque de Benevent, où il fut tué dans une incursion de barbares, en haine de la foi. Quelques auteurs Anglois, qui assurent de même qu'il a été Evêque en Italie, ajoûtent, qu'il avoit pris le nom de Sophias, ou qu'on le lui avoit donné, à cause de sa grande sagesse. Mais Philippe Ferrarius, dans son catalogue des Saints, & le sçavant Cambden, disent, beaucoup plus probablement, que Cado fut Evêque de Benavenne (*Bænaventa*) à present Vedon, en Latin *Antona septentrionalis*, dans le Comté de Northampton; & ce fut apparemment en quelqu'une des incursions des Saxons, qu'il fut massacré par ces infideles. Mr. Châtelain, dans son Dictionnaire des Saints, a laissé l'époque de saint Cado en blanc. Philippe Ferrarius la met en 490. Mais il faudroit placer saint Cado bien plus tard, s'il a suivi saint Gildas dans l'Armorique; ce qui semble assez bien fondé. Le même Mr. Châtelain le nomme en François Cazou; mais les Vannetois le nomment Cado, & ils ont raison. Le nom Latin est *Cadocus*, ou *Caduodus*. Sa fête est marquée dans les anciens Breviaires de Vannes, le 21. Septembre. Il n'y a qu'une simple commemoraison, avec une leçon propre. Le P. Albert le Grand de Morlaix a mis la vie de saint Cado au 1. de Novembre, on ne sçait pas pourquoi. La paroisse de Ploe-cadeuc dans l'Evêché de Vannes porte le nom de ce saint Evêque.

SAINT AMAND
Evêque de Rennes, & Confesseur.
VI. SIECLE.

NOUS ne sçavons rien de la vie de saint Amand Evêque de Rennes; sinon, que se trouvant dans sa derniere maladie, l'amour qu'il avoit pour son troupeau le fit penser à lui procurer un digne pasteur. Il envoïa au monastere de Platz, prier saint Melaine qui y vivoit dans les exercices de la vie Religieuse, de le venir trouver. Melaine obéit, & le Prelat mourant, après lui avoir recommandé son diocese, fit assembler au tour de son lit les principaux du clergé & du peuple; pour leur déclarer, que Dieu lui avoit revelé que sa volonté étoit que Melaine lui succedât dans la dignité Episcopale. S. Amand mourut aussitôt après avoir fait cette déclaration, & fut enterré, selon toutes les apparences, au lieu même où fut depuis bâtie l'Eglise de saint Melaine, auprès de laquelle il y avoit un cimetière, dans ces premiers tems, que l'on n'enterroit personne dans les villes.

L'ancien Breviaire de l'Abbaïe de saint Melaine met la fête de saint Amand au 13. de Novembre; qui est le jour de l'octave de saint Melaine, & pour cette raison renvoïe l'office de saint Amand au 14. aussi bien que le Propre de l'Evêché de Rennes. Mais tout est pris du commun, dans cet office, & il n'y a rien qui regarde saint Amand en particulier. En 1679. le 6. de Novembre, les Reliques de saint Amand, qui ont toûjours été conservées dans l'Abbaïe de saint Melaine, furent transferées d'une chasse de bois doré dans une chasse d'argent, par le R. P. en Dieu Messire Jean-Baptiste d'Estrades ancien Evêque de Condom & Abbé Commendataire de saint Melaine. La ville de Rennes a une singuliere confiance en saint Amand. Elle l'invoque dans toutes les necessitez publiques, & toûjours avec un succez propre à exciter sa reconnoissance & à fortifier sa pieté. L'ancien Breviaire de saint Brieuc marque au 26. d'Octobre la fête de saint Amand Evêque; avec office de 3. leçons; & le Breviaire de Dol imprimé en 1519. met, le 4. de Novembre, une fête de saint Amant Evêque: *Amantii Episcopi*. Les additions de Florus au Martyrologe de Bede mettent le décez de saint Amand Evêque de Rennes le 4. de Novembre: *Rhedonis depositio S. Amandi Episcopi*. Nous n'oserions as-

21.
Septemb.

furer que ce n'eſt pas de lui que porte le nom une paroiſſe de l'Evêché de Quimper appellée Loc-Amand.

SAINT MELAINE
Evêque de Rennes & Confeſſeur.

VI. SIECLE.

6. Janv.
&
6. Nov.

SAINT Melaine nacquit dans le dioceſe de Vannes, vers la fin du V. ſiécle, à Platz, ſur le bord de la riviere de Vilaine, ou Vinaine, à peu près dans le lieu que l'on appelle aujourd'hui Brain. Ses parens étoient des perſonnes de la premiere diſtinction; mais les vertus dont la grace Divine le combla, le rendirent encore plus illuſtre, que cette haute naiſſance. De grands Prélats eurent ſoin de le former à la pieté dès ſa plus tendre jeuneſſe; & les progrès qu'il fit ſous leur diſcipline les ſurprirent d'autant plus, que ces progrès ne furent pas bornez à la connoiſſance parfaite des lettres ſacrées; on le vit, avec étonnement, animé d'une foi ſi vive, qu'elle alla, dans un âge ſi peu avancé, juſqu'à faire des miracles. Cette foi vive, ſe fortifiant avec les années, lui fit mépriſer ce que le monde a de plus flateur. Il l'abandonna genereuſement, dans le tems qu'il n'eſt que trop ordinaire qu'on s'y attache le plus; & pour rendre, avec moins d'obſtacles, au ſouverain Roi, l'obéïſſance parfaite qu'il exige, il embraſſa la profeſſion Religieuſe.

Il étoit d'une figure agréable; il avoit des manieres engageantes, une douce affabilité, une prudence rare, une temperance qui faiſoit l'admiration de tous ceux qui le connoiſſoient. Son cœur étoit dévoré de zele, & ſa chair domptée de bonne heure par l'auſterité, devint obéïſſante à l'eſprit.

Il étoit dans les exercices d'une vie toute Angelique, lorſque ſaint Amand Evêque de Rennes, accablé d'une maladie qui devoit finir ſes travaux, l'envoïa prier de ſe rendre auprès de lui. Melaine obéït, & S. Amand emploïa les derniers momens de ſa vie à lui recommander ſon troupeau. Enfin ce ſaint Prélat, aïant fait raſſembler au tour de lui les principaux du Clergé & du peuple, leur déclara que le Seigneur avoit daigné lui apprendre que Melaine ſeroit leur paſteur après lui. Cette nouvelle, toute conſolante qu'elle étoit, ne les empêcha pas de reſſentir, avec une vive douleur, la perte qu'ils firent de ce ſaint Evêque, lorſque Dieu l'appella, pour lui donner la celeſte patrie, la couronne qui lui étoit pré-

parée. Auſſitôt qu'on eut celebré ſes obſeques, les principaux habitans de l'un & de l'autre ſexe, accompagnez des Eccleſiaſtiques, allérent trouver ſaint Melaine, l'enlevérent malgré ſa reſiſtance, & l'élurent, d'un commun conſentement, pour leur Evêque.

Les premiers ſentimens que cette élevation fit naître dans ſon cœur, furent d'être fortement perſuadé qu'il étoit dans une plus étroite obligation de redoubler ſes jeûnes, ſes veilles, ſes macerations, & ſes prieres; & que ne travaillant plus pour lui ſeul, mais pour un peuple nombreux dont il étoit devenu le pere, il leur devoit & de grands ſoins, & de grands exemples. Il s'appliqua donc, avec une attention nouvelle, à l'étude de la loi divine, & des oracles ſacrez dont il étoit l'interprete. Il redoubla ſa vigilance, & l'eſprit ſans ceſſe occupé de la préſence de Dieu, il n'entreprenoit rien, qu'après l'avoir conſulté. Convaincu de l'obligation indiſpenſable où eſt un bon paſteur, de connoître toutes ſes oüailles, il viſitoit frequemment toutes les Egliſes de ſon dioceſe; & animé de l'eſprit apoſtolique, il détruiſoit la ſuperſtition, fortifioit la foi, reformoit les mœurs, & cultivoit les vertus, avec un ſuccez qui pouvoit faire dire de lui, ce que le Prophete Iſaïe, & ſaint Paul, après ce grand Prophete, ont dit de ces paſteurs laborieux & vigilans dont les utiles travaux augmentent le Roïaume de Dieu: *qu'ils ſont beaux, ſur les montagnes, les pieds de celui qui annonce la paix, qui établit le bien, qui prêche le ſalut, & qui dit à Sion: ton Dieu regnera!* ſe regardant auſſi comme le medecin ſpirituel des ames qui étoient ſous ſa conduite, il appliquoit à chaque eſpece de maladie les remedes convenables, avec d'autant plus de fruit, que ſa vie toute ſainte achevoit de convaincre ceux que ſes pieux diſcours avoient commencé de ramener à leur devoir. Et le moïen de ne ſe pas rendre aux exhortations d'un homme qui n'exigeoit des autres que la moindre partie de ce qu'il pratiquoit lui même? Tout dévoüé à l'aggrandiſſement du Roïaume de Dieu, il paſſoit les nuits à prier, & les jours dans le continuel exercice des bonnes œuvres; ſes jeûnes étoient frequens, & pour les rendre plus utiles, il les accompagnoit de l'aumône, afin que pendant qu'il ſe privoit du neceſſaire pour remedier à l'indigence des pauvres, les prieres de ceux qu'il aſſiſtoit rendiſſent ſes abſtinences plus dignes d'être preſentées devant le trône de celui dont il attendoit la couronne de juſtice. Mais s'il l'attendoit avec une ferme eſperance, avec quelle

Iſ. 52.
Rom.

SAINT MELAINE.

quelle fraïeur ne regardoit-il pas ce dernier instant qui décide de nôtre bonheur ou de nôtre malheur éternel ? Il avoit toûjours ce fatal moment présent devant les yeux, & l'on en voïoit couler les larmes avec abondance. La priere continuelle étoit le seul remede qui le rassuroit contre ces vives fraïeurs.

Une foi si pure & si animée, une vie si sainte & si élevée au-dessus des foiblesses de la condition humaine, ne pouvoient manquer d'être recompensées de ces operations surnaturelles dont il a souvent plu a Dieu d'honorer les vertus extraordinaires de ses Saints. Les actes de celui-ci, écrits peu de tems après sa mort, nous font le recit d'un grand nombre de miracles considerables, que Dieu a bien voulu operer par ce saint Evêque ; des aveugles à qui il a rendu la vûë, des boiteux qu'il a redressez, des muets qui ont recouvré l'usage de la parole, des personnes languissantes dont il a rétabli les forces, de toutes sortes de malades à qui il a rendu la santé, de possedez qu'il a délivrez, de morts même qui ont été ressuscitez. Mais si le grand nombre de ces miracles ne nous permet pas d'en entreprendre d'en faire le détail ; nous ne pouvons nous dispenser d'observer deux choses, que l'auteur des actes de ce saint Evêque a remarquées, & qui nous seront peutêtre plus utiles, que le récit de ses miracles ; la premiere, c'est qu'une infinité de ces œuvres merveilleuses ont été ensevelies dans un perpetuel silence, par l'humilité profonde de saint Melaine ; & la seconde, que pour mieux dérober à la connoissance du public, ce qui pouvoit être publié à sa loüange, il imposoit rarement les mains sur les malades, qu'il n'emploïat en même tems sur eux, ou l'eau benite ou l'huile sainte, afin qu'on n'attribuât les guérisons qu'à ces instrumens sacrez.

Clovis, premier Roi Chrétien des François, informé du merite extraordinaire de saint Melaine, l'honora d'une estime particuliere. Mais afin qu'on ne nous accuse pas d'embellir l'éloge de ce saint prélat aux dépens de la verité, nous traduirons fidélement, en cet endroit, ce qu'en a dit l'ancien auteur de ses actes : « Tant de vertus, dit-il, ne permirent pas que saint Melaine demeurât inconnu à Clovis Roi des François. Ce prince en fit l'un de ses principaux conseillers ; & ce fut par la docilité qu'il eut pour les avis du saint Evêque, qu'il bâtit plusieurs Eglises nouvelles, qu'il releva celles qui se trouvoient abbatuës par le malheur des tems, & qu'il fonda quelques monasteres, avec la décence qui convenoit à ces pieux établissemens. Ce fut aussi par les conseils de Melaine, que Clovis répandit ses liberalitez sur les indigens, honora les serviteurs de Dieu, de quelque état qu'ils fussent, gouverna ses peuples avec justice, & emploïa utilement son autorité à la propagation de la foi & à l'augmentation du culte divin. Enfin l'on trouve, continuë cet auteur, que Clovis assembla un Concile de trente-deux Evêques à Orleans, où, comme la préface du même Concile en fait foi, saint Melaine se fit distinguer d'une maniere particuliere entre tous les autres, soit en refutant les objections des heretiques, soit en établissant solidement les dogmes sacrez de l'Eglise. Au reste, ajoûte le même auteur, si l'on veut sçavoir plus en détail quels ont été les chapitres dont on est redevable en particulier à saint Melaine, & se convaincre par leur lecture, de la profondeur & de la pureté de sa doctrine, on n'a qu'à consulter les actes de ce Concile ; on y trouvera les Sentences de chacun des Prélats qui composoient cette assemblée, chacune avec le nom de son auteur. On verra par là, que les paroles de ce saint homme ont non-seulement étouffé les erreurs que les ennemis de J. Christ tâchoient d'établir en ce tems là ; mais semblent avoir prévenu, par avance, les fausses subtilitez des heretiques futures. « Nous n'avons plus, ni la préface, ni les actes de ce Concile, à quoi cet auteur nous renvoïe avec une assurance qui doit nous faire présumer qu'il n'invente pas ce qu'il dit. Tout ce qui nous reste de ce Concile consiste, dans une lettre fort courte à Clovis, une préface très-abregée, & trente-un canon, avec les souscriptions des trente-deux Evêques qui composoient l'assemblée, dont il y en a cinq que l'Eglise honore encore aujourd'hui d'un culte religieux. Les Prélats appellent Clovis *leur Seigneur, fils de l'Eglise Catholique, & très-glorieux Roy.* Ils lui disent : « que le zele qu'il a pour la foi, & les soins dignes d'une ame sacerdotale qui le portent à augmenter le culte divin, l'aïant engagé à convoquer cette assemblée, il leur avoit donné lui-même les titres des matieres sur lesquelles il souhaittoit qu'ils deliberassent ; qu'ils ont executé ses ordres, & que si ce qu'ils ont reglé lui paroît juste, le consentement d'un si grand Roi donnera sans doute plus d'autorité à ce que tant de Prélats ont cru devoir statuer. «

Comme les Canons de ce Concile peuvent être d'un grand usage pour connoître

6. Janv.
&
6. Nov.

les mœurs & la discipline de ce tems-là, nous avons cru qu'il ne seroit pas inutile d'en donner ici un extrait, tant à cause de la part que saint Melaine a eu dans ces reglemens, que pour l'instruction & la satisfaction des Lecteurs qui ont du goût pour les antiquitez Ecclesiastiques. Ceux qui n'en ont pas, le pourront passer.

Can. 1. Il est défendu par ces reglemens, ou Canons, de tirer de l'Eglise, & même de la maison de l'Evêque, les homicides, les adulteres & les larrons qui s'y seront refugiez; ou si on les en tire, ce ne doit être qu'à condition que l'on jurera sur les Evangiles, qu'ils ne souffriront ni la mort, ni la mutilation, ni quelque autre peine corporelle que ce soit; & ceux qui auront violé un pareil serment, seront privez de la communion de l'Eglise, & ne seront pas même admis au repas communs des laïques.

Can. 2. Le même droit de joüir de l'azile est aussi accordé aux ravisseurs, à condition que les filles enlevées seront renduës à leurs parens, & que le ravisseur, assuré par serment, de n'être point puni de mort, ou de peines corporelles, soit fait esclave des parens de la fille, s'il ne se rachete. L'esclave qui s'enfuit, de peur d'être puni de quelque faute, & se refugie dans l'Eglise, sera rendu à son maître, après que le maître aura juré de ne le point maltraiter; & s'il arrive que le maître viole son serment, il sera privé de la communion, & même banni de la table des laïques. Mais aussi si l'esclave, après avoir veu son maître faire le serment, refuse encore de sortir, il pourra y être contraint par son maître.

Can. 3.

Can. 4. Il est défendu d'engager dans la Clericature aucun laïque, sans l'ordre du Roi, ou la permission du juge; précaution necessaire dans un tems où il y avoit beaucoup d'esclaves dont la condition pouvoit être moins connuë des Evêques, que des Rois & des Magistrats; & où les personnes, quoique libres, étoient souvent assujetties à des services militaires, ou d'autre nature, dont il ne falloit pas priver le Souverain & l'Etat, en conferant les ordres à ces personnes.

Can. 5. Les fruits des biens déja donnez aux Eglises, par la liberalité du Roi, ou qui y seront donnez dans la suite, seront emploïez à la reparation des mêmes Eglises, à la nourriture des Prêtres & des Pauvres, & à racheter les captifs; & les Evêques qui en useront autrement, seront avertis publiquement de leur devoir, en pleine assemblée des Prélats de leur province; & même excommuniez, si cette confusion ne les porte pas à se corriger. Il est défendu, sous peine d'être dégradé de son rang, & privé de la communion, que les Abbez, les Prêtres, les autres Ecclesiastiques ou Religieux, aillent à la Cour poursuivre des graces, ou demander des benefices, sans avoir été examinez par les Evêques, & avoir reçu d'eux des lettres de recommandation. L'Evêque qui, à l'insçu du maître, ordonne Prêtre ou Diacre un esclave dont il connoît la condition, est condamné à recompenser le maître au double; & s'il a ignoré la condition de l'esclave, la peine sera portée par ceux qui le lui auront présenté. Les Prêtres & les Diacres qui auront commis des crimes capitaux, seront privez de la communion, & de leur office. Les clercs heretiques à qui Dieu fera la grace de se convertir, pourront, s'ils vivent d'une maniere à s'en rendre dignes, recevoir l'imposition des mains de l'Evêque, & être établis dans les grades & offices qu'il trouvera bon de leur donner. Pour les Eglises des Gots, on les pourra reconcilier & benir de nouveau, comme on le pratique à l'égard des Eglises des Catholiques. Ceux qui après avoir été mis en penitence, oublient leur profession, & retournent au siécle, seront privez de la communion, & même on refusera de les admettre aux repas communs; & défenses sont faites aux autres fidéles de manger avec eux, sous peine d'excommunication. Il n'est pas défendu aux Prêtres & aux Diacres, qui par une profession publique se sont privez eux-mêmes de la communion, d'administrer le baptême à ceux qui le demanderont, s'il ne se trouve point d'autres ministres, & en cas de necessité. Il est défendu, sous peine d'excommunication à la veuve d'un Prêtre ou d'un Diacre, de convoler en secondes nôces; & son second mari sera soûmis à la même peine, qu'ils n'éviteront l'un & l'autre, qu'en consentant à leur separation. Le tiers des oblations faites sur l'Autel sera fidélement rendu à l'Evêque, & les deux autres seront laissées au Clergé. Pour ce qui est des terres, des vignes, des serfs, & autres biens fonciers aumônez à l'Eglise, l'Evêque seul en aura la joüissance, à condition qu'il aura soin de nourrir & de vétir, selon son pouvoir, les pauvres, les infirmes, tous ceux en un mot qui ne pourront travailler de leurs mains. Toutes les Eglises qui sont déja bâties, ou qui le seront dans la suite, seront soûmises à l'Evêque dans le diocese duquel elles seront. Il est défendu sévérement au frere, d'épouser la veuve de son frere; & à l'homme veuf, d'épouser la sœur de sa premiere femme. Les Abbez, comme le demande l'humilité de leur profession, se-

SAINT MELAINE.

Janv. & Nov.

ront soûmis aux Evêques, qui les corrigeront, s'il leur arrive de faire quelque chose contre la regle. Les Abbez se rendront une fois l'an au lieu où l'Evêque les convoquera. Les moines rendront à leurs Abbez une entiere obéïssance. Si quelque moine à la hardiesse d'avoir quelque chose en propre, il en sera privé par l'Abbé au profit du monastere. Les moines vagabonds seront ramenez, avec le secours des Evêques, & gardez étroitement ; & défense aux Abbez d'admettre chez eux des moines étrangers.

Can. 21. Le moine qui osera se marier, après sa conversion, & après avoir porté l'habit Religieux (qui ne se donnoit qu'au moment de l'engagement) en punition d'une prévarication si énorme, ne sera jamais admis à aucun grade Ecclesiastique.

Can. 22. Il ne sera permis à aucun moine, qui aura quitté sa communauté, par un mouvement d'ambition, de bâtir un nouveau monastere sans la permission de son Evêque & de son Abbé.

Can. 23. Si quelque Evêque, par un principe d'humanité, donne quelques terres, ou quelques vignes à cultiver aux moines, la longue possession n'empêchera pas qu'elles ne retournent à l'Eglise, & la prescription de longue tenuë n'aura point de lieu à son préjudice.

Can. 25. Il est défendu de passer les fêtes de Pâques, de Noël, & de la Pentecôte, dans des maisons de campagne, à moins qu'on n'y soit arrêté par maladie.

Can. 26. Défense au peuple de quitter le Service avant que la Messe soit dite ; & si l'Evêque est présent, avant que d'avoir reçû sa benediction.

Can. 27. Il est ordonné d'observer religieusement les Rogations, avec abstinence pendant les trois jours ; durant lesquels on n'usera que de viandes de Carême, & l'on dispensera d'œuvres serviles tous les esclaves de l'un & de l'autre sexe.

Can. 28. Les Ecclesiastiques qui négligeront de se trouver à cette œuvre sainte, seront punis par les Evêques.

Can. 30. Tout Ecclesiastique, moine ou seculier, qui donnera cours aux divinations, aux augures, à ce qu'on appelle faussement *les sorts des Saints*, & qui croira qu'il faut y ajoûter foi, sera excommunié, aussi-bien que ceux qui auront consulté ces faux oracles.

Can. 31. Enfin il n'est pas permis à l'Evêque qui n'est point malade, de ne pas assister le Dimanche au service Divin, dans l'Eglise auprès de laquelle il se trouvera.

Environ vingt ans après ce Concile, S. Melaine & quelques autres Evêques se trouvérent à Angers le premier jour de Carême. Tous ces Prélats déferérent à celui de Rennes l'honneur de celebrer le Sacrifice dans l'Eglise de la mere de Dieu, qu'on appelle maintenant le Ronceray ; & Melaine, après le Sacrifice, distribua aux quatre Evêques des Eulogies sacrées, en signe de charité & de communion, & leur donna la benediction. Trois d'entr'eux, saint Aubin, saint Victor, & saint Lau, consommérent leur Eulogie ; mais le quatriéme appellé Mars, préferant le jeûne à la charité, laissa tomber son Eulogie dans son sein, au lieu de la manger. Ces saints Prélats (car le dernier, nonobstant cette faute, est aussi reveré comme Saint) prirent ensuite congé les uns des autres, & après le baiser de paix donné reciproquement, chacun prit le chemin de son diocese. Saint Aubin étoit le sien ; celui de saint Lau étoit à Avranches ; on veut que Victor ait été Evêque du Mans, & saint Mars Evêque de Nantes. Il est bien vrai qu'il y a eu sur ces deux sieges des Evêques qui ont porté ces noms ; mais il est impossible d'accorder les tems & les dattes connuës de ces Evêques du Mans & de Nantes, du nom de Victor & de Marsus, avec le tems où saint Melaine, saint Aubin, & saint Lau Evêque d'Avranches ont pû se rencontrer ensemble. De quelque siege que saint Mars ait été Evêque, son exemple, comme nous l'allons voir, nous doit apprendre, qu'il faut préferer la charité au jeûne, sur tout quand il s'agit de la témoigner dans une cérémonie si religieuse, & lorsque l'atteinte que l'on donne à la rigueur du jeûne, est aussi peu considerable, que celle dont il étoit question dans l'action que nous venons de rapporter ; & que les fautes contre la charité ne sont jamais assez legeres, pour nous devoir laisser sans scrupule. Les reflexions que fit saint Mars, à l'ordre qui est entre les vertus, au rang que donne saint Paul à celle de la charité par-dessus toutes les autres, enfin au mépris qu'on pouvoit l'accuser d'avoir marqué pour une chose très-sacrée ; toutes ces reflexions, plus que le serpent, en quoi l'on dit que cette Eulogie méprisée se changea, le tourmentérent, & le firent resoudre à venir se jetter aux pieds de saint Melaine, & lui demander pardon. Celui-ci remit volontiers une faute qui tenoit du mépris ; mais comme elle offensoit tous les autres Prélats qui étoient de l'assemblée, & sur tout l'Evêque d'Angers, il conseilla au coupable de l'aller trouver, pour lui faire des excuses. Saint Mars obéït, & alla se prosterner devant saint Aubin, qui ne le jugeant pas encore assez puni, l'envoïa trouver Victor. Mais ce dernier le renvoïa vers S. Melaine, pour en être entierement absous. S. Melaine étoit alors à Platz, occupé

6. Janv. & 6. Nov.

6. Janv.
&
6. Nov.

à la priere, dans le monastere qu'il avoit bâti sur son propre heritage, & à la construction duquel il avoit contribué du travail de ses mains. Saint Mars s'y présenta devant lui ; & Melaine après avoir passé la nuit en oraison, donna l'absolution, le lendemain, à cet illustre penitent, qui fut délivré de ses peines, & repû de la viande sacrée, pour laquelle un scrupule mal placé l'avoit empêché d'avoir tout le respect qui lui étoit dû. Nous n'arrêterons point ici le lecteur par des reflexions sur ce délai d'une nuit exigé d'un penitent tel que saint Mars, & par la comparaison que l'on en pourroit faire avec la reconciliation précipitée des plus grands pecheurs, dont il semble qu'on veut aujourd'hui faire une loi. La chose parle assez d'elle-même.

Quoiqu'on ait dit dans la nouvelle histoire de Bretagne, que ce ne seroit pas rendre assez de justice aux travaux apostoliques des premiers Evêques de Tours & de Nantes, que de croire qu'il y eût encore des idolâtres dans l'Armorique au commencement du VI. siécle ; tous les anciens auteurs des actes des Saints de Bretagne conspirent à nous persuader du contraire ; & ce consentement unanime peut nous convaincre qu'il n'est pas plus impossible qu'il soit resté quelques idoles sur pied dans les contrées de l'Armorique, qu'il est constant qu'il en restoit encore dans l'Italie même, & pour ainsi dire, à la porte de Rome, du tems de saint Benoît ; ce qui est confirmé, par rapport à la Bretagne, par les figures en relief de Venus & de Cupidon, trouvées l'an 1709. dans les ruïnes d'une ville du païs de Dinan, qui a subsisté jusqu'à la ruïne de l'Empire Romain dans les Gaules ; comme il paroît par les medailles du plus bas Empire, & par les medailles des Gots que l'on y a aussi trouvées. Cette reflexion nous conduit à ne pas rejetter tout-à-fait le témoignage de l'auteur des actes de saint Melaine, lorsqu'il nous assure, que le fruit d'un des plus éclatans miracles de ce Saint, c'est à sçavoir de la resurrection d'un mort, fut d'établir la foi de Jesus-Christ dans un canton du païs de Vannes.

Eusebe, qu'il plait à cet auteur de qualifier Roi de cette ville, mais qui n'en étoit apparemment que Comte, ou Gouverneur pour le Roi des François, apprit de-là l'estime qu'il devoit faire de saint Melaine ; & l'occasion se présenta, qu'il s'estima heureux de l'avoir pour voisin. Eusebe, pour des raisons qui ne nous sont pas connuës, fit un cruel ravage avec ses troupes, dans le canton de Comblesac, & suivant les emportemens d'une fureur aveugle, fit arracher les yeux, & couper les mains a beaucoup de personnes. Mais la nuit d'après cette cruelle execution, il se sentit tourmenté de douleurs insupportables, & les medecins qu'il fit venir, ne purent lui donner aucun soulagement. Au bout de trois jours, sa fille, nommée Aspasie, tomba dans des symptômes si violens, qu'on eut sujet de regarder sa maladie comme une possession du demon. Les maux du pere & de la fille paroissant à tout le monde des maux dont il n'y avoit que Dieu seul qui pût guerir, on envoïa prier saint Melaine, de venir voir les malades, & on lui prépara un logement dans le lieu où ils étoient, qui s'appelloit *Primeville*. Saints Melaine s'y rendit de Platz, avec quelques-uns de ses moines, & aussi tôt qu'il fut auprès du lit du malade, le cruel Eusebe confessa son crime avec larmes, reconnut qu'il souffroit justement des peines inexprimables, & supplia le saint Evêque d'emploïer son credit auprès de Dieu pour sa guerison & celle de sa fille Aspasie. Melaine après lui avoir imposé une penitence proportionnée à l'énormité de ses offenses, lui dit, pour le consoler : « Cette infirmité, mon frere, ne vous a pas été envoïée de Dieu pour vous faire mourir, mais pour vous mettre dans la voïe de salut, & vous porter à rendre à vôtre créateur l'honneur qui lui est dû. » Cela dit, il le frotta trois fois d'huile sacrée, en invoquant le nom de Dieu, & le malade se trouvant aussi-tôt mieux, se leva, & rendit graces à Dieu. Après cela Melaine s'approcha du lieu où étoit Aspasie, & lui rendit la santé du corps & de l'esprit par la vertu efficace de ses prieres. Comme il ne pouvoit souffrir les loüanges, il demanda aussi-tôt son congé, & Eusebe ne lui accorda qu'à regret ; mais en même tems, à la priere d'Aspasie, & pour marquer sa reconnoissance envers Dieu, il fit présent à saint Melaine de toute la terre de Comblesac, pour aider à l'entretien des saints disciples qu'il élevoit dans son monastere de Platz.

Melaine se rendit à Rennes, où il continua de joindre les vertus d'un solitaire parfait, à celles d'un pasteur vigilant & zelé. Il retournoit souvent à son établissement de Platz, pour y goûter à loisir le repos solide qu'on ne trouve qu'en Dieu. Ce fut là qu'il eut un pressentiment certain du jour de sa mort ; & pour disposer ses disciples à s'accoûtumer à ne le plus voir, il leur annonça de bonne heure le jour qu'ils le devoient perdre. Ce moment, heureux pour lui, triste pour eux, approchant, il leur donna l'absolution generale, à la maniere des Evêques, avec sa benediction,

6. J.
&
6. N

Corseuit.

SAINT MELAINE.

tâcha de les consoler, & leur fit un discours pathétique sur leurs devoirs, & sur la maniere dont ils devoient se conduire, tant pour leur propre sanctification, que pour édifier le public. Il prit ensuite le corps & le sang de J. C. & muni de ces armes invincibles, il quitta la terre, le jour qu'il avoit marqué. Sa mort arriva le 6. de Novembre, dans le monastere de Platz, vers l'an 535.

On dit que les quatres Saints Evêques dont il a été parlé ci-dessus, c'est à sçavoir S. Aubin, S. Victor, saint Lau, & saint Mars, se trouvérent à ses obseques, avec une grande multitude de fidéles. On fit d'abord pour son ame les recommandations ordonnées par l'Eglise. La nuit suivante, on la passa à veiller & à prier ; & le jour d'après on celebra la Messe dès le grand matin ; ensuite de quoi l'on mit le corps dans un bateau qui se trouva là auprès, heureusement ; & remontant la Vilaine, les Evêques, les Ecclesiastiques, & les Moines, conduisirent, au chant des Litanies, la dépoüille mortelle du saint Prélat jusqu'à Rennes, à trente mille loin de Platz. Le peuple suivoit, en chantant des Cantiques d'actions de graces, pour rendre gloire à Dieu du bonheur éternel dont ils étoient persuadez que joüissoit déja leur saint Evêque. A l'approche du corps, toute la ville de Rennes, peuple & clergé, sortit au-devant, avec les croix, les cierges, & les bannieres, en chantant & loüant Dieu de ce qu'il leur avoit fait la grace de les honorer de ce précieux dépôt. Le bruit de ces chants penetra jusqu'au fonds d'une tour qui étoit au midi de la ville, auprès des murs, & qui servoit de prison. Douze voleurs que l'on y tenoit enchaînez, s'étant fait instruire de cette nouveauté, commencérent à joindre leurs voix lamentables à ces chants melodieux, & invoquer la misericorde de nôtre Sauveur, & le secours de son saint Pontife. La tour, qui étoit bâtie de pierres, s'ouvrit, dit l'auteur des actes, depuis le haut jusqu'au bas, & les prisonniers furent déliez & mis en liberté. Peutêtre ne faut-il attribuer leur délivrance, qu'à ce qu'on ne voulut pas qu'ils fussent les seuls qui mêlassent des cris de douleur à des chants de joïe & d'action de graces. Mais l'antiquité de cet auteur, qui vivoit avant Gregoire de Tours, & qui témoigne avoir vû de son tems le tombeau de saint Melaine gardé par les descendans d'un boiteux que saint Melaine avoit guéri. L'antiquité de cet auteur ne nous permet pas de douter de la guérison d'une femme de condition d'auprès de Rennes, qui avoit ses terres sur le bord de la Vilaine. Elle étoit aveugle, il y avoit beaucoup d'années, & n'osoit esperer sa guérison. A l'approche du corps de saint Melaine, elle sentit naître la confiance, & s'étant fait conduire auprès de ce sacré dépôt, elle se prosterna à terre, pour adresser sa priere à Dieu, & puis baisant les pieds de son saint pasteur, elle revit la lumiere qu'elle avoit perduë depuis si longtems ; & pour en marquer une reconnoissance que les siécles futurs ne pussent effacer, elle fit don à saint Melaine de la terre qu'elle possedoit en heritage, au-delà de la Vilaine. Les quatre saints Prélats dont on a parlé, portérent de leurs propres mains le corps de saint Melaine au lieu que la providence lui avoit destiné, où il a plû à Dieu d'honorer sa memoire de plusieurs miracles.

Gregoire de Tours, qui vivoit à la fin du siécle suivant, raconte au chapitre 55. de son livre de la gloire des confesseurs « que les Chrétiens élevérent une Eglise « d'une hauteur surprenante sur le tombeau « de saint Melaine Evêque de Rennes, qui, « l'esprit toûjours attaché aux choses celestes, avoit été un objet d'admiration dans « son tems, par la multitude de ses miracles ; « mais que le feu aïant pris à cette Eglise par « accident, & l'aïant toute consommée, la « toile qui couvroit le sepulcre du saint Confesseur (matiere des plus combustibles) « n'en fut point endommagée, non plus que « le corps du saint Evêque. «

Il ne sera pas inutile de remarquer ici, que Venance-Fortunat, auteur de la vie de saint Patern Evêques d'Avranches, raconte que Melaine, Leontien, & Vigor, trois saints Prélats qu'il avoit plû à Dieu d'appeller à lui, apparurent une nuit à saint Patern, & dans cette vision l'ordonnérent Evêque ; ce que l'on ne rapporte ici, que pour faire voir la reputation de sainteté où fut Melaine aussi-tôt après sa mort ; & que l'auteur de ces actes à peutêtre voulu parler de Leontien & de Vigor, quand il a parlé de Lau & de Victor.

Comme les actes de saint Patern font foi qu'il établit plusieurs monasteres en diverses contrées, & entr'autres dans le païs de Rennes, il est à croire que le respect qu'il eut pour la memoire de saint Melaine, le porta à faire un de ces établissemens dans le lieu même où reposoit le corps de ce saint Evêque, & que c'est à ses soins que l'Abbaïe qui porte le nom de saint Melaine est redevable de sa fondation.

Il se put faire dès ce tems-là quelque distribution des Reliques de S. Melaine, quand on leva son corps de terre. Il est certain que dans le IX. siécle on en conservoit une partie à S. Sauveur de Redon, à laquelle on

SAINT MELAINE.

6. Janv. & 6. Nov.
portoit un respect particulier. Mais la portion la plus considerable étoit restée sans doute, dans l'Eglise de S. Melaine, * d'où ces saintes Reliques furent portées à Bourges en 853. pendant les ravages des Normans.

Pascal Robin vie de S. Melaine.

On ne sçait par quel hazard Rorans aïeulle de Gervais Archevêque de Reims avoit eu une partie de ces mêmes Reliques, qu'elle conservoit avec une extrême veneration à Argentré, terre qui faisoit partie de son doüaire ; mais il est sûr que Gervais son petit-fils en fit présent à Even Abbé de S. Melaine, restaurateur de cette maison, & depuis Archevêque de Dol. Il est bon d'entendre parler là-dessus Gervais lui-même. Voici donc ce qu'il écrit sur ce sujet à l'Abbé de saint Melaine, « Gervais par la grace de Dieu Archevêque de Reims, à Even venerable Abbé de saint Melaine, salut en Christ. Il y a long-tems, mon cher frere, que vous m'aviez prié de nous donner les Reliques du glorieux Confesseur S. Melaine, qui nous étoient si cheres, à mon pere & à moi. Vous aviez de la peine de voir vôtre maison privée de ce précieux gage, & vous avez emploïé les prieres & les sollicitations les plus pressantes, pour obtenir ce que vous souhaitiez. Enfin l'on n'a pû vous refuser, & l'on espere, en recompense, que vous vous souviendrez éternellement de mon pere Haimon, de ma mere Hildeburge, de Monseigneur le Roi Henri, & de moi. Après cela je ne doute pas qu'un aussi saint homme que vous l'êtes n'apprenne avec plaisir les miracles que Dieu a operez par ces précieuses Reliques. Je parle comme témoin oculaire d'une partie, & le reste m'a été rapporté par des personnes dont le témoignage ne me paroît pas de peu de consideration. J'en ferai donc le recit à vôtre charité, pour l'édification de ceux qui pourront lire ceci. Mon aïeulle Rorans demeurant dans le païs du Maine, dans un lieu appellé Argentré, qui étoit de son doüaire, une partie de la maison fut brûlée par accident. On présenta les Reliques aux flammes qui alloient consumer le reste, & aussi-tôt elles s'éteignirent. Ces Reliques, après la mort de Rorans, passerent, avec les terres de son doüaire, en la possession de Haimon fils de son fils, & mon pere, qui transporta les Reliques à sa terre de Château-du-Loir, où Dieu a fait plusieurs miracles par leur moïen, rendu la santé aux malades, la vûë même aux aveugles, & si quelqu'un osoit jurer faux sur ce sacré dépôt il étoit aussi-tôt convaincu de son parjure. J'ai vû un homme prêt

Cette lettre est rapportée par Bollandus au 6. de Janv.

Castrum suum nomine Lith.

à combattre pour se purger d'une accusation de larcin, qui jura sur ces Reliques ; & dans le moment il perdit entierement la vûë ; ce qui le contraignit de confesser qu'il avoit fait le larcin dont il étoit accusé. Nos gens nous rapportoient chaque jour de semblables merveilles arrivées au sujet des sermens faux & temeraires. Il est aussi arrivé une fois, que ces saintes Reliques aïant été mises la nuit sur un monceau de froment, avec de la lumiere, le feu prit au coffre où elles étoient, & consuma la plus grande partie de ce coffre ; mais non-seulement le côté où étoient les Reliques ne fut point brûlé, le voile même qui les envelopoit, ne fut aucunement endommagé, quoi qu'il fût tombé dessus beaucoup de charbons allumez, qu'on y trouva encore tout brûlans. »

Bertran d'Argentré, dans le chapitre 16. du 5e. livre de son histoire de Bretagne, dit qu'en 1231. *le corps de saint Melaine fut levé au Château de Preüilly, dans le diocese de Touraine, par l'Archevêque de Tours.* Comme il ne rapporte point d'où il a tiré ce fait, on ne peut dire s'il a copié fidélement les termes de son original. En cas qu'il ait été d'une exactitude scrupuleuse à les transcrire, le terme de *lever* dont il s'est servi, donneroit lieu de douter si ce corps de saint Melaine, qui est encore aujourd'hui en grande veneration dans l'Abbaïe de Preüilly, est le corps de saint Melaine Evêque de Rennes ; parce que le terme de *lever* ne s'emploïe que pour exprimer l'action par laquelle on ôte de son tombeau le corps d'un Saint, pour en faire la translation dans une chasse, dans le dessein de l'exposer à la veneration du public. Or il est constant que le corps de S. Melaine Evêque de Rennes n'avoit pas été enterré à Preüilly. Quoiqu'il en soit, & de quelque S. Melaine que soit ce corps, Hervé II. du nom Abbé de S. Melaine de Rennes, qui vivoit en 1258. eut soin d'apporter dans son Abbaïe une partie de ces bienheureuses cendres, qu'il obtint des Moines de Preüilly. Enfin l'an 1679. lorsqu'on transfera, le 6. de Novembre, dans la nouvelle chasse d'argent, les Reliques de saint Amand, R. P. en Dieu Messire Jean B. d'Estrades ancien Evêque de Condom & Abbé de S. Melaine, fit aussi la cérémonie de placer dans une chasse neuve de bois doré les Reliques du saint patron de son Abbaïe, après les avoir exposées à la visite de ceux à qui leur profession donne une connoissance plus particuliere de l'osteologie. Il se trouva dans la veille chasse un grand nombre d'ossemens considerables, outre la partie du crane qui est à part dans un chef d'argent doré; & l'on en eut assez, pour ne pas refuser quelques portions de ces ossemens sacrez à plusieurs Eglises de la dépendance de cette Abbaïe, qui en demandérent, pour s'assurer, par la possession de ce trésor, du secours particulier d'un patron si puissant auprès de Dieu.

Les Martyrologes ne sont pas d'accord pour fixer le jour du décez de saint Melaine. Le Romain, celui d'Usuard, celui qui porte le nom de saint Jerôme, le mettent le 6. de Janvier : *In civitate Rhedonensi natalis sancti Melanii Episcopi.* Notxerus, dans le sien, met la mort de saint Melaine, avec son ordination, au même jour 6. de Janvier *VIII. idus Januarii Rhedonis nativitas, & ordinatio, ac transitus S. Melanii.* Mais l'appendix du Martyrologe d'Adon met cette mort le 6. de Novembre: *VIII. idus Novembris depositio S. Melanii.* Termes dont se sert aussi, au même jour, l'auteur du Martyrologe attribué à saint Jerôme. Bollandus rapporte plusieurs Martyrologes qui font mention de saint Melaine au 6. de Novembre, avec ces seuls mots : *sancti Melanii*; maniere de s'exprimer qui marque assez communément le jour du décez, en style de Martyrologe. Cette derniere opinion semble prouvée incontestablement par l'auteur des actes de saint Melaine, qui paroît les avoir écrits avant que Gregoire de Tours eût fait son livre de la Gloire des Confesseurs, puisqu'il n'est point parlé dans ces actes du miracle rapporté par Gregoire de Tours. Cet auteur dit formellement, que le 6. de Novembre est le jour de la mort de saint Melaine : *colitur autem dies depositionis ejus VIII. idus Novembris.* Et c'est aussi le sentiment de M^r. Baillet, dans la vie de saint Melaine; en quoi il se rencontre avec l'ancien Breviaire de l'Abbaïe de saint Melaine, qui après avoir marqué le 6. de Janvier pour le jour natal de saint Melaine, marque le 6. Novembre pour le jour du décez : *transitus sancti Melanii.* C'est à quoi n'ont pas fait attention ceux qui ont dressé le nouveau cérémonial de l'Abbaïe de saint Melaine, qui ont marqué le 6. de Janvier pour le jour du décez. Le 6. de Novembre a toûjours été observé comme une fête de précepte, dans tout le diocese de Rennes, jusqu'à ce qu'en 1710. feu Monseigneur Jean-Baptiste de Beaumanoir Evêque de Rennes, après avoir fait scrupule, pendant 33. ans d'Episcopat, de toucher aux fêtes qu'il avoit trouvées établies, jugea à propos de retrancher celle de saint Melaine, avec beaucoup d'autres. Adon & Bede font mention de saint Melaine le 12. de Novembre, aussi-bien que le Breviaire de Cornoüaille. Le Martyrologe manuscrit de la Chartreuse d'Utrecht en fait memoire le 11. d'Octobre. Il y a plusieurs Eglises dédiées à Dieu sous l'invocation de saint Melaine, dont une des plus considerables, après celle de l'Abbaïe du même nom, est l'Eglise paroissiale de saint Melaine de Morlaix ; à quoi l'on peut ajouter le Prieuré de S. Melaine de la Corne auprès de Lamballe, l'Eglise paroissiale de S. Melaine entre Château-Bourg & Vitré, une autre dans le diocese de S. Brieuc, si ce n'est la même chose que le Prieuré de la Corne, & une autre auprès de Laval.

SAINT VOUGA,
ou S. Vio, Evêque & Confesseur.

VI. SIECLE.

QUE saint Vouga, autrement nommé saint Vio, ordonné Evêque en Irlande, ait, comme plusieurs autres Saints, abdiqué une dignité à laquelle on l'avoit élevé malgré lui, & dont son humilité faisoit qu'il se regardoit comme indigne; qu'à l'exemple de tant de pieux étrangers qui sont venus dans le VI. siécle sanctifier les solitudes de la Bretagne Armorique, il ait passé dans cette province, & soit abordé au havre de Penmark ; qu'il ait demeuré dans la ville de ce nom ; qu'il y ait prêché, & fait plusieurs œuvres merveilleuses; qu'il ait bâti un Ermitage à une demie-lieuë de la ville, & qu'il y ait fait quelque séjour ; que la trop grande affluence du peuple l'ait obligé à se retirer ailleurs, & que le lieu de sa seconde retraite ait été dans une forêt auprès de Lesneven, où il s'associa plusieurs autres solitaires, avec lesquels il finit saintement sa vie; il n'y a rien là qui passe la vraisemblance. Mais que saint Vouga ait été Archevêque d'Armach ; qu'un rocher des côtes d'Irlande lui ait servi de voiture pour passer la mer ; qu'après que S. Vouga fut abordé à Penmark, ce rocher s'en soit retourné au même lieu d'où il avoit été separé, à la reserve d'une petite portion où étoit marquée l'empreinte de la tête du Saint, qui se voit encore dans le cimetiere de la Chapelle qui lui est dédiée dans la paroisse de Treguennec, à une lieuë de Penmark ; qu'une femme insolente qui disoit des injures au Saint, ait été punie subitement d'une mort affreuse causée par la sortie de tous ses intestins, & que le Saint l'ait ressuscitée sur le champ ; tout

15.
JUIN.

Joan. 15.
Luc. 12.

cela n'est ni vrai, ni probable, & ne doit faire aucune impression sur l'esprit de ceux qui sont persuadez que le vrai Dieu ne peut être honoré par le mensonge, & que c'est se tromper lourdement, que de croire que ceux à qui le vrai Dieu a dit : *Vous êtes mes amis*, puissent agréer qu'on emploie la fausseté pour embellir leur histoire. Le Pere Albert le Grand, trop fidéle copiste de tous les recits fabuleux qu'on a voulu lui fournir, met la mort de S. Vouga le 15. de Juin l'an 585. Il ajoûte que son corps fut enterré par ses Religieux sous l'Autel de sa Chapelle, & que la forêt aïant été extirpée, on y bâtit une Eglise qui porte encore aujourd'hui son nom, & qui fut érigée en Paroisse par S. Tenenan Evêque de Leon ; que ses ossemens levez de terre, & furent conservez avec beaucoup de respect, jusqu'au tems des ravages des Normans, qu'ils furent enlevez hors de la Province, pour empêcher qu'ils ne fussent prophanez par les barbares. Cependant on en montre encore quelque partie dans la Chapelle de saint Vio sur les gréves de Penmark, dans la Paroisse de Treguennec, avec un Missel qu'on prétend avoir servi à ce saint homme, & le morceau de roc où l'on s'imagine voir l'empreinte de sa tête ; tous restes précieux qui sont souvent les instrumens dont Dieu se sert pour operer des guérisons miraculeuses. Le même auteur dit qu'il a vû d'anciennes leçons de saint Vouga dans un manuscrit de l'Abbaye de saint Mathieu, ce qui prouveroit, s'il étoit vrai, que l'on faisoit autrefois l'office de saint Vouga dans l'Evêché de Leon ; mais cela, les Eglises dediées en son honneur prouvent assez qu'on lui a toûjours rendu un culte religieux en Bretagne.

SAINTE OSMANE
Vierge.
VI. SIECLE.

9.
SEPTEMB.

SAINTE, Osmane, s'il en faut croire l'auteur du Martyrologe de France, étoit de la maison Royale d'Irlande, & éclairée dès le berceau des lumieres de la vrai foi, elle s'unit à J. C. par le vœu de virginité. Mais comme, sans avoir égard à ses dispositions interieures, on vouloit la marier avec un Prince payen, elle se déroba de ses parens, & abandonnant, patrie, richesses, & Royaume, elle passa dans l'Armorique, avec une seule de ses femmes appellée Anclitenne, & étant abordée à la côte de saint Brieuc, elle s'adressa à l'Evêque de cette Ville, qui après l'avoir pleinement catechisée, & lui avoir appris ce qu'elle ne sçavoit encore qu'imparfaitement touchant nos mysteres, lui donna le baptême aussi bien qu'à Anclitenne. Osmane s'appelloit auparavant Argariargue, & pour le mieux cacher au monde, selon son désir, l'Evêque lui changea son nom, & lui donna celui sous lequel l'Eglise celebre sa mémoire. Elle passa le reste de sa vie enfermée dans une cellule, où uniquement occupée de son époux celeste, elle ne s'étudioit qu'à lui plaire. Enfin, après avoir sanctifié ses jours par une chasteté parfaite, par les jeûnes, la priere & la méditation, sentant que Dieu l'appelloit à la couronne immortelle, elle demanda le saint Viatique à son Evêque, & l'aïant reçû, elle ferma les yeux à la lumiere perissable, pour les ouvrir à celle dont les Saints joüissent dans l'éternité bien-heureuse. Les miracles rendirent témoignage, après sa mort, du pouvoir qu'elle avoit auprès du Roi des siécles son époux immortel. Pendant les ravages des Normans son corps fut porté à S. Denis en France, où l'Evêque de Leon, avec une autre (*a*) Prélat, l'exposérent à la veneration des peuples, dans une chasse de fer doré. L'an 1405. l'Abbé & les Religieux de saint Denis firent présent d'une partie de ses Reliques à l'Eglise paroissiale de Fetici en Gastinois ; & les Habitans du village, en reconnoissance, s'obligérent à faire celebrer tous les ans à perpetuité, dans leur Eglise, deux Messes pour les Religieux de S. Denis, la premiere du S. Esprit, le lendemain de la S. Denis, & l'autre des morts, le jour d'après la fête de sainte Osmane. Dans le tour des Chapelles du chevet de l'Eglise de S. Denis, la quatriéme à main gauche, marquée 15. dans le plan que Dom Michel Felibien a donné de cette Eglise, est dediée à Ste. Osmane vierge, & porte son nom. Les Calvinistes ont brûlé ses Reliques, avec la même fureur qui les a animez contre tout ce qu'il y avoit de plus venerable & de plus averé, en ce genre, dans les plus illustres Eglises de France. Le même du Saussay marque au premier d'Avril la fête de l'élevation du corps de sainte Osmane, au Monastere de S. Denis, & lui donne en cette rencontre la qualité de martyre, avec celle de vierge. Il dit pourtant, sur le 9. Septembre, qu'elle est morte en paix dans sa cellule. Le P. Philippe Ferrarius Servite, ne donne à sainte Osmane que la qualité de vierge, & met sa fête au 22. Novembre, dans son catalogue general des Saints qui ne sont point dans le Martyrologe Romain. Du Saussay témoigne que ce jour est celui où la

SEP

sainte

Sainte est honorée en Irlande ; & dans son supplément il marque le même jour 22. de Novembre pour celui où l'on celebre en Bretagne l'arrivée de sainte Osmane vierge d'Hibernie, depuis transferée à S. Denis.

SAINT RONAN,
ou Renan, Evêque & Confesseur.
VI. SIECLE.

ENTRE les Prélats venus d'outremer du tems du Comte ou Roi Grallon, qui demeurérent dans le païs soumis à son obéïssance, saint Ronan patron d'une petite ville, & d'un bourg, qui s'estiment honorez de porter son nom, est le plus distingué de tous par ses éminentes vertus. On a lieu de le croire plus ancien que saint Corentin & saint Guignolé ; & ce qui porte à en juger ainsi, c'est qu'on remarque dans Grallon une conduite à son égard, qui à la verité tient beaucoup de son zele inflexible pour la justice ; mais qui au fonds, est d'une rigidité si feroce, qu'on ne peut l'attribuer à ce Prince, qu'au tems où Guignolé n'avoit pas encore adouci son humeur & moderé sa fierté.

Ronan, né dans l'Hibernie, de parens devenus Chrétiens par les prédications de saint Patrice Apôtre de cette isle, profita tellement en science & en vertu sous les premiers disciples de ce saint maître, qu'il fut promû successivement à tous les ordres Ecclesiastiques, & même à l'Episcopat, quelque repugnance qu'y eût son humilité. Peu de Prélats ont servi leurs Eglises avec plus de ferveur & de zele, peu l'ont égalé dans l'application continuelle au travail pour le bien de son troupeau. Le fruit qu'il faisoit répondoit à ses soins ; & cependant son cœur se laissant aller à l'attrait de la grace qui l'appelloit aux saints exercices de la vie contemplative & retirée, il ne se voïoit, qu'à regret, engagé dans l'embarras continuel des occupations de son ministere. Tout ce qui ne le portoit pas directement à Dieu, lui sembloit distraction ; & les honneurs qu'on lui rendoit, non-seulement dans son diocese, mais encore dans toute l'Hibernie, étoient insupportables à ce saint homme veritablement humble & très-penetré de ces paroles : *Au seul Roi des siècles immortel & invisible, à Dieu seul honneur & gloire.* Il prit donc enfin résolution de quitter un païs où il se trouvoit trop respecté, & d'aller en quelques regions inconnuës, chercher Dieu dans la solitude par la penitence & l'oraison ;

ce que les Prélats qui aspiroient à la plus grande perfection, ne faisoient point alors difficulté de pratiquer. Pour vivre plus inconnu, il jugea qu'il ne pouvoit choisir de retraite plus propre, que la Bretagne Armoricaine, dont les habitans, ennemis & éloignez de sa nation, ne pouvoient presque avoir aucun commerce avec ceux qui pouvoient dire qui il étoit.

Abandonnant donc tout, & s'abandonnant lui-même à la providence, il s'embarqua sur un petit bâtiment, & vint aborder au païs de Leon ; où étant descendu, & aïant avancé environ deux lieuës dans les terres, il s'arrêta dans un lieu fort retiré, & s'y bâtit une petite hutte, où il vécut assez long-tems, sans autre consolation, du côté de la terre, que celle qu'il ressentoit de n'en avoir plus que du côté du Ciel, & de pouvoir, sans obstacle, vacquer à l'oraison & à la contemplation. C'est où est aujourd'hui la ville de S. Renan en Leon, nommée Loc-Renan-Arfang, où il y avoit une Barre ou Jurisdiction Roïale pour une partie du Leonnois, transferée depuis à la ville de Brest.

Il y seroit apparemment demeuré jusqu'à la fin de ses jours, si les grands miracles, qu'il fit en faveur de quelques pauvres malades, à qui son extrême pauvreté ôtoit le moïen de donner autre chose que la santé, n'avoient obligé ces personnes de publier, par reconnoissance, les graces que le Saint leur avoit faites ; ce qui attira bientôt dans sa solitude un grand nombre d'infirmes, & troubla la douceur de sa retraite. Fâché d'y retrouver l'honneur qu'il avoit voulu fuïr, & voulant toûjours donner toute son application à Dieu seul, il passa le Golfe de Brest, & s'avançant cinq ou six lieuës dans le païs de Cornoüaille, il arriva au bord d'une grande forêt, nommée pour lors la forêt Nemée, & depuis la forêt de Nevet, *Coat-nevent.*

Accablé de lassitude & de faim, il alla demander l'hospitalité à un bon païsan qui demeuroit auprès de la forêt, lequel le reçut charitablement, & fut si touché des exhortations & des instructions de S. Ronan, qu'il ne pouvoit plus le quitter. Il supplia le Saint, de qui il avoit appris le dessein qu'il avoit de se bâtir un Ermitage dans la forêt voisine, de ne s'écarter pas trop loin de sa demeure, & de vouloir bien qu'il allât quelquefois se faire instruire, en lui promettant, au reste, de ne l'importuner point, & de lui garder le secret. Ronan ne croïant pas devoir refuser le pain de la parole Divine à un homme qui témoignoit en être si affamé, lui accorda sa demande. Ils entrérent ensemble dans la forêt, & Ronan aïant trouvé un endroit qui lui plut, & où est aujourd'hui *Loc-Renan* en Cornoüaille, surnommé *Ar-coat nevent*, il y bâtit, avec le secours de son fidéle disciple, un Ermitage où il se renferma, pour y vivre à sa maniere, ou plûtôt à la maniere des Anges, dans une adoration continuelle de Dieu.

Il ne put cependant s'y cacher si bien, que le Comte ou Roi Grallon, qui demeuroit dans son palais de Quimper, distant seulement de trois lieuës, n'en entendît parler, & n'allât le voir. Le Saint l'exhorta à moderer ses passions, à ne mettre point sa confiance dans la possession peu assurée des richesses du siécle, à ne se point enorgueillir de sa dignité, à proteger les foibles, & à perseverer dans l'amour de la justice. Mais ce Prince monstra bientôt, à l'égard du Saint même, que son zele pour la justice n'étoit pas encore bien reglé.

La femme de ce charitable païsan qui avoit reçû le bienheureux solitaire, & qui lui avoit aidé à bâtir sa cabanne & son oratoire, fâchée que son mari le vît trop souvent, à son gré, & de ce qu'il s'arrêtoit trop long-tems à entendre les instructions du Saint, insulta brutalement son mari, & n'épargna pas saint Ronan lui-même, à qui elle alla dire jusques dans son Ermitage toutes les injures que lui suggera sa fureur, pour se vanger du tort prétendu qu'il lui faisoit, en subornant son mari. La patience & le silence de Ronan ne firent qu'irriter de plus en plus la bile de cette femme furieuse. Elle entra dans une espece de rage contre l'homme de Dieu, & fit courir le bruit dans le voisinage qu'il étoit magicien, & qu'il vouloit débaucher son mari, pour lui apprendre cet art diabolique. Ses calomnies firent impression sur quelques personnes grossieres, qui commencérent à ne plus regarder saint Ronan qu'avec horreur. Mais Keban (c'est le nom de cette malheureuse femme) voïant que les personnes les plus raisonnables continuoient d'honorer saint Ronan, & détruisoient les calomnies atroces qu'elle publioit contre lui, s'avisa d'une méchanceté des plus noires. Elle cacha dans un coffre une fille qu'elle avoit, de l'âge de quatre à cinq ans, & se plaignit à tout le monde, que Ronan se transformant, quand il vouloit, en bête, & courant le païs, étoit le loup qui avoit dévoré les bestiaux qu'on avoit perdus, & qu'elle, plus malheureuse que les autres, parce qu'elle en étoit là plus haïe, avoit perdu sa fille unique, que cet homme abominable avoit dévorée. Devenuë plus effrontée, quand elle s'apperçut qu'on étoit ému par ses discours, elle alla d'abord à l'Ermitage du Saint, avec plusieurs autres femmes, lui demander sa fille avec des hurlemens effroïables; & puis, suivie de la même compagnie, dont la présence l'animoit, elle eut l'impudence d'aller à Quimper, se jetter aux pieds de Grallon, & lui demander justice de Ronan, qui avoit dévoré son enfant, & rendu son mari sorcier comme lui. Elle répandoit tant de larmes, & ses transports étoient si violens, qu'il étoit difficile de n'y être pas trompé, & de ne pas croire que c'étoit la nature même qui parloit.

Grallon y fut surpris, aussi bien que la plûpart des Seigneurs de sa Cour, & aïant horreur d'un crime si énorme, il envoïa sur le champ querir saint Ronan, qui vint aussi-tôt. Grallon se laissant aller à l'impetuosité de sa passion, & ne consultant que la dureté de son zele, ne voulut point se donner la peine d'approfondir l'accusation. « J'ai, dit-il, deux dogues furieux qui me feront connoître si cet homme est innocent; qu'on les lâche contre lui, & que la sainteté de sa vie le sauve, s'il n'est point coupable. » Les chiens fondirent sur Ronan, pour le dévorer. Le Saint levant la main & faisant le signe de la croix, dit: *que le Seigneur vous reprime*. Aussi-tôt l'un & l'autre adoucis, vinrent flatter & caresser Ronan; ce qui fit rentrer Grallon en lui même. Il reconnut la faute que sa précipitation lui avoit fait commettre, & donna tout loisir à Ronan de se justifier.

Il le fit, parce qu'il y alloit de la gloire de Dieu, & découvrit publiquement la méchanceté de Keban. Il dit où elle avoit caché sa fille, & avertit en même tems qu'elle y étoit morte, pour n'y avoir pas eu la respiration libre. La chose fut averée par les officiers que le Prince envoïa sur les lieux; & Keban ne pouvoit éviter d'être lapidée ou brûlée sur le champ, tant l'indignation publique fut grande contr'elle, si la charité de Ronan ne l'eût délivrée du peril. Il fit même plus, au rapport de la legende, & pour se vanger en vrai Chrétien, en rendant le bien pour le mal; il ressuscita, en présence de tout le monde, la fille de son ennemie.

Quelques feüillets qui manquent à la Legende manuscrite d'où l'on a tiré ce que l'on vient de dire, nous empêchent de continuer l'histoire de saint Ronan. Il paroît néanmoins, par le recit d'une translation de son corps, que la même humilité qui l'avoit banni de l'Hibernie & du païs de Leon, pour fuir les honneurs & les applaudissemens du monde, le chassa encore de Cornoüaille, où ce qui étoit arrivé le faisoit admirer de tout le monde; & qu'il alla se cacher encore en quelque autre solitude. Si même ce qu'on rapporte dans ce recit est vrai, que trois Comtes prétendirent posseder ses saintes Reliques, celui de Rennes, celui de Vannes, & celui de Quimper; il en faudroit inferer, que ce fut dans la forêt de Loudeac, ou dans celle de la Noüée, qui sont sur les confins de ces trois Comtez, que Ronan se retira.

Dans cette translation, qui n'a pû se faire que depuis le IX. siécle, puisqu'il y est parlé d'un Comte ou Consul de Rennes, où il n'y a point eu de Comtes Bretons avant ce tems-là, le corps de saint Ronan fut apporté dans l'oratoire de son Ermitage de Loc-Renan Ar-coat-nevent, où la pieté des Comtes de Cornoüaille lui a bâti une fort belle Eglise, & où la devotion & le concours des peuples a formé un gros bourg. Ainsi la providence Divine a voulu que sa gloire éclatât, & qu'il fût particuliérement honoré dans le même lieu où il avoit été le plus deshonoré. Une partie de ses Reliques est demeurée dans cette Eglise; mais la plus considerable fut transferée depuis dans la Cathedrale de Quimper, où sa fête est solemnisée le premier jour de Juin. On rapporte plusieurs grands miracles faits à son tombeau, & à Quimper. La fête de saint Ronan Evêque est aussi marquée au 1. de Juin dans l'ancien Breviaire du diocese de Leon. Outre les deux bourgs de saint Renan dans les Evêchez de Leon & de Quimper, il y a encore dans celui de saint Brieuc la Paroisse de Lan-Renan.

SAINT GUIGNOLE', ou *Guingaloé Abbé.*

En Latin WINWALOEUS.

VI. SIECLE.

IL se trouve quelquefois des personnes si corrompuës dans leurs maximes & dans leurs mœurs, qu'elles empoisonnent par leurs discours l'esprit & le cœur de tous ceux qui les pratiquent; & leur dérèglement est une contagion qui se communique à ceux qui les approchent. On peut dire, au contraire, que la sainteté de Guignolé a été une sainteté d'épanchement & de communication pour tout le monde. Tous ceux qui ont eu quelque rapport à lui, pere, mere, freres, sœur, maître, disciples, tous sont reconnus Saints, & ont tous profité de la plenitude de l'esprit qui étoit en lui.

Son pere, nommé Fragan, ou Fracan, proche parent d'un des Rois de la Bretagne insulaire, nommé Cathoun, se retira dans l'Armorique, avec sa famille; quelque tems après que Riwal, chassé par les Saxons, s'y fut établi. Fracan prit terre à un port que les actes de saint Guignolé nomment en Latin *Brahecus*, non qui a quelque rapport à celui de Brehat ou Brehac, isle de la côte septentrionale de la Bretagne, de l'Evêché de S. Brieuc. Fracan chercha de tous côtez un endroit agréable & commode, pour y fixer son habitation. Le quartier où est la paroisse, qui à cause de lui porte le nom de Plou-fragan, sur la riviere de Goüet (ancien terme Gaulois & Breton, qui signifie *Sang*) fut celui qui lui plut davantage, & où il bâtit. C'est où saint Guignolé nâquit vers l'an 464. deux ou trois ans après l'établissement de ses parens dans ce païs-là. Saint Guethenoc & S. Jacut ses freres étoient nez dans l'isle; mais leur sœur Creirvie étoit Bretonne Armoricaine, comme Guignolé, & beaucoup plus jeune: car on dit que lorsqu'il la guerit miraculeusement, il étoit âgé d'environ vingt ans, & qu'elle étoit encore petite fille. Fracan leur pere, & Guen (ou Blanche) leur mere, avoient fait vœu d'offrir au Seigneur leur troisiéme garçon; mais le voïant beau, spirituel, doux, & d'un naturel qui promettoit beaucoup, ils ne pensoient à rien moins qu'à s'acquitter de leur promesse, quoique Guignolé, qui la sçavoit, les priât souvent de l'accomplir.

Un jour que Fracan se promenoit à la campagne, pour avoir l'œil sur quelques domestiques qui y travailloient, sur ses pasteurs & sur ses troupeaux: & qu'il resistoit en lui-même à l'inspiration qui le pressoit de sacrifier ce cher enfant, comme il l'avoit promis à Dieu, le ciel se couvrit tout à coup de nuées noires & tenebreuses, & Fracan se trouva surpris d'un épouvantable tonnerre. Il fut abbatu d'un éclat qui lui ôta l'usage des sens; & ses serviteurs étant accourus pour le relever & le secourir, l'entendirent jetter de profonds soupirs, & dire à Dieu, comme dans une espece d'extase: « Seigneur! ils sont tous à vous, & je vous « les consacre tous; sans exception d'aucun. « Recevez-les, Seigneur qui me les avez « donnez, & acceptez l'humble sacrifice « que je vous en fais. Non-seulement Gui- « gnolé, Seigneur; mais encore les deux « aînez, & Creirvie leur sœur; non-seule- « ment les enfans, mais le pere & la mere « aussi. »

Revenu de ce transport; & de retour en sa maison, où des pasteurs avoient porté

3.
MARS.

S. Budoc.

l'épouvante, il découvrit à sa femme ce qui venoit de lui arriver, & la résolution qu'il avoit prise d'aller au plûtôt offrir son fils Guignolé au saint homme Budoc, qui demeuroit dans une isle nommée l'isle des Lauriers. Guen, qui n'avoit pas moins de religion & de pieté que son époux, vainquit genereusement tous les sentimens naturels qui s'opposoient à ce sacrifice ; de sorte que huit jours après, le jeune Guignolé fut conduit par son pere au monastere de S. Budoc, en l'isle nommée des Lauriers (*Laureaca*) & qu'on croit communément être celle qu'on appelle aujourd'hui l'Isleverte, située au nord de l'embouchure de la riviere de Trieu, assez près de l'isle de Brehat.

Budoc étoit un saint Religieux de la Bretagne insulaire, que la persecution des Saxons avoit banni de son païs, & qui, refugié dans l'Armorique avec ses compatrites, avoit choisi cette retraite hors du commerce des hommes, pour y vaquer plus librement aux exercices de la vie Religieuse; & outre quelques compagnons qu'il y avoit assemblez, il y tenoit un seminaire de jeunes enfans dévoüez au service de Dieu, qu'il élevoit avec beaucoup de soin & de succez dans l'étude des lettres & dans la pratique de la vertu. Sa reputation étoit grande sur toute cette côte de la Domnonée (c'est le nom que l'on donnoit à cette côte septentrionale de la Bretagne) & il avoit encore beaucoup plus de merite que de renommée ; de sorte qu'il eût été difficile de trouver dans la Bretagne de deça, un maître plus docte & plus saint, pour Guignolé.

Ce nouveau disciple, quoique très-jeune encore, témoigna tant de sagesse & de pieté dans les réponses qu'il fit aux demandes de Budoc, & tant de joïe de se voir dans cette sainte école, que son maître en tira dès-lors d'heureux augures de ce qu'il devoit en attendre. Le départ de Fracan ne causa nul chagrin à Guignolé, & bientôt il surpassa tous ses compagnons, dans l'étude & dans la pieté. On ne vit jamais rien de puerile en sa conduite, & le défaut de l'âge ne l'empêcha point d'avancer à grands pas dans la voïe de la perfection ; ce qui ne servoit qu'à le rendre plus humble & plus soumis. Il sçut en très-peu de tems toute l'Ecriture Sainte, car sa memoire étoit heureuse, & l'on a remarqué qu'il apprit parfaitement, en un seul jour, tout l'Alphabet Latin. Il méditoit continuellement sur la loi du Seigneur, & reduisoit en pratique toutes les maximes qu'il y pouvoit découvrir. Sa ferveur à chanter les loüanges de Dieu, sa charité à instruire & à soulager les pauvres, son activité à servir ses compagnons, son assiduité

à l'oraison, ses veilles, & ses autres mortifications, le rendirent bientôt l'admiration de son Superieur même, qui ne voïoit qu'avec étonnement le progrès étonnant de Guignolé, dont il étoit d'autant plus surpris, que le don des miracles lui fut même donné.

Ce don, dans un jeune homme comme Guignolé, auroit été un sujet de tentation dangereux & délicat, si son humilité ne lui avoit fait en rapporter à Dieu toute la gloire. Si l'on en croit l'historien de sa vie, il faisoit à toute heure des miracles surprenans, témoin la vûë qu'il rendit à sa sœur, & l'Ecuïer de son pere, qu'il ressuscita. S'il eut quelque foiblesse, à cette occasion, se fut celle de vouloir se cacher, & de s'affliger de ce que Dieu se servoit de lui pour operer des merveilles qui lui attiroient de l'estime & du respect, de sorte qu'il eut besoin des sages conseils de Budoc, pour se conformer, en ce point, à la volonté de Dieu.

Il sentit un jour un desir pressant d'aller en Hibernie voir le grand saint Patrice, dans le dessein de profiter des exemples & des instructions de cet homme apostolique, dont la grande renommée éclatoit par tout. S'étant endormi dans la résolution d'en parler le matin à son maître, & de profiter de l'occasion de quelques marchands Bretons-Cambriens qui étoient alors à la rade, il vit en songe un venerable vieillard brillant de lumiere, qui lui dit, « que ce n'étoit pas la vo- « lonté de Dieu qu'il passât dans l'Hibernie ; « qu'il étoit ce Patrice qu'il souhaitoit tant de « voir ; & que sans faire un si long voïage, « il pouvoit apprendre, dans sa solitude mê- « me, le chemin de la plus haute perfection, « dont un des points les plus importans étoit « la stabilité. Qu'il devoit néanmoins quit- « ter bientôt le monastere de Budoc son « maître, & aller chercher ailleurs une soli- « tude, pour y achever de se sanctifier. « Le Saint, à son reveil, incertain si cette vision n'étoit qu'un songe formé par son imagination, alla trouver son maître, qui divinement instruit de ce qui lui étoit arrivé, l'assura d'abord que ce qu'il avoit vû étoit une veritable revelation ; qu'il devoit par consequent obéïr au commandement de Patrice, & que le tems étoit venu, qu'il devoit travailler de son côté à la vigne du Seigneur.

Dès-le lendemain saint Budoc, qui étoit extrêmement vieux, lui choisit entre tous ses disciples onze de plus parfaits, dont il le fit le Superieur, quoiqu'il n'eût encore que vingt-un ans ; & après les avoir tendrement embrassez tous, & leur avoir donné en

SAINT GUIGNOLÉ.

pleurant ſes dernieres inſtructions, & ſa benediction, il les abandonna à la divine providence, ſans ſçavoir où il les envoïoit, ni quel lieu cette providence adorable leur avoit deſtiné.

Paſſez de l'iſle des Lauriers dans la terre ferme, ils traverſérent toute la Domnonée, & arrivérent enfin au bord du golfe que fait la mer à l'embouchure de la riviere d'Aven (c'eſt la riviere de Château-lin) où aïant découvert une petite iſle inhabitée, qu'on nomme aujourd'hui Ti-bidy, c'eſt-à-dire *maiſon de prieres*, ils s'y retirérent, & y bâtirent de petites huttes, pour ſe mettre à couvert des vens de mer, qui y ſont furieux. Cette ſainte communauté y paſſa trois ans entiers, dénuée de toutes ſortes de commoditez, & ne ſubſiſtant que d'herbes & de racines qu'ils cultivoient dans leur jardin, & du peu d'orge que la petite étenduë de l'iſle leur permettoit de ſemer. La terre arroſée de la ſueur & des larmes de ces Saints, répondoit aſſez abondamment à leur travail; mais les vens de mer y étoient ſi violens, & les tempêtes ſi frequentes, que ſaint Guignolé jugea qu'il falloit transferer leur habitation de l'autre côté de la riviere ou du golfe, pour ſe mettre à l'abri, dans le vallon où eſt à préſent l'Abbaïe de Landevenec; ce qu'il fit. On rapporte que Guignolé & ſes ſolitaires paſſérent tous les bras de mer à pied ſec. Mais comme il vaut beaucoup mieux le ſuivre dans les voïes de la vertu, que de s'arrêter à le repréſenter dans ces routes miraculeuſes, nous préferons de nous arrêter à ce que ſon hiſtoire raconte de ſa maniere de vivre.

Depuis que Guignolé eut quitté la maiſon de ſon pere, il ne porta jamais ni toile ni habits de laine; il n'étoit vêtu que de peaux de chévres, qui cachoient un rude cilice qu'il portoit continuellement. Il n'avoit point d'autre lit que le ſable ou la cendre, avec une pierre pour chevet. Jour & nuit, hiver & été, il étoit toûjours vêtu de la même maniere. Pour la nourriture, le froment n'étoit d'uſage dans ſon monaſtere, que pour le ſacrifice de l'autel; le pain de ſa communauté n'étoit que d'orge avec toutes ſes recoupes; encore le ſaint Abbé faiſoit-il mêler dans celui qu'on boulangeoit pour lui, une moitié de cendres, dont même il augmentoit la quantité en carême; & pour tout mets, il ne mangeoit que quelques herbes ou quelques racines cuites, mêlées avec un peu de farine d'orge, ſans y mettre d'autre aſſaiſonnement, que du fromage boüilli & diſſous dans l'eau; ragoût toutefois qui n'étoit que pour les ſamedis & les dimanches, auſquels jours on relâchoit un peu de la rigueur de l'auſterité. Ses diſciples pouvoient manger, ces jours-là, des coquillages de mer; mais pour le Saint, il n'en goûtoit point. Jamais, quelque maladie qu'il ait euë, il ne mangea de chair d'aucun animal à quatre pieds, & même il s'abſtint toûjours de celle des oiſeaux. Il ne buvoit que de l'eau, & dans ſa maiſon le vin n'étoit connu que pour l'autel. Le cidre même, & la biere en étoient tout-à-fait bannis. Le plus délicieux breuvage de ſes diſciples, n'étoit qu'une eſpece de rapé d'eau dans laquelle on faiſoit fermenter des fruits ſauvages cuëillis dans la forêt. Tous travailloient à la terre, ou à quelque métier, & vivoient ainſi, à la lettre, de la ſueur de leur front & du travail de leurs mains. Telle étoit la regle que ſaint Guignolé faiſoit garder à Landevenec, & qui s'y conſerva long-tems, du moins pour les principaux points: car elle y perſevera juſqu'à ce que Loüis le Debonnaire y fit recevoir, l'an 818. celle de S. Benoît.

Mais Guignolé portoit bien plus loin encore ſes auſteritez & ſa mortification pendant le carême. En ce ſaint tems, pour honorer plus parfaitement le jeûne de J. C. dans le déſert, il ne mangeoit que deux fois la ſemaine, & paſſoit les jours & les nuits en oraiſon. Outre l'office commun, dont il ne ſe diſpenſoit jamais, il recitoit tous les jours le Pſeautier, à trois differentes repriſes de 50 pſeaumes, à la fin de chacune deſquelles il adoroit Dieu par cent genuflexions. Jamais on ne l'a vû s'aſſeoir dans l'Egliſe, quelque âgé, ou quelque infirme qu'il fût; & debout, ou à genoux, il marquoit toûjours par tout ſon exterieur une veneration profonde.

Cette vie ſi penitente, ſon ſilence continuel, & une demeure auſſi ſauvage que la ſienne, ne diminuérent cependant rien de ſa douceur & de ſon honnêteté à l'égard de tout le monde; les rigueurs qu'il exerçoit contre lui même ne l'empêchoient pas de paroître toûjours guai; & comme cette joïe venoit du fonds de ſa charité, elle ne diminuoit rien de ſa retenuë & de ſa modeſtie. Obligeant & officieux envers tous ceux qui recouroient à lui, il attira l'amour & l'admiration de tout le monde. Le Roi, ou Comte Grallon voulut le connoître. Il le vit, il l'entretint, & fut ſi charmé de ſa converſation, & ſi penetré de ſes ſaintes inſtructions, que la ferocité de ſon naturel ſe changea enfin en une douceur Evangelique; car ſon zele pour la juſtice avoit auparavant plus de dureté d'humeur, que de charité; & venoit autant d'un eſprit impe-

3. Mars.

rieux & rigide, que d'un fonds de droiture. On laisse aux anciens Legendaires le recit des miracles que saint Guignolé fit en diverses occasions pendant le cours de sa vie, pour dire que lorsque cette vie si précieuse devant Dieu, si chere aux disciples du saint Abbé, si utile à toute la basse Bretagne, & si glorieuse à l'Eglise, fut près de finir, un Ange avertit saint Guignolé de se disposer à la mort, dont il lui marqua le jour & l'heure. Le Saint fit part de cette nouvelle à ses Religieux, & après les avoir exhortez à la patience & à la perseverance, à l'amour de Dieu, à la charité mutuelle, à l'humilité, & leur avoir donné les avis necessaires pour l'élection de son succeffeur, il se revêtit de ses habits sacerdotaux, celebra la sainte Messe, prit le corps & le Sang de Jesus-Christ, & aïant souhaité à ses disciples toutes sortes de benedictions, il se tint de bout devant l'autel, soûtenu par deux de ses Religieux, & environné des autres, qui tous ensemble chantoient avec lui des pseaumes & des cantiques de loüanges à Dieu. Il expira au milieu de ces cantiques sacrez, sans avoir ressenti la moindre attaque de maladie, plein de merite & de jours, le mercredi de la premiere semaine de Carême, troisiéme jour de Mars ; ce qui convient à l'an 532. auquel, selon le Cycle Victorin, Pâques étoit le 11. d'Avril. Saint Guignolé étoit âgé d'environ soixante-dix ans, ce qui étoit un grand âge pour un homme qui depuis sa plus tendre jeuneffe, n'avoit pensé à conserver sa vie, que pour prolonger sa penitence & ses austeritez. Son corps inhumé dans l'Eglise de son Abbaïe, bâtie pour lors au lieu qu'on appelle aujourd'hui le Penety, & où est la maison Abbatiale, fut depuis transferé, le 28. d'Avril, dans l'Eglise qui subsiste, où il fut reveré jusqu'au tems des courses des Normans, qu'il en fut enlevé, & transferé successivement en divers lieux, dont il devint le patron, où il fit des miracles, & où divers morceaux de ses Reliques sont demeurez. Le P. Mabillon nous a donné dans ses Anaclets des Litanies Angloises de la fin du VII. siécle, où le nom de saint Guignolé se distingue parmi ceux des autres Saints qui sont invoquez dans ces Litanies.

Il y a quelques remarques à faire sur la vie de saint Guignolé. Premierement sur le Monachisme Escoffois que saint Budoc son maître lui avoit enseigné, après l'avoir appris dans l'isle d'Hibernie des disciples de saint Patrice, ou saint Patrice même. Ce genre de vie, introduit par saint Guignolé dans son monastere de Landevenec, y perseveta jusqu'au tems de Loüis le Debonnaire ; & ceci donne, ce semble, lieu d'inferer, que nos saints Moines Bretons suivoient tous les regles de ce Monachisme Escoffois, qui étoient les mêmes que saint Patrice avoit apprises de saint Martin, à Marmontier, de saint Germain à Auxerre, & des solitaires des isles de la Mediteranée. Elles consistoient plus en traditions, qu'en écrit, & l'abstinence, le travail des mains, la rudesse de l'habit, fait ordinairement de peaux de chévres, l'éloignement du monde, la fuite des personnes de l'autre sexe, & le chant des Pseaumes, en faisoient les principaux points. Mais le zele des Abbez, plus grand, ou plus foible, faisoit la difference des observances particulieres & de l'austerité.

Une autre remarque à faire sur la vie de ce Saint, est la coûtume qu'il avoit de relâcher de la rigeur de ses jeûnes au jour du samedi, de même qu'à celui du Dimanche, ce qui étoit contraire à la pratique de l'Eglise Romaine, qui jeûnoit reguliérement tous les samedis de l'année, ceux d'entre Pâques & la Pentecôte exceptez ; au lieu que l'Eglise Orientale défendoit d'en jeûner aucun, excepté la veille de Pâques, ce qui étoit aussi observé par plusieurs Eglises d'Occident. Les unes & les autres avoient de fort bonnes raisons, par rapport aux differens mysteres qu'elles avoient en vûë. Nous ne devons pas approfondir davantage, ici, cette matiere. C'est assez pour nous de marquer la pratique de saint Guignolé, qui fait voir que nos Moines Bretons ne suivoient pas la pratique Romaine du jeûne du samedi, quoique Patrice fût d'ailleurs très-attaché aux usages Romains. Mais dans ces sortes de pratiques indifferentes d'elles-mêmes, rien n'est plus juste que la regle prescrite par saint Ambroise à saint Augustin, qui consultoit pour sa mere Monique : qu'il faut suivre, à ces égards, l'usage des Eglises particulieres où l'on se rencontre, afin de ne scandaliser personne, & de n'être aussi scandalisé de qui que ce soit. Comme le Monachisme avoit passé de l'Orient en Occident, il est fort vrai-semblable que les moines d'Occident suivirent la pratique des moines d'Orient qui ne jeûnoient point le samedi, selon l'usage de leurs Eglises.

Il faut remarquer en troisiéme lieu ce que dit la Legende de saint Guignolé, que non-seulement il ne mangea jamais de viande d'animaux à quatre pieds, mais même qu'il s'abstint de celle des oiseaux ; ce qui confirme ce que d'autres ont observé avant nous, que l'abstinence ordinaire en ces tems-là, n'excluoit pas necessairement l'usage des volatilles, qui n'étoit pas même absolument banni des Monasteres les plus reguliers &

SAINT GUIGNOLE'.

les plus auſteres, ſi l'on ne faiſoit une profeſſion ſpeciale de ne manger jamais de cette ſorte de viande.

Le pere & la mere de ſaint Guignolé, dont on ne ſçait rien de plus que ce que nous en avons dit, ſont reconnus pour Saints dans la province; Fracan ſon pere eſt patron de la paroiſſe de Plou-fragan dans l'Evêché de S. Brieuc, de laquelle paroiſſe on dit qu'il a été Seigneur; & Guen mere de ſaint Guignolé, qu'on nomme communément ſainte Blanche, par interpretation du mot Breton de *guen*, qui ſignifie la même choſe, eſt invoquée en pluſieurs lieux, ſur tout des nourrices qui ont beſoin de lait; & cela à l'occaſion d'un prétendu miracle rapporté dans la Legende de ſon fils, où il eſt dit que Dieu donna à Guen une troiſiéme mammelle pour allaiter ſon fils Guignolé, parce que ſes deux aînez avoient tari les autres. Comme ſi chaque mammelle n'étoit donnée par le créateur, que pour nourrir un ſeul enfant, & dût devenir inutile après cela; ou comme ſi Dieu faiſoit, ſans aucun beſoin, des miracles, pour former des monſtres. Ceux-là ont été plus ſages, & plus au fait, qui ont expliqué, *par trois fois mere*, ou mere de trois garçons, l'epithete de *Trimamma* donnée à ſainte Guen; puiſque *tri* & *mam*, en Breton, ſignifient *trois* & *mere*. Il y a une paroiſſe de ſon nom dans l'Evêché de Quimper; & une autre dans celui de Leon, appellée Ploc-Guen; de même qu'une en l'honneur de ſon mari, au même dioceſe, nommée ſaint Frogan.

Les deux freres de ſaint Guignolé ſont auſſi dans les Calendriers ſacrez des Bretons, ſaint Jacut, ou Jacques, au 8. de Février ou au 3. de Mars, ſaint Guethenoc au 5. de Novembre, & tous deux enſemble au 5. de Juillet. On n'en peut preſque rien dire, parce qu'on ne ſçait rien du détail de leur vie. L'Abbaïe de ſaint Jagu, du dioceſe de Dol reconnoît le premier pour ſon patron.

Les principaux éleves de ſaint Guignolé furent ſaint Guenhaël ſon ſucceſſeur; ſaint Rioc, duquel le P. Albert le Grand a donné une vie entierement fabuleuſe, & dont les memoires de Landevenec ne diſent autre choſe, ſinon qu'il étoit Prêtre, lorſqu'il ſe fit Religieux en ce monaſtere, & qu'il rendit depuis la vie à ſa mere, en jettant ſur ſon corps de l'eau que ſaint Guignolé avoit benie; S. Idunet, ou Yonnet, qui vécut dans une grotte de la montagne appellée en ce tems-là *Nin*; c'eſt la montagne de Châteaû-lin ſur la riviere d'Auff ou d'Aven, & Château-lin eſt une petite ville dont ſaint Idunet eſt patron, & il y a un Prieuré du nom de ce Saint. Il pourroit bien être le même que ſaint Guethenoc frere de S. Guignolé; ce que l'on ne dit que par conjecture, fondée ſur les paroles du Cartulaire de l'Abbaïe de Landevenec: *S. Guignolé alla voir ſon frere ſaint Ediunet*. Car quoiqu'on puiſſe entendre par ce mot de *frere*, un frere en Jeſus-Chriſt, il ſemble plus juſte ici d'entendre un frere ſelon la chair; & le nom d'Ediunet n'eſt point ſi éloigné de celui de Guethenoc, que pluſieurs autres noms, qui ne ſont pourtant que d'une même perſonne, ſont differens les uns des autres. Ce qui eſt certain, c'eſt qu'il eſt plus ancien que ſaint Ethbin, que l'on a pourtant voulu confondre avec lui. Saint Balay, ou Walay, & ſaint Martin, ſont qualifiez dans le cartulaire de Landevenec, diſciples de ſaint Guignolé. On trouve qu'ils ſe retirérent, avec la permiſſion de leur Abbé, pour vivre en ſolitude à Ploërmellac auprès du Faou, & qu'avant leur profeſſion ils étoient Seigneurs de Roſ-meur & de Roſ-madeuc. Le premier a une chapelle & une fontaine de ſon nom proche la maiſon Abbatiale; & peutêtre eſt-ce de lui que porte le nom la paroiſſe de Plou-balai dans l'Evêché de ſaint Malo. S. Deï, qui demeuroit au lieu qu'on appelle, à cauſe de lui Loc-taï, ou Loc-daï près de Château-lin; ſaint Ratian, ou Ratiau, qui demeuroit au lieu nommé Plé-Turch, & dont il eſt dit dans le Cartulaire de Landevenec, qu'il préſerva par ſes prieres, les voiſins de ſon Ermitage, de la maladie contagieuſe qui affligeoit toute la province; S. Wincon, ſaint Gozien, ſaint Winwoud, ſaint Harnul, ſaint Petran, & ſaint Berthwald, ſont tous mentionnez dans le même cartulaire, & on faiſoit autrefois memoire de la plûpart dans l'office propre du monaſtere, quoiqu'ils ſoient preſque tous inconnus ailleurs.

On n'eſtime pas toutefois qu'il ſoit neceſſaire de dire que tous ces Saints de Landevenec aïent vêcu du tems de ſaint Guignolé, quoique le Cartulaire de ſon Abbaïe l'inſinuë; & la raiſon qu'on a d'en douter, c'eſt qu'on voit qu'il parle de la même maniere d'un ſaint Morbret, qui n'a vêcu que du tems d'Even ſurnommé le Grand, Comte de Leon, qui n'a certainement vêcu que pluſieurs ſiécles depuis. Pour ſaint Conocan, qui unit & aſſocia un monaſtere qu'il avoit conſtruit, à celui de Landevenec, dont il voulut même qu'il dépendît, & ceda à ſaint Guignolé toutes les terres que le Roi Childebert lui avoit données, il n'y a pas de doute qu'il ne vêcût du tems de ſaint Guignolé même, &

n'ait été plus ancien qu'un autre Conocan qui a vécu depuis, & a été Evêque de Quimper.

Saint Guignolé, comme nous l'avons dit, est invoqué dans les Litanies Angloises du VII. siécle. Sa fête est marquée à douze leçons dans l'ancien Breviaire de S. Méen, & à trois dans celui de S. Brieuc, le 3. de Mars. Au Château du Loir il y a un Prieuré dépendant de Marmontier, qui porte le nom de saint Guingualoé. Il y a dans l'Evêché de Quimper une Eglise succursale qui porte le nom de saint Guegnolay, & une paroisse du même diocese qui s'appelle Loc-Guenolay.

SAINT JACUT,
ou Jagu, Abbé.
VI. SIECLE.

QUELQUES auteurs veulent que S. Jacut, saint Quethenoc, & sainte Creirvie soient nez tous trois le même jour d'une même mere, qui étoit sainte Guen; mais nous avons vû dans la vie de saint Guignolé les raisons que l'on a de s'écarter de ce recit fabuleux. La famille de sainte Guen & de Fracan son mari passa de l'isle de Bretagne dans l'Armorique vers le milieu du VI. siécle, comme on l'a dit dans la vie de saint Guignolé frere puîné de saint Jacut & de saint Guethenoc. Les trois freres furent élevez sous la discipline du saint homme Budoc, & l'on nous assure que Jacut & Guethenoc, encore laïques, rendirent la vûë à un aveugle. Après avoir professé pendant quelques années la vie Religieuse sous saint Budoc, ils embrasserent la vie Eremitique, & se retirérent d'abord dans un lieu très-incommode, d'où aïant passé à l'isle ou presque isle de Landoüart, & y aïant rassemblé des disciples, ils jettérent les fondemens de l'Abbaïe qui porte encore aujourd'hui le nom de saint Jacut. Guethenoc en laissa le gouvernement à son frere, & choisit une autre solitude, peutêtre celle de Château-lin, comme nous l'avons insinué dans la vie de S. Guignolé. Il ne nous est rien demeuré d'assez sûr de saint Jacut, pour pouvoir parler de lui plus particulièrement. L'ancien calendrier de l'Abbaïe de saint Méen marque la fête de saint Jacut le 3. de Mars, avec office double à douze leçons du commun; ce qui fait voir que l'on n'avoit pas d'actes de lui, de quoi en tirer de propres. L'auteur qui a donné la vie de saint Jacut qui se trouve à la fin de celles qu'acomposées le P. Albert le Grand, met la fête de saint Jacut au 8. de Février. Il y a dans le diocese de Vannes une paroisse qui porte le nom de saint Jagu, & une autre marquée dans celui de Dol, dans les Reformations de la noblesse; de même qu'une troisiéme dans l'Evêché de S. Brieuc.

SAINT BIEUZY
Martyr.
VI. SIECLE.

LE Recteur & les Prêtres de la paroisse de Bieuzy, dans l'Evêché de Vannes, ont fourni au continuateur du P. Albert le Grand, dans un écrit signé d'eux, daté du 25. Janvier de l'an 1659. ce qu'ils disent avoir trouvé dans quelques memoires des archives du Château de Rimaison, de l'an 1598. touchant saint Bieuzy martyr patron de leur paroisse. On suppose dans ces memoires que saint Bieuzy étoit disciple de saint Gildas, qu'il demeura après lui dans son Ermitage de Blavet, qu'il fut demandé par tous les habitans du canton pour être leur pasteur, qu'il avoit la vertu particuliere de guérir les hommes & les bêtes de la rage, & que ce fut ce qui causa sa mort, parce qu'aïant été mandé un jour de fête pour guérir les chiens d'un Seigneur voisin brutal & emporté, il ne voulut pas manquer pour cela de celebrer le service Divin en présence de tout son peuple. Le Seigneur voisin irrité, dit-on, de ce délai, vint en fureur à l'Eglise, & donna d'une si grande furie de son épée sur la tête de Bieuzy, qui achevoit le Sacrifice, qu'il ne put la retirer. On ajoûte que le Saint acheva tranquillement la Messe, qu'il fit des discours édifians à ses paroissiens, l'épée toûjours enfoncée dans la tête; qu'il passa la mer avec ses paroissiens, après s'être embarqué à Baden sur un vaisseau conduit par les Anges; qu'il alla trouver saint Gildas à son Abbaïe de Rhuys, & qu'il mourut après avoir reçû sa benediction; enfin qu'il fut enterré dans l'Abbaïe de Rhuys, & que saint Gildas marqua qu'il vouloit être enterré auprès de lui. Cette derniere circonstance n'est pas conforme à ce que nous apprennent les actes de saint Gildas; & tout le reste n'est qu'une fable, à la reserve peut-être de ce que l'on dit, que saint Bieuzy étoit né dans l'isle de Bretagne, & qu'il étoit venu dans l'Armorique avec saint Gildas son maître. Du reste le continuateur du

P.

24.
NOVEMB.

* Il y a S.
Chrysostome.
Mais c'est une
messe d'impression ; car
la fête de S.
Chrysostome
est le 27.
Janvier.

29. JUIN,
transferée
au 3. Juillet.

Tiré des
actes de S.
Gunthiern,
qui sont au
Cartulaire de
Kemperlé.

P. Albert le Grand rend témoignage que la fête de saint Bieuzy martyr se celebre le 24. jour de Novembre, jour de saint Chrysogone, [a] & que son chef est encore à présent conservé & reveré dans l'Eglise de Pleuvigné, paroisse de l'Evêché de Vannes.

SAINT GUNTHIERN
Confesseur.
VI. SIECLE.

GUNTHIERN, un des Rois Bretons de Cambrie, quitta la couronne, par un mouvement de pieté, & foulant genereusement aux pieds les grandeurs, il donna tout, pour acheter le précieux joiau de l'Evangile, & se retira dans l'isle de Groïe située à une lieuë de l'embouchure de la riviere de Blavet.

Ce fut dans cette affreuse solitude que Gunthiern vint cacher sa qualité & ses vertus, après s'être dérobé à ses courtisans & à ses domestiques. Il y demeura plusieurs années, connu des seuls pêcheurs de cette côte. Mais enfin le ciel le manifesta par tant de prodiges, que les deux Seigneurs proprietaires du lieu, nommez Chemen, & Heboen, lui rendirent toutes sortes de respects, & le firent connoître au Roi ou Comte Grallon, de qui l'isle dépendoit, quoiqu'elle soit présentement du diocese de Vannes. Ce Prince envoïa prier S. Gunthiern de se donner la peine de le venir voir. Le Saint obéït, & Grallon demeura si édifié de son entretien & de son humilité, qu'il voulut le retirer de son rocher, & lui donna une portion de terre dans un lieu nommé Anaurot, [a] situé au confluant des deux rivieres Isol & Ellé, à l'extremité orientale du païs de sa domination, qui est le lieu même où la ville de Kemper-ellé [a] est à présent bâtie.

[a] Kemperlé en Breton, signifie confluent-Ellé.

Guerech I. étoit en ce tems-là devenu Comte du païs Breton de Vannes, soit par la mort d'Eusebe son prédecesseur, ou autrement. Voïant son païs menacé de la famine, parce que les vers qui mangeoient le bled en herbe, ruïnoient entierement l'esperance de la moisson ; il jugea qu'il n'y avoit point de meilleur moïen d'arrêter le progrès de cette vermine, que d'avoir recours aux prieres de Gunthiern. Persuadé de l'efficace des oraisons du Saint, il députa vers lui trois des principaux habitans de Vannes, Guedgual, Catuoth, & Cadur, pour le supplier d'avoir pitié de tout le païs. Gunthiern, sensible aux miseres des peuples, envoïa de l'eau benîte, & ordonna qu'on en jettât quelques gouttes sur la campagne ; ce qui n'eut pas plûtôt été fait, que tous les vers qui la ravageoient moururent, comme si cette eau leur eût été un poison. Le Comte Guerech, par reconnoissance, donna à saint Gunthiern une terre située sur la riviere de Blavet, nommée Vegnac, & depuis Kervegnac, ou Chervegnac, qui est maintenant en main seculiere.

29. JUIN,
transferée
au 3. Juillet.

L'histoire de la translation des Reliques de saint Gunthiern qui se trouve dans le Cartulaire de l'Abbaïe de Kemperlé, donne lieu de croire que le Saint demeura toûjours depuis en ce lieu de Venac, ou Vegnac, jusqu'à sa mort. On n'en est pourtant pas bien asseuré ; mais on est certain que son saint corps, avec l'histoire de sa vie, & quelques parties des Reliques des saints Guignolé, Guenhaël, Yonnet, Symphorien, Tenenan, Paulennan, Guedian, & autres, furent depuis transportez & cachez dans l'isle même de Groïe (peutêtre à cause des Normans) & que tout cela y fut trouvé du tems de Benoît Abbé de Kemperlé, c'est-à-dire vers le milieu du XI. siécle. S. Gunthiern étoit mort dès le commencement du VI.

Sa memoire s'est toûjours conservée dans l'Abbaïe de sainte Croix de Kemperlé, dont il est le premier fondateur, dans l'isle de Groïe, & en d'autres lieux. En 1088. on bâtit dans l'enclos du monastere de Kemperlé une Chapelle en l'honneur de saint Gunthiern, qui fut benie en 1089. & retablie sur ses ruïnes en 1497 par frere Pierre de KaerChambrier. Il n'en restoit plus que des masures en 1678. & on acheva de la détruire tout-à-fait pour tracer le plan du logis Abbatial. La figure du Saint fut portée dans la Chapelle Soûterraine de saint Garloès, & placée du côté de l'Epître. L'Eglise du Prieuré de Doüelan, située sur un bras de mer à deux lieuës de Kemperlé, est dédiée à saint Gunthiern. Il y a aussi une Chapelle sous le même nom, à l'une des pointes de l'isle de Groïe, où étoit autrefois l'oratoire de saint Gunthiern, & ce lieu porte encore le nom de Loc-Guthiern. Il s'y tient tous les ans une assemblée, le jour de la fête du Saint, qui est de solennité double, & qui tombant au 29. de Juin, jour consacré à la mémoire des Apôtres S. Pierre & S. Paul, se transfere au 3. de Juillet. Un acte de l'Abbaïe de Kemperlé, du XI. siécle, fait mention du cimetiere de S. Guthiern ; & dans un autre acte de l'an 1283. il est parlé du Port S. Guthiern.

G

SAINT RIOK,
Confesseur.

VI. SIECLE.

LE P. Albert le Grand, plus laborieux compilateur, que judicieux critique, a assez respecté l'histoire fabuleuse qu'un de ses grands [a] Oncles avoit composée de la vie de saint Riox, pour la donner au public, & la croire digne de l'attention des fidéles. Mais c'est un Roman si mal conçu, que la lecture seule en rebutte ceux qui ont tant soit peu de goût pour la verité. C'est ce qui a été cause que les Bollandistes, qui ont fait assez souvent l'honneur au P. Albert le Grand de traduire en Latin quelques-unes de ses vies des saints de Bretagne, pour les inserer dans leur recueil des actes des Saints, n'ont pas jugé que celle-ci meritât qu'ils se donnassent la même peine. Tout ce qui nous reste donc de saint Riox, ou de saint Riou, qui ait quelque espece de certitude, se doit tirer des actes de saint Guignolé premier Abbé de Landevenec, où on lit, [b] que saint Riou étoit son disciple & vivoit dans son monastere. Ce saint Religieux, disent les actes, aïant appris que sa mere étoit dangereusement malade, souhaita de l'aller voir, & en demanda la permission à son Abbé. Saint Guignolé, qui sçavoit par une lumiere celeste, que cette Dame étoit morte, ne le dit point à saint Riou; mais il se contenta de lui donner de l'eau benite, & l'envoïa la visiter. Saint Riou entrant dans la maison de sa mere, & la croïant encore en vie, fit aspersion sur elle de l'eau que le saint Abbé avoit benie, & dit : *que le Seigneur Jesus, au nom de qui mon maître fait tant de merveilles, daigne vous rendre la santé.* Tous les assistans, qui sçavoient que cette Dame étoit morte, ne purent entendre ces paroles, sans avoir compassion de l'erreur où étoit le pieux solitaire. Mais ils furent étrangement surpris dans le moment, quand ils virent cette personne qu'ils avoient vû expirer, se redresser dans son lit, comme si elle se fût reveillée d'un profond sommeil & s'essuïer la sueur dont elle se trouvoit baignée. Ils se prosternérent aussi-tôt par terre, & dirent : « celui-là est veritablement bien cheri de Dieu, dont, tout absent qu'il est, le nom invoqué par son disciple, opere des choses si merveilleuses. » Ce recit, qui pouvoit n'être pas échappé au P. Albert le Grand, puisqu'il en fait mention dans la vie de saint Guignolé, renverse de fonds en comble toute l'histoire prétenduë de saint Riox, qu'il a donnée au 12. de Février, où il suppose que ce ne fut qu'après la mort de sa mere, & quarante-un an passez dans la vie Eremique, que S. Riox se retira à Landevenec, pour y vivre sous la conduite de S. Guignolé. Il ne reste dans les livres d'Eglise qui sont venus jusqu'à nous, aucune trace du culte de saint Riou, à moins que nous ne supposions, avec les Bollandistes, qu'il n'est pas hors d'apparence que saint Riou, est le même que saint Rion, dont les anciens titres font foy que le chef se conserve dans l'Abbaïe de Beauport au diocese de S. Brieuc, comme une Relique précieuse.

SAINT CORENTIN
Premier Evêque de Quimper,
Confesseur.

VI. SIECLE.

LE tems du Comte ou Roi Grallon fut illustré par le concours d'un grand nombre de Saints, que ce religieux Prince favorisa, & à quelques-uns desquels il donna liberalement de grands biens. Corentin est le plus renommé de tous; c'est lui que le diocese de Quimper revere comme le premier Evêque de Cornoüaille, dont la capitale se nomme, en sa consideration Quimper-Corentin. L'histoire de ce Saint, telle qu'on la trouve, est si pleine de fautes de Chronologie, & on y voit des contradictions si grossieres, qu'il seroit impossible de dire exactement dans quel tems il a vécu, si les rapports qu'on dit par tout qu'il a eu avec le Roi Grallon, ne nous déterminoient à placer son élevation à l'Episcopat vers la fin du V. siécle.

Les leçons qui se trouvent dans un vieux Breviaire du diocese de Nantes, portent que ce fut S. Martin Archevêque de Tours qui le sacra; ce qui ne peut être vrai, & qui repugne en particulier à ce que disent ces mêmes leçons, que S. Patern & S. Malo vinrent le voir dans son Ermitage, où se fit une production miraculeuse d'Anguilles, & un changement de méchante eau en excellent vin, pour donner moïen à Corentin de regaler ses hôtes. Car saint Patern, qui ne pouvoit être que celui d'Avranches, & saint Malo, vivoient bien avant dans le VI. siécle. Ainsi, selon cet article, saint Corentin n'a pu être ordonné par saint Martin, mort dès les premieres années du siécle précedent.

SAINT CORENTIN.

C'est donc une fable toute pure, & à laquelle on ne peut donner aucun bon sens, qu'en disant que ce fut un successeur de S. Martin Evêque Metropolitain de Tours, qui érigea l'Evêché de Quimper, à la prière de Grallon Comte ou Roi de Cornoüaille, & qui en sacra Corentin premier Evêque.

Corentin étoit fils d'un Seigneur Breton, du nombre de ceux qui s'étoient refugiez deçà la mer. Ses parens, qui étoient fort pieux, le firent étudier, dès qu'il fut en âge, & il fit en fort peu de tems un grand progrès dans les bonnes lettres, & plus encore dans la science des Saints. Ce fut pour travailler à ce perfectionner de plus en plus en celle-ci, qu'il se retira dans une solitude de la paroisse de Ploe-madiern, ou Ploüodiern, où il passa plusieurs années à méditer continuellement la sainte Ecriture, & à pratiquer avec beaucoup de ferveur tous les exercices des solitaires les plus mortifiez. On raconte, qu'aïant été voir un autre saint Ermite, son voisin, nommé Primaël, beaucoup plus âgé que lui, pour profiter de ses saintes instructions, il obtint par ses prieres une source vive, pour soulager le penible travail de ce saint Ermite, qui étant boiteux, ne pouvoit, qu'avec beaucoup d'incommodité & de fatigue, aller chercher de l'eau fort loin.

Le Comte ou Roi Grallon chassant un jour dans cette contrée, & conduit par une providence particuliere, trouva la solitude de Corentin. Le Saint l'y reçut du mieux qu'il lui fut possible, & le pria de ne méprier pas sa pauvre table. Ce seroit ici le lieu de parler du fameux poisson de saint Corentin, si la Fable n'en étoit plus propre à amuser des enfans, qu'à édifier des personnes sérieuses. Grallon, à qui Guignolé avoit déja donné le goût des discours de pieté, prit beaucoup de plaisir à ceux de Corentin. Il trouva dans ce solitaire un fonds de pieté & de prudence qui le charma ; & l'estime qu'il en conçut se porta à lui donner des marques de sa liberalité, en lui cedant tous les droits qu'il avoit dans la paroisse où le Saint avoit fixé sa demeure.

Il y avoit déja quelque tems que Grallon pensoit à ériger un Evêché dans son Etat. On ne s'étoit pas apperçu d'abord combien il étoit important d'en avoir un, & combien il seroit incommode à des Bretons reculez jusqu'au fond de l'Armorique, d'être obligez d'avoir recours en tout à des Evêques Gaulois ; parce que les Evêques Bretons qui avoient suivi leurs peuples dans l'Armorique, avoient gouverné jusqu'alors ces nouvelles colonies, & fait pour leur service les mêmes fonctions de premiers pasteurs, qu'ils avoient faites dans leur païs. Mais ces Evêques étoient morts. Mansuet Evêque des Bretons, qui avoit souscrit au 1. Concile de Tours, n'étoit plus ; & comme il est fort probable qu'il n'étoit pas le seul de son caractère qui fût venu deçà la mer, il est fort probable aussi, que ces autres Prélats étoient morts, ou qu'ils étoient si vieux, qu'il falloit penser à créer de nouveaux Evêques, pour leur donner des successeurs. C'est à quoi Grallon pouvoit penser, lorsqu'il connut saint Corentin.

C'est le système le plus juste qu'on puisse donner de l'état Ecclesiastique de l'Armorique Bretonne dans ces tems-là, pour rendre raison de la multiplicité des Evêques qu'on sçait qui ont fleuri dans la province depuis l'arrivée des Bretons ; au lieu qu'on ne trouve dans aucun auteur digne de foi, qu'il y ait eu des Evêques dans toute l'Armorique Bretonne, du tems des Armoricains Gaulois, si ce n'est dans les villes de Nantes, de Rennes & de Vannes, qui n'ont été occupées, du moins les deux premieres, par les Bretons, qu'au IX. siècle.

Il faut donc se representer, que quand les Bretons furent venus de l'isle, avec leurs Prêtres & leurs Prélats ; cette Eglise transplantée se renferma dans le païs qu'elle occupoit, d'autant plus qu'elle avoit sa langue particuliere, ses Princes propres & ses mœurs differentes. Chaque principauté des Bretons eut d'abord ses propres pasteurs venus de l'isle, qui, dans leurs nouveaux établissemens, gouvernoient de la même maniere, & peutêtre avec la même independance des Evêques Gaulois, qu'ils avoient fait delà la mer ; mais sans avoir, dans l'Armorique, aucune ville affectée au titre de leur dignité, ni de siéges érigez ; à quoi les titres des Evêchez de l'isle, qu'ils portoient apparemment encore, leur inclination pour la solitude où ils se retiroient ordinairement, & l'état même de l'Armorique, presque sans villes, ne leur permettoient pas de penser. Mais quand ces Evêques furent morts, il fallut leur donner des successeurs ; & le IX. canon du 2. Concile de Tours tenu en 567. nous donne lieu de croire qu'on ne prit pas d'abord beaucoup de soin de faire les élections de concert avec le Metropolitain, ni de demander qu'il les confirmât.

Il paroit cependant qu'il faut ôter l'élevation de saint Corentin à l'Episcopat, du nombre de celles dont Sophronius Evêque de Tours se plaignit dans ce Concile ; puisque les actes de saint Corentin disent qu'il alla demander l'ordination à saint Martin Evêque de Tours ; ce qui ne se peut enten-

G ij

dre que d'un successeur de saint Martin, par la raison que S. Martin étoit mort avant que les Bretons fussent venus dans l'Armorique. Ces mêmes actes disent que saint Corentin fut accompagné dans ce voïage par Guingualoé & Tudin, nommez également par l'Eglise de Quimper, qui les présentoit à l'Evêque de Tours, afin qu'il choisît & ordonnât l'un des trois; que le Metropolitain ordonna Corentin; que celui-ci le pria de benir les deux autres, & leur conferer la dignité Abbatiale; & que le Metropolitain, pour ne point blesser les droits d'autrui, ne voulut point les benir lui-même. Les mêmes actes transcrits dans l'ancien Breviaire de Nantes, avec quelques changemens, assurent que le Metropolitain benit Abbez les deux compagnons de saint Corentin.

Grallon, dit-on, voulut bien, en consideration du nouveau Prélat, ou peut-être par émulation de Caradoc Comte ou Roi de Vannes, donner son Palais, qu'on nommoit Quimper, pour en faire une Eglise. Le nom de Quimper, ou Quimmer, dans l'ancienne langue des Bretons de Cambrie, source de celle des Bretons de l'Armorique, signifie *confluant de rivieres*; & c'est la tradition constante du diocese, que le lieu même où est aujourd'hui la Cathedrale, étoit alors l'emplacement du palais du Roi Grallon, situé entre deux rivieres,

Cy étoit son Palais, & triomphant demeure.

comme on le lit en vieux vers François gravez l'an 1424. sous sa figure équestre qui fut placée au grand portail de la nef, lorsqu'on la rebâtit.

Corentin se voïant chargé du soin d'un si nombreux troupeau, redoubla sa ferveur & ses prieres, pour obtenir de Dieu les graces necessaires pour s'acquitter dignement de son emploi; & donna tout son tems, tous ses soins & tout son travail, à son salut & à celui de son peuple. Enfin consumé par les travaux & les fatigues d'une vie Apostolique, il rendit sa sainte ame à Dieu, après avoir gouverné *long-tems* son Eglise. Son Clergé l'enterra dans sa Cathedrale, où il reposa jusqu'à ce que les ravages des Normans obligérent ceux qui avoient la garde de ce précieux dépôt, de le porter à Tours, où il est encore aujourd'hui conservé dans l'Eglise de Marmontier.

Il est aisé de remarquer l'année de cette translation, qui fut faite en 878. Mais on ne pourroit parler que par conjecture de l'année de l'ordination de saint Corentin, & de celle de sa mort. La qualité de Roi qu'on donne à Grallon par tout où l'on parle de lui (car on ne trouve, en aucune legende, ni en aucune Notice, qua-

lifié simplement Comte) donne lieu de juger, que ce Prince mourut avant Clovis, après la mort duquel Clovis, selon Gregoire de Tours, les Princes Bretons ne s'appellérent plus Rois, mais s'appellérent simplement Comtes. Grallon n'a donc pu vivre, tout au plus, que jusqu'au commencement du VI. siécle. D'où il semble qu'on peut conclure que Corentin, fait Evêque du tems & à la priere de Grallon, a dû être ordonné avant la mort de Clovis. Et si l'on oppose à cela, que Corentin ne fut cependant point au Concile d'Orleans tenu en 511. par ordre de Clovis; il est aisé de répondre, que ce Concile fut convoqué de toutes les provinces qui reconnoissoient l'Empire de Clovis, & que Corentin n'a pas dû y assister, quoique les Evêques de Rennes, de Nantes, & de Vannes y aïent assisté; parce que Clovis étoit Maître de ces trois villes Armoricaines-Gauloises; mais il ne l'étoit pas du païs habité par les Bretons, comme on le peut voir dans la nouvelle histoire de Bretagne, & dans la réponse au traité de la mouvance de Bretagne.

L'auteur de la vie de saint Menoul, dans la Bibliotheque des Manuscrits donnée par le P. Labbe, parle d'un S. Corentin Evêque d'Ocismor dans la petite Bretagne, qui florissoit, dit-il, au tems du Roi Dagobert, & dont saint Menoul fut le successeur au gouvernement de cet Evêché. Quand l'autorité de ce Legendaire seroit assez grande pour prouver qu'Ocismor est Quimper, & non pas Leon; & pour nous faire reconnoître pour Evêque de Quimper, ou de Leon, un saint Menoul dont le nom a toûjours été inconnu dans la province, & qui n'y a jamais eu aucune espece de culte; nous n'estimerions pas que l'autorité de cet écrivain eût assez de poids pour faire descendre saint Corentin jusqu'au VII. siécle. Quant à l'année de la mort de ce Saint, on ne voit rien qui puisse nous empêcher de croire qu'il ait vêcu encore long-tems après le decez du Roi Grallon; non que l'acte prétendu des obseques de ce Roi, cité par le P. Albert le Grand, fasse aucune impression sur nous; parce qu'il est si visiblement fabuleux, qu'on n'en doit tenir aucun compte; mais parce qu'encore que ce titre soit faux, il peut n'être pas faux que saint Corentin ait vêcu encore après Grallon; du moins est-il dit dans les actes de saint Corentin, que ce saint Prélat vécut *long-tems* dans les exercices laborieux de sa penitence & de sa charité. Il est aussi dit dans les actes de saint Tugdual, que saint Tugdual & saint Corentin se trouvérent à une priere publique, ou Litanie folennelle, indiquée par faint Paul Evêque de Leon, pour détourner de deſſus les habitans du païs au fleau public ; ce qu'on peut ſuppoſer n'être arrivé que vers l'an 530.

Le nom de ſaint Corentin ſe trouve dans les Litanies Angloiſes du VII. ſiécle que le P. Mabillon a miſes au jour. Outre l'Egliſe Cathedrale de Quimper, qui porte le nom de ſaint Corentin, & où ſa memoire eſt en très-grande veneration ; les Egliſes de Leon & de ſaint Brieuc ont toûjours rendu à ce ſaint Evêque un culte religieux avec office de neuf leçons, au 12. de Decembre. L'Egliſe de Nantes, dans ſon ancien Breviaire, avance l'office de ſaint Corentin au onze, auſſi avec office de neuf leçons. Un ancien Breviaire manuſcrit de l'Egliſe du Mans marque la fête de ſaint Corentin au 12. de Decembre, avec neuf leçons propres.

SAINT CONOGAN,

ou Guenegan, Evêque & Confeſſeur.

VI. SIECLE.

LE culte de ſaint Conogan eſt établi depuis long-tems dans la province. Les calendriers des anciens Breviaires marquent ſa fête au 15. d'Octobre, comme d'un Evêque & Confeſſeur. Le Breviaire de Leon lui donne neuf leçons, mais toutes du commun ; & celui de S. Méen le joignant avec un martyr qu'il nomme Arelet, donne huit leçons à ſaint Conogan, & quatre à ſaint Arelet. Auprès de la maiſon de la Paluë, qui n'eſt pas loin de Landerneau, il y a une Egliſe paroiſſiale qui porte le nom de ſaint Conogan, auſſi-bien qu'une petite Chapelle qui n'eſt qu'à une demie-lieuë de Quimper, où ceux qui ſont tourmentez de la fievre vont adreſſer leurs prieres, avec confiance, à ce ſaint Evêque, qui a été, dit on, le premier ſucceſſeur de ſaint Corentin ſur le ſiége de Quimper. Le nom de Conogan paroîtra peutêtre Irlandois à ceux dont la penétration découvre le païs des perſonnes, pour ainſi dire, à la piſte de leurs noms. Le P. Albert le Grand nous aſſure qu'il a vû la vie de ce Saint dans un ancien Legendaire manuſcrit qui lui fut communiqué l'an 1624. par le Vicaire de l'Egliſe de ſaint Conogan auprès de Landerneau. Mais d'où vient que l'Egliſe de Leon n'avoit aucunes leçons propres d'un Saint, de la vie duquel une Egliſe voiſine avoit des memoires ſi particuliers ? Le P. Albert, habile Metaphraſte, a ſans doute uſé ici de l'art d'amplification ; & s'il n'eſt l'auteur, il eſt du moins l'interpolateur de la vie qu'il nous a donnée de S. Conogan.

Il commence par une fauſſeté, qui n'a pour fondement, que les viſions de quelque genealogiſte flatteur, & la proximité des lieux ; en diſant que ſaint Conogan étoit cadet de la maiſon de la Paluë. On ne ſçait que trop, que les noms de famille n'ont commencé à paroître en Bretagne, que dans le XI. ſiécle au plûtôt ; & il ne ſeroit pas aiſé de prouver qu'il y eût une maiſon de la Paluë en Cornoüaille dès le tems de ſaint Corentin. Nous mettons au même rang les ſix années d'étude de ſaint Conogan dans les baſſes claſſes du college fondé à Quimper par le Roi Grallon, ſes deux années de philoſophie au même College, & ſes quatre années de Theologie au monaſtere de Landevenec.

Du reſte, qu'il ait été envoïé à la Cour du Prince de Leon par ſes parens ; qu'il y ait inſpiré la pieté & établi la reforme ; qu'au bout de cinq ans il ſe ſoit retiré dans ſa maiſon ; que renonçant au monde, il ait reçû les ordres ſacrez ; que pourvû d'un benefice, il l'ait quitté, par eſprit de retraite, après la mort de ſon pere ; qu'il ait bâti une Chapelle à la Paluë ; qu'après la mort de ſa mere il ait embraſſé la vie Eremitique ; que rebuté du concours des peuples, il ait été profeſſer celle des Cenobites dans le monaſtere de Landevenec ; qu'il y ait paſſé une partie de ſa vie dans la contemplation & dans une auſterité ſinguliere, qui conſiſtoit à ne manger que du plus gros pain avec des herbes & des racines, ſans uſer de vin, & à coucher ſur le pavé ou ſur quelque marchepied d'autel ; qu'il ſoit demeuré vainqueur du demon, qui emploïoit contre lui, & les tentations au dedans, & les ſpectres au dehors ; qu'après la mort de ſaint Corentin, ſon élection pour lui ſucceder ait été le fruit de trois jours paſſez dans le jeûne & dans la priere par les Electeurs ; que dans la dignité Epiſcopale il n'ait eu n'y train, ni chevaux, ni caroſſe ; qu'il ait continué, étant Evêque, à vivre de pain, de legumes & d'eau ; qu'un aveugle ait été gueri, en ſe lavant les yeux avec l'eau où le ſaint Evêque s'étoit lavé les mains au commencement du Sacrifice ; qu'après avoir gouverné ſaintement ſon Egliſe, & aïant été attaqué d'une fievre, il ait eu revelation de ſa mort le 14. d'Octobre ; qu'après avoir reçû l'extreme-onction ce même jour, il ſe ſoit levé le lendemain, qu'il ſoit allé à l'Egliſe ; que n'aïant pu y

15.
Octob.

celebrer la Messe, comme il en avoit le dessein, il l'ait entenduë, & y ait reçû le saint Viatique ; que retourné dans sa maison, il y ait rendu à Dieu sa bienheureuse ame, le 15. d'Octobre ; qu'il ait été enterré dans son Eglise Cathedrale, & que Dieu y ait fait beaucoup de miracles par son intercession ; une partie de tout cela peut avoir été écrite avant le P. Albert le Grand, & le reste ajoûté par lui, sans s'écarter de la verité, ou du moins de la vraisemblance. Pour nous, qui n'avons point vû ce prétendu manuscrit de la paroisse de saint Conogan, nous ne pouvons porter aucun jugement sur le merite de tous ces faits ; & n'osons même proposer s'il ne seroit point plus probable que saint Conogan ait été du nombre de cette grande multitude de saints Prélats & Solitaires, qui chassez de l'isle de Bretagne par les Anglois, ou se dérobant par la fuite à leurs armes victorieuses, passérent dans l'Armorique, avec une partie de la nation Bretonne. Dans l'Evêché de Quimper il y a une paroisse nommée Lan-Guenegan, qui peut être la même dont nous avons parlé au commencement de cette vie de saint Conogan.

I.
Mars.

SAINT AUBIN,
Evêque d'Angers & Confesseur.
VI. SIECLE.

Bollandus ad diem 1. Martii.

La vie de saint Aubin Evêque d'Angers nous a été donnée par le fameux Venance Fortunat, qui pouvoit avoir appris une partie de ce qu'il en dit, des personnes mêmes qui l'avoient vû. Saint Aubin nacquit dans le diocese de Vannes, de parens illustres dans le païs. Son historien ne marque point en particulier, de quel canton du païs de Vannes ils étoient ; mais la tradition, & l'office propre de l'Eglise Cathedrale, dans les leçons de la fête, portent qu'il étoit de la paroisse de Languidic, à deux lieuës de la ville de Hennebond. Et comme une des principales maisons nobles de cette grande paroisse a porté, depuis l'origine des surnoms, celui de Spinefort ; des auteurs accoûtumez à reduire tout à l'usage de leur tems ont crû faire honneur au Saint, ou ont voulu flatter ceux de cette famille, à present éteinte, en donnant à saint Aubin le nom & les armes de Spinefort, qui sont lozangé d'argent & de gueules, que l'Abbaïe de saint Aubin d'Angers a adoptées comme si le blazon avoit été d'usage en ce tems-là.

I.
Mars.

Deux raisons pourroient faire croire qu'Aubin étoit Breton d'origine, & non Armoricain comme saint Melaine ; la premiere, la situation de Languidic, enclavé dans un païs qui paroît avoir appartenu aux Bretons dès ce tems-là ; & la seconde, que S. Aubin sçavoit la langue Bretonne. Car il est dit dans les actes de saint Tugdual, qu'il pria saint Aubin de lui servir d'interprete à la Cour du Roi Childebert ; & qu'Aubin lui en servit effectivement, parce que Tugdual ignoroit la langue Romaine, c'est-à-dire la langue qui commençoit à se former du mélange de la Françoise avec la Latine, telle qu'on parloit celle-ci dans les Gaules ; ce qui suppose que saint Aubin sçavoit le Breton ; d'où l'on pourroit conclure qu'il étoit né de parens Bretons. Mais on peut aisément détruire ces deux raisons ; en répondant à la premiere, que l'autorité du Breviaire de Vannes n'est pas suffisante pour fixer le lieu de la naissance de S. Aubin à Languidic ; & que quand ce seroit veritablement le lieu de sa naissance, n'empêche que ce canton ne fût au pouvoir des Armoricains-Gaulois au tems que S. Aubin nacquit. Quant à la seconde raison, elle ne doit paroître plausible, qu'à ceux qui ignorent que la langue des Bretons est la même que celle des anciens Gaulois ; & cela supposé, il n'est point merveilleux qu'Aubin, né Gaulois ait été interprete de Tugdual né Breton.

La sagesse n'attend point l'âge, pour s'emparer de l'esprit & du cœur d'Aubin ; elle s'en rendit la souveraine maîtresse dès ses plus tendres années, & lui aïant découvert d'abord l'illusion des vanitez du siécle, elle lui en inspira si bien l'horreur & le mépris, qu'il se retira dès qu'il le pût, dans le monastere que Fortunat nomme en Latin *Tincillacense*, & qu'il place entre Poitiers & Angers, plus près cependant de cette derniere ville, que de l'autre. Il ne reste plus aucun vestige de ce monastere, & le lieu même où il étoit situé est présentement inconnu, à moins qu'on ne veüille dire que c'est Tilliers, sur la frontiere d'Anjou du côté du païs de Nantes.

Lib. carm. 11.

Quelque grande que fût la ferveur & la regularité des saints Religieux de ce monastere, le jeune Aubin les eut bientôt surpassez tous, & plus encore dans la pratique secrete des vertus interieures, que dans celles qui éclatent au dehors. Ses jeûnes, ses veilles, ses oraisons n'avoient point d'interruption, & son historien ne craint point de dire que sa vie toute celeste n'avoit rien d'humain, tant elle étoit élevée au-dessus des observances du commun des hommes.

Hoc habens mune cum minè natus.

SAINT AUBIN.

1. MARS.
Totum vo-
luisse Chri-
stum vixit

Il priva toûjours tous ses sens des plaisirs qui les peuvent flatter ; & son ame muë & gouvernée par le seul esprit de J. C. ne vivoit plus que pour lui. Son exterieur, qui correspondoit à cette sainteté interieure, sa modestie qui representoit au-dehors celle du Sauveur du monde, édifioit & gagnoit tous ceux qui le voïoient ; de sorte que, sans affecter de se faire aimer, il se faisoit aimer & respecter de tous. Son merite croissoit de jour en jour, parce qu'il avançoit de plus en plus dans les voïes de la perfection ; & comme son zele l'y faisoit marcher à la tête de tous ses confreres, dont il étoit l'admiration & l'exemple, ils l'élûrent unanimement pour leur Abbé, afin qu'il fût le premier en dignité, de même qu'il l'étoit en vertu.

Aubin avoit trente-cinq ans, lorsque l'équité de ses confreres lui défera cet honneur, & il s'acquitta, avec une discretion & une charité incomparable, de tous les devoirs de cet emploi, pendant vingt-cinq ans entiers. A l'âge de 60 ans, sa grande reputation, soûtenuë par des miracles très-frequens, le fit choisir Evêque d'Angers, l'an 529. d'où l'on infere qu'il étoit né l'an 470 & qu'il fut fait Abbé de Tincillac l'an 504.

Il passa 27. ans & six mois dans les exercices laborieux d'un Episcopat toûjours occupé selon les regles & les conseils de l'Apôtre, sans rien relâcher des rigueurs de la vie monastique, qu'il observoit avec autant d'exactitude, que s'il n'avoit fait que commencer. Aumônier, charitable, vigilant, sensible à tous les besoins de ses peuples, compatissant, actif, zelé, ferme & genereux dans les occasions, il emploïoit les prieres & les menaces, les reprimandes & les exhortations, avec tant de sagesse & de temperamens, à la plus grande gloire du Seigneur & pour l'utilité spirituelle de son troupeau, qu'il a égalé les plus saints Evêques des premiers siécles, dans la pureté de ses mœurs, & dans tous les devoirs de son ministere. Honoré de tout le monde, & des Rois même, il fut toûjours sans vanité. Puissant en miracles, dont Fortunat en a rapporté un grand nombre, il ne se regardoit que comme le plus indigne & le plus inutile de tous les serviteurs de Dieu, & n'ambitionnoit rien, que de paroître tel aux yeux des hommes, qu'il étoit à ceux de son humilité. Toûjours petit en lui même, il ne faisoit jamais paroître de Grandeur, que lorsqu'il étoit question de soûtenoit les interests de la Loi Divine, ou de la discipline Ecclesiastique, contre les grands du siécle qui violoient & méprisoient insolemment l'une & l'autre.

Ce fut ce qui le rendit si porté pour la tenuë des Conciles provinciaux, & ce qui l'obligea de faire statuer le X. Canon du III. Concile d'Orleans assemblé en 538. auquel il assista, par lequel les Prélats, à sa sollicitation, renouvellans les ordonnances des anciens Conciles, excommuniérent les incestueux au premier & second degré de consanguinité ou d'alliance, déclarérent nuls leurs prétendus mariages, & ordonnérent aux Evêques de s'emploïer vigoureusement à en corriger l'abus, qui étoit devenu très-commun en ce tems-là. Saint Aubin, zelé, dit Fortunat, comme saint Jean, contre ces adulteres palliez, les poursuivit avec une generosité d'Apôtre, & s'exposa plusieursfois à des dangers évidens de mort, qu'il auroit moins appréhendée, que souhaité de l'endurer, s'il avoit pu devenir Martyr, sans que ceux qu'il vouloit corriger commissent de nouveaux crimes.

Le 30 canon du Concile d'Epaone.

Fortunat raconte que dans une de ces occasions, plusieurs Evêques étant assemblez au sujet du mariage d'un Seigneur de grande distinction, tous mollirent, par une complaisance interessée, ou par une compassion trop humaine, à la reserve d'Aubin seul, qui toûjours droit & toûjours inflexible, persevera constamment dans sa fermeté, jusqu'à ce que le Synode lui commanda d'absoudre, avec les autres, le coupable, des censures fulminées contre lui ; ce qu'il fit par contrainte, & contre son propre jugement ; mais comme les Evêques le pressoient encore d'envoïer, comme eux, quelques Eulogies, en signe de reconciliation & de paix, à cet indigne penitent ; le Saint, voïant qu'il ne pouvoit plus, sans scandaliser l'assistance, resister plus long-tems à leurs sollicitations, leur dit, dans un transport de zele, dont Dieu même approuva la rigueur : « vous me forcez, mes Peres, d'abandonner, comme vous, la cause de Dieu, pour favoriser l'homme. Que ce Seigneur de majesté, dont je soûtiens les droits, juge entre vous & moi ; & qu'il se vange du coupable que vous m'avez forcé d'absoudre de l'excommunication, s'il ne merite pas d'en être absous, comme je le crois. » Après avoir parlé de la sorte, il envoïa son Eulogie ; mais sa parole prévint le porteur, & le coupable tomba roide mort, avant que l'Eulogie fût arrivée. Ainsi Dieu condamna, par ce terrible miracle, l'injuste molesse & la fausse douceur des Evêques complaisans, & approuva solemnellement la sainte rigidité d'Aubin, quoiqu'il fût seul de son avis. Aussi n'étoit-ce pas

1.
MARS.

une dureté de fantaisie, de naturel, ou d'humeur ; c'étoit une vigueur de discipline, dont la veritable charité & la douceur du S. Esprit étoient le principe ; c'étoit une fermeté selon la science, soûtenuë du conseil d'un des plus habiles Prélats qui fussent dans les Gaules, c'est-à-dire de S. Cesaire Evêque d'Arles, qu'on prétend que saint Aubin alla consulter expressément sur cette affaire, tant il avoit à cœur ce qui regardoit le service de Dieu & l'honneur de l'Eglise.

C'est Fortunat lui-même qui avance ce fait.

Enfin le saint Evêque, âgé de 80. ans, rendit son ame à son créateur, pour demeurer à jamais avec J. C. son maître, le premier jour de Mars de l'an 550. & fut inhumé dans un oratoire fort étroit, où il ne reposa pas long-tems sans être élevé de son tombeau par saint Germain Evêque de Paris, Eutrope Evêque d'Angers successeur du Saint, & plusieurs autres Prélats ; ce qui doit être arrivé avant l'an 557. puisqu'Eutrope n'étoit plus Evêque en ce tems-là, & que Domitien son successeur a souscrit la même année, au III. Concile de Paris. Il est même aisé de déterminer à laquelle des sept années d'intervalle qui coulérent entre le décez d'Aubin & la tenuë de ce Concile, se fit cette élevation, qui étoit la canonisation solemnelle de ces tems-là. Car saint Germain n'a été fait Evêque de Paris qu'en 555. & a été occupé cette année aux premiers soins de son Episcopat ; ce qui donne lieu de conclure qu'on ne peut mieux placer la cérémonie en question, qu'en 556. Plusieurs grands miracles faits à cette fête, par l'intercession d'Aubin, confirmérent autentiquement le jugement que les Prélats avoient porté de sa sainteté & de son bonheur ; & il s'en est fait tant d'autres, depuis, à son sepulcre & ailleurs, par l'invocation de son nom, qu'on en a composé des livres entiers. La ville entiere de Guerrande, dans l'Evêché de Nantes, le reconnoît pour son patron. Il y a dans cette ville une belle Eglise Collegiale dédiée à son honneur. L'Abbaïe de S. Aubin des Bois dans l'Evêché de S. Brieuc, fondée par les Comtes de Penthiévre, porte le nom de ce saint Evêque, aussi-bien que la ville de S. Aubin du Cormier dans l'Evêché de Rennes, fondée & bâtie par Pierre I. Duc de Bretagne. Le lieu où saint Aubin fut enterré, & où est encore la meilleure partie de son corps, est une Abbaïe de l'ordre de saint Benoît, dans la ville d'Angers. Il falloit qu'on fût bien persuadé de la sainteté éminente d'Aubin, pour l'élever si-tôt après sa mort, & pour accourir dès-lors de toutes parts à la solemnité de sa fête,

L. xi. poem. poemate 27.

comme Fortunat témoigne qu'on faisoit de son tems. Il y alla lui-même avec l'Evêque Domitien, du monastere de Tincillac. La fête de saint Aubin est marquée à trois leçons dans les anciens Breviaires de Dol & de S. Brieuc. Celui de Vannes imprimé en 1660. la marque semi-double. L'ancien calendrier de l'Abbaïe de saint Méen marque aussi la fête de saint Aubin au premier jour de Mars. Outre les villes & les Abbaïes que nous avons déja marquées, qui portent le nom de saint Aubin, nous mettrons encore ici S. Aubin des Châteaux, paroisse de l'Evêché de Nantes, saint Aubin l'une des neuf paroisses de la ville de Rennes, saint Aubin des Landes, saint Aubin du Pavaill, & saint Aubin d'Aubigné paroisses de l'Evêché de Rennes.

1.
MAR

SAINT TUGDUAL, ou *Tugal*, *Evêque de Treguer*, *Confesseur.*

30.
NOVE

VI. SIECLE.

ON ignore le nom du pere de saint Tugdual ; on dit seulement qu'il étoit de l'isle de Bretagne, & de race Roïale. La mere de saint Tugdual, sainte Pompaye ou Pompée, n'étoit pas d'une naissance moins illustre, puisqu'elle étoit sœur du fameux Riwal, le plus considerable d'entre les chefs de la transmigration des Bretons. Ce Prince étoit déja mort, & son fils Deroch lui avoit succedé, lorsque Tugdual vint dans la Bretagne Armoricaine avec sa mere Pompée qui avoit embrassé la vie Religieuse après la mort de son mari, la Bienheureuse Seuve sœur de Tugdual, soixante-douze solitaires qui avoient pratiqué pendant quelques années les exercices de la vie monastique sous le gouvernement de Tugdual dans l'isle de Bretagne, & une vertueuse veuve appellée Maheleu, qui s'étoit dévouée au service de Dieu, & blanchissoit les habits de ces solitaires. Cette sainte troupe aborda auprès du Conquet, à un petit havre de la paroisse de Ploumagoer, dans l'Evêché de Leon. Saint Tugdual, après avoir rendu graces à Dieu de l'heureux succès de son voïage, chercha d'abord, aux environs de la côte, un lieu propre à bâtir un Monastere, & en aïant trouvé un, tel qu'il le souhaitoit, il s'informa des habitans du canton, qui en étoit le Seigneur, & de qui tout ce païs dépendoit. On lui dit que le Comte de Leon en étoit le maître, & qu'il demeuroit

Tiré des mcrits de Tugdual de l'ar Breviai S. Bries

à

à Ocifmor. Le Saint l'y alla trouver, lui demanda la permiſſion d'établir ſa communauté dans ſon païs, & l'emplacement pour bâtir un monaſtere. La guériſon miraculeuſe d'un pauvre, à qui il rendit la ſanté à l'entrée du lieu où ce Seigneur demeuroit, lui fit trouver grace auprès de lui, & obtenir tout ce qu'il ſouhaitoit.

Il y auroit lieu de s'étonner que le Saint ne voulut pas aborder au païs qui dépendoit du Comte Deroch ſon couſin germain ; où qu'auſſi-tôt que ſon pilote, qui fut (dit-on) un Ange, l'eût fait deſcendre au païs de Leon, il ne prit pas le chemin de la Domnonée, où il pouvoit s'aſſurer d'une reception favorable, & eſperer des établiſſemens commodes. Mais ſi l'on fait reflexion aux maximes des ſolitaires dont Tugdual étoit imbu dès ſa tendre jeuneſſe, on concevra ſans peine, que, mort au monde, il avoit oublié, ſelon le conſeil du Prophete, la maiſon de ſon pere, & ne croïoit pas avoir d'autres parens, que ceux qui pratiquoient la loy du Seigneur avec plus de fidélité ; ſuivant quoi ſa mere Pompée & ſa ſœur Seuve, lui étoient plus unies par la grace, que par la chair & le ſang. Loin donc d'aller profiter de la parenté du Comte Deroch, comme tout autre auroit fait, il crut qu'il devoit s'abandonner uniquement à la bonté du pere celeſte, ſans rechercher l'appui trompeur des hommes.

Dieu ne lui manqua pas dans le beſoin, comme on l'a vû ; & Tugdual aïant bâti ſon monaſtere, y demeura quelque tems avec ſes Religieux. Le lieu ſe nomme encore à préſent Lan-Pabu, en memoire du Saint, à qui les Bretons donnérent le nom de Pabu, pour la raiſon que nous dirons dans la ſuite. L'experience lui fit connoître le grand beſoin qu'avoient les peuples d'être catechiſez, & exhortez à vivre conformément à la ſainteté de leur croïance. Il quitta donc ſa ſolitude, & choiſiſſant dans ſa communauté les plus zélez de ſes diſciples, il parcourut avec eux toute la province, & y fit un ſi grand fruit par ſes prédications, ſes miracles, & ſes exemples, qu'il n'y eut point de contrée de la Bretagne qui ne ſe reſſentît de ſa charité, & qui ne ſouhaitât d'avoir de ſes ſolitaires. En même tems qu'on lui en demandoit, on lui donnoit des terres & des emplacemens, que Tugdual emploïoit à établir de jour en jour de nouveaux monaſteres. L'auteur de ſes actes nous renvoïe là-deſſus au recueil que Loenan, ou Loevan, diſciple du Saint avoit dreſſé de ſes ſortes de donations ; & poſe en fait qu'il n'y avoit preſque point de paroiſſe, depuis la côte Occidentale où Tugdual étoit abordé, juſques à la partie Orientale du païs, où il n'y eût de ſes diſciples.

Le Monaſtere le plus conſiderable de Tugdual, fut celui qu'il bâtit dans une vallée nommé *Trecor*, aujourd'hui Treguer, au fond d'un golphe de mer qui a ſon embouchûre du côté du nord, & où deux rivieres ſe déchargent. Il y reçut un grand nombre de perſonnes à qui il avoit perſuadé de quitter le monde ; & il y faiſoit le plus ordinairement ſa demeure, pour les inſtruire, & pour les former ; à quoi il emploïoit tout le tems qui lui reſtoit de ſes miſſions.

Ce fut pour aſſurer à cette maiſon favorite, & aux autres, les poſſeſſions qui lui avoient été données, que Tugdual, excité par ſes freres & par les nobles du païs, prit la réſolution d'aller à Paris trouver le Roi Childebert, pour obtenir de lui, comme du Prince ſouverain, la confirmation de tous les biens que les Seigneurs particuliers lui avoient donnez. Il vit, en y allant, S. Aubin à Angers, lia avec lui une amitié très-étroite, & le pria de lui ſervir d'interceſſeur & d'interprete à la Cour du Prince, pour lui faire obtenir ce qu'il vouloit lui demander.

Aubin avoit trouvé tant de merite dans ſon hôte, qu'il ſe fit un plaiſir de l'accompagner à Paris, où, à l'entrée de la ville ſaint Tugdual reſſuſcita, dit-on, un mort, & guérit un Seigneur de grande qualité d'une paraliſie univerſelle qui l'affligeoit depuis long-tems. La nouvelle de ces deux miracles étoit parvenuë au Palais avant Tugdual ; ce qui fit que le Roi l'y reçut avec beaucoup de reſpect, le fit aſſeoir auprès de ſa perſonne, & prévenant ſa requête, lui fit offre de tout ce qui dépendoit de ſon pouvoir. La legende ajoûte, qu'une Colombe blanche comme neige & brillante comme un aſtre, que Childebert voïoit ſur l'épaule droite du Saint, augmentoit infiniment les ſentimens d'eſtime & de veneration que ce Monarque avoit déjà conçus. Mais, ſans nous arrêter à tous ces prodiges, dont les Legendaires ont coûtume de faire profuſion, il ſuffit de dire que le Prince dut être plus édifié de la moderation de Tugdual, que ſurpris de ces merveilles ; car le ſaint homme, après avoir rendu au Roi de très-humbles actions de graces des offres qu'il lui faiſoit, ſe contenta de lui demander par ſaint Aubin ſon interprete, la ſimple confirmation des donations que les Seigneurs Bretons lui avoient faites ; ce qui lui fut incontinent accordé.

Tugdual avoit reçû ſes expeditions, & ne penſoit plus qu'à prendre congé du Roi, pour retourner dans ſon monaſtere, lorſ-

30. NOVEMB. qu'il arriva des Députez du païs de Treguer pour demander à Childebert, qu'il lui plût leur donner saint Tugdual pour Evêque, parce que tout le peuple le souhaitoit, & le demandoit par eux à S. M. La legende manuscrite porte que c'étoit pour remplir la place d'un Evêque de Lexobie qui venoit de mourir; & les croniques Bretonnes ajoûtent, que le siége Episcopal de l'ancienne Lexobie située sur la riviere de Leguer au-dessous de Lannion, au lieu qu'on nomme aujourd'hui Cozqueaudet, ce qui signifie *Vieille-Cité*, avoit été fondé dès le tems des Apôtres par un nommé Drennalus disciple de saint Joseph d'Arimathie, lequel Drennalus mort l'an 92. avoit eu 66. ou 67. successeurs, dont elles donnent le catalogue & le tems précis du gouvernement de chacun d'eux, jusqu'à Tirisin prédecesseur prétendu de Tugdual, qui ne fut Evêque qu'un an. Mais la legende imprimée dans les vieux Breviaires, où elle sert de leçons, ne parle nullement de la mort de cet Evêque de Lexobie, & dit simplement, sans faire aucune mention de la requête ni de la députation des Lexobiens, que Childebert fit ordonner à Paris saint Tugdual Evêque du Diocese, quelque resistance qu'il apportât. Cette legende semble l'originale, & paroît d'autant plus croïable, qu'elle est beaucoup plus simple dans ses recits, qu'elle rapporte beaucoup moins de miracles; & qu'elle a de certaines circonstances, que l'autre supprime, qui portent avec elles des caracteres de sincerité, comme en ce qu'elle dit que Tugdual ne pouvoit parler au Roi que par interprete, fait, dont il semble que l'autre legende ait eu honte.

On rejette donc la mort d'un Evêque de Lexobie, comme une addition faite à l'histoire originale, depuis qu'on a fabriqué le Roman de Drennalus & des Evêques Lexobiens; & on la rejette d'autant plus hardiment, que le catalogue prétendu des Evêques Lexobiens n'est rempli que de noms Bretons, qui ne pouvoient être en usage chez les Lexobiens Armoricains; marque certaine, que ce sont des noms fabriquez. Ainsi l'on croit que Tugdual a été le premier Evêque du païs de Treguer; que le Roi Childebert l'y mit, parce qu'il connoissoit les besoins du païs, qu'il étoit convaincu du merite extraordinaire de Tugdual, & que l'heureux succez des travaux Apostoliques de ce saint homme lui faisoient esperer beaucoup de sa promotion. Nous ne voudrions pas néanmoins nier, que les peuples aïent demandé Tugdual pour leur pasteur; & nous ne nous éloignerions pas de croire, que quelque Evêque venu de l'Isle ne fît les fonctions Episcopales au païs de Ne Treguer, avant que son décez eût donné lieu aux peuples de demander Tugdual.

Quoiqu'il en soit, on a dans cette promotion, faite par l'autorité souveraine de Childebert, une preuve invincible de la souveraineté des Rois de France établie en Bretagne après la mort de Clovis. Toutes les legendes sont d'accord sur ce point, que ce fut par la seule autorité de Childebert que Tugdual fut fait Evêque, au tems qu'il étoit à Paris pour obtenir de ce Roi la confirmation des donations qui lui avoient été faites, & quelque chose de semblable à ce que nous appelons aujourd'hui *Amortissement*. Ce que le P. Albert le Grand, aveuglé par ses préjugez, & corrompu par un faux amour de la patrie, n'a pu souffrir. Il a attribué, contre la foi de toutes les legendes, au Roi Deroch, qui étoit peutêtre mort, & qui probablement n'a eu aucune part à la promotion de Tugdual, ce que les actes disent du Roi Childebert. On peut douter cependant, si le Roi, faisant ordonner saint Tugdual Evêque, a fondé en même tems un Evêché fixe au siége de Treguer; car quoique ce saint Prélat ait eu quelques successeurs; cependant on trouve dans la suite, que Nominoé s'étant voulu rendre Souverain de la Bretagne dans le IX. siécle, y érigea trois nouveaux Evêchez, c'est à sçavoir ceux de Dol, de Treguer, & de S. Brieuc. Ce dernier fait, s'il est bien sûr, comme il paroît devoir l'être, jette dans l'histoire du VI. siécle un embarras qu'il est difficile à débroüiller, à moins que de dire que l'on auroit cessé vers le VIII. siécle de donner des successeurs aux anciens Evêques de Treguer & de S. Brieuc; & quant à Dol, que Nominoé en auroit cassé l'érection en simple Evêché, pour l'ériger en siége Metropolitain. Mais on aura peutêtre encore occasion de traiter la même matiere dans la vie de saint Thuriau Evêque de Dol dans le VIII. siécle.

On peut placer l'ordination de S. Tugdual vers l'an 532. mais on n'a pourtant là-dessus aucunes preuves positives. Sa nouvelle dignité lui donnant une autorité plus grande, lui donna en même tems un renouvellement de zéle & de ferveur, pour rétablir la discipline, le bon ordre, & la pieté dans le païs. Il y emploïa & les prédications, & les exemples & les miracles même. La province fut affligée de son tems d'une mortalité qui enleva un nombre prodigieux de personnes. Pour fléchir la colere du Ciel, saint Paul qui gouvernoit l'Eglise d'Ocismor, convoqua ses voisins S. Tugdual

SAINT TUGDUAL.

& saint Corentin, & fit faire une Procession generale. Saint Tugdual fit la prédication à l'assemblée, & la mortalité cessa dans le moment. Mais les mêmes personnes qui avoient admiré & aimé Tugdual, tant qu'il n'avoit fait que prêcher & pratiquer l'Evangile, ne le purent plus souffrir, lorsqu'il joignit à ses discours & à ses exemples, son autorité, pour reduire ces personnes à leur devoir. Son zéle passa pour une dureté insupportable ; sa fermeté à faire observer les regles de l'Eglise, pour une tirannie ; & ses exhortations frequentes furent regardées comme une espece de persecution ; sa plus tendre charité fut traitée d'inimitié. On se mutina donc contre le saint Pasteur, & les rebelles non contens de s'opposer à ses plus saintes & plus justes intentions, le persecuterent comme l'ennemi de leur joïe & de leur liberté.

Il étoit arrivé, dans le tems de son Episcopat, de grandes revolutions en Bretagne. Riatham, Prince de la Domnonée, fils & successeur de Deroch, étoit mort, & Jona fils de Riatham avoit été tué en trahison, après quelques années de regne, par Conomor. Celui-ci, qui se qualifioit Lieutenant general du Roi Childebert, s'étoit emparé, sous cette qualité, de la principauté de Judual fils & legitime heritier de Jona ; & ce jeune Prince avoit été contraint de se refugier, pour éviter la mort, à la Cour de Childebert, tandis que l'usurpateur, abusant de l'emploi que le Roi lui avoit confié, & de la protection de la Reine Ultrogothe qui le favorisoit, opprimoit les peuples, & vexoit les Eglises. Quand Tugdual n'auroit pas appartenu de si près au Prince dépoüillé, il étoit trop Saint pour plaire au tyran ; trop juste, trop courageux, & trop zélé, pour ne s'attirer pas bientôt la disgrace & la haine de Conomor ; & Conomor étoit trop vindicatif & trop adroit, pour ne se servir pas de l'aversion injuste que les méchans comme lui, avoient de leur saint Evêque. Il les emploïa, sans doute pour le persecuter ; & joignant son pouvoir à leur malice, il autorisa cette cabale de scelerats obstinez au mal, à soulever par des calomnies le peuple contre Tugdual, qui fut contraint de ceder à l'orage, & de se retirer dans une solitude de son diocese avec quelques-uns de ses Religieux.

Il s'y offroit tous les jours au Seigneur, comme une victime, pour l'expiation des pechez de son peuple ; & prioit instamment Dieu, qu'il lui plût de changer les dispositions des cœurs, ou celles de l'Etat, afin qu'il pût le servir utilement dans son emploi. C'étoit le sujet des prieres qu'il faisoit une fois, après l'office de la nuit, dans l'oratoire, lorsque saisi d'un leger sommeil causé par ses fatigues & par sa tristesse, il lui sembla voir un Ange qui l'avertissoit de quitter le païs, & d'aller à Rome rendre ses devoirs aux tombeaux des Princes des Apôtres, & au siége du premier des Pasteurs. Il se mit, à l'instant même, en état d'obéïr. Il éveilla les freres, les avertit de sa revelation, & de la résolution qu'il avoit prise de partir, dit la sainte Messe, prit congé d'eux, & se mit en chemin ; ce qui peut être arrivé vers l'an 548.

Les Croniques & les Legendes Bretonnes portent : qu'arrivé à Rome au tems du décez du Pape, après avoir passé la nuit en oraison dans l'Eglise de saint Pierre, il assista le lendemain à la cérémonie funebre, après laquelle tout le clergé & tout le peuple Romain étant assemblé pour une nouvelle élection, vit une colombe blanche, symbole ordinaire de la candeur du Saint, qui étoit descenduë sur sa tête, & l'élut unanimement Pape ; que Tugdual tint le Saint Siége pendant deux ans ; & qu'après ce terme, Dieu qui n'avoit voulu que le montrer au monde, le fit transporter miraculeusement, en un seul jour, de Rome à Treguer, où il fut reçu comme un Ange du Ciel par ses anciens diocesains, qui avoient d'autant plus de repentir des mauvais traitemens qu'ils lui avoient faits, qu'ils avoient été accueillis de toutes sortes de malheurs pendant son absence.

Si cette fable du souverain Pontificat de Tugdual, sous le nom de Leon V. n'avoit eu cours que parmi la populace, un silence de mépris en auroit été une suffisante refutation ; car on ne peut mieux refuter ces sortes de contes, qu'en les ensevelissant dans l'oubli : Mais quand on considere que toutes les legendes & tous les offices du Saint en ont fait mention ; l'on a crû devoir chercher l'origine de cette illusion, & la refuter en deux mots, afin que personne ne la regrette.

On estime donc que la qualité de *Pere*, que les Bretons Cambriens exprimoient autrefois par l'un & par l'autre de ces mots *Tad*, & *Pab*, & que nos Bretons Armoricains ont encore aujourd'hui coûtume de donner aux Prêtres & aux Religieux ; qu'ils appellent communément par respect : *mon pere en Dieu*, fut donnée par excellence à saint Tugdual, pere commun d'une infinité de solitaires tellement répandus dans toute la province, qu'il n'y avoit point de paroisse où il n'y eût quelqu'un de ses Religieux, qui l'appelloient tous leur *saint pere Tugdual*, en Breton *Pab-Tudual*. Les peuples, l'exemple des Religieux enfans du Saint, s'accoutumérent à l'appeller de même, *Pab-Tudual*, & par l'addition d'un *u*, pour lier plus doucement les deux confones & les deux mots, *Pabu-Tudual*. C'est ainsi qu'il est nommé dans les actes de faint Brieuc; & fon premier Monaftere de Leon a retenu de lui le nom de *Lan-Pabu*. Dans la fuite des tems quelqu'un aura trouvé dans quelque écriture demi-effacée ce reste de mots ... LEON PABU TUGDUAL, qui étoient une partie de quelque remarque Ecclefiaftique, qui donnoit peut-être à connoître qu'on faifoit dans l'Eglife de Leon l'office de faint Tugdual, ou qu'il avoit d'abord demeuré au païs de Leon. Là-deffus on fe fera imaginé avoir trouvé dans ce refte de caracteres, un LEON PAPE V. qui avoit auparavant été nommé TUGDUAL. Cette découverte aura été appuïée fur ce que la Legende originale du Saint pouvoit dire qu'il avoit effectivement fait un voïage à Rome; & des gens, mal-inftruits d'ailleurs dans l'hiftoire chronologique des Papes, fe feront imaginé qu'il étoit glorieux au diocefe & à la nation, d'avoir donné un Pape à l'Eglife. On aura ajouté l'apparition de la colombe, fur ce qu'on avoit lû quelqu'un chofe de pareil arrivé au Saint à la Cour de Childebert ; & comme on pouvoit avoir lu dans la legende originale, que faint Tugdual n'avoit été abfent que deux ans, on aura borné au même terme fon fouverain Pontificat prétendu. Enfin l'on a pouffé l'impertinence jufqu'à lui donner des armes, parce qu'on en a trouvé aux vitres de l'Eglife de faint André de Treguer qui étoient couronnées d'une Thiare pontificale; fans faire attention que ces armes font celles du Pape Sixte IV. ou de Jules II. tous deux de la maifon de la Roüere.

Si cette fable mal conçuë avoit befoin de refutation, l'on pourroit dire que Leon V. n'a vêcu que plus de 400. ans après Tugdual, puifqu'il eft mort en 1004. qu'il étoit Italien & non pas Breton ; qu'aucun Pape du nom de Leon n'a vêcu dans le VI. fiécle ; & que les Pontificats de Silvere, de Vigile, & de Pelage, occupent pleinement tout le tems qu'on peut attribuer au voïage de Tugdual à Rome. Mais ce n'en eft que trop pour détruire cet impertinent Roman.

Saint Tugdual revint donc fimple Evêque dans fon diocefe, tel qu'il en étoit forti deux ans auparavant, & fans autre accroiffement, que du nouveau dégré de merite & de fainteté que lui avoit acquis fon exil. La difette & la mifere avoient ouvert les yeux à fes diocefains pendant fon abfence. Les calomnies s'étoient toutes diffipées, & il trouva fon peuple bien plus foumis & plus docile, qu'il ne l'avoit laiffé. Il fçut profiter de fes bonnes difpofitions, pour le fervice de Dieu & l'avancement fpirituel de fon troupeau, pendant trois ou quatre ans qui lui reftoient de vie, après lefquels il alla recevoir au Ciel la couronne de gloire, un Dimanche dernier jour de Novembre, & fon corps fut inhumé dans le monaftere de la vallée de Trecor. Ce caractére de Dimanche dernier jour de Novembre, peut convenir aux années 553. 559. 564. & quelques autres depuis ; mais il nous paroît que le plus fûr eft de s'arrêter à la premiere.

Pour fouftraire les Reliques de S. Tugdual aux profanations des Normans, l'un de fes fuccefleurs dans le IX. fiécle, appellé dans les actes de faint Tugdual Gorennan, les emporta hors de Bretagne. Il n'eft pas aifé de deviner quel étoit le château *Ludovicum*, qui du tems de l'auteur de ces actes étoit illuftre par la poffeffion des Reliques de faint Tugdual, fi ce n'eft Laval, où il y a une Eglife Collegiale qui porte le nom de ce faint Evêque. Les mêmes actes nous afurent auffi que Chartres fe glorifioit de la poffeffion du chef de faint Tugdual. Outre la fête de faint Tugdual qui fe celebre le 30. de Novembre, l'ancien Breviaire de faint Brieuc en marque une autre le 7. de Juin. Les principaux difciples du faint Evêque de Treguer furent faint Ruelin, ou Revelin fon premier fucceffeur dans le fiége Epifcopal ; Loenan, ou Loevan, dont nous avons parlé, à qui le P. Albert le Grand donne le titre de Saint ; S. Gueuvrok, ou Kirech ; S. Briac, & S. Goneri*, dont nous parlerons dans la fuite ; & Paul & Macron, qui furent tous deux enterrez aux pieds de leur faint maître Tugdual. Le P. Albert le Grand fait mention d'un grand nombre d'Eglifes dediées fous l'invocation de ce faint Evêque, qui portent le nom de Pabu, outre Lan-pabu dont nous avons parlé, comme Tre-babu, Loc-pabu, Kerpabu, Moufter-pabu. Il y a dans l'Evêché de Dol une paroiffe qui porte le nom de S. Tugdual, & qu'on nomme communément faint Tual, autrement faint Tuga ; & une autre du diocefe de Vannes, appellée faint Tugdual, & quelquefois faint Tuzual.

SAINTE POMPÉE,
ou Pompeie veuve,
Et la Bienheureuse Seuve Vierge.

VI. SIECLE.

Tiré des actes de saint Tugdual.

POMPÉE, ou Pompeie, étoit sœur du Prince Riwal, qui fut le principal chef des Bretons qui passèrent de l'isle de Bretagne dans l'Armorique au milieu du V. siécle. Elle demeura veuve, étant encore dans l'isle ; & prenant l'habit de Religion elle se consacra à Dieu sous la conduite de son fils saint Tugdual, avec sa fille Seuve sœur de ce Saint ; & elles passèrent toutes deux dans l'Armorique en sa compagnie. Il y a de l'apparence que Pompée mourut avant son fils. Elle fut enterrée au milieu du chœur de l'Eglise paroissiale de Langoüet, ou Land coat, où l'on montre son tombeau, & où elle est honorée sous le nom de sainte Copeie. On peut supposer que le Prince Deroch son neveu & cousin germain de Seuve, leur donna là quelques possessions, & qu'elles y vécurent sous la direction de saint Tugdual. Le lieu n'est pas loin de Treguer, & l'Evêque en est Seigneur. Nous n'avons trouvé aucun vestige de culte pour Seuve. Les actes de saint Tugdual lui donnent la qualité de Bienheureuse, & donnent celle de très-sainte à sa mere Pompée.

SAINT MELIAU,
Et S. Melair, ou Meloir, Martyrs.

VI. SIECLE.

Tiré des actes manuscrits de saint Melair.

LES actes, ou legendes de S. Ronan, de saint Guignolé, de saint Gunthiern, & de S. Corentin, nous ont présenté pour premier Prince de Cornoüaille le fameux Roi Grallon ; les actes de saint Melair semblent nous en présenter un autre, qu'ils appellent Jean (ou Jawn) Reith. Il est vrai qu'on y lit en même tems, que ce n'étoit qu'un surnom, qui signifie *droite regle*, & qui avoit été donné au premier Comte de Cornoüaille, à cause de sa droiture & de son équité, ce qui peut convenir à Grallon, qui selon lés actes de saint Ronan, a été *directæ veritatis constantissimus amator*, attaché d'une affection très-constante à la droiture & à la verité. Quoiqu'il en soit, nous apprenons des actes de saint Melair, que ce premier Comte de Cornoüaille eut pour successeur son fils Daniël, qu'à Daniël succeda Budic son fils, & que Budic eut deux enfans, Meliau & Rivod. Meliau étoit un Prince d'une douceur aimable, & d'une grande pieté, qui succedant à son pere, gouverna le païs pendant sept ans, & rendit ses peuples heureux. Mais ils ne meritoient pas de posseder long-tems un si bon Prince. L'envie qui avoit armé Caïn contre son frere Abel, arma Rivod contre Meliau, qui fut tué par son frere dans une entrevüe, après avoir été Comte de Cornoüaille sept ans seulement. Les anciens ont donné le nom de Mattyre à la mort de Meliau, & il a toûjours été reveré comme Martyr dans les paroisses de Plou-miliau dans les dioceses de Quimper, de Vannes, & de Leon, & de Guic-Miliau dans celui de Leon ; & les miracles que Dieu fit dès le tems de sa mort, & qu'il a continué de faire depuis, par son intercession, prouvent que sa mort a été précieuse devant Dieu, comme sa vie lui avoit été agréable.

Rivod, chargé de l'execration des gens de bien, s'empara de l'autorité superieure, & voïant qu'il étoit l'objet de la haine publique, il eut peur de ne pouvoir se maintenir long-tems dans le poste qu'il avoit usurpé, d'autant plus qu'il y avoit un heritier legitime de Meliau, & c'étoit Melair, jeune enfant de sept ans. Cet homme cruel qui avoit tué le pere, crut ne pouvoir s'assurer le fruit de son crime, qu'en se défaisant aussi du fils. On le chercha, par son ordre, & quand on l'eut trouvé, on lui présenta cette innocente victime. La pitié trouva lieu dans les cœurs barbares des ministres même de la fureur de Rivod, qui voïant dans le jeune Melair tous les traits de son pere, qui n'avoit été haï que de Rivod, & touchez des innocentes caresses d'un enfant qui ne connoissoit pas le peril extrême où il étoit, ne purent souffrir qu'on lui ôtât la vie. De ses meurtriers qu'ils devoient être, ils devinrent ses intercesseurs auprès du tyran ; & Rivod, par un adoucissement digne de lui, se contenta d'ordonner que l'on coupât à Melair la main droite & le pied gauche. Les actes du Saint, qui supposent que l'execution se fit, avancent en même tems des merveilles qui surpassent toute croïance, & qui ne meritent, ni d'être rapportées, ni d'être refutées. Il est bien plus croïable que Rivod fut trompé par la representation qui lui fut faite de la main & du pied de quelqu'autre enfant mort, & Melair épargné.

L'Evêque de Quimper emmena l'enfant vers les confins du diocese, & le retint avec lui dans un monastere où ce Prélat s'occupoit dans le repos de la retraite, à l'étude des saintes lettres. Melair fut élevé dans ce monastere, & y fit de grands progrès dans la science & dans la vertu. Il étoit d'une vie innocente, & d'une simplicité qui lui gagnoit l'inclination de tout le monde, silentieux, grave, abstinent, plus qu'il n'est ordinaire aux jeunes gens de son âge, & toûjours occupé de l'oraison & des veilles, à quoi il ajoûtoit le jeûne, pour n'oublier rien de ce qui peut chasser l'ennemi opiniâtre, qui ne cede pas toûjours aux seuls efforts de la priere. Il évitoit avec soin la paresse & l'inutilité ; & ne cherchant à plaire qu'à Dieu seul, il déroboit, le plus qu'il pouvoit, à la connoissance des hommes, & ses prieres & ses aumônes.

Après qu'il eut passé sept ans dans ce monastere, ou dans l'Eglise de Quimper ; car il n'est pas aisé de deviner là-dessus quel est le sens de la narration qu'on trouve dans ses actes, l'Evêque de Quimper, voïant que la reputation du jeune Melair reveilloit la cruauté de Rivod, chargea son procureur de chercher quelque retraite obscure à l'enfant, aux extremitez du diocese. Le procureur de l'Evêque s'acquita de sa commission, & mit le jeune Melair chez un homme qui se chargea d'en prendre soin.

Rivod apprit le lieu de la retraite de son neveu, & n'osant plus entreprendre ouvertement, par lui-même, de le traiter comme il avoit traité son pere Meliau, il essaïa de gagner celui chez qui Melair étoit retiré. Il invita cet homme à sa table, & aïant ainsi commencé à se concilier son affection, il lui promît de le faire son grand Bailli, & de lui donner autant de biens & de possessions qu'il en pourroit souhaiter, s'il vouloit tuer le jeune Melair. Cet homme, presque gagné par l'éclat de ces promesses, voulut, avant que de se déterminer entierement, consulter sa femme là-dessus. Il rétourna donc chez lui, & découvrit à sa femme & à ses fils la proposition & les promesses de Rivod. « Il est de la prudence, dit la femme, de penser à donner à sa famille un établissement solide ; & d'ailleurs on ne résiste pas long-tems avec impunité à ceux qui ont le pouvoir en main. » Cet oracle malheureux acheva de déterminer l'homme, qui s'en alla, avec son fils aîné, trouver Rivod, pour promettre le crime, & s'en assurer la recompense.

La femme se repentit d'avoir donné un conseil meurtrier contre le Prince Melair ; elle voulut détruire son ouvrage, & pour dérober le Prince à la fureur de Rivod, sans lui dire que son mari en dût être le ministre, elle s'enfuit avec Melair au-delà des montagnes, chez Comor, ou Conomor, Lieutenant du Roi des François. Le mari & le fils aîné de cette femme, aïant appris sa fuite & leur retour, découvrirent la route qu'elle avoit prise, & résolurent de la suivre jusques chez Conomor, qui s'étoit déclaré le protecteur de Melair, & de publier qu'ils fuïoient aussi la persecution du tyran cruel & violent. A leur arrivée l'innocent Melair leur sauta au cou, & leur fit des caresses qui les eussent attendris, si l'ambition ne leur eût pas endurci le cœur. Ils rendirent cependant caresses pour caresses au jeune Prince, & Conomor trop credule en cette rencontre, leur en laissa la conduite, comme ils l'avoient euë auparavant.

Le mari emploïa pendant quelque tems les promesses & les menaces, pour faire rentrer la cruauté dans le cœur de sa femme, qui eut enfin la foiblesse de donner les mains au parricide. Son mari & son fils, couchez avec le jeune Melair, l'égorgérent pendant qu'il dormoit, lui coupérent la tête, l'emportérent, & s'enfuirent. Comme les portes du Château étoient fermées, ils furent obligez de se couler dans les fossez, où le fils se cassa le cou. Le pere se rendit auprès de Rivod, & lui présenta la tête de Melair ; mais il ne joüit pas de la recompense d'un crime si détestable ; une mort cruelle & subite en fut la punition ; & le tyran lui-même mourut au bout de trois jours.

Telle fut la fin de Rivod & des ministres de sa fureur, & de l'innocent & vertueux Prince Melair Comte de Cornoüaille, que la sainteté de ses mœurs, le grand nombre de ses miracles, & le genre de sa mort, ont fait qualifier Martyr, selon l'usage ordinaire de ce tems-là, quoiqu'il ait été immolé aux interests d'une malheureuse politique, plûtôt que sacrifié pour la foy de J. C. Aussi les Litanies Angloises du VII. siécle ne placent-elles Melair que parmi les Confesseurs. Mais ces actes lui donnent la qualité de Martyr. La ville de Lan-Meur, du diocese de Dol, aux enclaves de Treguer, se glorifie d'avoir été le lieu de la sepulture de son corps, aussi-bien que de son martyre. On y montre un cercueil de pierre, où l'on dit que le corps de saint Melair a reposé jusqu'au X. siécle ; & le Saint est honoré, comme patron, dans cette ville, aussi-bien qu'à saint Meloir des Bois auprès de Dinan, & à saint Meloir entre Cancale & le Mont S. Michel. Son nom est marqué, avec la qualité de Martyr, dans les anciens Breviaires de Quimper & de

SAINT MELAIR,

Leon, au 2. d'Octobre, avec office de neuf leçons. L'Eglise de Quimper a conservé la tête du Saint; & une partie de son corps, enlevée de Bretagne dans le IX. siécle par Salvator Evêque d'Aleth, se conserve à Meaux.

Le P. Bollandus a mis, dans son premier tome de Janvier, des actes de saint Melair tirez des Legendaires Anglois, qui sont les mêmes, pour le fonds, que ceux que nous avons suivis, & que le P. Augustin du Paz avoit autrefois copiez des anciens Breviaires de la province; mais les actes Anglois sont interpollez & farcis de beaucoup de fables. Avec cela il paroît que les interpollateurs ont eu envûë de transporter la scene dans la Cornoüaille insulaire. Mais il n'y a nulle apparence de verité à cette supposition. L'Evêque de Quimper, Conomor Lieutenant du Roi des François, le tombeau de Lan-mur, la translation faite par Salvator Evêque d'Aleth, dont l'histoire se trouve ou troisiéme tome du recueil des historiens François de Mr. du Chêne, sans compter les inductions que l'on pourroit tirer de ce qui est dit dans Gregoire de Tours, & dans le Registre de Landaff cité par Usserius, des successions des Comtes de nôtre Cornoüaille; tout cela prouve qu'il ne s'agit point, dans l'histoire de S. Melair, de la Cornoüaille insulaire.

Le P. Augustin du Paz a laissé par écrit dans ses memoires, que dans le Martyrologe de Leon il est fait mention, au 1. d'Octobre, d'un S. Melor Evêque & Martyr dans la grande Bretagne. Ce sera à cet Evêque & Martyr de l'isle, que les Anglois auront voulu approprier les actes de saint Melair de la province de Bretagne. L'Abbaïe de Redon, selon son Cartulaire, possedoit en 852. le corps de saint Meloir *Melori*, avec ceux de S. Marcellin & de S. Apotheme. Outre les paroisses que nous avons déjà marquées qui portent le nom de saint Meloir, il y en a encore une autre dans le diocese de S. Brieuc, appellée tantôt Tremeler, & tantôt Tre-meloir.

SAINTE NINNOC,
Vierge.

VI. SIECLE.

LES actes de Ste. Ninnoc ou Nennoc, copiez l'an 1130. par Gurheden moine de l'Abbaïe de Kemperlé, sont si remplis d'anacronismes grossiers, que ce seroit abuser de la patience des lecteurs, que de s'ar-rêter même à les refuter. Ce qu'il y a de certain, c'est que le culte de cette sainte fille étoit établi dès le VII. siécle, puisqu'on trouve son nom invoqué dans les Litanies Angloises de ce tems-là. Ses actes, ridicules presque par tout, mais peutêtre vrais en quelques choses, la font fille d'un Roi de Cambrie nommé Brochan, de la maison du Roi Gunthiern; ils la font passer dans la Bretagne Armoricaine avec quatre Evêques, un grand nombre de Prêtres, de Diacres, de Religieuses, & d'autres personnes, après avoir genereusement refusé l'alliance du fils d'un Roi voisin; ils la font aborder, du tems du Comte ou Prince Guerec, à l'embouchûre de la riviere de Blavet, autant qu'on en peut juger par l'obscur langage de ces actes; & le Comte lui permet de s'établir à Plemeur, qui n'est pas loin de l'embouchûre de cette riviere de Blavet. Nous pouvons recueillir de tout cela, que rien ne nous empêche de croire que sainte Ninnoc ne fût effectivement fille d'un Roi de Cambrie; qu'elle ne fût parente de saint Gunthiern l'un des Rois de ce même canton; & que, touchée de son exemple, elle n'ait pris la genereuse résolution de le suivre dans l'Armorique, où il s'étoit retiré dans l'isle de Groïe, vis-à-vis de l'embouchûre de la riviere de Blavet. Le Comte Guerech qui fit don de Plemeur à sainte Ninnoc, peut bien être le même Guerech I. Comte de Vannes, qui avoit donné d'autres établissemens à saint Gunthiern. Il n'est pas non plus hors d'apparence que sainte Ninnoc ait bâti dans ce lieu de Plemeur un monastere pour ses Religieuses, & procuré la fondation de quelques autres pour les hommes qui l'avoient suivie dans le dessein de se consacrer à Dieu. Il n'est point inouï que des filles aïent montré aux hommes le chemin du Ciel, & les aïent animez par leur exemple à marcher courageusement dans les voïes du salut. Sainte Vauburge a fait la même chose, dans le VIII. siécle, que sainte Ninnoc dans le VI. & le détail plus sûr que l'Allemagne a des actions & de la vie de sainte Vauburge, rend moins étonnant le fait principal de la vie, quoique moins connuë & moins sûre, de sainte Ninnoc. Le monastere qu'elle avoit bâti à Plemeur, prit bientôt le nom de Lan-Ninnoc, & est devenu depuis un Prieuré dependant de l'Abbaïe de sainte Croix de Kemperlé. Le P. Albert le Grand met la mort de sainte Ninnoc au 4. de Juin, après qu'elle eut vêcu trente-deux ans dans son Monastere de Plemeur.

12.
MARS.

SAINT PAUL-AURELIEN,
premier Evêque de Leon, Confesseur.

VI. SIECLE.

Tiré des actes de S. Paul, qui se trouvet dans Bollandus.

PAUL prit naissance dans la Bretagne insulaire, d'un pere nommé Porphius; & le surnom d'Aurelien qu'il portoit, donne lieu de croire que leur famille étoit des anciens Bretons sujets des Romains ; comme la parenté de Paul avec Withur Comte de Leon, fait juger qu'il étoit d'une naissance distinguée. Le canton de l'isle où il naquit s'appelloit *Pen-ohen*, ce qui signifie *tête de bœufs* ; mais on dispute pour sçavoir si ce canton étoit de Cornoüaille ou de Cambrie, ce qui importe fort peu. Ce qui semble déterminer pour la Cornoüaille, c'est que la sœur de saint Paul, qui s'étoit dediée au service de Dieu dans une terre, apparemment de sa succession paternelle, demeuroit au bord de la mer Britannique, ce qui ne peut convenir à la Cambrie.

On n'a point marqué dans l'histoire de la vie de Paul l'année qu'il naquit. Plusieurs raisons persuadent qu'il vint au monde entre l'an 485. & l'an 490. car aïant été ordonné Prêtre dans l'isle, & aïant, depuis son ordination, demeuré encore quelques années dans son Monastere, superieur de douze Religieux, Prêtres comme lui; & plusieurs autres années avec le Roi Marc; il devoit avoir 40. ou 45. ans lorsqu'il fut fait Evêque après quelques années de séjour au païs de Leon, environ l'an 531. Et d'ailleurs, s'il étoit mort l'an 573. comme on le trouve dans un ancien manuscrit cité dans Bollandus, on ne peut placer l'année de sa naissance plus tard qu'en 490. afin qu'il eût 85. ou 86. ans, lorsqu'il déceda dans une extrême vieillesse, comme il est dit dans ses actes.

Il y eut plusieurs freres, & tout au moins une sœur, entre tous lesquels il fut, comme Joseph, & comme David, prédestiné de Dieu, & le bien aimé de son pere, qui avoit dessein de en faire son principal heritier, & qui fondoit particulierement sur lui l'esperance de sa maison. Dieu qui l'avoit choisi pour de plus nobles desseins, inspira de bonne heure au saint enfant le desir de se faire instruire, & de se consacrer au Seigneur dans un monastere. Il en pressa son pere si souvent & si fortement, que son pere fut enfin contraint de ceder, & de lui donner cette satisfaction.

De tous les monasteres de l'isle, le plus fameux, pour la bonne éducation des enfans, étoit celi de saint Hiltut. Ce fut où Porphius voulut conduire son fils, & Paul eut le bonheur d'y trouver la plus belle compagnie de disciples que saint Hiltut ait jamais formez. Paul eut l'avantage d'y vivre avec saint David, saint Samson, saint Gildas, & plusieurs autres illustres compagnons, sur la conduite desquels il pouvoit se former dans la pratique des plus excellentes vertus. D'un autre côté se fut aussi un bonheur à cette sainte jeunesse d'avoir un condisciple tel que saint Paul, qui ne leur étoit inferieur en rien, & qui sembloit même les surpasser dans cette sainte simplicité d'ame qu'on appelle candeur.

On en rapporte quelques preuves miraculeuses, dans sa legende ; mais il n'en faut point d'autre, que l'estime extraordinaire qu'en faisoit son maître, qui assuré de la maturité de ses mœurs, de sa sagesse & de sa discretion, lui permit de se retirer, pour vivre seul dans un Ermitage, quoiqu'il n'eût encore que seize ans ; & l'abandonna sans scrupule à sa propre conduite, dans un âge où la plûpart ne sont pas encore assez sages pour se laisser gouverner, & où l'on ne demande d'eux, que de vouloir bien suivre les bonnes impressions qu'on leur donne.

Paul prit en effet congé de saint Hiltut, & se retirant, avec sa benediction, dans un lieu desert qui étoit des appartenances de son pere, il y bâtit un oratoire & une cellule, où il vécut plusieurs années dans toute l'élevation de la vie des Anges, & dans toute l'austerité des penitens les plus severes. Ses jeûnes étoient regulierement de deux ou de trois jours sans rien manger, & ses repas n'étoient que de pain & d'eau. Il n'y ajoûtoit tout au plus, aux jours des plus grandes solennitez, que quelques petits poissons. Tout le reste de sa vie il s'abstint de quelque viande que ce fût ; ne goûta jamais de vin, qu'à l'Autel ; & de l'eau même il n'en beuvoit jamais assez pour satisfaire entierement sa necessité. Il prioit ou il chantoit les loüanges de Dieu sans cesse ; & n'interrompoit ces deux saints exercices, que pour lire & méditer l'Ecriture Sainte, où il trouvoit toute sa consolation.

Il fut fait Prêtre, lorsqu'il eut atteint l'âge de l'être, & douze autres Prêtres se mirent sous sa conduite. Il leur bâtit des cellules proche de la sienne, & devenu leur maître, il leur enseigna toutes les pratiques de la plus haute perfection, par ses exemples & par ses discours. Il y avoit déja quelque tems que ces saints solitaires se formoient à son école, lorsqu'un Roi nommé Marc,

SAINT PAUL.

12.
MARS.

Marc, du Roïaume duquel on ne peut rien dire de certain, sinon que le lieu de la retraite du Saint paroît avoir été de sa dépendance, prit le dessein, avec les principaux de son Etat, sur la grande reputation de saint Paul, de l'appeler dans son païs, pour y prêcher le saint Evangile, & pour y reformer les mœurs.

Nôtre saint Paul, s'appliquant dans cette rencontre ce que le grand Apôtre dont il avoit l'honneur de porter le nom a dit : que resister aux puissances, c'est resister aux dispositions de Dieu même, prit avec lui ses douze disciples, & alla trouver ce Roi dans un lieu nommé Vannedos, aussi peu connu que le Roïaume, & commençant par lui sa Mission, il l'instruisit avec toute sa Cour ; ensuite de quoi se répandant avec ces douze disciples, comme autant de fleuves, par la campagne, il l'arrosa toute de la doctrine salutaire de la foi, & la rendit fertile en bonnes œuvres, avec d'autant plus de succès, que ses discours, appuïez de ses exemples, étoient encore autorisez par des miracles.

Paul demeura long-tems dans ce païs, à travailler infatigablement à ces fonctions Apostoliques, & à cultiver ces nouvelles plantes avec beaucoup de soin. Les peuples craignans de le perdre, souhaitérent de l'avoir pour Evêque. Ils s'addressérent au Roi, & le priérent de faire ordonner le Saint pour leur Pasteur, afin que cette dignité le retint chez eux, & l'engageât à ne les point abandonner. A la premiere proposition que Marc en fit à saint Paul, celui-ci en fut tellement épouvanté, qu'il prit aussitôt la résolution de se retirer : car il n'apprehendoit rien tant que la dignité, dont il n'avoit pas fuy le travail. Mais craignant aussi, d'ailleurs, de resister à la vocation du Seigneur, & partagé entre l'amour de la contemplation, & le zéle du salut des ames, il passa plusieurs nuits à prier incessamment Dieu qu'il lui plût lui faire connoître sa sainte volonté.

Ses priéres venoient d'un cœur trop pur & trop soumis, pour n'être pas exaucées. On assure qu'un Ange vint lui dire, de la part de Dieu, que le païs où il se trouvoit n'étoit pas celui que la providence lui avoit destiné ; qu'il l'abandonnât au plûtôt, & qu'il ne se laissât point fléchir aux prieres des peuples ni du Roi ; qu'il ne s'informât point, au reste, en quel païs il devoit aller, parce qu'il l'accompagneroit par tout, & le conduiroit, jusqu'à ce qu'il y arrivât. Paul passa le reste de la nuit à rendre graces à Dieu de la faveur qu'il venoit d'en recevoir ; & dès le matin il envoïa un de ses disciples au Roi, pour l'avertir de la revelation qu'il avoit euë, & lui demander la permission de suivre le guide que le Seigneur lui avoit donné. Marc trouvoit Paul trop necessaire, & l'affectionnoit trop, pour consentir si facilement à ce qu'il s'en allât. Il lui refusa donc l'effet de sa demande ; mais le refus ne fit qu'affermir S. Paul. Il alla lui-même trouver le Prince, & lui fit entendre, que s'il avoit obéï si promptement à ses ordres, lorsqu'il avoit quitté la solitude pour venir dans ses Etats ; il ne devoit pas moins d'obéïssance au Roi des Rois qui l'appelloit ailleurs par des ordres indispensables. Il obtint enfin, quoiqu'avec beaucoup de peine, la permission de s'en aller, & se mit incontinent en chemin, pour venir trouver sa sœur, qui dès sa plus tendre jeunesse s'étoit dévoüée, comme lui, au service de Dieu, & demeuroit dans une penisule sur le bord de la mer Britannique,

12.
MARS.

Le dessein de Paul étoit de s'embarquer dans ce lieu même, après avoir donné quelques jours à l'instruction de sa sœur & à sa consolation, & de sortir de l'isle aussitôt qu'il en trouveroit la commodité. Il y fit préparer un navire, & tout étant prêt pour son départ, on dit qu'à la priere de sa sœur il obtint de Dieu, que la mer se retirât à près d'un quart de lieuë de l'habitation de cette sainte fille, que les grandes marées incommodoient trop. Aïant donc prescrit à la mer des bornes qu'il lui défendit de passer, il commanda à sa sœur d'arranger de petits cailloux le long du nouveau rivage, qui devinrent incontinent de grands rochers, qu'on nomme encore aujourd'hui, dit l'historien qui écrivoit vers l'an 1000. *Le chemin de saint Paul.* On peut croire au fonds, qu'en évaluant tout le merveilleux de ce conte, cela ne signifie autre chose, sinon que saint Paul fit faire une digue, pour empêcher la mer d'innonder un terrain bas.

Quoiqu'il en soit du miracle, qu'on ne garentit point, Paul aïant passé toute la nuit qui préceda son départ, à benir & à prier Dieu, s'embarqua dès le point du jour, sans sçavoir où il devoit aller, & sans avoir d'autre pilote que la providence, à laquelle il se livroit, sur la parole que l'Ange lui avoit donnée. Il fut d'abord conduit à l'isle d'Ouessant, distante de quatre à cinq lieuës de la côte occidentale du païs de Leon. Il y descendit avec ses douze disciples, tous Prêtres, plusieurs de ses parens & de ses amis, qui l'avoient suivi par devotion, & quelques domestiques. Le lieu se nommoit *le port des bœufs.* Ils y laissérent leur vaisseau, & s'avancérent dans les terres. Aprés avoir visité toute l'isle, Paul s'arrêta dans un en-

Porz Eugen, ou Porz-Enumet, selon les memoires du P. du Paz.

12.
MARS.

L. 3. de mi-
rac. S. Bened.
c. 12.

droit où il avoit trouvé une fontaine. Il y bâtit un Oratoire, & quelques huttes en apenti, au lieu qu'on nomme à présent Lan-Paol, où il y a eu un Monastere qui a subsisté jusqu'au X. siécle, selon le témoignage d'Aimoin.

Le Saint y vécut pendant quelque tems, avec les siens, & il y auroit joüi d'un grand repos d'esprit, nonobstant l'extrême pauvreté du lieu, si l'incertitude où il étoit si c'étoit-là l'endroit que lui avoit préparé le Seigneur, ne l'eût point inquiété. Pour s'en assurer, il eut recours aux prieres, il redoubla ses jeûnes, il prolongea ses veilles, & ce fut après avoir passé toute une nuit en oraison, que s'étant un peu assoupi le matin, il fut averti, dit-on, par le même Ange qui lui étoit apparu chez le Roi Marc, de ne s'arrêter pas plus long-tems dans cette solitude, parce que la providence le destinoit ailleurs, où il devoit gagner à Dieu un grand nombre d'ames.

Dès qu'il fut jour le Saint assembla toute sa compagnie, déclara ce que l'Ange lui avoit dit, & commanda d'appareiller & de se disposer tous à partir. Il se mit en mer, aussitôt que tout fut prêt pour le voïage, & se laissant aller à la conduite de la providence, il aborda proche d'un rivage nommé pour lors *Admaken*, & d'une isle qu'on appelloit [a] *Medonia*, où aïant trouvé un petit port assez commode, il fit mettre tout son monde à terre. On dit que ce fut dans la paroisse de Plou-nevez, au petit havre de Kernic. Mais tous les noms ont changé depuis, & l'on ne peut s'assurer de deviner juste. Entré plus avant, il vint à une paroisse nommée pour lors *Telmedonia*, dans la partie la plus occidentale du païs d'Acx, où trouvant une belle fontaine dans un vallon nommé depuis *Kaer-Pezron* ou *Ville-pierre*, parce qu'un de ses parens nommé Pierre en fut proprietaire, il y bâtit aussi-tôt un Oratoire ; car c'est par où il commençoit toûjours : & y séjourna quelque tems.

Ses disciples, sans s'écarter beaucoup de ce lieu, qu'ils regardoient comme le centre de leur union, se dispersérent dans les lieux voisins, se choisirent des places à leur gré, & se bâtirent des Ermitages, où ils s'adonnoient aux exercices de la priere & de la penitence, avec d'autant plus de liberté, qu'ils n'étoient distraits de personne, & qu'ils se faisoient une joïe d'être dépourvûs de tout. Un entr'autres, nommé Joevin, ou selon quelques manuscrits, Vinehin, aïant rencontré un endroit agréable, mais qui étoit le repaire d'un buffle ou bœuf sauvage qu'il n'en pouvoit chasser & qui dé-

a Il y a entre Ouessant & la côte une isle nommée *Molene*, & une paroisse à la côte, nommée *Melon*, dans la carte de du Val.

truisoit tous ses travaux, changea de place avec saint Paul qui dompta le buffle furieux, & lui commanda de se retirer si loin, qu'on ne le vit plus ; à quoi l'animal obéït. Paul bâtit en ce lieu un nouvel Oratoire, qui a depuis été nommé [b] Lan-pol, & en conserve encore aujourd'hui le nom.

Paul joüissoit d'un profond repos dans cette solitude, & vaquoit à la contemplation & à la priere, avec tant de tranquilité qu'il ne doutoit point que ce ne fût le lieu que l'Ange lui avoit promis, & qu'il ne songeoit point à le quitter, lorsque le même Ange lui apparoissant, lui commanda d'aller au plûtôt trouver le Comte du païs, & l'assura que ce seroit quand il auroit obéï, qu'il trouveroit le lieu de sa demeure pour le reste de ses jours. Paul se mit aussitôt en chemin, suivi de tous ses disciples, & étant arrivé dans un lieu que l'on appelloit les [c] Pierres, peu éloigné du bord de la mer, toute la compagnie lassée de la fatigue du chemin, & souffrant beaucoup de la soif, se mit à chercher quelque fontaine aux environs. Ils le firent inutilement, & tous seroient morts de l'ardeur de leur soif, qui s'augmentoit de plus en plus, si le Saint, touché de compassion, n'avoit fait sourdre trois belles fontaines ; ce qui imprima à ses disciples de nouveaux sentimens de veneration pour leur pere, & les porta à rendre de grandes actions de graces à Dieu, qui ôte & rend la vie comme il lui plaît.

Pendant qu'ils prenoient tous un peu de repos au bord des ruisseaux qui couloient de ces nouvelles sources, ils apperçûrent un pasteur qui suivoit de nombreux troupeaux. Ils lui demandérent qui étoit son maître, s'il avoit une parfaite connoissance du païs, & s'il ne pourroit pas leur enseigner quelque solitude écartée. Cet homme étoit un des bergers du Comte Withur, & pour une personne de sa condition, ne manquoit ni d'honnêteté ni d'esprit. « J'appartiens, répondit-il, adressant la parole à S. Paul, qui lui parut le plus considerable de la compagnie, au Comte Withur, que Childebert Empereur des François a fait Seigneur de tout ce païs-ci. Il ne demeure pas loin, & si vous avez dessein de le voir, je serai vôtre guide jusqu'à son palais ; & je m'offre encore à vous montrer une retraite telle que vous témoignez en souhaiter une. »

Saint Paul, profitant de la bonne volonté de cet homme, qu'il regarda comme envoïé de Dieu pour lui servir de guide, le suivit jusqu'à la ville qui porte aujourd'hui son nom, à l'entrée de laquelle le Saint trouvant une fontaine, il en benit l'eau, qui a servi depuis à la guerison d'une

[b] pol, païs non *Melo* qui que près lieu Paul le qua.

[c] ou

infinité de maladies. La place, qui pouvoit avoir été plus confiderable & plus peuplée avant les incurfions des Saxons, étoit alors fort deferte, fi l'on en croit le Moine de Fleury compilateur de la vie du Saint, écrite en original par des auteurs Bretons, que ce Religieux n'a pas, ce femble, bien compris en cet endroit ; puifque ce lieu, dans la defcription qu'il en fait, reffemble plûtôt à Rofcou, qu'à S. Pol de Leon. De là faint Paul marcha vers le palais du Prince, qui demeuroit pour lors dans une ifle nommée Bath, diftante de la côte d'environ une lieuë, en tirant au nord.

Withur étoit un Prince d'une très-grande pieté. Il avoit appris les belles lettres, & la frequente lecture de l'Ecriture Sainte lui avoit donné tant de goût pour la vie interieure, & un fi fervent defir de vaquer à la meditation, à la priere, & aux autres exercices fpirituels, qu'il ne fe livroit, que le moins qu'il pouvoit, aux affaires temporelles, & fe déroboit fouvent aux compagnies pour vaquer uniquement à Dieu. Cette ifle de Bath lui avoit femblé très-propre pour fon deffein ; il en avoit fait le lieu de fa retraite, & il y étoit actuellement, lorfque faint Paul cherchoit à fe préfenter devant lui.

Comme le Prince étoit fort charitable, les pauvres venoient de toutes parts pour recevoir fes liberalitez. Ce concours donna occafion à faint Paul de leur faire une meilleure aumône que celle qu'ils attendoient ; il rendit miraculeufement la fanté à quelques malades & à quelques eftropiez. Withur étoit alors en fon cabinet, où il écrivoit de fa propre main l'Evangile. Saint Paul le falua avec beaucoup de refpect, & il en fut reconnu d'abord ; ce qui donne lieu d'inferer que Withur étoit né dans l'ifle, qu'il avoit connu S. Paul auparavant, & qu'il n'y avoit pas fort long-tems qu'il avoit obtenu cette contrée de Childebert. Cette reconnoiffance, au refte, fut d'autant plus tendre, que l'un & l'autre avoient beaucoup de pieté, & qu'ils étoient proche parens. Car quand les alliances de la vertu font jointes à celles du fang, les liens en deviennent bien plus forts.

Withur aïant fait affeoir S. Paul, & fes difciples, lui faifoit rendre compte des differentes avantures de fa vie, & il en étoit au recit de ce qui s'étoit paffé à la Cour du Roi Marc ; lorfqu'on vint apporter au Comte un poiffon d'une grandeur monftrueufe qu'on venoit de pêcher, au ventre duquel on avoit trouvé une cloche de métail. On peut ne point croire ce que nous allons rapporter ; & le moïen de s'imaginer que les Legendaires n'aïent pas abufé trop legerement de la credulité de leurs Lecteurs ? Mais on le rapporte cependant ; pour faire remarquer de quelle rareté étoient les cloches en ce tems-là. S. Paul donc, à ce qu'on dit, voïant cette cloche, & l'entendant fonner, ne put s'empêcher de fourire. Le Comte lui en demanda le fujet, & faint Paul lui dit : « cette cloche me paroit la « même que celle que je viens de vous dire « que le Roi refufa, quand je pris congé de lui, & que je le priai de m'en faire « préfent. Il en avoit fept femblables, qu'il « faifoit ordinairement fonner, lorfqu'il « prenoit fes repas ; & je lui en demandai « une, pour gage de fon amitié. Je ne pus « l'obtenir de lui ; mais je vois que mon « Dieu, la bonté duquel je ne puis affez « benir, favorable à mes defirs, m'envoïe « cette cloche par vos officiers, afin que la « recevant de vous, nous n'en aïons l'obli- « gation qu'à lui. » Le Prince, admirant & loüant avec faint Paul la complaifance que Dieu témoigne fouvent pour fes ferviteurs, fit à l'heure même préfent au faint homme de cette cloche, que les Bretons nommérent en leur langue Hy-glas, à caufe de fa figure & de fa couleur ; & on la conferve encore aujourd'hui précieufement dans le tréfor de la cathedrale de Leon, ou quelqu'autre fubftituée à fa place.

Dans la fuite de la converfation Withur dit à S. Paul, que dans l'ifle où il étoit, il y avoit un ferpent monftrueux, fi grand & fi vorace, qu'il avoit mangé deux bœufs & deux hommes en un feul jour ; qu'il étoit couvert d'écailles fi dures, qu'elles étoient impenetrables ; & que l'aïant plufieurs fois attaqué avec des foldats, la plûpart y avoient perdu la vie, & les autres s'étoient à peine fauvez par la fuite avec lui : faint Paul voulut auffitôt aller attaquer ce monftre, pour en délivrer le païs, & quoique le Comte pût lui repréfenter, pour l'empêcher de s'expofer au peril, faint Paul y alla, dans l'efperance du fecours du ciel, promis dans l'Evangile, contre tous les ferpens, à quiconque à la vraïe foi. On dit enfuite, qu'approchant du dragon, il lui mit fon étolle au cou (étolle qui devoit être bien grande, fi la bête n'avoit le cou plus grêle que la proportion du corps ne le demandoit) & le traitant comme un chien à l'attache, & le hâtant même quelques fois de marcher, à coups de bâton, il le mena fur la pointe d'un rocher de la côte feptentrionale de l'ifle ; d'où il lui fit commandement de fe précipiter dans la mer ; ce qui fut fait, au grand étonnement du Prince & de toute fa Cour, qui n'ofoient néanmoins regarder que de loin cet admirable spectacle.

C'étoit la coûtume des anciens Legendaires, de faire ainsi chasser à leurs Saints, chacun un épouvantable serpent ; & cette coûtume a été mieux suivie dans la Bretagne Armoricaine, qu'en aucun autre païs. Une critique un peu severe pourroit opposer à ces admirables exploits une infinité de raisons, ou les expliquer par le secours des allegories & des tropologies. On ne le fera néanmoins pas, & l'on a cru devoir rapporter au moins un exemple ou deux de ces sortes de prodiges, pour ne pas sembler nier le merite des Saints, ou douter de la puissance infinie de Dieu. C'est au Lecteur à en faire tel jugement qu'il voudra.

Withur ceda à Paul & à ses Religieux le lieu de sa demeure, pour en faire un Monastere, & leur donna generalement tout ce qu'il possedoit dans l'isle de Bath, avec l'Evangile qu'il avoit écrit. S. Paul accepta ses dons, bâtit dans l'isle une grande Eglise, qu'il accompagna de plusieurs édifices ; & affectionna tellement ce lieu, qu'il y voulut passer tout le reste de sa vie.

L'éclat de ses vertus porta les peuples à le souhaiter pour Evêque ; mais Withur voïant qu'il n'y avoit pas moïen d'obliger saint Paul à accepter cette dignité, & craignant, s'il l'en importunoit trop, qu'il ne quittât le païs, comme il avoit abandonné le païs du Roi Marc pour le même sujet ; jugea que pour venir à bout de ses fins, il falloit user d'artifice, & tromper le Saint. Il feignit pour cet effet, qu'il avoit des affaires de la derniere consequence à communiquer au Roi Childebert, à qui, disoit il, il n'avoit point écrit, ni envoïé d'Ambassadeurs, depuis son premier établissement ; & priant saint Paul de vouloir bien être son Ambassadeur dans une conjoncture où il n'osoit, disoit-il, se fier qu'en lui, & où il ne s'agissoit presque de rien moins, que de toute sa fortune ; il obtint de la reconnoissance de saint Paul ce qu'il lui demandoit. Il écrivit donc par lui à Childebert, non ce qu'il lui avoit dit qu'il lui écriroit, « mais que tous les peuples souhaitoient ardemment le saint homme pour « leur Evêque, & que lui seul, par une humilité trop opiniâtre, s'opposoit à son « élevation, quoiqu'il fût d'un merite incomparable, & qu'on pût esperer de « grands biens de sa promotion ; qu'il sup« plioit donc très-humblement S. M. qu'il « lui plût de le faire ordonner, malgré sa « résistance, & le contraindre d'accepter un « emploi dont personne n'étoit assurément « si digne que lui, & qu'il meritoit d'autant plus, qu'il s'en estimoit moins capable. «

Ces lettres, cachetées du sceau que le Comte avoit reçu du Roi, ne furent pas plûtôt luës, que le Roi, entrant dans l'esprit de la feinte dont saint Paul alloit être la victime, lui fit des reproches, de ce qu'il étoit un serviteur inutile dans la vigne du Seigneur, & de ce qu'aïant reçu de sa divine bonté plusieurs talens pour le bien de son Eglise, il les cachoit en terre, au lieu de les faire multiplier, conformément à la loi de l'Evangile. « Ne craignez-vous point, ajoûta le Roi, les menaces faites aux ouvriers lâches & faineans comme vous ? « S. Paul qui ne s'attendoit à rien moins qu'à un accueil semblable, & qui aïant cru avec une simplicité de colombe tout ce que lui avoit dit Withur, n'étoit aucunement préparé à répondre à Childebert sur ce qu'il lui reprochoit, se prosterna humblement à terre, comme un coupable, quoiqu'il ignorât sa faute, & ne répondit que par ses larmes.

Childebert touché de la profonde humilité, & de la sainte simplicité de l'homme de Dieu, courut aussitôt le relever. Ne lui voulant pas toutefois donner le loisir de se reconnoître, ni prendre celui d'écouter ses raisons, il se saisit, à l'instant même, du bâton pastoral d'un Evêque qui se trouva présent, & le mettant à la main de S. Paul : « recevez, mon Pere, lui dit-il, la qualité d'Evê« que, afin que vous soiez utile à plusieurs. « Après quoi il le mit entre les mains de trois Prélats, qui le consacrérent Evêque, nonobstant ses protestations de son incapacité, & ses continuels gemissemens.

Ainsi fut ordonné saint Paul Aurelien, premier Evêque d'Ocismor ou de Leon, par l'autorité d'un Roi de France, à la requête des Bretons, lorsqu'il se croïoit le plus éloigné de la dignité qu'il avoit toûjours fuïe ; & une marque indubitable que Childebert fut très-édifié de sa vertu, de sa modestie, & de sa conduite dans cette affaire, est le don qu'il lui fit des revenus du païs de Leon & du païs d'Ack qui lui appartenoient, dont il dota la nouvelle Eglise, qui seroit assurément bien pauvre, si elle n'avoit point d'autres revenus, que ceux qu'on veut que lui ait donnez le prétendu Roi Conan Meriadec.

Après que le Saint eut rendu de très-humbles graces au Roi, qui commanda qu'on le défraïât pendant tout le voïage, persuadé que Dieu lui avoit imposé la charge, il revint dans son diocese, où il fut reçu avec un applaudissement inexplicable de tous les Leonnois, & particulièrement du Comte Withur. Comme Paul avoit fait ailleurs un assez long apprentissage des fonctions Apostoliques, quoiqu'il ne fût pas encore alors Evêque, il commença d'abord à exercer l'Episcopat en excellent maître, avec d'autant plus de zéle, que la grace de la consecration lui avoit donné une augmentation de ferveur. Il s'attacha sur tout à ruïner les restes de l'idolâtrie, que ceux d'entre les anciens Armoricains qui étoient demeurez dans le païs conservoient encore; & il eut la consolation d'en arracher toutes les superstitions. Il porta ensuite tous ses diocesains à la pratique des vertus Chrétiennes, & édifia dans tout son canton une solide pieté, sur le fondement de la vraïe foi. Plusieurs personnes de distinction bâtirent des Eglises & des Monasteres, & s'y consacrerent à Dieu avec tous leurs biens; & par les soins assidus du saint Evêque, on vit par tout l'erreur confonduë, le vice détruit, & la vertu florissante.

Ce fut dans l'exercice continuel des saintes, mais penibles fonctions de son ministere, qui ne lui faisoient néanmoins rien relâcher de sa penitence, qu'il usa les forces de son corps, & fut enfin obligé de mettre à sa place un de ses disciples, afin de pouvoir vaquer à la contemplation le reste de ses jours.

Joevin. Joavan. Ce disciple étoit ce même Johevius, Joevin, ou Jaovan, qui venu de l'isle d'Ouessant avec saint Paul, avoit, dans le païs d'Ack, changé d'Ermitage avec lui, forcé à cela par le voisinage dangereux d'un buffle qui renversoit tout son travail, comme nous l'avons dit. On le nommoit *le Moine*, par excellence, à cause de sa regularité & de son amour pour la solitude; & il y a bien de l'apparence qu'il avoit suivi saint Paul dans l'isle de Baz, quoique la vie de saint Jaovan, tirée des leçons d'un vieux Breviaire de Leon, qui se trouve au premier tome de Mars de Bollandus, nous donne un systême tout different, comme nous le verrons ailleurs.

Bollandus met en doute si saint Paul quitta veritablement le siege Episcopal, ou si, sans se démettre, il nomma seulement Johevin, & après lui Tiernomail, & Cetomerin, ses Vicaires generaux. S'il étoit bien assuré que saint Golven eût été le successeur immediat de saint Paul, comme Bollandus le prétend, il faudroit dire certainement que Johevin, Tiernomail & Cetomerin, n'ont été, tout au plus que des Evêques suffragans, ou des Chorevêques, & pour fortifier cette opinion, l'on ajoûteroit qu'après le decez précipité des premiers de ces trois prétendus successeurs, saint Paul agissoit toûjours en pasteur du diocese, soit pour se nommer de nouveaux Grands Vicaires ou de nouveaux Coadjuteurs, soit pour reprendre la conduite du troupeau; & enfin, qu'il ne paroît pas qu'il ait appelé d'autres Evêques pour ordonner Johevin, & depuis Tiernomail & Cetomerin. Mais comme il est dit dans la vie de saint Golven, que ce Saint vivoit du tems d'Even, surnommé le Grand, Comte de Leon, qui n'a vêcu qu'au IX. siécle, & comme il est dit expressément que saint Paul *ordonna* Cetomerin, après que Johevin & Tiernomail furent decedez, & qu'il lui laissa son siége; on ne voit pas qu'on puisse douter que saint Paul n'ait ordonné Evêques ses trois disciples, l'un après l'autre, soit qu'il ait invité des Evêques voisins pour assister & concourir à leur sacre, soit qu'il les ait ordonnez seul avec ses Prêtres. Car on voit assez dans toute sa conduite, qu'il y avoit plus de simplicité & de charité dans les Evêques de l'Eglise Bretonne de ce siécle-là, que de science des Canons.

Paul ne tira pas de la substitution de Johevin toute la consolation qu'il en esperoit; non que ce nouvel Evêque trompât ses esperances, ou qu'ingrat à son maître, il n'eût pas pour lui toute la déference qu'il devoit. Ce fut au contraire la plenitude du merite extraordinaire de cet excellent disciple, qui fut la cause innocente de la tristesse du maître; car Johevin aïant comblé de bonne heure la mesure de sa perfection, mourut un an après qu'il eut été ordonné, au grand regret de saint Paul, que la soumission qu'il devoit à Dieu ne rendoit pas insensible à une si grande perte.

Tiernomail, un autre des éleves de saint Paul, fut choisi par ce venerable vieillard, pour remplir la place du défunt, & fut installé avec toutes les cérémonies convenables sur le siége Episcopal de Leon. Comme il n'avoit pas moins de merite que son predecesseur, on n'esperoit pas moins de lui; mais il ne vêcut pas dans cette dignité plus long-tems que l'autre, & mourut après un an & un jour de Pontificat; ce qui fut au Saint un renouvellement d'affliction.

Ces deux morts précipitées lui persuaderent que Dieu vouloit qu'il reprît la charge du diocese, & tout son troupeau l'en supplia avec beaucoup d'instance. Il reprit donc le gouvernement, tout foible & caduc qu'il étoit. Son zéle n'avoit jamais été plus vif, ni plus animé, & sa sagesse étoit plus grande qu'elle ne l'avoit jamais été; mais convaincu par l'experience de quelques mois, qu'il n'avoit plus assez de forces pour le travail il se démit de nouveau pour instituer en sa place un autre de ses Religieux, nommé Cetomerin, qu'il ordonna Evêque, en présence de Judual, surnommé le Blanc, Prince de la Domnonée, qui étoit venu voir saint Paul, & lui demander sa benediction. Nous remarquerons en passant, que l'auteur des actes de saint Paul dit ailleurs, que le païs de Leon étoit de la Domnonée. Au milieu de la cérémonie un aveugle s'écria à saint Paul, qu'il eût pitié de son extrême misere, & qu'il priât Dieu pour lui. Il fut gueri dans le moment, par le seul attouchement des mains du saint vieillard ; ce qui ravit tellement le Prince Judual, que dans le premier transport de son étonnement & de sa joïe, il donna au Saint une grande étenduë de terre, qu'on appelloit autrefois *le territoire*, & qui est apparemment ce qu'on a depuis nommée le *Minihy*, c'est-à-dire le *Refuge* de saint Paul.

Après la cérémonie, le Saint se retira dans son monastere de Baz, où il vécut encore plusieurs années, à la tête d'une communauté nombreuse, à laquelle il montroit par ses exemples, que les plus rudes exercices de la penitence Religieuse sont doux à un homme fervent, & qu'il n'y a point d'âge où l'on ne puisse avancer dans les routes de la perfection. On dit que les travaux, les jeûnes, les veilles, l'âge, avoient tellement miné & attenué son corps, qu'il n'avoit plus de chairs, & que sa peau tenduë sur ses os, comme un parchemin sur un chassis, laissoit voir les raïons du soleil à travers ses mains dessechées. Cependant ce squelette animé se trouvoit toûjours le premier à tout, & sembloit infatigable aux exercices, particuliérement à l'oraison.

Il y recevoit des lumieres admirables, & il ne fut pas privé de celles de Prophetie. Elles lui firent prédire à ses chers enfans la ruïne entiere de son Monastere par les Normans, & à ses peuples les guerres & les miseres dont ils seroient affligez. Il prévit aussi le different qui devoit naître entre les Religieux & les habitans de l'isle de Baz, d'une part, & les citoïens & le clergé d'Ocismor, de l'autre, pour la possession de son corps ; & prononça en faveur de son Eglise cathedrale, à qui il le donna ; ce qui n'empêcha pas le different.

Le Saint c'étoit fait bâtir, sur la fin de ses jours, une petite cellule proche le Monastere, où il se retiroit pour veiller, sans incommoder ses freres, & il y prenoit quelquefois un peu de repos lorsque le sommeil l'abbattoit. Il y étoit une fois, après avoir passé toute la nuit en prieres, & il ne faisoit que commencer à dormir, lors-qu'un Ange éclatant de lumiere lui vint annoncer l'heureuse nouvelle de son trépas, & lui marqua précisément l'heure & le jour de la fin de son exil. C'est au lieu qu'on nomme à présent le *Penity de S. Paul*, qu'il eut cette apparition. Le bienheureux vieillard, ravi de joïe, avertit ses Religieux de cette revelation dès que le jour parut, & les aïant priez avec beaucoup d'affection, de ne point troubler par leurs regrets la satisfaction dont il joüissoit, mais de se réjoüir plûtôt avec lui des approches de son bonheur éternel, s'ils l'aimoient veritablement ; il leur promit d'être toûjours en esprit avec eux, & de les secourir dans tous leurs besoins. Il les consola ensuite, en leur disant qu'il ne les laissoit pas orphelins, & qu'il avoit eu soin de les pourvoir de bonne heure d'un excellent Pasteur. « Suivez, « mes chers enfans, leur dit-il encore, sui- « vez les exemples que je vous ai laissez, & « pratiquez les loix que je vous ai données ; « c'est la seule marque de reconnoissance & « d'amitié que vous demande la tendresse de « vôtre pere mourant ; en recompense de « laquelle il vous promet de la part de Dieu « toutes sortes de benedictions. » Il reçut ensuite le corps & le sang de J. C. & levant les bras pour benir ses chers enfans, il leur dit, « que la benediction de Dieu que nous « adorons, pere, fils, & saint esprit descen- « de sur vous ; » & dans le moment, sans aucune attaque de maladie, & sans aucun sincope, tandis que tous les assistans hors d'eux-mêmes répondoient : *Amen*, il rendit son ame à Dieu.

Telle fut la fin de cet admirable fondateur de l'Eglise de Leon, laquelle, pour honorer éternellement sa memoire, n'a point voulu, dans la suite des siécles, porter d'autre nom, que celui d'*Eglise de S. Paul*. La ville capitale, persuadée qu'elle ne pouvoit porter de nom plus glorieux, n'en a point voulu d'autre, non plus, que celui de *S. Paul de Leon*, autrement *Castel-Pol* ; & l'isle même de Baz, privée du bonheur de posseder son saint corps, a voulu que son nom du moins fût invoqué sur elle, & s'est fait appeller *Baz-Paul*.

Ce ne fut pas sans de grandes disputes que cette isle perdit le précieux dépôt du corps de ce grand Saint. Elle ne l'auroit jamais cedé aux violences que vouloient faire ceux d'Ocismor pour l'enlever, & ses habitans auroient exposé leur vie pour conserver la possession de ce trésor, si le Ciel ne s'étoit déclaré contr'eux, & n'avoit appuïé par un grand miracle (du moins à ce qu'ils crurent) la disposition testamentaire que le Saint avoit fait de vive voix. On dit que Cetomerin proposa une voïe d'accorder la dispute qu'il voïoit qui s'élevoit pour la possession du saint corps, entre des enfans qui lui étoient également chers; & l'on suppose que cette voïe lui avoit été suggerée par saint Paul même, quelques moment avant qu'il mourut. Ce fut de préparer deux chariots, attelez chacun de deux bœufs, entre l'isle & la ville, en sorte que le fond des chariots se touchant, l'attelage de l'un eût la tête tournée du côté de l'isle, & l'attelage de l'autre fût tourné du côté de la ville. Après qu'on eut ainsi disposé les choses, il fit poser le cercueil sur les deux chariots, moitié sur l'un & moitié sur l'autre, comme pour laisser au Saint le choix du tombeau. On dit qu'à l'instant même la biere disparut, ensorte qu'on ne put discerner lequel des deux chariots, qui prenoient des routes opposées, emportoit le corps, jusqu'à ce qu'après que les deux chariots furent arrivez, l'un au bord de la mer, & l'autre à Ocismor, les insulaires trouvérent leur chariot vuide, & les habitans de la ville virent, avec de grands transports de joïe, que la possession du trésor leur étoit ajugée.

Quoiqu'il en soit de cette narration, il est certain que le corps de saint Paul fut enterré dans sa cathedrale, où l'on montre son tombeau au milieu de la nef. Si l'on en croit son historien, il faudra dire que saint Paul, lorsqu'il mourut, étoit âgé de cent ans, car cet écrivain assure qu'il a oüi dire que le saint Evêque avoit cent ans, ou plus, à la fin de ses jours. Si cet auteur avoit d'autre garant qu'un oüi dire de trois à quatre cens ans, on l'en croiroit, dans l'opinion qu'il auroit trouvé ce grand âge marqué dans les auteurs originaux qu'il a compilez; mais un simple oüi-dire de trois à quatre siécles ne paroit guéres autentique à ceux qui sçavent combien on a pris plaisir à prolonger la vie de tous nos Saints.

C'est sans doute une assez grande vieillesse, que d'avoir 85 ou 86. ans, que S. Paul auroit eu, en mourant en 573. comme le marque l'ancien manuscrit qu'on a cité au commencement de cette vie, selon lequel on pourroit supposer que Johevin fut ordonné vers l'an 561. Tiernomail en 562. Cetomerin en 563. Après quoi le Saint auroit encore vécu dix ans dans son Monastere; ce qui est assurément beaucoup pour un homme qui a travaillé sans relâche, veillé sans discontinuation, jeûné très austérement tout le tems de sa vie. Cependant si quelqu'un, fondé sur le oüi-dire de l'auteur de ses actes, prolonge davantage le jours de saint Paul, & le fait vivre jusqu'en 585.

ou même jusqu'en 590. nous ne nous y opposons pas; pourvû qu'on fasse démettre saint Paul, plus tard, de son Evêché, pour se retirer la derniere fois dans son isle de Baz.

Mabbo Evêque de Leon, qui vivoit vers le milieu du X. siécle, transporta les Reliques de S. Paul à l'Abbaïe de Fleury sur Loire, où il se retira, & y mourut. La chasse de S. Paul fut mise auprès de celle de S. Benoît, & toutes les deux furent couvertes d'une caisse revêtuë d'argent. On ne sçait ce que sont devenuës les Reliques de saint Paul, depuis que les Calvinistes ont désolé ce monastere, & pillé son trésor sacré. S. Paul est invoqué parmi les Saints Confesseurs dans les Litanies Angloises du VII. siécle. L'ancien Breviaire de Leon marque sa fête double au 12. d'Octobre. L'ancien calendrier de l'Abbaïe de S. Méen la marque au même jour, à trois leçons. L'ancien Breviaire de Nantes la met au 12. de Mars, qui est le jour auquel sa fête est marquée par Ferrarius dans son nouveau catalogue des Saints, par André du Saussay dans son Martyrologe de France, & par le P. Albert le Grand de Morlaix, dans la vie de saint Paul, à la fin de laquelle il assure que tous les anciens Breviaires des neuf Evêchez de Bretagne font mention du culte de ce saint Evêque.

SAINT JOEVIN, ou Joavan, Evêque & Confesseur.

VI. SIECLE.

IL y a bien de l'apparence, qu'au sujet de saint Joevin, ou Jaovan, l'on ne doit faire fonds, raisonnablement, que sur ce que nous en avons dit dans la vie de S. Paul de Leon; c'est à sçavoir, qu'il fut disciple de saint Paul dans l'isle de Bretagne, qu'il vint avec lui dans l'Armorique, qu'il changea d'Ermitage avec lui dans le païs d'Ack, qu'il le suivit dans l'isle de Baz, qu'il fut le premier successeur ou substitut de saint Paul encore vivant, & qu'il mourut un an après avoir été installé dans cette dignité. Nous n'avons pu recouvrer les anciennes leçons du Breviaire de Leon, citées par le P. Albert le Grand, & nous n'avons pas jugé à propos de nous arrêter à celles du nouveau Breviaire, qui sont visiblement copiées de la Legende du même Albert, où, suivant les memoires fabuleux d'Yves le Grand Chanoine de Leon, Recteur de Plounventer, & Aumônier du Duc François II. en 1472. Cet auteur, plus credule que judicieux, avance sur la foi d'autrui, beaucoup de faits mal imaginez, dont la plûpart ne se peuvent lire serieusement, & qu'il convient mieux de supprimer, que de s'amuser à en faire voir la fausseté ou le ridicule. On dit que les Reliques de saint Joevin ont été déposées dans l'Eglise Cathedrale de Leon. Il y a deux Eglises paroissiales de ce diocese qui portent son nom, celle de Ker-Joven, & celle de saint Jaova. L'ancien Breviaire de Leon marquoit sa fête à neuf leçons. Le nouveau la marque au 2. de Mars, & dans l'oraison propre de l'office de saint Joevin, lui donne la qualité d'Evêque.

SAINT GILDAS, Abbé.

VI. SIECLE.

29. JAN. & 11. MAY.

SAINT Gildas, surnommé le Sage, nâquit, comme il a écrit lui-même, l'année de la victoire surnommée Badonique, remportée sur les Saxons à Banesdowe; & Bede place cette victoire dans l'année 44ᵉ. depuis la venuë des Saxons dans l'Isle de Bretagne; d'où il s'ensuit que saint Gildas est né l'an 494. puisque les Saxons abordérent dans l'isle au printems de l'an 451. Cette époque, sans nous embarquer dans les discussions ennuïeuses d'une critique dont la pieté peut se passer, sert toute seule à distinguer nôtre saint Gildas, d'avec quatre ou cinq autres avec qui on l'a confondu. Le premier est un Gildas Albanien ou Scot, fils du Roi Caunus ou Navus; & on le fait naître en 425. & mourir en 512. à Glastembury. Le second S. Gildas a été, à ce qu'on prétend, disciple de saint Philbert dans l'isle d'Oye, & par consequent a vêcu dans le VII. siécle, du tems de Dagobert. On en celebre la fête le 31. de Janvier, & sa legende suppose qu'il a été Solitaire dans l'isle de Rhuys. On fait mention d'un troisiéme saint Gildas, ou Gillo, Ecossois ou Hibernois, compagnon de Gutragon fils d'un Roi d'Ecosse; & ce Gildas est honoré en Flandres le 3. de Juillet. On peut voir dans Colgan un autre Gildas Hibernois, qui a écrit plusieurs livres sur les antiquitez de sa nation, depuis le deluge jusqu'à saint Patrice, continuez par un autre Gildas jusqu'à l'an 1143. Enfin Usserius nous fait connoître un autre Gildas de Cambrie, qui a vêcu dans le IX. siécle, sous le nom duquel on a fait courir des ouvrages remplis de fables. Le moine de saint Gildas de Rhuys qui écrivit la vie de ce saint Abbé vers le milieu du XI. siécle, peu de tems après que ce monastere eut été rétabli par Felix, a confondu ce qui appartenoit à quelques-uns de ces Gildas, avec ce qui ne convenoit qu'au sien, & nous a laissez dans l'embarras de débroüiller tout cela; ce que nous ferons le mieux qu'il nous sera possible.

Gildas, que nous surnommerons Badonique, à cause de l'époque qu'il a lui-même donnée de sa naissance, étoit, comme Paul & Samson ses condisciples, fils de quelque Seigneur de l'isle de Bretagne, dont on ignore le nom & le canton, ou qu'on n'ignoreroit peutêtre pas, si l'envie de le faire fils & frere de Roi, n'avoit éblouï le moine de Rhuys auteur de ses actes. Il est dit dans la vie de saint Paul, que nôtre Gildas étoit le plus bel esprit de l'école de saint Hiltut. Il devoit aussi, puisqu'il n'étoit né que l'an 494. être le plus jeune des illustres compagnons qui étudioient avec lui. Mais il n'en étoit, pour cela, ni le moins sage, ni le moins retenu. Son enfance, exempte des puerilitez de l'âge, ne se distinguoit que par son innocence, & ne fut jamais une enfance de conduite ni de mœurs. Au contraire, on dit qu'il avoit dès-lors toute la prudence & toute la maturité d'un vieillard, sans préjudice toutefois des agrémens & de l'honnête gaïeté de la jeunesse. Humble, soumis, obéïssant à son maître Hiltut; doux, complaisant, serviable à ses égaux, il se faisoit aimer de tous, parce que tous recevoient de lui des témoignages continuels d'une cordiale & officieuse amitié, sans qu'il y eût rien d'affecté ni de contraint, & sans qu'il parût qu'il eût en vûë de se faire aimer. Son application à l'étude ne pouvoit être plus grande; de sorte que s'il n'a pas été plus sçavant dans les lettres humaines, c'est que les livres & les maîtres lui ont manqué. Comme il n'étudioit que pour devenir meilleur, & reduisoit toutes ses lectures à la science des Saints; plus il devenoit sçavant, plus il devenoit parfait; ainsi sa science & sa sainteté croissoient également. L'étude, loin de le dissiper, le recueilloit davantage, & lui faisoit trouver & goûter Dieu dans les livres Sacrez. De-là vint que son amour pour la solitude fut extrême; & il conserva cette inclination dominante tout le tems de sa vie.

Ce fut cet amour même de la solitude, qui l'obligea d'en sortir, avec la permission, & peutêtre même par le commandement de son Abbé saint Hiltut, pour aller dans l'Irie, c'est-à-dire dans l'Hibernie, voir & écouter

écouter les grands maîtres de la vie Religieuse que l'admirable Patrice y avoit formez, pour apprendre d'eux les plus sublimes maximes de la vie solitaire ; & c'est le seul voïage, celui de son passage excepté, qu'on croye qu'il ait jamais fait. L'auteur de ses actes à raison de comparer cette sortie, faite au printems de son âge, avec celle des abeilles au tems des fleurs, & de dire qu'il alla ramasser des exemples & des instructions des grands serviteurs de Dieu qui fleurissoient alors en Hibernie, le suc celeste dont il devoit former son miel. Il n'y alla en effet, que pour recueillir des instructions, & il le fit avec tant d'avidité, de soin, d'application, de fidélité à pratiquer tout ce qu'on lui enseignoit de meilleur, qu'il égala bientôt, ou qu'il surpassa même les maîtres les plus parfaits.

Voici, plus en détail, ce qu'on dit de son genre de vie, depuis l'âge de quinze ans, jusqu'à chaque fin de ses jours, il se fit une regle inviolable de ne manger jamais que trois fois chaque semaine, encore mangeoit-il si peu, qu'on auroit pu dire de lui, comme de saint Jean-Baptiste, qu'il ne buvoit ni ne mangeoit point. Un rude cilice, caché sous une robe de l'étoffe la plus grossiere, étoit son vêtement ; la terre dure étoit son lit, avec une pierre pour chevet ; & il avoit tant de moïens de mortifier ses appetits naturels & de crucifier sa chair, qu'on peut assurer que sa vie n'a été que la prolongation d'un martyre continuel, ou plûtôt, qu'un sacrifice sans interruption, qu'il offroit au Seigneur, avec celui de l'Autel où il immoloit tous les jours l'agneau sans tache.

On veut que saint Gildas ait prêché en Hibernie, du tems du Roi Ammerik, ou Aimeric. Mais ce Roi n'a commencé de regner qu'en 560. Ainsi saint Gildas n'a pu y avoir vû ce Roi, avant que de passer dans l'Armorique. De plus, ce qu'on dit de l'état déplorable de la Religion sous ce Roi, est tout à fait contraire à l'état florissant où elle étoit au tems de saint Gildas. Si néanmoins quelque Gildas y a été prêcher, du tems d'Aimerik, c'est indubitablement nôtre saint Gildas, qui seroit retourné de l'Armorique dans l'Hibernie ; car Gildas l'Albanien ne vivoit plus lorsque ce Roi regnoit ; & les autres Gildas sont posterieurs à ce tems-là. Il y a peu d'apparence que nôtre saint Gildas soit allé prêcher la foi Chrétienne aux peuples barbares de l'extremité septentrionale de l'isle de Bretagne, comme l'avance l'auteur de ses actes. Il y en a beaucoup plus, que ce fut Gildas l'Albanien, qui étoit de même nation que ces peuples, & qui sçavoit leur langue. Mais on trouve fort vraisemblable que ce fut nôtre Gildas, & non l'Albanien, qui demeura quelque tems dans des isles désertes avec S. Cado Abbé de Lan-Carvan, d'où ils furent chassez tous deux par des pirates des isles Orcades ; & si les isles de Ronech & Ecni ne sont pas celles de Houat & de Heidic, on croiroit sans peine, qu'ils passerent tous deux, des premieres, dans celles-ci, & qu'ils y vinrent continuer leur vie contemplative & penitente. Il est vrai que l'historien Caradocus de Lan-Carvan attribue ce séjour de Gildas avec S. Cado dans des isles désertes, à Gildas l'Albanien. Mais il s'est pu faire qu'on ait attribué à celui-ci des choses tirées de la legende de l'autre, comme on en a attribué à Gildas le Badonique, qui sont de l'Albanien ; & l'on a tout sujet de croire que cela s'est fait dans cette rencontre.

Ce fut environ l'an 527. que Gildas vint dans la province de l'Armorique, *par le commandement de Dieu*. Quoique l'auteur de sa vie dise qu'il n'avoit que trente ans, il falloit qu'il en eût trente-quatre commencez ; car il écrivoit ses livres dix ans après son arrivée, à ce que dit le même historien, & il avoit 44. ans commencez lorsqu'il les écrivoit actuellement, selon lui-même. Il y a de l'apparence que ce fut dans la petite isle d'Houat, près de la côte de Rhuys, qu'il s'établit d'abord. Il y demeura quelque tems separé de tout le monde, & dans une solitude qui auroit épouvanté tout autre qu'un homme accoutumé depuis long-tems à n'avoir presque aucun commerce avec les mortels. La lecture de l'Ecriture Sainte, la meditation, la priere continuelle étoient tout son emploi ; & l'unique occupation exterieure qu'il eut dans ce lieu, fut d'instruire quelques pauvres pêcheurs qui demeuroient dans cette isle avec lui. Jamais solitaire n'a vécu dans une plus grande privation de toutes sortes de consolations du côté de la terre, que Gildas, dans ce triste séjour, où il ne pouvoit pas même avoir aisément les choses les plus necessaires. Mais on doit croire aussi qu'il n'eut jamais de goûts plus sensibles du bonheur du ciel, que dans ce désert, qui devint dèslors sa retraite favorite, & le lieu qu'il choisit pour y passer ses derniers jours.

Il se promettoit, de la situation & du peu d'étenduë de l'isle, qu'il y demeureroit toûjours caché & inconnu aux hommes. Mais en vain avoit-il mis la lumiere sous le boisseau ; Dieu la fit briller, malgré les précautions que l'humilité de Gildas avoit prises. Comme les pêcheurs ne

29. Jan. & 11. May. parloient de lui qu'avec admiration, ils firent connoître aux côtes voisines le trésor qui étoit caché dans leur isle, & il y vint de toutes parts un si grand nombre de disciples, qu'il fut contraint de chercher ailleurs un lieu de plus grande étenduë & de plus facile accès, pour pouvoir rendre les devoirs de sa charité à ceux qui recherchoient ses instructions.

Il y avoit dans la presqu'isle de Rhuys un château bâti sur le bord de la mer, au haut de la côte. Il y transporta sa demeure, & ce fut probablement le Comte Guerech I. Seigneur du païs Breton de Vannes, qui lui donna ce fonds. C'est sans contredit un des meilleurs & des plus fertiles de toute l'Armorique, dont l'aspect, quoique marin & sauvage, est des plus agréables par sa diversité & son étenduë. Gildas insensible à ses considerations, n'y trouva rien de plus à son gré, que la solitude. Il y bâtit un Monastere pour des Cenobites, & il eut la consolation de le voir bientôt rempli de plusieurs excellens disciples, que la grande reputation de sa vertu & de sa doctrine y attira de tout le païs, outre ceux qui vinrent le trouver de delà la mer.

Les miracles frequens qu'il y faisoit pour la guerison d'une infinité de malades, rendirent le lieu trop frequenté, à son gré; l'amour du repos & de la priere l'obligea d'aller chercher de l'autre côté du golphe de Vannes, & au-delà même de la pointe de Quiberon, un desert où personne ne l'interrompit, quand il voudroit se retirer; & il crut l'avoir trouvé sous un rocher situé au bord de la riviere de Blavet, où la nature avoit formé une assez belle grotte, dont l'enfoncement alloit de l'Occident à l'Orient. Cette disposition lui fit naître la pensée d'en faire un Oratoire. Il creusa encore davantage ce rocher, & l'on dit que Dieu lui donna miraculeusement du verre, pour l'embellissement de cette Chapelle, & une source vive pour la commodité de la demeure. Le don des miracles le suivant ainsi par tout, le manifesta en cet endroit, comme ailleurs, & il y vint en foule une infinité d'affligez, qui recouroient à sa charité, & qu'il ne pouvoit rebuter.

Ces prodiges continuels que le Ciel faisoit par lui, ne servoient qu'à le rendre plus humble. Plus il en faisoit, plus il s'aneantissoit devant Dieu, plus même il en étoit honteux devant les hommes. Il ne consideroit aussi sa qualité d'Abbé, que comme un titre humiliant, qui l'obligeoit à rendre service à tous ses freres; & ne se regardoit en effet, que comme un simple serviteur députe par le pere de famille pour pourvoir aux besoins temporels & spirituels de ses enfans. Selon cette idée, loin de croire que ses Religieux fussent ses inferieurs, il les regardoit tous comme ses maîtres; ce qui ne l'empêchoit neanmoins pas d'avoir toute la fermeté necessaire pour faire observer une exacte regularité. Comme il ne corrigeoit que par amour, il y réüssissoit toûjours. En un mot toutes ses actions & toutes ses paroles étoient des écoulemens d'une sagesse incomparable qui en étoit la source, & il en paroissoit l'organe en toute sa conduite.

C'étoit principalement dans ses instructions, qu'on découvroit ces trésors cachez de la science & de la sagesse de Dieu dont il étoit rempli; car il prenoit plaisir alors à la produire & à la faire briller, pour convertir les pecheurs, échauffer les tiedes & animer les parfaits; au lieu que par tout ailleurs, sa profonde humilité lui faisoit voiler l'éclat de ses grandes lumieres sous les apparences de la simplicité. On n'a qu'à lire ses écrits, pour être persuadé de ce que l'on avance ici; car il est aisé, en les lisans, d'y appercevoir un zéle incomparable, une science Divine, un feu de Prophete, une hardiesse d'Apôtre; & si l'on n'y trouve pas la délicatesse d'un langage bien pur, ni les tours affectez d'un orateur poli, propres à flatter les oreilles, les plus critiques ne sçauroient nier que toutes ses paroles ne soient animées d'un esprit de lumiere & de charité qui frappe d'abord le cœur, & qu'elles n'ont pu couler que de la plume d'un grand Saint; car l'hypocrisie & le faux zéle ne pourroient jamais parler ainsi.

On a toûjours crû, sur la foi de son historien, que ce fut la dixiéme année de son séjour dans l'Armorique Bretonne, que Gildas composa cet ouvrage. Usserius a pourtant bien remarqué, qu'il n'est pas absolument necessaire de dire que ce fut dans la dixiéme année de sa sortie de l'isle, qu'il écrivit. L'auteur de la vie de S. Gildas n'a apparemment marqué ces dix années, que parce que le saint Abbé avoit dit dans sa préface, qu'il avoit été dix ans, sans accorder aux prieres de ses Religieux, qui l'en pressoient, la composition de son livre; ce qui ne veut pas dire qu'il l'écrivit dix ans après son départ de l'isle. Le venerable Bede en a copié plusieurs endroits dès le VII. siécle. Turdestin auteur de la vie de S. Guignolé, le cite sous le nom de Gildas, dans le X. siécle; Geoffroy de Monmouth en parle au XII. Enfin Polidore Vergile le fit imprimer à Londres, pour la premiere fois, en 1525. & depuis on lui a donné place dans la collection des Ecrivains Anglois,

Gildas de Exc. Britann.

SAINT GILDAS.

9. Jan. & . May. & dans celle de la Bibliotheque des Peres. Ce fut vraisemblablement dans son Ermitage de Blavet qu'il composa son ouvrage ; car n'y étant point à la tête de sa communauté, & se trouvant moins interrompu, il y avoit le loisir necessaire pour cela.

Trifine. Tremeur.
auteur du
ron. Brio-
se, a in-
dans son
rage tou-
cette hi-
ire de Ste.
fine, qu'il
oit tirée
actes de
Tremeur
s l'ancien
viaire de
imper.

Le Comte Conomor, dont on a parlé dans les vies de saint Tugdual & de saint Melair, étoit, s'il en faut croire l'auteur de la vie du saint Abbé de Rhuys, & ceux qui ont dressé les actes de saint Tremeur, un brutal, qui avoit coûtume d'abuser du Sacrement de mariage de la maniere la plus detestable & la plus cruelle qu'on puisse imaginer. Car sans aucun amour pour toutes ses femmes, & ne recherchant leur alliance, que pour assouvir la brutalité de sa passion pendant quelques jours, il ne manquoit point de les poignarder, aussitôt qu'il s'appercevoit qu'elles étoient grosses. La production des enfans, qui est la principale fin du Sacrement, & le motif le plus considerable & le plus legitime qui puisse y porter, étoit devenu, par un déreglement monstrueux, l'objet de son horreur. Il s'étoit déja plusieurs fois fait veuf, de cette abominable maniere ; & si l'éclat de sa fortune lui fit d'abord trouver aisément de nouvelles alliances, il devint tellement l'execration du sexe, lorsqu'on le connut un peu mieux, que la plus miserable n'auroit pas voulu, au prix d'une élevation brillante, courir les risques d'une si funeste union.

Guerech I. Comte du païs Breton de Vannes, avoit une fille à qui saint Gildas avoit inspiré de grands sentimens de religion & de vertu. Le Prince, qui connoissoit mieux que personne, le merite de sa fille, avoit une tendre amitié pour elle, & souhaitoit fort de lui procurer un établissement distingué, lorsque le Comte Conomor s'avisa malheureusement de la demander. La recherche ne pouvoit être qu'odieuse au pere, & à la fille ; mais Conomor étoit puissant, il étoit appuïé par la Reine Ultrogothe, & Lieutenant de Childebert, & il avoit fait demander la Princesse Trifine (c'est ainsi que se nommoit la fille du Comte Guerech) d'une maniere qui faisoit assez connoître qu'un refus l'irriteroit. Ainsi le Comte Guerech n'étoit pas peu embarassé. Il prit pourtant le parti du refus ; mais de peur d'irriter Conomor, il colora ce refus des prétextes les plus specieux, & l'accompagna de toutes les honnêtetez possibles.

Conomor envoïa de nouveaux Ambassadeurs faire de nouvelles instances, & aïant appris que saint Gildas avoit tout pouvoir sur l'esprit du pere & de la fille, il tâcha de le gagner par ses prieres, & de le tromper par des protestations d'une penitence sincere & d'un veritable desir de se changer. Mais le Saint ne s'y laissa point surprendre, & dit nettement à ses envoïez, que ce seroit offenser Dieu, & se rendre complice des crimes de leur maître, que de consentir à une alliance qui ne serviroit qu'à plonger le couteau dans le sein de Trifine, & à faire mourir après elle son pere de douleur. Tout cela ne servit qu'à faire obstiner Conomor dans sa poursuite. Croïant donc qu'il negocieroit mieux cette affaire en personne, il fit prier le Comte Guerech d'une entrevûë, & Guerech ne put la lui refuser. Gildas, invité de s'y trouver, s'y rendit aussi. Dans le moment qu'il parut : « Mon pere, lui dit Guerech, le Comte Conomor fait toûjours de grandes instances pour obtenir de moi ma fille Trifine ; mais je proteste qu'il ne l'aura jamais que de vôtre main ; c'est à vous à qui je la confie ; voïez si vous devez la lui donner. » Saint Gildas, apprehendant une guerre inévitable entre les deux Comtez, & mettant toute sa confiance en Dieu, dit à Guerech, comme par une espece d'inspiration. « J'accepte, de la part du Seigneur, le don que vous me faites ici de la Princesse. J'espere que par sa grace je vous en rendrai toûjours bon compte, & qu'il voudra bien être mon garant. » Et vous, ajoûta-t-il, s'adressant à Conomor, après avoir tiré serment de lui qu'il ne mal-traiteroit point la Princesse, « souvenez-vous bien que c'est de ma main, ou plûtôt de la main de Dieu, que vous la recevez. Songez donc à traiter cette épouse qu'on vous accorde, non plus comme la fille d'un homme, mais comme la pupille du Seigneur qui vous la confie. » Ainsi l'allian- fut concluë, & peu de jours après le mariage fut achevé, à la cérémonie duquel Gildas ne voulut pas se trouver ; il se retira dans son monastere, pour en recommander le succès à Dieu.

Les premiers jours de ce nouveau mariage, furent un calme trompeur, qui ne fut pas de longue durée. Ce qui devoit rendre Trifine plus chere à Conomor, la lui rendit haïssable ; il ne se fut pas plûtôt apperçu de sa grossesse, qu'oubliant tout ce qu'il avoit promis, & reprenant toute sa brutalité, il resolut de tuer la Princesse. Il ne lui donna plus que des marques d'indignation & de haine, & un air de barbarie & de ferocité qu'elle ne discernoit que trop, lui fit apprehender pour son fruit une mort sans baptême, & pour elle même un sort pareil à celui des autres femmes de son cruel mari. Après avoir inutilement pleuré

29. Jan. & 11. May.

29. JAN. & 11. MAY. son malheur, elle crut, pour en éviter les plus funestes suites, qu'elle ne pouvoit mieux faire que de s'enfuir au plûtôt chez son pere, avec quelques-uns des serviteurs qu'il lui avoit donnez. Après avoir formé ce dessein, elle les avertit secretement de se tenir prêts, & tout étant disposé de leur part, elle se déroba du château de Conomor, & prit en diligence le chemin du païs de Vannes.

Conomor s'étant apperçû de sa fuite, s'abandonna tout entier à sa fureur, & sans considerer ce qu'il avoit à craindre du pouvoir que Gildas avoit auprès de Dieu, il monte à cheval, court après Trifine, & la trouvant cachée sous des feüilles assez près du chemin, il tire l'épée, & lui coupe la tête, disent les actes de saint Tremeur & de saint Gildas, & s'en retourne froidement à son château. Les domestiques qui avoient accompagné Trifine coururent porter au Comte Guerech les tristes nouvelles de ce qui venoit d'arriver. Il envoïa promptement avertir saint Gildas, & se plaindre à lui de son malheur: « Con- « noissez enfin Conomor, disoit-il, il a ôté « la vie à ma fille, que je ne lui avois don- « née que sur vôtre parole. C'est à vous « que je la redemande; rendez-la-moi. » Nous n'avons pas la hardiesse de rapporter ici le reste de cette histoire, telle qu'elle est couchée dans les actes de saint Tremeur & de saint Gildas, qui avancent que le saint Abbé ressuscita cette Princesse, & qu'elle accoucha à son terme d'un fils, à qui saint Gildas donna son nom dans le baptême, & qui fut surnommé Trech-meur. Il n'y a eu au monde que les Legendaires Bretons qui se soient avisez de supposer que des personnes qui ont eu la tête separée du corps, aient été ressuscitées, comme sainte Trifine & sainte Flaude. Mais il ne faut pas que le mépris qu'on doit avoir pour les fables, passe jusqu'à la verité, que les fables ont défigurée. Presque aussitôt après la mort de Trifine & de son fils, on les a honorez comme Saints, & leurs noms se trouvent, celui de Tremeur, parmi les Martyrs, & celui de Trifine parmi les Saintes, dans les Litanies Angloises du VII. siécle que nous avons eu plusieurs fois occasion de citer; & le culte de la mere & du fils est très ancien, & public dans la Province. Il ne faut donc pas regarder l'une & l'autre, comme des personnages supposez; & l'on peut même, sans blesser la verité, dire que Dieu, à la priere de saint Gildas, a fait quelque grand & signalé prodige en faveur de Trifine. Mais nous parlerons encore ailleurs & de la mere & du fils; il faut revenir au saint Abbé.

Après avoir délivré Trifine, il vécut encore long-tems, le plus souvent dans son monastere de Rhuys, où il avoit assemblé une communauté nombreuse; quelquefois il se retiroit à son Ermitage de Blavet; & lorsqu'il vouloit vaquer à Dieu seul dans un plus grand éloignement de toutes sortes d'occupations & de distractions, il alloit dans l'isle d'Houat, qui fut toûjours sa solitude bien-aimée. C'étoient ses trois stations les plus ordinaires, ausquelles on en peut ajouter une quatriéme dans la paroisse qu'on nommoit de saint Demetrius, où il bâtit encore un petit monastere, surnommé *des Bois*, en Breton *Coheslahen*, ou *Coet-lahen*, fort different de l'Abbaïe nommée S. Gildas des Bois, dans l'Evêché de Nantes, qui n'a été fondée que 500. ans depuis. Le pouvoir de faire des miracles l'accompagnoit toûjours, en quelque lieu qu'il allât, & entr'autres il en fit un très-considerable dans cette derniere maison, pour établir des bornes entre des voisins chicanneurs, & les Religieux de cette Communauté.

Un jour qu'il étoit dans son isle bienaimée d'Houat, où il avoit passé la nuit en prieres, pour demander à Dieu la grace d'aller bientôt joüir de lui, un Ange lui apparut, qui lui dit que ses vœux étoient accomplis, & qu'il mourroit dans huit jours. Ne pouvant retenir sa joïe, il rassembla dès le matin le plus grand nombre qu'il put de ses Religieux de Rhuys, & fit avertir les plus éloignez de se rendre incessamment auprès de lui, pour venir prendre part à son testament. Il ne consista que dans les instructions qu'il leur donna, & dans les exhortations qu'il leur fit, pour les porter principalement à la charité & à l'humilité, les deux vertus qu'il avoit le plus aimées. L'ardeur de son zéle l'enflammoit incomparablement plus, que celle de la fievre, qui étoit d'ailleurs violente; ainsi ni le mal qui le tourmentoit, ni la diminution de ses forces qui se perdoient, ne purent l'empêcher de vaquer à ce saint exercice, pendant tous les huit jours, qu'il ne cessa de recommander à ses enfans la pratique heroïque de toutes sortes de vertus.

Enfin le dernier jour arrivé, le saint vieillard abbatu d'âge, d'austeritez, & de sa maladie, se fit porter dans l'Oratoire, où il reçut le Saint Viatique avec une pieté admirable; après quoi, prévenant les disputes qu'il prévoïoit qui pourroient naître entre les Religieux de ses differentes maisons, pour la possession de son corps: « Mes chers « enfans, leur dit-il, vous devriez plûtôt « vous défendre de la charge de mon cada- « vre, après mon trépas, que chicanner «

SAINT GILDAS.

JAN. & MAY.

« entre vous à qui l'aura; mais si vous m'en croïez, vous n'aurez point de different entre vous pour un si miserable sujet. Je vous défens, au nom de J. C. nôtre commun maître, d'avoir aucune contestation là-dessus. Ma derniere volonté est, que vous mettiez mon corps, si-tôt que je serai expiré, tout seul dans une chaloupe avec la pierre qui m'a servi de chevet, & que vous abandonniez la chaloupe au gré des flots & des vens, ou plûtôt à la conduite de la seule providence. Elle me pourvoira de sepulture selon son bon plaisir; il ne m'importe pas où; & pareil soin doit être indifferent à qui espere, comme moi, une resurrection glorieuse. que le Dieu de paix & d'amour demeure à jamais avec vous tous. » L'assistance répondit : *Ainsi-soit-il* ; & au moment même il rendit sa sainte ame à Dieu le 29. de Janvier, dans une grande vieillesse.

Les disciples de saint Gildas, s'il en faut croire ses actes, firent, après son decez, ce qu'il avoit souhaité d'eux. Ils mirent son saint corps dans un esquif, qu'ils abandonnérent à la mer. Pendant qu'ils attendoient sur le rivage, pour voir où le conduiroit la providence, plusieurs Religieux du païs de Cornoüaille, venus par mer pour recevoir sa derniere benediction, se voïant en bien plus grand nombre que le reste, complotérent entr'eux d'enlever ce précieux trésor. Cette desobéïssance les rendit indignes de le posseder, & au même moment la chaloupe qui flottoit assez avant en mer, s'enfonça & disparut aux yeux de tout le monde. On attendit vainement, pendant quelques jours, que la mer jettât le corps sur quelque rivage, & chacun se retira chez soi. Les Religieux de Rhuys, qui avoient obéï de bonne foi, & qui mettant déformais toute leur confiance en Dieu, s'étoient prescrit un jeûne & des prieres publiques de trois jours, eurent enfin assurance que leur saint pere étoit favorable à leurs vœux. Il y avoit déja plus de trois mois qu'ils déploroient inconsolablement sa perte, quand un d'entr'eux eut revelation qu'on trouveroit bientôt le saint corps proche d'une petite chapelle que le Saint avoit autrefois bâtie à l'honneur de la sainte Croix sur le bord de la mer, qu'on nommoit *Eroest*, c'est-à-dire *Maison de la Croix*. Les Religieux y étant allé en procession aux Rogations le 11e. jour de Mai, furent agréablement surpris, lorsqu'ils apperçûrent la chaloupe que la marée avoit laissée à sec sur le rivage, à son reflus. Ils y trouvérent le corps de leur bienheureux Abbé aussi frais & aussi entier qu'ils l'y avoient mis. Ils le levérent avec respect, & emportérent, en chantant des Pseaumes, ce précieux gage de l'amour de leur pere, dans l'Eglise de l'Abbaïe, & l'y enterrérent, après avoir laissé la pierre qui lui servoit de chevet, sur l'Autel de la Chapelle de la Croix, pour y être un monument éternel de cet abord miraculeux. Tout ce recit, au reste, à le prendre sur le pied de ce qu'il peut y avoir de plus vrai, peut ne signifier autre chose, sinon que le corps de saint Gildas fut transféré de l'isle d'Houat à l'Abbaïe de Rhuys le 11. de Mai, plus de trois mois après la mort du saint Abbé. Dans le IX. siécle, lorsque les ravages des Normans obligérent les Evêques & les Abbez à mettre à couvert de la rapacité & de la profanation de ces barbares, les sacrez dépôts qui enrichissoient leurs Eglises, Dajoc Abbé de Rhuys cacha sous l'Autel de la sienne, dans le tombeau du saint Abbé, huit de ses plus grands ossemens, & emporta le reste avec lui hors la province, c'est-à-dire à Bourg-Deols dans le Berri, où il y a une Eglise qui porte le nom de saint Gildas qui fut bâtie pour les Religieux de Rhuys & de Locminé, par Ebbo Seigneur de ce canton.

29. JAN. & 11. MAY.

Deux Abbaïes de Bretagne portent aussi le nom de S. Gildas, celle de Rhuys, dont il fut fondateur; & celle des Bois dans le diocese de Nantes, fondée l'an 1026. par les Seigneurs de la Roche-Bernard. Il y a de même à Auray une Eglise paroissiale dediée à saint Gildas. Ce Saint est invoqué dans les Litanies Angloises du VII. siécle. L'ancien Calendrier de l'Abbaïe de S. Méen, en marque la fête au 29. Janvier, avec office de 12. leçons. Le Breviaire de Vannes imprimé en 1660. la marque au même jour, avec office semi-double. L'auteur des actes de S. Gildas témoigne qu'on celebroit aussi le 11. de Mai la fête de sa translation. L'ancien Breviaire de S. Brieuc marque sa fête le 29. Janvier, à trois leçons. L'ancien Breviaire de Nantes fait memoire de la translation au 11. de Mai, outre la fête du 29. Janvier qui y est aussi marquée. Le surnom de Sage qu'on donne à saint Gildas, a porté les peuples à l'invoquer pour la guerison de la Folie.

SAINT TREMEUR, où Trevver, Martyr, Et Sainte Trifine, sa mere.

VI. SIECLE.

Tiré des actes de S. Gildas & de S. Tremeur.

NOUS ne repeterons point ici ce que nous avons déja dit de sainte Trifine dans la vie de saint Gildas, où l'on a vû quelle étoit la naissance de cette sainte femme, son mariage avec le Comte Conomor, & l'inhumanité avec laquelle cet homme brutal & perfide lui donna, ou crut lui avoir donné la mort. Trifine, délivrée miraculeusement par S. Gildas, vouloit dans les premiers mouvemens de sa reconnoissance, s'attacher le reste de ses jours auprès d'un homme si agréable à Dieu ; mais Gildas lui représenta que cela choqueroit l'ordre & la bienseance ; il la remit entre les mains de Guerech Comte du païs de Vannes, son pere, où elle se délivra heureusement d'un fils qu'elle avoit eu de Conomor ; après quoi, se dévoüant au service de Dieu, elle se retira dans un Monastere de saintes filles, dont la situation est inconnuë, & y passa le reste de ses jours à loüer & benir le Seigneur.

Son fils reçut au baptême le nom de Gildas, à quoi pour le distinguer du saint Abbé, l'on ajoûta dans la suite le surnom de Trech-meur. L'enfant fut mis dès ses premieres années dans le monastere de Rhuys, où il fut instruit aux lettres & à la pieté, & fit des progrès surprenans dans celle-là & dans celle-ci. Sa vie angelique étoit accompagnée de miracles que Dieu operoit par son ministere. Ses actes, tirez par l'auteur de la Cronique de S. Brieuc, de l'ancien Breviaire de Quimper, assurent qu'il fut tué par son pere, qui l'aïant trouvé qui se promenoit à la campagne, un Dimanche, après l'office, lui coupa la tête. C'est apparemment la raison pourquoi saint Tremeur est appelé Martyr, & invoqué sous cette qualité dans les Litanies Angloises du VII. siécle ; c'est sous la même qualité qu'il est honoré dans l'Eglise Collegiale de Lanmur. La grande Eglise Collegiale de Carhaix porte le nom de saint Tremeur. L'Eglise de Quimper en faisoit autrefois l'office, comme d'un Martyr, le 8. de Novembre, jour de sa mort, & continuë encore apparemment. Sainte Trifine est aussi invoquée dans les Litanies Angloises du VII. siécle. Elle & son fils sont honorez dans une Eglise du nom de la Sainte, qui est située entre Corlai & l'Abbaïe de Coëtmaloen. Il y a, à la porte de l'Eglise, dans le cimetiere, une pyramide très-ancienne, sur laquelle on voit des caracteres inconnus, tels qu'il s'en rencontre sur quelques autres monumens anciens répandus en quelques endroits de la province ; & ces caracteres semblent avoir été ceux des anciens Bretons & Gaulois, que l'on aura abandonnez peu à peu, pour s'attacher aux caracteres Romains, dont l'usage étoit plus étendu. Les reformations de la noblesse de l'Evêché de Treguer font mention d'une Eglise paroissiale de ce diocese dédiée à sainte Trifine.

SAINT ARMEL, Abbé.

VI. SIECLE.

Tiré d[es] actes d[e] l'ancien visite Leon.

LA Bretagne Armoricaine, dans le VI. siécle de l'Eglise, étoit le païs des Saints. Toutes les solitudes étoient peuplées d'Anacoretes très-parfaits, comme l'ancienne Thebaïde ; & un grand nombre de communautez établies en diverses contrées, y vivoient d'une maniere si pure & si austere, selon les loix que saint Patrice avoit données aux moines de la Grande Bretagne & de l'Hibernie, qu'il est à croire que l'Armorique n'élevoit pas moins de Saints, que de Moines, qui pour la plûpart y venoient de delà la mer. De-là vient que les Calendriers font mention d'un grand nombre de Saints, dont le nom seul est connu, qu'il y a tant de Chapelles & même d'Eglises paroissiales qui portent ces noms, & que l'histoire Ecclesiastique de la province consiste presque toute, pour les premiers siécles, dans des Legendes souvent peu autorisées.

Un des principaux & des plus renommez de ceux qui florissoient dans la province, en ce tems-ci, fut saint Armel. Il prit naissance, de parens nobles, dans la Bretagne insulaire ; mais on ignore le nom de son pere & de sa mere, & celui de la province de l'isle où il nâquit. Ses premieres années furent emploïées à l'étude ; & comme la plûpart des maîtres qui instruisoient la jeunesse Bretonne étoient de saints Religieux, qui prenoient incomparablement plus de soin de les élever dans la pieté, que dans les lettres humaines, qu'ils ne négligeoient néanmoins pas ; le jeune Armel, qui avoit un esprit net & pénétrant, & un excellent naturel, surpassa bientôt ses compagnons en science & en vertu. Il s'appliquoit si soigneusement à l'une & à l'autre, & y faisoit de jour en jour de si admirables progrès, qu'on dit, que n'étant encore que jeune écolier, il étoit déjà reveré des autres comme un maître, & comme un Saint; & il leur devint encore plus respectable, lorsqu'un d'eux, qui avoit une fievre très violente, & qui étoit actuellement dans le tremblement de l'accès, s'étant imaginé que le manteau d'Armel le gueriroit, ne l'eut pas plûtôt mis sur ses épaules, qu'il fut parfaitement gueri.

Armel méditant un jour sur l'endroit de l'Evangile où nôtre Seigneur dit, que personne ne peut être son veritable disciple, s'il ne renonce generalement à toutes choses; prit ce commandement à la lettre, & sans approfondir qu'il est plus pour le cœur, que pour les choses exterieures, il crut qu'un détachement purement interieur ne suffisoit pas à quiconque vouloit être un parfait disciple, & qu'il falloit effectivement quitter toutes choses, pour ne s'attacher qu'à J. Christ. Il prit donc sur le champ la résolution de quitter sa patrie, ses parens, ses biens, ses esperances, pour passer dans l'Armorique, ce qui pourroit donner lieu d'inferer qu'il étoit de la Cambrie ou de la Cornoüaille, puisque ce ne furent point les Saxons qui le contraignirent de sortir de son païs, & de venir chercher un autre établissement. Son zéle inspira les mêmes sentimens à ceux de ses compagnons qui l'imitoient de plus près, & à un homme de grande qualité, nommé Carencinal, parent de saint Paul Evêque de Leon, & qui possedoit de grands biens.

S'étant embarqué avec cette troupe choisie, il vint prendre terre au païs d'Ack dans le diocese de Leon, où s'étant avancé dans les terres, il bâtit une oratoire & de petites cellules, où il vêcut avec ses compagnons dans une grande austerité & une application continuelle au service de Dieu. Le Breviaire ancien du diocese de Leon, confondant la Geographie, nomme *Pennochen* le port où saint Armel aborda, ce qui signifie en François *Chef de bœufs*. Mais puisque la vie de saint Paul dit que *Pennechen* étoit un canton de la Bretagne insulaire, il faut, ou distinguer deux lieux nommez Pennochen, l'un deça, & l'autre delà la mer; ou croire que Pennochen fut le lieu d'où partit saint Armel, & qu'il arriva au port nommé en Breton *Aberbeniguet*, c'est-à-dire *Havre beni*, où l'on croit par tradition qu'il prit terre. Le tems a changé l'état des choses, & ce premier monastere est aujourd'hui une paroisse qu'on nomme Plou-Arzel, du nom du Saint; ce qui est, quant au nom, la même chose, que Plou-armel, car l'm se change aisément en z dans la langue Bretonne.

Il faut que la vie que saint Armel & ses compagnons, qui l'avoient choisi pour Abbé, menérent en ce desert fût bien édifiante, & que les miracles de saint Armel fussent bien frequens, puisque Childebert Roi de France fut informé du merite extraordinaire des Saints Religieux de cette Communauté, & des miracles que Dieu faisoit par leur Abbé, quoiqu'ils fussent cachez aux dernieres extremitez de ses Etats & sur le bord de la mer. Cette grande reputation fut cause que ce monarque, que le Legendaire original loüe en cette rencontre de sa grande pieté & de sa magnificence envers les Eglises, fit commandement à ces pieux Solitaires de le venir trouver. Persuadez qu'obéïr aux Rois, c'est obéïr à Dieu même, ils allérent tous à la Cour, avec Armel. Ils y demeurérent pendant quelques mois, aussi penitens que dans leur solitude même. Mais enfin comme la Cour n'étoit pas un lieu propre à des personnes de leur caractere & de leur genie de vie, ils demandérent bientôt au Roi la permission de se retirer. Il avoit reconnu, par les entretiens qu'il avoit souvent eus avec eux, qu'ils ne respiroient que la solitude, & il eut la bonté en les congediant d'accorder à chacun d'eux des terres pour y bâtir des Ermitages, avec la permission de leur Abbé; ensorte que peu retournérent à Plou-arzel.

Saint Armel fut le seul qui ne put obtenir du Roi la permission de retourner dans sa solitude; car Childebert qui avoit reconnu sa grande prudence, & qui se trouvoit bien de ses conseils, ne put se resoudre à se séparer si-tôt de lui, & quelque aversion que le Saint eût du séjour de la Cour, il fut obligé d'accorder tant de délais réïterez aux prieres affectueuses du Prince, qu'il demeura six ans entiers auprès de lui, sans pouvoir se retirer. La Cour, bien-loin de le corrompre par ses exemples & ses maximes, profita beaucoup du long séjour qu'il y fit. Mais enfin Childebert craignant d'offenser Dieu, en retenant Armel plus long-tems contre son inclination, n'osa plus s'opposer au Saint, qui lui demandoit sans cesse la permission de se retirer. Il l'obtint donc enfin, & le Roi, qui ne le perdoit qu'à regret, lui fit present, à son départ, d'une assez grande étenduë de terre inculte & deserte, dans un canton à moitié moins éloigné de Paris, que le Leonnois, afin de pouvoir apprendre, plus souvent & avec plus de facilité, de ses nouvelles. Cette terre étoit au païs de Rennes, sur la riviere

16.
AOUST.

de Seche, dans un lieu qu'on nomme aujourd'hui saint Armel des Boschaux. Armel y bâtit un monastere, qui a été cause que ce lieu, a porté long-tems le nom de Moustier.

Lorsque saint Armel arriva dans le païs de Rennes, il fit, dit-on, sourdre une fontaine dans un village fort incomodé de la disette d'eau. Aussitôt qu'il eut établi sa demeure dans ce canton, il y vêcut plus parfaitement que jamais, & dans une application continuelle à Dieu. Ses miracles frequens le firent bientôt connoître à tout le monde, ce qui lui procura bien des occasions d'exercer sa charité & sa patience. Craignant pourtant, & fuïant les loüanges & les applaudissemens, il alla visiter ses anciens disciples dans les differentes solitudes, où ils s'étoient répandus, & trouvant avec douleur qu'il y avoit encore des idolâtres en plusieurs lieux de la campagne, il y porta par ses prédications la lumiere de l'Evangile avec tant de succès, qu'il eut la consolation de convertir une infinité de personnes à la foi. Ce fut ainsi qu'il triompha du serpent infernal; & peutêtre a-ce été pour figurer cette sorte de victoire, qu'on l'a dépeint avec un Dragon qu'il tient lié de son étole. Car pour ce grand serpent qui désoloit le païs, a ce qu'on dit, & qu'il traîna jusqu'au sommet du mont S. Armel, d'où il lui commanda de se précipiter dans la riviere de Seche, c'est sans doute une pure fiction du stile ordinaire de la plûpart des écrivains de Legendes.

Les leçons de l'office propre de S. Armel, dans l'ancien Breviaire de Leon, disent qu'il fit une infinité d'autres miracles, dont quelques-uns y sont rapportez, qui ne serviroient ici de rien pour l'édification des Lecteurs. Enfin ce fidéle serviteur de Dieu mourut dans son monastere le 16. d'Aoust, après y avoir celebré la sainte Messe, & avoir prédit long-tems auparavant le jour & l'heure de sa mort. Son corps fut enterré dans le lieu même, & l'on y montre encore à présent son tombeau. Sa memoire est fort celebre dans la province. Outre une infinité de Chapelles de son nom, & les Eglises à present paroissiales de ses deux monasteres, la ville de Plo-armel, au diocese de S. Malo, nommée dans les titres de Redon de plus de 800. ans *Plebs Armel*, le reconnoît & l'honore comme son patron spécial, & sa principale Eglise lui est dédiée. Les anciens Breviaires de Rennes, de Leon, de S. Brieuc, marquent la fête de saint Armel au 16. d'Aoust, à neuf leçons. Le Breviaire de Vannes imprimé en 1660. joint S. Armel à S. Roch. L'ancien Breviaire de l'Abbaye de saint Méen, donnant le premier lieu à saint Arnoul Evêque, le 16. d'Aoust, ne fait que commemoraison de saint Armel. L'ancien Breviaire de l'Abbaïe de S. Melaine marque aussi une simple commemoraison pour S. Armel. L'Eglise de Nantes marque aussi la fête de ce Saint au 16. d'Aoust.

SAINT GUENAEL, *Abbé.*

VI. SIECLE.

GUENAEL, dont le nom Breton signifie en François *Ange blanc*, digne successeur de saint Guignolé au gouvernement de l'Abbaïe de Landevenec, étoit fils de Romelius ou Gomelius homme noble de la Cornoüaille Armoricaine, & de Letice, distinguez tous deux par leur pieté, qui prenoient un soin particulier de l'éducation de leurs enfans, & qui s'efforçoient sur tout de leur insinuer la crainte du Seigneur. Guenael joignoit à la beauté du corps les talens de l'esprit, & les charmes de la douceur & de la vertu.

Un jour que saint Guignolé, accompagné de plusieurs de ses Religieux, passoit par le bourg où les parens de Guenael faisoient leur demeure, Guenael, avec quelques-uns de ses compagnons, étoit à l'entrée de la maison de son pere, & regardoit curieusement saint Guignolé, qui s'en apperçut, & découvrit dans la physionomie de cet enfant un air noble qui promettoit beaucoup. C'est ce qui l'obligea de lui demander, s'il voudroit bien le suivre, & venir avec lui servir Dieu dans son monastere de Landevenec. Il n'en fallut pas davantage au jeune Guenael, pour le déterminer; & prenant la parole du saint Abbé comme une vocation expresse du Sauveur; oüi, mon pere, répondit-il, d'un ton résolu, « je vous suivrai très-volontiers, » pour aller avec vous servir nôtre Divin » maître; car il est écrit dans l'Evangile, » qu'on est indigne de lui, si l'on ne quitte « pas pere, mere, freres, sœurs, biens, heritages, esperances, en un mot toutes choses pour le suivre, lorsqu'il daigne nous appeller. » Le saint Abbé, surpris de la subite & genereuse résolution du jeune Guenaël, lui dit, pour l'éprouver, qu'il étoit encore trop jeune & trop foible, & qu'il demeurât encore quelque tems chez son pere. Mais le petit Guenael, qui sçavoit déja

déja faire usage des endroits du nouveau testament qu'on lui avoit enseignez, repartit encore avec la même ferveur & la même présence d'esprit : « quoi donc, mon Pere, « ne sçavez-vous pas qu'il est écrit, que « quiconque, aïant mis la main à la char- « ruë, regarde derriere soi, n'est pas pro- « pre au Roïaume du Ciel ? Et me croïez- « vous assez lâche, pour vouloir commen- « cer par m'en déclarer moi-même indi- « gne ? Sçachez que, ni la consideration « de mes parens, ni aucune autre, ne me « détournera jamais de ma résolution. » Cette fermeté plut beaucoup à saint Guignolé, qui permit à Guenael de le suivre dans son monastere, où il lui donna depuis l'habit Religieux, & prit un soin tout particulier de l'instruire & de le former à la pratique de la vertu.

La ferveur du jeune Novice surprit d'abord tout le monde, dans une communauté où il falloit en avoir beaucoup pour être seulement du commun. Comme elle parut extraordinaire, on s'imagina qu'elle se dissiperoit en peu de jours. Mais Guenael détrompa ceux qui en jugeoient ainsi, & bien loin de diminuer de cette sainte & noble ardeur qu'il avoit fait paroître d'abord, il augmenta de ferveur de jour en jour, & surpassa, dans toutes les pratiques de la religion, les plus fidéles & les plus parfaits.

L'amour de la pureté lui suggera une pratique singuliere. Lorsque les freres étoient endormis, il alloit se plonger dans l'eau, pendant les plus froides nuits de l'année, & y demeuroit jusqu'à ce qu'il eût recité les sept Pseaumes de la penitence ; & cela amortit tellement dans son corps le feu impur, qu'il garda toûjours une chasteté d'Ange, selon la signification de son nom.

Il falloit sans doute que ses vertus fussent d'un grand éclat & d'une grande solidité, pour faire que saint Guignolé, dont le discernement étoit si juste, le préférât à tous, dans une communauté si sainte, & le choisît pour son successeur, sans que personne improuvât cette élection, Guenael seul excepté, qui par un saint aveuglement, s'estimoit le plus indigne de tous. Il fut donc fait Abbé, après le décez du Saint qui l'avoit nommé pour son successeur, & quoiqu'il se défendît sur sa jeunesse, son peu d'experience, & son incapacité, personne ne l'en crut, & il se vit malgré toute sa resistance, à la tête de cette admirable communauté. Mais son humilité ne lui fit jamais envisager cette place, que comme une charge qui l'obligeoit à devenir le serviteur de tous les autres ; & il ne se considera plus dès-lors, que comme une victime publique toûjours prête à s'immoler à l'utilité de ses freres.

Il fut sept ans entiers dans l'exercice de sa charge ; après quoi il quitta Landevenec, dans le dessein d'aller en Hibernie & dans la Bretagne insulaire, apprendre des grands hommes disciples de saint Patrice, la science du plus parfait monachisme, qu'il pratiquoit, & qu'il s'imaginoit qu'il ignoroit. En effet il passa dans ses isles accompagné d'onze de ses Religieux, & il fut trentequatre ans entiers dans ce voïage, dont la plus grande partie fut emploïée à prêcher & catechiser les peuples, par le commandement, sans doute, des Superieurs ausquels il s'étoit soumis ; ce qu'il fit avec un très-heureux succès, parce que le don des miracles accompagnoit sa prédication, & que ses ferventes prieres obtenoient de Dieu des graces pour ceux qu'il avoit instruits.

Après ce long séjour dans les isles, Guenael enrichi de plusieurs Reliques, & d'un grand nombre de livres, revint dans l'Armorique, suivi de cinquante Religieux, qui n'avoient pu se resoudre à le quitter. Ce fut, selon sa Legende manuscrite, dans la Cornoüaille qu'il aborda, & non dans l'isle de Groïe, comme il est porté dans les leçons de l'ancien Breviaire de Leon, & il y bâtit trois monasteres. Quoiqu'il en soit, il se rendit à l'isle de Groïe, où il trouva un grand nombre de solitaires, avec lesquels il voulut passer le reste de sa vie. Allant un jour au monastere d'un solitaire nommé Caradoc, situé, selon toutes les apparences, en terre ferme, il vit venir à lui un cerf poussé par les Veneurs de Guerech II. Comte du païs de Vannes, qualifié Roi dans cette histoire. L'animal, presque aux abois, vint, dit-on, se refugier sous le manteau du Saint ; & les chiens, au lieu de se jetter sur leur proïe, vinrent caresser & flatter le saint Abbé, sans faire aucun mal au cerf. Les Veneurs surpris de cette avanture, la raconterent à Guerech, & lui firent naître l'envie de voir l'auteur de cette merveille. Il renvoïa sur le champ les mêmes Officiers prier Guenael de le venir trouver. Guenael obéït, & Guerech l'aïant reçu comme un homme de Dieu, n'oublia rien pour l'engager à s'établir auprès de lui. Mais ce fut inutilement : Guenael avoit, comme l'Apôtre, reçu une réponse de mort en lui-même ; & averti qu'il n'avoit plus que peu de tems à vivre, il souhaittoit de se disposer à la mort, dans le repos de sa retraite, & laisser son corps à sa communauté. Ce fut ce qui l'obligea à demander à Guerech la permission de se retirer ; & il ne l'obtint qu'à condition d'accepter deux villages que le Comte voulut absolument lui donner, quelque refus qu'il en fît.

Il ne paroît point du tout, par les actes de la vie de saint Guenael, qu'il soit jamais retourné à Landevenec, depuis qu'il en fut sorti. L'on ne sçait donc où le P. Albert le Grand a trouvé que ce saint Abbé y mourut. Il est à croire qu'il se retira dans sa solitude de Groïe, où il alla se disposer à la mort, en s'occupant incessamment à l'oraison. Le jour approchant, auquel il devoit rendre son ame à Dieu, il fit assembler ses disciples, & après leur avoir fait une exhortation vive & pathetique sur l'observance ponctuelle de leur regle, & sur la pratique fidéle de la vertu, il dit la Messe, & donnant sa derniere benediction à ses enfans, il rendit son ame à son créateur le 3. Novembre, âgé d'environ soixante-quinze ans, vers l'an de Nôtre Seigneur 580. En mourant, il nomma pour son successeur, à l'instante priere de ses disciples qui vouloient avoir un pasteur de sa main, un de ses Religieux, son parent selon la chair, & plus uni encore à lui par l'imitation de ses vertus.

On voit dans l'Eglise cathedrale de Vannes un tombeau de S. Guenael, & tout auprès un Autel qui porte son nom. Mais le côté de l'Eglise où est ce tombeau n'a été bâti qu'au XV. siécle. Ainsi ce tombeau ne prouve pas absolument que le corps de S. Guenael ait été enterré d'abord en ce lieu. En 863. ses Reliques furent enlevées de Bretagne, dans la crainte où l'on étoit des Normans, portées en France, & déposées au Château de Corbeil, où le Comte Haimon fit bâtir une Eglise à l'honneur de S. Guenael, appellé saint Genaut dans le païs. Cette Eglise fut depuis augmentée en 1007. par Bouchard Comte de Corbeil; & il y a eu là un Abbé & quatre Chanoines, jusqu'au tems de Loüis le Gros, qui en a fait un Prieuré dépendant de l'Abbaïe de saint Victor de Paris. C'est de Corbeil, selon le Propre de Vannes imprimé en 1660. qu'un Evêque de Vannes a eu ce qui se trouve aujourd'hui des Reliques de saint Guenaël dans l'Eglise Cathedrale de ce diocese. Elle l'honore comme un de ses patrons, avec office double le 3. de Novembre, & a renvoïé au 10. du même mois la fête de saint Gobrien Evêque de Vannes, que les autres Eglises de la province celebrent le 3. L'ancien Breviaire de Leon marque aussi la fête de saint Guenael Abbé au 3. de Novembre, avec office de neuf leçons.

SAINT RUELIN,
Evêque & Confesseur.
VI. SIECLE.

QUAND saint Tugdual Evêque de Treguer fut prêt à quitter la terre, pour aller recevoir de Dieu la recompense de ses travaux; après avoir consolé ses chers disciples, qui fondoient en larmes autour de son lit, il leur recommanda, dans l'élection qu'ils feroient d'un successeur de sa dignité, de jetter les yeux sur une personne qui le fût aussi de son zéle, de ses soins, & de sa tendresse pour son troupeau. Ses disciples, disposez à lui obéïr, le priérent de leur marquer lui-même celui qu'il estimoit le plus digne de tenir le siége de Treguer après lui. Le saint Prélat leur fit de grands éloges de Ruelin, homme venerable par son âge, & recommandable par la regularité de ses mœurs, par sa science, par sa charité, par sa douceur; & les porta à lui donner la préference, malgré l'envie qui pourroit traverser son élection. En effet, aussitôt qu'on eut rendu les derniers devoirs à saint Tugdual, l'Archidiacre Pergat, qui aspiroit à la dignité Episcopale, commença à faire des brigues, & à faire valoir auprés de ceux qu'il essaïa de gagner, la noblesse de sa naissance, sa liberalité, ses talens; & emploïa les prieres & les promesses pour gagner les suffrages dans l'élection. Ses brigues causérent beaucoup de trouble dans l'Eglise de Treguer; & dans l'assemblée qui se fit du Clergé & du peuple huit jours après les obseques de saint Tugdual, on se trouvoit partagé entre Ruelin & l'ambitieux Archidiacre. Le different fut terminé par saint Tugdual lui-même, disent ses actes. Il apparut dans l'assemblée, condamna l'ambition & les brigues de Pergat, & déclara que la volonté de Dieu étoit, que Ruelin fût élu Evêque. Quoiqu'il en soit, tous les suffrages se réünirent pour Ruelin, qui fut envoïé à la metropole, où il fut sacré. Nous n'avons aucuns memoires du reste de sa vie, & tout ce que nous sçavons de plus, qui le regarde, c'est qu'il y a dans la ville de Treguer, auprès de la Psalette, une chapelle qui porte le nom de saint Ruelin.

SAINT GUEUVROCK, ou Kireck, Confesseur.

VI. SIECLE.

Tiré de la vie de saint Tugdual, & Albert le Grand.

SAINT Guewroch, nommé autrement Kireck, fut premierement Religieux du Monastere de Trecor, sous la conduite de saint Tugdual, & ensuite solitaire au lieu nommé à cause de lui, d'abord Lan-Guewrock, & puis Loc-Kireck. De-là il passa à Traoun-Guewrock, c'est-à-dire *la vallée de Guewvrock*, dans la paroisse de Ploudandel au diocese de Leon. Saint Paul le retira de là, pour l'emploïer à la prédication & au service des peuples de son diocese, où il mourut dans le cours de ses missions apostoliques, à Landerneau. Ses disciples de Lan-Guewrock informez de sa maladie, vinrent l'assister; & quand Dieu eut disposé de lui, ils emportérent son corps dans leur monastere, où il fut enterré. On prétend que pendant les ravages des Normans il a été tiré de là pour être porté hors de la province. Le P. Albert le Grand marque sa fête au 17. de Février, & cite au sujet de saint Guewrock les anciens legendaires de Leon, & de Nôtre-Dame du Folgoet; d'où l'on doit inferer que le culte de ce Saint étoit établi dans ces Eglises.

SAINT BRIAC, Abbé.

VI. SIECLE.

Tiré Albert le Grand.

SAINT Briac, Abbé, natif d'Hibernie, patron de Boul-briac près de Guingamp, & de saint Briac près de Pontbrient dans l'Evêché de S. Malo, après avoir suivi quelque tems saint Tugdual son Abbé, bâtit par son ordre un monastere au lieu même où est aujourd'hui Boul-briac, où il gouverna pendant plusieurs années une communauté de Religieux. Il se retira depuis plus avant dans le desert, pour y vivre en Ermite, au lieu nommé le Penity, ou *le lieu de la penitence* de saint Briac. Enfin, fatigué des importunitez continuelles d'une infinité de malades qui venoient incessamment lui demander des miracles, & ne lui laissoient presque aucun moment libre pour vaquer à la contemplation, il fit un voïage à Rome; ce qui étoit une devotion fort commune en ce tems-là; & aïant au retour séjourné deux ans au diocese d'Arles, il vint finir ses jours dans son monastere vers l'an 555. Son tombeau se montre dans l'Eglise paroissiale de Boul-briac, qui étoit autrefois celle de son monastere, qui fut brûlé en 878. par les Normans; mais les Reliques de saint Briac furent conservées. Le P. Albert le Grand marque sa fête au 17. de Decembre, & cite les anciens legendaires manuscrits de l'Eglise cathedrale de Treguer. La paroisse de Mini-Briac au diocese de Treguer, porte son nom.

SAINT GONERI, Confesseur.

VI. SIECLE.

Tiré de ses actes manuscrits, qui n'ont été dressez que depuis le xij. siécle, puisqu'ils font mention du Château de Rohan; mais ils citent des actes du même saint, plus anciens.

SAINT Goneri étoit de l'isle de Bretagne, & d'une naissance distinguée. Aïant abandonné tous ses biens, il vint deçà la mer, vivre solitaire dans la forêt de Brenguilly auprès de Rohan, au diocese de Vannes, où il guerit par ses prieres les domestiques d'un Seigneur du païs nommé Alvandus, qui par ordre de leur maître, Seigneur de Noyal, offensé de ce que le Saint, appliqué à ses prieres, ne lui avoit pas rendu le salut, avoient maltraité le saint homme jusqu'à le laisser pour mort; excès dont ils avoient été punis divinement. Il convertit aussi leur maître par sa patience & sa douceur, & fit goûter les veritez de l'Evangile à des gens qui n'avoient que le nom de Chrétiens, & vivoient dans une ignorance profonde de nos mysteres. Le portrait que fit de lui le Senéchal d'Alvand, pour empêcher qu'on ne maltraitât le Saint, nous apprend qu'il étoit Prêtre, homme de bon conseil, patient dans la tribulation, recommandable par l'innocence de ses mœurs, toûjours en oraison, ou occupé du travail & de la lecture; qu'il exerçoit l'hospitalité, qu'il étoit sans attache pour les choses corporelles, & que le seul aspect des femmes lui inspiroit la même terreur, que les éclairs les plus redoutables impriment dans les cœurs timides. Se trouvant enfin trop reveré des peuples dans le lieu de sa retraite, à cause de ses miracles & de ses vertus, il alla se cacher dans la paroisse de Plougrescant au diocese de Treguer, où il continua fidélement sa penitence, & finit heureusement ses jours, on ne sçait pas bien quand. Ses actes mettent son décez le 18. jour de Juillet, qui est le jour auquel sa fête est mar-

18. JUIL.
&
4. AOUST

quée dans le Propre du diocese de Vannes imprimé en 1660. Le P. Albert le Grand a marqué sa fête au 4. d'Avril, sans que nous sçachions pourquoi. En 1514. R. P. en Dieu M*. Antoine de Grignaux Evêque de Treguer ordonna dans son Synode, que desormais la fête de saint Goneri se celebreroit le premier mardi du mois d'Avril. Il y a une Chapelle dediée à saint Goneri à Plougrescant, bâtie sur le lieu de sa sepulture, & plusieurs autres Chapelles de son nom dans l'Evêché de Treguer, son chef, & quelques autres de ses ossemens, enchassez en argent, se conservent dans l'Eglise cathedrale de Treguer. Le cartulaire de l'Abbaïe de Redon fait mention en 837. d'une Eglise ou paroisse qu'il nomme *Sancti Veneris*. Il y a bien de l'apparence que c'est S. Goneri qui étoit le patron de cette Eglise. En effet nous connoissons une paroisse de S. Goneri située dans l'Evêché de Vannes, où le cartulaire de Redon place cette Eglise, *Sancti Veneris*.

& rendit cette isle habitable, par sa priere, d'inhabitable qu'on dit qu'elle étoit auparavant, à cause d'une multitude innombrable d'insectes qui l'infestoient. Il y bâtit un oratoire près d'une grotte qui lui servit de demeure, & l'on montre encore une grande pierre qu'on nomme *Guelé-san-Modez, Lit de saint Maudez*.

Il eut deux disciples, fidéles imitateurs de ses austeritez & de sa sainteté, nommez Bothmael, & Tudy, qu'il laissa possesseurs de son Ermitage & de son corps, après une vie admirable de plusieurs années, qu'il consomma par une mort précieuse devant Dieu. Les peuples attribuent à ses merites la vertu qu'ils disent qu'a la terre de cette isle, de faire mourir tous les serpens & tous les insectes. On emploïe encore tous les jours cette terre ; on la délaïe avec quelque liqueur, & cette liqueur avalée par les enfans tuë les vers. Mais comme on rapporte la même merveille de plusieurs autres Saints, & comme on attribuë la même vertu à plusieurs autres isles ; il se pourroit bien, supposé que le fait soit vrai, que cette guerison ne devroit s'attribuer qu'à la salure & à l'amertume de l'eau de la mer, dont la terre de ces isles est imbibée, ou à quelqu'autre cause naturelle dont nous laissons la découverte & l'examen aux philosophes.

18.
NOVEMB.

SAINT MANDÉ,
ou Maudez, Confesseur.

VI. SIECLE.

Tiré de ses actes manuscrits dans l'ancien Breviaire de Leon, & du P. Albert le Grand. Les actes ont été dressez avant que les reliques de S. Maudez eussent été emportées hors de Bretagne.

SAINT Mandé, dixiéme enfant d'un Roi d'Hibernie nommé Ereleus, & de son épouse Gentuse, fut pour cette raison-là même consacré à Dieu avant sa naissance, comme la dîme de sa maison. Il soutint avec une fidélité inviolable une si glorieuse destinée. Après avoir étudié dans le dessein de se sanctifier, il prêcha dans les Etats & dans la Cour de son pere avec zéle & succès. Depuis il quitta tout pour venir se cacher dans l'Armorique Bretonne, du tems du Roi Childebert. Après y avoir visité les saintes & nombreuses communautez qui y étoient, il se cantonna dans le lieu qu'on appelle de son nom *Ilis-modez*, c'est-à-dire Eglise de Maudet, qui est à present une paroisse de l'Evêché de Dol, enclavée dans celui de Treguer, entre les rivieres de Trew & de Jaudy. Saint Mandé y vécut plus en Ange qu'en homme mortel, toûjours occupé de Dieu, & presque aussi détaché des soulagemens corporels, que s'il avoit été sans corps. Enfin, voulant fuir les applaudissemens & éviter l'importunité des peuples, qui de toutes parts avoient recours à sa charité feconde en miracles, pour la guerison de leurs maladies, il passa le bras de mer qui est entre la terre ferme, & l'isle qu'on nomme aujourd'hui de saint Maudez,

En 878. du tems que les Normans ravageoient les environs, le corps de S. Maudet fut emporté hors de Bretagne, & déposé dans l'Eglise de Bourges, ou il est encore, pour la plus grande partie. Le Comte de Penthiévre fondateur de l'Abbaïe de Beauport, de l'ordre de Prémontré, au diocese de S. Brieuc, obtint dans la suite, de l'Eglise de Bourges, le chef de saint Maudet, & en enrichit cette nouvelle Abbaïe. Il y a encore d'autres Eglises qui possedent des Reliques de ce Saint, & entr'autres celle de l'Abbaïe de Painpont, au diocese de S. Malo. L'Eglise de Bourges celebre la fête de S. Maudet avec office solennel & octave. L'ancien Breviaire de Leon, & l'ancien Legendaire de Treguer, marquent cette fête au 18. de Novembre, à neuf leçons. L'ancien Breviaire de Dol fait memoire de saint Maudet au même jour. L'ancien Breviaire d'Orleans en faisoit office double. Dans tous ces Breviaires & Legendaires on donne à saint Maudet la qualité d'Abbé. Outre le Lit de saint Maudez, on montre encore dans l'isle de son nom ; sa cellule, bâtie en rond comme une tour, à deux étages, que l'on appelle Forn-Maudez. Il y a dans le païs de Dinan, assez près de Corseult, une Eglise dédiée à S. Mandé.

18. Elle tombe en ruïne présentement ; mais elle a été assez manifique autrefois. On voit auprès quelques vestiges de cloître ; & les figures en bas relief, qui sont autour de la croix du cimetiere, nous font juger qu'il y a eu en ce lieu-là une Commanderie de Chevaliers du Temple. Le nom de saint Maudet se trouve dans les anciennes Litanies de l'Eglise de Saint Brieuc, parmi les saints Confesseurs. Aux environs de Guingamp il y a une paroisse qui porte le nom de ce saint Solitaire, & s'appelle Lan-Maudez.

SAINT TUDY,
Confesseur.
VI. SIECLE.

Albert le Grand catal. des Eglises de Quimper.

LE P. Albert le Grand prétend que S. Tudy a été disciple de S. Guignolé. Cependant les actes de saint Maudez qui paroissent avoir été écrits avant l'an 878. font foi que saint Tudy étoit, dès sa plus tendre jeunesse, disciple de saint Maudez. On prétend que dans la suite Tudy fonda une Abbaïe dans une isle qui est à l'embouchûre des rivieres d'Odetz & de Their, & qui, à cause de lui, s'appelle : Enez-Tudy. A quoi l'on ajoûte, que cette Abbaïe fut depuis transferée à l'Eglise qui porte le nom de saint Tudy, *Loc-Tudy*, où l'on dit qu'il y a eu long tems des Templiers.

SAINT BOTHMAEL
Confesseur.
VI. SIECLE.

SAINT Bothmael passa les premieres années de sa jeunesse auprès de saint Maudez, à se former à la pieté la plus parfaite, par l'obéïssance, l'étude des Saintes Lettres, la priere, la retraite, & l'austerité, sous un maître aussi excellent que l'étoit celui qui prenoit soin de sa conduite & de son instruction. Les actes de S. Maudez écrits avant l'an 878. donnent en plusieurs endroits la qualité de saint à Bothmael, & font le recit de quelques-uns de ses miracles, entr'autres du feu qu'il étoit allé querir en terre ferme, & qu'il rapporta dans un pan de son habit à son maître S. Maudez, jusqu'à l'isle où ils demeuroient, sans que l'habit de Bothmael fût endommagé.

SAINT ALLOR,
Evêque & Confesseur.
VI. SIECLE.

26. OCTOBRE.

SELON le P. Albert le Grand, dans son catalogue des Evêques de Cornoüaille, saint Allor fut le troisiéme Evêque de Quimper, & est patron des paroisses de Plou-bazlanec, Tremeoc, & Treguennec. Il ajoûte que dans la paroisse de Plou-bazlanec, à une demie lieuë du bourg, il y a une chapelle bâtie en l'honneur de saint Allor. L'ancien Breviaire de Leon marque la fête de ce saint Evêque au 26. d'Octobre, à neuf leçons ; mais elles sont toutes du commun des saints Pontifes.

SAINT HERNIN,
Confesseur.
VI. SIECLE.

SAINT Hernin, comme beaucoup d'autres Saints du VI. siécle, passa de la Bretagne insulaire dans l'Armorique, & vécut dans un lieu solitaire de la paroisse de Duault, proche de Carhaix, & y mourut. On dit qu'il s'est fait plusieurs miracles à son tombeau, pour le soulagement de ceux qui ont eu recours à lui, & pour la punition des impies. L'Eglise bâtie sur son tombeau est à présent une Tréve, ou Eglise succursale de la paroisse de Duault, & se nomme Loc-Harn. Nous n'oserions pas assurer que la paroisse de Ple-herlin, dans laquelle est la ville de Rochefort, au diocese de Vannes, porte le nom de S. Hernin ; mais il a été facile dans la prononciation de changer l'n en l, & d'avoir fait Ple-herlin, de Ple-hernin. Il y a une paroisse dans l'Evêché de Quimper qui porte le nom de saint Ernin.

2. NOVEMB.

SAINT MIEU,
Confesseur.
VI. SIECLE.

SAINT Mieu vêcut solitaire dans la paroisse qui porte aujourd'hui son nom, & s'appelle *Coet-mieu*, c'étoit alors un païs

2.
Novemb.

de bois, témoin le nom même de Coëtmieu, qui signifie *Bois de Mieu*. Cette paroisse est des dépendances de Dol, enclavée dans l'Evêché de saint Brieuc. Il n'y a pas fort long-tems, qu'en remuant le grand Autel, qui ne joignoit pas le pignon, on trouva un coffre, sur lequel ces mots étoient écrits : *Reliquiæ sancti Mioci*. Reliques de saint Mieu. Monseigneur Hector d'Ouvrier alors Evêque de Dol, & M. Jean Collas Recteur de la paroisse, élevérent ces Reliques de terre, & les mirent dans un lieu plus décent. Il y a dans l'Evêché de saint Brieuc une autre paroisse qui porte le nom de saint Mieuc. Pleu-mieuc, où il y a beaucoup de maisons nobles, comme le Gué de l'isle, Coëtlogon, Cambout, & autres. Il y a aussi dans le diocese de Quimper la paroisse de Ploez-Miec.

Reformation de saint Brieuc 1535.

SAINT EFFLAM,
Confesseur.
Et Sainte Honore vierge, épouse de Saint Efflam.

VI. SIECLE.

6.
Novemb.

SAINT Euflam, ou Efflam, & sainte Honore son épouse, ont existé sans doute ; mais on est persuadé que l'histoire de leur vie est trop romanesque. Il auroit fallu les placer l'un & l'autre avant le VI. siécle, s'il étoit vrai que l'incomparable Roi des Bretons, Artur, eût combatu dans l'Armorique un horrible serpent, dont il ne put venir à bout, & que saint Efflam surmonta. Voici l'abregé de leur legende, tirée d'un ancien manuscrit.

Saint Efflam, fils unique d'un Roi d'Hibernie, nâquit heureusement pour être le nœud de la paix entre son pere & celui de sainte Honore, qui étoit Roi dans l'isle de Bretagne. Ces deux Rois étoient en guerre depuis deux generations. Enfin ils stipulérent, voïant Efflam né, que sitôt qu'il seroit en âge, il épouseroit la Princesse qui ne faisoit aussi que de naître. Efflam aïant été depuis élevé dans la vertu par de bons maîtres, ne crut pas que cet engagement politique fût à son égard une vocation pour le mariage. Au contraire il ne respiroit que la chasteté, & forma dès-lors le dessein, pour la conserver sans soüillûre, d'abandonner la Cour, & de vivre solitaire. Il gagna pour cela quelques jeunes Seigneurs élevez auprès de lui, & aïant resolu de prendre la fuite avec eux, il les chargea de tenir un navire prêt pour passer dans l'Armorique au premier bon vent. Cependant son pere pressé par le pere de sainte Honore, d'accomplir le mariage, sur l'esperance duquel la paix avoit été conclue, avertit son fils de s'y preparer au plûtôt, à cause que le bien des deux Etats demandoit que cette alliance fût incessamment consommée. A cette nouvelle Efflam se trouva dans un grand embarras. Voïant néanmoins qu'il falloit absolument se sacrifier pour le bien de la paix, il prit le parti d'obéïr à son pere. La Princesse Honore est amenée ; les Ambassadeurs & les parens s'assemblent ; le mariage se fait avec de grandes pompes & de manifiques cérémonies. La joïe est universelle ; toute la Cour est occupée de fêtes. Efflam seul, inquiet & troublé, mais toûjours dans la même résolution de se retirer, presse secretement ses compagnons de tenir tout prêt pour la fuite. Retiré dans son appartement avec son épouse, il lui prêcha la virginité d'une maniere si persuasive, qu'Honore, qui avoit beaucoup de pieté, consentit très-volontiers à la proposition qu'il lui fit de garder ensemble une continence perpetuelle, & de vivre comme frere & sœur.

La facilité qu'il avoit trouvée à la gagner, l'obligea à lui faire confidence de son secret, & du dessein qu'il avoit formé de se dérober de la Cour, pour aller dans quelque solitude. Honore fut attristée de cette résolution, & elle en témoigna tant de chagrin, que son mari se repentit de lui avoir revelé ce mystere ; mais s'étant assoupie, elle donna lieu à Efflam de sortir secretement de la chambre & du palais, par le secours de quelques-uns des jeunes Seigneurs qui étoient de concert avec lui. Il courut en diligence au port où le navire étoit prêt, & voïant le vent favorable, il s'embarqua, mit à la voile, & fut bien-loin avant qu'on s'apperçût au palais de son évasion.

Le Prince & ses compagnons vinrent heureusement prendre terre dans la paroisse de Plestin au diocese de Treguer, assez près d'un grand Rocher nommé *Hyrglas* planté au milieu d'une grève qui est belle & spacieuse en cet endroit. Il y avoit alors sur le bord de la mer une vaste forêt, d'où ces avanturiers virent sortir un épouvantable dragon, qui se retiroit à reculons dans une caverne qui avoit son ouverture sur la grève, & qui n'étoit pas fort éloignée d'eux. Un moment après le grand Artur instituteur des Chevaliers de la Table ronde, qui, comme un autre Hercule, armé d'une massuë & d'un bouclier, & couvert de la peau d'un lion, couroit par tout pour faire la guerre aux monſtres, dont, graces au bon ſens, la race eſt exterminée, parut à cheval ſur cette gréve, cherchant à combatre le monſtre qu'on venoit de voir, & dont Artur ne pouvoit découvrir la piſte, comme Hercule ne pouvoit trouver celle de la retraite de Cacus. Efflam & lui ſe ſaluérent, & ſe reconnurent pour proches parens. On montra au Roi le repaire du dragon, & il alla auſſitôt le défier au combat. Ils ſe battirent pendant toute la journée, ſans ſe pouvoir vaincre l'un l'autre, quoique le monſtre eût les griffes ſi acerées, qu'il perçoit ſans peine le bouclier d'Artur. La nuit approchoit, & les deux champions n'en pouvant plus de laſſitude, firent tréve juſqu'au matin ſuivant. Efflam voïant Artur dans l'ardeur d'une ſoif mortelle, cauſée par la longueur du combat, fit ſourdre la fontaine qui ſe trouve à Toul-Efflam, c'eſt-à-dire *la vallée d'Efflam*, & procura ainſi du ſoulagement à ce brave Prince. Mais il prit ſa place le lendemain, pour combatre le dragon. Armé de ſa foi & du ſigne de nôtre ſalut, il contraignit le dragon, par ſes prieres, à ſe précipiter lui-même dans la mer, où il fut incontinent ſuffoqué, au grand étonnement d'Artur, qui n'aïant plus rien à faire là, ſe retira & laiſſa le Saint ſur la gréve.

Efflam ſuivit le cours d'un petit ruiſſeau, juſqu'à ſa ſource, où lui & ſes compagnons trouvérent un oratoire tout fait, & tout auprès une petite hutte. Ce fut l'appartement d'Efflam, & les autres ſe bâtirent des cellules aux environs. Ils ne prenoient aucune nourriture les lundis, les mercredis, & les vendredis; & les autres jours un Ange leur apprêtoit leur repas.

Sainte Honore, déſirant de retrouver ſon mari, & de vivre avec lui dans la ſolitude, prit une étrange réſolution. Elle ſe fit enfermer dans un cuir de bœuf, ſi bien couſu de toutes parts, que l'eau n'y pouvoit entrer, & ſe recommandant à la providence, elle fut miſe en mer & abandonnée à la merci des flots, comme elle l'avoit commandé. De ſçavoir comment elle pouvoit reſpirer dans ce cuir, comment elle y put vivre pendant trois jours, & comment elle put trouver un ſerviteur aſſez fidéle & aſſez barbare pour l'enfermer dans cette machine, c'eſt de quoi le Legendaire ne s'eſt guéres embaraſſé. Il avoit apparemment entendu parler de ces vaiſſeaux des Saxons, faits de claïes d'ozier, revêtus de cuir de bœuf, foibles & frêles machines, avec quoi cependant ces terribles Corſaires portoient l'épouvante ſur toutes les mers du nord; & cet auteur nous a voulu dire, en ſtyle merveilleux, que ſainte Honore s'étoit embarquée ſur une de ces barques Saxonnes couverte de cuir de bœuf. Elle aborda trois jours après à l'embouchûre de la riviere de Leguez, & le Legendaire, qui nous ſuppoſe toûjours cette Princeſſe couſuë dans un cuir, dit que la mer la laiſſa dans une pêcherie qui appartenoit à un Seigneur du païs. Son pêcheur, ſurpris de trouver ce ballon de cuir, qu'il avoit pris d'abord pour quelque monſtre marin, le chargea ſur ſes épaules, & l'emporta dans ſa maiſon, où il le jetta dans un coin, & ſortit pour quelques affaires. Honore déchira le cuir par dedans, car elle ne doutoit pas qu'elle ne fût à terre, & parut auſſi peu moüillée, que ſi elle fût ſortie de ſon cabinet. Le Pêcheur fut bien étonné, à ſon retour, de l'apparition de cette jeune Dame, vêtuë richement, & d'une admirable beauté, après s'être un peu remis, il apprit d'elle qu'elle cherchoit un jeune Seigneur nommé Efflam; & le pêcheur lui dit que celui qu'elle cherchoit n'étoit pas fort éloigné. Il lui montra le chemin qui conduiſoit au lieu de ſa retraite, & elle marcha au même inſtant de ce côté-là.

Le maître du pêcheur, irrité de ce qu'il ne lui avoit apporté aucun poiſſon ce jour-là, vint le chercher à ſa maiſon, & l'intimida tellement par ſes menaces, que le pauvre homme, quoique la Dame l'eût engagé au ſecret, découvrit à ſon maître la pêche étonnante qu'il avoit faite. Ce Seigneur jeune & brutal, aïant appris la route que tenoit cette étrangere, monta incontinent à cheval, pour l'attraper; mais inutilement: car plus il couroit, moins il approchoit d'elle, quoiqu'elle n'allât que ſon pas. Il ne l'atteignit qu'à la porte de l'Ermitage d'Efflam, & comme il voulut étendre la main pour la ſaiſir, ſon bras devint ſec & paralytique. Il appuïa l'autre main contre la muraille de l'Ermitage, & elle s'y colla ſi fortement, qu'il ne l'en put retirer. Saint Efflam le guérit de l'un & de l'autre accident; & ce jeune Seigneur, devenu penitent, donna au Saint & à ſes compagnons toute la terre qu'ils occupoient, & toute celle qui leur ſeroit neceſſaire dans l'étenduë de ſa Seigneurie.

Saint Efflam bâtit un Ermitage à ſainte Honore, à quelque diſtance du ſien. Elle y vêcut quelques années comme un Ange, ſans jamais regarder ſon époux, ni aucun autre homme en face, & ſans lui parler, que pour lui demander des inſtructions ſpirituelles. Enfin aïant attiré quelques jeunes vierges à ſuivre ſon exemple, elle bâtit un monaſtere, où elles ſe retirérent toutes en-

6. Novemb.

S. Gestin.

semble, pour y servir Dieu le reste de leurs jours.

Efflam, resté dans sa solitude, y devint l'admiration de tout le monde, par ses vertus & par ses miracles. Un jour le saint Ermite qui avoit bâti l'oratoire & demeuré le premier dans la cellule qu'Efflam avoit trouvée, étant revenu d'un pelerinage de Rome, vint se présenter, comme pour reprendre son ancienne maison. Il avoit nom Gestin, & étoit veritablement un saint homme. Aussi, loin de se fâcher de trouver son domicile occupé par ce nouvel hôte, il lui ceda la place, avec de grands témoignages de respect & d'amitié. Efflam s'en défendit du mieux qu'il lui fut possible, & la charité forma entre ces deux Saints une contestation, pour la possession de ce lieu, bien differente de celles que la cupidité des hommes allume en pareil sujet. Au plus fort de cette humble & charitable dispute, un Ange envoïé pour la terminer, ajugea l'oratoire & l'Ermitage à saint Efflam. Gestin alla dans la forêt voisine chercher une autre demeure peu éloignée de la premiere, pour pouvoir conferer quelquesfois avec Efflam & sa sainte societé, à laquelle il s'aggregea.

Saint Efflam mourut enfin d'épuisement & de langueur, & fut enterré dans son oratoire. Gestin fut de même inhumé dans le sien, & a donné son nom à la paroisse de Ple-Gestin, qu'on nomme par syncope Ple-stin. On ajoute dans les actes de saint Efflam, que son oratoire étant presqu'en ruïne, & sa memoire en oubli, un saint Ermite qui balaïoit regulierement cet oratoire toutes les semaines, y appercevoit comme des goutes de sang qui sembloient sourdre de terre, toûjours au même endroit. Après plusieurs experiences, il en avertit l'Évêque de Treguer, qui fit foüir au même lieu. On y trouva le corps & la vie de saint Efflam, telle qu'on l'a rapportée, & qu'elle est plus au long dans le Legendaire. Une infinité de miracles confirmérent qu'on ne s'y trompoit pas, & le Roi, qui voulut assister à la cérémonie de l'élévation du corps & à la translation qu'on en fit au tombeau de saint Gestin, donna plusieurs terres à cette Eglise.

Voilà tout le Roman dont le seul recit fait la refutation, aussi-bien que la maniere dont on dit qu'il fut trouvé. Ce qui est à croire, de tout ce conte, c'est qu'un saint d'Hibernie, du nom d'Efflam, & sa femme, nommée, si l'on veut, Honore, venus dans l'Armorique, vécurent en retraite dans le lieu qu'on a marqué, & qu'un autre solitaire nommé Gestin, s'y santifia comme eux. L'époque du Roi Artur étant fabuleuse, ne peut nous diriger sur le tems qu'ils ont vêcu. La Legende de saint Efflam est reduite à neuf leçons dans le Lectionnaire manuscrit de l'Eglise de Treguer. Sa fête se celebre le 6. de Novembre. Il est patron de la paroisse de Plestin, de l'Hôpital de Morlaix, de la chapelle de Toul-Efflam, & de plusieurs autres.

SAINT SANÉ, SAINT SEZNY,

VI. SIECLE.

SAINT Sané est patron de la paroisse de Plou-sané; & saint Sezni l'est de la paroisse de Guic-sezni, toutes deux de l'Evêché de Leon. L'on applique à saint Sané la legende de saint Senan Evêque d'Hibernie, & l'on ajuste de même à saint Sezni celle de saint Kieran ou Geran autre Evêque d'Hibernie. Mais ces deux saints Hibernois ne sont jamais venus dans l'Armorique, comme il paroît par les actes de leurs vies. Si Sané & Sezni sont effectivement les mêmes que Senan & Kieran, il faut croire que leur nom n'est venu dans la province, que par le moïen de quelques-uns de leurs disciples établis apparemment aux lieux où leur memoire est honorée, qui bâtirent quelques chapelles à leur memoire, & établirent leur devotion dans le païs. Mais on a assez de penchant à croire que saint Sané & saint Sezni sont differens de saint Senan & de saint Kieran, & ont été de saints Ermites qui ont vêcu aux lieux mêmes qui portent leurs noms, dont l'histoire s'est perduë par la suite & les vicissitudes des tems. Ce qui peut servir à confirmer la pensée que l'on a que ces deux Saints sont differens de S. Senan & de S. Kieran, c'est que l'ancien Breviaire de Leon qui fait l'office de saint Sezni à neuf leçons, n'use que de leçons du commun. Or ce Breviaire n'auroit pas manqué de leçons propres, si ces deux Saints étoient les Evêques Hibernois que l'on a voulu substituer à leur place. Colgan nous apprend que le Martyrologe Anglois fait mention de S. Senan ou Sané Ermite du païs de Galles, au 19. d'Avril. Bollandus à donné au 8. de Mars les actes d'un S. Senan Abbé décedé le 1. de Mars, dont la fête se celebre en Hibernie le 8. du même mois. Le Breviaire de Leon met la fête de saint Sané au 6. de Mars, & celle de saint Sezni Evêque au 19. de Septembre; mais dans la paroisse de Guic-Sezni on fait la fête de saint Sezni le 6. de Mars. Les

leçons

MARS. leçons approuvées en 1665. par Charles de Rosmadec Evêques de Vannes, pour les paroisses de Cleguerec, & de Cleguer, & pour la Tréve de saint Geran dans la paroisse de Noyal Pontivy, supposent que sous le nom de saint Geran dont on celebre la fête dans ces lieux le 5. de Mars, on honore saint Sezni.

SAINT MILLION,
ou Emilion, Solitaire.
VI. SIECLE.

SAINT Million nous est beaucoup plus connu par le culte qu'on lui rend en Bretagne & en Guyenne, que par ses actions. Aux environs de Bourdeaux il y a une Abbaïe de l'Ordre de S. Augustin fondée en l'honneur de saint Emilion, & érigée en Collegiale par Clement V. En Bretagne l'une des deux Tréves ou Eglises succursales de la paroisse de Plougras dans l'Evêché de Treguer vers Carhaix, est à Loc-Yvi assez beau bourg, situé sur une hauteur, au bas de laquelle est une grande & magnifique Chapelle voûtée de pierre de taille, dediée à saint Million, où il se fait une assemblée nombreuse le jour de la fête du patron. L'on dit en Guyenne, que saint Emilion étoit Breton, & au service d'un Seigneur du païs de Vannes; qu'aïant été accusé de prodigalité, il changea du pain en coupeaux; que s'étant retiré dans un monastere de Xaintonge, il entra dans un four chaud, sans y être offensé de la chaleur; & que pour fuïr la vaine gloire, il alla se cacher dans le lieu qui porte aujourd'hui son nom; où l'on voit sa grotte, & une fontaine.

SAINT OUDOCE'E,
ou Oudothée, Evêque & Confesseur.
VI. SIECLE.

LA Cornoüaille Armoricaine étoit demeurée sans Comte, par la mort funeste de Rivod, qui ne goûta guéres le plaisir de commander, pour lequel il avoit commis tant de crimes. Budic Prince de Cornoüaille, fils de Cybsdan, que nous croïons pouvoir supposer avoir été second fils de Grallon surnommé Jawn-Reith, avoit été chassé de la Bretagne Armoricaine par les Comtes qui y commandoient. Il fut rappellé dans la Cornoüaille après la mort de Rivod, & y rétablit la maison regnante, dont la branche aînée avoit manqué en Rivod & en saint Melair. Au reste, de quelque maniere que ce Budic II. du nom Comte de Cornoüaille fût du sang des anciens Comtes, il retire bien moins de gloire de cette illustre origine, que d'avoir donné la vie au saint Martyr Tyfry, né en Cambrie pendant son exil, & depuis à saint Oudocée Evêque de Landaff, né dans l'Armorique peu après le rétablissement du Comte dans la Cornoüaille.

Anaumed son épouse, sœur de saint Theliau, la premiere Comtesse de Cornoüaille dont on sçache le nom, accompagnoit le Prince Budic dans ce voïage, & elle étoit prête d'accoucher, lorsqu'elle arriva dans la Bretagne Armoricaine. La naissance d'un Prince, qui fut nommé Oudocée, fut un nouveau sujet de joïe aux Bretons Cornubiens, qui se promirent des tems beaucoup plus heureux que ceux qu'ils avoient passé sous la tyrannie de Rivod. Mais cet enfant, quoique unique pour lors, à cause qu'Ismael & Tyfri ses freres étoient morts dans l'isle, n'étoit pourtant pas destiné à gouverner la Cornoüaille. Son pere & sa mere l'avoient consacré à Dieu, avant même qu'il fût né, & le donnérent à saint Theliau, lorsque la peste jaune étant entierement dissipée, ce saint Prélat retourna dans l'isle & y rassembla son troupeau dispersé. Dans la suite saint Theliau se voïant près de sa fin, designa son neveu pour être son successeur, sans qu'aucune autre consideration, que celle du merite d'Oudocée, & de l'avantage des peuples, eût part au choix qu'il fit de sa personne.

Oudocée fut sacré, si l'on en croit le registre de Landaff, par le Primat de l'Eglise de Dorobern, à present Cantorbery, ou selon d'autres, par l'Evêque de Menew Primat de la Cambrie, ce qui semble plus conforme à l'état de l'isle en ce tems-là; & il fut reçû à Landaff avec un applaudissement general de tout le monde. Mouric Roi de Glamorgan, la Reine son épouse, les Princes leurs enfans, & generalement tous les grands Seigneurs du païs, se firent un plaisir de rendre au Saint, dans cette cérémonie, des témoignages de l'estime qu'ils faisoient de sa personne. Le Roi même, pour marquer par des effets plus d'amitié & d'honneur au nouveau Prélat, confirma, par de nouvelles patentes, toutes les donations & tous les privileges que ses prédécesseurs avoient accordez à l'Eglise de Landaff.

Cette bonne intelligence du saint Prélat & du Roi Mouric ne dura pas long-tems.

Le zéle genereux du Saint ne put souffrir l'injustice du Prince ; & la reconnoissance qu'Oudocée avoit de ses bienfaits, ne l'empêcha point de le traiter, quand il le fallut, avec toute la rigueur que meritoit son peché. Car il étoit persuadé, qu'épargner un pecheur, par de lâches complaisances, lorsqu'il est question de lui faire subir une penitence salutaire, c'est être plus cruel qu'indulgent. Mouric, après un serment solennel de reconciliation & d'amitié avec un Prince nommé Cynedu, fait en présence du saint Evêque, sur l'autel de l'Eglise Cathedrale dediée à S. Pierre & à S. Paul, avoit tué Cynedu en trahison, comme s'il n'eût voulu se servir de la foi des sermens, que pour endormir son ennemi. L'action parut d'autant plus énorme aux yeux du saint pasteur, qu'il y découvrit les horreurs du sacrilege, du parjure, de l'assassinat, & de l'usurpation injuste, confondües ensemble ; qu'il avoit été comme le garant de la foi mutuelle des deux Princes ; & qu'il sçavoit que le Roi, loin de se repentir, prenoit de la complaisance dans le succès odieux de sa perfidie. Oudocée jugea qu'un mal extrême exigeoit un remede proportionné, & que des lenitifs ne feroient qu'entretenir, ou même augmenter la plaïe. Il assembla donc un synode des Abbez & du Clergé seculier de son diocese, & de l'avis commun il excommunia solennellement le coupable, sans craindre ni sa vangeance, ni son pouvoir. Il falloit, sans doute avoir un grand courage, pour en agir de la sorte ; car il se chargeoit seul de toute la haine du Prince ; mais le saint Evêque étoit intrepide, quand il s'agissoit de la gloire de Dieu & du salut du prochain. Ainsi nulle consideration humaine, nulle crainte, nul interest, ne furent capables de l'empêcher de lancer les foudres de l'Eglise, pour rendre sensible à Mouric la grandeur de son mal.

Le Prince fut deux ans entiers sans songer à s'humilier, mais enfin la fermeté d'Oudocée, qui pendant tout ce tems-là le fit traiter en excommunié public, triompha de son insensibilité. Le Roi Mouric, qui avoit peché comme David, devint contrit comme lui, & satisfit par une penitence Canonique, dont les rigoureuses loix n'étoient pas encore abolies, au scandale public qu'il avoit donné par son crime & par son endurcissement. On le vit fondant en larmes aux pieds du Saint, demander son absolution, & se soumettre à racheter par des jeûnes, des aumônes, & des prieres publiques, les peines éternelles qu'il avoit meritées. Son absolution fut solennelle, comme son excommunication l'avoit été ; & saint Oudocée vit enfin avec plaisir la discipline Ecclesiastique, qu'il avoit soûtenuë avec vigueur, triompher dans la conversion sincere de ce Roi, des pernicieux adoucissemens qu'auroit pû emploïer une complaisance lâche, qui ne fait pour l'ordinaire que de faux penitens, sous de malheureux directeurs.

Ce ne fut pas dans cette seule occasion que S. Oudocée fit éclater la même fermeté & la même vigueur. Il l'eut encore à l'égard du Roi Morgant petit-fils de Mouric, qui avoit tué, à peu près de la même maniere, & après un semblable serment, son oncle Frioc. Le zéle Apostolique du saint Evêque lui fit encore assembler un synode à Landaff, pour excommunier le Prince dans cette occasion ; & le Prince ne put être absous, qu'après s'être soumis, comme son aïeul, aux rigueurs salutaires d'une penitence semblable. Guidnerth, un autre Roi, qui avoit tué son propre frere nommé Merchion, pour profiter seul de la succession de leur pere, éprouva encore la même vigueur, que la foiblesse de l'âge ne diminuoit point. Nous avoüerons cependant qu'il y a quelque sujet de croire que les actes des Synodes qui furent assemblez contre le crime & pour la penitence de ces Rois, & qui se trouvent dans la collection des Conciles de Bretagne donnée par Spelman, n'ont été fabriquez qu'au XII. Siécle, par un homme qui y a reduit toutes choses au style & à l'usage de son tems. Mais on ne doit pas pour cela revoquer absolument en doute le fonds de toutes ces narrations.

Saint Oudocée soûtint toûjours le même caractere pendant tout le tems de son Episcopat. Toûjours ferme & rigide observateur de la discipline Ecclesiastique, toûjours doux & charitable à l'égard des personnes penitentes, toûjours austere & rigoureux dans son genre de vie, retiré dans son monastére, où il contentoit en liberté son amour par la mortification, il consomma une vie sainte par une sainte mort, que le Martyrologe Anglois marque au 2. jour de Juillet.

On ne comprend pas comment un aussi habile homme qu'Usserius, n'a fait retourner S. Theliau à Landaff avec S. Oudocée son neveu, qu'en 596. S'il avoit voulu faire reflexion que Theodoric fils de Budic commença de gouverner la Cornoüaille dès l'an 577. plusieurs années après la mort de son pere, comme nous l'apprend Gregoire de Tours, dont le témoignage est sûr, il auroit bien vû que Budic, mort au plustard en 572. n'auroit pas pû recevoir chez lui saint Theliau en 589. ni lui donner son fils Oudocée en 596.

SAINT LEONOR,
ou Lunaire, Evêque & Confesseur.
VI. SIECLE.

LE Pere de saint Leonor étoit un homme noble de la Bretagne insulaire, nommé Haeloc, & sa mere se nommoit Alme-pompe. Ils étoient l'un & l'autre d'une pieté singulière, & eurent tous deux quelques prédictions de la naissance de cet enfant, & des présages de sa grandeur future ; ce qui les rendit plus soigneux de son éducation. A peine eut-il atteint l'âge de cinq ans, qu'ils le conduisirent à l'école de saint Hiltut, où il se disposa par une vie très-austere aux ordres sacrez, & à l'Episcopat où il fut élevé de fort bonne heure, à cause de son merite extraordinaire. Mais qui pourroit croire ce qui est dans les leçons de son office, au vieux Breviaire du diocese de Leon, qu'il n'avoit que quinze ans, lorsqu'on le promut à l'Episcopat, quelque resistance que son humilité pût faire ?

C'étoit l'usage de son tems, de passer de l'isle dans l'Armorique, pour y vivre dans une plus grande retraite ; à quoi les forêts qui y étoient donnoient de grandes commoditez ; & c'est à quoi la grace du Saint Esprit, & l'inclination particulière de Leonor le portoient efficacement ; car sa dignité Episcopale ne l'empêcha point de vivre toûjours en solitaire, & il y a même apparence qu'il n'avoit point de siége particulier, & que sans l'obliger de sortir de son monastere, on lui confera la dignité d'Evêque pour le bien spirituel des peuples voisins ; ce qui semble avoir été fort ordinaire à la nation Bretonne dans le païs de Cambrie. On ignore en effet le nom du diocese de Leonor, & l'on se contente de dire qu'il étoit Evêque Breton, sans que personne se soit avisé de nous dire d'où. Mais quoiqu'il en soit, & de quelque lieu qu'il eût le gouvernement, Leonor voulant, comme Abraham, quitter tout, pour suivre l'inspiration interieure qui l'appelloit hors de sa patrie, monta sur mer avec soixante-douze disciples, & quelques domestiques, pour venir dans la Bretagne Armoricaine, dont Childebert étoit souverain, à ce que dit l'auteur de sa vie. Ce fut dans la Domnonée qu'il prit terre, à la côte qui est entre les rivieres de Rance & d'Arguenon ; & il ne fut pas plûtôt arrivé au païs, que lui & ses compagnons s'établirent dans un lieu qui leur fut vraisemblablement accordé par le Prince Jona.

Le Roi Childebert, averti de la vie admirable de ses saints solitaires, & sur tout de Leonor, commanda à celui-ci de le venir trouver. Le Saint y alla, suivi de quelques-uns de ses disciples, & fut reçû du Roi & de la Reine Ultrogothe avec de grands témoignages d'estime & de veneration. Il ne demeura pas long-tems à la Cour, parce qu'il y étoit trop honoré, & que le concours de ceux qui s'addressoient à lui l'empêchoit de vaquer librement à ses exercices spirituels. Ce fut pendant son séjour à Paris, qu'arriva le cruel assassinat du Prince Jona dont nous parlerons dans la suite. Quand Leonor fut de retour dans sa retraite de la Domnonée, il passoit les jours au travail, les nuits en prieres ; & vivant moins en homme, qu'en Ange, il édifioit par sa conduite, & animoit par ses exhortations sa sainte communauté.

Le monastere de Leonor n'étoit pas fort éloigné de la demeure des Comtes de la Domnonée, où Conomor, meurtrier de Jona, étoit alors avec la veuve de ce Prince qu'il avoit épousée. Judual fils de Jona se refugia dans le monastere de Leonor, qui ne jugea pas devoir le retenir dans sa maison, où il voïoit bien que le jeune Prince ne seroit pas en sureté. Mais prenant d'autres mesures pour sauver la vie de son Seigneur legitime que l'usurpateur, enfin démasqué, cherchoit, pour le faire perir ; il fit embarquer Judual, sans craindre de s'exposer lui-même à toute la fureur de Conomor. Il ne se contenta pas d'avoir tiré l'innocent du peril, il brava même le persecuteur, en lui montrant le vaisseau dans lequel Judual voguoit à pleines voiles.

L'usurpateur toutefois ne s'avisa point de tuer S. Leonor, soit qu'il n'aimât à commettre des crimes, que lorsqu'il en pouvoit retirer quelque avantage, ou qu'il craignît de se perdre tout-à-fait dans l'esprit du Roi & de la Reine, & des peuples, qui aimoient & honoroient le saint Evêque, comme un homme tout divin. La legende de S. Leonor dit que Conomor donna un soufflet au saint Evêque, & qu'après cette insulte, tout hors de lui-même, il piqua son cheval ; que le cheval prit sa course avec tant d'impetuosité, qu'il ne put se retenir au bord d'un précipice, où il se cassa le cou ; que Conomor se rompit la cuisse en trois endroits par cette chute, ne put jamais en être guéri, & mourut enfin miserablement, après avoir long tems souffert de très-cruelles douleurs. On dit encore dans la même legende, qu'après la mort du tyran, Judual revint en Bretagne, & qu'il recouvra tout l'heritage de ses ancêtres sans aucune guerre, & sans effusion de sang, parce que tous les peuples se soumirent d'eux-mêmes à lui. Mais on fera bien de suspendre son jugement, jusqu'à ce que nous aïons rapporté ce que les actes de saint Samson nous ont appris du même rétablissement.

Du reste nous ne sçavons point combien saint Leonor vécut encore, ni ce qu'il fit en particulier. On sçait seulement, par la souscription des Conciles d'Orleans, où l'on trouve que Febediole fut successeur de saint Melaine, & Victurius successeur de Febediole, que saint Leonor, qui est indubitablement le saint Lunaire que l'on honore particulièrement dans la paroisse d'Andoüillé au diocese de Rennes, n'a jamais été Evêque de Rennes, comme se l'est imaginé le P. Albert le Grand, qui le place sur ce siége quelques siécles avant qu'il fût né. L'ancien Breviaire de Leon marque la fête de saint Leonor au 1. de Juillet, & en fait l'office à neuf leçons. L'ancien Breviaire de l'Abbaïe de saint Méen en fait memoire au même jour. Il y a une paroisse dans la Seigneurie de Pontual, auprès de S. Malo, qui porte le nom du Saint, qu'on y appelle par corruption saint Lunaire. On voit dans l'Eglise paroissiale son tombeau, élevé de deux pieds de terre, & l'on conserve ses Reliques dans cette Eglise, le chef à part, dans un Reliquaire d'argent, & les autres ossemens dans deux Reliquaires d'ébene vitrez. Outre sa fête, que l'Eglise de S. Malo celebre le 1. Juillet, on y en celebre encore une autre le 13. d'Octobre, sous le nom de translation. Il y a dans l'Eglise de Rennes une Chapelle dediée à S. Leonor, & plusieurs paroisses le reconnoissent pour patron.

JUVAL ou JUDUAL
surnommé le Blanc, Prince de la Domnonée.

VI. SIECLE.

QUOIQUE dans la table qui se trouve à la fin des vies des Saints de Bretagne composées par le P. Albert le Grand & augmentées & mises au jour par le sieur Autret de Missirien, on ait donné la qualité de Saint à Juval aïeul de saint Judicael, cependant comme cette qualité n'est prouvée par aucun titre, & n'a pour appui aucun véstige de culte public, si ce n'est un foible rapport de son nom avec celui de saint Juvat, dont nous avons parlé à l'article de sainte Ursule, rapport qui n'est pas assez décisif, tout seul, pour détruire ce que nous avons dit de S. Juvat, & nous porter à mettre un saint Juval en sa place ; nous ne prétendons rapporter ici la vie de ce Prince Juval, que comme un morceau d'histoire qui a une liaison essentielle à celles de S. Lunaire, de S. Samson, & de S. Judicael.

Après la mort de Riatham, ou Riadam, petit-fils de Riwal, Jona son fils lui succeda à la Seigneurie de la Domnonée, la plus puissante des principautez en quoi les Bretons avoient partagé l'Armorique. Plusieurs differentes Legendes nous le representent comme un Prince qui ne se servoit de son pouvoir, que pour proteger ses sujets, & qui vivoit avec eux d'une maniere qui le rendoit aimable à tout le monde. Conomor, qui ne cherchoit qu'à s'aggrandir aux dépens de ses voisins, forma le dessein de se deffaire de Jona, dans la pensée qu'après la mort de ce Prince, il épouseroit sa veuve, & obtiendroit aisément du Roi Childebert, à titre de tutelle ou de Lieutenance, par le credit de la Reine Ultrogothe, le gouvernement de cette principauté ; ce qui lui seroit un dégré pour s'élever ensuite à la Seigneurie, en ôtant de ses voïes le jeune Judual fils unique de Jona, qui n'étoit encore qu'un enfant. La voïe des armes lui sembla trop incertaine & trop dangereuse ; il préfera celle de l'assassinat, & aïant secretement ôté la vie à Jona, il entra dans la Domnonée, s'empara de tout le païs, sans que personne se mit en devoir de resister à son usurpation, & se rendit maître des personnes de la veuve & du fils de Jona, sous prétexte de les prendre sous sa protection, & de vouloir punir les assassins du Prince dont on regrettoit la perte.

Il est vrai que l'auteur de la vie de saint Leonor, qu'on trouve dans la collection de Mr. du Chêne, n'accuse point Conomor de l'assassinat de Jona ; & qu'il dit seulement que ce méchant homme voïant Jona mort, vint se mettre en possession de ses Etats, contraignit la Princesse sa veuve de l'épouser, pour s'acquerir un droit, ou plûtôt un prétexte de retenir la Domnonée qu'il venoit d'envahir, & qu'il se saisit de Judual seul heritier de cette principauté. Il est donc aisé de se figurer que Conomor n'avoüa jamais le lâche assassinat qu'il avoit commis, qu'il protestoit même vouloir vanger la mort du Prince, & qu'il colora ses violences & son usurpation du beau nom des devoirs d'amitié. L'on se persuadera encore sans peine, que quelques-uns le crurent innocent du meurtre de Jona, tant cet indigne & lâche attentat leur parut au-delà des bornes de la cruauté ordinaire des plus méchans ; de sorte qu'ils ne condamnoient en tout son procédé, que ses violences & son usurpation.

Mais l'écrivain des actes de S. Samson, imprimez dans les actes Benedictins, en a jugé autrement ; il rend même Childebert & Ultrogothe complices du crime, & dit en termes formels que Conomor avoit acheté d'eux, à prix d'argent, la permission ou l'ordre de tuer le malheureux Jona, & qu'il leur envoïa le Prince Judual prisonnier, afin qu'ils en disposassent à leur volonté. L'auteur anonyme de la Cronique de saint Brieuc encherit encore par-dessus ; car il conte que Childebert voulant s'emparer de toute la Bretagne, & n'osant s'y prendre en lion, le fit en renard (ce sont ses termes) en commandant à son Lieutenant Conomor, d'assassiner Jona, & de lui envoïer Judual ; après quoi le Roi se rendit maître absolu de toute la Domnonée qui n'avoit plus de Prince pour défendre sa liberté ; qu'il y regna quatorze ans, & que Conomor n'étoit qu'un simple Lieutenant, qui fit à l'aveugle ce qu'on lui commandoit.

Il est aisé de montrer que ces recits calomnieux qui flétrissent avec tant d'insolence la memoire d'un Roi que Fortunat, dans la vie de S. Germain Evêque de Paris, nous represente comme un Saint, n'ont point d'autre fondement que la passion aveugle de ceux qui se sont imaginé qu'il y avoit du deshonneur pour leur nation d'avoir été soumise aux Rois de France, & qui ne pouvant nier les faits, ont tâché, à l'aide de quelques calomnies, de faire passer pour usurpation ce qui ne l'étoit pas. Telle est la source de ce morceau inseré dans la vie de saint Samson imprimée dans les actes Benedictins, qui n'étoit assurément point dans la vie originale, & qui n'y a été mis que par un homme peu sensé, qui parle des Rois en brutal, & qui leur fait parler son Saint de même. Car ne seroit-ce pas une brutalité, indigne non-seulement d'un Saint, mais même d'une personne tant soit peu raisonnable, que de sortir *en furie* de la presence d'un grand Roi, en criant à pleine tête ? Ce que cet interpollateur fait néanmoins faire à saint Samson, contre la foi des originaux.

On a dans un manuscrit de l'Abbaïe de saint Serge d'Angers, qu'on croit du XI. ou du XII. siécle, une vie de S. Samson, qui au fond est la même que l'imprimée, mais qui n'a point plusieurs dépravations, changemens, & additions qui se trouvent dans celle qu'on nous a donnée au premier tome des actes Benedictins. On ne lit point dans ces actes manuscrits l'accusation maligne du Roi Childebert ; & autant que la conference de saint Samson paroît folle & extravagante dans l'imprimé, autant est-elle sage, modeste, & judicieuse dans ce manuscrit. Il n'est point dit non plus dans le manuscrit, que ce fut Conomor qui envoïa Judual prisonnier à Childebert ; mais tout au contraire, que ce fut Judual, qui de son propre mouvement fut chercher un azile à la Cour du Roi. Cette vie manuscrite est sans doute l'originale, sur laquelle l'auteur de la vie imprimée a fabriqué la sienne, comme il est aisé de le reconnoître, & comme il paroit encore, sans parler ici des autres preuves, parce que l'auteur de la Cronique de S. Brieuc, inserant dans son ouvrage l'abregé de la Legende de saint Samson, rapporte alors la chose comme elle est dans la vie manuscrite, & ne s'est avisé d'en corrompre le sens, que par une glose qu'il a mise à la fin de cet abregé de Legende dont il n'avoit osé alterer le texte.

L'ancien auteur de la vie de saint Leonor rapporte en particulier comment & à quelle occasion le jeune Prince Judual prit la fuite, pour se refugier à la Cour de France. « Sa mere, dit-il, aïant un jour raconté à Conomor, qu'elle avoit songé la nuit précedente, que son fils Judual élevé sur le sommet d'une haute montagne, y recevoit les hommages de toute la Domnonée, après quoi il s'étoit mis à la tête de tous ses sujets pour aller quelque part, irrita tellement, par cet imprudent recit, Conomor infiniment jaloux de l'autorité pour laquelle il avoit déja commis tant de crimes, qu'il dit à la Comtesse, dans les premieres saillies d'une fureur subite, qu'il sçauroit bien se garantir des vaines prédictions de ses songes, & que pour rendre faux celui qu'elle venoit de lui dire, il l'assuroit que la journée ne se passeroit pas, que son fils ne perdît la vie. La mere, qui sçavoit que Conomor ne juroit jamais faux, quand il juroit de mal faire, fit avertir secrettement Judual de prendre incontinent la fuite, s'il vouloit éviter la mort, & qu'il n'y avoit pas d'autre moïen de conserver sa vie. L'enfant tout épouvanté se déroba de la maison, & courut se cacher dans le monastere de saint Leonor, qui étoit dans une forêt voisine. Mais le Saint jugeant bien que le Prince ne seroit pas en

1.
Juillet.

« sûreté dans ce désert, ni dans aucun autre « lieu de la province, le fit embarquer au « moment même, avec un des siens, à qui « il le confia, pour le conduire à la Cour « de Childebert qui le prit sous sa prote- « ction, & le fit élever avec beaucoup de « soin, mais sans penser à le rétablir sitôt, « ni à punir le crime de Conomor, dont « il n'étoit apparemment pas persuadé, & « qu'il étoit bien aise de croire innocent. »

Il y a de l'apparence que c'est là le plan le plus juste que nous puissions nous former de toute cette histoire. Et certainement, quand on n'auroit point en tout ceci d'autre raison pour justifier le Roi Childebert de l'assassinat de Jona, & de l'usurpation de la Domnonée, que la permission que le Prince Judual obtint enfin de lui, de retourner dans son païs, se mettre, s'il pouvoit, en possession de l'heritage de ses ancêtres; cette seule consideration paroît si forte & si convaincante, pour prouver que Childebert ne pensa jamais à s'emparer du bien de Jona & de Judual, & qu'il ne fit en toute cette tragedie d'autre personnage que celui de Seigneur superieur de la Domnonée; que l'on croit devoir rejetter les calomnies de la vie imprimée de S. Samson & de la Cronique de S. Brieuc, par ce seul motif. Et en effet, quand on s'est une fois livré à la convoitise, jusqu'au point de faire assassiner le possesseur d'une principauté dont on veut s'emparer, on n'épargne point un heritier qui peut en demander la restitution, si on est le maître de son sort; on ne le fait point élever à la Cour, en la face de tout un Roïaume, si l'on a pu le faire mourir à petit bruit ailleurs; enfin on ne rend point au pupille le bien pour l'usurpation duquel on a fait poignarder le pere.

Conomor, comme on peut bien le croire, ne put apprendre la nouvelle de l'évasion du Prince, qu'avec une espece de rage, qui le porta à donner un soufflet à saint Leonor, sans aucun respect de son caractere, lorsque le Saint lui fit voir de loin le vaisseau où étoit Judual. Cet emportement prouve encore qu'il n'étoit point l'executeur des ordres secrets de Childebert; puisqu'en ce cas il auroit au contraire été bien aise que l'innocent Judual se fût livré lui-même à son ennemi, sans qu'on pût le charger de ce nouveau crime. Il peut bien, dans la suite, avoir engagé la Reine à faire retenir Judual en France; & donné à entendre à Childebert, qu'il étoit des interests de la couronne, qu'un homme aussi fidéle que lui demeurât maître de la Domnonée; & en effet Childebert l'y maintint assez long-tems.

L'auteur de la vie de saint Hervé dit, que les crimes redoublez de Conomor excitérent tellement la juste indignation des Prélats de Bretagne, qu'ils s'assemblérent tous sur le haut de la montagne de Brea (*Mené-bré*) pour excommunier, avec toutes les imprécations imaginables, ce méchant homme. On ne doute point que toute la Bretagne ne l'eût en horreur, puisqu'encore aujourd'hui on ne parle guéres de Conomor, qu'en joignant à son nom l'épithete de *maudit*. Mais comme S. Houardon qu'on dit avoir été pour lors Evêque de Leon, n'a vêcu que plus de cent ans après, & comme il n'y a pas d'apparence qu'on ait excommunié Conomor cent ans après son décez; il faut necessairement, ou que cet article de l'histoire de saint Hervé soit faux, ou que saint Hervé n'ait pas vécu du tems de l'Evêque S. Houardon, mais du tems de S. Paul & de S. Tugdual.

Quant au rétablissement du Prince Judual, nous renvoïons le lecteur à la vie de saint Leonor, & à celle de S. Samson, pour ne le pas fatiguer par des redites. Nous nous contenterons de dire en abregé, & pour accorder ensemble les legendes de ces deux saints Evêques, qui semblent se contredire dans quelques articles; que le Prince Judual ramené dans la Bretagne par S. Samson, demeura sans autorité, & peut être même inconnu dans la province, jusqu'après la mort de Childebert; qu'après le décez de ce Roi, protecteur de Conomor, Judual fut demander justice & faire ses plaintes à Clotaire, qui l'assura de sa protection & lui promit son rétablissement; que cela détermina Conomor à se liguer avec Chramne, que lorsque Clotaire marcha avec une armée contre Chramne & Conomor, Judual se joignit à ses troupes, avec ce qu'il put amasser d'amis; que ce Prince Breton, interessé plus que personne à la punition de Conomor, le chercha particulierement dans la mêlée; & si l'on veut que ce soit lui qui ait tué le tyran de sa propre main, comme l'assure en termes formels la legende de saint Samson, nous accorderons volontiers cet honneur à Judual, qui pouvoit, comme Prince, & dans une guerre legitime, punir un criminel, à qui il pardonnoit en particulier, comme chrétien. Aprés cela Judual se mit, sans aucun obstacle, & sans autre guerre, en possession de l'heritage de ses ancêtres, comme le dit la Legende de saint Leonor. Enfin nous reconnoissons que l'heureux succés de cette bataille, par rapport à Judual, a pu être l'effet des prieres des deux saints Leonor & Samson, quoique chacun de leurs legendaires l'ait uniquement rapporté au merite de celui dont il écrivoit la vie.

Il est à croire que Clotaire accorda à Judual toute la dépoüille de son ennemi ; puisqu'il paroît par la Legende de S. Paul, que Judual ne possedoit pas seulement la Domnonée, comme avoit fait Jona son pere & Riatham son aïeul ; mais encore le païs de Leon qu'ils n'avoient jamais eu, & dont il semble que Conomor a été en possession après la mort de Withur. Quoiqu'il en soit, le païs de Leon est regardé, dans les actes de saint Paul, comme faisant partie de la Domnonée. Il y a bien de l'apparence encore, que ce fut en consideration de Judual que Clotaire n'entra pas plus avant dans le païs, & se contenta de sa victoire sans la pousser plus loin ; car il n'y avoit plus d'ennemis à combatre, ni de païs à conquerir, & c'eût été faire tort au nouveau Seigneur de la Domnonée que de ravager la province qu'on lui remettoit. Ainsi les desordres que les François firent en Bretagne, ne furent que dans le païs de Dol & du voisinage de S. Malo, & ne continuérent plus, dès que la Bataille eut été donnée.

Judual visita son païs, s'y fit reconnoître des Seigneurs particuliers, rétablit dans leurs possessions les anciens serviteurs de sa maison que Conomor avoit dépoüillez, & fit du bien aux Eglises que le tyran avoit, ou ruïnées, ou négligées. Il pouvoit avoir environ 22. ans lorsqu'il fut rétabli, & la suite de sa genealogie prouve qu'il se maria peu de tems après son retour, puisque son petit-fils Judicael étoit homme fait en 636. & que Juthael fils aîné de Judual vécut longtems. Judual dirigé par les saints & sages conseils de Samson, qu'il aima toûjours comme son pere, & qu'il écoutoit comme son maître, ne pouvoit manquer de bien gouverner ses peuples, & de se bien conduire lui-même, pour faire regner Jesus-Christ par tout. La pieté de Judual paroît dans les liberalitez qu'il a faites à l'Eglise de Dol. Car on ne peut attribuer qu'à lui toutes les Enclaves que cette Eglise possede en d'autres dioceses ; Quand on considere qu'elle n'en possede en Bretagne, que dans la Domnonée. Il est aussi marqué dans la Legende de saint Paul, qu'il fit de grands biens à l'Eglise de Leon, le jour que saint Paul y ordonnoit Evêque, en présence de ce Prince, un de ses disciples nommé Cetomerin, pour succeder à Tiernomail, un autre de ses éleves qui venoit de mourir. Judual étoit allé visiter le grand Saint son parent, pour lui demander le secours de ses prieres, & il lui fit don, en cette occasion, d'un grand territoire, pour recompenser, autant qu'il le pouvoit, par des benedictions temporelles, celui qui lui attiroit celles du ciel.

On ne sçait point le nom de la femme que Judual épousa. Il en eut cinq fils, Juthael, Haeloc, Deroch, Doethwal, & Archael. Il y a de l'apparence qu'il a vécu jusqu'à la fin du VI. siécle. Ingomar, auteur du siécle suivant, dit que ce Prince mourut vieux. Il gouverna ses peuples avec beaucoup de douceur & d'équité.

SAINT SAMSON,
Evêque de Dol, & Confesseur.
VI. SIECLE.

SAMSON premier Evêque de Dol, s'est rendu si recommandable dans la Bretagne & ailleurs, & s'est acquis une si grande reputation de sainteté & de credit auprès de Dieu, que si l'on osoit comparer les Saints les uns avec les autres, & donner la préference à quelqu'un, il passeroit pour un des plus grands & des plus admirables ; car selon la signification Arabique & Hebraïque de son nom, il brille entre tous nos Saints, comme un *Soleil* entre les astres. Cependant, par un sort assez bizarre, plus son merite a d'éclat en general, plus il y a d'obscurité dans le détail de sa vie. La grandeur du sujet a donné occasion à des particuliers, d'inserer des fables dans son histoire, parce que leur mauvais goût les jugeoit propres à relever l'idée de son excellence ; mais ces fables, loin d'embellir les actes du Saint, les ont tellement défigurez, qu'on a peine à y discerner le vrai d'avec le faux, & qu'il s'est même trouvé des auteurs qui ont fait deux Saints du même, & d'autres au contraire, qui à force de retrancher ce qu'ils ont cru peu vraisemblable, ont en quelque façon anéanti sa personne, en le confondant avec saint Theliau, dont le nom a aussi, dans la langue Grecque, quelque rapport à celui du soleil.

Il n'y a qu'à lire les actes de saint Samson & de saint Theliau, pour reconnoître que ce sont effectivement deux personnes toutes differentes. Ils sont trop bien caracterisez, depuis leur naissance jusqu'à leur mort, pour être confondus ; & l'on voit même par leurs genealogies, qu'ils étoient de races entierement differentes, & qu'ils n'ont rien de commun que la vaine analogie de la signification de leur nom. La consideration d'Usserius nous rendroit un peu moins hardis à nier qu'il y ait eu deux Sam-

28. Juillet. dont il demanda à saint Hiltut la permission de courir au secours d'un jeune Religieux qu'une couleuvre avoit mordu, & qui se mouroit. « Je sçai, dit il, au vieillard, « un excellent remede que j'ai appris de mon « pere, qui ne consiste qu'en peu de paro- « les, & qui est un enchantement souve- « rain. « Est-ce donc, lui dit Hiltut, que vôtre pere est magicien ? & vous a-t-il appris les detestables secrets ? ou croïez-vous qu'on puisse être Religieux & enchanteur tout à la fois ? Samson lui repliqua tout aussitôt, pour lui ôter tout sujet de scandale : « Ne « vous souvenez-vous donc plus qu'il est « défendu dans l'Evangile d'appeller aucu- « ne créature terrestre, nôtre pere ? & que « mon pere celeste, qui est le seul pere que « je reconnois, est un medecin souverain, « qui nous apprend à guérir toutes sortes « de maux par quelques oraisons pronon- « cées avec foi ? Hiltut surpris de la foi de « Samson, lui dit : allez, au nom du Sei- « gneur, & que vôtre pere celeste daigne « guérir le blessé. « Samson y courut aussitôt, & sans penser qu'il entreprenoit de faire un miracle, il fit le signe de la croix sur la plaïe de son confrere, & sur de l'eau mêlée avec de l'huile, dont il la lava ; ce qui joint à ses prieres, eut tant d'efficace, que le patient qui étoit en très-grand danger, fut incontinent guéri. Ce fut alors que Samson voïant ses confreres tout étonnés, s'apperçut qu'il venoit d'être l'instrument d'un miracle ; il en eut confusion, & pria le plus affectueusement qu'il put tous les assistans de lui pardonner la faute qu'il avoit commise, & d'attribuer uniquement à la vertu du signe de la croix la guérison subite du malade ; mais sur tout de ne le déferer point aux autres confreres, ni à saint Hiltut, s'ils avoient quelque charité pour lui.

Hiltut, touché de cette merveille, & beaucoup plus encore de l'humilité simple & naïve de Samson, de son obéïssance, de sa charité, de son zéle pour le service de Dieu, & de ses autres vertus, prit la résolution de le faire ordonner Diacre, & recommandant cette affaire à Dieu, le pria de lui en faire naître au plûtôt l'occasion, si c'étoit la sainte volonté. On ne sçavoit point du tout que l'Evêque Dubrice dût venir au Monastere, & il y vint peu de jours après, sans que personne l'attendît ; ce qui acheva de persuader Hiltut que Dieu vouloit que Samson fût promû au Diaconat. Il le proposa donc au saint Evêque, qui assembla les plus anciens de la maison, & leur demanda s'ils jugeoient Samson digne de recevoir l'ordre. Ils répondirent tous, qu'il étoit le Religieux le plus parfait du Monastere, & qu'ils n'étoient que de lâches novices, en comparaison de lui. S. Dubrice l'ordonna Diacre, & confera en même tems l'ordre de Prêtrise à deux autres Religieux beaucoup plus anciens que Samson.

Les Legendaires manquent rarement, dans ces occasions, de faire paroître le S. Esprit en forme de colombe, sur la tête, ou sur l'épaule droite de leurs Saints ; & l'historien de la vie de Samson n'a pas oublié cette glorieuse circonstance, beaucoup moins estimable, que ce qu'il ajoûte ; que depuis ce tems-là le Saint croissoit tellement en merite, qu'on eût dit que, meilleur au jour présent, qu'au jour précedent, il montoit sans cesse de dégré en dégré à la plus haute perfection. En effet il redoubla dès-lors ses jeûnes, & ne mangea plus que de deux jours en deux jours. Il prit la résolution de ne se servir jamais de lit, & ne dormit plus qu'assis à terre & apuïé contre quelque muraille, lorsque le sommeil l'abbattoit malgré lui. Sa vie enfin étoit un martyre continuel de mortification & de penitence, d'autant plus agréable à Dieu, qu'une charité sans émulation & sans aucune vaine complaisance en étoit le principe.

De tout ce que l'on raconte de lui, rien ne paroît plus édifiant, ni plus remarquable, que la maniere dont il se comporta à l'égard de deux neveux de son Abbé saint Hiltut qui demeuroient dans le même monastere. C'étoit moins la vertu qui les y retenoit, que l'esperance de succeder à leur oncle & de posseder après lui le temporel du monastere, soit qu'ils le regardassent comme le patrimoine de leur famille, soit qu'un d'eux, qui étoit Prêtre, aspirât à la qualité d'Abbé. Tous deux portoient une haine mortelle à Samson, qu'ils craignoient que leur oncle ne leur préferât.[4] Ils donnoient au Saint, dans toutes les rencontres, des marques de leur aversion ; & l'excès de leur passion ne leur permettoit pas de la pouvoir dissimuler. Le Saint, qui s'en apperçut aisément, en fut extrémement affligé, non qu'il craignît le mal qu'ils lui pouvoient faire ; mais il étoit inconsolable du danger de se perdre où ils étoient. Il se regardoit comme coupable de leur peché, parce qu'il en étoit l'objet & l'occasion ; & cette vûë penetroit son cœur d'une douleur continuelle, qui le portoit à faire des penitences incroïables & des prieres sans interruption, pour obtenir la conversion de ces deux malheureux. Mais plus il se santifioit, à leur occasion, plus aussi croissoit leur rage & leur jalousie.

Celui des deux qui n'étoit pas Prêtre, avoit la charge d'Apoticaire [a] de la maison.

Cet emploi leur fit naître la pensée d'empoisonner le Saint, & ils s'imaginérent qu'ils en viendroient à bout, en lui présentant quelque breuvage. On avoit la pratique, dans cette maison, de donner aux Religieux, en de certains tems, du jus de quelques herbes medicinales, pour la conservation de leur santé. Comme c'étoit plûtôt une medecine, qu'un simple breuvage, il n'étoit permis à personne de s'en abstenir. Ces deux malheureux firent une potion funeste, composée du suc de quelques plantes mortelles, dont ils essaïérent la force sur un animal à qui ils en donnérent quelques goutes dans du lait, & l'animal en mourut sur le champ. Lorsque Samson se présenta pour boire, ils lui donnérent une pleine tasse de cette boisson pernicieuse. Le Saint s'apperçut bien que le breuvage qu'on lui présentoit étoit très-different des autres ; mais pour ne point donner sujet à ses ennemis de se plaindre qu'il les eût soupçonnez legérement, & plein de confiance en celui qui a dit dans l'Evangile, que ceux qui auroient une foi vive, boiroient les breuvages les plus mortels, sans qu'ils leur pussent nuire ; il avala tout ce qu'on lui avoit donné, sans en ressentir aucun mal, au grand étonnement de ceux qui lui avoient préparé cette coupe empoisonnée. Samson sçachant bien que c'étoit à Dieu seul qu'il étoit redevable de la conservation de sa vie, en consacra de nouveau tous les momens à son service, pour lui témoigner sa reconnoissance ; & plus sensible à quelques bons effets de la potion qu'il avoit prise, qu'à la mauvaise volonté de ceux qui la lui avoient préparée, il remercia l'Apoticaire d'une maniere si douce & si honnête, qu'il gagna ce Religieux, beaucoup moins méchant que le Prêtre son frere, & le toucha tellement, qu'il se repentit de son crime, & fit tous ses efforts pour reduire son frere à la raison ; à quoi néanmoins il ne put réüssir, tant l'envie le possedoit.

Le Dimanche suivant Samson faisant l'office de Diacre au saint Autel, présenta, selon la coûtume, le calice à ce méchant Prêtre. Mais ce sacrilege n'eut pas plûtôt communié, que le Demon s'empara de lui dans le moment, & le tourmenta d'une maniere horrible & honteuse ; ce qui causa tant de fraïeur à son frere qu'il confessa publiquement leur crime commun. Il promit d'en faire penitence le reste de ses jours, & offrit même de les emploïer entierement au service du Saint, pour reparer le mal qu'il avoit voulu lui faire. Toute la communauté extrémement surprise & affligée,

& Hiltut à la tête, suppliérent, Samson de ne leur imputer pas le crime des deux freres. Mais Samson, bien-loin d'avoir le moindre mouvement d'indignation contre personne, étoit le plus desolé de tous, & se plaignoit affectueusement à Dieu, de ce qu'à son occasion il avoit puni si sevérement son confrere, & lui demandoit pardon avec une contrition incroïable, comme s'il avoit été seul coupable de tout le mal qu'on avoit fait. Une si grande bonté donna la hardiesse aux Religieux de le supplier de s'emploïer auprès de Dieu pour la délivrance du possedé, & de lui faire la charité de l'aller voir. Il le fit avec toute la tendresse possible, & le Demon ne pouvant souffrir les soins charitables d'un homme qui rendoit si heroïquement le bien pour le mal, quitta le Religieux, & le laissa sain & sauf à Samson, comme un trophée de l'amour des ennemis, d'autant plus glorieux, que penitent de sa faute, ce Religieux ne voulut plus depuis abandonner le Saint.

Aprés que Samson eut exercé deux ans son office de Diacre, le même saint Dubrice lui confera l'ordre de Prêtrise, & il y eut encore dans cette occasion une apparition de colombe pareille à la premiere. Cette sainte dignité fut un nouveau motif à Samson d'augmenter les rigueurs de sa vie penitente, & ce fut alors qu'il lui sembla que la regle commune du Monastere n'étoit pas assez austere pour lui. Il y avoit dans une isle peu distante du monastere de saint Hiltut, un Abbé nommé Pyron, qui depuis quelques années y avoit établi une communauté qui étoit en reputation de mener une vie fort severe. C'étoit où le Saint avoit envie de se retirer, dans la pensée de s'éloigner davantage du commerce du monde, & de se priver de toutes sortes de commoditez. Le respect & l'amour qu'il avoit pour son maître s'opposoient inutilement à ce dessein, qui se fortifioit de plus en plus, quoiqu'il n'osât en parler à saint Hiltut, de peur de le chagriner. S. Hiltut connut par revelation l'agitation interieure de son disciple, lui en parla le premier, & lui permit de suivre les mouvemens qui l'appelloient dans une retraite plus austere.

L'Abbé Pyron, qui connoissoit le merite de ce nouveau disciple, le reçut avec de grandes marques d'estime ; & Samson vécut dans ce monastere d'une maniere si élevée au dessus même de l'idée que les Solitaires de ce lieu s'étoient formée de lui, qu'il devint l'objet de leur étonnement. Il y vivoit le plus content du monde, d'être separé de tout, & de ne tenir plus à la terre que par les necessitez indispensables, qu'il

28.
Juillet.
a L. 8. ch. 9. & 12.
b L. 6. & 7.
c L. 20. ch. 203.

fons, fi l'on ne voïoit que cet auteur n'allegue pour cette opinion, que des pieces de faux aloi, un Geffroi de Monmouth [a] fameux impofteur, les vaines propheties de Merlin, le faux Gildas [b], Vincent de [c] Beauvais, & Alain de l'Ifle dans fes commentaires fur Merlin, tous auteurs plus propres à décrier une hiftoire, qu'à l'autorifer.

On dit donc avec affurance, qu'on n'a point de raifon fuffifante de reconnoître un S. Samfon Archevêque d'York; ou fi l'on veut abfolument retenir un faint Samfon Archevêque de cette ville, on foûtient qu'il faut neceffairement avoüer que celui-là n'eft jamais venu à Dol, & qu'il n'a nul rapport à nôtre Bretagne, quoiqu'en difent les propheties de Merlin & leurs fades commentateurs. La Cronologie ne permettroit pas de confondre ces deux Samfons, s'il y en avoit effectivement eu deux; & au tems qu'a vêcu celui dont nous devons parler, York occupée par des Rois Saxons de Northumberland encore païens, n'avoit ni l'exercice libre de la Religion Catholique, ni des Archevêques en poffeffion de leur fiége; outre qu'il n'eft pas dit un feul mot dans l'hiftoire de nôtre Saint, qui marque en lui aucun rapport avec le clergé de cette ville.

S'il étoit bien affuré que faint Samfon apporta le *Pallium* Archiepifcopal, de la metropolitaine de Menew, lorfqu'il vint à Dol comme l'avance Girald de [a] Cambrie, & comme on le chante [b] dans la Meffe propre de faint Samfon dans l'Eglife de Dol; on pourroit par ce moïen refuter efficacement ceux qui s'étant perfuadé que l'Eglife de Dol; n'a joüi originairement des honneurs Archiepifcopaux, que parce que faint Samfon étoit Archevêque en fon païs, avant que de venir à Dol, croient que c'étoit d'York qu'il étoit Metropolitain, & qu'il en apporta le *Pallium* avec lui. Mais comme les fables ne fe refutent jamais bien par d'autres fables, que la verité feule peut détruire, laiffant à part tous ces contes d'Archevêchez & de *Pallium*, dont la Legende du Saint n'a pas un feul mot, nous rapporterons fimplement ce qu'elle dit de lui. Nous fuivrons en ce recit la legende manufcrite qui fe conferve dans l'Abbaïe de S. Serge d'Angers, que nous croïons devoir preferer à celle qui fe trouve imprimée au premier tome des actes Benedictins, tant pour les raifons déja fpecifiées dans la vie de Judual, que pour les fuivantes. Premierement l'auteur de la Legende imprimée dit formellement au nombre 1. qu'il n'a fait que fuivre les anciens actes de la vie de

[a] *De jure & ftatu Eccl. Menev. diff. 2. p. 533. to. 2. Anglia facra, & in itinerario l. 2. c. 7.* [b] *Præful autem Menevenfis dignitatis, in Dolenfis transfertur faftigium.*

saint Samfon. Il n'eft donc point original. En fecond lieu cet auteur avance des chofes impertinentes, pour avoir mal lû les anciens actes; témoin cet endroit du manufcrit de faint Serge, où il eft dit de faint Hiltut, qu'il étoit: *genere magnificus, ac fagaciffimus futurorum præfcius*. C'eft-à-dire, d'une naiffance illuftre & très-habile à penetrer l'avenir. L'auteur de la Legende imprimée a lû: *genere magicus fagaciffimus, & futurorum præfcius*, ce qui, pris à la lettre, voudroit dire, qu'Hiltut étoit de naiffance un très-habile magicien, & prévoïoit l'avenir; en quoi il n'y a ni fens ni raifon. Enfin l'auteur du manufcrit eft beaucoup moins vifionnaire, que celui des actes imprimez, qui a voulu encherir fur la verité pour donner à fon Saint des caracteres de grandeur qui n'ont rien de folide; témoin l'endroit de la confecration Epifcopale du Saint, faite dans une apparition, par trois Apôtres, que cet auteur des actes imprimez foûtient avoir été un facre fi réel & fi veritable, que les Evêques affemblez pour la cérémonie ne jugérent pas devoir paffer outre, de peur d'ordonner le Saint une feconde fois; au lieu que le manufcrit dit pofitivement, que les Evêques facrérent Samfon, & ne confiderérent la vifion qu'il avoit eüe, que comme un figne des graces extraordinaires de fon Epifcopat. Voici donc l'abregé de cette legende manufcrite, qui contient deux livres, comme l'imprimée, mais dont les titres & les chapitres font rangez dans un autre ordre.

Samfon prit naiffance dans le païs des Demetes, par quoi l'on ne doit pas entendre le feul canton de Cardigan-Shire & le Comté de Pembrock, mais toute la Southwale en general, puifque la maifon de fon pere étoit voifine de celle des parens de fa mere établie dans la province de Wenetie, en Breton *Guent*, & à prefent Monmouth, d'où l'on doit conclure que fon pere demeuroit dans la contrée de Glamorgan voifine de ce canton. Ce mot de Wenetie pris à la volée par le bon Pere Albert le Grand, lui a fait dire que faint Samfon étoit Breton Armoricain, originaire du païs de Vannes; ce qu'on ne fe donneroit pas la peine de relever, fi le fameux P. le Cointe, accoûtumé à fuivre inconfiderément cet auteur plus laborieux qu'exact, ne fût tombé dans la même faute.

Il y avoit dans cette contrée de Glamorgan, dans le voifinage de la Saverne, deux jeunes Seigneurs freres, dont la famille étoit en poffeffion de nourrir & d'élever les enfans de leurs Rois. L'aîné fe nommoit Ammon, & le plus jeune Umbrafel;

brafel ; & dans la province de Gwent, qui étoit celle des anciens Silures, la maison du Gouverneur ou nourricier hereditaire des Rois du païs étoit reduite à deux filles, l'aînée desquelles se nommoit Anne, & la plus jeune, Asfrelle, toutes deux très-vertueuses. L'âge, la condition, le bien des deux freres, étoient proportionnez à l'âge, la condition, & la fortune des deux sœurs ; de sorte que tout le monde disoit dans le païs que c'étoit un double mariage à faire. Il se fit effectivement, selon l'ordre de l'âge ; Ammon épousa Anne, & Umbrafel épousa Asfrelle, & ce fut des premiers que nâquit Samson.

Sa mere fut sterile pendant quelques années, & Asfrelle avoit déja trois fils, qu'Anne n'en avoit encore point eu. Quoique très-soumise à la volonté de Dieu, elle étoit néanmoins affligée de sa sterilité, & faisoit continuellement des prieres, des aumônes, des remises de dettes, des présens aux Eglises, & d'autres bonnes œuvres semblables, pour obtenir de Dieu des enfans. Elle engageoit même les personnes de pieté qui étoient de ses amis, à prier Dieu, comme elle pour la même fin ; ce qu'Ammon faisoit aussi de son côté. Samson fut le fruit de toutes ces bonnes œuvres, & l'histoire rapporte que sa naissance fut prédite un an auparavant par un saint homme qui avoit le don de prophetie. Un Ange, à ce qu'on dit, l'annonça encore à ses parens, & leur marqua le nom qu'il leur étoit ordonné de lui faire porter. Enfin il y eut plusieurs autres présages du merite & de la grandeur future de l'enfant.

Un des premiers & des plus favorables effets de la misericorde de Dieu envers Samson, fut de lui avoir donné une mere aussi pieuse & aussi sainte qu'étoit la sienne, qui s'appliqua toûjours, avec soin, à lui inspirer dès sa plus tendre enfance, la connoissance & l'amour de son pere celeste ; & qui regardant ce cher enfant comme un don de Dieu, veilloit incessamment sur lui, pour empêcher que le commerce dangereux des domestiques ne souillât le moins du monde les oreilles ou la vûë de cette innocente victime, qu'elle vouloit offrir toute pure & sans aucune tache au service du Seigneur.

Quand il eut atteint l'âge de cinq ans, sa mere le voïant en état de profiter d'une école encore meilleure que la sienne, & que son fils lui demandoit tous les jours d'y être envoïé, pressa son mari d'aller avec elle conduire Samson au monastere de saint Hiltut. Il fallut, à ce qu'on dit, des menaces d'un Ange qui apparut en songe à Ammon, pour l'obliger à consentir aux desirs empressez de sa femme & de son fils, car il le destinoit aux honneurs du siécle. Mais obéïssant aux ordres du ciel, il partit dès le lendemain, accompagné de sa femme, pour aller presenter le petit Samson à saint Hiltut, fameux dans toute la Cambrie par la bonne éducation qu'il donnoit aux enfans, & dont le monastere étoit éloigné de deux journées de chemin du lieu de la demeure d'Ammon.

Le saint vieillard aïant envisagé l'enfant qu'on lui présentoit, l'embrassa avec beaucoup de tendresse, & rempli de l'esprit de Dieu, dit dans une espece d'enthousiasme, en présence de plusieurs assistans : « que nous vous avons d'obligation, ô mon Dieu ! d'avoir fait naître en nôtre païs ce soleil qui doit éclairer tant de peuples, deçà & delà la mer, & qui procurera le salut d'un nombre infini de prédestinez ! Voilà le docteur de plusieurs nations, le pere spirituel d'un grand nombre de Saints, l'Evêque de plusieurs dioceses, l'honneur des Bretons, & la gloire de l'Eglise. » Anne eût bien voulu que saint Hiltut eût continué long tems un discours si consolant pour elle, & lui faisoit déja des questions, pour sçavoir plus en détail ce qu'on venoit de lui prédire ; mais Hiltut lui ferma la bouche, & elle fut obligée de se retirer avec Ammon, fort satisfaite cependant des prédictions & des honnêtetez du saint Abbé.

Sans entrer dans les minuties de l'éducation de saint Samson, qu'on assure avoir été dès-lors l'instrument de quelques miracles, nous dirons seulement qu'il fit un si grand progrès dans les lettres, mais encore plus dans la pieté, qu'aucun du monastere ne l'égaloit en doctrine, en austeritez, en assiduité à la priere, en exactitude à l'obéïssance, en ferveur à l'office divin ; & son maître Hiltut étoit souvent obligé d'arrêter par des défenses expresses l'impetuosité du zéle de son disciple, qui l'auroit emporté plus loin que ne le permettoient son âge & sa delicatesse. L'Ecriture Sainte faisoit ses plus cheres délices, & la méditation jointe à l'oraison & à la pureté de cœur, lui découvroit dès-lors des veritez que saint Hiltut lui-même n'avoit pas encore apperçuës. Sur quoi l'on dit qu'étant un jour tombé sur un passage difficile qu'il n'entendoit nullement, & que son maître ne lui put expliquer, il en obtint l'intelligence par des jeûnes & des prieres extraordinaires ; ce qui surprit extrémement son Abbé.

On a lieu de croire que saint Samson étoit d'une humeur enjoüée, par la maniere

28.
Juillet.

dont il demanda à saint Hiltut la permiſſion de courir au ſecours d'un jeune Religieux qu'une couleuvre avoit mordu, & qui ſe mouroit. « Je ſçai, dit il, au vieillard, « un excellent remede que j'ai appris de mon « pere, qui ne conſiſte qu'en peu de paro- « les, & qui eſt un enchantement ſouve- « rain. « Eſt-ce donc, lui dit Hiltut, que vôtre pere eſt magicien? & vous a-t-il appris les deteſtables ſecrets? ou croïez-vous qu'on puiſſe être Religieux & enchanteur tout à la fois? Samſon lui repliqua tout auſſitôt, pour lui ôter tout ſujet de ſcandale: « Ne « vous ſouvenez-vous donc plus qu'il eſt « défendu dans l'Evangile d'appeller aucu- « ne créature terreſtre, nôtre pere? & que « mon pere celeſte, qui eſt le ſeul pere que « je reconnois, eſt un medecin ſouverain, « qui nous apprend à guérir toutes ſortes « de maux par quelques oraiſons pronon- « cées avec foi? Hiltut ſurpris de la foi de « Samſon, lui dit: allez, au nom du Sei- « gneur, & que vôtre pere celeſte daigne « guérir le bleſſé. « Samſon y courut auſſitôt, & ſans penſer qu'il entreprenoit de faire un miracle, il fit le ſigne de la croix ſur la plaïe de ſon confrere, & ſur de l'eau mê- lée avec de l'huile, dont il la lava; ce qui joint à ſes prieres, eut tant d'efficace, que le patient qui étoit en très-grand danger, fut incontinent guéri. Ce fut alors que Sam- ſon voïant ſes confreres tout étonnez, s'ap- perçut qu'il venoit d'être l'inſtrument d'un miracle; il en eut confuſion, & pria le plus affectueuſement qu'il put tous les aſſiſtans de lui pardonner la faute qu'il avoit com- miſe, & d'attribuer uniquement à la vertu du ſigne de la croix la guériſon ſubite du malade; mais ſur tout de ne le déferer point aux autres confreres, ni à ſaint Hil- tut, s'ils avoient quelque charité pour lui.

Hiltut, touché de cette merveille, & beaucoup plus encore de l'humilité ſimple & naïve de Samſon, de ſon obéïſſance, de ſa charité, de ſon zéle pour le ſervice de Dieu, & de ſes autres vertus, prit la réſolution de le faire ordonner Diacre, & recommandant cette affaire à Dieu, le pria de lui en faire naître au plûtôt l'occaſion, ſi c'étoit ſa ſainte volonté. On ne ſçavoit point du tout que l'Evêque Dubrice dût venir au Monaſtere, & il y vint peu de jours après, ſans que perſonne l'attendît; ce qui acheva de perſuader Hiltut que Dieu vou- loit que Samſon fût promû au Diaconat. Il le propoſa donc au ſaint Evêque, qui aſ- ſembla les plus anciens de la maiſon, & leur demanda s'ils jugeoient Samſon digne de recevoir l'ordre. Ils répondirent tous, qu'il étoit le Religieux le plus parfait du

Monaſtere, & qu'ils n'étoient que de lâ- ches novices, en comparaiſon de lui. S. Du- brice l'ordonna Diacre, & conferaen même tems l'ordre de Prêtriſe à deux autres Re- ligieux beaucoup plus anciens que Samſon.

Les Legendaires manquent rarement, dans ces occaſions, de faire paroître le S. Eſprit en forme de colombe, ſur la tête, ou ſur l'épaule droite de leurs Saints; & l'hiſtorien de la vie de Samſon n'a pas ou- blié cette glorieuſe circonſtance, beaucoup moins eſtimable, que ce qu'il ajoûte; que depuis ce tems-là le Saint croiſſoit telle- ment en merite, qu'on eût dit que, meil- leur au jour préſent, qu'au jour précedent, il montoit ſans ceſſe de dégré en dégré à la plus haute perfection. En effet il redoubla dès-lors ſes jeûnes, & ne mangea plus que de deux jours en deux jours. Il prit la réſolu- tion de ne ſe ſervir jamais de lit, & ne dor- mit plus qu'aſſis à terre & apuïé contre quel- que muraille, lorſque le ſommeil l'abbattoit malgré lui. Sa vie enfin étoit un martyre continuel de mortification & de penitence, d'autant plus agréable à Dieu, qu'une cha- rité ſans émulation & ſans aucune vaine complaiſance en étoit le principe.

De tout ce que l'on raconte de lui, rien ne paroît plus édifiant, ni plus remarqua- ble, que la maniere dont il ſe conduiſit à l'égard de deux neveux de ſon Abbé ſaint Hiltut qui demeuroient dans le même mo- naſtere. C'étoit moins la vertu qui les y re- tenoit, que l'eſperance de ſucceder à leur oncle & de poſſeder après lui le temporel du monaſtere, ſoit qu'ils le regardaſſent comme le patrimoine de leur famille, ſoit qu'un d'eux, qui étoit Prêtre, aſpirât à la qualité d'Abbé. Tous deux portoient une haine mortelle à Samſon, qu'ils craignoient que leur oncle ne leur préférât. Ils don- noient au Saint, dans toutes les rencontres, des marques de leur averſion; & l'excès de leur paſſion ne leur permettoit pas de la pouvoir diſſimuler. Le Saint, qui s'en ap- perçut aiſément, en fut extrêmement affli- gé, non qu'il craignît le mal qu'ils lui pou- voient faire; mais il étoit inconſolable du danger de ſe perdre où ils étoient. Il ſe re- gardoit comme coupable de leur peché, parce qu'il en étoit l'objet & l'occaſion; & cette vûë penetroit ſon cœur d'une dou- leur continuelle, qui le portoit à faire des penitences incroïables & des prieres ſans in- terruption, pour obtenir la converſion de ces deux malheureux. Mais plus il ſe ſanti- fioit, à leur occaſion, plus auſſi croiſſoit leur rage & leur jalouſie.

Celui des deux qui n'étoit pas Prêtre, avoit la charge d'Apoticaire [a] de la maiſon.

SAINT SAMSON.

*28.
JUILLET.
a lettre
nir ; par-
qu'autre-
on pil-
le bled
ur en faite
la farine.
eſt ce ſens
piler, &
ſuite de
iſtoire
nous ont
terminez à
duire Apo-
aire, ou
ogniſte.
Les actes
pellent cet
mal Pilax
elques-uns
cru que
toit un
at. Il y a
en plus d'a-
rence que
toit un
ien d'atta-
: φύλαξ,
λος.*

Cet emploi leur fit naître la penſée d'empoiſonner le Saint, & ils s'imaginérent qu'ils en viendroient à bout, en lui préſentant quelque breuvage. On avoit la pratique, dans cette maiſon, de donner aux Religieux, en de certains tems, du jus de quelques herbes medicinales, pour la conſervation de leur ſanté. Comme c'étoit plûtôt une medecine, qu'un ſimple breuvage, il n'étoit permis à perſonne de s'en abſtenir. Ces deux malheureux firent une potion funeſte, compoſée du ſuc de quelques plantes mortelles, dont ils eſſaïérent la force ſur un animal [b] à qui ils en donnérent quelques goutes dans du lait, & l'animal en mourut ſur le champ. Lorſque Samſon ſe préſenta pour boire, ils lui donnérent une pleine taſſe de cette boiſſon pernicieuſe. Le Saint s'apperçut bien que le breuvage qu'on lui préſentoit étoit très-different des autres ; mais pour ne point donner ſujet à ſes ennemis de ſe plaindre qu'il les eût ſoupçonnez legérement, & plein de confiance en celui qui a dit dans l'Evangile, que ceux qui auroient une foi vive, boiroient les breuvages les plus mortels, ſans qu'ils leur puſſent nuire ; il avala tout ce qu'on lui avoit donné, ſans en reſſentir aucun mal, au grand étonnement de ceux qui lui avoient préparé cette coupe empoiſonnée. Samſon ſçachant bien que c'étoit à Dieu ſeul qu'il étoit redevable de la conſervation de ſa vie, en conſacra de nouveau tous les momens à ſon ſervice, pour lui témoigner ſa reconnoiſſance ; & plus ſenſible à quelques bons effets de la potion qu'il avoit priſe, qu'à la mauvaiſe volonté de ceux qui la lui avoient préparée, il remercia l'Apoticaire d'une maniere ſi douce & ſi honnête, qu'il gagna ce Religieux, beaucoup moins méchant que le Prêtre ſon frere, & le toucha tellement, qu'il ſe repentit de ſon crime, & fit tous ſes efforts pour reduire ſon frere à la raiſon ; à quoi néanmoins il ne put réüſſir, tant l'envie le poſſedoit.

Le Dimanche ſuivant Samſon faiſant l'office de Diacre au ſaint Autel, préſenta, ſelon la coûtume, le calice à ce méchant Prêtre. Mais ce ſacrilege n'eut pas plûtôt communié, que le Demon s'empara de lui dans le moment, & le tourmenta d'une maniere horrible & honteuſe ; ce qui cauſa tant de fraïeur à ſon frere qu'il confeſſa publiquement leur crime commun. Il promit d'en faire penitence le reſte de ſes jours, & offrit même de les emploïer entierement au ſervice du Saint, pour reparer le mal qu'il avoit voulu lui faire. Toute la communauté extrêmement ſurpriſe & affligée, & Hiltut à la tête, ſupplièrent, Samſon de ne leur imputer pas le crime des deux freres. Mais Samſon, bien-loin d'avoir le moindre mouvement d'indignation contre perſonne, étoit le plus deſolé de tous, & ſe plaignoit affectueuſement à Dieu, de ce qu'à ſon occaſion il avoit puni ſi ſevérement ſon confrere, & lui demandoit pardon avec une contrition incroïable, comme s'il avoit été ſeul coupable de tout le mal qu'on avoit fait. Une ſi grande bonté donna la hardieſſe aux Religieux de le ſupplier de s'emploïer auprès de Dieu pour la délivrance du poſſedé, & de lui faire la charité de l'aller voir. Il le fit avec toute la tendreſſe poſſible, & le Demon ne pouvant ſouffrir les ſoins charitables d'un homme qui rendoit ſi heroïquement le bien pour le mal, quitta le Religieux, & le laiſſa ſain & ſauf à Samſon, comme un trophée de l'amour des ennemis, d'autant plus glorieux, que penitent de ſa faute, ce Religieux ne voulut plus depuis abandonner le Saint.

Après que Samſon eut exercé deux ans ſon office de Diacre, le même ſaint Dubrice lui confera l'ordre de Prêtriſe, & il y eut encore dans cette occaſion une apparition de colombe pareille à la premiere. Cette ſainte dignité fut un nouveau motif à Samſon d'augmenter les rigueurs de ſa vie penitente ; & ce fut alors qu'il lui ſembla que la regle commune du Monaſtere n'étoit pas aſſez auſtere pour lui. Il y avoit dans une iſle peu diſtante du monaſtere de ſaint Hiltut, un Abbé nommé Pyron, qui depuis quelques années y avoit établi une communauté qui étoit en reputation de mener une vie fort ſevere. C'étoit où le Saint avoit envie de ſe retirer, dans la penſée de s'éloigner davantage du commerce du monde, & de ſe priver de toutes ſortes de commoditez. Le reſpect & l'amour qu'il avoit pour ſon maître s'oppoſoient inutilement à ce deſſein, qui ſe fortifioit de plus en plus, quoiqu'il n'oſât en parler à ſaint Hiltut, de peur de le chagriner. S. Hiltut connut par revelation l'agitation interieure de ſon diſciple, lui en parla le premier, & lui permit de ſuivre les mouvemens qui l'appelloient dans une retraite plus auſtere.

L'Abbé Pyron, qui connoiſſoit le merite de ce nouveau diſciple, le reçut avec de grandes marques d'eſtime ; & Samſon vécut dans ce monaſtere d'une maniere ſi élevée au deſſus même de l'idée que les Solitaires de ce lieu s'étoient formée de lui, qu'il devint l'objet de leur étonnement. Il y vivoit le plus content du monde, d'être ſeparé de tout, & de ne tenir plus à la terre que par les neceſſitez indiſpenſables, qu'il

*Il y a une iſle qui ſe nomme :
Enez - Pyr, qui pourroit bien être celle dont il s'agit ici.*

28.
Juillet.

reduisoit au moins qu'il pouvoit ; lorsque son pere Ammon, frappé d'une maladie qu'on jugeoit mortelle, l'envoïa prier de le venir voir. Samson, se regardant comme mort au monde, refusoit de faire ce voïage ; mais son Abbé lui commanda de se rendre aux volontez de son pere ; & Samson partit avec un jeune Diacre de la communauté. Arrivé dans la maison paternelle il y prêcha la penitence, l'importance du salut, le mépris des vanitez du siécle, & l'amour de Dieu, à toute sa famille, avec tant de force, & d'une maniere si persuasive, qu'Ammon, après une confession generale de tous les pechez de sa vie, se separa de sa femme, pour se retirer avec son fils dans le Monastere de l'Abbé Pyron; qu'Anne sa mere fit profession entre ses mains d'une continence perpetuelle, & de s'emploïer au service des Eglises ; & que cinq de ses freres prirent la résolution de se consacrer à Dieu comme lui. La plus grande partie du bien de sa maison fut destinée aux pauvres & aux Eglises, & l'on n'en retint qu'un tiers pour l'entretien de la famille & pour la subsistance d'une petite fille encore à la nourrice, dont le Saint prédit dès-lors les desordres & la corruption. Il convertit de même Umbrafel son oncle, & sa tante Asfrelle, qui suivirent en tout l'exemple édifiant d'Ammon & d'Anne ; & comme Samson les exhortoit à faire bâtir des Eglises, sa mere lui dit, par un mouvement prophetique : « j'espere, « mon fils, de la bonté du Seigneur, que « lorsque nous aurons achevé les Eglises « que vous nous recommandez de bâtir, « vous les consacrerez. » Ce qui arriva en effet. Ses cousins se dévoüérent tous au service de Dieu, comme avoient fait ses freres.

Riches des dépoüilles de l'Egypte, il s'en retourna dans son monastere avec son pere, son oncle, & le Diacre qui l'avoit accompagné. Il y arriva en trois jours de marche, & y trouva l'Evêque Dubrice, qui selon sa pieuse coûtume, étoit venu passer le Carême dans cette isle déserte, pour y vaquer avec moins de distraction à la penitence & à Dieu. Il confia l'économie du temporel de cette maison au Saint, & peu de tems après il l'en fit Abbé, après que les Religieux l'eurent élu d'un commun consentement. Pyron étoit mort d'une maniere qui répondoit très-peu à la reputation de sa vie. C'étoit un homme qui cherchoit plûtôt l'éclat, que le solide de la vertu ; qui sçavoit mieux faire marcher une communauté, que la suivre ; & qui très-abstinent en public, se dédommageoit en particulier de ce que son hypocrisie lui faisoit souffrir. Dieu l'en châtia dès ce monde, par son vice même ; car une nuit qu'il avoit bu avec excès, après le jeûne du jour, & qu'il se promenoit yvre dans le cloître, il tomba dans un puits, & quoiqu'on l'en eût retiré, il mourut la nuit même, au grand scandale des Religieux de son monastere, & de saint Dubrice. Ce saint Prélat crut n'y pouvoir mieux remedier, qu'en substituant à ce malheureux Abbé S. Samson, qui par une pratique toute contraire à celle de son predecesseur, cachoit autant qu'il pouvoit la plus grande partie de ses austeritez.

Samson gouverna cette communauté plus d'un an & demi ; mais peu satisfait de ce que les Religieux, corrompus par l'exemple de leur précedent Abbé, s'étoient beaucoup relâchez des rigueurs de leur premiere penitence, & de ce qu'il ne pouvoit les y faire revenir, il songeoit aux moïens de les abandonner pour aller dans quelqu'autre lieu où il pût travailler avec plus d'utilité. La providence Divine conduisit en ce tems-là dans sa maison quelques Religieux Scots qui retournoient de Rome en leur païs. Samson s'entretenant avec eux, reconnut de grands trésors de science & de vertu dans ses hôtes, & qu'ils étoient incomparablement plus versez dans l'Ecriture Sainte & dans la Theologie, que tous ceux qu'il avoit connus jusques-là ; de sorte qu'esperant profiter beaucoup à leur école, il obtint permission de saint Dubrice de les suivre en Irlande. Il y demeura quelque tems avec eux en qualité de disciple, moins sçavant à la verité, mais beaucoup plus Saint que ses maîtres ; & le don des miracles, que Dieu lui donna pour lors avec plus de plenitude qu'auparavant, le rendit fameux dans toute l'Hibernie.

Les honneurs qu'il y reçut rendirent la demeure du païs insupportable à son humilité ; & ses maîtres ne lui pouvant plus rien apprendre, lui permirent de retourner à son monastere. Un navire tout prêt à faire voile lui en donnoit l'occasion, & l'on n'attendoit que lui pour se mettre en mer. On le pressoit, & on le menaçoit même de partir sans lui, s'il differoit encore d'un moment. « Allez, leur dit alors le Saint, « partez quand vous voudrez ; j'ai encore « affaire ici pour tout un jour ; mais demain, « sans faute nous ferons voïage ensemble. » Ils le laissérent à terre, & mirent à la voile. A peine furent-ils partis, que des Religieux vinrent trouver Samson, & le prier de vouloir bien délivrer leur Abbé qui étoit possedé du Demon. Le Saint, qui avoit prédit qu'il avoit encore cette affaire à terminer dans l'ifle, fe tranfporta tout auffi-tôt au monaftere de ces Religieux, qui n'étoit pas éloigné du port. Il fit fa priere, & délivra l'énergumene, qui fut fi reconnoiffant, qu'il donna fon Abbaïe à Samfon, la lui foumit, & prit la réfolution de n'abandonner jamais fon liberateur. Cette Abbaïe fubfiftoit encore du tems du Legendaire, & fe nommoit, à ce qu'il dit, l'Abbaïe de faint Samfon. Le Saint, après avoir exhorté les Religieux de cette maifon à vivre conformément à leurs regles & afpirer toûjours à la plus grande perfection, leur promit de leur envoïer bientôt un Superieur, à la place de celui qu'il venoit de guérir & à qui il avoit permis de le fuivre. Revenant enfuite au lieu d'où le navire étoit parti le jour précedent, il l'y trouva encore, parce qu'un coup de vent l'avoit contraint de relâcher. Il s'y embarqua, comme il l'avoit prédit, & depuis qu'il fut à bord, on eut le vent favorable, & Samfon arriva heureufement à fon monaftere au bout de trois jours.

Ce lui fut un grand fujet de joïe, d'apprendre que fon pere & fon oncle étoient les deux plus reguliers & plus parfaits Religieux de fa communauté, & plus particulierement encore Umbrafel; ce qui l'obligea de l'envoïer pour Abbé dans le monaftere d'Irlande qui lui avoit été donné, & où il avoit promis d'envoïer un de fes Religieux pour y commander. Ammon y fuivit fon frere, par le commandement de fon fils, quelque defir qu'il témoignât de le fuivre par tout. Mais Samfon, fans avoir aucun égard aux fentimens naturels, fit partir fon oncle & fon pere, en fa préfence, pour aller où il jugeoit qu'ils étoient appellez de Dieu. Il prit enfuite la réfolution de fe retirer dans quelque défert, avec quatre des plus fervens & des plus parfaits de fes Religieux, & paffa pour cet effet en terre ferme, quelques efforts que fa communauté pût faire pour le retenir.

S'étant beaucoup avancé, en remontant le long des bords de la Saverne, il découvrit enfin un lieu tel qu'il le fouhaitoit. C'étoit une grote cachée au fond d'une foreft très-épaiffe, écartée du commerce du monde, & néanmoins peu éloignée des ruïnes d'vn vieux château. Il établit dans ces mafures fes quatre Religieux. Il n'y avoit aucun fentier qui conduifit du château à la caverne, où il fe retira, & où il défendit à fes difciples de le venir trouver. Se perfuadant alors qu'il n'avoit rien fait jufques-là, il difoit avec le Prophete : *C'eft à préfent que je vais commencer tout de bon.*

Ce qu'on dit de fon abftinence n'eft prefque pas croïable ; qu'il jeûnoit regulierement les femaines entieres, fans prendre aucun aliment ; & que le Dimanche, il mangeoit la quatriéme partie d'un pain qu'on lui donnoit tous les mois. La priere, la contemplation, & la lecture de l'Ecriture Sainte, étoient tous fes exercices ; & il ne fortoit de fa caverne, que les Dimanches, pour aller celebrer la Meffe dans l'oratoire que fes Religieux avoient bâti dans le lieu de leur demeure, où il les communioit, les exhortoit à la perfection ; après quoi il fe retiroit à travers les bois dans fa caverne, fans que le peuple qui venoit à fa Meffe, pût fçavoir ce qu'il étoit devenu.

Ce genre de vie plaifoit infiniment à Samfon ; mais plus il fe cachoit, plus fa renommée devenoit grande aux environs, & plus on eut envie de connoître une perfonne fi extraordinaire. Un particulier s'attacha fi bien à l'obferver & à le fuivre, qu'il découvrit enfin la grote où il fe retiroit. L'Evêque du diocefe tenant un fynode à quelques lieuës de l'endroit où vivoient les faints Anacorettes, entendit parler de leur vie admirable, & fur tout de la conduite furprenante de leur Superieur. Le recit qu'on en fit à l'affemblée, fit naître à tous l'envie de le voir & de le connoître ; & l'homme qui avoit découvert le lieu de fa retraite, s'offrit à fervir de guide à ceux qu'on voudroit envoïer vers lui. Quelques Ecclefiaftiques furent députez, qui l'amenérent à l'affemblée, où tout le monde lui fit beaucoup d'honneur, & où il ne parut qu'avec bien de la confufion de fa part. On lui commanda de quitter cette vie fauvage, où il n'étoit bon qu'à lui feul, pour reprendre la vie cenobitique, où il feroit utile à plufieurs ; & pour lui ôter tout prétexte d'excufe, on le fit Abbé d'un celebre monaftere que S. Germain d'Auxerre avoit autrefois bâti dans cette contrée, & qui pour lors étoit fans Superieur. L'affemblée voulut encore l'entendre prêcher, avant qu'il partit, & il le fit par obéïffance, avec beaucoup de fimplicité apparente, mais au fonds avec tant de force, tant de zéle, une fi vive penetration, & un emploi fi judicieux des paroles de l'Ecriture Sainte, que les moins fenfibles en furent touchez, & que tous jugérent qu'une fi grande lumiere devoit être tirée de l'obfcurité du cloître, pour être placée dans un lieu plus éminent.

Peu de tems après la tenuë de ce fynode, trois Evêques de la province s'affemblérent au monaftere de Samfon, pour ordonner un Evêque dont le fiége n'eft point marqué. L'écrivain de la vie du Saint dit, à ce propos, que l'uſage des Egliſes de Cambrie étoit, que l'on ne ſacroit jamais un Evêque ſeul ; & comme il falloit, ſelon les Canons, trois Evêques pour en ordonner un nouveau, que ces Evêques de Cambrie ordonnoient toûjours auſſi deux Evêques aſſiſtans, avec celui qui devoit remplir le ſiége vaquant ; de maniere qu'il y avoit toûjours autant d'Evêques ordonnez, qu'il y en avoit à les ordonner. On avoit déja choiſi deux des ſujets qui devoient recevoir l'impoſition des mains, & l'on ignoroit encore qui feroit le troiſiéme, parce que les Prélats avoient remis ſa nomination au tems de leur aſſemblée, après qu'ils en auroient conferé. La veille du jour qu'ils devoient faire leur choix, Samſon paſſant, ſelon ſa coûtume, la nuit en prieres, eut une admirable viſion. Il lui ſembla qu'au milieu d'une aſſemblée de perſonnes toutes vêtuës de blanc, & brillantes comme des aſtres, trois Prélats d'une majeſté éclatante, revêtus d'ornemens Epiſcopaux, le preſſoient d'entrer dans l'Egliſe avec eux ; qu'il avoit pris la liberté de leur demander reſpectueuſement qui ils étoient, & qu'on lui avoit répondu que l'un d'eux étoit Pierre Prince des Apôtres ; l'autre Jacques frere du Seigneur ; & le troiſiéme, Jean ſon bien-aimé diſciple, envoïez de Dieu pour le ſacrer Evêque ; ce qu'ils firent enſuite, avec les cérémonies ordinaires ; après quoi tout diſparut, ſonge, ou viſion. Saint Dubrice, dans cette même nuit, fut averti par un Ange, que Dieu avoit choiſi Samſon pour être le troiſiéme de ceux qu'on devoit ſacrer. La legende imprimée ajoûte, que les trois Evêques aïant appris de la propre bouche de Samſon l'apparition qu'il avoit euë, le jugérent ſuffiſamment ordonné, & n'oſérent, après ce que les Apôtres avoient fait, lui impoſer les mains. Mais la Legende manuſcrite, beaucoup plus raiſonnable, dit ſeulement, que ſur la parole de Dubrice, Samſon fut élu pour être le troiſiéme de ceux qui devoient être ſacrez, & qu'il reçut effectivement l'impoſition des mains avec les deux autres ; mais avec cette prérogative, qu'une colombe blanche, lumineuſe, & viſible à tous les aſſiſtans, parut encore ſur ſa tête, lorſqu'on le fit aſſeoir ſur le trône, & que ſe repoſant tranquillement ſur lui, elle ne s'envola point, quelque bruit & quelque mouvement que l'on fit, juſqu'à la fin de la cérémonie.

Cette coûtume d'ordonner ainſi deux Evêques aſſiſtans avec un titulaire, peut ſervir à rendre raiſon de tant d'Evêques Bretons inſulaires dont on n'a point marqué les ſiéges ; & nous perſuade que Samſon, qui ne fut ſacré que comme ſecond aſſiſtant d'un titulaire, n'eut aucun autre titre d'Egliſe, que celui de ſon Abbaïe, d'où, par la permiſſion de l'Evêque diocéſain, il rendoit aux peuples voiſins tous les ſervices de paſteur & de pere, avec ſubordination & dépendance de celui qui tenoit le ſiége, & qui plus ſoigneux du ſalut des ames, que jaloux de ſon rang, étoit bien aiſe de faire part à ſes aſſiſtans des honneurs de ſa dignité, afin qu'ils priſſent part aux travaux de ſon miniſtere.

Cet emploi d'Evêque auxiliaire n'occupoit pas aſſez un zéle auſſi grand & une charité auſſi étenduë que celle de Samſon. Auſſi n'étoit-ce pas pour le retenir dans ſon Abbaïe, que Dieu l'avoit fait promouvoir à l'Epiſcopat. Un dioceſe & un peuple particulier lui étoient deſtinez dans l'Armorique ; & peutêtre étoit-ce pour cela que la providence ne l'avoit lié dans l'iſle à aucune Egliſe particuliere. Il n'y penſoit néanmoins pas, & ce ne fut que pluſieurs années après, qu'un Ange l'avertit, une nuit de Pâques, qu'il falloit qu'il s'exilât encore une fois, & qu'il ſortît de l'iſle, pour aller de-là la mer Britannique gouverner le troupeau que Dieu lui avoit deſtiné. Quoiqu'on pût faire pour le retenir, il ſe mit en état d'obéïr à ſa vocation ; mais il prit auparavant le chemin de ſa patrie, pour voir ſi toute ſa famille perſeveroit dans la bonne route où il l'avoit laiſſée.

Il eut la conſolation d'y trouver ſa mere & ſa tante encore en vie, qui avoient beaucoup avancé dans la vertu, & qui avoient fait bâtir chacune une Egliſe ſur leur propre fond. Ses freres & ſes couſins vivoient comme des Religieux dans leurs propres maiſons, dont ils faiſoient en quelque façon des monaſteres. Il y demeura quelque tems avec eux, les fortifia dans leurs ſaintes réſolutions, les exhorta à la perſeverance, & conſacra leurs Egliſes, ſelon la prédiction de ſa mere. Il fit, pendant ſa route, & ſon ſéjour, un grand nombre de miracles pour la guériſon de diverſes maladies ; &, ce qu'il eſtimoit le plus, il porta pluſieurs pecheurs à faire penitence & à ſe convertir à Dieu de tout leur cœur. Cependant il eut le cruel chagrin de trouver ſa ſœur dans le déreglement. Elle s'étoit déja ſéparée de ſa mere, & faiſoit ménage à part, pour vivre avec plus de licence dans la débauche & la corruption. Ce fut inutilement que Samſon la prêcha. Cette malheureuſe eſclave de la ſenſualité ne tint aucun compte de ſes diſcours ; & comme elle avoit toûjours mépriſé les commandemens de sa mere, les sages avis de sa tante, les menaces & les prieres de ses freres & de ses cousins, elle se mocqua de même des corrections charitables de Samson. Ce lui fut sans doute une affliction bien sensible ; mais après tout il adora les jugemens de Dieu sur cette abandonnée, comme il benissoit sa misericorde à l'égard de ses autres parens.

Sorti une troisiéme fois de la maison de son pere & de son païs, il alla par mer, en compagnie de plusieurs de ses Religieux qui n'avoient point voulu le quitter, à un monastere qui étoit au-delà de la Saverne, qu'on nommoit Dochori, dont les Religieux le reçûrent avec bien de la joïe. Le plus pieux & le plus sçavant d'entr'eux, nommé Winiau, lui aïant demandé un jour pour quelle raison il abandonnoit ainsi son païs, & en quelle contrée il souhaittoit aller, reçut de lui cette réponse, que l'Evangile commandoit de quitter toutes choses pour suivre Dieu. « O ! mon pere, lui repliqua Winiau, si vous cherchez veritablement le service de Dieu, comme je le croi, & si vous ne cherchez que cela, il n'est pas besoin que vous alliez ailleurs, vous trouverez suffisamment en ce païs-ci de quoi occuper vôtre charité & vôtre zéle. La campagne de cette province n'est pas encore bien nettoïée des erreurs de l'idolâtrie, & il s'y trouve encore plusieurs personnes qui ont conservé leurs idoles, dont elles mêlent le culte impie & superstitieux avec les observances du Christianisme. C'est une mission digne de vous, & pour laquelle vous voilà tout porté, si vous voulez y travailler. » Samson reçut cet avis, comme s'il lui étoit venu de Dieu même. Il prit sur le champ la résolution de s'arrêter en ce païs-la, pour en extirper les restes du Paganisme. Il renvoïa le vaisseau sur lequel il étoit venu, parcourut tous les environs, répandit par tout les pures & vives lumieres de l'Evangile, & arracha toutes les racines de l'impieté qui y étoient restées ; ce qu'il fit avec un zéle & des fatigues extrêmes ; car il est ordinairement plus malaisé d'achever, que de commencer, à ruïner l'usage des impietez & des superstitions des peuples.

On parle d'un jeune Seigneur qu'il ressuscita en présence d'un Comte du païs ; & d'une multitude de païsans qui ne croïoient pas faire de mal, de celebrer une fête instituée à l'honneur d'une ancienne idole, dont le culte consistoit en jeux, en danses, en festins, & en toutes sortes de dissolutions. C'est en ces occasions, où la superstition est opiniâtre, parce que la sensualité la soûtient ; & les fêtes où les sens trouvent leur satisfaction, sont toûjours les mieux gardées. Mais la resurrection de ce jeune homme toucha tellement tous les assistans, qu'ils aidérent eux-mêmes à renverser leur idole, & qu'ils renoncérent pour jamais à leurs fêtes sensuelles. Le Lecteur trouvera bon que nous l'avertissions en passant, de ne pas se revolter contre un recit qui lui fait voir des idoles encore conservées & honorées parmi les Chrétiens, dans le VI. siecle de l'Eglise ; vû que dans nôtre Bretagne, & du tems de nos peres, on en a vû subsister jusqu'au XVII. siecle avec une espece de culte ; témoin la statuë de Venus, ou de quelqu'autre fausse Divinité, qu'on voit auprès d'Auray dans les jardins de Quinipili, appellée *Groueg-houarn*, c'est à dire *femme de fer*, à cause de la couleur de la pierre dont est faite cette figure, à qui les païsans ont rendu jusqu'au dernier siecle un culte scandaleux.

Saint Samson, à ce que l'on dit, délivra d'autres villageois du voisinage d'un épouvantable dragon, dans la caverne duquel il voulut habiter, & bâtit un monastere auprès. Par le moïen de ces miracles, & de plusieurs autres qui servirent de confirmation à ses discours, il sanctifia toutes ces contrées. Ses compagnons l'assistoient dans les fonctions Apostoliques, chacun de son côté. Il emploïa quelques années à cette mission, où le fruit qu'il faisoit le retenoit plus qu'il n'avoit résolu. Mais enfin voulant passer dans l'Armorique, où il avoit reçû ordre d'aller, il fit venir d'Hibernie son pere Ammon, & l'établit Abbé du Monastere qu'il avoit bâti auprès du lieu d'où il avoit chassé le serpent, où l'écrivain de sa vie dit avoir vû le signe de la croix imprimée sur une pierre très-dure, par le pouce du Saint, qui voulut faire triompher le Sauveur du monde, & le faire adorer au même lieu qui avoit servi de base à une idole que la superstition de ces peuples y avoit adorée.

Sa derniere résolution étant prise, il exhorta son pere à consommer saintement le peu qui lui restoit de vie ; ses Religieux à se souvenir des avis salutaires qu'il leur avoit donnez ; & les peuples, à perseverer dans la pureté de la foi qu'il leur avoit enseignée, sans retourner jamais à leurs superstitions. Après quoi suivi d'un grand nombre de saints Religieux, qui ne voulurent point le quitter, & de saint Magloire son cousin & son Diacre, il s'embarqua sur l'Ocean Britannique, & vint heureusement prendre terre à la partie la plus orientale de la côte septentrionale de la Bretagne Ar-

28.
JUILLET.
Portus Vuiniau qui est in flumine Gubioli.

moricaine, à un petit port nommé pour lors Winiau, que forme l'embouchûre d'une riviere qu'on nommoit le petit Gouyon.

Samson trouva sur le bord de la mer un homme nommé Privat, qui depuis trois jours attendoit, disoit-il, l'arrivée d'un étranger qui devoit apporter remede à son affliction, selon qu'un Ange le lui avoit promis; & le Saint Evêque aïant appris de lui le sujet de son affliction, qui étoit que sa femme étoit infectée de lépre, & sa fille possedée du Demon, entra dans la maison de Privat, & guérit l'une & l'autre par ses prieres. Privat en eut tant de reconnoissance, qu'il supplia le Saint de vouloir bien demeurer dans ce païs-là, de choisir dans toutes ses terres tel endroit qu'il jugeroit à propos pour y bâtir un monastere, & en attendant, de demeurer chez lui avec toute sa communauté, qui y seroit plus commodement que par tout ailleurs. Samson accepta l'offre. Lui & ses Religieux furent reçus charitablement chez Privat, & y passérent cette premiere nuit à loüer, benir, & remercier Dieu, & à le prier de leur faire connoître si c'étoit sa sainte volonté qu'ils fissent-là leur établissement. Sur quoi l'on dit qu'un Ange apparoissant en songe à Samson l'avertit, que le lendemain on trouveroit dans le fond du désert un vieux puits comblé, & que c'étoit-là qu'il devoit bâtir une Eglise, & fixer sa demeure; que le lendemain tous ses disciples se disperserent par troupes dans tous les lieux voisins, pour chercher cet indice; que Samson, accompagné de deux de ses Religieux, trouva le puits; & qu'aïant aussitôt fait appeller tous les autres, ils travaillérent au moment même à défricher le lieu, avec tant de ferveur, qu'ils firent avant la nuit une cabanne de branches d'arbres, pour y coucher, afin de n'importuner pas plus long-tems leur hôte, & de s'éloigner au plûtôt de tout commerce avec les personnes du siécle.

Ce furent-là les commencemens du premier monastere de S. Samson deça la mer, auquel il donna le nom de Dol, pour conserver éternellement, dit la Legende de Baldric, la memoire de la douleur de celui qui lui en donna l'emplacement, qui l'aida de ses moïens pour le construire, & qui le dota de ses revenus. Mais on est bien plus disposé à croire que Baldric a inventé cet histoire à l'occasion du nom de Dol, qu'à se persuader que le nom de Dol ait été donné au lieu en consequence de l'histoire. Et en effet la signification du nom de Dol, qui en Breton Cambrien marque une plaine basse & fertile, represente si bien la nature du païs, qu'on voit bien que

Dictionaire de Daviées.

c'est ce qui lui a donné le nom. Le nom de *Dole* en ancien Gaulois signifioit aussi une plaine. D'ailleurs les actes de la vie de S. Magloire ne disent rien de cette étymologie, & supposent même que le canton avoit nom *le païs de Dol*, avant que saint Samson y arrivât, L'auteur de la vie de S. Albée cité dans Usserius, dit encore que le lieu où Samson demeuroit, avoit nom Dolom-hoir, independamment de la douleur de Privat.

Quoiqu'il en soit, Samson bâtit son monastere au lieu même où est à présent la ville Episcopale de Dol, dans une plaine un peu marécageuse & basse, à une lieuë, ou environ, de la côte de la mer, & il se peut faire que Privat lui en ait donné l'emplacement & les terres voisines. On peut supposer que c'est vers l'an 458. que la ville de Dol a commencé, par son Eglise.

Il paroît que S. Samson demeura quelques années dans cette solitude, avant que d'aller à la Cour de France, quoique la maniere dont l'auteur de sa vie raconte ce voïage, semble insinuer que Samson alla à Paris presqu'aussitôt qu'il fut arrivé dans le païs de Dol. Si nous ne consultions cet auteur, qu'à l'endroit où il parle de ce voïage, nous croirions que Samson ne fut pas plus d'un mois, sans partir pour la Cour. Mais si l'on fait reflexion à ce que cet auteur dit ailleurs que le Saint fit dans le païs, avant que de partir, on conviendra qu'il lui fallut plusieurs années pour executer tout ce qui est rapporté de lui dans son histoire. Après qu'il eut bâti sa premiere maison, lui & ses Religieux s'emploïérent à prêcher l'Evangile dans toute la contrée; Samson fit une infinité de miracles pour guérir plusieurs sortes de maladies; il gagna l'estime & l'amitié de toute la province; il devint l'arbitre universel de tous les differens, & l'oracle commun de tous ceux qui avoient besoin de conseil; car on le consultoit sur tout, & tous se trouvoient bien de ses reponses; il bâtit plusieurs monasteres en divers cantons, & y envoïa de ses Religieux pour y former de nouvelles communautez; il reçut un grand nombre de donations faites en faveur de ses nouveaux établissemens. On conviendra que toutes ces choses, qu'on assure qu'il fit avant que d'aller trouver Childebert, n'ont pu se faire qu'en plusieurs années qu'il passa dans l'Armorique, avant que d'aller à Paris.

C'est une conjecture raisonnable, que ce qui lui fit naître la premiere occasion d'aller trouver le Roi, fut le desir de faire autoriser, comme saint Tugdual, toutes les donations qu'on lui avoit faites. Sa prudence

dence lui fit bien juger que les confirmations qu'il pourroit obtenir du Comte Conomor Usurpateur de la Seigneurie du païs, seroient odieuses au Prince legitime, dès qu'il seroit de retour ; & la délicatesse de sa conscience put lui persuader d'ailleurs, qu'il ne devoit pas s'adresser à un homme sans pieté, sans religion, & sans pouvoir legitime. A quoi l'on peut ajoûter qu'il n'ignoroit pas sans doute, que l'autorité même des Comtes du païs n'étoit que subalterne à celle du Roi ; & que c'étoit le plus sûr & le plus court de s'adresser directement à lui pour l'établissement solide du temporel de ses monasteres.

Ce n'est pas qu'on ne doive être persuadé que la charité du Saint ne le rendît très-sensible à l'éloignement forcé du jeune Judual, & à l'état où se trouvoit reduit ce Prince. Mais il y auroit eu, ce semble, de l'imprudence à un étranger inconnu, d'aller d'abord demander à un Roi bien different en puissance & en majesté, des petits Rois de l'isle de Bretagne, la liberté d'un Prince, qu'on pouvoit retenir pour des raisons qu'on ne lui devoit pas expliquer, & qu'il ne lui étoit pas permis de penétrer. Les Legendaires ne regardent pour l'ordinaire que ce qui est de plus éclatant dans les évenemens divers de la vie de leurs Saints ; & pour les faire agir plus hautement, ils les font souvent agir moins modestement & moins prudemment qu'ils n'ont agi en effet. Ainsi l'on ne doit pas s'arrêter à ce que dit l'auteur de la vie de saint Samson, qu'il alla demander Judual à Childebert, & qu'il n'y alla que pour cela.

Saint Theliau, que la peste jaune avoit contraint de quitter son siége de Landaff, pour suivre la plus nombreuse partie de son troupeau qui s'étoit retirée dans l'Armorique, vint voir saint Samson dans sa maison de Dol, avant qu'il fût parti pour la France. Il y passa une grande partie des sept ans & demi qu'il demeura deçà la mer, & il est très-vraisemblable que son caractere lui faisoit tenir lieu de Superieur de la communauté de saint Samson, pendant les absences de celui-ci, comme les actes de saint Theliau le disent ; & ce peut être ce qui a donné lieu à quelques-uns de dire que S. Theliau avoit été Archevêque de Dol ; & à quelques autres d'avancer que ces deux Saints n'en ont été qu'un ; ce qui n'est fondé d'ailleurs, que sur le rapport fortuit de la signification de leurs noms. Mais rien ne marque mieux la diversité personnelle de ces deux Saints, que la reception obligeante faite à l'un par l'autre.

De dire à present en quelle année saint Samson alla pour la premiere fois à Paris & quand il en ramena le Prince Judual, c'est ce qui n'est pas sans difficulté, mais qu'il faut pourtant tâcher de déterminer. Il paroît sûr que ce fut avant l'an 557. auquel saint Samson souscrivit au troisiéme Concile de Paris. Car Childebert mort sur la fin de l'an 558. vêcut si peu depuis ce Concile, que tout ce qui s'est passé entre lui & le Saint, n'a pû arriver dans un espace si court. Il est dit dans la vie du Saint, qu'il fit un second voïage à Paris pour voir le Roi Childebert, quelques années après qu'il en eut obtenu la liberté de Judual, qui lui fut accordée à son premier voïage. Ce fut donc, sans doute, à ce second voïage qu'il fut present au Concile où l'on trouve sa souscription, soit qu'il y fût allé tout exprès pour assister à cette assemblée, soit qu'étant allé à la Cour pour voir le Roi, il se soit trouvé par hazard à Paris au tems que ce Concile s'y tenoit. Le premier voïage de Samson s'est donc fait quelques années auparavant, & l'on ne peut mieux le placer, qu'en 554. pour faire revenir saint Samson en 555.

Saint Samson partant donc de son monastere de Dol en 554. signala sa route par plusieurs miracles. Ce fut ce qui lui facilita l'accès auprès du Roi, & il ne lui fallut point d'autre introducteur, que le bruit de ses prodiges, & la nouvelle particuliere de la guérison d'un des principaux Comtes du Palais, du corps duquel il avoit chassé le demon ; ce qu'on avoit rapporté à Childebert, avant que le Saint eût paru. Un Prince aussi Chrétien & aussi religieux qu'il l'étoit, ne pouvoit recevoir qu'avec beaucoup de veneration un homme si extraordinaire ; & un Saint aussi humble & aussi prudent que Samson, ne pouvoit aborder un si grand Roi, qu'avec un très-profond respect. Une fierté insolente, que l'auteur de sa vie imprimée lui donne en cette occasion, contre la foi de la vie manuscrite, n'auroit été ni d'un homme sensé, ni d'un Saint. Quoiqu'il eût été fort bien reçû de Childebert, néanmoins lorsqu'il le supplia de vouloir bien accorder le retour de Judual à ses humbles prieres, & aux desirs empressez des Bretons, il trouva plus de résistance dans l'esprit du Roi, qu'il n'avoit pensé. Le Saint ne jugeoit de cette affaire, que par la justice de la proposition, qui étoit évidente ; mais on en jugeoit autrement à la Cour ; & le grand credit qu'y avoit Conomor, joint à quelques raisons d'Etat, balançoit tellement la consideration que Childebert avoit pour le Saint, qu'il ne put se résoudre si-tôt à lui donner satis-

28.
JUILLET.

faction. Il s'agissoit de déposseder un homme de qui l'on étoit fort satisfait, & qui d'ailleurs n'étoit pas d'humeur à quitter prise si facilement. On n'avoit point du tout dessein de lui faire la guerre, parce qu'on n'en pouvoit retirer aucun avantage, & qu'on y pouvoit beaucoup perdre; & renvoïer Judual sans troupes, c'étoit, en quelque façon, le livrer à son plus cruel ennemi. La Reine enfin regardoit Conomor comme un homme qui lui devoit toute sa fortune, & par cette consideration, s'opposoit fortement au renvoi de Judual. En un mot, on envisageoit le different de Judual & de Conomor, comme un different de particuliers, où l'Etat ne se trouvoit point interessé, mais qu'on ne pouvoit juger, sans en faire une affaire d'Etat; ce qu'on ne vouloit pas, dans un tems où l'on voïoit Theobalde Roi d'Austrasie près de mourir, la succession duquel, selon toutes les apparences, devoit être un sujet de grande guerre entre ses deux oncles Childebert & Clotaire.

L'écrivain de la vie du Saint, semblable à tous les autres Legendaires, qui décrient ordinairement sans mesure ceux qui s'opposent aux desseins des heros dont ils écrivent la vie, se déchaîne en cette occasion contre la Reine Ultrogothe, seule cause, à ce qu'il dit, des difficultez que trouva Samson à la conclusion de cette affaire. Selon lui, la Reine, quoique veille, étoit passionnée pour le Prince Breton, & ne vouloit le retenir que pour le seduire. Son fol amour, ajoûte-t-il, l'aveugla jusqu'à vouloir procurer la mort de Samson; & cet auteur raconte qu'elle lui fit donner du poison, qui fut répandu à terre, par le signe de la croix que le Saint fit sur la coupe où étoit le venin, qui fut cassée à l'instant, & la liqueur étoit si caustique & si violente, que le jeune homme qui la présentoit, en eut la main brûlée jusqu'aux os, mais Samson le guérit dans le moment par un autre signe de croix. Le même auteur ajoûte, que la Reine, plus outrée qu'auparavant, fit donner à Samson un cheval furieux qu'aucun Ecuyer n'avoit pû dompter, dans la pensée qu'il romproit le cou au saint homme; mais que le cheval, devenu doux sous Samson, le porta sans peril à la maison de campagne où Judual demeuroit auprès de Paris; que la Reine, au desespoir de ne pouvoir reüssir en ses détestables desseins, fit lâcher un lion contre Samson; que le lion prit la fuite au seul aspect du Saint, qui le fit mourir par une seule imprécation qu'il lança contre lui; enfin que cette Reine, toûjours animée contre Samson, aïant tourné le dos à l'Autel où le

Saint disoit la Messe, perdit tout à coup les deux yeux, qui lui sortirent de la tête, & mourut miserablement, avant que le Saint eût achevé la derniere oraison.

Mais on doit, dans toutes les vieilles Legendes, se deffier extrêmement des histoires qui racontent les vengeances des Saints; & croire que les auteurs qui les rapportent, ont moins fait le portrait de ces grands serviteurs de Dieu, que donné un craïon de leur propre cœur & de leur esprit particulier. C'est ce qui se voit évidemment dans la Legende de saint Samson. Car il est aussi certain, qu'un fait historique le peut être, par Gregoire de Tours & par Fortunat, que la Reine Ultrogothe survécut Childebert, en bonne santé, & avec de bons yeux; & l'on voit dans l'auteur de la vie de sainte Bathilde, contemporain de cette Reine, & par consequent vivant peu après le décez d'Ultrogothe, que cette Princesse si decriée dans les actes de saint Samson, & representée comme une impudique & comme une furie, a été une de nos plus vertueuses Reines, nourrice des orphelins, protectrice des pupilles & des veuves, bienfaitrice des Eglises & des Religieux, mere des pauvres, fondatrice de monasteres, toûjours prête à faire du bien. Mais elle s'opposoit aux desseins de Samson. C'en est assez pour lui attirer toute l'indignation d'un Legendaire, toutes les injures les plus attroces, & tous les châtimens les plus terribles; car il n'y a point, au goût de ces sortes de gens, de crime comparable à celui de resister en quelque chose à leurs heros; tant ils rendent le commerce des Saints dangereux à qui ne seconde pas toutes leurs vûës.

On rejette donc toutes ces fables contre l'honneur de la Reine Ultrogothe, comme d'insolentes calomnies, moins injurieuses à la Princesse même, qu'à saint Samson; & l'on croit que s'il merita l'estime & la veneration de Childebert, ce fut par d'autres miracles que par ceux de la coupe brisée & du poison répandu, du cheval fougueux dompté, du lion tué, & de la Reine morte subitement dans son crime. On a même de la peine à croire celui d'un horrible serpent, qu'on dit qu'il chassa, en présence & à la priere du Roi & de toute sa Cour, quoiqu'il soit dit dans la préface propre de la Messe de saint Samson, qu'on chantoit il y a plus de 700. ans, qu'il a chassé trois grands serpens pendant le cours de sa vie, & quoiqu'il en soit fait mention dans la vie de S. Germer écrite il y a près de mille ans. Mais on ne doute nullement que le Roi Childebert, témoin de plusieurs autres miracles, & charmé de la sagesse,

28
JUIL

L. 4.
L. 6. pr

Ultr
fertur
...
nutrix
orphan
consol
pupillo
sustent
pauper
Dei ser
atque
trix si
monac
&c. t.
ne to.
668.

Acte
sed. te
p. 189

de l'humilité, de la charité, de la pieté, de la vie penitente, & des autres vertus de Samson, ne lui ait donné des terres sur la riviere de Rifle, entre Brionne & Pont-Audemer, en Normandie, où il bâtit le monastere de Pental, qu'il soûmit, avec la permission de ce Monarque, à celui de Dol, & dont les Evêques de Dol ont joüi jusqu'à présent, aussi-bien que de la Baronnie de saint Samson de la Roque, qui n'en est pas loin, qu'ils ont échangée enfin avec une terre située auprès de Dol, que le Seigneur de Berancour leur a donné en échange; mais les Evêques de Dol ont conservé les patronages de leur ancienne Baronnie. Il est à remarquer que les actes portent expressément, que ce fut par la permission du Roi, que Pental fut fait dépendant de Dol; ce qui donne assez à connoître que Samson étoit allé à la Cour pour les interests temporels de ses monasteres.

Dès ce premier voïage le Saint bâtit cette nouvelle maison de Pental, par le secours du Roi & des Seigneurs de sa Cour; & ce fut en y allant une fois, que Samson passa par une maison de campagne de saint Germain Evêque de Paris, qui y étoit au tems des vendanges, où Samson obtint du ciel une fontaine d'eau vive, que S. Germain auroit bien pû obtenir comme lui, mais qu'il n'avoit pas eu la pensée de demander à Dieu. Les deux Saints firent alors, à ce qu'on dit, l'association de leurs deux monasteres, à condition qu'un des deux devoit fournir du vin à l'autre, qui n'en avoit point, & que celui-ci qui abondoit en abeilles, fourniroit en recompense du miel pour l'usage de l'autre communauté, & de la cire pour le luminaire de l'Eglise. Mais cet accord ne fut fait qu'après la mort de Childebert, non plus que cette association de maisons.

Childebert ne put enfin refuser aux instantes prieres de Samson le retour du Prince Judual dans l'Armorique, & si l'on en vouloit croire la Legende, le jeune Prince, suivi des amis que le Saint lui avoit ménagez dans le païs, & soûtenu de ses prieres efficaces donna consecutivement trois batailles au tyran Conomor, dans toutes lesquelles il fut victorieux, & sur tout à la derniere, où il tua son ennemi de sa propre main; après quoi il n'eut plus rien à faire, qu'à se mettre en possession de toute la Domnonée, qui le reçut avec joïe.

Cette histoire du rétablissement de Judual, comme on voit, est fort differente de celle que les actes de saint Leonor nous fournissent. Dans l'une c'est Samson, dans l'autre c'est Leonor, qui a l'honneur de rétablir le Prince sur le trône. Dans l'une on fait mention de trois batailles, & dans l'autre Judual n'est point obligé de faire la guerre, & se met paisiblement en possession de l'heritage de ses ancêtres après la mort de l'usurpateur, sans que personne lui dispute ses droits. Dans l'une Conomor, après une vigoureuse résistance, est tué par Judual; dans l'autre le tyran meurt d'une chute, en punition d'avoir donné un soufflet à Leonor. Ce n'est pas le tout; d'autres ont encore fait mourir Conomor de quelqu'autres manieres differentes. Pierre le Baud dit que quelques-uns ont écrit qu'en suite de la malediction prononcée par les Evêques de Bretagne contre Conomor, il vuida ses entrailles comme Arius. Le P. Albert s'est encore avisé de lui faire percer la gorge d'une fléche, qui lui fit vomir l'ame avec son sang. Nous avons pris nôtre parti dans la vie de Judual, sur ce point d'histoire si diversement raconté par tant d'auteurs differens.

Avant que saint Samson partît de Paris, le Roi Childebert aïant sçû qu'il étoit Evêque, voulut qu'il en fît les fonctions dans son Roïaume, & établit son siége dans son monastere de Dol, ce que la Legende de saint Magloire insinué avoir été fait dès ce premier voïage, au lieu que la Legende du Saint même ne le rapporte qu'au second; ce qui ne paroît pas vraisemblable, puisqu'à ce second voïage il souscrivit au troisiéme Concile de Paris comme Evêque établi en France depuis quelque tems. C'est donc à l'an 555. qu'on doit rapporter la naissance de l'Eglise de Dol, & reconnoître Childebert pour fondateur de cet Evêché, puisque le Legendaire de saint Magloire & celui de saint Samson conviennent en ce point très-important, que ce fut Childebert qui établit saint Samson Evêque de Dol, & qui lui donna de grands biens dont les Evêques de cette ville sont encore en possession.

On trouve en tous ces deux auteurs cet Evêché nommé Archevêché dans cette occasion, soit que l'un & l'autre auteur n'ayent vêcu que depuis Nominoé, soit qu'ils aïent tous deux voulu marquer que le siége où Samson avoit été ordonné Evêque auxiliaire dans l'isle, étoit Archiepiscopal, soit enfin qu'on ait dans la suite des tems changé le nom d'*Evêché* en celui d'*Archevêché*, dans les copies qu'on a tirées sur les premiers originaux, depuis qu'il y eut des Archevêques de Dol. Mais ce n'est pas ici le lieu d'examiner à fonds la question de l'Archevêché de cet Eglise; il suffit pour à présent de marquer en passant ce qu'on trouve.

28.
JUILLET.

On supprime un grand nombre de miracles qu'on dit que Samson fit dans son monastere de Pental, sur toute sa route en revenant, & depuis son retour à Dol, entre lesquels on compte même des morts ressuscitez. On le fait aussi vainqueur d'un quatriéme dragon plus grand & plus nuisible que les autres ; mais comme le Sacramentaire de Ratolde Abbé de Corbie imprimé au 1. tome des actes Benedictins ne fait mention que de trois dragons, on croit pouvoir user sans scrupule, de la liberté que cette suppression d'un laisse de ne croire aucun des quatre en particulier. Car d'où venoient tous ces monstres en ce tems-là ? Et d'où vient qu'on n'en voit plus ? Ne seroit-ce point que nos Legendaires Occidentaux auroient voulu attribuer aux Saints de leur païs la gloire d'exterminer des dragons, parce qu'ils avoient trouvé dans les vies des peres de l'Orient, où les serpens monstrueux sont assez communs, que plusieurs en avoient tué ou chassé ? Certainement la gloire de saint Samson n'a pas besoin de ces sortes de trophées.

La troisiéme année après son retour de Paris, c'est à sçavoir l'an 557. il y fit un second voïage, comme il l'avoit promis au Roi, & il y souscrivit au troisiéme Concile de cette ville, le penultiéme des Evêques qui s'y trouvérent ; preuve certaine qu'il ne fut point consideré dans cette assemblée comme un Metropolitain ; & que sans avoir aucun égard au tems de son ordination dans la Bretagne insulaire, laquelle déplaisoit peutêtre aux Evêques François, qui ne connoissoient point d'Evêques auxiliaires sans siéges & sans titres ; on n'eut égard qu'au tems de son établissement à Dol, fait par l'autorité du Roi Childebert ; car il est ridicule de dire qu'il choisit ce rang par humilité.

Le huitiéme Canon de ce Concile regarde les nouveaux établissemens d'Evêques faits par la seule autorité du Roi, sans l'avis des Prélats de la province & sans le consentement du Metropolitain, dont on ne consideroit pas assez l'autorité. Le Concile, comme il est à croire, parle-là contre les Evêques Bretons que les Rois avoient établis, de leur puissance Roïale, en plusieurs differens siéges, comme Paul à Leon, Tugdual à Treguer, & tout recemment Samson à Dol ; & les peres ne pouvant changer ce qui avoit été fait, établirent des regles pour l'avenir, aussi-bien que pour rectifier le passé. « Parce qu'on néglige, « disent-ils, d'observer les anciennes coûtu- « mes, & qu'on viole les Canons, nous « avons voulu commander tout de nou-

veau qu'ils soient soigneusement gardez. « Qu'on n'ordonne donc plus désormais au- « cun Evêque, qu'il n'ait été élu par le con- « sentement unanime du Clergé & du peu- « ple du lieu dont il doit être Evêque, & « qu'on n'en ordonne aucun par la seule au- « torité du Prince, ni a plus forte raison « contre la volonté du Metropolitain & cel- « le des autres Evêques de la même provin- « ce, sous quelque prétexte que ce puisse « être. Que s'il s'en trouve d'assez temerai- « res pour aspirer à cette sainte dignité par « le moïen de l'autorité Roïale, qu'il ne « soit point reconnu pour Evêque par les « autres Prélats de la même province ; car « étant ainsi ordonné, il l'est illegitime- « ment. Et si nonobstant nôtre défense, « quelqu'un des Evêques reconnoît & reçoit « comme vrais & legitimes Evêques ces « Evêques Roïaux, qu'il soit lui-même ex- « communié. Et quant à ceux qui ont été « ci-devant ordonnez, il faut pour suppléer « à ce qu'il y a eu de deffectueux dans leur « ordination, que le Metropolitain, avec « tous les Evêques de sa province, ou du « moins avec ceux qu'il voudra choisir, « s'assemble en quelque lieu qu'il indiquera, « & que là tous de concert ordonnent ce « qu'ils jugeront à propos sur ce sujet, con- « formément aux saintes loix des anciens « Conciles. «

Comme saint Samson étoit Evêque, ordonné plusieurs années avant que Childebert lui eût assigné le territoire de Dol, ce Canon ne le regardoit pas si directement que les autres Evêques Bretons qui avoient été consacrez par ordre du Prince, & que le Roi avoit établis sans l'autorité du Metropolitain de Tours. Il se peut faire même, que la grande reputation de sainteté où étoit Samson, le fit admettre au nombre des Prélats de ce Concile, sans les formalitez prescrites par le 8e. Canon. Il paroît, au reste, que les Evêques Bretons, qui se consideroient peutêtre en France tels qu'ils étoient en Cambrie, & qui se regardoient comme Prélats d'une Eglise nationale entierement distincte de la Gallicane, ne crurent pas devoir obéïr à ce Canon. En effet ils n'y déferérent point ; & ce fut ce qui donna lieu de parler plus fortement & plus positivement au second Concile de Tours.

Saint Samson fit ce second voïage dans un chariot, son grand âge, & sa foiblesse, causée par les grandes fatigues qu'il avoit eües, ne lui permirent pas de le faire à pied, selon sa coûtume. Quand il passa par un païs que la Legende Latine nomme *Begesis pagus*, & que l'on croit être la Beauce, tant à cause du rapport du nom, que parce qu'on dépeint ce païs comme une grande & vaste plaine sans aucun bois ; au milieu de cette plaine, une des rouës de son chariot se brisa. Il n'y avoit point de charron, ni d'autre ouvrier dans le voisinage, ni de bois pour racommoder la rouë. Cet accident affligeoit les Religieux qui accompagnoient saint Samson ; mais le Saint y remedia, fit le signe de la croix sur la rouë, & elle fut à l'instant rétablie, s'il en faut croire la Legende, qui ajoûte que Childebert aïant été informé de cette merveille, voulut qu'on bâtît un monastere dans le lieu même où s'étoit fait ce miracle, & lui donna de grandes possessions. S. Samson nomma cette nouvelle maison *Rotmou*, & voulut qu'elle relevât, aussi-bien que celle de Pental, de son Abbaïe de Dol.

Aïant pris congé du Prince, après la fin du Concile, il visita son monastere de Pental, laissa quelques Religieux pour conduire les bâtimens de Rotmou, & pour y demeurer lorsque le monastere seroit achevé ; & marquant tous les lieux de son passage par de nouveaux miracles, il revint à Dol, très-fatigué, vers l'an 558. Il vêcut encore plusieurs années depuis, s'emploïa avec un zéle admirable à toutes les plus penibles fonctions de l'Episcopat, visita tous les cantons de son diocese & du voisinage, & passa même dans des isles, pour y déraciner l'erreur & la superstition.

Ce fut ainsi qu'il corrigea la coûtume impie de quelques insulaires, qui solennisoient encore le premier jour de l'an à la mode des anciens païens, & il n'épargna rien pour les empêcher d'y retomber. Enfin le Saint sentant approcher l'heure de sa mort, s'y disposa par de ferventes prieres, & aïant exhorté ses Religieux à travailler à leur salut autant qu'ils le pourroient, il désigna saint Magloire pour son successeur, & reçut le sacré viatique du corps de Jesus-C. après quoi il rendit son ame à Dieu au milieu de sa communauté, qui fondoit en larmes, quelques assurances qu'elle eût du bonheur de ce grand serviteur de Dieu. Le Legendaire dit qu'il étoit âgé de six vingt ans. Quoique nous ne sçachions pas l'année de sa mort ; il faut pourtant reconnoître qu'il a passé de quelques années l'an 565. s'il est vrai que saint Germain & lui aïent fait la convention entre le monastere de Pental & celui de sainte Croix, dont on a parlé ; parce que celui de sainte Croix, nommé aujourd'hui de saint Germain, n'a commencé d'être monastere & d'avoir communauté, qu'en 565.

Entre les dons que Dieu avoit départis à Samson, il lui avoit fait part d'une pénétration admirable qui lui faisoit découvrir les pensées les plus cachées & les dispositions interieures des hommes. On en raconte un exemple remarquable au sujet d'un neveu de saint Dubrice, que ce saint Evêque aimoit & estimoit beaucoup, & qu'il avoit recommandé à Samson. Ce neveu de saint Dubrice n'étoit pourtant qu'un hypocrite, fourbe & déguisé ; mais les lumieres de Samson percérent tous les abîmes des tenebres sous lesquelles cet homme se cachoit, il découvrit la secrette corruption de son cœur, le reprit charitablement de ses désordres, inconnus à tout le monde, & le convertit enfin, par sa douceur & sa bonté.

Les principaux disciples de Samson furent, S. Magloire son Diacre & son Successeur à Dol, saint Budoc successeur de saint Magloire, Similien Abbé du Monastere de Taurac, saint Ethbin & saint Guignolé le jeune, tous deux Religieux du même monastere de Taurac, le fameux saint Méen fondateur de celui de Gael, outre le pere, l'oncle, la mere, la tante, les freres, les cousins du Saint, & plusieurs grands hommes en France, dans l'une & dans l'autre Bretagne, qui ont porté par tout le nom & la gloire de Samson ; des principaux desquels nous ne pourrons nous dispenser de parler en particulier dans la suite.

Le nom de Samson est le premier dans les Litanies Angloises du VII. siécle, entre les saints Confesseurs de la nation. Sa fête est marquée à neuf leçons dans les anciens Breviaires de Dol, de Leon, & de saint Brieuc, au 28. de Juillet, & à douze dans celui de l'Abbaïe de saint Méen. Sa memoire est aussi celebrée dans les anciens Breviaires de Nantes, de Quimper, de Rennes, de Treguer, d'Orleans, & dans les martyrologes Romain, d'Usuard, & autres. L'Eglise cathedrale de Dol porte le nom de saint Samson, aussi-bien que plusieurs Eglises paroissiales dans d'autres Evêchez. Son corps fut enlevé de celle de Dol, du tems des Normans, & porté à Paris, sous le Roi Lothaire, par Salvator Evêque d'Aleth, avec plusieurs autres corps saints, & depuis rapporté en Bretagne. Le P. Albert le Grand dit que Main l'un des successeurs de saint Samson, porta ses Reliques à Orleans en 878. où l'on édifia une Eglise en son honneur ; & que cette Eglise est aujourd'hui entre les mains des Jesuites.

Du Chêne to. 3. p. 344.

29. Juil.
1. Octo.
8. Nov.

SAINT SULIAU, ou Sulia, Abbé.

VI. SIECLE.

Tité de ses actes dans l'ancien Breviaire de Leon.

SAINT Suliau étoit fils de Bromail Roi du païs de Galles dans l'Isle de Bretagne. On dit qu'il étoit l'aîné de trois autres freres, Maian, Jacob, & Chanaam. Il étoit encore fort jeune, & joüoit avec ses freres, lorsqu'il vit passer un saint Abbé nommé Guimarch, avec douze de ses disciples. Le saint enfant fut si touché des loüanges de Dieu, qu'il entendit chanter à cette religieuse compagnie, que se sentant embrasé du desir de la suivre, il dit à ses freres qu'il vouloit s'attacher à elle, pour apprendre de si belles choses. Ses freres lui témoignerent qu'ils ne le laisseroient point aller; mais il demeura si ferme dans sa résolution, qu'ils furent contraints de l'abandonner. Il suivit aussi-tôt Guimarch, & ses freres coururent annoncer sa fuite à leur pere Bromail, qui envoïa après, trente hommes armez, avec ordre de tuer Guimarch & ses disciples, & de lui ramener son fils Suliau. Dieu ne permit pas qu'ils atteignissent le saint Abbé en chemin. Il étoit déja dans son Eglise, quand ces hommes arriverent, & Dieu seconda si bien ce que lui & le jeune Suliau leur remonstrerent, qu'ils n'oserent user de violence. Le Roi lui-même consentit enfin aux saintes résolutions de son fils ; mais de peur que Bromail ne changeât de volonté à cet égard, le saint Abbé jugea à propos d'éloigner Suliau, & l'envoïa dans une isle du fleuve de Mené, où il passa sept ans, & qui s'appella depuis, à cause de lui, *Enes-Suliau*, isle de Suliau.

Il y emploïa tout cet espace de tems à servir & à loüer Dieu nuit & jour, & à s'immoler à sa Divine majesté par les exercices de la penitence, comme une hostie vivante. Ce terme parut long à son Abbé Guimarch, à qui l'on attribuë même quelque chagrin de ce que son disciple ne revenoit pas. Il lui manda de le venir trouver dans son monastere, qui étoit bâti dans une ville appellée Meibot. Saint Suliau se rendit incontinent aux ordres de son Abbé Guimarch, & arriva assez à tems pour le détourner d'un voïage qu'il avoit envie de faire à Rome. Le disciple, plus éclairé que le maître dissuada le bon Abbé d'un long & penible pelerinage, où la curiosité pouvoit bien avoir autant de part, que la devotion ; & l'Abbé persuadé que Dieu lui parloit par la bouche de son Religieux, n'eut point de honte d'avoüer sa foiblesse, & de se rendre aux raisons de son inferieur. Il vêcut encore un an, & se disposa saintement à un plus grand voïage, qui étoit celui de l'éternité. Se sentant près de sa fin, il proposa Suliau à ses disciples, comme le sujet le plus capable de les gouverner après lui, quelque peu âgé qu'il fût, & les pria de lui rendre la même obeïssance qu'il avoit toûjours trouvée en eux. Une fiévre legere enleva Guimarch, & Suliau fut élu Abbé en sa place.

Dieu, pour mettre ses vertus dans un plus grand jour, lui destina la même épreuve qu'au Patriarche Joseph, épreuve d'autant plus glorieuse pour Suliau, qu'on le persecuta avec plus d'opiniâtreté. Une méchante femme, animée d'une passion aveugle & criminelle, voulut l'avoir pour époux, & lui fut d'autant plus importune, que joignant le pouvoir à la fureur de son aveuglement affreux, elle se trouvoit en état de se venger de ses refus par tous les excès où se peut porter une passion déclarée & méprisée, & de le reduire à l'impossibilité de se cacher pour éviter ses recherches. Les actes anciens de saint Suliau ne specifient pas autrement cette malheureuse femme, qu'ils appellent Hajarmé. Le propre de S. Malo, imprimé l'an 1615. ajoûte que c'étoit la veuve d'un frere de saint Suliau ; & le P. Albert le Grand dit de plus ; que c'étoit de Jacob, devenu heritier de leur pere commun, que cette femme étoit veuve. Si cela est, c'étoit un nouveau surcroît aux horreurs du crime qu'elle méditoit, & dont elle poursuivoit l'execution avec un acharnement inconcevable.

La fuite a toûjours été le remede le plus sûr dans ces sortes de tentations, où nous avons malheureusement, & malgré nous, un ennemi domestique d'intelligence avec les ennemis du dehors. Suliau prit ce parti, devenu nécessaire, non-seulement pour conserver son innocence, mais aussi pour mettre son monastere à couvert des effets de la rage de cette malheureuse femme. Il se retira seul dans une province appellée Buelt, où il bâtit une Eglise & un monastere. Il n'y fut pas encore en sureté contre les poursuites de Hajarmé, qui l'y alla trouver avec une grande troupe de gens à cheval, dans le dessein de le faire mourir, s'il refusoit toûjours avec la même constance de satisfaire sa passion. Dieu le protegea dans cette rencontre, & le délivra du peril, d'une maniere qui ne nous est point connuë. Mais considerant enfin qu'il n'y auroit point de retraite dans toute l'isle qui

Juin. pût affez le cacher, il réfolut de paffer la mer, & d'abandonner fa patrie.

Octo.
Nov.
Il s'embarqua, & vint prendre terre dans la Bretagne Armoricaine, à l'embouchûre de la Rance. Aïant remonté la riviere, il trouva un lieu défert, où il fixa pour toûjours fa demeure. Il n'y fut pas inutile; il s'emploïa avec zéle à gagner à J. Chrift, ce qui reftoit encore d'infidéles dans ce canton, voifin de la ville d'Aleth. Il y opera auffi plufieurs miracles pour la guérifon des corps, après s'être appliqué avec tant de fuccès à celle des ames. Le Seigneur du païs, pénétré de veneration pour un fi faint homme, lui donna autant de terre qu'il en voulut, pour lui rendre fa fubfiftance moins penible. Saint Samfon Evêque de Dol vint voir le faint Ermite, & paffa quelques jours avec lui. Le P. Albert le Grand ajoûte que faint Suliau avoit quinze Religieux fous fa difcipline; que ceux de fon monaftere de Meibot lui envoïérent une députation pour l'avertir de la mort de fa perfecutrice, & le prier de venir reprendre le gouvernement de fon monaftere; mais que le Saint répondit que ce n'étoit pas la volonté de Dieu, & renvoïa les députez, à qui il donna fon livre des Evangiles & le bâton dont il s'appuïoit dans fes voïages. Enfin, après avoir paffé quelque tems dans cette retraite, qui porte encore aujourd'hui fon nom, il fut enlevé du monde par une petite fiévre. Le Breviaire de S. Malo met fa mort le 8. de Novembre, & fa fête le 1. d'Octobre, avec office à trois leçons. Le Breviaire de Leon marque fa fête au 29. de Juillet, & en fait office à neuf leçons. Son corps fut enterré dans l'Eglife de fon monaftere, qui eft à préfent une Eglife paroiffiale & Priorale, auprès de Ploüer fur la Rance; & l'on y montre encore fon tombeau de pierre, au bas de l'Eglife fur lequel il n'y a rien de figuré, qu'une grande croix.

SAINT HERVE',
Abbé.

VI. SIECLE.

17.
Juin.
LE culte de S. Hervé eft fi public & fi ancien en Bretagne, qu'on ne peut douter raifonnablement s'il y a eu un Saint de ce nom; mais l'on en pourroit douter, fi l'on ne confultoit que fes actes, qui font remplis de tant de fables, qu'ils ont plus l'air d'un Roman fait à plaifir, que de l'hiftoire d'une perfonne qui ait veritablement exifté. Ces actes fe trouvent dans le Legen-

daire manufcrit de l'Eglife de Treguer, qui peut avoir trois à quatre cens ans d'antiquité; dans un autre manufcrit de l'Abbaïe de faint Vincent du Mans du XV. fiécle, & dans un autre de l'Abbaïe de faint Gildas des Bois; mais ces deux derniers, non plus que l'ancien Breviaire de Leon, ne rapportent pas la vie de faint Hervé toute entiere, comme elle eft dans le Legendaire de Treguer. D'un autre côté le Legendaire de Treguer retranche beaucoup de chofes des préliminaires de la vie du Saint, qui fe trouvent dans les autres manufcrits. On eft à plaindre, quand on cherche à s'inftruire, de ne trouver dans ces fortes de Legendaires fabuleux, que des tenebres, au lieu de lumieres; cependant, pour ne pas laiffer tout à fait inconnu un Saint auffi fameux que Hervé, nous tâcherons de tirer ce qu'il peut y avoir de bon dans ces Legendaires, c'eft-à-dire, de trouver des raifins dans les ronces, & des figues dans les plantes épineufes.

17.
Juin.
Harvian, qu'on donne pour pere à faint Hervé, étoit de l'ifle de Bretagne, & avoit paffé à la Cour du Roi Childebert, où la double profeffion de poëte & de muficien lui avoit donné quelque diftinction. Mais fi fes vers & fes chants l'avoient rendu agréable au Roi, il en merita encore plus l'eftime, par la fainteté d'une vie chafte, chrétienne, exemplaire. Après avoir paffé quelque tems à la Cour, il obtint fon congé du Roi, qui lui donna des lettres pour Conomor fon Lieutenant dans l'Armorique, par lefquelles il lui commandoit de procurer à Harvian la commodité d'un vaiffeau pour repaffer dans l'ifle de Bretagne. Mais il arriva des chofes qui déterminérent celui-ci à refter dans l'Armorique. Il y époufa une fille, à peu près de même profeffion que lui, appellée Rivanone, dont il eut un fils qui naquit aveugle, & qui fut appellé Houarvé, Harvian, Houarn, ou Hervé, car on écrit fon nom de toutes ces manieres differentes. La mere de Hervé étoit des environs de Lan-nuzan, elle le mit au monde à Lan-rigur (Rigur étoit le nom de fon frere) & l'éleva dans le canton de Keran; tous noms qui ne nous inftruifent pas beaucoup, mais qui pourront être reconnus par les gens du païs de Leon.

Le petit aveugle avoit, dit-on, l'efprit fort ouvert, & la memoire très-fidéle; mais la preuve qu'on en donne paffe toute croïance, & c'eft, qu'inftruit par fa mere, il fçavoit par cœur, dès l'âge de fept ans, tout le Pfeautier, avec les hymnes Ecclefiaftiques. Sa mere fe retira dans une folitude avec quelques filles, & y paffa faintement le reste de ses jours. S. Hervé voulant recevoir sa benediction avant qu'elle mourût, alla dans le païs d'Ack trouver un saint homme appellé Urfoed, qui étoit son parent, pour le prier de s'informer du lieu de la retraite de sa mere, afin qu'il pût s'y faire conduire. Urfoed prit volontiers cette peine, & découvrit enfin la solitude où Rivanone passoit sa vie dans une austere penitence. Elle fit prier son fils de ne point s'écarter de la demeure d'Urfoed, jusqu'à ce qu'elle le fit avertir du tems de sa mort. Hervé se rendant à ses ordres, demeura pendant quelque tems dans ce lieu, qui lui fut cedé par Urfoed. Le saint homme s'en alla d'un autre côté, bâtit un oratoire dans une forêt que les actes appellent Duna, où il finit ses jours dans les exercices de la vie heremitique.

Hervé, établi à Lan-Urfoed, y continua la charité que faisoit son parent à la jeunesse des environs, en se donnant le soin & la patience de les instruire. Enfin, averti que la fin de la vie de sa mere approchoit, il alla recevoir sa benediction, lui fermer les yeux, & l'ensevelir. Les actes ajoûtent qu'il se fit beaucoup de miracles au tombeau de cette sainte femme.

Hervé trop respecté, à son gré, à cause de ceux qu'il faisoit lui-même, résolut de changer de demeure. Il se fit conduire d'abord au lieu où saint Urfoed s'étoit retiré. Il trouva non-seulement qu'il étoit mort, mais que son oratoire même, bâti peu solidement, avoit été ruïné par les bêtes de la forêt. Il le rebâtit, avec le secours des gens du canton, qui y dresserent un Autel, & munirent le tombeau de S. Urfoed de grandes pierres, pour en conserver plus sûrement & les Reliques & la memoire. Hervé alla ensuite trouver l'Evêque de Leon, qui l'ordonna Exorciste. Le saint aveugle se borna à ce dégré, & voulant désormais se fixer quelque part pour toûjours, il marcha du côté de l'Orient, & s'arrêta dans un champ du côté de Landiviziau, qui lui fut donné par le proprietaire appellé Innoc. Hervé y bâtit une Eglise & un monastere, avec le secours d'Innoc, & de quelques Seigneurs, tant de Leon, que de Cornoüaille, l'un desquels est nommé Rivallon, ou Tyrmallon, qui paroît avoir été du païs d'Ack, & l'autre avoit nom Guegon ou Wicon, qui étoit de Cornoüaille, & qui donna au Saint une terre considerable, appellée Lan-Quedré. Ses actes parlent aussi d'un Comte Helen qu'il alla trouver, & chez qui il fit un miracle. On ne peut pas deviner ce que c'est que ce comte Helen ou Alain.

On dit aussi qu'il se trouva à l'assemblée de quelques Evêques qui se rendirent sur le Mené-bré l'une des plus hautes montagnes de la province, pour y excommunier Conomor Lieutenant de Childebert ; ce fameux Conomor meurtrier du Prince Jona, & noirci de beaucoup d'autres crimes détestables. S. Hervé fut aussi en commerce avec saint Maian, qui gouvernoit quelques Moines dans un monastere dont la situation ne nous est point marquée, non plus que celle de la demeure du saint Abbé Grednon, Gredeon, ou Goüeznou, dont il est parlé dans la même occasion qui a donné lieu de faire mention de S. Maian. Il paroît cependant que saint Grednou ou Goüeznou n'étoit pas loin de la côte & de l'écueil appellé Rots-huzan.

Six jours avant sa mort saint Hervé fut averti par un Ange, que Dieu l'appelleroit à lui dans ce terme. Il attendit avec joïe le moment qu'il devoit terminer son exil. Sainte Christine niece de sa mere, & qui l'avoit accompagnée dans sa retraite jusqu'à la fin, pria S. Hervé de ne la point laisser sur la terre, quand il passeroit à une meilleure vie. Il lui promit qu'il demanderoit pour elle à Dieu ce qu'elle souhaitoit ; & en effet, quand il eut rendu tranquillement l'esprit, après avoir reçu de son Evêque l'absolution & le Saint Viatique, la sainte fille expira dans le moment au pied du lit du S. Abbé ; ce qui nous fait voir, ou que la clôture n'étoit point une regle de son monastere, ou que la parenté si proche de ces deux saintes personnes donnoit à Christine des privileges que les autres n'auroient pas eus. Outre l'Evêque de Leon, il assista aux obseques de saint Hervé plusieurs Prêtres, & trois Abbez, saint Conogan, saint Maian, & saint Mornrod. Ils l'entergerent entre l'Autel & la balustrade orientale, & munirent son cercueil de lames de fer & de plomb. Il mourut le 22. du Juin, selon ses actes. Cependant l'ancien Breviaire de Leon met sa fête au 17. de Juin ; & l'Eglise de Nantes la celebre le 18. de Juillet.

L'Eglise où saint Hervé fut enterré, a depuis porté son nom, & s'appelle encore aujourd'hui Lan-Hoüarné, qui est une Eglise paroissiale de l'Evêché de Leon, entre Landiviziau & Lesneven. Le corps du Saint y demeura, dit le P. Albert le Grand, jusqu'à l'an 878. que pour éviter la rage des Normans, il fut transferé à la Chapelle du Château de Brest, où il fut jusqu'en 1002. que le Duc Geoffroi I. l'aïant fait mettre dans une châsse d'argent, en fit présent à l'Evêché de Nantes, que le P. Albert le Grand nomme Hervé, & qu'il fait

Confesseur

SAINT GOUEZNOU.

25.
OCTOB.

Confesseur & Aumônier du Duc. L'Evêque mit la châsse au Trésor de son Eglise, & elle s'y est conservée jusqu'à présent. Les sermens ordonnez par la Justice, ajoûte le même auteur qu'on vient de citer, se faisoient autrefois sur cette châsse, comme il paroît par un Rituel de l'Eglise de Nantes dressé vers l'an 1225. & les parjures étoient séverement punis.

SAINT GOUEZNOU,
Evêque & Confesseur.
VI. SIECLE.

Ex Breviario enere Britonum exortus. &c. S. Goez sovei ex Breviario Leon.

SAINT Goüeznou nâquit de parens Bretons distinguez par leur noblesse, & non pas de fortune médiocre, comme il a plu au P. Albert le Grand de le dire. Goüeznou, après la mort de son pere, bâtit un oratoire dans un bois, sur le bord d'un petit ruisseau, dans un lieu appellé Land, à quatre mille de la ville des Ossismiens, qu'il faut prendre ici pour Brest, & non pas pour S. Paul. Le lieu s'appella depuis le Peniti-S. Goüeznou, & se nomme aujourd'hui Lan Goüeznou, ou simplement saint Goüeznou. Le Comte Conomor qui étoit alors Seigneur de ce canton, chassant dans les landes & dans les bois où le saint homme avoit fixé sa demeure, eut occasion de le connoître, & ne put lui refuser son estime. Aïant appris de lui le dessein qu'il avoit formé de bâtir un monastere, pour y retirer ceux qui se vouloient mettre sous sa conduite, il lui accorda autant de terre qu'il en pouvoit souhaiter. S. Goüeznou usant de la liberalité du Comte, renferma une assez grande quantité de terrain, pour y pouvoir subsister avec ses disciples, du travail des mains, sans être à charge à personne. Ses actes lui font faire un enclos carré, qui avoit quatre stades à chaque face. Il peut y avoir de l'excès dans leur narration, aussi bien que de la fausseté dans le miracle assez puérilement imaginé, par lequel ils nous assurent, qu'à mesure que le Saint traçoit son enclos avec un bâton, en marchant, il s'élevoit après lui, de côté & d'autre de la ligne tracée, une haute levée de terre, pour marquer les bornes, & défendre l'entrée de l'enclos. Il s'appliqua ensuite à bâtir son monastere, & n'aïant encore rien recueilli de son fonds, qui pût lui donner le moïen d'entretenir ses ouvriers, il eut recours à la pieté & à la charité des fidéles du voisinage, qui seconderent ses desseins avec empressement.

C'est-là tout ce que ses actes les plus anciens ont pu nous apprendre de lui. L'an 1019. s'il en faut croire le P. Albert le Grand, Guillaume Prêtre, Chapelain ou Aumônier d'Eudon Evêque de Leon, composa la vie de saint Goüeznou en beau style Latin, divisée en neuf leçons; & c'est peutêtre de-là que le même P. Albert le Grand a tiré tout ce qu'il dit de S. Goüeznou. Nous nous croïons dispensez de le rapporter ici, pour ne pas abuser du tems & de la patience des Lecteurs, par des recits pleins d'anacronismes & de fables. On veut, par exemple, que l'Eglise de saint Goüeznou ait été dédiée par saint Hoüardon Evêque de Leon, qui n'a vécu que long-tems après saint Goüeznou; que ce saint Solitaire ait été fait Chanoine de S. Paul par le même Hoüardon, & qu'il soit ensuite retourné à son monastere; que les femmes qui passoient une certaine pierre qu'il leur avoit marquée pour borne dans son Eglise, tomboient mortes; qu'il fut élu Evêque de Leon l'an 650. après S. Hoüardon; qu'étant allé visiter saint Corbasius qui faisoit bâtir un monastere à Kemperlé, il y fut blessé à mort dans l'Eglise, par un architecte jaloux de lui avoir entendu parler avec éloge de son Eglise de Lan-Goüeznou; l'architecte lui laissa tomber d'enhaut, par malice, son marteau sur la tête, qui pénétra jusques dans le cerveau; on ajoute que S. Goüeznou étant mort dans le monastere de Kemperlé, y fut enterré; mais que ses miracles frequens obligérent bientôt S. Corbasius à le lever de terre, & à mettre ses Reliques parmi les autres dans la sacristie; que saint Mayan frere de saint Goüeznou les vint demander, & qu'on les lui accorda, à condition qu'il les reconnût d'avec les autres; que saint Mayan se mit en prieres, que les ossemens de son frere se séparérent d'eux-mêmes de tous les autres, & qu'ils vinrent se placer dans le linge que saint Mayan avoit étendu; enfin que saint Mayan les aïant emportez avec lui, en mit une partie dans l'Eglise de Leon, & le reste dans le monastere de saint Goüeznou.

La plûpart de ces choses se détruisent assez d'elles-mêmes, sans emploïer le secours de la critique pour les combattre. Les actes de saint Hervé le font contemporain de S. Mayan, & de Goüeznou, & tous ont vécu du tems de S. Conomor. Le P. Albert le Grand assûre que saint Mayan étoit frere de saint Goüeznou, comme nous venons de le voir; mais ses lumieres vont encore plus loin; il nous apprend que leur pere s'appelloit Tugdonius, que Goüeznou étoit puiné de Mayan, qu'ils avoient une sœur ap-

25.
OCTOB.

S. Corbasius

S. Mayan

P

25.
OCTOB.

pellée Tugdona, qui se renferma dans un monastere de vierges fondé à Loc-Renan-at-fang par S. Paul Evêque de Leon; que Tugdonius étoit de l'isle de Bretagne; que Goüeznou y étoit né; qu'il avoit perdu sa mere, étant encore enfant; & que son pere étoit passé dans l'Armorique avec le reste de sa famille. On en croira, si l'on veut, cet auteur sur sa parole, ou sur la foi de ses garans, ce qui est à peu près la même chose.

Quant à l'Episcopat de S. Goüeznou, la preuve la plus solide qui nous en reste, est la qualité d'Evêque & de Confesseur, qui lui est donnée dans l'ancien Breviaire de Leon, qui met sa fête le 25. d'Octobre, avec office à neuf leçons. Albert le Grand, témoin plus sûr de ce qui se faisoit de son tems, que de ce qui l'avoit précédé de plusieurs siécles, nous apprend qu'à Lan-Goüeznou, le jour de l'Ascension, les Reliques du Saint sont portées en procession autour de son enclos miraculeux, sur un brancard, par deux gentilshommes revêtus de surplis; & à la marge on nous cite l'exemple de Charles de Blois, que les porta en 1342. de Jean V. qui en fit autant en 1417. & du Duc Pierre qui fit la même cérémonie avec le Connétable Artur son oncle, en 1455.

SAINT MAGLOIRE,
Evêque & Confesseur.
VI. SIECLE.

24.
OCTOB.

Tiré de ses actes qui sont dans Surius en abregé, & plus au long dans les actes Benedictins.

MAGLOIRE fut doublement cousin germain de saint Samson; puisqu'après que deux freres eurent épousé deux sœurs, Samson fut fils de l'aîné, qui étoit Ammon, & Magloire sortit du plus jeune, qui s'appelloit Umbrafel, & avoit épousé Asfrelle sœur de la mere de Samson. Mais Magloire fut plus uni à Samson par la charité, & par la conformité parfaite de leurs volontez à celle de Dieu, que par les liens de la chair & du sang. Il prit naissance au même païs, & à peu près au même tems que Samson. Comme on a déja rejetté la vision chimerique du P. Albert le Grand, trop simplement suivie par l'Annaliste de l'Eglise Gallicane, qui a fait ces deux Saints natifs du païs de Vannes, il seroit inutile de repeter ici ce que l'on a dit à ce sujet.

Magloire fut mis de bonne heure avec son cousin, sous la discipline de saint Hiltut, & fit de grands progrès dans les sciences & dans la vertu; mais il semble néan-

moins que Samson a toûjours eu quelque avantage sur lui. Après que S. Samson eut été fait Evêque dans son païs, de la maniere que nous l'avons dit, il ordonna Magloire Diacre, non en consideration de ce qu'il lui appartenoit de si près, mais par le seul motif de son merite, qu'il connoissoit mieux que personne. Il lui donna de plus la commission de prêcher aux peuples, à quoi il ne l'auroit pas emploïé, s'il n'avoit sçû que Magloire avoit un don particulier de Dieu de persuader & de toucher les cœurs. Ce saint prédicateur s'acquitta si bien de cet emploi Apostolique, qu'on peut dire qu'il n'honora pas moins son ministere, que son ministere l'honoroit.

Lorsque saint Samson vint dans l'Armorique Bretonne, Magloire l'y suivit, & prit part à toutes ses fatigues, à tout le succès de l'établissement de son monastere de Dol, & au gouvernement de l'Evêché, comme il avoit pris part à toutes les auste-ritez de sa vie pénitente & cachée dans le désert. Nous disons *Evêché*, car les actes que Surius avoit vûs, & qu'il a suivis, nomment ainsi la dignité de Samson, que ceux qui sont dans les Actes Benedictins nomment *Archevêché*; ce qui donne juste sujet de croire que l'original de Surius étoit plus correct & plus pur, que celui des actes Benedictins, où l'on trouve, outre cela, des choses peu judicieuses & peu vraisemblables, qui ont été ajoûtées au texte original, & qu'on croit, par cette raison, devoir supprimer comme étrangeres au sujet. Il n'est dit, ni dans les uns, ni dans les autres, que Magloire ait quitté Dol pendant la vie de Samson, pour aller, comme quelques autres, établir & gouverner de nouvelles communautez. On n'a donc point eu raison d'avancer, sans aucune autorité, & sur de simples bruits populaires, qu'il fonda le monastere de Kaer-feuntun, ou de Lanmur, dans les enclaves de Treguer, & qu'il en fut le premier Abbé. On n'auroit pas oublié dans ses actes une semblable circonstance de sa vie; & il y a beaucoup plus d'apparence qu'il demeura toûjours à Dol, fidéle coadjuteur de Samson, tant au gouvernement du monastere, qu'à celui de l'Evêché, autant que sa qualité de Diacre le permettoit.

Samson étant au lit de la mort, & souhaitant laisser à son Eglise un Successeur qui pût la consoler de sa perte, & consommer ce qu'il avoit si heureusement commencé, fit venir Magloire & tout le clergé, tant Seculier que Regulier, de sa communauté, pour commander à ce cher parent, en présence de tous ses disciples, d'accepter la

SAINT MAGLOIRE.

charge d'Evêque, malgré l'attrait & l'attachement qu'il avoit pour la solitude. « Je « sçai, & je vous avertis, lui dit-il, que « vous serez fait Evêque après ma mort. « C'est la volonté de Dieu, que vous ne « vous opposiez point à vôtre élévation, « & que vous emploïez pour le bien des « fidéles les grands talens qu'il vous a confiez. Travaillez donc, & faites si bien, « que vous meritiez les recompenses promises par J. C. à ses fidéles serviteurs. « Consolez-vous, dit-il ensuite aux autres, « je vous laisse un homme qui reparera mon « absence avantageusement, & qui, heritier de mon esprit, ne vous laissera aucun lieu de me regretter. «

Après la mort de Samson, Magloire fut élu & ordonné Evêque de Dol, comme son prédécesseur le lui avoit prédit, & quoiqu'il fût déja fort âgé, il se mit à travailler avec tant d'activité & de ferveur, qu'on retrouva en lui ce qu'on craignoit d'avoir perdu irreparablement en Samson ; la même tendresse de pere ; la même vigilance de pasteur, la même application au ministere, la même puissance de faire des miracles, les mêmes exemples de vertu, la même douceur, la même charité, la même fermeté, la même doctrine. Le saint Prélat regrettoit pourtant toûjours la tranquillité de sa retraite ; & quelque fervent qu'il fût à l'acquit des obligations de sa charge, son cœur eût volontiers préferé à ces fatigues embarassantes, les exercices tranquilles de la priere & de la contemplation. Dieu exauça ses desirs, & après deux ou trois ans d'Episcopat, lui fit dire, pendant son sommeil, par un Ange, qu'il pouvoit quitter sa charge, pour se retirer dans la solitude, où Dieu vouloit encore se servir de lui pour sa gloire & pour le salut d'un grand nombre de Solitaires.

Après avoir rendu graces à Dieu de cette permission desirée, qu'il regarda comme un commandement formel, il pensa au lieu qu'il pourroit choisir pour sa retraite, & crut n'en pouvoir trouver de plus propre, qu'une terre de l'Evêché qui n'étoit distante du monastere de Dol, que d'une demie-lieuë, ou environ, & qui avoit été donnée à cette Eglise par le Roi, pour aider à la doter. Surius, dont l'original ne marquoit apparemment point le nom particulier de ce Roi, s'est contenté de dire ainsi indeterminément : le Roi ; mais l'auteur qui est dans les actes Benedictins l'a voulu nommer, & l'a mal nommé Raddual. C'auroit été Judual qui auroit donné cette terre, si un Roi Breton l'avoit donnée ; car il n'y a point eu en Bretagne de Roi nommé Raddual, depuis la premiere fondation de l'Eglise de Dol. Il y a donc bien de l'apparence que c'avoit été Childebert qui avoit donné cette terre à saint Samson, & ce ne peut être qu'un Roi de France qu'on a ainsi nommé simplement *Le Roi*.

La résolution prise, & le lieu de la retraite choisi, il ne fut plus question que d'établir un successeur. Il y avoit dans le monastere de Dol un saint Religieux nommé Budoc, qui y avoit été élevé dès la plus tendre jeunesse, & dont Magloire connoissoit à fonds l'innocence & la vertu. Nul ne lui sembla plus propre pour remplir sa place, que ce disciple, formé soigneusement de sa main & de celle de saint Samson, & doüé de toutes les bonnes qualitez qu'on peut souhaiter dans un pasteur. Il le sacra Evêque, l'établit sur son siège, & prit enfin congé de son clergé & de son peuple, qui auroient été inconsolables de la perte qu'ils faisoient, s'ils n'avoient esperé que le possedant toûjours dans leur voisinage, ils auroient aisément la consolation de le voir, & de recevoir de lui les secours ordinaire de sa charité.

Magloire arrivé au lieu de sa retraite, y bâtit un oratoire, & des cellules pour quelques Religieux qui l'y accompagnerent, & pour lui. Ce lui fut d'abord une grande consolation, de se trouver délivré du tumulte des affaires, & de pouvoir suivre librement le penchant qu'il avoit pour la vie pénitente & l'oraison. Il se fit une loi de jeûner & de veiller le plus qu'il lui seroit possible ; & comme il mesuroit ses forces par son zéle, & non par la foiblesse de son grand âge, on peut dire qu'il ne dormoit & ne mangeoit presque point. La loüange du Seigneur passoit incessamment de son cœur à sa bouche, & il le benissoit en tout tems, avec de si vifs transports d'amour & de reconnoissance, que son ame étoit bien moins en elle-même, qu'en Dieu. Ce genre de vie étoit un paradis anticipé pour lui ; mais le concours importun du peuple en troubla bientôt le repos. De toutes parts on venoit en foule à son Ermitage, les uns simplement pour le voir, les autres pour le consulter sur les affaires de leur conscience, plusieurs pour le supplier d'obtenir de Dieu, par ses prieres, la guérison de leurs infirmitez, & d'autres encore pour d'autres besoins. L'état même d'obscurité & de pauvreté où l'on voïoit qu'il s'étoit volontairement reduit, le rendoit plus respectable & plus cher. On lui apportoit tant de présens, que cette abondance lui causa du chagrin, & les honneurs qu'on lui rendoit lui firent tant de peine, qu'il forma le des-

24.
Octob.

sein de fuïr, & de s'aller cacher dans quelque désert plus éloigné, où il ne fût connu de personne.

Ne voulant pas le faire, sans en parler à Budoc, il l'envoïa prier de le venir voir, & se trouvant seul avec lui, le bon veillard fondant en larmes, lui découvrit la cause de son chagrin & sa résolution. « En « vain, lui dit-il, ai-je voulu abandonner « le monde, pour ne vaquer qu'à Dieu ; « le monde me poursuit, & vient m'en-« lever Dieu, avec qui il ne me permet pas « de m'entretenir. Les peuples troublent « davantage le repos de mes exercices spi-« rituels, que lorsque j'étois leur pasteur, « & jamais je n'en fus plus visité, ni plus « importuné. N'est-il donc pas à propos « que je prenne la fuite, & que j'aille en « quelque désert où l'on ne puisse me trou-« ver ? Ils croïent m'obliger beaucoup, en « m'apportant de ces choses qu'ils appellent « leurs biens, & ils ne s'apperçoivent pas « que la sainte pauvreté m'est plus précieu-« se que tous leurs trésors. » Budoc, qui sçavoit combien la présence de Magloire étoit utile à ses diocésains, & qui ne craignoit rien tant que de le perdre, ne put néanmoins s'empêcher d'être attendri de ses larmes. Mais cette compassion ne lui fit point changer de pensée, & elle ne servit qu'à rendre plus persuasif le discours qu'il fit à Magloire, pour lui insinuer qu'il ne devoit point abandonner le païs. « Je com-« prens bien, mon pere, lui dit-il, la « grandeur de vôtre chagrin, parce que « j'en juge par celle de vôtre pieté ; & je « conçois sans peine, que la multitude des « personnes qui viennent vous importuner, « sans songer à ménager vôtre loisir, vous « prive des douceurs que vous esperiez « trouver dans la vie retirée. Je vois bien « même qu'une fuite en des lieux plus écar-« tez, vous doit paroître d'autant plus ju-« ste, que Dieu vous a fait connoître par « son Ange, qu'il vouloit que vous quit-« tassiez l'Episcopat. Mais quand je conside-« re que nôtre Divin maître, sur qui nous « devons nous former, a quitté le repos du « sein de son pere, pour venir travailler au « salut des hommes ; & qu'il n'est allé dans « le désert que pour se disposer à sa Mis-« sion ; quand je vois qu'il ne s'est pas seu-« lement emploïé pour les Juifs, qui étoient « son propre troupeau, mais qu'il a encore « voulu travailler pour le salut des gentils, « qui sembloient ne lui point appartenir ; « quand je considere enfin avec quelle bonté « ce Divin pasteur met la brebis fatiguée « sur ses épaules, & la porte ; je crains, « mon pere, que vous ne l'offensiez, en « préferant vôtre repos à l'utilité spirituel-« le des ames qu'il a rachetées de son sang ; « & je l'apprehende d'autant plus, que je « sçai le grand fruit que vous faites, & que « les grands talens que vous avez, ne vous « ont été donnez que pour faire ce fruit. « Le souverain pasteur s'est sacrifié pour « nous ; & nous devons, à son exemple, « nous sacrifier pour ses membres. » Magloire défera, tant à ces raisons, qu'à l'autorité de celui qui les lui proposoit, qu'il regardoit comme son superieur, & continua de demeurer auprès de Dol, pour le bien de tout le monde.

La providence le délivra, par des voïes qu'il n'attendoit pas, des embarras qui l'affligeoient. Entre ceux qui s'adressérent à lui, un Comte nommé Loïescon, qui demeuroit dans une isle dont il étoit Seigneur, & qui possedoit de très-grands biens, mais qui depuis sept ans avoit le corps tout couvert d'une espece de lépre, ou de gale puante, qu'aucun medecin n'avoit pu guérir, vint prier le Saint d'avoir pitié de lui. Magloire, après s'être quelque tems humblement excusé d'entreprendre une pareille chose, lui ordonna de jeûner trois jours consecutifs, & s'abstenant lui-même de toute sorte d'aliment pendant ces trois jours, il passa tout ce tems en prieres avec les plus vertueux de ses Religieux, tous Prêtres ou Diacres. Au bout de ce terme, il benit avec eux un bain d'eau pure, dans lequel il fit mettre le Comte, & imposant les mains sur lui, il prononça tout haut quelques oraisons, à la fin desquelles il frotta le Comte de sa propre main ; ce qui nettoïa si bien toute sa lépre, que sa peau devint aussi saine que celle d'un enfant. Loïescon, pleurant de joïe, se jetta aux pieds de Magloire, & pour lui témoigner sa reconnoissance par sa liberalité, il lui donna la moitié d'une terre considerable dans l'isle de Jarzay où il faisoit son séjour ordinaire, & s'en reserva l'autre moitié.

Après que le partage de cette terre eut été fait, on dit que les oiseaux de mer, qui étoient auparavant indifferemment sur l'une & l'autre portion de cette terre, & les poissons même qui frequentoient les côtes de part & d'autre, passérent tous du côté de Magloire. La Comtesse obligea son mari de proposer au Saint un échange de lots, & le Saint l'accepta sans difficulté ; mais la Comtesse n'y gagna rien, car les oiseaux & les poissons changérent incontinent de canton, & se trouvérent tous au nouveau partage du Saint ; ce qui toucha tellement Loïescon, que ne consultant plus que sa gratitude, il donna toute la terre à

Magloire ; & alors les oiseaux & les poissons se remirent au même état qu'avant le premier partage. De quelles fables les Legendaires ne se sont-ils point avisez ?

Magloire bâtit un Monastere sur cette Seigneurie, & s'y retira. Il fut bientôt peuplé de 62. Religieux, qui vivoient sous sa conduite, dans une admirable pureté & sainteté de vie. On raconte un grand nombre de miracles qu'il fit en ce païs-là, & l'on dit même qu'il ressuscita par ses prieres un domestique de la maison qui s'étoit noïé à la pêche. Quelque grande merveille que soit la resurrection d'un mort, nous trouvons qu'il n'est pas moins glorieux au Saint, d'avoir empêché par ses liberalitez, qu'un grand nombre de personnes ne perît de faim. Une cruelle famine reduisit les plus riches de la Bretagne Armoricaine à la derniere misere, & plusieurs personnes, même de qualité, vinrent dans l'isle de Magloire chercher des alimens qu'ils ne pouvoient plus trouver en France. Le grand nombre n'épouvanta point la generosité de Magloire ; il leur distribua liberalement tout ce qu'il avoit de provisions, & mit du reste toute sa confiance en Dieu. Les officiers de sa maison lui proposérent alors d'en disperser les Religieux deux à deux, ou trois à trois, & de leur permettre d'aller ainsi par petites bandes chercher à vivre dans l'Irlande ou dans la Cambrie. Mais il rejetta bien-loin cette proposition, qu'il regarda comme injurieuse à la providence, ruïneuse pour la regularité, & dangereuse à l'innocence particuliere de ses solitaires. Il s'abandonna entierement à Dieu, & se persuada qu'il le secoureroit, comme il avoit secouru tant de personnes qui s'étoient addressées à lui-même. Il ne fut pas trompé dans son attente, & l'assistance extraordinaire de Dieu lui donna des vivres suffisamment pour ses Religieux, & pour ses hôtes, qu'il reçut toûjours avec sa charité ordinaire, quelque grand qu'en pût être le nombre ; & il ne manquoit point de leur distribuer le pain spirituel, avec le corporel.

Enfin ce saint vieillard, qui ne soupiroit plus que pour le ciel, veillant la nuit de Pâques dans son Eglise, fut averti par un Ange, de se disposer à la mort, & à recevoir bientôt dans le ciel la recompense de ses vertus. Comme ce langage lui paroissoit trop à sa loüange, il apprehenda que le Demon transformé en Ange de lumiere ne voulût le tenter de vaine gloire. Dans ce doute, il se prosterne à terre, & s'anéantissant devant Dieu, il le reconnut pour auteur de tout ce qu'il avoit jamais fait de bien, par sa grace, & à qui seul il en devoit referer toute la gloire. Il le pria de ne permettre pas que le démon triomphât de sa simplicité par de vaines illusions. Alors une lumiere interieure dont il fut pénétré, lui fit reconnoître la verité de l'apparition ; il en rendit graces à Dieu, & pria l'Ange de le benir.

On peut dire que dès-lors Magloire ne vêcut plus sur la terre ; car il ne voulut plus entendre parler que du ciel, & à moins qu'il ne s'agit de quelque chose d'une necessité indispensable, il ne sortit plus de l'Eglise. Il y reçut une seconde visite du même Ange, qui lui administra même, à ce qu'on dit, le Saint Viatique, & lui marqua la joïe qu'il avoit, de ce que dans un corps fragile & mortel, il avoit conservé toute sa vie une virginité Angelique. Après cela Magloire donna sa derniere benediction & ses derniers avis à ses disciples, & rendit son ame à Dieu le 24e. jour de Novembre, au milieu des cantiques & des larmes de sa communauté de Jarzay.

La Cronologie de la vie de saint Magloire se doit regler sur l'année de la famine qui lui donna lieu d'exercer sa charité d'une maniere si chrétienne & si genereuse. On sçait par Gregoire de Tours, témoin oculaire, qu'une cruelle famine désola toutes les Gaules en 585. & qu'elle reduisit les peuples à de si grandes extremitez, que plusieurs se vendirent eux mêmes, aimant mieux vivre esclaves, que mourir libres ; qu'une infinité de personnes perirent de faim ; & qu'on fit une espece de pain de racines de fougére. Comme l'auteur des actes de S. Magloire fait à peu près la même peinture de la famine qui survint vers la fin de la vie de ce saint homme, & comme on ne trouve rien de semblable dans aucune autre année de celles qu'il a vêcu ; c'est sans doute à cette époque si bien caractérisée qu'il faut rapporter cette circonstance de sa vie, qui fut bientôt suivie de sa mort. On estime donc qu'aïant semé si abondamment pendant la famine de l'an 585. il fut averti à la fête de Pâques de l'année suivante 586. qu'il iroit joüir au Ciel d'une recolte très-abondante. Ainsi ce fut vers la fin de la même année qu'arriva son trépas.

Depuis qu'il eut quitté l'Episcopat, il ne but plus que de l'eau. Les mercredis & vendredis, il ne prenoit aucune nourriture, & jamais on ne put le porter à manger de poisson, qu'aux jours des plus grandes fêtes, qu'il souffroit par complaisance pour ses Religieux, qu'on lui en servît des plus petits. Il porta toute sa vie le cilice, mais il le cachoit sous des habits honnêtes & modestes. Il n'y a point de vertu dans laquelle il n'ait excellé. On peut dire toutefois que l'amour de la pu-

24.
OCTOB.

reté, qu'il a toûjours conservée sans soüillure & sans tache, a été celle de ses vertus qui merite le plus nôtre admiration, & nous exciter plus efficacement à vivre, à son exemple, & par le secours de Dieu, dans un corps mortel & fragile, comme si nous n'en avions point

Celui de saint Magloire enterré dans son monastere de Jarzay, fut apporté dans le IX. siécle à l'Abbaïe de Lehon fondée par Nominoé. Dans le siécle suivant les Reliques de S. Magloire furent portées à Paris & placées dans la chapelle Roïale du Palais, où l'on bâtit un monastere sous le nom de S. Barthelemi & de S. Magloire. Les Religieux de cette Abbaïe, après quelques autres changemens, furent enfin transferez au fauxbourg S. Jacques, & le monastere de Lehon devint un Prieuré dépendant de cette Abbaïe de saint Magloire. Il dépend aujourd'hui de l'Abbaïe de Marmontier, par un accord passé dans le XII. siécle entre les Abbez des deux Abbaïes. Le revenu de celle de saint Magloire de Paris a été annexé à l'Archevêché de la même ville, & l'Eglise a été donnée, avec les bâtimens, aux Peres de l'Oratoire. L'Eglise du Prieuré de Lehon porte le nom de S. Magloire. Le P. Albert le Grand fait mention d'une chapelle bâtie en 1640. à l'honneur du même Saint, dans la paroisse de Briziac, au diocese de Quimper. Tous les anciens Breviaires des neuf Evêchez de Bretagne marquent la fête de saint Magloire au 24. d'Octobre ; celui de Dol, avec office solemnel ; celui de Leon, à neuf leçons ; quelques autres à trois seulement ; & celui de l'Abbaïe de saint Méen, à douze.

16.
JUILLET.

SAINT TENENAN,
ou Tinidor, Evêque & Confesseur.

VI. SIECLE.

Tiré des actes manuscrits de S. Tenenan.

Albert le Grand.

EN suivant les actes citez par ceux-même qui font naître saint Tenenan dans l'Hibernie, nous sommes obligez de dire qu'il nâquit dans la Grande Bretagne. Cette premiere infidelité nous rend suspect tout ce que ces auteurs nous assurent avoir tiré de plusieurs actes & memoires que nous n'avons point vûs ; & d'ailleurs ces écrivains se contredisent étrangement au sujet de la Chronologie, en mettant saint Tenenan predecesseur de saint Hoüardon, qui vivoit selon eux-mêmes au VI. siécle, & en le faisant vivre du tems des courses des Danois qui ne commencérent à paroî-

tre que dans le IXe. Nous nous bornerons donc aux seuls actes que nous avons entre les mains, & qui paroissent écrits par un homme dont la candeur & la bonne foi ont dirigé la plume.

JUI

Les parens de saint Tenenan, Chrétiens & craignans Dieu, le firent regenerer à la vie éternelle par le baptême, aussi-tôt après sa naissance ; & dès qu'il put parler, ils eurent soin de le faire instruire aux lettres & à la pieté Chrétienne. Prévenu de la grace du S. Esprit, il préfera, quand sa raison se fut mûrie, la science des Saints à toutes les sciences prophanes. Il s'étudia dès les premieres années de sa jeunesse, à conserver son corps & son cœur exemts de soüillure ; il s'appliquoit à l'abstinence, à l'aumône, à l'oraison ; ses paroles, sa démarche, tout son exterieur, présentoient au dehors la modestie & l'humilité qui regloient son ame au dedans ; il étoit assidu à l'Eglise & auprès des ministres Sacrez ; & tout ce qu'il apprenoit des Saintes Ecritures & des loix Divines, il le mettoit dans son cœur, & s'en occupoit sans cesse. Une jeunesse si sainte & si pure lui merita l'élevation au degré du Sacerdoce. Alors il méprisa entierement le monde, où il eût pu vivre dans l'abondance & les délices. Il considera que les plaisirs du siécle n'ont point de durée ni de solidité, & qu'ils finissent par l'amertume ; il observa que l'ambition promet beaucoup, mais qu'après nous avoir long-tems & vainement occupez, elle nous abandonne à la douleur d'avoir consumé sans fruit un tems précieux que nous aurions pû emploïer à nous assurer une gloire plus réelle & plus solide ; il fit aussi reflexion au malheur de quelques personnes distinguées par leur science, ou par le rang où le merite les avoit élevez, qui avoient abandonnez la voïe de J. C. pour se laisser entraîner dans les précipices de la perdition. Tout cela le détermina à quitter sa maison, sa patrie, ses biens, ses parens ; à se rendre pauvre pour l'amour de J. C. pauvre ; & à passer la mer, pour n'être connu de personne dans le lieu que la providence lui marqueroit pour sa retraite.

Il passa dans la Bretagne Armoricaine, y chercha un lieu désert, & l'aïant trouvé, y bâtit une cellule dans l'Evêché de Leon, sur le bord de la riviere d'Elorne, dans le lieu qu'on a depuis appellé de son nom *Lan-Tinidor*, ou Lan-dernau. Il y vécut plusieurs années, connu de peu de personnes, parce que le lieu étoit inaccessible, à cause de l'épaisseur de la forêt de Benzic, au milieu de laquelle il avoit choisi sa demeure. De l'autre côté de la riviere il y avoit une

C'est tenant Prieuré l'Abbaï S. Math

SAINT TENENAN.

autre forêt aussi épaisse, appellée alors la forêt de Thalamon. C'est dans l'une ou l'autre de ces forêts qu'étoit situé le château connu dans Froissard & dans Argentré sous le nom de Goy-la-Forêt, pour avoir mal entendu le Breton *Kastell-Gouëlet-Forest*, qui signifie *un château situé dans la forêt*; & c'est le même lieu qui porte encore aujourd'hui le nom de la Forest, auprès de Landerneau. Cependant la reputation du Saint perça ces sombres forêts, & se répandant de tous côtez, lui attira un nombre prodigieux de personnes, qui venoient de toutes parts lui demander la santé de l'ame & du corps.

L'Evêque de Leon mourut dans ce temslà. Le clergé & le peuple s'assemblérent dans l'Eglise Cathedrale pour proceder à l'élection d'un nouveau pasteur; & le S. Esprit qu'ils invoquoient, leur inspira de choisir S. Tenenan, & de le préferer à tous ceux à qui l'on avoit cru pouvoir penser pour les élever à l'honneur de l'Episcopat. Tous les sentimens se réünirent, aussi-tôt qu'on eut proposé Tenenan, & tout le monde s'écria qu'il étoit seul digne d'occuper le siége de S. Paul. Il fut le seul à desapprouver le choix commun, & il se servit de toutes les lumieres de son esprit & de toute la force de son éloquence, pour se rendre méprisable, pour rendre plausible son indignité prétenduë, & pour se soustraire au fardeau dont on vouloit le charger. Il ne donna enfin son consentement, que quand la volonté de Dieu pleinement connuë, ne lui laissa plus la liberté de ne pas obéïr. Il fut sacré Evêque, & l'onction Sainte lui donnant de nouvelles graces, mit toutes ses vertus dans un nouveau lustre, & le fit paroître comme un autre homme, aussi élevé par la sublimité de sa perfection au-dessus de Tenenan solitaire, que le solitaire Tenenan avoit paru élevé au-dessus des autres hommes. On présume qu'il frequentoit souvent l'Eglise de Ple-bennec, qu'il avoit bâtie pendant son séjour dans la forêt. On ne sçauroit dire précisément où il est mort. Le Pere Albert le Grand assure que ce fut à S. Paul de Leon. Les actes que nous avons suivis, nous portent à croire que ce fut à Plebennec, où ses Reliques ont été gardées pendant quelque tems. Elles en furent ôtées pendant les guerres, (on ne dit point quelles guerres) & cachées dans l'étang de Meloüet avec une cloche. La cloche est restée dans l'étang, mais les reliques en furent retirées & portées dans l'Eglise; nous ne dirons point dans laquelle, puisque les actes ne s'expliquent pas d'avantage. Il y a de l'apparence qu'ils entendent par-là celle de Ple-bennec.

Comme il n'y a, dans tout ce que nous venons de rapporter, aucun caractere de chronologie, nous ne pouvons dire au juste en quel tems a vécu S. Tenenan, nous le placerons à la fin du VI. siécle, en attendant que des personnes plus éclairées que nous, veüillent nous donner une époque plus sure & plus précise. L'ancien Breviaire de l'Eglise de Leon marque sa fête au 16. de Juillet, avec office de neuf leçons. Il y a plusieurs paroisses dans l'Evêché de Leon, dont les Eglises sont dédiées à saint Tenenan.

SAINT TANGUY, Abbé,
Et Sainte Haude vierge.

VI. SIECLE.

IL n'y a aucun fonds à faire sur les actes prétendus de S. Tangui, que le P. Albert le Grand dit nous lus dans un ancien Lectionnaire manuscrit qui lui a été montré au Folgoet; puisqu'après y avoir fait saint Tangui contemporain de saint Paul Evêque de Leon & du Roi Childebert, l'auteur de ces actes assure que ce fut du tems de saint Tangui que se fit la translation du chef de saint Mathieu en Bretagne, ce qui n'est cependant arrivé que l'an 825. selon l'ancienne chronique rapportée au second volume de la nouvelle histoire de Bretagne. D'ailleurs sainte Haude sœur de Tangui, qui après avoir eu la tête coupée par son frere; ressuscite, reprend sa tête sur son cou, & vient au château de Tremazan dire à son frere, que Dieu a transporté la punition de son crime sur leur belle mere, heretique Pelagienne, qui lui avoit fait, à son retour de la Cour de Childebert, un si horrible portrait d'elle; & l'horrible punition de cette marâtre, qui suit incontinent après; sont des fables si dénuées de toute apparence, qu'on doit mettre ces actes au rang des plus miserables Romans. Mais en quel tems placer saint Tangui ? s'il a vécu dans celui où le chef de saint Mathieu a été apporté en Bretagne, il faut le placer dans le IX. siécle ; il faut le mettre dans le VI. s'il a été contemporain du Roi Childebert & de saint Paul premier Evêque de Leon.

L'auteur qui a fabriqué ces actes, a voulu, sans doute, flatter les Seigneurs du Châtel; dont il y en a eu plusieurs qui ont porté le nom de Tangui; lorsqu'il fait naître saint Tangui au château de Tremazan, en lui donnant pour pere un grand

Seigneur appellé Gualon, & pour mere une Dame appellée Florence fille d'un prétendu Honorius Prince de Brest. Il a voulu de même faire honneur à la maison de Coet-elez, en inventant une apparition d'Anges faite à S. Paul & à S. Tangui, dans un bois des environs de Lesneven, qui à cause de cela, selon lui, fut appellé *le bois des Anges* Coat-elez. Il prétend que saint Tangui s'appelloit d'abord Gurgui; mais que saint Paul le voïant revenir couronné d'un globe de feu, après qu'il eut accompli la penitence de quarante jours qu'il lui avoit imposée pour expier le meurtre de sa sœur, lui changea la moitié, de son nom, & au lieu de Gurgui, l'appella Tangui, parce que *tan* signifie *du feu* en Breton.

Du reste, aux fables près, il seroit à souhaiter que le reste de l'histoire fût bien assuré. Nous aurions dans sainte Haude un modéle admirable des vertus Chrétiennes, sur tout d'une patience à l'épreuve des emplois les plus vils, des travaux les plus penibles, & de la persecution la plus constante de la part de la marâtre la plus animée contre les enfans d'un premier lit, & qui ne fit jamais rien pour sainte Haude, que de concourir, par les mouvemens de sa haine, à l'accomplissement du parti que cette fille admirable avoit pris de n'avoir jamais d'autre époux que J. C. quoiqu'elle fût recherchée de beaucoup de Seigneurs, tant à cause de son merite personnel, que des grands biens dont la longue absence de son frere donnoit lieu de croire qu'elle seroit la seule heritiere. Elle étoit, dit-on, releguée dans une maison de campagne, par ordre de sa belle-mere, qui vouloit en faire perdre l'idée à ceux qui la recherchoient; lorsque son frere, absent depuis si long-tems, & que son pere ne reconnut point d'abord, aïant demandé des nouvelles de Haude, entendit dire à la marâtre que c'étoit une malheureuse que l'on avoit été obligé de releguer à la campagne, pour y étouffer sa honte dans l'obscurité d'une retraite éternelle. On dit que Gurgui, prévenu de cette horrible calomnie, alla chercher sa sœur, & la trouva qui lavoit quelques hardes auprès d'une fontaine; qu'il l'appella par son nom, sans en être reconnu; que la sainte fille, surprise de voir un cavalier auprès d'elle, s'enfuit aussi-tôt; & que Gurgui, prenant pour un effet de honte & de conviction, ce qui n'étoit qu'une preuve d'une grande retenuë & du soin d'éviter la rencontre des hommes, courut après elle en fureur, & lui enleva la tête d'un coup d'épée. Il ne fut pas long-tems sans reconnoître sa funeste erreur; mais nous ne suivrons pas plus long-tems ces actes fabuleux, de peur de nous égarer. Ils assurent que Gurgui ou Tangui, fut fait premier Abbé du monastere de Gerber fondé par saint Paul Evêque de Leon, au même lieu où depuis (après que Gerber eut été ruïné par les Normans) on a bâti l'Abbaïe de Kelec. On le fait aussi premier Abbé de S. Mathieu, monastere qu'il fonda des liberalitez de son pere Gualon.

L'ancien Breviaire de Leon fait memoire de sainte Haude le 18. de Novembre, sous le rite de simple commemoraison, à cause que le jour est occupé de l'office de l'octave de saint Martin, & lui donne la qualité de vierge. On prétend que la chapelle de Kerseant, c'est-à-dire *Ville-aux-Saints*, qui est auprès du château de Tremazan, où il y a des Chanoines, a été fondée par les Seigneurs du Châtel en l'honneur de saint Tangui & de sainte Haude.

SAINT AARON, Abbé.

VI. SIECLE.

SAINT Aaron étoit Abbé d'un grand nombre de Solitaires, avec lesquels il vivoit dans une isle de Bretagne, peu éloignée de la côte, & qui n'étoit separée de l'ancienne ville d'Aleth, que par un bras de mer que le reflus laisse à sec deux fois le jour. Il y reçut saint Malo ordonné Evêque dans l'isle de Bretagne, l'excita efficacement à entreprendre la conversion des habitans d'Aleth encore païens, & mourut apparemment peu de tems après l'arrivée de ce saint Prélat. L'isle où saint Aaron avoit passé sa vie, a depuis porté son nom, & ne l'a perdu qu'après que l'Evêque Jean, surnommé de la Grille, aïant transporté le siége d'Aleth, est devenu fondateur de la ville qui porte aujourd'hui le nom de S. Malo, & qui occupe toute l'étenduë de l'ancienne isle d'Aaron. Le P. Albert le Grand se trompe, avec ceux qui l'ont suivi, quand il dit que l'isle où S. Aaron a vécu, est celle de Cezambre. Le nom d'Aaron porté constamment par celle où est aujourd'hui la ville de S. Malo, prouve, ce semble, assez le contraire. Les Reliques de saint Aaron ont été transportées dans l'Eglise Cathedrale de S. Malo, & l'on y montre son chef & son bras droit richement enchassez. Outre l'isle qui portoit autrefois son nom, où l'on voit encore

une

une chapelle dédiée en son honneur ; il y a dans l'Evêché de Saint Brieuc une paroisse du nom de saint Aaron. Le Breviaire de S. Malo imprimé en 1603. met son office semi-double ; mais dans le recueil des offices propres de cette Eglise imprimé en 1615. il est dit au 22. de Juin, que l'office de S. Aaron Abbé & Confesseur se fait avec la solemnité appellée Double majeure.

SAINT FELIX,
Evêque & Confesseur.
Et par occasion, Evemer son prédecesseur.

VI. SIECLE.

L'AN 549. se tint le cinquiéme Concile d'Orleans. Evemer Evêque de Nantes, qui avoit assisté, ou envoïé quelqu'un de sa part, aux trois précedens tenus en 533. 538. & 541. n'assista, ni n'envoïa personne de sa part à celui-ci. C'est ce qui fait juger qu'il mourut cette année. C'étoit un Prélat de grand merite. Sa naissance étoit des plus illustres, & ses emplois avoient été considerables dans la magistrature. Tous les pelerins éprouvoient les effets de son hospitalité ; il distribuoit de grands biens aux pauvres ; & sa pieté lui fit entreprendre de bâtir une nouvelle Eglise cathedrale, que son successeur acheva. Il visitoit les malades avec un soin paternel, & les disposoit à bien mourir. Il étoit d'une si grande douceur, qu'aucune injure ne put jamais exciter en lui le moindre mouvement de colere ou de ressentiment. C'est le portrait qu'en a fait Venance Fortunat ; & nous avons crû que dans un livre destiné à nourrir la pieté des fidéles, & les exciter à la vertu par de grands exemples, nous ne devions pas négliger de parler d'un Prélat aussi vertueux qu'Evemer.

Il eut pour successeur immediat Felix, que son Eglise reconnoît pour Saint, & qui est un des plus illustres Prélats qui aïent occupé le siége de Nantes. On n'en connoît point qui aïent fait d'entreprises de plus grand éclat pour le bien de son diocese & de sa ville, & qu'aïent plus travaillé à l'embellir, que lui. Fortunat ne se lasse point de faire l'éloge de ce grand personnage dans ses vers ; & s'il ne l'a point flatté, il n'y a point de sorte de loüanges qu'il ne meritât.

Felix étoit d'Acquitaine, mais il y a sujet de douter si c'étoit de la premiere, ou de la seconde ; car le mot de *Biturigis* qui se trouve dans les leçons de son office, ne peut rien déterminer, puisque chacune de ces provinces a eu ses Bituriges, sçavoir la premiere, les Bituriges Cubes, & la seconde, les Bituriges Vivisques. L'opinion la plus commune est pour ceux du Berri. Cependant quand on fait attention que Felix enferma sa niece dans un monastere de Bazas, & que Nantes a beaucoup plus de commerce avec l'Acquitaine seconde, qu'avec la premiere ; on ne sçait si l'opinion la plus commune est en cette occasion la plus vraie.

Quoiqu'il en soit, Felix étoit d'une très-illustre naissance, & descendoit, du côté de son pere & du côté de sa mere, des familles les plus distinguées d'entre les Aquitains, en un mot des premiers conquerans qui avoient domté cette province. Fortunat, qui fait mention en general de cette haute naissance, loüe encore Felix, comme un des plus sçavans hommes de son tems, & le terme de *torrent d'éloquence* ne lui a pas semblé trop fort, pour exprimer le talent qu'avoit Felix de parler en public. Il fut fait Evêque de Nantes, apparemment, sur la fin de l'an 549. ou au commencement de l'an 550. & comme Gregoire de Tours a dit qu'il fut 33. ans Evêque, & qu'il mourut septuagenaire, il s'ensuit qu'il avoit trente-sept ans lorsqu'il fut ordonné.

Son premier soin fut de retirer Macliau des prisons de Canao Comte de Vannes son frere, c'est-à-dire frere de Macliau, & d'empêcher le Comte de commettre un nouveau parricide. C'étoit délivrer l'un & l'autre d'un malheur extrême, & faire admirablement bien l'office de pere & de pasteur. Cette intercession de l'Evêque de Nantes pour sauver la vie à Macliau qui avoit déja vû poignarder trois de ses freres par leur aîné commun, peut servir à confirmer que les Comtes du païs de Vannes possedoient les côtes de la Loire & de la Vilaine, où l'on parle encore aujourd'hui Breton, quoiqu'il n'y ait dans tout le reste du diocese de Nantes aucun indice, ni aucun vestige, non pas même dans le nom des terres, ni dans les noms propres des personnes, qui puisse nous porter à croire que cette langue y ait été en usage. Et peutêtre que l'*Aula Quiriaca* qu'on prétend être l'étimologie du nom de Guerrande, que les Bretons, selon les titres de Redon, prononçoient *Vvarand*, ou *Guarand*, comme on prononçoit *Vvarech*, ou *Guerech*, vient de ce que le Comte Guerech I. y faisoit son plus ordinaire séjour. Ce fut donc en qualité d'Evêque diocesain, que Felix Evêque de Nantes s'interressa pour Macliau prisonnier dans son diocese. D'où néanmoins on ne doit pas inferer que Nantes appartînt du tems de Felix, à aucun Prince Breton. Car les Bretons ne poſſedoient alors dans le païs de Nantes que les côtes qu'on a marquées, c'eſt-à-dire celles des environs du Croiſic.

Felix regla l'accord des deux freres. Macliau eut ſon partage, & fit à ſon aîné un ſerment de fidélité qu'il n'avoit guére envie de garder. Il remua bientôt; mais ſon frere, qui le veilloit de près, & qui étoit beaucoup plus puiſſant que lui, prévint ſi promptement ſes efforts, que Macliau fut contraint de ſe refugier chez le Comte Conomor, où il ne fut pas plus d'un mois. Sorti du tombeau, qui fut à ſon égard un azile contre la mort, comme on le peut voir ailleurs, il alla à Vannes, où il fut fait Evêque, & peu d'années après il devint Comte du païs par le décez de ſon frere. Felix, qui lui avoit ſauvé la vie du corps, ne put lui ſauver celle de l'ame; Macliau fut un monſtre dans l'ordre Epiſcopal, & mépriſa les avis ſalutaires des paſteurs, auſſi-bien que les foudres de l'Egliſe.

On ne peut douter que le zéle de Felix pour la diſcipline Eccleſiaſtique n'ait été grand & toûjours reglé par les Canons, quand on fait reflexion à l'aſſiduité qu'il a euë à ſe retrouver aux Conciles tenus de ſon tems; au troiſiéme de Paris en 557. au ſecond de Tours en 566. & en 573. au quatriéme de Paris. Sa charité envers les pauvres n'avoit point d'autres bornes, que celles de leurs beſoins & de ſes facultez, encore conſultoit-il moins ſes facultez, que leurs deſirs. Perſuadé que les biens de l'Egliſe ſont le patrimoine des pauvres, il ne ſe reſervoit que le ſoin de les diſpenſer avec prudence; & bien-loin d'en accroître ſes biens patrimoniaux, ou de les conſumer à l'entretien d'une table ſplendide & d'un ſuperbe équipage, il vendit tout ſon patrimoine, en donna le prix, & mit toute ſa gloire à empêcher qu'il n'y eût aucun neceſſiteux dans ſon dioceſe. Il étoit cependant naturellement magnifique, & tenoit ce noble penchant de ſa haute naiſſance, mais il ne le fit jamais que pour le ſervice du public, la décoration des temples, & la pompe du ſervice de Dieu.

Quæ ſibi quiſquis cupit, hic ſua vota videt.
Ven. Fortun.

Son prédeceſſeur avoit entrepris de bâtir une Egliſe cathedrale dans l'enclos de la ville; mais à peine les fondemens étoient-ils hors de terre, qu'il mourut. Felix vint à bout de conſommer cet ouvrage, d'une maniere plus noble, plus riche & plus étenduë, qu'on n'avoit projetée. Rien n'étoit de plus grand, ni de plus beau, ſelon la peinture qu'en a fait Fortunat; & quoiqu'il ne ſoit pas aiſé de comprendre l'ordre de l'architecture de cet édifice par la lecture ſeule de ſes vers, on juge pourtant aiſément que c'étoit un ouvrage incomparable pour ce tems-là, ſoit dans ſa forme, ſoit dans ſes materiaux, ſoit dans ſes enrichiſſemens. Il étoit compoſé, ſi nous le comprenons bien, de trois grandes nefs fort élevées; & ſur le milieu de la principale il y avoit une grande tour carrée ſoûtenuë ſur de bons piliers, & par des arc-boutans. Au-deſſus de la tour il s'élevoit une couppole ronde d'un très-grand diametre & d'une prodigieuſe hauteur. Toute la couverture étoit d'étain, & au dedans ce n'étoit qu'azur, or, marbre, peintures à la moſaïque, ornemens de feüillages & de fleurs, figures d'animaux, colomnes, chapitaux, ancades. Enfin de la maniere dont Fortunat en parle, on diroit que le goût de la bonne antiquité n'étoit pas encore perdu dans les Gaules, & qu'on l'avoit ſuivi dans l'édification de ce temple. Nous apprenons de quelques Legendaires anciens, que Felix mit dans cette nouvelle Egliſe un Crucifix d'argent d'une grandeur extraordinaire, qui avoit ſur les reins & les cuiſſes un draperie d'or, ou d'argent doré. Si ce Crucifix eſt le même qui ſe voit encore aujourd'hui dans l'Egliſe de S. Sauveur de Redon, & qui peut y avoir été tranſporté de Nantes, pour l'y ſouſtraire à l'avarice & à la profanation des Normans, il ne faudroit pas juger que ce que Fortunat trouvoit ſi excellent & ſi rare, dût nous paroître tel; puiſque ce Crucifix, venerable par ſon antiquité, n'a rien d'extraordinaire d'ailleurs, qu'une laideur & une diſproportion qui n'excitent pas à en admirer l'ouvrier.

Auſſitôt que Felix eut achevé ſon temple, il invita le metropolitain, les Evêques de la province, & quelques autres, à la ſolennité de la dédicace; où ſe trouvérent Euphronius Evêque de Tours, Domitien D'Angers, Domnole du Mans, Victurius de Rennes, Fortunat de Poitiers, Romachaire de Coutances, ou ſelon quelques autres manuſcrits, Magnachaire d'Angoulême. Aucun des Evêques Bretons n'aſſiſta à cette fête; ce qui peut faire penſer qu'on les regardoit, & qu'ils ſe regardoient eux-mêmes, comme une Egliſe d'une nation differente, qui n'avoit rien de commun avec les Evêques François, que le lien de la foi & de la charité. Le corps principal de l'Egliſe de Nantes fut dédié à ſaint Pierre; le côté droit ou collatéral du midi, porta les noms de S. Hilaire & de S. Martin; & le collatéral du côté du Septentrion fut dédié à ſaint Ferreol martyr. Et cela ſuppoſe

SAINT FELIX.

que Felix avoit eu des Reliques de tous ces Saints, qui furent dépofées dans fon Eglife.

Ce foin du temple materiel ne détournoit aucunement Felix de travailler au fpirituel. Il y avoit encore dans fon diocefe, & dans les dioceses voifins, un grand nombre de païens attachez au culte impie de leurs fauffes Divinitez, & entr'autres le païs qui eft au midi de la Loire, où toutes fortes de reftes de nations barbares s'étoient établis, Alains, & Teifaliens, miferables débris de l'armée diffipée du Roi Goar, & Saxons reftez de celle d'Odoacre. Ce païs étoit encore infecté de diverfes fuperftitions; & les prédeceffeurs de Felix, auffibien que les Evêques de Poitiers, defefperant de convertir ces peuples, en avoient comme abandonné le foin. Ce fut de quoi occuper le zéle de Felix. Il s'y appliqua avec une fainte obftination, & Dieu benit fi favorablement fon travail, qu'il convertit tous ces infideles, & changea ces loups en agneaux, comme parle Fortunat; en quoi fon Diacre faint Martin de Vertou, lui fut d'un très-grand fecours.

Mais ce ne fut pas feulement pour le bien fpirituel de fes peuples, que S. Felix employa fon travail & fes foins; fon amour pour eux s'étendoit à tout, & il n'étoit pas moins le pere de la patrie pour les interefts temporels, que pour les fpirituels. On ne voudroit pas dire abfolument, que les Rois François n'ont point envoié de Comtes à Nantes, jufqu'à ce Theudoad dont il eft parlé dans la vie de faint Columban; mais on n'en trouve aucun nommé auparavant; & il paroit par la conduite de Felix, qu'il faifoit également l'office de Comte & d'Evêque, & qu'en quelque qualité qu'il agit, il fe montroit toûjours le pere & le protecteur de la ville & du païs de Nantes.

C'eft l'opinion commune du diocefe, marquée même dans les leçons de l'office du Saint, que ce fut lui qui fit creufer le canal qui eft entre l'extrémité de la plaine de Mauve, & la pointe fuperieure des prairies de la Madelaine, & qui paffant le long de Richebourg, du château, & des murs de la ville, reçoit l'Erdre au-deffous du pont de la Saufaye, & va faire le port de la Foffe, un de plus beaux de l'Europe; & il faut avoüer que l'angle que fait le bras de la Loire au bout de la prairie de Mauve, où il tourne tout court à droit femble favorifer cette opinion. Quiconque pourtant lira Fortunat avec attention, ne pourra jamais fe perfuader, que ce foit d'un travail fur la riviere de Loire qu'il ait voulu loüer Felix; puifque rien de ce qu'il dit ne peut s'entendre du Canal dont il eft queftion.

Selon Fortunat, pour faire le nouveau lit de la riviere dont Felix détourna le cours, il fallut entreprendre deux chofes; couper plufieurs montagnes ou collines, & faire une digue élevée comme une montagne dans le vieux canal qui fut comblé. C'eft affurément ce qu'on ne peut pas dire du canal de la Loire qui baigne les murailles du château & de la ville de Nantes. On n'a qu'à ouvrir les yeux, pour voir qu'il n'y a point eu d'ancien lit de riviere rempli par des montagnes artificielles, & qu'il n'y a jamais eu de montagnes à couper, ni de collines à baiffer, pour faire un nouveau lit. Le canal qu'on prétend avoir été fait par Felix coule dans une prairie dont tous les bords font fort bas, & où il n'y a jamais eu de hauteurs; & ce canal eft fi large, qu'on ne peut douter, quand on y fait reflexion, qu'il ne foit naturel. Comment d'ailleurs la ville de Nantes auroit-elle pu fe former, fubfifter & s'accroître, fi le canal dont il s'agit n'avoit pas été dès le commencement proche de fes murs; puifque fans ce canal la ville feroit éloignée de plus d'un quart de lieuë du lit de ce fleuve? L'Erdre, qui pour lors étoit hors de la ville, n'eft point potable; ainfi les habitans qui n'ont ni fontaine, ni bons puits, auroient été dans la neceffité d'aller chercher de l'eau à plus d'un quart de lieuë. Qui pourra encore s'imaginer, que le port de Nantes fût à Pirmil, qui en eft éloigné de près d'une lieuë? Et fi l'on vouloit dire que le port étoit au bord du canal qui eft au-delà de la prairie de la Madelaine; comment les vaiffeaux & autres auroient pu aborder & décharger leurs marchandifes, en hiver, que toutes ces prairies font inondées? La ville de Nantes n'auroit jamais été où elle eft, fi le canal n'y avoit toûjours été. C'eft donc une erreur populaire, de croire que faint Felix ait fait faire le canal de la Loire qui joint Nantes, dont on ne peut entendre les vers de Fortunat, quelque fens qu'on leur veüille donner, & dont néanmoins Fortunat n'auroit pas oublié de parler, fi Felix avoit fait cet ouvrage, puifqu'il a tant exageré ce que ce faint Evêque fit faire pour détourner le Cours de la petite riviere de Ceil; car c'eft indubitablement d'elle qu'il faut entendre Fortunat, qui n'auroit pas manqué de parler des grands avantages & des commoditez que Nantes auroit reçûës, pour le commerce, & pour l'ufage de la vie, de cette nouvelle approche de la Loire, fi ç'avoit été l'ouvrage de Felix. Il fe borne à dire que Felix a trouvé le mo-

Ergis hinc vallem, fubdens ad concava montem; Et vice verfa, hæc tumet, illa jacet, &c.

7.
Juillet.

Quo rapi-dus flueret, veniens Celer amnis adhæsit ;

Et subito nato colle, retorsit iter.

yen d'élever une montagne, où la riviere couloit ; & de faire couler la riviere, où il y avoit des montagnes (ce qui n'eſt pas imaginable de la Loire) & nomme effectivement *Celer* la riviere dont il parle, terme qu'on a mal pris pour une épithete de cette riviere, au lieu que c'eſt ſon nom propre, en François le *Ceil*, d'où ont pris le nom du château de Chaſſeil, maiſon de plaiſance des Evêques de Nantes, & celui de la Ceilleraye qui eſt au deſſus.

Ce ſoin d'ouvrages publics pour la commodité & l'utilité des peuples, étoit le digne emploi d'un pere charitable dans le tems de la paix. Mais que ne fit-il point dans les fâcheux tems de la guerre, pour en éloigner les malheurs des frontieres de ſon dioceſe, & conſerver ſon troupeau dans l'abondance & la tranquillité ? De ſon tems le Roi Chilperic envoïa une armée contre Guerech II. Comte du païs de Vannes, jeune Prince audacieux & entreprenant, laquelle ſe retira ſans avoir rien fait, que quelques ravages ſur les terres de Guerech ; & Guerech, pour ſe vanger, entreprit à ſon tour de déſoler les frontieres de France voiſines de ſon païs, c'eſt à dire les dioceſes de Rennes & de Nantes. Un des Lieutenans du Roi revenu pour châtier cette inſolence, mit tout à feu & à ſang dans le païs Breton de Vannes ; & Guerech plus fier & plus irrité que devant, vint une ſeconde fois, avec ſes Bretons, dans les dioceſes de Rennes & de Nantes, où il fit un grand butin de captifs, de beſtiaux, de meubles, & y vandangea toutes les vignes, dont les Bretons emmenérent le vin chez eux. Ce fut dans ces occaſions, & non des priſes & repriſes de la ville de Nantes, que les Croniqueurs ont inventées ſans aucune apparence de vérité, & ſans aucune preuve, que ſaint Felix fit tout ce que la charité la plus genereuſe put inſpirer à ſon grand cœur pour le ſoulagement de ſon peuple ; où il n'épargna, ni ſes biens, pour reparer leurs pertes, ni ſes fatigues, pour courir de toutes parts conſoler les affligez ; ni ſes ſoins, pour retirer les captifs, ni ſon credit, pour empêcher la continuation des ravages. Il envoïa pour cet effet vers le Comte Guerech, qui, déférant plus aux prieres du Saint, qu'aux menaces du Roi, défendit à ſes troupes de courir & de piller le païs de Nantes, qui ne fut plus déſolé pendant le reſte de la vie de ſaint Felix, dont l'éloquence, à ce que dit Fortunat, deſarma ceux qu'un puiſſant Roi n'avoit pu domter par ſes forces militaires.

Inſidiatores removes, vigil arte Britannos.

Nullis arma valent quod tua lingua facit.

Juſqu'à préſent nous n'avons rien dit qu'à la gloire de Felix ; & dans ce que nous avons rapporté de lui, nous avons plûtôt modéré, qu'exageré les loüanges que Fortunat lui donne. Il faut à préſent le juſtifier des accuſations que l'on trouve contre lui dans les œuvres de Gregoire de Tours, où il eſt blâmé comme un calomniateur, & comme un homme d'une cupidité inſatiable & d'une vanité ſans pareille. S'il eſt vrai que le chapitre 5. du 5. livre de l'hiſtoire de Gregoire de Tours n'eſt point de lui, comme le P. le Cointe le prétend & le prouve, non plus que le chapitre 49. du même livre 5. & le 15. chapitre du 6. qui ne ſe trouvent effectivement point dans les manuſcrits de Beauvais, de Corbie, & de Metz, & qui ſont aſſurément plus indigne de la ſainteté de Gregoire de Tours, qu'injurieux à celle de Felix ; tout ce qu'on trouve d'odieux en ces endroits, ne doit retomber que ſur l'indigne corrupteur des écrits de Gregoire, qui y a inſeré ces fragmens, & beaucoup d'autres encore, qu'on a d'autant plus de ſujet de rejetter, que les Clercs de l'Egliſe de Tours ne font aucune mention, dans l'hiſtoire de ſa vie, des choſes dont il ſe plaint dans ces chapitres ſuppoſez. Mais independamment de cette corruption des écrits de Gregoire, & ſuppoſant même qu'il eſt veritablement auteur des chapitres dont il eſt queſtion, il eſt aiſé de montrer que Felix étoit beaucoup plus Saint, que ces endroits ne ſemblent le marquer, pourvû que l'on convienne que les grands Saints ſont hommes, & capables de pluſieurs foibleſſes pendant leur vie ; & que Dieu permet quelques fois, pour les entretenir dans l'humilité, qu'ils aïent des querelles & des diviſions, où la paſſion même a ſouvent un peu de part.

Gregoire, qui s'attachoit particulierement à la pauvreté & à la ſimplicité Evangelique, pouvoit deſapprouver en Felix la magnificence de ſa cathedrale, & des ornemens dont elle étoit enrichie ; au lieu que Felix eſtimoit qu'on ne pouvoit trop témoigner aux peuples par des manieres ſenſibles, que Dieu merite tous nos ſoins & tous nos biens, & qu'il eſt impoſſible d'exceder à parer ſon temple. C'eſt ainſi qu'il arrive ſouvent que les goûts differens de diverſes pratiques contraires, qui ſont également bonnes & ſaintes, quand on n'y cherche que Dieu, font que des Saints ſe condamnent reciproquement, parce que chacun d'eux juge du fond des choſes par le goût particulier de ſon eſprit. Mais au reſte cette diverſité même de pratiques & de ſentimens, contribuë à la beauté de l'Egliſe univerſelle, à qui cette varieté ſert d'un grand ornement. Gregoire de Tours, par un zéle de diſci-

SAINT FELIX.

pline Ecclesiastique, condamnoit Felix, pour avoir donné retraite à Riculfe, un de ses Prêtres, évadé de ses prisons, où il avoit beaucoup souffert ; & il est vrai qu'il l'avoit bien merité, pour avoir faussement accusé son Evêque d'un crime capital. Mais Felix, attendri des miseres de son frere, le reçut par charité. L'un & l'autre est loüable, & au fonds tous deux avoient raison, quoiqu'il se soit peutêtre glissé de part & d'autre un peu de ressentiment humain dans leur different ; ce qui toutesfois, paroît beaucoup plus du côté de Gregoire, si les chapitres où il en parle sont de lui ; que du côté de Felix, qui n'en a jamais parlé.

Mais après tout, Gregoire, dans les écrits qui sont indubitablement de lui, rend un témoignage si avantageux de l'éminente Sainteté de Felix, qu'il ne pouvoit lui faire une reparation plus glorieuse, quand il auroit été l'auteur de ces chapitres douteux ; ni condamner plus fortement celui qui a fait ces additions, si elles ne sont pas de lui. C'est dans l'histoire de la vie de saint Friard, où il raconte que ce saint Reclus se trouvant près de mourir, envoïa quelques-uns de ses disciples prier saint Felix son Evêque de le venir voir, parce qu'il ne vouloit pas sortir de ce monde, sans avoir reçû de lui le baiser de paix & la benediction ; que Felix, occupé d'affaires de consequence qu'il falloit terminer, n'aïant pu aller sitôt vers le Solitaire, lui fit dire, qu'il le supplioit de ne pas mourir, qu'il ne fût arrivé ; que saint Friard aïant entendu cette réponse, dit à ses Religieux : attendons donc à partir, que nôtre frere nous vienne voir ; & qu'il se leva dans le moment, sans fiévre, quoiqu'il l'eût très-forte auparavant ; qu'aussi-tôt que Felix fut venu, la fiévre qui avoit suspendu sa violence, reprit le saint Ermite, au moment que Felix l'embrassoit ; & qu'après qu'ils eurent passé l'un & l'autre toute la nuit à prier & à loüer ensemble le Seigneur, Friard mourut le matin. Sur quoi Gregoire fait cette reflexion : qu'il falloit que ce bon Solitaire fût d'un grand merite devant Dieu, pour être ainsi maître de vivre & de mourir ; & qu'il falloit aussi que l'Evêque Felix ne fût pas d'une sainteté mediocre, puisque Dieu avoit prolongé de cette sorte la vie de Friard, afin que ce solitaire & lui se pussent voir encore une fois. Ce peu de paroles, jointes au recit de ce miracle, ruïnent entierement tous les préjugez que les chapitres 5. & 49. du 5. livre de Gregoire, faux ou vrais, pourroient former contre la sainteté de Felix.

Il faut par consequent rejetter encore ce qu'on trouve au chapitre 15. du 6. livre de Gregoire, & qui n'est point dans les manuscrits de Corbie & de Metz, que Felix voulut resigner son Evêché à Burgondion son neveu, qui étoit très-indigne de la Prélature, & que Felix ne pouvoit faire ordonner, comme il le souhaitoit, sans violer les Canons ; comme aussi ce qui est au chapitre 16. du même livre 6. qu'indigné contre sa niece, de ce qu'elle avoit épousé clandestinement un Seigneur François nommé Pappolen, qui l'avoit enlevée de son consentement, il l'avoit fait consentir à une separation, après l'avoir trompée par des faussetez ; lui avoit fait changer d'habit, & l'avoit enfermée dans un monastere de filles de la ville de Bazas, d'où elle s'évada, après la mort de son oncle, pour se rejoindre à son époux, qui fut favorisé du Roi. Cette inclination toute charnelle pour un neveu sans merite, n'est point d'un Saint, tel que le vrai Gregoire vient de nous representer Felix, & un Prélat d'un *si grand merite* devant Dieu, n'étoit point capable des mensonges & des fourberies dont on l'a voulu charger.

Il faut pourtant s'arrêter, pour le fonds de l'histoire, faute de quelque chose de meilleur, à ce qui est dit dans ces chapitres supposez, du genre de mort de Felix, après avoir été frappé de la peste, qui fit de grands ravages en 582. il lui en resta une fiévre maligne, de laquelle il fut à la verité guéri ; mais elle lui laissa des pustules enflammées aux jambes, dont quelques medecins ignorans le voulant traiter, lui mirent des cataplâmes de cantharides. Mais ce remede augmenta ses maux, au lieu de le guérir, lui pourrit les jambes, & lui causa enfin la mort le 8. jour de Janvier, dans la soixante-dixiéme année de son âge, & la 33e. de son Episcopat. Ses Reliques & sa memoire sont en grande veneration dans son Eglise, où la fête de la translation de ses Reliques se solennise le 7. de Juillet, & où il y a une Chapelle dédiée sous son nom. Nunnechius son cousin fut son successeur, par ordre du Roi Chilperic. Le Pere Ferrarius Servite, dans son catalogue des Saints, met la fête de saint Felix au 7. de Juillet, & avertit dans les notes, que c'est le jour de la translation.

Sed nec illū infimi veor fuisse meriti, cujus adventu Dominus hujus sancti dilatare dignatus est diem. Greg. vitæ patr. cap. x.

SAINT FRIARD, Confesseur.

Et Saint Secondel, Confesseur.

VI. SIECLE.

Tiré de Gregoire de Tours, au chap. 10. de la vie des Peres.

FRIARD, Armoricain-Gaulois d'origine, nâquit, à ce que la tradition du païs porte, dans la paroisse de Besné assez près de Pont-château, dans le Duché de Coislin, au diocese de Nantes. Ses parens, qui n'étoient que de pauvres villageois, ne lui laissérent point d'autres biens, qu'une sainte éducation, une devotion sincere, une conscience droite, un désir ardent de se sauver, un zéle incroïable pour la pureté, & sur tout un grand amour de Dieu. Ils lui enseignérent à mettre en lui toute sa confiance, & à demander son secours en tout ce qu'il voudroit faire, ou qui pourroit lui arriver. Les leçons qu'ils lui donnérent là-dessus demeurérent si bien gravées dans son cœur, qu'il repetoit en toutes occasions cette courte priere : *Adjutorium nostrum in nomine Domini.* Nôtre secours est dans le nom de Dieu.

Son occupation ordinaire étoit de labourer la terre, & de travailler à la campagne pour gagner sa vie ; mais si son corps se courboit vers la terre dans ce penible travail, son esprit s'élevoit incessamment à Dieu, & il ne discontinuoit jamais de le loüer & de le prier interieurement. Il y trouvoit tant de douceur, & l'attrait de la grace qui produisoit en lui ces mouvemens étoit si continuel, qu'il étoit devenu incapable des conversations ordinaires des gens de sa sorte, lesquels, à cause de cela, se mocquoient de lui comme d'un homme stupide & insensé, après, sur tout, qu'ils eurent sçû, qu'au lieu de prendre du repos pendant la nuit, il en passoit la plus grande partie à veiller & à prier.

Un jour une troupe de ces gens grossiers recueillant la moisson, firent lever un essain de grosses guêpes, qui les piquérent & les poursuivirent si vivement, qu'ils furent contraints de quitter la place & de s'enfuir. Ils apperçurent alors Friard, qui ne s'étoit point trouvé avec cette occasion avec eux. Ils dirent, pour se mocquer de ses manieres : « voici nôtre faiseur de signes de « croix, qui marmotte sans cesse on ne sçait « quelles paroles entre les dens ; il faut voir « s'il pourra charmer les guêpes, ou si sa « peau sera à l'épreuve de leurs aiguillons ; « il faut qu'il aille achever nôtre besongne. »

Friard s'appercevant bien que leurs railleries étoient plus injurieuses à Dieu, qu'à lui ; & que c'étoit moins à sa personne, qu'à la pieté même, que ces mocqueurs faisoient insulte, se prosterna incontinent à genoux, pria, fit le signe de la croix, en disant à son ordinaire : *Adjutorium nostrum in nomine Domini*, & n'eut pas plûtôt prononcé ces paroles, que les guêpes s'enfoncérent dans leur trou, & lui laissérent la liberté de moissonner en paix.

Une autrefois qu'il étoit au faîte d'un arbre qu'il émondoit, la branche sur laquelle il avoit le pied se rompit. Il fit au moment sa priere accoûtumée, & coula si doucement de branche en branche, qu'il ne se fit aucun mal ; dont il fut lui-même surpris. Cet accident lui fit faire une reflexion plus particuliere aux obligations qu'il avoit à celui qui l'avoit secouru. « Que fais je ? dit-« il, & pourquoi differer davantage à me « consacrer uniquement au service de ce Sei-« gneur dont le secours m'est toûjours si « présent & si favorable ? » Il prit au même instant la résolution d'abandonner sa maison & ses parens, pour se dévoüer tout entier à Dieu.

Ce ne sont pas toûjours ceux qui quittent de plus grandes fortunes, qui quittent le plus ; & souvent celui qui n'a presque rien dont il se puisse dépoüiller, peut dire avec plus de verité, qu'il se défait de tout, que celui qui abandonne de grands biens. Ce fut ainsi que le pauvre Friard abandonnant le monde, ne laissa pas de faire un grand sacrifice, quoiqu'il fût peutêtre sans bien, puisqu'il renonça même au désir d'en avoir. Il alla se consacrer à Dieu dans la solitude, avec un Abbé nommé Sabaudus, auparavant Officier du Roi Clotaire, & un Diacre nommé Secondellus ; & vraisemblablement Friard ne fut d'abord reçu dans la compagnie des deux autres, que pour les servir.

Ils se retirérent tous trois dans une isle de la riviere de Loire appellée Windunet, où ils bâtirent chacun une pauvre cellule, & y vécurent dans les rigueurs d'une pénitence presque incroïable, & dans une application continuelle à Dieu. L'Abbé Sabaubus ne put resister long-tems à de si grandes austeritez, & quitta la partie, pour retourner dans son monastere. Friard & Secondel eurent plus de perseverance, & se firent une loi de ne sortir jamais de leur isle. C'a été cette loi qui a porté Gregoire de Tours à nommer saint Friard *Reclus*, car d'ailleurs il n'étoit pas enfermé dans sa cellule. Il fut le seul qui garda inviolablement la résolution de ne point sortir de l'isle.

Secondel se laissa seduire par une illusion specieuse, qui fut le desir d'aller instruire les peuples de la campagne; en quoi il y avoit plus de simplicité que de malice, puisqu'il fit plusieurs miracles dans ces courses. Revenu avec quelque sorte de satisfaction, à cause des miracles qu'il avoit faits, il fut corrigé de sa faute par S. Friard, qui la lui fit remarquer. Il en fit pénitence, & évita par ce moïen le piége que le démon tendoit à sa fidélité. Il mourut quelques années après, entre les bras de son cher confrere, qui lui rendit en cette occasion tous les bons offices qu'il pouvoit attendre de sa charité, & l'enterra dans l'oratoire de leur isle.

Saint Friard ne demeura pas néanmoins seul dans cette solitude: plusieurs disciples y vinrent apprendre de lui le chemin assuré de la perfection; car l'onction du S. Esprit, & son application continuelle à Dieu, l'avoient rendu un excellent maître de la vie spirituelle. Voici une de ses actions qui est fort instructive. Voïant qu'un bâton sec qu'il avoit planté en terre, avoit reverdi, & portoit des fruits, il le coupa & le fit brûler, pour retrancher cette occasion de vaine gloire, dès qu'il sçut que les peuples venoient par curiosité voir cet arbre & ces fruits miraculeux; action bien plus estimable, que le miracle qu'on admiroit tant.

Saint Felix son Evêque, par la permission duquel il avoit embrassé la profession Eremitique, & qui fournissoit charitablement à ses besoins, fit tant d'estime de ce saint homme, qu'il souffrit que Friard ne l'appellât que son frere, quoique le caractere Episcopal lui donnât la qualité de pere & de superieur à son égard. Nous avons déja vû dans la vie de saint Felix comme S. Friard termina sa bienheureuse vie. Celui-ci se trouvant près de sa fin envoïa supplier Felix de le venir voir, parce qu'il ne vouloit pas mourir sans avoir reçu le baiser de paix & la benediction de son Prélat. Felix, occupé alors à des affaires de consequence qu'il ne pouvoit remettre, fit dire au saint Ermite, qu'il le prioit d'attendre, & de ne pas mourir, qu'il ne l'eût vû. Differons donc nôtre départ, dit alors le saint homme, en soûriant, jusqu'à ce que nôtre frere soit venu nous voir. Il se leva, dans le moment, sans fiévre, & presque sans maladie; mais Felix ne fut pas plûtôt venu, que le mal, qui n'étoit que suspendu, recommença d'exercer sa violence sur le patient, qui expira le dimanche matin 1. jour d'Aoust, après avoir passé la nuit précedente toute entiere à loüer & benir Dieu avec le saint Evêque de Nantes. Une admirable odeur, à ce que dit Gregoire de Tours, qui pouvoit l'avoir appris de saint Felix même, remplit à l'instant la pauvre cellule de Friard, & embauma tous les assistans. Felix, plus joïeux de la gloire de son frere, qu'affligé de sa mort, l'enterra dans l'oratoire de son Ermitage; car il n'y a nulle apparence à ce que dit le P. Albert le Grand, que ce fût à Besné que S. Friard fut inhumé, puisque cette paroisse est éloignée de plus de trois lieües du rivage de la Loire. Les Reliques de saint Secondel sont dans l'Eglise paroissiale de Besné, qui en fait la fête, comme de l'un de ses patrons, le 29. d'Avril; & celles de saint Friard sont, en partie à Besné, & en partie dans l'Eglise cathedrale de Nantes. Il est patron de la paroisse de Besné. L'Eglise de Nantes fait l'office de S. Friard le 2. du mois d'Aoust, à cause que le premier jour de ce mois est occupé de la fête de saint Pierre aux liens; & joint S. Secondel à S. Friard.

1.
AOUST.
29.
AVRIL.

SAINT BUDOC,
Evêque & Confesseur.

19.
NOVEMB.
8.
DECEMB.

VII. SIECLE.

ON trouve dans la chronique de saint Brieuc, & dans quelques vieux Breviaires une Legende de saint Budoc successeur de saint Magloire, si romanesque & si ridicule, qu'on ne peut rien lire de plus extravagant. Ce que nous avons rapporté des actes de saint Magloire, que Budoc fut élevé dès son enfance dans le monastere de Dol, détruit efficacement toutes ces visions; & il paroît, par l'affectation des qualitez des Rois de Goello & de Brest, mentionnez dans cette ridicule Legende, & par le nom de l'Abbaïe de Beauport en Irlande, aussi placé mal à-propos dans le même ouvrage, que ce n'a été que depuis la fondation de l'Abbaïe de Beauport en Goello, qu'on a fabriqué cette impertinente piece, dans laquelle on ne croit pas qu'il y ait rien de vrai.

Selon toutes les apparences, Budoc étoit du voisinage de Dol, & le choix qu'en fit saint Magloire pour son successeur, est une grande marque de sa sainteté. Ce qu'il dit à ce Saint, pour le détourner d'abandonner le païs, comme nous l'avons marqué dans la vie de saint Magloire, est une preuve de son zéle pour le bien de son troupeau, & montre bien qu'il étoit très-éloigné d'avoir des sentimens de jalousie, si dangereux & si ordinaires en pareille occasion, aux personnes même vertueuses. La défe-

19.
NOVEMB.
8.
DECEMB.

ference enfin qu'eut saint Magloire pour l'avis que Budoc lui donna, nous doit persuader que ce saint vieillard avoit pour le moins autant d'estime, que d'amitié pour lui. On ne sçait rien de certain du reste de sa vie. On trouve pourtant dans un vieux fragment de la chronique de Baldric, que saint Budoc fit un voïage à Jerusalem, & qu'il en rapporta quelques Reliques, qui furent transportées avec le corps de Samson, & sont restées, en partie, dans la ville d'Orleans dans la chapelle de ce Saint. La fête de saint Budoc se celebre le 9. de Decembre au diocese de Leon, & l'on prétend qu'il y a de ses Reliques dans la paroisse de Ploë-rin ou Plourin. Cependant l'ancien Breviaire de l'Eglise de Leon marque sa fête au 18. de Novembre, avec office de neuf leçons. Le Breviaire de Dol de l'an 1519. met la fête de saint Budoc au 8. de Decembre, avec office de neuf leçons, mais on le transfere au jour suivant, à cause que le 8. est occupé de la fête de la Conception de la sainte Vierge.

que cela est tiré du calendrier des Scots, ou d'Irlande, où il est dit que saint Similien étoit né en Hibernie, & avoit été Abbé du monastere de Taurac où Caurac ; ce qui ne peut convenir à saint Similien de Nantes, que Gregoire de Tours qualifié Evêque. Arnold Wion a fait la même faute que Ferrarius, quoiqu'il eût devant les yeux le passage de Tritheme, au chapitre 42. du 3. livre des hommes illustres de l'ordre de S. Benoît, où ce sçavant Abbé parlant de S. Similien, dit qu'il a été Abbé de Caurac, & maître de saint Ethbin, sans ajoûter que saint Similien ait été Evêque. En effet l'Evêque saint Similien, ou Sambin, aïant vécu long-tems avant le Roi Cloüis I. selon Gregoire de Tours, ne peut pas être confondu avec l'Abbé saint Similien, dont le disciple saint Ethbin a vécu du tems de saint Samson, & étoit encore jeune en 560. Le P. Albert le Grand n'a point confondu les deux saints Similiens, & a fort bien distingué l'Evêque de Nantes d'avec l'Abbé de Taurac.

16.
JUIN.

SAINT SIMILIEN, Abbé.

VII. SIECLE.

UN des premiers monasteres de la filiation de celui de Dol, fut sans doute celui de Taurac, que l'on croit, avec beaucoup de raison, qui n'étoit pas fort éloigné de cette ville. Saint Similien en fut le premier Superieur, & l'on ne peut douter, sans injustice, qu'il ne fût un grand Saint, quoiqu'on ne connoisse son merite, que par ce préjugé general, que saint Samson, qui avoit le don du discernement des esprits, ne l'auroit pas mis à la tête d'une sainte communauté, s'il ne l'avoit jugé très-propre à gouverner ses Religieux, à les instruire par ses discours, & à les édifier par ses exemples. Ce choix de saint Samson est l'éloge de Similien, & il l'est d'autant plus avantageusement pour sa gloire, qu'on sçait par les actes de saint Ethbin, qu'il y avoit des Religieux très-saints & très-parfaits dans cette maison, que le Saint Evêque Samson n'auroit pas manqué de lui préferer, s'il n'avoit pas encore plus d'estime pour saint Similien, que pour tous les Religieux qui demeuroient sous lui. Philippe Ferrarius dans son nouveau catalogue des Saints, semble avoir confondu saint Similien Abbé, avec saint Similien Evêque de Nantes, au 16. de Juin ; & dans les notes, il dit

SAINT ETHBIN, Confesseur.
Et le Bienheureux Guignolé le jeune, Confesseur.

VII. SIECLE.

SAINT Ethbin étoit fils d'un Seigneur Breton nommé Encius[a], Eucius, ou Eutychius.[b] Il fut élevé & instruit avec beaucoup de soin jusqu'à l'âge de quinze ans dans la maison de son pere. Sa sainte mere, nommée Eula, demeurée veuve, ne voulut plus être divisée dans ses affections ; elle ne pensa selon le conseil de l'Apôtre, qu'à plaire à Dieu seul, & à tourner désormais son esprit & son cœur, ses désirs & ses soins, à le servir uniquement. Elle vint, pour cet effet, trouver S. Samson ; d'où l'on infere qu'elle demeuroit au voisinage de Dol, & que saint Ethbin nâquit dans ce canton de Bretagne. Cette pieuse Dame supplia très-humblement le saint Evêque de lui donner le voile, selon l'usage de ce tems-là ; ce qui lui fut accordé. Mais son Sacrifice ne se borna pas à sa seule personne. A l'imitation d'Anne mere de Samuel, elle offrit en même tems son fils à Dieu pour le ministere de l'Eglise, & Samson acceptant avec joïe cette innocente victime, lui confera la tonsure, & prit Ethbin en sa maison, pour l'instruire & pour le former.

Ethbin

Ethbin vêcut quelque tems dans le monastere de Dol, profitant beaucoup des instructions de ce saint Prélat, & n'aspirant, à son exemple, qu'à se sanctifier de jour en jour ; jusqu'à ce qu'entendant une fois le Diacre Baumer chanter à la Messe ces paroles de J. Christ dans l'Evangile : *quiconque ne renonce pas à tout ce qu'il possede, ne peut être mon disciple* ; il prit la résolution de se faire Religieux. Il en demanda la permission à saint Samson, qui l'affermit dans son dessein, & choisit entre tous ses disciples S. Similien pour le lui confier. Ethbin, que saint Samson avoit déja ordonné Diacre, prit l'habit à Taurac vers l'an 554. & eut l'avantage d'y trouver un saint Prêtre nommé Guignolé, de même nom que le saint Abbé de Landevenec dont nous avons parlé, mais fort different de lui, lequel conçut beaucoup d'estime & d'amitié pour Ethbin. Guignolé alloit regulierement trois fois la semaine dire la Messe, par le commandement de l'Abbé, dans une chapelle distante d'environ demie lieuë du monastere. Ethbin l'y accompagnoit ordinairement. On dit qu'un jour, revenant ensemble de cette devotion, ils trouverent sur leur chemin un lépreux tout couvert d'ulceres horribles, qui les pria de le secourir. Quand ils lui eurent rendu le service qu'il demandoit d'eux, le lépreux prétendu, qui n'étoit autre que J. C. parut dans un instant s'échaper & s'élever au Ciel, brillant de lumiere. Il leur donna sa benediction, & leur promit de grandes recompenses ; ce qui redoubla la ferveur de leur zéle, & les combla de joïe. Cette admirable apparition, qui est tout-à-fait du goût des anciens Legendaires, a semblé si belle à ceux qui ont composé la vie de saint Guignolé premier Abbé de Landevenec, qu'ils ont cru pouvoir la lui attribuer, en changeant S. Ethbin de Taurac, en saint Ydunet de Château lin, pour confondre les deux Guignolez, & n'en faire qu'un, quoiqu'il n'y ait aucun rapport entr'eux, excepté le nom. Ethbin & son compagnon continuérent, depuis cette rencontre, leur pelerinage ordinaire avec plus de pieté que jamais, jusqu'à ce que les François désolant la province vers l'an 560. renverserent cette chapelle, & ruinérent en partie l'Abbaïe de Taurac.

On ne dit point ce que devint le B. Guignolé. Tout ce que l'on en sçait, est qu'il mourut au monastere de Taurac, ou Caurac ; ce qui fait connoître que cette maison fut rétablie après la retraite des François. Pour saint Ethbin, il prit occasion de la dispersion des Religieux qui arriva pour lors, & se retira dans quelque solitude qui nous est inconnuë, où il passa plus de trente ans ; après quoi il alla en Irlande, où il bâtit une Eglise en l'honneur de S. Silvain martyr, auprès de laquelle il se fit une petite hutte, où il demeura vingt ans, au milieu d'une forêt appellée Necth. Dieu y fit connoître son merite par de frequens miracles. On parle, entr'autres, d'un enfant paralitique que sa mere affligée avoit porté au tombeau de la vierge S^{te}. Brigide d'Irlande morte dès l'an 522. où elle avoit eu revelation que son fils ne seroit guéri que par le saint Ermite de la forêt de Necth. Elle y vint chercher Ethbin, qui pria pour son fils, & le lui rendit en parfaite santé.

L'abstinence de ce Saint étoit si grande, qu'il ne mangeoit que deux fois la semaine, le Dimanche & le Jeudi, & qu'il ne mangeoit, ces jours là, qu'un peu de mauvais pain, & ne buvoit que de l'eau. Cette grande rigueur de vie ne l'empêcha pas néanmoins de parvenir à une grande vieillesse, puisqu'il ne mourut qu'à l'âge de 83. ans. Aïant eu revelation de sa mort, & connoissant, par la violence de la fiévre qui le surprit, que la fin de ses jours étoit fort proche, il convoqua plusieurs vertueux solitaires qui demeuroient dans la même forêt ; & les aïant exhortez à la perseverance, il les pria de l'enterrer dans son oratoire, au côté droit de l'Autel, & de faire dire au même lieu plusieurs Messes pour le repos de son ame. Il s'y fit même porter, quoiqu'il fût à l'agonie, & à peine étoit-il au pied des marches du Sanctuaire, qu'il rendit l'ame à Dieu le 19. jour d'Octobre de l'an 613. ou environ. Il fut enterré dans le lieu qu'il avoit marqué, & il s'y fit depuis plusieurs miracles. Le Martyrologe Romain fait mention de saint Ethbin au 19. d'Octobre ; & Tritheme au chapitre 54. du 3e. livre des hommes illustres de l'ordre de S. Benoît, dit qu'il a vécu en 610.

SAINT MARTIN de Vertou, Abbé.

VII. SIECLE.

SAINT Martin étoit issu d'une des plus illustres & des plus riches familles de la ville de Nantes. Pour parler juste, il faut avoüer qu'on ignore le tems de sa naissance, aussi-bien que celui de sa mort ; & tout ce qu'on sçait de certain, pour regler l'un & l'autre, c'est qu'il fut fait Diacre par saint Felix, qui gouverna l'Evêché depuis environ l'an 550. jusqu'en 583. & qu'il pa-

24.
Octob.

roît qu'il vécut encore long-tems depuis. Martin avoit fait de très-heureux progrès dans les études, fur tout dans celle de l'Ecriture Sainte, avant que d'être fait Diacre; & comme il avoit du talent pour la prédication, il fut d'abord emploïé à ce ministere Apostolique. Il honora cette grande fonction par une sainteté de mœurs qui répondoit à celle de sa doctrine, de sorte que son Evêque, qui connoissoit ce qu'on pouvoit se promettre de lui, crut devoir le faire travailler à la conversion des infidéles, qui restoient encore dans le voisinage de Nantes, où s'étoient établies depuis long-tems plusieurs familles païennes de nations différentes, qui habitoient le païs d'au-delà de la Loire, qui étoit de la province d'Aquitaine & du diocese de Poitiers, trop éloigné de la ville Episcopale d'où il dépendoit, pour profiter des soins qu'il eût été nécessaire que les pasteurs naturels eussent donnez à ce peuple idolâtre.

On dit donc, qu'au-lieu même où se voit à présent le Lac de Grand-lieu, les anciens Nantois avoient bâti une ville, qu'ils avoient nommée Herbadille, ou Herbauges, à cause de la grande quantité d'herbes marécageuses que produisoit le fond; & que ce fut en ce lieu, que la situation rendoit très-fort & presque inaccessible, qu'ils se refugiérent lorsque Jules Cesar, après avoir châtié la revolte de ceux de Vannes, fit raser la partie meridionale de la ville de Nantes, qui pour lors étoit, à ce qu'on prétend faussement, au-delà de la Sévre, au lieu qu'on nomme pour cela Razé, ou Rezé. On ajoûte à cela, que ces anciens Nantois s'étant beaucoup multipliez dans leur nouvel établissement, leur ville devint si grande, si riche, & si peuplée, qu'elle étoit une des plus florissantes des Gaules, & que l'abondance de toutes sortes de biens que le commerce de la riviere de Loire y apportoit, en rendit les habitans orgueilleux, insolens, débauchez, & par conséquent fort éloignez de la Religion Chrétienne. On dit encore, qu'on adoroit à Herbauges une statuë de Jupiter toute d'or, & que les idoles de Mercure, de Diane, de Venus, d'Hercule & de Mars, y étoient aussi reverées avec beaucoup de superstition, sans qu'on eût jamais pu faire connoître la verité à ce peuple, qui avoit conçu tant d'aversion & de mépris pour l'Evangile, qu'il n'en vouloit pas même recevoir les prédicateurs, ni avoir aucune societé avec ceux qui en faisoient profession; de sorte qu'ils ne venoient même jamais à la ville de Nantes.

Ce fut, à ce que l'on raconte, où saint Felix dont le zéle s'étendoit au-delà des bornes de son diocese, envoïa son Diacre S. Martin, persuadé que personne n'étoit plus propre à cette mission, & que s'il n'y réüssissoit pas, on pourroit croire désormais que le salut de la ville d'Herbauges seroit desesperé. Saint Martin, continuë-t-on, se mit aussi-tôt en devoir d'obéïr; & quelque sujet qu'il eût de croire qu'il ne feroit aucun fruit, quelques travaux qu'il prévit pour lui, quelques persecutions qu'on lui pronostiquât, il s'embarqua sur la Loire, descendit jusqu'au lieu où la riviere de Tenu se décharge dans ce fleuve, & la remontant, il arriva par la bouche de la Bologne dans la ville d'Herbauges, où personne ne voulut le recevoir, qu'un pauvre homme nommé Romain, chez qui il demeura pendant tout le tems qu'il fut dans cette ville.

Oc

Ce fut inutilement, à ce que porte la fable, qu'il y prêcha pendant plusieurs mois les grandes veritez de la Religion Chrétienne; ce peuple impie & voluptueux ne les voulut point croire. En vain Martin ménaça ces pecheurs obstinez, des jugemens de Dieu qu'ils continuoient d'irriter par leurs abominations & par leur endurcissement; on se mocqua de tous ces discours, comme de folles visions & de blasphêmes impies; on le méprisa, on le maltraita; & il ne put jamais convertir qui que ce fût, que son hôte & la femme de son hôte, à qui Dieu ouvrit misericordieusement les oreilles du cœur, comme pour les recompenser de leur charitable hôpitalité.

S. Martin, continuë-t-on, infiniment affligé du peu de fruit de ses prédications, pensoit serieusement à quitter cette ville, pour retourner à Nantes; & rien ne l'empêchoit d'en prendre la derniere résolution, que la crainte qu'il avoit que l'amour propre n'eût quelque part à son chagrin, & que son indignation ne fût l'effet d'un zéle trop impatient & trop précipité. Ne sçachant, dans cette agitation de pensées, à quoi se déterminer, il tomba dans un grand abbatement. Enfin une voix du ciel l'avertit de se retirer au plûtôt de la ville d'Herbauges, dont les habitans avoient comblé la mesure de leurs iniquitez; & que le tems de sa destruction étoit arrivé. Martin comprit à ces paroles, qu'il n'y avoit point de tems à perdre, & tirant son hôte & son hôtesse, avec quelque violence, de cette nouvelle Sodome, il leur donna le même avis que les Anges donnérent à la famille de Loth en pareille occasion. A peine étoient-ils tous trois à quelque distance de la ville, que le Saint, suivant trop son ressentiment, leva les mains & les yeux au ciel, pour prier

4.
TOB.

Dieu qu'il lui plût de ne différer pas davantage le châtiment des rebelles, & de leur faire enfin souffrir la juste punition qu'ils meritoient ; & dans le moment même, comme si Dieu n'eût attendu que le suffrage de son serviteur, pour l'execution de l'Arrest, la ville d'Herbauges fut abîmée tout d'un coup, & une prodigieuse quantité d'eau sortant des entrailles de la terre, couvrit la ville, & noïa tous les habitans.

Voilà comme on raconte la fable, à laquelle on ajoûte, pour la rendre plus conforme à l'histoire de la ruïne de Sodome, que la femme de Romain n'aïant pu s'empêcher de tourner la tête, lorsqu'elle entendit le fracas que fit l'écroullement subit des maisons & des temples, fut changée, au même instant, en une statuë de pierre. Enfin, comme si ce prodigieux évenement ne suffisoit pas seul pour relever assez la gloire & le pouvoir miraculeux de saint Martin, un des Legendaires ajoûte, dans un livre de ses miracles composé depuis celui de sa vie, qu'il a fait abîmer bien d'autres villes & villages, pour de pareils crimes, & qu'entr'autres une grande ville nommée Sarlebie est devenuë de même un grand lac qui porte le même nom, & est le tombeau liquide de tous les habitans, qui, comme ceux d'Herbauges, méprisérent insolemment les saintes prédications de Martin.

Quand on n'auroit point d'autres raisons, pour rejetter ce recit, que l'affectation étudiée d'orner la fable des mêmes circonstances que la Sainte Ecriture rapporte dans l'histoire terrible de la ruïne de Sodome & des autres villes consumées par le feu du ciel ; c'en seroit assez pour convaincre que le conte de la submersion d'Herbauges n'est qu'une pure fiction faite à plaisir sur ce Divin original ; & il est même aisé de reconnoître, que le premier qui s'est mêlé de l'écrire, l'a fait sans jugement, puisqu'après avoir dit que saint Martin entreprit le voïage de Rome, pour faire pénitence de la faute qu'il croïoit avoir commise, en demandant à Dieu la punition de cette miserable ville ; il écrit ailleurs que Martin en a depuis bien fait submerger d'autres ailleurs ; ce qui signifie que depuis sa pénitence il est souvent retombé dans la même faute.

Mais on prouve bien plus efficacement la fausseté de cette chimere, par les reflexions qui suivent. Premièrement, excepté les Legendaires, qui n'ont écrit que depuis les courses des Normans, aucun auteur n'a fait mention d'une ville nommée Herbadille ou Herbauges, qu'on suppose pourtant avoir été si grande & si florissante. Cesar,

qui a écrit très-exactement le détail de ses expeditions, n'a point parlé de cette prétenduë moitié de la ville de Nantes située dans une province differente de celle où auroit été l'autre moitié. Il n'a point dit qu'il ait fait raser cette partie de Nantes ; expedition d'où l'on tire sottement l'étymologie de Rezay. Enfin ce conquerant de toutes les Gaules n'auroit pas laissé un si grand nombre de rebelles se cantonner & former une Republique au milieu des terres de l'Empire. L'étymologie d'Herbauges est aussi ridicule que celle de Rezay. Ce ne sont point les *herbes* qui ont donné l'origine au nom d'Herbauges, ç'a été la mauvaise prononciation & la corruption de celui d'*Arbatilicum* qui se trouve dans Gregoire de Tours aux endroits où il parle de ce canton. Il vivoit du tems que l'on dit que la ville d'Herbauges fut abîmée, & cependant, lui qui ramassoit si curieusement tous les évenemens merveilleux de son tems, n'a jamais parlé de cette ville ni de sa ruïne ; il ne parle d'*Arbatilicum* que comme d'une contrée de Poitou dans laquelle étoit situé le bourg qu'il nomme *Becciacum*, que nous croïons être le bourg de Boüay assez près du lac de Grand lieu ; &, ce qui est à remarquer, il ne fait mention de ce païs, que pour rapporter un miracle qui y étoit arrivé. La submersion d'une grande ville, arrivée au même lieu, & de son tems, eût bien été un autre miracle digne de son attention. Il n'est pas le seul qui parle d'Herbauges, non comme d'une ville, mais comme d'un canton de païs. L'auteur de la vie de saint Alain, cité par Mr. du Chêne ; Ademar dans sa chronique ; l'histoire de la translation de saint Philbert, de l'isle de Herio, au monastere de Deas par Ermentaire ; la permission accordée par l'Empereur Loüis le Débonnaire à l'Abbé Arnoul demeurant au monastere de Deas ; le Cartulaire de l'Abbaïe de saint Cyprien de Poitiers ; en un mot, tous ceux qui ont fait mention d'Herbauges, n'en ont jamais parlé que comme d'une contrée. On doit ajoûter à cela, que Fortunat, qui vivoit au même tems qu'on suppose que cette ville subsistoit encore, & qui a cherché toutes les occasions imaginables de loüer S. Felix, n'a pas dit un mot de la submersion de cette ville, accident cependant qui eût fourni une belle matiere d'éloge pour celui par les ordres duquel saint Martin auroit été envoïé annoncer l'Evangile à cette ville si florissante. Nous devons considerer aussi, que rien n'est plus contraire à l'esprit de J. C. & à la conduite que sa grace inspire à ses veritables disciples, que des mouvemens de

24.
OCTOB.

De gloria mart. c. 90.

To. 1 p. 657. Besly p. 178.

Voïez le P. Mabillon siécle IV. partie 1. p. 538.

Besly p. 402

R ij

24.
Oct b.

vengeance contre ceux qui ne veulent pas se soumettre à l'Evangile ; & nous devons rejetter comme des fables, tous les miracles qu'on attribuë à des mouvemens de colere ou de reſſentiment. Enfin, pour peu que l'on conſidere la ſituation du lac de Grand-lieu & des marais qui l'entourent, la profondeur de la riviere de Bedoigne, ou Boulogne, qui y entraîne avec elle les eaux de la Loigne, & toute la diſpoſition du païs, on verra bien qu'il n'y a rien que de naturel dans ce grand amas d'eaux. On ne nie pas qu'il ne ſe puiſſe faire, par des voïes qui n'ont rien de miraculeux, que quelque montagne, ou quelque piece de terre s'abîme, & que des eaux rempliſſent les lieux que les terres occupoient ; & il n'eſt pas même fort difficile d'en rendre raiſon. Outre les exemples anciens, on en a pluſieurs nouveaux, qu'il eſt inutile de rapporter ici. Ce n'eſt donc pas tant par l'impoſſibilité abſoluë du fait, qu'on en nie l'évenement, qu'à cauſe du peu d'apparence de l'hiſtoire, de ſon oppoſition à l'eſprit de l'Evangile, du tort que ce recit fait à la veritable gloire de ſaint Martin, & du manque de preuves, ſans quoi l'hiſtoire même n'a pas plus d'autorité que la fable. Car on compte pour rien les oüi-dire du peuple, qui ne craint pas d'aſſurer qu'on a quelquefois pêché dans le lac de Grand-lieu des meubles & du bois de charpente. Et ſuppoſé même que cela fût vrai ; pourquoi recourir à des ruïnes d'onze cens ans, pendant qu'il ſe peut faire tous les jours, que les rivieres de Lognon, de l'Iſſoire, de la Bologne & de la Loigne, qui s'y rendent, y entraînent quelque morceau de charpente enlevé ſur leur bords dans leurs inondations, ou que quelques ruïnes de moulins renverſez par la violence de leur cours, y aïent été roûlées ?

Après avoir ainſi rejetté la fable de la ſubmerſion d'Herbauges, c'eſt une conſequence preſque neceſſaire de rejetter auſſi la reſolution que l'on fait prendre à S. Martin de courir par toute l'Europe, pour expier par la fatigue d'une marche continuelle, & par les incommoditez d'un pelerinage ſans ſoulagement, le peché qu'il croïoit avoir commis, en demandant à Dieu qu'il avançât le châtiment d'Herbauges ; ce qui avoit cauſé la perte éternelle d'une infinité d'ames. Le ſecond des Legendaires de ſaint Martin, qui a fait pluſieurs additions & corrections au texte du premier, ne fait aucune mention de ces courſes, quoiqu'il parle auſſi de la pénitence de ſaint Martin, l'effet principal de laquelle fut, ſelon lui, de le confiner dans un déſert, pour y vivre dans toutes les auſteritez les plus effraïantes

Voïez Childrey hiſt. naturelle d'Angleterre.
Et délices d'Angl. to. 4. p. 755. & to. 7. p 1151. & lettres de la mere de l'Incarnatiō. Lettre 65.

de la vie Eremitique. On a donc tout ſujet de croire que ces voïages par toute l'Europe ſont fabuleux ; & l'on oſe dire, que quand même on ſeroit perſuadé de la ruïne d'Herbauges, on devroit encore retrancher de la vie du Saint, à l'exemple de ſon ſecond Legendaire, ces courſes peu édifiantes. A plus forte raiſon, quand on voit que le motif qu'on dit en avoir été le principe, eſt fabuleux, & qu'on lui donne pour compagnon de voïage un ſaint Maximin, depuis Evêque de Treves, qui vivoit 250. ans avant lui.

On doit, par conſequent, retrancher encore de ſes actes les grands & magnifiques ouvrages auſquels on l'occupe pendant le tems de ſes courſes, qui ne s'accordent nullement avec la vie ſauvage qu'on dit qu'il menoit dans les plus affreuſes retraites, ni avec des voïages ſans repos & ſans fin ; raſer des montagnes, applanir des rochers eſcarpez, combler des vallées inacceſſibles, bâtir des ponts ſuperbes ſur de grandes rivieres, mettre à ſec des marais, faire ſourdre des fontaines dans tous les endroits des chemins de Rome où l'on pouvoit en avoir beſoin ; tout cela avec tant d'éclat, qu'on n'a pas craint d'aſſurer que toutes les nations de l'Europe, François, Eſpagnols, Gots, Bourguignons, Bretons, Ecoſſois, Saxons, Allemans, & pluſieurs autres peuples, avoüoient qu'ils lui avoient de très-grandes obligations, de leur avoir ainſi applani & rendu commodes les chemins de chez eux aux tombeaux des Saints Apôtres, où ils ne pouvoient aller auparavant qu'avec de très-grandes difficultez.

Une conjecture raiſonnable ſur tous ces voïages, eſt, que pluſieurs Saints du nom de Martin ont vêcu preſque dans le même tems, ou avant même celui de Vertou ; l'un deſquels a été grand voïageur, c'eſt à ſçavoir celui qui fonda le monaſtere de Dumes près de Bragues en Portugal. Un autre a demeuré avant S. Benoît au mont Caſſin, le lui ceda, & ſe retira dans une grotte du mont Marſique, où il fit ſortir une ſource d'eau vive de ſon rocher. Un troiſiéme enfin fut diſciple de ſaint Martin de Tours, & vint à Saintes fonder un monaſtere. Il y a de l'apparence que les auteurs des actes de ſaint Martin de Vertou, qui n'ont écrit qu'après les ravages des Normans, & qui ne marquent point qu'ils aïent vû d'actes plus anciens, ont pris à tort & à travers dans les actes des autres Saints du même nom, & ſur tout dans ceux de ſaint Martin de Dumes, ce qu'ils ont jugé de plus propre à relever la gloire de leur Saint, & ont couſu toutes ces differentes

24.
Oct.

580. Iſid. de ris illuſt.

Act. Be to. 1. p. & 186. Greg. de gloria c. 57.

pieces, & les contes que l'on faisoit, avec ce que l'on sçavoit de certain de saint Martin de Vertou; & que c'est par exemple de la vie de celui de Dumes, qui, natif de Hongrie, fut en Orient, & d'Orient vint en Portugal, où il fonda le monastere de Dumes, qu'ils ont pris que saint Martin avoit voïagé par toute l'Europe, & qu'il fut fort connu des Gots & des Espagnols; qu'il se retira dans la forêt de Du-men, & qu'il y bâtit sa premiere maison. Car du reste on ne connoît point en France de forêt de Du-men. Il est difficile, avec de si mauvais guides, de ne pas s'égarer. Cependant à travers tant de faussetez on ne laisse pas d'entrevoir bien des choses, dont les unes sont d'une verité constante, & les autres paroissent fort vraisemblables; & nous tâcherons de les débrouïller, pour l'instruction & l'édification du Lecteur.

Saint Martin, après avoir heureusement travaillé à déraciner le reste de l'idolâtrie, & instruire les fidéles de la campagne des veritez pratiques necessaires au salut, craignit, comme saint Paul, qu'en prêchant aux autres, il ne s'oubliât lui-même, & ne devint reprouvé. Dans cette juste apprehension, il résolut de suivre l'attrait qui l'appelloit à la solitude & à la vie pénitente, & de fuïr les vains applaudissemens du monde, pour offrir en secret à Dieu le sacrifice d'un corps mortifié, d'un cœur contrit, & d'une ame humiliée. Comme il n'y a point d'apparence qu'il eût quitté l'emploi de sa mission, sans l'agrément de celui qui la lui avoit confiée, ni que saint Felix eût permis à un si fidéle dispensateur des mysteres de Dieu, de renoncer à un ministere dont il s'acquittoit si dignement, & où il faisoit un si grand fruit; il faut croire que ce ne fut qu'après la mort de saint Felix, que saint Martin se retira dans le désert, n'étant encore que Diacre, selon les Legendaires. Car quoiqu'en dise le P. le Cointe, sans aucune autre preuve, que la seule autorité du P. Albert le Grand, qui n'est pas assez considerable, nôtre saint Martin ne fut jamais Prêtre. D'où nous inferons qu'il n'étoit guéres âgé quand saint Felix mourut; puisqu'il est difficile de se persuader que ce sage Prélat n'eût pas ordonné saint Martin Prêtre, s'il eût été aussi avancé en âge qu'en vertu.

Saint Martin, devenu solitaire, n'avoit pour toute maison qu'une petite hutte qu'il s'étoit faite de branches d'arbres entrelassées & liées avec de l'ozier; il n'avoit pour nourriture que des herbes & des racines ameres; il ne mangeoit pas même de pain, & ne buvoit que de l'eau. Ses uniques occupations étoient la priere, la contemplation, la lecture, la psalmodie, où il trouvoit de si grandes douceurs, qu'elles le dédommageoient avantageusement de toutes sortes d'autres plaisirs, & qu'elles lui ôtoient même le sentiment de ses plus pressantes necessitez. Pour mortifier davantage son corps, outre les jeûnes incroïables dont il l'accabloit, les veilles presque continuelles, & coucher sur la dure; il emploïoit encore le travail, & le fruit le plus utile qu'il se proposoit d'en retirer, étoit la lassitude même, & l'épuisement. Le seul soulagement corporel qu'il souhaita dans son désert, qui étoit fort aride, fut une source d'eau vive qu'on assure que Dieu accorda à ses prieres.

S. Martin se proposoit de finir ses jours dans cette solitude; mais aussi-tôt que Dieu lui eut fait connoître que sa volonté étoit qu'il retournât dans le voisinage de Nantes, pour s'y emploïer au salut du prochain, il obéït, & vint s'établir à Vertou, sur une colline bordée de la riviere de Sévre, & qui n'est éloigné de Nantes que de deux lieuës. Il y bâtit un monastere & une Eglise à l'honneur de saint Jean-Baptiste, modele & patron des Solitaires; & il eut bientôt en ce lieu une nombreuse communauté. Le P. Albert le Grand, & ceux qui l'en croïent sur sa parole, disent que ce fut l'an 575. que cette maison fut fondée. On voudroit bien qu'il y en eût quelque preuve; mais comme on n'en donne aucune, il vaut beaucoup mieux differer cette fondation, & ne la placer que vers l'an 595. ou même encore plus tard, par la raison qu'on a déja marquée, & parce qu'on ne comprend pas comment Gregoire de Tours n'auroit pas dit un mot d'un Saint tel que celui-ci, s'il eût été de son tems Abbé de Vertou & Superieur de trois cens moines.

Les deux Legendaires assurent unanimement que saint Martin fit pratiquer à ses Religieux une Regle qu'il avoit apportée d'Italie, lorsqu'il revint de son voïage de Rome; & de la maniere dont l'un d'eux caracterise cette Regle, il n'y a pas de lieu de douter qu'il n'ait voulu marquer celle de saint Benoît, qu'il nomme, après le Pape saint Gregoire le Grand, préferable à toutes les autres à cause de la grande discretion qui paroît en toute son économie. Si cela est, on doit reconnoître, que si saint Martin ne courut pas toute l'Europe, il fit au moins un voïage au-delà des monts. Mais qui peut sçavoir si cet auteur, qui vivoit près de quatre siécles après la mort de saint Martin, n'a point jugé de la Regle que ce Saint fit observer à Vertou, par celle qu'on y pratiquoit dans le IX. ou X. siécle? on

24.
OCTOB.

si cette circonstance n'est point encore prise de la vie de saint Martin de Dumes, qu'on croit avoir été Benedictin ? Du reste nous ne comptons pas pour une difficulté bien considerable l'objection du P. le Cointe, qui prétend prouver que saint Martin n'a point établi la Regle de saint Benoît à Vertou, par la raison, qu'on ne trouve point qu'il y ait eu quelque commerce ou quelque union de ce monastere avec celui de Glannefeüil bâti depuis peu par saint Maur, à deux journées seulement de distance de Vertou. Car il n'est pas assuté que S. Maur & saint Martin ne se soient pas connus ; & d'ailleurs la Regle de saint Benoît n'ordonne point que les monasteres qui la professent aïent ensemble aucune liaison, ou soient dans la dépendance les uns des autres.

Quelle qu'ait été la Regle monastique établie par saint Martin dans ses maisons, l'observance y étoit gardée d'une maniere très parfaite, & l'exemple du Bienheureux pere de ces differentes communautez étoit une regle animée qui portoit les moins zelez à marcher sur les traces de leur saint Pasteur. Sa grande reputation lui attira un nombre considerable de disciples ; & ce fut ce grand nombre qui l'obligea de fonder plusieurs maisons. Car il avoit plus de 300. Religieux, qu'il partagea en differentes communautez. Il fonda même un monastere pour des filles de pieté qui souhaitoient se consacrer à Dieu ; & ce fut à Montagu, petite ville de Poitou, distante de Vertou de quatre à cinq lieües, qu'il le bâtit, auprès d'un de ses monasteres d'hommes, aux plus anciens desquels il confia la direction de la nouvelle communauté, sous son gouvernement general. L'une & l'autre de

Durivum. ces maisons s'appelloient Durin, ou Duriv, à cause du confluant de deux petits ruisseaux qui s'y joignent ; & ces deux monasteres ne font plus à présent qu'un seul & même Prieuré dépendant de l'Abbaïe de S. Jovin sur Marne, & qui porte le titre de saint Georges.

Orderic Vital, que quelques-uns nomment Orry Viel, Moine de l'Abbaïe de S. Evroul en Normandie, au 6. livre de son histoire, où il donne la vie du saint fondateur & titulaire de son Abbaïe, assure que l'ancienne tradition porte, que saint Martin de Vertou, revenant d'Angleterre, séjourna quelque tems à Baïeux, & qu'il y bâtit un monastere nommé des deux Jumeaux, à cause de deux Jumeaux qu'il y avoit ressuscitez ; & que saint Evroul, encore laïque, fournit aux frais de l'édifice, & se rendit depuis Religieux dans ce monastere. Il est certain, dans le sentiment même de ceux qui avancent de plusieurs années la naissance & le cours de la vie de saint Martin, que cette tradition ne peut subsister, en ce qui concerne le lieu & le tems du premier monastere où S. Evroul demeura ; car on sçait qu'il s'étoit retiré dans la forest d'Ousche plusieurs années avant que saint Martin eût bâti son monastere de Vertou, d'où il partit, selon ses actes, pour aller en Angleterre. On n'estime néanmoins pas que cet anachronisme nous doive faire nier que saint Martin ait fondé le monastere des deux Jumeaux au diocese de Baïeux, à son retour de la Grande Bretagne, puisqu'on trouve effectivement dans tous les deux Legendaires, qu'il fit un voïage au-delà de la mer, pour délivrer la fille d'un Roi possedée d'une legion de Demons, qui protestoient qu'ils n'en sortiroient point, s'ils n'y étoient contraints par Martin de Vertou ; & qu'à son retour le Saint vint aborder à la côte de Neustrie ; ce qui s'accorde avec la tradition dont parle Oderic Vital. Et certainement il n'y a point d'apparence que cette tradition d'un saint Martin de Vertou fondateur d'un monastere des deux Jumeaux, se fût établie & conservée dans la Normandie, si le fonds n'en étoit pas vrai. Que si l'on oppose que cette tradition est fausse, en ce qui concerne S. Evroul, qui n'a pu être Religieux dans une maison qui n'étoit pas encore fondée quand il quitta le siécle ; il est aisé de répondre que cette erreur n'est provenuë, que de ce que ceux qui sont les auteurs du récit, ont voulu joindre ensemble deux traditions incompatibles, chacune desquelles, prise separément, est veritable. Persuadez par l'une, que le monastere des deux Jumeaux, avoit été fondé par saint Martin de Vertou lorsqu'il retourna de la Grande Bretagne (ce qui est vrai) & convaincus par l'autre, que saint Evroul avoit été Religieux pendant quelques années dans un monastere du diocese de Baïeux, avant qu'il se retirât dans la forest d'Ousche, ce qui étoit veritable aussi ; ils s'imaginérent, ne sçachant pas la chronologie, ni le détail de ces deux faits historiques, & ne connoissant peutêtre point d'autre monastere ancien au païs de Baïeux, que celui des deux Jumeaux, qu'il falloit que saint Evroul eût reçu l'habit Religieux dans celui-là, lorsqu'il quitta le monde ; ce qui ne pouvoit être. Mais comme cet anachronisme n'empêche nullement qu'on ne croïe que saint Evroul embrassa l'état monastique dans quelqu'autre maison, dont l'auteur ancien de sa vie originale n'a marqué ni le lieu ni le nom, avant qu'il se retirât au païs d'Ousche ; la même erreur de chronologie ne doit point empêcher non plus de reconnoître que faint Martin de Vertou eft fondateur du monaftere des deux Jumeaux, qui fubfiftoit, ce femble, encore l'an 836. comme on le peut voir dans l'hiftoire de la tranflation du corps de faint Philbert ; & en 835. Anfegife, dans fon teftament, legua quinze fous au Monaftere des deux Jumeaux.

Bened. v. part. 556. &

L'opinion où l'on eft que le voïage de faint Martin en Angleterre eft vrai, n'empêche pas qu'on ne rejette comme une fable de Legendaire, ce que l'on conte d'une table de marbre qui fervit de navire à fon compagnon & à lui, pour repaffer de la Grande Bretagne en Neuftrie. On montre encore à prefent à Vertou une table de marbre longue de dix pieds trois pouces, large de quatre pieds deux pouces, & épaiffe de huit pouces, qui fert au grand Autel, & qu'on dit être la même fur laquelle il paffa la mer. Nous accorderons, fi l'on veut, que cette table eft celle qui lui fut donnée à fon départ de l'ifle ; mais le furplus du recit n'étoit bon que du tems qu'on ne jugeoit du merite des Saints, que par l'énormité de leurs miracles.

Cointe p. 77º

Il faut mettre au nombre des fables de ce genre, ce qu'on recite d'un Ours, qui aïant furpris & dévoré l'âne qui portoit le bagage du Saint, fut condamné par lui, pour reparer la faute qu'il avoit faite, à rendre le même fervice que l'on tiroit de l'âne ; ce que l'ours fit avec beaucoup de foumiffion & de douceur, & ce qui lui merita de grands privileges pour lui & pour tous fes defcendans. Outre que le feul recit revolte le bon fens ; le compagnon de voïage qu'on donne à S. Martin dans cette occafion, a vécu plus de 200. ans avant lui.

Saint Martin, de retour d'Angleterre dans fa maifon de Vertou, s'emploïa à perfectionner tous les établiffemens qu'il avoit faits, à y faire fleurir une obfervance auffi exacte qu'auftere, à inftruire, exhorter, confoler & encourager fes enfans, à fermer toutes les avenuës qui pouvoient donner quelque entrée à la diffipation ou au relâchement ; en un mot, à s'acquitter de tous les devoirs d'un vrai pere ; ce qui ne fatisfaifoit pas tellement fon zéle, qu'il ne donnât encore le plus qu'il pouvoit de tems à l'inftruction des peuples de la campagne, qui avoient befoin d'un homme zélé & charitable comme lui. Sa ferveur faifoit, que plus il vieilliffoit, plus il devenoit agiffant ; de forte qu'il fembloit, à ce que dit un de fes hiftoriens, que ces forces redoublérent dans fon grand âge, & qu'il devenoit tous les jours plus robufte, au grand étonnement de tout le monde, qui ne pouvoit comprendre comment un corps épuifé par les fatigues du jour, pouvoit refifter aux veilles de la nuit, que le Saint paffoit reguliérement prefque toute entiere à contempler & prier Dieu. Une humilité incroïable étoit la fidéle gardienne de tous ces tréfors de grace & de fainteté ; & s'il n'avoit excellé dans toutes les autres vertus, on auroit cru que celle-là étoit fa feule vertu favorite, tant il paroiffoit attentif aux occafions de la pratiquer, & foigneux de la recommander.

S'étant rendu à fon monaftere de Durin, pour y faire la vifite, il y tomba malade d'une groffe fiévre & de pleurefie. La violence de fon mal l'eut bientôt reduit à l'extrémité, & les Religieux étoient déja autour de fon lit, pour lui demander fa derniere benediction. En ce moment le faint agonifant apperçut au coin de fa chambre une troupe de Démons, comme fon illuftre patron le grand faint Martin les avoit apperçus en pareille occafion, & peutêtre même ceci eft-il copié de la vie de ce faint Evêque. La vûë terrible de l'ennemi n'épouvanta point le faint Abbé. Au contraire, animé d'une parfaite confiance, & faifant un dernier effort, il dit d'un ton ferme : « que cherchez-vous ici, efprits de tenebres ? Fuïez, anges fuperbes & maudits. Racheté du fang précieux de mon Sauveur, je ne crains point de perir comme vous, & je fuis fûr de mon falut, puifqu'il m'eft acquis au prix de tout le fang d'un homme-Dieu crucifié pour moi. » Les démons confondus fe mirent incontinent en fuite ; & les faints anges vinrent au moment même celebrer fon triomphe, & accompagner fon ame victorieufe qu'il rendit au Seigneur le 24. d'Octobre, on ne fçait pas bien en quelle année.

Le P. Albert le Grand, qui ne doute de rien, affure que ce fut l'an 589. Le P. Mabillon, & l'auteur de l'abregé de l'hiftoire de l'Ordre de faint Benoît, ont cru devoir differer la mort de faint Martin de quelques années, & la placent à l'an 600. Mais ce que nous avons dit nous oblige à la mettre encore plus bas, vers l'an 625. ou même 630. Car il n'y a ni preuve ni conjecture, qui nous oblige d'avancer, comme ils ont fait, le tems de la vie de ce faint Abbé. Nous avons peine à croire qu'il ait quitté l'emploi de la prédication que faint Felix lui avoit confié, pour fe retirer dans la folitude, avant la mort de fon maître ; & l'on ne peut comprendre que Gregoire de Tours & Fortunat n'euffent fait aucune mention de lui, s'il avoit déja fondé fes monasteres & gouverné 300. Religieux dans le diocese de l'un & dans la province de l'autre, tandis que ces écrivains étoient encore en vie. Ce qui est bien certain, c'est que saint Martin étoit décédé quelques années avant que le nommé Centulphe, un des principaux officiers du Roi Dagobert I. non content de la moitié des possessions de l'Abbaïe de Vertou, qu'il avoit réünie au Domaine du Roi, voulut encore usurper, sur un faux exposé, les deux tiers de l'autre moitié restée aux Religieux ; puisqu'il est dit que saint Martin lui apparut la nuit, avec saint Jean Baptiste, & le punit si sévérement de son sacrilege & de sa cupidité, qu'il en mourut le jour suivant ; ce qui suppose sans doute, soit que le miracle soit vrai, ou qu'il ne le soit pas, que l'écrivain croïoit que le Saint étoit alors décédé.

Sa mort troubla la paix qu'il avoit tâché d'entretenir entre ses differentes communautez pendant tout le tems de sa vie. Ses Religieux de Vertou, qui s'étoient rendus en grand nombre à Durin, dès qu'ils eurent appris le danger où étoit leur Abbé, & dont plusieurs autres accoururent encore au même lieu depuis son décez, pour conduire son corps à leur maison, prétendirent qu'on ne pouvoit pas leur disputer la possession de ses saintes Reliques. Ceux de Durin vouloient au contraire se conserver ce précieux dépôt, qu'il sembloit que la providence leur avoit mis entre les mains. On s'échauffa de part & d'autre ; & il étoit à craindre que l'envie d'avoir le corps du Saint ne fît perdre à ses disciples la possession de son esprit. Enfin les Religieux de Vertou, plus vigilans que ceux de Durin, profitérent la nuit suivante du sommeil de ceux-ci, enlevérent le corps, & le portérent à leur maison.

On rapporte un grand nombre de miracles faits en differens tems par les merites & l'intercession de saint Martin de Vertou. Sur tout, on parle d'un bâton qu'on dit qu'il planta au milieu du cloître de Vertou, lorsqu'il en sortit la derniere fois, & qui aïant pris racine, devint depuis un grand arbre, & fut l'instrument d'une infinité de guérisons, depuis le tems du Saint, jusqu'aux dernieres années du XVII. siécle, que l'arbre mourut enfin. Les peuples superstitieux avoient beaucoup de respect pour cet Arbre, & s'estimoient heureux d'en pouvoir emporter quelque morceau. Alain le Grand Roi des Bretons, ne pouvoit, comme le raconte un des Legendaires, voir cet arbre miraculeux, sans être attendri, & souvent on l'a trouvé qui le baisoit & l'embrassoit. On assure que personne ne viola jamais cet arbre précieux impunément, & l'on autorise cette prétention par le recit de plusieurs punitions miraculeuses.

Dans la suite des tems l'Abbaïe de Vertou est devenuë une simple Prévôté de l'Abbaïe de Hension, autrement saint Jovin sur Marne, qui dépendoit autrefois elle même de Vertou. Le Martyrologe Romain & celui d'Usuard, font memoire de S. Martin Abbé de Vertou au 24. d'Octobre. Adon met sa fête au 9. de Decembre. L'Eglise de Nantes lui rend un culte public le 24. d'Octobre, aussi-bien que l'Eglise de Poitiers. C'est le même jour auquel sa fête est marquée dans l'ancien calendrier de l'Abbaïe de saint Méen. Les Reliques de saint Martin furent transportées de Vertou à saint Jovin en 878. & y furent trouvées l'an 1130. avec celles de saint Judicael & de quelques autres Saints, dans une même chasse. On en fit alors une nouvelle translation, dont la fête se celebre dans l'Abbaïe de saint Jovin le Dimanche après la Nativité de la sainte Vierge, au mois de Septembre.

SAINT MALO,
Evêque & Confesseur.
VII. SIECLE.

MALO dont le nom ne varie pas moins dans la langue Latine, où il est appellé *Maclovius*, *Macliavus*, *Macutus*, & *Machutes*, que dans la Françoise, où il est nommé *Malo*, *Maclou*, *Macou*, & *Macut*, étoit fils d'un Seigneur de l'ancienne province des Silures, nommé depuis Went, & à présent Monmouth, frontiere de South-wales, Comte & premier fondateur, non point de la ville de Winchestre, comme l'a dit le P. Albert (car Winchestre est fort éloigné de-là, & dans une autre province) mais de celle de Castel Went, située sur le fleuve Guvy, que les Anglois nomment aujourd'hui Cheps-towe. Ce Seigneur, qui se nommoit Gwent, & qui donna son nom à cette ville qu'il avoit fait bâtir, avoit épousé une fille d'aussi grande naissance que lui, nommée Derwele, que la Legende imprimée dans la Bibliotheque de Fleury, & celle des Actes Benedictins, disent avoir été sœur d'Ammon & d'Umbrafel, peres de saint Samson & de saint Magloire ; ce qui semble fort douteux, pour ne pas dire faux.

En effet on ne trouve point ce dégré de parenté marqué dans Sigebert, dont les actes

actes de saint Malo rapportez dans Surius, semblent préférables à tous les autres, non seulement parce qu'il proteste lui-même dans l'Epître dédicatoire à son Abbé, qu'il n'a fait que mettre en Latin plus intelligible les actes originaux, sans rien changer à l'histoire ; mais encore parce qu'on voit dans le soin qu'il a pris d'adoucir les faits prodigieux qui s'y trouvent, qu'il a été fort éloigné d'ajoûter de nouvelles circonstances tout-à-fait incroïables qu'on trouve dans les autres. Outre cela, ce qu'il dit de l'état où étoient les actes du Saint, avant qu'il y mît la main, fait connoître évidemment qu'on ne voïoit point encore de son tems les autres actes que nous avons, & que les actes qui subsistoient alors étoient fort défectueux pour l'ordre & pour le style. Cet auteur s'est contenté de dire indeterminément, que saint Malo étoit parent de S. Samson, sans specifier le dégré ; & certainement si ces deux Saints avoient été parens au dégré que d'autres auteurs le disent, comment l'écrivain de la vie de S. Samson & celui de la vie de S. Magloire, auroient-ils oublié de parler de cette troisiéme alliance, lorsqu'ils ont rapporté le double mariage des deux freres Ammon & Umbrafel avec les deux sœurs Anne & Asfrelle ? Le même Sigebert ne dit rien non plus du grand âge, ni de la longue sterilité de la mere de saint Malo, qu'un autre de ses Legendaires assure avoir eu soixante-six ans, lorsqu'elle conçut son fils ; ce qui aïant fait peur à l'auteur de la vie rapportée dans les Actes Benedictius, l'a porté à se contenter de dire en general, que le pere & la mere de saint Malo étoient si avancez en âge, qu'ils desesperoient d'avoir aucun enfant heritier de leurs biens ; varieté qui fait conjecturer que cette derniere Legende est la moins ancienne de toutes ; comme l'on se persuade aussi que l'auteur de celle de Fleury s'étant imaginé que c'étoit quelque chose de beau & de rare, que trois cousins germains fussent tous trois Evêques & tous trois Saints, a été le premier qui ait déterminé le dégré de parenté de S. Samson, de S. Magloire, & de S. Malo ; & que s'appercevant qu'il ne pouvoit qu'avec peine ajuster cela au tems où l'on disoit que saint Malo avoit étudié & vécu, il a mieux aimé feindre une longue & incroïable sterilité de sa mere, qu'avancer le tems de la nativité du Saint.

Mais tout ce qu'on a dit de la parenté de saint Malo & des Ss. Samson & Magloire, se trouveroit faux, s'il falloit s'en rapporter à des actes assez cours de S. Malo qui sont à Marmontier, d'une écriture du XI. ou XII. siécle, & que l'on présume être l'ouvrage d'un certain Bili Diacre, selon Usserius, ou Evêque de S. Malo, selon le P. du Paz & Messieurs de sainte Marthe. Cet auteur, qui vivoit dans le IXe. siécle, a composé huit leçons pour être luës à quelqu'une des fêtes de saint Malo ; & assure dès le commencement, que saint Malo est né dans la province de Bretagne : *in Britannia provincia* ; & a profité dans l'isle de Cezambre, *in insula qua vocatur September*, des instructions & des exemples d'un saint Prêtre nommé Festivus, avant que de passer à Aleth ville assise sur le bord de la Rance. Mais quoiqu'il soit dit dans quelque chronique ancienne extraite par le P. du Paz, que l'Evêque Bili a écrit la vie de saint Malo, il ne s'ensuit pas que les huit leçons de Marmontier, soient l'ouvrage de Bili ; & en effet ce n'est qu'un abregé très-superficiel de quelques autres actes plus anciens. L'auteur de cet abregé, qui avoit lu que saint Malo étoit né dans la Bretagne, a crû que c'étoit nôtre Bretagne, & a appellé *province* ce qu'il devoit appeller *isle*. Pour ce qui est de l'isle de *September*, le fait est obscur, & l'on ne sçait si l'auteur a voulu marquer Cezambre, ou l'isle où est à présent la ville de S. Malo ; & les habiles antiquaires de cette ville ne conviennent pas que Cezambre ait toûjours été une isle. Nous ne ferons aucun fonds sur ces leçons abregées de Marmontier, jusqu'à ce que nous y aïons découvert plus de caractares de verité & d'antiquité, que nous n'y en avons trouvé jusqu'à présent.

C'est une circonstance qu'aucun des historiens de saint Malo n'a crû devoir omettre, qu'il prit naissance le jour de la Resurrection de N. S. & ils ont encore tous remarqué, que plusieurs autres enfans nez le même jour, dans la même ville, furent élevez avec lui dans le même monastere, c'est-à-dire dans celui de Lancarvan fondé par saint Cado dans la Cambrie, & gouverné alors par saint Brendan successeur d'Ellenius, qui avoit succedé à S. Cado. Ce fut à ce S. Abbé Brendan qui avoit baptisé Malo, que les parens de l'enfant confierent son éducation, & ils ne pouvoient choisir un meilleur maître ; car depuis le décez de S. Hiltut, personne n'élevoit les enfans avec plus de soin & de succès, que Brendan, qui étoit l'homme le plus fameux en science & en vertu de toute la Southwale. On voit, par la vie de S. Samson, que Hiltut vécut assez avant dans le VI. siécle ; & puisque S. Malo ne l'eut pas pour maître, on en doit inferer, que ce siécle étoit déja fort avancé lorsqu'il nâquit.

Malo fit de grands progrès sous la con-

15. Novemb. duite de Brendan, au monastere de Lancarvan, ou Nancarban, situé dans le Glamorgan presqu'au bord de la mer. Le premier soin de ce bon maître, & qui est effectivement le plus important de ceux que doivent prendre les personnes destinées à l'éducation de la jeunesse, fut de conserver dans toute sa pureté l'innocence du saint enfant; & il eut la consolation de voir que non-seulement il ne commettoit point de faute qui pût la ternir, mais même qu'il la sanctifioit tous les jours par la pratique continuelle de toutes sortes d'actions de vertu; à quoi Malo se portoit avec tant de zéle & de discretion, qu'il égala bientôt, & surpassa même les plus parfaits. Pour ceux qui étoient les plus foibles dans les études, ou dans les mœurs, on dit, que bien-loin de leur donner quelque signe de mépris, il les gagnoit tous, en leur marquant dans toutes les occasions du respect & de l'amitié.

Ennemi des plaisirs des sens & des recréations pueriles, contre le goût ordinaire des enfans, il ne cherchoit & ne trouvoit de repos, qu'à chanter des Pseaumes, & à étudier l'Ecriture Sainte; & lorsque ses compagnons se divertissoient ensemble aux heures qu'on le permettoit, Malo faisoit toûjours si bien, que sans paroître affecter de se distinguer des autres, ni de s'en separer à dessein, il emploïoit la meilleure partie de ce tems à prier, ou à méditer ce qu'il avoit lû.

On raconte, qu'un jour il s'endormit sur un rocher, pendant que ses compagnons joüoient ensemble au bord de la mer; que tous se retirérent lorsque la mer monta, sans prendre garde à lui; &, que la mer ne le toucha point. Tout le monde surpris de cette avanture, la regarda comme un miracle; & l'on crut, ou que la mer avoit détaché le rocher sur lequel Malo s'étoit endormi, & en avoit fait une petite isle flottante sur laquelle le Saint étoit porté comme en triomphe sur les vagues; ou que le rocher s'étoit élevé sous lui, à proportion que le flus montoit, comme pour dresser un trône à sa vertu. C'est le double tour que les Legendaires ont donné à cet évenement, qu'on ne peut nier qui n'ait été l'effet d'une providence particuliere sur le Saint; mais qui put au reste n'avoir rien de surnaturel, & ne fut jugé miracle, que parce qu'on n'avoit pas fait reflexion auparavant, que la mer ne couvroit pas ordinairement cet endroit; ce qu'on doit juger d'autant plus vraisemblable, qu'on assure qu'elle ne le couvre point encore à présent, quoiqu'il soit constant que la mer à haussé considerablement depuis ce tems-là. Miracle, ou non, Malo tira de la protection de Dieu éprouvée dans cette rencontre, un motif si vif de reconnoissance, qu'il prit dès-lors la résolution de se faire Religieux; & en aïant obtenu la permission de ses parens, il prit l'habit monastique dans la même Abbaïe de Lancarvan, des mains de son maître, qui fut ravi de recevoir un sujet de si belle esperance.

Le Legende imprimée, prodigue de miracles, les multiplie assez inutilement dans le recit de cette avanture, & elle fait, entr'autres, mention d'un Pseautier, qui confié aux flots par Brendan, afin qu'ils le portassent à Malo, pour lui servir à reciter ses prieres ordinaires, alla se rendre de lui-même entre les mains du Saint, & nagea sur l'eau, sans en être moüillé. La Legende de Sigebert n'en dit rien; & cela nous persuade que cette addition est une enluminure de l'auteur, qui a jugé que le premier miracle deviendroit plus croïable par ce nouveau conte. Cela nous confirme aussi dans la pensée que Sigebert a écrit avant cet auteur; car Sigebert n'auroit pas oublié ce second prodige, s'il l'avoit trouvé dans ses premiers originaux.

S'il y a quelque difference sur ce point dans les Legendaires, ils s'accordent tous à dire, que depuis que Malo fut revêtu de l'habit Religieux, il augmentoit en vertu & en sainteté, à proportion qu'il croissoit en âge; & qu'il vivoit dans une si profonde humilité, qu'il croïoit n'avoir été reçu dans le monastere, que pour être le serviteur de la communauté; ce qui le portoit à rendre effectivement à ses freres toutes sortes de services. Il étoit cependant le plus qualifié, le plus parfait, & le plus fervent de tous; & sa vie auroit pu servir d'instruction & de modele à toute la communauté, si tous avoient regardé sa conduite de bon œil.

L'envie n'est que trop commune dans les maisons les plus regulieres, & il n'est pas aisé de l'en bannir, parce qu'elle fait le poison dont elle se nourrit, des vertus même & du bien qu'elle voit dans les autres. Ce vice corrompit le cœur de quelques-uns des compagnons de Malo, qui ne le voïoient ainsi fervent & zélé, que de l'œil mauvais dont parle l'Ecriture Sainte, c'est-à-dire avec des mouvemens de chagrin & de jalousie. Ils donnérent en plusieurs rencontres de l'exercice à sa vertu; mais leurs persecutions tournérent toutes à leur honte & à la gloire de Malo, parce qu'elles donnérent lieu à quelques miracles que Dieu fit en sa faveur. Car on dit qu'il porta dans ses habits des charbons ardens, sans que ſes habits en fuſſent endommagez ; & que les lanternes qu'il devoit allumer, furent allumée ſans aucun feu. Ces ſcandales qui, ne ſeront ôtez du Roïaume de Dieu, que lorſque les hommes ſeront ſans imperfection, n'empêchoient point Malo de s'avancer de jour en jour. Ils lui ſervirent, au contraire, de motif pour l'encourager à ſe perfectionner de plus en plus ; & comme tout aide aux prédeſtinez à conſommer l'ouvrage de leur ſalut, Malo prenoit occaſion de tout, pour s'élever inceſſamment à la plus haute perfection.

Son Abbé voïant avec joïe le merite de ſon diſciple, voulut qu'il répandît au-dehors les tréſors de ſcience & de ſageſſe qu'il avoit amaſſez ; & lui commanda de prêcher ; perſuadé qu'il édifieroit encore plus ſes auditeurs par l'exemple de ſes vertus, que par la ſolidité de ſes diſcours. Il ne ſe trompa point dans le jugement qu'il en fit : car toute la contrée ſe reſſentit bientôt des fervens & utiles ſermons de ce prédicateur, qui n'aïant en vûë que la gloire de Dieu & le ſalut des peuples, fortifioit ſes diſcours par de ferventes prieres, & par de bons exemples.

Cet emploi, qui le fit connoître au-dehors, lui attira l'eſtime & l'amitié de toute la province ; & quelques miracles qui accompagnérent ſa miſſion aïant fait juger à tous qu'ils ſeroient heureux s'ils l'avoient pour paſteur, ils l'enlevérent, & le firent ordonner Evêque de Caſtel-Gwent, quelque reſiſtance, & quelques proteſtations que pût faire ſon humilité. Sigebert, que nous ſuivons, pour les raiſons que nous avons dites, met ſon ordination avant le pelerinage de ſept ans qu'on dit qu'il fit avec ſon Abbé Brendan, pour chercher on ne ſçait quelles iſles ; & la Legende des Actes Benedictins ne le fait au contraire ordonner Evêque, qu'après leur retour à Lancarvan. S'il étoit neceſſaire de prendre parti, l'on ſe déclareroit encore pour Sigebert dans cette occaſion, parce que ſelon l'autre Legende, à peine Malo étoit-il ſorti d'entre les novices, qu'il ſe mit ſur mer, ce qui eſt contre toute apparence. Mais comme nous croïons que l'hiſtoire de ce voïage n'a été inſerée dans les actes originaux de ſaint Malo, que depuis leur premiere compoſition, & que de-là vient que les uns l'ont miſe avant, & les autres après ſon ordination ; comme il eſt encore aſſuré d'ailleurs qu'on a tiré ce recit du Roman des voïages de ſaint Brendan ; nous aimons mieux dire que ſaint Malo fut fait Evêque de la maniere que Sigebert l'a raconté ſur la foi des originaux ; & qu'il n'a point du tout fait ce voïage ridicule, pour aller chercher des iſles fortunées, ni avant, ni après ſon ordination. Car le plus qu'on pourroit accorder à cet égard, ſeroit, que l'amour de la ſolitude & de la paix, auroit porté ſaint Malo à s'en aller chercher, avec ſon Abbé ſaint Brendan, quelque iſle écartée, où il pût vivre dans un commerce plus tranquille & plus continuel avec Dieu, & dans un plus grand éloignement des choſes de la terre.

La difficulté pour le ſiége de ſon Evêché, qu'on dit avoir été à Caſtel-Gwent, eſt plus conſiderable. Car on ne trouve point que cette ville ait jamais été un ſiége Epiſcopal ; & dans le tems même où ſaint Malo vivoit, on ne parloit dans la Cambrie que de ſept Evêchez, entre leſquels on ne trouve point Caſtel-Gwent, quelques differentes énumerations qu'on en faſſe. Il paroît même que Caſtel-Gwent étoit dans la dépendance de Kaer-Leon ou de Landaff. Et cependant la Legende des Actes Benedictins, non-ſeulement fait S. Malo Evêque de Caſtel-Gwent, mais le fait même ſucceſſeur d'un autre dans cet Evêché. Ce qu'on peut dire de plus raiſonnable ſur cet article, eſt que Malo fut ſacré ſimple Evêque regionaire à Caſtel-Gwent, ſans aucun titre d'Evêché. En effet Sigebert ne fait mention d'aucun titre particulier, quoiqu'il parle de la promotion de Malo à l'Epiſcopat ; ce qui nous confirme dans la penſée, que les Legendes qui ont ainſi déterminé le ſiége de ſaint Malo, ſont plus recentes que celle qu'à ſuivie Sigebert ; parce que les derniers auteurs tâchent ordinairement de déterminer ce qu'ils trouvent d'indéterminé dans les anciens.

Les fonctions attachées à la dignité Epiſcopale, qui ne permettoient plus à Malo de paſſer comme auparavant, les jours & les nuits en oraiſon, & qui l'engagoient indiſpenſablement à écouter les differens & les plaintes d'une infinité de perſonnes, le faiſoient penſer à ſe défaire d'une charge, dont le poids lui ſembloit d'autant plus inſupportable, qu'il ne l'avoit priſe que par force ; & ſon cœur le portoit à chercher en des païs inconnus quelque ſolitude, pour y vivre à Dieu ſeul. Il étoit néanmoins encore irréſolu, & balançant entre ſon inclination pour la retraite, & la peur de ne pas ſuivre ſa vocation, il ne ſçavoit à quoi ſe déterminer. Dans cette incertitude il redoubla ſes jeûnes, & fit de ferventes prieres à Dieu, pour apprendre de lui quelle étoit ſa volonté. Un jour qu'il lui addreſſoit ſes vœux avec plus d'ardeur, pendant le ſacrifice de la Meſſe, le Diacre chanta l'Evangile où

Guini-caſtrū.

Uſſerius antiq. Eccl. Brit. cap. 5. p. 42. 43. &c.

15. Novemb.

nôtre Sauveur proteste que personne ne peut être son disciple, s'il ne renonce à toutes choses. Le Saint prit ces paroles de J. C. comme une réponse à sa demande, & forma dès-lors la résolution de quitter la Cambrie. Il ne crut pas le devoir faire, sans prendre congé du Comte son pere, qui vivoit encore, & qui ne pouvant consentir à l'éloignement de son fils, sur la fin de ses jours, fit tout ce qu'il put, pour lui ôter cette pensée. Malo, persuadé que Dieu le demandoit ailleurs, n'écouta point la chair & le sang; & le Comte affligé fit fermer les ports de la province de Went, & défendre, sous de grosses peines, à tous les pilotes de Glamorgan, de recevoir Malo dans leur bord. Le Saint faisoit cependant ses préparatifs pour se retirer, & aïant choisi dans le monastere un certain nombre de Religieux, par la permission de Brendan, qui voulut même l'accompagner; il fut extrêmement surpris de ne pouvoir trouver personne qui voulût le recevoir, ni le passer, pour quelque prix que ce fût. Il eut recours à Dieu, son refuge ordinaire, & le pria de tout son cœur de le vouloir assister en cette extrémité, puisqu'il n'avoit en vûë que d'obéïr à sa voix, & qu'il s'agissoit d'executer un dessein qu'il lui avoit inspiré lui-même. Dans le moment il apperçut, dit-on, une barque toute prête à faire voile, & un jeune homme très-bien fait, qui lui fit offre de ses services. Il monta tout aussi-tôt à bord, avec tous ses compagnons, & ils prirent incontinent le large.

Allegato quoque magistro suo Brendano Abbate. Sigeb.

Ce jeune homme, selon la Legende de Sigebert, étoit J. C. lui-même caché sous cette apparence, qui conduisit le navire, & qui promit à ces saints fugitifs de les mener chez un saint solitaire nommé Aaron, où ils pourroient vivre comme ils le souhaitoient; & les autres actes disent que ce fut un Ange, qui leur dit où ils devoient aller, & qui leur en apprit la route. L'un & l'autre recit ont là même vraisemblance. Mais quoiqu'il en soit, saint Malo vint heureusement aborder à la côte d'une isle voisine de l'ancienne ville d'Aleth, la même où est aujourd'hui bâtie la ville de S. Malo, appellée, à cause de cette situation, S. Malo de l'isle. Ce n'étoit alors qu'un écüeil, où demeuroit le saint Ermite Aaron, venu apparemment de la Bretagne insulaire, & qui vivoit dans une grande austerité. Au midi de cette isle étoit la ville d'Aleth, sur un promotoire beaucoup plus élevé & plus étendu, & la ville n'étoit separée de l'isle que par un bras de mer qui demeure à sec dans le reflus. De l'autre côté de cette ville, vers l'occident, est l'embouchure de la riviere de Rance, qui se vient perdre dans l'ocean au nord de l'isle dans laquelle Aaron demeuroit.

Le saint Ermite reçut ses nouveaux hôtes avec toute la charité possible. Il les invita affectueusement à partager avec lui la possession de son isle, & Malo y demeura quelque tems. Sa présence servit beaucoup au saint vieillard Aaron, pour renouveller son zéle par une sainte émulation des vertus qu'il voïoit pratiquer à son hôte; & la présence d'Aaron anima reciproquement saint Malo, qui ne voïoit qu'avec admiration l'humilité, la charité, & la pieté de ce saint homme. Quant à saint Brendan, comme on ne parle plus après cela de lui, on peut croire qu'après avoir séjourné quelques mois dans l'isle d'Aaron, il retourna dans l'Irlande, où il avoit bâti le monastere de Cluein-furt, & qu'il y demeura jusqu'à sa mort. On dit que c'est lui que les Bretons nomment saint Brevalazr, ou Brouladre, & à l'honneur de qui ils ont bâti quelques Eglises dans la province.

La ville d'Aleth, quoique soumise aux princes Bretons de la Domnonée, qui étoient indubitablement Chrétiens, & aux Rois de France, comme le reste de la Domnonée, étoit pourtant encore presque toute entiere dans les tenebres de l'idolâtrie, soit qu'elle fût peuplée d'Armoricains Gaulois, que la commodité du commerce y avoit attachez, soit que l'avantage de la situation y eût attiré quantité d'étrangers imbus des vaines superstitions de leur païs: & il n'y avoit qu'un fort petit nombre de fidéles. Aaron avoit depuis long-tems un grand désir de la conversion entiere de ce peuple, & se sentant trop vieux & trop foible pour une si grande entreprise, il pressoit sans cesse Malo d'entreprendre cette conquête pour la gloire de J. C. & d'y emploïer les grands talens qu'il voïoit bien que Dieu lui avoit donnez. Malo, aussi zélé qu'Aaron, ne souhaitoit pas avec moins d'ardeur que la ville d'Aleth reçût la foi de J. C. mais déchargé du soin d'un peuple & des embarras de l'Episcopat, dont il s'assuroit que Dieu l'avoit retiré, se croïoit uniquement appellé à la vie contemplative. On dit que ce fut un Ange qui le détermina, & qui l'avertit que lorsque Dieu l'avoit fait ordonner Evêque à Castel-Gwent, il lui avoit dès ce tems-là destiné le peuple d'Aleth. Le Saint obéït donc, & la fête de Pâques étant arrivée, il alla celebrer les saints mysteres dans un petit oratoire que les Chrétiens de cette ville avoient bâti; après quoi il commença de prêcher la Religion Chrétienne, avec tant d'éloquence & de force, que le bruit s'en répandit incontinent dans toute la ville. Il se fit incontinent un prodigieux concours de gens de toutes sortes de qualitez, qui ne pouvant tous tenir dans un si petit espace, obligèrent le Saint de prêcher hors de cette chapelle, dont la porte répondoit à une place publique.

L'attention favorable que son auditoire lui prêtoit, & la foule qui augmentoit sans cesse, l'obligea de prolonger son discours. Il arriva, pendant qu'il parloit encore, qu'un grand & nombreux convoi se présenta pour passer dans la même place. C'étoit celui d'un jeune homme des meilleures familles de la ville, qu'on alloit mettre en terre. Malo, rempli de l'esprit de Dieu, interrompit sa prédication, & dit à ceux qui portoient le cadavre, qu'ils s'arrêtassent, & qu'au nom de celui qu'il leur prêchoit, & qui s'étoit ressuscité lui-même à pareil jour, il vouloit rendre la vie au défunt, pour preuves des veritez Divines qu'il venoit de leur annoncer. Une proposition si surprenante étonna tous les auditeurs. Ils s'ouvrent incontinent, pour laisser Malo s'approcher du cercueil, & se pressant autour de lui & du mort, ils attendoient avec un grand silence ce qui en arriveroit. Le Saint se mit à genoux, fit sa priere avec ferveur; & au moment qu'il se leva de terre, le mort se leva du cercueil, & remplit tous les assistans de crainte & de respect. Leur étonnement augmenta encore, lorsqu'après que le ressuscité eut demandé à boire, le Saint changea en vin, par sa benediction, l'eau qu'on présentoit au jeune homme. Alors les esprits passans tout d'un coup de la surprise à la joie, tous les assistans firent mille acclamations à la gloire de J. C. qu'ils ne reconnoissoient pas encore, & à la loüange de Malo qui le leur avoit prêché.

Les infidéles, pour qui principalement Dieu fait des miracles, furent tellement touchez de celui-ci, que nous avons rapporté comme il est dans les Actes de saint Malo, qu'ils se convertirent tous, comme de concert, & demandérent au Saint la grace du Baptême, qu'il leur administra, lorsqu'il les eut catechisez suffisamment pour les mettre en état de le recevoir. Du reste on ne sçauroit s'imaginer combien Malo prit de peines à former & à fortifier dans la foi cette nouvelle Eglise, qui reconnoissant en lui la tendresse d'un pere, la science d'un docteur, & le pouvoir miraculeux d'un Apôtre, voulut l'avoir, & le prit effectivement pour son Evêque, soit que cela se fit par le seul consentement unanime des peuples, sans autre inthronisation que leur acceptation, soit que l'on priât les Evêques voisins de venir l'établir (ce qu'on ne lit pourtant nulle part) soit enfin qu'on y employât l'autorité du Roi de France, ou du Prince de la Domnonée, ce qu'on ne trouve non plus écrit en aucun endroit. C'est-là tout ce qu'on peut présumer de l'établissement de l'Evêché de S. Malo, qu'on ne peut placer plûtôt, à ce que nous croïons, que vers l'an 575. ou 580. conformément à quelques vieilles chroniques manuscrites, dont l'une est de Baldric, qui placent à l'an 580. l'arrivée de S. Malo dans l'Armorique; outre ce que nous dirons du tems qu'il florissoit dans la province, & de celui de sa mort; de sorte que s'il faut déférer à ce qu'a dit Sigebert, que saint Malo travailloit à la conversion des habitans d'Aleth, au même tems que son cousin Samson s'emploïoit à l'instruction de ceux de Dol; il faudra l'entendre de maniere qu'on fasse vivre Samson du moins jusqu'en 575. & que l'on comprenne que celui-ci finissoit son Apostolat à Dol, lorsque saint Malo commençoit le sien dans la ville d'Aleth. Car enfin il est certain que Samson étoit déja fort avancé au commencement du regne de Judual; & on va voir que Malo ne l'étoit encore guéres au commencement du gouvernement de Haeloc fils de Judual, qu'on ne peut faire regner plûtôt que 25. ans après le rétablissement de son pere.

Ce seroit ici le lieu de refuter la fable qu'on a osé, depuis quelques années, produire en public, par des écrits imprimez pour le soûtien de quelques droits prétendus de l'Eglise de saint Malo; c'est à sçavoir, que les habitans d'Aleth convertis à la foi, cedérent à saint Malo la souveraineté de leur République imaginaire. Mais comme c'est un fait que des gens peu éclairez dans l'histoire, ont avancé sans preuves; il n'est pas necessaire que nous cherchions des preuves pour détruire une fable qui tombe d'elle-même; & d'ailleurs la suite ne nous fera que trop voir que les habitans d'Aleth ne regardoient pas saint Malo comme leur souverain.

On raconte divers miracles de ce saint Evêque, dont nous ne parlerons point. Nous nous contenterons de dire en general, que toute sa vie fut emploïée ou à guérir des corps, ou à sanctifier des ames, par ses miracles & par ses prédications; & que ne renfermant pas son zéle dans les murs d'Aleth, il parcourut tout le païs, pour visiter les Eglises, guérir les malades, instruire les peuples, donner les Sacremens, ordonner des Prêtres, & faire du bien à tous. On ne peut néanmoins omettre les deux miracles qu'il fit, l'un pour punir, & l'autre pour guérir le Comte Haeloc, ou Hailon, Duc en Bretagne, dont parlent tous les Legendaires ; parce que la connoissance de ce Prince est absolument necessaire à l'établissement de la chronologie.

Ce n'est pas seulement dans les Actes de saint Malo qu'il est parlé de ce Comte Haeloch. Ceux de S. Méen, qu'on garde manuscrits dans l'Abbaïe de son nom, en font aussi mention, & qui plus est, le dépeignent, quoique dans une autre rencontre, de même caractere que les premiers l'ont représenté. La genealogie des Princes de la Domnonée faite par Ingomar ancien auteur Breton Armoricain, qui se trouve confirmée par toutes les Legendes particulieres des Saints où il est parlé de ces Princes, nous apprend que ce Comte ou Duc Haeloch étoit fils de Judual, & frere de Judhael pere de saint Judicael Roi de la Domnonée. Car Judual rétabli par S. Samson, eut cinq fils, Judhael, Haeloch ou Haelou dont il est ici question, Detoch, Doethwal, & Archael ; le second desquels eut en partage, selon les actes de S. Malo & de S. Méen, la Seigneurie du canton ou ces deux Saints demeuroient, qui est ce qu'on appelle le Po-elet, c'est-à-dire Païs d'Aleth. La même genealogie, dont une partie se trouve à la tête des actes de saint Winoch, nous dit encore que ce premier Haeloch eut un neveu de même nom que lui, fils de Judhael & frere de S. Judicael ; mais ce dernier Haeloch ne peut être celui dont nous parlons, parce que S. Malo & S. Méen étoient indubitablement morts, lorsque ce second Haeloch, l'onziéme ou le douziéme des enfans mâles de Judhael étoit en âge d'homme. On ne peut par conséquent douter que ce ne soit du premier Haeloch dont il est question dans cette rencontre ; & si l'auteur des actes de saint Méen a nommé ce Haeloch *frere de Judicael*, & non de Judhael ; c'est parce qu'il nomme souvent Judicael le même Prince que les autres appellent Judhael.

Haeloch, qui n'avoit rien de la pieté de sa famille, très-feconde en Saints, & jaloux des grands biens que les nouveaux Chrétiens d'Aleth & les Seigneurs Bretons du païs donnoient à S. Malo, vint lui-même faire renverser une Eglise que le Saint faisoit bâtir sur un fond qu'on lui avoit donné, sans avoir aucun égard à ses remontrances, ni écouter ses prieres. Dieu frappa le coupable d'aveuglement, moins toutefois pour le châtier, que pour le corriger. En effet son aveuglement, comme celui de Saul, ne fut que pour sa conversion ; car les tenebres du corps lui firent ouvrir les yeux de l'ame ; il reconnut sa faute devant Dieu, & ne rougit point de venir devant les hommes en demander pardon à Malo, qui toûjours prêt à faire du bien à ses ennemis, lava les yeux du Prince d'eau & d'huile benites ; ce qui les guérit parfaitement ; après quoi pour consommer l'ouvrage de sa bonté, il imposa au Comte une pénitence salutaire, & lui donna ensuite l'absolution. Sigebert ajoûte, que le Comte fit depuis de grands présens au Saint, qu'il l'honora toûjours comme son pere, & qu'il se rendit son protecteur dans toutes les occasions où il eut besoin de son autorité, jusqu'à la fin de ses jours. Aussi ne fut ce qu'après le décez de Haeloch, que l'on commença de persecuter saint Malo.

Les chefs de quelques familles nombreuses & puissantes l'avoient fait heritier, ou pendant leur vie, ou par leurs testamens, d'une partie de leurs biens ; & les enfans en eurent du chagrin. Le Saint avoit déja disposé de ces riches aumônes pour le soulagement des pauvres du Diocese, & pour l'entretien de son Eglise, pour le service de laquelle il avoit rassemblé un grand nombre de Clercs & de Moines. Ce fut ce qui suscita contre lui la plûpart de ces familles interessées. On commença la persecution par des plaintes de sa conduite, par des calomnies ; & on la continua par tant de mauvais traitemens qu'on fit à ses domestiques, à ses clercs, & aux serviteurs de son Eglise, que le Saint, qui s'appercevoit bien qu'on n'attaquoit les siens que pour le chagriner, crut devoir ceder & abandonner le païs. On specifie, parmi tous ces mauvais traitemens, l'enlevement de tout le bestail & de tous les meubles des terres de sa Cathedrale, & le foüet donné inhumainement, avec des branches d'ozier, au boulanger de sa communauté nommé Riman, qu'on exposa ensuite sur la gréve, pieds & poings liez, afin qu'il fût suffoqué des flots quand la mer monteroit.

La perte des biens ne touchoit guéres Malo, mais la perte des ames de ceux dont sa présence ne faisoit qu'irriter la fureur, l'affligeoit infiniment ; & il n'avoit plus le Prince Haeloch pour le proteger. Il s'addressa à Dieu, qui délivra miraculeusement Riman ; & après avoir consulté le Seigneur par la priere, il prit enfin la résolution de s'éloigner, non pour abandonner son troupeau, au salut duquel il auroit volontiers sacrifié sa vie, mais pour ôter l'occasion, quoiqu'innocente, du scandale injuste de ses ennemis. Avant que de partir, il fit en public une imprécation contre ce païs ingrat, qui lui rendoit le mal pour le bien, & donna sa malediction à ses persecuteurs, non par esprit d'indignation & de colere, pour se vanger ; mais en esprit de charité & de discipline, pour les corriger ; afin que reduits & domtez par des peines temporelles, ils reconnussent leurs fautes ; & qu'affligez à l'exterieur, ils se repentissent interieurement. S'étant ensuite embarqué avec quelques Religieux qui voulurent le suivre, il vint, après plusieurs jours d'une navigation indéterminée, aborder à la côte d'Aunis, & prit terre à un port du diocese de Xaintes, où la providence, à la conduite de laquelle il s'étoit abandonné, avoit conduit sa barque. Il y apprit avec joïe, qu'un saint Evêque nommé Leonce gouvernoit le diocese ; que c'étoit un Prélat sçavant & pieux, & qu'il pouvoit se promettre un accueil favorable de sa charité. Sur ces assurances il alla le trouver, lui raconta ce qui lui étoit arrivé, & le pria très-humblement de lui donner dans son diocese quelqu'endroit où il pût vivre en repos sous sa protection.

Leonce reconnut bientôt un fonds admirable de sagesse & de sainteté dans son hôte. Il tâcha de reconnoître par ses gracieusetez & sa liberalité envers lui, l'obligation qu'il avoit à Dieu, d'avoir conduit un si grand personnage en son païs. Il lui fit don d'une maison dans un lieu solitaire, où il lui assigna des revenus suffisans pour l'entretien de sa communauté ; & Malo y vécut quelque tems, occupé de Dieu seul, qu'il prioit incessamment pour le salut de son troupeau. Ce genre de vie étoit d'autant plus agréable au Saint, qu'il sortoit d'un plus grand orage, & qu'il étoit moins connu, & par consequent moins recherché & moins reveré des peuples voisins. Mais Dieu fit bientôt éclater son merite dans toute cette province, par le miracle qu'il fit pour la guérison de la fille du Comte de Xaintes, qu'une vipere avoit morduë. Le pere & la mere, qui l'aimoient uniquement, étoient inconsolables, parce que le venin agissoit avec tant de violence, qu'on n'attendoit que la mort de leur fille. Dans cette extremité ils s'aviserent d'avoir recours au saint Evêque étranger, & lui demanderent affectueusement le secours de ses prieres, qui furent si efficaces, qu'aïant seulement appliqué sur l'endroit de la morsure une feüille de liere trempée dans de l'eau benite, il guérit parfaitement la fille mourante. Le Comte donna au Saint, par un mouvement de reconnoissance, une terre de grand revenu ; & cette merveille s'étant divulguée d'autant plus promptement, qu'elle avoit été faite en faveur du plus considerable Seigneur de la province, rendit bientôt celebre la reputation de Malo.

Leonce, qu'une parfaite vertu rendoit incapable de jalousie, & qui s'animoit à vivre encore plus parfaitement, par les exemples & les entretiens du saint Prélat, étoit au comble de la joïe, de posseder ce tresor dans son diocese, & tâchoit d'avoir Malo en sa compagnie le plus souvent qu'il pouvoit, pour profiter de plus en plus de sa présence. Résolu de visiter tout son diocese, il le supplia de l'accompagner, & de le secourir dans ce travail. Malo ne pouvoit pas refuser cette grace à un Prélat qui lui en avoit fait tant d'autres. Ils commencérent donc ensemble le cours de cette visite, au grand bien du diocese. Quand ils furent arrivez à un bourg qui se nommoit Brea, ou Briage, qu'on croit être Broüage, dont saint Leonce donna par reconnoissance une des deux paroisses à S. Malo ; il arriva qu'un jeune garçon de la maison de Leonce, voulant tirer de l'eau d'un puits, tomba dedans, & se noïa. L'Evêque Leonce fit porter le corps dans l'Eglise qu'il venoit de donner à saint Malo, & les parens du défunt passérent toute la nuit en pleurs. Le S. Evêque d'Aleth jugea bien, parce que Leonce avoit ordonné, qu'il souhaitoit de lui qu'il emploïât ses prieres pour le défunt. Touché de compassion, & déferant aux ordres du diocesain, il se mit en oraison, l'effet de laquelle fut la resurrection du mort ; mais Malo n'attribua cette merveille qu'aux merites de Leonce. Nous avons rapporté ce miracle, comme un pareil fait à Aleth, sur la foi des Legendaires ; mais malheur à ceux qui, selon l'expression de l'Apôtre, portent de Dieu de faux témoignages.

La ville d'Aleth, avec son territoire, ressentoit cependant de funestes effets des imprecations de son Evêque. Une continuelle sterilité les avoit affligez de famine, & les maladies s'étoient répanduës dans le païs. Le peu que produisoit la terre étoit devoré par des insectes, dont la corruption empoisonnoit l'air ; toutes les maisons étoient desolées par la mortalité, des pustules malignes bourgeonnoient sur tous les membres ; enfin le doigt de Dieu paroissoit si visiblement dans les divers fleaux dont les habitans d'Aleth étoient frapez, qu'ils ouvrirent enfin les yeux, & reconnurent que c'étoit une juste punition des injures faites à leur saint Pasteur, & les effets indubitables de sa malediction. Une penitence sincere suivit de près cette reconnoissance, & un désir ardent & universel de son retour accompagna leur repentir.

Ils s'assemblérent pour cet effet, & lui

14.
Novemb.

députérent des plus confiderables du diocefe, pour le conjurer de revenir. Ils eurent charge de l'affurer, qu'ils regrettoient infiniment fon abfence, & qu'ils étoient dans la volonté de reparer leurs fautes par la foumiffion la plus refpectueufe & la plus fidéle qu'il pût fouhaiter d'eux. Ces envoïez s'acquittérent de leur commiffion, comme des gens qui dans leur particulier y étoient intereffez. Ils fe proftérnérent aux pieds du faint Prélat, ils les arroférent de leurs larmes, ils lui demandérent pardon pour tous leurs compatriotes, & le conjurérent au nom de Dieu, de venir donner fa benediction à la terre de fon diocefe, & à tous fes diocefains. Le bon vieillard, qui n'avoit jamais eu de veritable colére contr'eux, & qui ne s'étoit indigné que contre leurs vices, les voïant reduits à l'état de penitence où fa charité les avoit toûjours fouhaitez, & attendri par ce que les députez lui dirent des miferes de fes peuples ; fe trouva difpofé à leur accorder ce qu'ils fouhaitoient ; mais n'ofant l'entreprendre, fans avoir confulté Dieu, il dit à faint Leonce tout ce qui fe paffoit, & l'invita à joindre fes prieres aux fiennes, pour obtenir de Dieu qu'il lui fît connoître fa fainte volonté. Au bout de trois jours d'oraifon, un Ange apparoiffant à S. Malo, lui dit de retourner dans fon diocefe lever fon imprécation, abfoudre & confoler fes peuples, & leur donner fa derniere benediction ; après quoi il reviendroit finir fes jours dans la Saintonge.

Le Saint prit congé de Leonce, & fe mit en chemin avec les députez d'Aleth. Sa charité lui donna les forces que fon âge fembloit lui refufer. Il ne fut pas plûtôt arrivé, qu'il retracta publiquement fon imprécation, comme il l'avoit prononcée publiquement ; & donnant fa benediction à tout fon diocefe, il écarta tous les fleaux qui le défoloient ; de forte que la fecondité revint avec la nouvelle année, l'air fe purifia, les maladies cefférent, les infectes furent diffipez, & fa préfence rendit à toute cette contrée la fanté, l'abondance, la confolation, qui en avoient été bannies avec lui. Ce fut pourtant une trifteffe univerfelle, lorfqu'il déclara qu'il falloit qu'il retournât au lieu de fon exil, & que Dieu lui avoit commandé d'y aller mourir. Ses peuples craignoient alors fon abfence, beaucoup plus qu'ils ne l'avoient auparavant fouhaitée ; & leur amitié fit plus d'efforts pour le retenir, que leur injufte averfion n'avoit autrefois emploïé de violence pour l'éloigner. Mais on le follicita inutilement de demeurer ; l'efperance qu'il avoit de mourir bientôt, & d'aller joüir de Dieu

peu après fon retour en Saintonge, s'oppofa aux vœux de fon troupeau, qui ne put obtenir ce qu'il fouhaitoit, parce que Malo ne pouvoit plus difpofer de lui même. Rien ne fut plus tendre, que le dernier adieu du faint Evêque & de fes diocefains, qui le regrettoient d'autant plus, qu'il leur donnoit, pour les confoler, de plus grandes affurances de fon affection. Il revint enfin en Saintonge, y chercher la mort, avec plus d'ardeur, que les hommes charnels n'en ont pour la fuïr.

Leonce vint au devant de lui jufqu'au bourg d'Archembray, dont il lui fit préfent en cette rencontre, pour le feliciter de l'heureux fuccès de fon voïage, & plus encore de fon retour. Ce fut dans cette demeure que Malo paffa le refte de fa vie, dans l'attente & dans le défir de l'heureux moment de fa mort. Après quelques mois il fut attaqué d'une fiévre lente, & fentant les approches du jour du Seigneur, il fe fit coucher fur la cendre, dans le cilice, & là, les yeux élevez au ciel, il rendit fon ame à Dieu au commencement de la nuit du Dimanche 16. jour de Novembre, & fut folennellement enterré à Xaintes par l'Evêque Leonce, qui, témoin de plufieurs miracles qu'il avoit faits pendant fa vie, & qui fe firent à fon tombeau, depuis fa mort, fit élever fur ce tombeau une belle Eglife à fa memoire.

Toutes les donations de Leonce à faint Malo, la vifite de fon diocefe, fa rencontre dans toutes les occafions, & l'érection de cette Eglife à l'honneur du faint Evêque d'Aleth, ne nous permettent pas de confondre Leonce Evêque de Xaintes avec Leonce Evêque metropolitain de Bourdeaux qui vivoit du tems de Fortunat & de Gregoire de Tours. L'Evêque de Xaintes, comme nous l'apprenons de Flodoard, affifta au Concile de Reims tenu l'an 625. par Sonnatius Evêque metropolitain de cette ville de Reims ; & cela joint avec ce qui eft dit dans les actes de faint Malo, qu'il mourut la nuit d'un Dimanche 16. de Novembre, ce qui convient à l'an 627. nous détermine à placer la mort de ce faint Evêque dans cette année 627.

Les Reliques de S. Malo levées de terre & mifes avec refpect parmi les autres objets du culte public, furent long-tems confervées dans l'Eglife de Xaintes, jufqu'à ce que du tems de Bili Evêque d'Aleth ; un gentilhomme Breton qui avoit quitté fon païs pour éviter la mort dont fes freres puînez le menaçoient, s'étant retiré à Xaintes, & y aïant gagné la confiance du facriftain ou Tréforier de l'Eglife cathedrale,

forma

forma le dessein d'enlever le précieux dépôt des Reliques de saint Malo. Il fit un voïage en Bretagne, pour faire part de ses vûës à l'Evêque d'Aleth, qui ne manqua pas de l'encourager à l'exécution d'une espece de larcin, qui passoit alors pour une œuvre meritoire. Le gentilhomme de retour à Xaintes, & toûjours dans la familiarité intime du Tresorier, prit l'occasion d'un absence de quelques jours, pendant laquelle le Tresorier lui avoit laissé toutes les clefs du Tresor, à son ordinaire; & s'étant préparé à son vol par l'usage des Sacremens, il se saisit des Reliques de saint Malo, & les emporta en Bretagne. Arrivé à Rennes, il envoïa avertir l'Evêque d'Aleth de son heureuse expédition. On vint au devant des saintes Reliques, qui furent reçûës avec de grandes réjoüissances à Becherel, à Châteauneuf, où l'Evêque & le Clergé les attendoient, & enfin dans l'Eglise cathedrale de saint Pierre d'Aleth. On ne sçait point précisément le tems auquel a vécu Bili, mais on sçait que Salvator l'un de ses successeurs, qui vivoit au commencement du Xᵉ siécle, emporta hors de Bretagne les Reliques de plusieurs Saints, du nombre desquelles furent celles de S. Malo, qui furent déposées à Paris, & depuis mises par le Roi Lothaire dans sa chapelle du Palais, d'où elles furent ensuite portées dans l'Eglise de S. Magloire, & enfin dans celle de saint Jacques du Haut-pas. Il y a plusieurs Eglises dédiées à S. Malo, non-seulement en Bretagne, mais encore dans les provinces voisines, où on l'appelle S. Maclou. Par exemple en Bretagne, on a S. Malo de Baignon & S. Malo de Fillic, paroisses de l'Evêché qui porte le nom du Saint; Loc-Malo paroisse du diocese de Vannes; S. Malo de Jugon, paroisse de l'Evêché de S. Brieuc.

Le culte de saint Malo est très-ancien, & universel, dans toute la Bretagne, où tous les vieux calendriers mettent sa fête à neuf, ou douze leçons, le 15. de Novembre; en quoi le culte semble contredire les Legendaires; mais tout dépend de l'étenduë qu'on doit donner au terme de *nuit* emploïé par ceux-ci, que le culte a déterminé à la partie de la nuit d'entre le Dimanche 15. & le lundi 16. qui précedoit le point de minuit, & qui par conséquent appartient au 15. selon nôtre maniere de compter les jours; au lieu qu'à les compter comme les Italiens, cette nuit seroit censée du 16. L'Eglise cathedrale de saint Malo, fait la fête de sa translation, sous le rite de double de seconde classe, le 11. de Juillet.

SAINT GURVAL,
ou Guduval, Evêque & Confesseur.
VII. SIECLE.

SAINT Gurval, selon l'abregé de ses Actes, qui se lit dans le Propre de saint Malo, étoit de la grande Bretagne. Il s'adonna à l'étude dès l'enfance, & y apprit, avec les lettres, les Regles de la vie Ecclesiastique. Il domtoit son corps par les jeûnes & par les veilles, s'appliquoit à l'oraison, & faisoit de grandes aumônes. Il rassembloit tous les jours les jeunes Clercs de son âge, & leur faisoit des exhortations, qui firent naître à beaucoup d'entr'eux le désir d'une vie plus parfaite. Il ne se contenta pas de porter tous les autres au bien; il vouloit confirmer ses discours par ses actions, & faire Jesus-Christ son heritier. Il abandonna donc tous ses biens, qui étoient considerables, & les destina pour bâtir un monastere. Quand cet ouvrage fut consommé, il embrassa la profession monastique sous la conduite du fameux Brendan maître de plusieurs Saints, & fut ensuite fait Abbé du monastere dont il étoit le Fondateur. Ce que les mêmes actes ajoûtent, est sujet à de grandes difficultez, & pourroit bien paroître à quelques-uns, plus faux, que probable; c'est à sçavoir, que saint Malo retiré en Saintonge, touché de compassion pour son peuple, & pensant à se donner un successeur, avertit les freres, qu'aussi-tôt qu'il seroit mort, ils eussent soin de faire venir saint Gurval, aussi distingué par ses miracles, qu'estimable par ses vertus, pour lui donner le gouvernement de la ville d'Aleth; que Gurval avoit connu par revelation qu'il seroit élevé à la dignité d'Evêque de cette ville; qu'après la mort de S. Malo, ses disciples passérent dans l'isle de Bretagne, & priérent Gurval de vouloir bien être leur Evêque; que Gurval fléchi par leurs prieres, passa la mer avec eux; qu'il fut sacré Evêque d'Aleth, du consentement des Evêques voisins, & du Metropolitain; qu'il gouverna cette Eglise pendant un an & quelques mois; après quoi il fit mettre en sa place son Archidiacre Coalfinit, pour s'occuper de Dieu seul avec plus de liberté; qu'il se retira dans un monastere de son diocese qui étoit à Guern, où il fut suivi de plusieurs Prêtres, qui abandonnérent volontiers tous leurs biens pour l'amour de Dieu; que Gurval importuné du concours des peuples qu'attiroit à Guern la réputation de sa sainteté, prit douze de

T

ces Prêtres, & se dérobant à la connoissance de ses diocesains, se retira dans une grotte, où il finit sa vie, & reposa en paix, plein de jours & de merites.

Il est surprenant qu'il ne soit fait mention de saint Gurval que dans ce Propre de S. Malo, qui n'a pas plus d'un siécle d'antiquité. Il n'est parlé de lui, ni dans aucuns des differens actes de saint Malo, ni dans ceux d'aucun autre Saint de son tems ; encore moins de cette désignation de successeur faite par saint Malo.

Le P. le Large Chanoine Regulier, dont nous avons autrefois admiré les excellentes vertus, des lumieres de qui nous avons profité, & dont nous honorons toûjours la sainte & religieuse memoire, s'étoit persuadé que S. Gurval étoit le même que S. Gudwal, dont Surius & les successeurs de Bollandus ont donné les actes au même jour que se celebre à saint Malo la fête de saint Gurval. Il pourroit bien ne s'être pas trompé dans cette conjecture, quoique les actes de saint Gudwal ne fassent point mention que ce saint Evêque soit jamais sorti de l'isle de Bretagne. Nous esperons voir dans l'histoire posthume des Evêques de S. Malo, du P. le Large, des preuves qui nous convaincrons, non-seulement de cette identité de personnes, mais encore que saint Gudwal a été Evêque d'Aleth, & est mort à Guern ; car le P. le Large prétendoit soûtenir l'un & l'autre.

En attendant, il ne sera pas inutile de dire quelque chose de S. Gudwal, qui étoit du même païs que nos premiers Saints Bretons. Il nâquit dans le païs de Galles, ou la Cambrie, de parens nobles, dans le tems que l'isle commença de reprendre sa premiere tranquillité, & que les barbares qui en avoient conquis la plus grande partie, avoient commencé de plier le cou sous le joug de l'Evangile. Il fut fait Evêque dans son païs ; mais éprouvant que cette dignité l'attachoit malgré lui au siécle qu'il vouloit abandonner, il se choisit un successeur, & se retira dans un monastere de son diocese. Après y avoir passé quelque tems dans les exercices d'une vie toute celeste, l'amour d'une retraite plus entiere le fit passer, avec un seul compagnon, sur un rocher affreux, voisin de la côte, & baigné de la mer de tous côtez. Il s'y creusa lui-même une grotte pour sa demeure ; mais il ne put y demeurer inconnu, comme il l'avoit souhaité ; quelques disciples l'y vinrent joindre, & se logérent autour de lui dans la pierre, comme la colombe des Cantiques. Le nombre en augmenta si considerablement en peu de tems, qu'on a peine à croire ce qu'en disent les actes du Saint, c'est à sçavoir qu'on vit ce rocher habité de 188. solitaires. Nous ne dirons rien des miracles surprenans qu'on fait faire à saint Gudwal, pour arrêter la fureur des flots, pour gagner du terrain sur la mer, & pour desalterer ses freres d'une eau vive tirée des entrailles du rocher ; ni des visions de la gloire celeste, & de la présence des Anges envoïez pour le consoler. Sa vie seule est un assez grand miracle, pour lui attirer tous nos respects & nôtre veneration. Il quitta ce rocher, pour s'exiler encore une fois de sa patrie, & faisant embarquer tous ses disciples, il passa avec eux dans une autre province, qu'on croit être celle de Devon-shire, où aïant été reçu avec humanité, le premier soin qu'il prit, fut de chercher un lieu propre pour bâtir un monastere. Il s'attacha d'abord à un petit champ, solitaire, mais destitué de commoditez, & commença d'y vouloir bâtir des cellules. Un Seigneur puissant dans le païs, & qui connoissoit Gudwal, vint le trouver, lui fit voir les difficultez de son entreprise, & le mena dans un autre lieu beaucoup plus commode & plus étendu, où le Saint résolut de s'établir. Il voulut sçavoir auparavant à qui étoit le lieu, & pourquoi, étant si agréable, il se trouvoit cependant abandonné. Il apprit que le lieu, appartenoit à un Seigneur Chrétien, qu'une guerre intestine avoit contraint de passer dans la Cornoüaille avec toute sa famille. Gudwal, persuadé que la justice ne permettroit pas d'user en maître du bien d'autrui, sous prétexte de pieté, résolut d'envoïer quatre de ses Religieux vers ce Seigneur, appellé Mevor, pour demander son agrément. Mevor étoit un homme d'une pieté singuliere, qui vivoit en continence avec son épouse, depuis quelques années, à cause qu'il la croïoit sterile. L'humanité dont il usa envers les quatre Religieux fut recompensée de Dieu par la naissance d'un fils, qui fut nommé Simeon, & que son pere donna à saint Gudwal, avec toute la terre où ce saint Evêque avoit fixé sa demeure. On ne nous apprend point combien de tems il vécut. On dit seulement, qu'après y avoir fait un grand nombre de miracles, comme il méditoit, un jour de Carême, sur les mysteres de la passion, après avoir offert le saint sacrifice, un Ange lui vint apprendre que Dieu lui donneroit bientôt la couronne qu'il a promise à ceux qui l'aiment ; ce qui lui fut confirmé depuis par S. Michel même, qui l'assura que son exil ne dureroit plus que dix jours. Il assembla tous ses disciples, & après les avoir consolez d'une nouvelle plus affligeante pour eux que pour lui, il les exhorta à la perseverance & au mépris constant du monde; après quoi, aux approches de sa bienheureuse fin, il fortifia son ame des secours que nôtre Religion donne aux mourans, & passa tranquillement de cette fausse vie, à la veritable, pour laquelle il avoit toûjours soupiré.

Sa mort arriva le 6. de Juin. Sa mere & ses sœurs y assistérent, qui demandérent son corps avec toutes les instances imaginables, pour l'emporter dans le païs de sa naissance, & le mettre dans l'Eglise qu'il avoit autrefois gouvernée. Les Religieux du monastere, de leur côté, vouloient retenir un si précieux gage de la protection qu'ils se promettoient de leur saint Abbé. Mais craignant enfin de lui déplaire par une contestation où l'aigreur pouvoit facilement trouver place, ils remirent à lui-même la décision de ce different, & le choix du lieu de sa sepulture. On mit le corps sur un chariot traîné par des bœufs, qui après avoir fait quelque chemin, s'arrétérent sur une colline, sans qu'il fût possible de les faire avancer. On s'avisa, dit-on, voïant ceuxlà immobiles, de les dételer, & de mettre des taureaux indomtez en leur place, qui tirérent aussi-tôt le cercueil avec facilité, & l'emmenérent à l'isle de Plecit, où le Saint avoit autrefois demeuré avec ses 188. Religieux. Son corps y fut enterré, & y demeura jusqu'aux courses des Normans. Pour dérober ce précieux dépôt à la fureur sacrilege de ces barbares, les Religieux l'enlevérent, & le firent passer en France, où ils le portérent pendant quelque tems de part & d'autre. Il fut ensuite déposé à Montreüil sur mer, d'où Arnoul le Grand, qui fut Comte de Flandres dans le Xe. siécle, le fit apporter à Gand, dans un * monastere que les Normans avoient ruïné, mais qu'il avoit rétabli depuis peu. Cette translation se fit le 3. de Decembre, sous le regne du Roi Lothaire, qui avoit été couronné Roi de France le 12. de Novembre de l'an 954.

Bladinium.

Outre la ville de Gand, où les honneurs qu'on rend à saint Gudwal sont extrêmes, aussi-bien que la confiance que l'on a dans son credit auprès de Dieu; sa memoire est encore en veneration dans une isle de l'Evêché de Vannes, où il y a un Prieuré de la dépendance de l'Abbaïe de Redon, qui porte le nom de saint Gudwal. L'ancien Breviaire d'Orleans en faisoit la fête avec des leçons propres, sous le nom de saint Gau. Les Bollandistes disent avoir appris de feu Mr. Châtelain Chanoine de N. D. de Paris, que la tradition du Gâtinois étoit, que le corps de saint Gudwal apporté de l'isle de Bretagne, fut premierement déposé à Yeurele-Châtel, où l'on montre encore sa vieille chasse, & qu'un de ses ossemens fut laissé à Petiviers, ou Pluviers en Gâtinois; ce qui est cause qu'on fait en ces deux lieux la fête de saint Gudwal, avec office du commun d'un Confesseur Pontife; mais que l'on estime que du Gâtinois le corps du Saint fut porté à Gand. Le nom de saint Gudwal n'est pas inconnu en Bretagne, puisqu'outre le Prieuré dont nous venons de parler, on trouve encore la fête du Saint marquée dans l'ancien calendrier de l'Abbaïe de saint Méen, au 7. de Juin, & le 6. du même mois dans un autre vieux calendrier de l'Eglise de S. Malo. Il est nommé Guidgal dans le premier, & Gudual dans celui-ci. Dans tous ces calendriers, aussi-bien que dans les actes de S. Gudwal, il n'est qualifié qu'Evêque; mais on le traite d'Archevêque dans quelques autres calendriers, & dans un sermon sur sa translation, que les Bollandistes ont fait imprimer à la suite des actes. L'ancien calendrier de l'Eglise de S. Malo, cité par les Bollandistes, fait mention de S. Gudwal, comme Evêque de saint Malo: *S. Gudvvalus Episcopus Maclouiensis*. Cela confirmeroit considerablement l'opinion du P. le Large, qui ne faisoit qu'un même Saint de S. Gurval & de S. Gudwal. Saint Gurval est le patron de la paroisse de Guern, à deux lieües de S. Malo de Baignon, dans l'Evêché de S. Malo. Le P. le Large s'étoit persuadé que S. Gudwal ou Gurval y étoit mort, quoiqu'on puisse dire au contraire; & quelquesuns croient que ce Saint fut enterré dans un caveau de cette Eglise de Guern.

L'ancien calendrier de l'Abbaïe de saint Méen marque au 7. de Juin la fête de saint Guidgual Evêque & Confesseur, avec office de trois leçons. Ce pourroit bien être le même S. Gurval ou Gudwal dont nous venons de parler. On en pourroit dire autant d'un saint Goüal, patron d'une paroisse de l'Evêché de Vannes.

SAINT VICTOR
de Cambon, Confesseur.
VII. SIECLE.

LES anciens ne nous ont rien conservé, non-seulement de veritable, mais même de fabuleux, de la vie de S. Victor, & nous ignorons jusqu'au tems où il a vécu. Ce n'est que par conjecture que nous le

31.
AOUST.

Albert le Grand.

plaçons dans le VII. siécle, dans le tems à peu près où ont fleuri saint Felix Evêque de Nantes, S. Martin de Vertou, S. Friard, S. Secondel, & S. Hermeland, tous personnages qui ont sanctifié le diocese de Nantes, & fait l'édification du public par la regularité de leur vie & l'innocence de leurs mœurs. Le nom de Victor paroît François ou Armoricain, & le saint Confesseur qui l'a porté pourroit bien n'avoir pas pris naissance loin de la paroisse de Campbon dans l'Evêché de Nantes, où les restes de son Ermitage subsistoient encore à la fin du Xe. siécle. On dit que les troupes de Conan Comte de Rennes logées dans ce quartier, apprirent par une punition celeste, que ces masures qu'ils avoient prophanées, avoient quelque chose de respectable, & qu'un saint Ermite avoit autrefois passé sa vie dans ce même lieu. Quoiqu'il en soit, le culte de saint Victor est ancien dans le diocese de Nantes, dont les plus vieux calendriers marquent la fête du Saint, sous le titre de Confesseur, & à trois leçons, au dernier jour du mois d'Aoust. Le P. Albert le Grand a rapporté quelques miracles faits à la chapelle & au tombeau de saint Victor, & des punitions divines exercées contre ceux qui ont traité irreligieusement ses Reliques, autrefois conservées dans cette chapelle. Il cite pour garans les anciens Legendaires de l'Eglise de Nantes, que nous n'avons point vûs.

21.
JUIN.

SAINT MÉEN,
ou Conard-Méen, Abbé.

VII. SIECLE.

Tiré des actes manuscrits de S. Méen.

SAINT Méen, que sa Legende nomme toûjours Conard-Méen, fut éleve de saint Samson; & ses grandes vertus, ses miracles, son monastere qui subsiste encore, & le pelerinage à son tombeau, qui continué toûjours, ont rendu ce Saint des plus fameux. Il étoit, comme S. Malo, originaire de la province de Gwent dans la South-wale, fils d'un homme d'une naissance distinguée, que le Breviaire de saint Malo nomme Gerascend, ou Gerascen, & que la Legende manuscrite du Saint, conservée dans son Abbaïe de Gael, appelle Ork, ou Orchée, proche parent des Saints Magloire & Samson, apparemment du côté de leurs meres qui étoient de la même province. Ce Seigneur vivoit dans un très-grand éloignement des vanitez du siécle, dans l'observance fidéle des commandemens de Dieu, & même dans la pratique des conseils, & dans les exercices continuels d'une solide pieté. Son plus grand soin fut d'élever saintement son fils, & de tourner de bonne heure toutes ses inclinations au bien; à quoi le saint enfant, prévenu de la grace, se portoit de lui-même avec ardeur. Il n'eut jamais rien des puerilitez ni des legeretez ordinaires de l'enfance; rien de volage, ni de déreglé dans sa jeunesse; & dès-lors maître absolu de ses passions, & superieur à toutes les tentations de plaisir & de vaine joïe qui corrompent presque tous les jeunes cœurs, il ne prenoit de divertissement qu'aux pratiques de charité, à visiter les malades, soulager les pauvres, consoler les affligez, & à faire tout le bien qu'il pouvoit.

L'honneur qu'il avoit d'être parent du saint Evêque Samson, lui donna la confiance d'aller trouver ce grand homme, dont la haute réputation lui avoit fait naître le désir de vivre sous sa conduite; & Samson, charmé de la pureté des mœurs, de la candeur, de la droiture, & de l'ingenuité de ce jeune parent, le reçut avec joïe, & l'adopta pour son fils spirituel. Conard-Méen s'avança beaucoup, en peu de tems, sous cet excellent maître; & fit voir par une fidéle imitation de toutes les vertus de ce saint pere, qu'il étoit très-digne de cette préference d'adoption. Il répondit en particulier à cette faveur de Samson, par une tendre affection pour lui, & par un attachement à sa personne, qui lui fit abandonner volontiers son pere, son païs, ses biens pour accompagner le saint Evêque dans l'Armorique, lorsqu'il prit la résolution d'y venir. Dans un âge peu avancé, il avoit une prudence & une sagesse consommée, qui le rendoient capable des plus difficiles & des plus importans emplois. Son maître le prenoit ordinairement pour compagnon dans toutes les courses; & le saint Prélat ne faisoit guéres de miracles, qu'il n'obligeoit saint Méen de joindre ses prieres aux siennes, tant il prenoit de confiance dans l'efficace de son oraison. Il vouloit même que saint Méen prêchât de son côté, ce qu'il faisoit avec beaucoup de zéle & de succez.

Samson aïant pris le dessein d'envoïer à Guerech Comte de Vannes un de ses Religieux, pour le supplier de le favoriser de quelques liberalitez pour le bâtiment de son monastere & de son Eglise, ne jugea personne des siens plus propre pour cette commission, qui demandoit un Religieux d'une grande prudence & d'une grande édification, que Conard-Méen, qui se mit in-

SAINT MEEN.

21. JUIN.

continent en chemin, à pied, chantant des pseaumes & des hymnes pendant la route, pour en adoucir la fatigue.

Une grand forêt, qui divisée en differens cantons, fait aujourd'hui les forêts particulieres de Painpont, de Brecilien, de la Hardoüinaie, de Montcontour, & de la Noüée, s'étendoit alors depuis Gael jusqu'à Corlay, & partageoit la Bretagne en deux portions, dont l'une se nommoit le païs de deça, & l'autre le païs de delà la forêt. Ces noms se donnoient apparemment au païs étendu de l'orient au couchant, plûtôt qu'à celui qui s'étend du teptentrion au midi; puisqu'on trouve le païs de saint Méen de Gael, & le païs de Massent, également nommez *le païs de delà les bois*, ou *Transylva*. S. Méen se trouva un soir, très-fatigué d'une penible journée, près d'un bourg nommé *Pacata*, situé sur le bord de la forêt, du côté qu'on nommoit *au-delà*, & il cherchoit où loger. La providence divine lui fit rencontrer un homme de grande qualité appelé Caduon, à qui la Legende donne le titre de Comte, & qui possedoit presque tout ce canton. Caduon n'avoit point d'enfans, & persuadé par sa pieté que l'hospitalité Chrétienne attire de grandes benedictions du ciel sur ceux qui l'exercent dans la seule vûë de plaire à Dieu, il se promenoit ordinairement tous les jours le long de ses domaines, jusqu'à la petite riviere de Meu, pour chercher les voïageurs & les pelerins ; il les emmenoit, & les traitoit avec beaucoup de charité dans sa maison. Il eut de la joïe de trouver saint Méen, quoiqu'il ne le connût pas. Quand il l'eut entretenu quelque tems, il trouva tant de charmes dans la douce & sainte conversation de ce Solitaire, qu'il ne s'estima pas moins heureux, que le Patriarche Abraham lorsqu'il reçut trois Anges. Méen & Caduon passérent presque toute la nuit en de saints discours ; Caduon écoutoit, avec une assiduité insatiable, les paroles de vie qui couloient de la bouche de Méen ; & Méen prenoit plaisir à rassasier la pieuse & sainte avidité de Caduon. Mais lorsqu'il fallut se quitter le lendemain, Caduon ne pouvoit du tout se résoudre à laisser aller S. Méen, & S. Méen seroit volontiers demeuré plus long-tems avec lui, si l'obéïssance ne l'avoit pressé de partir. Le Comte afin de le retenir, ou du moins pour l'obliger à revenir chez lui, fit offre de tous ses biens à saint Méen, pour fonder un monastere, à condition qu'il viendroit le bâtir & y demeurer ; & le Saint lui promit qu'il ne tiendroit pas à lui que sa devotion n'eût son effet, & qu'il la satisferoit indubitablement, pourvû que son maître y consentît. Sur cette promesse on le laissa partir, & il alla en diligence trouver le Comte Guerech dans le païs de Vannes.

C'étoit apparemment Guerech I. car outre qu'il paroît que Samson étoit mort, lorsque Guerech II. commença de regner l'an 577. il est certain que son monastere de Dol étoit achevé long-tems avant cette année-là, qui est la premiere, ou tout au plus la seconde, de Guerech II. selon Gregoire de Tours. Et d'ailleurs le Roi de France Childebert, & le Prince Judual depuis son rétablissement, firent d'assez grands biens à Samson, pour le dispenser de s'adresser à d'autres qu'à eux. Enfin Guerech I. étoit en réputation d'être liberal envers les monasteres & les Eglises ; au lieu que Guerech II. ne pensa presque qu'à faire la guerre, à étendre ses Etats, ou à piller ses voisins. Ce fut donc vers l'an 548. qu'on bâtissoit encore l'Eglise & le monastere de Dol, que Conard-Méen alla trouver Guerech I. Comte du païs Breton de Vannes, qui, comme nous le croïons, ne mourut que vers l'an 549. & le saint solitaire en obtint même plus qu'on n'avoit esperé, parce que l'estime que le Comte conçut pour lui, fit augmenter ses liberalitez. Au retour il passa chez le Comte Caduon, qui lui fit dès-lors une donation de tous les meilleurs fonds qu'il possedoit des deux côtez de la riviere de Meu, qui tous ensemble formoient une Seigneurie qu'on nommoit Tre-Foss.

Quelque repugnance que dût avoir Samson, à se priver du secours d'un homme en qui il avoit confiance, & qu'il connoissoit propre à tout, il lui commanda néanmoins d'aller au plûtôt, avec quelques Religieux qu'il lui donna, travailler à l'établissement d'un monastere sur le fonds que le Comte lui avoit donné ; & Conard-Méen aïant reçu la benediction de son pere pour Caduon & pour lui, se mit incontinent en chemin avec ses confreres, dont Samson l'avoit nommé Abbé. De retour à Tre-foss, & reçu de Caduon avec une joïe inexplicable, il mit aussi-tôt la main à l'œuvre, & commença avec ses compagnons, par défricher & applanir le lieu qu'il avoit choisi pour y bâtir l'Eglise & le monastere, dans une situation commode, si l'eau vive bonne à boire n'y eût point manqué. Ce défaut n'empêcha pas cependant saint Méen d'y prendre ses allignemens ; & plein de confiance en Dieu, après s'être addressé à lui, il enfonça son bâton en terre dans le lieu où l'on eût le plus souhaité qu'il y eût une source ; & à peine l'eut-il retiré, que l'eau vive (car c'est ainsi qu'on le raconte) sortit à gros bouillons du trou qu'il venoit de faire. Elle y a eu depuis un cours continuel, utile à la santé d'une infinité de malades, qui depuis y ont, à ce qu'on dit, trouvé leur guérison.

Ce miracle rendit Méen encore plus cher à Caduon, qui n'épargna rien pour le bâtiment de l'Eglise & du monastere, où la réputation de la sainteté de Méen, & ses frequens miracles, attirérent bientôt assez de personnes, pour former une nombreuse & florissante communauté. Ce furent les commencemens de l'Abbaïe de S. Jean de Gael, car ce fut à S. Jean-Baptiste que l'Eglise du monastere fut premierement dédiée. On la nomme aujourd'hui S. Méen, du nom de son premier Abbé. Sa fondation est de l'an 550. ou environ, car il est impossible de la placer plûtôt, ou de la differer plus tard, sans de grands inconveniens. Il faut, au reste, que les Religieux de cette sainte maison, sous la conduite de leur Abbé, vécussent dans une grande observance, puisque dans un tems où toute la province de Bretagne étoit peuplée d'une infinité de saintes communautez de moines, celle de S. Méen étoit une de celles qui avoit le plus de réputation ; de sorte que lorsque saint Judicael Roi de la Domnonée voulut quitter la pourpre, pour prendre l'habit Religieux, ce fut cette Abbaïe qu'il choisit pour s'y retirer. Les actes de saint Méen ne nous apprennent rien de particulier du détail de la vie de ce saint Abbé. Mais on peut bien s'imaginer qu'il porta la pénitence monastique aussi-loin que son maître Samson, & qu'il passoit, comme lui, les jours à catechiser les peuples, & instruire ses disciples, & les nuits à veiller & prier.

Entre les autres miracles qu'on dit qu'il a faits, on raconte, qu'apprenant que les bêtes de la forêt voisine faisoient un grand dégât sur les terres de l'Abbaïe, il les chassa par le signe de la croix, & leur commanda de s'enfoncer si avant dans les bois, qu'on ne les revît plus. On ajoûte, qu'en effet elles ne revinrent plus ravager ce païs-là. Mais ce qui arriva à saint Méen avec le Comte Haeloch merite beaucoup mieux d'être remarqué.

L'on se tromperoit, si l'on disoit que Haeloch étoit frere de saint Judicael. Car quoiqu'il soit vrai que S. Judicael eut un frere appellé Haeloch, ou Haelon, aussi-bien que celui-ci ; l'on ne peut dire néanmoins, sans confondre la chronologie, que celui dont il est parlé dans la vie de saint Méen fût frere de saint Judicael ; & il y a beaucoup plus d'apparence qu'il étoit son oncle, frere de Juthael son pere. Ce qui a pu donner occasion à l'erreur qui paroît dans les actes de saint Méen, c'est qu'on trouve quelquefois ce Juthael pere de saint Judicael & frere de Haeloch, nommé Judicael comme son fils, & ce Judicael fils, qualifié Judicael II. car au reste Haeloch frere de saint Judicael n'aïant été que l'onziéme des fils de Juthael, dont saint Judicael étoit l'aîné, il ne pouvoit pas encore être au monde lorsque saint Conard-Méen eut avec Haeloch le different dont nous allons parler ; & même on pourroit dire que le Haeloch frere de saint Judicael n'étoit encore qu'un jeune enfant, lorsque S. Méen mourut.

Le Comte Haeloch avoit un château, où il demeuroit souvent, pour la commodité de la chasse ; & ce château n'étoit pas fort éloigné de l'Abbaïe. On a déja representé ce Seigneur, dans la vie de S. Malo, comme un homme fier, intraitable, hautain, sans pitié, sans respect pour les choses sacrées ; & il paroît encore ici du même caractere, & de plus d'une extrême cruauté. Quelqu'un de ses sujets, ou de ses serviteurs, aïant commis une faute assez legere, fut pris, par ordre de ce Prince, & jetté dans un cachot obscur, d'où l'on ne le devoit retirer, que pour le faire mourir. Ce malheureux, qu'on tourmentoit dans sa prison, jettoit des cris pitoïables qui vinrent jusqu'aux oreilles de saint Méen, qui passoit près de là. Son cœur en fut touché de compassion, & la charité le rendant hardi, quoiqu'il n'eût aucun accès auprès de Haeloch, il alla toutefois le trouver, & le supplia très-humblement, au nom de J. C. liberateur de tous les hommes, de rendre la liberté à ce pauvre miserable qui n'étoit déja que trop puni de sa faute. Le Prince, au lieu d'écouter favorablement cette humble priere, fit chasser de son palais, avec insulte & mépris, celui qui la lui faisoit ; qui rebuté par les hommes, eut recours à Dieu son refuge ordinaire dans toutes ses necessitez. Prosterné devant le Seigneur, il le supplia les larmes aux yeux, qu'il lui plût de délivrer le prisonnier ; & tout d'un coup ses chaînes se briserent, les portes de son cachot s'ouvrirent, & il alla se refugier au monastere de S. Jean, de peur qu'on ne le reprît. Haeloch sçachant ce qui étoit arrivé, commanda à quelques-uns de ses gens de poursuivre le fugitif, & de le lui ramener enchaîné. On n'eut pas grande peine à découvrir le lieu de sa retraite ; mais on n'osa le prendre dans le monastere, par respect pour saint Méen. Ces gens se con-

SAINT MEEN.

tentérent d'avertir leur maître du lieu où le prisonnier s'étoit retiré. Le Comte y accourut incontinent, fit rompre les portes, força les cloîtres, chargea saint Méen d'injures, & enleva sa proïe. On ajoûte, que saint Méen, justement indigné de la violence du Comte, lui dit d'un ton majestueux & severe, qu'en punition de son attentat, il mourroit dans trois jours; menace dont Haeloch ne fit que se mocquer; mais que s'en retournant à cheval, il tomba si rudement, qu'il se brisa tout le corps & se rompit une cuisse, dont il mourut effectivement dans les trois jours, après avoir néanmoins demandé pardon de sa faute à Dieu & à S. Méen, & en avoir reçu l'absolution.

Nous nous sommes déja déclarez contre ces miracles meurtriers & vindicatifs, si contraires à l'esprit de douceur & de patience du nouveau testament, & si indignes des vrais disciples de J. C. Mais outre la raison qu'on a de rejetter celui-ci, par le principe general, que les Saints ne seroient pas Saints, s'ils avoient été vindicatifs; il y a d'ailleurs tout sujet de croire que le Prince Haeloch ne mourut pas de cette chute; puisque nous avons vû dans la vie de saint Malo, qu'après avoir été guéri de l'aveuglement par ce saint Evêque, il se convertit entierement, & continua le reste de sa vie à faire le bien, & proteger ceux qui le faisoient. Nous estimons donc, que la chute de Haeloch le fit, à la verité, rentrer en lui-même, mettre son prisonnier en liberté, demander pardon à saint Méen, & lui faire quelques excuses de ses emportemens. Mais il ne mourut pas alors, quoiqu'en dise le Legendaire, qui moins Chrétien que saint Méen, a voulu tuer dans ses écrits, le pecheur dont le charitable Méen ne demandoit que la conversion & la vie.

Bientôt après saint Méen fit le voïage de Rome, par esprit de pénitence & de pieté, comme l'assure sa legende manuscrite; & l'on ne sçait où le P. le Cointe a pris, qu'il n'accomplit pas ce voïage, & qu'il ne fit que se mettre en route. A son retour il passa par Angers, & à la priere d'habitans, qui le connoissoient par sa réputation, il y demeura quelques jours & y fit quelques prédications. On dit qu'une Religieuse, du nombre de celles qui vivoient en retraite dans leurs propres maisons, le vint trouver à Angers, pour le prier de vouloir chasser un serpent monstrueux qui avoit son repaire sur son heritage, entre le lieu où est l'Abbaïe de saint Florent-le-Vieil, & la montagne nommée Clermont (ce qui reviendroit à la situation de Château-ceaux) & qu'après que le Saint eut traîné le ser-

pent avec son étole, & l'eut précipité dans la Loire, où il fut suffoqué, la Religieuse lui donna toute cette terre, où il fonda un second monastere, qu'il peupla de Religieux tirez de celui de saint Jean de Gael. On peut croire que cette terre lui fut donnée dans ce païs-là, & qu'il y bâtit un monastere, que sa Legende nomme *Monopalium*, ou *Monopalm*.

Il demeura le reste de ses jours, tantôt dans l'un, & tantôt dans l'autre de ses deux monasteres, prenant également soin de l'une & de l'autre communauté. L'Abbaïe de Gael fut pourtant toûjours sa maison principale; & comme elle étoit beaucoup plus grande & plus remplie de Religieux, il y demeuroit aussi le plus-ordinairement. Ce fut dans celle-ci; selon les Actes de sa vie, & ceux de saint Judicael, que ce saint Roi reçut des mains du saint Abbé la tonsure & l'habit monastique. Car S. Méen étoit *encore vivant*, dit en termes formels la Legende de saint Judicael, lorsque le Prince l'alla trouver, pour se soumettre aux loix de la vie Religieuse. Mais comme saint Judicael a embrassé l'état monastique deux diverses fois, & comme il se coula bien des années entre l'une & l'autre, il y a quelque lieu de douter si ce fut à la premiere, ou à la seconde, que S. Méen lui donna l'habit Religieux, ou si même il ne lui donna point toutes les deux fois. Ce qui est certain, & qui doit par consequent servir à juger du reste; c'est que ce ne fut qu'après l'an 636. que ce Prince rentra dans le cloître. Or il n'y a guéres d'apparence que saint Méen ait vécu jusqu'en 636. Et d'ailleurs il est dit dans les actes de saint Josse, que ce ne fut pas saint Méen, mais un autre saint Religieux nommé Caroth, qui exhorta ce Roi en 636. à quitter le monde; ce qui doit faire juger que saint Méen ne vivoit plus; car il n'y a pas d'apparence que S. Judicael eût pris conseil d'un autre, que du saint Abbé, s'il eût encore été en vie.

Il faut donc dire que ce ne fut qu'à la premiere fois que S. Judicael se fit Religieux, que S. Méen le reçut dans son Abbaïe de Gael; ce qui vraisemblablement arriva vers l'an 616. que le Prince pouvoit avoir 22. à 23. ans. S. Méen eut donc, sur la fin de ses jours, la consolation de donner dans son Abbaïe l'habit monastique à son Roi, & de voir les premiers fruits de la ferveur naissante de ce jeune Prince: car les actes de saint Méen, & ceux de S. Judicael s'accordent en ce point, que saint Méen lui donna l'habit.

Il y avoit déja du tems que l'extrême

21.
JUIN.

Adiit iteq; Mevennum adhuc superstitem.
Auctor vitæ S. Judicaelis.

21.
JUIN

vieillesse de S. Méen le retenoit dans son monastere de Gael, où il se disposoit, par tous les exercices qu'une fervente pieté peut inventer, à paroître devant Dieu ; lorsqu'un Ange vint l'avertir du jour & du moment de sa mort, & il la prédit à ses disciples quelques mois avant qu'elle arrivât. Se sentant près de sa fin, il fit venir tous ses Religieux, pour les exhorter en commun à la perseverance, & pour donner à chacun en particulier les avis dont ils avoient besoin. Un d'eux, nommé Austole, qui étoit Prêtre, & dont il avoit été le parain, étoit dans un abbatement de tristesse & de regret, qui le rendoit incapable d'aucune consolation. Le Saint s'en étant aperçu, lui dit : « ne vous affligez point, mon fils ; en sept jours d'ici vous me suivrez, & vous viendrez me rejoindre pour toute l'éternité. Le terme de nôtre séparation n'est pas long ; consolez-vous, & preparez-vous. » Ces paroles furent suivies de sa benediction, & de son décez, qui arriva le 21. jour de Juin. Austole mourut précisément sept jours après, comme le saint Abbé le lui avoit prédit ; & les Religieux aïant ouvert le tombeau, pour mettre le corps de ce cher disciple avec celui du saint Abbé, furent extrêmement surpris, de trouver celui-ci couché, non sur le dos, comme ils l'avoient mis, mais sur le côté gauche, & rangé à la droite du sepulcre, pour faire place à son hôte. Voilà comme le raconte le Legendaire ; mais l'inspection du tombeau de pierre dure qui a servi de sepulcre au saint Abbé, & que l'on montre aux pelerins dans l'Eglise de son nom, si l'on n'abuse point de leur credulité, ne laisse pas juger qu'il y ait pû avoir deux corps dans ce tombeau, qui y aïent été mis à sept jours l'un de l'autre : car il ne pouvoit y avoir de place que pour un.

S. Austole.

On invoque particulierement S. Méen pour une espece de galle horrible à voir, & qu'on nomme *le mal S. Méen.* C'est une galle opiniâtre & corrosive, dont la malignité attaque particulierement *les mains* ; ce qui a donné lieu à la devotion, à cause du rapport de *main* à *Méen* ; comme les rapports d'*Eutrope* à hydrope ou hydropisie, & de *Loüis* à *l'oüie,* ont donné lieu d'invoquer S. Eutrope pour guérir de l'hydropisie, & S. Loüis pour guérir l'oüie affligée de surdité. On voit tous les jours un grand nombre de pelerins aller au tombeau de S. Méen ; ce qu'il faut faire, dit-on, en demandant l'aumône, quelque riche qu'on soit ; & l'on assure qu'ils y sont presque tous guéris. Il se peut faire que la vertu minerale de la fontaine dans l'eau de laquelle ils se baignent, ne contribuë pas peu à leur guérison.

Nous estimons qu'il faut placer la mort de saint Méen vers l'an 617. Ses saintes Reliques furent transportées à S. Florent, du tems des courses des Normans. On en conserve encore néanmoins quelque partie dans son Abbaïe, qui a bien changé de destination & d'état, depuis que les Prêtres de la Mission de saint Lazare y ont été mis, sans le consentement des Religieux. Ils y ont changé jusqu'à la forme des habits du Saint, qu'ils ne representent plus en moine, & aux images duquel ils ont donné un petit collet. Mais l'habit de Prêtre seculier donné à ses images, ne nous empêchera pas de le mettre au nombre des Saints Moines. Le nom de S. Méen se trouve dans les Litanies Angloises du VIIe. siecle. L'ancien Breviaire de l'Abbaïe de S. Méen marque sa fête au 21. de Juin, avec octave. Celui de Dol de l'an 1519. la marque au même jour, avec office de neuf leçons. Ceux de Nantes & de S. Brieuc ne lui donnent que trois leçons. Celui de Vannes de 1660. marque aussi sa fête au 21. de Juin. S. Méen de Cancale est une paroisse de l'Evêché de S. Malo, qui porte le nom de ce saint Abbé. Il y a aussi dans un faubourg de Rennes une chapelle & un hôpital du nom de S. Méen.

SAINT AUSTOLE,
Confesseur.

VII. SIECLE.

NOUS n'avons rien à ajoûter à ce que nous avons dit de S. Austole à la fin de la vie de S. Méen son Abbé, si non que son culte étoit établi dans l'Abbaïe de S. Méen, dont l'ancien calendrier manuscrit marque sa fête au 28. de Juin avec office de douze leçons. Philippe Ferrarius dans son nouveau catalogue des Saints l'appelle Ausole, & marque sa fête au 21. de Juin, quoiqu'il n'ait pas ignoré que ce Saint est décédé sept jours après S. Méen.

SAINT MAELMON,
Evêque & Confesseur.

VII. SIECLE.

IL est dit dans les actes manuscrits de S. Judicael, qui sont à l'Abbaïe de S. Méen, que le Bienheureux Maelmon étoit Evêque

SAINT MAELMON.

Evêque d'Aleth, & que la sainteté de sa vie l'avoit rendu digne de l'amitié de saint Judicael, avec qui ce saint Evêque entretenoit un commerce de pieté, beni du ciel par des graces extraordinaires. On raconte entr'autres merveilles, que ces deux Saints étant un jour à ⸱Tal-redau, occupez dans l'hôpital de Maelmon, à macerer leur corps par l'abstinence & par les veilles, & appliquez à l'oraison & aux loüanges de Dieu, leur esprit éclairé d'une lumiere surnaturelle & ravi hors d'eux-mêmes, vit les cieux ouverts, & les chœurs des Anges qui loüoient la Divine majesté. S. Maelmon avoit bâti un monastere, où S. Judoc fut élevé dès l'enfance. Ce monastere portoit le nom de son fondateur, & s'appelloit Lan-Maelmon. Maelmon est qualifié Saint dans les catalogues des Evêques de saint Malo ; mais il ne reste point de vestiges de son culte.

SAINT JUDICAEL,
Confesseur.

VII. SIECLE.

ON a vû ailleurs que Judual, Prince ou Roi de la Domnonée, rentra dans ses Etats par la victoire de Clotaire I. sur Chramne & sur Conomor. On ne sçait point le nom de sa femme ; mais on sçait qu'il eut cinq fils Judhael, Haeloch ou Haelon, Deroch, Doethwal, & Archael. Les trois derniers ne sont connus que par la genealogie qu'Ingomar a dressée des Princes de la Domnonée ; & nous avons parlé de Haeloch dans la vie de saint Malo & dans celle de saint Méen. Judhael ou Juthael, quelquefois nommé Judicael, l'aîné des cinq, fut après la mort de son pere, Roi de la Domnonée, & il étoit déja sur le trône, lorsqu'il épousa Pritelle fille d'Ausoch Comte particulier du païs d'Ack dans l'Evêché de Leon.

Le même Ingomar, dans la vie de saint Judicael, dit que Judhael nouveau Roi se divertissant à la chasse dans l'extremité occidentale de sa province, alla par rencontre se rafraîchir dans le château d'un de ses vassaux, le plus considerable Seigneur de ce canton, & qui étoit de la race d'Hispertit l'un des Rois de la Cambrie. Ce Seigneur, nommé Ausoch, avoit une fille appellée Pritelle, qui fit au Roi les honneurs de la maison de son pere, avec tant de grace & de modestie, qu'elle lui plut infiniment. On ajoûte, que retiré dans sa chambre, il eut pendant la nuit un songe mysterieux, qui le fit resoudre à demander Pritelle pour épouse, avec d'autant plus d'empressement, qu'un fameux Devin, venu, dit-on, de delà la mer, nommé Thaliosin, lui fit connoître, par l'explication qu'il lui donna de ce songe, qu'il pronostiquoit la destinée illustre des enfans qui devoient naître de son mariage avec Pritelle, pour le bien de l'Etat & la gloire de l'Eglise. On peut supposer que ce fut vers l'an 590. que Judhael fit cette alliance. Il eut de Pritelle un grand nombre d'enfans, dont il y en a beaucoup qui sont reconnus Saints. On peut voir les noms de tous ces enfans, au nombre de 15. ou 16. fils, & de cinq filles, dans les Actes Benedictins à la tête de la vie de S. Winoch, dans Pierre le Baud, & dans le lambeau de la genealogie dressée par Ingomar, qui se trouve dans la chronique de S. Brieuc.

S. Judicael, le premier fruit de l'union de Judhael & de Pritelle, fut baptisé par un Prêtre nommé Guodenon. La Legende manuscrite de ce Saint avance une chose qui passe toute croïance, non par le merveilleux, mais par son incongruité. Elle assure qu'il avoit été circoncis auparavant, par ordre de son pere. Il n'est point croïable que les Bretons eussent adopté & conservé les ceremonies des Juifs, pour en faire un mélange monstrueux avec le Christianisme. Nous le rapportons, parce que nous l'avons lû, pour faire voir aux Lecteurs, en passant, jusqu'à quel point les anciens Legendaires ont autrefois voulu porter nôtre credulité. Le nom qui fut imposé au nouveau baptisé se trouve écrit differemment : Judicael, Judicail, & dans le Cartulaire de Redon, Jedecael.

L'enfant fut nourri jusqu'à l'âge de trois ans dans la maison de son aïeul Ausoch, & depuis élevé à la Cour du Roi son pere. Le dernier des enfans de Judhael, au nombre de plus de vingt, porta le même nom que lui, & ne vint au monde qu'après la mort de son pere. Judicael, l'aîné de tous ses freres, succeda à la Couronne ; mais l'éclat de l'autorité Roïale ne l'éblouït point ; il préfera l'obscurité de la profession monastique, à ce rang sublime ; & laissant à sa mere & à ses freres les richesses & les honneurs du siécle, il alla dans le monastere de S. Jean de Gael, se revêtir des livrées de la pénitence, sous la conduite de saint Méen.

Ce fut environ l'an 616. que ce jeune Prince, se rendit ainsi Religieux, dans un âge où l'on est le plus éloigné de le devenir, & où l'ardeur de la jeunesse séduit les

16.
DECEMB.

plus moderez, sur tout lorsque la fortune & l'independance flattent & autorisent la cupidité. Toute la Domnonée, quoiqu'affligée de la retraite de son Prince, sur le merite duquel elle avoit conçu de grandes esperances, admira cette grande action, qui parut d'autant plus genereuse & plus Chrétienne à ses sujets, qu'ils connoissoient mieux ses belles qualitez, & que la solidité de son esprit leur persuadoit qu'il n'avoit pas pris ce parti par legereté.

On raconte des choses merveilleuses de la premiere ferveur de Judicael. Ses mortifications étoient extrêmes, & seroient allées jusqu'au plus grands excès, si la sage discretion de S. Méen ne les eût moderées. Quelque vigilance pourtant qu'eût le Saint vieillard à retenir les saillies de ce zéle sans experience, il ne pouvoit empêcher que Judicael n'allât souvent au-delà des bornes qui lui étoient prescrits, & que présumant trop de son courage & de ses forces, il n'en fît beaucoup plus qu'on n'exigeoit de lui, & même qu'on ne lui permettoit. Un jour d'hyver, S. Méen le surprit plongé dans l'eau jusqu'au cou, par un trou qu'il avoit fait à la glace. Le saint Abbé ne put s'empêcher d'admirer une si grande ferveur; mais il blâma la présomption, & fit entendre à Judicael, qu'il n'est pas moins dangereux, quelquefois, de vouloir vaincre par la force, de certaines tentations, que de ne se mortifier pas assez, par une discretion trop délicate.

Judicael recevoit ces instructions avec docilité, & quelques fortes que pussent être les corrections que S. Méen lui faisoit, il trouvoit toûjours tant de bonté & de tendresse pour lui, dans les avis salutaires de son maître, qu'il les recevoit sans peine, & s'y soumettoit avec joïe. Il n'eut même aucune repugnance à prendre soin du jardin de la communauté, sous la direction de celui qui en avoit l'intendance; & il aimoit d'autant plus ce vil emploi, qu'il vivoit, à la lettre du travail de ses mains, selon la peine que Dieu a imposée aux enfans d'Adam criminel; & que la fatigue inséparable de cette occupation, affoiblissoit insensiblement dans son corps l'ennemi domestique qu'il apprehendoit.

Il n'y avoit pas long-tems que Judicael étoit dans cette sainte maison, où après son entrée il avoit reçu la tonsure clericale & l'habit monastique (marques de son engagement, selon l'ancien usage) que le saint Abbé Conard-Méen rendit son ame à Dieu, & laissa Judicael dans une si grande affliction, que rien ne fut capable de le consoler de cette perte. L'ancien auteur de la vie de saint Josse nous apprend que Judicael se laissa croître les cheveux & la barbe, reprit ses habits séculiers, & remonta sur le trône. Nos historiens ne disent rien de cette sortie du cloître. Pour nous, qui nous nous sommes faits une loi inviolable de la verité, nous n'avons pas cru devoir supprimer cette circonstance, quoique nous la blâmions autant que S. Paul a blâmé les jeunes veuves qui se remarioient, après s'être engagées devant Dieu à perseverer dans la viduité. C,a été, selon toutes les apparences, pour épargner ce blâme à S. Judicael, que nos auteurs ont supprimé cette particularité. Une fausse idée du veritable honneur leur a fait dérober à la grace, la gloire du retour de Judicael, qu'ils lui devoient, pour donner au Saint la loüange d'une perseverance sans interruption, qui ne lui appartenoit pas; & par là ils ont jetté dans l'erreur tous ceux qui ont cru que ce saint Roi n'avoit été Religieux qu'une fois seulement. Les Saints, non plus que les hommes d'un merite commun, n'ont pas été irreprochables & irreprehensibles en tout. Les plus justes, pendant qu'ils vivent, peuvent pecher, par la fragilité de la nature; & même on peut dire qu'il leur est quelquefois expedient de tomber, afin qu'ils reconnoissent leur propre foiblesse, qu'ils voïent le besoin continuel qu'ils ont de la grace, & que relevez par son secours, ils marchent ensuite dans la voïe du salut avec plus d'humilité, de précaution & de ferveur. Car enfin les fautes des prédestinez leur sont, tôt ou tard, des motifs d'un nouveau zéle, plus humble, plus vif, & plus reglé. Telle fut la faute de Judicael retournant au siécle. Dieu l'y soûtint dans l'innocence, contre l'ordinaire des déserteurs, qui aïant mis la main à la charruë, regardent en arriere, & ne sont pas jugez propres pour le Roïaume du ciel; & la grace lui fit enfin reprendre genereusement le genre de vie qu'il avoit peutêtre trop legerement abandonné, pour y perseverer jusqu'à la mort; ce qui ne se fit pourtant qu'après qu'il eut demeuré quelques années dans le monde : *post aliquantos annos*, dit l'auteur de la vie de S. Josse.

Avant ce retour dans le cloître, Judicael édifia toute la maison Roïale & toute la Cour, par l'exemple de ses vertus. On sçait si la mort de la Reine sa mere n'auroit point été cause en partie de sa sortie de l'Abbaïe de Gael; car on ne parle plus d'elle dans ce tems-là; & il s'est pu faire que cette Princesse, abbatuë de la mort de son époux, n'ait guéres survécu Judhael. Mais soit qu'elle fût morte, ou qu'elle vécût encore,

Coronam clericalem, capite & barba rasus, accepit.
Vita S. Jud. manuscript.

nous estimons qu'il faut principalement attribuer à Judicael la bonne éducation, tant des Princes ses freres, que des Princesses ses sœurs, dont il prit soin en qualité de leur ainé & de leur Roi. Les Princes furent, pour la plûpart, mis par ses soins dans des monasteres, qui étoient alors la meilleure Accademie pour l'instruction de la jeunesse. Pour les filles, comme elles ne pouvoient pas même être élevées dans des communautez de leur sexe, qui étoient rares dans la province, Judicael prit tant de soin de leur éducation, qu'il y a de ces Princesses que l'Eglise revére comme Saintes.

Il se maria à une Dame de la même famille & du même païs que la Reine sa mere, & qui, selon la chronique dite de S. Brieuc, se nommoit Meronoë, ou Merovoë, & selon l'auteur des Actes de saint Leri, Morone. Elle n'étoit guéres moins vertueuse que son époux, & ne se portoit pas avec moins de zéle que lui à toutes sortes d'actions de religion & de pieté ; ce qui entretint entr'eux une paix & une concorde admirable.

Persuadez tous deux, que la principale obligation des Rois Chrétiens, est de s'emploïer tout entiers à faire regner dans leurs Etats la loi de J. C. & que toute leur grandeur devoit être dévouée au service de la sienne, ils ne se servoient de leur majesté, que pour le faire adorer avec plus de respect. Ils n'emploïoient leurs trésors, que pour soulager plus efficacement l'indigence des pauvres ; & n'usoient de leur autorité, que pour faire observer plus fidélement les loix de Dieu, & rendre leur Roïaume plus florissant en pieté & en justice. L'auteur de la vie de saint Judicael rapporte en particulier quelque faits, qui montrent combien à cet égard, les dispositions de son cœur étoient saintes. Il nourrissoit toûjours à la suite de sa Cour, dit cet auteur, une troupe de pauvres, à qui il faisoit distribuer reguliérement tout ce qu'on desservoit de sa table, & les servoit souvent de ses propres mains. Il avoit même pour eux une si grande tendresse, que trouvant un jour un pauvre lépreux, au bord d'une riviere rapide, qu'on ne pouvoit passer à pied qu'avec beaucoup de peine, il fit commandement à tous les officiers & seigneurs de sa suite, de marcher devant, & de le laisser un peu seul. Quand ils furent éloignez, il embrassa le lépreux, & le plaça devant lui sur son cheval, pour le passer, sans se rebuter de sa puanteur & de ses ulceres ; & l'on ajoûte que ce lépreux apparent étoit J. C. même, qui lui aïant promis de dignes récompenses, lui donna sa benediction, & disparut dans l'instant. On ne sçait si ce tour qu'on donne au recit du fait n'est point une pieuse invention du Legendaire ; mais l'action en elle-même, & independamment de toute apparition, est admirable, & n'a besoin d'aucun éclat étranger, pour être relevée.

Le Saint, au milieu de l'abondance & de la délicatesse de sa table, étoit très-sobre, & sçavoit cacher ses abstinences, de maniere, qu'il sembloit qu'il ne cherchoit qu'à se satisfaire dans ses repas, lorsqu'il ne cherchoit qu'à se mortifier, & qu'on n'attribuoit qu'à mauvais goût l'aversion qu'il avoit de tout ce qu'on lui servoit de plus délicat. Il se reduisit à ne boire que de l'eau, & pour cacher cette pénitence à ceux de sa Cour, il se faisoit donner à boire dans une coupe d'or couverte ; cette ingenieuse précaution de son humilité passoit même peut-être pour une défiance necessaire à la sureté de sa vie.

Sa bonté pour ses peuples, & sa pieté pour Dieu, brillent avec éclat dans ce que l'on va dire. Une nuit d'entre le samedi Saint & le jour de Pâques, qu'il étoit retiré pour se préparer à la solennité de la fête, il fut surpris d'entendre le bruit & les cris d'un grand nombre de chartiers, qui tâchoient de se devancer les uns les autres au passage d'un pont qui n'étoit pas fort éloigné de son palais. Il demanda ce que ce pouvoit être ; & on lui dit, que les fermiers de quelques droits qu'on lui païoit en especes, lui amenoient un grand nombre de chariots chargez, & que c'étoit d'où venoit tout ce tintamare & cette confusion. Il fut si touché qu'on emploïat la plus sainte nuit de l'année à cette sorte de travail, & qu'on lui païât des redevances onereuses aux peuples, dans un tems où l'Eglise est occupée à rendre graces à Dieu de ce que J. C. nous a délivrez de ce que nous devions tous à la justice de son pere ; qu'il résolut sur le champ de délivrer pour jamais ses sujets de cette imposition ; & il le fit effectivement, comme il l'avoit résolu.

Le peu de tems qu'il avoit demeuré sous saint Méen dans l'Abbaïe de Gael, lui avoit fait concevoir tant d'estime pour la vie Religieuse, qu'il bâtit quelques autres monasteres ; entre lesquels il nous paroît qu'on peut compter celui de Painpont, qui subsiste encore aujourd'hui, & qui est entre les mains des Chanoines Reguliers. Le Bienheureux fondateur de cette Abbaïe en est à présent patron ; avec la Sainte Vierge, & l'on y vient en devotion de toutes parts, sur tout aux fêtes de la Pentecôte, qu'il s'y fait un concours prodigieux de peuple, quoique l'Abbaïe soit située dans un lieu fort

16.
DECEMB.

desert. On la trouve nommée l'Abbaïe de saint Judicael, dans un acte de l'an 1163. de Josce Archevêque de Tours, au sujet d'un different qui étoit entre Maître Auffroy & les Templiers de Montfort, d'une part, & G. Abbé de S. Melaine, de l'autre. Le different fut terminé par l'Archevêque, en présence d'Etienne Evêque de Rennes, de Bernard Evêque de Nantes, de Robert Abbé de S. Méen, & de Henri Abbé de S. Judicael.

Le saint Roi avoit fait bâtir une autre maison beaucoup moins considerable, sur la petite riviere de [a] Doueff, pour un saint homme appellé Elocau, qui y demeura quelque tems, & qui se retira depuis, pour aller se cacher en quelque autre lieu où il fût moins connu. Il y fut invité par un chapelain de la Reine Morone, & abandonna non-seulement le lieu, mais encore tous les meubles qu'il y avoit. Judicael en fit don à un autre Saint, nommé [b] Laurus, ou Leri, venu du païs de Guerech, qui s'y étant établi, & y aïant vécu long-tems avec quelques disciples dans une exacte observance de la vie monastique, a laissé son nom au lieu, qui s'appelle encore aujourd'hui saint Leri, qui est une paroisse qui releve de Mauron. Nous ne doutons point que saint Judicael n'ait encore fondé d'autres maisons Religieuses pour plusieurs saints personnages qui florissoient de son tems, & que sa pieté & sa liberalité attiroient dans ses Etats comme dans un païs de benediction; mais les revolutions des siecles nous ont dérobé la connoissance de toutes ces choses.

Avec tout cela néanmoins Judicael ne pouvoit contenter son cœur, & quoiqu'il donnât aux monasteres, sa conscience lui suggeroit toûjours qu'il ne s'acquittoit pas à leur égard, tant qu'il ne s'y donnoit pas lui-même. Un remord secret lui reprochoit incessamment sa sortie du cloître, & les engagemens qu'il y avoit contractez sous la discipline de saint Méen. Il est vrai que ce qu'il devoit à sa famille, le bruit flatteur de la Cour, la multitude des affaires, les occupations inséparables de la dignité qu'il occupoit, détournoient souvent son attention de ces pensées qui troubloient son repos; mais elles revenoient souvent, & si elles n'emportoient pas une derniere résolution, elles ébranloient au moins & relâchoient les liens dont il étoit retenu. Il est dit dans les actes de S. Malo, que lorsque le saint Evêque fut revenu de Saintonge, le Roi du païs fit tous ses efforts pour le retenir. Il y a bien de l'apparence que ce Roi n'est autre que Judicael, & que les conversations frequentes qu'il eut avec Malo, ne contri-

[a] *Doma S. Elocau.*

[b] *Laurus*, en Breton *Lauurif*, Laurier; d'où par diminution, a été fait Leri.

buérent pas peu à le détacher de plus en plus du monde. Mais avant que d'y pouvoir renoncer tout-à-fait, il eut un different avec le Roi Dagobert qui contre toute esperance, le jetta par la tempête au port.

L'an 635. si l'on comprend, comme fait le P. le Cointe, l'an 622. entre les 16. du regne entier de Dagobert; ou bien l'an 636. si comme Mr. de Valois, on ne l'y comprend pas, & si on laisse cette année au Roi Clotaire pere de Dagobert; ce Monarque des François justement irrité de ce que les Bretons sujets de Judicael avoient fait de grands ravages sur les frontieres de ses Etats, c'est-à-dire dans le païs de Rennes; envoïa par l'avis de son Conseil, Eloy encore laïque, & qui peu d'années après fut fait Evêque de Noyon, en ambassade à Judicael, pour se plaindre que ses sujets avoient fait des courses sur les terres de ses *Leudes*, ou de ceux qui tenoient des fiefs de lui, & en demander dédommagement, ou lui déclarer la guerre, en cas de refus.

On ne pouvoit envoïer au Prince Breton un personnage plus propre pour negotier avec lui; car si la grande vertu d'Eloy devoit rendre sa personne agréable à un Prince vertueux comme Judicael; l'éminence du genie d'Eloy le rendoit d'ailleurs capable des plus grandes affaires. On ne pouvoit non plus choisir une conjoncture de tems plus favorable, pour faire valoir les plaintes, & donner du poids aux menaces; puisqu'une armée Françoise, qui sous la conduite d'Adoinde Referendaire de Bourgogne, venoit de vaincre Eghinam Duc des Wascons revoltez, de désoler leur païs par le fer & par le feu, & de contraindre les rebelles à rentrer dans leur devoir, étoit prête à marcher où elle seroit commandée. Aussi l'Ambassade d'Eloy eut-elle tout le succès qu'on en pouvoit désirer, & réüssit au-delà même des esperances qu'on en avoit conçuës.

Le saint Ambassadeur gagna bientôt l'estime & l'amitié du saint Roi. Judicael ne put s'empêcher de se confier entierement à Eloy; il ne fit même aucune difficulté de lui remettre tous ses interests entre les mains, & de ne vouloir que son seul conseil sur l'affaire qu'il étoit venu negotier avec lui, persuadé qu'Eloy ne l'engageroit à rien qui ne fût selon la justice la plus scrupuleuse, ni qui blessât tant soit peu son honneur & ses droits. Deux si saints personnages n'avoient donc garde de conclure la guerre, & comme ils étoient tous deux enfans de paix, les articles du traité furent bientôt reglez au gré de l'un & de l'autre. Judicael, trop équitable, pour autoriser des coureurs, qui sans ordre & sans commission avoient ravagé le païs voisin, & pour vouloir souffrir qu'ils profitassent du bien d'autrui, promit tout le dédommagement que saint Eloy jugea qu'il devoit promettre, avec d'autant plus de facilité, que selon les historiens François même, il n'avoit eu aucune part aux courses de ses sujets, ni au butin qu'ils avoient fait. Saint Eloy ménagea encore si bien son esprit & son cœur, qu'il lui persuada de l'accompagner à la Cour de France, & d'aller rendre ses devoirs à Dagobert ; en sorte que Judicael y alla, non par ambition (ce sont les termes formels de l'auteur Breton de la vie du saint Roi) mais pour appaiser la colere du Roi de France, & adoucir son esprit irrité.

En effet Judicael, après avoir retenu S. Eloy le plus long-tems qu'il lui fut possible à sa Cour, pour jouïr de la douceur de sa compagnie, & de la sainteté toûjours édifiante de ses conversations, partit enfin avec lui, pour aller à la Cour de France, avec une suite si nombreuse de Seigneurs & d'Officiers que S. Oüen Chancelier de France, qui vraisemblablement fut témoin de son entrée solemnelle, n'a pas craint de dire qu'il étoit suivi d'une armée ; ce qui montre que l'humilité personnelle de Judicael, ne l'empêchoit nullement de soûtenir dans les occasions la majesté de son rang.

Il est assez inutile de sçavoir où étoit Dagobert, lorsque S. Eloy lui présenta Judicael ; s'il eut audience à Clichy-la-Garenne sur la rivière de Seine, comme le disent Fredegaire, l'auteur Anonyme, mais contemporain, des Gestes de Dagobert, l'Abbé Florent dans la vie de S. Josse, Aimoin, & plusieurs autres ; ou si (ce que nous aimerions mieux croire, à cause de l'autorité de S. Oüen, préférable à toutes les autres) l'entrevûë se fit au lieu nommé par S. Oüen *Crisilum*, que Mr. de Valois croit être Vaudereüil sur l'Eure, & d'autres prétendent que c'est Creïl sur Oise, ou Creteüil auprès de Paris. Quoiqu'il en soit, Dagobert reçut Judicael comme on reçoit un Roi, & après les premieres gratieusetez, il ratifia tout ce qui avoit été conclu par son Ambassadeur. Voici ce que Fredegaire, & l'auteur Anonyme des Gestes de Dagobert, en disent. « Le Roi des Bretons fit d'abord de riches présens à Dagobert, & ensuite de grandes excuses de ce que ses sujets avoient fait, & des promesses de faire dédommager les *Leudes*, ou vassaux François de toutes les pertes qu'ils avoient souffertes dans les dernieres courses. Après quoi il rendit solemnellement son aveu, & reconnut pour lui & pour ses successeurs, que la personne & les Etats des Rois de la Domnonée devoient être soumis aux Rois & à la couronne de France ; & promit de jamais ne rien faire contre ce juste devoir ; ce qu'il confirma par son serment. » Aimoin dit la même chose, & après lui la chronique de Verdun fait le même recit, aussi-bien que tous les auteurs François qui ont touché ce point d'histoire.

Nos auteurs Bretons reclament au contraire, & à les en croire, Judicael, loin de s'être soumis au Roi de France, & d'avoir reconnu que le Roïaume Breton relevoit de lui, auroit tout au contraire subjugué sans peine toute la Monarchie Françoise, s'il n'avoit eu encore plus de moderation, que de valeur. Et afin de rendre plus croïable ce qu'ils disent des victoires que Judicael remporta sur Dagobert, qui ne sont pas vraisemblables d'un aussi petit Prince contre un si grand Roi ; ils font Judicael si fort & si vaillant, que des armées entieres ne pouvoient resister à lui seul, & que de quelque côté qu'il se tournât dans un combat, comme ledit l'auteur peu judicieux de la chronique de S. Brieuc, d'où tous les autres ont puisé, la mort marchoit devant lui, ou la fuite. L'unique embarras de ses Ecuïers, étoit de prendre & de ramener du champ de bataille le grand nombre de chevaux dont il avoit renversé les maîtres par terre ; & pour l'ordinaire, au retour de ses campagnes, il n'avoit plus d'infanterie, parce qu'il la montoit toute sur les chevaux des ennemis, dont même on en ramenoit un grand nombre en main. Quelque part que marchât ce Prince invincible dans le païs ennemi ; l'on voïoit, ajoûte cet auteur, des nuées de corbeaux, de vautours, & de milans, & des milliers de loups, de chiens, & d'autres animaux voraces, qui le suivoient, pour faire curée des corps morts dont il couvroit la campagne. Enfin (voici ses comparaisons) un lion affamé & furieux ne fait pas plus de dégât, ni avec plus de facilité, dans un troupeau de moutons, que Judicael en faisoit dans les armées Françoises ; une aigle ne désole pas plus aisément les oiseaux d'un marais, ni un faucon des grues ; que lui ne désoloit les ennemis, dont il enlevoit les plus braves, comme une hirondelle affamée enleve des moucherons en volant ; tant il avoit de force & d'agilité. En un mot, il n'y avoit point de maison dans toutes les provinces de la Monarchie Françoise, où l'on ne pleurât des enfans, & où il n'eût fait des veuves. Voilà l'idée generale que ce chroniqueur donne d'abord

16.
DECEMB.

16.
DECEMB.

Sicut verris robustus inter porcos, ita Rex Judicaelus, &c.

de fon heros, afin de rendre croïables les hauts faits qu'il en veut conter ; & même il fe fert de quelques autres fimilitudes extravagantes, que nous avons cru devoir fupprimer. L'échantillon que l'on vient de donner fuffit pour faire voir combien des écrivains fi ridicules font indignes de croïance, & le tort qu'on fe feroit, fi l'on avoit affez peu de difcernement, pour s'arrêter aux fades recits de ces auteurs.

Ce que nous avons rapporté du different entre Dagobert & S. Judicael, eft tout ce que les anciens écrivains en ont dit, & par confequent tout ce qu'on en doit croire, puifqu'on n'y peut raifonnablement rien oppofer, à moins d'avoir pour garans des auteurs auffi anciens & auffi autorifez que ceux-là. C'eft ce qui nous oblige de dire, qu'on doit rejetter avec mépris ce que l'on raconte de la monnoie de Bretagne, de plus haut titre & de meilleur aloi que celle de France, fur la foi d'une prétenduë chronique de Marmoutier, qui ne fut jamais, & dont on n'a parlé que depuis les differens que nos Ducs du XIVe. fiécle eurent au fujet du droit de monnoie, avec les Rois de France. On doit dire la même chofe, des lettres de Dagobert au Roi Breton, & de la réponfe du Roi Breton à Dagobert, qui feroit très-impudente, fi elle étoit vraie. Il

De tua fatuitate atque nimia fuperbia.

faut mettre au même rang les deux victoires remportées par Judicael fur les troupes de Dagobert ; & le Comte Gui de Chartres pris par nu Budic Comte de Cornoüaille & un Henri, ou Hervé de Pont-l'Abbé, comme fi l'ufage des furnoms avoit été établi dès ce tems-là ; les François défaits & pouffez jufqu'aux portes de Paris, fans qu'aucun pût refifter au Roi Judicael ; les murmures publics & les plaintes des fujets de Dagobert, qui crioient hautement contre lui, de ce qu'il avoit attaqué fans raifon l'invincible Judicael ; les Ambaffadeurs que Dagobert, reduit aux dernieres extrémitez, envoïa au Roi Breton, pour appaifer fa jufte colere & lui demander mifericorde ; les foumiffions ferviles des Ambaffadeurs François, qui proftenez aux pieds de Judicael, lui demandérent humblement pardon pour le Roi Dagobert & pour fes fujets, qui ne l'obtinrent, qu'à condition qu'on lui feroit reparation de l'injure faite à fa dignité fuprême ; & plufieurs autres fadaifes femblables, qui ne font pas moins contre la raifon, que contre la verité, & qui par la feule expofition convainquent également leurs auteurs de menfonge & d'extravagance, non-feulement en cela, mais encore en ce qu'ils ajoûtent, qu'au retour de cette campagne, où Judicael

avoit fi glorieufement triomphé de Dagobert & de toute la France, il vint dans la ville de Nantes avec fon armée victorieufe celebrer la fête de la Pentecôte, après laquelle il fit de magnifiques préfens à tous ceux qui l'avoient fuivi ; car il eft inconteftablement vrai que Nantes étoit alors du domaine & de la dépendance de Dagobert, & que les Evêques François y tinrent un Concile peu de tems après. Enfin il eft moralement impoffible qu'une campagne, où l'on fuppofe qu'on avoit donné deux grandes batailles, ravagé tout le païs jufqu'à Paris, & fait un traité de paix, eût fini huit ou dix jours avant la Pentecôte, qui, dans l'année qu'on dit que ces chofes fe pafférent, fut le 19. Mai, qui eft le tems où les Rois commencent ordinairement à ouvrir la campagne.

Certainement les Bretons ignoroient encore toutes ces impertinences, lorfque l'auteur de la vie de S. Judicael écrivoit fon ouvrage ; & ce qu'il dit eft fi conforme à ce qu'en rapportent les hiftoriens François, qu'on ne peut douter de fa fincerité. Voici fes propres termes : « Au tems que Dagobert fils de Clotaire étoit Roi de France, nôtre Roi S. Judicael fut le trouver, pour conferer avec lui ; non par aucun motif d'ambition, mais feulement pour appaifer l'indignation de ce Monarque, qu'on lui avoit dit qui étoit en colere contre lui. » On pouvoit donc, felon cet auteur, foupçonner Judicael d'avoir été à la Cour de France par un motif d'ambition ; & cela marque fi évidemment un dégré éminent de fuperiorité en Dagobert, à l'égard de Judicael, que les auteurs François ne l'ont pas marqué fi fortement. Mais aller à la Cour du Monarque François, pour appaifer fa colere, met le comble à la preuve de l'inferiorité de Judicael, de l'aveu même de fon Legendaire. Au refte la qualité de Roi donnée au Prince Breton par les auteurs Bretons & François, ne peut être une preuve du contraire, puifque felon les premiers même, la qualité de Roi de la Domnonée n'empêchoit pas Judicael de relever du fabuleux Hoel, qu'ils prétendent avoir été Roi fuperieur & univerfel de toute la Bretagne. On fçait auffi que divers Rois de diverfes nations ont été foumis à d'autres, & leurs tributaires. Ainfi ce feroit fans raifon que nos Bretons infifteroient fur la qualité de Roi, pour prouver l'indépendance abfoluë de Judicael ; comme c'eft fans raifon que plufieurs auteurs François s'opiniâtrent à ôter à ce Prince la qualité de Roi, à caufe de fa foumiffion.

Ces auteurs François ont encore beaucoup moins de raison en ce qu'ils disent, que ce fut uniquement à cause que Judicael prenoit la qualité de Roi, que ses ancêtres ne s'étoient jamais attribuée, que Dagobert le menaça de lui faire la guerre. Il n'étoit point question de la qualité, dans le different des deux Rois, & l'on ne peut trouver dans aucun ancien historien, qu'on l'ait contestée à Judicael. Tous, au contraire, la lui accordent; & ils n'auroient eu garde de le faire, si c'eût été le sujet de la guerre dont on le menaçoit. S. Oüen, entr'autres, n'auroit jamais nommé Judicael Roi, si ce titre avoit donné de la jalousie à la Cour de France. Depuis qu'on avoit vû des Rois, conservant leur titre, soumis & tributaires, on étoit beaucoup moins délicat sur le nom de Roi, qu'on ne l'avoit été du tems de Clovis, & l'on souffroit sans peine que des Princes le portassent, pourvu d'ailleurs qu'ils demeurassent dans les termes du devoir & de la soumission. Rien n'est donc plus certain dans l'histoire, que la qualité de Roi accordée incontestablement, par les François même, & par les principaux officiers de France, à Judicaël Prince des Bretons. Mais aussi rien n'est plus constant, que la soumission de Judicael Roi de la Domnonée, à Dagobert monarque de toute la France. Nous n'entrerons pas cependant ici dans le détail de la nature & de l'origine de cette soumission; il suffit de renvoïer les Lecteurs à ce qu'on a répondu au traité de la Mouvance de la Bretagne.

Dagobert fut content de la satisfaction que Judicael lui avoit faite, & de la parole qu'il lui avoit donnée de faire dédommager les *Leudes* François dont on avoit pillé les terres, aussi bien que des présens que lui avoit fait le Prince Breton. Il invita Judicael à dîner avec lui, & fit pour cela préparer un festin; mais lorsque Dagobert fut prêt de se mettre à table, Judicael s'étant retiré sans bruit, alla manger chez S. Oüen, autrement nommé Dadon, Referendaire ou Chancelier de France, qui fut depuis Evêque de Roüen, & qu'on pourroit dire avoir été le plus homme de bjen qui fût alors à la Cour, si S. Eloi son ami ne l'avoit égalé en pieté & en vertu.

C'est aussi ce que c'est imaginé l'auteur du traité de la Mouvance de la Bretagne.

L'historien Mezeray c'est imaginé là-dessus, qu'on ne peut rendre aucune autre raison du refus que fit Judicael de manger à la table d'un Roi de France, qu'un très-profond respect, qui faisoit qu'il s'en estimoit indigne, & qui étoit de vassal à souverain, & non de Roi à Roi. Nous n'avons pas assez de pénétration, pour découvrir d'où il a pu tirer légitimement cette consequence, qui semble d'autant plus mal-suivie, qu'il dit lui-même, au même lieu, que les Seigneurs François, vassaux du Roi, avoient ordinairement cet honneur; & qu'il n'a pu ignorer qu'il n'y avoit aucun Seigneur en France qui fût d'une condition approchante de celle de Judicael, qui portoit la qualité de Roi, & qui étoit issu d'une longue suite de souverains. L'écrivain de la vie du Saint dit, avec beaucoup plus de raison, qu'il ne voulut pas manger avec le Roi, parce que les mœurs de ce Monarque étoient fort differentes des siennes. Et Fredegaire dit tout de même, que ce qui empêcha Judicael de manger avec le Roi, fut qu'il craignoit extrémement d'offenser Dieu. On sçait quel étoit le vice dominant de Dagobert, dont le seul saint Amand Evêque de Maestrich eut le courage de le reprendre; & que la doctrine expresse de S. Paul, est qu'on doit éviter tout commerce avec ces sortes de gens, jusqu'à ne manger pas même avec eux. Ce fut sans doute ce qui obligea S. Judicael, de refuser l'honneur que Dagobert lui vouloit faire. Il craignit d'offenser Dieu, s'il mangeoit avec un homme scandaleux; & plus fidéle observateur des loix Chrétiennes, que de la civilité du monde; plus pénétré de la crainte de Dieu, que de celle du Roi, il voulut pratiquer à la lettre ce qu'il trouvoit que S. Paul avoit commandé, sans chercher de fausses lueurs pour s'aveugler. La délicatesse de conscience du Prince Breton, loin d'offenser Dagobert, le porta à s'humilier devant le Roi des Rois, & à reconnoître qu'il étoit indigne de manger avec un Prince si Saint; ce qui fut une bonne disposition à la pénitence salutaire qu'on dit qu'il a faite. Judicael alla chercher à la table de S. Oüen un repas bien plus à son goût, que ne pouvoit être celui qu'il auroit pris à celle de Dagobert, puisqu'il fut assaisonné des pieux & saints entretiens de ce religieux Chancelier.

Comme S. Judicael avoit accepté le traité de paix que S. Eloy lui avoit présenté, avec toutes les conditions qu'il lui avoit proposées, il n'y eut aucune difficulté à la ratification qui s'en fit; & ses affaires furent toutes terminées, dès qu'il eut rendu ses devoirs & fait ses présens au Roi. L'on jura reciproquement une paix & une amitié inviolable; & Dagobert fit à Judicael des présens beaucoup plus riches que ceux qu'il en avoit reçus; après quoi le Prince Breton, à qui les discours de S. Oüen & de S. Eloy avoient inspiré le désir de se consacrer tout-à-fait à Dieu, revint incontinent en son païs, pour mettre en execution le plûtôt qu'il lui seroit possible les saintes résolutions qu'il avoit conçuës.

Arrivé dans la Domnonée, il s'adonna plus que jamais aux exercices de pieté, à la lecture de l'Ecriture Sainte, aux aumônes, à la priere, & pensoit sans cesse à la retraite ; à quoi l'on peut croire qu'il fut puissamment porté par un vertueux Abbé, nommé Caroth, qui gouvernoit apparemment le Monastere de Lan-Maelmon. Nous ne pouvons dire, si la Reine Morone étoit alors décédée, & avoit dégagé le Roi Judicael, par sa mort, des liens qui l'attachoient à elle ; ou si cette Princesse, faisant de son côté vœu de continence, consentit qu'il embrassât de nouveau l'état monastique ; mais il est assuré qu'il le fit, & que quittant une seconde fois la pourpre, pour ne la plus reprendre, il alla se renfermer dans le même monastere où il avoit pris l'habit la premiere fois. Mais il ne put raisonnablement abandonner tout, sans avoir auparavant pourvû sa famille d'un bon tuteur, & son Etat d'un Regent, assez sage pour le gouverner en sainteté & justice, & assez desinteressé pour le conserver fidélement aux enfans qu'il avoit eus de la Reine Morone. Toutes ces bonnes qualitez, si difficiles à trouver, & plus difficiles encore à conserver dans une occasion si délicate, se trouvoient éminemment dans son frere Judoc ou Judgœnnoc nommé communément S. Josse. Judicael le choisit donc, par le conseil du saint Abbé Caroth, qui avoit élevé ce Prince, & qui par consequent le connoissoit mieux que personne, & voulut lui confier ses enfans & ses sujets. Le prenant donc un jour en particulier, il lui déclara son dessein, l'embrassa tendrement, & le pria, les larmes aux yeux, de prendre à sa place les deux qualitez de pere & de Roi, & de vouloir bien se charger des obligations de l'une & de l'autre. Josse, beaucoup plus affligé de la proposition que Judicael lui faisoit, qu'il n'en fut surpris, demanda huit jours de tems, comme pour délibérer ; mais la délibération qu'il avoit à faire n'avoit pas pour objet l'acceptation ou le refus de la Couronne que son frere lui offroit, elle ne devoit être occupée que des moïens qu'il emploïeroit pour fuïr la Roïauté, dont la gloire ne le tentoit point, & dont les charges & les perils l'épouvantoient. Ce sage Prince, prévenu de la grace, & instruit dans le monastere de Lan-Maelmon dans les plus pures maximes de l'Evangile, n'avoit d'ambition que pour le Roïaume des cieux. Quand son frere lui eut donc accordé les huit jours de délai qu'il avoit demandez pour délibérer, il se retira dans l'Abbaïe de Lan-Maelmon, & y passa les jours & les nuits à demander à Dieu le secours de sa grace, & les moïens d'executer ce qu'elle lui avoit inspiré de faire. Etant à la porte du monastere, un des derniers jours de ceux que son frere lui avoit donné de délai, il vit onze inconnus en equipage de pelerins, à qui il demanda où ils alloient. Ils lui dirent qu'ils avoient dessein d'aller à Rome. Il crut au moment même, que c'étoit une occasion favorable que la bonté de Dieu lui présentoit pour sortir d'embarras. Il les pria de l'attendre, rentra, prit dans son appartement un bâton & des tablettes, & quittant tout le reste, pour s'abandonner à la providence de Dieu, il se joignit à ces voïageurs, qu'il pria de le souffrir dans leur compagnie ; & partit ainsi, sans en avoir averti que ce fût. Il leur fit ensuite doubler le pas, jusqu'à ce qu'ils fussent sortis du païs de la domination de son frere ; & aïant passé la riviere de Couësnon, il les pria de le tonsurer & de le faire Clerc, ce qu'ils firent ; après quoi ils marchérent, sans s'arrêter, jusqu'à ce qu'ils fussent arrivez à la ville d'Avranches, d'où ils prirent dès le lendemain la route de Chartres, comme nous le dirons ailleurs.

L'évasion du Prince Judoc déconcerta les mesures du Roi Judicael son frere ; mais ce contretems ne lui fit point changer de résolution. Se faisant au contraire, de cet accident imprévu, un motif & un exemple de la sainte generosité que demandoit son sacrifice, il se hâta de suivre son frere Judoc dans l'abandon de toutes les choses de la terre. Aïant donc recommandé son Roïaume & ses enfans à quelqu'autre de ses freres, dont l'histoire ne nous a point marqué le nom, ce saint Roi retourna dans le monastere de Gael, sans rien regretter, que d'en être sorti la premiere fois, & sans rien emporter du monde, qu'un violent désir de reparer par une fervente pénitence la perte du tems qu'il croïoit avoir faite. Et telle fut la fin du regne de Judicael Roi de la Domnonée, qui étoit âgé d'environ 43. ans, lorsqu'il rentra dans l'Abbaïe dite à présent de S. Méen.

Il ne finit pas sa vie encore sitôt ; car quoiqu'on ne sçache pas précisément combien il vécut dans ce monastere depuis qu'il y fut rentré, l'auteur de ses actes donne assez à connoître qu'il y vécut long-tems d'une maniere très-parfaite & très-sainte. Il étoit, dit cet écrivain, d'une mortification admirable, & qui se répandoit generalement sur toutes les actions de sa vie. Au milieu de ses Bretons, qui l'honoroient & l'aimoient

SAINT JUDICAEL.

l'aimoient plus que jamais, il étoit aussi retiré, que s'il avoit choisi pour le lieu de sa retraite un désert des plus affreux, & n'avoit pas plus de commerces avec ses proches, dont cependant la plûpart ne demeuroient pas loin de Gael, que s'il n'avoit plus eu de parens. On ne le discernoit, qu'en ce qu'il étoit le plus humble & le plus soumis de tous; & rien ne lui restoit de la fierté de sa premiere grandeur, qu'un mépris genereux de toutes les choses de la terre, & un saint dédain de tout ce qui ne concernoit pas le service de Dieu. Sa vie s'usa dans les exercices de la pieté, & connoissant enfin par une lumiere Divine qu'il étoit sur le point de mourir, il fit convoquer tous ses confreres, en présence desquels il se confessa, & demanda très-humblement pardon de tous les pechez de sa vie, se recommanda affectueusement aux prieres de la communauté, reçut le précieux Viatique du corps & du sang de J. C. des mains d'un Religieux nommé Leoc-Laumorin, que l'auteur qualifie *glorieux Confesseur du Seigneur*, à cause de son éminente sainteté; après quoi le saint Roi s'entretenant interieurement avec Dieu, lui rendit paisiblement son ame, environ le *mi-nuit du Dimanche neuviéme jour avant la nativité de N. S.* Ce sont les propres termes de la Legende manuscrite, comme les a entendus le P. le Baud, c'est-à-dire la nuit d'entre le 16. & le 17. de Decembre.

On rendit au corps de saint Judicael, quelques jours après son trépas, tous les honneurs qu'il avoit fûs pendant sa vie. Ses obseques furent les plus magnifiques qu'on eût jamais vûës dans la province. Tous les Bretons de la Domnonée honoroient d'autant plus leur Roi dans cette occasion, qu'ils étoient assurez qu'il étoit Saint; & y revereroient d'autant plus le Saint, qu'ils sçavoient avec quelle bonté il les avoit gouvernez pendant qu'il avoit été leur Roi. L'abbé & les Religieux de Gael, les Princes fils de Judicael, ses neveux, ses cousins, & tous les autres grands Seigneurs de la Domnonée, assistérent à ses obseques. Son corps fut mis dans le tombeau, non au lieu où il est à présent, dans l'arcade voutée qui est sous la tour de S. Jean, mais au lieu qu'il avoit choisi, au plus bas de l'Eglise & au-dessous même du portail, à côté de celui de son maître S. Méen. C'est d'où les deux tombeaux ont été transportez depuis peu, par ordre de Monseigneur Ferdinand de Neuville alors Evêque de S. Malo, & mis au lieu où on les voit à présent. Leurs sacrées Reliques en avoient été tirées long-tems auparavant, & Dieu les avoit honorées de tant de miracles, qu'on en a fait des livres entiers.

Le P. Dom Luc d'Achery, dans ses notes sur la 32. Epitre de Lanfranc, page 365. a fait imprimer une copie manuscrite de la fondation, prétenduë originale, de l'Abbaïe de S. Jean de Gael, dans laquelle on fait parler saint Judicael en ces termes: « Honneur & gloire à Dieu tout-puissant, & à son serviteur S. Benoît Patriarche des Moines, qui, quoique mort sur la terre depuis plusieurs années, vit pourtant au ciel pour toute l'Eternité, &c... Je donne donc à jamais les revenus que je viens de specifier, au Monastere de S. Jean de Gael, pour l'entretien de 28. moines qui y serviront Dieu sous la regle de saint Benoît, &c. » D'où l'on devroit inferer que S. Judicael étoit Benedictin, si l'on étoit bien assuré que ce titre fût vrai. Mais tant s'en faut qu'on le juge tel, que l'on est au contraire très persuadé de sa fausseté, & même qu'il est très-recent. On n'appelloit point S. Benoît *le Pere & le Patriarche des Moines*, au tems que S. Judicael vivoit; & bien moins encore dans la Domnonée Armoricaine, où son nom étoit à peine connu, & où les Moines Bretons qui y étoient en grand nombre, n'observoient point d'autres Regles, que celles que S. Guignolé, S. Tugdual, S. Brieuc, S. Gildas, S. Samson, S. Malo, & S. Méen; avoient apportées de l'isle de Bretagne, & qui étoient beaucoup plus anciennes que celle de S. Benoît. D'ailleurs le monastere de S. Jean de Gael avoit une communauté beaucoup plus nombreuse, avant que saint Judicael y eût fait ses liberalitez, qu'il n'est marqué dans ce prétendu titre de fondation. De plus, le monastere de S. Jean de Gael aïant été fondé & bâti vers l'an 550. par Caduon Seigneur du païs, ne peut avoir été fondé par S. Judicael vers l'an 636. plus de 80. ans après. Enfin, ce qui paroît décisif, on a dans l'Abbaïe de saint Méen un *Vidimus* original de la Cour de Ploërmel, de l'an 1541. d'un autre *Vidimus* plus ancien, de Robert Evêque de S. Malo, daté de l'an 1294. & scellé en bonne forme, par lequel ce Prélat atteste avoir vû des lettres très-anciennes scellées de deux sceaux d'Evêques, dans lesquelles on voïoit d'abord une notice, qui portoit qu'en l'an 814. Indiction 7. Charlemagne étant mort, son fils Loüis lui avoit succedé, & que ce fut de son tems que Helogar Evêque de S. Malo & Abbé de S. Méen étoit allé trouver cet Empereur à Aix-la-Chapelle, pour obtenir de lui des lettres de confirmation de toutes les possessions de ses deux

16.
DECEMB.

Eglises de S. Malo dans l'isle, & de S. Méen, qu'il obtint, effectivement ; ensuite on rapportoit mot à mot la teneur des lettres données par Loüis Debonnaire à Aix-la-Chapelle le 7. des Calendes d'Avril, l'an 3e. de son Empire Indiction 9. (car l'année n'étoit pas encore assez avancée pour marquer l'Indiction 10.) dans lesquelles lettres il est dit, que cet Evêque avoit présenté à l'Empereur d'autres lettres accordées par Charlemagne, dans lesquelles il étoit exposé qu'au tems de la rebellion arrivée depuis peu, l'une & l'autre Eglise, de S. Malo & de S. Méen, auroient été brûlées, & avoient perdu, non-seulement tous leurs ornemens & vaisseaux sacrez, mais encore les titres, actes, & monumens des donations qu'on leur avoit faites, & de leur fondation. C'est pourquoi l'on avoit supplié Charlemagne de vouloir autoriser ces deux Eglises dans la joüissance de tous les biens qu'elles possedoient alors paisiblement ; ce qui leur avoit été accordé. Tous les titres des donations, & la fondation même, de ces deux Eglises, S. Malo de l'isle, & S. Méen, avoient donc été consumez par le feu avant 814. Puisque cela est, d'où a-t-on pû avoir cet original, où cette copie de la fondation faite par Judicael, dont parle Dom Luc d'Achery ? La bonne foi ne permet pas de faire S. Judicael Benedictin.

Son nom se trouve dans les Litanies Angloises du VII. siécle. Sa fête est marquée le 16. de Decembre dans les Martyrologes François & Benedictin, & dans le nouveau catalogue des Saints de Ferrarius. L'ancien calendrier de l'Abbaïe de S. Méen la marque au 17. Ses Reliques furent transportées en Poitou l'an 878. à l'Abbaïe de S. Jovin, & trouvées en 1130. avec celles de S. Martin de Vertou, comme nous l'avons dit dans la vie de ce saint Abbé.

13.
DECEMB.

SAINT JUDOC,
ou Josse, Confesseur.

VII. SIECLE.

Titre de ses Actes manuscrits à l'Abbaïe de S. Méen, imprimez dans les Actes Benedictins.

L'AUTEUR de la vie de S. Winnoc, ou celui qui a mis la genealogie de ce Saint à la tête de sa vie, n'a pas placé S. Josse & S. Winnoc dans l'ordre naturel de la naissance de ces Princes. Il s'est peut-être persuadé que leur sainteté meritoit qu'on les plaçât avant leurs aînez. Mais Ingomar, beaucoup plus croïable que cet auteur étranger qui étoit moins instruit de ce qui regardoit la Bretagne, ne place S. Josse qu'au quatriéme lieu parmi les fils de Judhael, & saint Winnoc qu'au 13. Au lieu que cet auteur étranger met S. Josse immediatement après saint Judicael, & saint Winnoc le 3e. On doit inferer du rang qu'Ingomar a donné à ces trois freres, ou que les deux autres aînez de S. Josse, Eoch & Eumael, étoient déja morts, lorsque saint Judicael pria Josse de se charger du soin de sa famille & de son Etat ; ou que saint Judicael étoit persuadé que Josse avoit plus de merite que ses deux autres freres plus âgez que lui, puisqu'il le préfera dans cette importante occasion. Nous ne pouvons rien dire de certain, ni sur cela, ni sur l'âge que pouvoit avoir le Saint lorsqu'il sortit du païs. Car il se peut faire que les cinq sœurs qu'il a eües, étoient toutes plus âgées que lui. En effet il est certain que ces filles, qu'on n'a mises dans la genealogie, qu'après leurs freres, étoient nées dans un autre ordre, puisque le dernier des fils nâquit posthume ; & il est même necessaire de reconnoître que plusieurs de ces filles nâquirent dès les premieres années du mariage de Judhael, & avant S. Josse, pour expliquer ce qui est dit dans ces actes, qu'il paroissoit encore jeune, & dans la fleur de son âge, lorsqu'il fut trouver le Duc Haymon dans le Ponthieu.

Il est probable qu'il avoit été élevé dès ses premieres années dans le monastere de Lan-Maelmon ; & que ce fut d'où Judicael le voulut retirer, pour lui confier le gouvernement de la Domnonée & le soin de ses enfans. Nous avons vû ailleurs que Josse demanda huit jours de délai, comme pour déliberer sur la proposition de son frere ; mais qu'il ne se servit de ce délai, que pour fuïr les honneurs dont son frere vouloit se décharger sur lui ; ce qu'il executa en se joignant à quelques pelerins, qui lui donnerent la tonsure, & l'emmenerent avec eux.

Cette tonsure donnée par des inconnus dont on ne marque point le caractere, pourroit surprendre, si l'on ne sçavoit par quelques autres exemples semblables, que la tonsure donnée par des laïques, en intention de consacrer à Dieu ceux qui la recevoient, étoit estimée dans ce tems-là une veritable tonsure Clericale, & reçuë dans l'Eglise comme telle, sans qu'il fût necessaire d'en recevoir une autre de la main d'un Evêque ou du moins d'un Prêtre, pour pouvoir être admis aux Ordres Sacrez. Le Cartulaire de l'Abbaïe de Redon nous en fournit quelques preuves, vers l'an 850. On y voit entr'autres, un certain Arthuvius, qui donna la tonsure Clericale à son neveu Freoc fils de sa sœur Viulowen, qu'il avoit tenu sur les fonds sacrez, & à qui il

Mat. Præfat sac. Act. ned. p. nomb.

SAINT JOSSE.

coupa les cheveux, pour le faire Clerc, dans la maison seculiere du même Freoc nommée Lis-prat, dans la paroisse d'Augan; en reconnoissance de quoi ce Freoc, deux fois filleul de son oncle Arthuvius, lui promit de dire soixante Pseautiers pour le salut de son ame.

S. Josse aïant ainsi renoncé à la Roïauté, pour s'attacher au service du Seigneur, alla en diligence à Chartres avec ses onze compagnons, & de là les suivit à Paris capitale de la monarchie Françoise, où il séjourna quelque tems avec eux. On dit que la maison où ils demeurérent, changée depuis en Eglise, est celle qui porte à présent le nom de S. Josse, & est depuis quelque tems une des paroisses de cette grande ville, occupée par des Missionnaires de la Congregation du Pere Eudes; mais on a peine à croire que cette tradition soit suffisamment fondée, vû l'obscurité profonde où vivoit alors S. Josse, & le silence de tous les anciens auteurs qui ont parlé de lui.

De Paris, les compagnons de S. Josse, au lieu de prendre le chemin de Rome, où ils avoient d'abord proposé d'aller, prirent une route contraire, & se rendirent à la ville d'Amiens en Picardie. Le saint Prince les suivoit toûjours, car il n'avoit encore aucun dessein particulier, & n'aspiroit qu'à servir Dieu de tout son cœur, en quelque lieu que ce pût être, pourvû qu'il y fût inconnu. Sortis d'Amiens, les pelerins s'avancérent jusqu'à la riviere d'Authie, là passérent, & arrivérent à un lieu qui se nommoit la ville S. Pierre, où demeuroit ordinairement le Duc, ou Comte du païs de Ponthieu, qui se nommoit Haymon, & qui étoit un Seigneur de grande vertu. Il reçut les douze pelerins, & les traitta pendant trois jours avec beaucoup de charité. Comme il cherchoit à s'édifier de tout, il observa soigneusement pendant ce tems-là les manieres & les discours de tous ses hôtes, & remarqua bientôt que Josse, quoiqu'il fût le plus jeune, étoit sans comparaison le mieux élevé, le plus modeste, le plus exact en toutes choses, & sur tout il vit briller en lui un certain attrait de bonne grace, de douceur, d'ingenuité, qui lui gagna le cœur. Il le prit en affection par-dessus tous les autres, & résolut de faire ce qu'il pourroit pour le retenir. Il le pria très-instamment en particulier, de demeurer avec lui, & le conjura, au nom du Seigneur, au service duquel il s'étoit voüé, de ne lui pas refuser cette grace.

Soit que Josse eût reconnu moins de merite & de sainteté dans ses compagnons, qu'il n'en avoit crû d'abord, soit qu'il éprouvât qu'une vie incertaine & vagabonde est plûtôt un moïen de se dissiper, que que d'acquerir & perfectionner la vertu; il n'eut pas de peine à se rendre aux prieres de Haymon, & à quitter la compagnie des onze pelerins. Haymon, persuadé qu'il gagnoit beaucoup, leur fit des présens considerables, pour les consoler de la perte qu'ils faisoient de Josse, le retint & permit aux autres de partir; ce qu'ils firent sans qu'on sçache ce qu'ils devinrent depuis; car on n'en parle plus.

L'auteur de la vie du Saint, ancien de plus de 800. ans, & que le P. Mabillon croit pouvoir être Alcvin, qui a été Superieur de l'Abbaïe qui porte le nom de saint Josse, parle du Prince dans cette occasion, comme s'il avoit été fort jeune; mais le terme de jeune homme qu'il lui donne ici, ne se doit pas tant prendre absolument, que relativement à ses compagnons, à l'égard desquels il pouvoit être fort jeune; car d'ailleurs on prouve aisément, sans avoir recours à la genealogie d'Ingomar, & par l'auteur même dont il est question, que S. Josse avoit plus d'âge, que le terme de jeune homme ne semble le marquer; puisque peu de tems après il fut fait Prêtre, & que son frere Judicael, peu auparavant, avoit voulu lui remettre la conduite de sa famille & le gouvernement de ses Etats; ce qui demandoit sans doute une personne de jugement & de maturité.

Comme le Duc Haymon découvroit tous les jours de nouvelles perfections & de nouvelles vertus en Josse, il l'estimoit & l'aimoit tous les jours de plus en plus. C'est ce qui l'obligea de prier l'Evêque diocesain de conferer les Ordres sacrez à ce digne étranger, & de le faire Prêtre. L'Evêque donna cette satisfaction au Duc, sur les témoignages avantageux qu'on lui rendit de la science de Josse dans les Saintes Ecritures, & de ses rares vertus. La grace de l'ordination augmenta le zéle, la pieté, & l'humilité de Josse; & le Duc de son côté sentoit augmenter sans cesse le respect & l'admiration qu'il avoit pour lui, dont il lui donna des marques, en voulant qu'il fût le parrain d'un fils qu'il eut en ce tems-là, à qui Josse donna le nom d'Ursin. Son cœur cependant n'étoit pas satisfait, & il aspiroit incessamment à un genre de vie plus détaché des commoditez du siécle, plus solitaire, & plus saint.

Il y avoit déja sept ans, depuis sa promotion, qu'il servoit de Chapelain & d'Aumônier dans la maison du Duc, lorsqu'il résolut de sortir du Palais, pour aller se cacher dans le fonds de quelque désert, & y vivre comme il avoit vû vivre à Lan-

X ij

15.
Decemb.

Maelmon les plus fidéles observateurs de la regle monastique. Dans cette résolution il alla trouver le Duc, lui découvrit son dessein, & le supplia de lui donner quelque lieu sur ses terres, où il pût vivre dans une retraite entiere, servir Dieu sans distractions, & le prier sans interruption. Le Duc, qui avoit appris à n'aimer les hommes qu'en Dieu & pour Dieu, lui accorda sa demande, & quelque regret qu'il eût de ce qu'il alloit quitter sa maison, il se mit en chemin avec lui, pour lui chercher un lieu propre à son dessein.

Ils s'arrétérent dans un endroit situé sur le bord de la riviere d'Authie, nommé Brahic, & depuis par corruption Radic, aujourd'hui Ray, qui est à présent un Prieuré dépendant de l'Abbaïe de S. Josse, quoiqu'en disent ceux qui prétendent que Bradic & Radic sont deux differens lieux, l'un nommé Broye, & l'autre Ray; & que le Saint s'étant d'abord établi dans celui-ci, se retira dans la suite à Broye. Au reste, que ce soit l'un ou l'autre; après que le Saint eut choisi le lieu de sa demeure, le Duc Haymon y fit bâtir une chapelle & une maison.

Saint Josse y demeura huit ans entiers, dans une si grande innocence & une pureté de vie si admirable & si extraordinaire, qu'on dit que Dieu lui donna le même empire sur les bêtes, qu'Adam avoit avant son peché, & que les oiseaux & les poissons venoient, comme à l'envie, recevoir la nourriture de sa main. On en donne encore d'autres exemples beaucoup plus miraculeux, que nous supprimons, pour raconter une action plus considerable & plus propre à nous édifier, que son historien raconte ainsi. Le Saint étant un jour dans sa cellule, avec un disciple nommé Wrmar, qui s'étoit attaché à lui, fut attendri des cris de quelques pauvres qui demandoient du pain. Il fit donner au premier qui se présenta, le quart du seul pain qui lui restoit, il en fit donner autant à un second. Un troisiéme survint, & Josse ordonna que la même charité lui fût faite. « Eh ! quoi ? « mon Pere, dit alors Wrmar, vous avez « déja donné la moitié de nôtre pain, qui « tout en entier nous eût encore à peine « suffi pour nôtre refection ; n'en garderons-« nous donc pas au moins l'autre moitié ? « non, mon fils, répondit le Saint, ne « vous inquiétez point du boire & du man-« ger, & souvenez-vous de ce qu'a dit « nôtre bon maître : donnez & on vous « donnera. » Wrmar n'osa plus rien dire, & donna ce qu'on lui avoit commandé de donner. A peine le troisiéme pauvre se fut-il retiré, qu'un quatriéme vint encore demander du pain à S. Josse. « Donnez, dit aussitôt le charitable Solitaire, donnez le seul morceau de pain qui nous reste ; car Jesus-Christ n'est pas moins dans ce pauvre, que dans les trois autres. » Ce fut alors que Wrmar perdit patience, & reprocha à S. Josse l'excès d'une charité qui ne paroissoit pas dans les regles. Mais le Saint lui dit pour sa consolation : « aïez confiance en Dieu, mon cher enfant, & ne vous affligez point. Le Seigneur, à qui vous avez donné, peut, s'il veut, vous rendre, & même dès aujourd'hui, beaucoup plus que vous ne lui avez donné. » Dans le moment Wrmar apperçut quatre chalouppes chargées de vivres, que des personnes pieuses envoïoient au Saint.

Josse voulut changer de demeure, parce qu'il ne pouvoit souffrir de se voir si connu & si respecté dans ce canton. Il demanda permission au Duc Haymon son bienfaicteur de chercher un lieu plus retiré, & le Duc lui indiqua un endroit sur la riviere de Canche, nommé Runiac, que Josse trouva beaucoup plus solitaire que Radic. Le Duc y fit aussitôt construire un oratoire qui fut dédié à l'honneur de S. Martin, avec un Ermitage auprès de l'oratoire. S. Josse y demeura treize ans consecutifs, dans une retraite continuelle, qu'il santifioit par la priere, la psalmodie, & les plus rudes austeritez ; & il y remporta par sa patience de frequentes victoires sur les démons, qui le persecutoient même corporellement. C'est où l'on voit à présent la ville de S. Josse, près de l'embouchure de la Canche, & où Milon Evêque de Teroüane fit depuis bâtir un monastere, dont il ne reste aujourd'hui aucun vestige.

Au bout de treize ans de demeure dans ce lieu désert, comme le Duc Haymon rendoit un jour visite au Saint, Josse lui témoigna dans la conservation, qu'il souhaitoit de se retirer encore plus avant dans la forêt, pourvû qu'il le lui permît.

Haymon, qui contribuoit avec plaisir à la satisfaction de son ami, l'invita aussitôt à venir avec lui dans le plus épais de la forêt. Ils y entrérent tous deux, le Duc en chassant avec son équipage, & Josse à l'écart, monté sur un âne. Le Duc après avoir chassé long-tems, rejoignit le Saint, mais si épuisé de lassitude & de soif, aussi-bien que ses gens, qu'il n'en pouvoit plus. Saint Josse, touché sensiblement de sa peine, se prosterna devant Dieu, pour le supplier affectueusement de donner une source d'eau vive à ce Seigneur & à ceux de sa suite. Se relevant de son oraison, il retira son bâton du lieu où il l'avoit enfoncé en terre, &

SAINT JOSSE.

dans l'instant on en vit sourdre un courant d'eau vive, au grand contentement de tous les chasseurs, qui se hâterent d'éveiller le Duc que la fatigue avoit endormi. S. Josse, pour éviter les loüanges, continua d'avancer, & découvrit enfin un vallon arrosé d'un petit ruisseau, qu'on a depuis nommé Pidrague, formé des eaux de deux fontaines, nommées, l'une *la fontaine des Bretons*, & l'autre, *la fontaine du Gard*, & qui se rend un peu au-dessous, dans la Canche. Au premier aspect du lieu, Josse s'écria : *voici le lieu de mon repos pour le reste de mes jours ; voici le lieu de ma demeure à jamais*. Le Duc qui l'avoit suivi, lui donna l'emplacement, & promit de l'aider, à son ordinaire.

Josse commença de bâtir dans cette forêt deux oratoires, l'une à l'honneur de S. Pierre, & l'autre sous le titre & l'invocation de S. Paul, tous deux de bois. Il en avoit à choisir sur le fonds ; mais il n'eût jamais pû venir à bout de le défricher, si le Duc Haymon ne lui en eût fait éclaircir un grand espace, pour labourer, pour donner de l'air au lieu, & pour y faire des jardins. Avant que le Saint se renfermât dans cette retraite pour n'en plus sortir, il eut envie de faire un voïage à Rome, ce qui étoit alors une devotion fort ordinaire aux Religieux. D'ailleurs le désir d'enrichir ses deux oratoires de quelques precieuses Reliques avoit pû faire naître à Josse le désir d'accomplir un pelerinage qui avoit été le premier dessein qu'il avoit conçu en quittant son païs.

Il demanda l'agrément du Duc, & l'aïant obtenu, il se mit en chemin, sans autre équipage qu'un bâton à la main, & sans autres moïens, qu'une parfaite confiance en Dieu. Il paroît que ce fut vers l'an 665, vingt-neuf ans entiers après sa sortie de Bretagne ; & par consequent il n'est point vrai que le Pape Martin, mort dès l'an 655. l'avoit invité à le venir voir, comme l'a dit l'Abbé Florent, dans la vie qu'il a écrite de ce Saint, & qu'il a composée sur le premier original ; & il n'est point veritable, non plus, que le Pape reçut S. Josse avec beaucoup d'honneur, ni qu'il fit pourvoir abondamment à toutes ses necessitez, ni qu'il l'entretint souvent des secrets de la vie spirituelle & mystique, & du bonheur des Saints. On ne trouve rien de tout cela dans l'original ; ni qu'un Ange vint avertir Josse qu'il étoit tems qu'il se retirât dans sa solitude de Ponthieu, où il devoit bien-tôt mourir.

Il est vraisemblable que le saint Ermite arriva à Rome inconnu à tout le monde, & méprisé des hommes, qui ne jugent des choses que par l'exterieur. Il n'eut pas plûtôt satisfait sa pieté, & trouvé les moïens d'avoir plusieurs Reliques de divers Saints, qu'il se mit en chemin pour son retour sans donner un seul moment aux vaines curiositez de la capitale du monde. Il étoit, après plusieurs journées d'une marche continuelle, assez près de l'Ermitage où l'on a dit qu'il avoit bâti deux oratoires de bois ; lorsqu'une fille aveugle, qu'un écrivain Anonyme de la vie du Saint appelle Jugule, & qui demeuroit avec son pere au château d'Ayron distant environ d'une lieuë de cet Ermitage, fut avertie en songe, la nuit qui preceda le jour de l'arrivée de S. Josse, qu'elle seroit parfaitement guerie, si elle frottoit les yeux de l'eau dont le saint pelerin qui devoit arriver le jour suivant auroit lavé ses mains. Dans cette esperance, dès le grand matin elle pria son pere de la vouloir conduire sur le chemin par où devoit necessairement passer S. Josse pour se rendre à son Ermitage. Elle l'y attendit, & s'étant moüillé les yeux de l'eau dont le Saint s'étoit lavé les mains, elle fut incontinent guerie ; en memoire de quoi, ceux qui furent témoins de ce grand miracle, plantérent une croix dans le lieu même où cette fille s'étoit placée. Le lieu se nommoit auparavant Bavemoul ; il se nomma depuis simplement *la Croix* ; mais cette croix fut ensuite enlevée & portée dans l'Ermitage de S. Josse, & à cette occasion le monastere bâti depuis à cet Ermitage a porté long-tems le nom de *Monastere de la Croix*, & le lieu qui s'appelloit la Croix reprit le nom de Bavemoul. Enfin la grande renommée de S. Josse l'emportant sur toute autre consideration, fit donner au monastere de la Croix le nom d'Abbaïe de S. Josse.

La nouvelle du miracle, & du retour du Saint, fut incontinent portée au Duc Haymon, qui courut à l'Ermitage de saint Josse, où le Saint ne faisoit presque que d'arriver. Ce pieux Seigneur ne pouvant, à son gré, témoigner assez au Saint le respect & l'amitié qu'il lui portoit, demeura trois jours avec lui, & ne put qu'avec peine se résoudre à s'en separer. Il avoit, en l'absence de Josse, fait bâtir une Eglise de pierre, qui n'étoit achevée que depuis peu de jours. Il lui en fit present, & après que saint Josse l'eut enrichie d'une grande partie des plus considerables Reliques qu'il avoit apportées de Rome, elle fut dediée à saint Martin.

L'Abbé Florent, & un Anonyme qui ont écrit la vie de saint Josse au commencement du XI. siécle, assurent que ce fut lui-même qui dedia cette Eglise, & que pendant qu'il en faisoit la cérémonie, en présence du Duc, & d'un grand concours de peuple, & qu'il en étoit au saint sacrifice de la Messe ; une main parut visiblement, après la consecration, entre l'hostie & lui, qui lui donna la benediction, & confirma par une seconde, celle qu'il venoit de donner à l'Eglise ; & qu'on entendit une voix celeste, qui prononça fort intelligiblement ces mots : « Josse, mon serviteur, parce-« que vous avez méprisé les richesses & les « honneurs de la terre, pour m'obéïr ; & « que le désir de me servir vous a fait mê-« me rejetter & fuïr la Roïauté, pour vous « exiler volontairement, & vous cacher « dans une terre étrangere, où vous avez « mieux aimé vivre inconnu, que de de-« meurer dans vos Palais ; sçachez qu'en « recompense du Roïaume que vous avez « quitté, je vous ai preparé une couronne « de gloire entre les Anges ; & que je prens « sous ma protection speciale cette Eglise « que je benis avec vous, & où vôtre corps « doit être inhumé ; de sorte que tous « les fidéles qui la visiteront dans l'intention « de vous honorer, recevront ma grace « sur terre, & obtiendront enfin au Ciel « la joüissance de ma gloire éternelle. » L'auteur Anonyme ajoûte, que l'on faisoit tous les ans, le 11. de Juin, la fête de cette promesse & de cette apparition dans le monastere de saint Josse. On la croira si l'on veut ; mais cette canonisation publique d'un homme encore vivant, & cette manifestation éclatante de ses vertus cachées, semblent si contraires à la conduite ordinaire de la grace ; & bien plus encore cette assurance de la vie éternelle à ceux qui visiteront une Eglise, en intention d'honorer un homme qui étoit encore revêtu d'une chair mortelle ; qu'on ne peut regarder ce recit, que comme une pure vision inventée pour attirer les peuples par l'esperance de ces magnifiques promesses. Et en effet l'auteur original de la vie du Saint, ne dit pas un mot de cette apparition surprenante, qu'il ne pourroit avoir ni oubliée ni supprimée, si elle étoit veritable.

Le Duc Haymon donna à S. Josse cette Eglise avec toutes ses dépendances, c'est-à-dire plusieurs domaines qu'il y avoit unis pour la doter ; avec une autre terre, qui se nommoit *le Loc*, ou le lieu, dont il fit encore présent à son ami, afin qu'il pût nourrir plusieurs disciples dans son monastere, & faire des aumônes aux pauvres qui y venoient de toutes parts lui demander la guérison de leurs maux. Ce fut où le bienheureux serviteur de Dieu passa encore plusieurs années dans les exercices de la penitence, & où il finit le cours de sa vie le 13. de Decembre. L'expression indéterminée de *plusieurs années* dont se sert en cette occasion l'auteur original de sa vie, nous empêche de déterminer au juste l'année que mourut saint Josse ; mais elle sert au moins à nous faire voir que ce Saint a vescu plus longtems que le P. Mabillon ne l'a crû, pour avoir suivi l'auteur Anonyme & l'Abbé Florent, plûtôt que l'auteur original. Quant au P. le Cointe, il paroît qu'il n'a pas distingué les tems que saint Josse a vécu dans ses deux derniers Ermitages ; & que ce docte Annaliste a confondu le tems que saint Josse passa dans sa solitude de Runiac, avec celui qu'il emploïa dans son dernier desert auprès de l'embouchure de la Canche, & au même endroit où l'on voit à présent son Abbaïe.

Dieu, pour honorer l'integrité virginale de ce saint Prince, voulut que son corps se conservât long-tems dans une incorruption des plus admirables dont on ait jamais oüi parler. Winoch & Arnoch, que l'ancien auteur de sa vie nomme ses neveux, lui aïant succedé dans son Ermitage & dans son genre de vie, gardérent fort long-tems son corps, & le levoient assez souvent de son tombeau, comme d'un lit, pour lui rendre leurs devoirs, & pour leur consolation ; mais quoiqu'ils le lavassent souvent avec de l'eau commune, & qu'ils l'exposassent à l'air dans toutes les diverses saisons de l'année ; ce saint corps demeuroit toûjours sans corruption. Ils lui faisoient même frequemment la tonsure, comme s'il eût encore été vivant ; & cela continua, dit on, jusqu'à ce qu'un successeur de Haymon, nommé Derchric, voulant, par une curiosité sans respect, & une défiance impie, faire ouvrir le sepulcre du Saint, fut saisi d'étonnement, & s'écria : *Ah ! grand saint Josse !* ce qui fut le dernier cri articulé qu'il prononça de sa vie ; car il devint sourd & muet pour le reste de ses jours. Cela obligea sa femme, plus religieuse que lui, de donner au monastere du Saint des terres considerables, afin d'obtenir pour son mari la grace de faire penitence, & le pardon de sa faute. On ajoûte, que si saint Josse priva de l'usage des oreilles & de la langue ce Duc peu respectueux, il guérit au contraire une infinité d'autres personnes qui visitant humblement son tombeau, y ont recouvré en divers tems la vûë, la parole, le marcher, l'oüie, l'usage des membres perclus ; en un mot, que toutes sortes de malades y ont été guéris de leurs maux.

SAINT JOSSÉ.

L'an 977. le corps de saint Jossé fut découvert, à côté droit de l'Autel de saint Martin, élevé de terre, & posé sur l'Autel de saint Martin le 25. de Juillet. Cette même année on commença de bâtir un monastere au même lieu, où l'on mit pour premier Abbé Sigebrand. Dans la suite le corps de saint Jossé fut remis en terre, pendant les troubles, & y demeura si bien caché, que les Religieux même ignoroient où il étoit. Un simple laïque le découvrit par revelation, & aïant été reçû parmi les Religieux, en reconnoissance de ce bon service, il fut fait gardien des saintes Reliques, par l'Abbé qui vivoit alors. Mais un autre Abbé aïant succedé à celui-là, n'eut pas pour le gardien tous les égards qu'il eût dû avoir. Cela fit prendre au gardien la résolution d'enlever la plus grande partie du corps de saint Jossé, & de le porter en France. Geoffroi Seigneur de Commercy, le reçut avec honneur, & lui donna la premiere dignité de la Collegiale du château, où il y avoit quatre Chanoines. Quelque tems après le Roi Henri assiegea Commercy, le prit, & le brûla. Pendant que les flammes dévoroient les édifices, un Chanoine enleva les Reliques de S. Jossé, & s'en fuit avec son trésor. Il fut rencontré sur le pont par Robert Meslebran, de la dépendance de Raoul de Chauldré, l'un des principaux Chevaliers de l'armée du Roi. Robert demanda au Chanoine, quel pacquet il portoit-là. Le Chanoine répondit que c'étoient des ornemens & des livres d'Eglise. On lui ôta tout, & aïant trouvé ces précieuses Reliques, on les mit dans l'Eglise de saint Martin de Parnes, dans le Vexin, assez près de Magni. L'Eglise a changé de nom, & a pris celui de saint Jossé, dont on y expose les Reliques à la veneration des peuples, tous les ans, le lundi de la Pentecôte. Le reste est au Monastere de saint Jossé, à l'embouchure de la Canche. Il y a en Bretagne, dans la paroisse de Plougras, au diocese de Treguer, une Succursale qui semble porter le nom de saint Jossé. On l'appelle Loc-judet, ou Lohuzec. L'Abbaïe de Dom-martin en Picardie, ou Ponthieu, est appellée, dans tous les anciens titres: S. Jossé au bois. Elle fut fondée d'abord pour des Chanoines Reguliers de l'ordre de Prémontré, par Milon Evêque de Teroüane, sous l'invocation de saint Jossé. Dans l'Abbaïe de saint Jossé sur mer, à deux lieuës de Montreüil, on montre un calice de fonte, qui a dit-on, servi à saint Jossé. Il est bas, & a la coupe fort large. Il y a un bras de saint Jossé à l'Abbaïe de Dom-martin. Dans celle de saint Jossé, on celebre l'invention des Reliques du Saint, le 25. de Juillet; & sa déposition le 13. de Decembre, qui est le même jour que l'ancien calendrier de l'Abbaïe de saint Méen assigne à la fête de saint Jossé, avec office de douze lezons. Dans l'Evêché de Dol il y a une paroisse appellée saint Gioce ou saint Jossé.

SAINTE EURIELLE, Vierge.

VII. SIECLE.

SAINTE Eurielle étoit sœur de saint Judicaël Roi de Bretagne. Il ne nous est resté aucuns actes où l'on ait eu soin de nous apprendre les particularitez de sa vie. Son nom est écrit dans la genealogie de S. Judicaël, & sa qualité de Sainte est assurée par le culte ancien que la province lui rend. On voit auprès de Tremeur & du Prieuré de saint Georges, aux environs de Dinan, une Eglise paroissiale de l'Evêché de Dol qui porte le nom de sainte Eurielle; & le calendrier ancien de l'Abbaïe de S. Méen place la fête de cette Sainte au premier jour d'Octobre. Il lui donne la qualité de Vierge, & de sœur du Roi saint Judicaël; & reduit sa solemnité à une simple commemoraison.

SAINT LERI,
En Latin LAURUS, Abbé.

VII. SIECLE.

UNE grande & vaste forêt, qui commençoit vers les confins de l'Evêché de Rennes, & continuoit jusques vers celui de Cornoüaille, separoit autrefois la partie septentrionale de la Bretagne Armoricaine, d'avec la partie meridionale; & l'on appelloit, à cause de cela, *païs d'outre les bois*, cette partie septentrionale, en Latin *Pagus trans-sylvam*, & en Breton *Poutre-coet*, d'où s'est depuis formé le nom de Porhoet, quoique le païs qui porte le nom de Porhoet n'ait pas une aussi grande étenduë, que celui qui étoit auparavant compris sous le nom de Pou-tre-coet, ou de *Pagus trans-sylvam*. Ce canton a été sanctifié par la demeure de beaucoup d'hommes pareils à ceux dont saint Paul a dit, que le monde n'en étoit pas digne; & de ce nom-

30. SEPTEMB.

Sæculi dignitate clarus.

ª Doma.

bre a été saint Leri, en Latin *Laurus*. Ses actes, que nous n'avons pas entiers, mais qui paroissent avoir été dressez dans le IX. siécle, ne nous apprennent point précisément quel est le païs où ce saint homme a pris naissance. On a quelque sujet de croire qu'il étoit de Broüerech, c'est-à-dire du païs de Vannes. Il vivoit dans le siécle avec dignité ; son origine étoit noble ; mais il tiroit encore un plus grand éclat de ses vertus, que de la naissance distinguée de ses ancêtres. Il étoit enrichi des dons du ciel, patient dans les adversitez, d'une humilité profonde, accompagnée d'une douceur inalterable, sa charité sans bornes le rendoit continuellement attentif aux besoins des autres ; les plus grandes difficultez n'avoient rien qui pût le rebuter, quand il s'agissoit de la gloire de Dieu & du salut des ames ; constamment attaché à la forme de vie qu'il s'étoit proposée, il suivoit le plan d'une exacte discipline, toûjours plus disposé à pratiquer l'obéïssance, qu'à exercer le commandement. Tel étoit saint Leri, quand, pour suivre les attraits d'une grace particuliere qui l'appelloit à une perfection plus grande, il quitta son païs, son bien & ses parens, pour aller dans une terre où il ne fût point connu. Il passa en Poutrecoer, où il fut reçû par saint Judicael Roi ou Prince des Bretons de la Domnonée, qui residoit ordinairement à Gael, ou aux environs. Un autre homme, distingué par sa sainte vie, nommé Elocau, venoit, à la sollicitation de Bili Chapelain de Morone femme de Judicael, d'abandonner une retraite qu'il avoit bâtie sur le bord de la riviere de ª Doueff, & étoit allé s'établir ailleurs. Il avoit laissé cette premiere retraite fournie de tous les meubles qui conviennent à un solitaire. Judicael fit présent de ce lieu & de ses dépendances à saint Leri, qui voulut bien s'y fixer pour le reste de ses jours. Il y bâtit une cellule, ou petit monastere, qui a depuis porté son nom, & qui aïant été ruïné dans la suite, soit par la décadence naturelle aux bâtimens anciens, soit par les Normans, n'est plus aujourd'hui qu'une paroisse mediocre, qui conserve le nom & le tombeau de saint Leri. Ce fut dans ce lieu qu'il continua les exercices d'une vie toute celeste, & qu'il se rendit utile à tout le païs des environs, par ses discours, par ses exemples, & par les miracles dont il plut à Dieu de recompenser ses prieres & la foi de ceux qui s'addressoient à lui. Après une vie assez longue, il tomba malade, & mourut en paix, dans un âge fort avancé. Aussitôt que la nouvelle de sa mort se fut répanduë, on s'assembla de toutes parts pour celebrer ses obseques, qui furent faites honorablement. On mit son corps dans un tombeau de pierre qu'il avoit préparé lui-même, & l'avoit fait apporter de Broüerech sur un chariot traîné par deux taureaux indomptez. C'est ce que l'auteur des actes dit avoir appris des anciens. La circonstance des taureaux est indifferente, mais le reste ne l'est pas, & nous apprend que ce saint homme faisoit consister la meilleure partie de la philosophie Chrétienne dans la méditation continuelle de la mort. L'auteur des mêmes actes dit que le corps de saint Leri demeura au même lieu jusqu'à son tems, & y étoit encore ; où Dieu l'honoroit de frequens miracles ; ce qui fait voir que cet auteur écrivoit avant les ravages des Normans, puisqu'il est constant que le corps de saint Leri fut depuis transporté à Tours, & déposé dans l'Abbaïe de saint Julien ; transport auquel il n'y a que la persecution de ces barbares qui ait pu donner lieu. Dans la Chronique ancienne qui fait mention de cette translation, & dans l'ancien calendrier de l'Abbaïe de saint Méen, Saint Leri est qualifié Abbé, soit qu'il ait eu veritablement des moines à conduire, comme les actes semblent l'insinuer, en l'appellant *Docteur* ; soit qu'on ne lui ait donné ce titre d'Abbé, que dans le style des auteurs Ecclesiastiques d'Orient, qui appellent Abbez tous les anciens solitaires de quelque distinction. En 1407. les sacrez ossemens de saint Leri furent tirez d'une chasse de bois presque pourrie de vieillesse, & transportez dans une autre chasse plus propre & plus précieuse, par Jean Archevêque de Tours, en presence de Marie Reine de France, de Magdelaine de France sa fille, de Jean Duc de Bourbon, de Jacques de Bourbon Comte de la Marche, de l'Ambassadeur du Duc d'Autriche, des Abbez de Marmontier, de saint Julien & de Cormeri, & de quantité d'autres personnes considerables.

L'auteur des actes de saint Leri finit son histoire par le recit d'un fait, qu'il ne sera pas hors de propos de rapporter, pour donner quelque idée des mœurs & des coûtumes de ce tems-là.

Le petit monastere de saint Leri étoit défervi par un Prêtre nommé Wiegrial, proche parent de l'auteur qui nous a donné les actes de ce Saint. Wiegrial étoit un homme consideré, qui possedoit le talent de la parole, & qui menoit une vie très-reglée. On lui confioit beaucoup de dépôts, qu'il conservoit avec une fidelité inviolable. Un jour, après avoir posé sur quelques poutres de son Eglise une somme de soixante

sous

SAINT LERI.

marginalia: EMB.

fous d'argent qui provenoit, tant de quelques dépôts, que de ses ménagemens, il sortit pour quelques affaires, & laissa l'Eglise bien fermée à clef. Deux de ses disciples, parens l'un de l'autre, qu'il avoit eu la charité de nourrir chez lui, volérent cet argent le soir, & passant aisément d'un moindre crime à un crime plus grand, ils attaquérent le Prêtre, qui revenoit à son monastere à l'entrée de la nuit, & lui couperent le cou. *(marg: quodocumque collus præcint.)* Le frere du mort courut aussitôt, avec son compagnon, annoncer cette funeste nouvelle à l'auteur de ces actes, qui demeuroit dans la paroisse de S. Leri, qui la sçut avant minuit. Il se leva avec ses clercs & ses disciples, qui étoient environ trente trois personnes, & se rendit au monastere. La douleur le fit manquer au respect qu'il devoit à ce saint lieu. Il y entra sans faire de prieres, & dit à celui qui en avoit la garde : « éteint la lumiere qui est « dans la Basilique de ce vieux sourd, dé- « pouille l'Autel & en jette par terre les « nappes & les voiles, avec les livres, les « croix, les chandeliers, & tous les ornemens, « afin que ce lieu participe à nôtre deüil, « & soit sans honneur tout le reste de la « nuit. » Cela fut executé sur le champ ; & l'on ne doit pas être surpris d'une conduite si peu respectueuse. On voit encore aujourd'hui des peuples qui font gloire d'être plus Catholiques que leurs voisins, s'en prendre en quelque sorte aux habitans du ciel, en outrageant leurs images, pour des interests moins touchans, que la perte qu'avoient faite les personnes dont nous rapportons l'affliction. Tous les ornemens de l'Eglise demeurérent ainsi par terre, jusqu'à ce qu'on eût donné la sepulture au mort ; ce qui fut executé selon l'Ordre Romain ; *(marg: Ordo ius do-)* & c'est une remarque de l'auteur, qui n'a specifié, sans doute cette singularité, que comme un établissement nouveau ; ce qui confirme l'idée que nous nous sommes formée du tems auquel il a vêcu. Charlemagne est le premier qui a introduit en France l'Ordre Romain ; & l'auteur, qui rapporte comme une nouveauté digne d'être remarquée, une cérémonie faite suivant les regles contenuës dans ce livre, doit avoir vêcu peu de tems après le regne de Charlemagne, qui mourut en 814. Pendant le service, les parens du mort, prosternez à terre devant le tombeau de saint Leri, fondant en larmes, & mêlant en quelque sorte les menaces & les reproches avec les prieres, lui demandoient les meurtriers. Ils se prosternérent de nouveau après l'enterrement, les bras en croix, & demandoient à J. Christ du fond de leur cœur, avec tout le peuple qui étoit présent ; qu'il lui plût, par la méditation de saint Leri, faire éclater sa puissance, en découvrant les meurtriers. S'étant relevez, ils se tinrent debout, & chantérent, à même fin, les bras en croix, beaucoup de prieres, ausquelles le peuple répondit. Leur impatience, qui attendoit un miracle, ou quelque chose d'approchant, fut enfin satisfaite. Au sortir de l'Eglise, comme chacun s'en retournoit chez soi, quelqu'un de la compagnie, qui avoit plus de subtilité que les autres, remarqua sur les habits des meurtriers quelques traces & quelques gouttes de sang qui n'avoient point été lavées. Aussitôt on se rassemble autour d'eux, & chacun veut examiner ses preuves muettes. Les meurtriers tremblent, changent de couleur, tiennent des discours sans suite, enfin ils confessent leur crime. Toute l'assemblée rendit aussitôt graces à Dieu, avec une grande effusion de cœur, de ce qu'elle regardoit comme un miracle singulier ; & les meurtriers livrez à la justice seculiere, eurent les mains coupées ; après quoi ils furent pendus, comme larons, chacun à un pieu, selon la coûtume.

marginalia: 30. SEPTEMB.

marginalia: Amputatis prius manibus, suspensi sunt in duas stipites, posito subter se latquerio, ut moris est pati latrones.

La vie de saint Leri a été tirée d'un Breviaire manuscrit de l'Abbaïe de Montfort, qui paroit avoir appartenu à l'Eglise de S. Leri, & qui nous a été communiqué par le P. Alain le Large Chanoine Regulier, autrefois Prieur de Montfort en Bretagne, & puis de Beaulieu lez le Mans, Abbé de Liege, Visiteur de la province de Champagne, homme d'une érudition étenduë, d'une discipline severe, & d'une vie trèsédifiante, decedé en 1704. ou 1705. d'une fievre causée par les fatigues de son emploi. Nous nous sommes aussi servis des actes manuscrits de saint Leri, en forme de leçons, qui nous ont été communiquez par feu Mr. le Comte de Plelo-Brehant, Seigneur de saint Leri, Mauron, &c. Les deux manuscrits servent de supplément l'un à l'autre, & sont tirez du même auteur, qui vivoit, comme il a été dit, dans le IX. siécle. L'ancien calendrier de l'Abbaïe de S. Méen marque la fête de saint Leri Abbé au 30. de Septembre, à douze leçons.

DISSERTATION
Sur S. Amand Evêque de Maeftrich, Originaire du Comté Nantois.

VII. SIECLE.

25. Nov.   Saint Elan de Lavaur,
27. Nov.   Et Saint Alain de Quimper.

ON a dit, dans la vie de S. Martin de Vertou, à l'occafion d'Herbauges, que l'auteur de la vie de faint Alain ne parloit de ce lieu, que comme d'un canton de païs. Les auteurs de la vie de faint Amand en ont ufé de même ; & c'eft le païs où ces Saints (fi ce ne font deux Saints differens) ont pris naiffance. Comme cette contrée, qui pour lors étoit un des Comtez d'Aquitaine, fait préfentement partie du Comté Nantois, & eft par confequent devenuë Bretonne depuis la conquête de Nominoé, ou du moins depuis la ceffion faite par Charles le Chauve à Erifpoé ; l'on auroit droit de fe plaindre de nous, fi nous ne difions rien de ces Saints, & fi nous n'examinions pas fi S. Alain & S. Amand font un feul & même Saint, ou fi ce font deux Saints, à qui la négligence & l'ignorance de quelqu'un ait fait donner une feule & même Legende. D'ailleurs le nom d'Alain a été rendu fi fameux dans la province par plufieurs Princes qui l'ont porté depuis le IX. fiécle ; qu'on a quelque intereft a découvrir quel eft le faint Alain dont il femble qu'on leur a impofé le nom.

Nous trouvons dans Bollandus, au 6. jour de Février, tome 1. depuis la page 848. jufqu'à la page 873. divers actes de la vie de faint Amand Evêque de Maeftrich, un des plus faints Prélats que la France ait jamais eus. Baudemond, un de fes difciples, & Abbé de Blandigny, eft auteur de la premiere de ces Legendes ; & il eft évident, par la fimple lecture des autres, que ceux qui les ont écrites, ont pris de lui tout le fonds de leur hiftoire, & qu'ils n'ont fait que l'étendre ou le reduire en abregé, ou le mettre en vers. Le feul nom d'Amand paroît dans cette Legende originale, & il faudroit s'aveugler volontairement, pour revoquer en doute fi c'eft pour S. Amand, ou pour S. Alain, qu'elle a été compofée. Cependant un Anonyme s'eft avifé d'en faire un abregé, où il n'y a aucune autre variation, que celle du nom d'Amand, changé en celui d'Elain, ou d'Alain, à la place du quel Bollandus a reftitué le nom d'Amand ; quoique le manufcrit de Paris & celui de Prague, les leçons du Breviaire de Quimper pour faint Alain, dont on fait la fête le 27. de Novembre, & le Cartulaire de l'Abbaïe de faint Melaine de Rennes, aïent uniquement le nom d'Alain, fans que le nom de faint Amand s'y trouve une feule fois. Heriger Abbé de Lobes, fameux dans fes controverfes de l'Euchariftie, donne en fon livre des Evêques de Tongres & de Maeftrich, une autre Legende de faint Amand, qui comme celle de l'Anonyme, n'eft qu'un abregé des actes de Baudemond, dans laquelle le nom d'Alain ne paroît point ; celui d'Amand y eft feul emploïé par tout. Philippe Harvengius, dit *de l'Aumône*, Abbé de Bonne-efperance, de l'ordre de Prémontré, compofa au XII. fiécle, la vie de S. Amand, plus étenduë que les précedentes. Il fe fert de l'ancienne Legende de Baudemond, comme d'un canevas, fur lequel il a brodé ce qu'il a voulu ; & le nom d'Elan, Elain, ou Alain, n'y paroît point. Enfin un Religieux de l'Abbaïe même de S. Amand, nommé Milon, mit en vers, peu après le commencement du IX. fiécle, la vie du même Saint compofée par Baudemond, où la commodité de la mefure ne l'a jamais obligé de mettre Elain ou Alain, & il ne paroît pas qu'il ait jamais eu connoiffance de ces noms. De forte que de cinq Legendes, qui racontent toutes les mêmes faits, une feule, dont on ne connoît point l'auteur, a confondu faint Amand avec faint Elan, foit qu'il n'ait pas cru que ce fuffent deux faints differens, foit qu'il fe foit imaginé, contre la foi de toutes les Legendes anciennes, que le nom d'Amand ne fût pas le veritable nom du Saint dont on avoit écrit la vie dans ces Legendes, qui appartenoient, felon lui, à faint Elain, ou Alain, patron de l'Eglife & du Diocefe de Lavaur.

Cette inégalité de fuffrages, dont quatre font pour faint Amand, & un feul, qui n'eft que d'un auteur inconnu, eft pour faint Elan ou Alain de Lavaur, a fait que tous les modernes n'ont regardé les deux noms Latins *Elanus* & *Alanus*, que comme une corruption de celui d'*Amandus*, d'où l'on ne pouvoit inferer aucune diftinction de perfonnes, puifque le même païs, les mêmes parens, les mêmes voïages, les mêmes emplois, les mêmes actions, & les mêmes miracles, s'attribuent à tous les deux ; & c'eft ce qui a fait que Bollandus a fubftitué le nom d'Amand, à celui d'Alain, dans tous les lieux de la vie imprimée fous le nom d'Alain, où ce dernier nom fe trouvoit.

S. AMAND. S. ALAIN.

Il est certain qu'il a raison en ce point ; & il a bien fait de restituer à saint Amand sa Legende, & à la Legende le vrai nom de ce Saint. Car il est incontestable, par l'autorité des quatre autres écrivains, l'un desquels fut Secretaire du saint Evêque de Maestrich & témoin oculaire de plusieurs de ses actions ; & par plusieurs autres auteurs & Legendes d'autres Saints, que celui dont l'histoire est écrite dans ces cinq ouvrages, avoit veritablement nom *Amandus*, & non pas *Elanus* ou *Alanus*.

On n'estime pas toutefois que la conformité que les Legendes écrites sous le nom de saint Amand, & qui racontent effectivement sa vie, ont avec la Legende donnée sous le nom d'Elain ou Alain, qui ne recite que les mêmes faits, soit une raison suffisante pour nier qu'il y ait jamais eu de S. Elain, ou de S. Alain different de S. Amand, & pour assurer que ces differens noms ne marquent point de differentes personnes. Car comme il se peut faire qu'on donne à une seule & même personne de differens noms, ou à cause du tour different des langues, ou à cause de l'infidelité des copistes, ou par la variation de la prononciation & de l'orthographe ; il se peut faire aussi, & il arrive quelquefois, que differentes personnes, portant même des noms très-differens, & sans aucun rapport, n'aient cependant qu'une même Legende, par la fantaisie, ou l'ignorance de quelques plagiaires. Par exemple, on voit au 3ᵉ. tome des Annales du P. le Cointe, que sainte Gertrude de Nivelle a une même Legende, au style près, que sainte Montane de Berry, quoique ces deux personnes soient très-differentes ; & nous avons vû qu'on a attribué à saint Idunet disciple de S. Guignolé Abbé de Landevenec l'histoire de S. Ethbin compagnon d'un autre Guignolé Prêtre du monastere de Taurac près de Dol.

Il est difficile de décider de quelle maniere il s'est fait que S. Amand de Maestrich, S. Elan ou Alain de Lavaur, & S. Alain de Quimper ou de Corlay, n'ont qu'une seule & même Legende. Auroit-on cru que ces trois noms n'étoient que d'un seul homme ? Aura-t-on, par affectation ou par ignorance, attribué la même Legende à deux ou trois hommes differens ? Car comme il se peut faire qu'Amand soit different d'Elan ; il n'est pas impossible aussi que S. Elan de Lavaur soit fort different de saint Alain reconnu & reveré dans le diocese de Quimper. Pour débroüiller un peu ces difficultez, voïons ce qu'il y a de certain.

Premierement, on ne peut, ce semble, révoquer en doute, que le veritable nom du fameux Evêque de Maestrich ne fût Amand, & que son merite extraordinaire ne l'ait rendu si illustre en France & dans les païs étrangers, que plusieurs Eglises, sous divers prétextes, n'aïent voulu se l'approprier. Celle de Worms, par exemple, & celle de Strasbourg, chacune desquelles aïant eu un Evêque du nom d'Amand, a pris occasion de-là, de s'attribuer le grand saint Amand, & de faire reciter au jour de la fête de leur propre Saint, des leçons historiques tirées de la vie de saint Amand de Maestrich, comme la remarqué Bollandus. L'Eglise de *Castellon de la plana* dans la Catalogne, celle de Cazlona dans la Betique, & une autre Eglise de Castellon dans la Navarre, assurent toutes qu'elles ont eu pour Prélat saint Amand de Maestrich ; chacune sur la prétention qu'elle a d'être le *Castillon* dont les Martyrologes & les Chroniques d'Espagne disent qu'un S. Amand, nommé par quelques auteurs de ce païs-là Marc-Amand, a été Evêque. L'Eglise de Nantua dans le Bugey, s'est approprié de même le grand saint Amand, sur l'Analogie du nom de Nanto dans le Rovergue. Dans l'Eglise de S. Germain des Prez à Paris, on trouva l'an 1267. derriere l'Autel de saint Turiau, le corps d'un S. Amand Evêque ; aussitôt on voulut faire croire à tout le monde qu'on y avoit le corps du grand S. Amand Evêque de Maestrich. Plusieurs autres Eglises enfin se sont fait honneur d'avoir quelques rapports, ou vrais, ou faux, avec un Saint si renommé.

Il est aussi très-certain, que saint Elan, Elain, ou Alain, est connu sous ce nom, & reveré comme patron dans la ville de Lavaur, depuis 800. ans, ou même davantage. Mʳ. de Catel dans son histoire de Languedoc, pages 320. & 321. a donné la copie d'un titre de l'an 1098. dont il dit avoir vû l'original, par lequel Ysarn Evêque de Toulouse, & à sa sollicitation, ses freres, ses neveux, & ses autres parens, donnent à Frotard Abbé de Saint Pons de Tomieres, entre plusieurs autres biens, l'Eglise paroissiale de saint Elan située sur le fleuve d'Agout dans le païs Toulousain, près du château de Lavaur, à condition que ledit Abbé & ses Religieux rétabliroient cette Eglise de saint Elan que les fidéles avoient anciennement bâtie, & qui étoit depuis tombée en ruïne, par caducité & faute de reparation. Certainement la premiere fondation de cette Eglise, tombée de caducité depuis peutêtre un assez long-tems, & le culte de saint Elan patron titulaire de cette Eglise, devoient être du moins de deux ou trois cens ans, & peutêtre même

6.
FEVRIER.

d'une plus grande antiquité, en 1098. D'où il s'enfuit que le nom de faint Elan n'eft guére moins ancien à Lavaur, que le nom de S. Amand par toute la France ; & par une feconde confequence, qui n'eft pas moins jufte que l'autre, que ce n'a point été par corruption du nom d'Amand, faite dans la fuite des fiécles, que le patron de Lavaur a porté le nom d'Elan ; puifque dans le commencement même on le nommoit ainfi.

En troifiéme lieu, on ne peut difconvenir encore, qu'on a depuis fort longtems reveré dans nôtre Bretagne un faint Alain Evêque, & qu'on ne s'eft jamais avifé de le nommer Amand, non pas même dans l'office Latin, quoique les leçons propres de cet office, dans le diocefe de Quimper, foient tirées de cette Legende dans laquelle on a fubftitué le nom de S. Alain à celui de S. Amand de Maeftrich ; & l'on ne peut pas dire que le nom d'Amand ait été inconnu dans la province, & dans le diocefe même de Quimper, puifqu'il y a dans cet Evêché un Prieuré dépendant de l'Abbaïe de Quimperlé, qu'on nomme en Latin *Locus-Amandi* & en Breton *Loc-amand*. Au refte il eft bien à remarquer, que ce faint Alain, tout inconnu qu'il eft, a toûjours été plus particuliérement honoré dans la Cornoüaille, que dans les autres Dioceses. La Cathedrale en fait office double, tout le Diocefe fête à neuf leçons, & il y eft patron d'une petite ville nommée *b* Corlai ; de la dépendance des anciens Comtes de Poher, ou Pochaer. Le Cartulaire de S. Melaine de Rennes porte même très-formellement, que le corps du S. Alain qu'on revere en Bretagne, *eft à Quimper*, où le nom d'Alain eft plus frequent qu'en aucune autre province de France, au lieu qu'on ne trouve point que faint Alain ait été connu ni honoré particuliérement, ni dans la contrée d'Herbauges, ni dans l'Eglife de Poitiers, ou dans celle de Nantes, d'où le païs d'Herbauges a fucceffivement dépendu. Le martyrologe local de Quimper marque la fête en ces termes, à tout autre jour, que celui où l'on place faint Amand de Maeftrich : *V. Kalendas Decembris S. Alani Epifcopi*. Le 27. de Novembre, la fête de faint Alain Evêque. Celle de faint Amand de Maeftrich fe folemnife le 6. de Février, & celle de faint Elan de Lavaur, le 25. de Novembre.

IV. On ne trouve dans aucune des Legendes de faint Amand, excepté dans celle qui eft écrite fous le nom d'Elan, ou d'Alan, qu'il ait jamais obtenu d'aucun de nos Rois la propriété du lieu de Lavaur, ni qu'il y ait jamais demeuré. L'on y trouve bien, qu'il a prêché aux Gafcons, & qu'il a parcouru plufieurs provinces des Gaules, faifant du bien, & fondant des Eglifes prefque par tout ; & plus en particulier Baudemond fon difciple, & Milon moine de fon Abbaïe, difent qu'il obtint du Roi Childeric la feigneurie d'un lieu nommé Nanto, qui eft à préfent du diocefe & au voifinage de Vabres dans la Marche de Roüergue, où eft encore à préfent l'Abbaïe de Nant, de l'ordre de faint Benoît, dédiée à S. Pierre, comme le font prefque toutes celles que le grand faint Amand a fondées, & l'Abbé eft feul Seigneur du lieu. Mais nul ancien n'a fait mention que faint Amand ait bâti un monaftere à Lavaur, ni même qu'il y ait jamais eu de monaftere avant l'an 1098. Nul ne peut dire quel patron avoit l'Eglife de faint Elan de Lavaur, avant qu'elle ait porté le nom de ce Saint ; car on n'y a jamais connu d'autre patron que lui ; & fi faint Amand l'avoit bâtie, Yfarn Evêque de Touloufe n'auroit pas manqué de le dire. Bien-loin de cela, ce Prélat marque diftinctement que cette Eglife avoit originairement été bâtie par la devotion des fidéles, & il la dote de fes biens patrimoniaux ; car le fond, & le château de Lavaur bâti dans cette paroiffe, étoient à fa famille ; de forte qu'il demanda le confentement de fes deux freres Bernard & Pierre, de fes quatre neveux, Raimond & Pierre fils d'Aton, Guillaume & Raimond fils de Berenger, & de tous fes autres parens, pour pouvoir faire cette donation à cette Eglife ; ce qui n'auroit pas été, fi faint Amand, y avoit bâti une Abbaïe fur un fond que le Roi Childeric, ou quelque autre, lui eût donné ; car en ce cas l'Eglife auroit, independamment d'Yfarn, & de tous fes parens, poffédé tout ce domaine qui lui auroit été donné par un de nos Rois ; à moins qu'on ne veüille dire que la famille d'Yfarn fe feroit approprié les fonds de ce monaftere long tems avant l'an 1098. & auroit, comme bien d'autres familles, incorporé l'heritage de Dieu avec les fiens ; auquel cas on en reviendroit toûjours à demander qu'on nous fît voir que ce lieu eût été donné à faint Amand.

C'eft encore une cinquiéme verité, que l'auteur qui a fubftitué le nom d'Elan à celui d'Amand dans la Legende, a tout de même fubftitué le nom de Lavaur à celui de Nanto ; ce qui ne peut avoir été fait qu'à deffein, & par une fraude préméditée. Car pourquoi fupprimer le nom d'un lieu que les Legendaires avoient employé ;

b Mr. Chaftelain la nôme *Curtulata*. Mais le nom eft Breton, compofé de *Corr*, un Nain, & de *Hay, Petit*, & la ville fe nomme *Corlay* en Latin, comme en François.

pour mettre à la place le nom d'un autre lieu qui n'étoit dans aucun Legendaire; si ce n'a été pour attribuer au païs qu'on vouloit favoriser, un honneur qu'on sçavoit bien qui ne lui appartenoit pas, & qui appartenoit à un autre? La tromperie est visible, dans une substitution aussi grossiere; & quand même la donation qu'Ysarn Evêque de Toulouse fit de la paroisse de saint Elan de Lavaur à l'Abbaïe de saint Pons de Tomieres, ne détruiroit pas la fausse supposition de la prétenduë Legende de S. Elan; il ne faudroit que la suppression du nom de Nanto, & la substitution du nom de Lavaur; pour reconnoître que celui qui a fait le changement étoit interessé, & qu'il vouloit donner à son Lavaur ce qu'il étoit à Nanto. Un écrivain plus adroit auroit ajouté une seconde donation, sans supprimer l'autre, qu'il ne pouvoit douter qui ne fût très-autorisée; enfin il auroit tâché d'ajuster la supposition avec le titre d'Ysarn; mais apparemment il n'en avoit aucune connoissance.

Enfin l'expérience & le bon sens obligent de reconnoître qu'on ne change point, pour l'ordinaire, des noms de Saints de grande réputation, en des noms de Saints presque inconnus, sur tout dans les Eglises interessées à leur gloire; & qu'il ne se fait tout au plus que quelques legers changemens de terminaison ou de prononciation dans le langage vulgaire, selon le caprice des hommes, & les idiomes des païs, sans même que cela passe ordinairement jusqu'à l'office Ecclesiastique; au lieu qu'il est assez commun de changer des noms obscurs en des noms d'éclat; par l'inclination naturelle qu'inspire la vanité, plûtôt que la devotion, d'avoir des patrons fameux, pour rendre son païs & son Eglise plus recommandables. L'orgüeil naturel ne devoit porter personne à changer l'illustre nom d'Amand, en celui d'Elan; mais il a été facile d'ajuster au nom d'Elan la Legende d'Amand, pour attirer plus de gloire à Elan.

Nous estimons que pour peu qu'on réfléchisse sur ces veritez, & qu'on se veüille donner le loisir d'en examiner les consequences, on reconnoîtra fort aisément, que S. Amand & S. Elan sont deux Saints fort differens; & que la vie du premier, qui bâtit une Abbaïe dans un fond dont la seigneurie lui fut donnée par un Roi de France, ne peut du tout convenir à un Saint, simple patron d'une Eglise bâtie par la devotion de quelques particuliers, sur un fond qui appartenoit à des Seigneurs du lieu, selon le titre, de l'Archevêque de Toulouse Ysarn. Selon ce titre, ce ne fut point S. Elan qui bâtit l'Eglise dont il fut depuis patron, & le fond où elle fut bâtie ne lui appartenoit point; au lieu que selon la Legende qu'on attribuë mal à propos à saint Elan, il faudroit qu'il eût bâti lui-même cette Eglise, & que toute la seigneurie lui eût appartenu dès lors; ce qui ne paroît pas vrai. D'où nous inferons qu'on ne doit considerer saint Elan, que comme un Saint Local, dont on ne sçait rien d'assuré, sinon qu'il étoit patron de la paroisse où étoit le château de Lavaur, dès environ l'an 800. & qu'on peut croire assez probablement, qu'il a vécu dans le païs même où il est honoré des peuples, & y est mort un 25. de Novembre. Il y a en effet trop long-tems qu'on le connoit en ce païs là, sous le nom d'Elan, pour pouvoir croire qu'il en ait jamais porté d'autre; & ce nom est trop obscur, pour avoir été preféré à celui d'Amand, qui a toûjours été assez illustre, pour n'avoir pas pû être changé facilement. On trouve d'ailleurs si peu de rapport entre le nom d'Elan & celui d'Amand, qu'on ne peut pas s'imaginer que celui-là soit dérivé de celui-ci. Et puis enfin les premieres Legendes aïant eu indubitablement le nom d'Amand; avant qu'on eût fabriqué celles où se trouve à présent le nom d'Elan; comment l'auteur de cette Legende falsifiée auroit-il pû se méprendre, & substituer le nom d'Elan à celui d'Amand; s'il n'avoit eu le dessein formel de relever la gloire de son S. Elan, en lui attribuant la vie admirable d'un autre Saint, en changeant pour cet effet les noms des personnes & des lieux, & en mettant la mort de celui dont il falsifioit la Legende, au jour qu'il sçavoit bien qu'on celebroit à Lavaur la fête de son Saint? Il est sans doute inexcusable, d'avoir ainsi voulu donner un autre nom à saint Amand, ou à S. Elan la Legende d'un autre Saint. Voici pourtant ce que l'on pourroit dire, non pour le justifier; mais pour rendre raison, de ce qu'il a plûtôt pris la vie de S. Amand, pour la donner à son S. Elan, que celle de quelque autre.

Il est fort aisé de prendre *Vaurum* pour *Vabrum*, dans un païs où l'on prononce souvent le B comme l'V consone, & l'V consone comme le B. Il s'est donc pû faire que quelqu'un de Lavaur trouvant que S. Amand avoit fondé une Abbaïe *prope Vabrum*, auprès de Vabres, ait cru que ce *Vabrum* de Roüergue étoit le *Vaurum* de Lauragais: & que rempli de cette idée, dont il s'étoit prevenu, il ait fait saint Amand fondateur de Lavaur, & l'ait pris ensuite pour le même que saint Elan qui en est patron. En consequence de ce préjugé, il aura

6.
FEVRIER.

Emenda, amende, Mare, mer. Margarita, marguerite.

attribué à son saint Elan la Legende de saint Amand, y changeant seulement ce que la tradition du païs lui avoit appris de son Saint; en quoi peutêtre il se crut d'autant mieux fondé, que saint Elan se nommoit quelquefois saint Alan, dans son païs même, par la facilité qu'il y a de changer l'E en A, comme l'A se change quelquefois en E ; ce qui a peutêtre fait dire indifferemment *Elanus* & *Alanus*. Et il est encore à remarquer, que cet auteur, pour donner plus de cours à sa conjecture, n'a pas mis *Elanus* dans sa Legende, mais toûjours *Alanus*, qu'il s'étoit imaginé avoir beaucoup plus de rapport, qu'*Elanus*, avec *Amandus*.

Nous croïons encore très-vraisemblable, que saint Alain reveré dans la Bretagne, n'est point le saint Elan ou Alan de Lavaur. Il y a trop de distance, & trop peu de commerce d'un païs à l'autre, pour s'imaginer que la devotion ait pû passer du païs de Lauragais au païs de Cornoüaille ; & nous ne voïons pas qu'on puisse même inventer une bonne maniere d'expliquer comment le culte de S. Alain seroit venu de si loin dans le fonds de la Bretagne, ou pourquoi ce culte se seroit particuliérement établi à Quimper & dans la paroisse de Corlay Car quand même on supposeroit que S Elan ou Alain de Lavaur étoit natif du païs d'Herbauges dans le Comté Nantois ; ce Comté n'étoit point de Bretagne, au tems où saint Alain vivoit. Qui auroit donc pû obliger les Bretons de Corlay à l'adopter depuis pour patron , plûtôt qu'un saint Amand incomparablement plus fameux, né sans contredit dans le païs d'Herbauges, au lieu qu'on n'a dit que saint Elan en étoit, que parce qu'on lui a attribué la Legende de S. Amand ? Que si l'on prétend qu'Amand & Elan ne sont qu'un même Saint ; par quelle bizarrerie les Cornubiens revéreroient-ils saint Amand, un jour particulier, sous le nom étranger d'Alain, qui n'est pas fort connu, & l'honoreroient-ils encore un autre jour sous son nom propre d'Amand, dans la paroisse Priorale de Loc-Amand, en faisant ainsi deux fêtes d'un même Saint ; à deux jours differens de deux differens mois, & sous deux differens noms ? Comment enfin le nom étranger & barbare d'Alain auroit-il tellement prévalu sur le nom Latin d'Amand, qui est le vrai nom du saint Evêque de Maestrich, & qui a du rapport au nom de sa mere Amance ; qu'on auroit oublié celui-ci, pour ne lui donner que l'autre.

Il y a donc beaucoup plus d'apparence que saint Alain de Quimper, patron de Corlay, est un saint Breton de nation,

comme son nom est un nom Breton, qui signifie la plante appellée *Petasite*, ou *grand-Tussilage*. Et nous nous arrêtons d'autant plus à cette pensée, qu'une copie manuscrite de la Legende qu'on a attribuée d'abord à saint Elan de Lavaur, & ensuite à saint Alain de Quimper, qui se trouve dans le Cartulaire de l'Abbaïe de saint Melaine de Rennes, porte pour titre ces mots : la vie de saint Alain Evêque, dont le corps repose dans l'Eglise de Quimper. *Vita sancti Alani Episcopi, in Ecclesia Corisopitensi requiescentis.*

FE

Il est certain, par ce titre gardé dans les archives d'une Eglise très-desinteressée à cet égard, qu'on a cru dans la Bretagne, que le corps de saint Alain reveré dans la province, reposoit à Quimper. Or on ne nous persuadera jamais qu'on ait pû croire cela sans de bonnes raisons ; ni qu'on ait transporté le corps de S. Elan ou Alain de Lavaur, du Lauragais dans la Cornoüaille, sans qu'aucun auteur en ait jamais rien dit, & sans que ceux même en faveur de qui cette translation auroit été faite, aïent connoissance qu'elle ait été faite. Il faut donc que ce corps d'un saint Alain qui repose dans l'Eglise de Quimper, soit le corps d'un saint du lieu, & particulier à cette Eglise, qui seule en fait la fête au 27. de Novembre, & qui le marque dans son calendrier comme un Evêque du païs.

Mais comment, dira quelqu'un, a-t-on pû attribuer à un saint Alain Breton, la Legende de saint Amand, comme on l'attribuée au saint Alain de Lavaur en Lauragais ? Et est-ce une fatalité inévitable aux Saints du nom d'Elan ou d'Alain, qu'on ignore leur vie, & qu'on substitué leurs noms à celui du fameux saint Amand de Maestrich ? Il faudroit sans doute être devin, pour pénétrer toutes les tenebres dont ce point d'histoire est enveloppé ; & nous ne sommes pas assez présomptueux, pour donner comme des veritez incontestables tout ce que nous en disons, excepté la distinction de saint Alain & de saint Amand, qui semble aussi certaine, qu'une verité historique la puisse être. Tout le reste, nous ne le proposons, que comme des conjectures qui ne sont pas destituées de toute apparence. Car quelle raison positive auroit-on de ne pas croire que ce saint Alain dont le diocese de Quimper solemnise la fête au 27. de Novembre avec beaucoup de distinction, & dont il est écrit que le corps repose dans l'Eglise Cathedrale, a été un Evêque de ce diocese même, dont le seul calendrier a conservé la memoire, & dont les actes se sont perdus, comme ceux de plusieurs autres Saints, dont on ne sçait plus que le nom ? Ou du moins, pourquoi ne pas présumer, que ce saint Evêque Breton, venu de l'isle, aura demeuré, & sera mort dans le diocese qui a possedé depuis ce tems-là son corps ? Et ne s'est-il pas pû faire dans la suite des siécles, que quelque Breton, qui avoit appris du calendrier & de la tradition le nom de ce Saint, & qui en ignoroit la vie, trouvant par rencontre la fausse Legende de saint Alan de Lavaur, ait cru, à cause du même nom, qu'il falloit attribuer au saint Alain Breton la Legende du saint Alan de Lavaur, comme on avoit approprié à celui de Lavaur l'histoire de saint Amand de Maestrich ? Il n'y a rien en tout cela que de très-faisable, & on n'y trouve rien qui puisse nous empêcher de croire que s'est ainsi que cela s'est fait.

Nous avoüerons pourtant qu'on pourroit s'imaginer qu'Alain Cagnart Comte de Cornoüaille, voulant avoir quelques Reliques de saint Alain son patron, en auroit demandé aux Comtes de Toulouse, & qu'en aïant reçû avec la Legende du Saint, il les auroit placées dans l'Eglise cathedrale de son Comté, où l'on en auroit depuis fait la fête, aussi-bien que dans toute la Cornoüaille. Mais pour pouvoir admettre ce systême, il faudroit être sûr que saint Elan de Lavaur eût été Evêque ; il faudroit que le saint Alain connu des Bretons, se trouvât nommé indifferemment Elan & Alan ; que l'on n'eût pas dit que tout le corps de S. Alain repose à Quimper ; que l'on fît quelque memoire de la translation d'une partie des Reliques de saint Alan de Lavaur, dans l'office Ecclesiastique de Cornoüaille ; qu'il en fût parlé dans l'histoire, qui est assez connuë depuis le tems d'Alain Cagnart. Mais comme il n'est rien de tout cela, nous distinguerons toûjours S. Alain de Bretagne, dont le nom est Breton, d'avec saint Elan de Languedoc, & tous les deux d'avec saint Amand de Maestrich, dont on a sans raison attribué la vie à l'un & à l'autre.

Quel que puisse être là-dessus le jugement des Lecteurs, il est certain que le grand S. Amand étoit natif du païs d'Herbauges, pour lors d'Aquitaine, qui fait à present une partie considerable de l'Evêché de Nantes, & dont tout le nouveau Duché de Raiz n'est qu'une partie. Ce fut sur la fin du VI. siécle qu'il y prit naissance ; & si l'on peut se glorifier legitimement du merite des grands hommes, & sur tout des Saints, qui sont nez dans son païs ; peu de Saints aïant eu plus de merite & plus d'éclat que S. Amand, peu de Saints ont plus illustré leur païs, que lui ; & par consequent il n'y a guére de païs qui ait plus de gloire, à cet égard, que la contrée de l'Evêché de Nantes qui donna ce grand homme au monde ; gloire pourtant inutile & vaine, si l'on néglige de profiter des exemples qu'il nous a laissez. Sa vie se trouve écrite en tant de differens livres Latins & François, qu'il seroit superflu de la rapporter ici. Nous la supprimons donc, d'autant plus raisonnablement, que depuis sa tendre jeunesse, qu'il se retira dans le monastere de l'isle d'Ieu, il ne mit plus le pied dans son païs, quoique la seigneurie lui en dût appartenir, en qualité de principal heritier de son pere Serenus qui en étoit Comte. Ainsi le cours glorieux de sa vie Apostolique, qui dura jusqu'à l'an 679. n'est point de nôtre histoire, où nous ne devons marquer que l'époque de sa nativité, qui fut l'an 590. comme le P. le Cointe le prouve très-bien contre la fausse supputation de Bollandus, qui n'aïant fait naître saint Amand qu'en 594. a dû par consequent le faire vivre jusqu'en 684. pour remplir les quatre-vingt dix années de sa vie, dont tout le monde convient.

Oia insula.

SAINT VVINNOC
Abbé.

6.
NOVEMB.

VIII. SIECLE.

LA genealogie de saint Winnoc, rapportée à la tête de ses actes, mais qui ne paroît pas du même auteur qui a écrit les actes, semble supposer que ce saint Abbé étoit frere de saint Judicael Roi de Bretagne & fils de Judhael ; & c'est le sentiment de quelques écrivains, qui ne se peut soûtenir, qu'en supposant que S. Winnoc auroit vêcu plus de cent ans ; car on met sa mort en 716. & s'il est frere de saint Judicael, il doit être né plus de cent ans auparavant. Les actes de saint Bertin, qui fonda l'Abbaïe de Sithiu vers l'an 660. disent que saint Winnoc y fut élevé dès son enfance ; ce qui ne peut absolument s'entendre d'un frere de saint Judicael, qui ne pouvoit être enfant en 660. Il y a plus d'apparence que c'étoit un neveu de saint Judicael, & peutêtre le même dont on a parlé dans la vie de saint Josse, & qui avec Arnoch, autre neveu des saints Judicael & Josse, garda pendant quelque tems le corps de son saint oncle. Quoiqu'il en soit, & sans repeter ici ce que nous en avons dit dans l'histoire de saint Josse, nous rappor-

6.
NOVEMB.

terons ce qu'a dit de saint Winnoc l'auteur de ses actes qui se trouvent dans Surius, & dans les actes Benedictins.

Winnoc, issu de race Roïale, nâquit dans la Bretagne Armoricaine, & donna par la pureté de ses mœurs, un nouvel éclat à la noblesse de son origine. Dès sa plus tendre jeunesse il parut consommé dans les vertus; il vivoit dans le monde, sans être du monde; & sous les habits du siécle il cachoit le soldat de J. C. La Bretagne étoit surprise de voir un de ses Princes qui se regardoit comme un voïageur, dans le sein de sa propre patrie, & qui ne cherchoit qu'à s'en bannir lui-même, pour suivre la voix de Dieu, comme un autre Abraham. Il gagna à la milice spirituelle, à laquelle il vouloit consacrer sa vie, trois autres sujets, jeunes gens d'une naissance distinguée & d'une vie innocente, Quadanoc, Ingenoc, & Madoc, qui entrérent aisément dans ses projets de retraite. La foi les animoit tous également; ils abandonnérent leurs biens, renoncérent à toutes les esperances dont le siécle auroit pû flatter leur ambition, & se mirent à chercher cette cité permanente qui est nôtre veritable patrie.

Après avoir fait beaucoup de chemin, ils arrivérent enfin dans l'Evêché de Teroüanne, où la reputation leur apprit avec quelle édification l'on y voïoit fleurir la discipline monastique. En effet saint Bertin vivoit alors, & gouvernoit le monastere de Sithiu qu'il avoit bâti. La bonne odeur que répandoit de toutes parts la sainteté de sa vie, avoit attiré à la pratique des conseils de l'Evangile un grand nombre de disciples. Ces jeunes enfans (car c'est ainsi qu'on doit les appeller, selon les actes de S. Bertin)

Vuinnocum à puero suâ disciplinâ instructum... quem ab infantiâ nutrierat. Acta S. Bertini. Act. Bened. sæc. III. p. 130.

s'abandonnérent à la conduite de cet excellent maître, qui leur apprit à porter le joug de J. C. sous la regle de saint Benoît, & leur montra par ses actions, encore plus que par ses paroles, de quelle maniere il falloit pratiquer les saintes loix de la vie Religieuse. Il ne fut pas long-tems sans s'appercevoir, avec étonnement, qu'ils avoient atteint une perfection sublime dès le commencement de leur conversion. C'est pourquoi les jugeans capables de mener une vie plus retirée, il leur assigna un lieu particulier, où il leur ordonna de se bâtir eux-mêmes un petit monastere, où ils pussent ensuite s'occuper uniquement de Dieu.

Pour obéïr aux ordres de leur pere, ils bâtirent au même païs un petit édifice propre à leur dessein, sur une hauteur appellée alors Grunobergue, & qui a depuis porté le nom de S. Winnoc, & s'appelle encore aujourd'hui Bergue-S.-Winnoc. Ces quatre serviteurs de Dieu demeurérent-là quelque tems, & y vécurent comme des hommes crucifiez au monde, & pour qui le monde étoit crucifié. Il y avoit dans le même canton un homme, à qui on donne le titre d'illustre, appellé Heremar, distingué par ses richesses, & estimable pour ses bonnes mœurs. Il offrit à Winnoc une terre de sa dépendance, assez fertile, nommée Wormhoud, située sur le bord d'une petite riviere nommée la Peene, & sur les confins de Teroüanne & de Flandres. Winnoc, détaché de tout, renvoïa Heremar à son Abbé S. Bertin, qui accepta la donation, dont il fut dressé un acte dans le monastere de Sithiu, daté du 1. de Novembre, l'an 1. de Childebert, c'est-à-dire l'an de Jesus-Christ 695. On peut voir par cette fondation, que Wormhoud fut d'abord une dépendance de l'Abbaïe de saint Bertin. Le monastere que S. Winnoc y bâtit, comme nous l'allons voir, fut détruit depuis par les Normans en 880. & est maintenant une Prévôté de l'Eglise de Bergue-S.-Winnoc. S. Bertin, après avoir accepté la fondation faite par Heremar, envoïa à Wormhoud saint Winnoc & ses compagnons, ausquels il donna ordre d'y bâtir une maison pour les pauvres, avec un monastere, & une Eglise en l'honneur de saint Martin. Ces quatre saints Religieux travaillérent sans relâche à bâtir les appartemens où J. Christ devoit être reçu & servi dans les pauvres, & les lieux Reguliers où les personnes dévoüées à la perfection pussent pratiquer leurs exercices avec ferveur & sans importunité. La maison de Dieu fut achevée en peu de tems, par les mains de ces saints ouvriers, dont l'ardente charité bâtissoit en même tems dans leurs cœurs un temple au S. Esprit, où brûla jusqu'au dernier soupir de leur vie le feu de son amour.

Les trois compagnons de saint Winnoc, un peu plus âgez que lui, finirent leur sainte carriere dans ce lieu; & l'Abbé saint Bertin connoissant tout le merite de S. Winnoc, le mit à la tête de la communauté qui s'y étoit formée. Il la gouverna avec une douceur & une humilité qui firent voir en lui un parfait disciple de celui qui a dit: *Apprenez de moi que je suis doux & humble de cœur.* Il estimoit qu'il n'y avoit rien de plus noble, que de servir ses freres, puisque J. C. lui-même avoit protesté, qu'il étoit venu pour servir, & non pas pour être servi. Comme sa charité n'étoit point une charité feinte, il exerçoit l'hospitalité avec une promptitude & un épanchement de cœur qui faisoit bien voir qu'il estimoit
heureux

heureux le jour où il pouvoit meriter de recevoir J. C. en recevant un hôte pour l'amour de lui. Il se chargeoit volontiers de tous les travaux qui paroissoient trop penibles à ses freres ; & ce qui surpassoit leurs forces étoit leger à sa ferveur & à son humilité. Aussi Dieu lui accorda-t-il la grace des miracles, afin de rendre illustre aux yeux des autres, celui qui étoit si petit à ses propres yeux. Etant parvenu à une extrême vieillesse, il ne se plaignit point que l'âge l'appesantit ; & tout accablé qu'il étoit du nombre de ses années, il marchoit d'un pas plus ferme dans la voïe de la perfection, & ne diminuoit rien des travaux de son état. Il pratiquoit même encore, à cet âge-là, les plus penibles & les plus humilians ; puisqu'on rapporte de lui qu'il faisoit tourner la meule pour moudre le bled destiné à la nourriture de ses freres, en offrant en même tems à Dieu le sacrifice d'un cœur humilié & brisé. Dieu voulant, dit-on, lui épargner une fatigue humiliante & au-dessus de ses forces, fit tourner la meule, par un secours invisible, sans que le Saint fût obligé d'y mettre la main. Il benit Dieu de la faveur qu'il lui faisoit, & ne cessoit plus de lever au ciel, en action de graces, les mains pures & innocentes que Dieu avoit délivrées de ce travail. Les Religieux étoient surpris, & ils avoient raison, qu'un homme aussi foible & aussi cassé, pût supporter une fatigue pareille à celle dont il avoit bien voulu se charger. On dit que l'un d'entr'eux, poussé de curiosité, alla regarder par un trou ce qui se faisoit dans le lieu où le saint Abbé travailloit. Il n'eut que pendant un moment la satisfaction de voir le mouvement merveilleux de la meule ; car il fut frappé sur le champ d'aveuglement. Le saint Abbé le guerit par ses prieres, & par le signe de la croix, après lui avoir pardonné sa curiosité temeraire.

Il étoit sans ressentiment, aussi-bien que sans malignité. Son grand soin étoit de se rendre aimable, plûtôt que redoutable ; & c'étoit pour cela qu'il s'estimoit destiné à rendre service, plûtôt qu'à recevoir ceux des autres. Sa naissance Roïale ne le porta jamais à se préferer à ceux de la plus vile condition qu'il plut à Dieu d'appeller à la même profession que lui. La serenité de son esprit étoit marquée par la gaïeté de son visage. Il étoit ferme & inébranlable dans sa foi, d'une esperance que rien ne pouvoit décourager, & d'une charité sans bornes. Les heureux succez ne le portoient point à s'élever, & les évenemens fâcheux ne l'abbatoient point. Dans le conseil, ses vûës alloient loin ; & dans l'execution, il étoit diligent & infatigable. Enfin armé de toutes les armes spirituelles, il fit avec succez une guerre continuelle aux puissances ennemies de nôtre salut. Mais, quoique vainqueur, il gemissoit sans cesse, & soupirant après le séjour heureux où l'on n'a plus à combattre, il disoit à Dieu : *délivrez, Seigneur, délivrez mon ame de cette prison, afin qu'elle ne s'occupe eternellement que de vos loüanges.* Dieu l'exauça, & l'appella à lui le 6. de Novembre de l'an 716. ou 717. Il fut enterré dans le monastere de Wormhoult qu'il avoit bâti lui-même à l'honneur de saint Martin, où sa memoire fut honorée de plusieurs miracles. On raconte entr'autres, que peu de tems après sa mort, comme les freres reposoient après midi, le feu sorti d'une maison voisine se prit à une partie des édifices du monastere, qui furent consumez, avec l'Eglise, où l'on conservoit le corps de saint Winnoc, qui fut entierement brûlée ; mais on trouva après l'incendie, que le feu avoit épargné le tombeau du Saint, & tous les ornemens dont il étoit accompagné. Nous ne suivrons pas l'auteur des actes dans le recit de tous les miracles de saint Winnoc. Nous nous contenterons de remarquer, qu'on peut apprendre de ce recit, qu'on se servoit encore de calices de verre dans les saints mysteres vers le XI. siécle ; & qu'avant les coursés des Normans, les Reliques de S. Winnoc, enchassées en or, se portoient publiquement aux processions des Rogations.

Quand il plut à Dieu de punir les pechez du monde, par les ravages qu'exercérent par tout les barbares sortis du Nord, dans le XI. siécle, on trouva à propos d'ôter les Reliques de S. Winnoc de Wormhoult, & de les porter dans l'Eglise de S. Omer à Sithiu. Quelques années après Baudoüin Comte de Flandres, surnommé le Chauve, voulant munir son païs, & le mettre à couvert des incursions de ces barbares, fit construire plusieurs forteresses, & une entr'autres à Bergue, ou saint Winnoc avoit bâti son premier monastere. Le Comte, après avoir fortifié le lieu, y fit aussi bâtir une Eglise, qui fut dédiée à saint Martin & à saint Winnoc, & où il avoit fait dessein de transferer les Reliques du dernier. Il alla demander l'agrément du Roi Charles le simple, qui lui accorda volontiers tous les privileges qu'il lui demanda pour sa nouvelle Eglise. Le Comte, muni de ces pouvoirs enleva le corps de saint Winnoc, malgré les oppositions de ceux de S. Omer, & le fit porter à Bergue, l'an 900. Depuis ce tems-là il s'établit une coûtume, de porter en procession, tous les ans, le corps de

6. saint Winnoc, de Bergues à Wormhoult, le jour de la nativité de saint Jean-Baptiste; ce qui se faisoit rarement d'abord, sans quelque miracle insigne. Depuis la cérémonie fut remise à un autre jour, c'est-à-dire à celui de la Trinité, comme le témoignent, tant l'auteur de la vie de saint Winnoc, que Drogon moine de Bergues, qui a fait un livre des miracles du Saint, où il ne raconte que ce qui s'est passé de son tems, dont il a vû une partie.

Cent ans après la seconde translation de S. Winnoc, Baudoüin surnommé le Barbu, aïant rendu la ville de Bergue encore plus forte par une ceinture de murailles, & bâti un monastere au haut de la ville, y fit transferer les Reliques du Saint, le 18. de Septembre, & fit venir des moines de saint Bertin vers l'an 1030. pour habiter ce nouveau monastere, qui eut pour premier Abbé Roderic. Après sa mort la discipline s'étant un peu relâchée, fut rétablie dans sa vigueur en 1106. par l'Abbé Hermès. L'Abbaïe subsiste encore aujourd'hui, & a fourni plusieurs sujets recommandables par leur sainteté & leur doctrine.

On celebre trois fêtes à Bergue-Saint-Winnoc, en l'honneur de ce saint Abbé. La premiere au jour de sa mort, qui arriva le 6. de Novembre. La seconde est celle de l'élevation de son corps, appellée l'Exaltation saint Winnoc, qui arrive le 20. Février; & la troisiéme est celle de la translation qui fut faite du corps du Saint à l'Abbaïe de Bergues, qui se celebre le 18. de Septembre. La premiere de ces fêtes est la plus solemnelle. Elle est de précepte dans toute la ville, avec octave; la seconde n'est que semidouble; & la troisiéme est de celles qu'on nomme de seconde classe. On conserve très-religieusement le corps de saint Winnoc à Bergues, qui est porté tous les ans en procession, le jour de la Trinité, & trempé dans la riviere de Colme qui passe au pied de la ville; ce qui se fait en memoire d'un enfant noïé dans cette riviere, & qui fut ressuscité par les merites du Saint. On ignore en quel tems ce grand miracle fut fait; mais il a donné lieu, tant à cette cérémonie, qu'à une confrairie érigée à l'honneur de saint Winnoc. Le martyrologe Romain fait mention de S. Winnoc au 6. de Novembre. Outre la translation du 18. de Septembre, Ferrarius en marque une autre au 23. de Mars.

SAINT PASQUIER,
ou PASCHARIUS
Evêque & Confesseur.

VII. SIECLE.

LE nom Latin de Pascharius fait juger qu'il étoit Armoricain plûtôt que Breton; & le P. Albert le Grand ajoûte qu'il étoit de Nantes; que ses parens y faisoient leur séjour ordinaire, & qu'ils étoient nobles & riches. Cet historien, toûjours décisif & hardi dans ses dates, dit positivement que saint Pasquier vint au monde l'an 603. Il nous assure ensuite que Pasquier reçut de ses parens une éducation excellente, qu'il fut élû Evêque de Nantes en 640. quoiqu'absent, qu'il renonça en bonne & duë forme à son élection, lorsqu'elle lui eut été notifiée par deux députez du Chapitre; mais que pressé par les instances réïterées de ceux qui l'avoient élu, il se laissa ordonner dans son Eglise Cathedrale; qu'il travailla vigoureusement à la reformation des mœurs de son Clergé; qu'il étoit le pere des pauvres, & qu'il leur distribua tout son patrimoine, qui étoit considerable. Tout ce que nous sçavons de plus de ce saint Evêque, consiste en ce qu'il a fait pour l'établissement de saint Hermeland, & la fondation de l'Abbaïe d'Indre. Ainsi, pour ne pas rebattre deux fois la même chose, nous renvoïons le Lecteur à la vie de saint Hermeland qui suit celle-ci. Le P. Albert, avec son assurance ordinaire, met la mort de S. Pasquier en 649. le 10. de Juillet, qui est le jour auquel l'Eglise de Nantes celebre sa fête, avec office à neuf leçons, comme on le voit par les plus anciens Breviaires de cette Eglise.

SAINT HERMELAND,
ou Herblon, Abbé.

VIII. SIECLE.

HERMELAND nâquit à Noyon, & eut pour parens les plus illustres personnes de la ville, qui lui donnérent une belle éducation, & eurent soin d'orner son esprit des connoissances que donne la litterature. Il profita dans l'étude, plus qu'aucun de ses compagnons, & reprimant par une severe gravité la vivacité boüillante ordinaire à l'enfance, il eut le bonheur de

SAINT HERMELAND.

se refuser constamment aux attraits seduisans de la volupté. Il préferoit la noblesse de l'esprit à celle du sang, & persuadé de bonne heure de combien l'une est plus estimable que l'autre, il se fit, dès cet âge tendre, un fond de vertu qui le rendit l'admiration de tout le monde. Ses parens, trèscontens du progrès qu'il avoit fait dans l'étude, l'envoïerent à la Cour du Roi de France, afin que s'y avançant aux honneurs militaires, il pût un jour n'être pas inferieur en dignité à ses ancêtres. Mais Hermeland avoit des pensées bien differentes ; & ce que ses parens faisoient pour l'avancement de sa fortune, il le regardoit comme un obstacle à son salut. Il obéït pourtant à ceux qui avoient droit de disposer de lui ; il se mit dans la voïe des honneurs, & entra dans la maison de Clotaire III. fils de Clovis le jeune, qui, charmé de sa bonne grace, aussi-bien que tous les Seigneurs de sa Cour, le fit son Grand Eschanson. Hermeland, après avoir exercé pendant quelque tems cet emploi considerable, avec la satisfaction de tout le monde, fut obligé par ses parens, & par ses amis, de fiancer la fille d'un des Seigneurs les plus distinguez de la Cour. Mais son cœur étoit pénétré de ces paroles Divines : *qui n'abandonne pas son pere, sa mere, ses freres & ses sœurs, sa femme & ses enfans, ses terres, tout enfin, pour l'amour de mon nom, n'est pas digne de moi.* Il prit donc le parti de sacrifier tout à Dieu, biens, fortune, plaisirs, établissement, & de se retirer du monde, dans le tems que le monde lui faisoit le plus de caresses, & le flattoit de la maniere la plus engageante. Il alla trouver le Roi, & supplia très-instamment sa clemence Roïale, de vouloir bien lui permettre de quitter le service du Palais, & les honneurs de la Chevalerie, pour se renfermer dans un cloître, & servir le Roi des siécles. Clotaire avoit pour Hermeland une tendre affection ; il resista long-tems à ses prieres, & tâcha de lui persuader de ne le point abandonner dans un si bel âge. Mais en vain le fatigua-t-il des differentes batteries qu'il emploïa ; il ne put ébranler sa constance ; & respectant enfin l'ouvrage de Dieu dans la vocation d'Hermeland, il lui accorda la permission qu'il lui demandoit avec tant d'instance.

Hermeland sorti du Palais, avec la benediction du Roi & de tous les grands, se retira aussi-tôt au monastere de Fontenelle, gouverné dans ce tems là par le venerable Lambert, qui le reçut à la conversion, avec le consentement des freres. On le mit, selon la coûtume de l'ordre monastique, dans la chambre des novices, pour y faire sa probation ; mais on y vit bientôt, avec un grand étonnement, que ce neophyte surpassoit les plus consommez dans la vie solitaire. Le tems de sa probation fini, selon la Regle, il fit un vœu solemnel de la perfection ; & dit un adieu éternel aux pompes du siécle. Cependant le vieux serpent ne desespera pas encore de le vaincre ; il l'attaqua dans le chemin de la vertu ; mais autant de combats qu'Hermeland eut à soûtenir, furent autant de victoires que la grace lui fit remporter. Sa charité en devint plus ardente, sa foi plus animée, son esperance plus certaine. Il étoit doux & patient, prompt à obéïr, assidu à l'oraison ; enfin il faisoit voir tant de vertus, qu'il brilloit entre ses compagnons, comme l'étoile du matin se fait distinguer entre les autres étoiles du ciel. Le venerable Abbé Lambert, témoin des progrès de son disciple, le regardoit déja comme un maître, & le jugeant digne du sacré ministére des Autels, le fit ordonner Prêtre par l'Evêque diocesain. La grace du Sacerdoce redoubla la ferveur d'Hermeland ; il ne se contenta pas d'offrir tous les jours à Dieu l'hostie sainte & sans tache dont il étoit devenu le sacrificateur ; il tâcha, par la maceration de son corps, de devenir aussi luimême une hostie vivante digne d'être présentée continuellement au Seigneur.

Dans le tems que saint Hermeland vivoit ainsi dans l'Abbaïe de Fontenelle, il arriva que Pasquaire Evêque de Nantes, rompant un jour à son troupeau le pain celeste de la parole, & donnant à chacun des deux ordres dont il étoit composé, Clercs & Laïques, les instructions qui leur convenoient, il fit mention d'un troisième ordre, qui étoit alors peu connu dans cette ville ; c'étoit l'ordre monastique, dont il leur fit l'éloge, & prouva qu'il y avoit plus de perfection dans cet état, que dans les deux autres, parce qu'il est dit : *si tu veux être parfait, vend tout ce que tu as, donnele aux pauvres ; puis vien, & me sui.* Aussitôt toute l'assemblée, comme par inspiration Divine, supplia son pasteur, qui avoit le même desir ; & qui en étoit plus pénétré qu'aucun, de vouloir bien chercher par tout de ces personnes d'un état si parfait, & de les établir dans son diocese, afin que demeurant parmi eux, s'ils attiroient peu de monde à les imiter, au moins pussent-ils être utiles à tout le païs par l'efficacité de leurs prieres. Il est étonnant que la vie monastique parût une nouveauté aux habitans de Nantes, après ce que nous avons vû de S. Friard, de S. Secondel, & de S.

25.
Novemb.

Martin de Vertou. Mais on peut répondre à ce qui regarde saint Friard & saint Secondel, que leurs disciples n'avoient point fait d'autres disciples, ou n'avoient peutêtre pas perseveré; ce qui faisoit que la vie solitaire n'étoit plus alors pratiquée dans l'Evêché de Nantes. Quant à saint Martin de Vertou, pere de tant de communautez, qui subsistoient, & qui étoient encore dans leur premiere ferveur, au tems de Pasquaire, il faut dire que Vertou & les autres lieux où saint Martin avoit fondé des maisons Religieuses, n'étoient pas de l'Evêché de Nantes, que la Loire bornoit alors de ce côté-là ; mais de l'Evêché de Poitiers & du païs d'Aquitaine. Et si Pasquaire ne s'adressa pas aux moines de Vertou, pour avoir les sujets qu'il vouloit établir dans son diocese, il se peut faire qu'il avoit quelque liaison particuliere avec Lambert Abbé de Fontenelle ; car la même question que l'on pourroit faire au sujet de Vertou, on pourroit la faire au sujet de saint Florent le vieil, & de S. Maur sur Loire ; monasteres bien plus voisins de Pasquaire, que ne l'étoit celui de Fontenelle.

Ce fut donc à Lambert Abbé de Fontenelle que Pasquaire adressa ses envoïez, pour prier *Sa Sainteté* d'accorder à ses peuples la satisfaction d'avoir des Religieux de son monastere. Ces députez, munis de la benediction de leur Prélat, se mirent en chemin, & arrivez à Fontenelle, furent reçus affectueusement par les freres, qui les présenterent à leur Abbé. Les députez lui dirent : « l'Evêque Pasquaire, qui estime « très-particuliérement vôtre sainteté, sou- « haite ardemment, & tout son peuple le « souhaite aussi, d'avoir dans son diocese « des Religieux dont la vie angelique serve « d'exemple au public, pour l'avancement « spirituel de la sainte Eglise, & la gloire « de Dieu. C'est pourquoi, informé de vos « vertus, & de la perfection de vos Reli- « gieux, dont la reputation efface celle des « autres, il prie vôtre sainteté de lui en- « voïer quelques-uns de vos disciples, qui « puissent, en pratiquant cette excellente « maniere de vivre, l'enseigner aussi aux « autres; afin qu'il vous ait l'obligation d'a- « voir accompli, par vôtre secours, ce qu'il « a une si grande envie de mettre à execu- « tion. » Lambert rendit graces à Dieu d'avoir inspiré un tel dessein au Prélat & à tout son peuple. Ensuite aïant fait venir Hermeland, il pria les députez de faire de nouveau, en sa présence, l'exposé de la demande de leur Evêque. Après qu'ils eurent parlé, le venerable Abbé leur répondit de cette sorte : « Il paroît assez, mes très-chers enfans, « que le dessein de l'Evêque Pasquaire & de son saint troupeau est inspiré de Dieu, & je participerai volontiers au merite d'une si bonne œuvre, en executant par mon frere Hermeland, qui m'est extrémément cher, & par les autres Religieux que j'envoïerai avec lui, ce que l'on souhaite de moi, de quelque douceur que je me prive, en éloignant de moi un aussi excellent sujet. Mais je voudrois être bien sûr auparavant, que le monastere qui sera bâti, ne pût dans la suite recevoir aucune inquietude de la part de qui que ce fût. Nôtre vie demande une grande tranquillité, & nous devons éviter, autant que nous pouvons, que la malice des hommes nous détourne de la meditation des choses du ciel. Je suppose que l'Evêque Pasquaire bâtisse sur quelque fond de son Eglise un monastere propre à recevoir ceux que j'envoïerai, & ceux qu'il plaira à Dieu de toucher & d'appeller à la même maniere de vivre. Je ne doute point que cette maison ne joüisse d'une tranquillité parfaite, tant que Dieu conservera le Prélat ; mais s'il laisse après sa mort, le monastere sous la domination de son successeur, l'exemple de tant d'autres monasteres me fait apprehender, que celui-là ne soit inquieté par la cupidité des méchans, & que mes Religieux ne soient obligez d'en sortir, & d'être vagabonds. Si cela arrivoit, quelle honte pour moi, qui aurois envoïé ces Religieux ? & quel reproche pour lui, au lieu de la recompense qu'il se promet ? S'il veut donc bâtir un monastere, je l'exhorte à le mettre sous la protection du Roi, & d'obtenir de la clemence Roïale un privilege par lequel il soit défendu à qui que ce soit, d'exercer aucune domination sur ce monastere, & de l'inquieter en quelque façon que ce soit. » Les députez rassurerent Lambert, & lui dirent qu'il pouvoit attendre de la bonté de leur Evêque, qu'il prendroit toutes les mesures necessaires, pour mettre à couvert de toute insulte l'établissement qu'il prétendoit faire. Alors l'Abbé dit à Hermeland, qu'il avoit dessein, quelque douleur que pût lui causer son absence, de l'envoïer à l'Evêque de Nantes, avec douze Religieux, dont il l'établissoit Superieur à sa place. Hermeland répondit : qu'aïant appris à n'avoir plus d'autre volonté que celle de son superieur, il feroit ce qui lui étoit ordonné, comme si Dieu même le lui commandoit. L'Abbé donna, tant à Hermeland, qu'à ceux qu'il lui destinoit pour compagnons, les avis qu'il leur crut necessaires, & les pria sur tout, de suivre toûjours leur regle sainte avec le zéle & l'exactitude qu'elle prescrit. Il les embrassa, les yeux baignez de larmes, les recommanda au Tout-puissant, & les congedia avec sa benediction.

Hermeland & ses compagnons suivirent les députez, & aussi-tôt qu'ils furent arrivez à Nantes, ils allérent dans l'Eglise Cathedrale invoquer le secours des Ss. Apôtres à qui elle est dédiée. L'Evêque aïant appris que ces saints Religieux étoient arrivez, fut comblé de joïe, rendit graces à Dieu, & alla à leur rencontre à la porte de l'Eglise. Il les reçut comme des Anges du ciel, & promit à Hermeland de faire tout ce que souhaitoit leur Abbé. Dès le lendemain, Hermeland pria l'Evêque de lui donner un bâteau pour lui & ses compagnons, afin qu'ils pussent visiter les isles de la Loire & les côtes jusques vers la mer, & chercher un lieu propre pour s'établir. Pasquaire l'assura qu'il n'auroit pas besoin de descendre jusqu'à la mer, pour trouver ce qu'il souhaitoit, & qu'à trois mille au-dessous de la ville de Nantes il y avoit des isles qui lui plairoient sans doute. Il lui laissa une entiere liberté de voir & de choisir, & pour cet effet il lui donna un bâteau, & des rameurs, qui eurent ordre de le mener par tout où il voudroit. Ils s'arrêtérent à une isle plus grande que les autres. Hermeland y étant descendu, s'informa de sa grandeur, & trouva, par le rapport qu'on lui en fit, qu'elle avoit vingt-quatre stades de long (c'est-à-dire trois mille pas) Elle est au milieu de beaucoup d'autres isles, & paroît s'élever au-dessus, à cause d'une colline qui occupe toute sa longueur ; & c'est ce qui fait que cette isle n'est jamais couverte, ni des eaux que les débordemens de la Loire aménent du côté de l'Orient, ni de celles que l'ocean fait refouler du côté de l'Occident, par le reflus journalier, & qui couvrent les isles voisines dans les grandes marées. Hermeland trouva cette isle très-propre pour y faire sa demeure. Sa hauteur la préservoit des inondations ; ses vignes, ses jardins, & ses prez faisoient juger avantageusement de la bonté de son terroir ; & sa situation au milieu d'une riviere profonde, sembloit promettre à ses habitans une tranquillité que des voisins importuns & curieux ne troubleroient point. Hermeland y trouva des bois épais & des lieux de retraite conformes à son inclination. Cela lui fit naître la pensée d'appeller cette isle *Antrum*, nom qui a pu changer depuis, car on l'appelle l'isle d'Aindre. Auprès de cette isle Hermeland en trouva une autre de même forme, mais plus petite, qu'il appella *Antricinum*, ou *petit-antre*; on la nomme aujourd'hui *Aindrette*. Il y avoit dedans une très-petite Eglise, avec un oratoire dédié à saint Martin. L'isle n'étoit habitée que de pâtres, en assez bon nombre, à qui la bonté du terroir faisoit trouver une abondante pâture pour leurs troupeaux. Enfin ce qui achevoit de rendre le séjour de ces isles recommandable au Saint, étoit l'abondance de la pêche. Il ne voulut pas donner à ses rameurs la peine inutile de le mener plus loin ; il se fit remener à la ville, & rendit compte à l'Evêque de ce qu'il avoit vû. L'Evêque fut très-content de ce qu'il vouloit s'arrêter à ces isles, & dès le jour suivant il lui donna des ouvriers, pour commencer à tracer & bâtir son monastere dans l'isle d'Aindre.

Hermeland y choisit le lieu qui lui parut le plus propre pour y construire son monastere, & commença de creuser les fondemens des lieux Reguliers, & de deux Eglises, dont il vouloit consacrer l'une à S. Pierre, & l'autre à S. Paul. Aidé des secours de beaucoup d'habitans du païs, il eut bientôt consommé son ouvrage. L'Evêque alla dans l'isle avec ses Chanoines, dédia les Eglises, & du consentement de son Chapitre, accorda ce privilege à l'Abbé & aux moines, que nul de ses successeurs ne pût rien usurper du monastere ni de ses biens, tant de ceux qu'il y avoit donné lui-même, que de ce que les autres y avoient donné pour l'entretien des freres & le luminaire de l'Eglise. Il ne se contenta pas de cela ; il mena Hermeland à la Cour, & le présenta au Roi Childebert III. qu'il supplia d'accorder sa protection Roïale à ce nouveau monastere. Childebert accorda volontiers ce que Pasquaire lui demandoit, prit le monastere d'Aindre sous sa protection, & fit expedier là-dessus ses lettres patentes, par lesquelles il étoit défendu à qui que ce fût d'inquieter les Religieux de cette maison.

Le monastere commença aussi-tôt à se remplir de personnes qui abandonnoient le siécle, pour vivre sous la conduite de saint Hermeland, & d'enfans que leurs parens lui offroient, pour conserver dans le cloître, par son secours, une innocence encore entiere, mais fragile ; & exposée à la corruption.

On raconte, qu'une nuit que S. Hermeland passoit en prieres, selon sa coûtume, dans l'Eglise de saint Pierre (c'étoit le 9. de Janvier) il vit l'ame de S. Mauronce Abbé de S. Florent le vieil, distant de dix lieuës de son monastere d'Aindre que les Anges portoient au ciel. Après avoir long-tems suivi des yeux du corps & de l'esprit ce spectacle surprenant, il reveilla les freres, & les avertit de recommander à Dieu le

25.
NOVEMB.

19. du même mois, à cause de l'octave de l'Epiphanie, & de quelques autres fêtes.

venerable Abbé Maurence qui venoit d'expirer dans le moment. Ils ne pouvoient comprendre comment, en si peu de tems leur saint Abbé avoit eu connoissance d'une chose arrivée si loin de son monastere ; & pour être plus assurez de la verité, ils se disposoient à envoïer le lendemain à l'Abbaïe de saint Florent sçavoir ce qui en étoit. Mais cette peine leur fut épargnée par les Religieux de saint Florent même, qui leur envoïérent faire part de leur affliction ; & l'on connut par ce moïen, que saint Maurence avoit passé à une meilleure vie dans l'instant même que saint Hermeland avoit annoncé sa mort à ses freres.

Saint Hermeland, fatigué du concours importun de ceux qui venoient à son monastere d'Aindre, tant pour le voir, que pour s'instruire & se consoler dans la conversation de ses Religieux, se retiroit tous les carêmes, avec un petit nombre de ses freres, dans l'isle d'Aindrette, où, par une abstinence plus rigoureuse, des veilles plus longes, & des prieres plus ferventes, il se disposoit à celebrer plus saintement la fête de Pâques. Outre l'Eglise & l'oratoire de saint Martin qu'il y avoit trouvé, ses actes font encore mention d'un oratoire de saint Agnan, qu'il y avoit apparemment bâti. L'auteur, qui a écrit ces actes peu de tems après l'elevation du corps du saint Abbé, nous donne pour une espece de miracle, que la trace du passage de saint Hermeland dans cet oratoire, & les vestiges du lieu où il y faisoit ordinairement sa priere, étoient marquez d'une blancheur lumineuse qui les faisoit aisément distinguer. Mais il ne faut point avoir recours au miracle pour cela ; il ne faut chercher d'autre cause de ses vestiges, que la frequentation & l'assiduité d'un homme uniquement occupé de Dieu, & qui pratiquoit à la lettre ce qui est écrit : *Priez sans cesse*.

Sa reputation s'étendit fort loin, comme on en peut juger par les dépendances de son monastere, qui nous sont connuës par le récit de quelques miracles qu'il y a faits ; dont l'une appellée Oglande étoit dans le fonds du Cotentin ; & l'autre appellée Creon, étoit à plus de 26. lieuës d'Aindre, dans l'Aquitaine. Il perdit beaucoup à la mort de l'Evêque Pasquaire. Agathée Comte de Nantes & de Rennes, occupa les Evêchez de ces deux villes ; c'est-à-dire, il en fit durer la vacance, & en tourna les revenus à son profit. Ce fut alors qu'Hermeland éprouva les effets de la sage prévoïance de l'Abbé qui l'avoit envoïé dans l'Armorique ; & que la protection Roïale mit, dans cette perilleuse rencontre, son

monastere à couvert de la ruïne dont il étoit menacé. Agathée respecta les privileges accordez par les Rois dont il représentoit la personne, & alla même rendre quelques civilitez au S. Abbé. Hermeland ne lui dissimula point ses devoirs, & eut la hardiesse de faire la correction à un homme puissant & cruel. Agathée, oubliant ses emportemens ordinaires, n'écouta qu'avec respect & déference tout ce qu'Hermeland voulut lui dire ; & promit d'en faire un bon usage ; à quoi il fut d'autant plus porté, qu'il vit les paroles du Saint accompagnées d'un miracle, dans la multiplication du vin. L'auteur des actes nous assure que le Comte fut depuis ce tems-là beaucoup moins cruel qu'auparavant.

Hermeland étant parvenu à un âge fort avancé, bâtit auprès de la porte de son monastere, vers l'Orient, un petit oratoire, qui fut dédié à saint Leger Martyr ; & le saint Abbé avoit dessein de s'y retirer après s'être démis de son Abbaïe. Il obtint du Roi la permission d'abdiquer sa charge, & de se faire élire un successeur. Ses Religieux s'opposoient à l'une & à l'autre de ces demandes ; mais l'humilité du Saint l'emporta, & il eut la liberté de se renfermer dans son petit oratoire, avec quatre de ses Religieux les plus fervens, pour ne s'occuper plus uniquement, que de la contemplation des choses Divines. Il ne voulut pas même assister à l'élection du nouvel Abbé, tant pour ne pas contraindre la liberté des suffrages, que pour donner lieu à l'execution des jugemens Divins, qui ne lui étoient apparemment pas inconnus.

Il y avoit un arbre auprès de l'oratoire de saint Leger, & Hermeland se mettoit quelquefois à l'abri sous feüillage, pour s'appliquer avec plus de tranquillité à la lecture. Un jour qu'il y étoit fort occupé, les chenilles qui tomboient de cet arbre sur son livre, interrompoient sa lecture malgré lui. Un Religieux qui étoit présent eut plus d'impatience que le Saint, & écrasoit les chenilles avec quelque espece d'emportement. Saint Hermeland, le plus doux de tous les hommes, lui dit : « laissez mon frere, laissez agir les instrumens dont Dieu se sert pour châtier. » Que ce que l'on ajoûte soit vrai, ou non, c'est à sçavoir, que Dieu, pour recompenser la patience du saint Abbé, extermina la nuit suivante ces insectes pernicieux ; nous avons toûjours dans sa patience & dans sa moderation, un exemple qui est plus utile pour nous, que le miracle.

Adalfred (c'est le nouvel Abbé substitué à saint Hermeland) prit une route opposée à celle que son prédecesseur lui avoit tracée. Il oublia qu'il étoit pere, pour devenir le tyran de ses Religieux ; il negligea de pourvoir à leurs necessitez, pour s'occuper d'entreprises inutiles ; enfin il abandonna l'interieur, pour se jetter dans l'exterieur & les affaires. La modestie des anciens bâtimens lui déplut ; il voulut avoir un Palais, & commença de bâtir une maison magnifique. Hermeland, qui n'avoit pas épargné un Comte cruel & puissant, n'épargna pas un moine que sa qualité d'Abbé avoit sitôt poussé dans l'orgüeil. Il lui fit une longue & severe reprimande, & lui dit entr'autres choses : « d'où vient donc, mon frere, « que vous negligez le bien & l'avance- « ment spirituel de vos Religieux, pour « vous jetter dans l'exterieur, dont vous « vous occupez entiérement ? A quoi bon « toutes ces inutilitez à quoi vous donnez « des soins si serieux, pendant que vous « negligez les plus essentiels de vôtre char- « ge ? Est-ce donc qu'il n'y a pas assez de « bâtimens dans cette maison pour vous lo- « ger, vous & les freres ? Pesez bien ce « que je vais vous dire : contentez-vous « de ce qui est bâti ; car je vous réponds « que vous ne bâtirez ici rien de plus. » S. Hermeland sçavoit bien ce qu'il disoit, quand il faisoit cette menace ; parce que l'esprit de prophetie lui faisoit voir ce qui devoit arriver ; mais Adalfred ne fut ni touché des remontrances, ni ébranlé des menaces du saint homme ; il continua de tourmenter les freres par la disette, & ordonna même qu'on retranchât le peu d'alimens que l'on fournissoit au Saint & aux quatre Religieux enfermez avec lui.

Un jour, que ce miserable Abbé faisoit frapper très-cruellement un des Religieux que saint Hermeland avoit élevez ; ce Religieux s'écrioit dans les douleurs d'un traitement indigne : *helas ! pere Hermeland ! pourquoi nous avoir quittez ?* Ces paroles ne servirent qu'à faire augmenter ses tourmens, par l'insolence d'Adalfred, qui lui dit : « ton Hermeland ne te donnera pas de se- « cours ; c'est inutilement que tu l'invo- « ques. » Enfin le patient, délivré des mains de ses bourreaux, courut se prosterner devant la porte de l'oratoire de S. Leger, & dit en pleurant : « helas ! monseigneur Her- « meland ! en quoi avons nous eu le mal- « heur de vous déplaire, que vous nous « avez imposé le joug d'une si cruelle ser- « vitude ? Le tyran qui nous opprime nous « fait souffrir tant de maux, que la mort « nous paroît préférable à une vie si mal- « heureuse. » Ceux qui étoient avec Hermeland lui représentérent en même tems

à quel excès cet indigne Abbé poussoit l'abstinence forcée qu'il faisoit faire aux Religieux. L'homme de Dieu leur dit en soupirant : « taisez-vous, mes freres, taisez- « vous, & prenez-patience ; en moins d'un « mois vous verrez finir vos maux, avec « la vie de celui qui vous opprime. » En effet trois jours après, l'Abbé crut voir saint Hermeland qui le frappoit de son bâton. Il se reveilla aussi-tôt, & se sentant brûler d'un feu invisible, il expira peu de tems après. Ses Religieux avoient quelque peine à lui accorder l'honneur de la sepulture, à cause que ni sa vie, ni sa mort, n'avoient rien eu d'édifiant ; mais saint Hermeland leur apprit leur devoir là dessus, & les obligea de pratiquer à son égard une œuvre de pieté & de charité qu'ils n'étoient pas en droit de lui refuser.

Après cela les freres assemblez vinrent trouver saint Hermeland, & lui dirent : « nous supplions vôtre sainteté, puisque « vous ne nous jugez plus dignes désormais « de vôtre présence, de ne nous pas laisser « au moins, nous tromper dans nôtre « choix, comme nous avons fait ; mais don- « nez-nous vous-même un Abbé agréable à « Dieu, & capable de suivre vos traces « dans le gouvernement de cette maison. » Le saint homme se rendit à leurs prieres, & connoissant parfaitement le merite de Donat, l'un de ceux qu'il avoit élevez dans le monastere, il le nomma Abbé, avec le consentement de tous les Religieux. Il lui donna toutes les instructions necessaires pour l'administration, tant du spirituel, que du temporel ; & le nouvel Abbé, par le secours de Dieu, profita si bien des avis d'un si bon maître, qu'il gouverna cette maison, jusqu'à la fin de ses jours, avec une satisfaction universelle.

Saint Hermeland ne demeura pas inutile au public dans sa reclusion ; puisqu'on nous assure qu'il y guérit un grand nombre de malades par ses prieres. Enfin plein de vertus & de merites ; & ce fruit meur pour le ciel, étoit prêt d'être cüeilli, pour être présenté à Dieu. Il eut revelation de l'heureux jour qui devoit finir son exil, & l'annonça à ses freres. Ils se rassemblérent autour de lui, & le conjurérent d'être leur intercesseur auprès de Dieu dans le ciel, comme il avoit été leur maître sur la terre. Il les exhorta tous en commun, & chacun en particulier, à continuer d'être fidéles à la grace de leur vocation, & s'étant administré à lui-même le Sacrement du corps & & du sang de N. S. il étendit modestement un corps usé de vieillesse & d'austeritez, & recommandant son esprit à Dieu, il expira

25.
NOVEMB.

tranquillement & sans douleur, au milieu de ses freres.

Son corps fut enterré dans l'Eglise de S. Paul, du côté du midi, auprès de l'oratoire de saint Vandrille, & Dieu honora son tombeau de plusieurs miracles. Plusieurs années après, Sadrevert moine de cette Abbaïe entendit une voix la nuit, qui lui ordonnoit d'aller trouver l'Abbé, & de lui dire d'élever le corps de saint Hermeland de l'oratoire de saint Vandrille, de le transferer dans l'Eglise de saint Pierre, & de l'y mettre honorablement auprès de l'Autel. David étoit alors Abbé d'Aindre ; il fit préparer une chasse, leva le corps du Saint, & en fit la translation dans l'Eglise de S. Pierre. L'auteur qui a écrit les actes de S. Hermeland, dit qu'il a appris de ceux qui assistérent à la cérémonie, qu'il sortit du tombeau du Saint un parfum si merveilleux, que tous les habitans du lieu qui furent présens à la translation, en étoient encore embaumez à huit jours de là. Il se fit de nouveaux miracles au lieu où le corps de S. Hermeland fut transferé ; du recit desquels nous apprenons que la fête de cette translation se celebroit dans le tems de Pâques. La mort de saint Hermeland arriva le 25. de Mars, environ l'an 720. Ses Reliques furent transferées de l'Isle d'Aindre l'an 869. selon la chronique d'Angers donnée par le P. Labbe ; apparemment pour éviter la profanation des Normans. La plus grande partie de ces Reliques fut déposée au Monastere de Beaulieu en Touraine, d'où, pour plus grande sureté, on les a portées au château de Loches, où elles sont conservées par les Chanoines de l'Eglise Collegiale de ce château. Il y a eu autrefois une partie des Reliques du saint Abbé dans l'Eglise paroissiale de saint Hermeland de Roüen, qui furent brûlées par les Calvinistes l'an 1562. mais on ne laisse pas d'y en voir encore aujourd'hui d'autres, qui y ont été apportées de l'Eglise collegiale de S. Mainbeuf d'Angers, qui s'est aussi trouvée enrichie d'une partie du corps de ce saint Abbé. L'Eglise de Nantes fait la fête de saint Hermeland le 25. de Novembre, qui peut être le jour de quelque translation. Outre l'Eglise de saint Hermeland de Roüen, il y en a une autre au même diocese, dédiée au même Saint, dans le bourg d'Ernival ; & dans le païs on l'appelle Herblon, Herblein, Herbaud, & Herbland. Le monastere d'Aindre fut ruiné par les Normans, & Aindrette a été occupée par une famille noble qui y a bâti une maison qui subsiste encore, & qui s'appelle *le château d'Aindrette*. Mais enfin cette isle & son château

Bibliot.
manuscrite
to. 1. p. 285.

Martenne
voïages. p. 5.

ont été reünis au Domaine, par l'Edit des isles & islots. Sur le bord de la Loire, vis à vis d'Aindre, il y a un bourg & une Eglise paroissiale qui portent le nom de S. Herblon. Il y a dans l'Evêché de Rennes une paroisse qui porte aussi le même nom, & une autre dans l'Evêché de Nantes, qui s'appelle saint Erblan de la Roussiere.

No

SAINT MODERAN,
ou Mauron Evêque & Confesseur.

VIII. SIECLE.

MODERAN étoit de noble extraction. Il fut Evêque de Rennes du tems du Roi Chilperic, & obtint de lui la permission de faire le voïage de Rome, soit qu'il entreprît uniquement ce voïage par un esprit de devotion & comme une pratique assez ordinaire en ce tems-là, soit qu'il crût devoir ceder pour quelque tems aux vexations d'Amelo Comte de Rennes, qui avoit plus imité Agathée Comte de Nantes & de Rennes, dans ses violences & ses injustices, que dans le bon usage qu'il avoit fait des remontrances du saint Abbé d'Aindre. Moderan prit sa route par la ville de Reims, & s'étant logé au monastére de S. Remi, il obtint de Bernard Trésorier de l'Eglise, une partie de l'étole, du cilice, & du suaire de saint Remi. Charmé d'avoir acquis ces richesses, il continua sa route avec joïe vers l'Italie. Comme il étoit logé la nuit au mont Bardon, qui fait partie de l'Apennin, il suspendit ces Reliques a un chêne vert. Il se leva le lendemain matin, & continua sa route, sans se ressouvenir du précieux gage qu'il avoit laissé à l'arbre. Il ne s'apperçut de sa perte, qu'assez loin de là. Il envoïa aussitôt un clerc nommé Wlfade, prendre ces Reliques ; mais celui-ci ne put venir à bout d'executer ce qui lui avoit été ordonné. Il ne put atteindre aux Reliques, & plus il s'en approchoit, plus elles sembloient s'élever ; du moins c'est ainsi que Flodoard, historien de l'Eglise de Reims, en parle. L'Evêque aïant appris ce miracle, retourne au même lieu, & y dresse sa tente ; mais il eut beau prier une partie de la nuit, il ne put rien obtenir. Son trésor ne lui fut rendu, qu'après que, disant la Messe le lendemain, au Monastere de Berzet, qui étoit près de là, & dédié à S. Abundius Martyr, il eut promis de laisser dans ce monastere une partie des Reliques. Aussitôt elles lui furent renduës ; il accomplit son vœu, & continua son voïage. Luitprand, qui regnoit

T
actes
tins
Flod

gnoit en Italie depuis l'an 712. aïant été informé de ce miracle, vint à la rencontre de l'Evêque, & pour l'amour de saint Remi, lui donna le monastere de Berzet avec toutes les dépendances de l'Abbaïe, qui étoient considerables ; & pour assurer la donation, il l'accompagna d'investiture & de lettres patentes. Moderan, à son retour de Rome, passa par Rheims, & visita le sepulcre de S. Remi. Il fit à ce bienheureux Apôtre des François la même donation qu'il avoit reçuë de Luitprand. Etant ensuite revenu à Rennes, il fit ordonner un successeur en sa place, & prenant congé de ses enfans, il retourna au monastere de Berzet, vers l'an 720. & il y acheva saintement ses jours dans les exercices de la vie Religieuse. Près de 150. ans après, Tibere Abbé de Berzet fit préparer sous l'Autel une place, pour y mettre le corps de saint Moderan, qui étoit enterré à la gauche de l'Autel ; mais avant que d'entreprendre de toucher à ce saint corps, il voulut s'y préparer par la priere & par le jeûne, avec ses Religieux. Saint Moderan lui apparut, dit-on, & après l'avoir loüé de son pieux dessein, il lui dit que ce lieu étoit destiné pour le saint Martyr Abundius. L'Abbé ne crut pas pouvoir desobéïr à des ordres du ciel ; il executa fidélement ceux qu'il venoit de recevoir ; mais il n'est pas de nôtre dessein de nous arrêter davantage à ce recit. Il suffit de remarquer que dès le tems de saint Moderan l'Eglise de Berzet étoit dédiée à saint Abundius, & qu'il n'est pas croiable qu'elle fût sans quelques Reliques de ce saint Martyr. Cette Abbaïe, bâtie d'abord pour des Moines, a depuis été occupée par des Chanoines Reguliers, dès le Xe. siécle ; & en ce tems-là elle portoit le nom de S. Remi, comme il paroît par les lettres de Hugues Roi d'Italie à Sigefroy Evêque de Parme. Il y a dans la ville de Rennes, auprès des murs de l'ancienne cité, un Prieuré qui porte le nom de S. Moran. L'Eglise de Rennes celebre la memoire de S. Moderan, le 22. d'Octobre, avec office à trois leçons.

SAINT BENOIST de Macerac, Abbé.

VIII. SIECLE.

LE nom Latin de Benoît ne nous permet pas d'ajoûter foi à ce que l'on dit, que ce Saint étoit Grec de nation, & fils d'un noble Senateur de la ville de Patras.

Il ne nous paroît absolument rien de sûr dans tout ce qu'on nous rapporte de lui, de sa sœur Avenia, & de neuf vertueux personnages qui abandonnérent leur païs natal avec lui, vinrent s'addresser à l'Evêque de Nantes nommé Alain, qu'on fait vivre a la fin du VIIIe. siécle, ou au commencement du IXe. quoiqu'aucun Evêque de Nantes n'ait jamais porté ce nom ; & établi par lui à Macerac, aux extremitez de l'Evêché de Nantes, auprès de la riviere de Vilaine, y menérent une vie solitaire, à l'exception de la sœur de Benoît, qui demeura à Nantes, où l'Evêque lui donna le voile, & la mit dans un monastere de saintes vierges. On met la mort de S. Benoît le premier jour d'Octobre ; mais sa fête ne se celebre à Macerac, & dans l'Abbaïe de Redon, que le 22. du même mois, qui est le jour auquel ses saintes Reliques ont été transportées dans l'Eglise de cette Abbaïe ; mais on ne nous apprend point en quel tems cette translation s'est faite. La paroisse de Macerac portoit le nom de saint Benoît dès le tems de Quiriac ou Guerech Evêque de Nantes, qui confirma cette Eglise aux Religieux de Redon l'an 1062. selon le cartulaire de cette Abbaïe.

SAINT VITAL, Vial, ou Viau, Confesseur.

VIII. SIECLE.

SI nous avions vû l'ancien manuscrit de l'Eglise paroissiale de saint Viau dans le païs de Raiz, communiqué au R. P. Alexandre le Grand par Mre. François Merlet Recteur de cette paroisse, nous aurions eu sans doute dans ce manuscrit un guide plus sûr que ce R. Pere, qui dans l'usage qu'il a fait de ce manuscrit, a suivi apparemment sa pratique ordinaire, qui est d'interpoller ses originaux, & de les défigurer assez souvent, en voulant les retoucher & les ajuster au goût de son siécle. Nous regrettons d'autant plus de n'avoir point vû ces actes de saint Vital, qu'il nous paroît qu'ils étoient veritablement anciens, & écrits avec cette simplicité venerable qui fait le principal merite de ces sortes d'ouvrages. Au reste nous avons tâché de démêler dans le recit du P. le Grand, ce qui est de l'auteur ancien, d'avec ce qui vient de l'interpollateur moderne.

Saint Vital reçut le jour dans l'isle de Bretagne, & eut pour parens des personnes distinguées par leur noblesse, qui eurent soin que rien ne manquât à son instruction.

16.
Octobr.

Après avoir passé sa jeunesse dans la maison paternelle, il suivit avec fidélité l'attrait de la grace, qui l'appelloit au mépris du monde; & pour devenir parfait, comme le conseilloit J. C. à un jeune homme riche, aussi-bien élevé que celui-ci, il fit une ferme résolution d'abandonner tout, & de se rendre pauvre, pour suivre ce divin Sauveur avec plus de liberté Il étoit difficile qu'il pût executer une pareille résolution à la vûë de ses parens; c'est pourquoi il se déroba d'eux, & pour leur ôter tout moïen de le détourner ou de l'interrompre, il passa la mer, & vint aborder à l'embouchûre de la Loire. Là, aïant appris la regularité & la sainte vie des Religieux de l'Abbaïe de S. Philbert bâtie dans l'isle d'Her, & appellée à cause de cela Her-monstier, ou Nermoutier, il alla se jetter aux pieds de l'Abbé, & le supplia, avec tant d'instance, de l'admettre au nombre de ses Religieux, que l'Abbé le reçut dans sa communauté vers l'an 725. dans le tems à peu près, que, non pas Amiot, comme on lit dans l'interpollateur moderne, mais Amelo successeur d'Agathée Comte veritable, & faux Evêque de Nantes & de Rennes, joüissoit comme lui, & à même titre, du nom & des honneurs de Comte & d'Evêque de Nantes. S. Vital pratiqua avec tant de ferveur tous les exercices de la vie Cenobitique dans le monastere de S. Philbert, qu'il fut bientôt en état de se passer du secours d'une sainte émulation, & d'aller vivre seul dans une retraite entiere. Il en demanda la permission à son Abbé, qui lui accorda ce qu'il souhaitoit, & consentit qu'il bâtit un Ermitage sur une hauteur appellée le mont Scobrith, dans le païs de Raiz, assez près de la Loire.

S. Vital après avoir pris congé de ses freres, partit avec la benediction de son Abbé, & se retira au mont de Schobrith, où aïant trouvé une petite caverne propre à le loger, il ne fut pas long-tems à dresser son Ermitage. Le bruit de la sainteté avec laquelle il vécut dans ce lieu solitaire se répandit bientôt de toutes parts, & y attira beaucoup de monde. Peutêtre Vital auroit-il pris le parti d'éviter cet abord importun par la fuite, si son Abbé, auquel il étoit toûjours demeuré soumis, n'eût jugé plus à propos de l'arrêter dans le païs, pour l'édification, l'instruction, & le soulagement du public. Il lui ordonna d'augmenter son Ermitage, & de le rebâtir plus grand & plus spacieux. Les ordres de l'Abbé donnerent de la joïe à tous les voisins du mont de Scobrith, qui contribuérent avec affection à cet ouvrage, sur tout le Seigneur de Princé, qui accorda liberalement au saint Ermite la permission de prendre dans sa forêt tout le bois qui lui seroit necessaire pour son bâtiment. Vital y travailla avec diligence, & l'on assure, que pour soulager ses ouvriers tourmentez de la soif, il leur procura une source d'eau vive qu'il tira miraculeusement des entrailles de la terre, en y enfonçant son bâton. Cette fontaine porte encore aujourd'hui son nom, & les paroisses voisines y vont dans les tems de secheresse, invoquer le secours du Saint, dont ils sont persuadez que les prieres n'ont pas moins de pouvoir pour faire descendre l'eau du ciel, qu'elles en ont eu pour en faire sortir de la terre.

O

Vital finit saintement ses jours dans cet Ermitage, & rendit l'ame à Dieu le 16. jour d'Octobre. On ajoute que ce fut environ l'an 740. sur quoi l'on peut suspendre son jugement, jusqu'à ce qu'on puisse avoir une preuve plus positive que l'autorité de l'interpollateur moderne. Les Religieux qui étoient venus assister Vital dans sa derniere maladie, lavérent son corps, l'ensévelirent, & le poférent dans un sepulcre de pierre. Il demeura ainsi pendant quelque tems dans l'Ermitage où il avoit passé la plus grande partie de sa vie; jusqu'à ce que les miracles frequens qui se faisoient à son tombeau, déterminérent l'Abbé & les Religieux de Nermoutier, à enlever son corps du mont de Scobrith qui étoit de leur dépendance, & à le transporter dans leur monastere, où ils le mirent parmi les autres Reliques, & où Dieu continua d'accorder des guérisons miraculeuses à la ferveur des prieres où l'on emploïoit auprès de lui l'intercession de S. Vital. Dans le siécle suivant, les ravages des Normans, qui défoloient les côtes de la Bretagne, & penetroient même jusqu'au cœur des provinces du Roïaume par le moïen des rivieres, obligérent les Evêques, les Abbez, les Ecclesiastiques, à porter hors du païs les Reliques des Saints, pour les dérober à la fureur des barbares. Hilbaud Abbé de Nermoutier, & ses Moines dissipez dans cette désolation, emportérent avec eux deçà & delà tout ce qu'ils avoient de plus saint; ce corps de saint Vital, en particulier, qui est resté en l'Abbaïe de Tournus entre Mâcon & Châlons sur Saone, où les peuples de Bourgogne ont une grande confiance en son intercession. Ils s'y addressérent dans une contagion épidemique très-pernicieuse. Ses Reliques furent mises sur un brancart élevé. Les peuples passoient par-dessous, & se croïoient déformais à l'épreuve de la contagion. Cette pratique a donné lieu apparemment au même ufage dans le bourg de faint Viau en Raiz, auprès duquel on a planté fur deux piliers une table de pierre qui fert de bafe à une croix, & l'on paffe deffous, avec la même dévotion avec laquelle les Bourguignons paffoient fous la chaffe de S. Vital. L'Abbaïe de Tournus ne poffede pas le corps entier de faint Vital, s'il eft vrai que l'os d'un bras que l'on montre dans l'Eglife de faint Viau, fous fon nom, foit effectivement de lui. Son culte eft bien affuré, foit par l'Eglife paroiffiale qui porte fon nom dans le païs de Raiz, au lieu même où il a vêcu & où il eft mort, foit par la fête que l'on y celebre tous les ans en fon honneur, avec office propre.

SAINT THURIAU,
ou Thivifiau, Evêque & Confeffeur.

VIII. SIECLE.

SAINT Thuriau nâquit de parens nobles & riches, au diocefe de Vannes, auprès du monaftere de Ballon, fameux dans nôtre hiftoire, à caufe d'une bataille que les Bretons gagnèrent en ce lieu en 845. contre Charles le Chauve. Ce monaftere, de la dépendance de celui de Dol, étoit fitué fur le bord de la riviere d'Oult, & il n'en eft plus mention après l'an 845. ce qui fait juger qu'il fut ruïné par les troupes, au tems de la bataille dont nous venons de parler. Nous pouvons auffi en conclure que faint Thuriau a vêcu avant le IX. Siécle. Nos auteurs le placent au commencement du VIIIe. mais ce n'eft qu'au hazard, & ils n'ont pour eux, ni tradition, ni conjecture plaufible. Nous nous y arrêterons cependant, parce qu'il n'y a rien auffi qui nous induife à penfer le contraire. Tous les actes de S. Thuriau, tant ceux qui font manufcrits dans le Lectionnaire de Treguer, & dans les recueils du P. du Paz, que ceux que nous trouvons imprimez dans les Breviaires anciens de S. Brieuc & de Dol, nous affurent de la nobleffe diftinguée & des grands biens des parens de S. Thuriau; & cependant ils ne nous donnent pas une bonne idée de fon éducation, puifqu'ils nous le repréfentent, comme n'aïant pas même appris à lire dans fon enfance. Mais la grace fit ce qu'il femble que fes parens avoient négligé; fon ame fut éclairée dès fon plus bas âge des lumieres furnaturelles qui nous font connoître la différence des biens temporels & des biens fpirituels. Il méprifa ceux-là de bonne heure, avant que fon cœur eût eu le tems d'être féduit par leur ufage; & fans connoître encore l'Evangile, du moins par fes propres yeux, il commença d'en pratiquer les confeils les plus parfaits, en abandonnant fes parens, fa maifon, fon païs & fes biens, pour chercher le Roïaume des Cieux.

Quamvis Evangelium non novarat. Brev. Dol. 1519.

Il s'achemina du côté de Dol, & s'étant égaré, fut rencontré par un homme charitable, qui le mena chez lui, & lui donna fes troupeaux à garder. Mais comme le faint enfant avoit voüé un fervice plus effentiel au Roi des fiécles, il voulut, pour s'en rendre capable, être inftruit des lettres. Il pria un Eccléfiaftique de lui en tracer les caracteres fur des tablettes. Il les eut bientôt appris, de même que l'art de la Grammaire, & les élemens de la langue Latine. Il y joignit la fcience du chant, qu'il affectionnoit d'autant plus, qu'il avoit une voix éclatante & mélodieufe. Le goût qu'il prenoit à l'emploïer à faire retentir de tous côtez les loüanges de Dieu, lui donna lieu d'être connu de l'Archevêque de Dol nommé Thiarmail, ou Armail, qui touché des excellentes qualitez qu'il trouva dans cet enfant, l'adopta pour fon fils, l'emmena à Dol, lui donna tous fes foins, & l'inftruifit aux lettres facrées.

Le Prélat trouva dans Thuriau un fonds heureux, qui païa d'un rapport abondant la peine que l'on fe donnoit de le cultiver; & les progrès de ce jeune difciple furent fi grands, que l'Archevêque ne fit point de difficulté de le donner pour Abbé au Clergé de fon Eglife. Thuriau élevé à cette dignité, fit de nouveaux efforts pour fe furpaffer lui-même, & pour devenir par fes vertus la regle vivante de ceux qui étoient foumis à fa conduite; loy d'autant plus engageante, qu'on a honte de lui oppofer les prétextes ordinaires que la corruption mafque des noms fpecieux de foibleffe & d'impuiffance. Thiarmail eut fujet de préfumer que fon choix étoit approuvé de Dieu, quand il vit les vertus de fon cher difciple accompagnées du rare & précieux don des miracles. La confiance que lui donna l'approbation celefte, l'engagea, à l'exemple de quelques-uns des plus faints fes prédeceffeurs, à mettre Thuriau en fa place, pour y exercer les fonctions pénibles de l'Epifcopat, dont un âge trop avancé lui rendoit déformais le poids trop difficile à foûtenir.

Le merite extraordinaire de Thuriau rendit fon élection & fon ordination très-agréables à tout le Diocefe, qui fe promit de voir revivre S. Samfon, & S. Magloire, dans ce nouveau Prélat déja fi favorifé du ciel. L'homme ennemi, qui veille toûjours pour troubler l'Eglise, & y semer le désordre & la division, profita peu de tems après l'ordination de Thuriau, des dispositions qu'avoit à la violence un Seigneur du païs nommé Rivallon, & le porta à mettre le feu dans un monastere de la dépendance de l'Evêché, distant de sept à huit lieuës de Dol, dédié à S. Maiolus. Nous ne connoissons, ni la situation du lieu, ni quel étoit ce saint Maiolus, que nous ne pouvons prendre pour le saint Abbé de Clugni du même nom, qui n'a vécu qu'à la fin du Xe. siécle. On vint aussitôt annoncer à Thuriau, que l'Eglise, les livres sacrez, les vases de l'Autel, tout avoit été pillé ou reduit en cendres. Penetré de douleur, il prit avec lui douze de ses Religieux, & se rendit à pied chez Rivallon, au lieu nommé Kanfrut, ou Lan-Kafrut, qui paroît le même où cet homme violent venoit de brûler le monastere. Rivallon surpris de voir son Evêque en cet état, se sentit saisi de fraïeur, & se prosternant à ses pieds lui dit : « qui peut donc obliger « le Seigneur Archevêque de venir ainsi à « pied ? » Homme impie & cruel ! lui répondit Thuriau, faut-il le demander ? Il continua de la même force, & lui représenta, sans ménagemens l'énormité de son crime. Rivallon fut touché de repentir, & fit des offres si avantageuses pour la reparation du mal qu'il avoit commis, que Thuriau, qui ne cherchoit que sa conversion, ne lui refusa pas le remede de la penitence. Elle fut de sept ans, & Thuriau, pour la lui imposer, n'eut pas besoin que S. Michel, en forme de colombe, vint se placer sur son épaule, & lui parler à l'oreille, comme ses actes racontent que cela s'est fait ; il n'eut besoin que de se souvenir des remedes que la discipline de l'Eglise ordonnoit pour les grands crimes. Thuriau satisfait, retourna dans son Eglise, & Rivallon aidé des Princes du païs, repara au septuple tout le dommage qu'il avoit fait, à quoi il emploïa les sept années de penitence que son Prélat lui avoit imposées. Nous ne nous arrêterons point au miracle rapporté dans les actes, du livre des Evangiles qui étoit sur l'Autel du saint Confesseur Maiolus, pendant l'incendie ; qui s'en retira de soi-même, sans être offensé des flammes, & alla se placer dans le jardin du monastere, où un renard qui voulut ronger le livre, fut puni de mort sur le champ. Il peut être bien vrai, que ce livre échapé des flammes, en parut depuis encore plus respectable, & qu'on s'en servoit pour prêter les sermens ordonnez par justice ; & la fable du renard peut bien avoir fourni un nouveau motif de crainte au peuple superstitieux, pour l'engager à ne pas risquer d'avoir le même sort en jurant faux.

Les actes de saint Thuriau nous rapportent plusieurs miracles qu'il a faits, & une vision qu'il eut, en prêchant un jour, pendant la procession des Rogations. Il vit, dit-on, les cieux ouverts, les Anges qui portoient l'Arche d'alliance, & J. C. assis sur son tribunal. On ne sçait pas trop bien ce que pourroit signifier une pareille vision, qui n'a jamais été, apparemment, que dans l'imagination du Legendaire. Quant aux miracles ; les plus surprenans sont trois ou quatre morts ressuscitez, l'un desquels étoit une fille unique nommé Meldoc, d'un pere nommé Guongal, qu'on portoit en terre, & dont le convoi passoit auprès du monastere de Kanfrut & d'une croix de pierre sur laquelle s'étoit autrefois reposée la colombe qui avoit revelé à saint Thuriau quel terme il falloit donner à la penitence de Rivallon.

Il y a à trois ou quatre lieuës de Dinan un petit bourg nommé Corseult, illustre par les antiquitez que l'on y voit. Auprès de ce bourg, sur une hauteur du côté de l'Orient, appellée le petit Becherel, il y avoit autrefois une tour de figure octogone ou exagone, bâtie de petites pierres de trois à quatre pouces en carré. Aux encongnures de tous les angles, tant en dedans, qu'au dehors, il reste des vestiges de pilastres, & tout au tour, au-dehors, il paroît qu'il y a eu une corniche reguliére. Au milieu du temple, qui n'a pas été d'une grande étenduë, on voit les vestiges d'une base qui doit avoir soûtenu une statuë ; & au-devant du temple il y avoit une place très-spacieuse, du côté de l'Orient, bordée d'une levée dressée avec soin. Il ne reste plus que trois pans du temple ; & nous n'en parlons ici, que parce que cela s'appelle *la Tour de S. Turia*. Ce temple doit avoir subsisté jusqu'au tems des Goths, puisque nous y avons trouvé, dans les masures, des medailles Gothiques d'or de mauvais aloi. On pourroit croire que S. Thuriau auroit utilement travaillé à déraciner quelques restes de superstition dans ce lieu ; & que ce seroit ce qui auroit fait donner son nom à cette espece de tour.

Il mourut saintement le 13. de Juillet, & son corps fut enterré dans son l'Eglise cathedrale. Il a depuis été transporté en France, du tems que les Normans ravageoient la Bretagne, & déposé à Paris dans l'Eglise de saint Germain des Prez, où on le conserve encore. Il y a plusieurs Eglises &

Chapelles dans l'Evêché de Dol, bâties en en son honneur ; & le bourg de Lan-diviziau le reconnoît auſſi pour patron, ſelon le P. Albert le Grand. Il y a auſſi dans l'Evêché de ſaint Malo une paroiſſe nommée ſaint Urial, qui nous paroît porter le nom de ſaint Thuriau ; & ſaint Thurio de Quintin, paroiſſe mentionnée dans les anciennes reformations de la nobleſſe de l'Evêché de ſaint Brieuc. La fête de S. Thuriau étoit autrefois de précepte à Paris. Elle a toûjours été très-ſolemnelle à Dol, où le Breviaire de 1519. fait foi qu'on le celebroit avec octave & office propre. Le Breviaire de ſaint Méen, celui de ſaint Brieuc, celui de Nantes, & celui de Leon, mettent tous la fête de ſaint Turiau le même jour, 13. de Juillet.

La qualité d'Archevêque, donnée dans les actes de ſaint Thuriau, tant à lui, qu'à ſon prédeceſſeur, ne s'accorde pas avec ce que la Chronique de Nantes, du Xe. ſiécle, rapporte d'Eriſpoé, que ce Prince établit à Dol un ſiége Archiépiſcopal. On pourroit répondre à cette difficulté, que ces actes ont apparemment été écrits depuis le tems d'Eriſpoé, ou du moins corrigez en quelques endroits, pour ſubſtituer le terme d'Archevêque à celui d'Evêque, & inſinuer que ce Prince n'avoit fait que rétablir une dignité dont l'Egliſe de Dol avoit été en poſſeſſion auparavant. Mais nous traiterons encore de cette affaire, dans la vie de ſaint Salomon.

SAINT GUIHARD, ou Gonhard, Evêque & Martyr.

IX. SIECLE.

SAINT Gonhard étoit, ſelon le P. Albert le Grand, de cette partie d'Anjou bornée par la riviere de Maine, qui fut depuis cedée aux Bretons par le Roi Charles le Chauve. Il fut dès ſon enfance deſtiné au ſervice de l'Egliſe, & placé par ſes parens dans l'Egliſe collegiale de S. Pierre d'Angers. Il en étoit Chanoine, lorſque Drutcarius Evêques de Nantes mourut. La reputation des vertus de Gonhard engagea le clergé de Nantes à le poſtuler pour Evêque. Son humilité lui fit apporter de la reſiſtance à ſon élection ; mais cedant enfin aux inſtantes prieres de ceux de Nantes, il accepta la conduite de cette Egliſe, & en fut ſacré Evêque.

Ricovin Comte de cette ville fut tué dans une bataille peu-de-tems après, & ſa place devint l'objet de l'ambition de beaucoup de Seigneurs. Celui qui aſpiroit avec le plus d'ardeur à cette dignité vacante, étoit Lambert, né dans le même païs, eſprit remuant, & artificieux, leger, & ſans religion. Il inſiſtoit auprès de Charles le Chauve, pour être fait Comte de Nantes ; mais le Roi à qui ſa fidélité étoit ſuſpecte, à cauſe que né & établi dans le voiſinage des Bretons, il avoit été élevé dans leurs maximes, lui refuſa le Comté, & le donna, avec celui de Poitou, à Renaud. On offrit inutilement d'autres emplois à Lambert ; il les refuſa fierement, & plein de dépit, il alla trouver le Prince Nominoé, à qui il fit ſentir la facilité qu'il y auroit d'envahir le Comté de Nantes. Les Nantois, informez des pratiques de Lambert, envoiérent prier le Comte Renaud de venir les défendre. Le Comte, à la tête d'une armée de Nantois & de Poitevins, s'avança contre les Bretons conduits par Eriſpoé, dont le pere (Nominoé) étoit alors malade. La moitié de l'armée Bretonne avoit déja paſſé la Vilaine, à Meſſac. Renaud attaqua vivement cette moitié, avant que le reſte pût joindre, & la mit en fuite. Croïant, après cette legere victoire, n'avoir plus rien à craindre des Bretons, il alla ſe repoſer, avec trop de confiance, dans les plaines qui ſont ſur le bord de la riviere d'Iſſar, auprès de Blain. Lambert, qui n'avoit pû joindre les Bretons à Meſſac, parce qu'il attendoit les troupes du païs d'Aleth, n'eut pas plûtôt appris leur défaite, & la ſecurité de Renaud, qu'il vint fondre ſur lui auprès de Blain, le tua, & paſſa toutes ſes troupes au fil de l'épée. Il profita de cette victoire, ſe préſenta devant Nantes, y fut reçu, & prit enfin poſſeſſion du Comté qu'il ſouhaitoit depuis ſi long-tems. Pour gagner les habitans, qui ne l'avoient reçu que malgré eux, il congedia la meilleure partie de ſes troupes. Les Nantois ne manquérent pas de ſe prévaloir de la faute qu'il avoit faite, & le ſerrérent de ſi près, qu'il fut obligé de prendre honteuſement la fuite.

Penetré de rage, il alla trouver les Normans, qui ravageoient depuis tant d'années les côtes de la Neuſtrie, & pour les exciter à venir le vanger, il leur fit entendre qu'ils trouveroient à Nantes & aux environs un riche & immenſe butin. Les barbares, animez par de ſi magnifiques promeſſes, & conduits par Lambert même, s'embarquérent, & étant parvenus à l'embouchûre de la Loire, remontérent le cours de cette riviere à force de voiles & de rames, trente jours après la défaite de Blain, l'an 843. & ſe préſentérent devant Nantes. Ils en

25. font auſſitôt le ſiége, plantent les échelles,
JUIN. débouchent une ancienne iſſuë qu'on avoit
murée, & ſe rendent maître de la ville, où
ils commirent toutes les cruautez imaginables.

L'Evêque Gonhard, Prélat d'une vie innocente & ſans reproche, le clergé, les moines d'Aindre qui s'étoient refugiez à Nantes avec le tréſor de leur Egliſe, tout le peuple que la crainte de l'ennemi, ou le déſir de celebrer la nativité de ſaint Jean-Baptiſte, avoit renfermé dans la ville; toute cette multitude deſarmée, voïant la ville occupée par les barbares, ſe jetta en foule dans l'Egliſe cathedrale dédiée à S. Pierre, en ferma les portes, & ſe mit à implorer le ſecours du ciel, qui étoit le ſeul qui leur reſtât.

Les Normans, après avoir ſaccagé la ville, attaquérent l'Egliſe Cathedrale le jour de S. Jean Baptiſte, 24. de Juin. Le ſaint Evêque, conſervant ſa tranquilité, au milieu d'un ſi terrible tumulte, voulut finir ſes jours, en immolant à Dieu la victime ſans tache; mais il fut lui-même la victime que Dieu voulut ce jour-là; car dans le moment qu'il invitoit ſon peuple à *élever ſon cœur en haut*, les infidéles entrez par les portes qu'ils avoient enfoncées, & par les fenêtres qu'ils avoient eſcaladées, le tuérent ſur l'autel de ſaint Ferreol martyr. Ils firent le même traitement aux Prêtres, aux Clercs, aux Moines, & à ceux d'entre les Laïques qui tombérent les premiers ſous leur main. Ils emmenérent le reſte ſur leurs vaiſſeaux. Le 29. du même mois ils pillérent & brûlérent le monaſtere d'Aindre & puis ſe répandant de tous côtez, ils portérent la déſolation dans tous les païs de Mauge, d'Herbauge, & de Tiffauge. Il n'eſt pas de nôtre ſujet de les ſuivre; nous renvoïons le Lecteur à l'hiſtoire generale de la province.

Après que les Normans ſe furent retirez, les habitans de Nantes paſſérent trois mois à reparer leur Egliſe, & à la mettre en état d'être conſacrée de nouveau. Suſannus Evêque de Vannes en fit la cérémonie le 1. jour d'Octobre,

Juſqu'ici nous avons ſuivi la chronique de Nantes & les autres monumens citez dans la nouvelle hiſtoire de Bretagne; pour ce qui nous reſte à dire, nous n'avons plus pour guide, que le P. Albert le Grand, que nous n'oſons ſuivre en tout. Ce bon Religieux, apparemment ſur la foi d'un Chanoine de S. Pierre d'Angers, qui écrivoit dans le XVI. ſiécle, nous aſſure, que les barbares aïant maſſacré S. Gonhard laiſſérent ſon corps ſeparé de ſa tête, parmi les autres morts, dans le deſſein de le brûler avec l'Egliſe; mais que le corps mort s'étant levé, alla prendre ſa tête, ſortit de Egliſe, à la vûë de tout le monde, marcha au fauxbourg de Richebourg, s'embarqua dans un bateau où il y avoit deux flambeaux allumez, qui ſans aide de voiles ni de rames, remonta la Loire, entra dans la Maine, & ſe rendit à Angers, où le corps fut reçu par les Chanoines de ſaint Pierre, qui le portérent dans leur Egliſe. Tout ce recit fabuleux, à le bien apprécier, ne ſignifie autre choſe, ſinon que le Chapitre de ſaint Pierre envoïa demander le corps de ſaint Gonhard, & l'aïant obtenu, le fit enterrer honorablement dans ſon Egliſe. Il fut envelopé dans un drap de ſoïe, & mis dans une chaſſe de bois, avec deux plaques de plomb, ſur l'une deſquelles étoit écrit: † *In hac ſepultura quieſcit humilis Gohardus Nannetenſium*, & ſur l'autre: *pater & martyr*; ce qui marquoit, qu'en ce lieu repoſoit Gohard Evêque de Nantes & martyr. La chaſſe fut miſe en terre, & Dieu manifeſta par pluſieurs miracles la gloire de celui dont le corps y avoit été mis.

On prétend que pendant que le Pape Urbain II. tenoit un Concile à Clermont en Auvergne l'an 1095. le Chapitre de S. Pierre d'Angers y envoïa des députez avec des enquêtes & des informations, pour ſupplier le Pape de canoniſer ſaint Gonhard; & que le Pape, après avoir fait examiner les enquêtes & les informations, canoniſa le Saint de l'avis des Cardinaux, inſera ſon nom au catalogue des Martyrs, & ordonna que ſa fête ſeroit celebrée le 25. de Juin, quoiqu'il eût été martyriſé le 24. à cauſe que le 24. étoit occupé par la fête de ſaint Jean Baptiſte. L'année d'après la chaſſe de ſaint Gonhard fut levée de terre, & expoſée à la veneration du public.

L'an 1211. l'Egliſe ſaint Pierre fut dédiée par Guillaume de Beaumont Evêque d'Angers, au mois de Septembre. Le jour qui préceda cette dédicace, Bernard Doïen du Chapitre, aſſiſté des autres Chanoines, fit la revûë de toutes les Reliques, & entr'autres de celles de ſaint Gonhard, dont aïant retenu l'os d'un bras, il mit le reſte dans un petit coffre de bois, qui fut enfermé dans un plus grand coffre élevé ſur le grand Autel. En 1520. les Chanoines de ſaint Pierre firent faire une chaſſe de bois doré, qui fut miſe ſur l'Autel, à la place de la veille chaſſe; le devant appuïé ſur le retable de l'Autel, & l'autre bout porté ſur un pilier de cuivre. Après cela le Doïen & les Chanoines, René de Pincé, Jean de Mandon, Henri de Kerverrec, Jean Guilloteau, Guillaume Renaud, Laurent Ernoul, Gilles de Soucelle, Jean Poyet, & Michel Paſlin, ouvrirent la vieille chaſſe, viſiterent les Reliques, & les aïant remiſes au même état, les renfermérent de nouveau dans la même chaſſe. Dans le deſſein où ils étoient d'en faire la tranſlation dans la chaſſe neuve, ils priérent Frere Jean Religieux Auguſtin Evêque de Roüanne, Suffragant de François de Rohan Evêque d'Angers, de faire la cérémonie. Il ſe tranſporta à l'Egliſe de ſaint Pierre le 30. de Mai de l'an 1524. tira les ſaints oſſemens de la vieille chaſſe, les étendit ſur un linge blanc, les viſita, les toucha, & les fit voir à tous les aſſiſtans. Il en ſepara le chef, à la priere du Doïen & des Chanoines, & le leur délivra, pour le faire enchaſſer en argent. Enſuite il benit une chaſſe de bois longue de quatre pieds, doublée de taffetas rouge, & y mit les os de ſaint Gonhard envelopez d'un riche drap de ſoye rouge. On porta la chaſſe ſur une table dreſſée au milieu du chœur, où elle fut viſitée & baiſée de tout le peuple. Après la Meſſe Pontificale, l'Evêque ſuffragant fit la conſecration d'un petit Autel dédié à ſaint Gonhard, & bâti derriere le grand Autel. Il benit enſuite la grande chaſſe de bois doré, & y mit la petite chaſſe où étoient les Reliques.

L'ancien Breviaire de l'Egliſe de Nantes marque au 25. de Juin la fête double de S. Gonhard & de ſes compagnons martyrs.

SAINT CONVOION, Abbé.

IX. SIECLE.

SAINT Convoion nâquit à Comble-ſac dans l'Evêché de S. Malo, dans un lieu de la dépendance de ſaint Melaine de Rennes. Son pere s'appelloit Conon, & étoit de la nobleſſe la plus diſtinguée, que dans le ſtyle de Gregoire de Tours & des auteurs qui l'ont ſuivi, l'on appelloit, race de Senateurs. Il reçut de ſes parens une éducation conforme à ſa naiſſance; & comme il avoit l'eſprit docile & le naturel heureux, il ſe rendit ſçavant, & joignit même l'éloquence au ſçavoir. Ces talens eſtimables engagérent Renier Evêque de Vannes à le mettre dans ſon Clergé, où pour l'y fixer honorablement, il lui donna la dignité d'Archidiacre. Convoion étoit capable de ſoulager ſon Evêque dans ſes fonctions, & s'acquitta en effet pendant quelques années avec aſſiduité de tout ce que l'on pouvoit attendre de lui dans cette place. Il étoit le ſeul qui ne fût pas content de lui, parce que n'aimant pas le monde, il ſe trouvoit hors de ſon centre au milieu des honneurs du ſiécle, & n'eſperoit trouver un veritable repos, que dans la retraite à laquelle il ſe préparoit. Il rompit enfin les liens qui l'attachoient au monde, & ſuivi de cinq autres Eccleſiaſtiques, la plûpart gens de merite & de diſtinction, il alla juſqu'à l'extrémité du dioceſe de Vannes chercher une ſolitude.

Il en trouva une propre à ſon deſſein, au confluant des deux rivieres de Vilaine & d'Oult. Le lieu s'appelloit Roton, ou Redon, & la diſpoſition en appartenoit à un Seigneur du païs, appellé Ratuili. Convoion l'alla trouver au lieu nommé Lis-fau, & le pria de vouloir lui accorder la poſſeſſion de cette portion de terre, pour y ſervir Dieu tranquillement, loin du tumulte du monde. Ratuili condeſcendit à ſa priere, & Convoion commença auſſitôt à ſe loger dans ce lieu. Ratuili voulut aller voir les ſerviteurs de Dieu quelques tems après, & édifié de leur zéle, de leur union, & de leur pieté, il leur confirma la donation qu'il leur avoit déja faite. Il eſt à remarquer ici, que Ratuili leur fit cette aumône *pour l'ame de l'Empereur & de la ſienne*; ce qui fait juger, ou que le fonds appartenoit directement aux Rois de France, ou que Ratuili avoit quelque emploi qui l'engageoit à ne rien faire qu'en leur nom. Cela ſe paſſa l'an 832. & voilà quelle fut l'origine de l'Abbaïe de Redon.

L'œuvre de Dieu trouva des oppoſitions de la part de quelques voiſins; & cela obligea Convoion d'envoïer, de l'avis de ſes freres, l'un d'entr'eux, nommé Louhemel, trouver Nominoé, qui gouvernoit preſque toute la Bretagne au nom de l'Empereur. Louhemel le trouva dans un Palais nommé Bot-numel, & s'étant préſenté à lui, dit le ſujet de ſon ambaſſade en ces termes: « L'Abbé Convoion, avec les ſiens, m'en-« voïe à vôtre magnifique préſence, pour « vous ſupplier de vouloir bien proteger & « défendre, pour l'amour de Dieu, & pour « le ſalut de vôtre ame, le lieu deſert qu'ils « ont choiſi, dans le deſſein d'y bâtir un « monaſtere, & d'y paſſer leur vie à prier « Dieu pour vôtre ſalut & pour celui de « toute la Bretagne. Mais quelques Seigneurs « du voiſinage ne nous le permettent pas, « parce qu'ils ne craignent ni Dieu ni les « hommes. Du reſte ce n'eſt point la miſe-« re, ou le manque de commoditez tem-« porelles, qui nous ont raſſemblez; l'a-« mour ſeul des biens celeſtes eſt le motif « de nôtre retraite, & l'envie d'obtenir ce «

5. JANVIER.

« que J. C. a promis dans l'Evangile à ceux « qui abandonneroient familles, parens, & « biens, pour l'amour de son nom. » Illoc, un de plus opposez à l'établissement nouveau, s'avançant aussitôt au milieu de l'assemblée, dit au Prince: « Seigneur, n'écou-« tez point tous ses discours; le lieu que ces « seducteurs ont occupé m'appartient; c'est « mon heritage. » Nominoé indigné, dit en colere à ce Seigneur: « Dis nous, ennemi « de Dieu, vaut-il dont mieux que ce coin « de terre soit occupé par des brigans & « des scelerats, que par des ministres du « Très-haut, des moines, des gens de bien, « qui emploïent tous les jours de leur vie « à prier Dieu pour le salut de tout le mon-« de? » Il dit ensuite à Louhemel: « hom-« me de Dieu, apprenez-nous qui sont ces « Prêtres qui sont venus au lieu dont vous « nous parlez; qu'est-ce que Convoion? « de quelle province est-il? quelle est sa « naissance? Il faut aussi que nous sçachions « les noms & la condition des autres. » « Glorieux Prince, répondit Louhemel, « ce « Convoion dont vous vous informez, est « fils d'un homme très-noble appellé Co-« non, de la paroisse de Comblessac, de « race de Senateurs; qui depuis l'enfance « jusqu'à présent, c'est occupé de la lecture « & de la méditation des livres Divins. Il « veille & jeûne frequemment; il lit, écrit, « ou travaille des mains; il instruit ses fre-« res sans cesse; il ne veut jamais avoir au-« cun rang ni aucune autorité dans le mon-« de; & sa seule ambition est de servir « Dieu. Il y a avec lui un homme vene-« rable, appellé Wincalon, né de parens « nobles, qui a été très connu du Com-« te Rorigon, qui l'honoroit de son amitié « & prenoit ses conseils. Il étoit riche selon « le monde; mais il a tout méprisé pour « la vie éternelle. Il y a encore un Prêtre « nommé Condeloc, qui étoit des amis du « Comte Gui, c'est un homme éclairé, sa-« ge, prudent, versé dans les Saintes Ecri-« tures. » Louhemel continua de faire le portrait des deux autres personnes de la même société, Conhoiarn Prêtre, & Tethniu Clerc; mais le reste de son discours ne nous est pas connu, parce que l'original manuscrit des Gestes de saint Convoion, composez par un de ses disciples, est défectueux en cet endroit. Les Comtes Gui & Rorigon, mentionnez en cet endroit, avoient été Comtes de Vannes, où des limites de l'Armorique Françoise dans le diocese de Vannes.

Ce nombre de six fut bientôt doublé, comme il paroît par un acte du Cartulaire de Redon, qui fait mention de six autres, c'est à sçavoir de Riowen, Wetenwoion, Atthwolau, Rivelen, Cumdelu, & Cunneur. Il sera parlé dans la suite, plus en détail, de quelques-uns de ces saints personnages, ausquels se joignit aussi dès le commencement, un Prêtre appellé Budworet. Cette sainte communauté commença à prendre une forme reguliere, la veille de saint Martin. Tous ceux qui la composoient, reconnoissant Convoion pour leur Abbé, promirent de n'avoir plus rien en propre, de ne posseder jamais rien que par la permission de leur Abbé, & de mettre en commun tout ce qu'ils avoient alors, ou ce qu'ils pourroient acquerir par leur travail. Budworet, qui étoit riche en biens Alodiaux & autres, sacrifia tout, & ne demanda, pour le dernier usage de sa liberté, que la permission de faire le voïage de Rome, qui lui fut accordée. L'acte où cela est rapporté fait mention de quelques Reliques de saint Melaine qui étoient dès-lors dans le trésor de l'oratoire naissant de Redon; & il n'est point surprenant qu'une famille distinguée par sa noblesse, & vassale de saint Melaine, telle qu'étoit celle de saint Convoion, eût obtenu quelques Reliques de ce saint Evêque.

Il manquoit une Regle à cette nouvelle communauté, & voici comme Dieu y pourvut. Il y avoit aux extrémitez du païs Breton, dans la forêt appellée *VVenoc* par le disciple de saint Convoion qui a écrit son histoire, & qui peut être la forêt de la Noüée, entre la Chaise, Rohan, & Josselin, un Ermite appellé Gerfroi, qui après avoir pratiqué les observances Benedictines de la vie Cenobitique à S. Maur sur Loire, en Anjou, s'étoit retiré dans cette solitude, où, au rapport d'Odon Abbé de S. Maur, dans son livre de l'établissement de ce monastere, ce pieux Ermite avoit passé vingt ans dans les rigueurs d'une severe abstinence. L'Abbé Odon remarque entr'autres choses, qu'il n'avoit bu d'aucune liqueur qui pût enyvrer. Gerfroi n'avoit pour toute compagnie en ce lieu, & pour tout témoin de sa vie Angelique, qu'un autre Solitaire nommé Fidweten. Gerfroi fut inspiré d'aller trouver un troupeau fervent, mais encore incertain du genre de vie auquel il devoit se fixer. Il abandonna son Ermitage à Fidweten, & ne sçachant précisément où Dieu l'appelloit, il prit le chemin de Vannes, & y fut reçu par Worcteu, Prêtre & homme de consideration dans la ville, qui lui apprit que c'étoit à Redon qu'il trouveroit la nouvelle communauté que Dieu l'avoit chargé d'instruire des maximes & des pratiques de la Regle si fameuse se par la discretion de ses ordonnances, & qui étoit devenüe alors la regle commune de tous les Cenobites d'Occident. Le saint Ermite partit dès le lendemain, avec un guide pour le conduire, & Convoion averti de son arrivée, alla au-devant de lui avec toute sa communauté. Ces hommes qui paroissoient déja si avancez dans la vie spirituelle, n'eurent point de honte d'avoüer qu'ils étoient encore Novices, & de se soumettre à la conduite de celui que Dieu leur envoïoit pour les instruire de la plus parfaite de toutes les Regles. Gerfroi remplit tous les devoirs de sa mission, & après avoir demeuré deux ans à Redon, il s'en retourna dans son monastere de S. Maur, finir ses jours dans l'obeïssance qu'il avoit aprise aux autres.

Ratuili, le premier bienfaicteur de l'Abbaïe de Redon, étant tombé dans une maladie dangereuse, se fit porter à ce saint lieu, & y fut conduit par un de ses fils nommé Liberius. Convoion courut au-devant, avec ses disciples, l'amena au monastere, & l'aïant fait porter dans l'Eglise de S. Sauveur, il implora pour lui, avec ses freres, l'assistance du ciel. Le malade pria Convoion de lui couper les cheveux & la barbe, & de le faire Clerc. Convoion satisfit la pieté de Ratuili, & Ratuili commençant à montrer qu'il ne vouloit plus que le Seigneur pour son heritage, offrit son fils Liberius au monastere, & y fit donation d'une partie de ses biens. L'acte est daté du 20. de Juin de l'an 835. Ratuili demeura quelques jours dans le monastere, où il recouvra la santé. Il retourna dans sa maison, pour accorder quelques differens survenus entre ses fils, & après leur avoir partagé tous ses biens, il revint dans le monastere, y fit preparer son tombeau, & y mourut en paix le 8. de Janvier. Son fils Catworet imita son exemple; il donna au monastere un fils qu'il avoit, avec une portion de ses biens. Catworet mourut quelque tems après, & son corps fut mis au même lieu où l'on avoit enterré celui de son pere. A son imitation, plusieurs autres personnes distinguées par leur noblesse donnérent leurs enfans au monastere de Redon; & plusieurs Prêtres d'un rang considerable, méprisant le siécle & ses honneurs, vinrent dans le même lieu se rendre pauvres pour l'amour de J. C. afin d'acquerir les veritables richesses.

L'acte de la seconde donation de Ratuili fait foi que les Religieux de Redon observoient alors la Regle de saint Benoît. La même chose est portée dans les lettres de Nominoé & dans celles de l'Empereur données la même année en faveur de cette nouvelle Abbaïe. Ce ne fut pas sans peine que saint Convoion obtint enfin celles-ci. Dès l'an 832. il étoit allé trouver l'Empereur Loüis dans le païs de Limoges, au château de Joac, pour le supplier de lui confirmer la possession du lieu de Redon. Ricovin Comte de Nantes & Renier Evêque de Vannes s'opposérent à l'effet de sa demande, & representérent à l'Empereur, que le lieu où ces Religieux vouloient s'établir, étoit propre pour y faire une place forte qui pût maintenir dans le païs l'autorité Roïale. L'Empereur persuadé de ce qu'ils lui representoient fit chasser Convoion de sa présence, & ne le voulut pas entendre davantage. Le saint Abbé ne se rebuta point, & sçachant la même année que l'Empereur, à son retour d'Aquitaine, passoit à Tours, il voulut encore s'y présenter devant lui, avec un de ses Religieux nommé Cumdeluc, & plusieurs personnes de consideration de Bretagne, que leurs affaires avoient appellez à la Cour. Il avoit apporté de la cire, pour en faire présent à l'Empereur, quand il auroit audience; mais n'aïant pu y parvenir, il envoïa Cumdeluc vendre la cire. Ce bon Religieux fut insulté au marché par une femme de mauvaise vie, qui affectant un air de connoissance, & lui citant d'anciennes familiaritez supposées, voulut l'entraîner de force dans sa maison. Il en fut délivré par des Prêtres du monastere de saint Martin, qui le connoissoient, & s'en retourna à Redon avec son Abbé, ou rebutez par les puissances de la terre, ils adressérent avec les autres compagnons de leur affliction, leurs vœux à celui qui tient les cœurs des Rois dans sa main, pour le supplier de toucher en leur faveur celui de l'Empereur Loüis. Nominoé vint quelque tems après au monastere, avec les Seigneurs qui l'accompagnoient ordinairement; & Convoion averti de son arrivée, alla le recevoir avec ses Religieux, au chant des Hymnes & des Pseaumes. Nominoé leur marqua la joïe qu'il avoit de les voir, & en même tems la part qu'il prenoit à leur affliction. Il les exhorta à redoubler leurs prieres pour l'Empereur qui avoit été destitué, par un attentat inoüi jusques-là. Il leur fit esperer de plus heureux succès après le rétablissement de l'Empereur, & pour leur en donner en quelque sorte des gages, & afin qu'il plût à Dieu d'apporter quelque remede à l'état fâcheux des affaires de Sa Majesté, en consideration des prieres de ces saints Religieux, il leur donna au nom de l'Empereur, le 18. de Juin de l'an 834. la pointe de terre appellée Ros, environnée des deux rivieres

5.
JANVIER.

de Vilaine & d'Oult, & le tiers de la paroisse ancienne de Bains, que l'on appelloit Spiluc. L'Evêque Renier, reconcilié avec Convoion, fut present à la donation, & en signa l'acte. Worworet, l'un des Seigneurs qui accompagnoient ordinairement Nominoé, fut aussi présent à cet action. Nominoé ne pouvant aller lui-même à l'Assemblée que l'Empereur, dont les affaires se rétablissoient, convoqua depuis à Thionville, y envoïa ce même Worworet, & invita l'Abbé de Redon à se joindre à lui. Convoion, rentré dans les bonnes graces de son Evêque, & appuïé de celui qui representoit dans la province la personne de l'Empereur, espera que ce voïage seroit plus heureux que les précedens. Il trouva à la Cour Hermor Evêque d'Aleth, & Felix Evêque de Quimper. Le premier prit vivement les interests de l'Abbé de Redon, & l'Empereur adouci par les sollicitations d'Hermor, de Worworet, & de Nominoé, reçut favorablement Convoion, ratifia les dons de Nominoé, & les augmenta même, en donnant la paroisse entiere de Bains, avec celle de Langon. Les Lettres patentes qu'il fit expedier sur ce sujet, sont datées d'Attigni, du 27. de Novembre de l'an 834. L'Empereur donna ordre à Worworet d'informer Nominoé de la grace qu'il avoit accordée à ces Religieux, & de lui dire, que son intention étoit que personne ne les inquiétât désormais. Convoion apporta ces heureuses nouvelles à ses freres, qui rendirent graces à Dieu de ce qu'il avoit enfin touché le cœur de ce Prince. La paix de la Bretagne fut troublée dans ce même tems-là, & quelques Seigneurs François y firent des courses sans sujet & sans aveu, qui obligérent Nominoé à s'en plaindre à l'Empereur. Convoion n'étoit pas tranquille dans cette rencontre, parce qu'un de ces Seigneurs, nommé Gonfroi, qui s'étoit flatté d'obtenir de l'Empereur le Canton de Vannes, regardoit avec jalousie l'établissement de Redon, & avoit déja commencé à faire sentir aux moines qu'il ne les y souffriroit pas, quand il seroit le maître. Convoion justement allarmé se joignit aux Ambassadeurs de Nominoé, & s'étant présenté de nouveau à l'Empereur, il en obtint de nouveaux bienfaits l'an 836.

Hist. de Bret. to. 2. pag. 29. & Gestas Convoioni L. 1. c. xi.

Hist. de Bret. to. 2. pag. 30.

Il ne falloit pas une protection moins puissante, que celle de l'Empereur & de son Lieutenant dans la Province, pour mettre l'Abbaïe naissante à couvert des persecutions & des menaces des Seigneurs voisins. Son premier ennemi, comme nous l'avons vû, fut Illoc, qui fit une ligue avec tous ses proches, pour chasser les Religieux, ou

même pour leur ôter la vie, si l'on ne pouvoit s'en défaire autrement. Mais cet ennemi si fier & si cruel dans ses projets, fut saisi de crainte, après avoir vû la guerison miraculeuse d'un laboureur, obtenuë par les prieres de ceux qu'il avoit pris, sans raison, pour l'objet de sa haine; & depuis ce tems-là il ne les inquiéta plus. Il avoit un neveu, nommé Hingant, qui, emporté par son mauvais exemple, avoit secondé ses violences contre les Religieux. Il vint un jour au monastere, & fit dire à l'Abbé, que s'il ne lui donnoit une épée de la valeur de cinq sous d'or, somme considerable en ce tems-là, il lui feroit tout le mal dont il seroit capable. Le saint Abbé ne put satisfaire à cette demande, & parce qu'elle étoit injuste, & parce qu'il étoit sans argent. Hingant s'en retourna dans un état qu'il est aisé de s'imaginer d'un homme violent, & repassa la riviere d'Oult. En abordant de l'autre côté, il reçut un coup au pied, dont il mourut au bout de trois jours; & l'on ne manque jamais de regarder une mort si prompte, comme une punition Divine. Nous avons déja parlé de trois autres ennemis de cette sainte maison, Renier Evêque de Vannes, Ricovin Comte de Nantes, & Gonfroi qui aspiroit au Comté de Vannes. L'histoire de saint Convoion parle encore de deux autres persecuteurs fâcheux, Risweten & Tredoc. Un jour que l'Abbé étoit allé à Bains avec Louhemel Prieur ou Prévôt du monastere, terminer les differens des nouveaux sujets que l'Empereur leur avoit donnez, Risweten les vint harceler, & après plusieurs injures que sa passion lui dicta, il les contraignit à lui promettre vingt sous d'or, pour acheter un cheval & une cuirasse. Il vint ensuite au monastere prendre cette somme, que l'Abbé avoit été obligé d'emprunter. Comme il s'en retournoit chez lui, un de ses parens, aussi ennemi de l'Abbaïe, le rencontra, & lui dit: « d'où viens-tu, vieux « chien? as-tu donc vendu nôtre heritage « à ces affronteurs? Les choses ne se passe- « ront pas ainsi; je ne pardonnerai à pas « un; j'égorgerai tous ceux que je rencon- « trerai, & jetterai leurs corps dans la mer. » Mais Dieu ne lui permit pas d'executer ses funestes projets; lui & Risweten furent tuez par les François dans une course qu'ils firent en Bretagne du tems d'Erispoé.

S. Convoion, comme nous venons de le voir, ne s'occupoit pas seulement de la conduite spirituelle de ses Religieux; il emploïoit à l'utilité du public, au-dehors, les lumieres que Dieu lui avoit données. Ce qu'il faisoit à Bains lorsque Risweten l'y vint insulter, il le faisoit un jour, à la porte

SAINT CONVOION.

du monastere, c'est-à-dire il s'y occupoit à terminer les differens & juger les causes de ceux qui avoient quelque discussion pour des interests temporels, lorsqu'il se presenta devant lui un aveugle nommé Goislen, du païs de Poitiers, qui lui dit, que s'étant addressé en plusieurs lieux venerables par leur sainteté, pour recouvrer l'usage de la vûë, il avoit été averti en songe, de venir au monastere de Redon sur le bord de la Vilaine, où un homme de Dieu, appellé Convoion, le gueriroit. Convoion, après avoir long-tems gardé le silence, répondit enfin au pauvre aveugle : « taisez-vous, « mon frere ; il ne nous appartient pas de « rendre la vûë à ceux qui l'ont perduë. » L'aveugle insista, & dit qu'il ne se retireroit point, que Dieu n'eût accompli la promesse qu'il lui avoit faite. Le Saint dit à un Religieux qui le servoit alors, qui a écrit ceci, & qui prend Dieu à témoin que le fait est vrai : « allez, menez cet homme à « la maison des pauvres, & qu'il s'y repo- « se aujourd'hui. » Etant ensuite entré dans l'Eglise de S. Sauveur, il y fit assembler tous les Prêtres du monastere, & leur dit, « hâtez-vous, prenez vos ornemens, & « offrez le sacrifice à l'Eternel ; j'en vais fai- « re autant. » Ils obéïrent, & quand le sacrifice fut achevé, il dit à celui qui a écrit ceci, de lui apporter une cuvette de cuivre où les Prêtres lavoient leurs mains à la sortie de l'Autel. Il y lava ses mains, & les autres Prêtres laverent après lui. Quand cela fut fait, il dit au même ministre : « por- « tez cette eau à l'aveugle qui est au parvis « du monastere, commandez lui d'en la- « ver ses yeux & sa face, & dites lui : qu'il « te soit fait selon ta foi. » Le ministre obéït, & l'aveugle n'eut pas plûtôt lavé ses yeux & sa face, qu'il lui sortit du nez & des yeux une grande quantité de sang, dont il eut le visage tout baigné. Aussitôt il recouvra la vûë, & rendit graces à Dieu d'un si grand bienfait. Ce fut ainsi que Convoion appella en societé de ce miracle tous les Prêtres de son monastere, afin de pouvoir dire, pour contenter son humilité, que c'étoient eux, plûtôt que lui, qui avoient operé cette guerison surnaturelle. Du reste il leur rendoit justice, quand il les croïoit assez agreables à Dieu, pour en obtenir des effets au-dessus des regles ordinaires de la nature. L'auteur de l'histoire de saint Convoion, le même qui fut le ministre de la guérison de l'aveugle, nous a laissé des portraits de la plûpart de ces premiers habitans de l'Abbaïe de Redon qui nous les doivent faire regarder, avec le même respect, que leur Abbé même avoit pour eux.

Le premier dont il parle, est un Prêtre nommé Riowen, homme d'une simplicité excessive, & d'une pureté de vie admirable. Un jour il sortit par obéïssance, avec quelques autres Religieux, pour aller faner au-delà de la Vilaine. Ils passerent la riviere dans une barque, & travaillerent jusques vers midi. Le saint Prêtre brûlé du soleil aussi-bien qu'eux, demeura au travail le plus long-tems, que le soin qu'il avoit d'offrir tous les jours le sacrifice, le lui put permettre. Enfin ne pouvant plus differer, il leur demanda permission, avec sa simplicité ordinaire, de s'en retourner, pour celebrer le saint Sacrifice. Après avoir pris congé d'eux, il marcha vers le bord de la riviere, & ne trouvant plus le bâteau, il se mit à le chercher de tous côtez. Il croït marcher sur la terre, dans cette recherche, mais il s'apperçut enfin qu'il avoit marché sur les eaux, quand il se vit de l'autre côté de la riviere. Son humble simplicité ne lui fit trouver dans cette faveur singuliere de Dieu, que des motifs de veiller de nouveau, avec encore plus de severité sur ses actions, pour se conserver toûjours agreable à Dieu. Il vécut beaucoup d'années depuis, toûjours occupé de cette attention vigilante ; après quoi, attaqué de la fiévre, il passa au séjour de la beatitude, le 14. d'Aoust. Son corps fut enterré dans le cimetiere des freres.

Un autre Prêtre du monastere, nommé Condeluc, ne punissoit point, par son austere penitence, les desordres de sa jeunesse, qui avoit toûjours été chaste & reglée. Il étoit d'une simplicité aussi grande que Riowen, & ignorant ce que c'étoit que que de tromper, il croïoit tout ce qu'on vouloit lui dire. Les heureuses larmes de la componction couloient frequemment de ses yeux ; & il ne se passoit point de jour qu'il n'offrit à Dieu l'hostie sainte & sans tache. Saint Convoion lui donna le soin du jardin, & Condeluc ne se contenta pas d'en diriger le travail ; il y mit la main lui-même, par un esprit d'humiliation. L'auteur que nous suivons toûjours, & qui vivoit avec lui, nous raconte que le saint homme voïant les legumes de son jardin dévorées par les chenilles, fut attendri jusqu'aux larmes du dommage que recevoient ses confreres. Il leva les yeux au ciel, & après avoir beni Dieu, il se tourna vers les chenilles, & leur dit : « méchans insectes, je n'ai point « assez de monde pour vous chasser du jar- « din des serviteurs de Dieu ; mais je vous « commande, au nom du Pere & du Fils « & du S. Esprit, de sortir d'ici tout à « l'heure. » Dans l'instant les vers pernicieux abandonnerent entierement le jardin. Le

5.
JANVIER.

saint Religieux, surpris d'une chose si merveilleuse, se prosterna à terre, pour rendre graces à Dieu, qui fait éclater sa puissance, quand il lui plaît, dans les petites choses, comme dans les plus grandes. Condeluc vécut encore plusieurs années, dans une grande sainteté. Dieu lui fit la faveur de lui reveler l'année de sa mort. Il l'apprit à ses confreres, & leur dit qu'il mourroit un Dimanche, comme il étoit né un Dimanche, avoit été baptisé un Dimanche, & avoit reçu le Sacerdoce un Dimanche (circonstance remarquable par sa regularité.) Il passa en effet à une meilleure vie, un Dimanche 6. de Novembre.

Fidvveten.

Fidweten Prêtre, l'ancien compagnon de l'Ermite Gerfroi, a aussi merité d'être mis au nombre des premiers Religieux de Redon recommandables par leur sainteté. Quand Gerfroi, après avoir établi la Regle de saint Benoît dans l'Abbaïe, se fut retiré à son monastere de saint Maur, Fidweten qu'il avoit laissé seul dans son Ermitage de la forêt de la Noüée, résolut de quitter le païs où il avoit été nourri, & de passer le reste de sa vie en pelerinage. Il alla trouver Nominoé Prince de Bretagne, pour lui en demander la permission. Le Prince qui connoissoit tout le merite de Fidweten, fut affligé de la résolution qu'il avoit prise, & le pria de ne point quitter la province. Il lui parla avantageusement de Convoion & de son Abbaïe, & lui persuada enfin de s'y retirer. Il y fut reçu par Convoion & par tous les freres, & les édifia par ses vertus, sur tout par l'austerité de son abstinence. Une sainte émulation porta la plûpart des Religieux à l'imiter & à devenir aussi abstinens que lui. Tous recevoient de lui des conseils salutaires, & sa douceur, jointe à sa sainteté, lui gagna les cœurs de tout le monde. Cependant il n'avoit pas encore quitté le dessein de voïager. Il en parloit quelquefois, & se disposoit à prendre congé de ses hôtes. Mais l'Abbé & tous les Religieux lui firent de si pressantes instances de demeurer avec eux, pour continuer à les animer à la vertu par ses exemples, que touché sensiblement de voir ce concours unanime de tant de volontez pour lui marquer une tendre affection, il résolut de demeurer avec eux le reste de sa vie, & de ne s'en separer jamais, ni de corps, ni d'esprit. Etant un jour assis à l'office Divin avec les freres, il vit le démon, sous la figure d'un enfant, assis aux pieds d'un Religieux nommé Orbert. L'évenement justifia sa vision : car peu de tems après cet insensé quitta le monastere, & rentra dans le siécle, pour y vivre dans le desordre. Mais Dieu lui fit la grace de le rappeller à son devoir, & l'auteur contemporain que nous suivons, dit avoir appris que ce pauvre égaré vivoit enfin religieusement dans un monastere de Pavie, où il expioit, par les amertumes d'une penitence volontaire, sa legereté criminelle & ses desordres. Le même auteur nous assure avoir éprouvé en sa propre personne, quel étoit auprès de Dieu le pouvoir de Fidweten. Pendant que cet écrivain étoit encore jeune enfant dans le monastere, il eut une douleur de dents si violente, qu'il ne pouvoit ni manger, ni dormir, & son visage & sa tête enflez le rendoient méconnoissable. Il courut à Fidweten, lui demander le secours de ses prieres. Fidweten ne fit que lui toucher les joües, & aussi-tôt la douleur cessa. Après plusieurs années d'une vie très-sainte passée dans ce monastere, Fidweten fut attaqué d'un cancer dans les parties. Il fut long-tems sur le lit, & ne cessoit, au milieu des extrêmes douleurs qu'il enduroit, de rendre graces à Dieu de ce qu'il l'avoit voulu visiter. Enfin le venin montant au cœur, avertit le saint homme que sa patience alloit être couronnée. Il appella ses freres, & leur aïant dit le dernier adieu, il alla regner avec J. Christ le 11. de Decembre.

Un autre de ces premiers habitans du monastere de Redon, que leur sainteté a rendus digne d'une éternelle memoire, fut Conhoiarn. Il y avoit une liaison particuliere entre lui & Fidweten, cimentée par la ressemblance de leurs mœurs & de leurs inclinations. Ils allérent un jour ensemble à la maison des pelerins, pour laver les pieds aux pauvres. Il y en avoit un qui étoit paralytique, & qui ne pouvoit faire un pas. Ces deux saints Religieux, informez de sa maladie, priérent Dieu pour sa guérison. Ils lui lavérent ensuite les pieds ; mais à peine eurent-ils commencé de les toucher, que le malade se sentant guéri, se mit à courir par toute la maison. Les deux serviteurs de Dieu s'en retournérent à l'Abbaïe, comme s'ils eussent fait quelque action digne de blâme, & firent ce qu'ils purent pour engager le paralytique guéri, à ne point divulguer ce qui lui étoit arrivé. Conhoiarn joignoit à la beauté du corps, une douceur affable, un abord gracieux, une conversation agréable, & une charité sans bornes ; toutes qualitez propres à lui gagner les cœurs de tout le monde. Il s'attachoit particulièrement à la priere, & selon le précepte de son Legislateur, il l'accompagnoit de ses larmes. Il apprit dans cette élévation sainte de son ame à Dieu, que ses larmes assiduës, & l'ardeur de sa charité lui avoient obtenu la remission de toutes ses fautes, & une place au séjour des bienheureux, où il passa le 25. de Janvier, après avoir été tourmenté d'une longue fiévre. Il plut à Dieu de révéler sa gloire, peu de tems après sa mort. Il y avoit dans le monastere un jeune homme si languissant d'hydropisie, qu'on l'appelloit communément *le malade de la maison*. Il avoit nom Anoworet. Un soir assez tard, allant au puits chercher de l'eau, il vit auprès un homme venerable, habillé de blanc, qui tenoit à la main un vase d'or, & qui lui dit : « Sçavez-vous qui je suis ? Je ne « sçai, Monseigneur, lui répondit le ma- « lade, mais vous me paroissez un Ange « de Dieu, envoïé du ciel. Je suis, dit l'au- « tre, le moine Conhoiarn, qui ai passé « depuis peu, de ce siécle, & qui joüis main- « tenant d'un bonheur infini avec Dieu & « ses Saints dans le Roïaume celeste ; & afin « que tu sçaches sûrement que c'est moi « qui te parle, tu seras sain dès cet instant, « tout le reste de ta vie, va, & annonce « par tout la puissance de N. S. J. C. « La vision disparut, & le jeune homme se trouva entierement guéri.

Tethwiu, l'un des cinq premiers compagnons de Convoion, aussi bien que Conhoiarn dont nous venons de parler, n'étoit que simple Clerc, quand Dieu lui fit la grace de l'appeller à la retraite. Il abandonna le monde de cœur & de pensée, beaucoup plus que de corps ; & s'occupa uniquement de plaire à Dieu & le loüer. Il fut inquiété de plusieurs tentations, dont il trouva le remede dans la priere, & dans une abstinence si rigoureuse, qu'elle faisoit l'admiration de toute la communauté, qui s'étonnoit comment il pouvoit vivre d'aussi peu de nourriture qu'il en prenoit. Un homme puissant, appellé Ronwallon, fit don au monastere d'une maison bâtie de bois, & Convoion envoïa Tethwiu en enlever les materiaux & les faire conduire à l'Abbaïe. Tout étoit chargé sur des charettes, & comme on approchoit du monastere, une des charettes roula avec tant d'impetuosité du haut d'une montagne qui n'en est pas loin, qu'un serviteur de la maison, appellé Joucom, en eut le corps tout brisé, les bras cassez, les cuisses rompuës. L'homme de Dieu, étonné d'un accident si malheureux, eut recours à la priere, & l'effet en fut si prompt (s'il en faut croire l'auteur contemporain qui vivoit avec Tethwiu) que le domestique se leva dans l'instant, sans mal & sans douleur, & parfaitement guéri. La douceur & la patience du saint homme furent mises à une longue & rude épreuve ; car après avoir vécu assez long-tems dans une bonne santé, il devint muet & paralytique, & le fut cinq ans entiers. Il mourut enfin le 5. de Janvier, & l'un de ceux qui portoient son corps au tombeau, nous assure qu'il en sortoit une odeur si agréable, qu'il sembloit qu'on eût entassé dans le cerceüil tous les parfums les plus délicieux.

Convoion, le pere & le maître de tant de Saints, voulant leur procurer de nouveaux secours dans la vie spirituelle, & de puissans intercesseurs auprès de Dieu, cherchoit avec empressement le moïen d'enrichir sa maison de quelques Reliques considerables. Dans ce dessein il alla à Angers avec deux de ses Religieux, nommez Heldemar & Louhemel, & logea dans la ville chez un homme de pieté appellé Heldewalde. Convoion lui fit confidence de ce qu'il souhaitoit ; & son hôte lui dit, qu'il y avoit dans la ville le corps d'un saint Evêque de Chartres, nommé Apotheme, par le moyen du quel Dieu faisoit tous les jours de grands miracles ; qu'il y avoit eu, les années précedentes, quelques moines de France qui avoient voulu l'enlever de nuit, mais qu'ils n'avoient pû seulement l'ébranler ; qu'il leur conseilloit de tenter la même chose, & que si le Saint vouloit s'en aller avec eux, Dieu ne manqueroit pas de faciliter leur entreprise. Il leur conseilla de demeurer encore trois jours chez lui ; d'aller ensuite à l'Eglise du Saint, de s'y cacher, & d'y demeurer jusqu'à la nuit ; après quoi, pendant que ceux qui gardoient l'Eglise seroient endormis, ils ouvriroient le tombeau sans bruit, prendroient le corps, & l'enléveroient avec le plus de diligence qu'il leur seroit possible, parce que l'Eglise étoit très-frequentée, & qu'ils pourroient être surpris, s'ils étoient negligens. Ils rendirent graces à Dieu de cette découverte ; demeurerent trois jours chez leur hôte, & le quatriéme jour ils s'en allérent au tombeau du Saint, munis de ce qui étoit necessaire pour en faire ouverture. Ils priérent Dieu, dans le silence, de favoriser leur entreprise, & mettant la main à l'œuvre, ils leverent sans peine le couvercle du tombeau, prirent les saintes Reliques, & les emportérent heureusement, sans rien dire, & sans trouver personne qui leur dît rien. Ils reprirent le chemin de leur monastere, & s'étant arrêtez dans l'Eglise de Langon, ils envoïérent avertir la communauté de venir à la rencontre de ce précieux dépôt. Il se fit un grand concours de toutes sortes de personnes qui se rendirent de toutes parts à la cérémonie, & le corps fut porté au monastere, au chant des pseaumes & des hymnes. Il arriva le même jour, qu'une femme qui portoit entre ses bras un enfant aveugle, s'approcha des Reliques, & ne les eut pas plûtôt touchées, que son enfant recouvra l'usage de la vûë. Ce miracle divulgué augmenta la confiance que l'on avoit déja en saint Apotheme. Son corps fut déposé dans l'Eglise de S. Sauveur, à l'Orient; on y vint en foule se recommander à ce puissant intercesseur, & l'on crut voir, dans les frequens miracles que Dieu opera par son moïen, une approbation autentique du pieux larcin qui avoit privé les Angevins de ce trésor sacré.

A Renier Evêque de Vannes avoit succedé Susannus. Ni lui, ni les autres Evêques de Bretagne, n'étoient exemts de Simonie dans les ordinations ; personne ne pouvoit recevoir d'eux la Prêtrise ou le Diaconat, sans leur faire des présens. La lecture des Canons, & le peu de conformité des mœurs de ces Evêques avec les regles de l'Eglise, animérent le zéle de saint Convoion. Il crut ne pouvoir dissimuler un si grand mal, sans se rendre coupable, & prit le parti d'aller trouver Nominoé, qui s'étoit emparé de l'autorité souveraine en Bretagne, d'emploïer cette autorité à reformer un abus si pernicieux. Il l'alla donc trouver dans son palais, & lui parlant en particulier, il lui dit : « vous ignorez peut-être quel malheur menace vôtre païs, par la conduite criminelle des Evêques simoniaques, qui vendent les ordres Sacrez à prix d'argent. Je vous annonce que si ce désordre scandaleux n'est déraciné au plûtôt, la colere de Dieu se fera sentir à vous & à tout vôtre peuple. » Nominoé, peu content d'ailleurs de la plûpart des Evêques, & que son ambition portoit à de grandes nouveautez, ne fut pas fâché de voir concourir un si saint homme, par les seules vûës d'un zéle ardent, au dessein qu'il avoit peutetre déja formé de chasser ces Evêques. Il convoqua tous les Prélats, & ce qu'il y avoit de gens habiles dans les loix, dans le païs de son obéïssance. On lut par son ordre dans l'assemblée, tous les Canons, toutes les Loix, & les passages des Ss. Peres, qui condamnoient la Simonie ; après quoi on demanda aux Evêques, quelle raison ils avoient de recevoir des présens pour conferer les ordres Sacrez ? Les Evêques répondirent, qu'ils ne prenoient point de présens de leurs Prêtres ; mais qu'ils en exigeoient seulement quelques marques d'honneur ; & le plus obstiné de tous à contredire les saints Canons, étoit Susannus Evêque de Vannes. Après beaucoup d'altercations, il fut reglé que les Evêques en députeroient deux d'entr'eux, pour aller à Rome, rendre compte de leur conduite au S. Siége, & demander la décision sur les matieres que l'on avoit agitées dans l'assemblée. Ils députérent Susannus Evêque de Vannes, & Felix Evêque de Quimper. Nominoé pria saint Convoion de faire le voïage avec eux, pour être témoin du jugement qui seroit prononcé, & le chargea d'une couronne d'or & de quelques autres présens pour le Pape Leon IV. à qui il le pria de demander le corps de quelqu'un des saints Martyrs qui avoient gouverné l'Eglise Romaine avant lui. Les Evêques Bretons écrivirent au Pape, & l'on voit, par la réponse qu'il leur fit, qu'ils lui demandoient, si un Evêque coupable de Simonie, pouvoit faire penitence de son crime, sans perdre sa dignité, ou s'il falloit qu'il fût déposé ; quels étoient les Canons & les écrits sur lesquels on devoit juger les Evêques ; de qui dépendoit l'ordre Ecclesiastique ; à qui appartenoit le soin de disposer du gouvernement des paroisses ; si les divinations dont on usoit en Bretagne dans les jugemens, étoient conformes aux loix de l'Eglise ; si l'on ne pouvoit pas obliger les Prêtres qui venoient au Synode, d'apporter quelque présent, sous le nom d'Eulogie ; enfin si le mariage étoit permis entre parens ? Il paroît, par ces questions des Evêques, qu'ils ne se sentoient pas exemts de reproche au sujet de la Simonie ; que Nominoé s'ingeroit plus qu'il ne le devoit dans ce qui regardoit la Hierarchie Ecclesiastique ; que les Religieux de Redon prétendoient peutetre, à cause de la donation qui leur avoit été faite par l'Empereur de plusieurs Eglises, pouvoir y mettre des Pasteurs, independamment des Evêques ; enfin que la mauvaise coûtume de consulter ce que l'on appelloit dans les siécles précedens *les sorts des Saints*, n'étoit pas encore abolie, quoiqu'elle eût été si souvent condamnée. C'étoit d'ouvrir un livre de l'Ecriture Sainte, au hazard, & faire servir de décision, le premier passage qui se présentoit. Il y avoit encore d'autres pratiques superstitieuses que l'esprit humain, fécond en erreurs, avoit inventées, pour chercher dans les oracles sacrez, ce qu'il ne devoit attendre que de la raison, & de la verité éternelle. Nominoé écrivit de son côté au Pape, contre les Evêques, avec une espece de moderation, qui ne rendoit ses plaintes que plus insinuantes ; il lui demandoit le secours de ses prieres, le supplioit d'accepter les présens dont il avoit chargé son Ambassadeur, & de lui envoïer le corps de quelqu'un de ses saints prédecesseurs ; & lui representoit, qu'aïant dessein de rendre à la Bretagne, opprimée par les François, sa premiere liberté & sa premiere splendeur, il croïoit qu'il étoit de son devoir de l'inviter à benir de si justes desseins. Convoion arriva à Rome avant les Evêques, & eut le tems de voir le Pape avant eux. Cela n'empêcha pas Leon IV. de les recevoir avec bonté. Il rassembla les Evêques qui étoient à Rome, pour examiner l'affaire de la Simonie, & les autres articles contenus dans la lettre des Evêques Bretons. On demanda à leurs députez: comment ils avoient osé recevoir des présens pout les ordinations? Ils répondirent: que s'ils l'avoient fait, ç'avoit été par ignorance. Un Archevêque nommé Arsene, leur dit: « cette réponse ne satisfait pas; un « Prêtre ne doit point ignorer ses devoirs. » Le Pape prit la parole, & dit: « cela est « conforme à l'Evangile, où N. S. a dit: « si le sel perd sa force, avec quoi l'assai- « sonnera-t-on? c'est-à-dire, si le Prêtre « s'égare, par qui sera-t-il ramené dans son « chemin? Les saints Canons ont décidé que « si quelque Evêque, Prêtre, ou Diacre, « a été ordonné pour l'argent; & celui « qui a reçu l'Ordre, & celui qui l'a don- « né, doivent être déposez. » Suivant ces anciennes regles, il fut ordonné dans ce Synode qu'aucun Evêque ne recevroit des présens pour aucune ordination Ecclesiastique; que ceux qui en recevroient, seroient déposez; & qu'on mettroit d'autres Evêques en leur place. Convoion fut présent à ce jugement, selon les intentions de Nominoé. Le Pape répondit à la lettre des Evêques Bretons qui lui avoit été présentée par Susannus & Felix: qu'un Evêque ne pouvoit être déposé, que dans une assemblée de douze Evêques, pour le moins; ou s'il n'y avoit pas tant d'Evêques, qu'il falloit, avant que de pouvoir prononcer la Sentence, que les faits alleguez eussent été prouvez par soixante-douze témoins purgez par serment; que les Loix & les Canons qui devoient servir de regle dans les jugemens des Ecclesiastiques, étoient les Canons des Apôtres, ceux des Conciles de Nicée, d'Ancyre, de Neocesarée, de Gangres, d'Antioche, de Laodicée, de Calcedoine, de Sardique, & de Cartage; & les lettres des Papes Silvestre, Sirice, Innocent, Zozime, Celestin, Leon, Gelase, Hilaire, Symmaque, & Simplice; que toute la jurisprudence Ecclesiastique consistoit dans ce recueil; & que pour les matieres qui n'y étoient pas décidées, on pouvoit avoir recours aux écrits de S. Jerôme, de S. Augustin, d'Isidore, & des autres, si l'on n'aimoit mieux consulter le S. Siége là-dessus; qu'un Evêque

accusé, & convaincu dans un Concile, pouvoit appeller au S. Siége, & qu'alors l'appel suspendroit le jugement définitif; qu'un Evêque ne pouvoit être mis en penitence, sans être déposé; que les Evêques convaincus de Simonie, ne pouvoient se soustraire à la peine de la déposition; que l'ordre Ecclesiastique n'étoit composé que d'Evêques & de Clercs ordonnez; qu'il n'appartient qu'aux Evêques de gouverner ce corps, & de publier les loix de l'Eglise; que c'est uniquement à eux à instituer les Pasteurs dans les paroisses de leurs dioceses; qu'il ne falloit point contraindre les Prêtres à rien apporter aux Synode, de peur de les empêcher d'y venir, mais qu'on n'étoit pas obligé de refuser leurs présens volontaires; que les divinations dont on usoit en Bretagne dans les jugemens, étoient des superstitions condamnées par l'Eglise, & qu'il excommunioit ceux qui s'en serviroient encore à l'avenir; enfin que personne ne devoit se marier dans sa famille, que les Saints Peres avoient excommunié ceux qui contractoient de ces sortes d'alliances, & qu'il falloit sur ce point suivre à la lettre ce qui avoit été ordonné par Gregoire II. On ne sçait point ce que le Pape répondit à la lettre de Nominoé; mais on prétend qu'il lui permit de prendre la qualité de Duc, & de porter un cercle d'or. Il lui fit présent du corps de saint Marcellin Pape & Martyr, & donna à Convoion un ornement dont il se servoit pour celebrer les saints mysteres.

S. Convoion, chargé de ce trésor précieux, s'en revint en Bretagne, & le déposa dans l'Eglise de son monastere, où il fut reçu par Nominoé, par tous les Evêques, & par tous les grands du païs, un Dimanche du mois de Février de l'an 848. Il n'est pas de nôtre sujet de continuer ici l'histoire de la déposition des Evêques, parce que les actes de saint Convoion n'en disent plus rien, & que cela nous donne lieu de croire, que s'étant apperçu que s'il s'en mêloit davantage, il se rendroit le ministre des passions du Prince, il ne voulut pas s'engager plus avant dans une affaire qui auroit pû soüiller la pureté de sa conscience, & troubler la tranquillité de son ame.

L'histoire de saint Convoion écrite par un de ses disciples, fait mention de deux penitens fameux, délivrez de leurs peines par les merites de saint Marcellin. Les circonstances en sont curieuses, & nous ne pouvons nous dispenser de les rapporter ici.

Dans un monastere de Spolette il y avoit deux freres qui s'entr'aimoient uniquement, l'un Diacre, & l'autre écrivain. Un jour qu'ils étoient seuls, l'un d'eux demanda à

Chronic. Namnet.

5.
JANVIER.

l'autre un canif pour tailler fa plume ou fon rofeau, celui-ci lui jetta le canif avec tant d'indifcretion, que le canif lui perça le cœur, & le tua fur le champ. L'homicide (c'étoit le Diacre) au defefpoir d'un fi grand malheur, fe laiffa tomber fur le corps de fon frere, qu'il arrofa long-tems de fes larmes. Tous les Religieux du monaftere accoururent à ce trifte fpectacle, & furent vivement touchez d'un accident fi funefte. Ils confeillérent à l'homicide d'aller à Rome fe profterner aux pieds du Pape, & lui demander penitence. Il le fit, & raconta naïvement la chofe comme elle s'étoit paffée. Le S. Pere lui fit mettre au cou & aux bras des liens de fer, comme c'étoit la coûtume en ce tems-là, d'en ufer ainfi envers les homicides, & lui donna ordre de vifiter les lieux celebres par leur fainteté, & de demander à Dieu, fans ceffe, la remiffion de fon crime. Le Diacre fe foumit volontiers à cette rude penitence, & paffa un affez long efpace de tems à Rome dans la priere & dans les larmes, fuppliant continuellement les faints Apôtres d'interceder pour lui auprès de N. S. Enfin il fut averti une nuit en fonge, d'aller en Bretagne, au monaftere où repofoit le corps de faint Marcellin, avec affurance que fes chaînes y feroient brifées, & qu'il y recevroit la remiffion de fon crime. Le matin, il rendit compte au Pape de ce qu'il avoit vû, & le Pape lui accorda la permiffion d'executer les ordres qui lui avoient été donnez. Le Diacre fe mit en chemin, traverfa l'Italie, la Bourgogne, & la Neuftrie, & s'étant rendu auprès de Clermont fur Loire, au monaftere du Cellier près d'Ancenis, il s'informa des Religieux, où étoit le monaftere qu'il cherchoit. Ils l'inftruifirent de fa route, & lui donnérent un guide. Il arriva à Redon le famedi des Rameaux, & affifta à l'office de la nuit avec les Religieux & le peuple. Les leçons finies, quand le tems de chanter l'Evangile fut venu, un Prêtre de la communauté, nommé Omin, s'habilla pour lire l'Evangile. Dans le moment qu'il le lifoit, toutes les chaînes du pelerin furent brifées, & les morceaux en furent jettez loin de lui, avec un bruit qui furprit tout le monde. Le matin le Diacre raconta tout ce qui lui étoit arrivé, & comme Dieu l'avoit envoïé en ce faint lieu, pour y avoir la délivrance du corps & de l'ame. Après avoir loüé Dieu d'une fi grande faveur, on lui donna l'abfolution, & après s'être repofé quelques jours dans le monaftere, il s'en retourna à Rome, & ne ceffa, tout le refte de fa vie, de benir le pere des mifericordes. Cela arriva l'an 850. mais ce que nous allons raconter n'arriva que long-tems après, puifque ce ne fut que du tems qu'Electran étoit Evêque de Rennes, & il ne fut élu que fous le regne de Salomon, en 867.

Un François, d'une naiffance illuftre, appellé Fromond, dont les parens avoient poffedé les premieres charges de la Cour, voulut, après la mort de fon pere, partager la fucceffion avec fes freres. Il eut, à ce fujet, quelques differens avec fon oncle, qui étoit Prêtre, & qui avoit un rang confiderable à la Cour. Les freres irritez prirent les armes, & tuérent leur oncle; ils envelopérent dans le même malheur, fans en avoir eu le deffein, le plus jeune de leurs freres. Les loix des François ne puniffoient de mort, en ce tems-là, que les crimes de Leze-majefté, & de trahifon contre l'Etat; l'argent, l'efclavage, ou la mutilation, expioient le refte. Fromond, & deux de fes freres, fe préfentérent au Palais du Roi, pour apprendre de lui & des Evêques de France ce qu'ils auroient à faire. Le Roi (c'étoit Lothaire, qui mourut en 855.) affembla le Synode, & préfenta les criminels aux Evêques, qui commandérent qu'on forgeât des chaînes de fer, qu'ils en fuffent liez étroitement par les bras & les reins, & qu'ainfi enchaînez, dans le cilice & la cendre, ils vifitaffent les faints lieux, jufqu'à ce que Dieu eût eu leur fatisfaction agréable. Ils allérent d'abord à Rome, & y paffèrent quelque tems à vifiter les tombeaux des Apôtres & des martyrs. Le Pape Benoît III. leur donna des lettres de recommandation, & ils pafférent en Paleftine. Ils furent long-tems auprès du faint fepulcre, & imploroient tous les jours, avec pleurs & gemiffemens, la Divine clemence. De-là ils pafférent en Egipte, où ils emploiérent deux ans à fe recommander aux prieres de toutes les perfonnes de pieté qu'ils purent rencontrer dans leurs pénibles voïages. Ils furent enfuite au tombeau de faint Cyprien auprès de Carthage. Après quatre ans de pelerinage, ils retournérent à Rome, & fe profternérent de nouveau au tombeau de faint Pierre, pour lui demander, avec de très-ferventes prieres, la remiffion de leur crime. Le peuple de Rome, touché de compaffion pour ces illuftres criminels, les traita avec humanité, & les affifta charitablement. Par le confeil du Pape Benoît, ils retournérent dans la terre Sainte, & ils furent même jufqu'en Arménie. Ils furent pris par les barbares, dépoüillez, battus jufqu'à avoir les os découverts, au bout de quatre ans ils revinrent encore à Rome, & après y avoir fait leurs prieres, & y avoir

paffé

passé quelques jours dans les larmes & les humiliations de la penitence, ils traverserent l'Italie, la Bourgogne, l'Aquitaine, & une partie de la Neustrie. Enfin arrivant en Bretagne, ils furent reçus à Rennes par l'Evêque Electran, qui en prit un soin particulier. Le plus âgé des freres de Fromond y mourut de ses fatigues, & fut honorablement enterré par l'Evêque & par les Religieux de saint Melaine. Fromond, après avoir rendu les derniers devoirs à son frere, alla à Redon visiter les Reliques de saint Marcellin. Les Moines le reçurent avec tous les égards que l'on devoit à sa naissance, & le retinrent pendant sept jours. Il prit congé d'eux après cela, & partit dans le dessein de retourner encore à Rome. La nuit suivante il fut averti en songe de retourner à Redon, où il devoit être délivré de ses chaînes. Il en étoit tems veritablement; car elles avoient penetré jusqu'à ses entrailles; le pus & le sang qui sortoient de ses plaies faisoient horreur à voir, & ses douleurs étoient inconcevables. Il retourna à l'Abbaïe, & les Moines le revirent avec joïe. Comme il dormoit la nuit, il vit un vieillard venerable vêtu d'ornemens sacrez, qui tenoit un livre à la main, & qui étoit accompagné de deux beaux enfans, qui portoient des lumieres devant lui. L'un d'eux dit au vieillard : « il est tems, saint maî- « tre, que ce pelerin soit guéri. Le vieil- « lard répondit : ce ne sera pas maintenant, « mon fils, mais quand les Moines chan- « teront l'office Divin cette nuit. » Il ouvrit aussi-tôt son livre, & aïant recité quelques prieres sur la tête du pelerin, il disparut. Fromond reveillé, demanda quelle heure il étoit, & si l'on iroit bientôt à l'office Divin. Comme il s'en informoit, il entendit sonner les matines, & se rendit à l'Eglise avec le peuple. Il s'y trouva accablé de sommeil pendant la psalmodie. Le même vieillard qu'il avoit vû, lui apparut encore. Il sembloit sortir du tombeau de S. Marcellin, & les deux mêmes enfans l'accompagnoient. Il toucha le penitent, & d'un seul doigt il arracha la chaîne de ses reins, & la jetta bien-loin sur le pavé de l'Eglise. On l'entendit retentir; & Fromond jetta un si grand cri de son côté, en se reveillant, que toute l'assistance en fut surprise. Les Religieux, après avoir rendu graces à Dieu, remenerent le penitent dans sa chambre, & visiterent ses plaies, les netteïerent & les banderent, & prirent soin de lui avec toute la charité imaginable. Il demeura couché pendant trois jours; après quoi, quelque effort que saint Convoion & ses Religieux pussent faire pour le retenir, il voulut absolument retourner à Rome.

Saint Convoion, comme nous l'avons dit, s'étant apperçu des vûës de Nominoé, cessa de les seconder; & ne poursuivit plus l'affaire des Evêques; mais il ne se contenta pas de ne point seconder les vûës du Prince, & de gemir en secret des maux que causoit son ambition; il fit une chose qui lui eût attiré toute l'indignation de Nominoé, si la veneration que s'étoit attirée ce saint Abbé n'eût été assez grande, pour mettre des bornes au ressentiment le plus vif. Nominoé ne s'étoit pas contenté de se revolter contre Charles le Chauve, & d'usurper l'autorité Souveraine en Bretagne; il s'étoit rendu maître de Rennes, d'Angers & du Mans; & l'on peut juger si c'étoit se déclarer ami de Nominoé, que de reconnoître encore l'autorité du Roi en Bretagne. C'est pourtant ce que fit saint Convoion, avec une fermeté heroïque, sans que Nominoé ait osé le punir de n'avoir pas été rebelle comme lui. Convoion, quoique redevable à l'usurpateur de tant de bienfaits, osa pourtant braver sa puissance, redoutable au Roi même, & respectant toûjours les droits legitimes du Souverain, quoiqu'abolis dans la province, il s'adressa au Roi, pour en obtenir la confirmation des graces qu'il avoit obtenuës de son pere, & pour lui en demander de nouvelles. Charles le Chauve, par ses lettres patentes du 11. d'Aoust de l'an 850. datées de Bonneval; lui confirma la possession de Bains, de Renac, Langon, Platz, & Ardon, que l'Empereur Loüis son pere avoit donné à l'Abbaïe; il la prit sous sa protection, & défendit à tous les ministres d'y exercer aucune jurisdiction, & d'en tirer aucuns droits ou peages. Il voulut, de plus, que suivant la Regle de saint Benoît, les Religieux de ce monastere eussent la liberté de se choisir un Abbé de leur corps.

Comme c'étoit en quelque sorte de l'Abbaïe de saint Maur sur Loire, que celle de Redon avoit reçû cette sainte Regle, saint Convoion crut qu'il étoit de son devoir d'en marquer sa reconnoissance, par l'azile qu'il accorda genereusement à Gauslin Abbé de saint Maur, qui fut obligé de quitter son monastere, quand Lambert & Nominoé ravageant toute la province d'Anjou, contraignirent les amis du Roi de prendre la fuite & de chercher des retraites pour se mettre à couvert de leur fureur. Gauslin fut reçû à Redon par saint Convoion, qui le retint pendant quatre mois. Gauslin y fut tourmenté de la fiévre, & en fut guéri par saint Apothème, ce qui le porta par reconnoissance, à faire celebrer la fête dans son

5. JANVIER. Abbaïe, quand il y fut retourné.

Du tems d'Erispoé, fils & successeur de Nominoé, c'est-à-dire en 854. Sidric qui commandoit une flotte de Normans de 105. voiles, entrant sur la Loire, trouva campée dans l'isle de Biéce vis-à-vis de Nantes, une armée d'autres Normans qui avoient pris Nantes & ravagé tous les païs voisins par le fer & par le feu. Sidric les aïant enfermez dans cette isle, envoïa prier Erispoé de venir lui aider à attaquer ces pirates qui avoient fait tant de maux dans le païs de son obéïssance. Erispoé manda ses troupes, & les Bretons se joignirent avec ardeur aux nouveaux Normans, pour détruire les premiers. Sidric & les Bretons les attaquérent vigoureusement, & en firent perir une grande multitude. Sidric fut blessé; la nuit separa les combatans, & chacun se retira de son côté pour se reposer. Le lendemain matin les premiers Normans traitérent avec Sidric, & lui firent part du butin; & Sidric satisfait s'en alla du côté de la Seine. Quand les Bretons se furent retirez, les Normans résolurent de leur rendre le mal qu'ils leur avoient fait. Ils équipérent leurs vaisseaux, & quittant la Loire, ils entrérent par la Vilaine au nombre de 103. voiles, occupérent les bords de cette riviere, & allérent camper à deux milles de l'Abbaïe de Redon. Les Moines épouvantez de voir les barbares, priérent Dieu de préserver l'Abbaïe de la fureur des flammes, & de la profanation des païens, & se mirent tous à fuïr. Un d'entr'eux, nommé Hinconan, Prêtre, adressant sa priere au Sauveur du monde, à qui l'Eglise étoit dédiée : « adorable Sauveur, s'écria-t-il, « protegez ce lieu qui vous est consacré, & « ne permettez pas qu'il soit profané par les « infidéles. Faites éclater vôtre puissance, « & nous sauvez de ce peril extrême. » Aussi-tôt le ciel se couvrit de nuages, les coups redoublez du tonnere se firent entendre de toutes parts, & les éclairs qui se succedoient sans interruption, remplissoient tout d'horreur & d'effroi. Les Normans épouvantez ne doutérent point que le ciel ne se déclarât en cette rencontre pour le Sanctuaire fameux dont ils s'étoient proposé le pillage. Ils commencérent à le respecter, & le jour suivant, aulieu de l'insulter, ils y envoïérent de l'or & de l'argent en offrande, & firent allumer des cierges sur tous les Autels. Ils posérent même des gardes autour de l'Eglise & du monastere, pour empêcher qu'il n'y fût fait aucun dommage. Cependant, malgré les défenses, seize de ces barbares étant entrez dans la sacristie, burent le vin destiné pour l'Autel.

Ces seize malheureux furent punis de mort le même jour. L'auteur de la vie de saint Convoion fait un miracle de leur punition ; mais elle ne fut apparemment l'effet que de la discipline militaire, & le châtiment de leur desobéïssance. Les païens ravagérent le reste du païs, brulérent les maisons, tuérent ceux qui firent resistance, & firent beaucoup de captifs de l'un & de l'autre sexe, du nombre desquels furent Courantgen Evêque intrus de Vannes, & Pascuiten Comte de la même ville. Plusieurs évitérent la captivité en se retirant dans le monastere de Redon, qui fut pour eux un azile assuré. Les Religieux, peu touchez du malheur d'un Evêque qu'ils regardoient comme usurpateur du siége de Susannus, ne firent rien pour sa délivrance ; mais pour ce qui est du Comte, ils traitérent de sa rançon avec les Normans, & lui procurérent la liberté, au prix d'un calice d'or, avec sa patene de même métail, du poids de 67. sous d'or, que le Moine Vinweten avoit apporté au monastere, quand il s'y étoit fait Religieux.

Saint Convoion, qui avoit vû que l'autorité usurpée par Nominoé, étoit devenuë legitime dans son fils Erispoé, par le traité d'Angers, par lequel Charles le Chauve lui avoit accordé la possession, non-seulement de Rennes, de Nantes, & toute la Bretagne, mais encore de tout ce que Nominoé avoit conquis jusqu'à la riviere de Maine, avec la liberté de porter en public les marques de la dignité Roïale, le saint Abbé, cedant, aussi-bien que le Roi, à la necessité des tems, s'étoit adressé au Prince Breton pour en obtenir la confirmation de son Abbaïe, & sur tout du privilege de l'élection des Abbez. Erispoé, qui étoit alors au monastere de Gael, accompagné de plusieurs Evêques, de son cousin Salomon, de Conan son fils, du Comte Pascuiten, & d'un grand nombre d'autres Seigneurs, avoit accordé à Convoion l'effet de sa demande. Il avoit fait auparavant, & fit encore depuis, c'est-à-dire en 855. & 857. plusieurs autres donations au monastere. Après sa mort les Normans continuant leurs courses, attaquérent plus d'une fois l'Abbaïe de Redon. Leurs frequentes insultes obligérent saint Convoion d'avoir recours à Salomon successeur d'Erispoé, pour lui demander un lieu de refuge. Salomon, touché de ses instances réïterées, prit enfin la résolution de bâtir un nouveau monastere dans un de ses Palais, à Ple-lan, qu'il fit appeller *le monastere de Salomon*, & dont nous aurons lieu de parler ailleurs.

Hi. Bret. p. 58

S. Convoion passa quelques années dans cet azile, macerant son corps par les jeûnes & par les veilles, & faisant couler de ses yeux des ruisseaux de larmes, en déplorant, comme un autre Jeremie, la désolation du lieu Saint, devenu desert, & les calamitez publiques. Il mourut saintement à Ple-lan le 5. de Janvier, environ l'an 868. & son corps fut enterré dans le nouveau monastere qui n'étoit pas encore achevé, par Ratuili Evêque d'Aleth, dans le diocese duquel étoit l'Abbaïe de Salomon. Le corps du saint Abbé fut depuis porté à Redon, où l'on en conserve encore la plus grande partie ; le reste à été distribué à quelques autres Eglises. La fête de ce Saint est marquée au 28. de Decembre dans le martyrologe Benedictin & dans celui de France ; & ce peut être le jour de sa translation. L'Abbaïe de Redon faisoit autrefois, à l'honneur de saint Convoion, une fête du premier rang ; mais depuis quelques années on a diminué l'éclat de cette solemnité, par des motifs qui ne nous sont pas connus.

SAINT SALOMON, Martyr.

IX. SIECLE.

Le culte de saint Salomon est si ancien, & si bien établi, non-seulement en Bretagne, mais encore dans des provinces éloignées, qu'il y auroit de la temerité à lui contester la qualité de Saint. Cependant sa vie a été souïllée d'un grand crime, & sa penitence auroit eu peine à l'effacer entierement, si le sang qu'il a répandu pour une bonne cause, n'avoit mis le dernier sceau à sa justification, & déterminé la posterité à respecter sa memoire.

Selon son ancienne Legende, dont il ne nous reste que quelques lambeaux, & selon la Chronique de Baldric Archevêque de Dol, Salomon étoit de la race des anciens Rois des Bretons, fils de Rivallon frere aîné de Nominoé. Il étoit fort jeune, quand Rivallon son pere mourut, & Nominoé son oncle eut pour lui des soins & des bontez dont Salomon a depuis marqué sa reconnoissance en beaucoup d'occasions. Après la mort de Nominoé, il n'eut pas les mêmes égards, ni le même attachement pour Erispoé. Il rechercha la protection du Roi Charles le Chauve, qui venoit de faire un traité avec Erispoé, à Angers, par lequel ce Prince étoit maintenu dans la possession de toute la Bretagne, & même des conquêtes que Nominoé son pere avoit faites au-delà des anciennes limites du païs. Salomon témoigna du mécontentement d'un traité qui le dépoüilloit de ses droits, & le Roi, peu scrupuleux observateur de ses traitez, crut qu'il pouvoit profiter de la division qui se formoit dans la famille des Princes Bretons. Il écouta les plaintes de Salomon, s'assura de sa fidélité par le serment qu'il prit de lui, & lui accorda le tiers de la Bretagne. Cette disposition n'empêcha pas Erispoé de se porter toûjours pour maître de toute la province, & cette qualité lui étoit toûjours constamment donnée, dans les actes même ausquels Salomon assiste. Il agit, à la verité, avec le consentement & le conseil de Salomon son cousin ; mais il conserve toûjours la superiorité sur lui. Il paroît que le païs de Rennes étoit dans le partage accordé par Charles le Chauve à Salomon ; mais dans les actes mêmes passez dans ce païs-là, le nom d'Erispoé paroît toûjours avant celui de Salomon, quoiqu'il y soit dit qu'ils sont tous deux Seigneurs du même canton en même tems. Salomon, après avoir suivi pendant quelques années la Cour d'Erispoé avec assiduité, ne fit enfin éclater ses ressentimens, que quand il vit ce Prince prêt à conclure avec le Roi une alliance qui pouvoit faire changer de face à la Bretagne, en lui donnant de nouveaux maîtres. Erispoé avoit eu un fils, nommé Conan, dont il n'est plus parlé dans les actes publics depuis l'an 853. Il ne lui restoit donc qu'une fille, & le Roi projetta de la faire épouser à Loüis son fils, à qui, dans cette vûë, il avoit donné le Maine, le Perche, & tout le païs compris entre Chartres, Orleans, & Tours, avec la qualité de Duc du Maine. Salomon craignit, avec sujet, de se trouver un jour accablé sous la puissance de ce nouveau Duc, & pour l'empêcher de s'aggrandir à son préjudice, il prit la résolution d'ôter la vie au pere, avant que la fille portât ses droits dans la maison Roïale de France. Il eut Almar pour complice de son crime. On ne connoît point cet Almar, & il n'a jamais été parlé de lui, ni avant, ni après cette indigne action. Ils attaquerent le Prince dans une Eglise où il s'étoit refugié, & pendant qu'il invoquoit inutilement le secours du ciel, ils le tuérent sur l'Autel même. A ce crime près, Salomon avoit toutes les qualitez que l'on peut souhaiter dans un Prince, une taille majestueuse, la science de la guerre, un courage intrepide ; & il fit paroître depuis beaucoup de justice & de pieté. Sa naissance, ses bonnes qualitez ;

Hist. de Bret. to. 1. p. 53. 54.

Regino, & Ann. met.

25.
JUIN.

ses grands talens, avoient disposé avantageusement les Bretons en sa faveur; ils ignoroient peutêtre la part qu'il avoit au meurtre d'Erispoé; ils l'acceptérent sans peine pour leur Souverain, & lui aidérent avec joïe à resister au Roi, qui s'approcha de la Bretagne en 857. pour vanger la mort d'Erispoé.

Peutêtre esperoit-il trouver de la division entre les Bretons; mais il les trouva, au contraire, dans une très-grande union. Salomon le gagna par ses soumissions, & par un traité qu'il fit avec lui, demeura maître de toute la Bretagne, telle qu'elle étoit bornée par le traité d'Angers. Le voisinage de Loüis faisoit cependant toûjours ombrage à Salomon; il se ligua avec quelques grands du Roïaume, & contraignit Loüis d'abandonner le Maine, de passer la Seine, & d'aller rejoindre le Roi son pere en 858. La revolte des Seigneurs François alla plus loin; ils appellérent en France Loüis Roi de Germanie, dans le dessein de se soumettre à lui, au préjudice de Charles le Chauve. Salomon n'eut point de part à cette revolte; & cela paroît, parce qu'il n'est point nommé parmi les Seigneurs qui furent excommuniez à ce sujet, à qui le Concile de Toul, ou de Savonnieres adressa une lettre en 859. Le même Concile en adressa une autre à quatre Evêques Bretons, pour se plaindre de ce qu'ils n'étoient point venus au Concile, où on les avoit invitez. Les Peres les avertissent du respect qu'ils devoient à leur Metropolitain, dans l'absence, & sans le consentement duquel, ils ne devoient point ordonner d'Evêques, ni faire aucuns reglemens generaux. Ils leur représentoient la faute qu'ils faisoient, de communiquer avec ceux que leur Metropolitain avoit excommuniez; les exhortoient à lui rendre plus d'obéïssance à l'avenir, & leur envoïoient un memoire de ce qu'ils devoient représenter à Salomon. Ce memoire contenoit en substance; qu'il devoit permettre aux Evêques de Bretagne de suivre avec respect les ordres de leur Metropolitain; qu'il ne devoit point ôter à Dieu les biens de l'Eglise, ni permettre qu'ils fussent enlevez par d'autres; qu'il fît reflexion avec quel peril pour son ame, il avoit envahi la domination de la Bretagne, quoiqu'il eût juré fidélité auparavant au Roi Charles leur Seigneur; qu'il se souvint que la nation Bretonne avoit été soumise aux François dès le commencement, & leur avoit païé tribut; on l'exhortoit à faire revivre cette coûtume abolie depuis peu; de même qu'à permettre que les justes possesseurs pussent joüir en paix des biens que leurs parens leur avoient laissez, ou qu'ils avoient eux-mêmes acquis; on le menaçoit, en cas de mépris, & de desobéïssance, de la vangeance Divine, qui lui ôteroit bientôt la puissance usurpée; enfin on tâchoit de le porter, sous les mêmes menaces, à ne point donner d'appui aux excommuniez.

Ce n'est pas ici le lieu de relever quelques faits avancez par ces Evêques, avec plus de zéle pour la gloire de leur nation, que d'exactitude & d'attachement à la verité. Parmi tous les excommuniez dont ils parlent, celui qui se trouve à la tête des autres, & qui en effet étoit le plus redoutable, étoit le Comte Robert, à qui l'on avoit autrefois donné le gouvernement de tous les païs compris entre la Seine & la Loire. Le nouveau Duché qui avoit été formé du Maine & du païs Chartrain en faveur de Loüis fils de Charles le Chauve, avoit jetté Robert dans le mécontentement & dans la revolte, & Salomon s'étoit servi utilement d'un aussi grand guerrier, pour chasser Loüis de son voisinage. Charles regagna enfin le Comte Robert, qui devint ennemi de Salomon, aussi-tôt que le Roi lui eut rendu son ancien gouvernement; comme au contraire, le Prince Loüis, auparavant ennemi de Salomon, eut recours à lui en 862. quand, de dépit qu'il eut de voir le Comte Robert enrichi de ses dépoüilles, il se laissa entraîner dans un nouveau parti formé contre le Roi son pere.

Salomon, pour se fortifier contre Robert, dont le voisinage lui donnoit plus d'inquiétude, que ne lui en avoit autrefois donné celui de Loüis, gagna quelques Normans conduits par Hastingue, & les engagea par un présent de 500. vaches, à faire la guerre au Comte Robert. Le Comte se rendit maître de douze de leurs vaisseaux, & tua la plûpart de ceux qui les montoient. Sçachant ensuite que Salomon avoit dessein d'attirer à son service d'autres Normans qui étoient sur la Seine, il le prévint, traita avec eux, & par un présent de 6000. pieces d'or qu'il leur donna, les engagea à venir faire la guerre à Salomon. Ceux-là avoient Weland pour chef. Il ne paroît pas qu'ils aïent executé ce qu'ils avoient promis à Robert; on sçait seulement que Weland se fit Chrétien avec toute sa famille. Robert fut attaqué par le Prince Loüis & les Bretons, qui ravagérent l'Anjou; mais il les surprit au retour, tua plus de 200. des principaux d'entre les Bretons, & leur ôta leur butin. Loüis tenta vainement de se relever de cette perte; il fut battu de

Ann. Bertin.

Ann.

nouveau, & ne se sauva qu'avec peine. Il prit enfin le meilleur parti, se jetta aux pieds de son pere, implora sa clemence & celle des Evêques, & fit serment d'être fidéle à l'avenir. Le Roi lui donna le Comté de Meaux, avec l'Abbaïe de saint Crépin, & lui commanda de faire venir de Neustrie Ansgard fille d'Odon, l'un des revoltez, qu'il avoit épousée.

Soit que Salomon déferât aux avis du Concile de Toul, & craignît les foudres dont il l'avoit menacé; soit que, rentrant en lui même, il écoutât les justes scrupules dont sa conscience étoit allarmée, au sujet de tant de maux & de tant de desordres qui accompagnent necessairement la guerre; il ne voulut pas être le seul à refuser de faire la paix, pendant que tous les autres paroissoient y penser serieusement. En effet la face des affaires étoit changée; la plûpart des revoltez étoient rentrez dans leur devoir, & le Roi se trouvoit en état de se faire craindre. Il vint au Mans en 863. & de-là il s'avança jusqu'au monastere d'Entrêmes auprès de Laval. Salomon l'y vint trouver, avec les principaux Seigneurs de sa nation. Il fit au Roi un nouveau serment de fidélité, il fit prendre les mêmes engagemens aux Seigneurs qui l'accompagnoient, & païa au Roi, disent les Annales de S. Bertin, le cens de la terre, selon l'ancienne coûtume. Mais quelque antiquité que l'auteur de ces Annales donne à cette coûtume, c'est cependant la premiere fois qu'il soit fait mention qu'on y ait obéi. Le Roi, de son côté, pour témoigner à Salomon la satisfaction qu'il avoit de le voir fidéle, lui donna le païs que l'on appelloit alors *entre les deux rivieres* (ce qui doit apparemment s'entendre de celles de Sarte & de Maine) & l'Abbaïe de S. Aubin d'Angers, que Lambert avoit possedée auparavant. Deux ans après, c'est-à-dire en 864. les envoïez de Salomon se trouvérent le 1. de Juin à l'assemblée generale tenuë par le Roi à Pistes, & lui païérent de la part de leur Prince cinquante livres d'argent pour la redevance à laquelle il s'étoit soumis. En 866. les Bretons se joignirent aux Normans pour aller piller le Maine & l'Anjou, & eurent de grands avantages sur les François. Ils furent attaquez au retour, & contraints de se renfermer dans Brissarte auprès de Châteauneuf en Anjou. Les Comtes Robert & Rannulfe les y attaquérent avec plus d'ardeur que de discretion, & y perdirent la vie. Il seroit à souhaiter, pour la memoire de Salomon, qu'il n'eût point eu de part à cette entreprise de ses sujets, trop condamnable pour être excusée par quelques couleurs que ce soit. Mais il ne paroît que trop, par la guerre que Charles le Chauve entreprit contre lui en 867. qu'on le vouloit du moins rendre responsable de cette faute de ses sujets, s'il n'étoit pas aussi coupable qu'eux.

Cependant il paroissoit occupé d'autre chose que de la guerre. Nominoé son oncle, en se revoltant contre la France, avoit érigé une Metropole en Bretagne, à Dol, au préjudice de l'Evêque de Tours. Cette entreprise avoit donné lieu à un grand different entre les Eglises de Tours & de Dol; mais l'affaire avoit fait peu de bruit pendant le regne d'Erispoé. Elle se rechauffa sous celui de Salomon. Herard Evêque de Tours l'avoit fait avertir, par le Concile de Savonnieres, de l'obéïssance que les Evêques de Bretagne devoient à son Siége; mais Festinien Evêque de Dol insinuoit au contraire à Salomon, que le droit de son Eglise étoit fondé sur une possession très-ancienne. Salomon persuadé que Festinien ne soûtenoit que de legitimes droits, écrivit au Pape Nicolas I. pour le prier d'accorder le *Pallium* à l'Evêque de Dol. La Reine Wenbrit femme de Salomon joignit ses prieres à celles de son mari; & Festinien qui écrivit en même tems au Pape, lui représenta; que ses prédecesseurs avoient joüi de cet honneur; que le Pape Syrus avoit accordé le *Pallium* à Restoualde Evêque de Dol vers l'an 710. & que la même faveur avoit été faite vers l'an 780. par Adrien I. à Junkeneus aussi Evêque de Dol.

Le Pape répondit à Salomon & à la Reine Wenbrit: qu'avant qu'il pût accorder à Festinien ce qu'il demandoit, il falloit qu'il envoïât quelqu'un de son Clergé à Rome avec sa confession de foi par écrit, & qui jurât que c'étoit la foi de son Evêque, & qu'il ne s'en départiroit jamais. Il ne paroît pas que le Pape ait rien écrit de plus à Salomon; mais il s'expliqua plus franchement avec Festinien. Il lui manda que tous les livres & les memoires qu'il avoit consultez, lui avoient appris que l'Eglise de Tours étoit la Metropole de la Bretagne; que les Evêques de Dol devoient reconnoître son autorité & se soumettre à ses jugemens; & qu'il n'avoit point trouvé dans les écrits de Syrus & d'Adrien qu'ils eussent donné le *Pallium* à Restoualde & à Junkeneus; il finissoit, en défendant à l'Evêque de Dol, de se qualifier Metropolitain. L'Eglise de Dol, dans les écrits qu'elle produisit pour le même procez sous Innocent III. prétend que le Pape avertit Herard des prétentions de Festinien, & lui ordonna d'envoïer quelqu'un à Rome, pour y défendre ses droits en présence de ceux que l'Eglise de Dol députeroit de son côté. Il est à croire que Salomon s'imaginant que la seule difficulté qui arrêtoit le Pape, étoit que l'Evêque de Dol n'avoit point envoïé sa profession de foi, pressa Festinien de satisfaire le Pape sur cet article, & que Festinien crut qu'il auroit facilement le *pallium*, après avoir donné sa profession de foi. Mais le Pape voïant que Salomon prenoit le change sur cette affaire, entra dans un plus grand détail avec lui, & pour lui faire voir le veritable nœud de la difficulté, il lui écrivit : qu'il avoit trouvé que Tours étoit la Metropole de Dol ; & que si les Bretons avoient quelque titre qui justifiât le contraire, ils n'avoient qu'à le produire incessamment. Actard Evêque de Nantes, successeur du saint Martyr Gonhard, avoit été chassé de Nantes par Nominoé, qui avoit substitué Gislard à sa place. Erispoé avoit rétabli Actard, & avoit fait de grands biens à l'Eglise de Nantes ; mais pour ne pas détruire tout-à-fait l'ouvrage de son pere, il avoit souffert que Gislard s'établit à Guerrande, & y tint une espece de siége Episcopal. Actard mécontent de l'appui que Gislard avoit trouvé à la Cour des Princes Bretons, embrassa cette occasion pour nuire aux Evêques de la province, & traverser le dessein de Festinien & de Salomon. Il se servit pour cela du credit qu'il avoit auprès du Roi, reveilla l'affaire des Evêques déposez par Nominoé, dont quelques-uns n'avoient pas encore été rétablis, & ne cessa d'exciter l'Evêque de Tours à soutenir vigoureusement ses droits, & le Pape à se hâter de condamner l'entreprise des Bretons. C'est ce qui obligea Salomon d'envoïer des Ambassadeurs au Pape, chargez de présens, & d'une lettre, par laquelle il lui représentoit, que c'étoit à tort que l'Eglise de Tours se plaignoit de la desobéïssance des Bretons ; que les Evêques de la province ne lui devoient point la soumission qu'elle exigeoit, & qu'on le prouveroit quand il seroit necessaire ; que les Evêques déposez avoient tort de se plaindre ; qu'ils ne l'avoient été que suivant la décision du Pape Leon, qui avoit déclaré en plein Concile, qu'un Evêque convaincu de Simonie, devoit être déposé, & que ces Prélats avoient eux-mêmes confessé leur crime en pleine assemblée. Salomon se plaignoit aussi d'Actard, & informoit le Pape, que cet Evêque inquiet & mécontent, réordonnoit ceux qui avoient été ordonnez par Gislard, qui étoit Evêque de Nantes avant lui.

Le Pape écrivit à Salomon une grande lettre que Gratien nous a conservée dans le Decret, dont voici la teneur : « Nicolas « Evêque, serviteur des serviteurs de Dieu, « à Salomon Roi des Bretons. Graces & « benediction à Dieu pere de N. S. J. C. « qui par un effet particulier de sa misericorde, a bien voulu répandre tant de lu- « mieres dans le cœur de vôtre sublimité, « que vû l'éclat de vôtre sagesse, l'Occident « que vous habitez pourroit, à juste titre, « s'appeller maintenant l'Orient. Le soleil « de justice, qui est J. C. même, s'est levé « chez vous, & les tenebres de l'infidélité « se sont dissipées. Nous prions le Dieu tout- « puissant, que comme il vous a fait la gra- « ce de connoître la vraïe foi, il vous accor- « de aussi celle de produire de bonnes œu- « vres. Du reste vôtre prudence sçaura que « nous avons fait chercher avec soin dans « les Archives de la Sainte Eglise Romai- « ne, au service de laquelle la misericorde « du Tout-puissant nous a destinez, tout « ce qui regarde les Evêques déposez & « ceux qu'on a mis à leur place ; & que la « lecture des lettres de mes prédécesseurs « d'heureuse memoire Leon & Benoît m'a « fait connoître que les choses sont autre- « ment qu'on ne vous l'a fait entendre, & « qu'il n'est point vrai que le Pape Leon « ait donné conseil ou pouvoir à Nominoé « de déposer les Evêques. A Nominoé, qui « consultoit le Pape, pour sçavoir ce qu'il « falloit faire à ceux qui vendoient la grace « du S. Esprit, il répondit qu'il ne falloit rien « faire que ce que les saints Canons ordon- « noient la-dessus, & en insera même les re- « glemens dans sa réponse, en marquant com- « ment, par qui, & par combien de juges, « les Evêques devoient être condamnez Il « écrivit en même tems aux Evêques de « Bretagne, & décida nettement que tout « se devoit passer dans un Concile d'Evê- « ques, & ajoûta en propres termes : nous « n'estimons pas que des Evêques puissent « être condamnez autrement, que par douze « Evêques, ou du moins, que l'accusation « n'ait été prouvée par soixante-douze té- « moins irreprochables & purgez par ser- « ment sur les Evangiles, comme le Bien- « heureux Silvestre l'a ordonné, & comme « l'observe la Sainte Eglise Romaine. Mon « prédécesseur de sainte memoire Benoît, « attaché aux mêmes principes, aïant ap- « pris que, contre le décret de son prédé- « cesseur, les Evêques avoient été déposez « en vôtre païs par des Laïques, & non par « des Evêques, en eut beaucoup de dou- « leur, & indigné de cette conduite, il « écrivit, qu'aucune raison ne permettoit « que des Evêques fussent chassez de leurs « Siéges, si douze autres Evêques ne les en «

« chaſſoient. Ce ſont les traces que j'ai ſui-
« vies auſſi, & je ſuis toujours du ſenti-
« ment, que des Evêques ne ſçauroient
« perdre leur dignité, qu'après avoir été
« entendus & examinez par douze Prélats,
« le Metropolitain préſent, qui aura le pre-
« mier ſuffrage. Si l'on objecte, que les
« Evêques dépoſez ont confeſſé quelque cri-
« me, il eſt à croire que la force, & la
« crainte, leur ont extorqué un aveu, qui
« ne doit pas être pris pour une confeſſion
« de quelque crime dont ils fuſſent verita-
« blement coupables. Ils voïoient que les
« Laïques avoient conſpiré contr'eux avec
« le Roi, & ce qu'ils ont avoüé dans cette
« rencontre, n'eſt ſorti que de leur bou-
« che, ſans que leur cœur y ait eu part;
« & l'on ne doit pas regarder comme une
« confeſſion legitime, un aveu qui n'eſt
« point le fruit d'un examen fait ſelon les
« regles. Pour ce qui eſt des Evêques Giſ-
« ſlard & Actard, nous avons trouvé dans
« nos Archives que les choſes ſont autre-
« ment que vous ne nous l'avez écrit. Ve-
« ritablement Actard ne fait pas bien de ré-
« ordonner ceux à qui Giſlard a donné les
« mêmes grades; mais il ſe trouve cepen-
« dant qu'Actard a été fait Evêque avant
« Giſlard. Enfin le ſaint Pape Leon écri-
« vant à Nominoé, parle d'Actard avec
« eſtime, & porte témoignage que ſa vie
« & ſa doctrine ſont ſans reproche. Après
« avoir donc examiné toutes choſes, nous
« ne pouvons nous écarter des regles des
« Ss. Peres & des décrets émanez de nôtre
« Siége. Mais ſi vous voulez recevoir la
« benediction du Tout-puiſſant, & ſuivre
« d'un cœur ſincere ce que nous avons à
« vous ordonner, attachez-vous à mon
« conſeil, & faites attention à ce que je vous
« écris ici. Nous exhortons Vôtre Gloire,
« & avertiſſons Vôtre Charité, avec le ſa-
« ge Roi de même nom que celui que vous
« portez, qui a dit: *écoute, mon fils, les*
« *enſeignemens de ton pere, & n'abandonne*
« *point la loi de ta mere.* Car les préceptes
« de Dieu vôtre pere, & la loi de l'Egliſe
« vôtre mere, veulent que vous ne vous
« oppoſiez point à ce que les Evêques de
« vôtre Roïaume aillent à l'Archevêque
« de Tours, & que vous ne dédaigniez
« pas de demander ſon jugement; car il
« eſt vôtre Metropolitain, & tous les Evê-
« ques de vôtre Roïaume ſont ſes ſuffra-
« gans, comme le montrent évidemment
« les écrits de nos prédeceſſeurs, qui ont
« repris avec vigueur ceux des vôtres qui
« ont ſouſtrait les Evêques Bretons à l'au-
« torité de celui de Tours; à quoi nous
« n'avons pas manqué ci-devant de joindre auſſi-tôt nos lettres. Si en préſence de «
l'Evêque de Tours & d'un nombre ſuffi- «
ſant de ſes collegues, c'eſt-à-dire de dou- «
ze Evêques, les Prélats dépoſez, après «
un examen regulier, ſont trouvez avoir «
été canoniquement chaſſez de leurs Siè- «
ges, ils demeureront privez de leur di- «
gnité, & ceux qui ont été mis à leur «
place pourront joüir de l'honneur de l'E- «
piſcopat; mais ſi les Evêques dépoſez «
ſont trouvez innocens, on leur rendra «
leurs Siéges, après en avoir ôté ceux qui «
les ont occupez. Car mes prédeceſſeurs, «
qui n'ont pas approuvé la dépoſition des «
premiers, n'ont eu garde de tenir pour «
Evêques legitimes ceux qui ont occupé «
leurs Siéges de leur vivant. Si vous ne «
daignez pas envoïer à l'Archevêque de «
Tours, aïez au moins ſoin d'envoïer au «
ſiége de S. Pierre deux des Evêques dé- «
poſez, & deux de ceux qui ont été mis «
en leur place, avec un Ambaſſadeur de «
Vôtre Gloire; & là, après un examen «
ſerieux, on verra qui ſont les Evêques «
legitimes, & on les empêchera de perdre «
leurs Siéges. Voilà tous les partis que l'on «
peut prendre ſur l'affaire dont il eſt que- «
ſtion. Quant à la diſpute ſi animée, que «
je vois qui s'agite, c'eſt à ſçavoir, qui eſt «
le Metropolitain des Bretons; quoiqu'on «
n'ait aucune memoire qu'il y ait jamais eu «
de Metropolitain en vôtre païs; cepen- «
dant, ſi vous le voulez, après que Dieu «
vous aura donné la paix avec nôtre cher «
fils le glorieux Roi Charles, vous pour- «
rez facilement vous inſtruire de la verité. «
Mais ſi vous voulez encore conteſter, «
vous n'aurez qu'à vous adreſſer à nôtre «
Apoſtolat, afin qu'après avoir peſé tou- «
tes choſes, nous éclairciſſions la queſtion «
de la Metropole, & décidions clairement «
quel eſt le ſuperieur que vos Evêques doi- «
vent ſuivre. Il n'eſt pas juſte, que par les «
diſſenſions des Princes, les Egliſes ſouf- «
frent quelque diminution dans leurs droits «
legitimes, elles dont le ſoin le plus cher «
eſt de conſerver la paix avec tout le mon- «
de. Après tout, nous déclarons à Vôtre «
Excellence, que ſi vous obeïſſez à nos «
avertiſſemens paternels, tant au ſujet des «
droits du Metropolitain, qu'au ſujet du «
renouvellement de l'examen des Evêques «
dépoſez, vous aurez dans vôtre Roïau- «
me la paix, la concorde, & le bon or- «
dre; mais ſi vous nous conſultez, ſans «
vous ſoucier de ſuivre nos avis, vôtre «
vie ſera troublée de ſcandales, de diſcor- «
de, & de confuſion. Nous recomman- «
dons à Vôtre Charité les Ambaſſadeurs «
que vous nous avez envoïez; leur pru- «

« dence, & leur fidélité pour vous, méritent nos éloges. Que Dieu tout-puissant rempliſſe de joïe & de benediction « Vôtre Gloire, vôtre illuſtre épouſe, « vos nobles enfans, & tous ceux qui ſont « ſous vôtre empire. »

De tous les Evêques dépoſez par Nominoé, il n'en reſta bientôt plus que deux à rétablir, Salaco Evêque de Dol, & Suſannus Evêque de Vannes. Actard Evêque de Nantes avoit été rétabli par Eriſpoé, mais il ſe plaignoit d'avoir été chaſſé depuis de ſon Siége par les Bretons & par les Normans, il eſtimoit qu'il n'étoit point Evêque, pendant que Giſlard demeuroit à Guerrande, & il pouſſoit l'affaire de la Metropole avec plus de chaleur qu'Herard même, ce qui ne donnoit pas beaucoup de lieu à Salomon d'être content de cet eſprit inquiet. De tous les partis que le Pape avoit propoſez à Salomon, l'état préſent de ſes affaires ne lui permettoit d'en ſuivre aucun ; mais ſon équité ne lui permit pas cependant de laiſſer plus long-tems les Evêques dépoſez ſolliciter inutilement leur retour. Felix Evêque de Quimper, & Liberalis Evêque de Leon furent rétablis par un pur effet de la bonté du Prince, ſans forme de jugement ; & il paroît qu'ils ſe contentérent du réel, ſans s'embarraſſer de la formalité. La faveur où étoit Feſtinien auprès de Salomon & de la Reine Wenbrit, nous fait préſumer que ſon rétabliſſement auroit plus coûté à Salomon, ſi Salaco ancien Evêque de Dol ne ſe fût un moment forte dégradé lui-même, par un eſprit de pieté & de penitence, en ſe faiſant Moine dans l'Abbaïe de Flavigni, après avoir exercé pendant quelque tems les fonctions d'Evêque ſuffragant, pour ſoulager Jonas Evêque d'Autun. Enfin Dieu même en avoit diſpoſé, en l'appellant à lui en 864. comme nous l'apprenons de la Chronique de Verdun. Il ne reſtoit donc plus à rétablir, que Suſannus, & l'on ignore quelles raiſons empêchoient Salomon de lui faire la même faveur qu'à Liberalis & à Felix ; peutêtre Suſannus vouloit-il un rétabliſſement Canonique ; & Salomon ne ſe trouvoit pas encore diſpoſé à s'engager dans ces procedures, qui ne pouvoient ſe faire, ſans juger en même tems la queſtion de la Metropole. On vient de voir que le Pape avoit propoſé une alternative à Salomon, & il étoit juſte qu'on lui donnât le tems d'opter. Actard & Herard n'eurent pas la patience d'attendre qu'il ſe fût déterminé ; ils s'adreſſérent au Concile qui fut aſſemblé à Soiſſons le 18. d'Aouſt de l'an 866. & le Concile écrivit au Pape une lettre contre Salomon & les Bretons, dont Actard fut le porteur. Les expreſſions de la lettre ſont outrées en bien des endroits, & peu dignes de la gravité du Concile. Elle porte en ſubſtance : « que quoiqu'ils ne fuſſent « déja que trop informez du ſchiſme cauſé « dans la province de Tours par la dureté « des Bretons, cependant Herard & Actard « leur avoient repréſenté la même choſe dans « le Concile avec beaucoup de vehemence ; « qu'il y avoit vingt ans & plus, que les Bretons animez d'un eſprit de tyrannie, n'aſſiſtoient point aux Conciles provinciaux « avec leur Metropolitain, qu'ils n'avoient « aucune relation avec lui, & lui refuſoient l'obéïſſance ; qu'ils refuſoient d'aſſiſter aux Conciles nationnaux, même « convoquez par l'autorité du Saint Siége ; « qu'il arrivoit de-là qu'il n'y avoit parmi « eux aucun culte de religion, nulle vigueur « de diſcipline ; que, barbares qu'ils étoient, « & enflez d'une fierté ridicule, ils n'avoient aucun reſpect pour les loix ſacrées, « aucune déférence pour les regles établies « par les Saints Peres, & n'agiſſoient qu'au « gré de leur folie & de leur malignité ; « qu'ils ont été avertis pluſieurs fois de leur « devoir par le S. Siége, mais que comme « ils ne ſont Chrétiens que de nom, ils ont « refuſé de ſe ſoumettre ; que de-là vient, « que de tout l'Evêché de Nantes ils n'ont « laiſſé que la ville ſeule à leur frere Actard ; « qu'ils ont déſolé les Egliſes de Tours, « d'Angers & du Mans ; que toute l'Egliſe « de Neuſtrie a été en proïe à leur cruelle « fureur ; que l'Egliſe Romaine a ſouvent « été importunée de l'entrepriſe inſolente « & temeraire, par laquelle les Evêques de « Bretagne ont été chaſſez ſans examen Synodal, dont il y en a deux encore en vie, « Salacon Evêque de Dol, à qui on a donné deux ſucceſſeurs, & Suſannus Evêque « de Vannes, tous deux encore exilez. » Il eſt ſurprenant que les Evêques de ce Concile ignoraſſent la mort de Salacon arrivée près de deux ans auparavant ; & s'ils ne l'ignoroient pas, il eſt encore plus ſurprenant qu'ils aïent avancé une fauſſeté pareille. Mais on diroit que tout leur paroît bon, pourvû qu'il puiſſe ſervir à rendre les Bretons odieux ; & dans cette vûë ils confondent les Normans avec les Bretons, pour pouvoir mettre ſur le compte de ceux-ci tous les ravages qu'ont fait les autres en Neuſtrie & en Touraine. Ils continuent, & ſe plaignent, « que le Duc Breton a rétabli, cette même année 866. deux de ces « Evêques dépoſez, moins pour obéïr à Sa « Sainteté, que parce qu'ils étoient de ſa « nation & parloient même langage que « lui

SAINT SALOMON.

« lui ; qu'il les a rétablis fans autorité de « Synode, fans forme de reconciliation ca-« nonique, par le feul mouvement d'une « autorité barbare qui ne connoît aucunes « regles. Ils fupplient le Pape d'avertir ce « Prince d'obéir au Roi, de fe foumettre « à fa puiffance, & de lui païer les cens « annuels ; & que s'il refufe d'obéir aux or-« dres du S. Siége, on lui faffe connoître « qu'il fera frappé du glaive de l'Apoftolat. « Ils finiffent, en recommandant Actard au « Pape. » Actard differa fon voïage de Rome jufqu'à l'année fuivante, & affifta au Concile de Troïes en 867. Les Peres de ce Concile le chargérent encore de leur lettre Synodale, qu'Actard donna au Roi. Le Roi en rompit les fceaux, l'ouvrit, & la lut. il la referma enfuite, & en écrivit une en fon nom au Pape, à la fin de laquelle il fe trouve une claufe d'un ftile different du refte, & qui paroît dictée par l'Evêque de Nantes. On y fait dire au Roi : « qu'A-« ctard autrefois Evêque de Nantes avoit « fouffert l'exil, & porté les fers ; qu'il « avoit été expofé aux plus grands dangers « fur mer & fur terre, à caufe du voifina-« ge des Normans & des Bretons ; que la « ville de Nantes, riche autrefois, étoit « réduite en cendres depuis dix ans ; que « n'efperant plus que l'Eglife de Nantes pût « fe relever d'un état fi déplorable, il fup-« plioit le Pape de permettre qu'Actard fût « inftalé dans la premiere Eglife qui vien-« droit à vaquer ; enfin que le deffein d'A-« ctard étoit de refter quelque tems à Ro-« me, pour répondre aux Bretons, & in-« ftruire à fonds le S. Siége des maux qu'ils « avoient faits aux Eglifes voifines. » Quand Actard fut arrivé à Rome, il trouva le Pape Nicolas I. mort, & Adrien II. en fa place. Il lui préfenta les lettres du Concile de Soiffons, & du Concile de Troïes, & celles du Roi. Dans la réponfe que le Pape fit aux Peres du Concile de Troïes, il ne parla point d'Actard ; mais répondant au Concile de Soiffons, il dit qu'il a donné le *Pallium* à cet Evêque, & leur recommande de l'établir dans le premier fiége qui vaquera, fût-ce une Metropole, s'il eft vrai que la ville de Nantes foit entierement ruïnée, & ne ferve plus de retraite qu'aux Infidéles qui ravagent les bords de la Loire. Le Pape écrivit les mêmes chofes au Roi, & recommanda Actard aux Archevêques de Reims & de Tours. Il mandoit à celui-ci, qu'il avoit écrit à Salomon & aux Bretons, pour les interêts de fon Eglife, & qu'il en foûtiendroit toûjours les droits. Hincmar Evêque de Laon nous a confervé un fragment de cette lettre du Pape à Salomon, qui ne nous fait connoître que les plaintes que l'on avoit portées au Saint Siége contre les Bretons ; c'eft à fçavoir : « que les Prélats des villes voifines « fe plaignoient amérement qu'on avoit mis « à leur place des Prélats Bretons, ou plû-« tôt des ufurpateurs Sacrileges, au lieu de « Prélats ; que les Evêques du païs n'avoient « pas la liberté de porter leurs differens « aux Conciles, mais étoient contraints de « s'adreffer aux tribunaux des laïques, con-« tre les Saints Canons & les loix facrées de « l'Eglife ; qu'à leur décez on pilloit tout ce « qu'ils avoient laiffé de bien ; que les Evê-« ques étoient jugez par des Lecteurs & « des-laïques, &c. »

Les chofes en demeurérent-là pour lors, parce que le Roi fe reconcilia avec Salomon, après lui avoir dénoncé la guerre & convoqué une affemblée generale à Chartres pour le premier jour d'Aouft, dans le deffein d'aller fondre fur la Bretagne avec toutes les forces du Roïaume. Il y eut de part & d'autre beaucoup d'entremetteurs en mouvement, qui avancérent des propofitions de paix. Le fruit de leur negociation fut, que Charles donna des ôtages, & que Pafcuiten gendre de Salomon & celui par les confeils duquel il fe gouvernoit dans les affaires les plus importantes, alla trouver le Roi à Compiegne vers le 1. d'Aouft. Auffi-tôt le Roi contremanda fes troupes, & remit le rendez-vous de Chartres au 25. du même mois, s'il en étoit befoin. Mais cette convocation devint inutile, par le traité qui fut fait à Compiegne, par lequel le Roi donna à Salomon le Comté de Coutances avec tous les fiefs, maifons Roïales, Abbaïes, & autres dépendances de ce Comté, tant dans le Cotentin, que dans le païs d'Avranches, excepté l'Evêché, c'eft à dire le droit d'y nommer ; & cela fut confirmé par le ferment des Seigneurs de la Cour ; d'un autre côté Pafcuiten fit, au nom de Salomon, ferment de fidélité, de garder la paix, d'affifter le Roi contre tous fes ennemis. A fes conditions Salomon & fon fils, outre ce qu'ils avoient déja, devoient encore avoir ce nouveau don, & demeurer fidéles à Charles & à fes fils. Nous apprenons des actes de S. Laumer, que Salomon fut mis en poffeffion, non-feulement du Cotentin, mais encore d'une partie du territoire d'Avranches, puifque nous y lifons qu'il donna Patticli, qui eft dans le païs d'Avranches, en fief, à un Seigneur du même canton, nommé Gurham.

Les ennemis du Roi les plus dangereux, contre qui Salomon avoit promis de l'affifter, étoient les Normans qui occupoient

Ann. Bertin.

Act. Bened. fac. IV. parte fecunda.

25. JUIN.

Nantes, & remontant souvent la Loire, penetroient jusqu'au centre du Roïaume, & portoient la désolation par tout. Ils venoient de faire une course vers la Vilaine, & avoient ruïné l'Abbaïe de Redon. Salomon n'étoit pas moins interessé, que Charles le Chauve, à chasser les Barbares, qui ne ravageoient le Roïaume qu'après avoir exercé leurs fureurs sur la Bretagne. Le Roi avoit dessein de venir lui-même, à la tête de son armée, contre les Normans de la Loire ; mais Salomon envoïant à l'assemblée de Pistes en 868. fit dire au Roi qu'il n'étoit pas besoin qu'il vint lui-même. Il fit représenter qu'il étoit prêt d'attaquer les Barbares avec les forces de la Bretagne ; & qu'il suffiroit que le Roi lui envoïât quelque renfort. Le Roi, content des offres de Salomon, ordonna à Carloman son fils, Diacre & Abbé, de conduire les troupes que Salomon demandoit, & pendant que le Prince se disposoit à marcher, le Roi envoïa devant, Engelran Camerier & Maître des Huissiers, Conseiller & Secretaire, porter à Salomon une couronne d'or enrichie de pierreries, avec tous les ornemens de la dignité Roïale. Carloman, arrivé en Bretagne, ne fit que ravager le païs, sans attaquer les Normans, & Charles fut obligé de le rappeller. Salomon demeuré seul, après avoir été long-tems campé devant les Normans, même pendant l'hiver, acheta enfin la paix d'eux, & fit ses vandanges en Anjou avec assez de tranquillité. Pendant que l'on étoit dans le camp, au milieu de l'hiver, quelques-uns s'entretenoient un jour de la hardiesse & de la force des Normans. Gurvand, l'un des principaux Seigneurs Bretons, présumant excessivement de ses forces, se vanta hautement, que quand le Roi Salomon se retireroit, il oseroit bien demeurer trois jours au même lieu, avec ses gens seulement. Le camp des Bretons n'étoit éloigné de la flotte des Normans que de huit milles, & le discours de Gurvand fut rapporté à Hastingue chef des Barbares. Peu de tems après Salomon acheta la paix des Normans, comme on vient de le dire, & aïant pris des ôtages, se disposoit à lever le camp, lorsque l'Ambassadeur de Hastingue lui dit : « mon Seigneur « a été informé que tu as ici un homme « assez grand, pour se vanter, que quand « tu te retireras, il demeurera seul sur le « lieu, avec ses gens. S'il est donc si grand « qu'il le pense, qu'il demeure hardiment, « parce que Monseigneur veut le voir, & « faire connoissance avec un homme si « hardi. » Salomon demanda à Gurvand, s'il étoit vrai qu'il eût tenu un pareil discours. Gurvand répondit, qu'il l'avoit dit, & qu'il le feroit ; & demanda la permission de rester. Salomon lui remontra vainement, qu'il ne falloit point pousser la folie trop legerement échapée, jusqu'à vouloir, pour la soûtenir, mettre sa vie & celle des siens en danger. Gurvand persista à demander la permission de rester, & protesta que si le Prince la lui refusoit, il renonceroit pour jamais à la fidélité qu'il lui devoit. Salomon ne le pouvant dissuader, voulut au moins lui laisser quelques troupes. Gurvand les refusa fierement, & dit que sa parole l'engageoit à n'avoir avec lui que ses gens seulement, & qu'il n'étoit pas homme à y manquer. Salomon le voïant si obstiné à sa perte, se retira, & Gurvand demeura hardiment avec deux cens hommes sur le lieu, non-seulement trois jours, comme il l'avoit promis, mais jusqu'à cinq. La sixiéme nuit, un captif mis en liberté par Hastingue, vint dire de sa part à Gurvand, que s'il vouloit se trouver à un certain gué, la seconde & la troisiéme heure du jour suivant, ils se parleroient. Gurvand déja quitte de sa parole, & au-delà, voulut bien, pour soûtenir l'honneur de la nation, pousser jusqu'au gué ; il prit ses armes, & fit armer ses compagnons, & se trouva courageusement au rendez-vous. Il fit plus ; il passa le gué, & attendit les Normans en bonne posture, jusqu'à midi. Les Barbares, étonnez d'une intrepidité dont ils avoient vû peu d'exemples, n'osérent l'attaquer ; ils apprirent à le craindre, & ils éprouvérent depuis, que s'il avoit de la temerité dans les discours, il n'en avoit ni moins de forces, ni moins de valeur dans le combat. Gurvand s'en retourna avec peu d'estime pour les Normans, & il seroit à souhaiter, pour ne point ternir sa gloire, que nous n'eussions plus d'occasion de parler de lui.

On a vû, dans la vie de S. Convoion, que ce saint Abbé, après que les Normans eurent enfin ruïné son monastere, alla trouver Salomon, pour lui demander un lieu de refuge pour lui & ses Religieux, & que Salomon destina à cet effet son Palais de Ple-lan, où il commença de bâtir un Monastere dédié au Sauveur, comme l'avoit été celui de Redon. Après la mort du saint Abbé, Ritcand son successeur vint à Plelan, le 17. d'Avril de l'an 869. supplier Salomon de lui continuer la même faveur, & de consommer l'ouvrage qu'il avoit si genereusement commencé. En effet Salomon avoit usé de toute la diligence possible pour rendre ce nouveau monastere digne de porter son nom ; il y avoit fait enterrer la Reine Guenwret, ou Wembrit,

Ann. Bertin.

Regino. ad ann. 874.

SAINT SALOMON.

decedée depuis peu ; & lui-même y avoit choisi sa sepulture, de l'avis du Clergé & de la noblesse de son païs. Il y avoit fait placer le corps de S. Maixent, apporté-là de Poitou, & y avoit fait des présens considerables, comme un calice d'or d'un ouvrage merveilleux, pesant dix livres & un sou, enrichi de 313. pierres précieuses ; la patene de même métail, du poids de sept livres & demie, ornée de 145. pierres précieuses ; un texte des Evangiles à couvercle d'or, ciselé, pesant huit livres & enrichi de six vingt pierres de prix ; une grande croix d'or, du poids de 23. livres, avec des pierreries au nombre de 370. un coffre d'ivoire plein de Reliques des Saints ; une chasuble de tissu d'or, que lui avoit envoïée son compere Charles Roi de France ; un grand tapis pour couvrir le corps de saint Maixent ; l'Evangile de S. Maixent garni d'or & d'ivoire ; un livre des Sacremens couvert d'ivoire, qui avoit été à l'usage du même Saint ; un autre livre enrichi d'or & d'argent, dehors & dedans, qui contenoit la vie de S. Maixent en prose & en vers, avec celle de S. Leger Martyr ; un Autel orné d'or & d'argent ; une croix d'argent, avec le crucifix d'or, une autre petite croix couverte d'or & de pierreries ; des ornemens sacerdotaux de pourpre fine ; & trois grosses cloches. Salomon donna ce nouveau monastere, avec toutes ces richesses, à Ritcand & à ses Religieux, confirma toutes les donations & tous les privileges de l'Abbaïe de Redon, & ordonna que toutes demandes & actions qui n'auroient point été proposées du tems de Convoion, demeurassent assoupies à jamais. Rivaillon & Guegon ses fils assisterent à cette donation, avec Ratuili Evêque d'Aleth, le Comte Pascuiten, l'Abbé Roenvallon, & plusieurs autres personnes distinguées.

Le 29. du mois de Novembre suivant, une Dame de grande qualité, appellée Roiant-dreh, fille de Louvenan, qui descendoit du Roi S. Judicael, aïant perdu son fils Even, & n'aïant plus que des filles, vint trouver Salomon dans le païs de Poupetrecoet, à Bicloen, ou plûtôt Bidoen, que nous croïons être Baignon dans le diocese de S. Malo ; & soit que les grands fiefs qu'elle avoit en trois paroisses ne fussent pas de nature à pouvoir être tenus par des filles, soit pour d'autres raisons que nous ne sçavons pas, elle adopta Salomon pour son fils & pour son heritier, & lui fit adopter pour sœurs les filles qu'elles avoit euës de Combrit son mari, ausquelles elle chargea Salomon de donner ce qu'il lui plairoit de sa succession, quand il auroit toute recueil-

lie. L'action fut illustre & l'assemblée considerable. Il s'y trouva deux Evêques, Ratuili Evêque d'Aleth, nommé en ce lieu, pour la premiere fois, Evêque de S. Malo, peutêtre à cause du lieu, qui s'appelloit & s'appelle encore aujourd'hui, S. Malo de Baignon, & Festinien, ou Festjen Evêque de Dol ; deux Abbez, Morvethen & Maen; & un grand nombre de Seigneurs.

La paix qu'avoit Salomon avec les François & avec les Normans, lui donna lieu d'écouter dans la tranquillité du repos, ce que sa conscience ne lui reprochoit que trop souvent au sujet du meurtre d'Erispoé. L'aumône contribuë veritablement à effacer les pechez, comme l'Ecriture nous l'enseigne, & les richesses qu'il venoit de consacrer à Dieu pouvoient passer pour une grande aumône ; mais il est des crimes qui demandent encore de plus grands & de plus puissans remedes, & le sien étoit du nombre. Il crut qu'il ne pourroit le laver entierement, que par un voïage long & penible, un voïage saint, & fait dans un esprit de componction. Il résolut donc de faire celui de Rome, & il s'y disposa ; mais à la premiere ouverture qu'il en fit aux Seigneurs du païs en 871. tout le monde s'y opposa, à cause des Normans, sur la parole desquels il n'étoit pas de la prudence de compter, pour s'assurer d'une paix durable. Il fut reduit à se contenter d'envoïer l'Evêque Jeremie & l'Archidiacre Felix, au Pape Adrien, auquel il écrivit : « qu'aïant fait vœu d'aller « à Rome par devotion, il avoit tâché d'en « obtenir l'agrément de toute la Bretagne ; « mais qu'on lui avoit représenté qu'il n'é- « toit pas possible qu'il s'absentât, pendant « que les Barbares infestoient de tous côtez « les païs de sa domination ; que n'aïant pû « faire un voïage auquel le portoit la consi- « deration de ses grands pechez & la con- « fiance qu'il avoit en la bonté de Dieu, « il supplioit Sa Sainteté d'accepter les pré- « sens qu'il lui envoïoit, parmi lesquels il « specifie une statuë d'or de sa hauteur, « garnie de pierreries, avec une couronne « d'or. Il représentoit en même tems au Pa- « pe, qu'il avoit bâti depuis peu un mona- « stere qu'il avoit dessein d'enrichir de Re- « liques, & le prioit de lui en envoïer. « Nous ne faisons point ici mention des interpolations qu'un faussaire, Clerc de l'Eglise de Dol, fut depuis convaincu, au Concile de Xaintes, d'avoir fait, tant dans cette lettre de Salomon, que dans la réponse du Pape, au sujet du *Pallium*, que l'on prétend faussement que Salomon demandoit pour Festinien, & que le Pape lui accordoit. On peut voir cette fausseté dé-

25.
JUIN.

montrée dans l'histoire de Bretagne, où nous renvoïons le Lecteur. Le Pape fit réponse à Salomon, & lui marque dans sa lettre, qu'après avoir jeûné & prié pendant sept jours, il s'étoit déterminé de lui envoïer une partie du corps de saint Leon III. de ce nom. C'est un bras, qui se conserve encore avec un très-grand respect dans l'Abbaïe de Redon. Il est à présumer que le Pape exhorta aussi Salomon, par les Ambassadeurs qu'il avoit envoïez à Rome, de satisfaire l'Eglise de Tours ; & il ne manquoit plus que cela à la felicité d'Actard, qui en devint Archevêque, après la mort d'Herard, arrivée cette même année 871. Salomon étoit disposé, par des principes de pieté & de justice, à faire tout ce qu'on demandoit de lui là-dessus ; mais il ne put executer ses bons desseins.

Regino.
Ann. Bertin.

Il y avoit quelque tems que les Normans s'étoient emparez d'Angers, après avoir ravagé tous les environs. Le Roi Charles résolut de les y assieger, en 873. & pour leur donner le change, il fit publier que son armée marcheroit en Bretagne. Salomon prit les armes de son côté, mais ce ne fut pas pour se défendre ; le Roi l'avoit averti de son dessein, & lui avoit mandé de se trouver devant la ville, sur le bord de la Maine, qui baignoit alors les murs d'Angers depuis l'Abbaïe de saint Serge, jusqu'au lieu où est maintenant le château. Salomon, relevé depuis peu d'une grande maladie, se rendit devant Angers avec ses troupes, & prit le poste que le Roi lui avoit marqué. Le Roi campé du côté de l'Anjou, enferma la ville d'une forte palissade. Plusieurs jours se passèrent en attaques inutiles ; les Normans se défendoient avec un courage surprenant ; & les maladies qui commençoient à gagner le camp, faisoient douter au Roi du succès de son entreprise. Les Bretons en executérent une, qui lui donna la victoire. Salomon en fit communiquer le dessein au Roi, par Wigon ou Guegon, un de ses fils, qu'il envoïa au quartier du Roi. On prétend que Wigon y fit serment de fidélité à Charles le Chauve. Il n'étoit pas encore question de cela ; mais quoiqu'il en soit, le Roi ne put qu'approuver le dessein des Bretons, quoique l'execution en parût impossible. Les Bretons, campez dans les prez qui sont entre l'isle de S. Aubin & le pont des Treilles, mirent aussi-tôt la main à l'œuvre, & creusérent tout du long des hauteurs qui sont du côté de la Bretagne, un fossé de près de 500. pas de long, très-large, & si profond, qu'il se trouva plus bas que le lit de la riviere ; en sorte qu'aïant fait couler la Maine dans ce nouveau canal, où elle coule encore aujourd'hui, tout le long du canton que l'on appelle, à cause de cela, *Reculée*, parce qu'on fit *reculer* la riviere ; elle abandonna son ancien canal, & laissa la flotte des Normans à sec. Par le succès de ce travail étonnant des Bretons, les Normans se trouvérent à la merci de Charles, qui pouvoit, & devoit ce semble, vanger le Roïaume de cette occasion, de tous les maux que ces Barbares y avoient faits. Il se contenta de les faire sortir d'Angers, de recevoir des ôtages d'eux, & de prendre leur parole, qu'ils ne pilleroient plus ses Etats. A ces conditions il leur permit de se retirer dans une isle au-dessous de l'embouchure de la Maine, & d'y rester les mois d'Aoust, de Septembre, & d'Octobre, & d'y trafiquer, & promit de retenir ceux qui se voudroient faire Chrétiens. Les Normans ne gardérent de ces conventions, que ce qui leur étoit avantageux, & l'hiver passé, ils firent plus de maux que jamais. Charles le Chauve est accusé par les historiens, de s'être laissé vaincre à une cupidité honteuse, & de s'être contenté d'argent, dans une occasion où sa gloire & la justice demandoient du sang. Salomon seul remporta quelque honneur de ce siége ; Charles le Chauve ne put lui refuser les loüanges qu'il meritoit ; il lui confirma la qualité de Roi, & tous les traitez qu'il avoit faits avec lui. Il lui permit, à lui & à ses successeurs, de porter la couronne d'or & la pourpre, & de faire battre de la monnoie d'or. On ajoûte même qu'il consentit qu'il eût un Archevêque en Bretagne. Et peut-être cela eût-il été executé, si Salomon eût vécu plus long-tems, en trouvant quelque accommodement avec le Metropolitain, comme il ne tint depuis qu'aux Bretons, que cela ne fût, lorsqu'Innocent III. offrit à l'Evêque de Dol deux Suffragans ; mais celui-ci trop difficile à contenter, en voulut davantage, ou du moins avoir les deux à son choix, au lieu de s'en rapporter à celui du Pape, & perdit tout, pour avoir plus donné au caprice qu'à la raison.

Ce fut du tems de Salomon, que le chef de S. Matthieu fut apporté d'Ethiopie en Bretagne par des voïageurs. On le conserve encore aujourd'hui dans l'Abbaïe qui porte le nom de ce saint Apôtre, fondée au-delà de Brest, à l'extrémité occidentale de la province, auprès du Conquet. Le Baud, ancien historien de Bretagne, a rapporté les actes fabuleux de cette translation, écrits par Paulin.

Salomon retomba malade après le siége d'Angers, & ne mena plus qu'une vie si languissante, qu'on manda plusieurs fois sa mort à la Cour de France, pendant qu'il vivoit encore. Pascuiten son gendre paroissoit prendre un sensible interest à sa guérison, & assidu auprès de son lit, il emploïoit toutes sortes de moïens pour persuader à tout le monde qu'il souhaitoit ardemment de voir vivre long-tems son beaupere. Ce fut dans cette vûë, que le 15. de Juin de cette année 873. Pascuiten assistant Salomon qui étoit allité à Lis-Penfau, donna aux Religieux de Redon établis à Ple-lan, des heritages considerables, pour obtenir de Dieu la santé du Prince. Salomon lui-même, pour obtenir la remission de ses pechez, encore plus que la santé corporelle, fonda l'année suivante le Prieuré de Plé-châtel, qu'il donna à l'Abbaïe de Redon transferée à Ple-lan. L'Archidiacre Felix en donna l'investiture en son nom, en posant sur l'Autel de S. Sauveur & de S. Maixent de Ple-lan, un morceau de la terre même du canton que le Prince donnoit à l'Abbaïe. La date de l'acte où ceci est rapporté, nous fait fremir d'horreur, quand nous y lisons, que ce fut la même année que Pascuiten & Gurvand faisoient la guerre à Salomon, qu'ils le poursuivoient, & qu'ils le tuérent. Nous apprenons de la Chronique de Matthieu citée par le Baud, & de quelques autres anciennes Chroniques, qu'un si grand crime fut inspiré à ces deux Comtes (Pascuiten l'étoit de Vannes, & Gurvand de Rennes) par de faux Evêques, allarmez du rétablissement que Salomon se disposoit de faire, des Evêques déposez par Nominoé, pour obéïr au Pape, & achever d'executer ce que l'équité demandoit de lui. Comme de tous les Evêques intrus en Bretagne dans les Siéges des Evêques déposez, il ne restoit plus que Courantgen, qui se portoit pour Evêque de Vannes; le soupçon d'un si grand crime tombe naturellement sur lui. Il aima mieux, pour faire perir son Prince, soulever son propre sang & tous ses sujets contre lui, que de ceder à Susannus une place usurpée. Il y a quelques preuves que Gurvand avoit épousé la fille d'Erispoé, & cela étant, il n'est pas difficile de concevoir ce que le faux Evêque de Vannes pût lui représenter, pour l'engager à vanger la mort de son beaupere; mais pour ce qui est de Pascuiten, le gendre, l'ami, le conseil, & le confident de Salomon, nous ne pouvons concevoir ce qui l'a pû déterminer à se soüiller d'un crime si horrible. Wigon, fils d'un autre Comte Breton nommé Rivelen, & quelques François, furent aussi gagnez par Courantgen.

Salomon ignoroit ce qui se pratiquoit contre lui. L'esprit de penitence l'avoit déterminé à la retraite, & pour se procurer la tranquillité necessaire pour effacer ses pechez par ses larmes, il prit la résolution de ceder la couronne à Wigon son fils (il y a de l'apparence que l'aîné, nommé Rivallon, étoit mort) & pour cet effet il convoqua les principaux de son Roïaume. Il fut surpris de ne voir à l'assemblée, que deux Evêques & deux Comtes; il le fut encore plus, d'apprendre le peril dont sa vie étoit menacée, & que son propre gendre étoit à la tête des conjurez animez & réünis par un Evêque. Il adora la main de Dieu appesantie sur sa tête, & benissant ses jugemens, il se soumit à tout ce qu'ils avoient ordonné de rigoureux. La revolte éclata dans le même tems; les Comtes Pascuiten, Gurvand, & Wigon, assistez des François, poursuivirent Salomon, qui se déroba par la fuite; mais ils prirent son fils Wigon, & le mirent sous sûre garde. Salomon, selon les Annales de Bertin, se retira au païs de Paucher, ou Poher, dans un petit monastere, où il croïoit trouver un azile contre ses sujets revoltez; mais une ancienne Chronique de l'Eglise de Nantes nous fait entendre, que ce fut dans le lieu appellé depuis Mezer-Salaun, qui est dans la paroisse de Ploudiri auprès de Landerneau, du côté de Brest. Le monastere fut assiégé par les rebelles, la nuit de la nativité de S. Jean-Baptiste, & attaqué le lendemain; mais par la permission de Dieu, dit la Legende de saint Salomon, ils ne firent point de mal au saint Roi ce jour-là. Ils envoïérent un Evêque lui parler, c'est-à-dire tâcher de le tromper, & de le tirer d'un azile qu'ils ne pouvoient, ou qu'ils n'osoient violer. Salomon, résolu de tout souffrir, pour couronner sa penitence, sortit, après avoir reçu le Sacrement de nôtre redemption. Il fut livré à Fulcoalde & aux autres François, qui lui firent crever les yeux par son propre filleul, & le saint Roi fut trouvé mort le lendemain. On ne parle plus de son fils Wigon, & il est à croire que les meurtriers du pere couronnérent leur crime en ôtant aussi la vie au fils. Ainsi mourut, pour avoir voulu obéïr à l'Eglise, en rétablissant les Evêques injustement déposez, le Roi Salomon, que les Bretons & quelques autres provinces honorent comme martyr. Son corps fut porté dans le monastere de Ple-lan, & le lieu où il fut tué fut appellé: *le Martyre de Salomon*, Merzer-Salaun. Sa Legende ancienne fait foi, qu'après sa mort, des hommes de sainte vie aïant vû une grande

25.
JUIN.

clarté au même lieu, l'un d'entr'eux y bâtit une Eglise en l'honneur du faint Roi, & qu'il en fut encore bâti une seconde sous la même invocation, par un autre homme de pieté. Il y a une paroisse dans les fauxbourgs de Vannes, dont l'Eglise est dédiée à S. Salomon Martyr. Il y en a une autre, belle & magnifique à Petiviers, à dix lieuës d'Orleans, dans le Gâtinois, dédiée au même saint Salomon Martyr Roi de Bretagne. Sa memoire est celebrée, comme d'un Martyr, dans les dioceses de Nantes, de Vannes, & de Dol, & marquée dans les anciens Breviaires des deux premieres Eglises, au 25. de Juin, mais le 8. de Février dans celui de l'Eglise de Dol. Le P. Albert le Grand prétend que S. Salomon fut canonisé l'an 910. par le Pape Anastase III. & que l'Abbaïe de Painpont porte le nom de saint Salomon. L'Abbaïe de Painpont ne porte aujourd'hui que le nom de N. D. & portoit autrefois celui de saint Judicael. Le même auteur prétend aussi, que pendant les ravages des Normans au Xe. siécle, le corps de saint Salomon fut transporté à Petiviers, ce qui n'est pas hors d'apparence. Le P. Philippe Ferrarius, dans son catalogue des Saints, marque la fête de saint Salomon Martyr, au 8. de Février ; & dans les notes, il dit que ce Prince fut tué par les Normans, pour la foi de J. C. ce qui ne se trouve pas conforme à la verité. Nous verrons ailleurs, que Charles de Blois Duc de Bretagne dans le XIVe. siécle, fit bâtir une Chapelle à l'honneur de saint Salomon Roi & Martyr, dans l'Eglise Cathedrale de Rennes.

1.
JUILLET.

SAINT GOULVEN,
Evêque & Confesseur.

X. SIECLE.

Tiré de ses Actes manuscrits.

GLAUDAN pere de Goulven quitta la Grande-Bretagne où il étoit né, passa la mer avec sa femme Gologuen qui étoit enceinte, & vint aborder à la côte de Leon. Il erroit dans la paroisse de Plouider, sans avoir de retraite assurée, & aux approches de la nuit il s'arrêta dans un lieu appellé Brengorut, vers le palus de Plounieur-istret. Il demanda le couvert à un païsan, qui le lui refusa. Gologuen se délivra d'un fils dans ces entrefaites, au lieu nommé Odena. Il n'y avoit ni fontaine, ni ruisseau, & l'eau étoit si loin, qu'après avoir eu beaucoup de peine à l'aller querir, on la conservoit cherement. Glaudan en

alla demander à celui qui lui avoit refusé le couvert. On lui dit que l'eau étoit trop rare pour la prodiguer ; mais pour ne lui pas refuser inhumainement toute sorte de secours, on lui donna un baril pour en aller puiser, & on lui montra le chemin de la fontaine. Ce fut inutilement qu'il voulut prendre la peine d'y aller ; il passa la plus grande partie du jour à marcher, & au lieu de trouver la fontaine qu'il cherchoit, il se trouva auprès de sa femme, au même lieu d'où il étoit parti. Il s'adressa à Dieu dans cette extremité, & se resignant aux ordres de sa providence pour ce qui le regardoit, il le supplia du moins, de ne pas laisser perir sans baptême l'enfant qui venoit de naître. Aussi-tôt, dit l'auteur des actes de saint Goulven, il sortit de terre, à quelques pas du lieu où Gologuen étoit accouchée, une source d'eau claire, qui produisit incontinent un ruisseau. Cette fontaine s'appella depuis, la fontaine saint Goulven ; & comme il s'y faisoit beaucoup de miracles, le respect empêcha d'en boire, si ce n'étoit par devotion, & pour être guéri des maladies dont on étoit affligé ; mais on creusa à côté, & l'on trouva une autre source, dont on se servit pour boire & pour les autres usages de la vie.

La production de cette nouvelle fontaine attira beaucoup de monde sur le lieu, & entr'autres un homme riche & craignant Dieu, appellé Godien, dont la maison fut depuis appellée Ker-Godien. Il voulut prendre soin, non-seulement de l'enfant qui venoit de naître, mais encore du pere & de la mere, à qui il donna de quoi subsister honnêtement. Il leva des fonts le petit Goulven, & fut son pere spirituel ; & comme il étoit sans enfans, il adopta celui-ci, dans le dessein de le faire son heritier. Il ne negligea rien pour son éducation, & sur tout il le fit s'appliquer à l'étude des lettres, où l'enfant réüssit avec succès. Son pere & sa mere moururent, & Goulven aïant déja renoncé au monde en son cœur, fit de si grands progrès dans la perfection, que tous les malades des environs, persuadez de son credit auprès de Dieu, accouroient à lui de toutes parts pour être soulagez dans leurs maux. Goulven avoit encore plus de soin de leurs ames, que de leurs corps ; il instruisoit en même tems qu'il guérissoit ; & sa parole secondée de la grace de Dieu, portoit la vie & la santé dans les cœurs, à mesure que l'imposition de ses mains chassoit les maladies corporelles.

Les éloges que lui attiroient la reconnoissance & l'admiration, allarmérent sa modestie ; il eut peur de devenir enfin sensible à la vaine gloire; & pour en éviter l'occasion, il résolut de se retirer dans un desert. En vain Godien lui montra-t-il, pour le retenir, un testament par lequel il lui laissoit tous ses biens; Goulven sacrifia tout, & s'alla cacher dans des bois & des halliers qui bordoient les marais des côtes voisines. Il y bâtit un oratoire, autrement *Peni-ti*, c'est-à-dire, *maison de penitence*; & enfermé dans ce lieu, il s'y appliqua nuit & jour à la contemplation & aux loüanges de Dieu. Il s'étoit accoûtumé depuis l'enfance, à ne manger qu'une fois le jour. Il ne prenoit que du pain & de l'eau, & très-peu d'autres vivres. Il ne sortoit de son *Peni-ti* qu'une fois le jour, pour aller faire une procession d'environ trois stades (trois ou quatre cens pas) dans le bois. Il y avoit planté trois croix, & il s'arrêtoit quelque tems au pied de chacune à faire sa priere, & c'est ce qu'on a depuis appellé *les stations de S. Goulven*.

Il étoit un jour à l'une de ces stations, lorsque le Comte Even surnommé le Grand, qui avoit son Palais, nommé depuis à cause de lui, *la Cour d'Even*, ou *Les n-Even*, à quatre milles de l'Ermitage du Saint, vint l'y trouver, pour se recommander à ses prieres dans une rencontre, où sans le secours du ciel, il n'esperoit pas un heureux succès. Les pirates Normans & Danois, encore idolâtres, qui ravageoient depuis long-tems la France & la Bretagne, venoient de faire une descente dans le païs de Leon, & y avoient fait un butin considerable. Le Comte Even avoit rassemblé quelques troupes, & étoit prêt à fondre sur les Barbares. C'est ce qu'apprit à S. Goulven, en lui demandant le secours de ses puissantes prieres. Goulven lui dit « la paix « soit avec vous; allez en sûreté; vous me « retrouverez en ce même lieu. » Ce peu de paroles donna au Comte une pleine assurance de la victoire. Il attaqua les pirates, les battit, en fit perir un grand nombre, tant dans le combat, que dans la poursuite, fit disparoître le reste, & retira tout le butin. Retourné à Les-n-Even, après la victoire, quand tout le monde eut lavé & se fut mis à table, le Comte se ressouvenant du saint homme, quitta la compagnie, sans goûter à rien, monta à cheval, & courut à l'Ermitage. Il trouva saint Goulven au même lieu, qui n'avoit cessé, depuis le jour précedent, de demeurer-là en prieres, la face & le corps contre terre, & les bras étendus en croix. Le Comte descendit de cheval, prit le saint homme par la main, & le fit se relever, en disant: « levez-vous, « homme de Dieu, les païens sont vaincus; c'est vous qui les avez défaits; demandez-moi ce que vous voudrez, & je vous le donnerai. » Goulven, bien-loin de prêter quelque complaisance à cet éloge flatteur, fit un grand scrupule au Comte, de ce qu'il osoit attribuer à un homme une victoire qu'il ne pouvoit tenir que de Dieu. Quant aux offres que lui faisoit le Comte, le Saint lui dit, qu'il n'avoit besoin de rien; mais que s'il vouloit donner quelque chose à Dieu, il l'invitoit à bâtir une Eglise avec un monastere, auprès de son Peni-ti, où l'on établiroit des Religieux qui prieroient continuellement Dieu pour lui & pour tout le peuple Chrétien. Le Comte promit de le faire, & de donner pour la subsistance des Religieux autant de terre couverte de bois; que le Saint en souhaiteroit marquer. S. Goulven en désigna un espace raisonnable, qui fut défriché & appellé l'azile, où le *Minihi* de S. Goulven, qui est à présent un des endroits les plus fertiles de tout le païs de Leon. Il y assigna une possession à un homme appellé Maden, qui s'étoit attaché à le servir, & sur qui le Saint, uniquement occupé de la priere & de la contemplation, se reposoit du soin de lui préparer le peu de nourriture qu'il prenoit; & ce lieu s'est depuis appellé Ker-maden.

L'auteur des actes de saint Goulven, qui quoique peu instruit de la Chronologie, semble néanmoins rapporter scrupuleusement ce qu'il a appris sans y oser rien ajoûter, dit que dans la paroisse de Plouneour-Istret il y avoit un riche laboureur appellé Joncor, qui venoit souvent voir S. Goulven, & l'écoutoit avec docilité. S. Goulven dit un jour à Maden d'aller trouver Joncor, & après l'avoir salué de sa part, de lui dire de lui envoïer de ce qu'il auroit le plus à la main, dans le moment que le message lui seroit fait. Maden alla trouver Joncor, qui labouroit actuellement, & s'acquita de sa commission. Le laboureur, pour ne pas desobéïr au Saint, prit de la terre qui étoit sous le soc de sa charruë, & en mit trois poignées dans le sein de Maden, qui l'emporta à l'Ermitage. L'auteur des actes ajoûte, & l'on s'en rapportera à lui, si l'on veut, que cette terre changea de nature, & augmenta si considerablement de poids, que Maden surpris, autant que fatigué, d'une charge qui commençoit à surpasser ses forces, eut la curiosité de regarder ce qu'il portoit, quoique le Saint le lui eût défendu; qu'il trouva que cette terre étoit devenuë de l'or, & qu'il y avoit une si grande quantité, que saint Goulven en fit trois croix, un calice, & trois cloches carrées si grandes & si pesantes, qu'on

1. JUILLET. avoit de la peine à en porter une, & la sonner, avec une seule main. L'auteur ajoûte encore, que S. Goulven porta toûjours depuis sur sa poitrine une de ces croix, laquelle, avec une des cloches, fut longtems dans l'Eglise de saint Goulven ; que la cloche fut perduë, mais que la croix y étoit encore du tems de l'auteur ; & que ceux qui faisoient de faux sermens dessus, étoient punis d'une maniere terrible ; la seconde des cloches, selon le même auteur, étoit à Les-n-Even, & la troisiéme à Rennes avec les Reliques du Saint.

Le même auteur fait le conte d'un homme que l'Evêque de Leon, après l'avoir entendu en confession, envoïa à S. Goulven, pour recevoir de lui la penitence qu'il meritoit. La faute de cet homme étoit, après avoir fait vœu, avec un de ses voisins, d'aller à Rome en pelerinage dans un certain tems, d'avoir engagé son voisin à différer contre son gré ; & pendant le délai, le voisin étoit mort. S. Goulven ordonna au penitent, dit cet auteur, d'aller à Rome, & d'y porter le corps de son voisin cousu dans un cuir ; ce qu'il executa ; mais il fut soulagé, par le merite de son obeïssance, ou plûtôt de celui à qui il la rendoit ; le poids devint si leger, qu'il ne s'apperçut presque pas qu'il fut chargé de quelque chose.

S. Goulven alla lui-même à Rome, pour fuïr la dignité Episcopale que le Clergé & le peuple de Leon le vouloient contraindre d'accepter. On ne voulut pas l'empêcher d'y aller, quand il eut déclaré qu'il y étoit obligé par vœu ; mais on y envoïa au Pape le decret de son élection, avec l'éloge de sa vie Angelique. Le Pape donna avec joïe l'onction sacrée à un sujet d'un si grand merite, & le renvoïa en Bretagne pour gouverner l'Evêché de Leon.

Après quelques années d'Episcopat, S. Goulven fut obligé de faire le voïage de Rennes, pour quelques affaires Ecclesiastiques. Il y fut attaqué de la fiévre ; & sentant ses forces affoiblies, il avertit Maden son fidéle ministre du jour & de l'heure de sa mort, & lui donna la croix d'or qu'il portoit, avec ordre de la mettre dans l'Eglise qui avoit été bâtie auprès de son Peniti. Il mourut en effet le jour qu'il l'avoit marqué, c'est-à-dire le 1. de Juillet, & les Religieux de saint Melaine enterrérent son corps dans leur Eglise, où Dieu a fait de grands miracles par son intercession. Dans la suite son corps fut levé de terre, & quelques personnes du païs de Leon obtinrent une jointure d'un de ses doigts qu'ils déposérent dans l'Eglise de S. Goulven. Le

1. JUILLET. reste, selon le P. Albert le Grand, fut mis, partie dans l'Eglise cathedrale de Rennes, partie dans celle de S. Melaine, & une autre partie dans l'Eglise paroissiale de Goulven en Cornoüaille. Outre l'Eglise bâtie auprès du Peni-ti, qui a depuis porté le nom de S. Goulven, les fidéles bâtirent une Chapelle en son honneur à Odena où il est né. Les actes que nous avons suivis, & qui avoient autrefois été recueillis par le P. du Paz, mettent la mort de saint Goulven, l'an 600. Le P. Albert le Grand met sa naissance en l'an 540. Tout cela est détruit par la mention qui est faite dans sa vie, du Comte Even le Grand, des Normans, & du monastere de saint Melaine. Le monastere de S. Melaine n'étoit pas encore bâti en 540. Les Normans n'ont commencé à ravager la Bretagne, que dans le IX. siécle ; & le Comte Even n'a vécu que dans le X. selon le cartulaire de l'Abbaïe de Landevenec. C'est ce qui nous a déterminez à placer S. Goulven dans le Xe. siécle. L'ancien Breviaire de Leon met sa fête, à neuf leçons, le 1. de Juillet, aussi bien que celui de Dol de l'an 1519. qui ne fait que simple commemoraison de ce saint Evêque. On en fait aussi l'office dans l'Abbaïe de S. Melaine.

SAINT FELIX,
Abbé.

XI. SIECLE.

SAINT Felix nâquit vers la fin du X. siécle, de parens très-riches, dans l'Evêché de Cornoüaille. Il fut penetré de bonne heure de cette grande verité de l'Evangile qui a fait tant de Saints, qu'il est difficile que les riches entrent dans le Roïaume des cieux. Il se dépoüilla donc genereusement de ces biens funestes, & aspirant à la perfection de la vie spirituelle, il se retira dans l'isle d'Ouessant, a où l'on voïoit encore des vestiges de l'ancienne demeure de S. Paul premier Evêque de Leon. Il y vécut pendant quelques années, separé du reste des hommes, pour ne s'occuper que de Dieu seul. Il eut le bonheur d'y gagner à Dieu une ame qui se précipitoit dans le désordre ; c'étoit un jeune homme, appellé Guiltan, débauché par les pirates, & qui couroit les mers avec eux. Dieu se servit de Felix pour toucher le cœur de ce jeune brigand, qui renonçant à la cruelle profession où l'avoient engagé le mauvais exemple & la cupidité, se rangea sous la discipline de Felix, dont il apprit à veiller sans cesse, à

prier

SAINT FELIX.

prier continuellement, à pratiquer une abstinence sévére dans le boire & dans le manger. L'aspect des lieux que S. Paul Evêque de Leon avoit autrefois sanctifiez par sa penitence, fit naître, ou du moins fortifia dans l'esprit & dans le cœur de Felix, l'estime & la devotion pour ce saint Prélat; & il n'eut pas plûtôt appris que ses saintes Reliques avoient été portées à l'Abbaïe de Fleuri pendant les ravages des Normans, qu'il résolut d'aller fixer sa demeure auprès de ces précieux restes, & par une conduite nouvelle, apprendre & pratiquer les élemens de la vie Cenobitique, sous la regle de S. Benoît, après avoir pratiqué si parfaitement les exercices de la vie Eremitique.

Il s'embarqua, dans ce dessein avec quelques compagnons, sur un petit vaisseau, qui fut renversé par les vagues, dans le trajet. Dieu protegea si particulièrement cette compagnie, qu'il n'en perit aucun; & Felix regarda comme un effet singulier de cette protection, que le livre même qui lui servoit à chanter les loüanges de Dieu, ne fut ni submergé dans les flots, ni gâté par l'eau de la mer. Il relâcha à la côte de Leon, & visita l'Evêque de saint Paul; ensuite il se remit sur mer, & après avoir essuïé une tempête fâcheuse, il se rendit enfin à Fleuri, au-dessus d'Orleans, monastere celebre, gouverné pour lors par S. Abbon, qui reçut Felix dans sa communauté. Comme Felix avoit un goût particulier pour la retraite, il sçut joindre à la grande édification des Religieux de Fleuri, le silence & le recueillement des Ermites, aux saintes pratiques des societez Religieuses. Il se livra particulièrement à sa tendre veneration pour S. Paul, & ressentit les effets de sa protection, dans la guérison qu'il en reçut dans un mal de côté si violent, que les médecins n'esperoient pas qu'il en pût réchapper.

La même désolation qui avoit causé le transport des Reliques de ce saint Evêque des Bretons dans le diocese d'Orleans, avoit causé la ruïne d'un grand nombre de monasteres en Bretagne, qui n'étoient pas encore reparez. Geoffroi I. Comte de Rennes, fils de Conan le Tort, & petit-fils de Juhel Berenger, forma le dessein de travailler à rendre à l'ordre monastique son ancienne splendeur, dans la province dont la plus grande partie étoit soumise à ses loix. Il s'adressa, pour cet effet, à Gauzlin Abbé de Fleuri, successeur de saint Abbon, & depuis Archevêque de Bourges; qui lui envoïa l'an 1008. le Moine Felix, qu'il jugeoit très-capable d'executer le pieux dessein du Comte de Rennes. Le P. Albert

le Grand prétend qu'on se trompe, de mettre cet envoi en l'an 1008. & cite, pour prouver qu'il se fit dès l'an 1000. un acte de l'an 1001. rapporté, à ce qu'il dit, au liv. 2. chap. 3. du traité que le sieur de Launai Padioleau a fait du souverain droit de Regale en Bretagne, par lequel le Comte Geoffroi donne à Felix les deux monasteres de Loc-menech, & de S. Gildas de Rhuys, à condition que frere Mathelin de Penthiévre seroit Abbé de Loc-menech. Cette seule clause fait voir la fausseté de l'acte, puisque la maison de Penthiévre, dont ce frere Mathelin porte le nom, n'a commencé qu'à Eudon le second fils de ce même Geoffroi I. & qui n'étoit encore qu'un enfant, quand son pere mourut. D'ailleurs celui qui a écrit les actes de S. Gildas, à la fin desquels il a parlé assez amplement de Felix, étoit un Moine de l'Abbaïe de Rhuys, qui paroit fort instruit de l'histoire de sa province, & qui a eu ce même Felix pour Abbé. C'est ce même auteur, que nous suivrons désormais, qui met l'arrivée de saint Felix en l'an 1008.

Le Comte reçut Felix avec beaucoup de joïe, & lui fit de grands honneurs; mais il le chargea en même tems d'un grand travail, qui étoit de reparer un grand nombre de monasteres entierement ruïnez. Il les lui donna tous, & le pria très instamment de s'emploïer à les rebâtir. Il lui promit des secours proportionnez à la difficulté de l'entreprise, aussi-tôt qu'il seroit de retour de Rome, où la devotion engageoit ce Prince à faire un voïage. Il le recommanda, en partant, à la Comtesse Havoïse, aux nobles du païs, & à son frere Judicael Evêque de Vannes, dans le diocese duquel étoient la plûpart des monasteres ruïnez, & se mit en chemin avec l'Evêque de Nantes; mais il ne put tenir à Felix la parole qu'il lui avoit donnée, car il mourut dans le voïage.

Felix se voïant privé d'un appui si necessaire, voulut s'en retourner à Fleuri; mais la Comtesse & l'Evêque de Vannes, lui firent de si grandes instances, pour l'engager à demeurer, qu'il se rendit à leurs prieres. Les monasteres dont il entreprenoit le rétablissement, étoient dans un état déplorable. Les Eglises étoient découvertes, & la plûpart à demi renversées. Il avoit crû de grands arbres dans les ruïnes des murs, & ces arbres étoient si gros, qu'il y en avoit même qui bouchoient les portes. Il n'y avoit ni cellules, ni lieux reguliers, tout étoit par terre, & ces masures ne servoient plus de refuge qu'aux bêtes sauvages, ou aux plus dangereux reptiles. Il falloit donc un aussi grand courage, que celui dont étoit animé Felix, pour envisager seulement sans fraïeur une entreprise aussi difficile que celle dont on le chargeoit. Il mit sa confiance en Dieu, & commença à bâtir de petites cellules dans ces lieux désolez. Il se rassembla autour de lui, en peu de tems, beaucoup de personnes de consideration, avec le secours desquels il rébâtit peu à peu les Eglises, releva les maisons, planta des vignes & des vergers, & réünit un grand nombre d'enfans, qu'il éleva dans les maximes & dans les pratiques de la vie monastique.

Mais la tranquilité publique, à l'abri de laquelle il travailloit avec tant de succès à la reparation des monasteres, fut bientôt troublée, premierement par la conspiration generale des païsans contre la noblesse, & ensuite par la revolte d'un oncle des jeunes Princes Alain & Eudon, qui leur fit la guerre avec plus de fureur, que de conduite. Quand les païsans eurent été domtez & punis; & quand la mort de l'oncle des Princes, & la ruïne de son parti, eut rendu le calme à l'Etat, l'Evêque de Nantes, justement irrité des attentats du Comte de la même ville, demanda du secours au jeune Comte de Bretagne Alain, & à l'Evêque de Vannes; & le Comte de Nantes, de son côté, s'adressa à Foulques Nerra Comte d'Angers, pour avoir des troupes. On se fit long-tems la guerre de part & d'autre; & ce ne fut qu'après qu'il y eut eu beaucoup de sang répandu, que Junkeneus Archevêque de Dol, homme d'esprit & d'autorité, reconcilia le Comte de Nantes avec son Evêque, & rendit enfin la paix à la province.

Ce fut pendant ces troubles, que Felix, après avoir donné ses soins pendant seize ans, au rétablissement des monasteres, prit la résolution d'aller chercher à Fleuri la paix qu'il ne trouvoit point en Bretagne. La Comtesse Havoïse, qui n'avoit pu le dissuader de s'en retourner, chargea un homme qui l'accompagnoit, appellé Fih, d'une lettre à l'Abbé Gauzlin, alors Archevêque de Bourges, par laquelle elle le prioit de ne point retenir Felix, de l'ordonner Abbé, & de le lui renvoïer. Elle ajoûtoit, que son fils Alain & Eudon n'étoient plus enfans, & qu'ils étoient dans la disposition d'accomplir tout ce que leur pere avoit promis à Felix. Gauzlin aïant lû la lettre, appella Felix, & lui demanda, d'un ton sévére, pourquoi il étoit revenu, & pourquoi il avoit abandonné son ouvrage? Felix répondit, que c'étoit parce qu'il ne pouvoit servir Dieu en paix, dans un païs continuellement affligé de guerres & de seditions. L'Abbé lui repliqua: « esperez-vous donc trouver sur la terre ce que J. Christ lui-même n'y a pas trouvé? Si vous voulez arriver à lui, vous devez suivre la même route qu'il a tenuë. L'Apôtre nous apprend que c'est par les tribulations que l'on parvient au Roïaume de Dieu. Il faut, mon cher, apporter le remede de la patience, à tout ce qui vous inquiétera, quelque part que vous soïez, & nous obéïr, comme vous l'avez promis dans vôtre engagement. Venez recevoir la benediction Abbatiale, afin qu'avec ceux que nous avons confiez à vos soins, vous puissiez arriver à la vie éternelle. » Felix s'excusoit & prioit Gauzlin avec beaucoup d'instance, de le dispenser d'un honneur qu'il ne meritoit pas. Gauzlin le prit malgré lui, le mena à l'Autel, & l'ordonna Abbé le 4 de Juillet. Après quoi Felix aïant pris la benediction de Gauzlin & de toute la communauté, s'en retourna en Bretagne, muni de lettres de recommandation pour les Princes Bretons, & pour l'Evêque de Vannes.

Arrivé dans le païs; il étoit incertain, dans lequel des deux principaux monasteres qu'il avoit rétablis, il fixeroit sa demeure, saint Gildas de Rhuys, ou Locmenech. Il consulta là-dessus le Duc Alain & l'Evêque de Vannes, qui après avoir rassemblé pour déliberer sur ce sujet, plusieurs personnes distinguées du corps de la noblesse, & quelques Evêques, donnérent enfin la préference à l'Abbaïe de S. Gildas. Felix s'y établit enfin, pour n'en plus sortir, & gouverna saintement cette maison, dont on peut le regarder comme le second fondateur.

Un de ses Religieux, qui a écrit de son tems l'histoire de saint Gildas, raconte plusieurs miracles operez alors par les merites de saint Gildas, entr'autres la délivrance d'un homme appellé Leopard, qui avoit été possedé du demon & avoit perdu l'esprit pendant vingt ans, en punition de ce qu'il avoit, dans la compagnie de quelques autres larrons, fendu la tête d'un coup de hache, sur la porte de l'Eglise de S. Gildas, à un saint Solitaire nommé Ehoarn, qui passoit sa vie dans la retraite, dans une maison appuïée contre cette Eglise. Dom Hugues Menard, & André du Saussay font mention de ce saint Ermite, au 11. de Février.

Il y avoit dans le même monastere, sous la conduite de Felix, deux freres laïs, d'une pieté singuliere, & d'une sainteté reconnuë, Gingurien, & ce même Gulstan dont nous avons parlé au commencement de cette vie. Gingurien avoit soin des ru-

SAINT FELIX.

ches, & avoit toûjours vêcu dans l'innocence & la simplicité. A'iant connu par inspiration la fin de sa vie, il vint au Chapitre se prosterner devant l'Abbé Felix & devant toute la communauté, & demander pardon de ses fautes. On n'en avoit aucunes à lui pardonner que de l'espece de celles qui se commettent involontairement ; cependant, pour satisfaire son humilité, chacun lui déclara qu'il lui remettoit tout de bon cœur. Gingurien leur dit, que sa course étoit désormais finie, qu'il les prioit de le recommander à Dieu, & de lui donner l'onction Sainte qui s'accorde aux mourans. On s'étonna de sa demande, vû qu'il ne paroissoit point malade ; mais il fit instance pour recevoir ce Sacrement, pendant qu'il avoit encore l'usage de la parole. A la sortie du Chapitre, il apporta tous les instrumens de l'office dont il avoit été chargé, & les mettant aux pieds de Felix, il lui dit : « Monseigneur, voilà les « outils de mon emploi, vous pouvez desor- « mais les confier à quelque autre des fre- « res. » Ensuite il assista à la Messe, & s'approchant de l'Autel, après la paix, il reçut la sainte communion de la main du Prêtre ; après quoi, joignant les mains sur la poitrine, il se laissa aller tout de son long contre le dégré de l'Autel. On l'emmena à la maison des infirmes, où, à sa priere, on lui donna l'extrême-onction. Depuis ce jour, comme il l'avoit prédit, il fut attaqué de paralysie, & demeura couché toute une année sur le lit, sans se pouvoir tourner sur le côté, ni même porter la main à sa bouche. Averti du jour de sa mort, après cette année expirée, il appella un Religieux, le pria de rendre graces pour lui à la communauté de tous les bons services qu'on avoit bien voulu lui rendre pendant sa maladie, & d'avertir ses confreres de mettre toûjours en Dieu seul toute leur confiance & toute leur joïe. Il demanda la sainte communion, qui lui fut apportée, & mourut le soir du 28. de Septembre, qui est le même jour auquel Dom Hugues Menard & du Saussai font mention de lui. Le P. Ferrarius marque sa fête au 27. du même mois.

L'autre frere Laï que sa sainteté a rendu recommandable, fut S. Gulstan, qui après avoir appris de Felix dans l'isle d'Ouessant, à vivre saintement dans la solitude, vint le rejoindre à Rhuys. Il étoit toûjours en priere, & repetoit nuit & jour avec une ardente devotion les Pseaumes & les oraisons qu'il avoit appris par cœur. Il étoit si occupé de Dieu, qu'à peine donnoit-il trois heures au repos, soit l'hiver soit l'été, même dans un âge décrepit. Dieu fit par son moïen beaucoup de miracles, qui rendirent son nom celebre. Il mourut le 27. de Novembre à Beauvoir en Poitou, où il étoit allé pour les affaires de son Abbaïe ; & ce fut dans une maison des Moines de saint Pierre de Maillezais, à minuit. Aussi-tôt que l'on eut appris sa mort, tout le monde se leva, nobles & gens du commun, hommes & femmes, & tous se rendirent en foule à cette maison, à la lueur des cierges & des lampes, pour rendre leurs devoirs à ce saint vieillard. Les Moines de S. Philbert voïant autour de son corps une grande quantité de cierges & d'offrandes, firent violence aux Moines de Maillezais & à leurs domestiques, enlevérent le corps, à la faveur de la multitude, & l'emportérent dans leur Eglise, où ils l'enterrérent, après l'avoir laissé pendant trois jours exposé à la veneration publique, & ramassé beaucoup d'argent à cette occasion. Vital, successeur de Felix, informé de toutes ces choses, alla reclamer le corps de son Religieux, & sur le réfus que lui en firent les Moines de saint Philbert, il eut besoin d'avoir recours à l'autorité d'Isambert Evêque de Poitiers, déja mécontent de ces Religieux, en qui il avoit trouvé peu d'obéïssance. Il les fit venir à son synode, où en présence de l'Abbé Vital, il ordonna de rendre aux Religieux de Rhuys le corps de S. Gulstan ; ce qu'ils ne purent se dispenser de faire. Ce fut ainsi que l'Abbaïe de Rhuys rentra en possession d'un trésor qui lui appartenoit à si juste titre, & qu'elle conserve encore aujourd'hui. Quant à saint Felix prédecesseur de Vital, nous apprenons des Chroniques de Rhuys & de Kemperlé qu'il mourut l'an 1038.

Le P. Albert le Grand met sa mort en 1033. Selon lui, & l'auteur de la vie des Peres d'Occident, la sainteté de Felix fut attestée par un grand nombre de miracles. Le P. Albert rapporte sa vie le 9. de Mars. Il y a une paroisse dans la presqu'isle de Rhuys, qui porte le nom de S. Goustan.

Nota. On n'a traité le titre du Comte Geoffroi de l'an 1001. de faux, qu'en supposant, après Albert le Grand & Padioleau, qu'il est datté de l'an 1001. & que Penthiévre est le nom de famille de frere Mathelin de Penthiévre. Mais il se pourroit bien faire que ce nom de Penthiévre seroit un surnom pris du païs dont étoit ce frere Mathelin, comme on voit qu'il se pratiquoit assez souvent dans ces tems-là ; & que les premiers copistes qui ont traduit en François l'acte du Comte Geoffroi (car on ne le trouve qu'en François) aïant lû dans l'original M. viij. se seront imaginez

27.
JANVIER.

que c'estoit M. vng. En ce cas l'acte se trouveroit veritable, & étant de l'an 1008. seroit d'accord avec les Chroniques, qui mettent l'arrivée de S. Felix en cette année.

SAINT GILDUIN,
Confesseur.

XI. SIECLE.

UN des Seigneurs les plus distinguez de Bretagne, dans les X. & XI. siécles, étoit le Vicomte Haimon, tige commune des maisons de Dinan, de Dol, & de Combour. Il eut quatre enfans de la Vicomtesse Roianteline sa femme, Junkeneus Archevêque de Dol, Haimon aussi Vicomte, Goscelin Seigneur de Dinan, & Rivallon Chévre-chenuë Seigneur de Dol & de Combour. Celui ci prit alliance dans la maison de Puiset, de Puiseaux, ou de Puisieux, au païs d'Orleans, & eut plusieurs enfans de son mariage, Guillaume Abbé de saint Florent de Saumur, Jean surnommé de Dol, S. Gilduin, un autre Gilduin, & Berthe qui épousa Geoffroi le bâtard Comte de Rennes. Celui de ses enfans que nous avons nommé le troisième, sans sçavoir précisément l'ordre de sa naissance, fit ses études dans la province, & y réüssit assez, en peu de tems, pour se rendre illustre par l'érudition, comme il l'étoit déja par sa naissance. A peine étoit-il sorti de l'enfance, qu'il fut fait Chanoine de Dol, soit par son oncle Junkeneus, soit par Juthael son successeur. Il ne se laissa point entraîner par le plaisir & la dissipation, écüeils ordinaires de la jeunesse, & n'aïant point de plus grand ennemi, dans cet âge, que son propre corps, il travailla serieusement à le rendre soumis à l'esprit, par le cilice, les jeûnes & les veilles, comme il emploïa la priere & les saintes lectures pour conserver à l'esprit la superiorité qu'il doit avoir sur le corps.

A Juthael Evêque ou Archevêque de Dol, avoit succedé Johoneus, qui selon l'auteur des actes de saint Gilduin, devoit plûtôt être appellé Archi-loup, qu'Archevêque. C'étoit un homme violent & déreglé, sous qui l'Eglise de Dol fut reduite dans un état déplorable. Il en détachoit de jour à autre, les plus riches possessions, pour en doter ses filles & ses nieces, & sembloit s'être persuadé qu'il n'étoit dans cette place, que pour être le persecuteur, plûtôt que le Pasteur de son Eglise. Son Clergé ne pouvant plus souffrir, ni sa vie

De Puteanensium Dominorum nobilitate. Acta S. Gilduini apud Bollandum.

scandaleuse, ni sa domination tyrannique, eut recours à la puissance du Comte Eudon, tige de l'ancienne maison de Penthièvre, & Seigneur Suserain de Dol, & à l'autorité des Evêques voisins, pour faire chasser Johoneus, qu'il faut croire qu'il fut déposé, quoique les actes de saint Gilduin ne le disent point. Il continua, par vangeance, & par fureur, ce qu'il ne faisoit auparavant que par cupidité; l'Eglise de Dol fut toûjours exposée à ses persecutions. Il se rendit maître du Mont S. Michel, il y assembla des gens de guerre, & ne cessa, par des incursions continuelles, de ravager l'Evêché qu'il avoit été contraint d'abandonner. C'est ici, sans doute, qu'il faut placer ce Jean Seigneur de Dol, que l'Archevêque Baldric, l'un de ses plus proches successeurs, nous assure avoir été élu Evêque de Dol dans ce tems-ci; & ce Jean Seigneur de Dol ne peut être autre quele frere de S. Gilduin, de même nom. Mais il ne paroit pas que Jean ait été long-tems sur le siége de Dol. Les mêmes raisons qui avoient obligé le Clergé & le peuple de Dol à jetter les yeux sur un homme assez puissant pour proteger leur Eglise, les déterminérent, après la mort de Jean, à faire élection de Gilduin, quoiqu'il fût encore très-jeune.

Leur choix fut approuvé de tous les Evêques du païs, & agréable à tout le monde, excepté à Gilduin même, qui représenta inutilement sa trop grande jeunesse, son insuffisance prétenduë, son peu d'experience. Il fut contraint d'acquiescer à son élection; mais il ne le fit, qu'à condition, qu'elle seroit approuvée du S. Siège, auprès duquel, par un exemple nouveau, il prétendoit bien solliciter, non pas la confirmation, mais la cassation du décret qui le nommoit à une dignité dont il ne se jugeoit pas capable. Il alla à Rome avec une partie des auteurs & des témoins de son élection, un cortege honorable, & des lettres de recommandation des Evêques voisins. Ceux qui l'avoient élu le présentérent au Pape Gregoire VII. firent un éloge sincére, quoique magnifique, de la pureté & de la sainteté de ses mœurs, représentérent le triste état de leur Eglise, firent entendre au Pape que ce jeune homme étoit le seul qui pût la rétablir, & supplièrent Sa Sainteté de confirmer son élection, & de le sacrer Archevêque. Gilduin, au contraire, représenta fortement au Pape, combien l'on s'étoit trompé dans le choix qu'on avoit fait de sa personne, pour remplir une dignité à laquelle sa trop grande jeunesse ne permettroit pas qu'il fût élevé, sur tout dans les besoins présens de l'Eglise de Dol, qui demandoient un hom-

SAINT GILDUIN.

me d'une prudence consommée. Si l'exaltation suivoit toûjours l'abbaissement volontaire, on pourroit avoir quelquefois de la peine à discerner l'exterieur humilié de l'hypocrite, d'avec l'humilité veritable de l'homme de bien ; c'est pour cela qu'il arrive assez souvent, que Dieu permet que celui qui s'abbaisse, demeure dans son abbaissement, afin que sa vertu, marquée du sceau de la perseverance, soit d'un exemple moins équivoque pour les autres, & d'un prix plus considerable, pour obtenir la plus solide recompense promise à l'humilité. Ce fut la conduite de Dieu à l'égard de Gilduin. Il s'étoit humilié, & il ne fut point exalté aux yeux des hommes. Le Pape loüa des sentimens si modestes, accorda à Gilduin ce qu'il demandoit, parce que les Canons ne permettoient pas qu'à son âge il pût être ordonné Evêque ; lui dit en même tems, de voir avec ceux de sa compagnie, ce que le S. Siége pourroit faire en cette rencontre, en faveur de l'Eglise de Dol ; & lui promit de la favoriser en tout ce qui dépendroit de son pouvoir.

Gilduin s'étant retiré de l'audience du Pape avec ceux de sa compagnie, leur donna des marques sinceres de la satisfaction qu'il avoit de la justice que le S. Pere lui avoit renduë. Il leur fit voir en même tems, qu'ils avoient avec eux un homme tel que le Pape, & les besoins de l'Eglise de Dol, le demandoient, qui étoit Even Abbé de saint Melaine, homme d'une vertu éminente, d'une prudence pleine de ressources, d'une experience formée par un long usage, d'un courage que les difficultez ne rebutoient point, d'une habileté enfin dont on devoit esperer que l'Eglise de Dol retireroit d'aussi grands avantages, qu'en avoit retiré l'Abbaïe de saint Melaine, où un Moine seul avoit de la peine à subsister, quand Even y étoit venu pour la rétablir, & où il en avoit actuellement près de cent qui vivoient sous sa conduite. Il representa donc à sa compagnie, qu'on ne pouvoit rien faire de plus utile pour l'Eglise désolée, dont il ne meritoit pas d'être Pasteur, que de presenter Even au Pape, & le supplier de lui conferer cette dignité. Tout le monde se rendit à ses raisons, & Gilduin retournant à l'audience du Pape, après l'avoir remercié très-sincerement de la bonté qu'il avoit euë de le décharger d'un fardeau qui surpassoit ses forces, il lui presenta l'Abbé de saint Melaine, lui fit l'éloge de ses vertus & de sa capacité, & le supplia de lui confier le soin de l'Eglise de Dol. Le Pape approuva la résolution qu'avoient prise l'Elu & les députez de Dol, & sans

differer davantage, sacra Even Evêque de Dol, dans l'Eglise de saint Jean de Latran, & lui accorda l'usage du *Pallium*. Il lui donna aussi deux lettres, l'une adressée à ceux de Dol, dans laquelle il leur mandoit pourquoi il avoit ordonné Even plûtôt que Gilduin ; & l'autre adressée aux Evêques de Bretagne, où après les avoir informez de ce qui s'étoit passé en cette rencontre, il leur recommandoit le nouvel Evêque, & les exhortoit à contribuer à remettre l'Eglise de Dol dans son ancienne splendeur.

Comme Gilduin approchoit des Alpes, à son retour, il representa à Even la necessité qu'il y avoit qu'il se hâtât de se rendre à Dol. Il lui laissa la plus grande partie de ceux qui l'avoient accompagné dans son voïage, prit congé de lui, & s'en separa, dans le dessein de prendre le chemin de l'Orleannois, où il vouloit rendre ses devoirs à ses parens maternels qu'il n'avoit jamais vûs.

L'auteur de ses actes, Moine de S. Pere de Chartres, raconte, qu'après avoir passé les Alpes, Gilduin arriva le soir au bord d'un fleuve, & y passa la nuit chez un pauvre homme qui tenoit le passage, & que là il découvrit, & chassa par le signe de la Croix, un démon revêtu du corps mort d'un scelerat. En approchant d'Orleans, il sentit que Dieu frappoit à sa porte, pour l'appeller à une meilleure vie. Il fut attaqué d'une fiévre, qui troubla la joïe que ses parens avoient de le voir. Quelqu'abbatu qu'il fût par sa maladie, il ne discontinuoit point ses austeritez ordinaires. Après avoir séjourné quelque tems chez ses parens, il se fit conduire à Chartres, où la devotion l'appelloit depuis long-tems. Il entra dans l'Eglise Cathedrale, & visitant, avec une pieté tendre & affectueuse les Reliques de la sainte Vierge que l'on y conserve, il lui recommanda les derniers momens de sa vie, dont il sentoit les approches. Ensuite il se fit porter au monastere de S. Pere en Vallée, qui étoit alors dans un faubourg de la ville, où toutes les prieres que l'on fit pour le retour de sa santé ne l'empêchérent pas de succomber à sa maladie. Il rendit son ame à Dieu l'an 1076. & fut enterré le 27. de Janvier dans le milieu du chœur de l'Eglise de S. Pere, dans un caveau de pierre qui fut bâti exprès. Son corps, envelopé du même cilice qu'il avoit porté pendant sa vie, fut revêtu des ornemens sacrez de son ordre, de Tunique & de Dalmatique de soïe, ce qui nous fait juger qu'il étoit Diacre. Son enterrement fut accompagné & suivi de miracles qui rendirent témoignage de sa sainteté. Son corps

27.
Janvier.
Greg. VII.
L. 4. Ep. 4. & 5.

27.
Janvier.

fut depuis levé de terre, le 5. de Mai de l'an 1165. à cause de ces operations merveilleuses qui se faisoient à son tombeau, & enfermé dans une chasse par l'Abbé Foulcher quatorziéme Abbé de S. Pere en Vallée, qui aïant été guéri de la goutte par le secours du Saint, ordonna que le Sacristain tiendroit un cierge allumé tous les Samedis devant sa chasse. C'est ce que témoigne Sebastien Roüillard dans son histoire de l'Eglise de Chartres. André du Saussay a fait mention de saint Gilduin dans son martyrologe de France au 27. de Janvier.

l'effet de sa demande, faute d'avoir fourni une information juridique des miracles du Bienheureux Gurloës. Peutêtre le fit-il dans la suite ; ce qu'il y a de sûr, c'est que le culte de saint Gurloës s'est établi en Bretagne, & y subsiste encore. On voit son tombeau, élevé de terre, dans une Chapelle basse de l'Eglise de sainte Croix de Kemperlé, avec sa figure, qui le represente en habits sacerdotaux ; & ses Reliques mises dans des chasses, sont honorées par un grand concours de peuple, particuliérement le 25. d'Aoust, qui est la principale fête du saint Abbé. Le 8. d'Octobre on celebre une autre fête en son honneur, sous le nom de Translation, dans la même Eglise ; où la devotion publique continuë à lui rendre un culte assidu, marqué par les offrandes, les pelerinages, les prieres, & les Messes. La memoire du Saint est encore en veneration dans la chapelle du Prieuré de Doelan, conjointement avec celle de saint Gurthiern. Ce Prieuré est à deux lieuës de Kemperlé, situé sur un petit port de mer, & dépendant de l'Abbaïe de Kemperlé. A trois lieuës de la même Abbaïe, près de Landuenigen, entre le Sein & Kerrien, il y a une Chapelle sous l'invocation de saint Gurloës, que le peuple appelle par corruption saint Gurlo ou saint Durlo, où l'on se rend en pelerinage, de près de dix lieuës à la ronde, le dernier Dimanche de Juillet. Comme les principaux ossemens de S. Gurloës ne se trouvent plus, il est à croire qu'il s'en est fait bien des dispersions.

25.
Ame.

25. Avril
25.
Aoust.
8. Octob

SAINT GURLOËS,
Abbé.

XI. SIECLE.

Necrolog.
Kemperleg.

GURHEDEN moine & historien de l'Abbaïe de Kemperlé, qui mourut le 25. d'Avril de l'an 1127. est le seul auteur qui ait parlé de saint Gurloës, dont il nous apprend seulement, qu'étant Prieur de l'Abbaïe de Redon, où sa vertu & son exactitude dans les exercices de la vie Religieuse le faisoient regarder comme un Saint, il fut demandé par le Comte de Cornoüaille Alain Cagnart, pour être le premier Abbé du monastere de Sainte Croix, qu'il fonda ou repara l'an 1029. le 14. de Septembre à Kemperlé, au lieu nommé Anaurot, au confluent des deux rivieres Ellé & Idol, où saint Gurthiern avoit eu autrefois un monastere ; que S. Gurloës gouverna paisiblement son Abbaïe pendant vingt-cinq ans ; qu'il mourut en 1057. à quoi les Necrologues de l'Abbaïe ajoutent que ce fut le 25. d'Avril ; ce qui supposeroit que le saint Abbé auroit abdiqué trois ans avant son décés, comme on peut l'inferer de ce que nous dirons dans la suite. Gurheden dit encore, que Dieu a fait plusieurs miracles par saint Gurloës pendant sa vie, & beaucoup plus encore depuis sa mort, par son intercession. Nous apprenons de la Chronique de Kemperlé, que le corps de saint Gurloës fut levé de terre en 1083. du tems de Benedict, ou Benoît, qui de Moine de Quimperlé en étoit devenu Abbé, & fut en même tems Evêque de Nantes ; & que Hoel Comte de Nantes frere de Benedict, assista à la cérémonie, avec ses deux fils Alain & Matthias. Le même Benedict s'adressa au Pape Urbain II. pour lui demander la canonization de S. Gurloës ; mais nous apprenons de la réponse du S. Pere, que l'Abbé n'obtint pas alors

En 1644. Dom Fabien Buteux Prieur de l'Abbaïe de S. Sauveur de Redon écrivit le 5. d'Avril, au nom de toute sa communauté, à Frere Pierre Rouxel Chambrier de l'Abbaïe de Kemperlé, qui y introduisit la Reforme onze ans après ; & le pria d'accorder au monastere de Redon quelque portion des Reliques de S. Gurloës, qui en avoit autrefois été Prieur. Cette lettre ou requête des Religieux de Redon fut apportée par deux d'entr'eux ; & nous apprenons d'un acte dressé le 10. d'Avril de la même année, par un Notaire Roïal, & signé avec lui par deux Religieux de Prieres, les deux députez de Redon, & cinq Religieux de Kemperlé, qu'on donna aux deux députez un os du bras de saint Gurloës, appellé *Radius*, long d'environ sept pouces, & scié par un bout. Un certificat dressé par les juges & les officiers de Redon, nous apprend, que le Dimanche 17. d'Avril de la même année, à quatre heures après midi, les Religieux de Redon firent une procession solemnelle, de leur Eglise, à la Chapelle des Religieuses

Avril 25. Octob.

Benedictines du Calvaire de la même ville, pour recevoir cette Relique de saint Gurloès, qui leur fut remise par les deputez qu'ils avoient envoïez à Kemperlé; qu'elle étoit envelopée dans un taffetas muni de trois cachets; qu'à l'ouverture de l'envelope, on verifia la Relique sur l'acte dressé à Kemperlé; qu'elle fut portée processionnellement à l'Eglise de S. Sauveur, enchassée dans un Reliquaire d'argent fait en forme de bras, & mise dans le tresor. Par une lettre de remerciment écrite aux Religieux de Kemperlé le 4. de Mai de l'an 1644. par le Prieur de Redon, l'on apprend que ce même Prieur avoit écrit à la Diéte annuelle de la Congregation de S. Maur, pour demander la permission de celebrer à l'avenir, la fête de S. Gurloès dans le monastere de Redon. Les Reliques de ce saint Abbé n'étoient pas conservées avec tant de décence à Kemperlé, puisque nous voïons par un procez verbal du 25. de Mars de l'an 1665. qu'elles étoient jettées négligemment dans le fond d'un coffre, envelopées d'un simple drap; mais les Religieux reformez les en tirérent, & les enchassérent, en des Reliquaires de bois doré, six mois après leur introduction dans l'Abbaïe, qui se fit la même année. Voilà toutes les connoissances que nous pouvons donner au public, de la vie & du culte de S. Gurloès, à cause de divers accidens qui ont dissipé les anciens manuscrits de l'Abbaïe de Kemperlé, dont il n'en reste que deux, qui furent rachetez d'un des soldats qui pillérent le monastere, du tems de la Ligue, en 1590.

Acta SS. i. S. Bened. s. vi. parte p. 110.

Messieurs de Sainte Marthe ont donné la qualité de Saints aux trois premiers successeurs de saint Gurloès; & voici comme le Moine Gurheden en a parlé: « A S. Gurloès succeda au gouvernement de la même Eglise saint Jean, qui vécut 19. ans sans être inquieté, & sans donner lieu de plainte; & des bonnes œuvres duquel tout le monde parle avec éloge. Après lui, Vital tint le même siége pendant neuf ans, sans trouble, & gouverna d'une maniere loüable. Ses ossemens rendent la santé à plusieurs malades. Le quatriéme Abbé de Kemperlé fut Vingomar, qui gouverna paisiblement l'Abbaïe pendant trois ans. Son corps enterré à Nôtre-Dame de Quimper, à l'ouverture qui fut faite de son tombeau, fut trouvé entier, & exhalant une odeur très-agréable. » La Chronique de Kemperlé met le décez de Jean en 1081. & celui de Jungomar, ou Vingomar en 1088. après avoir dit qu'il avoit été fait Abbé en 1059. ce qui fait voir qu'il ne faut pas confondre les an-

Saint Jean abbé.

S. Vital abbé.

S. Vingomar, ou Jungomar, Abbé

C'est Locmaria.

nées de leur gouvernement avec celles de la durée de leur vie; & comme on trouve dans cette Chronique quelques autres Abbez [b] de Kemperlé, autres que ces quatre, depuis l'abdication de saint Gurloès jusqu'en 1088. il en faut conclure que Gurheden, en parlant de ces quatre, n'a voulu marquer que ceux qui s'étoient distinguez par leur sainteté.

25. Fevrier.

[b] *Elssius Abbas obiit 1055. 1056. Killac Abbas perficitur. 1086. Pralius est Abba Benedictus frater Hoelli Comitis. 1085. Killac Abbas S. Crucis obiit.*

LE BIENHEUREUX Robert d'Arbrissel.

XII. SIECLE.

ROBERT naquit au village d'Arbrissel, dans l'Evêché de Rennes, assez près de la Guerche. Son pere étoit Prêtre, & s'appelloit Damalioc, & sa mere s'appelloit Orguen. Il eut un frere nommé Fulcodius. Damalioc, ou sa femme, descendoient de quelques autres Prêtres; c'étoit-là une de ces familles de Prêtres mariez, dont on a quelquefois parlé dans l'histoire de Bretagne, qui regardoient le Santuaire comme leur heritage. Enfin les Papes & les Conciles ôtérent cet opprobre de l'Eglise, & remirent les Prêtres dans la necessité d'honorer le Sacerdoce par la chasteté & la continence. Robert fut destiné dès son enfance au service de l'Eglise. Il apporta une application extraordinaire à l'étude, & aïant bientôt épuisé la capacité de ses maîtres, il alla à Paris en chercher de nouveaux & de plus habiles. Il y fit de grands progrès dans les sciences convenables aux Ecclesiastiques; & Silvestre de la Guerche Evêque de Rennes, homme d'une haute naissance, & de bonnes mœurs, qui aimoit les gens de lettres, quoiqu'il ne fût nullement sçavant, aïant connu sa capacité, le fit son Archi-Prêtre, & lui confia le soin de tout son diocese.

Robert étoit un homme d'une santé vigoureuse, agréable dans ses discours, humble sans foiblesse, éclairé, charitable; entreprenant, sans indiscretion; éloquent, & persuasif. Il s'occupa pendant quatre ans, avec un succès qui surpassa l'attente de son Evêque, à combattre la Simonie, à retirer les Eglises & les biens Ecclesiastiques, des mains des laïques, & à rompre les mariages contractez contre les loix de l'Eglise, sur tout ceux des Prêtres. Au bout de ce terme l'Evêque Silvestre mourut, & Robert, pour éviter les persecutions de ceux dont son zéle & sa vertu lui avoient attiré la haine, se retira dans la ville d'Angers,

25. Fevrier.

Hist. de Bret. to. 1. L. 4.

25.
FEVRIER.

où il s'appliqua uniquement à la priere, à l'étude, & à la penitence. Mais ne pouvant pratiquer dans une ville toutes les austeritez que son zéle lui suggeroit, il se retira dans la forêt de Craon, sur les confins de la Bretagne & de l'Anjou, avec un autre Prêtre, & là il s'abandonna à toutes les impressions de la grace, & de l'Esprit de Dieu, qui vouloit faire de lui un nouveau Jean-Baptiste, dont la voix après avoir retenti dans les déserts, se feroit entendre aux Rois & aux Princes de la terre.

Dans cette retraite, la terre nuë fut son lit; un cilice très-rude lui couvroit le corps; il renonça pour toûjours au vin, aux viandes délicates, & presqu'au sommeil; enfin il sembla ne vouloir plus employer les lumieres de son esprit, qu'à inventer tous les jours quelque nouvelle maniere de tourmenter son corps & de mortifier le vieil homme. On vit bientôt arriver dans ce désert une infinité de personnes, attirées par la reputation d'une vie si sainte & si extraordinaire; & Robert leur prêcha la penitence avec des discours si animez, que la plûpart demeurérent avec lui, & tâchérent d'imiter les austeritez dont il leur montroit l'exemple. Le nombre de ces Solitaires s'augmentoit tous les jours, & en peu d'années toutes les forêts des confins du Maine, de Normandie, de la Bretagne, & de l'Anjou furent peuplées de ces nouveaux Anacoretes.

Le premier établissement de Robert fut dans la forêt de Craon. Renaud Seigneur du païs lui abandonna une partie assez considerable de cette forêt, pour y établir une Abbaïe de Chanoines Reguliers, qui subsiste encore aujourd'hui sous le nom de l'Abbaïe de la Roë; il lui en fit donation dans une assemblée celebre qui se tint à Angers l'an 1096. pour la Dédicace de l'Eglise de saint Nicolas. Le Pape Urbain II. fit la cérémonie, & les Archevêques de Lyon, & de Bourdeaux, avec les Evêques d'Angers, de Chartres, & du Mans, s'y trouvérent. Robert y parut avec éclat, parce que le Pape informé de la sainteté de sa vie & de la force de son éloquence, voulut le voir, & l'entendre prêcher. Aussi satisfait de sa maniere d'annoncer les veritez Divines, qu'édifié de la pureté de ses mœurs, & connoissant d'ailleurs les besoins de la France, il ordonna à Robert d'exercer en tous lieux le talent que la Providence lui avoit confié, de prêcher, & d'administrer les Sacremens; & le fit Prédicateur Apostolique. Quelques jours après, c'està-dire le 19. ou le 20. de Mars, le Pape tint le Concile de Tours, & Robert y fit

le premier exercice de sa mission, avec le succès dont toutes les histoires rendent témoignage. La donation du Seigneur de Craon fut confirmée dans ce Concile, & Robert fut fait Abbé de la Roë. Mais le nombre de ses disciples, qui s'augmentoit tous les jours; & le caractere de sa mission, qui ne lui permettoit pas de s'attacher à aucun lieu en particulier, le portérent à se démettre d'une dignité qui resserroit trop les bornes de son zéle; & suivant les mouvemens de l'Esprit de Dieu, il se mit à parcourir les villes, les bourgades les déserts, & les provinces, pour y semer la parole de vie.

FE

Les principaux imitateurs de sa penitence, & ses compagnons les plus remarquables dans ses travaux Apostoliques, furent Guillaume Firmat Patron de Mortain, Engelger, Giraud de Salles, Alleaume, Hervé, Salomon, Robert de Loc-Renan, Aubert, André, Raoul, Vital, & Bernard.

Ce dernier étoit né dans le Ponthieu, & avoit fait ses études à Paris. Depuis il avoit embrassé la profession Religieuse à saint Cyprien de Poitiers, d'où on l'avoit envoïé à saint Savin en qualité de Prieur. Pour éviter d'y être établi le successeur de son Abbé, mort à la premiere Croisade, il s'étoit enfui dans les forêts d'entre le Maine & la Bretagne. Un Ermite du voisinage de saint Savin, appellé Pierre des Etoiles, l'y avoit conduit; & pour le déguiser, l'avoit nommé Guillaume. Bernard fut près de trois ans dans cette retraite, & n'en sortit, pour aller se cacher dans une isle du Cotentin dépendante du Mont S. Michel, qu'après qu'il eut appris que les Moines de saint Savin avoient découvert où il étoit. Il fut ensuite Abbé de S. Cyprien de Poitiers, & fit deux voïages à Rome pour les affaires de sa communauté. Il abdiqua, & se retira une seconde fois dans l'isle de Canté, ou Chauzé, & de-là dans la forêt de Fougéres. Il en sortit depuis, pour ne pas faire tort à Vital, qui commençoit d'y bâtir une Abbaïe, & se retira enfin dans le Perche, où il bâtit l'Abbaïe de Tyron, avec le secours de Rotrou Comte du païs.

s
de

Vital avoit été Chapelain de Robert Comte de Mortain, & Chanoine de la Collegiale de saint Eurou. Il s'étoit retiré dans les forêts que Robert sanctifioit par sa penitence, & étoit devenu son compagnon & son collegue, tant pour la direction des Solitaires, que pour les travaux de la prédication. Il bâtit ensuite l'Abbaïe de Savigny dans la forêt de Fougeres, pour des hommes, & une autre auprès de Mortain, pour des femmes, que l'on appella

M

les

ROBERT D'ARBRISSEL.

les Blanches Dames, à cause de la couleur de leurs habits.

Raoul de Fustaie.
Raoul, surnommé de la Fustaie, avoit été Moine de saint Jouin de Marne. Il fut depuis un des plus considerables Ermites & Prédicateurs de la compagnie de Robert, & fit dans la forêt de Nid-de-merle, un établissement semblable à celui de Font-Evrauld, dont on parlera bientôt. Il y bâtit l'Abbaïe de saint Sulpice, dans le diocese de Rennes, pour des personnes de l'autre sexe, & soûmit à leur autorité, pour les soins de la vie, ceux à qui elles étoient soûmises pour l'usage des Sacremens.

Robert de Loc-Renan, évêque.
Robert, surnommé de Loc-Renan, du lieu de sa naissance, après avoir imité l'autre Robert dans l'austerité de sa vie, & l'avoir secondé dans ses travaux, se retira dans une forêt sur les confins de la Cornoüaille, & fut enfin Evêque de Quimper.

Giraud de Salles.
Giraud de Salles bâtit l'Abbaïe de Cadoüin dans le Perigord, & plusieurs autres monasteres.

Alleaume.
Alleaume étoit d'une famille noble des Païs-bas. Quand il se retira auprès de Robert d'Arbrissel, Robert lui donna Aubert pour maître. Il bâtit depuis l'Abbaïe d'Estival dans la forêt de Charnie, au Maine, pour des filles ; Godechilde sœur du Vicomte de Beaumont, Religieuse du Roncerai, en fut la premiere Abbesse.

Aubert.
Aubert, après la retraite de la plûpart de ses compagnons, alla rejoindre Raoul de la Fustaie à saint Sulpice, & se consacra avec lui au service des Religieuses de cette maison.

Hervé. Renaud. André.
Hervé, Renaud, & André, après s'être instruits dans la compagnie de Robert d'Arbrisel, de tous les devoirs de la vie Eremitique, allérent se cacher aux hommes, l'un dans une isle de la Loire, l'autre dans la forêt de Melinais, & le troisiéme dans celle de la Chauffére, sur les confins de la Bretagne & de l'Anjou.

Engelger. Salomon.
Engelger se retira de même, dans la suite, dans la forêt de Fougeres, & Salomon dans celle de Ni-oileau, auprès de Craon, où il bâtit pour des filles l'Abbaïe qui porte ce nom.

La vie que menoient ces Solitaires, pendant qu'ils étoient ensemble, étoit d'une austerité surprenante. On peut juger du reste, par cette seule particularité, que c'étoit un ragoût reservé pour les grandes fêtes, de cuire les legumes, qui étoient presque leur unique nourriture, & d'y mettre un peu de sel pour les assaisonner. Ils vivoient du travail de leurs mains, & le travail ne les empêchoit pas de prier nuit & jour. Ils s'habilloient de peaux, par esprit de penitence & de pauvreté. Enfin l'on ne nous a rien appris de la vie austere des anciens Solitaires de la Thebaïde & de la Palestine, que ceux-ci n'aïent rendu croïable, par une vie aussi rude & aussi mortifiée.

Cette vie si penitente, jointe à l'éloquence merveilleuse de Robert, attira à sa suite un nombre prodigieux de personnes de l'un & de l'autre sexe, qui après avoir renoncé au monde, à tous ses plaisirs, & à toutes ses vanitez, s'attachoient uniquement à entendre les paroles salutaires de cet homme de Dieu. Et ces conversions étoient d'autant plus édifiantes, que la conduite de la plûpart de ces personnes avoit été jusques-là, scandaleuse. Robert avoit même été chercher beaucoup de ces brebis égarées, dans les précipices les plus affreux; & la reputation de sa vertu étoit si bien établie, qu'il put entrer dans les lieux les plus deshonorez, sans qu'elle perdit rien de son éclat.

Suivi de cette grande foule de personnes qui cherchoient Dieu, il s'arrêta enfin dans une solitude auprès de Saumur, que l'on appelloit Font-Evrauld. Le lieu lui fut donné par une veuve, Dame du canton, nommée Arembuge, & par sa fille Adelaïs. Les Seigneurs de Loudun, de Mont-soreau, de Montreüil-Bellai, & plusieurs autres, contribuérent à l'envi à l'établissement de cette nouvelle maison. Hersende sœur de Hubert de Champagne, veuve de Guillaume de Mont-soreau, & Petronille fille de Bureard, veuve du Seigneur de chemillé, avoient toutes deux quitté le monde, & s'étoient attachées à Robert d'Arbrissel. C'étoient deux femmes d'un esprit solide, & qui aïant un grand usage du monde, ne furent pas inutiles à Robert, dans les commencemens de l'Ordre Religieux qu'il institua. Il sépara les hommes d'avec les femmes, comme la bienseance l'exigeoit, & pendant que ceux-là se contentoient de simples cabannes, il donna ses premiers soins au sexe le plus foible. Il bâtit des cloîtres pour les femmes, & les y renferma. Le nombre des maisons qui furent destinées pour elles se montoit à quatre, dès le commencement, & l'on comptoit trois cens personnes dans le premier cloître, cent ou soixante dans les autres. Le nombre, tant d'hommes, que de femmes, qui s'étoient mis sous la discipline de Robert, alloit à trois mille. Le travail des mains, & les liberalitez des Seigneurs du voisinage, les firent subsister dans ce désert ; & leur vie étoit si édifiante, qu'il y eut peu de provinces dans la France où l'on ne voulût avoir des disciples du fondateur de Font-Evrauld.

25. La regle qu'il donna aux femmes, fut celle de S. Benoît. Il y ajoûta des reglemens, qui portoient, entr'autres choses, qu'elles ne romproient le silence, que dans le Chapitre, pour s'y accuser de leurs fautes ; & dans le chœur, pour chanter les loüanges de Dieu ; qu'elles s'abstiendroient même de parler par signes, à moins que la necessité ne les y obligeât ; qu'elles feroient elles-mêmes la cuisine ; qu'elles ne verroient personnes de dehors, sans la permission de l'Abbesse, & sans témoin ; qu'elles ne sortiroient jamais du Cloître ; que les Prêtres n'entreroient jamais dans la maison, non pas même pour administrer les derniers Sacremens aux malades, mais que l'on apporteroit les Religieuses infirmes dans l'Eglise, pour les y recevoir ; qu'elles ne mangeroient point de viande, même dans leurs maladies ; qu'elles entreroient à l'Eglise, & en sortiroient, toutes ensemble ; & qu'elles ne se plaindroient, ni de la couleur, ni de la qualité des étoffes dont on les habilleroit.

Pour la regle que Robert prescrivit aux hommes, elle est aussi claire, que peu étenduë. Il leur commanda de dire l'office Canonial, de n'avoir rien en propre, de se contenter de ce que les Religieuses leur donneroient, de ne se point mêler des affaires des seculiers, & de dépendre de l'Abbesse. Cette dépendance consistoit, en ce qu'ils ne pouvoient être reçus à Font-Evrauld, que par elle, & en ce qu'ils devoient recevoir d'elle toutes les necessitez de la vie, & la regarder comme leur mere. Le merite des premieres Religieuses de Font-Evrauld ne contribua pas peu à donner à l'Instituteur de cet Ordre, ce profond respect pour les Epouses du Sauveur, qui en fait l'esprit, & qui le distingue de tous les autres. En effet on voit au nombre des premieres Religieuses de cette celebre Abbaïe, la Comtesse Agnès separée d'avec le Seigneur de Château-Meillan à cause de proximité, Agnès de Montreüil parente du Comte d'Anjou, Augarde de Roanez, la Reine Bertrade, Mathilde Comtesse de Poitiers & fille du Comte de Toulouse, Elisabeth de Mont-fort sœur de Bertrade, & veuve du Seigneur de Toesney, & Ermengarde Duchesse de Bretagne. Pour faire encore mieux entendre de quelle nature étoit la soumission que Robert vouloit que les hommes de son Institut eussent pour les Religieuses, il faut remarquer qu'il les y exhortoit par deux motifs principaux ; le premier étoit l'exemple de saint Jean l'Evangeliste, qui, après que le Sauveur lui eut dit : *voilà vôtre mere*, parlant de la sainte Vierge, l'avoit toûjours depuis regardée comme sa mere, & lui avoit rendu tous les devoirs d'un fils ; le second motif, étoit son propre exemple ; quoiqu'il fût le fondateur & le maître de l'Ordre, il ne s'appelloit cependant, que *l'homme d'affaires* des Dames Religieuses, & faisoit profession de s'être consacré à leur service. Quelque nouvelle & quelque singuliere que paroisse cette institution, elle a été approuvée de l'Eglise, & le tems a fait voir, que c'étoit un œuvre de Dieu. Il y a eu même d'autres fondateurs d'Ordres, qui ont pris l'esprit de celui de Font-Evrauld, comme S. Gilbert en Angleterre, & sainte Brigide en Suede.

Robert continua de prêcher de tous côtez jusqu'à la fin, avec la même vehemence & le même applaudissement. Une des actions les plus illustres de sa vie, fut la fermeté qu'il témoigna au Concile de Poitiers tenu l'an 1100. Secondé du fameux Bernard d'Abbeville, pour lors Abbé de saint Cyperien de Poitiers, il ne put être ébranlé par les menaces, ni par les mauvais traitemens du Comte Guillaume ; & pendant que la plus grande partie des Evêques & des Abbez qui composoient l'assemblée, prenoit la fuite, Robert poussé d'un zéle extraordinaire, tint ferme, & ranima le courage de l'un des Legats du Pape, qui prononça enfin l'excommunication contre le Roi Philippe.

Soit que Marbodus Evêque de Rennes, qui a pû assister à ce Concile, y eût pris des impressions peu favorables au fondateur de Font-Evrauld ; soit qu'il fût prévenu d'ailleurs ; quand les ennemis de Robert voulurent décrier sa conduite, ils trouverent l'esprit de ce Prélat tout disposé à croire le mal qu'on voulu lui en dire. Il lui écrivit une lettre pleine d'aigreur & de reproches, mais plus capable, dans le fonds, d'en décrier l'auteur, que de noircir celui à qui elle étoit addressée. On peut juger du peu de solidité du reste de ces reproches, par celui ci : qu'il avoit quitté son Ordre de Chanoine Regulier, pour courir après des femmes. Marbodus reprochoit encore à Robert, comme une marque de l'incontinence de ceux de sa suite, les accouchemens de quelques femmes, & les cris des enfans nouveau-nez. Mais on a déja dit que beaucoup de ces femmes qui le suivoient, avoient auparavant vêcu dans le desordre ; & si elles s'étoient mises sous sa conduite, pour reparer leurs fautes par les rigueurs d'une salutaire penitence, les suites naturelles de leurs déreglemens étoient plus glorieuses, que reprochables, à celui qui avoit si heureusement travaillé à leur conversion.

Robert ne fut pas le seul qui éprouva le chagrin de Marbodus. Ce Prélat, animé contre le maître, ne pardonna pas aux disciples. Engelger, ancien compagnon de Robert d'Arbrissel, prêchoit avec fruit aux environs de la forêt de Fougeres qui lui servoit de retraite. Marbodus lui écrivit, comme à Robert, une lettre pleine d'invectives, où il l'accusoit, entr'autres choses, de troubler par une conduite irreguliere, l'ordre de la Hierarchie, en prêchant & administrant les Sacremens, sans mission & sans autorité. Le tems adoucit l'esprit de Marbodus, & l'on trouve qu'il fit des excuses au Solitaire Engelger. Il y a de l'apparence qu'il en usa de même à l'égard de Robert d'Arbrissel.

Marbodus ne fut pas le seul qui fit sçavoir à Robert les mauvais bruits que la calomnie répandoit contre lui dans le monde. Geoffroi Abbé de Vandôme, celebre par son sçavoir & par son credit, quelque peine qu'il eût à se persuader que les accusations que l'on publioit contre l'instituteur de Font-Evrauld ne fussent très-fausses, crut cependant qu'il étoit du devoir de la charité Chrétienne de l'en avertir, afin que s'il y donnoit lieu par quelque familiarité, où son zéle ardent & ses grandes austeritez, l'empêchoient de voir aucun danger, il fit reflexion, qu'il y avoit dans le public plus de gens qui jugeoient de leur prochain par l'exterieur, qu'il n'y en avoit qui en jugeassent par ses intentions. On accusoit Robert, à peu près, de la même chose dont on accusoit quelques Diacres de Carthage du tems de saint Cyprien. Mais cette accusation doit passer pour une pure calomnie. Et le moïen de croire, qu'un homme qui s'accusoit en mourant, comme d'une faute considerable, d'avoir souhaité du beau tems, quand il faisoit de la pluie ; & de la pluie quand le tems étoit sec ; ait eu assez de temerité, pour mettre sa chasteté à une épreuve de cette nature ? D'ailleurs on a vû ci-dessus, avec quelle severité il interdisoit aux hommes l'entrée du monastere des femmes, même pour administrer les derniers Sacremens aux mourantes. Ce n'eût pas été le moïen de donner du poids à sa regle, que de la violer lui-même d'une maniere si scandaleuse. L'Ordre de Font-Evrauld à quelque raison de vouloir s'inscrire en faux contre cette lettre, parce qu'elle est injurieuse à son Fondateur ; mais il faut avouer de bonne foi, que c'est inutilement qu'on en veut faire auteur l'heretique Roscelin. Il est bien vrai que ce dangereux esprit s'est rendu aussi fameux par les calomnies qu'il a débitées contre Robert d'Arbrissel, que par l'heresie dont il a été l'inventeur, & que l'on a presque vû renouveller de nos jours. Mais il n'étoit pas aisé de confondre Roscelin avec Geoffroi de Vandôme, du vivant de tous les deux ; & la lettre dont il s'agit se trouve en France & en Italie, dans les manuscrits du tems de Geoffroi, attribuée constamment à ce celebre Abbé. Un autre chef d'accusation de cette lettre, c'est que Robert n'avoit que de la rigueur & de la dureté pour quelques femmes ; qu'il les maltraitoit de paroles & d'effet ; qu'il les punissoit sans misericorde & sans moderation ; pendant qu'il n'avoit pour les autres, que douceur, qu'indulgence, qu'humanité. A cela il ne faut point d'autre réponse, que ce qu'ajoute l'Abbé de Vandôme incontinent après : que c'est un emploi bien difficile, que de conduire des femmes. Geoffroi reconnut dans la suite la fausseté des calomnies dont il avoit averti Robert, & devint son ami. Il fit à l'Abbaïe de Font-Evrauld des donations considerables, & pour n'y être point à charge, dans les frequentes visites qu'il y rendoit, il y fit, dit-on, bâtir une maison pour lui, que l'on a depuis appellée l'hôtel de Vandôme.

Il seroit trop long, de suivre Robert dans tous les voïages que le zéle & la charité lui firent entreprendre. Il suffira de dire ici, qu'il se faisoit peu de cérémonies, peu d'assemblées considerables, où on ne l'appellât pour annoncer la parole de Dieu avec cette force & cette éloquence qui lui étoient particulieres. Ce fut pour un semblable sujet, qu'il assista l'an 1101. à la translation d'un morceau de la vraïe Croix, & de quelques autres Reliques, qui se fit le jour de saint Pierre le 29. de Juin, dans une Eglise nouvellement bâtie par Judicael de Loheac & par Justin Abbé de Redon. Judicael étoit mort, & Gautier son fils aîné fit mettre dans cette Eglise, avec tout le respect & solemnité possible, les Reliques dont on vient de parler, que Riou de Loheac son frere avoit euës dans la Terre Sainte, où il étoit mort, & que Simon de Ludron avoit apportées de sa part, à Gautier. Judicael Evêque de S. Malo, accompagné de son Archidiacre, Guillaume Abbé de saint Méen, Justin Abbé de Redon, Robert d'Arbrissel suivi d'un grand nombre de ses confreres, Guillaume de Loheac frere de Gautier, Geoffroi fils de même Gautier, Gonnor femme de Riou de Loheac autre frere de Gautier, Geoffroi fils de Riou, Simon de Ludron, Tret-cand de Plelan, & plusieurs autres personnes de distinction,

25.
Février.

honorérent la cérémonie, les uns de leur miniſtére, & les autres de leur préſence.

Du nombre des maiſons de la dépendance de Font-Evrauld, dont Robert avoit procuré l'établiſſement, étoit celle d'Orſan dans le Berri. Il y tomba malade, & après tant de travaux Apoſtoliques, il paſſa au ſéjour du repos bienheureux, par une mort auſſi édifiante, que l'avoit été toute ſa vie. Il déceda le 25. de Février de l'an 1117. ſelon ſon Epitaphe. Les Chroniques d'Angers & de Maillezais mettent ſa mort en 1116. mais c'eſt ſuivant l'ancien calcul de France qui commençoit l'année à Pâques. Le corps du Bienheureux Robert fut apporté à Font-Evrauld, conduit par l'Archevêque de Bourges, & reçû par l'Evêque d'Angers, le Comte d'Anjou, les Abbez & la nobleſſe du païs, & dépoſé auprès du grand Autel de l'Egliſe des Religieuſes. On y voit ſon tombeau, ſur lequel eſt ſa figure en marbre blanc. Son cœur eſt demeuré à Orſan, où il a été mis à côté du grand Autel, dans une pyramide de pierre. Baldric Archevêque de Dol, dans la vie de Robert, qu'il a écrite, lui attribuë pluſieurs miracles. On invoquoit autrefois Robert, comme Saint, dans les Litanies de Font-Evrauld; mais cette pratique a ceſſé.

SAINT GOBRIEN,
Evêque & Confeſſeur.

3.
Novemb.

XII. SIECLE.

SAINT Gobrien étoit né de parens illuſtres. Il fut inſtruit aux belles lettres dans ſa jeuneſſe; & dans un âge plus avancé il s'appliqua à l'étude de la Theologie, dans le deſſein de ſe conſacrer à l'Egliſe. Il conſerva ſon ame pure & ſon corps chaſte, avec le ſecours de la penitence & de la priere; il portoit ſous des habits honnêtes un rude cilice, qu'il ne quittoit ni le jour, ni la nuit. Il fut pourvû d'un Canonicat de l'Egliſe de Vannes, & fut fait Prêtre. Il s'acquitta de ſes devoirs avec une édification qui lui gagna les cœurs & l'eſtime de tout le monde. Après la mort de Morvan Evêque de Vannes, les Chanoines, & les principaux de la ville, l'élurent malgré ſa reſiſtance, & le firent ordonner Evêque. On dit qu'un des premiers effets que produiſit en lui la grace de l'onction ſainte, fut la vertu de faire des miracles, ſur tout pour la guériſon d'une maladie épidémique alors fort commune, appellée les Ardens, ou

le feu ſacré. Il ſe retira vers la fin de ſa vie, ſur le bord de la riviere d'Oult, à deux milles de Joſſelin, où il fit bâtir une Chapelle & un Ermitage. Il fit creuſer ſon tombeau à côté droit de l'Autel, & après avoir viſité les malades, dit adieu à ſes freres, & reçû la ſainte Euchariſtie, il mourut en paix le 3. de Novembre, en recommandant ſon eſprit à Dieu; & ſon corps fut enterré au lieu qu'il s'étoit preparé dans la Chapelle de ſon Ermitage. Le Breviaire de Vannes met ſon décez l'an 725. Le P. Albert le Grand ſuppoſe qu'il eſt mort vers l'an 762. & le catalogue des Evêques de Vannes imprimé à la ſuite des vies des Saints du même auteur, met la mort de ſaint Gobrien en 725. Mais comme il n'a été parlé de la maladie des Ardens qu'au XII. ſiécle, & comme Morvan, à qui l'on donne pour ſucceſſeur ſaint Gobrien, n'a vécu que vers l'an 1115. nous eſtimons qu'il faut placer ſaint Gobrien dans le XII. ſiécle. Son office eſt inſéré dans les Breviaires de S. Brieuc, de ſaint Gildas des Bois, de Dol de l'an 1519. & de Vannes de l'an 1660. Le Calendrier de celui-ci met ſa fête au 10. de Novembre, avec office ſemidouble, parce que le 3. eſt occupé par ſaint Guenael Abbé, qui a office double. Le Calendrier de l'Abbaïe de ſaint Méen marque la fête de ſaint Gobrien au 3. de Novembre, auſſi-bien que le calendrier du Breviaire ancien de ſaint Brieuc, & celui du Breviaire de Dol.

3.
Nov

ERMENGARDE,
Ducheſſe de Bretagne.

XII. SIECLE.

ALAIN Fergent Duc de Bretagne avoit épouſé en premieres nôces Conſtance fille de Guillaume le Conquerant Roi d'Angleterre, laquelle mourut après trois ans de mariage, l'an 1090. Le Duc épouſa en ſecondes nôces, vers l'an 1093. Ermengarde fille de Foulques Rechin Comte d'Angers, & de la fille de Lancelin de Baugenci. Guillaume de Tyr fait Ermengarde fille de Bertrade, contre la verité de l'hiſtoire; il s'en éloigne encore, quand il dit qu'Ermengarde avoit été repudiée par Guillaume Comte de Poitiers, quand Alain Fergent l'épouſa. La pieté ſinguliere, & la vertu conſtante dont cette Princeſſe a toûjours fait profeſſion, auſſibien que l'attachement que nous devons à la verité, nous engagent à faire voir en

1
Ju

ERMENGARDE.

peu de mots la fausseté d'une fable trop legerement adoptée par les auteurs qui ont suivi Guillaume de Tyr sans examen. Il est vrai que Guillaume VII. & Guillaume VIII. Comtes de Poitiers, qui ont vêcu du tems d'Alain Fergent, ont eu plusieurs femmes; mais aucune d'elles n'avoit nom Ermengarde. Guillaume VII. repudia en 1068. Mathodis, dont il avoit eu une fille, pour épouser Aldearde fille de Robert Duc de Bourgogne; de même qu'en 1058. il avoit repudié la fille du Comte Audebert de la Marche, pour épouser Mathodis. En 1075. il vouloit repudier Aldearde. Il mourut en 1086. & Guillaume VIII. son fils épousa en premieres nôces, en 1094. Philippe fille de Guillaume Comte de Toulouse, dont il eut en 1099. Guillaume IX. En secondes nôces il épousa Hildegarde, confonduë mal-à-propos, par Bollandus, avec Ermengarde, & après l'avoir repudiée, il se maria avec Malberge fille du Vicomte Airault. Le simple recit de tous ces mariages, avec leurs dates, & de ces divorces, fait voir que Guillaume de Tyr s'est trompé grossierement; & nous n'avons pas besoin d'emploïer une plus ample refutation.

Alain Fergent, trois ou quatre ans après son second mariage, s'engagea dans la premiere Croisade publiée par le Pape Urbain II. l'an 1096. fit le voïage de Syrie, & assista à la conquête de Jerusalem. Il avoit deux fils d'Ermengarde, l'aîné appellé Conan, & depuis surnommé le Gros, & le second nommé Geoffroi Conan ne vint au monde que l'an 1096. puisque dans un acte de l'an 1141. il dit qu'en cette derniere année il avoit environ 45. ans; & si le Duc son pere partit en 1096. il est presque certain qu'il laissa la Duchesse grosse de Geoffroi, puisqu'il ne revint qu'en 1101. & que Geoffroi faisoit la guerre en Syrie en 1116. ce que l'on ne conçoit pas que Geoffroi eût pu faire, s'il ne fût venu au monde que depuis le retour de son pere. Les reflexions que l'on fera sur toutes ces circonstances, nous donneront lieu d'admirer l'ardeur avec laquelle Alain Fergent se porta à une guerre, que l'on appelloit la guerre de Dieu, & à un voïage dont les fatigues étoient regardées comme une expiation, & que l'on entreprenoit avec des idées qui faisoient un agréable mélange de conquête & de penitence, de victoire & de martyre. Nous ne formerons aussi que des jugemens favorables des talens que le Duc avoit reconnus dans Ermengarde, à qui il confia, pendant une absence qu'il prévoïoit aisément qui seroit longue, la conduite de ses Etats, aussi-bien que l'éducation de ses enfans. En effet la Bretagne

fut tranquille pendant l'absence d'Alain Fergent, & la Duchesse occupée du gouvernement, n'en donna pas moins d'attention à inspirer à ses enfans la même pieté dont elle étoit animée. On pouvoit déja sçavoir que la plûpart des Princes & des Seigneurs Chrétiens, après la conquête de la Palestine, se disposoient au retour, lorsque la Duchesse faisoit bâtir sur une des tours de Rennes une petite Eglise, qu'elle fit dédier à la sainte Vierge, à sainte Marie Magdelaine, & au Bienheureux Lazare. Marbodus Evêque de Rennes voulut, en consacrant ce lieu Saint, que la Duchesse assurât des fonds pour la subsistance du Prêtre qui le desserviroit. Ermengarde, pour accoûtumer de bonne heure le Prince son fils à favoriser l'Eglise, lui fit comprendre, quoiqu'il n'eût que six ans, ce que demandoit le Prélat, & le porta à doter cette nouvelle Eglise; en quoi le jeune enfant suivit tous les mouvemens que lui donna la pieuse Duchesse. Alain Fergent étoit de retour en Bretagne en 1101. & il tenoit sa Cour à Rennes au commencement d'Octobre, lorsque les Religieux de Marmontier s'adressérent à lui, pour le supplier de leur confirmer la possession de tout ce qu'ils avoient alors, & de ce qu'ils auroient dans la suite, dans le Comté de Nantes, dont il étoit Suserain, quoique Mathias son frere eût eu ce Comté en appanage. Le Duc, à la priere d'Ermengarde, accorda aux Religieux ce qu'ils demandoient; & comme c'étoit la coûtume en ce tems-là, de donner quelques présens, dans de pareilles rencontres, à tous ceux qui avoient droit de faire, ou de contester la donation; les Religieux, sous le nom de don gratuit, ou de *Charité*, présentérent au Duc soixante sous, vingt à la Duchesse, & au petit Conan, trois. Le Comte Mathias ne ressembloit point à son frere par les mœurs & la conduite; il opprimoit l'Eglise, & lui faisoit éprouver toutes sortes de violences. Il mourut l'an 1104. sans avoir eu d'enfans, & son appanage se trouva réüni, par sa mort, à la Couronne de Bretagne. Le Duc & la Duchesse allérent à Nantes, & l'année suivante, le 16. de Janvier, ils s'y tint une grande assemblée d'Evêques, en leur présence. Raoul Archevêque de Tours, Aldebert, ou Hildebert Evêque du Mans, Benoît Evêque de Nantes oncle du Duc. Marbodus Evêque de Rennes, Benoît Evêque de Quimper, Morvan Evêque de Vannes, Judicael Evêque d'Aleth, Guillaume Abbé de saint Florent, de la maison de Dol, Lambert Abbé de saint Nicolas d'Angers, Justin Abbé de Redon, Brice Abbé de

1. JUIN.

Verrou, & Foucher Abbé de Beaulieu près de Loches, avec l'Archidiacre Rivallon, composoient l'assemblée, où l'on confirma l'établissement que l'Evêque de Nantes avoit fait d'une communauté de Chanoines Reguliers à saint Mars de Doulon. Le Duc & la Duchesse, assez portez d'eux-mêmes à de pareilles œuvres de pieté, s'y sentirent poussez de nouveau par l'exemple des autres, & étant allez à Châtelleraud, ils y donnérent à l'Abbaïe de Marmontier, avec le consentement du jeune Conan, la forêt de Puzarlez auprès de Nantes, pour augmenter la fondation du Prieuré de sainte Croix; mais la délicatesse de conscience de l'un & de l'autre, ne leur permit pas de consommer leur ouvrage, sans s'être informez s'ils ne faisoient de tort à personne. Ils eurent donc soin, à leur retour, à Nantes, de faire publier cette donation, en présence de leurs Barons, & d'inviter ceux qui auroient quelque opposition à faire, à déduire librement toutes leurs prétensions. Le jeune Conan, déja qualifié Comte, tomba malade dans le même tems, & fut à l'extrémité. La Duchesse, élevée à Angers, où elle avoit sucé avec le lait une dévotion pleine de confiance pour S. Nicolas, en l'honneur de qui le Comte Foulques Nerra avoit fondé en 1020. une celebre Abbaïe auprès de cette ville, voüa son fils à ce saint Evêque, & obtint sa guérison. Aussitôt qu'il fut en état de marcher, elle le mena acquitter son vœu à l'Abbaïe de saint Nicolas, & le fit accompagner par son autre fils Geoffroi le Roux, & Robert de Vitré, qui avoient pareillement joint leurs vœux à celui de la Duchesse & de Conan. Les Princes se présentérent à l'Autel, pour rendre graces à Dieu, & s'y offrir à lui & au saint Evêque qui avoit été leur intercesseur. Conan, Geoffroi son frere, & le Baron de Vitré, coupérent une partie de leurs cheveux, & les laissérent sur l'Autel; & la Duchesse fit don à l'Abbaïe de la meilleure des trois écluses qu'elle avoit sur la Loire, au choix des Religieux. La joïe qu'avoit la Duchesse de la guérison de son fils aîné, fut bientôt interrompuë par la douleur qu'elle dut ressentir de la mort funeste de son propre frere à elle, Geoffroi Martel, Prince doüé de toutes les vertus civiles, Chrétiennes, & militaires, & dont la Duchesse avoit apparemment affecté de faire porter le nom à Geoffroi le Roux son second fils, dans le dessein de l'inviter, par la ressemblance du nom, à lui ressembler aussi dans le reste. Du consentement de Foulques Rechin, pere de la Duchesse, homme dont le gouvernement violent avoit aliené tout le monde de lui, Geoffroi le Barbu frere de Foulques, après avoir gouverné l'Anjou pendant quelque tems, avoit cedé le Comté au jeune Geoffroi Martel, qui avoit aussi-tôt entrepris de punir les violences de beaucoup de voleurs & de petits tyrans, qui ne reconnoissoient presque plus de maître, le principal desquels étoit le Seigneur de Montreveau & de Cande. Geoffroi assisté du Duc de Bretagne son beaufrere, & de Robert Comte de Belême, passa la Loire, & assiegea Cande, petite ville à l'embouchure de la riviere de Vienne, au mois de Mai de l'an 1106. Il alloit s'en rendre le maître, lorsqu'un Archer, violant la tréve, lui tira de dessus les remparts de la ville une fleche, apparemment empoisonnée. Le jeune Comte en eut le bras percé, & mourut le jour suivant, dans la troisiéme année d'une dignité qu'il meritoit de posseder plus long-tems.

La Duchesse étoit à Rennes en 1108. avec le Duc, & il s'y tint le 10. de Mai une assemblée d'Evêques & d'Abbez en leur présence, composée de Marbodus Evêque de Rennes, de Baudri Archevêque de Dol, de Renaud Evêque d'Angers, de Judicael, Evêque d'Aleth, Guillaume Abbé de saint Florent, Gervais Abbé de S. Melaine, Gautier Abbé de S. Serge, & Foulques Abbé de Beaulieu, avec les deux Archidiacres de l'Eglise de Rennes. On ne sçait si tous ces Prélats traitérent ensemble de quelques matieres Ecclesiastiques; on sçait seulement, que ce fut en cette rencontre que Marbodus, avec le consentement de son Chapitre, confirma à l'Abbé de saint Serge la présentation de plusieurs Eglises paroissiales du diocese de Rennes. Le Duc faisoit bâtir en ce tems-là le château de Blain, & ceux qui en avoient la garde faisoient quelques exactions sur les sujets de l'Abbaïe de Redon, contre ses anciens privileges. Cependant le Duc avoit une affection sincere pour cette Abbaïe. Il y étoit avec la Duchesse au mois de Juin de cette même année, & Gautier Abbé de Redon ne sçavoit comment profiter d'une occasion si favorable, parce que le Duc, quoique naturellement équitable, n'étoit pas toûjours également accessible. La Duchesse qui s'étoit fait un devoir d'étudier l'humeur de son mari, pour éviter de lui déplaire, & pour conserver cette précieuse paix qui est le fruit de la condescendance, se donna le soin d'instruire le bon Abbé, & de lui faire trouver les momens favorables, & les moïens d'obtenir du Duc la conservation des anciennes immunitez de l'Abbaïe.

Hist. de Bret. to. 2. p. 265.

Hist. de Bret. to. 1. p. 119.

Alain Fergent & la Duchesse marièrent leur fils aîné quelque tems après, & lui firent épouser Mahaut l'une des filles naturelles du Roi d'Angleterre. Ce fut une des dernieres actions d'Alain, comme Duc de Bretagne ; car l'an 1112. se sentant attaqué d'une dangereuse maladie à Redon, dans la maison de Barbotin Blanche-gueule, il résolut de quitter entièrement le monde, & de se renfermer dans le monastère pour le reste de ses jours. Il abdiqua le Duché, fit reconnoître pour Duc son fils aîné Conan, qui en prit, aussitôt même la qualité, & se fit porter dans l'Abbaïe. Comme une personne de ce rang là ne pouvoit pas suivre à la rigueur les austeritez de la vie Religieuse, ni se passer de beaucoup de domestiques, le nouveau Duc & la Duchesse, qu'il qualifie Madame sa mere, assemblèrent les Barons, du consentement desquels, pour aider aux Religieux à supporter les frais de l'entretien du vieux Duc, ils leur donnèrent le droit de lever une certaine taille. Ces Barons sont Brice Evêque de Nantes, en faveur de qui Benedict, ou Benoît, qui étoit encore en vie, s'étoit démis de l'Episcopat, comme il se démit deux ans après de l'Abbaïe de Kemperlé en faveur de Gurhand ; Olivier de Dinan fils de Geoffroi, Simon de la Roche-Bernard fils de Bernard, & petit-fils d'un autre Simon qui avoit fondé en 1026. l'Abbaïe de saint Gildas des Bois ; Gautier l'Epine, Payen du Pelerin, Armel de Ploermel, Maingui fils de Honenex, Gautier fils de Judicael, Guillaume Seneschal, Payen Bastard, Macaire de la Motte, & Guehenoc de Rieux, surnommé Mauvoisin, suivi d'une grande multitude de Chevaliers de sa dépendance.

La Duchesse imita volontiers l'exemple de son mari, & se retira à Font-Evrauld, où elle se mit sous la direction de Robert d'Arbrissel, à qui elle fut très-chere. Elle est qualifiée Religieuse dans le Necrologue de cette Abbaïe, *Monacha*, ce qu'on ne croit pas devoir entendre à la rigueur, comme si elle y avoit fait des vœux solemnels ; du moins quitta-t-elle Font-Evrauld aussi-tôt après la mort de Robert d'Arbrissel. Veritablement il paroît qu'elle fut rappellée en Bretagne pour les necessitez de l'Etat, & pour y remettre la paix ; mais cela n'a pas empêché que Geoffroi de Vandôme, qui s'interessoit à Font-Evrauld, & qui avoit autrefois écrit à la Duchesse avec éloge, ne lui ait écrit un peu sechement au sujet de cette sortie. Nous mettrons ici ses deux lettres ; voici la premiere : « Geoffroi humble serviteur du monastere de Vandôme, à nôtre chere fille en

Christ Ermengarde Comtesse, d'une vie « exemplaire ; être tellement misericordieu- « se en cette vie, qu'elle merite de voir & « de posseder en l'autre le Dieu de miseri- « corde. Ce que j'ai entendu dire de vous « Princesse de race Roïale, ne m'est point « desagréable, & ne le doit être à person- « ne, puisqu'il plaît à Dieu même. J'ap- « prens que dans le gouvernement tempo- « rel vous suivez exactement les loix de la « justice, vous faites fleurir la paix dans « vos Etats, vous faites du bien à tous, vous « nourrissez les pauvres qui ont faim, vous « étanchez la soif de ceux qui en sont tour- « mentez, vous donnez des habits à ceux « qui sont nuds, & surpassant la noblesse « de vôtre extraction par la noblesse de vos « mœurs, vous faites voir que vous préfe- « rez de servir à Dieu, à toutes les occupa- « tions du siécle. Je puis & je dois loüer « en vous, avec effusion de joïe, tant « d'œuvres, où brillent également la justice « & la pieté. Il n'y a qu'une chose que je « n'ose approuver, quoique le respect que « j'ai pour vous m'empêche de vous con- « damner. Pendant que le secours de vôtre « charité essuïe les larmes de tous les affli- « gez qui ont recours à vous ; pendant qu'on « ne voit personne se retirer mécontent de « vôtre présence ; pendant que les portes « de tant d'Eglises s'ouvrent aux offrandes « de vôtre liberale dévotion ; il est surpre- « nant, mais c'est une surprise qui n'est pas « à la loüange de vôtre pieté, que l'Eglise « où vôtre venerable pere a choisi sa sepul- « ture, ne reçoive pas de vôtre affection « filiale plus de marque d'honneur & de di- « stinction. » Il finit, en l'exhortant de faire quelque bien à l'Eglise de l'Eviere, qui dépendoit de l'Abbaïe de Vandôme. Voici la seconde lettre : « Geoffroi humble servi- « teur du monastere de Vandôme, à nôtre « chere fille en Christ Ermengarde Com- « tesse des Bretons ; ne point suivre le mon- « de, & ne se plaire point en sa fleur qui « est si-tôt dessechée. En effet il y a quelque « autre chose que nous devons plûtôt suivre, « & dont la beauté doit être plûtôt l'objet « de nos complaisances ; & c'est N. S. J. C. « qui nous a aimez, & qui, pour nous « empêcher de souffrir une mort éternelle, « a bien voulu, par un effet de son inesti- « mable charité, se livrer à une mort tem- « porelle, si vous eussiez voulu, vous pour « qui l'auteur de la vie est mort, faire at- « tention à ses bienfaits, les langues flatteu- « ses ne vous eussent pas separée de vôtre « créateur, & ne vous eussent pas fait con- « tracter de nouvelles habitudes avec le mon- « de que vous aviez abandonné, monde où «

« vous ne trouverez rien que de funeste ; car une véritable misere, & un faux bonheur sont tellement l'appanage du siécle présent, que l'on ne peut que rarement, pour ne pas dire, jamais, joüir de Dieu, quand on aime le monde. Adieu. Faites de sérieuses reflexions à ce qui vient de vous être dit. »

Mais quand la mort de Robert d'Arbrissel n'eût pas mis la Duchesse en liberté de choisir une autre retraite que Font-Evrauld ; la necessité de sa présence étoit si grande en Bretagne, qu'on ne peut blâmer son retour dans cette province. Alain Duc de Bretagne, fils de Geoffroi & frere d'Eudon, avoit autrefois donné Belle-isle à Redon, en consideration d'un de ses freres qui en étoit Abbé ; mais quelques années après, aïant reconnu que cette isle appartenoit au Comte de Cornoüaille Alain Cagnart, à qui il avoit des obligations essentielles, il avoit cru qu'il étoit de son devoir de la lui rendre. Il la lui avoit renduë en effet, & Alain Cagnart l'avoit donnée à l'Abbaïe de Kemperlé. Ce fut le sujet d'un procez entre les deux Abbaïes, procez où les puissances temporelles prirent interêt, & qui eut de très-fâcheuses suites. Enfin l'an 1117. par un jugement que rendit le Legat du S. Siége l'isle fut ajugée aux Moines de Kemperlé. L'Abbé de Redon, favorisé de Conan, qui prenoit les interêts de l'Abbaïe avec trop de chaleur, à cause du Duc son pere qui s'y étoit retiré, emploïa les armes du Prince pour se maintenir en possession de Belle-isle. Les choses en étoient au point, lorsque Robert d'Arbrissel mourut, que le Legat, & le Pape même, menaçoient le Duc & son païs d'excommunication & d'interdit, s'il ne cessoit de suivre les pernicieux conseils de l'Abbé de Redon. L'Abbé de Redon étoit déclaré suspens, & son Abbaïe interdite, aussi bien que toutes les Eglises de sa dépendance. Ermengarde ne put faire moins, que d'aller au secours de son mari allarmé de l'interdit, de son fils menacé des foudres de l'Eglise, & de toute la province agitée de trouble & de tumulte. Gerard Evêque d'Angoulême, Legat du Pape, sçachant que la Duchesse étoit revenuë en Bretagne, lui écrivit, pour la prier de faire en sorte d'accommoder les deux Abbez de Redon & de Kemperlé, & de terminer, par son credit & sa mediation, un different scandaleux qui avoit eu de si pernicieuses suites. La Duchesse fit réponse en ces termes au Legat : « Au venerable Seigneur & Pere, Gerard Evêque d'Angoulême Legat de la Sainte Eglise Romaine, Ermengarde Comtesse, humble servante de vôtre humilité, Salut. Je rends graces à vôtre bienveillance, de ce que vous avez bien voulu m'envoïer le salut, accompagné de vôtre benediction & de vos prieres. Je me charge volontiers de l'entreprise dont vous me donnez le soin, qui est de mettre la paix entre les Moines ; mais j'ai quelque peine de voir que vous tenez ceux de Redon interdits & excommuniez. Il faudroit, si vôtre discretion le trouvoit bon, relâcher un peu de ces rigueurs pour quelque tems, d'autant plus que mon fils se plaint qu'on lui fait tort, aussi-bien qu'aux Moines. Il prétend que tout ce qu'il a fait dans ce different, il l'a fait par ordre du Pape & par le vôtre ; & s'il a manqué en quelque chose, il est prêt de faire la reparation que les Evêques jugeront necessaire ; il proteste même, si vous voulez vous trouver dans un lieu convenable, qu'il vous rendra compte de tout, & fera ce qui sera de la justice. Vous ne feriez donc point mal de donner quelque relâche au Comte & aux Moines, jusqu'à vôtre Concile. En attendant, je vous prie de nous envoïer ceux de Kemperlé, afin qu'avec le secours de Dieu nous traitions d'accommodement. Nous prions aussi, par vous, l'Evêque de Quimper, de revenir dans le païs, & vous pouvez l'assurer que mon fils lui fera pleine satisfaction, selon le jugement des Evêques. Si vôtre prudence n'agrée aucuns de ses partis, mon fils vous répondra ce que de raison, à vôtre Concile, par ses Evêques & ses Abbez. » L'Evêque de Quimper dont il est parlé dans cette lettre, avoit eu ordre du Legat de mettre en interdit toutes les terres que le Duc avoit dans son diocese. L'execution de ces ordres lui avoit attiré quelques persecutions de la part du Duc, & il étoit sorti de la province, pour aller porter ses plaintes à l'Archevêque de Tours & ailleurs. Le Legat ne voulut point commettre à l'examen des Evêques Bretons, une affaire déja décidée par son autorité. Il se contenta de faire appeller l'Evêque de Vannes & l'Abbé de Redon au Concile qu'il devoit tenir à Angoulême au Carême suivant. Il n'y a point de doute, que le premier jugement du Legat n'ait été confirmé dans ce Concile. Conan, ramené par sa mere à ce que la justice demandoit de lui, & las enfin de soûtenir seul une méchante cause, se rendit à Redon l'an 1118. & termina le different par la Charte dont voici les termes : « Au nom de la Sainte Trinité, moi Conan humble Duc de Bretagne, avec ma sœur Havoise & ma mere Ermengarde, je donne

ERMENGARDE.

« ne & confirme au monastere de Sainte
« Croix de Kemperlé la terre appellée Bel-
« le-isle, avec tous ses revenus, comme
« l'ont fait mon pere Alain, mon aïeul
« Hoel, & mon bis-aïeul Alain; laquelle
« terre Hervé Abbé de Redon avoit enva-
« hie par le secours de ma puissance, en
« punition de quoi lui & toute son Abbaïe
« ont été pendant un an, par un juste ju-
« gement du Siége Apostolique, sous l'in-
« terdit & l'excommunication. Je rends
« donc cette terre dans la main de Gurhand
« Abbé de cette même Eglise, &c. Fait à
« Redon l'an de l'incarnation du verbe
« 1118. présens les Seigneurs Robert Evê-
« que de Quimper, Marbodus Evêque de
« Rennes, & Morvan Evêque de Vannes. »
Le nom d'Alain Fergent ne paroit point
dans toute la suite de ce fameux différent,
quoiqu'il ne soit mort que plus d'un an
après le Concile d'Angoulême. On peut
juger de-là, qu'il n'y prit effectivement
d'autre part, que celle de gemir devant
Dieu de la mauvaise conduite de son Abbé,
& d'abandonner le tout à la conduite de
la providence. Il finit sa vie le 13. d'Octobre de l'an 1119. & fut enterré dans l'Abbaïe de Redon le 14. du même mois. Les
auteurs qui ont parlé de ses funerailles,
n'ont point fait mention d'Ermengarde,
& il n'est pas ordinaire, en effet, que des
femmes représentent en de pareilles occasions; mais il est à croire qu'elle étoit cependant à Redon, & qu'elle n'abandonna
point son mari dans ces derniers momens,
où dans l'accablement du corps, la pieté
des mourans a besoin de toutes sortes de
secours pour être ranimée & soûtenuë.

La Duchesse n'avoit pu être si chere à
Robert d'Arbrissel, sans avoir aussi été prévenuë d'estime pour Raoul de la Fustaïe
l'un des plus illustres compagnons de Robert. Raoul venoit d'établir dans la forêt
de Rennes une Abbaïe de filles dirigée par
une petite communauté d'hommes, à peu
près dans le même esprit que Font-Evrauld,
c'est-à-dire, que les Religieuses étoient les
maîtresses du temporel, & les Religieux
n'étoient que leurs administrateurs. Il ne
paroît pas que le Duc Conan ait eu part directement au premier établissement de saint
Sulpice; mais aïant eu connoissance du monastere qui s'étoit formé dans cette portion
de son domaine, non-seulement il approuva ce qui étoit fait, porté à cela par les
prieres de sa mere, mais encore à la sollicitation de cette même Princesse, il donna
à la nouvelle Abbaïe, avant l'an 1124. le
Prieuré de Loc-Maria de Quimper. La donation est faite à Raoul Prieur, & à Marie

Abbesse, par le Duc, par sa mere Ermengarde, sa sœur Havoise, & sa femme Mahaud. L'Evêque de Quimper & son Chapitre confirmérent cette donation l'an 1124.

Un ou deux ans après, l'Eglise de Redon, où Alain Fergent s'étoit santifié par
la retraite & la penitence, fut profanée par
le Seigneur de Pont-Château & quelques
autres revoltez de son parti, qui y tinrent
le siége contre Conan leur Souverain. Ils
furent pris, mais le lieu demeura un objet
d'horreur, au lieu d'un objet de veneration
qu'il étoit auparavant. Le Duc envoïa l'an
1126. l'Abbé de Redon & l'Abbé de saint
Melaine au Pape, pour implorer le secours
des armes spirituelles contre les rebelles;
& le Pape ordonna à son Legat en France,
à l'Archevêque de Tours, & aux Evêques
de Bretagne, d'emploïer toute la severité
Episcopale pour faire rendre à l'Eglise tout
ce qui lui étoit dû. Il permit aussi à l'Abbé
de Redon d'appeller qui bon lui semble-
roit pour reconcilier son Eglise. La cérémonie s'en fit le 22. d'Octobre de l'an
1127. par Hildebert Archevêque de Tours,
assisté de Hamelin Evêque de Rennes, de
Donoal Evêque d'Aleth, de Galo Evêque
de Leon, & de Robert Evêque de Quimper. Le Duc étoit présent, avec sa mere
Ermengarde, les Abbez de Redon, de S.
Melaine, & de la Chaume, & les Seigneurs
de Porhoet, d'Elven, de Malestroit, de
Rieux, du Pont-château délivré de prison, de Donges, de Raiz, d'Ancenis, de
Château-brient, de Bain, de la Guerche,
& de Montfort. Après la cérémonie l'Archevêque se transporta à Nantes, pour y
tenir son Concile Provincial, & remedier
par les ordres du Pape à plusieurs abus
qui s'étoient insensiblement introduits en
Bretagne, & qui, autorisez par l'usage,
passoient enfin pour des loix. Il y en avoit
un qui interessoit extrêmement le Duc;
c'étoit le droit de *Bris*, ou *Lagan*,
droit cruel, qui livre à la rapacité des hommes, ce que la mer impitoïable n'a pas encore ôté aux malheureux dont elle a brisé
les vaisseaux. Le Duc eut besoin dans cette
rencontre des remonstrances & des fortes
sollicitations d'une mere aussi Chrétienne
& aussi charitable que l'étoit la sienne, pour
renoncer à un droit que l'usage, & la possession, favorables en cela à la ferocité naturelle, lui faisoient regarder comme un
appanage de sa souveraineté. Il y renonça
pourtant, & pria même les Evêques de
vouloir prononcer anathême contre ceux
qui en voudroient user dans la suite. Le
Duc & sa mere eurent encore à Nantes, l'an 1128. un autre Concile, tenu par

le Legat du S. Siége. Le Concile fini, le Legat se retira, & les Evêques qui étoient restez, assistérent le 15. de Mars, à la restitution qui fut faite, en présence du Duc & d'Ermengarde, à l'Abbaïe du Roncerai d'Angers, de l'Eglise de saint Cyr qui lui avoit été autrefois donnée par le Comte Budic, & depuis usurpée par des Prêtres mariez qui en avoient fait leur heritage. L'année suivante le Duc entreprit plusieurs voïages de dévotion, & accompagné d'Ermengarde sa mere, il commença par l'Abbaïe de Font-Evrauld, à laquelle il fit une donation considerable, en faveur de Matilde d'Anjou sa cousine, jeune Princesse qui s'étoit trouvée veuve à l'âge de 13. ans, & qui depuis ce tems-là n'avoit plus voulu d'autre époux que Dieu même. La Duchesse Ermengarde ne suivit pas le Duc son fils dans tous ses autres voïages. Elle reçut le voile de religion des mains de S. Bernard Abbé de Clairvaux, & se consacra à Dieu sous les loix du nouvel institut des Cisterciens. C'étoit dans l'état où elle se trouvoit, lorsque le Duc son fils l'alla voir au Prieuré de Larré auprès de Dijon, & lui donna l'isle de Caberon qui est au-dessous de Nantes, qui fut depuis une des plus considerables pieces dont fut composée la fondation de l'Abbaïe de Buzé. Foulques, frere aîné d'Ermengarde, étant devenu dans le même tems, c'est-à-dire vers l'an 1130. Roi de Jerusalem, invita sa sœur, avec tant d'instance, à venir dans la Palestine, qu'elle ne put refuser de faire le voïage. Elle s'établit à Sicar, & commença de bâtir une Eglise sur le puits de Jacob. Mais avant que cet édifice fût entierement achevé, elle fut obligée d'abandonner un lieu trop exposé aux ravages des ennemis, & s'en revint en Bretagne, où elle étoit le 28. de Juin de l'an 1135. que le Duc son fils, à sa priere, fit la premiere fondation de l'Abbaïe de Buzé, en donnant aux Moines de Clairvaux l'isle de Caberon, dont il investit à Nantes Nivard frere du saint Abbé de Clairvaux. La Duchesse étoit encore à Nantes le 5. de Novembre de la même année, & ne contribua peutêtre pas peu à porter son fils à rendre à l'Evêque de Nantes plusieurs Eglises dont il avoit disposé d'une maniere dont l'Evêque avoit cru devoir se plaindre au Pape. Dans l'acte passé à Nantes le 28. de Juin, il est parlé de la Comtesse Mahaud femme de Conan. C'est la seule fois qu'il soit parlé d'elle, depuis son mariage, excepté à la donation faite à saint Sulpice. Le Duc avoit de très-violens soupçons de sa conduite, & de deux enfans qu'elle avoit eus, Berthe & Hoel, le Duc ne reconnoissoit que Berthe, & regardoit Hoel comme bâtard. Cependant ses ressentimens n'éclatérent dans le public, qu'après la mort d'Ermengarde, & l'on ne peut attribuer qu'aux conseils d'une mere si vertueuse, la violence que se fit Conan, pour conserver quelques ménagemens & quelque apparence d'union avec une femme par qui il se croïoit deshonoré.

Ce fut apparemment pendant le tems qu'Ermengarde étoit retirée au Prieuré de Larré, avant son voïage de Palestine, que saint Bernard son pere spirituel lui écrivit quelques lettres, où il exprime des sentimens si tendres pour elle, mais de cette tendresse que forme la charité, & où les sens n'ont point de part. Nous en mettrons ici une. « J'ai reçu, dit-il, ce qui fait les délices de mon cœur ; ce sont les bonnes nouvelles qui m'ont appris l'heureux état de vôtre santé. Mais la joïe que ces nouvelles me donnent, & celle dont je suis informé que vous joüissez, n'ont rien de la chair & du sang. On ne peut attribuer qu'au S. Esprit la satisfaction qui regne dans le cœur d'une personne très-élevée, devenuë très-humiliée ; d'une personne si noble, qui a renoncé aux avantages de sa naissance ; d'une personne si riche & si puissante, devenuë si pauvre, & privée des secours qu'elle pouvoit se promettre de son frere, de son fils, & de ses sujets. Je vous entretiendrois bien plus volontiers de ces choses, que je ne vous les écris. Vous pouvez m'en croire ; je me fâche autant contre les occupations frequentes qui me privent de l'honneur de vous voir, que j'embrasse avec joïe les occasions où, me trouvant libre, je puis me rendre auprès de vous. Elles se présentent rarement, à la verité ; mais cette rareté ne me les rend que plus précieuses ; & ne pouvant vous voir souvent, il ne m'en est que plus doux, de vous voir au moins quelquefois. J'espere que je pourrai bientôt vous aller trouver, & je goûte déja par avance le plaisir parfait que je me figure si proche. » S. Bernard ne desapprouva peutêtre pas le voïage d'Ermengarde en Palestine, parce qu'il y a de l'apparence que si elle eût pû faire un établissement solide à Sicar, elle y auroit fait fleurir l'institut de Cisteaux. Aussi-tôt après son retour, elle procura en Bretagne ce qu'elle n'avoit pû faire en Syrie ; elle établit des enfans de S. Bernard à Buzé, leur fit du bien, & porta son fils à leur en faire. Mais il étoit arrivé bientôt après ; que le Duc aïant eu la guerre à soûtenir contre ses Barons, fut contraint d'ôter à Nivard & aux autres Religieux de Buzé une partie de ce qu'il leur avoit donné. S. Bernard vint en Bretagne visiter ses Religieux vers l'an 1144. & trouvant le lieu pauvre & mal accommodé, il en eut une douleur sensible, reprocha au Duc un peu vivement le peu de sureté qu'il y avoit à se fier à ses promesses, & commanda à l'Abbé & aux autres Religieux de Buzé, de s'en retourner à Clairvaux. Ermengarde, & le Duc son fils, affligez de cette résolution, empêchérent les Religieux de s'en aller, calmérent le saint Abbé, & par une nouvelle fondation, plus ample que la premiere, assurérent à l'Abbaïe de Buzé une subsistance commode ; & en effet c'est la plus riche Abbaïe de Bretagne. Le Duc voulut que la posterité fût instruite, que c'étoit à la priere de sa chere mere Ermengarde, qu'il avoit fait cette seconde fondation, & qu'il avoit augmenté si considerablement la premiere. Cela fut fait en présence de Rotaud Evêque de Vannes, d'Alain Evêque de Rennes, de Jean Evêque de S. Malo, d'Iterius Evêque de Nantes, & de Pierre, que saint Bernard avoit établi Abbé de Buzé, à la place de Nivard que l'on avoit jugé plus necessaire ailleurs. Trois ou quatre ans auparavant le Duc avoit, de même, à la priere d'Ermengarde, augmenté la fondation de la Chapelle qu'elle avoit bâtie sur une des tours de la ville de Rennes, & qu'il avoit dotée à l'âge de six ans ; & à la priere de la même Princesse, il avoit donné ce Benefice aux Chanoines Reguliers de l'Abbaïe de la Roë.

Depuis la seconde fondation de Buzé l'on ne parle plus d'Ermengarde. On dit à Redon, qu'elle s'y retira sur la fin de sa vie, avec des personnes de son sexe qui avoient renoncé au monde, que l'on appelloit Beguines, & qu'elle fut enterrée dans l'Abbaïe, comme Alain Fergent son mari. Sa mort arriva le 1. jour de Juin vers l'an 1147. Elle avoit eu trois enfans d'Alain Fergent, Conan III. surnommé le Gros, qui fut Duc de Bretagne après son pere ; Geoffroi le Roux qui mourut à Jerusalem l'an 1116. & Havoïse ou Agnès, qui fut mariée à Baudoüin surnommé la Hache, Comte de Flandres, fils de Robert. Havoïse n'eut point d'enfans, & fut separée de Baudoüin, pour cause de parenté, par le Pape Pascal II. quoique cette parenté ne fût qu'au sixiéme dégré de consanguité, selon Yves de Chartres. Le P. Albert le Grand place Ermengarde le 25. de Septembre, on ne sçait pas pourquoi, si ce n'est en suivant le Menologe de Cisteaux ; car elle mourut le 1. de Juin, comme nous l'apprenons des Martyrologes de Font-Everauld & de S. Maurice d'Angers. Ni l'un ni l'autre, ne lui donne la qualité de Bienheureuse dont l'a honorée le P. Albert le Grand.

LE BIENHEUREUX GUY, Fondateur de l'Abbaïe de Vigogne.

XII. SIECLE.

LE Bienheureux Guy étoit Breton, & d'une famille noble. Il donna sa jeunesse à la vanité, & passa ses premieres années à voïager pour son plaisir ; mais éclairé de la lumiere celeste dans un âge plus mûr, il commença de regretter amérement tant de jours inutilement perdus, & pour emploïer mieux le reste, il quitta les amusemens qui l'avoient occupé jusqu'alors, & s'engagea dans le sentier étroit qui méne à la vie ; il changea d'habit, dit un adieu éternel au siécle, & passa au désert, après avoir été quelque tems à Prémontré sous la discipline de saint Norbert. Conduit par l'Esprit de Dieu, il alla s'établir dans une vaste forêt de l'Artois, qui ne servoit alors de refuge qu'aux bêtes feroces & aux larrons. Il se logea au pied d'un vieil arbre, assez près du quel il y avoit un grand marais, & un ruisseau que les gens du païs appelloient le Parage. L'homme de Dieu s'étant établi-là, commença aussi-tôt avec ardeur, à gagner des ames à Jesus-Christ par le ministere de la prédication. Il se fit autour de lui un grand concours de peuple. On admiroit dans une vie aussi pauvre que la sienne, & dans un habit méprisable, un saint Prêtre qui avoit l'innocence & la tranquillité peintes sur le visage, & un orateur insinuant qui sçavoit porter jusques dans les cœurs les veritez dont il étoit penetré lui même.

Quand il eut ainsi commencé à se faire connoître, on frequenta sa demeure, on vint lui demander des remedes dans les besoins spirituels, en même tems qu'on soulageoit ses besoins temporels. Ces bonnes dispositions du peuple firent venir au pieux solitaire la pensée de fixer sa demeure en ces lieux, & d'y rassembler quelques personnes Religieuses. Il fallut commencer par s'assurer la possession du fonds. La forêt étoit partagée entre plusieurs Seigneurs, & l'endroit où le saint homme s'étoit arrêté d'abord, appartenoit en particulier à une personne noble & illustre, appellée Alman de Poüet. Le Bienheureux Guy l'alla trouver, & par un traité qu'il fit avec lui, en présence de plusieurs témoins, acquit la

31.
MARS.

possession du lieu où fut depuis bâtie l'Abbaïe de Vigogne, dans l'Evêché d'Arras, auprès de Valenciennes. Il bâtit ensuite quelques cellules pour lui & pour ceux qui se joignirent à lui. Ensuite il parcourut les châteaux & les bourgades du voisinage, pour y semer la parole de vie ; & le soleil de justice versa des raïons si favorables sur cette semence, qu'elle produisit en peu une abondante & riche moisson, dont les prémices furent consacrées à Dieu, par la ferveur de ceux qui se livrant aux attraits de la grace, abandonnérent toutes choses, pour n'avoir plus d'autre heritage que Dieu même.

Le Bienheureux Guy, retourné dans sa pauvre retraite avec ces nouveaux disciples, leur apprenoit, encore plus par ses exemples, que par ses discours, à vivre dans le travail, la patience, l'obéïssance, l'humilité, la prière assiduë, & la vigilance continuelle contre les embûches de l'ancien ennemi. Sa pauvreté étoit si grande, que lui & les siens ne subsistoient que de leur écriture & de leurs autres travaux ; mais cela ne l'empêchoit pas d'exercer la charité. Il avoit défendu à celui qui avoit soin des passans, de renvoïer sans aumône aucun de ceux qui lui demanderoient du pain. La vie de ces serviteurs de Dieu étoit véritablement merveilleuse, & tous les peuples des environs abordoient en ce lieu, pour être témoins d'un spectacle si touchant. Les uns, voïant le travail des freres, la grossiereté méprisable de leurs habits, leur ardeur à se rendre service les uns aux autres, leur assiduité à leurs exercices, leur charité, leur silence ; disoient : *c'est ici le camp de Dieu, & la demeure du Saint Esprit* ; mais quelques autres, moins prévenus de confiance en la bonté de Dieu, disoient : *ils ne subsisteront pas dans cette misère ; le pasteur s'en ira, & le troupeau sera dispersé*. Ce qui étoit arrivé depuis peu dans le canton, donnoit lieu à ceux-ci de parler de la sorte. Quelques années auparavant, un Ermite s'étoit établi sur une montagne au nord de ce lieu, avec sa mere. Après qu'elle fut morte, il avoit continué de demeurer seul dans le lieu de sa retraite ; mais quelques scelerats l'y avoient égorgé, & jetté son corps dans un puits, d'où il avoit été tiré ensuite, & enterré dans le parvis de l'Eglise de saint Amand. Au couchant du nouveau monastere, un autre Ermite nommé Hugues, qui étoit Prêtre, s'étoit établi avec sa mere & son frere, & avoit commencé à faire quelque fruit par ses prédications ; mais ses discours libres & peu serieux, & sa conduite peu édifiante, avoient détruit tout

le bien qu'il avoit pû faire. Voïant enfin que le Pere Guy s'élevoit avec succès, pendant, que tout lui réüssissoit si mal, il fut obligé d'abandonner sa demeure, qui fut depuis une dépendance de l'Abbaïe de Vigogne, & porta néanmoins toûjours le nom de Dom Hugues.

Le malheur de l'un, & le peu de succès de l'autre, ne firent point perdre courage au B. Gui, qui voulant couronner par une bonne fin de bons commencemens, alla trouver un Abbé voisin, pour le prier d'envoïer à Vigogne quelques-uns de ses Chanoines, pour y établir leurs pratiques, & du nombre desquels on pût dans la suite en prendre un pour être Abbé du nouveau monastere. L'Abbé envoïa quelques Religieux visiter l'établissement, avec ordre de l'informer si le lieu étoit propre à y faire une Abbaïe. Ces gens furent quelques jours à Vigogne, & trouvant le terrain humide & sabionneux, & difficile à cultiver, ils s'en retournérent chez eux, peu satisfaits, parce qu'ils n'avoient pas assez de confiance en celui à qui appartient toute la terre. Peu de tems après, Valbert Abbé de S. Martin de Laon, homme d'une patience inébranlable dans les adversitez, & d'une charité très-prompte à secourir les autres, aïant été invité avec de très-grandes instances à venir voir ce lieu, s'y rendit, & après l'avoir considéré attentivement, il se sentit porté à en prendre soin. Il alla à Doüay annoncer la parole de Dieu ; & y fit un grand fruit. Comme il parloit un jour de la vie admirable des solitaires de Vigogne, beaucoup d'Ecclesiastiques & de laïques se sentirent portez à renoncer au monde & se consacrer à Dieu dans cette retraite. Valbert encouragé par ce succès, obtint un privilege de Robert Evêque d'Arras pour la nouvelle Abbaïe, & se chargea d'en prendre soin, à condition qu'elle observeroit les statuts Reguliers de l'Abbaïe de saint Martin de Laon. On y envoïa des Religieux de cette Abbaïe, à qui tout succeda selon leurs desirs ; & peu de tems après ils élurent pour Abbé de Vigogne Dom Henri, qui étoit Soûprieur de l'Abbaïe de S. Martin de Laon, homme illustre, parent du Roi de France, & qui avoit été son Aumônier. Mais leur dessein ne réüssit pas alors, parce que le jour que l'Elu devoit être beni, l'Evêque ne se trouva point ; ce qui obligea Henri de s'en retourner à Laon. A sa place l'Abbé de saint Martin envoïa son Prieur, nommé Warin, pour être beni Abbé. Il le fut, & prit possession de l'Abbaïe de Vigogne, qu'il gouverna pendant vingt ans avec édification. Il bâtit une Eglise de pierre, à la place de l'oratoire de bois qu'avoit bâti le B. Gui. L'Eglise fut achevée au bout de six ans, & dédiée la septiéme, c'est-à-dire l'an 1139. le 24. de Septembre, par Alvisius Evêque d'Arras, en présence de Godeffroi Comte d'Artois, & d'une multitude innombrable de toutes sortes de personnes.

Après cela le B. Guy bâtit encore dans le païs Messin un autre monastere, où il fit mettre un Abbé, fit deux voïages à Jerusalem, & revint à Vigogne, où il passa quelque tems. Il commença de bâtir un Hôpital tout auprès de Valenciennes, pour les pauvres & les malades ; mais voïant que les habitans ne l'aidoient pas, comme il eût souhaité, il quitta l'ouvrage avant que de l'avoir conduit à sa perfection, & se retira en Bourgogne l'an 1147. le 1. jour de Février, & y mourut deux mois après, c'est à-dire le 31. de Mars, au château Jouin, où il fut enterré, comme il l'avoit demandé, dans le parvis de saint Lazare, au milieu des pauvres & des malades, à la sepulture desquels ce lieu étoit destiné. Quatre ans & demi après sa mort Warin premier Abbé de Vigogne fut fait Abbé de S. Martin de Laon, à la place de ª Waltier élu Evêque de la même ville. La Chronique de Prémontré d'Aubert le Mire, & la Bibliotheque de Prémontré, donnent la qualité de Bienheureux à celui dont nous venons d'écrire la vie, sur des actes copiez autrefois à l'Abbaïe de Vigogne par le P. Augustin du Paz Religieux de l'Ordre de saint Dominique.

LE BIENHEUREUX
Jean, Evêque de Saint Malo,
surnommé de la Grille.

XII. SIECLE.

JEAN Evêque de S. Malo, surnommé *de la Grille*, à cause d'une grille de fer dont on a entouré son sepulcre, étoit Breton, & eut, à ce qu'on dit, pour parens, des gens d'une mediocre fortune. On ajoûte qu'il fit de grands progrès dans les études, & cela se trouve conforme au témoignage des anciennes Chroniques, & de Pierre Abbé de Celles, depuis Evêque de Chartres, ami & contemporain de ce saint homme, qui ne parlent de sa science, qu'en y ajoûtant l'épithete d'admirable. On veut qu'il ait été Religieux de Clairvaux & disciple de saint Bernard, & qu'il ait été un

des quatre premiers Religieux que saint Bernard envoïa à l'Abbaïe de Begar fondée en 1130. par Etienne Comte de Penthiévre. Il est vrai que quatre Moines de l'Ordre de Cisteaux, nommez Jean, Guillaume, Abraham, & Jacques, furent envoïez établir la Regle dans l'Abbaïe de Begar ; mais saint Bernard ne fut point auteur de cet envoi. Ces quatre Religieux furent tirez de l'Abbaïe de l'Aumône au diocese de Chartres de la filiation de Cisteaux, & non de Clairvaux, comme nous l'apprenons d'une copie de la fondation de Begar, qui a été le seul acte qu'il nous ait été permis de voir dans cette Abbaïe. Ce n'a donc été que la seule ressemblance du nom de Jean, qui a induit en erreur ceux qui ont voulu faire Jean Evêque de S. Malo, disciple de saint Bernard. La même ressemblance de nom les a encore portez à le confondre avec un Jean de Buzé, à qui saint Bernard a écrit une lettre qui subsiste encore, dans laquelle il emploïe toutes les expressions les plus tendres, & tous les ménagemens de cette douceur qui lui étoit naturelle, pour rappeller à lui ce Jean de Buzé, qui pour s'être imaginé que saint Bernard le vouloit destituer avoit quitté sa communauté de Buzé, par boutade & par mécontentement, & s'étoit retiré dans une solitude où l'Esprit de Dieu ne l'avoit pas conduit. Cette lettre ne seroit pas une bonne piece pour l'éloge de Jean de la Grille, si c'étoit à lui qu'elle eût été écrite. Mais pour ruïner cette chimére, il suffit de remarquer ici en peu de mots, que quand Buzé fut fondé pour la premiere fois, l'an 1135. ce ne fut point Jean qui en fut Abbé. Il n'est pas même sûr qu'il y ait eu d'abord un Abbé. Quoiqu'il en soit, ce fut Nivard frere de saint Bernard qui fut préposé pour accepter la fondation & gouverner les Religieux de cette nouvelle Abbaïe. Il y étoit encore au tems de la seconde fondation, & les titres produits dans la nouvelle histoire de Bretagne, bien-loin de nous insinuer que Jean de la Grille en ait été alors établi Abbé, nous apprennent au contraire, qu'il étoit déja Evêque de saint Malo, & que ce fut en cette qualité qu'il assista à la seconde fondation de Buzé. Les auteurs de cette opinion, qui veut faire passer Jean de la Grille pour enfant de S. Bernard, opinion cependant qui n'a point été adoptée par les Ecrivains de l'Ordre de Cisteaux, ni par le Pere Dom Hugues Menard dans son Martyrologe Benedictin ; ont peutêtre pris trop à la lettre une expression de Pierre de Celles, qui écrivant à Jean Evêque de S. Malo, lui parle de la mort de *leur pere Ber-*

nard. Mais si ces auteurs avoient fait attention que l'Abbé Pierre étoit Benedictin, sans être Cistercien, ils auroient fait moins de fonds sur des termes affectueux, qui ne prouvant rien pour l'Abbé de Celles, ne peuvent rien prouver non plus pour l'Evêque de S. Malo. Nous ne nous arrêterons pas davantage à combatre une fausseté, que la suite des faits que nous rapporterons détruira plus positivement.

Si Jean a été Religieux de quelque Ordre, comme la qualité de Frere, qu'il a prise même étant Evêque, ne nous permet pas d'en douter ; il y a bien de l'apparence que ç'a été de celui des Chanoines Reguliers. L'éminence de sa doctrine nous donne lieu de croire qu'il a fait la plus grande partie de ses études à Paris ; & l'attachement plein d'estime qu'il a marqué depuis pour la discipline de saint Victor, semble nous insinuer que ce fut dans cette Abbaïe qu'il embrassa la profession Religieuse. L'engagement qu'il avoit pris dans cet état paroit bien prouvé, par le choix que fit de sa personne le Comte Etienne, pour l'établir premier Abbé du monastere de sainte Croix de Gingamp que ce Prince venoit de fonder pour des Chanoines Reguliers. Il n'y a pas d'apparence qu'il eût choisi un Moine de Clairvaux, pour gouverner une communauté d'un Institut different. Il est encore aussi peu vrai, que Jean fut alors Evêque de S. Malo, comme quelques auteurs l'ont avancé ; puisque le Comte Etienne mourut en 1137. & que Jean n'a pû être Evêque de S. Malo avant l'an 1143. qui fut la derniere année de Donoal prédecesseur immediat de Jean au Siége d'Aleth, depuis transferé à S. Malo. Le Comte Etienne, & Havoise sa femme, voulurent que leur troisiéme fils, nommé Henri, qui étoit alors fort jeune, & qui fut depuis Comte de Treguer & de Guingamp, portât sur ses épaules la premiere pierre du monastere qu'ils bâtissoient à l'honneur de la sainte Croix. Mais ce jeune Seigneur changea de disposition dans la suite, & devint le persecuteur d'un établissement dont il devoit être le protecteur. Cela n'étoit pas encore arrivé, lorsque Jean fut fait Evêque d'Aleth, après la mort de Donoal, decedé l'an 1143. Moyse, Chapelain de la Comtesse Havoise, fut fait Abbé de sainte Croix de Guingamp, à la place de Jean.

Une des premieres rencontres où Jean ait paru avec la qualité d'Evêque, a été la seconde fondation de Buzé. Comme on a parlé de cette seconde fondation dans la vie de la Duchesse Ermengarde, on ne repetera point inutilement ici ce qui en a été dit ailleurs. On se contentera seulement de remarquer deux choses ; la premiere, que l'Abbé qui fut alors établi à Buzé, s'appelloit Pierre, & non pas Jean ; & la seconde, que dans l'acte de cette fondation, Jean prend la qualité d'Evêque de saint Malo, qu'il a prise le premier (car nous avons dit dans la vie de Saint Salomon la raison qui nous porte à compter pour rien un exemple unique de Ratuili Evêque d'Aleth qui vivoit en 970.) Jean a transmis cette qualité d'Evêque de saint Malo à ses successeurs, à cause de la translation qu'il fit de son Siége Episcopal d'Aleth, dans l'isle de S. Malo, qui n'étoit separée de l'ancienne cité d'Aleth, que par un petit trajet de mer. Ce pouvoit être alors une isle parfaite. Si elle l'étoit ; elle est devenuë depuis une peninsule, par le moïen d'une levée de sable qui lui donne la communication libre de la terre ferme d'un côté.

Cette translation est un des grands évenemens de la Bretagne dans le XII. siécle, & cependant l'un de ceux dont l'histoire ait le moins parlé ; de sorte que nous n'en sçavons ni les motifs, ni les principales circonstances. L'isle avoit porté d'abord le nom d'un saint Solitaire appellé Aaron, qui y avoit rassemblé quelques serviteurs de Dieu, dont le nombre fut augmenté par l'arrivée de S. Malo & de ses compagnons. S. Malo s'étant depuis attaché à la conversion des habitans d'Aleth, avoit laissé l'isle aux Solitaires. L'Eglise établie dans cette isle eut dans la suite des siécles le sort déplorable de beaucoup d'autres ; elle fut en partie ruïnée, & tomba entre les mains des Laïques. Dans le XI. siécle les Conciles ordonnérent qu'on retirât d'eux les Eglises dont ils s'étoient emparez, & les monasteres profitérent de cette disposition, soit en rentrant dans la possession de ce que les laïques avoient usurpé sur eux, soit en acquerant de nouveau des Eglises que l'on ne sçavoit à qui restituer, ou que la vie dereglée de ceux à qui elles eussent dû être renduës, rendoit indignes de les posseder. Benoît Evêque d'Aleth, qui vivoit au commencement du XII. siécle, pour suivre l'usage, & obeïr aux loix Ecclesiastiques, disposa de l'Eglise de S. Malo dans l'isle d'Aaron, en faveur de Guillaume Abbé de Marmontier & de ses Religieux, & leur en accorda la possession l'an 1108. ce qui fut confirmé par le Pape Paschal II. l'an 1109. Ni Rigual, ni Donoal successeurs de Benoît, ne changérent rien à cette disposition ; & les Moines de Marmontier étoient dans une possession paisible de plus de trente

LE B. JEAN DE LA GRILLE.

ans, lorſque Jean, réſolu de transferer ſon Siége dans l'iſle de S. Malo, prétendit en chaſſer les Moines, ſur le prétexte que c'étoit un ſiége Epiſcopal.

Les Moines de Marmontier s'addreſſérent au Pape, qui renvoïa le jugement de l'affaire à quelques Evêques des Gaules. Jean ne ſe préſenta point devant eux pour ſoûtenir ſon entrepriſe, & les Evêques prononcérent contre lui une ſentence de ſuſpenſion. Saint Bernard Abbé de Clairvaux, ſon ami, lui conſeilla d'aller trouver le Pape, & lui donna des lettres de recommandation pour Sa Sainteté. Jean ſe rendit à Rome, où il trouva les Moines de Marmontier qui l'avoient prévenu. Il aſſiſta, avec Ulger Evêque d'Angers, au jugement prononcé par Julius II. en faveur de l'Egliſe de Tours contre celle de Dol, l'an 1144. Les Moines de Marmontier appuiérent ſur le défaut que Jean avoit fait de comparoître devant les Juges déleguez du S. Siége; ils ajoûtérent à ce reproche beaucoup d'autres plaintes, & donnérent à leur droit toutes les couleurs qu'ils voulurent. Le Pape les écouta favorablement. L'Evêque de S. Malo aïant voulu répondre, ne fut point écouté; on le renvoïa par devant les mêmes Juges, devant qui il n'avoit point voulu comparoître, & la ſentence qu'ils avoient prononcée contre lui fut confirmée. Jean ſe retira dans l'Abbaïe de Clairvaux, croïant apparemment y trouver S. Bernard; mais ne l'y aïant point rencontré, il lui écrivit la lettre ſuivante: « A ſon pere, le pere de tous les bons, Bernard Abbé de Clairvaux, frere Jean Evêque d'Aleth; heureux ſuccès dans ſes travaux, ici bas, & là haut honneur avec les Anges. Que ne puis-je vous voir! Je ſerois diſpenſé de vous écrire, & la douceur de de vôtre préſence apporteroit quelque remede à ma douleur. Je ſuis plongé dans la triſteſſe, quoique je me regarde dans un état d'épreuve, plûtôt que de punition; car ma conſcience ne me reprochant rien, je me perſuade que je ſuis du nombre de ceux qui ſont heureux dans leur malheur, quand ils ſouffrent ſans l'avoir merité. Je vais vous écrire en peu de mots ce qui me regarde, pour ne pas arrêter ſur une lettre trop longue des yeux que vous devez au monde entier. Après la ſentence qui fut prononcée contre moi, j'ai ſuivi vôtre conſeil, & ſuis allé trouver mon Seigneur, que Dieu a établi Seigneur de ſa maiſon & Prince de tout ce qu'il poſſede. Arrivé auprès de lui, j'y ai trouvé un Juge, plûtôt qu'un pere, & plus de rigueur que de bonté. Les gens de Marmontier m'avoient prévenu, & avoient pris leurs avantages, à mes dépens. Ils ſoûtenoient que j'avois évité de répondre devant les Evêques que le Pape m'avoit donnez pour Juges. A cela ils ajoûtoient mille autres choſes contre moi, & on les écoutoit tranquillement. Mais lorſque je fus ſur le point de parler pour me défendre, le Juge de l'univers refuſa de m'écouter. Je prie Dieu qu'il ne lui ſoit point imputé d'avoir manqué à la juſtice. Mais pour ſurcroît d'affliction, il m'a encore renvoïé à ceux qu'il m'avoit déja donnez pour Juges, dont une partie m'étoient ſuſpects; & ſa main eſt demeurée étenduë ſur moi, puiſque m'étant approché de lui ſuſpens, je me ſuis retiré encore ſuſpens. Du reſte, quoique je ne me ſente coupable d'aucune des choſes dont ils m'ont chargé malicieuſement, je ſupporte, ſinon avec joïe, du moins avec patience, l'état où je me trouve. Je ſçai que j'en ai merité encore davantage, parce que je ſuis un ſerviteur peu fidéle à mes devoirs, & digne de punition. Cela ne me rebute pas de pourſuivre mon entrepriſe, quoique j'en ſente aſſez toute la difficulté, qui conſiſte principalement, en ce qu'étant ſi peu de choſe, & aïant ſi peu de biens & d'eſprit, j'oſe cependant meſurer mes forces avec ceux qui font parade de leur pouvoir & de leurs richeſſes. Voilà pourquoi m'étant rendu ici chez vos Moines de Clairvaux, j'y attends vôtre conſeil, comme ſi c'étoit celui de Dieu; parce que perſonne ne pourra délivrer ce pauvre Evêque de la main de ceux qui le perſecutent, ſi la vôtre ne le protege. Seigneur Pere, je ſuis prêt à ſuivre vos ordres, ſans que rien m'en puiſſe diſtraire. Si vous le trouvez bon, faites ſçavoir vos ordres à vôtre ſerviteur; je n'attends que de vous ſeul ſecours & conſeil. »

Nicolaus Claravall. Ep. 21.

Après avoir ſéjourné quelque tems dans l'Abbaïe de Clairvaux, il prit le parti d'aller trouver ſaint Bernard; & pour ſe le rendre encore plus favorable, il ſe munit de pluſieurs lettres de recommandation, qui lui furent données par Rualen Prieur de l'Abbaïe, par le Moine Henri fils du Roi Loüis le Gros, qui fut depuis Evêque de Beauvais, & par Nicolas autre Moine de Clairvaux, qui paroît avoir écrit, tant la lettre de Jean à S. Bernard, que toutes les autres, car elles ſont toutes d'un même ſtyle, imité de celui de l'Abbé de Clairvaux. Voici la lettre du Prieur: « Cet homme, qui eſt un Evêque pauvre, ami des pauvres, & qui plus eſt, amateur de

Nicol. Claravall. Ep. 41.

1. FEVRIER.

« la pauvreté, revenant de Rome, a passé
« par ici, où il croïoit vous trouver avec
« nous. Nous l'avons retenu d'un commun
« avis, tant à cause de l'amitié qui nous
« unit à lui, que parce qu'il n'avoit pas où
« reposer la tête. Tous ceux qu'il comptoit
« au nombre de ses amis, sont devenus ses
« ennemis ; & ceux dont il auroit pû at-
« tendre du secours, se sont déclarez con-
« tre lui ; & celui dont la puissance est re-
« doutable, lui a fait sentir le poids de sa
« main appesantie. Nos yeux sont témoins
« de la douceur de sa conduite & de son at-
« tachement à la pauvreté. Il n'a de recours
« qu'à vous, qui êtes son conseil & son
« appui. Il va vous trouver, & nous l'ac-
« compagnons d'esprit & d'affection, ne
« le pouvant faire de corps. Ouvrez-lui
« ce sein si rempli de bonté, d'autant que
« nous nous trompons fort, si son affaire
« n'est celle de Dieu ; & si c'est l'affaire de
« Dieu, c'est la nôtre sans doute & la vô-
« tre aussi. Nous sommes portez, tous tant
« que nous sommes, à lui vouloir du bien,
« pour l'amour de la verité, de la douceur,
« & de la justice que nous avons reconnuës
« en lui, dans un point de perfection qui
« devroit le rendre recommandable même
« à ses ennemis. Si vous revenez enfin cette
« fois à Clairvaux, ramenez-le avec vous,
« & vous verrez par vous-même jusqu'où
« va la compassion & la tendresse que nous
« avons pour lui. » Le Moine Henri, fils
du Roi, n'écrivoit pas moins affectueusement « J'avoüe, disoit-il, que je suis dé-
« voré de zéle pour ce pauvre Evêque, que
« l'on n'a traité si cruellement, que parce
« qu'il a aimé la justice & soûtenu les droits
« de l'équité. Tout son crime a été de vou-
« loir être assis sur son siége, & que ce
« qui appartenoit à l'Evêque fût rendu à
« l'Evêque. Voilà le sang dont on recher-
« che la punition contre lui. Si je puis quel-
« que chose auprès d'un pere tel que vous
« (& pourquoi n'y pourrois-je pas beau-
« coup ?) je vous conjure d'embrasser vi-
« vement les interêts de ce Evêque. » Nicolas, secretaire des autres, écrivit en son
propre nom à Geoffroi secretaire de saint
Bernard, pour lui recommander très-particuliérement l'Evêque d'Aleth, qu'il représente comme un homme en qui il n'y
avoit rien qui ne portât le caractére de la
sainteté de l'Episcopat, qui n'avoit rien dans
son exterieur qui ressentît l'orgüeilleuse
fierté des Pharisiens, qui étoit pauvre,
ami des pauvres, & amateur de la pauvreté,
qui étoit persecuté par des gens sans misericorde, & à qui l'on avoit donné pour juges, ou ses ennemis, ou des personnes qui

lui étoient justement suspectes. Le Prieur
de Clairvaux écrivit aussi à Hugues Archevêque de Tours, pour lui recommander l'E-
vêque d'Aleth, dont il lui faisoit l'éloge en
peu de mots.

Le Pape Lucius, peu favorable, jusques-
là, à l'Evêque d'Aleth, mourut sur ces
entrefaites, & Eugene III. qui avoit été
Moine de Clairvaux, fut élu pour remplir, après Lucius, la chaire Apostolique.
Il ne pouvoit rien arriver de plus favorable
à l'Evêque d'Aleth, que cette conjoncture.
S. Bernard avoit conservé de l'ascendant
sur son ancien disciple, & la thiare Pontificale n'avoit pas fait oublier à Eugene III.
que Bernard avoit été son pere & son maître. Il ne refusoit rien à la recommandation
d'un homme de la sainteté du quel il étoit
prévenu depuis long-tems, & Jean trouva
auprès de lui autant de consolation, que
l'accueil peu favorable de Lucius lui avoit
causé d'amertume. Les parties étant donc
en présence les unes des autres, produisirent leurs raisons, & Eugene examina la
cause avec attention. Jean offroit de prouver, par le serment & la déposition de
trois témoins présens, que l'Eglise de saint
Malo avoit autrefois été un Siége Episcopal, & selon les dispositions du Pape, le
jugement de l'affaire dépendoit de ce serment. Les Moines de Marmontier donnérent des reproches contre deux de ces témoins, & promirent de faire voir sur les
lieux, que leur déposition ne devoit pas
faire foi. Le Pape ne voulant pas leur donner lieu de se plaindre, eut la condescendance de renvoïer les parties au jugement
de Geoffroi Archevêque de Bourdeaux,
de Geoffroi Evêque de Chartres, & de
Lambert Evêque d'Angoulême, ausquels
il manda, que si l'Evêque d'Aleth pouvoit
prouver par deux ou trois témoins dignes
de foi, en présence des Moines de Marmontier, à moins qu'ils ne s'absentassent
par contumace, que l'Eglise de Saint Malo eût été un Siége Episcopal, ils reçussent la déposition des témoins, sans appel,
& investissent l'Evêque Jean, par l'autorité du Saint Siége, de l'Eglise de saint
Malo, & de tout ce qui lui appartenoit
dans le tems qu'elle avoit été donnée aux
Moines. Les Commissaires appellérent les
parties à Perigueux, & l'Evêque Jean y
comparut, au tems assigné, avec Garnier
Abbé de Marmontier, & plusieurs témoins
que l'Evêque avoit déja présentez à l'Abbé
& aux Moines, pour leur faire voir qu'il
ne vouloit point user de surprise. L'Abbé
se contenta de s'être montré, & ne s'étant
pas donné la patience d'attendre un jour
entier

entier, il se retira sans s'être excusé, & sans avoir laissé personne qu'il eût chargé de répondre pour lui, sa contumace n'empêcha pas les Commissaires de passer outre, premierement parce qu'elle avoit été prévûë par le Pape, & qu'ils avoient leurs ordres marquez pour ce cas-là ; en second lieu, parce que leur pouvoir étoit limité à deux mois, & qu'ils avoient ordre de finir l'affaire dans ce terme. Aïant donc connu par les discours de quantité de personnes de pieté, que c'étoit là le bruit commun dans le païs, que l'Eglise de S. Malo avoit été autrefois un Siége Episcopal, ils choisirent trois Prêtres, du nombre des témoins que l'Evêque Jean avoit amenez, & après en avoir fait un severe examen, de l'avis de quelques personnes prudentes & religieuses, ils se disposérent à recevoir leur témoignage. Ces trois Prêtres, après avoir touché les Evangiles, jurérent qu'ils avoient vû & entendu, que l'Eglise de S. Malo dont il étoit question, avoit été un Siége Episcopal. Ce serment conforme à la prétention de l'Evêque Jean, contient un fait dont la verité ne paroît pas évidente. S. Malo n'avoit point établi son siége dans l'isle d'Aaron, mais dans la ville d'Aleth, & tous ses successeurs se sont appellez Evêques d'Aleth. Avoient-ils donc deux siéges Episcopaux, l'un dans l'isle, & l'autre dans Aleth ? Les termes de ce serment feroient moins de difficulté, si nous supposions que ces témoins prétendoient seulement, que l'Eglise qui étoit dans l'isle d'Aaron appartenoit de toute ancienneté à l'Evêque & au siége d'Aleth. Quoiqu'il en soit, les Juges déleguez, après avoir entendu la teneur de ce serment, investirent l'Evêque, tant de cette Eglise de S. Malo, que de toutes ses dépendances ; & le Pape aïant été informé de ce jugement, le confirma, & imposa là-dessus un silence perpétuel aux Moines de Marmontier.

Cette grande affaire terminée, Jean établit dans l'Eglise de S. Malo, dont il fit son Eglise Cathedrale, une Communauté de Chanoines Reguliers, de la même observance que ceux de l'Abbaïe de S. Victor. Jean, quoique porté naturellement à la propagation de cet Institut, fut engagé par le Pape Eugene à l'établir dans sa Cathedrale, comme nous l'apprenons d'une Bulle d'Alexandre III. Eugene favorisoit extrémement ce saint Ordre, & fit mettre à sainte Geneviéve de Paris, l'an 1147. des Chanoines de la même Abbaïe de S. Victor. Ils eurent ensuite quelques persecutions à souffrir, & l'on répandit contr'eux d'horribles calomnies. Le B. Jean leur confrere prit si hautement leur parti, & écrivit à ce sujet au Pape Eugene une lettre que nous a conservée Claude Robert dans son *Gallia Christiana*.

Le zéle de ce Bienheureux Evêque, à qui les anciennes Chroniques ont donné l'épithete de severe, trouva dans son diocese sur qui exercer toute sa rigueur, sur les sectateurs d'Eon de l'Etoile, fanatiques furieux, plûtôt qu'heretiques, car ce seroit en quelque sorte leur faire trop d'honneur, que de traiter d'heresie l'obstination insensée & ridicule qui leur faisoit reconnoître dans un malheureux gentilhomme, qui étoit une espece de fou, le Juge des vivans & des morts. On a vû dans la nouvelle histoire de Bretagne, que le diocese de Saint Malo fut particuliérement exposé aux fureurs de ses fanatiques ; à quoi peut-être ne contribua pas peu l'absence forcée de l'Evêque. Mais à son retour, il s'emploïa vivement, comme un bon pasteur, à mettre sa bergerie à couvert des insultes de ces bêtes feroces. Le chef, & les plus chers de ses disciples, avoient échapé aux recherches de nôtre saint Evêque ; ils furent arrêtez par l'Archevêque de Reims, qui les présenta au Concile assemblé dans sa ville metropolitaine en 1148. Eon, à la priere de l'Archevêque, ne fut condamné qu'à une prison perpetuelle ; mais ses disciples, toûjours obstinez dans leur entêtement, furent condamnez au feu. Ceux de cette abominable secte qui restoient encore dans l'Evêché de S. Malo, furent recherchez & arrêtez par les soins de l'Evêque, & la même peine qui avoit expié les crimes de leurs freres, fut emploïée contr'eux.

Après la mort d'Etienne Comte de Penthiévre, ses trois fils, Geoffroi Boterel Comte de Lamballe, Alain le Noir Comte de Richemont & gendre du Duc de Bretagne, & Henri Comte de Treguer & de Guingamp, se firent la guerre pendant sept ans. Le sujet de la guerre étoit apparemment le partage trop avantageux de celui-ci, soit que ce fût une recompense que son pere lui eût donnée, pour s'être tenu fidélement attaché à lui ; pendant que son frere aîné Geoffroi faisoit une guerre impie à leur pere commun ; soit que Henri, profitant de l'absence du Comte de Richemont, qui étoit souvent en Angleterre, & de la haine publique que Geoffroi s'étoit attirée, se fût fait un appanage si considerable, aux dépens de ses freres, à la mort du Comte Etienne. Mais après une guerre si longue, les choses demeurérent dans le même état qu'elles étoient au commencement. Le Comte Henri s'étoit fort écarté de la pieté de son pere. Il avoit chassé les

1. *Rigidæ justitiæ, & miræ scientiæ.* FEVRIER.

1. FEVRIER.

Le Baud d'Argentré, du Paz, Albert leGrand

Chanoines Reguliers de l'Abbaïe de sainte Croix de Guingamp, aussi-bien que l'Abbé Moïse, pour y mettre des femmes, parmi lesquelles étoit une fille d'une maison noble, qu'il avoit débauchée, & qu'il entretenoit avec un scandale public. Pour trouver quelque couleur à ce changement, il avoit cru, comme fondateur, qu'on ne lui contesteroit pas le pouvoir de donner une autre destination à cette maison Religieuse, que celle qu'y avoit donnée le Comte Etienne son pere, & que l'on conviendroit aisément que les intentions pieuses du Comte Etienne seroient également remplies par le Service Divin que feroit en ce monastere une communauté de femmes, au lieu d'une communauté d'hommes. Et pour interesser dans ce changement une puissance qui pût le soûtenir, il soûmit la nouvelle communauté de sainte Croix à l'Abbaïe de saint Georges de Rennes, monastere de la premiere distinction dans la Province, à cause des Princesses & des autres personnes de la naissance la plus relevée, qui s'y étoient consacrées à Dieu. Le B. Jean ne put voir sans douleur la dissipation du premier troupeau qui avoit été confié à ses soins, l'injure faite à la memoire du Comte Etienne, & l'abus des choses saintes, que l'on faisoit servir à couvrir un commerce honteux. Il porta ses plaintes au Pape Eugene, qui en écrivit au Comte Henri. Jean présenta lui-même les lettres du Pape au Comte, & lui parla si fortement, que le Comte cassa la donation faite à l'Abbaïe de S. Georges, rappella les Chanoines Reguliers, rétablit l'Abbé Moïse dans son monastere de sainte Croix, & maria la fille dont nous avons parlé, au Prévôt de Treguer.

Quand le Pape Eugene fut décedé en 1153. les Moines de Marmontier supposant qu'Anastase IV. son successeur pourroit ne pas être si favorable à leur adversaire, entreprirent de remuer de nouveau l'affaire sur laquelle Eugene leur avoit imposé un silence perpetuel. Anastase eut la patience de les écouter, & le B. Jean fut obligé de se soumettre à faire encore un voïage à Rome, pour une affaire déja terminée, qui lui avoit coûté tant de travaux. Le Pape examina soigneusement les écrits produits de part & d'autre, & déclara enfin que ceux des Moines étoient sans force. Il confirma donc le jugement du Pape Eugene, imposa de nouveau silence aux Moines de Marmontier, & leur défendit de troubler jamais le saint Prélat, ni ses successeurs, au sujet de l'Eglise de S. Malo. Le Pape ordonna en même tems, que l'observance des Chanoines Reguliers de l'Institut de S. Victor, établie dans cette nouvelle cathedrale, de l'avis du Pape Eugene, y seroit conservée à jamais ; que l'Evêque seroit choisi par cette communauté Reguliere, soit dans son propre corps, soit dans quelqu'autre maison du même ordre ; enfin qu'aucun ne pourroit être Archidiacre dans l'Evêché de S. Malo, qui ne fût Chanoine Regulier.

FEV

L'année qui précéda celle de la mort du Pape Eugene, Guillaume Seigneur de Montfort dans le diocese de saint Malo, fonda pour les Chanoines Reguliers l'Abbaïe de saint Jacques de Montfort. Le 1. de Mai, par son ordre, Geoffroi le plus jeune de ses fils posa la premiere pierre de l'édifice de l'Eglise ; Raoul son fils aîné posa la seconde ; il posa la troisième lui-même ; & la quatrième fut placée par Amice sa femme. Quatre ans après Jean Evêque de S. Malo consacra le grand Autel de cette nouvelle Eglise, le 16. d'Octobre. La veille de la Pentecôte de l'année suivante, Guillaume fondateur de cette Abbaïe mourut dans l'habit de l'Ordre. Raoul son fils aîné, jeune homme d'un beau naturel & d'une grande esperance, lui succeda ; & cinq ans après c'est-à-dire vers l'an 1161. le B. Evêque Jean, que les titres de cette Abbaïe qualifient, *homme d'une religion consommée*, accompagné d'un nombreux cortege d'Ecclesiastiques & de Laïques, visita la nouvelle Abbaïe, y fit un cimetiere, & benit pour premier Abbé de saint Jacques le Prieur Bernard.

H Bret P. 30

Co ta gion

Il assista, avec Godefroi Evêque de S. Brieuc à la fondation de l'Abbaïe de Lantenac, faite pour des Moines de l'Ordre de saint Benoît, par Eudon Vicomte de Porhoet, qui prenoit la qualité de Comte, à cause qu'il avoit épousé Berthe Duchesse de Bretagne, veuve d'Alain Comte de Richemont. Pour avoir eu de si grands differens avec les Moines de Marmontier, le saint Evêque n'en estimoit pas moins l'ordre monastique, & il en procuroit l'avancement & les avantages, autant qu'il dépendoit de lui. S'il en faut croire les leçons modernes de son office, peu exactes en quelques points, il avoit pris soin, par des ordres précis de Lucius II. datez de l'an 1144. de faire revivre l'esprit de l'ordre & la regularité dans l'Abbaïe de saint Méen, par une reformation salutaire. Mais le moïen de croire, qu'un Pape qui l'a tenu suspens si long-tems, c'est-à-dire avant & après l'an 1144. & qui est mort sans l'avoir relevé de cette suspension, lui ait donné en 1144. une commission honorable, telle que le soin de reformer un monastere ?

Alexandre III. auſſi favorable à ce ſaint Prélat, que l'avoient été Anaſtaſe & Eugene, lui confirma la poſſeſſion de l'Egliſe de S. Malo ; ce que l'Evêque avoit apparemment recherché, afin que trois jugemens conformes du S. Siége le miſſent pour toûjours à couvert des pourſuites des Moines de Marmontier. On dit qu'il bâtit le haut de ſa nouvelle Egliſe Cathedrale. Il mourut l'an 1163. le 1. jour de Février, & fut enterré dans cette Egliſe dont on peut le regarder comme fondateur. Le Pape Leon X. informé de pluſieurs miracles qui s'étoient faits à ſon tombeau par ſon interceſſion, permît l'an 1517. en attendant ſa canonization, d'en faire l'office, & d'en celebrer la fête. Cette grace fut obtenuë par Denis Briçonnet Evêque de S. Malo Ambaſſadeur du Roi François I. qui obtint une pareille grace du même Pape pour la B. Veronique de Binaſque enterrée à Milan au monaſtere de ſainte Marthe.

21.
AVRIL.

SAINT HAMON,
Confeſſeur.

XII. SIECLE.

Vita S. Hamonis manuſcript.

SAINT Hamon nâquit à Landecob dans l'Evêché de Rennes, d'une famille conſiderable. Avec le bien & la naiſſance, il avoit de l'étude ; mais il mépriſa tout, pour aller ſe dévoüer au ſervice de Dieu dans l'Abbaïe de Savigny. Pendant qu'il étoit encore dans la maiſon des novices, le bruit ſe répandit au dehors & au dedans, qu'il étoit lépreux. Cette fauſſe nouvelle trop legerement cruë, lui cauſa un grand embarras ; de retourner dans le ſiécle, la réſolution qu'il avoit priſe de le quitter, ne le lui permettoit pas ; d'être reçû à la profeſſion monaſtique, les loix du monaſtere le défendoient. Il y avoit dans la même Abbaïe deux Moines veritablement attaquez de ce mal, qui étoient dans la maiſon deſtinée aux Lépreux. L'humble & genereux novice fut inſpiré de demander la permiſſion d'être enfermé avec eux, pour les ſervir. On lui accorda ce qu'il demandoit, & Dieu beniſſant cette action heroïque, répandit ſur lui de nouvelles graces & de nouvelles lumieres. Hamon apprit dans cette affreuſe retraite, à ſe connoître plus parfaitement, à s'attacher à Dieu avec plus de confiance, à domter ſon corps avec plus de rigueur, à veiller plus long-tems, à prier avec plus d'aſſiduité, à garder le ſilence avec plus d'exactitude. Il ſervoit les Lépreux ſans dégoût ; rien de ce qui accompagne un mal ſi affreux, ne le rebutoit ; & ſa charité le portoit à laver les pieds à ſes deux confreres, & leurs rendre d'autres ſervices qu'on n'eût pas oſé exiger de lui. Enfin, après qu'il eut été aſſez long-tems avec eux, ſans qu'il parût en lui aucune marque de lépre, Dieu toucha de compaſſion le cœur des Religieux, qui retirérent Hamon d'une ſi rude épreuve, & contentérent ſes deſirs, en lui donnant l'habit monaſtique, qui ſe donnoit à la profeſſion.

21.
AVRIL.

Les preuves éclatantes qu'il avoit données d'une humilité parfaite, engagérent ſes ſuperieurs à lui faire prendre le Soûdiaconat & le Diaconat tout enſemble ; & peu de tems après il fut promû au Sacerdoce. Il étoit ſi occupé de l'excellence du miniſtere ſacré, dont il ne s'étoit laiſſé charger qu'en tremblant, qu'il en oublioit ſouvent le boire & le manger, & qu'il falloit le faire reſſouvenir qu'il étoit homme, & qu'il avoit beſoin de nourriture. L'auteur qui a écrit ſa vie, dit avoir appris de ceux qui l'avoient connu particuliérement, qu'étant au tribunal de la penitence, il avoit ſouvent reproché des fautes énormes à des gens qui les lui cachoient par une fauſſe & criminelle honte. Il fit un fruit conſiderable dans ce penible & ſalutaire emploi, & ramena dans le chemin du devoir & de la vertu beaucoup de perſonnes habituées à ſuivre celui du vice. Les nobles même, & les Seigneurs les plus diſtinguez, couroient s'humilier à ſes pieds, lui ouvrir le ſecret de leurs cœurs, & ſe ſoumettre à ſes conſeils. Quand il ſe préſentoit à lui des perſonnes qui avoient la conſcience chargée de quelques fautes conſiderables, il ne ſe contentoit pas d'agir à leur égard en juge & en medecin ; il ſe rendoit auſſi leur interceſſeur auprès de Dieu, & tâchoit, par les plus ferventes prieres, à faire deſcendre ſur eux l'eſprit de componction. Souvent il lui a été revelé, dans cette occupation ſainte, que ceux pour qui il demandoit miſericorde, s'en étoient rendus indignes par un endurciſſement volontaire.

Les remedes qu'il apportoit aux pechez des autres, le faiſoient ſouvent trembler pour lui-même, & apprehender qu'il ne fût pas aſſez guéri des plaïes que le commerce du ſiécle avoit faites à ſon ame, avant qu'il fût entré dans la Religion. C'eſt ce qui faiſoit qu'il n'approchoit de l'Autel qu'en tremblant. Outre une pureté de vie, où ſa conſcience délicate ne ſouffroit la trace d'aucune tache, il apportoit au ſaint miniſtére une attention ſi vive à toutes les cérémonies & à toutes les paroles, qu'il ne lui

Hh ij

21.
AVRIL.

échapoit rien fur quoi fes reflexions n'agiſſent d'une maniere qui lui rendoit le paſſé comme préſent, & qui a donné lieu de dire qu'il voïoit veritablement les choſes myſterieuſes qui faiſoient la matiere de ſon application. Ainſi quand il diſoit, à la conſecration : *le Jour qui preceda celui auquel il ſouffrit, il prit du pain, &c.* les yeux de ſon ame voïoient diſtinctement le Divin Sauveur dont il parloit, prendre le pain & le benir. Quand il invitoit l'Ange de Dieu à préſenter devant le trône de Sa Majeſté l'offrande ſacrée; ſon eſprit voïoit à l'inſtant l'execution de ſes prieres, dans le miniſtére des Anges. S'il prioit Dieu d'agréer ſon offrande, comme il avoit reçu celles d'Abel, d'Abraham, & de Melchiſedech; il voïoit de quelle maniere ſon offrande étoit accompagnée, aux yeux de Dieu, de celles de ces ſaintes ames. Heureux! d'avoir toûjours apporté une attention nouvelle au plus redoutable de nos myſtéres, & à celle de toutes nos actions qui merite le plus d'avoir toute nôtre ame & tout nôtre eſprit, comme les biens que nous y recevons meritent la reconnoiſſance de tout nôtre cœur.

Dès les commencemens de l'Ordre de Ciſteaux, outre les Religieux de chœur, il y avoit auſſi des freres laïs, appellez Convers, qui portoient l'habit de la Religion, & ſervoient Dieu avec les mêmes engagemens que les autres. On choiſiſſoit pour les gouverner, quelqu'un qui fût diſtingué par la ſcience & par la ſainteté de ſes mœurs. Hamon fut jugé le plus digne de tous de cet emploi, & s'en acquitta d'une maniere qui juſtifia pleinement le choix que l'on avoit fait de ſa perſonne. Mais comme celui-là veille en vain, qui garde la maiſon, ſi Dieu ne la garde lui-même; il arriva que quelques-uns de ſes freres manquérent de perſeverance, après avoir manqué de docilité, & par une chute funeſte, abandonnérent leur état, pour retourner dans le ſiécle. Le ſaint homme en eut une douleur inconcevable, & s'accuſant lui même de leur perte, craignit que ſes fautes n'en euſſent été la cauſe. Son affliction alla ſi loin, qu'il fallut que Dieu même le conſolât & le raſſurât, par une viſion qu'il eut, en celebrant le ſaint Sacrifice. Il connut de même, dans quelques autres viſions, l'état bienheureux des ames de ſon pere & de ſa mere; & que Dieu avoit plus agréable, dans les oraiſons qui ſe diſent à la Meſſe pour les morts, qu'on priât pour pluſieurs enſemble, que de prier pour un ſeul.

Comme il n'y avoit perſonne dans l'Abbaïe plus ſaint que lui, ce fut à lui ſeul auſſi, que l'on donna le ſoin de manier & de diſtribuer quelques Reliques des Saints, dont la maiſon avoit été enrichie par ſon moïen. Il ne touchoit à ces précieux reſtes des temples vivans du Saint Eſprit, qu'avec tremblement; & ſans les miracles qui accompagnoient ſouvent ce religieux exercice, il auroit eu peine à ſe réſoudre de le continuer; tant il avoit peur d'être puni, comme temeraire, d'une action dont perſonne n'étoit plus digne que lui.

On met au nombre de ſes miracles, ce qui lui arriva à l'égard d'une Religieuſe d'une Abbaïe par où il paſſa dans un de ſes voïages. Cette Religieuſe étoit à l'extrémité, & ſouhaita que le Saint entendît ſa confeſſion. Saint Hamon ne put lui refuſer ſon miniſtere, dans une occaſion ſi preſſante; mais il ſe hâtoit auſſi de retourner à ſon monaſtere, où l'obéïſſance le rappelloit. La Religieuſe mourante témoigna beaucoup de douleur de ſon départ, & le Saint, touché de ſon affliction, lui dit, avec une ſimplicité pleine de confiance : « il faut que j'obéïſſe, & que je m'en retourne; mais attendez à mourir que je ſois revenu. » Il partit dans l'inſtant, & étant revenu quelques jours après, il trouva que la mort avoit, pour ainſi dire, reſpecté ſes ordres. Il ſembloit que cette bonne Religieuſe n'attendoit plus que la benediction de Hamon, pour aller joüir de la beatitude; auſſitôt qu'elle l'eut revû, & entendu les diſcours édifians dont il étoit venu la fortifier dans ce terrible paſſage, elle rendit tranquillement ſon eſprit à Dieu.

Ce ſaint homme fut affligé, ſur la fin de ſa vie, d'une maladie qui ne lui permettoit pas de ſe tenir couché. Il étoit aſſis, & ſouffrans ſes douleurs avec une patience qui faiſoit l'admiration & l'édification de tout le monde, il reçut de Dieu des conſolations qui adoucirent les maux du corps, & calmérent les peines d'eſprit. Il mourut ſaintement le 21. d'Avril, de l'an 1173. Sa vie a été écrite par une perſonne qui a connu ceux qui ont vêcu avec ce ſaint Religieux; & cette vie porte en tête le titre de : *Vie de S. Hamon,* qualité que l'auteur donne à Hamon, comme une dénomination qui lui étoit acquiſe & ſolidement établie. On aſſure que cet auteur eſt Etienne de Fougéres Evêque de Rennes, contemporain de ſaint Hamon. Les Religieux de l'Abbaïe de Savigny ne font point de fête particuliere de ſaint Hamon; mais ils font memoire tous les jours à l'office, de cinq Saints, l'un deſquels eſt S. Hamon.

SAINT MAURICE, Abbé.

XII. SIECLE.

Tiré de ses manuscrits.

SAINT Maurice nâquit à Loudéac, dans le diocese de S. Brieuc, sous le regne de Loüis le Gros, c'est-à-dire vers l'an 1127. Ses parens le firent étudier, & il s'appliqua aux lettres avec tant de succès, qu'il merita de recevoir la qualité de Maître. Mais le malheur de tant d'autres, qui trop enflez de leur science, étoient tombez dans le précipice, & s'étoient perdus, lui fit préferer l'humilité à l'élevation. Il renonça donc, non-seulement aux avantages que pouvoit lui procurer la science, & à tous les biens temporels qu'il possedoit deja, mais à sa volonté propre; & se dérobant au monde & à ses amis, il alla prendre l'habit de l'Ordre de Cisteaux dans l'Abbaïe de Langonnet fondée sur les confins du diocese de Quimper, quelques années auparavant, par le Duc Conan III. surnommé le Gros. Là, s'appliquant uniquement à plaire à Dieu seul, il allia la simplicité de la colombe avec la prudence du serpent; & une humble modestie avec la discretion qui regnoit dans toute sa conduite.

Il n'y avoit pas encore trois ans qu'il pratiquoit les loix de son Institut, que la consideration de ses rares merites engagea la Communauté de Langonnet à le choisir pour Abbé. Elevé dans cette place il fit voir encore plus d'humilité & de discretion qu'auparavant. Il y joignit la patience dans la pauvreté, la constance & la tranquillité dans les peines qu'il eut à souffrir; tant au-dedans qu'au dehors. L'esprit Saint qui habitoit en lui fortifioit l'homme interieur contre tout ce qui auroit pû troubler sa paix. Il gouverna l'Abbaïe pendant trente ans, après quoi ne voulant plus s'occuper que de la contemplation avec Marie; il se fit nommer un successeur dans l'emploi de Marthe.

Conan IV. surnommé le Petit, Duc de Bretagne & Comte de Richemont, fils de Berthe heritiere du Duché, & d'Alain le Noir Comte de Richemont, attiré par la réputation de l'homme de Dieu, l'alloit souvent voir, écoutoit ses saintes instructions, & suivoit ses conseils en beaucoup de choses. Ce fut en sa consideration, & par son avis, que le Duc fonda une nouvelle Abbaïe de l'Ordre de Cysteaux, dans le même diocese de Cornoüaille, dans la forêt de Carnoët, vers l'embouchure de la riviere d'Ellé. Saint Maurice y mena douze Religieux de Langonnet, & fut établi leur Abbé. Le Duc mourut, avant que d'avoir pû mettre la derniere main à son ouvrage; la patience & l'industrie de Maurice acheverent le reste; & la Duchesse Constance fille de Conan continua de favoriser la nouvelle Abbaïe, avec autant de bonté que son pere. On raconte quelques miracles de saint Maurice; de l'eau changée en vin, & du vin formé surnaturellement dans des vaisseaux vuides, le tout pour le service de l'Autel. Il gouverna l'Abbaïe de Carnoet pendant quinze ans; après quoi il fut attaqué d'une fiévre continuë, qui le délivra de ce corps mortel le 5. d'Octobre de l'an 1191. Il mourut âgé d'environ soixante-quatorze ans, après avoir reçû les Sacremens de l'Eglise, & fut enterré dans son Abbaïe, qui a depuis porté son nom; & s'appelle encore aujourd'hui l'Abbaïe de saint Maurice. La Bulle d'Honorius III. donnée l'an 1225. en faveur de cette Abbaïe, ne la nomme que N. D. de Carnoet; mais des titres des années 1211. 1213. 1220. la nomment: l'Abbaïe de S. Maurice. La vie du saint Abbé, que nous avons suivie, a été écrite par son neuviéme successeur, appellé Guillaume, qui vivoit en 1323. L'ancien calendrier de l'Abbaïe de saint Méen marque la fête de saint Maurice au 5. d'Octobre, & cela nous sert à suppléer un mot essentiel qui manque dans le manuscrit original de la vie de ce Saint, qui est celui de *nonas*. Il y est dit que saint Maurice deceda *iii. ... Octobris*. En substituant *nonas*, on se trouve d'accord avec le calendrier de saint Méen.

SAINT GUILLAUME [a] Pinchon; Evêque & Confesseur.

XIII. SIECLE.

[a] Il y a eu avant lui un autre Guillaume Evêque de S. Brieuc, qui vivoit en 1092.
Hist. de Bret. to. 2. p. 154.
Tiré de ses actes dans Surius.

QUOIQUE le nom de Pinchon ne se trouve point dans les Reformations, parmi les nobles de l'Evêché de S. Brieuc; comme saint Guillaume est mort cent ans avant la plus ancienne de ces Reformations; & comme le nom de Pinchon, qui étoit celui de sa famille, peut avoir été éteint en lui; nous ne laisserons pas de dire, après l'auteur original de sa vie, qui a vécu avec lui dans sa maison, & après Pierre le Baud, qu'il étoit d'une famille noble de l'Evêché

Gauffridus Calvus Bithricensis.

de S. Brieuc. Il a plu cependant au P. Albert le Grand, après Bertran d'Argentré qu'il copie fidélement, de le dégrader de nobleſſe. Il lui donne pour pere Olivier Pinchon, de la paroiſſe de S. Alban dans l'Evêché de S. Brieuc, & pour mere Jeanne Fortin de la paroiſſe de Plenet-Guic, ou de celle de Pleurtuit, au même dioceſe, ſelon le ſieur de la Diviſion Chanoine de S. Brieuc, qui a écrit la vie de ſaint Guillaume. Si Surius n'avoit point tronqué le commencement des actes de ſaint Guillaume compoſez par Geoffroi le Chauve de Bourges, qui promet dans ſa préface de parler de la noble origine, & de l'éducation de ce ſaint Evêque, nous aurions été plus au fait ſur tout cela. Il faut du goût & de l'habileté, pour ſçavoir abreger avec art; & tel croit ſouvent ne retrancher que des inutilitez, qui dérobe au public des connoiſſances eſſentielles & importantes.

La chaſteté admirable, & toutes les autres vertus qui brillérent dans ſaint Guillaume, nous font aſſez juger que ſes parens lui donnérent une éducation excellente. Pour ce qui eſt des études, le P. Albert le Grand ne lui fait employer ſa diligence que dans la Grammaire; mais nous ne doutons point que cet auteur n'ait ici trop borné ſa liberalité ordinaire. Guillaume étoit bien fait, d'une belle figure, il avoit la perſuaſion ſur les lévres, & une douceur de mœurs qui lui gagnoit les affections de tout le monde; grands talens pour l'expoſer de bonne heure à la perte de ſon innocence, s'il n'avoit été ſoûtenu d'une grace puiſſante. Il en éprouva le ſecours, & y répondit fidélement, dans la maiſon d'un homme riche, où une fille, charmée de ſa bonne mine, & vaincuë par l'eſprit impur, après avoir inutilement fait parler ſes yeux, pour communiquer à ce nouveau Joſeph la malheureuſe flamme dont elle étoit dévorée, profita des ombres de la nuit, & alla, pendant que tous les autres dormoient, l'attaquer dans ſon lit, & ſe coucher effrontément auprès de lui. Le ſaint jeune homme, reveillé d'une maniere ſi extraordinaire pour lui, & perſuadé que la fuite eſt le remede le plus efficace dans cette ſorte de guerre, où les domeſtiques ſont d'intelligence avec l'ennemi, ſe débaraſſa dans l'inſtant des mains de cette malheureuſe perſonne, avec la même vivacité qu'on ſe retire du milieu des flammes dans un incendie, & qu'on prend la fuite devant un ſerpent. Guillaume eut toûjours depuis le même attachement pour cette aimable vertu qui nous fait vivre dans le corps comme ſi nous n'en avions point. Une femme noble de Saint Brieuc ne ſçavoit pas qu'elle étoit la conſtance de Guillaume devenu Evêque, dans l'amour & la conſervation de la chaſteté, lorſqu'elle forma l'inutile projet de la corrompre. Elle étoit veuve & ſans amis, mais non pas ſans dettes & ſans affaires, & ſe trouvoit fort inquiétée par la Juriſdiction temporelle de l'Evêque de Saint Brieuc. S. Guillaume étoit alors ſur le ſiége Epiſcopal, & cette Dame ſe mit en tête, que ſi elle pouvoit ſéduire le cœur du Prélat, elle en auroit plus de pouvoir ſur l'eſprit des Juges qui adminiſtroient la juſtice pour lui. Elle alla donc trouver le ſaint Evêque, & lui aïant demandé une audience particuliere, elle oſa bien lui propoſer ce que la femme de Putiphar propoſoit au chaſte Intendant de ſa maiſon. S. Guillaume répondit à cette Dame: « femme impudente, avez-vous donc entrepris de ſéduire vôtre Paſteur, vôtre Evêque, vôtre Pere & vôtre Seigneur? » Puis prenant ſon rochet, [b] & le ſecoüant de deſſus ſa poitrine, comme s'il eût voulu en ôter du feu qui y fût tombé, il ajoûta: « regarde, inſolente, & ſouviens-toi, que je ſuis miniſtre de Dieu, ſon ſacrificateur & ton Evêque. » La Dame ſe retira, couverte de confuſion, & Guillaume remercia Dieu de cette nouvelle victoire que ſa grace venoit de lui faire remporter. C'eſt au même devoir, de loüanges & d'affectueux remercîmens, qu'il exhortoit, la veille de ſa mort, ſon confeſſeur domeſtique, à qui il avoit découvert tous les ſecrets de ſon ame: « mon frere, lui diſoit-il, rendez à Dieu de très-humbles graces pour moi, de ce que, par un effet de ſa protection ſinguliere, il m'a garenti juſqu'à ce jour de toutes les atteintes de la corruption, & conſervé la chaſteté de mon corps. » Ceux qui l'enſevelirent furent très-perſuadez, à l'inſpection de ce corps ſi pur, lorſqu'ils le lavérent, que le ſaint homme n'avoit pas rendu en cette occaſion un faux témoignage à Dieu, comme on l'a ſçû [c] par le rapport qu'ils en firent. Cette vertu ſi belle & ſi rare nous a entraînez inſenſiblement depuis la jeuneſſe de S. Guillaume juſqu'à ſa mort; mais elle n'étoit pas la ſeule qui fût l'objet de ſes ſoins & la matiere de ſon application. Dieu l'avoit mis dans une place où il ne ſuffiſoit pas qu'il ſe rendît agréable à ſes yeux par la chaſte & ſévére continence; il falloit encore édifier le public par des vertus d'éclat, & lui être utile par l'exercice exterieur du miniſtére ſacré.

Joſſelin Evêque de Saint Brieuc, ſon troiſiéme prédeceſſeur, lui donna la tonſure Eccleſiaſtique, les moindres ordres, & le Soûdiaconat; & voïant le grand bien qu'on pouvoit se promettre d'un jeune homme si vertueux & si sage, il le prit dans sa maison, le retint auprès de lui, & lui conferà les ordres du Diaconat & de la Prêtrise. Les deux successeurs de Josselin Pierre & Silvestre, arrêterent de même Guillaume auprès d'eux ; mais on ne sçait point quels emplois ils lui donnerent. Silvestre mourut en 1220. après un an & demi d'Episcopat, selon le P. Albert le Grand, ou plûtôt après avoir tenu le siége huit ans, si on s'en rapporte aux anciennes Chroniques; & Guillaume fut élû pour succeder à Silvestre, dans un tems où l'Eglise Bretonne inquiétée par le Duc Pierre de Dreux, avoit besoin de Pasteurs qui eussent le courage de la défendre. Alors, pour nous servir de l'expression de l'ancien auteur de la vie de S. Guillaume, ce saint Prélat ne se contenta pas d'avoir les reins ceints par la chasteté ; il crut qu'il étoit de son devoir de prendre à la main la lampe ardente par laquelle nous sont designées les œuvres de charité. Il se regardoit comme le pere des pauvres, & en cette qualité, chargé de l'obligation de les nourrir & de soulager les miserables dans leurs necessitez. Il ne se croit pas quitte envers eux par les liberalitez de son aumônier ; il portoit lui-même une bourse, pour ne se pas exposer à la douleur de trouver quelque indigent à qui il ne pût faire du bien. Son attention pour les pauvres étoit si grande, que quand on leur distribuoit les restes de sa table, il se tenoit à une fenêtre, attentif à ceux qui donnoient & à ceux qui recevoient, & veillant à ce que tout se passât à la satisfaction de tout le monde ; & si le nombre des pauvres étoit trop grand, par rapport à ce que l'on avoit à leur distribuer, il y faisoit suppléer sur le champ. Dans une année de cherté saint Guillaume voïant les pauvres languir de faim, leur ouvrit ses greniers, & leur fit distribuer tous ses grains ; & comme il n'y en eut pas encore assez pour les faire vivre, il emprunta le bled de ses Chanoines, pour en faire l'aumône. Enfin il poussa la liberalité envers les miserables jusqu'au point qu'il ne lui resta pas de quoi faire un testament. Heureux en cela, d'avoir mieux aimé se faire un trésor qui l'a suivi dans le ciel, que d'amasser sur la terre des richesses qui l'auroient abandonné à la mort.

Les occupations exterieures de Marthe n'excluoient pas l'attention interieure de Marie à écouter Dieu & à lui parler dans la priere. Guillaume attaché à entendre la voix divine dans le secret du recueillement, emploïoit aussi la sienne sans cesse à celebrer ses loüanges ; car outre les Heures Canoniales & les autres prieres ordinaires, il ne se passoit point de jour qu'il ne recitât tout le Psautier qu'il sçavoit par cœur. C'est ainsi que le feu celeste de la lampe dont il se servoit pour éclairer les autres, penetroit jusqu'à son ame.

Sa dignité n'étoit point une raison qui le dispensât des services les plus bas, quand il s'agissoit de rendre service aux pauvres ; on l'a vû, prosterné par terre, pour souffler de sa propre bouche le feu destiné à faire cuire la nourriture qu'il leur destinoit. Il vint un jour une personne emprunter une cuve chez lui, pour donner le bain à une pauvre femme qui étoit en gesine. Il étoit seul alors, sans autre domestique à la maison, que son Chapelain. Il ne differa pas, pour cela de faire cette bonne œuvre ; il alla lui-même ôter le bled dont cette cuve étoit remplie, & avec l'aide de son Chapelain, il la chargea sur les épaules de celui qui l'étoit venu chercher. Allant se coucher un soir, il apperçut qu'on avoit dressé à terre le lit d'un Religieux qui étoit logé chez lui, pendant que le sien étoit dressé dans un lieu plus élevé & plus commode. Cette difference choqua son humilité ; il fit venir aussi-tôt du monde, & ne se coucha point, qu'on n'eût égalé les deux lits. Mais quand il étoit sans témoins, il couchoit souvent sur la dure, pendant que ses serviteurs croïoient qu'il reposoit mollement. Il traitoit son corps comme un ennemi dangereux, & emploïoit les rigueurs de la penitence à diminuer ses forces & sa vigueur, qui ne sont que trop souvent préjudiciables à celles de l'ame. Son rang & sa dignité l'engageoient en beaucoup d'occasions à donner des repas, où regnoit une honnête, quoique modeste, abondance ; mais il goûtoit peu des viandes dont il regaloit les autres, & les pauvres en profitoient plus que lui. Il ne buvoit que de l'eau pure, ou s'il y mêloit du vin, c'étoit en bien petite quantité.

Ses entrailles étoient toûjours émûës, quand il voïoit les peines & les miseres des autres. Une femme hydropique lui demandoit un jour l'aumône. Elle avoit le ventre si enflé, qu'à peine pouvoit-elle tenir dans ses habits. Le Saint la voïant dans un état si digne de compassion, ne se contenta pas de soulager sa pauvreté ; il crut qu'il pourroit aussi apporter quelque soulagement à son mal, en lui faisant prendre de la theriaque. Elle en prit, & s'en alla. L'Evêque, à son repas se ressouvint d'elle, & lui envoïa le meilleur plat de sa table, à quoi il n'avoit fait que goûter. Celui qui faisoit la commission, chercha long-tems cette pauvre femme par

29.
Juillet.

les ruës, & la trouva enfin chez elle, couchée & souffrant des douleurs qui la mettoient à l'extrémité. A cette nouvelle affligeante, le saint Prélat se regardant comme la cause de la mort de cette femme, par le remede qu'il s'étoit ingeré de lui donner, s'en alla à l'Eglise offrir à Dieu le sacrifice de ses larmes & de ses prieres, & il y demeura jusqu'à ce qu'on vint lui dire que la femme étoit levée & parfaitement guérie. Il en eut une joïe extrême, & se fit amener cette femme. Quand il la vit, il avoit peine à s'en rapporter au témoignage de ses yeux, tant il étoit hors d'apparence, qu'une personne qu'il avoit vûë le même jour dans un état si pitoïable, eût en si peu de tems recouvré une santé si parfaite. Mais on ne douta point que ce changement si surprenant ne fût l'effet des prieres du Saint, & de l'égard que Dieu avoit eu pour ses larmes & pour sa charité.

Pendant la guerre que la mauvaise conduite du Duc Pierre de Dreux attira à la Bretagne, comme la ville de S. Brieuc n'est point fermée, elle étoit au pouvoir, tantôt des Bretons, & tantôt des François, & exposée à mille ravages. C'étoit dans ces occasions qu'éclatoit tout le zéle & toute la tendresse du Pasteur, occupé sans cesse à rassembler ses oüailles dispersées, & à les consoler. Combien de fois s'est-il présenté au milieu des brigans? Combien de fois a-t-il exposé sa vie, pour conserver la vie & les biens de ceux dont la benigne providence lui avoit confié le soin? Combien de fois enfin des hommes de sang ont-ils mis sur lui des mains sacrileges, haussé l'épée sur son cou, accablé d'injures, & tâché d'épouvanter le saint & venerable Pasteur, qui ne leur opposoit qu'une fermeté inébranlable & un courage invincible? Il ne pouvoit quelquefois refuser aux instantes prieres de son Clergé, d'user du glaive spirituel, en retranchant du sein de l'Eglise ses ennemis sanguinaires & ces cruels brigans; mais ce n'étoit que, l'ame penetrée de douleur, & les yeux baignez de larmes, qu'il exerçoit dans ces extrémitez fâcheuses la puissance des clefs.

Le Duc, pendant ce tems-là, persecutoit l'Eglise, & s'en déclaroit l'ennemi, sous prétexte de retrancher ses usurpations, & de la reduire aux termes de la modestie qu'il s'imaginoit qui lui convenoit mieux, que l'exterieur trop brillant & le faste auquel elle s'étoit insensiblement livrée. Les executeurs de ses ordres trouvérent dans l'Evêque de S. Brieuc un mur d'airain, qui arrêta leurs progrès & déconcerta leurs entreprises. Il essuïa leurs injures & leurs menaces, avec une fermeté qui les irrita. Il eût volontiers donné sa vie pour cette cause; mais on se contenta de le chasser de la province. Le Saint, persuadé que tous les païs sont également la patrie de l'homme solidement vertueux, & que le Chrétien qui possede Dieu, possede tout, souffrit sans peine l'exil, la honte, la perte des biens, dans l'esperance d'avoir part à la beatitude promise à ceux qui souffrent persecution pour la justice. Il se retira dans l'Evêché de Poitiers, où l'Evêque de ce diocese, accablé de maladie, & hors d'état d'agir, le pria de prendre soin de son troupeau. S. Guillaume y passa quelques années, pendant lesquelles il édifia merveilleusement ces étrangers, par la sainteté de sa vie; fit les ordinations, dédia des Eglises, consacra des autels, donna la confirmation, remplit tous les autres devoirs du Pasteur en chef, & se rendit agréable aux hommes, comme il l'étoit à Dieu.

Enfin, quand il eut plu au Seigneur d'adoucir la ferocité du Prince, & de rendre la paix à l'Eglise de Bretagne, Guillaume revint prendre soin de son propre troupeau, non content de l'édifier par sa sainte vie, de le nourrir spirituellement & corporellement, de le défendre & de le proteger, il voulut aussi embellir sa ville d'un temple materiel, & commença à bâtir l'Eglise Cathedrale que l'on y voit aujourd'hui, qui n'est pas des moins belles de la province, & que le Prélat qui gouverne presentement ce diocese avec tant d'édification, & qui a succedé aux vertus, comme à la dignité de Guillaume, a reparé de nos jours avec tant de zéle & de dépense. Soit impression de l'Esprit qui met la parole dans la bouche des Prophetes, soit mouvement du courage & de la résolution du saint homme, on rapporte que, pensant serieusement à la difficulté de l'entreprise, aux frais de l'execution, à la longueur du travail, il dit avec assurance: « j'acheverai pourtant mon Eglise, vif ou mort. «

Voilà tout ce que l'Ecrivain de ses actes nous a appris de sa vie. Le P. Albert le Grand y ajoûte un fait, dont la memoire peut s'être conservée par tradition; & le voici, sur la foi d'un tel garant, accoutumé à mêler l'incertain avec le certain. Saint Guillaume revenant un jour de Pleurtuit, dans le diocese de S. Malo, & surpris de la nuit, fut contraint de loger au bourg ou village du Chemin-Chauffé, à l'extremité de ce diocese, vers les confins de celui de S. Brieuc. Le lendemain matin l'hôte qui l'avoit logé, le voïant sans argent & hors

d'état

d'état de pouvoir païer son gîte, n'eut aucun égard aux assurances qu'il lui donnoit de le contenter, & lui retint malhonnêtement son Breviaire. Le Saint affligé d'une perte qui le mettoit en danger de passer une partie du jour sans rendre parfaitement à Dieu le sacrifice de ses lévres, en marqua sa douleur, en passant à l'Hôtellerie-Abraham, maison noble qui n'est pas loin du Chemin-Chauffé, & qui appartient presentement aux Seigneurs de Bienassis-Visdelou. Le Seigneur de la maison, & sa femme, après avoir prié S. Guillaume de ne prendre plus désormais son gîte dans le canton, que chez eux, envoïérent dégager le Breviaire du saint homme, le lui rendirent, & lui firent accommoder un appartement, comme la Sulamith avoit porté son mari à en préparer un au Prophete Elisée. On veut que depuis ce tems là, le bourg de Chemin-Chauffé ait dépéri chaque jour, & que l'Hôtellerie-Abraham ait toûjours été en augmentant. Ce qu'il y a de sûr, c'est que la maison de l'Hôtellerie-Abraham est aujourd'hui entierement ruïnée, à la reserve du portail & d'une chambre qui est au-dessus, qu'on dit qui a été celle de saint Guillaume.

Il ne faut pas oublier ici ce qu'on a déja pû voir dans la nouvelle histoire de Bretagne, que saint Guillaume assista l'an 1223. le 24. de Novembre, à la dédicace de l'Eglise de l'Abbaïe de Villeneuve dans le diocese de Nantes, avec Etienne Evêque de Nantes, Guillaume Evêque d'Angers, Joscelin Evêque de Rennes, Raoul Evêque de Saint Malo, les Evêques de Vannes, de Quimper, de Treguer, & de Leon, & douze Abbez de l'Ordre de Cisteaux ; & à la cérémonie étoient encore présens Aimeri Vicomte de Thoüars, Amauri Senéchal d'Anjou, le Vicomte de Beaumont, André Seigneur de Vitré, avec plusieurs autres Barons & grands Seigneurs. Le même jour on donna une nouvelle sepulture au Comte Gui de Thoüars & à la Duchesse Constance sa femme, & à la Duchesse Alix leur fille.

Saint Guillaume mourut le 29. de Juillet, qui est le jour auquel l'Eglise celebre sa fête ; mais on n'est pas d'accord sur le sujet de l'année. Le P. Albert le Grand marque 1237. qu'il assure qui étoit la 59. année de son âge, après avoir mis sa naissance vers l'an 1184. en quoi il est peu d'accord avec lui-même. Pierre le Baud, après avoir dit à la page 223. de son histoire de Bretagne, que saint Guillaume mourut l'an 1234. dit, à la page 238. qu'il mourut l'an 1236. d'Argentré, dans son catalogue des Evêques, & dans son histoire de Bretagne, livre 5. chapitre 20. met la mort de saint Guillaume l'an 1237. Le P. du Paz la met en 1234. aussi bien que la chronique Bretonne de l'Eglise de Nantes rapportée au commencement du second volume de la nouvelle histoire de Bretagne ; & cette même Chronique, pour le dire en passant, met la mort de Joscelin Evêque de Saint Brieuc en 1206. Celle de Pierre son successeur, qu'elle appelle : *homme d'une vie venerable & très-aimable*, en 1212. & celle de Silvestre prédecesseur immediat de saint Guillaume, en 1220. Il resulte cependant de ces divers témoignages, que l'opinion que l'on doit suivre, est celle qui met la mort de S. Guillaume en 1234. Son corps fut enterré dans son Eglise cathedrale, sous une tombe plate, au côté droit du haut de la nef. Il demeura caché là, comme une pierre précieuse, jusqu'à ce que deux ans après sa mort, Philippe son successeur, aïant dessein de continuer le bâtiment de l'Eglise, fut obligé, pour en suivre les alignemens, de faire creuser dans l'endroit où le Saint avoit été enterré. Il rassembla pour cet effet le Clergé & le peuple, & quand on eut découvert le saint corps, on le trouva aussi entier, que le jour de son décez, & il en sortoit une odeur aussi agréable, que si on eût eu soin d'employer à l'embaumer les aromates les plus précieux.

Ce fut ainsi qu'il plut à Dieu de manifester, par cette conservation miraculeuse, qu'elle avoit été la pureté de l'ame qui avoit animé ce corps, sur lequel la corruption n'avoit point eu de prise. Depuis ce moment il se fit un si grand nombre de miracles par l'intercession de saint Guillaume, que la reputation de sa sainteté fut portée, non-seulement dans toute la province, mais encore dans les païs les plus éloignez ; & le concours des peuples fut si grand à son tombeau, que les offrandes qu'ils y firent, & leurs liberalitez, donnérent à l'Evêque Philippe le moïen de finir l'ouvrage que son prédecesseur avoit commencé. Ainsi fut accompli ce que le Saint avoit dit, qu'il bâtiroit cette Eglise vif ou mort.

L'Evêque Philippe eut soin de dresser un recueil autentique des miracles qui se firent au tombeau du Saint, & le porta au Pape Innocent IV. à Lyon. Le Pape eut une joïe sensible d'apprendre des merveilles si touchantes, & envoïa en Bretagne un Cardinal, qu'il chargea du soin de dresser une Enquête juridique. Le jour même que le Cardinal avoit marqué pour l'ouverture de l'Enquête, il y eut une affluance étonnante d'étrangers, de païs fort éloignez, qui vin-

29. Juillet.

rent, outre les temoins qui avoient été affignez, faire auffi rapport de l'épreuve qu'ils avoient faite en leur particulier, du pouvoir qu'avoient auprès de Dieu les fuffrages du faint Evêque.

Le Pape, après avoir vû l'Enquête, & entendu le rapport du Cardinal, & pris l'avis de tous les Cardinaux & de tous les Prélats qui étoient préfens, infcrivit Guillaume au Catalogue des Saints, & lui décerna un culte public, par fa Bulle du 15. d'Avril, de l'an 4. de fon Pontificat; c'eft l'an 1247. puifqu'Innocent IV. fut élu le 24. de Juin de l'an 1243. Mais il faudroit rejetter cette canonization jufqu'à l'an 1253. s'il étoit vrai qu'elle fût de l'an 11e. du Pontificat d'Innocent IV. comme Baronius l'affure pofitivement dans fes notes fur le Martyrologe Romain, fur le 29. de Juillet, où il dit qu'il a vû la Bulle de canonization dans le 11e. Regiftre d'Innocent IV. nombre 532. Cependant les anciennes Chroniques de Bretagne mettent l'élévation du corps de faint Guillaume l'an 1248. & comme il y a bien de l'apparence qu'on ne l'a élevé folemnellement qu'après la canozation, nous avons de la peine à fuivre le calcul de Baronius. Ceux qui ont compilé le Bullaire Romain, & qui ont rapporté quelques autres canonizations faites par Innocent IV. auroient pû nous aider à décider cette queftion, s'ils avoient voulu rapporter la canonization de faint Guillaume, qu'ils ont omife, on ne fçait pas pourquoi. Bzovius, qui a continué les Annales de Baronius, a mis cette canonization parmi les faits de la quatriéme année du Pape Innocent, en 1247. & l'on peut, ce femble, s'en tenir à cette date, jufqu'à ce qu'on ait vû les Regiftres d'Innocent IV.

Un des exemplaires de la Bulle fut adreffé au Roi de France, & un autre fut adreffé à l'Archevêque de Tours & à fes Suffragans. Le premier a été donné en François par le P. Albert le Grand, dans la vie de faint Guillaume; & on lifoit une partie du fecond dans les leçons de l'office de la canonization de faint Guillaume, qui fe celebroit dans l'Eglife de S. Brieuc au mois d'Avril. Nous n'importunerons pas le Lecteur de beaucoup de pieces femblables; mais comme le ftyle de celle-ci eft fort fingulier, nous avons cru qu'on ne trouveroit pas mauvais que nous en donnaffions la traduction. Voici donc comme s'explique Innocent IV. « Innocent, Evêque, Serviteur des Serviteurs de Dieu, à nos venerables freres l'Archevêque de Tours, & fes Suffragans, falut & benediction Apoftolique. Le Patriarche Jacob arrivé au lieu, où le foleil couché, il avoit deffein de prendre fon repos, mit fous fa tête des pierres qu'il trouva là par terre, & dormit au même endroit. C'eft à fon exemple que le B. Guillaume Evêque de S. Brieuc, de fainte memoire, n'a jamais ceffé, pour dormir dans la voïe du fiécle préfent, de mettre prudemment fous la tête de fon efprit la pierre rebutée par les bâtiffeurs. Car, attentif à la pratique des vertus, toûjours vigilant, & fe retirant du bruit du monde, autant & auffi fouvent que le permettoit la dignité Pontificale, il a toûjours tenus fermez, dès fes plus tendres années, les yeux que le féducteur n'a que trop malheureufement ouverts à nos premiers parens; afin que fes regards n'étant point détournez vers les chofes de la terre, fe portaffent plus librement à la contemplation de la majefté fuprême de Dieu. Il fçavoit fans doute, qu'on ne trouve point qu'il ait été accordé à aucun mortel de pouvoir fervir deux maîtres; de fe rejoüir avec le monde, & de regner avec J. C. C'eft pourquoi, méprifant le monde, il a tenu fa conduite pure de toutes les corruptions de la convoitife; il a crucifié fa chair avec fes vices, par l'aufterité de la penitence, & l'offrant à Dieu en facrifice, comme Jephthé offrit fa fille unique, il mit deffous le feu de la charité, pour achever de confumer la victime. Mais après qu'il eut ainfi foumis aux loix de la raifon la concupifcence de la chair & celle des yeux, l'ennemi du genre humain, qui cherche avec importunité à s'infinuer dans les ames les plus épurées, fit des efforts confiderables pour tendre quelque piege à fa vertu, & pour faire au moins tomber, par l'orgueil de la vie (qui eft un vice qui doit fouvent fa naiffance à la victoire remportée fur les autres vices) une ame élevée & attachée à Dieu. Le faint Evêque, comme un autre Jacob, fupplantateur des vices, aïant pris en main la pierre fufdite, qui n'eft autre que J. C. dont David s'étoit déja fervi pour renverfer miraculeufement le grand Philiftin, rendit tellement vains les efforts du diable fon ennemi, que fans ceffer de lui porter envie, il ceffa pourtant d'ofer attaquer le faint Evêque, pour n'avoir pas la honte d'une nouvelle défaite. Il n'eft point étonnant, au refte, que l'ennemi ne pût avoir de prifes fur un homme qui, par fon affiduité continuelle à la priere, avoit toûjours en main la lyre de David, dont les accords harmonieux ne permettoient pas que Saül Roi des Ifraëlites fût inquieté du malin efprit. Aïant donc ainfi glo-

« rieusement triomphé du monde, de la
« chair, & du démon, il a non-seulement
« merité de voir l'échelle sur laquelle Dieu
« étoit appuïé, & par laquelle Jacob vit
« monter & descendre les Anges ; mais il
« s'en est encore servi lui-même, pour mon-
« ter & descendre aussi ; monter, en s'at-
« tachant à son créateur par les attraits d'u-
« ne douce contemplation, & descendre,
« par la compassion qui l'obligeoit à don-
« ner ses soins aux infirmitez de ceux qui
« lui étoient soumis. Car, pour ne pas être
« utile à lui seul, en s'attachant uniquement
« aux embrassemens de Rachel, c'est-à-dire
« de la contemplation, belle, mais sterile ;
« il a bien voulu descendre avec Jacob à
« l'appartement de Lia, pour mener en-
« suite au desert de la penitence le troupeau
« dont il avoit la conduite, devenu fécond
« en œuvres de salut, & qu'il a eu soin de
« repaître avec application, en lui admini-
« strant trois especes de nourriture, la pa-
« role de la prédication, le fruit de l'orai-
« son, & l'exemple d'une vie d'autant plus
« admirable, qu'elle étoit également re-
« commandable par la blancheur de la cha-
« steté, l'austerité de la mortification, &
« la douceur de la conduite. C'étoit à bon
« droit que l'Eglise de S. Brieuc pouvoit
« se glorifier alors, en se voïant sous la
« conduite d'un tel Pasteur, qui, comme
« la regle des mœurs, le modéle de la pieté,
« l'exemple de misericorde, portoit l'éclat
« de ses raïons & les fruits de sa doctrine
« par toute la Bretagne & les provinces des
« environs. Mais ce n'est plus l'Eglise seule
« de S. Brieuc qui doit se livrer aux trans-
« ports d'une douce joïe ; c'est l'Eglise uni-
« verselle, tant à cause qu'elle voit naître
« dans les parties de l'occident un nouvel
« astre, par le secours duquel ceux qui au-
« ront fait nauffrage dans la mer du siécle,
« pourront être ramenez au port ; que par-
« ce qu'elle a eu le bonheur de produire un
« tel fils sur la terre, maintenant conci-
« toïen des Anges, qu'elle a cru digne d'ê-
« tre invoqué par elle dans ses necessitez.
« Du reste, afin que celui qui, vivant en-
« core dans la chair mortelle, étoit comme
« le lis planté sur le bord des eaux, comme
« l'olivier qui pousse, & le ciprès qui s'au-
« gmente avec majesté ; celui-là même dé-
« livré maintenant des liens de la chair, &
« devenu Israël, de Jacob qu'il étoit aupa-
« ravant (c'est-à-dire joüissant de la vûë
« de Dieu) brillât par ses miracles dans la
« maison du Seigneur, à la maniere d'une
« lampe posée sur le chandelier, & non
« plus cachée sous le boisseau ; un enfant à
« été ressuscité par lui, comme par un au-

tre Elisée, &c. « Le Pape ajoûte ensuite en
abregé tous les mêmes miracles qui ont été
rapportez plus au long par l'auteur contemporain des actes de saint Guillaume, qui
sont assez averez, pour être proposez à la
pieté des fidéles.

Le plus considerable est celui de l'enfant
ressuscité. Il avoit environ huit ans, & ba-
dinant sur le bord d'une riviere, il y tomba. Le pere, averti de ce malheureux accident, & penetré de douleur, accourut au
lieu où son enfant s'étoit perdu, & l'aïant
cherché long-tems inutilement, avec le secours de beaucoup d'autres personnes, poussoit des cris desesperez, comme un homme hors de lui-même. Les assistans émûs
de compassion, le portérent à voüer son
fils à saint Guillaume. Il les crut, & n'eut
pas plûtôt fini sa priere, que l'enfant fut
trouvé & tiré mort hors de l'eau. Ce n'é-
toit pas encore assez pour ce pere affligé ;
il supplia celui qui le lui avoit fait trouver,
de le lui rendre vivant. La mere, qui étoit
allée en pelerinage au tombeau du saint
Evêque, pour obtenir la guérison de quelque maladie, joignit ses prieres à celles de
son mari, & la vie fut renduë à l'enfant,
dans le moment, à la vûë de toute l'assistance. Une femme de l'Evêché de Saint
Brieuc, affligée depuis plus de trois ans
d'une hydropisie qui l'avoit prodigieuse-
ment enflée, & qui passoit pour incurable, alla passer la nuit du 29. de Juillet,
jour de la mort de saint Guillaume, sur son
tombeau, & le lendemain, comme on
chantoit au chœur l'office de Prime, revenant à elle, comme si elle se fût reveillée
d'un profond sommeil, elle se trouva parfaitement guerie. Un pauvre homme de
la ville de S. Brieuc, nommé Alain, perclus de la plus grande partie de son corps,
passoit les jours sur un fumier à la porte
d'un bourgeois, & étoit contraint de se
traîner sur les mains & sur les genoux,
pour aller mandier sa vie. Une femme prenant compassion de lui, l'exhorta à se recommander à saint Guillaume. Aussi-tôt
cette femme & son fils prirent ce pauvre
perclus, & le redressérent sur ses pieds. Il
sentit tout d'un coup ses forces, sa vigueur,
& sa santé revenuës ; & accompagné d'u-
ne grande multitude de peuple, témoin de
cette merveille, alla dans l'Eglise Cathé-
drale rendre graces au Tout-puissant, &
au Bienheureux Confesseur. Une femme,
affligée d'un si horrible ulcere au côté, que
peu s'en falloit que ses entrailles ne fussent
exposées à la vûë, passa une nuit sur le
tombeau de saint Guillaume, & se trouva
si bien guérie, en présence de plusieurs per-

sonnes, qu'il ne lui demeura pas même de vestiges de son mal. On parle aussi d'un enfant de trois ans, du païs de Dol, tombé & suffoqué dans un fossé par où passoit de l'eau de la mer, trouvé sans aucun signe de vie par ses parens. Ils invoquérent le nom de Dieu, & recommandérent leur enfant à saint Guillaume ; & dans le moment l'enfant recommença à respirer, après avoir vomi de l'eau mêlée de sang. Un homme, qui depuis six ans ne rendoit plus ses excremens par les voïes naturelles, mais par deux trous qui s'étoient formez dans les intestins ; après avoir reposé devant le tombeau de saint Guillaume, & invoqué son secours, fut guéri de cette horrible & singuliere maladie. Une femme, qui dans l'excès de quelques douleurs qui surpassoient l'étenduë de sa patience, s'étoit coupé une mamelle, eut recours à ce merveilleux medecin à qui il paroissoit que rien n'étoit impossible, & elle se retrouva une mamelle, plus belle & plus blanche, que celle qu'elle avoit coupée. Nous ne parlons qu'après Innocent IV. & un auteur contemporain, & il est bon de remarquer encore, que la memoire de tous ces faits étoit recente, lors de la canonization, puisqu'elle s'est faite treize ans seulement après la mort de saint Guillaume. C'est dans les mêmes sources qu'on peut puiser quelques autres merveilles, comme la guérison d'une fille à qui l'on étoit prêt de couper les jambes, pour empêcher que la corruption dont elles étoient infectées, ne gagnât le reste du corps ; la vie conservée à une autre fille, au milieu des flammes & des charbons allumez, dans un incendie, sans qu'il parût sur elle aucuns vestiges de brûlure ; un navire délabré dans une tempête, sans mâts & sans rames, plein d'eau, arrivé cependant au port avec tout l'équipage.

Le Pape, après le recit de tous ces miracles, ajoûte que reconnoissant, à des signes si évidens, que le Bienheureux Prélat étoit inscrit avec les justes au livre de vie, il a ordonné, le jour de Pâques, de l'avis du Patriarche de Constantinople, & de tous les Prélats qui étoient alors auprès de lui, que le nom de Guillaume seroit écrit au Catalogue des Saints ; & commande à tous les Prélats du Roïaume de France d'en celebrer la fête le 29. de Juillet, jour de son décez, & d'ordonner qu'elle soit celebrée par tous les fidéles. Il ajoûte à cela des Indulgences d'un an & de quarante jours, pour ceux qui visiteront son tombeau le jour de sa fête & pendant l'octave.

Le corps du Saint fut levé solemnellement de terre l'année suivante, c'est-à-dire en 1248. selon les anciennes Chroniques ; on dressa un tombeau élevé sur le lieu de sa sepulture ; & l'on établit une fête particuliere de la canonization, au 15. d'Avril, qui se celebre encore aujourd'hui, outre la fête du 29. de Juillet. On a bâti depuis, à l'entrée de la ville, du côté par où l'on y arrive de Lamballe, une Eglise Collegiale qui porte le nom de saint Guillaume. on peut dire que son culte a été universel dans toute la Bretagne, puisque sa fête se trouve marquée dans tous les calendriers anciens au 29. de Juillet, à l'exception de celui de l'Eglise de Vannes, où elle est avancée au 19. & celui de l'Eglise de Leon, où elle est différée au 30. Nous n'avons pas suivi le Pere Albert le Grand, en ce qu'il dit que la fête de la canonization se celebre le 15. de Mai ; parce que l'ancien Breviaire de S. Brieuc la marque au 15. d'Avril, & avec raison, puisque c'est le propre jour de la canonization.

SAINT MERIADEC,
Evêque & Confesseur.
XIII. & XIV. SIECLES.

SAINT Meriadec étoit d'une naissance illustre ; mais il a tiré un plus grand & un plus solide éclat de la sainteté de sa vie. Il fut instruit des lettres humaines dès sa plus tendre jeunesse ; & l'esprit meur & serieux qu'il fit paroître dès l'enfance, aussi bien que les progrès qu'il fit dans l'étude, lui acquirent l'estime & l'amitié de tout le monde. Il fut comblé de biens temporels, tant de son patrimoine, que de ceux qui sont destinez à l'entretien des ministres de l'Eglise ; mais ses mœurs & ses vertus faisoient sa plus grande richesse. Il se distinguoit, sur tout, par une charité tendre & affectueuse, qui le rendoit si sensible aux maux d'autrui, qu'il les regardoit comme les siens propres. La dignité du sacerdoce dont il fut honoré ne lui fournit point des motifs d'élévation ; il n'en devint que plus doux & plus humble ; & bien-loin de ne considerer le sacerdoce que comme un passage à de plus grands honneurs, ausquels sa naissance le mettoit en droit d'aspirer ; il regarda ce ministere sacré comme un emploi dont il étoit impossible d'acquitter saintement les devoirs dans le tumulte du siécle. Il y vivoit cependant d'une maniere qui faisoit l'admiration & la consolation de tous ceux qui avoient du goût pour la pieté. Ses

Tiré des actes écrits.

SAINT MERIADEC.

grands biens n'avoient point pour lui cet appas trompeur qui engage dans l'amour du monde, de la molesse & des plaisirs; il sembloit n'en avoir reçû l'administration, que pour les répandre dans le sein des indigens. Il distribuoit entierement aux pauvres Ecclesiastiques tout ce qu'il avoit de biens d'Eglise; il vivoit modestement de ses biens hereditaires, & ce que sa frugalité en pouvoit épargner, il le consacroit entierement à l'entretien de ceux qu'il voïoit dans le besoin. Les loüanges qu'attirent les vertus d'éclat, en font quelquefois perdre le merite; & ce fut pour éviter cet encens si funeste à ceux qui s'en laissent entêter, que Meriadec prit le genereux parti de se défaire de tous ses biens, pour se retirer dans la solitude.

Il choisit un lieu désert à mille pas du château de Pontivi, dans le Vicomté de Rohan, & s'y renferma, dénué de tout, pauvrement vêtu, & cependant toûjours assez charitable pour partager avec les pauvres le pain qui suffisoit à peine pour sa propre nourriture. Ses parens le visiterent dans sa retraite, les uns dans le dessein de le fortifier dans sa genereuse résolution, & les autres pour tâcher de le retirer d'une vie qu'ils appelloient miserable. Le Vicomte de Rohan y vint comme les autres, & voïant son extrême pauvreté, il lui offrit tous les secours necessaires pour vivre commodément. Le Saint ne lui répondit autre chose, sinon: « m'attacher à Dieu, & faire « sa volonté, est pour moi la source de « tous les biens. Du reste la pauvreté est le « remede des soins, & la mere de la sain- « teté. La vie la plus sûre, la plus noble, « & la plus heureuse, est celle que l'on passe « dans la solitude; c'est-là que s'éteint la « convoitise, qu'on foule le monde aux « pieds, qu'on n'est point tenté d'usurper le « bien d'autrui, qu'on se met à couvert « des artifices des démons, qu'on n'aspire « qu'au séjour des bienheureux, & qu'on se « persuade solidement de la vanité des biens « & de la gloire du siécle. » Mais n'aïant rien à demander pour lui-même, la charité le porta à procurer le bien public; ce qu'il fit, en priant le Vicomte de purger le païs des voleurs qui troubloient le commerce & la sureté des chemins, & d'accorder à la paroisse de Noyal trois foires franches tous les ans, au 6. de Juillet, au 8. de Septembre, & au 29. du même mois. Le Vicomte lui accorda ce qu'il demandoit; les voleurs furent exterminez, & le commerce étant devenu libre & florissant, attira mille benedictions à l'auteur d'un si grand bien. C'est ainsi que Meriadec, qui ne pouvoit plus être aussi utile au public par lui-même, qu'il l'étoit avant son dépoüillement & sa retraite, trouvoit cependant encore moïen d'emploïer utilement les mouvemens de sa charité. Quant à lui, son principal objet dans sa conduite, étoit de prendre le contrepied de la vie qu'il avoit menée dans le siécle. Il étoit riche & puissant auparavant; il mettoit alors son plaisir à être pauvre & manquer de tout; sa maison avoit été le rendez-vous de la noblesse & des personnes de distinction; son plaisir n'étoit plus que de se trouver avec les pauvres & de se voir traiter avec le même mépris qu'attire leur misere; sa table, quoique frugale, avoit été servie comme la condition l'exigeoit; il ne vivoit plus que de legumes & de bouillie, on lui avoit autrefois servi des vins délicieux; l'eau pure étoit devenuë son unique breuvage. Il avoit frequenté les Palais des Princes & la compagnie des grands; il vivoit alors seul dans une pauvre cabane. Il avoit été couché & vêtu mollement; le cilice lui servoit alors d'habillement & de lit. Il n'est point incroïable, après un changement si extraordinaire, où sa perseverance égala sa ferveur, qu'il ait, comme on dit, rendu la vûë aux aveugles & l'oüie aux sourds, guéri les boîteux, fait parler les muets, appaisé les tempêtes, procuré un heureux retour aux mariniers, délivré les hommes de l'obsession des démons. Il étoit toûjours occupé à la priere, ou à lecture; & la grande retraite dont il faisoit profession, ne lui fournissoit point un prétexte de refuser au prochain les soins & les instructions dont on avoit besoin. Il joignoit un jeûne continuel à la priere aussi continuelle; il ne se contentoit pas, avec le Prophete, de loüer l'Eternel sept fois le jour; il s'agenoüilloit ou se prosternoit en la présence de Dieu mille fois le jour, & autant de fois la nuit (ce qu'on ne doit pas prendre à la rigueur & au pied de la lettre, car c'est une chose impossible [a]) & accompagnoit ces marques exterieures de son respect, & de tendres gemissemens qui portoient jusqu'au ciel les vœux ardens qu'il formoit pour la possession du souverain bien.

Il y avoit déja quelque tems qu'il menoit une vie si sainte, & que la bonne odeur de ses vertus s'étoit répanduë dans toute la province, lorsque l'Evêque de Vannes mourut. Le peuple de ce diocese, avec les plus considerables habitans de la ville, alla aussitôt faire instance auprès des Chanoines de l'Eglise Cathedrale, pour les exciter à élire Meriadec pour Pasteur. Les Chanoines de Vannes, assemblez avec les anciens de la

7. JUIN.

[a] C'auroit été 6. ou 87 genuflexions ou prostrations, par heure.

7.
JUIN.

ville, élurent tous unanimement le faint Solitaire, & lui envoïérent quatre députez du Chapitre avec le decret d'élection. Ces députez emploïérent vainement toute leur éloquence, pour persuader à Meriadec d'accepter l'Episcopat ; il en refusa absolument, & la charge, comme n'en étant pas capable ; & les honneurs, comme n'en étant pas digne. Les députez, affligez du peu de succès de leur voïage, retournérent faire rapport au Chapitre, du refus que faisoit Meriadec. Alors ne pouvant le persuader, on prit le parti de le contraindre. Les Chanoines de Vannes, les Prêtres, le reste du Clergé, & les anciens de la ville, avec la plûpart des Evêques de la province, rassemblez, allérent tirer Meriadec de sa solitude, l'emmenérent à Vannes & le mirent malgré lui sur le siége Episcopal. Ses actes, que nous suivons ici, disent qu'il fut ordonné Evêque dans l'Eglise de S. Samson à Dol. Mais ces actes n'ont pas assez d'autorité pour prouver incontestablement un fait de cette nature. Ce nouveau changement n'en apporta point aux dispositions interieures de Meriadec. Il garda toûjours le cilice sous ses habits Episcopaux, & les draps de son lit, qui n'avoit rien de singulier à l'exterieur, n'étoient tout de même qu'un rude & mortifiant cilice. Sa tendresse pour les pauvres prit de nouveaux accroissemens ; il donna de nouveaux soins aux malheureux, de plus puissantes consolations aux affligez ; il se regarda comme le pere des orphelins, & le protecteur caractérisé des veuves. Il se garda toûjours, avec un soin extrême de tout ce qui avoit la moindre apparence de mal ; & se fit un devoir aussi essentiel de l'édification, que de la sainteté.

Enfin après une vie irreprochable, approchant de sa derniere heure, il reçut le pain de vie, embrassa tous ses freres (car son ministere finissant l'avertissoit de ne se regarder plus comme pere) & joignant les mains, il rendit son ame bienheureuse, en disant ces mots : *O ! mon Dieu ! je remets mon ame entre vos mains.* Ses actes tirez du Legendaire de Treguer, mettent sa mort *la sixiéme ferie du Juin, l'an MCCCII.* On ne sçait guéres ce que l'auteur de ces actes entend par la *sixiéme ferie de Juin*, si ce n'est le 6e. jour du mois. Cependant la fête de saint Meriadec ne se celebre que le 7. & c'est le jour auquel elle est marquée, tant dans l'ancien Breviaire de Nantes, que dans le Propre de Vannes imprimé l'an 1660. où l'on ne donne à cette fête que le rite semi-double. Ce nouveau Propre de Vannes met l'ordination de saint Meriadec vers l'an 659. auquel tems il n'y avoit assurément point de Vicomtes de Rohan. Le P. Albert le Grand met la naissance de S. Meriadec environ l'an 758. & assure que l'Evêque de Vannes auquel il succeda, étoit saint Hincweten. Tout cela n'est point dans les actes que nous avons suivis, & ne s'accorde point avec la verité de l'histoire, qui nous apprend qu'il n'y a eu de Vicomtes de Rohan qu'au commencement du XIIe. siécle ; & par consequent que saint Meriadec, qui a été visité par un Vicomte de Rohan, n'a pû vivre dans le VIIe. ni dans le VIIIe. siécle. Outre cela, ces deux dates si opposées 659. & 758. sont encore sont éloignées de celle de 1302. qui est dans le Legendaire de Treguer. Pour ce qui est de saint Hincweten, c'est un Saint qui nous est absolument inconnu, & dont nous n'avons trouvé aucun vestige, si ce n'est qu'on veüille dire, que c'est de lui qu'il est fait mention dans l'ancien Calendrier de l'Abbaïe de saint Méen, au second jour de Mai, sous le nom de saint Guenguenton, mais il n'est qualifié là que simple Confesseur. Du reste l'office de S. Guenguenton se faisoit à douze leçons, dont il ne nous en reste aucune qui puisse faire connoître qui il étoit. Le même P. Albert le Grand, qui avoit vû les actes que nous avons suivis, a mis, du sien, dans le recit, que ce fut miraculeusement, & par l'effet des prieres de saint Meriadec, que les voleurs furent exterminez ; & que c'étoit à cette condition qu'il avoit obtenu les foires franches de Noyal. La credule antiquité nous a assez transmis de miracles, vrais ou faux, pour nous dispenser d'en forger encore d'autres. Nous apprenons du même auteur des faits plus sûrs ; c'est-à-dire, qu'il y a plusieurs lieux en Bretagne dédiez à saint Meriadec, entr'autres la Chapelle du château de Pontivi, & une ancienne Chapelle appellée *Traoun-Meriadec*, c'est-à-dire *le Val de Meriadec*, en la paroisse de Plougaznou dans l'Evêché de Treguer, au lieu où est à présent la Chapelle de saint Jean du Doigt. Le corps de S. Meriadec fut enterré dans l'Eglise Cathedrale de Vannes, à ce que dit le P. Albert le Grand. Le Legendaire de Treguer, où sont les actes de saint Meriadec, paroît avoir été écrit au commencement du XVe. siécle. Ce tems si peu éloigné de la date qui y est donnée à la mort de saint Meriadec, & son culte établi dans l'Eglise de Vannes & dans l'Evêché de Treguer, ne nous ont pas permis de rejetter tout-à-fait les actes de ce saint Evêque.

SAINT YVES,
Confesseur.

XIII. & XIV. SIECLES.

Actes de S. Yves manuscrits. Procez verbal de sa canonization, & Enquête manuscrites.

SAINT Yves étoit d'une famille noble du diocese de Treguer. Tanoic, ou Tancrede son aïeul avoit été Chevalier, & s'étoit acquis beaucoup de réputation dans les armes. Son pere avoit nom Helor, & sa mere Azou. Il vint au monde dans la maison de son pere, appellée Kermartin, qui n'est pas éloignée de Treguer, l'an 1253. Aussi-tôt qu'il fut en âge d'apprendre quelque chose, on le mit entre les mains de Maître Jean de la Vieuville, qui fut depuis Recteur de Ple-bihan dans l'Evêché de Treguer. Pour le rendre plus attentif à l'éducation de ce jeune enfant, la Dame de Kermartin dit au maître, qu'il lui avoit été revelé en songe, qu'Yves seroit Saint un jour. C'est ce qui porta sans doute son maître à lui montrer les élemens de la pieté, avec plus d'application encore, que ceux de la Grammaire. On ne remarquoit point dans ce jeune enfant les défauts ordinaires à ceux de son âge ; il avoit déja toute la sagesse & l'attention d'un âge plus meur. Il se porta d'abord à la pieté, & dès ses plus tendres années, sa plus chere occupation fut de parler à Dieu, ou d'en entendre parler. A quatorze ans il fut envoïé à Paris, afin qu'il s'y adonnât à des études plus solides que celles de la Grammaire. Il y fut toûjours le même, toûjours appliqué, toûjours d'une pieté exemplaire. Il y passa dix ans dans l'étude de la Theologie & du droit Canonique ; après quoi il alla à Orleans, pour se perfectionner dans le Droit. Il y prit les leçons de Guillaume de Blaye, qui fut depuis Evêque d'Angoulême, qui expliquoit les Decretales, & celles de Pierre de la Chapelle, depuis Cardinal, sur les Institutes. Il fit à Orleans ce qu'il avoit fait à Paris ; il y passoit les jours & les nuits à l'étude, après s'être acquitté de ses devoirs de pieté ; il couchoit sur la terre & un peu de paille, quoiqu'il eût un bon lit, pour éviter l'ostentation ; il se retranchoit l'usage du vin & de la viande, mais il donnoit en même tems aux pauvres la portion qui lui étoit destinée, afin de joindre l'aumône à l'abstinence.

La reputation d'Yves se répandit de tous côtez. Maurice Archidiacre de Rennes souhaita de l'avoir pour Official, & lui persuada d'accepter un emploi dans lequel il pourroit rendre de grands services à l'Eglise. Il ne traita pas moins rudement son corps dans cet emploi, que pendant ses études. Alain de la Roche-huon, gentilhomme de son païs, qui passoit depuis à Rennes dans la compagnie de Monseigneur Guillaume Tournemine, dont il suivoit la Bannière, y vit le lit dont s'étoit servi saint Yves pendant qu'il y avoit exercé la dignité d'Official. Il n'étoit que de couppeaux de bois jettez au hazard sur la terre, avec un peu de paille par-dessus, &, pour couverture, il n'y avoit qu'une toile de chanvre de peu de valeur. La droiture, l'integrité, la justice, & la suffisance avec laquelle Yves s'acquita de cette charge, toutes ces bonnes qualitez engagérent Alain le Bruc Evêque de Treguer à le demander à l'Archidiacre de Rennes, comme un bien qui étoit à lui. L'Archidiacre eut beaucoup de peine à laisser aller son Official ; mais la demande de l'Evêque étoit trop juste ; & Yves lui-même persuadé que l'on ne doit pas se refuser à sa partie, quand on lui est necessaire, changea sans peine, non pas d'office, mais de tribunal.

Il exerça sa nouvelle charge avec zéle & autorité, purgea le païs des Ecclesiastiques scandaleux & peu reguliers, renferma les uns dans des monasteres, obligea les autres à se condamner à une retraite & une solitude volontaire ; il imposa de longs & penibles pelerinages à d'autres ; enfin il emploïa tous les moïens que l'esprit de Dieu lui suggera, pour faire revivre dans les Ecclesiastiques du diocese la pieté & la sainteté qui sont propres à cet état.

Geoffroi Tournemine, qui fut Evêque de Treguer après Alain le Bruc, ne pouvoit manquer d'être édifié de la maniere dont Yves s'étoit acquité de sa charge ; c'est pourquoi il le pria d'en continuer les fonctions. Quand les veuves, les pauvres & les orfelins avoient affaire à son tribunal, la misere de leur condition étoit auprès de lui une recommandation plus forte que toutes celles qu'ils auroient pû emploïer ; mais quand le procez des pauvres étoient à d'autres jurisdictions que la sienne, alors il se chargeoit de solliciter pour eux, & il prenoit leur défense, même sans en être prié. Il dressoit leurs écritures, & leur donnoit conseil, sans rien prendre d'eux ; soins charitables, qui lui acquirent le surnom d'*Avocat des pauvres* ; & cette qualité lui étoit plus chere, que tous les titres d'honneur dont la vanité des hommes s'est avisée ; quoique pour meriter cette dénomination, il ait eu à essuïer les injures, la haine, & les imprécations des chicanneurs, qui sans respect pour sa naissance & sa dignité, le traitoient de *Coquin*, de *Truand*, & l'accabloient de maledictions. Cependant comme il n'ignoroit pas que la compassion peut faire illusion à ceux qui sont charitables, & que les pauvres peuvent être injustes, il n'entreprenoit jamais la poursuite de leurs affaires, qu'après qu'ils l'avoient assuré avec serment, qu'ils croïoient leurs causes bonnes.

Pendant qu'il s'occupoit si utilement pour l'Eglise & pour les pauvres, Dieu permit qu'il fut affligé pendant huit ans de tentations très-fâcheuses. Il fut fidéle à la grace, dans ce long combat, & le reste de sa vie se passa plus tranquillement. Mais pour avoir soumis le corps à l'esprit, par les armes de la penitence, il ne se fia pas à l'ennemi qu'il avoit domté ; il continua de le traiter durement, pour le tenir toûjours dans le même état.

Alain le Bruc, en consideration de son éminente pieté, lui avoit donné la Cure de Tredrez, & l'avoit ordonné Prêtre, pour être le Pasteur de cette paroisse. Aussi-tôt qu'Yves eut reçû la grace de l'ordination, il quitta les habits & les fourrures de son ancienne dignité, qu'il n'avoit portez que pour se conformer à l'usage ; & pour dire un adieu solemnel à tout ce qui pouvoit sentir le faste & la vanité, il alla dans l'Hôpital de la ville, où il donna son chaperon, sa robe, sa fourrure, & ses bottes, à quatre pauvres, & se retira nuë tête & nuds pieds. Les habillemens qu'il prit dans la suite, furent, un épitoge de bure, une robe à grandes manches, sans boutons, & un chaperon pour se couvrir la tête, qu'il tenoit toûjours baissée ; le tout simple, grossier, & de couleur blanche. Il prit de gros souliers hauts, & attachez avec des conroïes, comme en portoient les moines de Cisteaux & les Dominicains. Pour les jambes, il les voulut avoir toûjours nuës. Il ne monta jamais à cheval, quelque voïage qu'il eût à faire. Il ne quitta point le cilice, qu'il cachoit aux hommes sous une grosse chemise de toile d'étoupe. Son lit, quand il couchoit hors de chez lui, étoit la terre nuë, avec un peu de paille ; & à la maison, une claïe. En hiver, dans le plus grand froid, il ne se couvroit que d'une méchante courtepointe ; le reste du tems se contentoit de ses habits. Il couchoit ordinairement chaussé, avec une pierre, ou la Sainte Ecriture pour chevet. Toûjours ingenieux à se tourmenter, il prenoit souvent sa chemise encore toute moite, & ses habits, avant qu'on les eût fait secher, après les avoir lavez.

Son vivre répondoit à sa maniere de se vêtir. Pendant onze ans de suite il a jeûné le Carême au pain & à l'eau. Il passoit de même l'Avent, les quatre-tems, toutes les vigiles marquées par l'Eglise. Toutes les semaines même étoient des quatre-tems pour lui, puisqu'il jeûnoit tous les Mercredis, les Vendredis, & les Samedis, au pain & à l'eau. Les autres jours il ne mangeoit qu'une fois, & ce qu'il ajoûtoit au pain & à l'eau, c'étoit du potage seulement. Les Dimanches, & les jours de Noël & de la fête de Tous les Saints, il mangeoit deux fois. Son extraordinaire, le jour de Pâques, étoit deux œufs. Son pain étoit grossier, comme ses habits. Il le faisoit faire de segle, d'avoine, & d'orge, avec tout le son & les recoupes. Son potage étoit de pois ou d'herbes, ou d'autres legumes, avec du sel pour tout assaisonnement, & quelquefois un peu de beurre & de farine. Quand l'Evêque de Treguer, ou quelques autres personnes de ses amis, pour qui il avoit de la consideration, l'invitoient à manger, on avoit peine à gagner sur lui, qu'il rougît seulement l'eau qu'il buvoit. Du reste il feignoit plus de manger, qu'il ne mangeoit effectivement ; mais les pauvres trouvoient leur compte à cette sainte dissimulation, il leur distribuoit tout ce qu'il s'étoit retranché.

Il avoit toûjours, en marchant, la tête baissée, & les yeux couverts de son chaperon. Il recherchoit la compagnie des pauvres, avec autant d'inclination, que d'autres se trouvent portez à faire la cour aux grands du siécle. Tout ce qui avoit l'air de loüange lui étoit insupportable. Il se plaisoit dans les opprobres, & les injures ne lui faisoient de peine, qu'autant que Dieu en étoit offensé ; mais les sentimens qu'il avoit de lui-même diminuoient beaucoup, dans son esprit, le peché de ceux qui le maltraitoient.

Il préchoit avec zéle dans sa paroisse, & quelquefois dans celles des dioceses voisins, où les Evêques l'appelloient souvent, pour y annoncer la parole de vie. Ses prédications parloient du cœur, & comme il étoit pénétré des veritez Divines, il étoit toûjours prêt à les annoncer, à toute heure, & en tous lieux, dans les Eglises, dans les ruës, dans les places, en pleine campagne. Il préchoit souvent deux fois le même jour ; quelquefois trois, quatre, & cinq fois, en autant d'Eglises. Souvent il revenoit à jeun de tant de prédications, si accablé de fatigue, qu'il falloit qu'on le portât. Les larmes qui couloient abondamment de ses yeux, pendant ses discours, aussi-bien que pendant la priere qu'il faisoit devant & après, montroient assez combien il étoit veritablement

SAINT YVES.

blement touché de ce que tant d'autres traitent si indifferemment. Quel fruit n'avoient pas les paroles d'un homme en qui tout prêchoit ? S'il ne se lassoit point d'un si pénible exercice, on se lassoit aussi peu de l'entendre ; & l'on voïoit les peuples affamez de cette viande celeste, le suivre avec ardeur dans toutes les paroisses où il prêchoit dans un même jour. Il ne se regardoit point lui-même, dans un emploi si flatteur pour quelques ambitieux ; il n'avoit d'autre but, que d'y faire l'œuvre de Dieu ; & c'est pour cela (quelque passion qu'on eût de l'entendre, préferablement à tous les autres) qu'il preferoit lui-même d'être simple auditeur, lorsqu'il se rencontroit quelque autre personne capable de procurer la gloire de Dieu en instruisant le peuple. Ses paroles couloient de source, & pour peu qu'on lui pût donner d'attention, ses conversations familieres se changeoient en predications, tant son zéle l'animoit à profiter de toutes les occasions, pour mettre les hommes dans le chemin du salut. C'est ainsi que faisant un jour un voïage de dévotion, dans la compagnie du Seigneur de Pestivien & d'une partie de sa famille, il s'arrêta dans un chemin, pour donner le tems à la Dame de Pestivien de se délasser. Là, il s'engagea peu à peu dans une predication aussi vehemente, que s'il eût eu un grand Auditoire. Le Seigneur de Coetpont passa par-là, à cheval, avec un autre gentilhomme. Celui-ci mit pied à terre, & s'arrêta, pour profiter d'une rencontre si favorable. L'autre poursuivit son chemin, sans s'arrêter. Saint Yves, sensible au mepris qu'il avoit marqué pour la parole de Dieu, fut porté à dire : « Celui que voilà « qui passe, est plein des arts du diable. S'il « y avoit eu ici quatre débauchées, avec le « tabourin du diable, il se seroit volontiers « arrêté, pour passer le tems avec elles ; » mais comme il ne s'agissoit que d'entendre la parole de Dieu, il n'a daigné demeurer. Je prie Dieu, que sa chair en « souffre la peine, avant sa mort. » Peu de jours après le Seigneur de Coetpont fut frappé de paralysie, dont il ne guérit, qu'après avoir promis de faire un voïage au tombeau du saint Prêtre.

Rien n'étoit plus édifiant, que l'humilité, la ferveur, & la dévotion avec laquelle Yves approchoit des autels. On le voïoit d'abord se prosterner la face contre terre, & demeurer-là un tems considerable, comme abimé dans la consideration de son néant & de la majesté redoutable de celui auquel il alloit offrir le sacrifice. On entendoit ses gemissemens ; & quand il se relevoit, on lui voïoit la face toute baignée de larmes. Elles ne couloient pas avec moins d'abondance pendant le sacrifice. Enfin rien n'étoit si touchant que de le voir dans cette sainte action.

Ses oraisons étoient longues & frequentes, & souvent il passoit les nuits entieres à ce saint exercice. On a même appris d'une pauvre famille qu'il avoit retirée par charité à sa maison de Kermartin, qu'il se tint une fois enfermé pendant douze jours dans sa chambre, sans en sortir, pendant les sept derniers desquels il ne prit aucune nourriture. Il étoit si occupé de Dieu alors, qu'il n'entendoit point la voix ni le bruit de ses domestiques. Ils eurent peur enfin qu'il ne fût mort, & n'osant enfoncer sa chambre sans ordre, ils allerent trouver l'Evêque de Treguer, & lui firent part de leur crainte. L'Evêque se transporta à Kermartin, & commanda à saint Yves de sortir ; mais il ne pût s'en faire entendre. Un des Chanoines qui l'accompagnoient rompit la fenêtre de la chambre, & trouva le saint Prêtre absorbé dans la contemplation. On le tira de cette occupation qui faisoit toutes ses délices ; il obéit en cela à la voix de son Pasteur, & se présenta à lui avec un aussi bon visage, & le corps aussi robuste, que s'il fût sorti d'un bon repas. Il passa encore une autre fois cinq jours de suite, sans prendre aucune nourriture. Du reste, quand il consacroit les nuits à la priere, si le sommeil le venoit surprendre, il se passoit les bras en croix sur la poitrine, & s'appuyant sur quelques livres, il baissoit la tête, & ne donnoit que quelques momens à la necessité de dormir.

Il avoit toûjours le livre de la Sainte Ecriture à la main, & en sçavoit tirer à point nommé tous les avis & les exemples qui étoient les plus propres à ceux qui avoient le bonheur de le consulter. Il portoit aussi ordinairement sur lui le corps de N. S. dans une boëte d'argent que lui avoit donné la Dame de Rostrenen. Ce trésor précieux étoit pendu sur sa poitrine, & il étoit rare qu'il marchât sans cette viande celeste, qu'il administroit aux malades qu'il visitoit.

Sa charité étoit inépuisable, & ne se bornoit pas à ses seuls paroissiens. Il avoit soin, sur tout, d'apprendre aux plus grossiers les veritez de la Religion, de procurer une bonne éducation aux orfelins, de les entretenir lui-même aux études, & de marier les filles qui étoient dans la pauvreté. Il fit bâtir à sa maison de Kermartin un appartement pour y recevoir les pauvres & les y nourrir. Il consacroit une partie de son bien à faire acheter des étoffes à la Roche-Derien & à Lannion, pour en reve-

K k

19.
MAY.

tir les pauvres; & quand il n'en avoit point de reste, il leur donnoit souvent ses propres habits, & demeuroit, au cœur de l'hyver, en simple surtout par-dessus sa chemise. Une fois même, étant importuné d'un grand nombre de pauvres, il leur distribua si liberalement tout ce qu'il avoit d'habits, qu'il demeura tout nud, & il ne lui resta, pour se couvrir que la courtepointe de son lit. Un jour s'étant fait faire un habit neuf, & voïant passer un pauvre presque nud, il l'appella, & lui dit d'essaïer si cet habit lui seroit propre. Le pauvre s'en défendit, & lui dit qu'il ne meritoit pas d'avoir un habit aussi bon que celui-là. *Fai ce que je te dis*, lui dit saint Yves. Le pauvre obéït, & quand il eut pris la robe, S. Yves lui donna aussi le chaperon, & lui dit: *va-t-en avec la benediction de Dieu, gagner ton pain, & ne fai point de mal*. Dans un hyver qui fut très rude les pauvres du voisinage vinrent le trouver, pour lui demander du secours contre la rigueur de la saison. « Mes amis, leur dit-il, je n'ai « point de bois; mais vous trouverez de la « fougere & du jan ª dans mes champs; « allez, & coupez-en tant qu'il vous en faudra, & laissez le reste pour les autres pauvres qui en auront besoin. » Quelque grand froid qu'il fît, il ne se chauffoit jamais; cela ne l'empêchoit pas d'acheter du bois, pour chauffer les pauvres, qu'il portoit lui-même auprès du feu, quand ils n'avoient pas la force de s'y traîner. Il vendoit tout, & mettoit engagé jusqu'à ses habits, pour acheter du pain & d'autres vivres aux pauvres, & les servoit lui-même, avec une ardeur & une joïe qui faisoit bien voir que c'étoit J. C. qu'il consideroit en eux. Il leur rendoit les services les plus bas, jusqu'à graisser leurs souliers. Il leur rendoit avec la même charité, les derniers devoirs, quand ils étoient morts. Une de ses occupations les plus ordinaires, étoit de les aller ensevelir à l'Hôpital de Treguer, de leur donner des suaires, de les porter dans le cimetiere, & d'aider à les enterrer. Il en mourut un chez lui, qui rendoit une odeur si empestée, que les pauvres n'osérent approcher de la maison de S. Yves ce jour-là, craignant d'être engagez à le laver & à l'ensevelir. S. Yves, aidé d'un Religieux du Convent des Cordeliers de Guingamp, lava le corps, se donna la peine de coudre lui-même le drap où il fut enseveli; & le porta en terre.

La même foi qui lui faisoit regarder J. C. dans les pauvres, le lui faisant regarder comme l'époux de son Eglise, le portoit à soûtenir avec ardeur les droits & les interêts de cette même Eglise. C'est pourquoi ne jugeant pas que le Roi de France eût droit de lever sur celle de Treguer le centiéme & cinquantiéme des biens meubles de l'Evêque & du Chapitre, quoique le Roi prétendît peutêtre avoir eu le consentement du Pape & des Evêques, S. Yves ne fit point de difficulté de passer les nuits à la garde des biens sacrez, que l'on avoit mis en dépôt dans la sacristie de l'Eglise Cathedrale, pour les soustraire à la rapacité des Officiers que le Roi avoit envoïez lever cette taxe. Du reste S. Yves s'opposoit par tout à leurs violences, & emploïoit toutes sortes de moïens pour les empêcher de mal faire. Un jour il trouva un des Sergens du Roi, qui enlevoit un cheval moreau du prix de 50. livres, qu'il avoit pris à l'Evêché. S. Yves l'arrêta dans le cimetiére, prit le cheval par la bride, l'arracha au sergent, & le remena au manoir Episcopal. Guillaume de Tournemine Trésorier de l'Eglise de Treguer, & collecteur de cette taxe, ne put s'empêcher de dire au saint Prêtre: « coquin, « vous nous mettez au hazard de perdre tout « ce que nous avons, & vous ne vous en « sociez guére, puisque vous n'avez rien à « perdre. » A ces paroles offensantes S. Yves ne répondit autre chose. Si non: « vous « direz tout ce qu'il vous plaira; pour moi, « tant que Dieu me conservera la vie, je « m'emploïerai toûjours de tout mon pouvoir à la défense de l'Eglise & de ses libertés. »

Mais cet homme si zélé pour la conservation des biens de l'Eglise, n'avoit aucune attache pour les siens, quoique l'usage qu'il en faisoit pût les lui faire regarder comme le patrimoine de J. Christ & des pauvres. Quand on lui déroboit ses *bleds*, & qu'on venoit lui dire: « Monsieur, « fulminez des Sentences contre les voleurs; « loin de suivre en cela l'exemple commun des autres, & un usage établi ou toleré dans l'Eglise; il se contentoit de dire: « laissez; que Dieu veüille les amender; « je suis encore plus riche qu'eux. »

Le Recteur de la Roche-Derien, qui avoit demeuré avec lui à Kermartin pendant les trois dernieres années de sa vie, a rendu compte, en ces termes, de ses exercices journaliers: « Il disoit tous les jours « la Messe de grand matin, dans sa Chapelle. Après la Messe il faisoit à haute voix « une longue lecture de l'Ecriture Sainte. « Ensuite il distribuoit des aumônes aux pauvres qui se trouvoient là; & cette distribution faite, il prêchoit jusqu'à midi. « Alors il prenoit son repas, & en faisoit « part aux pauvres qui étoient présens. Après « le diné il entroit dans sa chambre, & s'y «

ª En Latin *Genista spartium*. Espece de geneft fort épineux.

19.
MAY.

« occupoit à la lecture & à la priere jusqu'au « soir. Il en sortoit pour reciter son office « avec les Ecclesiastiques qui se trouvoient « chez lui ; & cela étoit suivi d'exhorta- « tions salutaires, ausquelles il s'emploïoit « jusqu'à la nuit. »

Le pieux lecteur s'attend, sans doute, à trouver ici le recit de plusieurs de ses faveurs surnaturelles dont Dieu honore, quand il lui plaît, la vie sainte & édifiante de ses serviteurs ; & nous tâcherons de contenter sa curiosité là-dessus, puisque nous le pouvons faire sûrement, en rapportant les dépositions des témoins oculaires.

S. Yves revenant un jour de Rennes à Treguer, accompagné d'un seul domestique, trouva le passage d'une riviere impracable. Il y avoit eu de si grandes crües d'eau, que non seulement le pont en étoit tout couvert ; mais à l'entrée & au sortir du pont, la rapidité des eaux y avoit fait des fosses profondes, qu'on ne pouvoit traverser, sans exposer sa vie à un peril presque certain. Cependant S. Yves commença d'entrer dans l'eau, & de marcher vers le pont. Son domestique, qui a lui-même rapporté ceci, lui cria de ne pas avancer ; mais S. Yves le prenant par la main, lui dit en riant : « certainement nous passerons tous « deux ensemble, avec le secours de Dieu, « ou nous serons noïez de compagnie. » En achevant ces mots, il fit le signe de la croix sur les eaux qui étoient à l'entrée du pont. Elles se separérent, pour leur laisser le passage libre. La même merveille parut sur les eaux qui étoient à la sortie du pont ; & quand S. Yves fut passé, elles se réjoignirent, & reprirent leur cours ordinaire.

Un autre jour, que S. Yves avoit distribué, dans sa maison de Kermartin, une fournée entiére de pain aux pauvres, il s'en présenta un très-malpropre, dégoûtant, hideux à voir, & à peine couvert de haillons. S. Yves le fit asseoir devant lui à table, & le fit manger avec lui dans son plat. Quand le pauvre eut un peu mangé, il se leva de table, & étant arrivé à la porte, il se tourna vers S. Yves, & lui dit en Breton : *adieu, que le Seigneur soit avec vous.* Aussi-tôt le même pauvre parut d'une beauté surprenante, & revêtu d'une robe blanche si lumineuse, que toute la maison en fut éclairée. De tout le reste du jour S. Yves ne voulut pas manger sur la même table ; & le pauvre ne fut pas plûtôt disparu, que S. Yves commença de répandre une grande abondance de larmes, en disant : « Je ne reconnois que trop, que le « messager de Nôtre Seigneur est venu « nous rendre visite. »

Pendant qu'il étoit Recteur de Tredrez, il y eut une grande cherté qui rendit le pain fort rare, & donna beaucoup d'exercice à la tendre charité qui le portoit au soulagement des pauvres. Il s'en présenta une fois à la porte plus de deux cent, qui lui demandérent du pain. Il n'en avoit en tout que pour sept ou huit sous, c'est-à-dire très-peu, vû la grande cherté ; cependant, rempli de confiance en Dieu ; il commença à distribuer ce peu de pain, qui multiplia tellement entre ses mains, que cette grande multitude d'affammez en fut rassasiée. Une autre fois aïant à Kermartin vingt-quatre pauvres & plus, qui lui demandoient à manger, il envoïa chercher du pain à Treguer. On ne put en trouver qu'un de deux deniers, qu'on lui apporta. Il dit : « c'est bien peu ; mais tant qu'il durera, « j'en donnerai ; que le bon Dieu veüille « suppléer au reste. » En effet Dieu y suppléa, & tout le monde en eut abondamment. Dans une autre rencontre, sur ce qu'un Prêtre qu'il avoit envoïé prendre du froment qu'il avoit mis à part dans un grand coffre, pour les pauvres, revint lui dire que la serrure avoit été enlevée, & le froment presque tout dérobé ; il alla aussi-tôt voir ce qui en étoit ; mais il eut lieu de rendre graces à la clemence Divine, puisqu'il trouva le coffre plein de froment ; ce qui ne pouvoit s'être fait en si peu de tems, que par un miracle singulier.

Deux femmes de Lan-mieur, qui faisoient le voïage des sept *a* Saints de Bretagne, rencontrérent un jour S. Yves entre Treguer & Lannion. Elles en eurent beaucoup de joïe, parce qu'elles avoient appris avec quelle ferveur il prêchoit la parole de Dieu quand il en trouvoit l'occasion ; & elles n'eurent pas de peine à l'engager à les instruire de leurs devoirs. Après qu'ils eurent marché quelque tems ensemble ; ils trouvérent un pauvre couché sous une chaumiére qui mouroit de faim, & demandoit l'aumône aux passans. Saint Yves s'arrêta auprès de lui, pour le consoler par ses saints discours, & puis tirant son chaperon de sa tête, il le lui fit prendre, en lui disant qu'il n'avoit point d'autre chose sur lui qu'il pût lui donner. Après cela il continua son chemin, en recitant ses Heures. A peine eut-il ainsi marché une demie-lieuë, que les femmes qui l'avoient devancé, remarquérent, en se retournant, qu'il avoit son même chaperon sur la tête, qu'il s'étoit jetté à genoux, & disoit, les mains jointes : « Seigneur J. C. je vous rends graces de vôtre présent ; » & puis il se frappoit la poitrine. Ces femmes attendries par un spéc-

a Il a été parlé de cette devotion dans la nouvelle histoire de Bretagne.

cle si touchant, se mirent à pleurer. Saint Yves leur dit: « allez, mes bonnes femmes, avec la benediction de Dieu, continuez vôtre chemin, faites du bien, & Dieu vous le rendra. »

Vers l'an 1301. un entrepreneur s'étant chargé de bâtir le pont d'Ars, autrement *Ar-Pont-Losquet*, sur le chemin de Treguer à Lannion, eut le malheur, que les poutres qui devoient servir à l'ouvrage se trouvèrent trop courtes d'un demi-pied, après qu'il les eut mesurées quatre & cinq fois. L'entrepreneur eut besoin, pour sa consolation, que le hazard fit trouver S. Yves dans ce lieu-là. Il eut compassion de ce pauvre homme, & pria Dieu, avec cette foi à qui tout est possible, que le bois se trouvât de la longueur suffisante. Aussitôt S. Yves le remesura lui-même, & le trouva plus long de près de deux pieds qu'il n'étoit auparavant.

Il dînoit un vendredi, au Bolouy, chez Geoffroi de Tournemine Chevalier, & n'usoit que de pain & d'eau, à son ordinaire. La Dame de Tournemine étoit malade. S. Yves lui présenta une souppe de pain trempée dans l'eau. Elle la mangea, & témoignoit depuis qu'elle y avoit trouvé sa guérison. Elle vécut encore plus de vingt ans.

Pendant que S. Yves étoit Recteur de Lohanec, le feu prit à la maison d'un de ses paroissiens. Le saint Pasteur fit le signe de la croix dessus, en disant: *Au nom du Pere, & du Fils, & du S. Esprit*; & jetta sur le feu un peu de lait; & dans le moment le feu s'appaisa.

Trois ans avant sa mort, & pendant qu'il étoit encore Recteur de Lohanec, il fut informé qu'il y avoit dans son voisinage un homme qui étoit cruellement tourmenté du démon, qui l'avoit rendu si furieux, que sa femme & ses enfans avoient été contraints de le renfermer dans une chambre, où on lui donnoit à manger par une petite fenêtre. Il mangeoit peu, salissoit son pain de ses ordures, avant que de le manger, & se plaignoit souvent qu'il avoit le démon dans son corps, qui parloit avec lui. Il ne dormoit point, déchiroit ses habits, & se jettant par terre, il crioit souvent: démon! démon! pourquoi me tourmente-tu? S. Yves l'envoïa querir par un de ses valets, qui se rendit depuis Reclus auprès du pont de Guingamp, comme un autre valet qui servoit en même tems S. Yves, finit depuis ses jours dans une Reclusion à Lohanec. Le possedé, auparavant si furieux, suivit tranquillement le garçon qui le menoit. Quand il fut arrivé à l'Eglise de Lohanec, saint Yves lui demanda s'il étoit vrai qu'il fût possedé du malin Esprit. Il répondit qu'il n'étoit que trop vrai, qu'il le tourmentoit souvent, & qu'il lui parloit. Saint Yves le porta à faire sa confession, & quand elle fut finie, il l'interrogea si le démon lui avoit encore parlé. l'homme répondit que oüi, & qu'il lui avoit fait de grandes menaces, en lui disant: « pourquoi m'as-tu amené ici ? malheur à toi, la nuit prochaine, malheur à toi; tu verras d'étranges choses cette nuit, pour ta peine de m'avoir amené ceans. » Saint Yves dit au possedé: « il en aura le démenti; ce sera lui qui le païera, & non pas toi. Tu mangeras ici, & coucheras cette nuit dans ma maison. » Le soir venu, S. Yves fit dresser un lit pour ce pauvre homme, auprès du lieu où il avoit coûtume de prendre son repos, il jetta de l'eau benite sur le lit & par toute la maison, recita l'Evangile de S. Jean, & plusieurs prieres, & aïant fait coucher le possedé, il passa presque toute la nuit à prier Dieu. Le lendemain il interrogea son hôte, & lui demanda comme il avoit passé la nuit. Il répondit qu'il l'avoit très-bien passée, & qu'il y avoit trois ans qu'il n'avoit dormi si tranquillement. Le démon vous a-t-il encore parlé ? lui dit S. Yves. Non, répondit l'homme; au contraire il s'en est allé. Alors S. Yves lui dit: « Rendez graces à Dieu, comme je lui en rends de très-humbles de mon côté; retournez chez vous, faites le bien, entendez souvent la Messe & le sermon, faites l'aumône, soïez bon, & gardez les préceptes de l'Eglise; de peur que le démon ne revienne, & que vous ne vous trouviez pis qu'auparavant. » Cet homme vécut depuis environ quinze ans, & pendant tout le reste de sa vie, il n'eut plus aucune atteinte de son mal.

S. Yves revenant un jour d'un voïage de dévotion qu'il avoit fait avec Maurice du Mont gentilhomme pieux & adonné aux lettres, prit une chambre à Landelleau pour reposer la nuit. Son compagnon se coucha, & s'en dormit bientôt; mais il fut reveillé par une voix qui lui cria trois fois de suite: « leve toi; le Bienheureux est couché sur la pierre. » Il se leva, & s'étant rendu au cimetiére, il y trouva le saint Prêtre endormi, couché tout vêtu dans une concavité du rocher, où le Saint, patron du lieu, avoit passé une partie de sa vie dans les exercices de la penitence.

L'Archevêque de Tours vint faire la visite en Bretagne, du tems de S. Yves. Une vieille femme qui servoit S. Yves, le pria d'obtenir du Prélat quelques indulgences pour un Reclus qui étoit auprès de la Roche-Derien. S. Yves, comme pour consulter Dieu, tint assez long-tems les yeux attachez au ciel, & revenant enfin d'une contemplation qui l'avoit occupé pendant un tems si considerable, il répondit à cette femme: « il est inutile de demander cette grace pour le Reclus ; l'amour de l'argent le fera perir. » En effet le Reclus abandonna la retraite après la mort de S. Yves.

Pendant que S. Yves couchoit dans la sacristie de l'Eglise Cathedrale de Treguer, pour veiller à la conservation des biens de l'Eglise, une autre personne qui couchoit au même lieu, mais plus à son aise que S. Yves, puisque celui ci ne couchoit que sur la terre nuë, fut surpris d'entendre une nuit un bruit épouvantable, pareil à celui du tonnerre. Il fut saisi de fraïeur, & n'aïant pas la force de parler, il se cacha entierement sous les couvertures. S. Yves, moins épouvanté, l'appella, & prenant de la lumiere, alla avec lui jusques devant le grand autel. Il lui commanda de l'y attendre, & s'avança tout seul jusqu'à l'endroit où l'on gardoit les Reliques. Du lieu où l'autre étoit resté, il entendoit parler une personne inconnuë, qui parloit en maître, & saint Yves qui répondoit avec modestie. Mais le témoin ne distinguoit point ce qui se disoit de part & d'autre. Il fut cependant toûjours persuadé depuis, que c'étoit S. Tugdual qui avoit parlé au saint Prêtre. Quand cela fut fait, celui-ci dit à son compagnon : « allons nous reposer ; la paix est faite ; mais je vous défens de parler de ceci à personne. » Une autre fois, comme ce même homme sonnoit pour matines, il vit sortir de la sacristie, où saint Yves étoit demeuré, une colombe lumineuse qui s'avançoit vers l'autel, & éclairoit toute l'Eglise. Il cessa de sonner, & courut à la sacristie, pour s'informer de ce que c'étoit ; mais la colombe & la lumiere disparurent dans le moment; & S. Yves eut encore l'humilité de vouloir ensevelir cette seconde merveille dans l'oubli, par de severes défenses, comme il avoit voulu y renfermer la premiere.

Mais c'est assez parlé de ces faveurs celestes, qui ne peuvent, tout éclatantes, & tout singuliéres qu'elles sont, nous donner des preuves plus évidentes de la prédestination d'un homme, que celles qui resultent d'une sainte vie couronnée par la perseverance & par une mort précieuse aux yeux de Dieu. S. Yves eut quelques pressentimens de cette derniere heure qui devoit lui apporter la couronne de ses travaux. Il étoit pour lors Recteur de Lohanec. Il avoit desservi huit ans la Cure de Tredrez, & après la mort d'Alain le Bruc, Geoffroi de Tournemine son successeur dans l'Evêché de Treguer, lui avoit donné la Cure de Lohanec. Il y avoit environ dix ans qu'il étoit Pasteur de cette Eglise, lorsque s'entretenant à Coet-redans avec Tiphaine de Pestivien Dame de Kerantais, d'une haute naissance, & d'une pieté singuliere, il lui dit qu'il croïoit qu'il arriveroit bientôt à la fin de sa course. Comme il ne disoit jamais rien en vain, ce discours affligea extrêmement la Dame de Kerantais. Elle voulut lui représenter, que ce seroit une grande perte pour elle, & pour tant d'autres qui profitoient des instructions qu'il leur donnoit, & des exemples... « Laissons les exemples, Madame, lui dit S. Yves ; & pour ce qui est de vôtre interêt, souffrez que je considere aussi le mien à la fin. La même satisfaction que vous auriez (vous, ou quelque autre) d'avoir vaincu un ennemi, je la ressens de l'approche de la mort, puisque je connois par-là, qu'enfin mon ennemi est vaincu par la grace de Dieu. »

Quinze jours après, quoiqu'il se trouvât extrêmément affoibli, il ne voulut rien relâcher de ses occupations ordinaires, qui étoient de dire la Messe, d'entendre les confessions, & de prêcher. La veille de l'Ascension il voulut, quelque accablé qu'il fût de mal ; dire la Messe dans la chapelle de sa maison de Kermartin. Il n'en fût jamais venu à bout, non pas même de s'habiller, sans le secours des Abbez de Begar & de Beauport, de l'Achidiacre de Treguer, du Seigneur de Kerrimel, & de plusieurs autres qui l'étoient venus voir. Ce qui n'empêcha pas qu'après avoir congedié pour quelque tems la compagnie, il n'entendît encore quelques confessions. Ce travail acheva de ruiner toutes ses forces. On le coucha sur sa claïe, d'où on ne l'ôta que pour le porter au tombeau. L'Official & quelques Chanoines de Treguer, qui l'étoient venus visiter, ne purent gagner sur lui, qu'on mît au moins de la paille dans son lit, & qu'on lui donnât un oreiller. Il dit toûjours qu'il n'en étoit pas digne, & qu'il étoit bien ainsi. On fut obligé de le laisser comme il étoit, pour n'être pas importun à un homme qui alloit mourir.

Le lendemain, aïant appris que tous ses paroissiens le vouloient voir de corps, il fut touché de la tendresse de ces bonnes gens, leur fit dire qu'il se trouvoit assez bien, & les pria de ne point prendre cette peine. Quelqu'un lui dit en cette rencontre, qu'il seroit bon de chercher un medecin. A cela il ne répondit autre chose, sinon, qu'il n'auroit jamais d'autre medecin que

N. S. J. C. Le Samedi au soir il sentit que les forces commençoient à lui manquer absolument. Il demanda le Saint Viatique, & le reçut avec une présence d'esprit très-vive, & une dévotion animée ; après quoi on lui donna l'Extrême-Onction. Il répondit à toutes les prieres, & puis n'aïant plus rien à dire aux hommes, il perdit entierement la parole, pour ne s'entretenir qu'avec Dieu ; ce qu'il fit d'une maniere affectueuse & tranquille, jusqu'au matin du Dimanche qu'il rendit l'esprit à Dieu, sans aucun effort, & comme s'il se fût endormi. Celui qui entendit sa derniere confession, a rendu témoignage depuis, qu'elle fut generale de toute sa vie, & qu'il avoit reconnu par-là, que S. Yves avoit conservé une chasteté parfaite, & n'étoit jamais tombé dans aucun peché mortel.

La mort, qui défigure tous les autres hommes, ne changea rien au corps de S. Yves. Au contraire son visage parut avoir plus de couleur qu'il n'en avoit jamais eu pendant sa vie. Le lendemain, qui étoit le 20. de Mai, de l'an 1303. Son corps fut porté solemnellement à l'Eglise Cathedrale. On l'y dépoüilla de ses habits, c'est-à-dire de son surtout, de sa robe, & de sa chemise. La Dame de Keranrais eut sa ceinture de laine, avec un morceau de cette chemise, dont le reste fut mis parmi les Reliques de la Cathedrale. Les autres habits, mis en pieces, ne furent pas conservez moins précieusement. Une foule infinie de peuple vint baiser ce saint corps, & lui faire des bagues & d'autres ornemens, parce qu'on ne doutoit nullement que S. Yves ne fût déja dans la joüissance du bonheur éternel que Dieu a preparé de toute éternité à ses Elus.

Saint Yves fut enterré dans l'Eglise Cathedrale de Treguer, au haut de l'aîle collaterale de la nef, du côté du Septentrion. Comme on faisoit le Service du septiéme pour lui, dans la même Eglise, Alain de Keranrais Chevalier aperçut un jeune homme courbé sur le tombeau de S. Yves. Il lui demanda pourquoi il se tenoit dans cette posture ; à quoi ce jeune homme répondit : qu'il étoit venu aveugle à ce tombeau, & qu'il y avoit recouvré la veuë. Le recit de ce premier miracle nous pourroit engager naturellement à faire le détail de tous les autres ; mais comme le nombre en est trop grand, nous nous contenterons de faire mention, pour l'édification du lecteur, de quelques-uns des plus surprenans & des plus averez. Les témoignages sont à l'épreuve des reproches des libertins, & les esprits forts y trouveront une certitude capable d'étonner leur incredulité.

Une pauvre femme originaire de la paroisse de Ploegniel dans l'Evêché de Treguer, étant à Angers à demander l'aumône, eut la douleur d'y voir mourir, le Jeudi Saint, un fils qu'elle avoit, âgé seulement de cinq ans. L'enfant demeura mort pendant trois jours, parce que la mere ne trouva aucun Prêtre qui voulût l'enterrer, à cause des solemnitez de ces Saints jours. Un Breton qui étoit à Angers suggera à cette femme d'invoquer S. Yves ; ce qu'elle fit, en voüant de lui présenter un cierge de la grosseur & de la longueur de son fils. Comme elle en mesuroit le corps à cet effet, l'enfant recouvra la vie, après avoir été mort pendant trois jours entiers, & il vécut encore jusqu'après Noël. C'est de quoi rendirent témoignage, huit ans après, la mere, & sa fille qui étoit présente à ce miracle.

La même année que S. Yves étoit mort, c'est-à-dire le 7. de Septembre de l'an 1303. un jeune homme de la paroisse de Praat dans l'Evêché de Treguer, expira à trois heures du soir, après huit jours de fiévre continuë. Il lui sortit après sa mort une grande quantité de sang ; son corps demeura pâle & froid, & sa mere après lui avoir fermé les yeux & le nez, l'ensevelit. Vers le milieu de la nuit cette mere affligée se mit à genoux, & adressant sa priere à S. Yves, elle lui dit : « Monseigneur saint Yves, je croiois que vous étiez Saint, & j'avois entendu dire que vous faisiez des miracles. Je vous demande mon fils ; & si vous me le rendez, je promets de jeûner pendant tout le reste de ma vie, le Mercredi, le Vendredi & le Samedi, au pain & à l'eau, & de ne porter jamais de linge. » Le lendemain matin, il s'assembla plus de deux cent personnes pour porter & accompagner le corps à l'Eglise. Mais dans le moment qu'on alloit lui mettre le suaire, sa mere le vit qui revenoit à lui. Il demanda de l'eau à boire, & dit : « ma mere, vous m'avez donné beaucoup de peine. » Il demanda ensuite : « mon pere est-il ici ? » Il vécut depuis douze ans entiers. Sa mere, & ses deux sœurs qui avoient aidé à l'ensevelir, rendirent ensuite témoignage de sa resurrection devant les Commissaires du Pape. Le pere étoit mort avant leur arrivée à Treguer.

Une fille de la paroisse de Plélan dans l'Evêché de Leon, âgée seulement de trois ans, mourut d'une fiévre continuë un mardi sur les trois heures du soir. Sa mere & tous les assistans lui virent rendre le dernier soupir, & l'enfant demeura vingt-quatre heures sans aucun signe de vie. On la veilla toute la nuit, & l'on prepara tout pour sa

19. MAY.

sépulture. Avant que de lui rendre ce dernier devoir, la mere & quelques autres personnes, se mirent à genoux, & supplièrent S. Yves de rendre la vie à cet enfant. Aussi-tôt ils furent exaucez, la fille recommença de vivre ; & les Commissaires Apostoliques, après avoir reçû long-tems après le témoignage de la mere, assurent aussi qu'ils ont vû la fille en vie & en santé, âgée alors de vingt ans.

Une fille de l'Evêché de Leon, de la paroisse de Sain-Scilian, étoit tombée dans une démence si furieuse, qu'il falloit lui lier les pieds & les mains. Elle fut un an dans cette affreuse maladie, & son pere la mena inutilement à plusieurs Saints. Enfin il vint au sepulcre de S. Yves, & sa fille y demeura pendant sept jours, liée à l'ordinaire. Le huitième jour ses liens se défirent d'eux-mêmes, & la fille expira. Elle demeura dans cet état jusqu'au lendemain, que l'on commença de l'ensevelir. Quand on eut cousu jusqu'à la moitié du drap, le pere dit : « Monseigneur saint Yves, je « vous voüe ma fille Genevrette. Eh ! com-« ment porterai-je ces nouvelles à sa mere, « après avoir pris tant de peine, pendant « un an tout entier, pour sa guérison ? » Dans l'instant la fille commença à se remuer ; & elle sortit toute nuë du drap où on l'ensevelissoit. Elle vivoit encore au tems de l'Enquête faite pour la canonization de S. Yves, & ne pouvant parler de sa mort, elle-même, que par oüi-dire, elle rendoit témoignage, qu'elle se souvenoit cependant bien de s'être trouvée nuë, & d'avoir vû le drap qu'on avoit commencé de lui coudre sur le corps.

Une femme de Guerrande, qui étoit grosse d'environ sept mois, avoit senti plusieurs fois bouger son enfant ; mais aïant été cinq jours sans lui sentir aucun mouvement ; au contraire se trouvant le ventre froid, & son enfant immobile, & froid comme un glaçon, elle jugea à ces marques, & à quelques autres accidens ordinaires aux femmes qui ont leur fruit mort dans le corps, que l'enfant dont elle étoit grosse avoit perdu la vie. Dans cet état elle se voüa à saint Yves, & promit de lui présenter un cierge aussi long & aussi gros qu'elle si son enfant pouvoit recevoir le baptême. Ce vœu fait, elle se mit en chemin pour aller visiter le sepulcre de saint Yves. Comme elle entroit dans l'Eglise de Treguer, elle sentit son enfant remuer de nouveau ; & même le ventre de la mere s'enfla de telle maniere, que sa ceinture & sa robe en créverent. Au bout de deux mois elle accoucha d'un fils vivant, qui non-seulement fut baptisé, comme elle l'avoit souhaité, mais qui vêcut encore long-tems après. Il avoit dix ans, lorsque l'on fit l'Enquête pour la canonization, & sa mere le présenta aux Commissaires Apostoliques.

Une femme de l'Evêché de Quimper, étoit depuis quinze jours dans les douleurs de l'enfantement, sans pouvoir se délivrer. Elle n'attendoit plus que la mort. Son corps étoit devenu noir, par l'effort de ses douleurs, & pour surcroît d'affliction, elle étoit devenuë gouteuse. Sa mere la voüa à S. Yves, pour obtenir de Dieu qu'elle se délivrât d'une créature vivante qui pût recevoir le baptême. La jeune femme s'endormit, & mit au monde, sans aucun secours, & sans se reveiller, une fille, qui étoit mariée lors de l'Enquête, & vivoit fort pieusement, jeûnant deux jours de chaque semaine au pain & à l'eau.

Il y avoit dans le diocese de Treguer une femme paralytique, qui n'avoit aucun usage de ses membres. Elle ne pouvoit se lever, ni marcher. Ses bras inutiles étoient pliez l'un sur l'autre ; ses mains fermées étoient sous ses aisselles, sans qu'elle pût les porter à la bouche ; ses jambes étoient collées l'une sur l'autre, & ses pieds croisez étoient sans mouvement. On la porta au tombeau de saint Yves, où elle persevera pendant sept semaines à se recommander à ses prieres, avec beaucoup de ferveur. Enfin, comme elle n'y recevoit point de soulagement, on la prit, on la lia sur un cheval, & l'on se mit en devoir de la remener chez elle. Comme elle approchoit du pont d'Ars, éloigné de Treguer d'une lieuë, tournant les yeux vers l'Eglise où repose le corps du saint Prêtre, elle dit : « S. Yves ! « sera-t-il donc dit que je m'en retour-« nerai malade ? O ! S. Yves ! que je vous « fois redevable de ma délivrance. » Aussi-tôt elle se vit environnée d'une clarté si grande, qu'elle se sentit échauffée ; ses bras furent déliez, ses mains ouvertes, ses jambes détachées l'une d'avec l'autre, & ses pieds en liberté. Le valet qui la conduisoit détacha les liens qui la tenoient sur le cheval. Elle en descendit toute seule, & se rendit à pied au tombeau de son liberateur, à qui elle rendit ses vœux & ses actions de graces. Elle porta depuis témoignage de sa guérison devant les Commissaires Apostoliques, avec plusieurs autres personnes qui l'avoient vûë malade & guérie.

Un homme de Guerrande, perclus des jambes, se fit apporter à Treguer dans un chariot, & y passa cinq semaines à demander, par des prieres continuelles, sa guérison à S. Yves. Enfin n'obtenant point l'ef-

19.
MAY.

fet de fes importunitez, il compta avec fon hôte, & fe préparoit à fe faire reporter chez lui. La nuit qui devoit précéder fon départ, la chambre où il étoit couché parut fi remplie de lumiere, que l'hôte & fes enfans, témoins de cette merveille qui dura affez long tems, crurent que le feu étoit dans leur maifon. Le malade les raffura, en leur difant que S. Yves étoit avec lui; & en effet le lendemain matin ils virent cet homme fur fes pieds, parfaitement guéri de cette paralyfie, dont il avoit été affligé plus de quatre ans. C'eft de quoi ils rendirent enfuite témoignage aux Commiffaires Apoftoliques.

D'autres témoins dépoférent avoir vû venir au tombeau de S. Yves un pelerin qui s'étoit voüé à ce Saint, pour être guéri d'un mal qu'il avoit dans les bourfes, qui étoient devenuës plus groffes que la tête d'un homme; & qu'après qu'il eut fait fa priere, il parut une ouverture à fes bourfes, qu'il en fortit des eaux, avec une pierre de la groffeur d'un œuf d'oïe, & qu'il fut entierement guéri. D'autres affurent avoir aidé à amener au tombeau du Saint, & y avoir vû guérir, une femme de Treguer, paralytique, & qui avoit une ouverture au côté, par où l'on voïoit fes inteftins. S. Yves lui étoit apparu, & lui avoit promis que fi elle vifitoit fon fepulcre, elle y recevroit la guérifon. Elle s'y fit mener, & elle éprouva, par une guérifon parfaite, qu'il étoit fidéle dans fes promeffes.

Vers l'an 1320. un Efpagnol, nommé Miguel de Fontarabie, rencontrant un pauvre qui lui demandoit l'aumône au nom de Dieu & de S. Yves, lui donna une pite, qui n'avoit point de cours en Bretagne. Le pauvre la lui rendit, & Miguel cracha dans la main du pauvre, qui dit en Breton: « que « Dieu & S. Yves vous le rendent. » Auffi-tôt l'Efpagnol tomba par terre, & faifi de fureur, fe mit à fe frapper lui même, en criant, qu'un homme venerable, vêtu de blanc, le battoit cruellement. Cette frenefie le tourmenta, jufqu'à ce qu'il eût été faire fa priere au tombeau de faint Yves, où il fut guéri. Laurent le Saint de Treguer, témoin de ce miracle, affura aux Commiffaires Apoftoliques, qu'il avoit encore vû, la même année, venir de Niort un homme, qui entrant dans l'Eglife de Treguer en chemife & en calçons, confeffa à l'Official de Frere Jean Rigaud alors Evêque de Treguer, qu'il avoit été pendu trois fois dans un jour & délivré, pour avoir invoqué S. Yves.

Nous paffons un nombre prodigieux d'autres miracles, comme d'aveugles & d'hydropiques guéris, de tempêtes appaifées, de gens noïez reffufcitez, d'incendies éteints; de perfonnes prêtes à perir dans les naufrages, délivrées. Le peu que nous avons rapporté, fuffit pour inftruire le lecteur du credit de S. Yves auprès de Dieu, qui veut bien quelquefois changer & fufpendre les loix de la nature, pour fortifier nôtre foi, & nous infpirer, par cet honneur qu'il fait à fes Saints, le defir de les imiter.

Tant de merveilles, qui avoient porté le nom & la gloire de S. Yves, non-feulement dans toutes les provinces de la France, mais encore dans les cantons les plus reculez des Roïaumes étrangers, déterminérent le Duc Jean III. à folliciter auprès du Pape Clement V. la canonization d'un homme dont Dieu avoit déja manifefté fi hautement la fainteté, les merites, & la gloire. Beaucoup d'autres Princes fe joignirent au Duc, pour obtenir cette grace du S. Siége; & après la mort du Pape Clement, on recommença les mêmes inftances auprès de Jean XXII. Le Roi & la Reine de France appuïérent les prieres du Duc; & la plûpart des Prélats du Roïaume, du premier & du fecond rang, s'unirent de concert, pour folliciter vivement la même affaire, auffi bien que l'Univerfité de Paris, qui s'intereffoit particuliérement à la gloire de fon éleve. Le Chapitre de Treguer, par fes lettres du Samedi après la Conception de la Vierge, de l'an 1329. donna procuration à Yves du Bois-Boüeffel fon Evêque, & qui le fut depuis, fucceffivement, de Quimper & de S. Malo, d'aller à la Cour d'Avignon pourfuivre cette grande affaire. Gui de Bretagne, frere du Duc Jean, accompagna ce Prélat dans le voïage, & préfenta au Pape de nouvelles inftances de la part du Duc & de toute la province. Jean XXII. fe détermina enfin à envoïer en Bretagne des Commiffaires Apoftoliques, à qui, par fes lettres du 26. de Février de l'an 1330. il donna pouvoir d'informer de la vie & des miracles d'Yves fils d'Helor, Prêtre du diocefe de Treguer, avec ordre d'envoïer au S. Siége, par des exprès, l'information clofe & fcellée de leurs fceaux.

Les Commiffaires nommez furent, Roger Evêque de Limoges, neveu de feu Pierre de la Chapelle Cardinal, qui avoit été maître de S. Yves à Orleans; Aiquelin Evêque d'Angoulême, neveu de feu Guillaume de Blaye Evêque d'Angoulême, qui avoit auffi été maître de S. Yves dans la même ville d'Orleans; & Aimeri Abbé de S. Martin de Touarn dans l'Evêché de Bayeux; qui fe rendirent à Treguer, où
Yves

Bulle de Jean XXII.

19. MAY. Yves de Bois-boüessel Evêque du lieu leur présenta, le 23. de Juin de la même année, dans la maison de Guillaume Tournemine autrefois Trésorier de l'Eglise de Treguer, les lettres de Commission du Pape, & ses lettres de procuration; après la lecture desquelles ils commencérent l'exercice de leur commission par l'audition de quelques témoins produits par l'Evêque, qui dura depuis le Samedi vigile de S. Jean-Baptiste, jusqu'au samedi après la fête de S. Pierre aux liens. Outre les témoins, dont les dépositions furent écrites, il s'en présenta plus de 500. qui après avoir levé la main vers l'Eglise de Treguer, par forme de serment, dépoférent unanimement de la réputation constante de la sainteté & des miracles du personnage en question, réputation établie en France, en Angleterre, en Espagne, en Gascogne, en Normandie, en Languedoc, & dans plusieurs autres provinces des environs. Merian, Abbé de Sainte Croix de Guingamp, purgé par serment sur le livre des Evangiles, parla au nom de toute cette multitude, & jura sur leur ame & sur la sienne, que tout ce qu'ils disoient étoit vrai. Les Commissaires firent descente à l'Eglise Cathedrale, & virent le tombeau de saint Yves environné d'un grand nombre de pelerins, d'aveugles, de paralytiques, de furieux, de malades de toutes sortes, qui faisoient des vœux & des prieres à S. Yves, pour être guéris de leurs maux. Ils remarquérent 27. navires d'argent suspendus sur le tombeau, plus de quatre-vingt-dix autres vaisseaux de cire, une grande quantité d'autres figures de cire, qui représentoient des yeux, des mains, des bras, des jambes, des pieds, des mamelles, avec des suaires, des potences de bois, & autres monumens suspendus au même lieu, en memoire des miracles qui y avoient été faits par les merites de S. Yves. Ils purent être les témoins eux-mêmes d'une merveille toute recente, attestée avec serment par tous leurs gens, qui est, que la tombe posée sur le lieu de la sepulture de S. Yves, sur laquelle on avoit gravé la figure de sa tête, & qui étoit auparavant de niveau avec le reste du pavé de l'Eglise, s'éleva comme d'elle-même de plus de deux pouces de haut, dès le moment que les Commissaires commencérent leurs fonctions. Dans tout le cours de l'Enquête il y eut 289. témoins entendus, tant sur la vie, que sur les miracles. Le procez verbal, scellé par les Commissaires, fut porté au Pape Jean XXII. par l'Evêque d'Angoulême. Le Pape commit trois Cardinaux pour recevoir le procez verbal, & entendre le rapport de l'Evêque, le Cardinal Prêtre de sainte Prisque, depuis Pape sous le nom de Benoît XI. Jean Evêque de Porto; & Luc Cardinal Diacre du titre de sainte Marie *in via lata*. On fit des extraits de ce procez, selon la coûtume, & l'on en distribua des copie à tous les Cardinaux. Mais d'autres affaires interrompirent celle-là, & les Bretons eurent la douleur de voir la Canonization de S. Yves suspenduë. Dans le tems qu'on se disposoit à Treguer à faire l'Enquête dont nous venons de parler, l'Evêque du lieu avoit ordonné dans un Synode, à tous ses Curez, d'indiquer un jeûne pour le mercredi après la Trinité, qui seroit observé generalement par tous ceux qui en auroient l'âge & la force, accompagné le même jour d'une Messe du Saint Esprit dans toutes les Eglises du diocese; pour demander à Dieu qu'il lui plût de faire de nouveaux miracles par l'intercession de Monseigneur Yves fils d'Helor. Alain, successeur d'Yves de Bois-boüessel n'attendit pas la décision du Pape, pour établir un culte public à l'honneur de S. Yves. Dans un Synode qu'il tint l'an 1334. il ordonna, que hors les tems de l'Avent, du Carême, & de Pâques, tous les Lundis qui ne seroient point occupez par quelque fête solemnelle, on fit l'office public du B. Yves, comme il ordonnoit par le même reglement, de faire l'office du B. Tugdual les Jeudis, & celui de la B. Vierge les Samedis, en pareil cas.

Nous apprenons par le discours que le Pape Clement VI. prononça avant la canonization de S. Yves, le 18. de Mai de l'an 1347. une chose ignorée par les historiens de Bretagne, qui est que le Duc de cette province (& l'on ne peut entendre cela de Charles de Blois; on le doit entendre de Jean de Montfort son concurrent, délivré de prison en 1344.) alla lui-même solliciter cette grande affaire au Consistoire à Avignon, & rendit publiquement témoignage de deux miracles nouveaux faits par l'intercession de saint Yves. Le premier, qu'aïant été malade lui-même à l'extremité, & desesperé des medecins, il s'étoit voüé à S. Yves, & avoit été si parfaitement guéri, que deux ou trois jours après il avoit eu la force d'aller à pied au tombeau du Saint. Le second, attesté, ainsi que le premier, par les Barons qui étoient avec lui, étoit qu'un vaisseau chargé de fourrures aïant fait naufrage, & étant demeuré trois jours sous l'eau, en avoit été relevé miraculeusement, après avoir été voüé au Saint par les marchands à qui il appartenoit; & ce qui avoit été aussi sar-

19. MAY.

Hist. de Bret. to. 4 p. 491.

prenant, c'est que les fourrures n'étoient ni moüillées, ni endommagées. Le Pape témoigne lui-même, que cette même année 1347. S. Yves lui étoit apparu, pour lui reprocher la lenteur avec laquelle il procedoit à sa canonization.

Il se détermina donc à finir une affaire qui traînoit depuis 17. ans, & deux raisons de convenance lui firent croire, comme il le dit, que l'honneur de cette décision lui étoit reservé; la premiere, c'est que comme le Duc Jean étoit Breton du côté de son pere, & saint Yves aussi Breton, il devoit aussi être censé Breton (lui Clement VI.) puisqu'il étoit du païs de Limoges, qui étoit tombé par alliance sous la domination des Ducs de Bretagne. La seconde raison de convenance, c'est que comme S. Yves avoit été couronné au Ciel le 19. de Mai dans sa cinquantiéme année, lui Clement VI. avoit été couronné Pape au même jour, à l'âge de 50. ans. Il fit donc revoir toutes les pieces du procez, par deux Cardinaux, Pierre Evêque de Sabine Cardinal Prêtre du titre de Sainte Anastasie, & Galhard Cardinal Diacre du Titre de Sainte Lucie *in silice*, qui en firent leur rapport au consistoire. Le Pape y prononça un grand discours en forme de préliminaire, le 18. de Mai de l'an 1347. & après y avoir exposé l'état des choses, il demanda l'avis de tous les Prélats qui étoient à la suite de la Cour & au Consistoire. Son discours fut suivi de plusieurs autres, en forme de conferences. Le premier fut prononcé par Maurice Heluy Procureur de S. Yves & chargé de solliciter sa canonization. Il prit pour texte ce passage du chap. 22. de l'Apocalypse : *que le Saint soit encore sanctifié.* Le second discours fut celui du Patriarche d'Antioche, sur ce texte, tiré du 4. livre des Rois, chap. 4. *Je reconnois que cet homme-là est Saint.* L'Archevêque de Narbonne, Pierre le Juge, cousin du Pape Benoît XI. devoit parler ensuite, & avoit pris pour texte ces mots du chap. 43. de l'Ecclesiastique : *Exaltez-le autant que vous pourrez; il est encore au-dessus de toutes les loüanges*; mais étant tombé malade, il ne put prononcer son discours. Sa place fut remplie par Ameniou Archevêque de Bourdeaux, qui prit pour texte, ces mots : *Cet homme étoit veritablement juste.* Après lui parla Olivier Saladin Evêque de Nantes, sur ces mots : *Je loüerai le Seigneur, & l'invoquerai*; & emploïa une division prise d'un sermon de S. Augustin sur l'Oraison Dominicale, où ce saint Pere nous enseigne que celui qui prie doit éviter deux choses, de demander ce qu'il ne doit pas demander, & de s'adresser à qui il ne doit pas s'adresser. L'Evêque de Mirepoix suivit après celui de Nantes, & prit pour texte ces paroles tirées du chap. 6. des Nombres: *Celui que le Seigneur aura choisi sera Saint.* Gonsalve d'Aguilar Evêque de Sagunte, & depuis Archevêque de Tolede, parla ensuite sur ces mots du 8. chap. de S. Luc: *Il est digne que vous fassiez cela pour lui.* Ce discours fut suivi de celui de Frere Jourdain le Court de l'Ordre de S. François, Evêque de Trivento dans l'Abruzze, qui prit pour texte ces paroles tirées de la premiere Epître de S. Pierre : *Que Dieu soit honoré par tout.* Mais au lieu du mot de *Dieu*, par une allusion pareille à celle dont le Pape s'étoit servi lui-même à son discours de l'entrée, il avoit emploïé le mot d'*Eloi*, qui signifie : *mon Dieu* dans la langue Hebraïque, & que le Pape, aussi-bien que cet Evêque, prétendoit, par erreur de fait, être le nom de famille de S. Yves. Ainsi ce Prélat Franciscain croïoit avoir trouvé une chose merveilleuse, d'être autorisé par S. Pierre même à demander que Heloï, c'est-à-dire S. Yves fils d'Helor, fût honoré par tout. Il fut suivi d'un Religieux de l'Ordre des Ermites de saint Augustin, appellé Frere Geoffroi, que le Pape avoit fait cette même année Evêque de Fern en Angleterre. Il prit pour texte ces mots de J. C. dans S. Jean, chap. 17. *Pere! l'heure est venuë, glorifie ton Fils.* Son but, comme celui de tous les autres orateurs, étoit de faire entendre au Pape, qu'il falloit passer outre, & proceder à la Canonization. Le Pape conclut, par un discours final, où il prit pour texte ces paroles du 12. chapitre d'Isaïe: *Rejoüi-toi, demeure de Sion, & chante des loüanges, parce que le Saint d'Israël qui est au milieu de toi, est grand.* Il s'étendit fort au long sur les merites de la cause, & sur l'autorité qu'à l'Eglise dans de pareilles rencontres. Il fit ensuite chanter le : *Veni creator*, pour implorer les lumieres du S. Esprit; & puis il prononça son jugement en ces termes ; « A l'honneur de Dieu « Tout-puissant Pere, Fils, & S. Esprit, « pour l'exaltation de la foi, & l'augmenta- « tion de la Religion Chrétienne, par l'auto- « rité de Dieu même, celle des B. Apôtres « Pierre & Paul, & la nôtre, de l'avis una- « nime de nos freres, nous décernons & or- « donnons que Dom Yves fils d'Helor, de « bonne memoire, jadis Prêtre du diocèse « de Treguer, soit écrit au catalogue des « Saints, & honoré de tout le monde com- « me Saint. Et à cet effet nous l'inscrivons « au catalogue des Saints, & ordonnons « que sa fête soit celebrée tous les ans par «

« l'Eglise universelle, le 19. de Mai, qui est « le jour de sa mort, & qu'on fasse son office « avec solemnité & dévotion, comme d'un « Confesseur non Pontife. De plus, par la « même autorité nous remettons sept ans « & sept quarantaines de penitences enjoin-« tes, à tous ceux qui assisteront à la céré-« monie de l'élevation de son corps, ou à la « premiere fois qu'on fera son office public « dans l'Eglise de Treguer, pourvû qu'on « se soit confessé & qu'on soit touché d'un « veritable repentir; un an & une quarantai-« ne; chaque jour dans les octaves, tant de « l'élevation du corps, que de la premiere » solemnité; pareille faveur à ceux qui visi-« teront le sepulcre du Saint chaque année « au jour de sa fête natale ou de celle de son « élevation; & cent jours pour ceux qui lui « rendront le même devoir pendant les octa-« ves de ces deux fêtes. On dira le *Te Deum* « *laudamus* avec l'oraison qui a été faite pour « lui; ensuite le *Confiteor*, & l'absolution à « la maniere accoûtumée; on donnera In-« dulgence de sept ans & de sept quarantai-« nes; & enfin nous nous revêtirons, & » celebrerons la Messe en son honneur. «

Le corps de S. Yves fut levé de terre le 29. d'Octobre, jour auquel la fête de sa Translation est encore marquée dans les anciens calendriers des Eglises de S. Brieuc & de Leon. Son jour natal, avec office double, est marqué dans tous les anciens calendriers de la province, le 19. de Mai. Dès l'année suivante quelques Bretons qui étoient à Paris résolurent d'ériger une Confrairie à l'honneur de saint Yves, de bâtir une Chapelle, ou Eglise Collegiale sous son nom, & d'y fonder quelques Benefices. Ils en demanderent la permission à Foulques Evêque de Paris, qui l'accorda volontiers, comme il paroit par ses lettres du Lundi après l'Assomption de l'an 1348. rapportées par Jacques du Breüil dans son Theâtre des antiquitez de Paris. Cette Chapelle, qui subsiste encore, fut bâtie en la ruë S. Jacques, & fait le coin de la ruë des Noïers. Le même Evêque lui donna droit de Cimetiere en 1357. Jean V. Duc de Bretagne, à la priere de Frere Jean le Denteuc son Confesseur, de l'Ordre des Freres Prêcheurs, fonda un monastere du même ordre, à la chapelle de la Trinité auprès de Guerrande, dont il mit la premiere pierre le 16. de Mars de l'an 1409. & voulut que l'Eglise de cette maison Religieuse fût dediée à S. Yves, ce qui fut executé par Guillaume de Malestroit Evêque de Nantes, le 16. de Septembre de l'an 1441. La chapelle de Kermartin, qui portoit autrefois le nom de Nôtre-Dame, a pris celui de S. Yves depuis sa canonization. L'Université de Nantes s'est mise sous la protection du même Saint. Il y a dans la ville de Rennes un fameux Hôpital, accompagné d'une Eglise qui porte le nom de S. Yves. Il y a, à Rome, une Eglise dédiée au même Saint. On en voit par tout un grand nombre d'autres bâties en son honneur; en un mot sa memoire est dans une veneration universelle. Le Duc Jean V. qui avoit une dévotion particuliere pour lui, & qui voulut même avoir sa sepulture dans l'Eglise de Treguer, par un principe de confiance aux merites de ce Saint, dont il avoit souvent ressenti d'heureux effets en plusieurs rencontres, lui fit dresser un tombeau magnifique sur le lieu de sa premiere sepulture. L'ouvrage en est délicat, quoique d'un goût bizarre & Gothique, & les bas-reliefs du tombeau, assez finement touchez, representent une partie des victoires de Jean le Conquerant pere de Jean V. comme pour marquer la reconnoissance dont le pere avoit chargé le fils de laisser des témoignages publics.

Quand on fit l'élevation des Reliques de S. Yves, la tête fut mise à part, pour être conservée dans le Trésor de l'Eglise; & le reste fut laissé dans le tombeau. Le Roi de Chipre, à qui un miracle fait en sa personne avoit donné autant de reconnoissance pour S. Yves, qu'il s'étoit auparavant senti de dévotion pour lui, pria Charles de Blois son cousin, Duc de Bretagne, alors délivré de sa prison d'Angleterre, de lui envoïer quelque portion des Reliques de ce saint Prêtre. Charles se rendit à Treguer avec la Duchesse son épouse, & s'adressa à Frere Yves ou Even le Begaignon Evêque du lieu, Religieux de l'Ordre de S. Dominique, ci-devant Penitencier du Pape, & depuis Cardinal. Le Prélat & les Chanoines montrerent à Charles de Blois les Reliques de S. Tugdual, & celles de S. Yves, & lui en donnerent quelques portions pour le Roi de Chipre. Charles leur en témoigna sa reconnoissance par de grandes exemptions qu'il leur accorda par lettres patentes du 24. de Juin de l'an 1364. Le même Prince avoit aussi obtenu de l'Evêque de Treguer une portion d'une côte de S. Yves, dont voulant enrichir son Comté de Penthiévre, il en fit présent à l'Eglise de N. Dame de Lamballe, & porta lui-même la Relique, pieds nuds, en procession, tant à l'Eglise des Augustins de la même ville, qu'à celle de N. D. qui sont assez éloignées l'une de l'autre. Cependant la peine ne le rebuta point, quoiqu'on ait remarqué qu'il avoit les pieds tout en sang dès les Augu-

Titres de l'Eglise de Treguer.

Catal. des Evêques de Treguer de Missirien.

Hist. de Bret. to. 2. p. 570.

19. MAY.

Hift. de Bret. to. 2. p. 553.

ftins. Le même Prince, peu de tems avant la bataille d'Aurai, étant à Rennes, mit d'autres portions des mêmes Reliques dans l'Eglife Cathedrale, dans celle de S. George, & dans celle de S. Melaine, où il les porta lui-même, trois jours confecutifs, en proceffion, & les pieds nuds. Il s'eft fait encore d'autres diftributions des Reliques de S. Yves, au moïen de l'une defquelles Philippe de Luxembourg Evêque du Mans, Cardinal & Legat en France fe trouva maitre de trois parties confiderables de ces offemens facrez, dont il fit préfent le 4. de Mai de l'an 1516. au Roi François I. Le Roi, après fon entrée dans Milan, les donna le 6. de Novembre de la même année au Marquis de Montferat, pour les porter à Emmanuel I. Roi de Portugal & à la Reine fa femme Marie d'Arragon. Depuis Antoine I. qui fe dit Roi de Portugal après la mort de Dom Sebaftien, les donna le 3. d'Avril de l'an 1594. à Dom Emmanuel Prince de Portugal, à Paris, & celui-ci les dépofa dans l'Abbaïe de S. Sauveur d'Anvers, de l'Ordre de Cifteaux, où elles furent reçûës & placées dans le tréfor, après avoir été vifitées & verifiées par Aubertle Mire Evêque de cette ville, l'an 1620. En 1671. il s'en fit une tranflation folemnelle avec beaucoup de magnificence. Les Religieux de cette Abbaïe en donnérent une efquille en 1675. à un Seigneur du païs, qui en fit part a beaucoup d'autres, & particuliérement à la Confrairie des Jurifconfultes de Gand, dévoüée à S. Yves, & qui voulut commencer les exercices de fon union le jour de la fête du Saint le 19. de Mai de l'an 1677. Le Confeil de Malines, touché d'une fainte émulation, voulut témoigner autant de zéle pour la gloire de S. Yves, qu'en avoient marqué ceux de Gand. C'eft pourquoi ils priérent l'an 1679. leur Vice-préfident du Confeil d'écrire à l'Abbé de S. Sauveur d'Anvers, afin d'obtenir de lui quelque morceau des Reliques de S. Yves, pour être placées dans l'Oratoire de la Congregation des Jefuites de Malines. L'Abbé fe rendit aux prieres du Vice-préfident, & l'Evêque d'Anvers s'étant rendu à S. Sauveur le 19. de Janvier de l'année fuivante, tira du Reliquaire une portion de ce que l'on y confervoit des offemens de S. Yves, qu'il porta lui-même à Malines, & la délivra à la Congregation des Magiftrats & des Jurifconfultes qui tenoit fes affemblées dans l'Oratoire des Jefuites, où elle fut dépofée le 2. de Février, & placée fur l'Autel avec la folemnité requife le 19. de Mai fuivant. En 1682. les Jurifconfultes de Louvain obtinrent une pareille faveur de l'Abbé de S. Sauveur d'Anvers; & la portion des Reliques de S. Yves qui leur fut donnée, fut portée le 19. de Mai, en grande pompe, à l'Eglife Collegiale de S. Pierre de Louvain. On a parlé dans l'hiftoire de Bretagne, d'une confrairie érigée à Rome en 1513. en l'honneur de S. Yves, dans l'Eglife de fon nom, par le Pape Leon X. à la priere de la Reine Anne de Bretagne; & la Bulle eft rapportée tout au long dans le fecond volume de cette hiftoire. Nous verrons dans la vie de Charles de Blois que ce Prince fit bâtir des Autels à Bruges, en l'honneur de S. Yves, avant même qu'il fût canonizé.

19. MAY.

To. 2. p. 553.

LE B. JEAN DISCALCEAT,

Prêtre, Recteur,

& puis Religieux de S. François.

XIV. SIECLE.

15. DECEMB.

Tiré du Alb. le Gr.

CE faint homme, dont la memoire eft en veneration à Quimper, nâquit fur la fin du XIII fiécle, dans l'Evêché de Leon, de parens de peu de fortune, mais gens de bien, & qui avoient la crainte de Dieu. Il fut appellé Jean, en recevant le Sacrement de la regeneration, & voulut depuis être toûjours appellé *Jeannic* par un principe d'humilité, c'eft à-dire Petit-Jean. Il avoit un parent, bon & fameux artifan, auprès de qui il s'attacha, au fortir de l'enfance, & travailla affiduëment avec lui. Son inclination le portoit par prédilection aux ouvrages qui pouvoient fervir à la pieté, ou au foulagement du public. C'eft pourquoi lorfqu'il y avoit quelques croix à faire & à dreffer fur les chemins, ou des ponts & des arches fur des ruiffeaux, des guez, & des torrens, Jeannic y emploïoit avec joïe toute fon induftrie. Il fit un gain confiderable dans fa profeffion, & auroit pû vivre à fon aife dans le fiécle; mais Dieu l'appelloit à un état plus faint; & fidéle à fa vocation, il réfolut de fe mettre dans la Clericature. Son parent le railla d'un pareil deffein, & l'en empêcha autant qu'il put, de l'exécuter. Ce nouveau Satan fut puni; il perdit fes biens devint lépreux, mourut excommunié, & eut la fepulture du chien; pendant que Jeannic méprifant les menaces, les perfecutions, & les mocqueries de ce tentateur dangereux, quitta fon païs, & s'en alla à Rennes pour tâcher de s'y rendre capable de recevoir les Ordres Sacrez. Il en vint à bout, & fut enfin ordonné Prêtre.

15.
Decemb.

Il commença dès-lors à vivre dans une grande austerité. Il jeûnoit trois fois la semaine au pain & à l'eau; ses habits étoient pauvres, quoiqu'honnêtes; il visitoit & assistoit les malades avec beaucoup d'affection & d'assiduité; en un mot ses vertus & sa sainteté étoient l'objet de l'admiration de toute la ville. L'humilité dont il faisoit une profession sincere n'empêcha pas Yves Evêques de Rennes de découvrir les merites d'un homme qui ne cherchoit qu'à se cacher. Il le fit venir à sa maison Episcopale, & lui donna le soin d'une Cure de son diocese. Le saint Prêtre fit tout ce qu'il pût, pour éviter un emploi qui donne quelque distinction; mais les ordres précis de son Evêque lui imposerent la necessité de se soumettre à ce qu'on souhaitoit de lui.

Pourvû de cette Cure, il en prit possession, & y fit de grands fruits, par son bon exemple, & par les soins paternels qu'il rendit à son peuple. Il gouverna cette paroisse pendant treize ans, sous trois Evêques de Rennes, Yves, Gilles, & Alain de Châteaugiron, qu'il assista dans leurs visites, dont il étoit comme le précurseur, en allant devant eux à pied, pour disposer les peuples par ses prédications, & par le Sacrement de pénitence, à recevoir celui de la confirmation. Il ne se servit jamais de cheval, ni de litiére; mais il alloit toûjours à pied & sans chaussure, ce qu'il pratiqua toute sa vie, d'où lui est demeuré le surnom de Discalceat, ou Déchaussé. Un homme aussi austére, & d'aussi peu de dépense que lui, auroit pû mettre de l'argent en reserve, si l'avarice eût eu la même empire sur lui, qu'elle n'a que trop souvent sur tant d'autres Ecclesiastiques d'une vie dure & d'un exterieur reglé; mais il se regardoit comme le moindre d'entre les pauvres de sa paroisse; & persuadé que le bien de son Eglise étoit à eux, il le leur donnoit tout, & liberal envers eux, il s'oublioit souvent lui-même. Après avoir gouverné sa paroisse jusqu'en 1316. il se sentit si fortement attiré à l'Ordre de S. François, qu'il résolu d'être fidéle à ce qu'il étoit persuadé que Dieu demandoit de lui, il alla remettre sa Cure entre les mains de son Evêque, & lui demander la permission d'embrasser l'Institut des Freres Mineurs. L'Evêque ne put recevoir sans larmes une démission qui le privoit d'un sujet d'un merite si extraordinaire. N'aïant pû détourner Jean de sa résolution, il voulut au moins lui marquer la considération qu'il avoit pour lui, en conferant la Cure à son frere. Mais Jean, entierement détaché des interêts de la chair & du sang, & qui connoissoit d'ailleurs l'indignité du sujet, se fit un devoir d'en découvrir les défauts à l'Evêque, & de le prier de choisir un autre Pasteur.

Muni de la benediction de son Prélat, il entra dans l'Ordre de S. François, & y prit veritablement l'esprit de ce Patriarche Seraphique, avec son habit. S'il avoit aimé la pauvreté, avant que d'en faire une profession publique, il s'y livra avec ardeur, quand elle fut devenuë une obligation pour lui. Ses habits étoient toûjours les plus mauvais, & si on lui en demândoit la raison, il répondoit, que c'étoit parce qu'il étoit le plus imparfait de tous, & par consequent indigne d'être vêtu décemment & à neuf. Persuadé que sa Regle promettroit quelque benediction particuliere à ceux qui ne dédaignoient pas de rapetacer eux-mêmes leurs habits, il le faisoit un plaisir de coudre des pieces au sien; & plus ces piéces paroissoient desagréables & mal placées, plus son humilité y trouvoit son compte. Bien des gens qui font profession d'aimer la pauvreté volontaire, croïent que par un desappropriment, qui ne les prive point d'un usage abondant de toutes sortes de commoditez, ils sont dispensez, sinon de vouloir du bien, du moins d'en faire aux veritables pauvres qui vivent dans une indigence qui n'a rien de simulé. Frere Jean, plus pauvre encore que les pauvres volontaires ses confreres, ne trouvoit point dans son propre dénuëment, des raisons pour fermer son cœur à la misericorde & ses mains au penchant qui le portoit à faire l'aumône. Sa charité industrieuse trouvoit des ressources pour soulager les miserables; il en étoit sans cesse environné, & il les consoloit tous efficacement. Il leur a quelquefois donné son propre manteau & son capuchon; & ne craignoit pas, pour cela, que son pere S. François méconnût, par le défaut de quelques livrées de pénitence, un des siens, revêtu interieurement de l'homme nouveau. La charité de cet excellent Religieux ne trouvoit point que l'impuissance fût un prétexte suffisant, pour le dispenser de faire du bien aux pauvres, sur tout quand les miseres publiques augmentoient les besoins des particuliers. Alors son zéle prenant de nouvelles forces, le portoit à faire de douces violences aux personnes riches; il leur insinuoit si vivement les grands avantages que la religion promet à l'aumône, & la necessité que l'Evangile impose de la faire, que le même feu dont il étoit brûlé s'allumoit aussi dans leurs cœurs.

Le tems lui étoit cher & précieux; il n'en donnoit pas un seul instant à l'oisiveté; ses jours étoient pleins, & on le trouvoit

15.
Decemb.

15.
Decemi.

incessamment occupé au travail, à la priere, ou à quelque exercice de pieté. Il se levoit toutes les nuits long-tems avant les autres ; ses yeux ouverts à Dieu dévançoient toûjours les vigiles de la nuit ; & les Matines finies, il avoit peine à s'éloigner du Sanctuaire ; le jour l'y surprenoit souvent dans la continuation de son oraison. Aussitôt qu'il avoit dit la Messe, il se mettoit dans le Confessionnal, ou alloit visiter les malades de la ville. Le reste du jour, avec une bonne partie de la nuit, il le passoit en prieres. Ce n'étoit pas assez pour sa fervente pieté, de dire l'office Canonial au Chœur avec la Communauté ; il le disoit encore en particulier, le plus souvent seul, quelquefois avec quelqu'un de ses confreres, toûjours la tête nuë, avec un respect infini & une attention affectueuse. Outre le grand Office, il disoit encore celui de la Croix, celui du S. Esprit, les Pseaumes Graduels, & ceux de la pénitence, l'office des morts, un grand nombre de Litanies d'hymnes, de cantiques à l'honneur de la Sainte Vierge.

On rapporte quelques effets miraculeux de ses prieres, pour la guérison des corps & des esprits ; & il n'est point étonnant qu'un homme aussi plein de foi ait été exaucé. Sa vertu fut éprouvée, comme celle de Job, par les attaques interieures & exterieures du démon, qui tantôt le vouloit jetter dans le découragement & la tiedeur, & tantôt s'en prenoit à son corps même, déja exténué par les rigueurs de la pénitence. Le bouclier de la foi, & le glaive de l'esprit, qui est la parole de Dieu, étoient les armes dont, à l'exemple de son Sauveur, il se servoit pour vaincre & chasser ce dangereux ennemi. Les Divins cantiques du fils d'Isaï, qui avoient autrefois amorti les efforts du mauvais esprit qui tourmentoit Saül, fournissoient à ce saint Religieux de quoi remporter de pareilles victoires. Quelquefois il disoit : *O Dieu ! delivre mon ame de l'épée, & mon unique, du pouvoir de ce chien* ; & pour marquer le mépris qu'il faisoit de son tentateur, il repetoit souvent ce terme de *chien*. D'autres fois il disoit : *ne touchez pas mes oints, & n'usez point de vôtre malignité contre mes Prophetes,* ou bien : *Eloignez-vous de moi, vous tous qui prenez plaisir à mal faire ; parce que Dieu a exaucé ma voix & mes larmes* ; ou ces autres paroles : *que tous mes ennemis rougissent, & tombent dans un trouble extrême.* Mais de peur que l'ennemi exterieur n'entretînt des intelligences avec l'ennemi domestique, le B. Jean s'appliqua particuliérement à matter celui-ci par des austeritez extraordinaires. Il passa seize années entieres sans boire du vin, excepté à l'autel, & sans manger de chair, à moins d'y être forcé par la maladie, par les Ordonnances des medecins, & le commandement de ses Superieurs ; & s'il n'avoit eu peur de manquer au devoir de l'obéïssance, & de passer pour superstitieux ou entêté, il n'eût jamais usé de vin ni de viande. Il mangeoit même fort rarement du poisson. Il se nourrissoit de gros pain d'orge ou de féves, qu'il laissoit moisir exprès, afin de le trouver plus dégoûtant. Il évitoit le plaisir, jusques dans l'eau qu'il buvoit, & en corrompoit la saveur, en y mêlant quelque liqueur aigre ou amere, en memoire du vinaigre & du fiel dont on avoit abbruvé son Sauveur sur le Calvaire. Il ne mangeoit qu'une fois le jour, à moins qu'il ne fût malade & actuellement alité. A la reserve de quarante jours, il jeûnoit tout le reste de l'année, qu'il avoit partagée en huit Carêmes, dont le premier commençoit le lendemain de l'Epiphanie, & duroit quarante jours, pendant lesquels il ne vivoit que de pain le plus souvent tout sec, & quelquefois trempé du boüillon du pot ; & ne buvoit que de l'eau. Le second Carême étoit celui de l'Eglise, qu'il jeûnoit tout entier au pain & à l'eau. Le troisiéme, qu'il appelloit le Carême de Moïse, duroit aussi quarante jours, & à la reserve de trois jours par semaine, qu'il prenoit du potage, tout le reste, aussi bien que les dix jours avant la Pentecôte, il jeûnoit au pain & à l'eau. Le quatriéme Carême qui étoit en l'honneur des Apôtres S. Pierre & S. Paul, commençoit quarante jours avant leur fête, & il le jeûnoit souvent au pain & à l'eau. Le cinquiéme étoit celui de N. D. qui duroit jusqu'à son Assomption, & celui-là aussi rude que le grand Carême. Il observoit la même austerité pendant le sixiéme, en l'honneur des saints Anges, qui finissoit à la S. Michel. Le septiéme duroit jusqu'à la Toussaint, avec les austeritez du troisiéme. Le dernier, qui est celui de la Regle des Freres Mineurs, il le commençoit le jour des Morts, & le continuoit jusqu'au jour de Noël, toûjours au pain & à l'eau. Il avoit trois sortes de cilice, dont l'un étoit tissu de grosses étoupes de chanvre, qu'on appelle en Bretagne *reparon*, qui font une toile plus propre à écorcher la peau la plus dure, qu'à servir de vêtement. L'autre étoit de crin de cheval ; & le troisiéme, que ce saint homme, ingenieux à se tourmenter, avoit inventé lui-même, étoit de cuir de porc, dont le poil étoit coupé à deux ou trois lignes de la surface ; ce qui lui causoit des douleurs auxquelles on ne peut penser

Eph. 6.

Ps. 21.

Ps. 104.
Ps. 6.

Ps. 6. & 69.

15.
Decemb.

LE B. JEAN DISCALCEAT.

sans frémir. Mais que dirons-nous de la constance avec laquelle il laissoit dans ses pieds, toûjours nuds, les cloux qu'il s'y enfonçoit par hazard en marchant ? On lui a vû souvent les pieds prêts à pourrir, par des accidens pareils, sans qu'il se plaignit de ce qu'il souffroit, & sans qu'il se mit en peine d'ôter la cause du mal, si les ordres exprès de ses Superieurs ne l'y eussent contraint. La vermine est une espece de fleau qui fait souvent échoüer la patience des plus parfaits, qui croïent ne satisfaire qu'à ce que demande l'honnêteté publique, quand il n'est peutêtre que trop vrai, qu'ils se soustraïent avec plaisir à une penitence importune qui n'est pas de leur choix. Nous avons vû de grands Saints qui ont conçu plus de merite dans cette pénitence involontaire, que dans celles où l'amour propre peut se flatter de l'invention. Le B. Jean, à leur exemple, respectoit le doigt de Dieu dans ces petits bourreaux domestiques, & bien-loin de travailler à les détruire, il s'en regardoit comme le berger, & remettoit dans le bercail ceux qui étoient en danger de s'égarer & de se perdre.

Les peres de la vie spirituelle font grand état du don des larmes & de componction, & en effet, si l'un des caractéres des impies, selon S. Paul, est de n'avoir point d'affection, pourquoi ne regarderoit-on pas comme une faveur que Dieu fait à ses Elus, de leur donner un cœur de chair, une ame sensible aux choses de l'autre vie, & un tendre & facile épanchement de larmes, à la consideration des objets digne de pieté ? C'étoit par ces principes d'une sainte & surnaturelle tendresse, que le B. Jean répandoit de si abondantes larmes, dans la priere, dans l'exercice de sa qualité de Confesseur, & sur les maux publics que l'esprit prophetique lui faisoit prévoir. Ce fut ainsi que prévoïant un jour, pendant la refection commune, où les viandes n'avoient aucune part à l'attention de son esprit, les maux qu'alloit causer la guerre civile en Bretagne, après la mort du Duc Jean III. il trempa non-seulement son pain de ses larmes, mais il passa le reste du jour à pleurer, avec une si grande effusion, qu'on eût dit que ses yeux étoient devenus deux fontaines. Il prévit & annonça le siége & la prise de Quimper, & la famine cruelle qui le devoit suivre, avant que Charles de Blois eût formé le dessein de ce siége. La ville fut prise en 1344. comme on le peut voir dans l'Histoire generale de Bretagne ; il y eut de grandes cruautez commises par les vainqueurs ; & la famine ne manqua point de venir à la suite de la guerre, en 1346. où le bon Religieux qui avoit prédit l'une & l'autre, n'aïant pû détourner les effets de la premiere, rendit ceux de la seconde tolerable aux pauvres, par le soin & le bonheur qu'il eut de persuader efficacement aux riches, qu'ils n'étoient, en ces occasions, que les dispensateurs de leurs propres biens. Dieu lui revéla de même la peste qui désola la ville & le païs de Quimper en 1349. Il en eut connoissance dès l'année précedente, pendant qu'il étoit au chœur avec ses confreres, à l'office des vêpres du jour de S. François. Les autres Religieux le voïant plurer amérement, lui demandérent le sujet d'une si vive douleur. Il ne leur dit autre chose, sinon, que la ville seroit affligée en peu, d'une nouvelle calamité. En effet, dès l'été suivant la contagion enleva un grand nombre de personnes.

Le B. Jean, dans cette rencontre, offrit sa vie à Dieu en sacrifice, & l'exposa charitablement, par l'assiduité qu'il rendit aux personnes attaquées de la peste, à qui il administra les Sacremens, & les consolations spirituelles & corporelles, avec un zéle & une affection, qui furent recompensez d'une sainte mort causée par le même mal qui en enlevoit tous les jours tant d'autres. Ainsi finit le B. Jean, dans les exercices de la charité, une vie qu'il avoit passée dans ceux de la pénitence & de la priere. Il mourut âgé d'environ 69. ans, après avoir porté long-tems l'habit de saint François, & en avoir observé constamment toutes les Regles jusqu'au moindre *iota*, comme s'exprime l'auteur de sa vie écrite en Latin ; ce qui, au sentiment d'un grand Pape, tient lieu des plus insignes miracles, & suffit pour canoniser un enfant de saint François. Le corps du B. Jean fut inhumé dans le Convent de son Ordre à Quimper, dans la chapelle qui est à côté de la porte du chœur, sous le Jubé, du côté de l'Évangile. On l'a depuis ôté de la châsse qui avoit servi à sa sepulture, & on l'a mis dans une autre plus honorable, qui a été conservée quelque tems sous un petit dôme en forme de chapelle, composée de treillis & de grilles de fer. Enfin on l'a encore ôté de là, & on l'a mis dans la chapelle qui fait l'aile droite du chœur, où il est posé sur l'autel, dans un petit tabernacle couvert d'un voile, & devant ce tabernacle est le portrait du saint homme, dans un tableau donné par Blanche de Loheac Dame de Missirien. La ville a toûjours une grande confiance au B. Jean, & l'on assure que plusieurs malades ont été guéris par son intercession.

CHARLES DE BLOIS.

CHARLES DE CHASTILLON, dit de Blois, Duc de Bretagne.

XIV. SIECLE.

CHARLES Duc de Bretagne, competiteur de Jean Comte de Montfort dans le fameux different pour la succession au Duché, qui dans le XIV. siécle coûta la vie à tant de milliers d'hommes, étoit de l'illustre maison de Châtillon, alliée tant de fois à la Couronne, qui a donné tant de grands hommes à l'Etat dans les plus éminentes charges de l'épée & de la maison Roïale, & qui subsiste encore aujourd'hui avec splendeur. Son cinquiéme aïeul Gaucher III. Seigneur de Châtillon, qui mourut en 1219. étoit fils de Gui II. & d'Alix de Dreux. Il avoit épousé Elisabeth Comtesse de S. Paul, dont il avoit eu deux fils & deux filles. Le premier des fils, appellé Gui, épousa la Comtesse de Nevers & en eut un fils, Gaucher III. qui mourut sans posterité, & une fille qui fut mariée dans la maison des Sires de Bourbon, qui tomba depuis dans celle de France, par le mariage de la petite fille de cette Dame avec Robert Comte de Clermont fils puîné de saint Loüis. Hugues de Châtillon Comte de S. Paul fut le second fils de Gaucher III. Il devint Comte de Blois & de Chartres, par l'alliance qu'il contracta avec Marie d'Avênes sa seconde femme, fille unique & heritiere de Gaucher II. Seigneur d'Avênes, Guise, Leuse, Landrecies, &c. & de Marguerite de Champagne Comtesse de Blois. De trois enfans qu'il en eut, le dernier, nommé Hugues, fut pere de Gaucher IV. Comte de Porcean Conétable de France; & le premier, appellé Jean, qui fut Comte de Blois & de Chartres, n'eut d'Alix de Bretagne sa femme, qu'une seule fille appellée Jeanne, qui n'eut point de posterité de Pierre de France Comte d'Alençon fils de S. Loüis, à qui elle survécut, & ne mourut qu'en 1291. Par ce moïen le Comté de Blois passa aux enfans du second des fils de Hugues de Châtillon Comte de S. Paul, appellé Gui II. qui eut plusieurs enfans de Mahaut de Brabant veuve de Robert de France Comte d'Artois, l'aîné desquels fut Hugues II. aïeul du Prince dont nous écrivons la vie, & le second fut Gui III. Comte de S. Paul Grand Bouteiller de France, qui épousa en 1292. Marie de Bretagne sœur du Duc Artur II. & sa petite-fille porta le Comté de S. Paul dans la maison de Luxembourg. Hugues II. de Châtillon Comte de Blois & de Dunois, après la mort de sa tante, épousa Beatrix fille puînée de Gui de Dampierre Comte de Flandres, & d'Isabelle de Luxembourg; dont il eut deux fils, Gui de Châtillon I. du nom Comte de Blois & de Dunois, Seigneur d'Avênes, de Guise, &c. & Jean de Châtillon Seigneur de Châteauregnaud qui mourut sans posterité. Gui I. épousa en 1298. Marguerite de Vallois sœur de Philippes VI. Roy de France, & en eut trois enfans, Loüis de Châtillon I. du nom, Comte de Blois & de Dunois après son pere, & de Soissons par son alliance avec Jeanne de Hainaut; Charles dit de Blois Duc de Bretagne; & Marie de Châtillon qui épousa en premieres nôces Raoul Duc de Lorraine, & en secondes nôces Frederic Comte de Linanges près de Worms.

Telle étoit la naissance de Charles, qui le rendoit neveu du Roi, & ne lui présentoit de tous côtez que des honneurs distinguez, & des alliances illustres. Le Comte de Blois son pere eut soin de lui donner une bonne éducation, aussi bien qu'à Loüis & à Marie son frere & sa sœur. Charles se sentit porté à la pieté dès les premiers instans qu'il commença à faire usage de sa raison. Il tomba heureusement entre les mains d'une fille de bonne maison, trèsvertueuse, qui cultiva avec soin ces premiers germes de la vertu, & fut aidée en cela par un bon Prêtre appellé Jacques de Henchim, que le Comte avoit donné à ses enfans pour précepteur. La gouvernante s'accommodant à la portée de l'esprit de l'enfant qui faisoit le principal objet de ses soins, l'occupoit à beaucoup de prieres vocales, & à mesure que la lecture lui eut donné le moïen d'exercer sa mémoire, il ne la chargea principalement que de ce qui pouvoit lui servir à présenter à Dieu des prieres pures & presque sans relâche. Instruit par sa pieuse gouvernante & par son précepteur, il disoit tous les jours trois *Pater* & trois *Ave* en l'honneur de la Sainte Trinité; cinq, en l'honneur des cinq plaïes de nôtre Sauveur; sept pour demander à Dieu la grace d'être préservé des sept pechez mortels; treize, en l'honneur des saints Apôtres; & repetoit les mêmes prieres un grand nombre d'autres fois, à l'honneur de plusieurs autres Saints. Aussi tôt qu'il eut appris la profession de sa croïance & la confession des pechez, avec quelques Pseaumes, il se fit un devoir de les reciter tous les jours, avec l'Office de la Sainte Croix, & ne manquoit jamais, après Complies, à dire l'Antienne *Salve Regina misericordiæ*. Avant que

Enquête pour la canonization de Charles de Blois, Témoin 1.

CHARLES DE BLOIS.

29. Septemb.

que de se mettre à table, il recitoit les Evangiles : *In principio*, & *Recumbentibus*, tirez, l'un de saint Jean, & l'autre de saint Marc, & qui nous apprennent la naissance éternelle du fils de Dieu, & son dernier adieu à ses disciples avant son Ascension. Charles repetoit encore l'Evangile de saint Jean, lorsqu'il alloit se mettre au lit, & y ajoûtoit plusieurs prieres, parmi lesquelles il n'oublioit pas celle par laquelle l'Eglise invoque le secours de l'Esprit Divin, pour faire en sorte que nos cœurs ne brulent que du feu de son amour. Aux fêtes de la sainte Vierge & aux autres solemnitez de l'année, il disoit religieusement l'Office de N. D. à neuf leçons. Tous les Lundis, les Mercredis, & les Vendredis, il recitoit le grand Office des Morts à neuf leçons. A graces il ne manquoit jamais de dire le *Miserere* ; & quand il eut appris le Psautier, il le disoit entierement chaque semaine du Carême. Quand il avoit entendu la Messe avec son frere & sa sœur, qui suivant l'impatience ordinaire des gens du monde, quittoient l'Eglise aussitôt après ; il y demeuroit long-tems, pour suivre son attrait interieur ; & quand on alloit lui dire : *Charles venez-vous-en* ; il répondoit : *on ne peut trop servir Dieu ; je m'en irai assez-tôt*. Dès ses plus tendres années il jeûnoit tous les Samedis & les veilles des grandes fêtes ; & il auroit poussé son austerité plus loin, si les medecins ne s'y fussent pas opposez d'une maniere à lui ôter la liberté de suivre son penchant. Ses longues prieres & ses jeûnes donnérent occasion à son frere de le gronder, & de lui reprocher qu'il ne seroit jamais bon qu'à être Ermite. Charles ne se relâcha point pour cela. Il étoit d'un serieux qui déconcertoit tous les faux plaisans ; & dans l'âge le plus vif & le plus badin, il ne tint jamais que des discours graves. Il commençoit dès ce tems-là à se livrer à une tendre compassion pour les pauvres, dont il ne se démentit point dans la suite. Il empruntoit de l'argent des Maîtres d'hôtel & des Argentiers de son pere ; & quand il alloit se promener, il se tiroit à l'écart, & distribuoit cet argent aux pauvres de la campagne. Une foi vive lui faisoit déja voir J. C. dans ces miserables indigens ; la même foi le preserva de l'illusion de la magnificence, illusion si pernicieuse aux jeunes gens sur tout, & qui les entraîne si puissamment dans l'amour du monde. Le Duc de Lorraine épousa sa sœur Marie, & envoïa au jeune Charles un habit d'une étoffe précieuse & brillante. Charles, raisonnant sur d'autres principes que ceux du monde, trouva de l'indecence dans cet habit si riche, & refusa constamment de le mettre. Au reste, s'il ne goûtoit pas le siécle, & s'il rebutoit ses faveurs, ce n'étoit pas manque de genie ; il avoit plus d'esprit que son frere, & faisoit plus de progrès que lui dans les lettres. Aussi entraîné par l'attrait qu'il trouvoit à l'étude, il avoit de la peine à le quitter ; & cela donnoit du chagrin au Comte son pere, qui menaçoit souvent de lui ôter tous ses livres, & qui ne lui permit pas de pousser ses connoissances plus loin que la Grammaire & la Musique.

Charles demeura dans la maison de son pere jusqu'à l'âge de quinze ans. Il n'en sortit sans doute, que pour aller à la Cour du Roi son oncle, qui lui fit faire, deux ou trois ans après, un grand mariage. Artur II. Duc de Bretagne avoit été marié deux fois, la premiere avec Alix de Limoges ; & la seconde avec Yoland de Dreux Comtesse de Montfort l'Amauri. Il avoit eu du premier mariage Jean III. qui lui succeda au Duché, Gui qui fut Comte de Penthiévre, & qui mourant en 1330. ne laissa qu'une seule fille ; & Pierre de Bretagne frere de Jean & de Gui, qui mourut jeune, d'un coup de pied de cheval. Artur II. avoit eu de son second mariage Jean de Montfort & cinq filles. Le Duc Jean III. animé d'une antipathie invincible contre sa belle mere, n'avoit cessé, depuis le decez de son pere Artur II. arrivé l'an 1312. de la tourmenter par mille chicanes, & de vexer ses enfans, sans considerer qu'ils avoient tous le même pere que lui. Comme il n'avoit point d'enfans, quoiqu'il eût eu trois femmes, & comme le Comte de Penthiévre son second frere n'avoit laissé qu'une fille, le Duc voïoit avec chagrin, que le public commençoit de regarder le Comte de Montfort comme son successeur au Duché de Bretagne. Il avoit persecuté la mere avec une opiniâtreté trop constante, pour ne travailler pas à détruire les esperances qui en pouvoient flatter les enfans. Il prit d'abord une résolution fort extraordinaire, qui fut de donner son Duché au Roi, après sa mort ; à cette condition, que s'il se présentoit alors un heritier legitime du Duché, le Roi lui assigneroit quelque autre Seigneurie en échange, & le Roi convint qu'il donneroit le Duché d'Orleans. Les Bretons s'opposérent à ce traité ; ce qui suspendit la conclusion de l'affaire. On prit jour pour en conferer de nouveau ; mais les oppositions des Bretons firent échoüer ce projet mal conçu. L'heritier futur pour qui le Duc s'interessoit, étoit apparemment Charles fils aîné du Roi de Navarre, à qui, à la priere du Roi de France, le Duc, & Henri

29. Septemb. d'Avaugour beau-pere de Gui de Bretagne, avoient promis de faire épouser Jeanne de Bretagne Comtesse de Penthiévre fille unique de Gui. Mais en 1337. le fils aîné du Roi de Navarre n'étoit encore qu'un enfant très-jeune, & la Comtesse de Penthiévre étoit en âge d'être mariée. Il y avoit une autre difficulté au sujet des Armes de Bretagne. Le Duc vouloit que le fils du Roi de Navarre portât les Ermines, & le Roi de Navarre ne vouloit point accepter cette condition. Le Roi Philippes II. porté à l'avancement de son neveu, profita de ces conjonctures, pour essaïer à porter le Roi de Navarre à se désister de l'alliance de la Comtesse de Penthiévre. Celui-ci répondit : qu'il souhaitoit de tout son cœur de voir l'heritiere de Bretagne mariée au gré du Roi de France, pourvû qu'on le dégageât de sa parole, & qu'on remboursât les frais qu'il avoit faits. Le Roi, muni de ce consentement, prit le conseil du Duc & de la plûpart des Seigneurs Bretons (Henri d'Avaugour grand pere de la Princesse étoit mort six ans auparavant) & de leur avis, il ordonna que Charles de Châtillon épouseroit Jeanne de Bretagne, & païeroit au Roi de Navarre dix mille livres, mille par an; & vingt mille en deux ans, s'il devenoit Duc de Bretagne. Le Roi se rendit caution du païement. On fit aussi-tôt le contrat de mariage de Charles & de Jeanne, & il y fut stipulé que Charles porteroit le nom & les Armes de Bretagne. On y ajoûta depuis, c'est-à-dire le 21. d'Avril de l'an 1341. que pendant le terme de dix ans qui lui avoit été donné pour païer le Roi de Navarre, il ne pourroit rien demander au Comte de Blois son pere, si ce n'étoit que la Comtesse de Penthiévre mourût, auquel cas le Comte de Blois feroit deux mille livres de rente à Charles sur les Châtellenies d'Irecon & d'Oisi. Charles fut dès-lors regardé comme heritier du Duché, par les Prélats de la province; & plusieurs Barons, du vivant même de Jean III. lui firent hommage. Mais le Comte de Montfort lui contestoit la succession, & avoit pour lui les Chapitres, les Communautez, les Villes, & la meilleure partie du peuple. Charles, qui voïoit avec douleur les premieres estincelles d'un embrasement inévitable, s'abandonna à la conduite de la providence, &

Enq. tém. 18. alla prendre possession du Comté de Penthiévre. Il y donna d'abord des marques de sa pieté, en faisant bâtir dans l'Eglise des Freres Mineurs de Guingamp un autel en l'honneur d'un Prince de la maison de sa mere, que le Pape Jean XXII. avoit canonizé vingt-un an auparavant; c'étoit S.

Loüis, Religieux de l'ordre de saint François, Evêque de Toulouse, & puis de Pamiez, second fils de Charles II. Roi de Naples & Comte d'Anjou, petit-fils de Loüis VIII. Roi de France. Ce jeune Prince comblé des faveurs du Pape, étoit en chemin pour aller à Rome lui remettre tous ses Benefices, lorsqu'il mourut le 19. d'Aoust, en 1297. à l'âge de 23. ans & demi. Il fut enterré à Marseille dans le chœur de l'Eglise des Cordeliers, & c'est pour cela, que dans ce tems-ci on l'appelloit S. Loüis de Marseille, & ce fut sous ce nom-là que fut dressé l'autel nouveau que Charles fit bâtir dans l'Eglise qu'avoient à Guingamp les Religieux du même Ordre dans lequel le Prince Loüis avoit fait briller des vertus si heroïques.

Charles ne demeura pas long-tems dans ses terres de Penthiévre. Comme son devoir l'attachoit auprès du Duc, il le suivit en Flandres l'an 1338. avec Hervé de Leon VII. du nom Seigneur de Noyon sur Andelle, qui avoit épousé en secondes nôces Marguerite d'Avangour tante de la Comtesse de Penthiévre. Ce Seigneur étoit dès-lors & le fut encore depuis, le principal Conseiller de Charles, & ne contribuoit pas peu à l'entretenir dans la pieté & dans l'esprit de pénitence. On en voit une preuve assez convaincante dans le présent que Hervé fit à Charles à l'armée campée à Burenfosse, d'un cilice blanc de crin de cheval, & d'une corde noüée propre à tourmenter le corps & dompter les ennemis de l'ame, pendant qu'on ne croïoit ce jeune Seigneur occupé qu'à aider à chasser les ennemis de l'Etat. Le Duc de Bretagne retourna encore en Flandres en 1340. & y mena de si belles troupes au Roi, avec Charles, qu'on regardoit comme son successeur, qu'on lui donne la gloire d'avoir été celui de tous les Princes qui parut avec le plus d'éclat & de splendeur dans cette rencontre. On fit une trève, quand on s'attendoit à terminer la guerre par un combat, & le Duc reprit le chemin de la Bretagne. Une maladie qui le surprit à Caën l'empêcha d'aller plus loin; il y mourut le dernier d'Avril de l'an 1341.

Il n'avoit pour lors auprès de lui, pour recueillir ses dernieres paroles, ni le Comte de Montfort, ni celui de Penthiévre; & c'est ce qui rend la verité difficile à démêler dans les écrits de l'un & de l'autre, lorsqu'on y voit, à ce sujet des choses entierement opposées. Le Comte de Montfort soûtient que le Duc, par sa derniere volonté & meure déliberation, le déclara son heritier universel au Duché de Bretagne; &

Enq. tém. 10

Enq. tém. 57

Hist. d Bret. to. 1 311. p.

que lorsqu'on lui voulut parler pour le Comte de Penthiévre, & lui représenter ce qui lui avoit été promis par le traité de son mariage, il ne répondit autre chose, sinon : *Pour Dieu qu'on me laisse en paix, je ne veux point charger mon ame.* Charles assure au contraire, que le Duc ne dit ces paroles qu'à ceux qui vouloient lui parler en faveur du Comte de Montfort. Charles de Louviers Docteur de Paris, qui vivoit en ce tems-là, & qui a fait le livre intitulé *le Songe du verger*, porte un témoignage bien favorable au Comte de Montfort, quand il assure dans ce même livre, que non-seulement le Duc l'avoit déclaré par son testament son heritier au Duché; mais que long-tems même auparavant il avoit fait la même déclaration entre vifs. Nous sommes fort éloignez de soupçonner de mensonge un Prince aussi religieux que l'a toûjours été Charles de Châtillon; mais on sçait assez que ce n'est pas dans les écrits qui paroissent sous le nom des personnes, pour soûtenir leurs droits, qu'il faut chercher le veritable caractère de leur ame; & d'ailleurs, dans toute la suite de ce grand démêlé, Charles a plus suivi des impressions étrangeres, que ses propres mouvemens.

On ne sçait où il étoit, lorsque le Duc de Bretagne mourut. Jean de Montfort qui étoit en Bretagne, profita de l'absence de son competiteur, se rendit à Nantes, & y fut reconnu Duc par ceux de la ville & des environs. Les Evêques & les Barons s'assemblérent pour déliberer sur la succession au Duché. Sept d'entre les Prélats, raisonnant sur d'autres principes que ceux qui les déterminoient en 1337. se déclarérent pour le Comte de Montfort; les deux autres conclurent, avec la plus grande partie des Barons, que l'affaire étoit assez importante pour meriter d'être agitée plus à loisir & dans une assemblée plus nombreuse. Le Comte, qui ne vouloit pas perdre le tems en déliberations, pendant qu'il pouvoit agir, partit de Nantes avec des troupes, & s'étant présenté à Limoges, où étoit le trésor du feu Duc son frere, il fut reçû en cérémonie dans la ville, y prit l'hommage des habitans, & fut mis en possession du trésor de son frere, avec quoi il s'en retourna à Nantes, où la nouvelle assemblée des Barons fut fort partagée. Jean de Montfort en gagna un grand nombre, leva des troupes, & alla assieger Châteauceaux, qu'il prit en peu de jours. De-là il traversa jusqu'à Brest, pour fermer, par la prise de cette place, la mer à son competiteur, du côté du couchant, comme S. Malo qui s'étoit déclaré pour lui, l'assuroit du côté du nord, & Nantes & Châteauceaux, du côté de l'orient & du midi. Après avoir pris Brest, il revint sur ses pas, & assiegea Rennes, dont il se rendit maître. Il y prit les marques de la dignité Ducale, & puis il s'empara d'Hennebond, de Vannes, d'Aurai, & de quelques autres places, & passa en Angleterre, pour demander du secours au Roi Edoüard, qui ne fut pas fâché d'éprouver si l'entrée que le Comte de Montfort lui offroit en Bretagne, lui seroit plus favorable pour l'execution de ses desseins sur le Roïaume, que celle que Robert d'Artois lui avoit procurée en Flandres. On accuse le Comte de Montfort d'avoir en cette occasion fait hommage de la Bretagne à Edoüard; & le grand recueil qu'on a publié depuis peu en Angleterre fait voir que l'accusation n'est que trop bien fondée, puisqu'on y trouve l'acte de cet hommage.

Rymer.

Charles s'adressa de son côté au Roi Philippe, qui outre qu'il étoit son Souverain naturel, avoit interest de le soûtenir, non-seulement parce qu'il étoit son oncle, mais encore parce qu'il s'étoit en quelque sorte rendu garant de l'execution du traité de son mariage avec la Comtesse de Penthiévre, qu'il n'avoit épousée & ôtée au fils aîné du Roi de Navarre, que comme heritiere présomptive d'une grande province. Le Comte de Montfort ne fut pas plûtôt revenu d'Angleterre à Nantes, qu'il y reçut ordre du Roi de se rendre à Paris pour y voir juger, à la Cour des Pairs, le different qu'il avoit avec Charles pour la succession au Duché. Il se rendit à Paris, & se présenta devant le Roi pour l'assurer de son obéïssance; mais averti qu'on le devoit arrêter, il se retira secretement; après avoir laissé les ordres nécessaires pour la défense de ses droits. Il disoit, & cela étoit vrai, qu'il étoit la personne la plus proche du dernier Duc, & il en concluoit, qu'il devoit donc lui succeder au Duché. Charles disoit au contraire, que par droit de représentation, Jeanne de Bretagne sa femme devoit être regardée comme tenant la place de Gui de Bretagne son pere, fils du premier lit d'Artur II. au lieu que le Comte de Montfort n'étoit que du second mariage de ce Prince, & par consequent moins proche du dernier Duc Jean III. que ne l'étoit la Comtesse de Penthiévre. Il est inutile de repeter ici toutes les autres raisons des parties, qu'on peut voir ailleurs; il suffit de dire, que par Arrest rendu à Conflans le 7. du mois de Septembre de l'an 1341. le Roi déclara que Charles seroit reçû à rendre à la Couronne l'hommage du Duché de Bretagne.

Charles arma auſſi-tôt, avec le ſecours du Duc de Normandie fils de France ſon couſin, du Duc d'Alençon Charles de Valois ſon oncle, du Duc de Bourgogne, du Comte de Blois Loüis de Châtillon ſon frere, du Duc de Bourbon, de Loüis d'Eſpagne, de Jacques de Bourbon, du Comte d'Eu Conétable de France, du Comte de Guines fils du Conétable, du Vicomte de Rohan, du Roi de Navarre, du Duc de Lorraine qui avoit épouſé Marie de Châtillon ſœur de Charles, du Duc d'Athenes, du Comte de Vendôme, & de Robert Bertran Seigneur de Bricquebec Maréchal de France. Tous ces Seigneurs, avec la gendarmerie qui ſuivoit leurs enſeignes, & un corps de gens de trait, dont la plûpart étoient Genois, ſe rendirent à Angers, d'où ils avancérent juſqu'à Ancenis. Après y avoir ſéjourné trois jours, ils aſſiegérent Châteauceaux & le prirent, & s'étant enſuite rendus maîtres de Carquefou, ils firent le ſiége de Nantes, où le Comte de Montfort ſe laiſſa ſurprendre. Quelques exemples de rigueur exercée par le Duc de Normandie avancérent la reddition de la place, où Charles fut reçû, & tout le païs lui rendit hommage vers la fin de l'an 1341. Les Princes qui lui avoient aidé à faire cette conquête, lui conſeillérent de paſſer l'hiver dans cette ville. Pour eux, après y avoir demeuré ſeulement trois jours, ils s'en retournérent à Paris, où le Duc de Normandie livra au Roi le Comte de Montfort, que le Roi fit enfermer dans la tour du Louvre; & le Comte y fut détenu priſonnier juſqu'en 1345. Sans examiner en ce lieu, s'il y avoit de la bonne foi dans la conduite du Duc de Normandie, & de l'humanité dans celle du Roi, il ſuffit de convenir qu'il y avoit de la prudence dans celle de l'un & de l'autre, & que voulant favoriſer Charles, ils ne pouvoient rien faire de plus expedient, que d'arrêter ſon competiteur, qui n'avoit qu'un fils, encore dans l'enfance. Ils ne penſoient pas avoir rien à craindre de la Comteſſe de Montfort, & croïoient avoir du moins dans la perſonne du mari un garant ſûr de l'inaction de la femme. Ils ſe trompérent; cette femme heroïque releva le courage de ſon parti, & le ſoûtint elle ſeule, avec un courage au-deſſus des forces ordinaires de ſon ſexe.

Dès le commencement de l'année ſuivante le Roi donna commiſſion au Maréchal de Bricquebec, à Henri de Maleſtroit Maître des Requêtes, & au Galois de la Baume Grand maître des Arbalêtriers & Lieutenant en Bretagne, de travailler à gagner les Seigneurs Bretons qui ſuivoient le parti du Comte de Montfort. Leurs negociations eurent leur effet auprès de quelques-uns, & échoüérent auprès des autres. Le Maître des Requêtes propoſa à la Comteſſe de Montfort des moïens d'accommodement, dont elle ſentit bien que le but n'étoit que de l'affoiblir & la deſarmer; c'eſt pourquoi elle n'accorda rien, qu'une tréve de peu de durée.

Charles, engagé indiſpenſablement à la guerre, pour ſoûtenir les droits de ſa femme & les ſiens, & l'honneur du jugement du Roi & de la Cour des Pairs, demanda des troupes au Roi ſon oncle, qui lui envoïa une armée conſiderable commandée par le Galois de la Baume, le Maréchal de Bricquebec, Miles de Noïers, le Duc de Bourbon, le Comte de Blois, Loüis d'Eſpagne, & les Vicomtes de Rohan & de Leon, unis d'intereſt, auſſi-bien que d'amitié, par le mariage que celui-là avoit contracté avec la fille aînée de celui ci, qui devint enſuite heritiere de la principauté de Leon, quand ſon frere unique Hervé VIII. fut mort ſans enfans. A la vüe de ces troupes, que Charles mena faire le ſiége de Rennes, les habitans perdirent courage, & aïant mis en priſon leur Capitaine Guillaume de Cadoudal, qui les défendoit trop bien malgré eux, ils ſe rendirent à Charles, vers la fin du mois de Mars 1342. Il ne voulut pas profiter, au deſavantage d'un ſi brave commandant, de la violence qui lui avoit été faite; il lui permit de ſe retirer à Hennebond auprès de la Comteſſe. Charles eſſaïa auſſi-tôt de ſe rendre maître de S. Aubin du Cormier. Les habitans de cette petite ville, plus hardis, ou plus temeraires que ceux de Rennes, firent une ſortie qui leur réüſſit très-mal; on entra dans la ville pêle-mêle avec eux, & elle fut reduite en cendres. Il reſtoit le château à conquerir, place forte pour lors, & que Pierre de Dreux, Prince qui ſçavoit bien la guerre, avoit pris plaiſir à bâtir, plus de cent ans auparavant, & à la mettre hors d'inſulte. On y donna pluſieurs aſſauts; mais la valeur du commandant, appellé Papillon de Saint Gilles, rendit inutiles tous les efforts de Charles, qui s'en retourna à Rennes avec ſes troupes, ſans avoir pris ce château. Il reçut à Rennes les hommages de beaucoup de Seigneurs de conſideration, qui abandonnérent pour lors, du moins en apparence, le parti du Comte de Montfort. Celui dont on eut le plus de ſujet d'être ſurpris, fut Gui X. Seigneur de Laval & de Vitré, qui avoit épouſé Beatrix de Bretagne Dame de Hedé fille d'Artur II. & d'Yoland de Montfort, c'est-à-dire une sœur germaine du Comte de Montfort, dont il abandonnoit le parti. Les plus remarquables entre les autres, furent Olivier de Cliffon, Geoffroi de Malêtroit, & le Sire d'Avaugour, apparemment Guillaume d'Avaugour tige des Seigneurs du Parc, & frere du dernier Seigneur d'Avaugour qui n'avoit laiffé que des filles, dont l'aînée étoit belle-mere de Charles. Comme la mere de ces filles étoit de la maifon d'Harcour, il n'eft pas étonnant de voir Godefroi d'Harcour, à la tête de plufieurs autres Seigneurs Normans qui vinrent auffi à Rennes s'engager dans les interefts de Charles, parmi lefquels on nomme le Sire de la Roche-teffon, Richard de Preffi, & Roger Bacon.

La Comteffe de Montfort, étonnée de voir fon parti abandonné par tant de Seigneurs, envoïa Amauri de Cliffon en Angleterre, demander du fecours au Roi Edoüard. Charles n'ignora pas, fans doute, cet envoi; & comme il n'y avoit pas d'apparence qu'Edoüard refufât le fecours que lui demandoit la Comteffe de Montfort, on voulut le prévenir, & terminer la guerre, s'il étoit poffible, par la prife de la Comteffe & de fon fils retirez dans Hennebond. Dans ce deffein Charles alla affieger cette place. La Comteffe de Montfort y fit des actions furprenantes; armée & montée à l'avantage, elle fit des forties, porta le feu dans le camp des ennemis, fit entrer du fecours dans Hennebond malgré leur refiftance. Mais elle auroit enfin fuccombé, fi l'arrivée de la flotte des Anglois n'eût enfin fauvé la place, & obligé Charles d'en lever le fiége. Pendant qu'il le tenoit encore, comme il le voïoit tirer en longueur, il avoit partagé fes troupes, & en avoit pris une partie pour aller affieger Aurai. Il fut deux mois & demi devant, & réduifit la place à la derniere extrémité par la difete des vivres. Les affiegez, après avoir mangé leurs chevaux, demandérent à capituler; mais Charles vouloit les avoir à difcretion. La garnifon prit là-deffus une réfolution de defefperez; elle fortit la nuit, & conduite par deux freres de la maifon de Spinefort, força le camp, & fe rendit, du moins la meilleure partie, auprès de la Comteffe de Montfort à Hennebond. Loüis d'Efpagne, de fon côté, fe rendit maître de Guerrande, où fes troupes, outre les défordres que la guerre autorife, en commirent beaucoup d'autres contre les Eglifes & les chofes facrées, qu'aucun prétexte ne peut excufer. Après la prife d'Aurai Charles affiegea Vannes, qui fe rendit bientôt; & celui qui y commandoit fe retira à Hennebond, par une des portes de la ville affiegée, pendant que les habitans étoient occupez à l'autre à faire leur traité. Le parti du Comte de Montfort eut quelques avantages, tant par la défaite de Louis d'Efpagne à Kemperlé, que par la prife de quelques places. Mais cependant celui de Charles étoit toûjours fuperieur; & c'eft ce qui obligea la Comteffe de Montfort de recourir de nouveau au Roi d'Angleterre, pour avoir d'autres fecours. Edoüard lui envoïa un renfort confiderable, commandé par Robert d'Artois, les Comtes de Northampton & de Devonshire, le fire de Courtenai, Raoul de Stafford, & quelques autres Seigneurs, qui prirent terre à Breft, dont Tangui du Châtel étoit Capitaine, & ou la Comteffe alla les recevoir, avec les Barons de fon parti.

Charles fe rendit encore maître de Carhais, pendant ce tems là; & après y avoir demeuré quinze jours, ne voulant pas s'engager plus avant du côté de Breft, il tourna fur la droite, & alla camper à la Roche Derien. Hervé de Leon fe retira à Tregarantec, pour y prendre quelque repos; mais il y fut pris & enlevé par Tangui du Chaftel & Olivier de Mauni, qui l'envoïérent à Londres avec quelques autres prifonniers qu'ils avoient faits dans cette rencontre. Le Comte de Derbi procura depuis la liberté à Hervé de Leon.

La perte de ces Seigneurs n'empêchoit pas Charles de fe trouver encore plus fort que Robert d'Artois; & c'eft ce qui obligea celui-ci à ufer d'artifices, pour attirer Charles hors de fon camp, & le faire donner dans des pieges qu'il lui avoit tendus. Charles perdit quelques chevaliers de diftinction, qui furent tuez par les Anglois; mais les Anglois furent enfermez dans les bois, après avoir remporté cet avantage, & y fouffrirent beaucoup de la difete des vivres. Ils trouvérent enfin moïen d'en fortir, & Robert d'Artois repaffa en Angleterre, pour en ramener de plus grandes forces. Charles prit ce tems-là, pour aller mettre une feconde fois le fiége devant Hennebond. Il fe mit en chemin, & doutant un jour s'il pourroit trouver où entendre la Meffe, il donna ordre à Alain du Tenou fon aumônier & l'un de fes Clercs de Chapelle, qui fut depuis Recteur de Pledran dans l'Evéché de faint Brieuc, de prendre du vin & de l'eau, & de porter le feu dans un pot, afin que l'on pût dire la Meffe en chemin, & en effet il l'entendit ce jour-là, comme il n'y manquoit aucun jour de fa vie. Auffroi de Montbourcher, l'un des plus confiderables Chevaliers de son parti, ne peut contenir les témoignages de son impatience. Il dit franchement au Duc: « Monseigneur, vous voïez que vos ennemis sont ici tout auprès ; & vous vous amusez à contre-tems, au hazard de vous faire prendre ? » Charles lui répondit : « Monseigneur Auf-froi, nous aurons toûjours des villes & des châteaux ; & si on nous les prend, nous les recouvrerons avec le secours de Dieu ; mais si nous negligions d'entendre la Messe, ce seroit une perte que nous ne reparerions jamais. » Charles pressa vivement la ville de Hennebond, qu'il battit avec quinze grandes machines qui jettoient des pierres jusqu'au milieu de la ville. Loüis d'Espagne, guéri des blessures qu'il avoit reçûes à Kemperlé, vint au siége, où trop sensible aux railleries piquantes de ceux de Hennebond, qui le renvoïoient chercher ses compagnons à Kemperlé, il mit la vertu de Charles à une terrible épreuve. Outré de dépit & transporté de fureur, il vint trouver Charles, & se servant d'une maniere d'engager qui étoit en usage dans ces tems barbares de Chevalerie, il lui dit, qu'il lui demandoit *un don*. La politesse ne permettoit alors, ni de refuser, ni même de se faire expliquer d'abord ces sortes de demandes ; & Charles avoit trop d'obligation au suppliant, pour le chagriner. Il le lui accorda donc ; & Loüis d'Espagne lui dit, que *le don* qu'il lui avoit accordé, c'étoit de faire venir deux prisonniers qu'on gardoit au Faoüet, qui avoient été de l'expedition de Kemperlé, & de les lui donner, afin qu'il leur fît sauter la tête, à la vûë de leurs compagnons qui étoient à Hennebond, Charles eut horreur d'une si grande cruauté, mais il eut beau prier, représenter, faire instance, emploïer les sollicitations de tout ce qu'il y avoit de grand dans l'armée ; le vindicatif Espagnol vouloit avoir son *don*, & menaçoit de se retirer, si on ne lui permettoit pas de se satisfaire. Quelles extrémitez pour un Prince aussi vertueux & aussi humain que Charles ! ses ennemis virent en quelque sorte au secours de sa vertu accablée par la tyrannie d'une coûtume déraisonnable ; ils forcérent son camp, en plein jour, & enlevérent les malheureuses victimes que Loüis d'Espagne destinoit au supplice. Ce fut pendant ce siége, que Charles fit donation à Atton d'Ayre Damoiseau, des Terres & Châtellenies de Châteaulin & autres qui avoient été à feu Gui de Tresiguidy, & de tout ce qui lui appartenoit en Pontrieux. Il leva enfin le siége pour la seconde fois ; mais ce manque de succès fut recompensé par la prise de Jugon, qui passoit alors pour une des meilleures places de Bretagne. Il se rendit d'abord maître de la Ville, par le moïen d'un bourgeois gagné par le Maréchal de Beaumanoir, & ensuite du Château muni de vivres seulement pour dix jours, qui lui fut rendu par Girard de Rochefort qui y commandoit pour le parti opposé, & qui y fut laissé pour Gouverneur par Charles, après avoir fait hommage & serment de fidélité à ce nouveau maître.

La Comtesse de Montfort alla en Angleterre elle-même, pour hâter le secours, & en ramena une flotte nombreuse chargée d'une grande quantité de guerriers commandez par Robert d'Artois & plusieurs Comtes de la Cour d'Angleterre. Loüis d'Espagne qui commandoit la flotte de Charles, attaqua l'armée navale des Anglois, & lui donna un assez grand échec ; mais il ne put empêcher le débarquement de plusieurs troupes, avec lesquelles Robert d'Artois assiegea Vannes défendu par les Seigneurs de Leon, de Clisson, Tournemine, & Loheac. La place fut prise d'assaut, une nuit, après avoir essuïé vigoureusement plusieurs autres attaques ; mais les quatre Seigneurs que nous venons de nommer, eurent le bonheur d'échaper à la furie des vainqueurs. Au reste pendant que leur corps se déroba à l'épée, leur réputation souffrit quelque atteinte, par les traits de la raillerie & de la médisance, tant dans l'un que dans l'autre parti. Cela les anima à laver leur prétenduë honte dans le sang de leurs ennemis. Le Vicomte de Leon & Olivier de Clisson, aidez du Maréchal de Beaumanoir, allérent assiéger Vannes à leur tour, dont ils se rendirent maîtres de vive force, & en chassérent les Anglois. Robert d'Artois dangereusement blessé, se retira à Hennebond, d'où il passa à Londres ; mais au lieu de la guérison qu'il y cherchoit, il y trouva la mort qu'il fuïoit avec tant de soin. Le Roy d'Angleterre, affligé de cette perte, jura de vanger la mort du Prince, d'une maniere qu'il y paroîtroit à plus de quarante ans de là ; & pour cet effet, aïant rassemblé une grande flotte, avec beaucoup de troupes de débarquement, il mit à la voile à Portsmouth, & vint aborder à Brest. Aprés avoir pris quelques places dans le cœur du païs, il alla assiéger Vannes, pendant que les Comtes de Salisberi, de Suffolk, de Penbrock, & de Cornoüaille tenoient Rennes assiégé. Edoüard eut assez de troupes pour faire encore un troisième siége, qui fut celui de Nantes, où Charles s'étoit retiré après avoir laissé garnison à Rennes.

29.
SEPTEMB.

Il avoit été reglé, par un traité entre les deux Rois que l'un n'entreprendroit rien contre l'autre, sans le lui avoir signifié un mois auparavant. Edoüard avoit protefté, en venant en Bretagne, que son deffein n'étoit point de faire la guerre à Philippe, & qu'il prétendoit seulement soûtenir les droits de Jean de Montfort, qu'il appelloit son fils, à cause que par le traité qu'avoit négocié Amauri de Cliffon, ce jeune Prince devoit épouser une des filles du Roy d'Angleterre. Philippe, qui n'avoit pas moins d'interest de soûtenir son neveu, se disposa de son côté à venir en Bretagne, sans prétendre pour cela contrevenir au traité. Il envoïa le Duc de Normandie avec quatre mille hommes d'armes & trente mille hommes d'infanterie; à l'approche duquel Edoüard leva le siége de Nantes; & peu de tems après, informé que le Duc de Normandie s'approchoit de Rennes, il ordonna à ses troupes d'en abandonner le siége, dans le deffein d'attirer le Duc de Normandie à Vannes, où il se sentoit plus fort. Les deux armées souffroient également; les Anglois, de la disette des vivres, à cause de leurs convois, qui leur étoient enlevez sur mer par Loüis d'Espagne, & les François, à cause de la rigueur du froid & des pluïes continuelles, qui firent perir la plûpart de leurs chevaux. Cela avoit obligé le Roi d'Angleterre à offrir le combat au Duc de Normandie, qui s'étoit approché de Vannes; & celui-ci avoit accepté le défi pour un jour marqué, dans le deffein de terminer la guerre au plûtôt. Le Roi Philippe étant arrivé en Bretagne sur ces entrefaites, & s'étant avancé jusqu'à Ploërmel, offrit la bataille au Roi d'Angleterre, qui aïant changé de vûës, attendit qu'on le vint forcer dans ses rétranchemens. On auroit peut-être enfin pris ce parti, sans l'arrivée de deux Cardinaux, qui ménagérent une espece d'accommodement. C'étoient Pierre des Prez, né dans le Querci, Chancelier de l'Eglise de Rome, Evêque de Frescati, & Annibal de Cecano Evêque de Palestrine, envoïez par Clement VI. pour procurer la paix entre les deux Rois. Annibal arriva à Dol le 18. Decembre, & le lendemain l'Evêque de Frescati l'y vint joindre, Henri Evêque de Dol, qui avoit été Chancelier du feu Duc Jean III. les y reçut avec les honneurs dûs à leur dignité & à leur merite. Ils partirent de Dol le 21. & se rendirent à Vannes. Après plusieurs voïages d'un camp à l'autre, ils firent d'abord arrêter une suspension d'armes; ensuite de quoi s'étant rendus au Prieuré de la Magdelaine de Malêtroit, avec les députez des deux Rois, ils y firent, le 19. de Janvier, un traité, par lequel les deux Rois s'obligérent d'envoïer vers la S. Jean prochaine des Procureurs, déduire leurs raisons devant la Pape, qui termineroient leurs differens avant Noël. On convint d'une trêve jusqu'à la S. Michel suivante, & de là jusqu'à trois ans, entre les Rois & tous leurs alliez, même entre les deux partis de Charles & de son competiteur, sans préjudice cependant de leurs droits & prétensions réciproques, & sans que la tréve générale fût censée rompuë, quelque entreprise qu'un parti pût faire l'un contre l'autre, pourvû qu'aucun des Rois ne s'en mêlât. Il étoit aussi reglé que pendant la trêve aucun des partis ne pourroit faire alliance ou traité avec qui que ce fût de l'autre, ni promettre ou donner rien, pour susciter la guerre. La ville de Vannes devoit être remise entre les mains des Cardinaux, au nom du Pape, pour en disposer a leur gré à la fin de la tréve; mais par un écrit signé d'eux le jour précedent, 18. de Janvier, ils s'étoient engagez de remettre Vannes au Roi Philippe. On regla aussi que tous les prisonniers faits de part & d'autre seroient remis en liberté, & que les marchands exerceroient leur trafic sans obstacle, de part & d'autre. Le traité juré solemnellement, & les deux Rois envoïérent leurs Procureurs à la Cour du Pape. Parmi les prisonniers qui recouvrérent leur liberté, on doit compter Olivier de Cliffon, qui avoit été pris à ce dernier siége de Vannes dans une sortie.

29.
SEPTEMB.

Il eut le malheur, aussi-bien que Godefroi d'Harcour & plusieurs autres Chevaliers du parti de Charles, de se laisser séduire par le Roi d'Angleterre, & de lui donner une promesse scellée, par laquelle il s'engageoit à soûtenir ses interests & ceux du Comte de Montfort. Le Comte de Salisberi dépositaire des scellez de ces Seigneurs, trouvant à son retour en Angleterre, qu'Edoüard l'avoit deshonoré dans la violence faite à sa femme, passa la mer, & se retira auprès du Roi Phillippe, à qui, pour se venger d'Edoüard, il donna les scellez d'Olivier de Cliffon & des autres. Le Roi les fit tous arrêter dans un tournois public à Paris. Olivier de Cliffon eut la tête tranchée sur un échafaut, son corps fut pendu aux fourches de Monfaucon, & sa tête portée à Nantes, où elle fut mise au bout d'une pique à l'une des portes de la ville. Quatorze autres Seigneurs Bretons, mis en prison au Châtelet, en furent tirez, &

traînez tout nuds aux Halles, pour y endurer le dernier supplice. Pour Godefroi d'Harcour, Philippe se contenta de le bannir du Roïaume. Outre la faute qu'ils avoient faite, d'avoir violé leur serment ; ce qui suffisoit pour justifier la rigueur dont on usa envers eux ; on les accuse encore d'avoir attaqué en chemin, avec avantage, Charles qui se rendoit à Paris avec quatre-vingt hommes.

Dès avant le traité de Malêtroit on avoit offert la liberté au Comte de Montfort à condition qu'il n'iroit point en Bretagne, & qu'il acquiesceroit à l'Arrest de Conflans. Il avoit mieux aimé rester en prison, que de souscrire à ces conditions. Dans le traité de Malêtroit il fut réglé que l'on observeroit ce qu'on lui avoit promis à Nantes, & ce fut apparemment pour obéïr en quelque sorte à cette clause, qu'on lui ouvrit les portes de la prison à Noël de l'an 1343. mais on voulut exiger de lui en même tems, qu'il renonçât avec serment à ses prétensions sur la Bretagne. Il ne voulut point renoncer à des droits qu'il croïoit légitimes, & il ne voulut point de liberté à ce prix.

Le Roi d'Angleterre, informé du supplice des Seigneurs Bretons, en eut tout le ressentiment imaginable, & auroit usé de représailles sur le Vicomte de Leon, si le Comte de Derbi n'eût calmé sa colere. Il fit plus ; il engagea Edoüard à mettre Hervé à rançon, & à lui rendre la liberté. Le Roi d'Angleterre fit l'un & l'autre, & renvoïant le Vicomte de Leon en France, le chargea de dire au Roi Philippe, qu'il lui déclaroit la guerre, & que la tréve étoit enfrainte, par l'acte de cruauté qu'il avoit exercé. Pour faire voir en même tems, qu'il y avoit plus d'honneur & de droiture à la Cour d'Angleterre, qu'à celle de France, il chargea le Vicomte de Leon d'inviter à la fête qu'il avoit indiquée à Windsor, tous les Chevaliers François qu'il trouveroit, & de les assurer qu'ils auroient saufconduit pour venir & s'en retourner, jusqu'à quinze jours après la fête. Hervé, battu d'une longue & furieuse tempête, aborda au Crotoi, après avoir perdu tous ses chevaux. Il ne put se rendre à Paris qu'en litière ; & puis aïant pris le chemin de la Bretagne, il mourut à Angers en 1344.

Tous les exploits des Anglois en Bretagne se reduisirent cette année à la prise de Dinan, dont se rendit maître Thomas d'Ageworthe, que le Roi Edoüard avoit envoïé au secours de la Comtesse de Montfort. Charles entra en Bretagne avec une puissante armée, & assiegea Quimper. Il est rapporté dans l'Enquête faite pour la Canonization de ce Prince, & celui qui le rapporte est Gilles de la Berchere, habitué à Angers, mais originaire de l'Evêché de S. Malo, qui servoit à ce siége sous les enseignes d'Olivier de Tinteniac fils de Havoise d'Avaugour, tante maternelle de Jeanne de Bretagne femme de Charles ; il est rapporté qu'il y avoit sous un ormeau, du côté de la mer, une pauvre femme qui affectoit de paroître percluse. Charles toûjours plein de tendresse pour les pauvres, ne manquoit point tous les jours de lui envoïer des vivres de sa table. Il connut enfin, par une lumiere surnaturelle, que cette femme le trahissoit. Etant couché, il appella ses gens vers minuit, & leur dit positivement : « allez à la cabane où la pauvre femme se tenoit, & vous trouverez la place vuide ; elle a passé à Quimper pour instruire nos ennemis de l'état de nôtre armée. » Olivier de Tinteniac alla voir, avec beaucoup d'autres personnes, & en effet la cabane étoit vuide. Quand ils furent revenus, Charles leur dit : « allez ; vous la trouverez qui revient de la ville. » Ils y retournérent, & aïant trouvé cette femme, ils la saisirent, & l'amenérent à Charles. Gilles de la Berchere, plus curieux que les autres, fureta par tout, & découvrit enfin un trou où la feinte malade avoit une assez bonne quantité d'or & d'argent, ramassée, tant par sa liaison avec les Anglois, que des aumônes des fideles. Cette femme présentée à Charles, lui confessa, en présence d'Olivier de Tinteniac, de Jean Ruffier, & d'Alain de Tinteniac, que les Anglois lui amenoient une chaloupe toutes les nuits, & qu'elle leur disoit toutes les nouvelles. Il est à croire que cette trahison déconcerta les premiers desseins du Prince ; du moins le parti qu'il prit depuis est-il bien extraordinaire & contre la prudence humaine. Il resolut d'attaquer la ville du côté de la mer, qui monte deux fois en vingt-quatre heures dans la riviere de Quimper, & qui devoit être fort haute précisément à l'heure marquée pour l'assaut. Les principaux Barons Chevaliers, & autres Seigneurs de son parti lui representoient qu'il auroit de la temerité à vouloir combatre en même tems la mer & les ennemis ; & le prioient de faire l'attaque d'un autre côté. Jean du Plessis Seigneur de Coliers, gentilhomme Blessois, qui étoit présent, rapporte que Charles répondit : « puisque nous avons « choisi ce côté, nous ne le changerons pas, « ne craignons rien ; j'espere du secours de « Dieu, que la mer ne nous nuira point. » Il eut aussi tôt recours à la priere, & s'étant retiré dans un lieu où n'y avoit que les

les quatre murailles, il se fit desarmer les bras & les genoux par Gilles de la Berchere & Olivier de Tinteniac ; il se prosterna sur une grande pierre, & élevant ensuite les mains & les bras au ciel, il dit avec beaucoup de ferveur & de foi : « Monseigneur « J. C. je vous supplie de m'accorder que « la mer ne monte point, jusqu'à ce que « j'aïe executé mon projet. » Il fit jurer la Berchere & Tinteniac qu'ils ne parleroient jamais de cela. Eux, & tous les autres, eurent bien sujet d'être surpris, le lendemain, quand ils virent qu'en effet la mer qui devoit monter à six heures, & c'est assez dire à ceux qui connoissent la côte, qu'elle étoit alors dans son plein, ne monta point du tout, depuis six heures que commença l'assaut, jusqu'à midi, que la ville fut prise par Charles. Alors la mer se trouva pleine, au lieu que naturellement elle devoit être toute retirée. On peut se figurer les cruautez commises dans une ville emportée d'assaut. Charles ne fut pas assez maître du premier feu de ses troupes, mais il n'attendit pas aussi qu'elles fussent lasses de carnage, pour faire cesser l'execution. Ses entrailles naturellement sensibles à la pitié, furent tendrement émuës au recit qui lui fut fait d'un pauvre enfant qui s'attachoit encore à succer la mamelle de sa mere que l'on avoit égorgée ; il fit cesser le meurtre par toute la ville, & se rendit aussi-tôt à l'Eglise pour la sauver du pillage. Il la prit sous sa protection, avec tous ses ministres, ses Reliques, ses ornemens, & tous ses autres biens, & défendit sous peine d'être pendu, de faire le moindre mal aux Ecclesiastiques, & de les prendre prisonniers, quoique les Anglois n'en usassent pas de même à l'égard des gens d'Eglise de son parti. Il est à remarquer ici que la ville de Quimper appartient, une moitié au Prince, & l'autre à l'Evêque. Comme cette ville se trouvoit d'une trop grande étenduë pour être suffisamment gardée, le Conseil du Prince fut d'avis d'abatre les murailles d'une partie de la ville ; & que ce fût la moitié qui appartenoit à l'Evêque, qui fût démantelée. Mais Charles, malgré ceux de son Conseil, en ordonna autrement ; il fit démanteler sa moitié, pour n'avoir pas à se reprocher qu'il eût manqué de consideration pour l'Eglise. Quand il se rendit maître de Quimper, il y fit quelques prisonniers, le plus considerable & le plus criminel desquels étoit Henri de Malêtroit Maître des Requêtes du Roi, qui avoit quitté le parti de Charles, pour embrasser celui du Comte de Montfort. Le vainqueur, par ordre du Roi son oncle,

comme il est à croire, mena les prisonniers à Paris, où il y en eut trois décapitez, & leurs corps furent attachez au gibet le propre jour du samedi Saint. Comme le maître des Requêtes étoit Diacre, il fut reclamé par l'Evêque de Paris, & on le lui mena dans un tombereau, sans chaperon, lié de chaînes de fer, & assis sur une traverse de bois. Le Roi obtint du Pape, que le criminel seroit dégradé ; il le fit élever sur une échelle, pour être montré à tout le peuple de Paris. Henri de Malêtroit, dans cet état, fut lapidé par la populace, & en mourut trois jours après.

Le même droit qu'avoit Jeanne de Bretagne au Duché, elle l'avoit au Vicomté de Limoges. Elle fit donation de ce Vicomté à son mari, & par Arrest du 10. de Janvier donné en consequence de cette donation, le Roi déclara que Charles seroit reçû à lui faire hommage pour cette Seigneurie. Le Comte de Montfort s'opposa à cette donation ; mais il ne pouvoit s'attendre qu'à être débouté, comme il le fut. Charles s'en retourna aussi-tôt en Bretagne, & alla passer le reste de l'hiver à Jugon, où son épouse mit au monde, le 5. de Février, un fils qui fut appellé Jean. Le 18. du même mois Charles nomma des Procureurs, pour assister à l'assiette de cinq mille livres de rente qui lui avoient été assignées par le feu Comte de Blois son pere. Il eut les terres & Châtellenies de Guise, d'Oisy & d'Irecon en Tierache & commença dès-lors à prendre le titre de Seigneur de Guise, terre qui étoit venuë dans sa maison par le mariage de Hugues de Châtillon son troisiéme aïeul avec Marie d'Avênes Comtesse de Blois, Dame de Guise, &c.

On pressoit vivement en ce tems-là la canonization de S. Yves, à laquelle on peut dire que tous les partis s'interessoient également. La pieté de Charles l'engagea à ne rien épargner pour avancer cette affaire. Il n'ignoroit pas les dépenses qu'il falloit faire ; mais quelque précieux que la guerre lui rendît l'argent, il ne laissa pas de sacrifier pour les frais de cette canonization plus de trois mille florins, qui lui furent délivrez par son Trésorier general Pierre Poulart. Le Comte de Montfort y contribua aussi, mais d'une autre maniere. Aïant été délivré de sa prison par de pauvres gens, qui le déguisérent en marchand, il alla d'abord à Avignon, & y sollicita avec ardeur cette grande affaire, qui depuis quinze ans se trouvoit en état d'être jugée. Il alla de là en Angleterre, & y aïant obtenu quelques secours d'Edoüard, il passa en Bretagne, & assiegea Quimper ; mais forcé par les gens du parti de Charles, il leva le siége, & s'alla renfermer dans un château, où il fut aussi-tôt assiegé. Ses ennemis eurent à la fin compassion de lui, & le laissérent échaper à travers leur camp. Il mourut de chagrin à Hennebond le 26. de Septembre, après avoir nommé par son testament le Roi d'Angleterre tuteur de son fils.

Le Roi Philippe confisqua aussi-tôt le Comté de Montfort-l'Amauri, & le donna au Prince Charles premier Dauphin de France, fils aîné du Duc de Normandie. Le Comte de Northampton chef du secours que le Comte de Montfort avoit amené en Bretagne, emploïa une partie de l'hiver à faire plusieurs entreprises. Il se rendit maître de Carhais, assiegea Guingamp, qu'il ne put prendre; prit la Roche-Derien, après plusieurs assauts vigoureusement repoussez par ceux de dedans; & insulta Lannion, sans s'opiniâtrer à tenir le siége devant cette place. Ceux qu'il avoit laissez à la Roche-Dérien, craignant que les ennemis ne se fortifiassent à Treguer qui en est si proche, démolirent la plûpart des Eglises de la ville & des environs. L'Eglise Cathedrale échapa à la désolation commune, à cause du tombeau de saint Yves, que les Anglois, effraïez de quelques prodiges, ne regardoient qu'avec une crainte religieuse. Richard Toussaint, qui commandoit à la Roche Derien, trouva moïen d'entrer dans Lannion, par la trahison de deux soldats, tua beaucoup de monde dans la ville, & la pilla. Mais aussi-tôt qu'il en fut sorti, sans y avoir laissé de garnison, les habitans qui avoient échapé à sa fureur, y rentrérent & la défendirent genereusement. Le Comte de Northampton fut rappellé, & le Roi d'Angleterre nomma pour Capitaine general en Bretagne Thomas d'Ageworthe, qui fut rencontré en basse-Bretagne, au mois de Juin de l'an 1346. par Charles qui étoit à la tête d'une armée beaucoup superieure en nombre. Les auteurs Anglois prétendent, mais c'est une erreur manifeste, que Charles avoit 1200. chevaliers, six cens hommes d'armes, deux mille archers, & trente mille hommes de pied; & que Thomas d'Ageworthe, qui escortoit un convoi destiné pour la basse-Bretagne affligée de la famine, n'avoit que 80. hommes d'armes & cent archers. L'Anglois se saisit d'un poste avantageux, & s'y retrancha. Il y fut attaqué par les troupes de Charles, & l'on combatit depuis six heures du matin jusqu'à trois heures après midi, sans pouvoir débusquer les Anglois. L'attaque recommença le soir. Charles y mena ses troupes divisées en trois corps. Les Anglois, quoique tous blessez, demeurérent encore maîtres de leur poste, & ne perdirent pas un seul homme; au lieu que Charles fit une perte considerable.

Il y eut plusieurs autres rencontres qui ne décidérent rien; c'est pourquoi Charles ennuïé de ces actions particulieres, résolut d'aller attaquer la Roche Derien avec toutes ses troupes, afin d'engager celles des ennemis à une affaire generale. En effet Thomas d'Ageworthe rassembla tout ce qu'il put d'Anglois & de Bretons, pour aller au secours de la place; mais on dit que pour un homme de son parti, il y en avoit six du côté de Charles. Les Anglois prenant des sentiers détournez, allérent se loger secretement dans l'Abbaïe de Begar, que les Moines avoient abandonnée depuis que les ennemis étoient maîtres de la Roche-Derien. Ceux du païs n'eurent aucunes nouvelles de l'arrivée des Anglois, & ne purent en avertir Charles. Après soupé, les Capitaines entrérent dans l'Eglise & y firent leur priere, particuliérement le General, qui veilla fort avant dans la nuit. Après avoir donné l'ordre, il partit à minuit, & arriva au camp de Charles, d'un côté tout opposé à celui par où l'on croïoit qu'il dût venir. Cependant le guet ne fut pas surpris; les Sires de Derval & de Beaumanoir, qui le commandoient, firent fort bien leur devoir, quoique la nuit fût très-obscure. Thomas d'Ageworthe fut pris, mais presque aussitôt délivré. Charles s'étant armé, vint au secours, & l'on se battit avec acharnement, aux flambeaux. Il fit encore prisonnier, de sa main, le General des ennemis, qui fut délivré par la garnison de la Roche, qui sortit, armée de haches, & força le camp de Charles, en faisant de toutes parts un hôrrible carnage. Charles attaqué par devant & par derriere, & ne pouvant être secouru de la partie de son armée qui étoit au-delà de la riviere, s'addossa contre un moulin qui étoit sur la montagne de la Maladrerie, & s'y défendit jusqu'à ce que perdant ses forces & son sang, par dix-sept plaïes, il fut obligé de se rendre à un chevalier Breton, & fut mené à la Roche-Derien. Les nouvelles de sa prise firent débander toutes ses troupes, & chacun s'en fuit de son côté. L'Epitaphe de Gui de Laval, qui fut tué en cette rencontre, fait foi que la bataille se donna le 18. de Juin de l'an 1347. Les autres Seigneurs tuez avec le Sire de Laval, furent le Vicomte de Rohan, Raoul Sire de Montfort, les Seigneurs de Rougé, de Derval, de Châteaubrient, le Sire de Quintin & Guillaume

CHARLES DE BLOIS.

son fils, Geoffroi de Tournemine, Thibaud de Bois-boüessel, le Sire de la Roche, & les Sires de Raiz, de Rieux, de Machecou, de Rostrenen, de Loheac, & de la Jaille, avec deux cens autres Chevaliers, & quatre mille hommes d'armes. Jean second fils du Sire de Quintin eut le nez coupé. Le Sire de Beaumanoir Maréchal de Bretagne fut pris, avec le fils du Sire de Laval.

Après avoir desarmé Charles, on le coucha sur un lit de plume. Thomas d'Ageworthe le vint voir, & voulut l'obliger à se rendre à lui ; mais quelques menaces qu'il employât, Charles n'en voulut rien faire. L'Anglois, transporté de colere, voulut faire tirer sur lui par quatre archers. Les Seigneurs qui étoient présens l'empécherent d'exercer une si cruelle barbarie ; mais pour ne se pas retirer, sans avoir fait éprouver son inhumanité au prisonnier affoibli de tant de blessures, il fit ôter le lit de plume qui étoit sous lui, & le laissa nud sur la paille, avec un seul drap de lit. Charles ne témoigna aucune impatience ; il rendit graces à Dieu, dit qu'il étoit comme il le souhaitoit, & fit vœu de ne coucher plus jamais sur la plume. On fit quelques mois après la cérémonie de l'élevation du corps de saint Yves, après que le Pape l'eut canonizé. Charles obtint la permission de se trouver à cette fête. Il y parut, les bras dépouillez & les jambes nuës, se prosterna à terre, & dans cet état il se traîna sur les six marches qu'il falloit descendre à l'entrée de l'Eglise Cathedrale, & tout le long du pavé de cette Eglise, jusqu'au tombeau de saint Yves, où il rendit ses devoirs à ce grand Saint, avec une dévotion qui attendrit & édifia tout le monde. Le dessein de la Comtesse de Montfort étoit de l'envoïer en Angleterre ; mais comme la mer n'étoit pas libre, elle n'osa pour lors le faire embarquer, de peur qu'on ne le lui enlevât. On lui ôta ses gens, & on le mena en divers lieux pendant plus d'un an. Il fut témoin de la reprise de Carhais, que les ennemis avoient perdu ; & de la prise de Vannes, dont ils se rendirent maître. Il fut longtems dans cette ville, & Jeanne de Bretagne sa femme eut permission de l'y voir. De là il fut mené à Brest, & puis à Hennebond, d'où on l'envoïa enfin en Angleterre avec une bonne escorte. Les nobles de l'Evêché de Treguer, & ceux du peuple qui étoient capables de porter les armes, aidez d'un secours qui leur fut envoïé par le Roi de France & conduit par le Seigneur de Craon & Antoine Doria reprirent la Roche-Derien, malgré toute la resistance des Anglois, deux mois après la bataille où Charles avoit perdu la liberté ; & la Princesse son épouse fit Gouverneur de la place le même Doria, qui avoit le plus contribué à la reprendre.

Charles, arrivé à Londres, fut mis à la Tour, & pendant près de trois ans il y tint prison close. On l'enfermoit toutes les nuits dans une chambre de la Tour, & on ne lui ouvroit la porte que le matin à l'heure de Prime, pour lui donner la liberté de se promener dans un espace borné de cette prison, où sa patience fut exercée par mille outrages qu'il reçut de la part des Anglois, & qu'il supporta avec sa patience ordinaire. A une patience si rudement éprouvée, & toûjours invincible, il joignoit la priere, même pour ses ennemis, & des charitez & des austeritez dont nous ferons le détail dans un autre lieu. Il ne monta point à cheval pendant ces premieres années de sa prison ; & tout cela, qui nous est connu par le rapport de ceux qui étoient avec lui, nous fait voir la fausseté de ce qu'avancent quelques auteurs, des adoucissemens que la Reine d'Angleterre sa cousine lui procura dans sa captivité.

Edoüard, après avoir pris Calais, consentit à une tréve pareille à celle de Malestroit, & ménagée par les Cardinaux Annibal & Etienne, qui devoit durer jusqu'à la S. Jean de l'an 1348. Cette tréve entre les deux Rois n'empêcha point les entreprises en Bretagne. Elle fut encore prolongée depuis, mais après le décez du Roi Philippe qui arriva sur ces entrefaites, le Duc de Normandie son fils, qui lui succeda (c'est le Roi Jean) prévoïant que cette tréve ne dureroit pas long-tems, tâcha d'attirer dans ses interests les avanturiers qui avoient acquis le plus de réputation au service du Roi d'Angleterre. Il en gagna un entr'autres, qui lui promit de grandes choses. Ce fut Raoul de Cahors, qui quoique riche des bienfaits d'Edoüard, se rendit son ennemi, parce qu'il ne pouvoit conserver autrement les conquêtes qu'il avoit faites sur la veuve d'Olivier de Clisson protegée par le Roi d'Angleterre. Il promit au Roi de France, par ses lettres du 4. de Janvier de l'an 1351. de lui remettre les villes de Vannes, de Guerrande, de Kemperlé, de Hennebond, & de Brest, & d'engager dans le parti du Roi beaucoup de Seigneurs Bretons qui suivoient celui de la Comtesse de Montfort.

Charles eut permission, la même année, de venir en Bretagne, sur sa parole, & il y fut quelque tems, sans que l'on sçache précisément ce qu'il y fit. La tréve qui du-

29.
SEPTEMB. roit encore entre les deux Rois, n'empêcha pas celui de France de faire passer en Bretagne des troupes considerables commandées par Gui de Nesle Seigneur d'Offemont Maréchal de France, auquel se joignirent le Vicomte de Rohan, les Sires de Beaumanoir & de Montauban, Tournemine, Montbourcher, & tous les autres qui avoient servi sous le Vicomte de Melun Lieutenant du Roi en Bretagne, ou sous les Sires de Craon & de Mello. Gautier de Vencelé, qui commandoit alors en Bretagne pour le Roi d'Angleterre, venoit de prendre le château de Mauron, & avoit beaucoup moins de gens de guerre que le Maréchal. Gui de Nesle, faisant fond sur la superiorité du nombre, attaqua Vencelé le 14. d'Aoust de l'an 1352. mais loin de le vaincre, il perdit la bataille & la vie, avec beaucoup d'autres Seigneurs. Charles apprit cette fâcheuse nouvelle en Angleterre, où il étoit retourné, & ne dit autre chose, que: « Dieu soit loüé « pour tout ce qu'il nous envoïe. »

La Duchesse son épouse convoqua la même année, dans le mois de Novembre, les Etats de la province à Dinan, où se trouvérent les Evêques, les Abbez, les nobles, & les bourgeois des villes de son parti. Là, de concert avec eux, elle nomma des Ambassadeurs pour aller en Angleterre négocier la délivrance de son mari, soit par le moïen du mariage de Jean de Bretagne leur fils aîné avec une des filles du Roi d'Angleterre, soit en faisant fixer sa rançon & les termes du païement. Les Ambassadeurs furent l'Evêque de Vannes, le Sire de Beaumanoir, Even Chartuel, Robert de S. Pere, l'Archidiacre de Rennes, & Olivier de Morzelles, à qui Edoüard donna un saufconduit pour passer en Angleterre. Leurs sollicitations furent soûtenuës de offices du nouveau Pape Innocent VII. qui fit parler pour la liberté de Charles, par Gui de Boulogne Cardinal, Evêque de Porto, qu'il avoit envoïé vers les deux Rois pour négocier la paix, & écrivit même au Duc de Lancastre cousin du Roi, afin de le prier d'emploïer son credit pour la délivrance du prisonnier. Edoüard l'avoit mis à rançon, & lui avoit donné la liberté de passer en France, pour voir si ce que les Bretons de son parti ne pouvoient faire, le Roi son cousin le feroit en sa faveur. Charles y maria sa fille Marguerite de Bretagne avec Charles de Castille, dit d'Espagne, Comte d'Angoulême & Conétable de France, aussi cousin du Roi

Enq. tém. 9. Jean; & le Roi, par le traité de mariage, promit de païer la rançon du pere de la Conétable. Mais ce mariage fut malheureux; le Roi de Navarre fit assassiner le mari dans son lit, à l'Aigle au Perche, le 6. de Janvier de l'an 1354. & la veuve mourut de chagrin peu de tems après. Comme le Roi Jean n'avoit point païé la rançon du Duc de Bretagne; celui-ci avoit été obligé d'aller reprendre ses fers en Angleterre. Il y fit un traité avec Edoüard, par lequel on arrêta le mariage de Jean de Bretagne fils aîné de Charles avec Marguerite fille d'Edoüard. Le Roi d'Angleterre promit de délivrer à Charles ce qu'il tenoit en Bretagne, moïennant quatre cent mille deniers d'or. Il fut stipulé que Charles seroit mis en liberté, & reconnu Duc de Bretagne, aussi-bien que son fils, & les enfans qui viendroient de son mariage avec Marguerite d'Angleterre. Le traité fut juré de part & d'autre, & Jean de Bretagne passa en Angleterre avec son frere Gui, pour y épouser la fille d'Edoüard. Mais le Roi d'Angleterre séduit par le Comte de Derbi son neveu, changea bientôt de résolution. Il s'imagina que sa réputation seroit ternie par le reproche d'avoir traité si favorablement l'ennemi d'un jeune Prince dont il étoit le tuteur & l'appui, & qu'on regardoit comme son gendre; & au lieu de ce qu'il avoit fait esperer à Jean de Bretagne, il le retint prisonnier avec son frere, pour les faire servir d'ôtages à la place de leur pere, qui eut permission d'aller en Bretagne tâcher de recueillir ce qui étoit necessaire pour païer sa rançon. Il aborda à l'isle Tristan, auprès de la baïe de Douärnenez, où s'étant arrêté quelque tems, à la faveur de son saufconduit, il en remarqua les endroits foibles, & puis y revint avec 300. hommes d'Armes, & s'en rendit maitre. Il alla ensuite dans les terres de son obéïssance, & leva jusqu'à cent mille florins d'or, qu'il envoïa aussi-tôt en Angleterre, en attendant qu'il pût rassembler le reste du prix de sa rançon. Il étoit au château de Lehon le 8. d'Avril de l'an 1353. & il y fit assiette de cinq cens livres de rente à Isabeau d'Avaugour tante de la Duchesse, la derniere des trois filles du dernier Seigneur d'Avaugour. Isabeau mourut depuis sans enfans des deux maris qu'elle épousa, Geoffroi de Château-brient, & Loüis Vicomte de Thoüars. Charles étoit à Nantes, lorsqu'il apprit que le vaisseau qui portoit ses cent mille florins d'or étoit peri dans la mer, avec tout l'équipage. A cette nouvelle si triste, il se retira dans son cabinet, & les mains jointes, & les yeux élevez au ciel, il dit: *Je rends graces à Dieu mon vrai Créateur, de tout ce qu'il m'envoïe, tout viendra à bien.* C'étoit ainsi qu'il supportoit avec une con-

29.
SEPTEMB.

Hist. d
Châtillon.

Enq. tém. 9

Hist. d
Bret. to.
p. 346.

Enquête
Témoin 47

29.
SEPTEMB.

stance heroïque tous les accidens les plus fâcheux de sa vie, & que sa vertu rendoit avantageux pour son salut, tout ce qui contribuoit à ruïner sa fortune. Il fut obligé de retourner en Angleterre, & il y fut encore trois ans.

Il fut enfin délivré l'an 1356. & laissa ses deux fils en ôtage, jusqu'à ce que sa rançon fût entierement païée. Il trouva la ville de Rennes assiegée par le Duc de Lancastre & le Comte de Pembrock, qui avoient avec eux le jeune Comte de Montfort; & se mit à la tête de dix mille hommes, pour tâcher d'obliger les ennemis à décamper. Il n'en put venir à bout, & se retira à Nantes. La ville de Rennes, reduite à l'extrêmité, nonobstant le secours de vivres que le fameux Bertran du Guesclin y avoit fait entrer, capituloit déja, & étoit prête à se rendre, lorsque des ordres précis du Roi d'Angleterre forcérent le Duc de Lancastre à lever le siége, le dernier jour de Juin de l'an 1357. à cause que la Bretagne étoit comprise dans la tréve que les Legats du Pape venoient de conclure entre les deux Couronnes, & qui devoit durer jusqu'à la S. Jean de l'an 1359. Charles profita de ce tems de repos pour fortifier ses places; & ses amis en eurent plus de moïen de lui aider à païer sa rançon. L'un de ceux qui en usa avec le plus de generosité, fut Maurice du Parc Capitaine de Quimper & Garde de Cornoüaille, à qui il étoit dû dix mille écus par ce Prince. Maurice lui remit liberalement la moitié de cette somme, & Charles n'oublia pas depuis l'obligation qu'il lui avoit.

Bertran du Guesclin, quoiqu'encore assez jeune, étoit alors un des plus fermes appuis du parti de Charles; & celui-ci, pour reconnoître les services qu'il lui avoit déja rendus, tant à Rennes, qu'en beaucoup d'autres endroits, lui donna la Roche-Derien, & l'en mena apparemment prendre possession. Du moins sçait-on qu'à son retour d'Angleterre, il alla à la Roche-Derien, au cœur de l'hiver, pendant une forte gelée, & que la terre étoit couverte de glace & de neige; & s'étant mis nuds pieds au lieu même où il avoit été pris, il marcha de cette sorte jusqu'à Treguer, pour aller rendre ses vœux au tombeau de saint Yves, en action de graces de sa délivrance. Le peuple fondoit en larmes, en voïant ce que souffroit volontairement un si bon Prince, & couvroit le chemin par où il devoit passer, de paille & d'étoffes; mais le Prince n'estimoit pas qu'il souffrit encore assez, il évitoit cette legere douceur, & cherchant toûjours les endroits les

Enquête;
Témoin 10.
& 28.

plus rudes, il continua sa penible route, avec une ferveur qui eut des suites bien douloureuses, puisqu'il fut plus de trois mois sans pouvoir se tenir sur les pieds. La peau de dessous les pieds lui tomba, & pendant tout le tems que dura son mal, l'impatience n'eut point de prise sur lui; il en reprimoit tous les mouvemens par ce peu de paroles: *que Dieu soit loüé*.

29.
SEPTEMB.

Le Roi Jean étoit prisonnier à son tour. Il fit, le 24. de Mars de l'an 1356. un traité avec Edoüard, à Londres, par lequel, entr'autres articles, car il est inutile de rapporter ici ce qui ne nous regarde pas, il fut dit, que le different des deux Princes qui se disputoient le Duché de Bretagne, seroit terminé par le jugement du Roi d'Angleterre; & que celui des deux qui refuseroit d'y souscrire, auroit les deux Rois pour ennemis. Mais comme il y avoit dans ce traité des conditions trop honteuses pour le Roi Jean, les Etats du Roïaume, à la sollicitation du Roi de Navarre, esprit turbulent, refusérent de le ratifier. Il demeura donc sans execution, & l'on abandonna de nouveau au sort des armes la décision du different des deux competiteurs. Le Duc de Lancastre assiegea Dinan, avec les Comtes de Montfort & de Pembrock. Charles y envoïa Bertran du Guesclin avec cinq ou six cens combatans; & la place aïant encore reçû d'autres secours, ne fut point prise. Il paroît que les Anglois s'en dédommagérent, en se rendant maîtres de Vannes & de S. Brieuc ou du moins de la plus grande partie du territoire de ces deux villes.

Les Evêques & les Abbez de la province travaillérent utilement à faire une tréve entre les deux partis, & l'on convint en 1359. d'une suspension d'armes qui devoit durer jusqu'au 1. de Mai de l'an 1361. Pendant que la Bretagne joüissoit d'une espece de paix, à l'abri de cette tréve le Roi d'Angleterre ravageoit le cœur de la France. Enfin il se laissa fléchir, & rendit la paix au Roïaume, par un traité qui fut fait le 1. de Mai de l'an 1360. à Bretigni auprès de Chartres. Il fut reglé par ce traité, que Jean de Montfort seroit rétabli dans le Comté dont il portoit le nom, & dans les autres terres qui lui appartenoient dans le Roïaume de France, & seroit reçû à en faire hommage au Roi; & quant au different pour le Duché, que les deux Rois appelleroient les parties, où leurs Procureurs, devant eux ou leurs Commissaires, pour informer du droit des competiteurs, & les mettre d'accord, s'il étoit possible; mais que si l'on n'en pouvoit venir à bout dans un certain espace de tems limité, chacun se

29.
Septemb.
pourvoiroit comme il le trouveroit bon, & feroit fecouru de fes amis, fans que cela donnât atteinte à la paix generale entre les deux Couronnes ; mais s'il arrivoit auffi que l'un des deux competiteurs refufât de comparoître, ou d'obéïr au jugement des Rois, tous les deux Rois devoient fe réünir contre lui. Edoüard rendoit par le traité toutes les places qu'il avoit occupées en France, mais il excepta de la reftitution celles qu'il tenoit en Bretagne. Jean de Montfort & Charles foufcrivirent au traité. Jacques de Bourbon Comte de la Marche promit de comparoître pour celui-ci, & de s'emploïer de fon mieux pour mettre les parties d'accord ; & le Comte de Montfort alla trouver à Calais le Roi Jean délivré de fa prifon, & lui fit hommage pour le Comté de Montfort-l'Amauri. Le Duc de Lancaftre fit prolonger la tréve de Bretagne, pour faciliter d'autant plus les négociations de la paix ; & en effet les deux competiteurs fe rencontrérent enfemble à Saint Omer devant les deux Rois, & par leur ordre, pour commencer à entamer le projet de leur accommodement. On propofa d'abord de divifer la Bretagne ; mais aucun des deux competiteurs n'en fut d'avis.

Charles fit au mois d'Aouft de la même année 1360. une alliance qui l'uniffoit encore de nouveau à la maifon Roïale. Le traité s'en fit à Saumur. Il maria fa fille marie avec Loüis fecond fils du Roi Jean, Comte d'Anjou & du Maine, & Seigneur de Montpellier, chef de la feconde branche des Ducs d'Anjou Rois de Sicile, de Jerufalem & d'Aragon, Comtes de Provence &c. Charles donna à fa fille un affez grand mariage, vû l'état préfent de fes affaires. Il lui donna, à titre d'heritage, Guife, Jofon, Oifi, Anglecour, Maïenne, Ernée, Villaines, Pont-main, Chailli, Long-jumeau, Nigeon, & Bouvillette, avec 1500. livres de rente à prendre fur la Recette de Nantes, en attendant qu'il en eût fait affiette en fonds de terres. Loüis affigna à la Princeffe pour fon doüaire le Château-du-Loir & la Roche-fur-Yon, promit de faire rendre Châteauceaux à Charles par le Regent de France, quoique par le traité de Bretigni cette place eût été renduë à Olivier de Cliffon fils de celui qui avoit eu la tête coupée à Paris ; & s'engagea, fi la Princeffe fuccedoit au Duché de Bretagne, de faire porter les armes pleines de cette Principauté au fils aîné qu'il auroit de Marie, ou fi ce fils aîné venoit à fucceder à la Couronne de France, de faire porter fes armes à celui de fes autres fils que les Barons de Bretagne choifiroient pour leur Duc ; en quoi il parut moins attaché à la confervation des fleurs de lis, que ne l'avoit été le Roi de Navarre, plus éloigné de la Couronne que lui.

29.
Septemb.

La tréve de Bretagne finit, fans que les deux concurrens fe fuffent accommodez, & que les deux Rois euffent rien prononcé. Le Comte de la Marche & le Duc de Lancaftre, qui avoient affez de pouvoir fur ces deux Princes, pour leur faire fuivre de bons confeils, malgré ceux qui par des interefts particuliers les engageoient à en fuivre de mauvais, moururent prefque dans le même tems. Cela fit qu'on ne penfa plus qu'à la guerre en Bretagne. Le Roi d'Angleterre déclara qu'il n'y prendroit point de part, & rendit en effet au Comte de Montfort les places qu'il avoit occupées en Bretagne ; mais comme la paix generale des deux Couronnes pouvoit fubfifter, quoique l'on s'intereffât pour l'un des deux competiteurs, ce que les Rois ne firent pas, leurs fujets l'executérent ; & Jean de Montfort quoiqu'abandonné du Roi d'Angleterre en apparence, fe trouva cependant en meilleure pofture que Charles, quand il fut queftion de recommencer la guerre. C'eft ce qui obligea Charles de propofer une tréve, qui fut concluë à Château neuf entre Dinan & S. Malo, & qui devoit durer jufqu'à la S. Michel de l'an 1363. à la faveur de cette tréve Charles fe fortifia, & prit quelques places fur le Comte de Montfort dont la plus confiderable fut Carhais. Il affiegea enfuite Becherel, & le Comte de Montfort alla l'y contre-affieger. Charles, pofté avec affez d'incommodité fur le penchant d'une montagne, entre une garnifon & une armée, propofa à fon competiteur de vuider leur different dans la plaine qui eft entre Evran & Becherel. Le Comte partit dans le moment, pour aller attendre fon ennemi dans le lieu qu'il avoit marqué lui-même. Mais aulieu de la bataille à laquelle on fe préparoit, on fit la paix, par l'entremife des Evêques, à l'inftante priere de Charles, qui ne voïoit qu'avec un regret infini répandre tant de fang Chrétien pour un different, où les impreffions étrangeres ne lui permettoient pas toûjours de fuivre fes mouvemens particuliers. On convint, par le traité qui fut fait, que la Bretagne feroit partagée en deux ; que Rennes demeureroit à Charles, & qu'il cederoit Nantes dans quinze jours, ou tout au plus tard dans un mois, à Jean de Montfort ; que pour ce qui regardoit les armes pleines du Duché, l'on s'en rapporteroit au jugement des Rois de France & d'Angleterre. Le traité ne fut pas mis au net; on se contenta d'en arrêter les conventions & d'en donner une cedule à Jean de Montfort, avec qui l'on prit jour, tant pour dresser un acte autentique du traité, que pour proceder au partage de la Bretagne, dans une entrevûë qui se feroit au chêne de Mi-voïe entre Ploërmel & Josselin. Les conventions du traité furent jurées de part & d'autre dans la plaine d'Evran sur les Evangiles & sur l'Eucharistie, le 12. du mois de Juillet de l'an 1363. & l'on se donna des ôtages reciproquement. L'intention sincere qu'avoit Charles que le traité s'executât, ne paroît que trop, non seulement dans le serment qu'il fit jusqu'à trois differentes fois, mais encore dans le nombre & la qualité des ôtages qu'il donna; car au lieu que le Comte ne lui en donna que huit, dont le plus considerable est Jean Sire de Montbourcher, Charles en donna douze au Comte, qui furent le Vicomte de Rohan, le Sire de Leon, Girard de Raiz, le Sire de Malestroit, Guillaume de Rochefort Sire d'Ancenis, Guillaume de Rieux, Jean de Chastillon, Jean de Beaumanoir, Raoul Sire de Montfort, Pierre Sire de la Hunaudaie, Charles de Dinan Sire de Montafilant, & Bertran du Guesclin; c'est à dire en un mot, toute l'élite du parti de Charles. Cependant, malgré ses bonnes & sincéres dispositions, il ne fut pas en son pouvoir de ne pas manquer à sa parole. Il commença par ne se point trouver au chêne de Mi-voïe; & proposa seulement, au mois de Novembre suivant, au Comte, de faire une trêve jusqu'à la fin de Février, & de se trouver tous deux à Poitiers, pour y terminer leurs differens par le jugement du Prince de Galles. Le Comte donna les mains à tout, & en effet les deux concurrens se trouvérent à Poitiers le 24. de Février de l'an 1364. Ceux qui gouvernoient Charles, étoient si ennemis de la paix & de tout accommodement, qu'ils le forcérent en quelque sorte de dire, que ce n'étoit qu'à la seule consideration du Prince de Galles, & pour lui obéïr, qu'il étoit venu à Poitiers, & nullement pour répondre au Comte, ni pour entrer en aucune conference avec lui. Le Prince de Galles ne pouvant rien faire pour les parties, sans leur soumission & leur consentement reciproque, se contenta de déclarer que les ôtages devoient être délivrez de part & d'autre; ce qui fut executé; à la reserve peutêtre de du Guesclin, qu'on dit que le Comte vouloit retenir, mais qui trouva moïen de s'échapper, & qui, dans une campagne qu'il fit en Normandie pour le service du Roi, prit Mante, gagna la bataille de Cocherel, fit prisonnier le Captal de Buch le principal appui de la revolte du Roi de Navarre, & fut fait par le Roi, Comte de Longueville & Maréchal de Normandie.

Pendant que Guesclin s'avançoit par de si éclatantes actions dans le chemin de la gloire du siécle, Charles, à qui le Roi de France occupé alors en Normandie, ne pouvoit donner de puissans secours, suivoit le penchant de sa pieté, & tâchoit de se rendre le ciel favorable par l'intercession des Saints. Il avoit une devotion particuliere à S. Yves, & frere Yves le Begaignon alors Evêque de Treguer, autrefois Religieux Dominicain & Penitencier du Pape, lui ouvrit liberalement les chasses de S. Yves & de S. Tugdual, pour lui faire part de quelques-unes des Reliques de ces deux Saints. Charles en envoïa quelques portions à Hugues IV. de Lezignen son cousin, Roi de Chipre, qui en avoit souhaité, pour augmenter le culte de ces deux Saints, en reconnoissance des faveurs qu'il croïoit en avoir reçuës. Charles distribua le reste dans quelques Eglises de la province. Il commença par Lamballe chef de son Comté de Penthiévre. Il se mit pieds nuds, & porta en cet état, avec beaucoup de solemnité, un morceau d'une des côtes de S. Yves dans l'Eglise des Augustins. Ses pieds étoient tout en sang dans cette penible cérémonie, mais il étoit le seul qui n'y faisoit pas d'attention. Il présenta de même, avec plus de douleurs & de peine encore, une autre portion de de ces bienheureux restes du saint Prêtre de Treguer, à l'Eglise de N. Dame de Lamballe. Eglise élevée sur un rocher, dont les abords ne pouvoient causer que de sensibles tourmens à un Prince qui s'y rendoit les pieds nuds. Il vint de-là à Rennes, & y plaça avec la même devotion & nuds pieds, pendant trois jours de suite, quelques autres portions des Reliques de saint Yves, premierement dans l'Eglise Cathedrale, ensuite dans l'Eglise de l'Abbaïe de S. Georges, & enfin dans celle de l'Abbaïe de S. Melaine.

Le Comte de Montfort, profitant de l'avantage que lui donnoit sur son concurrent le besoin qu'avoit le Roi des meilleures troupes de son Roïaume en Normandie, prit Sucinio & quelques autres places, & assiegea Aurai. Le Roi lui commanda de lever le siége, & de se rendre à Paris, pour y voir juger le different qui étoit entre lui & Charles. Le Comte répondit, qu'il obéïroit volontiers, pourvû que la place fût mise en sequestre entre les mains de deux Seigneurs, dont l'un seroit du parti de Charles, & l'autre du sien. Sa proposition

Hist. de Bret. 10. 2. p. 570.

Enq. tém. 25.

fut rejettée, & de son côté il s'attacha à continuer le siége. Ce fut pour le faire lever, que Charles, après avoir reçu du secours du Roi, prit le chemin d'Aurai. Comme il paroissoit porté à la paix, une des précautions que prit la Princesse son épouse, pour ôter de son cœur des dispositions que la commiseration si naturelle à son sexe, devoit, ce semble plûtôt cultiver, que détruire, fut de le sommer publiquement, à la sortie de Nantes, en présence de toute l'armée, de n'entendre jamais à aucun accommodement qui pût faire le moindre partage au Duché. Charles fut contraint de faire à sa femme cette cruelle promesse si contraire à ses dispositions naturelles, & la violence qu'il se fit dans cette rencontre lui fut d'autant plus sensible, quand après avoir passé Rennes & Josselin, & se trouvant presque à la vûë des ennemis, il reçut un heraut de la part du Comte de Montfort, qui lui proposa de nouveau l'execution du traité d'Evran, & une paix sure, à condition de partager le Duché. Charles, engagé par ses dernieres promesses, & entraîné de nouveau par les résolutions violentes de son Conseil, refusa hautement les offres du Comte. On fit une autre proposition, qui fut apparemment d'accorder une tréve pour parvenir à un accommodement; & le Comte demandoit qu'il lui fût permis de continuer pendant cinq ans la levée d'une contribution qui s'imposoit sur le peuple. Le Seigneur de Rochefort & le Vicomte de Dinan y consentoient, & sollicitoient Charles d'y donner les mains, plûtôt que de risquer tout dans un combat. Mais celui ci répondit, qu'il avoit pitié du pauvre peuple si cruellement accablé; qu'il vouloit combattre pour lui, & risquer tout, à la volonté de Dieu, pour tâcher de délivrer la province de l'oppression sous laquelle elle gemissoit depuis près de 24. ans. Il ajoûta : « Messeigneurs, « mes amis, s'il plaît à Dieu, nous aurons « bonne journée; & si tel est le bon plaisir « de Dieu, que nous aïons la victoire, je « vous recompenserai de toute la peine que « vous avez prise pour moi; & le pauvre « peuple sera délivré des miseres qui l'acca- « blent à mon sujet. «

Il apperçût, nonobstant tout le mouvement qui se faisoit au tour de lui, un Religieux du Convent des Freres Mineurs de Guingamp, appellé Frere Pean de Quelen, monté sur un petit cheval, que la foule empêchoit de pouvoir approcher du Prince. Il eut la bonté de se débarrasser de tout le monde, d'aller trouver ce Religieux, à qui il parla à cartier assez long-tems; en quoi tout le monde admira l'humilité de Charles, quoiqu'on fût accoûtumé à le voir souvent dans l'exercice de cette vertu.

Il sortoit d'une maladie qui l'avoit affligé pendant deux mois & demi, de telle sorte qu'il avoit encore de la peine à se soûtenir. Mais l'impatience de voir terminer la guerre, & finir les maux que souffroit la province depuis si long-tems, lui faisoit trouver des forces dans sa foiblesse; & quand ses domestiques & ceux qui s'interessoient avec le plus de tendresse à sa conservation, lui représentoient qu'il n'auroit pas dû s'exposer au combat, avec une santé si peu rétablie, il leur répondoit: « J'irai pourtant défendre mon peuple. « Et plût à Dieu que l'affaire se pût déci- « der entre mon adversaire & moi, sans « qu'il en coûtât la vie à tant d'autres. «

Long-tems avant que de se rendre devant Aurai, il avoit fait son testament, où il avoit eu un si grand soin de ses créanciers, qu'il avoit ordonné que l'on vendit plûtôt une partie de ses heritages, que de leur faire trop attendre ce qui leur étoit dû. Il entendit deux Messes, avec sa dévotion ordinaire, avant que d'aller au combat, se confessa & communia. Il se confessa encore une autre fois à son propre confesseur, avant le combat, & dans le combat même il fit une une troisiéme confession à un autre Prêtre du nombre de ses Chapelains. La bataille se donna le Dimanche 29. de Septembre de l'an 1364. jour que l'Eglise a consacré à l'honneur de S. Michel. La victoire flatta d'abord le parti de Charles; mais elle se déclara enfin pour celui du Comte de Montfort. Charles fut fait prisonnier, & quelque tems après un des ennemis lui donna un coup de dague dans la bouche, d'une si grande force, qu'elle passa un demi-pied au-delà du cou. Frere Geoffroi Rabin Religieux Dominicain du Convent de Nantes, qui se trouva alors auprès de Charles, lui dit de penser à Dieu & à S. Jean-Baptiste, pour qui il avoit eu une dévotion singuliere. Le Prince ne put dire que ce peu de haa! Domine Deus; & mourut incontinent. Les Anglois le dépoüillérent, & lui trouvérent sous ses habits un rude cilice de crin blanc. Ils le jettérent avec mépris; mais le Religieux qui avoit recueilli ses dernieres paroles, se saisit, avec une sainte avidité, d'une dépoüille que sa pieté lui rendoit précieuse. Le Comte de Montfort victorieux, ordonna de porter le corps de Charles à Guingamp, où il fut honorablement inhumé dans l'Eglise des Freres Mineurs.

Telle fut la fin de la vie de Charles de Châtillon ou de Blois, Duc de Bretagne, Prince d'une pieté si éminente, & d'une

vertu

29.
SEPTEMB.

vertu si solide, que les souverains Pasteurs de l'Eglise ont crû autrefois pouvoir proceder à sa canonization, & ne lui auroient peutêtre pas refusé rang parmi les Saints que nous honorons d'un culte public, si le Comte de Montfort son competiteur ne s'y fût opposé trop fortement, par des motifs qu'il est aisé de pénétrer.

Nous avons déja vû quels fondemens la pieté avoit jettez dans son cœur, presque dès le berceau, par les soins de sa gouvernante & de son précepteur. Il cultiva depuis très-soigneusement ces précieux germes, & aima mieux s'exposer au mépris des mondains, que de manquer de fidélité aux mouvemens de la grace. Il ne passoit jamais devant une Eglise considerable, sans descendre de cheval, quelque affaire qu'il eût,

Tém. 12.

pour aller faire sa priere, & tâcher de la rendre efficace, en y joignant l'intercession du Saint dont l'Eglise portoit le nom. Il entendoit tous les jours, au moins trois Messes, dont l'une étoit chantée en nottes, & quelquefois il en entendoit quatre & cinq. Il gardoit, pendant tout ce tems-là, un si-

Tém. 18.

lence inviolable, & ne parloit qu'à Dieu; mais il s'entretenoit avec lui avec tant d'affection & de componction, qu'on a quelquefois remarqué le tapis de son accoudoir mouillé de ses larmes. Comme si le service commun de l'Eglise n'eût pas encore été assez long pour contenter l'ardent amour qui l'attachoit auprès de Dieu, il faisoit re-

Tém. 33.

citer à la fin de la Messe les Evangiles de l'Epiphanie, de l'Ascension, de l'Annonciation, & celle du premier chapitre de S. Jean, pour se rafraîchir tous les jours la memoire de la naissance éternelle du Verbe Divin, de sa naissance temporelle, de sa manifestation, de la place que nôtre Sauveur occupe à la droite de son pere, de la mission de ses Apôtres, & de l'établissement de la foi qui nous rend Chrétiens. Nous avons déja vû ce qu'il répondit à Auffroi de Montbourcher, au sujet de la Messe, qu'il regardoit comme un tréfor dont il ne nous est pas permis de négliger de profiter. Il étoit dans les mêmes sentimens, en assistant

Tém. 56.

à la Messe dans l'Eglise de N. D. de Guingamp, lorsque Geoffroi de Dinan vint lui dire, que s'il ne quittoit le Service pour aller mettre ordre à son château de Guingamp, les ennemis qui en étoient proche, pourroient bien s'en rendre maîtres. Charles répondit en deux mots, à cet avis empressé: « quelque chose qui puisse arriver, je ne quitterai point le saint Sacrifice. « Outre la Messe, il assistoit aussi, avec une pieté édifiante,

Tém. 9.

aux Matines & aux Vêpres, à toutes les fê-

Tém. 11.

tes doubles. Pour ne pas manquer à la Mes-

se, même dans les plus grands embarras de ses voïages les plus pressez, il avoit obtenu un privilege Apostolique, pour se la faire dire par tout avant jour.

Ses prieres étoient longues & frequentes, pour ne pas dire continuelles; mais la longueur ne diminuoit pas l'attention qu'il y apportoit; il recitoit posément ce qu'il s'étoit proposé de reciter, & prononçoit comme un homme qui veut entendre, & qui souhaite d'être entendu. Et dans le fonds, à moins d'une attention pareille, & d'une prononciation grave & serieuse, les longues tâches de priere ne peuvent être d'aucun merite, ni devant Dieu, qui n'écoute que le cœur; ni devant les hommes, qui veulent au moins que la langue se fasse entendre distinctement. Charles recitoit tous les jours, avec les dispositions qu'on vient de marquer, les Heures Canoniales du grand office Ecclesiastique, le petit office de la Vierge, celui du S. Esprit, celui de la sainte Croix, & celui des morts. Il y ajoûtoit encore tant d'autres prieres, qui l'occupoient souvent jusqu'au tiers, ou à la moitié du tems destiné à son repos, que ses domestiques les plus attachez à sa personne avoient de la peine à n'en pas murmurer d'ennui. C'est ce qui l'obligeoit, en beaucoup de rencontres, à les tromper innocemment. Il feignoit de se coucher, pour les congedier & les empêcher de se plaindre; mais pendant qu'on le croïoit endormi, son cœur se livroit en liberté au plaisir de s'entretenir avec Dieu & de celebrer ses perfections infinies. Quand il trouvoit quelqu'endroit obscur dans le cours de ses prieres, il s'arrêtoit, & en demandoit l'explication à ses Chapelains, ou aux autres personnes qui recitoient l'office avec lui. La devotion particuliere qu'il avoit pour la mere de Dieu, le portoit à ajoûter à la fin de chacune des Heures Canoniales l'antienne: *Salve Regina misericordiæ*, qu'il recitoit à genoux, les mains jointes, & les yeux attachez au ciel. Il ajoûtoit le mot de *mater* devant celui de *misericordia*, & le repetoit deux ou trois fois avec une affection extraordinaire, en se frapant si rudement la poitrine, que les assistans le prenoient quelquefois pour une personne qui ne se possedoit pas. Ce n'étoit pas seulement dans la santé, qu'il s'adonnoit à la priere; il ne diminuoit rien de sa tâche ordinaire, même pendant ses maladies. Il ne passoit point devant les Chapelles & les Croix, sans ôter son chapeau, ou son chaperon. Il poussoit même le scrupule là-dessus, jusqu'à ne souffrir pas qu'on passât à cheval sur l'ombre de la croix. Quand il recitoit en chemin le symbole *Quicumque*

29.
SEPTEMB.

Tém. 14. 29.

Tém. 19.

Tém. 26.

Tém. 17.

Tém. 26.

Tém. 9.

Tém. 23.

29.
Septemb.

qui contient tout ce que nous devons croire sur les mysteres de la Trinité & de l'Incarnation, il se tenoit toûjours la tête nuë, quoiqu'il plût, ou qu'il fit de la neige. Il

Tém. 9. ne passoit jamais près d'un cimetiére, qu'il ne dît, avec ses chapelains & ses clercs le Pseaume *De profundis* avec les oraisons pour les morts. Quand il entroit dans les

Tém. 19. Eglises où il y avoit quelqu'un de ses amis enterré, il disoit & faisoit dire le Répons *Ne recorderis* ; ce qui arrivoit si souvent, que les gens de guerre qui l'accompagnoient, ennuïez d'entendre si souvent cette priere, & presque fâchez de l'avoir apprise par cœur, s'en vangeoient en quelque sorte sur le Prince, en tournant sa pieté en ridicule. Mais les besoins de ses seuls amis ne l'occupoient pas entierement ; l'Evangile lui avoit enseigné à prier aussi pour les ennemis, & il le pratiquoit ainsi à Londres un jour, en visitant le cimetiere neuf de cette ville, lorsqu'il s'apperçut qu'un gentilhomme de l'Evêché de S. Brieuc, appellé Eon Cillart, qui étoit en Angleterre avec lui, ne poursuivoit pas le Pseaume commencé. Il lui dit :

Tém. 14. « Pourquoi ne répondez-vous pas ? Je veux « que vous répondiez. Je n'en ferai rien, « dit résolument Cillart ; il y a là des gens « qui ont tué mes parens & mes amis, & « brûlé mes maisons & celles de mes pro-« ches. » Il croïoit avoir apporté une bonne excuse ; mais la reprimande severe du Prince lui fit bien sentir qu'il s'étoit lourdement trompé. Charles faisoit ordinairement des retours sur lui-même, dans ces occa-

Tém. 16. sions, & s'occupoit du besoin qu'il auroit un jour des prieres des fidéles, après que Dieu auroit disposé de lui ; & c'est la reflexion par laquelle il reprima la legereté impetueuse du jeune Beaumanoir, qui passant auprès d'un cimetiere, l'interrompoit par un babil importun. « Vous mourrez un jour, « Beaumanoir, lui dit-il, soïez plus retenu, « & jazez moins. »

Tém. 26. 10. Charles approchoit des saints mysteres une fois tous les mois, outre les fêtes principales ; & alors il quittoit son Prié-Dieu, ôtoit sa ceinture & son chaperon, se prosternoit à genoux devant l'autel, & pendant que le Prêtre lui présentoit l'hostie, il témoignoit par ses prieres ferventes, par ses soupirs & par ses larmes, combien la foi qui l'animoit étoit vive. Pour se rendre moins indigne d'approcher de ce redoutable sacrement, il veilloit avec un soin extrême à conserver la pureté de sa conscience.

Tém. 9. Il se levoit rarement du lit, sans se confesser, & se confessoit presque toûjours avant

Tém. 25. que de se coucher. Il usoit du même remede toutes les fois qu'on lui apprenoit quelques mauvaises nouvelles. Outre cela, il se confessoit reguliérement deux fois la semaine ; & nous avons vû que le jour qu'il mourut, il eut recours jusqu'à trois fois à ce remede salutaire. Il eut pour Confesseurs, premierement un Frere Mineur appellé Robert, & puis un autre Religieux du même Ordre nommé Frere Guillaume Blondel. Pierre de la Chaize, autrement dit de la Chapelle, Chanoine de Treguer, & Maître ès arts, qui avoit été d'abord Clerc de sa chapelle, & puis son Chapelain, & ensuite son Aumônier, fut aussi son Confesseur pendant quelque tems. Avant Frere Guillaume Blondel, Charles avoit eu un autre Confesseur, appellé Frere Benoît de Lanvolon. Il en eut encore deux, outre les précedens, l'un nommé Frere Guillaume Huë, & l'autre appellé Frere Jean Lay, du Convent des Freres Mineurs de Guingamp, Aumônier & Trésorier de la chapelle de la Duchesse. Il se confessoit aussi quelquefois à Maître Georges de Lesnen Maître ès arts, Bachelier en medecine, Escolatre & Chanoine de Nantes, qui faisoit en ces rencontres l'office de medecin spirituel, après avoir donné ses soins à la santé de son maître comme son medecin corporel.

L'usage frequent que ce Prince faisoit des Sacremens de l'Eglise, lui en avoit rendu les ministres d'autant plus respectables. S'il étoit à cheval, lorsqu'il rencontroit un Ecclesiastique, il se dispensoit rarement de mettre pied à terre, afin de marquer son respect pour le sacerdoce. On n'a pas oublié, que trouvant un jour, à Miniac dans l'Evêché de Dol, un frere Mineur, alors Evêque de Garde, qui avoit autrefois été son Confesseur, il descendit de cheval pour l'aller saluer, sans s'embarasser de la boüe où il enfonçoit jusqu'à mi-jambe. Il rendoit le même respect aux processions, d'aussi loin qu'il les pouvoit appercevoir. Quand il se trouvoit avec des Prélats, il ne prenoit jamais le pas sur eux ; & quand ils mangeoient avec lui, il ne lavoit jamais la main qu'après qu'ils avoient lavé. Son zéle pour l'Eglise alloit jusqu'à prendre parti contre lui-même, quand il y avoit quelque different entre les Prélats de la province & les officiers de la Cour, au sujet des libertez & des privileges de l'Eglise. Alors, quand ses gens lui disoient qu'il avoit tort de combattre lui même ses droits legitimes ; il répondoit : « Je n'en serai pas plus pauvre ; « je fais mon devoir, puisque j'ai juré de « défendre l'Eglise. » On a vû un exemple remarquable de son desinteressement à cet égard, quand il se rendit maître de Quimper, & nous ne le repeterons pas ici. La guerre qui fert quelquefois de prétexte pour dépoüiller les Eglifes, n'en fournit aucun à un Prince qui en fupporta fi long-tems le poids pour le difpenfer de facrifier même une partie confiderable de fon neceffaire à l'ornement, l'embelliffement, & la reparation des temples materiels, & à l'augmentation de leurs revenus. C'eft ainfi qu'il abandonna une partie de fes forefts, pour reparer les Eglifes de S. Brieuc, & de S. Laurent & des Carmes de Nantes, & des Freres Prêcheurs de Morlaix; qu'il fit faire dans l'Eglife cathedrale de Rennes un vitrail au haut du chœur, qui lui coûta deux mille cinq cent florins de Florence, que Pierre Poulart Chevalier, fon Tréforier, compta à Raoul de Treal Archidiacre du Defert, & depuis Evêque de Rennes. Il fonda aufli deux Chapelenies dans la même Eglife, & l'enrichit d'ornemens & de tapifferies ; pour indemnifer l'Eglife de N. D. de Lamballe, de ce qu'à caufe qu'on l'avoit fortifiée, & qu'on n'y laiffoit pas un libre accès aux pelerins, les offrandes avoient diminué, il en augmenta les rentes à perpetuité ; il emploïoit une partie de fon argent, à Londres, à acheter des chappes, des étoles, & d'autres ornemens, pour les Eglifes de fon Duché, & fur les plaintes que fes gens, prifonniers avec lui, faifoient d'une dépenfe qui leur étoit très-dommageable, il leur répondoit : « Ne craignez rien ; Dieu aura « foin de nous. » Il fit, par les mêmes motifs de pieté & de liberalité, lambriffer l'Eglife des Cordeliers de Guingamp ; édifier un Jubé dans la même Eglife, avec un chœur, & orner le côté de l'autel de belles figures ; il enrichit le Convent des Cordeliers de Dinan d'un grand nombre d'ornemens pour le fervice de l'autel, de peintures, de galleries, de falles, tant celle de l'Infirmerie, que celle qui porte le nom d'Avaugour & qui fert aujourd'hui de Sacriftie ; il fit bâtir dans l'Eglife de S. Pierre de Rennes une Chapelle en l'honneur de S. Salomon Martyr & de S. Judicael, Rois de Bretagne, des Saints Martyrs Donatien & Rogatien, & de S. Yves ; il donna à l'Eglife des Freres Mineurs de Guingamp un grand tapis de drap d'or, aux armes d'Avaugour & de Penthiévre, pour en orner le tombeau des ancêtres de fon époufe inhumez dans cette Eglife ; il fit aufli préfent à l'Eglife Cathedrale de Rennes de tapifferies d'Arras pour le chœur, de chappes de velours rouge, avec des oifeaux en broderie d'argent, d'autres de velours blanc aux armes de Bretagne ; il fournit du bois abondamment, pour la reparation de l'Eglife de Sainte Croix de Guingamp ; il enrichit l'Eglife des Cordeliers de la même ville de beaucoup d'argenterie, entr'autres d'une croix garnie de pierreries, du poids d'onze marcs, de deux chandeliers de huit marcs, de deux encenfoirs de fept marcs, d'une croix proceffionnalle de trois marcs ; enfin le tout montoit au prix de 7850. florins d'or ; il fit des liberalitez approchantes à l'Eglife de N. D. de Guingamp ; dès le commencement de fon mariage, étant en Fiandres, il fit bâtir dans les Eglifes des Freres Prêcheurs & des Freres Mineurs de Bruges des autels ornez du tableau de faint Yves, avant même qu'il fût canonizé ; il avoit dans fa forêt de Culegat un arbre que l'on appelloit *la Reine*, à caufe de fa parfaite beauté, & fi grand, qu'on en auroit pû faire trois grandes maifons ; il en fit préfent aux Freres Prêcheurs de Morlaix, malgré le murmure de tous fes officiers, & donna ordres à Yves de Kergorlai Garde de fes forêts, de le faire abbattre pour ces Religieux ; outre la fondation de N. D. de Lamballe qu'il augmenta, pour dédommager les Curez de la diminution des offrandes caufée par la fortification de l'Eglife & le trouble des guerres, il fit encore préfent à cette Eglife d'une croix d'argent doré, avec un morceau de la vraïe croix. Peu de tems avant fa mort, il avoit commencé à bâtir à Dinan une Eglife en l'honneur de fainte Catherine. Il y mit la premiere pierre, & prétendoit y fonder un Chapitre ; mais il ne vécut pas affez pour voir l'execution de fon deffein. Il fonda fix Prébendes dans l'Eglife Collegiale de S. Donatien de Nantes, chacune de 50. livres de rente, qui étoit une fomme bien confiderable en ce tems-là. Il fonda aufli dans l'Eglife de N. D. de Guingamp une chapelle appellée la Tréforerie, & en pofa la premiere pierre.

Les mêmes yeux de la foi qui lui faifoient trouver Dieu dans fes temples materiels & dans fes miniftres, lui montroient dans les pauvres, J. C. fouffrant & dévenu, par fon ordre exprès, l'objet de nos charitez. Auffi ne fe contentoit-il pas de fuivre, dans ce qu'il faifoit pour eux, les mouvemens d'une tendre compaffion, que l'humanité feule peut exciter, fans le fecours de la grace ; il s'élevoit plus haut, & obéïffant aux lumieres furnaturelles qui pénétroient fon efprit, il honoroit dans ces perfonnes affligées, celui qui s'y eft en quelque forte renfermé, pour y recevoir des fervices dont il s'eft chargé de tenir compte lui-même, & qui ne recompenfe point médiocrement. De-là vient que Charles s'attachoit avec une affection particuliére à fervir les pauvres en perfonne, avec le même refpect qu'il eût ap-

29.
SEPTEMB.

Tém. 12. 20.

Tém. 25.

Tém. 23.

Tém. 31.

Tém. 33.

Tém. 2.

Tém. 12.

Tém. 19.

porté à servir J. C. même, prosterné, la tête nuë. Il ne manquoit jamais, le Jeudi Saint, de laver & de baiser les pieds à treize pauvres, à qui il donnoit ensuite à manger, & les servoit lui-même. Le dernier Jeudi Saint de sa vie, il lava, essuïa, & baisa les pieds à vingt-six pauvres, après leur avoir donné à manger, & puis en les congediant, il leur donna à chacun de quoi acheter des souliers, & en le leur donnant, il leur baisoit la main, à chacun d'eux. Mais outre ce nombre de 13. ou de 26. qui en est le double, & qu'il regardoit comme un nombre sacré, à cause qu'il lui rappelloit la memoire des Apôtres; après avoir chaque jour de Carême nourri un grand nombre de pauvres dans sa maison, il en faisoit rassembler, le Jeudi Saint, cinquante, qu'il servoit à table en personne; & puis la tête & les pieds nuds, revêtu d'une simple tunique, ceint d'un linge, & les yeux baignez de larmes, il lavoit les pieds à ces cinquante pauvres, les essuïoit & les baisoit, & puis il les congedioit, en leur donnant treize deniers à chacun. Il y a eu des Carêmes qu'il a rassemblé chaque jour jusqu'à soixante pauvres, à qui il faisoit prendre leur repas, avant que de prendre le sien; & quand il en voïoit quelqu'un qui mangeoit plus lentement que les autres, il lui disoit : « prenez vôtre vin & vôtre portion « de nourriture, & l'emportez, pour vous « repaître à vôtre aise. » Quand parmi les pauvres qu'il servoit, & à qui il lavoit les pieds, il s'en trouvoit quelques-uns de malpropres & de galeux, c'étoit à ceux-là qu'il baisoit les pieds avec le plus d'affection. Il faisoit chanter pendant cette cérémonie, par ses Chapelains, ce que l'Eglise a coûtume de chanter en pareille rencontre, qui contient les éloges de la charité, & l'obligation, où nous sommes d'aimer nos freres comme J. C. nous a aimez. Charles n'avoit pas attendu à être Duc de Bretagne, à cherir & honorer J. C. dans les pauvres; il avoit commencé dès la maison de son pere à servir en personne ceux que la charité du Comte de Blois y faisoit nourrir chaque jour. Il ne se contentoit pas, depuis qu'il fut Duc de Bretagne, de faire en quelque sorte un Hôpital de sa maison; il bâtit aussi quelques Hôpitaux, pour soulager la misere des indigens. Il en établit un à Guingamp, & pour cet effet il en acheta l'emplacement d'un habitant de la ville appellé Guillaume Morel, pour le prix d'une rente annuelle de 9. livres; & ce fut sur ce fonds qu'il bâtit cette maison pour les pauvres. Il en fit commencer un autre sur les ponts de Nantes, à Toussaints, dont il don-

na le fonds; mais il ne vécut pas assez pour voir cet Hôpital achevé; les aumônes des fidéles finirent ce qu'il avoit commencé. Rarement passoit-il devant ces sortes de maisons, sans y entrer, pour y visiter les pauvres, & sur tout les malades; il les alloit voir à leur lit, les faisoit découvrir, touchoit leurs plaïes & leurs ulcéres, les consoloit avec beaucoup de douceur, & ne leur épargnoit pas l'argent. Les autres pauvres qui étoient malades dans des maisons particuliéres, s'il ne pouvoit les visiter lui-même, il leur envoïoit ses medecins, des remedes, & toutes sortes de soulagement. Quand on lui servoit quelque chose de bon goût dont il vouloit se mortifier, ce qui lui arrivoit très-souvent, il le faisoit aussi-tôt porter à quelque malade, ou à quelque pauvre femme en couche. Comme il se privoit souvent de ce qui lui étoit le plus necessaire, pour soulager les pauvres, ce qui chagrinoit ses Tréforiers, il profitoit avec joïe des occasions qui se présentoient de toucher lui-même quelques sommes à leur insçu. Ainsi lorsque Bizien de Keranrais Capitaine de Morlaix lui eut une fois envoïé une somme de mille florins d'or à l'escu, par un Prêtre appellé Hervé de Carmellou, il les fit prendre & mettre à couvert par son Chancellier, en lui disant : « Pour la misericorde de Dieu, qu'on ne « dise point que j'aïe cet argent; car si les « gendarmes qui sont à ma solde le sçavoient, ils me le demanderoient, & je « n'aurois pas de quoi donner aux pauvres. » C'est pour cela qu'il ne vouloit pas que la dépense qu'il faisoit en aumônes entrât dans l'état de celle qui se faisoit pour sa maison; de peur que ses Argentiers ou Tréforiers ne manquassent d'acquitter ses ordres, sur des prétextes qu'il n'eût pas été difficile de trouver; mais il avoit une bourse particuliere destinée à cet emploi, dont il commettoit la distribution à l'un de ses Chapelains. Quand les pauvres lui présentoient des requêtes sur lesquelles il falloit que le Conseil donnât expedition, il les adressoit au Doïen de Nantes, & à Rolland Philippe, ses principaux Conseillers, à qui il donnoit ordre de les expedier promptement & charitablement. Passant un jour sur les ponts de Nantes, il fut sensiblement touché de n'avoir point d'argent à donner aux pauvres d'un Hôpital qui étoit-là; son manteau étoit apparemment plus précieux que celui de S. Martin, car il étoit de drap d'or, fourré de menu vair. La richesse de l'étoffe ne l'empêcha pas d'imiter ce fameux Catechuméne; il fit même plus, car il donna le manteau entier au Chapelain de l'Hôpital, en

29.
SEPTEMB.

Tém. 26.

Tém. 9.

Tém. 10.

Tém. 17.

Tém. 13. &

Tém. 27.

Tém. 31.

29.
Septemb.

Tém. 10.

Tém. 38.

Tém. 10.

Tém. 9.

Tém. 10.

Tém. 15.

Tém. 22. 10.

Tém. 9.

lui ordonnant de faire une chasuble du drap, pour l'usage de la chapelle, & de vendre la fourrure pour la nourriture des pauvres. Il avoit déja fait auparavant la même chose à Bruges ; mais on ne dit pas que l'étoffe fût si précieuse. Il avoit un soin particulier des pauvres orphelins ; il les faisoit nourrir dans leur bas âge, & quand ils étoient grands, si c'étoient des filles, il les marioit avec des ouvriers qui fussent à leur aise, ou qu'il y mettoit ; & si c'étoient des garçons, il les envoïoit à l'école, & veilloit sur leur éducation & leur établissement. Le vin est un grand remede pour les pauvres, dans leurs langueurs & dans la plûpart de leurs maladies ; Charles ne se contentoit pas de leur en envoïer liberalement ; il leur en portoit lui-même, & vouloit qu'ils bussent dans la propre coupe dont il se servoit.

Il en buvoit très-peu lui-même, & l'affoiblissoit par une si grande quantité d'eau, que ce qu'il buvoit n'avoit plus le goût de vin. Il ne pouvoit pas détruire aussi aisément ce qui flatte la sensualité dans les viandes délicates, c'est pourquoi il s'en abstenoit ordinairement, & les envoïoit aux pauvres malades ; il se contentoit des viandes grossieres, & en prenoit même beaucoup moins que la nécessité ne l'exigeoit. Il n'en faisoit pas moins les honneurs de chez lui ; mais quand il faisoit servir du vin entre les repas, il ne croïoit pas que l'honnêteté l'obligeât à violer les loix de la rigoureuse sobrieté qu'il s'étoit prescrite ; il feignoit seulement de boire, pour satisfaire à la tyrannie de la coûtume ; mais il ne prit jamais rien, soit devant, soit après les repas. C'étoit peu pour lui, que d'être sobre, il s'étoit aussi imposé la loi d'une severe abstinence. Il s'étoit retranché l'usage de la viande pendant tous les Avens, aussi-bien que tous les mercredis de l'année. Il jeûnoit au pain & à l'eau la veille de sainte Catherine, & le jour du Vendredi Saint, & eût poussé sa ferveur encore plus loin, s'il eût pû gagner sur les medecins d'avoir moins d'indulgence pour lui. Souvent, quand le soupé étoit servi le Mercredi & le Samedi, il envoïoit dire qu'on ne l'attendît point, & qu'il étoit indisposé. Mais cette dissimulation ne trompoit pas ses plus fidéles serviteurs, qui prenoient la liberté de lui représenter qu'il faisoit trop d'abstinences. Il leur répondoit : « helas ! je ne fais rien ; je vis dans l'oisive-« té ; & si je soupois, ce ne seroit que prêter « des armes à l'ennemi qui me tourmente. »

Bien-loin de lui prêter des armes, par une vie molle & délicieuse, il étoit sans cesse occupé du soin de l'affoiblir. Il portoit jour & nuit, à nud, un rude cilice,

qu'il n'ôtoit de dessus son corps, que lorsqu'il partageoit le lit de la Duchesse sa femme, ce qui arrivoit assez rarement. Et afin de rendre l'impression du cilice encore plus douloureuse, il le ceignoit en trois endroits, de cordes noüées, à la maniere des Freres Mineurs, dont l'une lui passoit sur la poitrine ; l'autre, qui étoit de fil, lui ceignoit les reins ; & la troisiéme, de crin, lui étreignoit le ventre. Outre ces trois cordes, il y en avoit deux qui lui passoient sur les épaules, & s'accrochoient avec les trois autres. Toutes ces cordes étoient serrées avec si peu de ménagement, qu'elles enfonçoient dans sa chair, où la vermine qu'elles y engendroient causoit un autre supplice digne de compassion. Par dessus tout cela il mettoit un surtout qui avoit été à saint Yves, pour tâcher de rendre sa pénitence agréable à Dieu par l'intercession de cet homme incomparable. La necessité de se faire armer, qui devoit lui rendre l'âpreté du cilice encore moins supportable, ne le dispensoit pas de continuer toûjours à le porter, & les ennemis qui lui ôterent cruellement la vie, le trouverent revêtu de ces armes de la pénitence, après l'avoir dépoüillé de celles de la milice du siécle. Avant ce triste moment son cilice n'avoit été vû de personne, que de ceux de ses valets de chambre à qui il ne pouvoit le cacher. Il étoit une fois au Plessis-bertran, chez Pierre du Guesclin, & se sentant une grande douleur à l'épaule, à cause d'un coup qu'il s'y étoit donné contre un arbre en voïageant, il pria un gentilhomme de sa suite, nommé Jean du Fournet, de lui faire la charité de lui frotter cette épaule. Celui-ci trouvant le cilice par dessous une veste d'étoffe blanche, ne put s'empêcher de dire : « Monseigneur, qu'est-ce que je sens-là « sous ma main ? » Le Prince, aussi humble que pénitent, lui ordonna de se taire, & le fit même jurer qu'il n'en parleroit jamais pendant sa vie. Charles avoit bien dessein de le cacher à tout le monde, puisqu'il en faisoit un secret, même à sa femme ; en quoi sa politesse d'accord avec sa pieté, épargnoit quelques dégoûts à un sexe délicat, qui n'a pas toûjours assez de force pour sacrifier ses aversions naturelles à l'esprit de pénitence.

Lorsqu'après sa mort la Duchesse sa veuve voulut se retirer à Angers auprès de sa fille Duchesse d'Anjou, elle crut que dans une armoire bien fermée qui avoit été à Charles son mari, elle pourroit trouver quelque argent, qui lui seroit venu fort à propos pour son voïage. On ouvrit donc cette armoire, par son ordre, mais on n'y trouva rien, que deux ou trois cilices qui

29.
Septemb.

Tém. 23.

Tém. 20.

Tém. 21.

Tém. 33.

29.
SEPTEMB.

Tém. 55.

Tém. 9.

Tém. 2040.

Tém. 10.

Tém. 11.

Tém. 47.

Tém. 10.

avoient été enfermez avec beaucoup de soin & de secret dans une layette. Charles avoit commencé dès sa plus tendre jeunesse à ne point porter de linge sur sa peau. Il portoit par dessous le linge, & immediatement sur le corps, une étoffe de laine que l'on appelloit Blanchet ; mais il ajoûta encore depuis le cilice à cette mortification. Ce n'étoit pas la seule maniere dont il tourmentoit son corps. Pendant les trois premieres années de sa prison d'Angleterre, il se donnoit la discipline tous les Vendredis, en recitant les sept Pseaumes de la pénitence ; & cette discipline il se la donnoit avec des lanieres de cuir noüées, qui avoient les nœuds traversez de petites aiguilles ; en sorte qu'il se mettoit tout en sang. Depuis sa prise à la Roche-Derien, il ne voulut plus souffrir de plume à son lit ; il couchoit sur de simples matelats, ou même sur la seule paille, avec des draps & une couverture, & un oreiller de paille. Quand il couchoit avec la Duchesse, le lit étoit partagé au gré de chacun ; il y avoit des lits & des oreillers de plume dans le côté où étoit la Duchesse, & le côté où reposoit le Duc n'avoit que de la paille, ou tout au plus un simple matelats. Son industrieuse cruauté contre lui-même lui avoit fait imaginer jusqu'à faire provision de gros sable & de gravier, qu'il faisoit porter avec lui dans un sac, afin d'en mettre dans ses bas de chausse, & qu'il ne pût faire un seul pas, qui ne fût un acte de pénitence. Il avoit un barbier qui avoit été quelque tems Chartreux à Paris, & qui lui racontoit quelquefois la sainte vie & les austeritez de ces vertueux solitaires. Charles soupiroit, à ce recit, & protestoit souvent dans toute la sincerité de son cœur, que sans ce qu'il devoit à la Duchesse & à ses enfans, & sans l'obligation où il étoit de soûtenir ses justes droits, il auroit quitté le siécle, pour se rendre Chartreux.

Après avoir vû avec quelle severité il a traité son corps, on ne sera point étonné d'apprendre qu'il a vécu dans une très-grande pureté, vertu si rare aux Princes, sur tout dans l'âge qu'avoit Charles de Châtillon. Tous les témoins entendus dans l'Enquête faite pour sa canonization, déposent unanimement, qu'on n'a jamais apperçu en lui le moindre penchant à l'incontinence, ni aucune action, ni aucun discours qui pût faire soupçonner du déreglement dans son cœur. Il a protesté plusieurs fois, que sans ce que l'honneur, le devoir, & même son serment exigeoient de lui, il auroit vécu avec la Duchesse comme un frere doit vivre avec sa sœur ; & ce serment particulier exigé de lui, fait bien voir qu'on étoit

si persuadé de son amour pour la continence, qu'on avoit crû qu'il étoit necessaire de prendre des mesures contre sa vertu même, pour l'empêcher de la porter à l'excès. Il étoit inexorable sur les fautes qui blessent la pureté, & quelque appui que donnassent la naissance & le rang, il chassoit absolument de sa Cour toutes les personnes, sur tout celles du sexe, qui donnoient lieu de parler mal de leur conduite. Celui là le connoissoit bien mal, qui, pendant qu'il étoit prisonnier en Angleterre, crut pouvoir venir à bout de le seduire, en lui amenant une femme plus noble que sage. Charles eut horreur de ce complot pernicieux, & chassa ce mauvais courtisan, avec de très-severes défenses de se présenter jamais devant lui. Le Jeudi Saint de l'an 1357. descendant de Dinan, pour aller à son château de Lehon, il vit une femme assise sur le bord du chemin, à qui il demanda ce qu'elle faisoit. Elle répondit qu'elle gagnoit sa vie par la prostitution de son corps. Charles n'osant plus, après une telle déclaration, ni regarder cette malheureuse, ni lui parler, chargea son Argentier, appellé Alain du Tenou, d'aller interroger cette femme sur les motifs qui l'avoient reduite à une résolution si déseperée. Elle répondit, que c'étoit la pauvreté. Alors Charles, touché de compassion, pourvut, par une somme d'argent, à ses necessitez présentes, & l'exhorta à vivre plus sagement. Elle répondit, qu'elle seroit au moins quarante jours sans suivre son malheureux penchant. Geoffroi du Pont-blanc Maître d'Hôtel de Charles vouloit qu'on tirât serment de cette femme, qu'elle tiendroit sa promesse ; mais Charles craignant de l'exposer au peril du parjure, y pourvut d'une autre façon, en la mariant ; & il eut sujet de se loüer du succès de la charité qu'il avoit faite, puisque cette femme vécut depuis avec autant d'édification, que son abandon avoit été scandaleux. Il faut conclure de ce que nous venons de dire, tant dans cet article, que dans les précedens, que Froissard s'est trompé, quand il a écrit, qu'à la bataille d'Aurai, il fut tué avec Charles de Blois, un fils bâtard qu'il avoit, qu'il nomme Jean de Châtillon, & qui est le même, sans doute, qui est nommé parmi les ôtages que Charles donna lorsqu'on fit le traité d'Evran. Il faut apparemment substituer dans le texte imprimé de Froissard le mot de *frere* à celui de *fils*. Mais au reste, le moïen de reprocher une faute unique, à un Prince qui a fait toute sa vie une si severe & si constante pénitence ? L'heroïsme des Saints nous feroit craindre la vertu, comme impratica-

29.
SEPTEMB.

Tém. 17.

Tém. 18.

Tém. 21.

ble, si les fautes où Dieu permet quelquefois qu'ils tombent, ne nous faisoient voir qu'ils sont hommes comme nous. Mais ils triomphent bientôt de leurs foiblesses ; & nous nous plaisons à nous laisser surmonter par les nôtres.

La même fermeté Chrétienne qui rendoit Charles inébranlable aux attraits de la volupté, le rendoit victorieux des attaques de la douleur & de l'impatience. Quelques fâcheuses nouvelles qu'il apprît, jamais on ne lui entendoit dire autre chose, que : *Dieu soit loüé de tout ce qu'il nous envoie* ; ou bien : *heureux ceux qui souffrent pour le bon droit & la Justice !* ou bien encore : *mes amis, prenez courage & consolez-vous ; tout cela est pour nôtre bien.* C'est ainsi qu'il en usa, quand on lui apprit la mort de Charles d'Espagne son gendre & de Marguerite de Bretagne sa fille, la mort du Comte de Blois son frere aîné, la prise de Concarneau ; trois défaites en une seule semaine, à Trongo, à Evran, & à Derval ; la perte de Sucenio, où étoient la plûpart des Titres du Duché ; Lannion fortifié par ses ennemis ; la mort de Foulques de Laval, avec quatre cens combatans ; la prise de Redon & de Malétroit ; celle de la Roche-Derien par le Duc de Lancastre ; celle de Guingamp par Roger David & les Anglois ; celle de Becherel, & de Lezneven ; celle de Pestivien & de Mauron ; la perte du Seigneur de Plusquellec & de plusieurs autres Seigneurs de son parti, battus auprès de Guingamp ; la prise du château de la Noée par les Anglois; la perte de cent mille florins d'or qu'il envoïoit en Angleterre pour sa rançon ; le combat du païs de Raiz, où Maurice du Parc, avec beaucoup d'autres Seigneurs, avoit eu du desavantage ; la perte du château de Keimmerc pris deux fois par les ennemis. Il ne se contentoit pas de posseder son ame, il reprimoit aussi l'impatience des autres, & ne leur permettoit pas de s'éloigner de la moderation, en parlant même de ses ennemis. Quand il entendoit quelqu'un s'emporter contre Jean de Montfort, il disoit : « vous ne parlez pas bien ; mon ennemi croit avoir aussi bon droit que moi ; il défend sa cause, comme je défends la mienne. » S'il avoit tant de bonté pour ses ennemis, il n'avoit pas moins d'indulgence pour ceux de son parti. On se plaignoit un jour de ce que le Seigneur de Kerrimel, & quelques autres, occupoient la Roche-Derien contre son gré, & s'étoient saisis des revenus de cette place. Charles dit à cela : « taisez-vous ; ce sont de braves guerriers, qui nous chagrinent à la verité présentement ; mais ils nous feront dans la suite assez de bien, pour nous dédommager de la perte qu'ils nous causent. » Quand il recevoit quelques bonnes nouvelles avec de mauvaises, il temperoit celles-ci par celles-là, & loüoit Dieu de tout. Etant un jour à Dinan, il y apprit la mort de Loüis Vicomte de Beaumont. Il ne put retenir ses larmes ; mais il dit : « mes amis, voilà d'agréables nouvelles d'une part, & de bien fâcheuses de l'autre ; le Captal de Buch a été défait en Normandie ; mais mon cousin de Beaumont, le meilleur de mes amis est mort. Que son ame repose en paix ; & que Dieu soit beni de tout ce que sa providence nous envoïe. » Aussi-tôt il fit venir son Confesseur, & s'étant retiré à part avec lui, il se confessa ; pratique à laquelle il ne manquoit jamais, quand on lui annonçoit quelque chose de fâcheux.

La rigueur qu'il exerçoit contre lui-même étant plûtôt l'effet de sa pieté ; que de son temperamment, n'avoit point aigri son humeur ; il eut toûjours une douce affabilité, qui donnoit autant d'attachement pour sa personne, que de respect & d'admiration pour sa vertu. Il sçavoit s'abaisser, pour abreger la distance que son rang mettoit entre lui & les personnes les moins distinguées ; ses valets même & ses domestiques trouvoient en lui un maître qui n'oublioit jamais qu'ils étoient ses freres. Il n'y en a jamais eu un seul à qui il ait parlé par *tu* ou par *toi* ; il disoit *vous* aux personnes les plus abjectes, & leur rendoit le salut, la tête nuë, d'aussi bon cœur, qu'il le rendoit aux plus grands Seigneurs. Il prenoit un jour congé de son hôtesse à Saumur, & lui disoit le chaperon bas, & dans le même respect que s'il eût parlé à quelque Princesse : « ma belle mere, si mes gens ont pris quelque chose en ville, sans la païer, aïez la bonté de la païer pour moi ; je vous le ferai rendre ; je serois bien fâché qu'il y eût quelqu'un qui pût se plaindre de moi. » L'humilité qu'il faisoit paroître en toutes rencontres avoit ses racines dans son cœur, d'où elle se répandoit dans ses actions & dans ses discours. Il disoit quelquefois : « Je suis esclave de mon rang & de ma dignité, malgré moi. Je suis obligé de porter des habits d'or & de soïe ; mais j'aimerois beaucoup mieux être habillé de pauvre drap, à la façon des Freres Mineurs ; & veritablement si je ne craignois de déplaire à mon peuple, je serois plus modestement vêtu. Je suis persuadé qu'il auroit mieux valu pour moi, que je fusse Frere Mineur, que de m'être laissé faire Duc de Bretagne. La province ne peut être en paix, à cause du different qui est

« entre mon adverfaire & moi ; & je ne « puis rien faire ni pour mon repos , ni « pour la tranquillité du païs , que du con-« fentement des Barons. » Ce difcours fe trouvoit affez fouvent conforme aux fentiment du public , retenu dans le devoir malgré lui , par la feverité de la conduite de fon Prince. Quand on le voïoit fi penitent , fi humble , fi occupé de la priere , de difcours d'édification , & de faintes lectures ; le monde , ennemi de la croix & de la fainteté , tâchoit de répandre du ridicule fur ce qu'il ne pouvoit empêcher ; & comme fi c'étoit un monftre , qu'un Prince Chrétien qui donne du credit à la vertu , en la pratiquant malgré le torrent de la coûtume & l'impreffion des mauvais exemples ; on difoit , que c'étoit dommage qu'un Prince fi Saint ne fe fût pas fait Religieux ; & que cette profeffion lui auroit beaucoup mieux convenu , que le rang qu'il tenoit dans le monde.

La pratique des confeils de l'Evangile ne lui faifoit pas oublier fes devoirs effentiels. Le plus grand , dans un Prince , eft de rendre la juftice ; & jamais homme n'eut plus de zéle pour la faire rendre exactement à tout le monde. C'eft pour cela qu'auffi-tôt qu'il étoit informé qu'il y avoit quelque part un habile homme plein de droiture & de courage , il le faifoit venir auprès de lui , pour être de fon Confeil , & l'aider dans l'adminiftration de la juftice. Celui qu'il favorifa le plus , & à qui il donna le plus d'autorité , fut Rolland Phelippe , avocat fçavant dans le droit & dans la Coûtume , & d'ailleurs homme de bien , qui avoit même quelque deffein de quitter le fiécle. Charles ne lui permit pas de priver le public de fes fervices ; il l'arrêta auprès de lui , & le fit Sénéchal general de tout le Duché. Il eut fucceffivement pour Chanceliers M. Auffroy le Vayer , & Guillaume Paris qui fut depuis Doïen de Nantes. Charles , perfuadé que Dieu l'avoit établi juge , vouloit fe donner la peine de décider tout par lui-même , ou par fes Officiers , & ne pouvoit fe réfoudre à laiffer décider au hazard ce qui étoit naturellement commis à fon jugement. Il déploroit la tyrannie de la coûtume , & l'aveuglement barbare par lequel on s'étoit perfuadé depuis fi long-tems en France , que le Duel étoit le jugement de Dieu. On eut beau vouloir faire plier Charles fous le joug de la coûtume , il refufa toûjours , avec une fermeté conftante , de permettre les duels , & difoit , que de remettre la décifion de fes differens à ces fortes de combats , ce n'étoit autre chofe que tenter Dieu. Son defintereffement dans l'adminiftration de la juftice alloit fi loin , qu'il faifoit expedier gratuitement toutes les lettres qui portoient le fceau de fon autorité , de quelque nature que ce pût être ; & quand il créoit des Notaires & des Secretaires , il exigeoit le ferment d'eux , qu'ils ne recevroient jamais rien pour écrire ou fceller ces fortes de lettres ; tant il avoit peur que fa confcience pût lui reprocher qu'il eût vendu la juftice.

Les exemples d'une fi fainte vie ne contribuérent peutêtre pas moins , que les inftructions des miniftres de l'Eglife , à la converfion d'un Sarrafin qui vint à Nantes du tems de Charles , qui perfuada enfin à cet infidéle d'embraffer la Religion Chrétienne , & de fe faire baptizer. Le Prince lui donna le nom du Bienheureux Précurfeur de J. C. & le combla de liberalitez , après lui avoir procuré une nouvelle vie par la regeneration fpirituelle.

Pendant que Charles étoit dans fa prifon en Angleterre , il s'y étoit occupé à la compofition d'un ouvrage de pieté à l'honneur de faint Yves ; où parcourant tous les ordres des Saints & leurs états differens , il trouvoit le moïen de mettre faint Yves en parallele avec tous les glorieux habitans du ciel. Cette compofition , apparemment negligée par l'auteur même , n'eft pas parvenuë jufqu'à nous.

Quelque tems avant fa mort , Charles avoit fait peindre fur le mur de l'Eglife des Cordeliers de Dinan , par Frere Guillaume le Breton Religieux du même Convent , un arbre de vie , où étoit reprefentée l'hiftoire de faint François , & au pied de l'arbre étoit peint Charles à genoux , revêtu d'une cotte d'armes Erminée, comme Duc de Bretagne. Quelques jours devant la Purification de N. D. de l'an 1368. le Comte de Montfort , alors feul Duc de Bretagne , étant venu à Dinan , & aïant vû cette peinture , fit venir le Gardien du Convent le 1. de Février , & lui commanda d'effacer cette image. Le Gardien obéït auffi-tôt , & la nuit même il fit blanchir la muraille , de maniere que la figure de Charles ne paroiffoit plus. Le jour de la fête de la Vierge , comme Frere Pean de Quelen s'habilloit pour celebrer la Grand-Meffe après Prime , il fut appellé par Frere Raoul de Kerguiniou , pour être témoin d'une merveille qui furprenoit tout le monde ; c'étoit deux filets de fang qui couloient de l'image blanchie , de l'endroit derriere l'oreille par où fortoit le coup qui avoit donné la mort à Charles. L'Eglife étoit pleine de fpectateurs qui admiroient ce prodige , & entre les autres on y remarquoit le Seigneur de Dinan , Olivier

CHARLES DE BLOIS.

29. Septemb.

Olivier de Vaucler, Guillaume le Vayer, Geoffroi Budes, Pierre du Guesclin, Guillaume de Kerrimel, Henri de Pledran, Jean du Juch, Geoffroi de Kerrimel, Geoffroi Bonabbes ; on comptoit plus de deux mille personnes présentes à ce spectacle. Geoffroi Budes, qui n'avoit pas été d'abord extrémement frappé de ces deux filets de couleur rousse, entendant dire dans la maison où il s'étoit retiré après la Messe, que c'étoit veritablement du sang, se leva brusquement de table, pour aller s'en éclaircir par lui-même. Il trouva l'Eglise pleine de monde, qui soûtenoient que c'étoit du sang qui couloit tout du long du cou & de la poitrine de l'image. Quelques Anglois, entre lesquels étoient un appellé Fondigrai, & un autre nommé Aldebrit, ou Broit, Ecuïers & gentilshommes de la chambre du Duc, disoient des injures aux assistans, & ils avoient plus d'un interest, à détruire dans l'esprit du peuple l'idée d'un miracle; car outre que c'étoit apparemment eux (c'est à-dire les Anglois) qui avoient donné la mort à Charles, on les accusoit aussi d'avoir porté le Duc à faire effacer cette image. Ils disoient donc : « Faux villains, « vous croïez donc qu'il est Saint ? vous en « avez menti, mauvais rustres ; par Saint « Georges, il n'est pas Saint. » Ces deux Anglois qu'on vient de nommer prirent une échelle, montérent l'un après l'autre, pour voir l'image de plus près, & tâcher de découvrir quelques traces de fourberie ; mais ne trouvant rien qui pût donner lieu d'attaquer la bonne foi des Religieux, un de ces emportez prit un couteau, & en donna plusieurs coups en deux endroits de l'image, en disant : « voilà, en dépit de lui ; s'il est « Saint, qu'il saigne maintenant. » Les miracles ne se font pas toûjours au gré des infidéles ; il ne parut rien de nouveau aux endroits ou la fureur de cet Anglois s'étoit exercée. Après qu'ils furent descendus, Geoffroi Budes se servit de la même échelle pour aller examiner l'image de près. Il appuïa le premier doigt de la main droite sous l'endroit d'où couloit la liqueur, & l'y tint, jusqu'à ce qu'il s'y fut amassé une assez grosse goutte de sang. Il descendit, & montra ce sang aux assistans, en leur disant : « vous « pouvez bien voir maintenant que c'est ve- « ritablement du sang. » Tous ceux qui étoient-là en convinrent ; mais les Anglois ne purent s'empêcher de dire à Geoffroi Budes, qu'il parloit mal à propos, & qu'il faisoit tort à Monseigneur le Duc. Pour ne pas prendre querelle là-dessus, dans un lieu qui n'étoit destiné qu'à la priere. Geoffroi Budes essuia son doigt contre le tombeau du Seigneur d'Avaugour, & s'en alla ; mais le sang qu'il y avoit laissé fut ramassé par quelqu'un, qui le conserva précieusement. Le Duc & les gens de sa Cour accusoient les Religieux d'avoir usé de quelque fraude pour faire paroître ce prodige, & cette prévention irrita extrêmement le Duc contr'eux. Comme les Anglois, les plus aheurtez à soûtenir que ce prodige apparent n'étoit qu'une friponnerie, s'étoient rendus maîtres de l'esprit du Duc, Frere Pierre Mauclerc Religieux du Convent de Dinan Confesseur de Gautier Huet Chevalier Anglois, alla trouver ce Seigneur, pour le prier de faire connoître au Duc l'innocence & la bonne foi de ses confreres ; & pour s'en assurer lui-même d'autant plus, il pria le Gardien d'assembler toute la Communauté, pour s'informer de la verité du fait. Tous les Religieux jurérent devant le Gardien, & devant Frere Pierre Mauclerc, qu'ils n'avoient ni fait, ni fait faire, ni ne sçavoient qu'on eût fait aucune fraude. On rapporta le tout à Gautier Huet, à qui son Confesseur & le Gardien firent aussi le même serment. Pendant ce tems là le Duc étoit entré dans le monastere, où il avoit fait venir devant lui le peintre qui avoit fait la figure. C'étoit Frere Guillaume le Breton. Le Duc lui dit : « Pourquoi avez-vous « fait un tel scandale ? vous avez merité la « mort. » Le Religieux jura sur sa conscience, que ni lui, ni personne au monde n'avoit fait aucune friponnerie à ce sujet. Le Duc lui dit de se retirer, & de ne paroître jamais devant lui. Toute la maison étoit en tumulte ; les dedans étoient pleins d'hommes, & de femmes qui étoient entrées avec le Duc, & l'Eglise étoit remplie de monde ; les Anglois mêlez par tout faisoient grand bruit, & chacun prenoit parti selon ses interests ou ses préventions. Enfin les Anglois prenant des bâtons, mirent tout le monde hors de l'Eglise, & en fermérent les portes. La conclusion fut, après le bruit appaisé, que le Duc ordonna au Gardien de faire entierement effacer l'image en question. Le Gardien voulut, avant que d'obéïr, consulter l'Evêque de S. Malo. Celui-ci défendit de passer outre, & les Religieux obéïrent à l'Evêque plûtôt qu'au Duc.

Ce prodige, & plusieurs autres miracles qui s'étoient faits par l'intercession de Charles de Châtillon, engagérent plusieurs Princes, Prélats, & autres personnes de distinction, tant de la province de Bretagne, que du Roïaume de France, à s'adresser dès la même année 1368. au Pape Urbain V. pour le prier de nommer des Commissaires qui informassent de la sainte

29.
SEPTEMB.

vie & des miracles de Charles Duc de Bretagne. Le Pape nomma Commissaires à cet effet, par ses lettres datées de Viterbe du 17. d'Août de l'an 7e. de son Pontificat, Loüis Evêque de Baïeux, & les Abbez de Marmontier & de S. Aubin d'Angers. Ils ne purent executer leur commission, & il ne leur fut pas libre de se transporter à Guingamp, tant à cause de la guerre, qu'à cause d'un appel interjetté par le Duc Jean, qui s'opposoit à ces recherches, qui effectivement ne lui étoient pas trop avantageuses. Mais nonobstant les oppositions & son appel, qui furent jugez frivoles, & ausquels on n'eut point d'égard, le Pape, par d'autres lettres dattées d'Avignon de l'année suivante, le 22. d'Octobre, permit aux mêmes Commissaires de vaquer à leurs informations où ils voudroient, même hors de Bretagne, & d'y faire assigner, & d'y entendre les témoins. Le Pape Urbain V. mourut l'année d'après; mais l'on n'en continua pas avec moins d'ardeur les poursuites pour la canonization de Charles. On s'adressa à Gregoire XI. successeur d'Urbain V. qui, par ses lettres datées d'Avignon, de la premiere année de son Pontificat, le 15. de Janvier, donna la même commission & les mêmes pouvoirs à l'Evêque de Baïeux & aux Abbez de Marmontier & de saint Aubin d'Angers, que leur avoit donnez Urbain V. Frere Raoul de Kerguiniou Religieux de S. François, du convent de Guingamp, fut le principal agent dans toute cette affaire, tant sous le Pape Urbain V. que sous Gregoire XI. Il fut chargé de nouveau de la procuration de Loüis Duc d'Anjou gendre du Duc Charles, datée de Paris du 8. de Juillet 1371. de celle de la Duchesse d'Anjou, Marie de Bretagne, fille de Charles, datées de Toulouse du 10. Decembre 1370. de celle de la Duchesse Jeanne veuve de Charles, datée de Paris du 24. Juin 1370. enfin de celle de Jean & de Gui de Bretagne fils de Charles, encore prisonniers en Angleterre, dattée du 15. de Mai de l'an 1371. On ne prit point de procuration de Henri de Bretagne, depuis connu sous le nom de Despote de Romanie, troisième fils de Charles, parce qu'il étoit apparemment trop jeune alors pour en donner.

L'Enquête fut ouverte à Angers le 9. de Septembre, par la lecture des Bulles & des procurations, & le jour suivant l'Evêque de Baïeux & Jean Abbé de S. Aubin d'Angers commencérent à recevoir les dépositions des témoins, dans l'Eglise des Freres Mineurs de la même ville. L'Enquête dura jusqu'au mois de Decembre, & pendant qu'on y vaquoit, il y eut encore des appel-

lations & des oppositions de la part du Duc de Bretagne. Les Commissaires en furent étonnez; mais les Cardinaux Evêques de Porto & de Tusculum, le Cardinal Prêtre du Titre de S. Vital, & le Cardinal Diacre du Titre de S. Eustache, leur écrivirent d'Avignon, le 3. de Novembre, par ordre du Pape, qu'ils n'avoient qu'à passer outre, nonobstant quelque appellation que ce fût. Ils le firent, & après avoir entendu soixante témoins sur la vie & les mœurs, & 158. sur les miracles, & redigé leurs dépositions, ils envoïérent leur procez verbal au Pape. Outre ce que l'on y rapporte de la sainteté des mœurs du Duc Charles, dont nous avons fait un extrait fidéle, il y est aussi parlé de plusieurs miracles faits par son intercession, comme guérisons, délivrances de prisonniers, apparitions, resurrections d'hommes, & même de chevaux. Il seroit ennuïeux de rapporter tous ces miracles; mais nous ne pouvons nous dispenser de parler de quelques faits singuliers.

29.
SEPTEMB.

Nous ne repetons point ici ce que nous avons dit ailleurs, de l'esprit de prophetie qui se manifesta dans le Duc Charles, au siége de Quimper, & du prodige que sa confiance en Dieu obtint, en suspendant le mouvement ordinaire de la mer; mais voici encore une autre merveille surnaturelle arrivée pendant sa vie. Un de ses Sergens avoit executé à Jugon chez un aveugle, & emporté son plat. Ce pauvre homme, qui n'en avoit point d'autre où faire cuire le peu de nourriture qu'il pouvoit avoir, alla se plaindre à Charles de la cruauté du Sergent. Le Duc, ému de compassion, lui dit: « allez, & lui dites que je lui commande « de vous rendre vôtre plat. » L'aveugle alla trouver le sergent, qui refusa d'obéïr. L'aveugle eut recours de nouveau à Charles, qui lui donna un de ses gants, & lui dit: « allez retrouver l'officier, & montrez lui « mon gant, pour preuve que vous lui parlez « de ma part. » Le Duc fut obéï, à cette fois; & comme l'aveugle retournoit lui porter son gant, la sueur dont la fatigue qu'il avoit prise lui couvroit le visage, l'obligea, par un mouvement naturel, à s'essuïer avec la main où il tenoit ce gant. A peine ce gant lui eut il touché les yeux, qu'ils s'ouvrirent. Il le dit au Duc, en lui rendant son gage, & la chose étoit aisée à voir. Le Duc lui défendit d'en parler jamais à personne.

Tém. 91

Pendant le Carême de la même année que se faisoit l'Enquête, Geoffroi Budes étant au siége d'une place en Poitou occupée par les ennemis du Roi, eut la hanche gauche démise & brisée, & le bras droit aussi dé-

Tém. 62

mis & caffé ; avec cela il fut frappé de tant de pierres, qu'il en étoit tout noir. Dans cet état il demeura étendu dans les foffez de la place. Cependant fes compagnons l'en retirérent par-deffus une paliffade, & le couchérent dans un lieu ruïné où il n'y avoit que les murailles, fans toit. Vers les neuf heures du foir il tomba de la neige en fi grande abondance, que l'armée fut obligée de lever le fiége. Le Seigneur de Montauban, Geoffroi de Kerrimel, Guillaume Boüeffel, , & quelques autres amis de Budes, vinrent lui dire qu'on délogeoit, & qu'il falloit monter à cheval. Il répondit qu'il lui étoit impoffible, dans l'état où il fe trouvoit ; il les pria même d'aller parler à ceux de la place, & de prier qu'on le vint faire prifonnier par charité. Ils ne voulurent pas, & continuérent de le preffer de fe faire mettre à cheval ; mais il leur repréfentoit toûjours qu'il étoit dans l'impuiffance de s'y tenir. On fit venir l'armurier du Duc de Berri, qui pour faciliter au bleffé la commodité de fe lever & de s'aider, coupa fa cotte de mailles fur le côté & fur le bras ; mais cela ne lui donna pas encore la force de fe foûtenir. Il pria les affiftans, s'il y avoit quelqu'un parmi eux qui fût en bon état, de le voüer à Monfeigneur Charles & à N. Dame d'Uzel dans l'Evêché de S. Brieuc (c'étoit la paroiffe de Geoffroi Budes.) Il fe voüa lui-même, avec toute la ferveur & la dévotion qui lui fut poffible. Auffi-tôt il fe fentit mieux, fe fit amener fes chevaux, en monta un, & fit fept lieuës par un terrain fort inégal. Il fut encore à cheval les deux jours fuivans, fe fit mettre des emplâtres fur fes fractures & fes diflocations, à Clermont auprès d'Ingrande, paffa la Loire en bâteau, & fe fit porter à S. Fiorent le vieil, d'où il remonta à cheval, & fe rendit à Paris, où fes bleffures aïant été vifitées, quoiqu'on ni eût pas regardé depuis Clermont, fe trouvérent en fort bon état, & fans befoin d'autre chofe que de fomentations. Il fut cependant encore depuis environ cinq femaines fans pouvoir aller à pied. C'eft ce qu'il a rapporté lui-même comme un miracle ; & ce pourroit bien en être un de courage, de patience, & de fermeté dans fa perfonne.

Quoique les oppofitions du Duc n'euffent pas empêché le Pape Gregoire XI. de faire pourfuivre l'information ; cependant lui & fes fucceffeurs y ont eu quelque égard après, & la canonization de Charles de Blois, ou de Châtillon, eft demeurée fufpenduë.

29. SEPTEMB.

FONDATION
de Nôtre-Dame de Bonnes-Nouvelles, à Rennes.

XIV. SIECLE.

QUAND celui à qui Jean Comte de Montfort avoit fait prendre fes armes à la bataille d'Aurai en 1364. eut été tué par Charles de Blois, le different pour la poffeffion du Duché parut alors terminé entre les deux concurrens, par cette mort, dont le bruit fe répandit auffi-tôt dans les deux armées. Celle du Comte de Montfort en fut pendant quelque tems en defordre, & il auroit tout perdu par cette fauffe nouvelle, fi aïant eu foin de fe montrer à vifage découvert, il n'avoit remené les fiens au combat. Ce fut dans cette occafion, à ce que l'on prétend, que voïant fon armée prête à fe débander, & tout fecours humain prêt à lui manquer, il s'addreffa à la fainte mere de Dieu, & fit vœu de fonder une Eglife en fon honneur dans la capitale de fon Duché. On fçait, après cela, quelle fut l'iffuë du combat. Charles de Blois fut tué d'un côté, pendant que Jean étoit de l'autre ; & celui-ci ne fut affuré de la mort de fon competiteur, que par un herault qui vint lui dire : *Bonnes nouvelles, Monfeigneur ; je vous apporte bonnes nouvelles ; vous êtes aujourd'hui Duc de Bretaigne.* Jean confirma alors fon vœu, & le déclarant en public, il ordonna, à caufe de cette circonftance, que l'Eglife qu'il vouloit fonder fût appellée *N. D. de Bonnes-Nouvelles*. C'eft ce qu'il ordonna encore de nouveau aux Etats de Rennes en 1366. & à la priere de deux Evêques de fon Duché qui avoient été Religieux de S. Dominique, l'un au Convent de Morlaix (c'étoit Frere Even Begaignon Evêque de Treguer) & l'autre au Convent de Langres (& c'étoit Simon Evêque de Nantes, furnommé de Langres , , qui avoit été General de fon Ordre) il voulut que la nouvelle Eglife fût defervie par des Freres Prêcheurs. On en écrivit à Elie Raimondi General de l'Ordre, qui accepta la Fondation, & commanda au Provincial de France d'envoïer à Rennes des Religieux du Convent le plus proche, pour établir la Regularité dans le Monaftere que le Duc avoit promis de fonder. Le Provincial détacha du Convent de Dinan quelques Religieux, avec Frere Pierre Monier Procureur de la maifon de Dinan. Le Duc leur donna fa Chapelle Du-

15. AOUST.

Tiré du P. Albert le Grand.

cale dédiée à saint Vincent Martyr, située hors la ville, du côté de la porte aux Foullons, par delà le Cimetiere sainte Anne & la nouvelle paroisse de saint Aubin. Le terrain étoit un peu trop serré, pour servir d'emplacement à un monastere. Il fut augmenté par la liberalité de nobles gens Pierre Roussel & sa femme, sieur & Dame de Belle-aire, qui firent don aux Religieux de plusieurs terres & maisons dans la paroisse de saint Aubin, l'an 1367. & la donation fut confirmée & amortie par le Duc, dont les lettres, expediées à ce sujet, sont datées de Nantes du 5. de Juin de l'an 1368. Pierre Chedasne Recteur de S. Aubin devoit souffrir quelque préjudice dans cet amortissement ; les Religieux traiterent avec lui auparavant, & firent un accord qui fut ratifié par Raoul Evêque de Rennes le 15. d'Avril de l'an 1368.

On ouvrit aussi-tôt les fondemens du nouvel édifice, & dès le jour de la Purification suivante, la procession generale se rendit de S. Pierre, au lieu où ces fondemens étoient creusez. Le Duc suivoit la procession, avec Raoul de Treal Evêque de Rennes, Frere Simon de Langres Evêque de Nantes, Guillaume Poulart Evêque de S. Malo, Geoffroi Evêque de Vannes, Jean du Juch Evêque de Leon, Geoffroi de Kermoisan Evêque de Quimper, Frere Even Begaignon Evêque de Treguer, Jean le Barz Abbé de S. Melaine, les Abbez de Prieres & de Redon, Jean Vicomte de Rohan, Olivier Sire de Clisson, Jean Sire de Beaumanoir, Bertran Gouyon Sire de Matignon, Jean Sire de Rieux, les Seigneurs de Malêtroit, de Coëtmen, Thibaud de Beloczac, Bonabbes de Karlac, Jean de S. Gilles, Chevaliers Bretons ; Guillaume Sire de Latimer, Robert Sire de Neuville, Jean Basset, & autres, Chevaliers Anglois, & une multitude infinie de peuple. Après que l'Evêque de Rennes, accompagné de son clergé, eut fait les benedictions & les cérémonies accoûtumées, le Duc, paré d'un tablier de fourrure d'ermines, & muni d'un petit marteau d'argent doré & d'une truelle de même matiere, descendit aux fondemens, & y posa la premiere pierre, en se déclarant premier & principal fondateur de *N. D. de Bonnes-Nouvelles*. Il donna ensuite au Sire de Matignon cent florins d'or enveloppez dans un papier, pour les mettre au bassin de l'offrande. Tous les autres Seigneurs imiterent sa liberalité, pour contribuer aux frais de cet édifice ; quelques-uns même donnerent des fonds, comme Demoiselle Jeanne des Vaux, qui donna un journal de terre pour le Cimetiere ; ce que

le Duc amortit au mois d'Aoust de l'an 1369. Il faisoit travailler aux bâtimens avec ardeur, & la necessité de ses affaires ne l'empêcha point de destiner quelques deniers pour l'avancement de l'ouvrage. Ses volontez & ses pieuses destinations furent respectées par ses ennemis même ; car quand il eut été obligé de quitter la Bretagne, le Seigneur de Laval qui avoit surpris Rennes, ne voulut point que les deniers affectez à l'œuvre de Bonnes-Nouvelles fussent divertis.

Un des premiers soins du Duc, à son retour dans la province en 1379. fut d'aller rendre ses devoirs à la sainte mere de Dieu dans le nouveau Monastere, où il trouva achevez le chœur de l'Eglise, le grand dortoir & le Cloître où est l'image & l'autel de N. Dame. Il fit aux Religieux une nouvelle liberalité de mille florins d'or ; & l'on nous assure qu'en mourant il recommanda à Jean Comte de Montfort son fils aîné, à la Duchesse Jeanne de Navarre sa femme, aux tuteurs de ses enfans, d'achever les bâtimens de ce monastere.

Le Duc Jean V. son fils, après s'être fait couronner à Rennes, alla au Convent de Bonnes-Nouvelles, y ratifia la fondation de son pere, & y fit de riches présens. Depuis, c'est-à dire en 1410. il y donna dix mille écus d'or, & de plus il ordonna qu'on prendroit sur les Recettes de l'Evêché de Rennes la somme de quatre mille livres, par chaque quartier de l'année, pour être emploïée à l'édifice du Convent, jusqu'à ce qu'on y eût mis la derniere main. Quand ce même Duc eut été fait prisonnier par le Comte de Penthiévre, la Duchesse le voüa à N. D. de Bonnes-Nouvelles ; & incontinent après sa délivrance, il y vint avec elle, s'acquiter de son vœu. Son fils aîné François I. du nom, allant faire la guerre aux Anglois en Normandie, recommanda à la sainte Vierge, dans cette même Eglise, le succès de ses armes, & seroit venu au même lieu lui rendre grace du bonheur qui les avoit accompagnées, s'il n'avoit été prévenu de la mort, qui l'enleva au château de Plaisance en 1450. Le Duc Pierre II. & la Duchesse Françoise d'Amboise sa femme, rendoient à ce saint lieu une assiduité continuelle, quand ils tenoient leur Cour à Rennes, & y donnerent plusieurs ornemens précieux. L'assemblée des Etats qui furent tenus à Rennes en 1452. dont l'ouverture est marquée dans les Registres d'Olivier de Coëtlogon au Lundi 13. jour de Novembre, commença (apparemment le Dimanche précedent 12. du mois) par une procession solemnelle, qui

N. D. DE BONNES NOUVELLES.

15. Aoust. sortant de l'Eglise Cathedrale, se rendit au Convent des Religieux Dominicains, dont la fondation fut de nouveau confirmée, avec augmentation de privileges. François II. le dernier de nos Ducs, amortit par ses lettres du 23. de Mars de l'an 1478. le don fait de quelques terres au même Convent par Jean le Brel. La Reine Anne sa fille, par ses lettres datées de Blois en 1510. au mois de Mai, honora cette sainte maison de plusieurs exemptions & privileges, & y fit quelques nouvelles fondations. Elle y donna aussi sa Couronne Ducale, & trois ornemens complets de drap d'or, le premier desquels est fait de sa robbe de nôces & de son grand manteau Roïal.

Les Papes, les Legats du S. Siége, les Cardinaux, & les Evêques, ont accordé, comme à l'envi, de grandes indulgences à ceux qui frequenteroient ou favoriseroient ce lieu de dévotion. L'on nous specifie particuliérement Martin V. & sa Bulle datée du 10. d'Avril de la 12e. année de son Pontificat; **1429.** Etienne Archevêque de Milan Referendaire du Pape Paul II. & son Legat en France & en Bretagne, & la Bulle qu'il donna le dernier jour de Janvier de l'an 1460. après avoir vû de ses propres yeux l'affluence du peuple qui venoit de toutes parts visiter la Chapelle du Cloître ; Paul III. & **1539.** sa Bulle de la 4e. année de son Pontificat ; & Yves Mahyeuc Evêque de Rennes, qui donna des Indulgences en 1507. & 1515.

Cette grande affluence de peuple engagea en 1602. le R. P. Jean Jubin Docteur en Theologie Prieur de Bonnes-Nouvelles, à élargir le côté du cloître où est l'image & la chapelle de N. D. On l'élargit encore davantage depuis. *a* Car alors l'observance Reguliere aïant été rétablie en cette maison, le R. P. Hyacinthe Charpentier Docteur en Theologie, premier Prieur de la Reforme, fit rebâtir tout de neuf la Chapelle de N. D. avec un autel enrichi de marbres & de dorure, par la liberalité de la Duchesse de Vendôme. Pierre Cornulier Evêque de Rennes benit l'autel le 2. de Février de l'an 1623. & y mit des Reliques de quelquesunes des onze mille vierges. L'image de N. D. qui porte le titre de *miraculeuse*, fut placée sur cet autel dans un tabernacle ou dôme de tuffeau orné de marbre & d'or ; & le lendemain l'Evêque de Rennes fit présent d'un riche parement d'autel.

a Le P. Albertle Grand met en 1619 mais il dit ensuite que l'autel fut beni en 1623. ce qui semble se contredire.

Les lampes, les dons, & les représentations votives dont cette Chapelle est ornée & enrichie, rendent témoignage des faveurs du ciel obtenuës par la mere de misericorde. La plus considerable de ces lampes est celle qui a été donnée par le Duc de Brissac, Charles de Cossé, Pair & Maréchal de France, lequel attaqué d'épilepsie & d'apoplexie, & entierement abandonné des medecins, revint en parfaite santé, aussitôt qu'une vertueuse Demoiselle étant allée en pelerinage à cette Chapelle, y eut fait dire une Messe pour la guérison de cet illustre malade. On renvoïe au Calendrier historial de la Vierge Marie, composé par M. Vincent Charron Chanoine de saint Pierre de Nantes, ceux, dont la pieté avide de ces sortes de merveilles, en voudra voir un plus long détail.

15. Aoust.

La ville de Rennes, qui a toûjours marqué une dévotion singuliere à la mere de Dieu, a témoigné en differentes rencontres la confiance distinguée qu'elle avoit pour le Sanctuaire de Bonnes-Nouvelles. Elle fut persuadée d'en avoir ressenti d'heureux effets, en 1632. lorsqu'elle fut délivrée de la contagion qui désoloit tout le païs. La ville s'addressa à la sainte & puissante mere de Dieu, & promit de présenter à son autel de Bonnes-Nouvelles un vœu d'argent qui représenteroit cette Capitale de la province. Aussitôt l'Ange exterminateur remit le glaive dans le fourreau, l'air se purifia, les malades furent guéris, la mortalité cessa entierement, & la maison de santé, qui depuis l'an 1624. ne desemplissoit point de morts & de mourans, se trouva enfin vuide. Le vœu, après avoir été près de deux ans à Paris entre les mains des orfévres, fut apporté à Rennes au mois d'Aoust de l'an 1634. & déposé à la maison de ville, en attendant le jour destiné à la présentation qui s'en devoit faire le 8. de Septembre, jour de la Nativité de la sainte Vierge. Ce jour arrivé, l'on porta le vœu, de l'hôtel de Ville dans l'Eglise Cathedrale. Les Herauts, ou Morte-païes de la ville, parez de leurs casaques de velours blancs semées d'ermines, & armez de pertuisannes, formoient la tête de la marche, suivis de violons. Après eux marchoient cent enfans vêtus richement, sous douze Guidons, & suivis de la grande Enseigne précedée de musettes de Poitou. Ensuite venoit le vœu, qui représentoit la ville avec ses murs, ses tours, ses portes, & ses principaux édifices. L'image de N. D. s'élevoit par-dessus, & étendoit la main sur la ville, pendant que le petit enfant qu'elle tenoit entre les bras donnoit la benediction. Le tout pesoit 119. marcs, & étoit le fruit d'une quête generale que l'on avoit faite dans la ville à cette intention. Le vœu étoit élevé sur un brancart couvert d'une housse de satin blanc semé d'ermines de velours noir, porté par huit Echevins, & environné de vingt-quatre enfans habillez comme on repréfente les Anges, dont chacun portoit un tableau en écu, où étoit repréfenté quelque miracle de N. D. de Bonnes-Nouvelles. Les Conêtables de la ville, le Sindic, les Miſeurs, les Echevins, & le corps de ville précedé de haut-bois, fuivoient le vœu ; la marche étoit fermée par quelques autres Morte-païes parez comme les premiers ; & le canon rangé fur la place de la Monnoie faifoit retentir au loin l'ouverture de la cérémonie. On avoit dreſſé un autel au haut de la nef de l'Eglife Cathedrale, & la partie de la nef voifine de cet autel étoit occupée par un parquet rempli de fiéges, qui repréfentoit le chœur. On y avoit placé, du côté de l'Evangile, les Chanoines de S. Pierre, les Religieux de S. Melaine, & le Siége Préfidial ; & du côté de l'Epître étoit la Cour de Parlement en robbes rouges. Le corps de ville ſe mit au bas du parquet, auprès du vœu. L'Evêque de Rennes prêcha, & puis celebra la Meſſe Pontificalement, après laquelle il s'affit dans un fauteüil qui lui fut apporté fur le marchepied de l'autel, & ſe difpofa à recevoir le vœu. Les huit Echevins le lui apporterent du bas du parquet, précedez des deux Conêtables & du Procureur Sindic, lequel après avoir emploïé les fleurs de l'éloquence pour expofer au Prélat le ſujet du vœu & de l'affemblée, ſupplia ſa Reverendiſſime Paternité de recevoir le vœu, de le benir, & de le préfenter à la ſainte Vierge au nom de la ville & des habitans. L'Evêque benit le vœu avec beaucoup de cérémonie, & quand on eut terminé les prieres par le *Te Deum* chanté en muſique, on alla en proceſſion à N. D. de Bonnes-Nouvelles. En premier lieu marchoient les 28. Confrairies, tant de métiers, que de devotion, chacune précedée de douze torches armoïées de ſa devife, & chaque confrere portoit un cierge blanc à la main. La place d'honneur étoit occupée par la Confrairie des Boulangers defſervie à Bonnes-Nouvelles. Après venoient les Bannieres des neuf paroiſſes de Rennes, ſuivies de dix violons vêtus de robbes de coton blanc froncées fur les épaules, & de la compagnie des cent enfans dont on a parlé, après leſquels marchoient quatre hautbois vêtus de flanelle blanche raïée de rouge, avec des couronnes de fleurs fur la tête ; & ces inſtrumens bruïans joüoient harmonieuſement l'hymne *Ave maris ſtella*. Venoit enſuite le Clergé Regulier, compoſé des Peres Minimes, Capucins, Francifcains, Carmes, & Dominicains, chaque Communauté ſous ſa croix ; après eux le Clergé Seculier des neuf paroiſſes de la ville orné de tuniques & de chappes, & le cierge blanc à la main. La Communauté de S. Melaine marchoit enfuite, parée de ſes plus riches ornemens ; & après elle venoient quatre hautbois de Poitou vêtus de longues caſaques de fütaine blanche raïée de foïe bleuë & incarnate, & couronnez de fleurs, qui joüoient l'himne *O! glorioſa domina*. On voïoit enſuite le grand Étandart de la cérémonie, de taffetas blanc de dix pieds en catré, ſemé de fleurs-de-lis & d'ermines. D'un côté, au-deſſous du nom de MARIA étoit dépeinte la ſainte Vierge tenant ſon enfant entre ſes bras, élevée au-deſſus de la ville de Rennes ; & de l'autre côté, ſous le nom de JESUS étoient peints S. Sebaſtien & S. Roch ; & au bas de l'Enſeigne étoient les armes de France & de la ville. Les vingt-quatre enfans vêtus comme on repréſente les Anges, marchoient ſous cette Enſeigne. Leurs habits étoient d'étoffes d'or & d'argent ; ils avoient la tête couronnée de petits ſoleils d'or, le cierge allumé dans une main, & l'autre étoit chargée d'une rondache entourée de laurier, ſur laquelle étoit peint, comme on l'a déja dit, quelque miracle de N. D. de Bonnes-Nouvelles, expliqué par des vers Grecs & Latins, de la compoſition des jeunes Religieux du Convent des Freres Prêcheurs. Le vœu étoit porté au milieu de cette troupe Angelique, ſuivi des muficiens, des Chanoines de l'Egliſe Cathedrale parez de leurs plus riches ornemens, de l'Evêque vêtu Pontificalement, de la Cour de Parlement, du Siége Préfidial, & du Corps de ville, tout cela fermé par les Morte païes ou Herauts de la ville, ſuivis d'une multitude de peuple au nombre de plus de cinquante mille hommes. On tira de nouveau le canon, quand le vœu ſortit de la grande Eglife, & quand il paſſa par la porte aux Foulons. Les ruës étoient ornées de tapiſſeries, & à l'entrée du Cimetiere de ſainte Anne on avoit dreſſé un arc de triomphe élevé de quatre toiſes & orné de ſept tableaux. Celui du milieu, qui étoit le plus grand, repréſentoit S. Dominique recevant le Roſaire des mains de N. D. & les quinze myſteres étoient repréſentez dans la bordure de ce tableau. De côté & d'autre du grand tableau il y en avoit fix moindres, où étoient peints S. Antonin de Florence, le B. Albert le Grand, S. Vincent Ferrier, S. Ambroife de Sienne, S. Jacques de Veniſe, & le B. Jacques Alleman, tous Religieux de l'Ordre de S. Dominique. Au côté droit de cet arc de triomphe il y avoit un chœur de muſique. La porte du cimetiere de Bonnes-Nouvel-

15.
Aoust.
les étoit ornée des armes du Pape, du Roi, de la province, du Cardinal Duc de Richelieu, de l'Evêque de Rennes, de la ville, & du General des Freres Prêcheurs. L'entrée de l'Eglise étoit parée d'un portail enrichi de trois piramides, entre lesquelles on voïoit deux Anges de satin blanc en broderie d'or, qui d'une main donnoient de l'encens, & de l'autre présentoient des fleurs. Quand la procession fut entrée dans l'Eglise, on posa le vœu dans le chœur, & l'on y chanta un Motet. Ensuite le vœu fut porté dans la chapelle de N. D. de Bonnes-Nouvelles, & mis devant l'autel, pendant que l'on chanta quelques prieres. Après qu'elles furent finies, l'Evêque assisté de ses officiers monta les dégrez que l'on avoit dressez devant la place qui avoit été destinée à mettre le vœu. C'étoit une table de marbre noir posée sur deux colomnes de marbre jaspé d'ordre Corinthien, à chapiteaux dorez, sous l'arcade qui separe l'autel de N. D. d'avec celui de S. Joseph, du côté du Septentrion Cela étoit accompagné d'une plaque de marbre noir sur laquelle on avoit gravé ces mots écrits en lettres d'or : SACRUM DEO, VIRGINIQUE MATRI, OB CIVITATEM RHEDONENSEM A PESTE LIBERATAM. ANNO M DC XXXII. C'est-à-dire : *Vœu consacré à Dieu & à la Vierge mere, pour avoir delivré la ville de Rennes de la peste, l'an 1632.* Les armes de la ville sont au-dessous de l'inscription. L'Evêque au haut des dégrez, reçut le vœu, qui lui fut présenté par les Conêtables, le Sindic, & les Echevins de la ville ; & le plaça au lieu qui lui avoit été destiné. Il exposa ensuite le S. Sacrement, pour l'ouverture des quarante heures ; la procession retourna à l'Eglise Cathedrale par la porte Mordelaise, dans le même ordre qu'elle avoit observé en venant ; & les Conêtables & le Sindic allumérent le feu de joïe qui avoit été dressé sur la Lice. Le lendemain la procession generale suivie de la Cour de Parlement en robbes noires, du Présidial, du Corps de ville, & de tout le peuple, se rendit à la maison de santé, où l'Evêque fit un service solemnel pour tous ceux qui étoient decedez de la contagion. Le Dimanche 10. du même mois, la compagnie des cent enfans, & celle de vingt-quatre, précedées par les Herauts de la ville & les haut-bois, furent conduites par six Jesuites depuis le College jusqu'au Convent de Bonnes-Nouvelles, où ces enfans entendirent la Messe celebrée par le P. Recteur du College, qui donna la communion à ceux qui étoient en âge & en état de la recevoir. Après quoi les enfans passant en bon ordre devant l'image de N. D. laisférent leurs écus & leurs guidons dans la chapelle, en memoire de la solemnité. Quelques jours après on attacha devant l'image de N. D. la clef de la maison de santé, & un grand nombre d'autres clefs & cadenats qui avoient servi à fermer les maisons infectées. On regarda dès lors comme une merveille, que l'étrange affluence de peuple qui s'étoit renduë à Rennes de toutes les provinces voisines y aïant fait manquer le pain le jour de la cérémonie, il n'y eut cependant aucun desordre, tant la devotion fervente avoit pris d'ascendant sur la necessité.

15.
Aoust.

FONDATION
De Nôtre-Dame du Folgoet,
XV. SIECLE.

L'HISTOIRE de la fondation de N. D. du Folgoet en Leon, telle que l'a écrite le P. Albert le Grand, est remplie de tant de fables, & de faits visiblement faux, que l'on a crû que ce seroit rendre quelque sorte de service au public, de reduire cette narration aux termes de la verité, autant qu'il sera possible.

Au milieu du XIV. siécle, vivoit auprès de Lesneven un pauvre insensé, appellé Salomon, ou *Salaün*, & surnommé le fou, *ar foll*. Il étoit venu au monde avec si peu d'ouverture d'esprit, qu'aïant été envoïé de bonne heure à l'école, il n'y avoit jamais pû apprendre autre chose que ces deux mots : *Ave Maria*, qu'il repetoit sans cesse, avec les mouvemens de la plus tendre devotion Après la mort de ses parens, comme il ne sçavoit aucun mêtier pour gagner sa vie, il fut réduit à mandier son pain. Il demeuroit dans un bois, à l'extrêmité de la paroisse de Guic-Elleau, auprès d'une fontaine. Il n'avoit d'autre lit que la terre ; & d'autre couvert, qu'un arbre tortu. Il étoit vêtu miserablement, & sans chaussure. Il alloit tous les matins à Lesneven, à une demie lieuë de son bois, & y entendoit la Messe, pendant laquelle il prononçoit continuellement ces mots : *Ave Maria*, ou bien en son langage Breton : *O ! itroun guerhés Mari !* c'est-à-dire : *O ! Madame Vierge Marie !* Après la Messe il demandoit l'aumône dans la ville, & s'en retournoit à son bois, où il mangeoit son pain, en le trempant dans l'eau de la fontaine, & repetant sans cesse le nom sacré de Marie. Dans les plus grandes rigueurs du froid, il se dépoüilloit, se plongeoit dans la fontaine

Albert le Grand cite l'histoire de ce Salaün écrite par Jean de Langouez-nou Abbé de Landevenec, auteur contemporain.

jusqu'aux aiſſelles, & y demeuroit aſſez long-tems, en chantant quelque Hymne Breton à l'honneur de la ſainte Vierge. Après quoi, aïant repris ſes pauvres habits, il montoit dans ſon arbre, & ſe branlant à l'une de ſes branches, il crioit à pleine tête : *O ! Maria ! O ! Maria !* Cette conduite porta les païſans des environs à le regarder comme un fou, & à lui donner le ſurnom, en parlant communément : *Salaün-ar fol l.* Il fut un jour rencontré par des ſoldats qui battoient l'eſtrade, qui le ſaiſirent, & lui demandérent, qui vive ? Il ne leur répondit point en fou ; il leur dit : « je ne ſuis ni Blois, ni Montfort ; « mais ſerviteur de la Vierge Marie ; & vi-« ve la Vierge Marie. « Cette réponſe fit rire les marauders, qui l'aïant fouillé, & ne lui aïant rien trouvé, le laiſſérent aller. Du reſte cet inſenſé ne fit jamais de mal à perſonne, & quoiqu'on le jugeât fou, l'on avoit cependant une eſpece de veneration pour lui. Après avoir mené cette vie ſi uniforme pendant quarante ans ou environ, il tomba malade vers l'an 1358. demanda le Curé de Guic-Elleau, & ſe confeſſa à lui. Les voiſins aïant compaſſion de lui pendant ſa maladie, lui offrirent leurs maiſons, mais il ne voulut point abandonner ſa retraite. Il y mourut tranquillement le 1. jour de Novembre, & fut enterré dans le cimetiere de Guic-Elleau.

On ne parloit plus de lui, lorſque ſa memoire fut reveillée par quelques ſignes qui parurent au lieu de ſa ſepulture, qui donnérent lieu de juger que cet inſenſé avoit été plus agréable à Dieu que beaucoup de perſonnes plus ſages & plus ſpirituelles. On veut nous faire croire qu'il ſortit de ſa foſſe un lis blanc, d'une beauté merveilleuſe, d'une odeur excellente, ſur toutes les feüilles duquel étoient écrites en caractéres d'or ces paroles : *Ave Maria* ; que cette fleur miraculeuſe dura dans ſa beauté plus de ſix ſemaines ; que pluſieurs Eccleſiaſtiques, nobles, & officiers du Duc, s'étant aſſemblez pour être témoins de cette merveille, firent creuſer tout autour de la tige de ce beau lis, & trouvérent enfin qu'elle ſortoit de la bouche du corps mort de Salaün-ar-foll.

Mais ſans nous arrêter à ce prodige, qui n'eſt pas ſans exemple dans l'hiſtoire fabuleuſe des Saints, nous nous contenterons de dire, que la veneration que l'on conçut pour le mort, porta l'aſſemblée à conſacrer par quelque monument public la memoire de cette devotion ſinguliere qu'il avoit eüe pour la ſainte Vierge. Il fut donc réſolu que l'on bâtiroit une chapelle à l'honneur de la ſainte Mere de Dieu, au lieu même que Salaün avoit fait retentir tant de fois & ſi conſtamment du nom ſacré de Marie. On avertit le Duc Jean IV. de cette déliberation, & il promit de l'executer, auſſitôt qu'il ſeroit aſſez paiſible poſſeſſeur de la Bretagne, pour le faire. On prétend qu'après avoir gagné la bataille d'Aurai l'an 1534. il vint à Leſneven, au mois de Janvier de l'année ſuivante, y fonda l'Egliſe Collegiale de N. D. *du Foll-coet*, c'eſt-à-dire *du Bois-du-Fou*, aſſigna des rentes pour les Doïen, Chanoines, Chapelains, & Pſalette de la Collegiale ; fit ouvrir les fondemens de l'Egliſe ; y poſa la premiere pierre, & en fit continuer le bâtiment juſqu'à l'an 1370. que la guerre qu'il eut à ſoûtenir contre le Roi de France, & qui dura juſqu'en 1381. l'obligea d'employer à d'autres uſages les deniers deſtinez au bâtiment du Folgoet ; que le Duc aïant eu depuis d'autres guerres, avoit fait le même uſage de ces deniers ; & qu'à ce qu'il n'avoit pû achever, il chargea ſon fils aîné, en mourant, d'y mettre la derniere main.

Il n'y a pas beaucoup de choſes vraïes dans tout ce recit qui regarde le Duc Jean IV. ſon teſtament ne fait aucune mention de N. D. du Folgoet, quoiqu'il y ait parlé de trois autres Egliſes auſquelles il avoit fait du bien ; Jean V. ſon fils & ſon ſucceſſeur, faiſant la Fondation de cette Collegiale, ne parle en aucun endroit du deſſein que ſon pere auroit eu de faire la même choſe ; circonſtance qu'il n'auroit pas cependant oubliée, ſi ſon pere lui avoit laiſſé quelques ordres là-deſſus.

On paſſe de Jean IV. à Jean V. & l'on dit, qu'étant venu à Leſneven en 1409. il fut au Folgoet, y fit venir des ouvriers de toutes parts, & fit travailler ſi diligemment à l'édifice, que l'Egliſe fut achevée en 1419 & dediée par Alain, Evêque de Leon, peu de tems avant qu'il fût transferé à l'Evêché de Treguer par Martin V.

Quoiqu'il en ſoit de ces faits, en voici d'autres beaucoup plus certains ; dont le P. Albert le Grand n'a point fait de mention. L'an 1422. le 10. de Juillet, le Duc étant en ſon Conſeil, où étoient l'Evêque de S. Brieuc, l'Abbé de S. Mahé, l'Archidiacre de Rennes, les Sénéchaux de Goello & de Hennebond, & le Tréſorier general, fonda quatre Chapelains en l'Egliſe de N. D. du Folgoet, dont il ſe reſerva, & à ſes ſucceſſeurs, la préſentation ; ordonna qu'il y ſeroit celebré tous les jours deux Meſſes ; l'une à haute voix, & l'autre baſſe, & qu'on diroit dans cette Egliſe toutes les heures Canoniales ; aſſigna à Dom Jean Kgoal Prêtre, Gouverneur de la Chapelle & de ſa Fabrique,

Hiſt. Bret. to p. 984.

N. D. DU FOLGOET.

15. l'un des Chapelains, & aux autres Chape-
AOUST. lains, la somme de 80. livres par an, qui se-
roit prise sur les revenus de la Châtellenie de
Lesneven, & païée par le Receveur de cette
Châtellenie, en attendant que le Duc eût
assigné d'autres fonds; enfin comme la chapelle n'étoit pas encore fournie de livres &
d'ornemens, le Duc consentit, que l'office
Canonial s'y dît sans notes pendant un an.
Titre. Dix-huit mois après c'est-à-dire le 9. de
Janvier de l'an 1424. le Duc donna aux
Chapelains la dîme de Plounéour-istrez,
pour l'assiette des 80. livres de rente, à
condition que si la dîme valoit davantage,
le surplus appartiendroit au Duc. Cela fut
fait à S. Brieuc, en présence du Sire de
Château-brient, du Maréchal de Bretagne,
du Sénéchal de Rennes, de Messire Jean
de Kermellec, & Robert d'Espinay, Chevaliers & Chambellans, & de plusieurs au-
Hist. de tres Seigneurs. Le 10. de Février suivant
Bret. to. 2. le Duc étant en son Conseil, au château
p. 985. de l'Ermine, où étoient le Comte d'Estampes, le Vice-chancelier, le Président de
Bretagne, le Grand Maître d'hôtel, Mes-
sires Pierre Eder, & Jean de Kermellec,
chevaliers, le Doïen de Nantes, le Procureur & le Trésorier generaux; ce Prince
ajoûta aux Dîmes de la paroisse de Plou-
neour-istrez, qui ne suffisoient apparemment pas à fournir la somme de 80. livres,
les dîmes des paroisses de Ploue-didier &
d'Elestreuc, au même Evêché de Léon. Il
amortit aussi pareille somme de 80. livres
de rente qui seroit acquise par les Chapelains, dont il voulut que la moitié fût en
dîmes & sur dîmes, & l'autre moitié en
terres, domaines, & sous-censives, sans
hommes ni obéïssance. Les lettres furent
lûës, décretées & accordées en pleine assemblée des Etats, à Vannes, le 14. du mê-
Titre. me mois. Enfin le 27. d'Avril de l'an 1426.
le Duc étant en son Conseil, au Folgoet
même, avec l'Abbé de S. Mahé, l'Amiral de Bretagne, le Sire de Kaer, Messire
Jean de Kermellec, & autres, pour éviter les contestations sur le sujet du prix des
dîmes qui pouvoient varier d'une année à
l'autre, ordonna, en faveur des Chapelains, que le tonneau de froment leur seroit
compté sur le pied de six livres monnoie,
sans qu'on pût à l'avenir le leur mettre sur
un plus haut pied; c'est-à-dire qu'ils devoient avoir chaque année treize tonneaux,
un tiers, de froment sur les dîmes qui leur
étoient assignées. Les lettres expediées sur ce
sujet furent confirmées au Conseil le 12. de
Juin de la même année, en présence du Sire du Châtel, de Messire Alain de Pen-
hoet, du Président de Bretagne, de Mes-

sire Robert d'Espinai, du Procureur Géné- 5.
ral, & de plusieurs autres. Le Duc Artur AVRIL
III. augmenta la fondation de la Collegiale Hist. de
du Folgoet, de deux Chapelains ausquels Bret. to. 2.
il attribua 50. livres de rente, comme il p. 1206.
paroît par le compte d'Olivier le Roux son
Trésorier general.

Le P. Albert le Grand assure que la Reine Anne étant venuë en Bretagne en 1506.
alla au Folgoet, y fit une neuvaine, & y
laissa de riches présens. La Reine étoit à
Morlaix le 4. de Septembre de l'an 1505.
& à Tours au mois de Mai de l'an 1506.
On peut là-dessus suivre ou contredire cet
historien, comme on le jugera à propos.
Quant à ce qu'il avance, qu'à l'issuë des
Etats de l'an 1532. le Roi François I. alla
faire un voïage & des présens à N. D. du
Folgoet, il paroît par l'histoire de Bretagne, To. 1. p. 843.
que ce Prince, après les Etats de Vannes,
prit le chemin de Nantes, & non celui de
la basse-Bretagne.

Il ne nous reste plus rien à dire du Folgoet, sinon, que par la liberalité du feu
Roi Loüis XIV. les Jesuites de Brest sont
maintenant en possession du temporel de
cette Eglise, en ont éteint tous les titres,
& en ont abandonné le spirituel à des mer-
cenaires. Il y avoit au Folgoet quelques pla- Messieurs
ces qui avoient été fondées par des Sei- du Poulpri.
gneurs particuliers, qui en ont transferé les
revenus à leurs paroisses.

S. VINCENT FERRIER,
Confesseur.
5.
AVRIL
XV. SIECLE.

CE prédicateur si zelé des veritez chrétiennes, qui a terminé en Bretagne
les courses & les travaux Apostoliques qui
l'ont rendu si utile à tant de nations differentes, n'étoit pas Breton; il étoit Espagnol, & vint au monde à Valence le 23.
de Janvier de l'an 1357. Son pere s'appelloit Guillaume, ou Michel Ferrier, & étoit
Secretaire de la ville; & sa mere étoit Constance Miguel fille de Guillaume Miguel &
de Catherine Revert. Ils avoient l'un &
l'autre beaucoup de pieté, & l'on remarque
d'eux en particulier, qu'après avoir fait le
compte chaque année de ce qui étoit necessaire pour l'entretien de leur maison, ils
donnoient aux pauvres tout le reste de leur
revenu. Outre l'enfant dont nous parlons,
ils en eurent deux autres avant lui, le premier appellé Pierre, & le second Boniface.
Celui-ci fut un des plus fameux Jurifcon-

sultes de son tems, & eut des emplois distinguez dans sa ville ; mais après la mort de sa femme, il se rendit Chartreux, par le conseil de son frere dont nous écrivons la vie, & donna dans cet Ordre une si grande opinion de son merite, que quatre ans après s'y être engagé il en fut fait le Superieur General.

Comme on ramasse avec soin jusqu'aux moindres circonstances qui regardent les grands hommes, on n'a pas oublié de remarquer les présages avantageux qui annoncérent les merveilles que l'on devoit attendre de celui dont il est ici question. Pendant que sa mere étoit grosse de lui, son pere songea une nuit, qu'il étoit au sermon dans l'Eglise des Freres Prêcheurs, & qu'un homme venerable de cet Ordre, qui occupoit la chaire, lui adressoit la parole, & lui disoit : « je me réjoüis avec « vous, mon fils, du bonheur que vous « allez avoir. Vôtre femme accouchera en « peu de jours d'un fils qui sera du même « Ordre que moi, dont la vie sera si sainte, « la doctrine si grande, le zéle si ardent, « que tous les peuples de France & d'Espa- « gne l'honoreront comme un Apôtre « Il se reveilla, en loüant Dieu, & reveilla aussi sa femme, pour lui faire part de cette nouvelle. De son côté elle n'attendoit rien que de grand de l'enfant dont elle étoit enceinte ; premierement parce qu'aulieu que ses autres grossesses l'avoient extrémement incommodée, celle ci ne lui faisoit aucune peine ; au contraire elle se sentoit plus de force & de legereté, que si elle n'eut point été dans cet état-là. Outre cela elle entendoit souvent sortir de son sein un bruit pareil à celui d'un chien qui aboïe. Elle en fut épouvantée d'abord ; mais aïant consulté là dessus quantité de grands serviteurs de Dieu, & entr'autres un parent qu'elle avoit, qui fut depuis Evêque de Valence & Cardinal, elle apprit que ce bruit merveilleux lui devoit donner plus de consolation que de peur, & qu'elle pouvoit esperer qu'elle enfanteroit un fils qui ressembleroit à saint Dominique dans les fonctions de l'Apostolat, comme il lui ressembloit déja dans l'égalité du présage.

Elle mit donc un fils au monde, le jour qui a été marqué ci-dessus ; & toute la ville, déja prévenuë de ce que l'on prédisoit de cet enfant, vint le voir, comme un autre S. Jean, & dire à son pere & à sa mere, ce que les voisins & les parens disoient en une rencontre à peu près semblable à Zacharie & à Elisabeth. L'enfant fut porté quelques jours après à l'Eglise, pour y être baptizé. Il y eut là une assez longue contestation, au sujet du nom qu'on devoit lui donner. Comme on ne s'accordoit point, le Prêtre ennuïé de ces longueurs, dit aux assistans : « puisque vous ne pouvez vous « accorder, je vais vous mettre tous d'ac- « cord, en nommant moi-même l'enfant ; « il aura donc nom Vincent ; « & en effet ce fut sous ce nom que l'enfant reçut une nouvelle vie en J. C. par le baptême. Il donna aussi peu de peine à sa mere, pour son éducation, qu'il lui en avoit peu donné dans la grossesse. Il ne s'étoit jamais vû d'enfant plus tranquille, il ne crioit jamais. Quelque part qu'on le mit, il y demeuroit en repos ; & l'on voïoit sur son visage, & dans toutes ses petites façons une joïe innocente, qui se répandoit sur ceux qui le regardoient. Dès l'âge de six ans ses parens commencérent à lui donner le premier goût des lettres. Il s'y attacha d'inclination, & y fit de si grands progrès, qu'à dix ans il surpassoit non-seulement tous ses condisciples de même âge que lui, mais encore les plus âgez. Il joüoit rarement avec les autres enfans, & quand il se trouvoit avec eux ; après leur avoir laissé donner quelque moment au divertissement, il leur imposoit silence, les faisoit asseoir, & montant sur quelqu'endroit un peu élevé, il leur disoit : « écou- « tez, enfans, ce que je vais dire, & jugez « si je serai un jour un bon prédicateur. « Aussitôt il faisoit le signe de la Croix, & imitant de son mieux le ton & les gestes des prédicateurs qu'il avoit entendus à Valence, il faisoit un discours qui n'avoit rien de puerile, & qui forçant à l'admiration les personnes plus âgées & plus raisonnables, leur donnoit lieu d'attendre de grandes choses d'un enfant si extraordinaire.

A l'âge de douze ans il passa de l'étude de la Grammaire à celle de la Dialectique, où il s'éleva par-dessus tous ses compagnons. Il conserva toûjours son innocence avec un soin extrême, en quoi il fut aidé, non-seulement de la grace qui l'avoit heureusement prévenu, & à laquelle il obéïssoit fidélement, mais encore par son temperamment, qui le portoit naturellement à l'honneur & à la vertu ; à quoi il faut ajoûter l'éducation Chrétienne que ses parens lui donnérent, avec d'autant plus d'attention, que ses dispositions leur donnoient lieu d'en esperer de grandes choses. Ils le portérent sur tout à frequenter les Eglises, à se rendre assidu aux offices Divins, à s'attacher aux prédications, à s'abandonner aux mouvemens d'une pieté tendre & affectueuse, à loüer Dieu sans cesse, & à travailler de bonne heure à dompter son corps par les jeûnes & les austeritez. En effet il s'accoûtuma dès ses plus tendres années a jeûner les mercredis & les vendredis de chaque semaine, & il continua dans cette pratique jusqu'à la fin de sa vie. Il écoutoit, avec une sainte avidité, tous les prédicateurs qui paroissoient à Valence, & quand il leur entendoit dire quelque chose à l'honneur de la sainte Mere de Dieu, son cœur étoit penetré d'une joïe qui paroissoit jusque dans ses yeux, dont on voïoit couler des larmes de tendresse ; mais elles couloient avec bien plus d'abondance, quand il faisoit quelque lecture qui traitoit de la passion & des souffrances de J. C. ou quand il en entendoit parler. La sainte Vierge, & la passion du Sauveur, étoient les deux objets principaux de sa devotion, & pour en donner des marques chaque jour, il n'en passoit aucun sans dire l'office de la Vierge & celui de la passion de N. Sauveur. Il avoit pour les pauvres une charité presque sans bornes, & ses parens, si charitables eux-mêmes, voïoient sans regret ses liberalitez excessives. Mais quoiqu'accoûtumez à le voir donner sans cesse, ils ne laisserent pas d'être surpris, quand ils lui eurent donné la portion de leurs biens à laquelle il pouvoit prétendre, de voir qu'il ne mit pas plus de quatre jours à la distribuer aux pauvres.

C'étoit la meilleure preuve qu'il pût donner à son pere, de la sincerité de ce qu'il lui avoit répondu, lorsque son pere lui mettant son partage entre les mains, lui avoit proposé trois partis ; le premier de se faire Religieux dans l'Ordre de S. Dominique, comme il sembloit y être appellé par le songe qui avoit précedé sa naissance ; le second, de se marier & de s'établir richement dans le monde ; & le troisiéme, d'aller à Paris ou à Rome, pour s'y avancer par le merite de la science & de la vertu. Le saint jeune homme, qui avoit alors 18. ans, avoit répondu à son pere, qu'il avoit renoncé dans son cœur, il y avoit long-tems, aux plaisirs, aux honneurs, & aux biens du siécle, & qu'il étoit résolu d'embrasser le premier des trois partis qu'il lui avoit proposez. Le pere en fut ravi de joïe, aussi-bien que la mere ; & Vincent prit l'habit des Freres Prêcheurs au Couvent de S. Dominique de Valence le Dimanche 5. de Février de l'an 1374.

Il se proposa aussi-tôt d'imiter en tout ce qu'il pourroit le saint fondateur de son Ordre, & dans ce dessein, après s'être fait une étude particuliere de sa vie & de ses actions, il commença par s'appliquer serieusement à l'Ecriture Sainte & à la Theologie, pour se rendre d'autant plus capable d'éclairer les autres, quand il seroit parfaitement instruit lui-même. Penetré d'une verité dont il avoit eu le bonheur de ne pas faire l'experience, que le plus grand ennemi de la jeunesse est l'oisiveté, il étoit sans cesse dans les occupations serieuses de ses exercices Reguliers ; ou dans celles qui partageoient son tems entre ses devotions particulieres & ses études ; mais pour perdre moins de tems que les autres, il n'en étoit pas moins sociable ; & son humilité croissoit, à mesure que l'on voïoit augmenter sa science. On l'obligea d'enseigner la Philosophie à ses jeunes confreres, aussi-tôt après son engagement dans l'Ordre ; & il s'en acquitta pendant trois ans, avec beaucoup d'éloquence & de capacité ; & au grand contentement, non-seulement de ses confreres, mais encore de plus de soixante-dix personnes de dehors, qui profiterent de ses leçons. Ce fut en ce tems-là qu'il mit au jour un ouvrage de Logique, également subtil & solide, qu'il intitula, *Des suppositions Dialectiques*.

Ses superieurs ne voulant pas laisser plus long-tems dans un emploi de cette nature un jeune homme d'une aussi grande esperance, l'envoïerent à Barcelone, où il y avoit alors de fameux professeurs en Theologie, du même Ordre ; & de-là on le fit passer à Ilerda, autre ville de Catalogne, où les études fleurissoient en ce tems-là. Il s'y appliqua avec ardeur à la Theologie, & à l'âge de 28. ans il reçut le bonnet de Docteur, des mains du Cardinal Pierre de Luna, qui fut depuis Pape Schismatique sous le nom de Benoît XIII. Vincent fut ensuite rappellé à Valence, où, à la priere de l'Evêque Jacques, qui étoit son parent, de tout le Chapitre & des Magistrats, & du consentement de ceux qui gouvernoient en Arragon, il prêcha, & enseigna publiquement la Theologie pendant six ans, avec tant de réputation, qu'il passoit pour le seul homme veritablement docte, & veritablement Religieux ; pour le seul Saint & le seul serviteur de Dieu qu'il y eût à Valence. Aussi Pierre de Luna, charmé de sa vertu & de ses riches talens, voulut-il l'avoir auprès de lui, pendant le voïage qu'il fit d'Espagne en France pour les interets du faux Pape Clement VII. Le Cardinal, après avoir terminé sa négociation, emploïa les caresses les plus engageantes & les prieres les plus persuasives, pour arrêter Vincent à Avignon ; mais il n'en put venir à bout, & le saint Religieux retourna continuer à Valence les fonctions de Docteur & de Prédicateur.

Il étoit beau, & se présentoit de bonne grace ; il étoit jeune, d'un temperamment robuste, & d'un païs, où le sang boüillant animé par la chaleur du climat, a peine à subir les loix de la continence. Tant d'ennemis à combattre à la fois, n'en ont rendu que plus illustre la victoire constante que Vincent a remporté sur eux, avec la gloire d'une integrité parfaite qui n'a jamais reçû aucune fletrissure ; en sorte que s'il a eu si souvent recours aux rigueurs salutaires de la pénitence & de l'austerité, ce n'a point été pour expier ses fautes & pour se relever de ses chutes, puisqu'il n'en a jamais fait dans ce genre-là ; mais pour fortifier l'esprit aux dépens du corps, & la vertu, aux dépens de ses forces & de sa santé. Mais quels combats ne lui a point livrez l'enfer, pendant ce qu'on appelle les belles années, pour le faire succomber, ou du moins pour lui faire perdre courage, en lui faisant envisager tout ce que la perseverance dans un état aussi dégagé des sens doit avoir de plus rude ? La sureté & la grandeur de la recompense lui firent regarder la plus longue perseverance, comme un terme d'un moment, & sa pieté envers la Sainte Vierge, à qui il s'adressa au milieu de ses peines, venant au secours de sa pénitence, le délivra enfin de toutes ces vapeurs infernales, & son ame ne sortit que plus pure des attaques de l'esprit d'impureté. La terre se joignit à l'enfer, pour faire perdre à Vincent les recompenses promises à la chasteté. Une femme belle & noble, dévenuë passionnément amoureuse de lui, feignit d'être à l'extrémité, pour l'avoir auprès de son lit en qualité de Confesseur, & le sollicita au crime, avec la derniere effronterie & l'emportement le plus violent. On cacha une fois dans la chambre de Vincent une femme débauchée, qui le surprenant comme il venoit se coucher, n'épargna rien pour le corrompre. Le saint homme ne brûla point, au milieu de ces dangereuses flammes, & conservant toûjours son corps & son ame dans la plus parfaite pureté, il gagna à la vertu les personnes impudentes & aveuglées qui vouloient l'entraîner dans le vice.

On se retrancha donc à vouloir flétrir au moins sa reputation, si l'on ne pouvoit ébranler sa vertu ; & l'on crut que le déreglement seroit assez autorisé, si l'on pouvoit persuader au public, que Vincent luimême n'auroit pû se soustraire à l'impression de l'exemple & de la coûtume & au torrent de la corruption. Il y avoit dans la même maison où demeuroit S. Vincent, un Religieux fort âgé, qui ne lui ressembloit que par l'habit & par la profession d'une même Regle, mais qui du reste avoit vieilli dans l'ordure & dans de mauvais commerces. Saint Vincent l'exhortoit souvent à changer de vie ; mais ce malheureux, bien-loin de profiter de ses avis charitables, ne cherchoit qu'à lui faire perdre sa reputation par mille calomnies. En voici une, très-digne de lui, dont il s'avisa. Il avoit fait entrer dans sa chambre une femme publique, & après avoir passé la nuit avec elle, il la congedia le matin, en la païant un peu moins amplement qu'elle ne s'y attendoit. Cette femme mécontente lui demanda son nom, par un mouvement de curiosité qui avoit la vengeance pour but, & l'envisagea de maniere à ne pas oublier facilement quelle étoit sa figure. Ce malheureux, qui se défioit bien à quelle intention cette question lui étoit faite, ravi d'avoir cette occasion de perdre son confrere, dit qu'il s'appelloit Frere Vincent Ferrier ; mais il pria en même tems cette femme de ne point parler de ce qui s'étoit passé entr'eux. Il s'attendoit bien de n'être pas obéï ; & effet cette femme publia par tout que le Frere Vincent Ferrier avoit passé la nuit avec elle, & puis ne lui avoit pas donné son salaire. Les personnes qui vivoient dans le desordre triomphérent de cette fausse nouvelle, & la haine qu'ils avoient pour le saint homme les anima à répandre cette calomnie par tout, avec les ornemens dont leur fureur étoit capable. Boniface Ferrier frere de Vincent, & qui étoit alors un des Peres Jurez de la ville, espece de Magistrature de grande consideration en Arragon, aussi-bien qu'en Catalogne, connoissant mieux que personne la solide vertu de son frere, entreprit de le justifier par la bouche même de celle qui l'accusoit. Il convint avec les autres Peres Jurez qui gouvernoient la ville, d'indiquer une procession generale sous prétexte de quelque necessité publique ; & comme tous les Religieux passoient deux & deux, cette femme placée par les Magistrats dans un lieu commode pour cela, eut ordre de bien remarquer tous les Freres prêcheurs, & de leur montrer celui qui avoit passé la nuit avec elle. Quand Maître Vincent passa, on lui demanda si c'étoit lui. « Non, dit- « elle, celui-là est un saint que tout le mon- « de va entendre prêcher, & au sermon « duquel j'ai assisté quelquefois. Celui dont « il est question est un vieillard au troisiéme « rang d'après, « voïant passer l'homme en question, elle le montra aux Magistrats, & leur dit : « voilà Frere Vincent Ferrier. « La procession finie ; Boniface & les autres Magistrats envoïérent querir ce Religieux, & menacérent de lui faire souffrir de grandes peines même la mort, s'il ne confeſſoit ſon crime devant eux, & s'il ne détruiſoit la calomnie qu'il avoit inventée. Il avoüa tout ce qu'il avoit fait, & leur conta la choſe comme elle s'étoit paſſée. Ils le renvoïerent à S. Vincent, qui profitant de ſa confuſion, l'exhorta plus efficacement qu'auparavant à conſacrer à Dieu, du moins les dernieres années d'une vie ſi malheureuſement emploïée.

Après la mort de Clement VII. décédé le 6. de Septembre de l'an 1394. à Avignon, Pierre de Luna fut élû le 28. du même mois pour lui ſucceder, & prit le nom de Benoît XIII. Comme il avoit pour Vincent une eſtime ſinguliere, il lui écrivit auſſi-tôt, pour l'appeller auprès de lui, & le fit ſon Confeſſeur & Maître (c'eſt à dire Docteur) du ſacré Palais. Comme cet Anti-pape étoit reconnu en France & en Eſpagne pour legitime ſucceſſeur de S. Pierre, Vincent obéït d'abord à une autorité que la prudence ne lui permettoit pas de conteſter, & ſe rendit à Avignon, où ſon zéle pour le public, & ſon attachement aux devoirs de ſa profeſſion l'occupérent beaucoup plus que la conſcience du Pontife. Cependant Vincent, pour ne pas laiſſer perir celui qui ſe croïoit le Paſteur, pendant que le troupeau ſe ſauvoit par ſon miniſtere ſubalterne, eut le courage de repréſenter à Benoît, de quelle neceſſité il étoit de faire finir le Schiſme qui diviſoit l'Egliſe. Il lui repréſenta fortement, qu'il étoit à préferer, de paſſer le reſte de ſes jours dans l'indigence, plûtôt que de voir les fidéles déſunis plus long-tems ; & il emploïa toute ſon éloquence à inſinuer à Benoît qu'il étoit dans l'obligation de ſe démettre d'une autorité qui paroiſſoit illegitime. Benoît ne ſe rendit pas à une propoſition qui lui paroiſſoit trop dure ; il ſe contenta, pour ſatisfaire ſon Confeſſeur, d'aſſembler les Prélats & les plus habiles gens d'entre ceux qui ſuivoient ſa Cour, & de leur propoſer l'affaire. Elle fut agitée pendant pluſieurs mois, mais ſans ſuccès, parce que Benoît avoit de la peine à ceder. Vincent le voïant ſi peu diſpoſé à ſacrifier ſes intereſts & ſon ambition au repos de l'Egliſe, prit d'autres meſures. Il ſe donna des mouvemens infinis auprès de l'Empereur Sigiſmond, qui étoit pour lors en Catalogne, auprès de Charles VI. Roi de France, & de Martin Roi d'Arragon, pour les déterminer à faire enfin ceſſer une diviſion ſi ſcandaleuſe ; en ſorte qu'on peut regarder, comme un effet de ſes ſoins, la réſolution qu'on prit d'aſſembler le Concile de Conſtance qui mit fin au Schiſme.

Mais avant qu'il s'aſſemblât, Vincent fut attaqué d'une fiévre très-violente, qui le reduiſit à l'extrémité au bout de douze jours. On n'attendoit plus que ſa mort, lorſque dans la plus grande ardeur de ſon mal il crut voir J. C. accompagné d'une multitude d'Anges, & de S. Dominique, & de S. François, qui après lui avoir prédit que l'Egliſe ſeroit bientôt en paix, lui ordonnoit de quitter la Cour de Benoît, d'aller prêcher les veritez Evangeliques dans toutes les provinces d'Eſpagne & de France, d'inculquer particuliérement la crainte du Jugement, & de faire voir que ce grand jour qui doit décider du ſort de l'univers n'étoit pas éloigné. Il ajoûtoit qu'il mourroit pourtant avant ce terrible jour, & qu'il finiroit ſa courſe à l'extrémité de la terre. Vincent fut auſſi-tôt guéri ; il ſe leva pour aller rendre compte à Benoît de cette viſion, prendre congé de lui, & obtenir la permiſſion d'executer les ordres du Ciel. Benoît entroit en même tems au Convent des Freres Prêcheurs d'Avignon, pour viſiter un homme qu'on lui avoit dit qui expiroit. Il fut bien ſurpris de le trouver guéri, & encore plus d'entendre ce qu'il demandoit. Il emploïa toutes les careſſes imaginables pour le retenir à ſa Cour ; il lui offrit l'Evêché de Valence qui venoit de vacquer ; il lui en offrit d'autres ; enfin il voulut lui donner le chapeau de Cardinal. Vincent ne mépriſa point des faveurs ſi éminentes ; mais ſe trouvant appellé à un miniſtere qui ne lui permettoit pas de ſe fixer à quelque dioceſe en particulier, ni de s'arrêter à la Cour, il ne demanda pour toute grace au Pape, que d'être autoriſé à ſuivre les attraits de ſa vocation. Benoît & ſes Cardinaux reſpectérent la deſtination qu'ils ſe perſuadoient que Dieu avoit faite de Vincent pour les travaux Apoſtoliques, & lui donnant pour le miniſtere de la parôle & de la pénitence tout le pouvoir d'un Legat du S. Siége, ils lui permirent de prêcher, en cette qualité de Miſſionnaire Apoſtolique, par tout où bon lui ſembleroit.

Vincent avoit alors quarante ans ; & commença auſſi tôt les penibles fonctions qui l'occupérent juſqu'à la fin de ſa vie. Après avoir prêché pendant quelque tems à Avignon, il paſſa en Catalogne, & y travailla pendant les années 1398. & 1399. Il ſortit de Barcelone en 1400. & vint par mer aborder en Provence. Il ſéjourna à Aix depuis le 27. d'Octobre juſqu'au 1. de Decembre, & depuis le 5. juſqu'au 10. de Janvier de l'an 1401. Delà il paſſa en Piémont & en Lombardie, où voïant dans ſon auditoire un jeune Religieux de S. François, il prédit à toute l'assemblée, que parmi ceux qui l'écoutoient, il y avoit un Frere Mineur (c'étoit Bernardin de Sienne) qui seroit un jour un grand Saint, honoré de toute l'Eglise. Il ajoûta, que ce saint Religieux, quoique plus jeune que lui, auroit le pas devant lui dans l'estime de l'Eglise. Et en effet S. Bernardin fut canonisé le 24. de Mai de l'an 1450. cinq ans trente-six jours avant celui qui faisoit cette prédiction. S. Vincent repassa de Lombardie en Savoïe; & l'an 1403. il écrivit de Geneve le 17. de Decembre à son General M. Jean du Puy, pour lui rendre compte de ses travaux, comme il le faisoit de tems en tems, par un esprit de soumission & d'obéïssance. On ne sera peutêtre pas fâché de voir ici un extrait de cette lettre : « Après ma sor- « tie du bourg de Romans, dit-il, j'ai été « pendant trois mois tout de suite en Dau- « finé, où j'ai prêché la parole de Dieu « dans les villes, les châteaux, & les bour- « gades où je n'avois point été. Mais j'ai « visité particulierement ces trois fameuses « vallées d'heretiques du diocese d'Am- « brun, dont l'une s'appelle Luzerne, l'au- « tre Argentey, & la troisiéme Val-pute. « A la fin, à la priere de plusieurs person- « nes, j'ai passé en Lombardie, où j'ai « prêché pendant treize mois dans toutes « les villes, les villages & les châteaux. J'y « ai trouvé beaucoup de vallées d'heretiques « Vaudois & autres, que j'ai parcouruës, « dans l'Evêché de Turin. Je les ai toutes « visitées par ordre, & j'y ai prêché la foi « Catholique & la controverse. Tout le « monde a reçu la foi veritable, par la mi- « sericorde de Dieu, avec une affection « pleine d'ardeur, une devotion & un res- « pect extraordinaire, parce qu'il a plû à « Dieu de cooperer & de confirmer les pa- « roles de ce foible ministre. Après les trei- « ze mois passez en Lombardie, je suis en- « tré en Savoïe, où il y a cinq mois que « je m'occupe à la parcourir, à la priere « des Prélats & des Seigneurs du païs. J'ai « déja visité quatre dioceses, & je suis main- « tenant à Geneve. Parmi les énormitez « que j'ai trouvées dans ces cantons, il y « avoit une erreur qui n'étoit que trop ré- « panduë. C'étoit une Confrairie & une « Solemnité sous le nom du Saint Orient, « qui se celebroit le lendemain du S. Sacre- « ment. C'est contre cet erreur que je « travaille présentement, avec un secours « visible de Dieu, car elle est extirpée, & « ces gens marquent une grande affliction « de s'être si horriblement écartez de la « vraïe foi. Je dois bientôt aller dans le « païs de Lauzanne, pour y déraciner un re- « ste du Paganisme, qui y subsiste encore, « particulierement parmi les païsans, qui « adorent publiquement le soleil, & lui of- « frent leurs prieres le matin. Je n'ai pû « me refuser à l'Evêque de Lauzanne, qui « est venu de fort-loin me prier très-in- « stamment d'aller visiter son diocese, où « il y a beaucoup d'heretiques répandus dans « les villages qui sont sur les confins de l'Al- « lemagne & de la Savoïe; & j'espere y être « vers le Carême prochain. » Telle étoit à peu près la lettre que S. Vincent écrivoit de Geneve à son General.

De-là il passa en Lorraine, & l'on a long-tems conservé à Toul la chaire dont il s'étoit servi dans ses prédications. L'an 1405. Benoît XIII. l'appella à Genes, où il se rendit au mois de Mai. Il y reçut du Doge beaucoup de marques de respect & de consideration ; mais quoiqu'on le sollicitât à se servir du credit qu'il avoit auprès du Doge, pour sauver la vie à un homme de Valence condamné à la mort pour ses crimes, il avoit tant de zéle pour la justice, qu'il ne crut pas devoir s'emploïer à en arrêter le cours, pour un sujet qui ne le meritoit pas, quoi qu'il fût de son païs. Tout ce qu'il crut pouvoir faire, ce fut d'obtenir quelque consolation au criminel, en faisant changer le genre de son supplice. Après avoir passé un mois à Genes, il parcourut toute la côte maritime de cette Republique, d'où il rentra en France, & passa dans les Païs-bas. Ce fut là que le Roy d'Angleterre, instruit de toutes les merveilles que la renommée publioit de lui, l'envoïa prier de venir dans son Roïaume. Il y alla, & après avoir parcouru l'Angleterre, l'Ecosse, & l'Irlande, il revint en France, & fut quelque tems dans les provinces de Gascogne & de Poitou. L'an 1407. il fut en Auvergne, & prêcha le carême à Clermont. La chaire qui lui avoit servi en ce lieu-là fut depuis partagée en deux, dont une moitié se conserve dans l'Eglise Cathedrale, & l'autre dans le Convent de son Ordre. L'an 1408. il fut à Lion, d'où il alla trouver Benoît XIII. à Avignon, & vint à Aix sur la fin d'Octobre. Il s'embarqua à Marseille à la fin de l'année, & se rendit à Grenade, où l'avoit appellé le Roi Abenalua Mahoma fils du Roi Joseph, avec promesse de le laisser prêcher librement dans tout son Roïaume. Vincent, qui avoit déja converti un nombre prodigieux de Mahometans & de Juifs, avoit eu beaucoup de joïe de voir dans le Roi de Grenade de si heureuses dispositions. Il prêcha trois fois en sa présence, & fut écouté avec une attention merveilleuse ;

mais comme on vit le peuple ébranlé & prêt à demander le baptême, les Grands du Roïaume firent entendre au Roi, qu'il se mettroit au hazard de perdre sa Couronne, s'il souffroit plus long-tems qu'on prêchât contre la loi Musulmane. Il fallut donc renvoïer le saint missionnaire, qui alla porter le flambeau de la parole de Dieu dans les païs de Valence & de Catalogne. On y voit encore dans les actes publics des témoignages autentiques de l'efficacité de ses discours, dans les traitez de réünion par lesquels on abolit la memoire des divisions funestes qui, après avoir fait perir beaucoup de monde, paroissoient encore sans remede, si Dieu ne se fût servi d'un homme aussi puissant en paroles & en œuvres, que l'étoit Vincent. Ce fut encore dans ces cantons que par la benediction de Dieu, il nourrit deux mille hommes & plus, avec 15. pains seulement. Il vint à Barcelone le 15. de Juin, pour voir Martin Roi d'Arragon, qui lui avoit écrit pour le prier de s'y rendre. Ce fut lui dont on se servit pour apprendre à ce Prince la mort de Martin son fils Roi de Sicile, arrivée le 15. de Juillet. Le Roi d'Arragon se remaria ensuite, & ce fut Vincent qui celebra la Messe des épousailles, qui furent faites en présence de Benoît XIII. le 16. de Septembre. Vincent alla de-là à Tortose, d'où aïant passé dans le Roïaume de Valence, en 1410. il prédit la mort du Roi d'Arragon huit jours avant qu'elle arrivât. Ce Prince mourut le 10. de Mai de la même année, & comme il ne laissoit point d'enfans, sa succession donna lieu à de grandes contestations. Vincent en fit d'autant moins de difficulté de se rendre aux prieres de ceux de Florence & de quelques autres villes d'Italie, qui l'invitérent à passer la mer, & venir travailler à la reformation de leurs mœurs. Il prêcha donc pendant quelque tems à Pise, à Sienne, à Florence, & à Lucques; & étant parvenu à Porto-Veneré dans la riviere de Genes, il y reçut des lettres par lesquelles Jean Roi d'Espagne le prioit de revenir.

Il passa l'an 1411. & les quatre années suivantes en diverses contrées des Espagnes, prêchant toûjours avec un très-grand fruit, & faisant presque par tout des miracles surprenans. On remarque, entre les autres succès de ses prédications, qu'il convertit plusieurs milliers de Juifs à Tolede, & qu'il changea leur Synagogue en une Eglise de la sainte Vierge. Ce fut dans le même lieu, que celebrant la sainte Messe, il apprit par revelation la sainte mort de sa sœur, & en fit part au peuple dans le sermon qu'il fit incontinent après. Il fut malade à Tolede pendant six semaines, & aussi tôt qu'il fut guéri, il obtint du Roi un Edit contre les Juifs & les Maures, par lequel il étoit ordonné qu'ils ne demeureroient point avec les Chrétiens, qu'ils seroient separez d'eux d'habitation, & qu'ils porteroient quelque marque exterieure qui les distingueroit des Chrétiens. Prêchant à Salamanque au commencement de l'an 1412. il vit porter en terre le corps d'un homme qui avoit été tué. Il fit approcher le cercueil, & commanda au nom de J. C. au mort de se relever. Le mort recouvra aussi-tôt la vie, & en memoire de ce miracle, on dressa au même lieu une croix de pierre. Ce miracle n'est pas dans sa vie, composée 35. ou 36. ans après sa mort par Pierre Ranzano Religieux du même Ordre que lui; mais il est rapporté par Ildephonse Giron Prédicateur general de l'Ordre de S. Dominique, dans le premier tome de ses sermons imprimé à Salamanque en 1602. De Salamanque, Vincent se rendit à Zamora, où arriva une chose étonnante, racontée à François de Châtillon l'un des Ecrivains des miracles de ce saint homme, par un vieux Prêtre qui l'avoit autrefois suivi dans ses missions. On menoit à la mort un homme & une femme, que la Justice alloit faire bruler, pour l'expiation d'un crime infame contre nature, dont ils avoient été convaincus. Vincent, qui prêchoit ordinairement dans les places publiques, à cause que les Eglises se trouvoient trop petites pour contenir tous ceux qui le vouloient entendre, voïant passer ces deux malheureux, pria ceux qui les conduisoient, de les lui amener. Le respect que l'on avoit pour lui, ne permettoit pas de lui refuser rien. On lui amena ces deux personnes, & il les fit mettre sous sa chaire, qui étoit fermée de planches par le bas. Ensuite il prêcha pendant trois heures entieres sur les tourmens de l'enfer, & sur la nature & les operations de ce feu éternel qui fait le supplice des damnez. Il fit voir de quelle maniere chaque crime étoit puni, & descendant à celui qu'avoient commis les personnes qui étoient sous sa chaire, il en représenta l'horreur & la punition, avec cette vehemence qui lui étoit ordinaire. Le sermon fini, il permit que l'on emmenât les crimnels ; mais on n'en trouva plus que les os. Un feu invisible, comme tout l'auditoire se le persuada, avoit consumé toutes leurs chairs, pendant que S. Vincent dépeignoit avec tant d'énergie, & la grandeur de leur crime, & la punition qu'il meritoit. Cette merveille en seroit devenuë un peu plus croïable, si le témoin qui l'a rapportée dans un discours familier, l'eût dépoſée juridiquement & ſous la foi du ſerment, dans les informations qui ont été faites pour la canonization de S. Vincent. De Zamora le Saint alla à Placencia, où il rendit la vie au fils du Duc de cette ville.

Les conteſtations duroient toûjours ſur le ſujet de la ſucceſſion au Roïaume d'Arragon. L'on convint à la fin de remettre cette grande affaire à la déciſion de neuf arbitres, & Vincent fut du nombre, avec Bernard Ferrier ſon frere. Enfin la Couronne d'Arragon fut ajugée à Ferdinand Infant de Caſtille par Sentence arbitrale du 24. de Juin de cette même année 1412. Ferdinand vint bientôt après à Sarragoſſe & à Ilerda, où Vincent qui avoit aidé à lui mettre la Couronne ſur la tête, emploïa ſes ſoins, tant dans la confeſſion, que hors de ce tribunal, à lui apprendre le moïen de regner dans le ciel, après avoir regné ſur la terre.

La maniere dont il annonçoit le Jugement dernier, comme s'il eût dû arriver bientôt, lui attira beaucoup de contradictions, & l'on voulut même rendre ſa doctrine ſuſpecte d'erreur ſur ce point. Cela l'obligea de faire un livre ſur ce ſujet, qu'il adreſſa à Benoiſt XIII. lequel, après l'avoir fait examiner, n'y trouva rien que d'édifiant & de Catholique. En effet s'il falloit condamner ceux qui nous ont repreſenté ce redoutable jour, comme n'étant pas fort éloigné, nous oſerons bien dire qu'il faudroit s'en prendre à J. C. même, aux Apôtres, & aux Saints Peres, tant des premiers ſiécles, que des ſiécles poſterieurs. Dieu, qui nous a permis d'eſperer qu'il accourciroit les mauvais jours, quand ils ſeroient venus, ne s'eſt pas ôté le pouvoir de les retarder; mais la patience dont il uſe à cet égard, ne diſpenſe pas ceux qui nous parlent en ſon nom, de nous repreſenter dans toute la rigueur les maux que nous avons à craindre.

S. Vincent retourna à Valence en 1413. où l'un des fruits les plus remarquables de ſes prédications, fut de changer en confiance & en amitié, la haïne irreconciliable & inveterée qui regnoit depuis long-tems entre les Centellas & les Solenos, deux familles conſiderables de cette ville. Il retourna à Barcelone au mois d'Aouſt, & paſſa de là juſqu'à l'iſle de Mayorque, où il fut depuis le 1. Septembre juſqu'au 23. de Février de l'année ſuivante, & y convertit à la Foy pluſieurs milliers de Mahometans. Il paſſa la plus grande partie de l'an 1415. à voïager & prêcher dans l'Arragon & la Catalogne. Il pouſſa juſqu'à Perpignan, & ce ne fut pas loin de là, que par un miracle rapporté par Pierre Ranzano, ſa priere & ſa benediction furent cauſe qu'une petite quantité de vin ſe trouva ſuffiſante pour fournir aux neceſſitez de ſix mille hommes qui le ſuivoient, & ce vin, après que tous ceux qui en voulurent uſer en eurent pris, ſe trouva encore ſans diminution. Le ſaint homme ſe trouva à Perpignan, le dernier jour d'Aouſt, à l'aſſemblée qui s'y fit, pour tâcher de remedier au ſchiſme de l'Egliſe. Benoiſt XIII. s'y rendit avec l'Empereur Sigiſmond & Ferdinand Roy d'Arragon. Vincent, comme nous l'avons déja dit, emploïa les plus vives ſollicitations auprès de Benoiſt, pour le porter à ſe ſoûmettre au Concile de Conſtance, & à renoncer au ſouverain Pontificat, ſi la paix de l'Egliſe ne ſe pouvoit faire autrement. Ferdinand mourut le 16. d'Avril de l'année ſuivante, & Alfonſe ſon fils pria S. Vincent d'aſſiſter au Concile de Conſtance.

Vincent en prit le chemin, & entra à Toulouſe le Vendredi de la Paſſion. Le reſpect qu'on lui portoit étoit ſi grand, & l'on avoit tant d'avidité pour ſes prédications, qu'on faiſoit ceſſer toutes ſortes de travaux, & même les leçons publiques des Ecoles, quand il étoit en chaire. Les miracles qu'il fit enſuite à Carcaſone & à Caſtres donnérent un grand poids à ſes diſcours. Il y en a un ſur tout, qui ſurpaſſe tout ce que nous liſons d'approchant dans quelque hiſtorien que ce ſoit, & qu'on a encore de la peine à croire, quelque atteſté qu'il ſoit dans l'information faite pour la Canonization de S. Vincent; & c'eſt la reſurrection d'un enfant, coupé en morceaux par ſa propre mere, qui avoit l'eſprit déreglé, & qui dans un des accès de ſa folie, avoit cru qu'elle feroit un repas agréable au Saint, de lui préſenter cette viande. Du Languedoc, il paſſa dans la Bourgogne, où il reçut à Dijon, vers le 15. de Septembre de l'an 1416. des lettres du dernier d'Aouſt, par leſquelles le Roi Alfonſe le prioit de nouveau de ſe hâter d'aller à Conſtance. Le Cardinal de S. Ange vint le trouver dans la même ville de la part du Concile, accompagné de quatre députez, deux Theologiens, & deux Juriſconſultes, pour lui propoſer une queſtion qui avoit été long-tems agitée dans le Concile, ſans qu'on eût pû la décider. « Helas! qui ſuis-je, dit « S. Vincent, pour qu'un auſſi grand hom- « me ſe ſoit donné la peine de venir juſ- « qu'ici ? Le moindre ordre du ſaint Conci- « le m'auroit fait aller de l'extrémité de la « terre à Conſtance, s'il eût été neceſſaire. « J'admire au reſte que tant de gens de me- « rite raſſemblez à ce ſaint Concile aïent été « arrêtez

S. VINCENT FERRIER.

5. AVRIL.

« arrêtez si long-tems sur cette question, qui « paroît si facile à décider. Il faut croire « que s'ils n'ont pû parvenir à trouver ce « qu'il faut déterminer là-dessus, c'est « moins par ignorance, que parce que Dieu « a voulu mortifier la vanité de certaines « gens, qui n'aïant point Dieu pour objet, « ne font rien que pour acquerir de l'hon- « neur dans le monde. » Il donna aussi-tôt au Cardinal & à ceux qui l'accompagnoient, la solution de la question qui lui avoit été proposée. Le Roi d'Arragon eut beau le presser d'aller au Concile ; il paroît que ces instances même le détournérent d'y aller, pour ne pas prêter son ministere à soûtenir la cause de Benoît XIII. qui ne lui paroissoit pas bonne, & cependant il est à croire que ce n'étoit que pour fortifier le parti de cet Anti-pape, que le Roi d'Arragon souhaitoit que Vincent allât à Constance.

Ce saint homme prit un chemin tout opposé. Les instantes prieres de Jean V. Duc de Bretagne le déterminérent à venir dans cette province, où il commença ses fonctions Apostoliques à Nantes dans le carême de l'an 1417. & les continua pendant deux ans dans le reste de la province, comme nous le dirons ensuite.

La même année 1417. le Concile de Constance, après avoir déposé ceux qui se portoient pour Papes, en élut un le 11. de Novembre, qui prit le nom de Martin V. Benoît XIII. ne voulut point se soumettre à sa destitution, & Vincent voïant alors que ses refus n'avoient plus aucun prétexte legitime, ni même specieux, renonça entiérement à son obéïssance, reconnut Martin pour le seul & veritable chef visible de l'Eglise, & reçut de lui les mêmes pouvoirs que lui avoit autrefois accordez Benoît XIII.

La forme de vie de S. Vincent, dans ses voïages & dans ses missions étoit telle : Il ne reposoit que cinq heures toutes les nuits ; le reste de la nuit, il le donnoit à la priere ou à la lecture de l'Ecriture Sainte. Le matin il se rendoit au lieu où il devoit prêcher. Il commençoit par chanter la Messe. Il prêchoit ensuite, & le sermon fini, pour satisfaire à la dévotion du peuple qui l'accabloit par un concours prodigieux, il donnoit ses mains à baiser, & faisoit le signe de la croix sur les malades qu'on lui présentoit, dont il y en eut une infinité de guéris. Il se servoit ordinairement toûjours de la même formule de prieres, pour benir les malades. Il commençoit par ces paroles de J. C. à ses Apôtres, rapportées dans le dernier chapitre de S. Marc : *Ceux qui au-* *ront cru, feront les prodiges suivans, &c. Ils mettront les mains sur les malades, & les malades seront soulagez.* Il ajoûtoit ensuite : *Que Jesus fils de Marie, Sauveur & Seigneur du monde, qui t'a attiré à la foi Catholique, daigne t'y conserver, & te donner la beatitude, & te délivrer de cette infirmité. Amen.* Il mangeoit peu ; & le poisson dont il usoit, il ne pouvoit souffrir qu'on apportât beaucoup de soin & d'art à l'accommoder ; persuadé que ces délicatesses ne conviennent point à l'état Religieux. Depuis son entrée dans l'Ordre des Freres Prêcheurs, jusqu'au jour de sa mort, il ne mangea de viande, que quand il y fut contraint par de pressantes necessitez. Il ne vouloit qu'un plat ; son vin étoit toûjours affoibli par une grande quantité d'eau. Il ne buvoit jamais plus de trois fois à chaque repas. En un mot, il observa toute sa vie, avec une exactitude scrupuleuse, toutes les Constitutions & les regles les plus severes de son ordre, & même jusqu'aux cérémonies les plus indifferentes qui y sont prescrites. Pendant quarante ans il jeûna presque tous les jours, excepté les Dimanches. Tous ses voïages, il les fit long-tems à pied, un bâton à la main ; ce qu'il pratiqua constamment pendant quinze ans ; mais aïant eu enfin une jambe incommodée, & ne pouvant plus marcher qu'avec peine, il se servit d'un âne pour se faire porter de ville en ville. Il couchoit sur des fagots de serment, ou sur la paille, avec un sac de laine pour oreiller. Il ne s'est jamais dépouillé devant personne, non pas même devant ceux de ses freres avec qui il vivoit le plus familiérement. Depuis sa premiere jeunesse, jusqu'à la fin de sa vie, il n'a jamais manqué de se donner la discipline toutes les nuits avec des cordes noüées, tant pour domter son corps, que pour honorer les souffrances du Sauveur par ce douloureux exercice. On remarque même une chose surprenante, qui est que quand il étoit malade, & que ses bras affoiblis se refusoient à son zéle, il contraignoit ses confreres à lui donner la discipline, & les conjuroit au nom de J. C. de frapper sans ménagement, & de toute leur force. Comme il ne pouvoit suffire tout seul à ce que son emploi demandoit de lui, il avoit associé à ses travaux Apostoliques cinq de ses confreres, Pierre Rayna, Jean de Beaupré qu'il avoit trouvé étudiant à Toulouse, & qu'il avoit gagné à l'Ordre de Saint Dominique, Raphael Cardoa, Geoffroi Blanés, & Pierre Cerdan, tous gens de merite, d'une vie sainte, & qui avoient l'estime universelle de tout le monde, mais sur tout les deux derniers, qui se faisoient distinguer par leur doctrine, & à qui Dieu ne refusa pas la grace des miracles. La consideration de la grande multitude de peuple qui le suivoit ordinairement, soit pour faire penitence, soit pour profiter de ses instructions & des exemples de sa sainte vie, l'avoit engagé à y établir un certain ordre, tant pour entretenir & augmenter la devotion, que pour assurer les fruits de sa doctrine & de ses prédications. Il menoit avec lui beaucoup de Prêtres qu'il avoit tirez de differens Ordres Religieux, qui étoient chargez d'entendre les confessions, & de servir, tant à la Messe solemnelle, qu'à la celebration des offices Divins. Son attention étoit allée jusqu'à faire provision d'un cabinet d'orgues, qui le suivoit dans tous ses voïages, pour contribuer par l'harmonie à exciter ceux de sa suite à loüer Dieu avec plus d'affection. Il menoit aussi des Notaires avec lui, pour fixer par des actes publics la legereté & l'inconstance de ceux qui, après s'être reconciliez avec leurs ennemis, pourroient être tentez de se repentir du bien qu'ils auroient fait. Il vouloit que ceux qui le suivoient pour faire penitence, fissent des processions publiques, après le coucher du soleil, dans les villes & les autres lieux où il se trouvoit, en chantant des hymnes qu'il leur avoit composées lui-même, & en se donnant la discipline sur les épaules nuës, en disant à haute voix : *en memoire de la passion de J. C. & pour la remission de mes pechez.* Ces gens, penetrez de componction, s'acquitoient de ces exercices avec une édification si touchante, que les habitans des lieux se laissoient entraîner au desir de les imiter, & embrassant la penitence, quittoient tout pour suivre le saint homme, en si grand nombre, qu'on a vû quelquefois jusqu'à dix mille personnes dans cette societé de penitens. Outre ceux-là, le nombre des autres qui accouroient de toutes parts pour entendre S. Vincent s'est trouvé assez souvent d'environ 80. mille hommes. On a remarqué, au sujet de ces penitens, que quoique la flagellation se fit quelquefois en des tems que le froid, le vent & la pluïe rendoient très-fâcheux, il n'est cependant jamais arrivé que personne en ait eu la moindre incommodité. Afin qu'il n'arrivât point de confusion dans une aussi grande multitude, Vincent avoit fait choix de quelques personnes d'une reputation & d'une conduite hors d'atteinte de tout soupçon, qu'il avoit chargées du soin de pourvoir aux vivres & au logement, & sur tout de separer les hommes d'avec les femmes, encore avec plus de précaution qu'il n'en prenoit pour separer les Ecclesiastiques d'avec les laïques. Toutes les aumônes qu'on lui donnoit, il les distribuoit à ceux de sa compagnie, à chacun selon ses besoins, & le reste il l'emploïoit au soulagement des pauvres. Il ne vouloit pas que ceux de sa compagnie reçussent de l'argent, & ne leur permettoit d'accepter que ce qui étoit necessaire pour la provision de chaque jour. Les Consuls de Beziers lui avoient une fois presenté trente escus d'or en aumône. Il les refusa, à son ordinaire ; mais les Consuls firent de si grandes instances pour le prier d'accepter leur offrande, que le Saint n'osant manquer de respect aux nom de J. C. & de la Sainte Vierge qu'ils avoient emploïez pour le flechir, il prit veritablement l'or qu'ils lui offroient, mais il le donna sur le champ à l'un de ses compagnons, avec ordre de le distribuer aux pauvres, aux orfelins, & aux veuves, avant qu'il sortît de la ville. Il reprenoit, avec une autorité pleine de hardiesse, les vices non-seulement du peuple, mais encore des Princes & des Prélats, & n'épargnoit personne de ceux dont la conduite scandaleuse étoit digne de blâme. Il avoit pourtant cette moderation & ce ménagement pour les gens d'Eglise, de sauver l'honneur de leur caractere, en leur faisant la reprimande en particulier. Il en usoit de même à l'égard des Religieuses qui avoient donné lieu de parler d'elles peu avantageusement. Il avoit dans le cœur une source inépuisable de cette onction qui se répandoit dans ses discours. On la remarquoit sur tout, quand il celebroit la Messe ; la devotion tendre dont il étoit animé lui faisoit couler une si grande abondance de larmes des yeux, quand il étoit prêt à recevoir le corps & le sang de J. C. que ses larmes excitoient celles de la nombreuse multitude qui l'accompagnoit toûjours, dont les soupirs & les gemissemens faisoient un bruit capable d'ébranler les cœurs les plus endurcis. Le fruit de ses prédications fut si grand, que l'on compte plus de cent mille hommes qui vivoient dans le dereglement, qu'il a mis dans les pratiques d'une penitence salutaire. Il étoit impossible de resister à la vehemence de ses paroles. Elles pénétroient dans les cœurs les plus corrompus, & détachoient les ames criminelles de leurs plus douces habitudes. On en voïoit de jour à autre, qui ne pouvant plus supporter le poids de leurs pechez, se produisoient à cette nombreuse multitude qui suivoit S. Vincent, & faisoient un aveu public de leurs fautes, sans se mettre en peine de se couvrir de confusion devant les hommes, pourvû que la pénitence pût les

S. VINCENT FERRIER.

reconcilier avec Dieu. Mais quoiqu'on fût presque toûjours infailliblement vaincu & confondu par cet admirable prédicateur, on s'attachoit cependant à le suivre, dès que l'on avoit une fois commencé de l'entendre, & l'on trouvoit une douceur infinie à ne point contester la victoire à l'Esprit Saint qui parloit en lui. Il insistoit le plus ordinairement sur trois point, la Passion du Sauveur, le jugement qu'il doit porter des vivans & des morts, & les peines de l'Enfer. Quand il étoit sur ces matieres, son éloquence jointe à sa pieté, exprimoit si vivement ce qu'il sentoit en lui-même, que tout l'auditoire, pénétré de crainte & de douleur, forçoit très-souvent le prédicateur au silence, par le bruit des gemissemens plus grand que celui de sa voix. Quand il expliquoit quelques endroits de l'Ecriture Sainte, il le faisoit avec autant de clarté, que d'abondance. Tout ce qu'il avançoit pour la correction des mœurs, il le prouvoit solidement par des passages précis de l'Ecriture Sainte & des Peres de l'Eglise. Sa memoire qui étoit d'une vaste étenduë, lui fournissoit avec une facilité & une fidélité surprenante les exemples & les passages qui lui étoient necessaires. Il n'a point écrit lui-même les sermons que nous avons qui portent son nom. C'est l'ouvrage de quelques-uns de ses auditeurs; & comme ils n'ont pris que le canevas de ses discours, sans pouvoir y joindre cette abondance merveilleuse, cette onction admirable, ce caractere d'autorité, qui les accompagnoient; il n'est pas étonnant que nous ne trouvions plus aujourd'hui dans ces extraits décharnez rien qui soit au-dessus du mediocre. Et c'est aussi le témoignage qu'ont porté à Pierre Ranzano auteur de la vie de S. Vincent, quelques personnes qui avoient entendu ce Saint prêcher; que ces sermons redigez par d'autres que par lui, ne meritoient seulement pas d'être regardez comme l'ombre de ses veritables discours. Il n'est pas si difficile de persuader la pénitence & la sainteté à des personnes qui ont vieilli dans le crime, que de persuader la verité de nôtre Religion aux Juifs & aux Mahometans. On compte cependant plus de vingt-cinq mille Juifs convertis par le ministere de S. Vincent dans differens cantons de l'Espagne, & autant de Musulmans qu'il a portez à renoncer à Mahomet & à s'attacher à J. C. On rapporte aussi parmi les fruits de ses prédications, un grand nombre de monasteres & d'Hôpitaux fondez, d'Eglises bâties, de ponts édifiez sur des passages dangereux; la paix rétablie dans les villes, les haines les plus cruelles appaisées, l'impudicité reprimée; l'usure abolie. Cette éloquence puissante, outre les faveurs du ciel, étoit encore soûtenuë par les talens naturels, la beauté, la bonne grace, la santé, la voix flexible, forte & harmonieuse. On prétend qu'il n'y avoit personne dans cette multitude qui l'accompagnoit, & qui le voïoit prêcher dans les places, & les campagnes qui ne l'entendît; depuis les premiers rangs jusqu'aux derniers. Mais on avance une autre merveille bien plus surprenante, qui est que prêchant dans sa seule langue maternelle (c'est Pierre Ranzano qui le rapporte d'après l'information faite pour la Canonization) il étoit entendu par des Grecs, des Allemans, des Sardes, des Hongrois, & des bas-Bretons, qui ne sçavoient point d'autres langues que la leur. Pendant qu'il ne cherchoit que l'honneur de Dieu, les honneurs temporels le venoient; pour ainsi dire, chercher lui-même. Quand il approchoit de quelque ville, tout le peuple, la noblesse, le clergé, les Prélats même sortoient au devant de lui; on le recevoit au chant des Hymnes, & on lui faisoit autant d'honneur qu'on en auroit pû faire à un des Apôtres de la compagnie de J. C. Il l'empêcha autant qu'il lui fut possible; mais voïant enfin que Dieu tiroit sa gloire de ces respects que l'on rendoit à son ministére, il les souffroit comme une importunité dont il ne pouvoit se défendre. Il trouvoit même des sujets d'humiliation parmi l'éclat de ces entrées, & l'exterieur de cet homme simple monté sur un âne, entre tant de personnes montées avantageusement, faisoit bien voir que sa modestie lui donnoit de la complaisance pour sa pauvreté & sa simplicité, au milieu de cette pompe si magnifique. Aux heures qu'il prêchoit, les artisans interrompoient leur travail, & les professeurs donnoient congé à leurs écoliers; tout le monde couroit à ses sermons, & l'on avoit de la peine à empêcher les malades de s'y faire porter. Sa présence bannissoit des villes les sermens, les blasphêmes, les débauches, les jeux de hazard; on voïoit par tout une si grande componction, tant de pieté, tant de modestie dans les habits, tant de moderation dans les repas, qu'on eût crû voir revivre la ferveur des tems Apostoliques. Et en effet beaucoup de personnes judicieuses faisant attention aux vertus de Vincent, aux fruits prodigieux de ses travaux, à la vie qu'il menoit, au concours des peuples qui le suivoient par tout, & aux miracles continuels dont il plaisoit à Dieu de confirmer ses discours, se croïoient obligez de convenir, que depuis le tems des Apôtres il n'y avoit eu personne qui l'eût surpassé;

pour ne pas dire égalé. Le profond respect que l'on avoit pour lui doit nous empêcher de trouver à redire qu'il donnât ses mains à baiser au peuple. Il ne lui étoit pas libre de s'en dispenser, & la foule qui exigeoit cela de lui étoit si accablante, qu'on étoit obligé de mettre des balustrades entre lui & le peuple, pour l'empêcher d'en être accablé. Les Rois & les Princes vouloient bien se donner la peine d'aller au devant de lui, quand il arrivoit dans les villes où ils étoient ; & nous avons vû ci-dessus que même les Rois infidéles ont recherché de l'avoir auprès d'eux. Violante Reine d'Arragon, seconde femme du Roi Jean & belle-sœur du Roi Martin, voulut user des droits que lui donnoit la souveraineté pour aller voir S. Vincent jusques dans sa chambre. Il avoit résisté autant qu'il lui avoit été possible à cette curiosité de femme ; mais n'aïant pû empêcher la Reine d'entrer dans le Convent, du moins trouva-t-il le moïen de se rendre invisible. La Reine, qui n'avoit pû se satisfaire dans cette occasion, tâcha de le surprendre dans une autre, & de voir, sans en être vûë, à quoi il s'occupoit dans sa cellule. Elle le vit à genoux, en prieres, au milieu de la nuit, mais dans un état si lumineux, que saisie de respect & de fraïeur, elle se retira, dans la résolution de le laisser desormais en repos, & de ne plus l'importuner. Une des vertus qu'il recommandoit le plus, étoit la pauvreté Evangelique. Il eût la consolation de voir un grand nombre de personnes nobles & riches, qui touchées de ses saintes instructions se dépoüillérent de tous leurs biens, les distribuérent aux pauvres, & s'attachérent à la suite de celui qui les avoit portez à ce dénuëment si parfait ; plusieurs Ecclesiastiques se défirent de leurs benefices, pour entrer dans des Religions auftéres, ou pour suivre S. Vincent dans ses voïages ; & beaucoup de Dames & de filles d'une naissance distinguée se renfermérent dans des monastéres, pour y trouver un azile assuré contre la corruption du siécle. Quant aux miracles de S. Vincent, nous ne croïons pas qu'il soit necessaire de rien ajoûter à ce que nous en avons touché ci-dessus en diverses rencontres. Mais nous ne pouvons nous dispenser de rapporter une prédiction qu'il fit à Alfonse Borgia Jurisconsulte fameux de Valence, lorsqu'un jour, après un sermon de S. Vincent, il vint avec les autres recevoir sa benediction & lui baiser la main. L'homme de Dieu l'aïant apperçu, lui dit : « Sçachez, mon fils, que le tems viendra que « vous serez la gloire de vôtre famille & de « vôtre patrie ; vous serez élevé à la premiere dignité du monde ; & quand je ne serai plus dans cette vie mortelle, vous me ferez plus dans le plus grand honneur qu'on puisse recevoir dans l'Eglise de Dieu. Souvenez-vous de ce que je vous dis, afin que cela vous serve à vous exciter de plus en plus à la vertu. » Il faut être aussi saint & aussi solidement affermi dans la pieté que l'étoit S. Vincent, non-seulement pour prédire positivement des choses qui ne doivent arriver que 50. ans après (car en effet Alfonse Borgia devenu Pape sous le nom de Calixte III. canoniza nôtre Saint) mais encore, pour envisager, sans perdre la modestie, le plus haut point de gloire où l'homme puisse aspirer. Mais ce qui seroit ridicule & dangereux pour des vertus mediocre, peut être pratiqué sûrement par ces ames sublimes, qui peuvent, sans s'écarter de l'humilité, selon la regle de S. Paul, se glorifier, pourvû qu'elles mettent toute leur gloire en Dieu.

Jean V. Duc de Bretagne avoit envoïé plusieurs fois prier ce saint homme de venir en Bretagne faire part à ses peuples des travaux qu'il emploïoit pour tant d'autres. Il avoit reçû les messages du Duc à Nanci, à Bourges & à Tours. Il se détermina enfin à venir en Bretagne, & s'étant embarqué sur la Loire, il se rendit à Nantes, où il fut reçû par l'Evêque, le Clergé & le peuple, & logea dans le Convent de son Ordre. Il prêcha dans le Cimetiere de S. Nicolas ; & puis il se transporta à Vannes, pour y saluër le Duc. Ce Prince avoit donné ordre qu'on lui rendît tous les honneurs possibles dans tous les lieux où il passeroit. Quand on fut averti de son arrivée à Vannes, non seulement l'Evêque Amauri de la Motte, le Chapitre, le Clergé, le peuple ; mais encore le Duc, la Duchesse, tous les Princes & les Seigneurs de la Cour, allérent au devant de lui jusqu'à une demie-lieuë. Il alla d'abord à l'Eglise Cathedrale faire ses dévotions, & puis refusant modestement de loger dans le Château Ducal de la Motte que le Duc lui avoit cédé, il préféra la maison d'un simple particulier, appellé Robin le Scarb. Le lendemain, qui fut le quatriéme Dimanche de Carême, il chanta la Messe à son ordinaire, & prêcha dans la place des Lices sur un échaffaut qui lui avoit été dressé vis-à-vis du château de l'Ermine, à cause que l'Eglise Cathedrale ne se trouvoit pas assez spacieuse pour contenir la foule prodigieuse du monde qui vouloit le voir & l'entendre. Il continua de celebrer la Messe solemnelle, & de prêcher tous les jours au même lieu, jusqu'au mardi de Pâques, qu'il prit congé du Duc, de l'Evê-

Albert Grand, & P. Guyard.

que, du Chapitre & du peuple, pour aller prêcher dans le reste de la Bretagne. Pierre Ranzano avance hardiment, qu'avant que S. Vincent fût venu dans cette Province, Jeanne de France Duchesse de Bretagne n'avoit pû avoir d'enfans ; mais qu'elle devint feconde, auffi-tôt qu'elle fe fut recommandée aux priéres de l'homme de Dieu, & eut dans la fuite plufieurs enfans. S'il falloit juger de l'exactitude de cet auteur dans le refte des faits qu'il rapporte, par celui-ci, nous n'aurions pas fujet de faire grand fonds fur fon témoignage, quoiqu'il ait eu devant les yeux le procez verbal de la Canonization, & qu'il ait écrit fi peu de tems après la mort de S. Vincent, qu'il a vû plufieurs témoins oculaires des faits qu'il rapporte. Il est certain que la Duchefse avoit déja pour le moins deux enfans, Anne, le traité de mariage de laquelle avec Charles de Bourbon fe fit dès l'an 1412. & François, né l'an 1410. qui fut depuis Duc de Bretagne après le decez de Jean V. fon pere. Nos auteurs difent, que la Duchefse étant groffe, pria S. Vincent de recommander à Dieu & la mere & fon fruit, afin qu'il pût au moins recevoir la grace du baptême ; & que S. Vincent l'encouragea à ne rien craindre, & lui dit qu'elle étoit groffe d'un fils qui feroit Martyr. Elle accoucha en effet de Gilles de Bretagne, qui mourut depuis d'une maniere fi tragique dans le fonds d'une prifon, où il étoit détenu injuftement, que la pieté des peuples lui a quelquefois donné la qualité de Martyr. Plufieurs perfonnes d'une qualité diftinguée s'attachérent à la fuite de S. Vincent, quand il partit de Vannes, & ne l'abandonnérent point dans tout le voïage. Il parcourut toute la province, & prêcha à Guerrande, à Aurai, à Redon, à Guemené, à Roftrenen, à Pontivi, au Croific, à Hennebond, à Carhais, à Kemperlé où il fut logé chez les Religieux de fon ordre, à Conquerneau, au Pont-l'abbé, à Quimper, à Lefneven, à Saint Paul de Leon, & à Morlaix où il fut reçu dans la maifon des Dominicains fes confreres. Il demeura quinze jours dans cette ville, & alloit ordinairement prêcher au haut de la ruë des Fontaines, lieu élevé au-deffus de ville, où l'on bâtit depuis une Chapelle en fon honneur, qui a fubfifté jufqu'en 1626. qu'elle a été abatuë pour augmenter la maifon des Carmelites. De Morlaix le S. Miffionnaire alla à Lannion, à Treguer, à la Roche-Derien, à Guingamp où il demeura cinq jours dans le Convent de fon ordre, & à Châtelaudren. Nous dirons ici, fur la foi du P. Guihard & du P. Albert le Grand, que les foldats de la garnifon de Châtelaudren, place forte appartenante à la maifon de Penthiévre, s'étant mocquez de l'âne du faint prédicateur, s'attirérent cette prédiction qu'il leur fit : « ceffez de railler, mes enfans ; dans peu de tems les brebis & les ânes paîtront fur les débris de ce château. « En effet le château fut démoli trois ans après, par ordre du Duc, en punition de l'attentat commis contre fa perfonne par les Penthiévre en 1420. De Châtelaudren S. Vincent alla à S. Brieuc, & puis à Lamballe, à Quintin, à Jugon, à S. Malo, d'où il fe rendit à Dinan & y féjourna dix jours chez les Dominicains. Il trouva dans cette ville une place telle qu'il les lui falloit pour prêcher, puifque c'eft une des plus grandes qui fe voïent dans aucune ville du Roïaume ; auffi y prêcha-t-il fouvent à un peuple infini qui accouroit de toutes parts. Il alla enfuite à Dol, à Antrain, Bazouges, Fougeres, & Vitré, & puis fe rendit à Rennes, où il fut reçu par l'Evêque, le Clergé, la Nobleffe, les Magiftrats & la Bourgeofie, avec tout le refpect imaginable. L'Evêque lui avoit fait préparer fon logement dans le palais Epifcopal ; mais l'humilité dont Vincent faifoit profeffion, ne lui permit pas de loger ailleurs que chez fes Confreres les Religieux de Bonnes-Nouvelles. Pendant qu'il fut à Rennes, il prêcha dans une place affez fpacieufe appellée le Cimetiere fainte Anne. Le Roy d'Angleterre, qui étoit en Normandie, lui envoïa, à ce qu'on dit, un gentilhomme à Rennes, pour le prier de l'aller trouver à Caen. On ajoûte que le Saint y alla, & qu'il y travailla pendant quelque tems, mais fans fuccez, à ménager quelque accommodement entre les deux Couronnes de France & d'Angleterre. S. Vincent de retour à Rennes, reprit le chemin de Vannes par Montfort, Joffelin & Ploërmel. Outre les travaux éclatans de fon emploi de Miffionnaire Apoftolique, il fe rabaiffoit jufqu'aux moindres fonctions des Catechiftes, parce qu'il n'eftimoit rien de petit, de tout ce qui pouvoit fervir au falut des ames & la gloire de Dieu. La vertu des miracles, & le don de fe faire entendre à ceux même qui ne fçavoient pas fa langue, l'accompagnérent en Bretagne, comme dans tous les autres lieux qui avoient eu le bonheur de le poffeder. Mais il fallut enfin que le corps fuccombât fous les rigueurs de la penitence & fous les travaux de l'Apoftolat.

Ses compagnons voïant approcher la fin de fa vie, emploïérent leurs follicitations, pour lui perfuader d'aller mourir en Efpagne. Le grand interest qu'ils paroiffoient y prendre l'empêcha d'apporter une trop forte résistance à leurs prieres; il se laissa vaincre, & après avoir pris congé des habitans de Vannes, il monta sur son âne, & se mit en chemin à minuit. Mais après avoir marché quelques milles avec ses compagnons, il se trouva à la pointe du jour devant la porte de la ville. Alors il se tourna vers ses freres, & leur dit : « rentrons dans cette « ville, mes freres; ce qui nous est arrivé « nous marque assez que Dieu veut que ce « soit ici la borne de ma carriere. » Son retour causa une joïe universelle aux habitans, qui accoururent en foule, hommes, femmes, enfans, pour lui baiser les mains & lui marquer leur satisfaction. L'on entendoit par tout le son des cloches, comme dans les plus grandes solemnitez, & l'on ne disoit autre chose de toutes parts, sinon : *beni soit celui qui vient au nom de Dieu*. Quand il fut arrivé à son hospice ordinaire, il dit aux habitans: « mes enfans, « il a plû à Dieu que je revinsse ici; mais « ce n'est plus pour y prêcher, c'est pour « mourir chez vous. Allez-vous-en, & « que Dieu vous recompense de l'honneur « que vous avez bien voulu me faire au-« jourd'hui pour son amour. » Il leur dit encore beaucoup d'autres choses qui leur tirérent les larmes des yeux, & changérent en une sensible affliction la joïe qu'ils avoient euë de son retour. Le jour suivant il fut attaqué d'une fiévre violente, accompagnée de douleurs extrêmes dans tous les membres, & d'un épuisement universel. Mais possedant toûjours son ame, comme dans la plus parfaite santé, il appella ses freres, & leur annonça le jour de sa mort. Il fit venir le Prêtre à qui il avoit coûtume de confier les secrets de sa conscience, il se confessa, & le pria de lui accorder l'absolution generale, selon le pouvoir que lui en avoit donné le Pape Martin V. Il reçut ensuite tous ses Sacremens avec un redoublement de dévotion, & passa trois jours entiers à exhorter un chacun à la pratique de la vertu & à la perseverance dans le bien. Quand on eut appris dans la ville qu'il avoit reçû les derniers Sacremens, l'Evêque, la noblesse, les magistrats, vinrent le voir, & il leur dit : « Messieurs les Bretons, si « vous voulez rappeller dans vôtre memoi-« re tout ce que je vous ai prêché pendant « deux ans, vous trouverez qu'il n'est pas « moins utile pour vôtre salut, que confor-« me à la verité. Vous n'ignorez pas à quels « vices j'ai trouvé que vôtre province étoit « sujette, & que de mon côté je n'ai rien « épargné pour vous ramener dans le bon « chemin. Rendez graces à Dieu, avec moi, de ce qu'après m'avoir donné le talent de « la parole, il a rendu vos cœurs capables « d'être touchez & portez au bien. Il ne « vous reste plus qu'à perseverer dans la pra-« tique des vertus, & à ne pas oublier ce « que vous avez appris de moi. Pour ce qui « me regarde, puisqu'il plaît à Dieu que je « trouve ici la fin de ma vie & de mes tra-« vaux, je serai vôtre avocat devant le tri-« bunal de Dieu, je ne cesserai jamais d'im-« plorer sa misericorde pour vous; & je « vous le promets, pourvû que vous ne « vous écartiez point de ce que je vous ai « enseigné. Adieu. Je m'en irai devant le « Seigneur en dix jours d'ici. » Ensuite, pour emploïer plus tranquillement à la contemplation le reste de sa vie, il pria qu'on empêchât le grand concours du peuple. Ses douleurs augmentérent; mais sa patience, toûjours superieure au mal, augmenta aussi de telle sorte, que les medecins même, & tous ceux qui l'approchoient, étoient surpris qu'un homme mortel pût la pousser jusqu'à un dégré si éminent de perfection. Dans les operations les plus cruelles de la Chirurgie, on ne lui entendoit prononcer autre chose, que les noms sacrez de Jesus & de Marie; & hors les tems qu'il donnoit à prendre quelque nourriture, ou au sommeil, il étoit occupé sans cesse des loüanges de Dieu. Comme il n'y avoit point encore de maison Religieuse de son Ordre à Vannes, ceux qui avoient la principale autorité dans la ville, voulant prévenir les disputes qu'il pourroit y avoir au sujet de sa sepulture, vinrent le trouver, pour lui demander où il souhaitoit d'être enterré. Il répondit : « je suis un pauvre Religieux, « qui ne fais gloire que d'une qualité, qui « est celle de serviteur de J. C. En cette « qualité je regarde le salut de mon ame, « comme l'unique soin dont je dois m'occu-« per. Du reste je m'embarasse fort peu de « ce qui regarde la sepulture de mon corps. « Cependant afin de vous procurer la paix « après ma mort, comme j'ai tâché de vous « y entretenir pendant ma vie, je vous prie « de permettre que le Prieur du Convent « de mon Ordre qui est le plus près d'ici, « soit le maître de regler ce qui regarde « ma sepulture. » Neuf jours après il demanda qu'on lui lût la passion de N. S. selon les quatre Evangelistes; il se fit lire ensuite les sept Pseaumes de la penitence, qu'il repeta, avec tous les autres Pseaumes, jusqu'à ce que les forces lui manquérent absolument, & que sa langue n'eut plus d'action. Il joignit les mains, & aïant levé les yeux au ciel, il s'y en alla, par la meilleure partie de lui-même.

Il mourut ainsi le vendredi 5. d'Avril de l'an 1419. dans la 63e. année de son âge. La Duchesse de Bretagne, fille de France, voulut laver elle-même son corps & l'ensevelir. Elle garda long-tems l'eau qui avoit servi à ce précieux devoir, & loin de se corrompre, cette eau conserva toûjours une odeur agréable qu'elle avoit contractée par l'attouchement du saint corps, & servit à la guérison de plusieurs maladies. Le Duc Jean V. prépara des obseques magnifiques à S. Vincent, & il s'y fit un concours si grand, qu'on fut obligé de garder le corps pendant trois jours, pour satisfaire à la dévotion du public qui vouloit le voir & le toucher. Il fallut même à la fin l'environner de gardes armez, pour le conserver entier. Pendant tout ce tems-là il n'en sortit aucune odeur incommode ; il demeura sans changer, & toûjours de la même couleur que le premier jour. Il fut enterré dans l'Eglise Cathedrale à côté du grand autel, & Dieu a continué de faire, après la mort de S. Vincent, autant & plus de miracles, par son intercession, qu'il en avoit accordez à ses prieres pendant sa vie.

Aussitôt après sa mort, la plûpart des Princes, des Prélats, des villes & des Universitez, qui avoient eu le bonheur de le connoître & de le posseder, s'adresserent au Pape Martin V. pour l'exciter à travailler à sa canonization. Jean V. Duc de Bretagne fut un des plus ardens à solliciter cette affaire. Martin V. trouva qu'il y avoit tant de justice à se rendre à ce qu'on desiroit de lui, qu'il y pensa serieusement, & commença de prendre les mesures necessaires pour cela. Mais l'Eglise Romaine aïant eu d'autres affaires qui l'interessoient plus vivement que cette canonization, donna tous ses soins à ce qui la touchoit de plus près, & négligea S. Vincent. Les Religieux même de son Ordre se refroidirent, quand ils eurent vû que les Princes & les Prélats n'agissoient plus avec la même ardeur. Eugene IV. aïant succedé à Martin V. en 1431. voulut reprendre ce que l'on avoit commencé à la gloire de S. Vincent, & le Duc de Bretagne faisoit de grandes instances qui auroient en quelque fruit, sans le schisme d'Amedée, qui donnant d'autres occupations aux Papes, les empêcha de s'appliquer autant qu'ils l'auroient voulu à ce qui regardoit S. Vincent Ferrier. Enfin la septiéme année de Nicolas V. Jean Roy d'Espagne, Alfonse Roy d'Arragon, Pierre Duc de Bretagne second fils de Jean V. plusieurs autres Princes, & beaucoup de Prélats qui avoient connu S. Vincent, reveillérent le zéle des Dominicains par des reproches de leur négligence ; & ceux-ci aïant tenu leur Chapitre general à Rome, où ils élurent pour Ministre General Gui Fammuchet, allérent avec lui se jetter aux pieds du Pape, pour le supplier d'immatriculer leur saint confrere au catalogue des Saints. Le Pape promit de travailler serieusement à une affaire d'une aussi grande importance. Les Dominicains indiquérent leur prochain Chapitre general à Nantes. Le Ministre General mourut à Naples huit mois après, mais cela n'empêcha pas que l'assemblée generale ne se tint à Nantes, comme il avoit été reglé, où l'on élut pour Ministre General, d'un commun accord, Frere Martial Auribel, d'Avignon, l'un des plus fameux Theologiens & des plus grands esprits de son tems. Après s'être informé du Procureur general de son Ordre à Rome, de ce qu'on avoit fait jusques-là pour parvenir à ce que l'on souhaitoit, il résolut de ne se point donner de repos, qu'il n'eût terminé glorieusement cette entreprise. Il alla trouver le Duc Pierre, & prêcha devant lui & toute la noblesse de sa Cour, avec tant d'éloquence, qu'il fut résolu qu'on mettroit toute autre affaire à part, pour ne s'occuper que de celle-là. Le Pape Nicolas V. fut si vivement sollicité, qu'il nomma trois Cardinaux Commissaires pour informer à Rome de la vie & des miracles de Frere Vincent Ferrier, & nommer des Subdeleguez hors de Rome pour faire de pareilles informations. Les trois Cardinaux furent, Georges Evêque d'Ostie, Alfonse Borgia qui fut ensuite Pape sous le nom de Calixte III. & qui n'étoit alors que dans les moindres ordres, & Jean Cardinal Diacre du Titre de S. Ange. Les Subdeleguez qu'ils nommérent, furent, pour Naples le Patriarche d'Alexandrie Archevêque de Naples, & l'Evêque de Mayorque ; pour le Dauphiné les Evêques de Vaison & d'Usez, l'Official d'Avignon, & le Doïen de S. Pierre d'Avignon ; pour le Roïaume de France, l'Archevêque de Toulouse, l'Evêque de Mirepoix, & leurs Officiaux ; pour la Bretagne, les Evêques de Dol & de S. Malo, les Abbez de S. Jagu & de Buzé, & les Officiaux de Nantes & de Vannes. On proceda à l'Enquête, & les procez verbaux qui en furent dressez par des Notaires, aïant été envoïez à Rome, on trouva que l'on avoit entendu 28. témoins à Naples, 18. à Avignon & aux environs, 48. à Toulouse, & 310. en Bretagne, parmi lesquels il y avoit des Cardinaux, des Evêques, des Abbez, un Roi, des Princes, beaucoup de personnes distinguées par leur naissance, & un grand nom-

5.
AVRIL.

bre de Docteurs & d'autres gens de lettres. Nicolas V. mourut avant que d'avoir achevé la discussion de tous ces témoignages, & Calixte III. lui aïant succedé selon que S. Vincent l'avoit prédit, il chargea Alain de Coetivy Cardinal Prêtre du Titre de sainte Praxede, de faire le rapport de l'information ; sur lequel, de l'avis des Cardinaux, le Pape prononça qu'il falloit passer outre à la Canonization. On lut donc publiquement, en deux Consistoires, les dépositions des témoins ; & les Cardinaux & les Prélats qui y assistoient dirent tous d'une voix, que Vincent meritoit parfaitement d'être canonizé. Le Pape en prononça le Decret le 3e. jour de Juin de la premiere année de son Pontificat, & annonça qu'il feroit la cérémonie de la Canonization le 29. du même mois, jour des saints Apôtres. Ce jour arrivé, le Pape canoniza S. Vincent Ferrier ; & ordonna que son nom fût écrit au catalogue des Saints à qui l'Eglise de J. C. rend un culte public & Religieux, & que sa fête fût celebrée dorénavant le 6. d'Avril, comme d'un Confesseur non Pontife. Mais comme Calixte III. n'eut pas le tems de faire dresser des Bulles autentiques de cette canonization, son successeur Pie II. s'en acquitta l'an 1458. Cependant quoique le Pape Calixte III. eût ordonné qu'on celebrât la fête de S. Vincent le 6. d'Avril, elle s'est toûjours celebrée le 5. du même mois, qui est celui de sa mort.

1455.

Ce fut dans l'année 1456. qui suivit immediatement la Canonization, que se fit à Vannes l'élevation des Reliques de saint Vincent. Mais le Duc Jean V. n'avoit pas attendu cette Canonization pour lui rendre les respects que l'on ne rend qu'aux Saints ; il avoit fait dire des Messes à son tombeau, comme on en dit à ceux des autres saints, & il avoit été des premiers à faire dresser des informations de sa vie & de ses miracles. Le Duc Pierre II. son fils pria le Pape d'envoïer un Legat en Bretagne, pour faire avec plus de dignité l'élevation du corps ; & pour subvenir aux frais de cette cérémonie il imposa sur le peuple une taxe extraordinaire de cinq deniers par feu, ou ménage ; & les Bretons ne se contentérent pas de la païer avec joïe, ils la doublérent même, & eurent plus besoin qu'on les moderât, qu'il ne fut necessaire d'exciter leur zéle. Le Pape envoïa pour Legat en Bretagne le Cardinal de Coetivy, qui se rendit à Vannes le 2e. jour de Juin, & y fut reçu avec tous les honneurs dûs à sa dignité. Il se rangea auprès de lui un grand nombre de Prélats, entre lesquels on nomme Raoul Roussel Archevêque de Roüen,

Laurent de Faye Evêque d'Avranches, Leon Guerinet Evêque de Poitiers, André de la Roché Evêque de Luçon, Philippe Rouault de la Rousselliere Evêque de Maillezais, Martin Berruyer Evêque du Mans, Jean de Beauvau Evêque d'Angers, Jacques d'Espinay Evêque de Rennes, Guillaume de Malestroit Evêque de Nantes, Frere Yves de Pont-Sal ci-devant Dominicain Evêque de Vannes, Jean de l'Espervez Evêque de Quimper, Raoul de la Moussaye Evêque de Dol, Jean de Coetquis Evêque de Treguer, Jean Pregent Evêque de S. Brieuc, Guillaume Ferron Evêque de Leon, & Mathurin le Leonnais Abbé de S. Melaine. Le concours de la noblesse & du peuple, tant de Bretagne, que des provinces voisines, & d'Angleterre même, fut infini. Le 4. de Juin, le Cardinal alla faire ses dévotions au tombeau de S. Vincent, & puis on commença les premieres vêpres en son honneur, en présence du Duc de Bretagne, des Barons ; des Prélats, & de toute cette affluence prodigieuse de peuple, dont les Gardes du Duc avoient bien de la peine à empêcher que leur Prince ne fût étouffé. Après les vêpres le Legat se retira à l'Evêché, & le Duc au château de l'Ermine. On se rassembla dans l'Eglise Cathedrale une heure avant minuit, & après que l'on y eut chanté les Matines de S. Vincent, on ouvrit sa fosse, & on fit l'élevation de ses Reliques, qui furent mises par le Legat dans une chasse qui avoit été préparée exprès. On ne laissa dans le tombeau que quelques vertebres, & cette attention eut son utilité dans la suite, comme nous le dirons. On porta la chasse autour de l'Eglise, & puis on la mit auprès du grand Autel, après l'avoir fermée de trois clefs, dont le Legat en voulut garder une ; l'autre fut donnée au Duc, & la troisième confiée à l'Evêque de Vannes. Le General des Dominicains, qui étoit-là, à la tête de cent de ses Religieux, & qui avoit si utilement travaillé à la canonization, demanda qu'on lui donnât le corps de son confrere, & se fondoit sur la déclaration qu'il avoit faite en mourant, de ses dernieres volontez à cet égard. Il présenta sa requête à l'Evêque & aux Chanoines, en présence d'un Notaire & de quelques témoins, & sur le refus qui lui fut fait, il protesta qu'il se pourvoiroit devant le Pape, comme il y étoit engagé par les instances du Chapitre general de son Ordre. Le Legat celebra la Messe le 5. de Juin, & publia la Canonization de S. Vincent Ferrier à l'offertoire. Les Hetauts du Duc la proclamérent aussi-tôt, en trois langues, en Latin, en Breton,

5.
AVRIL

Breton, & en François. Après la Messe on chanta le *Te Deum*, & peu de jours après on mit la chasse du Saint dans un tombeau élevé qu'on avoit dressé exprès, qui est peutêtre le même qui se voit encore dans une Chapelle en forme de caveau qui est sous le chœur de l'Eglise Cathedrale de Vannes. Le General Auribel composa, par ordre du Pape l'office de S. Vincent, avec des Hymnes en vers Sapphiques, de sa façon, où il a affecté de mettre les premieres lettres de son nom, *Martialis*, en acrostiche à l'hymne de Vêpres. Cinq autres Generaux de son Ordre, après lui, sont venus à Vannes pour y visiter le tombeau de S. Vincent, c'est à sçavoir Salvo Cassetta de Sicile, Joachim Turriano Venitien, Jean Claireau Normand, Silvestre de Ferrare, & Nicolo Rodolphi Florentin. Celui-ci fit en sorte qu'on bâtit un Convent de son Ordre dans un faubourg de Vannes, qui fut dedié en 1633. à S. Vincent, dont les Carmes Déchaussez établis sur le port de la même ville en 1628. avoient déja pris le nom, qu'ils semblent avoir cedé depuis aux Peres Dominicains.

On montre quelques parties des Reliques de S. Vincent, aux Carmes Déchaussez de Vannes, aux Carmelites de Morlaix, à Nôtre-Dame & à S. Pierre de Nantes, aux Chartreux de Nantes, & aux Dominicains de Guingamp. Les Carmelites des Coets auprès de Nantes ont sa calote, sa ceinture, & plusieurs lettres écrites de sa main. On garde d'autres de ses lettres à Catane, & son bâton au Convent du S. Esprit de Lilybée. La France a perdu, par la fureur des heretiques, les sacrez restes des plus illustres de ses Saints ; mais la Bretagne, par un destin contraire, a pensé perdre les Reliques de S. Vincent Ferrier par le zéle des Catholiques & des Ligueurs. Quand le Duc de Mercœur Duc de Penthiévre & Gouverneur de Bretagne, religieusement attaché au parti que sa maison avoit embrassé, eut fait venir en Bretagne quelques troupes Espagnoles, pour y soûtenir la Ligue expirante, on mit à Vannes une garnison composée pour la plûpart d'Arragonnois, qui étoient non-seulement du même païs, mais encore de la même ville, que S. Vincent. Leur dévotion pour leur compatriote ne se borna pas à l'invoquer & à lui rendre leurs pieux devoirs à Vannes ; ils se persuadérent qu'ils rendroient un grand service à leur patrie, s'ils enlevoient ce trésor, & ils prirent des mesures pour cela. Ils gagnérent sans doute quelques Chanoines, & en aïant averti le Roi Philippe II. ils n'attendoient qu'un aveu de sa part, pour executer leur dessein. Le Roi Catholique apprit ces nouvelles avec une extrême satisfaction, & écrivit au Chapitre de Vannes la lettre suivante : « Venerables & nos amez Doïen & Chapitre de Vannes. J'ai appris avec quelle affection vous avez offert de m'envoïer les Reliques du saint corps de saint Vincent Ferrier ; & comme c'est une chose qui me donne une satisfaction infinie, je vous remercie de ce que vous faites à ce sujet, & vous charge de donner ordre qu'on me les envoïe le plûtôt qu'il se pourra, vous me rendrez un grand service, & je vous en demeurerai fort obligé. Donné à Valladolid le 20. de Juillet 1592. Signé : *Moi le Roi*, & plus bas : *Dom Martin de Idiag*. » Il y avoit alors à Valence un habitant de Vannes, homme très-riche, qui aïant appris ce que machinoient les Espagnols, en avertit ceux de Vannes. Le dessein des Espagnols étoit d'amuser le peuple par une Comedie dans le goût de leur païs, & d'enlever le corps de S. Vincent de l'Eglise Cathedrale, pendant ce tems-là. Mais l'avis de Bourgerol (c'étoit l'habitant de Vannes établi à Valence) leur fit manquer leur coup. On confia ce sacré dépôt au plus ancien des Chanoines, qui le cacha si bien chez lui, que les Espagnols sortirent de Bretagne avant que d'avoir pû découvrir où il étoit. Le Chanoine qui l'avoit conservé, se voïant près de mourir, fit reporter les Reliques dans la Sacristie, où elles demeurérent dans le même coffre, ou la même chasse, où on les avoit mises d'abord ; mais elles y demeurérent négligemment jettées & sans aucun honneur, sans être même connuës ; & le coffre qui renfermoit un si grand trésor, étoit regardé comme un meuble profane & peu commode. Enfin Sebastien de Rosmadec Evêque de Vannes eut le bonheur de faire la découverte de ces saintes Reliques en 1637. ce qui l'avoit excité à le chercher, étoit la chasse d'argent que le Chapitre avoit fait faire pour les mettre, sans sçavoir précisément où on les trouveroit. On alla d'abord au sepulcre, à l'instante priere du Duc de Brissac, qui commandoit pour le Roi dans la province ; mais le Theologal Henri Basseline aïant ouvert ce sepulcre, le 24. de Mai, n'y trouva que quelques vertebres. Dans un Reliquaire d'argent qui étoit à part, il n'y avoit que la machoire inferieure. Le Prélat excita les Chanoines à chercher de tous côtez ; & à la fin deux Chanoines nommez, Guimarho & Basseline, trouvérent au fond du Chappier de la Sacristie un coffre fermé de trois serrures, & les aïant fait sauter, on y vit un crane sans machoire inferieure, & d'autres offemens qu'on se persuada qui étoient de S. Vincent Ferrier; mais on ne trouva dans ce coffre aucun autre enseignement, que deux pieces de monnoie, l'une de Jean V. & l'autre de François I. tous deux Ducs de Bretagne qui avoient beaucoup contribué à la canonization de S. Vincent. Comme on ne doutoit nullement que la machoire inferieure qui étoit dans le Reliquaire d'argent ne fût de ce Saint, il fut résolu qu'on s'en serviroit pour verifier les Reliques trouvées dans le Chappier. L'Evêque assembla donc son Chapitre le 7. d'Aoust à trois heures après-midi, & fit faire un examen juridique de la tête & de la machoire, par Jean Petit sieur de la Bergerie Docteur en Medecine & Claude Gossement Maître Chirurgien, qui après avoir prêté serment de dire verité, procederent à la confrontation, & par la même couleur des os, par la rencontre juste des dents hautes & basses, en nombre égal, & dont les avancées répondoient exactement à celles qui leur cedoient par la même poudre & odeur aromatique qui se trouvoit sur la machoire & sur les autres os, ils jugerent que cette machoire inferieure étoit du même corps que la tête & les autres offemens qui leur avoient été montrez. Le Prélat, pour ne rien negliger de ce qui pouvoit le conduire à l'évidence, ordonna à l'Archidiacre & au Penitencier de regarder dans une chasse d'argent appellée communément *Les corps Saints*, s'il n'y auroit rien de S. Vincent. Ils s'acquitérent de leur commission, & rapporterent à leur Evêque, qu'ils avoient trouvé beaucoup de Reliques dans cette chasse, mais qu'il n'y en avoit aucune de S. Vincent. Il fit une assemblée de Theologiens le 23. d'Aoust, où il avoit convoqué le Recteur des Jesuites, le Vicaire de Nazareth, le Prieur du Bodon, le Prieur des Carmes Déchaussez, le Gardien du Convent de S. François, le Provincial & le Gardien des Capucins, le Prieur des Dominicains, Messieurs le Cerf & le Gallois Official & Grand Vicaire de Vannes, & le Promoteur Bullion. Tous se trouverent à l'assemblée, excepté le Prieur des Carmes Déchaussez, & elle se tint dans l'Eglise Cathedrale, à la Chapelle du haut de l'Eglise dédiée à la sainte Vierge & à saint Vincent. Il y assista beaucoup de laïques, entr'autres le Lieutenant & le Procureur du Roi; les medecins Petit & du Buisson, & Gossement & Thomazzo Chirurgiens. On apporta devant l'assemblée la chasse où étoient les offemens trouvez dans la Sacristie, avec la machoire qui étoit incontestablement de S. Vincent. On commença par invoquer le Saint Esprit, en chantant l'Hymne *Veni creator*, & puis on examina le rapport de la machoire avec le reste. Petit & Gossement persisterent dans leur premier sentiment, mais du Buisson & Thomazzo, après avoir admiré le rapport exact de la machoire superieure & de l'inferieure, formerent pourtant quelques difficultez sur ce que cette machoire inferieure n'avoit pas un mouvement trop libre dans les rencontres du crane. Les contestations qu'ils formerent firent remettre la conclusion de l'examen à un autre jour, & ce jour arrivé, du Buisson dit qu'après avoir réflechi sur les sujets qu'il avoit eu de douter, à l'assemblée précedente, il convenoit présentement que la tête en question lui paroissoit devoit être du même homme dont avoit été la machoire. La recherche acquit un nouveau dégré d'évidence le jour suivant, lorsqu'aïant ouvert une chasse de bois qui étoit dans le sepulcre de saint Vincent, on y trouva une vertebre & quelques autres offemens plus petits. Cette vertebre trouva sa place si juste à l'endroit où elle manquoit dans le corps trouvé au Chappier, & tous ces os tirez du sepulcre paroissoient si bien couverts de la même matiere aromatique dont ceux du coffre trouvé dans le Chappier se trouvoient aussi revêtus, qu'il ne fut plus libre de contester que ce ne fût un même squelete d'un même corps humain. Alors le Prélat déclara publiquement, & en habits Pontificaux, que c'étoient les Reliques de saint Vincent; ordonna qu'on les respectât déformais comme telles, & défendit d'en ôter aucune portion sans son consentement. Ensuite il en fit la translation dans la chasse d'argent préparée par les Chanoines, le 5. de Septembre, assisté de l'Evêque de Treguer; & le lendemain 6. la chasse fut portée en procession aux Convents des Capucins, des Dominicains, & de Nazareth, avec un concours de 150. mille homme. Cette fête se renouvelle tous les ans à Vannes le 6. de Septembre, avec une procession publique, où les habitans de Vannes donnent des marques éclatantes de la joïe qu'ils ont de posseder un si riche tresor, & de la confiance dont ils sont penetrez pour celui dont ils ont eu le bonheur de conserver ces précieux restes.

S. JEAN DU DOIGT,
XV. SIECLE.

SI Dieu avoit permis que nous fussions demeurez dans cette facile credulité de la stupide enfance, qui n'a pas encore appris à se défier des hommes, parce qu'elle n'en a éprouvé que les bienfaits ; ou si ce livre étoit destiné à donner au public, pour l'amuser, des fables, où le merveilleux surpassât le vrai-semblable ; nous dirions : que les Reliques de S. Jean-Baptiste aïant été miraculeusement préservées du feu où les païens les avoient jettées, une vierge Normande appellée Thecle, en emporta un doigt dans son païs, le même dont le saint Précurseur avoit montré l'Agneau de Dieu qui étoit venu pour ôter les pechez du monde ; Que ce Doigt fut mis dans une Eglise bâtie en l'honneur de S. Jean ; Qu'un Breton de la paroisse de Plougaznou auprès de Morlaix, étant au service d'un Seigneur dont la maison étoit auprès de cette Eglise, conçut une tendre affection pour le saint Précurseur, & qu'étant prêt à s'en retourner dans son païs, dans le tems que le Roi Charles VII. se disposoit à faire vigoureusement la guerre aux Anglois, il prit congé de l'objet de sa plus ardente dévotion, lui recommanda son voïage, & lui marqua la passion extrême qu'il avoit que sa patrie pût être honorée de quelqu'une de ses Reliques ; Qu'il partit avec une joïe interieure dont il ignoroit la cause ; Que pendant qu'il marchoit, les arbres se courboient devant lui, & les cloches sonnoient d'elles-mêmes ; Qu'arrêté, à ce sujet, dès le premier jour, & mis en prison comme Magicien, il se recommanda à S. Jean, & le lendemain matin, à son reveil, se trouva transporté dans son païs & dans sa paroisse, dans la vallée de Traoun-Meriadec, auprès du Château de Primel ; Que les arbres continuérent en ce lieu à courber leurs branches devant lui ; Qu'étant descendu dans la vallée, auprès de la fontaine appellée depuis la fontaine du Doigt, *Feuntun-ar-bis*, il entendit la cloche de la Chapelle de S. Meriadec sonner d'elle-même ; Qu'étant entré dans la chapelle & s'étant mis à genoux devant l'autel, il vit les cierges s'allumer d'eux-mêmes, & la sainte Relique, qu'il avoit apportée sans le sçavoir, sortir de son bras où elle s'étoit insinuée, & sauter sur l'autel ; Que le Duc de Bretagne aïant fait averer le miracle, tant par l'examen du pelerin, que par des Enquêtes en Normandie, alla visiter le saint Doigt, & donna pour lui servir d'étui, un Reliquaire d'or qu'il portoit au cou ; Que les miracles qui se firent par le saint Doigt attirérent tant d'offrandes à la chapelle de S. Meriadec, qu'il y en eut assez pour entreprendre le bâtiment d'une plus grande Eglise, commencée en 1440. finie en 1513. & dediée le 18. Novembre de la même année 1513. par Antoine de Grignaux Evêque de Treguer, qui consacra à l'honneur de S. Meriadec Evêque, premier patron du lieu, la chapelle de l'aile droite de cette nouvelle Eglise ; Que les Anglois que la Duchesse Anne fut obligée, avant ce tems-là, d'appeller à son secours dérobérent la relique de S. Jean, & l'emportérent au port de Hampton ; mais que le Clergé averti de l'arrivée de ce riche trésor, étant venu en grande cérémonie pour le recevoir, trouva le Reliquaire vuide, parce que le saint Doigt s'en étoit retourné invisiblement en Bretagne ; Enfin que pareille chose arriva du tems que la Reine Anne de Bretagne étant venuë à Morlaix & s'y trouvant indisposée, envoïa querir la sainte Relique ; on croïoit la lui apporter ; il ne se trouva que l'étui, & la Relique demeura dans son lieu ordinaire, pour apprendre à la Reine, que c'étoit à elle à se transporter devant une si précieuse Relique, au lieu de la faire venir chez elle.

Il resulte tout au plus d'une histoire si fabuleuse, qu'il peut y avoir eu quelque translation d'un ou deux articles d'un Doigt de S. Jean, apportez en Bretagne dans le XV. siécle, sauf aux interessez à nous prouver le fait, s'ils en ont de meilleurs titres que l'Elegie de Guillaume le Roux Prêtre de Plougaznou, inserée dans son livre intitulé *Nugæ Poëticæ*, les memoires fabuleux de M. Yves le Grand Chanoine de Leon & Aûmonier du Duc François II. & les Vies des Saints du P. Albert le Grand. Ils feroient aussi une chose fort agréable au public, s'ils pouvoient produire des pieces capables de faire décider en leur faveur la contestation que sont en droit de leur faire toutes les autres Eglises qui se croïent en possession du Doigt précieux qui a montré l'Agneau de Dieu.

Dans le voïage que la Reine Anne fit en Bretagne en 1505. & 1506. elle alla visiter l'Eglise & la Relique de S. Jean. On montre encore dans la lande nommée Lann-Festour, auprès de Morlaix, une Croix de pierre, appellée la Croix de la Reine, *Croas-ar-Rouanez*, qui a été plantée au lieu où la Reine descendit de sa litiére pour achever le reste du voïage à pied. Elle avoit envoïé devant Guillaume de Guicaznou

Imprimé à Paris chez Pierre Paultonnier, en 1605.

Chanoine de Treguer, Prévôt de la Collegiale du Mur, & Meriadec de Guicaznou son frere, Gouverneur de Morlaix & Grand Maître d'hôtel. La Reine fit chanter les vêpres de S. Jean, & le lendemain les Matines, où elle assista, elle se confessa à Frere Yves Mahieuc Religieux Dominicain du Convent de Morlaix, & communia à la grand-Messe, de la main de Guillaume Gueguen Evêque de Nantes. Après la Messe elle considera la sainte Relique, qui lui fut montrée à nud par ce Prélat, l'appliqua sur son œil gauche incommodé d'une fluxion, montra le saint Doigt au peuple, & laissa dans l'Eglise des présens considerables, comme le cristal où la Relique fut enchassée, un grand calice d'argent doré, des burettes, des chandeliers, & un encensoir d'argent blanc; & de plus elle donna une rente annuelle pour aider au bâtiment de l'Eglise jusqu'à sa derniere perfection. Enfin elle affranchit de fouages les habitans du bourg de S. Jean, comme en sont exemptes les villes franches de son Duché. L'Eglise est une des plus belle de la province, accompagnée d'une tour de pierre surmontée d'une haute pyramide, & dans le cimetiere il y a une très-belle fontaine. Cette Eglise de S. Jean du Doigt est une Succursale ou Tréve de la Cure de Plougaznou, & elle a son Curé, c'est-à-dire Vicaire particulier, avec quelques Prêtres qui la desservent.

Il pourra arriver, que parmi ceux qui se font un amusement délicieux de trouver des étymologies, quelqu'un fera réflexion, qu'il y a auprès de Traoun-Meriadec une conduite d'eau, ou canal, que nos peres appelloient *Douet*, mot formé du Latin *Ductus*; d'où il présumera que c'est de ce *Douet*, qu'on a appellé l'Eglise ou chapelle de S. Jean, *S. Jean du Douet*, comme on appelle une autre Eglise auprès de S. Malo, *S. Jean des Douets*, apparemment pour la même raison. A cela il pourra ajoûter, que le séjour & l'occupation de S. Jean-Baptiste auprès du Jourdain, aura fait naître l'idée d'établir son culte dans des lieux voisins des courans d'eau. Enfin il ne sera pas difficile de s'imaginer que les Bretons ignorans la signification de l'ancien mot de *Douet* se seront persuadez qu'il marquoit un *Doigt* de la main; & auront là-dessus donné le nom de *Bis*, c'est-à-dire *Doigt*, à ce qu'ils devoient continuer d'appeller *Douet*, & inventé l'histoire du Doigt de S. Jean. Cette découverte sera fortifiée par l'incongruité qu'il y a à donner à un Saint le nom de sa Relique, comme à dire S. Jean du Doigt; ce qui est la même chose que si on disoit : S. Mathieu du Chef; au lieu qu'on donne communément aux Saints le surnom des lieux où ils sont particuliérement honorez, comme saint Paul de Leon, S. Malo de Baignon, S. Méen de Gaël, S. Armel des Boschaux, &c. & c'est ainsi qu'on peut dire correctement S. Jean du *Douet*. C'est une curiosité que nous laissons à examiner à ceux dont l'érudition a ces sortes de matieres pour objet.

FRANÇOISE D'AMBOISE, Duchesse de Bretagne, & puis Religieuse Carmelite.

28. SEPTEMB.

XV. SIECLE.

LA Seigneurie d'Amboise, l'une des plus considerables de la Touraine, avoit passé par alliance dans la maison des Seigneurs de Berrie en Loudunois, & il y avoit deux cens ans qu'ils portoient le nom d'Amboise, lorsque Loüis Sire d'Amboise, Vicomte de Thoüars, Prince de Talmond, Comte de Guines & de Benaon, Seigneur de Mauleon, de Mont-richard, de l'isle de Rhé, &c. Seul fils d'Ingerger II. d'Amboise & de Jeanne de Craon, épousa en premieres nôces Marie de Rieux niéce de Pierre de Rieux, dit de Rochefort, Maréchal de France, petite-fille de Jean II. Sire de Rieux & de Rochefort aussi Maréchal de France, & fille du premier mariage de Jean III. Sire de Rieux & de Rochefort & Baron d'Ancenis avec Beatrix de Montauban. Loüis Sire d'Amboise n'eut que des filles de son premier mariage, & il n'eut point d'enfans d'une seconde alliance qu'il contracta avec Nicole de Chambes fille du Seigneur de Montsoreau. L'aînée des filles de Loüis fut Françoise, née l'an 1427. La seconde fut Petronnelle, autrement dite Jeanne d'Amboise, qui épousa Guillaume d'Harcour Comte de Tancarville, dont elle n'eut point d'enfans; la derniere s'appelloit Marguerite, qui fut mariée en 1446. à Loüis I. du nom Sire de la Tremoille, dans la maison duquel, étant devenuë heritiere de son pere & de ses sœurs, elle porta ce qui restoit des biens des maisons d'Amboise & de Berrie.

L'aînée de toutes, dont nous écrivons la vie, avoit à peine trois ans, qu'elle fut demandée en mariage par quantité de grands Seigneurs, que les grands biens dont elle devoit heriter, faisoient aspirer à son alliance avec empressement. Le plus favorisé de

28.
Septemb.

tous du pere & de la mere ; fut Pierre de Bretagne second fils du Duc Jean V. & de Jeanne de France, qui en fit la demande au commencement de l'an 1430 par un gentilhomme du Comte d'Estampes son oncle ; & celui de tous les prétendans qui porta le plus impatiemment le refus du Seigneur de Thoüars, fut Georges Seigneur de la Tremoille, de Sulli & de Craon, Grand-Chambellan & favori du Roi, qui avoit inutilement demandé Françoise pour Loüis de la Tremoille son fils aîné. Artur de Bretagne Comte de Richemont & Conétable de France, à qui le Seigneur de la Tremoille n'avoit pas peu contribué à faire perdre les bonnes graces du Roi, se retiroit ordinairement à Partenai, dont il étoit devenu Seigneur par son mariage avec Madame de Guienne. Le voisinage lui avoit donné lieu de cultiver le Seigneur de Thoüars, & la Tremoille n'ignoroit pas que le Conétable n'avoit pas peu contribué à l'affront qu'il prétendoit avoir reçu du Seigneur de Thoüars. Il prit d'abord le parti de faire assassiner le Conétable ; mais voïant ce noir projet échoüé, il tâcha d'engager ce Prince dans une conference qui avoit pour prétexte les interests du Roi & la paix du Roïaume. Il put bien tromper le Duc de Bretagne, qui souhaitant avec passion de voir son oncle rentrer dans les bonnes graces du Roi, n'épargna ni ambassades, ni soins, pour disposer toutes choses à la réünion ; mais il ne fut pas aisé de surprendre le Conétable, & les mesures de ses ennemis furent déconcertées par le refus qu'il fit de se trouver à la conference que l'on proposoit de tenir entre Poitiers & Partenai. Le Vicomte de Thoüars, le Seigneur de Lezai, & Antoine de Vivonne, eurent sujet de se repentir de n'avoir pas imité la sage précaution du Conétable. Ils se trouvérent au rendez-vous ; où ils furent reçus avec beaucoup d'honneurs & de caresses ; mais aïant été invitez à une partie de chasse, ils y furent arrêtez par ordre du Seigneur de la Tremoille, qui retint le Vicomte de Thoüars prisonnier, & fit couper la tête aux deux autres. Cette trahison n'avança point les affaires du Seigneur de la Tremoille. Marie de Rieux Vicomtesse de Thoüars alla trouver le Conétable à Mauleon, pour implorer son secours contre la tyrannie du favori. Le Conétable la fit conduire à Partenai, où elle demeura auprès de lui & de Madame de Guienne. Les Sires de Châteauneuf, de Beaumanoir, & de Rostrenen, avec beaucoup d'autres gentilshommes de Bretagne, l'y vinrent voir, & l'on y conclut le mariage de Françoise avec Pierre de Bretagne. Le Conétable conduisit cette petite enfant en Bretagne, & la mit entre les mains du Duc, qui la devoit garder, jusqu'à ce qu'elle fût en âge nubile, & emmena son neveu Pierre à Partenai. La guerre s'alluma en Poitou, pour la délivrance du Vicomte de Thoüars, qui demeura prisonnier à Châtillon sur Indre jusqu'en 1433. que le Seigneur de la Tremoille pris par le Conétable, fut obligé de le relâcher ; pour être mis en liberté lui-même.

Hist. de Bret. to. 1. p. 582.

Il étoit difficile, pendant la détention du Vicomte, de faire le traité de mariage de sa fille ; & d'ailleurs le bas âge de l'enfant n'obligeoit point le Duc de Bretagne à se presser ; mais il craignoit si fort que la faveur du Sire de la Tremoille auprès du Roi ne lui enlevât Françoise d'Amboise, qu'il croïoit ne pouvoir assez tôt mettre ce dangereux concurrent en état de ne plus prétendre au mariage de cette riche heritiere. Le Maréchal de Rochefort son grand oncle, délivré enfin de sa longue prison, se présenta alors favorablement, pour autoriser le traité en l'absence du pere. Il fut fait le 21. du mois de Juillet de l'an 1431. & l'on promit par les conventions de ce traité, de donner à Françoise d'Amboise quatre mille livres de rente, à prendre sur le Comté de Benaon, l'isle de Rhé, & la terre de Mont-richard ; & le Conétable qui avoit déja donné à Pierre la terre de Partenai, du consentement de Madame de Guienne, lui en renouvella la donation, & le fit son heritier à Vouvant, Mairvent, Secondigni, Chatel-aillon, & dans toutes les autres terres qu'il tenoit en France de la liberalité du Roi. Le Duc assigna à Françoise un doüaire de 1200. livres de rente, en cas qu'elle survécût à son mari. Le Maréchal vendit assez cher le consentement qu'il donna à ce traité. On lui donna en mariage Marie fille aînée de Richard de Bretagne Comte d'Estampes ; avec vingt-cinq mille écus d'or pour lui aider à retirer la terre de Ranroüet engagée pour le païement de sa rançon, & les terres de Conq, Fouesnant, & Rospreden, engagées de quinze mille écus.

28.
Septemb.

Madame de Thoüars, envoïant sa fille en Bretagne, lui avoit donné pour gouvernante une fille très-vertueuse & de bonne maison, qui devoit avoir soin de l'élever dans la crainte de Dieu, & de lui apprendre tout ce qu'il convenoit qu'une personne de sa qualité sçût. Mais quand la Dame de Thoüars n'eût pas eu une aussi excellente maîtresse à qui confier l'éducation de sa fille, la jeune enfant n'y auroit rien perdu, en se trouvant entre les mains de la

28.
SEPTEMB.

Duchesse de Bretagne, qui avoit si bien profité des leçons de S. Vincent Ferrier, que sa maison étoit peutêtre la meilleure école de vertu qu'il y eût alors dans le Roïaume. Cette Princesse qui, répondant fidélement aux soins de ce grand homme, avoit fait de grands progrès dans la pieté, fut ravie de trouver dans l'enfant dont on lui remettoit le soin, les plus heureuses dispositions à la vertu & à la sainteté. Françoise étoit d'une douceur charmante, tranquille, facile à gouverner, ne donnant de peine à personne, modeste & dévote dans son maintien extérieur, prudente dans ses réponses, & même au-dessus de la portée de son âge, retenuë dans ses paroles, assiduë & patiente à l'Eglise malgré la rigueur des saisons, qu'elle souffroit volontiers,

Albert le Grand, & Jean de Montay.

disoit elle, en consideration de ce que J. C. & les Saints avoient enduré. On rapporte un trait de cette naïveté innocente qui est le caractére des ames sans malice & heureusement prévenuës des impressions de pieté que font la grace & la bonne éducation. Un jour qu'il faisoit fort grand froid, entre les objets de pieté qui l'avoient occupée à l'Eglise Cathedrale de Vannes, où elle avoit assisté à l'office Divin, elle s'étoit arrêtée à considerer une image de S. François. Quand elle fut de retour au château de l'Ermine, sa gouvernante, qui lui avoit fait ôter ses souliers pour la chauffer, s'apperçut qu'elle pleuroit. Elle lui en demanda la cause. L'innocente Françoise lui répondit : « n'avez-vous pas pris garde, aussi « bien que moi, que mon Pere & Patron « S. François est nuds pieds en oraison ? Fai- « tes-lui, je vous prie, porter mes souliers, « afin qu'il n'ait pas si grand froid. » Sensible à la misere des pauvres, elle leur donnoit tout ce qu'elle pouvoit avoir en sa disposition, jusqu'à ses habits & son déjeuné. Les jeux, qui enchantent l'enfance, n'avoient aucun attrait pour elle ; on la trouvoit toûjours occupée à quelque chose de serieux, à prier, à lire, à écrire, ou à travailler. Les jours de prédication, après avoir entendu la parole de Dieu, elle en faisoit l'unique matiere de ses entretiens. Dès cette tendre enfance, un esprit avancé & éclairé par la foi, lui donnoit pour le S. Sacrement de l'autel un respect plein d'amour & de tendresse, & elle ne pouvoit jetter les yeux sur l'hostie sainte, quand le Prêtre l'élevoit pour la faire adorer au peuple, que ses larmes ne donnassent un témoignage public des mouvemens de son cœur. Les jours que le Duc & la Duchesse se disposoient à la Communion, la jeune Françoise tomboit dans un accablement de douleur, qui se rendoit sensible par ses larmes & par le dégoût qu'elle ressentoit pour toute sorte de nourriture. La Duchesse, affligée de la voir en cet état, la pressa un jour de lui découvrir ce qui lui faisoit de la peine, & lui promit de ne rien négliger pour la satisfaire. Quelle fut la surprise de la Duchesse, quand au lieu de quelque plainte d'enfant, elle entendit Françoise lui parler de cette sorte. « Helas ! Madame ! « Monseigneur & vous & toute vôtre Cour « vous avez aujourd'hui reçû une si grande « faveur du ciel, en participant au corps de « nôtre Sauveur ; & moi seule, à cause de « mon peu d'âge, il faut que je sois privée « d'un si grand bien. Jugez, s'il vous plaît, « si je me plains sans sujet ? « La Duchesse, attendrie à ce discours, ne put s'empêcher de pleurer aussi. Elle essuïa les larmes de l'enfant, & lui promit de faire ensorte qu'elle communiât à la Toussaints prochaine. Elle alla trouver son Confesseur Frere Yves de Pont-sal Religieux de l'Ordre de saint Dominique du Convent de Kemperlé, qui fut fait Evêque de Vannes la même année 1432. & lui parla en faveur de la petite Françoise. Quoiqu'elle n'eût encore que cinq ans, cependant le Confesseur, après avoir fait attention aux graces dont Dieu l'avoit prévenuë, à cette raison si avancée, à sa grande foi, à l'ardeur de sa dévotion, fut d'avis qu'on pouvoit lui permettre d'approcher de la Sainte Table.

28.
SEPTEMB.

La bonne Duchesse tomba malade au commencement du mois de Septembre de l'an 1433. & mourut le 20. après avoir reçû tous les Sacremens, Françoise recueillit avec autant de docilité, que de douleur, ses derniers soupirs & ses dernieres paroles. La Duchesse qui l'aimoit tendrement, tâcha par ses discours & par ses remontrances, de la faire heritiere de toutes ses vertus & des sentimens Chrétiens que S. Vincent lui avoit inspirez ; elle lui fit présent d'un chapelet de bois que ce saint homme lui avoit donné, & la conjura de solliciter fortement auprès du Duc & des Princes ses enfans la canonization de ce grand & admirable Religieux. Après les obseques de la Duchesse, qui fut enterrée dans le chœur de l'Eglise Cathedrale de Vannes, le Duc alla à Nantes avec toute sa Cour, & y fit aussi conduire Françoise avec les Princes ses enfans. Ils assistérent tous à la fondation de la nouvelle Eglise Cathedrale de Nantes, dont le Duc Jean V. ne put cependant bâtir que le portail & une partie de la nef; le reste est demeuré à faire. Il posa la premiere pierre de ce magnifique portail le 15. d'Avril de l'an 1434. Guillaume de Malestroit Evêque de Nantes mit la seconde, le Comte de Montfort fils aîné du Duc posa la troisième, la quatrième fut mise par le Chapitre de l'Eglise Cathedrale, la cinquième par le Prince Pierre, & la sixiéme le fut par la ville de Nantes.

Les ancêtres maternels de Françoise d'Amboise, tant de la maison de Rieux, que de celle de Rochefort, avoient fondé à Nantes trois maisons Religieuses, celle des Freres Prêcheurs, celle des Freres Mineurs, & celle des Carmes. La connoissance qu'elle en eut la porta à se rendre assidue à ces lieux de dévotion, où les discours & les exemples vertueux de tant de saintes personnes lui donnérent un grand attrait pour l'état Religieux, auquel elle se seroit consacrée, si elle eût eu la liberté de disposer d'elle-même. Quand elle eut atteint l'âge de sept ans, on prétend que le Duc aïant rassemblé dans la grande sale du château les Barons & les Seigneurs les plus distinguez de la Province, y fit venir ses trois fils, & les lui présentant tous trois, lui donna le choix de celui de tous les fils qu'elle agréroit pour son époux. On ajoûte, qu'après avoir remercié le Duc de cette faveur, elle alla par humilité, s'adresser au second fils plûtôt qu'au premier, & se mettant à genoux devant lui, donna par cette marque de respect, celle de son choix. Ceux qui ont avancé ce fait, devoient ou le placer plûtôt, ou ne point mettre le Comte de Montfort de la partie, puisqu'il étoit marié dès l'an 1431. avec Yoland d'Anjou ; & d'ailleurs les engagemens pris avec le pere, la mere, & le grand Oncle de cet enfant, & le traité fait quelques années auparavant, ne nous permettent de regarder cette rencontre, tout au plus que comme un jeu propre à cultiver l'amitié qui devoit être entre deux personnes destinées à vivre ensemble sous le même joug ; amitié qu'il n'est pas rare de voir affoiblir, quand on commence de trop bonne heure à la regarder comme un devoir.

Quand Françoise commença à croître en âge, ses vertus jettérent un nouvel éclat ; & cette jeune fille, qui n'avoit jamais été enfant, entra dans le monde avec tant de modestie, de retenuë, de discretion, & de pieté, & si bien soutenuë de la grace Divine à laquelle elle avoit toûjours été fidéle, que les plaisirs & la vanité ne purent faire aucune impression sur son cœur. A l'âge de quinze ans elle fut mariée solémnellement avec le Prince Pierre en 1442. en présence du Duc François I. son beau-frere, du Conétable de Richemont, des Prélats & des Barons de Bretagne. On a remarqué que le Prince son époux lui fit prendre le jour des nôces un habit de damas blanc, comme une marque de la continence parfaite dont il devoit faire profession en secret, en même tems qu'il se rangeoit publiquement sous les loix du mariage. Jamais nouvelles ne furent plus agréables à personne, que le fut à Françoise d'Amboise l'assurance que lui donna son mari, qu'il vouloit vivre avec elle dans l'observation d'une viginité perpetuelle.

Après la solemnité des nôces, le Prince emmena son épouse à Guingamp, appanage que le Duc son pere lui avoit donné, après l'avoir confisqué sur le Comte de Penthiévre. Pierre avoit embelli cette ville, l'avoit fortifiée de murs & de portes, & d'un château flanqué de quatre tours, où il résolut de faire sa demeure, au milieu d'un des plus beaux & des plus fertiles cantons de la province. Si la vraïe Religion permettoit de négliger les devoirs essentiels, à la faveur de quelques vertus brillantes, de conseil plûtôt que de précepte, à la pratique desquelles on s'exerceroit, il ne seroit pas sûr de se promettre une vie tranquille avec les personnes qui feroient une profession plus ouverte de ces vertus d'éclat. La Princesse, bien persuadée que son mari, qu'elle estimoit infiniment, étoit pénétré de tous ses devoirs essentiels, en même tems qu'il gagnoit sur lui de pratiquer les plus sevéres conseils, se promettoit dans sa société toute la douceur d'une union Chrétienne. De son côté elle apportoit à cimenter cette union tout ce qui pouvoit la rendre agréable, une beauté modeste, une douceur admirable, une pieté solide, tous les respects les plus soumis, les avances les plus engageantes, & les charmes d'une sçavante symphonie, avec laquelle on entendoit retentir dans le château de Guingamp les loüanges de Dieu, les mysteres de la Religion, & les maximes de la vertu. Mais le poison de la jalousie insinué dans le cœur du Prince trop credule, par des langues diaboliques, vint troubler l'heureuse paix dont il joüissoit dans son mariage. Il devint aussi-tôt rêveur & fâcheux, il se rendit inaccessible à tout le monde, ses soupçons n'épargnérent personne, il congedia toutes les compagnies, & demeurant seul avec sa femme, il ne lui présentoit qu'un visage où la fureur & la rage n'étoient que trop sensiblement peintes. Il ne servit de rien à l'innocente Princesse de lui demander quelle étoit la cause d'un si effroïable changement, & de lui protester qu'elle eût mieux aimé perdre mille fois la vie que d'avoir fait la moindre faute qui pût le troubler. Voïant que ses soumissions ne l'appaisoient point, elle s'adressa à Dieu, lui offrit ses peines, & le suppliant avec toute l'ardeur possible d'empêcher qu'il ne fût offensé, ni par elle, ni par son mari, elle se soumit du reste à souffrir tout ce que sa sainte volonté avoit ordonné qu'elle souffrit. Dieu, qui ne vouloit accorder la conversion du mari, qu'à la patience de la femme, permit que le Prince entendant un jour de son cabinet, la Princesse occupée dans une salle haute à chanter sur son luth, avec ses Dames, les airs de pieté que la feuë Duchesse lui avoit fait apprendre, sortit en fureur, entra dans la salle, & proferant mille injures contre la Princesse, il leva la main, & s'avança pour la frapper. Elle se jetta à ses pieds, toute baignée de larmes, non pas pour l'empêcher de satisfaire sa colere, mais pour le supplier d'attendre au moins qu'ils fussent seuls, afin qu'un emportement dont la honte retomboit sur elle, n'eût qu'elle seule pour témoin. Au lieu d'être touché de cette patience heroïque; il lui commanda d'entrer dans la chambre voisine, où l'aïant suivie avec des verges toutes fraîches, après plusieurs soufflets dont il lui meurtrit le visage, il la fit dépouïller (tourment très-rude pour elle) & lui déchira tout le corps avec tant de barbarie, qu'il la laissa toute couverte de sang. Pendant cette execution, que nous ne rapportons qu'avec peine, l'innocente Françoise ne disoit autre chose, sinon qu'elle eût mieux aimé mourir que d'avoir jamais eu la pensée d'offenser, ni son Dieu, ni son mari; qu'elle reconnoissoit que ses pechez meritoient encore des châtimens plus rudes; qu'elle ne se plaignoit pas de ceux-ci, & qu'elle prioit Dieu de pardonner à son époux. Le Prince ne se contenta pas de l'avoir traitée de la sorte; il voulut encore l'affliger d'une maniere plus sensible; il renvoïa tous les domestiques que Madame de Thoüars avoit mis auprès d'elle, même sa nourrice, qui étoit une femme très-vertueuse, en qui Françoise avoit une extrême confiance, & à qui elle découvroit utilement les affaires les plus importantes de sa conscience. Françoise ne put resister à l'accablement que lui causa cette séparation; elle tomba dans une maladie si dangereuse, qu'elle en pensa perdre la vie. La nourrice sçachant l'extrêmité où elle étoit reduite, & que personne n'osoit aller consoler cette pauvre mourante, usa de tant d'importunitez, que le Prince ne put enfin lui refuser la permission d'aller voir la Princesse. Elle se jetta à genoux au bord de son lit, & la voix à demi étouffée par ses soupirs & ses larmes, elle lui dit : « helas ! Madame & bonne maîtresse ! si vôtre cœur pouvoit parler, il me feroit connoître qu'on vous persecute à tort & sans cause. La Princesse faisant effort sur sa foiblesse, pour parler, lui dit : « ce monde n'est point un lieu de félicité, mais de calamitez & de travaux, où nôtre Sauveur J. C. a tant souffert d'opprobres, de peines & de tourmens, & où il est mort honteusement pour nôtre salut. Mon Seigneur J. C. est mon amour & ma patience, & c'est une faveur qu'il m'a faite, que d'avoir bien voulu me donner de son vin d'amertume. Que son saint nom soit beni à jamais. »

Tels étoient les sentimens d'une personne innocente si cruellement & si injustement traitée. Son cœur, uniquement occupé de Dieu, ne s'ouvrit ni aux plaintes, ni au murmure, & le sacrifice parfait que sa patience invincible offrit à Dieu de tous ses ressentimens, fut d'une si agréable odeur devant le trône de sa Majesté, qu'il merita la conversion du mari cruel seduit par la jalousie. En effet Pierre, déja ébranlé par les remontrances des Barons & des plus grands Seigneurs du païs, fut enfin touché interieurement de Dieu, & ouvrant les yeux sur sa faute, il eut horreur de se trouver si criminel. Il entra dans la chambre où la Princesse étoit malade, bien different de cet homme cruel & barbare, qui n'y étoit entré auparavant qu'animé de fureur; il s'approcha du lit, la tête nuë, & les yeux en larmes, se mit à genoux, & par les termes les plus soumis & les plus tendres, il demanda pardon de sa faute. La Princesse l'embrassa, & l'aïant prié de se relever, elle lui dit : « Monseigneur, mon ami, je vous pardonne de bon cœur, vos larmes m'affligent, cessez d'en répandre. Ce n'est point à vous que je me prends de tout ce qui nous est arrivé; nous n'en devons accuser que l'ennemi de nôtre salut, à qui nôtre union déplaisoit. Mais du reste vous pouvez être assuré que je ne vous ai jamais offensé, & que je n'ai jamais parlé seule à quelque homme que ce soit. » La douleur & la confusion ôtoient au Prince le pouvoir de répondre; mais sa conduite parla efficacement pour lui. Il se punit severement lui-même, & plus animé de jour en jour, par les exemples de la Princesse, il se jetta dans les pratiques les plus rudes de la penitence, porta la haire & le cilice, jeûna, & arma contre son corps la même main qu'il avoit injustement armée contre une si vertueuse personne.

La joïe qu'eut Faançoise de voir un si heureux retour, lui redonna des forces;

elle

elle demanda la santé à Dieu, & ses prieres furent exaucées. Quand elle fut guérie, elle alla avec son mari, l'an 1447. voir le Duc François I. à Nantes. Ce fut en cette ville que Pierre & elle se promirent mutuellement, que celui des deux qui survivroit l'autre entreroit en Religion, ou s'il demeuroit dans le siécle, il ne se remarieroit jamais ; & ce fut en quelque sorte pour laisser un témoignage public de cet engagement, qu'après avoir fait reparer l'Eglise de Nôtre-Dame de Nantes, & y avoir fondé une Messe solemnelle pour tous les jours, avec un Anniversaire perpetuel, ils préparérent leur sépulcre dans le chœur de cette Eglise, dans le dessein d'y être mis tous deux ensemble, comme le marque l'Epitaphe commune à tous les deux, qui fut dès lors, ou peu de tems après, gravée sur la tombe, & où il ne manquoit que la date de leur mort.

Depuis que le Prince eut reconnu sa faute, il suivit en tout les intentions de sa femme, & sa maison devint si reglée, par les soins qu'en prit la Dame, qu'on eût dit voir un Monastere. Ils se levoient l'un & l'autre, chaque jour à quatre heures, entroient dans leur Oratoire, y recitoient leurs prieres, & puis faisoient une heure d'oraison mentale, dont la matiere leur étoit fournie par celui de leurs Aumôniers qui étoit en semaine auprès de la personne du Prince. Sur les six heures ils entendoient tous deux la Messe, où depuis l'hymne éternel que la milice celeste repete sans cesse devant le trône de Dieu, & par où l'Eglise commence ses plus saints mysteres, jusqu'à la communion, Françoise donnoit des marques si vives de son attention, de sa foi, & de son amour, que son exemple faisoit impression sur les ames les plus tiédes & les plus distraites. Quand son mari sortoit, pour aller vacquer à quelques affaires, elle demeuroit à la Chapelle, & assistoit à toutes les Messes qui s'y disoient. A l'heure de la Grand-Messe, elle alloit à l'Eglise Cathedrale, ou à sa paroisse, ou dans quelque Monastere, & y demeuroit à tout le service. Elle avoit une dévotion particuliére à sainte Ursule & à ses compagnes, & en leur honneur, elle donnoit à dîner tous les mercredis à onze filles, qu'elle servoit à table, & après le repas elle leur donnoit à chacune cinq petites pieces d'argent que l'on appelloit *Petits blancs*. Le même jour de mercredi, toutes les semaines, elle faisoit dire une Messe votive à l'honneur de ces saintes Martyres, & l'a fondée à perpetuité. Le jour de Noël elle prenoit un petit pauvre, & l'habilloit tout de neuf, & toute l'année elle le regardoit comme une figure vivante qui lui devoit representer l'Enfant Jesus. On dit que les Religieuses des Coets, heritieres de son esprit, ont toûjours continué depuis cette pieuse pratique, à son exemple. Elle approchoit du tribunal de la penitence, au plus tard tous les quinze jours, & puis elle recevoit la sainte Eucharistie avec une dévotion touchante, qui prenoit de nouveaux accroissemens aux fêtes solemnelles, par la consideration des mystéres dont la memoire y étoit celebrée. Quand elle avoit assisté à la prédication, elle rassembloit tous ceux de ses domestiques qui n'avoient pû l'entendre, & leur faisoit le recit de ce qu'elle y avoit appris. Après son repas, elle passoit le reste du jour à travailler avec ses femmes, à qui elle insinuoit sans cesse, que la vertu n'a point de plus grand ennemi que l'oisiveté. Si ses domestiques faisoient des fautes, elle les dissimuloit prudemment, pendant qu'elle jugeoit que la correction seroit inutile ; mais aussi-tôt qu'elle trouvoit l'occasion favorable pour appliquer le remede, elle avertissoit les gens de leur devoir, avec la douceur d'une mere, plûtôt qu'avec le ton imperieux d'une maîtresse. Tous les ans, le Jeudy Saint, elle lavoit les pieds à quinze filles, les servoit à table, & leur donnoit à chacune une robe blanche. Dans les visites frequentes qu'elle faisoit aux hôpitaux & aux maladreries, elle s'informoit avec soin de ce qui y manquoit, & pourvoïoit avec une charité affectueuse à tous les besoins des pauvres malades. Sa compassion s'étendoit particuliérement sur les lépreux, que la saleté de leur maladie faisoit abandonner de tout le monde ; elle les mit à couvert dans des retraites qu'elle fit bâtir exprès, fournit de quoi les soigner, & gagea des personnes pieuses pour demeurer à les assister. Les pauvres trouvoient toûjours un accès libre auprès d'elle, & des ressources assurées dans sa liberalité. Elle procuroit audience auprès de son mari, aux gens à qui la bassesse de leur condition ne donnoit pas la hardiesse d'en approcher, & sollicitant elle-même pour eux, leur faisoit donner une prompte & favorable expedition. Sa charité étoit particuliérement émûe de la triste situation des pauvres honteux, sur tout des personnes nobles tombées dans la misere. Elle épargnoit leur honte, en les soulageant, & les grosses sommes qu'elle leur donnoit leur étoient remises avec adresse par des personnes du choix de la Princesse, c'est-à-dire aussi soigneuses qu'elle de cacher le bien, en le faisant. Un autre moïen qu'elle pratiquoit, pour soulager ces personnes,

28. SEPTEMB.

étoit de prendre leurs enfans à son service, & de leur donner de gros appointemens. Parmi les pauvres qu'elle assistoit, il y avoit une vieille femme, qui après avoir passé sa vie à servir les malades, étoit devenuë paralytique. Françoise la fit mettre dans une chambre à côté de la sienne ; elle la visitoit souvent, lui préparoit sa nourriture, & la lui faisoit prendre ; elle la faisoit veiller toutes les nuits par deux de ses Demoiselles ; elle lui envoïoit souvent des Religieux pour la consoler ; & lorsqu'elle fut morte, elle l'ensevelit de ses propres mains. Cette femme, quoique vertueuse & charitable, se laissoit quelquefois aller à l'impatience, & quand la Princesse l'exhortoit à supporter ses douleurs avec plus de fermeté, souvent la malade lui répondoit brusquement : « pren patience ! Madame, ô ! qu'il « est aisé de dire, & malaisé de faire ! « La Princesse disoit alors, avec sa douceur ordinaire : « il faut excuser les défauts de cet-« te pauvre malade ; Dieu nous l'a envoïée « pour exercer nous-mêmes la vertu que « nous lui prêchons. «

Ce qui arriva dans le même tems au Prince Gilles de Bretagne son beaufrere, ne donna pas peu d'exercice à sa charité & de matiere à sa douleur. Artur de Montauban favori du Duc François I. conçut une violente passion pour Françoise de Dinan Dame de Château-brient femme de Gilles de Bretagne ; mais voïant qu'il n'y avoit que la mort du Prince qui pût lui faciliter la possession de cette Dame, il machina la perte de Gilles, & sçut si bien mettre en usage la calomnie & les plus noirs artifices, que le Duc irreconciliablement prévenu contre lui, le fit prendre au Guildo & amener à Dinan, où il fut resserré dans une étroite prison. Pierre & Françoise, qui étoient alors à Guingamp, se rendirent aussi-tôt à Dinan auprès du Duc, pour solliciter la liberté de leur frere. Françoise parla vivement au Duc, & n'oublia rien pour lui dessiller les yeux ; mais le Duc au lieu de les ouvrir à la verité, se tint offensé de la maniere pressante dont la Princesse lui avoit parlé, & lui dit, aussi bien qu'à son mari, qu'ils lui feroient plaisir, s'ils vouloient bien s'en retourner à Guingamp. Depuis ce tems-là personne n'osa plus prendre ouvertement le parti du prisonnier, excepté le Conêtable son oncle, qui l'assista courageusement, tant aux Etats de Redon, qu'en toutes les autres rencontres où sa vie couroit quelque hazard. Enfin quand la fermeté du Procureur General du Breil eut rebuté le Duc des procedures, en lui faisant voir que tout ce qu'on avoit fait d'informations contre le Prince ne prouvoient autre chose, tout au plus, sinon qu'on avoit eu quelque raison de s'assurer de sa personne, & que du reste il n'y avoit rien dans sa conduite qui méritât la mort ; le Duc voulut engager quelques scelerats à lui prêter leur main, au défaut de celle de la Justice, pour se défaire de son frere. Pendant qu'ils se préparoient à rendre cette funeste obéïssance par le secours du poison, le Duc sembla se rendre enfin à la volonté du Roi & à celle du Conêtable, que Françoise d'Amboise n'avoit point cessé de solliciter en faveur de son beaufrere ; & envoïa l'Amiral de Coetivy faire ouvrir la prison de Moncontour au Prince Gilles. Ses ennemis ne s'oublierent pas en cette rencontre ; à leur priere, un vieux scelerat, appellé Pierre de la Rose, secretaire du Duc, qui avoit demeuré long-tems parmi les Anglois, fabriqua une lettre, qu'on supposa écrite par le Roi Henri, qui sommoit le Duc de lui renvoïer incessamment Monseigneur Gilles son Conêtable & Chevalier de son Ordre de la Jartiere. Le Duc trompé par cette lettre, ou qui fit semblant de la croire veritable, révoqua les ordres qu'il avoit donnez à l'Amiral de France, & croïant Gilles trop près de Guingamp, il le fit mener à Touffou, d'où il fut transporté à la Hardoüinaïe. On peut voir plus au long, dans l'histoire de Bretagne, qu'elle fut la fin déplorable de ce malheureux Prince, qui fut étranglé dans sa prison le 24. d'Avril de l'an 1450.

Une mort si indigne dê lui toucha vivement Françoise d'Amboise, qui donna d'ameres larmes à sa perte, & tâcha, par un grand nombre de sacrifices, de flechir pour le salut de l'ame, un juge plus puissant, que celui auprès duquel elle avoit inutilement essaïé de sauver le corps. Le Duc ne fut pas long-tems sans porter la peine d'un crime qui étoit devenu le sien, quoiqu'il eût été conçu & exécuté par d'autres. Il étoit occupé à la conquête que le Roi faisoit de la Normandie avec le secours des Bretons, lorsque passant sur les gréves du Mont S Michel, le 8 de Juin, il fit rencontre d'un Frere Mineur qui avoit entendu la derniere confession de Gilles de Bretagne, & qui osa bien le citer, de la part du Prince mort, à comparoître au jugement de Dieu en quarante jours. Le Duc, déja tourmenté par les remords de sa conscience, fut si effraïé d'une citation qui donnoit un terme si court à sa vie, que la fievre le saisit. Il se rendit en diligence à Vannes, sans séjourner en aucun lieu, & y arriva au château de Plaisance le 14. de Juin. Le Prince Pierre & Françoise d'Am-

28. SEPTE

FRANÇOISE D'AMBOISE.

28.
Septemb.

boife étoient à Guingamp lorſqu'ils apprirent ces nouvelles. Ils ſe rendirent auſſi-tôt auprès du Duc, & trouvérent qu'il étoit devenu hydropique, & dépériſſoit viſiblement. Il n'étoit cependant point allité, & ſe promenoit par la chambre, ce qui donnoit lieu à quelques-uns de le flatter d'une heureuſe convaleſcence. Mais la Princeſſe Françoiſe en jugea tout autrement, & perſuadée qu'il y eût eu une veritable cruauté à lui cacher le danger qui le menaçoit, elle trouva moïen de l'entretenir ſeule, de lui annoncer la fin de ſa vie, & de le réſoudre à la terminer chrétiennement. Le Duc enfin convaincu que ſa derniere heure approchoit, & déterminé à ſuivre les conſeils de ſa belle-ſœur, fit venir Guillaume de Maleſtroit Evêque de Nantes ſon Confeſſeur, qui lui adminiſtra les Sacremens de l'Egliſe. Le Duc mourut le ſamedi 17. de Juillet, l'an 1450. & ſon corps fut porté à l'Abbaïe de Redon, où il fut enterré devant le grand Autel. Il aſſiſta à ſes obſeques un grand nombre de Cordeliers, dont le Chapitre general ſe tenoit alors à Vannes. Françoiſe y aſſiſta auſſi, conſola la Ducheſſe veuve, Iſabeau d'Ecoſſe ſeconde femme du feu Duc, & fit dire beaucoup de Meſſes & celebrer un grand nombre de ſervices pour le repos de ſon ame.

De Redon, Pierre & Françoiſe allérent à Rennes, où ils reçûrent la couronne Ducale & y paſſérent huit jours. Enſuite ils allérent faire leur entrée à Nantes, & puis ils revinrent à Vannes. Ce fut pendant le ſéjour que la nouvelle Ducheſſe fit en cette ville, que pour empêcher que par quelque nouveau crime Artur de Montauban ne parvint à recueillir le fruit de celui qu'il avoit déja commis; & voulant mettre Françoiſe de Dinan veuve du Prince Gilles hors d'une pareille inſulte, elle lui procura un établiſſement digne d'elle, en lui faiſant épouſer le Comte de Laval veuf d'Iſabeau de Bretagne ſœur du feu Duc & du Duc Pierre, dont le Comte de Laval avoit eu beaucoup d'enfans. La conduite du nouveau Duc ne fut peutêtre pas auſſi nette en cette rencontre, que celle de la Ducheſſe; mais nous nous contenterons de ce qui en a été dit dans l'hiſtoire de Bretagne. Cette affaire terminée, & après que la Ducheſſe eut gagné, avec une pieté d'un grand exemple, les indulgences du Jubilé accordé pour l'an 1450. par le Pape Nicolas V. elle alla à Nantes avec le Duc, & les Prélats & Barons de Bretagne. Suivant les dernieres volontez du Duc Jean V. & l'Arreſt du Parlement donné en conſequence, le corps de ce Duc fut levé de terre dans l'Egliſe Cathedrale de Nantes, & porté à celle de Treguer, où il avoit ordonné qu'on l'enterrât dans la chapelle qu'il y avoit fait bâtir à l'honneur de S. Yves, & que l'on nomme *la Chapelle au Duc*. Le corps fut délivré aux députez du Chapitre de Treguer, qui l'emportérent & l'enterrérent dans leur Egliſe, en préſence de la même compagnie qui avoit aſſiſté à la levée du corps à Nantes.

28.
Septemb.

A la vûë d'un Saint canonizé par les ſoins de l'aïeul de ſon mari, la Ducheſſe ſe fit des reproches de n'avoir encore pû en faire autant pour le Pére Vincent Ferrier. Sa pieté ranimée par cet objet lui rappella vivement à l'eſprit les dernieres paroles de la bonne Ducheſſe Jeanne de France, & voïant ſon mari plus en état d'avancer cette affaire, que ne l'avoit été le dernier Duc, ſur tout après la défaite des Anglois en Guienne, où il avoit été obligé d'envoïer du ſecours, elle le preſſa avec tant d'inſtance de travailler à procurer la Canonization du ſaint homme, que l'affaire eut le ſucces que nous avons vû dans ſa vie. Quand le Cardinal de Coetivy leva de terre le corps de ſaint Vincent, il fit préſent à la Ducheſſe d'un doigt de ce ſaint Religieux, de ſon bonnet Doctoral, & de ſa ceinture, qu'elle conſerva ſoigneuſement comme de précieuſes Reliques, & les laiſſa en mourant au Monaſteres des Coets. On raconte que la mere du Cardinal, qui ſe trouva à cette cérémonie, y parut avec des habits dont la modeſtie trop ſimple choqua le Legat; qui ne put s'empêcher de lui faire des reproches de ce qu'il traitoit de bizarerie, & de peu de ſoin de faire honneur à une ſi auguſte cérémonie. Cette pieuſe mere, plus Chrétienne que ſon fils, lui répondit avec fermeté, que le plus grand honneur que l'on pouvoit faire aux Saints, étoit de faire revivre leurs vertus, & que la modeſtie dans les habits n'étoit pas une de celles que S. Vincent avoit le moins prêchées. En un mot cette femme laïque fit à un Evêque & à un Cardinal Legat du S. Siége, une correction qu'il eût été beaucoup plus convenable qu'un homme de ce caractere eût faite à une femme du monde.

Il y avoit en même tems à Vannes un fameux Docteur qui prêchoit avec beaucoup de zéle contre le luxe des habits que les Bretons avoient porté à un excès prodigieux. L'exemple de la Dame de Coetivy, & les diſcours du prédicateur, touchérent ſenſiblement la Ducheſſe, qui quoique plus modeſte qu'aucune des Princeſſes qui l'avoient précedée, trouvoit cependant encore qu'il y avoit quelque choſe à retran-

T t ij

28.
Septemb.

cher, autant pour satisfaire son zéle, que pour travailler plus efficacement à retrancher le luxe dans les autres. Elle alla donc trouver le Duc, & lui demanda permission de s'habiller plus simplement. Le Duc lui répondit, qu'elle l'étoit déja d'une maniere si modeste, qu'il seroit difficile de pousser la reforme plus loin ; mais qu'il trouvoit bon cependant qu'elle suivît les mouvemens de son zéle. Elle usa de cette permission avec toute la joïe d'une personne qui se promet un grand succès ; & en effet son exemple bannit entierement le luxe de la province.

Ses soins ne se bornérent pas à reformer les habits ; ses conseils portérent le Duc à mettre, autant qu'il le pouvoit, de la regle par tout. Les benefices furent donnez à des personnes de merite ; on ne permit pas qu'un homme seul en possedât plusieurs ; on seconda l'application qu'apporta le Cardinal d'Estouteville à moderer les bornes trop étenduës des immunitez Ecclesiastiques ; & l'on rechercha avec severité les abus qui se commettoient dans l'administration de la Justice. La même Religion qui commande de pardonner les injures particuliéres, oblige les Princes à la punition des crimes publics ; c'est pourquoi toute Sainte & toute Chrétienne qu'étoit la Duchesse, elle crut qu'il étoit de son devoir de poursuivre avec un zéle inexorable les meurtriers du Prince Gilles, & elle vint à bout d'appaiser, par le supplice de quelques-uns, l'indignation du public.

La tendresse qu'elle avoit pour le peuple parut avec éclat peu de tems après qu'elle eut été couronnée Duchesse. Aux Etats tenus à Vannes en 1451. le Duc voïant les finances épuisées par la guerre que son frere avoit faite en Normandie contre les Anglois, se laissa persuader d'imposer quelques nouveaux subsides fort onereux au peuple. L'affaire proposée aux Etats, fut acceptée par les Ordres qui la composoient, & le Duc s'en retournoit satisfait à son Château de l'Ermine, pour dresser l'Edit & y faire mettre le sceau ; lorsque la Duchesse, avertie de ce qui s'étoit passé, vint à sa rencontre, & lui remontra librement, en présence des Prélats & des Seigneurs qui le reconduisoient, tout ce qu'elle put imaginer de plus fort & de plus touchant, pour l'engager à révoquer cette imposition. Elle y réüssit, au grand regret des interessez, qui n'avoient conseillé cette taxe, que pour avancer leur fortune, en rendant le peuple miserable ; l'Edit fut revoqué par le Duc, & le peuple donna mille benedictions à la Duchesse.

Marie de Rieux sa mere, accablée d'ad-

verfitez, avoit subsisté en partie par les liberalitez du Duc Jean V. On ne sçait point ce que François I. avoit fait pour elle ; mais le Duc Pierre, beaucoup plus interessé que son frere à pourvoir à ce qui pouvoit contribuer à la consolation de cette Dame, qui étoit sa belle-mere, se rendit sans peine à tout ce que voulut à ce sujet la Duchesse son épouse. Françoise fit donc venir sa mere, avec l'agrément du Duc, la logea dans son palais, lui rendit tous les soins d'une fille tendre & affectionnée, & ne l'abandonna point jusqu'à sa mort.

28.
Septem

Le Duc, toûjours porté à ne lui refuser rien, lui accorda une autre permission, qui fut de faire venir auprès d'elle des Religieuses de sainte Claire, & de leur bâtir une maison dans la ville de Nantes. Quand ces saintes filles arrivérent, la Duchesse ne put aller au-devant d'elles pour les recevoir, comme elle l'avoit souhaité, parce que son devoir & son affection l'attachoient auprès de son mari qui étoit malade ; mais elle les fit recevoir par la Dame de Thoüars sa mere, & par ses Dames. On les amena au chateau de Nantes, où la Duchesse les mit entre les mains d'une de ses Dames d'honneur qui avoit dessein d'embrasser l'état Religieux, & leur témoigna qu'elle avoit un pareil dessein elle même. Après qu'elles eurent dîné, on les mena dans la chambre du Duc, qui leur marqua la joïe sensible qu'il avoit de leur arrivée. Il leur dit qu'il ne croïoit pas desormais vivre long-tems ; qu'il se recommandoit à leurs prieres ; & qu'on les introduiroit quand elles voudroient dans le Monastere que la Duchesse leur avoit bâti dans la ville. Elles voulurent y être menées aussi-tôt. Elles en prirent le chemin, après avoir marqué leur reconnoissance au Duc, & y furent introduites le 3. d'Aoust de l'an 1457. par l'Evêque de Nantes assisté de son Clergé, suivi de la Duchesse & de toute la noblesse. La Duchesse leur tint lieu de mere, les visita le plus souvent que la maladie du Duc put le lui permettre, & eut un grand soin qu'il ne leur manquât aucune des choses necessaires pour vivre Religieusement. Une de ses tantes, sœur de sa mere, embrassa bien-tôt cet Institut severe, dont il est étonnant que des corps mortels & delicats puissent supporter les austeritez, qui sont si grandes, qu'on peut dire de ces saintes filles ce que N. S. J. C. a dit de S. Jean-Baptiste, qu'elles ne mangent, ni ne boivent.

Le Duc demeura malade un an tout entier, sans que les medecins qui ne connoissoient rien à son mal, pussent lui donner aucun soulagement. On se persuada enfin

28.
Septemb.

qu'il y avoit du malefice, & quelques personnes, peu instruites des devoirs d'un veritable Chrétien, voulurent persuader au Duc, de laisser défaire par un enchanteur le mal que lui avoit fait un autre. « Oüi, dit « le Duc, pénétré d'une vive colére, s'il « y a quelque sorcier qui puisse me guérir, « qu'on me l'amene, afin que je le fasse « brûler tout vif, comme j'en ai fait brû- « ler d'autres. Quant à moi, je n'aurai ja- « mais recours à l'Enfer pour conserver « une vie que je ne tiens & ne veux tenir « que de Dieu. En un mot j'aime mieux « mourir de par Dieu, que de vivre de « par le Diable. » La Duchesse étoit jour & nuit auprès de son mari, occupée à le servir & à le consoler, & pendant une infirmité si longue, elle n'avoit d'autre lit, qu'un banc, avec quelques carreaux. Les prieres ardentes qu'elle répandoit pour son mari, ne furent exaucées que de la maniere que Dieu jugea la plus convenable pour le salut de l'un & de l'autre. Le Duc sentant approcher ses derniers jours, fit son testament le 5. de Septembre. On témoigna quelque apprehension de ce qui pourroit arriver de fâcheux, si la Duchesse se remarioit. A cela le Duc répondit, qu'il étoit bien persuadé qu'elle n'y penseroit jamais; & dans le moment l'aïant prise par la main, il la présenta au Conétable de Richemont son oncle, & lui dit: « telle je l'ai prise, « je vous la rends; j'ai vécu avec elle com- « me avec ma sœur; je sçai ses intentions, « & le vœu qu'elle a fait d'entrer en Re- « ligion si elle vit après moi, doit mettre « en repos ceux qui craindroient ses secon- « des nôces. Monseigneur, je vous la re- « commande. » Ce furent presque les dernieres paroles du Duc Pierre II. lequel après avoir rendu ce témoignage éclatant de la virginité de la Duchesse, reçut l'extrême-onction, & deceda le matin du 22. de Decembre. Il fut enterré le lendemain dans le tombeau qu'il avoit fait préparer de son vivant pour la Duchesse & pour lui, dans le chœur de l'Eglise Collegiale de N. D. de Nantes.

La Duchesse, après avoir recommandé à Dieu l'ame de son mari, embrassa son Crucifix, & versant un torrent de larmes, elle renouvella à son aimable Sauveur la protestation qu'elle lui avoit déja faite auparavant, de n'avoir plus aucun époux mortel. Elle résolut de vivre desormais dans la solitude, & le tems de son deüil lui parut favorable pour commencer à rompre tout commerce avec le monde. Elle prit tant de goût à n'y avoir plus aucun engagement, que ce tems-là fini, elle continua de vivre comme elle avoit fait, tant qu'il avoit duré; c'est à-dire à ne s'occuper que de la priere, de saintes méditations, de lectures sacrées, d'exercices de pieté, & de conferences spirituelles. Pendant que Françoise vivoit ainsi, Artur de Bretagne Conétable de France, devenu Duc par le decez de son neveu, fut couronné à Rennes, & vint faire son entrée solemnelle à Nantes. Françoise ne prit aucune part à toutes les réjoüissances qui se firent en cette rencontre. Elle ne voïoit personne, que le nouveau Duc & la Duchesse Catherine de Luxembourg son épouse, à qui elle rendoit visite deux fois tous les jours, à pied, sans se vouloir servir d'aucune voiture.

28.
Septemb.

Le Duc Artur avoit eu pour elle & pour le feu Duc son mari toute la tendresse, non-seulement d'un oncle, mais aussi d'un pere; & c'est ce qui fait que l'on a d'autant plus de sujet de s'étonner de ce qu'il ne fut pas plûtôt devenu Duc de Bretagne, qu'il se rendit le persecuteur d'une personne qui avoit tant de sujet d'attendre toute autre chose de lui. Il lui retrancha son doüaire, qui étoit fort considerable, lui ôta toutes ses pierreries, tous les présens que les villes de Bretagne lui avoient faits à ses entrées, même une petite boîte d'argent qu'elle portoit sur elle, enleva ses meubles, tant les siens propres, que ceux qui lui appartenoient de la communauté de son mari, en fit vendre une partie & apprécier l'autre, dont il lui donna le prix comme il voulut; & ajoûtant l'insulte à tant de violences, il disoit qu'il n'appartenoit pas à une veuve d'avoir tant de biens & de commoditez, ni à une Religieuse d'avoir un cabinet si magnifique. On veut qu'en cela le Duc ait suivi les pernicieux conseils de quelques ennemis de la Duchesse doüairiere; comme si les Princes ne pouvoient faire le mal, que par le conseil d'autrui. Quoiqu'il en soit, la vertueuse veuve conserva dans les persecutions de l'oncle, la même patience & la même tranquillité qu'elle avoit conservée dans les mauvais traitemens du neveu. Elle remercia Dieu de ce qu'il daignoit encore la visiter, & se soumit sans alteration aux dispositions de sa providence. Elle n'étoit affligée que de voir ses Dames trop sensibles à ce qu'on lui faisoit souffrir. « Que « vous êtes faciles à troubler! leur disoit- « elle. Eh bien! on enleve mes meubles, « on détend mes tapisseries? Dieu m'avoit « donné tout cela; il trouve bon de me l'ô- « ter. Il est le maître, mes filles, & quand « il ordonne, il ne nous reste que le parti « d'obéïr. Que son saint nom soit beni à « jamais. » Le Duc ne se contenta pas enco-

28.
SEPTEMB.

re de tout ce qu'il avoit fait, il voulut retrancher une partie de la maison de sa belleniéce, & éloigner d'elle sur tout quelques personnes d'une pieté solide, qu'il traitoit de bigottes, & qu'il accusoit d'avoir inspiré à cette Princesse une humeur sombre & farouche; mais la Duchesse Catherine, & Dom Hervé du Pont Prieur de la nouvelle maison que le Duc avoit fondé pour les Chartreux à Nantes, en qui il avoit une confiance particuliere, le détournérent d'ajoûter ce nouvel outrage à tant d'autres excès. La persecution finit avec la vie du Duc Artur III. qui mourut le 26. de Decembre de l'an 1458. après un regne de seize mois. On prétend que le poison avança ses jours, mais le chagrin ne contribua pas peu à les terminer. Il avoit toûjours aimé très-particuliérement Guillaume de Malêtroit, & avoit autrefois porté Jean de Malêtroit son oncle Evêque de Nantes & Chancelier du Duc Jean V. à se démettre de l'Evêché en faveur de Guillaume. On n'ose rapporter ici en quels termes le Chancelier fit le portrait de son neveu au Comte de Richemont; mais l'évenement ne justifia que trop que le Chancelier n'avoit point trompé le Comte, quand il lui avoit prédit avec serment, qu'il se repentiroit un jour de ce qu'il faisoit pour ce mauvais cœur. Cela n'avoit pas empêché Artur d'aimer & de proteger toûjours Guillaume de Malêtroit; & même depuis qu'il étoit Duc, il lui avoit donné le château de Plaisance, pour en joüir sa vie durant. Après tant de bienfaits l'Evêque de Nantes ne païa le Duc que d'ingratitude; il lui refusa l'hommage de son temporel, excommunia ses officiers, & eût poussé sa fureur jusqu'à l'excommunier lui-même, si le Duc ne l'eût arrêté par un appel au Metropolitain, & au Pape même, s'il étoit necessaire. Il étoit juste, qu'après avoir usé de tant de violences contre une Princesse vertueuse, qui devoit lui être si chere, il éprouvât à son tour ce que c'est que d'être maltraité par les personnes les plus cheres. La Duchesse doüairiere, qui avoit parfaitement oublié tout ce qu'il avoit fait contr'elle, l'assista dans sa maladie, lui ferma les yeux, l'ensevelit de ses propres mains, & fit les frais de son enterrement, avec la permission de sa veuve. Il fut mis aux Chartreux de Nantes, qu'il avoit fondez, & Françoise d'Amboise répandit de grandes aumônes, & fit dire plusieurs milliers de Messes pour le repos de son ame.

François de Bretagne Comte d'Estampes, fils de Richard frere du feu Duc Artur III. succeda au Duché, & fut couronné à Rennes le Samedi devant la Purification de l'an 1459. & le 28. du même mois il rendit hommage au Roi à Mont-bazon, & fut après cela occupé de fêtes, d'Ambassades, de voïages, & de la fondation de l'Université de Nantes ci-devant entreprise par le Duc François I. son cousin. Il y avoit alors trois Duchesses doüairieres en Bretagne; ce qui n'étoit pas une petite charge pour un Prince peu riche d'ailleurs, & qui parvenoit au Duché avec une obligation naturelle d'augmenter de quelques usufruits le doüaire de Marguerite d'Orleans sa mere, qui n'étoit que de 2500. livres. Cependant il eut tant de respect pour la pieté & pour la vertu de Françoise d'Amboise, qu'il la traita mieux que les autres doüairieres. La Duchesse Catherine n'avoit eu que 6000. livres du doüaire; il en donna sept à Françoise, tant pour le doüaire qui lui étoit dû, que pour les acquêts où elle devoit avoir part, & de plus il lui fit donner cinq mille écus d'or pour ses meubles. Comme elle pouvoit avoir conservé quelque tendresse pour ses anciens sujets de Guingamp, ce fut une des principales pieces qui lui furent assignée. Les autres furent Goüello, Bourg-briac, Château-lin sur Trieuc, la Roche-Derien, Duault, Huelgoüet, Landeleau, Châteauneuf, Châteaulin en Cornoüaille, Carhais, le Gavre, & Saint Aubin du Cormier.

Elle emploïa tous ses biens à faire prier Dieu pour l'ame de son mari, à assister les pauvres & les malades, à l'entretien des hôpitaux, au soulagement des prisonniers, & à la décoration des Monasteres, tant de la ville de Nantes, que des autres, où elle répandit abondamment ses liberalités. Entr'autres elle fit présent aux Freres Prêcheurs de Nantes, pour leur grand Autel, d'un retable doré où étoient representez en relief les mysteres de la passion, & sur les deux batans étoient les deux portraits du feu Duc Pierre & le sien, où elle étoit peinte conduite par sainte Ursule. Elle donna au même Convent un ornement complet de velours bleu à fleurons d'or; & aux filles de Sainte Claire un retable pareil à celui des Religieux de S. Dominique.

Le nouveau Duc fit rechercher quelques-uns de ceux que l'on accusoit d'avoir suscité la persecution que la pieuse Duchesse avoit soufferte, & avoit dessein de les faire punir sevérement. Le plus criminel de tous, pour éviter cette poursuite rigoureuse, se retira dans un Convent de l'Ordre de saint François, & se couvrit d'un habit de pénitence qui ne le sanctifia pas. Françoise d'Amboise aïant été informée de sa retraite, & la croïant l'effet d'une veritable con-

28.
SEPTEMB.

FRANÇOISE D'AMBOISE.

verſion, en eut beaucoup de joïe, & pria Dieu de lui faire la grace de perſeverer; mais on n'eut pas plûtôt ceſſé les pourſuites, qui avoient étonné ce malheureux, qu'il abandonna l'état qu'il avoit embraſſé, & rentra dans le ſiécle, où la haine publique & le mépris univerſel des gens de bien le punirent aſſez de ſon inconſtance.

La Ducheſſe Françoiſe, toûjours penetrée du deſir de ſe joindre à ſes cheres filles de ſainte Claire, avoit obtenu du nouveau Duc, dès ſon avenement au Duché, la permiſſion de ſe retirer dans cette maiſon, dont l'auſterité étoit capable de faire trembler les perſonnes les plus courageuſes; mais dans le moment qu'elle ſe diſpoſoit à entrer dans cette maiſon, une grande maladie la reduiſit à l'extrémité. Les medecins deſeſperérent de ſa vie, mais elle guérit cependant, & entra aux Filles de ſainte Claire. Ce genre de vie n'étoit pas propre pour elle, comme elle l'éprouva dès les premiers eſſais qu'elle en voulut faire. Elle retomba auſſi-tôt dans une maladie plus dangereuſe que celle dont elle venoit d'être guérie, & demeura percluſe des bras & de preſque tout le reſte du corps. Perſuadée alors que Dieu ne l'appelloit pas là, elle prit congé de ces ſaintes filles, & ſe fit porter au château de Nantes, ce qu'elle ne put refuſer au Duc, qui vouloit l'avoir auprès de lui. Elle demanda la ſanté à Dieu, avec ſa reſignation ordinaire, & en peu de jours elle fut guérie.

Pendant qu'elle examinoit après cela, en quelle Religion moins auſtére elle pourroit ſe conſacrer à Dieu, Maître Jean Soreth Docteur en Theologie de la Faculté de Paris, & General des Carmes, vint à Nantes. Françoiſe en aïant été avertie, l'envoïa prier de la venir voir. Elle lui raconta ce qui lui étoit arrivé dans la maiſon des Filles de ſainte Claire, & lui demanda ſes conſeils ſur le parti qu'elle avoit à prendre. Le General des Carmes après avoir loüé les pieux deſſeins de la Princeſſe, lui parla de la ſainte vie & de l'exacte regularité des filles de ſon ordre qui étoient au païs de Liege. Elle fut charmée de ce recit, & elle pria le General de lui envoïer quelques-unes de ces filles, à qui elle promit de bâtir un Monaſtere, où elle faiſoit deſſein de ſe retirer avec elles. Le Pere Soreth le lui promit, & ſe retira tout penetré d'admiration de la ſageſſe & de la ſainteté d'une ſi admirable perſonne. La Ducheſſe Françoiſe, dans l'impatience qu'elle avoit de poſſeder ces ſaintes Religieuſes, leur écrivit, les envoïa viſiter de ſa part, & les pria avec inſtance de ſeconder au plûtôt les bonnes intentions de leur General.

Cette réſolution qu'elle prenoit, allarma ſes parens & amis, qui l'avoient peut-être crue rebutée de la vie Religieuſe, par l'eſſai qui lui en avoit ſi mal reüſſi parmi les Filles de ſainte Claire. Ils emploïérent toutes les inſinuations les plus ſpecieuſes, pour lui perſuader que le monde profiteroit mieux de ſes exemples, ſi elle y demeuroit, que ſi elle déroboit à ſes yeux la pratique de tant de vertus dont ſon ame étoit enrichie. Elle n'eut pas de peine à découvrir le poiſon caché ſous ces flatteuſes paroles, & ſe confirmant de plus en plus dans ſon genereux deſſein, elle alla trouver le Duc, & le pria de lui permettre d'acheter quelque terre dans la province, pour y fonder un Monaſtére de Carmelites, où elle prétendoit ſe retirer, y prendre l'habit, & paſſer le reſte de ſes jours au ſervice de Dieu. Le Duc tâcha de l'en diſſuader, & voïant que ſes raiſons & ſes prieres ne gagnoient rien ſur elle, il uſa enfin de ſon autorité, & lui défendit abſolument de prendre le parti qu'elle ſe propoſoit, elle ne ſe rebuta point, & retournant trouver le Duc le lendemain, elle le pria, puiſqu'il ne trouvoit pas à propos qu'elle établit des Carmelites en Bretagne, de lui permettre au moins d'aller les trouver au païs de Liege, parce qu'elle étoit réſoluë de vivre & mourir avec elles. Le Duc l'eſtimoit trop, pour pouvoir ſe réſoudre à la voir abandonner la Bretagne; il aima mieux ſe rendre à une partie de ce qu'elle deſiroit. Il ne lui en donna pour lors qu'une permiſſion verbale, dont la Princeſſe ſe contenta; mais le Duc, par ſes lettres patentes expediées depuis à Leſtrenic, le 19. de Juin de l'an 1462. lui permit d'acquerir, ou plûtôt ratifia l'acquêt qu'elle avoit fait dès l'an 1458. Car s'étant dès ce tems-là retirée à Vannes, comme elle ignoroit que les Religieuſes qu'elle attendoit chantaſſent l'office Divin en nottes, elle acheta une terre qui joignoit l'Egliſe des Peres Carmes du Bodon, afin que bâtiſſant ſon Monaſtere contigu à leur Egliſe, elle pût avoir la ſatisfaction d'y entendre chanter le ſervice. L'acquêt fait, elle envoïa à Rome ſupplier le Pape Pie II. de lui permettre de fonder ſon Monaſtere & d'y établir des Religieuſes du païs de Liege. Le Pape accorda ſa requête, & par ſa Bulle du 15. Février de l'an 1459. adreſſée à l'Evêque de Vannes, il permit à la Ducheſſe doüairiere de faire bâtir un Convent près de l'Egliſe du Bodon, avec ſes dortoirs, Chambres, & autres lieux Reguliers; & pratiquer dans le mur, à tel endroit que le Prélat le jugeroit à propos, une grande ouverture, qui ſeroit fermée

28.
Septemb.
d'une forte grille de fer garnie de rideaux par dedans, par laquelle les Religieuses puſſent voir l'autel & entendre la Meſſe, & chanter l'office Canonial après que les Religieux auroient achevé de chanter le leur. L'Evêque fut chargé d'établir dans cette maiſon, pour Abbeſſe, une Religieuſe qui ſeroit tirée de quelqu'autre Monaſtere du même Ordre, & qui auroit ſous ſa conduite 17. Religieuſes profeſſes, quatre novices & trois ſœurs de ſervice, appellées Converſes, ou Laïes. Le Pape permit à l'Evêque d'accepter pour l'entretien de cette Communauté la ſomme de mille livres monnoie de Bretagne de rente, que la Fondatrice offroit de donner de ſon propre bien, ſuppoſé en tout la permiſſion des Superieurs de l'Ordre. Il eſt défendu par la Bulle, de donner l'habit de Novice à perſonne qui n'eût paſſé 18. ans. Le Pape ordonne que l'Abbeſſe & les Religieuſes garderont les trois vœux, vivront ſuivant les conſtitutions de l'Ordre mitigées par Eugene IV. qu'il ratifie de nouveau, & garderont exactement la clôture perpetuelle. & s'il arrivoit que les Religieuſes de ce Monaſtere abandonnaſſent la vie Reguliere & la pratique de leurs Regles, ſur tout de la clôture, le Pape veut, après les trois monitions de droit, que les mille livres de rente ſoient appliquées, moitié à l'hôpital commun de la ville de Vannes, & moitié aux œuvres pieuſes qui ſeront reglées par la diſcretion de l'Evêque. Il eſt permis à l'Evêque & aux Confeſſeurs du Monaſtere, de diſpenſer des jeûnes & abſtinences, dans les cas de neceſſité, au jugement de l'Abbeſſe & des diſcretes. Il eſt auſſi permis de recevoir dans le Monaſtere, des femmes & des filles vertueuſes, pour remplir le nombre ſuſdit, & non outre, leſquelles y feront trois ans en habit ſeculier, pour s'éprouver elles-mêmes. Il eſt auſſi permis de recevoir dans cette maiſon des Religieuſes de quelque autre Ordre que ce ſoit, pourvû qu'elles aient demandé l'agrément de leurs Superieurs, quoiqu'elles ne l'aient pas obtenu.

La Ducheſſe, après avoir reçû cette Bulle fit travailler avec diligence à ſon Monaſtere. Pendant qu'on le bâtiſſoit, elle ſe faiſoit inſtruire aux pratiques de l'ordre des Carmes, au Chant & aux Cérémonies, avec trois de ſes niéces, une de la Trimoille, & deux de la Floceliere, avec quelques autres jeunes filles de bonne maiſon; par le P. Jean de la Nuce Provincial de Touraine, qui avoit depuis peu reformé le Bodon. La Ducheſſe paſſoit la meilleure partie de ſon tems dans quelque Chapelle, le plus ſouvent proſternée la face contre terre, & répandant des torrens de larmes. Pour s'accoûtumer aux auſteritez de l'Ordre elle jeûnoit trois jours de la ſemaine, portoit une groſſe haire armée de pointes de fer, & prenoit deux diſciplines par jour, l'une avec des verges, & l'autre avec un fouët de cordes à cinq branches, dont l'une, plus longue que les autres, avoit au bout un gros bouton garni d'aiguillons de fer très-pointus. Elle ſe déchiroit le corps avec cet inſtrument, qui faiſoit peur ſeulement à voir; & cette cruauté dont elle uſoit contr'elle-même, n'étoit connuë que d'une de ſes femmes, qui avoit ſoin de lui laver ſes plaies avec du vin blanc, de peur que la gangréne ne s'y mît. Depuis qu'elle étoit veuve, elle n'avoit point manqué de jeûner tous les Vendredis, & elle ne prenoit ſa refection qu'après avoir ſervi à manger à cinq pauvres. Elle viſitoit frequemment les hôpitaux, & s'y attachoit avec affection auprès des malades; exercice pour lequel elle ſe ſentoit un attrait ſi particulier, que voïant qu'elle ne pouvoit être parmi les filles de Sainte Claire, elle avoit eu la penſée d'aller à Paris, ſe conſacrer au ſervice des pauvres malades de l'Hôtel-Dieu.

18.
Septemb.

Quand ſon Monaſtere fut achevé, elle y mit ſes niéces & les autres filles qu'elle avoit fait inſtruire des pratiques & des cérémonies de l'Ordre, & pour les entretenir de plus en plus dans l'eſprit de la Religion, en attendant que les Religieuſes de Liege fuſſent arrivées, elle mit auprès d'elles deux Religieuſes de l'Abbaïe de la Joïe, qu'elle obtint de leur Abbeſſe, Sœur Amette de Kercroet, & Sœur Jeanne de Coetkrenon. Dès-lors toutes ces perſonnes commencérent à vivre en Religieuſes; elles mangeoient dans un Refectoire commun, logeoient dans un dortoir, recitoient l'office Divin, obſervoient les jeûnes & le ſilence, diſoient leur coulpe, frequentoient les Sacremens, & ne ſortoient que rarement, & deux à deux. Mais la contagion qui ſe répandit à Vannes & aux environs obligea la pieuſe fondatrice de ſe retirer avec ſa Communauté naiſſante, Madame de Thoüars ſa mere, & le Provincial des Carmes ſon Confeſſeur, au château de Rochefort, dans le même Evêché de Vannes. Là, pour détromper une bonne fois ceux qui eſperoient pouvoir lui perſuader enfin de penſer à un ſecond mariage, elle prit une réſolution courageuſe, approuvée par ſon Confeſſeur. Elle alla avec ſa mere & toute ſa maiſon, à l'Egliſe de Ple-herlin, qui eſt l'Egliſe paroiſſiale de Rochefort, ſe confeſſa, entendit la Meſſe qui fut dite par ſon Aumônier M. Jean Houx, qui étoit

28.
SEPTEMB.

un homme d'une pieté singuliere, & s'approchant de l'autel pour communier, pendant que le Prêtre tourné vers elle, tenoit la sainte hostie pour la lui présenter, elle appella tous ceux qui étoient dans l'Eglise, & dit à haute voix en leur présence : « dès « à présent je fais vœu à Dieu & à la Vier-« ge Marie du Mont-Carmel, de garder « chasteté, sans jamais me marier, puisque « Dieu m'inspire le désir de me faire Reli-« gieuse, afin de vivre en perpetuelle con-« tinence ; en témoignage de quoi je reçois « le précieux corps de N. S. J. C. & vous « en serez tous témoins. » A peine eut-elle achevé ces paroles qu'on entendit un tonnerre épouvantable, dont la terre même fut ébranlée. Tout le monde s'enfuit de l'Eglise, & il n'y demeura que la Duchesse & le Prêtre. Après avoir communié, elle alla rejoindre la Vicomtesse de Thoüars qui étoit bien fâchée d'avoir assisté à cette action, dont elle prévoïoit les suites fâcheuses.

En effet le Seigneur de Thoüars, après avoir desherité sa seconde fille qui avoit épousé le fils aîné du Seigneur de la Tremoille, avoit, de l'avis du Roi & de son Conseil, projetté de marier sa fille aînée avec le Duc de Savoie, & devoit sçavoir fort mauvais gré à sa femme d'avoir en quelque sorte autorisé par sa présence un engagement qui rompoit un dessein si avantageux. Comme on ne sçavoit point encore le vœu de la Duchesse, on envoïa le Seigneur de Montauban à Rochefort, pour la disposer à consentir à ce mariage. Il parla en particulier à Françoise d'Amboise, lui dit le sujet de son voïage, & la pressa avec beaucoup d'instance, de donner cette satisfaction à son pere & au Roi même. Après qu'il eut achevé de parler, elle lui dit : « mon « oncle, Dieu sauve le Roi & Monseigneur « mon pere, & tous mes amis ; vôtre ar-« rivée m'avoit donné de la joïe ; mais « vous m'apportez des nouvelles bien tri-« stes, qui me blessent jusqu'au fond du « cœur. Pour le faire court, sçachez que je « n'épouserai jamais homme, & que je de-« meurerai ferme en cette résolution. » Cette réponse précise étonna extrêmement le Seigneur de Montauban. Il sortit en colere du cabinet de la Princesse, & alla trouver le Pere Jean de la Nuce, à qui il dit avec emportement : « ç'a donc été vous Maître « Reverend, qui avez induit cette Princes-« se à ces folies ? Sçavez-vous bien à qui « vous vous prenez ? Reparez la faute, puis-« que vous l'avez faite, & reduisez vôtre « pénitente à suivre les volontez du Roi & « de son Conseil ; si non vous vous en trou-

verez mal. » Le Religieux répondit, que prévoïant les suites de ce vœu, il avoit fait ce qu'il avoit pû pour détourner la Princesse de le faire si-tôt ; mais que puisque le mouvement de Dieu l'avoit emportée à le faire, il ne l'abandonneroit jamais, & lui donneroit toûjours son assistance & la consolation qu'elle attendoit de lui ; & que pour ce qui regardoit les menaces, il osoit bien lui dire qu'elles ne l'épouvantoient pas, & qu'il s'estimeroit heureux s'il pouvoit donner sa vie pour une si belle cause. Le Seigneur de Montauban attaqua ensuite les Dames & les Demoiselles de la maison de la Duchesse, & les aïant rassemblées dans une salle, il leur reprocha ces commencemens de Religion, comme des niaiseries indignes d'elles ; il les accusa d'avoir gâté l'esprit de la Duchesse ; il leur demanda si c'étoit le fait d'une personne de son rang, de s'amuser à *patenoster* dans un cloître ; enfin, si elles ne travailloient serieusement à la guérir de toutes les fantaisies qu'elles lui avoient mises dans la tête, il les menaça des plus terribles extrêmitez. Elles furent si consternées de ce cruel discours, que la Duchesse elle-même eut de la peine à les remettre de leur fraïeur. Elle les consola, les exhorta puissamment à prendre patience, & leur prédit que cet orage ne dureroit pas long-tems. Craignant cependant que le Seigneur de Montauban ne leur fit quelque affront dans les premiers mouvemens de sa colere, elle envoïa loin de-là les plus jeunes de ses filles, & ne retint auprès d'elle & de Madame de Thoüars, que les plus âgées, & pria le P. Jean de la Nuce de se retirer à Nantes au Convent de son Ordre, où il seroit sous la protection du Duc François. Le Seigneur de Montauban s'en retourna à la Cour de France rendre compte au Roi Loüis XI. du peu de succès de sa négociation. Le Seigneur de Thoüars en eut beaucoup de chagrin ; mais le Roi lui promit d'y mettre la main lui-même, & d'y travailler dans le voïage qu'il alloit faire à Redon : « je ne pense pas, ajoûta-t-il, « qu'elle m'en veüille éconduire. »

Il vint donc à Redon en 1462. pour acquiter un vœu qu'il disoit avoir fait à S. Sauveur ; & le Vicomte de Thoüars accompagné des Seigneurs de Montauban & de Beaubois, vint à Rochefort, dans le dessein d'emmener sa fille en France par adresse ou par force. Par le conseil de ses parens & de ses amis, il tenta d'abord la premiere voïe ; après avoir inutilement emploïé les prieres pour déterminer sa fille à dégager la parole qu'il avoit donnée au Roi, qui étoit même venu en Bretagne en partie pour ce sujet. Il avoit crû qu'une personne d'une aussi grande délicatesse de conscience que sa fille, seroit touchée du commandement écrit de la main de Dieu même, & sur les tables de pierre, & dans nos cœurs, d'honorer son pere & sa mere, & de leur obéïr ; & il fit valoir auprès d'elle toute la force de ce commandement. Ce fut là veritablement où le vœu qu'elle avoit fait à Ple-herlin lui fut d'un grand secours, en lui donnant le moïen d'opposer la volonté de Dieu à celle de son pere ; car du reste toutes les autres raisons qu'elle apporta, n'étoient pas d'une grande force, non plus que les exemples des Duchesses de Bretagne sur lesquels elle parut appuïer, en prétendant que jamais aucune veuve des Ducs de cette province ne s'étoit remariée. Car quand son pere auroit ignoré que la sœur du Comte de Blois veuve du Duc Alain II. s'étoit remariée au Comte d'Anjou, que Berthe veuve d'Alain III. avoit épousé en secondes nôces un Comte du Mans ; qu'une autre Berthe Duchesse de son chef, après la mort du Comte Alain son premier mari, avoit épousé le Vicomte de Porhoet ; enfin que Constance, aussi Duchesse de son chef, après la mort de son premier mari Geoffroi, en avoit eu successivement, deux autres, Rannulfe & Gui de Thoüars ; du moins ce Seigneur ne pouvoit-il ignorer que la grande mere du mari de sa fille, c'est à sçavoir Jeanne de Navarre, s'étoit remariée au Roi d'Angleterre, après le décez de son premier mari Jean V. Duc de Bretagne. Le Vicomte de Thoüars, qui avoit pû détruire facilement toutes ces raisons, crut que l'obstacle du vœu ne lui seroit pas plus difficile à vaincre. Il dit donc, que s'agissant d'un aussi grand bien, que celui que l'on prétendoit procurer par son mariage, on n'auroit pas de peine à la faire dispenser de son vœu. A cela Françoise répondit, que le Pape ne la dispenseroit jamais qu'à sa priere, & qu'elle étoit résoluë de mourir plûtôt que de demander cette dispense, ou de la faire demander. Après avoir donc inutilement essaïé d'ébranler sa constance, son pere, comme on l'a déja dit, emploïa l'adresse, pour la tirer de Rochefort. Il l'a fit citer pour comparoître devant le Roi à Redon, & lui faire hommage de ce qu'elle tenoit en Poitou. Elle voulut envoïer seulement un Procureur ; mais son pere lui dit, qu'un Roi de France, qui étoit venu de si loin, ne se contenteroit pas d'un hommage par Procureur ; qu'il étoit trop près d'elle pour qu'elle osât refuser de l'aller trouver en personne ; enfin que si elle y manquoit, non-seulement ses terres seroient confisquées au Roi, mais qu'on pourroit bien la priver même de la succession qui la regardoit.

Elle ne put resister à des menaces qu'il n'étoit que trop facile d'effectuer, & craignant d'ailleurs qu'on ne vint insulter le château de Rochefort & l'enlever de force pour la mener en France, elle résolut d'aller trouver le Roi à Redon. Le Seigneur de Thoüars, qui n'avoit pas trouvé de moïen plus honnête pour la tirer de Rochefort, voulut essaïer de faire naître en elle le goût du monde & de la magnificence. Elle trouva à Redon une maison meublée de tapisseries de soïe, aux armes de son mari & d'elle, relevées en broderie d'or & de soïe, un service d'or & d'argent aux armes du feu Duc Pierre, un grand nombre d'officiers, & une livrée brillante. Le Roi n'étoit plus à Redon ; il étoit parti pour Roset, où la Duchesse se rendit en diligence. Quand elle arriva à Roset, elle apprit qu'il venoit d'en partir pour aller à Nantes, & on lui dit de sa part : que pour son respect il lui avoit quitté le logis. Tant à Roset, qu'aux autres gîtes, elle trouva par tout la même tapisserie, le même service, & le même cortége. Elle vit bien enfin qu'on avoit usé d'artifice pour la tirer de Rochefort ; mais quand elle s'apperçut que c'étoit du côté de Nantes qu'on l'entraînoit, elle ne s'allarma pas tant, que si l'on eût pris quelqu'autre route, parce qu'elle faisoit assez de fond sur l'affection du Duc François, pour se persuader qu'il ne souffriroit jamais qu'on lui fit violence ; & il n'étoit pas aisé, même au Roi, de la lui faire, si le Duc ne le vouloit pas. Cependant quand elle arriva à Nantes, ses domestiques, pratiquez par son pere, avoient moderé sa route de maniere qu'elle ne put entrer dans la ville. On la logea à dessein, sur le bord de la Loire, chez un gentilhomme qui demeuroit à l'entrée de la Fosse près de la chapelle de S. Julien.

Elle ne fut pas plûtôt dans cette maison ; qu'elle s'y vit renfermée, & ceux de ses domestiques qui étoient d'intelligence avec ses ennemis, se rendirent maître des clefs. Se voïant ainsi trahie par ses propres serviteurs, elle eut recours à la priere, & passa toute la nuit en oraison, avec une si grande contention d'esprit, qu'elle perdit une grande quantité de sang par le nez, & tomba dans de si grandes défaillances, que l'on craignoit pour sa vie. L'état où elle se trouvoit attendrit ses domestiques ; ils ouvrirent les portes, envoïérent querir des medecins, lui donnérent la liberté, & se mirent en devoir de la secourir. Se trouvant un peu mieux le matin, elle sortit à pied pour aller à la Messe à Nôtre-Dame. Un de ses oncles, qui la rencontra, lui demanda brusquement où elle alloit. Elle répondit qu'elle alloit à l'Eglise implorer le secours de Dieu, puisque celui des hommes lui manquoit. Son oncle lui dit que le Roi l'alloit venir voir tout à l'heure, & la pressa de s'en retourner. Elle dit qu'elle auroit bien le tems d'aller à l'Eglise, avant que le Roi fût venu, d'y entendre la Messe, & d'y visiter le tombeau de son mari. Comme elle poursuivoit son chemin, en disant cela, son oncle l'arrêta, & lui dit : « Non, vous n'i- « rez point, & je vous arrête de par le Roi. » Françoise ne put s'empêcher de se souvenir alors qu'elle avoit été Duchesse, & dit avec quelque émotion : « Comment ! vous osez « attenter sur ma personne, en une ville « de Nantes ? allez, je sçaurai de quelle au- « torité vous le faites. » Elle envoïa dans le moment un de ses gentilshommes vers le Duc, pour lui demander s'il avoit ordonné de l'arrêter, & pourquoi. Mais ce gentilhomme, gagné par le Vicomte de Thoüars, ne s'acquita point de la commission de la Duchesse. Quelques personnes qui s'étoient arrêtées dans la ruë, & qui avoient vû ce qui se passoit, coururent aussi-tôt crier par tout, qu'on enlevoit la Duchesse. Aussi-tôt on tend les chaînes, & le peuple muni d'armes & de bâtons, accourt au lieu où étoit la Duchesse. Son oncle se sauva par dehors la ville, & aïant passé l'Erdre à Barbin, gagna le château avec beaucoup de peine. Le Duc averti du tumulte, envoïa l'Amiral de Bretagne, le Seigneur du Quelenec, appaiser le peuple, & faire d'étendre les chaînes. Le peuple ne se defarma point, il escorta la Duchesse jusqu'à N. D. garda les portes pendant qu'elle y fut, la reconduisit à son logis quand elle eut fait sa priere, posa des corps de garde autour de sa maison, & ne se seroit point retiré, sans que la Duchesse les en pria très-instamment, & les assura que, ni le Roi, ni le Duc n'avoient aucune part à ce que l'on avoit attenté contr'elle. Au même tems on lui rendit un paquet de la part du Pere de la Nuce, par lequel ce bon Religieux lui donnoit avis qu'elle auroit en peu de jours une entiere satisfaction. Après diné le Roi & le Duc allérent la voir, & desavoüerent d'abord l'insulte qui lui avoit été faite le matin. Après cela le Roi, usant de sa dissimulation ordinaire, dit à la Duchesse, qu'après avoir rendu ses vœux à S. Sauveur, il n'avoit pas voulu manquer de la voir, comme sa chere cousine & sa bonne amie, pour la prier d'une faveur qu'il esperoit qu'elle ne lui refuseroit pas ; que la Reine desiroit de vivre en sa compagnie, & d'apprendre d'elle le chemin de la perfection ; qu'il la prioit donc de venir passer seulement un an à la Cour de France ; & pour l'y engager plus efficacement, il lui promettoit d'achever lui-même son Monastere du Bodon, & de la laisser au bout de l'an dans une entiere liberté de s'en revenir & de faire tout ce qu'elle voudroit. Le piege n'étoit pas assez subtil pour surprendre la Duchesse. Elle répondit avec modestie aux complimens du Roi ; mais quant à ce qui regardoit le voïage de France, elle supplia S. M. d'avoir égard à la vie retirée dont elle faisoit profession, & de n'exiger pas d'elle une chose qui ne lui convenoit plus. Le Roi, au lieu de se rebuter de sa résistance, insista avec plus d'empressement, & lui parlant enfin avec plus de sincerité, lui représenta qu'elle étoit trop jeune pour renoncer au mariage, & qu'il y avoit de la prudence aux veuves de son âge à ne pas refuser de secondes alliances. La Duchesse prit le parti des veuves, & représenta au Roi la perfection de leur état ; enfin elle protesta qu'elle ne violeroit jamais le vœu qu'elle avoit fait de ne se point remarier. Le Duc, pour flatter le Roi joignit ses prieres à celles qu'il venoit de lui faire, & la pressa de faire le voïage qu'on lui proposoit ; il ajouta même, pour l'ébranler, que si le Roi vouloit employer la force pour l'emmener, il n'entreprendroit pas de la soûtenir contre la volonté d'un si puissant Prince. La Duchesse répondit à cela, qu'elle avoit appris qu'il falloit obéïr à Dieu plûtôt qu'aux hommes ; & que si le Duc son cousin l'abandonnoit, elle esperoit que Dieu ne l'abandonneroit pas. Dans le moment on vit entrer son pere & son oncle, qui traînoient le Pere de la Nuce, & l'accusoient devant le Roi d'avoir ensorcelé la Duchesse ; ils l'accabloient d'injures, avec un emportement qui ne leur permettoit pas de respecter la présence des Princes ; ils prétendoient qu'il étoit digne de mort, pour avoir enseigné aux sujets à desobéïr aux Rois, & aux enfans à desobéïr à leurs peres, & qu'il falloit l'enfermer dans un sac, & le jetter dans la Loire. Le Pere de la Nuce fit entendre au Roi & au Duc, qu'il n'avoit point induit la Duchesse à faire vœu de chasteté ; que Dieu seul étoit auteur de cette heroïque résolution qu'elle avoit prise ; il ajouta qu'il avoit sçû veritablement qu'elle avoit résolu de faire ce vœu, & ne disconvint pas qu'il n'eût approuvé une chose approuvée de Dieu même ; mais il protesta, que prévoïant les suites de ce vœu, il avoit, quoiqu'inutilement, exhorté souvent la Duchesse à ne le pas faire si-tôt. Le Roi & le Duc parurent satisfaits de ce qu'a-

28.
SEPTEMB.

voit dit le Pere de la Nuce ; mais le Seigneur de Montauban & les autres parens de la Duchesse continuérent à le maltraiter, & lui dirent, en l'appellant hypocrite, que s'il ne défaisoit son enchantement, & ne la retiroit de ses folies, il pouvoit s'assurer d'être précipité dans la Loire. La Duchesse aïant entendu ces menaces, du lieu où elle étoit assise entre le Roi & le Duc, se leva, & parlant à ses oncles, leur dit qu'elle les conjuroit de la part de Dieu de ne faire aucune insulte à ce bon Religieux ; qu'elle avoit pris sa résolution long-tems avant qu'il fût auprès d'elle ; qu'il avoit voulu, depuis qu'il en avoit été informé, la porter à différer de faire son vœu, mais que Dieu l'avoit inspirée de passer outre ; elle les pria de faire attention aux jugemens de Dieu qui les menaçoient, s'ils usoient de quelque violence contre son Confesseur ; & finit, en les assurant, que pour elle, ils ne viendroient jamais à bout de l'empêcher d'achever ce qu'elle avoit commencé ; elle leur dit même en propres paroles : « je ne sortirai « point de Bretagne contre ma volonté ; « car Dieu est plus fort que vous. » Ils se mocquérent de cette prophetie, & dirent ; « Eh bien ! nous verrons vos beaux mira- « cles de quenoüille. » Le Roi ne put s'empêcher d'admirer la constance de la Princesse ; mais il ne laissa pas, après avoir pris congé d'elle & du Duc, en s'en retournant en France, de donner ordre aux oncles de Françoise de l'enlever, & de l'amener à sa Cour.

Quand le Roi fut sorti de la maison où logeoit la Princesse, ses oncles entrérent dans sa chambre, & lui parlant sans respect, l'appellérent bigote, hypocrite, incivile, & malapprise ; lui dirent qu'elle ne meritoit pas l'honneur que le Roi lui faisoit, & l'alliance qui lui étoit offerte ; mais ils l'assurérent en même tems, qu'elle pouvoit compter cependant, que le lendemain à soleil levé, elle seroit malgré elle à plus de quatre lieuës de Nantes. Elle répondit, qu'ils pouvoient faire tous leurs efforts, mais qu'elle sçavoit bien qu'ils ne l'emmeneroient pas hors de Bretagne malgré elle ; car quand ils la respecteroient assez peu, pour vouloir emploïer la force contre sa personne, elle crieroit si haut, que toute la ville de Nantes viendroit à son secours ; qu'ils pouvoient se ressouvenir de ce qui s'étoit déja passé, & combien elle avoit eu de peine à les empêcher d'être assommez par plus de quatre mille hommes armez pour sa défense ; enfin qu'elle craignoit plus pour eux que pour elle. « Au reste, ajoû- « ta-t-elle, ce n'est point par esprit de

sedition que le peuple a embrassé mon « parti ; c'est parce qu'il aime ses maîtres, « & n'est pas ingrat des bienfaits qu'il croit « avoir reçus. » Ses oncles sortirent, en donnant des marques d'une colére plus animée que jamais. La Duchesse les voïant dans cette disposition, envoïa aussi-tôt prier le Duc de lui permettre d'aller loger dans la ville, où elle esperoit que sa personne seroit plus en sureté. Le Duc lui offrit un appartement au château, mais elle l'en remercia, & alla loger au carrefour du Puits-lorri, à la grande Ruë, dans la maison d'un bourgeois nommé Guyole. Les Seigneurs de Montauban & de Beaubois, qui s'étoient engagez de la rendre à Paris, & qui faisoient leurs préparatifs pour l'enlever, aïant appris qu'elle étoit délogée, contremandérent les bâteaux qu'ils avoient disposez devant la Chapelle de S. Julien, à la Fosse, & les firent remonter au-dessus des Ponts, derriere le jardin du Convent des Freres Prêcheurs ; devant le lieu qu'on appelle à present le Port-Brient-Maillard. Le Duc averti de tout ce qui se pratiquoit pour enlever la Duchesse doüairiére, ordonna à Messire Guyon du Quelenec fils du Vicomte du Fou Amiral de Bretagne, & à Messire Tangui du Châtel Capitaine de Nantes, de placer des compagnies de gens de guerre au tour de la maison de Guyole, & de veiller à la garde de la Duchesse. On fit exactement la ronde dans tous les quartiers des environs, pendant toute la nuit, & la Duchesse qui se vit entourée de soldats, sans sçavoir s'ils étoient amis ou ennemis, ne fut pas sans inquiétude. Elle pria le Lieutenant de Tangui du Châtel, qui commandoit une partie de ces troupes, de faire conduire surement vers le Duc un de ses gens qu'elle avoit chargé d'un billet, par lequel elle supplioit le Duc de lui apprendre pourquoi elle étoit ainsi assiégée dans sa maison. Le Duc, pour la rassurer, lui envoïa le Seigneur de la Clartiere l'un des gentilshommes de sa chambre, & René Godelin Senéchal de Nantes, qui lui dirent de la part du Duc, que les soldats qu'elle voïoit n'étoient au tour d'elle, que pour veiller à sa sureté ; qu'il vouloit la retenir dans la Province, & que s'il avoit parlé d'une maniere differente devant le Roi, c'est qu'il n'avoit pût se dispenser d'avoir cette complaisance pour lui ; mais qu'il n'avoit jamais eu intention de la contraindre en rien ; & qu'il donneroit si bon ordre à sa défense, que ceux qui s'étoient vantez de l'enlever cette nuit, en auroient le démenti. Ils avoient cependant pris des mesures assez justes. Ils avoient une litiére prête, où les gens de la Duchesse

28.
SEPTEMB.

FRANÇOISE D'AMBOISE.

28. Septemb. gagnez par ses parens devoient la mettre à minuit, & la conduire à un bâteau couvert qui l'attendoit sur la Loire. Mais les gardes posées par ordre du Duc s'acquittérent si fidélement de leur devoir, que le projet de l'enlevement échoüa, sans qu'il soit besoin d'avoir recours au miracle rapporté par le P. du Montay, de la riviere qui gela cette nuit même, quoiqu'au mois de Juin, depuis les Ponts de Nantes jusqu'à Mauves. Les oncles de la Duchesse allérent porter cette mauvaise nouvelle au Roi & au Vicomte de Thoüars, qui ne s'entêtérent plus d'un dessein où ils trouvoient trop de resistance.

La Duchesse alla rendre graces à Dieu de sa délivrance, dans l'Eglise des Carmes, & puis elle passa à l'Eglise de N. D. où elle pria Dieu sur le tombeau de son mari, à son retour à la maison, elle accorda volontiers à ses domestiques infidéles prosternez à ses pieds le pardon qu'ils lui demandérent, & se servit de la consideration de tout ce qui s'étoit passé en cette rencontre, pour exciter ses filles & ses Dames à mettre toute leur esperance en Dieu, & à perseverer dans la résolution qu'elles avoient prise de se consacrer entierement à son service. Le Vicomte de Thoüars de son côté, après avoir desherité sa seconde fille Marguerite, pour fruster ses enfans de la succession, donna au Roi tous ses biens meubles & immeubles, donation illegitime, qui fut masquée du titre de vente, mais en vertu de laquelle le Roi ne laissa pas de se rendre maître de toute la succession. Françoise d'Amboise, vivement touchée du tort que son pere faisoit à sa sœur Marguerite & à ses enfans, & encore plus du peché que la passion qui l'aveugloit lui faisoit commettre, lui écrivit à ce sujet une lettre respectueuse & pressante, dont il fut assez touché, pour souhaiter de pouvoir reparer le mal qu'il avoit fait ; mais la diligence que le Roi avoit apportée à se saisir de ses biens, lui avoit ôté le pouvoir d'obéir à ces bons mouvemens. La Duchesse affligée de voir son pere dans l'impuissance de faire ce que la justice, la conscience, & la nature demandoient de lui, crut qu'il étoit de son devoir d'implorer le secours du Parlement de Paris, pour faire casser une donation aussi vitieuse que celle que son pere avoit faite. Elle intenta donc procez à son pere & au Roi même, & elle étoit sur le point de le gagner au Parlement, lorsque le Roi évoqua l'affaire à son Conseil. Il eût été inutile que Françoise y eût poursuivi le jugement de sa cause ; elle retira ses papiers, & jugea plus à propos d'attendre à un autre tems à poursuivre son procez. Son pere lui sçût fort bon gré de la fermeté & de l'affection qu'elle avoit marquée dans cette rencontre, & reconnoissant enfin la sainteté de sa fille, il l'aima autant qu'il l'avoit inquiétée, lui rendit toute sa tendresse, & lui fit toucher de tems en tems des sommes considerables ; tant pour les frais de son bâtiment du Bodon, que pour faire des aumônes.

Elle se retira au château du Gavre [a] qui étoit de son doüaire, où elle passa l'hiver de l'année 1462. Sa mere y fut attaquée d'une fiévre violante, & la Duchesse qui ne la quittoit point, la voïant plus abatuë encore d'affliction, que de maladie, la supplia de lui découvrir ses peines. Elle connut, par la confidence qu'elle lui fit sa mere, que cette Dame étoit penetrée de douleur de se voir mourir, sans avoir acquité ses dettes, ce qui avoit été causé par la dureté du Sire de Rieux son frere, qui ne lui avoit donné son partage qu'après trente ans de procez, où elle avoit plus dépensé que gagné, quoi que son frere eût perdu le procez. La Duchesse la consola, & lui promit, non seulement d'acquiter toutes ses dettes, mais d'executer encore tout ce qu'il lui plairoit d'ordonner par son testament. La Dame de Thoüars, en repos de ce côté-là, redoubla son admiration pour sa fille, & ne s'occupa plus dans les derniers momens de sa vie, que de ce qui pouvoit assurer son salut. Elle déceda, munie des Sacremens de l'Eglise, le 24. de Janvier au commencement de l'an 1463. Peu de tems après le Vicomte de Thoüars épousa une seconde femme, dont il n'eut point d'enfans. Sa mort, qui suivit bientôt son mariage, affligea beaucoup la Duchesse doüairiere sa fille. On fut surpris de la voir donner plus de larmes à cette mort, qu'à celle de sa mere ; mais elle répondit à ceux qui s'étonnoient d'une conduite si differente : qu'elle avoit assez pratiqué sa mere, pour avoir bonne esperance de son salut ; & qu'il n'en étoit pas de même de son pere, qui avoit toujours eu l'esprit du monde, qui en avoit aimé les vanitez & les plaisirs, & qui s'étoit un peu trop laissé conduire à ses passions ; qu'elle le pleuroit donc beaucoup plus amérement que sa mere, par la raison qu'il avoit moins fait pour son salut. Après la mort du Seigneur de Thoüars, le Roi ne s'étant reservé que les meilleures pieces de sa succession, fit présent du reste à diverses personnes, au grand regret de la fille aînée, qui ne voulant plus s'engager dans les affaires du siécle, transporta tous ses droits à son beaufrere le Seigneur de la Tremoille, & lui remit en main tous les actes

[a] Le P. de Monray dit *Granffort*, ou *Chevry*. On a pû se tromper en déchiffrant le manuscrit.

& titres qu'elle avoit. Il s'en servit avantageusement après la mort de Loüis XI. arrivée en 1483. il gagna son procez au Parlement de Paris, & entra en possession de tout ce qui avoit appartenu à son beaupere, excepté Amboise.

La Duchesse sa bellesœur se rendit à Vannes, où elle rassembla quelques filles vertueuses pour peupler son nouveau Monastere. Elle n'eut égard ni à la naissance, ni au bien ; elle ne s'attacha qu'aux bonnes qualitez de l'esprit & à l'innocence des mœurs. Pendant qu'elle les instruisoit, en attendant les Religieuses de Liege, son Confesseur le P. Jean de la Nuce mourut au Bodon. Cette perte, qui lui fut très-sensible, fut bientôt reparée par l'arrivée des Religieuses qu'elle attendoit depuis si longtems. Elles vinrent au nombre de neuf, sept Religieuses de chœur, & deux sœurs Converses. La Duchesse doüairiere, accompagnée de beaucoup de noblesse & d'une grande multitude d'habitans, alla assez loin hors de la ville au-devant d'elles, pour les recevoir, & les amena en sa maison, qui étoit aux Lices, auprès du château de l'Ermine. Elles y logérent la nuit, & le lendemain elles furent conduites au château. Leur pieuse hôtesse vouloit leur donner elle-même à laver, & les servir à table, mais elles ne le voulurent pas souffrir ; tout ce qu'elle put obtenir de leur modestie, fut qu'elle feroit au moins la lecture pendant leur repas. Après s'en être acquitée avec l'édification de ces saintes filles, elle prit son repas, & ne voulut manger autre chose que de ce qui étoit resté du leur. Elle leur avoit fait dresser un Oratoire dans les appartemens hauts du château, & elles y chantérent les offices le jour & la nuit. La Duchesse y assista reguliérement avec elles, & se logea dans une petite cellule au bout du dortoir qu'elle leur avoit fait accommoder. Elle reveilloit elle-même les Religieuses à minuit & le matin, elle balaïoit la Chapelle & les appartemens Reguliers, avoit soin de la lampe de la Chapelle & de celle du Dortoir, enfin elle avoit pris pour son partage tout ce qu'il y avoit de plus bas & de plus vil dans les emplois de la maison. Les Religieuses demeurérent au château depuis le 31. d'Octobre jusqu'au 21. de Décembre, en attendant que leur Monastere du Bodon fût entierement achevé, & ne sortirent que deux fois, l'une pour aller faire leurs prieres au tombeau de saint Vincent Ferrier, & l'autre pour aller visiter les bâtimens de leur Monastere. On dit que ces Religieuses ne parloient que Flaman, & que la Duchesse affligée de ne pouvoir converser avec elles, pour profiter de leurs instructions, apprit tout d'un coup cette langue, par une faveur particuliere de Dieu, & servit même depuis d'interprete à ces bonnes Religieuses. Mais nous devons être persuadez que si nous voulons rendre utiles les exemples des personnes dont l'éminente pieté peut faire impression sur le public, nous devons éviter d'outrer les merveilleux, dans le recit que nous faisons de leurs actions ; parce qu'en devenant suspects de flatterie ou de peu de discernement, nous pourrions attirer sur le vrai & sur le solide la même incredulité que l'on a pour les merveilles qui n'ont pas un dégré de probabilité hors d'atteinte. Pour dire donc sincerement ce que nous pensons dans cette rencontre ; il paroît premierement que toutes ces filles n'étoient pas Flamandes, & qu'il y en avoit du moins deux, du nombre des Religieuses de chœur, qui étoient Bretonnes, sœur Catherine le Digoüedec, & sœur Jeanne Cardinal ; & du reste la langue que parloient les autres, n'étoit pas sans doute le bas-Alleman, ou vrai Flaman, langue très-difficile à apprendre, mais un François corrompu, appellé Wallon, tel qu'on le parle encore en Flandres, & auquel, avec un peu d'esprit & d'application, il n'est pas difficile qu'un François s'accoûtume en peu de tems. D'ailleurs la lecture faite par la Duchesse, à ces bonnes filles, détruit absolument le narré du prétendu miracle. Si la réputation de ces filles si Regulieres avoit prévenu depuis long-tems l'esprit de la Duchesse d'une grande estime pour elles ; ce que l'experience leur montra dans la Duchesse, ne leur donna pas peu d'admiration pour les graces dont Dieu l'avoit comblée. « Quel « besoin y avoit-il, disoient ces saintes filles, « de nous faire venir ici pour enseigner nô- « tre Regle & nos pratiques à une Princes- « se ? c'est une Religieuse, à la perfection « de laquelle il est difficile d'atteindre ; & « nôtre maniere de vivre, & nos usages, « lui sont aussi connus, & aussi familiers « qu'à nous mêmes. «

Enfin quand le Monastere fut achevé, avec la clôture, le Pere Soreth General des Carmes, assisté du Grand Vicaire, de Frere Yves de Pont-Sal ci devant Religieux Domnicain du Convent de Kemperlé, alors Evêque de Vannes, & suivis de la Duchesse qui étoit accompagnée de la noblesse & des habitans de Vannes, avec une multitude prodigieuse de peuple, alla prendre les Religieuses au château de l'Ermine, & les amena au nouveau Monastere, appellé des trois Maries, qui joignoit l'Eglise des Carmes du Bodon, devenuë commune, par ce moïen, aux deux Monasteres. La Duchesse donna les clefs à la Prieure, lui présenta les cordes des Cloches & lui aida à les sonner, & la mit en possession de ce Monastere. Elle eût bien voulu dès-lors y entrer & y prendre l'habit Religieux, mais il lui fallut demeurer encore quatre ans dans le siécle, tant pour assurer la rente qu'elle avoit destinée pour cette maison, que pour terminer quelques affaires qui demandoient ses soins. Comme cela l'engageoit à parler souvent aux personnes du dehors, elle ne voulut pas s'enfermer avec les Religieuses, de peur de les troubler, mais elle se mit dans un corps de logis à part. Du reste elle assistoit au chœur à tous les offices, mangeoit avec la Communauté, se trouvoit aux exhortations Capitulaires, faisoit la proclamation de ses fautes comme les autres, servoit à la cuisine, & pratiquoit tous les exercices de la Regularité, avec la même application qu'auroit apporté la plus fervente novice. Quand on la demandoit au dehors, elle ne s'y présentoit que dans la compagnie de deux ou trois des plus anciennes Religieuses, qu'elle menoit avec elle, tant pour profiter de leurs conseils, que pour avoir des témoins de sa conduite.

Le Duc de Bretagne en tenoit une bien différente de la sienne, & donnoit un scandale public à toute la Province, par son attachement criminel pour Antoinette de Magnelais, au mépris de la foi qu'il devoit à Maguerite de Bretagne sa femme, la Duchesse Françoise ne put apprendre un desordre si honteux, sans en être sensiblement touchée. Elle écrivit trois lettres au Duc, pour essaïer, de le retirer de ses égaremens, & lui representa avec beaucoup de vivacité, non-seulement ses obligations, mais encore les malheurs que de pareils crimes dans les Princes attirent souvent sur leurs peuples. Elle paroissoit sans doute éclairée d'une lumiere surnaturelle, en lui écrivant de la sorte, & l'on n'aura peutêtre pas de peine à en convenir, quand on aura lû ces lignes de sa derniere lettre : « helas! « Monseigneur, Dieu ne veille que pour « vôtre peché si énorme, si scandaleux, & « si pestiferé, Bretaigne soit détruite, le « pauvre peuple innocent oppressé de guer-« re ou de peste, & que ne perissiez en « douleurs & angoisses avec vôtre pauvre « Duchié. Je le doubte, mon cousin, je le « crains, puisque vous n'êtes pas plus Saint « que David, ni plus sage que Salomon, « & neantmoins avez affaire à un même « Dieu qu'eux, qui transfere les Etats & « Roïaumes comme bon lui semble, quand les Princes le mettent en oubli. « Le Duc ne fit point de réponse à ses lettres, & continua dans ses déreglemens. La Duchesse doüairiere ne se rebuta point ; elle obtint du Duc la permission de l'aller trouver à Nantes, & s'y rendit, pour essaïer de faire de vive voix ce que ses lettres avoient inutilement tenté. Comme elle étoit extrémement aimée à Nantes, elle y fut reçuë avec toutes les démonstrations de la plus sensible joïe. Le Duc envoïa les Seigneurs de sa Cour au-devant d'elle, & la fit loger au château, où elle demeura quinze jours, dont il ne se passa pas un seul qu'elle n'allât à N. D. visiter le tombeau de son mari, pour qui elle offroit continuellement le sacrifice de ses prieres & de ses aumônes, dont elle accompagnoit le sacrifice de propitiation qu'elle faisoit offrir par les ministres del'Autel. Elle parla au Duc, & lui représenta charitablement & courageusement l'énormité de sa conduite. Il en eut honte veritablement, fit sortir sa maitresse du château, & l'envoïa loger dans la ville. Françoise vouloit qu'il l'a renvoïât chez elle, & ne se contentant pas de l'en presser, elle n'oublia rien pour engager cette femme à prendre elle-même ce parti, jusqu'à lui offrir de ses propres deniers des sommes très-considerables. Mais des flatteurs pernicieux, qui s'étoient rendus maîtres de l'esprit du Duc, eurent bientôt détruit le bien qu'avoit commencé de faire la vertueuse Princesse. Quand elle eut été informée que le Duc, entraîné par une habitude qui ne lui permettoit plus d'écouter ni sa conscience, ni l'honneur, continuoit de voir en secret cette personne dans la maison où il l'avoit logée, elle se contenta de gémir d'un mal qui étoit devenu sans remede, & après avoir dit à la Duchesse Marguerite tout ce qui pouvoit la consoler, elle se retira à Vannes vers la fin du mois de Septembre de l'an 1466. & se renferma dans son Monastere des trois Maries.

Quand elle eut terminé toutes les affaires qui pouvoient lui donner de la distraction, elle se jetta aux pieds du Pere Soreth, & lui demanda la grace d'être admise dans la compagnie des Religieuses. Le Pere lui accorda sa demande, & le jour de l'Annonciation de la Vierge fut marqué pour une cérémonie si édifiante. Elle fut celebre ; & par la qualité de la personne qui se consacroit à Dieu, & par le concours de la noblesse de toute la Province, qui voulut y assister. L'Evêque de Vannes, présent, avec tout son Chapitre, & un peuple infini, le 25. de Mars de l'an 1468. (selon la maniere de compter de ce tems-là, & 1469. selon l'usage d'aujourd'hui)

Albert le Grand met cela en 1467 mais l'Epitaphe de Françoise d'Amboise, raportée ci-dessous prouve le contraire.

28.
Septemb.

la Duchesse parut dans l'Eglise du Bodon, devant un autel dressé au haut de la nef, avec un cierge blanc à la main, dans ses habits de deüil qu'elle n'avoit point quittez depuis la mort de son mari, & suivie seulement de quatre de ses filles. Après qu'elle eut fait sa priere, le P. Soreth fit une prédication sur la vanité du monde & ses fausses felicitez ; ensuite il donna l'habit Religieux à la Duchesse & aux quatre filles qui l'accompagnoient ; on dit la Messe, & quand elle fut finie, la Duchesse entra dans le Monastere, où elle fut reçuë des Religieuses au chant des hymnes & des cantiques, pendant que ceux qu'elle avoit chargez de ses ordres eurent soin de donner à manger, tant aux personnes de distinction qui étoient venuës de loin, qu'aux pauvres, pour qui elle avoit toûjours une attention & une tendresse particuliere.

Elle se trouvoit au comble de sa joïe dans cette heureuse & paisible retraite, & s'y livra entierément aux impressions de l'Esprit de Dieu qui l'y avoit conduite. Les Religieuses, en consideration de la dignité qu'elle venoit de quitter, & de sa qualité de Fondatrice, voulurent lui donner une place distinguée immediatement après la Superieure. Elle n'y vouloit point consentir, & elle leur representoit avec beaucoup d'instance, qu'elle étoit non-seulement la derniere venuë, mais encore la plus imparfaite de toutes ; que J. C. leur adorable époux & le sien, n'étoit venu au monde que pour servir & pour être humilié ; qu'elle vouloit imiter en cela ce Divin Sauveur ; qu'il ne lui appartenoit pas de marcher devant de saintes filles qui avoient porté long-tems le joug de l'observance Reguliere ; qu'on lui faisoit une peine extrême de faire retentir à ses oreilles les termes de Duchesse & de fondatrice ; que si elle avoit fait quelque estime des places honorables, elle n'auroit pas quitté le siécle ; que les Regles dont elle vouloit faire profession ne souffroient point de ces passe-droits ; enfin qu'elle supplioit la Communauté de ne la traiter que comme sœur Françoise, une novice imparfaite, pour qui le dernier rang étoit encore une faveur au-dessus de ses merites. Le General Soreth ne s'expliqua pas d'abord sur cette pieuse contestation, pour donner lieu à la novice de faire éclater toute son humilité ; mais il lui commanda enfin d'accepter la place que les meres lui déferoient. Comme elle avoit entierement renoncé à sa volonté propre, elle fit par obéïssance pour son Superieur, ce que l'humilité l'avoit empêchée de faire. Mais elle se dédommageoit de cette marque de distinction, par l'ardeur avec laquelle elle se portoit à tout ce qu'il y avoit de plus bas, de plus penible, & de plus rebutant dans les travaux de la maison & par la recherche des humiliations, dont nous en ferons remarquer une entre les autres. Sœur Françoise Marquer novice aux trois Maries, fille d'une grande vertu, qui avoit assisté la bonne Duchesse dans toutes ses afflictions, étoit sur le point de faire ses vœux, & desirant de faire sa Confession generale à un Religieux à qui elle avoit coûtume de se confesser dans le siécle, elle pria la Duchesse aussi novice, de demander permission au Pere Soreth de faire venir ce Religieux au Confessionnal. La Duchesse ne put refuser cette consolation à sa chere Marquer, demanda cette faveur au Pere General, & l'obtint. La Prieure ne laissa pas échaper cette occasion d'humilier la Duchesse ; elle l'alla trouva, & lui dit d'un ton severe : « pour une novice, qui n'avez encore qu'un pied dans la Religion, vous êtes bien hardie, ma sœur, d'avoir procuré à sœur Françoise un autre Confesseur que celui de la Communauté ! De quoi vous mêlez-vous ? Etes-vous venuë parmi nous, pour nous procurer des dispenses particulieres, à la ruïne de l'observance ? Et que ferez-vous donc, quand vous vous verrez Professe ? » La Duchesse n'eut point de paroles pour s'excuser ; elle n'en emploïa que pour demander pardon, & les accompagna de ses larmes, en se prosternant aux pieds de la Prieure. Ceux qui peuvent concevoir ce que c'est que de point avoir de volonté, n'auront pas de peine à comprendre comment des ames saintes, dont les plus grandes fautes ne sont que de legeres imperfections, peuvent confier le recit de leurs pechez indifferemment à qui que ce soit à qui l'obéïssance les oblige de s'adresser ; & cette consideration doit nous empêcher de regarder comme une contrainte odieuse, la pratique établie dès ces tems-là dans les maisons les plus reformées, de n'avoir qu'un seul Confesseur ; mais si l'infirmité de la condition humaine a demandé depuis qu'on ait relâché quelque chose de cette severité, l'Eglise toûjours indulgente & toûjours attentive à procurer le bien, n'a pas refusé de donner des bornes un peu moins resserrées à l'obéïssance des personnes qui vivent dans la retraite.

Une des choses que Françoise d'Amboise souhaitoit avec le plus d'empressement, étoit d'être destinée à servir les malades à l'Infirmerie. Elle representoit aux Meres, en briguant saintement ce penible emploi, qu'on lui avoit autrefois appris
quantité

quantité de secrets d'importance pour la guérison des maladies, des plaies, & des ulceres, & qu'elle avoit eu un grand penchant d'aller servir les pauvres malades à l'Hôtel-Dieu de Paris. On eut peur d'abord qu'il n'entrât quelque peu de complaisance dans cette recherche, ou du moins on voulut accoûtumer de bonne heure la novice à ne rien souhaiter avec trop d'empressement. A la fin cependant on lui accorda sa demande, on la mit auprès de l'Infirmiere, pour l'aider dans ses fonctions. La Prieure fut une des premieres à donner de l'exercice à sa charité & à son humilité par une ulcere qu'elle eut à un pied. L'illustre novice la pensoit deux fois le jour, à genoux, sans vouloir jamais se servir d'un tabouret qu'on lui offroit, dans la peine que l'on avoit à la souffrir dans une posture si humiliée. Incontinent après le Monastere fut affligé d'une dysenterie contagieuse, qui fut suivie de la peste qui s'étoit répanduë dans le païs de Vannes. Dieu ne conserva presque que la seule Françoise d'Amboise en santé; les Infirmeries étoient pleines de malades, & elle seule étoit chargée de tout ce qu'il y avoit de penible & de dégoûtant dans la maison. Après avoir assisté au chœur à tous les offices du jour & de la nuit, elle passoit tout le reste du tems auprès des malades, les couchoit, les levoit, faisoit leurs lits, leur donnoit à manger, portoit le bois, allumoit le feu, cueilloit les herbes, faisoit la cuisine, & répondoit à ceux de dehors; enfin avec une complexion foible & délicate, épuisée par le travail, l'austerité & la penitence, elle faisoit avec ardeur ce qui auroit étonné les plus robustes.

Au bout de l'an elle alla se prosterner aux pieds de toutes les Religieuses, pour les supplier de n'avoir point d'égard à ses imperfections & à ses fautes, & de la recevoir dans leur sainte société dans la condition de sœur Converse, parce qu'elle s'estimoit indigne d'être destinée à chanter les loüanges de Dieu avec les Religieuses de chœur. Cette sainte Communauté ne put souffrir qu'elle s'abaissât jusqu'au point qu'elle se le proposoit; elle fut admise à faire ses vœux comme Religieuse de chœur, & la cérémonie de sa profession se fit le 25. de Mars de l'an 1469. c'est-à-dire 1470. Françoise, toûjours industrieuse à s'humilier, surprit extrêmement la Communauté, lorsque prenant le voile noir qui étoit destiné pour elle à sa profession, elle en coupa les deux coins. On lui demanda pourquoi elle en usoit ainsi. Elle répondit qu'elle ne meritoit pas de porter le voile comme les vierges qui n'ont jamais eu d'autres époux que J. C. puis-

qu'elle avoit eu un époux mortel; & qu'il étoit juste que l'on reconnût à quelque marque visible, qu'elle étoit la plus imparfaite de toutes. L'heure de son engagement venuë, elle sortit du Monastere avec un cierge blanc à la main, suivie de quelques novices, & vint se prosterner devant le S. Sacrement au chœur de l'Eglise du Bodon, & puis aux pieds du General Soreth, à qui elle demanda la grace d'être admise à faire profession dans l'Ordre des Carmelites. Le General lui accorda sa demande, & après qu'il eut fait une exhortation aux assistans, la Duchesse prononça ses vœux à haute voix, en cette sorte : « Je, Sœur Françoise d'Amboise, fais profession & promets obéïssance à Dieu & à la Bienheureuse mere de Dieu Marie du Mont-Carmel, & à vous Frere Jean Soreth Prieur General du même Ordre de la Bienheureuse mere de Dieu Marie du Mont-Carmel, & à vos Successeurs élus canoniquement, & à la Prieure de ce Convent & à celles qui lui succederont, avec perpetuelle continence, & abdication de proprieté, selon la Regle du même Ordre, jusqu'à la mort, avec perpetuelle clôture. » Elle signa sa profession, & la donna au Pere General, qui l'aïant reçuë, lui dit : « Je Frere Jean Soreth Prieur General dudit Ordre, vous reçois, Sœur Françoise d'Amboise, & déclare Professe audit Ordre, Au nom du Pere, du Fils, & du Saint Esprit. Ainsi soit-il. » L'Evêque de Vannes benit les habits, le voile & la ceinture de peau veluë, dont le General revêtit la Professe, & le *Te Deum* chanté, elle rentra dans le Monastere des trois Maries.

Après avoir rendu les plus tendres actions de graces à Dieu, pour cette faveur, qu'elle estimoit une des plus signalées qu'elle eût reçuës de sa bonté, & lui avoit demandé le don de la perseverance, elle redoubla sa ferveur & ses austeritez; mais par esprit d'obéïssance & de religion, elle évita cependant toutes les singularitez ausquelles l'impetuosité de son zéle auroit pû la porter. Ce fut par ce principe, que n'aïant usé ni de lits de plume, ni de matelats, avant sa profession, elle se conforma depuis à la façon de vivre de la Communauté. Quand elle étoit malade, elle alloit à l'Infirmerie commune avec les autres; mais hors de ces tems-là, elle logeoit comme la plus simple Religieuse dans une petite cellule sans cheminée, & dans laquelle il n'y avoit pour tous meubles qu'un lit fort pauvre, une table & un escabeau. Elle ne mangeoit jamais hors du Refectoire, & ne vouloit pas qu'on lui servît autre chose qu'à la Communauté; sa vaisselle étoit d'étain ou de bois ; elle coupoit elle même ses viandes avec un petit couteau de vil prix, & quand les autres alloient prendre un moment de recréation dans le jardin après le repas, la sienne étoit d'aller à l'Infirmerie visiter, servir, & consoler les malades. Son habit étoit d'un gros drap commun, sous lequel elle portoit ordinairement la haire, & elle continuoit à prendre la discipline de la maniere que nous l'avons déja dit. Hors les tems de l'office Divin, on la trouvoit toûjours occupée de quelque travail. Elle ne sortoit du chœur que long-tems après les autres. S'il se disoit plusieurs Messes, elle les entendoit toutes à genoux, sans s'appuïer ; & cette grande & longue assiduité lui fit venir de gros callus aux genoux, & des durillons, dont elle souffrit l'incommodité tout le reste de sa vie, sans en rien témoigner à personne, de sorte qu'on ne le sçut qu'après sa mort, lorsqu'on l'ensevelit. L'Esprit de Dieu qui partage ses dons comme il lui plaît, lui avoit inspiré de prier avec une affection particuliere pour les personnes qui sont dans l'affliction, & pour ceux qui travaillent à la conversion des ames. Elle n'étoit pas moins avide de la parole de Dieu dans le cloître, qu'elle l'avoit été dans le siécle ; elle faisoit en sorte d'avoir toûjours d'habiles prédicateurs pour les Avents, le Carême, & les Dominicales ; & quand il n'y avoit point de sermon, elle avoit recours à la parole écrite dans les livres Divins & dans les ouvrages de pieté. Elle se soumettoit avec un zéle & une humilité d'une édification singuliere, à la pratique établie dans les maisons Religieuses, de s'accuser publiquement devant ses Superieurs & la Communauté, des fautes où l'on est tombé contre l'Observance ; & personne ne s'en acquitoit avec un cœur aussi penetré de componction, & avec autant d'ardeur pour la penitence, que cette grande Religieuse. Toutes ces vertus & ces excellentes qualitez, jointes à une conversation douce, modeste, & engageante, lui avoient gagné tous les cœurs, & l'on ne se separoit d'elle qu'à regret.

La Duchesse Marguerite de Bretagne mourut peu de tems après la profession de Françoise d'Amboise, & fut enterrée dans le chœur de l'Eglise des Carmes de Nantes. Le Duc François II. continua de vivre dans le desordre avec Antoinette de Magnelais, qui se flattoit peutêtre que le mariage rendroit enfin cette union legitime ; mais Françoise d'Amboise n'estima pas qu'une personne qui avoit souïllé le lit nuptial, meritât de l'occuper comme épouse ; & quoiqu'elle eût renoncé à tous les soins temporels, elle crut cependant que le salut du Prince & le bien public de toute la province étoient des objets assez interessans pour exiger d'elle quelques attentions. Elle les emploïa si utilement dans cette rencontre, qu'elle fit enfin conclure le mariage du Duc avec Marguerite de Foix, qui fut épousée par le Duc François II. à Nantes en 1471. Cette nouvelle Duchesse gagna les affections de son mari, & celle dont les déreglemens avoient causé la mort à la premiere femme, par le chagrin qu'ils lui avoient donné, mourut de chagrin à son tour, de voir triompher la femme legitime, des charmes pernicieux de l'étrangere.

Les Religieuses des trois Maries avoient la pratique de la Triennalité dans la charge de Superieure. Elles élurent unanimement Prieure Françoise d'Amboise l'an 1475. elle allegua en vain le peu de tems qu'il y avoit qu'elle étoit Professe, & voulut renoncer à son élection ; elle fut confirmée par le General, qui lui commanda de l'accepter, & elle obeït avec une repugnance qu'elle n'avoit jamais éprouvée dans tout ce qu'on lui avoit ordonné de plus rude ou de plus humiliant. Le soin dont elle étoit chargée, de la conduite des autres, la fit veiller d'autant plus attentivement sur la sienne ; & comme ses exemples devenoient la Regle vivante de la maison, elle surpassa l'attente de ses Religieuses par le nouvel accroissement de ses vertus & de sa Regularité. Elle se tenoit en garde sur tout contre l'esprit de domination, qui se glisse si aisément sous le prétexte de soûtenir l'honneur de la premiere place. Une de ses Religieuses prit un soir, après Complies, son chandelier pour la reconduire à sa chambre. Françoise d'Amboise eut peur que ce devoir ne se rendît par une affectation d'honorer sa qualité de Prieure, ou celle de Fondatrice ; elle s'y opposa, & dit à cette Religieuse : « Non, ma fille, laissez cela, J. « C. nôtre époux est venu en ce monde pour « servir, & non pour être servi ; & moi « je ne m'estime vôtre Prieure, que pour « avoir l'avantage de vous servir, à son « exemple. A plus forte raison dois-je me « servir moi-même. « Il échapa à une autre de l'appeller Madame. Elle lui en fit une rude correction, & lui dit : « Je n'ai pas « nom Madame ; je m'appelle sœur Fran- « çoise, humble servante de J. C. & par « toute l'autorité que j'ai sur vous, je vous « défends de m'appeller autrement. « Son exactitude à faire observer la clôture étoit si grande, que lorsque la nouvelle Duchesse la vint voir, avec le Cardinal de Foix son frere, elle ne les reçut l'une & l'autre,

28.
SEPTEMB.

qu'au Parloir. Cependant depuis, comme la Duchesse étoit privilegiée, elle lui accorda l'entrée du Monastere, aussi-bien qu'au Cardinal d'Angers, en consideration de sa qualité de Legat du S. Siége. Quand celui-ci y entra, elle ne laissa entrer avec lui que deux personnes de sa suite, avec l'Evêque de Vannes seulement, & se tint à la porte, pour empêcher les autres d'entrer. Elle usoit de la même retenuë pour son General même, qui n'entroit jamais qu'avec le P. Vicaire de la maison seulement, sans autre compagnie.

Les discours publics que Françoise d'Amboise étoit obligée de faire à sa Communauté en qualité de Prieure, firent encore mieux connoître, que toute sa conduite précedente, quelles étoient les maximes & quels étoient les principes qui la faisoient agir. Elle n'avoit rien plus souvent à la bouche, que ces paroles, qui contiennent un abregé de toute la perfection Chrétienne : *Faites sur toutes choses, que Dieu soit toûjours le mieux aimé*. Elle repetoit aussi souvent cette grande regle, que le disciple bien-aimé repetoit le précepte de la charité & de l'union fraternelle ; & les dernieres paroles qu'elle dit en mourant, furent les mêmes qu'on vient de rapporter, qu'elle avoit toûjours euës dans le cœur & à la bouche. Elle disoit, que l'état Religieux est sujet à trois défauts qui en ternissoient assez souvent l'éclat ; la negligence à obéir, la lâcheté à faire penitence, & le soin trop curieux de remarquer les fautes d'autrui. L'on ne peut mieux comprendre comment elle avoit obéi elle-même, qu'en faisant reflexion à ce qu'elle insinuoit à ses Religieuses, que pour pratiquer cette vertu parfaitement, il falloit s'imaginer qu'on n'avoit plus ni corps ni ame à soi ; avoir une indifference absoluë pour toutes sortes d'occupations ; ne s'informer jamais des raisons des commandemens que nous font nos Superieurs ; enfin considerer J. C. obéïssant jusqu'à la mort honteuse de la Croix. Elle regardoit comme une chose diabolique, de se vanter dans le Cloître, de son extraction, des biens ou des honneurs que l'on avoit eus dans le monde. En faisant vœu de n'avoir rien en propre, on étoit dans l'obligation, selon elle, de renoncer aux petites choses, comme aux grandes, & sur tout à nôtre propre volonté, qui est le plus dangereux bien dont nous puissions nous reserver la disposition ; & réflechissant sur l'attachement qu'on se permet pour des choses de peu de consequence, sans faire assez d'attention que c'est plus l'affection qui regle la mesure de la faute, que la matiere même, elle

ne pouvoit s'empêcher de dire en gemissant, que c'est une grande folie de se damner pour si peu. Elle haïssoit les grands parleurs, & suivant en cela la maxime de S. Jacques, elle ne croïoit pas qu'une personne qui parle sans cesse pût se dire Religieuse. Elle convenoit que de parler trop étoit le défaut que l'on reprochoit le plus à son sexe ; & c'est pour cela même qu'elle s'attachoit le plus à le combattre. Comme elle avoit été alterée de mortifications & de penitences, elle souffroit une peine extrême, lorsqu'elle rencontroit de ces esprits delicats & pleins d'eux-mêmes, qui sont si sensibles à la correction, qu'on ne peut les toucher sans les aigrir. Elle les regardoit cependant plûtôt comme des malades, que comme des rebelles, & se contentoit de gemir de leur foiblesse, quand elle prévoïoit qu'elle emploïeroit peutêtre inutilement l'amertume salutaire des reprimandes. Elle étoit bien persuadée de l'avantage de la Triennalité, tant pour l'utilité publique des maisons Religieuses, que pour l'avantage particulier des personnes qui étoient en charge ; mais elle vouloit, que moins de tems on avoit à y être, plus il falloit apporter d'exactitude, de vigilance & de severité, dans le maintien du bon ordre & de la discipline, & sur tout éviter de se relâcher sur les petites choses, pour ne pas s'exposer au reproche d'avoir donné entrée à l'irregularité ; du reste elle étoit persuadée qu'il étoit bon que chacune portât le fardeau à son tour, afin que l'on apprît du moins par sa propre experience, à porter compassion à celles qui occupent la premiere place, sujette à de si grands comptes devant Dieu & devant les hommes. Elle établissoit, que pour vivre heureux, il falloit s'abandonner entierement à la Divine providence, suivre la raison, se gouverner plûtôt par la volonté d'autrui que par la sienne, avoir le cœur uni à Dieu, faire ce qu'on doit, & laisser faire aux autres ce qui leur plaît, sans s'embarasser de ce qui ne nous regarde pas. Elle faisoit en peu de mots l'abregé de la vie Religieuse : oublier le monde, penser à Dieu, pouvoir demeurer seul avec soi-même, n'avoir de curiosité pour rien, être mort à tout, ne perdre jamais le tems, laisser les autres tels qu'ils sont, s'étudier à profiter chaque jour, veiller incessamment sur soi-même, marcher en la présence de Dieu, garder sa Regle, imiter les exemples que les Saints nous ont laissez. Pour faire voir avec quel soin ceux qui servent Dieu doivent éviter la medisance, elle faisoit sentir l'impossibilité qu'il y a de rendre l'honneur que l'on a fait perdre par la dé-

28.
SEPTEMB.

X x ij

28.
Septemb.

traction, & que la calomnie la plus horrible se repare plûtôt qu'une médisance ; le calomniateur n'a qu'à confesser qu'il a menti, & le mal qu'il a fait ne subsiste plus ; mais que fera le médisant, pour remettre dans l'estime des autres une personne qu'il aura flétrie ? La plainte la plus amére de ceux qui souffrent, est de dire qu'ils souffrent à tort ; Françoise d'Amboise prétendoit au contraire qu'on devoit trouver dans ce tort un sujet de joïe & de consolation, en considerant que J. C. que nous devons toûjours nous proposer pour modéle, n'a rien souffert qu'à grand tort. Elle ajoûtoit à cela, qu'on s'exposoit au trouble & aux contestations, quand on s'attachoit à défendre ses droits : mais qu'en ne se défendant point, outre le bien de la tranquillité, on avoit encore l'attente assurée de la couronne que Dieu a promise à la patience. Elle representoit en peu de paroles quelle doit être nôtre disposition dans les tentations, quand elle disoit : « celui-là perira, qui change « la tentation en deléctation ; mais Dieu « sauvera sans doute ceux à qui les tenta- « tions tiennent lieu de tribulations. »

Lettres de la Reine Anne, pour la Fondation de Nazareth.

Le Duc François II. à la sollicitation de la Duchesse Marguerite de Foix, souhaitoit de pouvoir attirer auprès de lui Françoise d'Amboise ; & celle-ci de son côté commençoit à se dégoûter du séjour des trois Maries, tant à cause du mauvais air & de la contagion qui s'y faisoit ressentir frequemment, qu'à cause du dérangement & de l'incommodité qu'apportoit le double office qui se faisoit dans la même Eglise par les Religieux & par les Religieuses alternativement. Elle souhaitoit de pouvoir faire un établissement plus commode, & l'occasion s'en présenta, par le changement qu'il convint d'apporter au Prieuré de N. D. des Coëts, ou Scoëts, situé sur le bord de la Loire un peu au-dessous de Nantes, & de l'autre côté de la Riviere. Ce Prieuré avoit été fondé par Hoel Comte de Nantes, comme une dépendance de l'Abbaïe de S. Sulpice, pour des Religieuses qui devoient vivre selon la Regle de S. Benoît. Il n'y avoit plus dans cette maison qu'une Prieure & six Religieuses, sans observance & sans clôture. Le Duc fit représenter au Pape le triste état où cette maison se trouvoit reduite, & le pria d'en procurer le rétablissement, en la transferant de l'Ordre de S. Benoît en celui des Carmelites, & en commandant à sœur Françoise d'Amboise de venir s'y établir avec quelques-unes de ses Religieuses. Le Pape, après s'être fait informer de l'état des choses, accorda la requête du Duc, & sans avoir égard à l'opposition des Benedictines des Scoëts, il ordonna le changement de Regle dans ce Monastere, & à Françoise d'Amboise de s'y transporter. Elle vint à Nantes au commencement des Avents de l'an 1476. avec neuf de ses Religieuses, & fut mise en possession du Monastere des Scoëts le 20. de Decembre, par Renaud Godelin Sénéchal de Nantes, Michel de Partenai Chevalier, & M. Nicolas de Kermeno Conseiller du Duc, tant en vertu des Bulles du Pape Sixte IV. qu'en vertu du Mandement du Duc en date du 18. du même mois ; comme il est prouvé par l'acte autentique de cette prise de possession, qui se conserve aux Scoëts. Le Pape par une autre Bulle du 17. de Juillet de l'année suivante, confirma de nouveau ce qu'il avoit ordonné pour l'expulsion des Benedictines qui ne voudroient pas embrasser la Regle des Carmelites ; & leur ordonna, sous peine des censures Ecclesiastiques, de se retirer à l'Abbaïe de S. Sulpice. La Prieure Guillemette le Gac, & ses Religieuses, n'obéirent point ; le Pape renouvella ses commandemens & les menaces de ses censures, par une autre Bulle du 26. de Février de l'an 1478. Les sept Benedictines se rendirent enfin à tant d'ordres émanez des puissances ausquelles, il ne leur étoit pas libre de resister, & Françoise d'Amboise fut enfin paisiblement installée dans le Monastere des Scoëts par le Duc, assisté d'Yves de Kerisac Grand Vicaire de l'Evêque de Nantes, qui lui commanda de continuer sa charge de Prieure.

28.
Septemb.

Elle fit aussi-tôt relever les murailles de la clôture, reparer tous les lieux Reguliers, & bâtir le clocher qui est sur le chœur des Religieuses. Elle redoubla sa ferveur dans ce nouveau Monastere, & s'attacha plus que jamais à exciter ses filles à faire tous les jours de nouveaux proprès dans le chemin de la perfection. Plus il sembloit que le bruit & le tracas dussent la distraire, plus elle s'étudioit au recüeillement & au silence. Elle ne pouvoit se dispenser d'aller & de venir, pour veiller sur ses ouvriers ; mais elle avoit une si grande attention à ne rendre point incommodes aux autres tous les mouvemens qu'elle étoit obligée de se donner, que pour ne troubler, ni le repos, ni le silence de ses sœurs, elle se fit faire de patins à simple semelle, qui se conservent encore aux Scoëts, comme une preuve de ses égards pour la tranquillité de ses Religieuses. Celles qu'elle avoit laissées aux trois Maries ne pouvant plus vivre separées d'elle, résolutent de l'aller trouver, & vinrent à bout de faire unir leur Mona-

28.
Septemb.

ſtere à celui des Scoets, pour ne plus former qu'une ſeule Communauté. C'eſt ce que fit le Pape Sixte IV. par ſa Bulle du 13. de Decembre de l'an 1479. avec le conſentement du Duc François II. Auſſi-tôt ce qui étoit reſté de Religieuſes aux trois Maries fut tranſporté aux Scoets, & Françoiſe d'Amboiſe fut continuée Prieure, par ordre du General des Carmes.

On dit que le Pere Alain de la Roche Religieux Dominicain du Convent de Dinan, fort zélé pour l'établiſſement du Roſaire, vint en ce tems-là à Nantes, où aïant été invité de la part de la Prieure des Coëts à la venir conſoler, il ſe rendit à ce Monaſtere, & y établit dans la communauté la pratique d'honorer la Mere de Dieu par des prieres comptées, qu'il répandoit par tout. On ajoûte que quelques libertins aïant voulu s'en railler, rentrérent dans le reſpect, quand ils virent avec quel zéle & quelle ardeur Françoiſe d'Amboiſe prenoit le parti de cette dévotion; enfin l'on nous aſſure que le Duc François II. à ſa priere, écrivit au Pape Sixte IV. pour ſupplier Sa Sainteté d'approuver cette pieuſe pratique, à quoi le Pape ſatisfit amplement par ſa Bulle du 9. Mai de l'an 1479.

Deux ans après, c'eſt-à-dire l'an 1481. le Pere Jean Soreth General des Carmes mourut au Convent de ſon Ordre à Angers le 25. de Juillet. Il avoit été continué dans la charge de General pendant vingt ans, par autorité du Pape, & avoit travaillé avec ſuccès à la reformation de ſon Ordre en France, en Allemagne, & en Flandre. Un des auteurs de la vie de Françoiſe d'Amboiſe nous aſſure qu'il mourut de poiſon, & on peut l'en croire. Françoiſe d'Amboiſe, qui avoit pour lui une extrême veneration, fut très-ſenſible à ſa mort.

Elle vêcut encore quatre ans après lui. Elle ſervoit les malades à l'Infirmerie au mois d'Octobre de l'an 1485. & s'étoit particuliérement attachée à donner ſes ſoins à une fille attaquée d'une maladie contagieuſe, & qui en mourut entre ſes bras. Les aſſiduitez qu'elle avoit euës auprès de cette perſonne la jettérent dans une maladie, dont elle reſſentit les premieres atteintes le 28. d'Octobre, par de grandes douleurs dont elle ſe trouva attaquée par tout le corps. Elle ſe retira à l'Infirmerie, & le lendemain, qui étoit un Dimanche, elle ſe confeſſa, entendit la Meſſe, communia, & aſſiſta au Sermon. Elle prit enſuite congé du prédicateur, & retourna à l'Infirmerie, pour n'en plus ſortir. Ses douleurs augmentérent de telle ſorte le jour de la Touſſaints, qu'elle fut perſuadée qu'elle verroit bien-tôt arriver l'heureux moment qui la devoit unir pour jamais à ſon époux celeſte, moment pour lequel elle ſoupiroit depuis ſi long-tems. Ses maux ne purent lui dérober un inſtant de l'application qu'elle apportoit à ſe préparer à joüir des effets de la miſericorde Divine. Elle ſe confeſſa de nouveau le 3. de Novembre, & reçut le ſaint Viatique. Elle paſſa le reſte du jour en priere, & aïant fait venir toutes ſes Religieuſes environ la minuit, elle demanda pardon de ſes fautes, en leur préſence, & s'en accuſa avec de grands ſentimens de componction & d'humilité, au Pere Matthieu de la Croix Vicaire du Convent, & à la Prieure; & puis ſe voïant entourée de ſes filles qui fondoient en larmes, elle leur fit cette exhortation, qui fut comme ſon teſtament: « mes cheres ſœurs, « je vous prie ſur toutes choſes, faites que « Dieu ſoit toûjours le mieux aimé. Soiez « humbles, douces, & charitables, chaſtes « & obéïſſantes; aimez-vous les unes les autres; cheriſſez la paix, l'union, & la concorde; ſoiez fidéles à Dieu, fermes & conſtantes dans l'obſervance de vôtre Regle. « Vous ſçavez que j'ai travaillé de toute ma « puiſſance à la conſervation de la Regularité dans cette maiſon & des privileges qui « vous ont été accordez à cette fin. J'ai fait « en ſorte que nos Saints Peres les Papes « vous ont exemptées de la juriſdiction des « Provinciaux, vous, vôtre maiſon, & « tous ceux qui y demeurent. Conſervez vos « privileges, & continuez de bien en mieux, « & bien vous en prendra. Je ſçai bien, mes « cheres filles, que Dieu vous ôte ce que « vous cheriſſiez le plus en cette vie; mais « il le fait afin que vous mettiez toute vôtre « affection en lui, & pour donner ſujet de « merite à vôtre patience, en vous conformant à ſa ſainte volonté. On connoîtra « bien ſi vos actions ſont faites purement « pour la gloire de Dieu ſans aucun mélange « de reſpect humain. Sur toutes choſes faites « que Dieu ſoit le mieux aimé. Adieu, mes « filles, je m'en vais à préſent experimenter « ce que c'eſt que d'aimer Dieu. Celui-là eſt « bien abuſé, qui deſire de vivre long-tems « en ce monde; quant à moi, je me ſoumets entierement aux diſpoſitions de la « miſericorde & de la juſtice Divine, afin « que Nôtre Seigneur faſſe de moi ſelon ſa « ſainte volonté. Je me rends à lui. « Ses Religieuſes attendoient ſa benediction, mais ſon humilité ne lui permettoit pas de croire que les femmes la puſſent donner. Aſſurée cependant par le Pere Vicaire, qu'elle pouvoit & devoit accorder cette grace à ſes Religieuſes, elle leva la main, & les benit, en ſe ſervant de ces paroles Latines: *Bene-*

28.
Septemb.

Sixte IV.
Innocent
V. II.

nedictio Dei Omnipotentis, Patris, &c. Elle parla enfuite à M. Olivier Laurent fon medecin, & lui aïant remontré qu'elle laiſſoit fon Monaſtere chargé de beaucoup de dettes, elle l'engagea à prier le Duc de fa part, de les acquiter de l'argent qu'il lui devoit à elle-même, & de lui dire qu'elle lui recommandoit fon pauvre Monaſtere. Elle reçut enfuite l'Extrême-onction, & répondit elle-même aux Pſeaumes, Litanies, & autres prieres qui fe diſent dans l'adminiſtration de ce Sacrement. Le reſte de la nuit elle fe fit lire des méditations de pieté & des modéles d'elevation à Dieu. Elle appella fes deux nièces de la Floceliere & de la Tremoille, & leur donna des inſtructions & des avis tels qu'on les pouvoit attendre d'une auſſi grande maîtreſſe dans la vie ſpirituelle. Le matin elle manda le Pere Vicaire, & lui recommanda fes Religieuſes avec beaucoup de tendreſſe. Elle fe fit reciter la Proſe *Stabat mater*, & après l'avoir écoutée attentivement, elle dit : O ! qu'elle eſt belle ! On lut enſuite la Paſſion, & à ces mots : *en vos mains, Seigneur ! je remets mon ame*, elle baiſſa les yeux ſur la compagnie, & dit : " fi vous voulez que
" je vous avouë pour mes filles, foyez ſa-
" ges & conſtantes en vôtre vocation, &
" ſur tout, je vous prie, faites que Dieu
" ſoit toûjours le mieux aimé. " Elle n'en dit pas davantage, & fut aſſez long-tems ſans parler autrement que par ſignes, qui donnoient tous à entendre que fon ame étoit uniquement occupée de Dieu. Vers les trois heures après midi, fur la fin de fon agonie, on fut ſurpris de lui voir revenir la parole. Tournant les yeux vers le ciel, elle dit tout haut : " vous foyez les bien-
" venuës, mes bonnes Dames. " On s'approcha d'elle, pour lui demander ce que c'étoit : " ce font dit-elle, mes bonnes Da-
" mes que j'ai toûjours honorées & reve-
" rées. O ! qu'il y a long-tems que je de-
" firois d'être avec elles ! je vous prie qu'on
" faſſe place pour les recevoir. " Nous ne prétendons pas donner ceci pour une apparition réelle, ni ſuppoſer que ſainte Urſule & ſes compagnes fuſſent ces Dames, comme ſe le perſuadérent les perſonnes qui entendirent ces paroles ; nous dirons ſeulement, que puiſqu'on juge ſouvent des hommes par les derniers momens de leur vie, heureux font ceux, qui dans le déreglement des organes d'une machine qui eſt prête à ſe déranger abſolument, n'ont l'ame occupée que d'images ſaintes & conſolantes ! Françoiſe d'Amboiſe expira doucement, après avoir proféré ces dernieres paroles, le vendredi 4. de Novembre, à la même heure que le Sauveur acheva l'œuvre de nôtre redemption, en conſommant fon ſacrifice.

Auſſi-tôt que l'on eut été informé à Nantes de la mort de Françoiſe d'Amboiſe, les Chanoines de l'Egliſe de N. D. de Nantes allérent demander fon corps aux Religieuſes des Scoets, pour l'enterrer dans le tombeau du Duc Pierre II. ſelon que l'avoient autrefois ſouhaité le même Duc & la Princeſſe fon épouſe ; mais on ne put attacher un ſi précieux tréſor à ces Religieuſes, qui avoient un titre plus nouveau que cette ancienne diſpoſition, puiſque la Princeſſe, par ſes dernieres volontez, avoit marqué qu'elle ſouhaitoit d'être enterrée dans leur Chapitre, tout au bas & à l'entrée, afin qu'on ne pût y entrer, ni en ſortir, ſans fouler aux pieds ſa dépouille mortelle. On y enterra donc fon corps enſeveli dans une chaſſe de plomb, & il y demeura juſqu'en 1492. que la terre du ſepulcre s'étant élevée peu à peu, à ce que l'on dit, aſſez haut pour faire de l'embarras à l'entrée du Chapitre, le Pere Vicaire, la Prieure & les Religieuſes, firent ouvrir le tombeau & lever le corps, qui fut trouvé tout entier, ſans aucune corruption. Cette merveille s'étant répanduë à Nantes, attira aux Scoets toute la ville de Nantes, qui vint voir ce corps expoſé à la vûë du public dans le chœur des Religieuſes. Il y en eut une qui s'étant enfin trouvée ſeule auprès de ce corps, & voulant en avoir quelque partie, lui coupa un petit doigt du pied. On dit qu'il ſortit une grande abondance de ſang de ce pied, ce qui épouvanta tellement cette Religieuſe, qu'après avoir demandé pardon de cette faute à Dieu, elle remit ce qu'elle avoit coupé à ſa place. Cette merveille penſa faire perdre le corps de Françoiſe d'Amboiſe à ſes cheres filles ; parce que le peuple, qui donne volontiers dans les dévotions nouvelles, vouloit qu'on expoſât ce corps à la veneration publique, en l'enterrant dans un lieu dont on pût s'approcher avec plus de liberté. Pour éviter qu'on ne prît là-deſſus quelque réſolution affligeante pour les Religieuſes, elles ſe hâtérent de mettre le corps en terre dans leur Chapitre, mais dans un autre lieu, où il eſt diſpoſé de ſorte, que le pied du tombeau répond au bas de l'Egliſe, ſous le Jubé de la grille.

La pierre qui couvre ce tombeau n'a aucun autre ornement qu'une platte bande en forme de rouleau plat, qui en fait pluſieurs fois le tour, à commencer par un des angles exterieurs, & finit au milieu de la tombe. On lit ce qui ſuit gravé ſur ce rou-

28.
SEPTEMB.
leau : « Cy gît très-haute & noble Dame « Franczoyſe d'Emboayſe en ſon vivant « Ducheſſe de Bretaigne, épouſe du bon « Duc Pierre, emprés la mort duquel en-« tra la ſainte & devote Religion de No-« ſtre-Dame du Carme, & print l'abit le « jour de l'Incarnation de Noſtre Seigneur « Mil CCCC LXVIII. & audit jour fiſt ſa pro-« feſſion l'an revolu vivente ſoubz clauſure « & entiere obſervance & bonne reforma-« cion jucques à ſon treſpas, qui fut le quart « jour de Novembre au Vendredy à heure « de Nonne. M CCCC LXXXV. » On mit auſſi cette autre Epitaphe en vers ſur ſon tombeau :

« Cy dedans gît haulte & très-noble
«   Dame
« Dame Françoiſe d'Amboyſe, qui
«   Ducheſſe
« Fut des Bretons, aymant de cueur &
«   d'ame
« Le Duc Pierre ſon époux de nobleſſe,
« Quel decebda, dont elle eut grant
«   angoiſſe.
« Lors ſe rendit en la Religion
« Noſtre Dame dou Carme ſa maiſtreſſe,
« Pour acquerir des Cieulx la region.
« Son corps print fin en reformacion
« Mil quatre cent, le quart jour de No-
«   vembre,
« Quatrevinq-cincq, en contemplacion.
« Prions Jeſus, que d'elle ſe remembre.

Le P. Albert le Grand nous a laiſſé le recit de quelques miracles operez par l'interceſſion de Françoiſe d'Amboiſe, après ſa mort, comme guériſons de maladies, conſervations de biens, incendies appaiſez, ſans compter les apparitions. L'an 1568. un chef de parti de la R. P. R. réſolut, avec quelques troupes de ſoldats Calviniſtes cantonnez ſur les Marches communes de Bretagne & de Poitou, d'aller piller & brûler le Monaſtere des Scoets. Le Pere Yves l'Anglois Vicaire du Convent en aïant eu avis, obtint permiſſion de l'Evêque & des Magiſtrats de Nantes, de ſe refugier à la Foſſe avec ſes Religieuſes. Avant que de ſortir, on voulut ſouſtraire à la fureur ſacrilegue de ces heretiques, qui avoient déclaré une guerre particuliere aux corps des Saints, celui de Françoiſe d'Amboiſe. On ouvrit ſon tombeau, on en tira la chaſſe de plomb, & l'on y trouva ſon corps ſans aucune corruption, depuis 83. ans qu'elle étoit morte, & ſes habits même étoient encore entiers. Le corps fut laiſſé expoſé dans le chœur tout le jour & la nuit ſuivante. Le lendemain matin, après l'avoir porté en proceſſion dans l'Egliſe & par les cloîtres, on le mit en terre dans un lieu qui n'avoit rien de remarquable. Les Religieuſes ſe retirérent enſuite à la Foſſe de Nantes au commencement de Janvier de l'an 1569. où elles demeurérent juſqu'après la Touſſaints. Lorſqu'elles furent retournées à leur Monaſtere, quelques gentilshommes Calviniſtes qui étoient de la compagnie de ceux qui avoient voulu mettre le feu au Monaſtere, étant venus voir quelques-unes de leurs parentes Religieuſes de cette maiſon, leur racontérent que lorſqu'ils avoient voulu tenter l'entrepriſe une nuit du mois de Novembre de l'an 1568. par un clair de lune très-favorable, il étoit ſurvenu une obſcurité ſi grande vers la minuit, qu'ils ne ſe voïoient pas les uns les autres ; & qu'ils s'étoient même ſentis repouſſez ſi violemment, qu'ils s'étoient égarez aſſez loin de-là, & s'étant trouvez à Vertou, y avoient mis le feu, croïant que c'étoit le Monaſtere des Scoets. Les Religieuſes ſe ſouvinrent alors, que pendant qu'elles veilloient la nuit auprès du corps de leur Fondatrice, elles avoient entendu trois grands coups qui les avoient fort étonnées ; & combinant les tems & les rapports, on remarqua que ce bruit avoit été entendu dans le même inſtant que les heretiques s'étoient ſentis repouſſez. Enfin l'an 1592. le Pere Jean Richeuſt Vicaire des Scoets fit tirer le corps de Françoiſe d'Amboiſe du lieu où on l'avoit caché, pour le mettre à celui où il eſt encore à préſent.

R. P. EN DIEU FRERE YVES Mahyeuc, Religieux Dominicain Evêque de Rennes.

20.
SEPTEMB.

XVI. SIECLE.

YVES Mahyeuc nâquit l'an 1462. dans la paroiſſe de Plouvern de l'Evêché de Leon, à quatre lieuës de Morlaix. Ses parens, qui étoient des marchands riches & à leur aiſe, lui apprirent de bonne heure à craindre Dieu, & l'envoiérent à S. Paul s'inſtruire des belles lettres & de la philoſophie. Il évita ſoigneuſement la compagnie des écoliers déreglez ; & aſſidu à la priere, il répandoit frequemment ſon cœur devant Dieu au pied des Autels. Les loüanges de Dieu avoient plus de charmes pour lui, que les jeux & les plaiſirs qui touchent ſi vivement la jeuneſſe, & il mettoit ſon plaiſir à ſe rendre aſſidu au ſervice Divin, tantôt dans l'Egliſe Cathedrale, & tantôt dans celle des Peres Carmes. Quand il eut

Tiré d'Albert le Grand de Morlaix.

20.
Septemb.

achevé sa philosophie, il vint à Morlaix, & se chargea d'instruire les enfans d'un riche bourgeois de la ville. Ce fut en ce tems-là que le Vicaire General de la Congregation de Hollande, de l'Ordre des Freres Prêcheurs, envoïa seize Religieux pour mettre la réforme dans le Convent du même Ordre à Morlaix. Frere Guillaume du Rest Prieur de Nantes, Vicaire & Commissaire du Reverendissime General Salvio Cassetta Sicilien, étoit à la tête de cette compagnie Reguliere, & prit possession du Convent de Morlaix le 27. d'Aoust de l'an 1481. Le Prieur des anciens Religieux, qui après avoir cedé volontairement sa place au Prieur de la Reforme, s'étoit retiré au château du Quellenec, y mourut la même année, & fut enterré dans l'Eglise du Monastere dont il avoit eu le gouvernement. Les bons exemples des nouveaux Religieux firent une grande impression sur l'esprit des Bretons & en portérent plusieurs à rechercher avec ardeur à être inscrits dans la même milice.

Yves Mahyeuc fut des premiers à suivre l'attrait de la grace & à postuler l'habit de S. Dominique. Il reçut en 1483. & passa son Noviciat dans la pratique de l'oraison, dans l'exercice de la penitence, dans l'obéïssance & la mortification, avec tant de ferveur & de perseverance, que les Religieux, bien persuadez qu'il étoit trop prévenu de la grace, & qu'il s'y étoit rendu trop fidéle, pour se démentir jamais, le reçurent avec joïe à la profession, comme une personne dont les rares vertus devoient donner un nouvel éclat à leur Ordre. Peu de tems après il fut envoïé à Nantes pour y étudier la Theologie, ce qu'il fit pendant quatre ans, & eut pour maitres les Peres Hervé Cam, & Yves Scotus, Religieux du Convent de Morlaix, Docteurs en Theologie & Professeurs dans l'Université de Nantes. Un President de la Chambre des Comptes établie dans cette ville prit un soin particulier de Frere Yves, & l'entretint de livres & de toutes les autres choses necessaires. Après les études de Theologie & des cas de conscience, les Superieurs destinérent Yves Mahyeuc pour le Convent de Rennes, où il fut envoïé en 1489. & emploïé au Confessional.

Ce fut dans l'exercice de cet emploi qu'il eut occasion d'être connu de la jeune Duchesse de Bretagne Anne fille aînée du dernier Duc François II. Elle trouva dans cet excellent Religieux tant de ressources pour la consolation de son esprit & le reglement de ses mœurs, que non contente de lui donner toute son estime, elle voulut aussi lui

procurer celle de Charles VIII. son époux, qui le fit aussi son Confesseur, & lui donna la qualité d'Aumônier de la Reine, avec une pension considerable, dont le Pere Yves ne disposoit qu'avec la permission de son Superieur. La Reine lui confioit souvent de grosses sommes, & pour les emploïer utilement, il s'informoit avec soin des necessitez des pauvres, sur tout de ceux qui avoient confusion de faire connoître leur misere, & les soulageoit liberalement. Il ne craignoit point de se rendre importun à la Reine, à ce sujet ; & cette pieuse Princesse, de son côté, persuadée de la sainteté de son Confesseur, secondoit sans reserve son zéle affectueux & sa charité sans bornes.

20.
Septemb.

En 1505. le Pape Jules II. créa Cardinal Messire Robert Guibé Evêque de Rennes, & le transfera en même-tems à l'Evêché de Nantes. Le Siege de Rennes demeura vacant par cette translation, & le Chapitre élut le 3. de Mars Messire Gui le Leonnais Chanoine de Rennes & Abbé de Beaulieu en Megrit près de Dinan. La Reine, & le Roi Loüis XII. son second mari, n'approuvérent point cette élection, & l'élu s'en désista volontairement. La Reine nomma Messire Pierre le Baud son Aumônier & Historiographe, Doyen de S. Tugdual de Laval, & le présenta au Chapitre de Rennes, qui l'élut, mais sans effet pour lui, parce qu'il mourut avant que d'avoir été sacré. Enfin la Reine présenta au Chapitre de Rennes Frere Yves Mahyeuc. Aussi-tôt qu'il eut été informé des dispositions de la Reine, il alla se jetter à ses pieds, pour la supplier de faire cette faveur à quelqu'autre qu'à lui, & protester que si elle perseveroit dans sa resolution, il prendroit la fuite & se cacheroit si bien qu'on ne le trouveroit jamais. La Reine ne laissa pas de poursuivre son élection, qui fut faite unanimement, au grand contentement de toute la ville. Yves voïant que ses larmes & sa resistance étoient inutiles, & que tout le mal qu'il pouvoit dire de lui-même n'empêchoit pas qu'on ne le souhaitât ardemment pour Pasteur, s'avisa enfin de dire qu'il ne pouvoit acquiescer à son élection sans le consentement de ses Superieurs ; & afin que ce consentement lui fût refusé, il écrivit au Pere Jean Clareo Vicaire General de l'Ordre, Confesseur du Roi Loüis XII. & depuis General, pour le supplier, avec toutes les instances imaginables, de ne pas permettre qu'il fût élevé à une dignité, dont il tâcha de lui persuader que le poids surpassoit infiniment ses forces. Cette derniere ressource lui fut inutile ; le Vicaire General, bien informé de sa pieté & de ses talens, lui commanda,

M. Damase Nicolas.

20.
SEPTEMB.

commanda, en vertu de l'obéïssance qu'il lui devoit, de se soumettre à son élection, & d'offrir à Dieu pour la remission de ses pechez les peines & les travaux de l'Episcopat. Ce fut au grand Refectoire du Convent de Bonnes-Nouvelles, à genoux, & dans une posture humiliée qui marquoit combien son ame étoit penetrée de douleur, qu'il reçut des deputez du Chapitre ses Bulles dattées du 29. Janvier de l'an 1506. (c'est 1507.) & l'obedience de son General par les mains du Prieur du même Convent.

Il tint table le jour de son Sacre, mais ce ne fut que pour les pauvres, qu'il servit lui-même, après leur avoir donné à laver, & en les congediant il leur distribua à chacun une piece d'argent. Il fut obligé de prendre un sceau & des armes, & sa pieté parut dans le choix qu'il en fit. Il blasonna son écu, d'argent à trois mouchetures d'ermine, pour marquer sa reconnoissance à la Reine sa bienfaictrice. Il surmonta son écu d'un chef de gueules chargé de trois couronnes d'épine de sinople, en memoire de la passion du Sauveur ; & entoura son écu d'une grande couronne d'épine, dans la même vûë. Il garda l'habit blanc de son Ordre, & n'usa point de linge pas même pour les draps de son lit. Il conserva de ses Regles tout ce qui ne se trouva point incompatible avec les fonctions de sa charge, sur tout le jeûne de sept mois, qu'il faisoit scrupule de rompre, même pendant le cours de ses visites.

1520.

Quelques années après son ordination la discipline se relâcha dans la maison de Bonnes-Nouvelles. Le saint Prélat s'attacha avec d'autant plus de constance aux pratiques Regulieres, & pour se fortifier dans l'amour de l'observance, il appella auprès de lui quelques Religieux distinguez par leur merite & leur pieté, & leur donna de l'emploi dans son diocese & dans sa maison. Ces ouvriers fidéles & dignes du choix d'un si saint Evêque, meritent que leurs noms soient conservez à la posterité. Ce furent Frere Alain Bursequi Prédicateur general, Frere Guillaume Senexart Penitencier ; Frere Guillaume Supremus, & Frere Jean de la Tour Penitenciers ; Frere Raoul Danno, & Frere Gui Chapelain Confesseurs de l'Evêque.

La premiere année de son Pontificat la ville de Rennes fut affligée de la peste. Il fit paroître en cette occasion quel étoit l'excès de sa charité envers les malades. Il en prit autant de soin, qu'il en prenoit peu de sa propre vie, qu'il exposoit librement dans l'assiduité qu'il apportoit à les visiter, à les consoler, à leur administrer les Sacremens, & à soulager par ses liberalitez ceux à qui leur indigence rendoit ses aumônes necessaires.

20.
SEPTEMB.

Il n'étoit point auprès de la Reine à Blois, quand elle y mourut ; il en celebra les obseques dans son Eglise Cathedrale ; & rendit le même devoir quelque tems après au Roi Loüis XII. second mari de cette Princesse.

Il n'étoit pas possible qu'un Prélat aussi penetré de ses devoirs que lui, souffrit le desordre dans les autres ; aussi travailla-t-il avec fruit à reformer le Clergé de son diocese, tant Seculier, que Regulier, sans se rebuter des peines & des difficultez qui accompagnent ordinairement de pareilles entreprises. Il eut besoin de la faveur & de l'appui du Roi François I. & de la Reine Claude, pour faire revivre la Regularité dans l'Abbaïe de S. Georges de Rennes, & ne fit point de difficulté de fortifier son autorité paternelle de ses secours temporels, pour faire reprendre l'esprit de S. Benoît aux Religieuses de cette Abbaïe, qui avoient peutêtre un peu trop pris celui du monde. Frere François-Silvestre de Ferrare General de l'Ordre de S. Dominique étant venu en Bretagne, fut reçû à Rennes par le saint Prélat, dont les vertus faisoient tant d'honneur à cet illustre corps. Le General alla à Vannes visiter le corps de S. Vincent Ferrier. Il y tomba malade, & s'étant fait apporter à Rennes en litiere, il y deceda l'an 1527. au mois de Septembre ; & Yves, qui l'avoit assisté pendant sa maladie, officia solemnellement à ses obseques.

L'amour de la retraite avoit engagé ce saint Prélat à se conserver une chambre au Dortoir de Bonnes-Nouvelles, & il s'y renfermoit, quand les soins de son troupeau lui donnoient quelques heures de relâche ; mais il trouvoit une solitude plus tranquille à Brutz, maison Episcopale auprès de Rennes, vers le Pont-Reant, sur le bord de la riviere de Vilaine, où après avoir fini ses visites Episcopales, il alloit se cacher aux hommes mondains, pour n'avoir de conversation qu'avec Dieu.

Mais ce n'étoit pas aux pauvres, aux miserables, aux veuves, & aux orphelins, qu'il se déroboit dans cette retraite ; au contraire il sembloit que c'étoit-là que croïant ses œuvres plus cachées & moins exposées au dangereux poison de la flatterie & des loüanges, il ouvroit son cœur avec plus d'affection aux indigens, & donnoit moins de bornes à ses liberalitez. Il parloit aux pauvres avec une familiarité qui attiroit leur confiance, il entroit dans le détail de leurs besoins, il les logeoit dans sa maison, il les

20.
SEPTEMB.

servoit & mangeoit avec eux; il les prévenoit, quand il voïoit que la honte leur tenoit la langue liée, & n'avoit pas plûtôt appris de quoi ils avoient besoin, qu'il le leur donnoit, ou de l'argent de quoi l'acheter. Son attention étoit allée jusqu'à faire venir dans sa maison de Brutz des maîtres de toutes sortes de métiers, comme coûturiers, bonnettiers, cordonniers, & autres, à qui il donnoit des gages, & mettoit en apprentissage sous eux les enfans des pauvres, afin de les mettre en état de gagner leur vie. Il ne se portoit pas avec moins de zéle & d'ardeur à faire l'aumône spirituelle; il faisoit l'office de Catechiste envers ceux qui avoient besoin d'instruction; il prêchoit, baptisoit, entendoit les Confessions, donnoit la Communion, visitoit les pauvres malades, les consoloit, leur administroit lui-même l'Extrême-onction, assistoit à leurs funerailles, & y officioit très-souvent. Il redoubla ses aumônes tant dans la ville, qu'à Brutz, pendant une famine qui affligea son diocese. Il faisoit cuire du pain, & le distribuoit lui-même aux pauvres; & quand ses Officiers murmuroient de ses pieuses profusions, il prenoit le tems de leur absence pour satisfaire les mouvemens de sa charité. Le soin qu'il avoit de se cacher d'eux le portoit souvent à distribuer la pâte crüe, ou à tirer du four le pain à demi cuit, pour le donner à la hâte aux pauvres qui imploroient son assistance. Voïant un jour que son Maître d'hôtel avoit fermé la porte à quelqu'un, en lui disant que Monsieur de Rennes avoit tout donné & n'avoit plus rien, il défit ses jattieres, & les donna à ce pauvre par dessous la porte. Quand il venoit à lui quelque pauvre femme chargée d'enfans, il cachoit de l'argent dans les pieces de pain qu'il lui donnoit, & l'avertissoit en secret qu'elle trouveroit dans ce pain de quoi la dispenser d'essuïer le chagrin de ses officiers rebutez d'un si grand concours de mandians. Un jour, pendant un grand froid, aïant rencontré quatre pauvres presque nuds, & n'aïant autre chose de quoi satisfaire aux mouvemens de sa compassion, il dépouilla sa grande robe blanche, la mit en quatre, en donna une portion à chacun, & s'en retourna à sa maison de Brutz en petite robe de nuit.

Persuadé que le ministere de la parole est un des principaux devoirs de l'Episcopat, il s'appliqua sans relâche à la Prédication, tant pour combattre les vices, que pour s'opposer à l'erreur, sur tout à celle de Luther, qui commençoit à pousser quelques racines dans la province; en quoi il fut efficacement aidé par Frere Guillaume Supremus Docteur, premier Gradué en Theologie depuis la reforme du Convent de Bonnes-Nouvelles, & Inquisiteur de la foi, qui fit une si exacte recherche des hommes ennemis qui avoient répandu cette mauvaise semence à la faveur des tenebres, qu'ils furent contraints d'abandonner le païs.

28.
SEPTE

Chasser le Démon des esprits qu'il occupe, n'est pas une œuvre moins merveilleuse, que de le chasser des corps qu'il possede, & nous croïons sans peine que celui dont Dieu a voulu se servir tant de fois pour la premiere de ces œuvres, lui a aussi servi pour la seconde. On en rapporte un exemple dans une femme tourmentée de cet hôte abominable. Par des mouvemens dont elle n'étoit pas maîtresse, elle avoit une repugnance extrême à se voir conduire vers le saint Evêque. Elle fut pourtant amenée dans la Cour du Palais Episcopal, & le Bienheureux Yves lui donna du pain sur lequel il avoit imprimé le signe salutaire de la Croix. La possedée s'échappa, en jettant de grands cris, mais aïant été reprise & liée, elle fut remenée à l'Evêque, qui l'aïant fait conduire dans sa Chapelle, & s'étant revêtu de ses habits sacrez, l'exorcisa & chassa le Démon.

Il n'y a pas lieu de douter que ce ne fût ce saint Evêque qui mit sur la tête du Dauphin François, en 1532. la Couronne Ducale, qui depuis n'a plus servi à personne. On dit aussi qu'en 1541. le 15. du mois de Septembre, il posa la premiere pierre au portail de son Eglise Cathedrale, à la construction duquel il contribua liberalement. Il tomba malade peu de jours ensuite, dans sa maison de Brutz, la trente-cinquiéme année de son Pontificat, & après avoir reçu tous ses Sacremens, il rendit l'esprit à Dieu le 20. de Septembre de l'an 1541. la soixante-dix-neuviéme année de son âge. Quand on le dépoüilla après sa mort, pour laver son corps, les Religieux qui lui rendirent ce devoir trouvérent sa poitrine marquée d'une grande croix, de la figure de celles qu'on appelle de Jerusalem, d'une blancheur éblouïssante. Le Chirurgien qui devoit faire l'ouverture du corps, appercevant ce signe merveilleux, & déja prévenu d'une extrême veneration pour le bienheureux Prélat, se prosterna à terre, & le regardant comme un ami de Dieu, vivant déja dans la gloire celeste, il lui recommanda son fils, paralytique depuis dix mois. Comme il s'en retournoit à Rennes, après avoir fait son operation, son valet vint lui annoncer en chemin, que son fils avoit été guéri tout d'un coup, & avoit l'usage libre de ses pieds & de ses mains, dont il avoit été privé si long-tems; verité qui fut confirméé par le fils même, qui en donna sa déclaration autentique. On dit qu'une femme dévote de la paroisse de Brutz aïant ramassé les draps dans lesquels étoit mort le Bienheureux Yves, s'en servit depuis, avec des succez qui tenoient du miracle, à procurer une heureuse délivrance aux femmes grosses qui étoient à leur terme, en étendant ces draps sur leur lit, & l'on ajoute qu'ils demeurérent blancs plus de trente ans.

Quand on regla l'ordre des funerailles, il s'éleva une grande contestation entre les Chanoines de S. Pierre & les Religieux de Bonnes-Nouvelles, au sujet du lieu où l'on enterreroit le corps. Les Religieux ne s'en vouloient point dessaisir, & s'appuïoient sur la derniere volonté du défunt, qui avoit laissé cela à la disposition du Prieur de Bonnes-Nouvelles. Le convoi étoit déja au carrefour Joüaud, à l'endroit où se separent les deux chemins qui conduisent du faubourg appellé le Bourg-l'Evêque, l'un à l'Eglise Cathedrale, & l'autre à celle des Dominicains, & la contestation n'étoit pas encore terminée par une décision dont les parties fussent d'accord. On dit que le Brancart, porté sur des chevaux, demeura immobile, sans avancer ni reculer ; & cela ne signifie peutêtre autre chose, sinon que les chevaux furent arrêtez réciproquement par les Chanoines & par les Religieux, qui se disputoient encore la possession du corps, enfin le Prieur de Bonnes-Nouvelles jugea qu'il ne pouvoit faire un meilleur usage du pouvoir que lui avoit laissé le défunt, que de donner des marques de sa déference pour l'Eglise de Rennes, en lui cedant la possession d'un trésor qu'elle disputoit avec tant d'ardeur. Aïant donc pris sur le champ l'avis de ses Religieux, il abandonna le corps aux Chanoines, qui l'enterrérent dans leur Eglise Cathedrale, dans un tombeau élevé pratiqué sous la vitre de la grande croisée du côté du midi. Ce fut là, & non pas sous les pieds de ses freres, dans le Chapitre de Bonnes-Nouvelles, comme l'avoit tant de fois souhaité l'humble Prélat, que fut déposé Frere Yves Mahyeuc, qui malgré l'obscurité de son extraction, n'a pas laissé d'être un des plus grands ornemens de l'Eglise de Rennes, & d'honorer un siége, à qui quelques-uns de ses prédecesseurs d'une naissance illustre, ont fait beaucoup moins d'honneur.

Dans le peu de mois qui restoient de la même année, on vit arriver à Rennes plusieurs personnes des dioceses voisins, qui par les déclarations signées de leur main, rendoient témoignage des guérisons miraculeuses operées en eux par les merites du saint Prélat. Un Prêtre de l'Evêché de S. Malo, guéri d'une fiévre quarte de quinze mois, donna sa déclaration le 27. de Novembre ; une femme de la paroisse de Vigneu, qui avoit reçu la même faveur après treize mois de fiévre, donna sa déclaration le 5. de Decembre ; une autre déclaration du lendemain, fait foi d'une guérison signalée arrivée dans la paroisse de Ranroüet ; & le 30. du même mois, un pareil témoignage assure la verité d'une faveur de la même espece. Il y a encore des déclarations pareilles des années suivantes. Le bruit de tant de miracles a attiré un assez grand concours de peuple au tombeau d'Yves Mahyeuc, que le peuple continué toûjours d'appeller Bienheureux.

Au côté oriental de la croisée où il a été enterré, il y a une chapelle au-delà du tombeau de Raoul de Treal autrefois Evêque de Rennes. On exposa sur l'autel de cette Chapelle une image en relief du B. Yves, où il étoit representé à genoux en habits Pontificaux, tendant les mains pour recevoir un enfant Jesus que la sainte Vierge lui présentoit. Le jour de S. Yves, 19. de Mai, le peuple confond assez souvent Yves de Kermartin & Yves Mahyeuc, & n'aïant point de jour marqué pour honorer celui-ci, prend le jour destiné à celebrer la memoire d'Yves Prêtre, pour aller faire ses prieres & ses offrandes au tombeau de l'Evêque Yves.

Ce qui arriva à la mort d'Aimar Hennequin son troisiéme successeur, augmenta considérablement la devotion & la confiance du peuple. Ce Prélat, qui avoit une affection singuliere pour la memoire du B. Yves, avoit ordonné en mourant, que son corps fût enterré dans le tombeau de ce saint homme. Pierre Oger Chanoine de Rennes, Archidiacre du Desert, & executeur testamentaire de l'Evêque Aimar, fit ouvrir le sepulcre du B. Yves le soir du 15. Janvier de l'an 1596. On trouva son corps sans corruption, & ses habits même étoient aussi entiers que le jour qu'il fut mis en terre. L'Archidiacre voïant une si grande merveille, fit refermer le sepulcre, & enterrer le corps de l'Evêque Aimar à platte terre, auprès du tombeau d'Yves Mahyeuc. On conserve, avec un respect religieux dans plusieurs Eglises, comme saint Georges de Rennes, Bonnes-Nouvelles, & autres, le portrait de ce Bienheureux Prélat.

Nous ne pouvons mieux finir ce qui le regarde, qu'en rapportant ici une déliberation des Etats de la province, du 6. Decembre de l'an 1638. Messire Pierre Cornulier Evêque de Rennes représenta à l'As-

20.
SEPTEMB.
Reg. des Etats.

semblée, « que depuis quelques années il « avoit plû à Dieu mettre en évidence com-« bien la bonne vie & memoire de feu R. P. « en Dieu Yves Mahyeuc, vivant Evêque de « Rennes, & Confesseur de Loüis XII. & « de la Reine Anne Duchesse de Bretagne, « lui étoient recommandables, par les mi-« racles qui se faisoient journellement à son « tombeau dans l'Eglise Cathedrale de S. « Pierre de Rennes, en si grand nombre « que pour faire voir combien Dieu se plai-« soit à faire des merveilles en ses Saints, « on avoit été obligé d'en faire des infor-« mations qui avoient été envoïées à Sa « Sainteté, afin qu'à l'avenir le peuple l'in-« voquât, comme il recevoit journellement « les effets de son assistance & intercession « envers Dieu, entr'autres pour la guérison « de plusieurs maladies ; ce qu'étant venu « à la connoissance du Roi, Sa Majesté « suivant sa pieté & devotion ordinaire, « avoit recommandé cette affaire à Sa Sain-« teté, & à Mr. le Maréchal d'Estrées son « Ambassadeur à Rome ; & d'autant que « ledit feu Yves Mahyeuc étoit Originaire « & Evêque de cette province, il n'étoit pas « raisonnable que cette affaire si celebre & « si sainte se passât sans les vœux & les prie-« res de Messieurs des Etats. Sur ce, oüi « noble-homme Vincent de Brenugat sieur « du Moustoüer Procureur Sindic des Etats, « l'Assemblée ordonna qu'il seroit écrit en « son nom à Sa Sainteté pour la supplier « très humblement, en consideration des « informations qui avoient été faites, & « autres qui se feroient ci-après, des mira-« cles de feu d'heureuse memoire Yves Ma-« hyeuc, vivant Evêque de Rennes, de « permettre au peuple de l'invoquer publi-« quement ; & qu'il seroit pareillement écrit « à Mr. le Maréchal d'Estrées, pour le prier « de vouloir s'emploïer à obtenir ladite per-« mission. Enfin l'Assemblée pria Monsieur « l'Evêque de Rennes de se vouloir char-« ger de dresser lesdites lettres. «

Mort le 31. Janv. 1611.

LE BON PERE NOEL MARS,

Religieux Benedictin, Prieur Claustral du Monastere de Lehon, & premier Vicaire General de la Societé Reformée de Bretagne.

XVII. SIECLE.

Tiré de sa vie écrite par son neveu Dom Noel Mars en 1647 manuscrite.

CE saint Religieux, qui a commencé à faire revivre l'observance Reguliere parmi les enfans de S. Benoît dans la pro-vince de Bretagne, étoit d'Orleans. Son pere fut Sebastien Mars, & sa mere Ma-thurine Sevrat veuve de Claude Pothier, l'un & l'autre Catholiques, d'honnête fa-mille, & vivant d'une maniere édifiante. Mathurine Sevrat avoit eu de son premier mariage un fils appellé Noël Pothier ; du second mariage elle eut cinq enfans, trois garçons & deux filles. L'aîné des garçons fut celui dont nous écrivons la vie. Il nâ-quit l'an 1576. le mardi de Pâques 24. d'Avril à neuf heures du matin, & fut ba-ptisé le même jour, à trois heures après midi, dans l'Eglise de sainte Catherine d'Orleans. Il eut pour parrains son grand pere Noël Mars, qui lui donna son nom, & son cousin Gentian de Loysnes sieur de la Royauté, & pour Matraine Marguerite de Loysnes veuve de Claude Paris. Aussi-tôt qu'il fut en âge d'apprendre quelque chose, on le forma à la pieté, à laquelle il étoit porté comme naturellement, & on eut soin de lui donner les premieres teintu-res des lettres. Dès ses premieres années, le soin continuel qu'il prenoit d'orner de petits oratoires, en quoi il se faisoit secon-der par son frere uterin Noël Pothier, don-na à connoître à ses parens le penchant que Dieu formoit en son cœur pour le servir dans l'état Ecclesiastique. Cet enfant de be-nediction ne se contenta pas des premiers elemens des lettres qu'on lui avoit appris à l'école ; il aspiroit à de plus hautes connois-sances, & craignant que ses parens ne l'en détournassent par des interêts temporels, il se cacha d'eux, pour aller au College de M. Arnoulph de Grisepers. Il y fit en peu de tems de grands progrès dans les huma-nitez, & gagna l'affection de son maître, non-seulement par son assiduité à l'étude, mais encore plus par sa rare douceur & par son humilité. Il le retenoit souvent chez lui, & avoit dessein de le faire ensei-gner à sa place, ce qu'il eût executé, sans que le jeune Noël Mars avoit déja formé le dessein de se faire Religieux. Il avoit une si grande passion pour les livres, qu'il em-ploïoit à s'en fournir, tout ce qu'il pou-voit épargner sur sa dépense ; & l'ardeur qu'il avoit de s'instruire, lui faisoit souvent oublier de prendre ses repas. Il reçut la Confirmation & la Tonsure de Messire Mathurin de la Chaussée pour lors Evêque d'Orleans, le 26. Mars de l'an 1583. & fit sa Rethorique en 1591.

Mr. de Loysnes son cousin, le voïant absolument déterminé à embrasser l'état Monastique, seconda ses saintes inclinations, & le présenta aux Religieux de l'Abbaïe de Marmontier, dont Mr. d'Huisseau son cou-

31.
JANVIER.

fin étoit alors Grand Prieur. Noël Mars fut reçû avec joïe, & le Grand Prieur lui donna l'habit le 5. d'Octobre de l'an 1594. en présence de son pere Sebastien Mars & du sieur de la Royauté. Il y eut une difficulté à la reception de Noël Mars, qui fut l'envie qu'il marqua, avant que de s'engager, qu'on lui fit continuer ses études aussi-tôt après sa profession. La pratique des anciens Religieux de Marmontier étoit de n'envoïer les jeunes gens aux études, que trois ans après leur reception. Ils s'assemblérent capitulairement pour délibérer sur la proposition du Frere Mars, & prévenus d'estime pour lui, ils promirent de ne le retenir qu'un an dans le Noviciat. A peine eut-il l'habit Religieux, qu'on lui donna le soin d'enseigner les humanitez aux autres novices, emploi dont il s'acquitta avec l'admiration de tout le monde. On étoit si satisfait de sa bonne conduite, que l'on n'attendit pas l'an & le jour après sa vêture, pour lui faire faire ses vœux ; on lui tint compte d'une partie du tems qu'il avoit passé dans le Monastere en habit séculier, &le Grand Prieur le reçut à la profession, à l'âge de 19. ans, le 23. de Septembre de l'an 1595.

Il fut aussi-tôt envoïé au College de Marmontier à Paris, pour y achever ses études, & dès le mois de Mars de l'année suivante il y soûtint une Thése dediée à Mr. d'Huisseau & à la Communauté de son Monastere. Il vécut dans le College avec une grande édification, & y joignit toûjours une étude laborieuse avec une pieté tendre & solide. Il ne se crut pas dispensé, par les exemples qu'il avoit vûës à Marmontier, & qu'il voïoit encore au College, de la pratique exacte de la Regle à laquelle il avoit promis solemnellement d'obéir ; il vécut pendant tout le cours de ses études avec une austerité qui surprenoit ses confreres. Il couchoit sur la dure, & ne recevoit rien, ni lettres, ni présens, qu'avec la permission du Superieur du College. Il portoit un grand cilice qui lui enveloppoit presque tout le corps ; & on ne l'a sçû, que parce qu'il crut devoir cette confidence à son frere & à un de ses parens qui l'étoient allez voir à Paris, & sur qui il se persuada que son exemple feroit impression pour les porter à mortifier une chair ennemie, qui ne se soumet à l'esprit, qu'autant qu'on use de rigueur contr'elle. Il fit ses études de philosophie en 1596. & 1597. sous M. Quatresous Bachelier en Theologie ; après quoi il alla en Sorbonne, & y étudia dans la sacrée Faculté sous Messieurs du Val & Gamaches, depuis l'an 1598. jusqu'en 1604. Il fut passé Bachelier en Sorbonne à 23. ans, quoi qu'il n'eût encore fait que deux ou trois ans de Theologie, ce qui est une preuve de son bon esprit. Il avoit commencé ses études Theologiques, selon l'usage de ce tems-là, par un discours Latin qu'il dédia depuis à Mr. Cruquet, & il y prouvoit deux choses, l'excellence de la Theologie par-dessus toutes les autres sciences, & que pour la posseder parfaitement, il falloit mener une vie innocente. Le 29. de Novembre de l'an 1603. il dédia des Theses au R. P. Isaïe Jaunay General de la Congregation des Benedictins en France. En 1600. le premier jour d'Avril, il reçut les moindres ordres de Mr. Henri de Gondi Evêque de Paris ; le 27. de Mai de la même année il fut fait Soudiacre par Mr. Leonor d'Estampes alors Archevêque d'Auch, & le 23. de Septembre de la même année Mr. Guillaume Rose Evêque de Senlis lui conferà le Diaconat. N'étant encore que dans ce grade inferieur, sur l'attestation qui lui fut donnée le 18. du mois de Novembre suivant, il fut approuvé pour prêcher dans le diocese de Paris. Enfin il reçut le caractere de la Prêtrise l'an 1601. le 7. d'Avril par le ministere de l'Evêque de Lescar. Il se retira aussi-tôt chez les Peres Chartreux, pour se disposer par la penitence & l'oraison, à celebrer sa premiere Messe, & il la dit au même lieu. Il continua depuis à étudier avec la même application qu'auparavant, à travailler à la santification de son ame, & à donner à ses confreres & au public de grands exemples de la plus exacte Regularité & de la pieté la plus solide. Il soûtint encore quelques Theses, mais il ne prit point de plus grand dégré dans la sacrée Faculté, que celui de Licentié, quoiqu'il ait fait tous les actes necessaires pour parvenir à celui de Docteur ; ce qu'on ne doit sans doute attribuer qu'à son humilité, qui ne l'éloignoit pas de la science, mais qui lui faisoit fuïr les honneurs qui y sont attachez.

Son frere Noël Pothier, qu'il cherissoit tendrement, lui déclara en ce tems-là le dessein qu'il avoit d'abandonner le monde & d'embrasser la profession Religieuse. Le Pere Mars fit tout ce qu'il put pour le faire recevoir chez les Reverends Peres Chartreux ; mais comme il n'avoit point étudié, & comme d'ailleurs il n'avoit point appris de métier qui pût l'occuper dans la solitude, il ne fut pas possible de le faire admettre. Noël Mars avoit aussi gagné à Dieu l'une de ses sœurs, appellée Mathurine, qui souhaitoit ardemment de quitter le siécle, pour s'occuper uniquement & sans distraction de l'époux celeste à qui elle s'étoit consacrée ; mais pendant que son frere se préparoit à lui procurer l'entrée dans quelque Religion, Dieu abregea la carriere que cette bonne fille se proposoit de fournir avec une fidélité perseverante, & la retira de bonne heure du monde, par une sainte mort.

Le Pere Noël Mars, pendant tout le cours de ses études, faisoit tous les ans un voïage à son Monastere, & insinuoit, par ses discours & par ses exemples, l'amour de la Regle & de l'observance, & le desir de tendre à la perfection. Dieu, qui lui avoit fait la grace d'être vivement penetré de ses obligations essentielles, fit la même faveur, d'une maniere particuliere, à quelques autres Religieux de Marmontier, dont les principaux furent Dom François Stample Quint-Prieur de l'Abbaïe, Dom Pierre Menoust Hôtellier, & Dom Helie Truchon. Ils présentérent Requête le 3e. jour d'Aoust de l'an 1603. au R. P. Isaïe Jaunay Superieur General de la Congregation Gallicane, pour obtenir de lui la permission de se separer des autres Religieux, & de se rassembler en corps de Communauté dans quelque maison de la dépendance de l'Abbaïe, afin d'y vivre dans une Regularité plus conforme à leurs obligations, dans le desappropriment, dans le détachement de leur propre volonté, & dans une entiere & parfaite resignation entre ses mains & celles de ses legitimes successeurs. Le General leur accorda l'effet de leur demande, & promit de les imiter. En effet trois jours après ils renouvellérent tous leur profession entre ses mains avec promesse d'être dorénavant plus fidéles à leur devoir qu'ils n'avoient été par le passé. Le General, après avoir reçu la rénovation de leurs vœux, fit la sienne entre les mains du R. P. Dom François Stample, qu'il commit exprés. Ces Religieux commencérent dès-lors à vivre selon leurs nouveaux engagemens, & passérent six mois à Marmontier dans les pratiques d'une plus étroite observance. Pendant ce tems-là, quelques-uns d'entr'eux qui allérent à Paris pour tâcher de rendre le Roi favorable à leur pieux dessein, le communiquérent au Pere Noël Mars. Il y souscrivit de très-bon cœur, & promit de garder exactement tout ce qui étoit contenu dans leur requête. Enfin, suivant l'avis que leur en avoit donné le General, ils demandérent, le 20. de Février de l'an 1604. au Grand-Prieur & aux Religieux de Marmontier, la permission de se retirer au Prieuré conventuel de Lehon près de Dinan en Bretagne, solitude dont la situation affreuse n'est propre qu'à des gens qui regardent les agrémens de la vie comme des obstacles au détachement que la perfection exige de ceux qu'elle unit à Dieu. Ils demandérent en même tems pour Prieur Claustral le R. P. Dom Noël Mars. On leur accorda leur demande, d'autant plus volontiers, que les Religieux qui étoient à Lehon y vivoient d'une maniere qui ne faisoit pas honneur à leur habit. Il fallut avoir le consentement du Seigneur Brulart Conseiller d'Etat & Ambassadeur Extraordinaire de S. M. Prieur Commendataire du lieu, & qui portoit à cause de cela le surnom de Lehon. Il accorda ce consentement avec joïe, écrivit au sieur du Chêne son Sénéchal dans la Jurisdiction de Lehon, & lui ordonna de favoriser & de proteger en tout ces bons Religieux qui alloient faire réfleurir l'observance dans un lieu où le relâchement & le desordre avoient donné tant de scandale.

Les Peres, munis des ces lettres, & de l'obedience du Grand Prieur, datée du 4. de Mars, partirent de Marmontier, & arrivérent au Prieuré de Lehon sur la fin du même mois. Le Pere Noël Mars, encore occupé à ses études, ne put venir joindre les autres, que le 23e. jour de Juin suivant ; & voilà en peu de mots, comme la societé Reformée des Benedictins de Bretagne prit naissance. Il y avoit dans le Monastere de Lehon un ancien Religieux appellé frere René Gaultier, qui étoit Sacristain du Prieuré & Recteur de la paroisse. Enflé de ces deux qualitez, & d'ailleurs ennemi de la Reforme, par l'attachement qu'il avoit aux désordres les plus scandaleux, il ne voulut faire aucune demarche de civilité ni d'amitié à l'égard des nouveaux venus. Le bon Pere Mars le traita d'abord comme un malade pour qui il faut avoir compassion, & ne negligea aucune des voïes de douceur qui pouvoient le ramener à Dieu & à ses devoirs. Mais au lieu de gagner ce cœur endurci par une longue habitude dans le crime, il ne s'attira que la plus furieuse inimitié. Voïant donc cet homme incorrigible, il eut recours au General, qui vint faire sa Visite à Lehon sur la fin de la même année. Le General, appellé à Rennes par des affaires pressantes, ne put vaquer alors à entendre toutes les plaintes que l'on avoit à faire du Frere Gaultier. Il exhorta seulement à la perseverance les Religieux qui étoient dans la résolution de garder exactement la sainte Regle, leur fit renouveller leur profession le premier jour de Janvier de l'an 1605. & s'en alla à Rennes, d'où il ne revint à Lehon, que le 3. de Février suivant. Il fit sa Visite, enten-

31.
JANVIER.

dit les plaintes qu'on lui porta de la conduite du Frere Gaultier, des excès honteux duquel nous n'avons pas cru devoir salir cette histoire, en écouta les preuves, & aïant suffisamment averé les faits, prononça contre lui la sentence d'excommunication, & fit arrêter sa pension. Le criminel, au lieu de faire son profit d'un châtiment salutaire, ne chercha que les moïens de se souftraire à sa rigueur, en opposant tribunal à tribunal. Il s'addressa au Grand Prieur de Marmontier, & lui fit des plaintes fort améres de la persecution prétenduë que lui faisoient, à lui le plus ancien resident du Monastere de Lehon, de jeunes Religieux qui y étoient survenus depuis peu, par où il désignoit le Pere Mars. Il n'oublia pas l'arrest que l'on avoit fait sur sa pension; & tâcha de faire entendre au Grand Prieur, qu'il ne souffroit tout cela, que pour n'avoir pas voulu embrasser le parti de ces jeunes novateurs, qui n'avoient d'autre but, que de se souftraire à ses volontez & à ses commandemens. Le Grand Prieur & les Religieux de Marmontier, irritez par ces calomnies, citérent plusieurs fois le Pere Mars, & lui commandérent, sous peine d'excommunication, & de privation d'Office, comme auteur de schisme & de division, de venir rendre compte de sa conduite à Marmontier, au Chapitre general. Ce saint Religieux, assez instruit des loix de l'Eglise, pour ne pas apprehender la censure frivole dont il étoit menacé, ne laissa pas d'écrire au Superieur General, le 5. d'Avril de la même année 1605. pour lui donner des preuves de sa soumission, en lui demandant le secours de ses conseils & de son autorité. Le Superieur General lui fit réponse, le 24. d'Avril, & lui manda, que Mr. d'Huisseau Grand Prieur de Marmontier étoit excommunié lui-même, & ne pouvoit par consequent exercer aucun acte de juridiction Ecclesiastique, ni porter aucune censure contre qui que ce fût. D'ailleurs, que l'on ne pouvoit excommunier valablement que pour des pechez graves, & que lui (le Pere Mars) étoit innocent. En troisiéme lieu, qu'il pecheroit même s'il obéïssoit au Grand Prieur, puisque ce seroit faire contre la charité & les interests de la Religion. De plus, qu'aïant été établi substitut du General, il avoit en cette qualité même puissance que lui Superieur General, & ne pouvoit être excommunié par le Grand Prieur, qui étoit, pour ce sujet, moindre que lui. Enfin, pour couper pied à toute chicane, que comme Superieur General, & par consequent aïant autorité sur Mr. d'Huisseau, il défendoit absolument au Pere Mars d'obéïr aux citations qu'il avoit reçuës, & lui commandoit de poursuivre genereusement l'œuvre de Dieu qu'il avoit commencée avec tant de zéle. Cette réponse favorable consola le Pere Mars & rassura ses Religieux, qui ne pouvoient, sans une douleur extrême, se voir privez de sa présence. Le Frere Gaultier se rendit au Chapitre general, & n'oublia rien pour animer les Religieux de Marmontier contre le Pere Mars & la Reforme qu'il vouloit introduire en Bretagne. Il y réüssit au gré de ses desirs, & tous les Religieux de cette Abbaïe s'unirent pour étouffer cette plante de benediction dès sa naissance. L'affaire fut évoquée au Grand Conseil, poursuivie avec beaucoup de chaleur par les Religieux de Marmontier, & soûtenuë avec zéle par ceux de Lehon, pendant un an. Enfin l'issuë en fut heureuse pour ceux-ci; par le credit & l'appui du Seigneur de Brulart, qui par une Requête présentée au Grand Conseil, demanda l'homologation des Statuts & des Reglemens du Superieur General dressez au mois de Février de la même année pour l'établissement de l'étroite observance dans le Prieuré Roïal de Lehon. Il obtint l'effet de sa Requête, & le Grand Conseil, par son Arrest du 19. Decembre 1605. fit défense à qui que ce fût de molester à l'avenir les Religieux Reformez de Lehon. Par un autre Arrest du jour suivant Gaultier fut débouté de ses prétentions, & condamné à l'amende, avec défenses aux Religieux de Marmontier de poursuivre davantage cette cause. Le Frere Gaultier consentit enfin à un accommodement, qui fut passé en présence du General à Marmontier le 24. de Janvier de l'an 1606. Le bon Pere Mars ne se ressouvint de toutes les traverses dont il l'avoit affligé, que pour pratiquer à son égard des actes plus heroïques de charité. Il s'attacha à le faire rentrer dans son devoir, & à rendre, avec le secours de la grace qu'il imploroit incessamment, ce cœur endurci susceptible des impressions celestes ausquelles il avoit resisté si long-tems. Dieu benit ses soins & sa charité; ce Religieux reconnut, avec une vive & salutaire douleur, l'affreux état de sa conscience criminelle, eut recours aux fontaines du Sauveur pour y laver sa robe soüillée, renonça avec une genereuse résolution à des habitudes qui étoient devenuës des loix imperieuses & de dures necessitez, écarta les objets funestes qui l'avoient séduit, & mourut quelque tems après dans les pratiques de la penitence, avec tant de marques d'une reconciliation parfaite avec Dieu, qu'on ne

31.
JANVIER.

douta point qu'il ne fût allé joüir des effets de la misericorde que Dieu a promise aux ames veritablement pénitentes.

Le P. Mars n'aïant plus dans son Monastere que des personnes portées avec ardeur à la perfection Religieuse, courut desormais dans cette sainte carriere, avec cette joïe inexprimable que donne l'amour parfait qui n'est plus troublé par la crainte. Il trouvoit, par une heureuse experience, le joug du Seigneur si doux, & qu'il étoit si vrai, que le porter avec affection, étoit le moïen de joüir du veritable repos ; que ne pouvant tenir ces sentimens renfermez dans son cœur, il en faisoit part à son Superieur General, avec une effusion & une simplicité affectueuse, comme nous le voïons par une lettre qu'il lui écrivit le 24. de Juillet de l'an 1606. où il donne le même témoignage de ses Religieux, qui éprouvoient avec lui la douceur du joug Evangelique. Il étoit toûjours à leur tête dans tous les exercices de la Regularité, d'aucuns desquels il ne se dispensoit ; & quand même ses infirmitez ne lui permettoient pas de se rendre aux Matines, qui se disoient alors à minuit, selon la pratique établie à Marmontier, il prioit ses Religieux de le soûtenir & de lui aider à marcher, afin que malgré ses maux il eût la satisfaction de présenter avec eux à Dieu le sacrifice de ses loüanges. Le travail de la prédication ne le dispensoit pas plus, que ses maladies, de l'assistance à l'office de la nuit, où tout se chantoit en notes, selon la Regle, & qui par cette raison duroit ordinairement trois heures, & cinq heures mêmes aux grandes fêtes. Cependant il prêchoit toutes les fêtes & les Dimanches, & pendant l'Avent & le Carême tous les jours, & souvent plusieurs fois le jour. Il ne s'en passoit pas un dans tout le cours de l'année, qu'il n'offrît le saint Sacrifice, avec une attention, une dévotion, & une préparation toûjours nouvelles, & avec une tendre pieté. Ses entretiens avec Dieu, après cette sainte action, étoient si fervens, & lui faisoient tellement oublier toute autre chose, que ses Religieux furent obligez de faire faire un Reglement, par lequel il lui fut ordonné de ménager son tems de maniere, que son absence n'apportât point de retardement aux exercices de la Communauté. Autant que son éminente pieté l'élevoit au dessus des autres, autant l'humilité le portoit-elle à s'abbaisser au dessous d'eux ; il s'occupoit avec joïe à leur rendre les services les plus vils ; il s'estimoit indigne de leur commander, & les prioit souvent de choisir un Superieur, & d'un meilleur exemple, & d'une capacité qui leur procurât de plus grands avantages. Ces sentimens ne faisoient que le rendre plus cher à ses Religieux, qui d'un commun consentement, demandérent sa continuation à leur Superieur General en 1606. La même année le General ordonna, pour le maintien de la discipline, & pour ne pas faire perdre aux Superieurs le merite de l'obéïssance, que tous les ans, le lundi de la semaine de la Passion, le Superieur se demit de son office au Chapitre, en présence de ses Religieux, pour être procedé le lundi de la semaine Sainte à l'élection d'un nouveau Superieur, où à la continuation du précedent, ce Reglement fut honorable au Pere Mars, en ce que nonobstant ses infirmitez, & malgré ses instances, sa Communauté ne voulut point d'autre Prieur que lui jusqu'en 1609. Il avoit un soin extrême de conserver l'union entre ses enfans spirituels, & la charité avec tout le monde. Les interests de cette vertu lui étoient si chers, que quand il la voïoit offensée ; sans considerer ce qu'on lui devoit à lui-même, il faisoit toutes les avancés pour gagner ceux qui étoient naturellement dans l'obligation de les faire. C'est ainsi, entr'autres exemples qu'on pourroit citer de cette conduite, qu'il en usa à l'égard d'un de ses Religieux, à qui il n'avoit pas jugé à propos d'accorder quelque chose qu'il lui demandoit. Ce Religieux en fut piqué, & ne put s'empêcher de marquer son chagrin par des paroles indiscretes. Le P. Mars n'avoit ressenti aucune alteration à ces murmures ; mais son cœur fut ému par les inquiétudes que donne l'amour paternel, quand il vit que ce Religieux s'étoit allé coucher, sans avoir eu soin de nettéïer son ame de cette tache. Il l'alla trouver dans sa chambre, & se prosterna devant lui, pour lui demander pardon de ce qu'il lui avoit donné sujet de se fâcher, par un refus qui n'avoit peutêtre pas été raisonnable. Le Religieux, confus de voir son Superieur dans ces sentimens & dans cette posture humiliée, se jetta de son lit à terre & demanda pardon de sa faute. Il n'est pas extraordinaire que les gens d'étude & ceux qui font profession de pieté, abondent en leur sens, & fassent quelquefois passer pour des mouvemens de l'esprit de Dieu les effets d'un aheurtement fondé dans l'humeur & nourri par l'austerité. Le P. Mars avoit assez veillé sur lui-même, pour se préserver de ce défaut. Il se soumettoit entierement à l'avis de ses Religieux dans les assemblées Capitulaires, & dans toutes les rencontres où il s'agissoit d'affaires temporelles & spirituelles. Il ne méprisoit jamais les ouvertures que lui faisoient

les

les autres, & il étoit toûjours prêt à se persuader que leurs raisons étoient superieures aux siennes. Il étoit penetré de son néant; ne faisoit de retours sur lui-même, que pour se mépriser; & les loüanges lui étoient veritablement insuportables. La sainte innocence dans laquelle il a toûjours vêcu, étoit accompagnée en lui d'une simplicité admirable, & telle qu'on la peut imaginer dans une personne qui n'a jamais eu ni d'inclinations vicieuses, ni de mauvaises compagnies, ni d'autres habitudes que celles que la pieté forma en lui de bonne heure. C'étoit par un mouvement de cette heureuse simplicité, qu'étant interrogé par un de ses Religieux, de la maniere dont il prenoit son repos, il le mena derriere le grand Autel, & s'étant couché à terre, les genoux pliez & les mains jointes sur la poitrine, il lui dit que c'étoit là la posture dans laquelle il se tenoit au lit, afin que son corps, au moins, fût en adoration, quand son esprit n'y pouvoit plus être. Détaché du monde & de tout ce qui occupe les esclaves de ses vanitez, il ne pensoit même à ses parens, que pour les recommander à Dieu; & s'il leur écrivoit, ce qui arrivoit très-rarement, il ne leur parloit que de Dieu, de son amour, & des moïens de travailler utilement à leur salut. Il reçut un jour un gros paquet de lettres d'Orleans, de la part de ses proches & de ses amis. Après un moment de reflexion, il donna le paquet encore tout cacheté à l'un de ses Religieux, & lui commanda de le jetter au feu. Cela fait, il dit avec un grand sentiment de joïe: « Dieu soit loüé, » voilà mon esprit délivré de bien de fatai- » ses mondaines. » Sa pieté paroissoit jusque dans la signature qu'il emploïoit dans ses lettres, qui étoit un cœur, au milieu duquel étoit un nom de JESUS, avec ces deux autres mots: O! amor! qu'il avoit sans cesse à la bouche, pour témoigner la vive ardeur de l'amour celeste dont il étoit enflammé. Comme c'étoit la seule passion de son ame, il soupiroit continuellement pour le ciel, non seulement dans les exercices de l'oraison & de l'office Divin, mais encore dans toutes les autres occupations de la vie, où par de courtes prieres qu'il repetoit à tout moment, il rendoit souvent les hommes témoins de sa tendresse, qu'il croïoit ne faire connoître qu'à Dieu. Ses sermons étoient remplis de ces saintes aspirations, & ses discours familiers portoient l'amour de Dieu dans tous les cœurs. Ses devotions particulieres étoient à l'adorable Trinité, & à la sacrée mere de Dieu. Il ne se passoit point de jour qu'il ne renouvellât sa profession, & qu'il ne protestât à Dieu qu'il étoit prêt de la ratifier par l'effusion de tout son sang. Quand il se promenoit, ce qui étoit bien rare, c'étoit toûjours le Chapelet ou la Sainte Ecriture à la main. Pour se rendre utile à tout le monde dans ses prédications, il s'étudioit à se rendre intelligible, & à s'accommoder à la portée de ses auditeurs. Il ne jettoit point en vain la semence Evangelique, & Dieu benissoit son zéle par une abondante & heureuse recolte. Il ne faisoit pas moins de fruit dans l'administration du Sacrement de la penitence. La seule curiosité qu'il avoit dans cet emploi, étoit de connoître les maladies des ames; & l'on a remarqué qu'il a poussé la modestie & la retenuë, jusqu'à n'avoir jamais regardé en face aucune de ses penitentes. Chargé d'un ministere où l'on se rend coupable des fautes des autres, quand on use d'une indulgence qui n'est fondée que sur la foiblesse ou l'interest, il n'épargnoit point le criminel qui le reconnoissoit pour juge, quelque distinction que donnât le rang & la naissance. Il traitoit le Seigneur de Châteauneuf, homme puissant dans la province, avec la même severité qu'il eût apportée à reprendre le dernier & le plus miserable païsan. Ce Seigneur se présenta un jour au Confessional, un genou seulement à terre. Le Pere lui demanda s'il avoit oublié que c'étoit à Dieu, & non pas à un homme, qu'il rendoit ce devoir; & lui protesta courageusement qu'il ne l'entendroit point, s'il ne se mettoit dans la posture humiliée où il devoit être. Monsieur de Châteauneuf prit cette remontrance en bonne part, & n'en eut que plus d'estime pour le Confesseur, qu'il aima toûjours singulierement, & à qui il faisoit part de toutes ses peines temporelles, hors du tribunal de la confession, avec une confiance qui lui procuroit toûjours de la consolation & de la tranquilité. Ce saint Religieux, si penetré de l'amour de Dieu, ne souhaitoit rien avec plus de passion, que de voir cet amour aussi maître du cœur des autres, qu'il l'étoit du sien. C'est pour cela qu'un de ses Religieux, qui lui avoit demandé une priere qui fût courte & efficace, n'en reçut point d'autre que celle-ci, que le bon Pere Mars lui recommanda de repeter sans cesse: *mon Dieu! donnez-moi vôtre pur amour.* C'étoit ce grand amour qui lui faisoit pratiquer avec courage des austeritez & des macerations extraordinaires, outre celles que la Regle prescrit, & qu'il observoit sans adoucissement. Il mangeoit fort peu, & quoique porté au sommeil par l'humidité de son temperamment, il dormoit moins que pas un autre. Ceux qui reveilloient la Commu-

31.
JANVIER.

nauté pour les offices de la nuit, le trouvoient toûjours, qui par son application à la priere avoit prévenu tous les autres. Affermi contre les souffrances par ses austeritez, il enduroit avec une patience admirable, & les maux dont il plut à Dieu de l'affliger, & les remedes souvent plus douloureux que les maux ; il ne témoigna de la repugnance que pour les remedes où il sembloit que la pudeur eût quelque chose à souffrir, comme d'être frotté nud devant le feu ; & il ne s'y seroit pas soumis, si l'obéissance ne l'y eût forcé. Il faisoit lire tous les jours la sainte Regle au Chapitre, & pour en rendre la lecture utile, il faisoit dessus des observations, qu'il mettoit par écrit, pour en développer le sens, & en recommander la pratique. La retraite & le silence étoient ce qu'il recommandoit le plus. De son côté il ne parloit précisément que dans les occasions d'une necessité absoluë, & se déroboit souvent, même à ses confreres, par de longues retraites où il n'avoit commerce qu'avec Dieu. Cet esprit de solitude & de Regularité ne le rendoit point dur à ses Religieux ; il les aimoit avec toute la tendresse qu'une mere a pour ses enfans ; & pour peu d'attachement sincere qu'il leur vît à leur devoir, il n'y avoit rien de raisonnable qu'il ne fût toûjours disposé à leur accorder ; il souffroit quand il les voyoit souffrir, & n'a jamais apprehendé de s'exposer lui-même, quand il a été question de les soulager & de les consoler. Un de ses Religieux qui avoit le pourpre, & qui souhaitoit avec ardeur de recevoir ses Sacremens, n'osoit cependant les demander dans cette extrémité, de peur de communiquer ce mal dangereux à ses confreres. Le Pere Mars sans craindre la contagion, alla genereusement à la chambre de ce Religieux. Le malade se prosterna devant lui, pour le supplier de ne pas entrer dans un lieu infeté, dont le mauvais air lui pourroit être pernicieux ; mais ses instances furent inutiles ; le Pere Mars se confiant en Dieu, entra, administra les Sacremens au malade, & n'en ressentit aucune incommodité.

Lui, & ses Religieux, pour ne pas se voir exposez de nouveau aux traverses de ceux de Marmontier, présenterent Requête au Chapitre general de la Congregation Gallicane de S. Benoît, qui se tenoit à Bourdeaux, le 19. de Juillet de l'an 1606. & demandérent deux choses ; la premiere, que personne ne les molestât ci-après dans leur pieuse entreprise ; & la seconde, qu'il leur fût permis de recevoir des Religieux dans leur Communauté, pour y perpetuer la Reforme qu'ils y avoient établie. Le R.

P. Jaunay Superieur General leur accorda ce qu'ils demandoient, par ses lettres du 22. de Septembre, & de plus établit le P. Mars Vicaire general, ou Visiteur dans la province de Bretagne, avec pleine puissance & autorité sur tous les Religieux de cette province.

31.
JANVIER.

Messire Antoine de Revol Evêque de Dol, informé de la sainte vie des Religieux de Lehon, alla trouver le Pere Mars, & le pria d'établir la Reforme dans l'Abbaïe du Tronchet. Quoique le Pere en eût le pouvoir, en qualité de Vicaire general, il n'osa pourtant l'entreprendre, sans en avoir eu l'ordre exprès du R. P. Jaunay, à qui le Seigneur Evêque de Dol le pressa d'en écrire. Le General consentit à cet établissement, & vint lui-même au Tronchet faire le Concordat avec Monsieur Prevost alors Abbé de ce Monastere ; ce qui fut executé le 7. d'Aoust de l'an 1607. Le P. Mars y alla avec six de ses Religieux, & prit possession du Monastere, après une exhortation pathetique qui tira les larmes des yeux de l'Evêque de Dol & de tous ceux qui assistérent à cette cérémonie. Peu de tems après la Reforme fut encore introduite dans l'Abbaïe de Lantenac auprès de la Chaize, dans l'Evêché de S. Brieuc ; & la petite Societé de Bretagne commença de cette sorte à s'étendre.

Le Pere Mars considerant que le devoir du Superieur l'engage à être toûjours à la tête de sa Communauté dans les exercices de la vie Reguliere, & que ses maladies continuelles ne lui permettoient pas cette assiduité, se servit de cette raison pour obtenir, le 24. d'Avril de l'an 1609. du Superieur General qui étoit venu faire sa visite à Lehon, la grace d'être déchargé de son emploi. Le Pere Dom Helie Truchon fut élu pour lui succeder dans la Charge de Prieur Claustral. Mais le P. Mars ne joüit pas long-tems d'un repos qui n'avoit été accordé qu'à ses importunitez, puisque dès le 14. de Septembre de la même année le Pere Loüis Jousselin Visiteur de la Congregation Gallicane dans la province de Touraine, l'établit Prieur du Tronchet, lui continua la Charge de Vicaire general dans la province de Bretagne, & lui donna le même pouvoir que lui avoit donné le R. P. Jaunay.

Le Pere Mars se soumit avec resignation aux ordres de la providence, & se rendit au Tronchet. Il n'y eut pas été long-tems, que se trouvant accablé de ses maux, & éloigné de tout secours, il fut obligé de s'en revenir à Lehon au commencement du printems de l'an 1610. La crainte qu'il

31.
JANVIER.

eut d'y être à charge aux Religieux, lui fit prendre le parti de se recommander, comme un pauvre, aux charitez de Monsieur de Châteauneuf. Nous apprenons par la lettre qu'il écrivit à ce Seigneur, une partie de ses maux ; que son estomach ne faisoit plus ses fonctions, que tout son corps étoit dans une foiblesse extrême, qu'il ne pouvoit avaler aucune nourriture solide, & que le medecin attaché auprès de lui ne s'occupoit principalement qu'à chercher les moïens de lui faire manger quelque chose. Dans cet état, ne pouvant plus donner ses soins paternels à sa Communauté du Tronchet, il y nomma, à Lehon, le 3. de Juin de l'an 1610. un Vicaire ou Souprieur, pour la gouverner en son absence.

A Dom Helie Truchon succeda dans la charge de Prieur Clauftral Dom François Stample. Mr. Stample frere de celui ci vint le voir, d'Orleans, & apporta en même tems au Pere Mars des nouvelles de la part de ses freres. Il se servit d'une main étrangere pour leur faire réponse, le 20. de Juin de la même année, parce que la derniere maladie dont il étoit relevé, lui avoit ôté tout usage de ses mains, incommodité qui lui dura jusqu'à la mort. Cette lettre édifiante, qui contient en quelque sorte un abregé de ses sentimens, sera sans doute quelque plaisir au Lecteur, & c'est pour cela que nous la rapporterons sans rien changer au stile de celui qui l'a dictée : « Messieurs & freres, très-humble salut en nôtre-Seigneur Jesus, lequel je benis de tout mon cœur de l'heureux recit des nouvelles que m'a fait Monsieur Stample de vous deux & de vos familles, nommément de l'union & alliance sainte qui reluit entre vous. J'espere que ce soit non plus temporellement, comme il paroit aux yeux d'un chacun, que spirituellement, comme de ma part je croi, & je desire en cette seconde maniere faire communauté & alliance avec vous tous, pour rapporter tous nos profits spirituels à la joüissance du bien souverain, qui est l'infinie bonté de N. S. ce en quoi je vous prie très-humblement que nous montrions freres, nous élevant un peu au-dessus de la fraternité charnelle, puisqu'elle est ainsi passagere ; ce que j'ai dit, afin que vous ne vous arrétiez à certaines considerations que suggere la parenté par de trop frequentes nouvelles ; combien que j'interprete cela souvent partir de charité, ce néanmoins telle charité doit être un peu réglée plus étroitement en nôtre endroit, & partant il faut que vous & nous soions contens de la rencontre qu'il plaira à N.

S. faire naître en ce monde pour nous entretenir & communiquer ensemble sous son bon & Divin plaisir. Cette resolution nous fera aspirer plus vigoureusement à la resurrection celeste, où nous esperons tous nous voir un jour, moïennant la grace de N. S. & vivre ensemble éternellement. Au surplus comme j'ai bonne croïance de vos bons comportemens, aussi ne veux-je pas entreprendre de vous instruire au devoir d'un bon Chrétien, sinon que je vous prierai d'avoir deux choses en consideration, lesquelles ouvrent le chemin à la pureté & droiture de bonne conscience ; l'une est d'examiner souvent sa conscience, au moins deux fois la semaine, détestant le mal passé, & se proposant de le fuir à l'avenir, & d'embrasser ce qui est conforme à la volonté de N. S. L'autre chose bien recommandable, est de choisir quelque bon Pere spirituel, auquel vous conferiez des détroits & difficultez de vôtre conscience, & de vous soumettre franchement aux conseils, avis, & remedes qu'il vous donnera, & specialement pour ce qui concerne la frequente Confession & Communion, qui sont les deux principaux étançons & appuis de la bonne vie. Quant est de nôtre côté, je suis relevé, graces à N. S. d'une extrême maladie où je tombai à Pâques dernier. » Au bas de la lettre il les prie d'excuser, s'il ne leur a pas écrit de sa main, à cause qu'il ne lui étoit pas possible de s'en servir. En effet il n'avoit plus aucun usage de ses mains, & il lui falloit porter la nourriture à la bouche. Il ne laissoit pas, pour cela, de reciter tous les jours l'Office Divin, à l'aide d'un frere laï, qui lui tenoit son Breviaire ouvert devant lui, & qui, sans sçavoir lire, lui trouvoit à point nommé tous les renvois, ce qu'on regarda comme une chose miraculeuse, d'autant plus que le même Religieux aïant voulu depuis essaïer la même chose, n'y put jamais réüssir.

Le Pere Mars succombant enfin sous le poids de ses infirmitez, & sentant les approches de la derniere heure qui devoit l'unir pour jamais à l'objet de son amour, s'y prepara par la reception de tous ses Sacremens, & puis aïant dit une seconde fois le *Confiteor*, avec une dévotion touchante, & reçu la derniere absolution, il rendit tranquillement son ame à Dieu, le Dimanche de la Septuagesime 31. de Janvier, l'an 1611. âgé seulement de 34. ans, dix mois, & quatre jours ; après avoir, selon l'expression de l'Ecriture, acquis en si peu de tems la perfection consommée, qui n'est

31.
JANVIER.

Sap. 4.

31. JANVIER.

souvent dans les autres, que le fruit des longues années.

Son corps fut honorablement enterré le jour suivant dans l'Eglise du Prieuré de Lehon, devant l'Autel de N. D. sous une tombe de pierre, du côté de l'Epître. Tous les Religieux Mandians, & le Clergé de Dinan, avec un nombre prodigieux de peuple, assistérent à son enterrement, sans en avoir été priez. Dix-huit mois après sa mort, un bon frere Laï eut la curiosité de lever sa tombe, sans en rien dire à personne, pour voir en quel état se trouvoit le corps du défunt. Prévenu de l'erreur populaire qui persuade aux esprits foibles, que la conservation des corps dans un état incorruptible, est une marque sûre de Sainteté; très-persuadé d'ailleurs que le bon Pere Mars avoit été un très-saint Religieux, il

[Attestation du P. Stample Vicaire General, de l'an 1625. & du P. Dom Jean Tellier.]

esperoit trouver son corps entier. Il ne fut point trompé dans son attente; car, à la reserve de quelques petits endroits du nez, du visage, & du ventre, qui avoient été tant soit peu alterez, tout le reste se trouva entier & sans aucune corruption. Les habits même dont il avoit été revêtu étoient sains, & d'une consistance aussi ferme, que quand on les avoit mis en terre. On trouva aussi qu'une image de papier, qu'un des Religieux avoit mise sur la poitrine du mort, & qui représentoit N. D. de pitié, n'avoit aucune marque de pourriture; elle étoit seulement devenuë jaune. Le corps n'avoit aucune mauvaise odeur, & si l'on en veut

Le P. Minor Capucin.

croire le témoignage d'un Religieux qui écrivoit au frere du P. Mars le 1. de Juin de l'an 1615. on plioit, avec autant de facilité, les membres du mort, après 18. mois de sepulture, qu'on auroit plié ceux d'un homme vivant. Cette merveille attira d'autant plus d'attention, que les Religieux de Lehon aïant enterré un de leurs confreres auprès du P. Mars, & dans un lieu beaucoup moins humide, trouvérent son corps entierement consumé au bout de trois mois. Quelque tems après cette découverte, les Religieux de Lehon voïant le grand concours de peuples qui venoient de tous côtez au tombeau du P. Mars, & craignant qu'on ne leur enlevât ce sacré dépôt, voïant qu'il ne se consumoit point, poussérent la simplicité jusqu'à le mettre dans de la chaux vive, afin de reduire sa chair en poussiere. Ils recueillirent les ossemens qui avoient resisté à l'operation de la chaux, les mirent dans une chasse de plomb qui fut donnée par Monsieur de Châteauneuf, & les enterrérent sous la même tombe qui avoit couvert le corps entier.

Le Pere Noël Mars étoit de petite taille, bel-homme, d'une phisionomie agréable, d'une humeur douce, & d'une conversation engageante. Il avoit le front large, la tête grosse, les yeux de même, le nez bien proportionné, le haut des jouës un peu élevé, peu de barbe & de la même couleur que les cheveux qui étoient noirs.

31. JANVIER.

Il avoit amené de Matmontier avec lui deux jeunes Novices, qui voulurent être de sa reforme; l'un étoit Agnan Seurat, & l'autre du Breüil. Il les appelloit ordinairement ses deux colombes, à cause de leur douceur & de leur simplicité. L'un d'eux voïant son cher maître mort dit à l'autre : « mon frere, voilà nôtre bon pere mort; « il faut que j'aille après lui. » L'autre lui contesta cet avantage, & prétendit qu'il devoit être le premier à le suivre. Dieu termina cette innocente dispute, en les appellans tous deux peu de tems après le decez du P. Mars, pour joüir, comme il est à présumer, de la même recompense que leur Saint maître avoit reçuë dans la gloire.

On a rendu témoignage de quelques miracles que Dieu a faits en sa faveur pendant sa vie, au nombre desquels on met, que disant un jour son Breviaire, & étant tombé dans la riviere de Rance qui sert de clôture au jardin du Prieuré de Lehon, il en fut retiré par ses Religieux, sans que les habits dont il étoit revêtu fussent moüillez. Le nombre des miracles accordez à son intercession, après sa mort, a été bien plus considerable; mais sans nous arrêter à en faire le détail, nous nous contenterons de nommer les principaux témoins qui ont déposé des faveurs qu'ils ont eux-mêmes reçûs. De ce nombre sont : Damoiselle Jeanne de la Motte femme du sieur de la Ville-Anger, de Jugon; Jean Hingant Ecuïer sieur des Crois, Ecuïer Toussaint du Boisadam, Damoiselle Julienne Gripon Dame de Kerinan, François Rogon sieur de Brego, Dame Renée Budes femme du Seigneur de la Côte-Baudranniere près de Quintin, Ecuïer Jean le Corgne sieur de Launay, Damoiselle Susanne de Queanquen femme d'Ecuïer Gui Couriolle sieur du Tronchet, de Lamballe; & Madame Jacquemine du Gué-madeuc femme de Messire René du Breil Seigneur de Pont Brient. Il s'étoit fait aussi quelques miracles à Orleans, tant par l'attouchement des Reliques du Pere Mars, que par la benediction que Dieu a accordée aux prieres que l'on a faites devant le portrait de ce saint Religieux exposé à l'Autel de N. D. dans l'Eglise paroissiale de S. Hilaire d'Orleans.

La consideration de ces œuvres surnaturelles porta les Religieux de la Société de

31.
JANVIER.

Bretagne à préfenter Requête le 4. d'Avril de l'an 1625. à Monfeigneur l'Evêque de S. Malo, Guillaume le Gouverneur, pour le fupplier, vû le concours de trois & quatre mille perfonnes par jour, qui fe faifoit au tombeau du P. Mars, & les miracles frequens dont on rendoit témoignage, qu'il lui plût de donner commiffion pour informer de la fainteté de vie, & des miracles qui fe faifoient par l'interceffion du B. Pere Mars. L'Evêque, par fon expedition mife au bas de la requête, le 8. d'Avril de la même année, commit le Sénéchal de Dinan pour faire les informations. Le Sénéchal refufa d'y vaquer, & l'Evêque en aïant été averti par les Religieux, donna une autre commiffion, le 12. de Mai fuivant au Recteur de S. Sauveur de Dinan, dont voici les termes: « Monfieur de S. Sauveur. « Sur la requête que m'a faite le R. P. Prieur « de Lehon, de la difficulté que font Mr. le « Sénéchal & Mr. Bechen, de travailler aux « informations qu'ils defirent faire touchant « le B. P. Mars, je trouve bon qu'y enten- « diez, prenant un ajoint capable, & y « apportant la difcuffion requife en fait fi « grand & important. Au furplus je n'en- « tends qu'en particulier chacun ne puiffe « faire fes devotions à Lehon, comme ils « ont accoutumé. » La même année, le 14. de Novembre, le P. Dom François Stample Préfident de la Société de Bretagne écrivit à Mr. Taluat fon neveu, Avocat à Orleans, pour le prier de s'informer des parens du P. Mars de ce qui regardoit les premieres années de fon enfance; & n'aïant point reçu de réponfe à cette lettre, il envoïa à Orleans le P. Dom Bernard Pichon Prieur de Lehon, avec ordre de faire cette Enquête. Celui-ci après avoir déclaré fa commiffion par devant Notaires, y vaqua foigneufement, & tira plufieurs atteftations juridiques de ceux qui avoient connu le P. Mars dans fon bas âge.

Mais pour parvenir à lui procurer un culte public, & autentique, il falloit emploïer l'autorité du S. Siége. C'eft pourquoi les Peres de la Société de Bretagne s'adreffèrent au Roi Loüis XIII. qui à leur priere écrivit cette lettre à Monfieur de Bethune Confeiller d'Etat, Chancelier de fes ordres, & fon Ambaffadeur extraordinaire à Rome: « Monfieur de Bethune. Les Re- « ligieux Benedictins des Monafteres Re- « formez de ma province de Bretagne en- « voïans à Rome pour obtenir du Pape que « les Monafteres qu'ils ont à Redon, Le- « hon, le Tronchet, Lantenac, la Chau- « me, Landevenec, & S. Méen, foient « érigez en Congregation, & defirans ap- puïer leurs pourfuites par l'entremife de « mon nom, pour le témoignage qui m'a « été rendu d'eux par les deputez du Clergé « de mon Roïaume en leurs dernieres Af- « femblées, j'ai bien voulu vous faire cette « lettre, pour vous dire que vous aïez à fa- « vorifer lefdits Religieux autant que vous « jugerez convenable, fuivant les memoires « qu'ils vous préfenteront; & que fur le re- « cit qu'ils vous feront de la fainteté de vie « de feu R. P. Noël Mars inftituteur de la « Reformation de leurs Monafteres, & des « grands miracles que Dieu a faits en fa per- « fonne devant & après fa mort, vous faf- « fiez les inftances neceffaires près de S. S. à « afin qu'elle octroïe aufdits Religieux une « commiffion pour informer devant les Evê- « ques de Bretagne & des autres lieux où « lefdits miracles ont été faits, chacun en « fon diocefe, afin que l'information étant « dûement faite, l'on puiffe pourvoir à ce « qui fe devra faire enfuite. Sur ce je prie « Dieu, Monfieur de Bethune, qu'il vous « ait en fa fainte garde. Ecrit à Paris « le 7. Juin 1629. Signé Loüis, & plus « bas Phelippeaux. » Les Peres de la Société de Bretagne ne purent obtenir l'erection qu'ils follicitoient; on fe contenta d'unir leurs Monafteres à la Congregation de S. Maur, & de les y incorporer. Quant à ce qui regarde le Pere Mars, le Pape confentit qu'on procedât à fa Beatification & à fa Canonization par les voïes ordinaires. Le Pere Guillotin, qui étoit allé à Rome, s'inftruifit à fonds de toutes les procedures qu'on emploïoit en de pareilles rencontres, & en apporta d'amples memoires en Bretagne. Mais on s'y occupa tellement de l'union avec la Congregation de S. Maur, qu'on oublia peu à peu ce qui regardoit le Pere Mars. Cela n'a pas empêché Dom Hugues Menard de lui donner la qualité de Bienheureux, tant dans la préface de fon Martyrologe Benedictin, que dans l'addition qu'il y a faite, de quelques Saints nouveaux. Le Pere Symphorien Guyon, d'Orleans, Prêtre de l'Oratoire, Curé de la Paroiffe de S. Victor dans la même ville, a parlé avec éloge du venerable Pere Mars, aux pages 290. & 291. de fon hiftoire chronologique des Evêques d'Orleans, auffi-bien qu'André du Sauffay dans l'*appendix* de fon Martyrologe de France. Meffire Guillaume le Gouverneur Evêque de S. Malo, Prélat recommandable par fes vertus & par fon affiduité aux devoirs de fa charge, donnoit, comme nous l'avons vû, la qualité de Bienheureux au P. Mars, & ne defaprouvoit pas la confiance que l'on avoit à l'interceffion de ce faint Religieux. Le peu-

Auctarium p. 827. 828.

ple s'eſt accoûtumé depuis, en parlant de lui, à le nommer : le bon Pere Mars.

FONDATION
du Convent de Sainte Anne près d'Auray.

XVII. SIECLE.

26. Juillet. 1625.

Niceph. L. 2. c. 3.

LE ſaint Evêque Hippolyte, qui ſouffrit le martyre l'an 230. eſt le premier Ecrivain qui nous ait appris le nom de la ſainte Aïeule de J. C. Il pouvoit, auſſi-bien que Jules Affricain, avoir appris des parens de Nôtre Sauveur quelques particularitez de ſa genealogie, dont les Evangeliſtes n'avoient pas jugé à propos de nous inſtruire. Il dit donc que Mathan, Prêtre établi à Bethléem, avoit eu trois filles, la premiere nommée Marie, qui fut mariée à Bethléem, & qui eut pour fille Salomé accoucheuſe ; la ſeconde, Sobé, auſſi mariée à Bethléem, & mere d'Eliſabeth ; & la troiſiéme, Anne qui fut mariée en Galilée, & fut mere de la Sainte Vierge. La gloire & la ſainteté du fils ont réjailli non-ſeulement ſur la mere, mais encore ſur ſon aïeule ; & ſi les premiers ſiécles du Chriſtianiſme, occupez de l'eſſentiel de la foi & du culte neceſſaire, n'ont pas rendu des honneurs particuliers à Sainte Anne, cette omiſſion a été reparée par les ſiécles poſterieurs, plus tranquilles, & dont la pieté cherchoit de nouveaux objets, pour ſatisfaire leur devotion. S'il eſt vrai, comme on prétend que cette Sainte aïeule de J. C. l'a revelé elle-même à un ſimple laboureur, qu'en 1624. le 25. de Juillet, il y avoit 924. ans & ſix mois, qu'une Chapelle bâtie en ſon honneur dans une piece de terre appellée le Bocennu, près du village de Keranna, dans la paroiſſe de Pluneret, à une lieuë d'Aurai, dans l'Evêché de Vannes, avoit été ruïnée ; il faut convenir qu'il n'y a peutêtre aucun autre lieu dans le monde où l'on ſe ſoit plûtôt aviſé qu'en Bretagne, d'ériger des autels ſous l'invocation de Sainte Anne. Cette deſtruction, vraïe ou prétenduë, doit être arrivée, ſelon cette ſupputation, l'an 699. & nous ne pouvons dire à quelle occaſion, puiſque l'hiſtoire ne nous a appris aucune particularité de cette année-là, ni de celles qui l'ont immediatement précédée ou ſuivie.

Il reſtoit encore des veſtiges de cette chapelle du tems des ancêtres d'Yves Nicolazic laboureur du village de Keranna, qui travaillant dans la piece du Bocennu en avoient tiré de tems à autre des pierres de taille qu'ils avoient ramaſſées, & dont le pere d'Yves avoit bâti, en 1614. une grange, où l'on diſtinguoit des pierres qui avoient ſervi à quelque vitrail d'Egliſe. Le nom de Keranna que portoit le village, étoit auſſi un monument qui conſervoit la memoire du culte qu'on avoit autrefois rendu en ce lieu à la ſainte aïeule de J. C. Yves Nicolazic laboureur de Keranna, fut celui dont il plut à Dieu de ſe ſervir dans le ſiécle paſſé, pour reveiller une dévotion abolie depuis tant de ſiécles. C'étoit un homme de bien, pieux, charitable, & de bon ſens, & qui étoit l'exemple & l'arbitre de tout le voiſinage. Il ne tint pourtant pas au Recteur de Pluneret, à ſon Curé, aux Peres Capucins d'Auray, & à la plûpart de ceux à qui il fit part de ſes viſions (car il en eut pluſieurs, & pluſieurs années de ſuite) qu'il ne paſſât pour un eſprit égaré ; mais il ſe ſoûtint ſi bien dans toutes les épreuves où on le mit, & les effets répondirent ſi bien à tout ce qui lui avoit été promis dans ſes viſions, qu'il eut enfin la ſatisfaction d'avoir pour admirateurs & pour cooperateurs tous ceux qui lui avoient été les plus oppoſez. Pour ne rien mettre ici du nôtre, dans un ſiécle incredule, ou du moins plus éclairé que les précedens, nous nous contenterons de rapporter un extrait des Enquêtes juridiques où Nicolazic, à parlé lui-même.

26. Juillet.

Meſſire Sebaſtien de Roſmadec Evêque de Vannes, touché de divers rapports qu'on lui avoit faits de ce bon laboureur, réſolut de le faire examiner, & en donna la commiſſion à Dom Jacques Bullion Bachelier en Sorbonne Recteur de Moreac, & depuis ſon Promoteur. Le grand concours de peuple qui ſe rendoit de toutes parts au lieu où Nicolazic avoit expoſé l'image de ſainte Anne qu'il avoit tiré de terre, invita le Recteur de Moreac à s'acquiter au plûtôt de ſa commiſſion, afin que ſur ſon rapport le Seigneur Evêque ordonnât ce qu'il jugeroit à propos. C'eſt pourquoi le Mercredi 12. de Mars de l'an 1625. le Commiſſaire s'étant rendu à Pluneret, manda Nicolazic, & l'interrogea au Presbytere, en préſence de pluſieurs aſſiſtans, entr'autres du Recteur & de ſon Curé, qui étoient les adverſaires les plus déclarez de ce laboureur. Après l'interrogation finie, le Commiſſaire en fit ſon rapport au Seigneur Evêque de Vannes, & l'informa en même tems du concours des pelerins, & de tout ce que le Recteur de la paroiſſe avoit fait pour l'empêcher. Le Prélat voulut voir Nicolazic, & l'interroger lui-même ; ce qu'il fit à Kerguehennec, en préſence de Mr. du

Tiré du Livre de gloire de S Anne compoſé par J Jeſuite, mis au jour en 1664. p le P. Benjamin de Pierre Came, Prie de Ste. An

26.
JUILLET.

Garo l'un des anciens Conseillers du Parlement, homme experimenté dans ces sortes d'interrogatoires juridiques, qui fit de son côté beaucoup de questions au laboureur & lui proposa difficultez sur difficultez. Le bon païsan satisfit à tout, avec une ingenuité qui éloignoit de lui tout soupçon d'artifice, & l'on ne put trouver rien à redire à ses confessions toûjours constantes. Cependant, pour plus grande sureté, l'Evêque lui ordonna de revenir un certain jour le trouver à Vannes avec son Recteur. Nicolazic fit part de cet ordre au Recteur, qui craignant qu'on ne lui fit des reproches de ses emportemens, de l'injustice de son procedé, & de la rigueur excessive dont il avoit usé en toute cette affaire, manqua à l'assignation. Nicolazic s'y rendit exactement, & trouva le Seigneur Evêque accompagné du Pere Charles-Borromée de Lamballe Gardien des Capucins de Vannes. Il fut interrogé de nouveau sur les articles de sa déclaration, & animé par les bontez favorables du Prélat, il répondit avec la même hardiesse & avec la même constance qu'auparavant. L'Evêque ne se contenta pas de tant d'épreuves ; il mit Nicolazic entre les mains des Capucins, qui l'emmenérent avec eux dans leur Convent, & l'y retinrent durant quelques jours, pendant lesquels tous les Peres l'interrogérent les uns après les autres, avec une importunité & des discussions capables de rebuter l'homme le plus ferme. Il persista toûjours à rendre le témoignage qu'il devoit à la verité, & fut renvoié à quinze jours de-là. Les Peres emploiérent l'intervale de ce délai à faire des prieres en commun, à s'informer de la vie & des mœurs de Nicolazic, & à déliberer sur cette affaire. Les quinze jours expirez, ils interrogérent de nouveau le bon païsan, & l'aïant trouvé toûjours égal & constant dans ses réponses, ils ne doutérent plus que Dieu ne voulût être honoré dans le lieu de Keranna, par les respects qu'on y rendroit à sainte Anne. Ils firent leur rapport à l'Evêque de Vannes, l'informérent des diligences qu'ils avoient faites pour découvrir si Nicolazic n'étoit point abusé ; l'assurérent qu'ils n'avoient rien trouvé à redire dans toute sa conduite, & pour conclusion ils dirent qu'une chapelle de Ste. Anne seroit utile dans Keranna, pour y entretenir la devotion des pelerins. Le Seigneur Evêque, avant que de rien décider, voulut avoir encore plus de lumieres, & pour cet effet il envoïa sur le lieu le Pere Ambroise de Brest & le Pere Gilles de Monay, à qui il donna ordre de s'informer exactement de ce qui s'y passoit. Nicolazic soûtint dans toutes ces differentes interrogations : « que dix-neuf mois avant la découverte de l'image de sainte Anne, sentant croître dans son cœur l'ancienne devotion qu'il avoit pour cette sainte aïeule de J. C. il y fut fortifié par differentes visions & apparitions ; qu'il vit une nuit en sa maison une lumiere extraordinaire produite par une chandelle de cire allumée, tenuë par une main, pendant l'espace de deux *pater* & de deux *ave* ; que six semaines après il vit la même clarté, sans aucune main, dans le Bocennu, un Dimanche à une heure de nuit, mais que cette lumiere fut de moindre durée qu'à la vision précedente ; que durant l'espace de quinze mois, toutes les fois qu'il s'en revenoit tard au logis, il se voïoit éclairé jusqu'à la maison par une chandelle de cire qui marchoit à côté de lui, sans que le vent en agitât la flamme, & sans qu'il vît autre chose qu'une main qui la tenoit ; que durant ce même tems sainte Anne s'apparut souvent à lui, sans lui parler cependant, ni déclarer qui elle étoit ; que la premiere fois qu'il la vit, ce fut à une heure de nuit auprès de la source où l'on a depuis bâti la belle fontaine de sainte Anne, vers laquelle son beaufrere & lui voulant faire avancer leurs bœufs qu'ils étoient allé querir dans le pré voisin, ils n'en purent venir à bout, & s'étant approchez de la fontaine, ils virent une Dame d'un aspect venerable, habillée de toile de fin lin très-blanche, tournée vers la fontaine, environnée d'une si grande clarté, que l'on voïoit aux environs comme en plein jour ; qu'ils prirent la fuite d'abord, mais que s'étant ravisez ils voulurent retourner à la fontaine, & ne virent plus rien ; que depuis ce tems la Sainte lui apparut encore plusieurs autres fois, tantôt près de cette fontaine, tantôt dans sa maison, quelquefois dans sa grange, & en d'autres endroits, avec un port majestueux, un flambeau à la main, un nuage sous les pieds, & des vêtemens d'une blancheur aussi éclatante, qu'étoient, selon les Evangelistes, ceux du Sauveur transfiguré sur le Tabor ; que touché de ces apparitions, il les déclara au Pere Modeste Capucin d'Aurai son Confesseur, qui lui ordonna, pour éviter l'illusion, de faire de frequentes prieres dans l'Eglise du S. Esprit d'Aurai & dans celle de Nôtre-Dame, & d'y faire dire des Messes, afin d'impetrer de Dieu la grace de connoître ce qu'il desiroit de lui ; qu'il avoit entendu par deux diverses fois, sur l'endroit de la chapelle, un chant & une melodie celeste, & avoit vû en même tems ce lieu éclairé d'une lumie-

26.
JUILLET.

« re extraordinaire, dont la clarté s'éten-
« doit, la derniere fois, de-là jufqu'au vil-
« lage, & provenoit d'un flambeau allumé
« qui fe voïoit au milieu de cet efpace. »
Paffant enfuite aux revelations plus préci-
fes, il dit « que le 25. de Juillet de l'an 1624.
« revenant d'Auray fur le tard, & étant
« arrivé auprés de la Croix (qu'on a ap-
« pellée depuis la Croix de Nicolazic, parce
« qu'il s'y arrêtoit fouvent pour prier Dieu)
« il vit dans l'obfcurité Ste. Anne qui mar-
« choit devant lui, avec un nuage fous
« fes pieds & un flambeau à la main, dont
« il fut éclairé jufqu'auprés de fa maifon,
« où toute cette vifion difparut ; que ne pou-
« vant fouper, à caufe de l'émotion que
« cela lui avoit caufé, il fe retira feul dans
« fa grange, pour garder les bleds qu'on
« y avoit battus les jours précedens, & fe
« jetta fur la paille pour dormir ; mais qu'é-
« tant demeuré éveillé, il entendit fur les
« onze heures un bruit confus, pareil à ce-
« lui d'une grande multitude ; qu'étant for-
« ti pour voir ce que c'étoit, il n'avoit trou-
« vé ni vû perfonne ; qu'étant rentré, &
« s'étant mis à dire fon chapelet, il avoit
« vû tout d'un coup fa grange éclairée, &
« entendu une voix qui lui demandoit s'il
« n'avoit pas oüi dire qu'il y avoit eu autre-
« fois une Chapelle dans le Bocennu ; que
« tout auffi-tôt, fans qu'il eût eu le loifir
« de repondre, il vit au milieu de cette
« clarté une Dame venerable, qui lui dit
« en langage du païs : *Yves Nicolazic, ne
« crains point. Je fuis Anne Mere de Marie.
« Di à ton Recteur, de cette piece de
« terre que vous appellez le Bocennu, il y a
« eu autrefois, même avant qu'il y eût ici au-
« cun village, une Chapelle dediée en mon
« nom. Il y a 924. ans & fix mois qu'elle a
« été ruinée. Je defire qu'elle foit rebâtie, &
« que tu prennes ce foin, parce que Dieu veut
« que j'y fois honorée*; après quoi elle difpa-
« rut avec toute cette lumiere ; qu'à fon re-
« veil le lendemain, & les jours fuivans, il
« eut l'efprit fi tourmenté de vaines crain-
« tes, qu'il laiffa paffer fix femaines, fans
« ofer rien déclarer à fon Recteur, auprés
« duquel il avoit peur de paffer pour un
« fou & un vifionaire ; qu'après ce terme,
« la Sainte lui apparut encore, le confola,
« diffipa fes craintes, lui renouvella le mê-
« me commandement, & le chargea de
« conferer de cette affaire avec quelques
« gens de bien, pour apprendre d'eux com-
« me il s'y devoit conduire ; qu'animé par
« cette derniere vifion, il alla dès le lende-
« main trouver fon Recteur, & lui décou-
« vrit en confeffion tout ce qu'il avoit vû
« & entendu ; que fon Recteur fe mocqua

« de lui & le renvoïa comme un extrava-
« gant ; que fainte Anne lui apparut de
« nouueau, la nuit fuivante, & l'encoura-
« gea par fes difcours à pourfuivre con-
« ftamment l'execution de fes ordres ; ce
« qui n'empêcha pas, qu'agité par la crain-
« te de perdre fa reputation & fes peines,
« il ne demeurât encore fept femaines fans
« rien entreprendre ; que fainte Anne l'ho-
« nora encore de fa préfence, anima fon
« courage, l'avertit de ne rien craindre, &
« l'affura qu'il verroit dans peu des mar-
« ques vifibles de fa protection ; qu'il prit
« alors la hardieffe de dire à fainte Anne :
« *Bon Dieu ! Ma bonne Maitreffe ! Com-
« ment pourrai-je être crû, quand je dirai
« qu'il y a eu une Chapelle en ce lieu, où
« je n'en ai jamais vû, & où il n'en refte
« point même de marque ? Et puis, qui eft-ce
« qui fournira aux frais de ce bâtiment ?* A
« quoi la Sainte répondit : *ne t'en mets pas
« en peine. Fais feulement ce que je te dis. Tu
« auras de quoi le commencer ; & il fe trou-
« vera de quoi non-feulement pour l'achever,
« mais auffi pour faire bien d'autres chofes,
« au grand étonnement de tout le monde* ;
« Que ces paroles, quoique le Recteur de
« Pluneret & fon Curé s'en fuffent moc-
« quez, quand il les leur eut rapportées, lui
« avoient cependant infpiré une fi grande
« confiance, qu'il étoit demeuré très- per-
« fuadé que rien ne manqueroit jamais pour
« l'accompliffement de tout ce qui lui avoit
« été promis ; Qu'il avoit vû plufieurs fi-
« gnes du Ciel fur le Bocennu, comme des
« pluies d'étoiles, & des flambeaux ar-
« dens ; Que le premier Lundi de Mars de
« l'an 1625. quelques jours avant qu'il trou-
« vât l'image miraculeufe, aïant apperçû à
« l'entrée de la nuit l'endroit de la Chapelle
« tout éclairé, il y fut tranfporté de fon vi-
« lage, & fi charmé d'une melodie celefte
« qu'il y entendit, que croïant n'y être de-
« meuré que demie-heure, il avera, par le
« témoignage de fa fœur, qui l'attendoit
« au logis, qu'il y avoit été trois heures ;
« Que dans cette extafe il avoit entendu le
« bruit & le tumulte d'une grande multi-
« tude de peuple, qui fembloit rompre les
« haïes & les foffez du Bocennu pour ap-
« procher de ce faint lieu ; Que Ste. Anne
« lui étant encore apparuë depuis, à la ma-
« niere accoutumée, environnée de lumiere
« & pleine de majefté, lui avoit repeté ce
« qu'elle lui avoit déja dit du tems que la
« chapelle avoit été ruïnée, l'avoit blâmé
« de fa lenteur à executer fes ordres, &
« commandé de retourner trouver fon Re-
« cteur pour lui déclarer qu'elle vouloit que
« la Chapelle fût bâtie au même lieu où

avoit

« avoit été l'ancienne ; à quoi elle ajouta, « que lui & les autres auroient dorénavant « des signes & des marques infaillibles qui « les induiroient à une croïance parfaite & « entiere de ce qu'il avoit vû & entendu, « du nombre desquelles étoit la découverte « qu'elle lui promettoit de son ancienne « image ; Qu'étant allé trouver son Re- « cteur, le lendemain, avec Lezulit son « ami, il lui fit un fidéle rapport de ce qui « lui étoit arrivé de nouveau, & de ce que « sainte Anne l'avoit chargé de lui dire de « sa part ; sur quoi le Recteur le recevant « encore plus mal que la premiere fois, le « blâma du tort qu'il se faisoit de s'amuser « de la sorte à des rêveries & à des imagi- « nations ridicules ; lui soûtint que des reve- « lations ne se faisoient pas à des gens de sa « sorte, mais à de bons & sages Ecclesia- « stiques, ou du moins à des personnes à « qui la science & la sainteté donnoient du « credit ; le menaça, s'il ne quittoit tou- « tes ces rêveries, de lui interdire l'entrée « de l'Eglise & l'usage des Sacremens, & « ajoûta qu'il ne souffriroit jamais qu'on « l'entertât en terre sainte, s'il lui arrivoit « de mourir dans ces entrefaites ; Que s'é- « tant retiré, sans rien repliquer, & s'en al- « lant tout triste chez lui, il fit rencontre « de Monsieur de Kermadiou Lescoet, & « lui raconta tout le sujet de son chagrin ; « Qu'il alla voir ce gentilhomme quelques « jours après, avec Dom Yves Richard « Prêtre, son bon ami & son voisin, & « fit un fidéle recit à Monsieur de Kerma- « diou de tout ce qui lui étoit arrivé ; Que « ce gentilhomme ne se confiant point assez « à ses lumieres, lui conseilla d'aller consul- « ter les Capucins, sans se décourager ce- « pendant, & sans discontinuer les prieres « qu'il faisoit à Dieu pour connoître sa sain- « te volonté ; & lui donna avis, quand il « iroit découvrir l'image, de n'y pas aller « seul, ce qui fut aussi le conseil que lui « donna depuis le Sr. de Kerloguen ; Qu'é- « tant revenu chez lui tout consolé, il le fut « encore bien davantage les jours suivans, « par une nouvelle apparition de sainte An- « ne, qui l'encouragea à entreprendre lui- « même le bâtiment de sa Chapelle, en « l'assurant que rien ne lui manqueroit ; « Sur quoi suppliant sa bonne maîtresse de « faire donc quelque miracle qui fît voir au « Recteur & aux autres, qu'elle vouloit ef- « fectivement que l'on travaillât à cette cha- « pelle, il entendit cette réponse : *va, con-* « *fie-toi en Dieu & en moi ; l'on en verra bien* « *tôt en abondance ; & l'affluence du mon-* « *de qui me viendra honorer en ce lieu, sera* « *un miracle bien visible.* Nicolazic ajoûtoit,

qu'animé par ces paroles & par ces faveurs, « il fut d'abord dans la pensée d'engager, « ou même de vendre tout son bien, plûtôt « que de manquer à ce que sainte Anne de- « mandoit de lui, mais que la Sainte eut la « bonté de lui donner elle-même des arres « de ce qu'elle lui avoit promis, que l'ar- « gent ne lui manqueroit jamais pour cette « entreprise ; Qu'en effet Guillemette le « Roux sa femme se levant du lit le 6. de « Mars, trouva sur la table, au lieu même « où son mari avoit vû auparavant une main « avec un cierge allumé, douze carts d'écu, « monnoie de France, dont quelques uns « étoient de l'an 1613. & d'autres de date « inconnuë, marquez à divers coins, avec « des lettres que personne ne pouvoit expli- « quer ; Que craignant l'illusion, il ne vou- « lut toucher à cet argent, qu'après l'avoir « fait voir à Lezulit son ami ; qu'alors il « l'envelopa dans un mouchoir, & s'en « alla au Presbytere pour le faire voir à « son Recteur ; qu'il ne le trouva point, « & qu'il fut mené aux Capucins d'Au- « rai par le Curé accompagné d'un au- « tre Prêtre ; qu'en passant ils s'arrête- « rent chez Monsieur de Kerloguen Sei- « gneur proprietaire du Bocennu, qui aïant « consideré ces pieces d'argent, en retint « deux par devotion, & promit, en cas « que la chapelle se bâtit, d'en donner « l'emplacement. » Nous dirons ici à l'occa- sion de ces pieces d'argent, qu'elles furent distribuées aux ouvriers emploïez au tra- vail de la chapelle, à la reserve de quelques- unes, que diverses personnes prirent, & entr'autres Madame de Kervilio, qui don- na un quart d'écu commun pour une de ces pieces, qu'elle garda soigneusement jusqu'à sa mort, & qu'elle donna, en mou- rant, aux Carmes de sainte Anne, qui est l'unique qu'ils aïent pu recouvrer, & qu'ils gardent dans leur Trésor, enchassée dans un beau cristail. Nicolazic en donna aussi une à Madame du Quenven, à qui ce bon homme découvroit volontiers ce qui lui ar- rivoit d'extraordinaire, comme à une fem- me de merite, & d'une vertu singuliere. Après la mort de son mari Julien du Ro- hello Seigneur de Quenven Conseiller au Présidial de Vannes elle s'adonna particu- lierement aux exercices de pieté, favorisa de tout son pouvoir cette nouvelle devotion, logea au Quenven les Peres Carmes au commencement de leur établissement, & leur fit de grandes liberalitez. Toute la mai- son, à son exemple, témoigna une singu- liere affection pour ce saint lieu, & les deux sœurs de son mari, les Demoiselles Marie & Françoise du Rohello, y ont fait une fondation considerable. Mais il faut revenir à la déclaration de Nicolazic. Il dit donc, « qu'après qu'il eut fait voir toutes « ces pieces à Monsieur de Kerloguen, le « Curé le mena aux Capucins d'Aurai, qui « l'interrogerent pendant deux heures, avec « tant d'importunité, que la parole lui man-« qua à la fin de fatigue ; que le resultat « fut qu'il n'étoit point à propos que l'on « multipliât davantage les Chapelles à la « campagne, où il y en avoit déja tant qui « étoient abandonnées ou mal servies ; Que « tout affligé qu'il étoit de cette réponse, « il sentoit cependant toûjours son cœur « rempli de confiance, & assura Lezulit, « en se separant de lui, qu'il seroit un des « témoins qu'il iroit prendre, quand il plai-« roit à sainte Anne de lui découvrir son « image ; Que la nuit suivante étant cou-« ché dans sa chambre, pendant que ses « domestiques veilloient encore dans une « autre, il vit tout d'un coup sur sa table « une chandelle qui remplit toute sa cham-« bre de lumiere ; qu'au milieu de cette « clarté parut sainte Anne, qui l'avertit de « sortir, & de se transporter à l'endroit du « Bocennu qui lui seroit indiqué par cette « lumiere, & l'assura qu'il y trouveroit l'i-« mage promise, qui le mettroit à l'ave-« nir à couvert des railleries & des médi-« sances du monde ; qu'elle disparut après « cela ; qu'il se leva, & qu'à mesure qu'il « s'approchoit de la porte pour sortir, cette « chandelle s'avança vers la fenêtre ; qu'il « alla droit au Bocennu à la lueur de ce « flambeau celeste ; qu'étant entré dans le « clos, il se souvint du conseil qui lui avoit « été donné, de ne pas aller déterrer l'i-« mage sans prendre des témoins ; ce qui « l'obligea de retourner sur ses pas, pour « querir Loüis le Roux son beaufrere ; « avec lequel il alla prendre Julien Lezulit, « autrement appellé Alanigo, Marguillier « de la paroisse, Jean Tangui, & Jacques « Lucas, tous du même village, ausquels « se joignit François le Bloennec surnom-« mé Colas ; Qu'étant arrivé auprès de sa « grange, il montra aux autres la chandel-« le allumée qui l'attendoit, en disant : « la voilà, & la fit voir à son beaufrere « qui le suivoit avec un hoyau, & aux au-« tres successivement, à la reserve de deux, « qui lui avoüerent depuis, que le mauvais « état de leur conscience les avoit empêchez « de joüir de cette faveur ; Que la lumiere « s'avançant alors devant eux, élevée de « terre à la hauteur de trois pieds, les con-« duisit jusqu'au lieu où l'image étoit ca-« chée ; qu'alors elle s'élança par trois fois « en haut, & puis alla s'éteindre dans la terre ; Qu'aïant mis le pied sur l'endroit, « qui étoit tout verd, comme le reste du « champ, du seigle qu'on y avoit semé, « il dit à le Roux son beaufrere, d'emploïer « le hoyau pour découvrir ; Que le Roux « n'eut pas plûtôt donné quatre ou cinq « coups, qu'il connut au son, qu'il avoit « trouvé du bois ; que l'un des assistans alla « querir un tison enflammé, dont on se ser-« vit à allumer un cierge beni, à la lueur « duquel ils tirerent l'image toute boüeuse, « & si défigurée par la pourriture qu'ils ne « purent alors juger ce que c'étoit ; qu'ils « se contenterent de l'appuïer contre le fos-« sé, & se retirerent chez eux ; Qu'aussi-« tôt qu'il fut jour, étant retournez la voir, « avec quelques autres témoins, ils n'y ap-« perçurent que quelques restes de couleurs, « & quelques traits grossiers, à l'inspection « desquels on jugeoit aisément que c'étoit « une ancienne image de sainte Anne, qui « avoit alors environ trois pieds de hauteur ; « Qu'il retourna dès le même jour trouver « Dom Silvestre Rodoüez son Recteur, « lui faire le rapport de ce qu'il avoit trou-« vé, & lui montrer aussi l'argent dont il « a été parlé ci-dessus ; Que le Recteur, « loin de se rendre à tant de preuves, lui « dit tout net, qu'il étoit ou un impie, d'a-« voir supposé toutes ces choses, pour se « donner du credit par cette imposture ; « ou un homme bien abusé, de faire un si « grand mistere d'une piece de bois & de « quelque argent, qui ne pouvoit être qu'un « piege du démon ; Que le Curé qui étoit « présent seconda le Recteur dans ses inve-« ctives ; Que voïant tant d'éloignement « dans le Recteur & dans le Curé, il alla « trouver Monsieur de Kerloguen son Sei-« gneur, à Aurai, qui fit venir deux Ca-« pucins, lesquels aïant oüi Nicolazic, « persisterent dans le sentiment, qu'il n'é-« toit point à propos de bâtir de nouvelles « chapelles à la campagne, pendant qu'on « y voïoit les anciennes en très-mauvais « état, faute d'entretien ; Que le lendemain « matin, 9. de Mars, quatriéme Diman-« che de Carême, un fâcheux accident pa-« rut propre à autoriser toutes les contra-« dictions, qui fut que sa grange, à lui « Nicolazic, qui n'étoit couverte que de « paille, fut entierement consumée par le « feu, sans qu'on le pût éteindre, quelque « quantité d'eau qu'on y jettât ; Qu'il attri-« bua cet incendie, dont l'auteur étoit in-« connu, à une punition du ciel, de ce que « son pere avoit emploïé à bâtir cette gran-« ge des pierres de l'ancienne chapelle de « sainte Anne ramassées par ses ancêtres « dans la piece du Bocennu ; mais que cet «

SAINTE ANNE PRÈS D'AURAY.

« accident fut accompagné d'une grande
» merveille, qui fut que le feu ne gâta rien
« de ce qui étoit dans la grange, ni des
« monceaux de gerbes de seigle qui en
« étoient tout proche, quoique le vent y
» dût naturellement porter la flamme ; Que
« le mardi suivant vers le soir, lui & plu-
« sieurs autres personnes du voisinage, vi-
« rent l'image entourée d'une grande lu-
« miere qui s'étendoit de-là sur tout l'espa-
« ce qu'occupa depuis le Convent & la
« Chapelle ; ensuite de quoi il s'y trouva
« transporté, sans sçavoir comment, sur
« les deux heures de nuit ; Qu'avant ce
« transport, il avoit entendu, avec les au-
« tres, comme le bruit d'un grand con-
« cours de peuple, qui alloit & venoit,
« sans que cependant il parût personne ;
« Qu'il vint en ce lieu une merveilleuse
« affluence de pelerins, de tous côtez, mê-
« me des quartiers les plus éloignez de la
« Bretagne, sitôt après, qu'il falloit que
« pour y arriver dans le tems qu'ils s'y ren-
« dirent, ils fussent partis de chez eux dès
« le tems que l'image avoit été trouvée ;
« Qu'à l'occasion de ce grand concours,
« Jean le Bloennec l'un des témoins qui
« avoit assisté à la découverte de l'image,
« alla prendre chez lui un escabeau & un
« plat d'étain, pour recueillir les offrandes
« que les pelerins jettoient à terre en confu-
« sion ; Que le Recteur en aïant été aver-
« ti, envoïa Dom Jean Tominec son Cu-
« ré s'opposer à cette nouveauté ; que le
« Curé renversa l'image, qu'on avoit cou-
« verte d'une tavaïole blanche, jetta l'esca-
« beau & le plat par terre, d'un coup de
« pied, maltraita Nicolazic de paroles, dé-
« fendit aux pelerins d'ajoûter foi aux im-
« postures de ce malheureux, les exhorta
« à s'en retourner dans leurs maisons, &
« commanda aux paroissiens de se retirer,
« sous peine d'être renvoïez sans absolu-
« tion à Pâques ; Que les peuples des can-
» tons les plus éloignez ne laisserent pas de
« venir en foule dans ce lieu & d'y faire des
« offrandes, que lui, Nicolazic, avoit eu
« soin de ramasser, & qu'il gardoit fidé-
« lement. « Telle fut la déclaration de Nicolazic ; & quant au jugement qu'on en
doit faire, nous nous en rapportons au bon
sens & à la pieté des lecteurs judicieux.

L'image de Ste. Anne demeura exposée
aux injures de l'air, jusqu'au 3. de Mai, que
les païsans de Keranna voïant le concours
des pelerins, lui dresserent une cabanne
couverte de genêts, de l'avis des Peres Capucins que le Seigneur Evêque de Vannes
y avoit envoïez. La dévotion des peuples
augmenta de telle sorte, que trois lieuës à la
ronde on voïoit les chemins qui conduisoient à cette pauvre cabanne, couverts de
gens qui s'y rendoient comme en procession. Nicolazic recueillit avec soin leurs offrandes, pour les emploïer au bâtiment de la
Chapelle, dont il attendoit l'érection avec
impatience. L'Evêque de Vannes differoit
de permettre qu'elle fût bâtie, jusqu'à ce qu'-
on eût trouvé un fonds necessaire pour entretenir un Chapellain qui la desservit. Les
Capucins engagerent Monsieur de Kerloguen Seigneur proprietaire du Bocennu, à
assigner quinze livres de rente à perpetuité,
pour une Messe par semaine ; ce qu'il accorda, à condition qu'il se resaisiroit de son
fonds, au cas qu'on en pût faire un autre
des aumônes qui seroient apportées à la
Chapelle. Nicolazic voïant ces heureuses
dispositions, supplia l'Evêque, dans la visite qu'il fit à Auray, d'ordonner qu'on
ne divertît point à d'autres usages, qu'au
bâtiment de la Chapelle & à l'entretien du
Chapelain, les deniers des offrandes ; &
déclara en même tems tout haut, qu'il
avoit déja entre les mains la somme de
dix-huit cens écus. Le Prélat lui accorda
sa demande, & donna ordre qu'on pre-
parât toutes choses pour mettre la premiere pierre le jour Ste. Anne 26. de Juillet.
Les Capucins se chargerent de tenir l'O-
ratoire prêt, & avant toutes choses, aïant
trouvé les extremitez de l'image vermou-
luës & pourries, ils la firent retailler ; ce
qui augmenta considerablement la dévotion des pelerins. Les Peres Carmes ont
encore fait retoucher depuis cette même
image, qui se trouve maintenant reduite à
la hauteur de moins de deux pieds, de trois
qu'elle avoit auparavant. On n'a pas perdu
les morceaux qui sont sortis de ce vieux
tronc ; on les a ramassez dévotement, &
on les a gardez avec une veneration religieuse.

On souhaitoit fort d'avoir la Messe dans
cet oratoire le jour de la fête, & l'on s'y attendoit ; mais l'Evêque de Vannes qui ne
croïoit pas que le lieu pût être si tôt accommodé, faisoit difficulté de le permettre, &
persista dans ce sentiment jusqu'au matin
du propre jour de Ste. Anne, que la premiere pierre devoit être posée. Le Pere Cesarée de Roscoff alla le trouver dans sa maison de Kerangoff, & lui représenta que l'autel étoit décemment accommodé, & qu'il
y avoit de la dureté, de laisser aller, à un
tel jour, sans Messe, un peuple aussi nombreux que celui qui s'étoit rendu sur le lieu.
Le Prélat consentit à la fin à y laisser dire
la Messe, & en donna la permission par
écrit au bon Pere, qui étant revenu sur

les onze heures à Keranna, la montra au Recteur de Pluneret, qui après avoir éprouvé, à ce qu'il croïoit bien fermement une punition rigoureuse du Ciel, pour s'être opposé à cette dévotion, avoit promis, outre une neuvaine dont il s'étoit acquitté, de dire la premiere Messe devant l'image de sainte Anne. Il dit donc la Messe le premier dans cet oratoire, & le même Pere Cesarée l'y dit après lui. Le Pere Gilles y prêcha ensuite en François, comme le Pere Ambroise de Brest l'avoit fait en Breton le soir précedent.

Le Seigneur Evêque n'aïant pû se rendre au Bocennu pour benir & poser la premiere pierre de la Chapelle, comme il en avoit eu le dessein, y envoïa Monsieur Gentil son Official, qui fit la cérémonie. Comme la Chapelle ne pouvoit pas être bâtie assez-tôt pour contenter la dévotion des pelerins, l'Evêque ordonna qu'on dressât un Oratoire de planches, au lieu de la cabanne de genêts. On dit que le nombre des pelerins qui se trouva à cette solemnité se monta à plus de trente mille; leurs offrandes allérent jusqu'à la somme de 600. écus, & au bout de l'octave à plus de 1300. écus, sans compter le fil, les toiles, la cire, & les autres présens qu'on fit.

Quelques jours après la fête le Pere Ambroise alla rendre compte au Seigneur Evêque de tout ce qui s'étoit passé; & le Prélat touché de son rapport, aussi-bien que des remontrances & de la dévotion de Messire Guillaume le Prêtre Evêque de Cornoüaille, qui vint dire la Messe devant l'image de Ste. Anne, permit, par un nouveau Decret, à tous Prêtres approuvez, de dire la Messe dans l'Oratoire, jusqu'au premier jour de l'année suivante, restriction qu'il leva encore après le terme expiré, à cause de la grande affluence des pelerins.

Les Peres Capucins cultivérent la dévotion de ce saint lieu pendant deux ans, sans dessein cependant de s'y établir, parce que leur Institut ne leur permet pas de s'attacher long-tems à un même endroit. Ils rendirent, pendant ces deux années, de grands services aux pelerins, dans le ministére de la prédication & de la Confession; jusqu'à ce que les Peres Carmes furent mis en possession de ce Sanctuaire; ce qui arriva le 21. jour de Decembre de l'an 1627. Ils achevérent la Chapelle, & l'ont depuis embellie & mise dans l'état où on la voit maintenant. Ils en ont aussi entretenu soigneusement la dévotion, qui a reçu un grand accroissement, par le présent que leur fit en 1639. le Roy Loüis XIII. d'une Relique notable de Ste. Anne, qu'il donna au P. Seraphin de Jesus Carme, & qui y fut posée par le Seigneur Evêque de Vannes, à la vûë d'un monde infini qui étoit accouru à ce spectacle. La Relique fut apportée en procession depuis Auray jusqu'à Ste. Anne. Le bon Nicolazic, à qui cette sainte Aïeule de J. C. avoit fait une nouvelle faveur, en lui donnant, après quinze années d'un mariage sterile, un fils, dont le Recteur de Pluneret avoit voulu être le patrain, en signe de parfaite reconciliation, alla à la rencontre de cette Relique de sa bonne maîtresse, jusque dans la lande, avec la grande Banniere qu'il avoit fait faire dès le commencement. On lui demandoit à chaque instant le recit de toutes les merveilles qui avoient précedé l'établissement de cette dévotion, & il ne cachoit point les faveurs signalées qu'il avoit reçuës du Ciel; mais enfin l'importunité trop frequente de ceux qui le faisoient parler sur ce sujet l'obligea de quitter son village, pour aller s'établir auprès du Bourg de Pluneret. Il refusa une chambre que les Peres Carmes lui offrirent dans le vaste Monastére qu'ils ont bâti au Bocennu, & se contenta d'accepter un Passe-par-tout, pour avoir la consolation d'aller librement dans tous les lieux d'une maison qu'il regardoit comme un des miracles les plus éclatans de sa bonne maîtresse. Il y mourut le 12. de Mai de l'an 1645. âgé de 63. ans, vingt ans, deux mois, & cinq jours après l'invention de l'image miraculeuse, qu'on lui apporta à l'heure de la mort, en lui commandant de déclarer, dans ce moment décisif pour l'Eternité, s'il persistoit à maintenir tout ce qu'il avoit dit de l'origine de cette dévotion. Il assura que tout étoit vrai, baisa avec une grande tendresse les pieds de l'image, & expira doucement sur le midi, en présence de tous les Religieux, dans une chambre de l'Infirmerie du Monastére, où on l'avoit fait apporter de chez lui dès le commencement de sa maladie, & en présence de son fils, de l'éducation duquel les Carmes avoient pris soin, & qui fut depuis Prêtre. Il fut enterré, comme il l'avoit souhaité, & demandé très-instamment, au lieu même d'où il avoit tiré la sainte image.

Nous ne nous arrêterons point ici à faire la description du Monastére somptueux que les Peres Carmes ont bâti en ce lieu, ni de tous les ornemens dont il est enrichi; non plus qu'à faire le recit des miracles nombreux qu'il a plû à Dieu d'operer pour recompenser la dévotion & la confiance que l'on a marquée envers Ste. Anne, quoique nous pussions le faire en sûreté, vû le Decret daté du 26. Avril de l'an 1632. par

SAINTE ANNE PRÈS D'AURAY.

26.
Juillet.

lequel le Seigneur Evêque de Vannes, Sebastien de Rosmadec, en ordonna la publication, après les avoir examinez & verifiez de la maniere la plus exacte & la plus scrupuleuse. Dieu a continué depuis ce tems-là les mêmes merveilles ; & pour n'en pas priver tout-à-fait le public, nous en rapporterons seulement deux exemples qui contiennent tout ce qu'on peut demander dans de vrais miracles, qui est la guérison subite d'un mal incurable, faite par l'invocation d'un Saint ; & pour en donner la preuve en même-tems, nous nous servirons des propres termes des attestations autentiques données à ce sujet. Voici la premiere.

« Charles-François de la Vieuville, par la grace de Dieu & du S. Siége Apostolique, Evêque de Rennes, Conseiller du Roi en tous ses Conseils, & Grand Aumônier de la Reine d'Angleterre, à tous ceux qu'il appartiendra, Salut & benediction en Nôtre-Seigneur. Vû la requête à nous présentée par les venerables Prieur & Religieux Carmes d'Auray, aux fins de vouloir faire informer d'un miracle arrivé en la ville de Vitré ; nôtre Commission adressée à M. Matthias Allou Prêtre Doïen dudit Vitré, & Recteur de S. Martin de Balazé, en date du 12. Février dernier ; acte de la présentation de ladite Commission par le R. P. Lezin de sainte Scholastique Prieur du Convent des Carmes de Rennes, & acceptation d'icelle, du 23. jour de Février aussi dernier, faite par ledit Allou, qui a pris pour ajoint Missire Jacques Guepé Prêtre Chapelain de l'Eglise de N. Dame de Vitré & Notaire Apostolique ; certificat dudit Jacquelin, au bas duquel est la signature de le Brun Notaire Apostolique demeurant à Vitré, en date du 7. Juin 1661. Déposition dudit Jacquelin, de Julien Raucar Apotiquaire, François Charil maître Tailleur d'habits, Andrine Charil femme dudit Jacquelin, Jeanne Lohier veuve de Mathurin le Breton, & de M. Guillaume le Brun Prêtre Chapelain dudit Vitré ; par lesquels il appert que ledit Jean Jacquelin libraire, travaillé de fiévre quarte qui lui avoit duré quatorze mois, enflure par tout le corps, aïant mêmes les jambes crevées, & desquelles se découloient plusieurs serosités, jaunisse & gravelle, en sorte qu'il ne se pouvoit soûtenir, aller, ni venir sans être porté par deux personnes ; & qu'en l'année 1659. se trouvant en cet état, & aïant occasion d'un voïage que M. Jean Guerin Receveur de l'Eglise Collegiale de la Guerche alloit faire à Ste. Anne dudit Auray, & le pria de faire dire une neuvaine en l'Eglise de Ste. Anne, laquelle fut faite le lundi de la Pentecôte 1659. & que ledit jour de la Pentecôte il souffrit de grandes douleurs ; mais le lundi sur les dix heures il se sentit soulagé & guéri de tous ses maux, & n'a eu depuis aucune douleur ni accez. Tout bien consideré, Nous avons déclaré, & par ces présentes déclarons, que le miracle arrivé en la personne dudit Jacquelin est bien & dûëment verifié, & permettons de le publier à la gloire de Dieu & l'exaltation de son nom, & à l'honneur de sainte Anne, par l'intercession de laquelle il lui a plû l'operer. En témoignage de quoi nous avons signé ces présentes, & icelles fait sceller du sceau de nos armes, & contresigner par nôtre Secretaire. Donné à Rennes ce 16. Avril l'an de grace 1662. Signé, Charles-François Evêque de Rennes. Et plus bas. Par commandement de Monseigneur ; de Bordeaux Secretaire. »

La seconde attestation est de l'Evêque de Cornoüaille : « René du Loüet, par la grace de Dieu & du S. Siége Apostolique, Evêque & Comte de Cornoüaille, Conseiller du Roi en ses Conseils, à tous ceux qu'il appartiendra, Salut & benediction en N. S. Vû nôtre Commission donnée à l'instance des Prieur & Religieux Carmes du Monastere de sainte Anne près d'Aurai, & adressée à Missire H. Flohic Recteur de la paroisse de Kerrien, nôtre diocese ; à Missire Pierre Flohic ci-devant Recteur de ladite paroisse & Notaire Apostolique, aux fins d'informer d'un miracle arrivé en la personne de Jeanne Baumin native de ladite paroisse & diocese ; vû les informations desdits Commissaires en date de l'onziéme Juillet 1663. où sont les dépositions de J. Caherec Prêtre, de H. Flohic Recteur de Kerrien, Guillaume Losharn Prêtre M. Jamic Prêtre, Guillaume le Gartz Prêtre, P. Henri Prêtre, Raoul le Feret Prêtre, Alain Cadic Prêtre, Yves Cadic Prêtre, P. Flohic Notaire Apostolique, Jacques Gourez Notaire ; Autre acte fait par les témoins oculaires qui se trouverent à la Chapelle miraculeuse de sainte Anne lorsque le miracle arriva, & qui on signé le 21. de Juin 1663. Sçavoir Fr. Martial de S. Joseph Sacriste de sainte Anne, G. Lanier, Pierre Sadou, Pierre Treussar Recteur de Plerneuc, Jean Bassent, Pierre Plesse ; Fr. Morin, Renée de l'Escouble, Guillaume du Jardin, Jean le Roux Sacriste perpetuel de S. Michel de Quimperlé, Loüis le Ber-

26.
Juillet.

« henne, Loüis le Gentil, Jean Pallais,
« Nicolas Frementi, Fr. Gerard, Nicolazo
« Recteur de Pluneret, P. Mahé, Jeanne
« Basseline, Raoul Pedron, F. Houguet
« Prêtre, Ju. Chehiel, Françoise Pichart;
« Autre acte fait par le premier juge Roïal
« de Quimperlé en date de l'onziéme Juil-
« let 1663. signé Fr. Lambert de S. Pier-
« re F. Raphael du S. Esprit, René le Flo
« Sénéchal, Jac. Brient Substitut, J. Beau-
« bois Ajoint ; par lesquels il appert que
« Jeanne Baumin native du village de Ker-
« branguen de la paroisse de Kerrien, Evê-
« ché de Cornoüaille, aïant environ l'âge
« de 16. ans, perdu l'usage de ses jambes
« & de la langue, & étant demeurée per-
« cluse & muette l'espace d'environ quatre
« ans, sans avoir marché ni parlé, quoi-
« que l'on eût emploïé tous les remedes
« naturels de la medecine pour lui donner
« du soulagement & lui rendre la santé ;
« mais qu'aïant été voüée par son pere nom-
« mé Jean Baumin à Ste. Anne, ledit Jean
« Baumin accompagné d'un sien compere
« appellé Guillaume Helou, se mit en che-
« min pour venir à la chapelle de ladite Ste.
« Anne située près d'Auray, le 19. Juin
« 1663. avec ladite fille, où ils arriverent
« le 20. dudit mois environ les huit heu-
« res du soir, & qu'ils l'apporterent com-
« me un enfant à la sainte Chapelle, où elle
« fit ses prieres devant l'image miraculeu-
« se, & qu'ensuite ledit Hellou la porta à
« l'Hôtellerie, où elle passa la nuit jusqu'au
« lendemain 21. qu'elle fut rapportée à l'E-
« glise, où elle se confessa par signes, &
« reçut le très-saint Sacrement, & fit ses
« dévotions, sans recevoir aucun soulage-
« ment ; & qu'après ledit Hellou la porta
« à la fontaine *a* qui est proche la sainte
« Chapelle, où étant elle commença à se
« laver les jambes, & en un instant, invo-
« quant sainte Anne à son aide, elle se leva,
« & commença, à la vûë de tout le mon-
« de, à marcher, & s'en retourna d'elle-
« même, sans être aidée de personne, ren-
« dre graces à Dieu & à sainte Anne de-
« vant son image de la sainte Chapelle, &
« s'en retourna ensuite dans sa paroisse, où
« elle ravit tout le monde en admiration ,
« que Mr. le Recteur fit publier par Mr. son
« Curé à prône de la grand-Messe ce mira-
« cle, où ladite Jeanne Baumin étoit pré-
« sente & en parfaite santé ; & que pour
« rendre davantage action de graces à sainte
« Anne, Mr. Dom Pierre Flohic ci-devant
« Recteur de ladite paroisse de Kerrien, fit,
« par une dévotion particuliere, faire une
« procession solemnelle, où il y avoit quan-
« tité d'enfans vêtus en Anges qui prece-

a C'est une fontaine composée de trois sources, & ornée de dégrez de pierre de taille & d'un dôme d'architecture, où les pelerins vont se laver par devotion.

« doient, à la tête desquels étoit ladite Jean-
« ne Baumin portant une croix de bois ; en-
« suite marchoient les Ecclesiastiques & Mr.
« le Recteur qui portoit une image de N.
« D. Vû de plus la requête à nous presentée
« par le P. Etienne de S. François Xavier
« Prieur des Religieux Carmes du Pont-
« l'abbé, de nôtre diocese, au nom & com-
« me faisant pour les Prieur & Religieux
« Carmes de sainte Anne, en date du 26.
« Juillet 1663. aux fins d'avoir nôtre per-
« mission de publier le susdit miracle. Le
« tout bien consideré, Nous avons décla-
« ré, & par ces presentes déclarons, que
« le miracle arrivé en la personne de Jean-
« ne Baumin le 21. Juin 1663. est bien &
« duëment verifié, & permettons de le pu-
« blier, à la gloire de Dieu & à l'honneur
« de la glorieuse sainte Anne, par les me-
« rites de laquelle il lui a plû l'operer. En
« témoignage de quoi nous avons signé ces
« presentes, & fait sceller du sceau de nos
« armes, & contresigner par nôtre Secre-
« taire. Donné en nôtre palais Episcopal &
« rural de Lannrion, le 20. du mois d'Aoust
« 1663. ainsi signé, René du Loüet Evê-
« que de Cornoüaille. Et plus bas ; par
« commandement de Monditseigneur l'illu-
« strissime Evêque & Comte de Cornoüail-
« le, Ph. Girardelet Secretaire. » Cette premiere guerison augmenta la confiance de
Jeanne Baumin, qui l'année d'après recouvra
l'usage de la parole, en faisant ses prieres devant l'image miraculeuse de sainte
Anne, le jour de la fête du S. Sacrement,
qui étoit le 12. de Juin de l'an 1664.

La feuë Reine mere, qui portoit le nom
de la sainte Aïeule de J. C. aïant reçu des
Religieux de sainte Anne un tableau des
principaux miracles operez dans ce lieu, leur
fit écrire une lettre, par laquelle elle leur
promit de proteger leur Monastére, & de
charger le Maréchal d'Estrées Ambassadeur extraordinaire du Roi à Rome, pour
emploïer ses offices auprès du Pape, pour obtenir de S. S. des Indulgences pour la Confrairie dont S. M. vouloit procurer l'établissement dans l'Eglise de Ste. Anne. Le
Pape Urbain VIII. par ses Bulles datées
du 22. de Septembre de l'an 1638. accorda liberalement de grandes Indulgences,
tant à ceux qui visiteroient ce saint lieu &
y feroient leurs dévotions, qu'à ceux qui
entreroient dans la Confrairie. Quelque
tems après que l'on eut reçu les Bulles,
la Reine écrivit à l'Evêque de Vannes,
pour le prier d'instituer la Confrairie, &
d'ordonner aux Religieux de chanter tous
les jours après leurs Vêpres, devant l'image miraculeuse, les Litanies de Ste. Anne,

SAINTE ANNE PRE'S D'AURAY.

26. JUILLET.

pour la conservation & prosperité de leurs Majestez Très-chrétiennes, des enfans de France, & de leurs Successeurs. Le Seigneur Evêque, pour satisfaire aux volontez de la Reine, institua la Confrairie de St. Anne le 15. de Février de l'an 1641. assisté de deux de ses Chanoines, en publia les Statuts & les fit afficher publiquement dans la Chapelle de Ste. Anne. Les Religieux ont donné à cette Confrairie la qualité de Roïale, à cause que la Reine y voulut être inscrite la premiere, avec le Dauphin son fils aîné, & Monseigneur le Duc d'Anjou son second fils, depuis Duc d'Orleans, & que la Reine d'Angleterre passant par sainte Anne, s'y voulut aussi enrôler, & y écrivit son nom de sa propre main, en quoi elle fut imitée de toute la Cour Catholique. La même chose avoit été faite auparavant par toutes les Princesses & les principales Dames de la Cour de France, & a été faite depuis par la plûpart des grands Seigneurs & des Dames de la plus haute distinction, tant de Bretagne, que de diverses autres provinces de France.

Decedé en 1629. le 8. 15. 21. ou 29. de Juin, & non le 21. comme l'adit l'auteur de la vie de Mr. le Nobletz.

LE VENERABLE PERE
Pierre Quintin, Religieux de l'Ordre de Saint Dominique.
XVII. SIECLE.

Tiré de la vie du Pere Quintin imprimée à la fin du P. Albert le Grand, & de la vie de Mr. le Nobletz.

LE Venerable Pierre Pere Quintin nâquit l'an 1569. dans la maison noble de Kerosar, dans la paroisse de Ploujan au diocese de Treguer, de parens nobles & vertueux. Son pere étoit Alain Quintin Seigneur de Kerosar & de Limbaü, & sa mere Perrine de Kermerhou, d'une famille ancienne, alliée depuis long-tems aux meilleures maisons du païs. La naissance de Pierre fut prévenuë d'un accident où il paroit que Dieu donna des marques particulieres de sa protection à la mere & à l'enfant. La Dame de Kerosar, grosse de ce fils de benediction, alla voir des laboureurs qui travailloient dans un champ voisin, & en s'en retournant elle fut poursuivie par une couleuvre d'une grandeur extraordinaire. Elle courut, saisie de fraïeur, vers le logis, où le serpent la suivit avec opiniâtreté, traversa cour, salle, & cuisine, & la talonna si forte, qu'elle fut contrainte, par un effort dangereux, de monter sur une table, sur laquelle le serpent qui avoit déja entortillé sa queuë à l'un des pieds de la table, s'efforçoit de s'élancer, lorsque les domestiques

accourus aux cris de leur maîtresse, la délivrérent de ce peril extrême. Elle accoucha heureusement quelque tems après, & l'enfant ne fut pas plûtôt sévré de la mamelle, qu'elle prit un grand soin de son éducation, & sur tout de le former de bonne heure à la pieté, à quoi elle n'eut pas grande peine, vû les heureuses dispositions que Dieu avoit mises dans son ame. Les premieres paroles qu'il prononça distinctement, furent les noms sacrez de Jesus & de Marie. Il apprit avec une facilité extraordinaire l'oraison Dominicale, la Salutation Angelique, le Symbole des Apôtres, & les Commandemens de Dieu & de l'Eglise; & dès l'âge de 5. à 6. ans il fut envoïé à l'école, sous un Prêtre nommé Missire Hervé Miorssec, homme de sainte vie, qui enseignoit publiquement les enfans dans une chapelle de S. Nicolas près de Morlaix. Ce bon Prêtre admirant dès-lors la candeur de son petit disciple, disoit souvent qu'il remarquoit en lui des présages d'une grande sainteté; & l'enfant, servant dès-lors d'instrument à la verité éternelle, disoit qu'il seroit un jour Religieux de l'Ordre de S. Dominique. Il portoit toûjours un Chapelet passé à sa ceinture, comme il l'avoit vû pratiquer aux Religieux de cet Ordre, & le disoit sans cesse, lorsqu'il n'étoit pas occupé à l'étude de ses leçons.

Après qu'il eut appris les premiers élemens des lettres sous ce vertueux Ecclesiastique, son pere le pourvut d'un autre précepteur, qu'il prit à la maison pour instruire tous ses enfans. C'étoit Mr. Lachiver Prêtre de la paroisse de Plouëzoc du même diocese de Treguer, qui fut depuis Evêque de Rennes, & dont la memoire y est encore aujourd'hui en veneration. Mr. Lachiver, après avoir instruit le jeune Quintin pendant quelque tems, le mena à Paris avec son frere aîné, où il étudia les humanitez jusqu'au commencement des guerres civiles, qui l'obligérent à retourner en Bretagne, où son amour pour la Religion Catholique, & la necessité de donner de l'appui à sa mere qui étoit veuve, & à ses jeunes freres, lui firent accepter de l'emploi dans le parti de la Ligue. Il fut fait Lieutenant d'une compagnie de Gendarmes sous le Seigneur de Coat-tredrez, & s'acquita de cette charge au grand soulagement du pauvre peuple; car il ne souffroit pas que ses soldats usassent d'aucune violence, ni qu'ils fissent le moindre tort aux habitans des lieux où ils passoient.

Après qu'il eut exercé quelques années cet emploi, comme la guerre civile qui dura neuf ans en Bretagne, n'en avoit encore

8. 15. 22. ou 29. JUIN.

Depuis 1589. jusqu'en 1598.

8. 15. 22. duré que trois, il arriva que joüant aux cartes à Morlaix, où sa compagnie étoit en garnison avec quelques autres, il entendit les cris pitoïables d'un pauvre païsan qui se plaignoit dans la ruë, que les soldats lui avoient pris le peu qui lui restoit de bien. Le genereux cavalier, à qui la guerre n'avoit pas ôté, comme à bien d'autres, les sentimens d'humanité, ne pouvant apporter d'autre remede aux plaintes de ce pauvre homme, lui donna tout ce qu'il avoit gagné au jeu. Cette action genereuse fut bien-tôt suivie de sa recompense ; car se reveillant le lendemain matin, il lui sembla entendre les mêmes paroles qui servirent autrefois à convertir S. Augustin ; *pren & li*. Le premier livre qu'il trouva sous sa main, fut celui des Confessions de ce même Pere, auquel il prit un si grand goût, qu'il fit son unique occupation de cette lecture, à laquelle il passoit les nuits, pendant tout l'hiver. En peu de tems il parut tout changé, & en effet dégoûté dès-lors de la vie militaire, il ne pensoit qu'aux moïens de quitter les armes, pour vaquer serieusement à son salut. Il jeûna tout l'Avent de l'an 1593. & le Carême suivant, nonobstant la fatigue de sa profession. Il se retiroit peu à peu des compagnies, & ne prenoit plus de plaisir qu'à visiter les Eglises, particulierement celle des Freres Prêcheurs de Morlaix, où il entendoit ordinairement la Messe, & se confessoit & communioit souvent. Sur la fin de la guerre civile, il trouva occasion de se défaire de sa Lieutenance, & la quitta avec l'agrément de son Capitaine.

Il s'embarqua à Morlaix, pour se rendre à Bourdeaux, & de là il passa jusqu'à Agen, pour y achever ses études au college des Jesuites, qui l'admirent pour la troisiéme Classe. Il s'appelloit alors Mr. de Limbaü, & étoit âgé d'environ trente ans. L'assiduité de son travail, jointe à la bonté de son esprit, lui fit faire de grands progrès dans les humanitez & dans la philosophie, où il se distingua avantageusement parmi tous ses compagnons. Mais il fit encore plus de fruit dans la science des Saints, par le bonheur qu'il eut de lier amitié avec Mr. le Nobletz Gentilhomme de l'Evêché de Leon, qui étudioit aussi à Agen, & d'apprendre de lui ces deux grands principes de la vie Apostolique à laquelle l'un & l'autre étoient appellez ; le mépris du monde, & l'amour du prochain. Mr. le Nobletz étoit plus jeune de huit ans que Mr. de Limbaü ; cependant celui-ci s'est toûjours fait un devoir depuis, d'appeller Mr. le Nobetz son maître, parce qu'en effet il fut celui qui l'excita le plus efficacement à vaincre tout ce qui s'opposoit en lui à la Loy & à la volonté de Dieu, à méprifer le monde, & à n'estimer les biens de la fortune qu'autant qu'ils pourroient lui servir à secourir les pauvres. 8. 15. 2. ou 29. J U I N

Monsieur de Limbaü, résolu d'aspirer à la plus haute perfection, commença par déraciner tout ce qui restoit en lui de mauvaises habitudes ; il s'attacha sur tout à combattre le vice qu'on attribuë le plus ordinairement à sa nation, & pour s'en défaire entierement, il joignit aux plus ardentes priéres, la genereuse résolution de s'abstenir entierement de vin pendant tout le reste de sa vie. Son directeur ne s'y opposa point, & si cette victoire ouvrit à l'ame du penitent le chemin de la Sainteté, il plut à Dieu de la faire servir aussi à donner à son corps plus de santé & de force pour supporter tous les travaux de son zéle. Il fit une confession generale de toute sa vie à un Pere Jesuite, qui le fit recevoir dans la Congregation de la Vierge, dont il fut presque toûjours Préfet, à cause de sa pieté singuliere. Il visitoit les Hôpitaux, y servoit les pauvres avec beaucoup d'affection, & les assistoit de tout ce qu'il pouvoit. Il frequentoit les Sacremens avec une dévotion qui en inspiroit aux autres, & ne perdoit aucune occasion d'assister aux sermons & aux conferences spirituelles. Il ne se contentoit pas d'observer rigoureusement les jeûnes commandez par l'Eglise ; il y en ajoûtoit plusieurs autres pendant le cours de l'année ; il prenoit la discipline jusqu'au sang ; & pour vaquer avec plus de liberté aux exercices de penitence & de mortification, il s'enrôla dans la Confrairie de S. Jerôme, appellée des Penitens bleus, dont les Confreres pratiquoient de grandes macerations ; il en fut bientôt élû Superieur, & demeura dans ce grade pendant tout le tems qu'il fut à Agen. Il commença aussi dès-lors à pratiquer ce qu'il continua depuis jusqu'à la mort, c'est-à-dire à travailler au salut des ames. Il s'arrêtoit dans les ruës & dans les places publiques, à catechiser les enfans & les pauvres ; & lorsque des écoliers peu vertueux se mocquoient de sa conduite & de son zéle, il leur répondoit courageusement : *je ne rougis point de l'Evangile de J. C.* Il ne s'en tint pas là, mais touché sensiblement de voir les environs d'Agen infectez de l'heresie de Calvin, & les Catholiques de la campagne peu instruits des principes de la foi, il fit une sainte association de plusieurs écoliers, & alloit avec eux, les Dimanches & les jours de fête, dans les villages & les maisons

maisons des païsans, fortifier les Catholiques dans la Religion, visiter les malades, & porter l'aumône à ceux qui étoient dans l'indigence. Monsieur le Nobletz fut celui qui le seconda le mieux dans ces exercices de zéle & de charité, qu'ils continuérent depuis l'un & l'autre en Bretagne, au grand avantage de leurs compatriotes.

Comme la charité de Mr. de Limbaü pour les pauvres n'avoit point de bornes, il n'en donnoit point non plus à ses aumônes. Après avoir donné plusieurs fois tout l'argent qu'on lui envoïoit de son païs, ses livres, & tout ce qui étoit à sa disposition, voïant mourir de faim dans les ruës d'Agen de pauvres gens que la cherté qui affligeoit la Guienne avoit reduits à la plus affreuse misere, il envoïa une procuration à l'une de ses tantes, pour vendre le fonds de son patrimoine, alla en toucher l'argent à Morlaix, & revint incontinent le distribuer aux pauvres d'Agen, particuliérement aux pauvres honteux. Son hôte, qui ne sçavoit pas sans doute l'usage Chrétien qu'il avoit fait de ses richesses, eut peur d'être repris lui-même, comme fauteur de profusions. Il défera le dissipateur prétendu aux Echevins & Jurats de la ville, qui le citérent devant eux, pour le reprimander d'avoir prodigué ses biens, & de les avoir perdus au jeu ou à quelque autre usage illegitime. Ce fut avec bien du plaisir, qu'il se vit ainsi contraint de découvrir quels avoient été les excès de sa charité; mais il ne put se dispenser de rendre à la verité le témoignage que l'autorité publique exigeoit de lui.

Prévenu de l'esprit Apostolique, il crut ne pouvoir mieux répondre à sa vocation, qu'en embrassant l'Institut des Jesuites. Aussi-tôt qu'il eut achevé les études de Philosophie, il déclara sa résolution aux Peres du College d'Agen, qui l'envoïérent au Noviciat de Toulouze. La ferveur de ses oraisons & de ses penitences y ruïna tellement sa santé au bout de quelques mois, qu'il ne pouvoit plus digerer aucune nourriture, & tous les soins de ses Superieurs ne purent lui procurer aucun soulagement. Ils furent obligez de se rendre à l'avis des medecins, & de l'envoïer en son païs respirer l'air natal, seul capable de le rétablir. Ils lui permirent de garder son habit Religieux pendant ce voïage, & lui promirent de le retenir parmi eux, s'il plaisoit à Dieu de lui rendre la santé. Mais aïant appris depuis qu'elle ne se rétablissoit point, ils l'exhortérent à vivre religieusement dans l'état séculier; à suivre autant qu'il lui seroit possible, les Constitutions de S. Ignace, & à s'emploïer au salut des ames en son païs, où l'ignorance des peuples, & le peu de soin de la plûpart des Ecclesiastiques, rendoient ses travaux utiles.

Il étoit revenu à Bourdeaux, & sur la fin d'Octobre de l'an 1600. il s'étoit embarqué sur un vaisseau marchand d'Audierne qui faisoit voile pour Morlaix. Arrivé en cette ville dans un état où il ne pouvoit être qu'à charge à ses parens, vû la disposition qu'il avoit faite de ses biens en faveur des pauvres, il ne laissa pourtant pas d'éprouver que Dieu n'abandonne point ceux qui esperent en lui. Une de ses sœurs lui fit meubler honnêtement une chambre dans la ville, & pourvut charitablement à sa subsistance. Il dégarnit deux fois cette chambre, pour assister les pauvres, à qui il continuoit de donner tout ce qu'il avoit. Sa sœur ne se rebuta point de tant de frais; mais lui aïant remeublé sa chambre pour la troisiéme fois, elle le pria d'avoir égard à ses facultez, & de ne la pas mettre hors d'état de l'assister comme elle le souhaitoit. Ne pouvant donc plus alors continuer des charitez qui devenoient à charge à ses parens, il tira de son propre fonds de quoi satisfaire l'ardeur qu'il avoit d'être utile aux autres. Il considera qu'il n'y avoit encore aucun college public établi en basse-Bretagne, à la façon de ceux des Jesuites, où les études sont partagées en differentes classes, & où les esprits des enfans sont formez aux lettres & à la pieté; & que faute de maîtres pour enseigner la langue Latine, les Prêtres même de ce païs-là l'ignoroient entiérement. Il résolut donc d'établir chez lui une classe à Morlaix, & se mit à expliquer tous les jours Ciceron & Virgile à un grand nombre d'écoliers que sa réputation attira des Evêchez de Treguer, de Leon & de Cornoüaille. Il mêloit toujours dans ses leçons des traits d'une science plus sublime, pour le reglement des mœurs, & former ses disciples à la pieté. Il fut heureusement secondé par un excellent Ecclesiastique Anglois, nommé Charles Loüet, qui après avoir souffert pendant deux ans, pour la Religion Catholique, les rigueurs d'une affreuse prison, n'en avoit été délivré, à la priere de l'Ambassadeur de France, qu'à condition d'être banni à perpetuité des Etats du Roi de la Grande-Bretagne. Il vint à Morlaix, & Monsieur Quintin n'eut pas plûtôt reconnu sa suffisance dans la Theologie & dans les lettres humaines, qu'il ne douta point que Dieu ne lui eût envoïé ce secours pour l'instruction de ceux de son païs. Il ne voulut plus se conduire que par les sages conseils; il lui obéit comme à son Superieur & à son Directeur ; & sa santé s'étant rétablie en ce tems-là, il joignit aux travaux d'enseigner, qu'il partagea avec Monsieur Loüet, celui d'apprendre de lui la Theologie.

Monsieur Quintin, alors âgé de quarante ans, ne regardoit encore la Prêtrise, qu'avec un respect qui le portoit à s'en juger très-indigne ; mais son zéle, après dix ans de préparation ; & le conseil de son Directeur ; l'emportérent enfin sur la crainte & sur son humilité. Il reçut les Ordres Sacrez, dans la vûë de se rendre plus utile au prochain, & dit sa premiere Messe à Morlaix dans l'Eglise de S. Melaine, où assistérent plusieurs de ses parens & de ses amis, tant de la campagne, que de la ville, qui lui firent des liberalitez à l'envi les uns des autres, tant pour obéïr à la coûtume du païs, qu'en consideration de la pauvreté où les charitez du nouveau Prêtre l'avoient reduit. La coûtume demandoit que de son côté il donnât un repas à la compagnie, & l'un de ses proches avoit pris ce soin. Mais le saint Ecclesiastique, qui sçavoit que ces sortes d'assemblées ne sont point exemptes d'intemperance & de debauche, supplia tous ces Messieurs de vouloir bien le dispenser de la coûtume d'aller dîner chez eux, & de le laisser donner à Dieu seul une journée où il venoit de recevoir de sa bonté une faveur si signalée. Il se retira aussi-tôt, sans attendre leur réponse, pour aller continuer de s'entretenir avec Dieu ; après quoi il fit porter à l'Hôpital tout ce qui avoit été préparé pour le dîner, alla servir les pauvres, dîna sobrement de leurs restes, leur fit une exhortation pleine de tendresse, & puis distribua, tant à eux, qu'aux pauvres honteux de la ville, tout l'argent qu'il avoit reçu à l'offrande. Il couronna cette charité merveilleuse, par un acte de patience heroïque. Un homme qui demeuroit avec lui, & qui esperoit avoir quelque part à ces présens, fut si outré d'apprendre l'usage qu'il venoit d'en faire, qu'il lui donna un rude soufflet. Mr. Quintin, qui avoit appris à l'école de son Divin maître, qu'il n'est point de victoire plus honorable & plus meritoire, que de se vaincre soi même, ne témoigna pas le moindre ressentiment d'un traitement si indigne. Celui qui le lui avoit fait, fut en quelque sorte le seul à en ressentir toute la honte & toute la douleur. Confus & penetré de l'excès où l'emportement l'avoit poussé, il se prosterna aux pieds de Mr. Quintin, & le pria de lui pardonner son insolence & sa temerité. Le pardon ne fut pas difficile à obtenir d'un homme qui avoit été insensible à l'offense ; il embrassa tendrement le suppliant, & lui protesta qu'il le cheriroit encore plus que par le passé. Peu de tems après que Mr. Quintin fut Prêtre, il fut privé de la compagnie & du secours de Mr. Loüet, qui reçut du Pape Clement VIII. les Bulles de l'Archevêché de Cantorberi, & partit aussi-tôt pour aller assister le troupeau dont on lui confioit le soin.

Son éloignement ne permit plus à Mr. Quintin de continuer d'instruire la jeunesse ; mais toûjours porté à servir le public dans les fonctions de la vie Apostolique, dont il avoit commencé les exercices par les sermons dans les paroisses voisines de Morlaix les fêtes & les Dimanches au matin, & par les catechismes, l'après midi, dans l'Eglise de S. Melaine ; il résolut de demander l'habit de S. Dominique dans le Convent de Morlaix, & le reçut le 30. d'Octobre de l'an 1602. On dit que le déreglement n'étoit pas mediocre parmi les Religieux de cette maison ; & Mr. Quintin n'entra dans cette famille écartée de ses plus severes devoirs, que dans le dessein d'y mettre la Reforme, ou du moins d'y souffrir beaucoup pour la défense de la pieté & de la sainteté Religieuse. Il passa tout le tems de son Noviciat dans une grande humilité, & des austeritez extraordinaires, sans déclarer encore à personne le dessein qu'il avoit de travailler à reformer la maison ; dessein qui l'occupa inutilement pendant vingt ans, mais qui eut enfin la benediction du Ciel. Aussi-tôt après sa profession, aïant offert plusieurs prieres & plusieurs austeritez à la Divine misericorde, il s'attacha à gagner par sa douceur & sa charité l'estime & l'affection des Religieux, pour commencer à travailler à sa sainte entreprise. Il n'épargna ni ses remontrances, ni ses larmes ; mais les mauvaises habitudes avoient poussé de trop profondes racines. On traita sa proposition de ridicule ; on lui reprocha qu'il étoit trop nouveau dans l'Ordre, pour vouloir regler les anciens ; & l'endurcissement s'étoit tellement rendu maître des cœurs, qu'on crut pratiquer un acte de discipline Reguliere, en faisant une rude correction en plein Chapitre au Pere Quintin, & en le châtiant sevérement comme un broüillon dangereux. Ces mauvais traitemens ne le firent point changer de résolution, & ses confreres forcez à lui donner leur estime, ne purent se dispenser, quelque tems après sa profession, de lui donner les charges de Souprieur & de Maître des Novices. Outre les Constitutions de son Ordre, qu'il observoit dans la plus grande rigueur, il pratiquoit encore de grandes austeritez qu'elles ne lui imposoient point. Il continuoit à ne point boire

8. 15. 22. de vin ; il couchoit sur la dure ; veilloit la meilleure partie de la nuit, & portoit presque toûjours la haire ou le cilice, qui lui pourrissoient sur le dos, aussi-bien que sa tunique de laine. Il joignoit la mortification interieure à ces peines corporelles, par l'abnegation entiere de lui-même, par l'exercice continuel des humiliations, par la patience invincible qu'il opposoit aux affronts & aux injures.

Monsieur le Nobletz son ancien ami, qu'il continuoit toûjours d'appeller son maître l'alla voir en 1607. Le Pere Quintin considerant les grands avantages que cet homme Apostoliques avoit reçus de la nature & de la grace, lui raconta tout ce qu'il avoit fait pour reformer sa maison, lui remontra vivement que le moïen d'y réüssir, seroit d'avoir un second tel que lui, & lui persuada d'entrer dans cette maison, pour y concourir au dessein qu'il avoit formé d'y faire revivre l'esprit de S. Dominique. Mr. le Nobletz se rendit à ses instances, demanda l'habit des Freres Prêcheurs, & fut admis au noviciat dans le Convent de Morlaix. Nous dirons ailleurs ce qui lui arriva dans cette maison ; il suffit de dire ici que le Pere Quintin eut part à ses souffrances. On ne sçait si ce fut dans cette occasion cruelle dont nous ferons le recit ailleurs, ou pendant le noviciat, qu'on mit la patience du Pere Quintin à une épreuve qu'on ne peut rapporter sans exciter l'horreur & l'indignation, mais qui lui est trop glorieuse, pour être oubliée. Son Superieur, voulant sans doute le dégoûter de la facilité qu'il apportoit à obéïr, & le porter à quitter une maison où ses freres ne le voïoient qu'avec impatience, lui commanda de se tenir tête nuë pendant une heure entiere, à la chute d'une eau froide qui coule sans cesse du bassin d'une fontaine élevée dans le cloître. Le saint Religieux ne murmura point d'un commandement inhumain, capable de lui donner la mort ; & l'on eut la cruauté de le voir obéïr, sans lui faire grace d'un instant de cette espece de torture.

Le Pere Quintin s'étant joint ensuite à Mr. le Nobletz chassé du noviciat des Freres Prêcheurs, fit plusieurs missions avec lui. Quoiqu'il l'appellât toûjours son maître, cependant Mr. le Nobletz lui obéïssoit comme à son superieur, dans les exercices des travaux Apostoliques. Le P. Quintin prêchoit ordinairement, & Mr. le Nobletz avoit soin d'enseigner le catechisme & d'expliquer les misteres de la foi. Tous deux avoient la même ardeur dans les emplois de charité, & la même negligence pour tout ce qui regarde les commoditez de la vie. Le P. Quintin ne se nourrissoit que de gros pain de seigle avec du lait, qu'il alloit, après son sermon, demander aux païsans, pour l'amour de Dieu. Il prêchoit avec tant de vehemence, & faisoit paroître, en parlant de la Majesté Divine, une fraïeur si sainte & si extraordinaire, que les moins dévots de ses auditeurs, voïant ses yeux étincelans, son visage enflammé, son geste animé d'un saint emportement, en disoient autant de lui, que les Juifs en dirent des Apôtres, lorsqu'enyvrez de l'Esprit de Dieu, ils commencérent à leur prêcher la resurrection de celui qu'ils avoient crucifié. L'union parfaite qui étoit entre ces deux Missionnaires, & l'estime qu'ils avoient l'un pour l'autre, fut un des principaux moïens dont Dieu se servit pour la conversion des peuples, qui est souvent empêchée par le peu d'intelligence qui se trouve entre ceux qui travaillent au salut des autres. Ils ne parloient incessamment que de Dieu, dont ils étoient remplis, & les discours dont Mr. le Nobletz entretenoit son compagnon lui donnoient tant d'admiration pour sa vertu, & penetroient si vivement dans son cœur, qu'il se jettoit à ses genoux, & se prosternoit à ses pieds pour les baiser. Le P. Quintin, animé par Mr. le Nobletz, excitoit à son tour le Religieux qui l'accompagnoit, & lui disoit souvent en l'embrassant : *aimons Dieu, mon cher frere, aimons Dieu* ; & ce Religieux, d'une vertu rare, & qui succeda ensuite à son esprit & à ses emplois dans les Missions a assuré qu'il lui vit un jour le visage brillant d'une lumiere toute Divine. Une semblable merveille a été attestée par Mr. de Coat-saliou de la maison de Kerouasle, l'un des gentilshommes le plus vertueux & les plus accomplis de son siécle, qui a déposé, que s'étant retiré un soir dans le coin d'une chambre de la maison du Recteur de Ploïé en Leon, où il étoit en pension dans sa jeunesse, il y vit, à la faveur d'une grande lumiere qui rendoit la chambre aussi claire qu'en plein midi, le Pere Quintin, qui croïant y être seul, s'y étoit mis en priere.

Parmi toutes les vertus qui rendoient ce saint Religieux recommandable, celle qui faisoit comme son propre caractere, & dont il avoit déja donné dans le siécle des preuves si éclatantes, étoit la charité envers les pauvres. Il les assistoit de tout son pouvoir, & quant à l'ame & quant au corps, & n'estimoit point de tems mieux emploïé, que celui qu'il mettoit à les visiter, à les consoler, à les confesser, à les instruire, à subvenir à leurs besoins. Quand il n'avoit rien à leur donner, il faisoit la quête pour eux

Le P. de Keranforn,

chez les personnes de pieté, les recommandoit affectueusement dans ses prédications; leur distribuoit l'argent des quêtes qu'il faisoit pour la Communauté & qu'il recevoit pour ses prédications, jusqu'à ce que ses Superieurs le lui eussent défendu; il se dépoüilloit de tout ce qu'il pouvoit quitter honnêtement, quand il rencontroit quelque pauvre qu'il jugeoit en avoir besoin. Quand il sortit de Morlaix pour la derniere fois, il donna la seule tunique qu'il avoit, à un pauvre qu'il rencontra près de la ville; & une autrefois il donna de même l'un de ses chaperons, dans le lieu de Querlisquin, au diocese de Treguer. On dit que Dieu fit paroître en plusieurs occasions combien cette charité de son serviteur lui étoit agréable, en multipliant miraculeusement le pain qu'il donnoit, & lui faisant retrouver au double l'argent qu'il avoit distribué. Pour ce qui est des petits enfans, il n'en rencontroit jamais en faisant ses voïages à la campagne, qu'il ne prît soin de les interroger & de les instruire des principaux points de la Doctrine Chrétienne, & qu'il ne leur fit faire des actes de foi sur la Divinité de J. C. & des actes d'amour de Dieu. Il caressoit ces pauvres petits païsans, leur parloit de leur créateur avec tendresse & leur apprenoit à témoigner leur reconnoissance au Sauveur de leurs ames, aussi-tôt qu'ils pouvoient commencer à le connoître. Il avoit une compassion extrême pour toutes sortes de miseres humaines; il ne pouvoit voir aucune personne affligée, sans se sentir le cœur blessé; il pleuroit avec ceux qui étoient dans la douleur, & souhaitoit, pour leur soulagement, que toutes les miseres qu'il voïoit souffrir aux autres, pussent passer à lui. L'impie, dont les entrailles sont cruelles, se fait un jeu de voir perir les animaux; la compassion du P. Quintin s'étendoit jusques sur les bêtes; il ne pouvoit souffrir de voir tuer un poullet, pas même une bête inutile.

Après sa charité, rien n'a mieux marqué son caractére, que son zéle pour la prédication. Il repetoit souvent ces paroles de l'Apôtre: *malheur à moi, si je ne prêche pas l'Evangile.* Aussi Dieu l'assistoit extraordinairement dans cette fonction Apostolique. Souvent après avoir gardé le lit toute la semaine, on le voïoit lorsque le Dimanche étoit venu, ou le jour de quelque fête, se lever plein de force & de vigueur, au grand étonnement des medecins & de ses confreres, pour aller prêcher à la campagne. Il sçavoit par cœur tout le texte de l'Evangile de S. Mathieu, & des Epîtres de S. Paul, & s'en servoit à propos. Il évitoit dans ses prédications toutes les curiositez inutiles, & se rendoit touchant, par le soin qu'il prenoit de s'accommoder à la portée de ses auditeurs, & d'insinuer dans leur esprit les veritez solides, à l'aide des comparaisons tirées des choses qui leur étoient familieres. Les fruits merveilleux qu'il faisoit parmi le peuple le faisoient regarder comme un Apôtre par Monseigneur Guy Champion Evêque de Treguer, qui l'envoïoit devant lui prêcher de paroisse en paroisse, pour disposer les peuples à la Visite & à recevoir dignement le Sacrement de Confirmation. Le Pere Quintin avoit rendu le même service à Monseigneur Pierre Cornullier, qui aïant été transferé de l'Evêché de Treguer à celui de Rennes, fut rempli de joïe de trouver au Convent de Bonnes-Nouvelles cet excellent Missionnaire, dont il se servit dans le diocese de Rennes, comme il l'avoit emploïé dans celui de Treguer. Il avoit une si haute estime de la sainteté du Pere Quintin, qu'on lui a souvent entendu dire, que s'il eût été dans la premiere place de l'Eglise, il n'eût pas fait de difficulté d'ordonner à tous les fidéles de rendre un culte public à cet excellent Religieux.

Le zéle de ce saint Missionnaire étoit infatigable. Quand il n'étoit pas en Mission, sa vie ordinaire ne laissoit pas d'être une Mission continuelle. Il alloit tous les matins des Dimanches & des fêtes prêcher & catechizer dans les paroisses de la campagne, & revenoit ensuite faire la même chose l'après dînée dans la ville; en sorte qu'il prêchoit souvent jusqu'à six ou sept fois le jour. Quand il prononçoit le saint nom de Dieu, soit en chaire, soit en particulier, c'étoit toûjours avec de si grands sentimens d'amour & de respect, qu'il paroissoit tout hors de lui-même. Il ne pouvoit entendre profaner cet adorable nom, sans entrer dans une sainte colere, & sans la marquer par les éclats de son zéle & la vivacité de ses corrections. Ce grand zéle pour les interêts de la gloire de Dieu lui rendoit tous les pechez insupportables; son cœur étoit penetré de douleur, quand il voïoit la Divine Majesté offensée, & nulle consideration ne l'empêchoit de reprendre courageusement ceux qu'il voïoit s'écarter de leur devoir. Les jours de Carnaval, il alloit par la ville, pour détourner le peuple des vains spectacles; & sa vertu lui avoit acquis une si grande veneration, que toutes les folies de ces jours de débauches disparoissoient à sa vûë; il arrêtoit le peuple, dans la plus grande ardeur qu'on témoignoit pour le plaisir, & prêchoit en pleine ruë. De-là il alloit sous les halles, & dans tous les autres lieux d'assemblée, pour empêcher les dissolutions, &

faire cesser les jeux de hazard. La liberté avec laquelle il reprenoit le vice ne s'arrêtoit pas au simple peuple, elle s'étendoit jusqu'aux personnes les plus distinguées, à qui, sans s'écarter du respect & de la prudence, il représentoit vivement leurs devoirs.

Dieu lui avoit accordé le don d'oraison, & il y passoit la meilleure partie de la nuit, & même du jour, quand il n'étoit pas occupé au service du prochain ; & quelque occupation qu'il eût, on voïoit manifestement, à tout son maintien exterieur, qu'il ne perdoit jamais la présence de Dieu. Ses prieres étoient efficaces ; il obtenoit de Dieu tout ce qu'il lui demandoit pour sa gloire & pour le salut des ames. Quand il arrivoit de la campagne, après avoir prêché plusieurs fois dans le même jour, sans avoir ni bû ni mangé, s'il entendoit la cloche pour l'office, lorsqu'il prenoit sa refection, il quittoit tout sur le champ, pour se rendre au chœur, & l'office achevé, il s'en retournoit manger ce qu'il avoit laissé, froid & mal assaisonné. Quelque tard qu'il fût venu de la campagne, le soir, & même penetré de la pluïe & salli de boüé, il ne laissoit pas, à l'heure de minuit, de se trouver le premier au chœur pour les Matines, & de n'en sortir que le dernier. Il portoit une singuliere devotion à l'adorable Sacrement de l'autel ; & lorsqu'il faisoit voïage, si-tôt qu'il arrivoit en quelque ville ou dans quelque bourg, il alloit directement à l'Eglise, & demeuroit long-tems en prieres devant le lieu où l'on conservoit ce pain de vie. Il ne rencontroit point de croix dans son chemin, qu'il ne se mît à genoux pour adorer son Sauveur crucifié ; & il marquoit le même respect & la même devotion, quand il entroit dans des maisons où il voïoit l'image du mistere qui est un scandale aux yeux des Juifs, une folie aux yeux des gentils, mais que ceux qui ressemblent à saint Missionnaire, regardent comme la preuve la plus éclatante de la force & de la sagesse de Dieu. Comme vrai enfant de S. Dominique, il avoit une tendre devotion pour la sainte Vierge, & emploïoit les efforts de son zéle à gagner des serviteurs à l'auguste mere de Dieu. Il honoroit particulierement saint Michel, & discouroit souvent de ses loüanges, tant dans ses discours particuliers, que dans ses sermons, dont, quand il vouloit parler de lui, il ne prenoit point d'autre texte, que l'explication Latine de son nom, *Quis ut Deus?* c'est-à-dire : *qui est semblable à Dieu?* D'aussi loin qu'il pouvoit découvrir, en voïageant, le clocher de l'Eglise de Ploujan, dans les fonts de laquelle il avoit reçu le bienfait de la régeneration,

il se mettoit à genoux, quelque tems qu'il fît, & conjuroit son compagnon de joindre ses actions de graces avec les siennes, pour remercier Dieu de ce qu'il avoit été fait Chrétien dans cette Eglise là.

Il avoit l'amour de la Croix gravé dans le cœur, & souffrit avec une patience heroïque toutes les traverses, les persecutions, les outrages, les injures, & les mauvais traitemens que lui attirérent son zéle pour le rétablissement de la Regularité, son courage à reprendre le vice, & l'ardeur dont il brûloit pour le salut des ames. Sa patience fut mise à une autre épreuve sur la fin de ses jours, par de très-violentes douleurs dans les épaules & aux reins, dont il fut tourmenté la derniere année de sa vie. Il attribuoit ces douleurs aux fatigues qu'il avoit endurées dans sa jeunesse à porter les armes ; mais il ne s'en prenoit qu'à des fatigues qui avoient apparemment été de peu de merite devant Dieu, que pour empêcher qu'on ne fît attention que c'étoit le fruit des travaux qu'il avoit endurez pour la gloire de Dieu & le salut des ames, de ses veilles, de ses macerations, & de ses courses continuelles au milieu des saisons les plus rudes. Les douleurs dont il étoit tourmenté ne l'empêchérent pas d'aller encore en 1628. aider pour la derniere fois Mr. le Nobletz à perfectionner ses chers enfans de Doüarnenez, car c'est le nom que donnoit ce saint Prêtre aux habitans de cette ville & des environs, pour le salut desquels Dieu lui avoit donné une affection singuliere.

Nous ne parlerons point ici des propheties & des miracles du Pere Quintin, qu'on peut voir dans l'abregé de sa vie composé par le P. Jean de Rechac de Sainte Marie Dominicain, imprimé à Paris en 1664. & dans une vie plus étenduë composée par un Religieux du même Ordre, imprimé à Rennes en 1668. Aussi bien que dans celle qui se trouve à la fin de l'ouvrage du P. Albert le Grand de Morlaix, & dans la vie de Mr. le Nobletz. Mais nous ne pouvons nous dispenser de rapporter ce que ce saint Prêtre répondit au P. de Rechac, qui lui demandoit des memoires, pour augmenter l'abregé qu'il avoit mis au jour. Mr. le Nobletz lui répondit : « que la vie du Pere « Quintin étoit toute remplie de miracles, « mais que le plus grand de tous avoit été la « constance si genereuse & inébranlable « avec laquelle il avoit uniquement recherché la perfection durant vingt années, « dans une maison où le desordre & le libertinage regnoit, avant qu'il y eût mis « la reforme ; & qu'au reste, parmi un « un grand nombre de saints Religieux «

8. 15. 22.
ou 29.
JUIN.

« avec qui il avoit eu beaucoup de liaison, « il n'en avoit jamais connu aucun d'une « humilité, d'une patience, & d'une mor- « tification plus admirable que la sienne. »

En 1629. le Chapitre provincial de la Congregation Gallicane des Freres Prêcheurs fut assigné à Roüen par le P. Noël des Landes Vicaire general de la Congregation, depuis Evêque de Treguer. Le P. Quintin, comme Prédicateur general de la maison de Morlaix, avoit droit d'assister à ce Chapitre ; mais comme son infirmité & son attachement à ses travaux Apostoliques, lui auroient peutêtre fait trouver des raisons pour se dispenser d'un voïage honorable, les Religieux de cette maison, aussi édifiante alors, qu'elle l'étoit peu, quelques années auparavant, forcérent le P. Quintin, par leur élection, à accompagner le Prieur au Chapitre. Quand ce saint Religieux sortit de Morlaix, il embrassa tendrement ses confreres, & leur dit le dernier adieu ; il dit même positivement à l'un d'entr'eux, qu'il ne le reverroit jamais dans cette vie. A peine fut-il arrivé à Rennes au Convent de Bonnes-Nouvelles, qu'aïant demandé permission de sortir, il alla visiter les prisonniers, & leur faire une exhortation édifiante, dont ils furent touchez & consolez.

Pendant le séjour qu'il fit à Roüen, il y continua avec plus de ferveur que jamais, ce qu'il avoit pratiqué jusques là, qui étoit de s'arrêter dans les carrefours & dans les places publiques, pour instruire les enfans & les pauvres. On admira cette nouveauté dans cette grande ville ; on y fut touché du courage avec lequel cet homme Apostolique préferoit ces emplois si utiles, quoique sans éclat, aux fonctions les plus brillantes ; & son exemple se joignant à ses paroles, fit de puissantes impressions sur les esprits & sur les cœurs. Il fit paroître dans l'assemblée Reguliere le même zéle & la même vigueur pour la Reforme, qu'il avoit témoignée en Bretagne. Il soûtint une si bonne cause avec une liberté & une constance admirable, nonobstant les menaces qu'on lui fit, même de la prison. Le Chapitre se termina enfin tranquillement, & le P. Quintin reprit la route de Bretagne.

Il continua la vie Apostolique dans tout le voïage ; mais en arrivant à Vitré, dans le Convent de son Ordre nouvellement établi au faubourg de S. Martin, il fut attaqué d'une fiévre violente la veille de l'As-

cension. Dans ses plus grandes douleurs il avoit toûjours l'esprit attaché à Dieu, & ne pouvoit souffrir qu'on parlât dans sa chambre d'autre chose que de lui. Après neuf ou dix jours de maladie très-aiguë, il se sentit soulagé ; la fiévre le quitta, & on le crut hors de peril. Le Prieur de Morlaix le voïant un peu mieux, & ne pouvant tarder plus long-tems à se rendre à sa Communauté, laissa le P. Quintin à Vitré pour y reprendre des forces. Mais lorsqu'on le croïoit guéri, la fiévre le reprit avec une esquinancie qui lui ôta la parole. On lui administra le Sacrement de l'Extrême-onction, & ensuite le saint Viatique, qu'il voulut recevoir à genoux & revêtu de son habit Religieux. Enfin l'oppression que lui causoit son mal s'étant relâchée un jour de Vendredi, environ les trois heures après midi, ce grand amateur de la Croix, levant les yeux & les mains au Ciel, rendit tranquillement son ame à son Sauveur, à pareil jour, & à la même heure qu'il avoit consommé l'ouvrage de nôtre redemption.

8. 15. 22.
ou 29.
JUIN.

Quoique le P. Quintin n'eût jamais demeuré dans cette maison, il se répandit aussi-tôt après sa mort un si grand bruit de sa sainteté, que toute la ville accourut pour honorer son corps, comme on honore ceux des Saints, pour lui faire toucher des chapelets, & pour tâcher de couper quelque partie de ses habits. La foule du peuple fut si grande, qu'on ne put l'enterrer que trois jours après, & l'on n'eût pû le conserver entier, ou du moins empêcher le peuple d'emporter piece à piece tout ce qui lui restoit d'habits, si l'on n'avoit mis des gardes à l'entour, pour faire retirer ceux qui vouloient y toucher. Il y eut un concours pareil, au service qu'on fit pour lui à Morlaix. Nous ne prétendons point rapporter ici les miracles dont il a plû à Dieu d'honorer sa memoire ; on peut les voir dans la vie imprimée à Rennes en 1668. On remarquera seulement que ce saint homme continua encore après sa mort ses fonctions Apostoliques, comme il parut dans une femme Huguenote, qui assistant à ses funerailles, se sentit portée par un mouvement extraordinaire, dont elle étoit surprise elle-même, à honorer ce corps, & à lui couper quelques cheveux, qu'elle emporta. La grace fit une si forte impression sur son esprit, qu'elle résolut aussi-tôt d'embrasser la Religion Catholique.

14.
SEPTEMB.
1636.

LE VENERABLE FRERE Jean de Saint Samson, aveugle dès le berceau, Religieux Carme de la Reforme de Rennes.

XVII. SIECLE.

Tiré de sa vie composée en François par le P. Donatien de S. Nicolas, & mise en Latin par le P. Mathurin de Ste. Anne, Carmes.

CET illustre aveugle, dont la sainte vie & les lumieres admirables ont fait tant d'honneur à la Bretagne, nâquit à Sens le 29. jour de Decembre de l'an 1571. & fut nommé Jean au baptême. Son pere s'appelloit Pierre du Moulin, & sa mere Marie d'Aiz. Ils étoient tous deux nobles & & riches, & se faisoient distinguer par leur pieté, sur tout par une devotion singuliere envers la sainte Vierge, qui étoit comme hereditaire à cette famille. Jean eut deux freres, dont l'un marié à Paris fut Secretaire, Trésorier, & Païeur de la Gendarmerie Françoise ; & l'autre engagé dans le service, porta les armes pour le Roi Henri IV. & fut tué à la breche d'une ville assiegée par le Roi. Jean étoit encore au berceau, lorsqu'il fut attaqué de la petite verole, dont la malignité fut si violente, qu'elle lui ôta entierement l'usage de la vûë. A l'âge de dix ans il perdit son pere & sa mere, & demeura sous la tutelle de son oncle maternel, qui le fit instruire aux lettres, autant qu'il étoit possible d'en montrer à un enfant aveugle ; mais son soin principal fut de le rendre habile en Musique & de lui faire apprendre à toucher l'orgue & quelques autres instrumens. Peu d'années après le saint enfant, instruit interieurement par celui qui est la lumiere du monde, quitta la maison de son oncle, & se retira dans un lieu écarté, où il eut plus de liberté de se faire lire des livres de la vie spirituelle, & de s'exercer à la pieté & à la mortification. Ce fut là que Dieu commença à verser dans cette ame innocente les douceurs de son amour, & à lui donner du goût pour la perfection, qui prit toûjours en lui, depuis, de nouveaux accroissemens. Ennemi dès-lors des jeux & des distractions de l'enfance, il se rendit assidu au service Divin, aux prédications aux saintes lectures, à la priere, & à la méditation des veritez Divines, & se fortifiant de plus en plus par la frequentation des Sacremens, il croissoit en âge & en sagesse devant Dieu & les hommes.

A vingt-cinq ans il alla demeurer à Paris chez son frere, où il eut la liberté entiere de suivre les attraits de la grace. Le sujet le plus ordinaire de ses méditations étoit la Passion de J. C. L'image de cet aimable Sauveur tout couvert de plaïes étoit sans cesse présente à son esprit, & penetré de reconnoissance pour un si grand amour, il lui offroit souvent sang pour sang, & vie pour vie ; mais comme la providence Divine ne lui permettoit pas de rendre ce sacrifice effectif, il y suppléoit par les jeûnes, les disciplines, les austeritez, & les macerations, qu'il tenoit secretes, mais que l'on découvroit quelquefois malgré lui. Jusque-là il n'avoit été nourri, en quelque sorte, que du lait des enfans, & des consolations Divines ; il falloit que cette plante qui avoit crû à la faveur des beaux jours du printems, acquit une consistance plus solide, en éprouvant les rigueurs d'un rude hyver. Dieu lui ôta pendant plusieurs années les attraits sensibles, & le laissa dans une secheresse desolante. Il gemissoit de cette privation douloureuse ; mais plongé dans les tenebres, il ne laissoit pas de chercher toûjours Dieu avec la même ardeur, & de s'attacher de plus en plus à lui. Les peines exterieures succederent à celles du dedans ; il perdit son frere & sa belle-sœur ; & loin d'en murmurer contre la providence, il crut qu'il étoit de la perfection d'entrer dans ses desseins, & d'achever de se dépouiller lui-même de tout ce qui pouvoit lui assurer dans le siécle une subsistance commode. Il se démit de tous ses biens entre les mains d'une personne qui lui étoit peu connuë, & ne se reserva, dans son dépouillement, aucune autre ressource, que les soins paternels de cette bonté infinie qui fait trouver aux moindres oiseaux la subsistance necessaire pour conserver leur vie. Il avoit souvent entendu lire, que ce Divin Sauveur, qui invite ceux qui veulent être ses disciples, à quitter absolument tout pour le suivre, ne leur insinuë d'autre ressource pour vivre, que les soins du Pere Celeste ; & leur défend l'inquiétude pour le lendemain. Voulant donc suivre à la lettre ces saintes loix de la perfection Evangelique, il fit une ferme résolution, en se rendant pauvre pour J. C. de ne s'adresser jamais, pour ses besoins temporels, qu'à Dieu seul. Ce genereux sacrifice fut reçû en odeur de suavité, & son cœur en reçut dès lors une sensible recompense, par l'ardent amour de Dieu dont il fut blessé & penetré, d'une maniere si vive, qu'il ne fit que languir tout le reste de sa vie, dans l'impatience de s'unir à l'objet de toute sa tendresse. Il ne chercha depuis, jusqu'à son dernier soupir, qu'à allumer dans les autres le feu celeste dont il étoit embrazé.

Ce fut dans ce dessein, que n'étant en-

14.
SEPTEMB.

core que seculier, il se porta à procurer la réformation de l'Ordre des Carmes. Sa profession d'Organiste lui avoit donné quelques liaisons avec un jeune Religieux de cet Ordre. Pendant deux ans qu'il le pratiqua, il ne cessa tous les jours de lui faire faire, de pieuses lectures, & de lui donner des instructions solides; enfin il le rendit capable d'être un des principaux instrumens de la Reforme qui se fit peu de tems après dans le Convent de Rennes, & qui s'est répanduë depuis dans plusieurs autres provinces. Ce fut aussi de ce saint aveugle dont Dieu se servit, pour inspirer le même dessein au R. P. Philippes Thibaut, qui fut depuis chef de cette pieuse entreprise.

Jean du Moulin se sentant lui-même appellé à ce saint Ordre, demanda par l'entremise du jeune Religieux dont on a parlé, à être admis au Convent de Dol en Bretagne. Cela n'étoit pas sans difficulté, à cause de la perte de sa vûë; mais il étoit si persuadé que celui qui le vouloit dans cet état, lui en rendroit l'entrée facile, que communiquant au jeune Religieux son ami sa propre assurance, il l'engagea à faire la demande pour lui. Elle fut écoutée favorablement, & l'on envoya le postulant prendre l'habit à la maison où il avoit souhaité d'aller, & qui n'étoit pas encore reformée. Il l'y reçut en 1606. & fit sa profession en 1607.

On n'aura pas de peine à se persuader qu'un homme déja si saint dans l'état seculier, fut d'une merveilleuse édification dans l'état Religieux, par sa vie Angelique, son humilité, sa modestie, son oraison continuelle, sa patience inébranlable dans les souffrances, sa charité miraculeuse pour les malades, & toutes les autres vertus dans la pratique desquelles il ne se relâcha jamais. Il y avoit déja quelques années qu'il s'étoit accoûtumé à ne vivre quasi que de pain & d'eau. Quand la Religion lui presenta quelque chose de plus, il sacrifia l'amour de la penitence à celui de la Regularité, & aima mieux être moins austére, que d'offenser les autres en affectant d'être singulier. Les peines qui ne sont pas de nôtre choix ont souvent plus de merite devant Dieu, que celles où l'amour propre se dédommage, par l'exercice de sa liberté, des rigueurs volontaires dont le corps est accablé. On met au nombre des croix de la premiere espece l'incommodité de la vermine, & l'humiliation qui en est la suite, mal auquel l'aveuglement de Frere Jean le rendit sujet, qu'il supporta patiemment, & qu'il eut même de la joie qui fût sans remede à son égard. Il fut aussi affligé de grandes maladies; son esprit fut tourmenté de secheresses & d'ariditez, & l'on dit que les malins esprits ne livrérent pas seulement de furieux combats à son esprit, mais qu'ils attaquérent aussi son corps en plusieurs rencontres, avec une fureur dont il portoit souvent les cicatrices. Mais ces marques sensibles de leur rage lui étoient d'autant plus glorieuses, qu'elles étoient des preuves de la fidélité avec laquelle il avoit fermé son ame aux impressions de ces ennemis de son salut.

L'amour Divin dont il étoit embrazé lui avoit donné une tendresse extrême pour les malades, dans la vûë de les gagner à Dieu par les soins exterieurs toûjours accompagnez de saints discours & de consolations spirituelles. Il étoit ardent à les aller visiter, & dans la peste même il exposoit librement sa vie, pour conserver aux autres celle de l'ame & du corps; & ce qu'il y a d'admirable, c'est que non obstant la privation de la vûë, il rendoit aux malades tous les services que leur auroit pû rendre une personne qui auroit eu de bons yeux. On nous assure que Dieu, pour recompenser l'admirable charité du saint aveugle, lui accorda le don de guérir les fiévres, maladie que le mauvais air de Dol rend fort commune dans le canton. Il n'emploïoit d'autre remede, pour guérir les malades, que cette oraison, qui se dit à St. Pierre de Rome pour le même sujet : *Que le Seigneur Jesus, qui a guéri la belle mere de Pierre de la fiévre, dont elle étoit tourmentée, daigne guérir son serviteur du même mal ; au nom du Pere, & du Fils, & du S. Esprit. Amen.* Il s'étoit guéri lui-même de la fiévre, au commencement de son noviciat, par cette oraison, & ses Superieurs lui ordonnérent de s'en servir pour procurer le même bienfait aux autres. Les malades venoient tous les matins à l'Eglise des Carmes, & s'arrangeoient devant l'autel ; le pieux aveugle disoit l'oraison sur eux, & ils recouvroient souvent la santé. Un des domestiques de Messire Antoine de Revol Evêque de Dol, tourmenté depuis long-tems d'une fiévre quarte qui ne cedoit point aux remedes, eut recours à celui ci, & se trouva guéri. Cela donna lieu au Prélat d'examiner soigneusement l'esprit & la conduite de Frere Jean de S. Samson, en présence de quelques Docteurs & de quelques personnes d'autorité. Il n'y trouva rien que de saint & dans les regles, & lui permit de continuer un si charitable exercice. Ce bon Religieux subit encore en d'autres occasions de pareilles épreuves, & s'y soumit toûjours avec le même esprit d'humilité, d'obéïssance, & d'abnegation de lui-même.

Sur le bruit qui se répandit dans les autres

tres Convens de la province, de la sainteté de Frere Jean, les Superieurs se persuadérent qu'ils ne pouvoient rien faire de plus utile pour l'avancement de la Reforme qui étoit déja établie au Convent de Rennes, que de l'y appeller. Il obéït avec joïe, & il recommença-là un second noviciat plus severe que si on l'eût encore regardé comme seculier, dans les premiers jours de sa conversion. Ses Superieurs lui commandérent de suivre déformais les exercices d'une vie purement solitaire, sans s'adonner à ceux de cette éclatante charité qui l'avoit attaché auprès des malades. Il obéït non-seulement sans peine, mais avec une joïe qui fit bien voir qu'en se communiquant au dehors il avoit plûtôt suivi les impressions de l'obéïssance, que son goût particulier, qui l'appelloit à la retraite & à la contemplation. L'emploi unique dont il fut chargé, fut de toucher l'orgue ; & cet emploi, au lieu de lui donner de la distraction, ne servoit qu'à l'attacher plus fortement à Dieu, par le plaisir qu'il trouvoit à contribuer à celebrer ses loüanges. On ne se contenta pas de ces épreuves de sa soumission, l'on voulut sonder jusqu'à son cœur, en l'obligeant d'abandonner sa contemplation ordinaire, pour se reduire à la maniere commune de méditer que l'on propose aux commençans, afin que s'il lui restoit, pour ainsi dire, quelques fibres d'amour propre, elles fussent extirpées par le couteau spirituel de l'obéïssance. On lui trouva toûjours la même promptitude à obéïr en tout ce qui lui étoit ordonné par ceux qu'il étoit persuadé qui tenoient à son égard la place de Dieu. Sa propre détermination, d'accord avec ceux qui lui commandoient, l'attachoit à la maniere ordinaire de méditer ; mais l'Esprit de Dieu l'enlevoit bientôt au-dessus de ses propres operations ; & ses Superieurs contens des efforts qu'il faisoit, lui permirent de suivre les mouvemens de l'Esprit Divin, après que les Docteurs, & les plus illustres Theologiens qu'ils consultérent là-dessus, les eurent assurez que les voïes où Frere Jean se trouvoit entraîné, quoique sublimes & extraordinaires, étoient cependant sures & saintes. On lui commanda de dicter à quelqu'un sa maniere de s'appliquer à Dieu. Il le fit, & c'est ce que l'on peut voir dans les trois premiers chapitres de son traité *De la souveraine consommation d'amour*. Ses Superieurs ne s'en tinrent pas aux épreuves spirituelles, ils l'exercérent pendant un an par toutes les mortifications exterieures les plus sensibles, qu'il supporta heroïquement, on ne dira pas, avec patience, mais avec une ardeur insatiable d'avoir encore plus à souffrir.

Enfin quand on eut été convaincu par tant d'essais, de la solidité & de la constance de ses vertus, que rien n'ebranloit, la curiosité satisfaite se changea en admiration, & trouvant un aussi grand maître dans celui sur qui l'on avoit épuisé toutes les épreuves des novices, on lui permit d'edifier les freres par des entretiens familiers de la vie spirituelle, & de composer & dicter des Exercices & des traitez, tant pour sa propre conduite, que pour celle des autres. L'eclat de ses vertus se répandit bientôt au-dehors, & sa réputation ne s'arrêta pas dans les bornes de la province ; car sans compter les Evêques de Rennes, de Nantes, de Dol & de S. Brieuc, les premiers Présidens du Parlement, & les personnes les plus illustres de Bretagne, qui avoient une estime infinie pour ce saint aveugle, la Reine Marie de Medicis mere du Roi Loüis XIII. informée de ses merites, fut penetrée de veneration pour lui, & le lui marqua en plus d'une rencontre.

L'estime du monde étoit la plus grande croix de cet excellent Religieux ; il rougissoit même quand il étoit obligé de paroître devant les confreres, & les épreuves les plus rigoureuses de ses deux noviciats lui avoient été beaucoup plus aisées à supporter, que les loüanges qu'on ne pouvoit s'empêcher de lui donner malgré lui. Il se conduisoit en tout par les mouvemens de l'Esprit de Dieu, en sorte qu'il pouvoit dire avec l'Apôtre : *je vis, mais ce n'est plus moi qui vis ; c'est Christ qui vit en moi.* Les mouvemens Divins, dont il n'étoit plus que l'instrument, formoient toutes ses pensées, & dictoient toutes ses paroles. Il rendoit à ses Superieurs la même obéïssance qu'à Dieu, avec une simplicité qui ne donnoit lieu à aucune repugnance, en sorte que cet homme si serieux & si interieur, ne refusoit pas, quand il lui étoit commandé, de devenir enfant avec les enfans, & de divertir les novices, par ce que les gens du monde appelleroient des puerilitez, mais que sa soumission rendoit precieuses devant Dieu. On l'a même vû quelquefois pousser jusqu'à l'impossible son exactitude à obéïr, comme sarcler au jardin, & rendre à ses freres malades des services qui auroient demandé l'usage de la vûë. Dans ce principe d'obéïssance parfaite, il ne se dispensoit jamais d'aucun exercice de Regularité, que que compagnie qu'il eût ; & aussi-tôt qu'il entendoit le signe public, de quelque condition que fussent les personnes qui étoient venu voir, il prenoit congé d'eux, & les prioit de trouver bon qu'il se rendît à ce qui étoit de son

Ccc

état. Son ardeur pour la croix & les souffrances étoit extrême, & tout comblé qu'il étoit des faveurs de Dieu, il leur eût préferé l'humiliation, les douleurs, & le mépris ; il étoit confus de ne pas trouver toutes les créatures revoltées contre lui. La crainte de Dieu, cette crainte respectueuse accompagnée d'un tendre attachement, qui fait le caractere des enfans, à la distinction de la crainte servile, étoit si forte en lui ; qu'il eût plûtôt donné mille fois sa vie, que de se laisser aller volontairement au moindre peché veniel. Il disoit là-dessus, avec une sainte horreur, que ceux qui commettent de propos déliberé de ces sortes de fautes legeres, sont des monstres d'abomination devant Dieu. Il ajoûtoit que l'Amour ne les reformoit jamais entierement, & qu'ils ne se convertissoient qu'à force de fleaux & d'afflictions. On n'aura pas de peine à concevoir, après cela, quelle étoit la pureté de sa conscience. Les moindres imperfections lui paroissoient des fautes considérables, & la matiere la plus ordinaire, pour ne pas dire l'unique de ses confessions, étoit de n'avoir pas tendu vers Dieu à l'infini ; c'est-à-dire de n'avoir pas accompli à la lettre & dans toute son étenduë le grand commandement de l'amour de Dieu qui nous ordonne de porter à Dieu tous les mouvemens de nôtre cœur & de nôtre esprit. Un interieur si riche en vertus se peignoit sur l'homme exterieur, par une modestie qui lui attiroit la veneration de tout le monde. Son amour pour la pauvreté ne se bornoit pas à se priver, autant qu'il lui étoit possible, non-seulement de toutes les superfluitez, mais encore de toutes les commoditez que l'amour propre fait trouver necessaires ; il poussoit son amour pour la pauvreté jusqu'au détachement des dons, des lumieres, & des caresses Divines, afin de ne s'attacher qu'à Dieu seul, pour l'amour de lui seul. A plus forte raison avoit-il renoncé à ses propres operations, pour ne suivre que celles de la grace ; enfin sa pauvreté spirituelle en étoit venuë au point, que n'aïant plus rien à lui, au dedans, non plus qu'au-dehors, il ne recevoit plus aucune inquiétude de ce qui s'appelle amour propre & recherches naturelles. Sa pieté lui donnoit un respect infini pour toutes les choses saintes dont l'usage est autorisé dans l'Eglise, comme les Reliques des Saints, les noms sacrez de *Jesus* & de *Marie*, les Indulgences, & les cérémonies exterieures du culte Chrétien. L'esprit prophetique lui a quelquefois fait penetrer dans l'avenir, & l'annoncer avec assurance. Ce fut ainsi, qu'étant encore seculier, il prédit le progrès de la Reforme de Rennes ; & depuis, étant Religieux, il prédit à la Reine mere la paix de 1620. entre elle & son fils le Roi Loüis XIII. & dans ses dernieres disgraces, il lui annonça avec fermeté, qu'elles étoient desormais sans autre remede que celui de la patience. De même à une femme affligée de n'avoir point d'enfans, & qui lui demandoit le secours de ses prieres, il prédit qu'elle auroit ce qu'elle souhaitoit, mais que sa joïe ne seroit pas de longue durée ; & en effet l'enfant qu'elle eut mourut peu de tems après sa naissance. Il faudroit copier ici la plus grande partie de ses écrits, si l'on vouloit parler dignement de l'excès de son amour pour Dieu, des effets de ce feu Divin sur son cœur & sur les puissances de son ame, & de son état extatique ; mais comme il n'appartient pas à tout le monde de traiter une matiere si sublime, nous nous contenterons de prier les mystiques d'avoir recours aux ouvrages même de ce saint aveugle, où il s'est peint infiniment mieux que tous ceux qui pourroient entreprendre de parler de lui. De tous les misteres de nôtre Religion, celui qui avoit le plus d'attraits pour sa tendresse, étoit celui de la naissance temporelle du fils de Dieu ; il étoit persuadé que les Anges qui avoient invité les Pasteurs à l'aller chercher, ne cessoient encore d'exercer le même office envers les hommes, & qu'ils cherissent particulierement les ames en qui ils voïent de la devotion pour ce mystere. Il disoit quelquefois, que c'est un crime, de se laisser emporter à la tristesse, depuis qu'un Dieu fait homme a fait naître le paradis sur la terre. Quelle consolation, après cela, n'étoit-ce pas pour lui, de pouvoir posseder réellement au-dedans de lui-même cet adorable Sauveur ! Il communioit tous les jours, par ordre de ses Superieurs, & pour marquer quelles étoient ses dispositions dans ces momens heureux, il suffit de dire qu'il faisoit plus d'état d'une seule Communion, que de toutes les graces & les faveurs qu'il avoit reçuës de Dieu dans la vie interieure. On nous assure que cette grande devotion au S. Sacrement fut recompensée de Dieu par deux rares privileges, dont le premier fut, que tout aveugle qu'il étoit, il sentoit la présence de J C. dans la sainte hostie, & se prosternoit pour l'adorer, sans en être averti, quand on la montroit, ou quand on la transportoit d'un lieu à un autre. Le second, à ce que l'on dit, est que quand il avoit communié, sa chaleur naturelle suspendoit en quelque sorte son action, pour le laisser joüir plus long-tems de la présence de son Divin Sauveur dans les especes sensibles, qui demeuroient six heures entieres dans son estomach sans se corrompre ; & c'est pour cela qu'il communioit toûjours de grand matin, pour ne point mêler les viandes corporelles avec la spirituelle. Les Philosophes attribuëront peutêtre cet effet à la debilité de son estomach ; mais quoiqu'il en soit, sa foi & son attention n'en sont pas moins édifiantes. Le plus précieux heritage qu'il eût reçu de ses parens, étoit, comme nous l'avons dit, la devotion envers la sainte Vierge. Elle prit sans doute de grands accroissemens dans un Ordre qui porte avec complaisance le nom de cette sainte mere de Dieu. Dès l'enfance, il s'étoit fait un devoir, & le plus sensible de ses plaisirs, d'inspirer cette devotion à tout le monde. Il continua encore avec plus d'ardeur, depuis qu'il fut Religieux, à gagner des serviteurs à la Reine des Anges, & ses ouvrages sont remplis, sur ce sujet, des expressions les plus sublimes qu'un beau zéle puisse inspirer. Il n'a pas moins travaillé à communiquer aux autres les sentimens de la veneration parfaite & de la confiance singuliere qu'il avoit pour S. Joseph. Sa conversation toute celeste avoit des charmes puissans pour gagner les ames à Dieu. Personne n'en étoit plus convaincu, que Messire Antoine de Revol Evêque de Dol. Après qu'il eut éprouvé l'esprit & la vertu de ce saint Religieux, l'estime qu'il conçut pour lui le rendit assidu auprès de cet aveugle si éclairé ; il alloit souvent à pied le voir, jusqu'à trois fois dans un jour, pour conferer avec lui des choses Saintes. Il y profita merveilleusement, & y contracta sur tout une grande tendresse pour les pauvres & pour les malades, un attachement assidu à l'oraison, & un dégoût exemplaire des vanitez du siécle. Il fit un voïage exprès à Rennes pour voir ce saint aveugle, à qui il fit composer le livre qui a pour titre : *le miroir & les flammes de l'amour Divin*. Il passoit les deux & trois heures avec lui dans sa cellule, & conferoit avec lui des moïens de mourir saintement, comme s'il eût prévû que sa derniere heure étoit proche. En effet ce grand Prélat tomba malade à son retour à Dol, & couronna par une sainte mort ses bonnes œuvres dont la bonne odeur se conserve encore dans le païs.

On vit encore une preuve des fruits merveilleux de la conversation de Frere Jean dans le canton de Ros, sur les côtes du païs de Dol, où le Recteur de Ros voulut l'avoir chez lui pendant quelque tems, pour donner ses soins charitables à ce pieux aveugle, dans le cours d'une fiévre quarte dont il étoit affligé. A peine fut-il arrivé chez ce venerable Ecclesiastique, que tout le païs changea de face ; le Recteur & tous les autres Prêtres se rendirent assidus à ses instructions, & devintent ses disciples dans la vie spirituelle ; les laïques même profitérent de ses leçons, & jusqu'aux petits enfans quittoient leurs jeux & emploïoient leurs congez pour se trouver à cette école de vertu. Enfin le séjour que fit dans le païs ce saint aveugle, y remit la pratique des vertus Chrétiennes, la frequentation des Sacremens, & l'éloignement du peché. Le bien qu'il fit dans le canton de Ros se communiqua aux paroisses voisines, & par ce moïen tout l'Evêché a été peuplé de personnes vertueuses & devotes. Mais personne ne tira un plus grand fruit de son séjour, que le Recteur de Ros & sa sœur, qui étoit une veuve âgée & d'une rare pieté. Leur maison devint une espece de Monastere ; on y faisoit reglément l'oraison, les pauvres & les passans y étoient reçus & traitez charitablement ; le Recteur & sa sœur les y servoient à table ; en un mot ils pratiquerent avec une fidelité si édifiante les regles que leur avoit données Frere Jean de S. Samson, tant de vive voix, que par écrit qu'ils ont laissé dans le païs une odeur de vie qui rend leur memoire précieuse. Il suffisoit de frequenter Frere Jean de S. Samson, pour se trouver enflammé de l'amour du bien ; & si ce n'est pas une merveille que deux Prédicateurs de l'Ordre de saint François aient été portez par ses entretiens à embrasser la Reforme ; il est singulier qu'un soldat qui lui servoit quelquefois de lecteur, soit devenu si devot, pour l'avoir frequenté, qu'après s'être d'abord jetté dans la solitude, pour s'y occuper uniquement de l'oraison, il se soit enfin entierement sacrifié à Dieu en embrassant la profession Religieuse.

Cet homme si Saint, qui languissoit continuellement de la plaïe que l'amour Divin avoit faite dans son cœur, aspiroit sans cesse avec tant d'impatience à l'heureux moment qui devoit le délivrer des liens de la vie mortelle, que tout ce qui prolongeoit son exil étoit un vrai tourment pour lui. Enfin Dieu voulut exaucer ses ardens desirs, & commença le 3. de Septembre de l'an 1636. à lui ouvrir les portes de l'Eternité, par une fiévre accompagnée d'effusion de bile. Si le corps souffroit de grandes douleurs, l'ame ne fut pas exempte de souffrances ; il se trouva dénué de toutes consolations, & dans une espece d'abandonnement universel. Cette ame forte & vigoureuse endura ; non-seulement sans murmure, mais encore avec joïe, des privations cruelles qui donnoient à sa mort quelque resſemblance avec celle de son aimable Sauveur. Il disoit, que s'il étoit d'une obligation essentielle de renoncer à soi-même pendant toute la vie, c'étoit aux derniers momens sur tout qu'il falloit pratiquer ce renoncement dans le souverain dégré. N'aïant donc plus alors d'autre volonté que celle de Dieu, il s'abandonnoit entierement à lui, & ne s'occupoit pas tellement des douceurs de sa misericorde qui font l'appui de nôtre esperance, qu'il n'envisageât avec resignation les rigueurs de sa justice, & ne dît avec le prophete Michée : *je supporterai la colere de Dieu, parce que j'ai peché contre lui.* Quant au corps, bien-loin de chercher à en soulager les extrêmes douleurs, il ne cherchoit qu'à les augmenter autant qu'il étoit en lui, du moins à les supporter dans toute leur rigueur, sans perdre une seule goute de ce calice d'amertume. C'est pourquoi il ne se plaignoit point ; il cachoit ses souffrances avec soin, & ne se tournoit pas même dans son lit, dans la peur de diminuer, par ce mouvement si naturel aux malades, quelque chose de ses peines. Il mourut le 14. de Septembre, jour de l'Exaltation de la Sainte Croix, âgé de 64. ans, 8. mois, 15. jours, en baisant le Crucifix avec tendresse, & prononçant ces paroles de l'Apôtre : *je suis attaché à la Croix avec Jesus-Christ.*

Son corps fut enterré dans l'Eglise des Carmes de Rennes, avec un concours prodigieux de peuple, qui s'empressoit d'avoir quelque partie de ses vêtemens, de sa barbe, & de ses cheveux, & de faire toucher des chapelets à son corps, dans la prévention où l'on étoit, que ce seroient autant de moïens d'attirer les faveurs du Ciel par l'intercession d'un homme que la pieté du public canonizoit déja ; & en effet on rapporte plusieurs effets miraculeux des prieres où l'on a emploïé auprès de Dieu le nom de ce venerable Religieux. Le Président des Loges, Prêtre & Septuagenaire (nous ne parlerons point ici des autres) fut guéri dès l'année suivante, d'une maladie très-dangereuse, où il avoit été abandonné des medecins, & reçut cette faveur aussi-tôt qu'on eut fait vœu pour lui, qu'il diroit la Messe pendant neuf jours au tombeau de Frere Jean de S. Samson, & feroit mettre une tombe de marbre sur le lieu de sa sepulture. C'est ce qu'il executa fidèlement, & voici l'Epitaphe qu'il fit graver sur cette tombe.

HOC SUB MARMORE QUIESCIT VENERABILIS F. JOANNES A S. SAMSONE CARMELITA REFORMATUS, LAÏCUS, OBSERVANTIÆ RHEDONENSIS.
VERE COECUS ILLUMINATISSIMUS,
QUO SAPIENTIUS AUT FUSIUS HOC SÆCULO SCRIPSIT NEMO DE REBUS MYSTICIS ET VERA CONTEMPLATIONE.
VITAM DUXIT
AUSTERITATE ET LABORIBUS ASPERAM,
CŒLESTIUM CONTEMPLATIONE SUAVEM,
DÆMONUM CONTINUO CONFLICTU HORRIBILEM,
ANGELORUM CONSORTIO JUCUNDISSIMAM,
HUMILITATE AD IMA DEPRESSAM,
ARDORE SERAPHICO IN DEUM TRANSFORMATAM,
QUOTIDIANA SYNAXI REFECTUS,
PABULUM CŒLESTE CASTO PECTORE FOVEBAT,
ETIAM AD SEX HORAS INCONSUMPTUM,
NATIVO CALORE IN AMOREM VERSO.
QUIPPE DELICIAS PUTAT CHRISTUS,
PURISSIMO SINU TENERI.
QUID PLURA ?
IN VITA SUA FECIT MONSTRA, IN MORTE MIRABILIA OPERATUS EST.
QUÆ SI LINGUÆ MORTALIUM SILEANT, ISTIUS SAXA SEPULCHRI PERPETUO LOQUENTUR.
SISTE ITAQUE VIATOR,
ET SI ME AMAS, HIC DEUM ADORA IN SUIS GLORIOSUM.
OBIIT IN CARMELO RHEDONENSI VIR VERE MUNDO CRUCIFIXUS, IN FESTO EXALTATIONIS S. CRUCIS, XIV. SEPTEMBRIS M DC XXXVI.

c'est-à-dire : « Sous ce marbre repose Venerable Frere Jean de S. Samson, Laï, Carme Reformé de l'Observance de Rennes. C'a été veritablement un aveugle très-éclairé, qui a écrit sur les choses mystiques & sur la vraïe contemplation, avec tant de sagesse & d'abondance, que personne dans ce siécle n'a traité mieux que lui des mêmes matieres. Il a mené une vie, que l'austerité & les travaux ont rendue très dure, mais qui a été adoucie par la contemplation des choses celestes ; une vie troublée par les continuelles attaques des démons, mais très-agréable, d'un autre côté, par la familiarité & le commerce avec les Anges ; une vie abîmée par l'humilité, mais transformée en Dieu par un amour Seraphique. Repu tous les jours de la Sainte Eucharistie, il conservoit la viande celeste six heures entieres sans corruption dans sa chaste poitrine, comme si la chaleur naturelle se fût changée en amour, & comme si le Sauveur eût vou- »

14. SEPTEMB.

« lu marquer par-là, combien il lui est
« agréable de séjourner dans un sein
« aussi pur. Que dirai-je de plus ? Il a fait
« des choses merveilleuses pendant sa vie,
« & après sa mort il a continué de faire
« des prodiges ; & quand les langues mor-
« telles cesseroient d'en faire le recit, les
« pierres de ce tombeau en rendront té-
« moignage à jamais. Arrête donc passant,
« & si tu m'aime, adore ici Dieu glorieux
« dans les siens. Cet homme veritablement
« crucifié au monde, mourut au Convent
« des Carmes de Rennes le jour de l'Exal-
« tation de la Sainte Croix 14. de Septem-
« bre 1636. »

On a imprimé d'abord, en plusieurs petits volumes, les Ouvrages de Frere Jean
de S. Samson, dont le premier contenoit
sa vie & ses maximes, avec trois grands
traitez, qui ont pour titres : *Le miroir & les
flammes de l'amour Divin. De l'amour as-
piratif, ou de l'aspiration amoureuse de l'a-
me vers Dieu. Et de la souveraine contemplation d'Amour.* Le second est celui de ses
contemplations, & de ses sacrez soliloques.
Le troisiéme porte pour titre : *Le vrai esprit du Carmel*; & l'on y a joint ses Lettres
spirituelles. Le quatriéme volume est son
Cabinet mystique, qui contient les regles de
la conduite des novices & du discernement
des esprits. Le cinquiéme contient *Le miroir des consciences*, & les regles de conversation pour les personnes spirituelles. Le
sixiéme, ses Exercices pour les retraites de
dix jours. Le septiéme, *La mort des Saints
precieuse devant Dieu*. Le huitiéme ; *Les
Divines qualitez de l'ame morte à sa propre
vie*, &c. On voit encore parmi ses ouvrages, un traité mystique *De l'excellente dignité des Pretres*; un autre, *De la grandeur
infinie de Dieu*; un autre, *Des causes de la
ruine spirituelle des hommes, & comment on
peut connoitre le progrés que l'on fait dans la
perfection*; un autre pour servir de directoire à ceux qui assistent les malades ; un
autre sur l'étude des sciences ; un autre qui
a pour titre : *Le Directoire du parfait Confesseur* ; un traité *De la frequente Communion* ;
Le Directoire des Superieurs des Religieux ;
*La direction spirituelle des Novices & des
Profez des Carmes de la province de Touraine* ; *Pratique spirituelle pour diriger l'ame &
la conduite à l'union parfaite avec Dieu*,
&c. Tous ces ouvrages ont été rassemblez
depuis en deux volumes in folio, pour l'utilité & la commodité des ames pieuses.

LE VENERABLE PERE
*Philippe Thibaut, Pere & prin-
cipal auteur de la Réforme des Carmes de l'Observance de Rennes.*

XVII. SIECLE.

Decedé le 24. Janv. 1638.

CE Religieux destiné par la providence pour rétablir la discipline Reguliere
dans l'Ordre des Carmes, naquit l'an 1572.
dans le bourg de Brin sur Alone, à deux
lieuës de la ville de Saumur en Anjou. L'on
est sûr de l'année ; mais pour le lieu ce n'est
que par conjecture qu'on en a parlé, sur
ce qu'en 1620. deux de ses sœurs demeuroient en la paroisse de Brin, & un de ses
cousins étoit maître d'école du bourg. Philippe Thibaut âgé seulement de huit ans,
reçut l'habit des Carmes en 1580. au Convent de N. D. de Recouvrance d'Angers.
Consacré dès son enfance au service des
Autels, il offrit à la grace Divine un cœur
que la malice n'avoit pas encore séduit. Il
étoit d'un esprit vif & pénétrant, & d'un
naturel sanguin. Il se portoit au bien par
l'amour de la vertu, plus que par la crainte
des châtimens. Sa plus tendre dévotion dès
ses plus premieres années fut pour la sainte
Vierge, à qui plusieurs fois le jour il alloit
rendre ses hommages devant une figure
de cette bien-heureuse mere de Dieu qu'on
revere dans l'Eglise de ce Convent. On y
respecte aussi particuliérement la memoire
d'un reformateur celebre de l'Ordre, le B.
Pere Jean Soreth general des Carmes decedé en cette maison six-vingt ans avant
que le jeune Novice y entrât. Les Religieux, en enterrant le corps, en avoient
separé le cœur, & l'avoient mis dans la
muraille proche du tombeau, à côté d'une
image de la sainte Vierge dont la matiere est
de Jais, que ce Bienheureux general portoit
avec lui dans tous ses voïages. Les Angevins marquoient une grande confiance aux
prieres du B. Jean Soreth, & faisoient souvent dire des saluts en action de grace des
faveurs qu'ils croïoient avoir reçuës par son
intercession. L'exemple & la memoire de
ce grand homme excitérent vivement Frere Philippe à marcher sur ses traces dans
les voïes de la perfection. Mais les premiers
mouvemens de son zéle eurent le caractere
de son âge, c'est à dire, du feu & de l'activité, sans prudence. On peut cependant
en faire le recit, puisque l'Eglise permet
bien qu'on louë dans Ste. Therése le zéle
qui la porta avec son frere à quitter dans

Tiré de sa vie écrite par le P. Lezin de Sainte Scholastique Prieur des Billettes. Imprimé à Paris in 12. en 1673.

l'enfance la maison paternelle, pour aller porter la Foi chez les Mahometans, ou répandre leur sang pour sa confession. Le jeune Thibaut élevé, dans un Ordre qui regarde le mont-Carmel comme sa source & comme l'heritage de ses Peres, aïant appris que ce lieu autrefois si saint, étoit profané par les Infidéles, pratiqua un autre novice de même âge que lui, c'est à dire, d'environ neuf ou dix ans, & tous deux se mirent en chemin, pour aller rétablir le culte de Dieu sur cette montagne autrefois sanctifiée par le séjour des Prophetes. Ils n'allérent pas loin l'un & l'autre sans être découverts & ramenez au monastére.

Frere Philippe desabusé d'un dessein chimerique, s'appliqua serieusement à s'instruire du veritable esprit de l'Ordre, dans les pratiques des plus anciens Religieux de sa maison. Heureux l'enfant qui dans un âge si tendre sçait préferer la compagnie des sages vieillards à celle d'une jeunesse bouïllante & peu reglée. Il trouva dans ces anciens un zéle ardent pour célebrer l'office Divin avec décence & majesté, un attachement scrupuleux aux jeûnes prescrits par la Regle, la mortification de ne point porter de linge, la retraite de toutes les assemblées qui n'avoient pour but que le plaisir & la dissipation, l'application à prier, lire & méditer jour & nuit la loi de Dieu. Ces bons exemples faisoient de fortes impressions sur l'esprit du jeune Philippe pour le porter à les imiter ; mais ce qui acheva de le détacher entierement du monde & de lui même, fut une chose qui arriva en ce Convent dans le même tems. Quelques Religieux, qui ne l'étoient guéres que par l'habit & le nom, étoient occupez à jouër à des jeux peu séans à leur état, pendant qu'un de leurs confreres malade à l'extrémité combattoit contre la mort. Personne ne songeoit à l'assister dans ces derniers momens ; & Frere Philippe s'amusoit, comme un enfant, à regarder les autres, lorsqu'il s'entendit appeller par deux fois d'une voix forte & articulée. Croïant que ce pouvoit être le malade qui l'appelloit, il court à lui, & le trouve expiré. Cet objet qui le saisit d'horreur & d'effroi, lui fut toûjours présent depuis jusqu'au dernier moment de sa vie, & jamais il n'y pensoit sans fremir dans la crainte des jugemens de Dieu. Il fit sa profession la seiziéme année de son âge en 1588. le 9. jour d'Octobre consacré à saint Denis, jour précieux à Frere Philippe pendant tout le cours de sa vie, & qu'il ne passoit point sans donner à Dieu des marques particulieres de sa reconnoissance, & sans rendre à ce saint Apôtre de la France un culte affectueux.

Peu de tems après Frere Philippe fut envoïé au college de l'Ordre à Paris. La providence lui suscita une bienfaitrice dans la personne d'une riche & vertueuse Dame, nommée Madame du Bois, grande tante de Messieurs Lanier ; Droüet, des Marêts, & autres de la ville d'Angers, qui l'adopta pour son fils, & lui fournit abondamment tout ce qui lui étoit necessaire, jusqu'à ce qu'il fût Prêtre. Son maître de Philosophie fut le P. Rampon profez du Convent de Metz, Docteur de la faculté de Paris, & très-sçavant dans les lettres Hebraïques & Greques, qui depuis, en 1620. dans un âge fort avancé, vint à Rennes & à Angers, demander du secours à son écolier, pour établir la Reforme au Convent de Metz, & pour en apprendre les leçons de son ancien disciple. Frere Philippe fut admiré de tous ses confreres, qui l'honorérent du surnom de *Subtil*. Mais il ne donnoit pas tout son tems à la philosophie d'Aristote ; sa principale étude étoit celle de la Croix. Il avoit de frequentes conferences avec les Chartreux & les Feüillans, pour la direction de son ame ; & la conversation de ces saints Religieux contribua beaucoup à le rendre un modéle de toutes les vertus. Il étoit infatigable à l'office Divin le jour & la nuit, sans épargner sa voix, qu'il avoit belle. Son obéïssance étoit exacte & ponctuelle, sa modestie édifiante, sa charité sans bornes. La misericorde étoit née avec lui ; le pecule dont la pratique de ce tems-là lui permettoit la disposition, étoit commun à tous ses freres, & il prévenoit souvent leurs besoins. Il étoit toûjours severe à lui-même, indulgent pour tous les autres, & jamais incommode à personne.

Quand il eut achevé sa philosophie, il alla étudier en Theologie sous les Jesuites de Pont-à-Mousson, sans qu'on ait pû apprendre de lui le sujet de cette retraite. Il y merita les éloges de ses maîtres, par les rares qualitez de son esprit ; & les applaudissemens du public, par l'éloquence de ses prédications.

Après ses études de Theologie il revint à Angers, pour y recüeillir parmi ses amis & bienfaiteurs les secours dont il avoit besoin pour prendre les dégrez en la Faculté de Paris. On l'y obligea de monter en chaire, & il s'acquitta de cet emploi avec beaucoup de fruit. Dans le même tems il reçut l'ordre de Prêtrise, par l'ordre exprés de ses Superieurs, avant l'âge prescrit par le Concile de Trente ; précipitation qui lui causa dans la suite bien des remords de conscience, & qui fut un des principaux motifs

LE P. PHILIPPE THIBAUT.

24. JANVIER.

du voïage qu'il fit à Rome en l'année du Jubilé de 1600. Il se prépara saintement à la celebration de son premier sacrifice, par la retraite, par une confession generale de toute sa vie, & par la renovation de ses vœux.

Il retourna ensuite à Paris, pour se disposer à faire tous les actes par lesquels il faut passer avant que de prendre le bonnet de Docteur. Instruit par les paroles du Prophete, qui nous a dit : *Approchez-vous de Dieu, & vous serez éclairez*, il regarda comme une tromperie du demon l'erreur où sont ceux qui s'imaginent que le tems qu'on emploïe à l'oraison & à la méditation, est perdu pour l'étude des sciences speculatives. L'exemple de tant de Saints qui avoient éprouvé le contraire, lui étoit parfaitement connu, & il sçavoit que plus l'ame s'unit à Dieu, plus elle se purifie & se dégage de tout ce qui peut obscurcir ses lumieres; c'est pourquoi pour procurer un heureux succès à ses études, il eut soin d'y joindre la priere, le recüeillement & les exercices de la vie interieure, & il ne fut pas trompé dans son attente.

Pf. 33.

Mais toûjours tourmenté de la peine que lui faisoit son ordination précipitée, il crut qu'il ne trouveroit le repos de sa conscience qu'aux pieds du S. Pere, qui étoit alors Clement VIII. Il partit donc pour aller à Rome, en 1600. tant pour rendre la tranquillité à son esprit sur ce sujet, que pour un autre motif qui ne le pressoit pas moins. Il n'y avoit point encore de Carmes Déchaussez en France; & l'aversion qu'avoit le Roi Henri IV. pour tout ce qui venoit d'Espagne, ne laissoit pas lieu d'esperer que la reformation de l'Ordre dans le Roïaume pût se faire par leur moïen. Le P. Thibaut, qui soupiroit sans cesse pour le rétablissement de la discipline reguliere, ne trouva point de meilleur expedient pour contenter son zéle, que de s'adresser au Pape. Il fit donc le voïage de Rome avec cinq compagnons associez avec lui dans le même dessein, & demanda à S. S. la permission, ou d'entrer chez les Chartreux, ou de passer dans la Réforme des Carmes Déchaussez en Italie, ou enfin d'avoir un Convent en France dans la province de Touraine, où tous six ensemble pussent vivre dans l'exacte observance de leur Regle. Le Pape n'écouta point les deux premieres propositions; quant à la troisiéme, il exhorta les Supplians à la perseverance; il leur dit qu'il envoïeroit bientôt dans le Roïaume leur General Henri Silvius, avec un plein pouvoir de travailler à la reformation de l'Ordre, & leur ordonna de se joindre à lui dans l'execution de ce dessein. Il prit le P. Thibaut en particulier, l'exhorta vivement à prendre courage, lui dit que Dieu vouloit se servir de lui pour le rétablissement de la discipline reguliere parmi les Carmes, & le chargea d'en conferer avec le pere General. Le P. Thibaut obéït dès le même jour, & parla au General avec un zéle qui donna une haute estime de sa vertu. Enfin le P. Silvius le renvoïant en sa province, promit de l'y suivre bientôt; ce qu'il executa en 1603.

24. JANVIER.

Le P. Thibaut de retour à Paris, entreprit sa Sorbonique, bien mieux préparé par l'oraison & par la penitence, que par ses longues veilles & son application à l'étude. Il réüssit à cet acte avec tant d'avantage, que pendant qu'on donna l'exclusion à plusieurs de la licence pour une broüillerie qui survint alors, lui seul entre les Carmes fut reservé. Mais son humilité ne lui permit jamais de prendre le bonnet; & Dieu le disposa ainsi, afin que l'exemple du Pere autorisât le reglement, par lequel il devoit prescrire à ses enfans l'éloignement de ces sortes d'honneurs & de dégrez. Cela ne l'empêcha pas d'être regardé par tous les Docteurs qui avoient fourni la même carriere que lui, comme le plus bel esprit de la licence, & qui avoit le plus paru sur les bancs, soit pour la doctrine, soit pour la pieté, la Religion & la modestie.

Dès l'an 1590. on avoit commencé de parler de la Reforme de l'Ordre des Carmes en France; mais ces premiers mouvemens avoient été sans effet. Au baptême de Loüis XIII. neuf ou dix ans avant l'entrée des Carmes Déchaussez en France, & six avant l'établissement des Carmelites à Paris, le Cardinal de Joïeuse présenta au Roi Henri le Grand quelques Religieux de la province de Touraine, qui lui demanderent la Reforme. Le Roi les écouta favorablement, & leur aïant promis sa protection pour un si louable dessein, il fit écrire au Pape Clement VIII. pour le prier d'envoïer en France le General des Carmes, pour y visiter les maisons de l'Ordre, & y rétablir la discipline. Ce saint Pape n'avoit rien tant à cœur que la Reforme des Ordres Religieux; il embrassa cette occasion avec joïe, & ordonna au General des Carmes Henry Silvius de passer en France. Aussi-tôt que le P. Silvius fut à Paris, un de ses premiers soins fut de demander où étoit Maître Philippe Thibaut, qui n'étoit encore que Bachelier. Cette distinction surprit les anciens Docteurs de la maison; mais le merite du sujet ne justifioit que trop l'affection du General. Aussi-tôt que le P.

Thibaut se fut présenté, le P. Silvius l'embrassa, & lui commanda de se tenir toûjours auprès de sa personne ; & lorsqu'il s'en éloignoit ou par modestie ou par necessité, le P. General le faisoit appeler, ou alloit même trouver dans sa chambre, pour prendre ses conseils dans les affaires les plus importantes de l'Ordre, & sur tout dans celles qui regardoient la Reforme.

L'année suivante 1604. le P. Silvius assembla le Chapitre general de la province de Touraine à Nantes, où le P. Thibaut le suivit par son ordre. Le General y publia des Statuts de Reforme, tirez pour la plûpart des décrets de Clement VIII. & quatre ou cinq Religieux, à la tête desquels étoit le P. Pierre Behourt, s'offrirent à donner aux autres l'exemple de la soûmission. Le P. General leur désigna le Convent de Rennes, pour être le berceau de cette nouvelle observance, & en fit Prieur le P. Behourt. Mais pour le P. Philippes, il voulut le ramener avec lui à Paris, pour s'en servir pour reformer la maison de la place Maubert à Paris. Ce fut dans ce dessein qu'il lui confia l'éducation de la jeunesse & le soin du temporel, en l'établissant Professeur de Philosophie & Sacristain.

L'Eglise des Carmes prit en quelque sorte une nouvelle forme sous l'administration du P. Thibaut ; les Autels furent proprement ornez ; les Messes ne s'y dirent plus que par ordre & successivement les unes après les autres ; l'argenterie engagée pour des dettes, fut retirée ; la Chapelle de la Vierge, dite de Lorette, fut ornée d'une image & de cinq lampes d'argent ; l'office Divin fut sonné regulierement aux heures marquées dans les constitutions. Ce que le P. Thibaut fit encore de mieux, ce fut d'abolir la mauvaise coûtume introduite dans la décadence de l'observance reguliere. Les Sacristains prenoient à ferme tous les deniers qui s'offroient à l'Eglise, & tout le casuel, pour une certaine somme ; & en la païant, ils n'étoient comptables à personne. Le nouveau Sacristain trouva qu'il étoit indigne d'un Religieux de prendre à forfait de tels deniers, & ne voulut les manier, qu'à la condition d'en compter en détail.

Quant à son autre emploi de Regent de Philosophie, son premier soin fut de bien regler son tems, afin d'en trouver pour lui, pour ses études & pour ses écoliers. Un de ses écoliers avoit été chargé de l'éveiller tous les matins à quatre heures ; mais quand on venoit lui apporter de la lumiere, on le trouvoit ordinairement à genoux & en oraison. Il tâcha de se rendre maître des cœurs de ses écoliers, pour les porter plus efficacement à la vertu & à l'étude des sciences. Non-seulement dans ses discours familiers, mais encore dans ses leçons publiques, il mêloit toûjours quelques maximes de Religion & de pieté. Ses soins charitables pourvoïoient aux besoins spirituels de ses écoliers, & même à leurs necessitez temporelles. Il procuroit aux plus jeunes des bienfaiteurs, & des Messes annuelles aux Prêtres. Son attention alloit jusqu'à leur procurer d'honnêtes recreations. Trois fois l'année, après Pâques, après la S. Jean, & à l'entrée des jeûnes de l'Ordre au mois de Septembre, il les conduisoit à la campagne, tantôt au Mont-Valerien, tantôt à S. Denis, à N. D. des Vertus, ou à quelqu'autre lieu de pieté ; leur donnoit à dîner, & leur permettoit de prendre un peu de relâche dans quelques jeux innocens. Pour lui ses divertissemens les plus ordinaires étoient d'aller visiter les Chartreux ou les Feüillans, ou quelques-uns de ses amis particuliers, Messieurs de Berulle, du Val, de Pierre-vive, tous personnages celebres par leur érudition & leur pieté.

Sa charité envers les malades ne se bornoit pas à ses écoliers ; il lui suffisoit de voir souffrir quelqu'un, pour se sentir entraîné par sa tendresse à le servir & le soulager. Un Religieux du Convent d'Angers, nommé Frere Pierre Chaperon, fut attaqué d'une pleuresie mortelle. Le Pere Thibaut coucha trois semaines entieres dans la chambre du malade, sur une paillasse, sans se deshabiller, & lui rendit tous les services les plus pénibles & les plus humilians. En même tems un frere Laï fut frappé de maladie contagieuse. Le charitable Pere s'offrit volontiers à le servir, lui fit recevoir tous les Sacremens, l'assista dans tous ses besoins, l'ensevelit lui-même, & l'enterra la nuit dans le cloître ; & l'on ne s'apperçut de l'excès heroïque de sa charité, que lorsqu'on trouva le lendemain matin du feu allumé dans tous les lieux où le corps pestiferé avoit passé. Souvent il s'incommodoit lui-même, pour secourir ses confreres, quand il manquoit d'autres moïens. Un de ses écoliers, qu'il avoit chargé de s'informer des necessitez de tous les Religieux de la maison, tant sains que malades, lui apprit un jour qu'un frere qui venoit de Rome, avoit grand besoin d'une robe. Le P. Thibaut n'aïant point d'autre que celle dont il étoit revêtu, s'en dépoüilla, la donna au Frere, & prit la sienne qui n'étoit pas sans vermine.

Il remplissoit, sans se trouver embarassé,

deux emplois qui demandoient chacun un homme. On lui en imposa un troisiéme, qui fut celui de prêcher le Carême dans l'Eglise des Carmes, dont il s'acquitta, comme s'il n'eût eu que cette seule chose à faire. Son Eglise, quoique vaste, se trouva encore trop resserrée pour le nombre d'auditeurs que sa réputation attiroit à ses sermons. La benediction de Dieu se répandit sur ses paroles; & l'année suivante il fut demandé pour exercer le même ministere dans l'Eglise de S. Jacques du Haut-pas. Cela fût allé encore plus loin, sans que la providence l'appelloit ailleurs.

Le P. Behourt qui avoit jetté à Rennes les premiers fondemens de la Reforme, étoit d'une severité qu'il n'avoit pas l'art de temperer par la douceur. Le P. Loüis Charpentier son successeur, quoique bien intentionné, donnoit dans l'extrémité opposée; il étoit timide & facile, & se sentoit trop foible pour vaincre les oppositions de toute la Province. Ils eurent recours l'un & l'autre au P. Thibaut, & pour l'engager à venir en Bretagne, ils lui offrirent le Carême de leur Eglise, où l'on prêche tous les jours. Celui-ci étoit en négociation pour entrer dans l'Ordre des Chartreux, on le trouva difficile à gagner, il fit même quelque chose d'approchant de la conduite du Prophete Jonas, il fuit en quelque sorte de devant Dieu, pour éviter le travail auquel il étoit destiné. L'an 1607. il prêcha l'Avent à Janville, qui est sur le chemin de Paris à Orleans; mais comme en y allant il étoit tombé trois fois par terre avec son cheval, quoique le cheval fût des meilleurs, il avoit jugé de cet évenement que Dieu demandoit de lui quelqu'autre chose que ce qu'il se proposoit de faire; & n'osant s'en fier à ses propres lumieres, il consulta, lorsqu'il fut de retour à Paris, son directeur, qui étoit alors le P. Leonard Beaucousin Prieur des Chartreux. Quoique celui-ci lui eût ménagé ses expeditions pour entrer dans la grande Chartreuse de Grenoble, & qu'il soit naturel aux Religieux de se procurer, quand ils le peuvent, des sujets d'un merite distingué; cependant le P. Beaucousin crut reconnoître à des marques évidentes, que Dieu vouloit le P. Thibaut ailleurs que dans la solitude des Chartreux; il lui refusa son bref, & lui dit: « Allez, mon cher Pere, « Dieu se veut servir de vous en vôtre Or-« dre, & vous y mourrez. Vous seriez un « trésor caché parmi nous, & Dieu veut « que vos Freres profitent de vos richesses. » Un avis si desinteressé fut reçu du P. Thibaut, comme une décision à laquelle il devoit se soumettre; & pour suivre la vocation de Dieu, il prit le chemin de Bretagne.

Avant ce tems-là, & pendant qu'il étoit encore à Paris, un Ministre de la Religion Prétenduë Reformée, qui l'avoit entendu prêcher à Loudun avec l'applaudissement de tous les Catholiques, vint le trouver, pour conferer avec lui sur les principaux points de la controverse. Le P. Thibaut détruisit toutes ses préventions, l'éclaircit sur tous ses doutes, satisfit pleinement à toutes ses difficultez; & enfin le persuada, après l'avoir convaincu. La conversion du Ministre fut le fruit de ces conferences, qui durerent trois mois, pendant lesquels le charitable catechiste, par le moïen de ses amis, pourvut aux necessitez temporelles du proselyte. Sa charité passa plus avant à l'égard d'un de ses confreres, qui séduit par l'orgüeil & l'esprit de débauche, avoit quitté son cloître & la communion de l'Eglise Catholique, & s'étoit retiré dans un païs très-éloigné, où il avoit femme & enfans. Le P. Thibaut aïant découvert le lieu de sa demeure, entreprit de l'aller trouver, & se déguisa pour l'aborder plus sûrement. L'Apostat ne le reconnut pas d'abord; mais il eut bientôt rappellé ses idées, quand il lui entendit dire en Latin: *Eliades sum*, je suis enfant d'Elie. Aussi-tôt il emmena le Pere dans son cabinet, l'écouta respectueusement, & n'étoit pas éloigné de se rendre. Pour lui prouver même que son cœur n'étoit pas encore tout-à-fait corrompu, il lui fit voir sur sa table l'office de la Sainte Vierge, & l'assura qu'il le recitoit tous les jours. Sa femme allarmée de cette visite qui lui paroissoit mysterieuse, faisoit déja du bruit. Le mari lui dit, pour l'appaiser, que c'étoit un Pasteur de l'Eglise de Poitou qui l'étoit venu voir, & le pria de lui preparer la collation. Mais cela ne guérit point la femme de ses défiances; elle avertit les Surveillans, qui envoïerent aussi-tôt des gens armez pour se saisir du prétendu Pasteur; & il auroit été pris, sans que celui pour qui il s'étoit exposé de la sorte, eut soin de le faire évader, & de sauver la vie du corps à celui qui étoit inutilement venu pour lui faire recouvrer celle de l'ame. On ne nous a point marqué la date de ces deux faits, que nous avons cru cependant ne devoir pas omettre.

Au commencement de l'an 1608. le P. Thibaut partit de Paris à pied avec le P. Antoine Roulin profez du Convent de Bourges, qui avoit été son écolier, & qui ne le quitta depuis qu'à la mort. En arrivant à Fougeres il se blessa à une jambe;

cet accident le contraignit de prendre un cheval. Il fit encore deux chutes, mais il n'en fut pas allarmé comme de celles de Janville, parce qu'il n'avoit plus à se reprocher d'être dans la resistance aux desseins de Dieu sur lui. Le petit troupeau de Rennes, qui n'étoit encore que de quatre à cinq personnes, le reçut comme un don du Ciel. Sur tout le P. Behourt fut rempli de joïe & de consolation à son arrivée. Après le Convent de Rennes il avoit gouverné successivement ceux d'Angers & de Dol, & s'étoit démis de ces charges, pour attendre en simple particulier l'ouvrier plus heureux que lui, qu'il plairoit à Dieu d'envoïer. Le P. Thibaut prêcha le Carême dans l'Eglise de son Convent avec tant de zéle, de pieté, de doctrine & d'éclat, qu'on assure qu'il ne s'étoit jamais rien vû de pareil dans cette ville, quoique capitale de la Province. Les Jesuites n'avoient pas encore d'Eglise, & profitans du voisinage de celle des Carmes, ils y envoïoient leurs écoliers trois fois la semaine entendre la prédication, & les y accompagnoient. Ils étoient déja prévenus d'estime pour le P. Thibaut; ses actions publiques l'augmentérent, & ils disoient hautement par tout que ce nouveau prédicateur étoit né pour de grandes choses dans son Ordre & dans l'Eglise de Dieu. Messire François Lachiver alors Evêque de Rennes, & Monsieur de Cucé premier Président du Parlement, furent charmez de ses prédications & de ses entretiens particuliers, aussi-bien que les principales Dames de la ville; & ces sentimens formérent des liaisons qui furent ensuite très-avantageuses pour le bien de la Reforme. Il abolit une vieille coûtume que les Religieux avoient, introduite de quêter dans l'Eglise avant & après le sermon; & quoique les necessitez de la maison fussent extrêmes, il s'abandonna entierement à la Divine providence. En recompense de sa grande foi Dieu toucha le cœur des Dames d'Appigné, de Trans, de Brequigny, & des autres plus distinguées de la ville & de la province; elles entreprirent cette quête par les maisons, & la firent très abondante; mais le prédicateur en laissa tout le produit à son Monastere.

Il n'en est pas du ministere de la parole comme de l'administration des Sacremens; ceux-ci ont puisé toute leur vertu dans le sang de J. C. & la communiquent toute entiere independamment de la sainteté ou l'indignité des ministres; mais la parole devient plus efficace, à mesure que celui qui la distribuë, est plus saint, & fait voir par une conduite fidéle & reguliere qu'il est penetré le premier des veritez qu'il annonce. La vie du P. Thibaut donnoit un grand poids à ses discours; il digeroit dans la méditation & l'oraison mentale les lumieres qu'il avoit puisées dans les livres, & ne distribuoit le pain celeste qu'après s'en être nourri lui-même. Il joignoit l'austerité de la vie à l'oraison & à la méditation. Pendant sa regence de philosophie & sa licence il coucha toûjours sur la dure, prit la discipline trois fois la semaine & portoit souvent le cilice, la haire, ou la ceinture de crin. Les Jeudis & les Vendredis de la semaine Sainte il trouvoit le moïen de se couler sous l'Autel où reposoit le S. Sacrement, & demeuroit-là prosterné la face contre terre quatre ou cinq heures entieres. Le Pere Antoine Roulin son cher compagnon le surprit un jour dans cette posture, & lui a gardé, pendant que le P. Thibaut a vécu, le secret qu'il lui promit alors. Pendant l'Avent & le Carême, quoique le P. Thibaut prêchât tous les jours, il ne diminuoit rien de ses austeritez ni de ses prieres ordinaires; & la Messe, il ne la disoit qu'après avoir prêché.

Le P. Behourt, pendant le tems de son administration à Rennes, n'avoit pû gagner que deux Prêtres, le P. Guillaume Guerchois, & le P. Pierre Plumelet; encore n'en tira-t-il pas de grands secours pour ses pieux desseins. Il avoit posé le fondement de sa Reforme sur la pauvreté Evangelique. André du Val, Docteur fameux de la Faculté de Paris, avoit décidé sur l'exposé qu'il lui avoit envoïé, qu'un Religieux proprietaire n'étoit pas en voïe de salut. Aussi-tôt le P. Behourt & ses associez s'étant assemblez devant le S. Sacrement, avoient renoncé à tout pecule par une protestation solemnelle. Mais quoiqu'on eût posé le fondement, l'édifice étoit peu avancé, quand le P. Thibaut vint prêcher le Carême, la Reforme n'étoit encore composée que de sept profez & de quatre novices. Quand il eut mis fin à ses prédications, il fut élû Souprieur & Maître des novices, & prit soin de cultiver ces jeunes plantes, qu'il augmenta jusqu'au nombre de neuf clercs. Il se rendit non-seulement la forme du troupeau, mais il donna encore des exemples de pénitence dont il n'exigeoit pas l'imitation. Cette communauté reçut la même année une lettre du General Silvius, par laquelle il l'exhortoit à perseverer courageusement dans le dessein de rétablir l'étroite Observance. Le P. Thibaut persuada au Prieur, pour attirer les benedictions du Ciel sur leurs pieux projets, d'instituer au dedans de la maison, dans une Chapelle dreſſée à cet effet, une oraiſon de quarante heures continuée jour & nuit. A la fin de cette pratique (& elle a depuis paſſé en loi fondamentale dans la Reforme) les Religieux de cette maiſon aïant renouvellé leurs vœux, renoncérent tous par écrit aux privileges que les Statuts donnoient aux Graduez & à la qualité de Maître ; & s'obligérent de tirer la même ſignature de tous ceux qui voudroient dans la ſuite ſe joindre à eux. Quelques-uns des anciens ne ſecondoient pas le P. Thibaut dans toutes ſes vûës ; ils vouloient qu'on ſe contentât de l'eſſentiel des trois vœux, ſans introduire les pratiques de l'oraiſon, de la méditation, de la préſence de Dieu, de la retraite & d'un grand nombre d'auſteritez ; au lieu qu'il étoit perſuadé qu'on ſe flattoit en vain de conſerver l'eſſentiel, ſans le ſecours de toutes ces ſaintes pratiques ; & peut-être l'eût-il auſſi perſuadé aux autres, s'il eût été ſecondé par celui qui avoit l'autorité en main ; mais comme on l'a dit, il étoit foible & timide, & les contradictions le rebutoient. Ce fut ce qui obligea le P. Thibaut de méditer ſon retour à Paris, pour y attendre que Dieu eût diſpoſé les choſes plus favorablement ; & afin de ne pas ébranler le petit troupeau qui commençoit à ſe former, il prétexta ſa retraite de quelques affaires importantes qui le rappelloient dans cette grande ville. Pendant qu'il y étoit, le P. Loüis Charpentier Prieur de Rennes fut élu Prieur d'Angers, & la communauté de Rennes fit choix du P. Thibaut pour ſon Prieur.

Aiant appris ſon élection, & reçu ſa confirmation du P. Chriſtophle le Roy Provincial, avec les lettres des Religieux de Rennes qui le conjuroient inſtamment d'accepter les offres de leur parfaite ſoumiſſion, il réſiſta long-tems, & ne ceda enfin qu'aux remontrances que lui firent ſur ce ſujet ſes bons amis & anciens directeurs. Ils voulurent même l'obliger à prendre le bonnet de Docteur, dans la penſée que cette qualité lui donneroit plus de credit & d'autorité dans l'Ordre. Mais quand même le P. Thibaut ne ſe fut pas déja interdit cette marque d'honneur par ſa ſignature, il y avoit long tems que ſon cœur y avoit renoncé pour toûjours. Il partit de Paris avec quatre Religieux qui avoient été ſes écoliers en Philoſophie, tous réſolus d'embraſſer la Reforme ſous ſa conduite. Ils arrivérent à Rennes le 15. de Novembre de cette même année 1608.

Le P. Thibaut n'y trouva que ſept Prêtres, ſix novices clercs & deux laïs. Les principaux des Prêtres étoient le Pere Behourt, François Odiau, Noël des Mardeaux, & Antoine du Puy natif d'Avignon, qui avoit auſſi été ſon écolier à Paris. Après avoir adoré le S. Sacrement, il alla voir & conſoler les malades à l'infirmerie ; & c'eſt de-là qu'a pris naiſſance la loüable coûtume qu'obſervent les Superieurs majeurs dans leurs Viſites des Convens de la Reforme ; après avoir fait leurs prieres devant le S. Sacrement, la premiere fonction qu'ils font eſt toûjours d'aller voir les malades. La maiſon étoit dans une extrême pauvreté ; ce qui obligea les Religieux à prendre la beſace. Comme on n'avoit encore vû dans la ville que celle des Capucins, cette nouveauté choqua les habitans, qui chargérent plus d'injures que d'aumônes les nouveaux quêteurs. Le P. Thibaut n'en voulut pas perdre ſa part ; pour fortifier les autres par ſon exemple, il voulut auſſi quêter lui-même. Il ne fut pas plus épargné que les autres ; & quelques libertins, pour ſe vanger des cenſures qu'il avoit faites de leurs dérèglemens dans ſes ſermons, l'outragérent de paroles & de coups, & l'arrêtérent ſous une goutiere, la tête nuë, pendant une groſſe pluie. Il demeura immobile ſans ouvrir la bouche, & ſans donner la moindre marque d'impatience. Quand ils furent las de le maltraiter, il les remercia ; & cette douceur admirable les toucha ſi vivement, qu'ils lui firent les excuſes des plus ſoumiſes, & le recompenſerent d'une bonne aumône. Une autrefois il fut rencontré par un perſonnage dont il avoit condamné les vices dans les mouvemens de ſon zéle, ſans avoir peutêtre penſé à lui. Cet homme ulceré contre le Prédicateur, l'accabla d'injures atroces, que le Pere ſouffrit ſans répliquer un ſeul mot. Sa patience inébranlable toucha l'aggreſſeur ; il demanda pardon ſur le champ ; & profitant des avis & des exemples de celui qu'il avoit inſulté, changea de vie, & lia avec lui une étroite amitié qui dura juſqu'à leur mort.

Cet excellent Superieur ſe donna tout à ſes Religieux pour les purifier, les éclairer, les perfectionner & former en eux le veritable eſprit de leur inſtitut ſur le modéle d'Elie, Eliſée & des enfans des Prophetes anciens, habitans du Carmel ; & ſes Religieux répondirent à ſes ſoins par une docilité parfaite. Ils furent bientôt en grand nombre, & le Superieur n'eut pas lieu de ſe plaindre avec un Prophete, que le peuple ſe fût augmenté, ſans que la joïe de celui qui le gouvernoit eût ſujet d'en être augmentée. Tous marchoient dans les voïes de la vertu, & leurs progrès continuels donnoient au paſteur une joïe bien ſenſible. La paix, la modeſtie, le ſilence, la retraite étoient si étroitement observées dans cette maison que c'étoit l'admiration de ceux du dehors. L'Evêque de Rennes (François Lachiver) honoroit le P. Thibaut d'une estime & d'une bienveillance particuliere, & lui rendoit de frequentes visites, mais il n'entroit jamais dans la maison sans être surpris du grand silence qu'il y voïoit regner. *Voilà*, disoit-il, *qui est admirable. Il y a ceans soixante ou quatre-vingt Religieux, & l'on n'y entend non plus parler en plein jour, que si c'étoit au milieu de la nuit.* Il n'avoit qu'un neveu qui lui étoit extrémément cher, & il pouvoit l'avancer dans les charges de l'Eglise; mais il voulut donner une marque autentique pour la Reforme des Carmes, en y offrant ce neveu, pour la reception duquel il sollicita lui-même. Le jeune homme ne vêcut pas long-tems dans cette profession; mais peu de jours remplis de merites devant Dieu, lui furent comptez pour de longues années.

Cette sainte maison étoit d'un grand exemple dans la ville, jusque là que des heretiques même furent portez à se convertir, pour avoir seulement vû quelques-uns de ces Religieux servir à l'Autel. Il ne faut pas s'étonner après cela si la plus belle jeunesse du college des Jesuites fut gagnée par des dehors capables de toucher les ennemis même de la Religion Catholique. Les Jesuites, comme on l'a déja dit, n'avoient point encore d'Eglise, & leur Chapelle ne pouvoit contenir le grand nombre de leurs écoliers; C'est ce qui obligeoit les Regens à les conduire tous les jours à la Messe aux Carmes; & beaucoup d'entre ces jeunes gens retrouvant-là de leurs anciens condisciples, se portoient à les imiter dans leur renoncement au siécle.

Le P. Thibaut n'épargnoit pas les épreuves à ses novices; & quoiqu'il les aimât tendrement, il les traitoit souvent avec une severité propre à faire mourir en eux le vieil homme. Il y avoit parmi eux un jeune homme des plus connus & des mieux faits du College, & d'une démarche noble. Pour l'humilier dans la complaisance que lui pouvoit suggerer cet exterieur avantageux, il lui ordonna d'aller à une fontaine publique hors de la ville, & d'en rapporter de l'eau sur sa tête, dans une cruche felée, à l'heure que les écoliers sortoient de classe. Il obéït, & rentra dans le Convent la cruche vuide, & les habits tous moüillez de l'eau qui en étoit sortie. Un principe assez commun parmi les maîtres de la vie spirituelle (peut-être faux) est qu'il est permis aux Superieurs, pour mettre la vertu des Religieux à l'épreuve, de leur supposer quelquefois des fautes qu'ils n'ont point commises, de les en reprendre, & de les en punir comme s'ils en étoient veritablement coupables. Quoiqu'il en soit de la conciliation qu'ils prétendent pouvoir faire de cette pratique, avec la sincerité Chrétienne & la verité, dont un homme de bien ne peut jamais se départir; le P. Thibaut prévenu du même principe & de son utilité, le mettoit quelquefois en pratique. Il avoit quelque doute sur la perseverance d'un novice, pour s'éclaircir de la fermeté de sa vocation, au moment même que le novice alloit prononcer ses vœux, il lui supposa quelques dettes contractées par ses débauches avant son entrée dans la Religion, & l'arracha du pied des Autels. Le novice endura cet affront avec une constance admirable; & le P. Thibaut charmé d'avoir reconnu que rien ne le pouvoit ébranler, reçut ses vœux le lendemain avec l'éloge que meritoit sa vertu. C'étoit le Frere Ignace de S. François, qui établit depuis la Reforme dans la province de France.

Mais il y a d'autres épreuves qui coûtent moins à la nature, & ausquelles la jeunesse se livre même avec empressement, qui découvrent plus sûrement le fonds de l'humeur & les dispositions du naturel, que les mortifications humiliantes. Le Pere Thibaut le sçavoit parfaitement, & les mettoit en usage, en faisant joüer ses novices à des jeux innocens qu'il leur apprenoit, afin que la nature se manifestât dans ces intervalles où l'on se trouve sans contrainte, & où le plaisir démasque ordinairement ce que la dissimulation s'étudie à déguiser. Mais ces recreations innocentes où le Pere se familiarisoit avec ses enfans, n'avoit rien que de religieux; & souvent on en sortoit plus enflammé de l'amour Divin & plus porté à s'avancer dans la vertu, que si l'on avoit passé ce tems à la lecture & à l'oraison. C'est ce qu'avoüa un Religieux d'un Ordre qui n'étoit pas alors reformé, lequel sortant du refectoire & des recreations des Carmes de Rennes, assura qu'il y avoit été plus édifié & plus touché de Dieu, que dans sa propre Eglise. C'étoit dans une de ses sortes de recreations que le P. Thibaut demanda un jour à un Prêtre novice depuis sept mois, combien il y avoit de tems qu'il étoit Religieux. Le novice répondit qu'il y avoit sept mois. *Ah! mon Frere*, reprit le P. Thibaut, *que vous êtes heureux! Il y a bien quarante ans que je porte l'habit de l'Ordre, & je n'oserois encore assurer que je suis Religieux.*

Il prenoit un soin particulier des malades, & dans la tendresse qu'il avoit pour eux, en vain lui repréſentoit-on la pauvreté du Convent; il vouloit qu'ils ne manquaſſent de rien; & ſouvent il a proteſté qu'en cas de beſoin il ſeroit plus expedient de vendre les vaſes ſacrez, que de laiſſer manquer les temples vivans du S. Eſprit de ce qui étoit neceſſaire pour le rétabliſſement de leur ſanté. Sa charité le rendoit auſſi attentif à recevoir & bien traiter les hôtes & Religieux paſſans, tant de ſon Ordre qu'étrangers, & ſouvent il repetoit à cette occaſion ce que portent les anciens Statuts du B. P. Soreth: *N'alleguez au contraire aucun pretexte tiré de vôtre pauvreté.* Il fit revivre l'ancienne pratique des Patriarches, renouvellée par J. C. qui nous en a laiſſé l'exemple, & nous en a recommandé l'imitation. Dans les Statuts qu'il dreſſa pour la Reforme, il y en mit un pour laver les pieds aux Religieux au retour de leurs voïages. Il ne ſe contentoit pas de recommander la charité pour les hôtes & les malades, & d'ordonner aux Religieux prépoſez pour en avoir ſoin, de leur rendre tous les offices qui dépendoient de leur miniſtere; il y mettoit la main lui-même, les ſervoit à table, faiſoit leurs lits, & s'abaiſſoit à tous les ſervices les plus vils des infirmeries. Un novice de trois ou quatre ſemaines, incommodé de la galle ſi notablement que les remedes qu'on emploïoit ne le guériſſoient point, étoit en danger d'être renvoïé. Le Pere en eut compaſſion; & aïant ſçû de lui que la décoction d'une herbe qui étoit dans le jardin, l'avoit autrefois guéri de pareille incommodité, il fit cueillir de cette herbe, en fit faire la décoction devant lui, & aïant fait ſortir tout le monde de ſa chambre, en lava de ſes propres mains le novice depuis la tête juſqu'aux pieds. Le novice fut ſi parfaitement guéri, que ce mal ne lui reprit jamais depuis. Le Pere lui avoit défendu de parler de cette charité à qui que ce fût, & le Religieux en garda le ſecret juſqu'après la mort du P. Thibaut. Dès ſon entrée dans la charge de Prieur, il ſollicita l'expedition d'un bref à Rome, par lequel il demandoit trois choſes qui lui furent accordées par Paul V. à la ſollicitation du Cardinal Pinelli protecteur de l'Ordre, le 20. d'Octobre de l'an 1609. Le bref fut addreſſé au Cardinal de Joïeuſe Legat en France, pour être mis en execution. Il regloit en premier lieu, que tous ceux qui voudroient entrer dans la Reforme, y feroient une année de noviciat, quoiqu'ils fuſſent anciens profez de l'Ordre & de la Province; & qu'ils n'y ſeroient incorporez que par la renovation de leurs vœux, après avoir eu les ſuffrages de la plus grande partie de la communauté. II. Qu'aucun Provincial ni autre Superieur ne pourroit empêcher les Religieux qui deſireroient ſincerement la Reforme, de ſe rendre au Convent de Rennes pour l'embraſſer. III. Que le Provincial ni autre ne pourroient retirer du Convent de Rennes aucun des Religieux qui y avoient embraſſé la Reforme; ni envoïer perſonne au même lieu, ſans le conſentement des Peres de la Reforme.

On voulut dans ces commencemens le porter à ôter le chant Gregorien, & interdire l'uſage de orgues & des autres inſtrumens de muſique, comme ont fait quelques Congregations reformées, à faire déchauſſer ſes Religieux, & introduire l'abſtinence perpetuelle de la viande. Au ſujet du chant, des orgues & des autres inſtrumens de muſique, il répondit que le chant & les inſtrumens étoient nez avec l'Ordre; & que les premiers fondateurs de cette Religion, Elie, Elizée, & leurs enfans avoient chanté & prophetiſé au ſon de la lyre, comme il eſt marqué dans l'Ecriture Sainte. Quant aux pieds nuds, il dit que ni la regle ni les anciennes conſtitutions de l'Ordre n'en avoient point fait de mention; & ſur le ſujet de l'abſtinence de la viande, que les grandes auſteritez attirent ſouvent de grandes diſpenſes; qu'il ne vouloit pas rebuter ceux qui avoient déja pris un pli contraire dans la Religion; & que du reſte, ſelon Caſſien dans la préface de ſes inſtitutions monaſtiques, quand on ſe borne à ce qui eſt poſſible, on peut avoir la perfection de ſon état, quoiqu'on n'ait pas la force de pouſſer les choſes juſqu'où les ont pouſſées les premiers auteurs de l'obſervance.

Ce fut avec ces ſages temperammens que le Pere Thibaut gagna les cœurs de tous les anciens Religieux de la Province, & rétablit l'Ordre, non ſeulement dans tous les Convens qui la compoſent, mais encore dans la plûpart des autres de la France, de l'Italie, de l'Allemagne, de la Flandre, & même de la Pologne. Un des points où il ſe rendit le plus difficile, ce fut au ſujet des Fondations; premierement, par un principe de pauvreté; en ſecond lieu, parce que la multitude de ces Fondations apporte du préjudice aux pratiques de la vie reguliere, & dérégle l'obſervance, qui doit être uniforme dans toutes les maiſons. Avec cela il ne s'eſt jamais piqué du deſir d'étendre précipitamment ſa reforme, avant qu'elle fût parfaitement établie, & fournie de ſujets capables de la ſoûtenir & d'en communiquer le fruit aux autres Provinces.

Ce fut dans cette vûë qu'il refuſa de ſe

rendre aux follicitations du P. Eſtienne Grouſt Prieur du Convent de Roüen, qui par une lettre du 23. Novembre 1609. l'invitoit au nom du Premier Preſident du Parlement de Normandie, à prêcher le Carême à Roüen, & le prioit en même tems d'y envoïer deux de ſes Religieux, pour apprendre aux ſiens les pratiques de l'obſervance, & d'en recevoir deux autres de ſon Convent, pour les apprendre dans celui de Rennes. Il n'alla point à Roüen, & n'y envoïa perſonne. Ce ne fut que vingt ans après qu'un de ſes Religieux envoïé à Caën, y fit pendant vingt ans les fonctions de Prieur, de Maître des novices & de Vicaire provincial; & avec le ſecours de quelques autres qui le joignirent, établit la Reforme à Caën & dans la plus grande partie des Convens de cette Province, qui porte le nom de France.

Dans le même tems le P. Robert Berteloc Evêque de Damas, Suffragant de Lion & Provincial de la Province de Narbonne, lui écrivit deux lettres; la premiere en date du 26. de Juin 1609. & la ſeconde du 7. de Février 1610. Dans la premiere il le ſollicitoit ſur les heureux commencemens de la Reforme, & dans la ſeconde il lui faiſoit part d'un Statut du P. Nicolas Audet trentiéme General de l'Ordre, qui porte en termes exprès: *qu'en chaque Province de l'Ordre il y aura quelques Convens totalement reformez, qui auront toutes choſes en commun ſans aucune proprieté, ſuivant les diſpoſitions de la Regle.* Le P. Thibaut le remercia de ſes bons avis, & ſe fortifia de plus en plus contre les oppoſitions qui traverſoient la Reforme naiſſante.

A la priere de l'Evêque de S. Brieuc, Meſſire Melchior de Marconnay, il prêcha l'Avent dans la ville Epiſcopale en 1610. & le Carême en 1611. Il mena avec lui un novice de grande eſperance, appellé Frere Bernard de la Madeleine, âgé de vingt-deux ans, né dans le territoire de Saumur, qui paſſa depuis par toutes les charges de la Religion, & fut emploïé pendant plus de quarante ans à l'éducation de la jeuneſſe de la Province de Tours. En arrivant à S. Brieuc il trouva de bons lits, que le Grand Vicaire avoit fait préparer pour lui & pour ſon compagnon; il ne les accepta point, & ſe contenta de deux couchettes, chacune garnie d'une paillaſſe, d'un oreiller & d'une couverture, ſans draps. Il ſe levoit à trois heures du matin, pour reciter ſon office avec ſon compagnon, faiſoit l'oraiſon mentale, prenoit la diſcipline les jours qu'on la prenoit au Convent, étudioit juſqu'à huit heures, retournoit à l'oraiſon & prenoit une autre fois la diſcipline. Au ſortir de la chaire il alloit à l'Autel, & puis confeſſoit & entretenoit ceux qui s'adreſſoient à lui, juſqu'à l'heure du dîner. Sur les deux heures il ſe retiroit en ſa chambre; & trois fois la ſemaine à quatre heures du ſoir il faiſoit le catechiſme aux enfans. A huit heures du ſoir, après une legere collation, il retournoit à l'oraiſon mentale, & finiſſoit la journée par la priere, comme il l'avoit commencée. Il fit un fruit ſi conſiderable dans cette ville, que les habitans lui offrirent un établiſſement pour les Religieux de ſa Reforme; mais il ne l'eſtimoit pas encore aſſez meure, pour accepter utilement de pareilles offres; il ſe contenta d'ériger à S. Brieuc la Confrairie du Scapulaire dans l'Egliſe Cathedrale, & l'Evêque même voulut en être le premier Confrere.

Le P. Thibaut prêcha les années ſuivantes à Lamballe & à Quintin dans le même dioceſe; & ceux de cette derniere ville firent de ſi grandes inſtances auprès du Roi & de leur Evêque, pour avoir un Convent de la Reforme, qu'ils obtinrent enfin ce qu'ils ſouhaittoient l'an 1618. & cette maiſon eſt une des plus belles & des plus commodes que les Peres Carmes aïent dans la Province.

Le zéle du P. Thibaut étoit accompagné de prudence, & il en donna une grande marque dans la conduite qu'il tint à l'égard des Eccleſiaſtiques du dioceſe de S. Brieuc. Chargé par l'Evêque de travailler à leur ſalut, il ménagea leur réparation en public, pour ne pas décrediter leur miniſtere auprès du peuple; il ne parla d'eux dans ſes ſermons qu'avec reſpect; mais il les pria de venir à ſa chambre deux fois la ſemaine. Ils s'y rendirent avec aſſiduité, ſouvent juſqu'au nombre de quarante ou cinquante; & dociles à ſes inſtructions, ils apprirent à vivre en Paſteurs & en perſonnes deſtinées à une plus grande ſainteté que le reſte du troupeau. Après ſon Carême de S. Brieuc, plus de trois mille perſonnes, tant de l'Egliſe que de la nobleſſe & du peuple, le conduiſirent plus d'une lieüe hors de la ville. Ils avoient peine à le quitter, & cette ſéparation coûta bien des larmes de part & d'autre.

Quelque tems auparavant il avoit fait un voïage à Angers, pour traiter avec le Prieur & la communauté de cette ville des moïens d'avancer la Reforme; & là du conſentement des deux maiſons de Rennes & d'Angers on dreſſa le 13. Mai 1610. quelques Reglemens pour l'établiſſement de l'Obſervance.

LE P. PHILIPPE THIBAUT.

24. JANVIER.

Les anciens Peres de la Province qui devoient se trouver en 1611. au Chapitre Provincial de Loudun, avoient résolu de ne donner aucun emploi au P. Thibaut. La providence en ordonna autrement, il fut élû Définiteur; & comme il n'y avoit point encore de Statut qui défendit de continuer un Superieur au-delà des trois ans dans la même maison, la communauté de Rennes le nomma Prieur pour la seconde fois. Il profita de l'autorité que lui donnoit sa charge de Définiteur, pour faire approuver par un décret de l'Assemblée, du 2. Mai 1611. ce qu'il avoit heureusement commencé dans le Convent de Rennes. Le Provincial se disposoit à le traverser vigoureusement; il le prévint, & employant à Rome les bons offices du P. Theodore Strace Procureur general de l'Ordre & son ami particulier, il obtint du Reverendissime P. Sebastien Franton des lettres datées du 21. Septembre, par lesquelles l'établissement de la Reforme étoit maintenu, avec défenses à qui que ce fût d'en molester les Religieux dans un dessein si glorieux & si utile à l'Ordre.

Dans le même tems Dieu envoïa un secours très-considerable au P. Thibaut, par l'arrivée de deux personnes qui le secondérent puissamment dans la suite. Le premier fut le P. Mathieu Pinault, & l'autre Frere Jean de S. Samson, dans lesquels la grace avoit formé depuis long-tems une union toute sainte. Celui-ci aveugle dès l'enfance, avoit appris à toucher l'orgue, & avoit eu occasion depuis de frequenter le F. Mathieu Pinault organiste & étudiant aux Carmes de Paris. Le pieux aveugle exhortoit sans cesse le F. Mathieu à s'adonner à l'oraison mentale, & à travailler à sa propre reforme & à celle de l'Ordre, & ne contribua pas peu par ses saints discours à former dans le P. Thibaut même le desir de rétablir l'étroite Observance. Dans la suite le P. Mathieu Pinault embrassa la Reforme dans le Monastere de Dol, quoique non reformé encore, sous le P. Behourt, & procura l'entrée de l'Ordre dans le même Convent à F. Jean de S. Samson. Le P. Mathieu envoïé à Rennes en 1611. fut fait Maître des novices & Soupriéur par le P. Thibaut, & eut sous sa conduite F. Jean de S. Samson, qui fit son noviciat de la Reforme au même Convent.

Cette même année le P. Thibaut reçut la profession des Peres Archange de S. Luc, Prosper de S. Louïs, Antoine de S. Martin, dit de la Porte, Etienne des Seraphins & Seraphin de Jesus, tous Religieux d'un merite distingué, & dans la suite les plus fermes piliers de l'Observance, qui furent suivis bientôt après des Peres Dominique de S. Albert, Ange de Ste. Agnes, & Luc de S. Antoine, qui ont laissé leur memoire en veneration dans l'Ordre.

Sur la fin de ce second triennal, le Pere Thibaut, à la priere du P. Louïs Perrin Prieur de Loudun, se transporta à ce Convent avec le Pere François Odiau Prieur d'Angers & quelques autres Religieux des plus zélez pour la Reforme, & y celebra une Congregation, qui fut la premiere de l'étroite Observance. L'ancien Convent de Loudun avoit été brûlé par les Calvinistes en 1568. Les flammes n'avoient respecté que la Chapelle & le tableau de N. D. de Recouvrance. Le P. Perrin nommé Prieur de cette maison ruinée par le Chapitre Provincial tenu à Nantes en 1604. par le General Silvius, avoit entrepris de la rétablir, & y avoit heureusement réüssi; après quoi il avoit appellé à son secours les Religieux de la Reforme, pour faire refleurir la discipline Reguliere dans un lieu dont il étoit le restaurateur. Dans la Congregation tenuë à Loudun on arrêta qu'on donneroit à ce nouveau Convent dix Religieux de l'Observance; qu'on n'entreprendroit rien de notable dans les trois maisons de Rennes, d'Angers, & de Loudun, sans le contentement mutuel des trois Peres du Conseil qui furent nommez dans l'Assemblée; qu'on auroit un Vicaire Provincial, qui veilleroit sur les maisons reformées; qu'on établiroit un cours de Philosophie à Angers, & qu'on envoïeroit à la Fleche six écoliers des plus avancez dans les lettres humaines, pour y étudier sous les Peres Jesuites. L'Assemblée pria le P. Thibaut d'accepter la charge de Vicaire Provincial; mais il défera cet honneur au P. Perrin, & l'engagea de cette sorte à prendre les interets de la Reforme, contre les oppositions que lui preparoient les anciens Peres de la province.

Le P. Chalumeau Provincial desapprouva d'abord l'Assemblée de Loudun, & refusa d'agréer l'élection d'un Vicaire Provincial; mais il ceda bientôt, dans le besoin qu'il eut du credit du P. Philippe, pour remedier à un scandale public arrivé au Convent & dans la ville de Dol; & de plus il abandonna à la conduite du P. Thibaut le Convent de Dol. Le P. Thibaut y envoïa des Religieux de Rennes, & ce fut ainsi que cette maison de Dol tira sa gloire de sa confusion.

En cette même année 1614. Messire Christophle Fouquet, un des plus illustres Senateurs du Parlement de Rennes, aïant

24.
JANVIER.

assisté au Convent de Rennes aux cérémonies de la semaine Sainte, fut si touché de la modestie & du recueillement des Religieux, qu'il forma sur le champ le dessein de leur bâtir un Convent auprès de son château de Chalain, sous le nom de S. Joseph. Il en parla au P. Thibaut à l'issuë de la cérémonie de la Cene ; & le Pere regardant cet établissement nouveau comme un lieu de refuge, au cas que les oppositions à ses pieux desseins devinssent insurmontables, accepta la proposition avec reconnoissance, & dressa le 12. d'Avril les articles & les conditions de la nouvelle fondation, qui fut executée quelques années après.

La Reforme se fortifioit malgré les contradictions, & prenoit de nouveaux accroissemens ; & comme les loix sont necessaires pour maintenir l'observance, le P. Thibaut crut qu'il étoit dans l'obligation de rediger par écrit, en forme de constitutions, les pratiques Religieuses qu'il avoit introduites dans le Convent de Rennes. Pour se preparer à cette composition, il ordonna dix jours de retraite, de silence & de prieres continuées le jour & la nuit devant le S. Sacrement exposé dans un oratoire interieur. Pour lui s'étant retiré au plus haut de la maison, il y passa trois semaines en prieres & dans les exercices de la penitence, avec un jeune Prêtre nommé Archange de S. Luc. Il écrivoit en Latin les premieres constitutions de l'Observance, qu'on appella : *Les loüables coûtumes du Convent de Rennes*. Il les fit voir & examiner, tant dans la communauté de Rennes, que dans celle d'Angers ; & l'une & l'autre les approuverent. Les Religieux d'Angers députerent le P. Bernard de la Madeleine Souprieur, & le P. Noël des Mardeaux, pour signer un acte d'acceptation avec les Religieux du Convent de Rennes ; ce qui se fit le jour de S. Marc 25. d'Avril de l'an 1615. Non-seulement l'autorité de l'Eglise & celle de l'Ordre des Carmes ont confirmé ces constitutions ; mais il semble que Dieu même a voulu les rendre respectables par une espece de prodige. En 1618. les Religieux de Chalons sur Saone de la province de Narbonne appuïez des recommandations de leur Evêque & des principaux habitans de la ville, envoïerent deux des leurs à Rennes, pour obtenir quelques Religieux de l'Observance, & par le commandement exprès du General on leur accorda l'effet de leur priere. Ils passerent à Rennes tout l'hiver & le Carême, & assisterent à tous les exercices de la Reforme, pour en prendre l'esprit, & se rendre d'autant plus capables de l'établir en leur Convent de Chalons. Après Pâques ils emmenerent

avec eux le P. François Odiau & Ignace de S. François, & emporterent les nouvelles constitutions qui furent reçuës avec avidité par la plûpart des Religieux de Chalons. Un seul, à qui la Reforme ne plaisoit pas, trouva moïen de mettre la main dessus, & les cacha. En vain se servit-on de l'excommunication contre le détenteur de ce pieux trésor, il aima mieux l'encourir que de le rendre ; & joignant le parjure au vol, il protesta, lorsqu'il fut interrogé là-dessus, qu'il vouloit que le tonnere l'écrasât, s'il sçavoit où étoient *les loüables coûtumes du Convent de Rennes*. Quelque tems après il eut permission d'aller à Besançon, pour y voir le S. Suaire que l'on y montre le Dimanche dans l'octave de l'Ascension de N. S. Comme il s'en revenoit, & n'étoit qu'à deux lieuës ou environ de la ville, en plein jour, & sans que le ciel fût obscurci d'aucun nuage, il s'éleva un tourbillon, du milieu duquel partit un éclat de tonnere, dont ce malheureux fut écrasé entre quelques Religieux & un Prêtre séculier, qui l'accompagnoient & ne furent point endommagez. Le Superieur du Convent de Chalons aïant fait ouvrir le coffre de ce Religieux, y trouva le manuscrit qu'on avoit tant cherché.

C'est l'usage dans l'Ordre des Carmes qu'à la fin des triennaux chaque Convent élit son Prieur, & en envoïe la nomination au Chapitre Provincial, pour y faire confirmer. Le P. Thibaut fut élû Prieur dans les deux Convens d'Angers & de Rennes à la fin de son second triennal ; & les ennemis de la Reforme, qui se trouverent en grand nombre au Chapitre tenu à Tours, furent ravis de trouver cette occasion de traverser le rétablissement de l'Observance. On permit au P. Thibaut d'opter ; & aussitôt qu'il eut preferé le Convent de Rennes, le Définitoire se mit en droit de nommer d'office un Superieur pour la maison d'Angers. La communauté s'appuïant sur un privilege du Pape Calixte III. donné en faveur de la Reforme, & sur le credit du P. Philippe Thibaut, resista au Définitoire, & s'opposa par son député à l'élection & reception du Prieur qu'on lui vouloit envoïer. Elle prit une figure de l'enfant Jesus, & l'aïant posée dans le chœur de l'Eglise, à la chaire du Prieur, y mit cette inscription : *Prior noster* ; & en attendant que l'affaire liée à Rome par l'appel de ces Religieux, y fût terminée, le P. Bernard de la Madeleine Souprieur du Convent, en demeura Vicaire. Cette rencontre a donné l'origine à la devotion à l'enfance de N. S. établie & cultivée depuis, tant chez les Car-

24.
JANVIER.

mes, que dans beaucoup d'autres communautez Ecclesiastiques & Religieuses. Le P. Thibaut fit députer à Rome, pour y poursuivre cette affaire, les Peres François Odiau, Pierre Deniard & Mathurin Aubron, ausquels il procura des lettres de faveur du Roi, du Parlement de Bretagne, des Evêques de Rennes & d'Angers & des maisons de ville, pour l'Ambassadeur de S. M. T. C. pour le Cardinal protecteur de l'Ordre, & pour le P. General. Il conduisit ces trois députez à Paris; & comme il n'y avoit point encore dans cette ville de Convent de la Reforme, il se retira chez les Carmes Déchaussez, où il passa six semaines ou environ en prieres & en penitence, pour recommander l'affaire présente à Dieu & aux saints Patrons, desquels il attendoit la protection de l'Observance, c'est à-dire la Sainte Vierge, S. Michel, S. Joseph, & S. Charles Borromée. Cette retraite a donné lieu au P. Loüis de Sainte Therese de dire dans ses annales de la Congregation des Peres Déchaussez en France, que ce fut cette année que commença la Reforme des Carmes Chaussez, & d'insinuer qu'elle est sortie de la leur. Mais la suite des faits établis jusqu'à présent, fait assez voir que cet auteur s'est trompé. Le P. Thibaut de retour à Rennes, sçachant le tems à peu près que les trois députez pouvoient arriver à Rome, institua une oraison continuelle de quinze jours devant le S. Sacrement, avec un silence très exact. Pendant ce tems les Religieux couverts de cendre & de cilice, jeûnoient très-austerement, souvent au pain & à l'eau, & prenoient de rudes disciplines, pour forcer en quelque sorte le ciel à leur être favorable. Ils ne furent point trompez dans leur attente. Le propre jour de S. Charles Borromée l'un des patrons de la Reforme, le P. General, contre les dispositions qu'il avoit marquées avant l'arrivée des trois députez, cassa l'élection faite par le Définitoire, & la renvoïa à la communauté d'Angers, avec commission au P. Thibaut d'y présider. Le 22. du même mois de Novembre le Pere Sebastien Franton General de l'Ordre, approuva solemnellement les constitutions dressées par le P. Thibaut, qui furent aussi confirmées, avec tous les éloges imaginables, le 3. Decembre, par le Cardinal protecteur. Quand les trois députez furent revenus, le P. Thibaut se rendit au Convent d'Angers; & en sa présence le P. Aubron, l'un de ces députez fut élû Prieur.

Le Définitoire du Chapitre de Tours avoit refusé d'approuver ce que l'Assemblée de Loudun avoit reglé au sujet des études, quelque instance qu'en eût pû faire le Pere Thibaut; & le prétexte le plus specieux qu'on lui avoit opposé, avoit été la necessité de fournir des étudians au college des Carmes de Paris. Une longue experience lui avoit appris ce que c'étoit que cette maison, & il n'avoit garde d'y exposer au relâchement la jeunesse qu'il avoit pris tant de soin à former. Il eut recours à ses armes ordinaires, l'oraison, le jeûne & les austeritez, & s'adressa au General qu'il avoit toûjours éprouvé favorable à ses intentions. Il en obtint le pouvoir d'envoïer six Religieux à la Fleche, pour étudier en Theologie, & d'établir un cours de Philosophie au Convent d'Angers, qui est un de ceux que les anciens Statuts du P. Soreth destinent aux études generales de l'Ordre. On ne sçavoit point encore que le P. Thibaut eût reçu ces réponses de Rome; il ne voulut pas s'en servir, sans avoir tenté auparavant s'il pourroit avoir l'agrément du Provincial. Il le trouva toûjours inflexible, & fut contraint de lui signifier ses pouvoirs, à l'execution desquels le Provincial n'osa refuser son consentement. Ainsi le cours de Philosophie commença heureusement au Convent d'Angers en 1616. sous le Pere Mathieu Pinault, qui en fut nommé Regent.

Quant à l'autre point du reglement de Loudun, qui étoit d'envoïer six Religieux étudier en Theologie à la Fleche, la pratique en fut facilitée par la liberalité de M. du Rocher-Portail aïeul maternel de Messieurs de Brissac. Il avoit choisi le P. Thibaut pour son Directeur, & le P. Thibaut l'avoit prié d'être le Pere temporel du Convent de Rennes & de l'Observance. Sçachant l'embarras où étoit le Pere pour trouver les moïens de faire subsister à la Fleche les six Religieux qu'on y devoit envoïer, il lui mit en main six cens livres, & promit de continuer cette aumône tous les ans tant qu'il viveroit, & même de l'augmenter si elle ne suffisoit pas. Avec ce secours le reglement de Loudun fut executé sur la fin de l'an 1616. & l'on envoïa à la Fleche les Peres Prosper de S. Loüis, Archange de S. Luc, Anastase de la Présentation, Antoine de S. Martin, Raphael de Saint Marc & Albert de S. Gilles, dont la modestie, la pieté, les saints discours gagnérent beaucoup de sujets à l'Ordre des Carmes, la plûpart desquels ont servi à la propagation de la Reforme, comme le P. Aubin de la Croix dans les Convens de la Rochelle & de Vivonne, le P. Christophle de S. Joseph dans celui de Poitiers, & le P. Antonin de la Charité en Touraine & dans

Eee

la basse-Allemagne, où il fut neuf ans Provincial.

L'Observance avoit déja six Monasteres, c'est à sçavoir ceux de Rennes, d'Angers, de Dol, de Ploërmel, de Loudun, & de S. Joseph de Chalain. Le P. Mathieu Pinault en fut nommé Vicaire-provincial, après qu'on eut vaincu les oppositions qu'y apportoit le P. Provincial.

Le P. Thibaut partit de Rennes le premier jour de Mai l'an 1618. pour se rendre au Chapitre qui se devoit tenir au Convent du Pont-l'Abbé en Bretagne. Cette Assemblée prévenuë par une lettre où le General recommandoit avec une grande distinction le P. Thibaut pour être élu Provincial, conforma son choix au desir du chef de l'Ordre, avec une union & une tranquillité qu'on n'eût pas osé se promettre. Les premiers fruits de son administration furent les fondations des Convens de Quintin & de Guildo, & l'établissement de l'Observance dans celui de Hennebond. Le premier lui avoit été offert dès l'an 1612. comme nous l'avons déja dit. Le second lui fut proposé par Messire Jean d'Avougour Marquis du Bois de la Motte & Baron de Guildo, pendant qu'il prêcha le Carême à S. Malo, en 1619. & l'acte de fondation fut dressé l'année suivante le 20. de Mars. Mais comme il est plus difficile de rétablir la discipline dans les lieux où elle a souffert de la décadence, que de l'introduire de nouveau où elle n'a jamais été, il eut besoin de toute son adresse & de toute son autorité pour reformer le Convent de Hennebond. Il en vint cependant à bout avec le secours de Dieu, au grand contentement de toute la ville & de la noblesse du voisinage; & cette maison a été depuis une des plus regulieres de la province.

Les amis du P. Thibaut, après l'avoir felicité sur son élection, lui firent de grandes instances pour avoir des Religieux formez de sa main. Ceux qui se rendirent les plus pressans, furent le P. Rampon son ancien maître de Philosophie, Maître Bourgoin de la province de France, & le Pere Thuault Provincial d'Aquitaine, qui vint le trouver jusqu'à Loudun. Le Pere ne jugea point à propos de leur accorder en ce tems-là ce qu'ils demandoient; il consentit seulement que le P. Thuault envoïat deux Religieux dans les Monasteres de la Reforme, pour y prendre l'esprit de l'Observance & y faire leurs études. L'un d'eux, qui étoit Prêtre, fut envoié à la Fleche; & l'autre qui étoit Diacre, demeura à Angers, & y fit sa Philosophie. Tous les deux furent depuis emploïez dans les premieres charges de leur province. Le premier fut Provincial, & l'autre Prieur. Ceux de Chalons sur Saone furent plus heureux, comme nous l'avons déja dit; ils obtinrent deux Religieux de l'Observance, qui jetterent en ce païs-là les fondemens de la Reforme, qui s'y est toûjours conservée depuis.

Messire Guillaume le Gouverneur, que son merite seul avoit élevé sur le siege Episcopal de S. Malo, sans qu'il eût recherché cet honneur, voulut avoir le P. Thibaut pour prédicateur de sa Cathedrale en 1619. Le Pere y suivit les impressions de son zéle ordinaire, & peu s'en fallut que comme à un autre Jean-Baptiste, la verité ne lui coûtât la vie. Un Ecclesiastique libertin se croïant désigné dans la censure que le Pere faisoit des vices, se glissa dans sa chambre dans le dessein de le tuer; mais on l'empecha de pousser son crime jusqu'à l'execution. Le Pere ne fut point troublé du peril; il monta en chaire le même jour, & continua pendant tout le reste du Carême à prêcher avec le même feu & la même activité. Sa charité ne lui permit pas de souffrir qu'on fit aucunes poursuites contre l'assassin; mais ce malheureux ne put cependant échaper à la justice; car aïant depuis commis quelques autres crimes, il fut condamné aux Galeres.

Le bonheur que le Pere avoit eu de travailler avec tant de succès à rétablir le bon ordre chez lui, faisoit rechercher ses bons offices & son secours par ceux des autres Ordres à qui Dieu avoit inspiré le même dessein. Le P. d'Estampes Prieur Regulier de Lehon près de Dinan, voulant mettre la Reforme dans son Monastere, eut un procez à soûtenir contre les anciens Religieux, & l'affaire fut portée au Parlement de Bretagne. La pieté & la prudence des Juges les engagérent à suggerer aux parties de prendre des arbitres, au lieu de faire retentir le bareau de leurs differens, au scandale du public. Ils suivirent ce conseil, & prirent pour juges Messire Guillaume le Prêtre Evêque de Cornoüaille, le P. Loüis de la Salle Recteur des Jesuites de Rennes, & le P. Thibaut, qui fut chargé de dresser les articles de l'accommodement, & de le faire signer aux parties; & par ce moïen l'Observance reguliere fut rétablie au Prieuré de Lehon. Le P. Jouault Prieur du Convent de Bonnes-Nouvelles de Rennes, de l'Ordre de S. Dominique, entreprit en même tems de suivre l'exemple du P. Thibaut, & de faire dans l'Ordre des Freres Prêcheurs ce que l'autre avoit fait dans celui des Carmes, Il trouva des obstacles, & eut recours au P. Thibaut, qui l'assista de ses conseils & de ses amis, & le succès fut glorieux pour l'un & pour l'autre. Le Pere Thibaut rendit le même office au P. Galet Prieur de l'Abbaïe de Touſſaints dans la ville d'Angers, de l'Ordre des Chanoines Reguliers de S. Auguſtin. L'Abbaïe fut reformée & unie à la Congregation de Sainte Geneviéve de Paris. Les Peres Minimes s'établiſſoient à Rennes dans le même tems. Le P. Thibaut favoriſa leur deſſein autant qu'il put, & s'étant lié d'amitié avec le P. Gilles Camart, qui prêchoit le Carême dans la Cathedrale de Rennes, il le logea dans ſon Convent, pendant qu'on préparoit l'hoſpice où les Minimes devoient ſe retirer. Les Jeſuites de Rennes reſſentirent auſſi les effets de ſon credit & de ſa charité dans un different qu'ils eurent avec leur General. Ils n'avoient que le ſeul College de Rennes dans toute la Bretagne, & le P. Mathieu Vitelleſchi leur General vouloit l'unir à leur province de Gaſcogne. Les habitans de Rennes ſe mirent en tête de ſe priver plûtôt du ſecours des Jeſuites, que de ſouffrir que le College de leur ville, fût dans la dépendance d'une autre province. Le General de ſon côté ne vouloit point ceder, & aimoit mieux perdre ce College, que de ſouffrir cette atteinte à ſon autorité. Le P. Thibaut ſe rendit médiateur entre les deux parties; il appaiſa d'un côté les habitans de Rennes, & de l'autre il écrivit ſi efficacement au P. Viteleſchi General des Jeſuites, qu'il lui perſuada qu'il étoit de ſon intereſt de ne pas ſe roidir dans cette rencontre, & d'accorder aux habitans ce qu'ils demandoient.

Les Cardinaux de la Rochefoucaut & de Sourdis déleguez par le S. Siege pour travailler à la Reforme des Ordres de S. Benoît, des Ciſteaux & des Chanoines Reguliers en France, ſe ſervirent utilement & des exemples & des conſeils du P. Thibaut, pour executer ce que l'on attendoit de leurs ſoins; & le Pere de ſon côté eut recours à eux pour détruire les abus qui s'étoient gliſſez dans les Ordres mandians, & ſur tout dans celui des Carmes, par les privileges des Graduez. Ils écrivirent en ſa faveur à Rome, & obtinrent du Pape Paul V. un Bref par lequel S. S. l'établiſſoit Viſiteur & Commiſſaire General Apoſtolique en France dans tout l'Ordre dans Carmes, & particuliérement dans la province de Touraine. Mais le Pere n'uſa point de ce pouvoir, & n'emploïa que les voïes de la douceur & de l'inſinuation pour avancer les affaires de la Reforme; en quoi le ſuccès répondit parfaitement à ſon attente, puiſqu'il a vû tous les anciens Convens de la province de Touraine reformez, & huit nouveaux fondez dans les pratiques de l'Obſervance, le tout ſans tumulte, ſans violence & ſans procez.

Il ſoumettoit aiſément ſes lumieres à celles des autres; & pour peu qu'on ouvrît un avis meilleur que le ſien, ou qui le balançât, il y entroit le premier & le faiſoit valoir. Dans les affaires qui regardoient le bien de toute la province, il n'a jamais rien entrepris que de concert avec les principaux chefs & Superieurs de l'Obſervance, quoiqu'ils fuſſent tous ſes enfans & formez de ſa main. C'eſt pourquoi il faiſoit ſouvent des aſſemblées Provinciales; & ce fut dans cet eſprit qu'avant que de partir pour le Chapitre General qui ſe devoit tenir à Rome, à la Pentecôte en 1620. il convoqua au Convent de ſaint Joſeph de Chalain les Superieurs & un député de chacun des cinq autres Convens de l'Obſervance pour y aviſer aux moïens d'affermir la diſcipline Reguliere dans les lieux où elle étoit établie, & de l'introduire où elle n'étoit pas, afin qu'on pût porter à Rome les réſolutions qui ſeroient priſes, & en ſolliciter la confirmation. Il écrivit même à toutes les communautez, pour ordonner à tous les Religieux, même aux plus jeunes & aux freres laïs, d'envoïer leurs avis en cette aſſemblée. Les memoires que ces Religieux dreſſérent, pour lui obéïr, furent lûs & concertez à l'Aſſemblée, & l'on en forma dix ou onze articles, qui furent confirmez à Rome par le P. Sebaſtien Franton continué General par le Chapitre. Dans cette Congregation de Chalain le P. Thibaut fit élire le P. François Odiau Vicaire Provincial pour les Convens de l'Obſervance, & laiſſa au Cuſtode de la province les affaires qui la regardoient en general. Le noviciat fut transferé de Rennes en la ville d'Angers; on mit à Rennes un cours de philoſophie de trente jeunes Religieux, tous ſujets d'élite, auſquels on donna pour Profeſſeur le P. Antoine de S. Martin; & la Theologie fut miſe à Ploërmel, outre les ſix qui étudioient à la Fleche.

Avant ſon départ pour Rome, le Pere Thibaut fit une ſeconde viſite au Convent de Nantes, pour y terminer ce qu'il avoit ébauché dans la premiere. La Reforme y fut établie; & ceux d'entre les anciens Religieux qui ne voulurent pas l'embraſſer, furent envoïez en d'autres maiſons. Le Prieur prit cette occaſion pour ſe retirer au monaſtere des Religieuſes Carmelites des Coets à une lieuë de Nantes, où peu à près il fut élû Vicaire General. Le P. Thibaut fit élire en ſa place le P. François Odiau, & lui donna un cours de Theologie, dont il nomma Regens le P. de S. Gilles & le P. Raphael de S. Mathieu. Celui-ci n'étoit pas encore Prêtre, & ne professa point, parce que le P. Thibaut l'emmena à Rome avec lui. Ce jeune homme étoit de basse-Bretagne, très-sçavant dans les langues Latine, Grecque & Hebraïque, & dans la Theologie positive & scolastique. Il fut fait Prêtre à Rome, & y soûtint avec éclat des theses de Theologie. Le P. Thibaut le renvoïa à Rome dans son second Provincialat, pour y poursuivre quelques affaires, & le P. Raphael y mourut assez subitement, âgé seulement de trente-un ou trente-deux ans, au grand regret de toute la Province, qui faisoit en lui une perte considerable.

Les Chapitres Generaux de Carmes se tiennent de six ans en six ans, & ce fut pour la Reforme en faveur de la providence Divine, que le P. Thibaut se trouvât dans une charge qui lui donnoit séance dans cette Assemblée. Il se munit de lettres de recommandation de la part du Roi, des Reines, du Cardinal de la Rochefoucaut, & de l'Evêque de Luçon (Richelieu) alors chef du Conseil de la Reine Marie de Medicis retirée à Angers.

Dans ce tems-là Messire Charles de Bourgneuf Evêque de Nantes, étoit mort à Chartres, au retour d'un voïage de Paris, où il avoit présenté au Roi les cahiers des Etats de Bretagne. Monsieur de Cucé son frere, premier Président du Parlement de cette Province, avoit obtenu le brevet de cet Evêché en faveur de Mr. d'Orgeres son fils aîné, dont le P. Thibaut étoit Directeur. Monsieur d'Orgeres ne put jamais se résoudre à se charger de la conduite d'un diocese; & son pere ne pouvant le flechir, se joignit à son fils, & l'un & l'autre se flattant que la Reine mere Gouvernante de Bretagne auroit égard à leur priere, firent tous leurs efforts pour obtenir de S. M. que cet Evêché fût donné au P. Thibaut. En effet, comme il passoit par Angers pour prendre congé d'elle, l'Evêque de Luçon eut ordre de lui offrir de sa part l'Evêché de Nantes, & de lui en faire dépêcher le brevet. L'humilité du Directeur ne fut pas moindre que celle du disciple; il remercia très-respectueusement la Reine mere, la supplia de lui permettre de vivre & de mourir dans la profession qu'il avoit embrassée, & lui demanda pour toute grace qu'elle daignât accorder sa protection Roïale à la Reforme encore tendre & délicate. L'Evêque de Luçon admira cette ferme constance à refuser une dignité recherchée par tant d'autres; & se tournant vers la compagnie, il dit tout haut : *Que direz-vous de ce bonhomme qui refuse l'Evêché de Nantes?* La Reine édifiée d'un refus si rare, demanda au P. Thibaut son avis sur le choix qu'elle avoit à faire pour remplir cette place; & le Pere lui indiqua Monsieur de Cospean alors Evêque d'Aire en Gascogne; sujet d'un merite très-distingué, qui fut effectivement transferé au siége de Nantes.

Le Pere arrivé à Rome, y sollicita auprès du Pape Paul V. une affaire dont le Roi & la Reine mere l'avoient chargé; qui étoit la canonization d'André Corsini Carme, noble Florentin, allié de la maison de Medicis. Le Pape l'eût accordée volontiers, mais il fut prévenu par la mort, & Gregoire XV. son successeur vêcut assez peu de tems; en sorte que la cérémonie fut differée jusqu'en 1629. & faite par Urbain VIII.

Le P. Thibaut donna dans cette Capitale du monde deux grands exemples d'humilité; le premier, en obtenant du P. General l'exemption de toutes sortes de charges aussi-tôt qu'il seroit déchargé de son office de Provincial, avec permission de reprendre tous les exercices du noviciat, comme le dernier de ce saint & innocent troupeau; & le second, dans le refus qu'il fit de consentir à l'érection de la Reforme en Congregation separée, & d'en être déclaré le chef. Mais cedant aux instantes prieres du P. Archange de S. Luc Prieur de Rennes son compagnon, il accepta de S. S. un Bref, qui l'établissoit Commissaire Apostolique en France, pour l'execution des Decrets de Clement VIII. pour la reformation de l'Ordre.

A son retour d'Italie, il trouva le feu de la guerre civile allumé dans le Roïaume : il en avoit été averti à Florence, où comme on sçavoit le pouvoir qu'il avoit sur l'esprit de la Reine mere, on l'avoit prié de se rendre au plûtôt auprès d'elle, pour la porter à paix. Il la vit à Brissac, & la porta efficacement à sacrifier ses propres interests pour le repos public.

De Brissac il se rendit à Rennes, où il assembla les Superieurs de l'Observance avec les députez de leurs communautez. Présidant à cette Congregation en qualité de Commissaire Apostolique plûtôt que comme Provincial, après avoir rendu compte de son voïage, il fit faire plusieurs réglemens pour l'avancement & le maintien de l'Observance. Sur tout il fit établir une bourse de deniers communs, pour servir à la reparation des maisons ruinées par les Heretiques dans le siécle précedent, & aux autres affaires & nécessitez communes de la Reforme. Le fond en fut assigné premierement sur les noviciats, & en second lieu sur les deniers qui proviendroient des prédications des Avens, Carêmes & Octaves, qu'il ôta aux communautez, pour le mettre en la disposition du Vicaire provincial & de ses assistans, pendant que cet office dureroit. Depuis ces deniers ont passé au pouvoir du Provincial & des Définiteurs. On arrêta aussi dans cette Assemblée que pour la couleur des habits on quitteroit le noir teint, & l'on s'en tiendroit au noir naturel & sans teinture. On y ordonna aussi que les jeunes profez demeureroient deux ans, ou au noviziat, ou dans quelqu'autre maison, en corps de seminaire, sous un directeur, sans être dispersez çà & là ; & qu'à la fin des cours de Philosophie, & de Theologie les écoliers subiroient un rigoureux examen, avant que d'être promûs aux ordres sacrez, & employez à la prédication ou à l'administration du Sacrement de Penitence.

Le Pere ne demeura pas long-tems en repos dans le sein de sa province ; outre les fonctions penibles de sa charge de Provincial, on lui donna au dehors des occupations laborieuses. La premiere fut la visite de l'Abbaïe de Nioiseau de l'Ordre de S. Benoît, au diocese d'Anjou, dont le chargea Messire Guillaume de la Varenne Evêque d'Angers. Il y trouva Madame Françoise Roy Abbesse, Religieuse d'une singuliere vertu & d'un courage heroïque. Elle étoit dans le dessein de travailler à rétablir l'Observance reguliere dans cette maison, & fut admirablement secondée par le Visiteur, qui après les reglemens qu'il fit, donna à l'Abbesse & à sa maison le secours de ses Religieux de Chalain, qui ne sont pas éloignez de Nioiseau. Ils y ont travaillé heureusement pendant plus de vingt-cinq ans, & le Monastere se ressent encore, par le bon ordre qui y regne & l'édification qu'il donne, d'avoir eu pour directeurs des personnes remplies de l'esprit de regularité. L'Abbesse de son côté ne fut pas méconnoissante de cette faveur, & le Convent de Chalain a eu tant de part à ses liberalitez, qu'il la regardera toûjours comme sa seconde mere. Le P. Thibaut rendit aussi à l'Abbaïe de S. Georges, du même Ordre de S. Benoît, dans la ville de Rennes, toute l'assistance qu'on pouvoit attendre d'un homme tel que lui. Les Dames de Martigues & de la Fayette successivement Abbesses de cette maison, le demandérent pour Directeur de leurs consciences & de celles de leurs Religieuses à Messieurs Lachiver & Cornullier Evêques de Rennes l'un après l'autre ; & depuis ce tems-là les Religieuses de cette Abbaïe sont toûjours demeurées sous la conduite des Peres Carmes.

Pendant que la docilité de ces saintes ames combloit le P. Thibaut de consolation, la rebellion d'un homme de son corps donnoit bien de l'exercice à sa patience. Dans le cours des visites qu'il fit des Convens de sa province, il trouva dans celui de Poitiers un Prieur, qui s'opposant à l'exercice de ses fonctions, excita une espece de sedition populaire, qui mit la vie du Provincial en peril. Ce Prieur, peu Religieux dans ses mœurs, & moins encore dans la conduite de sa maison, s'y maintenoit en qualité de Superieur depuis plus de vingt ans. Quoiqu'il eût été Provincial, il avoit toûjours conservé son poste de Prieur. Toûjours opposé à la Reforme, il n'avoit rien omis pendant son Provincialat pour l'étouffer, s'il avoit pû, dans son berceau, & pour en empêcher les progrès. Il craignoit avec raison que le Pere ne le déposât d'un office qu'il administroit si mal, & ce fut pour cela qu'il usa de violence pour l'empêcher de faire ses fonctions de Visiteur. Le Pere se retira sans vouloir pousser la chose plus loin, & laissa tranquillement à Dieu le châtiment de cette desobéïssance. Le Pere General averti par d'autres que par lui du scandale arrivé à Poitiers, lui manda qu'il avoit appris par Maître Loüis Perrin la rebellion du Prieur de Poitiers, & le peril de perdre la vie où il avoit été exposé ; & qu'il ne pouvoit loüer une patience qui laissoit un si grand crime impuni. Le General écrivit aussi à l'Evêque & aux Magistrats de Poitiers, pour les prier de faire justice d'un desordre si scandaleux. Ces lettres tombérent entre les mains du P. Thibaut ; il les supprima, & ne voulut pas qu'il fût davantage parlé de cette affaire. L'année suivante le Chapitre Provincial qui se tint à Ploërmel, n'y voïant point paroître le Prieur rebelle, envoïa le P. Mathieu Pinault Provincial avec deux Définiteurs au Convent de Poitiers, avec ordre de destituer le Prieur, & d'y en établir un autre. Le nouveau Provincial fit d'abord tout ce qu'il put par les voïes de la douceur, pour reduire ce mauvais Prieur à son devoir ; & ne pouvant l'y ramener, il fit sonner la cloche, pour assembler capitulairement les Religieux & proceder à sa destitution. Au moment que ce bruit frappa les oreilles du rebelle, il tomba en apoplexie, & demeura muet & paralitique de la moitié du corps, & ce fut dans cette triste situation qu'il vêcut encore quelques mois. On élut à sa place le P. Nicolas Château Docteur en Theologie de la faculté de Paris. Mais comme l'accident arrivé à son prédecesseur avoit porté les habitans de Poitiers à demander un Superieur & des Religieux de la Reforme, aussi-tôt qu'on leur eut accordé ce qu'ils souhaitoient, le P. Château ceda volontiers la place au P. Antoine de saint Martin, qui étoit pour lors Prieur du Convent de Loudun, & qui fut envoïé à Poitiers en cette qualité, avec le cours de Philosophie que le P. Luc de S. Antoine y regentoit.

Cette nouvelle Communauté trouva la maison dans l'état le plus déplorable, sans biens, sans meubles, sans provisions, sans linge, chargée de dettes, les ornemens & vases sacrez de l'Eglise, ou volez, ou engagez, tout ce qui sert aux Autels d'une malpropreté dégoûtante. Les charitez seules des Abbaïes de sainte Croix & de la Trinité empêchérent ces pauvres Religieux de mourir faim; & cet exemple imité par d'autres personnes remit enfin cette maison dans une situation plus riante.

Le P. Thibaut s'attendoit bien, en sortant de charge, d'user de la permission qu'il avoit obtenuë à Rome, de vivre desormais en simple particulier, & de se remettre aux pratiques du noviciat, mais aussi-tôt que les Peres de la Reforme eurent eu connoissance de cette permission, ils la firent révoquer par le même General, & il fut élu pour la quatriéme fois Prieur de Rennes malgré toute sa resistance.

Dans le même-tems la Sereniffime Princesse Claire-Eugenie Infante d'Espagne, sollicitée par les Carmes de Valenciennes, lui écrivit, pour le prier de se donner la peine de venir en Flandre, pour y établir l'Observance. Le Prieur de Valenciennes de son côté pour faire voir que sa demande n'étoit point l'effet d'une volonté passagere, lui envoïa, du consentement de sa Communauté, un acte autentique, par lequel il se démettoit de sa charge, avec un plein pouvoir au P. Thibaut, ou de la prendre pour lui, ou de la donner à celui de ses Religieux qu'il en estimeroit le plus capable. Le Prieur Flamand craignant encore que tout cela ne fût pas suffisant pour obtenir l'effet de ses prieres, emploïa l'autorité du Cardinal protecteur de l'Ordre & du General. Le Cardinal en écrivit au P. Thibaut, & le General joignit à la lettre du protecteur un commandement formel au Pere d'obéir à la commission qu'il lui envoïoit à cet effet, datée du 23. Juillet 1623. Le Pere ne pouvant resister à des ordres si précis, n'obéit cependant encore, qu'après avoir pris l'avis & le consentement des Superieurs de l'Observance. Ils s'assemblérent au Convent d'Angers le 24. Mai 1624. & lui donnérent pour compagnon le P. Nicolas Château, dont nous venons de parler.

A son arrivée en Flandre, le Duc d'Ascot le vint saluër de la part de S. A. l'Infante Eugenie, & l'assurer de sa protection. La premiere marque qu'elle lui en donna, fut de faire casser un Arrest obtenu par les ennemis de la Reforme, pour empêcher le changement de la couleur noire teinte en noir naturel & sans teinture. Pour donner un heureux commencement à la Reforme, il institua dans le Convent de Valenciennes une oraison continuelle de trois jours & trois nuits devant le S. Sacrement exposé dans le Chapitre, avec un silence très-exact. Il établit dans ce Convent toute la forme & la maniere de vivre qui s'observoit dans ceux de par deçà, & joignant la pratique aux discours, il étoit le premier à toutes les observances regulieres, tant de jour que nuit, & ne prescrivoit rien dont il ne montrât en même tems l'exemple. Il en donnoit même qu'il étoit difficile de suivre, lorsqu'il demeuroit les deux heures entieres en oraison à l'Eglise après les matines. La Reforme qu'il établit dans cette maison pendant trois mois de séjour, fructifia si heureusement, que de-là elle s'est étenduë dans toute la Flandre, & a passé jusques dans la haute & basse Allemagne, où elle fleurit avec un éclat qui ne le cede pas même aux Déchaussez. Rappellé en Bretagne par l'établissement qui s'y faisoit des Carmelites, il laissa par écrit aux Religieux de Valenciennes une instruction pour suppléer à son absence. Cette instruction contient plusieurs avis, où l'on voit des traits d'un grand maître dans la vie Spirituelle, & d'un homme à qui l'onction de l'esprit de Dieu & une longue experience avoient appris tout ce qui peut maintenir le bon ordre & prévenir le relâchement.

Quand il commença la Reforme de son Ordre en Bretagne, il n'y avoit encore dans toute la province que sept ou huit Monasteres de filles, l'Abbaïe de S. Georges à Rennes, celle de S. Sulpice à trois lieuës de la même ville, toutes deux de l'Ordre de S. Benoît; celle de N. D. de la Joïe, de l'Ordre de Cisteaux, près de Hennebond; le Prieuré de Loc-maria dépendant de S. Sulpice, & situé auprès de Quimper; deux Monasteres de filles de Sainte Claire, l'un à Nantes, & l'autre à Dinan; & deux de Carmelites de l'ancienne Observance, l'un aux Fauxbourgs de Vannes, appellé Nazareth, & l'autre auprès de Nantes sous le nom de N. D. des Coets. Cependant plusieurs filles de condition aspiroient à la retraite; & comme la Reforme de Carmes répandoit une grande odeur de pieté, un grand nombre de filles portées au service de Dieu n'imaginoient rien de plus sûr pour leur santification, que les pratiques d'une Religion dont le public étoit si édifié. Le P. Thibaut pressé de la part de ces saintes ames de travailler à l'établissement de quelque maison de filles de son Ordre & de son Observance, en parla dès l'an 1617. ou 1618. à Messire François Lachiver Evêque de Rennes, qui approuva son dessein & promit d'y concourir de sa part autant qu'il le pourroit. Le Pere menagea aussi les Conétables, Bourgeois, & Echevins de la ville de Rennes avec tant d'adresse, qu'ils promirent une somme considerable pour se rendre les fondateurs du nouvel établissement. Les choses en étoient sur ce pied-là, quand François Lachiver mourut, en 1619. Son successeur y trouva quelques difficultez; le P. Thibaut les surmonta heureusement, & l'affaire fut enfin terminée l'an 1622.

Le P. Thibaut créé Superieur de cette nouvelle colonie par le General de l'Ordre, se transporta au Convent de Nazareth lez Vannes, d'où, avec la permission du P. de Launay Superieur & Vicaire General de cette maison, il tira sept Religieuses des plus zélées pour l'Observance & pour les anciennes constitutions dressées par la B. Françoise d'Amboise Duchesse de Bretagne leur fondatrice. Il les amena à Rennes, & les mit dans la maison qu'on leur avoit préparée, en attendant que le Convent où elles sont présentement fût bâti. Leur premier directeur fut le P. Bonaventure de Sainte Geneviéve, dont c'est assez faire l'éloge, que de dire qu'il fut placé dans cet emploi de la main du P. Thibaut. Ce nouveau Monastere porta le nom du S. Sepulcre, & les saintes filles qui l'habitent, sont veritablement ensevelies avec J. C. en Dieu, entierement mortes au monde, d'une retraite, d'un recueillement, d'une ferveur & d'une pieté qui leur attirent encore aujourd'hui l'estime & la veneration de toute la ville.

Cinq ans après la ville de Ploërmel dans l'Evêché de S. Malo imita l'exemple de celle de Rennes; on y bâtit un Convent de Carmelites reformées, qui ne cede à celui de Rennes, ni pour les bâtimens, ni pour l'exacte observance des Regles.

Enfin les Religieuses de Nazareth, meres de ces deux colonies, ne voulurent pas ceder à leurs filles en ferveur & en zéle. Après le decez du P. de Launay arrivé en 1627. elles élurent pour leur Superieur & Vicaire General le P. Thibaut. Il ne voulut accepter ni cette élection, ni la confirmation du General, qu'à condition que pour sa personne & sa conduite particuliere, il demeureroit toûjours soumis au Provincial: condition sans laquelle les Superieurs de l'Observance n'auroient aussi jamais donné leur consentement au Vicariat du P. Thibaut. Cette exception a depuis passé en loy, en sorte que les Vicaires, Confesseurs & autres Religieux emploïez au service des monasteres de filles, sont sujets aux visites des Provinciaux, & comparoissent devant eux dans les Convens les plus proches. Les mêmes Superieurs qui consentirent au Vicariat du P. Thibaut à Nazareth, ne voulurent jamais souffrir qu'il abandonnât pour cela l'emploi de Provincial, auquel il avoit été élu pour la seconde fois l'année précedente 1620. Mais ce consentement fut limité à sa seule personne, & l'incompatibilité des deux charges passa en loy fondamentale.

Quoique le P. Thibaut fût le Pere de la Reforme, & que les fonctions d'un Vicaire Provincial de l'Observance ne paruissent pas necessaires pendant qu'il étoit Provincial; cependant il maintint cette charge dans toute l'étenduë de ses pouvoirs, permettoit au Vicaire Provincial d'assembler les Superieurs de l'Observance, ne se trouvoit à ces Congregations que sur la fin, après les élections du Vicaire & de ses Assistans. Quelquefois même il se contentoit d'écrire à ces Assemblées, sans s'y trouver. La Congregation tenuë à Chalain en 1627. reçut une lettre de lui par laquelle, il exhortoit les Peres à ne point faire de nouvelles ordonnances, à chercher plûtot les moïens de mettre en pratiques les anciennes, & à retrancher même ce que l'experience y auroit fait trouver de trop difficile pratique. Il conjuroit dans la même lettre les Superieurs qui sentoient qu'ils ne pouvoient donner l'exemple d'une exacte regularité dans l'Observance, de se démettre volontairement de leurs charges; pressoit fortement tous les autres à faire vivre en eux & dans leurs inferieurs l'esprit de l'oraison, de penitence & d'austerité. Il finissoit, en promettant de se soumettre volontiers tout le premier à ce qu'ils jugeroient à propos d'ordonner. Il faisoit instance dans la même lettre, à ce qu'on retranchât les assistances aux convois des Seculiers, qui causoient de la dissipation aux Religieux, au préjudice de la regularité. La Congregation de Chalain en fit un Statut, qui a été pratiqué depuis, & inseré dans le corps des constitutions.

L'année suivante 1628. le General de l'Ordre pressa le P. Thibaut de faire un second voïage en Flandre, pour mettre la derniere main à la Reforme qu'il y avoit si heureusement établie. Le Pere ne put y aller ; mais pour satisfaire aux ordres de son General, il y envoïa de ses Religieux, qui s'acquittérent dignement de ce que l'on s'étoit promis de leur zéle & de leur prudence.

Dans le même tems le Pere obtint du General l'abrogation du privilege des Graduez ; mais par consideration pour quelques anciens qui étoient encore dans la province, il ne voulut pas pour lors en publier le decret, qui fut depuis inseré dans le corps des constitutions.

Le General voulut prolonger d'un an la charge de Provincial qu'avoit le P. Thibaut, dans la vûë d'avancer de plus en plus les affaires de la Reforme. Le Pere s'y opposa fortement, & ne souffrit point qu'à son occasion l'on fit une telle bréche aux loix Regulieres.

Il ménagea dans le même tems, par son credit & sa conduite, l'établissement du Convent de Sainte Anne, auprès d'Aurai dans le diocese de Vannes. Le contrat de fondation fut passé le 21. Decembre 1627. avec Messieurs Cadio pere & fils Seigneurs du fonds ; & le decret de Messire Sebastien de Rosmadec Evêque de Vannes est du 23. du même mois. Après cela le Pere envoïa en ce lieu un Superieur avec un bon nombre de Religieux, pour y cultiver la devotion à la sainte Aïeule de J. C. Mais comme nous parlons ailleurs de cet établissement, on nous dispensera d'en dire davantage ici.

Le Pere, à la fin de son second Provincialat, établit la Reforme dans le Convent de Pont-l'Abbé en basse-Bretagne. De tous les Religieux qui habitoient ce lieu, la plûpart moururent de la colique en moins de six semaines ; il n'en resta que quatre en vie. Le Pere avoit mené plusieurs Religieux de l'Observance avec lui, pour assister les malades ; il les y laissa à la place des morts, avec un Superieur pour les gouverner ; & au Chapitre Provincial tenu la même année 1629. à Loudun, il fit aggreger ce monastere à ceux de l'Observance.

Cette Assemblée fut la plus celebre de toutes celles qui s'étoient encore tenuës dans la Province. Il y avoit près de cent Religieux ; & les Indulgences plenieres que le Pere avoit obtenuës du S. Siége, y attirérent un grand concours de peuple de quatre à cinq lieuës à la ronde. L'ancienne coûtume de la Province étoit que le Provincial qui sortoit de charge, étoit Président né du Chapitre. Le Pere General voulut abolir cette coûtume, & reduire la Province de Tours aux termes de toutes les autres, en y faisant présider au Chapitre provincial un Commissaire de sa part, auquel le Provincial pût rendre compte de sa conduite. Il envoïa une commission en blanc au P. Thibaut, dont le zéle & l'humilité lui étoient de bons garans de sa soumission dans cette rencontre. La plûpart des anciens qui avoient gouverné la province, avoient de la repugnance à souffrir cette nouveauté, sur tout le P. Maillard Exprovincial, que le P. Thibaut avoit pourtant envisagé pour remplir la commission de son nom. Ne pouvant l'induire par les prieres & les raisons à l'acceptation de cette Superiorité passagere, il usa de commandement, & le somma en vertu de son vœu d'obeïssance, d'exercer la commission ; ce que le P. Maillard ne put enfin se dispenser de faire.

Le P. Thibaut empêcha que l'on ne confirmât dans ce Chapitre l'élection du Prieur de Nantes, à qui il avoit donné l'habit, & dont il avoit reçu la profession ; parce qu'il étoit violemment soupçonné d'avoir brigué cette charge, & accusé de plusieurs défauts notables. Le Définitoire pria le Pere Thibaut d'aller sur les lieux examiner la verité des faits. Il le fit & aïant convaincu le coupable des fautes dont il étoit accusé, sa douceur l'empêcha de donner contre lui une Sentence juridique ; il se contenta de l'obliger à se démettre volontairement de la charge qu'il avoit briguée, & de prendre une obedience pour aller demeurer dans un autre Convent. Mais le coupable, au lieu de s'y retirer, eut recours aux Puissances seculieres pour se mettre à l'abri de la correction. Le P. Thibaut informé de cette conduite scandaleuse, usa de la severité qu'il n'avoit pas voulu emploïer d'abord, & déclara le rebelle déserteur de la Reforme & de l'Observance. Ce Religieux la quitta, pour aller desservir une Cure à la campagne, où il fut privé pendant sa vie de la compagnie de ses Freres & du secours de leurs prieres après sa mort.

A peine le P. Thibaut fut-il hors de charge, que le General de son Ordre lui donna commission en 1629. pour aller établir la Reforme au Convent de Roüen. Le Pere ne pouvant y travailler par lui-même, y envoïa les Peres Mathieu Pinault & Christophle de S. de Joseph, qui y demeurérent quelques mois sans grand fruit. Le P. Ignace de S. François, & après lui le P. Ciprien de S. Denis envoïez à Caën, y trouvérent de plus favorables dispositions. Ils y exercérent pendant vingt ans ou environ les charges de Prieur, de Maître des novices & de Vicaires Provinciaux, & établirent une exacte regularité dans le Convent de Caën, d'où l'Observance se répandit dans presque toutes les maisons de

l'Ordre

LE P. PHILIPPE THIBAUT.

24. Janvier.

l'Ordre qui sont dans cette province.

En differens tems les Generaux avoient envoïez jusqu'à dix Commissions au P. Thibaut, pour l'engager à travailler à la Reforme du Convent de la place Maubert à Paris. Il sçavoit le besoin qu'en avoit cette maison, & il desiroit ardemment d'y voir l'étroite Observance bien établie; mais il sçavoit que ses soins seroient inutiles. Enfin le General Theodore Strace qui étoit son ami particulier, lui envoïa l'an 1634. une commission si pressante, qu'il ne put se dispenser d'obéïr. Les Religieux de Paris ne le reçurent pas de bonne grace, & voulurent même s'opposer à l'execution de la commission dont il étoit porteur. Cependant il se fit jour à travers les tumultes qui s'éleverent ; & entrant dans le lieu de l'assemblée, il prit pour texte de son discours les paroles que Samuel dit aux habitans de Bethéleem : *Mon entrée est pacifique, je ne viens que pour faire sacrifice à Dieu.* Ce début lui concilia parmi ses Freres une audience tranquille & favorable ; mais la semence Divine trouva-là peu de cette terre bonne & fertile qu'elle demande pour fructifier. Le Pere corrigea quelques fautes avec sa moderation ordinaire ; & ne pouvant pousser plus loin les effets de son zéle, il se contenta de faire élire Prieur de cette maison le P. François Potier Religieux du convent de Tours & Docteur en Theologie de la Faculté de Paris, sur qui il comptoit beaucoup pour le rétablissement de la discipline Reguliere.

Il se trouva en 1631. à la Congregation de l'Observance tenuë au convent de Chalain, où tous les Convens de la province s'engagerent pour l'établissement des Carmes reformez au convent des Billettes ou du S. Sacrement à Paris. Pour prévenir de bonne heure les inconveniens qui pourroient naître de cet établissement, il exhorta les Superieurs à poser pour loi fondamentale de cette maison, que personne n'y pourroit demeurer plus de six ans de suite. Les Peres en avoient pris possession le 27. de Septembre précedent. Le P. Thibaut y dit la premiere Messe solemnelle ; & deux ou trois de ses enfans spirituels, dont il s'étoit servi pour acquerir ce Convent à l'Ordre, eurent la consolation de l'assister à l'Autel.

On prit en ce tems-là le dessein de former un corps de constitutions pour servir à la Reforme de tout l'Ordre ; & le P. Bernard de la Madelaine Provincial chargea de ce travail le P. Dominique de S. Albert Vicaire-provincial.

Cette charge fut supprimée à la derniere Assemblée de l'Observance, qui se tint à Chalain en 1633. parce que tous les Monasteres de la province de Touraine se trouvant alors reformez, n'eurent plus besoin d'un ministere qu'on n'avoit établi que pour mettre l'Observance à couvert des entreprises des Provinciaux non reformez.

Tel fut le fruit de vingt-sept ou vingt-huit années de travail du P. Thibaut ; qui voïant cette grande œuvre enfin terminée si heureusement, disoit dans la joïe de son cœur avec le saint vieillard Simeon : *Mon Dieu laissez maintenant partir votre serviteur en paix, puisque mes yeux ont vû le salut que vous avez operé.* Tous ses desirs s'étoient bornez à ce seul but ; & les voïant accomplis, il n'attendoit plus que l'heureux moment qui devoit terminer sa vie perissable, pour lui en faire commencer une autre à laquelle la mort ne succede point.

Du reste il n'avoit jamais tenu à la terre, & avoit toûjours vêcu dans un dégagement si grand de toutes choses, que quoiqu'il eût été Superieur, Provincial, Vicaire General de trois convens de filles, on ne trouva après sa mort dans aucunes des cellules qu'il occupoit en divers lieux à l'occasion de ce Vicariat ou autrement, aucun livre, aucun meuble, aucune nippe, qui pussent être de quelque usage à personne.

Sur la fin de ses jours, faisant ses visites d'un convent de Carmelites à l'autre, il se trouva sur le bord d'un ruisseau qu'il avoit souvent passé. Mais de pluïes extraordinaires avoient grossi ce ruisseau ; le Pere y tomba, & fut emporté bien-loin par le torrent. Ses compagnons le secoururent à propos, le tirerent de l'eau, & le conduisirent à la maison d'un laboureur du voisinage. Le païsan le reçut avec humanité, lui donna de ses chemises, & le coucha dans son lit, pendant qu'on faisoit secher ses habits devant le feu. Le Pere voulut s'informer de la façon de vivre du laboureur & de sa maniere de servir Dieu, pour tirer occasion de ses réponses de lui donner quelques avis pour son salut. Mais le Pere fut bien surpris du discours de ce pauvre homme, qui lui dit dans sa simplicité grossiere : « Mon pere, j'ai toûjours demandé quatre choses à Dieu, dont il m'a accordé les trois, & j'espere la quatriéme de sa misericorde ; pain, peine, patience & paradis. Je n'ai jamais manqué de pain, graces à Dieu. J'ai toûjours eu beaucoup de peine à gagner ma vie ; & la patience ne m'a pas manqué dans toutes les adversitez que j'ai éprouvées. Il ne reste que le paradis, que j'espere qui ne me sera pas refusé à la fin de mes jours. « Le Pere se disposoit à instruire, il demeura instruit

Fff

lui-même, & ces quatre paroles lui demeurèrent si vivement imprimées dans la memoire, qu'il les eut toûjours depuis à la bouche & dans le cœur. Il voulut faire quelque liberalité au païsan, en le quittant, mais il ne put venir à bout de la lui faire accepter.

Il manquoit au P. Thibaut une espece d'épreuve des plus cuisantes, d'être persecuté par ses propres enfans, & de l'être sous le pretexte de la chose qui lui étoit la plus chere, c'est-à-dire l'Observance même dont il étoit le restaurateur. On peut juger de la pesanteur de cette épreuve à son égard, par une courte priere qui lui échapoit souvent : *A furore Sanctorum libera me, Domine.* Seigneur ! daignez ne délivrer de la fureur des Saints.

Le onziéme de Septembre de l'an 1637. on fit la translation des Reliques de S. Vincent Ferrier, du lieu où il avoit été d'abord enterré dans l'Eglise Cathedrale de Vannes, à une Chapelle que les Chanoines lui avoient fait bâtir. Tous les corps de la ville, Ecclesiastiques, Reguliers & Laïques se trouvérent à la cérémonie ; & le P. Thibaut, quoique malade, y assista sous la croix du convent du Bondon, qui n'est pas loin de la ville. Au retour il fut obligé de se remettre au lit, dont il ne releva que dans quelques intervalles de meilleure santé, dont il profita pour se faire porter à l'Eglise, afin d'y entendre la Sainte Messe & recevoir la communion. Il continua alors avec plus de ferveur que jamais une pratique de S. Charles Borromée, qui lui avoit toûjours été familiere, de finir la journée & de la recommencer par la recitation du Symbole de la foi qui porte le nom des Apôtres. Sa maladie dura plus de quatre mois, & sa pieté lui fit avoüer plusieurs fois que cette longue souffrance étoit une des plus grandes faveurs qu'il eût jamais reçûës de la bonté Divine. Sans compter les communions frequentes qu'il fit à l'Eglise pendant le cours de sa maladie, il reçut le S. Sacrement quatre fois en forme de Viatique. Lorsque les douleurs le tourmentoient le plus vivement, il prenoit son crucifix ; & le baisant aux pieds, aux mains & au côté, il disoit : *O Jesus ! qui avez souffert pour mes pechez, expiez les par le prix infini de vôtre sang.* Si la violence du mal le forçoit à quelque leger mouvement d'impatience, il en demandoit pardon sur le champ à ceux qui étoient autour de lui. Quand il recevoit le moindre service de qui que ce fût, il en témoignoit aussi-tôt sa reconnoissance dans les termes les plus humbles & les plus affectueux. Lorsqu'il reçut les saintes huiles,

il fit appeller tous les domestiques, jusqu'aux enfans qui servoient les Messes, & leur demanda pardon, aussi-bien qu'aux Religieux, des peines qu'il leur avoit données & de ses mauvais exemples. Les Superieurs des maisons voisines le vinrent voir plusieurs fois pendant sa maladie, pour recevoir, tant sa benediction, que les avis paternels qu'ils attendoient de lui pour la conduite de leurs maisons. Mais son humilité lui ferma la bouche là-dessus ; il remit tout entre les mains de Dieu & de leur fidélité à la grace. On lui parla de ses Religieuses du S. Sepulcre & de Ploermel, pour sçavoir de lui s'il n'avoit rien à leur mander : Rien, dit-il, *sinon qu'elles soient toutes bien unies en charité, qu'elles s'abandonnent à la providence Divine & à ses conduites ; & si Dieu me fait misericorde, comme je l'espere, je prierai pour elles après ma mort.* Aux approches de la mort, il demanda à son Confesseur, s'il ne suffisoit pas, pour se présenter au jugement de Dieu, de se confier entierement en sa Divine misericorde & aux merites infinis de J. C. Le Confesseur lui dit que cela suffisoit ; il l'en remercia jusqu'à trois fois ; après quoi tenant la vûë attachée sur l'image de Jesus crucifié, il expira sans aucun mouvement violent, & rendit son ame à Dieu le 24. Janvier de l'an 1638. âgé de 65. ans & quelques mois.

Au moment qu'il expira, la lampe qui étoit allumée devant le S. Sacrement s'éteignit ; & plusieurs Religieux qui avoient eu part à sa confiance, furent avertis, quoiqu'absens, de l'heure de son bienheureux trépas ; entr'autres le P. Archange de S. Luc alors Prieur Rennes, & une Carmelite du Convent du S. Sepulchre de la même ville, assurérent le matin de ce même jour qu'il étoit mort la nuit précedente. Le P. Theodore Strace General de l'Ordre apprenant cette perte, ne put s'empêcher de dire qu'il craignoit extrémément que la mort du P. Thibaut ne fît mourir l'Observance. Mais Dieu, par sa misericorde, a empêché que cette crainte n'ait été verifiée par la décadence de la Regularité. C'étoit son ouvrage, il l'a conservé jusqu'à présent.

Le P. Thibaut étoit d'une taille moïenne. Il avoit la tête grosse & le front carré, le visage plus severe que doux, affable cependant, & la conversation charmante, la voix claire & une grande facilité de s'exprimer. Il avoit une devotion particuliere aux mysteres de l'enfance & de la passion de N. S. & les larmes couloient abondamment de ses yeux, quand son esprit étoit occupé de la memoire de l'un ou de l'autre. Il

24. Janvier.

étoit ennemi juré de boufonneries ; & la plus rude correction qu'on lui ait vû faire, a été celle dont il punit un novice, qui avoit mêlé le verset d'un Pseaume dans la matiere d'une recréation. Severe à l'excès pour lui-même, il n'avoit pour les autres que de la douceur & de la tendresse, surtout pour les pecheurs qui vouloient se convertir, qu'il recevoit avec tout l'amour d'une mere. Il ne pouvoit souffrir sur lui une robe ou chappe neuve, tant qu'il en voïoit une usée sur le moindre des Freres ; mais quoiqu'il aimât la pauvreté dans les habits, il n'y pouvoit souffrir la malpropreté. Sa pénétration naturelle, sa longue experience & le secours du Pere des lumieres lui avoient donné un talent merveilleux pour connoître le merite des sujets & prédire leur destinée. Recevant un jour neuf ou dix novices tout à la fois, dont celui qui a écrit sa vie faisoit le neuviéme, il dit à l'un qui s'appelloit Felix, que ce nom ne lui convenoit pas ; à un autre de la même bande qui étoit Prêtre, qu'il avoit besoin de constance, & à un troisiéme, qu'il y en avoit plusieurs appellez & peu de choisis. Tous les trois sortirent du noviciat. Etant allé à la Fleche en 1618. il y fut visité par quelques postulans ausquels s'étoit joint un de leurs compagnons, qui ne sçavoit rien de leur dessein, & qui n'y avoit point de part. Le Pere l'aïant envisagé, conçut une grande estime de sa vertu future, & donna ordre aux Religieux qui étudioient là, de l'envoïer au noviciat avec les autres, parce qu'il seroit le meilleur Religieux de tous. En effet il demanda l'habit peu de tems après ; & l'aïant reçu, il exerça plusieurs emplois dans la province avec édification, fut envoïé en Allemagne en 1647. pour y établir la Reforme, y fut trois fois Provincial ; & après avoir présidé au Chapitre de la province de France en qualité de Commissaire General, alla mourir aux Convent des Billettes à Paris en 1657.

Morte le 5. Aoust 1620.

Morte le 9. Aoust 1641.

Tiré de la vie du Pere Huby.

SOEUR JEANNE L'EVANGELISTE,
&
Sœur Marguerite de Sainte Agathe,
Religieuses Carmelites, Sœurs du P. Huby.

CES deux saintes filles étoient sœurs du P. Huby, dont nous parlerons dans la suite. Elles furent toutes deux Carmelites au Monastere de Nazareth à Vannes, & y ont laissé une odeur de sainteté qui rend leur memoire recommandable. Jeanne l'Evangeliste étoit l'aînée. Pendant les trois derniers mois de sa vie, elle ne prit point d'autre nourriture, que la sainte Eucharistie, qu'elle recevoit de deux jours l'un ; & l'on remarquoit, que les jours qu'elle n'avoit point communié, elle souffroit dans tout son corps des douleurs inconcevables. Elle mourut de phthisie le 5. jour d'Aoust de l'an *a* 1620. à l'âge de 46. ans.

Sa sœur puînée, Marguerite de Sainte Agathe, donna de grands exemples de mortification, de regularité, de douceur, & de patience, pendant vingt-cinq ans qu'elle porta le joug de N. S. dans la Religion. Elle étoit Phthisique comme sa sœur aînée, & fort infirme ; cependant elle se traitoit avec une extrême rigueur, & se refusoit tous les soulagemens qu'on lui présentoit. On lui a vû pousser la mortification, jusqu'à reprendre les medecines que son estomach n'avoit pû retenir ; & il lui étoit ordinaire de pratiquer de semblables actes d'une vertu heroïque. Elle avoit demandé à Dieu, de satisfaire à sa justice en cette vie, en sorte que rien ne retardât son union avec lui, au moment qu'elle quitteroit la terre ; aussi outre les saintes cruautez dont elle avoit usé contr'elle même, elle eut une agonie si longue & si terrible, qu'on s'étonnoit qu'un corps aussi usé que le sien pût resister à de si violentes douleurs. Elle mourut le 9. d'Aoust de l'an 1641. à l'âge de 38. ans.

5. Aoust 1620. & 9. Aoust 1641.

a Il peut y avoir erreur dans les chiffres ; car on a de la peine à concevoir qu'une fille née en 1574. puisse être sœur d'un homme né en 1608 qui est l'année de la naissance du P. Huby.

MONSIEUR MICHEL le Nobletz,
Prêtre, Missionnaire.

Decedé le 5. Mai 1652.

XVII. SIECLE.

ON peut dire avec verité, que la Bretagne n'a point eu, depuis S. Yves, de Prêtre plus solidement vertueux & plus saint ; ni depuis saint Vincent Ferrier, de Missionnaire plus zélé, ni dont les travaux Apostoliques aïent fait plus de fruit, que Monsieur le Nobletz. Sa vie a été écrite & mise au jour en 1666. par un Prêtre, heritier de son zéle Apostolique, & l'on n'y avance rien qui ne soit prouvé par des Enquêtes juridiques & par un grand nombre de témoins. Cet ouvrage, retouché, comme il paroit, par de grands maîtres, a tout le merite qu'il faut pour passer à la posterité la plus reculée ; & ce sera de-là que nous tirerons tout ce que nous avons à dire de nôtre saint & admirable Missionnaire.

Antoine de S. André.

Il vint au monde le 29. jour de Septembre de l'an 1577. au château de Kerodern dans la paroisse de Plougerneau de l'Evêché de Leon. Son pere & sa mere joignoient à la Foi Catholique des vertus qui les distinguoient avantageusement des autres personnes nobles de leur païs. Hervé le Nobletz son pere, qu'on appelloit Monsieur de Kerodern, du nom de sa principale, terre, étoit d'une famille noble & ancienne, où il y avoit toûjours eu beaucoup d'honneur & de probité. Il étoit l'un des quatre seuls Notaires publics qui étoient dans le païs de Leon, dans un tems où il n'y avoit que les Nobles qui pussent exercer ces charges, non plus que toutes celles de Judicature. Veritablement il étoit attaché au gain, mais il n'en étoit pas esclave; il employoit une partie de son bien en aumônes, & n'épargnoit rien pour s'acquitter des devoirs d'un bon pere. Il avoit onze enfans, & il donnoit pour l'éducation de chacun cent écus par an, ce qui étoit une dépense considerable pour ce tems-là, & dans un païs où la Coûtume n'est pas trop favorable aux puînez des familles nobles. Madame de Kerodern, mere de tous ces enfans, s'appelloit Françoise de Lesuern ou Lesguern, & étoit de l'ancienne maison de Coet-manach, illustre & avantageusement alliée dans le païs. Elle n'avoit pas moins de vertu que son mari, ni moins de desir qu'ils fussent bien instruits. Elle eut cinq fils & six filles, dont il y en eut trois de mariées à des gentilshommes du païs, une qui mourut dans l'enfance, & deux qui se portérent à une pieté digne des premieres vierges du Christianisme qui contacroient leurs soins & leur vie au service des Apôtres. Le quatriéme des fils fut celui dont nous écrivons l'histoire.

Né le jour de S. Michel, il reçut au baptême le nom de ce glorieux Archange; & c'étoit une des graces de Dieu les plus signalées, dont il ne manquoit pas tous les jours de rendre graces à sa Divine bonté, aussi bien que de ce qu'il fut mis entre les mains d'une sainte nourrice, qui ne manquoit pas de l'offrir tous les jours à son Créateur, & de le prier affectueusement d'en faire par sa grace un de ses plus fidéles serviteurs. Retiré des mains de la nourrice, il donna dans la maison paternelle des marques de la pieté dont il devoit suivre les mouvemens dans tout le cours de sa vie. Il y avoit auprès de Kerodern une Eglise dédiée à saint Claude, separée de la maison par un étang. On y trouvoit sans cesse en prieres cet enfant de benediction, sans que les menaces de son pere, ni les châtimens de sa mere pussent l'en détourner. Il disoit d'ordinaire, pour toute excuse, qu'il venoit de la maison de Dieu, & qu'une Dame qui lui apprenoit à prier, l'y avoit conduit par la main. Sa mere, qui craignoit, avec raison, qu'il ne tombât quelque jour dans l'étang, racontoit souvent depuis, qu'elle le renfermoit à la clef dans une chambre; & qu'un jour, qu'elle se tenoit assurée qu'il n'en sortiroit pas, elle le trouva cependant à l'Eglise dans une posture dévote, avec un visage plein d'ardeur, sans avoir pû découvrir qu'on lui eût ouvert la chambre. L'enfant lui dit, avec simplicité, que c'étoit la même Dame, d'une merveilleuse beauté, qui lui avoit ouvert la porte, qui l'avoit conduit à l'Eglise, & qui lui apprenoit avec quelle devotion il falloit prier Dieu; mais qu'il ne sçavoit ni qui étoit cette belle Dame, ni où elle se retiroit. Il n'est pas sans exemple, de voir Dieu se communiquer avec quelque sorte de complaisance à cet âge innocent; & peutêtre ne nous sera-t-il pas interdit d'en donner une autre preuve au public, dans l'histoire d'un Prêtre, qui vient de laisser, en mourant dans une des premieres villes de la province, une grande odeur de sainteté. L'on y verra que ce pieux Ecclesiastique, dans le même âge que Michel le Nobletz, avoit déja le don d'oraison, & trouvoit plus de plaisir à s'occuper de Dieu, selon sa portée, que les autres enfans n'en trouvent aux bagatelles qui les amusent.

Mr. de Noë-Menard.

Quand Michel le Nobletz eut sept ans, Monsieur de Lesuern son aïeul maternel voulut l'avoir auprès de lui, pour le faire instruire, avec quelques autres de ses petits-fils, par un vertueux Ecclesiastique appellé M. Thomas Cozic qui demeuroit avec lui dans son château de Lesuern. Cet enfant continua d'y donner tous les présages d'une grande pieté qui se peuvent remarquer dans cet âge. On y distingua sur tout sa retenuë & sa modestie à l'égard de ses cousines de même âge que lui. Jamais il n'entra dans leur chambre, & il ne leur parloit même qu'à la table de leur grand-pere; ce qui faisoit voir que ce jeune écolier avoit au dedans de lui-même un maître bien plus excellent que celui qui l'instruisoit aux lettres humaines. Peu d'années après Mr. de Lesuern mourut, & Mr. de Kerodern, qui ne laissoit passer aucun jour sans le ménager, pour donner à ses enfans une bonne éducation, rappella Michel dans sa maison, & lui donna un précepteur; mais il ne le conserva pas long-tems, & persuadé que rien n'avance les enfans dans l'étude & dans la vertu, comme les bons exemples & l'é-

5.
MAY.

mulation, & que souvent, malgré tous les soins des peres, ils ont le malheur de contracter les défauts des valets ; il prit le parti d'envoïer ses fils aux écoles publiques, & de les mettre sous la conduite de deux Ecclesiastiques, freres, l'un & l'autre d'une vertu distinguée, qui joignoient la douceur & la pieté à la doctrine. Michel profita heureusement des leçons & des exemples de ces deux serviteurs de Dieu & de leur côté ils furent remplis de consolation, en voïant un enfant de dix ans exemt de toutes les legeretez de cet âge, & de qui on pouvoit dire, comme de Tobie, que dans la puerilité, ses œuvres n'avoient rien de puerile. Il fut ensuite envoïé à Plou-daniel, continuer ses études sous un Professeur qui passoit pour habile dans le païs ; & il y demeura six ans, pour le bien de cette paroisse, où le peuple ignorant & grossier ne differoit presque des Sauvages, que par le caractére du baptême, & par les habits. Ce fut là qu'il plut à Dieu de lui accorder l'attrait des douceurs qu'il répand ordinairement dans le cœur de ceux qui commencent à se mettre entiérement à son service. Il nageoit dans une joïe continuelle, & rien de ce qui regardoit la gloire de son maître ne lui paroissoit difficile.

Il n'avoit que quatorze ans quand Nôtre-Seigneur l'honora de la vûë de son humanité adorable, & se presenta à lui avec une beauté ravissante & une majesté au-dessus de toute expression. Nous ne le dirions pas, si cet homme si saint & si éloigné du mensonge ne l'avoit appris lui-même à des personnes à qui il a cru devoir reveler cette faveur insigne ; & dans le fonds, il n'est pas étonnant qu'une ame innocente, uniquement occupée de Dieu, ait de ces sortes de vûës qui approchent de la réalité. Ce fut dans ce moment qu'il sentit imprimer dans son cœur cette grande maxime qui a fait son caractére particulier : que pour plaire à J.C. il faut haïr & mépriser le monde, condamner ce qu'il approuve, & cherir ce qui fait l'objet de ses mépris. Il étoit dans un âge où le monde se fait le plus de partisans par les amorces de la volupté ; & ne sentoit que trop au-dedans de lui-même, que l'ennemi du dehors y avoit des intelligences, qui l'entraînoient à sa perte, s'il n'otoit les armes à l'ennemi domestique, par les rigueurs d'une penitence heroïque. Il ne se contenta pas de coucher sur la dure, & de se refuser les plus innocentes satisfactions ; il amortit encore par les peines les plus rudes les revoltes qui commençoient à l'inquieter ; il se jetta tout nud au milieu des ronces &

Tob. cap. 1.

Le P. Maunoir, & Mademoiselle le Gal de Saint Renan.

des épines, & demeura des trois heures entieres couché dans la neige. Ces sortes de sacrifices sont ordinairement accompagnez de graces extraordinaires ; & celui qui les avoit inspirez à ce saint jeune homme, les recompensa par la chasteté Angelique qu'il eut le bonheur de conserver pendant tout le reste de sa vie. Il commença dans le même tems à faire l'essai des fonctions Apostoliques, par les soins qu'il prit d'instruire & de catechizer les païsans, dans le cimetiere au sortir de l'Eglise, & dans tous les lieux où il les trouvoit rassemblez ; mais son zéle n'eut souvent d'autre recompense que les railleries, les injures, les menaces, & les mauvais traitemens ; comme on en peut juger par les graces qu'il rend à Dieu dans son journal de l'avoir délivré dans ce lieu de Plou daniel, de sept dangers de mort, dont selon toutes les apparences il ne devoit pas échaper.

Cependant si Dieu, qui avoit de grands desseins sur lui, ne l'eut soûtenu par des graces particulieres, ces beaux commencemens n'eussent eu que des apparences trompeuses, par la necessité où il fut, quand son pere l'eut envoïé avec ses freres étudier à Bourdeaux, d'apprendre à faire des armes, pour soûtenir l'honneur de la nation Bretonne dans la ville, & de tirer quelquefois l'épée pour defendre son frere aîné qui en étoit Prieur ; enfin élû Prieur lui-même, & engagé par-là à ne pouvoir éviter beaucoup de mauvaises compagnies, il couroit risque de repondre mal aux premieres faveurs dont le ciel avoit honoré son enfance, si la même Dame qu'il avoit eûë pour conductrice dans ses plus tendres années, ne s'étoit encore renduë visible à lui, si l'on doit l'en croire lui même, une fois, pour l'empêcher d'enfoncer son épée dans le corps d'un jeune homme qui, soûtenu de plusieurs autres écoliers de Droit, pressoit vivement son frere, dans le dessein de lui ôter la vie ; & une autrefois, pour lui faire entendre au fonds du cœur ces paroles, qui achevérent de le détacher du monde, qui commençoit à le seduire : « arrête, arrête ; obéï aux « inspirations de Dieu, & sui mon fils par « le chemin de l'humilité, de la simplicité, « de la pauvreté, & du mépris du monde. » Ces paroles de la mere de misericorde le rappellérent du bord du précipice, il vit clairement les dangers où il alloit s'exposer, & l'impossibilité de ne pas aimer le monde, en frequentant ceux qui se font un devoir de suivre ses fausses & pernicieuses maximes. La crainte des jugemens de Dieu, qui donne entrée à la solide sagesse, occupa salutairement son cœur, & lui don-

5.
MAY.

na pendant quelque tems de ces irresolutions sur le choix des moïens, qui sont ordinairement suivies d'un sur & tranquille repos, quand on a le bonheur de connoître ce que Dieu demande de nous, & de s'y soumettre fidélement. Il trouvoit à Bourdeaux tous les secours necessaires pour acquerir les sciences que son pere lui souhaitoit, dans la vuë de lui procurer des établissemens temporels ; mais il n'y trouvoit pas les secours spirituels propres à le perfectionner dans les dispositions convenables aux desseins du Pere Celeste sur lui. Dans la douleur que lui causoit cette disette, il apprit avec une joïe bien sensible, qu'il y avoit des Jesuites à Agen, qui selon l'esprit de leur profession, n'avoient pas moins de talent pour former leurs écoliers à la pieté, que pour les rendre parfaits dans la belle litterature & dans les sciences solides. Il ne douta point que ce ne fût-là le port de salut où Dieu vouloit qu'il se retirât, pour y jetter en sureté les fondemens d'une vie nouvelle, en se délivrant des engagemens dangereux où il se trouvoit. Il se transporta donc à Agen avec ses freres, au mois d'Octobre de l'an 1597. & y trouva tant de consolation dans l'alliance qu'il fit des lettres humaines avec la pieté, qu'il appella toûjours depuis, le tems qu'il passa dans cette ville, sous la conduite des Jesuites, son *Age d'or*.

Il apprit dès la premiere année, dans la classe des humanitez, à expliquer sans peine tous les auteurs même les plus difficiles Grecs & Latins, qu'il lisoit avec assiduité. Il commença aussi dès-lors à faire de beaux vers dans ces deux langues, & il recitoit encore par cœur, à l'âge de 62. ans, un poëme Grec assez long qu'il avoit composé en ce tems-là, & dont le dessein & la conduite, aussi-bien que la versification, étoient uniquement de lui. Il ne réüssit pas moins dans sa Rhetorique, & dans sa Philosophie, & il termina celle-ci par un acte public qu'il dédia à Monsieur de Kerodern son pere, pour lui marquer sa reconnoissance. Voilà pour ce qui regarde les lettres. Quant à l'homme interieur ; le souvenir de ses pechez, la crainte des jugemens de Dieu, & les pensées de l'Eternité toûjours présentes à son esprit, augmentoient sa ferveur de jour en jour. Il demanda d'être admis dans la Congregation de la Sainte Vierge, societé heureusement imaginée par les Jesuites, pour conserver l'innocence parmi leurs Ecoliers, & le bon exemple dans leurs colleges. Il y brigua l'emploi de portier, par un esprit d'humilité, & l'exerça pendant deux ans, d'une maniere qui lui attira l'admiration de tout le monde, & cette sorte de respect que l'on ne peut refuser à la vertu. Il avoit vingt-trois ans, quand il acheva sa philosophie, & Dieu, qui depuis sa conversion l'avoit conduit par les sentiers de la crainte, commença à l'élever au pur amour, & le tira de la condition des esclaves, pour le mettre au rang des enfans. Son cœur ainsi dilaté pour Dieu qu'il ne voïoit pas des yeux du corps, s'ouvrit en même tems d'une maniere très-tendre pour les pauvres qu'il voïoit sans cesse, & qu'il aima toûjours depuis, on peut dire, avec passion, & avec excès.

Ce fut alors que Dieu lui fit connoître une partie des desseins qu'il avoit sur lui, & qu'il le délivra de ces craintes inquiettes & immoderées, dont la source est dans le défaut de confiance & de la resignation que Dieu demande de nous ; & que pour répondre à des faveurs si particulieres, il résolut d'éloigner de son cœur & de son esprit tout ce qui pourroit faire obstacle à la grace & à son union avec Dieu. Le moïen le plus sûr qui se présenta à lui, fut de s'attacher à cette grande maxime du mépris du monde qui lui avoit été inspirée dès l'âge de quatorze ans. Il en fit une promesse particuliere à Dieu le 30. de Septembre de l'an 1598. jour dédié à S. Jerôme, & depuis, pendant tout le reste de sa vie, il célébra ce jour avec joïe, comme celui de sa naissance spirituelle ; & prit ce saint Docteur de l'Eglise pour son protecteur particulier.

Pour marcher dans cette nouvelle vie sans distraction, il se separa de la compagnie de ses freres, avec la permission de son pere, & prit une chambre dans un autre quartier de la ville, chez un bourgeois qui vivoit fort exemplairement, & qui se trouvant heureux de le posseder, lui donna, outre sa chambre, un endroit écarté du bruit, dans le lieu le plus élevé de la maison, pour en faire un lieu de retraite & de prieres. Là Michel s'emploïa uniquement à l'oraison, à l'étude, & à la penitence. Il ne voïoit ses freres, & les autres personnes de son âge, que par rencontre, & ne leur disoit qu'autant de paroles qu'il en falloit pour conserver avec eux l'union de la paix & de la charité. Tous ses entretiens étoient avec ses Directeurs, pour la conduite de sa conscience ; avec ses Professeurs, pour l'avancement de ses études ; avec les pauvres, pour les consoler & les instruire ; & avec ceux d'entre les écoliers qu'il reconnoissoit les plus portez à la pieté, qu'il esperoit de gagner au service de Dieu, & qu'il jugeoit les plus propres à augmenter la gloire de son saint nom. Dans la

Sa These se voit encore au College des Jesuites de Quimper.

vûë de foulager ceux d'entr'eux qui n'avoient pas abondamment les commoditez temporelles, il se privoit des choses les plus necessaires, & s'abstenoit ordinairement de viande & de vin, pour épargner sur l'argent que lui envoïoit son pere, de quoi subvenir aux necessitez des plus pauvres. Joignant à cela les instructions & les exhortations, il en gagna un grand nombre, qu'il eut la consolation de voir entrer dans des maisons Religieuses qui conservoient la pureté de leur Institut, où ils ont rendu des services considerables à l'Eglise.

Mais il ne s'attachoit pas tellement aux pauvres, qu'il négligeât d'assister spirituellement les Ecoliers d'une condition plus relevée. La plus illustre de ses conquêtes de cette espece, fut celle d'un gentilhomme de l'Evêché de Treguer, de la maison de Kerosat, appellé Pierre Quintin, autrement dit Monsieur de Limbaü, qui après avoir porté les armes quelque tems, comme nous l'avons déja dit, avoit repris le cours de ses études interrompuës par les guerres civiles, & mena depuis dans l'Ordre des Freres Prêcheurs une vie Apostolique & merveilleuse, ainsi que nous l'avons rapporté plus amplement ailleurs. Les progrès que Mr. de Limbaü fit dans la vertu, furent si grands, que voïant les pauvres mourir de faim pendant une grande cherté qu'il y eut en Guienne, il alla en Bretagne vendre tout son patrimoine, dont il apporta le prix à Agen, & le distribua aux pauvres. Il s'étoit déja défait auparavant, pour les soulager, de ses meubles & de ses livres, & ne se servoit plus que de ceux de Michel le Nobletz. Ils s'emploïérent l'un & l'autre à faire une aumône d'un bien plus grand merite, en allant les fêtes & les Dimanches par les villages voisins catechizer les païsans, pour conserver en eux la foi que tant d'heretiques tâchoient alors de leur faire perdre.

Il n'y a point d'homme dont l'ame ne soit ouverte aux attaques de ses ennemis spirituels par quelque endroit foible ; & la grande étude de ceux qui veulent être solidement vertueux, est de reconnoître ce foible, de le combatre & de le déraciner. La seule chose qui faisoit de la peine à Mr. le Nobletz, & qui pouvoit l'empêcher de pratiquer le mépris du monde dans toute la perfection à laquelle il se sentoit appellé, étoit la crainte du mépris. Il gémit de cette foiblesse, & pria Dieu, pour achever de le guérir, de l'exercer au mépris de l'estime du monde par les affronts & les opprobres qui lui seroient les plus sensibles. Il fut exaucé au-delà de ses esperances, & sentit bien, par la douleur que lui causérent les attaques de la calomnie, combien l'homme à peu de forces en lui-même. Il eut recours à la priére, comme il le faisoit dans toutes ses peines, & prosterné un soir auprès de son lit, il offroit à Dieu, avec confiance & simplicité, la croix dont il lui avoit plû de le charger ; il s'adressoit aussi à la Mere de misericorde, & baigné de larmes, il lui representoit son innocence, & la supplioit de lui continuer sa protection. Dans ce moment ces paroles s'imprimérent dans son cœur, comme si la sainte Mere de Dieu les eût prononcées : « mon cher enfant, ne craignez rien, puisque mon fils vous défendra, & que je ne manquerai pas de vous assister. »

Pénétré de reconnoissance pour ces paroles consolantes, il monta à son oratoire qui étoit au haut du logis, dans le dessein d'y passer la nuit à rendre graces à sa Divine bienfaictrice. Il lui sembla qu'elle se présentoit visiblement à lui, avec trois couronnes qu'elle lui donnoit, dont la premiere étoit celle de la virginité, avec assurance qui la conserveroit jusqu'à la mort, & ordre de ne point craindre de converser avec toutes sortes de personnes, quand il s'agiroit du service & de la gloire de Dieu, qu'il auroit soin de le préserver des attaques de tous les ennemis de cette précieuse vertu ; la seconde couronne étoit celle de Docteur & de maître de la vie spirituelle ; & la troisiéme étoit celle du mépris du monde, dont il lui fut ordonné de faire toute sa vie une profession particuliere dans l'Etat Ecclesiastique. A toutes ces faveurs, on doit encore ajoûter celle du don de prophetie ; qu'il reçut en même tems, & qu'il sentit toûjours croître en lui pendant cinquante deux ans qu'il vécut depuis.

Mais Dieu voulut, pour l'exercer, qu'il demeurât encore dans son esprit des incertitudes sur le genre de vie qu'il devoit embrasser. Il prit d'abord la résolution de vivre dans le celibat, sans s'y engager cependant par aucun vœu, jusqu'à ce qu'il eût des lumieres plus assûrées sur sa vocation. Ses freres, & ses amis, qui étoient, comme lui, en état de faire leur choix, se déterminérent à l'étude du droit Civil. Pour lui, renouvellant ses priéres, il conjura Mr. de Limbaü son ami d'y joindre les siennes, pour tâcher de connoître les desseins de Dieu sur lui. Tout d'un coup il se sentit absolument déterminé à l'état Ecclesiastique ; mais sans sçavoir encore s'il devoit demeurer seculier, ou se rendre Religieux. La lecture assiduë qu'il avoit faite de la vie de saint Ignace, & les grands exemples de vertu qu'il avoit remarquez dans les Religieux de la société, lui donnoient de puissans attraits pour leur profession ; mais il avoit peur de n'avoir pas assez de santé pour resister aux fatigues des classes & des autres emplois de cet Ordre ; & que le bien qu'il y pourroit faire pour la gloire de Dieu, & le service du prochain ne fût pas de longue durée. Il ne se sentoit pas moins d'estime & d'inclination pour l'Institut des Capucins ; & ce ne fut que la même consideration de son peu de forces, qui lui fit juger alors, que ce n'étoit pas là où Dieu l'appelloit.

Il avoit l'âge où l'on peut prendre la Prêtrise ; mais porté à se regler sur la vie de S. Ignace, qui avoit fait toutes ses études, & attendu la quarantiéme année de son âge, pour prendre ce dégré ; il résolut d'augmenter son zéle & ses exercices de pieté, & d'étudier quatre ans en Theologie à Bourdeaux, en attendant que Dieu lui fît connoître plus distinctement sa volonté sur l'état de vie qu'il devoit embrasser. Ce fut dans l'intervalle qui préceda l'execution de ce dessein, que Mr. le Nobletz voulut satisfaire sa devotion, & aller visiter les saintes Reliques qui sont en si grand nombre à Toulouze. Ce voïage où la pieté seule l'engageoit, remplit son ame d'une si grande joïe, qu'il a marqué dans son Journal, qu'il n'en avoit jamais eu de plus sensible. Les saintes délices dont il étoit enyvré ne lui firent pas oublier les Ecoliers qu'il avoit gagnez à Dieu dans Agen ; il leur écrivit peu de jours après son départ une lettre qui fait si bien connoître son caractere, que le Lecteur ne sera pas fâché de la trouver ici :

« Mes très-chers freres ;

« Que la paix de J. C. soit avec vous. Il
« faut regler vôtre vie de telle sorte, que
« l'étude des lettres ne préjudicie point en
« vous à l'étude de la vertu, & que pour
« être saints & vertueux, vous n'en soïez
« pas moins sçavans. Il y a grande diffe-
« rence entre un Theologien qui ne sçait que
« ce qu'on enseigne dans les Ecoles, en né-
« gligeant la pureté des mœurs & la pra-
« tique des vertus ; & celui qui prend Dieu
« pour maître dans la méditation, & qui
« pratique dans ses actions ses leçons Di-
« vines. L'un est comme un enfant qui sçait
« souvent par cœur ce qu'il ne connoît tout
« au plus qu'à demi ; au lieu que l'autre pé-
« nétre utilement, & met en usage, le sens
« des veritez qu'il apprend. Ainsi, mes
« chers freres, pour éviter ce défaut si
« ordinaire de ceux qui se contentent d'une
« vaine science, sans se mettre en peine

« de cette sagesse Divine, qui s'apprend
« autant par les mouvemens du cœur, que
« par les efforts de l'esprit & de la memoi-
« re, proposez-vous pour fin de vos étu-
« des vôtre propre santification & celle
« de toute l'Eglise. J'avouë qu'il est bien
« difficile de trouver hors des Religions un
« lieu commode pour s'adonner parfaite-
« ment à deux études si differentes & si
« necessaires aux ministres du Dieu vivant ;
« & j'ai pitié de plusieurs jeunes hommes
« qui acquiérent beaucoup de science, & qui
« ne se perfectionnent pas dans les connois-
« sances les plus utiles à leurs ames, parce
« qu'ils ne se trouvent pas dans les lieux
« commodes pour cela, ni avec des person-
« nes qui puissent leur donner ces sentimens.
« Mais j'ai encore pitié de ceux qui, bien
« qu'ils vivent dans la crainte & l'amour de
« Dieu, ne feront jamais pour lui ce qu'on
« eût pû esperer d'eux, parce qu'ils man-
« quent de science & de moïens de l'acque-
« rir. Ne vous mêlez point du gouverne-
« ment des ames, ni des affaires qui regar-
« dent le bien public, jusqu'à ce que vous
« aïez acquis ces deux qualitez. O ! que la
« doctrine sans la sagesse & la pieté, cause
« de malheurs dans l'ame d'un homme
« sçavant & suffisant ! mais que la pieté
« sans la doctrine, & un zéle sans science,
« en peut causer à toute l'Eglise ! Com-
« me la sagesse mondaine, sans aucune te-
« nuësse de conscience, sert de piege à l'es-
« prit d'orgueil, & d'occasion de très-lour-
« des chutes, aux sçavans ; ainsi une pieté
« trop sombre & trop melancolique, ou
« aussi trop entreprenante, sans la lumiere
« de la science, est sujette aux illusions du
« malin esprit, qui se transformant en An-
« ge de lumiere, trompe plus aisément les
« ignorans, sur tout ceux qui se fient à leur
« propre conduite. Nous voïons des Eccle-
« siastiques que leur peu d'étude rend pres-
« que incapables de toutes les fonctions de
« leur ministere ; mais nous en voïons aussi
« plusieurs très-sçavans, qui ne peuvent
« néanmoins enseigner les autres, & que le
« défaut de cette sagesse Divine, & une
« trop grande attache aux choses de la terre
« rend incapables de faire un catechisme aux
« petits enfans, ou de donner aucune instru-
« ction ni aucun conseil à ceux dont ils de-
« veroient gouverner les consciences, sui-
« vant leur vocation. Leur doctrine n'em-
« pêche pas leur aveuglement, & ne les
« sauve pas des tentations qui les attaquent
« de jour en jour avec plus de violence, &
« les portent enfin aux plus grands désor-
« dres & aux derniers malheurs. C'est pour-
« quoi, mes chers freres, je vous conjure

« au nom de J. C. pour l'amour duquel je vous écris, de prendre un bon & sage Directeur, qui vous montre comment vous devez pratiquer les maximes opposées à celles que suivent ceux qui aiment le monde. Exercez-vous y plusieurs années, avant que de vous engager dans l'état Ecclesiastique, si vous voulez que Dieu conduise & benisse vôtre vocation, qui ne doit point avoir d'autre principe, que les ordres de la Divine volonté. Soïez persuadez qu'on mene une vie fort austere & fort agréable à Dieu, quand on vit suivant les regles du mépris du monde ; & que les plus grandes mortifications ne consistent pas à porter des habits méprisables & incommodes, à rechercher la solitude, à ne prendre qu'une pauvre nourriture, & à châtier son corps par des veilles, des jeûnes, & les disciplines; mais à bannir de son cœur l'esprit du monde, & à vivre suivant les maximes qui lui sont opposées ; à fuïr les conversations inutiles, en recherchant celles qui sont d'obligation ou de charité ; à éviter tous les empêchemens de la vertu ; à accorder de certaines choses à la coûtume, avec discretion, & à lui en refuser d'autres avec raison, sans crainte lâche, sans mauvaise honte, sans négligence coupable ; à se mépriser soi-même ; à avoir en horreur la gloire du monde & la vaine réputation ; à se réjoüir dans le mépris & l'ignominie ; & enfin à ne perdre aucune occasion de surmonter ses passions & son propre amour. C'est-là la regle du souverain maître, de la sagesse incarnée. Apprenez à la garder, & commencez dès maintenant à vous disposer par cette maniere de vie à la profession à laquelle il plaira à Dieu de vous appeller. Ce sont les souhaits & les vœux que je fais pour vous, & que je vous supplie de faire souvent pour moi dans vos prieres. »

A son retour de Toulouse il prit à Bourdeaux, comme il avoit fait à Agen, une chambre éloignée du bruit, pour éviter toutes les distractions & les pertes de tems. Il étudia pendant quatre ans la Theologie Scholastique de S. Thomas sous [a] trois excellens Professeurs. Il prit aussi des leçons de Theologie morale, pendant ces mêmes années, d'un sçavant [b] Casuiste ; & du P. Gourdon, qui fut depuis Confesseur du Roi Loüis XIII. des leçons de controverse pendant trois ans. Il ne se contenta pas d'écrire & d'étudier les cahiers de ses maîtres ; il eut recours aux originaux, pour y puiser l'esprit des auteurs ; & s'attacha sur tout à S. Thomas & aux Conciles. Il apporta une application si constante à la lecture & à l'étude de l'Ecriture Sainte, que Messire René du Loüet qui prenoit les mêmes leçons que lui, & qui fut depuis Evêque de Quimper, assuroit que Mr. le Nobletz sçavoit par cœur toute la Bible en Grec. Enfin il se trouva si solidement, sçavant, à la fin de ses études, qu'un de [c] ses Professeurs lui écrivant peu de tems après son retour en Bretagne, disoit à celui qui devoit porter la lettre, qu'il écrivoit à celui qu'il estimoit le plus sçavant homme de toute la Bretagne.

L'étude, qui dissipe les autres, & qui à mesure qu'on s'y affectionne, est sujette à causer plus de distractions dans les exercices de la vie spirituelle, ne fit que rendre Michel le Nobletz plus recueilli ; & l'on en sera pleinement persuadé, quand on sçaura que ce fut précisément en ce tems-là que Dieu l'éleva à cette contemplation tranquille où l'ame goûte les veritez éternelles d'une maniere qui lui fait bien sentir que Dieu seul agit alors sur la créature avec un pouvoir absolu, une douceur dont elle est pénétrée. Ce don merveilleux de contemplation ne l'abandonnoit même pas dans le tumulte de l'Ecole, où souvent en écrivant les leçons de ses professeurs, il se sentoit porté à faire des actes du plus pur amour de Dieu. Uniquement occupé de sa présence, il la sentoit par tout avec plus de certitude que tout ce que l'on connoît le mieux par l'usage des sens, avec tant d'amour, de joïe, de paix, & de confiance, qu'il lui sembloit que Dieu l'avoit déja mis dans son Roïaume. Ces goûts spirituels ne servirent pas peu à le détacher de l'estime des hommes & des vains plaisirs. Il ne vouloit mettre le sien, qu'à souffrir les douleurs & les ignominies de la croix. Au défaut des persecutions exterieures, il s'armoit contre lui-même d'une sainte cruauté ; il prenoit tous les jours la discipline très-long-tems & très-rudement ; il ne prenoit de nourriture que ce qui étoit absolument necessaire pour se soûtenir ; il couchoit sur la dure ; & se privoit de tous les divertissemens les plus innocens ausquels il étoit invité par ceux de son païs. Mais pour leur rendre son absence plus aisée à supporter, il ne refusoit pas de contribuer aux frais de ces parties de plaisir, quoiqu'il n'y assistât pas. Il n'en faisoit que d'une autre espece, qui avoit beaucoup de merite devant Dieu ; l'argent que les autres emploïoient à se divertir, il l'emploïoit à regaler quelques pauvres écoliers qu'il invitoit à dîner avec lui ; ce qui lui étoit d'autant plus aisé à faire, que son pere, satisfait du succès de ses études, avoit au-

---

[a] Les Petes Etienne Charlet, Jourdan, & Gabriël de la Porte, Jesuites.
[b] Le P. Jarric Jesuite.
[c] Le P. de la Porte.

gmenté considerablement la somme ordinaire qu'il avoit coûtume de lui envoïe chaque année. C'étoit un nouveau fonds pour les pauvres, dont il en assista souvent quelques-uns avec une prodigalité qui l'auroit mis lui-même dans l'indigence, si le Pere commun des pauvres ne lui avoit fait retrouver quelquefois par miracle, dans son coffre, des sommes considerables qu'il en avoit tirées pour délivrer des personnes qui croupissoient en prison pour des dettes. Il se crut obligé, trente ans après, à ne pas étouffer dans le silence des faveurs si extraordinaires, parce qu'il les jugea très-propres à guérir une personne de pieté qui n'avoit pas assez de confiance à la providence de Dieu.

Aux jours destinez pour le divertissement des Ecoliers dans les Colleges, il prenoit le sien à porter, ou à faire porter, aux Peres Capucins, les charitez des personnes qui leur étoient affectionnées ; à visiter les hôpitaux, & les pauvres honteux dans les maisons particulieres ; & à aller rendre ses adorations à son Créateur en diverses Eglises qu'il s'étoit distribuées en diverses Stations, par rapport à celles du fils de Dieu dans sa Passion, dont il méditoit les mysteres en chemin. Ses œuvres de charité corporelles étoient accompagnées des spirituelles ; & son zéle croissant à proportion de ses lumieres & de ses talens, il ne se contenta pas d'aller seul, comme à Agen, interrompre à la campagne les progrès des ministres heretiques ; il fit une Congregation de plusieurs autres Ecoliers de Theologie, qu'il avoit attirez à la pieté & au mépris du monde, qui s'étant instruits des principaux points de controverse, alloient deux & deux dans les paroisses des environs de Bourdeaux, travailler à conserver la vraïe foi attaquée par ceux qui ne cherchoient qu'à détruire, sous prétexte de reformer.

Monsieur le Nobletz après avoir achevé ses études, fit un pelerinage à une Eglise de N. D. pour lui rendre graces des faveurs, des visites, & des assistances particulieres qu'il en avoit reçues ; & pour se préparer à recevoir la Prêtrise, il passa six mois dans un jeûne continuel, sans porter de linge ; coucha pendant tout ce tems-là sur la terre, ou sur un peu de paille ; & passoit les jours entiers & la plûpart des nuits en prieres & en méditation. Après ces premiers préparatifs, il alla retrouver son pere & ses parens, qui eurent une joïe extrême de le voir si avancé dans la vertu & dans les sciences, & le considererent comme l'appui & l'ornement de leur famille. Ils lui représentérent qu'il étoit assez préparé ; qu'il avoit depuis cinq ans l'âge necessaire ; qu'il étoit tems désormais qu'il reçût l'Ordre de Prêtrise, & qu'il se mît en état, par-là, de faire honneur à sa famille, & de se rendre utile à son païs. Mais la veneration infinie qu'il avoit pour le ministére des saints autels, l'empêchoit de se déterminer si-tôt, & s'occupant avec tremblement des écuëils, qui font perir les autres, il ne voulut point s'engager dans la profession la plus sainte du Christianisme, qu'il n'eût demandé à Dieu, avec toute la ferveur possible, la grace de ne pas perir où tant d'autres faisoient un triste naufrage.

Il reduisoit, dans ses méditations sur ce sujet, les dangers de l'état Ecclesiastique, à dix écuëils, dont le premier étoit le défaut de vocation. Il consideroit là-dessus le danger qu'il y a de s'ingerer dans les sacrez ministéres sans y être appellé. Le second écuëil, selon lui, étoit le défaut de pureté d'intention, dans le choix de ce genre de vie ; quand, au lieu de n'avoir, en le faisant, d'autre objet que la sureté de son salut & la gloire de Dieu, l'on ne se propose que les commoditez de la vie, la possession des Benefices, l'entrée dans les dignitez, l'ambition, la complaisance pour les parens. Le troisiéme écuëil, est la trop grande pauvreté, qui reduit ceux qui n'ont pas de quoi vivre honnêtement, à faire des bassesses messéantes à leur dignité, & à mener une vie distraite, servile, & incompatible avec l'application que demande la sainteté de nos misteres. Le quatriéme écuëil, est le défaut de science. Le cinquiéme, l'esprit de superbe, la bonne opinion de sa suffisance, la présomption, l'entêtement. Le sixiéme, un desir déreglé d'acquerir de l'estime & du credit dans le monde ; écuëil des plus dangereux, qui engage le ministre de J. C. à prendre les maximes du monde son ennemi, à sacrifier souvent ses devoirs à la complaisance, à ne mettre que l'huile où il faut le fer & le feu, à profaner les Sacremens en les prodiguant à des indignes, enfin à contracter des amitiez dangereuses, & des familiaritez, dont le crime est souvent le fruit. Le septiéme écuëil, est l'affection déreglée pour les proches, qui répand sur toute la vie d'un Prêtre la tache honteuse de l'avarice la plus sordide, qui lui endurcit le cœur sur les miseres des pauvres, qui le plonge dans le ménage & le trafic, enfin qui le rend inutile à ceux qu'il doit instruire, pendant qu'elle se rend maîtresse de ses soins les plus essentiels. Le huitiéme écuëil, est le défaut d'esprit de penitence, & l'attache aux plaisirs de la bouche, qui avilit le ministére, en exposant au mépris la personne du ministre. Le neuviéme, est l'oisiveté & l'aversion de l'étude; & le dixiéme est le défaut de dévotion & le mépris des exercices spirituels de l'homme interieur.

Outre ces écueïls capitaux, Mr. le Nobletz s'occupa encore à considerer & prévoir, par une méditation profonde & une discussion exacte, les difficultez que rencontre dans le commerce du monde un Prêtre qui veut conserver l'esprit de pieté, & rechercher le salut des ames & la plus grande gloire de Dieu. Voici, à peu près, quelles étoient ses pensées là-dessus : « Pour « mener une vie Apostolique, il faut vivre « parmi le monde ; & il n'est pas moins « difficile d'y vivre sans contracter le mau- « vais air, que de demeurer long-tems « dans une chambre pleine de fumée, sans « en avoir mal aux yeux ; ou de mêler de « l'eau de fontaine avec celle de la mer, « sans que la premiere en devienne salée. « On ne peut vivre parmi le monde, sans « le frequenter, soit pour assister le pro- « chain, soit afin de pourvoir à ses pro- « pres besoins. Et le moïen de le faire, « sans attacher son cœur à quelque amitié « particuliere, qui détruira la solitude du « cœur, & diminuëra l'ardeur avec laquel- « le on doit se tenir uni à Dieu ? Vivez « dans le monde, & ne pratiquez pas les « civilitez ordinaires ; vous passerez pour « un homme sauvage & farouche, assuje- « tissez-vous à tout ce qu'on appelle de- « voirs, égards, civilitez ; vous vous enga- « gez insensiblement dans l'inutilité, dans « les complaisances, dans l'amitié des créa- « tures, dans les flateries, & dans la dissi- « pation. Vivrez-vous dans le monde, sans « entendre parler de nouvelles & d'affaires « qui ne sont point de vôtre profession ? Ou « si vous en entendez parler, ne vous y « interesserez-vous pas insensiblement ? Ne « vous piquerez-vous pas de rendre aux « autres, nouvelles pour nouvelles ? La cu- « riosité des bagatelles s'allumera, l'esprit « sera rempli d'idées qui altereront le re- « pos de vôtre ame, & vous prendrez du « dégoût pour l'étude & pour la priere. Vi- « vrez-vous à la ville ? Demeurerez-vous à « la campagne ? Dans les villes il faut faire un « grand nombre de connoissances, rendre « & recevoir beaucoup de visites inutiles. A « la campagne vous manquez de bons prédi- « cateurs & de bons Directeurs. Outre cela, « il faut y souffrir une affreuse pauvreté ; « ou se reduire à y tenir quelque sorte de « ménage. Quelle disette d'un côté ; quel « embarras de l'autre ? Quand on vit dans « le monde avec quelque bien, il faut ven-

dre & acheter, il faut solliciter ses affaires ; « cela ne se peut sans se familiariser avec les « gens du monde ; & qui nous répondra que « nous ne prendrons pas leur esprit & leurs « défauts ? Si vous êtes de quelque distin- « ction dans le monde, par vôtre naissance « & par vôtre qualité, vous ne pourrez « vous dispenser de recevoir quelquefois à « vôtre table des gens du monde. Y serez- « vous le maître d'empêcher les excès de « bouche, dans un païs où la coûtume les « autorise ? Ou plûtôt, si vous ne l'êtes pas, « ouvrirez-vous ainsi au scandale une mai- « son de recueillement ? Une personne qui « ne veut pas se retirer du monde, y a be- « soin du secours de quelques-uns, pour as- « sister les autres. Il faut les voir & leur par- « ler ; & dans les entretiens qu'on a avec « eux il est presque impossible de ne pas en- « tendre parler des défauts d'autrui, de ne « pas voir blesser la charité, de fermer en- « tiérement son ame à tout ce qui la peut « soüiller ou la détourner des saintes com- « munications qu'elle doit sans cesse avoir « avec Dieu. Il y auroit de la dureté ; en « demeurant dans le monde, à n'y pas voir « ses proches. Mais est-il aisé de les frequen- « ter, sans s'interesser un peu trop à ce qui « les touche, & sans que les liens de la chair « ne nous attachent malgré nous à la per- « fection où nous devons aspirer ? Quand « on vit dans le monde, il faut, pour évi- « ter le reproche de singularité, user com- « me les autres de viandes délicates, se lo- « ger commodément, dormir à son aise ; « & l'on se livre ainsi à l'amour du corps « & des sens. La vie solitaire, il est vrai, « n'est pas propre à un Ecclesiastique qui « veut se rendre utile aux autres ; elle pro- « duit souvent l'ennui, le chagrin, la pe- « santeur d'esprit, l'amour propre, la pré- « somption, & l'attache à ses sentimens ; « mais d'un autre côté, quitter la solitude, « c'est, si l'on n'y prend garde, quitter la « paix & la liberté de l'ame, s'exposer à « perdre l'esprit de devotion ; & se mettre « au hazard de prendre celui du monde. Un « homme appellé à l'Eglise, sans avoir de « patrimoine, & sans Benefice, est obligé « de vivre de l'autel, & de recevoir quel- « que salaire de ses fonctions. C'est un usage « permis ; mais à quoi ne s'expose-t-il pas ? Le « desir sordide du gain détruit la pureté de « l'intention ; & l'avarice est la source d'une « infinité d'autres défauts. Pour se conser- « ver & s'avancer dans le service de Dieu, « il faut trouver un lieu propre à vivre dans « l'élevation d'esprit ; & un Directeur sage « & experimenté ; peut-on se flatter de trou- « ver aisément l'un & l'autre dans le mon-

« de ? L'exemple des personnes vertueuses « à qui Dieu a fait la grace de s'exempter « de la corruption du siécle, est un secours « presque necessaire pour s'élever à la per-« fection ; mais il est rare de le trouver « hors des Religions où regne l'esprit de « leur premier Institut. «

Voilà les difficultez qui se présentérent à l'esprit de Mr. le Nobletz, & voici les regles que Dieu lui inspira, tant pour éviter les écüeils, que pour surmonter les difficultez. « I. Il vaut mieux avoir moins de « credit & d'estime dans le monde, que de « le trop frequenter. Il faut attendre pour « cela, que la grace & l'âge nous aient don-« né de la maturité, avec une discretion « & une sagesse consommée; & avant que « de s'exposer au commerce du monde, il « faut s'exercer dans les pratiques de la ver-« tu, sous la direction de quelque person-« ne vertueuse. II. La reserve & les pré-« cautions avec lesquels nous devons voir « le monde, quand la necessité, ou la cha-« rité nous y obligent, rendront témoigna-« ge à nôtre propre conscience du desir que « nous aurions de le fuïr ; mais pour être « utiles au monde, sans qu'il nous soit pré-« judiciable, il n'y faut paroître qu'avec « humilité, crainte, & modestie. III. Il « ne faut pas se priver de toute conversa-« tion avec les personnes de qualité. On en « deviendroit plus ignorant, moins avisé, « & moins propres à secourir les person-« nes de moindre condition. Il n'y a que « des présomptueux, qui ne veulent fre-« quenter que ceux dont ils attendent une « déference aveugle. Mais il faut faire choix « des personnes de qualité qu'on veut voir, « & ne les voir qu'autant qu'on s'senti-« ra fortifié par la capacité, le jugement, « la vertu & la grace. IV. Il faut éviter « d'avoir obligation à un grand nombre de « personnes, de maisons & de familles. Les « graces qu'on en peut esperer sont bien « moins considerables, que les sujettions « ausquelles la reconnoissance oblige ne sont « que trop souvent préjudiciables. V. Quand « on a ce qui est necessaire pour vivre selon « sa profession, en souhaiter davantage, « c'est avarice. VI. Il faut éviter, dans les « compagnies, d'être grand parleur, ou di-« seur de bons mots, & d'y vouloir paroî-« tre plaisant & agréable, sur tout quand on « y entretient des personnes du sexe. Fai-« re le contraire, c'est donner des preuves « de vanité, d'amour propre, d'attache-« ment au monde; & s'exposer à dissiper « l'esprit interieur. VII. Un homme sage « & vertueux, engagé à vivre dans le mon-« de, doit chercher un milieu entre la ru-sticité, & la trop grande civilité. VIII. « La maxime de quelques anciens, de vivre « avec ses amis comme si l'on devoit un « jour être leurs ennemis, peut en plus d'u-« ne façon être d'usage pour la vie spirituel-« le. Premierement ; on ne doit jamais « pousser la confiance & l'amitié qu'on a « pour une personne, jusqu'à faire ou dire « devant elle quelque chose qu'elle nous « puisse jamais reprocher. En second lieu, « il ne faut point que la liberté qui se trou-« ve dans les amitiez les plus saintes, dis-« pense du respect que se doivent porter « les amis. Enfin l'usage ordinaire du dis-« cours appelle amis tous ceux de nôtre con-« noissance avec qui nous avons de la fami-« liarité ; mais comme il y en a beaucoup « de ceux-là, ou qui sont trop au-dessus « de nous pour nous donner cette liberté « qui regne entre les veritables amis, ou « qui n'ont pas assez de vertu pour meriter « nôtre estime, qui est le fondement du res-« pect ; il ne faut s'attacher ni aux uns ni « aux autres, & l'on doit plûtôt se resou-« dre à quitter le païs ou la ville où l'on de-« meure, que de se trouver obligé à faire « une liaison trop étroite avec les uns ou les « autres, sur tout avec les derniers. IX. « Pour bannir l'oisiveté, il faut avoir quel-« que emploi de chambre & de cabinet, « qui nous occupe à l'étude de la Loi de « Dieu & de la doctrine Evangelique, ou « du moins à quelque exercice indifferent, « compatible avec les exercices de devotion. « X. Nous devons contredire l'esprit du « monde dans nôtre conduite, par des hu-« miliations volontaires & par le mépris de « nous-mêmes, autant qu'il se peut, sans « empêcher d'autres plus grands biens ; ai-« mer les occasions de mortifier nôtre amour « propre, en soumettant nos jugemens à « ceux des autres, & en se plaisant à obéïr, « & à cette mortification de l'esprit il faut « joindre celle du corps, les oraisons fre-« quentes, l'usage souvent réïteré des Sa-« cremens, & l'entretien des personnes ver-« tueuses. XI. Enfin il faut être constant « dans ses exercices de pieté, & cette con-« stance est une austerité plus recomman-« dée dans l'Evangile, & moins sujette à « l'illusion, que toutes les macerations cor-« porelles. «

Toutes ces réflexions & toutes ces vûës, bien loin de porter Mr. le Nobletz à satisfaire l'impatience que son pere avoit de le voir dans l'Ordre de la Prêtrise, ne servoient qu'à le faire differer de s'y engager, & à prendre encore plus de tems pour s'y disposer. Le diocese de Leon étoit alors gouverné par Messire Rolland de Neuville, Prélat illustre par sa naissance, & plus estimable encore par sa doctrine & sa pieté. Il voulut entendre Mr. le Nobletz dans une dispute celébre de Theologie qu'il fit faire à S. Paul de Leon par les plus habiles gens du païs. Il y fut si touché de la doctrine profonde de Mr. le Nobletz, accompagnée d'une humilité & d'une modestie merveilleuse, qu'il lui offrit les meilleurs Benefices qui vaqueroient dans son Diocese, & le pressa avec les dernieres instances de s'engager à les accepter. Des marques si solides d'une parfaite estime, & la reputation que s'étoit acquise Mr. le Nobletz; ne le flattérent point assez pour le retenir à Saint Paul; il en sorti au plûtôt; & las de s'y être, en quelque maniere, un peu trop prêté à l'ambition de son pere, & y portant des habits tels que les portoient les Ecclesiastiques de la premiere qualité, il reprit son habit commun, pour revêtir de sa soutane & de sa robe doublée de satin, un pauvre Prêtre. Son pere aïant rencontré bientôt après cet Ecclesiastique, & ne pouvant souffrir une si grande liberalité, lui arracha cet habit avec violence, & le fit rapporter à son fils, qui ne voulut point le reprendre, quelques reproches que lui fit son pere. Il usa même envers lui de remontrances si humbles, & si fortes en même-tems, que ce gentilhomme fit rendre l'habit au pauvre Ecclesiastique, & lui demanda pardon de la violence avec laquelle il le lui avoit ôté.

Cependant Mr. de Kerodern ne perdant pas encore l'esperance de porter son fils à accepter des biens & des dignitez de l'Eglise, fit de nouvelles tentatives auprès de lui, pour l'obliger à ne pas refuser un benefice de grand revenu qui venoit de vaquer, & lui representant vivement, qu'il n'auroit pas le moïen de subsister avec honneur, s'il vouloit s'en tenir à sa legitime, qui ne seroit que la dixiéme partie d'un tiers de l'heritage paternel. Son fils lui répondit: « qu'il n'avoit ni la capacité,
« ni la vocation necessaire pour ce genre de
« vie; qu'il ne se sentoit pas assez fort pour
« la charge des ames que le Benefice qu'on
« lui offroit l'eût obligé de porter, ni pour
« conserver quelque vertu dans les dignitez
« Ecclesiastiques qu'on vouloit lui faire esperer, & qu'il croïoit être souvent la ruïne de l'humilité & de la simplicité Chrétienne; qu'il esperoit que Dieu lui feroit
« l'honneur de l'emploïer plus utilement &
« plus surement au salut des ames, dans
« les Missions qu'il se proposoit de faire
« dans la basse Bretagne; enfin, qu'il préferoit de conduire des troupeaux, à l'obligation de gouverner des peuples, & à toutes les dignitez Ecclesiastiques. » Son pere, irrité d'une pareille réponse, changea toutes ses tendresses en indignation, & lui dit avec aigreur & emportement, que puisque sa vocation étoit de conduire des bêtes, il auroit satisfaction; & en effet, il donna ordre qu'on le mit à mener un troupeau. Le saint homme consolé d'avoir déplû à son pere, par l'assurance de n'avoir pas déplû à Dieu, se soumit avec humilité à ce vil emploi; & marquant toûjours la même disposition à refuser des Benefices, il eut ordre de quitter la maison de son pere.

Il se retira chez sa nourrice, femme très-vertueuse, mais aussi très-pauvre; & y vécut pendant plusieurs mois dans une extrême disette & dans le dernier mépris, habillé & nourri comme un païsan; remplide joïe, au reste, de participer ainsi aux souffrances de son Sauveur, & d'imiter sa vie cachée. Hors les tems qu'il donnoit à la méditation & à la lecture de l'Ecriture Sainte, il s'occupoit à catechiser les enfans, & à chercher l'aumône pour les pauvres de la paroisse. Tous ses parens déploroient ce qu'ils appelloient son malheur; d'autres le traitoient de fou & d'extravagant; la plûpart avoient de la douleur de le voir enterrer ainsi les riches talens qu'il avoit reçus de Dieu. Mais le saint homme, qui se sentoit appellé de Dieu pour faire fructifier le sang de son fils dans les ames par les Missions, ne croïoit pas pouvoir s'y disposer mieux, qu'en s'établissant solidement dans le mépris du monde, de la gloire, de l'estime, & des satisfactions, qui sont les plus grands obstacles aux graces dont un Missionnaire zélé a besoin, tant pour lui, que pour ceux dont il veut procurer le salut.

S'étant enfin rassasié d'opprobres & de confusion pendant six mois, il se sentit inspiré d'aller à Paris chercher quelque excellent Directeur, avec qui il pût communiquer de la conduite de Dieu sur son ame; car il a toûjours eu pour maxime, que Dieu veut conduire les hommes par les hommes; & il ne manquoit jamais d'insinuer à ceux qu'il portoit à Dieu, la necessité de cette soumission. Il alla trouver son pere avec confiance, & le supplia d'agréer qu'il étudiât encore un peu de tems à Paris, avant que de prendre l'Ordre de la Prêtrise. Ce bon gentilhomme, qui avoit toûjours plus cheri Michel, que tous ses autres enfans, le croïant enfin reduit à une plus grande complaisance, le pourvut avec joïe de tout ce qui étoit necessaire pour ce voïage. Monsieur le Nobletz entendit durant quelque tems les Professeurs celebres de Sorbonne; mais n'y apprenant rien de nouveau, il quitta tous les traitez de Scholastique, pour s'attacher uniquement à l'Hebreu, que l'affection qu'il avoit pour l'Ecriture Sainte lui faisoit desirer de sçavoir parfaitement. Il chercha aussi avec soin le Directeur qu'il étoit allé chercher à Paris, & persuadé qu'il le trouvoit dans la personne du Confesseur du Roi Henri le Grand, il s'addressa à ce Pere, & lui découvrit les lumieres dont Dieu l'avoit favorisé, les dons & les graces qu'il en avoit reçuës, le desir qu'il avoit de procurer le salut des ames, & ses sentimens sur le mépris du monde. Quelle joie pour le Directeur, de trouver dans ce jeune homme d'aussi grands tresors de grace! Il l'exhorta à ne plus differer de s'engager dans la Prêtrise, & à suivre les lumieres que Dieu lui avoit données pour sa gloire & pour le salut des ames. Monsieur le Nobletz prit ce conseil pour un oracle, & recevant à Paris l'ordre sacré du Sacerdoce, fit profession de la perfection Chrétienne dans l'état Ecclesiastique. Il fut si penetré de la grace que Dieu lui fit de l'élever à une aussi haute dignité que celle du Sacerdoce, qu'il ne cessa point tout le reste de sa vie, de lui en marquer sa reconnoissance de la maniere la plus tendre; & prêt à expirer il prioit encore la personne qui l'exhortoit, de lui remettre souvent dans la memoire une faveur si distinguée, dont il croyoit avoir d'autant plus de sujet de remercier Dieu, qu'il reconnoissoit un effet singulier de sa bonté, dans ce qu'il avoit permis qu'il entrât dans le Sacerdoce avant que d'en avoir aussi bien connu l'éminente dignité, qu'il l'avoit reconnuë depuis; parce que s'il eût eu alors les mêmes lumieres qu'il avoit euës dans la suite, il n'auroit jamais eu assez de hardiesse pour s'y engager.

Il alla dire sa premiere Messe dans sa paroisse, pour satisfaire les justes desirs de son pere & de sa mere. S'il eût suivi le torrent de la coûtume, il y auroit eu à cette cérémonie quatre ou cinq cens personnes des parens & des amis de sa famille, qui s'y seroient assemblez pour lui faire des présens, & pour passer ce jour-là & les deux suivans en danses & en festins. Il eut assez de credit auprès de son pere, pour éloigner d'une cérémonie Sainte un tumulte profane; & n'eut pour témoins de cette action sacrée, que ses plus proches parens, qu'il n'eût pû priver de cette consolation, sans quelque espece de dureté; & la fête ne fut celebrée que par des réjoüissances qui étoient le fruit de la pieté.

Les mêmes préparations qu'il apporta à ce premier sacrifice, il les emploïa depuis à tous les autres qu'il offrit, ce qu'il auroit fait tous les jours de sa vie, si les forces de son corps avoient égalé la ferveur de sa dévotion. Il ne s'approchoit jamais des sacrez autels, qu'il n'eût fait, la veille, quelque austerité considerable; & c'étoit la préparation éloignée. Sa préparation prochaine commençoit à minuit, par une pratique spirituelle de deux heures, dans laquelle il faisoit sept exercices differens, comme on le trouve écrit de sa main dans un petit livret qu'il avoit composé exprés. Le premier exercice consistoit en des actes de foy sur la présence de J. C. dans le S. Sacrement de l'Autel. Il l'y consideroit, comme un Sauveur aimable, en se le representant dans la créche de Bethléem, ou entre les bras de sa sainte mere; comme un Roi glorieux, en se le representant à la droite de son pere; & comme un Juge redoutable, en se le figurant dans toute la splendeur de son avenement dernier. En second lieu, pour établir en lui la paix & la tranquilité de l'ame, il éloignoit toutes sortes d'objets, d'affaires, & de créatures; & rien ne lui facilitoit mieux ce dégagement interieur, que la pensée qu'il alloit se présenter à celui qui seroit son Juge; ce qui l'obligeoit à se separer de tout, comme nous le ferons au dernier moment, où chacun de nous paroîtra seul devant ce Juge seul. La pureté d'intention étoit le sujet de son troisiéme exercice; & persuadé qu'on ne peut la rendre trop sainte dans la plus sainte action de la vie, il offroit à Dieu dans sa méditation, le sacrifice adorable dont il alloit être le ministre, pour toutes les fins les plus relevées que se puisse proposer un homme mortel; & après le tribut de gloire qui est dû à la majesté infinie de l'Etre Suprême; comme le Sacrifice de J. C. est infini, ce pieux ministre ne bornoit, en l'offrant, ni ses desirs, ni ses demandes, qu'il étendoit non-seulement à tout ce qui faisoit l'objet de ses pieux souhaits, mais encore à tous les besoins de autres, & des morts, aussi bien que des vivans. Son quatriéme exercice étoit de purifier son cœur avec tout le soin possible; ce qu'il faisoit par une confession exacte, accompagnée d'une contrition tendre, animée de la plus ardente charité, & suivie de quelque mortification qu'il croyoit la plus efficace pour le dégager de tous les attachemens qui pouvoient ternir la pureté de son ame. V. Comparant ensuite sa bassesse, sa pauvreté, sa misere, & ses pechez, avec la sainteté, la grandeur, & la majesté de celui qu'il alloit porter dans ses mains & recevoir au dedans de lui-même, il entroit dans les sentimens d'une humilité profonde, d'une crainte salutaire, d'une sainte honte, d'une fraïeur sacrée, & les exprimoit par de courtes & ardentes aspirations, tirées de l'Ecriture, qui étoient comme autant de traits de flamme qui pénétroient jusqu'au Trône de Dieu. VI. Après s'être ainsi anéanti par la consideration de ses foiblesses & de sa misere, il se relevoit par une douce confiance en Dieu, dont la bonté liberale prodigue ses graces & ses faveurs dans cet admirable Sacrifice ; & livrant son cœur aux plus doux transports, il se servoit de tout ce qu'il y a de plus touchant dans l'Ecriture, pour marquer à son Divin Sauveur l'impatience qu'il avoit de le posseder. VII. Enfin, recapitulant une partie de ce qui l'avoit occupé, il se representoit de nouveau ses pechez, ses imperfections, ses attaches aux créatures, pour les detester, pour les détruire, pour en faire un holocauste à celui qui vouloit bien être la victime du Sacrifice qu'il alloit offrir ; il renouvelloit ses prieres pour obtenir les dispositions qu'il souhaitoit d'avoir pour une action de si grande importance ; il convioit la Sainte Vierge à se trouver à ce banquet, comme à celui des nôces de Cana, afin d'y demander pour lui à son fils tout ce qui pourroit y manquer de sa part ; enfin il invitoit tous les Anges & tous les Saints, sur tout ceux qu'il prenoit pour ses protecteurs particuliers, à venir adorer avec lui sur l'Autel celui qui fait leur bonheur éternel dans les cieux. Pendant qu'il étoit à l'Autel, il n'y avoit aucun des assistans qui ne fût touché d'une pieté sensible, & ravi d'admiration, en voïant la modestie, le respect & la tendresse extrême qu'il y faisoit paroître. Son visage étoit animé, & ses yeux avoient une vivacité passionnée qui faisoit bien connoître la certitude qu'il avoit de la présence de son Dieu, & les faveurs qu'il en recevoit alors en plus grand nombre que dans les autres tems. Après la Messe il passoit deux autres heures à s'entretenir seul avec Dieu, d'une maniere si tendre & si vive, que son ame absorbée dans ces plaisirs celestes, oublioit souvent de diriger les fonctions du corps.

Cet excellent ministre des Autels, qui se sentoit appellé aux fonctions Apostoliques, s'y prépara par une longue retraite, dans laquelle il étonna par son courage & sa constance tous ses parens & tous ceux qui le connoissoient. Il fit bâtir auprès de la mer, dans un lieu appellé Tremenach, près de la paroisse de Plouguerneau dans le diocese de Leon, une petite cellule couverte de paille, s'y renferma, & y mena pendant un an une vie plus solitaire que celle des anciens Ermites des déserts. Il ne quitta point le cilice, & n'eut sur lui, durant tout ce tems-là, d'autre linge, que le collet attaché à sa soutane. Il prenoit tous les jours la discipline jusqu'au sang, & n'avoit point d'autre lit, que la terre nuë, ni d'autre chevet qu'une pierre. Il ne mangeoit qu'une fois le jour, & sa nourriture unique étoit un peu de bouillie de farine d'orge, sans sel, sans beurre, & sans lait, qu'une personne du voisinage lui servoit dans un petit plat, par une fenêtre étroite. Il ne buvoit que de l'eau, & avoit borné à une très-petite mesure la quantité qu'il devoit en boire chaque jour. Pour le vin, il ne s'en servit toute cette année, qu'au saint sacrifice de la Messe. Une si prodigieuse austerité lui rétrecit tellement l'estomach, qu'il eut toûjours depuis jusqu'à la mort, une peine extrême à prendre la nourriture qui lui étoit necessaire. Il demanda plus d'une fois pardon à Dieu, dans la suite, de s'être rendu moins utile à son service par ces austeritez, sur tout durant les vingt dernieres années de sa vie. Mais du reste il avoit la consolation, que si ces rigueurs excessives avoient alteré sa santé, elles avoient servi en recompense à l'unir plus parfaitement à Dieu, en le détachant de plus en plus du monde & de l'amour de lui-même. Il ne sortit de sa cellule que pour celebrer la sainte Messe. Il garda durant cette retraite un perpetuel silence, & ne parla qu'à son seul Confesseur ; en sorte qu'il oublia presque la langue de son païs, faute d'exercice. Mais aussi il apprit à parler si bien & si à propos, qu'on ne l'entendit jamais depuis parler d'autre chose que de Dieu, ou de ce qui regardoit sa gloire & son service, & il en pouvoit discourir les journées entieres avec une application & une ardeur extrême. Il reçut aussi par ce silence une facilité nouvelle de s'entretenir avec Dieu dans l'oraison & la contemplation. Ses lumieres reçurent un nouvel accroissement, aussi bien que le don de prophetie dont Dieu l'avoit honoré, par lequel il connut clairement dès-lors que les Peres Jesuites seroient établis de son vivant en basse-Bretagne, & se serviroient des énigmes spirituelles & des instructions qu'il composoit dans sa solitude, pour tirer les peuples de cette province de la profonde ignorance où ils vivoient. Il fit aussi une revûë de toutes ses études, afin de les rendre utiles à la sanctification des autres. Préparé à combatre pour l'avancement de la gloire de Dieu, il prit des armes spirituelles, qu'il reduisit à cinq chefs ; une oraison & une présence de Dieu continuelles, une austerité sans relâche, un détachement sincere de l'amour de ses parens & de toutes les conversations inutiles au service de Dieu, l'étude des sciences necessaires pour le salut du prochain, & une liberté d'esprit qui pût le rendre toûjours disposé à recevoir les impressions celestes & à leur obéïr avec ardeur & promptitude.

Il n'avoit pas encore achevé tout le tems qu'il s'étoit proposé de passer dans cette solitude, qu'il fut contraint d'en sortir, par les persecutions violentes que lui suscita une personne dévote. C'étoit de ces gens qu'un commencement de vertu rend assez bien intentionnez pour combattre le vice, mais à qui le défaut de lumiere & d'experience le présente par tout où ils voïent les apparences d'une conduite differente de la leur, & des pratiques de pieté qui leur sont inconnuës. Cette personne ne pouvant s'imaginer qu'un homme pût s'être condamné lui-même à une prison si affreuse, sans y être attiré par d'autres plaisirs que ceux que l'on goûte en s'entretenant avec Dieu, donna entrée dans son esprit aux jugemens les plus sinistres & les plus temeraires, & crut faire un grand sacrifice à Dieu, en faisant cesser une retraite dont son imagination prévenuë ne lui donnoit que des idées affreuses. Elle reconnut bientôt l'injustice & la fausseté de ses jugemens; l'innocence du Solitaire persecuté n'en devint que plus éclatante; & il a plû à Dieu de rendre son Ermitage si célébre, par les œuvres merveilleuses de la Toute-puissance, qu'il y a peu de pelerinages plus frequentez que celui-là.

Penetré de l'exemple du Sauveur, qui repandit d'abord la semence de la parole Divine aux environs du lieu de sa residence ordinaire, & obéïssant à l'avis de S. Paul, qui déclare pire que des infidéles ceux qui negligent le soin de leurs proches, le saint homme commença les exercices de ses travaux Apostoliques par la paroisse de Plouguerneau où il étoit né; & comme l'ignorance des peuples étoit extrême, il s'attacha non-seulement à prêcher en public contre les vices & les abus; mais encore à enseigner les premiers élemens de la Foy & de la Religion, dans les Eglises, dans les chemins publics & dans les maisons particulieres. Il convertit à Dieu un bon nombre de personnes; mais la plûpart des autres, surpris de la nouveauté de ses discours & de sa conduite, beaucoup plus que touchez de ses avis, le regardérent comme un homme qui avoit perdu l'esprit, & ses parens les plus proches furent ses plus rudes persecuteurs.

Son pere le voïant toûjours éloigné de recevoir des Benefices, & même d'accepter aucune retribution pour ses fonctions, reprit pour lui toute l'aversion qu'il n'avoit que suspenduë. Madame de Kerodern même, après avoir sauvé à son fils quelques mauvais traitemens de la part du pere, dont son caractére de Prêtre ne l'auroit pas mis à couvert, sans elle, voïant enfin qu'il ne se rendoit point aux raisons qu'elle emploïoit pour lui insinuer le parti que son pere lui avoit proposé tant de fois, prit contre lui les mêmes sentimens d'indignation & de colére dont Mr. de Kerodern avoit donné tant de marques. Le saint homme, forifié dans ses resolutions par l'esprit de Dieu, ne se relâcha point pour cela, & tombé dans la disgrace de son pere & de sa mere, il leur étoit à charge le moins qu'il lui étoit possible.

Il s'abstint entierement de vin pendant les vingt premieres années de sa conversion; ce qui fut un spectacle bien nouveau pour les Prêtres du païs. Pour sa nourriture il ne prenoit que du pain ordinaire des domestiques, le rompoit par morceaux dans une écuelle de bois, & le trempoit du boüillon préparé pour les garçons qui servoient au labourage; tel étoit l'unique repas qu'il prenoit tous les jours au matin; après quoi il alloit faire ses courses dans les villages de la paroisse, où non content d'instruire, de secourir, & de consoler les ames, il avoit aussi soin de soulager les pauvres dans leurs necessitez temporelles, prenoit leurs noms, & alloit demander l'aumône pour eux. La paroisse de Plouguerneau, quoique d'une grande étenduë, ne bornoit pas son zéle les Dimanches, il alloit dans les paroisses voisines prêcher, catechiser, & confesser.

Ces courses reglées de huit jours en huit jours, passérent auprès de son pere & des autres plus proches parens du saint Missionnaire, pour des accès reglez d'une folie periodique; & la conclusion fut, que Monsieur de Kerodern aïant fait appeller son fils, du consentement de Madame de Kerodern, en présence de tous leurs autres enfans, & lui aïant reproché avec beaucoup de vehemence le deshonneur qu'il faisoit à sa famille, lui ordonna de quitter sa maison. Le saint Prêtre obéït promptement, & s'étant retiré dans un lieu écarté, il offrit au Pere Celeste le sacrifice de ses larmes & de sa resignation, en lui disant avec le Prophete: *mon pere & ma mere m'ont abandonné; mais vous voudrez bien, O! mon Dieu! prendre ma protection.* Et comme il n'y a point de persecution plus cruelle & plus sensible, que celle qui nous vient de ceux de qui nous attendions de plus grandes marques de tendresse

dreſſé, auſſi redoubla-t-il de ferveur, en s'acquittant envers ſon pere & ſa mere du devoir que l'Evangile impoſe à l'égard des perſecuteurs: « Ne leur imputez pas, diſoit-il, le procedé qu'ils tiennent en cette rencontre; & ne rendez pas pernicieuſe à leur ame la choſe du monde que j'eſpere qui ſera la plus utile à la mienne. » Sa priere finie, il prit la reſolution de demeurer dans la même paroiſſe, tant pour y boire à long traits le calice d'opprobre, que pour y achever la converſion de ſon pere, de ſa mere, & de toute la paroiſſe. La pauvre chaumiere de ſa nourrice lui ſervit encore de retraite, & Dieu pour augmenter ſon merite par un dénuëment plus entier, lui ôta auſſi les conſolations & les douceurs interieures dont il l'avoit auparavant favoriſé. Son zéle n'en fut pas moins vif ni moins agiſſant; il continua de l'exercer infatigablement pour l'inſtruction & la converſion de toute cette grande paroiſſe.

Il fit beaucoup de fruit parmi les païſans les plus pauvres, les plus ſimples femmes, & les enfans; mais le mépris du monde, la reſtitution des biens acquis par uſure; la fuite des excès de la bouche, des aſſemblées, des danſes nocturnes, & des autres occaſions de peché, également dangereuſes aux deux ſexes, n'étoient pas un langage qui pût plaire à ceux dont les déſordres étoient entretenus par la coûtume du païs par leurs propres habitudes, & par l'autorité qu'ils avoient dans la paroiſſe. Ceux-ci, bien-loin de l'écouter favorablement & de profiter de ſes inſtructions, l'outragérent en pluſieurs manieres, & attentérent même à la vie par l'épée & par les armes à feu. L'un d'entr'eux, qui étoit de ſes parens, après l'avoir pourſuivi deux fois l'épée à la main, l'aïant trouvé depuis dans l'Egliſe, ſe mit en poſture de le tuer d'un coup de piſtolet. Le ſerviteur de Dieu ſe mit à genoux, & préſenta ſa poitrine nuë à l'aſſaſin, qui fut ſi ſurpris de cette fermeté heroïque, qu'il laiſſa tomber l'arme meurtriere; heureux! ſi profitant du moment où ſon ame criminelle avoit été émuë des charmes de la vertu, il eût commencé à l'aimer & à corriger ſa vie, dont la Juſtice temporelle fut enfin contrainte de faire punir les énormes déſordres ſur un échafaut dans la ville capitale de la province. Mr. de Kerodern même pourſuivit une fois ſon fils, pour le maltraiter à coups de bâton; & ſi le fils prit le ſecours de la fuite, ce ne fut point pour éviter la douleur & la honte; ce ne fut que pour épargner à un pere qu'il aimoit toûjours tendrement, le reproche d'une action criminelle. Il ſe ſeroit volontiers laiſſé accabler du même traitement que lui ont deſtiné plus d'une fois les plus débauchez de la paroiſſe; ſi Dieu, en le préſervant de leurs piéges, ſans qu'il le ſçût, n'avoit pris ſoin de conſerver une vie que le ſaint homme ſe ſeroit fait une joïe de ſacrifier.

Les Eccleſiaſtiques déreglez le traverſérent autant qu'ils purent, en l'attaquant dans ſa reputation; & l'un d'entr'eux porta la violence juſqu'à l'arracher avec brutalité de la chaire, au milieu de ſon ſermon, en préſence de tout le peuple aſſemblé. Le Saint Miſſionnaire n'eut aucun reſſentiment de cet affront; il ſalua cet emporté avec douceur, & alla ſe proſterner devant l'autel, pour rendre graces à Dieu de cette confuſion, & implorer ſa clemence pour celui qui en étoit l'auteur. Les Prêtres de cette paroiſſe toûjours obſtinez dans la haine qu'ils avoient pour Mr. le Nobletz, l'accuſérent de crimes ſuppoſez, devant le Grand Vicaire. Mais leurs calomnies leur réüſſirent mal, & le Grand Vicaire, qui étoit alors Mr. du Loüet, qui fut depuis Evêque de Quimper, & qui connoiſſoit depuis long-tems la vertu & les éminentes qualitez de l'accuſé, bien loin de ſeconder l'injuſtice de ſes perſecuteurs, lui donna charge de veiller ſur leur conduite; & de l'avertir de leurs déſordres.

Monſieur de Kerodern, qui haïſſoit en ſon fils une humilité dont il ne connoiſſoit pas le merite, & un mépris heroïque du monde, qui paſſoit les bornes d'un eſprit tel que le ſien attaché à l'intereſt & à l'amour du ſiécle; ne pouvoit pourtant déſapprouver ſa maniere vive & éloquente d'annoncer les veritez du ſalut. On lui entendoit ſouvent dire; que les diſcours de ſon fils meritoient autant de loüanges; que ſa conduite, indigne d'un gentilhomme, s'attiroit juſtement de mépris. Le ſaint Prêtre, qui joignoit inceſſamment le ſacrifice de ſes prieres & de ſes mortifications, à celui qu'il offroit à l'Autel pour la converſion de ſon pere, monta en chaire le lendemain du jour que ſon pere l'avoit pourſuivi pour le maltraiter, & fit un diſcours pathetique ſur les obligations des peres & des meres à l'égard de leurs enfans, & ſur celles des enfans à l'égard de leurs peres & de leurs meres. Il s'apperçut que le ſien, qui étoit du nombre de ſes auditeurs, avoit été touché de ce qu'il avoit dit dans ce ſermon. Il prit là-deſſus la hardieſſe de lui aller rendre viſite; & Dieu donna tant de force à ſes paroles, que ce bon gentilhomme, convaincu de la neceſſité de travailler ſerieuſement à ſon ſalut, dit comme un autre Saul ébloüi &

Il fut décolé à Rennes.

renverse : *que faut-il que je fasse ?* Son fils, profitant de ces heureux momens, cultiva ces premiers mouvemens de la grace, donna à son pere de salutaires instructions, lui mit par écrit les regles de sa conduite, & lui apprit à s'occuper de Dieu dans la priere, dans la méditation, & dans les saintes lectures. Tous ces soins, secondez du secours celeste, produisirent un changement merveilleux; & la consolation du fils fut complette, quand il fut venu à bout d'engager sa mere dans les voïes les plus édifiantes de la perfection Chrétienne. Il ne lui fut pas plus difficile de la gagner, que Mr. de Kerodern, elle qui avoit toûjours fait profession d'une vertu assez grande pour s'éloigner des défauts ordinaires aux personnes de sa condition, & pour être aux autres Dames un exemple de pudeur, de pieté & du soin qu'elles doivent avoir de leurs familles. Elle apprit enfin de son fils à s'affectionner au mépris du monde, & aux exercices qui unissent l'ame à Dieu, elle vécut au milieu du siecle comme dans le cloitre le plus saint, & persevera constamment jusqu'à la mort, aussi-bien que son mari, dans les saintes pratiques dont ils avoient reçû l'usage de leurs fils. Monsieur de Kerodern mourut en 1612. cinq ans après sa conversion, & Madame de Kerodern ne lui survêcut que de trois ans.

Heureusement pour eux, ils s'étoient mis dans les voïes les plus sures de la vertu, avant la confusion cruelle qui mit à une rude épreuve celle de leur fils. La honte qu'il subit auroit augmenté sans doute leur aversion pour lui, & auroit mis de puissans obstacles à leur conversion. Mr. Quintin étoit entré au noviciat des Jesuites; mais ses infirmitez ne lui avoient pas permis de s'engager dans cette Societé. Il étoit revenu en son païs, pour essaïer de rétablir sa santé en respirant l'air natal. Il fut quelques années sans se remettre, & les Jesuites l'aïant appris, l'avoient exhorté à vivre en Religieux dans l'état Seculier, en s'emploïant, autant qu'il le pourroit au salut des ames dans son païs. Sa santé s'étoit fortifiée depuis, il avoit établi une classe d'humanitez à Morlaix, & avoit reçû l'Ordre de Prêtrise. Après qu'un vertueux Ecclesiastique Anglois qui lui avoit servi de second dans l'instruction de la jeunesse, eut été élevé à l'Archevêché de Cantorberi, Mr. Quintin avoit été inspiré d'entrer dans l'Ordre de S. Dominique, pour tâcher de reveiller l'esprit Apostolique dans le Convent de Morlaix, qui étoit tombé dans un extrême relâchement. Il y avoit été reçû, & y avoit fait profession; mais son zéle étoit tourné en ridicule par les Religieux de cette maison, attachez à leurs habitudes déreglées, & il en fut même châtié, comme d'une entreprise seditieuse. Mr. le Nobletz étant allé voir le P. Quintin, trouva qu'il seroit si avantageux pour la gloire de Dieu de travailler avec son ancien ami à reformer cette maison; qu'il demanda avec instance d'y être reçû, & fut effectivement admis à faire son Noviciat; quoiqu'on le regardât, aussi-bien que le P. Quintin, comme un censeur public, qui par la sainteté de ses actions ne cesseroit de condamner les desordres des autres. Une jeune Demoiselle de Morlaix; qu'on étoit sur le point de marier, mourut en ce tems-là; & sa mere, qui avoit eu autrefois le Prieur du Convent pour précepteur de ses enfans, obtint sans peine que sa fille fût enterrée dans l'Eglise de ces Peres; on permit même à cette Dame de faire mettre au pilier qui étoit auprès de la sepulture, un portrait de cette fille; où elle étoit peinte avec tous les agrémens que recherchent les jeunes personnes. Le peintre n'y avoit que trop bien réüssi; & ce portrait étoit devenu un objet de scandale, tant pour les personnes du beau monde, qui y donnoient trop d'attention, que pour les païsans grossiers, qui tomboient dans une espece d'idolâtrie, en rendant à cette image des respects qui approchoient du culte religieux. Le vertueux novice, pénétré de douleur à ce spectacle, porta souvent ses plaintes de cet abus, tant au Superieur, qu'à la mere de la Demoiselle; & voïant enfin que tout cela étoit inutile, il se laissa emporter au mouvement de son zéle, & mit le portrait en état de ne plus servir d'occasion de peché. La mere en eut un ressentiment qui approchoit de la fureur, & demanda vengeance au Superieur de la maison. Elle ne fut que trop bien servie. Le Novice, qu'il étoit impossible de convaincre, fut le premier à s'accuser, quand il vit qu'il étoit question de prendre part au calice de son Sauveur. L'auteur de la vie de Mr. le Nobletz n'a osé, pour ne pas scandalizer la Religion, mettre au jour quelle fut la peine qu'on lui fit souffrir; mais il nous donne assez à penser quelle en fut la honte & la cruauté, lorsqu'il assure que plusieurs criminels choisiroient plûtôt la mort, que le supplice qu'on fit souffrir au genereux defenseur de l'honneur des Autels, avant que de le chasser du Convent.

Le P. Quintin n'eut point de part à l'injustice des autres; il protesta hautement contre leur furieux procédé; dit avec hardiesse à toute la Communauté, qu'elle n'étoit pas digne de posseder un si saint homme ; qu'il voïoit assez qu'on eût voulu pouvoir le chasser lui-même, aussi-bien que son cher maître, & qu'il sortiroit en effet, mais que ce ne seroit que pour le conduire chez son pere ; après quoi il prétendoit revenir leur donner de bons exemples malgré eux, & maintenir, du moins dans un aussi foible sujet que sa personne, la Regle de leur saint Fondateur.

Pour ce qui est de Mr. le Nobletz, il regarda cette confusion, comme une des faveurs les plus signaleés qu'il eût reçuës de Dieu, l'en remercia souvent avec la plus vive reconnoissance, & le pria de tout son cœur de pardonner à ceux qui l'avoient si outrageusement maltraité. Jamais il ne se plaignit d'eux, & pour les excuser ; il disoit souvent, que son imprudence & son zéle indiscret avoient pû meriter ce châtiment. Il ne demeura que peu de jours dans la maison de son pere ; après quoi, pour se rassasier d'opprobres, il voulut aller travailler au salut des ames à Morlaix même, qui devoit être pour lui, après ce qui venoit de se passer, un theatre de confusion.

Il commença de catechizer ; avec un grand concours de personnes de tout âge & de toutes conditions ; & outre les instructions publiques, il eut permission de Messire Adrien d'Amboise Evêque de Treguer, d'en faire d'autres dans une Chapelle de la ville & dans les maisons particulieres, pour porter les ames à une plus grande perfection. Il en gagna un grand nombre, qui firent profession d'une vertu rare & constante ; mais la plus illustre de ses conquêtes fut Marguerite le Nobletz sa sœur, qui répondit avec une fidélité parfaite à la grace de sa vocation, & à qui nous rendrons le tribut de nos foibles loüanges ; après avoir fini ce qui regarde son frere. Cependant l'Evêque de Treguer faisant sa visite à Morlaix, reçut beaucoup de plaintes, de la part des Prêtres de la ville, de la maniere dont Mr. le Nobletz vivoit & prêchoit. Le Prélat s'informa exactement de l'un & de l'autre, & y trouva tant de sainteté & d'édification, que bien-loin de lui interdire la chaire, comme le souhaitoient ceux dont sa vie condamnoit la conduite, il le pria de partager avec lui les soins les plus penibles de l'Episcopat, & lui donna le pouvoir de faire des Missions dans tout le diocese.

Pour executer des ordres si conformes aux desseins de Dieu sur lui, il se joignit au P. Quintin, qui l'appelloit toûjours son maître, quoique Mr. le Nobletz fît profession de lui obéir en tout ce qui étoit des fonctions Apostoliques. Le P. Quintin prêchoit ordinairement, Mr. le Nobletz avoit soin d'enseigner le catechisme & d'expliquer les principaux mysteres de la foi, ce qu'il faisoit non-seulement dans les Eglises ; mais encore au milieu de la campagne, & dans les grands chemins auprès des Croix, qu'on y rencontre en grand nombre dans toute la basse Bretagne. Ces deux serviteurs de Dieu travaillérent de cette sorte ensemble pendant dix-huit ans ; emploïant le jour à leurs penibles fonctions ; & la meilleure partie de la nuit à la priere ; & Dieu le servit d'eux pour faire par-tout des changemens merveilleux dans tous les cantons qui eurent le bonheur de les posseder.

Mais Mr. le Nobletz ne s'attacha pas tellement à l'Evêché de Treguer, qu'il n'écoutât aussi la tendresse qu'il avoit toûjours pour son païs de Leon. L'endroit qui lui parut le plus abandonné & le plus digne de ses soins, fut l'Isle d'Oüessant, qui à cause de son abord dangereux, n'avoit peut-être jamais été visitée de l'Evêque de S. Paul ; du moins n'y avoit-il personne qui s'en souvint. Mais si les habitans manquoient d'instruction, du reste le peu de commerce qu'ils avoient avec la terre ferme, avoit empêché que leur bon naturel n'eût été corrompu par le mauvais exemple ; la chasteté sembloit y être naturelle à l'un & à l'autre sexe ; on y vivoit dans une douce & tranquille paix ; & les differens des particuliers n'y devenoient jamais des procez, parce qu'ils étoient jugez sans écritures & sur le champ, par quelque gentilhomme, à l'issuë de la Grand-Messe. La semence de la parole Divine jettée dans un terroir si heureusement disposé, y fructifia d'une maniere très-consolante pour l'ouvrier Evangelique. Il accepta le logement qui lui fut offert par un des principaux de l'Isle ; mais au lieu de se servir d'un bon lit qui lui avoit été préparé, il passoit la nuit à terre, avec une pierre pour oreiller. Il disoit, pour rendre raison de cette conduite, que les bons lits, où il est dangereux de trop dormir, n'étoient pas à son usage, & qu'il étoit honteux au disciple d'être couché mollement, quand le maître l'étoit sur la croix. Ces bons insulaires, aussi touchez de la sainteté de sa vie, & des rigueurs de sa penitence, que de l'ardeur & de la sagesse de ses discours, ne perdoient aucune occasion de l'écouter. Après les avoir suffisamment instruits par les sermons & les catechismes qu'il faisoit tous les jours, il leur fit recevoir à tous les Sacremens de Penitence & de l'Eucharistie ; & pour rendre le fruit de cette Mission plus durable, il communiqua au Pasteur du lieu son zéle & son industrie, & lui recommanda sur tout l'instruction des enfans, que les plus grands Missionnaires ont toûjours regardez comme les sujets les plus dignes de leurs travaux, & à qui leurs soins sont le plus utiles pour le bien de tous les autres.

Il passa ensuite à l'isle de Molevez peuplée d'environ mille personnes, auprès desquelles il fit le même progrès qu'auprès des habitans d'Oüessant. Mais comme la plûpart des ces insulaires étoient alors occupez à la pêche, son zéle les porta à les aller trouver sur la mer, où montant sur le plus élevé de leurs bâteaux, il leur prêcha les veritez de l'Evangile avec une ardeur qui produisit sur le champ même de dignes fruits de penitence.

L'isle de Baz éloignée de vingt lieües de celle d'Oüessant profita aussi des instructions & des prédications de Mr. le Nobletz. Non-seulement il y déracina tous les desordres; mais il porta même plusieurs de ces Insulaires à une perfection particuliere; tant il est vrai que l'ignorance profonde des mysteres & des loix de nôtre Religion, n'est pas tant une marque de la difficulté qui se trouve à les inculquer à des esprits qui paroissent fermez à la lumiere, qu'une preuve de la négligence, ou du peu de talent de ceux qui sont chargez de les instruire. Les veritez annoncées dans cette isle de Baz par le saint Missionnaire demeurerent si profondément gravez dans l'esprit & dans les cœurs des habitans, qu'un Jesuite qui a fait des Missions presque dans toute la Bretagne aïant visité cette isle en 1664. a rendu témoignage qu'il n'avoit trouvé en aucun lieu des personnes mieux instruites de nos mysteres, ni qui eussent des mœurs plus saintes & plus reglées, que les habitans de l'isle de Baz.

Le Pere Maunoir.

Monsieur le Nobletz établit après cela le centre de ses Missions au promontoire de S. Mathieu, tant à cause du grand abord de vaisseaux au port du Conquet, que de la facilité qu'il avoit de parcourir, de ce lieu, les trois dioceses de Leon, de Cornoüaille, & de Treguer. Mais la parole de Dieu trouva plus d'opposition dans la terre ferme, que dans les isles. L'abondance du commerce avoit produit l'avarice & la vanité; & les soins temporels avoient fermé le cœur aux soins du salut. On se contentoit de quelques pelerinages aux lieux de dévotion, & de frequenter les Eglises où l'on proposoit des Indulgences à gagner, sans travailler à s'instruire des veritez les plus communes & les plus necessaires, sans frequenter les Sacremens, & sans regler ses mœurs. On avoit quelque soin de faire prier Dieu pour les morts, mais la charité étoit refroidie pour les vivans. On dépensoit beaucoup en pieuses fondations, en ornemens de chapelles, en présens que l'on faisoit aux Eglises; & l'on négligeoit d'acquiter ses dettes, & de païer ses domestiques & le salaire des journaliers. Plusieurs jeûnoient les samedis, & s'abstenoient de viande tous les Mercredis de l'année, qui par des médisances continuelles déchiroient la reputation du prochain, sur tout des Prélats & des gens d'Eglise. C'étoient les vices principaux & les abus contre lesquels prêchoit nôtre zélé Missionnaire. S'il se fût contenté d'étaler de la science dans ses discours, ou de s'en tenir au general, sans descendre au particulier, il auroit eu l'estime & l'amitié de tout le monde. Mais persuadé que rien ne doit plus toucher, qu'un détail qui confond le coupable, en lui faisant voir qu'on pénetre dans les replis de son cœur, il s'attachoit à déveloper les consciences & la conduite de ses auditeurs, à démasquer la fausse regularité des uns, & à faire voir aux autres toute la laideur du vice dans eux mêmes. Le spectacle n'est pas agréable à ceux qui, à l'abri de quelques devoirs exterieurs, se croïent au-dessus des atteintes de la censure, & qui, accoûtumez aux soins temporels & à la dissipation, ignorent ce que c'est qu'interieur; aussi voïoit-on rarement Mr. le Nobletz monter en chaire, qu'on ne vit en même tems sortir de l'Eglise un grand nombre de personnes, avec un extrême mépris de leur prédicateur, qu'ils tâchoient de faire passer pour un fou & un extravagant. Il y en avoit plusieurs autres, du nombre de ceux qui, sans examiner les coûtumes qui regnent, se font une espece de devoir de les conserver toutes, bonnes & mauvaises, qui trouvoient à redire que Mr. le Nobletz, s'éloignant de la conduite de tous les autres Prêtres, n'eût pris aucun établissement, & n'eût voulu accepter aucun Benefice, pour s'y attacher au service d'une paroisse particuliere. Là-dessus ils faisoient des plaintes de ses courses continuelles, & vouloient faire passer pour des marques d'inconstance & de legereté d'esprit, ce qui n'étoit que l'effet du même zélé qui avoit mis les Apôtres dans un mouvement continuel. Le Grand-Vicaire de l'Evêché de Leon, aïant reçû de ces sortes de plaintes de divers endroits, étoit sur le point de révoquer les pouvoirs qu'il avoit donnez au saint Missionnaire de prêcher, de catechizer, & de confesser dans tout le diocese, lorsque Dieu suscita un des amis de Mr. le Nobletz, qui le connoissoit parfaitement, & qui avoit souvent assisté aux exercices de ses Missions; qui prit sa défense dans cette rencontre, &

écrivit au Grand-Vicaire, à ce sujet, d'une maniere vive & touchante, qui fit impression sur lui, en sorte qu'il permit à Mr. le Nobletz de continuer à travailler dans le diocese ; mais lui aïant ôté le pouvoir general, il ne lui donna plus que des mandemens particuliers pour chaque paroisse. L'humble Missionnaire se soumit sans peine à ce changement, & y retrouva le même avantage pour le bien du public, que dans le pouvoir general, par le grand nombre de mandemens qu'il prit pour differens lieux dont il connoissoit les besoins, afin de n'être pas obligé de perdre beaucoup de tems à envoïer demander & obtenir de nouveaux ordres.

L'envie & la haine des mauvais Prêtres crurent, à mesure qu'ils virent croître sa reputation. Ils traverserent son zéle de toutes les manieres possibles, par les violences, les affrons, enfin par les calomnies & les fausses accusations. Ils ébranlerent enfin l'Evêque de Leon, qui étant venu faire sa visite sur les lieux, lui fit des reprimandes, comme à un homme qui mettoit le scandale & la division parmi ses freres, qui cherchoit à innover, & dont la vertu trop sauvage, & la maniere de vivre trop singuliere, tenoient de la sedition & de la revolte, diminuoit dans l'esprit du peuple l'estime & l'autorité des Prêtres & des Pasteurs, & donnoit lieu à toutes les plaintes qu'ils faisoient de lui. Le saint homme, considerant que le Sauveur n'avoit jamais eu d'Avocat, but cet affront dans le silence, & ne chercha ni apologie, ni apologiste. Cependant Dieu ne permit pas en cette occasion qu'il manquât de défenseurs zélez ; un vertueux Ecclesiastique eut le courage de s'opposer au torrent de la calomnie, par une lettre qu'il écrivit à un homme qui étoit obligé d'y remedier, par le rang qu'il tenoit dans l'Eglise.

Cette espece de persecution dura environ trois ans, pendant lesquels la malice des hommes se lassa plûtot, que la charité du genereux Missionnaire, dont la patience fut enfin recompensée par la benediction que Dieu donna à ses travaux. Quand de plus heureuses dispositions eurent succedé à l'éloignement qu'il avoit trouvé dans les esprits & dans les cœurs, Marguerite le Nobletz, que son frere avoit attirée quelques années auparavant à l'amour de la Croix, vint de Morlaix prendre part au merite des Missions. Elle se logea dans une petite maison couverte de paille, entre S. Mathieu & le Conquet, afin qu'on pût lui envoïer plus commodément de ces deux villes, & de la campagne, les petites filles, pour les instruire. Elle en prenoit le même soin, que si elles eussent été des Princesses, parce que la foi les lui faisoit regarder comme les épouses de son Dieu ; & les instructions qu'elle leur donnoit n'étoient pas inutiles à leurs meres, qu'elle invitoit à être témoins du profit de leurs enfans. Elle étoit aidée dans cet exercice par une vertueuse veuve appellée Françoise Troadec, femme remplie de tendresse pour les pauvres, & qui prenoit plaisir à les soulager de toutes les manieres que sa charité éclairée & les conseils du saint Missionnaire pouvoient lui suggerer. Elle passoit les nuits auprès des moribonds du Conquet & de Locrist, & avoit soin de les ensevelir après leur mort. Cela ne l'empêchoit pas de rendre visite aux personnes les plus considerables de son sexe, pour les entretenir de l'affaire du salut ; & comme il se trouvoit toûjours beaucoup de Dames aux lieux où l'on sçavoit qu'elle devoit aller, le bien qu'elle faisoit par ses discours se répandoit avantageusement dans le païs. Cette femme avoit un esprit rare, une memoire merveilleuse, une facilité surprenante à s'expliquer en Breton, en François, en Anglois, & en Espagnol ; elle entendoit la navigation, & sçavoit faire des cartes marines pour l'usage des marchands qui trafiquoient dans les païs étrangers. Mais elle estimoit infiniment plus ce qu'elle avoit appris de Mr. le Nobletz, la science des Saints, l'art d'aimer Dieu, le grand secret de se détacher de toute affection humaine, la pratique de l'oraison, & la mortification continuelle.

Monsieur le Nobletz gagna aussi à Dieu quelques personnes de qualité, du nombre desquelles furent deux sœurs de la maison de Kerourien, qui furent si touchées de ses discours, qu'elles entrerent dans de saintes Religions, où elles ont laissé en mourant une grande estime de leur sainteté ; & Mademoiselle de Kerbescout, qui aïant résolu de vivre dans le celibat, a perseveré jusqu'à la mort à donner, au milieu des personnes du siécle, un exemple illustre d'un parfait mépris du monde. Mr. le Nobletz se servoit de la connoissance qu'il avoit des Mathematiques, pour entrer dans les esprits de ceux qui trafiquoient sur mer, & en leur enseignant tout ce qui appartient à la marine, il trouvoit par ce moïen des occasions de leur parler de leur salut, de leur faire apprehender de plus grands dangers que ceux qu'ils couroient sur mer, & de les faire aspirer à des biens plus solides que ceux qui leur faisoient affronter tant de hazards. Il visitoit & consoloit tendrement le malades, il fournissoit des remedes aux pauvres, ou les leur faisoit fournir par les personnes à qui il en avoit appris la composition. Il avoit le nom de tous les pauvres honteux, & se privoit des choses les plus necessaires pour les assister. Il joignoit ses larmes & ses prieres à cette charité universelle, pour obtenir la conversion des pecheurs, & Dieu seconda ses vœux par des retours miraculeux des plus endurcis. Enfin, il laissa moins de mauvais Chrétiens dans toute cette côte, qu'il n'y en avoit trouvé au commencement de sa Mission.

Il souhaitoit avec ardeur d'avoir part à la Croix de son Divin maître ; ses desirs furent satisfaits à Landerneau. Dès le premier jour, un homme yvre le poursuivit l'épée à la main. Il trouva cette ville abimée dans le luxe & la vanité, plus qu'aucune autre ville de Bretagne, & y fit peu de disciples, pendant quelques mois qu'y durérent les exercices de sa Mission ; mais ce petit nombre perseverera jusqu'à la mort dans l'amour de l'oraison, de la penitence, & du mépris du monde qu'il leur avoit inspiré, aussi-bien que dans l'exercice des œuvres de misericorde. Ce fut-là qu'il commença à se servir de ses peintures symboliques & de ses énigmes spirituelles qu'il avoit composées dans sa retraite ; & il éprouva qu'il avoit pensé juste, quand il s'étoit persuadé que ce qui frappe les yeux demeure bien plus vivement imprimé dans la memoire, que ce qui frappe les oreilles.

Il alla de-là dans la ville de Quimper en 1614. & aïant obtenu sans peine de l'Evêque la permission de catechizer, de prêcher, & de confesser dans tout le diocese, il crut qu'il devoit commencer par la capitale, qui est une des plus grandes de la province. Il prêchoit toutes les fêtes & les Dimanches à la paroisse du faubourg S. Mathieu, qui est aussi grand que la ville, & tous les jours de Carême il faisoit une exhortation aux Religieuses du Prieuré de Loc-Maria ; mais son plus grand soin fut de s'attacher à enseigner le catechisme aux enfans, fonction que l'ignorance generale rendoit plus necessaire qu'aucun autre, & qu'il estimoit aussi glorieuse devant Dieu, qu'elle a peu d'éclat devant les hommes. Il se servit, pour en être secondé dans cet exercice, des deux mêmes personnes qu'il avoit emploïées si utilement au Conquet & à S. Mathieu ; & Marguerite le Nobletz sa sœur, non contente d'imiter son zéle à instruire les pauvres & les enfans, voulut encore imiter l'exemple de sa liberalité, en y consacrant aussi-bien que lui, tout l'argent qui lui échut alors en partage de la succession de leur pere. Il menoit tous les enfans de la ville aux chapelles de S. Primel & de la Magdelaine, où il leur faisoit le catechisme avec une application & une industrie merveilleuse, & n'oublioit rien pour s'insinuer dans leurs esprits par la douceur & les petits présens, parce qu'il étoit convaincu que ceux-là ignorent l'art d'enseigner, qui ne sçavent pas se rendre aimables. Les enfans le suivoient par tout, & témoignoient de la joïe à sa rencontre ; & lui de son côté s'attachoit à eux avec une tendresse fondée sur l'exemple de son Sauveur. Mais les personnes de consideration de la ville ne traitoient toutes les pratiques de son zéle que d'extravagances & d'innovations ; & endurcis par le luxe, les affaires, & une orgueilleuse suffisance, ils ne reçurent la semence de la parole de Dieu que dans des roches, des chemins battus, & parmi des épines, & où elle ne fit que peu de fruit, pendant trois ans que le saint homme demeura au milieu d'eux. Il les quittoit souvent pour aller faire des courses à la campagne, où il faisoit incomparablement plus de profit. Il ne laissa pas cependant d'attirer quelques personnes distinguées de Quimper dans les voïes de la perfection, & le merite des sujets le dédommagea du petit nombre. On doit compter parmi ceux-ci un Chanoine de la Cathedrale, & un Prêtre de la paroisse de S. Mathieu, qu'il prit pour son Confesseur, qui a toûjours fait paroître depuis une rare constance dans la pratique de toutes les vertus, qui mourut en reputation de sainteté, & dont le corps fut trouvé entier plusieurs années après qu'il eut été mis en terre.

Monsieur le Nobletz avoit après cela commencé la Mission dans une petite ville appellée le Faou, & y trouvoit le peuple disposé à profiter de la parole de Dieu, lorsqu'il fut obligé d'aller à Kerodern rendre les derniers devoirs à sa mere, & consoler sa famille. Ce voïage ne dura que peu de jours, & il retourna bientôt aux exercices de la Mission.

Il n'eut pas plûtôt fini celle du Faou, qu'il en alla faire une autre à Concarneau, port de mer, & en ce tems-là ville de guerre. Il y arriva un Dimanche, pendant qu'on disoit les Vêpres à l'Eglise. Il monta en chaire aussi-tôt qu'elles furent finies, & prit pour sujet de son discours l'explication de l'oraison Dominicale. C'en fut assez aux soldats de la garnison, de voir un prédicateur en chaire, pour sortir dans le moment de l'Eglise ; la plûpart des bourgeois les suivirent, pour se mocquer plus librement entr'eux de ce qu'on vouloit, disoient-ils, leur apprendre leur *Pater*, qu'ils sçavoient par cœur dès l'enfance, & qui étoit la premiere leçon que leurs nourrices leur avoient donnée. En un mot, ils n'avoient jamais entendu avant ce tems-là, que des discours au-dessus de leur portée ; ils croïoient qu'il n'étoit pas permis de parler autrement de de Dieu & du salut ; & il ne leur restoit que du mépris pour un discours qui leur étoit intelligible. La Dame de Kerouartz se trouva dans le canton. Elle avoit été témoin des fruits merveilleux que Monsieur le Nobletz avoit faits dans le païs de Leon, & où il avoit prédit à elle-même une chose arrivée long-tems depuis, qu'il n'avoit pû connoître alors si certainement, que par revelation ; ce fut un grand sujet de surprise à cette Dame, lorsqu'elle alla voir sa sœur, qui avoit épousé le Seigneur de Kerleano dans le païs de Cornoüaille, de l'entendre parler du saint Missionnaire avec le même mépris qu'avoit pour lui le peuple de Concarneau vain & grossier tout ensemble. Elle apprit à sa sœur à mieux connoître cet homme admirable ; & la porta à ne pas négliger de faire usage des biens que Dieu présentoit au païs par son ministere. Mais ici, comme en beaucoup d'autres lieux, l'Esprit de Dieu se reposa plûtôt sur les simples, que sur les suffisans ; & sur le petit peuple de la campagne, que sur les habitans des villes.

Monsieur le Nobletz fut consolé par le succès qu'il eut au Pont-l'Abbé, du peu d'utilité de sa Mission de Concarneau. Dieu s'y servit d'une occasion extraordinaire, pour lui procurer les moïens de sanctifier une famille distinguée. Comme il ne se passoit point de jour qu'il ne composât quelque chose ; à peine étoit-il entré dans la ville, que voulant sçavoir où l'on vendoit du papier, il s'adressa, pour en être informé, à une femme de condition qu'il rencontra. Elle le refusa d'une maniere incivile, par un premier mouvement de vivacité, dont elle se fit à elle-même incontinent après de grands reproches. Son mari, qui étoit un gentilhomme également charitable envers les pauvres, & respectueux envers les Prêtres, ne se contenta pas d'approuver les regrets de sa femme ; il envoïa chercher le bon Prêtre, lui fit présenter une piece d'argent, & le fit inviter à se servir de lui en toutes choses. Le serviteur de Dieu reçut l'aumône par esprit d'humilité ; mais prenant occasion de la charité qu'il avoit reçûë, pour en faire une plus grande à son bienfaicteur ; il l'alla voir, & entra si avant dans son esprit & dans celui de sa femme, qu'il lui fut aisé de leur inspirer les maximes les plus relevées de la vie Chrétienne,

aussi-bien qu'à tout le reste de leur famille, & sur tout à Marie Meabé sœur du gentilhomme, qu'il porta à une pieté si rare, & à une charité si extraordinaire envers les pauvres, qu'on peut dire que tout le reste de sa vie fut une continuelle pratique de ces deux vertus.

Le port d'Audierne, où Mr. le Nobletz alla ensuite, ne lui fut pas plus favorable que Concarneau. Les habitans, uniquement occupez du negoce & des soins temporels, le laissérent seul dans l'Eglise, aussitôt qu'ils le virent monter en chaire, & il fut très-difficile depuis de les rendre assidus à ses exhortations, qui ne furent utiles qu'au sexe dévot, qui marqua moins d'éloignement pour la parole de Dieu. La dureté des hommes fut suivie de près de là punition dont le saint homme les avoit menacez dans son premier sermon ; la mer engloutit plus des trois quarts de leurs vaisseaux & de leurs marchandises, & cet accident leur apprit qu'il y a de la folie à ne pas donner ses soins les plus serieux aux biens veritables, qui ne sont exposez ni aux tempêtes de la mer, ni aux embûches des Pirates.

Le saint Missionnaire esperant donc de faire un plus grand fruit dans les paroisses de la campagne, que dans les villes, suivit l'attrait de la grace qui lui destinoit cette moisson. Sa foiblesse & ses indispositions l'obligérent d'acheter un cheval, pour s'en servir, quand il n'auroit pas la force d'aller à pied ; & il lui en fallut encore un autre pour porter ses peintures spirituelles, ses papiers, ses images, & les recompenses dont il se servoit pour exciter le zéle & la sainte curiosité des peuples. Dès la premiere station où il mena ces deux chevaux, il rencontra de pauvres païsans qui portoient à Quimper sur leur dos de grosses charges de poisson avec beaucoup de fatigue. Il en eut pitié, & les obligea à se servir de ses chevaux. Dès la nuit suivante un des deux fut étranglé du loup ; & l'autre se tua, en tombant dans une fondriere. Ces pauvres gens, accoûtumez aux mauvais traitemens des gentilshommes, avoient peur de n'en être pas quittes pour païer cherement ces deux bêtes à celui qui les leur avoit prêtées ; mais ils furent surpris bien agréablement, lorsque s'étant jettez à ses pieds, ils le virent rire d'un accident qu'ils croïoient qui le devoit fâcher, & n'éxiger d'eux d'autre reparation, que de se rendre assidus à ses instructions salutaires. Pour lui, cette perte fut une leçon qui lui apprit que Dieu vouloit qu'il prêchât l'Evangile avec plus de liberté & plus de dégagement de tous les secours humains.

Les besoins de ces peuples étoient aussi grands que le zéle du Missionnaire; & l'on en peut juger par ce craïon de leurs erreurs grossieres & de leurs coûtumes pernicieuses. Il se trouvoit des femmes, en grand nombre, qui balaïoient la Chapelle la plus proche de leur village, & en jettoient la poussiere en l'air, afin d'avoir le vent favorable pour le retour de leurs maris & de leurs enfans qui étoient sur mer. D'autres prenoient les images des Saints, les menaçoient de mauvais traitemens, les foüettoient même, ou les jettoient dans l'eau, s'ils ne leurs accordoient pas promptement le retour heureux des personnes qui leur étoient cheres. Quelques-uns jettoient dans un champ un tripié, ou un couteau crochu, pour empêcher que les loups n'endommageassent leur bétail, quand il étoit égaré. Plusieurs avoient soin de vuider toute l'eau qui se trouvoit dans la maison où il étoit mort quelqu'un, de peur que l'ame du défunt ne s'y noïât; ou mettoient des pierres auprès du feu que l'on allume la veille de S. Jean, afin que leurs peres & leurs ancêtres vinssent s'y chauffer à leur aise. On souffroit en beaucoup d'endroits que les jeunes gens des deux sexes passassent une partie de la nuit à danser dans les chapelles, & comme elles sont en grand nombre dans le païs, l'abus étoit d'autant moins facile à reformer, qu'il étoit general, & qu'on le regardoit comme une coûtume religieuse propre à honorer les Saints. On se mettoit à genoux devant la nouvelle Lune, & l'on disoit l'oraison Dominicale en son honneur. Le premier jour de l'an on faisoit une espece de sacrifice aux fontaines publiques, par les morceaux de pain couverts de beurre que chacun y offroit. En d'autres lieux, on portoit ce même jour aux fontaines autant de morceaux de pain, qu'il y avoit de personnes dans une famille, & on jugeoit de ceux qui devoient mourir cette année-là, par la maniere dont on voïoit flotter ces morceaux de pain sur l'eau. Ces pauvres gens étoient prévenus, que comme Dieu a fait le froment & le seigle, le malin Esprit avoit fait le bled noir; & pour se rendre cet Esprit malheureux favorable, ils jettoient plusieurs poignées de ce grain dans les fossez qui bornoient les champs d'où ils l'avoient recuëilli. Il se trouvoit des Prêtres également ignorans & vitieux, qui se laissoient aller eux-mêmes à ces superstitions du peuple, ou du moins les toleroient, pour en tirer du profit. Ils persuadoient aussi au peuple qu'ils avoient le pouvoir de guérir les maux des hommes & des bêtes, & emploïoient pour cela des exorcismes apocryphes. D'autres, moins impies, n'osoient pas user de ses moïens détestables; mais aussi avides que les premiers, ils abusoient de la credulité des simples, & de la coûtume loüable des Chrétiens, d'offrir neuf jours de suite le sacrifice de la Messe pour implorer la misericorde de Dieu dans leurs besoins. Ces Prêtres interessez & avaricieux supposoient des apparitions de parens décedez, & d'autres faussetez pareilles, pour extorquer des neuvaines. Enfin c'étoit, parmi eux, à qui acquereroit le plus de credit dans le païs par toutes sortes de moïens, en autorizant les superstitions qui servoient à grossir leur bourse, bien-loin de travailler à les détruire. Le saint Missionnaire aïant tant de monstres à combatre, s'adressa avec confiance à l'Apôtre de Cornoüaille S. Corentin, pour obtenir de Dieu par son intercession la force qui lui étoit necessaire pour extirper ces restes du paganisme. Le succès fut aussi heureux que M. le Nobletz le pouvoit esperer; il purgea la campagne de toutes ces pratiques criminelles, & eut la consolation de voir regner la pieté pure & solide, où avoient auparavant regné l'erreur & la superstition.

Il apprit, dans le cours de ses Missions sur les côtes de Cornoüaille, que l'isle de Sizun, éloignée de trois lieuës de la terre ferme, étoit privée depuis plusieurs années de tout secours spirituel, & il résolut d'y passer, quelque dangereux que fut le trajet, qui fait trembler les personnes les plus courageuses, & quelque peine qu'il y pût souffrir. Cette isle est fort basse, menacée chaque jour d'être couverte de la mer, & environnée des plus terribles écuëils qui soient dans toute l'Europe. Il n'y a pas un arbre dans toute l'isle; on ne s'y chauffe que de goüémon, dont la puanteur incommode plus, que sa foible chaleur ne procure de soulagement. La terre n'y produit que de l'orge, qui suffit à peine pour nourrir les habitans pendant trois mois; ils ne vivent le reste de l'année que de racines & de poisson, sans huile & sans aucun autre assaisonnement. Ils n'ont de vin que ce que la mer leur en jette, par les frequens naufrages des vaisseaux qui se brisent sur les écuëils dont l'isle est environnée. L'eau même qu'ils boivent est saumache, à cause qu'ils ne la tirent que d'un puits trop voisin de la mer. Malgré cette vie miserable, les habitans de Sizun sont plus robustes, & vivent plus long-tems que ceux de la terre ferme. Dès l'âge de sept ou huit ans ils passent les jours & les nuits à la pêche, au milieu des tempêtes & des rochers qui occupent cinq lieuës de mer. Ils n'ont pour toute nourriritute que du pain & de l'eau ; & que les voiles de leurs barques, pour se mettre à couvert du froid. Leurs femmes & leurs filles, de leur côté, labourent la terre, moulent à force de bras l'orge qu'elles ont recueilli, & en font du pain, qu'elles mettent cuire sous la cendre de gouëmon. Avant que Mr. le Nobletz eût été dans leur isle, leur naturel répondoit à la barbarie du lieu, & on les appelloit les Démons de la mer, parce qu'ils avoient la malice d'allumer des feux sur leurs rochers, pour tromper les Pilotes & faire perir leurs vaisseaux, afin de profiter des débris ; & quelques années auparavant aïant peur que l'Evêque de Quimper, qui avoit mandé leur Pasteur à Cleden, en faisant la visite, ne lui fit quelque chagrin, ils étoient allé le redemander avec insolence, & avoient presenté à l'Evêque, en le menaçant, les couteaux dont ils ouvroient les plus grands poissons.

Cependant ces Insulaires grossiers, barbares, & terribles, reçurent Mr. le Nobletz comme un Ange du ciel, & apporterent une assiduité & une docilité merveilleuse à ses instructions. Après les avoir préchez & catechizez quelque tems deux fois le jour, il leur fit faire à tous des Confessions generales, qui furent suivies d'un entier changement, qui rendit depuis leur isle aussi exempte de vices, qu'elle l'est naturellement de bêtes venimeuses ; car sans parler des pechez scandaleux qui n'y sont point soufferts, on n'y connut presque plus ni la haine, ni l'envie, ni la médisance, ni les querelles. Toute la vertu & la ferveur des Chrétiens de la primitive Eglise y fleurirent aussi tôt, & les exercices de la pieté s'y pratiquerent avec plus d'attention qu'en aucun autre lieu de la province. Il n'y eut personne depuis qui n'assistât tous les jours au sacrifice de la Messe ; la plûpart se confesseroient tous les mois ; le matin & le soir ils alloient à l'Eglise adorer le Sauveur du monde ; les fêtes & les Dimanches personne ne manquoit aux vêpres, que ces bons mariniers chantoient à deux cœurs, avec une harmonie, une dévotion, & une modestie qui donna de l'admiration à leur illustre Prélat René du Louët, quand il les alla visiter ; action heroïque, en quoi il n'a pas eu beaucoup d'imitateurs de son rang. Mr. le Nobletz avoit coûtume, dans les lieux où il faisoit des Missions, de s'attacher à gagner particiérement à Dieu quelques personnes considerables, pour les laisser les heritiers de son zéle, & afin qu'ils servissent d'exemple aux autres. L'homme qui avoit le plus de credit à Sizun, étoit un pêcheur appellé François le Su ; & ce fut le sujet auquel s'arrêta Mr. le Nobletz. Il le forma à la pieté, avec une application particuliere ; il lui donna le goût des livres spirituels, il lui apprit à mediter sur nos mysteres, & lui laissa, pour l'y aider, le livre des méditations du P. Loüis du Pont ; il lui enseigna plusieurs industries pour porter les autres à la vertu, & pour les instruire utilement & facilement ; enfin il ne cessa depuis d'en prendre soin, de lui écrire, de lui envoïer des méditations, des cantiques spirituels, & des énigmes tropologiques, qu'il composoit pour l'instruction des fideles. Ce pêcheur, qui avoit reçu de la nature un esprit discret & un cœur genereux, fut élû dans la suite Capitaine de l'isle ; il y fit les fonctions de Pasteur, autant qu'un laïque les peut faire, quand l'isle n'eut point de Prêtre ; enfin il en fut lui-même ordonné Pasteur, comme nous le dirons dans la vie du P. Maunoir.

Après la Mission de Sizun, Mr. le Nobletz, par ordre de l'Evêque de Quimper, prit soin pendant quelque tems de la paroisse de Meillard dépourvûë de Recteur, & apporta une vigilance extrême à la garde du troupeau qui lui avoit été confié ; mais ne s'étant engagé dans le Sacerdoce, de même que S. Jérôme & S. Paulin, qu'à condition de ne s'attacher à aucune Eglise particuliere, il obtint bientôt qu'on le délivrât de celle-ci, & retourna faire une seconde Mission à Quimper. Elle n'étoit pas encore finie, qu'il connut par revelation, que Dieu lui destinoit une ample moisson dans la paroisse de Ploüaré. Il y alla le mercredi des cendres, & n'aïant trouvé l'Eglise remplie que de pêcheurs, de matelots, & de païsans, qui n'avoient sur eux aucunes marques du luxe & de la vanité des villes, il se sentit porté, par cette nouvelle raison, & par la modestie & la simplicité qui paroissoit parmi eux, à les secourir de tout son pouvoir. Il se hâta de finir sa Mission de Quimper, & revint dans la paroisse de Ploüaré le lundi de la Trinité 22. jour de Mai de l'an 1615.

Il établit sa demeure à Doüarnenez, petite ville, peuplée d'environ deux mille personnes, mais dont la situation lui donnoit beaucoup de facilité pour en assister encore un plus grand nombre. Elle est entre l'Eglise & la paroisse de Ploüaré, dont elle fait partie, l'isle Tristan, & le bourg de Treboul ; & est environnée d'un grand nombre de maisons & de villages. Toute la côte est fort peuplée ; & la pêche des sardines, qui se transportent non-seulement dans tout le Roïaume, mais encore en Espagne, en Portugal, & en Italie, y attire beaucoup de monde. Aussi-tôt qu'il fut arrivé dans cette petite ville, il alla prendre la bénédiction du Recteur de la paroisse, pour prêcher dans l'Eglise de sainte Helene, qui est celle où les habitans de Douarnenez assistent d'ordinaire aux saints offices, à cause de l'éloignement de l'Eglise paroissiale. Le Recteur, qui avoit été témoin de son zéle Apostolique au Conquet, fut ravi du bonheur que Dieu envoïoit à son peuple, & donna cette bénédiction avec plus de joïe qu'il n'en eût jamais donné aucune autre. Le Missionnaire s'en servit aussi-tôt, & après avoir offert à Dieu, devant l'Autel, le zéle ardent dont il brûloit pour la gloire de son nom, il sonna lui-même la cloche de l'Eglise. Ce son, dans un jour, & à une heure extraordinaire, donna l'allarme à la ville; on eut peur que le feu n'eût pris quelque part, & l'on vint à l'Eglise pour sçavoir de quel côté on avoit besoin de secours. On fut surpris de ne trouver qu'un prédicateur en chaire, qui prenant occasion de cette allarme, essaïa de faire sentir aux habitans le danger où ils étoient, qui surpassoit infiniment celui pour lequel ils marquoient tant d'apprehension. Cette espece de contretems fut tourné en risée; on eut d'abord du mépris pour le prédicateur, & l'on s'imagina que ce ne pouvoit être que par un mouvement de folie, qu'il avoit donné l'épouvante si mal-à-propos. Ce fut ainsi que la plûpart en parlérent; mais il y eut aussi quelques-uns de ses auditeurs qui jugérent plus sainement de la vertu & du merite du prédicateur, par les mouvemens de pieté & les desirs de penitence qu'il avoit excité dans leur ame. De ce nombre fut un Ecclesiastique, dont la vie n'étoit pas fort réglée, qui fut si touché, qu'il résolut dès-lors de se convertir entiérement. Il alla, après le sermon, se réjoüir avec le saint Missionnaire du bien qu'il feroit en ce païs-là, & lui offrir sa maison & sa table. Mr. le Nobletz accepta le logement, mais il ne voulut jamais se servir du lit qu'on lui avoit préparé, & sa sobrieté ordinaire lui fit refuser la plûpart des viandes qu'on lui servoit. Ses exemples achevérent ce que son sermon avoit commencé; son hôte parut tout d'un coup détaché des vices qui le possedoient auparavant, dont on ne remarqua pas en lui la moindre trace, pendant quarante-deux ans qu'il vécut encore, quoique ce fussent de ces passions qui ne cedent point au tems, & qui s'augmentent même avec l'âge. Mr. le Nobletz le porta aussi aux œuvres de misericorde & de charité, & se servit de lui, comme d'un aide qui ne lui manqua jamais depuis dans toutes les fonctions de son zéle.

Il trouva une ignorance extrême dans ce lieu, & que la plûpart des personnes de tout âge ne sçavoient ni l'oraison Dominicale, ni aucune autre priere, ni les articles les plus essentiels de nôtre Sainte foi. Ses premiers soins furent donc de les instruire des mystéres de la Trinité & de l'Incarnation, & de leur faire apprendre par cœur en Latin & en Breton, & de leur expliquer avec beaucoup de métode & de clarté l'oraison Dominicale, la salutation Angelique, le symbole des Apôtres, les commandemens de Dieu & de l'Eglise, des formules de confession, & des actes, de foi, d'esperance, de charité, & de contrition. D'abord peu de personnes voulurent prendre part à des instructions familieres, que leur orgüeil leur faisoit regarder comme des leçons qui n'étoient propres qu'à des enfans. D'autres se trouvant confondus par le détail que les invectives du pieux Missionaire faisoient de leurs fautes les plus cachées, ne pouvoient s'imaginer qu'il pût ainsi penétrer dans leurs cœurs & déveloper les secrets de leur conduite sans une connoissance surnaturelle, osoient bien attribuer à l'Esprit ennemi de leur Salut des lumieres celestes dont la clarté leur étoit importune. Enfin il y en avoit qui vouloient faire une affaire de police, d'empêcher qu'on ne perdît à écouter des instructions, qu'ils appelloient inutiles, un tems destiné au travail & au commerce pour la subsistance des familles. Mais Dieu suscita des defenseurs à l'Evangile. Un des plus considerables marchands de la ville, & sa femme, s'opposérent au torrent, prirent la défense du prédicateur, firent voir l'injustice des faux jugemens & des murmures que l'on faisoit contre lui, & engagérent peu à peu les autres à se rendre assidus à ses saintes instructions. Il y en avoit cependant beaucoup qu'une mauvaise honte retenoit encore, quoiqu'ils fussent dans une ignorance extrême des mystéres & des devoirs de la Religion. Pour surmonter ce dangereux obstacle, Mr. le Nobletz alla trouver le Recteur, qui étoit alors entiérement favorable à ses desseins, & lui persuada qu'il n'étoit pas moins necessaire pour les autres Sacremens, de s'assurer de la capacité de ceux qui se presentoient pour les recevoir, qu'il étoit necessaire, & de pratique par tout, de s'en instruire à l'égard de ceux qui demandoient celui de l'Ordre; & qu'il n'y avoit plus d'autre moïen de vaincre la mauvaise honte qui faisoit croupir dans une ignorance criminelle les personnes âgées, qu'en leur

Jean de Ploean.

Claude Belec.

faisant une necessité de répondre sur les articles de la foi, avant que de recevoir les Sacremens de la penitence, de la Communion, & du mariage, & d'être admis à être parrains ou marraines des enfans au baptême. Le Recteur entra dans les vûës de Mr. le Nobletz, & quelques mois avant Pâques il publia au prône de la Messe de paroisse, qu'il n'admettroit personne à aucun Sacrement, qui n'apportât un témoignage de sa capacité signé de l'un de ceux à qui il donneroit commission de l'examiner. Il nomma en même tems pour examinateurs Mr. le Nobletz, le Prêtre qui avoit été si heureusement converti à son premier sermon, & un autre Prêtre vertueux qui fut depuis Curé de cette meme ville, & dont Mr. le Nobletz se servit long-tems pour écrire sous lui les traitez spirituels qu'il composoit dans les tems qu'il ne donnoit pas à l'oraison ou à la prédication. Mr. le Nobletz, voïant le peuple surpris de cette déclaration du Pasteur, monta en chaire, pour en faire voir la necessité, & l'utilité; & la facilité que l'on trouveroit à lui rendre l'obéïssance qui lui étoit dûë. En effet, aussi-tôt que le même devoir fut imposé à tout le monde, la mauvaise honte qui avoit entretenu & autorisé l'ignorance, se dissipa, & les grandes personnes se firent instruire aussi-bien que les enfans.

Le saint Missionnaire, qui mettoit tout à profit pour le salut du prochain, sçachant que les gens de la campagne s'assembloient en plusieurs endroits deux ou trois fois la semaine pour danser durant une partie de la nuit, envoïa à toutes ces assemblées des plus capables de ses disciples, qui eurent le bonheur de faire changer ces divertissemens profanes & dangereux, en saintes conferences sur les mysteres de la Religion & sur les devoirs de la vie Chrétienne.

Les malades qui ne pouvoient venir à l'instruction, ne furent pas privez des soins de Mr. le Nobletz; il les visitoit dans leurs cabanes, dans leurs villages, & dans toutes les maisons de la ville, pour leur faire part du don de Dieu.

Quand il vit la ferveur établie par tout, il fit venir sa vertueuse sœur, cette genereuse imitatrice de son zéle, pour achever auprès de son sexe ce qu'il avoit si heureusement commencé auprès de tout le monde de toutes sortes de sexe, d'âges & de conditions.

Les plus riches de la paroisse, qui s'imaginoient que la consideration où ils étoient leur avoit acquis le privilege d'être plus ignorans que les autres, n'aïant plus de pretexte pour se dispenser de se faire instruire, prirent le parti d'intenter procez à leur Pasteur, devant l'Official du diocese, & de l'accuser d'avoir introduit des nouveautez suspectes, dont la pratique étoit insupportable à des personnes âgées, qui avoient des occupations plus pressantes & plus serieuses, que d'assister au catechisme comme des enfans. Le Recteur fit voir l'injustice de leurs plaintes, & l'Official, loin de le condamner, loüa son procedé, & l'exhorta à continuer ces exercices, que l'ignorance rendoit si necessaires.

Les paroles du prédicateur, accompagnées des exemples de sa sainte vie, & autorisées par un grand nombre de miracles, ne demeurérent pas vaines. On venoit l'entendre de toutes parts, & ceux qui lui avoient été les plus opposez, n'étoient pas les moins assidus à le suivre. Les cœurs se rendirent aux attraits de la grace, & chacun ne pensa plus qu'à quitter les routes du vice, pour se mettre dans le chemin de la vertu. Pour procurer une plus grande liberté à ceux qui n'osoient dévelloper les replis de leur conscience à des Prêtres dont ils étoient connus, Mr. le Nobletz les envoïoit à Quimper, & les adressoit à un Prêtre qui s'étoit signalé à Rome pendant le dernier Jubilé par son zéle & sa doctrine, & à qui le Pape avoit donné des pouvoirs fort amples pour les absolutions. Après avoir purgé les ames & nettoïé les consciences, Mr. le Nobletz s'appliqua à déraciner les mauvaises habitudes, & à établir la pieté & la devotion, mais une devotion exempte des superstitions, des scrupules, & des craintes qui corrompent ordinairement la pieté des simples. Il inspira aux jeunes gens le mépris des parures & de la vanité des habits, & l'amour de la mortification; & ne dédaignoit pas de travailler de ses mains, pour leur faire des ceintures de crin & d'autres instrumens de penitence, dont il fournissoit les plus chers disciples, à mesure qu'il leur voïoit prendre le chemin de la plus grande perfection. Il pourvut aussi la ville d'un bon maître d'école, qui avoit un grand don d'oraison & de penitence, & un zéle merveilleux pour les ames des petits enfans; qui leur inspiroit les sentimens de la pieté, en leur enseignant les lettres humaines; qui contribua beaucoup, par les exemples de sa vie, à sanctifier les peres & les meres dont il instruisoit les enfans; & qui a laissé dans cette ville un grand respect pour sa memoire.

Comme les hommes de Doüarnenez passent une grande partie de l'année sur la mer, Mr. le Nobletz avoit soin de rendre les femmes capables d'instruire elles-mêmes leurs maris & leurs enfans au retour de leur pêche. Il ne les quittoit point, pour aller en Million dans les autres paroisses, sans leur laisser quelques nouvelles industries pour sanctifier leurs familles ; & donnoit toûjours le soin à quelques veuves des plus zélées & des plus spirituelles d'expliquer en son absence les tableaux énigmatiques où il avoit renfermé toute sa doctrine sur la foi & sur les mœurs.

L'explication de ces peintures mystiques, qui se faisoit tous les jours depuis Pâques jusqu'à la S. Michel, étoit précédée d'une lecture spirituelle qu'on faisoit à haute voix, & suivie d'une courte leçon de catechisme pour les enfans, & de quelques cantiques spirituels en langue Bretonne, qui contenoient les principaux points de ce que doit faire un veritable Chrétien. Ces pieuses chansons devinrent si familieres dans tout le païs, qu'on n'entendoit autre chose, à la campagne parmi les laboureurs & les bergers ; dans les maisons, parmi ceux qui travailloient ensemble jusqu'à minuit à faire des filets ; & sur la mer parmi les mariniers & les pêcheurs ; en sorte que les personnes de pieté qui alloient dans ce canton, y ressentoient les mêmes transports de joïe dont S. Jerôme étoit autrefois penetré, lorsqu'il entendoit le peuple de Jerusalem celebrer de toutes parts l'adorable Trinité par des cantiques qui étoient dans la bouche de tout le monde.

Il y avoit particuliérement trois veuves qui secondoient les soins Apostoliques de Mr. le Nobletz. La premiere avoit soin d'expliquer les tableaux mystiques ; la seconde avoit le dépôt de toutes les liberalitez des personnes charitables de la ville ; & le trésor étoit si ample, que tous les pauvres du lieu assistez, il restoit encore assez d'argent pour satisfaire à la charité que les habitans ont pour les Capucins de Quimper, & pour fonder deux Messes par semaine l'une pour le Roi, & l'autre à l'honneur de S. Joseph. La troisiéme de ces veuves faisoit tous les jours la visite des quartiers differens de la ville, & s'informoit soigneusement des besoins de de ceux la ville & du dehors qui souffroient ; prenoit les noms de ceux qui étoient tombez malades, de ceux qui étoient en danger, & des morts qu'il falloit ensevelir. On l'instruisoit aussi sur des dissensions qui survenoient, & des scandales qui étoient à craindre. Elle faisoit rapport de tout cela aux deux autres veuves, & toutes trois de concert procuroient ensuite les remedes & les secours spirituels & temporels dont chacun avoit besoin.

Enfin Dieu benit si favorablement les travaux de Mr. le Nobletz, qui consacra vingt-cinq années consecutives à cultiver cette portion de l'héritage du Seigneur, que ceux qui avoient été témoins des désordres & de l'ignorance qui regnoient dans ce canton avant que le saint Missionaire y fût venu, étoient surpris, quelques années après, d'y trouver une parfaite image de la primitive Eglise. Et même long-tems depuis la mort de Mr. le Nobletz, on ne voïoit qu'avec étonnement l'ordre & la pieté que l'on rencontroit par tout ; la modestie des pêcheurs, qui les faisoit distinguer de tous les autres, quand ils alloient dans les villes prochaines ; l'affection avec laquelle ils entendoient la parole de Dieu ; la bonne éducation de leurs enfans, qui sçavoient avant l'âge de quatre ans tout ce que l'on est obligé de croire ; leur assiduité à l'Office Divin ; l'ordre des prieres & des autres exercices établis dans leur famille ; le soin qu'ils avoient de frequenter les Sacremens ; la bonne intelligence qui étoit entr'eux ; leur charité, leur douceur, leur fidelité dans le commerce ; toutes qualitez, qui en composant la matiere de leur éloge, donnoient assez à connoître quelle étoit la sagesse & la sainteté de celui dont Dieu s'étoit servi pour operer en eux un changement si surprenant.

Un des moïens les plus utiles que Mr. le Nobletz avoit emploïez, avoit été d'instruire l'ame par les yeux, en proposant à ces gens grossiers, des peintures spirituelles, qu'il leur expliquoit, & qu'il leur faisoit expliquer par des femmes vertueuses & éclairées, dont les insinuations secondoient merveilleusement ses desseins. Mais dans la crainte qu'il eut que cette sainte nouveauté ne fournît un prétexte de plainte à ceux qui voudroient traverser les progrès de l'Evangile, il envoïa à Quimper deux dévotes veuves qui avoient le principal soin de conserver & d'expliquer ces peintures, pour rendre compte à l'Evêque de son procedé & du leur touchant cette maniere d'enseigner les principales veritez de la Religion. Ce bon Prélat, persuadé que le seul titre de la nouveauté n'est pas une raison pour condamner sans examen tout ce qui se présente sous cette qualité, vit les peintures, en écouta les explications, & s'informa du fruit qu'elles avoient fait. Toutes ses recherches ne lui donnérent que de l'édification ; il approuva les peintures, donna sa benediction à leurs pieuses interpretes, & les exhorta à suivre en toutes choses la conduite d'un Directeur si saint & si éclairé, en leur recommandant de ne se point écarter de l'ordre qu'il avoit établi dans ces explications, qui étoit, que quand elles les feroient dans l'Eglise, ce ne fût qu'en forme de dialogue, & en répondant à celui qui feroit le catechisme sur la signification de ces paraboles peintes.

M^r. le Nobletz avoit eu raison de se précautionner de la sorte ; car ce fut par-là que le Recteur même de Ploüaré, qui avoit secondé son zéle si favorablement pendant un grand nombre d'années, s'avisa enfin de l'attaquer, en remontrant à l'Evêque le danger qu'il y avoit à commettre à des femmes un emploi qui les élevoit au-dessus de la portée de leur sexe ; que S. Paul leur avoit défendu de parler dans l'Eglise ; que si la science donne naturellement de l'enflure, il étoit à craindre que l'esprit des femmes, moins solide que celui des hommes, ne fût plus susceptible de la vanité qu'inspire le sçavoir ; enfin que les femmes ne devoient se faire considerer que par leur modestie & leur pieté, sans vouloir s'ingerer dans des emplois Ecclesiastiques. M^r. le Nobletz, obligé, pour l'interest de la verité, de prendre la défense de ces vertueuses veuves, écrivit à ce sujet à l'Official & Grand-Vicaire de Cornoüaille, *Mr. Germain de Kerguelen,* une grande lettre, où sans s'écarter de son humilité & de sa resignation ordinaire, il donna de grandes marques de sa constance & de la solidité de son jugement. Il expose d'abord, « que dans le dessein qu'il « avoit eu de porter les jeunes gens à ré- « pondre aux catechismes, & leur faire « perdre la mauvaise honte qui leur en fai- « soit faire difficulté, il obtint de deux veu- « ves très-vertueuses & fort instruites, « qu'elles les disposassent par leur exemple à « ne point trouver étrange que chacun fût « interrogé. Qu'aïant eu ensuite la pensée « de mettre sous des figures énigmatiques les « instructions qu'il donnoit à ce peuple, « pour les leur imprimer plus fortement « dans l'esprit, il avoit trouvé que ces veu- « ves, par le compte qu'elles lui en ren- « doient publiquement, quand il les inter- « rogeoit, contribuoit extrêmement au suc- « cès qu'avoient ces symboles mysterieux, & « qu'elles le faisoient encore plus utilement « dans leurs maisons, où beaucoup de person- « nes de toutes conditions, qui trouvoient « de la facilité & quelque sorte de plaisir à « se faire instruire de cette façon, alloient « leur demander l'explication de ces peintu- « res. Que c'étoit-là tout le crime de ces pau- « vres femmes, qu'on ne pouvoit, sans une « extrême injustice, accuser d'avoir rien « fait contre aucune loi Divine & humai- « ne, ni contre la raison & la bienseance. «

Quant à ce que l'on citoit de S. Paul, qu'il avoit défendu aux femmes de parler & d'enseigner dans l'Eglise, l'apologiste de celles-ci représentoit, « que s'il leur est défendu « de parler & d'enseigner de leur propre « autorité, il ne leur avoit jamais été défen- « du de parler, quand elles étoient interro- « gées sur les principaux points de nôtre foi, « par leur Pasteur, ou par celui qui tenoit « sa place. Qu'on ne devoit pas non plus « trouver à redire qu'elles parlassent sur les « mêmes matieres dans leurs maisons & dans « leurs jardins, puisqu'on ne trouvoit pas « mauvais qu'elles y lussent des livres de pie- « té devant leurs familles & ceux qui les ve- « noient voir. Que si ces vertueuses veuves « parloient des mêmes choses dans les assem- « blées, on ne voïoit pas pourquoi on les y « dût moins souffrir ; que celles qui n'y vont « que pour danser, ou pour parler des affai- « res du monde. « De-là M^r. le Nobletz pas- soit aux exemples, & faisoit voir, « que « le peuple d'Israël fut enseigné par Debora ; « que Judith donna des avis salutaires aux « Prêtres ; que la Prophetesse Anne parloit « de la venuë du Messie, dans le temple, « à tous ceux qui attendoient la redemption « d'Israël ; que Dieu se servit de Magdelai- « ne pour annoncer sa resurrection aux Apô- « tres même ; que Priscilla femme d'Aqui- « la, aprés avoir reçû les lumieres de l'E- « vangile par le ministére d'Apollo, ne con- « tribua pas peu à sa propagation ; que sain- « te Monique n'avoit pas donné des soins « inutiles à son fils, pour le retirer de ses « égaremens ; que saint Basile remercioit « Dieu, comme d'une des plus grandes gra- « ces qu'il eût reçûës de lui, d'avoir eu une « mere & une nourrice dont il avoit été « fort bien instruit ; que Dieu s'étoit servi « de sainte Catherine de Sienne & de sainte « Therese, pour déclarer ses volontez aux « personnes les plus illustres de l'Eglise. Il « ajoûtoit à ces exemples l'autorité de S. « Thomas d'Acquin, qui dit, sur le second « chapitre de la premiere Epître à Timo- « thée, que le S. Esprit n'a pas égard à la « difference du sexe, quand il s'agit de don- « ner des conseils prudens & salutaires. « Pour ce qui regarde la nouveauté, M^r. le Nobletz faisoit voir, par des exemples sensibles ; « combien il y a eu de nouveautez utiles « pour le public, comme les cartes mari- « nes, l'usage de la boussole, & beaucoup « d'autres. « Quant au danger qu'on préten- doit qu'il y avoit que des femmes parlas- sent des choses spirituelles, & en instrui- sent les autres ; il demandoit, « s'il n'étoit « point plus dangereux qu'une paroisse en- « tiere, d'une vaste étenduë, & même tout « un païs, demeurât des années entieres « sans instruction. Au reste il faisoit obser- «

Jud. 5.

Act. 18.

« ver, qu'il n'avoit pas confié ces tréfors
« facrez indifferemment à toutes fortes de
« femmes, en quoi il y auroit pû avoir du
« danger & du scandale ; mais à ces deux
« feules, qui avoient eu l'approbation & la
« benediction de leur Evêque, qui avoit
« eu le même pouvoir de leur permettre
« d'inftruire, qu'ont les autres Prélats d'ac-
« corder à quelques Religieufes la permif-
« fion d'inftruire les jours de fête & les Di-
« manches, plufieurs perfonnes de leur fe-
« xe, d'autant plus que ces deux veuves
« étoient déterminées à des fujets particu-
« liers par leurs peintures, & expofées à la
« cenfure du Prêtre qui les interrogeoit, fi
« elles s'égaroient ; au lieu que les Reli-
« gieufes en question choififfoient les fujets
« qu'elles vouloient traiter, & n'avoient
« aucun Ecclefiaftique qui les reprît, s'il
« leur arrivoit de faire quelque faute en en-
« feignant. Il reprefentoit d'ailleurs, que
« les fujets ordinaires des conferences de ces
« deux veuves n'étoient point des queftions
« fublimes & au-deffus de la portée de l'efprit
« feminin ; qu'il ne s'agiffoit que des ma-
« nieres aifées de reciter le chapelet, d'exa-
« miner fa confcience, de connoître fes dé-
« fauts & fes mauvais penchans, de fuïr les
« occafions du peché, de s'établir dans la
« pratique du veritable mépris du monde,
« de déraciner fes vices, de combatre fes
« paffions, de pratiquer les commande-
« mens de Dieu & de l'Eglife, & les con-
« feils de l'Evangile, enfin de bien vivre &
« de bien mourir. Il ajoûtoit à cela le fy-
« ftême de S. Thomas, qui parlant dans fa
« Somme, des differentes inftructions, en
« établit quatre efpeces, dont la premiere,
« qui a pour but la converfion des infidéles
« ou des pecheurs, eft permife, felon lui,
« non-feulement aux prédicateurs, mais
« auffi à toutes fortes de fidéles de l'un &
« de l'autre fexe ; la feconde, par laquelle
« on explique les principaux points de la
« foi appartient principalement aux Prê-
« tres ; la troifiéme, qui enfeigne la ma-
« niere de vivre Chrétiennement, convient
« particuliérement aux parrains ; & la qua-
« triéme, qui regarde les plus profonds my-
« fteres de la foi, & la perfection de la vie
« Chrétienne, fait la principale partie du
« devoir des Evêques. Et dans un autre en-
« droit de fa Somme, ce faint Docteur a
« dit qu'une femme peut enfeigner en par-
« ticulier, & que pour cela Dieu accorde
« quelquefois à ce fexe des dons extraordi-
« naires de graces & de science, & une
« grande facilité à fe bien expliquer. « La
lettre est dattée de Doüarnenez du 17. de
Juillet 1625. Le Grand-Vicaire en fut fi

content, que loin d'interdire les deux veuves, & de blâmer la conduite de Mr. le
Nobletz, il l'exhorta à perfeverer dans des
pratiques fi falutaires, & à ne fe point rebuter des difficultez qu'il rencontroit.

Le P. Quintin le vint joindre à Doüarnenez en 1628. Il prêchoit tous les matins,
& le Religieux qui étoit avec lui emploïoit
l'aprêfdinée, avec Mr. le Nobletz, à faire
l'un après l'autre chacun une inftruction
familiere. Ce fut une des dernieres Miffions du P. Quintin. Qui mourut l'année
fuivante, en revenant du Chapitre provincial de fon Ordre qui s'étoit tenu à Roüen.

Mr. le Nobletz, quoique privé d'un fi
grand fecours, ne continua pas fes fonctions avec moins de zéle. Le credit que lui
donnoient fa vertu & fa charité, augmenta
les ombrages du Recteur, qui ne fe rebutant point du peu de fuccès de fa premiere
tentative, attaqua le faint Miffionaire par
un autre endroit en 1631. Il prit occafion
de fa doctrine fur le mépris du monde, &
de l'ardeur avec laquelle il exhortoit fes
difciples à éviter une trop grande familiarité avec ceux qui avoient l'efprit du monde, en fe contentant de les regarder comme les images de Dieu, & comme leurs
freres rachetez auffi-bien qu'eux, du fang
de J. C. & de prier l'Efprit Saint de prendre poffeffion de leurs cœurs. Le Recteur
de Ploüaré, à cette occafion, voulut faire
paffer Mr. le Nobletz pour un homme qui
mettoit la divifion parmi les habitans de la
ville. Mais la caufe de celui-ci étoit trop bien
fondée fur la parole de Dieu, qui nous apprend que l'Evangile eft un glaive qui fépare
le pere du fils, & l'ami de fon ami felon la
chair, & qu'il faut quitter fon propre pere &
fa propre mere, quand une liaifon trop étroite avec eux nous empêche de fuivre les
mouvemens de la grace & du S. Efprit.

Le Recteur, à qui cette accufation ne
réüffit pas, n'oublia aucun moïen de faire
de la peine à Mr. le Nobletz. Il ôta la charge de Curé à celui dont le Miffionaire fe fervoit pour écrire fes traitez fpirituels, &
pour le feconder dans l'exercice de fon zéle.
Il ne traita pas mieux le Prêtre qui s'étoit
fi admirablement converti à fon premier
fermon de Doüarnenez, & qui l'aidoit avec
tant de benediction du Ciel à inftruire les
petits enfans. Il lui a interdit toute fonction
Ecclefiaftique dans fa paroiffe, & l'obligea
d'aller dire la Meffe & confeffer dans l'E-
glife du bourg voifin appellé Pol-Davi. Il
tâcha même de décrier Mr. le Nobletz auprès de tous fes amis, fur tout des Jefuites

Mr. Guil-
laume Breli-
vet.

Mr. Antoi-
ne le Pennec

« Le Som-
maire de ce
chapitre fup-
pofe que ce
fut Mr. le
Nobletz qui
fut interdit
par le Re-
cteur ; mais
le texte infinué que ce fut Mr. le Pennec. Ce qui fait voir que les
Sommaires ne font pas de l'auteur de la Vie.

5. **MAY.**

établis depuis peu à Quimper, & des Capucins, en le leur repréſentant comme un eſprit brouillon qui mettoit la diviſion par tout, & qui affectoit de grandes ſingularitez. Les uns & les autres connoiſſoient trop Mr. le Nobletz, pour ſe laiſſer tromper à ſes calomnies; mais des Religieux moins attachez à leur devoir que ceux-là, entrérent aiſément dans les paſſions du Recteur, & firent au ſaint homme des perſecutions cruelles. Il y en eut un qui prêcha publiquement contre lui, & traita de rêveries & de viſions puériles toutes les induſtries dont il s'étoit aviſé pour procurer le ſalut du prochain; un autre lui dit un jour toutes les injures les plus outrageantes, en préſence de bien des gens; & un troiſiéme, chagrin du peu de ſuccès de ſa quête, & de trouver les veuves dans la pratique d'une vertu ſi auſtere, oſa bien lever le bâton ſur le ſaint homme, dans l'Egliſe même, où il l'auroit maltraité, ſi les aſſiſtans n'euſſent mis obſtacle aux effets de ſa fureur. On dit que celui-ci, bientôt après, renonça par une double apoſtaſie, & à la profeſſion Religieuſe, & à la foy Catholique.

Nous ajoûterions ici les perſecutions de l'enfer & des Démons, à celles des hommes, ſi le ſiécle où nous vivons étoit diſpoſé à donner quelque croïance à ces ſortes de recits, mais nous nous contenterons de renvoïer le lecteur curieux de ces ſortes de matieres, à l'auteur même de la vie de Mr. le Nobletz, dont nous ne donnons que l'abregé. Ce ſera là auſſi que l'on pourra voir un long & édifiant détail de toutes les vertus de cet homme Apoſtolique, dont nous ne rapporterons ici que quelques fleurs cüeillies dans ce riche parterre.

Vie de Mr. le Nobletz, p. 258. & ſuiv. & 304. 305. & 345.

Monſieur le Nobletz poſſedoit ſi parfaitement tous livres Sacrez de l'ancienne & de la nouvelle alliance, que tous ſes ſermons & ſes traitez ſpirituels n'étant que des tiſſus de paſſages qui portoient le caractére de l'autorité Divine, faiſoient une conviction à laquelle on ne pouvoit reſiſter; & ces paſſages ſe préſentoient à ſa memoire, ſans qu'il parût qu'il eût beſoin d'aucun effort pour les appeller. Les Peres & les Docteurs de l'Egliſe à la lecture deſquels il s'étoit le plus attaché, comme il paroît par ſes œuvres ſpirituelles, étoient S. Jerôme, S. Jean Chryſoſtome, S. Bonaventure, & S. Thomas. Il eut toûjours un ſolide attachement à la croïance commune des fidéles; il évita toute ſa vie, avec un ſoin extrême, toutes les ſingularitez & les nouveautez dangereuſes; & rien ne l'affligea tant, que les diſputes qu'il vit ſe former dans l'Egliſe, qui l'ont privée du ſecours & des ouvrages de tant d'écrivains ſçavans, qui ont emploïé en des conteſtations ennemies de la charité les dons merveilleux qu'ils n'avoient reçus que pour la mieux ſervir.

Pour juger de la grande confiance qu'il avoit en Dieu, il n'y a qu'à péſer ce qu'il diſoit ſouvent à la perſonne qui avoit ſoin de lui acheter & de lui appréter à manger, lorſqu'elle lui faiſoit ſes plaintes du peu de reſſource qu'il s'étoit laiſſé à lui-même, en donnant tout aux pauvres, ſans ſe rien reſerver. Il lui répondoit, « qu'il étoit ſans inquiétude là-deſſus; qu'il ſçavoit fort bien d'où il devoit attendre les ſecours qui lui étoient neceſſaires; qu'il avoit une obligation ſur une perſonne puiſſante, riche, & portée à faire toutes ſortes de biens à ceux qui eſperoient en ſa bonté; cette perſonne étoit le Verbe de Dieu, qui s'étoit engagé envers ceux qui rechercheroient le Roïaume de Dieu, de leur faire trouver abondamment ce qui leur ſeroit neceſſaire. Préſentons, diſoit-il, cette obligation au Pere Eternel, & ſoïons aſſurez que ſa providence ne nous manquera jamais. »

Sa bourſe ne demeuroit jamais pleine à la fin du jour; il ne ſe couchoit point qu'il n'eût fait des liberalitez de ce qu'il avoit, aux pauvres veuves, & aux orfelins, qu'il alloit promptement chercher dans leurs maiſons pour les aſſiſter. Il avoit peur d'être du nombre des reprouvez, ſi aïant reçu de Dieu les ſentimens qu'il avoit pour les pauvres, il eût gardé pluſieurs jours un écu d'argent. On l'a ſouvent vû diſtribuer aux pauvres tout ſon revenu d'une année, le même jour qu'il l'avoit touché. Il ne ſe contentoit pas de ſe priver de ſon propre bien, pour ſatisfaire les mouvemens de ſa charité; il ſe rendoit mandiant lui-même, pour ſubvenir aux beſoins des malades & de toutes les perſonnes qui ſouffroient, & pour porter aux bonnes œuvres ceux qui étoient le plus à leur aiſe. Il aimoit à ſe voir ſans pain, après avoir donné le ſien aux pauvres, pour avoir une raiſon d'en aller demander de porte en porte. Il rempliſſoit un coin de ſon manteau de morceaux de pain qu'il avoit ainſi mandiez, & alloit de côté & d'autre chercher les plus pauvres pour le leur diſtribuer. Auſſi-tôt qu'il avoit découvert le beſoin preſſant de quelque pauvre honteux, il lui portoit ordinairement ce qu'on avoit préparé pour ſes propres repas, en attendant qu'il eût trouvé le moïen de le mieux ſecourir. Sa charité ardente ne ſe bornoit pas à ce qu'il pouvoit faire par lui-même; c'étoit un feu Divin qu'il avoit ſoin d'allumer dans le cœur des autres. Il persuada aux Dames de Catelan & de Balaire ses niéces, à la Demoiselle le Gall, & à quelques autres Dames de qualité, de s'addonner à assister les malades, à penser leurs plaïes, & à apprendre la composition de plusieurs remedes.

Nous n'entreprendrons point de faire ici en particulier l'éloge du zéle qu'il a eu pour le salut des ames ; toute sa vie n'a été occupée que de ce seul objet. Comme il donnoit un jour la nourriture spirituelle à plusieurs pauvres, avant que de leur distribuer la corporelle, une personne dont il se servoit pour cette distribution, aïant apperçu parmi la troupe une malheureuse qui croupissoit depuis long-tems dans un désordre public, voulut la chasser, comme incapable de profiter de l'instruction, & indigne d'avoir part à l'aumône. Mais le saint homme, dont le zéle étoit plus ardent & plus éclairé, exhorta cette fille décriée à demeurer, pour entendre l'instruction, & lui parla si heureusement, que touchée de la ferveur, de l'humanité, & de la douceur du charitable Missionnaire, elle se jetta à ses pieds avec beaucoup de confiance, & de regret de ses pechez, fit une confession generale de tous ses desordres, s'éloigna depuis avec soin de toutes les occasions du péché, & consacra le reste de sa vie à la penitence, en servant les malades dans un hôpital. Une autre, entretenuë par un gentilhomme, au grand scandale de toute une ville, d'ailleurs fort exempte de ces sortes de vices, par les soins du saint Missionnaire, fut un jour si touchée de la douceur & de la charité avec laquelle il lui faisoit voir le malheureux état où elle se trouvoit, qu'elle se prosterna devant lui, les yeux baignez de larmes, & le conjura de lui prescrire ce qu'il jugeroit à propos pour la délivrer du funeste engagement où elle s'étoit mise. Le saint homme n'obmit aucun soin pour mettre cette pauvre fille à couvert de semblables dangers. Il l'a conduisit lui-même dans un lieu écarté, lui fit passer un bras de mer, avec une sûre escorte, & la remit entre les mains de son pere & de sa mere, de la maison desquels le gentilhomme l'avoit enlevée, où elle vécut depuis dans la crainte de Dieu.

La premiere & la principale maxime de Mr. le Nobletz, pour les fonctions de son zéle, étoit ; qu'il faut acquerir beaucoup de vertu & de pieté, pour en inspirer aux autres, & qu'il est impossible de bien persuader les choses dont on n'est pas persuadé soi-même, ou d'enseigner des pratiques dont on n'a pas connu l'utilité par sa propre experience. C'étoit pour cela qu'il faisoit de frequentes retraites chaque année, pour reflechir à loisir sur lui-même, & s'établir dans toutes les vertus qu'il vouloit faire naître & entretenir dans le cœur des fidéles. C'étoit-là principalement que sa prudence industrieuse lui fournissoit tant de moïens, ou nouveaux, ou renouvellez, dont il se servoit pour instruire & sanctifier le prochain.

L'un de ceux qui eut de plus heureux succès, furent les chansons spirituelles sur les mystéres de la foy & les devoirs de la vie Chrétienne ; par lesquelles il sanctifia les boutiques des marchands & des artisans, le travail des laboureurs, & les barques des pécheurs & des matelots. Il ne se contentoit pas d'ordonner des lectures dévotes en particulier aux personnes qu'il portoit à la vertu ; il en faisoit faire de publiques dans l'Eglise, depuis le dîner jusqu'à vêpres. Infatigable à la composition de ses traitez spirituels, il les distribuoit à chacun selon les besoins qu'il avoit reconnus, ou les progrès qu'on avoit faits dans le chemin de la perfection. Il se trouvoit encore vingt ans après sa mort près de deux cens petits livrets ou cahiers differens qu'il avoit composez, dont il y en avoit quarante qui ne contenoient que des explications de ses énigmes spirituelles ; tout le reste étoient des traitez écrits avec une onction toute particuliére de l'Esprit de Dieu. Aux personnes même qui ne sçavoient pas lire, il avoit l'adresse de leur faire peindre sur les feüillets de leurs livres des figures qui leurs tenoient lieu de lettres & de discours, & qui imprimoient dans leur ame les veritez divines dont il les avoit instruites. Les étrennes qu'il envoïoit à ses amis & à ses disciples au commencement de chaque année, n'étoient autre chose, que des regles pour se bien comporter dans l'état auquel ils s'étoient engagez, & pour s'y avancer dans le chemin de la vertu. Il a ôté la gloire de l'invention aux Ecrivains qui abusans de leur loisir, se sont avisez depuis de tracer des cartes & des especes de descriptions topographiques des routes & des progrès de l'amour charnel ; son zéle ardent pour la gloire de Dieu lui avoit suggeré la même industrie pour tracer par des peintures ingenieuses les mystéres de l'amour Divin. Dans ces autres figures énigmatiques, il s'accommodoit à la portée, à l'état, & à la profession de ceux à qui il les proposoit, pour faire servir à leur salut les connoissances qui leur étoient les plus familieres. C'est ainsi qu'il representoit aux gens de guerre les combats que l'enfer nous livre, sous le symbole des batailles du monde & des attaques des places ; aux gens de

la

la campagne, il faisoit peindre des lieux champêtres, & avoit l'art d'en faire servir les objets differens à leur imprimer des veritez salutaires; aux gens de mer il presentoit des vaisseaux, des naufrages, & tout ce qui se passe sur cet élement, pour leur insinuer avec plus d'efficacité les veritables dangers qui menacent l'ame, & les routes qu'on doit tenir pour arriver heureusement au port du salut. On mettroit ici volontiers une de ces explications qu'il a laissée par écrit sur une de ces peintures de la mer; si la longueur ne nous en dispensoit; mais on pourra la voir à la suite de cette vie.

Eloigné de la vanité des prédicateurs de son tems, qui ne se soucioient pas tant d'être intelligibles, que d'attirer l'admiration des auditeurs par des questions subtiles & & problematiques, Mr. le Nobletz évitoit toutes ces subtilitez, & tous les ornemens étrangers qu'il auroit aisément puisé, s'il eût voulu, dans le droit civil, dans le droit canonique, & dans l'histoire profane; il affectoit même une grande simplicité de discours, quand il prêchoit devant le simple peuple, & ne croyoit pas pouvoir se rendre trop clair, pour faire penétrer les veritez saintes dans les esprits grossiers. Son discours étoit ordinairement composé de trois parties. La premiere étoit une verité de foi ou de pratique, prouvée par l'Ecriture & par les Peres. La seconde étoit une description des mœurs de ceux à qui il parloit, ou il faisoit voir en quoi elles s'éloignoient de la verité qu'il venoit d'établir. La troisiéme partie étoit emploiée à tirer des conclusions des deux premieres, & à faire des mouvemens si tendres & si touchans, qu'il n'y avoit point de cœur si dur, qui n'en fût amolli. Le grand usage qu'il avoit de l'Ecriture & des Peres, le dispensoit de faire de grandes préparations pour ses discours; un peu de recueillement aux pieds des Autels lui rendoit en peu de tems toute sa matiere présente; c'étoit-là qu'il se remplissoit de l'onction qu'il répandoit ensuite dans tous les cœurs. Ses sermons ne faisoient même jamais plus de fruit, que lorsqu'obligé de parler sur le champ, il se livroit entiérement aux impressions de l'Esprit Divin. Ce fut ainsi que devant prêcher un jour dans une paroisse où l'Abbé de Landevenec faisoit sa visite, & aïant entendu que le Seigneur Abbé en lui donnant la benediction, lui avoit recommandé la briéveté par ces deux mots Latins: *esto brevis*; soïez court; il fut inspiré de laisser le discours qu'il avoit préparé, & de prendre pour son texte ces deux mots. Il parla, à ce sujet du Verbe qui s'étoit fait petit par amour,

du malheur de ceux qui vouloient s'aggrandir, & qui ne sçavoient pas s'accommoder à la briéveté des honneurs, des plaisirs, & des autres biens de ce monde; & enfin de la longue durée des peines dont ces biens si courts seront suivis. Ce discours imprevû & sans préparation tira des sanglots de tout l'auditoire, & y imprima vivement la douleur & le repentir.

Ses entretiens particuliers ne faisoient pas moins de fruit que ses discours publics. Il les proportionnoit toûjours à la portée & aux dispositions personnelles de ceux à qui il parloit, & sçavoit entrer dans les esprits & dans le cœur de ceux avec qui il traitoit, pour les gagner tous à Dieu. Il agissoit civilement avec tout le monde, & il n'y avoit personne à qui il ne rendît quelque sorte de respect. Il croïoit qu'il n'étoit pas moins du devoir du medecin spirituel, que de celui du medecin corporel, d'éviter de rebuter les malades par des paroles rudes & un exterieur trop grave & trop austere; il sçavoit traiter si agréablement & d'une maniere si douce & si gagnante, les matieres de pieté, qu'on n'eprouvoit jamais dans sa conversation ni dégoût, ni ennui. Cependant il donnoit de courtes bornes à ses entretiens, afin de pouvoir être utile à un plus grand nombre de personnes, en répandant en plus d'endroits differens la semence Divine.

A l'égard de la confession, il avoit pour principe, que si la trop grande severité est à craindre, parce qu'elle rebute les pecheurs; la molesse & la trop grande condescendance est souvent pernicieuse aux Confesseurs même, qui se rendent en quelque sorte complices des crimes dont ils donnent l'absolution trop facilement. Pour ne se pas exposer à ce dernier inconvenient; il ne commençoit point à confesser, dans ses courses Apostoliques; qu'il ne se fût informé auparavant des vices les plus communs dans le lieu où il faisoit la Mission, & qu'il ne se fût assuré que tous ceux qui approchoient des Sacremens étoient suffisamment instruits de nos mysteres. Quand il se présentoit à lui des pecheurs d'habitude, ou des personnes engagées dans des professions dangereuses pour le salut, il les prioit de prendre un tems suffisant pour se bien examiner; il leur demandoit quelque entrevüe pour conferer avec eux; & s'il ne les trouvoit pas dans la résolution de quitter le peché & les engagemens où les occasions qui les y portoient, il se contentoit de les exhorter à quelques mortifications & à quelques bonnes œuvres, & promettoit de joindre ses prieres aux leurs, pour obtenir de plus sain-

Kkk

tes dispositions à une veritable conversion.

Mais de toutes ses vertus, aucune n'a brillé en lui avec plus d'éclat, que le mépris du monde. Il ne se contenta pas d'en avoir fait une profession particuliere, il en fit même un vœu exprès, & fut si fidéle à l'observer, qu'il suffisoit dans le choix de toutes ses actions, qu'une chose fût selon l'usage du monde, pour le déterminer au contraire. C'est dans la même vûë qu'il recommandoit à ses disciples, de prendre conseil du monde, dans toutes leurs affaires, pour ne manquer jamais de pratiquer tout le contraire de ce qu'il leur auroit conseillé, & de ne juger du progrès qu'ils auroient fait dans la vertu, que par celui qu'ils auroient fait dans le mépris du monde. Il avoit remarqué, avec beaucoup de soin, toutes les fausses maximes du monde qui détournent les cœurs des fidéles de la perfection, & il leur avoit opposé autant de maximes contraires tirées de l'Evangile, & confirmées par les exemples de J. C. & des Saints de tous les siécles de l'Eglise. Il fit une longue pratique du mépris du monde, qu'il appelloit le Trésor caché de l'Evangile, avant que d'en devenir le Docteur. Il fuïoit la prosperité & les sujets de joïe mondaine, comme des marques de reprobation; il recherchoit, comme les gages les plus assurez de l'amitié de Dieu, toutes les choses que les gens du monde redoutent davantage; il soupiroit même, quand la necessité le contraignoit de se servir de quelque commodité temporelle, & avoit de la douleur de n'être pas dans un état où il pût se priver de tout ce que le monde estime & de tout ce qui donne quelque satisfaction à la nature corrompuë. Enfin, rempli du mépris du monde par une pratique si constante & exercée avec tant de soin, il en voulut faire part à ses disciples, & leur composa exprès sur ce sujet trois traitez également solides & methodiques; & non content de cela, pour perpetuer une maxime aussi salutaire, il inspira le même dessein au Pere Jesuite qui fut son successeur dans les travaux Apostoliques, & le porta à reduire cette doctrine en catechisme, afin de la rendre propre à tout le monde. Il composa aussi pour ses amis des méditations pour tous les jours de Carême, où la passion du Sauveur étoit le motif le plus pressant qu'il leur proposoit pour les animer au mépris du monde. Il attribuoit à cette vertu ce que S. Paul a dit de la charité; que sans elle il faut compter pour rien tous les dons les plus excellens, naturels & surnaturels; & il ne s'écartoit point en cela de l'esprit du saint Apôtre, puisque si l'on trouve quelque obstacle à aimer Dieu sur toutes choses, ce n'est pas que l'on disconvienne que Dieu ne soit infiniment aimable; mais c'est que l'amour du monde fait un partage dans nos cœurs, qui les empêche de se porter aussi entierement qu'ils le doivent à un amour qui n'est parfait, que quand il est maître de tous leurs mouvemens. Mr. le Nobletz distinguoit ceux de ses disciples qui aspiroient à la perfection par le mépris du monde, en trois differens ordres. Il mettoit dans le plus bas, ceux à qui il enseignoit les premiers élemens de la doctrine Chrétienne, qui avoient fait une confession generale, & qui étoient dans la résolution de changer de vie & de fuir de tout leur cœur la corruption du siécle. Le second étoit composé de ceux qui s'étoient mis sous sa direction, & qu'il exerçoit dans la pratique du mépris du monde. Il les retenoit long-tems dans cette classe, avant que de les faire passer à la troisiéme, où étoient ceux qui faisoient profession du mépris du monde, après avoir remporté plusieurs grandes victoires sur l'amour du monde & sur l'amour propre; & toutes les personnes qu'il a poussées jusqu'à cet état, ont été des modéles très-rares de vertu & de sainteté. Bien des gens disoient qu'il y avoit de la dureté à exiger des personnes séculieres, une abnegation à laquelle à peine parvient-on dans les Religions les plus reformées. Mais il répondoit à cela, que le Sauveur n'avoit pas seulement prêché cette doctrine dans le désert, mais qu'il l'avoit aussi enseignée dans les bourgades & dans les villes; & que ce n'étoit pas dans les cloîtres, ni parmi les Religieux, mais dans les places publiques qu'il parloit, lorsqu'il disoit, qu'il faut se faire violence pour acquerir le Ciel, & qu'il est impossible de servir deux maîtres à la fois. Ces deux principes, d'une verité incontestable, imposent à tous indifferemment, selon lui, la necessité de mépriser le monde, mais plus étroitement à ceux qui s'occupent au salut des ames & au service du prochain, qu'il croïoit incapables de faire aucun fruit, s'ils ne vivoient conformément à ces deux grandes veritez de l'Evangile. Le Lecteur qui voudra s'instruire plus à fonds des motifs qui ont porté ce saint homme à une profession si particuliere du mépris du monde, les trouvera à la fin de cette vie, dans un écrit par lequel Mr. le Nobletz dit *Adieu au monde insensé & détestable*.

Autant qu'il méprisoit le siécle, autant méprisoit-il ses richesses perissables. Ses desirs se bornoient uniquement, comme ceux de S. Paul, à ce qui étoit necessaire pour se nourrir & pour se couvrir ; & la necessité même d'avoir quelques soins à ce sujet, étoit une des incommoditez de son exil sur la terre qui le faisoit le plus soupirer. Sans desapprouver les ministres Sacrez qui vivent de l'autel, il ne voulut jamais recevoir aucune recompense de ses fonctions Ecclesiastiques. Il refusoit même d'ordinaire de recevoir de quelque personne que ce fût aucune chose pour sa nourriture, dans les lieux où il faisoit Mission. Il n'attendoit les secours de la vie que de Dieu seul, & quoiqu'il distribuât son modique revenu aux pauvres, presque aussi-tôt qu'il l'avoit touché, aussi-bien que les aumônes qu'on lui mettroit entre les mains. Le Pere celeste ne l'abandonna point ; & quand il mourut, il avoit encore vingt-cinq sous d'argent, comme il l'avoit prédit à la personne qui avoit soin de sa nourriture & de l'assister dans sa derniere maladie qui fut longue, pour appaiser les murmures qu'elle faisoit contre les largesses dont ce grand serviteur de Dieu, tout indigent qu'il étoit, soulageoit encore les pauvres.

Les meilleurs repas qu'il prenoit chez lui, étoient ordinairement un peu de lait & de pain d'orge, qu'il appelloit le pain Evangelique, à cause que c'étoit de cette espece de pain que J. C. avoit servi, quand il avoit eu la bonté de le multiplier par sa benediction. Tout frugal qu'étoit ce repas, le saint Missionnaire le trouvoit encore trop délicieux, quand sa compassion lui représentoit les besoins de ceux qui étoient encore plus mal. Il donnoit souvent aux pauvres ce qu'on lui avoit préparé, pour se nourrir du pain qu'il avoit mandié pour eux ; il en portoit même chez les personnes de qualité, quand il lui arrivoit de manger à leur table, & il leur faisoit croire que ce pain grossier étoit plus à son goût & selon son appetit.

Il aimoit à se loger dans de pauvres maisons couvertes de paille, & la chambre où il mourut, qui devint depuis si celebre par la dévotion des fidéles, n'avoit que douze pieds en carré. Il étoit dans sa derniere maladie sur un lit d'emprunt, parce qu'il avoit donné le sien aux pauvres ; & ni celui qu'il avoit emprunté, ni celui qu'il avoit donné, n'avoient aucuns rideaux ; il n'avoit qu'une seule couverture, & ses habits servoient à le couvrir dans ses frissons. Tout l'inventaire de ses meubles consistoit en un trepied de fer, un pot de terre, une écuelle, une assiette, & une cueiller de bois, un petit coffre pour s'asseoir & pour renfermer ses papiers, deux images de papier, l'une de la sainte Trinité, & l'autre de la B. Vierge, un benitier,

deux chemises ; une soutanne ; & un manteau long. Il donna le reste de ses habits à un pauvre peu de jours avant sa mort. Ses genoux lui servoient de table pour écrire, quand il vouloit conserver sur le papier les lumieres qu'il avoit reçûës dans l'oraison.

Il n'oublioit pas même l'amour de la pauvreté dans l'usage des choses saintes ; tout ce qu'il avoit de Reliques étoit enfermé dans des cocques de noix qu'il avoit couvertes lui-même d'étoffes communes ; ses ornemens d'Eglise étoient des plus simples ; il refusa toûjours ce qu'on voulut lui donner pour les enrichir ; & sur cela aussi-bien que sur les dépenses qu'on fait pour embellir les Eglises, il faisoit entendre à ceux à qui le zéle pour le temple materiel faisoit illusion, qu'il est des temples vivans à qui les personnes riches sont plus essentiellement redevables de leur attention religieuse.

Les pauvres que l'Evangile déclare heureux, ne sont pas seulement ceux qui se débarassent des richesses perissables, mais ce sont aussi, selon les saints Peres, ceux qui se dépoüillent de l'orgüeil naturel à l'esprit de l'homme, & qui n'ont que de bas sentimens d'eux-mêmes. L'esprit de Mr. le Nobletz, ingenieux à trouver des moiens pour rendre les autres Saints, n'emploïoit ses lumieres, quand il pensoit à lui-même, qu'à trouver des raisons pour se regarder comme le plus grand pecheur de la terre. Il se croïoit plus méchant que Caïn, puisqu'il avoit donné la mort à son ame par ses pechez ; plus insensé qu'Esaü, puisqu'il avoit vendu son droit à l'heritage celeste pour des choses de néant ; plus cruel que les Juifs, puisque connoissant le Sauveur pour le Roi de gloire, il n'avoit pas laissé de le crucifier plusieurs fois ; plus rebelle qu'Absalom ; plus endurci que Pharaon ; plus inconsideré que l'Enfant prodigue ; plus perfide que Judas ; enfin plus criminel que le diable même ; car, disoit-il, « cet esprit malheureux n'a fait probable- « ment qu'un seul peché ; & moi, j'en ai « commis un nombre infini. Il n'a point eu « de tems après son peché pour faire peni- « tence, & moi j'ai abusé de celui qui m'a « été accordé liberalement. Il n'a eu aucune « aide pour se convertir, & J. C. n'est pas « mort pour lui, au lieu que cet aimable « Sauveur me tend amoureusement les bras, « m'invite sans cesse à la penitence, & me « comble de faveurs & de graces continuel- « les, pour m'obliger à faire un bon usage « du sang qu'il a répandu pour moi. «

Les humiliations n'étoient pas difficiles à supporter à un homme qui étoit dans ces sentimens ; il les recevoit avec joïe ; il pardonnoit aisément à ses ennemis les calomnies les plus atroces, par ce motif, que si ces personnes pouvoient penetrer dans son interieur, & en connoître toute la misere cachée aux yeux des hommes, elles auroient pû se croire en droit de le traiter encore plus rigoureusement ; il prenoit plaisir à informer les autres de ses défauts ; & lui, qui jugeoit toûjours favorablement de chaque personne en particulier, étoit toûjours prêt à se reprendre & à s'accuser lui-même. Il disoit, que si Dieu, par une misericorde toute particuliere, ne lui eût ôté du cœur l'affection du monde, il eût été le plus méchant homme de son siécle, & que l'humeur colere qui dominoit en lui l'eût porté à plusieurs crimes horribles. Veritablement la grace avoit sanctifié en lui l'usage de cette passion, dont il ne ressentoit plus les mouvemens, que pour attaquer le vice ; mais il regardoit toûjours cet ennemi ; tout enchaîné qu'il étoit, comme un objet propre à l'entretenir dans des sentimens d'humiliation.

Il évitoit avec soin tout ce qui pouvoit lui acquerir de l'honneur ; c'est pour cela qu'il fuïoit les conversations des grands, & tous les emplois de distinction, & ne recherchoit que les pauvres les plus méprisez, les petits enfans, & les personnes accablées de vieillesse, que tout le monde abandonnoit. Quand il alloit quelque part à cheval, il en descendoit d'ordinaire, pour mettre dessus le premier qu'il rencontroit & qu'il croïoit en avoir besoin, & prenoit plaisir à le suivre à pied, & à lui tenir lieu de serviteur. Il s'étoit dispensé de toutes les modes seculieres, & ne pouvoit souffrir qu'un Ecclesiastique se donnât le soin de les rechercher. Il ne portoit sa soutane, ni si longue, qu'il parût vouloir s'attirer par-là plus de respect ; ni si courte, qu'elle le fît mépriser ; sa soutane & son manteau lui descendoient jusqu'à la cheville du pied. Il avoit toûjours les cheveux coupez au dessus des oreilles, comme le recommandent les saints Canons.

Son humilité paroissoit encore dans le soin qu'il prenoit de cacher ses bonnes œuvres & les graces extraordinaires dont Dieu le favorisoit. C'est pour cela qu'il ne souffroit jamais que personne demeurât la nuit avec lui dans sa chambre, pour n'avoir point de témoins de ses communications avec Dieu & de ses grandes austeritez. Son linge étoit d'ordinaire teint du sang qu'il répandoit par la sainte cruauté avec laquelle il prenoit la discipline trois fois la semaine. Il se donnoit lui-même la peine de le laver tous les samedis ; lui étant arrivé deux ou trois fois de n'avoir pû assez bien cacher ces marques de sa pénitence, il obligea ceux qui s'en étoient apperçus, de tenir cela fort secret. Un jeune homme qui lui servoit la Messe, le surprit un jour dans sa chambre, pendant qu'il prenoit la discipline avec des cordes où étoient attachées plusieurs balles de plomb. Mr. le Nobletz, pour l'engager au silence, lui donna une piece d'argent. Il avoit mille industries pour empêcher qu'on ne lui attribuât les guérisons miraculeuses que Dieu accordoit à ses prieres. Il les attribuoit tantôt à l'innocence des enfans qu'il emploïoit avec lui pour demander ces guérisons, tantôt à la foi & à la vertu des personnes qu'il guérissoit, tantôt à des remedes naturels, & aux premieres herbes qu'il rencontroit, & qu'il appliquoit sur les parties malades de ceux qui souffroient.

Il ne crut pas que les assurances qu'il avoit reçûs du don de chasteté, l'eussent dispensé des précautions necessaires pour conserver la blancheur de ce lis celeste. Persuadé que c'est Dieu seul qui donne une continence parfaite, il la lui demandoit tous les jours dans ses prieres les plus ferventes, même dans sa vieillesse. Il joignoit à cela une extrême défiance de ses forces, & les rigueurs de la plus severe pénitence. Il évitoit toute familiarité avec les personnes engagées dans les maximes du siécle, sur tout avec les personnes du sexe, qu'il entretenoit toûjours avec modestie & en peu de paroles. Celles qui alloient chez lui recevoir ses avis spirituels, ne lui parloient qu'après avoir fait une courte priere, & l'entretien fini, on se mettoit encore à genoux pour remercier Dieu. Il croïoit devoir la pureté de cœur avec laquelle il a toûjours vêcu, au frequent usage de la Divine Eucharistie, qui est le pain des vierges ; & à l'affection tendre & filiale qu'il avoit toûjours euë dès l'enfance à la très-sainte Vierge. Les saintes cruautez dont il usa contre lui-même, n'ont pas peu contribué à le rendre victorieux d'un ennemi qu'il est impossible de rendre entierement soumis sans qu'il en coûte du sang. Au reste, quelque estime qu'il eût de la virginité, il ne permettoit aux personnes dont il dirigeoit la conscience, d'en faire vœu que pour un ou deux ans, après quoi il le leur faisoit renouveller, si elles le souhaitoient. Il croïoit que les vœux de chasteté perpetuelle convenoient mieux aux personnes qui s'engageoient à la recherche de la perfection dans les cloîtres, qu'à celles qui demeuroient dans le siécle ; & c'étoit le parti qu'il conseilloit à celles qui se sentoient fortement inspirées de faire un pareil vœu pour toute leur vie.

Son austerité pour ce qui regarde la nourriture, étoit sans exemple dans une personne séculiere. Il ne buvoit ordinairement que de l'eau, & jusqu'à l'âge de cinquante ans il ne mangeoit que du pain & quelque laitage ; c'étoit pour lui un regal extraordinaire des plus grandes fêtes, qu'un peu de fruit & de poisson. Un de ses Directeurs assure qu'il fallut un ordre exprès du Ciel pour lui faire quitter ce regime, & l'obliger à se servir dans ses repas d'un peu de vin & de viande, afin de fortifier son estomach ruïné par ses mortifications. Mais il usoit de l'un & de l'autre comme on use des remedes les plus amers & les plus difficiles. La viande qu'il prenoit à son dîner, qui étoit presque toûjours son unique repas, ne passoit point la grosseur d'une noix ; & il ne mettoit que très-peu de vin dans l'eau qu'il buvoit. Comme les gens du monde ont des tems de plus grande chere & de débauche, il en avoit aussi pour les pieux excès d'abstinence & de mortification, sur tout quand il vouloit obtenir de Dieu quelque grace extraordinaire pour lui-même ou pour le prochain. Il ne s'oublioit pas de cette même sobrieté, lorsqu'il étoit obligé de manger hors de chez lui. On l'a vû fuir de la maison d'une personne de qualité, & n'y rentrer jamais, parce qu'il y avoit vû les préparatifs d'un grand festin, & qu'un domestique à qui il étoit inconnu, lui avoit dit que tout cela se faisoit pour un saint Prêtre appellé Mr. le Nobletz. Quelques viandes exquises qu'on lui servît, il ne touchoit jamais qu'aux plus communes, encore l'a t-on quelquefois surpris qui y mêloit de la cendre, pour en corrompre le goût. Il ne dormoit ordinairement que quatre ou cinq heures. Après avoir dormi deux heures, il se levoit pour faire oraison mentale, & après avoir encore dormi deux ou trois heures, il passoit le reste de la nuit en prieres ou en de saintes lectures. Outre les longues & rudes disciplines qu'il prenoit les Mercredis, les Vendredis & les Samedis, qui lui faisoient répandre beaucoup de sang ; il portoit, divers jours de la semaine, un cilice de crin de cheval ; & il ne le quittoit point pendant les semaines entieres, quand il vouloit obtenir quelque grace du ciel. Il mettoit souvent des pois, ou de petits cailloux dans ses souliers, pour se faire un tourment de chaque pas ; & couchoit toutes les nuits sur la dure. Il commença seulement à l'âge de 55. ans, par le conseil de son Directeur, & à cause de sa mauvaise santé à prendre un lit avec un peu de paille, des draps, & une couverture ; mais il ne voulut avoir ni matelats, ni lit de plume, que quand il fut à l'extrémité. Le sentiment qu'il avoit de la necessité des penitences & des mortifications, lui en fit introduire l'usage parmi ses disciples les plus fervens. Il leur faisoit lui-même, à ses heures de relâche, des ceintures de crin, & des disciplines de parchemin entortillé, dont il faisoit présent à ceux qu'il jugeoit capables de s'en servir. Il est rare de trouver personne qui ait plus souffert que lui. Dans tous les âges, dans tous les emplois, dans tous les lieux, il n'a jamais été sans peines, sans persecutions, sans douleurs. Les hommes de toutes sortes de conditions ont attaqué ses desseins, sa réputation, & sa vie. Les diables l'ont traité comme le plus grand ennemi qu'ils eussent dans le monde. Dieu même a souvent appesanti sa main sur lui, en le livrant à l'obscurité d'esprit, à la secheresse du cœur, à la privation des douceurs celestes, aux peines interieures, à la crainte excessives de ses jugemens. Rien de tout cela n'étonna jamais sa constance, ni n'ébranla son attachement inviolable au service & à l'amour de J. C. Il recevoit toûjours avec humilité & même avec reconnoissance, tous les affronts & toutes les douleurs qui lui venoient de la part de Dieu, ou de celle des créatures. Il craignoit la prosperité & la joïe mondaine, comme les autres craignent l'affliction & les accidens fâcheux. Il regardoit comme une marque de reprobation la joüissance constante & tranquille de ce que le monde appelle bonheur & repos. En un mot, il ne craignoit que trois choses dans la vie, le peché, la prosperité & le défaut d'adversitez.

Tant de vertus ensemble, & dans un si haut point de perfection, dans un seul sujet, sont déja un miracle assez digne d'étonnement, & nous dispose favorablement à ne pas refuser avec une opiniâtreté blâmable de donner quelque croïance aux effets surnaturels dont la puissance Divine a voulu favoriser ce saint homme dès son vivant. L'auteur de sa vie en a fait un long recit, appuïé de toutes les preuves necessaires ; nous nous contenterons de faire choix de quelques faits les plus dignes de l'attention du pieux lecteur ; & nous commencerons par le don de prophetie.

Neuf mois avant la naissance du feu Roi de glorieuse memoire, avant que personne pût encore sçavoir qu'il fût conçu, il dit bien positivement au P. Maunoir, & à la Demoiselle le Gac : « que la Reine étoit grosse d'un fils qui gouverneroit cette Monarchie avec une prudence extraordi-

« naire, & qui cheriroit la vertu & le me-
« rite. » Il eut aussi connoissance de l'élection du Pape Innocent X. & on le vit un
jour, dans un entretien ordinaire, demeurer tout d'un coup sans dire mot, puis,
après un long silence, levant les yeux &
les bras au ciel, il dit : « Dieu soit loüé,
« de ce que nous avons à présent un Pape. »
Aïant fait ensuite une petite pause, il reprit
la parole, & dit plus haut qu'auparavant :
« oüi assurément, nous avons un Pape,
« qui s'appelle Innocent ; rien au monde n'est
« plus veritable. » La même chose, qu'on
n'apprit que long-tems depuis par les nouvelles publiques, fit bien voir, que Dieu avoit
rendu présent à son serviteur, à plus de 400.
lieuës de Rome, ce qui s'y passoit dans le
moment qu'il en parla. Un an avant les dissensions civiles de l'Angleterre, il dit à une
personne dévote, « qu'il y auroit bientôt
« une guerre furieuse dans ce Roïaume-là,
« & que les Anglois, durant ces troubles,
« tourneroient leurs armes contre le Con-
« quet », qui étoit le lieu où il faisoit alors sa
résidence. Cette prédiction s'accomplit l'année suivante, & le Conquet fut canonné par
les Anglois. Quand on parla au saint homme de cet accident, comme d'une chose
qu'il avoit miraculeusement prédite, il répondit en soupirant : « les malheureux
« qu'ils sont ! Ils feront mourir leur Roi. »
On sçait assez qu'encore que l'aigreur des
esprits fût grande en Angleterre, il n'y
avoit encore cependant qu'une lumiere Divine qui pût faire prévoir jusqu'à quel excès,
inoüi dans tous les siécles, se porteroit la
fureur de ces sujets rebelles. Mr. le Nobletz
prédit aussi le rétablissement de Monsieur
de Rieux dans son Evêché de Leon, trois
ans avant que cela arrivât ; mais il prédit en
même tems qu'il ne seroit que deux ans sur
son siége ; en & effet ce Prélat mourut deux
ans après son retour. Mr. le Nobletz prédit de même l'établissement des Jesuites en
basse-Bretagne, bien des années avant que,
ni eux, ni d'autres y pensassent. Priant Dieu,
avec les instances les plus ferventes, de lui
donner un successeur qui pût cultiver ce qu'il
avoit si heureusement commencé, il eut revelation que ce successeur étoit né. Il fit part
de cette nouvelle à ses disciples, & quelques années après, il s'arrêta au milieu d'u-
ne de ses exhortations, & parlant comme
un homme inspiré, il dit : « remercions
« Dieu de ce qu'il m'a donné un successeur,
« il a sept ans ; il est du Diocese de Rennes,
« & sera Jesuite. » La même année, c'est-à-
dire en 1613. parlant avec beaucoup d'a-
ction, pour expliquer ses peintures spirituelles, il répondit à une personne qui l'exhor-

toit à se ménager : « que les Peres Jesuites «
viendroient bientôt s'établir à Quimper, «
qu'ils feroient des Missions dans toute la «
basse-Bretagne, que les tableaux qu'il ex- «
pliquoit tomberoient entre leurs mains, & «
qu'ils en feroient le même usage que lui. »
C'est le temoignage que rendit à Daoulas
au P. Maunoir, qui expliquoit actuellement
le même tableau qu'expliquoit alors Mr. le
Nobletz, une personne qui s'étoit trouvée
présente à la prédiction. Mr. le Nobletz étoit
en grande liaison d'amitié avec le Pere
Hayeneuve Recteur du College des Jesuites
de Quimper, dans les premieres années de
leur établissement, qui ne pensoit point
alors à cet auteur. Le saint Missionnaire lui
prédit qu'il feroit plusieurs livres, & que
Dieu en seroit glorifié. L'effet a répondu
à cette prédiction, & la lecture des ouvrages spirituels du P. Hayeneuve a fait beaucoup de fruit dans l'Eglise. Un gentilhomme du païs de Leon, ami de Mr. le Nobletz,
destinoit à la Religion l'aînée de ses trois
filles, qui y paroissoit fort disposée, &
vouloit retenir dans le monde les deux autres, dont la plus jeune n'avoit encore que
douze ans. Mr. le Nobletz, à qui ce gentilhomme fit confidence de ses desseins,
lui dit : « que ceux de Dieu étoient bien «
differens, puisque l'aînée seroit du mon- «
de, & que les deux autres le quitteroient «
pour entrer dans une sainte Religion. » La
chose arriva depuis comme il l'avoit prédite ; & l'une des deux, qui étoit Religieuse au Calvaire du Marais, en a rendu témoignage. Il ne prédit pas avec moins de
certitude à l'une de ses nieces les desordres
dans lesquels elle tomberoit, les afflictions
dont Dieu la puniroit pour l'obliger de retourner à lui, & que son fils, qui étoit
l'esperance de sa famille, ne vivroit pas
jusqu'à l'âge de trente ans. Une personne
lui apporta un jour la fausse nouvelle de la
mort du P. Bernard Jesuite qu'il avoit pris
pour son Directeur. Après avoir donné
quelques larmes à cette perte, il se couvrit
le visage de ses mains, & aïant prié quelque tems en cette posture, il parut plein
de joïe, & dit positivement, que ce Pere
n'étoit pas mort ; ce qui se trouva vrai.
Une personne que le saint Prêtre tâchoit de
porter à une conversion entiere, & dont
il se servit pendant les treize dernieres années de sa vie pour assister les malades &
instruire les femmes & les filles ignorantes,
étant en peine de se préparer à une confession generale, fut dans une étrange surprise, lorsqu'elle reçut de lui un écrit où
étoient tous les pechez qu'elle avoit commis depuis l'âge de sept ans. En voila assez

pour faire connoître que le saint homme a eu part aux secrets de Dieu ; il ne nous sera pas difficile de faire voir que Dieu ne lui a pas refusé non plus les effets merveilleux de sa puissance.

Un enfant de Doüarnenez, qui devoit la vie aux graces que Mr. le Nobletz avoit obtenuës pour délivrer la mere, pendant sa grossesse, des dangers qui menaçoient également & son corps & son ame, mourut dans sa premiere année, & demeura enseveli pendant vingt quatre heures, avec un plat sur son estomach, dans lequel il y avoit de l'eau benite, dont chacun alloit faire aspersion sur le mort. On étoit déja sur le point de le porter en terre, & la mere cherchoit ceux qui lui devoient rendre ce devoir de pieté, lorsque Mr. le Nobletz entra chez elle pour la consoler. Il dit à cette mere affligée, de ne chercher personne pour enterrer son fils, & qu'elle se reposât sur la providence de Dieu, qui après le lui avoir donné, sçauroit bien le lui rendre, s'il le jugeoit à propos. Il se mit aussi-tôt à genoux, & pria pendant quelque tems avec beaucoup de ferveur. Sa priere finie, il fit le signe de la croix sur la bouche de l'enfant, & s'échapa incontinent. L'enfant recouvra aussi-tôt la vie & la santé, aux yeux de tous ceux qui étoient dans la chambre, & vêcut encore quinze ans depuis. On l'appelloit, en memoire de ce miracle : *Ian sohet maro*, c'est à dire, *Jean qui a été mort*. Non-seulement la mere, & plusieurs de ceux qui avoient été témoins de cette merveille, ont donné leurs dépositions, mais la femme même qui avoit enseveli l'enfant, aïant été interrogée sur la même chose, après avoir été confessée & avoir reçu le saint Viatique dans sa derniere maladie, confirma par serment la verité de la chose telle que nous l'avons racontée.

Une petite fille de la même ville de Doüarnenez, âgée seulement de quatre mois, mourut entre les bras de la nourrice à qui la mere l'avoit laissée pour aller à Brest, où quelques affaires l'appelloient. On differa de l'ensevelir jusqu'au retour de la mere, qu'on envoïa querir en hâte par mer. Le lendemain, comme on alloit ensevelir le corps pour le porter en terre, Mr. le Nobletz entra, le toucha de son chapelet, & pria qu'on differât de l'ensevelir, jusqu'à ce qu'il fût revenu. Après avoir prié quelque tems dans sa cellule, il revint, & fit le signe de la croix sur le corps mort, qui se trouva aussi-tôt plein de vie, au grand étonnement d'un nombre considerable de spectateurs, la petite fille épousa depuis Mr. de Kerbasqueu, & vivoit encore en 1666. Là merveille dont nous venons de parler est attestée par la Dame de Trémenech femme du Bailli de Crozon, alors mariée à Guillaume Madec, & par des témoins oculaires.

On parle encore d'un troisiéme enfant de Doüarnenez, à qui la vie fut renduë par les prieres & la benediction du Saint Missionnaire ; mais comme les témoins ne déposent que de ce qu'ils ont entendu dire à la nourrice de l'enfant, témoin oculaire, morte avant les enquêtes, nous ne nous y arrêterons pas. Plusieurs autres témoins ont assuré avoir vû résusciter entre ses mains un enfant de sept ans, & l'enfant même, âgé depuis de 35. ans en 1666. assuroit qu'il se souvenoit encore de s'être trouvé entre les bras de ce saint homme, lorsqu'il le rendoit à la mere, en lui disant : « voilà vôtre fils ressuscité ; « remerciez Dieu à qui il a plû de lui ren- « dre la vie. « Après ces miracles, il ne sera pas difficile de se persuader de tous les autres de moindre consequence qu'on trouve en grand nombre dans l'auteur de la vie de Mr. le Nobletz. Nous n'en rapporterons qu'un, qui en renferme plusieurs ensemble.

En 1649. pendant que le saint Prêtre étoit arrêté au Conquet par des infirmitez qui ne lui permettoient pas de s'en éloigner, une vertueuse veuve de Doüarnenez qui étoit alors à Quimper, & qui s'étoit mise sous la direction des Peres Bernard & Maunoir, fut reduite à l'extrémité par une grande fiévre, & son medecin lui conseilla de se munir au plûtôt des derniers Sacremens. L'absence de ses Directeurs, alors occupez loin de Quimper, la mettoit dans une grande inquietude. La providence de Dieu y pourvut par le moïen de Mr. le Nobletz, qui se presentant à elle, revêtu de son surplis, lui dit : « qu'étant ami de deux Peres « Jesuites à qui elle avoit coûtume de se « confesser, & qui étoient en Mission, il « venoit suppléer à leur défaut, & lui ren- « dre le même office que l'un d'eux lui « eût rendu, s'il eût été présent. « La malade, qui ne le connoissoit que de réputation, lui demanda qui il étoit, & l'aïant appris, elle lui dit, avec étonnement : « comment avez-vous pû venir en si peu « de tems du Conquet, dans un âge si ca- « duque, & qui ne vous permet d'aller, ni « à pied, ni à cheval, ni même de vous « faire transporter par mer ? « Le saint Prêtre lui répondit « qu'il avoit plû à Dieu « d'en disposer ainsi en sa faveur ; qu'au « reste elle ne mourroit pas de cette mala-

« die, & que les deux Peres qui dirigeoient « sa conscience la viendroient voir à la fin « de leur Mission. « Il la confessa, l'exhorta à la patience, & en lui donnant l'absolution, il la guérit sur le champ.

Il y a plusieurs personnes d'une qualité distinguée qui ont été témoins d'une merveille surnaturelle dont Dieu voulut le favoriser lui-même. En 1646. le saint vieillard alla le 25. de Novembre dans une Chapelle dédiée à Sainte Barbe, & y vit avec déplaisir la malpropreté de l'autel sur lequel on alloit dire la Messe. Il se mit aussi-tôt en devoir de le nettéïer, & ramassa pour cet effet à terre un vieux lis sec qui traînoit là depuis plus de six mois. A peine eut-il commencé de s'en servir, qu'on vit cette vieille tige environnée de boutons blancs tous frais, & qui commençoient à s'épanoüir. La Dame de Coatelan sa niéce s'étant approchée de lui, prit la liberté de lui demander s'il prenoit garde à la belle fleur qu'il avoit à la main. Il en parut lui-même surpris, & la présenta à l'image de la sainte, qu'il honoroit particuliérement. Plusieurs personnes, averties de ce prodige, accoururent de toutes parts, & chacun emporta, par curiosité, de ces fleurs, en benissant Dieu de ce qu'il accordoit des faveurs si manifestes à son serviteur.

Tel étoit ce grand & admirable Missionnaire, contre qui il s'élevoit tous les jours de nouvelles persécutions. Sentant bien que cet acharnement & les infirmitez de son âge lui ôteroient enfin le pouvoir de continuer à secourir les peuples, il prioit souvent le Pere des misericordes de hâter la venuë de celui qui devoit lui succeder dans ses travaux Apostoliques. Une voix interieure s'étoit fait entendre à lui vers la fin de l'an 1630. qui lui avoit appris que celui qu'il desiroit n'étoit pas loin, qu'il le trouveroit au College des Jesuites de Quimper, & qu'il en étoit le plus jeune. Il avoit été aussi-tôt trouver, avec une joïe extraordinaire, ce jeune Religieux, qui enseignoit la Grammaire dans la plus basse classe du College, & s'étoit contenté, pour cette fois, de faire avec lui une liaison particuliere de charité. L'on verra dans la vie du P. Maunoir, quelles furent les suites de cette premiere connoissance.

Celui qui avoit jusques-là traversé le zéle de Mr. le Nobletz, & blâmé ses industries, avoit résigné son Benefice à son neveu, venu depuis peu de Paris, où il avoit fait ses études de Théologie. Il étoit jeune, & son âge lui donnant encore plus d'ambition & d'emportement que n'en avoit son oncle, contribua aussi à le rendre plus sensible à la jalousie, & plus ardent à bannir Mr. le Nobletz d'un lieu où il le voïoit trop accrédité. Il se servit de l'absence de l'Evêque, pour venir plus aisément à bout de ce dessein; il promit de supléer par sa capacité aux biens que faisoit ce saint Missionnaire dans le païs, & obtint enfin un ordre du Grand Vicaire & Official de Cornoüaille, pour Mr. le Nobletz, conçu en ces termes : « Monsieur. Vous avez prêché toute vôtre vie « l'obéïssance aux autres; pratiquez-là « maintenant vous-même ; retournez dans « l'Evêché de Leon, d'où vous êtes natif, & « ne revenez jamais dans celui de Cornoüaille. « Le serviteur de Dieu lut à genoux cet arrest de son exil, & le baisa plusieurs fois avec respect. Il ne lui échappa aucun murmure, & il obéït si promptement, que ceux qui vouloient s'emploïer à faire révoquer cet ordre, n'eurent pas le tems d'user de leur crédit. Il chercha aussi tôt une barque, pour passer incessamment au Conquet, & fit à ce peuple, qu'il avoit instruit avec tant de zéle pendant vingt-cinq ans, & qui l'étoit venu conduire au vaisseau, un adieu pareil à peu près, à celui que S. Paul fit aux fidéles d'Asie à son départ de Miler.

Il avoit 63. ans quand il retourna dans le païs de Leon, & se trouvoit bien plus abatu par les fatigues de ses Missions & par ses austeritez continuelles, que par les incommoditez de la vieillesse. Il avoit conservé la même vigueur d'esprit, la même ardeur, & la même application pour tout ce qui regardoit le salut des ames & la gloire de Dieu, qu'il avoit eu dans un âge plus vigoureux. Il continua d'enseigner & de catechizer tous les jours en diverses paroisses du bas Leon, & dans les maisons particulieres, & de former plusieurs personnes pour les rendre capables de seconder son zéle. Il gagna entr'autres le Recteur de Ploumoguer, & lui persuada d'apprendre la langue Bretonne qu'il ignoroit. Sa déference pour le saint Missionnaire fut avantageuse à plusieurs ames, non seulement pendant qu'il fut chargé du soin de cette nombreuse Paroisse, mais encore depuis, quand on l'eut élevé à la dignité d'Archidiacre de Leon. Mr. le Nobletz s'appliqua aussi, au défaut des Ecclesiastiques, qui ne le secondoient pas comme il le souhaitoit, à gagner à Dieu des personnes seculieres de l'un & de l'autre sexe, pour supléer à la negligence & à l'ignorance des Prêtres. On vit, entr'autres, un effet

merveilleux

merveilleux de sa charité & de la grace de Dieu sur une pauvre fille, dont la mere malade à l'extrémité l'avoit prié de prendre soin, & d'adopter cette pauvre orpheline qui alloit se trouver sans secours. C'étoit une païsanne âgée de vingt-un ans, grossiere & ignorante, qui conduisoit la charuë, & dont toute la passion étoit de gagner de quoi vivre, par un travail continuel. Mr. le Nobletz, après la mort de la mere, dont il avoit prédit le jour & l'heure, engagea la fille à venir au Conquet, & l'y plaça chez une Demoiselle, pour la servir sans gages, à condition qu'on lui laisseroit tout le tems necessaire pour se faire instruire. Les soins charitable de Mr. le Nobletz furent long-tems inutiles auprès de cet esprit rude & sans lumieres, & la maîtresse de cette pauvre fille, contrevenant à ce qu'elle avoit promis, ne lui laissoit pas le tems qu'elle devoit emploïer à se faire instruire. L'infidélité de cette Demoiselle porta Mr. le Nobletz à prendre le parti d'envoïer la fille à Doüarnenez, loger chez une des vertueuses veuves par le moïen desquelles la parole de Dieu fructifioit si admirablement dans ce canton de Cornoüaille. La maîtresse, qui ne pouvoit souffrir l'éloignement d'une fille laborieuse, la maltraita de paroles, lui donna un rude soufflet, & lui dit tout ce qui lui vint à l'esprit de plus offensant contre le saint Prêtre & contre ses instructions. La fille en fut ébranlée dans ses saintes résolutions, & le saint Prêtre, vivement penetré de l'injure faite à la parole de Dieu. Il alla trouver la maîtresse, dans une Eglise du lieu dédiée à S. Laurent, où elle s'étoit renduë pour entendre la Messe, & lui dit en présence de beaucoup de monde : « Vous ne vous êtes pas contentée de manquer à vôtre promesse, vous voulez encore détourner du service de Dieu une orpheline qui se donne à lui. Je ne veux, ni ne puis vous battre, comme vous l'avez battuë ; mais je vous déclare de la part de J. C. à qui vous avez voulu l'arracher, que tout ce que vous lui avez dit pour la détourner de la voïe du salut, est aussi faux, qu'il est vrai que vous serez muette jusqu'à la mort, pour le salut de vôtre ame. » L'effet suivit aussi-tôt la menace prophétique ; & le saint Prêtre aïant loüé un bâteau, envoïa sa pupille à Doüarnenez, où elle devint en six mois très-éclairée sur la Religion, & capable d'expliquer avec une facilité surprenante toutes les peintures mysterieuses de Mr. le Nobletz. Il la fit revenir, après ce tems, & l'envoïa à S. Paul prendre la benediction de Monsieur Guillerme Grand-Vicaire du Diocese & Docteur de Sorbonne, qui n'étoit pas disposé à souffrir qu'une fille de village se mêlât d'enseigner. Il l'interrogea soigneusement, & fut si surpris des lumieres de son esprit & du don qu'elle avoit reçû de Dieu d'expliquer ses pensées, qu'il lui accorda avec joïe la permission d'instruire en particulier les personnes de son sexe, de répondre en public au catechisme, & d'y expliquer les peintures de son Directeur ; quand elle en seroit interrogée par un Ecclesiastique. Dieu se servit d'elle depuis, pour l'instruction d'un grand nombre de personnes du païs de Leon, & pour l'édification & la consolation des malades, à quoi elle s'attachoit avec une tendresse & une habileté particuliere, & n'oublia pas son ancienne maîtresse du Conquet, qu'elle consola & instruisit avec beaucoup d'assiduité, & qui fit paroître, trois ans après, en mourant, toutes les marques possibles d'une veritable penitence.

Mais si les heureux succès de cette bonne païsanne donnoient une satisfaction sensible à Mr. le Nobletz, sa joïe fut au comble, quand il vit enfin son successeur établi dans les fonctions du ministere Apostolique. Il lui donna toutes les regles sur lesquelles il avoit formé sa propre conduite, le fit le dépositaire de tous ses secrets, lui recommanda fort de ne se lasser jamais d'insinuer le mépris du monde, lui conseilla d'introduire par tout l'usage des chansons spirituelles qui continssent l'abregé de ses catechismes & de ses sermons ; enfin pendant douze années que le saint vieillard vécut encore, il n'est point de soins & de services qu'il n'ait rendu à ce digne successeur, avec toute la tendresse que la meilleure mere du monde eût pû avoir pour l'enfant le plus cheri. On le voïoit même quelquefois faire des préparatifs pour sa venuë, avant qu'il eût pû en avoir avis. On le vit une fois, entr'autres, se lever à minuit, aller par les ruës, une lanterne à la main, éveiller ses disciples, en leur disant : *voici l'époux, allons au-devant de lui*; & se rendre sur le port, pour y voir aborder le Pere & celui qui l'accompagnoit, sans qu'ils eussent pû donner avis de leur passage de l'isle de Sizun, où ils étoient alors, qu'ils n'avoient pû prévoir eux-mêmes, parce qu'il n'y avoit que la commodité d'un vent favorable qui s'étoit levé tout d'un coup, qui les eût déterminez à partir dans le même moment.

Monsieur le Nobletz eût fort souhaité

de les voir travailler au Conquet ; mais l'Evêque de S. Paul ne l'aïant pas jugé à propos, les envoïa dans l'isle d'Oüeffant. Ceux de Doüarnenez, qui avoient crû que la Miſſion ſe feroit au Conquet, y paſſérent en grand nombre ſur leurs barques, tant pour avoir la conſolation d'y revoir leur cher Directeur, que pour prendre part aux avantages qu'il vouloit procurer aux habitans de cette ville par le moïen de la Miſſion. Ces fervens Chrétiens n'y aïant point trouvé les Peres, ne laiſſérent pas d'y demeurer quelques jours, pour apprendre aux habitans les chanſons ſpirituelles que ces deux Religieux leur avoient enſeignées dans une Miſſion qu'ils avoient faite à Doüarnenez ; & comme les maiſons n'étoient pas aſſez grandes pour contenir tous ceux qui vouloient entendre ces chanſons quelques-uns allérent dans une place publique les chanter auprès de la Croix. Le ſaint vieillard ne ſe contentoit pas d'inviter tout le monde d'aller à cette école ; il ſe trouvoit lui-même auprès de la Croix, & prenoit plaiſir à mêler ſa voix dans cette dévote harmonie.

Cela donna ſujet à de nouvelles accuſations contre lui, dans une viſite que l'Evêque de Leon fit au Conquet. Deux ou trois Prêtres, dont l'un étoit même obligé par ſa charge à un plus grand zéle & à une plus grande ſageſſe, accuſérent Mr. le Nobletz, d'avoir fait paſſer la mer à un grand nombre de jeunes gens d'un autre Dioceſe, pour chanter dans les ruës des chanſons dangereuſes ; d'avoir paru au milieu d'une place publique, contre la gravité de ſon âge & la dignité de ſon caractere, pour préſider aux aſſemblées de ces chanteurs de carrefour ; d'amuſer le peuple par des ſpectacles nouveaux, & par des peintures qui étoient ſi peu dévotes, qu'il les faiſoit expliquer par des femmes ; enfin de ne pas faire les fonctions de Prêtre, & de n'offrir jamais le ſaint Sacrifice. Le dernier chef n'étoit que trop vrai, au grand regret de Mr. le Nobletz, que ſes fluxions continuelles ſur les yeux, un grand tremblement de mains, ſa foibleſſe, & ſes maladies, empêchoient de ſatisfaire là-deſſus ſon ardente pieté. Il garda le ſilence ſur toutes ces accuſations, & preſſé par ſon Evêque de répondre, il ſe contenta de dire, qu'il étoit un méchant Prêtre, indigne de cette ſainte profeſſion, & qu'il meritoit bien qu'on lui en interdît toutes les fonctions. Le Prélat le jugeant ſur ſon propre témoignage, lui fit des reprimandes fort ſevéres, & l'exhorta à ſe corriger. Cependant aïant voulu voir les peintures en queſtion, & ſe les étant fait expliquer, il les trouva ſaintes & édifiantes ; mais ne pouvant s'inſtruire auſſi-bien par lui-même du merite des chanſons, il les condamna ſur le rapport des accuſateurs, & ordonna ſous peine d'excommunication, à ceux qui logeoient quelques-uns des chanteurs, de les renvoïer au plûtôt dans leur Dioceſe.

Une des veuves dévotes que Mr. le Nobletz avoit mandée pour ſervir à l'explication des énigmes ſpirituelles & à l'inſtruction des petites filles dans la Miſſion du Conquet, dit alors à ce ſaint vieillard, que s'il avoit gardé le ſilence dans les accuſations qui le regardoient en particulier, au moins auroit-il pû dire quelque choſe pour la défenſe de ſes diſciples. Il répondit : « Si je vous avois excuſée, Dieu ne l'auroit pas fait, comme il le fera lui-même par des voïes admirables de ſa Sageſſe. Nous aurons demain des nouvelles qui vous empêcheront de vous repentir de vôtre patience. » En effet dès le lendemain il arriva d'Oüeſſant un grand nombre de perſonnes qui venoient au Conquet pour y recevoir la Confirmation. La mer & les côtes retentiſſoient des Cantiques ſpirituels que les Peres qui étoient en Miſſion chez eux venoient de leur apprendre. Quand ils furent débarquez, ils marchérent deux à deux, avec modeſtie, en continuant leur chant juſqu'à S. Mathieu, où ils allérent trouver l'Evêque. Ces pauvres gens furent fort étonnez, en arrivant, d'entendre les défenſes qu'on leur faiſoit de chanter les loüanges de Dieu & les obligations du Chrétien. Le Theologal du Folgoet, mieux intentionné que les accuſateurs de Mr. le Nobletz, eut la curioſité de ſçavoir diſtinctement ce que c'étoient que ces chanſons dont on avoit voulu lui faire un crime, comme de quelque choſe d'impudique & de ſcandaleux. Il ſe les fit chanter par quelques petites filles, & n'y trouvant rien que de pieux & d'édifiant, il en alla auſſi-tôt rendre compte au Prélat, qui choqué de la malignité des accuſateurs, fit monter en chaire une perſonne conſtituée en dignité qui en ſa préſence, dit au peuple, « qu'on l'avoit mal informé de la conduite de Mr. le Nobletz & de ſes Miſſions, auſſi bien que de ce qui étoit contenu dans les chanſons ſpirituelles des enfans de Doüarnenez ; qu'il reconnoiſſoit ce ſaint vieillard pour un homme de ſainte vie & fort utile au ſalut des peuples ; qu'il lui donnoit ſa benediction pour continuer de les aſſiſter & de les inſtruire ; qu'il la donnoit auſſi à tous ceux qui prendroient conſeil de lui & qui lui obéïroient, auſſi-bien qu'à

« ceux qui avoient composé les chansons spi-
« rituelles, à ceux qui les apprendroient par
« cœur, à ceux qui les chanteroient & les
« écouteroient, & à tous les habitans de
« Douarnenez qui étoient venus au Conquet
« pour entendre la parole de Dieu & pour
« exciter les autres par leur exemple. » Ce fut
ainsi que le saint homme fut avantageusement
justifié, par les soins seuls de la Providence.

Il y avoit plus de soixante ans qu'il se
préparoit à la mort, mais se sentant approcher
du centre de son bonheur, par son
grand âge, il redoubla sa ferveur, malgré
sa vieillesse & ses indispositions, & n'aïant
pas encore assez souffert, à son gré, il pria
Dieu de lui donner avant sa mort, la foiblesse
& les infirmitez d'un enfant, & les
douleurs d'un crucifié, en lui conservant
cependant le jugement sain & la liberté du
cœur entiere, pour l'aimer & le servir jusqu'à
la fin de sa vie. Il fut assuré, d'une maniere
surnaturelle, trois ans & demi avant
sa mort, que Dieu lui accordoit toutes ces
demandes, pour satisfaire l'envie qu'il avoit
de ressembler à Jesus enfant & à Jesus crucifié;
& revelant ce secret à une personne
dont il dirigeoit la conscience, il lui dit précisément
le tems & les diverses circonstances
de sa maladie & de sa mort. En effet, trois
ans après, vers la fête de S. Michel de l'an
1651. aïant été frappé tout d'un coup de paralysie,
& étant tombé à terre au milieu de
sa chambre, sans pouvoir se relever, il se
trouva dans l'état qu'il avoit souhaité. Cette
maladie dura sept mois, pendant lesquels
il fut toûjours traité, levé, couché, &
nourri comme un petit enfant, sans avoir
l'usage libre d'aucune partie de son corps.

Il avoit déja fait son testament, & son
adieu à ses chers disciples de Douarnenez,
par une lettre affectueuse, où il les conjuroit,
entr'autres choses, « d'avoir un le-
« cteur qui pût les instruire assiduëment
« dans l'Eglise par la lecture des bons li-
« vres; de ne rien plaindre pour la dépen-
« se qu'il faudroit faire pour la bonne édu-
« cation de leurs enfans, & de gager pour
« leur instruction des maîtres vertueux ca-
« pables de leur donner quelques commen-
« cemens des bonnes lettres; d'honorer tous
« les Ecclesiastiques, & d'assister avec un
« soin particulier ceux qui vivroient le plus
« regulierement; de continuer à porter une
« sincere affection aux Peres Capucins &
« aux autres Religieux; de considerer dans
« toutes leurs liberalitez ce qui seroit le
« plus avantageux pour l'édification du peu-
« ple & l'avancement de la Religion, plû-
« tôt que ce qui seroit le plus conforme à
leur inclination particuliere; enfin de vi-
« vre toûjours dans une grande union en-
« tr'eux. » Il fit depuis son adieu à ses heritiers,
& son testament par écrit, par lequel
il leur laissa son unique trésor, c'est-
à-dire son néant & sa pauvreté, dont il
leur fit l'éloge d'une maniere propre à leur
en inspirer l'amour.

Il ne cessa, pendant cette longüe maladie,
d'instruire, d'exhorter, de consoler,
& de catechizer toutes les personnes qui le
vinrent voir, & qui ne furent pas moins
édifiées de sa rare patience, que de ses discours.
Mr. de Kerodern l'aîné de ses neveux,
l'aïant crû fort proche de sa mort,
voulut avoir la consolation, avant de le
perdre, de recevoir ses derniers avis sur sa
conduite. Le saint homme, qui avoit une
connoissance distincte de sa derniere heure,
renvoïa son neveu, l'assura qu'il pourroit
encore l'entretenir dans quelques mois, &
le pria de revenir au commencement du
mois de Mai de la même année, qui étoit
le tems qu'il esperoit passer à une meilleure
vie. Le Marquis de Kergroadez le trouvant
trop mal logé dans une petit chambre
qui n'avoit qu'environ dix ou douze
pieds de long, le pria très-instamment de
souffrir qu'on le transportât au château de
Kergroadez. Le saint homme, après l'avoir
remercié affectueusement, l'avertit qu'il ne
garderoit pas long-tems ce château dans lequel
il mettoit sa complaisance; & la mort
du Marquis arrivée bientôt après, fut la
confirmation de cette prophetie.

Mr. le Nobletz avoit continué pendant
tout le cours de sa maladie, de recevoir
la Communion deux fois la semaine, aussi-
bien que dans tous les autres tems où ses
infirmitez l'avoient empêché de celebrer la
sainte Messe; mais sentant approcher la fin
de sa vie, il voulut recevoir ce Sacrement
en forme de Viatique, avec une dévotion
& une application particuliere. Après qu'on
l'eut descendu de son lit, & qu'on l'eut mis
au milieu de la chambre à genoux, comme il
l'avoit desiré, il adora son Sauveur dans la
sainte hostie, pria le Prêtre qui l'avoit apportée,
de la déposer sur une table préparée
pour cela, & l'aïant adorée de nouveau
avec une humilité & une dévotion ravissante,
il prit J. Christ même à témoin,
qu'aïant été favorisé par sa Sainte Mere de
la Couronne de virginité, lorsqu'il faisoit
ses études à Agen. Il avoit toûjours été
préservé par le secours Divin de toutes les
moindres fautes contraires à cette précieuse
vertu. Il ajoûta, qu'il ne faisoit cette déclaration,
que pour exciter les assistans à
rendre graces à Dieu avec lui & pour lui,

& dans le dessein de les porter d'autant plus efficacement à s'attacher à la doctrine qu'il leur avoit enseignée. C'étoit dans la même vûë, de donner une haute idée de son ministere, & de procurer l'augmentation de la gloire de Dieu, que S. Paul, citant Dieu même pour témoin, faisoit dans une de ses lettres un détail public de toutes les faveurs dont la misericorde Divine l'avoit comblé. M^r. le Nobletz reçut ensuite la sainte Eucharistie, & peu après l'Extreme-onction, avec les sentimens de la pieté la plus tendre, en répondant toujours au Prêtre qui lui administroit ces Sacremens, & formant divers actes d'amour & de reconnoissance. Il donna ordre qu'il y eût toûjours quelqu'un qui veillât auprès de lui, & qu'on lui fît lecture toutes les nuits de la passion du fils de Dieu, dans la même langue qu'il l'avoit prêchée durant tout le cours de sa vie.

Il plut à la bonté Divine, cinq semaines avant sa mort, de lui en reveler plus précisément, qu'elle ne l'avoit encore fait, le tems & les circonstances. Pour mieux ménager des momens si précieux, il fit venir une personne à qui il avoit appris à assister les mourans, & lui demanda pour lui-même les mêmes soins spirituels qu'elle avoit coûtume de donner aux autres. Comme il avoit peur d'être tenté d'infidélité, il pria qu'on lui inculquât souvent, comme à un petit enfant, les mysteres de la Trinité & de l'Incarnation, & qu'on lui fît produire des actes de foi sur chaque article. Pour éviter tout ce qui le pourroit flatter, dans un tems où les moindres fautes sont si dangereuses, il pria qu'on ne lui parlât jamais de ses bonnes œuvres; & qu'on ne lui mît devant les yeux que ses fautes; sa lâcheté à répondre aux graces de Dieu, & sa négligence à s'acquitter des fonctions de son ministere; en lui faisant, en même tems, former des actes de contrition qui pussent flechir la clemence Divine. Il vouloit qu'on lui présentât souvent la croix du Sauveur, qu'on lui suggerât plusieurs manieres de lui exprimer son amour, & qu'on le fît ressouvenir d'avoir recours à la sainte Vierge & aux autres Saints pour qui il avoit eu une dévotion particuliere, comme S. Michel, S. Joseph, sainte Anne, S. Pierre, S. Jean l'Evangeliste, S. Corentin, S. Jerôme, S. Ignace, sainte Barbe, S. Dominique, S. François, & le B. Jean de Dieu. Il demanda en même tems des nouvelles du Recteur qui l'avoit persecuté en Cornoüaille, & aïant appris qu'il vivoit encore, il se mit à prier Dieu pour lui avec beaucoup de tendresse, pour se rendre, en cela, comme en autres choses, imitateur de J. C. mourant.

Il eut trois agonies, chacune de plusieurs jours. La premiere en dura cinq, pendant lesquels il combatit contre la mort; après quoi il recouvra l'appetit, & reprit assez de forces, pour pouvoir donner lui-même à un pauvre qui le vint voir, une partie de ses habits, pendant que ceux qui le gardoient l'avoient quitté pour aller entendre la Messe. Cette convalescence ne dura que quatre jours, au bout desquels il entra dans une seconde agonie aussi longue que la premiere. Après avoir souffert pendant tout ce tems là, dans toutes les parties de son corps un froid aussi grand que s'il eût été couvert de neige, il eut tous les symptômes qu'on remarque dans ceux qui expirent, on crut lui avoir vû rendre les derniers soupirs, & son corps demeura sans poulx, sans mouvement, & sans respiration. Mais environ une demie heure après on le vit, avec étonnement, recommencer tout d'un coup à respirer, à parler, & même à manger. Après cette espece de resurrection, il passa un jour & deux nuits entieres à s'entretenir avec deux Jesuites du College de Quimper, sur les esperances du Ciel, & sur les desseins de leurs Missions, & les pria de donner de sa part la benediction à ses chers enfans de Doüarnenez. Il les renvoïa ensuite à leur Mission, qui étoit à dix lieües de-là; separation à laquelle ils eurent d'autant moins de peine à se résoudre, qu'il avoit assuré l'un d'entr'eux plusieurs années auparavant, qu'il auroit la consolation de l'avoir auprès de lui, lorsqu'il passeroit de cette vie à une meilleure. Après le départ de ces Peres, il eut un peu de tems de meilleure santé, dont il se servit à donner quelques ordres pour sa sepulture & pour les prieres qu'il vouloit que l'on fît pour lui après sa mort. Il desira que son corps demeurât exposé trois jours dans une chapelle dédiée à saint Christophe, afin, disoit-il, que ses freres les pauvres y vinssent en plus grand nombre prier Dieu pour le salut de son ame; qu'aussitôt après son décez, ses amis & ses plus chers disciples allassent à la chapelle de sainte Barbe prier la Sainte Mere de Dieu & ses autres patrons de présenter au Pere Eternel les merites infinis de J. C. pour sa délivrance des peines qu'il pourroit encore devoir à la justice Divine; & qu'enfin son corps fût porté dans l'Eglise de Loc-christ, & inhumé au bas de la chapelle de S. Tugean, au lieu où l'on enterroit les plus pauvres. Il recommanda à ses amis de combatre les coûtumes du mon-

Le Per Maunoir.

de après sa mort, de ne porter aucun dueïl de lui, mais plûtôt de se servir de leurs habits de fêtes, & de remercier Dieu avec joïe, de ce qu'il lui auroit plû de mettre fin à son exil. On le vit entrer bientôt après dans sa derniere agonie, où il fut brûlé d'une chaleur si extraordinaire, que sa peau s'en trouvoit presque toute grillée, & s'attachoit si fortement aux draps de son lit, qu'on ne pouvoit la détacher sans lui faire une extrême douleur. Son unique sujet de plainte, en cet état si douloureux, étoit de ce qu'il ne souffroit pas encore assez, & de ce qu'il ne pouvoit pas ressentir les douleurs de tous les Martyrs, pour témoigner son amour & sa reconnoissance à J. C. souffrant. Le second jour de son agonie il manda le P. Maunoir, à qui il avoit inspiré le zéle des Missions, & qui, éloigné d'une journée de chemin, arriva néanmoins encore assez tôt, contre l'esperance de tout le monde, pour recueillir ses dernieres paroles & lui fermer les yeux. Le jour suivant, plusieurs personnes qui étoient auprès de son lit, le virent dans une espece d'extase pendant deux heures entieres, les yeux immobiles & toujours attachez au même lieu, le visage lumineux, le teint frais & vermeil, avec des marques de satisfaction qui ne laissoient pas lieu de douter qu'il n'eût des esperances bien sûres de son salut éternel. Ce fut en ce même tems qu'il survint heureusement un peintre, pour tracer le portrait de ce saint Prêtre, si éloigné de se faire connoître par ces sortes de moïens, qu'il ne vouloit pas même qu'on se souvint de son nom de famille; dont on offensoit la modestie, quand on l'appelloit Mr. le Nobletz; & qui ne vouloit être appellé que Maître Michel, pour ne se pas distinguer des Prêtres de la plus basse extraction, à qui l'on ne donnoit que le nom qu'ils avoient reçu au Baptême avec la qualité de Maître, ou de Dom. Une personne dévote l'aïant conjuré, au nom de Dieu, après qu'il fut revenu de cette extase, de dire quel avoit été l'objet qui lui avoit donné tant de joïe, reçut cette réponse de lui: que c'étoit sa chere Maîtresse, qui l'avoit autrefois consolé à Agen, qui avoit bien voulu venir le consoler encore dans cette rencontre. Il ferma ensuite les yeux du corps, pour n'ouvrir presque plus que ceux de l'ame & demeurer dans une continuelle union avec Dieu; & le lendemain, jour de la translation du corps de S. Corentin, après s'être recommandé affectueusement à cet Apôtre de la basse-Bretagne, il ranima toutes les forces de son esprit, pour produire un grand nombre d'actes d'amour de Dieu, baisant tendrement son crucifix, entre les bras duquel il expira plein de confiance en la misericorde de celui qu'il avoit si fidélement servi.

Le jour de son décez fut le 5. de Mai de l'an 1652. dans la soixante-quinziéme année de son âge, pendant que tout le monde étoit en prieres pour lui à la Messe paroissiale, comme il l'avoit prédit long-tems auparavant. Les personnes qui eurent soin de l'ensevelir, assurerent que non-seulement son corps, mais aussi la paille sur laquelle il étoit mort, ses draps, & tout ce qui lui avoit servi à cette derniere heure de sa vie, rendoit une odeur fort agreable, & cette verité fut confirmée par plusieurs autres personnes qui eurent la curiosité de s'en assurer par leur propre experience. Le corps du saint Prêtre fut porté à la chapelle de S. Christophle, suivant les ordres qu'il avoit laissez. Les peuples accoururent de toutes parts en si grand nombre, qu'il fallut laisser les portes de la Chapelle ouvertes pendant deux jours entiers, pour contenter la dévotion de ceux qui alloient baiser les mains & les pieds de ce corps vierge, & qui y faisoient toucher leurs chapelets & leurs livres de dévotion. Plusieurs y reçurent dès-lors des marques sensibles du credit qu'avoit auprès de Dieu celui dont ils honoroient les dépouilles mortelles. Après que son corps eut été exposé trois jours dans cette Chapelle, il fut porté à Lochrist, pour y être inhumé. Son convoi ressembloit plûtôt à une procession generale, qu'aux obseques d'un particulier. Le Jesuite qui l'avoit assisté à la mort, fit son oraison funebre, qui fit d'autant plus d'impression sur cette nombreuse assemblée, qu'il ne rapporta aucune des merveilles de sa vie, dont il n'y eût là plusieurs témoins. Le corps de Mr. le Nobletz ne fut pas confondu avec ceux des plus pauvres du peuple, comme il l'avoit souhaité; mais il fut enterré dans le tombeau de Messieurs du Halgoet qui avoient des prééminences dans la Chapelle où il avoit choisi sa sepulture. Il a plû à Dieu, depuis la mort de son serviteur, de témoigner par un nombre prodigieux de miracles, qui se sont faits dans les lieux où son secours étoit invoqué, combien ce saint homme lui étoit agréable. On l'honoroit particuliérement à sa solitude de Tremenec, au lieu de sa sepulture, & à la chapelle de S. Michel bâtie par les habitans de Doüarnenez au lieu de sa demeure. L'auteur de sa vie s'est donné le soin de recueïllir des Enquêtes juridiques le recit d'un très-grand nombre de miracles operez par l'intercession du saint Prêtre, comme resurrections de morts, guérisons subites de fiévres, enflures, dislocations, & de plusieurs autres maux qui ne cedoient point aux remedes naturels. Nous y renvoïons le pieux Lecteur, afin qu'il en prenne occasion d'exalter les merveilles du Tout-puissant, d'augmenter sa foi, & de s'animer à l'amour de la vertu.

EXPLICATION

D'un des tableaux de Mr. le Nobletz, où sous la figure de la mer & de quelques vaisseaux, il représentoit la vie de l'homme.

L'explication est de lui; & on la rapporte ici, pour faire voir combien cette methode d'enseigner étoit facile, & propre pour les esprits grossiers.

Vie de Mr. le Nobletz l. 3. ch. 5.

« ON vous représente dans ce tableau la vie de l'homme, les dangers qu'il doit éviter, & les vertus qu'il lui faut pratiquer, pour arriver au port de la vie éternelle. Cette grande mer, sur laquelle tant de vaisseaux font voile, afin d'arriver au port, qui doit les introduire dans la terre de promission, où l'on rencontre un Roïaume de paix & de délices; n'est autre chose, que la vie passagere & inconstante de ce monde. Ces navires portent des Chrétiens vertueux, & sont chargez de précieuses marchandises, c'est-à-dire de la grace sanctifiante, des dons du S. Esprit, & des vertus infuses qu'on reçoit avec le baptême, aussi-bien que des grands merites acquis depuis par les bonnes œuvres. Le port & le Roïaume où ils tendent tous, c'est le séjour des bienheureux.

« Proche de ces riches vaisseaux, vous en voïez d'autres qui ont été entierement pillez, & il n'y est demeuré qu'un miroir & un ancre. Ces fregates ainsi en desordre, sont celles des Chrétiens qui ont perdu par le peché mortel la grace du baptême, ou la grace sanctifiante qu'ils avoient reçuë par une veritable contrition & par le Sacrement de la penitence. Du moins leur est-ce un grand bonheur, dans ce malheur extrême, de n'avoir pas perdu la foi, qui est ce miroir, où ils doivent considerer l'état pitoïable où ils sont réduits par leur faute; non plus que l'esperance, qui est l'ancre du salut.

« J. C. nôtre Sauveur est le pilote qui conduit ce vaisseau. On ne peut, sans lui, ni partir, ni trouver la veritable route, ni avancer, ni même subsister; & selon la grace, ni selon la nature; puisqu'il est, comme il le dit lui-même, l'unique chemin, la verité, la vie; & tous les hommes, ni toutes les créatures, ne peuvent faire aucune chose que par son secours.

« Helas! que les quatre autres miserables navires que vous voïez errer çà & là, & prendre un chemin contraire aux premiers, sont à plaindre! L'un est celui des païens, qui ne veulent pas reconnoître & adorer un seul Dieu. Le suivant, est celui des Juifs, qui réfusent de croire en J. C. Le troisiéme est celui des heretiques, qui ont abandonné la foi qu'ils avoient reçuë au baptême. Et ces derniers sont les schismatiques, qui ne perdent leur route, que faute de reconnoître le Pape, & de vouloir accepter pour pilote celui que J. C. leur a donné pour tenir sa place au gouvernail du vaisseau.

« Admirez, en même tems que vous plaignez l'aveuglement de ceux là, le zéle de ceux-ci qui veulent les remettre dans le bon chemin. Ils leur crient sans cesse, qu'ils prennent garde qu'ils s'éloignent infiniment du port de la vie éternelle; puisqu'elle consiste à reconnoître un seul vrai Dieu & son fils J. C. qu'il a envoïé pour sauver les hommes. Cette troupe genereuse d'Ecclesiastiques & de Religieux suit toûjours ces pauvres égarez, sans les abandonner un seul moment, jusqu'à ce qu'ils les retirent du danger prochain, ou qu'ils les voïent submergez. Ils présentent des esquifs & des planches à ceux qu'ils voïent qui reconnoissant enfin la verité, veulent bien se servir des secours que ces hommes Apostoliques leur fournissent. Vous en voïez quelques-uns qui étant plus particuliérement éclairéz du Ciel, & se laissant persuader à ces sçavans nautonniers, entrent dans les premiers vaisseaux qui ont J. C. pour premier pilote, & en sont heureusement conduits au havre de grace & de salut. Il y en a même qui aïant commencé à faire naufrage, s'en sauvent par la penitence, que les saints Peres appellent la seconde planche après le naufrage. Mais helas! malheur à ceux qui choisissent le naufrage plûtôt que le port, & qui aiment mieux demeurer dans les tenebres, que d'ouvrir les yeux à la lumiere qui doit leur faire voir leurs funestes égaremens.

« Mais hâtons-nous d'entrer dans les premiers vaisseaux qui menent au port de Salut, puisqu'il faut ménager le tems

« de s'y embarquer, & qu'il arrive souvent qu'après avoir negligé l'occasion d'y prendre place, on ne la recouvre jamais. Considerons-en, je vous prie, tout l'attirail, afin de voir si nous y pouvons faire en sûreté nôtre voïage de cette vie passagere, & quels avantages nous en retirerons. Les deux principales parties de ce vaisseau sont la prouë, & la pouppe où est attaché le gouvernail. L'une sert à fendre l'eau & à ouvrir le chemin au vaisseau, qui ne pourroit aller sans cela ; & l'autre sert à le conduire dans la route qu'il doit tenir. Cette prouë est la foi, qui est la premiere de toutes les vertus, sans laquelle il est impossible de plaire à Dieu, ni de faire aucune démarche utile dans la voïe de salut ; de sorte qu'il faut, comme dit S. Paul, que tout homme qui veut s'approcher de Dieu, croïe d'abord qu'il y a un Dieu qui lui donnera le prix de sa course & de ses travaux. C'est cette prouë qui doit être à la tête de nôtre vaisseau, si nous ne voulons qu'il perisse, au lieu de faire une malheureuse navigation. Pour le gouvernail, vous ne devez pas douter que ce ne soit l'obéïssance, puisque selon le proverbe Breton :

« Nep ne sent ouz ar stur,
« Ouz ar garrec e rai sur,
« Qui n'obéït au nocher,
« Brise contre le rocher,

« Toute la conduite de cette vie consiste à obéïr par pur amour, à Dieu, & à ceux qui tiennent sa place, soit pour le spirituel, soit pour le temporel, & à considerer dans leur autorité celle de J. C. même.

» Les trois grandes voiles que vous voïez, sont les trois puissances de l'ame, qui nous servent à connoître & aimer Dieu ; & le vent qui les enfle & qui donne tout le mouvement au vaisseau, comme s'il en étoit l'ame, c'est la Grace, qui est une vie Divine, qui remplit la memoire du souvenir de Dieu, l'entendement de la pensée de ses perfections & de ses bienfaits, & la volonté d'un amour prompt & genereux qui porte toutes les autres puissances & de l'ame & de corps, avec une legereté & une allegresse non-pareille au port de la grace consommée & à celui de la gloire.

« Il seroit impossible d'aborder au rivage où l'on a dessein d'aller, si on laissoit les voiles pliées, sans les exposer aux vents necessaires, ou si les vents favorables venoient à manquer entierement. C'est ainsi que si les inspirations Divines nous manquoient, il seroit absolument impossible d'avancer ; & si le saint Esprit nous favorisant de ses lumieres & de ses Divines impressions, nous laissions les puissances de l'ame & du corps dans l'oisiveté, sans correspondre à la grace, il seroit pareillement impossible que nous arrivassions au terme de nôtre voïage. De sorte que c'est le point le plus essentiel pour le salut, de bien demander à Dieu sa grace, & d'y cooperer fidélement.

« Le compas que tient le maître du navire, c'est la raison, qui doit conduire le vaisseau ; & la pureté d'intention qu'il faut avoir dans tous nos desseins & toutes nos actions, n'y recherchant uniquement que la gloire & le service de Dieu, est l'aiguille de la boussole, qui regarde toûjours le Nord, & fait juger aux mariniers de la route qu'ils doivent tenir. »

« Levez les yeux vers le haut du mast, & considerez la hune où se met la sentinelle du vaisseau, pour découvrir de loin les rochers, les changemens des vents, & les ennemis. Elle nous marque la précaution & la circonspection dont nous devons user en toutes nos actions, prévoïant les attaques des ennemis de nôtre perfection, les tentations, & les adversitez, & nous prémunissant de tout nôtre pouvoir pour n'en être pas surpris. »

« Descendez ensuite au fond du vaisseau ; vous y trouverez beaucoup de sables, pour le lester & le rendre plus stable ; en sorte qu'il ne puisse être renversé par la force des vents. C'est ainsi qu'il faut affermir le fond de son ame par l'humilité, par la crainte des jugemens de Dieu, & par une sage maturité, pour éviter le malheur d'une infinité de gens qui se sont perdus par leur présomption & par l'inconstance & la legereté de leur esprit. »

« Ne sentez-vous point les eaux infectes de la sentine qui vous font bondir le cœur ? Ne croïez pas que ce mal soit sans remede. Voici une pompe pour vuider ces immondices ; c'est l'examen de la conscience, accompagné des actes de contrition, que nous devons faire chaque jour avant que de nous coucher, & qui purgent l'ame de ses pechez, de ses mauvaises habitudes, & de toutes ces ordures qui sont abominables devant Dieu & ses Anges. »

« A quoi servent ces canons, sinon à se défendre de ces pirates que vous voïez se cacher soigneusement derriere ce rocher. Ces pirates sont le monde & le Diable, qui dressent à nos ames de continuelles embuches. Il faut, pour soûtenir leurs attaques, & se garder de leurs surprises, des armes offensives & défensives ; & nous

« n'en pouvons avoir de meilleures, que la « méditation, l'oraison & le jeûne. Nos « canons sont les vertus contraires aux vi-« ces & aux démons qui nous y veulent en-« gager.

« Mais arrêtons-nous un moment, pour « demander à ces autres mariniers, d'où « vient qu'ils demeurent les bras croisez, « & qu'aïant plié leurs voiles, ils ne tâchent « pas d'avancer d'avantage sur leur route ? « Le Sous-maître de ce vaisseau répond, « que lorsqu'ils ont eu le vent en pouppe, « ils ont toûjours cinglé en haute mer, & « qu'ils en attendent un plus favorable que « celui qui souffle présentement. Mais, lui « pouvons nous dire, voilà d'autres vais-« seaux devant le vôtre, qui prenant le « vent de biais, avancent toûjours à la bou-« line. N'importe, dit-il, pour nous, nous « ne voulons aller que le vent en pouppe. « C'est de cette façon qu'il y a plusieurs « Chrétiens qui demeurent toute leur vie « dans le dessein d'aller à leur fin, sans ja-« mais y parvenir, faute de bien ménager « le tems & les graces que Dieu leur fait. Ils « le servent seulement quand ils ont le vent « en pouppe, & quand tout leur vient à « souhait. Mais lorsque la prosperité, la « joïe, la consolation, & l'abondance des « graces sensibles leur manquent, leur cou-« rage manque aussi, & ils refusent de rien « faire pour avancer dans le chemin de la « vertu & de l'éternité. Les voïageurs de « la Jerusalem celeste feroient bien mieux « d'imiter ces autres sages & adroits nau-« tonniers, qui ménageant le peu de vent « qu'ils ont, ne laissent pas d'aller toûjours, « & d'avancer vers le port, où ils abordent « enfin avec plus de gloire, que s'ils eussent « toûjours eu le vent favorable.

« Mais il faut éviter d'échoüer, ou de « briser le vaisseau au milieu de sa course. « Prenons garde à cette file de rochers af-« freux qui nous menacent de nôtre ruïne, « sur tout s'il y survient quelque tempête « qui pousse nôtre navire avec impetuosité. « Ces écüeils sont les maximes du siécle & « du païs, les mauvaises compagnies, les « persuasions & les exemples du monde, « qu'il faut côtoïer avec beaucoup de soin, « si l'on veut éviter le naufrage d'une éter-« nité malheureuse.

« Les tempêtes que nous craignons, sont « suscitées par douze vents furieux, qui « sont les mauvaises pensées, l'amour, la « haine, la colere, & les autres passions « desordonnées. De même que quand les « vents sont trop impetueux, il faut abais-« ser les voiles, jetter l'ancre, & se met-« tre en prieres; il faut aussi, quand nos passions sont dans le déreglement, avoir recours à la priere, & à une ferme confiance en la bonté de Dieu, accompagnée d'une humble défiance de nos propres forces.

« Enfin, après avoir heureusement écha-« pé ces dangers, nous avons maintenant le « vent en pouppe, & il nous en faut bien « servir.

« Je découvre devant nous une isle, & « un grand nombre de vaisseaux qui y veu-« lent aborder. J'y vois aux environs des « naufrages, & des corps morts flottans. « Voici un esquif qui vient au-devant de « nous, où j'apperçois deux Ecclesiastiques « qui nous expliqueront toutes les particu-« laritez que nous ne voïons encore que « confusément.

« Cette isle, nous disent-ils, s'appelle l'i-« sle fortunée. De tous les navires qui tâ-« chent d'y aborder, plusieurs n'y réüssis-« sent pas également bien. On entre dans « l'isle par trois differentes pointes, dont « l'une est fort haute ; & ceux qui veulent « descendre à terre par cet endroit, y ren-« contrent des corsaires qui accrochent leurs « vaisseaux & s'en rendent maîtres; s'ils ne « trouvent une vigoureuse résistance. La se-« conde pointe est plus asseurée, pourvû « qu'on rame avec perseverance, & qu'on « aille contre vent & marée: La troisiéme « pointe est plus basse, & si l'on ne prend « son fil, comme pour arriver à la secon-« de, il y a un courant d'eau si rapide, « qu'on n'arrive pas même à la troisiéme « pointe, ni à l'isle.

« Le séjour des bienheureux, auquel nous « aspirons, est cette isle fortunée. On y « peut arriver par une pointe élevée, en « observant les conseils de la plus haute per-« fection; mais quelques-uns voulant y abor-« der, entreprennent au-delà de leurs for-« ces, & s'engagent sans vocation Divine « dans un état trop élevé, d'où les chutes « ausquelles les Diables, qui sçavent leur « foiblesse, les attirent incessamment, ne « peuvent être que très-grandes & très-fu-« nestes. Ceux qui tâchent d'entrer par la « seconde pointe, sont ceux qui aspirent à « observer les conseils de l'Evangile, mais « qui ne peuvent pas les garder tous fort « exactement; ils y manquent quelquefois « par fragilité ; mais du moins ce dessein ge-« nereux qu'ils avoient de faire des œuvres « de surerogation fait qu'ils gardent les com-« mandemens de Dieu, & qu'ils se sauvent « par la troisiéme pointe de l'isle, qui est « celle des Commandemens. Il y en a d'au-« tres plus lâches, dont le monde est tout « rempli, qui n'ont point de plus haute prétension,

« tension, que de garder les Commandemens de Dieu & de l'Eglise, lorsqu'on ne peut les transgresser sans commettre une offense mortelle. Quand un péché n'est pas fort énorme, ils ne font aucune difficulté de le commettre, ils se contentent, pour tous exercices de pieté, de s'approcher des Sacremens à Pâques, & d'assister à la Messe les Fêtes & les Dimanches, sans pratiquer aucune bonne œuvre de conseil. Ces pauvres gens ne prennent pas garde que le courant de nôtre nature corrompuë étant rapide, comme il l'est, il faut toûjours aspirer plus haut que le lieu où l'on doit arriver, & que la force des tentations ne nous fait que trop descendre au dessous de nos prétensions. De sorte que tout homme qui veut se garder des chutes mortelles, doit tâcher de se purger des pechez veniels ; & pour garder exactement ce qui est commandé, il faut nécessairement ne point negliger ce qui est seulement de Conseil.

« Il faut de plus, pour approcher de cette isle, aller de droit fil entre ces deux rochers, dont le passage est fort difficile. Tous ces corps morts, sont des gens trop peu adroits qui y ont échoüé. Il faut ainsi, pour arriver au Ciel, passer entre deux écüeils, qui sont la présomption & le desespoir. On ne peut les éviter sans guides, qui sont l'esperance & la crainte de Dieu. Ces deux guides se doivent toûjours accompagner l'un l'autre, & se perdroient eux-mêmes, s'ils se separoient. Nous arriverons enfin de cette façon à cette isle délicieuse, au milieu de la mer pacifique de l'amour Divin. Dieu nous en fasse la grace. »

ADIEU DE Mr. LE NOBLETZ, au monde insensé & detestable.

Vie de Mr. le Nobletz l. 8. chap. 9.

« ADIEU, Monde ; je te déteste de tout mon cœur ; & je te déclare une guerre immortelle, puisque tu l'as déclarée à mon Dieu, & que tu es reconnu pour le chef de tous ses ennemis.

« Tu es plus barbare que les peuples les plus sauvages, puisque tu n'as ni Dieu, ni foi, ni Roi, ni loi ; ou si tu en reconnois, c'est le vain désir de l'honneur passager que tu prens pour ton Dieu, ton argent est ton Roi, l'égarement continuel de tes pensées te sert de loi, tu as une fausse prosperité pour Reine, l'esprit de mensonge pour pere, la chair cette cruelle marâtre pour mere, les emportemens de tes passions pour maîtres ; & tes miseres pour compagnes perpetuelles. »

« Je te renonce, maudit de Dieu, puisque tu as l'esprit des Athées, des Juifs, & des heretiques. Tu ignores ton Créateur & sa sainte loi, comme les Athées ; tu combats, comme les Juifs, par tes œuvres détestables, les maximes & la foi de J. C. tu démens, par tes impietez, comme un heretique & un infame apostat, la foi & les promesses du baptême. Retire-toi loin de moi, traître & perfide ennemi du grand Dieu que j'adore, & que je sers uniquement. »

« Tu es enchanté des démons, qui te rendent sourd, aveugle & muet, pour toutes les veritez du Ciel ; qui te font mourir de faim, en te repaissant de viandes imaginaires ; qui te font demeurer avec plaisir dans de vieilles masures toutes en ruine, que ton enchantement te fait prendre pour des palais magnifiques ; qui te possedent d'une maniere plus funeste qu'ils ne possedent les énergumenes, pour lesquels l'Eglise a des exorcismes dont tu ne peux être capable ; & qui enfin, sous prétexte de liberté, te tiennent enchaîné des quatre pesantes chaînes de la volupté, du vain honneur, de l'avarice, & de l'attachement à ta propre volonté. »

« Adieu encore une fois, monde, d'autant plus miserable, que tu ne connois pas la misere de ton aveuglement ; & que, comme tu es trompé, tu tâches de tromper & de séduire tous les autres. Il y a plus de seize siécles que J. C. nous a découvert tes fourberies infames ; & il n'y a que les personnes qui sont tombées dans une extrême folie, qui peuvent se fier à toi, après que ce grand maitre de la sagesse a fait voir à tous les hommes ton inconstance, ta malice, & ton infidélité. »

« Je fuis, pour éviter ton infection ; tu es plus mort par tes crimes, qu'un cadavre de plusieurs jours, & ce n'est que la propre puanteur qui t'empêche de sentir celle des pechez innombrables que tu commets tous les jours à la face du Dieu vivant. »

« Tu dérobes, sans jamais rendre ce que tu as ravi ; tu sèmes la division, sans vouloir souffrir aucune concorde ; tu donnes des Arrests, sans oüir aucune des parties en jugement ; tu ôtes le veritable honneur, sans en faire jamais aucune satisfaction. »

« Il n'y a jamais avec toi, ni avec tes amis, aucun plaisir sans douleur, aucune joïe sans tristesse, aucune paix sans guerre, aucune amitié sans trahison, aucun repos sans crainte, ni aucune abondance sans disette. »

« A ta Cour & dans ton Palais, que tu as placé au milieu de Babylone, on reçoit beaucoup de promesses qui ne vont jamais jusqu'à l'effet; les plus longs & les plus assidus services qu'on t'y rend, sont les plus mal recompensez; on n'y invite personne, que pour le tromper; on n'y travaille, que pour se lasser; on n'y fait de caresses, qu'à ceux qu'on veut assassiner; on n'y éleve des favoris, que pour les précipiter; on n'y honore aucun homme, que pour le couvrir d'infamie; on n'y louë personne, que pour s'en mocquer; on n'y châtie que ceux que l'on veut perdre, & l'on y frappe toûjours sans menace.

« Injuste & déloïal que tu es! Ta conduite est toûjours pleine d'extravagance & d'iniquité. Tu éleves les méchans, afin d'abaisser & d'anéantir les gens de bien; tu pilles aux pauvres, ce que tu donnes aux mauvais riches; tu absous tous les criminels, & condamnes tous les innocens; tu embrasses ceux que tu veux étouffer; tu baises ceux que tu veux poignarder; tu tends la main à ceux que tu veux égorger.

« Comme tu renverses toutes choses, tu n'en appelles aussi aucunes par leur propre nom. Les temeraires, chez toi, sont courageux; les lâches, sont pacifiques; les prodigues, sont liberaux; les pésans & mélancoliques, sont moderez; les indiscrets, sont fervens; les deshonnêtes, sont plaisans & agréables; les cruels, sont justes; les paresseux sont sages; les avares sont prudens & bons ménagers; les dissimulez, sont modestes; les imposteurs, sont éloquens; les vindicatifs sont gens d'honneur; & les plus trompeurs, sont les plus avisez.

« Il n'y a rien de plus liberal que toi, à promettre; mais il n'y a rien de plus infidéle à tenir ce qui a été promis. Ainsi sur ta parole, qui ne te servit jamais pour dire aucune verité, les ambitieux passent inutilement leur vie à attendre des charges & des emplois magnifiques, les avares espérent en vain des trésors, les impudiques courent après les plaisirs sensuels, les coleres après la vengeance, les gens de Cour après la fortune; les larrons s'attendent à l'impunité, les vieillards se promettent le repos où l'on n'en peut rencontrer, & les jeunes gens s'assurent follement d'une longue vie.

« Tu as l'abord pompeux, le visage gai, & la mine gagnante; mais lorsqu'on te considere de près, on ne trouve en toi que misere & difformité; l'or dont tu te pares, & dont tu fais montre, n'est que de la bouë dont la surface est dorée; tes trésors ne sont que des amas de terre de differentes couleurs, & il n'y a que les esprits foibles à qui la fausse gloire qui t'environne ne puisse cacher la veritable infamie qui t'accompagne toûjours, & à qui les plaisirs d'un moment dont tu joüis puissent ôter la vûë des tristesses, des inquiétudes, des remords de conscience, & du desespoir qui te tourmentent incessamment. «

C'est ainsi que tu trompes, par de fausses apparences, ceux qui se fient en toi, & que tu leur bandes les yeux pour les conduire au précipice. Celui qui t'honore, est l'esclave de tous tes esclaves; celui qui t'aime davantage, est le plus cruellement traité; celui qui te fait mieux la cour, est le plus honteusement trompé; celui qui te favorite, est le plus persecuté; & celui qui se confie en toi, est le plûtôt trahi. «

Enfin tous tes amis & tes serviteurs, après t'avoir servi assiduëment, reconnoissent par une funeste experience, leur folie & ton ingratitude; se plaignent de toi avec douleur, & maudissent l'heure à laquelle ils ont commencé de te connoître. Ils se tiennent très-malheureux d'avoir passé leur enfance sans instructions & sans étude, leur jeunesse en querelles & en débauches, l'âge le plus avancé parmi les soins & les inquiétudes, & leur vieillesse dans le chagrin & la douleur. «

On les voit sortir de chez toi, après y avoir perdu toute leur vie, avec des yeux battus, une bouche pleine de fiel & d'amertume, un front couvert de rides, un estomac chargé de méchantes humeurs, des mains sans mouvement, des pieds gouteux, un corps nud & estropié de toutes parts, un cœur rongé de cruels remords, & une ame toute soüillée de pechez & de mauvises habitudes. «

Quelle est enfin l'issuë de ceux qui ont davantage défendu ton parti, sinon les roües, les gibets, les douleurs, & les grincemens de dents dès cette vie, qui sont souvent suivis des supplices horribles & des éternels grincemens de dents de l'autre vie? »

Adieu donc pour jamais, cruel meurtrier des ames, exterminateur de toutes les vertus, boute-feu de tous les vices, auteur de tous les crimes & de tous les malheurs, instrument général de tous les Démons, victime des enfers, ennemi du Pere Eternel, excommunié par le Verbe incarné, maudit du S. Esprit. «

Je proteste à la face du Ciel, & en

5.
MAY.

« présence de J. C. mon Sauveur & ton
« vainqueur, de sa sainte mere toûjours vier-
« ge, de tous les Anges & de tous les Saints
« de Paradis, que je veux deformais, &
« tout le reste de ma vie, rompre tes liens,
« vivre d'une maniere tout à fait opposée à
« tes maximes, détester tes conseils, & avoir
« tes exemples en horreur, de ne voir ja-
« mais tes amis, que pour leur faire con-
« noître ton injustice & leur aveuglement.

« Je me rends à vos pieds, Verbe incar-
« né, qui durant vôtre vie, & au tems de
« vôtre Passion, & sur tout lorsque vous
« étiez étendu sur la Croix, avez arboré
« l'étendart du mépris du monde. Je veux
« vivre & mourir, par le secours de vôtre
« grace, à l'ombre de cette Enseigne. Ma
« résolution est d'aimer deformais & de dé-
« sirer ardemment ce que le monde a en
« horreur & de fuïr & d'avoir en horreur
« ce qu'il recherche passionnément.

« Je prens vôtre pauvreté pour partage,
« vos opprobres & vôtre ignominie pour
« mon unique gloire, vôtre couronne d'é-
« pines & vôtre Croix pour les délices de
« mon cœur, vôtre créche & le Calvaire
« pour ma demeure perpetuelle. Avec ces
« présens du Ciel, que j'espere par vôtre
« sang précieux, je vivrai très-content, &
« mourrai de bon cœur à vos pieds. Je
« vous prie donc, ô! mon Roi très-bien-
« faisant & très-magnifique! que comme il
« vous a plû m'inspirer ces desirs, il vous
« plaise aussi de me donner la force & l'a-
« bondance de vôtre grace, pour les accom-
« plir jusqu'à la mort. «

28.
NOVEMB.

LE REVEREND PERE
Pierre Bernard, Jesuite, Missionaire.

XVII. SIECLE.

Tiré de la vie du Pere Maunoir, composée par le P. Boschet Jesuite.

PIERRE Bernard, le plus jeune des six fils d'un celebre Avocat au Parlement de Bretagne, substitut du Procureur General du Roi, & connu sous le nom de Mr. de Bouchers, nâquit à Rennes le 31. de Mars de l'an 1585. Quand il fut en âge d'étudier la Philosophie, son pere l'envoïa, avec ses cinq autres fils, à Doüay, au College des Jesuites. Tous ces freres avoient eu une naissance heureuse & une éducation pleine de pieté. Il n'en demeura qu'un dans le siécle; les cinq autres se consacrérent à Dieu dans des societez Religieuses; deux se firent Capucins, un embrassa l'Institut des Carmes, & les deux autres furent Jesuites. Le plus âgé de ceux-ci, nommé

Jacques Bernard, demeura en Flandres, où il prêcha long-tems, avec réputation, à la Cour de l'Archiduchesse Isabelle Gouvernante des Païs-bas; & Pierre, qui étoit le plus jeune, après avoir fait son Noviciat à Tournay, repassa en France par ordre de ses Superieurs, & selon l'inclination de son pere, qui étoit ami des Jesuites; & avoit beaucoup contribué à leur établissement à Rennes. Aussi-tôt que Pierre eut achevé ses études de Philosophie, on l'envoïa à Nevers, où il exerça son zéle par des catechismes, des prédications, & des entretiens spirituels, avec tant de fruit, qu'on le demanda à Moulins, pour y travailler au salut du Bourbonnois; mais il n'y fut pas long-tems; Mr. du Lys Evêque de Nevers, à qui on l'avoit enlevé, le reclama, & le fit bientôt revenir, pour entretenir la pieté dans sa ville Episcopale.

Comme le P. Bernard revenoit un soir de prêcher, Dieu lui fit voir interieurement une ville & un grand peuple, au salut duquel il vouloit qu'il travaillât. La figure de cette ville demeura gravée dans son esprit, sans qu'il en sçût le nom; mais aïant reçû ordre bientôt après de se rendre à Quimper, où les Jesuites venoient d'être établis, il reconnut, en approchant de cette ville, le païs que Dieu lui avoit marqué; il en salua les Anges tutelaires, & les pria de lui obtenir la grace de cooperer avec eux au salut des ames qui leur étoient confiées. C'étoit un homme d'une innocence de mœurs admirable; il avoit un grand fonds de douceur & de patience, un don d'oraison très sublime, le discernement des esprits, un talent particulier pour la direction, une assiduité infatigable au Confessionnal, une heureuse facilité pour la prédication & pour faire le catechisme, une ardente charité pour les pauvres, une foi vive, & une confiance en Dieu propre à faire des miracles. Ces vertus lui étoient en quelque sorte hereditaires. Son pere étoit communément appellé le successeur de S. Yves; parce qu'il s'étoit rendu l'Avocat des pauvres; & dans une grande disette Mr. de Bouchers & sa femme avoient ouvert leurs greniers aux pauvres, & leurs greniers, quelque grande quantité de bled qu'on en eût tiré, s'étoient toûjours trouvez également pleins, à ce qu'on dit.

Il y avoit huit ou dix ans que le P. Bernard travailloit au salut de la ville de Quimper, lorsque le jeune P. Maunoir y arriva. Le P. Maunoir crut voir en lui l'homme qu'il demandoit à Dieu depuis long-tems pour travailler au salut de la basse-Bretagne. Il excita le zéle du jeune Maunoir par tous

28.
NOVEMB.

Mmm ij

28.
NOVEMB.

les motifs les plus touchans ; mais il ne put alors pleinement déterminer un homme qui n'osoit s'engager à rien d'extraordinaire, sans avoir auparavant connu la volonté de Dieu. Le P. Bernard voïant que ses exhortations n'avoient pas un effet assez prompt, tourna ses prieres du côté de Dieu, pour obtenir aux peuples de Cornoüaille & du voisinage un secours dont ils avoient un extrême besoin. Enfin ses prieres & celles que Mr. le Nobletz faisoit pour le même sujet, furent exaucées ; le P. Maunoir se rendit à ce qu'ils souhaitoient, apprit la langue Bretonne, & commença à porter l'instruction & la parole de salut parmi des peuples qui vivoient dans l'ignorance, le desordre, & la superstition. Les premiers essais, qu'il fit avec peu de ménagement (& l'amour zélé connoit-il les ménagemens ?) altérérent si fort sa santé, qu'il fut obligé de changer d'air.

Cette séparation fut bien sensible au P. Bernard ; mais il s'en consola par le pressentiment qu'il eut que Dieu lui rendroit cet ami dans quelques années, & le donneroit enfin pour toujours à la basse-Bretagne. Le P. Maunoir séparé & éloigné du P. Bernard, se trouva long-tems balancé entre la basse-Bretagne & le Canada. Le P. Bernard pénétrant dans les pensées de son Eleve, lui écrivoit quelquefois, pour lui faire envisager la conversion & l'instruction de la basse-Bretagne, comme l'œuvre à laquelle Dieu le destinoit veritablement ; & toutes les vûës qu'il pourroit avoir pour le Canada, comme des tentations. Nous dirons dans la vie du P. Maunoir, de quelle façon il plût à Dieu de le retirer de cet état d'incertitude, pour le bien de la Bretagne.

Pendant ce tems-là on fut affligé de la contagion à Quimper. Tous les quartiers de la ville en furent bientôt infectez ; la plûpart des Ecclesiastiques & des Religieux cherchérent leur sureté à la campagne ; quatre Jesuites restérent pour assister les habitans. Deux de ces Peres s'exposérent à servir les malades, & deux autres du nombre desquels fut le P. Bernard, se tinrent au College, pour être plus à portée d'aller par tout où ils seroient demandez. Un matin le P. Bernard, excité par le bruit qui se faisoit dans la ruë, mit la tête à la fenêtre ; vit qu'on portoit plusieurs personnes à la maison de santé, & apprit que la maladie avoit déja enlevé le tiers des habitans. Penétré de compassion, il se prosterna devant le Crucifix, & dit : « Mon Sauveur & « mon Dieu ! n'avez-vous pas quelque ser- « viteur fidéle à qui vous daignez déclarer « vos saintes volontez ? Faites lui connoî- tre, entre tous les Saints qui sont dans le « Ciel, quel est celui que nous devons pré- « sentement invoquer, & à qui vous vou- lez donner ce reste d'habitans que la peste « va nous ravir, si vôtre misericorde n'en « arrête le cours. » Le P. Maunoir racontoit depuis, qu'aussi-tôt un Ange apparut au P. Bernard, dont il fut si effraïé, que s'il n'avoit trouvé son Prié-Dieu, à quoi se tenir, il seroit tombé à la renverse. Le P. Bernard parlant de la même chose, ne mettoit point cette apparition en fait ; il disoit seulement, que ce fut une voix exterieure qui l'étonna. Quoiqu'il en soit ; que le P. Maunoir ait pris cette voix pour un Ange, ou que le P. Bernard ait voulu supprimer une apparition, par humilité ; celui-ci entendit très-distinctement ces paroles : *C'est à S. Corentin que l'on doit avoir recours :* Il connut en même tems, par une lumiere interieure, que Dieu vouloit que dans les calamitez publiques on invoquât les saints patrons des lieux affligez. Il trouva Mr. l'Official à la porte du College, & lui dit, avec un air assuré & plein de confiance, que si l'on faisoit un vœu public à S. Corentin, ce saint Evêque patron de la ville appaiseroit la colere de Dieu. L'Official persuada la même chose au Procureur Sindic de la ville, qui assembla les bourgeois à leur maison commune. Tous, sur la parole du P. Bernard, dont on leur fit le rapport, firent vœu de placer honorablement dans l'Eglise Cathedrale le bras de S. Corentin, que Mr. le Prêtre leur Evêque avoit obtenu depuis peu de l'Abbé & des Religieux de Marmontier, où le corps de ce saint patron de Quimper avoit autrefois été porté. Dès qu'on eut fait le vœu, la peste cessa. Le P. Bernard se servit de cette occasion pour renouveller le culte du Saint, qu'on avoit négligé. Il fit rétablir la fontaine qui porte son nom, & sous la voute qui couvre cette fontaine, il fit mettre une statuë neuve du Saint, emporta dans son manteau les débris de celle qui y étoit auparavant, les rejoignit, & plaça cette figure dans la cour du College, pour y être exposée à la veneration des Ecoliers. Il sollicita ensuite la ville à s'acquitter de son vœu ; ce qu'elle fit, en portant en procession, avec beaucoup de magnificence, le bras de S. Corentin enfermé dans une chasse, & en le plaçant dans la Cathedrale, au milieu du grand portail du chœur que les habitans avoient fait bâtir exprès, & qui n'est pas un des moindres ornemens de l'Eglise de saint Corentin.

Le P. Maunoir revint bientôt après à Quimper, & se consacra pour le reste de

28.
NOVEMB.

Mr. de Kerguelen.

28. NOVEMB.

ſes jours aux Miſſions de la baſſe-Bretagne. Il lui falloit un compagnon ; & le P. Bernard, beaucoup plus âgé que lui, ne fit aucune difficulté de ſe ſoûmettre à un jeune homme qui étoit ſon éleve, & d'apprendre à l'âge de près de ſoixante ans, une langue dont la difficulté auroit dû le rebuter, ſi ſon zéle ne lui eût rendu facile une entrepriſe auſſi épineuſe. Il ſuivit toûjours depuis le P. Maunoir dans toutes ſes courſes Apoſtoliques, & ne ceſſa de travailler, que peu de jours avant ſa mort, qui arriva le ſamedi 28. de Novembre de l'an 1654. La Miſſion de Merleac fut la derniere où ce grand ſerviteur de Dieu donna des marques de ſon zéle pour le ſalut des ames. Il s'y trouva ſi mal, d'un aſthme dont il étoit tourmenté, & d'une incommodité qu'il avoit à la jambe depuis quelques années, qu'il fut obligé de prendre un cheval, contre ſa coûtume, pour s'en retourner à Quimper. Son deſſein n'étoit que d'y prendre quelque repos, & ſe diſpoſer à partir le ſamedi de la derniere ſemaine après la Pentecôte, pour accompagner le P. Maunoir à la Miſſion qu'il devoit faire à Pontecroix pendant l'Avent. Le P. Maunoir à qui le P. Bernard rendoit un compte exact de ſa conſcience, a laiſſé par écrit, que cet homme Apoſtolique demandoit tous les jours cinq choſes à Dieu ; la premiere, d'expier toutes ſes fautes en cette vie ; la ſeconde d'aller en Miſſion juſqu'à la mort ; la troiſiéme, d'être à l'agonie le Vendredi, pour participer aux douleurs & aux merites de la paſſion de N. S. la quatriéme, de n'être pas long-tems malade, pour ne point incommoder ſes freres ; & la cinquiéme, de mourir le ſamedi, jour conſacré à la ſainte Vierge, pour obtenir plus ſûrement ſon ſecours. Il fut exaucé. Le Vendredi, ſur les neuf heures du ſoir, il tomba dans une eſpece de défaillance qui lui tint lieu d'agonie ; il ſe trouva fort oppreſſé le ſamedi à quatre heures du matin, & demanda un Confeſſeur ; l'oppreſſion qui augmenta, après qu'il ſe fut confeſſé, l'empêcha de recevoir le ſaint Viatique, mais il reçut l'Extrême-onction avec une tranquillité admirable, & formant un acte de douleur, à la derniere Onction, il rendit l'eſprit ſur les cinq heures du matin ; ainſi il ne fut malade qu'une heure, mourut ſur le point d'aller travailler à une nouvelle Miſſion, & un ſamedi, comme il l'avoit ſouhaité. Il avoit alors ſoixante-onze ans, dont il en avoit paſſé quatorze dans les Miſſions. Sa memoire eſt encore en veneration dans la baſſe-Bretagne, & ſur tout à Quimper, où depuis près de ſoixante-dix ans il a été invoqué comme un Saint. On avoit une ſi haute eſtime de ſa ſainteté pendant ſa vie, qu'on lui attribuoit les guériſons miraculeuſes qui ſe faiſoient par le P. Maunoir & lui. *Le Pere Bernard*, diſoit-on, *fait les miracles, & le P. Maunoir les converſions* ; ſentiment que le P. Maunoir, par humilité, prenoit ſoin de fortifier de ſon témoignage.

28. NOVEMB.

MADEMOISELLE Françoiſe de Quiſidic, convertie par Monſieur le Nobletz.

Morte le 29. Octobre 1659.

XVII. SIECLE.

LES exemples recens font beaucoup plus d'impreſſion que les anciens, tant parce que la verité en eſt plus ſure, que parce que ceux qui nous les ont donnez, s'étant trouvez dans le même ſiécle, & avec les mêmes ſecours, ou les mêmes obſtacles, que nous avons, ne nous laiſſent aucun prétexte pour ne pas ſuivre des routes qu'ils nous ont ſi avantageuſement tracées. C'eſt la conſideration qui nous a le plus déterminez à propoſer au public la vie de tant de ſaintes perſonnes qui ont fait voir dans le ſiécle dernier, que la ſource de cette grace Divine qui fait les Saints, n'eſt pas tarie, & que le bras de Dieu peut encore former, des pierres même de ce ſiécle ſi dur, des enfans d'Abraham. Nous avons déja commencé à donner le goût de cette verité dans l'hiſtoire de Frere Jean de S. Samſon, du Pere Quintin, & de M^r. le Nobletz ; & pour continuer l'execution d'un deſſein que nous croyons ſi utile au public, nous allons mettre à la ſuite de M^r. le Nobletz le recit de la ſainte vie de quelques perſonnes qu'il a conduites dans le chemin de la vertu.

La converſion de Mademoiſelle de Quiſidic, fille d'un gentilhomme du dioceſe de Treguer, fut un des premiers fruits des travaux Apoſtoliques de M^r. le Nobletz à Morlaix. Cette Demoiſelle étoit jeune & bien faite, & avoit beaucoup de qualitez propres à lui donner de la conſideration dans le monde, auquel elle étoit fort attachée. Elle commença d'être délivrée, par un des ſermons du ſaint Miſſionaire, de la vanité ordinaire aux perſonnes de ſon ſexe ; & vivement pénétrée de ces premiers mouvemens que lui inſpiroit la grace, elle alla trouver le prédicateur à la fin de ſon ſermon ; & cet homme de Dieu acheva de la réſoudre entierement à mépriſer le monde

Vie de M^r. le Nobletz l. 10. chap. 3.

& à s'attacher uniquement à la croix de J. Christ. L'aïant trouvée dès-lors entierement difpofée à fuivre fes confeils en tout, il la porta d'abord à fe mettre dans le Tiers Ordre de S. François, pour l'engager dans une profeffion ouverte de l'humilité Chrétienne. Il alla enfuite trouver la mere de cette Demoifelle, & lui dit, qu'il avoit choifi à fa fille l'époux le plus accompli, qui ne l'empêcheroit pas de demeurer avec fa mere & de confoler fa vieilleffe; & que cet époux étoit J. C. à qui fa fille vouloit fe confacrer par un mépris univerfel de toutes les chofes de la terre. Il fit fi bien, par fes difcours prudens & enflammez, qu'il obtint à la Demoifelle la benediction de fa mere, & la permiffion de fuivre en cela tout ce que le S. Efprit lui infpireroit.

Mr. le Nobletz, connoiffant que Dieu deftinoit cette fille à une fainteté extraordinaire, & la voïant déja fi bien difpofée, attaqua d'abord l'efprit de vanité dont elle s'étoit laiffée empoifonner, & lui fit commencer ce combat par une grande victoire qu'elle remporta fur elle-même, en quittant la foïe & les parures. Elle prit à la place une robe de groffe bure grife, avec une ceinture de chanvre, & un mantelet auffi de groffe étoffe grife; & dans cet état elle alla, par ordre de fon Directeur, voir fes amies de la ville & les gentilshommes de fes parens, qui n'en étoient pas éloignez. Elle fut reçûë par tout avec des railleries capables de jetter une ame foible dans le découragement; mais qui ne firent que fortifier celle-ci dans le mépris genereux du monde, qui devoit être le fondement de fa perfection.

Son Directeur lui fit enfuite préfent de quelques inftrumens de mortification, afin que ne fe contentant pas des douleurs que Dieu lui envoïeroit, elle s'en procurât de volontaires. Il lui donna une tête de mort, & lui apprit à méditer à cet afpect, le peu de difference qu'il y a de la mort à la vie, & de la plus belle perfonne au fquellette le plus difforme.

Les foins fpirituels de Mr. le Nobletz firent tant d'effets fur fon cœur, qu'elle mena toûjours depuis une vie fainte & reglée, qui n'étoit autre chofe, qu'un continuel exercice de penitence, d'humilité, de mépris du monde, & de priere. Elle entendoit la Meffe tous les jours, & faifoit trois heures d'oraifon mentale ou vocale le matin, & autant le foir. Elle emploïoit tout le refte de la journée à travailler fans relâche, & tâchoit d'infpirer aux autres cette verité, dont elle étoit elle-même penétrée; qu'il eft impoffible qu'une jeune Demoifelle qui ne s'occupe pas à quelque ouvrage honnête, ne tombe en quantité de fautes, qui font les fruits d'une molle oifiveté. Outre les jours ordonnez par l'Eglife, elle jeûnoit tous les vendredis, & pendant l'Avent entier, & châtioit fon corps par quantité d'autres aufteritez. Sa charité pour le prochain ne s'étendit pas feulement fur fa mere, à qui elle rendit les fervices les plus humbles durant trente ans qu'elle vêcut avec elle depuis fa converfion; & fur ceux de fes proches qu'elle vit ruïnez par le mauvais état de leurs affaires, & qu'elle affifta autant qu'elle ne put; mais elle ne connut jamais de perfonnes indigentes, qu'elle n'en eût beaucoup de compaffion; & qu'elle ne tâchât de les foulager. Elle procura la converfion de beaucoup de filles que leur pauvreté avoit portées à une vie fcandaleufe, & les fit retirer en des maifons où elles vêcurent d'une maniere fort éloignée de leurs defordres paffez. Elle étoit le refuge des pupilles & des pauvres les plus abandonnez, & après avoir emploïé tout ce qui étoit à elle, pour les affifter, elle follicitoit la charité des autres de faire enfemble pour les perfonnes affligées, ce qu'elle ne pouvoit faire toute feule. Entre plufieurs femmes malades ou fort pauvres, qu'elle retiroit chez elle, on admira fon courage à en affifter une prefque toute mangée d'écroüelles, à qui elle donna un lit proche du fien, afin de la pouvoir fervir plus promptement, la nuit auffi-bien que le jour. Sa charité ne fut pas moins admirable, lorfque rencontrant fur le chemin une vieille Dame reduite à la mandicité par les débauches de fon mari, elle la conduifit chez elle, lui donna une chambre, la nourrit, & la fervit avec refpect & affiduité jufqu'à la quatre-vingt-dixiéme année de fon âge, fans fe rebuter par les incommoditez & le chagrin qu'on reçoit d'ordinaire des perfonnes fort âgées.

Etant tombée malade, elle ne put refufer aux inftances de la Dame de Tronjoli, qui honoroit fon merite & fa vertu, & cheriffoit particulierement fa perfonne, de fe laiffer conduire chez elle, & y demeurer pendant fa maladie. Mais après le retour de fa fanté, fe croïant appellée à imiter plus particulierement la pauvreté du Sauveur, elle fe retira dans une chambre fans cheminée, où il n'y avoit ni tapifferie, ni meubles de prix. Aïant appris, à l'âge de quatre-vingt ans, par une lumiere interieure, qu'elle devoit quitter deux ans après cette demeure mortelle, fa pieté la porta à fe difpofer à la mort par le renouvellement de fes foins & de fa ferveur; &

29.
Octobr.
pour le faire avec plus de liberté d'esprit, elle se retira à S. Michel en Gréve chez une de ses niéces qui l'en prioit avec instance depuis quelque tems, & qui lui promettoit de pourvoir à ses besoins de telle sorte, qu'elle pourroit s'exempter de tout autre soin, que de celui de son salut. Après avoir passé treize mois entiers dans une solitude parfaite, & dans une continuelle union avec Dieu, un nouvel avertissement qu'elle reçut du Ciel, lui apprit qu'en trois mois elle partiroit de ce monde. Elle se fit remener à Morlaix, pour y achever ce qui lui restoit de vie dans de plus grandes austeritez que sa niéce ne lui en laissoit pratiquer, & pour mourir plus près de l'Eglise des Peres Recolets de Cuburien, où elle avoit choisi le lieu de sa sepulture. Dieu l'appella le 29. d'Octobre de l'an 1659. à la recompense de la fidélité perseverante avec laquelle elle avoit executé pendant soixante ans les bonnes résolutions qu'elle avoit formées dès le commencement de sa conversion, & gardé toutes les observances de la Regle du Tiers Ordre de S. François son patron & son protecteur particulier.

Morte le
17. Sept.
1633.

MADEMOISELLE
Marguerite le Nobletz,
sœur de Monsieur le Nobletz.

XVII. SIECLE.

Vie de Mr.
le Nobletz l.
20. chap. 2.

MARGUERITE le Nobletz, sœur de Mr. le Nobletz, avoit un esprit fort agréable, un naturel vif & entreprenant, & le cœur rempli de tous les desseins de fortune & de vanité, & de tous les desirs d'être estimé & consideré, qui sont ordinaires aux personnes de ce sexe, à l'âge qu'elle avoit, qui étoit de 25. ans, lorsque Mr. le Nobletz, d'autant plus porté à lui rendre les devoirs de charité qu'il rendoit à tout le monde, qu'elle étoit presque la seule de toute sa famille qui lui eût donné quelque assistance, pendant que tout le reste l'abandonnoit, entreprit de la gagner à Dieu après qu'il fut sorti du noviciat des Peres Dominicains de Morlaix. Dieu la toucha d'une si puissante grace, qu'elle conçût un très-ardent desir de le servir; & comme elle croïoit en avoir la principale obligation aux prieres & aux soins de son frere, il fut aussi le seul à qui elle crut devoir le communiquer. Il en reçût une joïe incroïable, & se servit de la confiance qu'elle avoit prise en lui, pour lui donner une grande horreur des maximes du monde, & pour la porter à une sainteté extraordinaire. Cette fille genereuse embrassa les exercices de patience, d'humilité, & de charité, par l'avis de son frere, avec encore plus d'ardeur qu'elle n'en avoit fait paroître pour les charmes du siécle. Elle se dépoüilloit, par son conseil, tantôt d'un collier de perles, tantôt de ses boucles d'oreilles, quelquefois de ses dantelles, enfin de tous ses autres ornemens, & son frere la menoit ainsi par dégrez au parfait détachement de tous les plus chers amusemens de la vanité. Il lui restoit un diamant de prix; elle le donna, par ordre de son frere, à une pauvre femme qui demandoit l'aumône à la porte du château de Kerodern. Elle sentit quelque repugnance à donner, quelques jours après, à un autre pauvre femme, la seule juppe de soie qu'elle avoit conservée; mais elle ceda enfin, par un mouvement heroïque, aux attraits de la grace, & commença dès le même instant à recevoir la recompense de la victoire qu'elle avoit remportée sur elle même, c'est à sçavoir une joïe interieure à se vaincre elle même dans tous ses autres attachemens. Elle quitta avec plaisir tout ce qui lui restoit d'habits & de meubles convenables à sa condition; & elle abandonna même la maison de son pere, pour aller embrasser une vie austere à Morlaix, où son frere l'attendoit. S'y faisant conduire par une femme âgée & vertueuse, elle rencontra en chemin une pauvre villageoise, avec qui elle changea d'habits. Elle coupa en même tems ses cheveux, qu'elle avoit fait servir à sa vanité avant sa conversion, & se présenta en cet état à son frere, à qui elle n'avoit jamais tant plû, que dans cette rencontre.

Il lui ordonna d'obéïr à la Demoiselle de Quisidic, dont nous venons de parler; & cette sage Demoiselle, pour la mettre d'abord au-dessus de tous les respects humains, & l'accoûtumer à vaincre les maximes du monde, la fit revêtir d'une robe grise sans aucun pli, beaucoup plus semblable à un sac de penitent, qu'à l'habit d'une personne de condition; lui donna une besace de toile, avec une écuelle de bois à la main, & la mena dans cet équipage, un jour de fête solemnelle, par toutes les Eglises de la ville, en la recommandant aux charitez d'un chacun, comme si c'eût été une pauvre innocente qui eût perdu l'esprit. Elle reçut de cette façon beaucoup d'aumônes, qu'elle distribua toutes aux pauvres dès le jour même. Plusieurs personnes la reconnurent & augmentérent sa confusion. Ils ne pouvoient assez mar-

17.
Septemb.

17.
SEPTEMB.

quer combien ils étoient surpris de ce changement ; ses parens en étoient indignez , & en attribuoient toute la faute à son Directeur ; il y en eut même un de ceux qui la touchoient de plus près , & qui lui destinoit un parti avantageux , qui, outré de dépit contre le saint Missionaire, eut deux fois le dessein de lui ôter la vie, comme il l'a depuis avoüé. Cet acte genereux de vertu éteignit tout à fait dans le cœur de Marguerite le Nobletz l'esprit du monde , la vanité , & le désir de paroître.

Son frere, pour l'affermir de plus en plus dans cette humilité, la mit en pension pour un an chez une pauvre femme, où elle ne prenoit point d'autre nourriture, que celle dont les plus pauvres vivent ; & où elle apprenoit à coudre & à faire des habits de païsanne, pour gagner quelque chose à ce métier, & l'emploïer, avec son revenu, à assister les pauvres. Son frere lui dressa des regles, dont elle fit sa principale étude durant tout le cours de sa vie ; & lui écrivoit de tous les lieux où il alloit faire ses Missions, des lettres pleines de zéle & de prudence, pour lui donner les avis qu'il lui jugeoit necessaires ; mais il étoit moins necessaire d'exiter sa ferveur que d'en moderer les excez, qui eussent bien tôt ruiné sa santé, si l'ardeur qu'elle avoit pour la penitence n'eût cedé à l'obéïssance qu'elle rendoit à ce sage Directeur. L'amour qu'elle avoit pour la pauvreté de la créche du fils de Dieu, lui faisoit emploïer tout son revenu à assister les pauvres & les malades , & à ensevelir les morts, suivant la direction de son frere. Par le même principe elle fuïoit les tables & les entretiens des personnes riches. D'abord qu'elle arrivoit en quelque lieu elle cherchoit à se loger dans quelque pauvre chaumiere ; on l'a vûë même demeurer long tems à Doüarnenez dans une étable. Sa nourriture y étoit , comme au commencement de sa conversion, pareille à celle des plus pauvres, elle faisoit elle-même le pain d'orge dont elle vivoit ; elle servoit tout le monde , & ne vouloit pas que personne la servît.

Ses vertus & sa sainte vie, plus encore que sa naissance, lui gagnérent un amant, qui étoit un jeune homme pourvû des biens de l'esprit & de la fortune, qui faisoit profession d'une pieté singuliere, & qui persuadé, selon l'expression de l'Ecriture, qu'une femme vertueuse est un trésor dont Dieu n'accorde la possession qu'à ceux qu'il aime, recherche secretement Marguerite le Nobletz, pendant l'absence du saint Missionnaire. La Demoiselle, qui avoit eu jusques-là pour regle dans toute sa conduite , de ne se gouverner que par les conseils de Septemb. son frere , oublia pour quelques jours de prendre ses avis, & se croïant assez éclairée pour connoître tous les avantages qu'elle retireroit d'une alliance qui la mettroit en état d'assister les pauvres avec plus de liberalité, elle reçut , & donna promesse de mariage , à l'insçû de son frere & des parens du jeune homme, qui étoit, aussi-bien qu'elle, en âge de disposer de lui-même. Elle étoit prête à executer cette résolution, lorsque Dieu en donna connoissance au saint Prêtre qui étoit alors à Doüarnenez. Il manda sa sœur, pour y venir profiter des exemples de quelques personnes de son sexe qui y vivoient dans une rare sainteté , & pour seconder leur zéle au salut des ames. Il la surprit extrêmement, lorsqu'il lui demanda, aussi-tôt après son arrivée, la bague qu'elle avoit reçuë du jeune homme. A ces mots, il fit tomber le bandeau qui l'avoit aveuglée. Elle reconnut sa faute , en demanda pardon à Dieu & à son Directeur, avec beaucoup de confusion, perdit pour tout le reste de sa vie toute pensée de mariage, & obtint quelque tems après la permission qu'elle avoit souvent demandée , de consacrer sa virginité à Dieu par le vœu de chasteté perpetuelle.

Pour se punir de la surprise où elle étoit tombée ; elle obtint de son frere une autre permission, qui fut de traiter son corps avec beaucoup plus de rigueur qu'auparavant. Toutes les semaines elle prenoit la discipline trois fois jusqu'au sang , & portoit autant de fois un rude cilice tout le long du jour. Outre ces douleurs qu'elle se procuroit , & toutes les peines qui étoient attachées aux exercices de son zéle , elle recevoit avec une patience invincible toutes celles qui lui venoient de la part de Dieu ou des hommes ; elle les desiroit avec ardeur, & les demandoit comme des graces ; la vie même ne lui étoit supportable, qu'autant qu'elle lui donnoit des occasions d'endurer de la honte ou de la douleur ; & la priere qu'elle avoit le plus ordinairement à la bouche, comme sainte Therese, étoit : *O ! mon Jesus ! ou douleur & mépris , ou mourir.* Le celeste époux lui accordoit liberalement cette grace, & loin de se rebuter des afflictions continuelles par lesquelles il la visitoit tous les jours, elle se fût regardée comme délaissée de lui, s'il eût discontinué de la favoriser de cette façon ; & ne lui rendoit grace de rien avec plus de reconnoissance & de tendresse, que des opprobres qu'elle avoit soufferts pour la gloire de son nom ; & même parmi toutes les personnes qu'elle

17.
SEPTEMB.

qu'elle affiftoit, il n'y en avoit point qui euffent plus de part à fes foins charitables, que celles qui lui avoient fait le plus de peine.

Sa patience ne fut pas feulement exercée par les hommes, elle la fut auffi par les Efprits de tenebres, qui tourmentérent & fon efprit & fon corps en plufieurs manieres, que l'incredulité du fiécle nous difpenfe de rapporter ici, quoique les preuves ne manquent pas. La fainte fille profitoit de ces perfecutions, & les offroit à Nôtre Seigneur, qui recompenfa enfin fa conftance, d'une grande intrepidité au milieu de toutes ces attaques. Elle ne craignoit que le peché; fa confcience tendre lui rendoit les moindres taches très-fenfibles; & elle ne s'appercevoit jamais d'être tombée en quelque legere faute par inadvertance, par ignorance, ou par la promptitude avec laquelle fon zéle la portoit aux bonnes œuvres, qu'elle ne l'expiât dès le même jour par le Sacrement de penitence.

Toute fa vie étoit un mélange continuel d'oraifon & d'action. Trois heures de méditation par jour, fes lectures fpirituelles, & fes autres exercices de pieté qu'elle faifoit aux heures qu'elle s'étoit prefcrites par l'avis de fon Directeur, ne l'empêchoient jamais de fecourir le prochain dans fes befoins; & fes occupations exterieures, ni les ouvrages des mains qu'elle s'impofoit, ne lui faifoit jamais perdre Dieu de vûë; elle s'élevoit à lui par des oraifons continuelles, qui fanctifioient les actions les plus propres à la diftraire.

Affurée de moins perdre la folitude du cœur, & de s'expofer moins aux dangers des exemples & de la vanité du fiécle, en frequentant les pauvres, que dans l'entretien de fes proches & des perfonnes de qualité, elle ne logeoit jamais chez les riches du monde, fi elle ne les reconnoiffoit auffi fort riches en vertu. Elle évitoit les longs difcours, quand même elle parloit à ceux chez qui elle logeoit, aux perfonnes vertueufes, aux Ecclefiaftiques dont elle prenoit les avis fur fa conduite, en l'abfence de fon frere. Il n'entroit jamais aucun homme dans fa chambre, & quand elle y admettoit des perfonnes de fon fexe, la priere précedoit & finiffoit l'entretien. Elle fuïoit la multitude, & n'alloit qu'aux lieux de dévotion les moins frequentez; & tous les voïages où elle rencontroit des perfonnes de fa connoiffance, elle les faifoit avec la même hâte que l'Evangile remarque dans la mere du Sauveur, lorfqu'elle alla vifiter Elifabeth. Selon le confeil de faint Jerôme, qu'elle avoit appris de fon frere, avec beaucoup d'autres maximes de ce faint

Docteur, elle évitoit les trop frequentes civilitez du monde, comme les ennemis du filence & de la retraite. Elle vivoit, comme s'il n'y eût eu qu'elle & Dieu fur la terre; & crucifiée au monde, comme le monde étoit crucifié à fon égard, elle fut, felon le témoignage de fon frere, celle qui leva l'étendard du mépris du fiécle & de l'humilité de la croix parmi les filles dévotes de fon tems.

17.
SEPTEMB.

Salutationes non nimis, neque quotidianæ. Hieron.

Elle avoit recours à Dieu dans tous fes befoins, & reduifoit toutes les demandes qu'elle lui faifoit, à quelques chefs differens, pour lefquels elle ne manquoit jamais d'implorer l'interceffion de la fainte Mere de Dieu, de S. Dominique, de S. François, & de S. Jerôme, qu'elle invoquoit fur tout, pour obtenir par fon moïen ce grand mépris du monde dont il avoit fait profeffion.

Quoique fa charité fût univerfelle, & fon zéle fans bornes, elle prit cependant toûjours un foin particulier de l'inftruction des pauvres femmes & des filles de la campagne, parce qu'elle les voïoit plus délaiffées, parce qu'elle y rencontroit plus de difpofition à la grace, & parce qu'elle trouvoit dans cet emploi moins de fatisfaction naturelle & d'intereft humain. Elle a ainfi contribué merveilleufement aux fruits que fon frere a faits dans les Evêchez de Leon, de Treguer, & de Cornoüaille. Il avoit coûtume de la mander dans fes Miffions, lorfqu'il commençoit à voir germer la femence Divine. Cette genereufe fille, par fes foins, fon affiduité, fa bonté, fa douceur, & fa prudence, s'infinuoit heureufement dans les efprits, & gagnoit les cœurs, d'une manière fi efficace, qu'on voïoit partout des changemens admirables que Dieu faifoit par fon moïen. Elle ne fe contentoit pas d'inftruire fuffifamment les perfonnes de fon fexe, & de leur faire faire des confeffions generales; elle en portoit plufieurs aux pratiques les plus faintes de la vie Spirituelle. Elle eut ce bonheur fur tout dans les villes de Morlaix, du Conquet, & de Doüarnenez, où elle fit un plus long féjour que dans les autres lieux de la baffe-Bretagne, parce qu'elle y trouva un plus grand nombre de ces ames choifies qui tendoient à une plus haute perfection, & que fon frere l'y jugea neceffaire plus long-tems pour le falut des peuples. On doit remarquer ici en paffant, qu'il ne logeoit jamais avec elle, & que ces deux admirables perfonnes ont toûjours gardé ce détachement, dans la fainte union que la charité avoit mife entr'elles.

Imitatrice des faintes induftries dont fon

frere se servoit pour avancer le Roïaume de Dieu, elle emploïa heureusement pour le salut, ce que l'amour du plaisir avoit inventé. Les jeunes gens de Doüarnenez avoient une extrême passion pour la danse, aussi-bien que les autres peuples de Bretagne, qui quittent volontiers leur travail & leurs repas, pour aller bien-loin danser au son du tambour & de la cornemuse. Les filles de cette petite ville passoient avec les garçons les jours entiers de fêtes & de Dimanches, & les nuits suivantes, dans ce divertissement. Mademoiselle le Nobletz alla un Dimanche attendre ces filles sur le chemin par où elles devoient passer pour se rendre à une place hors de la ville, où l'on devoit danser. Elle en gagna quatre ou cinq, à qui elle promit de leur faire passer le tems d'une façon qui auroit pour elles la grace de la nouveauté, & qu'elles trouveroient beaucoup plus agréable ; & ce petit nombre en sçut attirer un plus grand. Elles se trouvérent au lieu que Mademoiselle le Nobletz leur avoit assigné, où ne voulant pas d'abord les priver tout à fait de leurs divertissemens ordinaires, elle mit à profit quelques chansons qu'elle avoit apprises, où il n'y avoit rien que de fort honnête, & fit danser ces filles aux chansons, ce qu'elles trouvérent plus agréable, que de danser au son des instrumens. Elle leur apprit ensuite de petits jeux qu'elles ignoroient, & perdoit exprès, afin de les attirer davantage, & leur faire trouver bon tout ce qu'elle tâcheroit ensuite de leur persuader. L'assemblée du Dimanche suivant fut bien plus nombreuse ; & toutes les filles, informées des bontez & de la gaïeté de la Demoiselle, abandonnérent les joüeurs d'instrumens, pour aller passer l'après-dinée avec elle. Cette journée se passa comme la premiere, dans toutes les réjoüissances innocentes que pouvoient souhaiter ces filles ; en sorte qu'il fut aisé, au troisiéme Dimanche, de les surprendre, & de leur donner des divertissemens plus salutaires. Après une heure ou deux de danse, Mademoiselle le Nobletz leur fit entendre, que les plaisirs n'étoient plus des plaisirs, quand ils duroient trop long-tems, & qu'il falloit de la varieté dans ce qui nous amuse. Elle les mena dans un lieu où ses peintures des quatre fins de l'homme étoient étenduës, & leur expliqua la vanité & les dangers des plaisirs de ce monde, la justice & la rigueur des jugemens de Dieu, & l'obligation où elles étoient de se faire instruire. Elles furent toutes fort touchées, & résolurent de revenir à ces explications, aussi volontiers qu'elles avoient été auparavant à la danse. Mademoiselle le Nobletz les continua avec un succès qui lui donna une sensible consolation ; mais elle ne se contenta pas d'avoir ouvert à ces filles grossieres le chemin des préceptes, elle en voulut aussi engager quelques-unes dans celui des conseils & de la perfection. Pour les y animer, elle en prit un jour sept ou huit avec elle, & aïant fermé les portes & les fenêtres, elle les entretint des peines de l'autre vie, de ce que le fils de Dieu a souffert pour nos pechez, & de la necessité où nous sommes de faire penitence. Elle finit cette exhortation, en prenant la discipline, avec une ferveur dont l'exemple acheva de penetrer ces pauvres filles, déja convaincuës par les raisons qu'elles venoient d'entendre. Elles embrassérent toutes la croix de J. C. avec beaucoup d'ardeur, & vécurent depuis avec une perseverance fidéle dans les pratiques de la pieté & de la mortification.

Mais la charité de Mademoiselle le Nobletz ne se bornoit pas à procurer à son prochain les secours spirituels. Elle sçavoit qu'il n'y avoit pas de meilleur moïen de rendre les cœurs dociles, que de secourir les miserables. Elle souffroit avec tous ceux qui souffroient, & il sembloit que les necessitez des pauvres & des malades fussent les siennes, tant elle aimoit à s'incommoder elle-même, pour les soulager. Elle y eût emploïé volontiers tout le fonds de son bien ; mais comme son frere ne le lui permettoit pas, elle en emploïoit au moins tout le revenu en aumônes ; & quand il étoit épuisé, elle procuroit aux pauvres les charitez des autres, qu'elle alloit demander elle-même à ceux qui pouvoient en faire le plus commodément. Elle s'associoit plusieurs personnes pour chercher & pour nourrir les pauvres malades ; prenoit soin de faire leurs boüillons, de préparer leurs viandes, de les servir, de faire leurs lits ; & leur rendoit tous les autres offices les plus humbles, avec une joïe qui donnoit de l'attrait pour ces saints exercices à celles de son sexe qui en avoient eu le plus d'aversion. Elle avoit toûjours avec elle quelque pauvre orfeline, qu'elle nourrissoit & qu'elle instruisoit. Elle étoit incessamment au chevet des moribons, qu'elle assistoit avec une benediction du Ciel toute particuliére, suivant la méthode que son frere lui en avoit donnée, sur tout quand il n'y avoit point de Prêtres qui pussent s'acquitter d'un devoir aussi important pour le Salut, que celui-là. Sa charité la portoit encore à juger toûjours favorablement des actions d'autrui, à excuser leurs défauts, à tout interpreter en bonne part ; enfin, quand les crimes des autres étoient si publics qu'on ne pouvoit les excuser, sa charité, toûjours ingenieuse, la portoit à dire, que la penitence de ces personnes seroit peutêtre plus glorieuse à Dieu, que l'innocence de plusieurs autres.

Comme elle avoit passé la vie dans l'exercice de la charité, elle la finit aussi dans la pratique de cette vertu, par une espece de martyre, glorieux pour elle, & d'une grande édification pour nous. Le jour de la fête de S. Laurent, qu'elle avoit coûtume de celebrer avec une dévotion particuliére, parce que c'étoit le jour qu'elle avoit quitté, l'an 1608. la maison paternelle, pour vivre dans le parfait mépris du monde, elle alla visiter une vertueuse femme, appellée Clemence le Goff, qui étoit malade à l'extrémité. Cette personne étoit necessaire à cinq petits enfans qu'elle élevoit avec beaucoup de soin dans la crainte de Dieu. Mademoiselle le Nobletz aïant compassion de cette famille désolée, pria Dieu de tout son cœur, de vouloir bien faire passer ce calice sur elle, & d'accepter sa vie pour celle de cette pieuse mere. Elle fut exaucée dans le moment; la malade guérit aussi-tôt, & Marguerite le Nobletz fut attaquée du même mal, avec tous les mêmes symptômes & les mêmes douleurs, & souffrit pendant cinq semaines, avec une patience admirable, une fiévre continuë, avec une grande fluxion, & des douleurs universelles par tout le corps. Sa joïe étoit extrême, de ce qu'enfin il plaisoit à Dieu de la délivrer de tout ce qui l'empêchoit de s'unir parfaitement à lui; & l'on eût dit que cette pensée la rendoit insensible à tout ce qu'elle endurait. Sa maladie n'empêcha pas son frere, qui en prévit dès-lors toutes les suites, de faire, peu de jours après qu'elle se fut mise au lit, un voïage au Conquet, où l'appelloient quelques affaires de charité. Le Confesseur de sa sœur voïant le peril s'augmenter, lui en donna avis. Mais le saint homme qui sçavoit qu'elle ne manquoit pas de consolations Divines, ne répondit autre chose au messager, après avoir lû la lettre qu'il lui avoit apportée, sinon, qu'on l'enterrât au bas de l'Eglise de Ploüaré, avec les plus pauvres, comme elle l'avoit souhaité. La malade fut à l'agonie durant neuf jours, qu'elle emploïa entiérement à faire des actes de foi & d'amour de Dieu, si ardens & si purs, qu'il n'y avoit personne des assistans à qui elle ne fît desirer la mort, en la montrant si aimable par son exemple. Elle perdit la parole, en faisant ces actes, & en prononçant tendrement le nom de JESUS, & rendit peu après son esprit à celui à qui

elle avoit donné tout son amour, & le témoignage éclatant de la plus parfaite charité, qui est de donner sa vie pour ses freres.

Elle mourut le 17. de Septembre de l'an 1633. Les marques de sa joïe demeurérent sur son visage, qui parut plus serein, plus frais, & plus vermeil, après sa mort. On fut obligé de le laisser découvert pendant vingt quatre heures, pour la consolation des peuples qu'elle avoit assistez, qui y accouroient de toutes parts. Chacun alloit baiser ses mains avec dévotion, & tâchoit d'avoir quelque piece des habits qu'elle avoit portez. Des Ecclesiastiques fort sages, des Religieux d'une vertu rare, & beaucoup d'autres personnes, ont déposé qu'ils avoient senti une odeur douce & agréable dans sa chambre & dans l'Eglise où elle fut portée, & même sur le lieu de sa sepulture, quelques mois encore après qu'elle eut été inhumée. Son frere, qui a écrit sa vie, rend témoignage de la facilité surprenante avec laquelle elle obtenoit de Dieu tout ce qu'elle lui demandoit, & qu'il se crut obligé de la reprendre de la trop grande indulgence avec laquelle elle accordoit ses prieres à ceux qui les imploroient pour obtenir des graces extraordinaires; parce qu'il étoit persuadé, que ce n'étoit pas par cette voïe, mais par celle du mépris du monde & de l'humilité, que Dieu vouloit qu'elle le glorifiât. Le sepulcre de cette sainte fille est encore visité avec beaucoup de respect & de veneration; & Dieu a fait voir par beaucoup de marques extraordinaires, combien il lui est agréable qu'on honore ceux à qui il a fait part de sa gloire.

MADEMOISELLE Anne le Nobletz, Sœur de la précedente.

XVII. SIECLE.

COMME le naturel actif & entreprenant de Marguerite le Nobletz la rendoit propre aux actions de zéle & de charité, & aux emplois exterieurs; l'humeur douce & paisible d'Anne le Nobletz, sa sœur, plus propre à une vie sedentaire, & au repos de la contemplation. Ce fut le parti que Mr. le Nobletz lui fit prendre, en la portant au silence, à la retraite, à la lecture, & à l'oraison. Il lui persuada de faire une profession particuliére du mépris du monde, au commencement de l'an 1608. & pour l'y mieux établir d'abord, il lui obtint permission de quitter pour quel-

Tiré de la vie de Mr. le Nobletz L. 10. chap. 3.

17. SEPTEMB. ques mois la maison de son pere, & de faire dans la retraite le noviciat de la vie dévote à laquelle elle aspiroit. Elle sortit de la solitude, où elle avoit toûjours suivi la direction de son frere, comme d'une fournaise d'amour, où le S. Esprit l'avoit formée à toutes sortes d'exercices de pieté, & l'avoit embrasée d'un ardent desir de plaire uniquement à Dieu, sans se mettre en peine des injustes jugemens des hommes.

Après que sa sœur eut quitté, le jour de S. Laurent, la maison de Kerodern, Anne y demeura, pour assister son pere & sa mere, & leur rendre toutes les assiduitez que des personnes fort âgées pouvoient attendre de la meilleure fille du monde. Mais quoiqu'elle s'appliquât à leur donner incessamment des marques de son respect, de son obéïssance, & de sa charité; son cœur & son esprit étoient toûjours attachez à Dieu, pour qui elle prenoit tous ses soins. Elle méditoit presque toûjours les actions & la vie du Sauveur, & sur tout celles de son enfance, ausquelles elle s'attachoit avec une tendresse particuliére. La dévotion qu'elle avoit au Verbe incarné & à sa nativité, la portoit d'ordinaire, après avoir fait ses oraisons, à aller travailler à ses ouvrages dans l'étable de Kerodern. Ses freres, & les personnes de qualitez, qui avoient accoûtumé, avant sa conversion, de la voir tenir sa place dans les cercles & dans les conversations ordinaires, étoient surpris de cette conduite, & l'attribuoient à une humeur mélancolique ennemie de la societé civile, plûtôt qu'au dégoût de la vanité des entretiens du monde, & à l'amour du silence & de l'oraison, que Dieu avoit mis dans son cœur. Mais elle accoûtuma bien-tôt toute sa famille à sa maniere de vivre; & chacun commença d'admirer ce que personne ne vouloit approuver au commencement.

Après avoir rendu les derniers devoirs à son pere & à sa mere, elle se retira dans une pauvre maison couverte de paille, tout proche de l'Eglise de Plouguerneau, pour assister plus commodément à la Messe & à l'office Divin. Elle emploïoit à cette dévotion les matinées presque entieres; & passoit le reste dans sa chambre à méditer nos divins mysteres, & à faire quelque lecture spirituelle, suivant l'ordre que son frere lui avoit prescrit pour ses exercices de pieté. A midi on lui servoit quelque chose à dîner, dont elle se retranchoit toûjours la moitié, qu'elle alloit porter elle-même à quelques malades, ou aux pauvres honteux des maisons prochaines. Elle alloit souvent dans les maisons & les bourgades du voisinage, enseigner les pauvres femmes ignorantes, & les enfans qu'elle trouvoit qui manquoient de ce secours. Après avoir ainsi emploïé ses après-dînées en œuvres de misericorde, elle se retiroit de bonne heure, & donnoit quelque tems à la lecture & à la priere, qu'elle entremêloit de travail pour les necessitez des pauvres. Ses jeûnes & ses austeritez ne finirent qu'avec sa vie; & sa derniere maladie, quoique mortelle, ne satisfaisant pas encore au desir qu'elle avoit de souffrir pour Dieu, elle voulut qu'une personne de ses amies lui donnât rudement la discipline, que sa foiblesse extrême l'empêchoit de se donner de sa propre main. Elle mourut de cette maladie, avec beaucoup de paix & de confiance en Dieu, & laissa à tous ceux qui la connoissoient une estime singuliere pour sa vertu, & une grande veneration pour sa memoire. Son corps fut enterré, par son ordre, au bas de l'Eglise de Plouguerneau. Son frere, que ses Missions de Cornoüaille avoient empêché de l'assister à cette derniere heure, donna des marques de la tendresse qu'il avoit pour elle, en versant des larmes quand il apprit sa mort. Mais sa douleur fut de peu de durée; & la fidélité constante avec laquelle cette sainte fille s'étoit tenuë, comme une autre Marie, aux pieds du Sauveur, ne lui permit pas de douter qu'elle ne fût allée joüir de la meilleure part que sa foi lui avoit fait préferer à tout ce que le monde estime.

CLAUDE LE BELEC, veuve, conduite par Monsieur le Nobletz, & emploïée aux œuvres de charité & à l'instruction des pauvres.

Morte en 1648.

XVII. SIECLE.

CLAUDE le Belec, marchande de Doüarnenez, aussi attachée aux biens de la terre, & à l'interest, que peu soigneuse de s'instruire de ce qui regarde le salut; & qui n'étoit pas exempte de la vanité des bourgeoises qui ont du bien & qui sont considerées dans leur ville, eut le bonheur de loger Mr. le Nobletz, qui chassa bientôt de cette maison l'ignorance, la vanité des habits & l'avarice; & fit naître dans le cœur de son hôtesse, en l'instruisant avec beaucoup de soin, un ardent desir de se perfectionner dans la vie Chrétienne & de s'unir intimement à Dieu. On vit en peu de tems, avec étonnement, une

Tiré de la vie de Mr. le Nobletz, l. 10, chap. 4

CLAUDE LE BELEC.

En 1648.

personne qui ne sçavoit pas lire, aussi versée dans ce qui regarde les mysteres de la Religion, aussi éclairée dans les maximes de la vie spirituelle, & aussi consommée dans la connoissance de soi-même, que si on l'eût élevée dès son enfance dans l'étude de la perfection, & que si elle eût emploïé toute sa vie à lire les meilleurs livres qui traitent de la vertu. Occupée entierement, les jours de travail, aux œuvres de charité & aux affaires, elle se fit une regle de se lever à minuit, pour faire une heure ou deux d'oraison mentale ; & comme elle ne pouvoit s'y disposer, ni en choisir le sujet dans les livres ordinaires, dont les caracteres lui étoient inconnus, elle se servoit d'un livre de peintures en parchemin, que son Directeur lui avoit fait faire, & dont chaque feüillet, par ses hieroglyphes ingenieux, lui fournissoit le sujet de sa méditation. Elle acquit, par ces exercices, le don précieux de contemplation, qui au milieu d'un grand nombre de bonnes œuvres qu'elle entreprenoit, tenoit son cœur uni à Dieu, & son esprit toûjours occupé du souverain bien. L'onction assaisonnoit ses paroles, & la solidité regnoit dans ses discours ; & il étoit aisé de voir que son maître avoit emploïé non-seulement ses soins pour l'instruire, mais encore ses prieres, pour lui obtenir du S. Esprit la force & les lumieres dont elle avoit besoin pour travailler au salut des autres.

Il n'y avoit rien d'utile au bien spirituel du prochain, que son zéle ne lui fît entreprendre. Elle s'appliqua avec un soin particulier à instruire un bon païsan, à qui elle donna le zéle & l'industrie d'assembler tous les soirs des jours ouvriers les enfans & les plus simples du peuple, pour leur apprendre les choses qu'ils étoient obligez de sçavoir ; & de gagner avec adresse l'amitié des plus débauchez & des plus endurcis, pour les porter à faire des confessions generales de toute leur vie. Il en conduisoit souvent un grand nombre à un Pere Jesuite de Quimper, qui sçavoit parfaitement la langue Bretonne, & à qui Dieu avoit donné un talent particulier pour tirer de la débauche les pecheurs les plus attachez à leurs crimes.

François le Trellu de la paroisse de Plounevez.

Le P. Guillaume Thomas.

Ce fut à la sollicitation de cette même vertueuse veuve, que le Recteur de Ploüaré établit dans son Eglise la coûtume d'y faire chanter tous les Dimanches les commandemens de Dieu & les principaux points de nôtre croïance, lorsque tout le peuple y étoit assemblé.

Claude le Belec ne borna pas les effets de son zéle à l'étenduë de la ville de Doüar-

nenez ; elle s'associa, par le conseil de son saint Directeur, avec deux autres veuves, pour aller de tous côtez faire part aux autres des biens précieux qu'elle avoit reçus du S. Esprit. Elle commença ce saint exercice par des visites qu'elle rendit à ses parens & à ses amies, & quoiqu'elle ne les instruisît au commencement, & ne leur expliquât les peintures spirituelles de son Directeur, que comme en passant, & par occasion, il se trouvoit enfin tant de gens qui venoient l'entendre dans les maisons où elle faisoit ses instructions familieres, qu'elle a enseigné, de cette façon, à plus de dix mille personnes, ce qu'elles étoient obligées de croire, dans les dioceses de Leon, de Treguer, & de Cornoüaille, où elle a fait durant trente ans des courses frequentes, jusqu'à vingt lieuës loin de sa demeure ordinaire.

En 1648.

Mais après avoir usé pendant quelque tems de cette reserve, elle donna, par le conseil de son Directeur, & par l'autorité de son Evêque, une plus ample étenduë à son zéle. Cette courageuse femme alloit aux assemblées qui se faisoient aux Chapelles & aux Eglises des Saints, aux jours de leurs fêtes, non seulement pour les santifier, selon leur premiere institution, par sa dévotion particuliére ; mais aussi pour y rencontrer des occasions plus favorables d'instruire un plus grand nombre de personnes. Elle prenoit d'abord, en présence de quelque Ecclesiastique, dans un lieu où elle pouvoit être entenduë de bien du monde, quelques pauvres femmes à qui elle montroit ses tableaux, & commençoit de les leur expliquer avec beaucoup de douceur & de charité. La curiosité lui attiroit en peu de tems un grand nombre d'auditeurs, qui s'en retournoient mieux instruits de nos mystéres par un de ces entretiens d'une après-dînée, qu'il ne l'auroient jamais été par un grand nombre de sermons. Elle recevoit avec beaucoup de joïe les persecutions que lui attiroit quelquefois ce saint exercice ; & l'un des plus sensibles déplaisirs de sa vie, fut de n'avoir pas été mise en prison à ce sujet, comme l'en avoit menacée un Juge séculier qui ne pouvoit approuver son zéle. C'est aussi à elle qu'on est redevable de ce qu'on a relevé les croix, qu'une malheureuse femme, accusée de malefice, avoit fait abattre, en persuadant au simple peuple qu'on trouveroit des trésors dessous.

Cette pieuse veuve n'honoroit pas moins dans les pauvres J. C. souffrant, qu'elle l'honoroit dans ces figures insensibles. Elle alloit demander l'aumône de porte en por-

En 1648.

te pour les assister, & s'attachoit avec un soin particulier à secourir les plus miserables. Dieu témoigna quelquefois, par des marques extraordinaires, combien cette charité lui étoit agréable. On en cite un exemple dans une pauvre fille chassée & abandonnée de tous ses parens, qui ne pouvoient la souffrir, à cause de l'infection d'un cancer qui la consumoit. La charitable veuve accourut pour la consoler, l'embrassa tendrement, & en prit un grand soin. Elle ne lui appliqua aucun des remedes qu'on a imaginez pour ce mal, & qui n'ont ordinairement point de succez ; & cependant la fille recouvra peu de tems après une santé parfaite. Dieu honora d'un miracle plus sensible & plus public, attesté par le Recteur de Penmarck & les anciens de Doüarnenez, la fidelité qu'elle eut un jour à s'acquitter d'un vœu qu'elle avoit fait de donner trente pots de vin aux pauvres, pour l'heureux retour d'une barque chargée de vin qu'elle attendoit, & qui étoit en danger d'être enlevée par les pirates. Le vaisseau ne fut pas plûtôt abordé, qu'elle fit tirer la quantité de vin qu'elle avoit destinée aux pauvres ; mais le tonneau d'où on l'avoit tiré se trouva plein comme auparavant, lorsqu'on voulut le remplir.

Mr. Henri Capitaine.

Ces faveurs extraordinaires du ciel n'étoient pas celles qu'elle cherissoit le plus ; elle en souhaitoit d'autres avec ardeur, & c'étoit d'avoir part au calice des souffrances de J. C. en quoi sa pieté fut satisfaite, par les afflictions dont elle fut visitée pendant tout le cours de sa vie. Parmi les pertes qu'elle fit, & qui devoient lui être sensibles, parce qu'elle avoit une nombreuse famille, elle en fit une considerable ; un navire sur lequel elle avoit mis le tiers de son bien & de celui de ses enfans, perit sur mer. Elle vit l'affliction & les larmes de ses enfans, sans être touchée de cette perte. Elle leur recommanda le mépris des faux biens de la terre, la confiance en Dieu, & la conformité à ses saintes volontez ; & finit son exhortation en leur ordonnant de se prendre tous par la main, & de danser avec elle, pour donner à Dieu une preuve de la joïe qu'ils ressentoient, en se soumettant à sa Divine providence. Elle chantoit en même tems un air Breton, dont le sens étoit, que soit que Dieu donne, soit qu'il ôte les biens ; soit qu'il vivifie, ou qu'il mortifie ; soit qu'il nous couronne de roses ou d'épines ; nous lui en devons toû-

joûts mille actions de graces, parce qu'en tout cela il cherche sa gloire & nôtre santification. Elle a depuis raconté à une personne en qui elle avoit beaucoup de confiance pour la conduite de son ame, qu'elle avoit retrouvé dans son coffre la même somme d'argent qu'elle avoit emploiée sur ce navire perdu ; & qu'elle attribuoit cette faveur surprenante aux prieres de Mr. le Nobletz. Mais la plus sensible affliction qu'elle ressentit, & qui lui causa même la mort, fut celle que lui apportérent les débauches de l'un de ses enfans, qu'elle avoit élevé avec grand soin, & qui lui avoit donné jusqu'à l'âge de vingt-trois ans beaucoup de satisfaction. Ce jeune homme, après s'être porté heureusement pendant plusieurs années à la vertu & à l'étude des lettres, s'étoit acquis l'estime des honnêtes gens, & commençoit d'être en état de rendre de grands services à Dieu ; lorsque les mauvais exemples de ceux de son âge, l'esprit d'orgüeil, & la vaine confiance aux biens qui ne lui avoient coûté nulle peine à acquerir, le jettérent dans toutes sortes de desordres. Sa vertueuse mere eut le cœur veritablement blessé, de voir Dieu offensé & la Religion deshonorée par une personne qui lui étoit si chere, & en contracta une langueur qui la conduisit au tombeau. Mr le Nobletz, qui souffroit avec beaucoup d'affliction les égaremens de ce jeune homme, pria Dieu de punir son insolence en cette vie, d'une maniere qui fût utile à son salut, & qui fit glorifier la justice des jugemens Divins. Se sentant exaucé, il prédit à la mere, par une lettre prophetique, premierement sa mort à elle même, causée par la douleur qu'elle ressentoit, & ensuite tous les malheurs & les mauvaises affaires que cet indigne fils auroit en divers endroits du Roïaume, qu'il specifioit assez clairement, & qu'accablé enfin de douleur & d'infamie, il mourroit à l'Hôtel-Dieu de Paris. Toutes ces predictions s'accomplirent ponctuellement ; Dieu appella la bonne veuve en 1648. & le jeune homme la suivit quelques années après, accablé des miseres qu'il s'étoit attirées par ses desordres ; mais avec tant de douleur de ses pechez, qu'on pouvoit reconnoître en cela l'efficacité des prieres du saint Prêtre, qui l'avoit tenu sur les fonts sacrez du baptême, & qui lui obtint la perte des biens de la terre, pour lui faire desirer ceux du ciel, & l'en rendre digne par la penitence.

En 1648.

En 1648.

DOMNAT ROLLAND,
autre veuve, conduite par Mr. le Nobletz.

XVII. SIECLE.

Tiré de la vie de Mr. Nobletz L. 10. chap. 5.

QUAND Mr. le Nobletz vint demeurer à Doüarnenez, Domnat Rolland, qui avoit encore son mari, étoit âgée de quarante-trois ans, & ne sçavoit ni l'Oraison Dominicale, ni aucune autre priere, ni les premiers principes de nôtre sainte foi touchant les mysteres de la Trinité & de l'Incarnation, ni enfin aucune autre chose des plus necessaires au salut. Dès la premiere fois qu'elle assista au catechisme du saint Missionnaire, elle commença d'avoir une faim insatiable de la parole de Dieu ; mais quelque ardeur qu'elle eût pour les instructions de cet homme Apostolique, elle se privoit cependant assez souvent de la consolation d'y assister, pour ne pas mécontenter son mari, qui croïoit que le tems qu'elle y mettoit, diminuoit le gain qu'elle faisoit par son travail. Mais il plut à Dieu de le guérir de cette erreur ; il souhaita lui-même, aussi ardemment que sa femme, d'assister aux catechismes, & il commença de se disposer par une veritable penitence à l'autre vie, à laquelle Dieu l'appella bientôt après.

La bonne veuve avoit une memoire prodigieuse. Elle alloit deux fois le jour à l'instruction, & repetoit aussi tôt aux autres tout ce que Mr. le Nobletz y avoit expliqué, & lui répondoit au commencement de chaque assemblée sur tout ce qu'il avoit dit dans la précedente. Il jugea qu'elle devoit apprendre à lire, pour se rendre encore plus utile aux autres, & se perfectionner encore elle-même de plus en plus dans la vie spirituelle ; mais quelque peine qu'elle se donnât pour le satisfaire là-dessus, elle n'en put jamais venir à bout. Elle ne laissa pas, par le secours de sa memoire, qui conservoit fidélement tout ce qu'elle entendoit dire à Mr. le Nobletz, de devenir plus sçavante dans la Theologie mystique & dans la connoissance de nos mysteres, que ceux qui ont emploïé toute leur vie à les étudier. Elle avoit une connoissance si parfaite des vertus, de leurs propres motifs, de leur necessité, de leur utilité, de leurs actes, & des moïens de les acquerir ; & elle possedoit si bien l'art de mépriser le monde, de se vaincre soi-même & de surmonter tous les vices ; que les plus doctes étoient surpris de l'entendre parler de tout cela avec autant de force & de solidité qu'elle en parloit. Si elle satisfaisoit les plus spirituels & les plus sçavans, elle se rendoit aussi intelligible aux personnes les plus grossieres & les plus ignorantes, & gagnoit aisément les plus endurcies & les plus attachées au mal. L'Evêque de Cornoüaille lui permit, aussi-bien qu'à Claude le Belec, l'autre veuve dont nous venons de parler, de contribuer à l'instruction des peuples par l'explication des énigmes spirituelles de Mr. le Nobletz, après qu'il lui eut entendu, avec une satisfaction extraordinaire, faire une de ces explications, sur un tableau qui marquoit les principaux devoir du Chrétien.

Elle eut jusqu'à l'âge de quatre-vingt ans, la même facilité à apprendre & à retenir tout ce qu'elle entendoit d'instructif, & le même don de s'expliquer nettement & avec grace, & de persuader aux autres les veritez necessaires au salut & à la perfection. Elle conservoit ces faveurs extraordinaires du ciel, par la même humilité qui les lui avoit attirées. Son exterieur étoit fort negligé, & la pauvreté de ses habits, & la naïveté de ses paroles, répondoient fort bien aux sentimens interieurs qui la portoient à se regarder elle même l'objet comme le plus méprisable de la terre. Elle étoit presque toûjours unie à Dieu de pensée & de cœur, par le moïen de l'oraison, & puisoit souvent de nouvelles forces dans les fontaines du Sauveur, par la frequentation des Sacremens. Sa dévotion fut toûjours accompagnée de beaucoup d'austeritez secrettes, qu'elle pratiqua sans relâche jusqu'à une extrême vieillesse. Son occupation ordinaire dans sa maison, étoit de faire des filets ; & se refusant à elle même les choses les plus necessaires, elle entretenoit cinq ou six pauvres du gain qu'elle faisoit à ce métier, & des autres petits profits de son trafic. Son travail domestique ne l'empêchoit pas d'enseigner tous les jours les prieres & le catechisme aux petits enfans ; & ne manquoit jamais, les Dimanches & les Fêtes, d'expliquer aux personnes plus âgées les tableaux de Mr. le Nobletz.

La reputation de sa vertu & de sa capacité attira, des extrémitez de Leon & de Cornoüaille plusieurs filles de qualité, qui vinrent demeurer chez elle, pour apprendre d'une pauvre veuve qui ne sçavoit pas lire, la plus sublime & la plus utile de toutes les sciences. Il y en eut beaucoup qui demeurerent long-tems auprès d'elle ; & il ne s'en est vû aucune de ce nombre qui n'ait perseveré jusqu'à la mort dans une

En 1648.

Mlle. de Kerescat. Mlle. de Kerguen. Trois Dlles. de Kerchâtel, & plusieurs autres.

En 1648. observance continuelle des maximes de l'Evangile qu'elle leur avoit enseignées. Ce fut elle aussi qui instruisit avec tant de soin & de benediction du ciel une païsanne grossiére que lui envoïa Mr. le Nobletz, laquelle, de stupide qu'elle étoit auparavant, devint en six mois de séjour qu'elle fit auprès de Domnat Rolland, très-éclairée, & capable d'instruire les autres, comme elle fit durant treize ans, avec des fruits incroïables.

Cette vertueuse veuve avoit un désir ardent du salut des ames, & eût voulu pouvoir porter tout le monde à la connoissance & à l'amour de J. C. Son sage Directeur lui donna le moïen d'exercer utilement ce zéle, & l'envoïa souvent, avec l'autre veuve dont nous avons parlé, en divers lieux des dioceses de Leon, de Treguer, & de Cornoüaille, pour y enseigner la doctrine de l'Evangile. Son entretien avoit des charmes qui attiroient les peuples à se faire instruire, & à écouter ses explications spirituelles, qu'elle alloit souvent faire à la campagne, jusqu'à ce que sa vieillesse l'empêchant de marcher, la reduisit à ne plus faire ces instructions que chez elle, où elle mourut la quatre-vingtiéme année de son âge, avec toutes les marques d'une heureuse prédestination.

Mort le 8. d'Octobre 1660.

PIERRE LE GOUVELLO, dit Monsieur de Queriolet, Conseiller au Parlement de Bretagne; ensuite Prêtre.

XVII. SIECLE.

Tiré de la vie écrite par le P. Dominique de Ste. Catherine Carme, imprimée à Paris en 1665.

DIEU a fait voir dans la femme pecheresse de l'Evangile, dans S. Paul, dans S. Augustin, & dans plusieurs autres sujets où sa grace a triomphé avec le plus d'éclat; d'un côté, quelle est la profondeur de l'abime où la corruption nous entraîne, quand nous sommes abandonnez à nous-mêmes; & de l'autre, quel est le tréfor de ses misericordes, quand il lui plaît de changer en vases d'élection, des vaisseaux qui sembloient n'être destinez qu'à l'opprobre & à l'ignominie. Pierre le Gouvello, dont nous allons tracer ici l'histoire, ne fut ni moins scandaleux par ses débauches, que la femme pecheresse; ni moins violent & moins avide de sang, que ne l'étoit Saul; ni moins égaré, qu'Augustin Manichéen. Mais quand il eut plû à Dieu de lui faire sentir les attraits vainqueurs d'une grace extraordinaire, & de prendre pitié de lui dans sa grande misericorde ; il fut fidéle à obeïr à la voix du Pasteur Celeste, suivit constamment les routes de la penitence la plus rigoureuse, & par une perseverance de plus de vingt-cinq années dans les exercices de la mortification, de la pieté, & de la charité, donna au public des exemples d'édification beaucoup plus efficaces, que n'avoient été dangereux ceux qu'il lui avoit donnez de déreglement & d'impieté.

8. Octob.

La famille dont il étoit sorti est noble & ancienne, plus connuë néanmoins, dans les tems les plus reculez sous le nom de *des Forges*, que sous celui de *Gouvellou*, quoique l'un & l'autre signifient la même chose en François & en Breton ; & en effet, dans le même acte où les personnes de cette famille sont nommées des Forges, on les trouve souvent signées le Gouvellou. Cette famille, distinguée dans le XIIIe. siécle par la possession des dîmes, ce qui étoit particulier aux maisons nobles ; dans le XIVe. par les services rendus en qualité d'Ecuïers dans la Gendarmerie Françoise sous le Conétable du Guesclin, & de Gouverneurs d'Auray ; & dans le XVe. par toutes les marques honorables qui sont preuve de noblesse ; commença vers la fin du XVIe. à degenérer dans quelques-unes de ses branches, à se jetter dans le commerce & user de bourse commune ; ce qui a donné lieu à de grands procez entre les freres, pour les partages, en portant les cadets à disputer la noblesse à leurs aînez. Mais enfin le Conseil du Roi & le Parlement de Bretagne aïant égard au privilege de la noblesse Bretonne, qui ne perd jamais les avantages de son origine, quand elle veut cesser de vivre roturiérement, déclarérent par leurs Arrests du mois de Mars de l'an 1671. les Gouvellou nobles d'ancienne extraction.

Registre de la Reformation de la noblesse de Bretagne en 1669.

Les deux branches aînées de cette famille ne subsistoient plus, la premiere, que dans la personne de Loüis le Gouvello, qui n'eut qu'une fille mariée au Seigneur de Kermain Lopriac ; & la seconde, que dans Vincent le Gouvello, dont le fils unique mourut sans posterité. La troisiéme branche étoit nombreuse, & s'étoit encore partagée en plusieurs autres ; de la troisiéme desquelles étoit Olivier Seigneur de Queriolet frere puîné de Paul le Gouvello Seigneur de Kersivien. Olivier épousa Anne Guido, & en eut quatre enfans, un garçon & trois filles. Les filles furent mariées, l'une à Mr. de Moncan (Marin) Conseiller au Parlement, l'autre au Seigneur de Lannitré (Larlan) & la troisiéme à René de Montigni

8.
OCTOB.

Montigni pere du feu Président de Montigni. Le fils unique d'Olivier vint au monde à Aurai, ville de l'Evêché de Vannes, l'an 1602. le 14. de Juillet; & eut pour parrain sur les fonts de baptême. Pierre le Gouvello Seigneur de Kerguanguis son oncle paternel, qui lui donna le nom de Pierre qu'il portoit.

Le pere & la mere de cet enfant n'oublièrent rien pour lui donner une éducation Chrétienne; mais il en profita bien peu, & à peine put-il connoître le mal, qu'il s'y porta avec ardeur. Il fit société avec les libertins de son âge, & devint le plus corrompu de tous. Il n'eut plus, ni la modestie qui convenoit à son âge, ni la pieté dont on lui avoit insinué les élemens, ni le respect & la déference qu'il devoit à son pere & à sa mere; il se rendit fier envers ses domestiques, rebelle à ses maîtres, insupportable à ses compagnons; & pour avoir une plus grande liberté de goûter toutes les douceurs qu'il se promettoit dans la vie, il demanda permission d'aller faire ses études à Rennes. On l'y envoïa, au college des Peres Jesuites; mais au lieu de s'y former aux lettres & à la pieté, il ne s'attacha qu'à apprendre à faire des armes, & s'y sentant une disposition qui lui donnoit beaucoup d'avantage, il regarda son épée comme l'instrument le plus sûr de sa fortune, & ne la quittoit plus. Le Lecteur voudra bien que nous tirions le rideau sur les desordres affreux de la vie d'un breteur violent, escroc, & impudique; parce que les descriptions trop détaillées de ces sortes de conduites peuvent devenir dangereuses.

Les parens de ce jeune homme gémissoient sans doute de ses déreglemens; mais ils ne laissoient pas d'y contribuer en quelque sorte, par l'indulgence trop molle qui les portoit à satisfaire avec regularité à toutes les dettes qu'il contractoit, & à la reparation de ses violences & de ses friponneries. Il commença la Philosophie, après être sorti des basses classes tellement quellement; & s'en étant bientôt rebuté, il voulut prendre quelque connoissance des Loix; après quoi il s'en retourna dans sa maison paternelle, où il vola son pere, & aïant été découvert, il s'enfuit, avec ce qu'il put emporter du vol où on l'avoit surpris; & au desespoir d'avoir eu plus de honte que de profit d'une action basse & indigne, il résolut d'aller servir le Turc, & d'embrasser l'Alcoran, s'il y trouvoit plus son compte que dans la profession de l'Evangile. A peine fut-il sorti de France, qu'il tomba dans une affreuse misere, & souffrit au-delà de ce qui se peut imaginer. Au défaut de tous secours humains, il invoqua l'enfer, il appella les Démons à son aide; il chercha les magiciens, les enchanteurs, les donneurs de billets & de caracteres diaboliques, & le tout vainement & sans fruit. Il donna, tête baissée, dans la profession de breteur; il insultoit & attaquoit tout le monde; avec une intrépidité égale à son insolence; en quoi il fut plus heureux, que dans la recherche des sortileges & des malefices, puisqu'il ne fut jamais blessé, quoiqu'il ait eu la temerité d'en attaquer lui seul jusqu'à sept autres, une fois même quatorze, & une autre fois trente. C'étoit beaucoup plus pour satisfaire la passion qu'il avoit de tirer l'épée, que pour procurer la sureté publique par amour de la justice; qu'il eut quelque pensée d'acheter la charge de Grand-Prévôt; il en fit même les fonctions dans des occasions très-dangereuses, pour se faire craindre & respecter; par les marques qu'il y donna de son courage & de sa bravoure.

Il étoit à Paris, abîmé dans la débauche, & associé à une bande de filoux, quand il apprit la mort de son pere. Il revint à Rennes, pour donner partage à ses sœurs; & voïant le respect que l'on portoit dans toute la province aux Conseillers du Parlement, il prit la résolution d'y acheter une charge. Il traita avec M. Jean Boutin d'un office de Conseiller-Commissaire aux Requêtes du Palais; s'en fit pourvoir par lettres du 14. de Juillet de l'an 1628. & les présenta à la Cour le 22. de Septembre. Le peu d'application qu'il avoit apportée à l'étude lui fit apprehender le succès de l'examen; & desesperer de répondre suffisamment à la Loi qui lui fut donnée le 28. de Septembre. Il usa d'artifices & même de menaces, pour éviter une épreuve à laquelle il se sentoit si peu de disposition; mais il en fallut passer par-là. Il répondit médiocrement bien, & fut reçu le 5. d'Octobre. Les charges éminentes facilitent les alliances avantageuses; & Mr. de Queriolet se servit de ce prétexte pour offrir ses recherches dans plusieurs familles de distinction. Mais son cœur corrompu, ennemi d'un engagement saint & honorable, ne se proposoit que de séduire l'innocence credule par de vaines & trompeuses promesses. Plus la pourpre dont il étoit revêtu lui donnoit de distinction; plus le scandale de sa vie étoit pernicieux. Ses desordres augmentérent, & il y joignit l'incredulité; qu'il fit gloire d'étaler à la face des Autels. Il faisoit vanité de ne rien craindre; & pour faire voir que les signes même du ciel n'avoient pas le pouvoir d'ébranler son ame intrepide, il eut la folle temerité de tirer

8.
Octob.

une nuit ses pistolets contre le tonnerre qui grondoit sur sa maison ; après quoi il alla se coucher tranquillement, & ne témoigna pas la moindre émotion, à son réveil, quand on l'eut informé que le tonnerre étoit tombé sur son lit, dont il avoit brûlé l'une des colomnes. Il n'eut pas la même fermeté dans une autre rencontre, où le tonnerre l'aïant surpris dans une lande, l'abbatit par terre, & le contraignit à chercher de l'abri sous le ventre de son cheval. Mais il eut honte de cette crainte passagere, & pour reparer en quelque sorte l'affront qu'il croïoit avoir reçû dans cette occasion, aïant sçû qu'un homme l'attendoit une nuit, pour le maltraiter, il alla se présenter à lui. Cet ennemi lui tira un coup de fusil, de bien près; & le temeraire Conseiller n'en aïant point été blessé, se confirma dans la pensée où il étoit, qu'il n'avoit rien à craindre de qui que ce fût, & qu'il pouvoit se battre avec toute la terre, sans apprehender que la victoire lui échapât. Non content de séduire l'innocence des filles, de chercher à triompher de leur foiblesse, & de troubler la paix des mariages par des assiduitez, où l'éclat avoit encore plus de charmes pour lui, que le mal même ; il emploïa tous les artifices de l'hypocrisie, pour tâcher de corrompre quelques épouses de J. C. en quoi il n'eut pas la satisfaction de réüssir.

Au milieu d'une vie si licentieuse, la foi, qui n'étoit pas encore tout-à-fait éteinte dans son cœur, poussoit de tems en tems des clartez dont son ame étoit penetrée. Une fois entr'autres, il eut une vûë si claire de l'Enfer, & de la place qui lui étoit destinée dans ce séjour malheureux, qu'il en fut saisi de crainte & d'horreur, & se proposa de faire desormais de dignes fruits de penitence. Il eut recours aux fontaines salutaires qui rendent l'innocence au pecheur ; on le vit frequenter les Sacremens, marcher les yeux baissez, & le corps humilié, assidu dans les Eglises, vêtu negligemment. Il poussa cette ferveur naissante jusqu'à vouloir embrasser l'Institut des Chartreux, dans leur maison de S. Michel près d'Auray. Il en demanda l'habit avec ardeur, & persista pendant deux mois dans cette recherche. La Communauté, touchée de sa perseverance, & d'une si belle conversion, consentit à le recevoir sous l'étendard de S. Bruno. Il entra dans la Chartreuse ; mais se repentant bientôt de s'être repenti, il regarda sa démarche comme une extravagance ; il ne prit point l'habit, & sortit de chez les Chartreux pour reprendre son premier train de vie.

Heb. 6.

S. Paul nous apprend qu'il est bien difficile, que ceux qui ont été éclairez une fois, qui ont goûté le don celeste, & ont été faits participans de l'Esprit Saint, & qui retombent après cela, puissent se convertir une seconde fois ; & tel étoit le danger évident où se trouvoit Mr. de Queriolet de perdre son ame pour jamais ; si le Seigneur n'avoit voulu, par un effet d'une misericorde singuliere, que la lumiere triomphât des tenebres, que la grace fût victorieuse de la corruption, & que l'on apprît par un grand exemple, que ce qui est impossible aux hommes, est possible à à Dieu. Il faut cependant rendre la justice à ce pecheur si déterminé au mal, de dire, que parmi une infinité de mauvaises qualitez, il en avoit deux bonnes ; la premiere étoit une grande compassion pour les pauvres & les affligez, qu'il ne renvoïoit jamais sans secours, malgré l'avarice qui dominoit en lui ; & il a quelquefois mieux aimé lui donner une pistole entiere, que de les renvoïer les mains vuides ; & l'autre, qu'il ne s'est jamais écarté de l'équité la plus exacte dans l'exercice de sa charge. On ajoute à cela, que cet homme qui faisoit gloire de ne croire ni paradis, ni enfer, & de passer pour Athée, invoquoit cependant la sainte Vierge dans tous ses besoins, & lui disoit tous les jours au moins un *Ave Maria*; sur quoi de certaines gens appuïent peutêtre un peu trop, pour assurer qu'il étoit presque impossible que Mr. de Queriolet perît, avec une telle semence de prédestination.

O

Informé qu'il y avoit à Loudun une fille d'une rare beauté, de la Religion de Calvin, il forma le dessein d'aller à Loudun, & de n'épargner rien pour faire cette conquête. Arrivé dans cette ville, & courant les ruës, sans sçavoir où aller, il passa devant l'Eglise de sainte Croix, & y entendit un grand bruit. Il demanda ce que c'étoit, & on lui dit que l'on y exorizoit des filles possedées ; que le Roi avoit envoïé des Commissaires pour examiner ce qui s'y passoit ; que S. M. y avoit aussi envoïé de Paris des Religieux, & d'autres personnes pieuses & sçavantes ; & qu'il y venoit de bien-loin des Princes & des Seigneurs de la Cour, pour être spectateurs des choses extraordinaires qui se faisoient & qui se disoient-là. La curiosité le poussa dans cette Eglise, pour y voir la bonne compagnie, & les extravagances de ces folles ; car c'étoit le jugement qu'il en portoit alors. Comme il ne faisoit que d'arriver à Loudun l'esprit qui agitoit ces filles n'avoit pas encore eu le tems de s'informer de sa condition & de sa vie ; c'est pourquoi lui voïant

8. Octob. un air martial, & l'épée au côté, les possedées fausses ou veritables, le traitterent de Cavalier, de brave, de genereux, de guerrier. Il répondit qu'il n'étoit point homme de guerre, mais homme de justice. L'Esprit, convaincu de mensonge par son babil, se tira de ce faux pas, au moïen d'une subtilité, en disant qu'il ne falloit pas moins de courage pour rendre la justice, que pour faire la guerre. Les habiles gens qui avoient la direction de ce spectacle, emploïérent sans doute leur industrie pour inspirer au gentilhomme étranger une bonne opinion de leur ministére; & le Démon qui parloit par ces filles ne s'adressa plus à lui directement, de peur, comme il est à croire de parler encore mal-à-propos. Mr. de Queriolet retourna tout pensif à son logis, & comme le nombre de ceux qui croïoient la possession veritable étoit beaucoup plus grand, que celui des incredules, il n'est pas étonnant, que battu de mille recits extraordinaires, qui depuis leur origine avoient pris de bouche en bouche de nouveaux surcroîts de merveilleux, il ait cru avec beaucoup d'honnêtes gens & de bons esprits, même de medecins, [a] qu'il y avoit-là quelque chose de surnaturel. Comme chacun faisoit des questions à ces possedées, il resolut de leur en faire trois à son tour, qui piquoient sa curiosité. Il retourna à l'Eglise de sainte Croix le lendemain matin 5. de Janvier de l'an 1636. & l'Esprit qui avoit eu le tems de s'informer du nom & des affaires de cet étranger, lui adressa la parole, pour lui demander ce qu'il étoit venu faire parmi des *femmelettes*; & lui dire qu'il feroit beaucoup mieux de s'en retourner, parce que tout ce qu'il verroit à Loudun ne lui serviroit de rien. Le Pere Exorciste repartit en Latin à ce Démon, que Dieu, par sa misericorde, se serviroit peutêtre pour la conversion de ce gentilhomme, de ce qu'il verroit & de ce qu'il entendroit. *Nous l'empêcherons bien*, dit le Démon prétendu; à quoi il ajoûta beaucoup d'autres discours que nous ne croïons pas necessaire de rapporter ici. Les questions que Mr. de Queriolet n'étoient pas du nombre de celles qui contiennent des difficultez dont le dénouement est reservé à des intelligences superieures. Le Pere Exorciste tout seul eût pû y satisfaire. La première étoit : qui l'avoit garenti du coup de tonnerre qui étoit tombé sur son lit ? La seconde : qui l'avoit préservé d'être blessé de l'arquebuse qui lui avoit été tirée de si près ? La troisième : quelle avoit été la cause pourquoi il étoit sorti des Chartreux ? La sainte Vierge, & l'ange Gardien furent citez à propos, pour satisfaire aux deux premières questions, & même on fit honneur à l'étranger, de lui dire, que son ange Gardien étoit de l'ordre des Cherubins. Quant à la troisième question, comme nous avons déja vû que le Pere Exorciste, qui n'étoit pas demeuré le jour precedent 4. du mois, sans curiosité au sujet de ce gentilhomme, sçavoit le 5. qu'il avoit besoin de conversion, le Démon, qui n'en sçavoit pas moins que le pere, après avoir cotté si précisément sur les deux autres questions des choses invisibles dont on peut dire ce que l'on s'avise, se contenta de parler sur la troisième question, en general seulement, & de dire, qu'une si grand impureté ne pouvoit pas demeurer en un lieu si pur. Soit que cette possession ait été veritable, ou que ce n'ait été qu'une tragedie joüée pour venger un grand Prélat de l'insolence d'un Prêtre; il est toûjours vrai de dire que Dieu se servit en cette rencontre des Démons, pour convertir enfin veritablement & inébranlablement Mr. de Queriolet, puisqu'il a fallu que le Démon ait possedé l'esprit de ces filles, ou le cœur de ceux qui ont fait au public une si grande illusion. 8. Octob.

Le même jour Mr. de Queriolet, penetré du repentir le plus sincere & le plus vif alla se jetter aux pieds des Peres Jesuites, & leur faire dans une confession generale le recit douloureux de toutes les abominations de sa vie, avec le dévoûment le plus parfait à ce que Dieu demanderoit de lui, & une résolution ferme & genereuse de passer le reste de ses jours à tâcher de satisfaire à sa justice. La charité, qui prit en ce moment l'empire absolu de son cœur, lui fit, comme à la femme pecheresse de l'Evangile, mépriser les discours du Pharisien & les railleries des gens du monde; il n'eut point de honte de paroître penitent, & de faire une profession publique de l'être tout le reste de sa vie. Le jour des Rois, 6. de Janvier, il retourna aux Exorcismes, où sa conversion fut le sujet de beaucoup de discours que tint le Démon prétendu, qui se disoit forcé par la puissance de Dieu à être le Nathan de ce David, & le Jonas de ce Ninivite. Il l'appella quequefois *gueux*, par une froide allusion à son nom de Gouvello, qui ne signifie rien d'approchant. Il auroit trouvé des injures plus riches, s'il avoit sçû que ce nom Breton signifioit *des Forges*. La Fille possedée qui parloit au gentilhomme converti, le congedia en se panchant sur lui, comme pour lui mettre dans la bouche la sainte hostie qu'elle tenoit sur la langue, en lui disant qu'elle alloit lui donner Dieu pour le conduire. Par ce leger échan-

[a] Voïez le livre de François Piloux D. en Med. de Poitiers imprimé à Poitiers en 1655. intitulé *In actiones juliodunensium Virginum Exercitatio medica*.

8.
Octob.

tillon le Lecteur pourra, juger aisément, que sous prétexte de Démons & de possession, ces Exorcistes se sont peutêtre dispensez quelquefois du respect serieux que l'on doit à des choses aussi sacrées que l'adorable Eucharistie.

Les premiers fruits de la conversion de Mr. de Queriolet, furent de se retirer dans sa maison, pour y mener une vie humiliée, pénitente, & solitaire; au mépris de tout ce que le siécle, les railleurs, les libertins, ses parens même, en pourroient dire. Les femmes qu'il avoit autrefois seduites, cherchérent à le seduire à leur tour, ou du moins à le porter à effectuer par un engagement honnête, des paroles qui avoient servi à les tromper. Elles le poursuivirent jusqu'au pied des autels, pour se faire voir à lui, mais inutilement; ses yeux n'étoient plus ouverts aux objets terrestres. Il y en eut une, plus emportée que les autres, qui osa bien l'arrêter au sortir de l'Eglise, & faire retentir à ses oreilles, au refus de ses regards, une voix qui ne lui étoit que trop connuë. Il crut qu'il étoit de la justice, aussi-bien que de la pieté, de l'instruire en peu de mots, de sa conversion, des motifs qu'il en avoit eus, des obligations qu'il avoit à la misericorde infinie qui l'avoit attendu si long-tems, & de la ferme résolution qu'il avoit prise de passer le reste de sa vie dans la penitence & dans l'éloignement continuel de tous les plaisirs. Il l'exhorta à en faire autant, & la laissa penetrée de respect pour un changement dans lequel il étoit aisé de reconnoître le doigt de Dieu.

Etant arrivé à sa maison, il congedia tous ses serviteurs inutiles, après les avoir satisfaits, & ne retint que ceux qui étoient propres à servir les pauvres, à qui il avoit consacré tous ses biens, & destiné sa maison pour leur servir d'hôpital. Il la ferma à toutes les compagnies du monde, & leur fit dire qu'il n'avoit plus rien à demêler avec les personnes du siécle, & qu'il ne vouloit plus voir que ceux qui auroient recours à sa charité. Il s'abandonna à la lecture des livres saints, & s'appliqua serieusement à se faire instruire de la Religion & des devoirs de l'homme Chrétien. Il invitoit pour cela quelques personnes Religieuses à le venir voir, & il les alloit souvent chercher & consulter, sur tout ses voisins les Peres Carmes de sainte Anne. Il fit un nouveau fonds pour les pauvres, dont il ne se regardoit plus que comme l'administrateur, par la vente de sa charge de Conseiller-Commissaire aux Requêtes du Palais, de laquelle il traita avec M. René du Plessis, qui

Reg. du Parlement.

en obtint provisions, qu'il présenta à la Cour le 20 d'Avril de l'an 1637. & fut reçû le 29.

Mais avant que d'avoir conclu ce traité, Mr. de Queriolet avoit voulu faire une reparation publique des scandales qu'il avoit causez dans les Eglises par ses impietez & ses profanations. Il partit de chez lui sur la fin du Carême de l'an 1636. vêtu d'une grosse chemise de serpilliere, d'un vieux pourpoint noir retourné, sans manches, & d'un méchant haut de chausses, avec un mauvais chapeau sur la tête, & un bâton à la main, & prit le chemin de Rennes, pour y aller faire une espece d'amende honorable. En approchant de Ploërmel, il demanda le chemin à deux gueux, qui le maltraitérent cruellement. Il sentit quelque mouvement de se mettre en défense; mais il se surmonta, jetta son bâton, & résolut de n'en porter plus jamais dans tous ses voïages, quelque chose qu'il eût à craindre de la furie des bêtes, ou de la violence des hommes. Il logea à l'Hôpital de Ploërmel où il fut associé à une bande de gueux, qui le voïant passer la nuit en prieres, & n'osant ni le battre, ni le chasser, lui firent mille insultes, qu'il endura avec une patience invincible. Etant arrivé à Rennes, & se souvenant que l'Eglise de N. D. de Bonnes-Nouvelles étoit une des principales qu'il avoit profanées par ses entretiens libertins avec les femmes, ce fut aussi la premiere où il alla. Il y passa neuf jours entiers, depuis le matin jusqu'au soir, au bas de l'Eglise, à genoux, dans un coin, d'où il n'osoit pas même lever les yeux au ciel. Il ne sortoit que pour mandier quelque morceau de pain dans les maisons voisines, & la nuit il se retiroit sous quelque porche, ou dans quelque grange ou écurie.

Au retour de ce voïage, se trouvant en suspens sur l'état de vie qu'il devoit choisir, & se défiant de ses lumieres, il fut déterminé par le conseil de ses amis & les avis de son Directeur, à se mettre dans la clericature. Si l'ancienne discipline de l'Eglise eût encore été en vigueur, l'énormité de ses desordres passez ne lui auroit pas permis d'aspirer du moins si tôt, à la Prêtrise; mais le Seigneur Evêque de Vannes Sebastien de Rosmadec, jugea qu'il n'étoit pas impossible à celui qui dans un instant avoit fait d'un persecuteur, un Apôtre, de faire d'un impie si solidement converti, un digne ministre des autels. Il se hâta de lui donner les Ordres Sacrez, & lui confera celui de la Prêtrise le 28. de Mars de l'an 1637. Deux considerations contribuérent

8.
Octob.
à porter Mr. le Querïolet à se soumettre en cela à la volonté de son Prélat ; la premiere, qu'il auroit la satisfaction d'être le pere spirituel des pauvres à qui il donneroit les assistances temporelles ; & la seconde, qu'aïant résolu de passer le reste de ses jours à faire des pelerinages penibles ; ce lui seroit une grande consolation, de pouvoir se munir tous les jours du pain des Anges, sans apprehender de manquer la Messe les jours de Fêtes ; & à ce sujet il portoit toûjours du pain & du vin avec lui, de peur de n'en pas trouver dans les lieux écartez des villes.

Il retourna à Loudun quelque tems après, pour y rendre graces à Dieu du miracle de sa conversion. Il entra dans l'Eglise de sainte Croix, où l'on continuoit les exorcismes, & prenant sa place en un coin, il y passa huit jours en priere, dans une figure & une posture bien differentes de celles qui l'avoient fait remarquer la premiere fois. Toûjours prévenu que la possession étoit veritable, il avoit pris la résolution d'interroger le Démon seulement de pensée, au sujet de sa vocation. Il croïoit n'être point reconnu de l'Exorciste. Mais on n'emploïoit pas à ce mystere des gens sans esprit & sans curiosité ; & d'ailleurs il étoit fort reconnoissable, & dans un équipage propre à jetter les esprits curieux dans la recherche. Comme il n'avoit apparemment pas caché le dessein qu'il avoit d'interroger le Démon mentalement ; l'Esprit passa huit jours sans lui rien dire ; peut-être même n'auroit-il enfin rien dit à propos, si le pelerin pénitent, soit dans la ferveur de sa priére, soit dans quelqu'autre rencontre, n'eût laissé entrevoir son secret. Aussi-tôt qu'il eut donné cette clarté, l'Esprit, au milieu d'un long mélange de bons & d'extravagans discours, lui dit, que la volonté de Dieu étoit qu'il demeurât dans l'état de Prêtre séculier. Il ajoûta, qu'il avoit fait vœu d'aller à N. D. de Liesse ; « mais qu'avant qu'il y fût, les démons « lui dresseroient bien des embûches ; qu'il « ne trouveroit point à loger ; qu'il seroit « pris pour un espion ; & qu'il seroit battu « par les gueux. » C'est Mr. de Querïolet lui même qui a rapporté cette prédiction, qui, à la bien prendre, n'a rien qui passe les bornes de la sagacité naturelle des hommes. Il pouvoit avoir parlé du dessein de son voïage ; sa figure délabrée étoit propre à lui faire refuser le couvert, & à le faire prendre pour un espion ; ce qui lui étoit arrivé auprès de Ploërmel, qu'on pouvoit ne pas ignorer, donnoit lieu de lui prédire encore quelqu'autre rencontre semblable. Tout cela arriva à nôtre pénitent. En passant à Paris, il ne put y trouver à loger, personne ne voulut le recevoir, & il fut contraint de passer la nuit dans un Cimetiére ; il fut pris pour un espion dans une ville de Picardie ; il fut battu & maltraité par des gueux ; mais enfin il arriva à Liesse, où il passa neuf jours en dévotion dans la fameuse Eglise de N. D.

8.
Octob.

Dès le commencement de sa conversion il avoit fait vœu, pour l'expiation des desordres de sa vie, de faire à son corps le plus de mal qu'il pourroit, & à son prochain le plus de bien qu'il lui seroit possible. Il est aisé, après cela, de juger jusqu'à quel excès un homme d'un naturel aussi ardent que lui, aussi vivement penetré de ses fautes, & prévenu d'une grace si extraordinaire, poussa la rigueur de sa penitence. Dans sa maison il couchoit tout habillé ; il passoit souvent la nuit dans un chaise, & n'avoit alors pour oreiller, que la table, ou quelque livre. Ses chemises étoient de la plus grosse & de la plus rude toile ; il n'en changeoit point, & les portoit quelquefois jusqu'à cinq & six mois dans ses voïages, & dans les plus grandes chaleurs de l'été ; ce qui l'exposoit à des peines affreuses dont l'imagination auroit peine à souffrir le détail. Ses habits étoient d'ordinaire tout déchirez, parce que quand il en avoit de meilleurs, il ne manquoit point de les donner au premier pauvre qui lui demandoit la charité. Ses souliers étoient garnis de petits cloux, dont la pointe perçoit la semelle interieure. Avec cette incommodité & la goutte qui lui étoit déja ordinaire, il faisoit cependant chaque jour dix lieuës à pied, mesure qu'il s'étoit prescrite, & qu'il fournissoit, sans s'arrêter, à moins qu'il n'y fût contraint par une extrême necessité. Il avoit aussi fait vœu à Dieu de se tenir tous les jours à genoux l'espace de sept à huit heures, pendant sept ans. On l'y remarquoit souvent des cinq & six heures de suite. Au commencement, comme il n'étoit point accoutumé à cette posture, il lui vint au genou une grosse louppe, qu'il negligea ; il s'y forma une aposthume qui le corrompit de telle sorte, qu'on fut sur le point de lui couper la cuisse ; mais il trouva un remede plus doux dans la confiance qu'il eut en Dieu & à l'intercession de S. Joseph. Comme on voulut le saigner au pied dans sa derniere maladie, on lui vit les genoux garnis de gros calus & un corps pointu au milieu d'un genou. On lui demanda comment il avoit pu soûtenir la douleur que lui devoit faire cette incommodité ; à quoi il ne répondit autre chose, sinon, que ce n'étoit quasi rien. Il reparoit par cette posture

8.
Octob.

pénible les postures indécentes dans lesquelles il avoit autrefois assisté au service Divin. De même, pour expier la perte du tems qu'il avoit emploïé à friser ses cheveux & relever ses moustaches, il négligeoit entierement le soin de sa tête & de sa barbe, & ne se faisoit raser & faire le poil, que dans l'indispensable necessité & le plus simplement qu'il étoit possible. La nuit, il couchoit la tête nuë, sans calotte ni bonnet, & il ne portoit ni gans ni mouchoir. La mauvaise odeur des hôpitaux & des malades, & l'infection de la galle & de la teigne, dont il prenoit plaisir à s'affliger les sens, étoit le sacrifice qu'il offroit à Dieu, pour reparer l'excès de ses délicatesses passées. Sa nourriture ordinaire étoit le plus gros pain & l'eau, avec quelques fruits. Ses yeux étoient toûjours baissez contre terre, & jamais la curiosité ne l'a occupé pendant tous ses voïages. Il a été deux ou trois fois à Rome, sans avoir eu l'envie d'y voir le Pape; & dans un voïage à N. D. de Mont-Serrat, pour offrir, comme David, le sacrifice d'une chose qu'il avoit ardemment souhaitée, il n'eut pas plûtôt apperçu de loin ce Santuaire si renommé, qu'il retourna sur ses pas, sans satisfaire ce que sa dévotion pouvoit avoir de curieux & de sensible.

Il ne se contenta pas d'avoir fait de sa maison une maison de retraite; il alloit souvent dans les deserts & les forêts, ouvrir son cœur, dans une plus severe solitude, aux mouvemens & aux instructions de l'Esprit Divin. Il quêtoit, en y allant, autant de pain qu'il en avoit besoin, & y passoit les quinze & les vingt jours à jeûner au pain & à l'eau, sans autre lit que la terre, sans autre couverture que ses habits, & sans autre oreiller qu'un caillou ou le coin de quelque fossé.

Pour expier la folle pensée qu'il avoit euë autrefois d'aller abjurer sa Religion parmi les Turcs, il souhaita d'y pouvoir répandre son sang pour la foi Chrétienne, & se mit en chemin dans ce dessein; mais la peste qui infectoit le païs par où il devoit passer, l'empêcha d'achever son voïage.

Un autre vœu qu'il fit à Dieu au commencement de sa conversion, fut de jeûner au pain & à l'eau pendant trois ans, si la rencontre de quelque compagnie ne l'en dispensoit, & il mit bon ordre à ne se pas trouver dans la necessité de prendre cette dispense, puisqu'il évita soigneusement toutes les compagnies. Mais il poussa encore plus loin sa fidélité envers Dieu & sa dureté contre lui-même; il voulut essaïer combien de jours il pourroit passer de suite sans

8.
Oct

manger. Il éprouva qu'il en pouvoit passer deux, & pratiqua cette effroïable abstinence pendant deux ou trois mois. Au bout de ce terme, tout abbatu qu'il étoit d'une diete si cruelle, il s'anima pourtant à passer ainsi le reste de l'année; & l'exemple de celle-là lui servit pour se soûtenir, avec le secours de Dieu, dans la même pratique les deux autres années. Mais il se trouva alors dans un pitoïable état. Tout le reste de sa vie il se contenta des viandes les plus grossieres. Il se passoit peu de jours qu'il n'apportât des villages où il se trouvoit, quelque morceau de gros pain, qu'il prenoit comme par aumône, & il exhortoit ses serviteurs à benir Dieu d'une bonne œuvre à laquelle il avoit contribué. Il n'avoit du vin dans sa cave, que pour la sainte Messe, & pour les necessitez des malades. Il en portoit ordinairement une bouteille, quand il alloit celebrer le saint Sacrifice loin de sa maison, afin d'en pouvoir laisser chez les pauvres qui en avoient besoin dans leurs infirmitez; & pour lui, le vin qu'on lui servoit, rougissoit seulement son eau, sans presque en alterer le goût.

Mais si sa penitence a été surprenante, sa charité n'a pas été moins admirable. Instruit à l'école de J. C. que donner l'aumône, est le moïen de se purifier entierement des souïllures du peché; & justement épouvanté de sa longue perseverance dans le crime, il se fit un précepte du conseil qu'un prophete donnoit à un méchant Roi, menacé des effets terribles de la vengeance de Dieu; & résolut de sacrifier tout son bien aux pauvres, pour rachetter ses iniquitez par la charité dont il useroit envers eux. Il espera de préserver son ame, par ce moïen, d'aller dans les tenebres, qu'il seroit délivré de la mort éternelle qu'il s'étoit vû préparée, & qu'il retrouveroit dans une meilleure vie la misericorde qu'il auroit faite aux indigens. Il ne regarda donc plus ses biens, que comme le patrimoine des pauvres, & ne s'en reserva que l'œconomie & la dispensation. Après avoir changé sa maison en hôpital, il alloit lui même chercher les pauvres & les malades de tous côtez, & quand leur foiblesse ne leur permettoit pas de le suivre; il ne dédaignoit pas de les charger sur ses épaules. Quand il étoit trop loin de sa maison, pour leur rendre ce bon office; il imitoit le pieux Samaritain, les portoit dans les premieres maisons ou hôtelleries, recommandoit aux maîtres d'en prendre soin, & laissoit abondamment de quoi les faire penser, traiter, habiller & nourrir. Il avoit une charité particuliere pour les pauvres honteux, dont

Luc
Dan.
Tob & 12

il trouvoit moïen de soulager l'indigence, sans la faire connoître. Les pauvres filles qui n'avoient pas moïen de s'établir, étoient un des objets les plus sensibles de sa compassion ; il leur fournissoit liberalement des dots, soit pour se marier, soit pour entrer dans quelque Religion. Dans ses voïages il avoit toûjours quelque bonne somme d'argent, non pas pour subvenir à ses necessitez, mais pour soulager celles des pauvres. Il étoit au comble de sa joïe, quand il voïoit les pauvres aborder chez lui de tous côtez ; il les alloit prendre par la main, quand il voïoit que la honte les empêchoit d'approcher ; il les servoit lui-même de ses propres mains, & ne prenoit son repas, que quand on avoit donné à manger à tout le monde. Il avoit des magazins d'habits, de chemises, & de souliers, pour vêtir & chauffer ceux qui étoient nuds ; & quand ses tresors étoient épuisez, il faisoit detacher jusqu'aux rideaux de son lit, & en donnoit les draps & les couvertures, plûtôt que de souffrir que quelqu'un s'en allât de chez lui sans être soulagé. Le bruit se répandit, que par la benediction de Dieu, ses biens se multiplioient, à mesure qu'il en faisoit une si sainte profusion ; mais on n'a jamais pû tirer de l'humble penitent l'aveu d'aucun miracle sur ce sujet ; il disoit seulement, qu'il étoit surpris comment il lui restoit un sou de bien, après tout ce qu'il en avoit distribué. Soit qu'il fût dans sa maison, ou qu'il n'y fût pas, l'aumône s'y faisoit toûjours également à tous ceux qui se présentoient ; & lui, de son côté, la faisoit sans cesse, quelque part qu'il fût. Il n'a jamais souffert qu'on ait vendu un seul grain de ses bleds ; il les emploïoit tous à la nourriture des pauvres. Au commencement de sa conversion, il distribua une partie de son bien aux hôpitaux, aux Eglises, & aux Convens, afin qu'on priât Dieu pour lui & pour lui obtenir la grace de perseverer. Les Carmes de Sainte Anne, sur tout, éprouvérent sa pieuse liberalité, par le don qu'il leur fit de beaucoup de terres qui composent la plus grande partie de leur enclos. Il faisoit ses stations ordinaires dans les prisons & les hôpitaux, où il alloit toutes les semaines, au moins une fois en quinze jours, faire ses aumônes, & consoler les affligez. Il ne se contentoit pas du bien qu'il y faisoit par lui-même ; il y engageoit aussi les personnes riches, & par son exemple, & par ses discours.

Mais quelque humanité qu'il eût naturellement pour les pauvres, à qui il n'avoit jamais rien refusé, même dans le tems de ses plus affreux déreglemens ; ce ne fut pas cependant sans quelque repugnance qu'il s'attacha à les traiter & à les nourrir. Il fut plusieursfois sur le point de quitter ce pénible & dégoûtant exercice ; mais la peine & le dégoût même furent des raisons qui le déterminérent à perseverer dans un emploi qui joignoit une mortification humiliante au merite de l'aumône. Afin de la faire aux ames, comme il la faisoit aux corps, il demanda l'approbation de son Evêque, pour confesser & communier tous les pauvres passans, & leur administrer les autres Sacremens qu'il leur jugeroit necessaires, tant pour remedier aux abus qui se perpetuoient parmi eux, que pour ne les pas laisser passer les années entieres sans s'approcher des Sacremens de la penitence & de l'Eucharistie, qu'on leur refuse souvent dans les paroisses de la campagne, ou qu'ils ne s'empressent pas fort de demander. A un quart de lieuë de sa maison, au coin d'une lande appellée la Lande-du-Mont, il y avoit une Chapelle dediée à l'honneur de la sainte Vierge, sous le nom de N. D. de Misericorde. Elle n'étoit pas encore du domaine des parens de Mr. de Queriolet, au tems de sa naissance, mais ils l'avoient acquise depuis ; & c'étoit-là qu'il administroit les Sacremens ; ce qu'il ne voulut jamais faire, ni même dire la Messe, dans la chapelle de sa maison. Il ne voulut jamais, non plus confesser d'autres personnes que les pauvres, quoique plusieurs personnes de condition l'en aïent souvent prié ; ce qui témoigne assez qu'il n'avoit pris cet emploi, que par charité. Tous les soirs, après qu'il étoit revenu de ses œuvres de pieté & de charité, il assembloit tous les pauvres qui étoient dans sa maison, & leur faisoit une exhortation, ou quelque lecture dévote, leur enseignoit les mysteres de nôtre foi, les interrogeoit sur les Commandemens de Dieu & de l'Eglise, le *Pater*, l'*Ave*, le *Credo*, & les autres choses necessaires au salut. La conference achevée, il les conduisoit chacun au lieu où ils devoient reposer, & leur donnoit sa benediction. Le matin, il les assembloit de nouveau, & leur faisoit repeter leurs prieres ; & à midi, pendant leur dîner, il leur donnoit encore quelque instruction. Il conjuroit les étrangers d'aller à sainte Anne se confesser & communier, & pour plus grande sureté, il les y conduisoit souvent lui-même.

Il lui étoit resté une grande compassion pour les personnes possedées du malin esprit, qu'il exorcizoit dans la Chapelle de N. D. de Misericorde, sans autres témoins que deux ou trois personnes de confiance, qui lui aidoient à chanter & reciter des

8.
Octob.

prieres. Mais quoiqu'il ait donné ses soins, avec une assiduité laborieuse, à quantité de possedées, avec l'approbation & la permission de son Prélat, on ne dit pas cependant qu'il en ait délivré plus de deux ou trois. Au défaut d'une délivrance parfaite, il leur donnoit des consolations spirituelles, dont la plus efficace, pour les soûtenir dans les peines d'un état qui fait horreur, étoit de les admettre à la participation des Sacremens, qu'il estimoit qu'on ne pouvoit leur refuser sans inhumanité, sans blesser la charité Chrétienne, & sans se laisser conduire à un esprit tout opposé à celui du Sauveur, dont il est écrit, qu'il n'acheveroit pas de briser le roseau froissé, & d'éteindre le lumignon, qui au milieu de la fumée qui l'étouffe, conserve encore quelque reste de clarté.

Is. 42.
Math. 12.

Pour marcher avec plus de liberté dans la voïe de salut, il s'étoit dépoüillé, par un vœu particulier, de la proprieté de tous ses biens, qui étoient considerables, & ne s'en étoit reservé que l'administration; encore ne s'étoit-il chargé de ce soin, que parce qu'il avoit cru que Dieu demandoit cela de lui. S'il portoit de l'argent dans ses voïages, ce n'étoit pas pour s'en servir, ce n'étoit que pour subvenir aux besoins des pauvres. Il a regardé comme des faveurs singulieres de Dieu, les affronts & les mauvais traitemens qu'il a quelquefois reçus dans les maisons même qu'il avoit arrêtées pour servir de refuge aux pauvres, parce qu'on ne l'y connoissoit pas dans ces rencontres.

S'il n'avoit point mis au feu le recit qu'il avoit fait lui-même de sa vie criminelle & de sa vie penitente, nous pourrions donner ici un long détail de ses voïages; mais comme il a jugé à propos d'ensevelir tout cela dans l'oubli; nous nous contenterons de dire en general, que l'esprit de foi & de penitence qui l'engageoit à des courses si penibles & si fréquentes, l'empêchoit de prendre aucunes mesures pour sa sûreté, quoiqu'il eût souvent à passer par des païs ennemis. Ses lettres de Prêtrise, son Breviaire, sa modestie, sa simplicité, ont été les seuls passeports, à la faveur desquels il a trouvé tous les chemins libres; & du reste une protection particuliere de Dieu l'a préservé, dans des occasions qui ont été funestes à d'autres, à ses yeux, de la cruauté des voleurs, aussi bien que d'un supplice honteux, auquel il fut une fois condamné, comme espion. Continuellement occupé, dans ses voïages, de la priere, des peines dûës à ses crimes passez, & des grandes misericordes de Dieu à son égard, il ne se laissoit distraire par aucun objet curieux, & ne s'arrêtoit qu'aux Eglises & Chapelles qu'il trouvoit sur sa route, afin d'y implorer le secours celeste, par l'intercession des Saints. Mal reçû, & souvent rebuté dans les hôtelleries & les hôpitaux même, il lui est arrivé très-souvent de passer la nuit sous des halles & des porches, & quelquefois même sur la neige ou sur la terre nuë.

Il ne se détournoit pas même dans ses pelerinages, pour voir les personnes les plus distinguées par leur pieté. A son second voïage à Loudun, le Procureur du Roi de cette ville lui parla d'un saint Prêtre si fameux en ce tems-là, que l'on appelloit le Pere Bernard, & l'exhorta à le voir, en passant à Paris. Mr. de Queriolet ne promit rien de positif là-dessus; il dît seulement, que s'il le rencontroit, il lui parleroit volontiers, mais qu'il ne l'iroit point chercher. Ils ne se connoissoient ni l'un ni l'autre, que de reputation. Monsieur de Queriolet faisant un second voïage à N. D. de Liesse, & devant passer à Paris, pensoit souvent à ce Pere Bernard dont on lui avoit dit de si grandes choses; & celui-ci, informé sans doute de ce voïage du Conseiller converti, l'attendoit avec impatience. Le pieux pelerin arrivant à Paris, s'imaginoit que tous les Prêtres qu'il rencontroit étoient le P. Bernard; mais il ne leur disoit mot. En approchant des Chartreux, il apperçût un Prêtre à pied, & le chapeau sous le bras, qui parloit avec action à des Dames qui étoient dans un carosse; & entendit ces Dames qui lui répondirent : « mais « quoi? Pere Bernard, on diroit que vous « auriez l'esprit renversé. Vous ne nous par- « lez que d'un Cavalier, d'un Cavalier.... « A ces mots Mr. de Queriolet n'eut plus de peine à reconnoître le saint Prêtre dont on lui avoit parlé. Il s'approcha, & lui demanda si c'étoit donc lui qui s'appelloit le Pere Bernard? L'autre dit que c'étoit lui-même, & demanda à son tour à Mr. de Queriolet, si ce n'étoit pas lui qui étoit Conseiller de Bretagne; & aïant appris que c'étoit lui, il dit à ces Dames : « voilà « celui dont je vous parlois; c'est lui qui « vous dira ce qu'il faut que vous fassiez « pour servir Dieu. « Il emmena Mr. de Queriolet avec lui, & le retint trois jours à Paris. Comme à l'égard des biens temporels, ils étoient tous deux dans des pratiques fort opposées, Monsieur de Queriolet avoit extrémement souhaité de consulter le Pere Bernard sur cet article, afin de reformer en cela même sa conduite, si aussi saint homme que Mr. Bernard la condamnoit. Il lui avoüa donc ingenuëment,

qu'aïant

8. qu'aïant cru faire bien de se rendre l'œcónôme de ses propres biens, pour les distribuer aux pauvres qu'il en avoit établis les seuls maîtres, il étoit toûjours attentif à recueillir toutes les successions qui lui arrivoient, parce qu'il estimoit qu'il étoit du devoir essentiel d'un œconôme fidèle d'en user ainsi envers son maître, & que les pauvres étoient ses veritables maîtres. C'est sur quoi il lui demandoit son avis. Monsieur Bernard le lui donna en ce peu de mots : « Mon ami, pour moi la lueur de l'or & « de l'argent m'éblouït les yeux ; je n'en « manie point ; c'est frere Jean mon gar- « çon qui fait ma dépense ; quant à toi, « continuë dans la pratique que tu as reso- « luë. » Pendant les trois jours que Mr. de Queriolet fut à Paris, le P. Bernard le mena voir quelques personnes distinguées par leur vertu & leur pieté, comme le P. de Gondren & Mr. Vincent fondateur de la Congregation des Missionaires de Saint Lazare.

Quoique Mr. de Queriolet fit tous les jours environ dix heures d'oraison, les lecteurs ne doivent pas s'attendre à trouver ici de ces voïes interieures & de ces routes nouvelles que les Spirituels ont decouvertes dans la vie mystique. Il avoit pris pour modéle le Publicain à qui N. Sauveur a donné un témoignage si propre à confondre le Pharizien orgueilleux & sufflant. Mr. de Queriolet se tenoit, comme le Publicain, dans une posture humiliée, il n'osoit lever les yeux au ciel qu'il ne s'estimoit pas digne de regarder, & réünissoit toutes ses pensées & ses demandes dans ce peu de paroles : *Dieu ! soïez propice à ce pecheur.* Si pour obéïr aux ordres de ses Confesseurs, & contenter la faim qu'il avoit du pain des Anges, il s'en nourrissoit chaque jour, depuis qu'il avoit reçû l'ordre de la Prêtrise, il ne s'en approchoit que dans les sentimens toûjours également vifs d'humiliation, d'anéantissement, d'adoration, & de reconnoissance, qui ne l'occupoient pas moins puissamment dans l'exercice de la priere. Toûjours penetré des peines qu'il avoit meritées, & des faveurs qu'il avoit reçûës, il y trouvoit facilement de quoi passer sa vie entiere à s'en entretenir avec Dieu. En un mot, il étoit si plein de Dieu, qu'il s'étonnoit comment on pouvoit penser à autre chose qu'à lui. Il passoit toutes les matinées dans les Eglises, à rendre à Dieu ses adorations & ses hommages, qui lui servoient de preparation pour offrir l'Agneau sans tache. Il y retournoit à l'heure de Vêpres, & y demeuroit jusqu'à la nuit. Quand il entroit dans quelque maison Religieuse, ce n'étoit jamais que par l'Eglise, pour y adorer le maître, avant que de voir les serviteurs. Quelque accablé qu'il fût de fatigue dans ses pelerinages, lorsqu'il entroit dans un Convent, pour y recevoir l'hospitalité, il assistoit à tout ce qui restoit de l'Office Divin, & ne manquoit jamais d'y assister la nuit à Matines. Quelque part qu'il rencontrât le S. Sacrement qu'on portoit aux malades, il le suivoit dans toutes les maisons, malgré la faim & la soif qui le tourmentoient, & les affaires de consequence, qu'il risquoit souvent, à cause de cela, de perdre l'occasion de terminer. L'heureuse experience qu'il faisoit des effets merveilleux de la Divine Eucharistie, lui en faisoit regarder le frequent usage comme un des moïens les plus sûrs pour se détacher des embarras du siécle, & renoncer aux délices de la chair, c'est-à-dire quand on y apporte, comme lui, de grandes & de convenables dispositions, une foi vive, une pureté entiere, un amour ardent & parfait ; car du reste, frequenter la table du Seigneur, & continuer à aimer le monde, à flatter son corps, à vivre dans la dissipation & les délices ; c'est faire une alliance affreuse de la santé & de la maladie, de la vie & de la mort, de Christ & de Belial. Mr. de Queriolet avoit une assiduité particuliere à sa Chapelle de N. D. de Misericorde. Il y étoit plus long-tems que dans sa propre maison, puisqu'il y étoit sans cesse hors les tems de ses repas & celui qu'il donnoit à servir les pauvres. Il n'en revenoit que le soir bien tard ; y alloit à minuit, quand il n'y avoit pû aller pendant le jour, & y retournoit le matin, aussi-tôt qu'il avoit fait faire la priere à ses pauvres.

La tendresse qu'il avoit pour eux ne se bornoit pas à ceux que l'on appelle Mandians ; il étoit bien plus touché de l'état où se trouvent des personnes nobles qui ont le cœur trop élevé pour se reduire à servir, ou à travailler, & trop peu de bien pour avoir de l'éducation. Il déploroit le peu de soin que se donnoient de pourvoir à faire élever la pauvre noblesse, ceux qui auroient pû, & peutêtre même dû, y penser efficacement. Il lui paroissoit bien étrange qu'on eût trouvé des remedes aux miseres de toutes les conditions, excepté à celle de la noblesse, qui, à dire le vrai, est la plus sûre & la plus glorieuse ressource de l'État. Il s'étonnoit de voir des hôpitaux generaux pour les mandians, des maisons de charité pour les enfans du pauvre peuple, des hôtels Dieu pour les malades, des societez pour l'assistance des pauvres honteux,

Ppp

8. des Colleges & des Bourses pour les écoliers indigens ; & qu'on n'eût point pensé à établir des Seminaires, des Academies, ou des Colleges pour la pauvre noblesse. Il s'étoit donné du mouvement dans le Parlement, pendant qu'il y avoit été, pour faire prendre à ce noble & illustre corps quelque résolution qui pût procurer de l'éducation à la jeune noblesse qui étoit dans la pauvreté. Il avoit aussi dressé des memoires là-dessus, qu'il avoit dessein de présenter aux Etats de la province.

Il n'a pas assez vécu, pour procurer cet avantage à sa patrie. Il tomba malade la nuit d'entre le 21. & le 22. Septembre de l'an 1660. d'une espece d'esquinancie, dont il fut saisi comme il se levoit pour aller dire la Messe au Convent de Sainte Anne, à une lieuë de chez lui, le mercredi, qui étoit le jour de chaque semaine qu'il avoit destiné à cette dévotion. Il fut obligé de se recoucher. Les deux jours suivans il tenta inutilement de se lever ; enfin le samedi, qui étoit son jour d'extraordinaire pour le voïage de sainte Anne, il fit effort pour se lever, & se rendit à pied au Convent, après avoir été contraint par sa foiblesse, de s'arrêter plusieurs fois en chemin, sur tout à la Chapelle de sainte Brigitte, à un demi-quart de lieuë de sainte Anne. Il avoit une dévotion particuliere à cette sainte veuve ; il alloit souvent à la Chapelle qui porte son nom ; & cette fois, qui fut la derniere, il se recommanda bien affectueusement à la Sainte. Arrivant au Convent de sainte Anne, il suivit sa pratique ordinaire ; il y entra par l'Eglise, où il entendit quelques Messes, comme s'il eût eu plus de santé ; mais il fut obligé de se tenir assis pour quelque tems. Sentant que les forces lui manquoient, il se retira dans sa chambre ordinaire auprès des Infirmeries, où au bout de deux ou trois jours il parut guéri. Mais la fluxion qu'il avoit euë à la gorge, tomba sur la poitrine la nuit suivante, & lui fit apprehender d'en être suffoqué avant que de s'être muni des derniers Sacremens. Il envoïa chercher de grand matin le P. Dominique de sainte Catherine, qui entendit sa confession, & ne jugeant pas qu'il fût encore tems de lui donner en cérémonie les Sacremens, se contenta de le communier à l'ordinaire, pour satisfaire sa dévotion. On fit venir deux medecins, qui ordonnérent ce qu'ils crurent qui pourroit soulager le malade, & il s'y soumit, par pure obéïssance, pendant huit jours ; mais voïant après cela, que tous les remedes ne faisoient qu'irriter son mal, il renonça au secours de la medecine, & abandonna entiérement son corps & son ame à la disposition de la Divine providence. Il lui étoit impossible d'ailleurs, de rien prendre pour se soûtenir & se rafraîchir, que quelque chose de liquide, encore ne pouvoit-il avaler le peu qu'il en prenoit, qu'avec bien de la peine. Comme son mal augmentoit peu à peu, on jugea à propos de lui donner le saint Viatique avec toutes les cérémonies en usage dans la maison. Dieu fit connoître à cet illustre penitent, que son ame étoit prête de quitter la terre, pour passer dans le séjour éternel. Il en témoigna une grande joïe, & marquoit, par des transports animez d'une vive foi & d'une ardente charité, avec quelle impatience il attendoit l'heureux moment qui devoit être le dernier de son exil ; & portoit une sainte envie à un des Religieux de la maison qui étoit mort au bout de cinq jours de maladie. Il demanda l'onction des malades, avant que d'être à la derniere extrémité, & la reçut avec ses dispositions ordinaires, de confusion de soi-même, de douleur d'avoir offensé Dieu, de regret de l'avoir servi lâchement, d'abandon à ses jugemens, d'esperance en sa misericorde, & des desirs extrêmes de se voir uni si étroitement à lui, qu'il ne s'en pût jamais separer. Quand on lui eut apporté les Saintes huiles, il pria N. S. de lui faire la grace que ce dernier Sacrement qu'il n'avoit jamais reçu, eût en lui son premier & son dernier effet tout ensemble, sans qu'il fût besoin d'y retourner. Il reçut ce Sacrement le Mardi au soir, 5. d'Octobre. Il souffrit une longue & étrange agonie, qui l'obligeoit quelquefois à s'écrier : *ah ! quelle agonie ! quelle agonie ! Mon Dieu ! un peu de relâche.* Et d'autres fois : *Je suis attaché à la Croix avec J. C.* Il passoit sans cesse du froid le plus excessif, aux ardeurs les plus violentes d'un feu qui le dévoroit. Sa patience étoit encore plus grande que ses maux, & quand on lui demandoit s'ils diminuoient un peu, & s'il sentoit quelque peine d'esprit, il répondoit negativement à la derniere question ; mais pour l'autre, il se contentoit d'avoir Dieu pour unique témoin de l'excés de ses souffrances. Il souhaitoit qu'on lui jettât souvent de l'eau benite ; il ne recevoit de visites que pour un moment, & demandoit qu'elles se terminassent par des prieres que l'on faisoit pour lui en sa présence. L'amour Divin dont il étoit embrazé jettoit souvent de vives étincelles, dont les Religieux qui l'assistoient se trouvoient penetrez. Le malade sentant approcher la mort, étendit les bras en croix, leva les yeux au Ciel, & après avoir été pendant un tems considerable dans une es-

8. Octob.

pece de ravissement ; il rendit l'esprit entre les mains du pere Celeste, le Vendredi 8. d'Octobre, jour de sainte Brigitte, l'an 1660. Son visage demeura plus frais & plus vermeil, qu'il ne l'avoit eu avant sa maladie, & trente heures après sa mort, toutes les parties de son corps étoient encore aussi flexibles que s'il eût été en vie. Tout le monde s'empressa de se saisir de quelque chose qui eût été à son usage, pour le conserver comme une précieuse relique, & ceux qui ne purent être assez heureux pour cela, firent au moins toucher leurs Chapelets à son corps. Comme il avoit tout donné aux pauvres, il ne lui restoit que quelques meubles, qu'il employa à satisfaire ses serviteurs. Il ne fit point de testament, mais seulement une déclaration de derniere volonté, par laquelle il marqua, & le signa de sa main, dans sa derniere maladie, qu'il souhaitoit d'être enterré dans l'Eglise de Sainte Anne, & qu'on ne fît aucune ouverture ni separation de son corps. Il fut enterré au bas des marches du grand Autel de cette Eglise. On prétend que Dieu a recompensé de quelques guérisons miraculeuses la confiance avec laquelle on s'est recommandé à ce heros de la penitence. Sa memoire est en grande veneration dans le païs ; & l'on a sujet de loüer Dieu d'avoir donné à la pieté, dans l'exemple d'une conversion aussi parfaite & aussi constante, que celle de Mr. de Queriolet, de quoi confondre l'endurcissement de ceux qui ne se convertissent point, & la lâcheté de ceux qui ne se convertissent que foiblement.

Decedée le 6. Dec. 1669.

MATHURINE BERTHELOT, Du Tiers-Ordre des Carmes.

XVII. SIECLE.

Tiré de la vie du Pere Huby.

MATHURINE Berthelot étoit de Ploërmel, d'une honnête famille. Elle alla se confesser au Pere Huby Jesuite, dans le cours d'une Mission. Le Pere reconnut en elle un esprit bien fait, un cœur genereux, une ame grande, & capable de la plus haute vertu ; mais touché de compassion de la voir en même tems coëffée à la mode & parée des vains ornemens du luxe, il lui dit, avec cette tendresse que le zéle inspire : *ma fille ! à quoi sert cette pompe mondaine ?* Ce peu de paroles, animées par le S. Esprit, penetrérent le cœur de cette jeune fille ; elle sentit une vive contrition, & fondant en larmes, elle protesta qu'elle renonçoit dès ce moment aux

vanitez du siécle. Sa détermination fut aussi constante qu'elle avoit été prompte. L'amour Divin établit son regne en elle par de si puissans attraits, que nul objet de la terre ne la toucha plus. Presque dès les premiers pas qu'elle fit dans la vie spirituelle, son ame fut élevée à une sublime contemplation, à laquelle ne parviennent jamais ceux qui conservent quelque attache pour les choses sensibles. Le P. Huby admirant en elle les progrès de la grace, prit un soin particulier de sa conduite, & lui permit de se confesser & de communier tous les jours. Pour se dévoüer plus particulierement à la sainte Vierge, & s'attirer sa protection speciale, elle entra dans le Tiers-Ordre du Mont-Carmel. Dieu l'éprouva par de grandes maladies. Les humiliations & les souffrances faisoient ses délices ; & pour satisfaire l'ardeur qu'elle avoit d'être méprisée du monde, comme elle le méprisoit, ses Confesseurs lui permirent de faire des actions heroïques, dont on ne nous a pas donné le détail. Celui qui l'a confessée les dernieres années de sa vie, & l'a assistée à la mort, a rendu témoignage qu'il la regardoit comme une des ames de son siécle des plus parfaites. Elle vivoit parmi les créatures, comme s'il n'y eût eu que Dieu & elle au monde. Elle étoit dégagée de toutes les affections humaines, insensible à tous ses interêts propres, morte à elle-même, toute absorbée en Dieu, toûjours égale, & portant sur son visage les marques de la paix dont elle joüissoit audedans. Son Confesseur lui permit une fois de sucer le pus de l'ulcere d'un pauvre, dont la seule vûë faisoit horreur ; en quoi l'on ne doit pas moins loüer son obéïssance, que son courage heroïque. Un jour aïant surpris un homme qui lui voloit dans une armoire une bourse où il y avoit cinquante écus, la premiere pensée qu'elle eut d'abord, fut que cet homme devoit avoir grand besoin d'argent ; elle ne fit pas semblant de le voir, & le laissa joüir paisiblement de son larcin, sans en parler à personne. Dieu ne lui donna que huit ans pour consommer l'ouvrage de sa perfection ; mais elle remplit ces années de mérites. Elle mourut le 6. de Decembre de l'an 1669. âgée d'environ 33. ans. Son corps repose devant l'autel de N. D. dans l'Eglise des Carmes du Bodon près de Vannes. Elle avoit promis, pendant sa vie, si Dieu lui faisoit misericorde, d'obtenir de Dieu pour son dernier Confesseur une grace singuliere ; & il a rendu témoignage qu'il a obtenu cette faveur distinguée, après la mort de cette sainte fille.

6. Decemb.

LOUISE HUBY,
Dame de Kerloüet,
Sœur du P. Huby.

1. Novemb.

Morte le 1. Nov. 1670.

XVII. SIECLE.

Tiré de la vie du Pere Huby.

DE cinq sœurs qu'eut le Pere Huby, dont nous parlerons bientôt, deux furent Carmelites à Nazareth, à Vannes, comme nous l'avons déja dit, & trois furent mariées. La derniere de ces trois fut Loüife Huby, qui époufa en 1613. Jean de Canaber Seigneur de Kerloüet, d'une famille noble de Carhais, dont elle eut fix enfans, l'aîné defquels fut René de Canaber Gouverneur de Carhais, qui époufa Marguerite le Borgne fille de Jean Seigneur de Lefquiffiou & de Marie de Plœuc. Loüife Huby Dame de Kerloüet étant demeurée veuve à l'âge de 25. ans, réfolut de n'avoir plus deformais d'autre époux que J. C. & de donner fes foins à l'éducation des enfans dont elle fe trouvoit chargée, & qu'elle avoit tous allaittez elle-même. Dans l'efpace de foixante-dix-huit ans qu'elle a vêcu, elle n'a jamais rompu un jeûne. A ceux que l'Eglife commande, elle ajoûtoit encore ceux de l'Avent, & tous les Vendredis & Samedis de l'année, du premier mardi de chaque mois en l'honneur de fon Ange Gardien, l'abftinence du Mercredi pour l'amour de la fainte Vierge, & beaucoup d'autres auftentez. On admiroit fon détachement des chofes de la terre, fa modeftie, fa pudeur, fon égalité d'efprit, fa patience dans fes maladies, fa conftance dans les accidens les plus fâcheux. L'oraifon étoit fon occupation la plus ordinaire; elle s'y appliquoit même dans fes promenades; & fon divertiffement le plus agréable étoit de méditer fur les myfteres de nôtre falut. Tous les jours elle faifoit dire une Meffe à fon intention, fouvent pour fes parens & pour fes amis vivans, le jour de leur faint patron; & pour ceux de fes parens & de fes amis qui étoient morts, le jour de leur anniverfaire. Lorfqu'elle étoit à la campagne, elle ne fe contentoit pas d'avoir affifté à la Meffe qui fe difoit dans la Chapelle du Château de Kerloüet, elle alloit rendre une ou deux vifites au Saint Sacrement dans l'Eglife de la paroiffe éloignée d'un demi quart de lieuë, fans jamais s'en difpenfer, quelque mauvais tems qu'il fit. Tous les foirs, aïant raffemblé fes domeftiques, elle leur faifoit une lecture de la vie des Saints, & la priere enfuite. Senfible aux miferes du prochain, elle alloit

Arreft de la Reformation de la nobleffe de Bretagne du 10. Dec. 1668.

fort loin à la campagne vifiter & affifter les malades, & leur portoit elle-même ce qui étoit neceffaire pour leur foulagement, & ceux qui travailloient chez elle ne pouvoient prefque fuffire à faire les chemifes & les habits qu'elle diftribuoit aux pauvres. Elle fouhaitoit de mourir le jour de la Touffaints, afin d'avoir part, auffi-tôt après fa mort, aux prieres que l'Eglife fait le lendemain pour les fidéles trépaffez. Dieu lui accorda cette faveur, & l'appella à lui ce même jour l'an 1670. Une grande foule de peuple vint de toutes parts & jufques de Carhais, qui eft à deux lieuës de Kerloüet, où elle étoit morte, honorer fon corps expofé dans la Chapelle du Château; & les pauvres qui la pleuroient comme leur mere, lui donnoient mille benedictions. Son corps fut enterré dans l'Eglife de N. D. de Plevin, où fon tombeau a reçu depuis un nouvel honneur, lorfqu'on l'ouvrit, pour y mettre le corps du P. Maunoir; ce qui fit dire dans le païs, qu'on avoit mis enfemble deux corps Saints.

1. Novemb.

ARMELLE NICOLAS,
Fille de la campagne, fervant en condition, communément appellée:
La bonne Armelle.

Mort 24. d' 1671

XVII. SIECLE.

CE n'eft pas en parlant des perfonnes de la plus baffe extraction, mais c'eft en parlant des Rois, [a] que l'Eglife rend graces à Dieu Tout-puiffant & mifericordieux, de n'avoir exclus de fa gloire aucunes des conditions qui mettent de l'inégalité parmi les hommes; & en effet, fi l'humilité, la fimplicité, la pauvreté, la patience, font les titres fur lefquels on entre en poffeffion du Roïaume des cieux; il eft bien plus rare fans doute d'y voir des Rois, que des perfonnes qui ont vêcu dans l'abbaiffement & dans un état obfcur; comme il eft plus rare de voir paffer le chameau par le trou de l'aiguille, que d'y voir entrer le fil fimple & délié. Mais ce qui paroît impoffible aux hommes, ne l'eft pas à Dieu; & cette hiftoire des Saints de Bretagne a fourni affez d'exemples de la grace qu'il a faite à tant de grands du fiécle & à tant de riches, d'entrer à la vie par la voïe étroite, qui n'admet ni l'enflure de l'orgüeil, ni le vain embarras des attachemens & des fuperfluitez. Il femble même qu'on fe foit plus appliqué autrefois à nous tracer l'hiftoire de

[a] A l'fion Henri Juillet

LA BONNE ARMELLE.

ces personnes illustres par leur naissance, que celle des personnes sur qui l'obscurité de la leur n'attiroit aucune attention. Mais Dieu a eu des heros dans tous les états de la vie ; c'est pourquoi à quelques autres de ces *petits*, à qui le Roïaume des cieux appartient, & dont nous avons proposé la vie édifiante au public, nous joindrons une simple servante, ignorante jusqu'à ne sçavoir pas lire, éclairée jusqu'à faire l'admiration des personnes qui étoient dans l'usage d'enseigner la vie spirituelle ; de la plus basse condition parmi les hommes, & élevée à la perfection la plus surprenante.

Tiré de sa écrite par Mere Jeanne de la Nativité Religieuse Ursuline de Vannes.

Elle nâquit le 19. de Septembre de l'an 1606. dans la paroisse de Campagnac, près de la ville de Ploërmel, dans l'Evêché de S. Malo. Son pere s'appelloit George Nicolas, & sa mere Françoise Neant. L'un & l'autre étoient de condition champêtre, & n'avoient qu'un bien mediocre. Ils craignoient Dieu, & se portoient avec affection à son service. Le pere avoit plusieurs bonnes qualitez, dont celle qui éclatoit le plus étoit la dévotion envers la très-sainte Mere de Dieu, qu'il nommoit ordinairement sa bonne mere, & recitoit tous les jours le chapelet à son honneur, à quoi il s'occupoit avec plus d'attachement encore les Dimanches & les jours de fête, en se promenant autour de ses terres, pour éviter la frequentation de ses voisins & les occasions de débauche. La femme secondoit les bonnes intentions du mari, & tous deux vivoient paisiblement ensemble. Dieu benit leur mariage par la naissance de deux filles & de quatre garçons. L'aînée fut celle dont nous écrivons l'histoire. Elle fut nommée Armelle sur les fonts de baptême. Avec le tems on vit paroître en cette fille un excellent naturel, un jugement solide, une humeur douce & sociable, avec un exterieur modeste, posé & retenu. Aussi tôt qu'elle sçut parler, sa mere se rendit soigneuse de lui apprendre le *Pater*, l'*Ave*, & quelques autres prieres ; & la petite enfant, de son côté, prenoit plaisir à être instruite, & n'avoit point de divertissement plus agréable, que celui de prier Dieu. L'on remarqua dès son bas âge, qu'elle avoit de l'inclination à la solitude & au silence ; c'est pourquoi, quand elle fut un peu grande, sa mere l'envoïa garder les brebis & autre bétail ; occupation qu'Armelle préferoit à toute autre, à cause du loisir qu'elle y avoit de reciter souvent son chapelet & ses autres prieres. Elle se faisoit un oratoire du coin de quelque haïe, s'y retiroit, & y passoit les jours dans l'exercice de la priere, pendant que ses compagnes étoient à joüer & à se divertir.

Nôtre Seigneur commença dès-lors à l'attirer à lui, par la douceur qu'il lui faisoit trouver à ses dévotions. Un jour, étant retirée à son ordinaire pour prier Dieu, elle apperçut auprès d'elle une croix sur laquelle il y avoit un crucifix attaché avec une petite corde. Etonnée, & ravie en même tems, de cette rencontre, elle prit le crucifix, le baisa, le caressa, & l'arrosa de ses larmes, avec de grands mouvemens de tendresse. Au plus fort de sa dévotion, il lui sembla qu'on vouloit le lui arracher des mains ; & la pensée lui vint qu'elle feroit peutêtre mieux de le jetter à terre & de le mépriser. Elle n'effectua point ce qui lui étoit suggeré en cette rencontre ; mais elle eut tant de peine, d'en avoir seulement conçu l'idée, qu'elle ne put trouver de repos, qu'après s'en être confessée comme d'un grand crime ; & quoique son Confesseur l'eût assurée qu'il n'y avoit point là de peché, elle n'y pouvoit cependant penser, encore long-tems depuis, sans répandre une grande abondance de larmes.

Dieu se servit de cette rencontre pour commencer à lui communiquer de grands biens. Dès-lors il lui imprima dans le cœur une tendresse & une compassion sensible pour la Passion du Sauveur & les tourmens qu'il a endurez, sans qu'elle en sçût précisément le détail, excepté des cinq plaies, qu'elle n'avoit apprises qu'en regardant ce petit Crucifix, & qu'elle saluoit tous les jours depuis, en recitant cinq *Pater* & cinq *Ave*. Depuis l'âge de sept ans elle ne manqua pas un seul jour d'assister au saint sacrifice de la Messe, quoiqu'elle demeurât assez loin du bourg ; & pour ne pas laisser son bétail sans garde, pendant qu'elle satisfaisoit sa dévotion, elle donnoit son déjeûné à ses compagnes, pour prendre soin de son troupeau à sa place. Lorsqu'elle fut en âge de faire sa premiere communion, elle s'y disposa avec toutes les préparations qui lui furent possibles, & attendoit avec une sainte impatience le jour heureux où elle devoit recevoir ce grand bien. Dès la premiere fois qu'elle le reçut, elle se sentit si penetrée d'amour & de dévotion pour ce Divin Sacrement, qu'elle s'en fût approchée tous les jours, s'il eût été en son pouvoir. Quoiqu'elle ne sçût pas encore tous les trésors qui sont enfermez dans la sainte Eucharistie, il en étoit assez pour animer ses desirs, d'être instruite que son aimable Sauveur y étoit présent. Plus elle avançoit en âge, plus elle sentoit croître l'ardeur qu'elle avoit de l'y posseder. Elle épioit toutes les occasions de la satisfaire ; toutes les fois qu'il y avoit des Communians,

24.
Остов.

elle se mettoit du nombre ; & quand il ne s'en trouvoit point, elle prioit quelque Prêtre de lui donner la sainte communion dans des lieux & à des tems où elle pût être moins apperçûë ; il s'en trouvoit même qui l'y invitoient de leur propre mouvement, ou plûtôt de celui de Dieu, qui vouloit satisfaire en cela les desirs de sa fidéle servante.

Entre les graces que Dieu lui fit dans sa tendre jeunesse, on doit compter pour une des plus considérables la connoissance qu'il lui donna des souffrances des ames qui sont sorties de cette vie avec quelques taches de peché, & la tendre compassion qu'il imprima dans son cœur pour ses freres du Purgatoire, car c'est ainsi qu'elle les appelloit. Elle offroit à Dieu, pour les soulager, toutes les bonnes œuvres qu'elle pouvoit faire, & toutes les peines qu'elle enduroit, les ardeurs de l'été, la rigueur du froid, la peine du travail, la privation de ce qui lui agréoit le plus dans sa nourriture, & l'aumône qu'elle faisoit souvent aux pauvres à cette intention, ses communions, ses prieres, ses dévotions, le retranchement des jeux & des parties de plaisir de l'enfance.

Sa charité envers ses freres vivans n'étoit pas moindre ; elle secouroit & servoit tout le monde avec affection. Elle portoit un très-grand respect à son pere & à sa mere, ausquels elle fut la seule de tous leurs enfans qui ne leur desobéït jamais en rien. Quand elle eut atteint l'âge d'environ vingt à vingt-deux ans, ils voulurent la marier, & firent de grandes instances pour l'y déterminer ; mais elle les pria toûjours de vouloir bien ne pas exiger cela de son obéïssance. Comme ils revenoient souvent au même but, & d'ailleurs se voïant dans la necessité de se rencontrer souvent parmi des personnes trop libres, elle commença à se déplaire à la campagne, & n'y trouvoit plus de repos. D'ailleurs les secours spirituels qu'elle esperoit trouver à la ville plus abondamment, lui faisoient souhaiter avec ardeur d'aller à Ploërmel.

L'occasion lui en fut procurée par l'envie que témoigna une Demoiselle qui l'aimoit fort, de l'avoir à son service. Son pere & sa mere eurent de la peine à se priver d'une fille qui leur étoit aussi soumise & aussi utile ; mais la voïant si dégoûtée de la campagne, ils ne voulurent pas lui refuser ce qu'elle demandoit d'eux. Sa maîtresse la mena demeurer à la ville, & Armelle trouva d'abord une grande consolation à se voir hors de la nécessité de se rencontrer les Dimanches & les fêtes aux danses & aux assemblées qui se font à la campagne, où les filles de son âge l'entraînoient quelquefois malgré elle. L'autre avantage qu'elle trouvoit à la ville, étoit la commodité d'entendre souvent la Messe & les prédications. D'un autre côté sa maîtresse très-satisfaite de ses services, la cherissoit comme sa propre fille ; & ne la reprenoit que de ce qu'elle travailloit trop. En effet Armelle avoit un grand corps sain, fort, & robuste, avec un esprit agissant, quoique paisible, faisoit du travail comme deux autres ; & il eût fallu manquer de raison, pour n'être pas content d'une fille douce & aussi laborieuse. Mais Armelle n'eut pas été long-tems dans cette maison, que tous les bons traitemens qu'elle y recevoit lui tournerent à dégoût ; elle se trouva saisie d'ennui & de tristesse, sans en pouvoir donner d'autre raison, sinon que tout lui étoit devenu insupportable. Sur ces entrefaites son pere mourut, & sa maîtresse lui permit d'aller pour quelques jours consoler sa mere & donner ordre à ses affaires. Elle retourna après cela à la ville, pour achever une seconde année de service qu'elle avoit commencée ; mais quelques prieres & quelques offres que lui fit cette maîtresse qui la cherissoit uniquement, les peines & les dégoûts dont elle étoit toûjours tourmentée, sans en pouvoir penetrer la cause, ne lui permirent pas de demeurer plus long-tems dans cette condition.

Elle retourna à la campagne auprés de ses parens, qui la reçurent avec joïe, & elle crut, en quittant la ville, y avoir laissé sa gêne d'esprit. Elle en fut bientôt détrompée ; ses peines continuérent, & d'ailleurs plusieurs autres choses l'affligeoient, les importunitez de ses parens pour la déterminer au mariage ; la vûë de plusieurs libertinages entre des jeunes gens qui n'avoient pas l'honnêteté en recommandation, le peu de commodité d'entendre la Messe & de communier aussi souvent qu'elle l'auroit souhaité. Tout cela lui fit prendre la résolution de retourner à Ploërmel ; ce qu'elle executa, avec la permission de ses parens, après quatre mois de séjour à la campagne. Beaucoup de gens souhaitérent de l'avoir chez eux ; mais plus elle recevoit de bons traitemens dans les diverses conditions dont elle changea pendant trois ou quatre mois, plus ses peines d'esprit & ses dégoûts augmentoient.

Elles ne commencérent à diminuer, que lorsqu'on lui eut proposé d'entrer chez une Demoiselle fort vertueuse à la verité, mais qui avoit un grand ménage, où le travail seroit d'autant plus grand, qu'une autre

24.
Octob. servante qui y étoit, en devoit sortir pour entrer en Religion. En effet c'étoit-là où Dieu vouloit Armelle, pour commencer à executer les grands desseins qu'il avoit formez sur elle. Ce fut-là qu'il l'attira plus particuliérement à lui, quoique dès sa jeunesse elle fût portée à la vertu ; ce fut dans cette maison, où elle trouva des épreuves & des contradictions beaucoup plus avantageuses, que les caresses qu'elle avoit reçûës ailleurs, puisqu'elles lui firent acquerir l'habitude des plus solides vertus ; enfin ce fut en ce lieu que l'amour Divin s'empara de son cœur & se rendit le maître de tous ses mouvemens. Cependant elle ne trouva pas d'abord tant de travail dans cette nouvelle condition qu'elle se l'étoit imaginé, parce que l'ancienne servante qui devoit entrer en Religion, n'aïant pû effectuer son pieux dessein, demeura chargée de ce qu'il y avoit de plus penible dans le ménage, & Armelle n'eut d'autre travail, que celui de soigner les enfans. Les premiers fondemens que Dieu jetta pour élever le trône de son amour dans son cœur, furent les exemples des Saints, dont on ne manquoit point, tous les soirs après soupé, de lire la vie. Cette bonne fille déja si portée au bien, se sentit puissamment attirée à l'imitation de ce qu'elle entendoit lire, & ne pouvoit plus penser à autre chose. Elle ne se contenta pas de la lecture commune ; elle pria une des filles de la maison, qui fut depuis Religieuse Ursuline à Ploërmel, de vouloir bien emploïer quelques momens à lui lire quelques ouvrages de pieté. Un jour cette Demoiselle lui fit lecture d'un livre où il étoit traité de la Passion de N. Sauveur. La bonne Armelle en fut si penetrée d'amour & de reconnoissance envers celui qui avoit tant souffert pour elle, & en même tems de tant de douleur de ses pechez qui en avoient été la cause, qu'il ne lui resta plus d'autre objet dans l'esprit, ni dans le cœur, ni la nuit, ni le jour ; & sa grande contention la mit dans un feu dont elle ressentoit les effets, sans en démêler la cause. Elle trouva quelque soulagement à décharger son cœur à un saint Religieux du Convent des Carmes, fort intelligent dans la conduite des ames. Il jugea d'abord que Dieu avoit de grands desseins sur celle-ci, & ne refusa point d'être son guide dans les voïes spirituelles. Armelle, de son côté, se trouvoit dès-lors dans la disposition où elle a toûjours perseveré depuis, de ne rien faire que par la volonté d'autrui, & s'étoit fortement persuadée que pourvû qu'elle ne fît point sa volonté, elle n'auroit rien à craindre.

Elle continua de s'occuper des souffrances de son Sauveur, & considerant que c'étoit le seul amour qu'il avoit eu pour elle qui l'avoit attaché à la croix, il n'y avoit point de supplices & de tourmens qu'elle n'eût voulu endurer, pour lui marquer sa reconnoissance. Elle passoit les nuits à verser des torrens de larmes, excitées d'abord par la consideration des pechez, mais que le pur amour fit couler dans la suite de sa vie, avec la même abondance.

24.
Octob.

A ces premieres douceurs succederent bientôt des tentations horribles, dont il n'est pas expedient de specifier le détail. Au milieu d'un combat où elle se trouvoit comme abandonnée de Dieu, sa Divine bonté lui conserva cependant toûjours un attachement inébranlable à son devoir, & un éloignement invincible du peché. Elle avoit recours à son Confesseur, lui déclaroit toutes ses peines, & lui obéïssoit ponctuellement, quelque repugnance que l'état violent où étoit son ame lui fit trouver à obéïr. Ce qu'il lui recommandoit le plus, étoit d'approcher souvent de la sainte communion, à quoi elle se portoit par obéïssance, plûtôt que par goût ; car la tentation qui avoit offusqué son esprit ne lui faisoit plus trouver que de l'amertume dans la pieté, & dans tous les secours qui la soûtiennent. Son Confesseur ne se contenta pas de lui en donner de spirituels ; il eut soin qu'on lui en donnât aussi de corporels, la recommanda à cette autre bonne fille qui avoit eu le dessein d'être Religieuse, & la pria de lui faire prendre de la nourriture & du repos, quand elle pourroit. Ce cruel orage se dissipa enfin, après avoir duré six à sept mois, & Dieu ralluma dans son cœur les flammes de son amour, qui avoient cessé pendant un si long tems de lui être sensibles.

Mais avec quelle ardeur ne soupiroit-elle point pour l'objet immortel de sa tendresse ? Elle étoit dévorée de ce feu Divin ; elle cherchoit son bien-aimé par tout ; elle en demandoit des nouvelles à toutes les créatures ; & la vie lui paroissant alors un obstacle à sa possession, elle avoit des desirs de mourir, si violens, qu'ils eussent été capables de lui causer la mort, si Dieu ne les eût moderez. Persuadée au reste que le plus puissant moïen pour attirer Dieu, & l'obliger, pour ainsi dire, à s'unir à elle, étoit la pratique solide des vertus ; elle s'y adonnoit de toutes ses forces, & ne laissoit passer aucune occasion de souffrir, de s'humilier, d'obéïr, & de se surmonter en toutes choses, qu'elle n'embrassât avec une ardeur extrême. Elle cherchoit trop ardemment l'époux celeste, pour ne le pas trouver. Il lui fit connoître que ce n'étoit point au-dehors qu'il le falloit chercher ; il lui donna la confiance du pardon de ses pechez ; il la blanchit & la purifia dans son sang précieux, la fortifia de l'onction de sa grace, la délivra de toutes les attaches aux créatures, de l'inclination au mal, & de tout autre amour que le sien, prit possession de son cœur tout entier, & lui fit connoître clairement qu'il habitoit au centre de son ame.

L'esprit accabla le corps, & cette pieuse fille tomba malade d'une espece de fiévre quotidienne qui lui dura l'espace de cinq ou six mois. Dieu, qui ne vouloit pas lui ôter le merite des tribulations, après lesquelles elle soupiroit depuis long-tems, se servit de cette occasion pour laisser refroidir l'amitié & l'estime que sa maîtresse avoit eu pour elle jusqu'alors. Cette Dame s'imagina que l'oisiveté étoit la source de ce mal inconnu, & que l'unique remede étoit de travailler ; d'ailleurs elle fut allarmée de toutes ces ardeurs & de cette dévotion qui lui paroissoit indiscrete ; elle eut peur que ce cerveau ne se creusât, & des personnes même de pieté l'avertirent d'y prendre garde, & que cette fille alloit devenir folle, si on ne l'obligeoit à travailler incessamment. Pour empêcher que ce malheur n'arrivât dans sa maison, cette Dame commença à exercer Armelle en toutes manieres, par des travaux continuels & penibles, des traitemens quelquefois inhumains, des injures frequentes, des confusions affectées, la défense d'aller à la Messe hors les jours que l'Eglise l'ordonne, le retranchement de toutes les dévotions, les humiliations, les mépris ; & tout cela pendant l'espace de trois ans. En un mot, on ne peut mieux exprimer la qualité de cette longue & dure épreuve, que par les propres termes dont cette Dame se servoit depuis, *Si Armelle est Sainte, j'y ai bien contribué.* Armelle instruite, & par ses lumieres interieures, & par la lecture qu'elle se faisoit souvent repeter des chapitres du 1. & du 3. livre de l'imitation de J. C. où il est parlé de la patience, des injures, & de l'adversité, souffrit tout avec joïe, obéït à tout sans le moindre mouvement qui la portât au contraire, quelques douloureuses que fussent les peines corporelles qu'elle ressentoit souvent ; & comme elle se trouva quelque reste de sensibilité pour les injures méprisantes, c'étoit aussi la mortification qu'elle recevoit avec le plus d'avidité, & plus il y avoit de compagnie à la maison pour être témoin de la honte qu'on lui faisoit, moins elle évitoit les occasions de boire ce calice.

Son Confesseur trouvant ses souffrances excessives, lui dit un jour, qu'elle pouvoit, sans déplaire à Dieu, sortir de cette maison. Elle lui repartit avec sa ferveur ordinaire : « comment ! mon Pere, voudriez-vous me conseiller de quitter & de fuïr les croix que Dieu m'a envoïées ? Non, je ne le ferai jamais, si vous ne me le commandez. » Elle étoit pourtant, quant au corps, dans un état à faire pitié. Sa bonne mere la voïant défaite & exténuée, & apprenant d'ailleurs comme elle étoit traitée dans cette maison, la conjura souvent, avec larmes, de revenir dans la sienne ; mais sa fille la consoloit, en l'assurant qu'elle étoit parfaitement bien dans cette maison ; ce qui étoit vrai, eu égard au desir qu'elle avoit de marquer son amour à Dieu par ses souffrances

Après une si longue & si dure épreuve, sa maîtresse étant à la campagne l'été, eut envie de se baigner, & mena cette bonne fille avec elle. Etant au bord de l'eau, elle l'apperçut toute recueïllie, & dans un profond silence. Elle l'a reprit à son ordinaire, & lui dit : « Eh ! bien, grosse étourdie ! à quoi rêves-tu encore ? » Armelle, comme reveillée d'un profond sommeil, lui répondit avec douceur & simplicité, que cette eau lui avoit rappellé l'idée du torrent de Cedron, & de ce que le fils de Dieu étoit prêt de souffrir, quand il le passa A ces mots le visage de cette sainte fille s'enflamma, & ses yeux répandirent des larmes en grande abondance. Elles amollirent la dureté de sa maîtresse, qui commença dès-lors à reconnoître ce qu'elle avoit été la seule à ne pas voir, c'est à-dire le tresor de grace & de vertu qui étoit dans cette fille. Sa douceur, sa patience, & sa soumission, qu'elle avoit toûjours attribuées à folie ou à son peu d'esprit, & qui lui avoit attiré tant de mauvais traitemens, parurent ce qu'elles étoient veritablement. La Dame demanda pardon à Armelle d'avoir été si aveugle à son égard, conçut pour elle une amitié singuliere, une estime parfaite, & une confiance sans reserve, & la laissa maîtresse, non-seulement de suivre en tout les mouvemens de la grace, mais encore de toute sa maison. Armelle, de son côté, lui témoigna que ses excuses étoient inutiles, & qu'elle la regardoit comme la personne à qui, après Dieu, elle avoit les obligations les plus essentielles ; qu'elle lui avoit aidé à trouver la vraïe vie ; qu'elle la regarderoit toûjours comme sa mere ; & que si elle pouvoit lui donner le sang de ses veines, elle le feroit de tout son cœur.

Dans ce tems-là la fille aînée de la maison

son aïant épousé un gentilhomme qui faisoit sa residence ordinaire à la campagne auprès de Vannes, & étant obligée d'y suivre son mari, qui étoit de ce païs-là, pria sa mere de lui donner Armelle pour avoir soin de son ménage. La mere y consentit avec peine ; mais Armelle se porta avec joïe à ce changement, qui l'éloigneroit de ses parens qui l'importunoient toûjours au sujet du mariage, & la separant de toutes ses connoissances lui procureroit le moïen de vivre inconnuë, & de s'attacher à Dieu avec moins de distraction. Mais les deux premieres années qu'elle passa dans cette nouvelle condition lui furent bien douloureuses, par la privation entiere où Dieu la mit de toutes les douceurs dont sa pieté avoit été nourrie, dont elle perdit même le souvenir ; par une secheresse & un obscurcissement horribles ; & par les tentations les plus violentes de l'amour impur. Il ne lui restoit, pour se soûtenir au milieu de tous ses maux, que la crainte de Dieu, la peur de l'offenser, une volonté inviolable de ne commettre jamais le moindre peché, la memoire du vœu de chasteté qu'elle avoit fait, le recours continuel à Dieu & à l'intercession de la sainte Vierge, & la disposition qu'elle conserva jusqu'à la mort, de ne rien faire d'elle-même ; mais de suivre en tout la volonté des Directeurs de sa conscience.

Une de ses plus grandes peines, étoit de ne point trouver de Directeur ; & les Prêtres à qui elle s'adressoit ne comprenoient pas ce qu'elle leur vouloit dire. Aïant été envoïée pour quelques jours à Ploërmel, elle eut occasion de revoir le Religieux qui l'y avoit autrefois dirigée. Elle lui fit le triste recit de toutes ses peines, & lui témoigna le desir qu'elle avoit de rester à Ploërmel pour profiter de ses avis salutaires. Ce Religieux, qui penetroit les desseins de la Providence sur elle, détourna cette bonne fille de son entreprise, l'assura qu'elle sortiroit à son avantage de ce combat si dangereux, & lui commanda de la part de N. S. de s'en retourner aussi-tôt qu'elle auroit expedié les affaires qui l'avoient amenée à Ploërmel. Elle obéït avec soumission, malgré la repugnance extrême qu'elle y sentoit, & cette soumission parfaite servit d'acheminement à son entiere délivrance.

Peu de jours avant que Dieu lui fit cette grace signalée, elle fut plus tourmentée que jamais de sales idées & de flammes impures. Accablée de douleur du peu de succès de sa resistance, elle sortit de la maison, & s'en alla seule pleurer son infortune au milieu d'une grande prairie. Elle se prosterna, & arrosant la terre de ses larmes, elle répandit son cœur devant Dieu, lui exposa les peines & l'état de son ame, & le supplia de l'ôter plûtôt de ce monde, que de permettre qu'elle l'offensât. Au même instant ses chaînes furent rompuës pour jamais ; tout ce qui la tourmentoit se dissipa, elle se trouva libre & dégagée, & entierement morte à toutes les creatures, pour ne vivre plus qu'à Dieu seul.

Depuis cet heureux moment elle fit des progrès étonnans dans la vie spirituelle, l'amour Divin se rendit maître de tous ses mouvemens, Dieu se communiqua à elle d'une maniere sensible, & enfin après l'avoir fait mourir à toutes les creatures, il la fit mourir à elle-même, afin qu'elle pût dire comme S. Paul : *si je vis encore ce n'est plus moi qui vis, mais c'est Christ qui vit en moi.*

Quelque tems après, étant toûjours languissante, moins d'une longue fiévre qui l'avoit extrêmement affoiblie, que de l'ardent amour de Dieu qui la consumoit, elle entra chez les Religieuses Ursulines de Vannes, à leur instante priere, & par ordre des Peres Jesuites qui la dirigeoient. Elle y eut d'abord l'emploi de Touriere au-dehors, & aïant recouvré ses forces peu à peu, elle fut mise au-dedans, pour servir les Pensionnaires. Les Religieuses connoissoient parfaitement sa grande sainteté, & s'estimoient heureuses de posseder une si admirable fille ; mais Armelle, après le retour de sa santé, commença d'avoir en horreur les commoditez dont elle joüissoit dans cette maison. Un parent qu'elle avoit dans l'Ordre de S. Dominique, Religieux d'une grande vertu, la vint voir en passant, & la seule fois de sa vie, pour lui annoncer de la part de Dieu, qu'elle demeureroit-là desormais contre la volonté Divine, & qu'elle étoit appellée à la croix, & non pas au repos. Ses Directeurs furent du même sentiment, & d'ailleurs la Dame de chez qui elle étoit sortie la redemandoit avec instance sur la fin d'une grossesse dont elle apprehendoit le mauvais succès. Armelle toûjours conduite par l'obéïssance, & par l'amour de la croix, du travail, & des souffrances, retourna dans cette maison, & y demeura tout le reste de sa vie.

Nous laissons aux mystiques à faire le recit de ses communications interieures avec Dieu, & nous nous retrancherons à donner un craïon de ses vertus, qui pourra n'être pas moins utile aux personnes de pieté, que les matieres sublimes où nous n'osons toucher. Pour commencer par la foi, par où commencent toutes les vertus Chrétiennes; Dieu en avoit donné un si vive à cette heureuse fille qu'il lui sembloit qu'elle ne croïoit pas, mais qu'elle voïoit des yeux de son esprit tous les saints mysteres que l'Eglise nous propose. Et de là vient qu'après avoir souhaité avec ardeur, dans les commencemens, d'être délivrée des liens du corps pour aller joüir de Dieu; elle changea dans la suite ces souhaits impatiens en une tranquille resignation, parce que Dieu lui étoit devenu si présent par la foi, que joüissant de sa présence sans interruption, elle ne pouvoit plus desirer autre chose que ce qu'il vouloit, également contente & de vivre & de mourir, pourvû qu'il fût toûjours en lui, & qu'il fût toûjours en elle.

Il avoit gravé dans son cœur les premieres paroles de l'oraison Dominicale; & elle ne pouvoit penser au bonheur qu'elle avoit de pouvoir l'appeller son pere, sans lui sacrifier toutes les inquiétudes, tous les soins, les craintes & les prévoïances, par une confiance sans bornes, telle qu'un enfant l'a pour un pere riche & puissant dont la tendresse lui est connuë, c'est ce qui l'a empêchée de prévenir jamais les besoins futurs par les amas & l'épargne; la providence d'un Dieu plein de bonté étoit son unique trésor; c'étoit à lui seul qu'elle s'adressoit dans ses besoins, avec la candeur & la simplicité d'un enfant qui s'adresse à son pere, & Dieu lui a presque toûjours accordé, à l'instant même, ce qu'elle lui a demandé.

Nous avons déja parlé du triomphe de l'amour Divin dans le cœur de cette parfaite amante. Il lui venoit souvent de si violens desirs de publier les perfections de son bien-aimé, qu'il falloit qu'elle fît effort contre elle-même, pour s'en empêcher; & elle disoit, que si Dieu ne l'eût retenuë, elle eût couru les ruës comme une insensée, pour déclarer à toutes les créatures, combien il est aimable & seul digne d'être servi. Elle n'avoit de mouvement que pour lui; son esprit & sa memoire ne s'occupoient uniquement que de lui, elle le trouvoit par tout, & les objets qui donnent de la distraction aux autres, ne servoient qu'à l'attacher davantage à Dieu, par le saint usage que son amour ingenieux lui en faisoit faire. Rien ne peut égaler la douleur dont elle étoit pénétrée, quand elle pensoit au malheur qu'ont les hommes de ne pas aimer Dieu & de l'offenser. Elle s'offroit à lui dans ces momens, & le supplioit avec une ardeur extrême de lui faire souffrir toutes les peines qu'il lui plairoit, pour diminuer, s'il étoit possible, par ses souffrances, le nombre des pechez des autres,

sur tout dans les tems où la débauche prenant le dessus, jette les hommes dans mille desordres. Dieu qui l'exauçoit en tout, lui accordoit cette faveur d'une espece si extraordinaire, & se montroit aussi liberal à l'accabler des maux les plus violens, qu'à la combler en d'autres rencontres des caresses les plus douces. Pour faire connoître par un dernier trait, quel étoit l'excès de son amour & de sa perfection, il suffit de dire, qu'elle obtint de ses Directeurs, après de longues instances, la permission de faire à Dieu le vœu d'une parfaite obéissance à ses volontez, & d'accomplir entierement tout ce qu'elle connoîtroit qui seroit à son plus grand honneur & à sa plus grande gloire.

Elle disoit souvent, que si Dieu n'aimoit point les ames autant qu'il les aime, jamais l'idée d'aucun autre amour que le sien ne lui seroit entré dans l'esprit; mais ne pouvant l'aimer parfaitement, sans aimer aussi ce qui lui est cher, elle avoit un si grand desir du salut du prochain, qu'elle eût donné sa vie mille fois pour le salut d'une seule ame. Elle s'affligeoit des pechez des autres, prioit pour leur en obtenir le pardon, & ressentoit leur perte avec une douleur qui la contumoit. Dans l'affliction qu'elle eut d'apprendre qu'un de ses freres & deux de ses proches parens s'étoient abandonnez au crime; elle ne fut touchée que de voir que son propre sang s'étoit revolté contre Dieu. Elle implora la clemence pour eux, & fut exaucée comme elle le souhaitoit. Ne pouvant, à cause de la bassesse de sa condition travailler par elle-même, autant qu'elle l'eût desiré, au salut des ames, elle communiquoit son zéle à toutes les personnes de sa connoissance qui y pouvoient contribuer, elle faisoit tout son possible pour procurer des Missions à la campagne, contribuoit à l'entretien des Missionnaires, de ses propres gages, les servoit avec une affection & une assiduité qui lui assuroient, selon la promesse du fils de Dieu, la même récompense qui étoit destinée à ces ouvriers Evangeliques. D'un autre côté, elle ne contribuoit pas peu au succès de leurs travaux; par l'exemple de sa ferveur, par ses insinuations auprès des personnes de sa connoissance pour les porter à la correction de leurs mœurs, & par les avis qu'elle donnoit aux Missionnaires pour les instruire des besoins les plus pressans des lieux où ils travailloient.

Ses lumieres surnaturelles la rendoient très-utile pour le salut & la consolation des autres; elle lisoit souvent dans leurs ames, & souvent aussi elle entendoit au fonds de la sienne des paroles dont elle ne penétroit pas le sens, mais qui contenoient des résolutions secretes prises par d'autres personnes, à qui Dieu l'envoïoit ordonner, de sa part, de ne les pas executer. Il ne s'est guéres trouvé de gens qui aient eu une communication particuliére avec elle, qui n'aient avoüé franchement, qu'ils avoient reçû de grandes assistances par son moïen pour la consolation de leurs ames, & des lumieres particuliéres, tant pour leur propre conduite, que pour celle des autres. Ses paroles étoient si efficaces, qu'elles soulageoient les esprits les plus affligez ; sur tout elle avoit une merveilleuse force pour détacher les cœurs de la terre & les élever à l'amour de Dieu & à la parfaite confiance en la Divine misericorde. Aussi les ames tourmentées de scrupules & d'apprehensions trop serviles des jugemens de Dieu, trouvoient en elle un remede assuré à toutes leurs peines. Nous n'en rapporterons qu'un seul exemple. Un homme de consideration de la ville de Vannes, après s'être vû dans l'opulence, perdit presque tout son bien, & sentit si vivement son état, qu'il en tomba dangereusement malade, & reduit au point, que les medecins desesperant de sa guérison, ne lui donnoient plus que vingt-quatre heures à vivre. Alors pensant à la vie peu Chrétienne qu'il avoit menée pendant le cours de sa bonne fortune, il fut saisi de terreur, à la vûë des jugemens de Dieu qu'il se croïoit prêt à subir. Le desespoir affreux s'insinuoit peu à peu dans son cœur, & il étoit sur le point d'y succomber, lorsque la pensée lui vint d'envoïer prier la bonne Armelle de le venir voir. C'étoit la nuit, & cette fille, qui ne faisoit jamais rien sans l'ordre de ses maîtres & de ses Directeurs, ne pouvant consulter alors ceux-ci, se trouva embarassée sur le parti qu'elle avoit à prendre dans une occasion qui ne souffroit point de retardement. A la fin elle se sentit poussée à faire cette œuvre de charité. Elle alla chez le malade ; qui venoit de recevoir ses Sacremens. Il ne l'eut pas plûtôt apperçuë, que ses peines commencérent à se dissiper ; son visage devint plus gai, & son esprit plus tranquille. Il fit asseoir Armelle au chevet de son lit, & lui parla avec franchise de tout ce qui gênoit son ame. Après l'avoir entendu, elle commença à l'encourager si efficacement à avoir une grande confiance en Dieu, que cet homme en demeura tout consolé, & lui marqua qu'il mouroit desormais tranquillement. « Non, Monsieur, lui dit-elle aussi-tôt, vous ne mourez pas encore pour cette fois ; vous releverez de cette maladie. » En effet il se leva peu de jours après, & vêcut encore long-tems depuis. Armelle ne lui avoit jamais parlé auparavant, & ne lui parla jamais dans la suite, quoiqu'elle l'ait rencontré plusieurs fois ; & quand on lui demandoit, pourquoi elle en usoit de la sorte ; elle répondoit : « Quand Dieu nous mene, il faut obeïr ; Mais hors de là il faut se tenir dans la reserve ; & il ne conviendroit pas à une pauvre servante comme moi, de s'entretenir avec des personnes de cette sorte. »

Ses prieres ont souvent obtenu la conversion des pecheurs qui paroissoient les plus obstinez. Un jeune Cavalier, riche, & de naissance, causoit par ses débauches un sensible chagrin à ses parens. Ils lui remontrérent inutilement son devoir, & ne pouvant le reduire à se corriger, ils le chassérent de chez eux. Il ne se plongea dans le desordre qu'avec plus de liberté, & s'étant retiré dans une maison qui étoit à lui, il passa plusieurs années dans un commerce infame & scandaleux. Une de ses parentes fort sage & fort vertueuse, le recommanda souvent à Dieu. Un jour elle eut un pressant desir de prier la bonne Armelle de faire plusieurs communions pour la conversion de ce jeune homme, & quelques visites à N. D. du Mené. Armelle n'avoit pas encore achevé une neuvaine qu'elle avoit entreprise à ce sujet, que ce jeune homme entra par hazard dans l'Eglise de l'Abbaïe de S. Méen occupée par les Missionaires de S. Lazare. L'Evangile de l'enfant prodigue qu'il entendit reciter à la Messe, lui fit sentir son état ; il en fut touché ; demanda à parler à quelqu'un des Missionaires pour se confesser ; le fit avec beaucoup de regrets & de contrition, après avoir passé quelques jours en retraite dans cette maison pour s'y disposer ; & prit la résolution de changer entierement de vie. Dieu permit qu'au même tems la créature dont il avoit abusé, & qui étoit encore chez lui, fut saisie d'une maladie violente qui l'emporta en peu de jours ; après que cette malhureuse se fut reconciliée & eut fait paroître toutes les marques d'une veritable conversion.

La charité d'Armelle ne se bornoit pas au besoin des ames ; elle s'étendoit encore au soulagement des corps. On ne dira rien de ses soins assidus auprès de ses maitres & de leurs enfans dans leurs maladies, sur tout auprès de l'aîné de la derniere maison où elle a servi, qui fut affligé d'une longue & fâcheuse maladie ; où il mit à toutes les épreuves & la patience & la charité de cette sainte fille. Il étoit de son devoir d'en user ainsi ; mais sa charité heroïque ne se borna pas à remplir saintement toute l'é-

24.
Octob. tendüe de ses obligations ; elle la porta à soulager, assister, & servir ceux du dehors, sur tout les malades & les pauvres honteux. Elles les visitoit souvent, leur donnoit des aumônes, lorsqu'elle avoit ses gages ; leur achetoit ce qui leur étoit necessaire, quand ils ne le pouvoient faire eux-mêmes ; demandoit l'aumône pour eux, quand elle n'eut plus de gages, & disoit que si elle eût eu quelque desir à former dans ce monde, c'eût été de n'être liée à aucune condition, afin qu'étant libre, elle pût aller quêter de porte en porte pour assister ses pauvres freres, & emploïer le reste du jour à les servir. Elle disoit même quelquefois à Dieu, dans ses transports de charité pour les pauvres : « il me semble, mon Dieu, « que l'amour que j'ai pour vous est moin- « dre que celui que vous me donnez pour « mon prochain. » Il y avoit dans les fauxbourgs de Vannes un pauvre artisan affligé depuis plusieurs années d'une maladie cruelle, qui l'avoit reduit dans un état à faire horreur à tout le monde. Sa femme même n'osoit en approcher. Il étoit couvert d'ulceres depuis les pieds jusqu'à la tête, mangé de vers & de pourriture, couché sur un peu de paille dans un grenier, & souvent reduit au desespoir. Armelle aïant appris où il étoit, demanda permission à son Confesseur & à sa maîtresse de l'aller voir & de l'assister. Elle l'obtint, & il est difficile d'exprimer avec quel amour & quelle tendresse elle s'attacha à servir & soulager ce pauvre homme. Il ne se passoit aucun jour qu'elle ne l'allât voir ; & qu'elle ne pensât & ne nettëiat ses plaïes, malgré leur horrible puanteur ; qu'elle ne tâchât de lui rendre la vie supportable par les secours que les aumônes qu'elle reçut à ce sujet la mettoient en état de lui fournir ; & qu'elle ne le consolât, & n'élevât son cœur à Dieu. Au sortir de ces visites, d'un si grand merite devant Dieu, elle avoit le cœur & le visage si enflammez, qu'elle paroissoit toute de feu ; & ses discours étoient si remplis de charité, de compassion pour ceux qui souffrent, du bonheur qu'il y a dans les souffrances, quand elles sont sanctifiées par l'amour de Dieu, qu'on eût cru entendre la Charité même s'expliquer par sa bouche.

Son amour pour ses ennemis étoit si grand, & l'ardeur avec laquelle son affection la portoit à leur rendre de bons offices avoit tant de vivacité, que cet excès si rare donna quelques allarmes à sa conscience délicate. Elle dit sa peine à son Confesseur, qui la rassura là-dessus, & lui fit voir que ce n'étoit pas le moïen de déplaire à Dieu, que de pratiquer dans la plus grande perfection qu'il nous est possible ce qu'il lui a plû de nous commander, pour devenir parfaits comme le Pere Celeste ; qui donne l'usage de son soleil & de sa pluïe aux méchans comme aux bons, & à ceux qui le haïssent, comme à ceux qui l'aiment. Elle mettoit au rang des bienfaits & des obligations, non-seulement les mauvais traitemens, où l'honneur de la patience dédommage souvent l'amour propre du dévot ; mais même les calomnies & les soupçons injurieux, écüeil où échoüe ordinairement la moderation des personnes qui font profession de pieté, sans en avoir une bien solide. Un Chirurgien, mandé par les maîtres d'Armelle, pour la saigner dans une indisposition, la voïant enflammée, avec un poulx fort émû, s'imagina qu'il y avoit eu quelque desordre dans sa conduite, & n'osa la saigner, sans avoir dit franchement au maître & à la maîtresse la pensée dont il étoit prévenu, qui blessoit étrangement la vertu & la réputation de la malade. Il faisoit son devoir, mais il se trompoit fort dans ses jugemens ; on le lui fit connoître, & il eut honte de son erreur. Le Confesseur d'Armelle, pour n'épargner pas à cette ame si Chrétienne une épreuve sensible, affecta aussi depuis d'entrer dans les soupçons du Chirurgien, & la traita fort durement, comme une malheureuse, & une hypocrite détestable. Armelle, qui apprit par ce moïen les horribles soupçons que l'on avoit formez sur sa conduite, reçut cette nouvelle avec joïe, comme une faveur des plus signalées, rendit mille graces à son Confesseur d'avoir jugé si desavantageusement d'elle, regarda le Chirurgien comme l'homme du monde qui lui auroit rendu le meilleur office ; & sa reconnoissance étoit si vive à son égard ; qu'elle ne le voïoit jamais, sans avoir envie de s'aller jetter à ses pieds, pour le remercier du bien qu'elle croïoit en avoir reçu. Mais ce n'étoit pas sans peine, & sans avoir eu beaucoup à combatre, qu'elle étoit parvenüe à cette heureuse insensibilité : la vivacité de son temperament avoit fourni à sa patience d'amples matieres de triomphe, jusqu'à ce que Dieu eût éteint en elle tous les mouvemens de la nature, pour y faire regner son seul amour.

Sa maîtresse, qui connoissoit sa vertu & son bon esprit, lui avoit laissé tout le soin de son ménage, avec une pleine autorité de veiller, tant à l'éducation de ses enfans, qu'à regler la conduite des autres serviteurs. Jamais cependant il n'a paru en elle aucune action hautaine, ni qui ressentît la moindre vanité. Au contraire on voïoit en toutes choses reluire son humilité & sa soumission ; elle cedoit volontiers aux sentimens & aux inclinations des autres, pourvû que ce fût en choses où Dieu ne fut point offensé ; quand il falloit dire son sentiment, elle ne déguisoit point ce qu'elle pensoit ; mais s'il n'étoit pas bien reçû, elle demeuroit en repos, & suivoit sans peine celui des autres. S'il y avoit dans la maison quelque chose que les autres rejettassent, soit pour le travail, soit pour la nourriture ; c'étoit toûjours ce qu'elle choisissoit pour elle. Enfin quand elle parloit à quelqu'un, c'étoit avec tant de respect & d'humilité, qu'elle croïoit être indigne de converser avec personne ; ce qui paroissoit sur tout, quand elle étoit avec des Eccesiastiques ou des Religieux, ou quand on traitoit en sa présence de quelque point de nôtre Religion ; car alors elle se tenoit dans un aussi grand silence, que si elle n'eût rien sçû de ces matieres, quoiqu'elle fût fort éclairée. Quand elle rendoit compte de sa conscience à ses Directeurs, elle avoit toûjours soin que ce fût en quelque lieu où personne qu'eux ne la pût entendre, de peur que ceux qui recüeilleroient quelques étincelles de ce feu sacré qui la dévoroit, ne conçussent quelque estime pour elle. Elle couvroit avec une adresse merveilleuse les faveurs que Dieu lui faisoit, du prétexte de ses maladies & des défaillances qui lui étoient ordinaires, dont elle se prévaloit pour cacher les violens efforts de l'amour Divin qui étoit souvent l'unique cause de ses langueurs & de ses maladies.

Parfaitement dégagée de toutes les recherches de l'amour propre & de tout ce qui peut le flatter, elle ne l'etoit pas moins de toutes les choses exterieures ; & loin de conserver de l'attache pour rien, elle eût mis son plus grand plaisir à se voir dépoüillée de tout, pour pouvoir mettre avec plus de liberté sa confiance dans le seul amour qu'elle avoit pour Dieu. Pour cet effet elle pria ses Directeurs de lui permettre de donner aux pauvres tout ce qu'elle avoit de gages. Ils lui permirent seulement d'en donner le tiers chaque année, & elle le pratiqua fidélement jusqu'à l'an 1651. qu'elle se dépoüilla de tout, en servant sans gages. Outre ce tiers, elle donnoit en aumône toutes les pratiques qu'elle pouvoit avoir. Elle aimoit les pauvres, & les respectoit au point, que si elle se fût crû, elle se seroit jettée à leurs pieds, pour honorer en leur personne celle de son Divin Sauveur. En 1651. après en avoir long tems demandé la permission à ses Directeurs, elle prit prétexte de ses infirmitez, pour représenter à sa maîtresse, qu'il étoit necessaire qu'elle prît une autre servante ; elle consacra ses propres gages, pour l'y déterminer, & s'offrit à la servir le reste de ses jours, sans autre recompense que sa seule nourriture. La Dame se rendit à ces conditions, & Armelle s'estima heureuse de se trouver ainsi sans aucune ressource. Mais elle poussa encore le dénuëment plus loin, quatre ans après, lorsque du consentement de ceux qui dirigeoient sa conscience, qu'ils ne lui avoient donné qu'après des instances souvent réïterées & de longues épreuves, elle fit vœu de pauvreté le dernier jour de Janvier de l'an 1655. au Parloir des Ursulines, en présence du Pere Lesseau Recteur du College des Jesuites, qui la dirigeoit alors, pendant l'absence de son Directeur ordinaire, en présence aussi de la Superieure & de deux autres Religieuses, en ces termes : « Au « nom de la très-sainte Trinité & de mon « Sauveur J. C. mon unique amour, je fais « vœu de la plus étroite pauvreté que je « puisse observer, & me démets entierement de l'usage & proprieté de tout ce que « j'ai eu jusqu'à présent, n'en voulant qu'au- « tant qu'il vous plaira, ma mere (s'adres- « sant à la Superieure) m'en permettre l'usa- « ge, & m'en donner par aumône, comme « à un pauvre, pour l'amour de Dieu. « La Superieure lui dit, qu'au nom de N. S. elle acceptoit son vœu, & pour l'amour de lui elle lui donnoit ses habits & ses autres hardes qu'elle avoit apportées avec elle, pour s'en démettre entre ses mains ; & l'avertit de prendre à l'avenir sa nourriture, & de se servir de ses vêtemens, comme de choses qui lui étoient données en aumône pour l'amour de Dieu.

Et dans cette rencontre, & dans toutes les autres actions de sa vie, comme nous l'avons déja remarqué en plus d'un endroit, cette sainte fille ne se détermina jamais positivement par sa propre volonté. Elle étoit née avec une docilité parfaite, & dès sa plus tendre enfance elle se sentit portée à obeïr sans contradiction. Plus elle augmenta en âge, plus elle se persuada du danger qu'il y auroit eu pour elle de faire sa propre volonté ; & plus elle se trouva avancée dans le chemin de la perfection, moins elle crut qu'il lui fût permis de rien décider suivant ses goûts dans sa propre conduite, soit touchant ses pratiques de dévotion, soit touchant ses penitences & ses austeritez. Elle étoit là-dessus d'un scrupule si grand, & d'une exactitude si reguliere, qu'elle ne se fût pas donné un coup de discipline au-delà de ce qui lui étoit permis, quelque ardeur qu'elle eût pour la penitence; & qu'elle n'eût pas reçû la communion, d'un Ange même qui la lui eût apportée, les jours que ses Confesseurs avoient jugé à propos de l'en priver, quelque affligeante que fût pour elle cette privation. Elle n'étoit pas moins soumise à ses maîtres, sans l'ordre & la permission de qui elle ne faisoit absolument rien. Et par-là cette heureuse fille trouva moïen de sanctifier par le merite de l'obéïssance jusqu'aux actions les plus indifferentes de sa vie.

On peut juger de la sainteté de cette vie pure & innocente, par les fautes même qui lui ont fait le plus de peine; une parole de vaine recréation dite dans une rencontre; un démêlé dont son esprit aura été distrait & détourné pour quelques momens de son application continuelle à penser à Dieu; un leger rafraichissement pris dans de grands accablemens de travail; l'envie de contrarier son jeune maître, qu'une longue maladie avoit rendu fâcheux & déraisonnable, afin d'essaïer de le faire rentrer en lui même; avoir fait un lot du plus mauvais linge de sa maîtresse, morte en 1656. dont on lui avoit fait don, au lieu d'attendre qu'on lui fît ce lot; avoir approuvé, quand on lui donna un habit de deüil, à la mort de cette Dame, qu'on lui levât d'une étoffe de durée, plûtôt que d'une étoffe de moindre valeur; une plainte legere & très-raisonnable, & l'unique de sa vie, du refus de quelque necessité; s'être imaginé que la dévotion d'une personne qui en faisoit parade, mais qui ne vivoit pas regulierement, n'étoit pas une dévotion solide; voilà les crimes d'Armelle l'objet de ses plus ameres larmes, & de ses penitences les plus rudes.

Elle ne se contentoit pas des peines, des maladies, & des souffrances qu'elle obtenoit souvent de Dieu; & dont elle étoit insatiable; elle se portoit à exercer contre son corps les châtimens les plus durs; & elle seroit allée jusqu'aux plus rigoureux excès, si ses Confesseurs n'avoient souvent desarmé son bras & moderé son zéle. Ses penitences n'étoient connuës que d'eux & de Dieu seul, autant qu'il lui étoit possible, & elle prenoit un soin extrême d'effacer jusqu'aux moindres traces de sang que les disciplines lui faisoient répandre.

Dieu lui laissa long-tems un ennemi interieur à combatre, qui étoit un panchant à se satisfaire dans les commoditez de la vie, & dans le choix de la nourriture. Elle ne se laissa jamais séduire à cet ennemi dangereux & importun; elle n'eut jamais à se reprocher d'avoir eu pour lui la moindre complaisance; elle ne pensoit à sa propre nourriture, qu'après avoir distribué aux autres tout ce qu'il y avoit de bon; l'on s'étonnoit comment elle pouvoit vivre du peu, & de la mauvaise qualité des alimens qu'elle prenoit; mais, quoique victorieuse, elle gemissoit sans cesse d'avoir toûjours le même ennemi à combatre. Enfin Dieu extermina entierement le Philistin, qu'il n'avoit laissé dans cette terre si cherie, que pour donner lieu à sa fidéle amante d'accumuler des couronnes par sa constance & ses victoires.

Son ame pure & sainte, enrichie de tant de biens, faisoit briller au dehors quelque chose de Divin, qui lui attiroit le respect & la veneration de tout le monde. Son maintien composé, sans affectation, & sa modestie Angelique, élevoient à Dieu les esprits & les cœurs de tous ceux qui la regardoient. Son silence étoit presque continuel, & elle ne le rompoit, que pour répondre positivement & en peu de mots à ce qu'on lui demandoit, ou pour obéïr à la necessité ou à la charité. Pendant long-tems, tous les discours qui n'étoient pas de Dieu, lui firent une peine sensible, & elle ne pouvoit concevoir comment des ames créées pour Dieu, pouvoient penser à autre chose qu'à lui. Mais dans la suite, quand elle se trouvoit presente à de vaines conversations, elle les entendoit sans y prendre garde, & son esprit s'occupoit de Dieu, tant qu'elles duroient. Elle n'avoit aucune curiosité pour ce qui ne la touchoit point directement, & ne prenoit aucun plaisir à entendre parler de nouvelles; Dieu, son amour & ses bontez, étoient les seules choses dont elle vouloit parler & entendre parler.

Si l'on nous demande quelle a été l'oraison d'une fille si morte à elle-même & si remplie de Dieu, nous répondrons avec elle, qu'elle n'a presque jamais sçû ce que c'étoit, ni pû s'appliquer à l'apprendre; toute son oraison (& quelle autre plus parfaite peut-il y avoir?) consistoit à penser à Dieu à tous les instans de sa vie, & à l'aimer sans cesse; c'est-à-dire, à mener sur la terre & dans un corps mortel, la vie qui fait dans le ciel la félicité des prédestinez.

Sa dévotion envers la sainte Mere de Dieu l'avoit portée à s'engager dans la confrairie du petit Scapulaire. Elle avoit un zéle infini pour procurer sa gloire & imprimer sa dévotion dans les cœurs des personnes avec qui elle conversoit. Elle avoit aussi une veneration & une confiance singuliere pour son Ange Gardien. Elle imploroit son secours dans toutes les occasions, l'invitoit à aimer Dieu pour elle, quand le sommeil luy alloit ôter l'usage de ses sens ; le prioit, & tous les autres Anges Gardiens des assistans, lorsqu'elle entroit dans les Eglises, de joindre leurs adorations aux siennes, pour lui aider à glorifier Dieu. Elle saluoit rarement quelqu'un, que ses respects n'eussent pour objet principal l'esprit celeste à qui la garde de cette personne étoit confié, enfin on peut dire qu'elle étoit plûtôt en la compagnie des Anges, qu'en celle des hommes. Sainte Anne, sainte Magdelaine, les saints Apôtres, saint Augustin, saint Dominique, saint François, les deux saintes Catherines de Sienne & de Gennes, sainte Therese, saint Thomas d'Aquin, & saint Armel, étoient les principaux modéles qui occupoient sa pieté, & les principaux intercesseurs qu'elle emploïoit pour obtenir de Dieu les vertus par lesquelles ils se sont le plus distinguez.

L'estime qu'on faisoit de sa sainteté porta quelques personnes à souhaiter d'avoir son portrait. Ils en parlérent à un Peintre, qui dit qu'il ne lui étoit pas possible de le faire sans qu'elle en eût connoissance. Comme on sçavoit qu'elle ne se déterminoit à rien que par les ordres de son Confesseur, à qui elle rendoit une obéïssance aveugle, on l'engagea à la disposer à une action qui seroit un grand tourment pour sa modestie. Cette sainte fille fidéle à garder le vœu par lequel elle avoit promis à Dieu, de faire en tout ce qui luy seroit le plus agréable, dit au Confesseur, avec simplicité ; « mon pere si « vous croïez que Dieu en soit glorifié, je « suis prête de faire tout ce qu'il vous plaira. » C'est ainsi que l'on a eu son portrait, qui s'est répandu dans une infinité de maisons, par les copies que l'on en a tirées, & qu'on ne voit qu'avec un respect religieux.

Ce fut par le même motif d'estime & de veneration, qu'une Religieuse Ursuline, de l'avis, & à l'instante priere de sa Superieure, du P. Huby Jesuite, excellent Religieux, Directeur d'Armelle, & du P. Rigoleuc aussi Jesuite, Confesseur de cette sainte fille, entreprit en 1660. d'écrire la vie édifiante & merveilleuse d'Armelle, qui se soumettant, à son ordinaire, à ce que souhaitoient ceux qui avoient la conduite de son ame, rendoit un compte exact à cette Religieuse de toutes les faveurs qu'elle recevoit de Dieu. Elle disoit même à ce sujet, avec une ferveur embrasée : « je « voudrois que tout cela fût écrit avec mon « propre sang, & que tout ce que j'en ai « dans mes veines, & tous les os de mon « corps fussent autant de langues & de voix « qui déclarassent aux Anges & aux hommes l'excès des bontez & des misericordes de mon Dieu envers sa chetive créature, afin qu'ils m'aidassent à l'aimer le loüer, & l'en remercier à toute éternité. O ! que je mourrai contente, & que j'aurai de joïe de sçavoir, qu'à mon occasion mon amour & mon tout pourra être aimé & servi ! »

Environ cinq ans & demi avant sa mort, passant dans une ruë, dans l'octave de la Fête-Dieu de l'an 1666. elle eut une jambe cassée d'un coup de pied de cheval. Elle reçut cet accident comme une faveur singuliere de Dieu, & l'en remercia avec une tendre reconnoissance. Elle ne donna aucun signe d'impatience, & souffrit tous ses maux avec une tranquillité qui donna de l'admiration à tout le monde. Elle fut plus de quinze mois entiers sans pouvoir marcher, & on la portoit à l'Eglise les Dimanches & les Fêtes seulement. Au bout de ce terme, elle demanda à Dieu, par l'intercession de la sainte Vierge, de pouvoir marcher avec des bequilles, sans être pourtant délivrée de ses douleurs ; & elle fut exaucée. Trois ans après son accident, elle demanda une nouvelle grace à Dieu, par le moïen de la même médiatrice, qui fut de marcher sans le secours des bequilles, & cela lui fut accordé sur le champ ; & cette merveille eut pour témoins tous les Paroissiens d'Aradon, qui sortant de l'Eglise pour suivre le saint Sacrement à la Procession de la Fête-Dieu, y avoient laissé Armelle obligée de s'aider de ses bequilles, & en rentrant dans l'Eglise, trouvérent qu'elle marchoit sans avoir besoin de s'en servir. Quelques personnes qui la voïoient souvent, luy demandérent, si elle n'avoit point eu de peine de se voir si long-tems privée de la sainte Communion, pendant qu'on ne la portoit à l'Eglise que les Dimanches & les jours de Fête, elle qui avoit coûtume auparavant de communier tous les jours. Elle répondit : « Souffrir pour l'amour, vaut mieux « que joüir de l'amour. Et ajoûta : O ! que « Dieu sçait bien se donner en tous tems & « en tous lieux au cœur qui ne veut que « lui ! Et à une autre personne qui lui faisoit la même question, elle dit : « j'aime la volonté de Dieu, comme Dieu même. »

Le cinquième du mois d'Aoust de l'an 1671. elle fut attaquée d'une violente fiévre double-tierce, qui en peu de tems se tourna en continuë, & la tourmenta un mois de suite sans relache. La fille du gentilhomme chez qui elle demeuroit, lui marqua un jour l'apprehension qu'elle avoit qu'elle n'en mourût : « non, lui dit Armel-

24.
Octob.
« le ; l'œuvre n'est pas encore achevée ; j'ai
« encore beaucoup à souffrir, & j'en ai une
« joïe sensible. » En effet la fièvre diminua, & se changea en quotidienne. Armelle, à qui l'on crut que le changement d'air donneroit du soulagement, fut amenée de la campagne où elle étoit à la ville de Vannes vers la fin du mois de Septembre. Outre sa fièvre, qui continuoit toûjours, elle avoit encore à souffrir les douleurs que lui causoit sa jambe qui avoit été cassée. Enfin elle fut obligée de garder le lit ; & connoissant alors positivement qu'elle ne releveroit pas, elle le dit à sa jeune maîtresse, & lui donna connoissance de toutes les affaires de la maison. Quelques jours après, la fièvre devint continuë, avec une inflammation de gorge qui empêchoit la malade de prendre aucune nourriture, & même de rien avaler, sans une extrême douleur ; ce qu'elle souffroit avec sa patience ordinaire, en priant ceux qui la venoient voir, de remercier Dieu des graces qu'il lui faisoit. Un Pere Jesuite lui dit, qu'il ne croïoit pas qu'elle mourût encore. « Dieu soit beni,
« mon pere, lui dit-elle ; j'aurai plus de
« tems à souffrir. » La létargie se joignit à tous ses autres maux, & ses forces diminuérent sensiblement. Elle demanda à se confesser, & le fit avec l'abondance de larmes & la contrition qui lui étoient ordinaires. Elle reçut la sainte Communion trois jours après, le mardi 20. d'Octobre ; elle fut encore communiée le lendemain, & reçut l'absolution generale de son Directeur ; après quoi, sur le midi on lui donna l'extrême-Onction, & quoiqu'elle eût peine à parler, elle forma distinctement & avec une grande présence d'esprit tous les actes, conformes à son état, que lui suggera son Directeur. Elle entra en agonie peu de tems après, en prononçant pour la derniere fois le saint nom de Jesus ; après quoi elle ne parla plus. Son agonie dura trois nuits & deux jours, & elle expira tranquillement le samedi 24. d'Octobre de l'an 1671. entre midi & une heure.

Aussi-tôt qu'on sçut dans la ville qu'elle étoit morte, il y eut un si grand concours de toutes sortes de personnes dans sa chambre, qu'on avoit peine à approcher de son corps. Chacun desiroit d'avoir quelque chose qui lui eût servi ; & la plûpart de ses pauvres hardes furent emportées par ceux qui les pouvoient saisir. Son maître fut aussi touché de sa perte, que s'il eût vû mourir le plus cher de ses enfans. Il ordonna qu'on lui fît autant d'honneur qu'on en eût fait à sa propre fille. Le corps fut donc enseveli & mis sur un lit de parade tendu de blanc, avec des cierges tout autour. Il voulut qu'on ne lui couvrit point les pieds, & alla les baiser à genoux, & fondant en larmes. Tout le reste de sa famille en fit autant, & plusieurs autres imitérent son exemple. Les Chanoines de l'Eglise Cathedrale lui demandérent le corps pour l'enterrer à leurs frais ; & le Recteur de la paroisse l'eût aussi fort souhaité ; mais ce gentilhomme s'étoit engagé à le donner aux Religieuses Ursulines, suivant le desir qu'Armelle en avoit eu durant sa vie. Les Jesuites demandérent son cœur, & on le leur accorda. On ouvrit la poitrine de la morte sur les sept heures du soir, & on en tira le cœur, qui fut enchassé dans du plomb, & délivré aux Reverends Peres. Les Chirurgiens ôterent quelques côtes du corps, qui furent distribuées à des personnes de distinction qui les avoient demandées. On reconnut alors sur le dos de la morte les traces d'une grande indisposition qu'elle avoit supportée pendant plus de trente ans, sans qu'on le sçût, à cause qu'elle ne s'en étoit jamais plainte. Il parut sur son visage, après sa mort, une douce gravité qui imprimoit du respect ; & quoique la gangrene eût fait de grands progrès dans son corps, cependant & ceux qui l'ensevelirent, & ceux qui l'ouvrirent, ne sentirent aucune mauvaise odeur. Le Dimanche, 25. du mois, son corps fut porté dans la Chapelle des Ursulines. Les quatre Paroisses de la ville assistérent au convoi, avec un grand concours de peuple. Mr. le Doux Chanoine de la Cathedrale, en qualité de Recteur de la Paroisse de S. Patern, où sont situées les Ursulines, dit la Grand-Messe, & Mr. le Gallois Chanoine & Théologal fit l'office & la sepulture, comme Vicaire de la Paroisse de sainte Croix où Armelle étoit décédée, & après l'office il fit l'éloge funebre de la défunte. Elle fut enterrée au dedans du balustre, au pied du grand Autel, près de la grille du cœur. Le lendemain on fit un service solemnel pour le repos de son ame dans la même Chapelle, où il se trouva beaucoup de monde, aussi bien qu'à celui de l'octave. Les Religieuses ont fait mettre une grande pierre sur le lieu de sa sepulture, & à côté, cette épitaphe composée par un Pere Jesuite : *Cy gît le corps d'Armelle Nicolas, de naissance champêtre, & servante de condition, appellée communément : la Bonne Armelle ; & dans les communications ineffables qu'elle avoit avec Dieu : la fille de l'Amour. Elle mourut en terre, pour vivre dans le ciel le 24. d'Octobre 1671. âgée de 65. ans. Priez Dieu pour son ame, & marchez sur ses pas, en aimant Dieu*

24. OCTOB.

Dieu comme elle. *Requiescat in pace. Amen.* Le Recteur de Campeneac aïant appris le décez d'Armelle, fit son oraison funebre, & excita puissamment son peuple à l'amour de la vertu, par les exemples & la memoire de sa sainte paroissienne. Feu Monseigneur Charles de Rosmadec, qui après avoir été vingt ans Evêque de Vannes, fut transferé à l'Archevêché de Tours, ne rencontroit jamais Armelle, qu'il ne la saluât avec respect & ne se recommandât à ses prieres ; il s'informoit toûjours de ses nouvelles, quand il alloit voir le gentilhomme chez qui elle servoit, & s'entretenoit avec elle d'une maniere qui marquoit l'estime la plus parfaite. Monseigneur l'Evêque d'Heliopolis passant par Vannes pour son voïage des Indes, la voulut voir, comme une personne consommée en vertu, lui parla, fut très-édifié de sa rare modestie, & recommanda à ses prieres le bon succès de ses desseins. Ses maîtres, ses Directeurs, ses Confesseurs, tous ceux qui l'ont connuë, ont rendu d'elle les témoignages les plus avantageux. On a eu pour elle, pendant sa vie, une veneration qui approchoit de celle que l'on a pour les Saints ; elle n'a pas diminué après sa mort ; & sa memoire sera à jamais en benediction. Nous ne parlons point ici des assistances surnaturelles qu'on attribuë à son intercession, depuis sa mort ; on en peut voir le détail dans sa vie écrite par la Mere Jeanne de la Nativité Religieuse Ursuline de Vannes.

Morte le 29. Nov. 1671.

PERRONNE HUBY, Dame de Kermagaro, du Tiers-Ordre des Carmes.

XVII. SIECLE.

Arrests de la Reformation de la noblesse de Bretagne 15. Dec. 1670. & 11. Mars 1671.

PERRONNE Huby cousine du P. Huby, dont nous parlerons dans la suite, épousa François d'Andigné Seigneur de la Chasse & de Kermagaro, Conseiller au Parlement de Bretagne, gentilhomme d'une famille illustre & ancienne, sortie d'Anjou où elle subsiste encore & passe pour une des meilleures de cette province. Perronne Huby eut de ce mariage trois fils qui ont fait les trois branches de la Chasse, de Kermagaro, & de S. Jean. Elle étoit encore fort jeune quand elle perdit son mari, & sa conversion demandoit une grace d'autant plus puissante, que se trouvant pourvûë de tous les avantages & de tous les attraits qui font trouver de l'agrément dans le monde, elle étoit fort éloignée de le vouloir quitter. Sa délicatesse alloit à un excès presque sans exemple. Cependant Dieu lui inspira de se mettre chez les Religieuses de la Visitation, en qualité de bienfaitrice. Elle y porta l'amour du monde & de ses vanitez avec elle ; mais une retraite qu'elle y fit, lui ouvrit les yeux, & lui changea entierement le cœur. Elle entreprit une vie toute opposée à celle qu'elle avoit menée jusqu'alors. Elle passa tout d'un coup d'une molesse extrême, à une mortification surprenante ; elle s'attacha à combatre ses inclinations naturelles ; elle remporta sur elle-même de continuelles victoires ; elle pratiqua une abstinence qu'on pourroit appeller un jeûne perpetuel ; & ne trouva plus de goût & de plaisir que dans la solitude, l'oraison, & les humiliations. Sa ferveur n'a point été une ardeur passagere ; elle a perseveré pendant quarante ans dans le même recueillement, dans la même austerité, dans les mêmes exercices, sans se relâcher en rien ; & si elle fut obligée, pour prendre soin de l'éducation de ses enfans, de sortir du Monastere, elle ne rentra dans le monde, que pour combatre ses maximes, pour y répandre l'odeur des vertus, & pour y pratiquer toutes les bonnes œuvres qui ont le zéle & la charité pour motif. Ses vêtemens pauvres & grossiers, son air négligé, ses manieres simples, ses actions d'humilité, lui attirérent le mépris & les railleries de ceux qui l'avoient autre fois, pour ainsi dire, adorée ; mais l'amour de la croix la faisoit triompher dans l'abjection ; les injures, les calomnies, les contradictions, étoient pour elle autant de sujets de joïe ; elle ne se vangeoit des persecutions du monde, qu'en rendant le bien pour le mal. On pourroit produire plusieurs exemples de cette charité heroïque qui l'a souvent attachée à rendre jour & nuit les services les plus ravalez & les plus penibles à des personnes qui l'avoient sensiblement outragée. Elle puisoit sa force & son courage dans l'Oraison & dans la sainte Communion. Elle passoit en prieres devant le Saint Sacrement, presque tout le tems dont elle pouvoit disposer. Tous les ans elle faisoit une retraite chez les Religieuses de la Visitation. Pendant tout le Carême elle jeûnoit au pain & à l'eau trois jours de la semaine. Outre les trois fils dont nous avons parlé, elle avoit aussi deux filles, Marie-Agnès, & Marie-Constance ; & ce ne fut pas un des moindres sacrifices de sa vie, que de les avoir données toutes deux genereusement à N. S. Elles furent Religieuses de la Visitation, & elles ont vêcu & sont mortes en reputation de sainteté, dans le Monastere de Nantes

29. NOVEMB.

29. Novemb.

dont elles avoient été Superieures. Un saint homme de l'Ordre des Carmes, qui étoit Directeur de Madame de Kermagaro, desiroit de lui survivre, pour faire connoître les graces extraordinaires dont Dieu la favorisoit. L'exterieur de cette sainte veuve faisoit concevoir une haute idée de la perfection interieure de son ame; on ne pouvoit la regarder, qu'on ne se sentît penetré pour elle de la veneration la plus parfaite. Elle mourut à Rennes le 29. de Novembre de l'an 1671. dans la même odeur de sainteté qu'elle y avoit répanduë pendant sa vie, & fut enterrée dans l'Eglise des Carmes dans l'habit de leur Tiers-Ordre, dont elle avoit fait profession depuis quelques années.

Décedé le 3. Mai 1675.

MONSIEUR DE L'ISLE, Prêtre.

XVII. SIECLE.

Tiré de la vie de Mr. de Kerlivio.

LE peu que nous sçavons de la vie du saint Prêtre nommé Jean de l'Isle, uni d'amitié avec Monsieur de Kerlivio, Ecclesiastique d'une pieté distinguée, dont nous parlerons dans la suite, suffit pour nous engager à le proposer à tous les Chrétiens, & sur tout aux personnes de sa profession, comme un modéle dont ils seront heureux d'approcher. Prévenu de la grace dès son enfance, il pratiqua ce mépris du monde, cette modestie, ce recuëillement, cette charité pour les pauvres, & cette pieté dont il fit depuis une si haute profession. Il demanda d'être Chartreux; mais la foiblesse de sa complexion ne permit pas aux Superieurs de le recevoir. Dieu le vouloit dans un état où il joignit l'action à la contemplation. La penitence étoit son attrait particulier; & dans cette vûë il choisit S. Jean Climaque pour modéle. Il imita ses exemples, & pratiqua sa doctrine avec tant de rigueur, pendant une année, qu'il en pensa mourir. On l'obligea de moderer ces excès; mais sa vie fut toûjours si penitente, qu'elle égaloit celle des Religieux les plus austeres. Il portoit presque toûjours le cilice; il prenoit de très-fréquentes disciplines jusqu'à se mettre en sang, jeûnoit trois fois la semaine, souffroit toutes les incommoditez du froid & du chaud sans se vouloir soulager, & cherchoit toutes les manieres imaginables de mortifier ses sens & son esprit. Il n'y avoit pas d'Ecclesiastique plus humble, plus desinteressé, plus mort à lui-même, plus rempli d'un vrai zéle. L'oraison & l'étude de l'Ecriture Sainte étoient ses principales occupations. Il parloit peu, mais le peu de paroles que le zéle & la charité lui arrachoient, faisoient voir qu'une prudence surnaturelle avoit perfectionné le jugement solide qu'il avoit reçu de la nature. L'Evêque de Vannes & les Grands-Vicaires se servoient de lui pour les entreprises de zéle & de charité, & il étoit l'instrument de toutes les bonnes œuvres de la ville & du diocese. Il avoit une si grande compassion pour les miseres du prochain, qu'il se seroit dépoüillé de tout, si l'on n'y eût pris garde. Son petit logement étoit comme un hôpital. Il y retiroit les enfans orfelins, abandonnez, & malades des maladies même les plus sales; il les retenoit quelquefois des années entieres, jusqu'à ce qu'ils fussent guéris; & puis il leur faisoit apprendre quelque métier. Il prenoit encore soin des petites orfelines, & des filles que la necessité mettoit en danger de se perdre. Il n'est pas concevable que le peu de bien qu'il avoit, pût fournir à tant de charitez, sans miracle. Il avoit une grace particuliere pour gagner à Dieu les pecheurs les plus desesperez. Mais il avoit aussi un grand talent pour conduire dans les voïes de la perfection les ames prévenuës de la grace, comme l'ont éprouvé, entr'autres, les Religieuses Ursulines, dont il fut Confesseur pendant vingt-six ans. Il sçavoit parfaitement les cérémonies de l'Eglise, & les Superieurs l'avoient établi pour les enseigner aux jeunes Prêtres. En même tems qu'il leur communiquoit les hautes idées qu'il avoit du Sacerdoce & des fonctions sacrées, il leur inspiroit les mêmes sentimens de pieté dont son cœur étoit rempli. Il institua entre les Prêtres du diocese une association pour s'assister mutuellement à la mort. Les objets de sa plus tendre dévotion étoient l'enfance du Sauveur, sa Passion, & la Divine Eucharistie. Aussi paroissoit-il posseder l'esprit de ces mysteres. Sa simplicité, sa pureté de cœur, son amour pour les croix, & sa vie cachée, en étoient de bonnes preuves. Il avoit une singuliere veneration pour les Saints Anges, & l'amour qu'il avoit pour la sainte Vierge l'avoit fait entrer dans le Tiers-Ordre du Mont-Carmel, dont il fut Superieur, & qu'il accredita beaucoup. Il prioit souvent N. S. de lui faire part de sa croix. Il fut exaucé; une paralysie generale le tint attaché deux ans à son lit, comme à une dure croix, avec des douleurs extrêmes & une grande humiliation. Il n'avoit que la peau & les os; mais il souffroit avec joïe; & toûjours uni à Dieu, il pratiquoit éminemment toutes les vertus. Il mourut le 3. de Mai de l'an 1675.

3. MAY.
jour dédié à la Croix, à l'âge de 54. ans. les pauvres le pleurérent, comme un vrai pere qu'ils perdoient. Tout le Clergé de la ville, les Ordres Religieux, les personnes de distinction, tout le peuple, honorérent ses funerailles ; & lui donnérent des marques de cette veneration que l'on ne peut refuser à la sainteté.

Morte le 26. Sept. 1677.
DAME JEANNE PINCZON, autrement Madame de Forsans, du Houx veuve, décedée, après avoir fait les vœux de Religion à la Visitation du Colombier de Rennes, & pris le nom de Sœur Jeanne-Marie Pinczon.

XVII. SIECLE.

Tiré de sa Vie imprimée à Paris en 7ij.

LA vie de Madame du Houx est un modéle pour toutes sortes de personnes, tant de son sexe, que du nôtre. Les filles & les jeunes Demoiselles y peuvent apprendre l'obéïssance qu'elle doivent à leurs parens, & cette pudeur Chrétienne qui les doit accompagner par tout ; les Dames, ce qu'elles doivent à Dieu, à leurs maris, & à leurs domestiques ; les veuves, comme il faut aimer la retraite, s'adonner à l'oraison, & s'exercer dans la pratique des bonnes œuvres ; & les personnes Religieuses, comme il faut mourir au monde, renoncer à soi même, porter sa croix & suivre J. C. Les Missionnaires même y reconnoîtront avec quel zele ils doivent travailler à la gloire de leur maître ; les Directeurs, avec quelle sagesse & quelle pureté de cœur ils doivent s'appliquer à la conduite des ames ; enfin les personnes malades, & celles que Dieu met aux plus rudes épreuves de la vie interieure, aprendront comme on doit souffrir, à l'exemple de Madame du Houx, qui aïant enduré les peines les plus terribles du corps & de l'esprit, a merité par sa patience & sa fidélité le titre glorieux d'épouse de la croix.

Elle étoit d'une famille noble de Bretagne. Son pere étoit François Pinczon Seigneur de Cacé, gentilhomme, de l'Evêché de Rennes, qui avoit épousé une très-vertueuse Dame appellée Renée Sion, dont il eut trois enfans, un garçon & deux filles. L'aînée fut Religieuse, & la cadette est celle dont nous parlons ici. Elle vint au monde le second jour de Septembre de l'an 1616. on lui donna le nom de Jeanne sur les fonts de baptême. Elle nâquit un vendredi, & à peine eut elle vû le jour, qu'elle commença à souffrir. Elle eut trois nourrices l'une après l'autre, qui la mirent dans un pitoïable état, par le mauvais lait qu'elles lui donnérent. Elle n'avoit que quatre ans, quand sa mere deceda, elle fut laissée à la merci des serviteurs & des servantes, qui la traitoient indignement, personne ne veilloit à son éducation ; Dieu seul prenoit soin d'elle. Il lui avoit donné un beau naturel, un esprit vif, un cœur noble, une ame genereuse, & des inclinations admirables pour la vertu. Elle cherchoit ce que personne ne vouloit lui enseigner ; elle alloit à Dieu, sans sçavoir précisément où elle alloit, & se sentoit portée à luy par un mouvement secret qui lui faisoit apprehender terriblement le peché.

26. SEPTEMB.

A l'âge de douze ans on la mit dans une maison où elle fut exposée à de grands dangers ; mais sa modestie la mit à couvert de tout, & les plus libertins furent contraints d'avoüer qu'à sa seule présence ils apprenoient à respecter la vertu. Elle fut ensuite chez une de ses parentes, qui lui fit endurer pendant six mois tout ce qu'une humeur fiere & jalouse peut inventer de plus malin, elle ne se contenta pas d'exiger d'elle les services les plus vils & les plus penibles de la maison ; elle la chargea encore de plusieurs calomnies, Mademoiselle du Hazay (c'est ainsi que s'appelloit alors Madame du Houx) souffrit tout cela sans se plaindre ; ce qui est surprenant dans une fille aussi jeune, & qui étoit naturellement fiere & hautaine. Elle n'avoit pas encore fait sa premiere Communion. Elle s'y prépara par une Confession très-exacte. Le Confesseur qui l'entendit, avoüa de bonne foi qu'il n'avoit jamais vû un cœur plus droit & une ame plus éclairée. Après la Communion N. S. luy fit goûter, ainsi qu'elle l'a raconté elle même, des plaisirs qui lui avoient été inconnus jusques là, & qui ne se peuvent expliquer.

Peu de tems après son pere l'envoïa demeurer chez une de ses parentes, où elle commença à respirer un air de pieté qu'elle n'avoit encore pû trouver ailleurs, & où Dieu la penetra de quelques traits sensibles de son amour, & qui furent pour elle une source inépuisable de graces & de lumieres. A l'âge de treize ans elle se cassa un bras par une chute de cheval, & souffrit l'operation du chirurgien, sans jetter aucun cri. Son mal fut très-douloureux, & dura plus de sept mois. Elle fut obligée de garder le lit pendant tout ce tems-là, dans une posture fort gênante, & sans pouvoir trouver de repos. Souvent elle demeuroit seule dans sa chambre, & cet abandon lui apprit à trouver Dieu, & à prendre du goût pour les croix & pour la solitude.

26.
SEPTEMB.

A peine fut elle guérie que Mr. de Cacé son pere, qui fongeoit à fe remarier, lui en parla, pour fçavoir fon fentiment. Elle lui facrifia genereufement tous fes interefts, lui protefta qu'elle n'auroit jamais d'autre volonté que la fienne, & promit qu'elle auroit toûjours pour celle qu'il époufferoit tout le refpect & toute la déference poffible. Elle eut en effet pour fa belle-mere tous les égards imaginables ; mais fa belle-mere n'eut que des duretez pour elle, dont voici le fujet. Elle avoit eu un fils d'un premier lit ; & propofa de le marier avec Mademoifelle du Hazay, qui étant dans le deffein de fe conferver toute pure à N. S. s'excufa fur ce qu'elle n'avoit encore que treize ans. Sa belle-mere irritée de ce refus, conçut une haine horrible contre elle, & l'accabla de mauvais traitemens. Elle la chargea, toute jeune qu'elle étoit, des foins les plus laborieux du ménage. Mademoifelle du Hazay fervoit à fa belle-mere de femme de chambre & de cuifiniere. Elle la foignoit dans fes maladies ; elle dreffoit fon linge ; & dans les plus grandes rigueurs de l'hiver, alloit le laver à la riviere avec les autres fervantes, qui la traitoient encore avec beaucoup de mépris. L'excès du travail lui donna une fiévre lente qui la mina peu à peu, & la mit hors d'état de continuer fon fervice. La fiévre redoubla, & fut très-violente. Un mal de gorge furvint, qui empêchoit la malade de rien prendre ; d'autres accidens fâcheux l'accueillirent, & pour comble de maux, une groffe fluxion fe jetta fur un genou, qui fournit, le refte de fes jours, beaucoup d'exercice à fa patience. Elle étoit alors dans une maifon de campagne ; on la fit tranfporter à Rennes, & les medecins qui la virent, en defefperérent auffi-tôt. Pour achever de l'accabler, les gens à qui l'on en avoit confié le foin, l'abandonnérent cruellement. Elle ne fe plaignit point ; elle s'abandonna à la providence, & attendit la mort fans fraïeur. Dieu la confola d'une maniere fi fenfible, que la fanté de l'ame fe communiqua au corps, & Mademoifelle du Hazay, accablée de tant de maux, fe trouva guérie par une efpece de miracle.

Il lui fallut auffi tôt retourner à la campagne auprès de fa belle-mere, qui continua de la charger de tous les foins & de tous les embarras du ménage. La maifon fut infectée en 1631. d'une fiévre maligne, dont Madame de Cacé, deux de ces enfans, & quatre de fes domeftiques furent attaquez. On avoit peine à trouver des gens pour les affifter. Mlle. du Hazay, âgée feulement de quinze ans, s'offrit à tout, & durant plufieurs mois leur rendit les fervices les plus vils & les plus penibles. Comme elle avoit à faire en même tems à plufieurs perfonnes de dehors, il n'eft pas croïable combien de fois elle fut attaquée par de jeunes libertins. Sa vertu lui faifoit un rempart contre leurs infultes, & fon courage la rendoit formidable à ceux qui ofoient l'attaquer. Elle donna un jour un foufflet à un Cavalier qui l'importunoit, & rendit confus un Ecclefiaftique qui commençoit à perdre le refpect, & fortoit des bornes de fon devoir.

SEPT.

Elle penfoit depuis quelque tems à fe faire Religieufe, mais elle n'ofoit le déclarer, parce qu'elle prévoïoit les difpofitions de fon pere, qui l'aimoit tendrement, & ne pouvoit fe paffer d'elle. Cependant pour fe difpofer à la vie Religieufe, elle fe prefcrivit de certaines regles, qu'elle obferva fort exactement. Elle avoit le foir & le matin fes prieres marquées ; elle entendoit tous les jours la Meffe, difoit l'office de la fainte Vierge, & recitoit le Rofaire. Les Lundis elle difoit l'office des morts, & les Vendredis les Pfeaumes de la penitence. Elle fuïoit les compagnies, cherchoit la folitude, & ménageoit tous les momens qu'elle pouvoit trouver, pour les donner à la priere. On fit mille plaifanteries de cette conduite ; mais cela ne l'ébranla point. Le defir d'entrer en Religion croiffoit tous les jours, & lui en prendre le parti d'en écrire à fa fœur Religieufe au premier Monaftere de la Vifitation de Rennes, appellé la Vifitation de S. Melaine. Mr. de Cacé intercepta la lettre, empêcha ce commerce, & fit tout ce qu'on peut imaginer pour traverfer le deffein de Mademoifelle du Hazay. Il l'envoïa chez une de fes parentes, qui lui fit voir le grand monde, & lui propofa de tems en tems des partis avantageux ; mais rien ne la faifoit changer. Elle fe déroboit de la maifon de cette parente, & alloit voir fecretement fa fœur, afin de prendre avec elle des mefures pour executer fon deffein. Elle s'adreffa à un Pere Capucin, qui avoit un grand pouvoir fur l'efprit de Monfieur de Cacé ; elle engagea Riligieux & Religieufes à interceder pour elle auprès de fon pere ; elle s'adreffa à Dieu, & fit beaucoup de jeûnes & de prieres ; & tout cela fans fuccès.

Monfieur de Cacé lui avoit trouvé un parti, & fans lui en parler, l'avoit promife à un gentilhomme très-riche. Elle ne l'eut pas plûtôt appris, que N. S. lui fit connoître que la chofe ne fe feroit pas. Elle le dit à fon pere, qui s'en mocqua ; mais en effet ce mariage fut rompu. Cela n'empêcha pas Mr. de Cacé de chercher un

26.
SEPTEMB.

Registres de la Reformation de la noblesse de Bretagne, en 1668.

autre parti pour sa fille, & il le trouva dans la personne d'Hilarion de Forsans Seigneur du Houx près de Monfort, fils d'Isaac de Forsans Seigneur de Maradan, qui étoit le second des fils de Jacques de Forsans Seigneur de Gardisseul & de Jeanne de Boüillé. La famille de Messieurs de Forsans est illustre & ancienne, originaire de Gascogne, où elle a pris alliance dans la maison d'Armagnac dès l'an 1025. le premier de ce nom qui vint en Bretagne, commandoit la compagnie des Gendarmes du Sire d'Albret son parent l'an 1487. l'alliance qu'ils prirent dans la maison de Kergournadech, en épousant Jeanne Nuz, leur a fait charger leur écartelé de Forsans & d'Armagnac de l'Ecusson de Nuz qu'ils ont autrefois mis sur le tout. Monsieur du Houx avoit beaucoup de douceur; il étoit honnête, civil, obligeant, d'un genie élevé, & d'une grande penetration pour les Sciences; mais toutes les bonnes qualitez ne touchoient que foiblement, Mademoiselle du Hazay, qui n'avoit du goût que pour la vie Religieuse. Elle fit d'abord de la resistance, mais ne pouvant se résoudre enfin à desobéir à son pere, elle crut qu'elle pourroit porter Monsieur du Houx à se désister de sa recherche, si elle lui déclaroit toutes ses infirmitez, & sur tout son mal de genou. Elle eut beau parler contre elle-même; Monsieur du Houx lui répondit, avec autant de sincerité, que de politesse, que quand elle n'auroit qu'un pied, ou qu'un œil, il n'auroit jamais qu'un cœur pour elle. Mademoiselle du Hazay avoit vingt ans quand elle épousa Monsieur du Houx. La cérémonie se fit le premier jour d'Avril, & tout s'y passa fort Chrétiennement. Madame du Houx, selon la coûtume du païs, se fit une couronne de fleurs, où elle affecta de n'employer que des fleurs de la couleur du Ciel où étoit le seul objet de son amour; mais elle cacha sous ces fleurs une couronne d'épines, qu'elle s'enfonça si avant, le jour de ses nôces, que tout le reste de sa vie elle sentit de très-grandes douleurs à la tête, jusqu'à répandre quelquefois le sang à grosses goutes.

Avant que d'aller à la maison de son mari, elle se jetta aux pieds de son pere, pour lui demander sa benediction. Elle vint ensuite demeurer au païs, où elle vécut avec Monsieur du Houx d'une maniere si reguliere & si sainte, qu'on la proposoit par tout comme l'exemple des Dames Chrétiennes. Elle commença par regler son domestique, & faire en sorte que Dieu fût le premier servi dans sa maison. Elle obligeoit ses gens à entendre la Messe tous les jours; elle les assembloit le matin & le soir pour dire la priere; & leur faisoit tantôt une instruction, & tantôt une lecture dévote. Elle leur faisoit fuir l'oisiveté, les portoit à s'approcher des Sacremens, leur inspiroit sans cesse une grande horreur du peché, corrigeoit ceux en qui elle voïoit du panchant au libertinage, & chassoit les incorrigibles, sans manquer pourtant de leur païer leurs gages. Si quelqu'un venoit à tomber malade, elle en prenoit soin comme si c'eût été son propre enfant, & se rendoit, pour ainsi dire, la servante de ses serviteurs.

Monsieur du Houx avoit de la pieté, & aimoit tendrement sa femme. Une conduite si sage & si Chrétienne lui plaisoit fort, & l'on ne vit jamais une plus belle union que celle qui regnoit dans cette maison Mais la calomnie vint répandre son noir venin dans le cœur de Mr. du Houx, naturellement porté à la jalousie. Il crut trop facilement ce qu'on lui dit contre sa femme, & lui défendit de voir aucun homme, pas même son Confesseur. Elle obeït & ne forma aucun murmure. Mr. du Houx reconnut aisément la verité, rendit à sa femme la liberté de voir son Confesseur, & le choisit lui même pour le sien. Depuis ce tems-là il eut tant d'estime de la sagesse & de la vertu de sa femme, qu'il n'entreprenoit rien sans sa participation. Il la consultoit, non-seulement dans ses affaires temporelles, mais encore dans celles de sa conscience, & se regloit en tout par les avis d'une femme si Chrétienne & si éclairée. Parmi les personnes du dehors, Madame du Houx n'avoit de liaison qu'avec celles dont la sagesse & la modestie étoient universellement reconnues. Les Dames mondaines en firent des railleries; mais elle ne s'en mit pas en peine; & pour leur marquer le mépris qu'elle faisoit de leurs folles vanitez, elle résolut de ne plus porter sur ses habits, ni or, ni argent, ni dentelles. Son mari lui en accorda la permission, & elle s'y engagea par un vœu qu'elle garda exactement tout le reste de sa vie.

Après avoir ainsi renoncé au grand monde, elle se fit dans sa maison une oratoire, où elle passoit plusieurs heures en prieres. A l'oraison elle joignoit les jeûnes, les abstinences, & les austeritez. Elle communioit toutes les semaines, & répandoit ses aumônes par tout, aux prisonniers, aux hôpitaux, aux pauvres maisons Religieuses. Elle donna une fois une partie de ses habits à une personne affligée d'un cancer. Dans une année de charité, ses pieuses profusions secoururent une infinité de gens

26.
SEPTEMB.

qui mouroient de faim. Elle portoit elle-même des boüillons aux malades, & tout ce qui leur étoit necessaire. Elle s'informoit de leurs besoins, & n'épargnoit rien pour les soulager. Au reste sa dévotion n'avoit rien de sauvage ; elle recevoit agréablement le monde, sur tout les jeunes Dames qui vouloient se mettre dans la pieté, qui la regardoient comme une exemple de vertu qu'elles devoient suivre, & qui la venoient consulter sur leur conduite. Elle les écoutoit paisiblement ; & Dieu qui lui avoit déja donné le discernement des esprits, lui suggeroit alors ce qu'elle devoit répondre.

Mais au milieu d'une vie si sainte, elle souffroit interieurement des peines très-ameres. Son ame étoit tourmentée de mille scrupules ; elle ne trouvoit aucune consolation, & parmi tant de souffrances, à peine pouvoit-elle trouver un petit coin dans la maison, pour y aller pleurer à son aise. Son mal de genou la reprit sur ces entrefaites, & devint si violent, qu'il la mit à l'extrémité. Dans cet état elle perdit le goût de toutes choses ; les créatures lui devinrent insipides, & ce qui fut de plus terrible pour elle, c'est qu'elle se trouva sans aucune consolation sensible de la part de Dieu, qui la pût soûtenir. Pour surcroît de peines, Mr. du Houx tomba malade d'un crachement de sang, qui l'obligea d'aller à la campagne respirer son air natal. Madame du Houx reprit ses forces comme elle put, afin de le suivre, & de lui donner ses soins. Le mal dura long-tems ; elle eut beaucoup à souffrir auprès de son mari ; & tomba malade elle-même, premierement d'une dysenterie qui la mit presqu'aux abois ; & ensuite de la petite verole, qu'elle eut en si grande abondance & avec des symptômes si fâcheux, que l'on n'en attendoit plus que la mort. Mr. du Houx, qui étoit guéri de son crachement de sang, fut obligé de s'absenter pour des affaires de consequence. Il laissa sa femme aux soins d'une femme de chambre, d'un chirurgien, & d'une servante. Le chirurgien & la femme de chambre s'entr'aimoient un peu trop, passoient les jours ensemble, & laissoient la malade dans le dernier abandon. A peine lui donnoient-ils un morceau de pain noir, & pendant trois mois elle ne put obtenir d'eux la consolation d'avoir un Prêtre pour se confesser. Enfin ennuïez de la voir toûjours languissante, ils prirent la cruelle résolution de l'étrangler. Ils allérent à sa chambre, dans le dessein d'exercer sur elle leur barbarie ; & l'on ne sçait pas comment ils en furent détournez ; on sçait seulement que Madame du Houx leur fit grace, &

les mit à couvert de la Justice, qui en auroit tiré une punition exemplaire, si elle en eût été avertie.

Dès que Madame du Houx fut en état de sortir, son mari la mena à une maison de campagne à quelques lieuës de Rennes, où elle eut des occasions nouvelles de pratiquer la patience. Car outre qu'elle y étoit destituée de tout secours spirituel, son mal de genou la reprit, & s'augmenta de sorte qu'elle ne pouvoit plus marcher. Elle y souffrit durant quelques semaines des convulsions étranges, & il falloit à toutes heures avoir des gens robustes auprès d'elle, pour lui tirer la jambe, & s'opposer de toutes leurs forces à un racourcissement de nerfs dont elle étoit menacée. Avec cela un débordement de Pituite lui tomboit du cerveau en abondance ; on croïoit souvent qu'elle alloit étouffer, & les grands efforts de poitrine qu'elle faisoit, lui rendoient le teint tout livide. Mais au milieu de ses maux Dieu la faisoit joüir d'un repos doux & tranquille, & allumoit dans son cœur un desir ardent de souffrir mille fois davantage. La solitude avoit des charmes pour elle, & la croix faisoit son plaisir. Elle eut lieu d'être satisfaite ; car peu de tems après elle eut le visage & tout le reste du corps infecté & couvert d'un venin aussi sale & aussi douloureux que celui de la lépre. Ceux qui la virent en cet état, en furent effraïez ; les medecins ne sçavoient qu'en penser ; & son Confesseur, qui étoit un Religieux Minime, ne put s'empêcher de dire, que c'étoit l'ouvrage de Satan, à qui Dieu avoit permis de tourmenter sa servante, de la même maniere qu'il avoit autrefois tourmenté son serviteur Job. Afin qu'il ne manquât rien à la ressemblance, Madame du Houx avoit auprès d'elle une Demoiselle, qui lui disoit tous les jours mille injures, & qui la traitoit fort inhumainement ; & ces maux exterieurs furent accompagnez de tentations épouvantables. Mr. du Houx mena sa femme à sainte Anne auprès d'Auray, où elle se trouva quelque peu soulagée ; elle commença à pouvoir plier le genou, & se trouva guérie d'une foiblesse d'estomach dont elle étoit incommodée depuis long-tems.

Elle ne fut pas plûtôt de retour d'Auray, qu'elle apprit que Monsieur de Cacé son pere étoit à l'extrémité. Elle y courut à l'heure même, lui donna tous ses soins ; mit ordre à ses affaires, lui fit administrer les derniers Sacremens, & reçut ses derniers soupirs. Les coheritiers de Madame du Houx lui conférent tous leurs interêts, qu'elle regla si bien, que tous furent contens, & elle laissa sa famille en paix.

A peine avoit-elle rendu les derniers devoirs à son pere, qu'il fallut aller à son mari, qui venoit de tomber malade. Elle en prit tant de soin, qu'elle le remit en santé, mais les fatigues qu'elle avoit souffertes la firent succomber, & elle se vit accablée de toutes sortes de maux en même tems. Elle avoit un mal de tête insupportable; son mal d'estomach lui étoit revenu, & elle ne pouvoit rien digerer; des douleurs de rate continuelle lui ôtoient le repos; enfin son genou fut attaqué d'une fluxion nouvelle qui la travailloit nuit & jour. Tant de maux compliquez ensemble la menaçoient de paralysie, & l'on jugea qu'il n'y avoit que les eaux de Bourbon qui pussent lui procurer du soulagement. Son mari l'obligea d'y aller, & voulut lui tenir compagnie. A son arrivée à Bourbon, elle fut mise dans les remedes, & on ne lui donna pas un seul jour de relâche. On lui appliqua les ventouses jusqu'à seize fois; & elle souffrit ces operations douloureuses avec une si grande fermeté d'ame, que les medecins & les chirurgiens disoient avec admiration, qu'il falloit que Dieu lui eût donné des forces au-dessus de la nature. Quoique ce voïage eût eu assez de succès, elle fut obligée de retourner à Bourbon l'année suivante, & elle en reçut encore quelque soulagement. Au retour de ce voïage, aussi-bien que du premier, elle se mit en bateau sur la Loire; & toutes les deux fois il y eut d'effroïables tempêtes, qui menacérent les bâteliers d'un triste naufrage. Tout le monde étoit dans des allarmes continuelles; la seule Madame du Houx étoit intrepide. Elle lisoit, elle prioit, & travailloit avec autant de tranquillité, que si elle eût été dans sa maison. Mais que peuvent craindre les personnes qui, comme elle, se sont une fois bien abandonnées à Dieu?

A son retour en Bretagne, comme elle avoit un pressentiment de la mort prochaine de son mari; elle mit ordre aux affaires de la maison. Elle dissuada Mr. du Houx, dans cette vûë, d'acheter une charge de Conseiller au Parlement de Bretagne; & le reconcilia avec un Cavalier qui l'avoit insulté dans une Eglise. Cependant Dieu ne permit pas que cette sainte femme qui portoit la paix par tout, en joüit elle-même. Tous ses premiers scrupules revinrent, & elle en fut tourmentée pendant dix mois entiers. Enfin Dieu la consola, & à l'heure qu'elle y pensoit le moins, toutes ses peines se dissipérent.

Elle commençoit à peine à respirer, que Mr. du Houx eut encore un crachement de sang, & une fiévre quarte qui lui dura six mois. Les medecins le crurent d'abord sans peril; mais Madame du Houx, bien persuadée que se seroit sa derniere maladie, résolut de ne le point quitter. Infirme, & ne se pouvant traîner qu'à l'aide d'un bâton, elle alloit jour & nuit autour du malade, le veilloit, le levoit, le couchoit, & lui rendoit tous les plus vils & les plus penibles services. Elle souffroit paisiblement & dans le silence, la mauvaise humeur & les jalousies de son mari, sans se rebuter; avoit mille complaisances pour lui, & inventoit chaque jour de nouvelles adresses pour le réjoüir. Mais comme le salut de son ame lui étoit infiniment plus cher que la santé de son corps, sa principale étude fut de le gagner à Dieu. Elle y réüssit; elle lui apprit à faire oraison mentale, à renoncer aux vanitez du monde, à se détacher de la vie, à aimer les souffrances, & à s'abandonner en tout au bon plaisir de Dieu. Quand elle le vit approcher de sa fin, elle l'avertit de penser à son testament, de faire une confession generale, & de recevoir enfin les derniers Sacremens. Il fit tout ce qu'elle voulut; car il avoit tant de confiance en elle, qu'il lui déclaroit, comme à son Confesseur, les secrets les plus cachez de son ame. Un jour se sentant fort abbatu, & assez près de sa derniere heure, il appella Madame du Houx, & lui prédit qu'elle seroit Religieuse, mais que ce ne seroit que sur la fin de sa vie. Il ajoûta, en la regardant avec tendresse: « je meurs content, puisque c'est la volonté de Dieu. Mon regret, est de n'avoir pas vêcu comme je devois. Je me repens, Madame, mais trop tard, de vous avoir ravie à vôtre Divin époux. Allez, je vous rends à lui; vous ne serez plus desormais qu'à J. C. » Il condamna tous les soupçons qu'il avoit jamais eus contr'elle, confessa publiquement sa faute, & se seroit allé jetter à ses pieds, pour lui en demander pardon, si elle ne s'y fût opposée. Il la pria de ne le point abandonner, sur tout à la derniere agonie, & protesta hautement, qu'il n'y avoit personne au monde en qui il prît plus de confiance, & qui connût mieux les dispositions de son ame, que Madame du Houx. Elle fut avertie en songe du jour de la mort de son mari. Elle lui fit donner au plûtôt tous ses Sacremens, & l'assista dans son agonie, avec tant de zéle & d'onction, qu'elle charma tous les assistans. Jamais on n'avoit entendu si bien parler en semblable rencontre; aussi n'étoit-ce pas elle qui parloit, mais l'Esprit de Dieu qui s'exprimoit

26.
Septemb.

par sa bouche. Mr. du Houx expira doucement entre les bras de sa femme, qui sans se troubler aucunement, joüissoit d'une paix & d'une tranquillité merveilleuse. Depuis ce tems-là elle reçut de Dieu un don si particulier de consoler les malades & de les assister à la mort, que par tout on s'estimoit heureux de pouvoir mourir entre ses mains.

Elle n'eut pas plûtôt fermé les yeux à son mari, qu'elle mit ordre à tout ; après quoi s'étant retirée dans sa chambre, elle répandit quelques larmes, & demanda misericorde à Dieu pour son mari. Ensuite elle se prosterna à terre, & se consacrant toute à J. C. qu'elle prit desormais pour son époux, elle adressa à Dieu ces belles paroles du Psalmiste : *Seigneur ! vous avez brisé mes liens ; je vais vous offrir le sacrifice de mes loüanges.* Elle passa la premiere année de son veuvage auprès du tombeau de son mari ; & n'obmit rien pour le repos de son ame. Elle jeûnoit & prioit presque continuellement, elle maceroit son corps par de sanglantes disciplines, elles donnoit des aumônes considerables, & faisoit dire des Messes de tous côtez. Quoiqu'elle s'occupât ainsi pour son mari de tous les devoirs de la pieté Chrétienne, elle ne laissoit pas de vaquer aux affaires de la maison, qui étoient fort embroüillées. Elle regla les interests de Messieurs du Houx, & leur distribua la succession de son mari, dont elle n'avoit point eu d'enfans. Mr. de Cacé son frere n'étoit point encore entré dans ses biens ; elle mit le même ordre à ce qui le regardoit ; & se conduisit en tout cela avec tant de prudence & d'équité, que l'on ne sçavoit ce qu'il y avoit le plus à admirer, ou sa capacité à débroüiller tant d'affaires épineuses, ou son jugement à distribuer si justement à chacun le bien qui lui appartenoit. Tous furent satisfaits, & conçurent dès-lors une haute estime de sa sagesse & de sa vertu.

Elle ne pensa plus, après cela, qu'à se retirer du monde, & à se consacrer à Dieu dans la Religion. Son inclination la déterminoit depuis long-tems pour le Colombier, le second des Monasteres de la Visitation bâtis à Rennes. Elle y entra pour un mois, afin de s'essaïer, & de convenir avec les Religieuses de la maniere dont elle y pourroit vivre en qualité de Pensionnaire. Durant ce mois de retraite elle suivit exactement la Regle, & se regarda toûjours comme la derniere de la maison, quoiqu'elle en fût déja bienfaitrice. Son cœur goûtoit alors des douceurs qu'elle ne pouvoit exprimer ; & son esprit étoit dans des ravissemens continuels, de se voir enfin hors du monde,

& dans une maison où rien ne l'empêcheroit d'aimer Dieu dans toute l'étenduë & la liberté de son cœur.

Quand le mois de sa retraite fut fini, elle se trouva obligée de sortir, pour mettre ordre à ses affaires. Comme on sçavoit le dessein où elle étoit de se retirer à la Visitation, & d'y faire du bien, le monde, ses proches, ses amis, lui livrérent de très-rudes assauts ; on la voulut mettre en tutelle, & lui interdire l'administration de ses biens ; on ajoûta les menaces à la calomnie ; rien ne la put ébranler. Elle fit faire un état de tout son bien, assembla ses parens, leur fit voir ce qu'elle avoit en propre, ce qu'elle laissoit à ses heritiers, ce qu'elle se reservoit pour sa personne, & ce qu'elle prétendoit donner au Colombier, où elle vouloit desormais faire sa residence. Elle leur parla avec tant de force, & Dieu donna tant de grace à ses discours, que pas un d'eux n'osa plus s'opposer à ses desseins.

Elle avoit passé dix-huit jours dans cet embarras, lorsqu'elle reçut de la part de la Superieure du Colombier une lettre, par laquelle cette bonne Religieuse lui reprochoit son inconstance, & le dégoût qu'elle sembloit avoir de sa vocation. Madame du Houx, qui ne s'étoit donné tant de peine, que pour marquer sa constance & l'ardeur qu'elle avoit de se consacrer à Dieu dans cette maison, n'écouta point ce que la nature ne suggére que trop dans ces sortes de rencontres. Elle partit à l'instant, & pour réponse à cette lettre, elle se presenta à la Superieure, & lui demanda avec instance la grace de vivre & de mourir avec elle.

Il n'y avoit que cinq ans que la Communauté étoit établie au Monastere du Colombier, lorsque Madame du Houx choisit cette maison pour sa retraite, & y entra le 29. Juin de l'an 1646. le trentiéme de son âge. Elle se proposa d'abord de ne plus écouter l'esprit du monde, ni celui de la nature ; elle se rendit exacte à toutes les observances, comme la plus petite novice, & alloit avec simplicité recevoir les ordres de la Maîtresse du Noviciat. Au bout de quatorze mois, n'osant, à cause de ses infirmitez, qui ne l'avoient pourtant pas empêchée d'être fidéle à la Regle, demander l'habit de la Religion, elle suplia avec instance, qu'on lui permît au moins de porter celui de sœur Laïe, & d'être nommée Sœur Jeanne-Marie, pour pouvoir se dire sans cesse qu'elle devoit, en la compagnie de la sainte Vierge & de saint Jean, demeurer inseparable de J. C. attaché à la Croix. aïant obtenu cette grace, elle renouvella sa ferveur, & quoiqu'elle fût fort infirme,

elle

elle se contentoit du commun, & vivoit comme les autres Religieuses. La Communauté étoit charmée de sa vertu. L'uniformité de sa conduite, sa grandeur d'ame, & son égalité d'esprit, ses manieres obligeantes, sa douceur, sa modestie, son humilité, son recüeillement, son obéïssance, sa simplicité, enfin ses entretiens si sages, si spirituels, & si remplis de l'esprit de Dieu, la faisoient admirer & des Religieuses, & des personnes du dehors. Elle affligeoit son corps en mille manieres differentes; & son Oraison étoit presque continuelle; jamais elle ne perdoit la presence de Dieu. Se présenter à lui, ne s'occuper que de lui, se laisser penetrer de son action interieure, c'étoit-là l'unique forme d'Oraison que pratiquoit Madame du Houx. Sa Superieure craignit qu'il n'y eut de l'illusion dans cette pratique, & fit ses efforts pour reduire sa novice aux methodes ordinaires qui procedent par considerations, affections, & résolutions; mais après avoir reconnu que Dieu tenoit sur cette ame une conduite toute particuliere, elle cessa de vouloir reduire aux premiers élemens de la vie spirituelle une personne déja si élevée dans l'état de perfection.

Cinq mois après que Madame du Houx eut pris l'habit au Colombier, où elle joüissoit de la plus tranquille paix, Dieu l'éprouva par les peines interieures. Tout lui devint insupportable; son humeur s'aigrit, ses passions se revolterent, & les exercices de la Religion, qui faisoient auparavant ses plus cheres délices, firent alors son plus grand tourment. Il n'y a point de sortes de tentations dont elle n'ait été attaquée dans ce tems de trouble & d'obscurité; à quoi si l'on ajoute le dégoût des choses Saintes, un égarement continuel d'imagination, une vûë affreuse de ses pechez passez, des craintes mortelles de sa reprobation; il sera plus aisé de concevoir, que d'exprimer, quel étoit l'excès de son accablement, & d'un accablement qui dura six ans, sans qu'elle en témoignât rien au dehors, & sans qu'elle pût ouvrir son cœur à personne; parce qu'elle n'avoit point encore de Directeur. Elle ne se plaignoit point, & se soumettoit avec une patience & une resignation admirable à toutes les épreuves où Dieu la vouloit mettre. Jamais elle ne fut plus douce, plus humble, plus Reguliere; & celle qui ne pouvoit trouver de consolation auprès de personne, étoit la joïe & la consolation des autres. Mais les efforts qu'elle faisoit pour cacher ses peines & resister à tant d'assauts, augmenterent tellement son mal de tête, qu'on croïoit souvent qu'elle alloit expirer. Ne pouvant surmonter ses peines dans un combat de si longue durée, elle eut le bonheur au moins d'en profiter, par la grace que Dieu lui fit de s'affectionner aux souffrances, & de continuer avec plus d'ardeur que jamais à regarder la Croix comme le plus tendre objet de ses desirs. Le corps ne souffroit pas moins que l'esprit, & son amour plus content des douleurs que de la santé, ne la portoit à demander autre chose à Dieu par rapport au corps, que d'être traitée comme la plus miserable des créatures. Dieu satisfit en quelque sorte à ses desirs; car quoiqu'on eût pour elle tous les égards imaginables, il permit pourtant qu'on l'abandonnât souvent à sa ferveur, qu'on l'oubliât quelquefois dans ses besoins; & qu'on lui donnât pendant plus de dix ans, pour l'aider à marcher, une personne dont la mauvaise haleine étoit capable de l'infecter, & elle ne s'en plaignit, ni n'en parla jamais.

Dieu donna enfin un Directeur à Madame du Houx, tel qu'il lui convenoit; c'est-à-dire un homme établi dans la plus haute pieté, conduit par l'Esprit de Dieu dans le chemin de la croix, accablé des plus cruelles peines interieures, & cependant très-propre, par ses grandes lumieres, à soulager les peines des autres: c'étoit le P. Valentin de S. Armel Prieur des Carmes, dont le merite est si connu dans son Ordre, que Dieu choisit pour conduire Madame du Houx dans le chemin des souffrances; & afin que leur union ne fût fondée sur aucun sentiment de la nature; il permit qu'ils eurent d'abord du dégoût l'un pour l'autre; mais la grace aïant surmonté en eux cette alienation, forma les nœuds d'une union toute sainte, qui fut pour Madame du Houx une puissante ressource de fermeté & de patience au milieu des maux dont elle fut presque toûjours accablée. Dèslors même ses peines interieures recommencérent à la tourmenter plus que jamais; elle fut troublée par les tentations les plus abominables; & au dehors les plus horribles calomnies attaquérent sa réputation. Elle souffroit tout dans le silence, & prenant le parti de Dieu contre elle-même, elle exerçoit mille sorte d'austeritez sur son corps, qui n'étoit déja que trop abbatu par les maladies. Elle veilloit & jeûnoit; elle se déchiroit à coups de discipline; elle mettoit sur sa tête des couronnes piquantes & des colliers d'épine à son cou; elle avoit toûjours sur elle quelque instrument de penitence, & ne cessoit de crucifier son corps, pendant que d'un autre côté Dieu ne cessoit de crucifier son ame;

26.
SEPTEMB. Quand elle parloit de ses peines à son Directeur, ce n'étoit pas pour chercher du soulagement, mais pour apprendre à les bien porter. Le silence, la soumission, la patience, étoient alors toute sa pratique.

Le P. Valentin aïant reconnu que c'étoit Dieu même qui avoit élevé Madame du Houx à l'espece d'oraison qu'elle mettoit en usage, l'approuva fort ; & voïant que Dieu avoit de grands desseins sur cette personne si extraordinaire, il lui commanda deux choses ; la premiere d'écrire sa vie à elle-même ; & la seconde, de travailler au salut des ames. Ces deux commandemens la surprirent ; elle obéït pourtant ; mais à deux conditions ; la premiere, qu'en écrivant sa vie, elle y mettroit tous ses pechez ; & qu'en traitant avec le prochain, elle lui parleroit sans façon & dans toute la liberté Chrétienne.

Dans ce même tems la Mere Jeanne des Anges Religieuses de Loudun, aïant été informée du merite & des talens de Madame du Houx, voulut faire liaison avec elle, mais elle ne sçavoit comment s'y prendre. Elle écrivit par hazard au P. Valentin pour quelques affaires, & le Pere, qui n'avoit pas le tems de répondre, pria Madame du Houx de faire la réponse pour lui. Elle obéït ; la Mere des Anges fut charmée de sa lettre ; & depuis ce tems-là elles s'écrivirent toutes deux, & contractérent ensemble une sainte amitié. Sur quoi la Mere des Anges, qui s'étoit fait une grande réputation de sainteté dans le public, appuïoit le plus dans les lettres qu'elle écrivoit à Madame du Houx, c'étoit de la porter à travailler au salut des ames. Monseigneur de la Motte Houdancour Evêque de Rennes exigeoit la même chose de Madame du Houx ; & prenant occasion du commerce de lettres & de la liaison qu'il y avoit entre elle & la Mere des Anges, il en voulut profiter pour satisfaire une curiosité loüable en luy, c'est à-dire pour approfondir un peu ce que c'étoit que cette Mere des Anges qui faisoit tant de bruit dans le monde. Il pria Madame du Houx de faire un voïage à Loudun, pour y examiner cette Religieuse si extraordinaire. Madame du Houx eut de la peine à si résoudre ; mais le P. Valentin ne lui eut pas plûtôt déclaré que c'étoit la volonté de Dieu, qu'elle ne délibera plus.

Elle partit au mois de Juin de l'an 1654. & fut accompagnée des Dames Budes, de Catelan, & de Launay-Comatz, d'une Sœur Tourriere, & d'un Ecclesiastique. Elle alla d'abord à N. D. des Ardilliers à Saumur, & y fit ses dévotions. Elle passa ensuite par l'Abbaïe de Font-Evrault, & se rendit enfin à Loudun, où elle demeura trois mois, pour avoir tout le loisir de conferer avec la Mere Jeanne des Anges. Trois semaines se passérent avant qu'elles pussent communiquer ensemble. On ne nous dit point quelle fut la raison de cet éloignement, qui étoit apparemment plus grand de la part de Madame du Houx, que de celle de la Mere des Anges. Mais enfin elles eurent l'une & l'autre plusieurs conferences secretes, & l'auteur de la vie de Madame du Houx, sans nous instruire si elle fut bien persuadée de tout ce qui se publioit à l'avantage de la Mere Jeanne, se contente de nous dire, que cette Religieuse reconnut tout le merite de Madame du Houx, les graces que Dieu avoit mises en elle, & les talens admirables qu'il lui avoit donné pour la conversion & la conduite des ames. Il dit même plus dans la suite ; & parlant d'un second voïage que cette femme si éclairée fit à Loudun pour voir la Mere des Anges ; il assure ; « que pendant six mois qu'elle y fut ; elle crut presque toûjours que cette Religieuse étoit dans l'illusion ; « & si par quelque consideration, dont nous ne voulons pas penetrer le motif, il ajoûte au même endroit, « que Dieu fit enfin connoître à Madame du Houx la sainteté de la Mere des Anges ; son témoignage ne se soûtient pas, lorsque parlant du troisiéme voïage de Madame du Houx à Loudun, pour assister la Mere des Anges à la mort, il fait voir que Madame du Houx n'eut jamais assez de confiance à la Mere des Anges, pour lui faire confidence de ses peines interieures, quoique la Mere des Anges lui découvrît toutes les siennes avec un grand épanchement de cœur. Il ne nous appartient pas de décider ici du jugement qu'on doit porter de cette Religieuse, qui a joüé un si grand rôle dans la Tragedie de Loudun. Il suffit de dire que cette fille si extraordinaire à été un des plus grands problèmes de l'histoire du siécle passé, & que Madame du Houx n'étoit pas femme à approuver la facilité qu'avoit cette Religieuse de faire voir, & de laisser baiser les noms de Jesus, de Marie, de Joseph, & de François de Sales, que lui avoit imprimez sur le bras, d'autres disent sur la main gauche, ou le Démon exorcizé, ou un Ange prétendu qui la venoit visiter très-souvent, qu'elle interrogeoit familièrement sur les choses qui piquoient sa curiosité, & qui lui répondoit de même. Si cette fille a eu des partisans, elle a eu aussi-bien des adversaires ; & des voïageurs celebres ont laissé des témoignages qui ne lui sont pas avantageux. Le Seigneur Evêque de Rennes avoit raison de s'adresser à une personne aussi éclairée que Madame du Houx pour s'instruire à fond de ce qui regardoit ce problème fameux qui partageoit les esprits.

Quand elle crut s'être suffisamment acquitée de sa commission, elle prit congé de la Mere des Anges, des Ursulines, & de ces cheres sœurs de la Visitation de Loudun, après avoir laissé dans ces deux Monasteres des exemples d'une humilité profonde, d'une charité désintéressée, & d'une patience à l'épreuve dans toutes ses peines ordinaires, qui la suivoient en tous lieux, sans lui donner de relâche. Elle partit de Loudun le 3. d'Octobre, & repassa par Saumur, où elle alla saluer la Superieure de la Visitation. Celle-ci, par un bon zéle, lui fit de grosses reprimandes, & Madame du Houx les reçut avec tant d'humilité, que la même Superieure la regarda depuis comme une Sainte, & se mit sous sa direction. De Saumur, Madame du Houx poussa jusqu'à Pontivi, où elle demeura deux mois. Elle y fut d'un grand secours, non seulement aux Religieuses, qui l'avoient ardemment souhaitée, mais encore aux personnes seculiéres, qui la venoient consulter de toutes parts.

A peine fut-elle de retour à Rennes, qu'on la demanda en plusieurs maisons Religieuses. Elle y entra, par ordre des Superieurs, & elle y édifia tellement par ses bons exemples & ses saints entretiens, qu'on n'y parle encore d'elle qu'avec admiration. Elle se retira enfin dans son Monastere, du Colombier, où elle fut reçuë de ses Sœurs comme un Ange du Paradis. Chacune vouloit l'entretenir, mais il n'y eut d'abord que la Superieure & l'Assistante, qui eurent communication avec elle. La Superieure permit depuis à ses Religieuses de traiter avec Madame du Houx, & l'on ne peut dire le profit qu'elles tirérent de sa conversation. Dès qu'on sçut dans la ville qu'elle étoit rentrée au Colombier, ce fut un concours de toutes sortes de personnes qui la demandoient sans cesse au Parloir, & qui la venoient consulter. Elle recevoit tout le monde avec douceur, & quoiqu'elle fût d'ordinaire fort infirme, & se sentît beaucoup de repugnance pour cette sorte d'emploi, cependant elle s'y rendoit sans peine; & seule mécontente d'elle-même, elle trouvoit le moïen de rendre tout le monde content. Elle avoit le discernement des esprits; elle disoit aux gens ce qu'ils avoient de plus caché dans le cœur; leur découvroit leurs pechez les plus secrets, leurs inclinations, leurs mauvaises habitudes; leur apprenoit souvent ce qui se passoit dans leurs maisons; leur prédisoit les choses à venir; enfin ses paroles étoient si efficaces, que personne ne sortoit d'avec elle, que dans un desir sincere d'être à Dieu.

Mais si elle étoit la consolation des autres, elle étoit elle-même sans consolation de la part des créatures. Dieu lui laissoit sa secheresse, son dégoût, ses peines ordinaires, & ne la consoloit que par intervalles. Mais qu'ils étoient doux, ces heureux momens, quoique suivis immediatement après des douleurs les plus ameres! L'état violent où la tenoient continuellement ses souffrances, ne l'empêchoit pas de s'occuper, avec une égalité merveilleuse, à écrire ou à parler aux personnes qui demandoient ses avis. Les Dames Budes, du Bois-Février, & du Bois-Rouvrai, furent de ce nombre. Madame Budes, cette vertueuse veuve, qui a laissé dans le Seminaire des filles de la sainte Vierge qu'elle a fondé à Rennes, un si beau monument de sa pieté; regardoit Madame du Houx comme sa mere, & faisoit gloire d'être sous sa direction. Madame du Bois-Février eut le même avantage, & cette sçavante maîtresse la guérit des scrupules dont elle étoit tourmentée depuis trente ans; & l'assista à la mort l'an 1665. la veille de S. André. Madame du Bois-Rouvraï, après avoir passé la meilleure partie de sa vie dans le monde, se retira au Colombier, où s'étant mise sous la conduite de Madame du Houx sa niéce, elle arriva bientôt à une haute perfection.

De toutes parts on demandoit cette sainte Directrice dans les maisons Religieuses, à Rennes, à Nantes, à Vannes, à S. Brieuc, à Treguer, à Morlaix, à Quimper, à Hennebond, à Pontivi, à Dinan; & même dans les Provinces voisines. Les Superieurs ne purent la refuser à tant d'instances, & il fallut que Madame du Houx allât visiter toutes ces maisons; malgré ces répugnances, & ses infirmitez, qui s'augmentoient tous les jours. Sa fluxion sur le genou lui causoit de nouvelles douleurs; & son mal de tête avoit des redoublemens si violens, que le sang lui en sortoit à grosses gouttes. Ses peines interieures redoublérent; & pour comble de souffrances, le monde lui suscita une terrible persecution. La calomnie la représenta comme une hypocrite, une trompeuse, une sorciere même, à cause qu'elle reveloit aux uns le secret de leur cœur, & prédisoit l'avenir aux autres. Madame du Houx, au milieu de tous ces maux, ne cherchoit, ni à se soulager, ni à se justifier; elle abandonnoit sa cause à N. S. &

Sss ij

s'eſtimoit heureuſe de ſe trouver aſſociée à ſes ſouffrances & à ſes opprobres. Elle étoit inſatiable de croix, & ne vouloit plus s'occuper que de Jeſus crucifié.

Elle pouſſa même ſa ferveur, là deſſus, après en avoir pris l'avis de ſon Directeur & de ſa Superieure (on ajoûta auſſi, de la Mere des Anges) juſqu'à épouſer la croix de ſon Sauveur, par un contrat qu'elle écrivit & ſigna, dont voici la teneur ; « L'an « 1657. fête de l'Immaculée Conception, « dans le deſir ardent que N. S. m'a don-« né d'épouſer ſa croix, je promets devant « le très-ſaint Sacrement, de faire & prati-« quer ce qui ſuit. I. De ne pouvoir diſ-« poſer de rien, qu'avec permiſſion, deſi-« rant vivre pauvre comme J. C. & mou-« rir nuë comme lui ſur la Croix. II. De « recevoir de bon cœur, & même de ſou-« haiter les délaiſſemens & les abandons, « pour participer à ceux de J. C. ſur la « Croix. III. D'endurer patiemment, à « l'exception du peché, toutes ſortes de « peines, ſoit corporelles, ſoit ſpirituelles, « juſqu'à être accablé, comme J. C. ſous « le poids épouvantable de ſa Croix. IV. « D'aimer les mépris & de me ſaouler d'op-« probres, à l'exemple de J. C. ſur la Croix. « Voilà, mon Jeſus ! la promeſſe que vous « fait vôtre très-humble ſervante. Recevez-« moi donc, s'il vous plaît, non pas ſeu-« lement comme l'aſſociée, mais comme « l'épouſe de vôtre croix ; car je ne veux « plus vivre & mourir ſans elle & ſans « vous. » Après avoir fait & ſigné ce contrat, l'épouſe de la Croix ne penſa plus qu'à ſe livrer au ſalut des ames ; & dans cette réſolution elle entreprit de faire les viſites de tous les Monaſteres où elle étoit appellée.

Elle commença par l'Abbaïe de la Joïe auprès de Hennebond. La diſſenſion regnoit depuis long tems dans cette maiſon. Les Evêques, les Lieutenans generaux de la province, Meſſieurs du Parlement, s'étoient inutilement emploïez pour y remettre la paix. Ce grand ouvrage étoit reſervé à Madame du Houx. L'Abbeſſe[a] lui en écrivit, Mr. de Tremaria l'en ſollicita fortement, & Monſeigneur de la Motte-Houdancour Evêque de Rennes l'obligea de ſe tranſporter ſur le lieu. Elle partit le 4. de Decembre de l'an 1659. & ſon équipage s'étant rompu en chemin, elle eut toutes les peines du monde à ſe rendre à l'Abbaïe. Avant que de rien commencer, elle ſe mit en retraite, où elle eut infiniment à ſouffrir de ſes maux de tête. Après cela aſſiſtée des conſeils du Pere Huby Jeſuite qui ſe trouva au même lieu, elle emploïa de ſi vives perſuaſions auprès des Religieuſes, qu'elles ne penſérent plus qu'à ſe réünir. Elles s'aſſemblérent dans une grande ſalle par où devoit paſſer leur Abbeſſe. Dès qu'elle parut, toutes ſe jettérent à ſes pieds, & lui proteſtérent qu'elles vouloient deſormais vivre dans une parfaite union. Madame du Houx, qui accompagnoit l'Abbeſſe, leur parla avec ſon éloquence ordinaire, & toutes, ſans en excepter une ſeule, lui répondirent, qu'elles s'en remettoient entierement à ſa prudence, pour tout ce qu'elle ordonneroit. Alors Madame du Houx dreſſa un acte qu'elles ſignérent ſur le livre des Evangiles. Enſuite on chanta le *Te Deum*, tandis que les Religieuſes s'embraſſoient les unes les autres, pour marque d'une éternelle reconciliation. Après cette cérémonie elles entrérent en retraite, où Madame du Houx leur rendit de très-grands ſervices. La retraite finie elle prit congé de la Communauté, où elle avoit demeuré deux mois pour ce grand ouvrage qu'elle venoit de terminer ſi heureuſement. Avant que de s'en retourner à Rennes, elle alla en pluſieurs maiſons Religieuſes où les Evêques & les Superieurs des lieux l'avoient appellée ; & quoiqu'elle demeurât peu en chaque endroit, elle y fit des biens inconcevables.

Elle revint enfin dans ſa ſolitude du Colombier, où au lieu du repos qu'elle s'étoit promis, elle fut accablée de nouveau du poids de ſa croix, non-ſeulement par le redoublement de ſes peines interieures, mais encore en ſe chargeant de celles de ſon Directeur, dont Dieu lui accorda d'être affligée, pour le ſoulager. Il en fut effectivement délivré, & Madame du Houx tomba dans un état déſolant qui ſurpaſſoit tout ce qu'elle avoit éprouvé juſqu'alors. Ce fut en ce tems-là qu'elle acheva de gagner à Dieu Mr. de Cacé ſon frere ; qu'elle entra dans pluſieurs Monaſteres de Rennes, pour la conſolation des Religieuſes ; & qu'on l'obligea enſuite de faire un ſecond voïage à Loudun, pour aſſiſter à la Profeſſion d'une de ſes niéces, & pour diſpoſer la cadette à ſuivre bientôt ſon aînée. Pendant que ſa niéce prononça les trois vœux de Religion, la tante les prononça tout bas, & s'engagea, comme ſa niéce, à l'état Religieux.

Madame du Houx fut ſix mois à Loudun, & y eut de grandes peines au ſujet de la Mere-Jeanne des Anges, qu'elle croïoit dans l'illuſion ; mais on dit que Dieu raſſura enfin Madame du Houx, & lui fit connoître la ſainteté admirable de cette Religieuſe. Il ſeroit à ſouhaiter, pour nous en éclaircir parfaitement, que l'auteur de la vie de cette Dame, qui a rapporté tant de beaux morceaux de ses écrits, nous en eût conservé quelqu'un où elle se fût expliquée sur ce sujet.

Etant sortie de Loudun, elle passa par Saumur, & s'en revint à Rennes, où elle trouva de nouvelles croix. Outre les peines interieures qui l'accompagnoient par tout, elle y soûtint une seconde persecution plus grande encore que la premiere. Plusieurs personnes la croïoient dans l'erreur, on blâmoit sa conduite, on la traitoit de visionnaire, on disoit même qu'elle avoit commerce avec le Démon, & l'on ne parloit plus que de lui faire son procès. Elle soûtint toutes ses attaques avec son silence & sa resignation ordinaire, & se livra de bon cœur à tout ce que N. S. voudroit en ordonner. Avec cela elle devint si infirme sur la fin de cette année, qu'elle fut obligée de garder le lit plusieurs mois. Elle se traînoit pourtant comme elle pouvoit, tous les matins, pour entendre la Messe & recevoir la Communion ; après quoi elle se retiroit dans sa chambre, où elle souffroit des douleurs incroïables. En vain les Religieuses venoient pour lui donner quelque consolation ; elle n'en vouloit point d'autre, que de se voir abandonnée comme J. C. sur la croix. Quand elle discouroit alors sur les choses spirituelles, c'étoit d'une maniere noble, grande, & élevée, mais quand elle venoit à parler du bonheur des croix, elle charmoit & enlevoit les cœurs.

Monseigneur l'Evêque de Treguer, qu'on reveroit dès-lors comme un Saint, la voulut avoir dans son diocese, pour y mettre la ferveur par tout, il en demanda la permission aux Superieurs majeurs, & l'aïant obtenuë, il fit tant auprès de Madame du Houx, que toute infirme & languissante qu'elle étoit, il l'obligea de venir à Treguer. Si tôt qu'elle y fut arrivée, il la conduisit lui-même aux Ursulines, où s'étant mise en retraite, elle ménagea si bien les esprits, qu'elle engagea les quatre maisons de cet Ordre qui sont dans le diocése, à garder entr'elles une parfaite uniformité. Après un mois de séjour aux Ursulines, elle entra aux Hospitalieres, où elle fut long tems malade à l'extrémité. Monseigneur de Treguer la visitoit tous les jours, & venoit lui-même lui administrer les Sacremens. Dès qu'elle eut repris un peu de santé, elle se remit au travail, & s'y donna toute entiere. Elle resta chez les Hospitalieres jusqu'à la mi-Janvier de l'an 1664. Elle retourna ensuite aux Ursulines, où elle fut deux mois. De-là elle se rendit aux Ursulines de Guingamp ; elle alla ensuite à celles de S. Brieuc, de Lamballe, & de Pontivi. Elle fit quelque séjour, pour la seconde fois à l'Abbaïe de la Joïe, d'où elle se transporta aux Ursulines du Faoüet, & ensuite aux Hospitalieres de Quimper, d'où elle fut rapellée à Rennes par Madame d'Argouges Premiere Présidente, pour des affaires de consequence qu'elle avoit à lui communiquer. Madame du Houx souffrit des peines inconcevables dans toutes ces courses, mais elle y fit aussi des biens infinis. Elle avoit un don singulier de toucher les cœurs ; elle se faisoit jour au travers des consciences les plus embarassées ; elle disoit à chacun ce qui lui étoit le plus propre ; elle éclairoit les uns, elle encourageoit les autres, & portoit en tous lieux l'esprit de ferveur, d'ordre, & de regularité.

Après tant de fatigues elle arriva à Rennes le 15. d'Avril, & y trouva la Premiere Présidente, avec qui elle ne put conferer que très-peu de tems. Elle apprit que la Mere des Anges la souhaitoit à Loudun, pour être assistée à la mort. Elle y alla promptement, la trouva accablée de mille sortes de maux, & demeura neuf mois auprès d'elle, pour la soulager dans ses peines. Il est bien surprenant que Madame du Houx, pendant un si long-tems, dans une amitié aussi intime, après avoir reconnu la sainteté de la Mere des Anges (à ce que l'on prétend) enfin au milieu des confidences que lui faisoit cette Religieuse de toutes les peines generalement, ait pû lui tenir son cœur assez fermé, pour ne lui point faire part de ce qu'elle souffroit elle-même. C'est pourtant une chose qu'on nous assure positivement. Les peines interieures & les infirmitez corporelles de Madame du Houx ne ralentirent rien de son esprit de zéle & de regularité. Elle étoit la premiere aux observances, toûjours prête à secourir le prochain, & toûjours assiduë auprès de la malade, qui expira doucement entre ses bras le 29. de Janvier de l'an 1665. Après avoir encore séjourné jusqu'à la fin d'Avril dans cette maison, pour la consolation des Religieuses, Madame du Houx prit congé d'elle. Dès qu'on la sçut sur son départ, plusieurs Communautez la demanderent avec instance ; mais ce fut inutilement, à cause de ses infirmitez, qui l'obligérent de se rendre à Rennes, où elle demeura quelque tems malade au premier Monastere de la Visitation, d'où elle se fit porter au Colombier.

Ce fut-là qu'elle se crut enfin au bout de toutes ses courses, par l'excès de ses maux, qui ne lui permettoient de se lever, que pour la Messe & la Communion. Mais

26.
SEPTEMB.

Dieu qui l'avoit choisie pour être un instrument de sa gloire, la préparoit ordinairement, par de nouvelles croix, à de nouveaux travaux. Elle fut obligée de quiter le lit, où plusieurs maladies la retenoient, pour aller à la campagne assister son frere à la mort. Elle y reçut deux visites, l'une de Monseigneur de la Vieuxville Evêque de Rennes, qui lui parla avec confiance de ses affaires; & l'autre de Monseigneur l'Eque de Treguer, qui la pria de retourner dans son diocese. Il lui disoit entr'autres choses, pour l'y déterminer plus efficacement; qu'elle seroit plus en repos à Treguer, qu'à Rennes, où il y avoit encore bien des gens qui la persecutoient. « S'il n'y « a point, lui répondit-elle genereusement, « d'autre motif pour faire ce voïage, que « le mépris qu'on fait de moi à Rennes; « laissez-moi je vous prie dans ma solitude. » Elle retomba malade, & ne fit plus que languir, pendant tout le mois de Septembre; mais aussi-tôt qu'elle fut un peu rétablie, ne pouvant rien refuser à l'Evêque de Treguer, dont la sainteté étoit par tout en veneration, elle se disposa à partir, pour aller seconder ses pieux desseins.

Les Religieuses du Colombier, qui craignoient avec raison, qu'elle n'allât mourir hors de leur Communauté, où personne ne vouloit mourir sans recevoir ses assistances, eurent une peine extrême à consentir à son voïage. Il y avoit alors deux Religieuses malades. Elles la priérent de les assurer au moins, avant que de partir, que ni l'une, ni l'autre, ne mourroient pendant son absence. Madame du Houx le promit à celle qui étoit la plus malade; mais le pressentiment qu'elle eut de la mort prochaine de celle qui se portoit moins mal, l'empêcha de lui promettre rien de positif. Celle-ci mourut durant son absence, & l'autre reprit sa premiere santé.

Madame du Houx, après avoir pris congé de la Communauté du Colombier, entra sur la fin d'Octobre dans l'Abbaïe de S. Georges, où, pendant quelques jours qu'elle y fut, elle confirma les Dames Religieuses de cette illustre maison, par ses manieres douces, humbles, & édifiantes, dans l'estime qu'elles avoient conçûe de sa vertu. Elle se mit ensuite en chemin l'an 1668. & dès qu'elle fut arrivée à Treguer, elle entra aux Hospitalieres, se mit d'abord en retraite, selon sa coûtume, & gagna, par ses discours & ses bons exemples, l'estime & l'amour de toutes les Religieuses. Tandis qu'elle fut à Treguer, elle travailla, par ordre de Monseigneur l'Evêque, & du P. Valentin, à faire des mémoires sur tout ce qu'elle sçavoit de la Mere des Anges. Ils la dirigeoient dans cet ouvrage, mais ils la consultoient en même tems sur leurs plus importantes affaires. D'autres personnes la venoient aussi consulter; elle satisfaisoit à tous, & l'on ne peut dire la réputation qu'elle s'acquit dans tout le diocese.

SEPT.

Elle en sortit au mois de Mars, & ne fut pas plûtôt de retour à Rennes, qu'on s'y déchaîna tout de nouveau contr'elle; sur quoi elle disoit, qu'il étoit juste d'endurer à Rennes les mépris & les humiliations, après avoir reçu trop d'applaudissemens à Treguer. Elle prioit affectueusement pour ceux qui la persecutoient; mais du reste, les opprobres dont elle étoit rassasiée, n'avoient rien qui pût rebuter l'Epouse de la Croix. Le goût qu'elle avoit pour les humiliations fut encore satisfait par la Superieure qui gouvernoit alors le Colombier, qui ne les lui épargna pas. A l'instante priere de Madame du Houx, & dans la persuasion où étoit cette Superieure, que les exemples d'une ame si parfaite seroient d'un grand poids, elle lui faisoit souvent des reprimandes sevéres, & la traitoit en tout comme une novice. Un Superieur, prévenu par les ennemis de Madame du Houx, la demanda au Parloir dans le même tems; & l'aïant traitée durement & avec le dernier mépris, lui défendit d'avoir aucune communication avec les Religieuses, pour leurs besoins spirituels. Elle obéît humblement; se mit en retraite, & crut, après cela qu'on la laisseroit dans l'obscurité après laquelle elle aspiroit.

Mais Dieu la retira encore de cette solitude, après que Monsieur l'Abbé de Kerlivio, & le P. Huby, eurent établi à Vannes une maison de retraite pour les hommes (la premiere qu'on ait vûe en France) Madmoiselle de Francheville en avoit établi une autre pour les femmes; & comme on avoit besoin d'une personne sage, prudente, zélée, qui eût l'esprit de Dieu, & le don de la parole, pour commencer cet ouvrage, on jetta les yeux sur Madame du Houx Monsieur l'Abbé de Kerlivio, le P. Huby, & la Demoiselle de Francheville lui écrivirent sur ce sujet des lettres fort pressantes, lui en firent parler par son Directeur & par des personnes de pieté à qui elle ne pouvoit rien refuser, & obtinrent enfin cette grace des Superieurs majeurs, qui lui ordonnérent d'accepter cet emploi. Quoiqu'infirme & languissante, elle obéît, & se rendit à Vannes, où elle fut la premiere à prendre soin de cette maison qui a fait tant de biens, & qui en fait encore

26.
SEPTEMB. de si grands dans toute la Bretagne. Son zéle étoit infatigable ; elle parloit trois & quatre heures le jour, malgré sa langueur & ses souffrances ; & fournissoit à tous les exercices les plus pénibles. Elle se soûtint contre l'accablement du travail pendant deux années entieres ; mais elle succomba enfin, & fut obligée, par une grande maladie, à garder le lit pendant quarante jours. Les Religieuses du Colombier, qui craignoient de la perdre, la redemandérent aussi-tôt. Mr. l'Abbé de Kerlivio & Mademoiselle de Francheville leur écrivirent les lettres les plus touchantes, pour les conjurer de ne pas se presser de leur ôter Madame du Houx. Heureusement pour eux elle commença un peu à se rétablir, & les Religieuses du Colombier lui permirent de demeurer à la Retraite de Vannes jusqu'aux vacances. Elle se remit au travail avec la même ardeur & le même succès qu'auparavant ; mais enfin cet emploi lui attira tant de monde, que n'aïant plus assez de forces pour tant de travaux, elle fut obligée de quiter. Avant que de partir, elle visita tous les Monasteres de Religieuses ; elle fit encore un voïage à l'Abbaïe de la Joïe, & se rendit enfin à Rennes sur la fin de Septembre, mais si foible, si épuisée, & si infirme, qu'il fallut à son arrivée la porter à son lit. Mr. de Kerlivio, Mademoiselle de Francheville, & le P. Huby écrivirent en vain pour l'engager à faire un second voïage à Vannes ; les Religieuses du Colombier s'y opposérent de toutes leurs forces, & Madame du Houx n'étoit plus en état de voïager.

Elle ne pensoit plus qu'à la mort, & soupiroit sans cesse après l'heureux moment qui la devoit separer de ce monde, pour l'unir éternellement à Dieu. La fraïeur des jugemens de Dieu n'étoit pas alors la disposition la plus dominante en elle ; elle n'en avoit été que trop tourmentée le reste de sa vie ; Dieu la consoloit alors quelquefois par des sentimens doux & tranquilles de confiance & de resignation. Du reste ses peines interieures étoient plus grandes que jamais, & elle les comptoit pour rien, en comparaison de celles du corps, qui étoient cependant excessives. Elle avoit des douleurs de tête insupportables, des maux de rate qui l'étouffoient, un brasier interne qui la consumoit au-dedans, un froid exterieur qui la glaçoit au-dehors & la rendoit comme percluse, une faim canine qui lui dévoroit les entrailles, des fiévres lentes, des insomnies continuelles, des fluxions de toutes sortes, tantôt sur les yeux, tantôt sur la gorge, & tantôt sur la poitrine, enfin cette fluxion maligne au genou, qu'il fallut encore ouvrir, & qui lui causoit des convulsions frequentes. Parmi tant de souffrances l'Épouse de la Croix gardoit un profond silence, & remercioit N. S. de l'avoir mise enfin en état de n'avoir plus de commerce avec les créatures, pour n'en avoir plus desormais qu'avec lui. Le medecin qui la visitoit étoit dans l'étonnement. Il ne pouvoit comprendre qu'une personne aussi foible pût supporter tant de maux pendant six mois entiers, sans succomber à tous momens. Il lui survenoit tous les jours quelque nouvelle infirmité. La fiévre qui la minoit, & qui dans les commencemens n'étoit qu'une fiévre lente, s'augmenta beaucoup le Mercredi Saint de l'an 1677. On la mit dans une Infirmerie qui avoit autrefois servi de chapelle, & où personne n'avoit encore couché. Elle fut ravie de s'y voir, & d'achever le sacrifice de sa vie dans un lieu où J. C. avoit tant de fois sacrifié la sienne sur l'Autel. Le mal croissoit toûjours ; la gangrene se mit en plusieurs endroits de son corps ; & on lui fit des incisions très-douloureuses. Durant sa maladie, elle ne parloit que de la croix, qui faisoit ses délices ; mais elle en parloit avec des sentimens tendres & des expressions nobles, qui montroient assez l'estime qu'elle en faisoit. Dieu lui fit connoître que sur la fin de sa maladie elle souffriroit beaucoup, que son ame seroit plongée dans une mer de douleurs, & qu'elle ne mourroit, qu'après avoir bu le calice de N. S. dans toute son amertume. Elle s'y abandonna de si grand cœur, que dans l'effort de ses plus grandes peines, on l'entendoit souvent prononcer ces paroles qu'elle avoit apprises du P. Huby Jesuite.

Plus desormais ni nuit, ni jour.
Que croix, que mort, que Dieu, qu'amour.

Le second jour de Septembre, qui étoit celui de sa naissance, ses peines redoublérent, & la fiévre qui se changea en double-tierce continuë, devint si ardente, que l'on vit bien qu'elle n'en releveroit pas. Elle se soûtenoit dans ses maux, par une foi vive, mais presque sans goût, sans lumiere, sans appui & sans consolation. Elle avoit presque toûjours son Crucifix entre les mains, & le baisoit de tems en tems ; en repetant ces ferventes paroles : *Dieu seul est ma force, Dieu seul est mon refuge ; où souffrir, ou mourir ; j'en laisse le choix à mon Dieu.* Quand on l'interrogeoit si elle desiroit voir Dieu bien tôt : *mon desir,* disoit-elle, *est de le voir quand il lui plaira ; toute mon affaire est de l'aimer & de souffrir.* Il lui restoit, pour satisfaire ses desirs, de devenir Religieuse de la Visitation. Jusques-là

26.
Septemb.

elle avoit rempli tous les devoirs de cet état, mais elle n'en avoit pas encore fait publiquement les vœux. Elle demanda de les faire, & cette grace lui fut accordée. Le 24. de Septembre de l'an 1677. un jour de Vendredi, sur les dix-heures du matin, la Communauté s'assembla ; & Madame du Houx, après avoir demandé humblement pardon, prononça hautement ses vœux, & fit profession en présence de toutes les Religieuses. La Superieure, Madame de la Bintinaïe, lui mit ensuite une couronne de fleurs sur la tête, comme c'est la coûtume ; & l'on se souvint alors de ce que la malade avoit dit autrefois, que la Mere Marie-Isabelle de la Bintinaïe devoit la couronner un jour. Aussi-tôt les forces de Madame du Houx diminuérent, & l'on vit son corps se consumer peu à peu, bien moins par les ardeurs de la fiévre, que par les feux du saint amour. « O ! que les miséricordes de Dieu sont grandes ! s'écrioit-elle ; O ! que les peines que j'endure sont aimables, par les effets que vôtre amour, O ! mon Dieu ! produit dans mon cœur ! O ! Jesus ! O ! mon tout ! donnez-moi vôtre amour. Vangez-vous de moi, Seigneur ! vangez-vous de moi présentement ; mais pardonnez-moi pour l'éternité. » Le 25. de Septembre on la trouva si épuisée, qu'on lui donna l'extrême-onction sur les onze-heures du matin, & elle la reçut avec une pieté tendre & édifiante, qui tira les larmes des yeux de toute la Communauté. Comme elle étoit mourante, on lui proposa de la venir communier à minuit. *Je ne veux point*, répondit elle, *incommoder personne ; j'espere que Dieu me soûtiendra jusqu'à demain.* Le lendemain elle communia avec des sentimens admirables de dévotion. A dix heures du matin son Directeur la vint voir, & fut près d'une heure auprès d'elle. A midi elle s'écria : « je me meurs, je n'en puis plus, j'entre dans l'agonie ; donnez-moi, s'il vous plaît, mon Pere, la derniere absolution, & faites-moi gagner l'Indulgence. » Aussi-tôt la Communauté s'assembla, & on fit la recommandation de l'ame ; après quoi la mourante se tournant vers le P. Valentin, lui dit : « Mon Pere je n'ai plus qu'un petit souffle de vie ; je ne puis plus rien ; mais agissez pour moi auprès de Dieu. » Peu de tems après elle prononça distinctement ces mots : *mort, silence à toutes choses.* Sur les trois heures après midi elle fit signe qu'on allumât le cierge beni, & qu'on rappellât la Communauté. Elle avoit dit à plusieurs, que quand son cœur seroit attaqué, il n'y auroit plus de vie pour elle. La Communauté ne fut pas plûtôt rassemblée, qu'elle dit ces paroles : *mon cœur est blessé.* Alors jettant un petit cri, & prononçant doucement les saints noms de Jesus, de Marie, & de Joseph, elle expira tranquillement, à la même heure que N. S. étoit mort, après trois heures d'agonie.

26.
Septem.

Ainsi mourut Jeanne-Marie Pinczon Dame du Houx, Religieuse de la Visitation, surnommée l'Epouse de la Croix. Elle étoit âgée de 61. an, dont elle en avoit passé trente dans le monde & trente-un dans la Religion ; femme en qui Dieu avoit renfermé plusieurs grands tresors de la nature & de la grace. Elle avoit le corps assez bien fait, & un certain air de majesté sur le visage qui imprimoit du respect à tout le monde. Sa complexion étoit vive & ardente, son humeur gaïe ; ses manieres étoient aisées, libres, & sans façon. Naturellement elle eût été fiere, prompte & orgueilleuse, si la vertu n'eût corrigé ses défauts. Dieu lui avoit donné une ame forte & genereuse, un esprit sublime & capable des plus grandes choses, un jugement solide, beaucoup de discernement, & de belles inclinations pour la vertu. Voilà ses qualitez naturelles. Pour ce qui est des dons surnaturels, son attrait principal étoit la solitude & les souffrances. Elle étoit toute morte au monde & à elle-même ; toûjours unie à Dieu par une oraison continuelle, & toûjours occupée pour le prochain, par une charité que rien ne pouvoit alterer. Elle étoit fort éclairée dans les voïes spirituelles ; elle penetroit dans le fond des consciences. Son humilité, son obéïssance, sa franchise, & sa droiture de cœur, la rendoient aimable à tout le monde ; & cet amour tendre & ardent qu'elle avoit pour J. C. & pour les souffrances, en ont fait un sujet digne d'admiration.

Après sa mort son visage parut si beau, que les Religieuses & les Pensionnaires le regardoient avec complaisance. C'étoit à qui s'en approcheroit de plus près, & à qui rendroit la premiere ses devoirs à la défunte. Les unes lui baisoient les mains, les autres les pieds, & les autres le visage ; toutes vouloient avoir de ses Reliques. Quand elle fut exposée au cœur, pour être inhumée, on fut obligé de commettre une Religieuse qui fit toucher au corps des médailles & des chapelets, afin de satisfaire à la dévotion des gens du dehors qui étoient venus à cette cérémonie. Madame du Houx fut enterrée au milieu du chœur, vis-à-vis de la grande Grille, où son corps repose encore aujourd'hui. On feroit un volume entier des témoignages qu'ont rendu à la

vertu

MADAME DU HOUX.

29.
SEPTEMB.

vertu & à la sainteté de Madame du Houx les personnes de pieté & de distinction qui ont eu le bonheur de la connoître ; nous nous contenterons de rapporter celui de l'Evêque de Treguer, saint & illustre Prélat, dont la memoire est en veneration dans toute la province. Voici comme il s'exprime sur ce sujet :

« Balthazar Grangier, par la grace de Dieu & du Saint Siége Apostolique Evêque & Comte de Treguer. Depuis que que la providence Divine nous a appellez au gouvernement des ames de nôtre diocese, nous avons toûjours reconnu que nous n'avions pas assez de force pour soûtenir une charge d'un si grand poids. C'est ce qui nous a obligez d'appeller à nôtre secours toutes les personnes que nous avons crû nous pouvoir aider dans la conduite du troupeau que Dieu nous a commis. Ce fut dans cette pensée, qu'aïant entendu parler, il y a quelques années, de Madame du Houx, comme d'une personne de grande vertu à qui Dieu donnoit benediction & grace particuliere pour la conduite des ames, nous la fîmes venir en cette ville de Treguer, & l'obligeâmes de demeurer près de deux ans dans les maisons Religieuses de ce diocese. Elle y a paru comme une exemplaire de toutes les vertus Chrétiennes. Sa dévotion étoit élevée & solide tout ensemble ; sa conversation si édifiante, qu'elle portoit les personnes vertueuses à s'avancer de plus en plus à la perfection. Dans la communication que nous avons euë avec elle, soit de vive voix, ou par lettres, nous avons vû qu'elle étoit fort éclairée dans les voïes de Dieu, & qu'elle parloit des choses spirituelles avec une force & une netteté qui surpassoit la portée de son sexe. Nous avons estimé en elle sa fidélité à correspondre aux inspirations interieures & aux conseils qui lui étoient donnez, & qui tendoient à la gloire de Dieu. Nous y avons remarqué cet esprit éclairé, qui pour peu d'ouverture qu'on lui donnât, sembloit penetrer dans le fond des consciences, & lui faisoit dire sur l'heure des choses très avantageuses au bien des personnes qui prenoient confiance en elle. Sa vie étoit merveilleuse, en ce ce qu'elle étoit toûjours uniforme & égale, nonobstant la diversité des lieux où elle se trouvoit, & la difference des personnes avec lesquelles elle s'entretenoit. Nous avons reçu beaucoup de satisfaction du séjour qu'elle a fait dans nôtre diocese. Nous sommes assurez que grand nombre de personnes de toute profession, ont été beaucoup édifiées de ses entretiens. Nous remercions Dieu des graces qu'il a communiquées à cette belle ame, & pour honorer sa memoire après son décez, nous rendons ce témoignage public à sa vertu, & desirons que les actions de sa vie soient mises au jour, pour le bien spirituel de plusieurs, qui pourront profiter de ses exemples & de sa sage conduite. Fait à Treguer le Dimanche de la Septuagesime 6. Février 1678. Balthazar Evêque de Treguer. »

28. SEPTEMB.

MESSIRE BALTHAZAR Grangier, Abbé de S. Barthelemy de Noyon, Et Evêque de Treguer.

Decedé le 2. de Février, 1679.

XVII. SIECLE.

QUAND on pourroit dire que la qualité d'Abbé Commandataire, & l'espece d'irregularité d'avoir eu en même tems deux Benefices, auroient fait quelque tort devant Dieu à Messire Balthazar Grangier, on ne peut disconvenir qu'on doit le regarder comme un des Prélats dont la vigilance Pastorale a fait le plus de bien à la Bretagne, & dont la vie édifiante y a laissé une memoire plus digne de loüanges. Il étoit fils de Timoleon Grangier Seigneur de Liverdis Président aux Enquêtes, & d'Anne de Refuge sœur d'Eustache de Refuge Seigneur de Precy, Ambassadeur en Flandre, en Suisse, & en Hollande. Il fut Aumônier de Loüis XIII. & eut d'abord en Commande l'Abbaïe de S. Barthelemy de Noyon, de l'Ordre des Chanoines Reguliers de saint Augustin, possedée immediatement avant lui par Nicolas Grangier, qui avoit succedé à Balthazar Grangier I. du nom. Depuis il eut le Brevet de l'Evêché de Treguer vacant par le décez de Frere Noël des Landes Religieux de l'Ordre de S. Dominique, arrivé en 1645. & fut sacré à Paris le 18. de Novembre de l'an 1646. dans l'Eglise de l'Abbaïe de S. Victor, par Messire Dominique Seguier Evêque de Meaux, assisté d'Anthime-Denis Cohon Evêque de Dol, & puis de Nismes, & de Jean de Lingendes Evêque de Sarlat.

Il apporta au Sacerdoce & à l'Episcopat un merite personnel conforme à la perfection d'un état si relevé, & se fit encore plus respecter par ses vertus, que par la dignité d'Evêque & de Comte de Treguer. Il se rendit le modéle de toutes les bonnes

Tiré de Gallia Christiana de Mrs de Ste. Marthe, de la vie du Pere Maunoir par le Pere Boschet, & de la vie de Madame du Houx.

œuvres; n'exigea rien, ni des particuliers, ni des pasteurs, qu'il ne pratiquât tout le premiers; & s'appliqua à se rendre irreprehensible, pour s'acquiter, avec autorité & avec fruit, de l'obligation qu'il avoit contractée de reprendre les autres. Il n'emploïoit jamais la correction, sans faire un retour sur lui-même, selon le précepte de l'Apôtre; & cette consideration le portoit à user de l'esprit de douceur qui doit assaisonner l'amertume des reprimandes. Il pensoit aussi qu'il étoit pere; & cette vûë reveillant sa tendresse, il se jettoit quelquefois au cou de ceux qu'il venoit de censurer, & achevoit d'amolir par ses larmes ceux que ses paroles avoient déja commencé de toucher.

Le fondement de toutes les vertus qui le faisoient grand par lui-même, independamment de son caractére, étoit une humilité profonde, qui lui faisoit souffrir tranquilement le mépris & les outrages, sans se prévaloir de sa dignité, pour faire rendre à l'Evêque, ce que le Chrétien pardonnoit & remettoit volontiers. Il sçavoit l'illusion que fait l'amour propre, à l'abri de ces précisions subtiles, qui separant ce qui est uni, font souvent habiter dans un même cœur l'orgueil & l'humilité, le pardon & la vangeance. Dans une émotion populaire qui mit le trouble dans la ville de Treguer, il sortit, pour essaïer de remettre la tranquilité par tout. La canaille insolente le chargea d'injures, & une femme lui cassa sa quenoüille sur les épaules. Bien loin de chercher à se vanger, il eut compassion de l'aveuglement de ceux qui l'avoient maltraité, prit leur défense contre ceux qui vouloient qu'on fît un exemple qui mît à couvert les personnes sacrées, repréfenta qu'il n'y avoit jamais eu de personne plus sacrée que nôtre Sauveur, qui avoit souffert bien d'autres insultes; & empêcha effectivement qu'on fît aucune recherche contre ceux qui l'avoient offensé.

La pauvreté Evangelique regnoit dans ses ameublemens, sa table & ses habits; il ne paroissoit riche que quand il étoit question de faire de la dépense pour le service de Dieu, ou pour le soulagement des pauvres.

Sa passion dominante étoit le zéle du salut de son peuple. Voïant les fruits merveilleux que le P. Maunoir faisoit dans les Evêchez de Quimper, de Leon, & de Vannes, & sçachant combien il y avoit à travailler dans celui de Treguer, pour en bannir l'ignorance & le vice; il appella le P. Maunoir qui venoit de perdre le P. Bernard, mais qui avoit gagné à sa place un Missionnaire, dont la naissance, la qualité, la conversion, & les saintes mœurs faisoient une grande impression sur les esprits. C'étoit Monsieur de Trémaria, auparavant Conseiller au Parlement de Bretagne, qui après la mort de sa femme, avoit enfin ouvert son cœur à la grace, & reçu les ordres Sacrez, dans le dessein de se dévoüer aux travaux de la vie Apostolique. Le P. Maunoir commença par Treguer même, en 1656. & continua les trois années suivantes à faire des Missions dans les paroisses du diocese. Il y rentra encore en 1665. 1667. 1670. 1671. 1673. 1674. 1678. & 1679.

Monsieur de Treguer n'appelloit pas des ouvriers, pour se dispenser du travail. Persuadé que l'obligation au travail le regardoit capitalement, il s'y appliquoit avec une assiduité qui montroit bien que les autres n'étoient que ses seconds. En vain les prioit-il de se ménager & de prendre moins de peine. Le moïen d'obéïr à ses paroles, pendant que ses exemples faisoient voir un Prélat abimé dans l'application, emporté par son zéle, & assidu au Confessional pendant les quinze & les seize heures de suite. Aussi, quand le P. Maunoir lui représentoit qu'il tomboit dans les excès qu'il avoit voulu moderer, il lui disoit, qu'il reconnoissoit par experience, qu'il y avoit des occasions où l'on ne se pouvoit empêcher de se livrer à son zéle, & qu'alors il falloit abandonner à Dieu le soin du Pasteur & des ministres, pour se donner tout entier aux besoins du troupeau.

Il entretenoit encore une liaison particuliére avec le P. Huby, dont nous parlerons ailleurs, & avec le Pere Martin successeur du P. Bernard auprès du P. Maunoir, parce que tous ces excellens hommes, aussi-bien que le P. Maunoir lui fournissoient de bons Prêtres & de bons Missionnaires, qui lui aidoient, disoit-il, à soûtenir le poids d'une charge qui surpassoit ses forces. Et comme le sexe le plus foible demande plus de soin, & ce grand Prélat sçachant qu'elles étoient les lumiéres de Madame du Houx, dont nous venons de parler, & les talens qu'elle avoit pour diriger & soûtenir dans les voïes du salut les personnes de son sexe; il emploïa, pour attirer cette Dame dans son Diocese, l'autorité des personnes de qui elle dépendoit, & eut la satisfaction de voir comme elle édifia par ses œuvres, ses paroles, & ses écrits, tant les Ursulines qu'il avoit établies à Lannion & à Guingamp, que les Hospitaliéres & les Ursulines de Treguer. Elle fit deux voïages dans cette ville, tous deux également utiles pour la gloire de

Dieu, & la perfection dès ames, le premier en 1664. & le second en 1668. Ce fut dans cette derniere rencontre que Mr. de Treguer, qui lui avoit fait entreprendre autrefois le voïage de Loudun, pour y voir & y examiner la fameuse Mere des Anges, pria Madame du Houx, conjointement avec le P. Valentin Carme, sous la direction de qui elle étoit, de faire des memoires sur ce qu'elle sçavoit de la vie de cette Religieuse. Madame du Houx obéït; mais & l'Evêque, & le Directeur, qui la conseilloient dans la maniere d'écrire ces memoires, prenoient ses conseils & ses avis sur leurs affaires les plus importantes.

Monsieur de Treguer en avoit de plus d'une sorte, mais toutes par rapport au salut des ames, car sans compter le soin essentiel de son diocese, l'attention sur son clergé, sa vigilance dans la conduite des maisons Religieuses qui dépendoient de lui; sa charité alloit jusqu'à diriger plusieurs bonnes ames dans les dioceses voisins, & y procurer des établissemens très-utiles. Il profitoit lui-même de celui que Monsieur de Kerlivio avoit fait dans la maison de Retraite à Vannes, & ne manquoit pas chaque année d'y aller avec ses domestiques, se mettre sous la direction du P. Huby.

Voilà de quelle maniere vêcut trente-trois ans dans l'Episcopat Messire Balthazar Grangier, des vertus & de la sainte vie duquel le défaut de Memoires particulieres nous empêche, à nôtre grand regret, de pouvoir donner un détail plus ample & plus circonstancié. Enfin, penetré de douleur à la mort de Mr. de Kerisac gendre de Mr. de Tremaria & imitateur de sa conversion, de son renoncement au monde, & de son zéle Apostolique, mais qui avoit trouvé trop-tôt, pour le bien public, la fin de sa carriere, ce grand Prélat tomba malade, reçut les Sacremens en présence de tout son Clergé, & mourut le jour de la Purification de la Vierge le 2. de Février de l'an 1679. en chantant avec le vieillard Simeon, avec une force & une joïe qui consoloit tout le monde : *O! Dieu! laissez maintenant partir vôtre serviteur en paix, selon vôtre parole; puisque mes yeux ont vû celui par qui vous nous donnez le salut.* Ceux qui ont eu occasion de parler de lui dans leurs écrits depuis son décez, en ont parlé comme d'un saint Evêque, & son diocese, qui joüit encore aujourd'hui des fruits de son zéle Apostolique, conserve pour sa memoire une singuliere veneration.

LE REVEREND PERE Julien Maunoir, Jesuite, Missionnaire.

XVII. SIECLE.

Decedé le 28. Janvier 1683

Tiré de la vie du Pere Maunoir composée par le P. Antoine Boschet Jesuite, imprimée à Paris en 1697.

JULIEN Maunoir, cet homme Apostolique dont Dieu avoit revelé la naissance à Mr. le Nobletz, & le lui avoit promis pour successeur dans le penible ouvrage des Missions, vint au monde le 1. jour d'Octobre de l'an 1606. au bourg de S. Georges de Raintambauld dans le diocese de Rennes, sur les confins de la Bretagne & de la Normandie, entre Pontorson & Fougeres. Son pere étoit Isaac Maunoir, & sa mere Gabrielle de Loria. Ils avoient l'un & l'autre beaucoup de pieté, & de charité pour les pauvres, avec qui ils partageoient ce qu'ils pouvoient gagner dans un négoce de campagne. Julien ne fut pas plûtôt né, qu'ils le dévoüérent au service des Autels, & Dieu montra bientôt que ce sacrifice lui avoit été agréable. Pendant que Mr. le Nobletz annonçoit aux peuples de la basse-Bretagne, & la naissance de cet enfant, & ses fonctions futures, Dieu même commençoit à le former à l'Apostolat, comme on en peut juger par les premiers indices de ses inclinations qui parurent aux yeux du public. Le petit Maunoir assembloit ses compagnons, les arrangeoit deux à deux, les conduisoit à l'Eglise, & là montant en chaire, il recitoit tout haut l'Oraison Dominicale, la Salutation Angelique, & le Symbole des Apôtres. Son pere & sa mere, animez par de si heureux commencemens, que tous leurs voisins leur faisoient regarder comme des présages d'une grande sainteté & d'une vie Apostolique, n'oubliérent rien pour lui donner une sainte éducation. Un Prêtre de la paroisse, qui l'aïant souvent observé, avoit remarqué avec joïe, qu'il passoit à l'Eglise tout le tems que les enfans de son âge passent dans la dissipation, lui donna ses soins, lui enseigna les premiers élemens de la langue Latine, & le mit en état d'entrer au college. On l'envoïa étudier à Rennes sous les Peres Jesuites, à qui les habitans de cette ville, & le Parlement, avoient depuis peu donné un établissement.

Le jeune Maunoir s'y distingua bientôt, & par son progrès dans l'étude, & par sa pieté. Ses maîtres le proposoient pour modéle à ses condisciples, & ses compagnons le regardérent dès-lors comme un Saint. Aussi-tôt qu'il put être d'une pieuse assem-

28.
JANVIER.

blée qui porte le nom de la Congregation de la sainte Vierge, Maunoir demanda d'y être reçu, y fut admis, & y donna de grands exemples de pieté. Une humilité profonde, une dévotion tendre, une pudeur innocente & délicate, une modestie Angelique, un zéle ardent, furent les premieres vertus dont on vit éclater la lumiere dans sa conduite. La moindre parole tant soit peu malhonnête le faisoit rougir; sa dévotion, quand il prioit, en donnoit aux autres; les juremens & les blasphêmes, quand il ne pouvoit les empêcher, lui tiroient les larmes des yeux; il donnoit aux pauvres une partie de sa nourriture, & souvent il jeûnoit pour les soulager. Sa vertu n'avoit rien de farouche, il étoit sociable, & aiant sçû gagner l'affection de ses compagnons, il attiroit à Dieu ceux qui s'attachoient à lui, & par le moïen de ceux-ci connoissant les dangers où étoient les autres, il s'appliquoit à les en retirer. Ses premiers travaux furent benis du Ciel; il persuada aux uns de brûler les mauvais livres qui pouvoient corrompre leurs mœurs; il porta les autres à se retirer des compagnies où leur innocence couroit risque de se perdre; il prévenoit ceux-ci contre les excès de bouche, il moderoit dans ceux-là la passion du jeu. C'est ainsi qu'il faisoit les premiers essais de ces fonctions saintes qui l'ont depuis occupé jusqu'à sa mort.

Heureux! qui peut dès ses premiers pas dans la vie spirituelle, tomber entre les mains d'un Directeur dont les lumieres soient également pures & solides, & qui sçachant discerner les voïes de Dieu s'applique à seconder les desseins qu'il a sur une ame choisie! Tel fut celui à qui Maunoir ouvrit la sienne avec autant de confiance, qu'il avoit de reserve pour tout autre. Ce Directeur voïant l'attrait que son penitent avoit pour la priere, voulut l'instruire de la maniere de faire l'oraison mentale; mais il eut bientôt découvert qu'un plus grand maître avoit déja rempli le cœur de Maunoir des plus importantes leçons; il le trouva dans une union presque continuelle avec Dieu, & vit avec étonnement les tresors surnaturels dont il étoit comblé. Connoissant, par le compte que Maunoir lui rendoit de sa conduite, quelle étoit l'ardeur avec laquelle il travailloit au salut de ses compagnons, il crut devoir éprouver jusqu'où pourroit aller son zéle. Il lui parla donc du succès avec lequel on disoit que les Jesuites travailloient à la conversion des Infidéles, & lui fit sentir quel dommage c'étoit qu'une si grande moisson se perdît, faute d'ouvriers. A ce discours le jeune Maunoir, penetré d'une sainte ardeur, dit au Pere: « Faites-moi Jesuite, & m'envoïez- JAN au secours des Infidéles. » Mais le Pere, par des motifs que nous ne sçavons pas, laissa tomber la proposition de son penitent, & quelques instances qu'il pût faire depuis sur ce sujet, son Directeur ne voulut jamais l'écouter.

Maunoir ne se rebuta pas pour cela du dessein que Dieu avoit formé dans son cœur, d'embrasser l'Institut des Jesuites; sans être présenté, ni recommandé de personne, il alla saluer le P. Coton Provincial des Jesuites, qui faisoit alors sa visite au College de Rennes. Le Provincial reçut Maunoir avec bonté, & sans autre information, lui dit, en l'embrassant, qu'il pouvoit se rendre au noviciat à Paris, quand il lui plairoit. Maunoir n'eut que des larmes de joïe pour remercier son bienfaiteur, il se jetta à ses pieds pour lui demander sa benediction; il alla aussi demander celle de son pere & de sa mere, qui eurent quelque peine à la lui accorder; & partit pour Paris. Il arriva au Noviciat, avant qu'on eût reçu ordre de l'y admettre. Cela fut cause qu'on le remit d'abord jusqu'à ce qu'on eût eu des nouvelles du P. Coton. Ce coup imprévû étonna Maunoir, mais sa constance ne fut point ébranlée. Il reçut cette disgrace avec tranquilité, entra dans l'Eglise du Noviciat, & prosterné devant le Saint Sacrement, il s'adressa à Dieu, au refus des hommes, pour obtenir l'entrée d'un lieu, qui étoit pour lui la terre promise. Le jeune novice qui lui avoit ouvert la porte, alla rendre compte au Superieur d'une conduite si édifiante, & parla en sa faveur avec tant d'énergie, qu'on voulut bien retenir Maunoir jusqu'à ce qu'on eût eu réponse du Provincial. Elle ne tarda pas, & le postulant fut mis au nombre des novices le 16. de Septembre de l'an 1626. à l'âge de dix-neuf ans.

Il se porta avec une ferveur & une exactitude extrêmes à toutes les observances de la vie Religieuse, & n'omit aucun des plus petits reglemens du noviciat. Une des premieres résolutions qu'il y prit, fut de ne perdre jamais Dieu de vuë; & dans la pratique exacte & constante d'une résolution qui ne lui étoit pas nouvelle, il acquit bientôt, non-seulement la perfection d'un novice, mais un dégré de vertu digne de l'émulation des profez les plus avancez. Après son noviciat, il fut envoïé étudier en philosophie à la Fleche. Il s'y appliqua d'abord à connoître ce que Dieu demandoit de lui, dans les regles que S. Ignace a prescrites aux étudians. Il s'en prescrivit, outre cela de particulieres, pour fantifier ſes études, ſe fantifier lui-même par elles, & ſe mettre en état de s'en ſervir utilement à ſantifier les autres. Les principales étoient de bannir toute penſée d'étude, en priant ; mais de conſerver l'attention à Dieu, en étudiant ; d'avoir principalement en vûë, dans l'étude, la volonté de Dieu, afin de faire un ſacrifice d'obéïſſance, de ce que la nature pourroit affecter comme une ſatisfaction de la curioſité, ou un moïen d'acquerir de l'eſtime & du credit ; de n'avoir de veritable empreſſement que pour la vertu, & de n'eſtimer les ſciences humaines, qu'autant qu'elles ſont utiles à la gloire de Dieu, au ſalut des ames, & à la propre perfection de celui qui étudie. Maunoir, avec des regles ſi ſûres, fit de grands progrès dans la ſcience des Saints ; mais il en fit auſſi de conſiderables dans la Philoſophie. Il avoit l'eſprit bon & ſolide, & même plus penetrant qu'il ne paroiſſoit l'être. Il comprenoit ſans peine les choſes les plus difficiles & les plus abſtraites ; & Dieu donnoit de grands & d'heureux ſuccès à ſon application. Maunoir, ſous ſon air ſimple & negligé, cachoit avec plaiſir tout ce qui pouvoit lui donner de la diſtinction ; en ſorte qu'on eût dit à le voir, qu'il n'avoit rien de ſingulier, que la vertu. Encore ceux, qui n'approfondiſſoient pas ce qui ſe paſſoit entre Dieu & lui, & les reſſorts ſecrets de ſa conduite, s'imaginoient-ils qu'il étoit pour ainſi dire naturellement, tout ce qu'ils le voïoient être, c'eſt-à-dire le premier à tout ſans empreſſement marqué, toûjours également modeſte & gai, vif & doux, complaiſant & ferme ; parlant peu & toûjours à propos, jamais dans les tems de ſilence ; attaché à tout ce qu'il faiſoit, & cependant toûjours prêt à le quitter lorſqu'il le falloit ; toûjours préſent à lui, jamais embaraſſé ; aimant à parler de Dieu, & n'en parlant que ſobrement ; ouvert dans l'entretien, mais ſans épanchement, & avec prudence ; hors de là, recüeilli, & même retiré ; obéïſſant à ſes Superieurs, ſoumis à ſes maîtres, reſpectueux envers tout le monde.

Dieu qui le deſtinoit aux Miſſions de la baſſe-Bretagne, inſpira à ſes Superieurs de l'envoïer, après ſa philoſophie, enſeigner les baſſes claſſes au college de Quimper. Maunoir y trouva le P. Pierre Bernard, dont nous avons déja fait l'éloge ; & la grace faiſant en eux ce que la ſympathie fait dans les autres, les porta à s'aimer auſſi-tôt qu'ils ſe virent ; & leur affection reciproque s'augmentant par le commerce de la vie, forma entr'eux deux une union ſainte qui fut ſalutaire à toute la province. Outre le P. Bernard, il y avoit encore dans ce college deux excellens hommes, le P. le Grand, & le P. Thomas. Le premier s'appliquoit avec un ſoin particulier à élever de jeunes écoliers qui ſe deſtinoient à l'Egliſe ; & l'autre s'emploïoit en toutes ſortes de bonnes œuvres, avec cette foi vive à qui Dieu ne refuſe pas des operations ſurnaturelles. Animé par la préſence & par les exemples de ces grands ſerviteurs de Dieu, Maunoir ne ſe propoſa pas moins de porter ſes écoliers à la pieté, que de les inſtruire aux lettres humaines. Il leur dicta un ordre du jour, & une methode de prier, d'étudier, & de rendre toutes leurs actions Chrétiennes. Ils profiterent de ſes inſtructions, & leur exemple, joint à celui de leur Regent, excita une grande & loüable émulation dans tout le College. Le P. Bernard regardant cela avec une joïe ſenſible, ſe demandoit quelquefois à lui-même, ſi ce jeune Regent ne ſeroit point celui qu'il prioit Dieu depuis ſi long-tems d'envoïer au ſalut de tant d'ames qui periſſoient dans ces contrées. Se ſentant porté interieurement à le regarder ſur ce pied-là, il emploïa toutes les perſuaſions les plus inſinuantes pour l'exciter à apprendre la langue du païs. Maunoir, qui ne ſe régloit que par la volonté de Dieu, autant qu'elle lui étoit connuë, répondit au Pere Bernard, que ſa vocation étoit ſa claſſe, & que les langues que Dieu lui impoſoit la neceſſité d'apprendre, étoient la Latine & la Grecque ; & que s'il ſe croïoit permis d'en étudier quelque autre, ce ſeroit celle de Canada, où il croïoit que Dieu l'appelloit. Le Pere Bernard, ſans ſe rebuter de cette réponſe, ceſſa d'importuner le Pere Maunoir ; mais il s'adreſſa à ſaint Corentin, comme au premier Evêque de Quimper, & le pria de procurer à ſon peuple le ſecours dont il avoit tant de beſoin.

Mr. le Nobletz, de ſon côté, demandoit au maître de la moiſſon d'envoïer des ouvriers capables d'y travailler. Il venoit de perdre le P. Quintin qui l'avoit ſi dignement ſecondé dans le travail des Miſſions ; ſes forces diminuoient chaque jour, & les perſecutions augmentoient. Sur le point de quitter le dioceſe de Quimper, & de paſſer dans celui de Leon, comme il étoit la nuit en prieres à Doüarnenez, & conjuroit la Sainte Vierge de lui envoïer enfin celui qu'elle lui faiſoit eſperer depuis ſi long-tems, il ſentit un mouvement interieur qui lui fit connoître que celui qu'il cherchoit n'étoit pas loin, qu'il le trouveroit à Quimper au college des Jeſuites, & qu'il en étoit le plus

28.
JANVIER.

jeune. Le faint Prêtre, dans l'impatience de voir fon fucceffeur, partit à l'heure même, & fe rendit avant fept heures au college de Quimper. Il y demanda le maître de la Cinquiéme, qui étoit Maunoir, & fans lui parler du deffein que la providence avoit fur lui, il ne l'entretint que de la vocation de S. André & de S. Pierre, de la grace que le Sauveur leur fit de les appeller à fon fervice, & de la fidélité avec laquelle ils quittérent tout pour le fuivre. Mr. le Nobletz & le P. Maunoir contractérent tous deux dès ce moment une grande liaifon de charité ; ils fe recommandérent aux prieres l'un de l'autre ; le faint vieillard embraffa tendrement celui que le Ciel lui avoit promis pour fucceffeur, & l'aïant quitté pour retourner chez lui, fit confidence de cette entrevûë aux perfonnes que leur éminente vertu lui avoit renduë les plus cheres, & les invita à rendre graces à Dieu de ce qu'il leur formoit un miniftre de fa parole, qui n'auroit pas moins d'affection que lui pour tout le canton de Doüarnenez.

Maunoir furpris & touché d'une vifite fi peu attenduë, & aïant peine à pénetrer à quoi tendoit ce que le faint homme lui avoit touché de la vocation de S. André, & de S. Pierre, confulta là-deffus le P. Bernard, qui fans concevoir encore que fi la vocation de S. Pierre marquoit celle du P. Maunoir, la fienne propre étoit marquée par celle de S. André, fe contenta de dire au jeune Regent, que l'exemple de ces deux Apôtres qui avoient tout quitté pour fuivre N. S. lui montroit avec quelle promptitude il faudroit qu'il obéît à la vocation Divine, quand il fe trouveroit appellé aux Miffions de la baffe-Bretagne ; & là-deffus il l'exhorta de nouveau à l'étude de la langue Bretonne. Maunoir s'en trouva alors moins éloigné qu'auparavant ; mais il attendoit, pour fe déterminer entierement fur ce fujet, à connoître plus particulierement la volonté de Dieu, & il ne tarda guéres à avoir fur cela une efpece de certitude.

A un quart de lieuë de Quimper, affez près du chemin de Château-lin, il y a une Chapelle dédiée à la fainte mere de Dieu, & appellée pour ce fujet *Ti-mam-Doué*, c'eft-à-dire *maifon de la mere de Dieu*, où les Profeffeurs du college menent tous les ans leurs écoliers en pelerinage, pour les mettre fous la protection de la Sainte Vierge. Maunoir allant à cette Chapelle, fe trouva l'efprit uniquement occupé de tout ce que le P. Bernard lui avoit dit du befoin qu'avoit la baffe-Bretagne d'ouvriers Evangeliques. Une vûë interieure lui repréfenta les Evêchez de Quimper, de Treguer, de Leon, & de S. Brieuc, comme une carriere ouverte à fon zéle ; & dans le moment il fentit former dans fon cœur la réfolution d'apptendre la langue Bretonne. Arrivé à la Chapelle, avec ces mouvemens qui lui faifoient une douce violence, il s'offrit à Dieu qui l'appelloit, & le fupplia, puifqu'il le deftinoit à l'inftruction de ces peuples, de lui apprendre à parler leur langue. Il s'adreffa enfuite à la Sainte Vierge, & lui dit avec confiance : « ma bonne maîtreffe! fi vous daigniez m'apprendre vous-même le Breton, je fçaurois en peu de tems, & je ferois bientôt en état de vous gagner des ferviteurs. » Après cette priere Maunoir rendit compte de fes difpofitions au P. Bernard, & l'affura qu'il apprendroit la langue du païs, auffi-tôt qu'il en auroit eu la permiffion. On la demanda pour lui ; elle lui fut donnée le jour de la Pentecôte, jour auquel les Apôtres avoient reçû le don des langues ; après huit jours feulement d'étude, il parla affez bien l'une des langues les plus difficiles du monde, pour pouvoir faire le catechifme à la campagne ; & au bout de quelques mois il parla Breton fi parfaitement, qu'il prêchoit en cette langue fans préparation.

JAN

Comme c'étoit dans la paroiffe de Cuzon, où eft fituée la Chapelle Ti-mam-Doüé, qu'il avoit reçu les premiers moumens de fa vocation, ce fut elle auffi qui eut les prémices de fon zéle ; & pour rendre en quelque forte hommage à la Mere de Dieu d'un bien qu'il reconnoiffoit tenir d'elle, il commença à catechizer en Breton dans la Chapelle même. Après avoir inftruit Cuzon, il paffa aux paroiffes voifines, & ne pouvant à caufe de fa Claffe, leur donner que les fêtes & les Dimanches, il en inftruifoit deux par jour, en faifant le catechifme dans l'une le matin, & le foir dans l'autre. De cette forte, en deux mois, trois paroiffes, qui contenoient chacune plus de deux mille perfonnes, fe trouvérent fuffifamment catechizées.

Pendant qu'il s'exerçoit de cette forte dans les Fauxbourgs de Quimper & dans les Paroiffes voifines, Mr. le Nobletz, contraint enfin de quitter l'Evêché de Cornoüaille, & prêchant pour la derniere fois à fainte Helene de Doüarnenez, annonça aux Habitans, que le Jefuite dont il leur avoit parlé plufieurs fois, romproit enfin les liens qui les attachoient encore au monde & acheveroit avec le tems l'ouvrage de leur converfion entiere. Cependant, quelque impreffion que les paroles d'un tel homme euffent faites fur les auditeurs, l'at

28.
JANVIER.

tention qu'on donnoit au premier Sermon que Maunoir prêcha peu de tems après dans cette ville, fut interrompuë d'une maniere qui fit plus de confusion aux auditeurs, que de peine au Predicateur. Il s'étoit rendu à Douarnenez la veille de la Visitation, pour y prêcher le lendemain. Comme il dormoit, il vit dans son sommeil precisément ce qui lui arriva le lendemain ; c'est-à-dire qu'au commencement de son sermon, tous les auditeurs étoient sortis de l'Eglise avec précipitation, & qu'il y étoit demeuré seul. En effet, à peine avoit-il prononcé, le lendemain, la moitié de son exorde, qu'un homme inconnu paroissant à la porte de l'Eglise, s'écria d'un ton de voix effroïable : *au voleur, au voleur*. A ce cri, la fraïeur s'empara de tout l'auditoire ; chacun courut chez soi, pour garentir sa maison du pillage, & le P. Maunoir se trouva seul dans l'Eglise. On ne trouva ni les voleurs, ni l'auteur de cette fausse alarme ; & chacun repara après midi par son assiduité, l'affront de sa défertion. Maunoir regarda cet accident comme un artifice du démon ; il enseigna à ses auditeurs à se fortifier contre ses attaques, & leur persuada si bien que le moïen de le vaincre, étoit de se donner à la sainte Vierge, que toute cette ville se consacra dèslors à son service, & qu'elle y est encore aujourd'hui extrêmement attachée.

Le zéle & la jeunesse soûtinrent Maunoir pendant quelque tems dans les exercices penibles de professeur & de catechiste, qui ne lui donnoient aucun moment de relâche ; mais il succomba à la fin ; une grande foiblesse d'estomach l'obligea à prendre du répos & à changer d'air. On l'envoïa au College qu'on venoit de donner aux Jesuites à Tours, & la bonté de l'air qu'on y respire, lui eut bien-tôt rendu la santé. Il y enseigna la Troisiéme ; mais il ne borna pas ses soins à ses écoliers. Il fit des catechismes dans une Paroisse de la ville, avec beaucoup de fruit ; & non content de la multitude nombreuse qui profitoit là de ses instructions, il alloit chercher les pauvres dans les Hôpitaux, dans les prisons, & dans les Faubourgs, pour leur enseigner la Religion.

Les Superieurs de Maunoir lui voïant un talent extraordinaire de toucher les cœurs & de les porter à Dieu, jugérent à propos de le faire étudier en Théologie, pour l'emploïer ensuite uniquement au salut des ames ; & pour cet effet ils l'envoïérent à Bourges. Il s'y adonna entierement aux exercices de la vie interieure, & sanctifia ses dernieres études par les mêmes moïens qu'il avoit emploïez à rendre saintes les premieres. Les Jesuites ne recevoient en ce tems-là les ordres, qu'à la quatriéme & derniere année de leur Théologie. Maunoir commença dès la premiere à se disposer à devenir le ministre des saints mysteres. Le zéle dont il brûloit pour le salut du prochain l'auroit consumé dans la solitude, s'il n'en fût sorti de tems en tems pour prêcher & catechiser. Ses premieres idées pour le Canada lui revenoient de tems en tems ; il s'imaginoit quelquefois avoir satisfait en Bretagne à ce que Dieu avoit demandé de lui ; & les dangers du nouveau monde lui paroissoient plus digne de son zéle, que ceux de la Bretagne déja regenerée par le baptême, & pourvûë de Pasteurs. Le P. Bernard, à qui Maunoir n'avoit point fait part des combats interieurs qu'il éprouvoit là dessus, lui écrivoit souvent, comme s'il eût penetré ses pensées, pour lui persuader que le dessein de Dieu étoit qu'il préferât les besoins de la Bretagne à ceux du Canada. Maunoir avoit de la peine à ne se pas rendre aux avis d'un homme dont il connoissoit la grande sainteté ; mais comme il sçavoit combien ce Pere étoit passionné pour le salut des Bretons, il apprehendoit, en suivant ses conseils, d'avoir plus de complaisance pour les inclinations d'un ami, que de soumission à la volonté de Dieu.

Flottant ainsi entre la Bretagne & le Canada, il fut attaqué d'une maladie extraordinaire, qui le mit en danger de mourir, & qui termina ses irresolutions. Après une grosse fiévre qui épuisa toutes ses forces, le bras gauche lui enfla tout d'un coup, d'une maniere si surprenante, que le medecin & le chirurgien, tous deux habiles, & d'une grande experience, avoüérent qu'ils n'avoient jamais rien vû, ni lû, de semblable. Les remedes étoient sans effet, & la nature épuisée par la maladie, se trouvoit sans ressource ; en sorte qu'on apprehenda fort la gangrene. Elle parut en effet le neuviéme jour, au-dessus du coude, & gagna jusqu'à l'aisselle, où il se fit un trou, dont on avoit peine à trouver le fond avec la sonde. On ne douta point qu'elle ne gagnât bien-tôt le cœur ; les medecins abandonnérent le malade, & l'on desespera de sa vie. La douleur de ses freres, qui fondoient en larmes autour de son lit, le touchoit beaucoup plus que son propre danger, parce qu'il regardoit la mort avec joïe, comme un moïen d'aller joüir de son Dieu qu'il aimoit uniquement. La circonstance du tems (c'étoit la veille de Noël) augmentoit la consolation qu'il avoit de mourir le jour de la naissance de N. S. Il

28.
JANVIER.

28.
JANVIER.

souhaita de communier à minuit, & la gangrene étoit si proche du cœur, qu'en se préparant à la Communion, il se prépara aussi à faire à Jesus naissant le sacrifice de sa vie. Il s'endormit, en voulant se recueillir ; & ce fut sans doute dans cet instant que lui arriva ce qu'il a depuis raconté, en parlant de cette maladie, sans en marquer le jour ni l'heure. Il crut porter sur ses épaules un païsan de Cornoüaille, comme S. François Xavier songea qu'il portoit un Indien, quelque tems avant que S. Ignace l'envoïât aux Indes. Soit que Maunoir eût crû voir la volonté de Dieu dans ce songe, soit que Dieu l'inspirât de quelqu'autre maniere ; après avoir paru jusques-là content de mourir, sans demander la guérison, il la demanda alors ; & quand on lui présenta la sainte Communion, il fit vœu à Dieu s'il lui rendoit la santé, d'emploïer le reste de sa vie à travailler au salut de la basse-Bretagne. Il pria la Sainte Vierge, les Anges tutelaires de cette province, & saint Yves, de faire monter l'encens de son sacrifice devant le trône de Dieu, & s'engagea d'écrire aussi-tôt qu'il se pourroit à son General, pour obtenir la permission d'accomplir son vœu. Il communia là dessus, & n'eut pas plûtôt reçû la Divine Eucharistie, que, selon ce qu'il a depuis rapporté lui-même, N. S. lui fit connoître que sa priere étoit exaucée, & qu'il guériroit bientôt ; & une pareille assurance lui fit connoître dans la Communion suivante, que son vœu seroit accompli. La gangrene s'arrêta aussi tôt qu'il l'eut prononcé, les chairs revinrent ; & bientôt celui qu'on avoit pleuré comme mort, se trouva guéri, d'une maniere qui obligea les medecins même à reconnoître-là le doigt de Dieu, & à lui rendre graces d'un miracle si évident. Mr. le Nobletz avoit prédit cette guérison merveilleuse, deux ans avant la maladie. Consolant la Demoiselle le Gal chez qui il logeoit au Conquet, & qui gémissoit de l'inutilité future de tant d'écrits salutaires, à la composition desquels elle le voïoit appliqué ; le saint vieillard lui dit avec assurance, « qu'ils ne seroient point perdus ; qu'il en disposeroit de « son vivant, & les donneroit en heritage au « fils spirituel que Dieu lui élevoit en Fran-« ce, qui succederoit à son emploi, & feroit « encore plus de fruit que lui. « A quoi il ajoûta ces paroles : « mais avant qu'il passe « dans ces cantons, Dieu éprouvera sa ver-« tu par une maladie qui ne servira qu'à « affermir sa vocation, & à faire éclater la « providence Divine sur le salut de la basse-« Bretagne. « La Demoiselle raconta cette prédiction à quelques-uns de ses amis, &

on l'a trouvé datée de l'an 1635. dans les papiers d'un Ecclesiastique du Conquet ; sur quoi il est à remarquer que la maladie n'arriva qu'en 1637. deux ans après la prophetie. Une autre particularité digne de remarque dans cet écrit, c'est qu'il est raconté que Mr. le Nobletz, dans les assemblées publiques, & dans les entretiens particuliers, engageoit alors tout le monde à prier Dieu pour la vocation de son successeur ; ce qui fait voir que cet homme si extraordinaire avoit connoissance de l'incertitude où se trouvoit Maunoir entre la Bretagne & le Canada.

28.
JANVIER.

Celui-ci n'eut pas plûtôt recouvré sa santé, qu'il commença de l'emploïer à la gloire de Dieu, en reprenant ses études & les fonctions de son zéle, que Dieu benoissoit par des succès qui peuvent passer pour surnaturels. Etant allé avec un de ses condiciples prêcher dans la paroisse de S. Martin à quatre lieuës de Bourges, il y trouva tous ses habitans affligez de la désolation que causoient les chenilles par toute la campagne. Touché de compassion, à la vûë de la sterilité dont cette paroisse étoit menacée, & poussé d'un mouvement interieur, il courut à l'Eglise prendre le benîtier, & suivi de son compagnon, il fit le tour de la paroisse en jettant de l'eau benite à droit & à gauche. Tous les paroissiens le suivirent, en recitant le chapelet. Dieu écouta ces pauvres gens, & benit la foi des Missionnaires, & le lendemain on ne trouva pas une chenille en vie dans toute la paroisse, pendant que tous les villages des environs en étoient encore mangez. Maunoir continua ses instructions dans le Berri, jusqu'à ce qu'aïant reçû les ordres Sacrez & achevé ses études ; il fut envoïé à Nevers, pour y attendre de son General, le R. P. Mutio Vittelleschi, la permission d'accomplir son vœu. Le General, qui avoit lui-même un grand zéle pour le salut des ames, loüa extrêmement celui de Maunoir, lui accorda avec plaisir ce qu'il lui avoit demandé, & ordonna qu'on le mit au plûtôt en état d'aller ou Dieu l'appelloit.

Pour achever de le former aux fonctions Apostoliques, on l'envoïa faire sa troisiéme année de noviciat. Tous ses talens éclaterent merveilleusement dans les Missions qui se firent pendant ce tems d'épreuve, selon la coûtume. Dans une de ces Missions, qui se fit à Bernai, au diocese de Lizieux en Normandie, il arriva une chose singuliere, qui a été rapportée par un autre Jesuite qui travailloit alors avec le P. Maunoir. Plusieurs personnes s'étoient emploïées inutilement à reconcilier une mere avec son fils.

Plus

28.
Janvier.

Plus cette cure étoit difficile, plus le P. Maunoir la trouva digne de ses soins. Il mena le fils à la mere, & la conjura par toutes sortes de motifs de lui pardonner. La trouvant toûjours obstinée dans sa haine, il pratiqua, comme il l'a toûjours fait depuis avec succès, ce qu'il avoit appris du P. le Févre le premier compagnon de S. Ignace & de St. François Xavier, qui étoit d'invoquer les Anges Gardiens des lieux où il faisoit Mission, & des personnes qu'il conduisoit. Maunoir se mit à genoux dans la chambre, & pria l'Ange Gardien de cette mere endurcie, de flechir son cœur. Sa priere n'étoit pas finie, que cette Dame se trouva changée tout d'un coup par l'operation de Dieu. Elle embrassa son fils, & demanda pardon aux assistans du scandale qu'elle avoit causé, & au Pere, de la peine que lui avoit fait son opiniâtreté déraisonnable.

Le P. Maunoir acheva son second noviciat au mois d'Août de l'an 1640. & s'en alla aussi-tôt à Quimper, pour y faire sa residence ordinaire. Mr. le Nobletz, à qui ses infirmitez ne permettoient pas de sortir du Conquet, où il s'étoit retiré, envoïa saluer le Pere, & le pria de le venir voir. Maunoir y alla, & le vieillard venerable voïant son successeur, pleura de joïe, & dit comme Simeon : *Seigneur ! laissez maintenant vôtre serviteur s'en aller en paix, puisque mes yeux ont vû celui que vous m'avez promis, & que vous avez destiné pour éclairer cette nation.* Ensuite, comme s'il n'eût plus eu qu'à se disposer à la mort, il fit une confession generale au Pere ; après quoi, la clochette à la main, il alla avertir tout le monde de se rassembler à l'Eglise. Il y mena le Pere, le déclara publiquement son successeur dans les Missions de la basse-Bretagne, & lui donna, par forme d'investiture, la clochette, & les peintures énigmatiques dont il s'étoit servi pour expliquer les mysteres & les devoirs de la Religion. Il l'obligea sur l'heure à prendre possession de son nouvel emploi, & lui en fit faire, ce jour-là tous les exercices, en sa présence. Il le conduisit aussi chez les malades, afin qu'ils eussent la consolation de le voir & de l'entendre ; & l'aïant ramené chez lui, il passa ce soir-là, & une partie du jour suivant, à l'instruire à fonds, & des besoins de cette partie de la province, & des moïens les plus propres à la sanctifier. Il gagna d'abord la confiance de son condisciple, en ouvrant un livre de Théologie écrit de sa main, & lui donnant à lire la page qui se présentoit, où le P. Maunoir fut bien surpris de trouver la décision d'une difficulté qui l'embarassoit, & sur laquelle il n'avoit consulté personne. Persuadé que le saint homme connoissoit toutes ses pensées, il se trouva d'autant plus porté à le consulter toûjours depuis comme son oracle, & dès-lors il l'écouta comme son Directeur. Mr. le Nobletz, parmi toutes les leçons qu'il lui donna, n'oublia pas de lui conseiller d'emploïer les chansons spirituelles & la melodie, pour insinuer dans les cœurs par les oreilles les dogmes de la foi & les maximes de l'Evangile. Il lui mit entre les mains les Regles qu'il avoit suivies dans l'exercice de son emploi, & qui ne devoient pas être étrangeres à son disciple puisqu'elles étoient tirées de celles que S. Ignace a prescrites aux Missionnaires de son Ordre. Il fortifia le Pere Maunoir contre les persecutions, en même tems qu'il lui prédit qu'elles ne lui manqueroient pas. Il le pressa de mettre la main à l'œuvre, & le pria de commencer par la petite ville de Doüarnenez, qu'il lui recommanda avec beaucoup d'affection. Il lui conseilla de faire ses voïages plûtôt par terre, que par mer, pour avoir plus d'occasion de faire du bien en passant d'une Mission à l'autre. Ajoûterons-nous, qu'il lui communiqua aussi la vertu de faire des miracles, & qu'il l'éprouva lui-même sur le champ, en se faisant guérir d'un porreau qu'il avoit au visage, qui disparut aussi-tôt que le P. Maunoir l'eut touché ? Enfin Mr. le Nobletz fit présent à son Eleve d'un manuscrit, où il l'avertit, que de long-tems il ne comprendroit rien, mais que Dieu lui en donneroit quelque jour l'intelligence, & qu'il lui seroit d'usage pour convertir les plus grands pecheurs. Maunoir remercia Mr. le Nobletz de toutes ses bontez, promit de suivre exactement ses conseils, & lui demanda sa benediction. Le saint vieillard voulut aussi que le Pere lui donnât la sienne ; ils s'embrasserent tous deux, & le Pere s'en retourna à Quimper, dans la résolution d'entrer le plûtôt qu'il lui seroit possible dans la carriere que Dieu lui avoit ouverte.

Il trouva d'abord de grandes difficultez. Les Peres du College n'étoient pas d'avis qu'on entreprît des Missions qui n'étoient pas fondées, & dont leur maison ne se trouvoit pas en état de faire les frais. La seconde difficulté, étoit de n'avoir point de compagnon. Il ne s'offroit à lui que le P. Bernard, qui avoit cinquante-six ans, qui ne sçavoit pas la langue Bretonne, & que la ville de Quimper, qui le regardoit comme son liberateur, n'abandonneroit pas sans peine à un jeune Missionnaire qui ne se proposoit rien moins, que de visiter à pied toutes les paroisses de la basse-Bretagne.

Vvv

28.
JANVIER.

Troisiéme difficulté. Le Siége de Quimper étoit vacant par le décez de Mr. le Prêtre, & le Chapitre refusoit de signer la Bulle qui accorde indulgence pleniere à ceux qui assistent aux Missions des Jesuites. D'ailleurs ces Missions paroissoient à Messieurs du Chapitre une nouveauté dont ils ne prévoïoient pas les avantages. Cependant comme ils n'ignoroient pas le besoin que les peuples avoient d'instruction, ils permirent au P. Maunoir de catechiser, de prêcher, & de confesser dans tout le diocese, sans autoriser pour lors les Missions. Le Pere, sans se rebuter de ses obstacles, eut recours à la priere, & en écrivit à Mr. le Nobletz; & en attendant que Dieu lui ouvrît une plus grande porte, il exerça son zéle avec le P. Bernard, dans les prisons, à l'hôpital, dans les fauxbourgs de Quimper, & dans toutes les paroisses de la campagne où il étoit appellé. Le bruit de ses premiers succès se répandit bientôt dans toute la Bretagne, & Mr. le Marquis de Molac en aïant été informé, envoïa douze cent livres au College de Quimper, pour l'entretien du Pere qui travailloit au salut des pauvres. C'est ainsi qu'il vouloit désigner le P. Maunoir. Le Pere reçut en même tems cent écus d'une autre personne, & ces présens suivis de quelques autres, ont depuis servi à fonder à perpetuité la pension de deux Missionnaires. Mr. le Nobletz écrivit à son successeur, pour l'assurer que l'œuvre de Dieu s'accompliroit, malgré les obstacles qui s'y opposoient. Il écrivit aussi au P. Bernard, pour l'exhorter à se joindre au P. Maunoir, & ne pas laisser échouer de saints projets dont il étoit en quelque sorte l'auteur. Le Pere Bernard se ressouvint alors du discours que cet homme merveilleux avoit autrefois tenu au P. Maunoir dans la premiere visite qu'il lui avoit faite, où il lui avoit parlé de la vocation de S. André & de S. Pierre. Le P. Bernard conçut alors que ç'avoit été une prédiction qui l'avoit désigné lui-même sous le nom de S. André, comme le P. Maunoir étoit désigné sous celui de S. Pierre; & que comme S. André, quoique le plus vieux, du moins le premier appellé, s'étoit soumis à S. Pierre; il devoit aussi se soumettre au jeune Maunoir, que Dieu appelloit à être le Superieur des Missions. Penetré de cette pensée, il fit condescendre ses amis à ce qu'il accomplît la volonté de Dieu qui lui étoit si clairement marquée; & en attendant là-dessus les ordres de ses Superieurs, il se reduisit aux exercices de l'enfance, & commença d'étudier les élemens de la langue Bretonne.

Le P. Maunoir, de son côté, passoit une partie des nuits à composer des cantiques dans cette langue sur les principales veritez de la Religion. Comme la permission des Grands-Vicaires de Quimper lui ouvroit une assez grande carriere, il entreprit d'instruire pendant le Carême sept endroits differens, & suivant la priere que lui en avoit faite Mr. le Nobletz, il commença par la ville de Doüarnenez, où ce saint homme avoit établi le siége de son Apostolat. Les plus considerables habitans, avertis par Mr. le Nobletz, reçurent le Pere à la porte de leur ville, & se ressouvenant de l'espece d'affront qu'ils lui avoient fait autrefois, ils voulurent lui en faire des excuses: « il y a long-tems, leur dit-il, que j'ai oublié tout cela; mais je ne sçai si Dieu vous l'aura pardonné. » On eût dit qu'il prévoïoit ce qui devoit arriver au premier sermon qu'il fit ensuite. Car comme il prêchoit sur le jugement universel, & parloit des signes terribles dont il doit être précedé, il parut un grand éclair, qui fut suivi d'un effroïable coup de tonnerre. Tout l'auditoire en fut allarmé, & il fallut emporter une femme qui s'évanoüit. Après avoir laissé aux auditeurs le tems de se remettre, le prédicateur profita de cet accident pour leur faire sentir plus vivement quelle sera la colere de Dieu quand elle éclatera contre les hommes criminels, sans être plus retenuë par sa misericorde. Il imprima de cette sorte dans les cœurs une crainte salutaire des jugemens de Dieu, qui les rendit plus dociles aux mouvemens de sa grace, & aux instructions du nouveau Missionnaire. Ce que Mr. le Nobletz avoit prédit, que son successeur romproit les liens qui les attachoient encore au monde, s'accomplit à la lettre; à quoi ne contribuérent pas peu les guérisons miraculeuses dont il plut à Dieu d'autoriser les prédications de son serviteur. Comme le P. Maunoir attribuoit ces œuvres surnaturelles au pouvoir que S. Ignace avoit auprès de Dieu, les habitans de Doüarnenez conçurent une grande dévotion pour ce Saint, & depuis ils ne manquent point tous les ans de venir lui présenter leurs vœux dans la chapelle du College de Quimper, quoiqu'ils en soient éloignez de quatre lieuës. Cette premiere Mission se termina par une procession où il assista six mille personnes. Le Pere eut la satisfaction d'instruire en quarante jours plus de dix mille ames dans les ville de Doüarnenez & de Pontecroix, dans les paroisses de Ploüaré & de Plongon, & ailleurs, le long de la côte. Il faisoit une prédication & un catechisme, tous les jours ouvriers, & deux au moins les jours de fête. Quand il n'étoit

28. JANVIER.

pas en chaire, il se tenoit au Confessional; & se donnoit à peine le loisir de prendre quelque nourriture. C'est ce qu'il appelloit, s'exercer & se mettre en haleine, pour se disposer à des travaux plus considerables.

Si ce n'étoit pas là travailler tout de bon, il fut bien-tôt en état de suivre toute l'étenduë de son zéle; car quelques mois après on le déclara Superieur des Missions de la basse-Bretagne, & on lui donna pour ajoint le P. Bernard. Aprés s'être promis l'un à l'autre de ne se quitter qu'à la mort, & de vivre ensemble dans une union inalterable, ils cherchérent l'endroit de tout le diocese qui leur parut avoir le plus de besoin de leur secours. Ils trouvérent que c'étoit l'Isle de Sizun. Ils implorérent le secours de S. Corentin dans son Eglise, & se mirent en chemin, pour aller visiter & secourir cette isle abandonnée. Ils prirent leur route par Douarnenez, où ils demeurérent un jour à prêcher, catechiser, visiter les malades, & même les guérir, comme le P. Maunoir l'a laissé par écrit dans la vie du P. Bernard, à qui il attribuë toute la gloire de la santé miraculeusement renduë à un enfant affligé de plusieurs maux à la fois. De-là ils se rendirent à la pointe du Ras, pour s'i embarquer; mais le vent absolument contraire les obligea de s'arrêter deux jours à cette côte, qui profita du retardement, par le soin que prirent les deux Missionnaires de confesser un grand nombre de personne, & de leur donner la communion.

Aïant enfin le vent favorable, ils firent voile à Sizun, mais ils n'y trouvérent que des femmes; tous les hommes étoient à la pêche. Comme ils deliberoient ensemble où ils iroient, ils furent joints par une barque envoïée par Mr. le Nobletz, pour les prier de venir au Conquet, où tout étoit bien disposé en leur faveur. Ils y furent en effet bien reçus, & pendant qu'on achevoit de préparer toutes choses pour la Mission, le P. Maunoir alla rendre ses devoirs à l'Evêque de Leon, & lui demander les permissions necessaires. Le Cardinal de Richelieu regardant le siége comme vacant, par la retraite de Mr. de Rieux, qui étoit sorti du Roïaume, pour suivre la fortune de la Reine mere Marie de Medicis, avoit fait donner l'Evêché à Mr. Cupif. Ce nouveau Prélat s'étoit d'abord déclaré pour les Missionnaires, & le P. Maunoir esperoit de lui toutes sortes de faveurs. Mais il y avoit auprès de l'Evêque un Ecclesiastique en qui il avoit beaucoup de confiance, qui avoit pour maxime principale, qu'il falloit exclure les Religieux, & sur tout les Jesuites, de toutes les fonctions Apostoliques.

Monsieur Cupif, imbu de ce principe, dit froidement aux Peres Maunoir & Bernard, qu'ils devoient se contenter d'enseigner la jeunesse, & qu'il donneroit aux Prêtres de son diocese le soin d'instruire le peuple. Les Peres reçurent ce refus avec tant de modestie & de tranquilité, que le Seigneur Evêque, édifié de leur resignation, les pria de le revoir, avant que de s'en aller. Ils saluérent ensuite Mr. du Loüet Grand-Vicaire de l'Evêché de Leon, & nommé à celui de Quimper. Ce Prélat, en qui le Roi Loüis XIII. en lui donnant le brevet, avoit moins consideré la naissance, quoique fort distinguée, que la vertu, le zéle, & la longue experience, reçut les Peres avec bonté. Ils lui apprirent ce qu'ils avoient déja fait dans son diocese, & ce qu'ils avoient dessein de faire à Sizun, si le contretems de la pêche ne les en avoit empêchez. Ils lui firent part des intentions de Mr. le Nobletz, & l'informérent des dispositions du Seigneur Evêque de Leon. Il les remercia du zéle qu'ils avoient pour le salut de la Cornoüaille, les pria d'aller à Sizun le plûtôt qu'ils pourroient; & pour leur faciliter le moïen d'y pouvoir mettre un Prêtre, il promit de donner une bonne Cure, après deux ans de service, à celui qu'ils y mettroient. Il fit plus; il alla trouver Mr. de Leon, & travailla efficacement à le faire revenir des préjugez où il étoit entré. Les Peres éprouvérent aussi-tôt les effets de ses insinuations; car lorsqu'ils allérent prendre congé du Prélat, il les pria de differer pour quelque tems la Mission du Conquet, & de tourner leur zéle du côté des Isles d'Oüessant & de Molénes, dont il avoit été averti que les besoins étoient plus pressans. Il leur enjoignit de lui venir rendre compte, après ces Missions, de l'état où ils auroient laissé les deux isles, & témoigna au Pere Maunoir qu'il vouloit devenir son disciple dans l'étude de la langue de son diocese.

L'isle d'Oüessant dont l'abord est défendu par la rencontre de sept marées differentes qui s'entrechoquent en cet endroit; par la rapidité des courans; & par les rochers qui l'environnent, qui ne donnent entrée que par une ouverture que ceux de l'isle ont ménagée; cette isle, par sa situation affreuse, ne craint aucuns ennemis; on peut dire même que ceux du salut y entrent moins qu'ailleurs. Le commerce n'y avoit pas introduit les vices des negocians; on n'y connoissoit ni le larcin, ni la mauvaise foi; la pureté sembloit s'y être mise à couvert contre la corruption universelle; les jeunes gens y étoient chastes jusques dans leurs paroles, & un garçon qui eût fait

Vvv ij

28. JANVIER.

quelque chose contre la pudeur, n'eût trouvé, ni de pere qui lui eût voulu donner sa fille, ni de fille qui eût voulu l'avoir pour mari. Le travail continuel y entretenoit l'innocence, de même que la santé, & faisoit que l'on n'y voïoit point de pauvres. Les femmes & les filles labouroient la terre, les hommes & les garçons s'occupoient à la pêche. L'isle abonde en brebis, en vaches, en petits chevaux fort vigoureux, & en toutes sortes de grains ; & si les habitans pouvoient se passer de vin, ils ont chez eux de quoi se pouvoir aisément passer de tout le reste du monde. Ils vivoient dans une parfaite union, ils ignoroient encore ce que c'étoit que procez ; & leurs differens, s'il en survenoit, étoient jugez souverainement, à la sortie de l'Eglise, par le premier gentilhomme qui se trouvoit là. Le seul mal qui rendoit cette isle l'objet du zéle & des soins, tant de l'Evêque de Leon, que de nos Missionaires, étoit l'ignorance de nos mysteres & des loix de la Religion. M^r. le Nobletz avoit autrefois porté la lumiere dans cette isle ; mais il y avoit déja si long-tems que ce flambeau s'en étoit retiré, qu'à peine s'en souvenoit-on. Il eût été difficile d'y trouver douze personnes qui eussent connoissance du mystere de la Trinité, & qui sçussent les Commandemens de Dieu. Il y avoit un Recteur & deux Vicaires, qui avoient eux-mêmes besoin d'instruction. Deux Ecclesiastiques zélez, qui s'étoient embarquez ; il y avoit quelques années, pour aller instruire les Insulaires, étoient peris à la vûë d'Oüessant. Enfin les habitans de cette isle, avec les meilleures dispositions du monde, couroient grand risque de se perdre ; si Dieu n'eût envoïé à leur secours le P. Maunoir & le P. Bernard. Ils arriverent à Oüessant la veille des Apôtres S. Pierre & S. Paul, & publierent que le lendemain de grand matin, ils feroient l'ouverture de la Mission. Long-tems avant le jour l'Eglise & le Cimetiere se trouverent remplis de monde ; & le P. Maunoir pour rendre la parole de Dieu utile à toute l'assemblée, en lui procurant le moïen de l'entendre, fit placer la chaire à la porte de l'Eglise Le premier sermon ne causa que de l'admiration, & tout ce peuple fut si charmé d'entendre parler de Dieu, que chacun demeura dans sa place, comme s'il eût attendu que le Pere recommençât. En effet il fit un second sermon après la Grand-Messe ; mais il ne fit encore que plaire aux oreilles & charmer les esprits. Après le dîné il fit un catechisme, sans pouvoir engager personne à y répondre ; les enfans se cachoient, & la honte ôtoit la parole aux autres. Après les vêpres le Pere monta en chaire pour la troisiéme fois, & trouva enfin le chemin des cœurs. Tous les assistans le mirent à pleurer, & s'écriérent : « jusqu'à présent nous avons vêcu en bêtes ; il est tems de songer à vivre en Chrétiens. » Le Pere, après avoir rendu graces à Dieu de la résolution de ses auditeurs, les exhorta à l'executer ; il leur proposa les exercices de la Mission, & les assura que son compagnon & lui seroient au Confessional avant quatre heures du matin, & y demeureroient tout le tems qu'ils ne seroient pas à l'autel ou en chaire ; à cinq heures se devoit faire la priere, à huit la prédication, le catechisme l'après-midi, & la priere à six heures du soir. M^r. le Nobletz, qui avoit prévû la peine qu'auroient ceux d'Oüessant de répondre au catechisme, y fit passer du Conquet une petite fille fort instruite sur la Religion. Le Pere l'interrogeoit publiquement, loüoit ses réponses, & lui donnoit quelques récompenses. L'exemple donna de l'émulation aux enfans de l'isle ; ils demandérent qu'on les interrogeât ; les jeunes gens les imitérent ; & tous ensuite se firent un honneur de répondre. Comme l'ignorance étoit extrême, le Pere fut obligé de donner beaucoup de tems à l'instruction, & comme elle n'avançoit pas encore assez à son gré, il mit en œuvre les cantiques spirituels qu'il avoit composez, tant sur les mysteres de la Religion, que sur les Commandemens de Dieu & de l'Eglise, & la methode de se confesser & de recevoir la sainte Eucharistie. Un Prêtre de l'isle, à qui il en montra le chant, apprit ces cantiques par cœur, & tous deux les chantérent ensemble dans l'Eglise. Tout le monde prit goût à ces chansons ; les enfans les eurent bientôt retenuës & apprises aux autres ; & de cette maniere toute l'isle, en peu de jours, retentit des loüanges du Seigneur, & apprit avec joïe & facilité à le servir & à l'honorer. Alors ce feu sacré que J. C. est venu répandre sur la terre, embrasa tous les cœurs ; il fallut prêcher au milieu de la campagne, pour satisfaire l'ardeur qu'on avoit de se faire instruire ; & se tenir au Confessional depuis trois heures du matin jusqu'à huit & neuf heures du soir, pour laver dans le sang de l'agneau ces ames qui soupiroient après leur innocence, ou perduë, ou alterée. La joïe seule du succès soûtenoit les Missionaires dans un travail qui paroît au-dessus des forces ordinaires de l'homme. Le P. Bernard couchoit sur une table, & le P. Maunoir à terre, après avoir défait le lit qu'on lui avoit préparé, de maniere qu'on pût croire qu'il s'en étoit servi.

28. L'un & l'autre ne donnoient pas plus de quatre heures au sommeil ; ils avoient regret au peu de tems qu'ils mettoient à manger ; leur repos & leur nourriture étoit de faire la volonté du Pere celeste, & de voir son service établi ; & quel triomphe n'étoit-ce pas pour eux, quand ils administroient les Sacremens de la penitence & de l'Eucharistie à des personnes âgées qui n'avoient encore jamais reçû que celui du baptême ? Quelle satisfaction de voir l'ardeur & la foi avec laquelle tous ces Insulaires approchoient de la sainte Table ? Quelle consolation, de voir les protestations sinceres qu'ils faisoient d'abolir toutes les mauvaises coûtumes contre lesquelles on avoit prêché, & de renoncer aux excès de bouche & aux danses ? Ces Insulaires, changez en d'autres hommes, avoient peine à se reconnoître eux-mêmes, & dans l'excès de leur joïe, ils donnoient aux Peres les marques les plus tendres de leur reconnoissance. Ils admiroient sur tout, comment le P. Bernard, à son âge, avoit pû, pendant quinze jours durant, confesser plus de seize heures par jour, n'en dormir pas plus de quatre, coucher sur une table, se contenter de la même nourriture qu'eux. Ils s'écrioient : *Tat Santel ! mon pere, que vous êtes Saint !* Ils amenoient leurs malades aux Peres ; & quelque resistance qu'ils y apportassent, il falloit qu'ils leur imposassent les mains ; & Dieu pour recompenser leur foi, en guérissoit plusieurs, au nombre desquels on met une fille de sept ans, malade à l'extrémité, qui se leva parfaitement guérie un quart-d'heure après qu'ils l'eurent touchée ; & une autre fille aveugle depuis deux ans, qui recouvra la vûë dans le moment qu'après lui avoir lavé les yeux, & lui avoir fait produire un acte de confiance en Dieu, ils lui dirent en Breton : *Sellit ou zomp,* c'est-à-dire *regardez-nous.* Cette Mission fut terminée par une procession ou le Recteur porta le S. Sacrement jusqu'à une chapelle assez éloignée, auprès de laquelle le P. Maunoir prêcha au milieu de la campagne, à près de quatre mille personnes. Quand il vint à faire son adieu, ce furent des cris & des regrets qu'il seroit difficile d'exprimer. Tous le conduisirent jusqu'au port, & lorsque le P. Bernard & lui furent dans la chaloupe qui devoit les passer à l'isle de Molénes, ils leur demandérent encore une fois leur benediction, que les Missionaires leur donnérent, pour les contenter.

Le trajet d'Oüessant à Molénes est fort dangereux ; cependant les Peres le firent heureusement. Ils trouvérent dans cette isle les mêmes dispositions pour le bien, qu'à celle d'Oüessant ; mais comme Molénes n'a qu'une demie lieuë de circuit, & ne contient que cinq cens habitans, la Mission y fut plus courte. Elle ne fut ni moins fervente, ni moins utile, & l'on y trouva cet avantage, que des enfans de cet isle aïant passé à Oüessant, lorsqu'on y faisoit l'instruction, y avoient appris les cantiques, & les avoient déja enseignez à plusieurs de leur isle ; outre cela ils s'étoient accoutumez à répondre au catechisme, & y avoient disposé les autres ; en sorte que l'on eut beaucoup plus de facilité, qu'à Oüessant, à instruire ces Insulaires. Le bruit des succès de la premiere Mission attira beaucoup de monde du Conquet & de quelques autres endroits à celle-ci, qui ne dura que huit jours, & sur laquelle Dieu versa de grandes benedictions, tant pour éclairer les esprits & réformer les mœurs, que pour la guérison corporelle des malades, entre lesquels on compte deux sourds & un aveugle, qui recouvrérent l'usage de l'oüie & de la vûë.

Il étoit aisé de juger que des travaux si utilement & si glorieusement terminez, exciteroient l'envie & la persecution ; c'est pourquoi Mr. le Nobletz voulant y préparer le P. Maunoir, mit sur le papier quelques avis qui devoient lui être utiles, & les adressa au P. Bernard, par une lettre qu'il lui écrivit du Conquet le 21. de Juillet de l'an 1641. En effet bien des gens prirent à tâche de décrier en secret les Missions du P. Maunoir, & agirent auprès des puissances Ecclesiastiques, & même auprès des Jesuites, pour le faire rappeller au college, & pour lui interdire toutes les fonctions Apostoliques. Ces gens qui avoient le miel & le lait sur la langue, & le venin dans le cœur, avoient déja prévenu le Recteur du college de Quimper, premierement par de grands éloges des manieres tendres & charitables du P. Maunoir, de sa douceur, de sa mortification, de son zéle ; mais ils avoient ajouté en soupirant : « que c'étoit « dommage, que la simplicité, si propre à « sanctifier des solitaires, ne convint pas éga- « lement à des ministres Apostoliques ; que « le P. Maunoir, flatté du succès qu'il avoit « eu dans les isles d'Oüessant & de Molé- « nes, s'étoit laissé emporter à une folle « joïe, qu'il avoit fait faire des danses pu- « bliques, pour se réjoüir de la conversion « de ces Insulaires ; & que pour animer les « autres, il y avoit chanté lui même. » Le Pere Recteur, séduit par la calomnie, écrivit d'une maniere fort séche aux deux Missionnaires. L'amour de la croix leur fit trouver du plaisir dans la mortification qui leur étoit donnée ; mais ce qu'ils devoient à la

28.
Janvier.

verité, & à l'honneur des Missions, qu'on attaquoit, en cherchant à décrier les Missionnaires, les porta à se servir du témoignage des Ecclesiastiques & des gentilshommes des isles d'Oüessant & de Molénes, pour détruire la calomnie. Le Seigneur Evêque de Leon, & le P. Recteur du college de Quimper, apprirent des attestations juridiques que ces personnes leur envoïérent que l'un des fruits de la Mission du P. Maunoir, avoit été d'exterminer les danses, bien-loin de les avoir autorisées par son exemple ; ainsi les calomniateurs furent confondus.

Les Peres étoient sur le point de partir de Molénes, lorsqu'ils reçurent ordre de Monseigneur de Leon, de lui envoïer à S. Mathieu, où il faisoit la visite, les enfans de Molénes & d'Oüessant qui n'avoient pas reçu la confirmation, après les avoir instruits & disposez. Les Peres obeïrent, & dès que la troupe fut en mer, elle entonna les cantiques sacrez que le P. Maunoir leur avoit appris. La mer & les côtes retentissoient des loüanges de Dieu ; mais les conducteurs de cette troupe innocente ignoroient alors la persecution qu'on faisoit en terre ferme à ces cantiques si édifians. Ce fut dans ce trajet que le P. Bernard donna au P. Maunoir les avis que Mr. le Nobletz avoit dressé pour lui, en Latin. Ils étoient au nombre de six, & il ne sera pas inutile d'en donner ici l'abregé.

Mr. le Nobletz avertissoit le P. Maunoir, en premier lieu, « de se donner de « garde de s'embarasser d'aucun interest « temporel, & de se charger d'aucune af- « faire, soit seculiere, soit domestique. Il « vouloit aussi qu'il renonçât à toute étu- « de curieuse, & même aux belles lettres, « ausquelles il ne lui étoit plus permis de « s'arrêter, qu'en passant. Le second avis « étoit, de se proposer pour modéle la « conduite du saint Fondateur de son Or- « dre, plûtôt que celle des Solitaires, au « moins en ce qui regarde les exercices de « la vie interieure ; car pour ce qui étoit de « ceux de la vie interieure, il devoit y être « plus exact que les Solitaires même, afin « de goûter Dieu & s'affectionner à la mor- « tification des sens & des passions. Qu'il « ne devoit avoir de liaison particuliere, ni « de conversation frequente avec personne ; « que son zéle devoit embrasser indifferem- « ment tout le monde ; enfin qu'il devoit « avoir la liberté d'aller par tout où le sa- « lut du prochain l'appelleroit, & de sui- « vre les mouvemens de l'Esprit de Dieu. « Le troisiéme avis marquoit les qualitez « de ceux qui auroient à vivre avec le P.

Maunoir. Les hommes vains & superbes, « les esprits contrarians, ceux qui étoient « faciles à se scandalizer mal-à-propos, les « hommes charnels & sans goût pour les « choses de Dieu ; toutes ces sortes de gens « ne pouvoient convenir au P. Maunoir, « selon Mr. le Nobletz ; il lui falloit don- « ner pour compagnon un homme docile « & qui entrât dans toutes ses vûës ; & « quant à ceux de la maison où il resideroit, « il falloit leur dire, pour ne pas censurer « injustement ses démarches, de faire des « attentions serieuses à ces differens endroits « de l'Ecriture : « *vous vous scandaliserez tous* Mat. 26 *à mon sujet, cette nuit. Il falloit que le fils* Marc 8. *de l'homme souffrit beaucoup, & qu'il fût reprouvé par les Prêtres &c. Si je n'avois* Joan. 15 *point fait parmi eux des œuvres que nul au-* Joan. 7 *tres n'a faites. . Ses freres ne croioient point* Ps. 117. *en lui. La pierre rebutée par ceux qui bâ-* Luc 7. *tissoient, est devenuë la tête de l'angle. Heureux celui qui ne sera point scandalizé à mon sujet.* Le quatriéme avis regardoit les Superieurs du P. Maunoir, « qu'on prioit « de ne point ajoûter foi aux calomnies « qu'on répandroit contre lui ; de les exami- « ner, avant que de porter jugement, & « d'entendre l'accusé, avant que de le con- « damner. On les prioit aussi de ne lui point « assigner de station contre son gré, & de ne « le point contraindre à prêcher en tel tems « & en tel lieu, parce que la parole de Dieu « demande de la liberté. « Le cinquiéme avis étoit pour fortifier le P. Maunoir dans ce qu'il sçavoit déja, « que bien loin de cher- « cher sa propre gloire, il ne devoit cher- « cher que l'ignominie de la croix. Enfin « le sixiéme avis lui apprenoit, qu'il devoit « prêcher sans cesse ; dire avec Saint Paul : « *malheur à moi si je ne prêche point* ; & « 1.Cor. 9 renoncer à tout exercice de pieté contraire « à la prédication. «

Les Missionaires, & la troupe d'enfans qu'ils conduisoient, abordérent à trois quarts de lieuë de l'Abbaïe de S. Mathieu, & les deux Religieux prirent le chemin du Monastere, pour aller rendre compte à Monseigneur de Leon du succès de leurs Missions. Ils apprirent en chemin la persecution que Mr. le Nobletz venoit de souffrir, au sujet de ses tableaux énigmatiques & des chansons spirituelles, & de quelle maniere les calomniateurs avoient été reprimez, sans que ce saint Prêtre se fût donné aucun mouvement pour cela. Comme on peut voir dans sa vie le détail de ces faits, où le P. Maunoir se trouve interessé, nous ne le repeterons point ici. Le Seigneur Evêque de Leon, après ce qui s'étoit passé dans cette rencontre, se trouvant dans les dispositions les plus favorables pour les Missionaires, leur fit toutes les honêtetez imaginables. Il les remercia de la charité avec laquelle ils avoient instruit les deux endroits de son diocese qui avoient le plus besoin de l'être; il loüa leur generosité dans l'entreprise, & leur infatigabilité dans le travail; il les pria de retourner dans ces isles le carême suivant; & dit au P. Maunoir, qu'il falloit absolument qu'il lui apprit le Breton, & que s'il manquoit à lui en venir donner des leçons au commencement de l'hiver, ses chansons couroient risque d'être encore une fois condamnées, faute d'être entenduës.

Les Missionnaires contens de voir que leurs travaux, agréables à Dieu, l'étoient aussi aux hommes, allérent se reposer quelque tems à Quimper. Ils n'y furent pas long-tems sans se ressouvenir de la priere que leur avoit faite Mr. du Loüet, d'aller instruire les Insulaires de Sizun, ce qui les fit résoudre à reprendre un dessein dont l'execution avoit été retardée par un contretems. Ils allérent, un jour avant leur départ, le 20. ou le 21. d'Aoust de l'an 1641. invoquer de nouveau S. Corentin, qu'ils avoient choisi pour le protecteur de leurs Missions, & il sembla au P. Maunoir lui entendre dire les mêmes paroles que J. C. dit autrefois aux deux freres Pierre & André: *suivez moi & je vous ferai pêcheurs d'hommes.* Ils prirent encore cette fois leur route par Doüarnenez, où ils employérent deux jours à faire de bonnes œuvres; après quoi, aïant le vent favorable, ils s'embarquérent pour Sizun, isle autrefois habitée par des Vierges Prêtresses du Paganisme, au nombre de neuf à la fois; depuis devenuë la retraite de quelques saints solitaires, à l'occasion desquels on l'avoit appellée *l'isle sainte*, ou *l'isle des saints*; peuplée enfin depuis d'hommes si méchans, qu'avant que Mr. le Nobletz y allât, on les appelloit *les Diables de la mer*. Les Peres faisant réflexion que cette isle, sanctifiée par Mr. le Nobletz, n'avoit ni Prêtre, ni sacrifice, ni sacremens, trouvoient que la barque alloit trop lentement à leur gré. Cependant le vent tomba tout à coup, & il fallut demeurer à l'ancre tout le jour & jusqu'à minuit, qu'un vent arriere les poussa en peu de tems au port de l'isle, où ils arrivérent heureusement de grand matin, le jour de S. Loüis.

Aussi-tôt que les Insulaires les virent, ils s'écriérent avec joie: « enfin nous aurons la Messe, & nous apprendrons le chemin du Ciel. » Les Peres furent édifiez d'entendre des sentimens si Chrétiens dans un lieu si sauvage. Ils ne le furent pas moins, de trouver l'Eglise propre, & d'y voir une lampe allumée devant l'autel. Comme ils s'étoient embarquez le jour de S. Barthelemi, dans le dessein de dire la Messe à Sizun, il y avoit 36. heures qu'ils n'avoient rien pris. Le P. Bernard qui se trouva le plus affoibli, dit la premiere Messe à ceux qui les avoient reçus, & le Pere Maunoir dit la grande à tous les paroissiens. Le P. Bernard & lui furent surpris d'entendre qu'on leur répondoit à tout, & qu'on chantoit au pupitre réguliérement & sans détonner. Le P. Maunoir prêcha, selon sa coûtume, après l'Evangile, & ouvrit ainsi la Mission. A la sortie de l'Eglise, il demanda comment on se souvenoit encore du chant de la Messe, depuis le tems qu'on ne la celebroit plus, & qu'ils étoient sans Pasteur. En lui présentant alors François le Su, qui avoit été fait Capitaine de l'isle, on lui apprit, que cet homme leur avoit servi de pere & de Pasteur; qu'il sçavoit le François, & avoit appris la Religion dans les livres que Mr. le Nobletz lui avoit donnez; qu'il avoit chanté toute sa vie à l'Eglise, & s'étoit fait instruire du plain-chant; que voïant l'isle sans Pasteur, il l'avoit montré à lire aux matelots, leur avoit enseigné le chant, les assembloit à l'Eglise les jours de fête & les Dimanches, leur faisoit chanter à deux chœurs tout ce que les laïques peuvent chanter de l'office Divin, leur annonçoit les fêtes & les jeûnes; faisoit tous les ans, le jour du Vendredi Saint, à toute la paroisse assemblée dans le cimetiere, un discours sur la Passion de N. S. & entretenoit enfin dans cette isle l'esprit de pieté; ou du moins l'exercice de la priere. Le P. Maunoir caressa ce pieux Capitaine, lui donna ses cantiques, & lui en apprit le chant, afin qu'il l'enseignât aux autres. Les Insulaires renoncérent à la pêche pour tout le tems de la Mission, pour ne s'occuper que de leur salut; & comme l'isle est très petite, tous assistoient aux instructions, & sans se contenter de celles que les Peres donnoient en public, ils les suivoient jusques dans leur logis, & les questionnoient jusqu'à minuit. Ces deux hommes Apostoliques, durant les huit jours que dura leur Mission, ne dormoient pas plus de trois heures chaque nuit; à peine donnoient-ils un quart-d'heure à leurs repas de midi & du soir; leur nourriture n'étoit que du pain d'orge & un peu de poisson rôti; point d'autre breuvage que de mauvaise eau. Le zéle seul les soûtenoit l'un & l'autre dans ces fatigues excessives, & le P. Maunoir sur tout, qui faisoit seul tous les sermons & les catechismes. Le P. Bernard & lui firent

28. JANVIER. bien des choses en huit jours ; ils confessérent tous les Insulaires, & toutes ces confessions étoient de toute la vie, ou du moins de plusieurs années ; ils les préparérent à la Communion, & leur apprirent tous les cantiques. La ferveur des penitens seroit allée à de grands excès, si l'on n'eût pris soin de la contenir dans les bornes raisonnables. Outre les remedes spirituels & les instructions qu'ils recevoient en déclarant leurs pechez, ils venoient encore consulter les Peres hors du tribunal de la confession sur leurs pratiques de pieté, & sur la conduite qu'ils devoient tenir dans l'affaire du salut. Ils firent aussi la même violence que ceux d'Oüessant & de Molénes, aux Peres, pour les engager à guérir leurs malades, & Dieu exauça la foi de ces Insulaires. Une seule chose affligeoit le P. Maunoir, au milieu de toutes les consolations que lui donnoient les heureux effets de la parole de Dieu ; c'étoit de laisser cette isle sans Pasteur. Il lui vint en l'esprit que le Capitaine le Su, qui étoit veuf, & qui avoit fait si long-tems les fonctions de Pasteur, pourroit bien être Pasteur en effet ; qu'il sçavoit lire ; qu'il avoit quelques teinture des lettres ; qu'il seroit aisé de lui apprendre assez de Latin pour entendre le Breviaire, le Missel, & les Casuistes ; & qu'aïant du bon sens, de la probité, du zéle, & la confiance de tous les paroissiens, il les gouverneroit aisément. Là-dessus le Pere lui demanda son consentement. Le Capitaine répondit : que voïant qu'aucun Prêtre ne vouloit d'une aussi miserable Cure, il avoit eu la pensée de s'offrir lui-même ; mais qu'il n'avoit osé lui en parler, à cause de son incapacité ; que cependant si l'on jugeoit que cela pût servir à la gloire de Dieu, il étoit prêt à faire tout ce que l'on souhaiteroit. Le P. Maunoir l'assura qu'ils n'avoient point eu la même pensée tous deux, sans que Dieu leur eût marqué sa volonté, en leur donnant cette vûë. Il lui conseilla de se retirer à l'Abbaïe de Landevenec, d'où dépend l'isle de Sizun, & lui promit qu'il prieroit les Religieux de lui apprendre le Latin & les fonctions Curiales, & de le disposer à la Prêtrise. Le Capitaine y consentit, & cette nouvelle donna tant de joïe à tous les Insulaires, qu'ils s'engagérent à païer sa pension pendant qu'il seroit à Landevenec, & de contribuer de tout leur pouvoir à le faire Recteur. Le Capitaine, & son pere, âgé au moins de quatre-vingt ans, conduisirent la barque dont les Peres se servirent pour se faire porter au Conquet ; & ce fut un grand bonheur pour eux, d'avoir pour pilotes des gens aussi experimentez, qui aïant prévû, à l'inspection du Ciel, les tourbillons qui devoient agiter la mer pendant la nuit, firent force de rames, au défaut du vent qui leur manqua tout d'un coup, & abordérent à minuit une heure précisément avant la tempête. Monsieur le Nobletz, qui ne pouvoit humainement avoir été prévenu de leur arrivée, puisqu'ils n'avoient parlé de leur dessein d'aller au Conquet, qu'à leurs matelots, au moment qu'ils s'étoient embarquez, vint exprés à leur rencontre avec quelques uns de ses disciples, les salua, & les emmena chez lui. Le P. Maunoir lui fit le détail de sa Mission de Sizun, & lui présenta François le Su. Mr. le Nobletz reconnut son ancien disciple, & l'exhorta d'aller au plûtôt se faire instruire à Landevenec.

JANVIER.

On ne fut pas plûtôt informé au Conquet de l'arrivée du P. Maunoir, que l'on s'attroupa devant le logis de Mr. le Nobletz, pour engager le Pere à chanter ses cantiques, dont on ne sçavoit le chant que fort imparfaitement. On commença de bon matin à chanter les loüanges de Dieu, & presque toute la journée fut emploïée à ce saint exercice. Tous pleuroient de joïe, en chantant ces hymnes saintes, & particuliérement Mr. le Nobletz, qui raconta que quinze jours auparavant, entendant sur le bord de la mer plus de mille Insulaires d'Oüessant & de Molénes chanter ces cantiques, il s'étoit mis à genoux, & tout baigné de larmes avoit dit à Dieu : « Seigneur ! je suis content de mourir, à présent vôtre saint nom est glorifié par tout. » Le lendemain les Missionnaires s'embarquérent pour se rendre à l'Abbaïe de Landevenec, où ils avoient dessein de dire la Messe le même jour au tombeau de S. Guignolé ; mais ils n'y arrivérent que bien avant dans la nuit, après avoir essuïé une fâcheuse tourmente sur la mer, & une grosse pluïe, & beaucoup souffert de la faim, qu'ils n'avoient soulagée, qu'avec un morceau de pain d'orge du plus grossier. Ils recommandérent aux Religieux le matelot que Dieu appelloit au service de l'Eglise, & prirent ensuite le chemin de Quimper.

Le P. Maunoir, aussi-tôt qu'il y fut arrivé, ne chercha de délassement qu'à consoler & assister les malades, visiter les prisonniers, porter des aumônes aux pauvres honteux, fortifier les personnes qui étoient dans l'affliction, porter les épouses de J. C. à la perfection de leur état, engager les magistrats à remedier sans scandale aux désordres secrets, & avec éclat aux désordres publics ; prêcher dans les Paroisses ; inspirer par tout la frequentation des Sacremens, la charité

28. JANVIER.

charité envers les pauvres, l'union dans les familles, la temperance, & la sobrieté. Les Recteurs & les Seigneurs des paroisses voisines le prioient souvent d'aller répandre chez eux la parole Divine, & le P. Maunoir se rendoit d'autant plus volontiers à ses invitations, que ces courses le dégageoient de la ville, & lui faisoient trouver cette liberté qui lui étoit si necessaire pour courir où le service & la gloire de Dieu l'appelloient.

Environ deux mois après que les Peres eurent quitté l'isle de Sizun, François le Su, qui sur la parole des Religieux de Landevenec, croïoit en sçavoir assez pour recevoir les Ordres, s'en alla à Quimper trouver le P. Maunoir, & se présenta à lui en habit de pêcheur, vêtu de son juppon de toile, le bonnet bleu en tête, & son sac autour de son bras. Le Pere, admirant sa simplicité, l'avertit de se mettre en habit décent, & lui dit qu'il pouvoit aller se présenter lui-même aux Grands-Vicaires qui gouvernoient le diocese en attendant que Mr. du Louët fût sacré ; & que Dieu l'assisteroit. Les Grands-Vicaires furent bien surpris de sa demande, & la regarderent comme une extravagance. Ils lui demanderent où il avoit fait ses études. Il répondit naïvement : « j'ai passé quatre ans à Leon, « où j'ai appris la langue Françoise ; & j'ai « fait toutes mes études dans un petit livre « qu'on appelle Codret, & dans un autre « qu'on nomme les Sentences de Caton. » Sur cette réponse il fut renvoïé à sa barque & à ses filets. En sortant il trouva le P. Pinsart, Dominicain, Théologal de l'Eglise Cathedrale, homme de merite & vertueux, qui l'arrêta, & voulut sçavoir de lui tout le détail de sa vocation. S'en étant instruit, il fit rentrer le Capitaine, & représenta aux Grands-Vicaires, que puisqu'il s'agissoit de donner un Pasteur à une Eglise, dont il étoit impossible de trouver personne qui voulût se charger, on pouvoit bien passer par-dessus les regles ordinaires ; & qu'on ne devoit pas renvoïer si legerement un homme qui paroissoit envoïé de Dieu. Sa remontrance fit impression ; & François le Su fut interrogé. On lui présenta le Missel, & à l'ouverture on tomba sur l'Evangile où S. Pierre confesse la Divinité de J. C. & J. C. lui promet les clefs du Roïaume des Cieux. François le Su lut cet Evangile d'un bout à l'autre, d'un ton ferme, en marquant les distinctions des membres & des periodes. On lui demanda après cela, s'il entendoit ce qu'il venoit de lire. Il le rendit aussi-tôt en François, si nettement & avec tant de facilité, que les examinateurs avoüerent qu'il y avoit beaucoup de Recteurs dans le diocese qui n'en pourroient pas faire autant. On proposa ensuite au Capitaine quelques cas de conscience, & il s'en tira fort bien. Les Grands-Vicaires crurent après cela ne devoir pas lui refuser la dimissoire qu'il leur avoit demandé. Il remercia le P. Pinsart, & alla conter son avanture au P. Maunoir, qui l'envoïa prendre les ordres dans l'Evêché de Leon. Mr. du Louët le vit avec joie, & lui aïant fait recevoir tous les ordres Sacrez, l'envoïa prendre possession de la Cure de Sizun, dont les Grands-Vicaires de Quimper lui avoient donné les provisions. Cet ouvrier Evangelique, appellé à la vigne du pere de famille à la onziéme heure du jour, y travailla avec une ferveur, qui l'égala, dans la récompense, à ceux qui travailloient dès-la premiere heure. François le Su gouverna sept ans sa paroisse, à la satisfaction sensible de son digne Prélat, & à la grande édification de ses paroissiens ; & laissant enfin son troupeau entre les mains d'un de ses neveux que le P. Maunoir avoit fait élever exprès à Quimper, il mourut en odeur de sainteté, avec la consolation de voir que l'isle de Sizun ne seroit plus sans Pasteur.

Le P. Maunoir, qui avoit procuré un si grand bien à cette isle, ne manqua pas d'obéïr aux ordres du Seigneur Evêque de Leon, & de retourner aux isles d'Oüessant & de Molénes, pour y assurer le fruit de ses premiers travaux. Messire Hector d'Ouvrier Evêque de Dol, informé de ses talens & de ses progrès, l'invita aussi à travailler dans son diocese, & le pria de commencer par les paroisses les plus éloignées, qui se trouvent enclavées dans les autres Evêchez. Dans le tems que le Pere se disposoit à passer dans l'isle de Brehat qui est du diocese de Dol, il fut appellé dans la paroisse de Ploussevet qui est de celui de Quimper, pour y prêcher le jour de la Trinité. Il y avoit tant de monde, que le Pere fut obligé de monter sur la marche la plus élevée d'une grande Croix qui étoit vis-à-vis de l'Eglise. Comme il y exhortoit le monde avec sa ferveur ordinaire, un homme qui étoit à la fenêtre d'une chambre voisine, poussé par une fureur dont il n'est pas aisé de deviner le motif, prit un pistolet, & le tira à la tête du prédicateur. Heureusement il ne donna que dans le bonnet du P. Maunoir, & le lui enleva de dessus la tête ; une balle effleura la peau d'un des auditeurs ; deux autres balles percerent les coëffes de deux femmes ; & personne ne fut blessé. Le P. Maunoir alloit continuer son sermon, lorsqu'il s'apperçut que ce malheureux al-

28.
Janvier.

safin rechargeoit son pistolet. Pour lui ôter le moïen de consommer son crime, & pour sauver en même tems la vie à celui qui avoit voulu la lui ôter, il alla se mettre à la porte de la maison d'où étoit parti le coup, & en défendit l'entrée à ceux qui demandoient le criminel. Il fit si bien entendre à ceux qui le vouloient arrêter, tout ce qui pouvoit leur mettre dans l'esprit, que ce malheureux devoit plûtôt attirer leur compassion, qu'exciter leur colere ; qu'il l'empêcha de tomber entre les mains de la Justice. Il est à remarquer, comme il le dit au P. Bernard, qu'il avoit demandé à Dieu, ce jour-là, dans la méditation, la grace de mourir pour son amour. Dieu se contenta de lui montrer le peril d'une mort précipitée, & lui reserva une mort plus longue dans les travaux de l'Apostolat.

1642.

Le P. Maunoir, confirmé par cette faveur signalée, dans le dessein de consacrer à procurer la gloire de Dieu tous les momens d'une vie qu'il lui avoit si merveilleusement conservée, se hâta de terminer à Quimper quelques affaires de charité qu'il y avoit commencées ; & partit avec son compagnon pour l'isle de Brehat, qui n'est qu'à une demie lieuë de la terre ferme, & qui n'avoit jamais vû de Missionaires pas même M^r. le Nobletz. Ainsi elle étoit dans une ignorance extrême de tout ce qui regarde le salut, & dans tous les vices qui coulent d'une si pernicieuse source. Mais les Insulaires n'aimoient pas leur ignorance ; ils souhaitoient avec passion d'être éclairez, & si-tôt qu'ils virent les Peres, ils firent des prieres publiques à Dieu, pour lui rendre graces de ce qu'il daignoit leur envoïer la lumiere de sa sainte parole, & des medecins propres à guérir les maux de leurs ames. Leur conversion fut prompte & universelle, & les Peres n'avoient encore trouvé nulle part tant de docilité, de componction, d'humilité, de ferveur, de facilité à apprendre les cantiques, & de dévotion à les chanter. Ils ne les quittérent point, qu'ils ne les eussent parfaitement instruits, qu'ils ne les eussent tous reconciliez à Dieu par le Sacrement de la penitence, qu'ils ne les eussent fortifiez par celui de l'Eucharistie, & précautionnez contre la rechute, par de saintes pratiques, & des avis salutaires.

Mais au lieu que les Insulaires de Brehat avoient regardé les Peres comme leurs liberateurs, les habitans de Lanevez, autre paroisse de l'Evêché de Dol en terre ferme, les regardérent comme des ennemis & comme des espions que les Anglois, avec qui l'on étoit en guerre, avoient envoïez pour les surprendre. Les Peres ne laissérent pas de commencer leur Mission dans cette paroisse ; mais ils n'eurent d'abord pour auditeurs, que quelques Insulaires de Brehat qui les avoient suivis, & qui s'en retournant le soir, pensérent les perdre, en voulant sauver le païs ; car aïant apperçu près de l'isle de S. Maudez deux vaisseaux ennemis, ils allumérent des feux qui mirent l'allarme dans toutes les paroisses de la côte. On s'imagina aussi-tôt que ces deux Prêtres vêtus d'une maniere extraordinaire étoient des Anglois travestis ; on courut aux armes, & les Peres se trouvérent en très-grand danger de perdre la vie. Il n'y avoit pas moïen de fuir ; c'eût été s'avoüer coupables. Le P. Maunoir prit donc le parti d'affronter courageusement le peril ; il se présenta aux plus échauffez, & leur fit entendre, que bien-loin d'être venus pour les livrer aux ennemis de la terre, ils n'étoient-là que pour les défendre contre ceux de leur salut ; il leur représenta qu'ils devoient envoïer à Brehat, pour sçavoir ce que signifioient ces feux. En attendant, ajoûta-t-il, « observez-nous, & si nous nous mêlons d'autre chose, que de vous enseigner à gagner le Paradis, traitez-nous comme il vous plaira. » Ce discours calma les esprits ; on envoïa à l'isle de Brehat, & l'on apprit que les vaisseaux ennemis s'étoient retirez. On y fut informé en même tems de ce que les Peres avoient fait dans cette isle, & qu'on les y regardoit comme des Saints. A peine les premiers soupçons étoient-ils dissipez, qu'il s'en forma d'autres aussi dangereux. Les habitans de la paroisse de Lanevez voïant arriver le lendemain, à la pointe du jour, les Insulaires de Brehat en grand nombre, & les enfans qui faisoient retentir la mer & la terre du chant des cantiques, regardérent les Missionaires comme des magiciens, qui par leurs charmes pernicieux entraînoient les isles entieres, & par des impressions qui n'étoient point naturelles, apprenoient en huit jours à des enfans, ce que d'autres n'auroient pû leur apprendre en huit mois.

La paroisse, & toute la côte, fut bien-tôt imbuë de cette fausse prévention, & l'on se portoit à conclure, qu'il falloit sacrifier au repos public deux hommes si suspects. Ils n'en continuoient pas moins tranquilement les exercices de leur Mission ; & quoique les peres & les meres défendissent à leurs enfans d'aller au catechisme, Dieu procuroit aux Missionaires des auditeurs dans ces mêmes enfans, qui trompant la vigilance de leurs parens, sortoient avant qu'ils fussent éveillez, prenoient du pain pour se nourrir, & accouroient à l'Eglise, où ils demeuroient tout le jour à entendre les instructions, faire la priere, apprendre les cantiques, & les chanter. Les habitans de Painpol, prévenus de tout ce qu'on avoit dit contre les Missionaires, & choquez de ce qu'ils recevoient les enfans au catechisme contre la volonté des parens, résolurent de les arrêter prisonniers, & l'auroient fait, si le Prieur de Beauport de l'Ordre de Prémontré, qu'ils consultérent là-dessus, ne leur eût fait voir qu'ils étoient dans l'erreur au sujet de ses Religieux, & que ceux à qui ils vouloient ôter la liberté & même la vie, étoient des gens, qui par un zéle semblable à celui des Apôtres, venoient les préserver de l'enfer & leur procurer la vie éternelle. Pour les persuader plus efficacement, il joignit les effets aux paroles; il envoïa à l'heure même deux de ses Religieux saluer les Peres, & leur fit porter des rafraîchissemens, en les assurant qu'ils ne manqueroient de rien, tant qu'ils seroient dans son voisinage. Les habitans de Painpol detabusez, détrompérent les paroisses voisines, & ce peuple passa de la haine à l'amour & à la veneration. On courut à l'Eglise, on se jetta aux pieds des Peres, on leur demanda pardon du mépris que l'on avoit eu de la parole de Dieu, & des mauvais traitemens que l'on avoit fait à ses ministres. Le P. Maunoir profita de cette bonne disposition, monta en chaire, & prêcha sur les peines de l'enfer, avec tant de vehemence, que tous les auditeurs se mirent à crier: misericorde. De la chaire il passa au Confessional, & lui & le P. Bernard eurent dès lors bien de l'exercice. Les jours suivans le concours fut prodigieux. On venoit des dioceses de Treguer & de S. Brieuc à tous les exercices de la Mission; en sorte que le P. Maunoir instruisoit tout à la fois les peuples de trois dioceses. Ainsi cette Mission, qui avoit eu des commencemens fâcheux, eut des suites heureuses. Le Pere Maunoir voulut, selon sa coûtume, finir la Mission par un sermon; mais quand on sçut que c'étoit un adieu, tout l'auditoire se mit à gémir & à se plaindre, d'une maniere si étonnante, que le Pere ne pouvant faire entendre sa voix au milieu de tant de cris & de sanglots, fut contraint de se retirer. Toute cette multitude le suivit; les uns lui demandoient sa benediction à genoux; les autres lui prenoient les mains, malgré lui, & les baisoient; d'autres lui baisoient la robe; tous s'empressoient de lui donner des marques de leur respect & de leur reconnoissance; ils se renversoient les uns sur les autres, & le firent tomber plus d'une fois.

Au sortir de Lanevez il eut ordre de se rendre au plûtôt à Quimper, où Mr. du Louët avoit pris possession de son Evêché & fait son entrée, avec les acclamations du peuple charmé de ses grandes & rares qualitez. Il joignoit en effet aux lumieres & à la solidité de l'esprit, une droiture de cœur & une grandeur d'ame capables de lui attirer l'estime & la confiance de tout le monde; & l'on se promettoit beaucoup de sa vigilance & de son zéle, dans un diocese où l'on dit que depuis deux cens ans aucun Evêque n'avoit fait de visite dans les formes; & où le premier Pasteur ne veillant point sur les autres, avoit donné lieu à ceux-ci de se relâcher, & à l'homme ennemi de semer l'yvroïe dans le champ du Pere de famille; ce qui avoit produit l'ignorance, la superstition, la corruption des mœurs. Le nouveau Prélat, résolu de réparer les ruines de l'heritage du Seigneur, entreprit de faire la visite de son diocese, autant en Missionaire, qu'en Evêque, en marchant presque toûjours à pied, & penetrant dans les lieux les plus reculez, sans craindre les rochers & les écueils de Sizun. Il commença ses visites par la ville Episcopale; il s'attacha les Peres Maunoir & Bernard, & aïant fait lui-même en Breton la premiere Prédication dans l'Eglise Cathedrale, il avertit à la fin, que le P. Maunoir continuëroit d'instruire en la même langue, & qu'il le substituoit à sa place. Après la ville, le Pasteur alla visiter quelques paroisses de la campagne. Les Peres prenoient les devants, pour disposer les peuples à recevoir la Confirmation. Le P. Maunoir écrit, que dans trois paroisses seulement, il eut plus de treize mille personnes confirmées. Le fruit le plus considerable de ces premieres visites, fut de connoître la source du mal, & la necessité qu'il y avoit d'animer les Pasteurs au travail, & de les rendre vigilans. Dans ce dessein, l'Evêque de Quimper convoqua son synode; & en attendant qu'il l'ouvrît, il pria le P. Maunoir d'aller à Leon consoler une fille extraordinaire qui avoit été sous sa conduite pendant qu'il étoit Grand-Vicaire de ce diocese. Elle s'appelloit Marie-Amice Picard, & l'on a publié de cette vertueuse fille deux choses qui paroîtroient incroïables, sans le témoignage, non-seulement du P. Maunoir, mais encore de quelques personnes d'un rang distingué dans l'Eglise. La premiere, c'est qu'avant l'âge de quinze ans, aïant demandé à N. S. dans un transport d'amour pour lui, la grace de demeurer Vierge, & d'avoir part aux tourmens des Martyrs, elle avoit été exaucée

Marie-Amice Picard.

28.
Janvier.

d'une maniere furprenante; car la veille des Ss. Martyrs dont l'Eglife fait la fête, elle enduroit des douleurs conformes aux genres de leurs fupplices. Que les Philofophes, fuppofé la verité du fait, raifonnent ici tant qu'ils voudront fur la force de l'imagination; il n'en fera pas moins vrai, que celui-là eft heureux, qui peut fe faire une couronne de ce qui eft fon fupplice, & fe rendre agreable à Dieu par les propres effets de fa foibleffe. Le P. Maunoir, qui croïoit ne pouvoir pas douter du fait, appelloit, à cette occafion, cette vertueufe fille, un Martyrologe vivant. L'autre chofe finguliere qu'on a rapportée d'elle, & qui fe trouve, dit-on, plus averée encore que la precedente, c'eft que les dernieres années de fa vie, elle n'a pris d'autre nourriture, chaque jour, que la fainte Communion ; ce qui peut bien être auffi vrai que la merveille femblable que l'on raconte de fainte Catherine de Sienne. Quoiqu'il en foit, la vie d'Amice purifiée par les croix, auffi bien que celle d'une veuve admirable nommée Catherine Daniellou, dont le P. Maunoir & le P. Bernard ont été fucceffivement Directeurs, a été l'édification du public en leur tems; leur memoire eft demeurée en benediction parmi les fidéles; & deux grands Prélats permettent qu'on en revére publiquement leurs tombeaux, & qu'on en emporte la pouffiere par dévotion.

Catherine Daniellou.

Le Pere Maunoir, après avoir confolé Marie-Amice, revint à Quimper, & fit le difcours de l'ouverture du Synode, avec cet air tendre & pathetique qui lui étoit naturel. Le Prélat déclara enfuite aux Recteurs, que le Religieux qu'ils venoient d'entendre étoit celui qu'il avoit réfolu d'envoïer dans leurs paroiffes, pour inftruire fon diocefe, & le pria de le recevoir, lui & fon compagnon, comme fa propre perfonne, & de concourir avec eux à l'inftruction de leurs paroiffiens. Il figna les Bulles des Indulgences accordées par le S. Siége aux Miffions des Jefuites, & envoïa les Peres dans les paroiffes de la côte occidentale de Cornoüaille.

1643.

Ils commencérent par la ville d'Audierne, à qui fon port & fon commerce donnent quelque diftinction; & ils allérent de-là aux paroiffes de Cleden & de Plougoft, qui font à l'extrémité de la Bretagne de ce côté-là. Pour concevoir qu'elle étoit l'ignorance qui regnoit dans ces quartiers, il fuffit de rapporter le difcours des habitans de Cleden, furpris de ce qu'on les interrogeoit dans la confeffion fur le détail de leur vie : « vous en voulez trop fçavoir, difoient-ils aux Peres ; que ne faites-vous comme nos Prêtres ! Ils nous demandent fi nous fçavons nôtre Religion ; & quand nous leur avons répondu qu'oüi, ils nous donnent cinq *Pater* & cinq *Ave*, pour nôtre penitence, & l'abfolution là-deffus. En faut-il davantage ? » Ceux de Plougoft, perfuadez qu'on doit travailler les mêmes jours que l'on mange, travailloient auffi-bien les Dimanches & les fêtes, que les autres jours ; & la Meffe entenduë ou non entenduë, faifoit chez eux l'unique difference des jours communs, & des jours à fantifier. Le travail des Peres fut grand dans ces lieux, mais il fut amplement beni du Ciel. Ils allérent enfuite le long de la côte, en s'avançant vers le midy, & inftruifirent les paroiffes de Ploüan & de Ploüinec. Le Recteur de celle-ci fort zélé pour le falut de fa paroiffe, mais qui n'en fçavoit point la langue, vint prier les Peres de fuppléer à fon défaut. Sa charité fut falutaire à trois ou quatre paroiffes voifines, qu'on inftruifit en même tems que la fienne. La penitence fut fervente dans tout ce canton, & l'on avoit lieu d'efperer qu'elle feroit de durée. Pour y contribuer par ce qui fait le plus d'impreffion fur le peuple, le P. Maunoir emploïa utilement, à la fin de cette Miffion, le fpectacle d'un dialogue pathetique, où les hommes qui font encore fur la terre interrogent ceux qui font dans les enfers, & leur demandent quelles font leurs peines & quelle en a été la caufe.

28
Janv

Monfieur l'Evêque de Quimper manda en même tems aux Peres, que Monfieur de Rieux, non encore rétabli dans fon Evêché de Leon, les prioit d'enfeigner la Doctrine Chrétienne dans les paroiffes qui dépendent des Abbaïes de Daoulas & du Relec qu'il tenoit en Commande. Ils fe rendirent à Daoulas, où le concours des peuples rendit la moiffon fi abondante, qu'on fut obligé de demander du fecours au College de Quimper, d'où l'on envoïa le P. Thomas avec un autre Religieux. Comme le P. Maunoir expliquoit en ce lieu, pour la premiere fois, les peintures énigmatiques dont Mr. le Nobletz lui avoit appris l'ufage, une femme dit avec furprife : « voilà « le même tableau que Mr. le Nobletz expliquoit à Landerneau, il y a vingt-fept « ans ; & fur ce que je lui demandai ce que « deviendroient ces peintures après lui, il « me répondit alors, qu'elles tomberoient « un jour entre les mains des Jefuites, qui « les expliqueroient dans les Miffions ; & « voici que fa prédiction eft accomplie. » Ce que cette femme avoit dit à ceux qui étoient autour d'elle, fe répandit dans tout l'audi-

1644

toire, & elle l'alla redire elle-même au Pere, quand il eut fini son explication. Ce fait merveilleux, divulgué dans tout le quartier, augmenta la foule, en sorte que les quatre Missionnaires eurent du travail au gré de leur ferveur & de leur zéle ; & quant au succès, le P. Maunoir n'en parloit qu'avec transport, en assurant qu'il surpassoit tout ce qu'on en pouvoit penser.

Plougastel, où il alla travailler ensuite, ne lui donna pas d'abord tant de satisfaction. L'Eglise se trouva déserte les quatre premiers jours ; mais enfin les témoignages avantageux que rendit de lui, avec une grande effusion de cœur, une femme qui étoit venuë de Brest, avec sa famille, gagner l'Indulgence & se confesser, excita la curiosité de ceux qui avoient marqué le plus d'aversion ; & leur curiosité leur fut salutaire. La réputation des Missionnaires se répandit dans tout le païs ; on vint à Plougastel, de Brest, de Quimper, de S. Renan, de Lesneven, & de Landerneau ; & le concours fut si grand, que quoique les habitans de Plougastel partageassent leurs maisons & leurs vivres avec ceux de dehors, plusieurs cependant couchérent dans les ruës, & n'eurent, pendant quelques jours, d'autres alimens que la parole de Dieu. Les uns passoient tout le jour à l'Eglise, pour pouvoir se confesser le soir ; & les autres y passoient toute la nuit, pour pouvoir se confesser le matin.

Les Peres allérent ensuite à Dirinon, autre paroisse de la dépendance de Daoulas ; mais la vogue où ils étoient augmentant le concours des peuples & le travail, cela fit naître au P. Maunoir le dessein d'associer à ses exercices quelques Ecclesiastiques capables de l'aider. Il prit, outre son compagnon, neuf Prêtres seculiers, qui voulurent bien se donner à lui, pour travailler de concert à la vigne du Seigneur. Avec ce renfort on entendit à Dirinon plus de huit mille confessions generales, la plûpart très-necessaires ; & cette Mission, au sentiment du P. Maunoir, fut une de celles qui ont procuré plus de gloire à Dieu & plus d'avantage aux hommes.

Quand tout fut fait en ce lieu, les Peres priérent les Ecclesiastiques qui les avoient aidez, d'aller se reposer, pendant qu'ils iroient voir Mr. le Nobletz dans sa retraite. Ils croïoient le surprendre ; mais il sçavoit qu'ils devoient venir au Conquet, même avant qu'ils en eussent formé le dessein. Il les reçut avec sa charité & sa bonté ordinaires ; mais on ne sçait point le détail de ce qui se passa dans cette visite.

Après que les Peres eurent quitté le saint homme, il sembla qu'ils eussent pris auprès de lui de nouvelles forces. Ils travaillérent avec une ferveur extraordinaire dans la paroisse d'Iraillac, où beaucoup de personnes de l'Evêché de Leon demeurérent pendant tout le tems qu'on y fit les instructions. Dans ce tems-là Mr. Cupif, à qui le Cardinal de Richelieu avoit fait donner l'Evêché de Leon, comme vacant, fut transferé à celui de Dol, & Mr. de Rieux rétabli dans celui de Leon. Mais celui ci ne rentra dans sa ville Episcopale qu'en 1648. Il écrivit dès l'an 1645. au P. Maunoir, pour le remercier des grands services qu'il avoit rendus aux paroisses de la dépendance de l'Abbaïe de Daoulas ; & le pria de donner les mêmes soins à celles qui dépendent de l'Abbaïe du Relec. Le P. Maunoir, pour obéïr à des prieres qu'il regardoit comme des ordres de Dieu, alla porter la lumiere & la doctrine de l'Evangile dans les paroisses de Roseanvel ; d'Hanfvec, de S. Thomas de Landerneau, de Legonna, de Berien, de Serignac, de Benaudet, & de S. Rioüal, toutes huit dans l'Evêché de Quimper. Dieu versa dans tous ces lieux des benedictions efficaces & abondantes sur un grand nombre de pecheurs scandaleux, qui reparérent, par l'édification de leur penitence, le scandale de leurs desordres passez. Il restoit au P. Maunoir, pour achever de bannir le vice & l'ignorance de toute la Cornoüaille, d'aller aux extrémitez de ce diocese situées à l'Orient ; & Mr. de Quimper le pressa de s'y rendre, comme à la partie de son troupeau la moins instruite.

Dès la premiere Mission qu'il fit de ce côté-là, vers les confins de l'Evêché de Vannes, à Langonnet, un homme d'un rang distingué, que sa profession engageoit à approuver toutes les choses édifiantes, plaisanta d'une maniere scandaleuse, sur les processions du P. Maunoir. Mais les reflexions qu'il fit, dès la nuit suivante, sur une faute de si mauvais exemple, dont le vin avoit été la cause, lui imprimérent un repentir si vif, qu'il se condamna à ne boire que de l'eau, le reste de ses jours, & executa cette résolution avec perseverance. La seconde Mission du P. Maunoir fut à S. Mayeuc. Les jeunes gens de cette paroisse s'assembloient au sortir des Vêpres, les jours de fête, & dansoient jusques bien avant dans la nuit. Entraînez par une coûtume inveterée qui étoit devenuë une seconde nature, ils eurent beau remarquer le Pere Maunoir qui montoit en chaire, un Dimanche, après les Vêpres, pour ouvrir la Mission ; ils sortirent tous de l'Eglise, & s'enfuirent vers la forêt où se devoient faire

28.
Janvier.

les danses. Le prédicateur, transporté d'un mouvement de zéle, se mit à courir après eux, & fut suivi du P. Bernard. Tous deux, pour arrêter cette jeunesse libertine, entonnérent un cantique spirituel. La nouveauté du chant arrêta les derniers de la bande, qui touchez de l'harmonie, revinrent sur leurs pas pour entendre les paroles. Peu à peu les jeunes gens se rejoignirent, & furent charmez de ces dévotes chansons. Le P. Maunoir les aïant enfin tous autour de lui, leur parla de Dieu avec cette douceur dont il étoit malaisé de se défendre, & les aïant disposez à le suivre, il les ramena à l'Eglise, où il fit une instruction mêlée de chant, qui dura trois heures. Il fut écouté attentivement ce jour-là & les autres ; & la parole de Dieu ne fut pas inutile.

En quittant S. Mayeuc, il fut conduit par plus de six mille personnes en procession, à la paroisse de Mur, où deux gentilshommes, une année auparavant, avoient attendu le P. Maunoir, dans le dessein de le tuer, en haïne de la prédication ; & l'un d'eux, de dépit de ce qu'ils avoient manqué leur coup, à cause que le P. avoit pris un autre chemin, avoit donné un coup de pistolet dans la tête d'un païsan qui revenoit du sermon, pour se consoler, par la mort d'un des auditeurs, de n'avoir pû ôter la vie au prédicateur. La crainte de ces ennemis si déclarez de la parole de Dieu n'empêcha point le P. Maunoir de l'annoncer courageusement. Il fut surpris de l'attention avec laquelle on l'écoutoit ; il le fut bien davantage, lorsqu'après avoir prêché le second jour dans une place publique, à cause du grand concours de peuple, il se mit à expliquer les peintures spirituelles, & en montrer les figures avec un baguette blanche. Cette derniere circonstance, qui paroîtra peutêtre inutile, causa dans les personnes les plus graves & les plus considerables de la paroisse une joïe subite dont ils ne purent arrêter les transports. Le P. Maunoir, sortant de chaire, demanda la cause de cette joïe si extraordinaire. On lui apprit que ce qui causoit cette grande joïe, étoit l'accomplissement d'une prédiction qu'avoit faite un des anciens Recteurs de la paroisse, homme de sainte vie, & dont la memoire étoit en benediction, appellé *Dom Briant.* Dom Briant, qui, rebuté du peu de fruit qu'avoient les prédications qu'il faisoit dans plusieurs paroisses, avoit ainsi conclu l'un de ses derniers sermons : « Ne changerez-vous jamais de vie ? Serez-vous toûjours « rebelles aux lumieres & aux sollicitations « du S. Esprit ? Non ; vos cœurs, mainte-nant plus durs que la pierre, s'amolliront « enfin comme la cire. Il viendra après « moi des prédicateurs qui catechiseront « avec des baguettes blanches ; ils représen-« teront sur la terre les Anges & la felicité « du ciel ; ils apporteront Rome à vôtre « porte ; & alors vous vous convertirez. « La baguette blanche dont le Pere s'étoit servi, les Anges représentez à la procession de S. Mayeuc par des enfans, les Indulgences de Rome publiées à l'ouverture de la Mission, paroissoient à ces personnes un dénoüement sensible de la prédiction de Dom Briant, & avoient excité en eux des mouvemens de joïe qu'ils n'avoient pû arrêter. Il ne leur restoit plus, pour verifier entierement la derniere partie de la prédiction, que de se convertir ; & c'est à quoi ils se trouvérent disposez par la misericorde de Dieu. Mr. de Quimper, qui avoit fort à cœur le salut de cette paroisse, y vint lui-même au secours des Peres, avec les Prêtres de sa suite, & prit un Confessional, où il eut plus d'occupation qu'aucun autre de la compagnie. Ce fut là que Dieu se forma un sujet extraordinaire, dans la personne d'une petite fille de dix ans. En peu de jours elle apprit tous les Cantiques, où il y avoit plus de quatre cent vers, & les chantoit fort bien. Elle sçavoit la Doctrine Chrétienne si parfaitement, qu'elle étoit capable de l'enseigner aux autres. Dieu lui communiqua dès-lors le don d'oraison, & un zéle du salut des ames qui surpassoit la portée de son sexe. Elle alla depuis de paroisse en paroisse faire le catechisme aux enfans, & a continué cet exercice de charité plus de vingt ans. Elle joignoit à cette charité une pureté Angelique, une abstinence & une mortification continuelle, une humilité profonde, une patience singuliere, & a perseveré jusqu'à la mort dans la pratique de toutes ces vertus, selon le témoignage que le P. Maunoir en a rendu dans ses écrits.

Le P. Bernard, épuisé de lassitude après cette Mission, tomba malade, & le Pere Maunoir le conduisit au College de Vannes, & pendant que celui-là se rétablissoit, il se joignit à trois autres grands serviteurs de Dieu, le P. Thomas, le P. Rigoleu, & le P. Huby, & tous quatre, avec douze Ecclesiastiques, allérent instruire quelques paroisses de ce diocese & des environs. La parole de Dieu ne tomba que sur des pierres dans la paroisse de S. Turrien au diocese de Quimper, quelque envie qu'eût le P. Maunoir d'y voir fructifier cette Divine semence. Les graces offertes à cette paroisse furent mieux reçuës à Loc-Amand,

28.
NVIER.

1647.
1648.

où elles amolirent les cœurs & y firent de grands effets. Ce ne fut qu'après cette Mission, que le P. Bernard rejoignit le P. Maunoir. Celui-ci prit encore à Quimper le P. Thomas, & tous trois allérent ensemble aux paroisses situées à l'Orient & au Septentrion de l'Evêché de Cornoüaille, sur les confins de ceux de Vannes & de S. Brieuc; d'où, revenant dans le centre, ils instruisirent quelques autres paroisses, & puis ils allérent rétablir la pieté dans celles de la côte meridionale.

Parmi toutes les conversions qu'il plut à Dieu d'operer, il n'y en eut point de plus édifiante, que celle d'une femme qui menoit une vie scandaleuse. Elle n'écouta d'abord le P. Maunoir, que par curiosité; cependant elle sentit que son libertinage commençoit à lui faire horreur; elle crut même qu'elle étoit tout à fait changée; mais l'habitude l'emporta sur ces mouvemens passagers. La grace revint à son secours dans une seconde prédication qu'elle entendit faire au Pere. Dieu se rendit maître de son cœur; elle ne put retenir ses larmes, ni cacher jusqu'à quel point elle étoit touchée. Elle se leva du milieu de l'auditoire, & alla se jetter dans un confessional, pour y trouver le remede à tant de maux, dont l'horreur la jettoit dans la désolation. Sa conversion fut parfaite & constante, & les rigueurs que cette penitente exerça contre elle-même, furent extrêmes; elle se condamna à un jeûne perpetuel, & à marcher nuds pieds toute sa vie; ce qu'elle observa fidélément jusqu'à la mort. Les attaques des anciens compagnons de ses débauches ne servirent qu'à faire éclater davantage sa constance, & quand l'ennemi qui vivoit encore au dedans, alteroit son repos, on l'a vûë, pour amortir des flammes qui se levoient contre son aveu, se mettre jusqu'au coû, en plein hiver dans un ruisseau qui passoit devant sa maison, & s'y tenir long-tems.

Quoique le P. Maunoir parût attaché particulierement à l'instruction du Diocese de Quimper, il ne mettoit point cependant de bornes à son zéle, & avec l'agrément de Monsieur du Loüet, il se donnoit volontiers aux Evêchez voisins. Il pénétra jusques dans celui de Rennes, & fit quelques prédications à S. Georges de Raintambauld où il étoit né. Il donna aussi ses soins à quelques autres paroisses dont les besoins pressans excitoient son zéle. Plusieurs Recteurs le vouloient retenir dans la haute Bretagne; mais il ne put resister aux instantes prieres que lui fit Monsieur de Rieux, qui venoit de rentrer enfin dans sa

ville Episcopale. Il alla donc à S. Paul faire une Mission dans l'Eglise Cathedrale. La présence du Pasteur augmenta la ferveur du troupeau, & les exercices de cet œuvre Evangelique se firent avec beaucoup d'éclat & d'édification. Rosco, l'isle de Baz, & Landerneau profitérent ensuite de la présence & des travaux des Missionnaires; & comme les Evêchez de Leon & de Quimper s'entretouchent, les Peres passoient de l'un dans l'autre selon les occasions qui s'en présentoient.

28.
JANVIER.

1649.

Les desordres & l'aveuglement des paroissiens de Plounevez-Quintin, leur parurent un objet digne de leur plus serieuse application. Ce n'étoit que crapule, impudicité, querelles, irreligion. L'Eglise étoit devenuë un rendez-vous, où se lioient les parties de débauches ou de vengeance; on voïoit souvent, à la sortie des Vêpres, plus de deux cens hommes, separez en deux troupes, aller dans une grande lande vuider leurs differens à grands coups de massuë. La Mission y fut commencée huit jours avant la Pentecôte, & l'on faisoit paroître beaucoup de froideur pour les exercices de pieté; mais enfin, pendant que le P. Maunoir prêchoit à la Grand-Messe, le jour de la Pentecôte, une grace de conversion se repandit sur tout l'auditoire; on n'entendit que pleurs & gemissemens; on détesta les desordres passez; on résolut d'y renoncer, & de les expier par la penitence; toutes les querelles furent terminées, & les inimitiez éteintes; on éloigna toutes les occasions d'impureté; on ne vint plus à l'Eglise, que pour honorer Dieu; enfin le P. Maunoir n'avoit encore guéres vû de changemens qui lui eussent donné autant de consolation, que celui de ces paroissiens.

Le Recteur de Botoha, peu touché du bien que les Missionnaires avoient fait à Plounevez-Quintin, n'étoit pas dans la disposition de les appeller dans sa paroisse, parce qu'il s'imaginoit que leurs fonctions choquoient son autorité; mais un gentilhomme d'une pieté & d'une valeur reconnuë, touché de voir, que par l'entêtement de son Pasteur, plus de dix mille personnes alloient être privées d'un secours qui leur étoit très-necessaire, alla le trouver, & le pressa avec de si vives instances; de convier les Peres de venir à Botoha, que le Recteur ne put se dispenser de lui donner cette satisfaction; mais il n'en demeura pas moins dans ses préjugez; & quelques bons effets qu'eût eu la Mission dans Botoha, il ne laissa pas de vouloir engager les Recteurs de l'Evêché de Quimper à signer une consultation par laquelle il

28.
JANVIER.

prétendoit engager la Sorbonne à condamner les cantiques spirituels. Mais les autres Recteurs, maledifiez de l'animosité de celui-ci, répondirent qu'ils ne condamneroient point des cantiques que leur Evêque chantoit lui-même dans la visite de son diocese.

L'accüeil forcé & les contradictions du Recteur de Botoha, étoient des faveurs, en comparaison de ce qui arriva aux Peres à S. Gildas, autre paroisse de l'Evêché de Quimper. Personne ne voulut les loger, & ils furent contraints de passer trois nuits sous un escalier & sur de la paille qui avoit servi long-tems à un pauvre mandiant. L'hôtesse qui leur donnoit ce mauvais gîte, leur apporta le premier soir pour leur souper des œufs qu'elle avoit pris sous la poule qui les couvoit, un morceau de pain très-noir, & du vin si aigre qu'on ne pouvoit en boire, avec cela ils eussent été contens, si l'on se fût rendu à l'Eglise pour les écouter. Mais ils se presenterent inutilement, & furent enfin obligez de se retirer. Comme ils s'en alloient, l'hôtesse qui les avoit reçus, alla se mettre dans la tête, que ces hommes inconnus étoient des sorciers, qui prenoient quelle figure ils vouloient, & qu'ils pourroient bien être les deux loups qui avoient dévoré depuis peu deux enfans dans le bourg. Elle fit part de cette folle imagination à ses voisines, elle les persuada, & toutes ensemble se mirent à courir après ces prétendus sorciers, pour les assommer. Tout ce que les Peres purent faire, ce fut de se sauver dans un village voisin. Les maris de ces femmes indignez de leur extravagance & de leur emportement, vinrent avec leur Recteur prier les Peres de retourner dans la paroisse; mais le P. Maunoir, appellé ailleurs par le Seigneur Evêque de Quimper, fut obligé de remettre cette Mission à une autrefois.

Il se rendit donc à la Chapelle de saint Eloüan, située dans une Tréve, ou Aide de la paroisse de Mur, appellée S. Guen. Il croïoit que tout ce qu'il auroit à faire dans ce canton-là, seroit de disposer les peuples à la Confirmation qu'ils y devoient recevoir, & il les y disposa en effet; mais quand on eut appris qu'il étoit-là, il y vint de tout le païs des environs des personnes de tout âge, de tout sexe, & de toutes conditions, par les confessions de qui le P. Maunoir apprit enfin, que ce n'étoit pas inutilement que Mr. le Nobletz lui avoit autrefois donné des instructions où il n'avoit rien compris d'abord, mais qui commencérent en cette occasion à lui être d'un grand usage. En un mot ce fut-là que la malheureuse experience d'un grand nombre de personnes le convainquit, que ce que l'on dit des sorciers & de la tyrannie du Démon n'est point une chimère; & son zéle prenant de nouvelles forces, à la vûë de la perte de tant d'ames, il résolut de ne rien épargner pour faire la guerre au Démon & détruire sa malheureuse domination. Nous ne prétendons point épouser ici les sentimens ou les préjugez du P. Maunoir là-dessus, ni exiger des Lecteurs qu'ils pensent comme il a pensé; mais nous sommes aussi bien éloignez de condamner en lui un zéle que l'Eglise a canonizé dans S. Charles, qui a eu la même credulité, bien ou mal fondée, que le P. Maunoir, & qui a travaillé chez les Grisons, & ailleurs, sur le même plan que lui. Si l'un & l'autre ont été dans l'erreur, quant à la réalité effective des assemblées Diaboliques, & de beaucoup d'autres choses qui en dépendent; ils ne l'ont point été, sans doute, quant à la disposition criminelle de ceux dont l'imagination empoisonnée avoit corrompu le cœur, & qui croïoient faire par l'operation du Diable les maux qui n'étoient les effets que des seules forces de la nature. Et d'ailleurs la grace qui fait les Saints, ne rectifie pas toûjours leurs défauts naturels, au nombre desquels le plus dangereux n'est pas une credulité timide, qui sert souvent plus à l'édification de l'Eglise, en détournant les fidéles de tout ce qui peut avoir l'apparence de mal, qu'un esprit plus vigoureux, qui ne se voulant rendre qu'à l'évidence des démonstrations, marche souvent sur le bord des précipices, en cherchant dans cette vie une clarté & une précision qui ne nous est promise que dans l'autre. Le P. Maunoir connut alors, plus que jamais, la necessité qu'il y avoit d'associer à ses travaux de pieux Ecclesiastiques; en effet il en forma un grand nombre, & son école devint une pepiniére de bons Recteurs, de bons Vicaires, & d'ouvriers Evangeliques propres à faire l'œuvre de Dieu par tout où les Evêques les voulurent emploïer. Pour empêcher aussi l'abus des Sacremens, & tirer des pénitens l'aveu de certains crimes dont ils ne s'accusoient point; ce qui changeoit en poison les dons de Dieu les plus salutaires; le P. Maunoir inventa une méthode particuliere d'interroger ceux à qui une fausse honte lioit la langue dans la confession. Nous ne disconviendrons pas que cette méthode n'ait exposée à beaucoup de contradictions, de la part même de plusieurs Ecclesiastiques pieux & sçavans, qui n'aïant point l'experience qu'avoit euë le P. Maunoir, condamnoient comme inutile, le, ce que plusieurs épreuves lui avoient fait trouver necessaire. On voulut même engager M^r. l'Evêque de Treguer à condamner cette méthode, & c'eût été la décrier absolument ; car qui ne se seroit pas rendu à la décision d'un aussi saint Prélat, aussi zélé, aussi éclairé, que l'étoit Messire Balthazar Grangier ? Il voulut connoître, avant que de juger, & aïant reduit la méthode à vingt-trois questions, il la porta à Paris, & la fit examiner dans une assemblée composée d'Evêques, de Docteurs de Sorbonne, de Directeurs, de Missionaires, de Theologiens de toutes sortes d'états. La méthode fut generalement approuvée, & M^r. Bail Docteur de Sorbonne, Sous-penitencier de N. D. fut prié d'écrire le resultat de l'assemblée. Il le fit, & trouva la méthode du P. Maunoir si sûre dans la pratique, que l'aïant reduite à sept demandes principales, il l'a inserée dans son livre *De triplici examine*, pour servir de regle aux Confesseurs de ces sortes de penitens, supposé la verité du fait. Monsieur de Treguer avoit eu plusieurs occasions de se convaincre de cette verité du fait ; c'est pourquoi, aïant sçû le sentiment de tant de grands hommes, il approuva juridiquement la méthode & la conduite du P. Maunoir, par un écrit signé de sa main & scellé de son sceau. Le Pere, plein de cette grande entreprise qu'il avoit formée à S. Eloüan, alla en recommander le succès à S. Corentin dans l'Eglise Cathedrale de Quimper vers la fin de l'an 1649. L'année suivante, qui fut une année de grace & de Jubilé, fut favorable à son dessein, & il profita de ce tems de benediction pour remettre dans la liberté des enfans de Dieu beaucoup de ceux que le démon avoit retenu jusques-là dans un triste & malheureux esclavage.

Cet ouvrier si plein d'ardeur & de zéle, demandé de tous côtez, s'abandonna tellement à sa ferveur pendant toute cette année, qu'il tomba malade. On se servit de cette consideration pour le porter à se moderer dans la suite ; mais il écoutoit peu ces sortes de conseils. Quand il fut guéri, une sainte veuve fort humble & fort simple, l'arrêta un jour en pleine ruë, & lui fit à peu près la même remontrance que Jethro fit à Moïse : « Pourquoi faites-vous seul « l'ouvrage de vingt Missionaires ? Que « n'associez-vous des Ecclesiastiques à vôtre « emploi ? vous auriez du secours, Dieu y « trouveroit sa gloire, & le prochain son « salut. » Il répondit avec sa douceur ordinaire, que Dieu prendroit soin de le soulager, & qu'il lui viendroit bientôt des compagnons qui s'offriroient d'eux-mêmes.

Cette societé ne tarda pas en effet à se former. M^r. Galerne Recteur de la paroisse de Mur, homme d'une grande pieté, voulant mettre la premiere pierre à une nouvelle Chapelle qu'il alloit faire bâtir sur le tombeau du saint Anachorette Eloüan, en reconnoissance de ce qu'il y avoit recouvré deux fois la santé, invita le P. Maunoir à se trouver à la cérémonie. Le Pere y alla, & y prêcha au plus nombreux auditoire qu'il eût encore eu. Son discours reveilla l'ancienne dévotion que l'on avoit euë à S. Eloüan, & le tombeau de ce saint Anachorette, negligé depuis long-tems, devint aussi celebre que jamais, parce que ceux qui s'étoient trouvez à la cérémonie, s'étant répandus au sortir de-là en quatre ou cinq dioceses, y portérent le nom & la memoire de S. Eloüan, ce qui produisit un concours si grand & si accablant, que le P. Maunoir & son compagnon ne purent suffirent à confesser tous les pelerins. M^r. Galerne & ses Prêtres, au nombre de six, partagérent le travail avec les Missionaires, & aïant reconnu dans cette rencontre le grand service que ces ouvriers Evangeliques rendoient au public, se trouvérent tous portez interieurement à se dévouër aux Missions. Le Recteur, tout le premier, en alla demander la permission à Monsieur l'Evêque de Quimper, qui la lui accorda, de même qu'aux six Prêtres, qui suivirent l'exemple du Recteur. Le P. Maunoir aïant reçû ce nouveau renfort, qu'il associa avec joïe, l'emploïa d'abord au même lieu de S. Eloüan, & puis le conduisit en diverses paroisses des Evêchez de Quimper & de Leon, où ces nouveaux soldats de J. C. s'estimérent heureux d'avoir donné leurs sueurs pour rétablir son regne dans les ames.

Pendant qu'on travailloit sur les confins de l'Evêché de Leon, le P. Maunoir apprit que M^r. le Nobletz étoit à l'extrémité. Il alla aussi-tôt le voir, avec le P. Bernard, & laissa la conduite du travail à M^r. Galerne. Le saint vieillard sortoit de sa seconde agonie, quand les Peres arrivérent, & se trouva assez tranquile pour pouvoir s'entretenir confidemment avec eux. Le P. Bernard affligé d'un asthme qui le fatiguoit beaucoup, & d'une douleur dans une jambe, qui l'incommodoit extrémement dans les voïages qu'il faisoit à pied, consulta M^r. le Nobletz sur le parti qu'il avoit à prendre ; parce qu'il se trouvoit balancé entre sa propre inclination qui le portoit au travail, & le sentiment de la plûpart de ses amis qui lui conseilloient de se retirer. M^r. le Nobletz, prononçant là-dessus, à sa priere, lui dit : « Allez, mon Pere, tant que la

28.
JANVIER.

« jambe pourra vous porter ; & quand elle
« ne vous portera plus , faites la porter en
« Miſſion juſqu'à la mort. » Après cette
déciſion , à laquelle ſe tint le P. Bernard,
le malade plus attentif au bien des ames,
qu'à ſa propre conſolation , voulut que les
Peres allaſſent rejoindre les Miſſionaires où
ils les avoient laiſſez , & promit au P. Maunoir de l'avertir , quand il en ſeroit tems ,
de venir recevoir ſes derniers ſoupirs. Les
Peres aïant rejoint leurs compagnons , &
leur aïant communiqué le feu Divin qu'ils
avoient puiſé auprès de ce ſaint Prêtre,
s'emploïoient avec eux à la converſion d'un
grand peuple , lorſqu'on vint avertir le P.
Maunoir de retourner inceſſamment auprès
de Mr. le Nobletz qui l'en prioit. Le Pere
quitta tout , pour ſe rendre au Conquet ;
& le moribond , qui ſembloit avoir fermé
les yeux du corps , pour ne plus ouvrir que
ceux de l'ame, regarda tendrement ſon ſucceſſeur , lui dit que c'étoit à cette fois qu'il
alloit mourir entre ſes mains , lui expoſa
l'état de ſa conſcience , & le pria de lui donner la derniere abſolution. Cet homme admirable paſſa la derniere nuit de ſa vie dans
les exercices les plus propres à glorifier ſon
maître , & le lendemain matin , raſſem-
blant tout ce qui lui reſtoit de forces pour
conſommer ſon ſacrifice dans les flammes
du plus pur amour, il expira , la bouche
collée ſur le Crucifix que le P. Maunoir
lui préſentoit à baiſer. Ce digne ſucceſſeur
de Mr. le Nobletz , tout ſoumis qu'il étoit
aux ordres de Dieu , ne laiſſa pas de pleurer
un ſi bon maître. Il tâcha de ſe conſoler ,
en faiſant ſon oraiſon funebre. Les larmes
lui tombèrent ſouvent des yeux dans le cours
d'une action ſi touchante , & tous les aſſiſtans firent auſſi l'éloge du mort, par leurs
ſoupirs & par leurs larmes. Le Pere , témoin
de pluſieurs guériſons miraculeuſes qui s'é-
toient faites en ſa préſence , alla retrouver
les Miſſionaires, & voïant que le recit qu'il
leur faiſoit de ſa mort les touchoit extrêmement , il leur dit : *Si nous envions ſa mort ,
imitons ſa vie* ; & ſur cela il donna de nouvelles occupations à leur zéle.

Le nombre des ouvriers Evangeliques
augmentoit chaque jour , & le P. Maunoir
les emploïant chacun ſelon ſon talent , en tira
de très-grand ſecours. Au plus fort de ces
agréables ſuccès , le P. Bernard ſe trouva ſi
mal à Merleac , paroiſſe du dioceſe de Quimper , ſur les confins de celui de S. Brieuc,
qu'il ne pouvoit plus marcher. Se ſouvenant
alors de la parole de Monſieur le Nobletz :
« quand la jambe ne vous portera plus , fai-
« tes-la porter ; » ceda aux prieres du Pere
Maunoir , prit un cheval , & ſe rendit à
Quimper avec ſon compagnon , qui pour
le déterminer par ſon exemple , en avoit
auſſi pris un. Mais il n'uſa pas long-tems
d'une indulgence dont il avoit eu tant de
peine à accepter l'effet ; il mourut le ſamedi devant le premier Dimanche de l'A-
vent , comme il ſe diſpoſoit à ſuivre le P.
Maunoir dans une nouvelle Miſſion. Le P.
Maunoir , privé d'un compagnon qui lui
étoit ſi cher , prit des Peres du College ,
avec leſquels il alla faire la revûë de quelques paroiſſes qu'il avoit déja inſtruites , &
annoncer le ſalut & la paix de Dieu dans
quelques autres où il n'avoit pas encore travaillé. Ce fut dans ce voïage que Dieu lui
donna un illuſtre Miſſionaire ſeculier , pour
le conſoler du Jeſuite qu'il venoit de perdre.

Depuis pluſieurs années une veuve de
qualité , & de grande vertu , Madame de
Keraſan , attiroit le P. Maunoir dans les
paroiſſes qui lui appartenoient , & l'obligeoit à loger chez elle , afin d'engager ſon
fils , dont elle demandoit ſans ceſſe la converſion à Dieu , à entendre le Pere. Ce fils
étoit Mr. de Tremaria , qui s'étoit défait
de ſa charge de Conſeiller au Parlement de
Bretagne , & s'étoit retiré dans une de ſes
terres. Il avoit eu en effet pluſieurs converſ-
ſations avec le P. Maunoir , mais elles n'a-
voient pas encore eu le fruit que ſouhaitoit
Madame de Keraſan. Enfin le Pere venant
à Keraſan après la mort de ſon compagnon,
pria Dieu avec une grande affection de
cœur , d'appeler à l'Egliſe & aux Miſſions
Monſieur de Tremaria , très-propre à rem-
placer le P. Bernard. Sa priere monta juſqu'au trône de Dieu , & fut exaucée. Mr.
de Tremaria , qui ne ſongeoit à rien moins
qu'à ſe convertir , ſe trouva changé tout
d'un coup , ſentit naître en ſon cœur une
violente averſion du monde , la haine du
plaiſir , & un panchant extraordinaire à ſe
donner entierement à Dieu. Cependant il
vit le P. Maunoir , ſans ſe déclarer encore
à lui le premier jour. Le lendemain matin ,
dans l'incertitude où il étoit encore du parti
qu'il avoit à prendre , & diſant avec l'A-
pôtre : *Seigneur ! que voulez-vous que je
faſſe ?* il apperçut le P. Maunoir qui ſortoit,
le ſac ſur le dos & le bâton en la main , pour
aller en Miſſion. Dès ce même inſtant il ſe
trouva déterminé à ſuivre l'exemple de ce
Miſſionaire. Il ſe rendit à Plogoff, paroiſſe qui dépendoit de lui , où le Pere devoit
travailler pendant le Carême. Il aſſiſta à
tous les exercices qui s'y firent ce jour-là ,
& voïant les bons effets qu'ils produiſoient
ſur lui & ſur les autres , il réſolut de renoncer au monde & d'embraſſer la vie Apoſtolique. Il s'ouvrit au Pere de ſon deſſein ,

Mr.
maria

LE P. MAUNOIR.

& le Pere, de son côté, lui fit confidence de la priere qu'il avoit adressée à Dieu en venant à Kerasan. Suivant le conseil du P. Maunoir M^r. de Tremaria s'en alla à Paris, & se retira au Seminaire des Missions étrangeres, pour s'y disposer aux ordres Sacrez & aux fonctions ausquelles il se dévoüoit.

Le Pere Maunoir continua les siennes, avec son zéle ordinaire, dans les Evêchez de Quimper & de Treguer. Le travail fut si grand dans celui-ci, que deux de ses associez y succombérent ; mais la maladie ne put amortir le feu de leur charité ; ils confessoient dans leurs chambres les hommes qui se présentoient. M^r. de Tremaria vint à leur secours, aussi-tôt qu'il eut reçu les ordres Sacrez, & le P. Maunoir voulant mettre son zéle à profit, l'engagea à faire son essai de Missionaire à la Chapelle de S. Tugean *a* qui n'étoit pas loin de chez lui, & où il se devoit rassembler un grand peuple le jour de S. Jean-Baptiste, pour gagner les pardons. M^r. de Tremaria n'avoit point parlé la langue Bretonne depuis l'âge de huit ans ; cependant le P. Maunoir se trouva inspiré de l'engager à confesser en cette langue ; & le nouveau Missionaire trouva qu'il entendoit si bien une langue qu'il avoit si long-tems negligée, qu'il entreprit de s'en servir pour l'instruction de ses vassaux. Il n'avoit qu'à se montrer, pour les convertir, & le P. Maunoir, voïant les choses dans une si heureuse disposition, le laissa achever seul ce qu'ils avoient commencé ensemble, & s'en retourna dans le diocese de Treguer, où l'Evêque lui-même, qui l'avertissoit de ménager ses Missionaires, s'abandonnoit à son zéle sans moderation, & se tenoit au Confessional, hors les tems des repas, depuis quatre heures du matin jusqu'à neuf heures du soir. Le P. Maunoir lui remontra qu'il faisoit ce qu'il avoit condamné dans les autres ; sur quoi le Prélat lui fit cette réponse : « je reconnois qu'il y « a des occasions où l'on ne peut se mode- « rer, & où laissant à Dieu le soin du Pa- « steur & des ministres ; il faut se donner « tout entier aux besoins du troupeau. » M^r. de Treguer aïant été obligé de quitter les Missionaires pour quelque tems, les envoïa à N. D. de Gueaudez, où le concours fut prodigieux. Le P. Maunoir voïant cette foule de monde, profita de cette rencontre pour augmenter le culte de la Sainte Vierge, en distribuant à tous les pelerins un chapelet fort court, qu'il appelloit *la petite Couronne*, composée du symbole de la foi, de trois *Pater*, & de douze *Ave Maria*.

Il s'éleva de grandes contradictions à Bourg-briac contre les Missionaires ; mais enfin l'arrivée du Prélat dissipa tous les nuages qui s'étoient formez contr'eux. Celle de M^r. de Tremaria, qui fut invité à cette expedition, augmenta considerablement le credit du P. Maunoir, & fit une grande impression sur tout le monde. On ne pouvoit voir un gentilhomme de distinction, ci-devant Conseiller au Parlement, devenu Prêtre & Missionaire, pour procurer le salut des peuples, sans être touché d'un si grand exemple. A cette grace exterieure, Dieu en joignit d'interieures, si puissantes, que tout le canton changea de mœurs, & persevera dans le bien avec constance.

Le P. Maunoir étant retourné dans l'Evêché de Quimper, y instruisit plusieurs paroisses, & tomba enfin malade à Plounevez-Porzé dans le canton de Doüarnenez. Il fallut le transporter à Doüarnenez, & sa maladie eût été longue, sans que la veuve chez qui il étoit logé, & deux autres veuves, toutes trois femmes d'une grande pieté, furent inspirées de demander à Dieu de leur envoïer la maladie du Pere, & de la partager entr'elles. La fiévre leur prit en même tems à toutes les trois, & le soir même que commença leur premier accès, le Pere se trouva si bien gueri qu'il retourna dès le lendemain reprendre son travail. C'est un fait qu'il a rapporté dans ses Annales ; mais il n'est pas le seul témoin ; son hôtesse l'a rapporté de même, avec serment, dans une déclaration qu'elle fit avant que de mourir, conforme à ce qu'elle en avoit raconté plusieurs fois auparavant.

Il seroit ennuïeux de suivre le P. Maunoir dans toutes les Missions qu'il fit ensuite dans les Evêchez de S. Brieuc, de Quimper & de Treguer ; mais on ne peut refuser au public l'édification d'une conversion signalée. Une femme pecheresse de l'Evêché de Treguer, qui avoit engagé dans le crime jusqu'à sa propre fille, conçut tant d'horreur de sa vie scandaleuse, à la fin d'une Mission, qu'après avoir fait une confession secrete de ses désordres, elle voulut en faire une penitence publique. Elle alla, à la face de tout le monde, se prosterner aux pieds de son Evêque, & lui demanda pardon du mal qu'elle avoit fait dans son diocese. Après cela, un Dimanche, comme on alloit à la procession, le matin, elle fit une espece d'amende honorable devant la porte de l'Eglise, en priant tout le monde de lui pardonner ses crimes, qu'elle étoit resoluë de ne se pardonner jamais. En effet, après avoir retiré sa fille de ce méchant commerce, elle repara le scandale passé par une vie exemplaire & penitente.

28.
Janvier. Dans la petite ville du Faou, dont l'Eglise n'est qu'une aide de la paroisse de Bosnoen, le concours fut si grand, à la Mission, qu'on fut obligé de faire ce qu'on n'avoit point encore fait; les ouvriers Evangeliques se séparérent en deux bandes, dont l'une alla à Bosnoen, & l'autre demeura au Faou; & les exercices de la Mission se firent en même tems dans les deux Eglises. Ce fut là où fit son apprentissage un Ecclesiastique fort connu depuis en la basse-Bretagne, nommé Mr. Turmel, qui étoit alors plein de feu, & qui avoit de grands talens pour la chaire. Il préchoit avec tant de force, & en même tems avec tant d'elegance, dans sa langue Bretonne, qu'on l'appelloit le Ciceron de la basse-Bretagne. L'épithete ne surprendra que ceux que leur ignorance porte à regarder le Breton comme un jargon miserable; mais ceux qui ont quelque teinture de cette ancienne langue des Celtes, sont convaincus qu'elle est susceptible d'ornemens, de figures, & des plus grands mouvemens, & par consequent très-propre à l'éloquence.

Mr. Turmel

1660. Monsieur de Quimper, qui étoit né dans la paroisse de Loperchet, voulut qu'elle joüît aussi du bien qu'il procuroit aux autres; mais le P. Maunoir pensa trouver la mort où ce Prélat avoit reçu la vie. Conduisant la procession, le jour de S. Jean-Baptiste, à une chapelle dediée à ce saint Précurseur, sa présence déconcerta les danses que l'on préparoit. Les enfans qui marchoient à la tête de la procession, & qui chantoient les cantiques, l'emportérent sur les instrumens; & le Pere se mit sur la premiere marche d'une grande croix qui est devant la chapelle, dans le dessein de faire une prédication. Un haubois, en colere de ce qu'on lui faisoit perdre sa journée fendit la presse, pour tirer le Pere de sa place, & joüer au même lieu où il vouloit précher. On arrêta ce furieux; mais en même tems un gentilhomme, accoûtumé au crime, & qui avoit tué deux hommes depuis peu, s'avança pour percer le Pere de son épée. Il l'avoit déja tirée à demi du fourreau, lorsque le P. Maunoir courant à lui, le desarma, plûtôt pour empêcher que Dieu ne fût offensé, que pour éviter de mourir; car selon la disposition de son cœur, il eût été ravi d'avoir cette conformité avec S. Jean-Baptiste, que la danse eût été l'occasion de sa mort. On éloigna le gentilhomme, & le Pere étant remonté sur la marche de la Croix, précha aussi tranquilement, que s'il ne fût rien arrivé.

1661. 1662. 1663. Il passa ensuite dans l'Evêché de Vannes, & de-là il fut appellé dans celui de Rennes.

Dès qu'il fut arrivé dans la Capitale, Mr. du Plessix-Ravenel Conseiller au Présidial lui mit entre les mains une somme de dix-huit cent livres que lui avoit confiée Mr. Constantin Conseiller au Parlement, pour être emploiée en bonnes œuvres. C'est ainsi que la providence prévint les besoins du Pere Maunoir, qui auroit été obligé, sans cela, de discontinuer ses Missions, cette année & la suivante, à cause de la disette du bled, qui tourna, pendant ces deux années, toutes les charitez du côté des pauvres. Par ordre de Monsieur l'Evêque de Rennes, on fit d'abord les instructions dans la prison du Palais, & ensuite à l'Hôpital. Rien ne toucha plus les personnes de qualité, dans cette rencontre, que de voir au nombre des Missionaires Monsieur de Tremaria, qui faisoit triompher la modestie, la mortification, & la charité, sur le même theatre où il avoit auparavant donné des exemples contraires. De la ville Capitale, on passa dans les autres paroisses du diocese. A Fougeres, où le travail fut le plus grand, le nombre & la qualité des ouvriers qui s'y rassemblérent étoient très capables de donner de l'éclat à la Mission, mais ce ne fut pas un éclat sans fruit; plus de quarante Recteurs amenérent là leurs paroisses en procession, & tant de ces paroissiens y demeurérent pour assister aux exercices, que la plûpart trouvant les maisons & les places de la ville pleines, furent obligez de camper dehors; plusieurs attendoient deux jours & deux nuits au confessional, sans prendre de nourriture, plûtôt que de s'en retourner sans s'être reconciliez avec Dieu & avoir gagné l'Indulgence. Ces longues diettes, & l'incommodité du logement, causérent de grandes maladies, qui donnérent aux Missionaires un surcroît d'occupation. L'excès de la fatigue fit perdre la santé au P. Jacquesson compagnon du P. Maunoir, & coûta la vie au P. Lochet Jesuite, & au Recteur d'Ergué-armel, dont le premier mourut à Rennes peu de jours après la Mission, & l'autre à S. Georges de Raintambauld. Quand les anciens de cette paroisse virent le P. Maunoir monter en chaire, ils pleurérent de joïe, en se ressouvenant de l'avoir vû petit enfant mener ses compagnons à l'Eglise, & monter dans la même chaire pour y reciter les prieres, & d'avoir prédit dès lors, que le fils d'Isaac Maunoir seroit un grand homme de bien & un prédicateur zélé. Ils ne s'en tinrent pas là, & plus heureux que les habitans de Nazareth, ils reçurent avec docilité les paroles de salut annoncées par un prophete de l'enfance & de l'éducation duquel ils avoient été té-

28. moins, & le reste de la paroisse suivit leur exemple.

Le P. Maunoir, qui mettoit tous les momens à profit, avoit fait quelques courses dans l'Evêché de Quimper, dans un intervalle qui se passa entre la Mission de Rennes & celle de Fougeres. La Providence le conduisit dans deux paroisses, où le travail qui se présentoit ne demandoit pas un courage moindre que le sien. La dissenterie y faisoit de si grands ravages, qu'on y enterroit cinq ou six personnes dans une même fosse. Aucun malade ne fut privé de la consolation de le voir, & de recevoir au moins le Sacrement de Penitence. A son retour à Quimper, il fut saisi du même mal qui venoit d'enlever tant de personnes. Aussi-tôt qu'il fut guéri, il alla à Plevin, à la priere de Madame de Kerlouet Gouvernante de Carhais. Il y délivra dit-on, de la possession du Démon un jeune homme que Mr. de Queriolet n'avoit pû guérir; & ce jeune homme, qui attribuoit son malheur à l'yvrognerie, profita si bien de sa disgrace, qu'il mena depuis une vie très-sobre; si devote, qu'il communioit tous les Dimanches; & si pénitente, qu'il alla toûjours nuds pieds, depuis, même au plus fort de l'hiver. Comme le Pere étoit à Trebrivan, un gentilhomme nommé Mr. de Pennanech de Kerjegu, qui avoit donné un fonds au College de Quimper pour faire des Missions tous les ans, mourut dans cette Paroisse, avec la consolation de recueillir les fruits de sa charité, par l'assistance du P. Maunoir, & les prieres de tous ceux qui joüissoient de l'avantage qu'il leur avoit procuré.

Après que le Pere eut satisfait à ce que souhaitoit Mr. l'Evêque de Rennes, il tâcha de contenter aussi les autres Prélats. Il fut à l'isle de Baz, à la priere de Mr. de Leon, & retourna dans l'Evêché de Vannes, à la sollicitation de Mr. de Rosmadec. On lui fit un crime, auprès de celui ci, de ce que dans les processions il faisoit porter la Croix par un Prêtre; & l'on prétendit qu'il y avoit de l'indécence. Le Pere remontra, que dans une cérémonie où l'on retraçoit le mystére de nôtre redemption, il convenoit beaucoup mieux à un Prêtre, qu'à un laïque, de représenter N. S. chargé de sa Croix; & que S. Charles Cardinal & Archevêque de Milan, n'avoit pas jugé qu'il fût indigne de lui de porter la Croix à une procession publique. Monsieur de Rosmadec, persuadé que le Pere avoit raison, imposa silence à ceux qui blâmoient sa conduite, & lui permit de continuer de donner cette fonction à des Prêtres. Il assista à l'ouverture de la Mission qui se fit à Plumeliau, après celle de Caudan, & en se retirant il laissa au P. Maunoir Mr. de Kerlivio son Grand-Vicaire, homme d'une vertu sublime, dont nous parlerons en son lieu, qui fut si édifié de tout ce qu'on fit à Plumeliau, qu'il mena le P. Maunoir & tous ses compagnons dans la paroisse de Pleumergat dont il étoit Recteur. De-là le Pere alla à Quimperlé, où, pendant la rigueur de l'hiver, passant, à son ordinaire, de l'Autel au Confessional, du Confessional à la chaire, & de la chaire, tout en eau qu'il étoit, encore au Confessional, il gagna une pleuresie dangereuse, qui le mit en peu de jours à l'extrémité. Il reçut l'Extrême-onction & le saint Viatique; & ce pain de vie le préserva de la mort, contre l'attente de tout le monde. Il eut même la consolation de finir la Mission de Quimperlé à sa maniere ordinaire; & passa incontinent à Tonquedec dans l'Evêché de Treguer, où il fut conduit par des ouvriers nouveaux qui venoient le seconder. Le plus considerable étoit un Docteur de Sorbonne, appellé Mr. de Meur, Superieur du Seminaire des Missions étrangeres, fort connu en Bretagne sous le nom de Prieur de S. André. Il étoit né dans cette paroisse, & il y étoit venu exprès pour travailler sous les ordres du P. Maunoir. Ce Docteur, qui étoit un homme éclairé, admiroit sans cesse les prodigieux effets que produisoient dans tous les cœurs, les discours du Pere Maunoir, & se trouvoit comme forcé de reconnoître que c'étoit Dieu même qui parloit par l'organe de cet admirable Missionaire.

Deux choses contribuoient extrémement à donner de l'efficacité aux discours du P. Maunoir; la premiere étoit la vertu du prédicateur; & l'autre étoit la disposition des auditeurs, préparez à la docilité par les exercices de la Mission. Il est vrai que le Pere Maunoir ne disoit rien que de commun, parce qu'il n'avoit à parler qu'à des personnes grossieres; mais il avoit un grand talent pour enseigner; nul n'expliquoit mieux les mystéres de la Religion; il avoit fait une étude particuliere des mœurs du païs; il sçavoit les défauts de chaque état & de chaque condition, & avoit l'art de les censurer vigoureusement; il étoit insinuant & pathetique; ses yeux tendres & vifs; son action ordinairement moderée, mais quelquefois aussi fort animée; le son de la voix plein de force & d'onction; tout cela penetroit les cœurs, & attendrissoit tout l'auditoire. Mais ces talens faisoient encore moins

28. d'impression, que l'estime qu'on avoit de sa sainteté. On voïoit en lui toutes les vertus qui font l'homme Apostolique, une charité qui embrassoit tout & suffisoit à tout, & qui n'avoit de préference que pour les plus pauvres & les plus miserables ; un empire si grand sur les passions, qu'il paroissoit n'en avoir aucune autre que celle d'avancer la gloire de Dieu ; un zéle infatigable, une pieté Angelique, une humilité charmante ; la grace de la priere, par laquelle il obtenoit de Dieu les faveurs les plus extraordinaires ; tout cela joint ensemble, avoit déja prévenu & persuadé les cœurs, avant qu'il se présentât pour faire retentir aux oreilles la parole du salut. D'ailleurs que manquoit-il, pour être touchez, à ceux qui avoient pratiqué les exercices de la Mission, tels que sont l'assistance aux instructions & aux catechismes, les confessions generales ou particulieres, les communions, les prieres, les jeûnes, les austeritez ? Mais ce qui fait voir que l'Esprit de Dieu remuoit les cœurs, en même tems que tant de choses contribuoient exterieurement à les ébranler, c'est l'heureux changement qui se fit dans presque tous les lieux où le P. Maunoir jetta la semence de la parole Divine. Les mauvaises coûtumes étoient abolies, les occasions du mal retranchées ; plus de danses, plus de chansons deshonnêtes, plus d'assemblées de nuit, plus de débauches ; on passoit à l'Eglise le tems qu'on avoit donné auparavant au cabaret & au jeu ; ceux qui ne prioient point Dieu avant ce tems-là, avoient soin que leurs enfans & leurs domestiques le priassent, & leur faisoient eux-mêmes la priere le soir & le matin ; on frequentoit le tribunal de la penitence & la sainte Table, au lieu qu'à peine en approchoit-on auparavant une fois l'an ; ceux qui ne s'étoient point parlé depuis plusieurs années, mangeoient alors ensemble ; & ceux qui se voïoient trop auparavant, ne se voïoient plus du tout ; les gentilshommes traitoient doucement leurs vassaux, païoient les gages de leurs domestiques, & acquittoient leurs dettes ; les domestiques ne voloient plus leurs maîtres ; enfin un changement édifiant & stable distinguoit les lieux par où le P. Maunoir avoit passé, comme s'il y eût laissé une trace de lumiere, & le bien que Dieu a fait par lui n'a pas encore entierement cedé aux impressions de la corruption qui nous entraîne sans cesse au relâchement. Il est vrai que ces fruits de benediction ne sont pas dûs au P. Maunoir seul ; beaucoup de pieux Ecclesiastiques de toutes sortes de païs, d'âges, & de conditions, se sont joints à lui, pour travailler ensemble à l'œuvre de Dieu. Il y en avoit plus de mille dans cette sainte association, qui avoit pour but de faire regner J. C. dans les cœurs ; & comme tous ne pouvoient pas servir ensemble, ils le faisoient successivement chacun à son tour, par bandes de trente ou quarante, ou quelquefois de cinquante ensemble, selon qu'ils étoient mandez. Et plus cette institution s'est trouvée utile, plus on en doit sçavoir de gré au P. Maunoir qui en a été l'auteur. Il regnoit une union parfaite entr'eux & le P. Maunoir, à qui ils déferoient volontairement l'usage de la superiorité, dont il n'exerçoit jamais les droits avec plus de joïe, que quand elle l'autorisoit à servir les autres. Les amis de ces ministres du Seigneur se sont plaints quelquefois que le Pere ne moderoit pas assez le travail ; mais il s'épargnoit lui-même moins que personne, & disoit souvent qu'on mourroit aussi-bien dans l'oisiveté, que dans le travail. Quant aux Missionaires eux-mêmes, ils étoient fort éloignez de se plaindre, & leur zéle ardent n'avoit jamais assez d'occupation, à leur gré. Quelle école pour de jeunes Ecclesiastiques ! quelle édification pour le public ! quelle émulation entr'eux ! De-là sont venuës les diverses bandes de Missionaires que l'on voit en Bretagne, qui cultivent avec beaucoup de fruit la plûpart des Evêchez de cette province ; & tout le bien qu'elles font, remonte, en quelque sorte au P. Maunoir, comme à celui dont Dieu s'est servi pour former cette armée formidable aux puissances des tenebres. Les Missions continuent, à peu près, sur le même pied que le Pere Maunoir les pratiquoit ; & c'est ce qui nous engage à donner ici un leger craïon de la forme de ses Missions & des exercices qu'il y faisoit pratiquer.

Aussi-tôt qu'il avoit déterminé, de concert avec les Superieurs Ecclesiastiques, de faire une Mission dans quelque paroisse, il commençoit par s'assurer des ouvriers dont il avoit besoin ; leur envoïoit une lettre circulaire, pour les inviter au travail de la part du Maître de la moisson, & animoit leur zéle, en leur proposant la recompense qui devoit couronner leurs fatigues. Quelques semaines avant la Mission il écrivoit aussi au Recteur du lieu où elle se devoit faire, pour l'avertir du jour qu'on l'ouvriroit, & le prier de l'annoncer dans sa paroisse & le faire sçavoir dans les paroisses voisines. Avant que de partir pour se trouver au rendez-vous, il invoquoit la Sainte Vierge patrone generale de ses Missions, S. Michel, & S. Corentin, ses protecteurs ordinaires, & le patron de l'endroit qu'il alloit instruire. Quand il partoit de Quimper, il disoit la Messe un jour avant son départ dans l'Eglise de S. Corentin, pour implorer la continuation de son secours ; ensuite il prenoit congé du Prélat, & lui demandoit la continuation des pouvoirs qu'il lui avoit accordez pour lui & pour ses compagnons. Quand il travailloit dans un autre Evêché, il commençoit toûjours par saluer l'Evêque de ce diocese & le prier de lui donner son mandement & les pouvoirs necessaires. En approchant de la paroisse où étoit le rendez-vous, il invoquoit les bons Anges de ce canton, pour les inviter à lui aider, & aux autres Missionnaires, à convertir tout le païs. Avant que d'aller dans la maison où il devoit loger, il alloit à l'Eglise adorer le premier Maître ; sa seconde visite étoit chez le Recteur de la paroisse. Un ou deux jours avant la Mission, ou le jour même qu'elle commençoit, on voïoit arriver de divers Evêchez des Missionaires, la plûpart à pied, le bâton à la main, le Breviaire sous le bras, tous à leurs frais, qui sacrifioient avec édification, leurs interests temporels & leur santé au salut de leurs freres ; & les Recteurs des paroisses des environs amenoient des processions nombreuses de leurs paroissiens, pour assister à l'ouverture de la Mission. Cette ouverture se faisoit après les Vêpres, par une procession où l'on portoit le S. Sacrement ; ensuite de quoi le Pere montoit en chaire, lisoit la Bulle de l'Indulgence, & faisoit voir l'obligation où l'on étoit de profiter de ces jours de salut. Il proposoit après cela l'ordre du jour qu'on devoit observer le lendemain & pendant tout le cours de la Mission, & exhortoit tout le monde à la diligence & à l'assiduité. S'étant retiré avec ses Missionaires dans le logis qui leur étoit préparé, il assignoit à chacun sa chambre & son lit, regloit l'ordre des Messes, & marquoit à tous ce qu'ils devoient faire le lendemain. La priere se faisoit ensuite en commun, & l'on se retiroit pour se disposer au travail par quelques heures de repos. En quelque saison que ce fût, les Missionaires se levoient à quatre heures. Le Pere étoit toûjours le premier levé, & alloit, la clochette à la main, reveiller les autres, pendant que la grosse cloche appelloit tout le monde à l'Eglise. Le dernier levé étoit condamné à lire durant le repas, ou à servir à table. Un ou deux Ecclesiastiques, chargez de faire la priere, se rendoient à l'Eglise, pendant que le Pere assembloit les autres pour reciter l'office ensemble ; après quoi l'on faisoit la méditation, si la foule des penitens n'engageoit les Confesseurs à quitter Dieu pour Dieu. La méditation finie, les Missionaires précedez du P. Maunoir, alloient à l'Eglise deux à deux, en recitant à deux chœurs le *Veni Creator* & quelques autres prieres. Après avoir adoré le S. Sacrement, ils se partageoient, les uns pour le Confessional, & les autres pour l'Autel. Le Pere disoit la premiere Messe, & pendant qu'il s'habilloit, un Ecclesiastique exposoit au peuple les motifs de l'institution de ce sacrifice, & comme on devoit l'offrir conjointement avec le Prêtre, ce qui étoit encore expliqué dans un cantique que l'on chantoit dans cette rencontre. A la fin de la Messe, le même Ecclesiastique qui avoit enseigné les motifs pour lesquels on devoit l'entendre, apprenoit les graces que l'on avoit à rendre à Dieu de l'avoir entenduë, & l'on chantoit le cantique où cette action de graces est contenuë, qui sert aussi à remercier Dieu après la communion. Aussi-tôt après le Pere montoit en chaire, & commençoit par une conference où il permettoit aux auditeurs de l'interroger sur les doutes qu'ils avoient touchant la conscience & la Religion ; & c'est par là qu'il apprenoit souvent les superstitions, les méchantes coûtumes, & les desordres de la paroisse. Après avoir ainsi concilié l'estime & la bienveillance de son auditoire, il faisoit un discours suivi, & aussi-tôt il se mettoit au confessional. Alors l'Ecclesiastique qui faisoit l'office de chantre, menoit le peuple hors de l'Eglise, dans quelque chapelle voisine, ou dans le cimetiere, où il montroit à chanter les cantiques, & entremêloit le chant, de quelques instructions. A dix heures il y avoit un second sermon, qui étoit suivi de la communion ; à laquelle le peuple étoit disposé par le Pere, qui se tenant debout sur le marche-pied de l'autel, enseignoit avec quels sentimens interieurs il falloit approcher de la sainte Table, & faisoit produire à l'assistance les actes qui exprimoient ces sentimens. Il mettoit fin à cette instruction par un cantique propre à l'imprimer dans le cœur & dans la memoire. Il en chantoit la premiere stance, & les communians la repetoient après lui ; & quand tout le cantique avoit été recité de cette sorte, les communians arrangez en bon ordre recevoient la sainte Eucharistie. La communion étoit suivie du cantique d'action de graces. Un quart d'heure avant midi le Pere sonnoit sa clochette pour avertir les Missionaires de se disposer à sortir de l'Eglise. A midi il sonnoit une seconde fois, & alors les confesseurs se rendoient devant le S. Sacrement, où l'on dit soit l'*Angelus*, après quoi ils se retiroient deux à deux en recitant le *Te Deum*. Avant le dîner tous faisoient leur examen de conscience, & puis on se mettoit à table. On lisoit pendant tout le repas. On commençoit d'abord par l'Ecriture Sainte, & puis on prenoit quelque livre de pieté. Le repas étoit suivi d'une conference, qui donnant quelque relâche à l'esprit, étoit cependant fort instructive; le compagnon du Pere y présidoit, & elle duroit au moins une heure. Pendant ce tems là le Pere faisoit le catechisme au peuple, exercice qui lui paroissoit d'une si grande importance, qu'il ne vouloit s'en fier qu'à lui-même. Son compagnon ramenoit les Missionaires à l'Eglise après la conference, & il se mettoit dans le confessional, aussi bien que le Pere, qui laissoit alors ses auditeurs à celui qui étoit chargé d'apprendre à faire la priere, & à chanter les Cantiques. Celui-ci leur apprenoit à dire le chapelet, & le faisoit reciter à deux chœurs. Il conduisoit ensuite l'assemblée au même lieu où il l'avoit conduite le matin, & l'entretenoit dans les mêmes occupations qu'on y avoit eues avant le dîner. L'hiver à quatre heures du soir, & l'été, à cinq, il y avoit un autre sermon, qui étoit suivi du salut, où l'on exposoit le S. Sacrement. Les exercices finissoient par la priere du soir, qui se faisoit en chantant des cantiques spirituels, où le Pere avoit fait entrer l'examen de conscience & tous les sentimens dans lesquels un Chrétien doit finir la journée. Après la priere les Missionaires se retiroient, recitoient à deux chœurs les Matines & les Laudes du lendemain, soupoient en écoutant la lecture en silence, & faisoient ensuite une conference comme le matin. Elle finissoit à huit heures & demie; ensuite on faisoit la priere en commun, & puis chacun se retiroit en sa chambre. Outre les deux conferences que l'on faisoit chaque jour aux Missionaires, on en faisoit deux chaque semaine pour les Prêtres des paroisses voisines. Outre les communions particulieres, le Pere en faisoit faire une generale, à la fin de la Mission, pour les ames du purgatoire. Enfin la Mission finissoit par une procession gerale, où l'on représentoit les mysteres de nôtre salut, sur tout celui de la Passion de N. S. on y portoit aussi le S. Sacrement, & quand on l'avoit adoré au reposoir, le Pere faisoit un dernier sermon qui ne manquoit jamais d'être interrompu à tous momens par les soupirs & les sanglots d'un peuple infini.

A ces pratiques utiles & édifiantes il en ajoûta depuis une autre qui ne l'étoit pas moins, & qu'il appelloit le renouvellement des promesses du Baptême. On commençoit par une procession autour des fonts baptismaux, afin que cela fit penser au lieu où l'on avoit été fait Chrétien. Il prêchoit ensuite sur les cérémonies du Baptême, sur la grace que l'on y reçoit, & sur les engagemens que l'on y contracte. Après cela se mettant entre la croix & la banniere, il faisoit les demandes, & le peuple les réponses qui sont dans le Rituel Romain, à l'endroit où l'on prescrit les cérémonies du Baptême; ce qui étoit accompagné, de sa part, de remontrances vives & touchantes sur les obligations portées par ces paroles, sur les recompenses promises à la fidélité, sur la honte & le malheur qu'il y a de promettre à Dieu & de ne pas executer ce qu'on lui a promis.

La derniere forme qu'il donna à ses Missions, après avoir vû le fruit que faisoient les Retraites établies, tant par le P. Huby à Vannes, que par le P. Jegou & par lui-même à Quimper, fut de joindre la Retraite aux autres exercices dont nous avons parlé. Il partagea en quatre parties le mois qu'on emploïoit d'ordinaire en chaque Mission. Les trois premieres semaines furent destinées à trois Retraites, chacune de huit jours, & la quatriéme semaine fut destinée à affermir le bien qu'on avoit fait dans les Retraites, & à disposer le peuple à la Communion generale & à la procession. Chacun se confessoit durant la Retraite, la plûpart de toute leur vie; on ne donnoit la Communion qu'à la fin de la Retraite, pour faire gagner l'Indulgence, & tous ceux de la Retraite communioient ensemble. Outre les prédications ordinaires, qu'on ajustoit aux sujets marquez dans les exercices de S. Ignace, on donnoit chaque jour une méditation aux exercitans, dans quelqu'autre Eglise que celle où se faisoit la Mission, s'il étoit possible, afin que pendant qu'ils étoient occupez à méditer, on fit une instruction pour les autres. A la fin de la premiere Retraite, ceux qui vouloient être de la seconde, donnoient leurs noms, comme ceux de la premiere avoient donné les leurs la veille ou le jour de l'ouverture de la Mission; & à la fin de la seconde Retraite on prenoit le noms de ceux qui vouloient être de la troisiéme.

Un des lieux où la cérémonie édifiante du renouvellement des promesses du Baptême eut le plus de fruit, ce fut à Brest, au quartier de Recouvrance, où la Duchesse de Brissac, dont ce canton relevoit à cause de la terre du Châtel, avoit appellé le P. Maunoir. Mais si le grand nombre

bre des communions doit faire juger des bons effets d'une Mission, comme il y a lieu de préfumer. La plus utile de toutes les Missions du P. Maunoir doit avoir été celle de Landivisio, où trente mille personnes, au moins, communiérent dans un seul jour, par le ministere de sept Prêtres qui furent occupez depuis le matin jusqu'au soir à ce saint exercice.

Pendant que le Pere travailloit dans l'Evêché de Leon, où l'avoit invité Mr. de Visdelou successeur de Mr. de Rieux, & auparavant Coadjuteur de Quimper, Dieu disposa de Messire René du Loüet, Prélat qui ressembloit par beaucoup de bonnes qualitez aux Evêques des premiers siécles de l'Eglise. Le P. Maunoir fut sensiblement touché de la mort d'une personne à qui il avoit tant d'obligations. Mr. de Coëtlogon successeur de Mr. du Loüet, & auparavant son Coadjuteur, offrit la même protection & les mêmes travaux au Pere, lui donna ses pouvoirs, & le pria de continuer à regarder l'Evêché de Cornoüaille comme une vigne à la culture de laquelle il sembloit que le Pere de famille l'avoit destiné par une vocation particuliere.

La maison où Mr. le Nobletz avoit logé à Doüarnenez, avoit été changée en une chapelle qui portoit le nom de S. Michel, & vers le 8. de Mai, jour destiné à celebrer l'apparition du premier Prince de la milice Celeste; il se faisoit un grand concours de pelerins à cette chapelle, autant en memoire de Michel le Nobletz, que pour honorer S. Michel. Le P. Maunoir s'étant rendu à Doüarnenez à cette fête, comme il le faisoit tous les ans, pour confesser un grand nombre de pelerins, y reçut une faveur particuliere de Dieu ; car c'est ainsi qu'il regardoit, avec raison, la jonction d'un nouveau Missionaire distingué par son merite, c'étoit un Docteur de Sorbonne, qui après avoir exercé dans plusieurs provinces la fonction de Missionaire, s'étoit trouvé pressé interieurement de se dévoüer au service de la basse-Bretagne, & étoit venu de Paris, à pied, trouver le P. Maunoir ; & qui commença dès-lors à s'appliquer à l'étude de la langue Bretonne.

Le Pere trouva dans la paroisse de Riec un compagnon d'un autre caractére, dans la personne du Marquis de Ponteallec, qui avoit appellé les Missionaires pour instruire ses vassaux, & qui suivit depuis, après la mort de sa femme, l'exemple de Mr. de Tremaria, se fit Prêtre, & se donna pour quelque tems au P. Maunoir.

Il manquoit au Pere un compagnon qui fût Jesuite ; Dieu lui envoïa le P. Martin, qui avec une complexion très-forte, avoit beaucoup de vertu, de capacité, de zéle & de courage. Il étoit né prédicateur ; il aimoit les Missions, sur tout celles de la basse-Bretagne, où il étoit né, & dont il sçavoit parfaitement la langue ; il s'étoit rendu très-habile dans la Theologie morale ; & dès l'enfance il avoit eu de la veneration & de l'attachement pour le P. Maunoir, qui de son côté s'étoit trouvé un grand penchant pour le P. Martin. Ils se joignirent à Letneven dans l'Evêché de Leon, où le P. Martin fit sa premiere épreuve, au même tems que le Docteur de Sorbonne dont on vient de parler ; & un Bachelier, mettant en usage ce qu'une étude de trois mois leur avoit appris, faisoient pour la premiere fois des instructions dans la langue du païs.

Le P. Maunoir apprit en ce lieu, qu'il y avoit vers la côte meridionale de l'Evêché de Quimper une paroisse qui avoit grand besoin de son secours. Il y envoïa un Ecclesiastique, pour disposer les esprits à la Mission, & en attendant, alla faire un voïage à Vannes pour consulter Mr. de Kerlivio & le P. Huby sur une maison de Retraite qu'on devoit bientôt ouvrir à Quimper, & qui étoit en partie son ouvrage. Il apprit à son retour, par l'Ecclesiastique qu'il avoit envoïé à Tregunc (c'est la paroisse dont on vient de parler) que le Recteur refusoit de le loger, & que les paroissiens ne se montroient pas fort bien disposez à le recevoir. Cependant comme Mr. de Quimper souhaitoit que cette paroisse fût instruite, le Pere y alla avec dix Missionaires & son compagnon. Dieu benit son courage ; les Missionaires furent logez & ne manquérent de rien, & dès le premier sermon il gaigna tout le monde, même le Recteur, qui voulut regaler les Missionaires. Ce fut une faveur particuliere de Dieu, que le Recteur ne les eût pas logez ; car au fort de la Mission, une partie de sa maison tomba la nuit ; les poutres du dernier étage crevérent & écrasérent le second, qui étoit le seul où l'on eût pû loger le P. Maunoir & ses compagnons.

C'étoit pendant qu'ils travailloient à Tregunc, que l'on ouvrit à Quimper la maison de Retraite. Le P. Maunoir, toûjours occupé de ce qui pouvoit procurer la gloire de Dieu & le salut des ames, voïoit avec une espece de douleur, que la maison de retraite bâtie à Vannes par Mr. de Kerlivio, ne pouvoit être utile aux Evêchez de Quimper, de S. Brieuc, de Treguer, & de Leon. Il consideroit cependant la necessité

28. Janvier. sité qu'il y avoit que la basse-Bretagne ne fût pas privée d'un établissement si avantageux, par le moïen duquel on acheve souvent les conversions que les Missions n'ont fait qu'ébaucher ; & où, parlant, non plus à toute une multitude en general, mais au cœur de chaque particulier, on est plus en état de lui donner les avis & les remedes qui lui conviennent. Il manquoit au P. Maunoir un Superieur qui eût les talens particuliers qui sont necessaires pour ces sortes d'entreprises ; & Dieu le lui donna enfin dans la personne du P. Jegou. L'un & l'autre, après avoir obtenu le consentement des Superieurs Ecclesiastiques & Reguliers, priérent Dieu, auteur d'une si sainte pensée, de donner les moïens de l'executer. Un gentilhomme très-riche s'offrit d'abord à faire bâtir lui seul tout l'édifice, à condition qu'on le servît dans une affaire qui lui étoit de grande consequence. On ne voulut pas souiller par des vûës interessées le tabernacle qu'on étoit dans le dessein d'élever au Dieu de Jacob ; & Dieu inspira des vûës plus pures à la Dame de Brenelio & au Recteur de Guernevel, qui furent les premiers à contribuer à cet édifice. Avec la somme de quatre cens francs provenuë de leurs premieres liberalitez, le P. Jegou, animé par le P. Maunoir, osa bien mettre la main à l'œuvre & jetter les fondemens, où Monsieur de Quimper mit la premiere pierre. Mais le bruit ne se fut pas plûtôt répandu que cette maison de Retraite serviroit aux personnes de tous les états, qu'Ecclesiastiques, gentilshommes, bourgeois, marchands, artisans, païsans même, contribuérent tous à l'envi à ce bâtiment, en envoïant argent, pierres, bois, autres materiaux, & meubles. Les Dames, sur tout, se montrérent les plus liberales, & crurent avancer de cette sorte la conversion de leurs maris & de leurs enfans. Une des grandes ressource du P. Maunoir dans ses Missions, & du P. Jegou & lui dans cet établissement, étoit la Dame de Pratelas mere de Mr. d'Ernothon Maître des Requêtes, femme extrémement riche, & qui après avoir établi sa famille, ne pensoit plus qu'à se faire un trésor dans le Ciel. Elle fit bâtir elle-seule un pavillon tout entier, & les Peres étoient quelquefois obligez de moderer les effets de sa charité. En peu d'années ce bâtiment fut achevé, & l'on y commença les exercices en 1670. On n'y a pas tout-à-fait suivi le plan de la méthode établie dans la maison de Vannes, qui est cependant la mere de toutes les maisons de Retraite du Roïaume. A Vannes on reçoit indifferemment à chaque Retraite les Ecclesiastiques, les gentilshommes, les bourgeois, les artisans, & même les païsans & les gens de livrée. A Quimper, on separe les conditions, & l'on donne la Retraite à chacune à part successivement, d'abord aux seuls Ecclesiastiques, ensuite aux gentilshommes & aux bourgeois, & puis aux artisans & aux gens de la campagne. L'une & l'autre de ces pratiques a des raisons qui militent pour elle, & Dieu répand sur toutes deux des benedictions pareilles.

Un des premiers fruits de cette Retraite, fut la vocation de Mr. de Kermeno, connu depuis sous le nom de l'Abbé de Pliverne. Il étoit neveu de Madame de Brenelio, la premiere bienfaitrice de cette maison, & y faisant les Exercices pour consulter Dieu sur le choix d'un état ; il se trouva appellé à la profession Ecclesiastique. Il reçut les ordres Sacrez, se donna au Pere Maunoir, & l'accompagna dans plusieurs Missions. Il refusa tous les Benefices qu'on lui offrit, & ne voulant posseder que Dieu, il emploïa son patrimoine à fonder dans la ville de Lannion une maison d'Hospitalieres, où deux de ses sœurs se sont consacrées à Dieu, pour partager avec lui le merite de servir les pauvres, & l'exercice des œuvres de misericorde.

L'année suivante Mr. l'Abbé de Coëtlogon Recteur de Crozon, frere du Seigneur Evéque de Quimper, voulut avoir la Mission dans sa paroisse. Ce fut là que le P. Maunoir composa sur les sept principaux mysteres de la Passion, des cantiques qui ont paru si édifians à un Docteur de Sorbonne, qu'il les a traduits en vers François, pour les faire passer de la basse-Bretagne dans toute la France. On les chanta d'abord, avec tant de benediction, dans les paroisses de Crozon, de Camaret, & de Roscanvel, qu'un nombre prodigieux de personnes grossieres apprirent par-là à mediter sur la Passion de nôtre Sauveur.

Comme le Pere à la fin de la Mission de Quillio, conduisoit la procession à la paroisse de Mur, il fut inspiré de la mener à la chapelle de saint Hermoel ancien solitaire de Bretagne ; & cela servit à reveiller dans le païs la dévotion que l'on y avoit eu autrefois pour saint Hermoel.

Rien ne fait mieux sentir, avec quel attachement on écoutoit le P. Maunoir, que ce qui arriva à la Mission de Pedernec dans l'Evêché de Treguer. Il prêchoit dans une place publique ; une grosse pluïe commença avec le sermon, & ne finit qu'après ; & cependant personne ne quitta sa place, non pas même Monsieur de Treguer, non plus que Mr. de Tremaria, qui furent percez de la pluïe, comme les autres, sans chercher à se mettre à couvert, ni marquer la moindre impatience.

Dans la Mission de Trevé qui suivit, Messire Denis de la Barde Evêque de S. Brieuc donna une grande édification. Il n'y avoit personne qui pût retenir ses larmes, en voïant ce Prélat venerable, se rendre à l'Eglise de grand matin, se mettre sur un banc qui lui servoit de Confessional, y recevoir tous ceux qui se présentoient, & sans faire attention à son grand âge & à sa foiblesse, demeurer-là aussi long-tems que les plus jeunes & les plus robustes Missionaires.

Monsieur de Treguer païa aussi de sa personne à son ordinaire, à la Mission de Quingamp, qui dura cinq semaines. Elle coûta la vie à Mr. de Tremaria. A force de parler, il se ruïna la poitrine; un abscez s'y forma peu à peu, & fut dans la suite la cause de sa mort. Le P. Maunoir l'obligea d'aller prendre quelque repos dans une de ses maisons. Ce Missionaire si zélé ne se crut pas plûtôt rétabli, qu'il voulut aller rejoindre le P. Maunoir à S. Paul de Leon, où le P. Martin & trente autres Missionaires se rendirent. L'ouverture de la Mission fut faite par l'Evêque de Leon, & il seroit difficile de rapporter tout le bien que produisit en ce canton le travail d'un mois. Monsieur de Tremaria acheva-là de se consumer, en enseignant la pratique de l'oraison. A la fin de tous les Exercices, il tomba dans une si grande foiblesse, qu'il fallut l'emporter chez lui. Le P. Maunoir l'y suivit; mais voïant que la maladie pourroit être longue, il pria le malade de trouver bon qu'il s'absentât pour quelque tems, afin de continuer les fonctions ausquelles Dieu l'avoit appelé. Le Pere visita Morlaix & Carhais dans cette course, & se disposoit à passer outre, lorsqu'on vint l'avertir de se rendre auprès du malade, qui le demandoit, moins pour se consoler en lui parlant de ses maux, que pour apprendre le succès de ses courses, & l'exciter à de nouvelles entreprises. En effet, aïant connu par le recit du P. Maunoir, que la ville de Carhais avoit besoin d'une plus grande instruction, il l'engagea à retourner dans cette ville. Il lui recommanda aussi celle de Landerneau, & lui donna de quoi faire la dépense de ces deux Missions. Enfin il voulut qu'on en fît une à Plemeur durant sa derniere maladie, pour travailler au moins par les autres, lorsqu'il ne pouvoit plus travailler par lui-même. L'ouverture de la Mission de Plemeur se fit le 12. de Mai de l'an 1674. & Mr. de Tremaria prévoïant que sa vie finiroit avec cette bonne œuvre, se prépara tout de bon à la mort. Il ne voulut plus voir que son Directeur & les Missionaires, ni entendre parler d'autre chose que de Dieu & des fruits de cette Mission. Tout mourant qu'il étoit, il disoit tous les jours la Messe, & ne cessa de la dire, que deux jours avant que de recevoir les derniers Sacremens. Il les reçut en soutane & en surplis, de la main du P. Maunoir, à qui il avoit fait sa confession generale. Avant les onctions, tenant le cierge beni à la main, il se regarda comme un criminel qui fait amende honorable; il demanda pardon à Dieu de toutes ses fautes, & aux assistans, du scandale qu'il croïoit leur avoir donné. Après cela il fit sa profession de foi, & protesta qu'il n'y avoit point d'article pour le soûtien duquel il ne fût prêt de répandre jusqu'à la derniere goutte de son sang; ce qui fut suivi d'actions de graces très-affectueuses qu'il rendit à Dieu, pour avoir été appellé à l'état Ecclesiastique, & associé au travail des Missions. Il répondit à tout, en recevant les onctions, & demeura ensuite dans une paix qui approchoit fort de celle des Bienheureux. Il fut onze jours dans cet état, & en ménagea tous les momens pour l'éternité. Sçachant que son heure approchoit, il recommanda son Directeur à Mr. de Kerisac son gendre, & déclara à sa fille, la Dame de Kerisac, qu'il souhaitoit d'être enterré dans la chapelle de l'Hôpital de Lannion devant l'Autel de Jesus crucifié. Sa fille & son gendre, fondant en larmes, lui demandérent sa benediction; il pria le Sauveur de leur accorder la sienne; & aïant enfin reçu dans la Sainte Eucharistie le gage précieux de l'immortalité, il passa tout ce jour 23. de Juin, dans une continuelle union avec Dieu, & expira sur les onze heures du soir, dix-huit ans précisément après avoir commencé à pareil jour les fonctions de Missionaire.

Cette mort affligea toute la Bretagne, qui perdoit dans cet excellent Prêtre l'un de ses plus grands ornemens. Le P. Maunoir, sensiblement touché d'une séparation qui lui ôtoit le plus ferme appui du bien qu'il tâchoit de procurer au public, remercia cependant Dieu des graces dont il avoit comblé ce grand homme, & conjura sa Divine bonté de lui envoïer quelque excellent sujet qui reparât la perte que les Missions venoient de faire. Pour executer les dernieres volontez du défunt, le Pere fit des Missions à Carhais & à Landerneau, après avoir satisfait à quelques autres engagemens. Il eut à Carhais vingt-cinq Missionaires, au nombre desquels étoit Mr. Falchier Bachelier de Sorbonne & Recteur de Cleden.

Zzz ij

28.
JANVIER.

1675.

Poher en Cornoüaille, qui reçut-là les premieres leçons du P. Maunoir, & fut bientôt en état d'en donner aux autres. Le culte de la Sainte Vierge fut renouvellé dans Carhais, par l'établissement que l'on y fit, en son honneur, d'une Congregation de bourgeois qui subsiste encore aujourd'hui. A Landerneau l'esprit de penitence s'empara tellement de toute la ville, qu'une troupe de Dames de la campagne s'y étant renduë pour s'y divertir pendant le Carnaval, eut la confusion de voir qu'on y avoit renoncé à tous les plaisirs de la saison, & que personne ne vouloit leur donner un endroit où elles pussent faire leurs assemblées ; de sorte que pour éviter les railleries, elles furent obligées de prendre, pour sortir de la ville, le tems que tout le monde étoit à l'Eglise. Le P. Maunoir trouva dans cette ville des desordres qui avoient acquis une espece de prescription ; mais ce qu'on n'avoit pû faire depuis quarante ans qu'on y travailloit, il le fit enfin dans cette Mission, avec le secours de Dieu ; il fit cesser ces desordres, & d'une ville où regnoit le plaisir & la débauche, il en fit le séjour de la pieté.

A Cleder, il eut la consolation de trouver que la vigilance du Pasteur ne lui avoit rien laissé à détruire. Un autre Pasteur, aussi zélé, pour le moins, que celui-là, s'étoit défait de sa Cure de Plouguernevel, qui valoit plus de deux mille livres de rente, pour établir en ce lieu là un Seminaire de Prêtres qui feroient des Missions dans tout le diocese, & avoit fondé à Quimper un autre Seminaire de jeunes Ecclesiastiques, pour les disposer au Sacerdoce. L'une & l'autre fondation subsistent encore aujourd'hui, au grand avantage de tout l'Evêché de Quimper. Il étoit question alors d'établir les Missionaires à Plouguernevel. Monsieur de Quimper y en avoit envoïé cinq, afin qu'ils se missent en possession, & prié le P. Maunoir, pour faciliter la chose, de la commencer par une grande Mission. Mais une espece de soulévement qui mit alors une partie de la Bretagne en désordre, traversa l'établissement du Seminaire, & déconcerta la Mission & ses exercices. On sçait ce que c'est qu'une multitude effarée, comment les moindres nouveautez lui paroissent des monstres, & le danger auquel on s'expose, en se voulant commettre avec elle. Les païsans alarmez, qui prenoient pour la Gabelle tout établissement qui leur étoit nouveau, s'imaginérent que leur Evêque leur envoïoit une espece de Gabelle, en leur envoïant ces Missionaires, & qu'ils avoient ordre sans doute de lever de nouveaux droits sur les mariages, sur les baptêmes, & sur les enterremens. Prévenus de cette opinion, ils se rendirent en armes à l'Eglise, pour en chasser les Missionaires qui se disposoient à chanter la Grand-Messe ; mais voïant le tumulte, aucuns de ceux qui devoient officier n'osa sortir de la Sacristie. Mr. Picot (c'est le nom du Recteur) s'avança, & aïant fait faire silence avec beaucoup de peine, déclara à toute la paroisse que les Ecclesiastiques que Monsieur de Quimper avoit envoïez ne leur demanderoient que ce qu'ils avoient coûtume de donner, & n'exigeroient rien de nouveau. Les cinq Missionaires le signérent à l'heure même par devant Notaires ; le bruit cessa, & la Grand-Messe fut celebrée assez tranquilement. Après le dîner le chant des Cantiques acheva d'adoucir les esprits que la déclaration du matin avoit appaisez ; on ne s'opposa plus à la Mission ; l'on en fit l'ouverture dès le soir même, & les exercices s'en firent comme en pleine paix, à cela près que trois ou quatre troupes de païsans projettérent, l'une après l'autre, de piller le Seminaire, & d'enlever les trésors prétendus de Mr. Picot ; mais toutes changérent de dessein, sur le point de l'execution ; & la confession qu'en firent quelques-uns de ces gens-là, & des prodiges qui les en avoient détournez, augmenta beaucoup la ferveur. Elle s'accrut considerablement encore par le grand concours de ceux de l'Evêché de Vannes, qui ne s'occupant que de l'affaire de leur salut, ne pensérent plus qu'à faire la guerre à leurs propres vices.

Monsieur le Duc de Chaunes Gouverneur de la province, qui étoit accouru pour éteindre le feu de la revolte, s'il eût pû, dès les premieres étincelles qu'on en avoit vû paroître, fut informé de ces premiers succès, & pria le P. Maunoir de continuer à ramener les esprits par la conscience, pendant que de son côté il emploïeroit contre les rebelles les armes & la terreur des châtimens. Le Pere par inclination à ce que son devoir demandoit de lui dans cette rencontre, apprit que plusieurs paroisses assez éloignées de Plouguernevel, étoient sur le point de se laisser entraîner par le torrent. Heurter de front, dans ces occasions des personnes entêtées, ne sert souvent qu'à les irriter davantage, & à les faire se précipiter dans le malheur dont on veut les détourner. Au lieu donc d'aller dans ces paroisses, le Pere crut qu'il étoit plus expedient d'en faire sortir les paroissiens & de les attirer à la Mission. A cette fin il avança de huit jours la procession de Plouguernevel, après l'avoir fait annoncer dans tous les lieux suspects, afin

LE P. MAUNOIR.

28. Janvier. d'exciter la curiosité, d'occuper les esprits, & d'attendrir les cœurs, par la nouveauté & la dévotion du spectacle. Ce moïen réussit parfaitement ; de toutes les paroisses dont la fidélité chanceloit, on se rendit à la procession, & le P. Maunoir, avec le talent qu'il avoit de toucher, sçut remettre l'obéïssance dans les cœurs qui commençoient à s'en départir ; & pour prévenir le changement, à quoi ces sortes de gens sont fort sujets, il avertit à la fin de son sermon, que la communion generale pour les morts se feroit le Dimanche suivant. Cela entretint le peuple dans les pensées de pieté, & l'obligea à se confesser. Ils vinrent communier pour leurs parens défunts, & cette communion acheva de les fixer dans l'obéïssance. Le P. Maunoir ne se contenta pas d'emploïer ce que sa pieuse industrie lui suggeroit ; il s'adressa au Dieu de paix, pour le supplier de ramener la tranquilité. A ce dessein, il alla, en compagnie de quelques personnes de pieté, visiter la Chapelle de Ste. Anne auprès d'Auray, & le tombeau de S. Vincent Ferrier à Vannes, pour rendre ses prieres plus efficaces par la jonction de celles de deux intercesseurs aussi puissans.

Au retour, en passant par le Port-Loüis, il rendit compte à Mr. le Duc de Chaunes des bonnes dispositions où il avoit laissé le canton de Plouguernevel, & s'offrit à lui pour travailler, soit à persuader aux peuples de s'abadonner à la clemence du Roi, soit à résoudre à prendre en gré les supplices, & à en faire un bon usage, ceux que la Justice ne pourroit se dispenser d'y condamner. Les offres du Pere furent acceptées ; on prit encore avec lui deux autres Jesuites du College de Quimper, qu'on envoïa en divers endroits ; & le P. Maunoir accompagna Monsieur le Duc de Chaunes dans les principales paroisses des Evêchez de Quimper & de Treguer ; où la crainte de Dieu servit autant que la terreur des armes, à reduire les revoltez, & où Dieu tira du malheur public le salut de plusieurs particuliers.

Après que les troupes du Roy se furent retirées, le Pere trouva les esprits mieux disposez que jamais à recevoir avec fruit la parole de vie ; il en fit une épreuve consolante à Pontivi dans l'Evêché de Vannes, d'où il repassa dans celui de Quimper, pour faire la Mission à Plouzever, ou un gentilhomme qui l'y avoit attiré, se trouva, avec sa femme, pour prendre soin des Missionaires. Elle faisoit l'office de Marthe, & son mari servoit lui-même à table. Outre un mois de fatigue, cette Dame eut encore l'incommodité de passer les nuits dans une chambre ouverte au vent & à la pluïe, & cela dans le mois de Decembre. Lorsqu'on la pressoit de se loger mieux, elle répondoit que la sainte Mere de Dieu étoit encore plus mal logée dans l'étable de Bethléem. Elle & son mari avoient abandonné une fille malade, pour venir servir les Missionaires, & se sentoient l'un & l'autre, avant cette fatigue, fort incommodez d'une toux qui enlevoit beaucoup de monde ; cependant, par la benediction de Dieu, le pere, la mere, la fille, se trouvérent en bonne santé à la fin de cette Mission.

Dans celle de Pleiben, qui se fit en 1676. & où cinquante Missionaires furent emploïez en même tems, le P. Maunoir, qui avoit présidé à toutes les Missions ausquelles il s'étoit trouvé depuis plus de trente-huit ans, obéït à son tour, & se contenta des simples fonctions de Catechiste & de Confesseur, dont il s'acquita avec une simplicité d'Elève ; lui qui étoit un si grand maître ; ce qui fut d'un grand exemple pour tous les autres Missionaires ; sur tout pour le fameux Monsieur de la Pinsonniere, que son zéle, & peutêtre aussi la curiosité de voir le Pere, avoient conduit en Bretagne ; & qui accoûtumé à commander, prit, comme lui, le parti d'obéïr, & se contenta de la portion du travail qu'on voulut lui donner.

Avec la même modestie que le P. Maunoir avoit obéï à Pleiben, il alla présider à la Mission qui se fit à Brest, où la ferveur fut animée par la présence du Seigneur Evêque de Leon, & l'exemple d'un nouveau Missionaire que Dieu avoit accordé aux desirs & aux prieres du P. Maunoir. C'étoit Mr. de Kerisac, qui suivant les traces de son beau-pere Feu Mr. de Tremaria, s'étoit fait Prêtre, après la mort de Madame de Kerisac, & faisoit-là pour la premiere fois les fonctions de Missionaire. On voïoit, avec surprise & édification, un homme de naissance, bien fait, agréable, poli, riche de plus de vingt mille livres de rente, insulter ainsi, en quelque sorte, au monde, en renonçant à ses honneurs & ses plaisirs ; pour n'en chercher qu'à servir Dieu & procurer qu'il fût servi par les autres.

Le P. Maunoir esperoit bien être témoin du fruit que ce nouvel exemple produiroit à Quimper, où les Missionaires étoient attendus avec Mr. de Kerisac ; mais deux maladies consecutives le mirent hors d'état d'avoir part à cette bonne œuvre. A son défaut Dieu joignit à Mr. de Kerisac un autre homme de même caractere, & ce fut

28.
Janvier.
Mr. de Pontcallec.

Mr. de Pontcallec; qui après la mort de sa femme, s'étoit donné à l'Eglise, & vint s'essaïer dans cette occasion. Mr. de Kerisac ceda son emploi de Catechiste à Mr. de Pontcallec, & prit celui de prédicateur; & les instructions de l'un & de l'autre, jointes à leur exemple, persuadérent à plusieurs le mépris du monde; à tous, le soin du salut.

C'étoit ainsi que Dieu reparoit les pertes du P. Maunoir; car outre Mr. de Tremaria, la mort lui avoit encore enlevé depuis peu trois de ses meilleurs Missionaires, Monsieur Galerne Recteur de Mur, que le Pere appelloit son fils aîné, & qui en effet avoit été le premier Ecclesiastique seculier qui avoit montré aux autres l'exemple de se consacrer aux Missions, ausquelles il s'étoit attaché avec tant d'ardeur & de constance, qu'il s'étoit défait de la charge de Promoteur que Monsieur de Quimper lui avoit donnée; les deux autres Missionaires dont Dieu avoit disposé, étoient de l'Evêché de Vannes, Monsieur le Jay Recteur de Redené, & Monsieur de l'Estour Recteur de Caudan.

Mais le zéle consuma bientôt Mr. de Kerisac, & le grand âge de Mr. de Pontcallec l'obligea enfin à se borner au soin d'une paroisse. Dans ces commencemens le P. Maunoir les conduisit à Treguer & à S. Brieuc, où chacun les regarda comme des trophées de la grace. Il ne tint pas à Mr. de Kerisac qu'on n'établît un College de Jesuites à S. Brieuc; il offrit quatre mille livres de rente pour le fonder, outre les deux Canonicats attachez au College de la ville; mais ses pieux desseins ne furent pas secondez. Ce n'étoit que par obeïssance pour leur Directeur, que Mr. de Kerisac & Mr. de Pontcallec travailloient dans les villes; leur attrait étoit pour les paroisses de la campagne; & ils eurent ensuite la satisfaction d'y exercer leur zéle dans plusieurs Evêchez, où ils entrérent successivement dans l'espace d'un mois, en 1678. On établit à Lamballe un Hôpital, & deux Congregations à l'honneur de la Sainte Vierge. On en établit aussi une à Pont-trieu; & ce fut au commencement de la Mission qui s'y fit, que Mr. de Kerisac trouva la fin & la recompense de ses travaux.

Mr. de Kerisac.

Il s'échauffa & s'épuisa si fort, en faisant le premier sermon, qu'il fallut le mettre au lit aussi-tôt qu'il fut hors de la chaire; la fiévre survint, qui l'emporta au bout de quinze jours. On le regretta encore plus que Monsieur de Tremaria, parce que sa vertu avoit quelque chose de plus doux & de plus engageant; & avec lui périrent de grands projets & de grandes ressources. On porta son corps dans l'Eglise des Ursulines de Lannion qu'il avoit bâtie. Il n'y eut que le bonheur du disciple, dont il n'y avoit pas lieu de douter, qui pût consoler le maître; mais le saint Evêque de Treguer, aussi aimé que le P. Maunoir de cette foi vive qui console puissamment dans ces rencontres, éprouva cependant, à cette nouvelle, de plus pernicieux effets que lui; car on prétend que le déplaisir qu'il eut de la mort de Mr. de Kerisac, avança la sienne; au moins mourut-il quelques semaines après. On nous assure que le P. Maunoir, revenant de Pont-trieu fut averti de cette seconde perte, au moment qu'elle arriva. Il le dit au P. Martin son compagnon, & tous deux se mirent en prieres. Le P. Maunoir fondoit en larmes, & son compagnon lui marqua sa surprise, de le voir si ému, lui qu'il avoit toûjours vû si tranquille dans les plus grandes afflictions. Le P. Maunoir lui répondit: « N. S. a pleuré son ami Lazare; je puis pleurer un saint Evêque, le protecteur de nos Missions, & un parfait zélateur des ames. » Cette mort fut pour lui un avertissement, dont il profita. Persuadé qu'il ne lui restoit plus que peu d'années à vivre, il ranima toute sa ferveur, assura de plus en plus ses anciennes conquêtes, par les courses qu'il fit dans les Evêchez de Quimper, de Treguer, de Dol, de Vannes, & de Leon; forma de nouveaux Missionaires, & se proposa de faire tout le bien qu'il pourroit, pendant que les dispositions de la Providence lui en laissoient encore le tems.

28.
Janvier.

Dans la Mission de Cleden, au diocese de Quimper, où le P. Maunoir travailla pendant six semaines avec le Recteur Mr. Falchier, & trente-trois Missionaires, on fit un établissement, qui devroit être imité des autres paroisses du Roïaume, pour subvenir à la necessité des pauvres; & empêcher que personne ne mandiât. On plaça dans les maisons des riches tous ceux qui étoient en état de servir, & chacun se cotiza de son plein gré afin de faire un fonds pour la subsistance des autres.

1679.

Le Pere fut appellé dans la suite au diocese de Rennes; & il y alla d'autant plus volontiers, qu'il souhaitoit de consacrer ce qui lui restoit de forces au service d'un Evêché où il étoit né, & d'un illustre Prélat qui n'avoit pas moins de zéle pour le salut des ames, que ceux du secours desquels la mort l'avoit privé. Le centre de la Mission fut dans l'Eglise de l'Abbaïe de S. Sulpice, & toutes les paroisses des environs s'y rassemblérent. Le P. Maunoir n'assista pas à

28.
Janvier.

l'ouverture, à cause d'un voïage de Paris qu'il fut obligé de faire ; mais il rejoignit bien-tôt le P. Martin & les autres Missionaires à S. Sulpice. Il vint une si grande foule, non-seulement de peuple, mais encore de personnes de condition, donner leurs noms à la fin de la troisiéme retraite, qu'on fut obligé d'en faire une quatriéme. Plusieurs Dames de qualité qui étoient venuës se renfermer dans l'Abbaïe pour huit jours, ne pouvoient quitter un lieu si édifiant ; elles y demeuroient, les unes quinze jours, & les autres trois semaines. La pieté & l'assiduité avec laquelle toutes les Dames Religieuses assistoient aux exercices excitoient la ferveur du peuple & même celle des Missionaires, dont elles faisoient une partie des fonctions, en chantant les Cantiques, & apprenant au peuple à les chanter. Il y avoit une si grande affluence, sur tout les fêtes & les Dimanches, qu'on étoit obligé de prêcher dans la cour de l'Abbaïe. Il y arriva un jour ce qui étoit arrivé à Pedernec ; la pluïe dura pendant tout le sermon du P. Maunoir, & non-seulement personne ne se retira, pour se mettre à l'abri ; l'on ne pensa pas même à se couvrir.

Après avoir encore travaillé pendant quelque tems dans l'Evêché de Rennes, le P. Maunoir passa dans celui de Dol, & de-là il alla prêcher son dernier Carême à Crozon. Le Recteur, Mr. l'Abbé de Coëtlogon, qui avoit pour lui une veneration & une affection singuliere, voïant qu'il se ressentoit beaucoup de la caducité de l'âge & de ses fatigues passées, le pria avec de grandes instances, s'il devoit mourir bien-tôt, de laisser à sa paroisse, comme un gage de son amitié, ce corps qu'il avoit tant tourmenté pendant sa vie. Mais Crozon n'étoit pas le lieu que le Ciel avoit marqué pour la sepulture du Pere ; il en partit, pour aller emploïer ailleurs le peu de forces qui lui restoient, après avoir établi, pour entretenir la pieté des laboureurs, une confrairie de S. Isidore dans la chapelle de N. D. de Port-saint, qui est de la paroisse. Il avoit fait un cantique exprès pour engager le monde à s'enrôler dans cette confrairie, & marqué de certains jours ausquels on viendroit honorer saint Isidore ; mais pour éviter les desordres ausquels ces sortes d'assemblées ne donnent lieu que trop souvent, on étoit convenu que durant ces jours de dévotion les cabarets seroient fermez, & qu'on ne souffriroit ni danses, ni negoce.

Les dioceses de S. Brieuc & de Treguer profitérent de la santé du Pere, qui s'étoit un peu rétablie à Crozon ; mais comme il s'abandonnoit trop à son zéle, il pensa mourir, pour ainsi dire, les armes à la main, à Bourg briac. Il lui prit une foiblesse au sortir de la chaire, & il fut si mal cette fois-là, qu'un Ecclesiastique lui demanda s'il en mourroit : *Non*, dit le P. Maunoir ; *je mourrai au milieu des terres de S. Corentin*, & cette prophetie ne tarda guéres à s'accomplir.

Nous l'avons suivi jusqu'ici dans ses courses Apostoliques ; il sera bon, pour l'édification du public, de nous arrêter un moment à parler de ses vertus. Le P. Martin, qui l'accompagna durant les quinze dernieres années de sa vie, a rendu ce témoignage de lui, qu'il ne s'est jamais apperçu qu'aucune vûë humaine fût entrée dans sa conduite ; ni qu'il eût jamais rien donné à ses sens. C'est un grand éloge en peu de paroles, mais il est très-veritable. Le Pere Maunoir regardoit son corps comme un instrument necessaire aux fonctions de l'ame ; mais il n'oublioit pas en même tems que c'est un ennemi domestique ; & sur ce pied-là, il ne lui donnoit que ce qu'il ne pouvoit lui refuser. Il ne mangeoit précisément que parce qu'il falloit manger ; & se trouvoit plus de satisfaction dans une galette de bled noir, lorsqu'il étoit chez les païsans, que dans les mets les plus exquis, lorsqu'il étoit aux meilleures tables. Il ne dormoit aussi, que parce qu'il faut dormir, & lorsqu'un bon lit le mettoit en danger de passer les bornes du tems qu'il s'étoit prescrit pour le sommeil, il jettoit entre les draps une poignée de bled noir, afin que ce grain inégal & piquant le reveillât, & comme on le surprit un jour qui se préparoit cette mortification, il dit en riant, qu'il montoit son reveille-matin.

C'étoit bien malgré lui que ses austeritez secretes se découvroient quelquefois ; car il recevoit les loüanges, comme l'homme le plus vain auroit reçu des injures ; & les injures, comme le plus vain des hommes auroit reçu des loüanges. Il étoit au-dessus des bons & mauvais succès ; & parfaitement soumis à la Providence, il en recevoit toutes les dispositions avec une soumission égale. On eût dit même qu'il eût été insensible aux douleurs les plus aiguës & les plus cruelles, tant il les souffroit avec constance sans faire la moindre plainte, ni laisser échaper aucunes de ces marques de sensibilité que l'excés des souffrances arrache aux ames les plus fermes.

Les bonnes œuvres qu'il faisoit, ni les lieux où il travailloit, n'attachoient point son cœur ; au moindre signe de la volonté de son Maître il étoit prêt à quitter toutes les entreprises les plus interessantes & les plus flatteuses, pour aller où l'obéïssance

28.
JANVIER.

l'appelloit. Les Missions même, auxquelles il s'étoit si parfaitement dévoüé, il les eût quittées au premier ordre que ses Superieurs lui en eussent donné. Son Provincial fit une fois l'épreuve de son détachement là-dessus. Pour l'engager à quelque chose qu'on vouloit exiger de lui mal-à-propos, il le ménaça de le tirer de la basse-Bretagne. Quelques momens après il le vit, avec surprise, entrer dans sa chambre, le manteau sur le dos, le bâton à la main, se prosterner à ses genoux, & lui demander en quel lieu il lui ordonnoit de se rendre, parce qu'en effet il étoit prêt à partir, pour aller à pied en quelque endroit du monde qu'il eût voulu l'envoïer. Le Provincial, desarmé par une si grande soumission, & un détachement si merveilleux, le releva, l'embrassa tout en larmes, & le pria de continuer l'exercice de ses fonctions.

C'est ainsi que le P. Maunoir avoit renoncé à lui-même & à toutes les recherches de l'amour propre; mais son cœur, vuide de toutes les choses créées, étoit plein, & tout pénétré de Dieu & de son amour. Son esprit n'étoit occupé que des grandeurs de Dieu, de sa bonté, de sa misericorde, de sa justice, & de sa majesté infinie; il ne respiroit que sa gloire, & n'avoit de mouvemens que pour le servir & lui procurer des adorateurs fidéles; il ne parloit que de lui, & en parloit en homme passionné, avec les expressions les plus vives & les plus fortes. S'il traitoit de la justice Divine, il en faisoit une peinture si terrible, que l'effroi saisissoit ceux qui l'entendoient; il élevoit l'ame jusqu'à Dieu, quand on mettoit le Pere sur la grandeur & la majesté de cet Etre suprême; parloit-il de sa bonté & de sa misericorde? C'étoit d'un air si vif & si animé, qu'on se trouvoit pénétré d'amour & de reconnoissance envers Dieu.

La source de ces grands sentimens étoit l'union continuelle qu'il avoit avec Dieu. On peut dire qu'il prioit tout le jour, & son oraison n'étoit pas interrompuë par les occupations exterieures qui demandoient la plus grande application, en conversation, au confessional, en chaire, l'oraison étoit toûjours dans son cœur; enfin il n'a pû cacher à l'un de ses meilleurs amis, que Dieu lui avoit fait la grace de ne perdre jamais de vûë sa Divine présence, & de l'aimer toûjours d'un amour actuel, au milieu même de ses plus grandes occupations; & sur l'étonnement que son confident lui marqua d'une chose si extraordinaire, il lui dit avec un peu de chaleur : » Quoi ? Un « homme passioné pour une beauté mor- « telle, portera par tout l'objet de sa passion, il en sera toûjours occupé, même « en son absence, dans le tumulte du « monde, quoique peut-être elle ne pense « pas à lui ; & vous vous étonnez qu'un « Dieu éternel, avec toutes ses perfections infinies, fasse sur moi le même « effet que font sur un homme profane les « foibles attraits d'une beauté perissable ? « Vous serez surpris que j'aime sans cesse « un Dieu qui m'a aimé le premier, & « qui ne cesse point de m'aimer ! que je pense en lui, lorsque j'execute ses ordres, & « qu'il me fait part de ses plus grandes graces ? « Aussi demandoit-il, avec un grand serieux à l'un de ses Missionaires, qui se plaignoit que son attention étoit troublée en recitant une partie de son office dans des ruës où tout étoit en mouvement, c'est-à-dire, en se rendant à l'Eglise où se faisoit la Mission : est ce que la présence & la majesté de Dieu que vous priez, ne fait pas plus d'impression sur vôtre esprit, que la présence & le tumulte des hommes !

C'est dans cette union avec Dieu qu'il a puisé la lumiere prophetique, par laquelle il a vû bien des choses que les hommes ne pouvoient lui apprendre. On nous donne pour un fait constant, que préchant à Doüarnenez en 1672. le 7. de Juin, qui étoit la seconde fête de la Pentecôte, il s'arrêta tout d'un coup au milieu de son sermon, fit mettre tous ses auditeurs à genoux ; & les avertir de prier pour l'heureux succès de la bataille que les flottes de France & d'Angleterre jointes ensemble, donnoient alors dans la Manche à l'armée Hollandoise. Il avertit tout le monde de recommander particulierement à Dieu ceux de Doüarnenez qui servoient sur la flotte de France. Ensuite, avec un mouvement de zéle qui marquoit de l'inquiétude, il se mit lui-même à genoux, & chanta en homme transporté, une Stance de vers Bretons qu'il composa sur le champ pour implorer le secours celeste, & que tout l'auditoire chanta après lui. Cette priere finie, il apprit avec joïe aux auditeurs, que jusques-là Dieu avoit conservé les matelots de Doüarnenez, & qu'aucun n'avoit encore été blessé ; mais que comme le danger continuoit, il falloit continuer à demander à Dieu qu'il les protegeât jusqu'à la fin. Ensuite il reprit son discours, & l'interrompit encore plus d'une fois, pour exhorter tout le monde à augmenter la ferveur de leurs prieres. On apprit à quelques jours de là, qu'en effet la flotte Hollandoise avoit été battuë par celle d'Angleterre & de France commandées par le Duc d'York Jacques,
depuis

depuis Roi d'Angleterre II. du nom, & par le Comte d'Estrées, depuis Maréchal de France ; que le tems auquel le feu avoit été le plus grand, étoit précisément celui auquel le Pere prêchoit ; qu'alors les matelots de Doüarnenez couroient le plus de risque, à cause que les vaisseaux où ils se trouvoient étoient aux prises avec les ennemis ; enfin qu'aucun de ses matelots n'avoit été tué, ni même blessé. C'étoit ainsi que Dieu reveloit souvent à Mr. le Nobletz, pendant qu'il prêchoit, les choses cachées, éloignées, ou futures ; & le P. Maunoir son digne successeur, étoit souvent remarqué, comme l'avoit été Mr. le Nobletz, lever la tête & les yeux en haut, en prêchant, comme s'il eût vû, ou entendu quelqu'un qui lui eût parlé.

Son humilité parfaite le mettoit hors du danger de s'élever de ses revelations ; & sur ce point, le saint Evêque de Treguer, dont nous avons parlé, qui avoit assez étudié le Pere, pour sçavoir qu'elles étoient ses vertus, disoit que ce qu'il admiroit le plus du P. Maunoir, n'étoit pas tant ses prodiges & le fruit de ses Missions, que sa douceur, & son humilité, qui le rendoit insensible aux acclamations & à la veneration des peuples. Selon le Pere, toutes les traverses étoient de justes punitions de ses fautes ; tous les succès, de pures graces de la liberalité Divine ; il ne se croïoit capable que de gâter tout dans les bonnes œuvres dont il étoit le ministre ; & il étoit interieurement & sincerement persuadé, que les Missions qui devoient le mieux réüssir, étoient celles où il ne se trouvoit pas ; & tant que le P. Bernard a vécu, il lui a toûjours attribué les guérisons surnaturelles qui se faisoient dans les Missions.

Mais cet humble Chrétien, qui étoit bien persuadé qu'il ne pouvoit rien par lui-même, se croïoit capable de tout avec le secours de Dieu. Ainsi dès qu'une entreprise lui paroissoit importante pour la gloire de Dieu, il la formoit avec confiance, & les difficultez qui se présentoient dans l'execution, ne faisoient qu'accroître son courage. A cette disposition heroïque, il joignoit une dexterité admirable, qui a paru dans la maniere avec laquelle il a sçû ménager les esprits ; instruire quelquefois des paroisses, par ordre des Evêques, contre l'inclination des Recteurs, & même des Seigneurs, sans choquer ni les uns ni les autres, & quelquefois en les gagnant tous ; inspirer le zéle des ames à des Ecclesiastiques, accoûtumez au moins à une vie très-oisive ; les soûtenir dans le travail, les contenter, leur faire trouver du plaisir dans les fonctions les plus laborieuses.

Sa prudence, sa dexterité, l'innocence de sa vie, n'ont pas empêché qu'il n'ait essuïé les contretems les plus fâcheux, les calomnies les plus atroces, les plus cruelles persecutions ; mais rien de tout cela n'a jamais donné la moindre atteinte à sa moderation, ni alteré la patience invincible avec laquelle il possedoit son ame. En quarante-deux ans qu'il a été exposé aux yeux de tout le monde, dans le cours d'une vie Apostolique, on lui a toûjours vû le même visage, la même douceur, & une parfaite egalité. Il ne sçavoit qu'une chose, disoit-il, qui pût lui faire de la peine ; c'étoit si l'on venoit à casser les Missions & en abolir l'usage ; mais il ajoûtoit, que dans une occasion si triste, il croïoit que Dieu lui donneroit la force de le benir, & de conserver la paix de l'ame, quand même ce malheur seroit arrivé par sa faute, parce qu'alors il se seroit humilié devant Dieu, & lui auroit demandé pardon, avec beaucoup de confiance, mais sans aucun trouble.

Ce qui maintenoit son ame en cette assiette inalterable, c'est qu'il n'avoit point d'autre volonté que celle de Dieu, & qu'il pouvoit dire avec N. S. *Je fais toûjours ce qui lui est agreable.* Bien-loin que sa patience fût ébranlée par les disgraces, les mauvais traitemens, les persecutions, les contradictions ; il les recevoit comme des graces particulieres dont Dieu se servoit pour épurer son amour & pour contenter la soif qu'il avoit des souffrances ; & c'est pour cela que les endroits où il a le plus souffert, sont marquez dans ses écrits, comme les endroits où Dieu lui a fait de plus grandes faveurs.

Une de celles dont il le remercioit le plus affectueusement, étoit de l'avoir fait le Missionaire des pauvres. Il prenoit plaisir à vivre avec eux, & voïoit les grands du monde & les riches du siécle, seulement par devoir & par necessité. Il étoit pauvre lui-même & d'inclination & d'effet ; il n'y avoit rien dans ses habits, dans ce qui étoit à son usage, & dans sa nourriture, qui blessât la pauvreté la plus exacte. Il faisoit ses voïages à pied, son sac sur le dos, comme les pauvres ; & lorsqu'il n'eut plus la force de les faire entierement à pied, il en faisoit au moins une partie, & ne prit qu'un seul cheval pour lui & pour son compagnon. Ce fut par ce même principe d'amour pour la pauvreté, que mourant dans la maison du Recteur d'une paroisse alors très-pauvre, il voulut y être inhumé comme les pauvres, & parmi eux, afin de leur donner encore après sa mort cette marque de son affection.

Aaaa

28.
JANVIER.

Il joignit des mortifications continuelles aux travaux d'une vie penible, afin de pouvoir être préfenté à l'époux celefte comme une vierge chafte & fans tache ; & ces mortifications, comme nous l'apprenons de fes écrits, étoient la ceinture de fer, la difcipline, le cilice, la haire, de la fcieure d'ais dans les bas, des orties fur les cuiffes & fur les jambes, fe faire dégouter de la cire brûlante fur la chair nuë ; fe ferrer les bras, les cuiffes, & les jambes, avec de petites cordes noüées ; ne chercher point de foulagement contre le grand chaud en été, & le grand froid en hiver ; coucher fur la dure, ne manger que du pain bis, lorfqu'il fe nourriffoit lui-même. C'étoit là avec quoi il avoit réfolu de mortifier fa chair, & ce qu'il a pratiqué, jufqu'à ce que fe trouvant engagé à vivre avec des Ecclefiaftiques, il retrancha des macerations qu'il s'étoit préfcrites, ce qui étoit incompatible avec une vie commune ; & celles qui à caufe de fes grandes maladies lui étoient devenuës impraticables.

Il fut affligé d'une goûte très-douloureufe, qu'il fupporta non-feulement fans fe plaindre, mais encore avec joïe ; & la feule fois de fa vie qu'il a parlé de fes douleurs, pour en faire une legère peinture, il le fit avec le même air de fatisfaction qu'auroit eu un homme de plaifir à parler de la fête la plus agréable. Dans un autre occafion où il fouffroit extrémement, il ne voulut point fouffrir que le P. Martin paffât la nuit auprès de lui, le pria de fe retirer, & lui dit : « laiffez-moi avec la « croix de N. S. c'eft une bonne compa-« gnie. »

Nous ne parlerons point de fa grande ardeur pour le falut des ames ; toute fa vie nous dit de refte, que s'étoit à cela feul que tendoient toutes fes penfées, toutes fes paroles, & toutes fes démarches. Il fembloit même que toutes fes vertus fuffent changées en zéle, de la maniere qu'elles concouroient à la converfion des pecheurs. Sa douceur les gagnoit ; la compaffion qu'il leur témoignoit, leur ouvroit le cœur ; fa prudence apportoit à leurs maux les remedes convenables ; fa patience & fon courage vainquoient la refiftance que les malades volontaires apportoient à leur guérifon ; la défiance qu'il avoit de fon habileté, l'obligeoit à confulter Dieu ; fa confiance en lui attiroit fes graces fur les pecheurs ; il comptoit pour rien tous les travaux, méprifoit tous les perils, & la mort même, pourvû qu'il aidât à fauver fon prochain. Que n'a t-il point fait pour inftruire les peuples, & les mettre dans la voïe de falut ? Il n'y a feulement qu'à confiderer fes courfes. Comme le hazard arrangeoit fes Miffions, & comme il alloit dans les lieux où il étoit appellé, il eft fouvent arrivé qu'il a fait dans une même année la Miffion dans les Evêchez de Bretagne les plus éloignez les uns des autres. Mais fes voïages penibles & continuels n'avoient pas le feul merite de la fatigue entreprife pour travailler au falut des ames ; c'étoient des voïages fur le modéle de ceux de J. C. & des Apôtres. Le P. Maunoir ne trouvoit point de petit Pâtre à la campagne, à qui il ne fit le catechifme ; il n'entroit dans les châteaux qui étoient fur fa route, que pour annoncer les paroles du falut à ceux même qui ne les demandoient pas ; dans les villes & dans les bourgs où il paffoit, il alloit à l'Eglife, & auffi-tôt les enfans & le peuple s'affembloient autour de lui ; alors il chantoit des cantiques, inftruifoit, prêchoit, confeffoit jufqu'à la nuit, & quelquefois même pendant la nuit entiere ; & comme s'il fe fût délaffé dans le fervice qu'il rendoit à fes freres, il continuoit fon chemin, fans avoir prefque pris de nourriture ni de repos. Pour foulager fes Miffionaires, il en changeoit ordinairement à chaque Miffion ; mais pour lui, il travailloit fans relâche, au moins dix mois de fuite chaque année. La vie qu'il menoit durant les deux autres mois qu'il paffoit à Quimper, pourroit être regardée, non comme une efpece de repos, quoiqu'il lui donnât ce nom, mais comme une grande fatigue, fi celle des Miffions ne l'avoit furpaffée.

Il ne faut pas oublier, au nombre de fes utiles travaux, la peine qu'il prit de compofer une Grammaire Bretonne & deux Dictionaires de cette langue. Il fit imprimer ces livres, pour mettre les Recteurs à qui cette langue étoit inconnuë, en état d'inftruire eux-mêmes leur paroiffes & faciliter aux Ecclefiaftiques qui avoient du zéle pour les Miffions de la baffe Bretagne, le moïen d'y travailler avec fruit. Il mit auffi le précis de fes inftructions dans plufieurs petits livrets qu'il eut foin de répandre par tout, pour empêcher que ce qu'il enfeignoit durant les Miffions, foit aux Prêtres dans les conferences, foit au peuple dans les catechifmes & les prédications, ne vint à s'effacer peu-à-peu. Les principaux de ces petits livrets font, l'un : *le chemin de la penitence*, qui trace aux penitens la maniere de faire une bonne confeffion, & aux Confeffeurs la méthode d'adminiftrer le Sacrement de penitence felon les regles de la fcience & de la prudence Chrétienne ; & l'autre : *l'abregé de la fcience du falut*, qui renferme toute la doctrine Chrétienne expliquée en prose par des demandes & des réponses ; & en vers, par des Cantiques ; excellent livre, que Monsieur du Loüet Evéque de Quimper, & Monsieur de Coëtlogon après lui, ont donné à leur peuple comme le catéchisme du diocese. Il y a aussi du P. Maunoir, outre tous ces Cantiques, & particuliérement celui qui apprend à méditer sur les mysteres de la Passion du Sauveur, un traité imprimé, *De l'oraison mentale*, dont Dieu s'est servi pour élever à la vie interieure de simples bergers, & de simples bergeres qui en gardant leurs troupeaux s'occupent des perfections du Créateur & des veritez les plus sublimes de la Religion.

Mais quelque industrie que cet homme si zélé emploïât pour servir le prochain, il ne comptoit que sur la priere. Il disoit au moins deux fois chaque jour l'oraison Latine que S. François Xavier a composée pour demander à Dieu la conversion des ames. A l'Autel, lorsqu'il tenoit entre ses mains l'hostie salutaire, il conjuroit ardemment le Divin Sauveur caché sous ces especes visibles, de se souvenir qu'il s'étoit fait victime de propitiation pour les pechez de tout le monde. Il engageoit toutes les bonnes ames à joindre leurs prieres aux siennes, pour obtenir misericorde aux pecheurs; & cette vûë charitable étoit le principal objet de sa dévotion à la Sainte Vierge, à S. Michel, aux bons Anges, à S. Joseph, à S. Corentin, à S. Julien son patron, à S. Ignace, & à S. François Xavier, qu'il prioit assidûment de lui aider à étendre l'Empire de J. C.

On le regardoit comme un Saint, lui-même, par tout où il passoit, non seulement les enfans, mais encore les personnes plus âgées, se mettoient à genoux devant lui, & lui demandoient sa benediction, on lui amenoit les malades, & il en guérissoit un grand nombre, comme l'a témoigné par un écrit public feu Mr. l'Evêque de Quimper. La veneration que l'on avoit pour le P. Maunoir croissoit toûjours, à proportion qu'il avançoit en âge. Sur la fin de sa vie, les barbiers qui lui faisoient le poil, n'en laissoient rien perdre, & ceux à qui ils en donnoient, les en remercioient comme d'un présent très-considerable. On apportoit aux Chirurgiens qui le saignoient, des linges fort propres, afin qu'ils les trempassent dans son sang, & ces linges ont servi, avant & après sa mort, comme on nous l'assure, à rendre la santé à beaucoup de malades.

Les derniers travaux du P. Maunoir, urent ceux qu'il donna à deux paroisses de l'Evêché de Quimper, Provenezel & Serignac. Quand il arriva dans celle-ci, l'on se ressouvint qu'il avoit promis, plusieurs années auparavant, qu'il y feroit encore une fois des instructions avant que de mourir ; & cela fit juger que sa mort n'étoit pas éloignée. Cette persuasion augmenta l'empressement du peuple ; tout le monde vouloit avoir ses avis, & se confesser à lui ; mais ses forces ne répondoient plus à sa charité, & il fallut qu'il renonçât au travail. Cependant, après une interruption de quelques jours, il crut pouvoir faire de nouvelles entreprises. Il s'engagea d'instruire Plouïé près de Carhais, & étoit allé à S. Brieuc, pour ménager encore une Mission qu'il avoit dessein de faire dans la petite ville d'Uzel ; mais il fut averti interieurement de retourner sur ses pas. Il dit au P. Martin, que le S. Esprit le pressoit incessamment de rentrer dans les terres de S. Corentin ; & ils partirent à l'heure même. Ils passerent par le Quillio, où le P. Maunoir vit pour la derniere fois Monsieur Priat l'un de ses meilleurs amis & de ses plus zélez Missionaires, & une sainte fille nommée Jeanne Houssaïe, qu'il conduisoit depuis long-tems dans la vie interieure. De-là, passant à Plouguernevel, il voulut, tout incommodé qu'il étoit, y faire encore une fois les fonctions de Missionaire. Ce fut-là qu'il fit son dernier sermon & son dernier catechisme, & y laissa son bonnet & son surplis, comme s'il eût voulu leguer son Esprit Evangelique au Seminaire qu'il y avoit établi par ordre de son Evêque & à des Missionaires formez de sa main. Bien qu'il fût très-foible, il eut le courage d'aller jusqu'à Plevin ; mais il ne passa pas outre, & acheva dans une paroisse dédiée à la Sainte Vierge, une vie Apostolique dont le dessein lui avoit été inspiré auprès d'une Chapelle dédiée à la Mere de Dieu.

Mr. Canant Recteur de Plevin, l'un des plus zélez Missionaires que le P. Maunoir eût formez, le reçut avec joïe, & lui rendit toutes les assistances possibles. Dès que le P. Maunoir fut au lit, il lui prit, avec la fiévre, un grand mal de côté, dont on eut de la peine à tirer l'aveu de lui, parce qu'il ne vouloit pas troubler le repos de Mr. Canant & du P. Martin. Il ne se leva point le lendemain pour dire la Messe, & l'on jugea de-là qu'il étoit bien plus mal qu'on ne pensoit. Mr. de Kerloüet Gouverneur de Carhais, & sa femme, aïant appris la maladie du Pere, vinrent le voir, & lui offrir leur maison, qui n'étoit pas éloignée. Mais il les remercia, & dit

28.
Janvier. ensuite à M⁰. Canant, qu'un Religieux qui avoit fait un vœu de pauvreté, devoit éviter les grandes maisons, où regnent l'abondance & les aises de la vie ; & que pour lui il se trouvoit beaucoup mieux au Presbytere de Plevin, qu'au château de Kerloüet. Le P. Martin le quitta par necessité, pour aller ouvrir la Mission à Plouïé. Le P. Maunoir se trouva beaucoup plus mal au commencement de son troisiéme accès ; ce qui obligea d'en donner avis à Quimper. Aussi-tôt Madame de Pratelas, la mere & la ressource des Missionaires, en partit, avec le meilleur medecin du païs, & un Pere du College, pour se rendre auprès du malade. Le medecin jugea que le mal étoit une Peripneumonie, & que le peril étoit fort grand. Madame de Pratelas se mit à pleurer ; mais le Pere lui dit d'un ton ferme. « Madame ! priez Dieu. Joignez « donc, lui, dit-elle, vos prieres aux mien-« nes, afin que Dieu vous rende la santé. » Le malade, reprenant sa douceur ordinaire, dit : « Madame ! Dieu ne nous a pas « consultez lorsqu'il nous a mis au monde, « il ne nous consultera pas non plus, lors-« qu'il voudra nous en retirer. » Le mal devenoit tous les jours plus fâcheux, & cette Dame s'affligeoit beaucoup ; le Pere la pria de s'en retourner, & la prépara, par des motifs très-Chrétiens, à se soumettre à tout ce qui plairoit à Dieu d'ordonner de lui. Il fit sa derniere confession au Pere qu'on lui avoit envoïé de Quimper, & se prépara à recevoir le Viatique. Il oublia les interests du corps, & s'abandonna à la ferveur de l'esprit ; son visage étoit plus enflammé de l'ardeur de l'amour Divin, que du feu de la fiévre. Avec l'agrément du Recteur de Plevin, il reçut le Viatique de la main du Religieux qui l'avoit confessé. Après une courte, mais fervente action de graces, il demanda le cierge beni, & le tenant à la main, fit la profession de foi, & renouvella les promesses du Baptême, avec de si grands transports d'amour, & d'un ton si animé, qu'on fut obligé de l'avertir qu'il augmentoit considerablement sa fiévre. Il se teut aussi-tôt ; mais quelque violence qu'il se fit pour obéir à ceux qui l'avertissoient de ne point parler, il lui échapoit de tems en tems des traits embrasez, qui faisoient voir quelle étoit la violence du feu celeste dont il brûloit ; ses expressions étoient tirées de ce qu'il y a de plus animé dans S. Paul, & de plus tendre dans les Hymnes de l'Eglise. Il demanda l'Extrême-onction, quand il en fut tems, & pria M⁰. Canant de trouver bon qu'il l'a reçut du même Pere qui lui avoit donné le Viatique. Il recommanda à celui-ci de prononcer les prieres un peu haut, afin qu'il pût les entendre & y répondre. En effet il répondit à toutes d'une maniere si vive & si tendre, qu'il tira les larmes des yeux de tous les assistans. S'abandonnant ensuite à sa pieté, il forma des actes de foi, d'esperance, de charité, de contrition, d'humilité, de soumission, & des autres vertus, dont la pratique lui étoit aisée à la mort, après lui avoir été si familiere durant toute sa vie. Le bruit de sa maladie répandu dans les lieux les plus éloignez de Plevin, attira auprès de lui, de toutes parts, des Ecclesiastiques & des personnes de toutes conditions, qui venoient donner à leur bon Pere mourant les dernieres marques de leur respect & de leur attachement, & lui demander sa benediction. Monsieur l'Evêque de Quimper l'avoit envoïé visiter dès le commencement de sa maladie, & lui avoit fait offrir tous les secours dont il auroit besoin. Le malade recevoit également tout le monde, & ménageoit encore ces derniers momens pour l'avancement du regne de J. C. en donnant à chacun les avis qui lui convenoient, selon son état ; il aspiroit sur tout à former toûjours de nouveaux Missionaires, & porta si efficacement à cet emploi le Pere qui lui avoit administré les derniers Sacremens, que celui-ci aïant appris le Breton, fut depuis le compagnon du P. Martin, & mourut quelques années après dans les exercices d'une si sainte fonction. Le medecin qui étoit auprès du P. Maunoir regardoit comme un miracle, qu'une maladie qui cause le délire, laissât au malade un jugement si sain, & tant de présence d'esprit. Il ne parut d'embarras dans son cerveau, qu'un jour avant sa mort ; mais l'on n'en jugea que par quelques paroles sans suite, qui pouvoient avoir de la liaison avec des pensées qu'il n'exprimoit pas. On mettoit de ce nombre, ce qu'il dit par deux fois très distinctement, à un Ecclesiastique nommé Richer, connu en Bretagne sous le nom de M⁰. de Coethal, qui recitoit son office auprès du malade : *donnez un chaize à M⁰. le Nobletz.* On s'apperçut par une inquietude de quelque durée, qu'il souffroit un combat interieur ; il pria les assistans de faire le signe de la Croix ; & on lui présenta le Crucifix, en disant : *voilà la Croix du Seigneur ; ennemis, fuïez loin d'ici.* Il prit le Crucifix avec beaucoup d'empressement, & quand il l'eut appliqué sur son cœur, on vit revenir le calme & la tranquilité, dont il joüit depuis jusqu'au dernier soupir de sa vie. Quelques heures avant que de mourir, il demanda le Pere

28.
JANVIER. Martin. On lui dit qu'il étoit occupé, pour la gloire de Dieu, à une Mission qu'il avoit commencée. Il en eut de la joïe, & lui laissa, pour gage de son amitié, la Croix qu'il portoit sur son cœur. Il vouloit qu'on lui présentât souvent le Crucifix, & l'embrassoit toûjours fort tendrement ; il exhortoit même tous les assistans à aimer le Sauveur, & disoit avec force : *vivons & mourons pour Jesus, qui a vécu, & qui est mort pour nous.* Il continua de même à exhorter les assistans, jusqu'au dernier quart d'heure de sa vie, & l'on peut dire qu'il faisoit encore la fonction de Missionaire en mourant. Sa ferveur & sa joïe augmentoient, à mesure qu'il approchoit du terme ; ce n'étoit plus qu'élancemens d'amour, & que saintes aspirations, jusqu'à ce qu'enfin il perdit la parole, & un quart-d'heure après il rendit l'esprit, le 28. de Janvier, de l'an 1683. à l'âge de soixante-dix-sept ans, dont il en avoit passé cinquante-huit dans la compagnie de Jesus, dont il étoit Profez ; & de ces cinquante-huit ans il en avoit emploïé quarante-deux aux Missions de la basse-Bretagne.

1683.

Sa mort fut si tranquille, qu'il étoit expiré, qu'on le croïoit encore vivant. Aussi-tôt qu'on fut assuré qu'il avoit quitté cette vie mortelle, tous ceux qui étoient présens se mirent à genoux, se recommandérent à lui, & lui baisérent les mains. On se jetta sur les choses qui avoient été à son usage, le medecin comme les autres, & on les garda comme des Reliques ; dont nous d'écririons ici les effets attestez, si toute la vie du P. Maunoir ne rendoit pas en sa faveur un témoignage plus sûr & plus éloquent, que les prodiges même que l'on attribuë à l'usage de ces précieux restes.

Quelques heures après que le P. Maunoir fut expiré, le P. du Demaine qui l'avoit assisté à la mort, signifia au Recteur de Plevin, que dès le commencement de la maladie du saint Missionaire, Monsieur l'Evêque de Quimper, les Chanoines de l'Eglise Cathedrale, & le P. Recteur du College, étoient convenus que le corps seroit enterré dans la Cathedrale, & le cœur mis dans la Chapelle des Jesuites. En même tems il lui donna une lettre du Prélat, par laquelle il défendoit, sous peine d'excommunication, qu'on s'opposât à ce que le corps fût transporté à Quimper. Le même Pere donna avis de la mort du P. Maunoir au Seigneur Evêque & au Chapitre de Quimper, & fit ouvrir le corps, pour avoir le cœur, qui fut décemment enveloppé & enfermé. L'on trouva la capacité du côté droit de la pleure toute remplie d'eau ; ce qui fit dire au medecin, que le Pere étoit mort d'une hydropisie superieure. Le corps du P. Maunoir étoit aussi souple & aussi maniable, douze heures après sa mort, que s'il eût été encore en vie ; ce qui parut miraculeux au medecin & au chirurgien, vû les circonstances du tems (c'étoit au mois de Janvier) & du grand âge du mort.

28.
JANVIER.

Quand on eut appris dans les paroisses voisines, & à Carhais, la mort du P. Maunoir, on vint en foule à Plevin, & tant de monde souhaitoit de voir son corps, qu'on fut obligé de le revêtir des habits sacerdotaux, pour l'exposer à la vûë & à la devotion du public, où il demeura deux jours. On eut bien de la peine à sauver l'aube & le chasuble dont il étoit revêtu, de la pieuse avidité avec laquelle on se vouloit saisir de ce qui avoit servi au P. Maunoir ; mais on ne peut empêcher que tout le monde ne fît toucher & Heures & Chapelets aux mains & aux habits du saint homme, & qu'on ne lui adressât des vœux avec confiance.

Le 29. de Janvier, après midi, le bruit se répandit que le corps seroit enlevé de Plevin, par ordre de Monsieur l'Evêque, & inhumé dans la Cathedrale. Aussi-tôt ceux du bourg se liguérent avec tous leurs voisins, pour s'opposer à cet enlevement ; convinrent qu'ils se trouveroient tous le lendemain de grand matin, en armes, au Cimetiere de la paroisse ; & en attendant, qu'on feroit le guet la nuit, pour avertir les autres, en cas qu'on voulût enlever le corps. La nuit même du 29. fort tard, Monsieur Callier Grand-Vicaire, accompagné seulement du Vicaire de Coré, arriva à Plevin, avec commission du Prélat & du Chapitre. Comme on ne lui vit point d'équipage propre à faire le transport, on le laissa passer. Il descendit au logis du Recteur, & voïant un grand calme par tout, il s'imagina qu'il executeroit aisément sa commission le lendemain. Mais il fut bien surpris le matin, lorsqu'il apperçut les païsans armez, qui faisoient la garde devant le Presbytere, & qui disoient : « Non, « non, on ne nous enlevera pas nôtre bon « Pere. Si on l'enterroit à Quimper, ce se- « roit comme le P. Bernard ; il ne feroit « point de miracles ; & il en fera ici. « Pour surmonter cet obstacle, le Grand-Vicaire emploïa successivement deux moïens que son Evêque lui avoit mis entre les mains. Il alla d'abord à Kerloüet présenter une lettre du Prélat au Gouverneur de Carhais, par laquelle il lui demandoit main-forte,

28.
Janvier. Monsieur de Kerloüet, qui sçavoit combien il est dangereux de revolter des païsans bas-Bretons, jugea que la voïe de la persuasion étoit la seule qui convint dans cette rencontre; & pour l'emploïer il se rendit à Plevin, avec le Grand-Vicaire. Madame de Kerloüet s'y rendit aussi, & pendant que son mari exhortoit d'un côté les païsans à se soumettre aux ordres de leur Evêque, cette Dame, secondée secretement du Recteur de Plevin, suggeroit beaucoup plus efficacement le contraire. Le Grand-Vicaire, voïant ce contraste, eut recours au dernier remede, qui fut de faire signifier au peuple par le Vicaire de Coré Missionaire Breton, les ordres de Monsieur l'Evêque, & déclarer excommuniez tous ceux qui y contreviendroient. Les païsans ne crurent pas, que donner la sepulture à un Saint, fût un crime qui meritât l'excommunication; ils ne furent point étonnez de la menace qu'on leur en faisoit, & protesterent hautement qu'on leur ôteroit plûtôt la vie, que leur bon Pere. Alors le Grand-Vicaire, voïant qu'il ne pouvoit vaincre leur opiniâtreté, desespera du succés de l'entreprise dont il étoit chargé, & entra dans l'Eglise, à dessein d'y dire une Messe basse pour le défunt. Comme il s'habilloit, on vint lui dire, que si les Prêtres ne portoient le corps à l'Eglise, & ne l'enterroient au plûtôt, les Paroissiens de Plevin étoient résolus de l'y porter eux-mêmes & de l'enterrer. Sur cela Mr. de Kerloüet fut d'avis qu'on fît l'enterrement, pour contenter le peuple, sauf à enlever le corps durant la nuit, & le transporter secretement à Quimper. Le Grand-Vicaire emporté par un mouvement interieur qui ne lui laissa pas le tems de déliberer, alla à l'Autel, chanta la Grand-Messe, & fit l'enterrement avec les cérémonies ordinaires. Les païsans, qui se doutoient du projet de l'enlevement, firent cacher un homme dans l'Eglise, pour leur en ouvrir une porte qui ne fermoit que par dedans, & tandis que le Grand-Vicaire & le Recteur de Plevin dinoient à Kerloüet, ils entrérent dans l'Eglise, mirent sur la fosse une grande pierre en forme de tombe, & demeurérent-là armez, pour garder le sepulcre; en sorte que le Grand-Vicaire, au retour de Kerloüet, n'eut plus d'autre parti à prendre, que de protester de violence, & de s'en retourner à Quimper rendre compte au Prélat & au Chapitre de l'impossibilité où il s'étoit trouvé d'executer les ordres qui lui avoient été donnez.

On ne put emporter que le cœur du P. Maunoir. Le P. du Demaine l'aïant fait enveloper dans une espece d'écharpe de taffetas, le pendit à son coû, & s'étant joint au Grand-Vicaire, porta ce précieux dépôt au College de Quimper. Quand on approcha de la paroisse de Coré qui est sur le chemin, l'on sonna toutes les cloches; les Ecclesiastiques & tout le peuple allérent au-devant en procession, & l'on rendit au cœur les mêmes honneurs qu'on s'étoit disposé à rendre au corps. Monsieur l'Evêque alla reverer ce précieux reste, aussi-tôt qu'on l'eut apporté au College; on enferma ce sacré dépôt dans une boîte de plomb en forme de cœur, & aprés un service auquel toute la ville assista, on le mit au milieu du balustre sous une plaque d'argent, vis-à-vis du tabernacle.

28. Janvier.

On ne pensa plus à enlever le corps de l'Eglise de Plevin; on y fit tranquillement pour le défunt huit grands services de suite, ausquels se trouvérent beaucoup d'Ecclesiastiques, & une grande affluence de peuple; & au dernier service, Monsieur Falchier Recteur de Cleden-Poher fit avec beaucoup d'éloquence l'oraison funébre à la loüange du P. Maunoir, qu'il appella plusieurs fois le Pere & l'Apôtre de la basse-Bretagne.

Le sepulcre de ce grand homme ne tarda guéres à devenir glorieux, par le concours d'un nombre infini de pelerins, & par l'operation de toutes sortes de guérisons qui se sont faites dans presque toutes les paroisses de la basse-Bretagne, par l'intercession du Pere. De quelque endroit que ce soit, où l'on ait éprouvé son assistance, on n'a pas manqué de venir à son tombeau en rendre graces à Dieu, & déclarer au Recteur de Plevin toutes les circonstances des faveurs qu'on a reçuës; & le Recteur, qui est Notaire Apostolique & Commissaire de Mr. l'Evêque de Quimper à cet effet, en tient un Registre fidéle, qui fait un honneur infini à la memoire du Pere Maunoir.

MESSIRE LOUIS EUDO de Kerlivio, Prêtre, Recteur de Plumergat, & puis de S. Patern, Grand-Vicaire des Evêques de Vannes, & Fondateur de la maison de Retraite pour les hommes, à Vannes.

Decedé 21. Ma 1685.

XVII. SIECLE.

LA famille des Eudo est ancienne dans Hennebond, a eu des alliances considerables, & a donné des Conseillers à la

Tiré de vicimprim en 1695.

Cour de Parlement de la Province. François Eudo, & sa femme Olive Guillemoto, qui vivoient au commencement du siécle passé, étoient riches, vertueux, & charitables. Ils eurent quatre enfans de leur mariage, trois garçons & une fille. Celle-ci mourut fort jeune. Le second fils entra dans l'Ordre des Carmes ; le dernier de tous a laissé un fils unique, à présent Conseiller au Parlement de Bretagne ; l'aîné, dont nous écrivons la vie, naquit le 14. de Novembre de l'an 1621. & fut baptisé le même jour dans l'Eglise paroissiale de S. Caradec, & reçut à la regeneration le nom de Loüis. Il fit ses humanitez à Rennes, & sa philosophie à Bourdeaux, & commença à son retour à Hennebond, à voir le grand monde, où beaucoup d'aimables qualitez le faisoient distinguer agréablement. Il avoit l'esprit vif & solide, l'humeur complaisante, une belle éducation, bonne mine ; il sçavoit la musique, joüoit de toutes sortes d'instrumens, chantoit & dansoit en perfection, & faisoit une belle dépense.

Son cœur ne demeura pas sans passion ; il fut captivé par la beauté d'une jeune Demoiselle sans fortune, & son attachement l'entraina jusqu'à lui promettre de l'épouser. Son pere & sa mere n'obmirent rien pour le guérir de cette passion, & lui défendirent enfin de voir la personne qui l'avoit causée. Cette défense lui causa un chagrin mortel. Pour éviter d'en donner aussi à son pere & à sa mere par sa desobéissance, il résolut de faire un voïage, qu'on lui permit d'autant plus volontiers, qu'on crut que l'éloignement le guériroit de sa passion. Il alla à Paris, & pendant le séjour qu'il y fit, la Demoiselle, moins constante que lui, en épousa un autre. Ses parens lui en donnérent avis aussi-tôt, avec ordre de revenir incessamment, pour s'établir, selon les desseins qu'ils en avoient formez. Dieu en avoit d'autres, & commença dès-lors à les lui faire connoître.

Il ouvrit les yeux à la lumiere celeste, & dégoûté pour jamais du monde, il pria ses parens, sans leur découvrir pourtant sa pensée, de lui permettre de demeurer encore quelque tems à Paris. Il passa six semaines en solitude chez les Carmes des Billettes, sous la conduite du P. Donatien de S. Nicolas, homme fort éclairé dans la vie spirituelle, qui l'assura que Dieu l'appelloit à l'état Ecclesiastique, & non pas à la Religion. Résolu, suivant les avis d'un si sage Directeur, de se donner à Dieu dans l'état du Sacerdoce, il alla se présenter au Seminaire des Bons-enfans, où il fut reçu par Mr. Vincent de Paul Instituteur de la Congregation des Missionaires de S. Lazare. De-là il fit sçavoir sa résolution à son pere & à sa mere, qu'il supplia de leur donner leur agrément & leur benediction. A cette nouvelle, qui les pénetra de la plus vive douleur, ils lui écrivirent, qu'ils lui refusoient ce qu'il leur demandoit, & emploïérent toutes les expressions les plus touchantes pour le détourner de son dessein. Il demeura ferme, & entrant dès-lors dans cette voïe d'austerité, d'abnegation de lui-même, de mépris du monde, & de recuëillement, qu'il n'a jamais quittée depuis, il y fit de si grands progrès, que Mr. Vincent disoit : que dès ce commencement il avoit égalé les plus fervens Religieux ; & qu'il ne meritoit pas de le conduire ; & que s'il vivoit long-tems, il arriveroit à un très-haut dégré de perfection.

C'étoient les dispositions dans lesquelles Monsieur de Kerlivio reçut les ordres sacrez, à la vingt-quatriéme année de son âge ; & le même jour qu'il dit sa premiere Messe, il fit un discours de pieté aux Ecclesiastiques du Seminaire. Il y demeura encore quatre ans depuis, & continua ses études de Theologie sous les professeurs de Sorbonne, sans aucun dessein cependant d'y prendre des Dégrez, quoique son pere le souhaitât. Il disoit que cela n'étoit point necessaire pour la vie qu'il avoit résolu de mener, qui étoit de faire le catechisme aux enfans, & d'assister les pauvres. Mais Mr. Vincent voïant que le pere de Monsieur de Kerlivio vouloit absolument qu'il prît des Dégrez, obligea son Disciple d'obéir. Celui-ci eut le merite de l'obéissance devant Dieu, qui lui tint compte de ses dispositions ; mais il n'acheva pourtant point sa licence, parce que sa mere déceda, & son pere le rappella en Bretagne.

Son changement surprit tout le monde à Hennebond, & l'on cherchoit avec étonnement, dans ce Prêtre modeste, recuëilli, solitaire, ce Cavalier si enjoüé, si agréable, qui quelques années auparavant faisoit les délices des assemblées. Monsieur de Kerlivio, absolument détaché de toutes les vanitez & de tous les amusemens du siécle, s'occupoit toute la matinée à l'oraison, à l'étude de l'Ecriture Sainte, & à la lecture des meilleurs interpretes qui en ont développé le sens, & ne sortoit de la maison qu'à onze heures, pour aller dire la Messe ; le reste de la journée, il ne l'emploïoit pas moins saintement. Son pere eut d'abord de la peine à goûter cette conduite ; mais il en fut tellement touché, à la fin, qu'il s'en rendit imitateur. Il prit même son fils pour Directeur & pour Confesseur, lui ouvrit son ame avec une simplicité d'enfant, & regla par ses avis les exercices de pieté & les œuvres de charité qui partageoient tout son tems. Sa maison devint comme un hôpital ; on prit un valet exprès pour porter les boüillons & les medicamens aux malades, & une servante pour les préparer ; deux filles dévotes, de la famille, étoient occupées à faire les chemises & les habits, & à les distribuer aux pauvres ; deux fois la semaine on donnoit à manger à tous ceux qui se présentoient, & après le dîné, on leur donnoit encore quelqu'argent ; cette maison de benediction étoit toûjours ouverte aux Religieux Carmes & Capucins, qui y trouvoient de sures ressources dans leurs necessitez ; & outre le bien qui s'y faisoit aux indigens, le pere donnoit chaque jour à son fils une somme reglée pour l'emploïer au-dehors en bonnes œuvres. Dieu couronna bientôt les vertus du pere, qui mourut de la pierre, après avoir reçu les Sacremens de la main de son fils, à qui il dit en mourant ; « mon fils je ne fais « point de testament dans les formes, parce « que je suis assuré que tout ce que je vous « laisse de bien, vous le donnerez aux pau- « vres & à l'Eglise. »

Jamais derniere volonté d'un pere ne fut mieux exécutée par ses enfans. Mr. de Kerlivio, demeuré maître d'un bien fort considerable, s'en regarda seulement comme l'œconome pour J. C. & pour les pauvres. Il consacra tout son revenu aux bonnes œuvres ; mais il les faisoit si secretement, que ceux même qui ressentoient le plus les effets de sa charité, ignoroient souvent quelle étoit la main qui les soulageoit. Ce qu'il n'a pû cacher c'a été d'avoir achevé de bâtir & de renter l'Hôpital de Hennebond. Après cela il le meubla, & y fonda l'entretien de deux sœurs de Charité, outre les deux que son pere y avoit déja fondées, pour avoir soin des malades. De plus il donna une maison, pour recevoir les pauvres orphelins, & une somme d'argent pour leur faire apprendre des métiers ; Il fit subsister plusieurs honnêtes familles que la honte empêchoit de donner à connoître leur extrême necessité ; & dota, en tout, ou en partie, plusieurs Religieuses, dont quelques-unes sont mortes en odeur de sainteté. Il n'épargnoit rien dans toutes les occasions où il s'agissoit de gagner des ames à Dieu, & le zéle avoit presque toûjours part à ses largesses.

Son frere, Monsieur de Keronic, attiré par ses bons exemples, résolut de l'imiter. Il le prit pour Confesseur & pour guide dans la vie spirituelle, & lui proposa le dessein qu'il avoit de se faire Prêtre. Mr. de Kerlivio, sans le vouloir déterminer à rien, lui recommanda seulement de consulter Dieu, & de ne rien faire legerement dans ces premiers mouvemens de zéle. L'évenement fit voir que Mr. de Kerlivio avoit eu raison de donner ce conseil à son frere ; celui-ci changea de dessein, se maria, & à vécut fort vertueusement dans le mariage.

Mr. de Kerlivio, separé de cette sorte de son frere, se retira dans l'Hôpital de Hennebond, où il s'étoit fait faire un petit appartement, en vûë d'y emploïer le reste de ses jours au service des pauvres, en qualité de Chapelain & de Confesseur. Il se rendit en effet si assidu auprès des malades & des mourans, qu'on l'a vû passer quelquefois les trois semaines de suite sans se coucher. Il vivoit avec les pauvres, comme l'un d'entr'eux, & pratiquoit à la rigueur la pauvreté Evangelique. Ses habits étoient simples, usez, & rapiecez ; il falloit le tromper pour lui en faire prendre de neufs ; c'est-à-dire on les faisoit porter par d'autres pendant quelque tems, & puis on les substituoit à la place des vieux, souvent sans qu'il s'en aperçût, tant il faisoit peu d'attention aux choses exterieures. En quelque lieu qu'il fût, il avoit toûjours la vûë baissée ; & il ne permettoit à ses yeux aucun regard inutile, & tenoit son esprit dans un profond recueillement. Il étoit à Hennebond, au milieu de ses parens, aussi retiré, que s'il eût été dans une solitude écartée ; il ne faisoit aucunes visites ; que celles de zéle & de charité ; & ses parens qui se rebutoient facilement de ses manieres, si éloignées de celles du monde, ne l'importunoient pas beaucoup ; ils lui marquoient même du mépris dans les occasions ; mais les mépris étoient ses délices. Non-seulement il évitoit tout ce qui avoit l'air de distinction ; & qui marquoit dans les autres quelque attention pour lui ; mais il couroit avec ardeur à ce qui pouvoit le confondre avec les personnes pour qui on a le moins d'égards. Aïant été prié par le Recteur, de chanter la Grand-Messe à une fête solemnelle, il n'y consentit, qu'à condition qu'on lui laisseroit prendre le dernier rang parmi les Prêtres. Dans une procession generale il se présenta pour porter la Croix ; il fallut la lui arracher ; & l'honneur qu'on lui rendoit, malgré lui, l'obligea de n'aller plus aux processions.

Monseigneur Charles de Rosmadec Evêque de Vannes faisant la visite à Hennebond, fut informé par la voix publique des vertus de Mr. de Kerlivio, & sur ce qu'il marqua être surpris qu'il ne le venoit point voir, on lui dit que c'étoit un homme qui
méprisoit

méprisoit les maximes du monde, qui ne cherchoit que la retraite, & qu'on ne voïoit qu'à l'Autel & auprès des malades à l'Hôpital. Le Prélat le fit venir, & sans s'arrêter à son air negligé, il entra en conversation avec lui, & reconnut le merite extraordinaire caché sous un exterieur de si peu d'apparence. Il l'obligea de l'accompagner à la visite des Ursulines, & l'engagea, à leur instante priere, à faire auprès d'elles l'office de Confesseur ; ce qu'il accepta par charité, & s'acquita de cet emploi pendant deux ans ; au bout desquels s'étant rompu une veine dans la poitrine & aïant perdu une grande quantité de sang, il fut porté à son Hôpital, où il fut six mois languissant, & ne vêcut pendant ce tems-là que de lait d'Anesse.

Une Mission que le P. Rigoleu & le P. Huby Jesuites firent à Hennebond, lui donna lieu de connoître ces deux grands serviteurs de Dieu ; de leur côté ils eurent occasion de traiter avec lui dans cette rencontre, & en conçurent toute l'estime qu'il meritoit. Ce fut ainsi que se forma l'union sainte qui fut toûjours depuis entre ces trois personnes également zélées pour la gloire de Dieu & le salut des ames.

Monsieur l'Evêque de Vannes, excité par le rapport des deux Missionaires, à pratiquer Monsieur de Kerlivio un peu plus qu'il n'avoit fait à Hennebond, lui manda de le venir trouver à Kerengoff, maison de campagne des Evêques de Vannes, & l'y retint trois jours. A son départ, il le pria de revenir le voir en peu de tems, parce qu'il vouloit lui déclarer une pensée qu'il croïoit être de Dieu ; & cette pensée étoit, que Monsieur de Kerlivio se donnât à lui. Le P. Huby, que Mr. de Kerlivio avoit choisi pour son Directeur, apprit de Monsieur de Vannes quelles étoient ses vûës sur Mr. de Kerlivio, & persuada à celui-ci de quitter sa retraite, pour venir travailler au salut des ames sous la direction de son Evêque. Il obéït ; mais se trouvant peu de tems après separé de son Evêque, par la députation dont les Etats de la province chargérent le Prélat, pour aller presenter leurs cahiers au Roi, il s'en retourna à Hennebond, où il reprit ses exercices ordinaires avec plus de ferveur que jamais.

Il ne couchoit que sur une paillasse piquée ; il prenoit toutes les nuits une longue & dure discipline ; il jeûnoit souvent, & gardoit une abstinence qu'on pouvoit appeller un jeûne continuel ; il passoit une grande partie des jours & des nuits en prieres, à genoux & immobile comme une statuë ; il se couchoit tard, & se levoit toûjours exactement à quatre heures du matin. Il sçavoit peu la langue Bretonne ; mais pour se rendre plus capable de travailler au salut des ames, il se mit à l'étudier, & l'apprit en perfection. Après cela il assembloit deux fois la semaine les artisans & les enfans, pour leur faire le catechisme, & se rendit assidu à entendre les confessions ; emploi dans lequel Dieu le fit servir d instrument à beaucoup de conversions. Les Ursulines, profitant de son retour à Hennebond, le demandérent pour leur Superieur, & il continua de leur rendre en cette qualité tous les services d'un vrai pere, soit pour le spirituel, soit pour le temporel.

L'amour propre séduit souvent, sous les apparences de la pieté, ceux qui s'en croient les plus dégagez ; & tel s'imagine quelquefois suivre les mouvemens de l'amour Divin, qui ne fait qu'obéïr à une cupidité finement déguisée. Avoir consacré tous ses biens au service de Dieu & des pauvres, paroîtroit à plusieurs une raison plus que suffisante, pour emploïer à les conserver les secours que la Justice ne refuse pas, & les voïes que l'honneur peut permettre ; mais un cœur sans attache aux biens perissables, en voit la perte avec indifference, plûtôt que de s'exposer à donner entrée à un ennemi avec qui il a fait divorce. Il étoit dû à Mr. de Kerlivio, par un de ses cousins, deux mille livres, de reste du païement d'une maison que ce parent avoit achetée de son pere. Mr. de Kerlivio trouvant un jour ce parent, le salua avec civilité, & lui demanda quand il auroit agreable de le païer. Celui-ci l'aïant regardé avec mépris, lui répondit fiérement, qu'il ne le païeroit point ; qu'il ne l'eût fait signifier ; qu'au reste il n'avoit que trop de bien, puisqu'il vouloit vivre en gueux, & donner son bien aux gueux ; qu'il avoit fait, d'ailleurs tant de folles dépenses en sa jeunesse ; qu'il étoit juste qu'il en portât la peine ; en un mot, qu'il ne lui devoit rien. Mr. de Kerlivio ne fit que soûrire de cette réponse ; & depuis il n'eut pas la moindre pensée de rien demander à son cousin.

Cette perte ne le rendit pas plus reservé à contribuer de ses liberalitez à l'execution des desseins qui avoient la gloire de Dieu pour objet. Le P. Rigoleu avoit formé celui de l'établissement d'un Seminaire, où les jeunes gens qui aspiroient à l'état Ecclesiastique fussent élevez dans la pieté, en même tems qu'ils étudieroient au College. Il en parla à Mr. de Kerlivio, qui fit offre aussi-tôt & de ses biens, & de sa personne même, s'il étoit necessaire, pour l'execution d'un si utile projet. Il vint à Vannes, en traiter avec le Recteur des Jesuites ; acheta, au nom des Peres, un jardin qui joignoit le College ; & donna une grosse somme d'argent au P. Rigoleu, pour commencer à bâtir.

Monseigneur l'Evêque de Vannes aïant perdu en ce tems-là Mr. Basseline Docteur de Sorbonne son Grand-Vicaire, emploïa le P. Huby & le P. Rigoleu pour persuader à Mr. de Kerlivio d'accepter cet emploi. On eut bien de la peine à le tirer de son Hôpital ; mais il se soumit enfin à la volonté de Dieu qui lui étoit déclarée par son Evêque. Avant que de quitter Hennebond, il mit en sa place à l'Hôpital, un Prêtre, dont il fonda la pension, & auquel il laissa son appartement meublé. Il acheta aussi un jardin pour les pauvres, & le fit accommoder.

Il avoit toutes les qualitez & toutes les vertus requises pour s'acquiter dignement des fonctions de Grand-Vicaire, la science, la prudence, beaucoup de pénétration & de discretion, une grande maturité, une application infatigable, une vigilance à laquelle rien n'échapoit, un parfait desintéressement, de la droiture & de la fermeté, avec une grande étenduë d'esprit. Ses Directeurs l'obligérent à moderer ses austeritez, à se servir d'un matelats, & à se mettre en pension dans une maison de la ville, où ils avoient donné ordre qu'on prît soin de lui, en attendant qu'on lui eût préparé dans le Seminaire qu'on bâtissoit, un petit appartement conforme à son esprit de pauvreté. Son premier soin fut de s'instruire à fond de l'état du diocese, premierement en consultant ceux qui le connoissoient le mieux, & puis en le visitant lui-même. Il écoutoit tout, marquoit tout par écrit, & n'ordonnoit que ce qui étoit évidemment necessaire. Il estimoit que rien n'étoit plus préjudiciable au bon gouvernement, que la multitude des ordonnances, & la trop grande facilité à en faire de nouvelles. Dès la premiere visite qu'il fit, il gagna tellement les Recteurs, que la plûpart eurent toûjours depuis une parfaite confiance en lui ; & plusieurs qui étoient liguez contre leur Evêque, reconnurent leur faute, & emploïérent Mr. de Kerlivio pour faire leur paix.

Après deux ans de séjour à Paris, pour les affaires de la province, Monseigneur de Vannes revint dans son diocese, & fut surpris du bon ordre qu'il y trouva. Il reconnut que c'étoit l'effet des soins de son nouveau Grand-Vicaire, & benit Dieu de lui avoir donné un tel secours. Il prit Mr. de Kerlivio pour son Confesseur, lui fit promettre qu'il l'avertiroit de toutes ses fautes, & mit en lui toute son affection. Son Grand-Vicaire lui étoit si cher, que s'il le voïoit malade, il étoit presque continuellement au chevet de son lit, & alloit lui-même le recommander à toutes les maisons Religieuses. Enfin il en faisoit tant d'estime, qu'il dit une fois à la Superieure des Ursulines, qu'il donneroit volontiers un de ses bras, pour conserver son Grand-Vicaire.

Il ne laissa pourtant pas de lui causer le plus grand chagrin qu'il eût eu dans sa vie. Le Prélat avoit d'abord agréé le projet du Seminaire des écoliers ; mais lorsqu'il fut question de l'emploïer à l'usage auquel il étoit destiné ; entraîné par le refus unanime de tous les Recteurs de son synode, il desapprouva ce qu'il avoit approuvé auparavant. Tout le Clergé se déchaîna, de la maniere la plus déraisonable, contre Mr. de Kerlivio & contre les Jesuites. La plûpart des personnes du monde se moquoient de lui ; & les plus gens de bien se contentoient de lui porter compassion. Il eut alors la pensée de quitter la charge de Grand-Vicaire & de se borner au soin de la paroisse de Plumergat dont il avoit été fait Recteur depuis peu ; mais, pour ne rien faire qu'il eût à se reprocher, il consulta le S. Esprit dans une retraite qu'il fit avec son Directeur. Dieu lui inspira de faire de ce Seminaire, déja tout bâti, avec un grand nombre de petites chambres separées, une maison de Retraite. Le P. Huby avoit eu la même pensée, & entra volontiers dans un dessein qui devoit avoir des fruits merveilleux. Mr. de Kerlivio en fit la proposition au Seigneur Evêque, qui la reçut avec joïe, & voulut que cet établissement se fit par son autorité, & que ses officiers fussent les premiers à faire la Retraite. Au commencement il n'y venoit que huit ou dix personnes à la fois ; mais peu à peu le nombre crut tellement, que la maison se trouva remplie aux jours marquez ; ce qui obligea le Prélat, de reconoître que son opposition & celle de son Clergé, avoient servi à l'accomplissement du dessein de Dieu ; & ravi du fruit que produisoient les Retraites, il emploïa son autorité à les soûtenir, & y attirer tout le monde, malgré les oppositions de plusieurs Recteurs, & de quelques personnes de distinction, qui se déclarérent d'abord contre les Retraites & contre les auteurs d'un si saint établissement.

Monsieur de Kerlivio & le P. Huby dressérent ensemble tous les reglemens qui regardent la conduite des Retraites, & le premier ne cessa de faire, jusqu'à sa mort, de nouvelles dépenses pour aggrandir & embellir la maison. Il y fonda l'entretien de quatre Religieux pour en être les Directeurs, & pendant vingt-six ans il emploïa son pouvoir & toutes les industries de son zéle à donner vogue aux Retraites. C'étoit lui, qui comme Grand-Vicaire, envoïoit dans les paroisses les billets des Retraites, qui les faisoit publier & afficher, & qui engageoit les Recteurs, les Prédicateurs, & les Missionaires, à recommander les Retraites, & à y venir eux-mêmes, pour y exciter les autres par leur exemple. Il eut la consolation de les voir frequentées par les Ecclesiastiques, par la Noblesse, & par des personnes de toutes conditions des neuf Evêchez de Bretagne, & de reconnoître dans le cours de ses visites, le grand bien que cette institution, dont il étoit le fondateur, avoit fait dans toute la province. On peut dire que la maison de Retraite des femmes est aussi en partie son ouvrage. Mademoiselle de Francheville en aïant formé le dessein, le lui communiqua, aussi-bien qu'au P. Huby, & leur demanda leur assistance pour l'executer. L'entreprise fut traversée par de grandes difficultez, comme nous le verrons dans la vie de cette pieuse fondatrice; mais elle eut enfin, par les soins & la conduite de Mr. de Kerlivio & du P. Huby, la satisfaction de voir son ouvrage consommé.

Ces établissemens ne diminuoient rien de l'attention que Mr. de Kerlivio donnoit aux fonctions de sa charge de Grand Vicaire. Il n'y en avoit aucune à laquelle il apportât plus de soin & d'exactitude, qu'à celle de visiter le Diocese. Il en faisoit la visite regulierement chaque année; & lorsque ses infirmitez ne lui permirent plus d'aller à cheval, il se servit d'une chaise roulante fort pauvre, où il avoit la commodité de lire & d'écrire, de travailler sur les matieres de la visite, & de faire ses notes. Outre l'invocation de la sainte Vierge, sous la protection de laquelle il mettoit toutes ses visites, il avoit encore la pratique de s'adresser aux Saints Anges des personnes avec qui il avoit à traiter. Ses corrections & ses remontrances étoient d'autant plus efficaces, que ses exemples avoient prévenu ses discours. Il invectivoit souvent contre cet esprit d'avarice qui regne dans les Ecclesiastiques, même en ceux qui d'ailleurs paroissent irreprehensibles. A ceux qui se couvroient du prétexte de faire du bien à leurs heritiers, il faisoit sentir que l'argent qu'ils leur laisseroient, loin de les accommoder, ne feroit qu'attirer la malediction sur le bien qu'ils auroient d'ailleurs. A ceux qui sous ombre qu'ils n'avoient ni benfice, ni patrimoine, croïoient devoir faire quelque reserve pour se subvenir dans les maladies & dans la vieillesse, il disoit que Dieu permettroit souvent que ses personnes si prudentes selon la chair, étoient moins assistées que si elles se fussent confiées dans la providence, & que leurs parens ne desiroient que leur mort, pour se saisir de leur argent. Enfin, ceux qui se paroient du beau prétexte de vouloir faire des testamens chargez de legs pour les pauvres, & d'autres bonnes œuvres; il les desabusoit, en leur apprenant, que Dieu, pour punir leur avarice & leur vanité, permettoit ordinairement que ces testamens n'eussent point d'execution. Il confirmoit tout cela par des exemples, & leur donnoit pour maxime; *qu'un Prêtre doit mourir sans dettes & sans argent*. Un de ses plus ordinaires entretiens, étoit de l'obligation où sont tous les Prêtres d'assister les ames, encore qu'ils ne soient ni Recteurs, ni Vicaires. Il representoit vivement, à ce qu'on appelle les simples Prêtres, que le précepte general de la charité les regardoit d'une façon toute particuliere; que les besoins spirituels des ames, ausquels les Prêtres seuls peuvent remedier, étoient & plus grands & plus frequens, que les necessitez corporelles; qu'ils ne pouvoient voir perir autant d'ames qu'il en perissoit tous les jours, sans être coupables de leur perte, si preferant la mollesse & la lâcheté au travail, ils negligeoient de les secourir comme ils le pouvoient faire; enfin, que c'est une extrême ingratitude, de vivre du temporel des peuples, sans vouloir leur donner le spirituel, en s'appliquant à procurer leur salut, par les instructions des grands & des petits, les confessions, la visite des malades, & l'assiduité auprès des mourans. Il leur insinuoit aussi l'obligation speciale où sont les Prêtres, de se mortifier, dans les choses mêmes qui ne sont pas défenduës; & combien sans cela, leur salut est en danger, vû la pente de la nature corrompuë, qui nous entraîne toûjours au mal, & qui n'en demeure jamais aux choses licites, quand on lui donne là-dessus une entiere liberté. Persuadé qu'il est à propos que les Ecclesiastiques sçachent qu'on veille sur eux en tout tems, afin qu'ils se tiennent toûjours dans leur devoir, il faisoit quelquefois des courses imprévuës dans de certains cantons du diocese.

Il en avoit une connoissance parfaite, & dans le détail le plus exact; toutes les bonnes & les mauvaises qualitez des Recteurs & des autres Prêtres lui étoient connuës; il sçavoit qui étoient les bons Catéchistes, & les bons Confesseurs, & ceux qui avoient du talent pour la prédication, ou pour quelque autre partie du ministére Ecclesiastique. Tout étoit marqué sur ses catalogues, par des notes secretes dont lui seul avoit l'intelligence ; mais il changeoit volontiers les mauvaises, à mesure que l'opération de la grace Divine corrigeoit, ou le temperament, ou l'habitude ; & ne donnoit aux rapports qui lui étoient faits, de bouche, ou par écrit, que le dégré de certitude qu'ils devoient naturellement avoir.

Le P. Rigoleu lui avoit laissé en mourant, un grand nombre d'ouvriers Evangeliques. Il eut soin de les entretenir, de faire former par eux les jeunes Ecclesiastiques qu'on jugeoit propres à travailler avec eux & à leur succeder, & de procurer qu'il se fît presque continuellement des Missions, & souvent deux à la fois en divers endroits, l'une Bretonne, & l'autre Françoise. Il apporta quelques changemens dans l'ordre établi par le P. Maunoir pour les Missions. Il n'exigeoit pas de ses Missionaires qu'ils se levassent avant cinq-heures. La lecture ne se faisoit qu'à l'entrée du repas, & pendant qu'elle duroit, on ne mangeoit point. L'ouverture de la Mission se faisoit par une procession, où le Recteur de la paroisse portoit le S. Sacrement. Les Prêtres du lieu ne devoient point confesser pendant la Mission. Quelqu'un des Missionaires leur faisoit des conferences. On commettoit un Prêtre du lieu, pour continuer, après la Mission, le catechisme & les cantiques, & pour visiter les maisons une fois l'an avec les Prêtres de chaque quartier, en esprit de charité & de zéle. Enfin on emploïoit trois ou quatre jours à l'instruction, avant que d'appeller tous les Missionaires pour entendre les confessions ; du moins étoit-ce le sentiment de Mr. de Kerlivio, que cela se devoit faire ainsi. Quelque foule de penitens qu'il y eût, il ne vouloit pas que les Confesseurs se pressassent ; il vouloit qu'on differât l'absolution à ceux qui étoient dans l'occasion prochaine du peché, jusqu'à ce qu'ils eussent donné des preuves de leur amendement. Son intention étoit aussi que l'on differât la décision des cas douteux, jusqu'à ce qu'on se fut éclairci ; mais il avertissoit de ne se pas lever sur le champ, du Confessional, pour ne pas donner lieu à des jugemens desavantageux. Il défendoit de proposer ces sortes de difficultez devant des laïques, & même devant les Prêtres du lieu. Il ne vouloit point absolument qu'on prît d'argent des penitens, pour quelque cause que ce pût être. Comme l'experience fait voir que rien n'est si difficile à faire, que les restitutions ; qu'on les promet toûjours, & qu'on ne les fait presque jamais ; il ordonnoit qu'on les fît faire avant l'absolution ; & qu'on obligeât de même, avant l'absolution, les Procureurs des Eglises & des Chapelles, à rendre leur *Reliquat*. Parmi les choses que les Missionaires devoient particuliérement recommander, il avoit marqué, les Retraites, l'adoration perpetuelle, dont on parlera dans la suite, l'établissement de la Confrairie du Rosaire ; & de porter des petites croix du P. Huby & des petites couronnes de la Vierge inventées par le P. Maunoir. Il ne se faisoit guéres de Mission, qu'il n'allât visiter ses Missionaires, pour les encourager au travail par les témoignages de sa tendresse & de son estime, dont il leur donnoit des marques solides, en leur faisant conferer les Benefices qui dépendoient de l'Evêque. Mais s'il apprenoit aussi qu'il y eût quelqu'un de ses Missionaires, ou de ses prédicateurs qui ne se comportât pas bien, il l'ôtoit de dessus son catalogue, & ne l'emploïoit plus.

Les Ecclesiastiques vertueux l'aimoient extrémement, les vicieux redoutoient sa severité ; tous lui étoient si soumis, qu'il ne trouvoit point de resistance parmi eux. Il les envoïoit d'un lieu dans un autre, & changeoit leurs emplois comme il le jugeoit à propos. Il les disposoit à cette obéissance dès l'examen qui précedoit leur ordination, en leur déclarant, qu'en promettant entre les mains de leur Evêque de lui obéïr, ils devoient se résoudre à être aussi soumis à ses volontez, que les Religieux le sont à leurs Provinciaux, pour aller par tout où on les juge utiles. Au sortir du Seminaire, il les plaçoit ordinairement dans une autre paroisse que celle où ils étoient nez ; de peur que l'attachement pour leurs parens, s'il n'étoit un écueil à leur salut, ne fût du moins un obstacle à leur perfection, par l'embarras des affaires de leur famille, où ils ne pourroient se dispenser d'entrer, & par la perte de cette liberté qu'un ministre des Autels doit toûjours conserver, tant pour vaquer à Dieu, que pour aller par tout où le besoin & le plus grand bien du diocese le demande. Quand il connoissoit un Prêtre qui n'avoit pas une bonne conduite, il tâchoit de le joindre avec quelqu'un des plus vertueux Recteurs ; & quand il apprenoit qu'un Ecclesiastique commençoit à prendre quelque méchante habitude dans une paroisse, il faisoit tout ce qu'il pouvoit pour le transferer dans une autre. Une de ses maximes inviolables, étoit de ne laisser jamais aucun Prêtre dans le lieu où cet Ecclesiastique avoit fait quelque faute contre la chasteté ; parce qu'il estimoit que cette tache le rendoit incapable d'y pouvoir desormais faire aucun bien. Dans toutes ces translations il ménageoit toûjours l'interest temporel de ceux qu'il faisoit changer de lieu, & leur faisoit trouver dans celui où ils alloient les mêmes avantages qu'ils avoient dans celui d'où on les changeoit, & souvent même de plus grands. L'Esprit de Dieu qui l'animoit, l'avoit en quelque sorte rendu maître des cœurs, & tous ces changemens se faisoient sans violence. Il ne pouvoit souffrir l'esprit du monde dans les Ecclesiastiques, l'air évaporé, ni les autres défauts qui marquent qu'on est sans interieur ; & ne manquoit pas d'en faire une douce correction à ceux en qui il les trouvoit. Quant aux desordres plus considerables, il y apportoit les mêmes soins qu'un pere auroit emploïé pour un fils, pour ne rien dire de plus ; & n'en venoit jamais aux remedes violens, que lorsqu'il y étoit forcé par l'épreuve de l'inutilité des voïes les plus douces. En vain les mauvais Prêtres appelloient-ils comme d'abus des suspenses qu'il leur faisoit signifier. En faveur de sa pieté & de ses bonnes intentions connuës de tout le monde, le Parlement, contre l'ordinaire, ne s'arrêtoit point à quelques legers défauts de vaines formalitez, pour soustraire aux châtimens, à la faveur d'une vetille, un chicaneur, criminel dans le fonds ; & confirmoit presque toûjours ce qu'avoit fait Mr. de Kerlivio.

Ce Grand-Vicaire, si attentif aux besoins du diocese, voïoit avec douleur, que des gens qui ne sçavoient pas la langue Bretonne, obtenoient à Rome, par surprise, des provisions de Cures situées dans un païs, où la langue du Pasteur étoit inconnuë au troupeau. Il fit consulter en Sorbonne, si un Recteur qui ne sçait que le François, peut en sureté de conscience, posseder une Cure, où l'on ne parle que Breton. Après avoir reçu la réponse, qui fut pour la negative, il envoïa à Rome la liste des paroisses Bretonnes, & supplia S. S. de ne conferer celles qui vaqueroient dans les mois où le S. Siége a la nomination, qu'à des Prêtres qui sçussent la langue.

Il recommandoit aux Recteurs de traiter leurs Prêtres d'une maniere qui les engageât à les seconder dans les fonctions Pastorales ; de faire visiter les malades deux fois pour le moins, par deux Prêtres differens, afin que si l'on avoit manqué de confiance pour l'un, on s'ouvrît plus aisément à l'autre ; & de visiter au moins une fois l'an, toutes les maisons de la paroisse.

Il exhortoit les simples Prêtres à prendre part aux travaux de leurs Recteurs, à visiter avec charité les malades de leur quartier, à ne se pas contenter de leur avoir administré les Sacremens ; à les retourner voir, & faire en sorte qu'en leur absence quelque personne charitable demeurât auprès d'eux, pour leur aider à bien mourir. Il leur recommandoit encore d'enseigner les enfans, de remarquer entr'eux ceux qui auroient un bon naturel & un esprit qui promît quelque chose, afin de procurer qu'on les fît étudier, en vûë de les élever à la Prêtrise ; d'avertir le Recteur des desordres de leur quartier, sur tout vers Pâques ; de conferer avec lui, dans ce tems-là, pour convenir d'une conduite uniforme dans les confessions, & appliquer les remedes les plus propres & les plus efficaces ; d'éviter, autant qu'ils pourroient, la conversation des Laïques, sur tout à la table & au jeu ; enfin de faire chez eux un ordinaire assez raisonnable, afin de n'être point tentez de s'arrêter à boire ou à manger ailleurs.

Il établit les conferences, où les Ecclesiastiques s'assembloient tous les mois en divers quartiers du diocese. Il en composa les Regles, & envoïoit, au commencement de chaque année, aux Directeurs des conferences, des feüilles imprimées où il avoit marqué les sujets que l'on devoit traiter cette année-là. C'étoient des matieres importantes & de pratique ; il ne proposoit point de speculations contentieuses & peu capables d'édifier. Il disoit que les conferences étoient un moïen également efficace pour retenir les Prêtres dans une vie reglée, & pour les rendre capables de bien exercer leur ministere.

Il procura qu'il se tint tous les quinze jours, à l'Evêché, une assemblée secrete, en présence du Prélat, où les Grands-Vicaires, l'Official, & le Promoteur, conferoient des affaires du diocese, & des remedes qu'on pouvoit apporter aux desordres dont on avoit eu avis.

Il connoissoit mieux que personne le besoin que le diocese avoit d'un Seminaire pour ceux qui devoient recevoir les Ordres ; aussi ne cessa-t-il d'en procurer l'établissement, par ses frequentes sollicitations auprès de l'Evêque & du Clergé, jusqu'à ce qu'il en fût venu à bout. On acheta un emplacement auprès de l'Eglise de N. D. du Mené, dans le fief de l'Evêque, & l'on commença d'y bâtir. Il fit donner l'Intendance de cet ouvrage au saint Prêtre Jean de l'Isle, dont nous avons parlé, qui s'étoit acquis l'estime & la confiance de tout le monde.

Après le soin du Clergé, Mr. de Kerlivio regardoit celui des Religieuses comme une des plus étroites obligations de sa charge. Il étudioit leur Institut, pour y conformer sa conduite. Il leur rendoit, avec une affection égale, toutes sortes de services, tant pour le temporel, que pour le spirituel ; il soûtenoit l'autorité des Superieures ; mais il leur recommandoit en même tems de commander en esprit d'amour & de simplicité, d'adoucir le joug de la Religion, plûtôt que de l'appesantir ; d'accorder à leurs filles la liberté de voir les personnes qui pouvoient servir à leur avancement spirituel, de leur montrer à toutes une affection égale, & de n'autoriser point par leur exemple les partialitez. Il vouloit aussi qu'elles visitassent, pour le moins une fois l'an, les chambres des Religieuses, & qu'elles en ôtassent ce qu'elles y trouveroient de superflu. Sa sage conduite & sa discretion se faisoient particuliérement remarquer dans les visites des Monasteres des filles. Il écoutoit avec patience, il gardoit un secret inviolable, il répondoit avec onction, il calmoit les esprits aigris ; il consoloit les foibles, il faisoit regner par tout la paix & la charité. Tous les Religieux avoient en lui un veritable pere. Il ne parloit d'eux qu'avec estime ; il leur donnoit des marques d'affection dans toutes les rencontres ; il les favorisoit de tout son pouvoir dans l'usage de leurs privileges ; il leur ménageoit la faveur & l'amitié du Prélat ; & conservoit entr'eux & le clergé une union qui ne fut troublée par aucune different.

Le soin general du diocese ne l'empêchoit point de s'appliquer au Confessional & à la Direction. Il s'étoit proposé S. François de Sales pour modéle. Animé de son esprit, il gagnoit tout le monde par sa douceur. On l'a vû fondre en larmes, lorsqu'il trouvoit des pecheurs endurcis & rebelles à la grace. Ceux même dont il jugeoit à propos de differer l'absolution, sortoient toûjours contens d'avec lui, & sans se rebuter de sa severité, ne manquoient jamais de retourner chercher auprès de lui le remede à leurs maux spirituels. Il avoit un talent particulier pour faire avoüer aux ames trompées par le démon, leurs abominations secretes ; sur quoi l'experience lui avoit appris l'utilité de la methode du P. Maunoir, pour interroger ces sortes de personnes. Quand il remarquoit dans une ame une vraïe détermination au bien, avec une docilité d'enfant, il supportoit ces foiblesses sans se rebuter, & l'élevoit peu à peu au-dessus des infirmitez de la nature, jusqu'à ce qu'il eût conduit cette ame à une entiere mort à elle-même, qui étoit le but de sa Direction.

Mais sa grande maxime en cela, étoit qu'un Directeur ne doit jamais prévenir les operations de la grace, & qu'il doit seulement les seconder, & n'y mêler rien de son propre esprit. Il donnoit à chaque personne tout le tems necessaire, & autant de soin & d'application, que s'il n'eût eu que celle-là à conduire.

Il étoit lui-même dans cet état de mort interieure où il vouloit porter les autres. Il ne vouloit souffrir en lui aucun sentiment de vie pour quelque objet que ce fût, hors de Dieu ; il ne vouloit rien voir, que dans la sainte obscurité de la foi ; il ne souhaitoit non plus d'être consideré, que s'il n'eût point été ; il laissoit à la providence l'entiere disposition de tout ce qui le regardoit ; il aimoit les croix & en faisoit sa gloire & ses délices ; il se laissoit conduire à Dieu, comme un enfant ; il sacrifioit tous ses désirs à l'amour Divin, & n'agissoit que par les mouvemens de ce feu celeste. Son oraison étoit sans goût, sans lumiere, sans appui sensible ; mais il ne laissoit pas, pour cela, de donner tant de tems à cet exercice, qu'on pouvoit dire qu'il étoit continuellement en oraison ; & c'est là qu'il puisoit des forces pour soûtenir le poids des plus importantes affaires du diocese, sans paroître jamais embarassé. Il s'appliquoit à chacune, comme s'il n'eût eu que celle-là ; & le grand nombre des lettres qu'il étoit obligé d'écrire ne le jettoit point dans la précipitation ; il se donnoit entier à ce qu'il faisoit actuellement, & toûjours maître des mouvemens de son esprit, il étoit tranquille & sans distraction au milieu des occupations les plus differentes. Ce qui le rendoit capable de tant écrire, & de faire tant de choses, c'est le soin qu'il avoit de bien ménager son tems, de ne rien écrire, ni ne rien faire de superflu, de s'attacher au solide & au pur necessaire. Ses entretiens étoient courts, & ses lettres succinctes ; mais il avoit le talent de dire beaucoup en peu de paroles, & de le dire avec force & avec onction. Une personne qui l'avoit pratiqué près de quarante ans, assuroit ne l'avoir jamais entendu parler de choses inutiles, ni de nouvelles curieuses. Aucun évenement n'altera jamais sa tranquilité parfaite, qui n'étoit pas un don de la nature, car il étoit né fier & colere, & ne s'étoit rendu maître des mouvemens de son cœur, que par un travail assidu & une violence continuelle. Sa principale étude étoit de resister aux premiers mouvemens des passions. Sa constance étoit inébranlable. Les mocqueries, les insultes du peuple, les calomnies des Ecclesiastiques, ne l'ont jamais porté à se relâcher de ce qu'il avoit établi pour maintenir le bon ordre. Il avoit une fermeté invincible à refuser les attestations & les permissions qu'il ne jugeoit pas justes. Mais il édifioit par sa douceur ceux qu'il ne pouvoit contenter, & lorsqu'ils s'emportoient contre lui, il ne répondoit à leurs brusqueries que par son silence & sa modestie. Les injures & les calomnies, il les regardoit comme des faveurs. On l'a vû s'arrêter en public, pour écouter avec plaisir les invectives des pauvres même qu'il nourrissoit. Jamais il ne témoignoit plus de cordialité, que lorsqu'on affectoit de vouloir lui faire de la peine. Quand il voïoit des personnes qui avoient des impressions peu avantageuses de lui, il les laissoit dans l'erreur, quoiqu'il eût pû les desabuser, & abandonnoit à Dieu sa justification. Un Prêtre se plaignoit un jour à lui, de ce qu'on le calomnioit. Il lui répondit avec une ferveur admirable : « non, Monsieur, vous ne meri- « tez pas l'honneur que Dieu vous fait, de « vous donner occasion de souffrir quelque « chose pour lui ; puisque vous sçavez si « mal le reconnoître. » Un homme distingué dans le monde, par un rang considerable, après l'avoir traité indignement de paroles, s'emporta jusqu'à lui donner un soufflet, en présence d'une Dame de qualité, de qui on l'a sçû. L'humble serviteur de Dieu n'opposa que le silence aux injures ; reçut le soufflet, plûtôt comme marque d'honneur, que comme une offense, & n'en parla jamais à personne. Il étoit bien éloigné de vouloir poursuivre en Justice beaucoup de méchans Ecclesiastiques qui ont attenté à sa vie. Un Prêtre, dont il tâchoit de corriger les desordres, l'aïant cherché pour le tuer d'un coup de pistolet, & ne l'aïant point trouvé, déchargea le pistolet dans la fenêtre de sa chambre. L'Evêque fit mettre ce malheureux en prison. Mr. de Kerlivio l'y alla trouver & lui fit mille amitiez. Il ne se contenta pas de cela ; il obtint sa grace du Prélat, par ses instantes sollicitations, & sa conversion, de Dieu, par ses prieres. Les Clercs qu'il n'avoit pas voulu admettre aux Ordres sacrez, à cause de leurs déreglemens, l'ont souvent maltraité. L'un d'entr'eux le rencontrant un jour sur le fossé de la ville, l'y précipita d'un coup de coude ; un autre vint dans sa chambre le menacer de le tuer. Il triomphoit de joïe dans ces occasions, & quoiqu'il n'ignorât pas les dangers où l'exposoit la passion de ces mécontens, il alloit seul dans ses voïages, sans autre défense, que celle qu'il attendoit de la protection Divine.

Ses grands travaux, les persecutions des hommes & des Démons, ses infirmitez, & particuliérement une descente fort douloureuse, ne satisfaisoient pas encore pleinement l'envie qu'il avoit de souffrir ; il y joignoit les rigueurs de la penitence la plus austere. Sur tout sa temperance étoit sans exemple. Depuis qu'attaqué d'un flux hepatique & desesperé des medecins, il eut été conseillé de se reduire à ne vivre que de lait, sa nourriture, pendant plus de dix-huit ans, consista en deux sous de lait & deux liards de pain, qu'il trempoit dans son lait ; & trouvant encore le lait trop délicat, il y mêloit de l'eau, pour en temperer le goût. Souvent même il ôtoit tout le lait de l'écuelle où il avoit mis le pain, il versoit de l'eau à la place, mangeoit le pain trempé dans l'eau, & puis la buvoit. Il prenoit ses deux repas, seul, dans son cabinet, mangeoit lentement, & tenant en même tems sa Bible ouverte devant lui, donnoit à son ame sa nourriture spirituelle. De cette sorte, en mangeant, il lut trois fois toute l'Ecriture Sainte. Cette maniere de vivre lui étoit fort incommode dans les visites du diocese, parce que ne trouvant pas du lait par tout, il étoit quelquefois obligé de manger son pain trempé dans le vin, qu'il avoit beaucoup de peine à supporter.

Dans l'abondance des richesses dont Dieu l'avoit partagé, il menoit la vie du plus pauvre Prêtre du diocese, & prenoit plaisir à ressentir tous les effets de la condition des pauvres. Sa soutanne & son manteau n'étoient que de la serge commune du païs. Il faisoit gloire de porter des habits usez & rapiecez, & ceux de dessous n'étoient qu'un amas de pieces ; il les recousoit & les raccommodoit lui-même. Comme on lui représentoit un jour que sa soutanne étoit déchirée, & qu'il en eût dû prendre une autre ; il répondit en riant, qu'elle n'avoit pas encore fait son tems, & qu'elle pourroit durer autant que lui. Tout ce qui étoit à son usage ressentoit la pauvreté, son Breviaire, sa chambre, son lit, ses meubles. Il n'avoit ni tapisseries, ni tableaux ; tout l'ornement de sa chambre étoient deux ou trois images de papier. Son lit n'étoit qu'une couchette fort étroite, avec une simple couverture, sans rideaux. Il n'avoit pour tous meubles, qu'une écuelle de bois où il mangeoit son lait, & un plat de faïence. Depuis que ses maladies l'eurent mis dans la necessité de se servir dans ses voïages d'une chaise roulante, il en fit faire une, qui étoit l'unique en son espece. Elle étoit traînée par un seul cheval, & conduite par un homme qui n'étoit à son service que pendant ses voïages. Hors de ces tems-là

21. MARS.

il n'avoit point d'autre valet que le portier de la Maison de Retraite. Enfin sa pauvreté étoit si parfaite, que toutes les hardes qu'il laissa en mourant ne pouvoient plus servir à d'autres, qu'aux pauvres, à qui elles furent données en aumône.

Pendant qu'il fut Recteur de Plumergat, il emploïa tout le revenu de cette Cure à rétablir presque entièrement l'Eglise, à secourir les pauvres de la paroisse, & à y faire faire une Mission par le P. Maunoir. Quand Mr. de Rosmadec l'eut obligé de prendre la Cure de S. Patern, qui est la premiere du diocese, il ne la garda qu'un an, parce qu'aïant un grand patrimoine, il faisoit scrupule d'y ajoûter du bien de l'Eglise, dont d'autres pouvoient avoir besoin. Il ne consulta point la chair & le sang, dans la resignation qu'il fit de ses Cures; & quoiqu'il eût des parens Ecclesiastiques, il disposa de ses Benefices en faveur de deux sujets qu'il crut plus capables qu'eux de les remplir dignement. Il affermoit ses moulins à bon marché, afin que les meûniers ne fissent point de fraude ni de vexation à ses sujets. Il aimoit mieux perdre que de plaider; & s'il étoit contraint d'avoir quelque procez, malgré lui, il l'abandonnoit à la providence, sans le solliciter. Cette inaction, si préjudiciable dans des rencontres où l'injuste cupidité se donne des mouvemens infinis pour accabler le bon droit par la faveur, lui pensa faire perdre une fois un procez qui alloit à sa ruïne totale. Un de ses amis lui dit, pour l'éprouver, qu'il avoit effectivement perdu son procez : « Dieu « soit beni, répondit Mr. de Kerlivio; je « ne serai plus en état de faire l'aumône; « mais j'aurai la consolation de la recevoir, « ou de vivre de la retribution de mes Mes- « ses. » Mais Madame de Pontchartrain, qui avoit une estime singuliere pour lui, prit soin de ses interests, & ménagea un accommodement à la satisfaction des deux parties.

La grande estime qu'on avoit pour Mr. de Kerlivio, n'étoit pas le fruit de ses recherches; il fuïoit l'éclat, & cachoit avec soin tout ce qui eût pû lui attirer des loüanges & de la consideration. Quoiqu'il eût beaucoup de belles connoissances des arts liberaux, il n'en faisoit jamais rien paroître, & ne se produisoit point dans les occasions où d'autres pouvoient être emploïez. Il ne se choquoit jamais de l'incivilité de ceux qui lui manquoient de respect; & tenoit pour ami, quiconque lui aidoit à s'anneantir. Quand quelque chose ne lui avoit pas réüssi, son plaisir le plus sensible étoit d'en parler, pour en attribuer le mauvais succès à ses fautes & à son peu de prudence. Il n'avoit aucune attache à son propre jugement, & soumettoit toûjours ses lumieres à celles des autres, toûjours prêt à changer de sentiment, quand la raison le demandoit. Son exterieur sec & austere n'empêchoit point son affabilité; sa conversation étoit agréable; & quoiqu'ennemi des complimens & des civilitez mondaines, il avoit une douceur qui gagnoit tout le monde, & faisoit aimer la vertu. Si dans les compagnies il se trouvoit obligé de parler des nouvelles du tems, il tournoit toûjours adroitement le discours à Dieu, & sçavoit changer en de saints entretiens les conversations profanes.

Toute sa vie, depuis le moment de sa conversion, n'a été qu'un exercice continuel de zéle & de charité. Tout ce que la sainte & pieuse industrie du P. Huby, son Directeur, inventoit pour la gloire de Dieu & le salut des ames, l'autorité de Mr. de Kerlivio l'établissoit & le faisoit executer. C'est ainsi qu'il érigea la plûpart des Congregations de N. D. dans les villes, & la Confrairie du S. Sacrement dans toutes les paroisses, avec l'adoration perpetuelle, de la maniere qu'elle s'y pratique. Chaque paroisse a son mois pour l'adoration. Le dernier Dimanche du mois précedent on fait un sermon pour exciter la dévotion du peuple; on fait venir un ou deux Confesseurs extraordinaires, pour donner plus de liberté aux fidéles de confesser leurs pechez; le Recteur, les Prêtres, & les Confesseurs extraordinaires font une conference pour convenir d'une conduite uniforme, & pour traiter des principaux défauts de la paroisse, & des moïens d'y remedier; tous les Dimanches on avertit au prône ceux qui ont leur heure d'adoration dans la semaine, de s'y préparer par la confession & par la communion; les Confesseurs se tiennent toute la journée à l'Eglise, comme dans une Mission; & il est aisé de juger que l'adoration du S. Sacrement pratiquée de cette sorte, est capable de reformer & de sanctifier toute une paroisse; aussi étoit-ce une des choses que Mr. de Kerlivio avoit le plus à cœur. Il avoit formé le plan d'une association d'Ecclesiastiques & de Laïques les plus considerables & les plus zélez de chaque quartier, qui se seroient emploïez à accommoder les procez, à reconcilier les ennemis, à retirer les femmes débauchées de leur mauvaise vie, à faire cesser les scandales & les desordres publics. Il avoit même dressé les reglemens de cette association; mais il n'eut pas le tems d'executer ce dessein.

Pendant

Pendant qu'il se refusoit tout, par esprit de penitence & de pauvreté, rien ne lui coûtoit, quand il s'agissoit de la gloire de Dieu & du salut des ames. Faisant la visite des isles de Houat & de Heidic, & y aïant trouvé une Eglise couverte de paille, il la fit incontinent reparer à ses frais. Ces isles étoient si pauvres, qu'on ne pouvoit trouver de Prêtre qui voulût y demeurer ; ses largesses y arrêtérent celui qu'il y trouva. Il a souvent fait de pareilles liberalitez pour l'ornement des temples & l'entretien des ministres sacrez ; on assure qu'il a emploïé jusqu'à cinquante mille écus en fondations & en œuvres pieuses.

Il ne sçavoit ce que c'étoit que de flatter les Grands dans leurs inclinations, lorsqu'il ne les trouvoit pas justes. Un seul exemple fera voir quelle étoit là-dessus sa droiture & sa fermeté. Un jour, comme il entroit au Monastere de la Visitation de Vannes, Monseigneur de Rosmadec, qui venoit de faire ouvrir la clôture, pour aller voir à l'Infirmerie une de ses niéces qui étoit malade, l'appella, & l'invita à lui tenir compagnie. « Entrer, Monseigneur ? « lui répondit Mr. de Kerlivio ; & qu'y « avons-nous à faire, qui ne se fasse bien « au Parloir ? » Le sage Prélat fit aussi tôt refermer la porte, & monta au Parloir.

Il eut un successeur en 1671. qui n'eut pas d'abord la même déférence pour Mr. de Kerlivio. Monsieur de Rosmadec fut transferé cette année là au siége Metropolitain de Tours, & Monsieur de Vautorte Evêque de Lectoure lui succeda à l'Evêché de Vannes. L'Archevêque nommé, ne pouvant emmener son Grand-Vicaire à Tours, en fit l'éloge à son successeur, dans une entrevûë qu'il eut avec lui à Paris. Mr. de Vautorte suivit d'abord les vûës de son prédecesseur, & confirma Mr. de Kerlivio dans sa charge ; mais sa fermeté lui eut bientôt déplu, & les faux rapports des Ecclesiastiques mécontens achevérent d'envenimer son esprit. Il lui ôta la charge de Grand-Vicaire, & la Superiorité & la Direction des maisons Religieuses, & cela en public, avec des circonstances très-humiliantes. Mr. de Kerlivio ne dit pas un seul mot, sa tranquilité ne reçut aucune atteinte ; il benit Dieu de l'avoir déchargé d'un fardeau qu'il n'avoit accepté que par obéïssance. Dans cette disgrace tout le monde se déclara contre lui ; ceux même qui lui avoient le plus d'obligation l'abandonnérent comme les autres ; les seules Religieuses de la Visitation lui demeurérent constamment attachées. Leur Superieure Madelaine-Elisabeth de Chaumont, & toutes ses filles, refusérent hautement le Superieur que le nouvel Evêque vouloit leur donner ; & le Prélat, étonné de leur fermeté, leur permit de voir Mr. de Kerlivio, non comme Superieur, mais comme un autre Prêtre. Monsieur de Vautorte, revenant peu à peu de ses préventions, en voïant que Mr. de Kerlivio, sans se ressentir de l'affront qu'il avoit reçu, continuoit, avec la même application qu'auparavant, à confesser, à diriger les ames, à seconder Mademoiselle de Francheville dans son dessein d'établir une maison de Retraite pour les femmes, & à rendre au prochain tous les offices de charité, ne put s'empêcher de dire : « qu'à la verité il n'é- « toit pas des plus complaisans, mais qu'il « alloit droit dans les affaires, & ne cher- « choit purement que l'interest de Dieu. » La médiation de Madame d'Argouges Premiere Présidente du Parlement de Bretagne ne contribua pas peu à concilier à Mr. de Kerlivio le retour des bonnes graces de l'Evêque, dont le premier effet parut dans le rétablissement des Retraites des femmes, qu'il avoit interdites. Il nomma ensuite Mr. de Kerlivio Superieur de la Maison de Retraite qu'il permit de bâtir, & du Monastere de la Visitation ; enfin au mois de Janvier de l'an 1677. il pria Mr. de Kerlivio de reprendre ses lettres de Grand Vicaire. Celui-ci sans écouter les conseils de ceux qui le détournoient de se rengager dans cette charge, en reprit les fonctions, par un pur motif de zéle & d'obéïssance, & les exerça jusqu'à la mort, dans le même esprit qu'avant sa disgrace.

Il profita des bonnes dispositions & de la confiance de son Prélat, pour executer deux grands desseins que son zéle s'étoit proposez, l'un & l'autre commencé à sa sollicitation, c'est à sçavoir l'établissement du Seminaire, & celui de la Maison de Retraite des femmes. Quant au Seminaire, il n'y en avoit encore que la moitié de couvert, quand Monsieur de Rosmadec avoit été transferé à Tours ; & Monsieur de Vautorte, alors prévenu contre les Seminaires, avoit fait cesser le travail. La rente de l'emplacement ne se païoit plus, & l'on étoit sur le point d'abandonner le tout au vendeur. Mr. de Kerlivio soûtint seul l'entreprise, & trouva moïen de païer ce qui étoit dû, & de conserver au Clergé le fond & le bâtiment. Ce moïen fut, de proposer à Mademoiselle de Francheville, en attendant que la maison de Retraite des femmes fût bâtie, de prendre le Seminaire à loüage pour cinq ans, à condition de le mettre à ses frais en état d'être habité. Il se fit lui-même comme l'intendant de ces deux ou-

21.
MARS.

vrages, & ménagea si bien l'esprit de Mr. de Vautorte, qu'il y eut un synode assemblé pour délibérer des moïens de faire entrer les Ordinans dans le Seminaire, quand Mademoiselle de Francheville en sortiroit. Il n'y eut qu'un seul Recteur qui refusa de païer sa part de la somme qui devoit être levée sur le Clergé, pour faire le fonds destiné à l'entretien des Directeurs du Seminaire; mais voïant que Mr. de Kerlivio s'offroit, en présence de toute la compagnie, à païer pour lui, il eut honte de son peu de zéle, & se rangea au sentiment de tous les autres. Dès que Mademoiselle de Francheville eut quitté le Seminaire, Mr. de Kerlivio le fit meubler, en partie à ses dépens. Il choisit les Prêtres à qui l'on donna la conduite de la maison, les y établit, en dressa les Reglemens avec eux, y fit entrer les Ordinans la veille de la Pentecôte de l'an 1680. & le jour de la fête il y chanta la Messe, avec une sensible consolation, de voir enfin son premier dessein accompli. Le second ne réüssit pas moins heureusement, comme nous le verrons dans la vie de Mademoiselle de Francheville. Il avoit fait venir de Hennebond Mademoiselle de Kerderff sa cousine, pour travailler avec la fondatrice dans les Retraites. Voïant ensuite sa parente si dangereusement malade, qu'on n'attendoit que l'heure de sa mort, il alla dire la Messe pour elle au tombeau de S. Vincent Ferrier, & en même tems elle fut guérie si promptement, que les medecins confesserent que cela tenoit du miracle. Il en fallut un second, pour changer le cœur de Mademoiselle de Kerderff, que sa maladie & ses fatigues excessives avoient dégoûtées du travail des Retraites; & ce merveilleux changement fut l'effet d'une seconde Messe dite au même tombeau de S. Vincent Ferrier par Mr. de Kerlivio.

L'auteur en vient raconte plusieurs autres faveurs extraordinaires que ce saint Ecclesiastique a reçuës du Ciel en diverses rencontres. C'en étoient de grandes, que de ne pas succomber aux frequentes maladies qui le reduisoient souvent à l'extrémité. La derniere, qui fut une fiévre continuë accompagnée d'inflammation de poitrine, & qui termina sa vie, lui prit le 21. de Février de l'an 1685. Alors sa disposition interieure changea tout d'un coup. Toûjours conduit auparavant par une voïe de tenebres & de secheresses, il sentit la lumiere succeder aux tenebres, & l'abondance des consolations aux secheresses. « Ce « n'est plus moi, disoit-il, Dieu me traite « comme un enfant. Il semble être tout « occupé à me combler de douceurs. » Il

desiroit avec ardeur de quitter la terre; pour aller au Ciel; mais il moderoit l'impetuosité de ses desirs, pour se rendre indifferent à la vie & à la mort. Le Dimanche onziéme du mois de Mars, les medecins crurent qu'il ne passeroit pas le lendemain, & furent d'avis qu'on lui donnât le Viatique & l'Extrême-onction. Il témoigna qu'il en étoit content, mais il assura qu'il ne mourroit pas si-tôt. Le lundi matin il reçut le S. Viatique, avec des transports d'amour qui lui faisoient souhaiter & demander la mort, pour s'unir plûtôt & plus parfaitement au souverain bien. Mais connoissant par une lumiere interieure, que son départ étoit différé, rien ne le consola de ce délai, que l'assurance qu'il reçut en même tems qu'il souffriroit beaucoup. En effet ses forces se renouvellérent, & ses douleurs furent extrêmes. Ses consolations le furent aussi; Mademoiselle de Kerderff, & les autres personnes qui l'assistoient, ne lui entendoient dire autre chose, sinon: « grande paix! quelles graces, quelles mi- « sericordes de Dieu sur moi! Dieu me fait « des faveurs si particulieres! Je chanterai « dans l'éternité les misericordes du Sei- « gneur. » On lui donna l'Extrême-onction le samedi. Le Dimanche la fiévre redoubla, avec des maux étranges. Il dit à Mademoiselle de Kerderff: « je souffre étrange- « ment; mais je joüis d'une grande paix. » Il lui dit la même chose le Lundi 19. jour de saint Joseph, & l'on se mit à faire la recommandation de l'ame sur les huit heures du matin, mais il la fit cesser, parce que Dieu lui fit connoître qu'il ne mourroit pas si tôt. Le soir, après qu'on lui eut donné le saint Viatique pour la derniere fois, il se fit apporter les lettres de filiation qu'il avoit reçuës du R. P. General des Jesuites, & une Bulle d'Indulgence particuliere qui lui avoit été accordée pour l'heure de la mort. Il se croïoit alors aux derniers momens de sa vie; mais il passa encore la nuit dans des souffrances horribles. Le mardi matin, comme on croïoit qu'il alloit mourir, les Jesuites qui étoient auprès de lui, commencérent la recommandation de l'ame. Il connut qu'au même tems d'autres faisoient des prieres pour sa guérison. Il eût bien voulu qu'on n'eût point fait cette espece de violence à l'impatience qu'il avoit d'être avec son Divin Sauveur; mais s'offrant à lui comme une victime d'amour, il s'abandonna à sa misericorde & à sa justice, pour souffrir encore autant qu'il lui plairoit. Il marqua, le mardi matin 21. de Mars, que ses souffrances étoient dans un tel excès, qu'il ne sçavoit plus où il en étoit;

M

que les portes de l'Eternité lui étoient fermées, jusqu'à ce que le P. Huby & les autres qui demandoient sa guérison, se fussent soumis aux ordres de Dieu touchant sa mort ; & qu'il avoit encore un grand orage à soûtenir. On assura que tous alloient s'unir ensemble pour demander à Dieu l'accomplissement de sa sainte volonté sur lui, & que le P. Huby alloit dire la Messe à cette intention. Alors, comme si on lui eût accordé la permission de mourir, il dit : *Dieu soit beni ; c'en est fait, je m'en vais.* Ce furent-là ses dernieres paroles, qu'il repeta plusieurs fois ; après quoi il entra dans l'agonie, & avant que le P. Huby eût achevé la Messe, il expira doucement entre sept & huit heures, le 21. de Mars de l'an 1685. à l'âge de 63. ans.

Telle a été la vie & la mort de Mr. de Kerlivio, comparable aux plus saints Ecclesiastiques dont la Bretagne ait honoré les vertus & la memoire, depuis qu'elle a été éclairée des lumieres de la foi Chrétienne. Pendant trois jours que son corps demeura exposé à la veneration des peuples, on lui coupoit ses habits & ses cheveux, & la passion qu'on avoit d'emporter de ses Reliques seroit encore allée plus avant, si on n'eût emporté le corps dans le caveau de l'Eglise des Jesuites, où, après qu'on l'eut gardé quelque tems, il fut enterré à la dérobée. Le tombeau de Mr. de Kerlivio est visité tous les jours par des personnes qui viennent se recommander à ses prieres. Quelques personnes de pieté ont eu revelation de la gloire dont il joüit au Ciel, au moins en ont-elles été persuadées ; & plusieurs ont ressenti des effets extraordinaires de son pouvoir auprès de Dieu.

Decedée le 23. Mars 1689.

MADEMOISELLE Catherine de Francheville Fondatrice de la maison de Retraite pour les femmes, à Vannes.

XVII. SIECLE.

Tiré de sa vie imprimée en 1698.

MADEMOISELLE Catherine de Francheville avoit pour pere & pour mere, Daniel de Francheville & Julienne Cillart, l'un & l'autre riches, de familles distiguées, & avec cela vertueux dans l'abondance & la prosperité. Catherine leur fille naquit au château de Truscoat dans la presqu'isle de Rhuys, le 21. jour de Septembre de l'an 1620. Le naturel heureux & facile qu'elle reçut du Ciel en naissant se fit remarquer dès les premieres années de son enfance. Elle prenoit moins de goût aux amusemens de cet âge, qu'à entendre ce qui pouvoit former les mœurs & son esprit, & elle retenoit aisément tout ce qu'on lui apprenoit. On raconte qu'aïant appris tous les quadrains de Pibrac par cœur, elle avoit déja assez de discernement, tout enfant qu'elle étoit, pour en faire application, en les recitant dans les compagnies, de ce qui convenoit à un chacun. C'est ainsi que n'aïant encore que quatre ans, elle alla reciter à un Conseiller du Parlement qui étoit venu à Truscoat, ce quadrain :

Si en jugeant, la faveur te commande,
Si corrompu par or, ou par présent,
Tu fais Justice au gré des Courtisans ;
Ne doute point que Dieu ne te le rende.

Cette leçon, prononcée avec grace, fit impression sur le Magistrat, qui avoüa qu'il en avoit été aussi touché, que si un Ange du Ciel lui eût prononcé cet oracle. Le cœur innocent de la jeune Catherine se rendoit sensible aux tendresses de la charité, à mesure que son esprit s'ouvroit aux lumieres de la raison & de la grace ; naturellement compatissante aux miseres des pauvres, elle n'avoit point de plus grand plaisir, que de leur donner l'aumône, quand elle en trouvoit l'occasion.

Elle avoit toutes les qualitez qui peuvent attacher une jeune personne au monde ; mais quoiqu'elle n'eût pas encore le courage d'y renoncer entierement, Dieu ne permit pas qu'elle s'y engageât. Après qu'elle eut perdu son pere & sa mere, elle vint à Vannes chez Monsieur de Francheville son frere, & y demeura quatre ans. Dans ce tems-là on la sollicita fortement de se marier, & on lui proposa beaucoup de partis considerables. Dieu la destinoit à d'autres choses, & elle trouvoit toûjours dans ceux dont on lui parloit quelque chose qui lui donnoit du dégoût. Enfin le Doïen des Conseillers du Parlement, charmé de ses bonnes qualitez, lui fit agréer ses recherches, & elle partit, pour aller conclure cette affaire à Rennes. En entrant dans le faubourg de la ville, elle apperçut un grand convoi funebre, & s'étant informée de ce que c'étoit, elle apprit qu'on alloit enterrer dans l'Eglise de N. D. de Bonnes nouvelles le Doïen du Parlement. Frappée de ce coup imprévû, elle le regarda comme un avertissement du Ciel ; & dès ce moment elle ne songea qu'à se retirer du monde, au lieu de penser davantage à s'y établir.

Aussi-tôt qu'elle fut de retour à Vannes, une jeune veuve de qualité qui avoit renoncé aux plaisirs & aux vanitez du siécle, pour s'exercer en toutes sortes de bonnes œuvres, eut un pressant mouvement d'attirer Mademoiselle de Francheville au service de Dieu. Elle en vint à bout ; & ces deux personnes aïant fait une étroite liaison d'amitié, s'accompagnoient dans tous leurs exercices de pieté, sur tout dans la visite des prisonniers, des pauvres malades, des agonisans. Ces spectacles de charité augmentoient leur ferveur, & Mademoiselle de Francheville commença de goûter ce qui étoit auparavant insuportable à sa délicatesse naturelle.

Elle avoit encore un reste d'attache pour ses habits & pour ses cheveux. Dieu se servit, pour la détacher de cette vanité, de la voix d'un prédicateur qui annonçoit les veritez de l'Evangile pendant le Carême ; ou plûtôt Dieu donna aux paroles de saint Jacques citées par ce prédicateur, cette force qui penetre les cœurs & captive les volontez. *A quoi sert*, dit-il, *de se vanter* Jac. 2. 14. *qu'on a la foi, si l'on n'a pas les œuvres ?* 18. *montrez-moi vôtre foi, par vos œuvres*. Comme si saint Jacques n'eût dit cela que pour elle seule, Mademoiselle de Francheville résolut de se sacrifier à Dieu sans reserve. Occupée de cette résolution, elle sort de l'Eglise, & trouvant chez elle plusieurs Dames de sa connoissance, elle leur dit avec une force heroïque : « Mesdames, « il faut absolument être à Dieu, pour moi, « je veux être toute à lui ; & pour vous « marquer que je le veux tout de bon, je « vous supplie de me couper les cheveux. « Je me tiendrai fort obligée à celle qui « voudra me rendre ce bon office. » Elles s'en excusérent toutes, & lui représentérent qu'il ne falloit rien précipiter dans les premiers mouvemens d'un zéle qui se rallentiroit. Mais n'écoutant plus que la grace, elle prit des ciseaux, & se coupant elle-même les cheveux, elle dit à ces Dames : « J'ai « confiance en Dieu, qui soûtient les foibles. »

Elle avoit alors 31. an, & depuis ce jour-là elle ne sentit plus son cœur partagé. Elle commença par distribuer aux Eglises tous ses bijoux, & faire servir à l'ornement des Autels les habits mondains qu'elle avoit portez jusqu'alors. Elle consacra aussi tous ses revenus au soulagement des pauvres. Son pere, qui n'avoit eu que trois enfans, leur avoit laissé cent mille écus de bien ; Mademoiselle de Francheville en avoit eu 21. mille pour sa part, & cet argent placé au denier de la province lui produisoit quatre mille livres de rente ; mais il est étonnant que ce revenu, tout considerable qu'il est pour une fille seule, ait pû suffire à tout ce qu'elle a fait dans le cours de sa vie, sans toucher à ses fonds, qu'elle s'est fait un devoir de conserver à ses heritiers.

Pour éviter les compagnies qui l'auroient pû distraire, elle changea de demeure, & vint occuper dans la ville un appartement propre au dessein qu'elle avoit de vivre dans la retraite. Son cabinet étoit au haut du logis, & tous les meubles qu'elle y avoit, consistoient dans un lit, une table, deux chaises, & quelques livres. En vain l'estime qu'on faisoit de sa pieté singuliere excitoit le monde à lui rendre visite, soit par curiosité, soit pour chercher à s'édifier dans ses entretiens ; sa chambre étoit comme une grotte inaccessible, dont l'entrée n'étoit ouverte à ses propres freres que trois ou quatre fois seulement dans l'année, quoiqu'elle les aimât tendrement, & qu'ils vinssent souvent pour la voir. Loin du tumulte, elle partageoit son tems entre la priere & la mortification. Elle se levoit à cinq heures du matin, & pour se préparer à l'oraison, elle prenoit une sanglante discipline. A huit heures elle alloit à l'Eglise, où après s'être confessée, & avoir reçu la Ste. Communion, elle demeuroit en prieres jusqu'à midi. A trois heures elle s'enfermoit dans son cabinet, pour y faire une lecture spirituelle. A cinq heures elle sortoit pour aller devant le S. Sacrement, & y demeuroit jusqu'à six heures & demie. A huit heures elle assembloit ses domestiques, pour les faire prier en commun. La priere finie, chacun se retiroit dans sa chambre, & elle s'occupoit dans la sienne à prier, ou à lire, jusqu'à onze heures qu'elle se couchoit. La discipline, qu'elle prenoit deux fois le jour, étoit armée de rosettes de fer ; mais malgré les profondes plaïes qu'elle se faisoit tous les jours, elle auroit continué cet exercice rigoureux, si son Confesseur ne lui eût commandé de moderer cet excès de penitence. Elle portoit souvent la haire ou le cilice, & bien des fois elle s'est roulée nuë sur des orties. Elle jeûnoit quatre fois la semaine, le plus souvent au pain & à l'eau ; & pour mortifier son goût dans ce qui pouvoit le flatter, elle s'abstint très-long-tems de manger du fruit, quoiqu'elle en fît servir à sa table, pour renouveller tous les jours, à cet aspect, le sacrifice qu'elle en faisoit à Dieu. Elle s'abstint aussi de boire, jusqu'à ce qu'une longue & ardente soif lui causa une inflammation dans la bouche.

Pour mortifier dans le penchant qu'elle avoit pour la propreté, sur tout à table, une sensualité déguisée qu'elle croïoit y appercevoir, elle faisoit manger dans son plat un mandiant sale, malpropre, qui toussoit continuellement, & qui par la puanteur de ses crachats faisoit mal au cœur à tous ceux qui le voïoient. L'onction de la priere assaisonnoit ses austeritez. Dans quelque Eglise que le S. Sacrement fût exposé, elle y faisoit ses dévotions, & hors le tems du dîné, y passoit tout le jour en oraison, les genoux nuds contre terre. Tous les samedis elle alloit à pied visiter l'Eglise de N. D. de Bethléem éloignée de Vannes d'une lieuë; & rarement elle passoit un mois sans faire aussi à pied le pelerinage de sainte Anne près d'Aurai, à trois lieuës de Vannes. Le silence & l'aumône sanctifioient ses voïages, & pour attirer sur eux la benediction du ciel, elle tâchoit toûjours d'avoir en sa compagnie quelque Prêtre vertueux. Les chapelles qu'elle visitoit étoient toûjours gratifiées de ses liberalitez, le plus souvent de calices de la valeur de cinquante écus.

Sa charité pour les pauvres étoit immense. Sa maison étoit un magazin, où les indigens trouvoient du pain, des œufs, des bouïllons, de la viande, des medicamens, des confitures, des habits, du bois, en un mot toutes les provisions necessaires. On preparoit tous les jours la marmite pour les malades; & quand le nombre en étoit si grand, que ce qui avoit été préparé ne suffisoit pas pour tous; Mademoiselle de Francheville y ajoûtoit son propre dîné, & se contentoit de pain seul; excès de charité auquel son Confesseur crut qu'il falloit obvier; & à cet effet il lui ordonna de dîner, avant qu'on distribuât ce qui avoit été cuit pour les pauvres. L'objet particulier de ses soins étoient les personnes que la honte empêchoit de déclarer leurs miseres; elle les prévenoit avec ardeur, & leur donnoit, aux uns un écu par mois, aux autres une somme plus considerable, selon leurs besoins & leur condition; & à des familles entieres elle envoïoit tous les ans deux ou trois pieces d'étoffe pour s'habiller. Elle mettoit dans un Convent les filles orphelines, & y païoit leur pension, jusqu'à ce qu'elles fussent en âge d'être pourvûës & de gagner leur vie; & si quelques-unes d'entr'elles étoient appellées à la Religion, elle fournissoit la dot necessaire. Les filles sans naissance n'étoient pas moins secouruës que les autres; elle leur faisoit chercher quelque sage artisan, avec qui elle les marioit, en leur donnant trois cent livres de dot; ce qui se faisoit si secretement, que la plûpart ignoroient qui étoit leur bienfaitrice, & qu'il est souvent arrivé que les marchands & les artisans qui étoient redevables de leur fortune à Mademoiselle de Francheville, lui refusoient ce qu'on alloit acheter chez eux de sa part. Voïant de jeunes gens de condition en danger de se débaucher, à cause de leur indigence, elle a souvent offert à leurs parens de païer elle-même pour eux jusqu'à quarante écus de pension, afin qu'ils pussent être élevez d'une maniere conforme à leur naissance. Elle a fait étudier, par ce moïen, un grand nombre d'écoliers, tant Irlandois, que Bretons, parmi lesquels on a eu la consolation de voir de dignes ministres de l'Eglise. Aïant appris que la necessité seule engageoit une personne dans le libertinage, elle lui envoïa du linge & de l'argent, pour la retirer du désordre, & l'entretint long-tems dans un Monastére. Elle ne pouvoit voir une personne dans l'indigence, sans la secourir sur le champ. Rencontrant un jour dans la ruë une Demoiselle dont l'extrême pauvreté lui fit compassion, elle la prit par la main, & la tirant à l'écart, lui donna une de ses juppes, & si-tôt qu'elle fut arrivée à son logis, elle lui envoïa des chemises. Son Directeur seul, & quelque peu de personnes dont elle étoit obligée de se servir pour distribuer ses charitez, en sçavoient le nombre; hors ces personnes, tout le reste du monde les ignoroit; elle ne vouloit pas même que ceux qui recevoient ses aumônes, les revelassent; & c'est pour cela, qu'aïant promis cent écus pour établir une pauvre fille, elle lui retrancha une partie de cette somme, parce qu'elle avoit eu l'indiscretion d'en parler; mais ce fut moins pour la punir, que pour s'assurer plus efficacement du secret en pareille rencontre.

De peur que tant de bonnes œuvres ne fissent en elle ce que S. Paul apprehendoit que la grandeur de revelations n'eût fait en lui, sans les épreuves humiliantes dont il fait l'aveu, Mademoiselle de Francheville étoit ingenieuse à chercher les humiliations. Elle donna ordre à une personne sur qui elle avoit quelque autorité, de l'avertir tous les mois, sans ménagement, de toutes les fautes qu'elle auroit remarquées dans sa conduite; & pour l'y engager par son propre interest, elle lui promit de faire dire une Messe à son intention, toutes les fois qu'elle lui rendroit ce bon office. On la souvent vûë prosternée aux pieds de ses servantes, les embrasser, & leur demander pardon. C'est ce même principe d'humilité qui l'a empêchée de permettre, tant qu'elle a vêcu, que ses armes fussent mises sur le portail de l'Eglise des Jesuites de Vannes, quoiqu'elle en fût comme la fondatrice, non plus qu'aux deux Maisons de Retraite, l'une desquelles est entierement son ouvrage, ni sur les ornemens & vases sacrez dont elle a fait présent aux Eglises & aux Chapelles.

23.
MARS.
Son obéïssance pour ses Directeurs étoit si parfaite, que le moindre signe de leur volonté étoit capable de lui faire quitter ce qu'elle avoit le plus à cœur. C'est ainsi qu'aïant obtenu de son Confesseur la permission de faire un voïage à N. D. des Ardilliers, & étant déja à Nantes, elle s'en retourna, sans passer outre, parce que son Confesseur lui manda de revenir incessamment à Vannes, où sa présence étoit necessaire pour le soulagement des pauvres & pour d'autres œuvres de charité. Elle avoit une petite niéce, dont on lui avoit confié l'éducation à l'âge de dix-huit mois ; elle la rendit à ses parens, aussi-tôt que son Confesseur le lui eut ordonné.

Il entroit beaucoup de fermeté dans le caractere de son esprit. Veritablement elle n'entreprenoit rien, qu'après une mûre deliberation, & après avoir consulté le Ciel par un redoublement de prieres, de pelerinages, & d'aumônes ; mais cela fait, & son parti pris, elle étoit constante à executer ses résolutions, sur tout lorsqu'elles ne regardoient que la gloire & l'interest de Dieu seul. La providence lui avoit donné dans le P. Adrien Daran Jesuite, natif de Roüen, un Directeur propre à seconder son zéle & sa charité. Il étoit présent, lorsque ses deux compagnons le P. Jean de Brebeuf & le P. Gabriël l'Aleman furent brulez par les Hurons. Il avoit remporté de Canada des Infirmitez qui donnoient un continuel exercice à sa patience ; mais il ne s'appliquoit pas avec moins de zéle à toutes sortes de bonnes œuvres, & à procurer le salut des ames, que s'il eût eu une santé parfaite. Bien-loin de donner des bornes, par une lâche politique, aux charitez de Mademoiselle de Francheville, il l'excitoit sans cesse à être saintement prodigue envers les pauvres. Son desinteressement ne fut pas sans recompense. Il avoit entrepris de bâtir une Eglise pour le College, sans autre fond, en 1662. qu'une somme de dix écus, dont il avoit acheté une charette pour voiturer les materiaux ; c'est pourquoi, quand l'ouvrage fut achevé, il fit graver sur le frontispice : *Ipse fundavit eam Altissimus. Le Très-haut l'a fondée lui-même* ; paroles tirées du Pseaume 86. Mademoiselle de Francheville fut inspirée de soûtenir & de consommer cet ouvrage. Elle donna d'abord trois cens Loüis d'or, & dans le cours de treize années seize cens livres par an, sans y comprendre beaucoup d'autres sommes considerables qu'elle fournit avant & après la mort de son Directeur.

En même tems elle entretenoit des Missions, elle en fondoit en bien des endroits,

elle païoit à la retraite des hommes la pension de bien des gens que leur pauvreté eût empêché d'y venir. Les grands fruits que cette maison produisoit, lui firent concevoir le projet d'un pareil établissement pour les femmes. Son Confesseur, à qui elle communiqua ses vûës là-dessus, les approuva, & ne songea plus qu'à chercher les moïens de cooperer avec elle à l'execution de ce grand dessein. Les deux étages de la maison de Mademoiselle de Francheville partagez en plusieurs chambres, furent d'abord destinez à donner la Retraite à des femmes, qui ne sortoient de cette maison, pendant les huit jours que la Retraite duroit, que pour aller à l'Eglise, & prendre les instructions de leur Directeur. Mais comme Mademoiselle de Francheville refusoit de prendre de l'argent pour la nourriture des femmes qui se succedoient les unes aux autres, beaucoup de Dames & de Demoiselles craignant de lui être à charge, se rendirent plus reservées à se presenter à faire la Retraite. Pour lever cet inconvenient, on loüa une maison hors de la ville, près des Jesuites ; on la meubla pour y recevoir toutes les femmes qui voudroient y entrer, & on y établit un œconome qui veilloit à leur subsistance. On y accourut de divers endroits du diocese, & les exercices s'y firent avec autant de succès, que dans la Maison de Retraite des hommes. Mais cette œuvre sainte fut bien-tôt traversée ; beaucoup de gens desapprouverent ces assemblées de femmes ; & l'un des Grands-Vicaires même, après avoir déclamé publiquement en chaire contre cette nouveauté, défendit de continuer les Retraites, soit dans cette maison, soit ailleurs. Monsieur de Rosmadec Evêque de Vannes, qui étoit alors à Paris, voulant d'un côté soûtenir le procedé de son Grand-Vicaire, & de l'autre favoriser le zéle de Mademoiselle de Francheville, proposa au P. Daran, de bâtir un appartement dans une maison Religieuse, où il sembloit que les exercices de la Retraite se pourroient faire avec plus de facilité & même d'édification. La proposition fut acceptée, & l'on choisit la maison des Ursulines, qui se trouvoit la plus en état de fournir des sujets propres à cet emploi. Mr. de Kerlivio Grand-Vicaire en écrivit au Prélat à Paris, & en reçut cette réponse : « Je suis ravi qu'il se fasse « une Maison de Retraite pour les filles & « pour les femmes chez nos bonnes & cheres Religieuses Ursulines, & je le permets « de tout mon cœur. « Mademoiselle de Francheville, après avoir obtenu cette permission, envoïa secrettement une somme d'argent à la Superieure, qui du consente-

Mlle. DE FRANCHEVILLE.

ment unanime de toute la Communauté, fit jetter les fondemens de cette maison. La premiere pierre y fut posée le 20. de Mars de l'an 1671. par Mr. de Kerlivio, qui avoit dressé le plan de cette maison de maniere, que quoiqu'elle fût dans l'enclos du Monastere, elle n'y avoit pourtant ni communication, ni vûë, ni entrée pour les personnes qui y devoient venir en Retraite. On y travailla si diligemment, que la maison fut achevée & meublée, & que l'on y commença les exercices dès le mois d'Avril de l'année suivante. On donna la direction des Retraites à la Mere Jeanne de Pelaine de la Nativité, Religieuse d'un grand merite, qui sortoit de l'emploi de Superieure.

Cette courte interruption de Retraites avoit paru longue au zéle de Mademoiselle de Francheville, qui pour ne pas laisser couler inutilement ce peu de tems, pria l'Evêque de permettre qu'elle assemblât au Pargo, maison de campagne aux environs de Vannes, quelques personnes de son sexe qui desiroient y faire une Retraite. On eut permission d'y dire la Messe, & d'y faire deux exhortations par jour. Il s'y trouva jusqu'à quarante-six personnes; qui en sortirent toutes remplies de ferveur, dont quelques-unes attachées jusques là au monde prirent courageusement le parti de l'abandonner, & d'entrer en Religion. Ce succès porta Mademoiselle de Francheville à faire de pareilles assemblées dans les dioceses voisins. Il s'en fit une à Ploërmel, composée de quarante-cinq personnes, dont plusieurs se consacrerent à Dieu, les unes chez les Ursulines, & les autres chez les Carmelites. Pour contenter les autres villes qui souhaitoient le même bonheur, on alla deux fois à Quimperlé, & deux fois au Quillio, paroisse du diocese de Quimper; & l'affluence du monde y fut si grande, qu'on ne sçavoit où loger toute la compagnie.

Quand la maison bâtie chez les Ursulines fut prête, on y fit, sous la conduite des Religieuses, pendant neuf mois, les exercices de la Retraite; mais un nouvel orage vint attaquer ce pieux & utile établissement; le successeur de Mr. de Rosmadec prévenu par des gens qui n'avoient pas le même zéle que Mr. de Kerlivio & Mademoiselle de Francheville, interdit la Retraite des femmes. Mademoiselle de Francheville fut contrainte, dans cette rencontre, de déclarer ce qu'elle avoit tenu secret jusqu'alors, que le logement qu'on avoit bâti dans l'enclos des Ursulines s'étoit fait à ses dépens. Elle demanda aux Religieuses, ou qu'elles obtinssent la permission de continuer les Retraites, ou qu'elles lui remboursassent l'argent destiné à cet usage. Les Religieuses trouvant ce qu'elle demandoit très-juste, firent toutes les tentatives possibles auprès de l'Evêque; mais n'aïant pû venir à bout d'obtenir que l'on continuât les Retraites, elles rendirent à Mademoiselle de Francheville, non-seulement les deniers qu'elle avoit avancez, mais encore les meubles, les tableaux, les Reglemens, & tout ce qu'on avoit fait à l'usage de la Retraite.

Cependant, ni Mademoiselle de Francheville, ni les trois personnes qui étoient les plus unis avec elle, Mr. de Francheville son frere; Mr. de Kerlivio, & le P. Huby, ne perdoient point courage; & après s'être adressez à Dieu par de ferventes prieres concerterent aussi d'interposer auprès de l'Evêque le credit de Madame d'Argouges Premiere Présidente, que sa vertu faisoit encore plus respecter, que son rang, & qui s'interessoit dans toutes les bonnes œuvres de la province. Elle écrivit de Paris au Prélat, avec beaucoup de force, & lui représenta que s'il avoit des raisons qui l'engageassent à ne pas permettre que les Retraites se fissent chez les Ursulines, il ne paroissoit pas qu'il en pût avoir de condamner au fonds une institution si utile & si édifiante; & le porta à consentir qu'il y eût une maison destinée aux Retraites des femmes à laquelle il donneroit un Superieur & des Reglemens, comme il le jugeroit à propos. Monsieur de Vautorte accorda à Madame d'Argouges ce qu'elle souhaitoit; & ce qui surprit tout le monde, il donna la direction de ces Retraites, tant pour le spirituel que pour le temporel, à Mr. de Kerlivio; qui depuis deux ans n'étoit plus dans ses bonnes graces.

On chercha incontinent une maison; mais on n'en trouva point qui eût un logement assez vaste. Le bâtiment du Seminaire venoit d'être achevé, mais il n'y avoit point de meubles, & faute d'argent, il devoit long-tems demeurer inhabité. On proposa à Mademoiselle de Francheville de le loüer pour quelques années, à condition de le mettre en état qu'on pût y loger quand elle en sortiroit. C'étoit l'engager à une dépense de plus de mille écus, dont toute l'utilité seroit pour le Clergé. Mais au lieu de se rebuter de cette consideration, elle la regarda comme un motif digne de sa pieté : « j'aurai, dit-elle, la joïe de voir, « que quand je sortirai du Seminaire, les « Prêtres y entreront. » Connoissant l'intelligence & le zéle de Mr. de Kerlivio, elle le chargea du soin de cet ouvrage, & lui mit d'abord une somme de deux mille écus entre les mains. En peu de mois la maison

21.
MARS.

se trouva disposée pour les Retraites. Il falloit trouver une personne qui remplaçât la Mere de Pelaine. L'humilité de Mademoiselle de Francheville lui faisoit croire que cet emploi étoit au-dessus de ses forces: on jetta donc les yeux sur Madame du Houx, cette sainte veuve dont nous avons parlé ailleurs, à qui Dieu avoit donné des talens particuliers pour la conduite des ames, & un zéle égal à ses talens, malgré les infirmitez dont elle étoit accablée. Madame du Houx vint à Vannes, & se chargea de diriger les femmes pendant la Retraite. Elle fit plus; elle déclara à Mademoiselle de Francheville, que Dieu ne se contentoit pas de ses biens, qu'il vouloit aussi sa personne; & son sentiment confirmé par Mr. de Kerlivio & par le P. Huby, détermina Mademoiselle de Francheville à s'embarquer dans le travail des Retraites, en se confiant en Dieu, qui donne la force aux plus foibles instrumens. On admira bientôt en elle l'effet de la grace; & plusieurs personnes ont avoué que ses entretiens familiers & ses exhortations les touchoient d'avantage que les sermons des plus habiles prédicateurs. Tout son exterieur, le ton même de sa voix, excitoit à la pieté. Pendant le cours des Retraites elle se chargea de toutes les ceremonies de devotion qui s'y pratiquent, de certaines instructions, & des lectures qu'on y fait; en sorte qu'elle parloit tous les jours près de trois heures.

Le P. Fulgence de Ste. Barbe Carme.

Le premier Directeur de ces Retraites (le P. Daran étoit mort, & le P. Huby occupé à celle des hommes) fut le P. Fulgence de sainte Barbe, de l'Ordre des Carmes, sçavant Theologien & bon prédicateur, qui avoit été Prieur du Convent d'Avignon, & de plusieurs maisons de la province de Touraine. Il joignoit à une grande austerité un grand don d'oraison & de larmes; & à une sagesse très-éclairée, une humilité profonde, une droiture & une simplicité merveilleuse. Il étoit modeste & recüeilli, toûjours tranquile dans les plus terribles peines interieures dont il étoit affligé, si dégagé de toutes choses, & si mort à lui-même, qu'il ne se donnoit pas la moindre satisfaction humaine. Pendant les Retraites il prêchoit deux fois le jour, & donnoit le reste de son tems à entendre les confessions. Quoique la plûpart voulussent se confesser à lui, celles qu'il recevoit plus volontiers, étoient les païsanes, dont la grossiereté & les redites ennuieuses ne rebutoient jamais sa patience. On le voïoit souvent, après avoir passé toute la journée dans une telle fatigue, s'en retourner le soir au Bodon, Monastére fort éloigné de la ville,

tout trempé de pluie, ou couvert de nége, & transi de froid. Ses forces étoient déja ruïnées, avant qu'il se chargeât de cet emploi; le peu qui lui en restoit succomba, au bout de deux ou trois ans, sous le poids d'un si grand travail. Il mourut d'une fluxion sur la poitrine, le 10. d'Aoust de l'an 1677. La même maladie emporta Mr. Pierre le Floch premier Chapelain de la maison de Retraite, qui avoit été formé dès sa jeunesse par le P. Rigoleu aux exercices de la vie Apostolique. La troisiéme personne que Mademoiselle de Francheville associa pour travailler à l'œuvre de Dieu, fut Mademoiselle Marguerite Marquer de Kerderff, qui pensa d'abord avoir le même sort que le P. Fulgence & Mr. le Floch; mais elle recouvra la santé, par une espece de miracle, comme nous l'avons dit dans la vie de Mr. de Kerlivio, & par un nouvel effet des prieres de ce saint Ecclesiastique, elle surmonta le dégoût qui la portoit à se soustraire à un emploi dont elle ne se croïoit pas capable. En effet la foiblesse de sa complexion, & son peu de disposition à parler en public, étoient deux difficultez qui la mettoient, ce semble, en droit de douter que Dieu l'appellât à un emploi qui demande des dispositions contraires; mais la grace applanit ces obstacles, & lui donna la force de soûtenir, pendant un grand nombre d'années, un travail que les hommes les plus robustes auroient eu peine à supporter.

Mad*elle* de *...*derff.

La premiere Retraite qui se fit au Seminaire commença le 4. de Decembre en 1674. Il n'y eut d'abord qu'onze personnes; mais dans la suite on y en a compté deux & trois cens; on y accourut de la ville, de la campagne, & des endroits même les plus reculez de la province. Dieu mêla quelque amertume à la joïe que donnoient ces heureux commencemens. Peu de mois après que Mademoiselle de Francheville fut logée au Seminaire, une pierre du poids de dix livres lui tomba sur la tête, & la blessa dangereusement. Un des ouvriers, qui vit couler le sang en abondance, en avertit promptement Madame du Houx, qui obligea Mademoiselle de Francheville de se mettre au lit. Le chirurgien qui prit soin de sa plaïe, voïant la grosseur de la pierre qui l'avoit blessée, reconnut qu'il falloit que Dieu eût pris un soin bien particulier de préserver Mademoiselle de Francheville de la mort. Sa vie étoit encore utile au service de Dieu, qui se contenta d'éprouver sa patience par les douleurs que cet accident lui fit souffrir.

Il falloit penser à donner aux Retraites une maison fixe & permanente, au lieu qu'on avoit loüé le Seminaire que pour cinq

21
MA...

cinq ans. On chercha donc un fonds commode pour bâtir, & l'on en trouva un proche l'Eglise paroissiale de S. Salomon, dans lequel, outre la situation avantageuse, on eut l'avantage de rencontrer le sable & la pierre dont on avoit besoin. On jetta d'abord les fondemens de la maison en suivant un premier plan qui avoit été dressé, qui ne donnoit au bâtiment que six-vingt pieds de longueur sur vingt-un de large, huit pieds à chaque chambre, & mettoit les offices en dehors, en appentis appuïez le long du corps du logis. A peine eut-on élevé les murailles à la hauteur de dix pieds que Mademoiselle de Francheville reconnut que ce plan qu'on lui avoit conseillé de suivre comme le moins cher, ne répondoit point à son zéle & à la grandeur de ses desseins. Ses deux freres, ses uniques heritiers, furent assez desinteressez pour blâmer son épargne; mais pour ne pas perdre ce qui étoit déja fait, ils suggérérent à leur sœur de le faire entrer dans le plan nouveau qui fut dressé, en faisant un double corps de logis separé par un mur de refend. Ainsi, outre la sœur, c'est encore à la generosité & au noble desinteressement de ces deux gentilshommes ses freres, M^r. de Francheville l'aîné, & M^r. de la Motte son cadet, que le public est redevable de cette belle & grande Maison de Retraite, où plus de quatre cent femmes peuvent être logées en même tems. Pendant qu'on la bâtissoit, Mademoiselle de Francheville ne cessoit d'encourager les ouvriers par sa présence & ses largesses, & par la facilité avec laquelle elle s'en rapportoit à la bonne foi des entrepreneurs, pour les dédommager des marchez où ils prétendoient avoir perdu. La charpente étoit presque posée, lorsqu'un violent orage en enleva neuf fermes, avec un fracas horrible; & ce qu'il y a de surprenant, c'est que les pieces de bois, au lieu d'être brisées, comme cela devoit arriver naturellement, étoient torses & pliées, comme on a coûtume de tordre les liens de fagot. M^r. de Kerlivio qui porta cette nouvelle à Mademoiselle de Francheville, voulut la consoler de cette perte; il n'en étoit pas besoin; elle se contenta de lui demander si personne n'avoit été tué ou blessé. M^r. de Kerlivio lui dit, que les ouvriers s'étoient retirez une heure auparavant. « Dieu soit beni, repliqua-t-elle, je suis la fermiere de N. S. il m'a donné du bien; quand tout le bâtiment seroit renversé, j'ai confiance en lui. » Elle avoit déja fait connoître jusqu'où alloit sa generosité là-dessus, lorsqu'elle avoit répondu à Madame du Houx;

qui lui demandoit combien elle proposoit de donner, soit pour bâtir cette maison, soit pour en amortir le fonds : « je ne me borne à rien en particulier; je donnerai tout ce qu'il faudra. » En effet elle n'épargna rien pour mettre son ouvrage dans sa derniere perfection; & ses soins eurent de si prompts succès, que la Retraite fut établie dans cette Maison le 5. de Mai de l'an 1679. L'année suivante, à la Retraite de la Pentecôte, il s'y trouva 412. personnes; souvent même on en a compté davantage aux fêtes de Pâques.

Elle ne se contenta pas d'avoir bâti & meublé un si vaste logement; elle convia Monsieur l'Evêque de Perigueux son neveu, à prendre de son bien de quoi fonder un Prédicateur & un Chapelain. Ses liberalitez ne se bornérent pas à la Maison de Retraite des femmes; elle l'étendit jusques sur celle des hommes, où elle acheva un nouveau corps de logis que M^r. de Kerlivio avoit commencé d'y faire élever, mais que la mort l'avoit empêché de finir. Le desinteressement de Mademoiselle de Francheville fut si grand, qu'elle ne voulut jamais recevoir aucun présent pour la maison, non pas même pour l'ornement de la Chapelle; & quoique plusieurs Dames offrissent souvent pour leur pension les deux & trois Loüis d'or, elle ne voulut jamais qu'on prît rien de plus que la pension ordinaire de six francs; ce qui s'est toûjours pratiqué depuis.

Il y a peu d'ouvriers Evangeliques à qui l'envie n'ait fait sentir sa malignité. Mademoiselle de Francheville fut exposée, comme eux, aux traits empoisonnez de la calomnie; mais elle n'en continua pas avec moins de zéle & de fermeté à donner tous ses soins à procurer le salut des ames. Pendant que le monde corrompu se déchaînoit contre une maison où l'on apprenoit à s'éloigner de ses maximes, des personnes illustres, animées de la grace Divine, en prenoient la protection, & en répandoient l'exemple loin de la Province. Nous nous contenterons de nommer Madame de Pontchartrain la feuë Chancelière, qui étant premiere Présidente du Parlement de Bretagne, fit deux Retraites de suite dans la maison de Mademoiselle de Francheville, & depuis en établit les pratiques & les Reglemens dans la maison de Madame de Miramion à Paris.

Mademoiselle de Francheville ne diminuoit rien de ses austeritez, au milieu de tant d'occupations qui sembloient demander du repos; & malgré une fiévre intermit-

Dddd

tente qui la consuma insensiblement pendant les quatre dernieres années de sa vie, elle continua toûjours ses exercices de pieté avec la même ferveur. Sa fièvre se fixa depuis en quarte, & eut divers redoublemens. Dans ces variations, qui durèrent cinq ou six mois, ses violens frissons de deux ou trois heures ne la contraignirent jamais de discontinuer les instructions & les entretiens qu'elle faisoit trois fois le jour. Monsieur l'Evêque de Perigueux son neveu pria le P. Huby de lui défendre de continuer ses austeritez. Ce Pere, aussi zélé que sa penitente, répondit : « laissons-la courir à pas de geant « à l'Eternité. » Plus consumée enfin du feu de sa charité, que de l'ardeur de sa fièvre, elle termina sa vie par une mort précieuse aux yeux de Dieu, le 23. de Mars de l'an 1689. à l'âge de 69. ans. Le P. Huby l'assista dans ces derniers momens, & après lui avoir fait administrer les Sacremens de l'Eglise, lui donna une absolution generale de ses pechez. Elle rendit le dernier soupir, en prononçant pour la troisiéme fois le nom du celeste époux à qui elle avoit consacré ses biens, son cœur, & sa vie.

Au même instant son visage devint si beau & si vermeil, qu'il attiroit les regards & l'admiration de tous ceux qui la venoient voir de tous côtez. Les enfans même s'approchoient de son corps sans crainte ; & comme on vouloit intimider un enfant de cinq ans qui lui baisoit les pieds & les mains, il répondit, qu'une Sainte ne lui faisoit point de peur. Le corps fut exposé quatre jours dans la Chapelle, où il accourut une foule infinie de peuple, qui donna des marques sensibles de son respect & de sa veneration. Tous fondoient en larmes, à la vûë de ce triste objet ; mais les pauvres, surtout, paroissoient inconsolables de la perte de leur commune mere. On donna le cœur de Mademoiselle de Francheville aux Reverends Peres Jesuites, & son corps fut mis dans un cercueïl de plomb, pour être enterré dans un caveau sous la chapelle de la Retraite. Entre les circonstances qui suivirent sa mort, on en a remarqué trois fort considerables. La premiere est, que son corps, qui fut gardé onze jours avant que d'être enterré, n'exhala aucune mauvaise odeur ; la seconde, que de son cœur, qui fut six mois en dépôt dans la chambre d'un Jesuite, il sortit toûjours une odeur très-douce ; au moins est-ce le témoignage qu'il en a rendu ; la troisiéme circonstance est, qu'encore que trois hommes pliassent sous le poids du cercueïl de plomb, quand il étoit vuide, un seul homme le descendit aisément dans le caveau, lorsqu'on y eut mis le corps. Independamment de ces merveilles, la memoire de Mademoiselle de Francheville sera en veneration, tant qu'il y aura des gens qui sçauront estimer la vertu.

MESSIRE SEBASTIEN-JOSEPH du Cambout, de Pont-château,

Abbé de S. Gildas des Bois, de Ville-neuve, & de Geneston,

Solitaire sous le nom de Maître Mercier, & de Monsieur de Fleury.

XVII. SIECLE.

Decedé le 27. Juin 1690.

SE regarder comme mort, & mener une vie cachée en Dieu avec J. C. est l'idée de la perfection que S. Paul proposoit aux fidéles de Colosses, & en eux à tous ceux qui esperent d'être glorifiez avec le Sauveur, quand cessant d'être caché, il manifestera sa gloire aux yeux de tout l'univers. Voilà la semence Divine qui a produit tant de Solitaires, dont le genereux détachement, la vie Angelique, les austeritez surprenantes, ont fait l'admiration de tous les siécles. Cette Divine semence n'a pas encore perdu sa force, & si les exemples de l'antiquité ne font pas assez d'impression sur nous, pour nous guérir de l'amour de la vanité, Dieu a bien voulu susciter dans ces derniers tems de ces personnes extraordinaires dont le monde n'étoit pas digne, pour nous convaincre par ces grands modéles, que le joug Evangelique est doux, que la main de Dieu n'est pas racourcie, & que la corruption des cœurs, qui paroît plus grande que jamais, ne détourne pas sa clemence de répandre ces graces merveilleuses qui peuvent changer les pierres même en enfans d'Abraham.

Tiré de quelques memoires manuscrits. Col. 3. 3.

Parmi tous ceux de nos jours en qui la force Divine de la vocation a triomphé le plus glorieusement de la seduction des sens, nous devons donner un rang distingué à Messire Sebastien-Joseph du Cambout, dit de Pont-château, qui entré dans le monde par une naissance illustre, & sûr de toutes les faveurs les plus flatteuses de la fortune, a fait un genereux sacrifice à Dieu de tout ce que l'homme mondain recherche avec le plus d'ardeur, a caché jusqu'à son nom, & après avoir quitté ses biens & ses établissemens, & ne cherchant à plaire qu'à Dieu seul, n'a voulu avoir que lui pour témoin de la vie nouvelle qu'il lui avoit consacrée, & de la mortification dans laquelle il a per-

Mr. DE PONT-CHASTEAU.

27. Juin.

severé pendant les vingt-huit derniéres années de sa vie.

Nous ne parlerons point de l'origine de son illustre maison, ni de tant de dignitez éminentes dont elle a été honorée, Duché-Parie, Baronnies d'Assise, Gouvernemens, Grands Offices de la Couronne, premieres places dans l'Eglise, reception dans les Ordres du Roi ; nous nous contenterons de dire que Sebastien-Joseph du Cambout étoit petit-fils de François Seigneur du Cambout, de Coislin, & de Marionnec, Baron de Pont-château, Grand Veneur de Bretagne, Capitaine des ville & château de Nantes ; & de Françoise du Plessis-Richelieu, Dame de Beçay, fille aînée de Louis du Plessis Seigneur de Richelieu, & de Françoise de Rochechoüart, tante des Cardinaux de Richelieu & de Lyon. Charles du Cambout Baron de la Roche-bernard & de Pont-château, Chevalier des Ordres du Roi, Gouverneur de Brest, & Lieutenant General pour le Roi en basse-Bretagne, fils de François du Cambout & de Françoise du Plessis, épousa Philippes de Beurges Dame de Sevry en Lorraine & de la Moguelaïe en Bretagne, fille unique de Charles de Beurges Seigneur de Sevry, & de Jeanne de Lescoet Dame de la Moguelaye ; & ce sont-là le pere & la mere de Sebastien-Joseph, dont le frere aîné Cesar Colonel General des Suisses, épousa en 1634. Marie Seguier fille aînée du Chancelier de ce nom ; & les deux sœurs de Cesar & de Sebastien-Joseph, furent mariées, l'une au Duc d'Epernon & de la Valette, & l'autre au Comte d'Harcour Grand-Ecuïer de France, après le décez de son premier mari. Cesar a été pere du Duc de Coislin, & du Cardinal de Coislin Grand Aumônier de France, l'un & l'autre honorez du Cordon bleu.

Né au milieu de tant d'honneurs, avec un esprit solide & penetrant, & cheri du Cardinal de Richelieu, Sebastien-Joseph du Cambout n'envisageoit qu'un avenir agréable & flatteur, & destiné à l'Eglise, il fut d'abord chargé de trois Abbaïes, celle de S. Gildas des Bois de l'Ordre de S. Benoît, dans le voisinage de Pont-château, celle de Ville-neuve de l'Ordre de Cisteaux, auprès de Nantes, & celle de Geneston de l'Ordre des Chanoines Reguliers de saint Augustin située auprès de Pornic vers l'embouchure de la Loire. Il vint à Paris fort jeune, pour y faire ses études & y être élevé selon sa qualité. Il fit de grands progrès dans les sciences, & sur tout dans la Theologie, tant par les instructions de ses précepteurs & de ses professeurs, que par la lecture des bons livres, à laquelle il s'appliquoit avec assiduité.

Il aimoit la verité, & avoit le cœur droit ; c'est pourquoi il chercha toûjours la connoissance de ceux qu'il crut gens de bien, & qui faisoient profession d'une vertu solide & sincere. Il prit volontiers leurs conseils, & s'appliqua avec ardeur aux pratiques de la dévotion la plus exacte. Les personnes vertueuses, quoique d'une condition fort au dessous de la sienne, trouvoient toûjours en lui un accueil ouvert & gracieux. Il aimoit la propreté & la magnificence ; mais il en fit bientôt un sacrifice à Dieu, en quittant le petit-Archevêché où il logeoit, pour se retirer dans le faubourg de S. Jacques avec un Ecclesiastique de très-grande pieté. Son dessein étoit de renoncer dès-lors au monde, & de quitter tous ses biens ; mais ceux sous la conduite desquels il s'étoit mis, ne jugerent pas à propos, vû sa grande jeunesse, qu'il se réduisît à un état dont il ne connoissoit pas encore assez toutes les suites.

La liaison qu'il conservoit avec d'autres Abbez, lui fit trouver du dégoût dans la retraite, & se trouvant en état, par les grands biens dont il jouïssoit, de contenter sa curiosité en voïageant, il s'en alla à Rome vers l'an 1657. à l'âge de trente quatre ans, & y fit toutes les connoissances qu'un homme aussi bien fait qu'il étoit, d'un tel esprit, & d'une naissance si distinguée, pouvoit y contracter. Il sentit bientôt neanmoins par le vuide de son cœur, & par les agitations & les inquietudes de sa conscience, qu'il ne trouveroit pas dans cette sorte de vie ce qu'il cherchoit & ce qu'il avoit perdu. La verité, qu'il avoit abandonnée, pour courir après la vanité & le mensonge, le poursuivit toûjours pendant son égarement, & le rappella sans cesse par des reproches interieurs qu'elle lui faisoit, jusqu'à ce qu'il fût revenu à sa lumiere. Il y eut même une bonne Religieuse, la Mere du Fargis, qui se fit une devotion particuliere de prier pour son retour à Dieu, afin de reparer, par cet exercice de charité envers lui, les ressentimens qu'elle avoit eus des persecutions que le Cardinal de Richelieu, oncle de l'Abbé de Pont château, avoit fait souffrir à la Dame du Fargis sa mere A son retour en France il s'arrêta auprès du Cardinal de Lyon son autre oncle, qui l'aimoit avec toute la tendresse qu'inspiroit un neveu si accompli, & qui lui témoigna, dans sa derniere maladie, ses regrets d'avoir quitté la Chartreuse, & lui fit connoître com-

Monsieur du Fourny Histoire des grands officiers de la Couronne to. 2. p. 1158

Dddd ij

27.
Juin.

bien il auroit mieux aimé mourir Dom Alfonse, que Cardinal de Lyon.

Tout ce que voïoit l'Abbé de Pont-châteāu lui donnoit assez de dégoût du monde ; mais cependant cela n'étoit pas encore capable de rompre ses chaînes ; il les traîna encore à Paris, jusqu'à la mort d'une Demoiselle qu'il recherchoit. Pendant tout ce tems, quoiqu'il n'eût plus de commerce avec ceux qui avoient été ses Directeurs dans sa première retraite, il en avoit pourtant toûjours conservé avec un gentilhomme de leurs amis, à qui il faisoit sçavoir de tems en tems les agitations & les peines de son ame. Enfin, après plusieurs combats interieurs, le Jeudi Saint de l'an 1662. s'étant confessé, & aïant fait ses Pâques, il prit la résolution de rompre entiérement avec le monde ; & pour l'executer, il alla trouver ce gentilhomme son ami, qu'il pria de le remettre entre les mains de ses premiers Directeurs, & d'engager Mr. de Singlin à prendre soin de sa conduite. Il alla ensuite, avec cet ami, & un Ecclesiastique qui avoit le même dessein de mener une vie tout à fait penitente, demeurer dans une mechante maison du Faubourg S. Marceau, où ils travailloient & vivoient ensemble, à peu près comme les plus pauvres de ce Faubourg, à la reserve qu'ils ne mangeoient point de viande, à moins que quelques-uns de leurs amis ne les vinssent voir. Ils avoient-là un fort petit jardin, où l'Abbé du Pont-château commença à faire essai de ses forces pour la vie à laquelle Dieu le destinoit.

Ce ne fut pas un petit sacrifice pour lui, de s'être separé de ses proches, qu'il aimoit tendrement, & à qui la douceur & l'agrément de son esprit l'avoient aussi rendu très-cher. Mais il avoit souvent à la bouche ces paroles de S. Basile : « qu'un Solitaire doit « être aussi separé de ses proches, qu'une « personne vivante doit être separée d'une « personne morte ; qu'il étoit à craindre « qu'en faisant état de leur amitié, l'on ne « vint enfin à prendre leurs sentimens ; & « que pour se bien convertir, il ne falloit « pas seulement quitter les pechez, mais « encore les pecheurs. » Tous ses meubles précieux disparurent, aussi-bien que ses tableaux, & sa Bibliotheque même qui étoit nombreuse & bien choisie. Il la donna à Mr. Arnauld, & tout le reste de ses biens aux pauvres, à la reserve de deux-cens écus qu'il mit à fond perdu à l'Hôtel-Dieu. Durant sa retraite dans ce Faubourg il supporta toutes les fatigues & tous les travaux qu'un homme zélé, genereux, habile, mais

veritablement penitent, peut entreprendre pour le service de ceux dont il regardoit la cause comme celle de la verité & de la justice. Avec quelle reconnoissance n'adoroit-il pas la main du celeste liberateur qui l'avoit dégagé des piéges du monde ! il mit une partie des sentimens qu'il avoit là-dessus par écrit, dans un papier où il y avoit en grosses lettres au commencement : *Venite, audite, & narrabo, omnes qui timetis Deum, quanta fecit anima mea.* « Vous « qui craignez Dieu, venez-tous, écoutez, « & je vous raconterai les grandes faveurs « que mon ame a reçûës de lui » Le gentilhomme son ami mourut de la mort des Saints, & d'une maniere qui l'obligea, aussi-bien que l'Ecclesiastique retiré avec lui, à quitter la place, à cause des loüanges que le Vicaire de la paroisse ne put s'empêcher de donner au défunt, pour avoir entendu le compte qu'il lui avoit rendu de sa vie dans la maladie qui l'avoit emporté.

Psal. 65.

Ce fut alors que Mr. de Pont-château, laissant une démission de ce qui lui restoit de Benefices, quitta Paris pour s'en aller en Hollande, faire quelques autres voïages penibles, & s'emploïer à diverses negociations pour le service des gens de bien. Enfin quand les troubles de l'Eglise eurent été pacifiez en 1666. il s'en alla l'année suivante, s'établir en qualité de jardinier, à Port-Roïal des Champs dans la ferme des Granges ; & pendant dix ans qu'il y demeura, il en fit toutes les fonctions les plus basses, travaillant à la terre, portant la hotte pleine de fruits & de légumes, n'étant connu que sous le nom de Maître le Mercier, portant des habits convenables à cet exercice, & vivant d'une maniere conforme à cette profession, si ce n'est qu'il se refusoit la plûpart des soulagemens, pour le coucher & pour le manger, que les domestiques à gage trouvoient dans cette maison. Une personne de pieté, qui l'avoit connu avant cette metamorphose, le trouvant un jour qui descendoit des Granges avec un petit panier au bras, ne put s'empêcher de lui marquer sa surprise. Mr. de Pont-château lui dit en soûriant, & d'un air gai qui lui étoit naturel : *petit panier, petit Mercier* ; en l'avertissant qu'en changeant d'habit, il avoit aussi changé de nom, & s'appelloit Mercier. Il travailloit au jardin avec assiduité, & les ouvrages les plus rudes ne le rebutoient point, quoiqu'il fût miné depuis plusieurs années d'une fiévre quarte. Son lit n'étoit qu'une paillasse, & trouvant encore cela trop délicat pour un penitent, il couchoit souvent sur de simples claïes d'o-

27.
JUIN.

zier. Il ne quittoit point le cilice, & ses jeûnes étoient presque continuels. Il étoit occupé nuit & jour de la priere, & la lecture des livres saints faisoit ses plus cheres délices. Il paroît qu'après les Ecritures Divines, il s'attachoit particulierement à saint Cyprien & à saint Basile, comme on en peut juger par les Sentences qu'il en transcrivoit, pour les avoir toûjours devant les yeux ; & par leurs maximes, dont ses discours faisoient voir qu'il étoit rempli.

C'est ainsi qu'il animoit sa foi par ces paroles de saint Cyprien : « Chacun reçoit du « secours de Dieu, autant qu'il croit qu'il « en recevra; & il n'y a rien que le Tout- « puissant n'accorde, à moins que la foi « languissante de celui qui doit recevoir, « ne manque à Dieu. » S'il aimoit tous les solitaires avec qui il vivoit, sans s'attacher à l'un plus qu'à l'autre, c'est qu'il avoit appris de saint Basile, que ces attachemens de prédilection ressembloient plûtôt à une cabale & à une conspiration, qu'à une union Chrétienne. Pour nourrir en même tems, & son humilité, & sa confiance en Dieu, ces paroles de saint Cyprien venoient à son secours : « Celui qui a une fois vaincu la « mort pour nous, continuë sans cesse à la « vaincre en nous. Il n'est pas simple spe- « ctateur des combats de ses serviteurs ; il « combat lui-même en eux ; & quand il « nous couronne, on peut dire qu'il est « aussi couronné en nous. » En travaillant au jardinage, il gardoit un profond silence, en se souvenant qu'il avoit lû en saint Basile, « que lorsque Isaïe dit qu'il avoit « les lévres impures, ce pouvoit être, qu'il « avoit parlé des affaires du monde, qui « souillent la langue d'un solitaire, qui ne « doit être employée qu'aux loüanges de « Dieu. » Penetré de cette maxime de S. Paul : *si je plaisois encore aux hommes je ne serois pas serviteur de J. C.* il avoit appris du même saint Basile : « que la marque à la- « quelle nous pouvons reconnoître que nous « souhaitons encore de plaire aux hommes, « est la secrete affection que nous avons « pour ceux qui nous loüent, pendant que « nous sentons de la froideur pour ceux qui « nous blâment ; » & comme on ne connoît les applaudissemens, que par le commerce du discours, ce saint penitent loüoit extrêmement les Monasteres où un silence perpetuel éloigne des cœurs ce pernicieux poison. Il étoit extrêmement recueilli dans son travail ; & toûjours occupé de Dieu, il l'admiroit peint dans les ouvrages de la nature. La dépendance qu'il avoit pour Mr. Boüilli qui étoit avant lui au jardin, étoit

extrême ; il ne le contredisoit en rien, & se laissoit conduire avec la même subordination, que s'il n'eût été qu'un instrument dans la main de l'ouvrier. Il faisoit les moindres choses avec application, dans la vûë de plaire à Dieu, pour l'amour de qui il les faisoit, & qui communique sa grandeur à tout ce qu'on fait pour lui. « Toute la phi- « losophie d'un Chrétien, disoit il, est de « bien travailler en la présence de Dieu. Les « passions ne trouvent point à s'élever con- « tre une ame qui s'occupe bien de lui. Tous « les jours, quand nous sommes fortement « occupez de quelque chose, nous avons les « yeux ouverts, sans rien voir, & nos oreil- « les n'entendent rien, parce que le cœur « possedé de sa pensée, laisse les sens vui- « des & sans action. Que doit-ce donc être, « quand l'amour de Dieu s'empare de tout « nôtre cœur ? Comment pouvoir encore « penser à d'autres choses ? » Il rejettoit avec soin de son jardin tout ce qui n'étoit propre qu'à flatter les sens ; on ne sçavoit là ce que c'étoit que de cultiver des fleurs ; & l'on voïoit d'un coup d'œil que c'étoient des jardins de personnes penitentes, où il ne falloit point chercher d'autres fleurs, que les vertus de ceux qui les cultivoient. Enfin persuadé par son humilité, qu'il ne pouvoit atteindre à la perfection sublime des personnes avec qui il avoit le bonheur de vivre, Mr. de Pont-chasteau esperoit au moins que l'amour qu'il avoit pour le bien qu'ils pratiquoient, l'y feroit participer ; sur quoi il se redisoit souvent ces paroles de S. Cyprien : « imite les bons, si tu « le peux ; & si tu ne peux les atteindre, « réjoüi-toi du moins de leurs vertus, & « t'attachant à eux par les liens de la cha- « rité fraternelle, rend-toi participant de « leurs bonnes œuvres. »

On le tiroit quelquefois du travail de la terre, pour mettre en usage quelques-uns des beaux talens qu'il avoit reçus de la nature & de l'éducation. Il n'y avoit pas un esprit plus net que le sien, ni qui pût mieux mettre des papiers ou des faits en ordre. C'est pourquoi on le chargea de dresser la relation des miracles de la Sainte Espine de Port-Roïal, qui firent alors beaucoup de bruit ; & ce fut à cette occasion que la Reverende Mere Agnès l'appelloit le Greffier de la Sainte Couronne.

Il fut obligé de sortir de cette solitude en 1679. lorsque les Ecclesiastiques qui y étoient eurent ordre de se retirer. Il eut d'abord la pensée de se retirer à S. Cyran; mais ce dessein fut suspendu par les apprehensions qu'avoit cette maison ; que les éti-

27. Juin.

celles du feu qui menaçoit Port-Roïal ne volassent jusqu'à elle. Il fut donc reduit à se joindre à Mr. de Sainte Marthe & à Mr. de S. Gilles, chassez comme lui de Port-Roïal, & à prendre avec eux une maison de peu d'apparence dans le Faubourg de S. Antoine, à l'extrémité de la Ruë de Basroy près de Pincour, où ils furent très-solitaires, & s'occupérent dans le jardin de ce logis aux mêmes travaux que dans celui du Port-Roïal. L'odeur que leur vertu rendoit en ce lieu fut l'admiration de la paroisse de sainte Marguerite où ils étoient. Ils y alloient entendre le service ; & à la premiere Fête-Dieu qui arriva, l'on ne manqua pas de prier Mr. de Pont-château de porter le dais du S. Sacrement. Il fut vû dans cet exercice, par un des solitaires de Port-Roïal qui étoit à la Bastille, à qui, depuis sa délivrance, il dit en riant, qu'il étoit tout glorieux d'avoir acquis le droit de Bourgeoisie, & qu'il étoit bien obligé à Messieurs les Marguilliers de sainte Marguerite, de lui avoir fait un si grand honneur. Il est vrai, quelque soin qu'il eût de demeurer caché, qu'il étoit difficile de ne pas voir que c'étoit quelque chose de grand ; tout l'air de son visage le démentoit, & ses manieres le trahissoient malgré lui, & publioient ce qu'il étoit. On eût dit que Mr. de S. Gilles n'attendoit que la délivrance de Mr. de Sacy pour mourir ; mais le grand concours d'amis qui le visitérent malade, & qui assistérent à ses funerailles, manifesta trop la maison où il avoit passé les derniers jours de sa vie ; Mr. de Pont-château fut obligé d'en sortir, & d'errer en plusieurs païs, pour y chercher quelque solitude où il pût demeurer inconnu.

Il demeura quelque tems dans un village auprés de Pontoise, dans une maison des plus pauvres & des plus mal accommodées, où se faisant passer pour païsan, il avoit résolu de fixer son séjour, si on l'y eût laissé, & s'il eût pû demeurer caché. Capable de toute autre chose, que de cultiver un jardin, il fut conduit à Rome par la providence de Dieu & la necessité de quelques affaires, mais résolu de cacher toûjours son nom & sa condition, il s'appuïa sur Dieu seul, & lui abandonnant son cœur, son esprit, & sa langue, il attendit uniquement de sa puissance le succès de ses négociations. La verité, dont l'amour le possedoit, le rendoit éloquent & persuasif, & personne ne pouvoit resister aux charmes de ses entretiens. Il étoit, pour ainsi dire, l'oracle de ceux qui sont les oracles du monde ; il donnoit conseil à ceux de qui les autres le prennent. On étoit surpris à Rome, de voir un François qui tournât ainsi les esprits à son gré ; l'on s'informoit qui il étoit, mais c'étoit en vain ; le nom qu'il avoit pris ne donnoit point de lumieres positives là-dessus. il n'entreprenoit rien, dont il ne vint aussi-tôt à bout ; il ne proposoit rien qu'on ne lui accordât sur l'heure ; la verité trouvoit en lui un défenseur digne d'elle, & un Avocat à qui rien ne manquoit pour soûtenir ses interests. Mais il veilloit en même tems sur lui-même, pour éviter les piéges du démon, & l'on a sujet de croire que ce fut dans cette rencontre qu'il rassembla dans un petit écrit plusieurs passages des Peres, au sujet des solitaires qui entrent dans les emploi de l'Eglise ; ce qui fait voir que pendant qu'il étoit persuadé qu'il travailloit pour elle, il travailloit aussi à munir son cœur contre la tentation d'entrer dans ses emplois, & d'être élevé à ses dignitez. Il ne faisoit qu'en tremblant le personnage qu'on lui avoit donné à faire ; & rentrant dans son cabinet, il revoloit en esprit vers Port-Roïal, & oublioit Rome au milieu de Rome, Dieu satisfit trop-tôt les desirs secrets qui rappelloient ce saint negociateur à la solitude. Il s'éleva contre cet inconnu une envie effroïable ; ses adversaires éclatérent en murmures ; on sollicita contre lui les Cardinaux & le S. Pere même ; mais & les Cardinaux, & le S. Pere, étoient trop favorablement prévenus pour lui ; les plaintes ne firent pas la moindre impression sur eux. Enfin ses ennemis se jettérent du côté de la Cour de France, & en engagérent l'Ambassadeur à écrire des lettres terribles, par lesquelles il donnoit avis, qu'il y avoit à Rome un François qui remuoit tous les esprits comme il vouloit, & qui dissipoit par ses raisons tout ce que l'Ambassadeur avoit ordre de proposer au Pape ; qu'on ne pouvoit rien esperer de S. S. pendant que cette personne seroit à Rome ; & qu'il falloit que le Roi priât le Pape de faire sortir ce François de la ville.

Mr. de Pont-château, contraint de cette sorte à quitter Rome, y laissa sa memoire en veneration, & s'en revenant par la Flandre, il alla à Orval, qui est une grande & riche Abbaïe de l'Ordre de Cisteaux dans le païs de Luxembourg, où il y a plus de soixante Religieux. Ce lieu lui parut propre pour le dessein qu'il avoit de se cacher & de continuer sa vie pénitente. Il se fit connoître à l'Abbé seul, & demeura dans cette maison cinq ou six ans, jusqu'à la derniere année de sa vie, & y pratiqua toutes les plus grandes austeritez des Religieux les plus reformez. On ne sçauroit dire combien il a été utile à cette maison, & combien il à contribué à y établir le bon ordre, par les conseils qu'il a donné à l'Abbé pour toute la conduite de sa Communauté, par les avis qu'il a donnez à tous les Religieux, lesquels, quoiqu'engagez au même silence qui regne à la Trape, avoient pleine permission de lui parler dans leurs besoins ; enfin par son assiduité à tous les exercices & à tous les travaux de la penitence, & par tous ses bons exemples dans la pratique de toutes sortes de vertus.

Sa présence fut necessaire à Paris pour quelques affaires ausquelles ceux qui disposoient de lui le priérent de donner ses soins. Il partit donc d'Orval, où il n'étoit connu que sous le nom de Mr. de Fleury, & il se rendit à Paris l'hyver de l'année qu'il mourut. Quand il venoit dans cette ville, il logeoit dans la ruë S. Antoine chez Mr. Boüé marchand, Juge Consul, Marguillier de S. Gervais, homme d'une grande vertu, qui après la mort de sa femme, aussi vertueuse que lui, quitta tout l'embarras du négoce pour s'occuper uniquement de son salut, & passoit les jours de fête & les Dimanches dans l'Eglise de sa paroisse, tant que l'office duroit, & les autres jours en œuvres de pieté & de misericorde spirituelle & temporelle. Tel étoit l'hôte de Mr. de Pont-château, qui avoit pris chez ce Mr. Boüé une chambre au troisiéme étage, où il se retiroit, & où il avoit sa Bibliotheque. Il menoit, sans obstacle, sa vie ordinaire dans cette maison, inconnu à tout le monde, vêtu simplement, comme un médiocre bourgeois, sans manger plus d'une fois le jour, & tout au plus il se contentoit le soir d'une pomme avec un verre d'eau, ou d'un biscuit de deux liards, & assistoit à tous les offices de la paroisse avec toute la pieté & le recueillement qu'on peut s'imaginer.

Il fut attaqué de la fiévre en Carême, & dès que la fiévre l'eut quitté, il reprit ses grands jeûnes ; ce qui le mit sans doute dans une grande disposition à l'inflammation de poitrine. La fluxion s'y jetta le 20. de Juin de l'an 1690. & termina son exil le huitiéme jour de sa maladie, la 67. année de son âge. Lorsqu'il fut obligé par sa maladie de se mettre au lit, il demanda les Sacremens, qui lui furent administrez, sans qu'il fût connu de Mr. le Curé, ni d'aucun des Prêtres de la paroisse, mais seulement de son hôte, qui le voïant abandonné des medecins & hors d'esperance de guérison, crut qu'il étoit de son devoir d'en avertir ses parens ; & qu'en ce cas il n'étoit plus obligé au secret que Mr. de Pont-château avoit exigé de lui en entrant dans sa maison. Le malade ne sçut pas plûtot que ses parens venoient pour le voir, qu'il les envoïa prier de le dispenser de recevoir leur visite, parce qu'il craignoit de reveiller en lui de certaines idées de grandeur qu'il avoit tâché d'effacer de son esprit ; & de perdre, par une vanité d'un moment, le fruit de vingt-huit ans de penitence. Il demanda seulement le secours de leurs prieres, & les supplia, quand ils envoïeroient sçavoir de ses nouvelles, de ne se point servir de gens de livrée. Mr. de S. Gervais, informé du trésor caché dans sa paroisse, fut voir cet illustre mourant, qui étoit presque à l'agonie, & ne put s'entretenir qu'un moment avec lui, parce que Mr. de Pont-château le supplia très-instamment de ne le faire point connoître dans le quartier, en demeurant trop long-tems avec lui, ou en venant lui apporter lui-même l'Extrême-onction. Il la reçut par le ministere du Prêtre qui faisoit ordinairement cette fonction dans la paroisse, & Mr. le Curé se contenta d'y aller le soir, pour avoir l'avantage d'embrasser Mr. de Pont-château avant qu'il expirât ; ce qui n'arriva que le lendemain 27. de Juin, vers les cinq heures du matin. Monsieur le Duc & Madame la Duchesse de Coislin, qui étoient dans une vive douleur de ne pouvoir, encore une fois avant sa mort, voir un oncle pour lequel ils avoient d'autant plus d'estime & de veneration, qu'il s'étoit reduit dans un état plus mépritable, entendant qu'il rendoit les derniers soupirs, vinrent tous deux à pied, vêtus simplement, sans suite, sans laquais, & sans aucune marque de leur qualité, entrérent dans la chambre, & virent leur oncle, par les rideaux du lit qu'on avoit un peu entr'ouverts ; mais il n'étoit plus en état de les voir. La joïe sainte dont son cœur étoit rempli paroissoit sur son visage ; il avoit les yeux attachez au Ciel, & il mourut ainsi dans l'attention à Dieu, dans la confiance & la tranquilité que devoit avoir un homme qui avoit travaillé depuis si long-tems à soûtenir la verité, dans les exercices d'une pieté solide. Dès qu'il fut expiré, le Duc & la Duchesse se jettérent à son coû, & l'on eut bien de la peine à les en arracher.

Aussi-tôt il se répandit un bruit dans Paris, qu'il venoit de mourir un Saint dans la paroisse de S. Gervais ; ce qui fit rassembler tant de monde dans le quartier, qu'on avoit peine à passer. On fut obligé de mettre des gardes aux portes, parce qu'on les vouloit forcer ; & de ne laisser entrer que six personnes à la fois, qui venoient baiser les pieds du mort, & qui lui faisoient même toucher les maux. Il y eut entr'autres, un enfant de huit ans, fille de la servante de Mr. Boué, qui vint avec beaucoup de devotion lui faire toucher des écroüelles qu'elle avoit au coû, dont elle fut aussi-tôt guérie. Ce miracle fit beaucoup de bruit dans Paris, parce que la fille étoit entre les mains des medecins & des chirurgiens, qui reconnurent par des attestations en forme, qu'ils donnérent, que cette guérison subite ne pouvoit être naturelle dans l'état où ils avoient vû le mal. On fut obligé pour satisfaire la devotion du public, de laisser le corps découvert jusqu'au lendemain un peu avant midi, qu'on le porta à l'Eglise un peu avant que d'y chanter la Messe des défunts. Quoiqu'il fit un furieux orage & une chaleur excessive, il est certain que le corps n'exhala pas la moindre infection. On lui trouva une chaîne de fer autour des reins. Monsieur de Coislin souhaitoit de faire porter le corps à l'Eglise de S. Sauveur, pour le faire enterrer dans sa chapelle. Monsieur de S. Gervais, d'un autre côté, prétendit qu'il devoit rester dans le lieu où il étoit venu mourir. Dans ce moment on trouva un billet écrit de la main de feu Mr. de Pont-château, par lequel il déclaroit qu'il vouloit être porté à l'Eglise de la paroisse, comme un pauvre, par le convoi de la charité, & de-là à Port Roïal, pour être enterré dans le lieu qu'il avoit choisi pour passer sa vie dans les exercices de la penitence. On dit que Monsieur de S. Gervais en alla parler à Monsieur de Paris, qui fut à la Cour, pour sçavoir la volonté du Roi, & que S. M. dit qu'il falloit executer les dernieres volontez du défunt. Monsieur de Coislin, voïant cela, fit ouvrir le corps, afin d'avoir le cœur, qu'il fit mettre dans son caveau de S. Sauveur, lieu de la sepulture de sa famille, mais qui fut cependant porté depuis à Port-Roïal des Champs, & enterré au-dedans de la clôture des Religieuses, sous l'aile de S. Laurent, aux pieds de Mr. de S. Marthe. Comme il n'y avoit que vingt ou trente pas de la maison de Mr. Boüé à l'Eglise de S. Gervais, on ne leva le corps qu'un peu avant midi, comme on l'a dit, pour avoir le tems de chanter la Messe le corps présent. Mr. de Coislin, pour ne pas s'éloigner de la volonté de son oncle, se contenta d'y faire assister seulement quinze Prêtres plus qu'il n'i en auroit eu, & n'ordonna qu'une douzaine de Flambeaux, qui est ce qu'il y a de plus modique.

Il marchoit à la tête du convoi, avec son Cordon bleu, sans avoir honte d'une si petite cérémonie. Après la Messe le peuple étant entré dans le chœur pour baiser le cercueil, & s'appercevant qu'il n'étoit pas trop bien soudé, se servit de couteaux pour lever le plomb, & mit en pieces le linceul & la chemise du mort ; le corps entier n'auroit pas échappé à l'ardeur de la devotion publique, si les Prêtres ne l'eussent porté dans une chapelle, pour faire ressouder le cercueil de plomb. La porte fut forcée, & l'on fut obligé de mettre promptement le corps dans un carosse, qui le porta à Port-Roïal des Champs, où il fut enterré entre la grille du chœur & la chapelle de N. D. auprès de Mr. Charles. Il ne nous reste, pour achever l'éloge de Mr. de Pont-château, qu'à donner ici les épitaphes que l'on a faites pour son corps & pour son cœur, dont voici la traduction.

EPITAPHE
Du corps de Monsieur de Pont-château qui etoit à Port-Roïal.

A La memoire éternelle de Sebastien-Joseph du Cambout de Pont-château, cousin du Cardinal de Richelieu, qui dès les premieres années de son enfance, touché tantôt de l'amour de la vertu Chrétienne, & tantôt gagné par les appas du monde, après avoir flotté long-tems entre le bien & le mal, enfin à l'âge de vingt-neuf ans, s'étant défait de trois Abbaïes, quittant tout son train, & se détachant de tous les parens qui lui étoient fort chers, & de tous ses amis, changea d'habit & de nom, & sous celui de Me. Mercier, passa six ans entiers à servir l'Eglise dans la personne des serviteurs de J. C. & dans les exercices d'une vie humiliée & laborieuse ; après quoi la condition des tems devenuë meilleure lui donna lieu de se retirer dans cette campagne qui faisoit l'objet de ses desirs, où dans la condition de jardinier, travaillant à tous les ouvrages de la terre, inconnu, revêtu d'un cilice, couchant sur la paille dure, & souvent sur une simple claïe d'ozier, joignant par continuation les prieres du jour à celles de la nuit, il offrit à Dieu son liberateur le sacrifice de ses loüanges pendant dix ans. Chassé de ce lieu par un orage imprévû, il recommença à mener une vie cachée dans une terre étrangere, par son choix, & passa quatre ans à faire de longs voïages, &

a Il y a l'erreur dans ce compte puisque l'on a vû ci-dessus qu'il fit son premier voyage de Rome 1657. ou bien il y a de l'erreur dans cette date de 1657 dans le memoire manuscrit dont nous nous sommes servis

dans

« dans les saisons les plus fâcheuses, toûjours attentif à chercher quelque retraite où il pût mourir tranquillement. Il la trouva dans un Monastere de cet Ordre, situé sur les confins du Roïaume, à Orval; & sous le nom de Mr. de Fleury, il y vola de toute l'impetuosité de ses desirs, comme avec les ailes de la colombe, pour s'y réposer dans l'attente & les desirs de la vie éternelle. Là, recommençant à se donner aux travaux rustiques, il pratiqua pendant cinq ans le silence le plus entier, la vie la plus dure, la retraite la plus cachée, & s'enfonçoit quelquefois dans les forêts les plus reculées avec un petit nombre de freres ; jusqu'à ce que rappellé à Paris, il y fut surpris d'une maladie subite, & passa à laterre des vivans, qu'il avoit tant souhaitée, âgé de soixante six ans six mois. Sa dépouille mortelle est déposée en ce lieu, où il avoit autrefois choisi sa demeure pour la vie & pour la mort, lieu où il avoit commencé dans sa jeunesse les premiers essais de la vie Chrétienne, & d'où son corps ressuscitera pour vivre éternellement. Il mourut le 27. de Juin de l'an 1690. Priez pour lui. »

EPITAPHE

Du cœur de Monsieur de Pont-château.

« Sebastien Joseph du Cambout de Pont-château, cousin du Cardinal de Richelieu, homme à qui son naturel & la noblesse de sa naissance donnoient de grandes dispositions pour la magnificence & pour un luxe délicat; mais à qui les mouvemens de sa conscience & les bons exemples des gens de bien inspirérent d'autres vûës; se dépoüilla d'abord de lui-même & de tous ses biens, & puis de ses benefices; & mis en liberté par la grace de J. C. à l'âge de 29. ans, passa les six premieres années de sa conversion à rendre à J. C. dans ses serviteurs toutes sortes de bons offices; après quoi, déguisé sous un habit de païsan, inconnu, & dévoué aux travaux de la campagne, il servit pendant dix années entieres les épouses de J. C. portant le cilice couchant sur une claïe d'ozier, jusqu'à ce que separé d'elles par un orage imprevû, il passa quatre ans sans avoir de demeure fixe, à rendre, avec des peines incroïables des offices de charité; enfin, rappellé à Paris de la solitude où il avoit eu le bonheur de passer tranquilement cinq ans, il fut attaqué de maladie, & après s'être rendu agréable au Pere des misericordes par une penitence constante de vingt-huit années, il alla à lui, plein de joïe & de reconnoissance, âgé de soixante-six ans six mois, le 27. de Juin de l'an 1690. Son cœur a été mis ici. »

LES MESMES EPITAPHES EN LATIN.

Memoriæ æternæ Sebastiani-Josephi du Cambout de Pont-château, Richelii Cardinalis consobrini; qui cum a prima pueritia, nunc Christianæ virtutis amore captus, nunc mundi illecebris delinitus, inter prava & recta diutius nutasset ; tandem anno ætatis xxix. tribus Abbatiis abdicatis, familiæ omni necessariis cognatisque sibi charissimis valere jussis, mutata veste & nomine (sous le nom de Mr. Mercier) humillimæ & laboriosissimæ vitæ officiis, Ecclesiæ in Christi servis famulatus sexennium solidum, deinde conversa conditione temporum, in rus hoc, quod jamdiu anhelabat, concessit, ubi villaticus olitor, omnium insuper operum rusticanorum particeps, ignotus, cilicio ad cutem amictus, in duro stramento, sepe & nuda viminea crate cubans, diuturnis orationibus nocturnas continuans, hostiam laudis liberatori Deo sacrificavit per decennium. Inde rursus improvisa tempestate ejectus, rursus ignotam in aliena terra vitam ingressus, hanc per annos quatuor elegit, longis itineribus, molestissimis tempestatibus, aliquem interea, ubi tranquillè mori liceret, nidulum quæritans, quem nactus in Monasterio hujus Ordinis ad Imperii fines sito (Orval, sous le nom de Mr. de Fleury) toto impetu, quasi colomba pennis, eo evolavit ut requiesceret in spe & desideriis vitæ æternæ, integrato ibi rustico labore, actiori silentio, duriori vita, abditiore solitudine, quam per annos quinque coluit, in sylvas invias identidem secedens cum perpaucis fratribus, donec Lutetiam evocatus, interceptus præcipiti morbo, migravit in exoptatissimam sibi terram viventium, annos natus LXVI. menses VI. Hujus exuviæ hic, ubi requiem suam olim in vitam & mortem elegerat, sita sunt, inde surrectura ad vitam æternam, ubi vitæ Christianæ prima tyrocinia adolescens posuerat. Obiit V Kal. Julii. MDCXC. Tu bene apprecare.

POUR LE COEUR.

Sebastianus-Josephus du Cambout de Pont-château, Richelii Cardinalis consobrinus, vir indole ac gentis nobilitate ad pompas & eruditum luxum paratus, sed intimis cor-

27.
JUIN.

scientiæ sensibus & meliorum exemplis castigatus, cum se suaque imprimis, postmodum autem Beneficia Ecclesiastica exuisset, anno ætatis xxix. gratia Christi liberatus, omnibus officiis Christo in ejus servis famulatus per annos sex, apud Christi sponsas sub veste pagana ignotus, villaticis ministeriis addictus, servivit totis decem annis; amictus cilicio, in viminea crate cubans; à quibus improvisa tempestate divulsus; incertis hospitii annis quatuor, multis & ærumnosis charitatis officiis jactatus, à solitudine in qua tandem per annos quinque considere licuerat, Lutetiam evocatus, morbo interceptus, Patrem misericordiarum perpetuo XXVIII. annorum pænitentia demeritus, ad eum gaudens gratusque adiit, annos natus LXVI. menses VI. V. Kal. Julii MDCXC. Ejus cor hîc conditum est.

Decedé le
22. Mars
1693.

LE R. P. VINCENT HUBY Jesuite,

Premier Directeur de la Retraite, à Vannes.

XVII. SIECLE.

Tiré sa vie imprimée en

a Reçû en Février 1574.

JACQUES Huby, mari de Marguerite le Flo, étoit de Hennebond, d'une famille ancienne, qui passoit pour noble, & qui avoit un Conseiller a au Parlement de Bretagne. Il eut sept enfans de son mariage, deux garçons & cinq filles. Deux des filles furent Religieuses au Monastere des Carmelites de Nazareth auprès de Vannes, & les trois autres furent mariées à trois gentilshommes, l'aînée à Mr. du Bouestiez de Hennebond, la seconde à Mr. de Kerlevarec de Brouäl, & la troisiéme à Mr. de Kerloüet de Canaber. L'aîné des garçons, Mr. de Kerguen, ou Villeblanche, vêcut fort Chrétiennement dans le mariage; & le second, qui fut le dernier de ces sept enfans, ne vint au monde que plusieurs années après les autres; c'est celui dont nous écrivons la vie. Il nâquit à Hennebond le 15. de Mai de l'an 1608. & fut nommé Vincent au Baptême, qu'il reçut dans l'Eglise de Paradis, qui est la paroisse de la ville. L'usage de la parole ne lui vint que fort tard; à dix ou onze ans il avoit encore de la peine à se faire entendre. Sa langue se délia depuis, mais il lui demeura toûjours quelques restes de ce défaut, & il y avoit des lettres qu'il ne pouvoit prononcer qu'en begaïant. Il étoit bien

22.
MARS

fait, son esprit étoit excellent, & capable de toutes les sciences; il avoit un naturel tout de feu, comme il est assez naturel aux bégues; un cœur obligeant & porté à faire du bien à tout le monde; une ame grande, genereuse, & ferme dans ses résolutions. La grace le prévint dès ses premieres années, & ses inclinations se portérent toûjours au bien.

Il fit ses humanitez au College de Rennes, où il eut pour Regent le P. Rigoleu, qui fut depuis son maître dans la vie spirituelle. Il ne fit pas de moindres progrès dans la pieté, que dans les lettres. La dévotion à la Sainte Vierge fut pour lui une source de graces, & rien ne servit plus à le preserver de la corruption du siécle, que sa fidélité à suivre les exercices qui se pratiquent dans les Congregations de N. D. établies dans les Colleges des Jesuites. Son pere aïant appris qu'il en vouloit embrasser l'institut, l'envoïa faire sa philosophie dans un College de l'Université de Paris; mais Vincent persistant toûjours dans son dessein, entra au noviciat des Jesuites avant la fin de son cours, le 25. de Decembre de l'an 1625. âgé de 18. ans. Il y apporta un fonds de bonne volonté & d'innocence; il y rencontra, comme il l'a dit depuis, les plus excellens maîtres de la vie spirituelle; & par leur conduite, & par leurs exemples, il se forma à la perfection Religieuse. Après le noviciat il fit une année de Rethorique à Rennes, selon la coûtume de ce tems là; trois ans de Philosophie à la Fleche, trois ans de Regence à Vannes, quatre ans de Theologie à Paris; il fut ensuite Regent de Rethorique pendant un an, & puis Préfet des classes à Vannes, un an. Il fit sa troisiéme année de noviciat à Roüen, après quoi on l'envoïa regenter une basse-classe à Orleans, où il fit sa profession solemnelle le 8. de Septembre en 1643.

Pour ménager sa santé, qui étoit foible, les Superieurs ne l'occupérent les huit années suivantes qu'à la Préfecture des classes, & à enseigner la Theologie Morale à Orleans, & puis à Vannes. La consideration de sa santé ne l'empêcha pas de se donner au P. Rigoleu, pour l'accompagner dans les Missions; & c'étoit l'emploi pour lequel il avoit & plus de talens, & plus d'inclination. Cependant on l'en retira pour le faire Recteur du College de Quimper; mais aïant reconnu que le ministére Apostolique étoit son partage, on l'y remit, & il revint à Vannes rejoindre le P. Rigoleu, après la mort duquel il passa les trente dernieres années de sa vie dans la direction des

Retraites. Voilà toute sa vie en abregé.

Pour son caractere, il seroit facile de le faire en deux mots, en disant qu'on ne l'a jamais vû se relacher de sa prémiere ferveur, & qu'on a toûjours remarqué en lui un train uniforme, avec une application continuelle à procurer son avancement spirituel, à servir les ames, & à glorifier Dieu en toutes les manieres possibles. Mais comme il importe pour l'édification publique, de connoître à fonds & en détail les personnes en qui Dieu a fait éclater ses plus grandes graces, il est de nôtre devoir de déveloper un peu davantage le caractere du P. Huby.

L'un des premiers effets que produit l'esprit de Dieu dans les ames qu'il destine aux grands progrès, est la détermination ferme & inébranlable avec laquelle on se donne d'abord au service de Dieu ; telle fut celle du P. Huby. Vouloir uniquement & souverainement être à Dieu, le vouloir de toute l'étenduë de ses forces, & en faire hautement profession. De-là vient que lorsqu'on lui marquoit de l'étonnement, de lui voir faire avec plaisir des choses qu'on ne fait communément qu'avec peine, il répondoit, que rien n'est penible à une volonté bien déterminée. Après cela, sa conduite, tant pour lui, que pour les autres, rouloit sur deux points ; le premier étoit, de tenir le cœur vuide de tout & plein de Dieu seul ; & le second, de tenir l'esprit dans un état d'élévation où il conçût les choses conformément aux lumieres & aux hautes idées que Dieu nous donne.

Penetré de ces deux maximes, il n'a jamais fait voir aucuns de ces attachemens qui sont si naturels aux hommes, pour eux-mêmes, pour l'honneur & l'estime du monde, pour les emplois qui flattent leurs inclinations, pour leurs aises, leur santé, leurs parens, leur interest. Il ne pouvoit souffrir qu'on lui marquât de l'estime, des égards, de la reconnoissance. Toûjours ardent pour les œuvres qui regardoient la gloire de Dieu, il paroissoit comme insensible, aussi-tôt qu'on venoit à toucher quelque affaire qui le regardât lui-même. « Effaçons nous, « disoit-il sans cesse, dans l'esprit & dans « le cœur de tous les hommes, & dans « nous-mêmes pour y peindre Jesus & Ma-« rie. » Quoiqu'il ait fait un grand nombre de Saints établissemens pour la gloire de Dieu, on ne lui a jamais entendu dire qu'il en fût l'auteur. Son zéle, tout ardent qu'il étoit, cedoit à son humilité ; & dans les occasions qui se présentoient de faire le bien, s'il y avoit de l'éclat, il procuroit adroitement qu'il se fit par d'autres, plûtôt que par lui ; il ne cherchoit à paroître que dans les occasions de confusion. Ce fut ainsi que pendant qu'il étoit Recteur de Quimper, aiant obtenu en 1651. de Monseigneur René du Loüet la permission d'ériger dans son diocese l'adoration perpetuelle du S. Sacrement, il engagea un Pere Capucin qui prêchoit alors dans la Cathedrale, à la publier ; & il eut la joïe de voir que cette sainte association fût reçuë, sans qu'il fût parlé de lui ; quoiqu'il en fût l'auteur. Il demandoit à Dieu, comme une grace précieuse, d'être humilié, & d'honorer par ses humiliations celles de son Divin Sauveur. Il regardoit la moindre vanité comme un blasphême ; il ne consideroit nullement dans les emplois ce qu'il y avoit d'honorable ou de commode ; il n'y regardoit que la seule volonté de Dieu ; il jugeoit que les plus ravalez lui convenoient le mieux ; il ne demandoit point à Dieu d'y réüssir, & étoit content de n'y avoir aucun succès ; il marquoit même plus de joïe dans les mauvais, que dans les bons ; & quand il apprenoit une fâcheuse nouvelle, quand il lui étoit arrivé quelque contradiction, quelque évenement desagréable, on le voïoit avec un visage ouvert, & avec une sainte gaïeté, s'aller mettre à genoux sur son prié-Dieu, dire plusieurs fois : *Dieu soit beni*, reciter un *Te Deum*, & remercier Dieu de ce qu'il lui faisoit la faveur de l'humilier. Bien éloigné de tirer gloire de ses parens, dont il en avoit un très-grand nombre, & presque tous d'un rang à lui faire honneur ; il n'en parloit non plus, que s'il n'en eût eu aucun ; & ne se mêla jamais de leurs affaires temporelles.

La rigueur avec laquelle il traitoit son corps, montroit assez combien il en étoit détaché ; personne n'étoit plus dur à soi-même. Les disciplines qu'il prenoit la nuit étoient si longues & si rudes, que ses voisins en étoient effraïez. Ni pour le travail excessif des Missions & des Retraites, ni pour ses infirmitez & son grand âge, il n'a jamais donné la moindre atteinte aux jeûnes de l'Eglise ; il jeûna encore le Carême à la fin duquel il mourut. Les dernieres années de sa vie, tout affligé qu'il étoit de continuelles douleurs de rhumatisme, il ne laissoit pas de mettre une planche dans son lit, sous ses épaules, pour se tourmenter jusques dans son repos. On n'a jamais remarqué qu'il ait cherché son plaisir ou ses commoditez en rien, qu'il ait regardé aucun objet par curiosité, qu'il ait demandé des nouvelles, même dans les conjonctures les plus interessantes. On ne pouvoit connoitre ce qu'il aimoit naturellement, ou ce qu'il n'aimoit pas ; ce qui étoit à son goût, ou ce qui n'y étoit pas ; tout lui étoit également bon, chaud ou froid, bien ou mal assaisonné, commode ou incommode ; il ne se plaignoit jamais de rien.

Il combatoit les instincts de la nature dans les choses même les plus indifférentes ; & prévenu qu'il n'y avoit que la raison & la grace qui le devoient faire parler, il s'interdisoit, comme des fautes, le langage par lequel la nature s'exprime, quand nous disons par exemple : je me trouve mal, j'ai mal à la tête, je suis las. Les actions corporelles, telles que boire, manger, se chauffer, il les faisoit d'une maniere spirituelle & sans alteration sensible, comme S. Paul veut que ceux qui usent de ce monde, soient comme s'ils n'en usoient point. Détaché generalement de tout, au dedans de lui-même & au dehors, il n'avoit aucune attention à sa santé ; toute foible qu'elle étoit, il ne laissa pas de se donner aux Missions & aux Retraites, jusqu'à l'âge de 85. ans, avec une application capable de ruïner le temperamment le plus vigoureux. Il souffroit en silence toutes ses indispositions corporelles, par esprit de mortification, & ne les déclaroit que quand il ne les pouvoit plus cacher ; & s'il s'est jamais plaint de quelque chose, dans ses maladies, ç'a été de ce qu'on avoit trop de soin de lui. Quand on le prioit de se ménager un peu, pour conserver la vie, si utile au public, il disoit en souriant, que le Cardinal de Berulle répondoit à ses amis, lorsqu'ils lui donnoient des avis semblables ; tantôt : « que nos corps étant de nature à être usez, « ce nous est un grand bonheur, qu'ils « le soient pour le service de Dieu ; tantôt : « qu'il n'étoit pas assuré que Dieu voulût « qu'il vécût long tems ; mais qu'il sçavoit « bien que Dieu vouloit qu'il s'employât aux « œuvres ausquelles sa providence, & l'o-« beïssance, ou la charité l'engageoient. »

L'amour de la pauvreté avoit dépouillé le P. Huby de tout ce qui ne lui étoit pas absolument necessaire. Il recevoit, comme un pauvre, ce qu'on lui donnoit, sans faire aucun choix, sans y trouver jamais à redire. Sa chambre, son lit, ses habits, tout ce qui étoit à son usage, ressentoit la pauvreté. Jamais il ne retira aucun avantage de la superiorité de la maison de Retraite pour son accommodement, jamais il ne permit qu'on lui donnât rien de particulier ; il croïoit que le commun étoit encore trop pour lui ; & si la charité des Superieurs n'eût

veillé sur ses besoins, il se seroit souvent laissé manquer de beaucoup de choses.

Il étoit comme un enfant entre leurs mains, toujours prêt au premier sentiment, à executer leurs ordres, & même à quitter les œuvres les plus glorieuses à Dieu, du moment qu'il auroit connu qu'ils ne les eussent pas agréés. Regardant l'observance reguliere, comme l'accomplissement de la volonté de Dieu, il s'y attacha avec une exactitude qui étoit un puissant motif de regularité à ceux qui vivoient avec lui. Quoique porté naturellement à soutenir ses sentimens avec ardeur, il avoit gagné sur lui de ne contester jamais. Il ne fit jamais aucune étude, ni aucune lecture curieuse ; & ne permettoit à son esprit, ni à son cœur, de se satisfaire en rien qui fût inutile à son avancement spirituel, ou au service des ames.

Sa pratique, pour se maintenir dans la paix interieure & la liberté d'esprit, étoit, de veiller sur tous les mouvemens de son cœur, pour les soûmettre à la grace ; d'éviter l'emportement & la précipitation dans ses actions ; de retrancher toutes les reflexions inutiles ; de ne chercher purement que Dieu & sa sainte volonté en toutes choses ; de ne tenir à rien hors de Dieu, de n'envisager les divers évenemens de la vie, que dans les desseins de Dieu & l'ordre de sa providence. Il faisoit ses délices du récueillement & de la retraite, & de vivre seul en lui-même, & si separé des créatures, qu'il n'y eût que Dieu seul qui habitât dans son cœur.

Il eut dès sa jeunesse un grand attrait pour l'oraison ; dans la suite il fut élevé à une contemplation sublime, accompagnée d'une grande abondance de goûts spirituels & de consolations interieures. Dans les premieres années qu'il revint demeurer à Vannes, à son retour de Quimper, ces graces étoient si sensibles, qu'il ne pouvoit empêcher qu'elles ne parussent, sur tout à l'Autel. On fut obligé de lui faire dire la Messe dans un lieu retiré ; mais aïant prié Dieu que ces faveurs qu'il lui faisoit demeurassent cachées, il fut exaucé. Il ne cessoit de benir Dieu à tout moment. *Dieu soit beni*, étoient les premieres paroles qu'il proferoit à son réveil ; il les avoit continuellement à la bouche tout le long du jour ; & la nuit même il les prononçoit en dormant. La priere assaisonnoit toutes les actions de sa vie ; elle entroit dans sa conversation ; & il ne manquoit presque jamais de faire produire des actes de vertu aux personnes à qui il parloit. Avant que de répondre à ceux qui le consultoient, il se recüeilloit un peu, pour écouter interieurement le S. Esprit. Aussi recevoit-on ses décisions avec respect ; on les suivoit avec confiance ; & les benedictions du Ciel les accompagnoient. Il formoit ses desseins avec une grande maturité ; il les executoit sans empressement ; & ne paroissoit point embarassé pour donner ordre en même tems à plusieurs choses differentes.

Il étoit si affamé du desir d'aimer Dieu, comme il le disoit un jour à une personne de confiance, que ne pouvant l'aimer lui seul autant qu'il l'eût desiré, il travailloit de toutes ses forces à le faire aimer de tout le monde. Quand il parloit de l'amour de quelque Saint envers Dieu, il pleuroit ordinairement, ou de joïe, de voir combien les Saints ont aimé Dieu ; ou de douleur, de voir le peu d'amour des hommes pour un Dieu infiniment aimable ; & jamais on ne sortoit d'avec lui, qu'on ne remportât un pressant desir d'imiter cette ardente charité qui le consumoit lui-même. Tous les ouvrages qu'il a laissez produisent le même effet dans ceux qui les lisent ; & la ferveur que le S. Esprit y a répanduë, porte l'onction dans tous les cœurs.

Sa confiance égaloit son amour. Il ne se mettoit en peine que de connoître la volonté de Dieu ; après cela il se tenoit assuré de son assistance, & il n'y avoit rien dont il n'esperât venir à bout. Il se faisoit un plaisir d'obliger tout le monde, de ceder aux autres en toutes choses, de s'incommoder pour les accommoder, & de faire si adroitement, qu'il parût qu'il recherchoit sa propre commodité. Personne n'avoit plus de facilité que lui, à oublier les injures ; il ne se permettoit aucune reflexion sur ce qu'on lui avoit dit ou fait de desobligeant.

Le zéle pour la gloire de Dieu & le salut du prochain a été l'ame de toute sa conduite jusqu'à la mort. Mais son zéle étoit pur & desinteressé ; l'inclination naturelle & les vûës humaines n'y avoient point de part. Dans tout ce qu'il entreprenoit pour la gloire de Dieu, il ne se consideroit nullement lui-même ; il n'attendoit aucune reconnoissance de la part de ceux qu'il servoit, & c'eût été le desobliger, que de lui marquer le moindre attachement. Son zéle fécond en saintes industries, lui faisoit inventer tous les jours de nouvelles manieres de glorifier Dieu.

La premiere fut l'adoration perpetuelle du S. Sacrement, qui fut établie pour la premiere fois dans la Cathedrale de Quimper, au mois de Septembre de l'an 1651. Bientôt après Monseigneur de Rosmadec Evêque de Vannes l'établit lui même dans sa Cathedrale, fit la distribution des billets où étoient marquées toutes les heures du mois de Janvier, prit pour lui le premier billet, depuis minuit jusqu'à une heure du premier jour de l'an, & distribua les autres à un grand nombre d'Ecclesiastiques & de personnes du peuple, qui s'étoient rassemblez pour les recevoir de sa main. On assigna, par son ordre, à chaque paroisse, un mois pour l'adoration du S. Sacrement, & Mr. de Kerlivio Grand Vicaire envoïa à tous les Recteurs des Reglemens propres à rendre cette devotion aussi utile aux ames qu'elle le pouvoit être. Les autres Evêchez de Bretagne suivirent l'exemple de celui de Vannes, & le P. Huby eut la consolation de voir cette pratique établie en peu d'années par toute la France.

La seconde invention de son zéle, est l'établissement des Retraites ; entreprise si considerable, que quand Monsieur de Kerlivio & lui n'auroient fait que cela seul en toute leur vie, il seroit vrai de dire, qu'ils auroient rendu à l'Eglise un des plus grands services qu'on lui pût rendre. On a vû dans la vie de Mr. de Kerlivio, comment la maison où se font les Retraites, qui est la premiere de cette espece qui ait paru dans le Roïaume, avoit été destinée d'abord à un autre pieux usage, & de qu'elle maniere l'opposition & les traverses des hommes servirent aux desseins de la providence, qui vouloit se servir de cette maison comme d'une solitude où sa grace ameneroit les ames, & parleroit au cœur des hommes, avec plus d'efficacité qu'au milieu des occupations & du tumulte du siécle. Quand les Retraites eurent été approuvées par l'Evêque diocesain, voici à peu près le plan qu'on en dressa. Sur la fin de chaque année on envoïe dans les paroisses la liste des jours ausquels on entrera l'année suivante en Retraite, on la fait parapher par le Secretaire du Seigneur Evêque, on l'affiche dans les Eglises, on l'insere même dans le Directoire de l'office Canonial qui s'imprime chaque année pour les Ecclesiastiques. On fait ordinairement deux Retraites par mois. On entre le mardi au soir, & l'on sort l'après-dînée du mercredi de la semaine suivante. La maison de Retraite peut contenir trois cent personnes. On y reçoit indifferemment ensemble toutes sortes de conditions ; & quoiqu'on ait établi depuis un usage different ailleurs, on ne s'est jamais départi à Vannes de celui que Mr. de Kerlivio & le P. Huby ont estimé le plus convenable. Toute la maison est ornée de tableaux, d'images, de figures qui représentent les misteres de N. S. de sentences pieuses, & d'instructions imprimées. On ne sort plus passé le soupé du premier jour. La lecture se fait pendant les repas, l'on y garde un profond silence. On se couche à neuf heures & on se leve à cinq. Les exercices publics sont la méditation, la Messe, les exhortations, l'explication des images morales qui représentent l'interieur de l'homme & les fins dernieres, les conferences, les entretiens; les exercices que chacun fait dans sa chambre, sont les méditations particulieres, la préparation à la confession generale, la lecture, l'occupation à dresser son reglement de vie. Chaque journée à son objet particulier de dévotion. Le Mercredi on invoque le Saint Esprit; le Jeudi on distribuë des Crucifix à tous ceux de la Retraite; le Vendredi on adore la Croix; le Samedi on fait un acte d'hommage à la Sainte Vierge; le Dimanche un acte de reparation d'honneur au S. Sacrement; le Lundi est destiné pour exercer la charité envers les morts; le Mardi on recommande la devotion pour les Ss. Anges; & le dernier jour, devant la Ste. Bible & les Reliques exposées, & devant le S. Sacrement que tient à l'Autel un Prêtre revêtu de ses habits sacrez, on renouvelle, avec un grand appareil, les promesses du Baptême, & les résolutions qu'on a prises de vivre Chrétiennement. Depuis que la providence eut appliqué le P. Huby à la Direction des Retraites, il s'y donna tout entier, & avoit une si haute idée de cet emploi, qu'il le préferoit à toutes les autres fonctions de la vie Apostolique.

La troisiéme invention de son zéle furent les peintures morales, où l'on représente d'une maniere sensible les divers états de l'ame pendant la vie, à la mort, après la mort, dans l'état de peché, dans l'état de la grace, dans le passage de l'un à l'autre de ces états.

La quatriéme invention a été l'établissement des Congregations de N. D. dans presque toutes les villes de la basse-Bretagne; en quoi le zéle du P. Huby fut puissamment secondé par Mr. de Kerlivio & par le P. Maunoir. Il souhaitoit ardemment de voir aussi des Congregations établies pour les femmes dans les Monasteres des Ursulines; mais il ne trouva que les Ursulines de l'Institut de Bourdeaux qui voulussent le seconder dans ce pieux dessein, comme elles ont fait en divers lieux, sur tout à Vannes, à Josselin, & à Quimperlé.

La cinquiéme institution de son zéle, est la pratique de porter sur la manche une croix brodée à l'aiguille sur un petit morceau de drap. La Croix est le signe du Chrétien, & le P. Huby vouloit qu'elle fût toûjours présente à la vûë, pour exciter à se souvenir de Dieu, à l'aimer, à pratiquer la vertu, à combatre le vice. Le P. Huby a été heureux dans l'établissement de cette devotion; il n'y a presque personne qui ne veüille porter de ces sortes de croix; & heureux ceux qui font gloire de cet ornement, si leur cœur ne porte point les marques de Belial, pendant que leur bras étale celle de J. C. Il y avoit long-tems que le P. Huby avoit mis cette devotion en pratique, lorsqu'il apprit qu'il avoit été prévenu dans la pensée de distribuer de petites croix, par le P. Pierre Urraca Religieux de la Merci, l'un des plus illustres Missionnaires du Perou, qui étoit mort à Lima le 7. d'Aoust en 1657. & qu'il ajoûtoit à cela l'engagement de reciter chaque jour, pour la conversion des pecheurs, trois *Pater* & trois *Ave*, en memoire des trois heures que le Sauveur du monde étoit demeuré sur la Croix. Le P. Huby fut ravi de cette découverte; elle anima son zéle & dans les feüilles qu'il fit imprimer depuis touchant la devotion des Croix, il ne manqua pas de s'autoriser de l'exemple du P. Urraca.

Une sixiéme invention de son zéle, fut d'honorer les sacrez cœurs de Jesus & de Marie, par des médailles qui les représentent, & qui par les figures & les paroles qui y sont empreintes, expriment divers points de perfection.

Sa pieuse industrie avoit inventé plusieurs autres manieres d'honorer la Sainte Vierge. Il exhortoit tout le monde à consacrer leur famille à N. D. par un acte public de donation qui se renouvellât tous les ans, en présence de tous les domestiques. Il vouloit que dans chaque maison il y eût une image de N. D. que l'on honorât sous le nom de N. D. de Charité, pour obtenir qu'elle y conservât la paix & l'union. Il a procuré que sur les portes des villes, dans les places publiques, dans les lieux les plus honorables des bourgs d'une grande partie de la basse-Bretagne, on mît des statuës de la sainte Mere de Dieu, devant lesquelles on s'assemblât tous les soirs pour chanter la Litanie. L'exemple des enfans, qui furent les premiers à pratiquer cette dévotion, attira bien-tôt tout le monde, & cette pieuse coûtume a été autorisée par les Mandèmens des Evêques de Vannes, de S. Malo, de Quimper, & de S. Brieuc.

On doit mettre au nombre des plus salutaires inventions du zéle du P. Huby, le grande multitude de petits livrets, de cahiers, & de feüilles imprimées, qu'il distribuoit gratuitement, & qu'il envoïoit de tous côtez, en suppléant ainsi par ses écrits à l'impossibilité où il étoit de se trouver dans tous les lieux où il eût voulu être présent pour y procurer la gloire de Dieu & le salut des ames.

Dans les Missions, dans les Retraites, & dans les entretiens particuliers, il donnoit ses premiers soins, à l'exemple du P. Rigoleu son maître, à gagner les Prêtres à Dieu, & les instruire de leurs devoirs, qu'il renfermoit dans cette maxime: qu'ils devoient incessamment parler à Dieu pour le peuple, ou parler de Dieu au peuple.

Après les ministres sacrez les ames qu'il servoit avec le plus d'affection, étoient les épouses de J. C. que son amour a rendu captives dans les cloîtres. Il étoit persuadé qu'elles étoient la portion du troupeau de J. C. la plus chere, qu'on en devoit prendre un soin tout particulier, & que leurs besoins spirituels étoient souvent plus grands qu'on ne pense. L'experience lui avoit appris combien d'ames étoient en danger de se perdre, par la gêne de conscience où l'on est dans quelques maisons Religieuses; c'est pourquoi il ne pouvoit souffrir que les Superieures ne donnassent pas à leurs Religieuses, dans ce qui regarde la Confession & la Direction, une liberté qui est d'une consequence infinie.

Il donnoit volontiers tout son tems & son application aux personnes seculiéres qui s'adressoient à lui pour être aidées dans les voïes de la perfection Chrétienne, sans distinguer les conditions; souvent même, pour honorer la pauvreté de J. C. dans les pauvres, il leur faisoit un meilleur accüeil qu'aux personnes riches. La chose sur quoi le P. Huby étoit le plus consulté, c'étoit sur les diverses manieres d'oraison. Jamais on se separoit de lui, qu'on ne fût pleinement éclairci de ses doutes, & rassuré, quand on craignoit mal-à-propos. Il sçavoit parfaitement distinguer la fausse spiritualité d'avec la vraïe, & l'on n'avoit pas sujet d'apprehender qu'il blessât celle-ci en voulant combatre l'autre, comme il arrive assez souvent à ceux qui condamnent les operations de la grace dans la vie mystique, faute de les entendre. Il n'aimoit pas, que pour faire effort de méditer, on se guindât l'esprit avec contrainte; il disoit à ceux qu'il voïoit en user de la sorte, que l'oraison demande plûtôt l'application du cœur, que celle de la tête.

Il témoignoit une tendre compassion aux affligez; il étoit leur refuge, & après avoir melé ses larmes avec les leur; il leur donnoit dans leurs peines des remedes si efficaces & avec tant d'onction, qu'on s'en retournoit d'auprès de lui solidement consolé. Quoiqu'il eût un cœur plein de tendresse pour tout le monde, rien ne le touchoit plus sensiblement, que l'état malheureux de ceux qu'il voïoit en danger de se perdre, par leur endurcissement dans le peché. Il n'y avoit rien qu'il ne fît pour les gagner à Dieu, jusqu'à leur baiser les mains, à l'exemple de S. Jean, se jetter à leurs pieds, & les conjurer, les larmes aux yeux, d'avoir pitié de leurs ames, & de ne se pas damner.

Infatigable dans l'œuvre de Dieu, il a toûjours paru travailler au-dessus de ses forces, soit dans les Missions, pendant sept ans, soit dans les Retraites pendant plus de trente. Il disoit: « qu'il ne faut qu'être affectionné à ce qu'on fait, pour faire plus qu'on eût osé se promettre; qu'il ne faut pas avoir tant d'égard à sa foiblesse; & que le zéle donne de la vigueur, quand on a du courage. » On eût dit, en effet, que durant les Retraites, le travail le soûtenoit, au lieu de l'accabler.

On parle beaucoup du merveilleux pouvoir que ses prieres avoient auprès de Dieu, & des effets sensibles que plusieurs personnes en ont ressenti dans le corps & dans l'esprit; aussi bien que de la lumiere merveilleuse & surnaturelle, dont plus d'un témoin l'a trouvé environné dans sa chambre; & tout cela n'est point difficile à croire, après le portrait que nous avons fait de lui. Dès son vivant tous le regardoient comme un Saint, non seulement le peuple, les personnes simples & grossieres, les soldats même; mais encore les personnes les plus distinguées & les plus éclairées, les Ecclesiastiques, les Religieux de tous les Ordres, & tous les Prélats de la province, entre lesquels on nous permettra de distinguer le saint Evêque de Treguer, dont nous avons fait l'éloge, qui eut une liaison particuliere avec le P. Huby, & ne manquoit point chaque année de faire une Retraite sous sa conduite, avec tous ses domestiques, à la maniere de celle de Vannes. Les personnes de qualité recevoient comme une faveur du Ciel les marques qu'il leur donnoit de sa bienveillance, & comme des Reliques, les petits présens de pieté qu'il leur faisoit.

Il a eu toute entiere la consolation des

ouvriers Evangeliques, qui est de mourir dans l'exercice de leur ministere. Il venoit de faire imprimer son dernier ouvrage, intitulé : *motifs d'aimer Dieu pour chaque jour*, & lorsqu'il y travailloit, on lui avoit entendu dire : quand j'aurai achevé ce livre, je dirai : *Nunc dimittis*. Trois jours avant qu'il fût attaqué de la maladie dont il mourut, il envoïa à Mademoiselle de Kerderff Superieure de la Maison de Retraite des femmes, un écrit qu'il avoit promis de faire avant sa mort, pour le bon reglement de cette maison; & le jour même qu'il tomba malade, il donna ordre qu'on envoïât à Paris une copie qu'on lui avoit demandée de tous les exercices qui se pratiquoient dans la Maison de Retraite des hommes à Vannes. Le Mardi au soir 17. de Mars, il avoit fait commencer la Retraite de Pâques, & se disposoit à y travailler à son ordinaire, lorsqu'il fut attaqué d'une fluxion sur la poitrine, & d'une fiévre d'abord assez legere, mais accompagnée de redoublemens, & d'une grande douleur de côté. La saignée le soulagea un peu, mais il tomba bientôt dans une si grande foiblesse, que le samedi au soir on perdit toute esperance de sa guérison. Il demanda le S. Viatique, & on le lui apporta sur les sept heures. Il le reçut avec des sentimens d'amour de Dieu & de soumission à ses saintes volontez, qui tirerent les larmes des yeux de toute l'assistance. Trois heures après on lui administra l'Extrême-onction, & il répondit à tout, avec sa pieté & sa présence d'esprit ordinaires. Il pria que l'on recitât les trois *Pater* & les trois *Ave* qu'il avoit coûtume de dire à l'imitation du P. Urraca, & comme on les recitoit lentement, il dit : *hâtez-vous, le tems presse ; je vais à grands pas à la mort*. Il ne parut privé de sentiment que durant la derniere demie-heure de sa vie, & il expira doucement le 22. de Mars de l'an 1693. à l'âge de 85. ans. Son corps fut exposé deux jours à la veneration du peuple. Chacun y faisoit toucher des chapelets, des médailles, & des linges ; on déchiroit ses habits, on coupoit ses cheveux. La Maison de Retraite des femmes emploïa la médiation de Monseigneur l'Evêque de Vannes, pour avoir le cœur du P. Huby, qu'on ne put leur refuser. On fait le recit de plusieurs apparitions où il s'est fait voir comme allant joüir de la gloire éternelle, & de plusieurs guérisons miraculeuses obtenuës par son intercession, depuis sa mort. Il eut la consolation, pendant sa vie, de voir fleurir la pieté dans sa famille, comme on l'a pû voir dans le recit que nous avons fait de celles de ses deux sœurs Carmelites à Nazareth, & des Dames de Kerloüet & de Kermagaro.

FIN.

A RENNES,
De l'Imprimerie de Pierre-André Garnier, 1725.

CATALOGUE MONOLOGIQUE DES SAINTS DE BRETAGNE,

ET DES PERSONNES DE PIETE,
dont il est parlé dans cet Ouvrage.

POUR favoriser la pratique loüable de ceux qui s'occupent chaque jour de la lecture de la vie du Saint que l'on honore le même jour, nous avons crû devoir dresser un catalogue des mois & des jours de l'année, où l'on fait memoire des Saints dont nous avons donné l'histoire dans cet Ouvrage ; à quoi nous avons ajoûté les jours du decès des personnes de pieté dont nous avons crû que la vie serviroit à l'édification du public.

JANVIER.

5. SAINT Convoïon Abbé. Page 181.
   Le même jour, Tethwiu, Moine de Redon, 187.
5. S. Melaine Evêque & Confesseur, 32.
24. Le P. Philippe Thibaut Carme, 379.
25. Conhoïarn, Moine de Redon, 186.
27. S. Gilduin Confesseur, 210.
28. Le P. Julien Maunoir Jesuite, 507.
29. S. Gildas Abbé, 72.
31. Le P. Noël Mars Benedictin, 346.

FEVRIER.

1. Le B. Jean de la Grille Evêque, 227.
2. Messire Balthazar Grangier Evêque, 505.
6. S. Amand de Mastrich Evêque. 160.
11. S. Ehoarn, 208.
12. S. Riock Confesseur, 50.
17. S. Guewrock, 83.
25. Robert d'Arbrissel, 213.

MARS.

1. S. Aubin Evêque & Confesseur, 54.
   Le même jour, S. Joeüin ou Jaoüa Evêque, 71.
3. S. Guignolé, Abbé, 43.
   Le même jour, S. Jagut Abbé, 48.
6. S. Sané, 88.
9. S. Felix, Abbé, 206.
12. S. Paul de Leon Evêque & Confesseur, 64.
17. S. Patrice, Evêque & Confesseur. 19.
21. Mr. de Kerlivio, Prêtre, 550.

Le même jour, le P. Vincent Huby Jesuite, 578.
23. Mademoiselle de Francheville, 563.
31. Le B. Guy de Vigogne, 225.

AVRIL.

4. S. Goneti Confesseur, 83.
4. S. Vincent Ferrier Confesseur, 295.
16. S. Patern Evêque & Confesseur, 10.
21. S. Hamon Confesseur, 233.
25. S. Gurloes Abbé, 212.
29. S. Secondel Confesseur, 126.

MAY.

1. S. Brieuc Evêque & Confesseur, 11.
2. Ste. Avée Vierge & Martyre, 7.
3. Mr. de l'Isle, Prêtre, 490.
5. Mr. le Nobletz, Prêtre, 401.
11. S. Gildas Abbé, 72.
19. S. Yves Confesseur, 245.
24. S. Donatien & S. Rogatien, Martyrs, 1.

JUIN.

1. S. Ronan Evêque & Confesseur, 41.
   Le même jour, Ermengarde Duchesse, 218.
4. S. Perreux Abbé, 29.
   Le même jour, Ste. Ninnoc Vierge, 63.
6. S. Gurval Evêque & Confesseur, 135.
7. S. Meriadec Evêque & Confesseur, 242.
   Le P. Pierre Quintin Dominicain, 365.
15. S. Vouga Evêque & Confesseur, 39.
16. S. Similin Evêque & Confesseur, 7.
    Le même jour, S. Similien Abbé, 128.

Ffff

CATALOGUE MONOLOGIQUE.

17. S. Hervé,	111.
21. S. Méen Abbé,	138.
22. S. Aaron Abbé,	120.
23. Mr. de Tremaria Prêtre,	530.
25. S. Gonhard Evêque & Martyr,	179.
Le même jour, S. Salomon Martyr,	193.
27. Mr. de Pont-château,	570.
28. S. Austole Confesseur,	142.
29. S. Gutthiern Confesseur,	49.

JUILLET.

1. S. Lunaire Evêque & Confesseur,	91.
Le même jour, S. Goulven Evêque & Confesseur,	204.
2. S. Oudocée Evêque & Confesseur,	89.
3. S. Gunthiern Confesseur,	49.
7. S. Felix Evêque & Confesseur,	121.
10. S. Pasquier Evêque & Confesseur,	168.
13. S. Thuriau Evêque & Confesseur,	177.
16. S. Tenenan Evêque & Confesseur,	118.
18. S. Goneri Confesseur,	83.
26. Ste. Anne près d'Auray,	356.
28. S. Samson Evêque & Confesseur,	95.
29. S. Suliau Abbé,	110.
Le même jour, S. Guillaume Evêque & Confesseur,	235.

AOUST.

1. Friard Confesseur,	126.
Le même jour, S. Jean du Doigt,	313.
5. Sœur Jeanne l'Evangeliste,	401.
9. Sœur Marguerite de Ste. Agathe,	Ibid.
10. Le P. Fulgence de Ste. Barbe, Carme,	568.
14. Riowen, Moine de Redon,	185.
16. S. Armel Confesseur,	78.
25. S. Gurloes Abbé,	212.
31. S. Victor de Cambon, Confesseur,	137.

SEPTEMBRE.

4. S. Perreux Abbé,	29.
9. Ste. Osmane Vierge,	40.
14. Frere Jean de S. Samson, Carme,	373.
17. Mademoiselle Marguerite le Nobletz,	453.
19. S. Sezni,	88.
20. Le B. Yves Mahyeuc Evêque,	341.
21. S. Cado Evêque & Martyr,	30.
26. Madame du Houx,	491.
27. S. Gingutien Confesseur,	208.
28. Françoise d'Amboise,	314.
29. Charles de Blois,	262.
30. S. Leri Abbé,	157.

OCTOBRE.

1. S. Eurielle Vierge,	157.
Le même jour, S. Suliau Abbé,	110.
Le même jour, S. Clair Evêque & Confesseur,	6.
2. S. Meliau & S. Melair Martyrs,	61.
5. S. Maurice Abbé,	235.
8. S. Gurloes Abbé,	212.

Le même jour, Mr. de Keriolet Prêtre,	462.
15. S. Conogan Evêque & Confesseur,	53.
16. S. Vital, ou Viau Confesseur,	175.
19. S. Ethbin Confesseur,	128.
21. Ste. Ursule Vierge & Martyre,	7.
Le même jour, S. Juvat Martyre,	7.
22. S. Moderan Evêque & Confesseur,	174.
Le même jour, S. Benoit de Macerac Abbé,	175.
24. S. Magloire Evêque & Confesseur,	114.
Le même jour, S. Martin de Vertou, Abbé,	119.
Le même jour, la Bonne Armelle,	474.
25. S. Goueznou Evêque & Confesseur,	113.
26. S. Allor Evêque & Confesseur,	85.
29. Mademoiselle de Quisidic,	451.

NOVEMBRE.

1. Louise Huby Dame de Kerlouet,	474.
2. S. Hernin Confesseur,	85.
3. S. Guenael Abbé,	80.
Le même jour S. Gobrien Evêque & Confesseur,	218.
5. S. Colledoc Evêque & Confesseur,	25.
6. S. Winnoc Abbé,	165.
Le même jour, S. Melaine Evêque & Confesseur,	32.
Le même jour, S. Efflam Confesseur,	86.
Le même jour, Condeluc Moine de Redon,	185.
7. S. Hiltut Abbé,	24.
8. S. Tremeur Martyr,	78.
Le même jour, S. Suliau Abbé,	110.
13. S. Amand Evêque & Confesseur,	31.
14. S. Dubrice Evêque & Confesseur,	26.
15. S. Malo Evêque & Confesseur,	126.
18. S. Mandé Confesseur,	84.
Le même jour, S. Tangui Abbé, & Ste. Haude,	119.
19. S. Budoc Evêque & Confesseur,	127.
24. S. Bieuzy Martyr,	48.
25. S. Theliau Evêque & Confesseur,	28.
Le même jour, S. Elain de Lavaur,	160.
Le même jour, S. Hermeland Abbé,	168.
27. S. Gulstan Confesseur,	206.
Le même jour, S. Alain de Quimper, Evêque,	160.
28. Le P. Pierre Bernard Jesuite,	449.
30. S. Tugdual Evêque & Confesseur,	56.

DECEMBRE.

6. Mathurine Berthelot,	473.
8. S. Budoc Evêque & Confesseur,	127.
11. Fidwethen Moine de Redon,	186.
12. S. Corentin Evêque & Confesseur,	50.
13. S. Judoc, ou S. Josse Confesseur,	152.
14. S. Guigner Martyr,	23.
15. Le B. Jean Discalceat,	258.
16. S. Judicael Confesseur,	143.
17. S. Briac Abbé,	83.

FIN.

www.ingramcontent.com/pod-product-compliance
Lightning Source LLC
Chambersburg PA
CBHW051320230426
43668CB00010B/1092